ASAMBLEA CONSTITUYENTE Y PROCESO CONSTITUYENTE (1999)
TRATADO DE DERECHO CONSTITUCIONAL - TOMO VI

Colección Tratado de Derecho Constitucional

I. *Historia constitucional de Venezuela,* Caracas 2013, 1096 páginas.
II. *Orígenes del constitucionalismo moderno en Hispanoamérica,* Caracas 2014, 980 páginas
III. *Cambio político y consolidación del Estado de derecho (1958-1998),* Caracas 2015, 1162 páginas
IV. *Instituciones del Estado democrático de derecho. Constitución de 1961,* Caracas 2015, 1180 páginas
V. *Derechos y garantías constitucionales en la Constitución de 1961 (La Justicia Constitucional),* Caracas 2015, 1022 páginas
VI. *Asamblea Constituyente y Proceso Constituyente (1999),* Caracas 2013, 1198 páginas
VII. *La Constitución de 1999: El Estado Democrático y Social de Derecho,* Caracas 2014, 1190 páginas
VIII. *Golpe de Estado Constituyente, Estado Constitucional y Democracia,* Caracas 2015, 1018 páginas
IX. *Concentración y centralización del poder y régimen autoritario,* Caracas 2015, 1198 páginas
X. *Derechos y garantías constitucionales y la acción de amparo,* Caracas 2017, 1196 páginas.
XI. *El derecho y la acción de amparo en el derecho constitucional comparado,* Caracas 2017, 1150 páginas.
XII. *La justicia constitucional y Jurisdicción Constitucional,* Caracas 2017, 1198 páginas.
XIII. *Práctica y distorsión de la justicia constitucional,* Caracas 2017, 954 páginas.
XIV. *El juez legislador y la patología de la justicia constitucional,* Caracas 2017, 1060 páginas.
XV. *El desmantelamiento de la democracia y el Estado Totalitario,* Caracas 2017, 1050 páginas.
XVI. *La Destrucción del Estado de derecho, la ruina de la democracia y la dictadura judicial,* Caracas 2017, 1146 páginas

Allan R. Brewer-Carías

Profesor de la Universidad Central de Venezuela (desde 1963)
Simón Bolívar Professor, University of Cambridge (1985–1986)
Professeur Associé, Université de Paris II (1989–1990)
Adjunct Professor of Law, Columbia Law School, New York (2006–2008)

ASAMBLEA CONSTITUYENTE Y PROCESO CONSTITUYENTE (1999)

COLECCIÓN

TRATADO DE DERECHO CONSTITUCIONAL

TOMO VI

Fundación de Derecho Público
Editorial Jurídica Venezolana

Caracas, 2013

Primera Edición 2013

© Allan R. Brewer-Carías
http://www.allanbrewercarias.com
Email: allan@brewercarias.com

Hecho el Depósito de Ley
Depósito Legal: lf54020133404455
ISBN: 978-980-365-243-2

Editado por: Editorial Jurídica Venezolana
Avda. Francisco Solano López, Torre Oasis, P.B., Local 4, Sabana Grande,
Apartado 17.598 – Caracas, 1015, Venezuela
Teléfono 762.25.53, 762.38.42. Fax. 763.5239
http://www.editorialjuridicavenezolana.com.ve
Email fejv@cantv.net

Impreso por: Lightning Source, an INGRAM Content company
para Editorial Jurídica Venezolana International Inc.
Panamá, República de Panamá.
Email: editorialjuridicainternational@gmail.com

Diagramación, composición y montaje
por: Francis Gil, en letra Times New Roman, 10,5
Interlineado 11, Mancha 19 x 12.5 cm., libro: 22.9 x 15.2 cm.

CONTENIDO GENERAL
TOMO VI

PRESENTACIÓN 11

PRIMERA PARTE:
ORÍGENES DEL PROCESO CONSTITUYENTE: LA CRISIS DEL SISTEMA POLÍTICO, SUS SALIDAS DEMOCRÁTICAS Y LA CONVOCATORIA A UNA ASAMBLEA CONSTITUYENTE EN 1998
15

SECCIÓN PRIMERA: CINCO SIGLOS DE HISTORIA Y UN PAÍS EN CRISIS (1998) 16

SECCIÓN SEGUNDA: REFLEXIONES SOBRE LA CRISIS DEL SISTEMA POLÍTICO, SUS SALIDAS DEMOCRÁTICAS Y LA CONVOCATORIA A UNA CONSTITUYENTE (1998) 36

SECCIÓN TERCERA: PRESENTACIÓN DE LOS CANDIDATOS PRESIDENCIALES ANTE LA ACADEMIA DE CIENCIAS POLÍTICAS Y SOCIALES (AGOSTO 1998) 70

SEGUNDA PARTE:
LA FORMACIÓN DEL PROCESO CONSTITUYENTE EN VENEZUELA EN 1999
99

SECCIÓN PRIMERA: EL PODER CONSTITUYENTE INSTITUIDO Y LOS PROCEDIMIENTOS DE REVISIÓN CONSTITUCIONAL EN LA CONSTITUCIÓN DE 1961 (ABRIL 1996) 105

SECCIÓN SEGUNDA: EL EQUILIBRIO DEL ESTADO CONSTITUCIONAL: ENTRE SOBERANÍA POPULAR Y SUPREMACÍA CONSTITUCIONAL (1999) 138

SECCIÓN TERCERA: EL FRAUDE A LA CONSTITUCIÓN: LA INICIATIVA PRESIDENCIAL PARA LA CONVOCATORIA A LA ASAMBLEA NACIONAL CONSTITUYENTE (DECRETO Nº 3 DEL 02-02-99) Y SUS VICIOS (1999) 178

*SECCIÓN CUARTA: DETALLE DE LA INCONSTITUCIONALIDAD DEL
DECRETO PRESIDENCIAL DE CONVOCATORIA DE LA ASAMBLEA
CONSTITUYENTE DE FEBRERO DE 1999* 190

*SECCIÓN QUINTA: LOS LIMITES DE LA ASAMBLEA NACIONAL
CONSTITUYENTE EN EL MARCO DE UN ESTADO DE DERECHO Y LA
VIGENCIA DE LA CONSTITUCIÓN DE 1961 (1999)* 225

*SECCIÓN SEXTA: EL MARCO SUPRACONSTITUCIONAL DE LA
ASAMBLEA NACIONAL CONSTITUYENTE IMPUESTO POR EL PODER
CONSTITUYENTE ORIGINARIO EXPRESADO MEDIANTE
REFERÉNDUM CONSULTIVO DE 25-04-1999* 266

*SECCIÓN SÉPTIMA: TEMAS QUE DEBIERON FORMAR PARTE
DE LA AGENDA DE LA CONSTITUYENTE: LA DEMOCRACIA, LA
DESCENTRALIZACIÓN Y LA PARTICIPACIÓN, EN EL CENTRO DEL
DEBATE EN LA ASAMBLEA NACIONAL CONSTITUYENTE (1999)* 276

TERCERA PARTE:
**VISIÓN DE CONJUNTO SOBRE LA CONFIGURACIÓN
JUDICIAL DEL PROCESO CONSTITUYENTE, O DE CÓMO
EL GUARDIÁN DE LA CONSTITUCIÓN ABRIÓ EL CAMINO
PARA SU VIOLACIÓN Y PARA SU PROPIA DESTRUCCIÓN
(1999)** 293

CUARTA PARTE:
**LA ILEGÍTIMA ASUNCIÓN DEL PODER
CONSTITUYENTE ORIGINARIO POR LA ASAMBLEA
NACIONAL CONSTITUYENTE: EL DEBATE Y LA AGENDA
CONSTITUYENTE EN AGOSTO DE 1999** 367

*SECCIÓN PRIMERA: SOBRE EL SUPUESTO CARÁCTER DE LA
ASAMBLEA CONSTITUYENTE COMO SOBERANA Y ORIGINARIA* 369

*SECCIÓN SEGUNDA: EL ESTATUTO DE LA CONSTITUYENTE COMO
"PODER CONSTITUYENTE ORIGINARIO"* 396

*SECCIÓN TERCERA: VOTO SALVADO SOBRE EL ESTATUTO DE LA
ASAMBLEA EN CUANTO A LA ASUNCIÓN DEL "PODER
CONSTITUYENTE ORIGINARIO" (AGOSTO 1999)* 409

QUINTA PARTE:
**LA ASAMBLEA NACIONAL CONSTITUYENTE CONTRA LA
CONSTITUCIÓN DE 1961: LA INTERVENCIÓN DE TODOS
LOS PODERES CONSTITUIDOS Y EL GOLPE DE ESTADO
CONTINUADO (8 AGOSTO 1999- 8 SEPTIEMBRE 1999)** 421

*SECCIÓN PRIMERA: LA CHARADA SOBRE LA SUJECIÓN DEL
PRESIDENTE DE LA REPÚBLICA A LA VOLUNTAD DE LA ASAMBLEA
NACIONAL CONSTITUYENTE, Y SU RATIFICACIÓN EN EL CARGO* 423

*SECCIÓN SEGUNDA: LA DECLARATORIA GENERAL DE
REORGANIZACIÓN DE TODOS LOS ÓRGANOS DEL PODER PÚBLICO*   427

*SECCIÓN TERCERA: LA INTERVENCIÓN DEL PODER JUDICIAL:
EL DECRETO DE REORGANIZACIÓN DEL PODER JUDICIAL*   435

*SECCIÓN CUARTA: LA INTERVENCIÓN DEL PODER LEGISLATIVO: EL
DECRETO DE REGULACIÓN DE LAS FUNCIONES DEL PODER
LEGISLATIVO*   452

*SECCIÓN QUINTA: INTERVENCIÓN DE LOS PODERES LOCALES:
DECRETO DE SUSPENSIÓN DE LAS ELECCIONES MUNICIPALES*   476

SEXTA PARTE:
**OBSERVACIONES, PROPUESTAS, DEBATES Y VOTOS
SALVADOS SOBRE EL PREÁMBULO Y LAS DISPOSICIONES
FUNDAMENTALES DE LA CONSTITUCIÓN
(ARTÍCULOS 1 A 19)**   481

SECCIÓN PRIMERA: PREÁMBULO   487

*SECCIÓN SEGUNDA: TÍTULO I. PRINCIPIOS FUNDAMENTALES
(ARTÍCULOS 1 A 9)*   499

*SECCIÓN TERCERA: TÍTULO II DEL ESPACIO GEOGRÁFICO Y
DE LA DIVISIÓN POLÍTICA (ARTÍCULOS 10 A 19)*   529

SÉPTIMA PARTE:
**OBSERVACIONES, PROPUESTAS, DEBATES Y VOTOS
SALVADOS SOBRE LOS ARTÍCULOS RELATIVOS A LOS
DERECHOS, GARANTÍAS Y DEBERES CONSTITUCIONALES
(ARTÍCULOS 19 A 135)**   553

*SECCIÓN PRIMERA: TÍTULO III. DE LOS DERECHOS HUMANOS Y GA-
RANTÍAS, Y DE LOS DEBERES (ARTÍCULOS 19 A 135)*   553

OCTAVA PARTE:
**OBSERVACIONES, PROPUESTAS, DEBATES Y VOTOS
SALVADOS SOBRE LOS ARTÍCULOS RELATIVOS AL
RÉGIMEN DEL PODER PÚBLICO (ARTÍCULOS 136 A 298)**   731

*SECCIÓN PRIMERA: TÍTULO IV. DEL PODER PÚBLICO (ARTÍCULOS 136
A 185)*   731

*SECCIÓN SEGUNDA: TÍTULO V. DE LA ORGANIZACIÓN DEL PODER
PÚBLICO NACIONAL (ARTÍCULOS 186 A 298)*   834

NOVENA PARTE:
**OBSERVACIONES, PROPUESTAS, DEBATES Y VOTOS
SALVADOS SOBRE LOS ARTÍCULOS RELATIVOS AL
RÉGIMEN DE LA ECONOMÍA (ARTÍCULOS 299 A 321)**   889

*SECCIÓN PRIMERA: TÍTULO VI. DEL SISTEMA SOCIO ECONÓMICO:
(ARTÍCULOS 299 A 321)*   889

DÉCIMA PARTE:
OBSERVACIONES, PROPUESTAS, DEBATES Y VOTOS SALVADOS SOBRE LOS ARTÍCULOS RELATIVOS A LA SEGURIDAD DEL ESTADO, A LA PROTECCIÓN DE LA CONSTITUCIÓN Y A LA REFORMA CONSTITUCIONAL (ARTÍCULOS 322 A 350) 1009

SECCIÓN PRIMERA: TÍTULO VII. DE LA SEGURIDAD DE LA NACIÓN (ARTÍCULOS 322 A 332) 1009

SECCIÓN SEGUNDA: TÍTULO VIII. DE LA PROTECCIÓN DE ESTA CONSTITUCIÓN (ARTÍCULOS 333 A 339) 1023

SECCIÓN TERCERA: TÍTULO IX. DE LA REFORMA CONSTITUCIONA (ARTÍCULOS 340 A 350) 1037

DÉCIMA PRIMERA PARTE:
RECHAZO A LA CONSTITUCIÓN POR SU VOCACIÓN AUTORITARIA (1999) 1041

DÉCIMA SEGUNDA PARTE:
PRIMERA APRECIACIÓN CRÍTICA SOBRE LA CONSTITUCIÓN DE 1999 (2000) 1059

SECCIÓN PRIMERA: REFLEXIÓN SOBRE EL PROCESO CONSTITUYENTE VENEZOLANO Y LA NUEVA CONSTITUCIÓN DE 1999 1059

SECCIÓN SEGUNDA: REFLEXIONES CRÍTICAS SOBRE LA CONSTITUCIÓN DE VENEZUELA DE 1999 1066

DÉCIMA TERCERA PARTE:
ASAMBLEA CONSTITUYENTE Y CONTROL JUDICIAL: HONDURAS (2009), ECUADOR (2007) Y VENEZUELA (1999) 1083

SECCIÓN PRIMERA: REFORMA CONSTITUCIONAL, ASAMBLEA NACIONAL CONSTITUYENTE Y CONTROL JUDICIAL CONTENCIOSO ADMINISTRATIVO. EL CASO DE HONDURAS (2009) Y EL ANTECEDENTE VENEZOLANO (1999) 1083

SECCIÓN SEGUNDA: EL INICIO DEL PROCESO CONSTITUYENTE EN ECUADOR EN 2007 Y LAS LECCIONES DE LA EXPE-RIENCIA VENEZOLANA DE 1999 1117

ÍNDICE GENERAL 1157

PRESENTACIÓN

El proceso constituyente de Venezuela de 1999 fue producto de la grave y terminal crisis del sistema de partidos políticos que se había instaurado a partir de los años sesenta, y que para fines de los años noventa ya tenía cuatro décadas de funcionamiento. En ese período, los partidos democratizaron en forma bien arraigada al país, que para mitades del siglo pasado era el que menos tradición democrática había tenido en toda América Latina. Sin embargo, pasados los años, quizás sin darse realmente cuenta del logro que habían obtenido, su liderazgo no supo, o no quiso saber y entender que la democracia que habían creado requería de una profunda renovación, incluso a costa de perder algo del control total que ejercían sobre el sistema político. Esa incomprensión, sumergió a los partidos en la crisis de la cual ya no pudieron ya salir.

El inevitable proceso constituyente que de ello derivó, cuya misión tenía que haber sido la de la reconstitución del sistema democrático, se realizó ciertamente en 1999, pero con la ausencia de la participación de los partidos tradicionales, los cuales simplemente le dieron la espalda. Sus líderes no entendieron, o no quisieron entender que ese proceso, en el momento de crisis en el cual vivía el país, era la única vía democrática de la que se disponía para salvar la democracia que ellos habían creado, pero que a la vez habían olvidado. Este abandono produjo que el proceso constituyente lo asumiera como bandera política electoral, un militar y golpista, el teniente coronel Hugo Chávez Frías, quien había intentado acabar, con la fuerza militar, con el propio sistema democrático en 1992, cuando quiso asaltar el poder para instaurar un régimen autoritario. Luego de haber fracasado en aquella aventura, sin abandonar su objetivo, optó por usar los instrumentos de la democracia para ejecutar el plan de la destrucción del propio sistema democrático.

En esta forma, el proceso constituyente en Venezuela de 1999, en lugar de haber sido el instrumento para perfeccionar el régimen democrático, para lo que sirvió fue para acabar con dicho régimen, facilitando el asalto al poder por el grupo antidemocrático que había intentado hacerlo por la fuerza militar, pero en ese momento mediante la convocatoria y elección de una Asamblea Nacional Constituyente diseñada a la medida, para lograr el mismo objetivo.

A mí me tocó estar inmerso en ese proceso constituyente desde su inicio. A raíz del intento de golpe de Estado de Hugo Chávez de febrero de 1992, aún antes de que algunos de sus seguidores lo plantearan, el 1º de marzo de 1992 ya yo explicaba sobre la necesidad de que se realizara en el país un proceso constituyente que *sirviera para reconstituir la legitimidad democrática del proceso político.** *Propuse, en aquella oportunidad, sin embargo, que para ello se debía proceder previamente a sancionar y aprobar popularmente una reforma puntual de la Constitución, para prever el Estatuto de la Asamblea Constituyente a elegir, lo que los partidos tradicionales rehusaron hacer. Luego vino Chávez, el golpista, luego de que su causa penal fuese sobreseída en 1994, que si sabía lo que quería, y asumió la bandera de la Constituyente pero para realizarla de espaldas al voto popular, es decir, sin una reforma constitucional previa, y sólo conforme a su propio diseño. Enfrenté en solitario su propuesta y me opuse a ella desde la Academia de Ciencias Políticas y Sociales que entonces yo presidía (1998); critiqué las sentencias de la Corte Suprema de Justicia que con su ambigüedad abrieron el cauce de la Constituyente al margen de la Constitución (enero 1999); impugné por vía de acción popular el inconstitucional decreto presidencial de Chávez de convocatoria de la Asamblea Constituyente (febrero 1999); cuando se aprobó la consulta popular sobre la elección de la Asamblea Nacional Constituyente (abril 1999), lancé mi candidatura independiente para participar en la misma, habiendo sido electo (julio 1999) con una alta votación (1.200.000 votos); participé activamente en la Asamblea Constituyente habiendo intervenido en materialmente en todas sus sesiones (agosto-diciembre 1999); me opuse a todas las decisiones de intervención de los poderes constituidos que se adoptaron, que consideré como un golpe de Estado constituyente; participé activamente en el proceso de elaboración y redacción de la nueva Constitución, con propuestas, proyectos, informes, debates y Votos Salvados (agosto-diciembre 1999); una vez concluida la discusión del proyecto, en la campaña para el referendo aprobatorio me opuse a la aprobación del texto sancionado, abogando por el voto NO, por considerarlo que era una mesa servida al autoritarismo (diciembre 1999); y desde enero de 1999, estudié detenidamente el nuevo texto constitucional mediante innumerables artículos y libros que tuvieron una amplísima difusión.*

De esa intensa tarea, y del esfuerzo desarrollado en el corto período de año y medio de concepción y desarrollo del proceso constituyente en Venezuela, entre 1998 y 1999, quedaron cientos de páginas escritas, muchas publicadas aisladamente y en forma dispersa en libros y artículos, con mis estudios, análisis, propuestas, proyectos y críticas tanto respecto de la forma como se desarrolló el proceso constituyente, como respecto del asalto al poder que se hizo con el instrumento de la Asamblea Constituyente. Esos textos de todos esos trabajos son los que ahora recojo en este volumen, según se explica en cada una de sus Partes. Este libro viene a complementar, así, además, todo lo que quedó expuesto en mi libro Golpe de Estado y Proceso Constituyente, *publicado por la Universidad Nacional Autónoma de México, en 2002.*

---

* Véase Allan R. Brewer-Carías, "La Constituyente es la única salida a la crisis política..." 'declaraciones a Elías García Navas' *El Nacional*, Caracas 01/03/92, p. D-2 (el texto de este reportaje puede leerse en las páginas 40 y siguientes de este libro); "La revolución nos arrollará si no admitimos que está en marcha" 'declaraciones a Antonio Grillet' *El Mundo*, Caracas 04/03/92, p. 1; "Asamblea Constituyente es la salida más democrática" 'declaraciones a Milagros Durán' *El Nacional*, Caracas 08/03/92, p. D-2; "Venezuela debe reconstituir su legitimidad democrática" 'entrevista con Teresa Delgado' *Diario Pueblo*, San Cristóbal 29/04/92, p. A-8; "Inmediata convocatoria de la Asamblea Constituyente plantean grupos de la sociedad civil" 'reseña de documento' *El Universal*, Caracas 15/03/92; "Hay que forzar convocatoria o una Asamblea Constituyente..." 'reportaje de Rosita Caldera' *El Nacional*, Caracas 20/05/92, p. D-4.

La idea y el proceso constituyente, después de la experiencia venezolana, se ha reproducido casi exactamente en otros países, con casi iguales resultados de servir para "legitimar" el asalto al poder por parte de un grupo marginal políticamente hablando, y destruir las bases de la democracia.

En otros casos, la idea es siempre recurrente, y muchas veces vista, sea como un instrumento para perfeccionar la democracia y recomponer un proceso democrático en crisis, o como una vía expedita con ropaje "democrático" para tomar el control del poder y acabar y acallar la propia democracia. En otras ocasiones, como ha venido siendo el caso de la propia Venezuela en los años más recientes, la idea constituyente incluso se ha planteado como una fórmula para acabar con el autoritarismo que legó Chávez al país, y reinstaurar un sistema democrático.

En todo caso, sea cual sea la motivación, pienso que siempre es útil, para todo el que se adentre a la idea constituyente, conocer la experiencia venezolana de 1999 contada por uno de sus actores, aún cuando sea de uno de los que no participó en el asalto al poder, y más bien sufrió las consecuencias de la disidencia respecto de quienes sí se apoderaron del mismo.

New York, diciembre 2013

PRIMERA PARTE
ORÍGENES DEL PROCESO CONSTITUYENTE: LA CRISIS DEL SISTEMA POLÍTICO, SUS SALIDAS DEMOCRÁTICAS Y LA CONVOCATORIA A UNA ASAMBLEA CONSTITUYENTE EN 1998

La Asamblea Nacional Constituyente de Venezuela de 1999, fue producto de una crisis terminal del sistema de partidos que funcionó en Venezuela desde 1958, la cual no fue ni siquiera detectada por sus dirigentes fundamentales. Esta Primera Parte de este Tomo se refiere precisamente a dicha crisis, a las salidas democráticas que pudo haber tenido, y al inevitable proceso constituyente que debía enfrentar el país, que los líderes de los partidos no fueron capaces de ver, ni de entender, y que resultó en la convocatoria y elección de la Asamblea Nacional Constituyente de 1999.

Para tal efecto, esta Parte está conformada por dos textos escritos en 1998: Primero, el primero es el texto del "Discurso de orden" que me correspondió leer, como Presidente de la Academia de Ciencias Políticas y Sociales, en la Sesión Solemne de todas las Academias Nacionales con motivo de la celebración del V Centenario del descubrimiento de Venezuela (1498), el 7 de Agosto de 1998.

El segundo texto es el de la "Presentación" al libro editado por la Academia de Ciencias Políticas y Sociales, titulado *Los Candidatos Presidenciales ante la Academia, Ciclo de Exposiciones 1998*, Caracas 1998, en el cual recogí el ciclo de exposiciones que hicieron ante la Academia los diversos candidatos presidenciales en agosto 1998 sobre los temas vinculados al Estado. Las respuestas de los mismos sobre el específico tema de la convocatoria a la Asamblea Constituyente que estaba en ese momento en el centro de la discusión política, evidencia lo grave de la situación política del momento. Dicha Presentación también se publicó al inicio de mi libro *Asamblea Constituyente y Ordenamiento Constitucional,* editado por la misma Academia de Ciencias Políticas y Sociales, Caracas 1999.

Además del texto introductorio antes mencionado, en esta Primera parte he incluido los textos de la presentación que hice de cada candidato al comparecer ante la Academia, así como los textos de los comentarios finales que formulé al término de cada una de las exposiciones que hicieron, sobre su concepción del Estado y sobre su reforma.

He destacado además, de dichas exposiciones ante la Academia, lo que cada uno de los candidatos presidenciales expresó sobre el tema de la Asamblea Constituyente que en ese momento era una propuesta o idea que estaba dominando el debate electoral; comentando en particular, al final, la propuesta de Hugo Chávez, y mi discrepancia con la misma.

SECCIÓN PRIMERA:

CINCO SIGLOS DE HISTORIA Y UN PAÍS EN CRISIS (1998)

Texto del *Discurso de orden leído en la Sesión Solemne de todas las Academias Nacionales* con motivo de la celebración del V Centenario de Venezuela, el 7 de Agosto de 1998

Desde hace casi 10 años Venezuela transita por una grave crisis política que no logra superar; más bien se agrava, sin que se perciban salidas viables para la gobernabilidad del país. Es una crisis del sistema político en su conjunto, que no se lo dejó evolucionar, y al cual la mayoría con razón, quiere cambiar.

Se trata de la crisis terminal del sistema político que fue instaurado a partir de los años cuarenta, y que montado sobre un esquema de Estado Centralizado de Partidos, tuvo como proyecto político la implantación de la democracia en el país de América Latina que para entonces era el que menos tradición democrática tenía. Ahora, cuarenta años después de la Revolución democrática de 1958 y cincuenta años después del fin del primer ensayo democrático en 1948, en Venezuela tenemos una de las democracias más viejas de América Latina, pero ante el asombro de otros países latinoamericanos que nos la envidian, es de las que tiene menos prestigio en nuestro propio país.

El proyecto político ideado por el liderazgo que asumió el poder a partir de los años cuarenta y luego, a partir de 1958, indudablemente que se desarrolló y el país se democratizó. El problema es que ese mismo liderazgo y los partidos políticos que contribuyeron a la consolidación y mantenimiento de la democracia, décadas después no llegaron a entender la obra que habían realizado y todavía aún muchos no la entienden.

Los venezolanos nos habituamos a la democracia y la gran mayoría de los votantes en las próximas elecciones habrán nacido en democracia. Tan habituados estamos a ella que nos parece natural el disfrute de la libertad sin que el riesgo de perderla sea motivo de particular preocupación. Pensamos que tiene que cambiar, pero no sabemos cómo; y el liderazgo político encargado de orientar no comprendió que para continuar y sobrevivir, la democracia tenía que perfeccionarse, y al contrario, ha seguido tratando de conducir al país como si aún estuviésemos en la etapa inicial de la democratización.

Esta incomprensión es, precisamente, la que nos ha conducido a esta crisis histórica, terminal, donde un cambio inevitable se avecina, querámoslo o no; tal y como ocurrió a mitades del siglo pasado en la víspera de la Revolución Federal, cuando finalizó la etapa del Estado independiente semi-centralizado; como sucedió a fines del mismo siglo pasado, en la víspera de la Revolución Liberal Restauradora, con el fin del período del Estado Federal liberal; y como también ocurrió hace 50 años en la víspera de la Revolución de Octubre, con el fin de la era del Estado Autocrático Centralizado. En cada uno de esos fines de períodos políticos se puede apreciar, históricamente, el mismo signo de agotamiento del proyecto político y del liderazgo que lo desarrolló. La incomprensión de lo hecho y a pesar de todas las advertencias, de la necesidad de renovar y transformar el sistema, fue lo que contribuyó en cada caso a su deterioro final y a su colapso.

Lamentablemente, en el actual momento histórico estamos en una situación algo similar, con una crisis institucional global, pues la mayoría no sólo no cree ni confía en el Congreso, ni en el Poder Judicial, ni en la Administración Pública, ni en las fuerzas de seguridad ciudadana, sino que tampoco cree ni confía en los partidos políticos, ni en las sociedades intermedias que éstos penetraron y controlaron, como los sindicatos, los colegios profesionales y los gremios. Y además, en medio de una de las crisis económicas más agudas del Estado petrolero, en la cual, sin conciencia alguna de lo que significa, la gente pide más como si la riqueza petrolera fuera inagotable, y como si no se hubiera comprobado que el modelo de repartir esa riqueza dadivosa, ha sido no sólo una fuente de corrupción, sino una de las causas de la crisis por la que estamos ahora atravesando. Lo lamentable es que todo este desprestigio institucional del aparato del Estado y de las organizaciones políticas y sociales; en definitiva, de la forma de gobernar, está arrastrando a la propia democracia, a la cual se asocia con la corrupción y con la ineficiencia. Y así comienzan a surgir cantos de sirena autoritarios que se han querido apoderar hasta del nombre de Bolívar y de la Patria, opacando las propias virtudes de la democracia, sin que haya habido reacción alguna ni siquiera de los medios de comunicación, que serían los primeros interesados en preservar la democracia para la sobrevivencia de la libertad de expresión.

La mayoría, sin embargo, quiere cambios radicales, pero contrariamente a cualquier autoritarismo, en libertad; por ello esa mayoría, que quiere en fin que la gobiernen, no llega a tomar conciencia de que la libertad puede quedar perdida si la conducción de aquellos cambios totales cae en manos de un liderazgo antidemocrático. Por ello, el verdadero dilema que tenemos los venezolanos hoy, es cómo lograr los cambios inevitables, indispensables y necesarios que vienen, en libertad y, por tanto, sin perder la democracia que no es, precisamente, la culpable del deterioro ni está en su destrucción el camino para la reconstrucción de la Nación.

Lo que dijo el Presidente Yeltsin hace unos días al poner fin al tiempo de la que se creía la Revolución más definitiva que conoció la historia moderna con ocasión del sepelio de los restos de Romanov, debería repicarle en el oído a toda la humanidad para siempre, como una de las más amargas lecciones,

"Que los intentos de cambiar la vida mediante la violencia están condenados al fracaso".

En todo caso, no es la primera vez en los Cinco Siglos que han transcurrido desde que Cristóbal Colón toco estas tierras, que el país se encuentra en una situación crítica como la que hoy vivimos. El Presidente Ramón J. Velázquez, Presidente de la Comisión del Quinto Centenario de Venezuela, a quien debo agradecer el honor del encargo; nos pidió hiciéramos una reflexión sobre nuestra historia, es decir, para volver al presente, tratar de formarnos una visión histórica del país, reflexionando sobre lo que aquí ha ocurrido, precisamente para intentar entender lo que nos está ocurriendo.

Pero meter cinco siglos de historia en un discurso, es tarea imposible. Por ello he optado para esta ocasión por escribir un ensayo que se les ha entregado y así poder limitar mi exposición a precisar rápidamente algunos aspectos que han caracterizado cada uno de esos cinco siglos, para insistir en el presente y el pasado político inmediato.

Aquí, en agosto de 1498, como ya lo sabía por las noticias de los naturales caribeños, Colón encontró un continente, el Paraíso Terrenal o más exactamente para la humanidad, la tierra prometida, que a partir de entonces salvó al mundo conocido y cambió su dimensión, así como la del hombre, de su vida y de su mentalidad, modificando el curso de la Historia Universal. Ante los ojos de los españoles había aparecido "Otro Mundo" al tomar conciencia de la continentalidad de Tierra Firme, y ello comenzó precisamente en nuestras costas, en las de lo que siglos después sería Venezuela, en Macuro.

Los cinco siglos que han transcurrido desde aquellos tiempos, los podemos agrupar en distintas formas, por ejemplo, en dos grandes períodos: primero el de la época de la conquista y colonización que duro tres siglos; y segundo, el período del republicanismo, militarismo y reciente democracia que lleva dos siglos; o si se quiere, bajo otro ángulo, primero, en el período de la miseria, pobreza y desesperanza que duró cuatro siglos, y segundo, en el de la riqueza del Estado, que es el del siglo que está terminando.

El primer siglo de nuestra historia, el siglo XVI, comenzó en las costas de Oriente con la explotación de las perlas, y fue el siglo de la configuración territorial de las Provincias que formaron nuestro territorio. Fue el siglo de las Capitulaciones, habiéndose completado entre 1498 y 1595, el marco de todas las Provincias que conformaron el territorio de lo que hoy es Venezuela, período en el cual se fundaron casi todas las ciudades importantes del país.

Luego del fracaso minero, lo que aquí quedó fue un conjunto de Provincias aisladas unas de otras, paupérrimas y totalmente preteridas por la Metrópoli. La única riqueza que en definitiva existió, y así fue durante más de cuatro siglos, fue la tierra, lo que motivó el desarrollo de la propiedad territorial con plantaciones y pastizales que tuvieron como fundamento el trabajo de esclavos africanos y criollos.

El segundo siglo de nuestra historia, el Siglo XVII, fue el de la consolidación de la organización gubernamental de las Provincias y del ordenamiento jurídico colonial; pero por sobre todo, fue el de la consolidación de las autoridades locales surgidas de los Cabildos, que comenzaron a intervenir en todos los asuntos civiles, económicos y administrativos de las Provincias. Ese fue, además, el siglo del inicio del mestizaje venezolano, que tanto nos diferencia de los otros países latinoamericanos.

También fue el Siglo en el cual se comenzó a consolidar el contrabando, fenómeno que también tuvo una importante influencia en la formación del venezolano; e incluso, en la formación de una conciencia nacional en defensa de los derechos locales, lo que afianzó el florecimiento de los Cabildos con el rechazo a las autoridades metropolitanas por su afán de limitar el comercio ilícito.

Pero el Siglo XVII fue también el siglo de las Misiones y del inicio de la acción pobladora y evangelizadora de las órdenes de los capuchinos, franciscanos y jesuitas, entre otras, en nuestras tierras.

Estando la representación de las ciudades y de los pueblos en los Cabildos, que siempre fueron el centro del poder político local autóctono y autónomo, puede decirse que a partir de ese segundo siglo de nuestra historia, en ellos se armó el alma de este país y de nuestro pueblo; de allí surgió el espíritu autonomista de las Provincias que luego declararían la Independencia.

Pero esa autonomía local tuvo su reacción centralizante durante el tercer Siglo de nuestra historia, el Siglo XVIII, que además fue el Siglo tanto de las insurgencias y rebeliones sociales y autonomistas como de la reacción centralista de la Corona.

Muy lejos habían llegado los poderes de los naturales de estas Provincias olvidadas de Tierra Firme, incluyendo su incipiente economía informal de exportación, por lo que en la Metrópoli se produjo una reacción contra el desarrollo institucional y político que por el abandono metropolitano se había originado durante el Siglo anterior. El Siglo XVIII fue, por ello, el siglo de la Compañía Guipuzcoana creada para reprimir el contrabando y controlar el comercio exterior; control que fue proporcional a la reacción de los Cabildos en defensa de los agricultores criollos.

La lucha contra la Compañía y sobre todo contra su intento por controlar el contrabando fue la que originó diversas rebeliones que comenzaron a trastocar el orden estamental colonial y consolidaron el espíritu autonomista del criollo, blanco o negro. El criollo blanco, en efecto, luchaba contra la Compañía para conservar la autonomía del poder logrado en el manejo de los Cabildos y los beneficios del comercio informal; el indio luchaba por defender su libertad; el negro por conquistarla; y los pardos por lograr el ascenso social que se les negaba. En el Siglo XVIII, en todos esos frentes se desató un fenómeno de insurgencia general que en muchos casos coincidieron en medio de las revueltas, como las del zambo Andresote en 1731, la de Juan Francisco de León de 1749 y la de José Leonardo Chirinos de 1790.

Al año siguiente de la condena de Chirinos, hace dos Siglos, en 1797, se produjo otra conspiración, esta sí de carácter totalmente político, la de Manuel Gual y José María España que propugnaba una República Federal montada sobre todos los principios de libertad e igualdad difundidos por la Revolución Francesa.

Pero si el Siglo XVIII fue un Siglo de rebeliones autonomistas, también lo fue de reacciones centralistas, no sólo económicas como la que originó la instauración de la Compañía, sino institucionales. Fue el Siglo de las grandes reformas realizadas por Carlos III, con las que se inició el proceso de la integración territorial de las Provincias que conformaban estas tierras.

El cuadro territorial existente en 1777, era el de Provincias que se habían establecido y consolidado con un alto grado de autonomía, sin vínculos entre si y más bien antagonismos, conducidas por Cabildos que en la práctica estaban muy alejados de los centros de poder a los que estaban sometidos ubicados en Santa Fe de Bogotá o en Santo Domingo. La respuesta borbónica a la autonomía local y provincial que tantos signos de rebeldía había originado, fue la centralización militar con la creación de la Capitanía General; la centralización económica con el establecimiento de la Intendencia; la centralización legislativa y gubernamental con la creación en Tierra Firme de la Real Audiencia de Caracas y la centralización judicial con el establecimiento del Real Consulado. Todo ello en 16 años, entre 1777 y 1793.

Al concluir los tres siglos de dominación española, todo estaba preparado para que con la Revolución de Independencia, el país entrara al cuarto Siglo de nuestra historia, el Siglo XIX, que fue el siglo del militarismo, del federalismo y de las guerras sociales.

Los "trescientos años de calma" -como los calificó Bolívar- que habían transcurrido desde el descubrimiento, habían terminado con una revolución -la de Gual y España-, que había sido de carácter político, es decir, no ya de los desposeídos y de los esclavos negros, sino de las élites intelectuales, administrativas y militares, por la libertad política. El insumo teórico adicional lo suministraría Francisco de Miranda y todo el bagaje escrito que penetraría a nuestras tierras desde los Estados Unidos de América y desde Francia, producto de las dos grandes Revoluciones de finales del Siglo XVIII.

En ese momento sólo faltaba una causa inmediata para la Revolución Municipal y esa fue la guerra de independencia que se desarrolló en España a partir de 1808 contra la invasión napoleónica, y que dejó a estas Provincias efectivamente huérfanas desde el punto de vista político; orfandad para la cual nadie estaba preparado por el vacío de poder que se había producido por la pérdida de legitimidad del Poder de la Corona. La máscara de Fernando VII fue la excusa para que se diera el golpe de Estado del 19 de abril de 1810, precisamente por quien sólo podía darlo, por el Cabildo de Caracas, con representación de los que dominaban social y económicamente la Provincia, los criollos blancos, y algunos nuevos y efímeros representantes del gremio de los pardos.

La Revolución, por tanto, la inició el Cabildo de Caracas de la entonces llamada Provincia de Venezuela; pero el territorio de la recién creada Capitanía General estaba integrado por otras Provincias, las de Margarita, Mérida, Cumaná, Barcelona, Barinas, Trujillo, Maracaibo, Coro y Guayana. Estas tenían que sumarse al movimiento, de lo contrario fracasaba; y la mayoría -no todas- lo hizo dictando sus propias Constituciones provinciales. Habían pasado sólo 34 años, menos de lo que nos separa actualmente del 23 de enero de 1958, desde que se había constituido la Capitanía General de Venezuela, la cual por supuesto no había logrado centralizar a estas Provincias, que siguieron autónomas y separadas unas de otras, con sus Cabildos gobernando.

El nuevo Estado independiente que se comenzó a construir, por tanto, sólo podía responder a una forma federal que uniera lo que nunca había estado unido, y ese modelo nos lo suministró la experiencia norteamericana recién iniciada. En 1810, en toda la historia del constitucionalismo no había otro modelo que pudiera solucionar el problema de Provincias Coloniales aisladas que se independizaban de un Imperio y que pretendían constituirse en un Estado independiente; la experiencia había sido inédita hasta el proceso de Norteamérica. No había, por tanto, salvo las monárquicas, otras ideas que hubieran podido inspirar a nuestros conspiradores de 1810 y 1811.

En todo caso, trescientos años de aislamiento y separación interprovincial no podían simplemente eliminarse de un plumazo y pretenderse establecer en estas tierras, mediante un cañonazo, un Estado Unitario Centralizado. Ese fue el fracaso del Libertador, quien con los mejores de los deseos y optimismo quiso crearlo en todo el territorio de las Provincias que conformaban no sólo Venezuela sino incluso Ecuador y Colombia. Tremenda ilusión e incomprensión, precisamente de los "trescientos años de calma" autonómica que los Cabildos de nuestras Provincias habían construido.

Por tanto, el Siglo XIX fue el Siglo de los intentos fallidos por establecer y consolidar en estas tierras un Estado Nacional independiente y autónomo, que abarcara todas las Provincias que habían sido incorporadas a la Capitanía General de Venezuela, con una forma de organización centralizada.

El primer acontecimiento que signó el proceso fue la guerra misma de Independencia; la única de carácter social de todas las de Independencia de América Latina. No todos la querían ni la entendían, particularmente a medida que la máscara de Fernando VII se fue retirando de la cara republicana. Con ella toda la relación estamental de la sociedad colonial estalló, de manera que en las primeras de cambio los pardos se alinearon con el Rey contra los blancos terratenientes y cabildantes que declaraban la Independencia; y lo mismo hicieron los negros y libertos para luchar contra sus amos, en procura de su libertad. La Revolución la habían iniciado los blancos criollos mediante la toma del poder de los Cabildos, que venían controlando; y contra ellos se rebelaron los otros estamentos de la sociedad colonial. No es de extrañar que Boves aprovechando el resentimiento de castas, atrajese a unirse a sus bandas a los esclavos y libertos para luchar contra los amos, con promesas de reparto de los bienes que se les confiscarían a los patriotas.

De guerra política se pasó rápidamente a una guerra social, con motivo de la cual para cambiar el curso de la misma, en 1813 Bolívar tuvo hasta que acudir al recurso extremo de la guerra a muerte. La guerra fue, así, de exterminio, extremadamente cruel y brutal; una guerra en la cual el símbolo de nuestros Libertadores era nada menos que un pañuelo negro en el cuello y una bandera también negra con una calavera blanca en la lanza.

Después de la guerra vinieron varias tareas urgentes: por una parte, el repartimiento de la tierra y de los bienes confiscados a españoles, canarios y criollos opuestos a la Independencia, de lo cual aparecerían los nuevos ricos y terratenientes, quienes pasaron a ser los nuevos propietarios de los esclavos que servían la tierra.

Pero por otra parte estaba la tarea de tratar de construir un Estado ya no sólo en Venezuela sino conforme a la Constitución de Cúcuta de 1821, en todo el norte de Suramérica con la unión de los pueblos de Colombia. Los nuevos propietarios y terratenientes de las Provincias de Venezuela, que además habían sido los militares que habían luchado y ganado la Independencia, todo lo cual les había dado el poder real en cada Provincia, difícilmente iban a aceptar sumisión política alguna respecto de quienes gobernaban desde Bogotá. Por ello el maravilloso e ilusorio intento de Bolívar fracasó el mismo año de su muerte, y a partir 1830, el poder local, esta vez de los caudillos que había salido de la guerra, se entronizó en las Provincias de Venezuela.

El militarismo, así, marcó a nuestro país desde la Independencia durante todo el Siglo pasado y ha estado presente hasta nuestros días; de manera que incluso, fue a través del militarismo que se aseguró la participación de todas las castas y grupos sociales en el proceso político. El pueblo uniformado venezolano recorrió todas las provincias y buena parte de América. La Independencia la hicieron estas milicias confederadas que luego, con la Federación, se entronizaron en cada Provincia; milicias, que no eran otra cosa que el peonaje rural armado bajo el comando de los terratenientes locales, y que sólo fueron sustituidas por un Ejército Nacional, cuando Juan Vicente Gómez lo construyó a comienzos de este siglo a fuerza de guerras.

En esta forma, todo el Siglo XIX, el cuarto de nuestra historia, desde el punto de vista político fue en definitiva y por encima de todo, el siglo del federalismo y de las Provincias convertidas luego en Estados soberanos; siglo que puede dividirse en dos períodos políticos claramente identificados: primero, el de la formación del Estado autónomo semi-centralizado que trataron de construir los líderes de la Independencia a partir de 1830 y que duró hasta 1863; y segundo, el del Estado Federal que duró hasta 1901.

Después de tres lustros de carnicería civil que fue la guerra de Independencia, los regionalismos políticos que nos venían desde la Colonia salieron fortalecidos. Por tanto, el problema de construir un Estado ya separado de la Gran Colombia, estaba en la necesidad de conciliar esos regionalismos políticos con las fuerzas centrípetas del Poder. Para ello, en medio de la confrontación de poderes, la Asamblea Constituyente de 1830 optó por un modelo de organización política centro federal, como un equilibrio entre los dos sectores de las clases dominantes que se habían ido formando: por una parte, el del Partido Liberal representante de los nuevos hacendados y nuevos ricos regionales militares derivados de las Leyes de Repartos de los antiguos latifundios; y por la otra, el del Partido Conservador, representante de la nueva burguesía comercial que se había consolidado incluso con el abastecimiento de la guerra, con influencia en el gobierno central.

El primero seguía la idea federal para estructurar un gobierno que permitiera a los caudillos militares hacendados regionales mantener el control sobre las Provincias; tras la cual estaba la gran masa de la población no privilegiada ni con capacidad política que venía del trabajo agrícola y cuyo origen remoto estaba mezclado a la esclavitud; el segundo, buscaba la consolidación de un poder central y la estructuración de un Estado Nacional.

Por la confrontación de esos partidos, el Siglo XIX también fue un siglo de revueltas, insurgencias y revoluciones, todas bajo la bandera federal, entre las cuales se destaca la propia Guerra Federal desarrollada entre 1858 y 1863, que por supuesto no fue la única. Entre 1830 y 1858, cada cuatro o cinco años hubo una revolución o revuelta, hasta que entraron en escena las masas rurales, los bandoleros del llano y los campesinos rebeldes, pero sin la conducción que habían tenido en la época de la Independencia; todo en preparación de la próxima guerra civil, social y política que se desarrollaría durante cinco años a partir de 1858, es decir, de las guerras federales.

Con este proceso puede decirse que terminó abruptamente el primer período histórico de la República, que abarcó la primera mitad del Siglo XIX, desde 1811 hasta las guerras federales y que duró algo más de cuatro décadas, la última de las cuales transcurrió en medio de una tremenda crisis política, económica y social que el liderazgo de los antiguos próceres y luchadores de la Independencia no pudo superar.

Es cierto que en 1858 se había reunido la Convención Constituyente de Valencia para traducir en una nueva Constitución los principios de la Revolución de Marzo. Pero como sucede tantas veces en política y ha sucedido tantas veces en nuestra historia, la respuesta necesaria para solventar lo que había sido una larga crisis, lamentablemente había llegado demasiado tarde. Los jefes liberales expulsados por Castro, con Falcón, Zamora y Guzmán a la cabeza, preparaban su invasión con un Programa de Federación, ayudados por las rebeliones locales de campesinos armados que se generalizaron en todo el país. Fue de nuevo una guerra de destrucción y exterminio, la segunda que tuvimos en menos de medio Siglo, que involucró materialmente a todo el territorio nacional mediante un proceso de movilización social horizontal y vertical, que también empujó el proceso igualador entre los blancos ya mezclados de la oligarquía dirigente y las otras razas mezcladas, en una continuidad que se había iniciado en la guerra social de la Independencia. De allí el igualitarismo venezolano.

En todo caso, con el triunfo de la Revolución Federal se inició el segundo período histórico de la República que duró la segunda mitad del siglo pasado. En ese momento Zamora tenía 46 años, Falcón 43 y Guzmán Blanco 34. Una nueva generación había llegado al poder en medio de una brutal crisis, con la tarea de implantar un nuevo esquema de organización política del Estado por el que se había estado luchando desde la propia Independencia: la forma federal que situaba la base del poder en las Provincias, ahora llamadas Estados y en sus jefes políticos y militares. Desapareció con ella todo vestigio de lo que podía configurarse como un Ejército Nacional, y se consolidó el esquema de milicias que organizaban los Estados bajo el mando de los caudillos regionales, ahora Presidentes de Estados. De nuevo apareció el esquema del pueblo en armas como una forma de participación política.

Lo que se ha dicho sobre la supuesta Federación de papel que tuvimos durante el siglo pasado, en mi criterio no es más que el producto de la deformación provocada por la literatura centralista de este siglo. Al contrario, la Federación fue una realidad política, legislativa, militar y administrativa. Ciertamente que fue pobre desde el punto de vista fiscal, pero porque el país todo era paupérrimo, y lo poco que había de ingresos se había ido acaparando por el gobierno nacional. El país continuaba siendo un país agrícola y pastoril, donde los hatos de ganado, las haciendas y plantaciones de cacao y de café dominaban la economía, incluso de las ciudades. La fuerza fundamental de trabajo en las faenas agrícolas, hasta mitades de siglo, había continuado siendo esclava, cambiándose luego a estos, con su liberación, por peones enfeudados.

La Federación, sin embargo, no trajo estabilidad política, por lo que las últimas décadas del siglo pasado también fueron de revoluciones y rebeliones realizadas por los propios caudillos liberales, con sus huestes populares de peones armados. La guerra larga no había acabado con el hábito de rebelión que la había originado. Vino así la Revolución Azul de 1868; seguida por la Revolución de Abril de 1870 comandada ésta por Antonio Guzmán Blanco quien de abogado devenido en guerrillero federal se convertiría en el *primus inter pares* en el esquema federal dominado por los caudillos regionales. En una forma u otra la alianza entre ellos lo mantuvo en el poder hasta 1888.

Al salir Guzmán del poder de nuevo se generó otro gran vacío político en el país que había dominado durante casi dos décadas. La sucesión presidencial condujo al deterioro progresivo del Partido Liberal y la crisis se abrió francamente. De nuevo, como en 1858, se pensó que su solución estaba en una reforma constitucional que apuntaba a la eliminación del Consejo Federal, a la elección mediante sufragio universal, directo y secreto y al restablecimiento de los 20 Estados que habían sido reducidos por Guzmán. De nuevo, el remedio que se quiso dar a la crisis del sistema, fue demasiado tarde.

Pero en 1891, efectivamente se realizó una reforma constitucional promulgada por Andueza sin ajustarse a la Constitución, lo que fue el motivo que necesitaba la Revolución Legalista de Joaquín Crespo, para tomar el poder al año siguiente, en 1892, con la bandera del restablecimiento de la legalidad constitucional violada, pero para terminar haciendo las mismas reformas constitucionales con una Asamblea Constituyente, la de 1893.

El país estaba de nuevo en medio de una tremenda crisis económica por la baja de los precios de exportación del café y del cacao, por el endeudamiento externo e interno que venía arrastrándose desde la época de Guzmán Blanco, y de una crisis política que no concluía, que era efectivamente total, de nuevo por el vacío de poder que existía, al no haber comprendido el liderazgo la necesidad de un cambio inevitable en el proyecto político liberal federal, que ya se había desdibujado.

No hay que olvidar que en la campaña para la elección presidencial de 1897 había participado como candidato liberal de oposición el general José Manuel Hernández, El Mocho, cuya popularidad hacía prever su triunfo. No había encuestas, pero se sabía que era el favorito; y también había formas de coaccionar el voto. Un manejo fraudulento de los comicios o al menos eso se alegó, condujo a la llamada Revolución de Queipa que se extendió a los llanos de Cojedes. El Mocho fue vencido en tierras falconianas y reducido a prisión, pero posteriormente participaría, aun cuando efímeramente, en el gobierno de Cipriano Castro.

Con el gobierno de Ignacio Andrade culminó la extrema descomposición del liberalismo tradicional y del sistema de partidos que se había comenzado a estructurar seis décadas antes, derrumbándose el sistema político iniciado con la Revolución Federal, que se cayó por su propio peso.

Pero para que concluyera este segundo período histórico republicano que abarcó la segunda mitad del Siglo pasado, también era necesario un motivo. Un exiliado político desde los tiempos de la Revolución Legalista, el otrora diputado Cipriano Castro, el 23 de mayo de 1899 invadió el país desde Cúcuta al frente de la Revolución Liberal Restauradora, con la bandera de que la designación de los Presidentes de Estado por el Presidente de la República que había dispuesto el Congreso, violaba la soberanía y autonomía de los 20 Estados de la República recién reconstituidos. En nombre del federalismo venció sucesivamente las tropas gubernamentales, y entró en Caracas el 23 de octubre de 1899. Sólo cinco meses fueron necesarios para que dominara a un país huérfano, sin conducción política y con partidos deteriorados.

Allí terminó el cuarto siglo de nuestra historia y el segundo período de nuestra vida republicana, y se inició el quinto siglo, el actual Siglo XX, el siglo de la consolidación del Estado Nacional, del centralismo político, de la economía petrolera y de la democracia.

Sin embargo, durante el Siglo anterior los venezolanos nos habíamos quedado atrás en la historia. El Siglo pasado había sido, en el mundo occidental, el de la revolución industrial y urbana, el del inicio de la democracia y del surgimiento de un nuevo sentimiento de identidad nacional en los países europeos. En contraste, aquí no habíamos logrado realmente hacer un país ni construir un Estado Nacional. Lo que teníamos eran entidades políticas disgregadas, con centros urbanos paralizados, analfabetismo generalizado, industrias inexistentes, desocupación incluso en el campo y un esquema de gobierno central endeble, con una deuda externa que lo agobiaba y sin un liderazgo que lo condujera, entre otros factores, por el deterioro terminal de los partidos políticos. En definitiva, lo que teníamos realmente era un país de montoneras rurales y caudillos terratenientes que formaban el Partido Liberal; un país de hacendados de cosechas pobres, que no producían más de lo que un Siglo atrás, a finales de la época colonial, ya se producía. En fin la caricatura de una sociedad feudal.

Ese fue el país que recorrió Cipriano Castro al invadir de andinos la capital, como medio Siglo antes lo había hecho Monagas con orientales. Castro, con experiencia política, tenía 41 años y Gómez, sin ella, 42 años. Ambos condujeron al país con mano dura; fue el período de la consolidación del Estado Nacional mediante un proceso progresivo de centralización política, militar, fiscal, administrativa y legislativa, que terminaron con los cien años precedentes de federalismo.

Pero Castro había llegado al poder sin programa alguno, salvo el de "nuevos hombres, nuevos ideales y nuevos procedimientos", es decir, el del cambio pura y simplemente, que además para ese momento era inevitable, como antes lo había sido en la víspera de la guerra federal, y después, lo fue en la víspera de la Revolución de Octubre de este Siglo y está ocurriendo precisamente en estos mismos tiempos presentes; cambio que por supuesto no se produjo de la noche a la mañana, como ningún cambio político se ha producido en la historia. Tomó varios lustros de crisis y de luchas.

La crisis económica agravada por la negativa de los banqueros locales de otorgar nuevos préstamos al Gobierno, que estaba quebrado, y la reacción de Castro provocaron la rebeldía de los líderes liberales tradicionales, que por temor a lo que significaba el Mocho Hernández habían permitido que Castro tomara el Poder. Entraron en guerra contra el gobierno, por lo que de nuevo, a partir de 1900, el país recomenzó a estar infectado de guerrillas. Para luchar contra ellas había que permitir que el gobierno pudiera transformar el aluvional Ejército Restaurador triunfante en un verdadero Ejército Nacional, y eso fue lo que permitió la Asamblea Constituyente de 1901, otra de las grandes Asambleas Constituyentes de nuestra historia, al comenzar la modificación de la distribución del Poder Territorial y empezar a poner fin al federalismo. La reforma constitucional de 1901, en efecto, eliminó la norma que desde 1864 prohibía al Poder Central situar fuerzas y Jefes militares con mando en los Estados, sin el acuerdo de los jefes políticos locales, nacionalizando además todos los pertrechos y las armas de guerra que existían en la República.

Por primera vez en nuestra historia se nacionalizaron las armas y la guerra. Con esos instrumentos el Vicepresidente Gómez recorrió toda la geografía nacional en una nueva guerra, esta vez central, pero contra los caudillos regionales a quienes venció una y otra vez, incluyendo los de la Revolución Libertadora de Manuel Antonio Matos. Con el triunfo militar de Ciudad Bolívar de 1903 no sólo concluyeron cuatro años de guerra, sino que se procedió a otra reforma constitucional, la de 1904, que eliminó definitivamente toda posibilidad para los Estados de tener fuerzas o milicias propias. Con ello los caudillos regionales no pudieron jamás volver a congregar ejércitos personales para asaltar el poder, abriéndose la vía para la consolidación de un Ejército Nacional, concluyendo así cien años de guerras civiles y de montoneras.

Con el enjuiciamiento de Castro en 1909, como autor intelectual del asesinato de Antonio Paredes, Gómez dio un golpe de Estado apoderándose del Poder, lo que legalizó con una nueva reforma constitucional en 1909, donde reapareció un Consejo de Gobierno en el cual ubicó a todos los caudillos liberales desocupados que quedaban y que aún campeaban sin milicias en el país, incluyendo al mismo Mocho Hernández.

Con la elite que lo rodeó, deslastrada de tanto guerrillero rural, inició el proceso de centralización política del país que en definitiva se configuró como un proyecto político de consolidación del Estado Nacional. Gómez, como Comandante en Jefe del Ejército Nacional, quedó convertido en el amo del Poder y de la guerra hasta su muerte, con lo que impuso la estabilidad política y la paz, muchas veces en los sepulcros.

Consolidado su poder político y militar procedió a centralizar el aparato del Estado con las importantes reformas comandadas, a partir de 1918, por el Ministro Román Cárdenas, culminando el proceso con la reforma constitucional de 1925, que concluyó el diseño del Estado Centralizado Autocrático que caracterizó el período gomecista, y cuyos principios autocráticos rigieron hasta la Revolución de Octubre de 1945, continuando luego los principios centralistas hasta nuestros días.

Para 1925, además, lo que en los primeros lustros de este Siglo aparecía como borroso, en el Presupuesto de ese año ya estaba claro: la renta petrolera había llegado a ser el renglón más importante de ingresos, significando un tercio de la renta interna, lo que al final del período gomecista haría que la renta minera llegara a proporcionar más de la mitad de la renta global, y Venezuela sería entonces el segundo país productor y explotador de petróleo del mundo. Con el petróleo el país de los hacendados y de la agricultura que nos había sostenido durante más de cuatro Siglos, quedaría relegado totalmente; los viejos caudillos rurales habían sido definitivamente expulsados o desplazados, y con ellos las penurias de las pobres cosechas.

Se inició así, el modelo de Estado petrolero y de la sociedad dependiente del ingreso petrolero del Estado, en la cual materialmente nadie contribuye pero todos piden y esperan del Estado, porque los contribuyentes esenciales antes eran las empresas concesionarias de hidrocarburos, y ahora son las empresas de la industria petrolera nacionalizada.

Con la muerte de Gómez, a partir de 1936 puede decirse que indudablemente comenzó el surgimiento de una nueva Venezuela, no sólo desde el punto de vista político sino también desde el punto de vista económico y social, precisamente en virtud de los efectos de la explotación petrolera. En esos años la movilidad social se había acentuado; el antiguo campesino se había convertido en obrero petrolero y las ciudades comenzaron a ser progresivamente invadidas por todo tipo de buscadores de oportunidades que el campo no daba, iniciándose el proceso de marginalización de nuestras ciudades tan característico de la Venezuela contemporánea. La riqueza fue más fácil y a veces gratuita, quedando desvinculada del trabajo productivo. El petróleo así, enriqueció, pero también impidió que se llegara a implantar al trabajo como valor productivo de la sociedad, precisamente cuando el mundo vivía la más extraordinaria de las revoluciones industriales y se hubiera podido construir la etapa de despegue del desarrollo de nuestro país.

Ciertamente, a partir de 1936 resurgió paulatinamente el ejercicio de los derechos políticos y de las libertades públicas inexistentes cuando Gómez, y se inició la marcha del país en el campo demográfico, social y cultural que se había paralizado durante un cuarto de Siglo; pero ello ocurrió en un país que continuaba atrasado, ignorante de lo que sucedía en el mundo y abiertamente saqueado por inversionistas extranjeros con sus aliados criollos.

Con la reforma constitucional de 1936, promulgada por Eleazar López Contreras, se inició el lento proceso de transición de la autocracia a la democracia, siendo el período de López testigo del nacimiento de los movimientos obreros y de masas y de las organizaciones que desembocaron en los partidos políticos contemporáneos y cuyo inicio estuvo en los movimientos estudiantiles de 1928. En 1941, en plena II Guerra Mundial, a López lo sucedió Isaías Medina Angarita, su Ministro de Guerra y Marina como López antes lo había sido de Gómez, hecho que si bien significó en cierta medida la repetición dinástica del gomecismo, no detuvo, sino más bien alentó la continuación de la apertura democrática.

Pero ya en la Venezuela de 1945 esa tímida apertura no era suficiente. A pesar de las importantísimas reformas legales que Medina realizó para ordenar la explotación petrolera y minera y hacer que las concesionarias pagasen impuestos; y a pesar de existir ya un país más abierto al mundo en la víspera del inicio de la democratización contemporánea provocada por el fin de la II Guerra Mundial, el liderazgo medinista no supo interpretar la necesidad de una sucesión presidencial mediante sufragio universal y directo. Lamentablemente, de nuevo, aquí también como tantas veces antes en la historia, la incomprensión del momento político encegueció al liderazgo perdido en tratar de imponer un candidato de origen andino para su elección por el Congreso, ante la sombra de López Contreras que amenazaba con su propia candidatura.

La Revolución de Octubre de 1945, provocada por la confusión candidatural generada por el liderazgo andino, de nuevo llevó a los militares al poder con una mediatización temporal sin embargo, por el apoyo que le dió el partido Acción Democrática a la Revolución, que hizo gobierno a sus líderes. En todo caso, Pérez Jiménez, tenía 31 años; Rómulo Betancourt, 37 años; Raúl Leoni, 40 años y Gonzalo Barrios y Luis Beltrán Prieto Figueroa, 43 años.

No es el momento de juzgar a la Revolución de Octubre; en realidad tenemos cincuenta años juzgándola y en todo caso, ya quedó en la historia. Lo importante a destacar es que seguramente se habría evitado si no es por la miopía política del liderazgo del lopecismo y del medicinismo, es decir, de los sucesores del régimen de Gómez, en entender lo que habían hecho y logrado en sólo una década entre 1935 y 1945. Para esta fecha, fin de la II Guerra Mundial, ciertamente que ya estaban en otro país totalmente distinto al que había dejado el dictador a su muerte, tanto desde el punto de vista político como social y económico. Ellos lo habían cambiado todo al comenzar e impulsar la apertura democrática; pero a la hora en que esta podía conducirlos a perder el control del poder, se cegaron en cuanto a la senda que debían continuar. Fueron incapaces de comprender y reconocer desde el punto de vista democrático, que la extraordinaria obra que habían realizado de abrir el país a la democracia, requería de un paso más que permitiera la abierta participación electoral de los partidos de masas que bajo su ala se habían constituido, con el riesgo, por supuesto, de que estos pudieran ganar la elección. Ese era quizás el precio que tenían que pagar por la continuación del proceso democrático. Reformaron la Constitución en abril de 1945, pero no fueron capaces de establecer la elección directa para la elección presidencial, ni el voto femenino salvo para las elecciones municipales, y seis meses después de la flameante reforma constitucional, les salió el lobo materializado en la Revolución de Octubre, con la bandera de establecer el sufragio universal y directo, enarbolada por el partido Acción Democrática.

La incomprensión del liderazgo de lo ocurrido en la década que siguió a la muerte de Gómez, puede decirse que hizo inevitable la Revolución para hacer lo que aquél no había entendido como indispensable: terminar de implantar la democracia mediante el sufragio universal, directo y secreto. Ello, por supuesto, podía acabar democráticamente con la hegemonía del liderazgo andino, lo que en efecto ocurrió en el mediano plazo pero mediante un golpe militar, con todas las arbitrariedades, injusticias y abusos que acompañarían a un gobierno originado en un hecho de fuerza.

Las generaciones y el liderazgo político tienen la obligación de entender, en momentos de crisis, cual es el precio que hay que pagar para el mantenimiento de la paz, y en nuestro caso actual, para el perfeccionamiento de la democracia. Ese es el reto que tuvieron en 1945; y es el que hoy mismo tenemos.

En 1945 no quisimos identificarlo y se inició en Venezuela el cuarto de los grandes ciclos políticos de la época Republicana. El Estado Centralizado Autocrático de la primera mitad del Siglo XX comenzó a ser sustituido por el Estado Centralizado Democrático que encontró su marco constitucional en la Asamblea Constituyente de 1946, otra de nuestras grandes Constituyentes, que sancionó la Constitución de 1947. Su texto es, básicamente, el mismo que el de la vigente Constitución de 1961 la cual, sin embargo, se dictó sobre una base política democrática que no existía en 1946: la del pluralismo. La diferencia abismal que existe entre una y otra, por tanto, no radica en el texto mismo de la Constitución que es casi igual, sino en su base política: en la Constituyente de 1946 no estaban presentes todos los actores políticos, pues el medinismo estuvo ausente; en el Congreso de 1961, en cambio, si estaban todos los actores políticos de manera que la Constitución respondió a un consenso o pacto para la democracia, sin exclusiones.

Lamentablemente fue necesaria una década de dictadura militar para que los venezolanos que se habían definido como proyecto político el implantar a juro la democracia en Venezuela, con Rómulo Betancourt a la cabeza, se dieran cuenta que la democracia no podía ni puede funcionar sobre la base de la hegemonía de un partido único o casi único sobre todos los otros, ni con exclusiones, sino que tiene que tener como soporte el pluralismo partidista y de ideas, donde el diálogo, la tolerancia, la negociación y la conciliación sean instrumentos de acción. El Pacto de Punto Fijo de 1958, firmado por los líderes políticos de los tres partidos fundamentales, Acción Democrática, Copei y Unión Republicana Democrática, fue el producto más depurado de la dolorosa experiencia del militarismo de los años cincuenta, precisamente con el objeto de implantar la democracia, dando sus frutos plenos en las décadas posteriores.

En esa tarea los partidos políticos asumieron el papel protagónico; por eso el Estado que comenzó a desarrollarse en 1958 fue un Estado Democrático Centralizado de Partidos; y tuvieron un extraordinario éxito: la democracia se implantó en Venezuela; pero lamentablemente, de Estado de Partidos se pasó a Partidocracia, pues los partidos se olvidaron que eran instrumentos para la democracia y no su finalidad.

Asumieron el monopolio de la participación y de la representatividad en todos los niveles del Estado y de las sociedades intermedias, lo que sin duda había sido necesario en el propio inicio del proceso. Pero con el transcurrir de los años se olvidaron abrir el cerco que tendieron para controlarlo y permitir que la democracia corriera más libremente. Y al final del último período constitucional de la década de los ochenta, la crisis del sistema se nos vino encima cuando el centro del poder político definitivamente se ubicó afuera del Gobierno y del aparato del Estado, en la cúpula del Partido que en ese momento dominaba el Ejecutivo Nacional, el Congreso y todos los cuerpos deliberantes representativos; que había nombrado como Gobernadores de Estado incluso a sus Secretarios Generales regionales, y que designaba hasta los Presidentes de cada uno de los Concejos Municipales del país. El gobierno del Partido Acción Democrática durante la presidencia de Jaime Lusinchi, sin duda, ha sido el peor de los gobiernos de la democracia, no porque todos los otros hayan sido mejores en sus ejecutorias, sino porque hizo todo lo contrario de lo que reclamaban las más de dos décadas de democracia que teníamos cuando se instaló, que era la apertura frente a la autocracia partidista que se había desarrollado y la previsión de nuevos canales de participación y representatividad. Fue el Gobierno donde más se habló de reforma del Estado para precisamente no hacer nada en ese campo, sino todo lo contrario, pues en ese período de gobierno fue que apareció la Partidocracia con todo su espanto autocrático. Afortunadamente al menos, de esa época quedaron los estudios de la Comisión Presidencial para la Reforma del Estado.

El Caracazo de febrero de 1989, a escasos quince días de la toma de posesión del nuevo Presidente electo por segunda vez, Carlos Andrés Pérez, fue el signo trágico del comienzo de la crisis del sistema de Estado de Partidos, seguido de los dos intentos militaristas de golpe de Estado de febrero y noviembre de 1992, los cuales, además de atentatorios contra la Constitución costaron centenares de vidas. Sin embargo, asombrosamente hoy el partido Movimiento al Socialismo los califica como una "conducta democrática" de los militares para expresar su descontento. Estos podrán estar arrepentidos de la intentona golpista, pero de que no fue democrática no hay duda, sobre todo si se releen los proyectos de Decretos que planeaban dictar.

En la historia, todos los acontecimientos tienen sus raíces en un proceso que siempre viene germinando desde mucho antes y finalmente brotan, a veces en la forma violenta, trágica o dramática de una revolución o de una guerra. La crisis del sistema político establecido en 1958 para operar la democracia que hoy tenemos, y que desde hace años nos angustia, precisamente tiene sus raíces en las décadas anteriores de democratización. Y si todavía hoy tenemos democracia, diez años después del afloramiento de la crisis, sólo se debe a los remedios inmediatos de terapia intensiva, pero incompletos, que se le suministraron al sistema al inicio del segundo gobierno de Carlos Andrés Pérez, con el comienzo del proceso de descentralización política, mediante la revisión constitucional que se hizo con la elección directa de Gobernadores y el inicio de la transferencia de competencias nacionales a los Estados, reformándose el viejo y dormido esquema federal.

Y en el futuro, no tengo la menor duda, en este país seguirá habiendo democracia sólo en tanto en cuanto seamos capaces de entender que una vez que quedó consolidada, tiene que efectivamente descentralizarse, es decir, se hace necesario acercarla más al ciudadano, para que pueda participar en ella; y esto sólo puede lograrse llevando al Poder cerca de las comunidades, organizaciones o regiones; es decir, descentralizando el Poder. Sin descentralización efectiva del Poder la democracia, en el futuro, no podrá sobrevivir.

La experiencia universal, por otra parte, nos enseña que no hay democracia occidental consolidada después de la Segunda Guerra Mundial, que no se haya descentralizado. Es un fenómeno universal producto de la democratización, que ha llegado a convertirse en condición para su sobrevivencia. Por ello es que no existen autocracias descentralizadas.

Pero sin duda, aquí, a pesar de todas las advertencias, las reformas en tal sentido las iniciamos demasiado tarde, sin anticiparnos a la crisis como hay que hacerlo, y más bien en medio de ella. Hoy por hoy, por tanto, la crisis de la democracia, de su consolidación y afianzamiento, ya no se puede solucionar con una simple reforma constitucional, sino abriendo efectivamente nuevos canales de representatividad y participación democrática para llenar el vacío que nos ha dejado el deterioro de los partidos políticos tradicionales y que de nuevo han colocado al país en una orfandad política; participación que por supuesto, ya no puede ser la del pueblo armado en milicias que originó el caudillismo del siglo pasado, y sobre lo cual más de uno esta soñando. Al contrario, el reto que tenemos los venezolanos es el de formular un nuevo proyecto político democrático que sustituya el Estado Centralizado de Partidos por un Estado Descentralizado Participativo.

Con toda la frecuencia imaginable decimos que en nuestro país, simplemente, no tenemos Estado de Derecho; en verdad casi no lo tenemos, pero para reconstruirlo no basta con reformar unos artículos de la Constitución, ni con decretar la disolución del Congreso y la destitución de todos los jueces, ni con llenar de militares o ex-militares los cargos ejecutivos. Así no se logra crear el Estado que necesitamos para entrar al Siglo XXI. En esa forma, ni de la noche a la mañana ni por Decreto se puede organizar un gobierno que efectivamente gobierne; una Administración Pública eficiente que preste los servicios públicos necesarios a satisfacción de los usuarios convertidos en contribuyentes productivos; en esa forma no se establece una efectiva Administración de Justicia que la imparta rápida e independientemente, ni se crea un Congreso que efectivamente legisle y controle. La tarea de hacer o rehacer el Estado es la tarea de al menos una generación, para lo cual en democracia no hay otra forma de lograrlo que no sea sino mediante un acuerdo político de largo alcance, que la verdad es que ya no lo pueden hacer como en otros tiempos, los líderes de unos cuantos partidos políticos cada vez más deteriorados, pues ahora habría que incluir a muchos otros nuevos actores políticos.

Es decir, el asunto ahora es mucho más complejo, por lo que para resolver la crisis de esta segunda transición democrática en la cual nos encontramos, en mi criterio no tenemos otra salida en el futuro, que realizar un proceso de reconstitución democrática del sistema político, convocando democráticamente a una Asamblea Constituyente; y por supuesto, no porque ahora la hayan descubierto y la propongan algunos candidatos presidenciales, sino porque en la historia constitucional en un momento de crisis terminal de gobernabilidad y de perdida de legitimación del Poder, no hay otra forma de reconstituir al Estado y al sistema político que no sea mediante una convocatoria al pueblo. La idea de la Asamblea Constituyente, por tanto, no es ni puede ser una propuesta partidaria de uno u otro candidato presidencial, pues pertenece a todos.

En la Venezuela actual, esta idea de la convocatoria a una Constituyente la planteó el Grupo de Estudios Constitucionales hace seis años, precisamente a las pocas semanas del intento de golpe militarista que motorizó Hugo Chávez Frías contra el gobierno de Carlos Andrés Pérez y, gústele o no, contra la Constitución y la democracia. El planteamiento lo formulé un mes después de ese acontecimiento en el Aula Magna de la Universidad de Los Andes, en Mérida, en una Asamblea convocada precisamente para tratar el tema; y fue objeto de debate público durante los meses subsiguientes. En ese tiempo no sólo la sugirió el Consejo Consultivo designado por el Presidente Pérez a raíz del golpe, sino que llego a ser incluido en el Proyecto de Reforma General de la Constitución que motorizó el Presidente Caldera en el Congreso.

Los venezolanos somos muy dados a olvidar la historia, incluso la reciente. Los mismos motivos que nos llevaron a proponer en 1992 la necesidad de una consulta popular sobre la Constituyente son los que ahora, agravados, nos llevan a pensar que ésta es inevitable para reconstituir el sistema político y el Estado.

El reto que hoy tenemos los venezolanos entonces, es darnos cuenta definitivamente de cuál es la disyuntiva real que tenemos planteada: o convocamos democráticamente la Constituyente para reconstituir el sistema político en ejercicio de nuestros propios derechos democráticos, o nos la van a convocar quizás después de conculcárnoslo por algún tiempo o por ahora, que siempre es un tiempo impreciso por arbitrario.

La fórmula legal para llegar a ella, de la cual carecíamos en 1992, está ahora en el referéndum consultivo que regula la Ley Orgánica del Sufragio y Participación Política, que atribuye la decisión para convocarlo al Presidente de la República en Consejo de Ministros; a las Cámaras Legislativas en sesión conjunta o a un grupo equivalente al 10% de los electores.

De nuevo nos encontramos en la situación de que está en manos de los Poderes del Estado la decisión para que en las próximas elecciones de diciembre se incluya o no una tercera tarjeta para efectuar la consulta sobre el tema de la convocatoria a una Constituyente y salgamos de una vez del asunto en forma democrática, de manera que si el voto es afirmativo como lo sería según lo que informan las encuestas, el Congreso que elegiremos en diciembre tendría como tarea inmediata prioritaria, por mandato popular, no por un acuerdo de partidos o por una propuesta política aislada, proceder a la enmienda de la Constitución para regular la Constituyente y así poder convocarla constitucionalmente.

En esta situación de crisis terminal no hay que temerle a una Constituyente convocada democráticamente, es decir, no hay que temerle a la democracia, siempre que tengamos claro que su sola convocatoria y funcionamiento no va a acabar con los problemas del país; a lo que tenemos que temerle es a la incomprensión del liderazgo político sobre lo que está ocurriendo.

En todo caso, lo que sí debemos evitar es que se proceda a su convocatoria sin previsión constitucional, como algunos han anunciado; y que de golpe resucitemos otra Revolución Legalista como la de fines del siglo pasado que tuvo su origen, precisamente, en una reforma constitucional hecha irregularmente.

Una Asamblea Constituyente en estos tiempos en momentos de crisis política generalizada, no es otra cosa que un mecanismo democrático para formular un proyecto de país, como lo fueron las grandes Constituyentes de 1811, 1830, 1864, 1901 y 1947, pero con la diferencia de que aquellas fueron el resultado de una ruptura política y no el mecanismo para evitarla. En estos tiempos de crisis de la democracia, una Constituyente es para que las fuerzas políticas puedan llegar democráticamente a un consenso sobre ese proyecto de país. Por eso lo importante es que la democracia la asuma como cosa propia, por supuesto con el riesgo para el liderazgo de poder perder el control del poder que los partidos tradicionales han tenido durante 40 años. Ese, quizás, es el precio que hay que pagar para que la democracia continúe. Identificarlo es la tarea histórica que tenemos por delante.

La Constituyente así planteada, por supuesto, no es para destruir ni para excluir como también se ha venido sugiriendo por algunos, pues para establecer cualquier forma de autocracia o de autoritarismo no es necesario Constituyente alguna, más bien sería un estorbo y un enredo.

La conclusión de la crisis terminal en la cual nos encontramos, por tanto, hoy por hoy, no es otra que reconstituir el sistema político para lo cual no sólo debe seguir siendo democrático, sino ser más democrático. Esto, en realidad, debieron haberlo asumido en su momento los partidos políticos; no lo hicieron ni lo han hecho hasta ahora; pero si quieren salvar la democracia tendrán que hacerlo en un futuro próximo.

En cierta forma el país lo que esta reclamando hoy a los partidos políticos, es lo que en su momento los líderes históricos de Acción Democrática le reclamaron al medinismo en los inicios de los años cuarenta: más democracia; pero lamentablemente hoy los partidos tradicionales tienen el mismo grado de incomprensión de lo que en este país ha ocurrido, precisamente a causa de ellos, que es la democratización. Esta incomprensión ha llevado al deterioro de los partidos, y con ello al vacío de poder y de liderazgo que actualmente tenemos.

Hoy por hoy, por ello, realmente ninguna de las opciones electorales presentadas podría considerarse un salto al vacío, todas son producto de la crisis que ciertamente nos ha conducido a un vacío político, entre otros factores porque los partidos de gobierno y oposición, particularmente durante los últimos cinco largos años, no entendieron lo que en este país estaba ocurriendo, pues los reclamos de más democracia se vienen planteando desde mucho atrás.

Pero el problema, como señalamos, hoy es más grave de lo que nos imaginamos y quizás ya sea tarde para muchas de las decisiones que se debieron adoptar hace 10 años o más. La crisis llegó a su etapa terminal, y lo peor que podemos hacer es que el sentimiento de culpa nos ciegue y los deseos que tengamos los confundamos con realidades que no son.

En tal sentido, y aparte de la legítima tarea de cada candidato y de cada partido en presentar en estas elecciones una cara o máscara propia y distinta para buscar votos, lo que si es necesario es que tengamos claro que en la situación actual, ninguno de los candidatos ni partidos aisladamente parece estar en capacidad de asegurar la gobernabilidad democrática después de las elecciones, pues probablemente ningún partido llegue a obtener la mayoría parlamentaria, y aunque así fuera, ello no sería suficiente; precisamente en un año en el que el nuevo gobierno tendrá que enfrentarse a una de las más grandes crisis económicas que hemos tenido en los últimos años, que deriva de la caída de los precios del petróleo. No es ya la crisis financiera interna la que va a agobiar al Estado, sino la crisis global del propio Estado petrolero.

Y ella, que va aparejada a la crisis política como siempre ha sucedido en la historia, sólo puede enfrentarse con un acuerdo que garantice la gobernabilidad.

De eso precisamente se trata la democracia: de acuerdos, de consenso, de disidencias, de discusiones y de soluciones concertadas o votadas. Me espantó leer en meses pasados todos los epítetos inimaginables que salieron de las cuevas y trincheras políticas, cuando el Profesor Luis Castro Leiva planteó en el Congreso este mismo problema de la gobernabilidad, y de la necesidad de un acuerdo político futuro para asegurar la gobernabilidad democrática. Lo insólito es que si no lo hay, lo que vamos a perder es la propia democracia y quizás a ello están apuntando unos cuantos, utilizando, por cierto, a muchos ingenuos.

Un acuerdo que asegure la gobernabilidad, por supuesto, conlleva el pago de un precio por la paz y la democracia por parte de cada uno de los que quieran que éstas continúen. No es que estemos planteando la disyuntiva electoral en términos de democracia o guerra civil como algún candidato lo ha hecho, pues en definitiva ni la democracia ni la Constituyente son ni pueden ser monopolio de algún candidato. Es de todos y la guerra civil con la que se nos amenaza como una posibilidad que puede estar a la vuelta de la esquina, tiene que ser la aversión de todos.

La democracia venezolana se mantuvo por cuarenta años gracias a que Acción Democrática abandonó el exclusivismo sectario de los años cuarenta, y tuvo que comprender por la represión de la dictadura militar, que en estas tierras no podía pretender gobernar ni con exclusiones ni con un partido único mayoritario que impusiere su voluntad; y que había que llegar a un acuerdo de gobernabilidad democrática con los partidos existentes, así fueran minoritarios. Ese fue el Pacto de Punto Fijo, y ese acuerdo hizo posible la sobrevivencia del sistema.

Pero esos Pactos, por supuesto se acabaron, porque cuarenta años después el país es otra cosa; la democracia centralizada de partidos conducida por partidos regidos por el principio del centralismo democrático, quedó en la historia, es decir, se acabó; y para que la democracia sobreviva, por supuesto, hoy no pueden revivirse ninguno de aquellos Pactos que también quedaron en la historia. Esto está claro, pero no por ello resulta que no se requiera de otro acuerdo político de mucho mayor espectro para definir el Estado democrático que queremos para las próximas décadas, que es lo que tenemos planteado por delante.

Por supuesto, ya no puede ser el Acuerdo Nacional que han propuesto algunos partidos y líderes políticos, formulado tardíamente por cierto, como tantas otras veces ha ocurrido en nuestra historia. No, como señalamos, ahora el asunto es más complejo, más democrático: el acuerdo no puede ser ya lo que todavía pudo haber sido hace décadas, es decir, un documento al estilo del de Punto Fijo, firmado por tres, cinco o diez líderes políticos. En aquel entonces ellos representaban la democracia, eran los únicos que representaban la militancia democrática, pues el país no lo era. Ahora la situación es otra, la mayoría de los venezolanos somos demócratas y la democracia se desparramó por todos los rincones de esta tierra, de manera tal que estoy seguro que ninguno de nosotros se sentiría representado si sólo tres, cinco o diez líderes, de los de siempre, llegasen a un pacto para gobernar.

La propia democracia complicó las cosas, para bien ciertamente, y ahora tiene que haber muchos más convidados al acuerdo, no sólo partidos y organizaciones intermedias de la sociedad civil sino por sobre todo, intereses regionales de los nuevos centros de poder que para bien democrático se han desarrollado en las provincias. Hace todavía treinta años bastaba que luego de hablar con el Alto Mando Militar se reunieran Betancourt, Caldera y Villalba con los Presidentes de la Confederación de Trabajadores de Venezuela y de Fedecámaras, y quizás el Arzobispo de Caracas y algún otro dirigente partidista -pocos-, para que cualquier situación político-económica encontrase solución. Hoy ya eso no es así, ni puede serlo.

Ese necesario Acuerdo que se requiere para asegurar la gobernabilidad futura, por tanto, es mucho más complejo que el de 1958, requiere de la participación de muchos nuevos actores y por sobre todo, requiere de un mecanismo que les garantice su representatividad democrática. Pero precisamente, la crisis hoy, ya impide la identificación precisa de todos los actores políticos actuales; por eso la idea de la Constituyente para convocarlos democráticamente, como un medio para garantizar la participación de todos los actores, sin exclusiones, con el objeto de reconstituir el sistema político para la gobernabilidad democrática en el futuro; donde por supuesto, quedarán rechazadas todas las fantasmagóricas ideas de clara inspiración totalitaria como las de un Poder Moral o fórmulas por el estilo.

El próximo Congreso claro que hubiera podido ser tal Constituyente, siempre que lo eligiéramos como tal; pero también ya es tarde; los candidatos y sus partidos ya entraron en las talanqueras con criterio tradicional de elección como lo demuestra el espectáculo de las alianzas de planchas, por lo que seguramente el Congreso que resultará electo en diciembre será más o menos del mismo género de la última Legislatura, un desastre.

Pero incluso, mientras la Constituyente se inventa, si es que democráticamente lo logramos, para enfrentar los problemas del fin de Siglo en todo caso, es indispensable desde ya tratar de llegar a establecer unas reglas mínimas de juego político que permitan enfrentar de inmediato la crisis económica, que es de verdad, y que exige comenzar a adoptar medidas de mediano y largo plazo. No hay que olvidar que el próximo gobierno estará más atado que ningún otro por la situación de la economía petrolera, con reservas internacionales en descenso, medidas monetarias ineficaces que han llegado al límite de amenazar otra crisis financiera, y servicios públicos deficientes que impiden pensar en restringir el gasto público. El próximo gobierno no podrá, por arte de magia, hacer de este un país productivo en meses, y tendrá que adoptar medidas de ajuste tan o más complicadas que las que el populismo impidió adoptar al Presidente Carlos Andrés Pérez y que a regañadientes adoptó, en parte, el Presidente Caldera.

Para todo esto, incluso, no puede esperarse hasta el año que viene, pues el mundo se nos va a venir encima; los candidatos presidenciales y los partidos que los apoyan tienen la obligación, ahora, de llegar a esas reglas de juego y tener la determinación democrática necesaria para plantearlo, aún cuando con ello no produzcan votos, de manera que no sólo digan lo que la gente quiere oír, sino lo que el país necesita, rectificando si es necesario.

Este momento, como recientemente lo decía el Provincial de los Jesuitas, Arturo Sosa, S.J.,

"... es de alta esperanza, porque es una ocasión creadora. Pocas generaciones tienen la oportunidad de estar en un proceso de definición de su futuro como ahora. Hay que inventar, lo que no se puede es no hacer nada...."

Pero la historia también nos enseña que esa oportunidad creadora, muy lamentablemente, muchas veces se ha perdido. Sucedió con la crisis que comenzó a aflorar en los años que precedieron a la Revolución Federal, con dos reformas constitucionales y una Constituyente tardía, la de 1858; sucedió con la crisis de fin del Siglo pasado, también con dos reformas constitucionales y otra Constituyente tardía y mal convocada, la de 1891; y sucedió con la crisis de los cuarenta, con una reforma constitucional y una Constituyente exclusionista, la de 1946. En ninguna de esas ocasiones el liderazgo pudo inventar nada nuevo para cambiar lo que era indispensable e inevitable cambiar, y fue necesaria la Guerra Federal para llegar a la Constituyente de 1863; fue necesaria la otra guerra de Gómez contra los caudillos federales para llegar a la Constituyente de 1901; fue necesario el golpe de Estado del 18 de octubre para llegar a la Constituyente de 1946; y fue necesario el militarismo de los años cincuenta para llegar al Congreso reconstituyente de 1958.

Lo que no hay derecho en este fin de Siglo XX, en la época de las comunicaciones inmediatas, interactivas y virtuales es que el liderazgo político no invente, y nos tenga a toda la población como espectadores de una función que ha terminado, a la espera de que suba el telón pero sin que nadie sepa a ciencia cierta del espectáculo que vamos a tener, y que en la actualidad puede ser cualquier cosa. Por ello, lo que no hay derecho es que en un país que ahora es democrático, tengamos que esperar, de nuevo, como tantas veces en la historia, una ruptura política para llegar a la Constituyente.

El reto que hoy tenemos es el de asegurar que el cambio inevitable que se va a producir, similar al que hemos tenido en otros períodos de nuestra historia, sea democrático, para lo cual se necesita de una estabilidad política que garantice la gobernabilidad, de manera que si ésta no se asegura desde ahora, puede que el colapso definitivo de la democracia esté próximo.

En esta situación, hay que tener claro que al poder, en democracia, no se llega ni se puede pretender llegar por las buenas o por las malas; se llega con votos, gústele o no a quien quiera gobernar. Pero el problema real hoy, no es ya llegar al poder, es qué hacer una vez que se llegue a él y sobre esto los venezolanos hemos oído muy poco en esta campaña electoral, salvo algunas frases cohete que sirven para cualquier cosa.

Tenemos por delante, por tanto, un proceso de cambio inevitable, una revolución que está corriendo como río subterráneo bajo nuestros pies, y que aparte del cambio generacional que implica, conduce a que en el futuro tengamos que realizar la "revolución pendiente" de la cual nos hablaba hace poco el Rector de la Universidad Católica Andrés Bello, Luis Ugalde, S.J., consistente, nada menos, que en:

"... la superación de la pobreza y del empobrecimiento de la mayoría de los venezolanos y la recuperación de la eficacia del Estado en sus tareas más específicas y propias"

Por ello, en este momento, desde el punto de vista político, lo más peligroso para la democracia no es que gane un candidato u otro, pues todos tienen el derecho de competir y de ganar democráticamente, sino que no se transforme la propia democracia y se pretenda edificar un nuevo régimen sin cambio alguno, que sea más de lo mismo, o que pretenda suprimir la democracia y tenga como sustento el uso arbitrario de la fuerza.

Lo que está en juego, por tanto, en definitiva, después de cuarenta años de su manejo centralista por los partidos, es la propia democracia. Para que sobreviva, tiene que ser consolidada en todo el territorio nacional y no sólo en las cúpulas partidistas en Caracas; es decir, tiene que ser afianzada y arraigada en todos los pueblos, comunidades, organizaciones, regiones y Estados. Para ello, de nuevo, no hay otra forma de garantizar su sobrevivencia que la descentralización política, y si bien la descentralización por si sola no soluciona todos los males políticos, mediante ella es que se puede participar. Por ello, en mi criterio, si hay un termómetro infalible para determinar el grado democrático de las propuestas electorales de cualquiera de los candidatos o partidos en estos momentos, en Venezuela, es su concepción sobre la descentralización política del país.

La descentralización, por último, no lo olvidemos, ha sido el signo de nuestra historia: por ser Provincias coloniales pobres durante los primeros tres Siglos de nuestra historia, fuimos altamente descentralizados, originándose un poderoso poder local que se arraigó en los Cabildos; el cuarto Siglo, el pasado, fue el del Federalismo ciertamente disgregante, que en un país que no había logrado consolidarse como Estado Nacional, nos llevó a la ruina; y el presente, que está terminado, ha sido el Siglo del Centralismo, tanto para construir el Estado Nacional como para implantar la democracia.

Hecho esto, para reformular ese Estado Nacional y para precisamente preservar la propia democracia, ahora el péndulo necesariamente tiene que moverse de nuevo hacia la descentralización política y participativa. Entender esto, históricamente y con visión democrática, es lo que todos tenemos por delante, precisamente cuando celebramos estos quinientos años de la llegada de Colón a las Costas de Venezuela.

Lo que tenemos que rogar es que ojalá que esta próxima elección no sea otra muestra de incomprensión del liderazgo en producir los cambios políticos necesarios, esta vez para asegurar la sobrevivencia de la democracia; y ojalá por tanto, que este nuevo fin de período histórico político que estamos viviendo, del que se inició en 1945, no sea colocado por los futuros historiadores, en la misma constante que hemos tenido en nuestra historia, de necesaria ruptura político-constitucional para pasar al siguiente período. Los venezolanos de estos tiempos, no nos lo merecemos.

SECCIÓN SEGUNDA:

REFLEXIONES SOBRE LA CRISIS DEL SISTEMA POLÍTICO, SUS SALIDAS DEMOCRÁTICAS Y LA CONVOCATORIA A UNA CONSTITUYENTE (1998)

Texto de la "Presentación" al libro editado por la Academia de Ciencias Políticas y Sociales, titulado *Los Candidatos Presidenciales ante la Academia, Ciclo de Exposiciones 1998*, (Presentación y organización de la edición por **Allan R. Brewer-Carías), Academia de Ciencias Políticas y Sociales, Caracas 1998**

I. EL CICLO DE EXPOSICIONES DE LOS CANDIDATOS PRESIDENCIALES

Este libro recoge las exposiciones que los Candidatos Presidenciales en el actual proceso electoral de 1998, hicieron en la Academia de Ciencias Políticas y Sociales al inicio de la Campaña Electoral, entre los días 10 y 18 de agosto de 1998.

Conforme a la Ley que la rige, de 30 de junio de 1924, la Academia de Ciencias Políticas y Sociales tiene entre sus atribuciones el "propender al desarrollo y progreso de las ciencias políticas y sociales en general" (art. 3, Ord. 1°); por ello, y particularmente por el actual momento de crisis política que vive el país, entendimos que un aporte de la Academia para situar el debate electoral en aspectos fundamentales de la reforma política, era invitar a los Candidatos Presidenciales a exponer ante los Académicos sus diversos planteamientos. En esta forma, la Academia acogió nuestra propuesta, a la cual se sumó la Academia de Ciencias Económicas.

Las Jornadas se realizaron en el Palacio de las Academias, en la sede la Academia de Ciencias Políticas y Sociales, con todo el orden académico exigido y la presencia de numeroso público. El evento, además, fue seguido con mucho interés por los medios de comunicación social. Ello contribuyó a que los planteamientos de los diversos Candidatos Presidenciales salieran del recinto de la Academia, y llegaran libremente al ciudadano. Como añadidura, se constató que las Academias tienen que tener presencia en el país, como Corporaciones públicas a su servicio.

El evento fue organizado a comienzos del mes de julio de 1998; por ello, los invitados fueron los Candidatos Presidenciales que para aquél momento ya estaban en campaña: Senador Luis Alfaro Ucero, Teniente Coronel (R) Licenciado Hugo Chávez Frías, Licenciado Claudio Fermín, Licenciada Irene Sáez Conde, Licenciado Enrique Salas Römer, Almirante (R) Radamés Muñoz León y Doctor Miguel Rodríguez.

II. LA CRISIS TERMINAL DEL SISTEMA POLÍTICO

Sin que se hubiese planificado, las exposiciones de los Candidatos Presidenciales estuvieron precedidas por el Discurso de Orden que me correspondió leer en la Sesión Solemne de todas las Academias Nacionales, organizada por la Comisión Presidencial del V Centenario de Venezuela que dirige el Presidente Ramón J. Velázquez, el 7 de agosto de 1998, que titulé *Cinco Siglos de Historia y un País en Crisis*[*]; en el cual expuse lo que en mi criterio constituyen las líneas centrales de la situación política que vive el país, configurada por una grave crisis por la que transitamos desde hace 10 años y que no se logra superar; más bien se agrava, sin que se perciban salidas viables para la futura gobernabilidad de la democracia. Es una crisis del sistema político en su conjunto, que no se lo dejó evolucionar, y al cual la mayoría, con razón, quiere cambiar.

---

[*] Véase Allan R. Brewer-Carías, *Cinco Siglos de Historia y un País en Crisis,* Academia de Ciencias Políticas y Sociales y Comisión Presidencial del V Centenario de Venezuela, Caracas 1998, 120 págs. Buena parte de las páginas de esta *Presentación* siguen lo expuesto en el último Capítulo de dicho libro (págs. 95 a 117).

Se trata, en definitiva, de la crisis terminal del sistema político que fue instaurado a partir de los años cuarenta, y que montado sobre un esquema de Estado Centralizado de Partidos, tuvo como proyecto político la implantación de la democracia en el país de América Latina que para entonces era el que menos tradición democrática tenía. Ahora, cuarenta años después de la Revolución democrática de 1958 y cincuenta años después del fin del primer ensayo democrático en 1948, en Venezuela tenemos una de las democracias más viejas de América Latina, pero ante el asombro de otros países latinoamericanos que nos la envidian, es de las que tiene menos prestigio en nuestro propio país. Lamentablemente, la crisis del sistema político de partidos se la ha querido confundir con una supuesta crisis de la democracia como régimen político, contribuyendo a su desprestigio. Pero esta no es la que está en crisis, pues régimen político democrático no es lo mismo que sistema político de Estado de Partidos, que si es el que está en crisis.

El proyecto político ideado por el liderazgo que asumió el poder a partir de los años cuarenta y, luego a partir de 1958, indudablemente que se desarrolló y el país se democratizó. El problema es que ese mismo liderazgo y los partidos políticos que contribuyeron a la consolidación y mantenimiento de la democracia, décadas después no llegaron a entender la obra que habían realizado y todavía aún muchos no la entienden.

Los venezolanos nos habituamos a la democracia y la gran mayoría de los votantes en las próximas elecciones de 1998 habrán nacido en democracia. Tan habituados estamos a ella que nos parece natural el disfrute de la libertad sin que el riesgo de perderla sea motivo de particular preocupación. Pensamos que tiene que cambiar, pero no sabemos cómo; y el liderazgo político encargado de orientar no comprendió que para continuar y sobrevivir, la democracia tenía que perfeccionarse, y al contrario, ha seguido tratando de conducir al país como si aún estuviésemos en la etapa inicial de la democratización.

Esta incomprensión es, precisamente, la que nos ha conducido a esta crisis histórica, terminal, donde un cambio inevitable se avecina, querámoslo o no; tal y como ocurrió a mitades del siglo pasado en la víspera de la Revolución Federal, cuando finalizó la etapa del Estado independiente semi-centralizado; como sucedió a fines del mismo siglo pasado, en la víspera de la Revolución Liberal Restauradora, con el fin del período del Estado Federal liberal; y como también ocurrió hace 50 años en la víspera de la Revolución de Octubre, con el fin de la era del Estado Autocrático Centralizado. En cada uno de esos fines de períodos políticos se puede apreciar, históricamente, el mismo signo de agotamiento del proyecto político y del liderazgo que lo desarrolló. La incomprensión de lo hecho y, a pesar de todas las advertencias, de la necesidad de renovar y transformar el sistema, fue lo que contribuyó, en cada caso, a su deterioro final y a su colapso.

Lamentablemente, en el actual momento histórico estamos en una situación algo similar, con una crisis institucional global, pues la mayoría no sólo no cree ni confía en el Congreso, ni en el Poder Judicial, ni en la Administración Pública, ni en las fuerzas de seguridad ciudadana, sino que tampoco cree ni confía en los partidos políticos, ni en las sociedades intermedias que éstos penetraron y controlaron, como los sindicatos, los colegios profesionales y los gremios. Y además, en medio de una de las crisis económicas más agudas del Estado petrolero, en la cual, sin conciencia alguna de lo que significa, la gente pide más como si la riqueza petrolera fuera inagotable, y como si no se hubiera comprobado que el modelo de repartir esa riqueza dadivosa, ha sido no sólo una fuente de corrupción, sino una de las causas de la crisis por la que estamos ahora atravesando. Lo lamentable es que todo este desprestigio institucional del aparato del Estado y de las organizaciones políticas y sociales; en definitiva, de la forma de gobernar, está arrastrando a la propia democracia, a la cual se asocia con la corrupción y con la ineficiencia. Y así han comenzado a surgir cantos de sirenas autoritarios que se han querido apoderar hasta del nombre de Bolívar y de la Patria, opacando las propias virtudes de la democracia, sin que haya habido reacción alguna ni siquiera de los medios de comunicación, que serían los primeros interesados en preservar la democracia para la sobrevivencia de la libertad de expresión.

La mayoría, sin embargo, quiere cambios radicales, pero contrariamente a cualquier autoritarismo, en libertad; por ello, esa mayoría, que quiere en fin que la gobiernen, no llega a tomar conciencia de que la libertad puede quedar perdida si la conducción de aquellos cambios totales cae en manos de un liderazgo antidemocrático. Por ello, el verdadero dilema que tenemos los venezolanos hoy, es cómo lograr los cambios inevitables, indispensables y necesarios que vienen, en libertad y, por tanto, sin perder la democracia que no es, precisamente, la culpable del deterioro ni está en su destrucción el camino para la reconstrucción de la Nación.

Lo que dijo el Presidente Yeltsin en julio de 1998 al poner fin al tiempo de la que se creía la Revolución más definitiva que conoció la historia moderna, con ocasión del sepelio de los restos de Romanov, debería repicarle en el oído a toda la humanidad para siempre, como una de las más amargas lecciones,

"Que los intentos de cambiar la vida mediante la violencia están condenados al fracaso".

III. LA CRISIS DEL SISTEMA POLÍTICO EN 1945 Y EL INICIO DEL ESTADO DEMOCRÁTICO CENTRALIZADO DE PARTIDOS

En todo caso, no es la primera vez en nuestra historia que un sistema político está en una crisis terminal como esta; la última vez fue la que originó la Revolución de Octubre de 1945.

En efecto, no debemos olvidar que con motivo de la muerte de Gómez, a partir de 1936, puede decirse que indudablemente comenzó el surgimiento de una nueva Venezuela, no sólo desde el punto de vista político, sino también desde el punto de vista económico y social, precisamente en virtud de los efectos de la explotación petrolera. En esos años la movilidad social se había acentuado; el antiguo campesino se había convertido en obrero petrolero y las ciudades comenzaron a ser progresivamente invadidas por todo tipo de buscadores de oportunidades que el campo no daba, iniciándose el proceso de marginalización de nuestras ciudades, tan característico de la Venezuela contemporánea. La riqueza fue más fácil y a veces gratuita, quedando desvinculada del trabajo productivo. El petróleo así, enriqueció, pero también impidió que se llegara a implantar al trabajo como valor productivo de la sociedad, precisamente cuando el mundo vivía la más extraordinaria de las revoluciones industriales y se hubiera podido construir la etapa de despegue del desarrollo de nuestro país.

Ciertamente, a partir de 1936 resurgió paulatinamente el ejercicio de los derechos políticos y de las libertades públicas inexistentes cuando Gómez, y se inició la marcha del país en el campo demográfico, social y cultural que se había paralizado durante un cuarto de Siglo; pero ello ocurrió en un país que continuaba atrasado, ignorante de lo que sucedía en el mundo y abiertamente saqueado por inversionistas extranjeros con sus aliados criollos.

Con la reforma constitucional de 1936, promulgada por Eleazar López Contreras, se inició el lento proceso de transición de la autocracia a la democracia, siendo el período de López testigo del nacimiento de los movimientos obreros y de masas y de las organizaciones que desembocaron en los partidos políticos contemporáneos y cuyo inicio estuvo en los movimientos estudiantiles de 1928. En 1941, en plena II Guerra Mundial, a López lo sucedió Isaías Medina Angarita, su Ministro de Guerra y Marina como López antes lo había sido de Gómez, hecho que si bien significó en cierta medida la repetición dinástica del gomecismo, no detuvo, sino más bien alentó la continuación de la apertura democrática.

Pero ya en la Venezuela de 1945 esa tímida apertura no era suficiente. A pesar de las importantísimas reformas legales que Medina realizó para ordenar la explotación petrolera y minera y hacer que las concesionarias pagasen impuestos; y a pesar de existir ya un país más abierto al mundo en la víspera del inicio de la democratización contemporánea provocada por el fin de la II Guerra Mundial, el liderazgo medinista no supo interpretar la necesidad de una sucesión presidencial mediante sufragio universal y directo. Lamentablemente, de nuevo, aquí también como tantas veces antes en la historia, la incomprensión del momento político encegueció al liderazgo perdido en tratar de imponer un candidato de origen andino para su elección por el Congreso, ante la sombra de López Contreras que amenazaba con su propia candidatura.

La Revolución de Octubre de 1945, provocada por la confusión candidatural generada por el liderazgo andino, de nuevo llevó a los militares al poder con una mediatización temporal, sin embargo, por el apoyo que le dió el partido Acción Democrática a la Revolución, que hizo gobierno a sus líderes.

No es el momento de juzgar a la Revolución de Octubre; en realidad tenemos cincuenta años juzgándola y en todo caso, ya quedó en la historia. Lo importante a destacar es que seguramente se habría evitado si no es por la miopía política del liderazgo del lopecismo y del medicinismo, es decir, de los sucesores del régimen de Gómez, en entender lo que habían hecho y logrado en sólo una década, entre 1935 y 1945. Para esta fecha, fin de la II Guerra Mundial, ciertamente que ya estaban en otro país totalmente distinto al que había dejado el dictador a su muerte, tanto desde el punto de vista político como social y económico. Ellos lo habían cambiado todo al comenzar e impulsar la apertura democrática; pero a la hora en que esta podía conducirlos a perder el control del poder, se cegaron en cuanto a la senda que debían continuar. Fueron incapaces de comprender y reconocer, desde el punto de vista democrático, que la extraordinaria obra que habían realizado de abrir el país a la democracia, requería de un paso más que permitiera la abierta participación electoral de los partidos de masas que bajo su ala se habían constituido, con el riesgo, por supuesto, de que estos pudieran ganar la elección. Ese era quizás el precio que tenían que pagar por la continuación del proceso democrático. Reformaron la Constitución en abril de 1945, pero no fueron capaces de establecer la elección directa para la elección presidencial, ni el voto femenino salvo para las elecciones municipales, y seis meses después de la flameante reforma constitucional, les salió el lobo materializado en la Revolución de Octubre, con la bandera de establecer el sufragio universal y directo, enarbolada por el partido Acción Democrática.

La incomprensión del liderazgo de lo ocurrido en la década que siguió a la muerte de Gómez, puede decirse que hizo inevitable la Revolución para hacer lo que aquél no había entendido como indispensable: terminar de implantar la democracia mediante el sufragio universal, directo y secreto. Ello, por supuesto, podía acabar democráticamente con la hegemonía del liderazgo andino, lo que en efecto ocurrió en el mediano plazo pero mediante un golpe militar, con todas las arbitrariedades, injusticias y abusos que acompañarían a un gobierno originado en un hecho de fuerza.

Las generaciones y el liderazgo político tienen la obligación de entender, en momentos de crisis, cual es el precio que hay que pagar para el mantenimiento de la paz, y en nuestro caso actual, para el perfeccionamiento de la democracia. Ese fue el reto que tuvieron en 1945; y es el que hoy mismo tenemos.

En 1945 no quisimos identificarlo y se inició en Venezuela el cuarto de los grandes ciclos políticos de la época Republicana. El Estado Centralizado Autocrático de la primera mitad del Siglo XX comenzó a ser sustituido por el Estado Centralizado Democrático que encontró su marco constitucional en la Asamblea Constituyente de 1946, una de nuestras grandes Constituyentes, que sancionó la Constitución de 1947. Su texto es, básicamente, el mismo que el de la vigente Constitución de 1961 la cual, sin embargo, se dictó sobre una base política democrática que no existía en 1946: la del pluralismo. La diferencia abismal que existe entre una y otra, por tanto, no radica en el texto mismo de la Constitución que es casi igual, sino en su base política: en la Constituyente de 1946 no estaban presentes todos los actores políticos, pues el medinismo estuvo ausente; en el Congreso de 1961, en cambio, si estaban todos los actores políticos de manera que la Constitución respondió a un consenso o pacto para la democracia, sin exclusiones.

IV. LA RECONSTITUCIÓN DEL SISTEMA DEMOCRÁTICO CON EL PACTO DE PUNTO FIJO EN 1958, LA CRISIS DEL ESTADO DE PARTIDOS Y LA DESCENTRALIZACIÓN POLÍTICA COMO REMEDIO TEMPORAL A LA CRISIS

Lamentablemente fue necesaria una década de dictadura militar para que los venezolanos que se habían definido como proyecto político el implantar a juro la democracia en Venezuela, con Rómulo Betancourt a la cabeza, se dieran cuenta que la democracia no podía ni puede funcionar sobre la base de la hegemonía de un partido único o casi único sobre todos los otros, ni con exclusiones, sino que tiene que tener como soporte el pluralismo partidista y de ideas, donde el diálogo, la tolerancia, la negociación y la conciliación sean instrumentos de acción. El Pacto de Punto Fijo de 1958, firmado por los líderes políticos de los tres partidos fundamentales, Acción Democrática, Copei y Unión Republicana Democrática, fue el producto más depurado de la dolorosa experiencia del militarismo de los años cincuenta, precisamente con el objeto de implantar la democracia, dando sus frutos plenos en las décadas posteriores.

En esa tarea los partidos políticos asumieron el papel protagónico; por eso el Estado que comenzó a desarrollarse en 1958 fue un Estado Democrático Centralizado de Partidos; y tuvieron un extraordinario éxito: la democracia se implantó en Venezuela; pero lamentablemente, de Estado de Partidos se pasó a Partidocracia, pues los partidos se olvidaron que eran instrumentos para la democracia y no su finalidad.

Asumieron el monopolio de la participación y de la representatividad en todos los niveles del Estado y de las sociedades intermedias, lo que sin duda había sido necesario en el propio inicio del proceso. Pero con el transcurrir de los años se olvidaron abrir el cerco que tendieron para controlarlo y permitir que la democracia corriera más libremente. Y al final del último período constitucional de la década de los ochenta, la crisis del sistema se nos vino encima cuando el centro del poder político definitivamente se ubicó afuera del Gobierno y del aparato del Estado, en la cúpula del Partido que en ese momento dominaba el Ejecutivo Nacional, el Congreso y todos los cuerpos deliberantes representativos; que había nombrado como Gobernadores de Estado incluso a sus Secretarios Generales regionales, y que designaba hasta los Presidentes de cada uno de los Concejos Municipales del país. El gobierno del Partido Acción Democrática durante la presidencia de Jaime Lusinchi, sin duda, ha sido el peor de los gobiernos de la democracia, no porque todos los otros hayan sido mejores en sus ejecutorias, sino porque hizo todo lo contrario de lo que reclamaban las más de dos décadas de democracia que teníamos cuando se instaló, que era la apertura frente a la autocracia partidista que se había desarrollado y la previsión de nuevos canales de participación y representatividad. Fue el Gobierno donde más se habló de reforma del Estado para precisamente no hacer nada en ese campo, sino todo lo contrario, pues en ese período de gobierno fue que apareció la Partidocracia con todo su espanto autocrático. Afortunadamente, al menos, de esa época quedaron los estudios de la Comisión Presidencial para la Reforma del Estado.

El Caracazo de febrero de 1989, a escasos quince días de la toma de posesión del nuevo Presidente electo por segunda vez, Carlos Andrés Pérez, fue el signo trágico del comienzo de la crisis del sistema de Estado de Partidos, seguido de los dos intentos militaristas de golpe de Estado de febrero y noviembre de 1992, los cuales, además de atentatorios contra la Constitución costaron centenares de vidas. Sin embargo, asombrosamente hoy el partido Movimiento al Socialismo los califica como una "conducta democrática" de los militares para expresar su descontento. Estos podrán estar arrepentidos de la intentona golpista, pero de que no fue democrática no hay duda, sobre todo si se releen los proyectos de Decretos que planeaban dictar.

En la historia, todos los acontecimientos tienen sus raíces en un proceso que siempre viene germinando desde mucho antes y finalmente brotan, a veces en la forma violenta, trágica o dramática de una revolución o de una guerra. La crisis del sistema político establecido en 1958 para operar la democracia que hoy tenemos, y que desde hace años nos angustia, precisamente tiene sus raíces en las décadas anteriores de democratización. Y si todavía hoy tenemos democracia, diez años después del afloramiento de la crisis, sólo se debe a los remedios inmediatos de terapia intensiva, pero incompletos, que se le suministraron al sistema al inicio del segundo gobierno de Carlos Andrés Pérez, con el comienzo del proceso de descentralización política, mediante la revisión constitucional que se hizo con la elección directa de

Gobernadores y el inicio de la transferencia de competencias nacionales a los Estados, reformándose el viejo y dormido esquema federal.

Y en el futuro, no tengo la menor duda, en este país seguirá habiendo democracia sólo en tanto en cuanto seamos capaces de entender que una vez que quedó consolidada, tiene que efectivamente descentralizarse, es decir, se hace necesario acercarla más al ciudadano, para que pueda participar en ella; y esto sólo puede lograrse llevando el Poder cerca de las comunidades, organizaciones o regiones; es decir, descentralizando el Poder. Sin descentralización efectiva del Poder la democracia, en el futuro, no podrá sobrevivir.

La experiencia universal, por otra parte, nos enseña que no hay democracia occidental consolidada después de la Segunda Guerra Mundial, que no se haya descentralizado. Es un fenómeno universal producto de la democratización, que ha llegado a convertirse en condición para su sobrevivencia. Por ello es que no existen autocracias descentralizadas.

Pero sin duda, aquí, a pesar de todas las advertencias, las reformas en tal sentido las iniciamos demasiado tarde, sin anticiparnos a la crisis como hay que hacerlo, y más bien en medio de ella. Hoy por hoy, por tanto, la crisis de la democracia, de su consolidación y afianzamiento, ya no puede solucionar con una simple reforma constitucional, sino abriendo efectivamente nuevos canales de representatividad y participación democrática para llenar el vacío que nos ha dejado el deterioro de los partidos políticos tradicionales y que de nuevo han colocado al país en una orfandad política; participación que por supuesto, ya no puede ser la del pueblo armado en milicias que originó el caudillismo del siglo pasado, y sobre lo cual más de uno esta soñando. Al contrario, el reto que tenemos los venezolanos es el de formular un nuevo proyecto político democrático que sustituya el Estado Centralizado de Partidos por un Estado Descentralizado Participativo.

V. LA CRISIS POLÍTICA DE 1992 Y LA PROPUESTA DE LA CONSTITUYENTE

Con toda la frecuencia imaginable decimos que en nuestro país, simplemente, no tenemos Estado de Derecho; en verdad casi no lo tenemos, pero para reconstruirlo no basta con reformar unos artículos de la Constitución, ni con decretar la disolución del Congreso y la destitución de todos los jueces, ni con llenar de militares o ex-militares los cargos ejecutivos. Así no se logra crear el Estado que necesitamos para entrar al Siglo XXI. En esa forma, ni de la noche a la mañana ni por Decreto se puede organizar un gobierno que efectivamente gobierne; una Administración Pública eficiente que preste los servicios públicos necesarios a satisfacción de los usuarios convertidos en contribuyentes productivos; en esa forma no se establece una efectiva Administración de Justicia que la imparta rápida e independientemente, ni se crea un Congreso que efectivamente legisle y controle. La tarea de hacer o rehacer el Estado es la tarea de al menos una generación, para lo cual en democracia no hay otra forma de lograrlo que no sea sino mediante un acuerdo político de largo alcance, que la verdad es que ya no lo pueden hacer como en otros tiempos, los líderes de unos cuantos partidos políticos cada vez más deteriorados, pues ahora habría que incluir a muchos otros nuevos actores políticos.

Es decir, el asunto ahora es mucho más complejo, por lo que para resolver la crisis de esta segunda transición democrática en la cual nos encontramos, en mi criterio, no tenemos otra salida en el futuro que realizar un proceso de reconstitución democrática del sistema político, convocando democráticamente a una Asamblea Constituyente; y por supuesto, no porque ahora la hayan descubierto y la propongan algunos candidatos presidenciales, sino porque en la historia constitucional en un momento de crisis terminal de gobernabilidad y de perdida de legitimación del Poder, no hay otra forma de reconstituir al Estado y al sistema político que no sea mediante una convocatoria al pueblo. La idea de la Asamblea Constituyente, por tanto, no es ni puede ser una propuesta partidaria de uno u otro candidato presidencial, pues pertenece a todos.

En la Venezuela actual, esta idea de la convocatoria a una Constituyente la planteó el denominado Frente Patriótico y el Grupo de Estudios Constitucionales hace más de seis años, y en particular, a las pocas semanas del intento de golpe militarista que motorizó el entonces Teniente Coronel Hugo Chávez Frías contra el gobierno de Carlos Andrés Pérez y, gústele o no, contra la Constitución y la democracia. El planteamiento lo formulé un mes después de ese acontecimiento en el Aula Magna de la Universidad de Los Andes, en Mérida, en una Asamblea convocada precisamente para tratar el tema; y fue objeto de debate público durante los meses subsiguientes. En ese tiempo no sólo la sugirió el Consejo Consultivo designado por el Presidente Pérez a raíz del golpe, sino que llego a ser incluido en el Proyecto de Reforma General de la Constitución que motorizó el Presidente Caldera en el Congreso.

En concreto, el 1º de marzo de 1992, a menos de un mes del intento de golpe de estado militarista del 4 de febrero de ese año, señalamos en el diario *El Nacional,* al periodista Elías García Navas (pág. D-2), lo siguiente:

La democracia en Venezuela ha perdido legitimidad. El sistema político ha degenerado en una democracia de partidos, y el Estado es un Estado de partidos, donde estos han sido los únicos electores, mediatizando la voluntad popular. Ello ha provocado, en 30 años, la crisis institucional actual que nos coloca ante una disyuntiva final corroborada por los acontecimientos del 4F: o reconstituimos la legitimidad democrática o simplemente la democracia desaparece.

Para reconstituir la democracia no hay otra salida que llamar al pueblo. El liderazgo político, para salvar la democracia, necesariamente debe apelar al pueblo y el pueblo -políticamente hablando- no es otro que el cuerpo de electores. La conformación inmediata del pueblo como constituyente es la única salida a la crisis de la democracia, para lo cual hay que convocar y designar una Asamblea Constituyente.

Una Asamblea Constituyente o se forma al margen de la Constitución o se constituye conforme a ella. No hay otra alternativa. Al margen de la Constitución sería producto de un golpe de estado, y estamos a tiempo de evitarlo y reconstituir la democracia, mediante un pacto político constituyente, conforme a la Constitución.

En Colombia, a pesar de que la Constitución no lo preveía, se aprovechó la elección presidencial de mayo de 1990 para proponer al pueblo elector una consulta sobre la necesidad de una Asamblea Constituyente, debido a la grave crisis de legitimidad democrática y de violencia del país. Se trató de una espe-

cie de referéndum no autorizado por la Constitución; una especie de "golpe de estado" electoralmente formulado que desembocó en la elección, siete meses después, de una Asamblea Constituyente, que luego sancionó una nueva Constitución en julio del 91, acordando la cesación del Congreso. En ese proceso colombiano debe recordarse que el presidente Gaviria asumió el liderazgo de la reforma constitucional.

En Venezuela, la situación es distinta. La Constitución prevé la salida, y esa es la de la reforma constitucional. Pero hay que advertir que de lo que se trata es de hacer una sola y certera reforma para preveer la Asamblea Constituyente, por lo que debemos olvidarnos de los aislados y acumulados proyectos de enmienda que la Comisión Bicameral Especial ha venido elaborando en conciliábulos parlamentarios y partidistas, sin consulta popular.

Lo que interesa es darle legitimidad al sistema y para ello, conforme al artículo 246 de la Constitución, debe proponerse la inmediata reforma de la Carta Magna que permita la convocatoria de una Asamblea Constituyente.

De acuerdo a la Constitución, la iniciativa de una reforma sólo puede partir de una tercera parte de los miembros del Congreso, por tanto, incluso si insensatamente algún partido no estuviese de acuerdo, el resto del espectro político -que ya se ha manifestado- podría tomar la iniciativa. En mi criterio, como el Presidente de la República parece que si comienza a darse realmente cuenta de la grave situación que atravesamos y de la precariedad de la sustentación de la democracia, él debería asumir el liderazgo del proceso y proponer formalmente la reforma.

También podría partir de la mayoría absoluta de las Asambleas Legislativas, en acuerdos tomados en no menos de dos discusiones por la mayoría absoluta de los miembros de cada Asamblea. Esta vía, por supuesto, es demasiado larga y complicada.

En todo caso, el papel del Congreso debe ser asumir la iniciativa de la reforma por todos los medios, porque conforme a la Constitución sólo el Congreso, que es la representatividad popular, puede salvar precisamente esa representatividad, es decir, la democracia misma.

Los pasos para la Constituyente serían los siguientes: una vez que una tercera parte de los miembros del Congreso asuma la iniciativa de la reforma, corresponde al Presidente del Congreso convocar a las Cámaras a una sesión conjunta con tres días de anticipación -por lo menos- para que se pronuncie sobre la procedencia de la reforma, teniendo que ser admitida la iniciativa por el voto favorable de las dos terceras partes de los miembros.

En este momento, en la realidad política venezolana y conforme al cuadro político actual, los partidos tendrán que manifestar por última vez si quieren o no salvar la democracia. En mi criterio, la única vía de salvación es con la convocatoria inmediata al pueblo de la Asamblea Constituyente.

Una vez admitida la iniciativa, el proyecto respectivo debe discutirse de acuerdo al procedimiento ordinario de formación de las leyes, o sea, discusión en ambas Cámaras, y una vez que el proyecto sea aprobado debe someterse a referéndum en la oportunidad que fijen las Cámaras para que el pueblo se pronuncie en favor o en contra de la reforma.

Este procedimiento podría realizarse muy rápidamente, incluso en semanas. Lo único que se requiere es decisión política y liderazgo en la reforma, y que los partidos se den cuenta de que no es una enmienda más, sino un problema de sobrevivencia de la democracia. O se convoca al pueblo o desaparece la democracia.

En el caso concreto que se llegase a aprobar la reforma propuesta, debe preveerse que el voto que se formule en el referéndum, que apruebe la reforma, debería pronunciarse también sobre la convocatoria de la Asamblea Constituyente, de manera que con una sola consulta popular se apruebe la reforma de la Constitución y se convoque la Asamblea Constituyente. Así, podría ser electa este mismo año, en cuestión de meses, si los partidos políticos, se dan cuenta de que no queda mucho tiempo.

Esa Asamblea Constituyente tendría a su cargo en un tiempo perentorio no mayor de un año, sancionar una nueva Constitución. Debe concebirse como la depositaria de la soberanía popular y representar al pueblo en su conjunto. Por ello tiene que establecerse que sus miembros deben actuar individualmente, según su conciencia y no estar ligados por mandatos expresos o instrucciones de ningún género. Por ello debe establecerse que no pueden ser candidatos a la Constituyente quienes al momento de la elección sean diputados o senadores.

El número de miembros de una Asamblea Constituyente no debería ser excesivo. Podría por ejemplo, pensarse en 80 miembros, de los cuales 50 podrían ser electos uninominalmente, dividiéndose al país en 50 circunscripciones electorales, lo que en líneas generales significan dos constituyentistas por cada Estado y en los más populosos un número mayor. 25 miembros, por ejemplo, podrían ser electos por listas nacionales candidateados por partidos y grupos de electores de constitución más flexible.

También podrían presentarse candidatos individuales con respaldo de un número determinado de electores. En un esquema como el mencionado, además de los 50 uninominalmente elegidos y de los 25 por listas, la Asamblea podría tener otros 5 miembros designados por ella misma, incluyendo personalidades que no hubiesen sido candidatos y sean considerados representativos de la vida nacional.

Al instalarse la Constituyente, la misma no suspende el funcionamiento de los órganos del Poder Público, pero en la nueva Constitución que se apruebe podría establecer todas las disposiciones transitorias que se juzgue conveniente, aunque afecte el funcionamiento de dichos órganos, pudiendo aprobar el cese del ejercicio de sus cargos e incluso podría convocar a unas elecciones anticipadas

VI. LA NUEVA NECESIDAD DE RECONSTITUIR EL SISTEMA POLÍTICO Y LA IDEA DE LA CONSTITUYENTE

Los venezolanos somos muy dados a olvidar la historia, incluso la reciente. Los mismos motivos que nos llevaron a proponer en 1992 la necesidad de una consulta popular sobre la Constituyente son los que ahora, agravados, nos llevan a pensar que ésta es inevitable para reconstituir el sistema político y el Estado.

El reto que hoy tenemos los venezolanos entonces, es darnos cuenta definitivamente de cuál es la disyuntiva real que tenemos planteada: o convocamos democráticamente la Constituyente para reconstituir el sistema político en ejercicio de nuestros propios derechos democráticos, o nos la van a convocar quizás después de conculcárnoslos por algún tiempo o por ahora, que siempre es un tiempo impreciso por arbitrario.

La fórmula legal para llegar a ella, de la cual carecíamos en 1992, está ahora en el referéndum consultivo que regula la Ley Orgánica del Sufragio y Participación Política, que atribuye la decisión para convocarlo al Presidente de la República en Consejo de Ministros; a las Cámaras Legislativas en sesión conjunta o a un grupo equivalente al 10% de los electores.

De nuevo nos encontramos en la situación de que está en manos de los Poderes del Estado la decisión para que en las próximas elecciones de diciembre se incluya o no una tercera tarjeta para efectuar la consulta sobre el tema de la convocatoria a una Constituyente y salgamos de una vez del asunto en forma democrática, de manera que si el voto es afirmativo, como lo sería según lo que informan las encuestas, el Congreso que elegiremos en noviembre tendría como tarea inmediata prioritaria, por mandato popular, no por un acuerdo de partidos o por una propuesta política aislada, proceder a la reforma de la Constitución para regular la Constituyente y así poder convocarla constitucionalmente.

En esta situación de crisis terminal no hay que temerle a una Constituyente convocada democráticamente, es decir, no hay que temerle a la democracia, siempre que tengamos claro que su sola convocatoria y funcionamiento no va a acabar con los problemas del país; a lo que tenemos que temerle es a la incomprensión del liderazgo político sobre lo que está ocurriendo.

En todo caso, lo que sí debemos evitar es que se proceda a su convocatoria sin previsión constitucional, como algunos han anunciado; y que de golpe resucitemos otra Revolución Legalista como la de fines del siglo pasado que tuvo su origen, precisamente, en una reforma constitucional hecha irregularmente.

Una Asamblea Constituyente en estos tiempos en momentos de crisis política generalizada, no es otra cosa que un mecanismo democrático para formular un proyecto de país, como lo fueron las grandes Constituyentes de 1811, 1830, 1864, 1901 y 1947, pero con la diferencia de que aquellas fueron el resultado de una ruptura política y no el mecanismo para evitarla. En estos tiempos de crisis de la democracia, una Constituyente es para que las fuerzas políticas puedan llegar democráticamente a un consenso sobre ese proyecto de país. Por eso lo importante es que la democracia la asuma como cosa propia, por supuesto con el riesgo para el liderazgo de poder perder el control del poder que los partidos tradicionales han tenido durante 40 años. Ese, quizás, es el precio que hay que pagar para que la democracia continúe. Identificarlo es la tarea histórica que tenemos por delante.

La Constituyente así planteada, por supuesto, no es para destruir ni para excluir como también se ha venido sugiriendo por algunos, pues para establecer cualquier forma de autocracia o de autoritarismo no es necesario Constituyente alguna, más bien sería un estorbo y un enredo.

La conclusión de la crisis terminal en la cual nos encontramos, por tanto, hoy por hoy, no es otra que reconstituir el sistema político para lo cual no sólo debe seguir siendo democrático, sino ser más democrático. Esto, en realidad, debieron haberlo asumido en su momento los partidos políticos; no lo hicieron ni lo han hecho hasta ahora; pero si quieren salvar la democracia tendrán que hacerlo en un futuro próximo.

En cierta forma el país lo que está reclamando hoy a los partidos políticos, es lo que en su momento los líderes históricos de Acción Democrática le reclamaron al medinismo en los inicios de los años cuarenta: más democracia; pero lamentablemente hoy los partidos tradicionales tienen el mismo grado de incomprensión de lo que en este país ha ocurrido, precisamente a causa de ellos, que es la democratización. Esta incomprensión ha llevado al deterioro de los partidos, y con ello al vacío de poder y de liderazgo que actualmente tenemos.

Hoy por hoy, por ello, realmente ninguna de las opciones electorales presentadas podría considerarse como un salto al vacío, todas son producto de la crisis que ciertamente nos ha conducido a un vacío político, entre otros factores porque los partidos de gobierno y oposición, particularmente durante los últimos cinco largos años, no entendieron lo que en este país estaba ocurriendo, pues los reclamos de más democracia se vienen planteando desde mucho atrás.

Pero el problema, como señalamos, hoy es más grave de lo que nos imaginamos y quizás ya sea tarde para muchas de las decisiones que se debieron adoptar hace 10 años o más. La crisis llegó a su etapa terminal, y lo peor que podemos hacer es que el sentimiento de culpa nos ciegue y los deseos que tengamos los confundamos con realidades que no son.

VII. LA NECESIDAD DE UN NUEVO ACUERDO, PACTO O CONSENSO PARA ASEGURAR LA GOBERNABILIDAD DEMOCRÁTICA

En tal sentido, y aparte de la legítima tarea de cada candidato y de cada partido en presentar en estas elecciones una cara o máscara propia y distinta para buscar votos, lo que si es necesario es que tengamos claro que en la situación actual, ninguno de los candidatos ni partidos aisladamente parece estar en capacidad de asegurar la gobernabilidad democrática después de las elecciones, pues probablemente ningún partido llegue a obtener la mayoría parlamentaria, y aunque así fuera, ello no sería suficiente; precisamente en un año en el que el nuevo gobierno tendrá que enfrentarse a una de las más grandes crisis económicas que hemos tenido en los últimos años, que deriva de la caída de los precios del petróleo. No es ya la crisis financiera interna la que va a agobiar al Estado, sino la crisis global del propio Estado petrolero.

Y ella, que va aparejada a la crisis política como siempre ha sucedido en la historia, sólo puede enfrentarse con un acuerdo que garantice la gobernabilidad.

De eso precisamente se trata la democracia: de acuerdos, de consenso, de disidencias, de discusiones y de soluciones concertadas o votadas. Me espantó leer en meses pasados todos los epítetos inimaginables que salieron de las cuevas y trincheras políticas, cuando el Profesor Luis Castro Leiva planteó en el Congreso este mismo problema de la gobernabilidad, y de la necesidad de un acuerdo político futuro para asegurar la gobernabilidad democrática. Lo insólito es que si no lo hay, lo que vamos a perder es la propia democracia y quizás a ello están apuntando unos cuantos, utilizando, por cierto, a muchos ingenuos.

Un acuerdo que asegure la gobernabilidad, por supuesto, conlleva el pago de un precio por la paz y la democracia por parte de cada uno de los que quieran que éstas continúen. No es que estemos planteando la disyuntiva electoral en términos de democracia o guerra civil como algún candidato lo ha hecho, pues en definitiva ni la democracia ni la Constituyente son ni pueden ser monopolio de algún candidato. Es de todos y la guerra civil con la que se nos amenaza como una posibilidad que puede estar a la vuelta de la esquina, tiene que ser la aversión de todos.

La democracia venezolana se mantuvo por cuarenta años gracias a que Acción Democrática abandonó el exclusivismo sectario de los años cuarenta, y tuvo que comprender por la represión de la dictadura militar, que en estas tierras no podía pretender gobernar ni con exclusiones ni con un partido único mayoritario que impusiere su voluntad; y que había que llegar a un acuerdo de gobernabilidad democrática con los partidos existentes, así fueran minoritarios. Ese fue el Pacto de Punto Fijo, y ese acuerdo hizo posible la sobrevivencia del sistema.

Pero esos Pactos por supuesto se acabaron, porque cuarenta años después el país es otra cosa; la democracia centralizada de partidos conducida por partidos regidos por el principio del centralismo democrático, quedó en la historia, es decir, se acabó; y para que la democracia sobreviva, por supuesto, hoy no pueden revivirse ninguno de aquellos Pactos que también quedaron en la historia. Esto está claro, pero no por ello resulta que no se requiera de otro acuerdo político de mucho mayor espectro para definir el Estado democrático que queremos para las próximas décadas, que es lo que tenemos planteado por delante.

Por supuesto, ya no puede ser el Acuerdo Nacional que han propuesto algunos partidos y líderes políticos, formulado tardíamente por cierto, como tantas otras veces ha ocurrido en nuestra historia. No, como señalamos, ahora el asunto es más complejo, más democrático: el acuerdo no puede ser ya lo que todavía pudo haber sido hace décadas, es decir, un documento al estilo del de Punto Fijo, firmado por tres, cinco o diez líderes políticos. En aquel entonces ellos representaban la democracia, eran los únicos que representaban la militancia democrática, pues el país no lo era. Ahora la situación es otra, la mayoría de los venezolanos somos demócratas y la democracia se desparramó por todos los rincones de esta tierra, de manera tal que estoy seguro que ninguno de nosotros se sentiría representado si sólo tres, cinco o diez líderes, de los de siempre, llegasen a un pacto para gobernar.

La propia democracia complicó las cosas, para bien ciertamente, y ahora tiene que haber muchos más convidados al acuerdo, no sólo partidos y organizaciones intermedias de la sociedad civil sino por sobre todo, intereses regionales de los nuevos centros de poder que para bien democrático se han desarrollado en las provincias. Hace todavía treinta años bastaba que luego de hablar con el Alto Mando Militar se reunieran Betancourt, Caldera y Villalba con los Presidentes de la Confederación de Trabajadores de Venezuela y de Fedecámaras, y quizás el Arzobispo de Caracas y algún otro dirigente partidista -pocos-, para que cualquier situación político-económica encontrase solución. Hoy ya eso no es así, ni puede serlo.

Ese necesario Acuerdo que se requiere para asegurar la gobernabilidad futura, por tanto, es mucho más complejo que el de 1958, requiere de la participación de muchos nuevos actores y por sobre todo, requiere de un mecanismo que les garantice su representatividad democrática. Pero precisamente, la crisis hoy, ya impide la identificación precisa de todos los actores políticos actuales; por eso la idea de la

Constituyente para convocarlos democráticamente, como un medio para garantizar la participación de todos los actores, sin exclusiones, con el objeto de reconstituir el sistema político para la gobernabilidad democrática en el futuro; donde por supuesto, quedarán rechazadas todas las fantasmagóricas ideas de clara inspiración totalitaria como las de un Poder Moral o fórmulas por el estilo.

El próximo Congreso claro que hubiera podido ser tal Constituyente, siempre que lo eligiéramos como tal; pero también ya es tarde; los candidatos y sus partidos ya entraron en las talanqueras con criterio tradicional de elección como lo demuestra el espectáculo de las alianzas de planchas, por lo que seguramente el Congreso que resultará electo en noviembre será más o menos del mismo género de la última Legislatura, un desastre.

Pero incluso, mientras la Constituyente se inventa, si es que democráticamente lo logramos, para enfrentar los problemas del fin de Siglo en todo caso, es indispensable desde ya tratar de llegar a establecer unas reglas mínimas de juego político que permitan enfrentar de inmediato la crisis económica, que es de verdad, y que exige comenzar a adoptar medidas de mediano y largo plazo. No hay que olvidar que el próximo gobierno estará más atado que ningún otro por la situación de la economía petrolera, con reservas internacionales en descenso, medidas monetarias ineficaces que han llegado al límite de amenazar otra crisis financiera, y servicios públicos deficientes que impiden pensar en restringir el gasto público. El próximo gobierno no podrá, por arte de magia, hacer de este un país productivo en meses, y tendrá que adoptar medidas de ajuste tan o más complicadas que las que el populismo impidió adoptar al Presidente Carlos Andrés Pérez y que a regañadientes adoptó, en parte, el Presidente Caldera.

Para todo esto, incluso, no puede esperarse hasta el año que viene, pues el mundo se nos va a venir encima; los candidatos presidenciales y los partidos que los apoyan tienen la obligación, ahora, de llegar a esas reglas de juego y tener la determinación democrática necesaria para plantearlo, aún cuando con ello no produzcan votos, de manera que no sólo digan lo que la gente quiere oír, sino lo que el país necesita, rectificando si es necesario.

Este momento, como recientemente lo decía el Provincial de los Jesuitas, Arturo Sosa, S.J.,

> "... es de alta esperanza, porque es una ocasión creadora. Pocas generaciones tienen la oportunidad de estar en un proceso de definición de su futuro como ahora. Hay que inventar, lo que no se puede es no hacer nada...."

Pero la historia también nos enseña que esa oportunidad creadora, muy lamentablemente, muchas veces se ha perdido. Sucedió con la crisis que comenzó a aflorar en los años que precedieron a la Revolución Federal, con dos reformas constitucionales y una Constituyente tardía, la de 1858; sucedió con la crisis de fin del Siglo pasado, también con dos reformas constitucionales y otra Constituyente tardía y mal convocada, la de 1891; y sucedió con la crisis de los cuarenta, con una reforma constitucional y una Constituyente exclusionista, la de 1946. En ninguna de esas ocasiones el liderazgo pudo inventar nada nuevo para cambiar lo que era indispensable e inevitable cambiar, y fue necesaria la Guerra Federal para llegar a la Constituyente de 1863; fue necesaria la otra guerra de Gómez contra los caudillos federales para llegar a la Constituyente de 1901; fue necesario el golpe de Estado del 18 de octubre para llegar a la Constituyente de 1946; y fue necesario el militarismo de los años cincuenta para llegar al Congreso reconstituyente de 1958.

Lo que no hay derecho en este fin de Siglo XX, en la época de las comunicaciones inmediatas, interactivas y virtuales es que el liderazgo político no invente, y nos tenga a toda la población como espectadores de una función que ha terminado, a la espera de que suba el telón pero sin que nadie sepa a ciencia cierta del espectáculo que vamos a tener, y que en la actualidad puede ser cualquier cosa. Por ello, lo que no hay derecho es que en un país que ahora es democrático, tengamos que esperar, de nuevo, como tantas veces en la historia, una ruptura política para llegar a la Constituyente.

El reto que hoy tenemos es el de asegurar que el cambio inevitable que se va a producir, similar al que hemos tenido en otros períodos de nuestra historia, sea democrático, para lo cual se necesita de una estabilidad política que garantice la gobernabilidad, de manera que si ésta no se asegura desde ahora, puede que el colapso definitivo de la democracia esté próximo.

En esta situación, hay que tener claro que al poder, en democracia, no se llega ni se puede pretender llegar por las buenas o por las malas; se llega con votos, gústele o no a quien quiera gobernar. Pero el problema real hoy, no es ya llegar al poder, es qué hacer una vez que se llegue a él y sobre esto los venezolanos hemos oído muy poco en esta campaña electoral, salvo algunas frases cohete que sirven para cualquier cosa.

Tenemos por delante, por tanto, un proceso de cambio inevitable, una revolución que está corriendo como río subterráneo bajo nuestros pies, y que aparte del cambio generacional que implica, conduce a que en el futuro tengamos que realizar la "revolución pendiente" de la cual nos hablaba hace poco el Rector de la Universidad Católica Andrés Bello, Luis Ugalde, S.J., consistente, nada menos, que en:

"... la superación de la pobreza y del empobrecimiento de la mayoría de los venezolanos y la recuperación de la eficacia del Estado en sus tareas más específicas y propias"

Por ello, en este momento, desde el punto de vista político, lo más peligroso para la democracia no es que gane un candidato u otro, pues todos tienen el derecho de competir y de ganar democráticamente, sino que no se transforme la propia democracia y se pretenda edificar un nuevo régimen sin cambio alguno, que sea más de lo mismo, o que pretenda suprimir la democracia y tenga como sustento el uso arbitrario de la fuerza.

Lo que está en juego, por tanto, en definitiva, después de cuarenta años de su manejo centralista por los partidos, es la propia democracia. Para que sobreviva, tiene que ser consolidada en todo el territorio nacional y no sólo en las cúpulas partidistas en Caracas; es decir, tiene que ser afianzada y arraigada en todos los pueblos, comunidades, organizaciones, regiones y Estados. Para ello, de nuevo, no hay otra forma de garantizar su sobrevivencia que la descentralización política, y si bien la descentralización por si sola no soluciona todos los males políticos, mediante ella es que se puede participar. Por ello, en mi criterio, si hay un termómetro infalible para determinar el grado democrático de las propuestas electorales de cualquiera de los candidatos o partidos en estos momentos, en Venezuela, es su concepción sobre la descentralización política del país.

La descentralización, por último, no lo olvidemos, ha sido el signo de nuestra historia: por ser Provincias coloniales pobres durante los primeros tres Siglos de nuestra historia, fuimos altamente descentralizados, originándose un poderoso poder local que se arraigó en los Cabildos; el cuarto Siglo, el pasado, fue el del Federalismo ciertamente disgregante, que en un país que no había logrado consolidarse como Estado Nacional, nos llevó a la ruina; y el presente, que está terminado, ha sido el Siglo del Centralismo, tanto para construir el Estado Nacional como para implantar la democracia.

Hecho esto, para reformular ese Estado Nacional y para precisamente preservar la propia democracia, ahora el péndulo necesariamente tiene que moverse de nuevo hacia la descentralización política y participativa. Entender esto, históricamente y con visión democrática, es lo que todos tenemos por delante, precisamente cuando celebramos los quinientos años de la llegada de Colón a las Costas de Venezuela.

Lo que tenemos que rogar es que ojalá que esta próxima elección no sea otra muestra de incomprensión del liderazgo en producir los cambios políticos necesarios, esta vez para asegurar la sobrevivencia de la democracia; y ojalá por tanto, que este nuevo fin de período histórico político que estamos viviendo, del que se inició en 1945, no sea colocado por los futuros historiadores en la misma constante que hemos tenido en nuestra historia, de necesaria ruptura político-constitucional para pasar al siguiente período. Los venezolanos de estos tiempos, no nos lo merecemos.

VIII. DESCENTRALIZACIÓN Y PARTICIPACIÓN POLÍTICA EN LAS EXPOSICIONES DE LOS CANDIDATOS PRESIDENCIALES ANTE LAS ACADEMIAS NACIONALES

Ahora bien, la convocatoria que hizo la Academia de Ciencias Políticas y Sociales con el apoyo de la Academia de Ciencias Económicas a los principales Candidatos Presidenciales, en las elecciones de 1998, para que expusieran sus proyectos políticos ante las Academias del país, -lo que hasta el presente nunca antes habían hecho las Academias-, y que se recogen en este volumen, como se dijo, obedeció no sólo al rol que legalmente tienen, sino a la crisis excepcional que vive nuestro sistema político y al hecho de que afortunadamente seguimos en democracia, lo que permite la confrontación de ideas y planteamientos.

Las Academias tienen que agradecerle a los Candidatos Presidenciales la acogida que tuvieron a la invitación que les realizamos, así como sus diversas exposiciones, lo que ha contribuido a conocer más su discurso político.

Considero que el reto que tiene el país actualmente, es el reto de la democracia para asegurar su sobrevivencia, mediante su perfeccionamiento; y este reto, en nuestro criterio, sólo muestra, realmente, dos caminos paralelos a seguir para que sobreviva como lo queremos todos: en primer lugar, cambiar el *Estado Centralizado de Partidos* que como sistema político para operar la democracia está concluyendo, es decir, se acabó, porque ya cumplió su papel; y en segundo lugar, sustituirlo por un Estado *Descentralizado Participativo* que conduzca a una nueva democracia.

Descentralización y participación son, por tanto, las dos vías para que la democracia perviva y responden a la necesidad del cambio en libertad que los venezolanos quieren.

Más democracia desde el punto de vista del Estado, es decir, democratizar el Estado, sólo se logra con la descentralización política. Sin embargo, no todos los Candidatos Presidenciales lo tienen claro: algunos la defienden fervorosamente como Irene Sáez y Salas Römer; otros le encuentran virtudes con cautela como Alfaro y Fermín y otros la rechazan como Chávez cuando trata el tema del Federalismo. Lamentablemente éste no parece entender que sin descentralización acentuada, no se puede cambiar la democracia.

Pero además de descentralizar el Estado para afianzar la democracia, ésta tiene que despartidizarse para que aquél pase de ser un Estado de Partidos y convertirse en un Estado Participativo. Es decir, hay que hacer a la democracia más democrática, y esto sólo se logra con la participación del pueblo en el proceso político, y no solamente cada 5 años en las elecciones. Dada la agudeza de la crisis política actual, el país exige cambios en democracia y con participación, y por ello la propuesta que hemos formulado desde 1992, de una Constituyente, no para sustituir a todos los Poderes del Estado ni convocada al margen de la Constitución y del Estado de Derecho, sino dentro de su marco.

Como se ha dicho, desde 1992 hemos venido planteando la idea de la Constituyente como fórmula para lograr un nuevo acuerdo o pacto político en democracia donde participen todos los nuevos actores políticos, es decir, una Constituyente que no es para excluir ni para destruir, sino para conciliar, acordar y concertar que es lo propio de la democracia. La Constituyente que necesitamos, por tanto, es una *Constituyente democrática,* convocada en democracia; no una Constituyente que sea producto de alguna ruptura política ni de una autocracia; sino convocada conforme a la Constitución.

En este aspecto, los planteamientos de los Candidatos Presidenciales no han sido en mi criterio satisfactorios; Chávez, que no entiende la descentralización, plantea una Constituyente contra la Constitución y por tanto, no democrática, la cual debemos rechazar; los otros candidatos, o rechazan la idea, como Alfaro, o son cautelosos como Fermín, Sáez y Salas, partiendo del falso supuesto de que la Constituyente sería un patrimonio de Chávez, cuando en realidad, es de la propia democracia. La Constituyente autocrática, antidemocrática, contraria a la Constitución es la que se ha estado vendiendo hasta ahora; la Constituyente democrática es la que debemos asumir los venezolanos todos. He dicho que no hay que temerle a la Constituyente democrática; a la que hay temerle es a la antidemocrática, que es exclusionista.

IX. LAS ASAMBLEAS CONSTITUYENTES EN LA HISTORIA DE VENEZUELA

Ahora bien, una Asamblea Constituyente, como resulta del significado propio de las palabras, es un congreso de representantes convocado con el objeto de constituir un Estado, es decir, establecer la organización política de una sociedad dada, en un territorio determinado. En este sentido estricto, en Venezuela, en realidad, hemos tenido sólo dos Asambleas Constituyentes: el *Congreso General* de 1811 reunido en Caracas con el objeto de constituir el Estado venezolano independiente de la Corona Española con la sanción de la Constitución Federal para los Estados de Venezuela 21-12-1811; y el *Congreso Constituyente* convocado en Valencia, en 1830, por el General Páez, para constituir el Estado venezolano separado de la Gran Colombia y la sanción de la Constitución del Estado venezolano (22-9-1830). Con ello se inició el primer período de nuestra historia política: el del *Estado Semicentralizado* (1811-1864).

Una vez, constituido el Estado venezolano independiente y autónomo, a partir de 1830, ha habido Asambleas Constituyentes pero no en el sentido estricto de "constituir" un Estado, sino de *reconstituir* el sistema político y reformar la Constitución, lo que en toda nuestra historia política siempre ha ocurrido después de una ruptura de hilo constitucional.

En efecto, la Constitución de 1830 fue reformada por el Congreso conforme al procedimiento previsto en la misma (art. 227) en 1857. Posteriormente, como consecuencia del golpe de Estado contra el gobierno del Presidente Monagas, con la denominada Revolución de Marzo de 1858 comandada por Julián Castro, se convocó a una *Gran Convención Nacional* reunida en Valencia que sancionó la Constitución de 31-12-1858.

Luego de la anulación de dicha Constitución de 1858 por José Antonio Páez en 1862, y de las Guerras Federales, la *Asamblea Constituyente* reunida en Caracas en 1864, sancionó la Constitución de los Estados Unidos de Venezuela (13-4-64), con la cual se inició el segundo período constitucional de Venezuela, el del *Estado Federal* (1864-1901).

Después de múltiples vicisitudes políticas que afectaron la vigencia de la Constitución de 1864, como la Revolución Azul de 1868 comandada por José Tadeo Monagas y la Revolución de Abril de 1870 comandada por Antonio Guzmán Blanco; conforme a sus normas (art. 122) el Congreso modificó, en 1874, la Constitución de 1864. Igual sucedió después de la Revolución Reivindicadora comandada por Guzmán Blanco en 1879, correspondiendo al Congreso modificar de nuevo, en 1881, la Constitución de los Estados Unidos de Venezuela (27-4-1881).

El Congreso volvió a reformar la Constitución de 1864 (conforme al artículo 118 de la reforma de 1881) en 1891, y luego de la Revolución Legalista de 1892 comandada por Joaquín Crespo, se convocó una *Asamblea Nacional Constituyente* que se reunió en Caracas en 1893, que sancionó la Constitución de los Estados Unidos de Venezuela de 1893 (21-6-93).

Luego de la Revolución Liberal Restauradora comandada por Cipriano Castro en 1899, en 1900 se convocó una *Asamblea Nacional Constituyente* que sancionó la Constitución de 1901 (29-3-01), con lo que se inició el tercer período constitucional de Venezuela, el del *Estado Centralizado Autocrático* (1901-1945).

Después de la Revolución Reivindicadora comandada por Manuel Antonio Matos, y del triunfo militar de Gómez contra los caudillos liberales, en 1904 el Congreso asumió las funciones, facultades y derechos que corresponden al *Poder Constituyente,* y sancionó la Constitución de 1904.

Después de la definitiva asunción del poder por Gómez y el exilio de Castro, conforme la preveía la Constitución de 1904 (art. 127), el Congreso enmendó la Constitución en 1909. La consolidación de Gómez en el poder originó la convocatoria de un *Congreso de Diputados Plenipotenciarios* que promulgó un Estatuto Constitucional Provisorio de 1914 y luego sancionó la Constitución de 1914 (19-6-14). Dicha Constitución, como lo establecía su texto, (art. 130), fue enmendada o reformada en varias ocasiones durante el régimen de Gómez, en 1922, 1925, 1928, 1929 y 1931. Luego de la muerte de Gómez, en diciembre de 1935, la Constitución fue objeto de otras reformas por el Congreso, en 1936 (20-7-36) durante el gobierno de López Contreras y en 1945, durante el gobierno de Medina Angarita (5-5-45).

El 18 de Octubre de 1945 estalló la Revolución de Octubre comandada por militares y el Partido Acción Democrática, iniciándose en esta forma el cuarto de los períodos políticos de nuestra historia el del *Estado Democrático Centralizado*. La Junta Revolucionaria de Gobierno convocó en 1946 la elección de una *Asamblea Constituyente* que se reunió en Caracas y sancionó la Constitución de 1947 (5-7-47).

El 24 de noviembre de 1948 se produjo un golpe de Estado contra el gobierno del Presidente Gallegos, disponiendo la Junta Militar en el Acta de Constitución del Gobierno Provisorio la aplicación de la Constitución de 1936, reformada en 1945. En 1953 se eligió una *Asamblea Constituyente* de los Estados Unidos de Venezuela, que sancionó la Constitución de 1953 (15-4-53).

Luego de un nuevo golpe de Estado, en 1958, la Junta Militar y la subsiguiente Junta de Gobierno asumieron el poder continuando en aplicación la Constitución de 1953, hasta que el Congreso electo en 1958, conforme a dicho texto (art. 140 y sigts.), reformó totalmente la Constitución, sancionando la Constitución del 23-1-61, que tuvo como modelo la de 1947 y que está actualmente en vigencia.

Del panorama histórico antes descrito, resulta que después de las dos iniciales *Asambleas constituyentes* del Estado venezolano independiente (1811) y autónomo (1830), que dieron inicio al primer período político de nuestra historia la del *Estado Semicentralizado* (1811-1864); todas las Asambleas Constituyentes posteriores fueron consecuencia de golpes de Estado o Revoluciones. Así sucedió con la *Asamblea Constituyente* de 1858, dentro de dicho primer período histórico, que concluyó con las Guerras Federales (1858-1863).

Como resultado de estas guerras, se celebró la *Asamblea Constituyente* de 1864 que dio inicio al segundo período de nuestra historia política que fue la del *Estado Federal* (1864-1901). En ese período, luego de la Revolución Legalista de 1892 se celebró la *Asamblea Constituyente* de 1893, concluyendo el período con la Revolución Liberal Restauradora (1899).

Como resultado de esa Revolución, se dio inicio al tercer período histórico de la vida política venezolana, la del *Estado Autocrático Centralizado*, con la *Asamblea Constituyente* de 1901. En ese período histórico, en 1904 el Congreso asumió el Poder Constituyente reformando la Constitución, concluyendo dicho período con la Revolución de Octubre de 1945.

Como resultado de esta Revolución, se inició el cuarto período de nuestra historia política, el del actual *Estado Democrático Centralizado* con la Asamblea Constituyente de 1947, y la reconstitución del sistema político con la Revolución Democrática de 1958.

Cuarenta años después, en medio de la crisis actual del sistema político, resulta inevitable una nueva reconstitución del sistema político y del Estado. Por primera vez en nuestra historia se plantea claramente la posibilidad de convocar una *Asamblea Constituyente* pero en democracia, para precisamente evitar la ruptura del hilo constitucional y reconstituir el sistema político en libertad. Los venezolanos de estos tiempos, en un país democratizado como el nuestro, no merecemos tener que soportar una ruptura del hilo constitucional, para que luego se tenga que convocar la *Asamblea Constituyente*.

X. PRECISIONES SOBRE LA ASAMBLEA CONSTITUYENTE

Del panorama histórico antes señalado resulta que las Asambleas Constituyentes de 1864, después de la Guerra Federal; de 1901, después de la Revolución Liberal Restauradora, y de 1946, después de la Revolución de Octubre, tuvieron su origen en que las crisis del sistema político que existía no pudieron resolverse antes de su ruptura, mediante la evolución del sistema mismo; y ello, básicamente por la incomprensión del liderazgo actuante sobre la gravedad de las respectivas crisis, y fueron necesarias guerras o revoluciones para que se convocase al pueblo para reconstituirlo. En todos esos casos, la Asamblea Constituyente después de una ruptura, de acuerdo a las épocas y a los sistemas electorales que existían, implicaron la convocatoria de representantes del pueblo y de los actores políticos que existían, para que formularan un nuevo proyecto político que siempre dio origen a la emergencia de un nuevo liderazgo para ejecutarlo.

Como hemos dicho, los venezolanos de este final del Siglo XX no nos merecemos tener que esperar una ruptura constitucional para convocar al pueblo. En la situación de crisis política terminal actual, producida por el deterioro de los partidos políticos que a partir de 1958 asumieron el monopolio del Poder y de la representatividad y participación democráticas; y por el deterioro del Estado centralizado por su ineficiencia, la posibilidad de convocatoria de una Asamblea Constituyente, en democracia, es la vía más adecuada para evitar la ruptura del proceso democrático, resolver la crisis, formular un nuevo pacto social-constitucional y un nuevo proyecto político, que garantizando la democracia, abra nuevos canales de participación y descentralice territorialmente al país.

Como hemos señalado, el necesario acuerdo o pacto de gobernabilidad futura que requiere el país ya no se puede lograr mediante un Acuerdo que firmen algunos líderes de los deteriorados partidos; ya estos dejaron de ser los únicos actores políticos del sistema democrático, cuya identificación ahora es sólo posible mediante la convocatoria general al pueblo, para que puedan tener representatividad todos los actores políticos del actual deteriorado sistema democrático.

Por tanto, en este final del siglo XX, para reconstituir el sistema político y el Estado no tiene sentido alguno que tenga que producirse una ruptura constitucional que sin duda conduciría a conculcar derechos y libertades y a la propia democracia, para después de un interregno autoritario se termine convocando a un Constituyente para, precisamente, reconstituir el sistema político y permitir la emergencia de un nuevo liderazgo. Ello lo debemos hacer en democracia y ese es el reto que hoy tiene el liderazgo, pues una convocatoria al pueblo no es ni puede ser patrimonio de un candidato. Es de la propia democracia y debe ser de todos los partidos y candidatos.

Precisamente por ello, en estos tiempos, con el objeto de que la democracia se democratice a sí misma no hay que temerle a una convocatoria popular para buscar los medios para llegar a acuerdos políticos que la situación actual del liderazgo impide, pues nadie cree en lo que unos cuantos líderes pudieran firmar. Hace más de veinte años los problemas de la democracia y del sistema político podían resolverse con la sola reunión y decisión de los líderes fundamentales de los principales partidos políticos y de las agrupaciones sindicales y empresariales. Hoy en cambio, la democracia complicó el propio proceso democrático, para bien de la democracia, y por ello hay más actores en el proceso político, no sólo a nivel central sino además a nivel regional, de manera que un nuevo consenso, acuerdo, pacto o como quiera llamársele tendiente a reconstituir el sistema, sólo puede lograrse con la participación de todos esos nuevos actores. Por eso es que ahora, más que nunca, debería convocarse una Asamblea Constituyente para que asuma el rol que en otros tiempos, cuando todavía la democracia estaba en proceso de consolidación, tenían unos cuantos líderes políticos y gremiales.

El reto de la democracia venezolana, por tanto, para sobrevivir, es buscar ese nuevo pacto social constitucional en democracia; pues si ello no se logra, se corre el riesgo de que sea la democracia la que desaparezca.

Pero toda decisión política dentro de un Estado de Derecho democrático, tiene que ser adoptada de acuerdo a la Constitución. La Constitución de 1961 no prevé la posibilidad de convocatoria a una Asamblea Constituyente con esa misión de reconstituir el sistema político y reformar la Constitución, por lo que resulta indispensable preverla en el propio texto de la Constitución mediante una Reforma, que es el mecanismo adecuado para la revisión de la Constitución en este aspecto.

Pero para ello es necesario forzar al liderazgo actual, para que efectivamente reforme la Constitución. Con tal fin, el primer paso que debe darse sería el que se proceda a realizar un referéndum mediante la inclusión de una "tercera tarjeta" en las elecciones legislativas de noviembre de 1998, para que el pueblo se pronuncie sobre la necesidad o no de la Constituyente y de la Reforma Constitucional que la regule.

En esta forma, si se obtiene un voto afirmativo mayoritario, como seguramente así ocurrirá, la primera actividad que tendría el Congreso que resulte electo en noviembre, sería proceder a reformar la Constitución para prever la Asamblea Constituyente y convocarla.

La iniciativa para ese referéndum de noviembre de 1998, con fundamento en el artículo 4 de la Constitución y conforme a la actual Ley Orgánica del Sufragio y Participación Política, sólo la tienen el Presidente de la República en Consejo de Ministros, las Cámaras Legislativas en sesión conjunta o el 10% del electorado. Si los órganos del Estado realmente tuvieran conciencia de la crisis terminal en la cual nos encontramos, el Gobierno o las Cámaras Legislativas deberían resolver convocar a esa consulta de la voluntad popular para que el pueblo se pronuncie sobre el tema de la Constituyente en las próximas elecciones y así establecerle al próximo Congreso un mandato de cumplimiento obligatorio como programa prioritario para el próximo año. El mandato popular que se le impondría al Congreso que derivaría de la realización del referéndum, por su naturaleza, en un proceso democrático es de ejecución ineludible.

XI. LA NUEVA PROPUESTA PARA UN REFERÉNDUM CONSULTIVO SOBRE LA REFORMA CONSTITUCIONAL PARA LA ASAMBLEA CONSTITUYENTE

Con fundamento en lo antes dicho, y concluido el ciclo de exposiciones de los Candidatos Presidenciales en la Academia, a título personal y en ejercicio del derecho de petición, el 24 de agosto de 1998 presenté al Dr. Pedro Pablo Aguilar y a la Dra. Ixora Rojas, Presidente y Vicepresidente del Congreso de la República, una comunicación con el siguiente texto:

"La Ley Orgánica del Sufragio y Participación Política, cuya última reforma fue publicada en Gaceta Oficial N° 5233 de 28-5-98, le atribuye al Presidente de la República en Consejo de Ministros, así como al Congreso de la República por Acuerdo adoptado en sesión conjunta de las Cámaras, convocadas con 48 horas de anticipación a la fecha de su realización, por el voto favorable de las 2/3 partes de los miembros presentes, la iniciativa para convocar la celebración de un referendo con el objeto de consultar a los electores sobre decisiones de especial trascendencia nacional.

Estimo que no es necesario insistir sobre las características de la crisis política que actualmente vive el país y que se ha agudizado a partir de 1989. Si algunos tienen la experiencia política para captarlo son Uds. Tan es así que, precisamente, como consecuencia de dicha crisis, en 1992, se presentó al Congreso de la República un Proyecto General de Reforma Constitucional, para comenzar a transformar las bases institucionales del sistema. Dicho Proyecto, sin embargo, no sólo no fue considerado ni discutido por la anterior Legislatura, sino que tampoco lo fue por las Cámaras Legislativas electas al mismo tiempo de su elección como Presidente de la República en 1993.

En todo caso, durante los años transcurridos desde entonces, la crisis se ha agudizado por el deterioro progresivo de los partidos políticos, al punto de que en un momento dado, meses atrás, en un año electoral como el actual, teníamos lo que sin duda fue una situación única en la historia política reciente: candidatos sin partidos y partidos sin candidatos.

Por otra parte, las manifestaciones en favor de la necesidad de un cambio, incluso radical, del sistema político, puede decirse que son una constante en todas las encuestas de opinión, al igual que el deseo de la conservación de la libertad y de la democracia. En igual proporción está, sin embargo, la desilusión respecto de las instituciones del Estado y de las organizaciones políticas.

Además, en todos los niveles de liderazgo político se tiene conciencia de la necesidad de un nuevo acuerdo, pacto o consenso político que asegure la gobernabilidad democrática en el futuro; el cual, los partidos políticos solos, ya no lo pueden lograr como lo hicieron hace cuarenta años en el Pacto de Punto Fijo, pues entre otros factores, ya no son los únicos actores del proceso democrático, como antes lo eran.

La democratización del país ha ampliado y diversificado el número de actores políticos, por lo que para un nuevo pacto constitucional que asegure la gobernabilidad democrática habría que hacer una convocatoria mucho más amplia. Precisamente por ello está el planteamiento que de nuevo hemos formulado, sobre la necesidad de la convocatoria a una Asamblea Constituyente, - que no puede ser bandera ni de un candidato presidencial, ni de un partido, ni de individualidades aisladas, pues es de la democracia-, con el objeto de convocar a todos los nuevos y viejos actores políticos producto de la democratización del país, para reconstituir el sistema político.

Esta es, precisamente, una de esas decisiones de especial trascendencia nacional que conforme al citado artículo 181 de la Ley Orgánica del Sufragio y Participación Política, debería ser objeto de una consulta popular mediante un referendo. Por ello, en nombre personal como Profesor Titular de la Universidad Central de Venezuela, y como Presidente de la Academia de Ciencias Polí-

ticas y Sociales; y conforme a lo establecido en el artículo 67 de la Constitución que garantiza el derecho de petición, formalmente les solicito consideren someter al Congreso la decisión de tomar la iniciativa para convocar la celebración de un referendo, con el objeto de consultar a los electores sobre la convocatoria a una Asamblea Constituyente.

Dicho referendo podría realizarse en la misma oportunidad prevista para la elección de los Cuerpos Legislativos nacionales, el próximo 8 de noviembre, de manera que los nuevos Senadores y Diputados electos, de resultar afirmativa la consulta popular, tendrían un ineludible e insoslayable mandato popular para proceder de inmediato a reformar la Constitución de 1961 y agregar un nuevo artículo consagrando la figura de la Asamblea Constituyente, para reformarla integralmente, de manera que la misma pueda convocarse durante el primer semestre del próximo año.

De acuerdo con el artículo 182 de la Ley Orgánica del Sufragio y Participación Política, la pregunta que en este caso se podría formular, en forma clara y precisa, reflejando los términos exactos del objeto de la consulta, de manera que los votantes puedan contestar con un "sí" o un "no", podría ser la siguiente:

"Por la democracia, ¿vota Ud. por la reforma constitucional para convocar una Asamblea Constituyente con representación de todas las fuerzas sociales y políticas de la República, integrada democrática y popularmente, para reformar integralmente la Constitución de la República?."

Si se quisiera ser más preciso en la pregunta, a los efectos de que el mandato popular que resulte del referendo, establezca los principios conforme a los cuales debe procederse a reformar la Constitución en este aspecto de prever la Asamblea Constituyente, la pregunta podría formularse de la siguiente manera:

"Por la democracia, ¿vota Ud. por la reforma constitucional para convocar una Asamblea Constituyente con representación de todas las fuerzas sociales y políticas de la República, integrada democrática y popularmente, para reformar integralmente la Constitución de la República, conforme a los siguientes principios:

1. La Asamblea Constituyente tendrá carácter unicameral, integrada por un número reducido de hasta 80 miembros.

2. Los miembros serán electos en tres formas: 48 electos en forma uninominal, dos en cada Estado y en el Distrito Federal; 22 electos nominalmente de una lista nacional y 10 electos por cooptación por los constituyentistas electos en la forma antes indicada.

3. Los miembros electos uninominalmente en cada Estado y en el Distrito Federal deberán obtener más del 50% de los votos válidos o, en su defecto, la mayoría de votos en una segunda vuelta.

4. Las postulaciones de los candidatos uninominales la podrán hacer, en cada Estado y el Distrito Federal, los partidos políticos nacionales o regionales y cualquier grupo de electores respaldados por al menos 1.000 firmas; las postulaciones de candidatos a integrar la lista nacional la podrán hacer

los partidos nacionales o grupos de electores respaldados por al menos 10.000 firmas.

5. No podrán ser electos para formar parte de la Asamblea Constituyente quienes hubieran sido electos para los cuerpos representativos en las elecciones de noviembre de 1998 o desempeñen algún cargo en los órganos del Poder Público, salvo que renuncien a su investidura durante los 15 días siguientes de iniciado el período de postulación de los candidatos a la Asamblea Constituyente.

6. La Asamblea Constituyente tendrá como mandato elaborar una nueva Constitución en un lapso de 180 días, para lo cual deberán preverse mecanismos que aseguren la consulta a todos los sectores nacionales y regionales. En consecuencia, la Asamblea Constituyente no interrumpirá el funcionamiento de los Poderes Públicos, salvo en lo que resulte de la nueva Constitución, una vez promulgada.

7. La Asamblea Constituyente será depositaria de la soberanía popular y representará al pueblo en su conjunto. Sus miembros actuarán individualmente según su conciencia y no podrán estar ligados por mandatos expreso o instrucciones partidistas de ningún género.

8. Los miembros de la Asamblea Constituyente no podrán ser candidatos para integrar el primer órgano del Poder Legislativo Nacional que se elija después de la promulgación de la Nueva Constitución.?"

En caso de que Uds. acojan favorablemente esta petición y pudiera llegarse a una decisión positiva, para que el referendo propuesto pueda realizarse el próximo 8 de noviembre, conforme al artículo 184 de la Ley Orgánica del Sufragio y de Participación Política, la decisión tendría que adoptarse al menos 60 días antes de la celebración del referendo, es decir, varios días antes del próximo 8 de septiembre; en otras palabras, casi de inmediato.

Estoy consciente de que la presente es una petición política de un ciudadano más, relativa a un asunto cuya decisión corresponde exclusivamente a las Cámaras Legislativas en sesión conjunta o al Presidente de la República en Consejo de Ministros. La hago, sin embargo, por el convencimiento que tengo de que la crisis política que vivimos requiere para su solución democrática, ensayar nuevas salidas políticas democráticas, como la que les he planteado, la cual por supuesto, no va a resolver todos los problemas del país, como no ocurre con reforma política alguna. Esa es una falsedad que hay que enfrentar abiertamente.

El país se democratizó, sin duda, gracias al liderazgo político que asumió su conducción a partir de 1958; por ello creo que una consulta popular como la propuesta, que sería la primera que se realizaría conforme a la nueva Ley Orgánica del Sufragio y Participación Política, sólo daría beneficios a nuestra democracia, y en nada la perjudicaría".

Una comunicación con texto similar le envié en la misma fecha al Presidente de la República, Dr. Rafael Caldera.

La propuesta dió origen a un nuevo debate sobre el tema, readquiriendo actualidad planteamientos similares que se habían venido formulando por otras personas, en particular, por el Doctor Oswaldo Álvarez Paz y por el Diputado Enrique Ochoa

Antich en la Cámara de Diputados el 30-07-98. Las Cámaras Legislativas, en sesión conjunta el día 27 de agosto de 1998, decidieron nombrar una Comisión Especial para estudiar el asunto, el cual sin embargo no se pudo discutir antes de que concluyeran las sesiones ordinarias el 03-09-98.

XII. EL NECESARIO RÉGIMEN CONSTITUCIONAL DE LA CONSTITUYENTE

Ahora bien, se efectúe o no el referéndum para consultar la voluntad popular para regular y convocar a una Constituyente y no estando ésta regulada en la Constitución, resulta indispensable establecer las reglas conforme a las cuales debe convocarse, quiénes la pueden integrar, la forma de elección de sus miembros y las funciones específicas que se le han de atribuir. La Asamblea Constituyente de la cual estamos hablando, en un régimen democrático regido por una Constitución como la de 1961, es un instrumento para recomponer el sistema político y plasmarlo en una nueva Constitución. No es una Constituyente producto de un golpe de Estado o de una revolución, en el cual el poder revolucionario es el que fija las reglas para la Constituyente. Estamos en un régimen democrático, regido por una Constitución que establece los principios del Estado de Derecho, y es conforme a los mismos que planteamos la necesidad de prever la Constituyente y convocarla para lograr un nuevo pacto político, sin exclusiones.

En este contexto, una Asamblea Constituyente tiene que elegirse conforme a unas reglas y para determinados cometidos, insertándose su funcionamiento, mediante normas precisas, dentro del funcionamiento democrático del Estado y de sus órganos que, por supuesto, no se detienen.

Ese régimen de la Constituyente, cualquiera que sea, dentro del régimen democrático, tiene que estar establecido formalmente por la representación de la voluntad popular, es decir, conforme al artículo 246 de la Constitución, por el Congreso mediante la inserción de dicho régimen en la Constitución a través de su reforma. No es admisible, bajo ningún punto de vista democrático, haya o no referéndum consultivo sobre la Constituyente, que luego las reglas para su convocatoria, integración, forma de elección de sus miembros y funciones las determine exclusivamente el gobierno; ello no sólo sería contrario a la Constitución sino un típico caso de usurpación de autoridad.

Precisamente para establecer el régimen de la Asamblea Constituyente, con rango constitucional, fue que en mayo de 1992, cuando el tema de la Constituyente dominó la discusión política, un grupo de organizaciones de la sociedad civil, entre ellas el Centro Educativo de Acción Popular al Servicio de las Organizaciones Comunitarias (CESAP), el grupo de Estudios Constitucionales que integraron, particularmente los Profesores Carlos Ayala Corao, Gerardo Fernández, Armando Gabaldón, Gustavo Linares Benzo, Pedro Nikken y quien suscribe; la Revista Sic y particularmente quien fuera su Director, el Padre Arturo Sosa S.J. y la Fundación de Derecho Público; presentamos a consideración de la opinión pública y de todos los ciudadanos, como alternativa frente a la Reforma Constitucional que en ese momento estaba discutiendo el Congreso, un *Proyecto Alternativo de Reforma Constitucional relativo exclusivamente a la Asamblea Nacional Constituyente y su convocatoria inmediata.*

Dichas organizaciones tenían el convencimiento que una reforma constitucional como la que adelantaba el Congreso, sin convocatoria, consulta y participación del pueblo, no iba a resolver la grave crisis política que atravesaba el país, que era precisamente una crisis de representatividad y de participación, que ahora se ha agravado.

Ello había originado la pérdida de legitimidad democrática de las instituciones electas, la cual sólo podía recuperarse democráticamente mediante la convocatoria inmediata al pueblo de una Asamblea Constituyente que reformulase el sistema político en su conjunto, y permitiera el surgimiento del nuevo liderazgo que el país requiere; situación que seis años después aún persiste. Un referéndum sólo para aprobar una reforma constitucional como la que discutía el Congreso, al contrario, podía precipitar a un estruendoso fracaso de la democracia, por la abstención electoral que cualquiera podía vaticinar se producirá.

De allí el *Proyecto alternativo de Reforma Constitucional relativo a la Asamblea Constituyente y su inmediata convocatoria, que presentamos* el 7 de mayo de 1992 y que bien podría servir de base para lo que es necesario hacer, en 1998-1999, para convocar la Constituyente y que tiene el siguiente texto:

PROYECTO ALTERNATIVO DE REFORMA CONSTITUCIONAL RELATIVO A LA ASAMBLEA CONSTITUYENTE Y SU INMEDIATA CONVOCATORIA, EL CONGRESO DE LA REPUBLICA DE VENEZUELA

En aplicación del artículo 246 de la Constitución,

Considerando que para emprender una reforma general de la Constitución del 23 de enero de 1.961 se hace imperativo que el Poder Constituyente, radicado como está en el pueblo, disponga de un mecanismo apropiado para que éste exprese libremente la determinación de su condición política y provea a su desarrollo económico, social y cultural;

decreta la siguiente:

REFORMA DE LA CONSTITUCIÓN

ARTICULO 1°

Se agrega un nuevo artículo a la Constitución, que será el 250, en los siguientes términos:

ARTICULO 250:

1° El Presidente de la República, la tercera parte de cualquiera de las Cámaras del Congreso de la República, la tercera parte de los Gobernadores de Estado o de las Asambleas Legislativas, o el cinco por ciento de los ciudadanos inscritos en el Registro Electoral debidamente identificados ante los organismos electorales, podrán solicitar la celebración de un referéndum para la convocatoria a una Asamblea Nacional Constituyente, para la reforma integral de la Constitución.

2° La solicitud se formalizará ante el Consejo Supremo Electoral y el referéndum se convocará dentro de los sesenta días siguientes a dicha formalización.

3° Para la validez del referéndum se requerirá la concurrencia de más de la mitad de los electores inscritos. La aprobación de la convocatoria a la Asamblea Nacional Constituyentes requerirá el voto favorable de la mayoría *absoluta de los sufragantes. Aprobada la Convocatoria, se procederá a elegir a los miembros de la Asamblea, en el lapso comprendido dentro de los sesenta y noventa días siguientes. Las postulaciones de candidatos se deberán efectuar dentro de los treinta días siguientes de aprobada la convocatoria.*

4° La Asamblea Constituyente tendrá carácter unicameral, y se instalará dentro de los quince días siguientes a la elección de sus miembros, en la fecha que fije el Consejo Supremo Electoral.

5° Los miembros de la Asamblea deberán llenar los requisitos que establece la Constitución para los diputados al Congreso de la República y gozarán de iguales inmunidades y demás prerrogativas.

6° La Asamblea Nacional Constituyente estará compuesta por miembros electos uninominalmente en circuitos electorales y por miembros electos nominalmente de una lista nacional. La Asamblea, así constituida podrá incorporar a la misma miembros designados por los anteriores electos.

A. *Miembros electos uninominalmente*

Se elegirá, en forma uninominal y en circuitos electorales de base poblacional análoga que preservará la división territorial entre los Estados, un número de representantes igual al que resulte de dividir los habitantes que tenga cada entidad federal por la base de población, la cual será igual al uno por ciento (1%) de la población total del país.

Si hecha esta división resulta un residuo superior al cincuenta por ciento (50%) de la base de población se elegirá un Representante más. Aquellos Estados que no tengan un número de habitantes suficientes para elegir dos Representantes a la Asamblea elegirán, en todo caso, este número. Cada Territorio Federal elegirá un Representante.

Para ser electo en cada circuito electoral se requerirá haber obtenido el cincuenta por ciento (50%) de los votos válidos; si ninguno de los candidatos obtuviere dicho porcentaje, se procederá dentro de los treinta días (30) días siguientes y en la oportunidad que fije el Consejo Supremo Electoral, a una segunda vuelta de votación en la que participarán los dos candidatos que hubieren obtenido mayor número de votos en la primera vuelta.

B. *Miembros electos nominalmente de una lista nacional*

Igualmente se elegirán en forma nominal, veinticinco Representantes adicionales de acuerdo al siguiente procedimiento:

Una vez concluido el lapso previsto para la postulación de listas de candidatos a nivel nacional, el Consejo Supremo Electoral procederá a la elaboración de un listado único, organizado en estricto orden alfabético, de todos los candidatos que hayan sido postulados a nivel nacional. En dicho listado, se colocará un número para cada uno de los candidatos, el cual corresponderá a su puesto de colocación, determinado por orden alfabético, en el mencionado listado nacional de candidatos.

El listado nacional de candidatos deberá ser publicado al menos tres veces en la Prensa Nacional, durante los quince días anteriores a aquel en que se realizará el proceso de votaciones.

En el momento de sufragar le será entregado a cada elector el listado nacional de candidatos y el elector expresará su voto mediante una boleta o planilla que contendrá veinticinco casillas en cada una las cuales colocará el número que corresponde, en el listado nacional, a los candidatos de su preferencia. Toda boleta o planilla en la que el elector haya colocado uno o más números contenidos en el listado nacional de candidatos, hasta un máximo de veinticinco, será considerado como expresión válida del voto.

Resultarán electos los veinticinco (25) candidatos que hubieren obtenido el mayor número de votos.

C. *Miembros designados*

La Asamblea elegida en la forma indicada anteriormente podrá decidir, dentro de los quince (15) días siguientes a su instalación, por una mayoría de dos terceras partes de sus integrantes, por lo menos, la incorporación a su seno, de hasta quince miembros plenos, que ella considere conveniente integrar a la misma.

7° Las postulaciones para la elección uninominal de Representantes o para la elección nominal del listado nacional, serán presentadas en la siguiente forma:

a. Para la elección de candidatos en los circuitos electorales, las postulaciones podrán formularse por los partidos políticos nacionales o por partidos políticos regionales constituidos en la entidad federal en la cual se encuentre el circuito, o por grupos de electores respaldados por al menos un mil firmas;

b. Para la postulación de candidatos a ser electos nominalmente del listado nacional, las postulaciones podrán formularse por los partidos políticos nacionales o por grupos de electores respaldados por al menos veinte mil firmas.

8° La Asamblea será depositaria de la soberanía popular y representará al pueblo en su conjunto. Sus miembros actuarán individualmente según su conciencia y no podrán estar ligados por mandatos expresos o instrucciones de ningún género.

9° La Asamblea Nacional Constituyente dictará su propio Reglamento Interior y de Debates, así como los otros Reglamentos que sean necesarios para su organización y funcionamiento.

10° Un número no menor de cincuenta mil electores podrá ejercer el derecho de iniciativa popular mediante la introducción, para la discusión y consideración por parte de la Asamblea Nacional Constituyente, de proyectos de reforma total o parcial de la Constitución.

11° El procedimiento para la discusión y elaboración de la nueva Constitución comprenderá, en todo caso, mecanismos que aseguren la participación de todos los sectores nacionales del país, particularmente mediante la consulta a los sectores sociales, económicos, políticos, culturales, religiosos y militares del país.

12° La Asamblea Nacional Constituyente no interrumpirá el funcionamiento de los Poderes Públicos, salvo lo que resulte de la nueva Constitución una vez promulgada. Sin embargo, las Cámaras Legislativas no podrán, durante el funcionamiento de la Asamblea Nacional Constituyente, enmendar o reformar la Constitución, ni legislar sobre materia electoral, de partidos políticos, de descentralización y transferencia de competencias del Poder Público, sobre la organización y funcionamiento de las Fuerzas Armadas Nacionales, ni sobre las referidas al Poder Judicial y a la Corte Suprema de Justicia, hasta tanto sea promulgada la nueva Constitución.

13° La Asamblea aprobará la nueva Constitución en el plazo máximo de ciento ochenta (180) días continuos a partir de su instalación. La Asamblea podrá prorrogar este plazo hasta por sesenta (60) días continuos adicionales, con el voto favorable de la mayoría de sus miembros.

14° La nueva Constitución aprobada por la Asamblea Constituyente entrará en vigencia el día de su publicación en la Gaceta Oficial de la República de Venezuela.

ARTICULO 2°

Sométase a referéndum la presente Reforma Constitucional de conformidad con el artículo 246 de la Constitución.

DISPOSICIONES TRANSITORIAS

Primera:

La aprobación por referéndum de la presente Reforma implica la aprobación de la convocatoria a la Asamblea Nacional Constituyente prevista en esta Reforma.

Segunda:

No podrán formar parte como miembros electos de la Asamblea Nacional Constituyente quienes a los quince días de iniciado el período de postulación de candidatos, se encuentren investidos de los cargos de Ministros, Presidentes de Institutos Autónomos o Empresas del Estado, Jefes de misiones diplomáticas, Gobernadores de Estado, miembros electos principales o suplentes del Congreso de la República, de las Asambleas Legislativas o de los Concejos Municipales, Contralor, Fiscal o Procurador General de la República, Alcalde, o Juez en cualquier instancia del Poder Judicial.

Tercera:

El Proyecto de Reforma General a la Constitución de 1.961, elaborado por la Comisión Bicameral designada al efecto, y el cual ha sido objeto de discusión por el Congreso de la República, será presentado a la consideración de la Asamblea Nacional Constituyente, adjuntándole el conjunto de modificaciones que haya sufrido hasta el momento de la aprobación por el Congreso o alguna de sus Cámaras, del presente Proyecto de Reforma Parcial de la Constitución de 1.961.

07-05-92

De lo anterior resulta que una Asamblea Constituyente para ser convocada democráticamente en el marco de una Constitución que está vigente, como es el caso actualmente, en todo caso, debe tener un régimen relativo a su integración y funcionamiento que ha de tener rango constitucional. De lo contrario, quedaría en los órganos del Estado el establecimiento de ese régimen, no teniendo ni el Ejecutivo ni el Legislador *status* de poder constituyente o carácter de representante del mismo.

XIII. LA AGENDA PARA LA REVISIÓN CONSTITUCIONAL O PARA LA CONSTITUYENTE

Pero el tema del régimen constitucional de la Asamblea Constituyente no agota el proceso constituyente; es el marco regulatorio del mismo, que tiene que concluir en un proceso de reforma integral de la Constitución en aspectos centrales relativos al Estado. Los poderes de una Asamblea Constituyente, en ningún caso, pueden considerarse como ilimitados ni siquiera cuando se refieren a la reforma constitucional. En nuestro régimen constitucional puede decirse que hay principios "pétreos" que no pueden modificarse. Uno de ellos es de la independencia de Venezuela, por lo que el artículo 1º de la Constitución de 1961 dispone que

> "La República de Venezuela *es para siempre e irrevocablemente* libre e independiente de toda dominación o protección de potencia extranjera".

Pensar que una Constituyente, cualquiera que sea puede cambiar este principio es algo contra la historia e irracional.

Lo mismo puede decirse del régimen republicano democrático, que también es un principio inmodificable, como lo declara el artículo 3º de la Constitución de 1961 que dispone

> "El gobierno de la República de Venezuela *es y será siempre* democrático, representativo, responsable y alternativo"

Por ello igualmente sería ahistórico e irracional pretender cambiar la República por una monarquía o la democracia por una autocracia.

En similares términos, el artículo 8 de la Constitución de 1961, prevé la integridad del territorio nacional, al disponer

> "El territorio nacional *no podrá jamás* ser cedido, traspasado, arrendado ni en forma alguna enajenado, ni aún temporal o parcialmente, a potencia extranjera".

Sería por tanto inconcebible que una Constituyente pudiera cambiar este principio y pretender ceder parte del territorio nacional a una potencia extranjera.

Dentro de los principios "pétreos" del constitucionalismo venezolano y por tanto inmodificables, están también los relativos a los derechos fundamentales: "El derecho a la vida *es inviolable*" dice el artículo 58 de la Constitución, por lo que *"Ninguna Ley podrá* establecer la pena de muerte ni autoridad alguna aplicarla"; *"Nadie podrá* ser incomunicado ni sometido a tortura o a otros procedimientos que causen sufrimiento físico o moral" señala el ordinal 3º del artículo 60 de la Constitución; y *"Nadie podrá* ser condenado a penas perpetuas o infamantes" señala el mismo artículo 60, ordinal 7 de la Constitución. Estos principios, de la esencia de la naturaleza humana y de la dignidad del hombre tampoco podrían ser modificada por Constituyente alguna.

Una Asamblea Constituyente, por tanto, tiene límites en cuanto a su función y su campo de acción y reforma constitucional.

En estos tiempos, en todo caso, luego de 38 años de vigencia de la Constitución de 1961, indudablemente que puede diseñarse una agenda para la Constituyente o para la revisión constitucional con o sin Constituyente, que necesariamente tendría que referirse al menos, sobre los siguientes aspectos:

1. *La forma de Estado*

La profundización y perfeccionamiento de la democracia tiene que conllevar a una efectiva distribución vertical o territorial del Poder Público, es decir, a un proceso de descentralización política del Estado. El proceso de reforma política, iniciado a partir de 1989 con la revisión constitucional derivada de la aplicación de los artículos 21 y 137 de la Constitución, sobre elección de los Gobernadores y transferencia a los Estados de competencias atribuidas constitucionalmente al Poder Nacional; tiene que ser completado y reforzado. Ello exige una completa reforma de la forma federal del Estado, para plantear un nuevo federalismo adaptado a la democracia contemporánea, con el desarrollo no solo del Poder estadal sino del Poder municipal.

2. *El sistema político*

El sistema político ideado en la Constitución de 1961 para operar la democracia como régimen político, fue el de un Estado Centralizado de Partidos. Ahora, cuatro décadas después, para reforzar la democracia, no sólo el Centralismo tiene que desmontarse mediante la descentralización política, son que el Estado de Partidos establecido mediante el Pacto de Punto Fijo de 1958, tiene que convertirse en un Estado participativo, donde no sean los partidos políticos los únicos vehículos de partipación popular ni sean las únicas sociedades que pueden tener representación política.

La reforma del sistema político, por tanto, tiene que abrir paso a nuevas formas de participación política; a la reforma de los partidos políticos, su distribución territorial y la superación del centralismo democrático que los ha regido, y a la reforma del sistema electoral de manera que los partidos políticos cesen de tener el monopolio de la representatividad, y que la elección pueda conducir a un sistema de gobierno que permita la constitución de mayorías. De allí, por ejemplo, la propuesta de la segunda vuelta tanto para la elección presidencial como para la elección uninominal de los congresantes.

3. *El sistema de gobierno*

La Constitución de 1961, como reacción al autoritarismo que caracterizó la vida política de las décadas precedentes, reguló un sistema de gobierno presidencial con sujeción parlamentaria, que debilitó al Ejecutivo en su relación con el Congreso. En el esquema de gobierno que tenemos, muy lejos en realidad quedó el Presidencialismo tan característico de América, habiendo devenido nuestro sistema de gobierno en un semi presidencialismo que no es ni parlamentario ni presidencial, sino un híbrido impreciso y obstruccionista. Un sistema como el vigente sólo podía funcionar cuando el gobierno tuviera un clara mayoría parlamentaria; al no tenerla, no hay ninguna base institucional para la gobernabilidad, como ha quedado claro en los dos últimos lustros.

La reforma constitucional tiene, por tanto, que caer en la disyuntiva de siempre: establecer un sistema de gobierno parlamentario o presidencial. Ello, por supuesto, implica establecer nuevos mecanismos de relación entre los órganos del Poder Público, definir el sistema electoral de los órganos representativos, precisar la función legislativa y contralora del Parlamento y regular un nuevo régimen financiero (presupuestario, de crédito público) que permita gerenciar las finanzas públicas.

La reforma del sistema de gobierno incide, también, en la redefinición de los órganos constitucionales de control con autonomía funcional, como la Contraloría General, el Ministerio Público y el Defensor de los derechos del pueblo.

4. *El Poder Judicial*

Además de la reforma del sistema de gobierno en cuanto a la relación entre el Poder Ejecutivo y el Poder Legislativo, la revisión constitucional tiene que incidir en el Poder Judicial, su organización y funcionamiento. El más débil de los Poderes del Estado ha llegado a niveles de desprestigio e ineficacia que exigen una reforma radical que incida en la elección y remoción de los jueces; en el sistema de Administración de Justicia fundado en la efectiva autonomía e independencia; en el papel de la Corte Suprema de Justicia en la conducción del Poder Judicial y la redefinición del rol del Consejo de la Judicatura; y en el perfeccionamiento de los sistemas de control de la constitucionalidad.

5. *El sistema económico*

Toda Constitución, además de una Constitución Política, contiene una Constitución Económica que establece las bases del sistema económico en el cual el Estado y los particulares participan. La Constitución de 1961, en tal sentido, concibió las reglas de la Constitución Económica con bastante flexibilidad, lo que le permitió al Estado petrolero no sólo establecer barreras para promover la sustitución de importaciones sino para intervenir e invertir en toda suerte de actividades. Cuarenta años después, a fin del Siglo XX y en medio de la globalización, el régimen constitucional tiene que propender a la reducción del Estado empresario, mediante la privatización de industrias, servicios y actividades; a la promoción del comercio internacional y a aumentar la capacidad de inversión de los particulares.

El sistema tributario también tiene que redefinirse, para que deje de ser petrolero orientado, buscando crear la conciencia de contribuyente de la cual carece el venezolano, por la distribución por el Estado de su propia riqueza petrolera.

Hay que revalorizar el principio de la solidaridad social para la colaboración de los particulares en la prestación de servicios que en principio son obligación del Estado, con el objeto de superar el paternalismo de Estado que tanto nos pesa.

6. *El sistema de derechos, libertades y garantías*

Además de la organización del Poder Público y de su distribución vertical y horizontal, y del sistema económico-social, una Constitución se caracteriza por el sistema de derechos, libertades y garantías. Ese sistema, en la Constitución de 1961, vía su artículo 50, ha permitido la internacionalización progresista de los derechos y garantías constitucionales, al haber adquirido estos rango constitucional los consagrados en las Convenciones y Acuerdos Internacionales sobre la materia. Una reforma constitucional en este aspecto sólo podría tener por objeto ampliar el radio de los derechos, libertades y garantías, en la progresividad que caracteriza el régimen mundial en este campo, con la incorporación, por ejemplo, al texto expreso de la Constitución de los llamados derechos de la tercera generación. Por supuesto, esa revisión nunca podría significar una regresión en este campo, como por ejemplo, el establecimiento de la pena de muerte o la limitación indebida de la libertad de información.

7. *La integración económica regional*

El proceso de integración económica de la Comunidad Andina y, en general, de América Latina, en el cual Venezuela tiene que participar y que hay que reforzar en estos tiempos más que nunca, por la globalización y transnacionalización de las políticas públicas, exige la revisión de la Constitución para prever la posibilidad de transferencia de poderes y competencias de los órganos constitucionales del Estado a entidades supranacionales o comunitarias. En la Comunidad Andina sólo Colombia ha resuelto la cuestión constitucional de la integración regional, y en Europa, todos los países de la Comunidad y Unión Europeas reformaron sus Constituciones para permitir la integración de los Estados en un proceso de integración económica regional. Si Venezuela decide con seriedad continuar el proceso de integración en la Comunidad Andina, ineludiblemente tiene que reformar la Constitución para regular la aplicabilidad directa e inmediata del derecho comunitario en el orden interno, incluso con prevalencia y poder derogatorio en relación a las leyes dictadas por las Cámaras Legislativas.

En nuestro criterio, estos siete aspectos serían los puntos mínimos que deben configurar la agenda para la Constituyente o, en general, para la revisión constitucional.

XIV. APRECIACIÓN FINAL

Ahora bien, es precisamente en medio de este dinámico debate sobre el futuro de la democracia en nuestro país, que sale publicado este libro con las exposiciones de los Candidatos Presidenciales del proceso electoral de 1998 ante la Academia. Esperamos que su lectura y análisis contribuya a elevar el debate político en beneficio de todos los venezolanos.

Para la consulta puntual de las Exposiciones de los Candidatos, hemos elaborado un índice alfabético de las materias tratadas en las mismas.

En todo caso, y no por último menos importante, debo agradecer toda la colaboración recibida en la realización del Ciclo de Exposiciones de los Candidatos Presidenciales y en la preparación de este libro. Ante todo, especialmente debo reconocer el apoyo que el Dr. Tomás Enrique Carrillo Batalla le dió a la iniciativa para su aprobación por la Academia y asimismo, agradecer su colaboración en la formulación de las preguntas de los Académicos a los Candidatos luego de sus exposiciones. El interés y dedicación de mi asistente en la Presidencia de la Academia, la abogado Irene de Valera; de mi secretaria, señorita Arelis Torres; de la señora Mirna Pinto; de las señoras Marlene Vázquez Palacios y Evelyn Barboza, secretarias de la Academia, y de sus colaboradores, señores Gerardo Gónzalez, Salomón Delgado y Cristian Laya, fue fundamental.

La transcripción de las Exposiciones de los Candidatos Presidenciales estuvo a cargo de la Coordinación de Comisiones del Senado, cuyo Coordinador es el señor Yamil Tovar, quien tomó un interés particular en el trabajo, al igual que la Dra. Indira Alfonzo. Las transcriptoras de las exposiciones fueron las señoras Hilda Ramírez,

Beatríz de Muñoz, Leticia Rodríguez y Belkis Mora y el señor Enrique Rondón; y las correctoras las señoras Norelis Rodríguez y Belkis Mora. Todos hicieron un excelente trabajo con una rapidez que debe alabarse. Personalmente leí todas las exposiciones, al igual que mi asistente legal, María Fernanda Valdez, lo que contribuyó a perfeccionar algunos aspectos de redacción y puntuación.

Finalmente, la composición y el levantamiento de textos de este libro, -así como el de mi Discurso en las Academias el 07 de agosto de 1998, *Cinco Siglos de Historia y un País en Crisis*- estuvo a cargo de mi secretaria, señorita Francis Gil, a quien quiero agradecer una vez más su excepcional colaboración.

A todos, el agradecimiento de la Academia y mi agradecimiento personal.

Caracas, septiembre de 1998.

SECCIÓN TERCERA:

PRESENTACIÓN DE LOS CANDIDATOS PRESIDENCIALES ANTE LA ACADEMIA DE CIENCIAS POLÍTICAS Y SOCIALES (AGOSTO 1998)

Como Presidente de la Academia de Ciencias Políticas y Sociales propuse y fue aceptado que la Institución invitara a todos los candidatos presidenciales en las elecciones de 1998 a presentar ante la Academia sus programas en materia de reforma del Estado y del sistema político. Aquí se publica el texto de cada una de las presentaciones que hice de los mismos cuando comparecieron ante la Academia en agosto de 1998, así como de la apreciación final que hice en cada caso. Igualmente se incluye el texto de lo que cada candidato expresó sobre el tema de la convocatoria de la Asamblea Constituyente. Los textos han sido tomados del libro *Los Candidatos Presidenciales ante la Academia, Ciclo de Exposiciones 1998*, (Presentación y organización de la edición por Allan R. Brewer-Carías), Academia de Ciencias Políticas y Sociales, Caracas 1998

Presentación de Luis Alfaro Ucero (10 de agosto de 1998):

Allan R. Brewer-Carías: La Academia de Ciencias Políticas y Sociales y la Academia de Ciencias Económicas se sienten muy honradas por la receptividad que han tenido los candidatos presidenciales, respecto a la invitación que les hemos formulado para que al inicio de la campaña electoral expongan los lineamientos fundamentales de su concepción sobre el Estado venezolano, en un momento de crisis como el que vive actualmente el país; crisis que todos los venezolanos estamos conscientes de que puede afectar la gobernabilidad futura de la democracia si no se reconstituye el sistema político y el Estado que ha venido funcionando desde los años 40, y luego desde el año 1958.

En particular, nos sentimos muy honrados por la presencia del Senador Alfaro Ucero esta tarde, para iniciar este ciclo de exposiciones. Su apellido lo ha colocado en primer lugar en la invitación, pero además -sin duda- Senador Alfaro, usted es el candidato de mayor experiencia política; por supuesto, el único que participó en la Asamblea Constituyente del año 1946 que en cierta forma es el inicio del sistema político actual; y además, es el abanderado del partido político, Acción Democrática, de mayor experiencia en la vida pública venezolana. De manera que estamos muy honrados de poder iniciar este ciclo de exposiciones con usted, le damos la palabra y luego -como se avisó oportunamente- habrán preguntas de los Académicos que el Dr. Tomás Enrique Carrillo Batalla de la Academia de Ciencias Políticas y Sociales, va a leer una vez que se formulen por escrito. Muchas gracias.

Luis Alfaro Ucero sobre la Constituyente: Hablo de un *Acuerdo* porque hacia atrás, Venezuela tuvo una experiencia muy útil que fue un pacto: el Pacto de Punto Fijo, en mi concepto, cumplió un propósito útil; la experiencia fue buena, aunque no tratamos de repetir de ninguna manera el Pacto de Punto Fijo. Este se hizo con base a un programa, y lo que estamos proponiendo es un Acuerdo con base a un programa en el cual podemos comprometernos a darle todo el apoyo que sea necesario para que se lleve adelante, que se le dé continuidad -por lo menos- en 15 ó 20 años, que es lo que estamos planteando ahora.

Y parece que eso es lo que no le gusta -en general- sobre todo al liderazgo político; que estamos hablando de 15 ó 20 años, porque en Venezuela somos muy impacientes y queremos plantearnos resultados a corto plazo; pensamos que hay que programar en algún momento a largo plazo porque de ahí depende que el país pueda, sin traumas, sin sobresaltos, en libertad, poder hacer todos los *cambios* que se requieren y los que todo el mundo está reclamando en este país; de manera que es por esa razón, que insistimos que este Acuerdo está plasmado precisamente en esa idea: que sea un Acuerdo en base a un programa, no es un *Acuerdo* de carácter electoral, no es un pacto electoral, es un Acuerdo en favor del país, en el cual se requiere que los parlamentos venezolanos en el futuro le den cuenta al gobierno con suficiente respaldo como para que ahí se puedan tramitar todas las reformas que sean necesarias; que haya el ambiente necesario para poder acordarse acerca de algunas de ellas, sobre todo el problema de la propia Constitución que ha sido tan traída y llevada en los últimos tiempos.

Aquí no hace falta, no estamos pensando en convocar una *Constituyente* sino que la propia Constitución establece las vías a través de las cuales es perfectamente posible lograr la reforma. Esa *reforma* hasta ahora no ha sido posible; estamos convencidos que a través de un acuerdo pueda perfectamente dársele aliento y el respaldo necesario. Pienso que de esta manera estamos dando una respuesta apropiada, que encaja perfectamente dentro de la aspiración que tiene la inmensa mayoría de los venezolanos: que las cosas se hagan dentro del régimen de *libertades,* dentro del *Estado de Derecho* que actualmente tenemos. (pp. 63-64)

[…]

He dicho que ese es un salto en el vacío, simplemente porque no se explica que en un régimen de derecho como el que tenemos, alguien se le ocurra que pueda convocar una *Constituyente;* supongo que para convocarla tiene, primero, que dar un golpe de estado porque no hay duda que la Constituyente, una vez instalada, asume el poder total. Podemos resolver las cosas por la vía pacífica, democrática, haciendo las reformas que sean necesarias a la actual Constitución, que parece ser -según los entendidos- que no es tan mala, porque no se trata muchas veces de las leyes sino de quién las aplique. En todo caso, esa es la situación, creemos que es una locura, que Venezuela tiene vías a través de las cuales es perfectamente posible lograr hacer todas las *reformas* que actualmente la gente está solicitando.

Porque además, en el discurso, se trata de vender que la Constituyente es una panacea que va a resolver de inmediato los problemas que el país tiene y hay gente en Venezuela que lo cree efectivamente; que está convencida de que esa puede ser la vía, sobre todo la gente que está viviendo en condiciones bastante difíciles y allí hay la posibilidad de que encuentre asideros. Confío en que este país sabrá colocarse a la altura de su misma responsabilidad en resguardo del sistema que actualmente tenemos. (p. 63)

Apreciación Final al concluir la exposición de Luis Alfaro Ucero: *Allan R. Brewer-Carías*: Senador Alfaro Ucero, reitero lo que viene de decir el Dr. Carrillo Batalla: nuestro agradecimiento por su presencia esta tarde, aquí, en la Academia y por haber iniciado también este Foro en la forma exitosa, como la presencia de los Académicos y las personas invitadas lo demuestra.

Es bien importante el planteamiento que Usted ha formulado sobre el tema del Acuerdo Nacional; hizo referencia al tema del Pacto de La Moncloa en España, y al mismo tema del Pacto de Punto Fijo en Venezuela. Esos fueron pactos importantísimos para asegurar la gobernabilidad y que en Venezuela se implantara la democracia.

El país tiene conocimiento y conciencia -sobre todo si se mira históricamente- del rol que ha cumplido el partido Acción Democrática en el proceso de democratización del país. Ahora, llegada la democratización como se ha cumplido, con todo respeto debo señalarle, que el asunto de un Acuerdo Nacional necesario para asegurar la gobernabilidad futura se torna más complejo gracias a la democratización, ya no es fácil identificar los actores políticos, lo que es fácil en un momento de inicio de democratización como fue el caso del Pacto de La Moncloa en España y el del Pacto de Punto Fijo nuestro; en ese momento materialmente los únicos demócratas eran los partidos y sus líderes, y su proyecto fue democratizar el país. Y lo lograron pero la democratización complicó las cosas, pues ahora hay muchos más actores, inclusive a nivel regional.

El problema concreto actual es cómo identificar los actores políticos para llegar a un Acuerdo Nacional. Por ese espíritu democrático que no sólo tiene de nombre Acción Democrática sino en su esencia, como partido, creo que no hay que descartar la vía de la convocatoria al pueblo, de eso se trata la democracia y más el Partido que se ha denominado siempre el partido del pueblo. No hay que descartar la posibilidad de convocar al pueblo, entre otras cosas para identificar esos actores políticos, que necesitamos identificarlos para llegar a ese gran Acuerdo Nacional que me parece una de las propuestas bien importantes que usted ha venido formulando.

De manera que -ojalá- no se rechace de plano, por el hecho de que algún candidato haya planteado la idea de una asamblea del pueblo, porque en definitiva esa idea no es de un candidato, es del país, es de la democracia; a la que Ustedes -el partido Acción Democrática- y particularmente usted que ha tenido una larga experiencia en el Partido, han contribuido a establecer en este país.

La democracia es, por tanto, de todos y la convocatoria al pueblo es de todos, y los Acuerdos Nacionales son de todos y no de un solo candidato y ojalá eso pueda -

en un futuro si es necesario- ser una de las fórmulas que pueda plantearse y no un rechazo a esa idea, porque -insisto- es de todos y no de un candidato. No puede ser partidario. Es un poco, como Usted decía, el Acuerdo Nacional que también es de todos. Usted lo plantea fuera de un contexto electoral; y bajo ese ángulo, todas esas fórmulas pueden ser bien importantes, y ojalá no sean rechazadas de plano por el hecho de que alguien las haya planteado aisladamente. Además no es nada original; la *Constituyente* se planteó ya desde el año 1992, justamente a raíz del golpe militar que protagonizó Hugo Chávez contra el gobierno del Presidente Pérez. De manera que es una idea vieja, no es nueva y forma parte -insisto- de la democracia.

De todos modos le agradecemos mucho su presencia, sus luces e ilustraciones en cuanto al programa político de Acción Democrática; y en nombre de todos, nuestro agradecimiento y, por supuesto, -como se lo deseamos a todos los candidatos- el mayor de los éxitos en su campaña electoral. Muchas gracias.

Presentación de Hugo Chávez Frías (11 de agosto de 1998):

Allan R. Brewer-Carías: Debo comenzar reiterando que la Academia de Ciencias Políticas y Sociales y la Academia de Ciencias Económicas, instituciones que han tomado la iniciativa de esta convocatoria a los candidatos presidenciales para que expongan sus programas políticos ante los académicos del país, se sienten muy honradas por la receptividad que estos han tenido en relación a la invitación que les hemos formulado a todos.

Sin duda, Venezuela vive un momento de crisis aguda del sistema político instaurado hace 40 años, crisis que incluso he calificado en algún momento como crisis terminal, que requiere de un inevitable y necesario cambio como lo pide la mayoría, aunque también como lo reflejan las encuestas esa mayoría quiere que esos cambios se realicen en libertad, en democracia.

Nos sentimos también muy honrados Licenciado Chávez por su presencia esta tarde en la continuación de este ciclo de exposiciones; su apellido lo colocó en segundo lugar, sabemos que usted hizo aparición en la vida política recientemente en medio de una gran crisis y por una vía no democrática, pero como usted lo ha dicho, ya pagó por ello. Su participación en esta contienda electoral como las de todos los candidatos, lo compromete ahora con la tarea de contribuir a que los cambios necesarios e inevitables se realicen democráticamente; ese es el reto que tenemos todos los venezolanos y que tenemos que asumir cada uno en su área. Las Academias por eso han asumido esta tarea de formular esta invitación para que los candidatos expongan libremente aquí sus concepciones sobre el Estado y el futuro gobierno que tienen planteado.

Como se ha realizado ya en la exposición que tuvimos ayer, tendrá usted el tiempo que juzgue necesario para su exposición. Luego, como se lo manifesté en la invitación que le formulé, habrán preguntas por escrito que ya se han venido formulando por los académicos y que el Doctor Tomás Enrique Carrillo Batalla luego leerá. Muchas gracias de nuevo por su presencia; tiene la palabra.

Hugo Chávez sobre la Constituyente: La primera que voy a mencionar es la *macropolítica,* la línea macropolítica de transformación, de transición ¿Cómo relegitimar un sistema que perdió absolutamente la legitimidad?, ¿cómo reconstruir un *sistema político* que sea verdaderamente democrático?, ¿cómo reconstruir o como refundar -como dice el General Müller Rojas, Senador y Jefe de mi comando de campañas, aquí con nosotros esta tarde también, en unos de sus recientes libros *La Refundación de la República* -¿cómo refundar la República?, ¿cómo reconstruir un Estado y una Nación?. Nosotros no vemos ninguna otra alternativa, estudiando la historia, estudiando diversos casos de la ciencia política, jurídica, histórica; no vemos en el panorama entre 160 grados y en dos siglos de historia hacia atrás, no vemos ningún otro camino que convocar al *Poder Constituyente* que está y que es propiedad del soberano, del pueblo venezolano; un mecanismo absolutamente democrático, un mecanismo pacífico para relegitimar un sistema que ya -como he dicho- dejó de ser democrático, a través de un proceso constituyente que ya está en marcha, porque lo de la *Asamblea Constituyente* nosotros no lo vemos como algo aislado. La Asamblea Constituyente, debe ser consecuencia, no causa, consecuencia de un proceso que ya comenzó en Venezuela, el proceso constituyente, que comienza -lo sabemos los que hemos estudiado un poco este tema que no es fácil, a veces alguna gente tiende a quedarse en lo que llamo de alguna manera la trampa legalista-, no es un tema del ámbito del legalismo; no, va mucho más allá, es un tema del ámbito político, histórico, no de la *legalidad,* sino de la *legitimidad* que es la razón y la esencia de cualquier legalidad y de cualquier existencia de un Estado, si quiere llamarse, verdaderamente democrático.

El proceso constituyente comenzó hace tiempo en Venezuela. Ese proceso comienza cuando la potencia popular, el poder adormecido de una Nación va despertando paulatinamente. Alguien, no sé quien, dijo un día que la fuerza de un pueblo es el combustible de la historia; aquí en Venezuela, hace tiempo comenzó ese proceso, esa transformación de la potencia dormida de un pueblo a poder en movimiento. Sin ánimos proselitistas, -no vine aquí a eso, por supuesto, sería una falta de respeto para ustedes, pero tomando en consideración eventos muy recientes-, la marcha que atravesó Caracas el día sábado pasado, que fue mucho más allá de la convocatoria que hicimos, excedió cualquier parámetro de nuestros cálculos; pudiera ser tomado como un ejemplo de la manifestación de un poder en movimiento. El descenso de los niveles de abstención que estaban por el 50% casi y según encuestas recientes está por debajo del 20 ya, eso es una evidencia; el que quiera verlo que lo vea, ahí está, son evidencias científicas de que hay un poder en movimiento que estaba adormecido y muchos otros podemos tomar, cito solamente esos dos.

Así que el proceso constituyente ya comenzó; hay que darle cauce porque esa fuerza desatada necesita un cauce; es necesario para la paz de Venezuela, es necesario para la transición hacia formas superiores de existencia que a ese poder desatado y suelto se le de cauce. Nosotros estamos haciendo un esfuerzo y llamo a todos a que le demos cauce y no desconozcamos ese poder que anda suelto por calles, avenidas, pueblos, caseríos, barrios y urbanizaciones de toda Venezuela. Está despierta una fuerza, quiere espacio y como el agua, si no le damos espacio ella va a ocupar su espacio; hagamos el esfuerzo para darle espacio, para darle cabida, para darle canales, porque si no esa fuerza se va a dar sus canales. ¿De qué manera?. Nadie lo sabe, tratemos de que sea de manera paulatina, progresiva, pacífica y democrática y por eso estamos aquí.

Esa es la línea macropolítica, ese proceso constituyente y por eso mi candidatura presidencial. Llegar a la Presidencia de la República no para hacer una secuencia más trágica de todo esto último que ha ocurrido en Venezuela; no, sino para impulsar, para dinamizar y acelerar el proceso constituyente y que en poco tiempo después de instalado un gobierno nuestro de verdad, ese proceso corone en la Asamblea *Constituyente*, asamblea que debe relegitimar el sistema, asamblea que debe refundar la República, el Estado y establecer un nuevo lazo -digámoslo así- un nuevo contrato social, tomando la expresión de Juan Jacobo Rousseau; esa es la primera línea.

Ahora fíjense ustedes, por ahí alguna gente ha dicho -dentro de este debate que se da en Venezuela- que nosotros hemos planteado que la Constituyente es la panacea. Hoy mismo lo leía en prensa, de otros candidatos que dicen que para hacer una constituyente habría que dar un golpe de Estado. Incomprensible la expresión; o que la *Constituyente* no va a darle comida al pueblo; por supuesto que no, pero es incomprensible también; ese no es el objetivo de la constituyente. El proceso constituyente no se pone en práctica para darle comida a la gente; para eso es el sistema, el modelo económico, el trabajo, el empleo, ese es un tema que tiene mucha relación, pero no es el objetivo central del proceso constituyente. Por eso les decía que nosotros no hemos planteado el proceso y la Asamblea Constituyente como una panacea; no, apenas es una de las líneas de nuestro proyecto holístico integral, la línea macropolítica constituyente para transformar el Estado, para ir a un Estado democrático, una nueva democracia. (pp. 82-85)

[…]

La primera pregunta sobre el tema y permítanme introducir algo rápidamente, me parece que es un gran logro, no de Hugo Chávez ni de Quinta República, es un gran logro -creo que del país-; que el tema constituyente esté ocupando la mesa nacional hoy en día, creo que ya es un avance y creo que es parte del mismo proceso constituyente; es el combate ideológico, reforma o constituyente e allí una dicotomía; así la veo hoy, es dicotómico el tema, creo que el proceso va avanzando de manera visible.

Tengo seis preguntas con algunos requerimientos específicos. Permítanme también decir algo, no tengo respuesta para todo, nadie las tiene, así que tampoco es que ¿cómo usted va a reformar el poder judicial?; ese no será mi papel, el papel es de un colectivo, creo que las visiones esas de que ¿cómo usted va a solucionar? a veces a uno le preguntan, bueno, diga ya rápido, ¿cómo usted va a arreglar la educación?. Dígame ya! Ahora, un momento, creo que es un abuso intelectual pretender eso, creo que la solución primero que es muy difícil, y segundo que es colectiva la respuesta. Aporto mis ideas siempre sujetas, por supuesto, al debate, a la discusión.

Las vías para convocar la *Asamblea Constituyente,* permítanme ser lo más puntual posible: obtener el triunfo en las elecciones presidenciales, el 6 de diciembre; creo que hay bastantes posibilidades de que eso sea así. Claro, hay varios escenarios que se abren allí, depende de esos escenarios; los he dividido en nuestras discusiones, en nuestros equipos; hemos dividido la multiplicidad de escenarios como en dos perfiles, escenarios fáciles y difíciles, desde el punto de vista del impulso de la Constituyente.

Los escenarios fáciles dependerán de los espacios de poder y los difíciles también, es decir, la variable determinante de estos dos escenarios o dos bloques de escenarios, la variable que los determina, es el espacio de poder que ocupemos las fuerzas que impulsamos la Constituyente en las elecciones del 8 de noviembre y del 6 de diciembre. Por eso nosotros hemos lanzado candidatos en todas las gobernaciones, hemos hecho un esfuerzo de alianza que tiene opción en más de la mitad de las gobernaciones del país ciertamente; hemos lanzado en algunas partes planchas conjuntas, candidatos únicos para el Congreso Nacional para tratar de obtener en el Congreso, en las gobernaciones, el mayor espacio posible el 8 de noviembre, de forma tal que eso vaya configurando el escenario fácil desde el punto de vista de la Constituyente. Ganar las elecciones presidenciales y teniendo una buena mayoría o una buena parte del Congreso impulsado por fuerzas en pro de la Constituyente, eso pudiera conformar un escenario fácil.

Más allá de que sea fácil o difícil el escenario, la vía para ambos casos es la misma, claro que pudiera tener variantes aunque estoy hablando del eje central de la vía, un *referéndum* nacional. Sé que se me va a decir que no se puede convocar Constituyentes por esa vía, que eso es violar la legalidad; nosotros decimos, ni siquiera se viola la legalidad. Plantear que para llamar a referéndum y a constituyentes es necesario reformar la Constitución, ese planteamiento lo respetamos, lo hemos leído, lo hemos oído, mas creemos que pudiéramos estar allí encuadrándonos en lo que el derecho público francés llama el falseamiento constitucional o en otros países, en otros textos se habla del *fraude constitucional*; éste, por ejemplo, lo utilizó Hitler con algunas reformas legales marchando sobre la legalidad, obviaron la necesidad constituyente y se instaló lo que vino después, lo que ya conocemos. Pinochet también, para evitar el camino constituyente que parecía adecuado para buscar una transición democrática, éste acudió a la trampa legalista -ese término lo acuño yo-, es decir, vamos a navegar sobre las leyes, sobre la legalidad supuesta y obviemos la legitimidad.

Hago un llamado a que discutamos esto en profundidad, nosotros estamos convencidos de que no es necesario quitarle ni agregarle ni una sola letra a la *Constitución* de 1961, para convocar un referéndum nacional que active la asamblea constituyente. El Artículo 4 de la Constitución, lo hemos repetido bastante, lo voy a repetir una vez más, pues, como sabemos todos, ratifica o reivindica la soberanía popular; la soberanía reside en el pueblo quien la ejerce mediante el sufragio por los órganos del Poder Público. Incluso hay un equipo que anda buscando lo que pudiera ser un precedente: tengo información, estaba preso, por eso no tengo la información muy completa aunque anda gente por allí buscando aquello de que el expresidente Carlos Andrés Pérez después del 4 de febrero habló de la necesidad Constituyente. Creo que algunas personas y algunas del Consejo Consultivo recomendaron llamar a *Constituyente* y llegó a redactarse, según tengo informaciones muy serias, un Decreto para que el Presidente Carlos Andrés Pérez convocase a referéndum, amparándose en el mismo Artículo 4 de la Constitución Nacional, cosa que no se hizo al fin aunque hay allí un precedente.

Igual con el Doctor Caldera, cuando el Congreso Nacional se negó en 1995 -si mal no recuerdo, o en 1994- a darle poderes extraordinarios, él sacó el trapo y dijo, entonces llamo a referéndum, Artículo 4 de la Constitución. Al final, el Congreso le dio los poderes y no hubo necesidad; creo que lo hizo para presionar al Congreso. Creemos que ambos casos pueden formar parte de la jurisprudencia, el Artículo 4 de la Constitución de 1961 abre la puerta para invocar y para convocar a través de un *referéndum* que es una forma de sufragio a la soberanía que siempre es y será del soberano, valga la redundancia, del colectivo, del pueblo.

Además de eso, en el Artículo 181 de la Ley Orgánica del Sufragio, que fue incorporado allí a instancias de la COPRE, estuvimos allí hace unos meses atrás, por aquí está su presidente el Doctor Combellas; estuvimos debatiendo el tema con el Doctor Ayala Corao. Fue la COPRE que insistió y logró que se insertase allí el Artículo 181 en esos términos, podrá convocarse a referéndum para consultarse al país sobre asuntos trascendentales, de tres maneras, uno, dos tercios del Congreso que lo hagan; si no lo hace el Congreso, el Presidente de la República en Consejo de Ministros puede convocar a referéndum o incluso, la vía mucho más democrática, más amplia que es la iniciativa popular de un 10% de los electores inscritos en el Registro Electoral. Cualquiera de esas vías puede utilizarse para convocar ese referéndum. Claro que nosotros hemos comenzado a recoger firmas para tratar de llegar y seguramente llegaremos a recoger como un millón 200 mil firmas aproximadamente, el 10% del universo inscrito en el Registro Electoral. Esa iniciativa popular impulsa la vía del referéndum, es obligante.

Lo mismo el Presidente en Consejo de Ministros. En el caso nuestro aspiramos llamar desde la Presidencia de la República en Consejo de Ministros, un referéndum para abrir posteriormente un proceso electoral, bien amplio, democrático, mucho más allá de los partidos políticos, donde la sociedad intervenga para que elijamos libremente de manera nominal un cuerpo, creemos nosotros, que entre 100 ó 150. Todo esto es discutible, por supuesto, constituyentes a lo que se le entregue el poder de refundar la República y de hacer las transformaciones políticas que haya que hacerse.

En un programa de televisión al que asistí, quién me estaba entrevistando señalaba que el peligro de la *Constituyente* es que ella puede erigirse después en un poder supradictatorial, le preguntaba, ¿le tenemos miedo al colectivo?, ¿somos demócratas o no?. Sin embargo, también le decía a este caballero venezolano que no podíamos olvidar un detalle: *la Constituyente* no puede erigirse en un cuerpo supradictatorial y tomar las decisiones y hacer una Constitución, me decía esa persona, no es que pueden cambiarle el nombre a Venezuela o pueden anexarle Venezuela a Colombia, o pueden establecer un período de gobierno, usted lo que quiere es gobernar 40 años, que la Constituyente, si es mayoría suya, establezca que el gobierno durará 40 años, cosas así. Le decía, es que usted se olvida de un pequeño detalle, que quiero repetirlo acá, la *Constituyente* después que trabaje durante unos 6 meses máximo, -pensamos nosotros debe ser el tiempo máximo de trabajo acelerado en emergencia, a tiempo completo de una Asamblea Constituyente-, después de que elabore un nuevo texto constitucional, no puede ser aprobado ese nuevo texto si no es sometido a referéndum al país. A fin de cuentas será el país el que decida si le cambian el nombre a Venezuela. Estoy completamente seguro, no tengo ningún temor al respecto, como vamos a pensar los venezolanos que se le va a cambiar el nombre al país, o que vamos a instalar un gobierno de 40 años de duración. Eso es un imposible, así que eso es bueno aclararlo porque hay mucha gente interesada en desfigurar la idea y le hacen un flaco favor al país que necesita salidas y creemos que esta es una salida seria, democrática y pacífica.

Más allá de la simple reforma, también me preguntaban, no, la Constituyente lleva -como ya lo he dicho- el objetivo de dar inicio a una transformación profunda de todo el país; no es una reforma, por eso hablaba de lo dicotómico, o es reforma o es Constituyente. Creo que en este momento la reforma no es viable en Venezuela, no se puede reformar lo que está podrido y esto se pudrió; un edificio que esté podrido en sus bases no tiene reforma, el sistema político venezolano cayó en entropía, no tiene reforma posible, hay que hacer otro, hay que transformarlo en otro.

¿Ante qué organismo responderá la Constituyente?. Creo que ya lo respondí, ésta responde ante el país nacional, no hay ningún organismo del poder establecido, del poder constituido ante el cual la Constituyente deba responder. Esta, una vez que se instale, no puede subordinarse ni al Presidente de la República, ni al Congreso Nacional, ni a la Corte Suprema de Justicia, ni a ningún poder establecido; ella recoge el máximo poder, se le tiene miedo a eso, aunque creo que nosotros tenemos capacidad, personas, inteligencia suficiente para que ese proceso se oriente en la dirección que queremos, ella le responde al país, al soberano.

Otra pregunta ¿es necesario reformar la *Constitución* previamente?. Ya la respondí por adelantado, decimos que no es necesario reformar la Constitución. ¿Disolvería el Congreso Nacional para llamar a Constituyente?. No, no sería el Presidente de la República en ese supuesto el que disolvería o quien disolvería el Congreso Nacional; es la Asamblea Constituyente la cual una vez instalada puede disolver el Congreso Nacional; tiene potestad para hacerlo y no solamente el Congreso Nacional; es que puede deponer al mismo Presidente de la República y estoy dispuesto a relegitimar el mandato en la Constituyente; la Asamblea puede deponer la Corte Suprema de Justicia y esa es la gran ventaja que tiene la Asamblea Constituyente.

Tengo más de 15 años oyendo hablar de *reforma del Estado* ¿cuál reforma? ¿dónde reforma?. Las decisiones tienen que ser a fondo, es como un médico cuando descubre un cáncer, extirpemos, es el momento de extirpar o se nos muere el paciente. Siempre hay riesgos, pero es que estamos todos en una alta situación de riesgos, sea cual sea el camino que tomemos, aunque nos vistiésemos todos de sacerdotes aquí y estuviésemos todos los días en misa, estamos todos sobre un inmenso riesgo, porque como lo decía al comienzo, no por voluntad nuestra estamos en el mero centro de una catástrofe histórica; esa es la verdad, tenemos fuerzas para salir de allí.

Los puntos más importantes; la tercera pregunta para la *reforma constitucional.* Insisto en que no se trata de reforma, son dos caminos distintos, o reforma o constituyente, de todos modos interpreto, asumo la interpretación de la pregunta, ¿cuáles serían los puntos más importantes de esa nueva Constitución o de ese nuevo sistema político, porque no se queda la constituyente como en sus objetivos, no se queda limitado a un nuevo texto constitucional?. No, es la generación de una nueva legitimidad, es la generación de un nuevo sistema político, de un nuevo contrato social, repito la expresión.

Un punto muy importante que debe quedar instalado como componente de un nuevo sistema político democrático, debe ser la conformación de los *Poderes del Estado* y las relaciones entre ellos mismos. Hay que llenar de legitimidad esos poderes; ninguno de los poderes hoy del Estado tiene legitimidad; ninguno de ellos, ¿El Poder Legislativo tiene legitimidad?, No tiene. ¿El Poder Ejecutivo tiene legitimidad? Tampoco y mucho menos el Poder Judicial. Este hay que democratizarlo; nosotros estamos proponiendo para las instancias locales del *Poder Judicial,* es decir, los jueces de parroquia, los jueces de municipio, etc., la elección directa de los jueces; aunque igual instalar o establecer el poder de revocatoria del mandato o el poder de reelección si así lo deciden los pueblos. Ese es un ejemplo del esquema que estamos discutiendo y diseñando para democratizar y relegitimar el Poder Judicial.

Los miembros de la *Corte Suprema de Justicia,* creemos que es totalmente incorrecto y contrario al esquema de una democracia verdadera y al espíritu de la autonomía de poderes; no es correcto, no solamente no es correcto es contrario al principio de la autonomía de los poderes del Estado que el Poder Judicial y su máxima expresión, la Corte Suprema de Justicia sea designado por uno de los poderes o por otros de los poderes, en este caso el Poder Legislativo. Hay que sacar de allí, hay que quitarle al Congreso la potestad de designar, además, a capricho, y además, cuando quieran, a los miembros de un organismo tan importante para un sistema democrático como es el Poder Judicial. Ese es uno de los puntos importantes, el Poder Ejecutivo también, nosotros debemos avanzar en nuestro criterio y esto para la discusión nacional hacia un *nuevo federalismo.*

Hay una pregunta por allí, más adelante, que menciona o habla de los siete Estados. Hemos estado discutiendo eso, el Estado Vargas, nosotros hasta lanzamos un candidato a Gobernador, el amigo Laya, y uno se pregunta, ¿será que creando un nuevo Estado en Vargas, esa es la solución al problema?, ¿No estaremos multiplicando la *burocracia,* el gasto público?. Yo me opuse a eso, claro, fui allá a Vargas y me preguntaron, no puedo apoyar eso, así de manera simplista. En el alto Apure, como soy de esas zonas, hace dos años fui llamado y estuve unos días por allá, aquellos días en que ocurrió Cararabo y dijeron que yo estaba matando soldados en la frontera. Fui entre otras cosas a oír a un grupo de apureños que quieren formar el Estado Alto Apure con la excusa de que ellos están muy lejos de San Fernando, de que nadie les hace caso, de que ellos no son ni andinos ni llaneros y que quieren formarlo. Claro, eso será otro Gobernador, otra Asamblea Legislativa, otros municipios más.

En el Estado Táchira van 29 municipios, hay un pueblo en el Táchira, no recuerdo el nombre de ese pueblito, saliendo de San Cristóbal, donde hay dos Alcaldes en el mismo pueblo, el de arriba y el de abajo, es decir, es un proceso anárquico al que hay que detener y reordenar en un verdadero sistema federal; un *Estado Federal* que se base en aquél principio conocido por todos, ustedes mucho más, ustedes son estudiosos de la ciencia jurídica, la he estudiado un poco aunque no como ustedes; el principio aquél de la cosoberanía. Hay una soberanía nacional que nunca puede ser violada por las soberanías regionales y aquí se está violando la soberanía nacional en función de un llamado proceso de *des-*

centralización, que no tiene ningún tipo de regulación y que amenaza la *unidad nacional.* Hay varios casos, hay Alcaldes, Doctor Brewer, que están haciendo escuelas de *policías* y comprando fusiles, armas de guerras para armar policías. Eso es violatorio de la Constitución Nacional y de la Ley Orgánica de las Fuerzas Armadas y además, atentatorio contra la paz social, sin ningún tipo de control. Coloco algunos ejemplos de este proceso que creo, el Doctor Uslar -ahí coincido con él- alerta sobre un proceso que en vez de descentralización pudiera ser en algunas partes de desintegración de la unidad nacional, una nueva federación.

Coloco esos dos ejemplos nada más del asunto de ¿qué lograr a través de la Constituyente, es un nuevo sistema político, un nuevo Estado, una nueva República, una nueva distribución territorial del país?. Creo que no podemos ir a siete Estados; no, aunque sí pudiéramos agregar allí la figura de las regiones y establecer a través de la cosoberanía un sistema federal que funcione con mayor flexibilidad. Aquí se habla de *descentralización* porque ahora elegimos gobernadores; un fraude, no hay de verdad un proceso de descentralización del poder, los gobernadores siguen dependiendo del Situado Constitucional y el Gobernador Arías Cárdenas, por ejemplo, mi buen amigo, el Gobernador del Zulia, bueno ha pasado allá las de Caín. Logró por una parte o lograron, y él impulsó esta Ley de Asignaciones Especiales; por otra le quitaron siete mil millones de bolívares de un solo tajo por decisión de una persona aquí en Miraflores, para compensar, y se cayeron no sé cuantos proyectos sociales en el Estado Zulia en año electoral. ¡Qué casualidad!. Para dárselo a otro Estado de otro partido que es más o menos compatible. Esa es la democracia que tenemos nosotros, y nadie puede decir nada, o si quieren digamos mucho aunque nadie hace nada, libertad de expresión, hablemos y hablemos, bueno sigamos hablando un siglo, el país sigue hundiéndose porque no hay capacidad de tomar decisiones.

Otro elemento que quiero agregar, nosotros creemos -producto de las discusiones- que pudiera ser conveniente, lo creemos conveniente para el país, para un nuevo sistema político de *desconcentración* de poderes, de equilibrio de poderes, incluir en un nuevo sistema político democrático un *Cuarto Poder,* el *Poder Moral,* Bolívar así lo llamaba en Angostura, viejas tesis francesas del siglo pasado hablaban del Cuarto Poder. Honoré Mirabeau era uno de los que proponía el Cuarto Poder.

Creo que sería conveniente para Venezuela establecer un Poder Moral que pudiera ser la fusión de organismos que hoy existen, que consumen presupuestos, que tienen empleados, burocracia, gente muy capacitada aunque no tienen poder verdadero para tomar decisiones y pulsar resortes de la vida nacional, por ejemplo, la Fiscalía General de la República, la Contraloría General de la República, los defensores del pueblo o defensorías del pueblo. Fundiendo esas instituciones y dándole rango de un Cuarto Poder Público que bien pudiera encargarse de la lucha contra la corrupción, la Contraloría de los *Derechos Humanos,* la Fiscalía.

Incluso se pudiera tomar, dada la situación tan grave que hay en la *niñez* venezolana, hablando de la moral pública, porque es inmoral desde todo punto de vista que haya niños de la calle en Venezuela. Eso no se puede tolerar, niños en la calle, un millón de ellos abandonados, ¿y qué somos nosotros?, somos seres humanos, somos cristianos de verdad, creemos en Dios, somos católicos, y aceptamos como muy normal que haya un millón de niños así en las calles de Venezuela. Eso tenemos que acabarlo, no a los niños, por supuesto, es el fenómeno, los niños tienen que ser de las casas, de la escuela, de la felicidad, de la alegría.

El Cuarto Poder, un *Poder Moral,* estamos estudiando el tema; con nosotros está el Doctor Germán Escarrá Malavé quien se ha incorporado a nuestro equipos y está coordinando uno de estos equipos de trabajo. La Constituyente no es la panacea, me dice la cuarta pregunta, se requiere de consenso.

El caso colombiano, hay una cita al caso colombiano, son las circunstancias. Creo que en *Colombia* cuando hicieron la Constituyente -es mi criterio- no estaban maduras las condiciones para la Constituyente. Creo que no fue resultado de un consenso, media Colombia está en armas, allí hay dos Estados, ahora vemos con buenos ojos la posibilidad de que Colombia se reunifique y creo que estamos llamados a impulsar desde Venezuela hasta donde podamos, el proceso de paz y reunificación de Colombia. Creo que ahora con el nuevo gobierno colombiano y con la posibilidad de la reunificación de Colombia y la pacificación de la guerrilla, creo que ahora si hubiese sido el momento de impulsar una *Constituyente* de consenso, ¿cómo va a impulsar alguien una Constituyente para la mitad de un país? y la otra mitad del país tiene unas leyes propias, la guerrilla tiene sus propias leyes y nadie es capaz de cambiarla, un territorio propio y una población propia, otro Estado.

Lo de *Colombia* creo que fue una Constituyente que no tenía las condiciones de contexto suficientes para que tuviese éxito y eficacia política y social; otro es el caso venezolano. Creo que aquí sí están presentes las condiciones maduras del contexto en lo político, en lo social, incluso en lo ideológico, en lo espiritual. Creo que un 90% de los venezolanos quiere un cambio verdadero; aquí estamos asteados de esto, es el momento. Hay una masa crítica de mentes pensando en un cambio, estamos dispuestos ya, como decía Víctor Hugo -no hay nada tan poderoso como la idea cuya época ha llegado-. A Colombia no le había llegado la época, creo que hicieron una Constituyente artificial, un poco así como la *Revolución de Octubre* aquí, ¿Cuál Revolución?, ¿De qué octubre?. No fue revolución la de octubre, un Golpe de Estado sencillamente. Creo que en Colombia no hubo Constituyente verdadera, hubo un proceso al que llaman constituyente aunque en el fondo no recogió el contexto y no impulsa a un verdadero proceso constituyente.

¿Si no llenan sus expectativas?, me pregunta la persona que hizo esta reflexión, ¿si se prolonga mucho en el tiempo, si hay una decepción popular?. Me parece muy positivo que hagamos estas preguntas, ¿qué puede pasar si no llena sus expectativas?. Claro, las expectativas, no mías, las expectativas de la masa crítica que la impulsamos. ¿Qué pasaría si hay una nueva decepción?. No sé responder esa pregunta, pero le tengo temor a que eso ocurra, un gran temor a que el próximo gobierno venezolano, y si somos nosotros y hay muchas posibilidades que así sea, pues, con más razón le tengo temor. Precisamente la *Constituyente* desde nuestro punto de vista es lo que le da al próximo gobierno nuestro mayor viabilidad, mayor consistencia, porque el país como está hoy en día, es ingobernable. Cualquiera de nosotros, si ahorita se va a Miraflores y alguien le dice, usted es Presidente, Doctor Carrillo, a partir de hoy, fracasaría si no cambia el contexto, porque no se trata de un hombre. El Doctor Caldera creo que es un buen ejemplo, éste con toda su experiencia, quien duda que la puede tener, sus estudios nadie duda eso, su calidad, nadie lo duda. Con él, ustedes lo saben, me he enfrentado muy duro, pero uno reconoce a Dios lo que es de Dios y al César lo que es del César. Ahí está; fracasó; se perdió la República en sus manos, porque el país es ingobernable. Cualquiera que venga a gobernar a Venezuela sin hacer cambio de contexto fracasará; por eso nosotros insistimos en la necesidad de transformar el contexto a través de la *Constituyente*.

El Poder Constituyente, me preguntan ¿es para reformar o para concentrar todos los poderes? No, el Poder Constituyente no busca concentrar todos los poderes; en contrario lo que buscamos es desconcentrar a los poderes, porque a pesar de que en Venezuela funciona en apariencia un mecanismo de poderes autónomos, estoy seguro -y creo que ustedes lo están- de que aquí hay una gran concentración de poderes. El Poder Ejecutivo, el Poder Legislativo y el Poder Judicial, con algunas excepciones obedecen a un centro de poder; nosotros, a través de la Constituyente, lo que queremos es establecer o impulsar un proceso de *desconcentración* del poder, tanto así que proponemos un Cuarto Poder y proponemos un *sistema federal* verdadero.

Por último en esta ronda de preguntas, ¿cuáles son las razones de una Constituyente?. Creo que en mi exposición inicial, más que razones históricas, políticas, la crisis, la catástrofe, además agregaría una, solamente esta, mi criterio indica que si nosotros no le damos cauce pacífico -y por eso citaba a Ortega y Gasset-, si no le damos cauce pacífico a la fuerza que está desatada en Venezuela, y creo que se le puede dar a través de un proceso constituyente, aquí en Venezuela pueden venir de nuevo hechos violentos, más allá de la voluntad de nosotros mismos, porque no somos los hombres los que imponemos con nuestra voluntad los caminos de la historia. Esta tiene mucho de ciencia, la realidad va buscando sus propios caminos; si nosotros en un corto plazo no llenamos de un nuevo espíritu, un nuevo ámbito, una nueva moral, una nueva intención al país y le damos salida positiva a esa fuerza desatada, y creo que la Constituyente lo permite, aquí en Venezuela pudieran venir acontecimientos mucho más trágicos de lo que hemos pasado. Esa es otra de las razones que menciono para impulsar, como lo hacemos con toda pasión, con toda fuerza, con toda nuestra capacidad las salidas constituyentes.

Después vinieron una serie de preguntas; demasiadas preguntas en una sola, creo que de todos modos respondí. Por ejemplo, esta ¿cómo reformaría el Poder Judicial?. No es que lo reformaría, es que el proceso lo va a reformar, va a haber otro Poder Judicial."(pp. 91-102)

Apreciación Final al concluir la exposición de Hugo Chávez Frías: ***Allan R. Brewer-Carías***: En nombre de la Academia de Ciencias Políticas y Sociales y asimismo de la Academia de Ciencias Económicas, que han formulado esta convocatoria, quiero reiterarle nuestro agradecimiento por la atención que hizo a nuestra invitación.

Permítanme hacer un comentario final: como ayer le decía al Senador Alfaro Ucero, que consideraba que no era conveniente para el país que rechazara de plano la idea de una *Constituyente* como un mecanismo de convocatoria al pueblo para lograr un nuevo pacto o consenso para reconstituir el sistema político y el Estado; con todo respeto también permítame decirle que considero que tampoco es conveniente para el país rechazar de plano la idea de una vía constitucional para reformar la Constitución y convocar a una Constituyente.

No todo recurso a la *legalidad* debe despreciarse, ni debe calificarse despectivamente como legalismo; no debe considerarse todo recurso a la ley como fraudulento. La verdad es que sólo el respeto a la ley puede sostener una Sociedad, cualquiera que ella sea. Usted ha dicho que no es necesario quitarle una letra a la Constitución para convocar un referéndum para activar la idea de la Constituyente y eso es correcto; la propia Ley Orgánica del Sufragio ahora abre la vía para un referéndum. Pero luego de activada, y para convocar esa Asamblea, sí es necesario una reforma constitucional.

Creo que así como no hay que temerle a la Constituyente tampoco hay que temerle a la *reforma constitucional;* lo que hay es que darle al Congreso un mandato popular para que cumpla ese mandato político del pueblo a través de un referéndum. La idea no es nueva; un proyecto de Reforma Constitucional para prever la Constituyente y convocarla se elaboró, incluso, en mayo de 1992 como una respuesta a la Reforma General de la Constitución que se sacó como bandera contra la idea de la Constituyente. El proyecto no hay que buscarlo mucho, se lo he traído hoy y ahí está para la discusión, justamente de las ideas. Muchas gracias de nuevo por su comparecencia.

Presentación de Claudio Fermín (12 de agosto de 1998):

Allan R. Brewer-Carías: Queremos iniciar reiterando lo complacidas y honradas que están la Academia de Ciencias Políticas y Sociales y la Academia de Ciencias Económicas, por la atención que los candidatos presidenciales le han prestado a la invitación que le hemos formulado, para que expongan ante los académicos los lineamientos fundamentales de la concepción del Estado que plantean en esta campaña electoral.

Sobre todo le hemos dada esa importancia, porque estamos conscientes de que el país vive un proceso de inminente cambio político que necesita replantear las bases mismas de la democracia, del sistema político y del Estado, no para una elección más sino para las próximas décadas.

Nos sentimos muy honrados, en particular, por la presencia esta tarde del Licenciado Claudio Fermín, en este ciclo de exposiciones. Usted es quizás el candidato presidencial que tiene más experiencia político electoral, de todos los que participan en esta campaña, pues ustedes el único de los candidatos que ya participó en una campaña presidencial, en la última elección. La crisis desde entonces se ha agravado y personas como usted, con esa amplia experiencia, sin duda tiene que contribuir, como los otros candidatos, a sentar las bases para la futura gobernabilidad democrática, que es tarea de todos los venezolanos, y en particular de todo el liderazgo político y en especial, de los que participan en la campaña electoral. Tiene usted la palabra Licenciado Fermín.

Apreciación Final al concluir la exposición de Claudio Fermín: *Allan R. Brewer-Carías*: Para cerrar esta sesión, también quisiera agradecer, en nombre de la Academia, su exposición sobre los diversos problemas que tiene el país y sobre lo que debe hacerse en las áreas centrales de la actuación pública y del Estado. Ud.

pone en evidencia, sin embargo, lo que en mi criterio es el problema central, el problema de las instituciones colonizadas por cúpulas exclusivistas, pero en cuyas manos, precisamente, está la posibilidad actual de la transformación de las propias instituciones. Este es el gran problema de la crisis del sistema político venezolano y que exige, pienso la colaboración y la participación de todos los candidatos presidenciales. Estoy seguro que usted tendrá una posición abanderada en ese campo, para lograr que las instituciones venezolanas entiendan la situación de crisis y las necesarias transformaciones que tenemos que hacer para preservar la democracia. En esto hay muchas incomprensiones y uno de los puntos centrales es superarlas, sobre lo que hay que hacer; incomprensiones sobre la propia democracia, sobre lo que significa convocar al pueblo -como usted señalaba- incomprensiones, por ejemplo, lo que significa la descentralización, para que la propia democracia pueda sobrevivir.

Le deseamos -igual que a todos los candidatos- el mayor de los éxitos y sobre todo, el mayor de los éxitos por la democracia venezolana. Muchas gracias.

Presentación de Irene Sáez Conde (13 de agosto de 1998):

Allan R. Brewer-Carías: Como lo he dicho a lo largo de esta semana, con motivo de la presencia en esta Academia de los señores Alfaro Ucero, Chávez Frías y Fermín, como candidatos presidenciales en el actual proceso electoral, en esta ocasión también quiero expresar lo honradas que se sienten las Academias de Ciencias Políticas y Sociales y de Ciencias Económicas, por la acogida que han tenido los candidatos presidenciales a la invitación que les hemos formulado, para que pongan ante los académicos los lineamientos fundamentales respecto de la concepción del Estado que plantean en su programa político.

Las Academias han asumido esta iniciativa, conscientes no sólo de su rol fundamental como corporaciones públicas, para promover el conocimiento de las Ciencias Políticas y Económicas, sino también conscientes del momento de crisis que vive actualmente nuestro país y sus instituciones políticas.

Hoy también nos sentimos muy honrados por la presencia esta tarde de la licenciada Irene Sáez Conde en este ciclo de exposiciones. Usted no sólo es la única mujer candidata presidencial, hecho que debe saludarse por la presencia que la mujer tiene en nuestro país, sino que además es el único de los candidatos presidenciales que tiene como credencial haberse licenciado, precisamente, en Ciencias Políticas en nuestra Escuela de Estudios Políticos de la Facultad de Derecho, de la Universidad Central de Venezuela, de la cual me incluyo como uno de sus cofundadores. Eso debo saludarlo personalmente. Tiene entonces usted la palabra, licenciada Sáez.

Irene Sáez sobre la Constituyente: El debate sobre la Asamblea *Constituyente*, en los actuales momentos ha tomado auge. Doy realmente felicitaciones a esta iniciativa de personalidades como ustedes, que hayan tomado el caso para una discusión de altura. Pero se ha tomado como bandera política y este es un caso que debería estar ajeno a las banderas políticas. Este es un problema estructural del Estado que amerita realmente la atención y la inteligencia de darle la oportunidad de modernizar a nuestras estructuras de Estado. Nuestra *Constitución,* una Constitución cuyo texto aprecio y respeto profundamente, a veces nos falta releerla, leerla de nuevo, y transmitir su lectura. Nuestra Constitución es muy buena, no sólo la nuestra, hay otros países que tienen una buena

Constitución. Por ejemplo, la de los Estados Unidos tiene 200 años, y ha recibido modificaciones y hay una nueva Constitución, teniendo la base de la misma. La nuestra tiene un Artículo que me llama poderosamente la atención, porque nos da la oportunidad de tener una nueva Constitución, que es el Artículo 245 relativo a la enmienda de la Constitución. Creo que tenemos posibilidades de enmendar nuestra Constitución, de tener una nueva Constitución, de adaptarla, de ser perfectible, de modificarla según los tiempos. Es decir, ese es un canal que existe legalmente dentro de nuestra Constitución; tenemos las salidas para hacerlo; tenemos las salidas para reformarla. A mí me gusta esa posición de darle enmienda a nuestra Constitución, y que sea ahora una discusión sobre cómo modificarla y hacerla, no sólo más adaptable a nuestra realidad.

Fíjense que en nuestra Constitución ni siquiera está la presencia de las Asociaciones de Vecinos, no encuentro allí ni las ONG, no existen dentro de nuestra Constitución. Si creo que podemos ir incorporando nuestra sociedad a la realidad actual de nuestro país dentro de nuestra Constitución; darle un carácter también más equitativo, para ser Presidente de la República; bueno, también para ser Presidenta de la República, empezar también una equidad de género dentro de nuestra propia Constitución. Ese también es un aporte fundamental. Creo fielmente en la posibilidad, de que se dé una Reforma a nuestra Constitución, estoy de acuerdo con los referéndums, esa es una de las formas democráticas de actualidad, de poder compartir con el ciudadano su poder, que es soberano, a través de los referéndums. Encuentro allí que es una de las fuentes fundamentales que hoy tiene la democracia de hacer las consultas, y veo la posibilidad de escuchar al ciudadano. El ciudadano hoy, y eso se está demostrando a través de las encuestas, tiene una voluntad, hacia que haya una modificación profunda, estructural, a pesar de que no todos tienen la debida información de lo que es una Constituyente. Sin embargo, tiene una esperanza que se va a modificar la estructura que yo les plantee hace un momento, organizativa de nuestro Estado para que funcione. Pero la constituyente no es aquella que te va a resolver los problemas de seguridad, ni de hambre, ni de empleo, ni de vivienda; mucha gente hoy tiene confundido el término, dicen: no, es que con la Constituyente debo tener vivienda, a mí me sacan de aquí del barrio y voy a tener vivienda, o voy a tener estas tierras porque yo tengo la Constituyente; o sea, hay una desinformación. Por eso creo muy oportuno, y a través de los medios de comunicación, fundamental la hora educativa, de hablar sobre la Constituyente en esta Academia.

Creo fielmente en la estructuración de ese organigrama para que funcione; creo en la posibilidad de enmendar nuestra *Constitución*, tenemos la oportunidad de hacer un *referéndum* próximamente en estas elecciones, ¿pero qué queremos con la Constituyente, qué queremos modificar? Por allí debemos comenzar; queremos tener un *Primer Ministro*, un Secretario de Gobierno. ¿Para ello necesitamos la modificación de la Constitución? ¿Tenemos que crear una Constituyente para ello?.

Sabemos que si queremos lograr eso, no es necesario, basta modificar la Ley de Administración Central, y tan sólo poner la figura, darle funciones al Ministerio de la Secretaría para no crear un nuevo Ministro. Se le dá un Ministerio de Secretaría, se transforma con unas nuevas funciones, y posiblemente se le da allí una solución. Es fundamental qué queremos lograr con la *Constituyente*. Aparte de eso, ¿quién hace el debate?, ¿quién propone el debate para la elección de la Constituyente? Eso es fundamental, en todas las Constituyentes que ha tenido Venezuela en su historia, ha sido por casos de totalitarismo, ha sido por casos de dictaduras, para reformar las instancias, y tiene su -por historia- mecanismos, que estoy segura que no es el que deseamos hoy. El que deseamos hoy es profundizar y agilizar nuestra democracia, entonces, ¿quién conformaría esa Constituyente, quién elegiría la Constituyente? Entonces tenemos dos oportunidades, tenemos la oportunidad de hacer un referéndum, solicitar al ciudadano común si quiere la reforma de la *Constitución,* tenemos la posibilidad el 6 de diciembre de hacer el referéndum para preguntarlo, tenemos el 8 de noviembre un nuevo Congreso de la República. Tenemos esa gran ventaja, estamos construyendo un nuevo Congreso, el problema del Congreso no es problema del Congreso sino problema de los congresantes; tenemos la opción de llevar nuevos congresantes a este Congreso, tenemos gente muy importante que van a conformar este nuevo Congreso. Es posible que este nuevo Congreso se transforme en una Constituyente y reforme las propuestas que la COPRE ha hecho durante tantos años y que aquí estamos conscientes de que hay que modificar. ¿Quién llama a la Constituyente. ¿quién asume todos esos poderes?. Paralelamente pudiese funcionar el Congreso y existir la Constituyente modificando y no parar las reformas de las leyes existentes en el país, y no parar la aprobación de presupuestos, o créditos adicionales, ¿Hay posibilidad de que el Ejecutivo dentro de la Constituyente, siga ejerciendo la Presidencia de la República?. Entonces yo voy un poco más allá, yo quisiera, por supuesto, modificar nuestra estructura organizativa, pero quisiera que existiese no sólo un Ejecutivo que no pare de trabajar, que sigamos dándole herramientas al ciudadano en atención de su salud, su educación, un Ejecutivo que funcione. Un Congreso que siga trabajando, y una Comisión nombrada por el ciudadano que permita la modificación de la *Constitución,* entonces no quiero que se frene el país, que se transforme todo en un poder absoluto, constituyente, y pasar 6 meses nada más pensando en la Constitución y nadie puede mover un centavo, ni hacer una obra, ni dar seguridad ni nada porque hay que atenderle a la *Constituyente,* y el país cayéndose. Entonces, lo importante es, ¿qué anhelamos con la Constitución?, modificarla, tenemos cómo hacerlo, pero también dejar los poderes públicos que funcionen. Tenemos la oportunidad y no podemos perderla, de tener en el próximo Gobierno la solución de ese sistema que hay que organizar, de abrirle al país la confianza de nuevas inversiones; tenemos que generar confianza, y me propongo no sólo a ser la Presidenta de la confianza en el país, que podamos lograr ejecutar funciones e ir analizando la Constitución; hacerle las modificaciones modernas que necesita para aguantar todo el próximo milenio y hacer de nuestro país, un país que cada día mejore, se modernice haciendo todo a la vez, con un extraordinario equipo. Estoy segura que el próximo Congreso va a ser heterogéneo, y eso me parece muy bueno; un Congreso donde viene gente muy talentosa, gente con mucha disposición al cambio. Entonces, será este nuevo Congreso el que va a llamar a la Constituyente, o va a ser el Presidente o la Presidenta en Consejo de Ministros. Entonces, vamos a garantizar desde ya, ¿vamos a reformarla?, vamos a reformarla, no hay problema: pero vamos a asegurarnos desde ya que sea el próximo Congreso que lo haga, vamos a hacerlo ya, de que el Ejecutivo siga funcionando, y vamos a asegurarnos ya que el próximo Congreso, que sea legítimo, siga trabajando, y que no paremos, que no detengamos al país, por eso estoy abierta a todas las posibilidades. Muchísimas gracias (pp. 183-186)

Apreciación Final al concluir la exposición de Irene Sáez Conde: *Allan R. Brewer-Carías*: Al igual que hemos hecho con los otros candidatos a la Presidencia que han venido a la Academia, quiero agradecer a la licenciada Sáez su exposición y sus respuestas. Bien es sabido mi convencimiento personal, de que la democracia aún hoy existe en Venezuela, precisamente debido a las reformas que se comenzaron a realizar en el sistema político, a la carrera, como remedio último, cuando estalló la crisis del sistema político a partir de 1989; reforma consistente, precisamente en el inicio del proceso de descentralización política en Venezuela, es decir, de distribución territorial del Poder. La descentralización es consecuencia de la democratización, y a la vez es una condición para la sobrevivencia de la democracia. No debemos olvidar que no hay autocracias descentralizadas; este es un fenómeno de la democracia y ésta sólo puede perdurar y sobrevivir, como lo enseñan todas las democracias occidentales, acercando el poder al ciudadano, es decir, descentralizando.

En mi criterio, este es un tema central para el futuro democrático del país. La incomprensión de muchos respecto a su necesidad, se compensa -debo decirlo personalmente- con posturas como la suya, claramente a favor de este proceso que debemos saludar, porque estas reformas tampoco son de un candidato ni de un partido, son de todo el país democrático, como tampoco son de un candidato o un partido, la necesidad que existe de reconstituir el sistema político en crisis mediante un proceso constituyente, que a mi criterio debe iniciarse, con la convocatoria democrática a un *referéndum* -como se ha comentado- para que el pueblo se pronuncie y creo que en democracia no hay que temerle al pueblo, e manera que en las próximas elecciones se pueda hacer la consulta sobre el tema.

El reto de las instituciones del Estado actuales y del próximo gobierno es justamente democratizar más este país. Constatar el compromiso de los candidatos presidenciales en ello, cada uno con su estilo, como usted también lo ha formulado hoy; ese compromiso contribuye a generar confianza, que es lo que necesitamos hoy los venezolanos, precisamente para poder promover los cambios que son necesarios, pero que deben realizarse en libertad y en democracia. Muchas gracias.

Presentación de Henrique Salas Romer (14 de agosto de 1998):

Allan R. Brewer-Carías: Comienzo de nuevo expresando lo complacidas y honradas que se sienten las Academias de Ciencias Políticas y Sociales y de Ciencias Económicas, por la acogida que los candidatos presidenciales han tenido a la invitación que les hemos formulado para que presenten ante los académicos su proyecto político, en particular, el referido al Proyecto de Estado que plantean para las próximas décadas en nuestro país. Precisamente en medio de una crisis política como la que atraviesa y que está afectando la futura gobernabilidad de la democracia, en particular nos sentimos muy honrados por la presencia esta tarde en la Academia del Dr. Salas Romer. Usted es el único candidato presidencial que proviene del proceso de descentralización política iniciado en 1989, al haber desempeñado por dos oportunidades la Gobernación del Estado Carabobo; esto, sin duda, responde a un nuevo esquema político en el país y que si el proceso democrático continúa -como todos los venezolanos queremos que continúe- estoy seguro que va a marcar, en el futuro, el desarrollo político del mismo.

Usted ha dicho que los Gobernadores electos en 1989 fueron hijos de El Caracazo, de febrero de ese año, es decir, del afloramiento de la crisis política, económica y social y del inicio de esta crisis que hoy tenemos. Su compromiso con la democracia, como lo requerimos todos los venezolanos de usted y de todos los candidatos presidenciales, sin duda, va a ser un elemento que va a contribuir a afianzarla en nuestro país. Esa es la primera prioridad que todos tenemos, sobre todo en este proceso electoral futuro. Muy agradecido por su presencia, tiene usted la palabra.

Henrique Salas Romer sobre la Constituyente: Tenemos que reformar el *sistema judicial;* aquí me gustaría detenerme un poco con el período de preguntas y respuestas para no alargarme mucho. Tenemos que evolucionar a una *democracia más participativa*; en este contexto general que ha servido para que desaprovechemos ese recurso fundamental que es el hombre se viene debatiendo sobre la conveniencia de reformar la Constitución, o ir a una *Constituyente*. Francamente no creo que es el momento de hablar de una Constituyente, creo que en el mejor de los casos debemos darle responsabilidades constituyentes al nuevo Congreso para actuar en determinadas áreas. No podemos arriesgar ante un pueblo necesitado convertir la Constituyente en escenario para que haya circos sin pan. Es verdad que un 53% de los venezolanos quiere una Constituyente, aunque un 100% quiere empleo, que se frene la inflación, salud, educación, seguridad. Hagan cualquier encuesta del mundo y encontrarán que la Constituyente o la *reforma constitucional* para el venezolano común representa apenas una prioridad de segundo orden -quizás- muy alta para los más necesitados; y emplear la Constituyente como una fórmula de promoción política, es muy peligroso hacerle el juego, porque estamos cayendo en la trampa de promover algo que ni le va a hacer bien al país, ni favorece en forma alguna el desarrollo de un *proceso electoral* que debe estar rodeado de emoción, aunque tiene que tener un sustrato de racionalidad. (pp. 204-205).

[...]

Con relación a la *Constituyente* quiero ser lo suficientemente ponderado, como lo merece esta Sala. Entiendo y acepto que la Constituyente es un instrumento que está dentro de las opciones que podemos utilizar para mejorar o actualizar nuestra Carta Magna. Sin embargo, pienso que si convocamos una Constituyente sin darle algunas orientaciones en relación a las áreas que deben ser modificadas, podríamos terminar teniendo un documento constitutivo peor que el que actualmente tenemos, que ha durado 40 años y ha sido la Constitución más longeva que tiene la Nación. De modo que en un plano no electoral me pronunciaría porque se mandatara -si esa palabra existe- al próximo Congreso para realizar reformas, por ejemplo, dirigidas a *descentralizar* el Estado, a reformar el sistema judicial en particular en lo atinente a la forma cómo se escogen los jueces y a la forma como rinden y se administran las cuentas a nivel del proceso judicial; en lo atinente a la jerarquización de los derechos -por mencionar sólo algunos aspectos-. En un plano electoral no soy partidario de favorecerla; en este momento se está jugando con la Bandera de la Constituyente y frente a ella no he hecho referencia el planteamiento muy serio que hizo el Dr. Brewer, porque mi foro fue hecho 10 días antes que se produjera su declaración. Le señalaba a Roberto Giusti, periodista extraordinario de El Universal, que con la Constituyente no se va al mercado, no se baja la inflación, no hay mejor salud, no se resuelve ninguno de los problemas viscerales fundamentales que tiene el colectivo venezolano.

Entiendo que exista angustia por la inestabilidad del sistema político; mi diagnóstico no es que ha perdido legitimidad el sistema, sino que el *bipartidismo* abandonó el país, éste no abandonó al bipartidismo. Este abandonó a Venezuela, nos dejó sin opciones, podemos cambiar de colores, el Gobierno va a ser más o menos igual, porque nos ha invadido una cultura política clientelar que está entrelazada con acuerdos a nivel de la CTV y compromisos a todos los niveles del cual no podemos salir, a menos que formemos una fuerza política capaz de darle al país una opción diferente e igualmente legítima.

Repito, no tengo ningún ánimo peyorativo con relación a los partidos; mi expresión no debe interpretarse como desconocedora de lo que han significado los partidos fundamentales del país o las organizaciones que surgieron posteriormente y que han cumplido una función útil. Lo que sí creo que es mi deber, en un medio, en una Academia tan seria, es reiterar mi impresión de que el país se quedó con una sola cultura política y anda a tientas tratando de inventar una segunda. Hay dos caminos hasta ahora, uno que significa un regreso al *centralismo*, a la autarquía, al autoritarismo y otra que sigue la corriente del proceso de *descentralización*, incorporación de la sociedad civil, de jerarquización de los derechos ciudadanos, que es la que he pretendido inaugurar con el Proyecto Venezuela. (pp. 216-217)

Apreciación Final al concluir la exposición de Henrique Salas Romer: *Allan R. Brewer-Carías*: Quiero hacer una reflexión final -como ya lo he hecho en las anteriores ocasiones- agradeciendo, ante todo, la presencia del Dr. Salas entre nosotros. Uno de los problemas más agudos que tiene nuestro país y es el que nos ha llevado a la crisis en la que estamos, es el de incomprensión del liderazgo de los partidos tradicionales sobre la obra realizada en estos últimos 40 años, particularmente en materia de democratización; ¡ojalá! que esa incomprensión no llegue también al nuevo liderazgo y a los candidatos presidenciales.

La democracia ya arraigada requiere cambios; creo que esto lo sienten todos los venezolanos. Esos cambios tienen que consistir en más democracia, no en menos y esos cambios tienen que buscar profundizarla y, en definitiva, devolvérsela al ciudadano, al pueblo, con mecanismos efectivos de participación y representatividad. Por ello he dicho desde hace muchos años, que en Venezuela hay que correr el riesgo de la descentralización política, con un mecanismo para profundizar la democracia. La obra del Dr. Salas en Carabobo y de todos los gobernadores que hemos tenido en los últimos 10 años lo demuestra; puede decirse que en 10 años, desde el punto de vista democrático, económico y político, este país es otro en el interior, sobre todo cuando uno se aleja de Caracas.

Asimismo pienso que también hay que correr el riesgo de más participación para sustituir la partidocracia o la democracia de partidos; por ello pienso que tampoco hay que temerle a la convocatoria al pueblo a una Constituyente. Ambos, descentralización y convocatoria al pueblo son productos de la democratización y no pueden ser ni uno ni otro, patrimonio de ningún candidato. La descentralización y la convocatoria al pueblo o participación política abierta, son de todos, de la democracia y ojalá pronto todos los candidatos comprendan estos aspectos. Si algo tenemos como balance, en estos 5 días, ha sido el pronunciamiento de algunos candidatos por la descentralización, pero de otros contra; algunos por la convocatoria al pueblo, otros en contra, ¡Ojalá! al fin del camino electoral lleguemos al consenso de que ambos son aspectos que tenemos que afrontar para cambiar el sistema político. Muchas gracias de nuevo, Dr. Salas.

Presentación de Radamés Muñoz León (17 de agosto de 1998):

Allan R. Brewer-Carías: De nuevo quiero comenzar agradeciendo la presencia en esta tarde del Almirante Radamés Muñoz León y reiterarle que las Academias de Ciencias Políticas y Sociales y de Ciencias Económicas se sienten muy honradas con su presencia, así como lo hemos sentido con la atención que los diversos Candidatos Presidenciales que han sido invitados, han tenido con nosotros. Creo que ha sido una jornada muy importante para las Academias, porque entre otros aspectos significa la presencia de las Academias de Ciencias Políticas y Sociales y la de Ciencias Económicas nacionales en procesos de importancia en Venezuela, particularmente en un momento como el de una campaña electoral.

Por eso hemos invitado a los Candidatos para oír sus propuestas fundamentales, sobre todo en relación a sus proyectos políticos y la concepción del Estado que plantean. De manera que le reitero Almirante nuestra complacencia por su presencia esta tarde. Sabemos de su poca experiencia política, porque Ud. se incorporo a ésta solo recientemente al cesar sus actividades militares en la forma debida. Además, debo señalarlo personalmente, me complace mucho tenerlo aquí esta tarde, porque tenemos en común haber estado en el gabinete del Presidente Ramón J. Velázquez que fue una experiencia muy importante para mí y estoy seguro que también para Usted. Tiene la palabra.

*Radamés Muños León sobre la Consti*tuyente: La reforma política, tema de actualidad, soy de los que cree firmemente en la voluntad popular, creo que la voz del pueblo tiene que ser escuchada para que un proceso democrático sea real; que la voluntad popular debe estar presente en las grandes decisiones del país, no creo que deba ser resumida al simple hecho del voto, sino a la participación dentro de este sistema de un referéndum capaz de revocar el mandato de cualquier funcionario público que no sirva, que deba ser sacado de sus funciones y que no pueda volver a la administración pública por sus errores cometidos. Es la obligación del funcionario público a ser eficaz y a responderle a un país, debemos introducir cambios en esta carta magna para poder realmente modernizar el Estado.

Creo que debemos revisar un conjunto de leyes no tan solo penales, sino de otras materias ambientales, económicas para poder hacer un desarrollo integral en el país sobre esa base constitucional.

Lo que no creo honestamente es que los actores de hoy sean capaces de llevar este cambio bajo el esquema de la Constituyente, que es una idea utópica muy buena, que es una idea loable, aunque los actores un poco deformados en su carácter político van a acabar siendo más de lo mismo. Creo que en este instante de la República no se puede constituir lo constituido, sino que se deben sentar las bases para que ese proceso de participación popular, para que quien va a constituir esa Constituyente se sepa para qué va a constituir esa Constituyente y qué va a hacer frente al país y no que se improvise ahora para ver que vamos a hacer después.

Los planes, las ideas, los cambios se tienen que generar para poder generar un proceso constituyente, ésta es buena, es responsable decir que es buena, que es válida aunque no en manos de los actores que tenemos ahorita, porque son los que siempre nos hemos negado, más de lo mismo.

El proceso de *descentralización* tiene un áurea bendita y una maldición adentro. La maldición de las deformaciones políticas que muchos venezolanos han hecho para que el proceso no se lleve a plenitud, la deformación de la que muchos venezolanos han hecho para que se represe el dinero a algunas instancias y no llegue al Municipio, donde está la base de la *sociedad civil*, donde está la base del mandato popular y donde no llegan precisamente esos esquemas descentralizados. Me propongo a cambiar eso, a que la descentralización llegue hasta esos niveles, me propongo a que la descentralización se purifique y que no sea un medio a través de componendas políticas para asegurar el mandato autoritario de un ejecutivo. Es el espíritu de la descentralización el traspasar los esquemas democráticos, la gobernabilidad y la autodeterminación de cada región a sí mismo. Hoy esa idea brillante, maravillosa ha sufrido deformaciones por irresponsable, por hipócrita, por politiqueros que deben acabarse en este diciembre. (pp. 233-235).

[…]

Estoy de acuerdo con un *cambio*, estoy de acuerdo con la soberanía del pueblo, creo que la Constituyente es una fórmula para resolver algunos de los problemas del país; aunque al mismo tiempo creo que si no se sabe qué se va a reformar, que si no se sabe quién lo va a hacer, que si no se sabe para qué se va a hacer, es inútil gastar el tiempo. Venezuela fuese el primer país del mundo si por Constituyente se tratara; hemos tenido 25 Constituciones, y estamos en la situación de crisis que tenemos. Quiero decir con esta afirmación de que en una próxima Constituyente tiene que estar enmarcada bajo los principios que desde estas mismas academias se han planteado, que en este instante son utópico frente a una gente irracional que cree que gobernar con *mayorías* es gobernar con el mandato del pueblo.

Las mayorías pueden ser en nuestro país y así lo han demostrado una inmensa minoría, porque ha habido también un pueblo el cual no ha sido tomado en cuenta, el cual numéricamente es mayor a quienes votaron y eligieron que no estaba de acuerdo con el proceso. La *Constituyente* puede ser una salida del país, aunque no en este momento, a mi juicio, la Constituyente tiene que llevar soluciones ya claras y definidas del qué y del cómo para poder transformar integralmente una *Constitución*; transformar una Constitución sin tener claro qué leyes y qué reformas hay que hacerles a las leyes y cómo se va a desarrollar el país integralmente en lo social, en lo económico y en lo político como una visión global, es volver a hacer lo que hicimos 25 veces antes, una fórmula, una idea, una bella idea utópica sin resultado.

Creo que hay que ir a lo práctico, ya de inmediato, y hay que ir a esa posición ideal a futuro, es decir, que no la niego aunque parto primeramente de la reforma constitucional y de la revisión a las leyes, del saber el qué, el cómo y de saber primeramente hacia dónde vamos, que no lo sabemos todavía en Venezuela, hacia dónde va Venezuela para poder construir un estado alrededor de ese camino.

El Polo Patriótico y su Constituyente me parece que burla ese espíritu natural y utópico de un cambio para el progreso, que es una excusa para no gobernar, que es una acumulación de mentiras basada en la euforia irracional de muchas personas que han sido llevadas engañadas en una idea y que no tienen la cultura política para desarrollar una Constituyente. Tenemos que crear un programa educativo, eso no se hace en cien días para que eso se lleve a cabo o tenemos que empezar hoy mismo a establecer las bases de un cambio constituyente sabiendo el qué, el cómo y hacia dónde vamos. (p. 245)

Apreciación Final al concluir la exposición de Radamés Muñoz León:
Allan R. Brewer-Carías: Quiero agradecerle a Usted de nuevo, la atención que le prestó a la invitación que le formulamos, tanto la Academia de Ciencias Políticas y Sociales como la Academia de Ciencias Económicas para exponer su proyecto político ante los académicos y, además, para agradecerle en la forma como lo ha hecho con tanta firmeza en sus convicciones, que es lo que en un proceso electoral debe caracterizar a los candidatos presidenciales. La crisis por la que atraviesa el país, sin duda, y así lo considero personalmente, es una crisis terminal, y con ello lo que he querido significar es que un cambio inevitable se va a producir en los próximos años, que va a provocar, precisamente, la sustitución del liderazgo tradicional que no entendió las transformaciones democráticas que debieron ocurrir en el pasado y que quizás aún no entienden esta situación de crisis. Ese cambio -sin la menor duda- va a barrer con muchos de los actores políticos tradicionales. Los venezolanos estamos viendo aparecer muchos actores políticos y en el futuro seguiremos viendo aparecer otros de eso se trata, precisamente, el cambio producto de la democratización.

De lo que sí podemos estar seguros los venezolanos es que en las futuras convocatorias democráticas al pueblo, que la democracia precisamente necesita para recomponer el sistema político, incluyendo la figura de la Constituyente; necesariamente van a participar nuevos actores políticos. En ese sentido lo que sí podemos estar seguros que en el futuro no habrá más de lo mismo, porque ya no habrá lo mismo y en ese proceso, como usted lo señalaba, el qué, el cómo, el quién, es lo que debemos plantearnos todos los venezolanos. Lo que no podemos esperar es que alguien no los plantee, esa es la tarea de todos, de eso se trata ese cambio necesario en libertad que la mayoría de los venezolanos quiere como se evidencia en las encuestas. Como usted lo ha planteado, proclamando además su convicción democrática que es también lo que los venezolanos le reclamamos y le debemos reclamar a todos los candidatos presidenciales. Muchas gracias de nuevo por habernos acompañado esta tarde.

Presentación de Miguel Rodríguez (18 de agosto de 1998):

Allan R. Brewer-Carías: Como hemos señalado con ocasión de las anteriores exposiciones de los Candidatos Presidenciales, la Academia de Ciencias Política y Sociales y la Academia de Ciencias Económicas y el resto de los académicos presentes, se sienten muy honrados con la presencia del Doctor Miguel Rodríguez esta tarde. Usted, Doctor Rodríguez, es de los Candidatos Presidenciales que más experiencia de gobierno tiene, no sólo por su formación profesional y académica, que es una credencial que no hay que menospreciar, sino todo lo contrario; sino porque usted fue Ministro de Economía en el momento en que Venezuela estalló la crisis del sistema político, e incluso, también del sistema económico, de manera que estoy seguro de que Usted tiene mucho que decir sobre lo que hay que hacer en el futuro. Lo importante en este proceso electoral es que los Candidatos Presidenciales tengan esa fe democrática que hasta ahora han venido manifestando, al menos la mayoría, porque lo que necesita nuestro país es justamente más democracia; cambios y reformas muy importantes, pero reformas en libertad y cambios inevitables en libertad, en democracia. Tiene usted la palabra.

Miguel Rodríguez sobre la Constituyente: Lo que requiere de reforma Venezuela, que es la reforma integral del Estado, es la reconstrucción del *Estado* venezolano, la modernización de su *sistema político*, del sistema de partidos políticos requiere cambios legales muy importantes, las mismas reformas estructurales económicas que estamos planteando también requieren reformas legales de importancia.

Hay una agenda de reformas que tocan a la Constitución, que tocan a la promulgación de nuevas leyes, a la reforma de leyes vigentes que es un tremendo reto para la política venezolana de los próximos años. El único temor que le tengo al concepto de la *Constituyente* es que se convierte en un circo político de mucho aliento, cuando Venezuela requiere respuestas inmediatas a partir de febrero, no nos podemos seguir dando el lujo de seguir demorando el proceso de reformas venezolano, tenemos que avanzar.

No soy experto en esta materia, ustedes los abogados -el Doctor Brewer- han estado planteando la necesidad de que avancemos en un proceso de reformas profundas y que tengamos que convocar a una *Constituyente* para avanzar en este proceso de reforma. Otros opinan que dentro del mismo marco constitucional venezolano es posible hacer la enmiendas constitucionales que lleven a la reforma definitiva del Estado y de nuestro sistema político. En todo caso es un gran reto que tenemos que enfrentar en los próximos meses en Venezuela; en todo caso la convocatoria de una Constituyente tendría que hacerse con carácter de urgencia para que empezáramos a legislar.

El Congreso venezolano que elegimos en diciembre podría tener características de un Congreso constituyente, lamentablemente no escuché la exposición del Doctor Brewer pero si la leí en su totalidad en estos días, donde él plantea que tiene dudas en relación a las características que va a tener el Congreso que vamos a elegir en el mes de diciembre, porque ya los partidos, por la planchitis, terminaron constituyendo equipos parlamentarios que van a ser electos y que nos ponen a dudar de si tendrán las características de avanzar los procesos de reformas legales que tiene el país; pero esa misma duda se nos puede presentar en relación a la convocatoria de una constituyente al año que viene.

Diría que el reto es tremendo, que el próximo Presidente de la República a partir de febrero tiene que hacer una gran convocatoria nacional, y que ojalá que pudiéramos convertir a este gobierno, a este Congreso que vamos a elegir en el mes de noviembre porque se le haga un planteamiento muy claro al país en relación al contenido de reforma, porque el Presidente de la República liderice el proceso de acuerdos parlamentarios necesarios para hacer las reformas legales y las reformas constitucionales que requiere el país, y que ese mismo Congreso pueda avanzar un proceso de reformas rápidamente temprano el año que viene.

En términos generales si eso se hace misión imposible, no tengo ideas definitivamente enfrentadas a la posible convocatoria de un proceso constituyente, no debe ser un circo político, sino que debe ser un instrumento fundamental de proceso de reforma integrales donde el ejecutivo tiene que luchar a brazo partido a partir del mes de febrero y hacer una convocatoria para incorporar a los distintos sectores fundamentales de la sociedad civil venezolana y del sistema político venezolano a ese proceso de reforma. (pp. 291-292).

Apreciación Final al concluir la exposición de Miguel Rodríguez: *Allan R. Brewer-Carías*: Dije al inicio que -en mi criterio- usted, Doctor Rodríguez era el candidato con mayor experiencia de gobierno, y creo no haberme equivocado, por la exposición que hemos tenido y las contestaciones que ha dado a las preguntas. Sea quien sea que gane las elecciones, sea cual sea la composición del Congreso, ese programa de gobierno y sobre todo el tema de la reforma económica tendrá que ser de ejecución ineludible.

Quiero finalizar este ciclo agradeciendo, en primer lugar, a las Academias por el respaldo que le dieron a esta iniciativa de la Academia de Ciencias Políticas y Sociales, de convocar a los Candidatos Presidenciales y ubicarse en la realidad del país, asimismo agradecerle a todos los que han venido a estas sesiones, en particular a los medios de comunicación, incluso a los periodistas que han estado aquí presentes durante toda la semana. A través de su esfuerzo hasta cierto punto se han redescubierto las Academias y el rol que tienen en el país. La cobertura, día a día, ha sido muy positiva. Asimismo quiero agradecer, y es de justicia de parte de las Academias, la visión comunicacional que ha tenido *Globovisión*, el canal que ha transmitido todos los días, inclusive en directo.

Y creo que esto ha permitido que la exposición de los candidatos haya llegado mucho más allá del recinto del Palacio de las Academias. Muchas gracias.

***

De todas las exposiciones que hicieron los candidatos presidenciales ante la Academia de Ciencias Políticas y Sociales en septiembre de 1998, sin duda, el único que tenía una idea clara de lo que quería como proceso constituyente y sobre la forma de convocatoria de una Asamblea Nacional Constituyente era Hugo Chávez, particularmente porque esa había sido, materialmente, su única bandera política en toda su muy rápida campaña electoral, respecto de la cual, en el espectro de sus contrincantes, no encontró materialmente respuesta ni contradicción alguna, particularmente sobre la forma de convocarla. En esos meses, en realidad la única voz disidente sobre su propuesta, públicamente expresada, sobre la forma de convocarla, había sido la mía. Chávez y sus seguidores no encontraron, por tanto, entre los partidos políticos que participaban en la contienda electoral, con quién discutir o dialogar sobre el tema, y quizás por ello buscaron la forma de hablar conmigo. Ello lo hizo Luis Miquelena, quien era en ese momento el principal mentor político de Chávez, a través de mi amigo de tantos años Carlos Diez, quien me convocó a su casa con tal fin, en dos oportunidades en esos mismos meses de agosto y septiembre de 1998, cuando discutimos el proyecto de decreto que ya Chávez tenía preparado, respecto del cual, por supuesto, no hubo posibilidad de acuerdo.

Como lo expresó Chávez ante la Academia, su propuesta era la de convocar por decisión presidencial, una vez electo, un referendo consultivo sobre la convocatoria de una Asamblea Constituyente, solamente con base en el artículo 4 de la Constitución de 1961 que establecía, como todas las Constituciones desde 1811, que "la soberanía reside en el pueblo" y el artículo 181 de la Ley Orgánica del Sufragio y Participación Política que regulaba los referendos consultivos, sin que el pueblo definiera previamente el estatuto de la misma mediante una reforma puntual a la Constitución; en cambio mi criterio era que para convocar una Asamblea Constituyente para reformar la Constitución debía previamente reformarse ésta, conforme al procedimiento en ella prevista, y la reforma someterse a referendo aprobatorio en el cual el pueblo definiera el estatuto de la Asamblea Constituyente a convocar, para luego proceder a elegirla.

Chávez consideró, y así lo dijo ante la Academia, que decir que para *"llamar a referéndum y a Constituyente es necesario reformar la Constitución"* era un *"falseamiento constitucional"* o un *"fraude constitucional,"* **y para fundamentar esta apreciación puso el ejemplo de** *"Hitler con algunas reformas legales marchando sobre la legalidad, obviaron la necesidad constituyente y se instaló lo que vino después, lo que ya conocemos. Pinochet también, para evitar el camino constituyente que parecía adecuado para buscar una transición democrática, éste acudió a la trampa legalista -ese término lo acuñó yo-, es decir, vamos a navegar sobre las leyes, sobre la legalidad supuesta y obviemos la legitimidad."* **Con base en ello, Chávez hacía un llamado a discutir esto, pero** *"convencido de que no es necesario quitarle ni agregarle ni una sola letra a la Constitución de 1961, para convocar un referéndum nacional que active la asamblea constituyente,"* **basándose para hacer esa afirmación en el texto del artículo 4 de la Constitución.**

A ello le respondí a Chávez en la Academia, que si bien él había *"dicho que no es necesario quitarle una letra a la Constitución para convocar un referéndum para activar la idea de la Constituyente y eso es correcto"*, **sin embargo,** *"luego de activada, y para convocar esa Asamblea, sí es necesario una reforma constitucional"*, **agregando que** *"así como no hay que temerle a la Constituyente tampoco hay que temerle a la reforma constitucional; lo que hay es que darle al Congreso un mandato popular para que cumpla ese mandato político del pueblo a través de un referéndum. La idea no es nueva; un proyecto de Reforma Constitucional para prever la Constituyente y convocarla se elaboró, incluso, en mayo de 1992 como una respuesta a la Reforma General de la Constitución que se sacó como bandera contra la idea de la Constituyente. El proyecto no hay que buscarlo mucho, se lo he traído hoy y ahí está para la discusión, justamente de las ideas."*

Chávez en realidad buscaba un proyecto de decreto distinto, que se identificara con su propuesta, el cual sin embargo no había existido. En su discurso ante la Academia, en efecto, Chávez mencionó que andaba buscando lo que consideró que podía ser un "precedente" respecto de su propuesta de convocatoria de una Constituyente sin reforma previa de la Constitución, indicando que tenía información de que *"el ex presidente Carlos Andrés Pérez después del 4 de febrero habló de la necesidad Constituyente. Creo que algunas personas y algunas del Consejo Consultivo recomendaron llamar a Constituyente y llegó a redactarse, según tengo informaciones muy serias, un Decreto para que el Presidente Carlos Andrés Pérez convocase a referéndum, amparándose en el mismo Artículo 4 de la Constitución Nacional, cosa que no se hizo al fin aunque hay allí un precedente."*

Ahora bien, de entrada debe decirse que nada de lo que hubiera podido haberse planteado en 1992, como proyecto para salir de la crisis provocada por un sangriento intento de golpe de Estado como fue el que precisamente liderizó el propio Chávez contra el gobierno democrático del Presidente Pérez, podía ser considerado como "precedente" alguno para una propuesta que se formulaba en 1998, en pleno desarrollo de un proceso democrático electoral, competitivo y con garantías del Órgano Electoral, para renovar todos los órganos electos de los Poderes Públicos del país, y particularmente, para elegir los nuevos representantes del pueblo en el Senado y la Cámara de Diputados, quienes debieron ser los que tenían que iniciar el proceso constituyente. En 1992, luego del fallido golpe de Estado, el país y el régimen democrático se encontraba en una coyuntura política totalmente distinta, la cual, ante la ceguera del Congreso, requería de una urgente y comprehensiva recomposición, para cuyo efecto en mi criterio no había otra alternativa que no fuera la de convocar una consulta popular para iniciar el proceso constituyente mediando una reforma constitucional para definir el estatuto de la Asamblea Constituyente a elegir. Esa fue mi opinión, que era conocida, pues la había expresado públicamente,* y la cual lamentablemente el liderazgo político del país no entendió.

En ese contexto, a pesar de que yo no tenía vínculo político alguno con el Presidente Carlos Andrés Pérez, éste, que conocía mi opinión, me convocó a través de uno de los abogados de mi Escritorio, a que me reuniera con él en el Palacio de Miraflores para conversar sobre el tema de la crisis política y su salida constituyente. Y así fue que le propuse a Pérez la idea de que realizara una consulta popular, con el objeto de buscar relegitimar el sistema democrático y con una reforma puntual de la Constitución, iniciar un proceso constituyente. Sobre ello, incluso le dejé un borrador con una propuesta de decreto.* Ese era el borrador al cual Chávez, seis años después, se refirió en su discurso, aún cuando sin conocer su contenido, pues entiendo que si bien el Presidente Pérez

---

* Véase las siguientes declaraciones que di en la prensa sobre ello: "La Constituyente es la única salida a la crisis política..." 'declaraciones a Elías García Navas' *El Nacional*, Caracas, 01/03/92, p. D-2 (el texto está en las páginas 40 y siguientes de este libro); "La revolución nos arrollará si no admitimos que está en marcha" 'declaraciones a Antonio Grillet' *El Mundo*, Caracas, 04/03/92, p. 1; "Asamblea Constituyente es la salida más democrática" 'declaraciones a Milagros Durán' *El Nacional*, Caracas, 08/03/92, p. D-2; "Venezuela debe reconstituir su legitimidad democrática" 'entrevista con Teresa Delgado' *Diario Pueblo*, San Cristóbal, 29/04/92, p. A-8; "Inmediata convocatoria de la Asamblea Constituyente plantean grupos de la sociedad civil" 'reseña de documento' *El Universal*, Caracas, 15/03/92; "Hay que forzar convocatoria o una Asamblea Constituyente..." 'reportaje de Rosita Caldera' *El Nacional*, Caracas, 20/05/92, p. D-4.

* Véase las siguientes declaraciones de prensa que dí sobre el tema: "Es legal exhortar a CAP que promueva consulta popular sobre su mandato" 'declaraciones a Gustavo Oliveros' *El Nacional*, Caracas, 24/10 /92, p. D-1; "Ninguna consulta al pueblo puede ser inconstitucional..." 'declaraciones a Edgar López' *El Diario de Caracas*, Caracas, 07/11/92, p. 6.

lo comentó con algunas personas, como fue el caso de su Ministro de la Defensa Ochoa Antich (quien me lo dijo), según él mismo Pérez me lo expresó un año después, el documento nunca salió de la gaveta de su escritorio en el Palacio de gobierno. Eso me lo dijo en otra reunión a la cual me convocó, ya en víspera de su remoción de la Presidencia en 1993, cuando de nuevo le recomendé que saliera a la calle a defender a su gobierno y su actuación, apelando y convocando al pueblo, frente a las acusaciones que se le hacían. Tiempo después, un dirigente del partido Acción Democrática me expresó que la propuesta de la convocatoria de una Constituyente que le dejé a Pérez en 1992, éste efectivamente la había usado pero como una de las tantas cartas políticas que debió haber sacado en su momento para lograr el apoyo del partido a su gobierno después de la crisis de 1992. Ello, sin embargo, no duró mucho tiempo, pues con los votos de su mismo partido fue removido de la presidencia en 1993, y sometido a un proceso penal.

En todo caso, como se señaló, dicho documento no hubiera podido servir de "precedente" alguno para la propuesta de Chávez en 1998 que buscaba convocar la Constituyente obviando la reforma constitucional. Además, en ese momento, si bien ya había aflorado la grave crisis del sistema político democrático de partidos, no había un gobierno enfrentando las secuelas de una insurrección militar, sino que lo que había era un proceso electoral con libre manifestación de criterios, en el cual, además, se iban a elegir los nuevos integrantes de las Cámaras Legislativas quienes, de tener clara la grave situación del sistema político, eran los llamados a tomar la iniciativa constituyente, como se les había propuesto. Si estos senadores y diputados llegaban a entender bien, luego de su elección, sobre la necesidad que existía de recomponer el sistema político para salvar la democracia, ellos eran quienes debían y debieron, como representantes del pueblo, iniciar el proceso constituyente, y adelantarse a cualquier intento de hacerlo al margen de la Constitución. Por ello, el día 13 de noviembre de 1998, luego de que fueron electos los nuevos senadores y diputados al Congreso, declaré públicamente que entonces ya no era necesario ni siquiera pensar en la convocatoria de una Constituyente, pues el proceso constituyente lo tenía que asumir la representación plural de la Nación que había sido recién electa. Los partidos políticos no entendieron o no quisieron entender el mensaje y sus diputados y senadores simplemente le dieron la espalda a la democracia,[*] con lo cual Chávez, una vez electo Presidente, encontró el camino libre para convocar "su" Constituyente, a su manera, con la oposición sólo de algunos pocos que no estábamos vinculados a partidos políticos, para lo cual ya en diciembre de 1998 comenzó presionando públicamente a la Corte Suprema de Justicia para que mediante una interpretación, que se esperaba emitiera, se lo permitiera.

---

[*] Véase las siguientes declaraciones de prensa que dí al respecto: "Ya no hace falta convocar una Constituyente" 'declaraciones a Rodolfo Baptista' *El Universal*, Caracas, 13/11/98, p. 1-20; "Referéndum no es necesario" 'declaraciones a Ingrid Rojas' *El Mundo*, Caracas, 11/12/98; "Con el nuevo Congreso electo ya no es necesaria la Constituyente" 'declaraciones con Pedro Nikken a Máximo Peña' *El Nacional*, Caracas, 13/11/98, p. D-4.

SEGUNDA PARTE
LA FORMACIÓN DEL PROCESO CONSTITUYENTE EN VENEZUELA EN 1999

Esta Segunda Parte, donde analizo la formación del proceso constituyente que condujo a la elección de la Asamblea Nacional Constituyente en 1999, está conformada por buena parte del texto de dos libros escritos y publicados en 1999.

El primero, titulado *Asamblea Constituyente y Ordenamiento Constitucional* fue publicado por la Academia de Ciencias Políticas y Sociales, Caracas, en febrero de 1999. En las partes que aquí se incluyen de dicho libro, además de describir el régimen entonces vigente sobre reforma constitucional, que fue ignorado para la conformación del proceso constituyente de 1999, se analizan las sentencias de la de la Sala Política Administrativa de la antigua Corte Suprema de Justicia de 19 de enero de 1999, mediante las cuales, con su ambiguo contenido, se abrió la vía para la convocatoria, sin base constitucional alguna, de la Asamblea Constituyente en 1999.

También se analiza la decisión presidencial de convocatoria de la misma en fraude a la Constitución, mediante Decreto Nº 3 de 3 de febrero de 1999, y se incluye, además, el texto del recurso de nulidad por inconstitucionalidad que intentamos contra dicho Decreto, en el cual se detallan sus vicios de ilegalidad e inconstitucionalidad.

Dicho libro *Asamblea Constituyente y Ordenamiento Constitucional* estuvo precedido de la siguiente *Nota Explicativa*:

"Este libro, por el tema tratado y por el momento político que vive el país, evidentemente que es una obra inconclusa.

Los acontecimientos políticos en los últimos meses se han sucedido vertiginosamente, como corresponde a un momento de crisis terminal de un sistema político que tiene que ser sustituido por otro, dado que las correcciones al mismo no se supieron o quisieron introducir en su momento. Por ello, puede considerarse que ya es tarde para reformas, siendo necesario e indispensable la introducción de cambios radicales que permitan pasar, en democracia y sin rupturas constitucionales, del sistema de *Estado Democrático Centralizado de Partidos*, que hemos tenido durante las últimas cuatro décadas; a un *Estado igualmente Democrático pero Descentralizado y Participativo*. Para la realización de ese cambio inevitable e indispensable, sin duda, es necesario un proceso constituyente.

Ese proceso puede decirse que se inició en el país desde antes de las elecciones de noviembre y de diciembre de 1998, cuando se agudizó la crisis del sistema de *Estado Centralizado de Partidos* y se ha acelerado con el triunfo electoral del Presidente de la República, Hugo Chávez Frías. Sin embargo, de diciembre de 1998 a esta fecha, se han sucedido varios acontecimientos en el proceso constituyente que presagian que vienen otros en el futuro. La Corte Suprema de Justicia en Sala Político-Administrativa, en sentencias de 19-1-99, al decidir sendos recursos de interpretación del artículo 181 de la Ley Orgánica del Sufragio y Participación Política que regula los referendos consultivos, resolvió el conflicto constitucional que existía entre el principio de la soberanía popular y la supremacía constitucional, abriendo el camino a la posibilidad de convocatoria a una Asamblea Nacional Constituyente que se crearía por la vía de un referéndum consultivo previsto en dicha norma, para la reforma de la Constitución, distinto a los sistemas de modificación constitucional previstos en la Constitución. Con posterioridad, instaladas las Cámaras Legislativas el 23-1-99, éstas comenzaron a debatir sobre el tema constituyente. Sin embargo, el Presidente de la República, el día 2-2-99, al tomar posesión de su cargo, dictó el Decreto Nº 3 para la realización de un referéndum para que el pueblo se pronunciase sobre la convocatoria de una Asamblea Nacional Constituyente.

Dicho Decreto Nº 3 del 2-2-99 ha sido objeto de varias acciones contencioso-administrativas de nulidad ante la Corte Suprema de Justicia, las cuales están pendientes de decisión, y que analizaremos en su oportunidad.

Por ahora, sin embargo, es tiempo de publicar este libro, aún cuando inconcluso, en el cual se incluye, en la *Primera Parte*, el trabajo que a modo de Presentación se publicó en el libro *Los Candidatos Presidenciales ante la Academia*, Caracas 1998, editado por la Academia de Ciencias Políticas y Sociales, en el cual hice unas "Reflexiones sobre la Crisis del Sistema Político, sus salidas democráticas y la convocatoria a una Constituyente" que concluí en Septiembre de 1998. En esa parte, recojo además, como apéndice, otras reflexiones sobre el tema que escribí en Noviembre de 1998, después de las elecciones legislativas del 8 de ese mes.

En la *Segunda Parte* se recoge la Ponencia que presenté en el Congreso Internacional sobre "Los Procedimientos de revisión constitucional en el Derecho Comparado" celebrado en la Universidad de Urbino, Italia, en abril de 1996, en el cual analizo "El Poder Constituyente Instituido y los procedimientos de revisión constitucional en la Constitución de 1961". Dicho trabajo se publicó en el *Boletín de la Academia de Ciencias Políticas y Sociales*, Nº 134, Caracas 1997.

La *Tercera Parte* contiene el estudio que he efectuado de las sentencias de la Sala Político-Administrativa de la Corte Suprema de Justicia de 19-1-99, que resolvieron sendos recursos de interpretación del artículo 181 de la Ley Orgánica del Sufragio y Participación Política, con el título "El equilibrio del Estado Constitucional entre soberanía popular y supremacía constitucional".

En la *Cuarta Parte* he estudiado detenidamente el Decreto Nº 3 de 2-2-99 dictado por el Presidente de la República en Consejo de Ministros, sobre la realización de un referéndum para que el pueblo se pronuncie sobre la convocatoria de una Asamblea Nacional Constituyente, que he titulado "La iniciativa presidencial para la Convocatoria a la Asamblea Nacional Constituyente (Decreto Nº 3 del 2-2-99 y sus vicios: el fraude a la Constitución".

Finalmente, la *Quinta Parte* contiene el texto del libelo de la acción de nulidad por ilegalidad e inconstitucionalidad que ejercí el 23-02-99 por ante la Corte Suprema de Justicia, contra el Decreto Nº 3 de 02-02-99.

En esta forma, por ahora, doy a la luz pública estas reflexiones sobre la *Asamblea Constituyente y el Ordenamiento Constitucional*, consciente como estoy que aún queda mucho por estudiar y decir sobre estos temas.

La disidencia histórica que se ha producido en el país con el triunfo electoral de las banderas políticas que propugnaban un cambio radical, en democracia y dentro de un Estado de Derecho, hay que celebrarla. Históricamente, esto nunca había ocurrido. La incomprensión del liderazgo en relación a la necesidad de los cambios y la insoslayabilidad de las reformas en diversos momentos de nuestra historia política, impidieron que en sus respectivos momentos, los sistemas evolucionaran en sí mismos y, en general, lo que sucedió fue que colapsaran. Siempre, la crisis terminal de los sistemas políticos había terminado con una guerra, una revolución o un golpe de Estado, es decir, con una ruptura del hilo constitucional y en medio de situaciones fácticas o de hecho. Por ello, también es inédito el hecho de que vayamos a la convocatoria de una Asamblea Constituyente en democracia y en un régimen de derecho, ya que en el pasado ello nunca había ocurrido. Siempre, las Constituyentes, fueron producto de hechos de fuerza. En diciembre de 1998, en cambio el proceso de transformación del sistema político de *Estado Centralizado de Partidos*, se ha iniciado democráticamente, mediante una elección popular, lo que constituye, como se dijo una disidencia histórica.

Por tanto, ahora, los venezolanos tenemos una oportunidad histórica única para realizar los cambios radicales del sistema político en paz, en democracia y en un régimen de derecho. Lo que tenemos que pedirle a los gobernantes es que no desperdiciemos esta oportunidad, y que por la exacerbación del conflicto, no vayamos a caer en situaciones no deseadas, de autoritarismo o ruptura constitucional. La democracia exige diálogo y acuerdos, incluso en el discenso, tolerancia y conciliación. No es posible manejarla sólo con órdenes e instrucciones de las cuales sólo se espera obediencia debida.

Las ideas aquí expuestas las he confrontado con muchos amigos, a quienes agradezco sus observaciones, comentarios e, incluso, la sola lectura de los textos. *Caracas, 23 febrero de 1999.*

El segundo libro cuyo texto conforma esta Segunda Parte, titulado: *Poder Constituyente Originario y Asamblea Nacional Constituyente (Comentarios sobre la interpretación jurisprudencial relativa a la naturaleza, la misión y los límites de la Asamblea Nacional Constituyente)*, fue publicado por la Editorial Jurídica Venezolana, Caracas en julio de 1999, y en el mismo analicé todas las decisiones que la Corte Suprema de Justicia adoptó durante 1999, al decidir los recursos de nulidad por inconstitucionalidad que se ejercieron contra el inconstitucional decreto presidencial de convocatoria de la Asamblea nacional Constituyente de febrero de 1999, así como el tema de los límites a los poderes de la Asamblea Constituyente.

Este libro, *Poder Constituyente Originario y Asamblea Nacional Constituyente,* estuvo precedido de la siguiente Introducción:

El proceso constituyente de Venezuela, que formalmente comenzó con la instalación de la Asamblea Nacional Constituyente electa el 25 de julio de 1999, fue posible no sólo por el impulso político que le imprimió el Presidente Hugo Chávez Frías desde la campaña electoral de 1998, sino sobre todo, por la actuación de la Corte Suprema de Justicia.

Es decir, el que Venezuela haya entrado en un proceso constituyente en democracia y en paz y dentro del marco del Estado Constitucional de Derecho, se lo debemos a la Corte Suprema de Justicia que supo asumir su rol de sustituto de la revolución, al dirimir y resolver el conflicto entre soberanía popular y supremacía constitucional, y abrir la vía para la creación de la Asamblea Nacional Constituyente como mecanismo de revisión constitucional no previsto en la Constitución, mediante la manifestación de la voluntad popular a través de un *Referéndum Consultivo*.

En esta forma, con la decisión de la Corte Suprema de Justicia en Sala Político Administrativa del 19 de enero de 1999, adoptada luego del triunfo electoral del Presidente Chávez el 06 de diciembre de 1998 y antes de su toma de posesión de la Presidencia de la República, la Corte asumió el rol político que toda Corte Suprema tiene que tener cuando se trata de decidir conflictos constitucionales. Esto es lo normal cuando se trata de Tribunales constitucionales como es nuestra Corte Suprema en Pleno. No es tan corriente cuando se trata de Tribunales contencioso-administrativos, los cuales también son jueces constitucionales. De ahí la importancia de la actuación de la Corte Suprema a partir de Enero de 1999 ya que las decisiones que se adoptaron, lo fueron no por la Corte en Pleno sino por la Sala Político Administrativa, la cual en buena hora entendió también su rol de Tribunal constitucional y resolvió los conflictos, ahorrándole a los venezolanos una ruptura constitucional.

Las decisiones de la Sala Político Administrativa de la Corte Suprema de Justicia adoptadas sobre el proceso constituyente desde el 19 de Enero de 1999 hasta el 21 de Julio de 1999 en consecuencia, quedarán en la historia constitucional venezolana como un ejemplo de actuación de una Corte Suprema, con entera independencia y autonomía, sin dejarse amedrentar por el Poder y la presión política, y resolviendo sabiamente un conflicto que sólo ella podía resolver. La Corte Suprema supo asumir, y a tiempo, su rol constitucional y esto se lo debemos agradecer todos los venezolanos.

En este libro hemos recogido todas las decisiones de la Corte Suprema de Justicia en Sala Político Administrativa relativas al proceso constituyente, a las cuales hemos hecho una serie de comentarios en relación con la naturaleza, la misión y los límites de la Asamblea Nacional Constituyente; dividiéndolo en tres partes:

En la *Primera Parte*, relativa a *La Asamblea Nacional Constituyente como producto del Poder Constituyente Originario expresado mediante Referéndum Consultivo* se publican las dos sentencias del 19 de enero de 1999, decisorias de sendos recursos de interpretación en las cuales se admitió que en ejercicio del derecho de participación, mediante un *Referéndum,* se podía consultar al pueblo sobre la convocatoria a la Asamblea Nacional Constituyente, lo cual, consecuencialmente, abrió la posibilidad de creación de esta institución no prevista en la Constitución, como resultado de una manifestación de la voluntad popular.

En la *Segunda Parte*, relativa a *Los límites de la Asamblea Nacional Constituyente en el marco de un Estado de Derecho y la vigencia de la Constitución de 1961*, se publica la sentencia de 18 de marzo de 1999 en la cual se resolvió uno de los recursos de nulidad interpuestos contra el Decreto Nº 3 del Presidente Hugo Chávez del 02 de febrero de 1999, convocando al *Referéndum Consultivo* sobre la Asamblea Nacional Constituyente; así como la sentencia de 23 de marzo de 1999, aclaratoria de la anterior, y la de 13 de abril de 1999, en ejecución de la primera. En estas sentencias quedó claramente establecido el marco jurídico regulatorio de la Asamblea Nacional Constituyente, al exigirse que las *Bases Comiciales* de la misma fuesen consultadas en el *Referéndum Consultivo* del 25 de abril de 1999, todo dentro del marco del Estado Constitucional de Derecho y de la vigencia de la Constitución de 1961.

En la *Tercera Parte*, relativa al *Marco Constitucional de la Asamblea Nacional Constituyente impuesto por el Poder Constituyente Originario expresado mediante Referéndum Consultivo de 25-04-99*, se recogen las sentencias de 17 de junio de 1999 y de 21 de julio de 1999, en las cuales la Sala Político Administrativa, al decidir un recurso de nulidad y un recurso de interpretación, dejó claramente establecido el marco supraconstitucional que establece los límites de la Asamblea Nacional Constituyente producto de la voluntad popular.

De la lectura de estas sentencias, las cuales comentamos en cada una de las partes, resulta claro que la Asamblea Nacional Constituyente electa el 25 de julio de 1999 fue producto del Poder Constituyente Originario manifestado en el *Referéndum Consultivo* del 25 de abril de 1999. En las preguntas de dicho *Referéndum* y en las *Bases Comiciales* contenidas en las mismas, se establecieron con claridad la naturaleza, la misión y los límites de la Asamblea Nacional Constituyente, la cual, por tanto, no está ni podría estar sujeta a los Poderes Constituidos, pero si está sujeta a los dictados del Poder Constituyente Originario el cual corresponde única y exclusivamente al pueblo, y que se manifestó en el mencionado *Referéndum Consultivo* del 25 de abril de 1999.

Electa en democracia y sin que se hubiese producido previamente una ruptura del ordenamiento constitucional, la Asamblea Nacional Constituyente tiene un carácter derivado, en el sentido que deriva del Poder Constituyente Originario, que sólo corresponde al pueblo, expresado en el *Referéndum Consultivo* del 25 de abril de 1999. No está, por tanto, condicionada por los Poderes Constituidos del Estado, sino sólo por la voluntad y la soberanía populares manifestadas al aprobar el pueblo las preguntas y bases comiciales en el *Referéndum Consultivo* del 25 de abril de 1999.

Conforme a ello, la Asamblea Nacional Constituyente debe asumir su misión de "transformar el Estado y crear un nuevo ordenamiento jurídico que permita el funcionamiento efectivo de una democracia social y participativa" (Pregunta Nº 1 del *Referéndum Consultivo*), la cual debe reflejar en una nueva Constitución que la Asamblea no puede poner en vigencia, sino que sólo el pueblo soberano, que es el Poder Constituyente Originario, puede hacerlo cuando se apruebe mediante *Referéndum Aprobatorio* (*Base Comicial Novena* de la Pregunta Nº 2 del *Referéndum*). Mientras esto no ocurra, continúa en vigencia la Constitución de 1961 y todo el régimen relativo a los Poderes del Estado que regula.

En todo caso, en el cumplimiento de su misión de elaborar la nueva Constitución que sustituya la de 1961, con las propuestas de transformación del Estado y de creación de un nuevo ordenamiento jurídico que permita el funcionamiento efectivo de una democracia social y participativa, la Asamblea Nacional Constituyente está sometida a los límites que le impuso la voluntad popular o el Poder Constituyente Originario en el *Referéndum Consultivo* del 25 de abril de 1999 (*Base Comicial Octava* de la Pregunta Nº 2) y que son:

"los valores y principios de nuestra historia republicana, así como el cumplimiento de los tratados internacionales, acuerdos y compromisos válidamente suscritos por la República, el carácter progresivo de los derechos fundamentales del hombre y las garantías democráticas dentro del más absoluto respeto de los compromisos adquiridos".

Dentro de estos parámetros, por tanto, es que la Asamblea Nacional Constituyente debe realizar su misión, centrándose el debate que debe desarrollarse en ella, en nuestro criterio, en el perfeccionamiento de la *democracia* (más representatividad y más participación), en la efectiva *descentralización política* (distribución territorial del Poder) y en la *participación ciudadana.*

Esos temas, que comentamos en la *Cuarta Parte* de este libro, fueron, por lo demás, los temas que signaron la campaña electoral que llevamos como Candidato Nacional a la Asamblea Nacional Constituyente, la cual fue realizada con toda la austeridad que nos caracteriza, sin avisos publicitarios, ni espacios pagados en la prensa, la radio o la televisión; visitando todos los Estados de la República, siempre con ocasión de una conferencia o foro de origen académico o profesional.

El resultado, como cosecha de más treinta años de siembra intelectual sobre el proceso político, constitucional y administrativo venezolano, en libros, escritos, declaraciones y conferencias dadas en todo el país, fue mi elección con 1.187.873 votos (algo más del 20% de los votantes) la mayor votación individual obtenida después de la que lograron por los candidatos propuestos y apoyados por el Presidente Chávez y de la obtenida por Claudio Fermín, ex candidato presidencial.

Esta es la ocasión, por tanto, para agradecer a todas aquellas personas que votaron por mí, con las que quedo comprometido. Así mismo, para agradecer, de nuevo, a todos los que me apoyaron, tanto en el proceso inicial de recolección de firmas para mi postulación, particularmente mi familia, mis amigos, mis discípulos y los amigos de todos ellos; como en la campaña electoral, y en particular a mis amigos León Henrique Cottin, Jacques Vera, Ibrahím El-Hibri, Celestino Díaz, Peter Tinoco Terreros, Nelson Mezerhane y Miguel Ángel Capriles López quienes espontánea y desinteresadamente, en forma especial, alentaron mi esfuerzo. Caracas, 29 de Julio de 1999."

SECCIÓN PRIMERA:

EL PODER CONSTITUYENTE INSTITUIDO Y LOS PROCEDIMIENTOS DE REVISIÓN CONSTITUCIONAL EN LA CONSTITUCIÓN DE 1961 (ABRIL 1996)

Este texto fue el de la Ponencia presentada en el Congreso Internacional sobre *I procedimenti di revisione constituzionale nel diritto comparato*, Urbino, 23-24 de abril de 1996, Universidad de Urbino, Italia. Publicada en *Boletín de la Academia de Ciencias Políticas y Sociales,* Nº 134, Caracas 1997, págs. 169 a 222. En él se explican los procedimientos de reforma de la Constitución en el texto constitucional de 1961, y cómo en su normativa no había cabida para una reforma constitucional efectuada por una Asamblea Constituyente que no estaba regulada en sus previsiones.

INTRODUCCIÓN

Hasta 1961, Venezuela era, quizás, la República latinoamericana que mayor número de Constituciones había tenido en toda su historia política. Entre 1811, año en el cual se sancionó la Constitución Federal para los Estados de Venezuela (21-12-1811), que fue no sólo la primera de la República sino de todos los países iberoamericanos; hasta la promulgación de la Constitución de 1961 (23-1-1961) actualmente en vigencia, se sucedieron 25 Textos Constitucionales, a los cuales hay que agregar otro tanto de actos estatales de rango constitucional, producto de múltiples rupturas del hilo constitucional regular.

Por supuesto, esas 25 Constituciones no fueron 25 decisiones o pactos políticos diferentes de la sociedad venezolana sino, en su gran mayoría, reformas puntuales a los Textos Constitucionales motivadas por exigencias circunstanciales, por ejemplo, de modificar el período constitucional de los Poderes Públicos o de permitir la reelección de los gobernantes. En los 150 años de vida republicana que separan el acto político de la Independencia de las Colonias de Venezuela de España (19-4-1810) y la formación del Estado venezolano (5-7-1811), de la Constitución de la República de 1961, en realidad, puede decirse que se dictaron cuatro Constituciones que significaron cambios profundos en el sistema político y que se pueden considerar como verdaderos pactos políticos de la sociedad: la Constitución de 1811; la Constitución de 1864; la Constitución de 1901 y la Constitución de 1947, y que dieron origen a los cuatro grandes períodos de la historia política venezolana: el del Estado Independiente y Autónomo (1811-1864); el del Estado Federal (1864-1901); el del Estado Autocrático Centralizado (1901-1945); y el del Estado Democrático Centralizado (a partir de 1945), cuya Constitución fue la de 1947, cuyo texto inspiró el de la actual Constitución de 1961, elaborada luego de la crisis del primer intento democratizador (1945-1948) y de su secuela de autocracia militar (1948-1958).

En todo caso, fueron precisamente esos antecedentes de variaciones constitucionales que hicieron completamente relativa la rigidez constitucional, los que motivaron la inclusión, en la Constitución vigente de 1961, de procedimientos variados de revisión y adaptabilidad formal de la Constitución, cónsonos con la rigidez del Texto y con la necesidad de que este no se petrificara.

En esta forma, pueden distinguirse en la Constitución venezolana dos procedimientos formales para la modificación constitucional: la que corresponde al Poder Constituyente Instituido para la Reforma General y las Enmiendas previstas en el Capítulo X del Texto, y la modificación del sistema de distribución del Poder Público regulada en el artículo 137 del mismo. Además debe destacarse la flexibilidad establecida respecto de la Constitución económica, que permite la adaptabilidad de la misma a la variación ideológica de los gobiernos, y la adaptabilidad del Texto en materia de derechos y garantías constitucionales.

I. LAS ENMIENDAS Y LAS REFORMAS COMO PROCEDIMIENTOS PARA LA REVISIÓN DE LA CONSTITUCIÓN

1. *Fundamentación y justificación de la Reforma y las Enmiendas en el marco de la rigidez constitucional*

Los dos primeros procedimientos formales de revisión de la Constitución están configurados por "las Enmiendas y Reformas a la Constitución" reguladas en el Título X del Texto Fundamental.

En los artículos 245 a 248 de ese Título se regulan ambos procedimientos, pero no se indica, en forma alguna, cuándo debe acudirse a uno u otro. En todo caso, su inclusión en el texto fundamental fue justificada por la Comisión Redactora del mismo, en la Exposición de Motivos del Proyecto de Constitución (1960), en el cual se señaló lo siguiente:

"Entre las muchas partes de este Proyecto en donde la Comisión ha tratado de incorporar formas adaptadas a nuestra realidad y a nuestras necesidades, se destaca la correspondiente a las modificaciones que pueda sufrir la Constitución, como consecuencia de imperativos insoslayables para los legisladores. Desde el primer momento la Comisión hubo de plantearse el problema de darle una mayor rigidez al texto fundamental con el objeto de evitar en lo posible la multiplicidad de reformas que por no significar, como frecuentemente ha ocurrido en nuestro país, cambios sustanciales en las instituciones, dan la desfavorable impresión de mudanza permanente y de inestabilidad jurídica. Afincándose generalmente en los problemas de la reelección y de la amplitud del lapso constitucional, han surgido entre nosotros múltiples textos que dejaron intocables las materias de fondo que son las que reflejan en verdad de transformación de la vida social, económica y jurídica de la Nación. Apenas se puede decir, con propiedad, que en las Constituciones de 1864 y de 1947 se incorporan disposiciones que vienen a marcar hitos en nuestra historia constitucional.

Bien podríamos decir que nunca hemos contado con una Constitución efectiva que a la vez que sea una decisión fundamental con el propósito de restringir la arbitrariedad y que se desenvuelva como una técnica para restringir la acción del gobierno, no olvide que es también una decisión básica para organizar políticamente a la comunidad y un instrumento que refleje los cambios operados en las relaciones humanas y en las condiciones reales de la sociedad.

Es obvio que el primer paso a dar por la Comisión no podía ser otro que el de determinar *un criterio acerca de la relativa rigidez del texto constitucional*. Era preciso llegar a una solución que pudiera evitar la facilidad tradicional para hacer reformas, pero que al mismo tiempo sorteara el peligro de las acciones violentas que son corolarios casi obligados de las constituciones demasiado rígidas. Es sabido que la flexibilidad de una Constitución presupone para su justificación un pueblo sostenedor de tradiciones y, por ello, no proclive a los continuos cambios, porque de otra manera la ley fundamental no sería sino un juguete de los grupos inquietos e irresponsables, y es sabido también que una Constitución demasiado rígida no se justifica sino en aquellos países donde se quiere evitar la derrota de la garantía contra lo que se ha llamado tiranía de la mayoría.

En este sentido, la Comisión creyó conveniente adoptar un sistema que permitiera modificaciones del texto constitucional, sin mucha rigidez, en aquellos aspectos de la Carta donde predomina más lo incidental o circunstancial que lo fundamental, pero que al mismo tiempo impidiera, por medios más rigurosos y requisitos más exigentes, el fácil cambio en este último aspecto. De esta manera, se pensó conservar nuestro sistema tradicional de reforma o enmiendas como un procedimiento que, pasando por el tamiz contemplado en nuestras Constituciones, posibilitara cambios no fundamentales, pero al mismo tiempo permitiera adoptar un sistema distinto en gran parte, y novísimo según lo que conocemos, para aquellos cambios de estructura constitucional de verdadero alcance trascendente, o sobre el fondo mismo de la organización jurídica y política de la Nación, procedimiento este último que llevaría el nombre de *reforma* para distinguirlo del primero, que se ha denominado *enmienda*.

Según el criterio de la Comisión, la enmienda sería *una reforma de artículos que permite dejar incólume el texto original o fundamental, una modificación sentida por la colectividad como consecuencia de los cambios incesantes que en ella se realizan, pero que no llega a tocar la integridad y lo fundamental del texto*. En este sentido la expresión tiene valor tradicional y permite conservar la arquitectura constitucional de tal manera que ella siga vigente a los ojos del pueblo, dando la sensación beneficiosa de estabilidad. *La reforma sería por el contrario cambio en lo más profundo del contenido de la Carta, modificaciones del espíritu mismo del constituyente, en fin, derogación de la Constitución y sustitución por otra nueva.*

Mucho se pensó sobre la posibilidad de hacer en el texto mención expresa de aquellas materias que sólo podían ser objeto de reformas y nunca de enmiendas, así como la posibilidad de indicar expresamente determinadas instituciones como inmodificables, como lo hacen las Constituciones italiana y francesa con respecto al sistema republicano de gobierno. Sin embargo, pareció peligroso tal camino por la exclusiva limitación que presupone, y en cuanto al último aspecto, por innecesario en razón de que nuestra tradición republicana es ajena por completo a las veleidades monárquicas propias de algunos pueblos europeos. *En verdad que la distinción entre enmienda y reforma no estará en el número de artículos que se modifican sino en la calidad de fundamental o de circunstancial que los cambios envuelvan.* Sin embargo, como no es posible, dentro de un orden riguroso y un deseo extremado de claridad, determinar las materias que deben caer dentro de uno u otro procedimiento, se pensó mejor colocar las diferencias en el poder de iniciativa y en el derecho de ratificación, además de consagrarse en el Proyecto distintos niveles de mayoría calificada, en el entendido de que en caso de enmienda sólo serán objeto de revisión los artículos preseñalados por el órgano que use de la iniciativa, mientras que en la reforma todos los artículos del texto constitucional podrían ser objeto de revisión".

Conforme a esta motivación, y fundamentalmente para evitar las modificaciones circunstanciales no sustanciales, se diferenciaron entonces en la Constitución dos procedimientos para su revisión, sometidos a requisitos distintos: la Reforma y la Enmienda según que se toquen o no aspectos fundamentales del pacto político constitucional.

En esta forma, la Reforma es el procedimiento que debe seguirse si se van a modificar las decisiones fundamentales o básicas para organizar políticamente a la comunidad; en cambio la Enmienda debe referirse a aquellos aspectos de la Carta Fundamental donde predomine más lo incidental que lo fundamental. La Enmienda es, entonces, un instrumento para facilitar cambios no fundamentales pero, a la vez, adoptar un sistema distinto al que se establece en la estructura política; es, en definitiva, la modificación de "artículos que permite dejar incólume el texto original o fundamental".

En cambio, la Reforma consistiría en un "cambio en lo más profundo del contenido de la Carta, modificaciones del espíritu mismo del Constituyente, en fin, derogación de la Constitución y su sustitución por otra".

Por eso, aparte de otras diferencias fundamentales, hay una esencial entre los procedimientos para la Reforma y la Enmienda, y es que en el primero, necesariamente debe someterse el proyecto a referéndum "para que el pueblo se pronuncie a favor o en contra de la Reforma". En la Enmienda esto no es necesario, y se prevé en cambio la aprobación del Proyecto por las Asambleas Legislativas de los Estados (arts. 245 y 246).

De acuerdo a estas regulaciones, puede decirse entonces que el ordenamiento constitucional venezolano está configurado con caracteres de rigidez; siendo la Constitución venezolana de aquellas denominadas rígidas, es decir, cuyo contenido es intangible para el Poder Legislativo.

Como consecuencia, el Congreso de la República, aún y siendo el representante por excelencia del pueblo, no puede libremente modificar la Constitución, pues no es Poder Constituyente originario ni tiene mandato para actuar como tal. La consecuencia de esta rigidez constitucional es que toda Reforma de la Constitución, es decir, toda reforma de la decisión política que ella implica y que configura el régimen político y constitucional de la República, sólo puede tener vigencia si la Reforma es aprobada mediante *referéndum*, por la mayoría absoluta de los sufragantes (art. 248). Por tanto, sólo el Poder Constituyente originario, es decir, el pueblo soberano, puede modificar su decisión política consagrada en la Constitución.

En esta forma toda revisión constitucional que implique una modificación de las decisiones políticas básicas contenidas en la Constitución tendrá que ser objeto del procedimiento de Reforma General, pues requerirá la intervención del Poder Constituyente. Por tanto, por ejemplo, toda modificación del régimen democrático-representativo, que implique su sustitución, por ejemplo, por un régimen monárquico exigiría una Reforma de la Constitución. Asimismo, toda modificación de la forma del Estado que implique transformar el esquema federal por la de un Estado unitario o por cualquier otra forma de descentralización territorial regional, exigiría una Reforma de la Constitución. Por supuesto, el procedimiento de Reforma también se exigiría si se pretende cambiar la forma de gobierno presidencial por uno parlamentario. Por último, constituyendo los derechos y garantías partes esenciales de la decisión política contenida en la Constitución, toda eliminación o restricción de dichos derechos, debería ser objeto de Reforma constitucional, siempre y cuando se trate de derechos constitucionales que no supediten su ejercicio a lo establecido en la ley. Es quizás, en este último campo en el cual han surgido dudas respecto del procedimiento a utilizar, la Enmienda o la Reforma, por lo que conviene precisar lo indicado.

En efecto, dentro de los derechos y garantías constitucionales, la Constitución establece una graduación que es importante destacar: en primer lugar, el texto fundamental prevé una serie de derechos fundamentales, verdaderas garantías, consagrados en términos absolutos, es decir, que no admiten ningún tipo de restricción o suspensión y ni siquiera de regulación legislativa (tal es el caso del derecho a la vida (art. 58); de la garantía a no ser incomunicado ni sometido a tortura o a otros procedimientos que causen sufrimiento físico o mental (art. 60, ord. 3°); y de la garantía a no ser condenado a penas perpetuas o infamantes y a no ser condenado a penas restrictivas de la libertad superiores a treinta años (art. 60, ord. 7°). Estos son los únicos derechos fundamentales cuya garantía no puede restringirse o suspenderse por el Presidente de la República conforme al artículo 241 de la Constitución).

En segundo lugar, se prevén otra serie de derechos fundamentales, cuyas garantías si bien pueden ser restringidas o suspendidas en su ejercicio por Decreto presidencial, no admiten ningún tipo de regulación legislativa para su ejercicio (artículos 59, 60, ordinales 4°, 6° y 8°; 61, 65, 66, 67, 69, 71, 76, 78, 84 y 111 de la Constitución).

En tercer lugar, se consagran una serie de derechos constitucionales cuyo ejercicio puede ser regulado o limitado por el legislador ordinario en aspectos específicos (artículos 60, ordinal 5°; 62, 63 y 112).

Y en cuarto lugar, el texto fundamental consagra otra serie de derechos constitucionales cuyo ejercicio queda sometido, enteramente, a lo que establezca y regule el Legislador, en cuyos casos, el legislador puede establecer limitaciones a dichos derechos, que se ejercen "con arreglo a la ley" (artículos 60, ordinales 1°, 2°, 5° y 9°; 64, 65, 68, 70, 92, 96, 99, 114 y 115).

Ahora bien, parece evidente que los dos primeros grupos de derechos y garantías, que podríamos asimilar a los denominados derechos fundamentales en algunas

Constituciones europeas, han sido concebidos de tal manera en el Texto Constitucional, que su ejercicio resulta pleno del mismo texto, sin ulteriores regulaciones y sin posibilidad de limitaciones legales. En cambio, los dos últimos grupos consagran derechos de carácter constitucional, pero sometidos a la regulación restringida o amplia del Legislador. En esta distinción podría ubicarse el criterio que estableció la Exposición de Motivos del Proyecto de Constitución para la utilización de la Reforma o de la Enmienda, mientras se tratara de aspectos fundamentales o circunstanciales, respectivamente.

Indudablemente que cambiar el Texto Constitucional en algunos de los derechos fundamentales, sería cambiar un aspecto de "alcance trascendente" que incide sobre la organización política de la Nación; en cambio, cambiar el texto de algunos de los derechos constitucionales, limitables por el legislador, en el sentido de agregar alguna otra limitación a su ejercicio, podría hacerse a través del procedimiento de Enmienda "que permite dejar incólume el texto original o fundamental", introduciendo alguna "modificación sentida por la colectividad como consecuencia de los cambios incesantes que en ella se realizan". En tal sentido, por ejemplo, el procedimiento utilizado en 1973, en la Enmienda Nº 1, para agregar una condición de elegibilidad o nombramiento para determinados destinos públicos, fue el de la Enmienda y no el de la Reforma: se agregó así una limitación al ejercicio del derecho al sufragio pasivo y al ejercicio de ciertas funciones públicas. Por supuesto que, a todo evento, la eliminación de algunos de los derechos o garantías constitucionales, cualquiera sea su naturaleza, sólo podría ser objeto de Reforma.

En todo caso, lo que debe quedar claro del carácter del ordenamiento constitucional, es su rigidez, que implica que la decisión política del Poder Constituyente no puede ser modificada sino por el propio Poder Constituyente, mediante referéndum; y cualquier otra modificación del Texto Constitucional, que no incida sobre lo fundamental de dicha decisión política, puede ser enmendada a través de un procedimiento, que si bien no exige la intervención del pueblo, sí prevé la participación de las Asambleas Legislativas de los Estados. En ambos casos, la modificación del orden constitucional escapa de la competencia ordinaria del Poder Legislativo.

Consecuencia de esta rigidez constitucional, es la existencia de una distinción radical o separación profunda entre el ordenamiento constitucional integrado por la Constitución, sus Enmiendas, y otras modificaciones previstas en la misma; y el ordenamiento legal, de manera que el segundo está supeditado al primero. Por tanto, el legislador ordinario, creador de normas de orden legal, no puede modificar el orden constitucional; y si el mismo Congreso interviene en las Reformas de la Constitución y sus Enmiendas, no lo hace en tanto Poder Legislativo, sino en tanto que copartícipe del Poder Constituyente.

2. *El régimen de las Enmiendas*

A. *Procedimiento*

El artículo 245 de la Constitución establece en relación a las Enmiendas, la siguiente tramitación:

a. *Iniciativa*

La iniciativa de la Enmienda puede partir de una cuarta (1/4) parte de los miembros de alguna de las dos Cámaras Legislativas que integran el Congreso (Cámara de Diputados o Senado); o bien de una cuarta (1/4) parte de las Asambleas Legislativas de los 22 Estados Federados de la República, mediante acuerdos tomados en no menos de dos discusiones por la mayoría absoluta de los miembros de cada Asamblea (Art. 245, ord. 1°).

Sobre esta norma la Exposición de Motivos de la Constitución señaló:

"Nótese que cualquiera de las Cámaras puede ejercer la facultad de iniciativa para proponer Enmiendas, mientras que esta facultad sólo la tiene el Congreso (Concretamente, no menos de un tercio de los miembros del Congreso) para el caso de Reforma. Nótese también que con el objeto de despejar la incógnita acerca de la manera como las Asambleas Legislativas deben dar su parecer en esta materia, la Comisión ha creído conveniente fijar la forma de acuerdos que implica la ausencia de las formalidades propias de las leyes".

b. *Inicio de la discusión*

La discusión de la Enmienda se debe iniciar en las sesiones ordinarias de las Cámaras, pero su tramitación puede continuar en las sesiones extraordinarias siguientes (Art. 245, ord. 2°). Sobre esta exigencia, la Exposición de Motivos del Proyecto de Constitución señala que se trata de una:

"materia tan trascendental para la vida de la República que debe quedar inmune a las frecuentes precipitaciones y gestos emocionales que pueden motivar injustificadas convocatorias a sesiones extraordinarias. Sin embargo, se ha previsto el caso de que presentada la modificación en el período ordinario, ésta no pueda terminarse de discutir en tal período, supuesto en el cual podrá continuarse el conocimiento en las sesiones extraordinarias inmediatas."

Además, el proyecto que contenga la Enmienda se debe iniciar en la Cámara donde se haya propuesto; o en el Senado, cuando haya sido propuesta por las Asambleas Legislativas (Art. 245, ord. 3°).

c. *Trámite de la discusión*

La Enmienda se debe discutir según el procedimiento establecido en la Constitución para la formación de las Leyes (Art. 245, ord. 3°). Sin embargo, las disposiciones relativas a los casos de urgencia en el procedimiento de la formación de las leyes no puede ser aplicable a las Enmiendas de la Constitución (art. 249).

La Exposición de Motivos del Texto Constitucional señaló sobre esto lo siguiente:

"Ante el hecho de proponerse en este mismo Proyecto que en caso de urgencia, puedan las leyes sancionarse sin cumplirse el requisito normal de las tres discusiones en cada Cámara, la Comisión creyó ser consecuente con su propósito de no darle demasiada flexibilidad al procedimiento de enmiendas y reformas, al proponer que, en todo caso, la consideración de cualquier modificación del texto constitucional no podría canalizarse mediante la declaración de urgencia ya aludida."

Por otra parte, en caso de que la Enmienda sea rechazada, la misma no puede presentarse de nuevo en el mismo período constitucional (art. 247). Sobre esto dijo la Exposición de Motivos:

> "Para evitar las consecutivas presentaciones de enmiendas o reformas que no hubieren logrado el asentimiento de los órganos legales y, consecuencialmente, para evitar que pudiera darse origen a un clima seguramente poco propicio para la sensata y acertada consideración de modificaciones antes desechadas, la Comisión ha considerado imprescindible proponer que sólo en el período constitucional siguiente puedan discutirse enmiendas o reformas rechazadas con anterioridad."

d. *Aprobación y ratificación por las Asambleas Legislativas*

Aprobada la Enmienda por el Congreso, la Presidencia la debe remitir a todas las Asambleas Legislativas, de los 22 Estados que conforman la Federación venezolana, para su ratificación o rechazo en sesiones ordinarias, mediante acuerdos considerados en no menos de dos discusiones y aprobados por la mayoría absoluta de sus miembros (Art. 245, ord. 4°).

e. *Sanción*

Las Cámaras Legislativas nacionales (Cámara de Diputados y Senado) reunidas en sesión conjunta deben escrutar en sus sesiones ordinarias del año siguiente los votos de las Asambleas Legislativas, y deben declarar sancionada la Enmienda en los puntos que hayan sido ratificados por las dos terceras partes de las Asambleas (Art. 245, ord. 5°).

De acuerdo con la Exposición de Motivos de la Constitución:

> "El poder constituyente encuentra su control acertado en el escrutinio que el Congreso debe hacer de los votos de las Asambleas Legislativas, en sus sesiones ordinarias del año siguiente".

f. *Numeración*

Las Enmiendas deben ser numeradas consecutivamente, y deben publicarse de seguida de la Constitución, sin alterar el texto de ésta, pero anotando al pie del artículo o artículos enmendados la referencia al número y fecha de la Enmienda que lo modifique (Art. 245, ord. 6°).

En relación a esta numeración, la Exposición de Motivos de la Constitución señaló:

> "En cuanto a lo meramente mecánico o formal, es de notar que la Comisión propone el sistema de la numeración de las enmiendas que tan buen resultado ha dado respecto a la Constitución de los Estados Unidos de América. Dejando el texto original inmodificado y copiando en seguida de ese texto el de las enmiendas, debidamente ordenadas y numeradas, *se obtiene el desiderátum que la Comisión se impuso desde un principio, cual es el de mantener la vigencia de la Constitución por un largo período,* con lo cual se cumple una finalidad educativa en nuestro pueblo, siempre impresionado por el poco valor que tradicionalmente ha tenido su inestable y cambiante Constitución. Es obvio que en caso

de reforma, el texto constitucional sustituirá íntegramente a la Constitución anterior, solución que está de acuerdo no solamente con las ideas expuestas sobre la naturaleza que debe tener una reforma, sino también con la posibilidad de hacerse una revisión total de la Constitución cuando por virtud de muchas enmiendas se haga necesario uniformar su modificado texto y coordinar su diverso contenido."

Conforme a este procedimiento durante la vigencia de la Constitución se han sancionado dos Enmiendas, en 1973 y en 1983.

B. *La Enmienda N° 1 de 1973: Un caso de inhabilitación política*

Con fecha 11 de mayo de 1973 se promulgó la Enmienda N° 1 de la Constitución (*G.O.* N° 1.585 de 11-5-73), la cual estableció una causal de inelegibilidad para Presidente de la República, Senador o Diputado al Congreso Nacional y para Magistrado de la Corte Suprema de Justicia, respecto de quienes hubieran sido condenados a pena de presidio o prisión superior a tres años, por delitos cometidos en el desempeño de funciones públicas o con ocasión de éstas.

Si bien esta norma podría considerarse saludable desde el punto de vista de la moralidad institucional, la Enmienda N° 1 fue motivada por una razón circunstancial: evitar que un sujeto, ex-dictador militar (1950-1958) condenado por delitos de ese tipo, pudiera ser candidato a algún cargo electivo en las elecciones generales de 1973, tal y como aparentemente podía suceder. Las Enmiendas Constitucionales son, en nuestro criterio, algo muy serio que no pueden ligarse a meras circunstancias y menos a temores de esa naturaleza. Si el supuesto que se quería evitar podía darse, la solución al mal había que buscarla en otros aspectos del proceso político que debían corregirse, y no en modificar circunstancialmente la Constitución.

Además, tratándose de un supuesto de inhabilitación política, conforme a lo establecido en el artículo 112 de la Constitución, ello podía haberse establecido en una reforma del Código Penal sin necesidad de enmendar la Constitución, estableciéndose una inhabilitación política accesoria a esas condenas penales, por un lapso de tiempo relativamente largo.

C. *La Enmienda N° 2 de 1983*

Con fecha 16 de marzo de 1983 fue sancionada la Enmienda Constitucional N° 2 (*G.O.* N° 3.224 Extra. de 24-7-83), después de dos años de discusiones del Proyecto tanto en el Congreso como en las Asambleas Legislativas, durante los cuales fueron propuestas algunas normas, como la muy discutida que otorgaba varios nuevos derechos políticos a los venezolanos por naturalización, y la que permitía la intervención de los Concejos Municipales por el Congreso, las cuales no fueron aprobadas.

Tal como quedó sancionada -con exclusión de esas regulaciones-, la Enmienda Constitucional N° 2 norma algunos elementos de los siguientes aspectos: el sistema electoral, el sistema nacional de jubilación, el funcionamiento del Congreso y el sistema de planificación.

a. *El sistema electoral*

De acuerdo con lo establecido en los artículos 19, 148 y 151 de la Constitución, en la elección de Senadores, Diputados al Congreso y Diputados a las Asambleas Legislativas de los Estados, debe aplicarse el principio de la representación proporcional de las minorías, el cual, en general, está previsto en el artículo 113 de la Constitución como exigencia a la legislación electoral.

Ahora bien, la Constitución no establece en norma alguna el sistema electoral que debe aplicarse para la elección de los miembros de los Concejos Municipales, sencillamente porque esta no es una institución de rango constitucional. El texto fundamental respecto de los Municipios sólo establece que serán representados por los órganos que determine la ley (art. 25) y es la Ley Orgánica de Régimen Municipal la que regula los Concejos Municipales, como órganos legislativos colegiados, separados de los Alcaldes.

Sin embargo, en virtud de la exigencia del artículo 113 de la Constitución, frente a los reclamos de la opinión pública y política de establecer la elección uninominal de los Concejales, se había argumentado que ello lo impedía el Texto Constitucional, lo cual en realidad, no era cierto. Sin embargo, la aclaración de la duda respecto de las elecciones municipales en forma uninominal, y su posible establecimiento también para la elección de los Diputados a las Asambleas Legislativas, llevó a la sanción del artículo 1º de la Enmienda Nº 2, en el cual se dispuso lo siguiente:

"*Artículo 1º*. Para las elecciones de miembros de los Concejos Municipales podrá adoptarse un sistema electoral especial y distinto del que rige para las elecciones de senadores, diputados y miembros de las Asambleas Legislativas.

Para las elecciones de estas últimas, también podrá acordarse un sistema especial, semejante o diferente del que se disponga para las elecciones de Concejales".

De acuerdo a esta norma, en todo caso, quedó plasmada una voluntad política concreta, y se abrió la vía para la reforma sustancial del sistema electoral mediante la diferenciación del sistema electoral de representación proporcional que existe para los órganos representativos nacionales (Senado y Cámara de Diputados), del que pueda establecerse para las elecciones municipales (elección nominal, por ejemplo), o para los diputados a las Asambleas Legislativas.

La Enmienda Nº 2, en su artículo 9, mandó anotar al pie del artículo 113 de la Constitución esta Enmienda, pero por olvido omitió los artículos 19 y 27 de la Constitución, que se refieren al principio de la representación proporcional de las minorías en la elección de los Diputados a las Asambleas Legislativas (art. 19) y a la elección democrática de los representantes locales (art. 27).

b. *Un caso de centralización: el sistema nacional de jubilaciones de funcionarios administrativos*

De acuerdo al sistema de distribución vertical del Poder Público que establece la Constitución, el régimen administrativo del personal al servicio de la República, de los Estados y de los Municipios, debe establecerse en cada uno de esos niveles autónomos, sin que pueda el Poder Nacional regular el régimen de los funcionarios públicos estadales o municipales.

Por otra parte, incluso en el nivel nacional, el artículo 122 de la Constitución se refiere a la Ley de Carrera Administrativa para los órganos de la Administración Pública Nacional, la cual regula a los funcionarios de la Administración Central y de los institutos autónomos nacionales, pero deja fuera de regulación a los empleados de las empresas del Estado.

Esta disparidad de regímenes tuvo consecuencias particularmente negativas en materia de jubilaciones y pensiones de los funcionarios o empleados de entes estatales, en los cuales existía una disparidad de beneficios que se había hecho en muchos casos, intolerable. Ello llevó al Congreso a establecer en la Enmienda Constitucional N° 2, en su artículo 2°, la nacionalización parcial del régimen jurídico relativo a las jubilaciones y pensiones, el cual ha sido regulado, nacionalmente, en una Ley Orgánica (*G.O.* N° 3.850 Extra. de 18-7-86).

El artículo 2 de la Enmienda Constitucional N° 2, establece así, lo siguiente:

"*Artículo 2°.* El beneficio de jubilación o de pensión se regulará en una Ley Orgánica a la cual se someterán todos los funcionarios o empleados públicos al servicio de la Administración Central o Descentralizada de la República, de los Estados o de los Municipios. Sólo podrá disfrutarse de una jubilación o pensión en los casos que expresamente se determinen en dicha ley."

En esta forma, en 1985 se dictó el Estatuto sobre el régimen de Jubilaciones y Pensiones de los funcionarios o empleados de la Administración Pública Nacional, de los Estados mediante Decreto-Ley N° 673 de 21 de junio de 1985 (*G.O.* N° 3.574 Extra. de 21-6-85), emitido con base en la habilitación legislativa contenida en el artículo 10, ordinal 1° de la Ley Orgánica que autorizó al Presidente de la República para adoptar medidas económicas o financieras requeridas por el interés público de 1984 (*G.O.* N° 33.005 de 22-6-84). El Estatuto fue reformado por Ley de 1986 (*G.O.* N° 3.850 Extra. de 18-7-85).

En dicha Ley Orgánica se estableció como ámbito de aplicación del Estatuto a los funcionarios y empleados de los organismos que conforman la Administración Pública Nacional Central (los Ministerios, Oficinas Centrales de la Presidencia y demás organismos de la Administración Central de la República y la Procuraduría General de la República); las Administraciones con Autonomía funcional (Consejo Supremo Electoral, Consejo de la Judicatura, Contraloría General de la República y Fiscalía General de la República); la Administración Pública Nacional Descentralizada (Institutos Autónomos y las Empresas en las cuales alguno de los organismos del sector público tengan por lo menos el 50% de su capital, las Fundaciones del Estado, las personas jurídicas de derecho público en forma de sociedades anónimas); los funcionarios de la Administración de los Estados y sus organismos descentralizados; y los funcionarios de la Administración de los Municipios y sus organismos descentralizados.

La normativa legal, en todo caso, fue más allá de lo autorizado en el artículo 2° de la Enmienda Constitucional, al establecer un ámbito de aplicación mucho mayor, razón por la cual, en sucesivas sentencias, la Corte Suprema de Justicia ha anulado los ordinales referidos al Consejo Supremo Electoral, a la Fiscalía General de la República y al Consejo de la Judicatura (sentencias de 28-11-88, 8-8-89 y 5-3-91), por no ser éstos órganos de la Administración Pública Central o Descentralizada y pertenecer a la Administración Pública con autonomía funcional. En igual sentido, la

Ley Orgánica que fija límites a los Emolumentos de los funcionarios de las Entidades Federales y Municipales de 1996, al regular la jubilación de los Diputados a las Asambleas Legislativas de los Estados y Concejales Municipales, que no son funcionarios de la Administración Pública, ha sido impugnada por inconstitucionalidad ante la Corte Suprema de Justicia.

En todo caso, la Enmienda N° 2 se anotó al pie de los artículos 122, 136 y 139 de la Constitución.

c. *El funcionamiento del Congreso*

La Enmienda N° 2 estableció, además, una serie de normas en relación al funcionamiento del Congreso, y que se refiere al inicio de las sesiones parlamentarias, a la agilización del trámite en la formación de las leyes y al quórum en las sesiones.

a'. *El inicio de las sesiones parlamentarias*

De acuerdo al artículo 154 de la Constitución, "las sesiones ordinarias de la Cámaras comenzarán, sin necesidad de previa convocatoria, el día 2 de marzo de cada año o el día posterior más inmediato posible...".

Ahora bien, esta previsión constitucional, en el primer año de cada período constitucional, había provocado un interregno demasiado largo entre la fecha de las elecciones generales presidenciales parlamentarias (el primer domingo de diciembre), la instalación del Congreso (el 2 de marzo) y la toma de posesión del Presidente de la República (conforme al artículo 186, dentro de los 10 primero días siguientes de aquél en que deben instalarse las Cámaras en sus sesiones ordinarias del año en que comience el período constitucional), lo cual ocurría en la primera quincena de marzo.

Para acortar este lapso excesivamente prolongado entre la elección presidencial y parlamentaria, y la instalación de las Cámaras y la toma de posesión del Presidente, el artículo 3° de la Enmienda N° 2 estableció la siguiente:

> "*Artículo 3°.* En el primer año de cada período constitucional, las sesiones ordinarias de las Cámaras comenzarán sin necesidad de previa convocatoria, el día 23 de enero o el día posterior más inmediato posible."

En esta forma, sólo en el primer año de cada período constitucional, la instalación de las Cámaras se produce el 23 de enero, y luego, los días 2 de marzo de los años subsiguientes.

El artículo 9 de la Enmienda mandó anotarla al pie del artículo 154 del Texto Fundamental.

Ahora bien, en virtud de que el artículo 3° de la Enmienda N° 2, al anticipar la fecha de instalación el nuevo Congreso, en 1979, acortaba el período constitucional en curso de 5 años tanto de los miembros de las Cámaras (Senadores y Diputados) como del propio Presidente de la República, en el artículo 8 se estableció, como Disposición Transitoria lo siguiente:

> "En el período constitucional 1979-1984, la duración del mandato del Presidente de la República y de los Senadores y Diputados, se acortará en los días que resulten de la aplicación del artículo 3°."

Pero además, este artículo 3º, al adelantar la fecha de toma de posesión de los miembros del Congreso y del Presidente de la República, incidía también en el artículo 185 de la Constitución, que establece una condición de inelegibilidad para el Presidente de la República, respecto de quienes hubieren desempeñado el cargo en los 10 años siguientes a la terminación de su mandato, y que, por pocos días, podía haber impedido al Presidente de la República en el período 1969-1974, si resultaba electo en las elecciones generales de diciembre de 1983, en las cuales fue candidato a la Presidencia de la República, tomar posesión del cargo dentro de los 10 días siguientes al 23 de enero de 1984, pues había terminado su mandato el 12 de marzo de 1974. Por ello, la Disposición Transitoria contenida en el artículo 8º de la Enmienda Constitucional aclaró que:

"...Igualmente, a los fines previstos en el artículo 185 de la Constitución, el plazo se reducirá en los días que resulten de la aplicación de la citada disposición."

b'. *La Comisión Legislativa y la agilización del trámite de formación de las leyes*

La Enmienda Constitucional Nº 2, en su artículo 4º, establece la existencia de una Comisión Legislativa del Congreso, que en esta forma es la única de las Comisiones parlamentarias de rango constitucional dejando a salvo, por supuesto, la Comisión Delegada del Congreso de la República (arts. 178 a 180).

En efecto, el artículo 4º mencionado establece lo siguiente:

"*Artículo 4º.* Las Cámaras en sesión conjunta, en cada período constitucional designarán una Comisión Legislativa integrada por veintitrés (23) miembros, quienes con sus respectivos suplentes, serán elegidos de modo que reflejen en lo posible la composición política del Congreso de la República. El Reglamento establecerá el procedimiento y los demás requisitos que regirán la discusión de los proyectos de leyes."

Esta Comisión Legislativa, en todo caso, tiene la peculiaridad de que en virtud de un mandato que tiene rango constitucional, los integrantes de la misma se designan por el Congreso en sesión conjunta, *en cada período constitucional* y se extiende por todo el período. Además, la norma establece con rango constitucional el mismo principio de integración previsto para la Comisión Delegada (artículo 178): que sus miembros y sus suplentes reflejen en lo posible la composición política del Congreso.

En virtud de ello, al crearse con rango constitucional la Comisión Legislativa del Congreso, la Enmienda Nº 2 manda, en su artículo 9 anotarla al pie del artículo 156.

Pero como lo indica su nombre, a la Comisión Legislativa del Congreso se le previó un papel fundamental que cumplir en el futuro en el proceso de formación de las leyes.

En efecto, de acuerdo a lo establecido en el artículo 166 de la Constitución, "todo proyecto de ley" debe recibir en cada Cámara no menos de dos discusiones, en días diferentes y en Cámara plena, de acuerdo con las reglas establecidas en la Constitución y en los reglamentos respectivos. En esta forma, el artículo 167 prescribe que aprobado el proyecto en una de las Cámaras, debe pasar a la otra; y si ésta lo aprobare sin modificaciones, queda sancionada la ley. En cambio, si lo aprobare con modificaciones se debe devolver a la Cámara de origen. En este caso, si la Cámara de origen aceptase dichas modificaciones, queda sancionada la Ley; y en caso contrario, las Cámaras en sesión conjunta deben decidir por mayoría de votos lo que fuere procedente.

Ahora bien, este procedimiento expuesto en forma simplificada, aunado a los requisitos de quórum, fue un obstáculo para la elaboración adecuada de proyectos de leyes y para la discusión de los mismos en el Congreso. Por ello, el artículo 5º de la Enmienda Constitucional Nº 2 establece lo siguiente:

"*Artículo 5º*. Las Cámaras en sesión conjunta, en reunión expresamente convocada para ello, con veinticuatro (24) horas de anticipación por lo menos, podrán autorizar a la Comisión Legislativa para discutir y aprobar proyectos de leyes individualmente determinados, mediante acuerdo que cuente con el voto de las dos terceras partes de los miembros presentes. Una vez aprobado cada proyecto por la Comisión Legislativa, ésta lo enviará al Presidente del Congreso, quien ordenará discutir el texto entre los integrantes de ambas Cámaras y convocará a éstas para una reunión conjunta transcurridos que sean quince (15) días de haberlo recibido. Las Cámaras reunidas en sesión conjunta de acuerdo con la convocatoria, procederán a aprobar o rechazar mediante acuerdo, el texto que les sea sometido, pudiendo introducir modificaciones que juzguen convenientes. Una vez aprobado un proyecto, con o sin modificaciones, el Presidente lo declarará sancionado y se cumplirán los trámites subsiguientes previstos para la formación de las leyes."

Por ello, el artículo 9 de la Enmienda, además, la manda anotar al pie del artículo 185 del texto fundamental.

En esta forma, mediante el trabajo de la Comisión Legislativa, se puede agilizar el procedimiento de formación de las leyes y se pueden discutir proyectos de envergadura como los Códigos fundamentales, cuyos proyectos de reforma esperan sanción desde hace muchos años. En tal forma fue sancionada la reforma del Código de Procedimiento Civil (1986).

En todo caso, no debe dejar de mencionarse que esta Enmienda en cierta forma, desnaturaliza el carácter bicameral del Parlamento venezolano en la función legislativa, así como el sistema de cuerpos colegisladores que han tenido tradicionalmente las dos Cámaras Legislativas. Se trata, por otra parte, de un remedio contra la lentitud en la discusión de los proyectos de ley derivado del ausentismo parlamentario y de la falta de tecnificación de las Comisiones parlamentarias, con lo cual queda sin resolverse el aspecto sustancial del problema, el trabajo parlamentario, y opta por una vía fácil: dejar en manos de 15 parlamentarios (que serían, por ejemplo las 2/3 partes de 23 que integran la Comisión Legislativa) el trabajo que debería corresponder a los 250 que aproximadamente conforman las Cámaras Legislativas.

En todo caso, al enmendarse con esta norma los artículos 166 y 167 de la Constitución, el artículo 9 de la Enmienda Nº 2 mandó anotar tal circunstancia, al pie de dichos artículos.

c'. *La modificación del quórum para sesionar las Cámaras*

En el artículo 156 de la Constitución se establece que el quórum para la instalación y demás sesiones de las Cámaras Legislativas, "no podrá ser en ningún caso inferior a la mayoría absoluta de los miembros de cada Cámara".

Esta norma, aunada al ausentismo parlamentario, con gran frecuencia había paralizado el trabajo legislativo, y las medidas de orden disciplinario-financiero que se habían adoptado, no han remediado la situación. Es por ello que la Enmienda Constitucional Nº 3 establece en su artículo 6º lo siguiente:

"*Artículo 6º*. Las Cámaras podrán sesionar y funcionar con el número de sus miembros que determine el Reglamento, el cual en ningún caso podrá ser inferior a la tercera parte de sus integrantes. Para el acto de votación han de estar presentes la mayoría absoluta de los miembros de las Cámaras."

Con esta norma, que Enmienda el artículo 165 el Texto Fundamental en cuyo pie se ordenó anotar tal circunstancia, se establece entonces una diferencia entre el quórum para sesionar y funcionar que puede ser hasta de 1/3 de los integrantes de cada Cámara; y el quórum para las votaciones el cual debe ser de la mayoría absoluta de los miembros de las Cámaras.

d. *El sistema nacional de planificación*

En la Constitución vigente de 1961 sólo había tres normas en las cuales, indirectamente, se regulaba el sistema de planificación del desarrollo económico y social: el artículo 98 en el cual se atribuye al Estado facultad para dictar medidas para planificar la producción a fin de impulsar el desarrollo económico del país; el artículo 191 que exige al Presidente de la República, en su Mensaje Anual al Congreso, la exposición de "los lineamientos del Plan de Desarrollo Económico y Social de la Nación"; y el artículo 229 que autoriza al Congreso a sancionar una ley en la cual se dicten normas para coordinar la inversión del Situado Constitucional con planes administrativos desarrollados por el Poder Nacional.

En todo caso, la actividad planificadora desarrollada por el Estado desde comienzos de la década de los sesenta, había sido una tarea asumida por el Ejecutivo Nacional, sin que el Congreso se hubiera comprometido con el proceso de planificación. Esta ausencia de participación parlamentaria, sin duda, ha conspirado contra la propia efectividad de la planificación, como instrumento, pues los presupuestos anuales no siempre han respondido en su formulación legal a los planes de desarrollo, ni el Congreso se ha visto comprometido a respetar esos planes al sancionar aquellas leyes.

Con la Enmienda Constitucional Nº 2, en su artículo 7º, se pretendió establecer las bases para corregir esta situación, al establecerse lo siguiente:

"*Artículo 7º*. El Ejecutivo Nacional en el transcurso del primer año de cada período constitucional presentará para su aprobación, a las Cámaras en sesión conjunta, las líneas generales del Plan de Desarrollo Económico y Social de la Nación. Dichas líneas cumplirán con los requisitos exigidos en la Ley Orgánica respectiva."

En esta forma, el Plan de Desarrollo Económico y Social de la Nación debe ser *aprobado* por el Congreso, con lo cual no sólo el propio Ejecutivo Nacional y la

Administración Pública deberían estar vinculados en su actividad durante el período constitucional por los lineamientos aprobados por las Cámaras en sesión conjunta, sino que éstas mismas también tendrían que sujetarse a los lineamientos del Plan aprobado, cada vez que deban adoptar decisiones vinculadas con el desarrollo económico y social; y por supuesto cada vez que tengan que adoptar decisiones de orden financiero. Por ello, los proyectos de ley anual de Presupuesto deberían elaborarse por el Ejecutivo Nacional siguiendo los lineamientos citados, y las Cámaras al sancionar las leyes respectivas de presupuestos generales no debían desligarse de los lineamientos del plan de desarrollo aprobados por ellas mismas. Por tanto, si bien el Congreso puede alterar las partidas presupuestarias (art. 228) ello no puede ser de forma tal que altere los lineamientos aprobados del Plan de Desarrollo.

Por otra parte, los créditos adicionales al presupuesto que autoriza el artículo 227 de la Constitución, y que deben aprobarse por el Consejo de Ministros y las Cámaras en sesión conjunta, también deberían seguir los lineamientos del Plan de Desarrollo Económico y Social aprobados por las Cámaras; y asimismo, los empréstitos que conforme al artículo 231 se pueden contratar para obras reproductivas, y que requieren de una ley especial que los autorice, también deberían contratarse y autorizarse en el marco de los lineamientos del Plan de Desarrollo aprobados por las Cámaras.

Por ello, el artículo 9 de la Enmienda Constitucional N° 2 manda anotar al pie de los artículos 227, 228 y 231 la circunstancia de tal Enmienda.

En todo caso, para que la norma del artículo 7 de la Enmienda Constitucional N° 2 tenga plena efectividad se exige, sin duda, la sanción de una Ley Orgánica del sistema de planificación que aún no se ha dictado, por lo que todo el procedimiento mencionado aún no se ha aplicado.

3. *El régimen de las Reformas*

A. *Procedimiento*

De acuerdo con el artículo 246, la Constitución también puede ser objeto de Reforma General, a cuyo efecto establece el siguiente procedimiento:

a. *Iniciativa*

La iniciativa de la Reforma debe partir de una tercera (1/3) parte de los miembros del Congreso (las Cámaras Legislativas reunidas en sesión conjunta), o de la mayoría absoluta de las Asambleas Legislativas en acuerdos tomados en no menos de dos discusiones por la mayoría absoluta de los miembros de cada Asamblea (Art. 246, ord. 1°).

b. *Pronunciamiento del Congreso sobre la procedencia de la Reforma*

La iniciativa de la Reforma se debe dirigir a la Presidencia del Congreso, la cual debe convocar a las Cámaras a una sesión conjunta con tres días de anticipación por lo menos, para que se pronuncie sobre la procedencia de aquélla. La iniciativa debe ser admitida por el voto favorable de las dos terceras (2/3) partes de los presentes (Art. 246, ord. 2°). En este caso, dice la Exposición de Motivos de la Constitución que:

"...es obvio que la facultad de las Cámaras constituye una valla que no logrará superarse sin en los casos de evidente necesidad nacional o de profunda presión colectiva, circunstancias que responden ciertamente a las situaciones previstas por los miembros de la Comisión."

c. *Inicio de la discusión*

Admitida la iniciativa, el proyecto respectivo se debe comenzar a discutir en la Cámara señalada por el Congreso, y se debe tramitar según el procedimiento establecido en la Constitución para la formación de las leyes (ord. 3º). Sin embargo, en este caso, las disposiciones relativas a los casos de urgencia en el procedimiento de la formación de las leyes, tampoco puede ser aplicable a la Reforma de la Constitución (art. 249).

d. *Efecto del rechazo*

Al igual que en la Enmienda, la iniciativa de reforma rechazada no puede presentarse de nuevo en el mismo período constitucional (art. 247).

e. *Referéndum aprobatorio*

El proyecto de Reforma aprobado se debe someter a referéndum en la oportunidad que fijen las Cámaras en sesión conjunta, para que el pueblo se pronuncie en favor o en contra de la reforma (Art. 246, ord. 4º).

f. *Escrutinio y sanción*

El escrutinio del referéndum se debe llevar a conocimiento de las Cámaras en sesión conjunta, las cuales deben declarar sancionada la nueva Constitución si fuere aprobada por la mayoría de los sufragantes de toda la República.

Sobre esta consulta popular, la Exposición de Motivos del Proyecto de Constitución señaló lo siguiente:

"Con respecto a la fase de la ratificación, la reforma debe ir necesariamente más lejos que la enmienda. Este es en verdad el momento más crucial para el texto fundamental porque es cuando se quiebra el molde conocido y aplicado para darle el toque final al nuevo texto. Por estas circunstancias, la Comisión ha creído saludable y conveniente remitir la ratificación, no a las Asambleas Legislativas sino al propio pueblo soberano, para que éste pueda decir, mediante un referéndum, cuyo procedimiento quedará en la letra de una ley especial, si acepta o no la reforma constitucional que se propone.

Es de notar aquí que este sistema de consulta popular directa se utiliza en algunos países, como Italia y Suiza, para las simples enmiendas, solución que no quiso adoptar la Comisión por estimar que en Venezuela el instrumento de la consulta popular acarrea grandes erogaciones y, en ocasiones, la virtual paralización de la vida del país. No puede pasar inadvertida la circunstancia de que este referéndum estará supeditado a la fijación que el Congreso deba hacer de la oportunidad para llevarse a cabo. Un elemental sentido de la realidad impone la idea de adecuar la consulta al óptimo momento para que ella refleje, viva y fielmente, el querer de las grandes mayorías. La fijación de un límite rígido podría llegar a imponer la obligación de cumplir un acto que pueda estar contraindicado en momentos de situaciones críticas para el país que harían peligrosa e inútil la consulta."

B. *El Proyecto de Reforma General de la Constitución de los años 90*

A raíz de la crisis política originada por las sublevaciones militares de 1989 y 1992, y los intentos fallidos de golpes de Estado de ellas derivados, se han venido planteando por la Comisión Bicameral Especial de Reforma Constitucional, diversos proyectos de Reforma Constitucional que, en realidad, de acuerdo a la distinción explicada, constituyen Enmiendas del Texto Constitucional, pero que afectarían muchos de sus artículos.

El Presidente de la República, Rafael Caldera, antes de asumir la Presidencia en febrero de 1994, presidió la referida Comisión Bicameral Especial y fue uno de los grandes impulsores del Proyecto de Reforma General. La misma, sin embargo, no se ha iniciado y seguramente no se iniciará en un futuro próximo, pues la crisis política del país no es un problema de la Constitución, sino del sistema político del Estado Centralizado de Partidos iniciado en 1945 y 1958, que ya se agotó y cuyo liderazgo se resiste a permitir su evolución democrática.

4. *La ausencia de veto presidencial en la promulgación de las Enmiendas y Reformas*

Hemos señalado que el procedimiento para la aprobación y sanción de las Reformas y Enmiendas constitucionales, conforme lo disponen los artículos 245 y 246 de la Constitución, es el procedimiento de la formación de las leyes que regulan los artículos 162 y siguientes de la Constitución.

En líneas generales, este procedimiento es el siguiente:

El proyecto debe recibir en cada Cámara no menos de dos discusiones, en días diferentes y en Cámara plena (art. 166). Aprobado el proyecto en una de las Cámaras, pasará a la otra. Si ésta lo aprobare sin modificaciones, quedará sancionada, si lo aprobare con modificaciones se devolverá a la Cámara de origen. Si la Cámara de origen aceptare dicha modificación, quedará sancionada. En caso contrario, las Cámaras en sesión conjunta decidirán por mayoría de votos lo que fuere procedente respecto de los artículos en que hubiere discrepancias (art. 169).

La fase final del procedimiento es la promulgación del texto aprobado, que se verifica mediante la publicación del mismo, una vez que el Presidente de la República le pone el Ejecútese.

Sin embargo, conforme al artículo 173 de la Constitución, el Presidente de la República puede en Consejo de Ministros vetar la Ley correspondiente, en cuyo caso puede pedir al Congreso su reconsideración, mediante exposición razonada, a fin de que modifique algunas de sus disposiciones o levante la sanción a toda la ley o a parte de ella.

Ahora bien, en materia de Enmiendas y Reformas Constitucionales, el artículo 248 de la Constitución, expresamente establece que:

"*Artículo 248.* El Presidente de la República no podrá objetar las enmiendas o reformas y estará obligado a promulgarlas dentro de los diez días siguientes a su sanción. Si así no lo hiciere se aplicará lo previsto en el artículo 175."

Esta norma autoriza al Presidente y Vicepresidente del Congreso a proceder a la promulgación de las leyes cuando el Presidente de la República no la promulgare en el término indicado.

En todo caso, sobre esta disposición la Exposición de Motivos de la Constitución señaló:

"Finalmente, debemos detenernos en la última fase de la modificación constitucional, cual es la promulgación. Como aquélla ha de tramitarse como si fuera una ley ordinaria desde el mismo momento en que se agota el poder de iniciativas, era menester prever la obligación del Presidente de la República de promulgar la enmienda o la reforma dentro del breve lapso de diez días después de sancionada por el Congreso. Esta obligación concuerda con la alta jerarquía que detenta el poder constituyente, soberano indiscutible e indiscutido, situado siempre por sobre las fuerzas políticas del Estado. En tal virtud, el Poder Ejecutivo no tendrá otra alternativa, ante el hecho de la consagración formal del texto constitucional, que la de mandarlo a ejecutar y a observar. No procede en este caso el derecho al veto que en el Proyecto se reconoce al Presidente con respecto a las leyes ordinarias."

De acuerdo a lo indicado, por tanto, las Enmiendas y Reformas constitucionales, al ser producto del Poder Constituyente derivado como lo precisa la Constitución, no pueden ser objeto de veto del Presidente de la República.

II. LAS MODIFICACIONES CONSTITUCIONALES CON MOTIVO DE LA DESCENTRALIZACIÓN POLÍTICA DE LA FEDERACIÓN

1. *La federación centralizada y la previsión constitucional de su modificación*

   A. *Características de la Federación*

   De acuerdo con lo establecido en el artículo 2 de la Constitución:

   "La República de Venezuela es un Estado Federal, en los términos consagrados por esta Constitución."

   La Constitución fue sancionada al inicio del proceso democrático que se instauró en 1958, y se concibió con una acentuada carga de centralización del Estado, que se había iniciado con la autocracia desde principios de Siglo, y que se había acrecentado con la explotación petrolera; proceso que no sólo no se revirtió con la instauración del régimen sino que se consagró expresamente.

   El Estado que reguló la Constitución de 1961, por tanto, fue un Estado centralizado, con forma federal, la cual en la historia política del país, como fórmula de organización del Estado, proviene de comienzos del Siglo pasado (Constitución Federal para los Estados de Venezuela de 1811); pero regulada en la Constitución, "en los términos establecidos" en la misma.

   Se reguló, así, una "Federación centralizada", y si bien el tema federal fue debatido en la Comisión redactora del Proyecto de Constitución, la realidad es que el federalismo quedó como un desiderátum que debía alcanzarse en el futuro. En tal sentido, la Exposición de Motivos del Proyecto señaló:

"La Comisión se abocó al estudio de si resultaba conveniente mantener la forma federal del Estado venezolano. La vieja polémica de centralista y federalistas pudo empezar a revivirse en nuestras primeras reuniones, que habrían tomado un curso de discusiones infecundas, como lo ha sido en gran parte esta polémica a lo largo de nuestra historia. Los trabajos se dirigieron hacia el encuentro de una fórmula capaz de evitar lo árido de las contradicciones y ofrecer una solución cónsona con nuestros antecedentes y con la estructura real del Estado.

Quienes pensaron en la eliminación de la forma federal creyeron que era preferible reemplazar la estructura de la federación por un sistema de descentralización administrativa o de autonomías progresivas que funcionarían más de acuerdo con la realidad venezolana; quienes se pronunciaron por el mantenimiento de la forma federal del Estado arguyeron, entre otros, los motivos de orden histórico que hicieron arraigar el movimiento federalista en el sentimiento nacional.

La Comisión comenzó por reconocer que el sentimiento federal, las consecuencias del federalismo en el sentido de la organización social y el nombre mismo de la Federación, constituyen un hecho cumplido y hondamente enraizado en la conciencia de los venezolanos. Por otra parte, estimó que, a pesar de no haberse realizado efectivamente la federación, sigue siendo en el espíritu de la mayoría un desiderátum hacia el cual debe tender la organización de la República.

Pensó también la Comisión que la semántica en la vida política y jurídica no tiene un contenido inmutable. Los vocablos se entienden, no sólo por su significación literal, sino por el ambiente histórico y las circunstancias dentro de las cuales se han realizado los valores que representa. Las palabras "democracia" en Francia es inseparable del establecimiento del régimen republicano de la abolición de la monarquía; la palabra "democracia" en Inglaterra se armoniza con la subsistencia de la monarquía británica. Los vocablos tienen su acepción propia, que es la que le atribuyen los hechos históricos.

"Federación", en unas partes, significó la integración de unidades dispensas para formar un todo armónico; "federación" en los países de América Latina significó a veces la disgregación de una unidad en comunidades locales. Pero "federación" en Venezuela, propiamente hablando, representa un sistema peculiar de vida, un conjunto de valores y de sentimientos que el Constituyente está en el deber de respetar, en la medida en que los intereses del pueblo lo permitan. Por ello se adoptó la definición con que se abre el primer título: "La República de Venezuela es un estado federal en los términos establecidos por esta Constitución". Es decir, que es una federación en la medida y forma peculiar en que esta idea ha sido vivida dentro de la realidad venezolana."

Conforme a esta orientación, puede decirse que la Federación establecida en la Constitución de 1961, tenía tres características que la hacían y la hacen aún extremadamente débil: en primer lugar, la limitación a la autonomía política de los Estados al disponerse, en 1961, que los Gobernadores de Estado serían designados por el Presidente de la República; en segundo lugar, la limitación a la competencia normativa, de gobierno y administrativa de los Estados, al establecerse un sistema de distribución vertical del Poder Público entre los entes territoriales, con una amplia enumeración de competencias a favor de la República (Poder Nacional) y de los Municipios (Poder Municipal) y una limitadísima competencia atribuida a los Estado (Poder Estadal); y en tercer lugar, la casi inexistente potestad originaria tributaria asignada a los Estados.

Los dos primeros aspectos han sido objeto de modificaciones constitucionales de importancia a partir de 1989.

B. *La elección de Gobernadores*

En efecto, la separación orgánica de poderes se adopta en la Constitución a nivel de los Estados, distinguiendo entre el Poder Legislativo, a cargo de las Asambleas Legislativas de cada Estado, compuestas por diputados electos en votación universal, directa y secreta (art. 19); y el Poder Ejecutivo, a cargo de un Gobernador en cada Estado, con el carácter de Jefe del Ejecutivo estatal y agente del Poder Nacional (art. 21), previéndose inicialmente, conforme a la tradición precedente, que los Gobernadores eran de la libre elección y remoción del Presidente de la República.

En tal sentido, el artículo 22 de la Constitución dispuso:

Artículo 22. La Ley podrá establecer la forma de elección y remoción de los Gobernadores, de acuerdo con los principios consagrados en el artículo 3° de esta Constitución. El respectivo proyecto deberá ser previamente admitido por las Cámaras en sesión conjunta, por el voto de las dos terceras partes de sus miembros. La ley respectiva no estará sujeta al veto del Presidente de la República. Mientras no se dicte la ley prevista en este artículo, los Gobernadores serán nombrados y removidos libremente por el Presidente de la República."

Sobre esta disposición de la Constitución, la Exposición de Motivos de la misma señaló:

"La Comisión adoptó, por vía de transacción, la designación del Gobernador del Estado por el Presidente de la República, pero sólo mientras el Congreso, por el voto de las dos terceras partes de los miembros de cada Cámara, no fije otro procedimiento. Se deja así abierta la puerta al sistema de la elección directa, sin necesidad de reformar la Carta Fundamental".

Fue sólo veintiocho años después de promulgada la Constitución, en 1989, cuando se dictó la Ley sobre Elección y Remoción de los Gobernadores de Estado (*G.O.* N° 4.086 Extraordinario de 14-4-89) que autorizaba el Texto Constitucional, y a partir de ese año, por períodos de gobierno de 3 años de acuerdo con la Ley sobre el Período de los Poderes Políticos de los Estados (*G.O.* N° 34.208 de 29-4-89), se han venido eligiendo por votación universal, directa y secreta a los Gobernadores de los 22 Estados que forman junto con el Distrito Federal, la división político-territorial del país.

C. *La distribución vertical del Poder Público*

En cuanto a la distribución vertical del Poder Público, ésta se establece básicamente, en los artículos 136, 17 y 30 de la Constitución que atribuyen competencias concretas en diversas materias a los tres niveles de órganos territoriales: nacional, estadal y municipal.

En cuanto a la República, como titular del Poder Nacional, el artículo 136 le atribuye las siguientes competencias:

"Artículo 136. Es de la competencia del Poder Nacional:
1° La actuación internacional de la República;
2° La defensa y suprema vigilancia de los intereses generales de la República, la conservación de la paz pública y la recta aplicación de las leyes en todo el territorio nacional;
3° La bandera, escudo de armas, himno, fiestas, condecoraciones y honores de carácter nacional;
4° La naturalización, admisión, extradición y expulsión de extranjeros;
5° Los servicios de identificación y de policía nacional;
6° La organización y régimen del Distrito Federal y de los Territorios y Dependencias Federales;
7° El sistema monetario y la circulación de la moneda extranjera;
8° La organización, recaudación y control de los impuestos a la renta, al capital y a las sucesiones y donaciones; de las contribuciones que gravan la importación, las de registro y timbre fiscal y las que recaigan sobre la producción y consumo de bienes que total o parcialmente la ley reserva al Poder Nacional, tales como las de alcoholes, licores, cigarrillos, fósforos y salinas; las de minas e hidrocarburos y los demás impuestos, tasas y rentas no atribuidos a los Estados y a los Municipios, que con carácter de contribuciones nacionales creare la ley;
9° La organización y régimen de las aduanas;
10 El régimen y administración de las minas e hidrocarburos, salinas, tierras baldías y ostrales de perlas; y la conservación, fomento y aprovechamiento de los montes, aguas y otras riquezas naturales del país.

El Ejecutivo Nacional podrá, en conformidad con la ley, vender, arrendar o dar en adjudicación gratuita los terrenos baldíos; pero no podrá enajenar las salinas, ni otorgar concesiones mineras por tiempo indefinido.

La ley establecerá un sistema de asignaciones económicas especiales en beneficio de los estados en cuyo territorio se encuentren situados los bienes que se mencionan en este ordinal, sin perjuicio de que también puedan establecerse asignaciones especiales en beneficio de otros Estados. En todo caso, dichas asignaciones estarán sujetas a las normas de coordinación previstas en el artículo 229 de la Constitución.

Los baldíos existentes en las islas marítimas, fluviales o lacustres no podrán enajenarse, y su aprovechamiento sólo podrá concederse en forma que no envuelva, directa ni indirectamente, la transferencia de la propiedad de la tierra;
11 La organización y régimen de las Fuerzas Armadas Nacionales;
12 El régimen de pesas y medidas;
13 El censo y la estadística nacionales;
14 El establecimiento, coordinación y unificación de normas y procedimientos técnicos para obras de ingeniería, de arquitectura y de urbanismo;
15 La ejecución de obras públicas de interés nacional;

16 Las directivas y bases de la educación nacional;
17 La dirección técnica, el establecimiento de normas administrativas y la coordinación de los servicios destinados a la defensa de la salud pública. La ley podrá establecer la nacionalización de estos servicios públicos de acuerdo con el interés colectivo;
18 La conservación y fomento de la producción agrícola, ganadera, pesquera y forestal;
19 El fomento de la vivienda popular;
20 Lo relativo al transporte terrestre, a la navegación aérea, marítima, fluvial y lacustre y a los muelles y demás obras portuarias;
21 La apertura y conservación de las vías de comunicación nacionales; los cables aéreos de tracción y las vías férreas, aunque estén dentro de los límites de un Estado, salvo que se trate de tranvías o cables de tracción urbanos cuya concesión y reglamentación compete a los respectivos Municipios;
22 El correo y las telecomunicaciones;
23 La administración de justicia y la creación, organización y competencia de los Tribunales; el Ministerio Público;
24 La legislación reglamentaria de las garantías que otorga esta Constitución; la legislación civil, mercantil, penal, penitenciaria y de procedimientos; la de elecciones; la de expropiación por causa de utilidad pública o social; la de crédito público; la de propiedad intelectual, artística e industrial; la legislación agraria; la de inmigración y colonización; la de turismo; la del trabajo, previsión y seguridad social; la de sanidad animal y vegetal; la de notarías y registro público; la de bancos y demás instituciones de crédito; la de loterías, hipódromos y apuestas en general y la relativa a todas las materias de la competencia nacional;
25 Toda otra materia que la presente Constitución atribuya al Poder Nacional o que le corresponda por su índole o naturaleza".

En relación a los Estados, el artículo 17 de la Constitución se limita a señalar que:

"Artículo 17. Es de la competencia de cada Estado:

1º La organización de sus poderes públicos, en conformidad con esta Constitución;
2º La organización de sus Municipios y demás entidades locales, y su división político-territorial, en conformidad con esta Constitución y las leyes nacionales;
3º La administración de sus bienes y la inversión del situado constitucional y demás ingresos que lo correspondan, con sujeción a lo dispuesto en los artículos 229 y 235 de esta Constitución;
4º El uso del crédito público, con las limitaciones y requisitos que establezcan las leyes nacionales;

5° La organización de la policía urbana y rural y la determinación de las ramas de este servicio atribuidas a la competencia municipal;

6° Las materias que le sean atribuidas de acuerdo con el artículo 137;

7° Todo lo que no corresponda, de conformidad con esta Constitución, a la competencia nacional o municipal".

Por último, en cuanto a los Municipios el artículo 30 de la Constitución dispone:

"Artículo 30. Es de la competencia municipal el gobierno y administración de los intereses peculiares de la entidad, en particular cuanto tenga relación con sus bienes e ingresos y con las materias propias de la vida local, tales como urbanismo, abastos, circulación, cultura, salubridad, asistencia social, institutos populares de crédito, turismo y policía municipal.

La ley podrá atribuir a los Municipios competencia exclusiva en determinadas materias, así como imponerles un mínimo obligatorio de servicios".

Como puede apreciarse, en contraste con la muy amplia enumeración de competencias atribuidas expresamente al Poder Nacional y a los Municipios, la atribuida a los Estados era muy escueta, razón por la cual la construcción de las materias que corresponden a los Estados debía hacerse identificando competencias *concurrentes* entre los tres niveles territoriales, o precisando las competencias *residuales* propias del esquema federal, pero muy difícil de estructurar dada la cláusula general del artículo 136, ordinal 25 de la Constitución, que atribuye al Poder Nacional todo lo que le corresponda "por su índole o naturaleza", lo que ha dado pie a un amplísimo proceso de "nacionalización" de una serie de materias, en el sentido de asunción de competencias por el Poder Nacional.

Sin embargo, entre las competencias atribuidas a los Estados están "las materias que les sean atribuidas de acuerdo con el artículo 137" (art. 17, ord. 6°).

Y en tal sentido el artículo 137 de la Constitución dispone:

"Artículo 137. El Congreso, por el voto de las dos terceras partes de los miembros de cada Cámara, *podrá atribuir a los Estados* o a los Municipios determinadas materias de la competencia nacional, a fin de promover la descentralización administrativa."

En esta forma, al igual que se previó en materia de elección de Gobernadores, la propia Constitución estableció la posibilidad de modificar el propio sistema constitucional de distribución vertical del Poder Público, por decisión del Congreso. A tal efecto, se promulgó también en 1989, una Ley Orgánica de Descentralización, Delimitación, y Transferencia de Competencias del Poder Público (*G.O.* 4.153 Extraordinaria de 28-12-89) en la cual se disponen un conjunto de competencias nacionales que se transfieren en forma exclusiva a los Estados, y otro conjunto de competencias concurrentes que habían sido asumidas por los órganos nacionales, y que los Estados pueden asumir en forma exclusiva.

En efecto, el artículo 4° de la Ley Orgánica dispone:

"Artículo 4° En ejercicio de las competencias concurrentes que establece la Constitución, y conforme a los procedimientos que esta Ley señala, serán trans-

feridos progresivamente a los Estados los siguientes servicios que actualmente presta el Poder Nacional:

1° La planificación, coordinación y promoción de su propio desarrollo integral, de conformidad con las leyes nacionales de la materia;

2° La protección de la familia, y en especial del menor;

3° Mejorar las condiciones de vida de la población campesina;

4° La protección de las comunidades indígenas atendiendo a la preservación de su tradición cultural y la conservación de sus derechos sobre su territorio;

5° La educación, en los diversos niveles y modalidades del sistema educativo, de conformidad con las directrices y bases que establezca el Poder Nacional;

6° La cultura en sus diversas manifestaciones, la protección y conservación de las obras, objetos y monumentos de valor histórico o artístico;

7° El deporte, la educación física y la recreación;

8° Los servicios de empleo;

9° La formación de recursos humanos, y en especial los programas de aprendizaje, capacitación y perfeccionamiento profesional; y, de bienestar de los trabajadores;

10 La promoción de la agricultura, la industria y el comercio;

11 La conservación, defensa y mejoramiento del ambiente y de los recursos naturales;

12 La ordenación del territorio del Estado de conformidad con la Ley Nacional;

13 La ejecución de las obras públicas de interés estatal con sujeción a las normas o procedimientos técnicos para obras de ingeniería y urbanismo

14 La vivienda popular, urbana y rural;

15 La protección a los consumidores, de conformidad con lo dispuesto en las leyes nacionales;

16 La salud pública y la nutrición, observando la dirección técnica, las normas administrativas y la coordinación de los servicios destinados a la defensa de las mismas que disponga el Poder Nacional;

17 La investigación científica; y,

18 La defensa civil."

La transferencia de servicios prestados por el Poder Nacional a los Estados, dentro de las mencionadas competencias concurrentes, se debe efectuar mediante convenios entre la República y cada Estado (art. 6°).

Y el artículo 11 de la misma Ley Orgánica dispone:

"*Artículo 11*. A fin de promover la descentralización administrativa y conforme a lo dispuesto en el artículo 137 de la Constitución, se transfiere a los Estados la competencia exclusiva en las siguientes materias:

1° La organización, recaudación, control y administración del ramo de papel sellado;

2° El régimen, administración y explotación de las piedras de construcción y de adorno o de cualquier otra especie, que no sean preciosas, el mármol, pórfido, caolín, magnesita, las arenas, pizarras, arcillas, calizas, yeso, puzolanas, turbas, de las sustancias terrosas, las salinas y los ostrales de perlas, así como las organización, recaudación y control de los impuestos respectivos. El ejercicio de esta competencia está sometido a la Ley Orgánica para la Ordenación del Territorio y a las leyes relacionadas con la protección del ambiente y de los recursos naturales renovables;

3° La conservación, administración y aprovechamiento de las carreteras, puentes y autopistas en sus territorios. Cuando se trate de vías interestatales, esta competencia se ejercerá mancomunadamente, a cuyos efectos se celebrarán los convenios respectivos;

4° La organización, recaudación, control y administración de los impuestos específicos al consumo, no reservados por Ley al Poder Nacional; y

5° La administración y mantenimiento de puertos y aeropuertos públicos de uso comercial.

Sobre esto, el Parágrafo Único de la misma norma dispuso que "Hasta tanto los Estados asuman estas competencias por ley especial, dictada por las respectivas Asambleas Legislativas, se mantendrá vigente el régimen legal existente en la actualidad." A tal efecto, los Estados han venido asumiendo las referidas competencias, sancionando las correspondientes leyes.

2. *El rango constitucional de las modificaciones a la forma de Estado*

Las dos normas constitucionales antes indicadas, el artículo 22 y el artículo 137 de la Constitución, permiten, en la forma antes indicada, como ha ocurrido efectivamente en 1989, que la Constitución, en cuanto a la autonomía política de los Estados y al sistema de distribución vertical del Poder Público, pueda ser modificada sin necesidad de que se recurra a los procedimientos formales de las Enmiendas y Reforma General, previstos en la misma Constitución.

En esta forma, además de la Reforma y las Enmiendas, la Constitución de 1961 establece directamente un tercer procedimiento de modificación constitucional en cuanto a la forma federal del Estado al prever, en el artículo 22 y en el artículo 137, que el Congreso, por el voto de las 2/3 partes de sus miembros, puede disponer la elección directa de los Gobernadores de Estado y puede atribuir a los Estados y a los Municipios determinadas materias de la competencia nacional, a fin de promover la descentralización administrativa. Una vez que estas decisiones se adoptan, sin duda, se produce una modificación de la Constitución en cuanto a la autonomía política de los Estados y al sistema de distribución vertical del Poder Público y concretamente de las competencias atribuidas en el texto a los Poderes Públicos Nacionales, Estadales y Municipales, por lo que la Ley que las acuerda tiene rango constitucional, en el sentido de que implica una modificación constitucional.

Esto, como se dijo, ya ha sucedido al haberse promulgado, en 1989, la Ley Orgánica de Descentralización, Delimitación y Transferencia de Competencias del Poder Público, en la cual se prevé la transferencia a los Estados de diversas competencias que la Constitución atribuye al Poder Nacional; transferencia, que sin duda, ha implicado una modificación de la Constitución realizada en forma distinta a la Reforma y a las Enmiendas, pero con la peculiaridad de que una vez realizada por Ley Orgánica, como ha sucedido, la misma, en cuanto a la descentralización de competencias nacionales, no podría ser modificada o reformada para revestirla por otra Ley Orgánica, sino que en virtud del rango constitucional que ha adquirido, la única forma de reformar dicha Ley Orgánica en cuanto a dicha transferencia de competencias se refiere para nacionalizarlas de nuevo, sería mediante el procedimiento de la Enmienda. El artículo 137 de la Constitución, en efecto, sólo prevé la posibilidad de atribuir competencias nacionales a los Estados, por lo que una vez que se produzca esta atribución, son de los Estados, no previendo la norma posibilidad de "atribuir" competencia de los Estados al Poder Nacional.

Lo mismo sucede en relación a la elección directa de Gobernadores, cuya Ley, sancionada también con el voto de las dos terceras partes de los miembros de las Cámaras, en nuestro criterio también adquirió rango constitucional, y la misma no podría ser derogada por el Congreso. Volver a atribuir al Presidente de la República el nombramiento de los Gobernadores de Estado, sólo podría ocurrir mediante una Enmienda Constitucional, pues esa facultad presidencial sólo existía en la Constitución "mientras no se dicte la ley" mencionada. Dictada dicha ley, ya dejó de ser atribución presidencial.

Estas leyes, por tanto, han implicado una modificación de la Constitución en cuanto a la forma del Estado; modificación que implica que a partir de la sanción de dichas leyes, éstas adquirieron rango constitucional formando parte de "los términos consagrados por esta Constitución"(art. 2°) en cuanto al Estado Federal.

Debe destacarse además, que en el caso del artículo 22 de la Constitución, se previó expresamente que la Ley respectiva no podía estar sujeta al veto del Presidente de la República consagrado en el artículo 173 del Texto Fundamental, en sentido similar a la previsión del artículo 248 de la Constitución que también excluye el veto presidencial en relación a la promulgación de las Enmiendas y la Reforma General de la Constitución.

Por otra parte, en cuanto a las previsiones de los artículos 22 y 137 de la Constitución, dado el carácter de la modificación constitucional que resulta al reforzarse la autonomía estadal y poderse cambiar el sistema constitucional de distribución vertical del Poder Público, se prevé la necesidad de una mayoría calificada de las dos terceras partes de los miembros del Congreso para la admisión del proyecto (art. 22) o para su sanción (art. 137), de manera casi idéntica a la exigida en los artículos 245, ordinal 5° y art. 246, ordinal 2° respecto de las Enmiendas y la Reforma General.

La Ley de Elección de Gobernadores y la Ley Orgánica de Descentralización, por tanto, no son leyes ordinarias para cuya sanción sólo se requiere la mayoría simple prevista en el procedimiento de formación de las leyes; por lo que en nuestro criterio no pueden ser reformadas por el Legislador ordinario en cuanto a los aspectos constitucionales que consagran, ni siquiera con mayoría calificada.

En efecto, como se ha dicho, en el artículo 137 la Constitución autoriza al Congreso para *atribuir* a los Estados y Municipios determinadas competencias del Poder Nacional, por lo que una vez que se produce dicha atribución, las competencias pasan a ser del Poder Estadal, es decir de los Estados. El Congreso no podría derogar esa atribución, ni volver a atribuir al Poder Nacional tales competencias, pues no tiene autorización constitucional alguna para "atribuir" materias de la competencia estadal a la República.

En igual sentido, tal como se ha señalado, el artículo 22 de la Constitución prevé que la Ley podía establecer la elección de Gobernadores, por lo que una vez sancionada, no podría otra Ley atribuir la designación de los mismos al Presidente de la República, por no establecerlo la Constitución.

III. LA FLEXIBILIDAD DE LA CONSTITUCIÓN ECONÓMICA

Los tres procedimientos de revisión constitucional, antes analizados, están previstos en la Constitución de 1961, por tratarse de una Constitución rígida, no modificable, por tanto, por el legislador ordinario, y porque la fórmula usada por el Constituyente en la redacción de los artículos constitucionales en concreto, a la vez tiene cierto grado de rigidez.

Sin embargo, en algunos casos, el propio Constituyente ha optado por regular materias en el Texto Constitucional de forma flexible, de manera que la implementación concreta de determinadas normas puede hacerse por el legislador, con cambios importantes en la vida política, sin necesidad de que se recurra a los mecanismos de revisión constitucional. Es el caso, en concreto, de la Constitución económica.

En efecto, la Constitución de 1961, que corresponde en general a la de un Estado social de Derecho, opta por un modelo económico de libertad como opuesto al de economía dirigida, similar al que en ese momento existía en todos los países occidentales y al cual, progresivamente, parecen dirigirse muchos de los países que se conocían como socialistas.

La aplicación práctica de ese modelo constitucional ha provocado, desde el punto de vista político, la consolidación del régimen democrático representativo y pluralista; y desde el punto de vista económico, a pesar de los múltiples problemas de desarrollo económico-social que continúan existiendo, el modelo ha enmarcado el desenvolvimiento de una economía basada en la libertad económica y la iniciativa privada, pero con una intervención importante y necesaria del Estado (arts. 95 y 97) para asegurar los principios de justicia social que constitucionalmente deben orientar el régimen económico (art. 95). Además, el Estado, al ser titular desde siempre, del dominio público sobre el subsuelo conforme a la pauta que marcaron las *Ordenanzas de Nueva España*, se ha convertido en la entidad económica más poderosa del país, por ser dueño del petróleo, lo que lo ha llevado a intervenir en forma importante en la actividad económica, reservándose incluso determinadas industrias y explotaciones (art. 97).

Ahora bien, conforme a la orientación del Preámbulo, el marco de la Constitución económica está regulado en el Capítulo relativo a los *"Derechos económicos"* (arts. 95 a 109) en el cual, como lo expresa la Exposición de Motivos, se reunieron:

"los postulados más importantes que deben regir la acción del Estado y la de los participantes en el campo económico" o, en otros términos, "las orientaciones más importantes de algo tan fundamental como es la vida económica".

Ello se hizo, por supuesto, de manera flexible, o si se quiere, como se expresó en la Exposición de Motivos, sin someterlo a "moldes excesivamente rígidos", de manera de "no coartar la acción legislativa", por supuesto, de los sucesivos gobiernos democráticos.

Por tanto, si bien la opción respecto del modelo económico en la Constitución, es por un modelo de libertad económica fundamentado en principios de justicia social, ello se hizo en forma tal que, como lo expresa la Exposición de Motivos:

"deja cierta flexibilidad al legislador ordinario para resolver cuestiones e injertar modificaciones que correspondan a las necesidades y a la experiencia de la República, sin tener que apelar a una reforma constitucional".

En materia económica, por supuesto, esa flexibilidad en la formulación de los postulados es la que puede permitir la actuación sucesiva de gobiernos democráticos, cada uno con sus propias concepciones económicas e ideológicas, sin que para implantarlas se hagan necesarias Enmiendas constitucionales, como sucedió en otros países donde se exigía una Reforma Constitucional a los efectos de establecer, por ejemplo, las distintas formas de propiedad (pública, mixta, privada) que formulaba el gobierno (Chile 1970).

La Constitución venezolana, al contrario, aunque como se dijo no formula una Constitución económica neutra, lo hace de manera que permite el libre juego democrático de las ideologías y el establecimiento de gobiernos de orientación más socialista o más liberales; o en otros términos, una mayor o menor intervención del Estado, según las exigencias del logro de la justicia social. Como lo resumieron los proyectistas de la Constitución en la Exposición de Motivos:

"Por supuesto, la libertad económica que la Constitución garantiza no es la que puede impedir al Estado reservarse determinadas industrias, la explotación o servicios de interés público por razones de conveniencia nacional y dictar medidas para planificar, racionalizar y fomentar la producción, así como regular la circulación, la distribución y el consumo de las riquezas con el objeto de impulsar el desarrollo económico del país. La protección a la iniciativa privada que la Constitución consagra se ve dentro de este orden de cosas como una consecuencia lógica de la acción del Estado y el reconocimiento de la necesidad de que aquélla contribuya eficazmente al desarrollo nacional".

La Constitución económica en el Texto Fundamental venezolano, por tanto, no sólo no está formulada rígidamente sino que además no conduce, en modo alguno, a que el modelo económico formulado se tenga que concretar políticamente en una vía exclusiva o excluyente; al contrario, permite muchas y diferentes posibilidades, pero siempre dentro de los fundamentos de la propia Constitución económica, que por lo demás, en forma expresa precisa el artículo 95 de la Constitución al postular que:

"El régimen económico de la República se fundamentará en principios de justicia social que aseguren a todos una existencia digna y provechosa para la comunidad".

Por tanto, al haber diferentes aproximaciones políticas al logro de la justicia social, no sólo la Constitución no rigidiza ninguna opción, sino que al contrario, permite, por ejemplo, dentro del modelo de libertad económica fundamentado en principios de justicia social, mayor o menor intervención del Estado, según la orientación ideológica del programa del gobierno correspondiente. Como lo ha reconocido expresamente la Corte Suprema de Justicia, al comentar el contenido de los artículos 95 a 98 de la Constitución:

> "Las actividades del sector público pueden aumentar en la misma medida en que disminuyen las del sector privado o viceversa, de acuerdo con el uso que hagan las autoridades de los poderes que les confiere el Constituyente en las citadas disposiciones, y en razón de ello, es posible que un servicio pase del sector público al sector privado, para que sea explotado como actividad comercial o industrial sin fines de lucro, o que el Estado reasuma la responsabilidad de prestar el servicio directamente o por medio de un órgano contratado por él, entre otros motivos por «razones de convivencia nacional» según dice el Constituyente en las disposiciones antes citadas." (Sentencia de la Sala Político-Administrativa de 5-10-70. Véase en *G.O.* Nº 1.447 Extra de 15-12-70).

De ello resulta, por ejemplo, que tanto la nacionalización (1975) como la privatización (1996), como políticas económicas, encuentran cabida en el Texto Constitucional, siempre por supuesto dentro del modelo económico formulado por la Constitución, el de la libertad económica fundamentada en principios de justicia social.

Este modelo, indudablemente de economía mixta, en todo caso, a pesar de su formulación flexible, no puede conducir, pues sería contrario a la Constitución, ni a una privatización total de la economía, eliminando toda intervención del Estado, ni a una estatización total de la economía, ahogando la iniciativa y propiedad privadas. Al contrario, conforme a la Constitución económica, tanto el Estado como los particulares participan en el proceso económico, atribuyéndose incluso al Estado unos objetivos concretos que no puede renunciar a cumplir.

En esta materia, y en cuanto a la intervención del Estado en la economía, la Constitución de 1961, siguiendo la orientación de la Constitución de 1947, estableció expresamente la posibilidad que tiene el Estado de

> "reservarse determinadas industrias, explotaciones o servicios de interés público por razones de conveniencia nacional." (art. 97)

Se abrió así la posibilidad no ya de que el Estado realice actividades empresariales, sino que las realice en forma exclusiva, reservada, excluyendo a los particulares del ámbito de las mismas. Esta reserva, sin duda, tiene por efecto fundamental establecer una limitación a la libertad económica de los individuos, excluyéndola del sector reservado.

En efecto, la reserva de actividades económicas por parte del Estado puede conllevar básicamente una prohibición impuesta a los particulares de realizar actividades propias del sector reservado, lo que podría afectar tanto a aquellos particulares o empresas que venían realizando actividades en el sector, como a cualquier particular o empresa que pretendiera, en el futuro, realizar dichas actividades. Después de la reserva, por tanto, los particulares o empresas que operaban en el sector, no podrían continuar libremente realizando sus actividades, y hacia el futuro, ningún otro particular podría realizar libremente nuevas actividades en el sector. La libertad económica, en el mismo, podría ser excluida o limitada.

Como consecuencia de ello, en los casos de exclusión de la libertad económica el acto de reserva, *per se*, no conllevaría derecho alguno de los particulares afectados, a indemnización por parte del Estado. Aquéllos, simplemente, deben cesar en sus actividades, y un deber de indemnización sólo surgiría si el Estado decidiera apropiarse de las instalaciones o de las empresas de los particulares que operaban en el área reservada, es decir, si decidiera nacionalizar esas empresas.

En esta forma, la nacionalización de empresas o actividades, es decir, la obligatoriedad impuesta a todas las empresas que operan en ciertas áreas o sectores de la economía que el Estado se reserva por razones de conveniencia nacional, de transferirle a éste la propiedad de los bienes afectados a las mismas, mediando indemnización, es una institución que en Venezuela tiene fundamento constitucional en la ya señalada figura de la reserva del Estado de industrias o sectores económicos.

En efecto, tal como se ha señalado, la reserva tiene como consecuencia dos efectos fundamentales: en primer lugar, establecer a favor del Estado, un monopolio de derecho; y en segundo lugar, establecer, como consecuencia, una prohibición para los particulares de realizar libremente actividades en el sector reservado, en virtud de la exclusión de la libertad económica que implica. Por esta sola reserva, no tiene el Estado obligación alguna de indemnizar a los particulares excluidos. Pero si además de la reserva, ésta se acompaña con la exigencia y obligación impuesta a los particulares y empresas afectadas, de transferir forzosamente al Estado las instalaciones con que operaban, estamos en presencia de la figura de la nacionalización, que sí da derecho a indemnización.

En el ordenamiento jurídico venezolano, por tanto, la figura de la reserva junto con la expropiación dan origen a una nueva institución: la nacionalización sometida a sus propias normas indemnizatorias.

IV. LA ADAPTABILIDAD DE LA CONSTITUCIONALIZACIÓN DE DERECHOS Y GARANTÍAS

Una de las consecuencias de la consagración constitucional de los derechos y libertades es, sin duda, que respecto de ellos, como se dijo, rige el principio de la rigidez constitucional. En efecto, la consagración de los derechos y libertades públicas en el Texto Constitucional, y de sus garantías, constituye una parte esencial de la decisión política contenida en dicho texto, por lo que cualquier eliminación o modificación sustancial de dichas libertades, tendría que ser objeto de una revisión constitucional.

Esta rigidez, por supuesto, se refiere a los derechos y garantías constitucionales enumerados en el Texto Constitucional, en cuanto a su modificación. Sin embargo, la Constitución venezolana no adopta un sistema de enumeración cerrada de derechos y garantías constitucionales, sino, al contrario y siguiendo los lineamientos del constitucionalismo americano, prevé un sistema abierto.

En efecto, las Constituciones latinoamericanas, en general, se sitúan en el campo de los textos que no sólo consagran constitucionalmente los derechos y garantías expresamente, sino que además, hacen referencia a otros derechos humanos garantizados y protegidos, fuera de aquellos enumerados en la Constitución. Dentro de este panorama, las Constituciones de Argentina, Bolivia, Brasil, Colombia, Ecuador, Guatemala, Honduras, Paraguay, República Dominicana, Perú, Uruguay, y Venezuela, por ejemplo, prevén una declaración supletoria por los derechos que puedan omitirse en la respectiva enumeración, considerando que ello no implica una negación de su existencia, estableciéndose así un sistema de *numerus apertus* de las libertades públicas o de "derechos y garantías implícitos".

En efecto, en la Constitución de 1961 se establece expresamente en su artículo 50, lo siguiente:

"La enunciación de los derechos y garantías contenida en esta Constitución no debe entenderse como negación de otros que, *siendo inherentes a la persona humana*, no figuren expresamente en ella.

La falta de ley reglamentaria de estos derechos no menoscaba el ejercicio de los mismos."

Se reconoce, por tanto, además de los derechos y libertades públicas y sus garantías enumerados en la Constitución, la existencia de otros derechos humanos inherentes a las personas, cuyo ejercicio no depende de la reglamentación que legalmente pueda hacerse. Con una norma como ésta, dice la Exposición de Motivos del Proyecto de Constitución:

"se incorpora al texto fundamental al de aquellas Constituciones que basan el sistema de las garantías sobre la noción esencial de la persona humana y se deja fuera de toda duda la interpretación de que ni pueden quedar las garantías a merced de que exista o no una legislación que explícitamente las consagre y reglamente".

Ahora bien, en relación a este artículo 50 de la Constitución venezolana, deben formularse dos observaciones: en primer lugar, como se dijo, consagra la existencia de "derechos humanos" por sobre el derecho positivo, que se reconocen y protegen; y en segundo lugar, se establece expresamente que la falta de ley reglamentaria de estos derechos inherentes a la persona humana no previstos expresamente en la Constitución, no menoscaba el ejercicio de los mismos. Esta segunda observación debe destacarse, pues es frecuente la interpretación que se hace de la segunda parte del artículo 50 aplicándolo a todos los derechos y libertades públicas previstas en la Constitución, lo cual, en nuestro criterio, no es correcto. En muchos casos, hemos visto, la propia Constitución consagra los derechos y libertades supeditando su ejercicio a lo que establezca una ley, por lo que mal podría señalarse que la ausencia de dicha ley no afectaría el ejercicio del derecho. Ello sería contradictorio.

Con base en ello, los derechos y garantías constitucionales consagrados en normas programáticas, requerirían de cierta reglamentación legal para poder ejercerse, por lo que su efectividad depende de lo que el Legislador establezca.

Pero en cuanto a la primera parte del artículo 50, la referencia a los derechos inherentes a la persona humana, ha abierto el panorama de la protección constitucional al permitir la incorporación al rango de la Constitución, de derechos humanos no enumerados específicamente en el Texto, pero que están en Tratados o Acuerdos Internacionales que se han aprobado por Ley (Véase la Ley Aprobatoria de la Convención Interamericana de Derechos Humanos "Pacto de San José de Costa Rica", en *Gaceta Oficial* Nº 31.256 de 14-6-77; Ley aprobatoria del Pacto Internacional de Derechos Económicos, Sociales y Culturales publicada en *Gaceta Oficial* Nº 2.146 Extra. de 28-1-78; y Ley Aprobatoria del Pacto Internacional de Derechos Civiles y Políticos publicada en la misma G.O. Nº 2.146 de 28-1-78).

La Corte Suprema de Justicia, en sentencia de 20-10-83, ha señalado al interpretar el artículo 50, que:

"Considera la Corte que con esta declaración el constituyente ha reafirmado su voluntad en el sentido de mantener la integridad de los derechos humanos y de ponerlos a cubierto de cualquier intento o acto que pudiese vulnerarlos..." (Véase en *Revista de Derecho Público,* N° 16, Caracas, octubre-diciembre 1983, p. 170).

En consecuencia, conforme al artículo 50, la Constitución consagra expresamente, además de los derechos y garantías que se enumeran como "derechos y garantías" principalmente desde el artículo 58 hasta el 116, todos aquellos que aún cuando no figuren expresamente en el Texto Fundamental, sean "inherentes a la persona humana", no siendo necesario para su ejercicio el que exista o no una ley reglamentaria de los mismos.

Con motivo de esta norma, por supuesto, adquiere todo su significado el concepto de la persona humana, como valor fundamental cuya protección guía todo el esquema constitucional, tal y como se desprende del propio Preámbulo del Texto Fundamental al hacer referencia como objetivos de la organización jurídico-política de la Nación, a "la economía al servicio del *hombre*"; a "la garantía universal de los derechos individuales y sociales de la *persona humana*"; y a la *dignidad* de los ciudadanos".

Esta norma del artículo 50 de la Constitución permite, así, establecer la distinción entre "derechos constitucionales" y "derechos humanos", algunas veces usados con sinónimos. Los derechos constitucionales serían todos los derechos y garantías *enumerados* en el Texto Constitucional y que, por tanto, han sido positivizados, es decir, reconocidos en el derecho positivo venezolano. El concepto de "derechos humanos", en cambio, tendría una significación más amplia que resume el conjunto de situaciones de poder que en un momento histórico determinado concretan las exigencias de la dignidad, la libertad y la igualdad humanas, tal y como se han reconocido en el ordenamiento jurídico internacional.

Puede considerarse, entonces, que los "derechos humanos" se convierten en "constitucionales", por tanto, al estar consagrados en el ordenamiento positivo de un Estado, es decir, al ser derechos y garantías constitucionales.

Sin embargo, el hecho de no haber sido enumerados en el Texto Constitucional, no significa que los derechos humanos no encuentren protección en el derecho interno ni dejen de estar reconocidos, al ser inherentes a la persona humana, como lo establece el artículo 50 de la Constitución.

Por supuesto, como se dijo, para la identificación de los derechos humanos, las Declaraciones Internacionales (como la Declaración Universal de la ONU o la Declaración Americana de la OEA, ambas de 1948) y las Convenciones Internacionales sobre Derechos Humanos (como los Pactos Internacionales de Derechos Civiles y Políticos y de Derechos Económicos y Sociales y la Convención Americana de Derechos Humanos) tienen una importancia fundamental, pues contribuyen a su ejercicio y al logro de una efectiva protección de los mismos.

Abril, 1996

SECCIÓN SEGUNDA:

EL EQUILIBRIO DEL ESTADO CONSTITUCIONAL: ENTRE SOBERANÍA POPULAR Y SUPREMACÍA CONSTITUCIONAL (1999)

Texto escrito a propósito de las sentencias de la Corte Suprema de Justicia en Sala Político Administrativa de 19 de enero de 1999, a raíz de las cuales, por su texto ambiguo, se inició el camino hacia la Constituyente violentándose la Constitución entonces vigente de 1961.

I. EL INEVITABLE CAMBIO POLÍTICO

La incapacidad e incomprensión del liderazgo político que implementó y desarrolló el sistema político de Estado democrático centralizado de partidos establecido a raíz de la Revolución de Octubre de 1945, constitucionalizado por la Asamblea Constituyente de 1946-1947 y reestablecido por el Congreso Constituyente de 1958; de introducirle los cambios indispensables que requería para que permitieran efectivamente su transición hacia un Estado democrático Descentralizado Participativo, condujeron a la crisis terminal del sistema que se inició en 1989, que terminó de aflorar a partir de 1992, y que dio lugar a la elección presidencial de 1998.

Con este cambio electoral, democráticamente se ha iniciado el proceso de recomposición del sistema político, el cual tomará algunos años, concluyendo abruptamente el sistema político que tenía su base de acuerdo en el denominado Pacto de Punto Fijo de 1958. Un nuevo pacto político-social-constitucional está entonces por elaborarse para asegurar la gobernabilidad democrática hacia el futuro, y para lograrlo, el instrumento político adecuado es una Asamblea Constituyente. El deterioro de los partidos políticos y de las instituciones del Estado impide que por otro medio se convoquen a todos los nuevos y viejos actores políticos para esa tarea de recomponer el sistema político.

Afortunadamente, este fin del período político que se inició con la Revolución de Octubre de 1945, se muestra como una disidencia histórica en relación a fenómenos similares del pasado, en los cuales en ningún caso, desde el punto de vista tanto constitucional como político, se pudo efectuar un cambio o transición pacífica, de un sistema político a otro.

En efecto, debe recordarse que el primer período de nuestra historia política, el del *Estado Independiente y Autónomo* (1811-1863) que se inició con el Congreso Constituyente de 1811 y se reconstituyó en el Congreso Constituyente de 1830, a partir de 1848 ya había entrado en crisis y concluyó en medio de la gran violencia que acompañó a las guerras federales (1858-1863). El período siguiente, el del *Estado Federal* (1864-1901) que se inició con la Asamblea Constituyente de 1863 producto precisamente de la ruptura constitucional que originaron esas guerras, entró en crisis definitiva a partir de 1892 y concluyó con la Revolución Liberal Restauradora (1899-1901). El tercer período, de nuestra historia política, es del *Estado Centralizado autocrático,* (1901-1945) que se inició con la Asamblea Constituyente de 1901 entró en crisis después de la muerte de Gómez (1935) y concluyó con la Revolución de Octubre de 1945.

El fin de cada uno de dichos períodos histórico-políticos fue provocado por una guerra, un golpe de Estado o una Revolución, que surgió como única salida para que se produjera el cambio inevitable que en cada caso era necesario. Al fin de la ruptura y de la violencia, en cada caso, una Asamblea Constituyente fue el instrumento político para que en 1863, 1901 y 1946 se reconstituyera el sistema político con nuevas bases de gobernabilidad, producto de un pacto constitucional en el que obviamente tuvieron preponderancia los triunfadores en los conflictos.

En 1998 puede decirse que ha concluido el cuarto de los grandes períodos políticos de nuestra historia constitucional, el del *Estado Democrático Centralizado de Partidos* que fue instaurado a partir de 1945 y reconstituido en 1958, habiéndose iniciado el cambio, que es inevitable, en esta ocasión, afortunadamente por obra de la elección democrática y popular de 1998, y no por un golpe de fuerza y con violación de la Constitución, como había ocurrido en el pasado.

Pero, en todo caso, sin duda, democráticamente se inició una revolución, es decir, un proceso de cambio radical de un sistema político que concluyó, para el establecimiento de otro sistema político que tenemos que luchar porque sea democrático.

Es precisamente, como consecuencia de esta revolución no violenta y democrática, que tenemos que convocar una Asamblea Constituyente que con la participación de todos los actores políticos, nuevos y viejos, nacionales y regionales, se establezcan las nuevas bases de gobernabilidad democrática para el futuro. En el pasado, la convocatoria y elección de las Asambleas o Congresos Constituyentes de 1811, 1830, 1858, 1863, 1893, 1901, 1904, 1946, 1952 y 1958 se hizo sin mayores discusiones jurídicas, pues en todos los casos las mismas fueron producto de una situación de hecho consecuencia de una ruptura del hilo constitucional precedente. Siempre fueron los líderes de la Revolución o el golpe de Estado triunfante los que convocaron la Asamblea Constituyente como consecuencia, precisamente, de la ruptura del hilo constitucional. En todos esos casos que nos muestra la historia, el Poder Constituyente Originario fue convocado por gobiernos de facto para legitimar el sistema y constitucionalizar la propia Revolución.

Por lo demás, el Poder Constituyente Originario propiamente dicho, sólo se manifiesta y se ha manifestado en el Estado Constitucional moderno, cuando se lo constituye inicialmente, como sucedió en nuestro país en 1811 y en 1830, o cuando por obra de una situación de hecho, guerra o revolución, se ha hecho necesario reconstituir el sistema político.

En el momento actual, en cambio, estamos en una situación distinta, que como hemos dicho, constituye una disidencia histórica: se ha comenzado a producir un cambio revolucionario, pero como consecuencia de unas elecciones democráticas, sin ruptura del hilo constitucional, es decir, con plena vigencia de la Constitución de 1961, para lo cual resulta necesario convocar una Asamblea Constituyente, para que formule un nuevo pacto social constitucional que se refleje en una nueva Constitución.

El punto de discusión ha sido, precisamente, cómo hacerlo, en virtud de que la Constitución de 1961, que continúa vigente, no regula en su texto, como por ejemplo si lo hacen otras Constituciones modernas (la de EE.UU., por ejemplo), una Asamblea o Convención Constituyente como Poder Constituyente Instituido de revisión constitucional.

El debate jurídico, en este caso, resulta inevitable y no porque se trate de exquisiteces jurídicas o de leguleyerísmos, sino porque no estamos en una situación de hecho, producto de una Revolución violenta contra el Estado Constitucional, sino en una situación democrática de derecho, dentro de un orden constitucional preestablecido, pero que también se configura como un cambio revolucionario que requiere constitucionalizarse.

De allí que el debate sobre la convocatoria a una Asamblea Constituyente se hubiera planteado en términos jurídicos: por una parte, se argumentó y argumentamos que en virtud del régimen del Estado Constitucional de derecho fundado en la democracia representativa que regula la Constitución de 1961, que goza de supremacía, era necesario regular previamente, mediante una reforma de la Constitución, la Asamblea Constituyente, para poder convocarla; por otro lado, se argumentó que en virtud de que la soberanía reside en el pueblo, éste, como Poder Constituyente siempre puede manifestar su voluntad y, por tanto, como consecuencia de un referéndum consultivo, se podría convocar la Asamblea Constituyente para la reforma de la Constitución, sin que fuera necesario reformar previamente la Constitución para regularla.

II. EL DILEMA DEL ESTADO CONSTITUCIONAL MODERNO ENTRE SOBERANÍA POPULAR Y SUPREMACÍA CONSTITUCIONAL

La discusión jurídica que resulta de las posiciones antagónicas antes indicadas, por supuesto, no es nada nueva: se ha planteado a través de toda la historia del constitucionalismo moderno, el cual, precisamente, ha cimentado al Estado sobre dos pilares fundamentales: por una parte, el principio democrático representativo y por la otra, el principio de la supremacía constitucional. Así lo ha reconocido la sentencia de la Sala Político Administrativa de la Corte Suprema de Justicia (*Referéndum Consultivo I*) de 19-1-99, al resolver un recurso de interpretación sobre el artículo 181 de la Ley Orgánica del Sufragio y Participación Política, al señalar:

"El Estado Constitucional venezolano cimienta su estructura y razón de ser en dos principios fundamentales: a) Por un lado, en la tesis de la *democracia* o "gobierno del pueblo, por el pueblo y para el pueblo"; b) por el otro, en el principio de la *Supremacía de la Constitución,* que coloca a ésta en la cúspide del ordenamiento jurídico del Estado, lo cual obliga tanto a los gobernantes como a los gobernados a someterse a ella".

En cuanto al principio democrático, es indudable que en el constitucionalismo moderno se optó por el modelo de democracia representativa frente al modelo de democracia directa, la cual, por la práctica política y por imposibilidad histórica de implementación en sociedades complejas, nunca pudo establecerse, salvo en lo que leemos de la política en las ciudades griegas.

Desde el mismo nacimiento del constitucionalismo moderno, producto de las revoluciones norteamericana, francesa y latinoamericana de fines del Siglo XVIII y comienzos del Siglo XIX, por tanto, la opción siempre fue y ha sido por la democracia representativa, que exige la actuación del pueblo soberano a través de sus delegados o representantes, los cuales siempre están limitados en su actuación, por decisión del pueblo soberano, al adoptar como Poder Constituyente la Constitución, a la cual deben someterse tanto los Poderes Constituidos como el propio soberano. De esta renuncia a la democracia directa y del establecimiento de la democracia representativa, surge el principio de la limitación del poder mediante la Constitución, a la cual se erige como norma suprema que obliga a gobernantes y gobernados y, por supuesto, como globalidad de estos últimos, al propio pueblo soberano que con ella se auto limita al constitucionalizar su poder.

En este contexto de la democracia representativa, cuando el Poder Constituyente adopta la Constitución y constituye inicialmente el Estado, puede decirse que la actuación del pueblo soberano cesa y, en cierta forma, la soberanía popular se sustituye por la supremacía constitucional, de manera que incluso la reforma de la Constitución la ha de hacer el pueblo soberano conforme a los postulados que él mismo ha consagrado en la propia Constitución. Es decir, el pueblo soberano, al adoptar la Constitución como Poder Constituyente, de allí en adelante actúa conforme a las regulaciones que ha establecido en la Constitución, como Poder Constituyente Instituido, con poder de modificación o reforma de la Constitución.

Lo anterior, por supuesto, sólo es y ha sido válido en una situación de continuidad constitucional del Estado. En países que han tenido rupturas constitucionales, como el nuestro, a pesar de que, por ejemplo, las Constituciones de 1857, 1858, 1864, 1893, 1945, 1947 y 1953, preveían mecanismos para su reforma o modificación constitucional, las Asambleas Constituyentes de 1858, 1863, 1893, 1901, 1946, 1953 y 1958, producto de golpes de fuerza, asumieron el Poder Constituyente Originario, al margen de la Constitución precedente que había sido rota, para adoptar una nueva Constitución. En todos esos casos, el conflicto entre soberanía popular y supremacía constitucional se resolvió por la ruptura del hito constitucional y la emergencia, de hecho, del Poder Constituyente Originario, cediendo la supremacía constitucional ante la actuación del pueblo derivado de un hecho de fuerza.

Sin embargo, en la situación política actual de nuestro país, no estando en un régimen de gobierno de hecho, sino en un proceso de cambio democrático en el marco de una Constitución como la de 1961, también resulta indispensable resolver el conflicto político entre la soberanía popular que quiere manifestarse y la supremacía constitucional, lo que exige, por sobre todo, mantener el equilibrio entre ambos principios.

Si nos atenemos al sólo principio democrático de democracia representativa que está a la base del Estado Constitucional, el pueblo soberano sólo podría manifestarse como Poder Constituyente Instituido mediante los mecanismos de modificación constitucional previstos en la Constitución (art. 246). Sin embargo, de acuerdo con el criterio expresado por la Corte Suprema de Justicia en su sentencia *Referéndum Consultivo I*:

> "Si la Constitución, como norma suprema y fundamental puede prever y organizar sus propios procesos de transformación y cambio..., *el principio democrático quedaría convertido en una mera declaración retórica...*".

Es decir, para que el principio democrático no sea una mera declaración retórica, los procesos de cambio o transformación constitucional no deberían quedar reducidos a los que se prevean en la Constitución como norma suprema y fundamental.

Pero si nos atenemos al otro principio del constitucionalismo moderno, el de la supremacía constitucional, es decir, el necesario respeto de la Constitución adoptada por el pueblo soberano que obliga y se impone por igual, como lo ha dicho la Corte, tanto a los gobernantes (Poderes Constituidos) como a los gobernados (Poder Constituyente), toda modificación de la voluntad popular plasmada en la Constitución sólo podría realizarse a través de los mecanismos de reforma o enmienda que prevea la misma Constitución que es, precisamente, obra de la soberanía popular.

Sin embargo, también de acuerdo al criterio expresado por la Corte Suprema de Justicia, en la referida sentencia *Referéndum Consultivo I*,

"... si se estima que, para preservar la soberanía popular, es al pueblo a quien corresponderá siempre, como titular del Poder Constituyente, realizar y aprobar cualquier modificación de la Constitución,... *la que se verá corrosivamente afectada será la idea de supremacía"*.

Es decir, para que el principio de la supremacía constitucional no se vea corrosivamente afectado, las modificaciones a la Constitución sólo las podría realizar el pueblo a través de los mecanismos previstos en la propia Constitución.

Es claro, por tanto, cual era y es el dilema abierto en este momento histórico de Venezuela desde el punto de vista constitucional: o la soberanía popular es pura retórica si no puede manifestarse directamente fuera del marco de la Constitución; o la supremacía constitucional se vería corrosivamente afectada si se permitiera que el pueblo soberano, como titular del Poder Constituyente, pudiera modificar la Constitución fuera de sus normas.

La solución del dilema podría ser relativamente fácil en una situación de hecho, de ruptura constitucional: el pueblo, como Poder Constituyente puede manifestarse siempre, particularmente porque no existe el principio de la supremacía constitucional al haber sido roto el hilo constitucional.

Ello no ocurre así, sin embargo, en un proceso de derecho sometido a una Constitución. En efecto, no estando en una situación de hecho, sino de vigencia del orden constitucional, como sucede actualmente en Venezuela, el dilema planteado entre soberanía popular y supremacía constitucional, frente a un proceso de cambio político incontenible como el que se está produciendo, no puede tener una solución que derive de la sola discusión jurídica, sino que necesaria y básicamente tiene que tener una solución de carácter político, pero guiada por el órgano del Estado Constitucional, al que corresponde la jurisdicción constitucional, es decir, a la Corte Suprema de Justicia.

En efecto, la Jurisdicción Constitucional nació en la historia del constitucionalismo moderno como un instrumento sustitutivo de la revolución y del derecho de rebelión o resistencia del pueblo frente a los Poderes Constituidos. Es decir, en el constitucionalismo moderno, la única forma de resolver los conflictos político-constitucionales entre el pueblo y los gobernantes entre la soberanía popular y la supremacía constitucional e, incluso, entre los Poderes Constituidos, es precisamente mediante la decisión de Tribunales Constitucionales que eviten la revolución o la rebelión.

Por ello, las decisiones de los Tribunales constitucionales siempre son, además de jurídicas, políticas; y así tiene que ser cuando el orden constitucional no da mucho margen por si sólo, sin necesidad de interpretación judicial, para resolver los conflictos políticos.

Después de las elecciones de 1998, sin duda, en Venezuela nos encontrábamos en medio de un conflicto político-constitucional que debía resolverse o por la fuerza o por nuestro Tribunal constitucional; conflicto derivado, precisamente, del dilema entre, por una parte, la necesidad de que la soberanía popular se manifieste para propiciar los inevitables y necesarios cambios político-constitucionales exigidos por el fin del sistema de Estado Centralizado de Partidos y, por la otra, la supremacía constitucional que exige someterse a los procedimientos de reforma y enmienda prescritos en la Constitución.

La ocasión para resolver el conflicto la tuvo la Corte Suprema de Justicia con motivo de sendos recursos de interpretación que se presentaron ante su Sala Político-Administrativa, a los efectos de decidir si era constitucionalmente posible pasar a la convocatoria y elección de una Asamblea Nacional Constituyente, previo un referéndum consultivo a tal fin efectuado conforme al artículo 181 de la Ley Orgánica del Sufragio y Participación Política, sin la previa reforma de la Constitución que regulara dicha Asamblea, como Poder Constituyente Instituido.

La Corte Suprema de Justicia en las sentencias dictadas el 19-1-99, si bien desde el punto de vista jurídico no resolvió abierta y claramente el conflicto, desde el punto de vista político inició su resolución, dejando establecidos diversos argumentos que permiten resolverlo e, incluso, vaticinan cual podría ser su decisión futura, en caso de que pueda plantearse de nuevo la cuestión ante la Corte, dependiendo de cual sea la reacción de los Poderes Constituidos.

III. LAS DECISIONES DE LA CORTE SUPREMA SOBRE EL REFERÉNDUM CONSULTIVO RELATIVO A LA CONVOCATORIA A UNA ASAMBLEA CONSTITUYENTE DE FECHA 19-1-99

En efecto, el tema de la convocatoria de una Asamblea Constituyente puede decirse que dominó el debate político electoral durante toda la campaña electoral de finales del año 1998, centrándose la discusión jurídica relativa a dicha convocatoria, en el tema constitucional de si resultaba o no necesario que dicho instrumento político estuviese previamente regulado en la Constitución, para poder convocarlo.

En definitiva, dos posiciones quedaron absolutamente claras: por una parte, había quienes sostenían y sostuvimos que derivado del principio de la supremacía constitucional, en el Estado Constitucional democrático de Derecho representativo, la Constitución establecía los mecanismos para su revisión (reforma y enmienda) y al no regular la Asamblea Constituyente como medio para la reforma, para que ésta pudiera convocarse debía crearse y establecerse su régimen en el texto constitucional, mediante una reforma constitucional que le diese status constitucional; y por otra parte, había quienes sostenían que derivado del principio de que la soberanía reside en el pueblo, la consulta popular sobre la convocatoria y régimen de la Asamblea Constituyente, como manifestación de dicha soberanía popular declarada por el pueblo como Poder Constituyente Originario, mediante referéndum, era suficiente para que la misma se convocara y eligiera, y acometiera la reforma constitucional, sin necesidad de que previamente se efectuase una reforma constitucional para regularla.

Independientemente del debate político que surgió en torno al tema, es indudable la importancia que desde el punto de vista jurídico constitucional tenía y tiene, el cual por lo demás, no es nada nuevo. Se trata, en definitiva, del debate sobre el Poder Constituyente en el Estado Constitucional democrático representativo que de cuando en cuando ha dominado la discusión constitucional en todos los Estados modernos, y que siempre ha estado en la precisa frontera que existe entre los hechos y el derecho.

La importancia de la discusión, en todo caso, originó que se hubieran presentado dos recursos de interpretación ante la Sala Político Administrativa de la Corte Suprema de Justicia, con el objeto de que el Supremo Tribunal de la República resolviera el asunto, es decir, determinara como máximo intérprete de la Constitución, si era o no posible convocar a una Asamblea Constituyente como consecuencia de un referéndum consultivo sin que fuera necesario regularla previamente en la Constitución, mediante una reforma.

El centro de la interpretación jurídica solicitada, en todo caso, estuvo en el texto del artículo 181 de la Ley Orgánica del Sufragio y Participación Política que prevé la iniciativa del Presidente de la República en Consejo del Ministros; del Congreso de la República por acuerdo adoptado en sesión conjunta de las Cámaras por el voto favorable de las 2/3 partes de los miembros presentes, o de un 10% de electores inscritos en el Registro Electoral,

> "para convocar la celebración de un referéndum con el objeto de consultar a los electores sobre decisiones de especial trascendencia nacional".

Ambos recursos de interpretación fueron resueltos por la Sala Político Administrativa en sendas sentencias publicadas el 19 de enero de 1999, que denominaremos *Referéndum Consultivo I* y *Referéndum Consultivo II* según el orden en que fueron publicadas.

1. *La sentencia Referéndum Consultivo II (Ponencia del Magistrado Héctor Paradisi)*

El primer recurso de interpretación fue introducido el 21 de octubre de 1998 por un grupo de jóvenes abogados, en su propio nombre, con el objeto de obtener la interpretación del artículo 181 de la Ley Orgánica del Sufragio y Participación Política. Tal como lo resumió la Sala Político Administrativa en la sentencia *Referéndum Consultivo II* de 19 de enero de 1991 (Ponencia del Dr. Héctor Paradisi León) que resolvió el recurso, los solicitantes señalaron como fundamentación del mismo lo siguiente:

> "Que al respecto se han propuesto dos mecanismos relativos a la forma que debería ser convocado este tipo de órgano extraordinario de carácter supraconstitucional. Los defensores del primero sostienen la necesidad de una previa reforma constitucional en la cual se le diera cabida a la figura de la Asamblea Constituyente y se establezca la forma o los medios necesarios para su convocatoria, en virtud de que la misma no se encuentra prevista en el texto constitucional. Quienes sostienen la otra tendencia, coinciden en afirmar que sólo basta realizar un referendo conforme al artículo 181 de la Ley Orgánica del Sufragio y Participación Política para convocar la Asamblea Constituyente, sin que medie proceso de reforma o enmienda".

En opinión de los solicitantes, la norma objeto del debate "...sólo permite 'consulta' a los integrantes del cuerpo electoral nacional, sin que la opinión manifestada por dicho cuerpo pueda servir de fundamento a la convocatoria de una Asamblea Constituyente...", pues para ello sería necesaria la enmienda o reforma previa de la

Ley Originaria, ya que estos son los únicos medios contemplados en el ordenamiento jurídico nacional para modificar válidamente la Constitución."

En razón de lo anterior, solicitan a esta Sala:

"... establezca de manera cierta e indubitable la inteligencia y significado del artículo 181 de la Ley Orgánica del Sufragio y Participación Política a los efectos de conocer si con fundamento en dicha norma puede convocarse un Referendo que sirva de base para la convocatoria de una Asamblea Constituyente sin que medie una Enmienda o Reforma de la Constitución".

Es decir, el recurso interpuesto no sólo perseguía que la Corte Suprema resolviera si conforme al artículo 181 de la Ley Orgánica del Sufragio y de Participación Política, podía realizarse un referéndum consultivo sobre la convocatoria de una Asamblea Constituyente, sino si efectuado el referéndum consultivo, podía convocársela sin que fuera necesaria una reforma previa de la Constitución que regulara la Asamblea Constituyente.

La Sala Político Administrativa en su sentencia del 19 de enero de 1998 (*Referéndum Consultivo II*), sin embargo, sólo se limitó a decidir el primer aspecto señalado, declarando que:

"... si es procedente convocar a un referendo en la forma prevista en el artículo 181 de la Ley Orgánica del Sufragio y Participación Política, para consultar la opinión mayoritaria, respecto de la posible convocatoria a una Asamblea Constituyente, en los términos expuestos en este fallo".

En la sentencia se hizo referencia a la otra sentencia dictada por la Sala el mismo día 19 de enero de 1999 (*Referéndum Consultivo I*) con ponencia del Dr. Humberto J. La Roche, en el sentido de señalar que:

"Esta conclusión se corresponde, en un todo, con el fallo publicado en esta misma fecha, con motivo del recurso de interpretación interpuesto por RAÚL PINTO PEÑA, ENRIQUE OCHOA ANTICH y VIVIANA CASTRO, en cuyo dispositivo se afirmó que a través del artículo 181 de la Ley Orgánica del Sufragio y Participación Política "... puede ser consultado el parecer del cuerpo electoral sobre cualquier decisión de especial transcendencia nacional distinta a las expresamente excluidas por la Ley... incluyendo la relativa a la convocatoria de una Asamblea Constituyente".

Lamentablemente, por tanto, la Sala Político Administrativa en esta sentencia *Referéndum Consultivo II,* se limitó a interpretar el artículo 181 de la Ley Orgánica del Sufragio y Participación Política, llegando a la conclusión obvia de que conforme a dicha norma si se puede efectuar un *referéndum consultivo* sobre "la posible convocatoria a una Asamblea Constituyente".

Sin embargo, el aspecto que estimamos era esencial de la consulta, de si "con fundamento en dicha norma puede convocarse un Referendo que sirva de base para la convocatoria de una Asamblea Constituyente sin que medie una Enmienda o una Reforma de la Constitución", no fue resuelto expresamente.

Sobre esto, en la parte motiva de la sentencia *Referéndum Consultivo II,* la Sala lo único que argumentó fue lo siguiente, con motivo de considerar la viabilidad jurídica de la consulta:

"Ciertamente que el asunto que se debate en el presente caso, tiene una especial transcendencia nacional, en la medida en que los resultados de una consulta popular como la que se pretende, sería factor decisivo para que *los Órganos competentes del Poder Público Nacional diseñen los mecanismos de convocatoria y operatividad* de una Asamblea a los fines propuestos; o para que, *previamente, tomen la iniciativa de enmienda o de reforma* que incluya la figura de una Asamblea de esta naturaleza".

En esta forma, en realidad, en esta sentencia, *Referéndum Consultivo II,* la Corte no resolvió la discusión constitucional que estaba planteada, sino que al contrario, la dejó abierta al señalar que efectuado el *referéndum consultivo* sobre la convocatoria de la Asamblea Constituyente, ello sería factor decisivo para que los órganos *competentes* del Poder Público Nacional diseñaran los mecanismos de convocatoria y operatividad de una Asamblea Constituyente; o para que, previamente, dichos órganos del Poder Público Nacional tomaran la iniciativa de modificación de la Constitución para incluir la Asamblea Constituyente en el texto constitucional.

Es decir, la Sala Político Administrativa, en sus razonamientos, concluyó que para convocar una Asamblea Constituyente no bastaba una consulta popular (*referéndum consultivo*), sino que esta era sólo un factor decisivo, en primer lugar, para que los órganos del Poder Nacional (Ejecutivo, Legislativo y Judicial) *competentes* diseñaran los mecanismos de convocatoria y operatividad de la Asamblea, lo que exige determinar, conforme a la Constitución y a las leyes, qué órganos del Poder Nacional tienen competencia para establecer el régimen de una Asamblea Constituyente, siendo la conclusión elemental que *ninguno;* y en segundo lugar, para que los mismos órganos del Poder Público Nacional tomen la iniciativa de enmienda o de reforma que incluya la figura de una Asamblea Constituyente, lo que conforme a los artículos 245 y 246 de la Constitución solo corresponde, según los casos, a los miembros de las Cámaras Legislativas o a las Asambleas Legislativas.

Es decir, en nuestro criterio, en su decisión, la sentencia *Referéndum Consultivo II,* no resolvió en forma clara y precisa la cuestión constitucional que se le había planteado.

2. *La sentencia Referéndum Consultivo I, (Ponencia del Magistrado Humberto J. La Roche)*

El segundo recurso de interpretación fue introducido ante la misma Sala Político Administrativa de la Corte Suprema de Justicia el 16 de diciembre de 1998, por miembros de la Junta Directiva de la Fundación para los Derechos Humanos (Fundahumanos), en el cual también solicitaron la interpretación del artículo 181 de la Ley Orgánica del Sufragio y Participación Política en concordancia con el artículo 4° de la Constitución, en relación con la posibilidad de una consulta popular (*referéndum consultivo*) sobre la convocatoria de la Asamblea Nacional Constituyente solicitándole a la Corte, como petitorio final:

"... determine qué sentido debe atribuirse a las referidas normas, en cuanto a la posibilidad real o no de llevar a cabo dicha convocatoria a una Asamblea Constituyente".

Con relación al fondo del asunto objeto del recurso de interpretación, conforme lo resumió la sentencia, los directivos de la Fundación recurrente señalaron lo siguiente:

"Existen dos posiciones en cuanto a la forma como deba convocarse la Asamblea Constituyente: Una Primera, propuesta por el Presidente Electo (la cual ha sido señalada ya anteriormente), quien considera que basta la convocatoria del referendo previsto en el artículo 181 de la LOSPP, para convocar la Asamblea Constituyente, en base al principio de soberanía contenido en el artículo 4 de la Constitución de la República que reconoce al pueblo como constituyente primario, y; una segunda que considera que el soberano también tiene a su vez una normativa prevista en la Constitución Nacional, que debe respetar para producir un referendo, en razón de que el artículo 4 de la Constitución de la República refiere su soberanía a los poderes constituidos, y que por lo tanto hace falta una reforma puntual de la Constitución de la República que cree la figura de la Asamblea Constituyente para llevar a cabo dicha convocatoria".

Concluyeron los solicitantes señalando que:

"... sin pronunciarnos por ninguna de las dos posiciones antes enunciadas, consideramos que la propuesta del Presidente Electo se basa tanto en el artículo 181 de la LOSPP, como en el artículo 4 de la Constitución (...) por lo que no sería lógico pronunciarse en relación a la viabilidad constitucional de esta propuesta interpretando sólo el primero de estos artículos (...) sino que debe incluirse forzosamente la interpretación también del artículo 4 de la Constitución de la República tal y como lo estamos solicitando".

La Sala Político Administrativa, al decidir sobre su competencia para conocer del recurso de interpretación que le fue interpuesto, en la sentencia (*Referéndum Consultivo I*), precisó el alcance del recurso, conforme a su propio criterio, en los términos siguientes:

"Se ha interpuesto recurso de interpretación en relación con los artículos 181 de la Ley Orgánica del Sufragio y de Partición Política y 4 de la Constitución de la República, a los fines de que la Sala emita pronunciamiento acerca del alcance de la primera de las normas invocadas, en el sentido de precisar si, a través de un referéndum consultivo, se puede determinar *la existencia de voluntad popular para un futura reforma constitucional* y, en caso afirmativo, si ese mecanismo legal de participación puede servir de fundamento a los efectos de convocar a una Asamblea Constituyente, de manera tal que se respete el ordenamiento constitucional vigente".

Luego, en la misma sentencia, la Corte precisó la doble cuestión que ya hemos señalado y que estaba planteada en el recurso de interpretación:

"Si la Constitución, como norma suprema y fundamental puede prever y organizar sus propios procesos de transformación y cambio, en cuyo caso, el principio democrático quedaría convertido en una mera declaración retórica, o si se estima que, para preservar la soberanía popular, es al pueblo a quien corresponderá siempre, como titular del Poder Constituyente, realizar y aprobar cualquier modificación de la Constitución, en cuyo supuesto la que se verá corrosivamente afectada será la idea de supremacía".

Precisamente por ello, a pesar de que el recurso de interpretación se interpuso conforme al artículo 234 de la Ley Orgánica del Sufragio y Participación Política respecto del artículo 181 de la misma Ley Orgánica, en virtud de que los recurrentes exigieron que la interpretación solicitada debía implicar su adecuación al artículo 4 de la Constitución, la Corte precisó que en todo caso de interpretación de una ley, como acto de "ejecución directa de la Constitución", debía atenderse "en un todo a los principios fundamentales del orden jurídico vigente", debiendo tenerse en cuenta y conciliando la decisión "con el orden constitucional".

Es decir, la Corte consideró que "en nuestro Estado Constitucional de Derecho, fundado en la supremacía del estatuto constitucional" la interpretación de la Ley y de la Constitución,

"... conducen a una interpretación constitucional -que no interpretación de la Constitución- en virtud de la cual se determina el alcance de la norma jurídica a partir de los principios y valores constitucionales, incluso más allá del texto positivo de ésta".

La Corte Suprema, en consecuencia, en este caso fijó la técnica interpretativa que utilizaría para resolver la cuestión planteada: interpretar el ordenamiento jurídico, más que interpretar la Ley Orgánica aisladamente, "combinando principios, valores y métodos en orden a integrar los textos en el proceso de aplicación del derecho".

El recurso fue decidido por sentencia de 19 de enero de 1999 (*Referéndum Consultivo I*), adoptando la Corte Suprema su decisión "de conformidad con el orden constitucional vigente (Preámbulo, artículo 4 y artículo 50), artículos 234 de la Ley Orgánica del Sufragio y Participación Política y 42 ordinal 24 de la Ley Orgánica de la Corte Suprema de Justicia", con la siguiente declaración:

"La interpretación que debe atribuirse al artículo 181 de la Ley Orgánica del Sufragio y Participación Política, respecto del alcance del referéndum consultivo que consagra, en cuanto se refiere al caso concreto objeto del recurso que encabeza las presentes actuaciones, es que : a través del mismo puede ser consultado el parecer del cuerpo electoral sobre cualquier decisión de especial trascendencia nacional distinto a los expresamente excluidos por la propia Ley Orgánica del Sufragio y Participación Política en su artículo 185, incluyendo la relativa a la convocatoria de una Asamblea Constituyente".

Es decir, la Corte Suprema de Justicia en esta sentencia, también se limitó a decidir que conforme al artículo 181 de la Ley Orgánica del Sufragio y Participación Política, en efecto, sí se puede realizar un referéndum consultivo, es decir, se puede consultar el parecer del cuerpo electoral sobre la convocatoria de una Asamblea Constituyente.

La verdad es que para decidir esto no era necesario producir tan extensa decisión, ni argumentar demasiado jurídicamente, integrando el ordenamiento jurídico, incluso la Constitución, pues es evidente que la convocatoria de una Asamblea Constituyente es una materia de especial trascendencia nacional conforme a lo indicado en el artículo 181 de la Ley Orgánica del Sufragio y Participación Política. En consecuencia, nada nuevo dijo la Corte y menos aún resolvió y decidió en forma precisa y clara sobre el asunto que le fue planteado, es decir, en definitiva, si para convocar la Asamblea Constituyente bastaba el referéndum consultivo o era necesario reformar previamente la Constitución.

En realidad, sobre este asunto, en esta sentencia *Referéndum Consultivo I* la Sala, en la parte motiva de la misma, llegó a una conclusión similar a la ya comentada respecto de la sentencia *Referéndum Consultivo II*, al indicar que una vez efectuado un referéndum consultivo conforme al artículo 181 de la Ley Orgánica del Sufragio y Participación Política,

> "Aún cuando el resultado de la decisión popular adquiera vigencia inmediata, *su eficacia solo procedería* cuando, mediante los *mecanismos legales establecidos se de cumplimiento a la modificación jurídica aprobada*. Todo ello siguiendo procedimientos ordinarios previstos en el orden jurídico vigente, a través de los órganos del Poder Público *competentes* en cada caso. Dichos órganos estarán en la *obligación de proceder* en ese sentido".

De nuevo, con este párrafo, surge la misma perplejidad que con su equivalente en la sentencia *Referéndum Consultivo II*, en el sentido de que conforme al criterio de la Corte Suprema, una consulta popular sobre la convocatoria a una Asamblea Constituyente no bastaría para convocarla y reunirla. La consulta popular sólo sería un mandato político obligatorio, conforme al criterio de la Corte, para que los órganos del Poder Público *competentes* procedan a efectuar las modificaciones jurídicas derivadas de la consulta popular, siguiendo los procedimientos ordinarios previstos en el orden jurídico vigente, tanto constitucional como legal. Sólo después que estas modificaciones se efectúen, conforme al criterio de la Corte, es que la consulta popular sería efectiva.

El tema de los órganos del Poder Público *competentes* para implementar los resultados de la consulta popular, por supuesto, sigue siendo crucial, pues de acuerdo con la Constitución, que es parte del "orden jurídico vigente", el único órgano del Poder Público competente para efectuar las modificaciones necesarias al ordenamiento jurídico para establecer el régimen jurídico de la Asamblea Constituyente, es el Poder Constituyente Instituido, que combina la participación de los diputados y senadores y de las Cámaras Legislativas, con la participación del pueblo vía referéndum aprobatorio conforme a los artículos 245 y 246 de la Constitución.

Es decir, lejos de decidir con precisión la cuestión constitucional planteada respecto de la posibilidad constitucional de la convocatoria de una Asamblea Constituyente y de la necesidad o no de reformar previamente la Constitución, tanto la sentencia *Referéndum Consultivo I* como la *Referéndum Consultivo II,* dejaron abierta la discusión constitucional.

Sin embargo, tal era el deseo general que existía en el país por que la Corte pusiera fin a la discusión constitucional, que la opinión pública, reflejada en titulares, declaraciones, editoriales y noticias de prensa, ha estimado que con las mencionadas decisiones se habría legitimado el referéndum consultivo para convocar la Constituyente sin necesidad de reforma constitucional previa[1]. Lamentablemente, en estricto derecho, no fue así, a pesar de que nadie quiera saber de ello.

---

[1] *El Nacional,* Caracas 21-01-99, pág. A-4 y D-1; *El Universal,* Caracas 21-01-99, pág. 1-2 y 1-3; *El Universal,* Caracas 20-01-99, pág. 1-15

Sin embargo, si bien en las decisiones de las sentencias *Referéndum Consultivo I y Referéndum Consultivo II,* la Corte Suprema no resolvió definitivamente la discusión constitucional, sino que la dejó abierta, si debe señalarse que en la parte motiva de la sentencia *Referéndum Consultivo I,* la Corte hizo una serie de consideraciones sobre el Poder Constituyente y las revisiones constitucionales que tocan aspectos esenciales del constitucionalismo y que permiten vaticinar una posición jurídica futura en caso de nuevos conflictos, por lo cual estimamos necesario estudiarlas. En efecto, al dejar sentado esos criterios, la Corte indirectamente resolvió el conflicto, pues en caso de que efectuado el referéndum consultivo sobre la Constituyente se plantee de nuevo un conflicto constitucional sobre el régimen de la Asamblea Constituyente, ya había suficientes elementos como para poder determinar cual sería el sentido de la futura decisión, así como los límites de la Asamblea Nacional Constituyente.

IV. LA SOBERANÍA POPULAR Y EL ARTÍCULO 4° DE LA CONSTITUCIÓN COMO REGULACIÓN DEL PRINCIPIO DE LA DEMOCRACIA REPRESENTATIVA

1. *El principio histórico de la soberanía del pueblo manifestada sólo conforme a la Constitución de acuerdo con el principio de la democracia representativa*

A. El cambio político, la Constitución y la Asamblea Constituyente

Es indudable que, como ya lo hemos señalado anteriormente, el tema de la Asamblea Constituyente convocada en democracia y democráticamente, es un tema inédito en Venezuela, no sólo porque no es una institución regulada en la Constitución vigente, que es la voluntad del pueblo, sino porque todas las Asambleas Constituyentes que hemos tenido en nuestra historia constitucional han sido convocadas como resultado de una situación de hecho, consecuencia de una Revolución, de un golpe de Estado o de una guerra. Tampoco es una práctica general en el constitucionalismo moderno. Incluso, en aquellos países cuyas Constituciones regulan la figura de la Constituyente para la reforma general de la Constitución, como sucede con la Constitución de los Estados Unidos de América (artículo V), jamás se ha convocado tal instrumento y las modificaciones constitucionales se han realizado en los últimos dos siglos mediante simples enmiendas.

Después del proceso electoral de noviembre/diciembre de 1998, en el cual, sin duda, como lo hemos señalado repetida e insistentemente durante la última década, se dio inicio al cambio político que era y es inevitable e indetenible, afortunadamente dicho cambio político se ha iniciado democráticamente, mediante una elección popular. Ello nunca había ocurrido en el pasado, donde la incomprensión política del liderazgo siempre condujo a una ruptura constitucional para que pudiera iniciarse el necesario proceso de cambio.

Ahora, el cambio político iniciado democráticamente exige tanto el respeto a la voluntad popular como al propio texto constitucional que nos rige, que sigue teniendo supremacía.

La Constitución de 1961, inspirada en el texto adoptado por la Asamblea Constituyente de 1946-1947, fue sancionada por un Congreso que asumió el rol constituyente entre 1958-1961. Es ese el texto constitucional que nos rige y el que debe seguir rigiéndonos como expresión de la soberanía popular, hasta que sea modificado o cambiado conforme está expresado en su texto, que es la voluntad popular, o mediante el mecanismo de la Constituyente derivado del referéndum consultivo que se realice conforme a la interpretación que se deriva de las sentencias de la Corte Suprema de Justicia del 19-01-99.

B. *El Poder Constituyente Instituido por la Constitución de 1961*

Por su parte, la Constitución prevé dos mecanismos para su revisión o modificación mediante el Poder Constituyente Instituido o de revisión: 1) la *reforma general*, que requiere de una iniciativa de un 1/3 de los senadores y diputados al Congreso o de la mayoría absoluta de las Asambleas Legislativas; de la admisión de su iniciativa por una mayoría calificada de las 2/3 partes de los senadores y diputados presentes; su sanción mediante discusión bicameral por las Cámaras Legislativas (Senado y Cámara de Diputados), y su aprobación por referéndum *aprobatorio* de la mayoría de los sufragantes de toda la República (art. 246); y 2) la *enmienda*, que requiere de una iniciativa sea de 1/4 parte de los miembros de alguna de las Cámaras Legislativas o de 1/4 parte de las Asambleas Legislativas; su sanción mediante discusión bicameral por las Cámaras Legislativas, y su ratificación por las 2/3 partes de las Asambleas Legislativas mediante Acuerdos aprobados por la mayoría absoluta de los miembros de las mismas (art. 245).

Es decir, la Constitución reguló con precisión el Poder Constituyente Instituido[2], es decir, el Poder Constituyente de revisión o modificación de la Constitución, el cual no atribuyó pura y simplemente a los Poderes Nacionales Constituidos, pues estos no pueden, por si solos, reformar la Constitución. Es decir, las normas relativas al Poder Constituyente Instituido son manifestaciones de la rigidez constitucional que impiden a los Poderes Constituidos efectuar las reformas constitucionales.

El Poder Constituyente Instituido de reforma, en efecto, se constituye y actúa, en primer lugar, cuando exista una iniciativa de miembros (Senadores y Diputados) de las Cámaras Legislativas Nacionales o de las Asambleas Legislativas (Diputados); en segundo lugar, cuando se admita la iniciativa por la mayoría de 2/3 de los miembros (Senadores y Diputados) presentes de las Cámaras Legislativas Nacionales; en tercer lugar, cuando las Cámaras Legislativas sancionen la reforma mediante discusión bicameral; y en cuarto lugar, cuando se apruebe la reforma constitucional por el pueblo soberano mediante *referéndum aprobatorio*.

Esa fue la voluntad popular plasmada en la Constitución de 1961, adoptada por el Congreso Constituyente instalado en 1958, con el voto de las Asambleas Legislativas "en representación del pueblo venezolano". Como expresión de la voluntad popular, la Constitución sólo podría ser modificada acorde con dicha voluntad salvo que se tratase de una situación de hecho, ajena al derecho y al respeto debido a la Constitución. La Constitución está dotada de supremacía, pues es manifestación de la voluntad popular, y sólo la voluntad popular podría cambiarla o modificarla conforme a sus dictados.

La supremacía, además, es un derecho ciudadano. Siendo la Constitución manifestación de la voluntad popular, los ciudadanos tienen derecho a que su supremacía sea estrictamente respetada y a que sólo pueda ser modificada conforme a los dicta-

---

[2] Véase lo expuesto en la Segunda Parte de este libro.

dos de la voluntad popular contenida en la misma Constitución. Conforme a la Constitución, por tanto, no sería posible, que algún Poder Constituido o que mediante cualquiera que sea otro medio distinto al previsto en la Constitución, esta pudiera ser revisada o derogada.

Frente a esta posición constitucional, sin embargo, se ha planteado el criterio de que como la soberanía reside en el pueblo, lo que no está en discusión, cualquier manifestación popular podría conducir a la reforma constitucional, lo cual indudablemente sería abiertamente contradictorio con el principio de la democracia representativa como sistema político de gobierno. En realidad sólo la manifestación de la voluntad popular realizada conforme a los dictados de la Constitución podría conducir a su revisión o derogación; de resto, entramos en el terreno de los hechos, no del derecho. Sin embargo, como se analizará más adelante, la Corte Suprema de Justicia, en sus decisiones del 19-01-99, admitió la posibilidad de otro mecanismo del Poder Constituyente de revisión constitucional, derivado de un referéndum consultivo sobre la convocatoria de una Asamblea Constituyente.

Antes de analizar dichas sentencias y sus consecuencias, sin embargo, debemos precisar los efectos de la previsión en el propio texto constitucional del Poder Constituyente Instituido dentro de la interpretación más ortodoxa de la Constitución. En efecto, como hemos señalado, a pesar de lo que han establecido todas las Constituciones de Venezuela desde 1811 al prescribir procedimientos precisos para su reforma, por sucesivos hechos (golpes de Estado, revoluciones o guerras) las Constituciones han sido revisadas, reformadas, reformuladas o rehechas en sucesivas oportunidades durante toda la historia de la República, mediante otros procedimientos.

Sin embargo, la diferencia con el momento presente es evidente: no estamos en una circunstancia de hecho, *sino de cambio democrático que se ha iniciado dentro de los canales de la Constitución.* En estas circunstancias, en principio, no podrían pensarse ni propugnarse otros cambios que no fueran conformes con la Constitución, pues estaríamos en el mundo de los hechos, y estos no tienen reglas. En ese mundo, cada cual tiene su versión y su acción, y se impone la política del más fuerte y no la de quien tenga la mayoría o la razón.

Por tanto, estando en este momento histórico en Venezuela, en un proceso de cambio político democrático, siempre hemos insistido en que éste debe ser constitucional, por la sencilla razón de que si no se adapta a la Constitución, nadie va a tener control de la situación y cada quien buscará imponer a los demás por vía de hecho, su voluntad, deseo o criterio.

En este sentido es que siempre hemos insistido en que la Asamblea Constituyente que necesitamos convocar en 1999 para recomponer el pacto político constitucional que asegure la gobernabilidad futura de la democracia, con la participación de todos los actores políticos de la sociedad democratizada y descentralizada de nuestros días, en sustitución del ya agotado Pacto de Punto Fijo de 1958; tenemos que hacerla ajustándonos a la Constitución; y como esta no la prevé, hemos considerado entonces que teníamos que regularla en ella, mediante una reforma exclusivamente dirigida a establecerla, junto con su régimen, el cual debía ser aprobado -como toda reforma constitucional- por el pueblo mediante un *referéndum aprobatorio*. El régimen constitucional de la Asamblea Constituyente debía ser establecido por las Cámaras Legislativas, es decir, la representación popular, y homologado por el pueblo mediante un *referéndum aprobatorio* por la mayoría de los sufragantes de la

República. Este, sin duda, es el mecanismo previsto en la propia Constitución para convocarla, a fin de que, como instrumento político, formule un nuevo pacto político social constitucional que, en definitiva, conducirá a una reforma general de la Constitución.

Por ello, siempre señalamos que sin que se previera y regulase la Asamblea Constituyente en la Constitución, no era posible convocarla pues nadie estaba autorizado constitucionalmente para definir su régimen; ni el Congreso mediante Ley, ni el Ejecutivo Nacional mediante Decreto. La convocatoria a dicha Asamblea Constituyente, sin estar prevista en la Constitución, siempre consideramos que no sería otra cosa que un desconocimiento de la Constitución de 1961.

En efecto, el referéndum consultivo que prevé el artículo 181 de la Ley Orgánica del Sufragio es un medio de participación popular de carácter consultivo y no de orden decisorio. Es evidente que una consulta al pueblo nunca podría considerarse inconstitucional, pues es una manifestación de la democracia. Pero pretender que mediante una consulta popular pudiera crearse un órgano constitucional, como la Asamblea Constituyente, establecerse su régimen y que pudiera proceder a realizar la reforma constitucional eso si podía considerarse inconstitucional, pues ello implicaría reformar la Constitución, y para ello, habría que seguir ineludiblemente el procedimiento pautado en el artículo 246 que exige la actuación del Poder Constituyente Instituido que implica, incluso, que la reforma sancionada se someta a un referéndum aprobatorio. Sustituir todo ello por un referéndum consultivo podía considerarse como una violación de la Constitución.

El referéndum consultivo, en realidad, sólo es eso, una consulta que se traduce en la manifestación de un mandato político que debe ser seguido por los órganos constitucionales para reformar la Constitución y regular lo que la consulta popular propone. Pero pretender que con la sola consulta popular se pudiera crear un nuevo Poder Constituyente de reforma, podía significar el desconocimiento de la Constitución y la apertura del camino de la anarquía.

El problema constitucional que estaba planteado, sin embargo, sólo podía ser resuelto por la Corte Suprema de Justicia, y así ocurrió con las mencionadas sentencias del 19-01-99.

C. *La trayectoria histórica del artículo 4° de la Constitución*

Como en uno de los recursos de interpretación que se formularon ante la Sala Político Administrativa se requería que el artículo 181 de la Ley Orgánica del Sufragio se analizara conforme a lo establecido en el artículo 4° de la Constitución, es conveniente, antes de comentar las implicaciones de las sentencias, precisar el significado real de dicha norma. En efecto, se había insistido en el criterio de que mediante un referéndum consultivo, no previsto en la Constitución sino en la Ley Orgánica del Sufragio y Participación Política, y recurriendo a lo expresado en el artículo 4° de la Constitución, podría regularse a la Asamblea Constituyente, convocársela y ésta podía proceder a reformar la Constitución. Por ello es importante precisar el contenido del artículo 4° de la Constitución, que dice lo siguiente:

> "La soberanía reside en el pueblo, quien la ejerce mediante el sufragio por los órganos del Poder Público

Esta norma la califica la Exposición de Motivos de la Constitución como "el principio básico" del sistema democrático y no significa otra cosa que lo que dice, por supuesto, leída completamente, y no sólo en su primera frase. El artículo 4º de la Constitución no se limita a decir que la soberanía reside en el pueblo, sino que agrega que este la ejerce mediante el sufragio por los órganos del Poder Público.

Es decir, es la norma básica del sistema democrático representativo que consagra la Constitución, y que exige que el pueblo actúe a través de los órganos del Poder Público, es decir, los órganos de los Poderes Constituidos que son los previstos y regulados en la Constitución, cuyos titulares son los representantes del pueblo soberano, electos mediante sufragio. La norma, por tanto, es una que tiene que leerse íntegramente, con sus tres componentes que constituyen sus frases: que la soberanía reside en el pueblo; que el pueblo ejerce la soberanía mediante el sufragio, en el sentido de elección de sus representantes que integran los órganos del Poder Público, que se especifican en la propia Constitución.

Este, por otra parte, ha sido el sentido de la norma del artículo 4 en toda nuestra historia constitucional. En efecto, el antecedente remoto de este artículo está en los artículos 143, 144 y 145 de la Constitución de 1811[3], ubicados en el Capítulo relativo a los "Derechos del hombre" en la sección "Soberanía del pueblo". Los dos primeros artículos indicaban lo siguiente:

"*Art. 143.* Una sociedad de hombres reunidos bajo unas mismas leyes, costumbres y Gobierno forma una soberanía.

Art. 144. La soberanía de un país, o supremo poder de reglar o dirigir equitativamente los intereses de la comunidad, reside, pues, esencial y originalmente en la masa general de sus habitantes y se ejercita por medio de apoderados o representantes de éstos, nombrados y establecidos conforme a la Constitución.

Con esta norma se inicia el Estado venezolano y la organización republicana de la sociedad, y de ella deriva la esencia de la democracia representativa: la soberanía reside en la masa general de los habitantes, en el pueblo, pero esa masa general o pueblo sólo puede actuar a través de sus representantes, que sólo pueden ser nombrados y establecidos conforme a la Constitución. Es decir, la organización republicana por la que optaron los fundadores del Estado Venezolano, fue la de una democracia representativa, de manera que el pueblo o la masa general de los habitantes de este territorio solo puede manifestar su soberanía a través de los representantes previstos y regulados en la Constitución. Precisamente por ello, el artículo 145 de la Constitución de 1811 completaba el régimen del ejercicio de la soberanía del pueblo, precisando lo siguiente:

Art. 145 Ningún individuo, ninguna familia, ninguna porción o reunión de ciudadanos, ninguna corporación particular, ningún pueblo, ciudad o partido puede atribuirse la soberanía de la sociedad, que es imprescindible, inenajenable e indivisible en su esencia y origen, ni persona alguna podrá ejercer cualquier función pública del gobierno si no la ha obtenido por la Constitución.

---

[3] Véase el texto de todas las Constituciones de Venezuela en Allan R. Brewer-Carías, *Las Constituciones de Venezuela,* Biblioteca de la Academia de Ciencias Políticas y Sociales, Caracas, 1997.

La Constitución de Angostura de 1819 recogió los mismos principios y en el Título 5° sobre "Del Soberano y del Ejercicio de la Soberanía", así

Art. 1° La soberanía de la nación reside en la universidad de los ciudadanos. Es imprescriptible e inseparable del pueblo

Art. 2 El pueblo de Venezuela no puede ejercer por sí otras atribuciones de la soberanía que la de las elecciones ni puede depositarla toda en unas solas manos. El poder soberano estará dividido para su ejercicio en legislativo, ejecutivo y judicial."

En este texto de 1819, en consecuencia, encontramos la misma precisión de la democracia representativa como sistema político, en el sentido de que el pueblo sólo puede ejercer su soberanía mediante representantes electos; agregándose otro principio esencial de nuestro constitucionalismo, que es el de la separación de poderes, en el sentido de que no se puede depositar la soberanía en unas solas manos, estando necesariamente dividido el poder soberano en tres órganos del Poder Público. Esto implica un rechazo constitucional a toda figura de una Asamblea que asuma la totalidad del Poder soberano y que no respete el principio de la separación orgánica del mismo, como garantía de la libertad.

Luego del interregno de la República de Colombia, al reconstituirse el Estado venezolano como Estado independiente y autónomo en 1830, se recogió el mismo principio antes señalado, así:

"Art. 3. La soberanía reside esencialmente en la nación y no puede ejercerse sino por los poderes políticos que establece esta Constitución.

Art. 7. El pueblo no ejercerá por si mismo otras atribuciones de la soberanía que la de las elecciones primarias ni depositará el ejercicio de ella en una sola persona.

Art. 8. El Poder Supremo se dividirá para su administración en Legislativo, Ejecutivo y Judicial. Cada Poder ejercerá las atribuciones que le señala esta Constitución, sin excederse de sus límites respectivos."

En esta forma, de nuevo, quedó precisado con absoluta claridad el principio democrático de la representatividad, en el sentido de que si bien la soberanía reside esencialmente en el pueblo, éste no puede ejercerla sino por los poderes políticos que establece la propia Constitución.

El texto de la Constitución de 1830, siguió el espíritu de la Constitución de la República de Colombia de 1821 y el de los textos de 1811 y 1819. En efecto, la Constitución de la República de Colombia de 1821 dispuso, lo siguiente:

"Art. 2. La soberanía reside esencialmente en la Nación. Los magistrados y oficiales del gobierno, investidos de cualquier especie de autoridad, son sus agentes o comisarios y responsables a ella de su conducta pública."

Art. 10. El pueblo no ejercerá por sí mismo otras atribuciones de la soberanía que la de las elecciones primarias; ni depositará el ejercicio de ella en unas solas manos. El Poder Supremo estará dividido para su administración en legislativo, ejecutivo y judicial".

Es decir, en todos estos textos constitucionales de 1811, 1819, 1821 y 1830, el principio de que la soberanía reside en el pueblo estaba consagrado conforme al principio de la democracia representativa, en el sentido de que el pueblo no puede ejercer la soberanía sino a través de los poderes públicos establecidos en la propia Constitución.

En consecuencia, el pueblo sólo puede actuar conforme a la Constitución, para elegir sus representantes, como titulares de órganos del poder supremo separados en Legislativo, Ejecutivo y Judicial con lo cual, además del principio constitucional de la representatividad, siempre se consagró el de la separación orgánica de poderes, y la proscripción de que el pueblo pueda llegar a depositar el ejercicio de la soberanía en una sola persona o institución.

En la Constitución de 1857 se siguió la misma tradición constitucional, al establecerse que:

"*Art. 2*. La soberanía reside en la Nación y los Poderes que establece esta Constitución son delegaciones de aquella para asegurar el orden, la libertad y todos los derechos."

A tal efecto, el artículo 6 precisa que:

Art. 6. El Poder Público se divide para su administración en Legislativo, Ejecutivo, Judicial y Municipal. Cada uno de estos poderes ejercerá las atribuciones que le señalan la Constitución y las leyes, sin excederse de sus límites.

En la Constitución de 1858, los anteriores principios se recogieron en diversas normas así:

"*Art. 2* La soberanía reside esencialmente en la Nación.

Art. 7 El gobierno de Venezuela es y será siempre republicano, popular, representativo, responsable y alternativo.

Art. 8 El pueblo ejerce la soberanía directamente en las elecciones e indirectamente por los poderes públicos que establece esta Constitución.

Art. 9 El poder público se divide en Nacional y Municipal.

Estas disposiciones desaparecieron del texto constitucional a partir de la Constitución de 1864 y durante todo el período histórico correspondiente al Estado Federal (1864-1901), organizado como Estados Unidos de Venezuela, precisándose, sin embargo, el principio de que el gobierno de los Estados de la Federación debía organizarse conforme a los principios de gobierno popular, electivo, federal, representativo, alternativo y responsable. Así sucedió con los textos constitucionales de 1874, 1881, 1891 y 1893.

Los principios relativos a la soberanía del pueblo y su ejercicio, sin embargo, se retomaron en la historia constitucional a partir de la Constitución de 1901, que reformó sustancialmente el sistema político y la forma federal del Estado, con la cual se dio inicio al período histórico del Estado centralizado autocrático (1901-1945).

En efecto, en la Constitución de 1901 se establecieron las siguientes normas:

"*Art. 21* La soberanía reside esencialmente en el pueblo, quien la ejerce por medio de los Poderes Públicos para garantía de la libertad y del orden.

Art. 22 El pueblo no gobierna sino por medio de sus mandatarios o autoridades establecidas por la Constitución y las leyes.

Art. 26 El gobierno de la Unión es y será siempre republicano, democrático, electivo, federal, representativo, alternativo y responsable.

Art. 27. El ejercicio de la soberanía se confiere por el voto de los ciudadanos o de las corporaciones que tienen la facultad de elegir los Poderes Públicos, al tenor de esta Constitución, sin que sea potestativo a ninguno de estos Poderes arrogarse la plenitud de la soberanía.

Art. 29. El Poder Público se distribuye entre el Poder Federal y el Poder de los Estados, en los límites establecidos en esta Constitución".

De estas normas resulta el restablecimiento expreso de los principios centrales del constitucionalismo del primero de los períodos histórico políticos de la República, que derivan del sistema democrático representativo y del ejercicio de la soberanía por el pueblo exclusivamente mediante la elección de representantes que integran los órganos del Poder Público, que debe estar separado para garantizar la libertad y el orden, y con la proscripción a cualquiera de los Poderes de arrogarse la plenitud de la soberanía.

En términos generales, estos principios que se restablecieron en el texto constitucional de 1901, se repitieron con sólo variaciones de forma, en las Constituciones de 1904, 1909, 1914, 1922, 1925, 1928, 1929 y 1931. En la Constitución de 1936 se varió la redacción de la norma central antes indicada, señalándose lo siguiente:

"Art. 40. La soberanía reside en el pueblo, quien la ejerce por medio de los Poderes Públicos. Toda fuerza o reunión armada de personas que se atribuya los derechos del pueblo y peticione así, comete delito de sedición o rebeldía contra los Poderes Públicos y serán castigados conforme a las leyes."

Este artículo se repitió en la Constitución de 1945, con la cual concluyó el período histórico constitucional del Estado autocrático centralizado.

Un nuevo cambio político se produjo a partir de la Revolución de Octubre de 1945 y de la Constitución de 1947, la cual, sobre la materia, sentó los principios que hoy nos rigen en el mismo sentido que los precedentes. Así, en el texto de 1947 se dispuso lo siguiente:

"Art. 79. La soberanía reside en el pueblo, quien la ejerce mediante el sufragio y por órgano de los Poderes Públicos."

Esta norma tuvo idéntica redacción en la Constitución de 1953 (art. 38) con la variante de que en lugar de decir en la frase final "por órgano de los Poderes Públicos" dice "por órgano del Poder Público", el cual, el artículo 40 de dicho texto, "distribuyó entre el Poder Municipal, el de los Estados y el Nacional". En todo caso, es la misma norma que está en el artículo 4° de la Constitución vigente, con la variante de que la última frase reza "por los órganos del Poder Público".

En consecuencia, el artículo 4° de la Constitución, como lo dice la Exposición de Motivos, es el principio básico del sistema democrático adoptado en toda nuestra historia republicana, que es la democracia representativa, la cual exige que la soberanía, que sin duda reside en el pueblo, sólo puede ejercerse mediante el sufragio, es decir, el derecho a votar y a ser electo que regulan los artículos 110 a 112, y por los órganos del Poder Público que de acuerdo a la Constitución son los órganos del Poder Nacional (que se regulan en los artículos 138 y siguientes); del Poder de los Estados (Poder Estadal) que se regulan en los artículos 19 y siguientes; y del Poder

Municipal, que se regula en el artículo 26 del Texto Fundamental y en la Ley Orgánica de Régimen Municipal.

De lo anterior resulta que conforme al propio texto de la Constitución de 1961, para convocar y elegir los miembros de una Asamblea Constituyente, resultaba indispensable, entonces, regularla como un órgano del Poder Público, y sólo la Constitución puede hacerlo; y si se piensa que el sistema electoral que debe regir para su elección, debe ser, por ejemplo, uninominal, y apartarse del principio de la representación proporcional de las minorías, entonces también resultaría indispensable modificar el artículo 113 de la Constitución que consagra como derecho político, "el derecho de representación proporcional de las minorías". En consecuencia, la previsión de una Asamblea Constituyente y el sistema de su elección, ineludiblemente que debían tener rango constitucional, es decir, debían incorporarse al texto constitucional.

Precisamente por ello es que habíamos insistido en que el Congreso electo en noviembre de 1998 debía asumir su cuota parte de rol constituyente, participando en la reforma específica de la Constitución de 1961 para prever y establecer el régimen de la Asamblea Constituyente, de manera de proceder a su convocatoria. Consideramos, en consecuencia, que cualquier intento de proceder a convocar una Asamblea Constituyente sin que su régimen, como órgano del Poder Público, hubiera sido establecido constitucionalmente, sería violatorio de la Constitución y constituiría una vía de hecho para derogarla.

Ahora bien, es indudable que con la elección de noviembre de 1998 se inició en Venezuela un proceso constituyente, pues la misma reflejó el cambio político que se ha comenzado a operar en el país, lo que ha sido reconfirmado con la elección presidencial de diciembre de 1998. La votación presidencial, además, podía interpretarse como un mandato popular para que el Poder Constituyente Instituido, procediera a reformar la Constitución para crear la Asamblea Constituyente.

Esos hechos políticos, consideramos, tenían que interpretarse como lo que son: manifestaciones de voluntad popular que tenían que ser actualizadas constitucionalmente. Los Senadores y Diputados electos en noviembre de 1998, por tanto, estimamos que no podían ni debían tener otra alternativa ni actuación inmediata que la de iniciar el proceso constituyente, planteando la iniciativa de reforma constitucional para la previsión y regulación de la Asamblea Constituyente; y, por su parte, el gobierno electo y los partidos políticos que lo apoyaron, tenían y debían actuar conforme a la Constitución, en el sentido de que para convocar la Asamblea Constituyente había que regularla previamente en aquélla. El problema no era sólo de manifestación popular; era de orden constitucional pues el pueblo no puede actuar sino conforme a la Constitución; nunca contra la Constitución, pues ello sería una vía de hecho que, a la postre, atentaría contra los derechos y libertades del mismo pueblo.

Las anteriores consideraciones, por supuesto, estaban formuladas dentro de la más clara ortodoxia constitucional. Sin embargo, era evidente que la supremacía constitucional que la sustenta, estaba en pugna con la soberanía popular que podía derivarse de un referéndum consultivo sobre la convocatoria de una Asamblea Constituyente.

En esa pugna, alguno de los extremos debía ceder, el de la soberanía popular o el de la supremacía constitucional. Si privaba el primero podía surgir un Poder Constituyente Instituido de reforma constitucional distinto al regulado en el texto constitucional; si privaba el segundo, no podía convocarse una Asamblea Constituyente sin previamente regularla en la Constitución.

El conflicto era insoluble por la sola vía de la discusión e interpretación jurídicas, salvo por la Corte Suprema de Justicia; y ésta, al adoptar sus sentencias de 19-01-99, lo resolvió dando primacía a la soberanía popular, manifestada a través de un referéndum consultivo, sobre el principio de la supremacía constitucional que en este aspecto cedió, pero sólo en el sentido de que las normas constitucionales sobre la reforma constitucional están destinadas a los Poderes Constituidos pero no al Poder Constituyente manifestado en una consulta popular, de la cual puede surgir una nueva forma de reformar de la Constitución a través de una Asamblea Constituyente no prevista en la Constitución.

2. *Las salidas establecidas por la Corte Suprema de Justicia para superar el conflicto constitucional*

En efecto, como se ha dicho, el 19 de enero de 1999, antes de instalarse las Cámaras Legislativas, la Corte Suprema de Justicia en Sala Político Administrativa, en la sentencia *Referéndum Consultivo I,* si bien se limitó a decidir que la consulta sobre la convocatoria a una Asamblea Constituyente conforme al artículo 181 de la Ley Orgánica del Sufragio y Participación Política era perfectamente legítima y constitucional, no habiendo resuelto expresamente el problema constitucional de si era o no necesaria la reforma constitucional previa que regulara la Asamblea Constituyente para poder convocarla; en el texto de la sentencia y, particularmente, en su parte motiva, sentó diversos criterios que permiten entender que en caso de un nuevo conflicto jurisdiccional, la Corte posiblemente se inclinaría a favor del principio de la soberanía popular por sobre el principio de la supremacía constitucional, siempre que la consulta popular, en sí misma permita configurar, como consecuencia de la voluntad popular, un régimen de la Asamblea Constituyente.

En efecto, la sentencia *Referéndum Consultivo I,* en virtud de que el recurso de interpretación exigía confrontar el artículo 181 de la Ley Orgánica del Sufragio y Participación Política en concordancia con el artículo 4º de la Constitución, dedicó un Capítulo (IV) a analizar el "sentido y alcance del artículo 4º de la Constitución", cuya trayectoria histórica ya hemos analizado.

A. *El principio democrático y la supremacía constitucional*

En el referido Capítulo, la Corte comenzó por constatar que la Constitución de 1961, como cualquiera de las Constituciones rígidas contemporáneas (que son materialmente todas las del mundo, con excepción de la del Reino Unido y la de Israel), goza de supremacía, pues está "en el tope de la jerarquía normativa del país, de manera que su acatamiento está por encima de las leyes ordinarias". Esta Constitución de 1961 establece el *Estado Constitucional,* que conforme a la sentencia, y de acuerdo a lo que ya hemos destacado:

> "cimienta su estructura y razón de ser en dos principios fundamentales: a) Por un lado, en la tesis de la *democracia* o "gobierno del pueblo, por el pueblo y para el pueblo"; b) por otro, en el principio de la *supremacía de la Constitución,* que coloca a esta en la cúspide del ordenamiento jurídico del Estado, lo cual *obliga tanto a los gobernantes como a los gobernados* a someterse a ella".

En estos párrafos, la sentencia destaca las bases del sistema constitucional venezolano, propios de un Estado Constitucional democrático representativo, es decir, un Estado organizado por una Constitución que goza de supremacía y rigidez; conforme al régimen de la democracia que indudablemente es representativa, en contraste con la democracia directa que la praxis política dejó en la historia.

Eso significa, ni más ni menos, que la Constitución, como manifestación de la voluntad popular expresada como Poder Constituyente, es la norma suprema que obliga a los órganos del Poder Público, como Poderes Constituidos y a los ciudadanos, que sólo puede ser modificada conforme a sus propias normas (rigidez).

Formulado este planteamiento, la sentencia *Referéndum Constitucional II*, entonces señaló la doble cuestión que estaba planteada en el recurso de interpretación, y que es la tensión existente, por una parte, entre el principio de la *soberanía popular y de la democracia* y, por la otra, el principio de la *supremacía constitucional;* es decir, como dice la sentencia y ya lo hemos destacado, por una parte:

"Si la Constitución, como norma suprema y fundamental puede prever y organizar sus propios procesos de transformación y cambio, en cuyo caso, el principio democrático quedaría convertido en una mera declaración *retórica*";

y por otra parte,

"o si se estima que, para preservar la soberanía popular, es al pueblo a quien corresponderá siempre, como titular del Poder Constituyente, realizar y aprobar cualquier modificación de la Constitución, en cuyo supuesto lo que se verá *corrosivamente* afectada será la idea de supremacía".

Después de realizar algunas citas doctrinales genéricas, la sentencia precisó el dilema así:

"El asunto planteado es el dilema de si la propia Constitución, le es dado regular sus propios procesos de modificación y de reforma o si se considera que la soberanía corresponde directamente al pueblo, como titular del Poder Constituyente, reordenando al Estado. En el primer caso estaríamos en presencia del Poder Constituido. En el segundo, el Poder Constituyente tendría carácter absoluto e ilimitado".

De este dilema concluyó la Corte señalando que

"Pareciera ocioso indicar que la idea de supremacía deja de tener sentido cuando se considera que Poder Constituyente y Poder Constituido se identifican y que el Poder Constituyente es creado por la Constitución, en lugar de considerarse a la Constitución como obra del Poder Constituyente".

La verdad es que de estos párrafos no se entiende constitucionalmente la conclusión del dilema entre soberanía popular y supremacía constitucional que plantea la Corte, pues la Constitución siempre es obra del Poder Constituyente que la sancionó, y fue ese Poder Constituyente el que organizó políticamente a la sociedad prescribiendo un régimen democrático representativo, en el cual el pueblo solo puede actuar mediante sus representantes conforme a la Constitución que es obra del Poder Constituyente.

Este, el Poder Constituyente, al dictar la Constitución, es el que ha resuelto subsumirse en el marco de una Constitución otorgándole supremacía y prescribiendo la forma de su modificación, que no se verifica en forma alguna, por los Poderes constituidos, sino por el Poder Constituyente Instituido en la propia Constitución que se manifiesta finalmente mediante un referéndum aprobatorio de la reforma constitucional (art. 246 de la Constitución), que implica la manifestación directa y final del pueblo soberano. No es acertado, por tanto, como lo hizo la Corte en la sentencia, confundir el Poder Constituyente Instituido de reforma de la Constitución con los Poderes Constituidos, los cuales no pueden reformarla en ningún caso.

B. *El artículo 4º de la Constitución y el principio de la democracia representativa*

Del planteamiento del dilema mencionado la Corte señaló en su sentencia que:

"La pregunta que se formula es si procede convocar a una revisión de la Constitución o si procede la convocatoria a un Poder Constituyente, a un poder soberano";

pasando luego a analizar el artículo 4º de la Constitución, respecto del cual señaló que conforme los criterios interpretativos tradicionalmente expuestos:

"consagra exclusivamente el principio de la representación popular por estimar que la soberanía reside en el pueblo, pero que este no puede ejercerla directamente sino que lo hace a través de los órganos del poder público a quienes elige, es decir, que el medio para depositar ese poder soberano es el sufragio".

Es decir, la Corte en su sentencia, al referirse al artículo 4º de la Constitución lo interpreta conforme a lo que consagra, que no es otra cosa que el principio de la democracia representativa conforme al cual el pueblo soberano solo puede actuar mediante sus representantes electos.

C. *La democracia directa*

Pero frente a este principio constitucional, la Corte, en su sentencia, se refirió sin embargo al principio de la democracia directa señalando que:

"Un sistema participativo, por el contrario, consideraría que el pueblo retiene siempre la soberanía ya que, si bien puede ejercerla a través de sus representantes, también puede por sí mismo hacer valer su voluntad frente al Estado. Indudablemente quien posee un poder y puede ejercerlo delegándolo, con ello no agota su potestad, sobre todo cuando la misma es originaria, al punto que la propia Constitución lo reconoce"

De esta apreciación sobre la democracia directa o participativa, que contrasta con el principio de la democracia representativa que adopta la Constitución, la Corte continuó su argumentación sobre la posibilidad que tiene el pueblo de manifestarse directamente y no a través de representantes, en la forma siguiente:

"De allí que el titular del poder (soberanía) tiene implícitamente la facultad de hacerla valer *sobre aspectos para los cuales no haya efectuado su delegación*. La Constitución ha previsto a través de sufragio la designación popular de los órganos de representación; pero no ha enumerado los casos en los cuales esta potestad puede directamente manifestarse.

Ahora bien, no puede negarse la posibilidad de tal manifestación si se estima que ella, por reconocimiento constitucional, radica en el ciudadano y sólo cuando la misma se destina a la realización de funciones del Estado específicamente consagrados en el texto fundamental (funciones públicas), se ejerce a través de los delegatarios. De allí que, la posibilidad de delegar la soberanía mediante el sufragio en los representantes populares, no constituye un impedimento para *su ejercicio directo en las materias en las cuales no existe previsión expresa de la norma sobre el ejercicio de la soberanía a través de representantes.* Conserva así el pueblo su potestad originaria para casos como el de ser consultado en torno a materias objeto de un referendo".

Conforme a este razonamiento de la Corte, resulta entonces, sin duda, la posibilidad de efectuar un referendo consultivo sobre la convocatoria de una Asamblea Constituyente; pero no resulta posibilidad alguna de que mediante una consulta se pueda regular y convocar una Asamblea Constituyente no prevista ni regulada en la propia Constitución, que acometa la reforma constitucional, pues, precisamente, es la Constitución *la que regula expresamente* que la reforma constitucional debe realizarse por el Poder Constituyente Instituido mediante la participación de representantes electos integrantes de las Cámaras Legislativas y la aprobación de la misma por el pueblo mediante un referéndum aprobatorio (art. 146 de la Constitución). Precisamente, en este supuesto de reforma de la Constitución, estamos en presencia de un caso en el cual, conforme lo indica la sentencia, el pueblo soberano, al sancionar la Constitución mediante sus representantes, reguló mediante *previsión expresa* la forma para la realización de la reforma constitucional a través de sus delegados y de un referéndum aprobatorio.

De manera que en este caso, conforme a lo que señala la Corte, si bien la consulta popular sobre la convocatoria de una Asamblea Constituyente puede hacerse; sin embargo, la misma, si se convoca, no tendría autoridad constitucional para reformar la Constitución, pues en forma expresa ésta regula cómo puede reformarse por el Poder Constituyente Instituido.

Se insiste, conforme al criterio de la Corte, que la soberanía popular podría manifestarse directamente "cuando *no existe previsión expresa* de la norma sobre el ejercicio de la soberanía a través de representantes"; por lo que en sentido contrario, cuando existe previsión expresa de la norma constitucional sobre el ejercicio de la soberanía a través de representantes, no podría manifestarse directamente dicha soberanía popular.

Precisamente, en relación con la reforma constitucional, el artículo 246 establece en forma expresa cómo ha de manifestarse la soberanía popular a tales efectos, previendo la participación de los representantes electos (Senadores y Diputados) que integran las Cámaras Legislativas y la participación directa del pueblo soberano mediante un referéndum aprobatorio de la reforma constitucional.

Por tanto, en esta parte de la motivación de la sentencia *Referéndum Consultivo I*, lejos de deducirse que se podría modificar la Constitución vía una Asamblea Constituyente no prevista en la misma como consecuencia de una consulta popular, en realidad resulta lo contrario.

V. LOS MECANISMOS DE PARTICIPACIÓN POLÍTICA EN LA LEY ORGÁNICA DEL SUFRAGIO Y LA SUPREMACÍA CONSTITUCIONAL

Una de las innovaciones de la reforma de la Ley Orgánica del Sufragio de 1998, que incluso afectó su denominación, fue la inclusión de un Título (VI) *sobre los Referendos* "con el objeto de consultar a los electores sobre decisiones de especial trascendencia nacional" (art. 181).

Con anterioridad, la Ley Orgánica de Régimen Municipal había previsto un Referéndum Consultivo sobre la revocatoria del mandato de los Alcaldes, cuando hubieran sido suspendidos en el ejercicio del cargo al improbarse la Memoria y Cuenta de su gestión (art. 69); y además, había regulado en forma general el Referéndum municipal a los fines de la consulta de las Ordenanzas u otros asuntos de interés colectivo (art. 175). Por su parte, la Ley de Casinos y Bingos estableció también una consulta popular para autorizar la instalación de los primeros en determinadas zonas turísticas.

Adicionalmente, la Constitución regula el referéndum aprobatorio de la reforma constitucional "para que el pueblo se pronuncie en favor o en contra de la Reforma" (art. 246, ord. 4°), no previendo en ninguna otra parte la figura del referéndum.

En esta forma, en relación con la reforma constitucional, la Constitución regula expresamente el referéndum aprobatorio como parte del ejercicio del Poder Constituyente Instituido; y el planteamiento político que ha estado en el centro del debate jurídico constitucional y que se le planteó a la Corte Suprema para su solución, fue el de dilucidar si mediante un referéndum consultivo se podía consultar al pueblo sobre la convocatoria de una Asamblea Constituyente y si ello bastaba para convocarla sin que su régimen debiera estar previamente consagrado en la Constitución.

1. *La supremacía constitucional y la regulación del Poder Constituyente Instituido*

El derecho ciudadano más importante y esencial en el constitucionalismo moderno, ya lo hemos señalado, es el derecho a la supremacía constitucional, es decir, el derecho de todo ciudadano a que la Constitución, que es la norma suprema de la sociedad, se respete por todos. Ese es uno de los pilares esenciales del Estado de Derecho, que ha provocado el desarrollo progresivo de mecanismos de protección y defensa de la Constitución, en particular, las acciones de inconstitucionalidad y amparo y las acciones contencioso administrativas.

Toda violación de la Constitución, en definitiva, es una violación de la voluntad popular, que ningún país democrático puede tolerar. La Constitución, en el republicanismo democrático moderno, es la expresión de la voluntad del pueblo, que sólo el pueblo, conforme a sus dictados, puede cambiar.

En Venezuela, el pueblo, como Poder Constituyente y mediante sus representantes, se dio una Constitución, la de 1961. Esa Constitución establece que sólo puede ser reformada conforme a los dictados de ese Poder Constituyente, es decir, conforme a lo indicado en sus artículos 245 y 246, relativos a las enmiendas y a las reformas constitucionales.

La Constitución no prevé otro mecanismo de reforma general de su texto -esa es la expresión de la voluntad popular- distinto al procedimiento de reforma regulado en su artículo 246, que atribuye la iniciativa de la misma a los Senadores y Diputados del Congreso de la República, aprobada por las 2/3 partes de los mismos; su discusión y adopción a la Cámara del Senado y a la Cámara de Diputados como colegisladores, y su sanción definitiva mediante *referéndum aprobatorio,* es decir, votación popular con una mayoría de los sufragantes.

En esta forma, conforme a la Constitución, el pueblo, mediante sus representantes constituyentes, en 1961 determinó que la reforma general de dicho texto sólo se podía hacer en un proceso constituyente instituido donde el pueblo tiene que manifestarse en *dos formas:* mediante sus representantes, en el Congreso; y mediante un *referéndum aprobatorio* de la nueva Constitución.

La consecuencia de ello es que todo intento de efectuar una reforma constitucional apartándose del procedimiento constituyente antes indicado, constituiría una violación de la voluntad popular expresada en la Constitución. Esta no admite que se pueda reformar trastocándose la voluntad popular.

Un *referéndum aprobatorio,* como el regulado en la Constitución, después que el Congreso -que está constituido por representantes electos popularmente- adoptase la reforma constitucional, no podría ser sustituido en forma alguna por un *referéndum consultivo,* que no es más que eso, una consulta, regulada en la Ley Orgánica del Sufragio (art. 181). Nadie, ni siquiera poder constituido alguno, *tiene el poder,* conforme a la Constitución, para transformar un *referéndum consultivo* establecido en una Ley, en un procedimiento constitucional.

En tal sentido es que se ha planteado que mediante un *referéndum consultivo* convocado conforme a la Ley Orgánica del Sufragio, se podría consultar al pueblo sobre si quiere o no una Asamblea Constituyente para reformular el sistema político y sancionar una nueva Constitución, y que si la consulta arroja una votación favorable, ello bastaría para convocarla y atribuirle el Poder Constituyente. Siempre consideramos que ello no era posible constitucionalmente, pues para que la soberanía popular manifestada en un *referéndum consultivo* se materialice en la convocatoria de una Asamblea Constituyente, el *régimen de la Constituyente* tenía necesariamente que estar consagrado con rango constitucional. Es decir, sólo la Constitución podría establecer el carácter de dicha Asamblea (unicameral o bicameral); la forma de elección (uninominal, plurinominal, por cooptación, por representación corporativa); las condiciones de elegibilidad de los constituyentistas, las condiciones de postulación de los mismos (por firmas abiertas, por partidos políticos, por grupos de electores), la duración de su mandato y sus funciones y poderes, particularmente en relación con los Poderes Constituidos (Congreso, Corte Suprema de Justicia, Poder Ejecutivo, Poderes estadales, Poderes municipales).

En nuestro criterio, por tanto, siempre consideramos que no bastaba un *referéndum consultivo* para que pudiera convocarse una Asamblea Constituyente, pues el régimen de la misma no podía ser establecido por los Poderes Constituidos, ni por Ley del Congreso, ni por Decreto Ejecutivo.

El referéndum consultivo lo que significaría es, sólo, la manifestación de voluntad del pueblo dirigida al Poder Constituyente Instituido para que pudiera proceder a regular la Constituyente en la Constitución, y poder convocarla. Por consiguiente, el Poder Constituyente Instituido -como consecuencia de dicho mandato- debía ser el encargado de reformar la Constitución para regular la Constituyente, conforme al procedimiento previsto en el artículo 246; reforma que debe someterse a referéndum aprobatorio.

En consecuencia, consideramos que todo intento de convocar una Asamblea Constituyente, basado en una consulta popular (referéndum consultivo), sin que interviniera la representación popular recién electa constituida en el Congreso, y sin que interviniera el pueblo mediante un referéndum aprobatorio como Poder Constituyente Instituido, de acuerdo con la Constitución, sería una violación de la misma y, en consecuencia, del derecho ciudadano a su supremacía constitucional.

Por tanto, como se ha dicho, la Constitución no prevé que se pueda convocar una Asamblea Constituyente para reformar la Constitución conforme al artículo 4º del propio texto. Es cierto que esa norma señala que "la soberanía reside en el pueblo" pero agrega "quien la ejerce, mediante el sufragio, por los órganos del Poder Público". De ello resulta, como se ha dicho, que para que esta norma pudiera entrar en aplicación, era necesario que la Constitución misma regulase a la Asamblea Constituyente como un órgano del Poder Público, en ese caso del Poder Constituyente Instituido y, además, estableciera cuál es el régimen del sufragio para que el pueblo elija sus representantes en la Asamblea.

Por ello, estimamos siempre que un referéndum consultivo sobre la Constituyente no conducía a otra cosa que a materializar una manifestación de voluntad, por el pueblo soberano, constitutiva de un mandato político y popular dirigido a los órganos del Poder Público, particularmente al Poder Constituyente para que asumiera, conforme a la Constitución, su reforma para regular la Constituyente, es decir, para establecer el régimen de la Asamblea Constituyente como un mecanismo de reforma constitucional. Siempre consideramos que nadie más tenía el poder constitucional ni la competencia para regular dicho régimen, el cual no podía derivar de un referéndum consultivo, pues se distorsionaría el funcionamiento del Poder Constituyente Instituido que regula la Constitución.

Esto, incluso, deriva de los propios razonamientos de las sentencias *Referéndum Consultivo I y II*. En efecto, como se ha dicho, la sentencia *Referéndum Consultivo I* precisa con claridad, sobre el referéndum consultivo regulado en el artículo 181 de la Ley Orgánica del Sufragio y Participación Política, que:

> "Aún cuando el resultado de la decisión popular adquiere *vigencia inmediata*, (se refiere a la voluntad popular manifestada a través de la consulta), *su eficacia sólo procedería cuando, mediante los mecanismos legales establecidos,* se dé cumplimiento a la modificación jurídica aprobada".

Es decir, la consulta popular debe considerarse en forma inmediata como la manifestación del pueblo, (vigencia), pero conforme al criterio de la Corte, ello no basta para considerar que tiene eficacia si la consulta conduce a una reforma del ordenamiento jurídico, en cuyo caso, la eficacia de la manifestación de la voluntad popular sólo se produce cuando mediante los mecanismos legales o constitucionales se dé cumplimiento a la modificación jurídica aprobada en el referéndum consultivo. Un ejemplo aclara el planteamiento de la Corte: se puede convocar a un referéndum consultivo sobre el establecimiento de la pena de muerte en el país; ello tendría vigencia inmediata, como consulta popular, pero no tendría efectividad sino hasta tanto el Poder Constituyente Instituido reforme el artículo 58 de la Constitución que no sólo regula el derecho a la vida como inviolable, sino que prohíbe el establecimiento de la pena de muerte. En este sentido la eficacia del referéndum consultivo solo procedería cuando se hiciese la reforma constitucional; como lo dijo la Corte:

> "...siguiendo procedimientos ordinarios previstos en el orden jurídico vigente, a través de los órganos del Poder Público *competentes* en cada caso. Dichos órganos estarán en la obligación de proceder en ese sentido".

Por supuesto, las modificaciones al orden jurídico para hacer eficaz la voluntad popular manifestada en el referéndum, sólo pueden adoptarse por los órganos del Poder Público que tengan constitucional y legalmente *competencia* para hacer las reformas. Dicha competencia, en ningún caso, podría derivar del propio referéndum consultivo, a menos que se persiga delegar el Poder Constituyente Originario en un órgano de los Poderes Constituidos, lo que sería atentatorio con el principio democrático de la soberanía popular.

En la sentencia *Referéndum Consultivo II*, como ya se ha dicho, se insiste en este mismo argumento, pero específicamente referido al referéndum consultivo sobre la convocatoria a una Asamblea Constituyente, al destacarse que ello tiene especial transcendencia nacional

> "... en la medida en que los resultados de una consulta popular como la que se pretende, sería factor decisivo para que los Órganos *competentes* del Poder Público Nacional diseñen en los mecanismos de convocatoria y operatividad de una Asamblea a los fines propuestos; o para que, previamente, tomen la iniciativa de enmienda o de reforma que incluya la figura de una Asamblea de esta naturaleza".

En esta decisión, sin embargo, se abren dos posibilidades concretas para que el referéndum sobre la Asamblea Constituyente adquiera eficacia. En primer lugar, que los órganos competentes del Poder Público Nacional diseñen los mecanismos de convocatoria y operatividad de una Asamblea a los fines propuestos. En este caso, por supuesto, lo importante es determinar si algún órgano del Poder Público Nacional (Ejecutivo o Legislativo) tiene *competencia* para "diseñar los mecanismos de convocatoria y operatividad de una Asamblea Constituyente" a los fines de reformar la Constitución. La respuesta evidentemente que es negativa, pues conforme al ordenamiento jurídico vigente, ningún órgano del Poder Público tiene competencia para ello y menos aún cuando los mecanismos de convocatoria de una Asamblea Constituyente con seguridad comportan, modificaciones a la Constitución. Este sería el caso, por ejemplo, del establecimiento de un sistema puramente uninominal para la elección de los constituyentistas, lo que implicaría la reforma del artículo 113 de la Constitución que consagra el derecho político a la representación proporcional de las minorías.

Pero en segundo lugar, la sentencia *Referéndum Consultivo II* planteó la alternativa, como *consecuencia de la consulta popular* sobre la convocatoria de la Asamblea Constituyente, de que previamente los órganos del Poder Público Nacional (se refiere al Congreso) tomen la iniciativa de enmienda o de reforma de la Constitución que incluya la figura de la Asamblea Constituyente.

No se olvide que conforme al mencionado artículo 246 de la Constitución, la reforma constitucional una vez sancionada por las Cámaras como cuerpos colegisladores, se debe aprobar mediante *referéndum aprobatorio*. Ninguna norma autoriza en la Constitución, a cambiar dicho régimen por un *referéndum consultivo*, cuyo texto -el de la consulta- se formule sin una sanción previa por los representantes del pueblo en el Congreso, y que sea producto de la sola voluntad del Ejecutivo Nacional.

Nada, por tanto, impide que se convoque a un *referéndum consultivo* para consultar al pueblo sobre el tema de la convocatoria a una Constituyente; en cambio, en la Constitución, nada se regula para que una reforma constitucional se derive de una consulta popular, sin que su texto haya sido discutido y sancionado por las Cámaras que integran el Congreso y luego sancionado mediante *referéndum aprobatorio*.

La Corte Suprema de Justicia, sin embargo, ha señalado que las normas constitucionales relativas a la reforma constitucional no atan al Poder Constituyente manifestado mediante un referéndum consultivo, de lo que deriva la posibilidad de que mediante este se pueda estructurar otra vía para la reforma de la Constitución, mediante una Asamblea Constituyente, no prevista expresamente en ella.

2. *La interpretación de la Corte Suprema sobre el referéndum consultivo y la reforma constitucional*

Para llegar a esta conclusión, la Corte Suprema de Justicia, en la sentencia *Referéndum Consultivo I*, dedicó un Capítulo (V) a la "técnica interpretativa de la Ley Orgánica del Sufragio y Participación Política", cuyo artículo 181 fue objeto del recurso de interpretación intentado. Conforme al criterio de la Corte:

"Ello se circunscribe a determinar si de conformidad con dicha norma, puede convocarse a un referéndum consultivo, a los fines de determinar si corresponde a la voluntad popular que se convoque a Asamblea Constituyente".

Al precisar sus consideraciones sobre este tema, la Corte puntualizó que el "análisis interpretativo" que haría, "versa sobre la convocatoria a referéndum" y nada más; precisando que la interpretación que realizó no versa ni se refiere "a consulta plebiscitaria", sobre lo cual agregó:

"En realidad, si bien ambas figuras tienden a confundirse teóricamente, mientras el referéndum se refiere a un texto o proyecto, el plebiscito tiende a ratificar la confianza en un hombre o gobernante" (Cfr. Leclerq, Claude, *Institutions Politiques et Droit Constitutionnels,* París 3 ème Edition, pág. 137).

La Corte, en esta forma, deslindó los conceptos y precisó el mecanismo de participación política que regula el artículo 181 de la Ley Orgánica del Sufragio y Participación Política, que queda reducido a un referéndum consultivo, que como se ha dicho antes, tiene por objeto consultar la opinión del pueblo sobre una decisión, que, por supuesto, normalmente está plasmada, en proyecto por escrito. Por eso, la Corte señaló que el referéndum consultivo se refiere a un texto o proyecto, que es el que debe someterse a consulta.

En cuanto al plebiscito, no sólo se traduce en un voto de confianza "a un hombre o gobernante" como lo dijo la Corte, sino que su carácter nunca es consultivo sino decisorio, con el plebiscito se le pide al pueblo que decida; con el referéndum consultivo se le pide al pueblo su opinión sobre una decisión que debe adoptar el órgano del Poder Público que formula la consulta[4]. Hechas estas precisiones y anali-

---

[4] En la historia reciente debe recordarse el plebiscito convocado por el Presidente Marcos Pérez Jiménez, en noviembre de 1957, solicitando el pronunciamiento del pueblo con un sí o un no, para continuar en ejercicio de la Presidencia.

zado el artículo 181 de la Ley Orgánica del Sufragio y Participación Política, la Corte concluyó señalando que de dicha norma se desprende:

"la consagración jurídica de la figura del referéndum consultivo como mecanismo llamado a canalizar la participación popular en los asuntos públicos nacionales".

Al constatar que la duda planteada por los solicitantes del recurso de interpretación "viene fundamentalmente referida al aspecto sustancial del referéndum consultivo"; con el objeto de determinar:

"... si la materia objeto del mismo podría estar referida a la voluntad popular de reformar la Constitución mediante la convocatoria de una Asamblea Constituyente";

y luego de analizar las materias que conforme al artículo 181 de la Ley Orgánica del Sufragio y Participación Política no pueden someterse a referéndum, la Corte concluyó señalando que:

"... el principio general en materia de participación democrática radica en que la globalidad de los asuntos de especial trascendencia nacional puede ser consultado a través de este mecanismo".

Sin embargo, a renglón seguido, la Corte hizo el razonamiento ya referido anteriormente en varias oportunidades, de que el resultado del referéndum consultivo no tiene efectos de inmediato, sino:

"... sólo procedería cuando, mediante los mecanismos legales establecidos, se dé cumplimiento a la modificación jurídica aprobada".

Es decir, el referéndum consultivo sobre la convocatoria de una Asamblea Constituyente puede hacerse y adquiere vigencia, pero no sería eficaz para reformar la Constitución sino una vez regulada dicha Asamblea en la propia Constitución o en otro instrumento acorde con la consulta popular como mecanismo político del Poder Constituyente Instituido para hacer la reforma general.

Si bien el razonamiento lógico de la sentencia conduciría a la primera conclusión, la misma puede interpretarse también en el segundo sentido, dada la consideración que hizo sobre la distinción entre Poder Constituyente y Poderes Constituidos.

3. *Las precisiones de la Corte sobre el Poder Constituyente y los Poderes Constituidos*

En efecto, en el Capítulo relativo a la interpretación del artículo 181 de la Ley Orgánica del Sufragio y Participación Política, a renglón seguido de la consideración anterior sobre la eficacia de la consulta popular, la Corte Suprema en su sentencia *Referéndum Consultivo I* entró a realizar consideraciones sobre el Poder Constituyente, señalando lo siguiente sobre el Poder Constituyente Originario:

"El Poder Constituyente Originario se entiende como potestad primigenia de la comunidad política para darse una organización jurídica y constitucional. En este orden de motivos, la idea del Poder Constituyente presupone la vida nacional como unidad de existencia y de decisión. Cuando se trata del gobierno ordinario, en cualquiera de las tres ramas en que se distribuye su funcionamiento, estamos en presencia del Poder Constituido. En cambio, lo que organiza, limita y regula normativamente la acción de los poderes constituidos es función del Poder Constituyente. Este no debe confundirse con la competencia establecida por la Constitución para la reforma de alguna de sus cláusulas. La competencia de cambiar preceptos no esenciales de la Constitución, conforme a lo previsto en su mismo texto, es Poder Constituyente Instituido o Constituido, y aun cuando tenga carácter extraoficial, está limitado y regulado, a diferencia del Poder Constituyente Originario, que es previo y superior al régimen jurídico establecido".

Distinguió así la Corte, en su sentencia, tres conceptos esenciales del constitucionalismo moderno. En primer lugar, la del Poder Constituyente Originario el cual, a decir verdad, en los Estados Constitucionales estables solo se manifiesta una vez, al constituirse el Estado, como "potestad primigenia de la comunidad política para darse una organización jurídica y constitucional".

En ese caso, como lo dijo el Abate Sieyès el 20 de julio de 1789 ante el Comité Constitucional de la Asamblea revolucionaria,

"El poder constituyente todo lo puede... No se encuentra de antemano sometido a ninguna Constitución... Por ello, para ejercer su función, ha de verse libre de toda forma y todo control, salvo los que a él mismo le pudiera (plugiera) adoptar"[5].

Así concebido, el Poder Constituyente originario es *supra leges* y queda *legibus solutus*, fuera de toda limitación. Es un hecho que persiste al derecho que dicho poder crea y ordena en una Constitución.

Sin embargo, este Poder Constituyente Originario, en el mundo contemporáneo, es una mera representación histórica. Ese fue el que asumieron las Asambleas coloniales norteamericanas para crear, *ex novo,* Estados soberanos y ese fue el que asumió la Asamblea Nacional francesa con la Revolución, para transformar radicalmente el Estado francés. Así también fue el Congreso General de las Provincias de Venezuela, cuando organizó la Confederación de Venezuela en 1811 y antes, así fueron las manifestaciones de los Cabildos Capitales de las Provincias de la Capitanía General de Venezuela que adoptaron las Constituciones Provinciales.

Pero una vez constituidos los Estados modernos, el Poder Constituyente Originario, así concebido, difícilmente aparece de nuevo, salvo que sea como manifestación *fáctica,* producto de una revolución y, por tanto, de situaciones de hecho.

Por ello, no es frecuente que ni siquiera después de una ruptura constitucional en un país constituido, se active en forma absoluta e inmediata el Poder Constituyente Originario. Así resulta de la práctica constitucional de nuestro país donde, a pesar de las rupturas constitucionales, las Asambleas o Congresos Constituyentes de 1830, 1858, 1863, 1893, 1901, 1904, y 1946 nunca se conformaron *legibus solutus,* pues siempre tuvieron los límites derivados del principio republicano y de la conservación del ordenamiento jurídico precedente en todo lo no modificado por la nueva Constitución que se adoptaba.

En todos los casos, además, el Poder Constituyente originario se constitucionalizó al adoptarse la Constitución, y el principio de la representación democrática

---

[5] Véase la cita en Pedro De Vega, *La Reforma Constitucional y la Problemática del Poder Constituyente,* Madrid, 1988, pág. 28.

condicionó su ejercicio. Como lo ha destacado Pedro de Vega al comentar las ideas de Sieyès:

> "Al ser la Nación un ente abstracto, que sólo puede expresar su voluntad a través de representantes, la potestad constituyente sólo podrá actuarse a través del mecanismo de la representación. El poder constituyente deja de ser entonces el poder en el que el pueblo directamente participa, como titular indiscutible de la soberanía, para convertirse en el poder de las Asambleas en las que la Nación delega sin competencias"[6].

Esto condujo, incluso, a que en Europa se pasara inconvenientemente de la Soberanía Nacional a la Soberanía y absolutismo de los Parlamentos, principio que sigue rigiendo en la Constitución del Reino Unido (el de la Soberanía parlamentaria por delegación del pueblo).

Ahora bien, como principio, en el Estado Constitucional, una vez aprobada la Constitución, el Poder Constituyente Originario desaparece, se subsume en la Constitución, se constitucionaliza, y ese texto adquiere supremacía, regulándose usualmente el Poder Constituyente Instituido, como mecanismo para reformar o modificar la Constitución.

Distintos al Poder Constituyente Originario y al Poder Constituyente Instituido, son los Poderes Constituidos; estos son el producto de la voluntad del Poder Constituyente manifestada a través de la Asamblea, están sometidos esencialmente a la Constitución y no pueden modificarla.

Ahora bien, en cuanto al Poder Constituyente Instituido, es decir, el poder de modificar la Constitución, este es el resultado constitucional de la tensión que deriva de los dos principios señalados que son pilares del Estado Constitucional, ya comentados: el principio de la democracia representativa y el principio de la supremacía constitucional, y que se encuentra inserto en el constitucionalismo desde la primera Constitución de la República Francesa de 1791, que estableció:

> "La Asamblea Nacional constituyente declara que la Nación tiene el derecho imprescindible de cambiar su Constitución, sin embargo, considerando que es más conforme al interés nacional, usar únicamente por los medios expresados en la propia Constitución del derecho de reformar los artículos que, según la experiencia, se estime deben ser cambiados, establece que se procederá a ello por medio de una Asamblea de revisión"[7].

En consecuencia, es de la esencia del constitucionalismo moderno tanto el concepto de Poder Constituyente Originario como el de Poder Constituyente Instituido para reformar la Constitución, distintos al de los Poderes Constituidos, los cuales no pueden reformar la Constitución y se encuentran sometidos a ésta. Por ello, tiene razón la Corte Suprema cuando en la sentencia *Referéndum Consultivo I* expresa que:

---

[6] Véase Pedro De Vega, *op. cit* pág. 32

[7] Art. Primero, Título VII, Véase en Jacques Godechat (ed), *Les Constitutions de la France, depuis 1789*, París 1979, págs. 65-66.

"En este sentido, se observa que el hecho de estar enmarcado históricamente el Poder Constituyente en la normativa constitucional, no basta para entenderlo subrogado permanentemente al Poder Constituido.

Pretender lo contrario, o sea, que las facultades absolutas e ilimitadas que en un sistema democrático corresponden por definición a la soberanía popular puedan ser definitivamente abdicados en los órganos representativos constituidos, equivaldría, en palabras de BERLIA: "que los elegidos dejan de ser los representantes de la nación soberana para convertirse en los representantes soberanos de la nación". (Cfr. BERLIA, G. *"De la Compétence Constituante"* en *Revue de Droit Public,* 1945 p. 353, citado por Pedro DE VEGA en *La Reforma Constitucional y la Problemática del Poder Constituyente,* Editorial Tecnos, Madrid, 1985, p. 231)".

De ello resulta, por tanto, que el Poder Constituyente tanto Originario o Instituido no puede quedar subrogados a los Poderes Constituidos; y que si bien el Poder Constituyente Originario corresponde al pueblo, éste es el que, como tal, tiene facultades absolutas e ilimitadas; no así sus representantes electos en una Asamblea Constituyente, los cuales no pueden confundirse con el propio pueblo soberano, ni la Asamblea Constituyente puede ser comprendida en forma alguna con el Poder Constituyente Originario.

4. *El Poder Constituyente Instituido y la reforma constitucional*

Por último, en el Capítulo de la sentencia *Referéndum Consultivo I* relativo a la "técnica interpretativa de la Ley Orgánica del Sufragio y Participación Política", la Corte Suprema entró a hacer algunas consideraciones sobre la reforma constitucional confundiendo lamentablemente, el Poder Constituyente Instituido con los Poderes Constituidos. En efecto, la Corte señaló:

"Nuestra Carta Magna, no sólo predica la naturaleza popular de la soberanía sino que además se dirige a limitar los mecanismos de reforma constitucional que se atribuyen a los Poderes Constituidos, en función de constituyente derivado.

Así, cuando los artículos 245 al 249 de la Constitución consagran los mecanismos de enmienda y reforma general, está regulando los procedimientos conforme a los cuales el Congreso de la República puede modificar la Constitución. Y es por tanto, a ese Poder Constituido y no al Poder Constituyente, que se dirige la previsión de inviolabilidad contemplada en el artículo 250 ejusdem.

De allí, que cuando los poderes constituidos propendan a derogar la Carta Magna a través de "cualquier otro medio distinto del que ella dispone" y, en consecuencia, infrinjan el límite que constitucionalmente se ha establecido para modificar la Constitución, aparecería como aplicable la consecuencia jurídica prevista en la disposición transcrita en relación con la responsabilidad de los mismos, y en modo alguno perdería vigencia el Texto Fundamental."

Ante estas afirmaciones debe dejarse muy claramente establecido que conforme a la Constitución, es incorrecto decir que la reforma constitucional se atribuya a "los Poderes Constituidos, en función de poder constituyente derivado".

Al contrario, en la Constitución se distingue, con toda precisión, entre los Poderes Constituidos (de los cuales forman parte, en particular, a nivel nacional, el Congreso o a nivel estadal, las Asambleas Legislativas), y el Poder Constituyente Instituido para la reforma constitucional que no se puede confundir con aquellos. Una cosa es constatar que algunos Poderes Constituidos, en alguna forma, participen en el Poder Constituyente Instituido de reforma constitucional; y otra es decir que el Poder Constituyente Instituido de reforma constitucional se atribuye a los Poderes Constituidos, lo cual no es correcto.

En efecto, el Poder Constituyente Instituido para la reforma constitucional, conforme al artículo 246 de la Constitución, funciona como proceso complejo, con la participación de las siguientes instituciones: los representantes populares electos; las Cámaras Legislativas Nacionales; y el pueblo directamente mediante referéndum aprobatorio.

En efecto, en la reforma constitucional, por ejemplo, *primero,* deben participar los miembros del Congreso, es decir, los Senadores y Diputados electos. Son estos, a títulos de representantes populares individualmente considerados, los que pueden tener la iniciativa para la reforma constitucional, siempre que sumen al menos una tercera parte de los miembros del Congreso. En sentido similar la iniciativa de la reforma también puede partir de los diputados de las Asambleas Legislativas, considerados individualmente como representantes populares, siempre que adopten acuerdos en cada Asamblea, con no menos de dos discusiones, por la mayoría absoluta de los miembros de cada Asamblea, y siempre que se manifiesten la mayoría absoluta de las Asambleas Legislativas.

Segundo, en el Poder Constituyente Instituido también deben participar las Cámaras Legislativas, es decir, el Senado y la Cámara de Diputados, las cuales en sesión conjunta convocada con tres días de anticipación por lo menos, deben pronunciarse sobre la procedencia de la iniciativa, la cual solo será admitida por el voto favorable de las dos terceras partes de los presentes;

Tercero, una vez admitida la iniciativa, el proyecto respectivo se debe comenzar a discutir en la Cámara señalada por el Congreso, y se tramitará con la participación, en el Proceso Constituyente Instituido, de las dos Cámaras, según el procedimiento establecido en la Constitución para la formación de las Leyes, quedando excluidos los procedimientos de urgencia; y

Cuarto, por último, en el Poder Constituyente Instituido para la reforma constitucional, también participa el pueblo soberano al cual debe someterse el proyecto de reforma constitucional aprobado para que mediante referéndum aprobatorio, se pronuncie en favor o en contra de la reforma, de manera que la nueva Constitución se declarará sancionada si fuere aprobada por la mayoría de los sufragantes de la República.

Como se puede apreciar, por tanto, no es cierto que la Constitución atribuya al Congreso de la República (Poder Constituido) la potestad de poder modificar la Constitución; y tampoco es cierto que la reforma constitucional se atribuya a los Poderes Constituidos, en función de constituyente derivado; al contrario, se atribuye al Poder Constituyente Instituido en cuya formación participan, en un acto complejo, tanto los representantes electos popularmente considerados individualmente, como las Cámaras Legislativas Nacionales y el pueblo soberano mediante referéndum aprobatorio.

Siendo errada la premisa de la que parte la Corte al confundir el Poder Constituyente Instituido para la reforma constitucional con los Poderes Constituidos, en nuestro criterio, es igualmente errada la apreciación que formula en el sentido de que el artículo 250 de la Constitución sobre la inviolabilidad de la Constitución, solo estaría dirigido a los Poderes Constituidos y no al Poder Constituyente. Al contrario, mientras la Constitución esté vigente, el artículo 250 se aplica al Poder Constituyente Instituido para la reforma constitucional y es, conforme a los principios de la democracia representativa y de la supremacía constitucional, un freno a la aparición del Poder Constituyente originario, que solo podría manifestarse *de facto.*

Sin embargo, la Corte Suprema, en su sentencia *Referéndum Consultivo II,* continuó en su línea de razonamiento sobre el Poder Constituyente originario, no limitado y absoluto, señalando lo siguiente:

"Sin embargo, en ningún caso podría considerarse al Poder Constituyente originario incluido en esa disposición (art. 250), que lo haría nugatorio, por no estar expresamente previsto como medio de cambio constitucional. Es inmanente a su naturaleza de poder soberano, ilimitado y principalmente originario, el no estar regulado por las normas jurídicas que hayan podido derivar de los poderes constituidos, aún cuando éstos ejerzan de manera extraordinaria la función constituyente.

Esta, indudablemente, es la tesis recogida por el propio constituyente de 1961, el cual, consagró normas reguladoras de la reforma o enmienda de la Constitución dirigidas al Poder Constituido y a un tiempo, incluso desde el Preámbulo, la consagración de la democracia como sistema político de la nación, sin soslayar, coherentemente, el reconocimiento de la soberanía radicada directamente en el pueblo.

Ello conduce a un conclusión: la soberanía popular se convierte en supremacía de la Constitución cuando aquélla, dentro de los mecanismos jurídicos de participación decida ejercerla".

Tres aspectos deben destacarse de estos párrafos de la sentencia.

En *primer lugar,* la afirmación de que el Poder Constituyente no está regulado por las normas jurídicas que hayan podido emanar de los Poderes Constituidos. Ello es evidente y entendemos que nadie lo niega, pues sería contrario al principio de la soberanía popular. Sin embargo, una cosa es que el Poder Constituyente Originario no esté sometido a las normas jurídicas que puedan emanar de los Poderes Constituidos y otra es que el Poder Constituyente no este sometido a su propia obra, que es la Constitución. Lo primero nadie lo refuta, pero lo segundo es totalmente refutable pues sería contrario al principio de la supremacía constitucional. Una vez que en un país, el Poder Constituyente sanciona una Constitución, la constitucionalización del Estado y del orden jurídico implica que el texto es supremo y que, como lo afirmó la Corte en la misma sentencia "obliga tanto a los gobernantes como a los gobernados a someterse a ella" y los gobernados son, precisamente, el pueblo soberano que al sancionar la Constitución se autolimita y se somete a su propia norma. Como también lo dijo la Corte en el párrafo antes transcrito, es la soberanía popular la que se convierte en supremacía constitucional cuando aquélla lo decida a través de los mecanismos de participación previstos en el ordenamiento jurídico.

En consecuencia, no es cierto que en la Constitución de 1961, las normas reguladoras de la reforma constitucional estén sólo "dirigidas al Poder Constituido". Constituyen, sin duda, manifestaciones de la rigidez constitucional que proscribe que la Constitución pueda ser modificada mediante la legislación ordinaria adoptada a las Cámaras Legislativas como Poder Constituido, pero no puede decirse que sólo están dirigidas a los Poderes Constituidos. Al contrario, esencialmente regulan al Poder Constituyente Instituido y constituyen una autolimitación que el Poder Constituyente Originario se ha impuesto.

Por ello, insistimos, la conclusión que se formula en el último de los párrafos transcritos de la sentencia es precisamente la manifestación de la autolimitación mencionada del Poder Constituyente Originario: la soberanía popular (Poder Constituyente Originario) se convierte en supremacía de la Constitución cuando aquélla (soberanía popular, Poder Constituyente Originario) dentro de los mecanismos jurídicos de participación decida ejercerla (la soberanía popular).

Y así, efectivamente, cuando se sancionó la Constitución de 1961 el Congreso constituyente en representación de la soberanía popular, decidió ejercerla, y convertir el proceso de reforma constitucional, en supremacía constitucional.

En *segundo lugar,* debe mencionarse, de nuevo, la afirmación de la Corte de que los Poderes Constituidos pueden ejercer "de manera extraordinaria la función constituyente". Ello, se insiste, es incorrecto. De acuerdo con la Constitución, las Cámaras Legislativas como Poderes Constituidos, jamás ejercen ni ordinaria ni extraordinariamente la función constituyente. Participan en el Poder Constituyente Instituido, como también participa el pueblo soberano al aprobar mediante referéndum aprobatorio la reforma constitucional. Pero de allí a atribuirle a los Poderes Constituidos la función constituyente hay una gran distancia.

En *tercer lugar,* debe destacarse la referencia que hizo la Corte al Preámbulo de la Constitución, como consagratorio de la democracia como sistema político de la nación, con el reconocimiento de la soberanía radicada directamente en el pueblo. Ello llevó a la sentencia a dedicarle un Capítulo (VI) al "Preámbulo de la Constitución", particularmente por lo que se refiere a la declaración relativa al orden democrático "como único e irrenunciable medio de asegurar los derechos y la dignidad de los ciudadanos". El Preámbulo, sin duda, constituye expresión de un "proyecto político nacional", que es el de la democracia *representativa* plasmado en el artículo 4 del Texto Constitucional, la cual siempre debe conciliarse con el principio de la supremacía constitucional que informa todo el articulado de la Constitución.

Finalmente, de nuevo debe hacerse particular referencia al último párrafo de la cita anterior de la sentencia, *Referéndum Consultivo I,* donde se afirma, con razón, que "la soberanía popular se convierte en supremacía de la Constitución cuando aquélla, dentro de los mecanismos jurídicos de participación, decida ejercerla".

De ello deriva, en *primer lugar*, el principio de autolimitación del Poder Constituyente Originario cuando adopta la Constitución, y convierte la soberanía popular en supremacía constitucional, lo que implica que el pueblo soberano debe también regirse por la Constitución que él mismo ha adoptado. En consecuencia, la Constitución de 1961 rige incluso para el pueblo, que es quien se ha impuesto la autolimitación de que la misma sea reformada, con su directa participación (referéndum aprobatorio), en el Poder Constituyente Instituido.

Pero en *segundo lugar,* el mencionado párrafo de la sentencia permite que en caso de que la soberanía popular se manifieste mediante los mecanismos jurídicos de participación, como un referéndum consultivo, a través del mismo pueda instituirse otra forma de reforma constitucional, cediendo allí el principio de la supremacía constitucional frente a la soberanía popular.

Este, en definitiva, fue el punto medular de la solución política que el máximo órgano jurisdiccional dio al conflicto que estaba planteado entre soberanía popular y supremacía constitucional: aún cuando la Constitución no regula expresamente la Asamblea Constituyente como Poder Constituyente Instituido para la reforma constitucional, la misma puede ser convocada como resultado de una consulta popular realizada mediante referéndum consultivo regulado en la Ley Orgánica del Sufragio y Participación Política; convirtiéndose entonces la soberanía popular, de nuevo, en supremacía constitucional.

5. *La consulta popular sobre la convocatoria a la Asamblea Constituyente como derecho inherente a la persona humana.*

Por último, debe hacerse mención al Capítulo VII de la sentencia *Referéndum Consultivo I,* en el cual la Corte se refirió, al "derecho a la participación" a los efectos de considerar que conforme al artículo 50 de la Constitución, el derecho a la consulta popular sobre la convocatoria al pueblo para una Asamblea Constituyente, es un derecho no enumerado o implícito, inherente a la persona humana.

Esta conclusión de la Corte deriva de la integración de la laguna constitucional originada en la no enumeración expresa de tal derecho, considerando en general, que:

"El referéndum previsto en la Ley Orgánica del Sufragio y Participación Política, es un derecho inherente a la persona humana no enumerado, cuyo ejercicio se fundamenta en el artículo 50 de la Constitución".

Esta declaración de la Corte, sin duda, debe celebrarse porque es una muestra más de la progresión en la consagración de los derechos fundamentales, vía la aplicación del artículo 50 de la Constitución. Sin embargo, derivar que el derecho a la participación política es un derecho inherente a la persona humana quizás sea una exageración, porque no se trata de un derecho personal o individual, sino político o institucional. En realidad, puede decirse que la participación es de la esencia de la democracia por lo que la consulta popular, solo establecida recientemente en el artículo 181 de la Ley Orgánica del Sufragio y Participación Política, perfectamente puede considerarse como un derecho político inherente al ciudadano venezolano.

Por ello, sin duda, para que quede reconocido el derecho a la participación y para realizar un referéndum consultivo conforme al artículo 181 de la Ley Orgánica del Sufragio, no era ni es necesario realizar reforma constitucional alguna.

Ahora bien, la Corte, en su sentencia, considerar el referéndum como un derecho inherente a la persona humana, señaló que:

"Ello es aplicable, no sólo desde el punto de vista metodológico sino también ontológicamente, ya que si se considerara que el derecho al referendo constitucional depende de la reforma de la Constitución vigente, el mismo estaría supeditado a la voluntad del poder constituido, lo que pondría a éste por encima del poder soberano. La falta de tal derecho en la Carta Fundamental tiene que interpretarse como laguna de la Constitución, pues no podría admitirse que el poder soberano haya renunciado *ab initio* al ejercicio de un poder que es obra de su propia decisión política".

De este párrafo, sin embargo, de nuevo surge la observación que hemos ya efectuado: la reforma constitucional prevista en la Constitución no se atribuye al Poder Constituido como impropiamente se afirma, sino al Poder Constituyente Instituido en cuya conformación participan las Cámaras Legislativas, pero también participa el pueblo directamente mediante referéndum aprobatorio.

Por lo demás, y salvo esta precisión, la conclusión del párrafo es evidente: conforme al criterio de la Corte no es necesaria reforma constitucional alguna para que se pueda reconocer como derecho constitucional al referendo o la consulta popular sobre la convocatoria al pueblo para una Asamblea Constituyente. En realidad, ese no es ni era el problema; este resulta de la secuela de la consulta popular.

En efecto, una vez efectuado el referéndum consultivo, que conforme al artículo 182 de la Ley Orgánica del Sufragio y Participación Política deben contener:

"la formulación de la pregunta en forma clara y precisa, en los términos exactos en que será objeto de la consulta, de tal manera que pueda contestarse con un "si" o un "no";

y si la mayoría (que habría que determinar si es sobre los electores o inscritos en el Registro Electoral o los votantes efectivos) la obtiene el "si" para la convocatoria a la Asamblea Constituyente como lo ha dicho la Corte en las dos sentencias analizadas, ello tendría "vigencia inmediata" en cuanto a mandato popular obligatorio para los órganos del Estado. Ese mandato popular, sin embargo, en sí mismo no tendría eficacia, como lo afirmó la Corte en la sentencia *Referéndum Consultivo I,* sino

"... cuando, mediante los mecanismos legales establecidos, se dé cumplimiento a la modificación jurídica aprobada. Todo ello siguiendo *procedimientos ordinarios previstos en el orden jurídico vigente,* a través de los órganos del Poder Público *competentes* en cada caso"

He aquí el problema jurídico, que queda por resolver y que dependerá de la forma cómo se haga la consulta popular o de la manera que se manifiesta la voluntad popular. Una vez que el pueblo, mediante el referéndum consultivo, se manifieste a favor de la convocatoria de una Asamblea Constituyente, vendría ineludiblemente la tarea de establecer formalmente el régimen de la misma por los órganos del Poder Público Nacional *con competencia* para ello, los cuales deben, obligatoriamente, mediante los mecanismos legales *establecidos,* dar cumplimiento a la modificación jurídica aprobada en el referéndum.

Sin embargo, en el ordenamiento constitucional y legal vigente no hay atribución de competencia alguna, a órgano alguno del Poder Público Nacional, para establecer el régimen de una Asamblea Constituyente con poder para reformar la Constitución por una vía distinta a la de los artículos 245 y 246 de la Constitución.

Ese régimen no podría establecerse ni por una Ley del Congreso ni por un Decreto del Presidente de la República, salvo que en la consulta popular se pregunte expresamente sobre los diversos elementos que configuran dicho régimen (carácter, número de miembros, forma de elección, condiciones de elegibilidad, duración, mandato acorde con la Constitución vigente) y sobre el órgano del Poder Público que debe regular la Constituyente. Sin embargo, en dicho régimen no se podrían establecer condiciones de elegibilidad de los constituyentistas distintos a los previstos en el artículo 112 de la Constitución; ni un sistema electoral totalmente uninominal, por ejemplo, que no garantice el derecho a la representación proporcional de las minorías como lo prevé el artículo 113 de la Constitución.

Para establecer un régimen de esa naturaleza, indudablemente que en la Constitución, la competencia la tiene el Poder Constituyente Instituido para la reforma constitucional conforme al artículo 246 de la Constitución.

Precisamente, por este escollo jurídico, quizás, la sentencia *Referéndum Consultivo II*, expresamente se refirió a las dos vías que se abren para hacer efectivo el referéndum consultivo sobre la convocatoria a una Asamblea Constituyente:

La primera, es que "los órganos *competentes* del Poder Público Nacional diseñen los mecanismos de convocatoria y operatividad de una Asamblea Constituyente", por supuesto, conforme a los términos de la consulta. Para que esta primera vía sea factible, tendría que existir en el ordenamiento jurídico la atribución de *competencia* a algún órgano del Poder Público Nacional para establecer el régimen de una Constituyente para modificar la Constitución en una forma distinta a la prevista en los artículos 245 y 246 de la Constitución, y esa atribución no existe. La única posibilidad que quedaría, sin embargo, desde el punto de vista jurídico-constitucional, sería que en la propia consulta popular no sólo se formularan las preguntas sobre el régimen de la Constituyente, sino se inquiriera al pueblo sobre el órgano del Poder Público que debe formalizar ese régimen, y siempre que el mismo no implique modificaciones a la Constitución vigente.

La segunda, como alternativa, es que previamente a la convocatoria efectiva de la Asamblea Constituyente, los órganos del Poder Público Nacional "tomen la iniciativa de enmienda o de reforma que incluya la figura de una Asamblea Constituyente"; lo cual resultaría necesario si el régimen de la Constituyente implicase reformas a la misma Constitución (por ejemplo, conforme a lo señalado, a los artículos 112 y 113).

La Corte, en definitiva, lo que resolvió fue la constitucionalidad del referéndum consultivo sobre la convocatoria de una Asamblea Constituyente, pero no resolvió expresamente la constitucionalidad de su convocatoria sin que se establezca previamente su régimen mediante una reforma constitucional.

Sin embargo, todos los argumentos de la motivación de las sentencias apuntan a que, dependiendo cómo se haga la consulta popular, se legitime posteriormente el instrumento político de la Asamblea Constituyente convocada para reformar la Constitución, incluso sin que se produzca una reforma constitucional previa.

SECCIÓN TERCERA:

EL FRAUDE A LA CONSTITUCIÓN: LA INICIATIVA PRESIDENCIAL PARA LA CONVOCATORIA A LA ASAMBLEA NACIONAL CONSTITUYENTE (DECRETO N° 3 DEL 02-02-99) Y SUS VICIOS (1999)

El siguiente es el estudio redactado en febrero de 1999 sobre los vicios de inconstitucionalidad e ilegalidad que afectaban el Decreto presidencial N° 3 del 2 de febrero de 1999 sobre convocatoria al referendo consultivo para una Asamblea Nacional Constituyente, al margen de la Constitución entonces vigente de 1961.

I. LA INICIATIVA PRESIDENCIAL PARA REALIZAR EL REFERÉNDUM SOBRE LA CONVOCATORIA DE UNA ASAMBLEA CONSTITUYENTE

Después que la Corte Suprema de Justicia en Sala Político Administrativa, mediante sentencias de 19 de enero de 1999, abrió el camino para la estructuración de una tercera vía para reformar la Constitución, distinta a la Reforma General y la Enmienda previstas en sus artículos 245 y 246, como consecuencia de una consulta popular para convocar una Asamblea Constituyente; todo el país estaba preparado para que el Presidente de la República, o el Congreso de la República, o ambos órganos del Poder Público, elaboraran el conjunto de preguntas que son necesarias e indispensables para que, mediante un referéndum consultivo, se pudiese elaborar el régimen de la Asamblea Constituyente como resultado, precisamente, de la consulta popular.

La discusión sobre si era necesaria o no una reforma constitucional previa para convocar la Asamblea Constituyente, sin duda, cesó con las sentencias de la Corte; y se trasladó a otros dos aspectos: quién tomaría la iniciativa de convocar al referéndum consultivo sobre la convocatoria de la Asamblea Constituyente: el Congreso o el Presidente de la República; y cuál sería el texto de la consulta popular para que el régimen de la Constituyente fuera el producto del Poder Constituyente Originario, es decir, de la manifestación de voluntad del pueblo a través de la consulta popular.

Pronto estos aspectos de la discusión serían enfrentados: el Presidente de la República, el día 02 de febrero de 1999, dictó el Decreto N° 3 mediante el cual tomó la iniciativa de decretar "la realización de un referendo para que el pueblo se pronuncie sobre la convocatoria de una Asamblea Nacional Constituyente" (art. 1). En esta forma, el primer aspecto de la discusión había sido resuelto, y el Congreso ni siquiera tuvo tiempo de comenzar a discutir el tema. Es decir, el Presidente de la República asumió la iniciativa de convocar al referendo; lo que por supuesto no descartaba que el Congreso pudiera también convocar otro referendo o sumarse al convocado por el Presidente.

Pero el segundo punto de la discusión no fue resuelto, pues conforme al criterio de las sentencias de la Corte Suprema de Justicia, el Poder Constituyente Originario para crear una Asamblea Constituyente con el objeto de reformar la Constitución, mediante un referéndum consultivo, debía pronunciarse sobre los diversos aspectos que deben configurar el régimen de la Asamblea Constituyente. Sin embargo, el Decreto N° 3 del 02-09-99 no satisfizo estas exigencias y, al contrario, omitió toda referencia al régimen de la Constituyente, sustituyendo este aspecto por una solicitud al pueblo de delegación al propio Presidente de la República para regular sólo "las bases del proceso comicial" en el que se elegirán los integrantes de la Asamblea Nacional Constituyente.

Por otra parte, es indudable que después de las sentencias de la Corte Suprema, el carácter de la Constituyente había quedado delineado: de acuerdo a las mismas, se trataba de un nuevo medio de reforma constitucional, distinto a los previstos en la Constitución de 1961 (art. 245 y 246), que podía derivarse de una consulta al pueblo, es decir, de una manifestación de la soberanía popular. Conforme a ello, la Asamblea Constituyente tenía que actuar con sujeción a la Constitución de 1961, hasta que este texto fuese sustituido por uno nuevo, producto, precisamente de la actividad de la Asamblea; por lo que la Asamblea Constituyente convocada bajo el marco de la Constitución de 1961 luego de un referéndum consultivo, no podía tener otras funciones que las de elaborar una nueva Constitución producto del pacto político-social-constitucional a que llegara la Asamblea.

Este carácter de la Asamblea Nacional Constituyente, que después de las sentencias de la Corte Suprema no estaba en discusión, sin embargo, ha vuelto a ser tema de debate, por la redacción del Decreto N° 3 que concibe a la Asamblea Constituyente como un órgano del Estado para "transformar el Estado y crear un nuevo orden jurídico que permita el funcionamiento efectivo de una democracia social y participativa" (art. 3, Primera); es decir, un órgano con poderes imprecisos e ilimitados.

El Decreto N° 3 de 02-02-99, en todo caso, es de los textos más importantes y polémicos de este tiempo contemporáneo de Venezuela; razón por la cual debe ser analizado con detenimiento.

II. NATURALEZA Y FUNDAMENTOS DEL DECRETO N° 3 DE 02-02-99

Debe señalarse, ante todo, que el Decreto N° 3 de 02-02-99, tiene su fundamento único y exclusivo, "en el artículo 181 de la Ley Orgánica del Sufragio y Participación Política, en concordancia con los artículos 182, 185 y 186, ejusdem".

Por tanto, sin la menor duda, se trata de un acto administrativo de rango sublegal que, como todo acto administrativo, es dictado en ejecución directa de disposiciones legales, en este caso, de la Ley Orgánica del Sufragio y Participación Política y particularmente de los citados artículos 181, 182, 185 y 186, que regulan los referendos consultivos.

En primer lugar, debe señalarse que el artículo 181 de la Ley Orgánica limita el referéndum que allí se regula a la categoría de *referéndum consultivo,* es decir, aquél que tiene por objeto "*consultar* a los electores sobre decisiones de especial trascendencia nacional". En consecuencia, conforme a la Ley Orgánica del Sufragio y Participación Política, no se pueden convocar referendos aprobatorios, revocatorios o decisorios sino solamente consultivos, es decir, para consultar a los electores.

La actividad consultiva, por supuesto, siempre es de carácter previo a la toma de una decisión que necesariamente se adopta por otro órgano del Estado, diferente al consultado. Incluso, en los casos de consultas obligatorias (pues las puede haber facultativas) o que sean vinculantes (pues las puede haber no vinculantes) el ente que emite o evacúa la consulta nunca es el que decide, sino quien decide es la entidad que requiere la consulta, es decir, la consultante.

En consecuencia, estando el Decreto N° 3 fundamentado en el artículo 181 de la Ley Orgánica del Sufragio y Participación Política, el referendo que se puede convocar conforme al mismo no podría ser otro que un referendo consultivo, de consulta a la población, en este caso, sobre la convocatoria de una Asamblea Constituyente; que no podría implicar, en sí mismo, la adopción de una decisión directamente por el pueblo de convocar la Asamblea. La consulta en lo que puede consistir es en la obtención de la opinión del pueblo sobre la convocatoria de la Asamblea; convocatoria que corresponde ser decidida por el órgano que ejerce la iniciativa de convocar al referendo para efectuar la consulta, es decir, en este caso, el Presidente de la República en Consejo de Ministros. Sin embargo, como se analizará más adelante, el Decreto N° 3 lejos de convocar un referendo consultivo, lo que ha hecho es convocar un referendo decisorio o plebiscito no previsto en el ordenamiento jurídico y que en definitiva es de imposible ejecución pues la institución que se pretende hacer convocar no existe.

En cuanto al artículo 182 de la Ley Orgánica del Sufragio y Participación Política que se cita en el fundamento del Decreto N° 3, este establece los requisitos que debe contener la convocatoria al referendo, y que son los siguientes:

"1. Formulación de la pregunta en forma clara y precisa, en los términos exactos en que será objeto de la *consulta*, de tal manera que pueda contestarse con un "si" o un "no"; y

2. Exposición breve de los motivos acerca de la justificación y propósito de la consulta".

En consecuencia, el Decreto de convocatoria a la celebración de un referendo necesariamente debe contener una "exposición de motivos, acerca de la justificación y propósito de la consulta", y la pregunta debe formularse en forma clara y precisa, en los términos exactos en que será objeto de la *consulta*, de tal manera que pueda contestarse con un "si" o un "no".

De nuevo, aquí, la Ley Orgánica es precisa y exacta al referirse al carácter consultivo, no decisorio, ni aprobatorio, ni revocatorio del referendo regulado en ella, lo cual tiene que condicionar el carácter de la pregunta que se formula, que tiene que ser sobre una decisión que el órgano consultante debe adoptar de acuerdo con la opinión del pueblo, lo que implica que la pregunta tiene que formularse acorde con el carácter consultivo. Ello excluye cualquier forma de pregunta concebida en sí misma como una decisión.

En el caso de la consulta sobre la convocatoria de una Asamblea Nacional Constituyente, las preguntas tendrían que ser formuladas de manera de, efectivamente, consultar, es decir, de conocer la opinión del pueblo sobre una decisión que corresponde tomar al ente consultante; y no podrían, en sí mismas, configurarse como una decisión adoptada directamente por el pueblo. La Ley Orgánica, que regula los referendos consultivos, simplemente no permite la figura del referendo decisorio y, ni siquiera, de carácter aprobatorio. Sin embargo, como se analizará más adelante, el Decreto N° 3 no convoca a un referendo consultivo, sino a un referendo decisorio o plebiscitario, contrariando lo establecido en la Ley Orgánica.

El Decreto también invoca como fundamento, al artículo 185 de la Ley Orgánica que estable las materias que no pueden someterse a referendos nacionales, y que son:

"1. Presupuestarias, fiscales o tributarias;
2. Concesión de amnistía o indultos;
3. Suspensión o restricción de garantías constitucionales; supresión o disminución de los derechos humanos;
4. Conflictos de poderes que deban ser decididos por los órganos judiciales;
5. Revocatoria de mandatos populares, salvo lo dispuesto en otras leyes; y
6. Asuntos propios del funcionamiento de algunas entidades federales o de sus municipios"

Es decir, esta norma a lo que se destina es a enumerar las materias que no pueden ser sometidas a referendos nacionales que, por supuesto, se entiende que son los referendos consultivos que regula la Ley Orgánica. En dicha enumeración, por supuesto, no está la consulta popular sobre la convocatoria de una Asamblea Constituyente, la cual puede perfectamente realizarse, y así quedó precisado por las sentencias de la Corte Suprema de Justicia.

Por último, el Decreto también hace referencia al artículo 186 de la Ley Orgánica que precisa las situaciones excepcionales en las cuales no pueden celebrarse referendos y que son, primero, durante la vigencia del Decreto que declare el estado de emergencia; segundo, durante la vigencia del Decreto de suspensión o restricción de garantías constitucionales; y tercero, durante la vigencia del Decreto que se dicte para evitar graves trastornos del orden público, previstos en los artículos 240, 241 y 244 de la Constitución. Ninguna de estas situaciones se da actualmente a nivel nacional, de manera que pudiera impedir la realización de un referéndum consultivo; quedaría, sin embargo, como tema de discusión la situación de suspensión o restricción de garantías constitucionales en áreas fronterizas.

Las anteriores normas legales son, por tanto, la base legal del acto administrativo dictado por el Presidente de la República en Consejo de Ministros contenido en el Decreto N° 3.

III. LA CONVOCATORIA A UN REFERÉNDUM DECISORIO (PLEBISCITO) Y AUTORIZATORIO Y LA VIOLACIÓN DE LA LEY ORGÁNICA DEL SUFRAGIO Y PARTICIPACIÓN POLÍTICA

Tal como se ha dicho, la Ley Orgánica del Sufragio y Participación Política establece y regula la figura del referéndum consultivo, y ello fue así, a iniciativa de la Comisión Presidencial para la Reforma del Estado y como consecuencia de los estudios que se habían hecho sobre el tema de la participación política con motivo del Proyecto de Reforma Constitucional que se discutió en el Congreso hace ocho años.

La Ley Orgánica, en todo caso, sólo reguló un tipo de referendo, el referendo consultivo que como su nombre lo indica, tiene por objeto *consultar* al pueblo soberano sobre una decisión que debe adoptar un órgano del Poder Público. No se trata, por tanto, de un referéndum aprobatorio que consiste en la aprobación popular, mediante referéndum, de una decisión estatal ya adoptada, como es el caso de la previsión del artículo 246 de la Constitución que regula el referéndum aprobatorio por la mayoría de los sufragantes, de la reforma general de la Constitución una vez que sea sancionada por las Cámaras Legislativas. Tampoco se trata de un referéndum decisorio, en el cual es el pueblo soberano a través del referéndum el que adopta una decisión. En la terminología constitucional, el referéndum decisorio equivale al Plebiscito, que en definitiva es la manifestación de voluntad popular decisoria sobre una situación jurídica.

Se insiste, en la Ley Orgánica sólo se regula el referéndum consultivo, lo que implica que la consulta popular que conforme a la misma puede hacerse, en primer lugar, es de carácter facultativo, no obligatoria, por no disponerlo así norma alguna del ordenamiento; y en segundo lugar, aún cuando puede considerarse como vinculante desde el punto de vista político, no lo es desde el ángulo estrictamente jurídico, por no disponerlo así norma alguna del ordenamiento.

Como actividad consultiva, la consulta popular que se realice mediante referéndum siempre es previa a la adopción de una decisión por parte del órgano del Estado consultante, el cual tiene que tener competencia para adoptar esa decisión.

Ahora bien, en el caso del referéndum consultivo sobre la convocatoria de la Asamblea Constituyente, como se ha señalado, y de acuerdo con la doctrina de la Corte Suprema de Justicia sentada en las sentencias de 19-01-99, se trata de una tercera vía para la reforma constitucional, distinta a las previstas en los artículos 245 y 246 de la Constitución, que se puede convocar siempre que se consulte previamente la soberanía popular mediante el referéndum consultivo previsto en la Ley Orgánica del Sufragio y Participación Política. La iniciativa para realizar el referéndum la tienen, tanto el Presidente de la República en Consejo de Ministros como el Congreso de la República, y la competencia para convocar la Asamblea, si la consulta popular es favorable a ello, resultará de la misma consulta popular, según las preguntas que deben hacerse al pueblo.

Ahora bien, en contraste con ese carácter y régimen legal, el referéndum cuya realización ha decretado el Presidente de la República conforme al Decreto Nº 3 "para que el pueblo se pronuncie sobre la convocatoria de una Asamblea Nacional Constituyente" (art. 1), no se ajusta a las disposiciones de la Ley Orgánica del Sufragio y Participación Política; y ello no por lo dispuesto en el artículo 1º del Decreto, cuyo texto es impecable jurídicamente como consulta sobre la convocatoria a una Asamblea Nacional Constituyente; sino por lo dispuesto en las preguntas contenidas en el artículo 3º del Decreto.

En efecto, esta norma, en relación con la Primera Pregunta establece:

"Art. 3º. El instrumento electoral contendrá las siguientes preguntas que serán contestadas con un "si" o un "no":

PRIMERA: ¿*Convoca usted* una Asamblea Nacional Constituyente con el propósito de transformar el Estado y crear un nuevo ordenamiento jurídico que permita el funcionamiento efectivo de una Democracia Social y Participativa?".

Por ahora interesa referirnos sólo a la forma cómo se ha formulado la pregunta, que lejos de ser una consulta al pueblo sobre una decisión que luego ha de adoptar un órgano del Poder Público, conlleva a que sea el mismo pueblo el que adopte la decisión en si misma.

En efecto, la pregunta es ¿*Convoca usted* una Asamblea Nacional Constituyente.....?; lo que significa que responder con un "si", es decidir convocar la Asamblea; es decir, no se trata de dar un voto favorable para que se la convoque, sino convocarla directamente. Por tanto, con la pregunta lo que se persigue es que sea el pueblo, directamente, mediante un referéndum que ya no es consultivo, sino decisorio o plebiscitario, el que convoque la Asamblea Nacional Constituyente.

Lo mismo puede decirse respecto de la forma como también se formuló la segunda pregunta del referéndum en el artículo 3º del Decreto Nº 3:

> SEGUNDA: ¿*Autoriza usted* al Presidente de la República para que mediante un acto de gobierno fije, oída la opinión de los sectores políticos, sociales y económicos, las bases del proceso comicial en el cual se elegirán los integrantes de la Asamblea Nacional Constituyente?

En este caso, por la pregunta ¿*Autoriza usted* al Presidente de la República...? tampoco se está en presencia de un referéndum consultivo, sino de un referéndum "autorizatorio", que tampoco prevé ni regula el ordenamiento jurídico. En ese caso, responder con un "si" significa autorizar al Presidente de la República para que haga algo para lo cual no tiene competencia constitucional y sería contrario al derecho de participación que la Corte Suprema reconoció como inherente a la persona humana, para admitir la realización del referéndum sobre la convocatoria de la Asamblea Constituyente. Por otra parte, la expresión utilizada en la pregunta de autorizar al Presidente para que fije mediante un *acto de gobierno* las bases del proceso comisial, implica darle rango constitucional a la propia respuesta al referéndum, en caso de que sea por el "si", lo cual sólo podría ocurrir si es formulada por la mayoría absoluta del electorado, lo cual no está regulada.

En todo caso, ni un referendo decisorio ni un referendo autorizatorio están previstos en la Ley Orgánica del Sufragio y Participación Política que fue el texto que interpretó la Corte Suprema de Justicia al abrir la posibilidad de una tercera vía de reforma constitucional no prevista expresamente en la Constitución, por lo que las preguntas mencionadas, tal y como están redactadas, no se ajustan a lo dispuesto en los artículos 181 y siguientes de la Ley Orgánica del Sufragio y Participación Política.

Por otra parte, debe destacarse que para que un referéndum decisorio, plebiscitario o autorizatorio pudiera tener validez, como decisión del pueblo soberano, tiene que determinarse que al menos la mayoría de los ciudadanos inscritos en el Registro Electoral como votantes del país se pronuncie favorablemente para que pueda considerarse que el pueblo ha decidido o autorizado algo mediante el referéndum.

IV. LA INEFICACIA DE UN REFERENDO DECISORIO O AUTORIZATORIO POR NO EXISTIR REGULACIÓN ALGUNA DE LA MAYORÍA REQUERIDA PARA QUE LA DECISIÓN POPULAR SE CONSIDERE ADOPTADA

En efecto, debe señalarse que la Ley Orgánica del Sufragio y Participación Política, al regular el referendo consultivo, no prevé mayoría alguna para que se pueda considerar como favorable la consulta que se formule, precisamente porque se trata de una consulta. La votación en la misma puede resultar, incluso, con una alta abstención, pero como se trata de una consulta, en realidad no importa que un porcentaje bajo de las votantes inscritos en el Registro Electoral sea el que en definitiva se pronuncie.

Ello, sin embargo, no podría ocurrir en un referendo decisorio o autorizatorio, es decir, en un plebiscito, en el cual para que una decisión pueda considerarse adoptada directamente por el pueblo como soberano, al menos tiene que pronunciarse favorablemente sobre la decisión más de la mitad de los votantes inscritos en el Registro Electoral. Por ello, por ejemplo, el referéndum aprobatorio que regula el artículo 246 de la Constitución, respecto de la reforma constitucional, con razón exige que sea "aprobada por la mayoría de los sufragantes de toda la República".

En el caso del ilegal referendo decisorio o autorizatorio que se decreta realizar en el Decreto N° 3 del 02-02-99, el mismo no puede tener efecto jurídico alguno, pues no se prevé qué mayoría se requiere para que tenga valor, ya que dicha figura no tiene regulación en el ordenamiento jurídico venezolano. Es decir, sea cual sea la votación favorable que pueda tener la respuesta al "si", no habría forma alguna de determinar si la decisión fue adoptada o no por el pueblo soberano ya que no está establecido de antemano cual es la mayoría de votos requerida para que la decisión popular se entienda como tomada.

V. LA INCONSTITUCIONALIDAD DE LA ASAMBLEA NACIONAL CONSTITUYENTE QUE SE PRETENDE CONVOCAR CON UN REFERENDO DECISORIO CON PODERES IMPRECISOS E ILIMITADOS

Hemos señalado que conforme a las sentencias de la Corte Suprema de Justicia de 19-01-99, ésta ha admitido que mediante la realización de un referendo *consultivo* sobre la convocatoria a una Asamblea Constituyente, se puede disponer de un mecanismo político para reformar la Constitución, distinto a los instrumentos previstos en sus artículos 245 y 246.

Esto significa que la convocatoria a dicha Asamblea Constituyente, en ningún caso, en si misma puede significar la derogación o relajamiento de la Constitución de 1961, la cual continúa en vigencia hasta que sea sustituida por otra como consecuencia del trabajo de la Asamblea y luego de la realización de un referendo aprobatorio de la reforma constitucional. En consecuencia, el funcionamiento de la Asamblea Constituyente no significa que esta pueda suplantar los Poderes Constituidos del Estado o pueda asumir las funciones que corresponden a los órganos de los Poderes Ejecutivo, Legislativo o Judicial.

Sin embargo, es de señalar, que en la Pregunta Primera del artículo 3 del Decreto N° 3, al someterse a decisión del pueblo el convocar la Asamblea Nacional Constituyente, se precisa el objeto o propósito que tendría la que se convoque, si resulta un "si" mayoritario, sin saberse en qué proporción, consistente en "*transformar el Estado y crear un nuevo ordenamiento jurídico* que permita el funcionamiento de una Democracia Social y Participativa".

De acuerdo con esta pregunta, por tanto, la Constituyente que se convoque popularmente, tendría una misión distinta a la Asamblea Constituyente que conforme a la sentencia de la Corte Suprema del 19-01-99 puede resultar de un referéndum consultivo, como un mecanismo para reformar la Constitución distinto a los regulados en los artículos 245 y 246 de la Constitución. La misión de la Asamblea Constituyente producto del derecho a la participación, conforme a esas sentencias, es para reformar la Constitución, por lo que mientras eso ocurra, continúa vigente la Constitución de 1961 y con ella, el régimen de funcionamiento del Estado que ella establece.

En consecuencia, es totalmente incompatible con una Asamblea Constituyente cuyo mandato es reformar la Constitución, la Primera Pregunta del artículo 3° del Decreto N° 3 que pretende que el pueblo, mediante referéndum decisorio, convoque una Asamblea Nacional Constituyente "con el propósito de transformar el Estado y crear un nuevo ordenamiento jurídico".

En efecto, *transformar el Estado*, no es otra cosa que cambiar o modificar la organización y distribución del Poder Público.

Ahora bien, de acuerdo con la Constitución de 1961, el Poder Público se divide en las ramas Nacional, Estadal y Municipal (art. 118) y dentro de cada rama, conforme al principio de la separación orgánica de poderes, se distribuye entre los Poderes Legislativo, Ejecutivo y Judicial a nivel Nacional y entre los Poderes Legislativo y Ejecutivo a nivel Estadal y Municipal. En consecuencia, "transformar el Estado", ante todo, es transformar la distribución vertical del Poder Público, lo que significa transformar la forma Federal del Estado, sea para eliminar la Federación y establecer un Estado Unitario y, por tanto, Centralizado; sea para acentuar la Federación reforzando el proceso de descentralización política; sea sustituyendo la forma Federal por otra forma de descentralización territorial.

Pero "transformar el Estado", también es transformar el principio de la separación orgánica de poderes, entre el Poder Legislativo, el Poder Ejecutivo y el Poder Judicial en los diversos niveles territoriales, sea para eliminar tal separación estableciendo un régimen de unicidad del Poder Público, sea acentuando la separación de poderes.

Además, en este contexto de la separación de poderes, "transformar el Estado" es transformar el sistema de gobierno que resulta de la relación entre los poderes. Si la separación de poderes se elimina se establecería un sistema de gobierno por una Asamblea que concentraría todo el Poder, y si la misma permanece, la transformación tendría que conducir a estructurar o un sistema parlamentario o un sistema más presidencial.

De igual manera, "transformar el Estado", es transformar la estructura y funcionamiento de los órganos del Poder Público, es decir, a nivel Nacional, del Ejecutivo Nacional (Presidencia, Ministerios y Oficinas Centrales), del Congreso (como Senado y Cámaras de Diputados) y de la Corte Suprema de Justicia y demás Tribunales; a nivel Estadal, de las Gobernaciones y de las Asambleas Legislativas y a nivel Municipal de las Alcaldías y de los Concejos Municipales.

En este contexto, "transformar el Estado" también implicaría transformar el régimen de formación de los órganos del Poder Público, es decir, el régimen del gobierno democrático, representativo, responsable y alternativo (art. 3 de la Constitución) que hemos tenido hasta el presente, con sus consecuencias en cuanto al régimen del sufragio y de los partidos políticos.

Una Asamblea Legislativa que asumiera cualquiera de esas transformaciones durante su funcionamiento, no sería un instrumento o mecanismo para reformar la Constitución, sino para asumir el Poder Público en su totalidad o parcialmente, lesionando las competencias de los órganos que lo ejercen conforme a la Constitución vigente. En consecuencia, la única manera de interpretar el propósito de la Asamblea Nacional Constituyente a que se refiere el Decreto Nº 3, de "transformar el Estado", acorde con las sentencias de la Corte Suprema de Justicia, sería el reducir su mandato o propósito a elaborar y sancionar el texto de la nueva Constitución que "transforme el Estado", de manera que la transformación estatal que se refleje en la misma, sólo podría entrar en vigencia cuando dicha nueva Constitución se apruebe mediante referendo, oportunidad en la cual quedaría sustituida la actual Constitución de 1961. Interpretar lo contrario, como parece ser la intención de la Primera Pregunta del artículo 3º del Decreto Nº 3, significaría darle el Poder Público total a la Asamblea, lo cual sería contrario a la Constitución de 1961 que necesariamente tiene que seguir vigente durante el funcionamiento de la Asamblea.

En sentido similar debe razonarse respecto del otro propósito que se pretende atribuir a la Asamblea Nacional Constituyente a que se refiere el Decreto Nº 3 y que consiste en "crear un nuevo ordenamiento jurídico". Si de lo que se trata es del mandato de elaborar un nuevo texto constitucional que, al ser sancionado y aprobado mediante referendo, sustituya el texto de la Constitución de 1961, ello significaría que la Asamblea tendría la tarea que las sentencias de la Corte Suprema de Justicia le habrían asignado.

Sin embargo, tal como se expresa en la Pregunta Primera del artículo 3º del Decreto Nº 3, esa no parece ser la intención del mismo, por lo que atribuir a la Asamblea la misión de "crear un nuevo ordenamiento jurídico" durante su funcionamiento, significaría una usurpación de la función legislativa que corresponde a las Cámaras Legislativas y, por tanto, una violación del artículo 139 de la Constitución de 1961 que necesariamente continúa en vigencia hasta que sea sustituida por la nueva Constitución que se sancione y se apruebe mediante referéndum aprobatorio.

VI. LA VIOLACIÓN DEL PRINCIPIO DE LA DEMOCRACIA REPRESENTATIVA

Como se ha señalado, conforme al artículo 3 de la Constitución de 1961, que contiene una de las cláusulas pétreas de nuestro constitucionalismo,

Art. 3. "El gobierno de la República de Venezuela *es y será siempre* democrático, representativo, responsable y alternativo".

En consecuencia, el principio de la democracia representativa es una de las cláusulas inmodificables de nuestro régimen político constitucional, lo que implica que el mismo no puede sustituirse o eliminarse por el de la democracia participativa. La representatividad democrática, además, la regula el artículo 4º de la Constitución que ya se ha estudiado, incluso, en su tradición histórica.

Ahora bien, ignorando por completo el principio de la democracia representativa, la Primera Pregunta formulada en el artículo 3º del Decreto Nº 3 de 02-02-99, al pretender atribuir a la Asamblea Constituyente que se pretende convocar, "el propósito de transformar el Estado y crear un nuevo ordenamiento jurídico" ello es con el exclusivo motivo de permitir "el funcionamiento efectivo de una *Democracia Social y Participativa*", con lo cual aparentemente podría interpretarse que se pretendería darle a la Asamblea Constituyente un mandato inconstitucional, como sería el de eliminar la democracia representativa y pretender sustituirla por una "democracia participativa". No puede una Asamblea Constituyente convocada en democracia y en un régimen de derecho regido por la Constitución de 1961, que no ha sido derogada por acto de fuerza alguno; ni durante su funcionamiento, ni al elaborar la nueva Constitución, que es su misión, sustituir el régimen democrático representativo por un régimen de democracia directa o supuestamente exclusivamente participativa, pues sería contrario al régimen constitucional venezolano. La democracia representativa debe y puede ser perfeccionada y hacerla más participativa, pero de allí a sustituirla hay un gran trecho.

Por otra parte, una Asamblea Constituyente no puede tener poder soberano alguno; el soberano es del pueblo, como Poder Constituyente Originario, y este no puede trasladar o delegar su soberanía en una Asamblea.

VII. LAS LIMITACIONES AL PODER CONSTITUYENTE Y EL FRAUDE CONSTITUCIONAL

El Poder Constituyente como poder soberano, total e inicial que constituye un Estado y organiza políticamente a una sociedad determinada, por supuesto que es ilimitado y absoluto. No está ligado o limitado por norma jurídica alguna previa, pues él la crea. Por ello actúa como *res facti, non juris*.

El Poder Constituyente, así calificado de Originario, es un poder político *de hecho*, no encuadrable en un marco jurídico. Como Poder inicial, tiene su origen en el constitucionalismo moderno en la Revolución Norteamericana de 1776, en la Revolución Francesa de 1789 y en la Revolución Hispanoamericana de 1811. En esos procesos políticos, el pueblo soberano asumió el poder total haciéndose representar por Asambleas y constituyó, sea nuevos Estados como sucedió en América, o transformó radicalmente un viejo Estado Monárquico como sucedió en Francia, dotándose de una Constitución.

Por ello, Poder Constituyente Originario y Constitución son nociones indisolubles desde su propio nacimiento como conceptos, hechos y actos jurídicos.

En esos procesos, el Poder Constituyente Originario no tuvo límites para su actuación, salvo los provenientes del derecho natural.

Pero una vez constituidos los Estados Constitucionales modernos, habiéndose dotado a sí mismos, por voluntad popular, de una Constitución, puede decirse que el Poder Constituyente Originario desapareció al constitucionalizarse y se lo sustituyó por un Poder Constituyente Instituido, derivado o de reforma que está regulado usualmente en la propia Constitución.

En ese contexto histórico, puede decirse que salvo que exista una ruptura constitucional, el Poder Constituyente Originario no se manifiesta de nuevo en los Estados Constitucionales, salvo, como lo ha establecido la Corte Suprema de Justicia en sus sentencias del 19-01-99, para mediante un referéndum consultivo dar paso a un mecanismo de reforma constitucional distinto al establecido en el texto de la Constitución.

En estos casos, sin embargo, lejos está la posibilidad de que una Asamblea Constituyente, convocada en democracia y bajo la vigencia de la Constitución de 1961, producto de la voluntad popular manifestada mediante referéndum consultivo, pueda tener poderes ilimitados y atentar contra los mismos principios del constitucionalismo.

Existen, en consecuencia, límites al Poder Constituyente de revisión o de reforma constitucional ejercido por una Asamblea, derivado de las cláusulas pétreas del constitucionalismo y que nuestra Constitución de 1961, entre otros, consagra en sus artículos 1°, 3°, 8° y 50.

En efecto, de acuerdo con el artículo 1º de la Constitución, "La República de Venezuela *es para siempre e irrevocablemente* libre e independiente de toda dominación o protección extranjera". Esta norma consagra el principio de la independencia de la República, como cláusula pétrea, que impide a cualquier Asamblea Constituyente poder desconocerla. Sería imposible, constitucionalmente hablando, que una Asamblea decida como lo hizo el Congreso de Angostura en 1819, extinguir al Estado venezolano, renunciar a la independencia y anexar el territorio nacional a otro Estado.

Lo mismo puede decirse del principio republicano representativo de gobierno que consagra el citado artículo 3º de la Constitución al prescribir que "El Gobierno de la República de Venezuela *es y será siempre* democrático, representativo, responsable y alternativo". Esta norma pétrea impide que una Asamblea Constituyente pretenda establecer una Monarquía en sustitución de la República, pretenda extinguir la democracia representativa, pretenda consagrar la irresponsabilidad de los representantes o gobernantes o pretenda eliminar la alternabilidad republicana, consagrando, por ejemplo, cargos vitalicios en el gobierno.

El mismo carácter pétreo se encuentra respecto del principio de la integridad territorial que regula el artículo 8 de la Constitución al prescribir que "El territorio nacional *no podrá ser jamás* cedido, traspasado, arrendado ni en forma alguna enajenado, ni aún temporal o parcialmente, a potencia extranjera". La integridad del territorio, por tanto, es inviolable, por lo que es impensable que una Asamblea Constituyente pueda resolver ceder parte del territorio nacional a una potencia extranjera.

Otra norma que consagra un principio pétreo, es el artículo 50 de la Constitución que reconoce la existencia de *derechos inherentes a la persona humana* que, por ello, son previos y superiores a la propia Constitución. De allí que sea imposible que una Asamblea Constituyente desconozca los derechos inherentes a la persona humana o los desmejore. En particular, esto es más reforzado en aquellos casos en los cuales la propia Constitución considera como *inviolables* ciertos derechos, como el derecho a la vida (art. 58), el derecho a la libertad o seguridad personales (art. 60), el hogar doméstico (art. 62), la correspondencia (art. 63).

Derivado de la intangibilidad del principio republicano y de los derechos inherentes a la persona humana, también puede identificarse como un principio que escapa al poder de una Asamblea Constituyente, el de la separación de poderes y de la supremacía constitucional que, precisamente, existen en el constitucionalismo moderno como garantía de los derechos y libertades públicas.

Constituiría, entonces, un fraude constitucional que una Asamblea Constituyente convocada en democracia, bajo la vigencia de una Constitución como la de 1961, pudiera llegar a destruir los principios pétreos del constitucionalismo. Así lo definió hace más de 60 años G. Liet-Veaux al precisar el fraude constitucional como la utilización del procedimiento de reforma para, sin romper con el sistema de legalidad establecido, proceder a la creación de un nuevo régimen político y un ordenamiento constitucional diferente (G. Liet-Veaux, "La fraude à la Constitution", *Revue du Droit Public,* París, 1942, p. 116).

Definitivamente, no puede el ordenamiento constitucional servir de cauce para su propia destrucción; es decir, no es admisible el golpe de Estado constitucional; y ello se llevaría a cabo, por ejemplo, si una Asamblea Constituyente llegase a eliminar el principio de la democracia representativa o la separación de poderes.

VIII. LA VIOLACIÓN AL DERECHO CONSTITUCIONAL A LA PARTICIPACIÓN

Las sentencias de la Corte Suprema de Justicia de 19-01-99, fundamentaron la posibilidad de que mediante el referéndum consultivo previsto en el artículo 181 de la Ley Orgánica del Sufragio y Participación Política, pudiese derivarse un mecanismo de reforma constitucional distinto a los regulados en los artículos 245 y 246 de la Constitución -que consideró eran limitaciones sólo aplicables y destinadas a los Poderes Constituidos pero no al Poder Constituyente Originario-; en el derecho constitucional a la participación que consideró como un derecho no enumerado en la Constitución, inherente a la persona humana, conforme al artículo 50 de la propia Constitución.

Es decir, es el derecho constitucional de los ciudadanos y del pueblo soberano en general a participar en el proceso político, el que permitió a la Corte Suprema hacer ceder el principio de la supremacía constitucional en cuanto a las formas de reforma o modificación constitucional previstas expresamente (arts. 245 y 246 de la Constitución), frente al principio de la soberanía popular, de manera que ésta, manifestada a través de un referéndum consultivo como instrumento de participación política, pudiera dar origen a una tercera vía para la reforma constitucional mediante la convocatoria de una Asamblea Constituyente.

Es evidente, por tanto, que la posibilidad constitucional que existe de que una Asamblea Constitucional pueda ser convocada, sin que esté prevista en la Constitución, para reformar la Constitución, deriva única y exclusivamente de la posibilidad, también constitucional, de establecerla directamente mediante la manifestación de la voluntad del pueblo soberano a través de un referéndum consultivo.

De lo anterior deriva que el referéndum consultivo necesariamente tiene que tener la amplitud de preguntas concatenadas y derivadas necesarias, de manera que sea la voluntad popular la que le de forma y fije el contorno de la Asamblea Constituyente, para que ésta pueda ser el resultado de la manifestación de la soberanía popular. Incluso, a los efectos de la elaboración de dichas preguntas, el Presidente de la República antes de asumir su cargo, había creado una Comisión Presidencial Constituyente.

En consecuencia, cualquier intento de sustraer a la voluntad popular, es decir, a la manifestación de la soberanía del pueblo mediante el referéndum consultivo, la configuración del régimen de la Asamblea Constituyente que ha de convocarse para reformar la Constitución, sería contrario y violatorio del derecho constitucional a la participación política, que es el fundamento de su propia posibilidad.

En ese vicio de inconstitucionalidad, precisamente, ha incurrido la Pregunta Segunda del artículo 3° del Decreto N° 3 del 02-02-99, al pretender que el pueblo *autorice* al Presidente de la República para que mediante un "acto de gobierno" sea el que fije "las bases del proceso comicial en el cual se elegirán los integrantes de la Asamblea Nacional Constituyente".

Se pretende así, que mediante un referéndum decisorio no previsto en la Ley, el pueblo soberano renuncie a su derecho a participar y delegue o transfiera al Presidente de la República, sólo, es decir, ni siquiera en Consejo de Ministros, para que éste sea el que fije "las bases del proceso comicial" para elegir a los integrantes de la Asamblea Constituyente que constituye parte del régimen de la misma, es decir, las condiciones de elegibilidad, la forma de postulación y las condiciones para la elección.

Por supuesto, al no preverse otras preguntas en el referéndum que se propone, no sólo las que se refieren a las bases del proceso comicial se le sustraen a la voluntad popular, es decir, al derecho de participar, sino que se dejan de regular otros aspectos fundamentales relativos a la Asamblea, como por ejemplo, su estructura y carácter (unicameral, bicameral, corporativa), el número de miembros que deben integrarla, su duración, las bases para su funcionamiento que debe estar basado en mecanismos de consulta a toda la población para que las propuestas a la Asamblea lleguen, no sólo por el trabajo de sus integrantes, sino por iniciativa de todos los grupos de la sociedad interesados en su actividad reformadora.

El Decreto Nº 3, por tanto, no sólo es insuficiente, pues pretende que el pueblo convoque una Asamblea que no existe y que no se podrá saber nunca en qué consiste porque no hay pregunta alguna que permita que el pueblo se pronuncie, sino que es violatorio del derecho constitucional a la participación, que es su fundamento, al sustraerse al pueblo la posibilidad de diseñarla mediante el referéndum consultivo, y pretender ceder la soberanía popular al sólo Presidente de la República para que sea éste el que fije las bases del proceso comicial.

SECCIÓN CUARTA:

DETALLE DE LA INCONSTITUCIONALIDAD DEL DECRETO PRESIDENCIAL DE CONVOCATORIA DE LA ASAMBLEA CONSTITUYENTE DE FEBRERO DE 1999

Este es el texto de la acción popular de nulidad por inconstitucionalidad e ilegalidad que ejercí contra el Decreto Presidencial Nº 3 de 2 de febrero de 1999 sobre la convocatoria de un referendo consultivo relativo a la Asamblea Nacional Constituyente, ante la antigua Corte Suprema de Justicia.

Ciudadana Presidente y demás Magistrados
de la Sala Político Administrativa de la Corte Suprema de Justicia
Ciudad.-

Yo, ALLAN R. BREWER-CARIAS, abogado, venezolano, mayor de edad, de este domicilio, titular de la Cédula de Identidad Nº 1.861.982 e inscrito en el *Inpreabogado* bajo el Nº 3.005, ante Uds. respetuosamente acudo conforme a lo establecido en los artículos 206 y 215, ordinal 7 de la Constitución y en los artículos 42, ordinal 9 y 112 y siguientes de la Ley Orgánica de la Corte Suprema de Justicia, para solicitar de esta Sala declare la nulidad por inconstitucionalidad e ilegalidad (contrariedad al Derecho) del Decreto Nº 3 de fecha 2 de febrero de 1999 publicado en *Gaceta Oficial* Nº 36.634 de fecha 2 de febrero de 1999 que anexo marcado **"A"**, por violación de los artículos 3, 4, 50, 117 y 139 de la Constitución y del artículo 181 de la Ley Orgánica del Sufragio y Participación Política; por estar viciado de desviación de poder; ser ineficaz y de imposible ejecución, lo que lo hace nulo conforme al artículo 19, ordinal 3º de la Ley Orgánica de Procedimientos Administrativos; y, en definitiva, por configurarse, en sí mismo, como un instrumento que puede conducir a un fraude a la Constitución.

I. LEGITIMACIÓN ACTIVA

La presente acción contencioso-administrativa de nulidad la intento en mi carácter de ciudadano venezolano, inscrito en el Registro Electoral Permanente, y que ha votado en las últimas elecciones presidenciales según consta de la copia del reverso de mi cédula de identidad que anexo marcada **"B"**.

Como tal ciudadano, me veo afectado en mis derechos e intereses de orden político en los términos establecidos en el artículo 112 de la Ley Orgánica de la Corte Suprema de Justicia tal y como ha sido interpretado por esta Sala, y en particular, en mi derecho a que se me garantice plenamente el derecho a vivir en una Sociedad Democrática, conforme a las reglas del Estado de Derecho; pues en el referido Decreto Nº 3, en realidad *no se convoca referéndum consultivo* alguno, sino que en el mismo, desviando los poderes que derivan del artículo 181 de la Ley Orgánica del Sufragio y Participación Política, y contrariando lo dispuesto en dicha norma, el Presidente de la República en Consejo de Ministros lo que ha hecho, al dictarlo, es valerse de la figura del referéndum consultivo previsto en dicha Ley, para *convocar un referéndum decisorio, autorizatorio o plebiscitario*, cuando ello no está autorizado en la Ley Orgánica del Sufragio y Participación Política.

Al convocar a los ciudadanos venezolanos a un referéndum no autorizado en la Constitución y la Ley, se nos está afectando nuestros derechos e intereses como tales ciudadanos, pues se nos obligaría a ejercer una función pública que es el voto, conforme al artículo 110 de la Constitución, al margen del ordenamiento jurídico.

Por otra parte, el propósito de este Decreto, como se evidencia del texto de las preguntas previstas en su artículo 3º, es otorgarle un poder ilimitado al Jefe del Estado, sin siquiera el control del Consejo de Ministros, para, entre otras cosas, fije o establezca mecanismos destinados a convocar y establecer, a su leal saber y entender, una Asamblea Nacional **Constituyente** para "transformar el Estado y **crear un nuevo ordenamiento jurídico,** que permita el funcionamiento de una **democracia social participativa**".

Todo ello entraña una grave amenaza para la vigencia y garantía del Estado de Derecho, que podría conducir, tal como está concebido el Decreto cuya nulidad demando, a que la Constitución vigente sea derogada aún antes de ser sustituida por otra; a que la Asamblea Constituyente así concebida asuma la totalidad de los Poderes Públicos y a que se establezca un régimen político "social y participativo" de contenido innominado, donde estén ausentes el concepto de gobierno democrático, representativo, alternativo y responsable, previsto en el artículo 3º de la Constitución, así como el derecho constitucional a la participación política, reconocido por esta Sala, con tal rango constitucional, en su sentencia del 19-1-99.

Todo ello configura un cuadro suficientemente demostrativo de mi interés actual, como ciudadano, que me legitima para intentar la presente acción de nulidad, invocando el poder de esta Honorable Sala para que cumpla con su ineludible deber de garantizar la supremacía de la Constitución, aun dentro de un proceso de transición y cambio, cuya urgencia y necesidad compartimos, pero que debe realizarse sin tener que vulnerarse los valores permanentes de una sociedad democrática ni la vigencia plena de los derechos humanos.

II. LA NATURALEZA DEL ACTO IMPUGNADO Y SU FUNDAMENTO LEGAL

La presente acción contencioso administrativa de anulación, como se ha dicho, la ejerzo contra el Decreto N° 3 de 2 de febrero de 1999, mediante el cual el Presidente de la República, ha decretado,

> "la realización de un referendo para que el pueblo se pronuncie sobre la convocatoria de una Asamblea Nacional Constituyente". (art. 1°).

Se trata de un acto estatal general emanado del Presidente de la República y además, de un acto administrativo pues conforme al texto expreso del Decreto, tiene su fundamento único y exclusivo,

> "en el artículo 181 de la Ley Orgánica del Sufragio y Participación Política, en concordancia con los artículos 182, 185 y 186, *ejusdem*".

Por tanto, se trata de un acto administrativo, que siempre es de rango sublegal y que no es dictado en ejecución directa de la Constitución. Es un acto administrativo que fue fundamentado y dictado en ejecución directa de disposiciones legales, en este caso, de la Ley Orgánica del Sufragio y Participación Política y particularmente de los citados artículos 181, 182, 185 y 186, que regulan los referendos consultivos.

Ahora bien, en cuanto a la base legal del Decreto impugnado la primera norma legal en la cual se fundamenta es el artículo 181 de la Ley Orgánica que, conforme lo ha interpretado esta Sala Político Administrativa en sus sentencias del 19-1-99, al resolver sendos recursos de interpretación de dicha norma legal, limita el referéndum que allí se regula a la categoría de *referéndum consultivo,* es decir, aquél que tiene por objeto "*consultar* a los electores sobre decisiones de especial trascendencia nacional", que en definitiva es el único regulado con efectos nacionales en nuestro ordenamiento jurídico.

Textualmente expresa una de dichas Sentencias, al interpretar el artículo 181 de la Ley Orgánica del Sufragio y Participación Política, que es la norma que constituye el fundamento del Decreto impugnado, lo siguiente:

> "Se desprende así del texto aludido (Art. 181 LOSPP), la consagración jurídica de la figura del *referéndum consultivo* como mecanismo llamado a canalizar la participación popular en los asuntos públicos nacionales. De allí que la regla se dirija fundamentalmente a establecer las distintas modalidades para la iniciativa en la convocatoria de la *consulta* popular". (Sentencia del 19-1-99, Ponencia del Magistrado Humberto J. La Roche)

En dicha sentencia se expresa, además, lo siguiente, a propósito del *referéndum consultivo*:

> "... a través del mismo puede ser *consultado el parecer* del cuerpo electoral sobre cualquier decisión de especial trascendencia nacional distinto a los expresamente excluidos por la Ley Orgánica del Sufragio y Participación Política, en su artículo 185, incluyendo la relativa a la convocatoria a una Asamblea Constituyente". (Sentencia del 19-1-99, Ponencia del Magistrado Humberto J. La Roche).

La otra sentencia de esta Sala, de la misma fecha, señala lo siguiente:

"...sí es procedente convocar a un referendo, *en la forma prevista en el artículo 181 de la Ley Orgánica del Sufragio y de Participación Política* **para consultar** la opinión mayoritaria respecto de la posible convocatoria a una Asamblea Constituyente, en los términos expuestos en este fallo". (Sentencia del 19-1-99, Ponencia del Magistrado Héctor Paradisi)

En consecuencia, conforme a la Ley Orgánica del Sufragio y Participación Política y la interpretación que esa Sala ha hecho de su artículo 181, se pueden convocar *referendos consultivos* sobre las materias que ella misma no excluye de tal procedimiento. Pero ninguna disposición en dicha Ley autoriza a convocar referendos aprobatorios, revocatorios o decisorios, que vayan más allá de indagar sobre el parecer de los electores sobre determinada materia de interés nacional.

La conducta o actividad consultiva, por su misma naturaleza, siempre es de carácter previo a la toma de una decisión que necesariamente se adopta por otro órgano del Estado, diferente al consultado. Incluso, en los casos de consultas obligatorias (pues las puede haber facultativas) o vinculantes (pues las puede haber no vinculantes) el ente que emite o evacúa la consulta nunca es el que decide, sino quien decide es la entidad que requiere la consulta, es decir, el órgano consultante.

En consecuencia, estando el Decreto N° 3 fundamentado única y exclusivamente en el artículo 181 de la Ley Orgánica del Sufragio y Participación Política, que se concuerda con otras normas de la Ley Orgánica, el referendo que se puede convocar conforme dicha Ley no podría ser otro que un *referendo consultivo*, de consulta a la población, en este caso, sobre la convocatoria de una Asamblea Constituyente; pero no podría implicar, en sí mismo, como pretende hacerlo el Decreto cuya nulidad demandamos, la adopción de una decisión directamente por el pueblo de convocar una Asamblea que ni siquiera existe, pues no ha sido creada ni regulada y ni siquiera se le consulta al pueblo sobre ello.

La consulta en lo que puede consistir es en la obtención de la opinión del pueblo sobre la convocatoria de la Asamblea; convocatoria que corresponde ser decidida por el órgano que ejerce la iniciativa de convocar al referendo para efectuar la consulta, es decir, en este caso, el Presidente de la República en Consejo de Ministros, una vez que la consulta refrendaria al pueblo haya precisado el régimen de la Constituyente que se va a convocar. Sin embargo, como se analizará más adelante, el Decreto N° 3, lejos de convocar un referendo consultivo para que la voluntad popular pueda configurar la Asamblea Constituyente con su régimen, lo que ha hecho es convocar un referendo decisorio o plebiscito de convocatoria a una Asamblea, no previsto en el ordenamiento jurídico y que, en definitiva, es de imposible ejecución pues la institución que se pretende que el pueblo convoque, no existe.

En cuanto al artículo 182 de la Ley Orgánica del Sufragio y Participación Política que también se cita en el fundamento del Decreto N° 3, éste establece los requisitos que debe contener la convocatoria al referendo, y que son los siguientes:

"1. Formulación de la pregunta en forma clara y precisa, en los términos exactos en que será objeto de la consulta, de tal manera que pueda contestarse con un "sí" o un "no"; y

2. Exposición breve de los motivos acerca de la justificación y propósito de la consulta".

En consecuencia, el Decreto de convocatoria a la celebración de un referendo necesariamente debe contener una "exposición breve de los motivos, acerca de la justificación y propósito de la consulta", y la pregunta debe formularse en forma clara y precisa, en los términos exactos en que será objeto de la *consulta*, de tal manera que pueda contestarse con un "sí" o un "no".

De nuevo, aquí, la Ley Orgánica es precisa y exacta al referirse al carácter consultivo, no decisorio, ni aprobatorio, ni revocatorio del referendo regulado en ella, lo cual tiene que condicionar el carácter de la pregunta que se formula, que tiene que ser sobre una decisión que el órgano consultante debe adoptar teniendo presente la opinión del pueblo, lo que implica que la pregunta tiene que formularse acorde con el carácter consultivo. Ello excluye cualquier forma de pregunta concebida en sí misma como una decisión, y exige, ineludiblemente, la concatenación de las preguntas de manera de obtener, efectivamente, una manifestación de la voluntad popular coherente. La formulación de preguntas, unas aisladas de otras, de manera que las respuestas puedan ser divergentes en cuanto a "sí" o "no" como sucede en el caso del Decreto impugnado, lo hacen totalmente ineficaz y de imposible ejecución.

En efecto, en el caso de la consulta sobre la convocatoria de una Asamblea Nacional Constituyente, las preguntas tendrían que ser formuladas de manera de, efectivamente, consultar, es decir, de conocer la opinión del pueblo sobre una decisión que corresponde tomar al ente consultante; y no podrían, en sí mismas, configurarse como una decisión adoptada directamente por el pueblo. La Ley Orgánica, que regula los referendos consultivos, simplemente no permite la figura del referendo decisorio y, ni siquiera, de carácter aprobatorio. El Decreto N° 3 del 2-2-99, en consecuencia, irrespeta flagrantemente esos límites legales, al convocar un referendo decisorio, violándolos.

El Decreto también invoca como fundamento, al artículo 185 de la Ley Orgánica que establece las materias que no pueden someterse a referendos nacionales, y que son:

"1. Presupuestarias, fiscales o tributarias;
2. Concesión de amnistía o indultos;
3. Suspensión o restricción de garantías constitucionales; supresión o disminución de los derechos humanos;
4. Conflictos de poderes que deban ser decididos por los órganos judiciales;
5. Revocatoria de mandatos populares, salvo lo dispuesto en otras leyes; y
6. Asuntos propios del funcionamiento de algunas entidades federales o de sus municipios"

Esta norma, a lo que se destina, es a enumerar las materias que no pueden ser sometidas a referendos nacionales que, por supuesto, se entiende que sólo son los referendos consultivos que regula la Ley Orgánica. En dicha enumeración no está la consulta popular sobre la convocatoria de una Asamblea Constituyente, la cual puede perfectamente realizarse, y así quedó precisado por las citadas sentencias de 19-1-99 de esta Sala Político Administrativa de la Corte Suprema de Justicia. Sin embargo, la aplicación del Decreto impugnado, que pretende otorgar poderes ilimitados e imprecisos tanto a la Asamblea Constituyente que se convoque como al Presidente de la República, para regular algunos aspectos de la elección de sus integrantes, sin hacer mención siquiera a la existencia de materias supraconstitucionales, podría conducir a afectar materias como la relativa a los derechos y garantías constitucionales que no pueden ser suprimidos por Poder alguno, incluso el que pueda emanar de la soberanía popular, y sobre cuya disminución ni siquiera podría consultarse al pueblo.

Por último, el Decreto también hace referencia al artículo 186 de la Ley Orgánica que precisa las situaciones excepcionales en las cuales no pueden celebrarse referendos y que son, primero, durante la vigencia del Decreto que declare el estado de emergencia; segundo, durante la vigencia del Decreto de suspensión o restricción de garantías constitucionales; y tercero, durante la vigencia del Decreto que se dicte para evitar graves trastornos del orden público, previstos en los artículos 240, 241 y 244 de la Constitución. Ninguna de estas situaciones se da actualmente *a nivel nacional*, de manera que pudiera impedir la realización de un referéndum consultivo; pero es evidente que si se dan en áreas fronterizas, y que podría afectar de ilegalidad la realización del referéndum decretado.

Ahora bien, como resulta de la propia fundamentación del acto administrativo impugnado, el mismo viola el contenido del artículo 181 de la Ley Orgánica del Sufragio y Participación Política, que se invoca como su base legal, en virtud de que las preguntas que se formulan en el artículo 3° del Decreto, evidencian que en lugar de estarse convocando un *referéndum consultivo*, lo que el Presidente está convocando en realidad es un *referéndum decisorio y autorizatorio*, en definitiva, un plebiscito que no está regulado ni previsto en dicha norma legal.

La diferencia, incluso, fue establecida expresamente por esta Sala en su sentencia del 19-1-99, al precisar el alcance del "análisis interpretativo" que hizo de la Ley Orgánica del Sufragio, señalando:

"que el mismo versa sobre la convocatoria a referéndum. No a *consulta plebiscitaria*. En realidad si bien ambas figuras tienden a confundirse teóricamente, mientras el referéndum se refiere a un texto o proyecto, el plebiscito tiende a ratificar la confianza en un hombre o gobernante". (Sentencia de 19-1-99, Ponente Magistrado Humberto J. La Roche)

Pero además, el contenido de las preguntas que se formulan en el Decreto impugnado, tal como están concebidas, violan los principios establecidos en los artículos 3 y 4 de la Constitución; violan el derecho a la participación que esta Sala ha reconocido como de rango constitucional consagrado en el artículo 50 de la Constitución; y, en definitiva, se configura como un instrumento que puede conducir a un fraude a la Constitución pues mediante el mismo se pretende crear un instrumento político que desconozca y destruya la propia Constitución, sin siquiera sustituirla por otra. El acto impugnado, además, está viciado de desviación de poder pues el Presidente de la República ha utilizado el que le confiere el artículo 181 de la Ley Orgánica del Sufragio, para convocar un referendo decisorio no previsto en la norma; y está viciado de nulidad absoluta, conforme al Artículo 19, ordinal 3° de la Ley Orgánica de Procedimientos Administrativos por ser de imposible ejecución.

Fundamentamos la presente acción en consecuencia, en los siguientes argumentos de derecho, no sin antes hacer la salvedad de que hemos estado y estamos de acuerdo en la necesidad de la convocatoria de una Asamblea Constituyente para recomponer el sistema político venezolano en el actual momento histórico y asegurar la gobernabilidad democrática hacia el futuro, lo cual ya no se puede lograr con una simple reforma constitucional, pues es muy tarde dada la crisis terminal del sistema de Estado Centralizado de Partidos, instaurado en 1945 y reinstaurado en 1958 que estamos presenciando. Pero en democracia y en un régimen de Estado de Derecho bajo la vigencia de la Constitución de 1961, que hasta que no sea sustituida por otra luego de un referéndum aprobatorio (art. 246 de la Constitución) continúa en aplicación; la convocatoria y realización de un referéndum consultivo sobre la Asamblea Constituyente debe realizarse conforme al ordenamiento jurídico-constitucional vigente, de acuerdo con la interpretación que le ha dado esta Sala en sus sentencias del 19-1-99.

III. EL ACTO ADMINISTRATIVO IMPUGNADO AL CONVOCAR A UN REFERÉNDUM DECISORIO (PLEBISCITO) Y AUTORIZATORIO VIOLA EL ARTÍCULO 181 DE LA LEY ORGÁNICA DEL SUFRAGIO Y PARTICIPACIÓN POLÍTICA, ESTA VICIADO DE DESVIACIÓN DE PODER Y ES DE IMPOSIBLE EJECUCIÓN

Tal como se ha dicho, la Ley Orgánica del Sufragio y Participación Política establece y regula la figura del *referéndum consultivo*, y ello fue así, a iniciativa de la Comisión Presidencial para la Reforma del Estado, con fundamento en los trabajos elaborados por Carlos M. Ayala Corao (Véase Carlos M. Ayala Corao, "Los mecanismos de participación refrendaria en el ordenamiento jurídico venezolano", en el libro *Participación Ciudadana y Democracia*, COPRE-OEA, Caracas 1998, págs. 69 y sigts. Véase además Carlos M. Ayala Corao "La democracia venezolana frente a la participación política", en UCAB, *Encuentro y alternativas, Venezuela 1994*, Tomo 2, págs. 709 y sigts.).

La Ley Orgánica, conforme al proyecto que dio origen a las normas que contiene, como lo ha puntualizado esta Sala en las citadas sentencias del 19-1-99, en todo caso, sólo reguló un tipo de referendo, el *referendo consultivo* que como su nombre lo indica, tiene por objeto *consultar* al pueblo soberano sobre una decisión que debe adoptar un órgano del Poder Público. No se trata, por tanto, de un referéndum aprobatorio que consiste en la aprobación popular, mediante referéndum, de una decisión estatal ya adoptada, como es el caso de la previsión del artículo 246 de la Constitución que regula el referéndum aprobatorio por la mayoría de los sufragantes, de la reforma general de la Constitución una vez que sea sancionada por las Cámaras Legislativas. Tampoco se trata de un referéndum decisorio, en el cual es el pueblo soberano a través del referéndum el que adopta una decisión y que en la terminología constitucional, equivale al Plebiscito, que en definitiva es la manifestación de voluntad popular decisoria sobre un hecho o una situación jurídica, o como lo ha dicho esta Sala en la sentencia de 19-1-99 sobre la interpretación del artículo 181 de la Ley Orgánica, para ratificar la confianza en un hombre o gobernante.

Como lo ha señalado Ricardo Combellas, miembro de la Comisión Presidencial Constituyente, en relación con el referéndum consultivo previsto en la Ley Orgánica,

"estamos hablando de un referéndum consultivo, no de un referéndum decisorio, cuya aprobación demanda necesariamente en Venezuela, tal como lo propuso con visión avanzada la Comisión Bicameral, una reforma constitucional. El referéndum de marras no tiene efectos vinculantes, es decir, no establece obligaciones jurídicas para ninguna de las ramas del Poder Público" (*¿Qué es la Constituyente? Voz para el futuro de Venezuela*, Caracas 1998, pág. 39)

Este carácter estrictamente consultivo del referéndum regulado en la Ley Orgánica, incluso llevó a este autor a afirmar que como "la Asamblea Constituyente no está contemplada entre las modalidades de reforma constitucional recogidas en el Título X de la Constitución vigente",

"Resulta que la formulación de la pregunta no puede implicar, por ningún concepto, una violación del texto constitucional. En términos sencillos, una pregunta que solicite directa y tajantemente el "sí" o el "no" de los electores en torno a la convocatoria de una Constituyente, es flagrantemente inconstitucional" (*op.cit.*, pág. 38).

En todo caso, por ser un referéndum consultivo, el previsto en la Ley Orgánica, el Legislador, al sancionarla, no reguló régimen alguno rígido de mayoría de votantes o de votación para que se pueda considerar expresada la consulta, en forma positiva o negativa, sea mediante un "sí" o mediante un "no". En el referéndum consultivo en realidad, poco importa el número de votos, pues la consulta que se formula no es en sí misma una decisión, (en cuyo caso, por supuesto si se requeriría de determinada mayoría), sino un parecer para que un órgano del Estado adopte la decisión correspondiente.

Se insiste, en la Ley Orgánica sólo se regula el referéndum consultivo, lo que implica que la consulta popular que conforme a la misma puede hacerse, en *primer lugar*, es de carácter facultativo, no obligatoria, por no disponerlo así norma alguna del ordenamiento; y, en *segundo lugar*, aún cuando pudiera considerarse como vinculante desde el punto de vista político, como lo ha señalado esta Sala en la mencionada sentencia del 19-1-99, no lo es desde el ángulo estrictamente jurídico, por no disponerlo así norma alguna del ordenamiento.

Como actividad consultiva, la consulta popular que se realice mediante referéndum siempre debe ser previa a la adopción de una decisión por parte del órgano del Estado consultante, el cual debe estar dotado de competencia para adoptar esa decisión.

Ahora bien, en el caso del referéndum consultivo sobre la convocatoria de la Asamblea Constituyente, como se ha señalado y de acuerdo con la doctrina de esta Sala en las sentencias de 19-01-99, al darle más peso al principio de la soberanía popular en relación con la supremacía constitucional en materia de reforma constitucional, se trata de la posibilidad de manifestación de la voluntad popular para, precisamente, dar origen a una tercera vía para la reforma constitucional, distinta a las previstas en los artículos 245 y 246 de la Constitución, que se podría convocar siempre que se consulte previamente la soberanía popular mediante el referéndum consultivo previsto en la Ley Orgánica del Sufragio y Participación Política. La iniciativa para realizar el referéndum la tienen, conforme a la Ley Orgánica, tanto el Presidente de la República en Consejo de Ministros como el Congreso de la República, y la competencia para convocar la Asamblea, si la consulta popular es favorable a ello, y se deriva de ella el régimen de la Asamblea, tiene que resultar de la misma consulta popular, según las preguntas que deben hacerse al pueblo.

Ahora bien, en contraste con ese carácter y régimen legal del referéndum consultivo, el referéndum decisorio cuya realización ha decretado el Presidente de la

República conforme al Decreto Nº 3 supuestamente "para que el pueblo se pronuncie sobre la convocatoria de una Asamblea Nacional Constituyente" (art. 1), no se ajusta a las disposiciones de la Ley Orgánica del Sufragio y Participación Política; y ello no por lo dispuesto en el artículo 1º del Decreto, cuyo texto sugiere la forma de consulta sobre la convocatoria a una Asamblea Nacional Constituyente; sino por lo dispuesto en las preguntas contenidas en el artículo 3º del Decreto, que *desvirtúan completamente* el carácter consultivo del referendo autorizado en la Ley Orgánica.

En efecto, el artículo 3º del acto impugnado, en relación con la Primera Pregunta establece:

"*Art. 3º* El instrumento electoral contendrá las siguientes preguntas que serán contestadas con un "sí" o un "no":

PRIMERA: ¿Convoca usted una Asamblea Nacional Constituyente con el propósito de transformar el Estado y crear un nuevo ordenamiento jurídico que permita el funcionamiento efectivo de una Democracia Social y Participativa?".

Por ahora interesa referirnos sólo a la forma cómo se ha formulado la pregunta (el contenido será objeto de análisis más adelante en este libelo), que lejos de ser una consulta al pueblo sobre una decisión que luego ha de adoptar un órgano del Poder Público, conlleva a que se pretenda que sea el mismo pueblo el que adopte la decisión directamente; es decir, el que decida.

En efecto, la pregunta es ¿*Convoca usted* una Asamblea Nacional Constituyente.....?; lo que significa que responder con un "sí", es decidir convocar la Asamblea; es decir, no se trata de dar un voto favorable para que se la convoque conforme a un texto o proyecto que establezca su régimen y que también debería ser objeto de la consulta como lo ha dicho esta Sala en las sentencias de 19-1-99, sino convocarla directamente.

Por tanto, con la pregunta lo que se persigue es que sea el pueblo, directamente, mediante referéndum decisorio o plebiscitario, el que convoque la Asamblea Nacional Constituyente, pero sin que aún exista dicho órgano, pues no está previsto en ninguna parte y ni siquiera su creación se deriva de la propia pregunta al pueblo; y sin que siquiera se establezca ni la mayoría requerida para que la supuesta decisión de convocarla se considere adoptada, y lo que es más grave, sin que al momento de votar no sólo no exista la institución, sino que no se sepa cuál podría ser su régimen o configuración.

Es decir, se le pretende pedir al pueblo *que convoque* una institución que no existe pues no ha sido creada y ni siquiera esbozada en un proyecto, lo que vicia el acto impugnado, en su objeto, por ser de imposible ejecución como lo establece el Artículo 19, ordinal 3º la Ley Orgánica de Procedimientos Administrativos. Simplemente nadie puede convocar una institución que no existe y eso es lo que se pretende con la primera pregunta del Artículo 3º del Decreto. Por ello, en este caso, se desfigura así, la noción de referéndum consultivo, en abierta violación de la Ley Orgánica del Sufragio y Participación Política.

Lo mismo puede decirse respecto de la forma como también se formuló la segunda pregunta para el referéndum en el artículo 3º del Decreto impugnado:

SEGUNDA: ¿*Autoriza usted* al Presidente de la República para que mediante un acto de gobierno fije, oída la opinión de los sectores políticos, sociales y económicos, las bases del proceso comicial en el cual se elegirán los integrantes de la Asamblea Nacional Constituyente?

En este caso, se pregunta *¿Autoriza usted* al Presidente de la República...? por lo que tampoco se está en presencia de un referéndum consultivo, sino de un referéndum también decisorio, por "autorizatorio", que tampoco prevé ni regula el ordenamiento jurídico.

En ese caso, responder con un "sí" significaría autorizar al Presidente de la República para que haga algo para lo cual no tiene competencia constitucional, sin que el pueblo siquiera le fije algunos parámetros de actuación; lo que equivaldría a hacerlo supuestamente depositario del poder constituyente originario, cuya expresión a través de una Asamblea Constituyente quedaría a su completa discreción "oída la opinión de los sectores políticos, sociales y económicos" innominados y escogidos también a su arbitrio.

En relación a esta segunda pregunta del Artículo 3° del Decreto, debe señalarse que debiendo tratarse de un referéndum consultivo, conforme a la interpretación que le dio esta Sala Político Administrativa al Artículo 182 de la Ley Orgánica del Sufragio y Participación Política, el texto de la pregunta debió contener los elementos necesarios y fundamentales para poder configurar, como producto de la soberanía popular, el régimen de la Asamblea Constituyente para poder convocarla. Tal y como el propio Presidente de la República Hugo Chávez Frías lo señaló en su "Propuesta para Transformar a Venezuela" bajo el título de *Una Revolución Democrática*, presentada al electorado durante la campaña electoral, cuya copia anexo marcada **"C",** así:

"...se convocará la Asamblea Nacional Constituyente (tercera fase) mediante una *consulta popular* en forma de referéndum amplio y democrático, capaz de generar una legitimidad originaria, con fundamento en la soberanía popular. *Se consultará al pueblo sobre su voluntad de convocatoria a la Asamblea Nacional Constituyente, sobre el número de sus integrantes, sobre la forma de elección de los constituyentes y acerca de la duración de la Asamblea*".

Lamentablemente nada de esto apareció en el Decreto N° 3 del propio Presidente Hugo Chávez Frías, y ese contenido de las interrogantes que era el lógico e indispensable para que pueda configurarse la Asamblea como producto de la soberanía popular, fue sustituido por la escueta pregunta de solicitud de autorización popular al propio Presidente, ni siquiera en Consejo de Ministros, para que éste establezca, él sólo, ni siquiera la totalidad del régimen de la Asamblea, sino sólo parte del mismo que es el proceso comicial, confiscándose así el derecho del pueblo a la participación que esta Sala estableció con rango constitucional para permitir, precisamente, el referéndum consultivo como mecanismo para originar la Asamblea Constituyente para reformar la Constitución.

Por ello, el artículo 3° del Decreto impugnado es también violatorio del derecho de participación que esta Sala en sus sentencias mencionadas del 19-1-99 reconoció como inherente a la persona humana, para admitir la realización del referéndum sobre la convocatoria de la Asamblea Constituyente.

Por otra parte, la expresión utilizada en la pregunta de autorizar al Presidente para que fije mediante un *acto de gobierno* las bases del proceso comicial, no se entiende, salvo que se pretenda darle rango constitucional a la propia respuesta al referéndum, en caso de que sea por el "sí", lo cual sólo podría ocurrir si fuera formulada realmente por el pueblo soberano, es decir, por al menos la mayoría absoluta del electorado, lo cual no está regulado. No se puede pretender darle rango constitucional a una respuesta al referéndum convocado, ni carácter decisorio, si sólo una minoría del electorado se pronunciase; y esto no está regulado en ninguna parte, por lo que el resultado del mismo es ineficaz.

En todo caso, ni un referendo decisorio ni un referendo autorizatorio están previstos en el artículo 181 de la Ley Orgánica del Sufragio y Participación Política, texto que fue el que interpretó la Corte Suprema de Justicia en sus citadas sentencias de 19-1-99 al abrir la posibilidad de una tercera vía para la reforma constitucional no prevista expresamente en la Constitución, por lo que las preguntas mencionadas, contenidas en el artículo 3° de la Ley Orgánica tal y como están redactadas, violan lo dispuesto en los artículos 181 y siguientes de la Ley Orgánica del Sufragio y Participación Política.

Además, como se ha dicho, las preguntas tal como están formuladas, vician el acto impugnado en su objeto, por ser de imposible ejecución ya que con la primera, se pide al pueblo convocar una Asamblea Nacional Constituyente que no existe ni está regulada en parte alguna, siendo imposible convocar un ente que no existe. La imposibilidad de la ejecución del acto administrativo impugnado resulta, además, de la ausencia de preguntas al pueblo sobre el régimen de la Asamblea que no existe, pues ni siquiera queda comprendido dentro de la autorización que se pretende dar al Presidente de la República para fijar las bases del proceso comicial en el que se elegirán los constituyentes. Esta autorización está restringida a establecer *la forma de elección, las condiciones de elegibilidad, las condiciones de postulación y la forma de escrutinio*, pero no comprende los aspectos fundamentales para configurar la Asamblea como su carácter y estructura (unicameral, por ejemplo), número de integrantes, duración, misión o tarea de la Asamblea. Sin la definición de estos elementos, que deberían ser necesariamente objeto de una consulta popular, pues no están establecidos en ninguna parte y la Pregunta Segunda no los incorpora en la autorización que se pretende dar al Presidente de la República, simplemente no es posible que la Asamblea, que no existe, sea convocada y llegue a funcionar. En consecuencia, por ser de imposible ejecución, el Decreto N° 3 también está viciado de nulidad absoluta y debe ser anulado conforme al Artículo 19, ordinal 3° de la Ley Orgánica de Procedimientos Administrativos.

Por último, debe también denunciarse que el Decreto N° 3 impugnado, está viciado de ilegalidad por desviación de poder, ya que el Presidente de la República ha usado el poder y competencia que derivan del Artículo 181 de la Ley Orgánica del Sufragio y Participación Política que conforme lo ha determinado esta Sala en sus sentencias del 19-1-99 sólo permite convocar un *referéndum consultivo*, para un *fin distinto* al establecido en la norma, consistente en el caso del acto impugnado, en la convocatoria a un *referéndum decisorio o autorizatorio*, es decir, plebiscitario que no autoriza la legislación. Al haber utilizado el poder que le confiere la norma para un fin distinto al previsto en ella, el acto está viciado de desviación de poder y debe ser anulado por esta Corte como lo indica el Artículo 206 de la Constitución.

IV. EL ACTO IMPUGNADO ES INEFICAZ AL CONVOCAR ILEGALMENTE UN REFERENDO DECISORIO O AUTORIZATORIO SIN QUE EXISTA REGULACIÓN ALGUNA DE LA MAYORÍA REQUERIDA PARA QUE LA DECISIÓN POPULAR SE CONSIDERE ADOPTADA

Tal como antes se señaló para que un referéndum decisorio, plebiscitario o autorizatorio pudiera tener validez, como decisión del pueblo soberano, tendría que determinarse mediante Ley *la mayoría requerida* para que la decisión se considere adoptada, la cual, por principio debería ser al menos la mayoría de los ciudadanos inscritos en el Registro Electoral como votantes del país; es decir, debe determinarse la mayoría que debe pronunciarse favorablemente en el referéndum para que pueda considerarse que el pueblo soberano efectivamente ha decidido o autorizado algo que lo compromete en su globalidad.

Ahora bien, debe señalarse que la Ley Orgánica del Sufragio y Participación Política, al regular el *referendo consultivo*, no prevé mayoría alguna para que se pueda considerar como favorable la consulta que se formule, precisamente porque la regulación legal se refiere a una consulta que no es obligatoria. La votación en la misma podría resultar, incluso, con una alta abstención, como se trata de una consulta no obligatoria, en realidad no importa que un porcentaje bajo de las votantes inscritos en el Registro Electoral sea el que en definitiva se pronuncie, pues el efecto consultivo siempre existirá.

Si la regulación de la Ley Orgánica se hubiese referido, en cambio, a un referéndum consultivo con efectos vinculantes u obligatorio, la regulación de la mayoría necesaria para considerar dicha obligatoriedad hubiera sido necesaria. Ello se desprende del proyecto presentado por el proyectista de los Artículos 181 y siguientes de la Ley Orgánica del Sufragio, que al regular los efectos obligatorios del referéndum consultivo precisó:

> "La decisión tomada por los electores en el *referéndum consultivo será obligatoria*, cuando la pregunta que ha sido sometida a referéndum haya obtenido *el voto afirmativo de la mitad más uno* de los sufragios válidos, siempre y cuando haya *participado por lo menos la tercera parte de los electores* inscritos en el Registro Electoral Permanente". (Véase Carlos M. Ayala Corao, "Los mecanismos de participación refrendaria...", *loc. cit.*, pág. 73)

El Legislador, sin embargo, no acogió esta propuesta, regulando exclusivamente un referéndum consultivo no obligatorio ni vinculante, para el cual no se reguló mayoría alguna.

Ahora bien, en ningún caso, ello puede ocurrir en un referendo decisorio o autorizatorio, es decir, en un plebiscito, en el cual para que una decisión pudiera llegar a considerarse como *adoptada directamente por el pueblo* como soberano, tendría que pronunciarse favorablemente sobre la decisión, una determinada mayoría que en nuestro criterio tendría que ser más de la mitad de los votantes inscritos en el Registro Electoral y no sólo de los electores que concurran a la votación. Sin embargo, por ejemplo, el referéndum aprobatorio que regula el artículo 246 de la Constitución, respecto de la reforma constitucional, sólo exige que sea "aprobada por la mayoría de los sufragantes de toda la República".

En el caso del ilegal referendo decisorio o autorizatorio que se decreta realizar en el Decreto N° 3 del 02-02-99, el mismo no sólo es violatorio del Artículo 181 de la Ley Orgánica del Sufragio y Participación Política, no sólo es nulo por ser ineficaz y de imposible ejecución y estar viciado de desviación de poder; sino que tampoco podría tener efecto jurídico alguno, pues no se sabe ni se prevé cuál es la mayoría que se requiere para que tenga valor, ya que dicha figura no tiene regulación en el ordenamiento jurídico venezolano. Es decir, sea cual sea la votación favorable que pudiera tener la respuesta al "sí", no habría forma alguna de determinar si la decisión fue adoptada o no por el pueblo soberano, ya que no está establecido legalmente *de antemano* cual es la mayoría de votos requerida para que la decisión popular se entienda como tomada; y en ningún caso podría determinarse dicho régimen de mayoría absoluta en un *reglamento*, como lo tiene proyectado el Consejo Nacional Electoral en el Reglamento de Referendos que estudia actualmente.

En efecto, conforme lo establecen los Artículos 55, ordinal 3º y 266 de la Ley Orgánica del Sufragio y Participación Política, el Consejo Nacional Electoral actualmente está en el proceso de discusión de un *Reglamento sobre Referendos* en el cual, supuestamente, conforme a las sentencias de la Corte Suprema de Justicia se estaría por regular un nuevo referéndum no regulado en la Ley Orgánica, en el Proyecto cuyo texto anexo marcado **"D"**, en la siguiente forma:

"*Artículo 7*. Cuando el referendo se fundamente en el artículo 4º de la Constitución, y tenga por objeto autorizar la creación de un órgano del Poder Público no contemplado en ésta, sus efectos serán vinculantes cuando haya participado la mayoría del Cuerpo Electoral convocado."

Es decir, en un Reglamento de Referendos que va a ser dictado en ejecución de la Ley Orgánica del Sufragio y Participación Política por un órgano con autonomía funcional como el Consejo Nacional Electoral, se pretende regular una figura no prevista en la Ley, para lo cual el Consejo no tiene competencia, lo cual de dictarse viciaría el Reglamento de ilegalidad, por apartarse del espíritu, propósito y razón de la Ley.

Sin embargo, si se llegase a dictar este Reglamento, y respecto del referéndum destinado a crear un órgano constitucional no previsto en la Constitución ni la Ley, que supuestamente sería el que el Presidente de la República habría convocado en el Decreto Nº 3 impugnado, como referéndum decisorio; en el mismo sólo se pretende establecer un quórum de participación para que pueda considerarse como válido y con efectos vinculantes, de un porcentaje de los votantes inscritos en el Registro Electoral Permanente, pero no se regula, en forma alguna, cuál es el porcentaje de votos favorables de los electores participantes para que se considere tomada la decisión por el pueblo, por lo que de nuevo, si se dictase dicho Reglamento estaríamos en una incertidumbre de saber si se requieren 2/3 partes de votos "sí", la mitad más uno de los mismos o si basta que sean más los votos "sí" que los votos "no", cualquiera sea el porcentaje.

Para el momento de introducción de este libelo ante la Corte, en todo caso, en el Consejo Nacional Electoral aún no se habían puesto de acuerdo sobre la materia, tal y como se informa en el diario *El Universal*, del día 20-2-99, pág. 1-12 que anexo en copia marcada **"E"**.

En todo caso, la ineficacia del referéndum decisorio que se pretende convocar con el Decreto Nº 3 impugnado, queda confirmada por la ausencia de regulación legal sobre la mayoría de votos que se requeriría para considerar que el pueblo soberano mediante el mismo, habría decidido convocar la Asamblea Nacional Constituyente y habría decidido autorizar al Presidente de la República para fijar las bases del proceso comicial para elegir los constituyentes. Sin la regulación legal de dicho quórum simplemente no se podría saber cuál es el número de votos necesarios para que el resultado del referéndum se pueda llegar a considerar como una decisión del pueblo soberano, directamente, considerado en su conjunto y por tanto de obligatorio acatamiento por parte de todos los ciudadanos, hayan o no votado y de todos los órganos del Estado.

La circunstancia de que la Ley Orgánica del Sufragio y Participación Política no haya fijado quórum alguno para el referendo consultivo en ella previsto, se explica precisamente porque se trata de una consulta no obligatoria ni vinculante, en la que sólo participan quienes tengan interés en expresar su parecer. Pero tratándose, en el caso del Decreto Nº 3, de un referéndum del cual se pretende derivar una decisión del pueblo es decir, de un plebiscito en el cual se pretenden decidir materias tan importantes como la creación de un órgano de reforma constitucional no previsto en la Constitución, es inconcebible que se corra el riesgo de que ellas resulten de la imposición de una minoría circunstancial del pueblo soberano, razón por la cual el Decreto Nº 3 es ineficaz y debe considerarse de imposible ejecución, estando viciado de nulidad absoluta en los términos del Artículo 19, ordinal 3º de la Ley Orgánica de Procedimientos Administrativos.

V. EL ACTO IMPUGNADO ES INCONSTITUCIONAL AL PRETENDER CONVOCAR UNA ASAMBLEA NACIONAL CONSTITUYENTE CON PODERES IMPRECISOS E ILIMITADOS

Hemos señalado que conforme a las sentencias de esta Sala del 19-1-99, ésta ha admitido que mediante la realización de un referendo *consultivo* sobre la convocatoria a una Asamblea Constituyente, se puede configurar un mecanismo político para reformar la Constitución, distinto a los instrumentos previstos en sus artículos 245 y 246, que sería la Asamblea Constituyente.

Esto significa que la convocatoria a dicha Asamblea Constituyente, en ningún caso, en sí misma puede ni podría significar la derogación o relajamiento de la Constitución de 1961, la cual continúa y tiene que continuar en vigencia hasta que sea sustituida por otra como consecuencia del trabajo de la Asamblea y luego de la realización de un *referendo aprobatorio* de la reforma constitucional. En consecuencia, el funcionamiento de la Asamblea Constituyente no significa que esta pueda suplantar los Poderes Constituidos del Estado o pueda asumir las funciones que corresponden a los órganos de los Poderes Ejecutivo, Legislativo o Judicial.

Las sentencias de la Corte Suprema de Justicia del 19-1-99 en ningún caso pueden interpretarse como un quebrantamiento de la Constitución de 1961 o que ésta habría perdido vigencia o que la perdería si la Asamblea Constituyente que se convoque como resultado de un referéndum consultivo resulta electa y constituida. Las sentencias lo único que han significado es la posibilidad de que mediante un referéndum consultivo como manifestación de la voluntad popular, pueda surgir una nueva forma de reforma de la Constitución, no prevista expresamente en los Artículos 245 y 246 de su texto, que sería la Asamblea Constituyente.

En efecto, conforme una de las sentencias del 19-1-99, la Corte asentó que:

"... sí es procedente convocar a un referendo, en la forma prevista en el artículo 181 de la Ley Orgánica del Sufragio y Participación Política, para consultar la opinión mayoritaria, respecto de la posible convocatoria a una Asamblea Constituyente, en los términos expuestos en este fallo".

En la parte motiva de esta sentencia se había expresado que:

"Ciertamente que el asunto que se debate en el presente caso, tiene una especial trascendencia nacional, en la medida en que una consulta popular como la que se pretende, sería factor decisivo para que los órganos competentes del Poder Público Nacional diseñen los mecanismos de convocatoria y operatividad de una Asamblea a los fines propuestos; o para que, previamente, tomen la iniciativa de enmienda o de reforma que incluya la figura de una Asamblea de esta naturaleza". (Ponente Magistrado Héctor Paradisi León).

Por otra parte, la misma Corte, en la otra sentencia de la misma fecha decidió que:

"La interpretación que debe atribuirse al Artículo 181 de la Ley Orgánica del Sufragio y Participación Política, respecto del alcance del referéndum consultivo que consagra, en cuanto se refiere al caso concreto objeto del recurso que encabeza las presentes actuaciones, es que: a través del mismo puede ser consultado el parecer del cuerpo electoral sobre cualquier decisión de especial trascendencia nacional distinto a los expresamente excluidos por la propia Ley Orgánica del Sufragio y Participación Política en su Artículo 185, incluyendo la relativa a la convocatoria de la Asamblea Constituyente". (Ponencia del Magistrado Humberto J. La Roche).

Ahora bien, de ninguna de estas dos sentencias puede deducirse que la Constitución de 1961 ha perdido su vigencia, por lo cual los artículos 3, 4 y 117 de la Constitución mantienen su fuerza normativa. Conforme al primero, el régimen democrático representativo, responsable y alternativo continúa vigente; según el segundo, si bien la soberanía reside en el pueblo, éste la ejerce, mediante el sufragio, "por los órganos del Poder Público"; y de acuerdo al tercero, las atribuciones del Poder Público son las que están definidas en "la Constitución y en las Leyes".

De allí que de las sentencias mencionadas, sólo se desprende que, cuando el pueblo se pronuncia favorablemente (con la mayoría que está por determinarse) sobre la convocatoria de la Asamblea Constituyente, el Ejecutivo Nacional y el Congreso quedan comprometidos a efectuar los arreglos institucionales necesarios para que tal convocatoria pueda efectuarse; es decir, se señala que los órganos competentes del Poder Público Nacional son los que deben diseñar los mecanismos de convocatoria y operatividad de una Asamblea Constituyente.

Ahora bien, en el texto constitucional vigente de 1961, no se confiere competencia alguna ni a la rama legislativa ni a la rama ejecutiva del Poder Público Nacional para "diseñar los mecanismos de convocatoria y operatividad de una Asamblea a los fines propuestos", por lo que tiene que ser el pueblo directamente, conforme se infiere de la doctrina sentada por el Máximo Tribunal en las sentencias aludidas, a quien compete directamente pronunciarse sobre estos aspectos, lo cual, sin embargo, se le ha pretendido confiscar en la Pregunta Segunda del Artículo 3º del Decreto impugnado.

En consecuencia, conforme a las sentencias de la Corte Suprema del 19-1-99, la Constitución de 1961 continúa vigente hasta tanto sea sustituida por otra Constitución que se sancione por la Asamblea Constituyente y se apruebe por el pueblo mediante referéndum consultivo.

Como lo señaló el Presidente de la República Hugo Chávez Frías en su Propuesta electoral para Transformar a Venezuela intitulado *Una Revolución Democrática*,

"Mientras no entre en vigencia la nueva Constitución de la República regirá la existente". (pág. 10).

Así mismo se expresó la Presidenta de la Corte Suprema de Justicia, Magistrado Cecilia Sosa Gómez al indicar que:

"hasta que no se promulgue una nueva Carta Magna, la Corte seguirá defendiendo el texto fundamental vigente". (*El Nacional*, Caracas 12-2-99, pág. D-1)

La Magistrado Sosa Gómez, anteriormente había señalado lo siguiente:

"...estamos viviendo bajo la Constitución de 1961. Tenemos que mantener el hilo constitucional hasta suplantarlo por otro. No podemos caer en un ámbito de inexistencia del Estado". (*El Nacional*, Caracas 24-1-99, pág. D-1).

En consecuencia, como lo ha advertido Tulio Alberto Álvarez, uno de los miembros de la Comisión Presidencial Constituyente que habría participado en la elaboración del Decreto Nº 3 impugnado:

"En el caso venezolano, la Asamblea Constituyente... es sólo una vía más de modificación de la Constitución". (*La Constituyente. Todo lo que Usted necesita saber*, Libros de *El Nacional*, Caracas 1998, pág. 26).

Agregando además, que

"La Asamblea Constituyente no es un fin en sí mismo, ni tiene otra función que la de ser un mecanismo de modificación del texto constitucional". (*op.cit.*, pág. 106).

Y concluyendo con lo siguiente:

"La Asamblea Constituyente es un procedimiento más para modificar la Constitución. Como tal su objeto se agota en la aprobación de una nueva Constitución". (*op. cit.*, pág. 127).

Ahora bien, en contraste con lo anterior tal como está formulada la primera pregunta del Artículo 3º del Decreto impugnada, la misma pretende hacer que el pueblo convoque una Asamblea Nacional Constituyente:

"con el propósito de transformar el Estado y crear un nuevo ordenamiento jurídico..."

Es decir, se pretende que mediante un referéndum decisorio, no previsto legalmente, se convoque una Asamblea Constituyente, no para reformar la Constitución, sino para que se asuma un poder total y pueda incluso sustituir a los Poderes Constituidos aún antes de la aprobación de la reforma constitucional.

El Decreto N° 3, por tanto, propugna una doble concentración de poderes: primero, en cabeza de una sola persona, el Presidente de la República en quien se pretende delegar el poder soberano de decidir sobre la bases comiciales de la Constituyente; y segundo, en cabeza de una Asamblea a la cual se pretende asignar el poder total de transformar el Estado, lo que vulnera los principios más elementales del Estado de Derecho y es incompatible con los valores supremos de una sociedad democrática. Es, además, contraria a la doctrina que ha inspirado a la República desde su fundación, aun si usurpadores de paso por la historia han concentrado poderes y ejercido la tiranía. Vale, a este respecto, recordar lo expresado en el Título 5° de la Constitución de Angostura de 1819, fruto en gran medida de las ideas políticas de El Libertador, Simón Bolívar; en relación a "*del soberano y del ejercicio y de la soberanía*":

> *Artículo 1°.* La soberanía de la nación reside en la universidad de los ciudadanos. Es imprescriptible e inseparable del pueblo.
>
> *Artículo 2°.* El pueblo de Venezuela no puede ejercer por sí otras atribuciones de la soberanía que la de las *elecciones ni puede depositarla toda en unas solas manos. El poder soberano estará dividido para su ejercicio en legislativo, ejecutivo y judicial.*

En contraste con este principio, es de señalar, que en la Pregunta Primera del artículo 3 del Decreto N° 3, al someterse a decisión del pueblo el convocar la Asamblea Nacional Constituyente, se precisa que el objeto o propósito que tendría la que se convoque, si resulta un "sí" mayoritario (sin saberse en qué proporción), sería la de "*transformar el Estado y crear un nuevo ordenamiento jurídico* que permita el funcionamiento de una Democracia Social y Participativa".

De acuerdo con esta pregunta, por tanto, la Constituyente que se pretende se convoque popularmente, tendría una misión distinta a la Asamblea Constituyente que conforme a la sentencia de esta Sala del 19-1-99 puede resultar de un referéndum consultivo, como un mecanismo para reformar la Constitución distinto a los regulados en los artículos 245 y 246 de la Constitución. La misión de la Asamblea Constituyente producto del derecho a la participación, conforme a esas sentencias, es para reformar la Constitución, por lo que mientras eso no ocurra, continúa vigente la Constitución de 1961 y con ella, el régimen de funcionamiento del Estado que ella establece, es decir, del Poder Público conforme a la forma del Estado federal y a la separación orgánica de poderes. Ambas sentencias lo han expresado sin que pueda quedar duda alguna sobre su sentido, ni pretenderse que son párrafos inexistentes en ellas. Así, como ya lo he destacado en la decisión de esa Honorable Sala del 19-01-1999 en la que fue ponente el Magistrado Humberto J. La Roche, se estatuye:

> "Aún cuando el resultado de la decisión popular adquiera vigencia inmediata, *su eficacia sólo procedería cuando, mediante los mecanismos legales establecidos, se dé cumplimiento a la modificación jurídica aprobada. Todo ello siguiendo procedimientos ordinarios previstos en el orden jurídico vigente, a través de los órganos del Poder público competentes en cada caso.* Dichos órganos estarán en la obligación de proceder en ese sentido".

Por su parte, la sentencia de la misma fecha cuyo ponente fue el Magistrado Héctor Paradisi, concluyó:

"Ciertamente que el asunto que se debate en el presente caso, tiene una especial trascendencia nacional, en la medida en que los resultados de una consulta popular como la que se pretende, *sería factor decisivo para que los Organos competentes del Poder Público Nacional diseñen los mecanismos de convocatoria y operatividad de una Asamblea a los fines propuestos; o para que previamente, tomen la iniciativa de enmienda o de reforma que incluya la figura de una Asamblea de esta naturaleza"*.

En consecuencia, es totalmente incompatible con una Asamblea Constituyente cuyo mandato es reformar la Constitución, la Primera Pregunta del artículo 3º del Decreto Nº 3 que pretende que el pueblo, mediante referéndum decisorio, convoque una Asamblea Nacional Constituyente "con el propósito de transformar el Estado y crear un nuevo ordenamiento jurídico".

En efecto, *transformar el Estado*, no significa otra cosa que cambiar o modificar la organización y distribución del Poder Público; porque el Estado es la organización del Poder.

Ahora bien, de acuerdo con la Constitución de 1961, el Poder Público se divide en las ramas Nacional, Estadal y Municipal (art. 118) y dentro de cada rama, conforme al principio de la separación orgánica de poderes, se distribuye, a nivel Nacional entre los Poderes Legislativo, Ejecutivo y Judicial y, a nivel Estadal y Municipal entre los Poderes Legislativo y Ejecutivo. En consecuencia, "transformar el Estado", ante todo, es transformar la distribución vertical del Poder Público, lo que significa transformar la forma federal del Estado, sea para eliminar la Federación y establecer un Estado Unitario y, por tanto, Centralizado; sea para acentuar la Federación, reforzando el proceso de descentralización política; sea sustituyendo la forma Federal por otra forma de descentralización territorial.

Pero "transformar el Estado", sin ninguna referencia distinta a la de una "democracia social y participativa", que es un continente que sirve para cualquier contenido constituye una suerte de firma en blanco que el Soberano entregaría a la Asamblea Nacional. También implica transformar el principio de la separación orgánica de poderes, entre el Poder Legislativo, el Poder Ejecutivo y el Poder Judicial en los diversos niveles territoriales, sea para eliminar tal separación estableciendo un régimen de unicidad del Poder Público, sea acentuando la separación de poderes.

Además, en este contexto de la separación de poderes, "transformar el Estado" es transformar el sistema de gobierno que resulta de la relación entre los poderes. Si la separación de poderes se elimina se establecería un sistema de gobierno por una Asamblea que concentraría todo el Poder, y si la misma permanece, la transformación tendría que conducir a estructurar o un sistema parlamentario o un sistema más presidencial.

De igual manera, "transformar el Estado", es transformar la estructura y funcionamiento de los órganos del Poder Público, es decir, a nivel Nacional, del Ejecutivo Nacional (Presidencia, Ministerios y Oficinas Centrales), del Congreso (como Senado y Cámaras de Diputados) y de la Corte Suprema de Justicia y demás Tribunales; a nivel Estadal, de las Gobernaciones y de las Asambleas Legislativas y a nivel Municipal de las Alcaldías y de los Concejos Municipales.

En este contexto, "transformar el Estado" también implicaría transformar el régimen de formación de los órganos del Poder Público, es decir, el régimen del gobierno democrático, representativo, responsable y alternativo (art. 3 de la Constitución) que en numerosos pasajes sombríos de nuestra historia ha sido desconocido en la práctica por tiranos de turno, pero que obedece a principios inescindibles de la forma democrática republicana de gobierno.

Una Asamblea Constituyente que asumiera cualquiera de esas transformaciones, durante su funcionamiento, no sería un instrumento o mecanismo para reformar la Constitución, sino para asumir el Poder Público en su totalidad o parcialmente, lesionando las competencias de los órganos que lo ejercen conforme a la Constitución vigente, y violando el artículo 117 de la Constitución. En consecuencia, la única manera de interpretar el propósito de la Asamblea Nacional Constituyente a que se refiere el Decreto N° 3, de "transformar el Estado", acorde con las sentencias de la Corte Suprema de Justicia, sería el reducir su mandato o propósito a elaborar y sancionar el texto de la nueva Constitución que "transforme el Estado", de manera que la transformación estatal que se refleje en la misma, sólo podría entrar en vigencia cuando dicha nueva Constitución se apruebe mediante referendo, oportunidad en la cual quedaría sustituida la actual Constitución de 1961. Pero ello no está así expresado en la pregunta, y de allí su inconstitucionalidad, pues sin duda la intención de la Primera Pregunta del artículo 3° del Decreto N° 3, parecería consistir en darle el Poder Público total a la Asamblea, lo cual sería contrario a la Constitución de 1961, y a principios universalmente reconocidos para la vigencia de la sociedad democrática y el Estado de Derecho, y que necesariamente tiene que seguir vigente durante el funcionamiento de la Asamblea.

En sentido similar debe razonarse respecto del otro propósito que se pretende atribuir a la Asamblea Nacional Constituyente a que se refiere el Decreto N° 3 y que consiste en "crear un nuevo ordenamiento jurídico". Si de lo que se trata es del mandato de elaborar un nuevo texto constitucional que, al ser sancionado y aprobado mediante referendo, sustituya el texto de la Constitución de 1961, ello significaría que la Asamblea sólo tendría la tarea que las sentencias de la Corte Suprema de Justicia le han asignado.

Sin embargo, tal como se expresa en la Pregunta Primera del artículo 3° del Decreto N° 3, esa no parece ser la intención del mismo, por lo que atribuir a la Asamblea la misión de "crear un nuevo ordenamiento jurídico" durante su funcionamiento, significaría una usurpación de la función legislativa que corresponde a las Cámaras Legislativas y, por tanto, una violación tanto del artículo 117 como del artículo 139 de la Constitución de 1961 que necesariamente continúa en vigencia hasta que sea sustituida por la nueva Constitución que se sancione y se apruebe mediante referéndum aprobatorio.

Se insiste, el propósito de transformar el Estado y crear un nuevo ordenamiento jurídico, hasta tanto una nueva Constitución no esté vigente, sólo puede hacerse dentro del marco constitucional que nos rige. En consecuencia, si la transformación a que aspira el Ejecutivo puede hacerse por los mecanismos y procedimientos vigentes, no es necesario consultar al pueblo para que los órganos del Poder Público ejerzan la competencias que tienen asignadas, pero si se entiende que una respuesta afirmativa a la consulta hecha al pueblo implica una autorización para modificar el ordenamiento constitucional antes de la vigencia, o incluso de la discusión de una nueva Carta Fundamental, ello constituye una infracción total al ordenamiento vigente, que no tiene otra fundamentación que el ejercicio de la fuerza, insusceptible de ser vinculada a ninguna norma del orden jurídico y carente de todo asidero en las interpretaciones de nuestro Máximo Tribunal.

En consecuencia, la Asamblea Nacional Constituyente que se pretende convocar como consecuencia del Decreto Nº 3 de 2-2-99, por el propósito que le asigna la Pregunta Primera del artículo 3º del mismo, tendría funciones que permitirían violar e, incluso, ignorar del todo la Constitución de 1961 sin haber sido sustituida por una nueva, lo que hace inconstitucional el mismo Decreto Nº 3 impugnado, pues el Presidente de la República no tiene competencia para convocar un referéndum tendiente a dar origen a un órgano con funciones contrarias a la propia Constitución.

En efecto, el poder constituyente que podría asumir la Asamblea convocada por un referéndum, de acuerdo con lo decidido por las sentencias de la Corte Suprema de 19-1-99, sólo podría ser un poder constituyente de reforma constitucional, que como lo ha dicho Ricardo Combellas, uno de los miembros de la Comisión Presidencial Constituyente, es "un poder limitado, lo que quiere decir que la actividad de revisión no puede ser entendida nunca como una actividad soberana y libre" (*op.cit.*, pág. 96).

VI. EL ACTO IMPUGNADO VIOLA EL PRINCIPIO DE LA DEMOCRACIA REPRESENTATIVA

Como se ha señalado, conforme al artículo 3 de la Constitución de 1961, que contiene una de las cláusulas que pueden considerarse como "pétreas" de nuestro constitucionalismo,

Art. 3 "El gobierno de la República de Venezuela *es y será siempre* democrático, representativo, responsable y alternativo".

En consecuencia, el principio de la democracia representativa es una de las cláusulas inmodificables de nuestro régimen político constitucional, lo que implica que el mismo no puede sustituirse o eliminarse totalmente por el de la democracia solamente participativa o directa. Esta, la democracia directa, como la ha definido Manuel García Pelayo, es "aquella en la que el pueblo ejerce de modo inmediato y directo las funciones públicas que se le atribuyen". (*Derecho Constitucional Comparado*, en Manuel García Pelayo, *Obras Completas,* Tomo I, Madrid, 1991, pág. 376).

La representatividad democrática, además, la regula el artículo 4º de la Constitución al prescribir que si bien la soberanía reside en el pueblo, éste sólo puede ejercerla mediante el sufragio, por los órganos del Poder Público.

Esta norma la califica la Exposición de Motivos de la Constitución como "el principio básico" del sistema democrático y no significa otra cosa que lo que dice, por supuesto, leída completamente, y no sólo en su primera frase. El artículo 4º de la Constitución no se limita a decir que la soberanía reside en el pueblo, sino que agrega que este la ejerce mediante el sufragio por los órganos del Poder Público.

Es decir, es la norma básica del sistema democrático representativo que consagra la Constitución, y que exige que el pueblo actúe a través de los órganos del Poder Público, es decir, los órganos de los Poderes Constituidos que son los previstos y regulados en la Constitución, cuyos titulares son los representantes del pueblo soberano, electos mediante sufragio. La norma, por tanto, es una que tiene que leerse íntegramente, con sus tres componentes que constituyen sus frases: que la soberanía reside en el pueblo; que el pueblo ejerce la soberanía mediante el sufragio, en el sentido de elección de sus representantes que integran los órganos del Poder Público, que se especifican en la propia Constitución.

Este, por otra parte, ha sido el sentido de la norma del artículo 4 en toda nuestra historia constitucional. En efecto, el antecedente remoto de este artículo está en los artículos 143, 144 y 145 de la Constitución de 1811, ubicados en el Capítulo relativo a los "Derechos del hombre" en la sección "Soberanía del pueblo". Los dos primeros artículos indicaban lo siguiente:

"*Art. 143.* Una sociedad de hombres reunidos bajo unas mismas leyes, costumbres y Gobierno forma una soberanía.

Art. 144. La soberanía de un país, o supremo poder de reglar o dirigir equitativamente los intereses de la comunidad, reside, pues, esencial y originalmente en la masa general de sus habitantes y se ejercita por medio de apoderados o representantes de éstos, nombrados y establecidos conforme a la Constitución.

Con esta norma se inicia el Estado venezolano y la organización republicana de la sociedad, y de ella deriva la esencia de la democracia representativa: la soberanía reside en la masa general de los habitantes, en el pueblo, pero esa masa general o pueblo sólo puede actuar a través de sus representantes, que sólo pueden ser nombrados y establecidos conforme a la Constitución. Es decir, la organización republicana por la que optaron los fundadores del Estado Venezolano, fue la de una democracia representativa, de manera que el pueblo o la masa general de los habitantes de este territorio sólo puede manifestar su soberanía a través de los representantes previstos y regulados en la Constitución. Precisamente por ello, el artículo 145 de la Constitución de 1811 completaba el régimen del ejercicio de la soberanía del pueblo, precisando lo siguiente:

Art. 145 Ningún individuo, ninguna familia, ninguna porción o reunión de ciudadanos, ninguna corporación particular, ningún pueblo, ciudad o partido puede atribuirse la soberanía de la sociedad, que es imprescindible, inenajenable e indivisible en su esencia y origen, ni persona alguna podrá ejercer cualquier función pública del gobierno si no la ha obtenido por la Constitución.

La Constitución de Angostura de 1819 recogió los mismos principios y en el Título 5º sobre "Del Soberano y del Ejercicio de la Soberanía", anteriormente citados; donde encontramos la misma precisión de la democracia representativa como sistema político, en el sentido de que el pueblo sólo puede ejercer su soberanía mediante representantes electos; agregándose otro principio esencial de nuestro constitucionalismo, que es el de la separación de poderes, en el sentido de que *no se puede depositar la soberanía en unas solas manos*, estando necesariamente dividido el poder soberano en tres órganos del Poder Público. Esto implica un rechazo constitucional a toda figura de una Asamblea que pueda asumir la totalidad del Poder soberano y que no respete el principio de la separación orgánica del mismo, como garantía de la libertad.

Luego del interregno de la República de Colombia, al reconstituirse el Estado venezolano como Estado independiente y autónomo en 1830, se recogió el mismo principio antes señalado, así:

Art. 3 La soberanía reside esencialmente en la nación y no puede ejercerse sino por los poderes políticos que establece esta Constitución.

Art. 7 El pueblo no ejercerá por sí mismo otras atribuciones de la soberanía que la de las elecciones primarias ni depositará el ejercicio de ella en una sola persona.

Art. 8 El Poder Supremo se dividirá para su administración en Legislativo, Ejecutivo y Judicial. Cada Poder ejercerá las atribuciones que le señala esta Constitución, sin excederse de sus límites respectivos."

En esta forma, de nuevo, quedó precisado con absoluta claridad el principio democrático de la representatividad, en el sentido de que si bien la soberanía reside esencialmente en el pueblo, éste no puede ejercerla sino por los poderes políticos que establece la propia Constitución.

El texto de la Constitución de 1830, siguió el espíritu de la Constitución de la República de Colombia de 1821 y el de los textos de 1811 y 1819. En efecto, la Constitución de la República de Colombia de 1821 dispuso, lo siguiente:

"*Art. 2* La soberanía reside esencialmente en la Nación. Los magistrados y oficiales del gobierno, investidos de cualquier especie de autoridad, son sus agentes o comisarios y responsables a ella de su conducta pública.

Art. 10 El pueblo no ejercerá por sí mismo otras atribuciones de la soberanía que la de las elecciones primarias; ni depositará el ejercicio de ella en unas solas manos. El Poder Supremo estará dividido para su administración en legislativo, ejecutivo y judicial".

Es decir, en todos estos textos constitucionales de 1811, 1819, 1821 y 1830, el principio de que la soberanía reside en el pueblo estaba consagrado conforme al principio de la democracia representativa, en el sentido de que el pueblo no puede ejercer la soberanía sino a través de los poderes públicos establecidos en la propia Constitución.

En consecuencia, el pueblo sólo puede actuar conforme a la Constitución, para elegir sus representantes, como titulares de órganos del poder supremo separados en Legislativo, Ejecutivo y Judicial con lo cual, además del principio constitucional de la representatividad, siempre se consagró el de la separación orgánica de poderes, y la proscripción de que el pueblo pueda llegar a depositar el ejercicio de la soberanía en una sola persona o institución.

En la Constitución de 1857 se siguió la misma tradición constitucional, al establecerse que:

"*Art. 2.* La soberanía reside en la Nación y los Poderes que establece esta Constitución son delegaciones de aquella para asegurar el orden, la libertad y todos los derechos."

A tal efecto, el artículo 6 precisó que:

Art. 6. El Poder Público se divide para su administración en Legislativo, Ejecutivo, Judicial y Municipal. Cada uno de estos poderes ejercerá las atribuciones que le señalan la Constitución y las leyes, sin excederse de sus límites.

En la Constitución de 1858, los anteriores principios se recogieron en diversas normas así:

"*Art. 2* La soberanía reside esencialmente en la Nación.

Art. 7. El gobierno de Venezuela es y será siempre republicano, popular, representativo, responsable y alternativo.

Art. 8. El pueblo ejerce la soberanía directamente en las elecciones e indirectamente por los poderes públicos que establece esta Constitución.

Art. 9. El poder público se divide en Nacional y Municipal.

Estas disposiciones desaparecieron del texto constitucional a partir de la Constitución de 1864 y durante todo el período histórico correspondiente al Estado Federal (1864-1901), organizado como Estados Unidos de Venezuela, precisándose, sin embargo, el principio de que el gobierno de los Estados de la Federación debía organizarse conforme a los principios de gobierno popular, electivo, federal, representativo, alternativo y responsable. Así sucedió con los textos constitucionales de 1874, 1881, 1891 y 1893.

Los principios relativos a la soberanía del pueblo y su ejercicio, sin embargo, se retomaron en la historia constitucional a partir de la Constitución de 1901, que reformó sustancialmente el sistema político y la forma federal del Estado, con la cual se dio inicio al período histórico del Estado centralizado autocrático (1901-1945).

En efecto, en la Constitución de 1901 se establecieron las siguientes normas:

"*Art. 21.* La soberanía reside esencialmente en el pueblo, quien la ejerce por medio de los Poderes Públicos para garantía de la libertad y del orden.

Art. 22. El pueblo no gobierna sino por medio de sus mandatarios o autoridades establecidas por la Constitución y las leyes.

Art. 26. El gobierno de la Unión es y será siempre republicano, democrático, electivo, federal, representativo, alternativo y responsable.

Art. 27. El ejercicio de la soberanía se confiere por el voto de los ciudadanos o de las corporaciones que tienen la facultad de elegir los Poderes Públicos, al tenor de esta Constitución, sin que sea potestativo a ninguno de estos Poderes arrogarse la plenitud de la soberanía.

Art. 29. El Poder Público se distribuye entre el Poder Federal y el Poder de los Estados, en los límites establecidos en esta Constitución".

De estas normas resulta el restablecimiento expreso de los principios centrales del constitucionalismo del primero de los períodos histórico-políticos de la República, que derivan del sistema democrático representativo y del ejercicio de la soberanía por el pueblo exclusivamente mediante la elección de representantes que integran los órganos del Poder Público, que debe estar separado para garantizar la libertad y el orden, y con la proscripción a cualquiera de los Poderes de arrogarse la plenitud de la soberanía.

En términos generales, estos principios que se restablecieron en el texto constitucional de 1901, se repitieron con sólo variaciones de forma, en las Constituciones de 1904, 1909, 1914, 1922, 1925, 1928, 1929 y 1931. En la Constitución de 1936 se varió la redacción de la norma central antes indicada, señalándose lo siguiente:

"Art. 40. La soberanía reside en el pueblo, quien la ejerce por medio de los Poderes Públicos. Toda fuerza o reunión armada de personas que se atribuya los derechos del pueblo y peticione así, comete delito de sedición o rebeldía contra los Poderes Públicos y serán castigados conforme a las leyes".

Este artículo se repitió en la Constitución de 1945, con la cual concluyó el período histórico constitucional del Estado autocrático centralizado.

Un nuevo cambio político se produjo a partir de la Revolución de Octubre de 1945 y de la Constitución de 1947, la cual, sobre la materia, sentó los principios que hoy nos rigen en el mismo sentido que los precedentes. Así, en el texto de 1947 se dispuso lo siguiente:

"Art. 79. La soberanía reside en el pueblo, quien la ejerce mediante el sufragio y por órgano de los Poderes Públicos."

Esta norma tuvo idéntica redacción en la Constitución de 1953 (art. 38) con la variante de que en lugar de decir en la frase final "por órgano de los Poderes Públicos" dice "por órgano del Poder Público", el cual, el artículo 40 de dicho texto, "distribuyó entre el Poder Municipal, el de los Estados y el Nacional". En todo caso, es la misma norma que está en el artículo 4° de la Constitución vigente, con la variante de que la última frase reza "por los órganos del Poder Público".

En consecuencia, el artículo 4° de la Constitución, como lo dice la Exposición de Motivos, es el principio básico del sistema democrático adoptado en toda nuestra historia republicana, que es la democracia representativa, la cual exige que la soberanía, que sin duda reside en el pueblo, sólo puede ejercerse mediante el sufragio, es decir, el derecho a votar y a ser electo que regulan los artículos 110 a 112, y por los órganos del Poder Público que de acuerdo a la Constitución son los órganos del Poder Nacional (que se regulan en los artículos 138 y siguientes); del Poder de los Estados (Poder Estadal) que se regulan en los artículos 19 y siguientes; y del Poder Municipal, que se regula en el artículo 26 del Texto Fundamental y en la Ley Orgánica de Régimen Municipal.

Ahora bien, ignorando por completo el principio de la democracia representativa, la Primera Pregunta formulada en el artículo 3° del Decreto N° 3 de 02-02-99, pretende atribuir a la Asamblea Constituyente que se busca convocar, "el propósito de transformar el Estado y crear un nuevo ordenamiento jurídico" con el exclusivo motivo de permitir "el funcionamiento efectivo de una *Democracia Social y Participativa*". Con ello se pretende darle a la Asamblea Constituyente un mandato inconstitucional, como sería el de eliminar la democracia representativa y pretender sustituirla por una "democracia participativa" o directa.

No puede una Asamblea Constituyente convocada en democracia y en un régimen de derecho regido por la Constitución de 1961, que no ha sido derogada por acto de fuerza alguno; ni durante su funcionamiento, ni al elaborar la nueva Constitución, que es su misión, sustituir el régimen democrático representativo por un régimen de democracia directa o supuestamente exclusivamente participativa o directa, pues ello sería contrario al régimen constitucional venezolano.

La democracia representativa debe y puede ser perfeccionada y *hacerla más participativa*, pero de allí a sustituirla por un régimen político definido por una persona o grupo excluyente, hay un gran trecho.

Por otra parte, una Asamblea Constituyente no puede tener poder soberano alguno; el soberano es el pueblo, como Poder Constituyente Originario, y este no puede trasladar o delegar su soberanía en una Asamblea; es decir, constitucionalmente no existe una Asamblea Constituyente Originaria pues es el pueblo, como Poder Constituyente, el que puede ser originario.

Como lo ha precisado Ricardo Combellas, uno de los miembros de la Comisión Presidencial Constituyente:

"La Asamblea Constituyente no reviste como algunos con ignorancia sostienen, el rango de poder constituyente originario sino derivado, por la sencilla razón de que se trata de un cuerpo representativo. La teoría democrática sólo reconoce un poder constituyente originario, el pueblo, cuya voluntad genuina se manifiesta a través del referéndum, en virtud de lo cual la Constitución más legítima es aquella ratificada refrendariamente por los ciudadanos." (*op. cit.*, pág. 101).

Por último, el Decreto ignora del todo la existencia de materias supraconstitucionales, que no están bajo el poder del Presidente ni de la Asamblea Constituyente que éste pueda concebir, como los principios de la independencia de la Nación, de la integridad del territorio de la República, de la organización federal del Estado, del gobierno democrático, representativo, responsable, participativo y alternativo y del respeto y garantía nacional y universal de los derechos humanos y de su protección, de la separación los poderes Ejecutivo, Legislativo y Judicial y de la supremacía de la Constitución; que escaparían totalmente a la posibilidad de su eliminación o modificación.

En consecuencia, al pretender el Decreto N° 3 impugnado, servir de medio para convocar una Asamblea Constituyente que tenga por misión transformar el Estado y crear un nuevo ordenamiento jurídico para hacer efectiva una democracia participativa, lo que podría implicar pretender eliminar el principio de la democracia representativa, el texto de la Primera pregunta del artículo 3° del mismo viola las disposiciones de los artículos 3° y 4° de la Constitución que son consustanciales al constitucionalismo venezolano.

VII. EL ACTO IMPUGNADO VIOLA EL DERECHO CONSTITUCIONAL A LA PARTICIPACIÓN

Debe insistirse en que las sentencias de esta Sala Político-Administrativa de la Corte Suprema de Justicia de 19-01-99, fundamentaron la posibilidad de que mediante el referéndum consultivo previsto en el artículo 181 de la Ley Orgánica del Sufragio y Participación Política, pudiese derivarse un mecanismo de reforma constitucional distinto a los regulados en los artículos 245 y 246 de la Constitución -que consideró eran limitaciones sólo aplicables y destinadas a los Poderes Constituidos pero no al Poder Constituyente Originario-; en el *derecho constitucional a la parti-*

cipación que consideró como un derecho no enumerado en la Constitución, inherente a la persona humana, conforme al artículo 50 de la propia Constitución.

Es decir, es el derecho constitucional de los ciudadanos y del pueblo soberano en general, a participar en el proceso político, el que permitió a la Corte Suprema hacer ceder el principio de la supremacía constitucional en cuanto a las formas de revisión constitucional previstas expresamente (arts. 245 y 246 de la Constitución), frente al principio de la soberanía popular, de manera que ésta, manifestada ésta a través de un referéndum consultivo como instrumento de participación política, pudiera dar origen a una tercera vía para la reforma constitucional mediante la convocatoria de una Asamblea Constituyente.

Es evidente, por tanto, que la posibilidad constitucional que existiría conforme a la doctrina de la Corte Suprema de que una Asamblea Constitucional pueda ser convocada sin que esté prevista en la Constitución, para reformar la Constitución, deriva única y exclusivamente de la posibilidad, también constitucional, de *establecerla directamente mediante la manifestación de la voluntad del pueblo soberano* a través de un referéndum consultivo, en ejecución del derecho constitucional a la participación ciudadana; consulta que debe contener todos los elementos que configuran el régimen de la Asamblea, en preguntas concatenadas.

En efecto, de acuerdo a las sentencias de esta Sala de 19-1-99, en ausencia de una norma que en la Constitución vigente, o en una modificación de ésta, consagre la figura de la Asamblea Constituyente, la creación de dicho órgano, es decir, la determinación de las reglas fundamentales que definen lo cometidos, la duración y la forma de elección de los integrantes de dicha Asamblea, debe ser decidida directamente por el pueblo, en su condición de titular de la soberanía.

La única forma de lograr que el titular de la soberanía se pronuncie sobre tales reglas -es decir, sobre la creación de la Asamblea Constituyente- consiste en que ellas se incorporen al texto mismo de la consulta que le haga, para que el Cuerpo Electoral, al pronunciarse favorablemente sobre la convocatoria de la Asamblea Constituyente, apruebe también las reglas fundamentales pertinentes, que configuran su régimen, en particular el cometido de la Asamblea Constituyente; la forma de elección de los integrantes de la Asamblea Constituyente; y la duración del mandato.

En consecuencia, el régimen de la Constituyente en ningún caso podría ser establecido por el Ejecutivo Nacional, ni aún cuando así lo dispusiera el pueblo en un referendo, al pronunciarse favorablemente sobre la convocatoria de la Asamblea Constituyente, porque conforme a las normas constitucionales vigentes la rama ejecutiva del Poder Público no tiene competencia para decidir por el titular de la soberanía, que es el pueblo, y porque los poderes constituyentes que son inherentes a la soberanía del pueblo son indelegables.

Por otra parte para que pueda configurarse ese régimen de la Constituyente, si bien la formulación de más de una pregunta de resultado autónomo y respuesta variada en su negación o afirmación podría en algún caso ser necesario lógico y posible; sin embargo, cuando dos preguntas se refieran a un mismo asunto, como es el caso del Decreto N° 3, la respuesta afirmativa a una pregunta y negativa de otra presentan la posibilidad y el riesgo de llevar a un vacío lógico. Por ello, las preguntas que guardan una relación secuencial lógica, deben ser formuladas en tal forma de no crear una situación contradictoria o de imposible aplicación. Aún cuando sea posible pensar que por la índole de alguna consulta, en algunos casos dos o más preguntas pueden ser necesarias; es de imperativo lógico que sean formuladas en tal forma que la respuesta negativa a una de ellas y positiva a otra no lleve a una situación de imposible ejecución que haga de la consulta un absurdo.

Este es el caso de las dos preguntas que se formulan en el artículo 3 del Decreto recurrido. Independientemente de que ambas preguntas adolezcan de los vicios señalados, su mera formulación autónoma y no concatenada llevan a la posibilidad de una respuesta afirmativa a la primera pregunta y negativa a la segunda, con lo cual se crearía una situación absurda que haría la consulta una burla generadora de confusiones y contradicciones.

De lo anterior se deriva que el referéndum consultivo necesariamente ha de tener la amplitud de preguntas concatenadas y derivadas necesarias, de manera que sea la voluntad popular la que le de forma y fije el contorno de la Asamblea Constituyente, para que ésta pueda ser el resultado de la manifestación de la soberanía popular. Incluso, a los efectos de la elaboración de dichas preguntas, el Presidente de la República Hugo Chávez Frías, antes de asumir su cargo, para ello, había creado una Comisión Presidencial Constituyente; y había delineado el contenido de las mismas, en la Propuesta electoral para Transformar a Venezuela *Una Revolución Democrática*, en la cual, como ya se dijo señaló que:

"Se consultará al pueblo sobre su voluntad de convocatoria a la Asamblea Nacional Constituyente, sobre el número de sus integrantes, sobre la forma de elección de los constituyentes y acerca de la duración de la Asamblea". (*cit.*, pág. 9)

En consecuencia, cualquier intento de confiscar o sustraer a la voluntad popular, es decir, a la manifestación de la soberanía del pueblo mediante el referéndum consultivo, la configuración del régimen de la Asamblea Constituyente que ha de convocarse para reformar la Constitución, es contrario y violatorio del derecho constitucional a la participación política, que es el fundamento de su propia posibilidad conforme a la doctrina de la Corte Suprema en sus sentencias de 19-1-99.

En ese vicio de inconstitucionalidad, precisamente, ha incurrido la Pregunta Segunda del artículo 3º del Decreto Nº 3 del 02-02-99, al pretender que el pueblo *autorice* al Presidente de la República para que mediante un "acto de gobierno" (término erróneamente utilizado, según la doctrina sentada por la Corte Suprema) sea el que fije "las bases del proceso comicial en el cual se elegirán los integrantes de la Asamblea Nacional Constituyente", lo cual, además, desde el punto de vista lógico conforme a la pregunta, debería hacer *después de ser autorizado* por el referéndum.

Se pretende así, que mediante un referéndum decisorio no previsto en la Ley, el pueblo soberano renuncie a su derecho a participar y delegue o transfiera al Presidente de la República, solo, es decir, ni siquiera en Consejo de Ministros, para que éste sea el que fije, posteriormente al referéndum, "las bases del proceso comicial" para elegir a los integrantes de la Asamblea Constituyente que constituye parte del régimen de la misma, es decir, las condiciones de elegibilidad, la forma de postulación y las condiciones para la elección. Con ello se pretende trasladar el poder constituyente al Presidente de la República lo cual es inconstitucional, por no tener competencia para ello.

En todo caso, al no preverse otras preguntas en el referéndum que se propone, no sólo las que se refieren a las bases del proceso comicial se le sustraen al pueblo expresar la voluntad popular, es decir, al derecho de participar, sino que se dejan de regular otros aspectos fundamentales que no se refieren al "proceso comicial", relativos a la Asamblea, como por ejemplo, su estructura y carácter (unicameral, bicameral, corporativa), el número de miembros que deben integrarla, su duración, las bases para su funcionamiento que debe estar basado en mecanismos de consulta a toda la población para que las propuestas a la Asamblea lleguen, no sólo por el trabajo de sus integrantes, sino por iniciativa de todos los grupos de la sociedad interesados en su actividad reformadora.

El Decreto N° 3, por tanto, no sólo es insuficiente e ineficaz, pues pretende que el pueblo convoque una Asamblea que no existe y que no se podrá saber nunca en qué consiste porque no hay pregunta alguna que permita que el pueblo se pronuncie, sino que es violatorio del derecho constitucional a la participación, que es su fundamento, al sustraerse al pueblo la posibilidad de diseñarla mediante el referéndum consultivo, única forma en que se la pueda crear; y pretender ceder la soberanía popular al solo Presidente de la República para que sea éste el que fije las bases del proceso comicial, dejando sin posibilidad de regular los elementos fundamentales de la Asamblea que no son parte del "proceso comicial" propiamente dicho.

VIII. EL ACTO IMPUGNADO SE CONFIGURA COMO UN FRAUDE A LA CONSTITUCIÓN

Debe señalarse que el Poder Constituyente como poder soberano, total e inicial que constituye un Estado y organiza políticamente a una sociedad determinada, corresponde y lo ejerce únicamente el pueblo, cuando históricamente fueron creados *ex novo* los Estados. En ese caso puede decirse que, en principio, no estuvo ligado o constreñido por norma jurídica constitucional alguna previa, pues él la creó. Por ello, históricamente actuó como *res facti, non juris*.

El Poder Constituyente, así calificado de Originario, es un poder político *de hecho*, no encuadrable en un marco jurídico constitucional previo. Como Poder inicial, tuvo su origen en el constitucionalismo moderno en la Revolución Norteamericana de 1776, en la Revolución Francesa de 1789 y en la Revolución Hispanoamericana de 1811. En esos procesos políticos, el pueblo soberano asumió el poder total haciéndose representar por Asambleas y constituyó, sea nuevos Estados como sucedió en América, o transformó radicalmente un viejo Estado Monárquico como sucedió en Francia, dotándose siempre de una Constitución.

Por ello, Juan Luis Requejo Pagés señala que:

"El poder absolutamente originario será el que ha constituido la primera Constitución de un Estado." (*Las normas preconstitucionales y el mito del poder constituyente*, Madrid 1998, pág. 101)

En esos procesos, el Poder Constituyente Originario del pueblo no tuvo límites constitucionales para su actuación, salvo los provenientes del derecho natural o de las luchas históricas de la humanidad que contribuyeron a la juridificación nacional y universal de los derechos humanos. Pero una vez constituidos los Estados Constitucionales modernos, habiéndose dotado a sí mismos, por voluntad popular, de una Constitución, puede decirse que el Poder Constituyente Originario desapareció al constitucionalizarse y se lo sustituyó por un Poder Constituyente Instituido, derivado o de reforma que está regulado usualmente en las propias Constituciones.

En ese contexto histórico, puede decirse que salvo que exista una ruptura constitucional, el Poder Constituyente Originario no se manifiesta de nuevo en los Estados Constitucionales, salvo, excepcionalmente, como lo ha establecido esta Sala en sus sentencias del 19-1-99, para mediante un referéndum consultivo dar paso a un mecanismo de reforma constitucional distinto al establecido en el texto de la Constitución.

Puede decirse, entonces, que en general en los Estados Constitucionales, el Poder Constituyente originario se constitucionalizó al adoptarse la Constitución, y el principio de la representación democrática condicionó su ejercicio. Como lo ha destacado Pedro de Vega,

> "Forma parte de la lógica del Estado Constitucional, y así se pretendió tanto en el proceso revolucionario americano como en el francés, que una vez aprobada la Constitución el poder constituyente desaparece, cediendo su lugar a la propia norma por él creada". (*La Reforma Constitucional y la Problemática del Poder Constituyente,* Madrid 1988, pág. 34).

La constitucionalización del Poder Constituyente, por otra parte, está esencialmente ligada a la democracia representativa, por lo que el mismo autor, Pedro de Vega, al referirse a las ideas de Sieyès, dice:

> "Al ser la Nación un ente abstracto, que sólo puede expresar su voluntad a través de representantes, la potestad constituyente sólo podrá actuarse a través del mecanismo de la representación. El poder constituyente deja de ser entonces el poder en el que el pueblo directamente participa, como titular indiscutible de la soberanía, para convertirse en el poder de las Asambleas en las que la Nación delega sus competencias". (*op. cit.*, pág. 32).

Ahora bien, como principio, en el Estado Constitucional, una vez aprobada la Constitución, el Poder Constituyente Originario desaparece, se subsume en la Constitución, se constitucionaliza, y ese texto adquiere supremacía, regulándose usualmente el Poder Constituyente Instituido, como mecanismo para reformar o modificar la Constitución, que incluso puede atribuirse a una Asamblea Constituyente.

Como lo ha señalado Antonio Negri al comentar el proceso constitucional americano:

> "Sin Constitución, fuera de la Constitución, fuera de la máquina constitucional y del organismo de gobierno no existe poder constituyente". (*El Poder Constituyente. Ensayo sobre las alternativas de la modernidad*, Madrid, 1994, pág. 205).

En esta forma, sin embargo, lejos está la posibilidad de que una Asamblea Constituyente, convocada en democracia y bajo la vigencia de la Constitución de 1961, producto de la voluntad popular manifestada mediante referéndum consultivo, pueda tener poderes ilimitados y atentar contra los mismos principios del constitucionalismo.

Existen, en consecuencia, límites al Poder Constituyente de revisión o de reforma constitucional ejercido por una Asamblea, que nunca, en sí misma, es soberana, derivado de las cláusulas pétreas del constitucionalismo y que nuestra Constitución de 1961, entre otros, consagra en sus artículos 1°, 3°, 8° y 50.

En efecto, una norma que consagra un principio pétreo, es el artículo 50 de la Constitución que reconoce la existencia de *derechos inherentes a la persona humana* que, por ello, son previos y superiores a la propia Constitución. De allí que sea imposible que una Asamblea Constituyente desconozca los derechos inherentes a la persona humana o los desmejore. En particular, esto es más reforzado en aquellos casos en los cuales la propia Constitución considera como *inviolables* ciertos derechos, como el derecho a la vida (art. 58), el derecho a la libertad o seguridad personales (art. 60), el hogar doméstico (art. 62), la correspondencia (art. 63).

Por otra parte, de acuerdo con el artículo 1° de la Constitución,

"La República de Venezuela *es para siempre e irrevocablemente* libre e independiente de toda dominación o protección extranjera".

Esta norma consagra el principio de la independencia de la República, como cláusula pétrea, que impide a cualquier Asamblea Constituyente poder desconocerla. Sería imposible, constitucionalmente hablando, que una Asamblea decida, como lo hizo el Congreso de Angostura en 1819, extinguir al Estado venezolano, renunciar a la independencia y anexar el territorio nacional a otro Estado.

Lo mismo puede decirse del principio republicano representativo de gobierno que consagra el citado artículo 3° de la Constitución al prescribir que

"El Gobierno de la República de Venezuela *es y será siempre* democrático, representativo, responsable y alternativo"

Esta norma pétrea impide que una Asamblea Constituyente pretenda, por ejemplo, establecer una Monarquía en sustitución de la República, pretenda extinguir la democracia representativa, pretenda consagrar la irresponsabilidad de los representantes o gobernantes o pretenda eliminar la alternabilidad republicana, consagrando, por ejemplo, cargos vitalicios en el Poder Ejecutivo.

El mismo carácter pétreo se encuentra respecto del principio de la integridad territorial que regula el artículo 8 de la Constitución al prescribir que:

"El territorio nacional *no podrá ser jamás* cedido, traspasado, arrendado ni en forma alguna enajenado, ni aún temporal o parcialmente, a potencia extranjera".

La integridad del territorio, por tanto, es inviolable, por lo que es impensable que una Asamblea Constituyente pueda resolver ceder parte del territorio nacional a una potencia extranjera.

Derivado de la intangibilidad del principio republicano y de los derechos inherentes a la persona humana, también puede identificarse como un principio que escapa al poder de una Asamblea Constituyente, el de la separación de poderes y de la supremacía constitucional que, precisamente, existen en el constitucionalismo moderno como garantía de los derechos y libertades públicas.

El Presidente de la República, Hugo Chávez Frías, en este sentido, en su Propuesta Electoral para Transformar a Venezuela, denominada *Una Revolución Democrática*, señaló:

"Las limitaciones de la Asamblea Nacional Constituyente son las derivadas de los principios generales del derechos, los valores democráticos y garantías ciudadanas, los principios que identifican nuestro devenir histórico, la dignidad como derecho inalienable de la persona humana, los derechos humanos y demás principios que sustentan el concierto de naciones." (pág. 10)

Constituiría, entonces, un fraude constitucional que una Asamblea Constituyente convocada en democracia, bajo la vigencia de una Constitución como la de 1961, que no pierde su vigencia hasta que sea sustituida por otra que dicte la Asamblea y apruebe el pueblo, pudiera llegar a destruir los principios pétreos del constitucionalismo. Así lo definió hace más de 60 años G. Liet-Veaux al estudiar las revoluciones de Italia, Alemania y Francia cuando se establecieron los regímenes fascista y nacional-socialista y precisar el fraude constitucional como la utilización del procedimiento de reforma para, sin romper con el sistema de legalidad establecido, proceder a la creación de un nuevo régimen político y un ordenamiento constitucional diferente (G. Liet-Veaux, "La fraude à la Constitution", *Revue du Droit Public,* París, 1943, págs. 116 a 150).

Definitivamente, no puede el ordenamiento constitucional servir de cauce para su propia destrucción; es decir, no es admisible el auto atentado contra la forma democrática de gobierno, bajo la cobertura de la creación de un nuevo Estado constitucional; y ello se llevaría a cabo, si llegase a convocarse, como lo pretende el acto administrativo impugnado una Asamblea Constituyente con poderes imprecisos e ilimitados para transformar el Estado.

IX. SOLICITUD DE MEDIDA CAUTELAR INNOMINADA PARA LA SUSPENSIÓN DE LOS EFECTOS DEL DECRETO IMPUGNADO Y DE LA CONVOCATORIA AL REFERENDO EFECTUADA POR EL CONSEJO NACIONAL ELECTORAL

Con fundamento en todo lo anteriormente expuesto, solicitamos respetuosamente a esta Sala Político-Administrativa de la Corte Suprema de Justicia, acuerde medida cautelar innominada, conforme a lo previsto en los artículos 585 y 588 del Código de Procedimiento Civil, con el objeto de suspender -mientras dure el juicio- los efectos del acto administrativo general impugnado, contenido en el Decreto N° 3 de 2-2-99, publicado en Gaceta Oficial N° 36.634 de 2-2-99; así como de todos aquellos actos que se dicten en ejecución de dicho Decreto y, específicamente, se suspendan los efectos de la decisión adoptada por el Consejo Nacional Electoral en sesión celebrada el 17 de febrero de 1.999, que acompañamos en copia marcada **"F"** en la cual el referido Cuerpo aprobó convocar para el día 25 de abril de 1.999, el referéndum para que el pueblo se pronuncie sobre la convocatoria de una Asamblea Nacional Constituyente, de conformidad con lo dispuesto en el impugnado Decreto N° 3, dictado por el Presidente de la República.

Las medidas cautelares innominadas han sido definidas por la doctrina como:

"aquellas no previstas en la ley, que puede dictar el juez según su prudente arbitrio, antes o durante el curso del proceso, con el objeto de prevenir que pudiera quedar ilusoria la ejecución del fallo o cuando hubiere fundado temor de que una de las partes pueda causar lesiones graves o de difícil reparación al derecho de la otra" (Rengel Romberg, Arístides, "Medidas Cautelares Innominadas", Revista Universitaria de Derecho Procesal, Madrid, 1990).

Esta facultad de declarar medidas cautelares innominadas consagradas en los artículos 585 y 588 del Código de Procedimiento Civil, las posee el juez contencioso administrativo por expresa remisión a dicho Código de la Ley Orgánica de la Corte Suprema de Justicia en su artículo 88.

Así expresamente lo ha reconocido esta Sala Político-Administrativa en fallos de fecha 17-12-91 y 15-03-94 (Casos: *Myrna Salas* y *Rafael Solórzano*, respectivamente). En efecto, en la última de las decisiones citadas esta Sala expresó:

"Sobre el particular, no vacila la Sala en ratificar, una vez más, que sus amplios poderes jurisdiccionales en materia de medidas cautelares, en el contencioso administrativo de anulación, *no se limitan a las medidas específicas y especialmente consagradas en las leyes, es decir, a las medidas cautelares nominadas* (vgr. artículo 136 de la Ley Orgánica de la Corte Suprema de Justicia y artículo 5° de la Ley Orgánica de Amparo sobre Derechos y Garantías Constitucionales), sino que, por el contrario, *se dispone la potestad para aplicar, con fundamento en el artículo 88 de la Ley Orgánica de la Corte Suprema de Justicia, lo previsto en el parágrafo primero del artículo 588 del Código de Procedimiento Civil, es decir dictar medidas cautelares innominadas*" (Resaltado agregado)

En efecto, las medidas cautelares, en general, sirven para que el juez en cada caso concreto utilice los medios que sean necesarios para que el derecho cuya tutela se solicita permanezca íntegro durante el tiempo que dura el proceso, de tal manera que sea posible ejecutar en su día la sentencia que, llegado el caso, reconozca el derecho, siendo característico de las medidas cautelares el que se adopten con carácter de urgencia e inmediatez.

Esta potestad cautelar del juez es procedente, incluso, cuando el acto impugnado sea general o tenga carácter normativo, pues el derecho a la defensa y al debido proceso debe garantizarse *en cualquier tipo de juicio de anulación* (contra actos generales o individuales). En este sentido, se ha observado que la arbitrariedad o irracionalidad del legislador exige que se ofrezca una salida urgente, para evitar el peligro de que la justicia pierda el camino de la eficacia. Utilizando los términos de Calamandrei:

"las medidas cautelares concilian las dos exigencias de la justicia: la celeridad y la ponderación. Entre hacer las cosas pronto, pero mal, o hacerlas bien, pero tarde, las medidas cautelares piensan sobre todo en hacerlas pronto, dejando el problema del bien y del mal a las reposadas formas del proceso ordinario" (CALAMANDREI, Piero, *Providencias Cautelares,* Cangallo, Buenos Aires, 1984*).*

Por tanto, lógica consecuencia del principio del derecho efectivo a la defensa y al debido proceso, garantizado por nuestra Constitución, es la aplicación de las medidas cautelares en el proceso contra actos generales, bien sea la del amparo constitucional cuando exista una presunción grave de violación del derecho que se reclama, o las medidas innominadas a que se refiere el artículo 588 del Código de Procedimiento Civil, debido a que no existe justificación alguna que prohíba esta aplicación. Es claro, pues, que la congruencia del sistema exige que si se permite el control jurisdiccional de los actos generales y normativos -y más concretamente de actos administrativos generales- es lógico y congruente que se permita la suspensión provisional de los efectos de estos actos. Esto es absolutamente lógico, de tal manera que, si faltara esta pieza cautelar, el mecanismo de defensa quedaría incompleto, puesto que sería absurdo permitir la impugnación de estos actos y no permitir la suspensión provisional de sus efectos nocivos.

En efecto, no se puede excluir la posibilidad al Juez contencioso-administrativo de aplicar o acordar las medidas cautelares innominadas previstas en los artículos 585 y 588 del Código de Procedimiento Civil, contra actos generales normativos o no, puesto que ello implicaría, a su vez, excluirlos o despojarlos de los mecanismos jurídico-procesales existentes para garantizar, por una parte, el ejercicio de los derechos de los particulares a obtener tutela judicial eficaz; y, por la otra, el derecho a la defensa consagrado en el artículo 68 de nuestro Texto Fundamental, el cual, tal y como ha sostenido esta Sala en sentencia de fecha 22-11-90 (Caso: *"Parque Mochima"*), incluye no sólo el derecho a acceder a los Tribunales para probar y alegar todo lo que se estime pertinente, sino también, a lograr una efectiva ejecución del fallo (*Jurisprudencia Ramírez & Garay*, Tomo CXIV, 1990, sentencia N° 1036-90, p. 659).

En este sentido, esta Sala Político-Administrativa ha acordado en recursos intentados contra actos generales (en decisiones de fechas 15-04-92, 15-02-93 y 15-03-94; Casos: *"Soto Luzardo"*, *"Elecciones de Sucre y Barinas"* y *"Rafael Solórzano Escalante"*, respectivamente), la suspensión de los efectos de dichos actos, de conformidad con las disposiciones referidas y contenidas en el Código de Procedimiento Civil, a fin de evitar que la sentencia definitiva ocasionare un daño de imposible o difícil reparación; ello como consecuencia lógica de una interpretación armónica de lo dispuesto en el artículo 68 de la Constitución, el cual consagra el derecho a la defensa y a la tutela judicial efectiva y en el artículo 588 del Código de Procedimiento Civil.

En relación con los requisitos necesarios para la procedencia de estas medidas cautelares innominadas tenemos que, conforme al artículo 585 del Código de Procedimiento Civil, deben concurrir el riesgo manifiesto de que quede ilusoria la ejecución del fallo con un medio de prueba que constituya presunción grave de esa circunstancia y del derecho que se reclama.

Son dos, pues, los requisitos que tiene el juez que verificar para decretar estas medidas preventivas: que exista prueba del riesgo manifiesto de que quede ilusoria la ejecución del fallo, y que exista prueba suficiente del derecho que se reclama en juicio; los cuales constituyen lo que se entiende doctrinariamente como el *"periculum in mora"* y el *"fumus boni juris"*.

En el caso concreto que nos ocupa, hace falta la celeridad para lograr la justicia y evitar un daño irreparable que se causaría de ejecutarse el Decreto impugnado, situación que es ya inminente en virtud de la convocatoria fijada por el Consejo Nacional Electoral para el 25 de abril del año en curso, a fin de que "consulte" al pueblo venezolano sobre la convocatoria a una Asamblea Nacional Constituyente, en los inconstitucionales e ilegales términos contenidos en el Decreto N° 3 de 2-2-99, dictado por el Presidente de la República. En efecto, son más que evidentes los vicios de inconstitucionalidad e ilegalidad en los cuales incurrió el Presidente de la República al dictar el Decreto impugnado, cuya prueba de ejecución inmediata constituye la aprobación que al mismo acordó el Consejo Nacional Electoral, fijando como fecha para que se celebre el mismo, el 25 de abril del año en curso; por lo cual, de llevarse a cabo la convocatoria o llamado, coronaría el inconstitucional acto dictado por el Presidente de la República, inobservando el criterio fundamental que ha asentado esta Sala en sus sentencias de 19-1-99, constituyéndose así como una fraude a nuestra Constitución de 1.961.

Por tanto, de no suspenderse los efectos del acto administrativo impugnado y, en consecuencia, de llevarse a cabo en fecha 25 de abril de 1999, el referéndum para que el pueblo se pronuncie acerca de la convocatoria de una Asamblea Nacional Constituyente en los términos contenidos en el tantas veces citado Decreto N° 3 de 2-2-99, se estarían no sólo violando las disposiciones constitucionales contenidas en los artículos 3, 4 y 50 del Texto Constitucional, sino que también se estaría violentado lo dispuesto en el artículo 181 de la Ley Orgánica del Sufragio y Participación Política, puesto que el pueblo venezolano lejos de estar siendo consultado, estaría "autorizando" al Presidente de la República para que haga algo para lo cual no tiene competencia constitucional, siendo ello contrario al derecho de participación que esta Sala en sus sentencias de 19-1-99, reconoció como inherente a la persona humana a fin de admitir que se lleve a cabo el referéndum sobre la convocatoria sobre la Asamblea Nacional Constituyente, de manera que sea el pueblo soberano el que defina las bases del régimen de la misma.

En consecuencia, en caso de declararse con lugar la presente acción, sería imposible retrotraer sus efectos sin que pudieran repararse, con la sentencia definitiva, los daños ocasionados a los ciudadanos venezolanos, que como pueblo soberano, tienen derecho a un régimen de gobierno democrático, soberano, representativo, responsable y alternativo, así como, el derecho de participación, en los términos establecidos en la Constitución de 1961, derechos éstos que se verían indudablemente lesionados de llevarse a cabo el inconstitucional e ilegal referéndum, puesto que la celebración del mismo ha sido fijada para el 25 de abril de 1999 (*periculum in mora*); y, cuya prueba de inminente ejecución se encuentra en la decisión adoptada por el Consejo Nacional Electoral, según consta de la copia de Memorándum fechado 17-2-99, suscrito por la Secretaría del Consejo Nacional Electoral y dirigido a la Consultoría del citado Consejo, mediante el cual se le comunica la decisión adoptada por dicho Cuerpo en esa misma fecha, relativa a la aprobación del referéndum contenido en el Decreto N° 3 dictado por el Presidente de la República.

Por otra parte, resulta fundamental destacar, en relación con el *fumus bonis iuris*, las consideraciones que hemos expuesto a lo largo de esta acción contencioso administrativa de nulidad por inconstitucionalidad e ilegalidad que se ha intentado en contra el Decreto N° 3 de 2-2-99, publicado en Gaceta Oficial N° 36.634 de 2-2-99, dictado por el Presidente de la República, consideraciones éstas que demuestran la flagrante transgresión de los derechos y garantías consagrados en nuestro Texto Fundamental, en la cual incurrió el Presidente al dictar el acto impugnado, y la manifiesta ilegalidad del proceso o llamado al cual hace referencia dicho Decreto N° 3, a fin de que el pueblo sea supuestamente "consultado" acerca de la convocatoria de una Asamblea Constituyente, en virtud de la inobservancia cometida por el Presidente de la República en la aplicación de las disposiciones contenidas en la Ley Orgánica del Sufragio y Participación Política, y por ello, el Decreto N° 3 debe ser anulado.

Así mismo, solicitamos respetuosamente a esta Sala se pronuncie sobre la referida suspensión de los efectos tanto del acto impugnado como de la decisión adoptada por el Consejo Nacional Electoral en fecha 17 de febrero de 1.999, la cual, no es más que una consecuencia del contenido de dicho decreto, es decir, un acto de ejecución del Decreto N° 3, *"in limine litis",* previa admisión por esta Sala Político-Administrativa de la presente acción de nulidad, debido a la inmediatez de la celebración del referéndum para que el pueblo venezolano se pronuncie acerca de la convocatoria para una Asamblea Nacional Constituyente, en los inconstitucionales e ilegales términos contenidos en el Decreto N° 3 dictado por el Presidente de la República, fijado para el 25 de abril de 1.999, el cual, de llevarse a cabo, produciría un daño de imposible reparación en la definitiva.

A tales efectos, invocamos el precedente jurisprudencial asentado por esta Sala Político-Administrativa, en sentencia de 10-03-98 (Caso: *USALDOCA*), en la cual se admitió el recurso de nulidad interpuesto y se acordó la suspensión de los efectos del acto impugnado, en los términos siguientes:

> "Ahora bien, por lo que atañe a la medida cautelar innominada, en base a la jurisprudencia de esta Sala, así como de la Corte en Pleno, la misma no puede ser acordada sin que medie la comunicación por cualquier vía a la contraparte, en razón de lo cual sería necesario iniciar el procedimiento del amparo para que tal comunicación se produzca, con el llamamiento del presunto agraviante. En vista de lo anterior, *considera la Sala que la medida cautelar en la oportunidad en que sería dictada, retrasaría la eventual satisfacción de las pretensiones del actor.*
>
> Es por lo anterior que la considera improcedente en tales circunstancias y en vista de ello, *procede por sí mismo a admitir el recurso de nulidad,* observando que el mismo no colide con ninguna de las exigencias establecidas en la ley para su admisibilidad, por lo cual, lo admite por cuanto ha lugar en derecho, ordenando la notificación del autor del acto, así como del Fiscal General de la República y de la Procuraduría General de la República, por cuanto se da el supuesto del artículo 125 de la Ley Orgánica de la Corte Suprema de Justicia, y una vez practicadas las notificaciones, deberá librarse el cartel al cual alude dicho artículo.
>
> *Admitido como lo ha sido el recurso de nulidad, pasa esta Sala a pronunciarse sobre la solicitud de suspensión de efectos del acto..."* (Subrayados agregados)

X. PETITORIO FINAL

Con fundamento en todo lo anteriormente expuesto, solicitamos de esta Sala Político-Administrativa de la Corte Suprema de Justicia que declare la nulidad por ilegalidad e inconstitucionalidad del Decreto N° 3 de 2-2-99 publicado en *Gaceta Oficial* N° 36.634 de 2-2-99, por violar los artículos 3, 4, 50, 117 y 139 de la Constitución y el artículo 181 de la Ley Orgánica del Sufragio y Participación Política; por estar viciado de desviación de poder; ser ineficaz y de imposible ejecución, lo que lo hace nulo conforme al Artículo 19, ordinal 3° de la Ley Orgánica de Procedimientos Administrativos; y, en definitiva, por configurarse, en sí mismo, en un instrumento que puede servir de fraude a la Constitución y por ser ineficaz en sí mismo.

Es Justicia, en Caracas a los veintitrés (23) días del mes de febrero de mil novecientos noventa y nueve (1.999).

SECCIÓN QUINTA:

LOS LIMITES DE LA ASAMBLEA NACIONAL CONSTITUYENTE EN EL MARCO DE UN ESTADO DE DERECHO Y LA VIGENCIA DE LA CONSTITUCIÓN DE 1961 (1999)

Una vez que se despejó judicialmente el camino para la convocatoria del referendo consultivo sobre la Asamblea Nacional Constituyente, comencé el estudio sobre los límites que la misma tendría en el marco de la Constitución de 1961 cuya "interpretación" había permitido dicha convocatoria. De allí el trabajo que sigue, publicado como "Comentarios sobre la inconstitucional convocatoria a Referéndum sobre una Asamblea Nacional Constituyente efectuada por el Consejo Nacional Electoral en febrero de 1999", *Revista Política y Gobierno*, FUNEDA Vol. I, N° 1, Caracas, Enero-Junio 1999, págs. 29 a 92.

I. LAS VICISITUDES CONSTITUCIONALES DE LA CONVOCATORIA AL REFERÉNDUM SOBRE LA ASAMBLEA NACIONAL CONSTITUYENTE Y LOS LÍMITES IMPUESTOS A LA MISMA POR LA VOLUNTAD POPULAR

1. *Antecedentes*

Después de haberlo prometido durante la campaña electoral de 1998, y después de adoptadas las decisiones de la Corte Suprema de Justicia del 19-01-99 abriendo la posibilidad de la convocatoria a un *Referéndum Consultivo* sobre la convocatoria de la Asamblea Nacional Constituyente, el Presidente de la República, mediante Decreto N° 3 de 02-02-99[8] decidió, conforme al artículo 181 de la Ley Orgánica del Sufragio y Participación Política,

"la realización de un referéndum para que el pueblo se pronuncie sobre la convocatoria de una Asamblea Nacional Constituyente".

A tal efecto, el Decreto del Presidente de la República dispuso que:

"***Art. 3***. El instrumento electoral contendrá las siguientes preguntas que serán contestadas con un "sí" o un "no".

Primera ¿Convoca usted una Asamblea Nacional Constituyente con el propósito de Transformar el Estado y crear un nuevo ordenamiento jurídico que permita el funcionamiento efectivo de una Democracia Social y Participativa?

Segunda: ¿Autoriza usted al Presidente de la República para que mediante un Acto de Gobierno fije, oída la opinión de los sectores políticos, sociales y económicos, las bases del proceso comicial en el cual se elegirán los integrantes de la Asamblea Nacional Constituyente?.

Con este contenido, puede considerarse a este Decreto presidencial como un acto administrativo de carácter general decisorio, que decretó realizar el *Referéndum* y precisó cuáles serían las preguntas que se formularían en el mismo.

---

[8] Véase en *Gaceta Oficial* N° 36.634 del 02-02-99

Dicho Decreto fue objeto de diversas acciones contencioso-administrativas de nulidad por inconstitucionalidad e ilegalidad que se ejercieron por ante la Corte Suprema de Justicia en Sala Político Administrativa[9], las cuales sin embargo, fueron declaradas inadmisibles por el Juzgado de Sustanciación de la Sala, considerando que el Decreto del Presidente de la República convocando la realización del referéndum, *no era un acto administrativo recurrible* por ante la jurisdicción contencioso-administrativa, en virtud de que no producía "efectos externos", sino que se trataba de una simple "solicitud" formulada ante el Consejo Nacional Electoral, órgano que conforme al artículo 184 de la misma Ley Orgánica del Sufragio y Participación Política, era al que correspondía poner fin al procedimiento administrativo correspondiente relativo a la convocatoria de los referendos, es decir, era el que con su decisión de fijar la fecha de realización del mismo, una vez verificado que la "solicitud" cumplía con los requisitos legales, ponía fin a la vía administrativa y en consecuencia, era el que podía ser revisado jurisdiccionalmente mediante un recurso contencioso electoral[10].

Independientemente de las críticas u observaciones que se podían realizar a las decisiones del Juzgado de Sustanciación, al considerar que un Decreto presidencial de convocatoria de un referéndum, ordenando además las preguntas que debían formularse, no tenía efectos jurídicos "externos"; la consecuencia de la decisión fue, entonces, y conforme a la doctrina sentada por el Juzgado de Sustanciación, la introducción de acciones de nulidad contra la Resolución N° 990217-32 del Consejo Nacional Electoral de 17-02-99 dictada en conformidad con el mismo Decreto N° 3 del Presidente de la República, *que había reproducido íntegramente su texto* y había fijado la realización del *Referéndum* para el día 25-04-99. Una de dichas acciones de nulidad, la intentada por el abogado Gerardo Blyde, fue la decidida por la Sala Político Administrativa de la Corte Suprema de Justicia en sentencia de 18-03-99, anulando la *Segunda Pregunta* de la convocatoria al *Referéndum*.

En efecto, el acto administrativo dictado por el **Consejo Nacional Electoral el 17 de febrero de 1999, contenido en la Resolución N° 990217-32**, conforme a lo decidido por el Presidente de la República en el Decreto N° 3 mencionado, había resuelto:

"***Primero:*** Convocar para el día 25 de abril del año en curso, el Referéndum para que el pueblo se pronuncie sobre la convocatoria de una Asamblea Nacional Constituyente, *de conformidad con el Decreto N° 3 de fecha 2 de febrero de 1999 de fecha 02-02-99,* dictado por el Presidente de la República, en Consejo de Ministros".

Este acto administrativo, ante todo, consideramos que estaba viciado en su causa, al fundamentarse en el mencionado Decreto N° 3 de 02-02-99, el cual, al igual que la Resolución, era ilegal e inconstitucional pues estimamos que violaba los artículos 3, 4, 50, 117 y 139 de la Constitución y los artículos 181 y 184 de la Ley Orgánica del Sufragio y Participación Política; estaba viciado de desviación de poder; era ineficaz y de imposible ejecución, lo que lo hacía nulo conforme al artículo

---

[9] Véase el texto de la acción de nulidad que ejercimos en Allan R. Brewer-Carías, *Asamblea Constituyente y Ordenamiento Constitucional,* Academia de Ciencias Políticas y Sociales, Caracas, 1999, pág. 255 a 321.

[10] El primero de los autos del Juzgado de Sustanciación fue dictado el 02-03-99.

19, ordinal 3° de la Ley Orgánica de Procedimientos Administrativos; y, en definitiva, por configurarse, en sí mismo, como un instrumento que podía conducir a un fraude a la Constitución.

En efecto, en la Resolución del Consejo Nacional Electoral al ordenar que se realizase el *Referéndum* "de conformidad con el Decreto N° 3 de fecha 02-02-99", es decir, *tomando en consideración las bases establecidas en el mismo, no se convocaba en realidad un Referéndum consultivo,* que es el único que autorizan los artículos 181 y siguientes de la Ley Orgánica del Sufragio y Participación Política, sino que desviando los poderes que derivan de lo dispuesto en dichas normas, y contrariándolas, tanto el Presidente de la República en Consejo de Ministros como el Consejo Nacional Electoral, en definitiva, se habían valido de las normas que regulan la figura del *Referéndum Consultivo* en dicha Ley, pero para *convocar un Referéndum decisorio, autorizatorio o plebiscitario*, cuando ello no está autorizado en la Ley Orgánica del Sufragio y Participación Política.

En esta forma, al convocar a los ciudadanos venezolanos a un *Referéndum* no autorizado en la Constitución ni la Ley, se los estaba afectando en sus derechos e intereses pues se los obligaba a ejercer una función pública que es el voto, conforme al artículo 110 de la Constitución, al margen del ordenamiento jurídico.

Por otra parte, el propósito del Decreto, que sirvió de fundamento a la Resolución del Consejo Nacional Electoral, como se evidenciaba del texto de las preguntas previstas en su artículo 3°, y que se reprodujeron en el artículo Segundo de la Resolución, era otorgarle un poder ilimitado al Jefe del Estado, sin siquiera el control del Consejo de Ministros, para, entre otras cosas, fijar mecanismos destinados a convocar y establecer, a su leal saber y entender, una Asamblea Nacional Constituyente para "*transformar el Estado y crear un nuevo ordenamiento jurídico,* que permita el funcionamiento de una democracia social y participativa".

Todo ello puede considerarse que entrañaba una grave amenaza para la vigencia y garantía del Estado de Derecho, que podría conducir, tal como la Resolución estaba concebida, a que la Constitución vigente pudiera ser derogada aún antes de ser sustituida por otra; a que la Asamblea Constituyente así concebida asumiera la totalidad de los Poderes Públicos y a que se estableciera un régimen político social y participativo de contenido innominado, donde estuviesen ausentes el concepto de gobierno democrático, representativo, alternativo y responsable previsto en el artículo 3° de la Constitución, así como el derecho constitucional a la participación política, reconocido por la propia Sala Político Administrativa de la Corte Suprema de Justicia, con tal rango constitucional, en sus sentencias del 19-1-99; es decir, en definitiva, podía conducir a llevar el caos a un proceso de transición y cambio, aún antes de que el mismo comenzare, y cuya urgencia y necesidad compartimos, pero que debía realizarse sin tener que vulnerarse los valores permanentes de una sociedad democrática ni la vigencia plena de los derechos humanos.

2. *El fundamento de la Resolución n° 990217-32 del consejo nacional electoral convocando para el 25-04-99 un referéndum sobre la asamblea nacional constituyente*

El fundamento de la Resolución mencionada del Consejo Nacional Electoral, además de ser el Decreto N° 3 de 02-02-99, también lo eran los artículos 181 y 184 de la Ley Orgánica del Sufragio y Participación Política que exigen que cuando se le presente una decisión de convocatoria a un referéndum, como la contenida en el Decreto, el Consejo Nacional Electoral debe *verificar el cumplimiento de los requisitos de ley y pronunciarse fijando el día* en el cual deberá celebrarse el referéndum.

En esta forma, al fijar la Resolución el día 25 de abril de 1999 para que tuviera lugar el *Referéndum* cuya realización decretó el Presidente de la República, era evidente que el Consejo Nacional Electoral debía haber verificado que la convocatoria formulada por el Presidente de la República supuestamente había cumplido con los requisitos de ley.

Es decir, el Consejo Nacional Electoral, para fijar fecha para el referéndum, supuestamente debió haber verificado que el Decreto N° 3 del 02-02-99 cumplía los requisitos legales, es decir, que estaba ajustado a derecho. Precisamente por ello, la Resolución se dictó "*de conformidad* con el Decreto N° 3" del Presidente de la República para realizar el *Referéndum* en la fecha fijada *tomando en consideración las bases establecidas en el mismo*; es decir, la Resolución tenía como su única causa el Decreto N° 3 del Presidente de la República y, además, la decisión que contenía era la realización del *Referéndum* el 25 de abril de 1999, conforme a las bases establecidas en dicho Decreto.

Precisamente por ello, la Resolución del Consejo Nacional Electoral estaba indisolublemente ligada a la convocatoria del *Referéndum* contenida en el Decreto N° 3 del 02-02-99, siendo su fundamento legal el mismo conjunto de normas de la Ley Orgánica del Sufragio y Participación Política.

En efecto, la primera norma que sirvió de base legal al Decreto presidencial y a la Resolución del Consejo Nacional Electoral, era el artículo 181 de la Ley Orgánica el cual, tal como fue interpretado por la Sala Político Administrativa en sus sentencias del 19-1-99, al resolver sendos recursos de interpretación de dicha norma legal, limitaba el *Referéndum* que allí se regula a la categoría de *Referéndum Consultivo*, es decir, aquél que tiene por objeto "*consultar* a los electores sobre decisiones de especial trascendencia nacional" que, en definitiva, es el único regulado con efectos nacionales en nuestro ordenamiento jurídico.

En efecto, en una de dichas sentencias, *(Referéndum Consultivo I)*, al interpretar el artículo 181 de la Ley Orgánica del Sufragio y Participación Política, que era la norma que constituía el fundamento del Decreto y, en consecuencia, de la Resolución del Consejo Nacional Electoral, se señaló lo siguiente:

> "Se desprende así del texto aludido (Art. 181 LOSPP), la consagración jurídica de la figura del *referéndum consultivo* como mecanismo llamado a canalizar la participación popular en los asuntos públicos nacionales. De allí que la regla se dirija fundamentalmente a establecer las distintas modalidades para la iniciativa en la convocatoria de la *consulta* popular". (Sentencia del 19-1-99, Ponencia del Magistrado Humberto J. La Roche)

En dicha sentencia se expresó, además, lo siguiente, a propósito del *Referéndum Consultivo*:

> "... a través del mismo puede ser *consultado el parecer* del cuerpo electoral sobre cualquier decisión de especial trascendencia nacional distinto a los expresamente excluidos por la Ley Orgánica del Sufragio y Participación Política, en su artículo 185, incluyendo la relativa a la convocatoria a una Asamblea Consti-

tuyente." (Sentencia del 19-1-99, Ponencia del Magistrado Humberto J. La Roche).

La otra sentencia de la Sala, *(Referéndum Consultivo II),* de la misma fecha, señaló lo siguiente:

"…sí es procedente convocar a un referendo, en la forma prevista en el artículo 181 de la Ley Orgánica del Sufragio y de Participación Política **para consultar** la opinión mayoritaria respecto de la posible convocatoria a una Asamblea Constituyente, en los términos expuestos en este fallo." (Sentencia del 19-1-99, Ponencia del Magistrado Héctor Paradisi)

En consecuencia, conforme a la Ley Orgánica del Sufragio y Participación Política y a la interpretación que la Sala Político Administrativa de la Corte Suprema había hecho de su artículo 181, se pueden convocar *referendos consultivos* sobre materias de especial transcendencia nacional salvo las que ella misma excluye de tal procedimiento. Pero ninguna disposición en dicha Ley autoriza a convocar *referendos aprobatorios, autorizatorios, revocatorios o decisorios,* que vayan más allá de indagar sobre *el parecer* de los electores sobre determinadas materias de interés nacional.

La conducta o actividad consultiva, por su misma naturaleza, siempre es de carácter previo a la toma de una decisión que necesariamente se adopta por otro órgano del Estado, diferente al consultado. Incluso, en los casos de consultas obligatorias (pues las puede haber facultativas) o vinculantes (pues las puede haber no vinculantes) el ente que emite o evacua la consulta nunca es el que decide, sino quien decide es la entidad que requiere la consulta, es decir, el órgano consultante.

En consecuencia, estando la Resolución del Consejo Nacional Electoral fundamentada en el Decreto N° 3, el cual a la vez estaba fundamentado única y exclusivamente en el artículo 181 de la Ley Orgánica del Sufragio y Participación Política, el referendo que se podía convocar conforme dicha Ley no podría ser otro que un *referendo consultivo*, de consulta a la población, en este caso, sobre la convocatoria de una Asamblea Constituyente; pero no podía implicar, en sí mismo, como pretendía hacerlo la Resolución del Consejo Nacional Electoral cuya única causa era el Decreto N° 3, *la adopción de una decisión directamente por el pueblo* de convocar una Asamblea que ni siquiera existía, pues no había sido creada ni regulada y ni siquiera se le consultaba al pueblo sobre su régimen o estatuto.

La consulta en lo que podía consistir era en *la obtención de un parecer u opinión del pueblo* sobre la convocatoria de la Asamblea; convocatoria que correspondía ser implementada por el órgano que ejercía la iniciativa de convocar al referendo para efectuar la consulta, es decir, en este caso, el Presidente de la República en Consejo de Ministros, *una vez que la consulta refrendaria al pueblo hubiera precisado el régimen de la Constituyente que se iba a convocar.*

Sin embargo, como se analizará más adelante, la Resolución del Consejo Nacional Electoral al reproducir, en su artículo Segundo las preguntas formuladas en el artículo 3° del Decreto, lejos de convocar un referendo consultivo para que la voluntad popular pudiera configurar la Asamblea Constituyente con su régimen, lo que hizo fue convocar un referendo decisorio o plebiscitario de convocatoria a una Asamblea, no previsto en el ordenamiento jurídico y que, en definitiva, era de imposible ejecución pues la institución que se pretendía que el pueblo decidiera convocar, es decir, convocara, no existía, ni se consultaba nada sobre su régimen.

En cuanto al artículo 182 de la Ley Orgánica del Sufragio y Participación Política que también se citó como fundamento del Decreto N° 3 y de la Resolución del Consejo Nacional Electoral, este dispositivo establece los requisitos que debe contener la convocatoria al referendo, y que son los siguientes:

"1. Formulación de la pregunta en forma clara y precisa, en los términos exactos en que será objeto de la *consulta*, de tal manera que pueda contestarse con un "sí" o un "no"; y

2. Exposición breve de los motivos acerca de la justificación y propósito de la consulta".

De nuevo, aquí, la Ley Orgánica es precisa y exacta al referirse al carácter consultivo, no decisorio, ni aprobatorio, ni revocatorio del referendo regulado en ella, lo cual debía condicionar el carácter de la pregunta que se formulase, que tenía que ser sobre una decisión que el órgano consultante debía adoptar teniendo presente la opinión del pueblo, lo que implicaba que la pregunta debía formularse acorde con el carácter consultivo. Ello excluía la posibilidad de cualquier forma de pregunta concebida en sí misma como una decisión, y exigía, ineludiblemente, la concatenación de las preguntas de manera de obtener, efectivamente, una manifestación de la voluntad popular coherente. La formulación de preguntas, unas aisladas de otras, de manera que las respuestas pudieran ser divergentes en cuanto a "sí" o "no" como sucedía en el caso de la Resolución del Consejo Nacional Electoral, la hacían totalmente ineficaz y de imposible ejecución.

En efecto, en el caso de la consulta sobre la convocatoria de una Asamblea Nacional Constituyente, las preguntas tienen que ser formuladas de manera de, efectivamente, consultar, es decir, de conocer la opinión del pueblo sobre una decisión que corresponde tomar al ente consultante; y no pueden, en sí mismas, configurarse como una decisión adoptada directamente por el pueblo. La Ley Orgánica, que regula los referendos consultivos, simplemente no permite la figura del referendo decisorio y, ni siquiera, de carácter aprobatorio. La Resolución del Consejo Nacional Electoral, al convocar a un *Referéndum* de conformidad con el Decreto N° 3 del 2-2-99, en consecuencia, irrespetaba flagrantemente esos límites legales, al convocar un referendo decisorio, violándolos.

El Decreto que servía de causa única a la Resolución del Consejo Nacional Electoral, también invocaba como fundamento al artículo 185 de la Ley Orgánica que establece las materias que no pueden someterse a referendos nacionales que, por supuesto, se entiende que sólo son los referendos consultivos que regula la Ley Orgánica. En dicha enumeración no está la consulta popular sobre la convocatoria de una Asamblea Constituyente, la cual puede perfectamente realizarse, y así quedó precisado por las citadas sentencias de 19-1-99 de la Sala Político Administrativa de la Corte Suprema de Justicia. Sin embargo, la aplicación de la Resolución del Consejo Nacional Electoral, que pretendía otorgar poderes ilimitados e imprecisos tanto a la Asamblea Constituyente que se convocase, como al Presidente de la República para regular algunos aspectos de la elección de sus integrantes, sin hacer mención siquiera a la existencia de materias supraconstitucionales, podría conducir a afectar materias como la relativa a los derechos y garantías constitucionales que no pueden ser suprimidos por Poder alguno, incluso el que pueda emanar de la soberanía popular, y sobre cuya disminución ni siquiera podría consultarse al pueblo.

Ahora bien, como resultaba de la propia fundamentación de la Resolución del Consejo Nacional Electoral, la misma violaba el contenido del artículo 181 de la Ley Orgánica del Sufragio y Participación Política, en virtud de que las preguntas que se formulaban en su artículo Segundo evidenciaban que en lugar de estarse convocando un *Referéndum Consultivo*, lo que el Consejo Nacional Electoral había convocado para el 25 de abril de 1999 en realidad, era un *Referéndum decisorio y autorizatorio*, en definitiva, un plebiscito que no estaba regulado ni previsto en dicha norma legal.

La diferencia, incluso, fue establecida expresamente por la Sala Político Administrativa en su sentencia del 19-1-99, al precisar el alcance del "análisis interpretativo" que hizo de la Ley Orgánica del Sufragio, señalando:

> "que el mismo versa sobre la convocatoria a referéndum. No a *consulta plebiscitaria*. En realidad si bien ambas figuras tienden a confundirse teóricamente, mientras el referéndum se refiere a un texto o proyecto, el plebiscito tiende a ratificar la confianza en un hombre o gobernante". (Sentencia de 19-1-99, Ponente Magistrado Humberto J. La Roche)

Pero además, el contenido de las preguntas que se formulaban en la Resolución del Consejo Nacional Electoral que convocaba al referéndum, tal como estaban concebidas, violaban los principios establecidos en los artículos 3 y 4 de la Constitución; violan el derecho a la participación que la Sala Político Administrativa de la Corte Suprema de Justicia había reconocido como de rango constitucional consagrado en el artículo 50 de la Constitución; y, en definitiva, se configuraba como un instrumento que podía conducir a un fraude a la Constitución pues mediante el mismo se pretendía crear un instrumento político que desconociera y destruyera la propia Constitución, sin siquiera sustituirla por otra.

La Resolución del Consejo Nacional Electoral, además, estaba viciada de desviación de poder pues este órgano al actuar de conformidad con el Decreto del Presidente de la República, había utilizado el poder que le confiere el artículo 184 de la Ley Orgánica del Sufragio, para convocar un referendo decisorio no previsto en la norma; y estaba viciada de nulidad absoluta, conforme al Artículo 19, ordinal 3º de la Ley Orgánica de Procedimientos Administrativos por ser de imposible ejecución.

Habíamos estado y estamos de acuerdo con la necesidad de la convocatoria de una Asamblea Constituyente para recomponer el sistema político venezolano en el actual momento histórico y asegurar la gobernabilidad democrática hacia el futuro, lo cual ya no se puede lograr con una simple reforma constitucional, pues es muy tarde dada la crisis terminal del sistema de Estado Centralizado de Partidos, instaurado en 1945 y reinstaurado en 1958 que estamos presenciando[11]. Pero en democracia y en un régimen de Estado de Derecho bajo la vigencia de la Constitución de 1961, que hasta que no sea sustituida por otra luego de un *Referéndum Aprobatorio* (art. 246 de la Constitución), continúa en aplicación; la convocatoria y realización de un *Referéndum* sobre la Asamblea Constituyente debía realizarse conforme al

---

[11] Véase Allan R. Brewer-Carías, *Cinco Siglos de Historia y un país en crisis*, Caracas, 1998 págs. 95 y sigts.

ordenamiento jurídico-constitucional vigente, de acuerdo con la interpretación que le ha dado la Sala Político Administrativa de la Corte Suprema de Justicia en sus sentencias del 19-1-99.

3. *La Resolución N° 990217-32 del Consejo Nacional Electoral al convocar a un referéndum decisorio (plebiscito) y autorizatorio, violaba el artículo 181 de la Ley Orgánica del Sufragio y Participación Política, estaba viciada de desviación de poder y era de imposible ejecución*

Tal como se ha dicho, la Ley Orgánica del Sufragio y Participación Política establece y regula la figura del *Referéndum Consultivo*, y ello fue así, a iniciativa de la Comisión Presidencial para la Reforma del Estado, con fundamento en los trabajos elaborados por el Profesor Carlos M. Ayala Corao[12].

La Ley Orgánica, conforme al proyecto que dio origen a las normas que contiene, como lo ha puntualizado la Sala Político Administrativa en las citadas sentencias del 19-1-99, en todo caso, sólo reguló un tipo de referendo, el *Referendo Consultivo* que como su nombre lo indica, tiene por objeto *consultar* al pueblo soberano sobre una decisión que debe adoptar un órgano del Poder Público. No se trata, por tanto, de un *Referéndum Aprobatorio* que consiste en la afirmación popular, mediante referéndum, de una decisión estatal ya adoptada, como es el caso de la previsión del artículo 246 de la Constitución que regula el *Referéndum Aprobatorio* por la mayoría de los sufragantes, de la reforma general de la Constitución una vez que sea sancionada por las Cámaras Legislativas. Tampoco se trata de un *Referéndum Decisorio,* en el cual es el pueblo soberano a través del *Referéndum* el que adopta una decisión y que en la terminología constitucional, equivale al plebiscito, que en definitiva es la manifestación de voluntad popular decisoria sobre un hecho o una situación jurídica, o como lo ha dicho la Sala Político Administrativa en la sentencia de 19-1-99 sobre la interpretación del artículo 181 de la Ley Orgánica, "para ratificar la confianza en un hombre o gobernante".

Como lo señaló Ricardo Combellas, quien fue miembro de la Comisión Presidencial Constituyente, en relación con el *Referéndum Consultivo* previsto en la Ley Orgánica,

> "estamos hablando de un referéndum consultivo, no de un referéndum decisorio, cuya aprobación demanda necesariamente en Venezuela, tal como lo propuso con visión avanzada la Comisión Bicameral, una reforma constitucional. El referéndum de marras no tiene efectos vinculantes, es decir, no establece obligaciones jurídicas para ninguna de las ramas del Poder Público"[13].

Este carácter estrictamente consultivo del *Referéndum* regulado en la Ley Orgánica, incluso llevó a Combellas a afirmar que como "la Asamblea Constituyen-

---

12   Véase Carlos M. Ayala Corao, "Los mecanismos de participación refrendaria en el ordenamiento jurídico venezolano", en el libro *Participación Ciudadana y Democracia*, COPRE-OEA, Caracas 1998, págs. 69 y sigts. Véase además Carlos M. Ayala Corao "La democracia venezolana frente a la participación política", en UCAB, *Encuentro y alternativas,* Venezuela 1994, Tomo 2, págs. 709 y sigts.

13   Véase Ricardo Combellas, *¿Qué es la Constituyente? Voz para el futuro de Venezuela*, Caracas 1998, pág. 39.

te no está contemplada entre las modalidades de reforma constitucional recogidas en el Título X de la Constitución vigente",

"Resulta que la formulación de la pregunta no puede implicar, por ningún concepto, una violación del texto constitucional. En términos sencillos, una pregunta que solicite directa y tajantemente el "sí" o el "no" de los electores en torno a la convocatoria de una Constituyente, es flagrantemente inconstitucional"[14].

En todo caso, por ser un *Referéndum Consultivo* el previsto en la Ley Orgánica, el Legislador, al sancionarla, no reguló régimen alguno rígido de quórum de votantes o de mayoría de votación para que se pudiera considerar expresada en forma positiva o negativa la consulta, sea mediante un "sí" o mediante un "no". En el *Referéndum Consultivo* facultativo y no vinculante, en realidad, poco importa el número de votos, pues la consulta que se formula no es en sí misma una decisión, (en cuyo caso, por supuesto si se requeriría de determinada mayoría), sino un parecer para que un órgano del Estado adopte la decisión correspondiente.

Se insiste, en la Ley Orgánica sólo se regula el *Referéndum Consultivo,* lo que implica que la consulta popular que conforme a la misma puede hacerse, en *primer lugar*, es de carácter facultativo, no obligatoria, por no disponerlo así norma alguna del ordenamiento; y, en *segundo lugar*, aún cuando pudiera considerarse como vinculante desde el punto de vista político, como lo ha señalado la Sala Político Administrativa de la Corte Suprema de Justicia en la mencionada sentencia del 19-1-99, no lo es desde el ángulo estrictamente jurídico, por no disponerlo así norma alguna del ordenamiento.

Como actividad consultiva, la consulta popular que se realice mediante *Referéndum* siempre debe ser previa a la adopción de una decisión por parte del órgano del Estado consultante, el cual debe estar dotado de competencia para adoptar esa decisión.

Ahora bien, en el caso del *Referéndum Consultivo* sobre la convocatoria de la Asamblea Constituyente, como se ha señalado y de acuerdo con la doctrina de la Sala Político Administrativa en las sentencias de 19-01-99, al darle más peso al principio de la soberanía popular en relación con la supremacía constitucional en materia de reforma constitucional, se trataba de la posibilidad de manifestación de la voluntad popular para, precisamente, *dar origen* a una tercera vía para la reforma constitucional, distinta a las previstas en los artículos 245 y 246 de la Constitución, que se podía convocar *siempre que se consultase previamente la soberanía popular mediante el Referéndum Consultivo* previsto en la Ley Orgánica del Sufragio y Participación Política. La iniciativa para realizar el *Referéndum* la tenían y tienen, conforme a la Ley Orgánica, tanto el Presidente de la República en Consejo de Ministros como el Congreso de la República, y la competencia para convocar la Asamblea, si la consulta popular era favorable a ello, y se derivaba de ella el régimen de la Asamblea, tenía que resultar de la misma consulta popular, según las preguntas que debían hacerse al pueblo.

Ahora bien, en contraste con ese carácter y régimen legal del *Referéndum Consultivo,* el *Referéndum Decisorio* cuya realización había convocado el Consejo Na-

---

[14] *op. cit.*, pág. 38.

cional Electoral para el 25 de Abril de 1999, en la Resolución de 17-02-99, fundamentándose en el Decreto N° 3 del 02-02-99, supuestamente "para que el pueblo se pronuncie sobre la convocatoria de una Asamblea Nacional Constituyente"; no se ajustaba a las disposiciones de la Ley Orgánica del Sufragio y Participación Política; y ello porque dicha Resolución convocaba al *Referéndum* para que se realizase "tomando en consideración las bases establecidas" en el mencionado Decreto N° 3, que no eran otras que las preguntas contenidas en el artículo 3º del Decreto, que se reproducían en el artículo Segundo de la Resolución emanada del Consejo Nacional Electoral, que *desvirtuaban completamente* el carácter consultivo del referendo autorizado en la Ley Orgánica.

En efecto, el artículo Segundo de la Resolución del Consejo Nacional Electoral, en relación con la Primera Pregunta que debían responder los votantes, establecía lo siguiente:

"**Artículo Segundo** Las preguntas que deberán responder los votantes, positiva o negativamente, son:

1. ¿Convoca usted una Asamblea Nacional Constituyente con el propósito de transformar el Estado y crear un nuevo ordenamiento jurídico que permita el funcionamiento efectivo de una Democracia Social y Participativa?".

De la sola forma como se había formulado la pregunta (el contenido será objeto de análisis más adelante), resultaba que lejos de ser una consulta al pueblo sobre una decisión que luego debía adoptar un órgano del Poder Público, con la misma se pretendía que fuera el mismo pueblo el que adoptase la decisión directamente; es decir, el que decidiera.

En efecto, la pregunta era ¿*Convoca usted* una Asamblea Nacional Constituyente.....?; lo que significaba que responder con un "sí" (positivamente), *era decidir convocar la Asamblea;* es decir, no se trataba de dar un voto favorable para que se la convocase conforme a un texto o proyecto que estableciera su régimen y que también debía ser objeto de la consulta como lo ha dicho la Sala Político Administrativa en las sentencias de 19-1-99, sino de convocarla directamente.

Por tanto, con la pregunta lo que se perseguía era que fuese el pueblo, directamente, mediante *Referéndum decisorio* o plebiscitario, el que convocase la Asamblea Nacional Constituyente, *pero sin que aún existiese dicho órgano,* pues no estaba previsto en ninguna parte y ni siquiera su creación se derivaba de la propia pregunta al pueblo; y sin que siquiera se estableciera ni la mayoría requerida para que la supuesta decisión de convocarla se considerase adoptada, y lo que era más grave, sin que al momento de votar no sólo no existiera la institución, sino que no se sabía cuál podría ser su régimen o configuración.

Es decir, se le pretendía pedir al pueblo *que convocase una institución que no existía* pues no había sido creada y ni siquiera se había esbozado en un proyecto, lo que viciaba la Resolución del Consejo Nacional Electoral, en su objeto, por ser de imposible ejecución como lo establece el Artículo 19, ordinal 3º la Ley Orgánica de Procedimientos Administrativos. Simplemente no se podía decidir realizar un *Referéndum* para convocar una institución que no existía y eso era lo que se pretendía con la *Primera Pregunta* del Artículo Segundo de la Resolución mencionada, tal como estaba redactada, que convocaba al *Referéndum*. Por ello, en este caso, se desfiguraba así, la noción del *Referéndum Consultivo* en abierta violación de la Ley Orgánica del Sufragio y Participación Política.

Lo mismo podía decirse respecto de la forma como también se formuló la segunda pregunta para el *Referéndum* en el artículo Segundo de la misma Resolución del Consejo Nacional Electoral, y que decía:

> 2. *¿Autoriza usted* al Presidente de la República para que mediante un Acto de Gobierno fije, oída la opinión de los sectores políticos, sociales y económicos, las bases del proceso comicial en el cual se elegirán los integrantes de la Asamblea Nacional Constituyente?

En este caso, se preguntaba *¿Autoriza usted* al Presidente de la República...?, por lo que tampoco se estaba en presencia de un *Referéndum Consultivo*, sino de un *Referéndum* también decisorio, por "autorizatorio", que tampoco preveía ni regulaba el ordenamiento jurídico.

En ese caso, responder con un "sí" (positivamente) hubiera significado autorizar al Presidente de la República para que hiciera algo para lo cual no tenía competencia constitucional, sin que el pueblo siquiera le fijase algunos parámetros de actuación; lo que equivalía a hacerlo supuestamente depositario del Poder Constituyente Originario, cuya expresión a través una Asamblea Constituyente hubiera quedado a su completa discreción "oída la opinión de los sectores políticos, sociales y económicos" innominados y escogidos también a su arbitrio.

En relación a esta segunda pregunta del Artículo Segundo de la Resolución del Consejo Nacional Electoral que convocaba el referéndum, debe indicarse que debiendo tratarse de un *Referéndum Consultivo*, conforme a la interpretación que le dio la Sala Político Administrativa al Artículo 182 de la Ley Orgánica del Sufragio y Participación Política en las sentencias dictadas en fecha 19-01-99, *el texto de la pregunta debió contener los elementos necesarios y fundamentales para poder configurar, como producto de la soberanía popular, el régimen de la Asamblea Constituyente* para poder convocarla. Tal y como el propio Presidente de la República, Hugo Chávez Frías, lo señaló en su "Propuesta para Transformar a Venezuela" bajo el título de *Una Revolución Democrática*, presentada al electorado durante la campaña electoral, así:

> "...se convocará la Asamblea Nacional Constituyente (tercera fase) mediante una *consulta popular* en forma de referéndum amplio y democrático, capaz de generar una legitimidad originaria, con fundamento en la soberanía popular. *Se consultará al pueblo sobre su voluntad de convocatoria a la Asamblea Nacional Constituyente, sobre el número de sus integrantes, sobre la forma de elección de los constituyentes y acerca de la duración de la Asamblea*"[15].

Lamentablemente nada de esto apareció ni en el Decreto N° 3 del propio Presidente Hugo Chávez Frías, ni en la Resolución del Consejo Nacional Electoral de 17-02-99, y ese contenido de las interrogantes que era el lógico e indispensable para que pudiera configurarse la Asamblea como producto de la soberanía popular, fue sustituido por la escueta pregunta de solicitud de autorización popular al propio Presidente, ni siquiera en Consejo de Ministros, para que éste estableciera, él sólo, ni

---

[15] Véase la propuesta de Hugo Chávez Frías... para transformar a Venezuela, *Una Revolución Democrática,* Caracas, 1998, pág. 7.

siquiera la totalidad del régimen de la Asamblea, sino sólo parte del mismo que era el proceso comicial, confiscándose así el derecho del pueblo a la participación que la Sala Político Administrativa estableció con rango constitucional para permitir, precisamente, el *Referéndum Consultivo* como mecanismo para originar la Asamblea Constituyente para reformar la Constitución.

Por ello, la Resolución del Consejo Nacional Electoral, al convocar el *Referéndum* de conformidad con el artículo 3° del Decreto, era violatoria del derecho de participación que la Sala Político Administrativa en sus sentencias mencionadas del 19-1-99 reconoció como inherente a la persona humana, para admitir la realización del *Referéndum* sobre la convocatoria de la Asamblea Constituyente.

En todo caso, ni un *Referendo Decisorio* ni un *Referendo Autorizatorio* están previstos en el artículo 181 de la Ley Orgánica del Sufragio y Participación Política, texto que fue el que interpretó la Corte Suprema de Justicia en sus citadas sentencias de 19-1-99 al abrir la posibilidad de una tercera vía para la reforma constitucional no prevista expresamente en la Constitución, por lo que las preguntas mencionadas, contenidas en el artículo 3° del Decreto y que eran las establecidas en la Resolución del Consejo Nacional Electoral, tal y como estaban redactadas, violaban lo dispuesto en los artículos 181 y siguientes de la Ley Orgánica del Sufragio y Participación Política.

Además, como se ha dicho, las preguntas tal como estaban formuladas, viciaban la mencionada Resolución en su objeto, por ser de imposible ejecución ya que con la primera se pedía al pueblo convocar una Asamblea Nacional Constituyente que no existía ni estaba regulada en parte alguna, siendo imposible convocar un ente que no existía. La imposibilidad de la ejecución del acto administrativo mencionado resultaba, además, de la ausencia de preguntas al pueblo sobre el régimen de la Asamblea que no existía, pues ni siquiera quedaba comprendido dentro de la autorización que se pretendía dar al Presidente de la República para fijar las bases del proceso comicial en el que se elegirían los constituyentes. Esta autorización estaba restringida a establecer *la forma de elección, las condiciones de elegibilidad, las condiciones de postulación y la forma de escrutinio*, pero no comprendía los aspectos fundamentales para configurar la Asamblea como su carácter y estructura (unicameral, por ejemplo), número de integrantes, duración, misión o tarea de la Asamblea. Sin la definición de estos elementos, que debían ser necesariamente objeto de una consulta popular, pues no estaban establecidos en ninguna parte y la Pregunta Segunda no los incorporaba en la autorización que se pretendía dar al Presidente de la República, simplemente no era posible que la Asamblea, que no existía, fuera convocada y llegase a funcionar. En consecuencia, por ser de imposible ejecución, la Resolución del Consejo Nacional Electoral también podía considerarse que estaba viciada de nulidad absoluta conforme lo dispone el Artículo 19, ordinal 3° de la Ley Orgánica de Procedimientos Administrativos.

Por último, también podía considerarse que el acto administrativo del Consejo Nacional Electoral estaba viciado de ilegalidad por desviación de poder, ya que dicho Consejo, al actuar de conformidad con el Decreto N° 3 del Presidente de la República, había usado el poder y competencia que derivaban del Artículo 184 de la Ley Orgánica del Sufragio y Participación Política que conforme lo ha determinado la Sala Político Administrativa en sus sentencias del 19-1-99 sólo permite convocar un *Referéndum Consultivo,* para un *fin distinto* al establecido en la norma, consistente, en la convocatoria a un *Referéndum decisorio o autorizatorio*, es decir, plebiscitario, que no autorizaba la legislación. Al haber utilizado el poder que le confiere la norma para un fin distinto al previsto en ella, el acto también podía considerarse como viciado de desviación de poder.

4. *La resolución N° 990217-32 del Consejo Nacional Electoral era ineficaz al convocar ilegalmente un referendo decisorio o autorizatorio sin que existiera regulación alguna de la mayoría requerida para que la decisión popular se considerase adoptada*

Tal como antes se señaló, para que un *Referéndum* decisorio, plebiscitario o autorizatorio pueda tener validez, como decisión del pueblo soberano, tendría que determinarse mediante Ley *la mayoría requerida* para que la decisión se considere adoptada, la cual, por principio debería ser al menos la mayoría de los ciudadanos inscritos en el Registro Electoral como votantes del país; es decir, debe determinarse la mayoría que debe pronunciarse favorablemente en el *Referéndum* para que pueda considerarse que el pueblo soberano efectivamente ha decidido o autorizado algo que lo compromete en su globalidad.

Ahora bien, debe señalarse que la Ley Orgánica del Sufragio y Participación Política, al regular el *Referendo Consultivo*, no prevé mayoría alguna para que se pueda considerar como favorable la consulta que se formule, precisamente porque la regulación legal se refiere a una consulta que no es obligatoria. La votación en la misma puede resultar, incluso, con una alta abstención, pero como se trata de una consulta no obligatoria, en realidad no importaría que un porcentaje bajo de las votantes inscritos en el Registro Electoral sea el que en definitiva se pronuncie, pues el efecto consultivo siempre existirá.

Si la regulación de la Ley Orgánica se hubiese referido, en cambio, a un *Referéndum Consultivo* con efectos vinculantes u obligatorios, la regulación de la mayoría necesaria para considerar dicha obligatoriedad hubiera sido necesaria. Ello se desprende del Proyecto presentado por el proyectista de los Artículos 181 y siguientes de la Ley Orgánica del Sufragio, que al regular los efectos obligatorios del *Referéndum Consultivo* precisó:

> "La decisión tomada por los electores en el *referéndum consultivo será obligatoria*, cuando la pregunta que ha sido sometida a referéndum haya obtenido *el voto afirmativo de la mitad más uno* de los sufragios válidos, siempre y cuando haya *participado por lo menos la tercera parte de los electores* inscritos en el Registro Electoral Permanente"[16].

El Legislador, sin embargo, no acogió esta propuesta, regulando exclusivamente un *Referéndum Consultivo* no obligatorio ni vinculante, para el cual no se reguló mayoría alguna.

Ahora bien, en ningún caso ello puede ocurrir en un referendo decisorio o autorizatorio, es decir, en un plebiscito, en el cual para que una decisión pueda llegar a considerarse como *adoptada directamente por el pueblo* como soberano, tendría que pronunciarse favorablemente sobre la decisión una determinada mayoría que en

---

[16] Véase Carlos M. Ayala Corao, "Los mecanismos de participación refrendaria...", *loc. cit.*, pág. 73

nuestro criterio tendría que ser más de la mitad de los votantes inscritos en el Registro Electoral y no sólo de los electores que concurran a la votación. Sin embargo, por ejemplo, el *Referéndum Aprobatorio* que regula el artículo 246 de la Constitución, respecto de la reforma constitucional, sólo exige que sea "aprobada por la mayoría de los sufragantes de toda la República".

En el caso del ilegal referendo decisorio o autorizatorio que se convocaba para el 25-04-99 mediante la Resolución del Consejo Nacional Electoral, el mismo no sólo era violatorio del Artículo 181 de la Ley Orgánica del Sufragio y Participación Política, no sólo era nulo por ser ineficaz y de imposible ejecución y estar viciado de desviación de poder; sino que tampoco podía tener efecto jurídico alguno, pues no se sabía ni se preveía cuál era la mayoría que se requería para que tuviera valor, ya que dicha figura no tiene regulación en el ordenamiento jurídico venezolano. Es decir, fuera cual fuera la votación favorable que pudiera tener la respuesta al "sí", no había forma alguna de determinar si la decisión había sido adoptada o no por el pueblo soberano, ya que no estaba establecido legalmente *de antemano* cuál era la mayoría de votos requerida para que la decisión popular se entendiera como tomada; y en ningún caso podía determinarse dicho régimen de mayoría absoluta en un *reglamento*, como lo tenía proyectado el Consejo Nacional Electoral en el Reglamento de Referendos que estudiaba en ese momento.

En efecto, conforme lo establecen los Artículos 55, ordinal 3° y 266 de la Ley Orgánica del Sufragio y Participación Política, el Consejo Nacional Electoral estaba discutiendo un *Reglamento sobre Referendos* en el cual, supuestamente, conforme a las sentencias de la Corte Suprema de Justicia, se debía por regular un nuevo *Referéndum* no regulado en la Ley Orgánica; ello, en el Proyecto, en la siguiente forma:

> "***Artículo 7:*** Cuando el referendo se fundamente en el artículo 4° de la Constitución, y tenga por objeto autorizar la creación de un órgano del Poder Público no contemplado en ésta, sus efectos serán vinculantes cuando haya participado la mayoría del Cuerpo Electoral convocado."

Es decir, en un Reglamento de Referendos que debía ser dictado en ejecución de la Ley Orgánica del Sufragio y Participación Política por un órgano con autonomía funcional como el Consejo Nacional Electoral, se pretendía regular una figura no prevista en la Ley, para lo cual el Consejo no tenía competencia. Por ello, de dictarse, el Reglamento hubiera quedado viciado de ilegalidad, por apartarse del espíritu, propósito y razón de la Ley. Por ello, el Consejo Nacional Electoral aprobó el mencionado Reglamento, pero sin regulación alguna sobre el quórum, como se preveía en el artículo 7 del Proyecto, respecto de lo cual se había sugerido introducir por ante la Corte Suprema de Justicia un recurso de interpretación, para que fuera el máximo tribunal el que determinase si el Consejo Nacional Electoral tenía o no competencia para regular, por vía reglamentaria, dicho quórum[17].

En todo caso, la ineficacia del *Referéndum decisorio* que se había convocado con la Resolución del Consejo Nacional Electoral, quedaba confirmada por la ausencia de regulación legal sobre la mayoría de votos que se requería para considerar que el pueblo soberano mediante el mismo, había decidido convocar la Asamblea

---

[17] Véase *El Nacional,* 03-03-99, pág. D-2.

Nacional Constituyente y había decidido autorizar al Presidente de la República para fijar las bases del proceso comicial para elegir los constituyentes. Sin la regulación legal de dicho quórum simplemente no se podía saber cuál es el número de votos necesarios para que el resultado del *Referéndum* se pudiera llegar a considerar como una decisión del pueblo soberano, directamente, considerado en su conjunto, y por tanto, de obligatorio acatamiento por parte de todos los ciudadanos, hubieran o no votado y de todos los órganos del Estado.

La circunstancia de que la Ley Orgánica del Sufragio y Participación Política no haya fijado quórum alguno para el referendo consultivo en ella previsto, se explica precisamente porque se trata de una *consulta no obligatoria ni vinculante,* en la que sólo participan quienes tengan interés en expresar su parecer. Pero tratándose, en el caso de la Resolución del Consejo Nacional Electoral, de un *Referéndum* del cual se pretendía derivar una decisión del pueblo, es decir, de un plebiscito, en el cual se pretendían decidir materias tan importantes como la creación de un órgano de reforma constitucional no previsto en la Constitución, era inconcebible que se corriera el riesgo de que ellas resultasen de la imposición de una minoría circunstancial del pueblo soberano, razón por la cual la Resolución mencionada era ineficaz y debía considerarse de imposible ejecución, estando viciada de nulidad absoluta en los términos del Artículo 19, ordinal 3° de la Ley Orgánica del Sufragio y Participación Política.

5. *La Resolución n° 990217-32 del Consejo Nacional Electoral era inconstitucional al pretender convocar una Asamblea Nacional Constituyente con poderes imprecisos e ilimitados*

Hemos señalado que conforme a las sentencias de la Sala Político Administrativa del 19-1-99, ésta había admitido que mediante la realización de un *Referendo Consultivo* sobre la convocatoria a una Asamblea Constituyente, se pudiera configurar un mecanismo político para reformar la Constitución, distinto a los instrumentos previstos en sus artículos 245 y 246, que sería la Asamblea Constituyente.

Esto significa que la convocatoria a dicha Asamblea Constituyente, en ningún caso, en sí misma puede ni podría significar la derogación o relajamiento de la Constitución de 1961, la cual continúa y tiene que continuar en vigencia hasta que sea sustituida por otra como consecuencia del trabajo de la Asamblea y luego de la realización de un *Referendo Aprobatorio* de la reforma constitucional. En consecuencia, el funcionamiento de la Asamblea Constituyente no significa que esta pueda suplantar los Poderes Constituidos del Estado o pueda asumir las funciones que corresponden a los órganos de los Poderes Ejecutivo, Legislativo o Judicial.

Las sentencias de la Corte Suprema de Justicia del 19-1-99 en ningún caso pueden interpretarse como un quebrantamiento de la Constitución de 1961 o en el sentido de que ésta habría perdido vigencia o que la perdería si la Asamblea Constituyente que se convoque como resultado de un *Referéndum Consultivo,* resulta electa y constituida. Las sentencias lo único que significaron es la posibilidad de que mediante un *Referéndum Consultivo* como manifestación de la voluntad popular, pudiera surgir una nueva forma de reforma de la Constitución, no prevista expresamente en los Artículos 245 y 246 de su texto, que sería la Asamblea Constituyente.

En efecto, conforme una de las sentencias (*Referéndum Consultivo II*) del 19-1-99, la Corte asentó que:

"... sí es procedente convocar a un referendo, en la forma prevista en el artículo 181 de la Ley Orgánica del Sufragio y Participación Política, para consultar la opinión mayoritaria, respecto de la posible convocatoria a una Asamblea Constituyente, en los términos expuestos en este fallo".

En la parte motiva de esta sentencia se había expresado que:

"Ciertamente que el asunto que se debate en el presente caso, tiene una especial trascendencia nacional, en la medida en que una consulta popular como la que se pretende, sería factor decisivo para que los órganos competentes del Poder Público Nacional diseñen los mecanismos de convocatoria y operatividad de una Asamblea a los fines propuestos; o para que, previamente, tomen la iniciativa de enmienda o de reforma que incluya la figura de una Asamblea de esta naturaleza". (Ponente Magistrado Héctor Paradisi León).

Por otra parte, la misma Corte, en la otra sentencia (*Referéndum Consultivo I*) de la misma fecha decidió que:

"La interpretación que debe atribuirse al Artículo 181 de la Ley Orgánica del Sufragio y Participación Política, respecto del alcance del referéndum consultivo que consagra, en cuanto se refiere al caso concreto objeto del recurso que encabeza las presentes actuaciones, es que: a través del mismo puede ser consultado el parecer del cuerpo electoral sobre cualquier decisión de especial trascendencia nacional distinto a los expresamente excluidos por la propia Ley Orgánica del Sufragio y Participación Política en su Artículo 185, incluyendo la relativa a la convocatoria de la Asamblea Constituyente". (Ponencia del Magistrado Humberto J. La Roche).

Ahora bien, de ninguna de estas dos sentencias podía ni puede deducirse que la Constitución de 1961 ha perdido su vigencia, por lo cual los artículos 3, 4 y 117 de la Constitución mantienen su fuerza normativa. Conforme al primero, el régimen democrático representativo, responsable y alternativo continúa vigente; según el segundo, si bien la soberanía reside en el pueblo, éste la ejerce, mediante el sufragio, "por los órganos del Poder Público"; y de acuerdo al tercero, las atribuciones del Poder Público son las que están definidas en "la Constitución y en las Leyes".

De allí que de las sentencias mencionadas sólo se desprende que, cuando el pueblo se pronuncia favorablemente (con la mayoría que está por determinarse) sobre la convocatoria de la Asamblea Constituyente, el Ejecutivo Nacional y el Congreso quedan comprometidos a efectuar los arreglos institucionales necesarios para que tal convocatoria pueda efectuarse; es decir, se señala que los órganos competentes del Poder Público Nacional son los que deben diseñar los mecanismos de convocatoria y operatividad de una Asamblea Constituyente.

Ahora bien, en el texto constitucional vigente de 1961, no se confiere competencia alguna ni a la rama legislativa ni a la rama ejecutiva del Poder Público Nacional para "diseñar los mecanismos de convocatoria y operatividad de una Asamblea a los fines propuestos", por lo que tenía que ser el pueblo directamente, conforme se infiere de la doctrina sentada por el Máximo Tribunal en las sentencias aludidas, a quien correspondía pronunciarse sobre estos aspectos, lo cual, sin embargo, se le había pretendido confiscar en la Pregunta Segunda de la Resolución dictada por el Consejo Nacional Electoral que reproducía las del Artículo 3° del Decreto, que era su fundamento.

En consecuencia, conforme a las sentencias de la Corte Suprema del 19-1-99, la Constitución de 1961 continúa vigente hasta tanto sea sustituida por otra Constitución que se sancione por la Asamblea Constituyente y se apruebe por el pueblo mediante *Referéndum Aprobatorio*.

Como lo señaló el Presidente de la República Hugo Chávez Frías en su Propuesta electoral para "Transformar a Venezuela" intitulado *Una Revolución Democrática*,

"Mientras no entre en vigencia la nueva Constitución de la República regirá la existente"[18].

Así mismo se expresó la Presidenta de la Corte Suprema de Justicia, Magistrado Cecilia Sosa Gómez al indicar que:

"hasta que no se promulgue una nueva Carta Magna, la Corte seguirá defendiendo el texto fundamental vigente"[19].

La Magistrado Sosa Gómez, anteriormente había señalado lo siguiente:

"...estamos viviendo bajo la Constitución de 1961. Tenemos que mantener el hilo constitucional hasta suplantarlo por otro. No podemos caer en un ámbito de inexistencia del Estado"[20].

En consecuencia, como advirtió Tulio Alberto Álvarez, quien fue de los miembros de la Comisión Presidencial Constituyente que había participado en la elaboración del Decreto Nº 3 que había sido impugnado:

"En el caso venezolano, la Asamblea Constituyente... es sólo una vía más de modificación de la Constitución"[21].

Agregando además, que

"La Asamblea Constituyente no es un fin en sí mismo, ni tiene otra función que la de ser un mecanismo de modificación del texto constitucional"[22].

Y concluyendo con lo siguiente:

"La Asamblea Constituyente es un procedimiento más para modificar la Constitución. Como tal, su objeto se agota en la aprobación de una nueva Constitución"[23].

Ahora bien, en contraste con lo anterior, tal como estaba formulada la *Primera Pregunta* del Artículo Segundo de la Resolución emanada del Consejo Nacional Electoral que convocaba al *Referéndum*, la misma pretendía hacer que el pueblo convocase una Asamblea Nacional Constituyente que no tenía marco de actuación alguno:

---

[18] *Cit.* pág. 8
[19] *El Nacional*, Caracas 12-2-99, pág. D-1
[20] *El Nacional*, Caracas 24-1-99, pág. D-1
[21] Véase Tulio Álvarez, *La Constituyente. Todo lo que Usted necesita saber*, Libros de *El Nacional*, Caracas 1998, pág. 26
[22] *Op. cit.*, pág. 106
[23] *Op .cit.*, pág. 127

"con el propósito de transformar el Estado y crear un nuevo ordenamiento jurídico..."

Es decir, se pretendía que mediante un *Referéndum* decisorio, no previsto legalmente, se convocase una Asamblea Constituyente, no para reformar la Constitución, sino para que asumiera un poder total y pudiera, incluso, sustituir a los Poderes Constituidos aún antes de la aprobación de la nueva Constitución.

La Resolución del Consejo Nacional Electoral, por tanto, propugnaba una doble concentración de poderes: primero, en cabeza de una sola persona, el Presidente de la República en quien se pretendía delegar el poder soberano de decidir sobre las *Bases Comiciales* de la Constituyente; y segundo, en cabeza de una Asamblea a la cual se pretendía asignar el poder total de transformar el Estado, lo que vulneraba los principios más elementales del Estado de Derecho y era incompatible con los valores supremos de una sociedad democrática. Era, además, contraria a la doctrina que ha inspirado a la República desde su fundación, aun si usurpadores de paso por la historia han concentrado poderes y ejercido la tiranía. Vale, a este respecto, recordar lo expresado en el Título 5° de la Constitución de Angostura de 1819, fruto en gran medida de las ideas políticas de El Libertador, Simón Bolívar; en relación a *"del soberano y del ejercicio y de la soberanía"*:

Artículo 1°: La soberanía de la nación reside en la universidad de los ciudadanos. Es imprescriptible e inseparable del pueblo.

Artículo 2° El pueblo de Venezuela no puede ejercer por sí otras atribuciones de la soberanía que la de las elecciones ni puede depositarla toda en unas solas manos. El poder soberano estará dividido para su ejercicio en legislativo, ejecutivo y judicial.

En contraste con este principio, es de señalar que en la Pregunta Primera del artículo Segundo de la Resolución del Consejo Nacional Electoral, al convocar el referéndum, al someterse a decisión del pueblo el convocar la Asamblea Nacional Constituyente, se precisaba que el objeto o propósito que tendría la que se convocase, si resultaba un "sí" mayoritario (sin saberse en qué proporción), sería la de *"transformar el Estado y crear un nuevo ordenamiento jurídico* que permita el funcionamiento de una Democracia Social y Participativa".

De acuerdo con esta pregunta, por tanto, la Asamblea Constituyente que se pretendía se convocase popularmente, tenía una misión distinta a la Asamblea Constituyente que conforme a la sentencia de la Sala Político Administrativa del 19-1-99 podía resultar de un *Referéndum Consultivo*, como un mecanismo para reformar la Constitución distinto a los regulados en los artículos 245 y 246 de la Constitución. La misión de la Asamblea Constituyente producto del derecho a la participación, conforme a esas sentencias, era para reformar la Constitución, por lo que mientras eso no ocurriera, continuaría vigente la Constitución de 1961 y con ella, el régimen de funcionamiento del Estado que ella establece, es decir, del Poder Público conforme a la forma del Estado federal y a la separación orgánica de poderes. Ambas sentencias lo expresaron sin que pudiera quedar duda alguna sobre su sentido, ni pretenderse que son párrafos inexistentes en ellas. Así, como ya lo hemos destacado, la decisión la Sala Político Administrativa de la Corte Suprema de Justicia del 19-01-1999 (*Referéndum Consultivo I*) en la que fue ponente el Magistrado Humberto J. La Roche, estatuyó:

"Aún cuando el resultado de la decisión popular adquiera vigencia inmediata, *su eficacia sólo procedería cuando, mediante los mecanismos legales establecidos, se dé cumplimiento a la modificación jurídica aprobada. Todo ello siguiendo procedimientos ordinarios previstos en el orden jurídico vigente, a través de los órganos del Poder público competentes en cada caso.* Dichos órganos estarán en la obligación de proceder en ese sentido."

Por su parte, la sentencia de la misma fecha cuyo ponente fue el Magistrado Héctor Paradisi (*Referéndum Consultivo II*), concluyó:

"Ciertamente que el asunto que se debate en el presente caso, tiene una especial trascendencia nacional, en la medida en que los resultados de una consulta popular como la que se pretende, *sería factor decisivo para que los Órganos competentes del Poder Público Nacional diseñen los mecanismos de convocatoria y operatividad de una Asamblea a los fines propuestos; o para que previamente, tomen la iniciativa de enmienda o de reforma que incluya la figura de una Asamblea de esta naturaleza*".

En consecuencia, era totalmente incompatible con una Asamblea Constituyente cuyo mandato es reformar la Constitución, la Primera Pregunta del artículo Segundo de la Resolución dictada por el Consejo Nacional Electoral que convocaba el *Referéndum* para el 25-04-99, que pretendía que el pueblo, mediante *Referéndum Decisorio,* convocase una Asamblea Nacional Constituyente sin fijarle su estatuto y sus límites, "con el propósito de transformar el Estado y crear un nuevo ordenamiento jurídico".

En efecto, *transformar el Estado* no significa otra cosa que poder cambiar o modificar la organización y distribución del Poder Público; porque el Estado es la organización del Poder.

Ahora bien, de acuerdo con la Constitución de 1961, el Poder Público se divide en las ramas Nacional, Estadal y Municipal (art. 118) y dentro de cada rama, conforme al principio de la separación orgánica de poderes, se distribuye, a nivel Nacional entre los Poderes Legislativo, Ejecutivo y Judicial y, a nivel Estadal y Municipal entre los Poderes Legislativo y Ejecutivo. En consecuencia, "transformar el Estado", ante todo, podía ser transformar la distribución vertical del Poder Público, lo que podría significar transformar la forma federal del Estado, sea para eliminar la Federación y establecer un Estado Unitario y, por tanto, Centralizado; sea para acentuar la Federación, reforzando el proceso de descentralización política; sea sustituyendo la forma Federal por otra forma de descentralización territorial.

Pero "transformar el Estado", sin ninguna referencia distinta a la de una "democracia social y participativa", que es un continente que sirve para cualquier contenido, constituía una suerte de documento firmado en blanco se pretendía que el Soberano entregaría a la Asamblea Nacional.

También implicaba transformar el principio de la separación orgánica de poderes, entre el Poder Legislativo, el Poder Ejecutivo y el Poder Judicial en los diversos niveles territoriales, sea para eliminar tal separación estableciendo un régimen de unicidad del Poder Público, sea acentuando la separación de poderes.

Además, en este contexto de la separación de poderes, "transformar el Estado" podía ser transformar el sistema de gobierno que resulta de la relación entre los poderes. Si la separación de poderes se elimina se establecería un sistema de gobierno por una Asamblea que concentraría todo el Poder, y si la misma permanece, la transformación tendría que conducir a estructurar o un sistema parlamentario o un sistema más presidencial.

De igual manera, "transformar el Estado", podía ser transformar la estructura y funcionamiento de los órganos del Poder Público, es decir, a nivel Nacional, del Ejecutivo Nacional (Presidencia, Ministerios y Oficinas Centrales), del Congreso (como Senado y Cámaras de Diputados) y de la Corte Suprema de Justicia y demás Tribunales; a nivel Estadal, de las Gobernaciones y de las Asambleas Legislativas y a nivel Municipal de las Alcaldías y de los Concejos Municipales.

En este contexto, "transformar el Estado" también podría implicar transformar el régimen de formación de los órganos del Poder Público, es decir, el régimen del gobierno democrático, representativo, responsable y alternativo (art. 3 de la Constitución) que en numerosos pasajes sombríos de nuestra historia ha sido desconocido en la práctica por tiranos de turno, pero que obedece a principios inescindibles de la forma democrática republicana de gobierno.

Una Asamblea Constituyente que asumiera cualquiera de esas transformaciones, durante su funcionamiento, no era un instrumento o mecanismo para reformar la Constitución, sino para asumir el Poder Público en su totalidad o parcialmente, lesionando las competencias de los órganos que lo ejercen conforme a la Constitución vigente, y violando el artículo 117 de la Constitución.

En consecuencia, la única manera de interpretar el propósito de la Asamblea Nacional Constituyente a que se refería la Resolución del Consejo Nacional Electoral, de "transformar el Estado", acorde con las sentencias de la Corte Suprema de Justicia, era el reducir su mandato o propósito a elaborar y sancionar el texto de la nueva Constitución que "transforme el Estado", de manera que la transformación estatal que se refleje en la misma, sólo podía entrar en vigencia cuando dicha nueva Constitución se aprobase mediante referendo, oportunidad en la cual quedaría sustituida la actual Constitución de 1961. Pero ello no estaba así expresado en la pregunta, ni se derivaba de la segunda pregunta inicial, y de allí la inconstitucionalidad de la Resolución mencionada, pues sin duda la intención de la Primera Pregunta del artículo Segundo de la misma parecía consistir en darle el Poder Público total a la Asamblea, lo cual era contrario a la Constitución de 1961, y a principios universalmente reconocidos para la vigencia de la sociedad democrática y el Estado de Derecho, y que necesariamente tiene que seguir vigente durante el funcionamiento de la Asamblea.

En sentido similar debe razonarse respecto del otro propósito que se pretendía atribuir a la Asamblea Nacional Constituyente a que se refería el *Referéndum* convocado mediante la Resolución del Consejo Nacional Electoral y que consistía en "crear un nuevo ordenamiento jurídico". Si de lo que se trataba era del mandato de elaborar un nuevo texto constitucional que, al ser sancionado y aprobado mediante referendo, sustituyera el texto de la Constitución de 1961, ello significaba que la Asamblea sólo tenía la tarea que las sentencias de la Corte Suprema de Justicia le habían asignado.

Sin embargo, tal como se expresó en la Pregunta Primera del artículo Segundo de la Resolución, esa no parecía ser la intención del mismo, por lo que atribuir a la Asamblea la misión de "crear un nuevo ordenamiento jurídico" durante su funcionamiento, significaba una usurpación de la función legislativa que corresponde a las

Cámaras Legislativas y, por tanto, una violación tanto del artículo 117 como del artículo 139 de la Constitución de 1961 que necesariamente debe continuar en vigencia hasta que sea sustituida por la nueva Constitución que se sancione y se apruebe mediante *Referéndum Aprobatorio* .

Se insiste, el propósito de transformar el Estado y crear un nuevo ordenamiento jurídico, hasta tanto una nueva Constitución no estuviese vigente, sólo podía hacerse dentro del marco constitucional que nos rige. En consecuencia, si la transformación a que aspiraba el Ejecutivo podía hacerse por los mecanismos y procedimientos vigentes, no era necesario consultar al pueblo para que los órganos del Poder Público ejercieran la competencias que tienen asignadas; pero si se entendía que una respuesta afirmativa a la consulta hecha al pueblo implicaba una autorización para modificar el ordenamiento constitucional antes de la vigencia o, incluso, de la discusión de una nueva Carta Fundamental, ello constituía una infracción total al ordenamiento vigente, que no hubiera tenido otra fundamentación que el ejercicio de la fuerza, insusceptible de ser vinculada a ninguna norma del orden jurídico y carente de todo asidero en las interpretaciones de nuestro Máximo Tribunal.

En efecto, el poder constituyente que puede asumir la Asamblea convocada por un referéndum, de acuerdo con lo decidido por las sentencias de la Corte Suprema de 19-1-99, sólo puede ser un poder constituyente de reforma constitucional, que como lo dijo Ricardo Combellas, uno de los miembros de la Comisión Presidencial Constituyente, es:

"un poder limitado, lo que quiere decir que la actividad de revisión no puede ser entendida nunca como una actividad soberana y libre"[24].

En consecuencia, la Asamblea Nacional Constituyente que se pretendía convocar como consecuencia del *Referéndum* que debía realizarse como consecuencia de la Resolución del Consejo Nacional Electoral, por el propósito que le asignaba la Pregunta Primera del artículo Segundo de la misma, tenía funciones que permitían violar e, incluso, ignorar del todo la Constitución de 1961 sin haber sido sustituida por una nueva, lo que hacía inconstitucional dicha Resolución, pues el Consejo Nacional Electoral no tenía ni tiene competencia para convocar un *Referéndum* tendiente a dar origen a un órgano con funciones contrarias a la propia Constitución.

6. *La Resolución Nº 990217-32 del Consejo Nacional Electoral violaba el principio de la democracia representativa*

Como se ha señalado, conforme al artículo 3 de la Constitución de 1961, que contiene una de las cláusulas que pueden considerarse como "pétreas" de nuestro constitucionalismo,

Art. 3: "El gobierno de la República de Venezuela *es y será siempre* democrático, representativo, responsable y alternativo".

En consecuencia, el principio de la democracia representativa es una de las cláusulas inmodificables de nuestro régimen político constitucional, lo que implica que el mismo no puede sustituirse o eliminarse totalmente por el de la democracia solamente participativa o directa. Esta, la democracia directa, como la ha definido Manuel García Pelayo, es

---

[24] *Op. cit.*, pág. 96

"aquella en la que el pueblo ejerce de modo inmediato y directo las funciones públicas que se le atribuyen"[25].

La representatividad democrática, además, la regula el artículo 4º de la Constitución al prescribir que si bien la soberanía reside en el pueblo, éste sólo puede ejercerla mediante el sufragio, por los órganos del Poder Público.

Ya hemos indicado que esta norma la califica la Exposición de Motivos de la Constitución como "el principio básico" del sistema democrático y no significa otra cosa que lo que dice, por supuesto, leída completamente, y no sólo en su primera frase. El artículo 4º de la Constitución no se limita a decir que la soberanía reside en el pueblo, sino que agrega que este la ejerce mediante el sufragio por los órganos del Poder Público.

Es decir, es la norma básica del sistema democrático representativo que consagra la Constitución, y que exige que el pueblo actúe a través de los órganos del Poder Público, es decir, los órganos de los Poderes Constituidos que son los previstos y regulados en la Constitución, cuyos titulares son los representantes del pueblo soberano, electos mediante sufragio. La norma, por tanto, es una que tiene que leerse íntegramente, con sus tres componentes que constituyen sus frases: que la soberanía reside en el pueblo; que el pueblo ejerce la soberanía mediante el sufragio, en el sentido de elección de sus representantes que integran los órganos del Poder Público, que se especifican en la propia Constitución.

Este, por otra parte, ha sido el sentido de la norma del artículo 4 en toda nuestra historia constitucional[26].

Ahora bien, ignorando por completo el principio de la democracia representativa, la Resolución del Consejo Nacional Electoral, y particularmente la Primera Pregunta formulada en su artículo Segundo, pretendió atribuir a la Asamblea Constituyente que se buscaba convocar, "el propósito de transformar el Estado y crear un nuevo ordenamiento jurídico" con el exclusivo motivo de permitir "el funcionamiento efectivo de una *Democracia Social y Participativa*". Con ello se pretendía darle a la Asamblea Constituyente un mandato inconstitucional, como podía ser el de eliminar la democracia representativa y pretender sustituirla por una democracia participativa o directa.

No podía ni puede una Asamblea Constituyente convocada en democracia y en un régimen de derecho regido por la Constitución de 1961, que no ha sido derogada por acto de fuerza alguno; ni durante su funcionamiento, ni al elaborar la nueva Constitución, que es su misión, sustituir el régimen democrático representativo por un régimen de democracia directa o supuestamente exclusivamente participativa o directa, pues ello sería contrario al régimen constitucional venezolano.

La democracia representativa debe y puede ser perfeccionada y *hacerla más participativa*, pero de allí a sustituirla por un régimen político definido por una persona o grupo excluyente, hay un gran trecho.

---

[25] *Derecho Constitucional Comparado*, en Manuel García Pelayo, *Obras Completas*, Tomo I, Madrid, 1991, pág. 376

[26] Véase el texto de todas las Constituciones venezolanas en Allan R. Brewer-Carías, *Las Constituciones de Venezuela*, Biblioteca de la Academia de Ciencias Políticas y Sociales, Caracas, 1997. Véase lo expuesto en las páginas 74 y siguientes de la *Primera Parte*.

Por otra parte, una Asamblea Constituyente no puede tener poder soberano alguno; *el soberano es el pueblo, como Poder Constituyente Originario,* y este no puede trasladar o delegar su soberanía en una Asamblea; es decir, constitucionalmente no existe una Asamblea Constituyente Originaria pues es el pueblo, como Poder Constituyente, el que puede ser originario.

Como lo precisó el mismo Ricardo Combellas, uno de los que fue miembro de la Comisión Presidencial Constituyente:

"La Asamblea Constituyente no reviste como algunos con ignorancia sostienen, el rango de Poder Constituyente Originario sino derivado, por la sencilla razón de que se trata de un cuerpo representativo. La teoría democrática sólo reconoce un Poder Constituyente Originario, el pueblo, cuya voluntad genuina se manifiesta a través del referéndum, en virtud de lo cual la Constitución más legítima es aquella ratificada refrendariamente por los ciudadanos"[27].

Por último, la Resolución del Consejo Nacional Electoral, ignoró del todo la existencia de materias supraconstitucionales, que no están bajo el poder del Presidente ni de la Asamblea Constituyente que éste podía concebir, como los principios de la independencia de la Nación, de la integridad del territorio de la República, de la organización federal del Estado, del gobierno democrático, representativo, responsable, participativo y alternativo y del respeto y garantía nacional y universal de los derechos humanos y de su protección, de la separación de los poderes Ejecutivo, Legislativo y Judicial y de la supremacía de la Constitución; que escaparían totalmente a la posibilidad de su eliminación o modificación.

En consecuencia, al pretender la Resolución del Consejo Nacional Electoral de convocatoria al *Referéndum* para el 25-04-99 con fundamento en el Decreto N° 3, servir de medio para convocar una Asamblea Constituyente que tuviera por misión transformar el Estado y crear un nuevo ordenamiento jurídico para hacer efectiva una democracia participativa, lo que implicaba pretender eliminar el principio de la democracia representativa, el texto de la Primera pregunta del artículo Segundo de la mencionada Resolución, violaba las disposiciones de los artículos 3° y 4° de la Constitución que son consustanciales al constitucionalismo venezolano.

7. *La Resolución N° 990217-32 del Consejo Nacional Electoral violaba el derecho constitucional a la participación*

Debe insistirse en que las sentencias de la Sala Político-Administrativa de la Corte Suprema de Justicia de 19-01-99, fundamentaron la posibilidad de que mediante el *Referéndum Consultivo* previsto en el artículo 181 de la Ley Orgánica del Sufragio y Participación Política, pudiese derivarse un mecanismo de reforma constitucional distinto a los regulados en los artículos 245 y 246 de la Constitución -que consideró eran limitaciones sólo aplicables y destinadas a los Poderes Constituidos pero no al Poder Constituyente Originario-; en el *derecho constitucional a la participación* que consideró como un derecho no enumerado en la Constitución, inherente a la persona humana, conforme al artículo 50 de la propia Constitución.

Es decir, es el derecho constitucional de los ciudadanos y del pueblo soberano en general, a participar en el proceso político, el que permitió a la Corte Suprema

---

[27] *Op. cit.*, pág. 101

hacer ceder el principio de la supremacía constitucional en cuanto a las formas de revisión constitucional previstas expresamente (arts. 245 y 246 de la Constitución), frente al principio de la soberanía popular, de manera que ésta, manifestada a través de un *Referéndum Consultivo* como instrumento de participación política, pudiera dar origen a una tercera vía para la reforma constitucional mediante la convocatoria de una Asamblea Constituyente.

Es evidente, por tanto, que la posibilidad constitucional que existiría conforme a la doctrina de la Corte Suprema de que una Asamblea Constitucional pudiera ser convocada sin que estuviese prevista en la Constitución, para reformar la Constitución, derivaba única y exclusivamente de la posibilidad, también constitucional, de *establecerla directamente mediante la manifestación de la voluntad del pueblo soberano* a través de un *Referéndum Consultivo*, en ejecución del derecho constitucional a la participación ciudadana; consulta que debía contener *todos los elementos que configuraban el régimen de la Asamblea,* en preguntas concatenadas.

En efecto, de acuerdo a las sentencias de la Sala Político Administrativa de 19-1-99, en ausencia de una norma que en la Constitución vigente, o en una modificación de ésta, consagrase la figura de la Asamblea Constituyente, la creación de dicho órgano, es decir, la determinación de las reglas fundamentales que definen los cometidos, la duración y la forma de elección de los integrantes de dicha Asamblea, debía ser decidida directamente por el pueblo, en su condición de titular de la soberanía.

La única forma de lograr que el titular de la soberanía se pronunciase sobre tales reglas -es decir, sobre la creación de la Asamblea Constituyente- consistía en que ellas se incorporasen al texto mismo de la consulta que se le hiciera, para que el Cuerpo Electoral, al pronunciarse favorablemente sobre la convocatoria de la Asamblea Constituyente, aprobase también las reglas fundamentales pertinentes, que configuraban su régimen, en particular, la misión de la Asamblea Constituyente; la forma de elección de los integrantes de la Asamblea Constituyente; y la duración del mandato.

En consecuencia, *el régimen* de la Constituyente en ningún caso podía ser establecido por el Ejecutivo Nacional, ni aún cuando así lo dispusiera el pueblo en un referendo, al pronunciarse favorablemente sobre la convocatoria de la Asamblea Constituyente, porque conforme a las normas constitucionales vigentes la rama ejecutiva del Poder Público no tenía ni tiene competencia para decidir por el titular de la soberanía, que es el pueblo, y porque los poderes constituyentes que son inherentes a la soberanía del pueblo son indelegables.

Por otra parte, para que pudiera *configurarse ese régimen de la Asamblea Constituyente,* si bien la formulación de más de una pregunta de resultado autónomo y respuesta variada en su negación o afirmación podía en algún caso ser necesario lógico y posible; sin embargo, cuando dos preguntas se referían a un mismo asunto, como era el caso del Decreto Nº 3 y de la Resolución del Consejo Nacional Electoral, la respuesta afirmativa a una pregunta y negativa de otra, presentaban la posibilidad y el riesgo de llevar a un vacío lógico. Por ello, las preguntas que guardan una relación secuencial lógica, deben ser formuladas en tal forma de no crear una situación contradictoria o de imposible aplicación. Aún cuando sea posible pensar que por la índole de alguna consulta, en algunos casos dos o más preguntas pueden ser necesarias; es de imperativo lógico que sean formuladas en tal forma que la respuesta negativa a una de ellas y positiva a otra no lleve a una situación de imposible ejecución que haga de la consulta un absurdo.

Este era el caso de las dos preguntas que se formularon en el artículo Segundo de la Resolución del Consejo Nacional Electoral. Independientemente de que ambas preguntas adolecieran de los vicios antes señalados, su mera formulación autónoma y no concatenada llevaba a la posibilidad de una respuesta afirmativa a la *Primera Pregunta* y negativa a la segunda, con lo cual se hubiera creado una situación absurda que hubiera hecho de la consulta una burla generadora de confusiones y contradicciones.

De lo anterior se derivaba que el *Referéndum Consultivo* necesariamente debía tener la amplitud de preguntas concatenadas y derivadas necesarias, de manera que fuera la voluntad popular la que le diera forma y fijase el contorno de la Asamblea Constituyente, para que ésta pudiera ser el resultado de la manifestación de la soberanía popular.

Incluso, a los efectos de la elaboración de dichas preguntas, el Presidente de la República Hugo Chávez Frías, antes de asumir su cargo, para ello había creado una Comisión Presidencial Constituyente; y había delineado el contenido de las mismas, en la Propuesta electoral para transformar a Venezuela, *Una Revolución Democrática*, en la cual, como ya se dijo, señaló que:

"Se consultará al pueblo sobre su voluntad de convocatoria a la Asamblea Nacional Constituyente, sobre el número de sus integrantes, sobre la forma de elección de los constituyentes y acerca de la duración de la Asamblea"[28].

En consecuencia, cualquier intento de confiscar o sustraer a la voluntad popular, es decir, a la manifestación de la soberanía del pueblo mediante el *Referéndum Consultivo*, la configuración del régimen de la Asamblea Constituyente que habría de convocarse para reformar la Constitución, era contrario y violatorio del derecho constitucional a la participación política, que era y es el fundamento de su propia posibilidad conforme a la doctrina de la Corte Suprema en sus sentencias de 19-1-99.

En ese vicio de inconstitucionalidad, precisamente, había incurrido la Resolución del Consejo Nacional Electoral que convocaba a *Referéndum*, al pretender que el pueblo al responder la Pregunta Segunda, *autorizase* al Presidente de la República para que mediante un "acto de gobierno" (término erróneamente utilizado, según la doctrina sentada por la Corte Suprema) fuera el que fijase, "las bases del proceso comicial en el cual se elegirán los integrantes de la Asamblea Nacional Constituyente", lo cual, además, desde el punto de vista lógico conforme a la pregunta, se debía hacer *después de ser autorizado* por el *Referéndum*.

Se pretendía así, que mediante un *Referéndum decisorio* no previsto en la Ley, el pueblo soberano renunciase a su derecho a participar y delegase o transfiriera al Presidente de la República, solo, es decir, ni siquiera en Consejo de Ministros, para que éste fuera el que fijase, posteriormente al *Referéndum*, "las bases del proceso comicial" para elegir a los integrantes de la Asamblea Constituyente que constituía parte del régimen de la misma, es decir, las condiciones de elegibilidad, la forma de postulación y las condiciones para la elección. Con ello se pretendía trasladar el po-

---

[28] *Cit.*, pág. 7

der constituyente al Presidente de la República lo cual era inconstitucional, por no tener competencia para ello.

En todo caso, al no preverse otras preguntas en el *Referéndum* que se proponía en la Resolución, no sólo las que se referían a las bases del proceso comicial se le sustraía al pueblo de la posibilidad de expresar la voluntad popular, es decir, del derecho de participar, sino que se dejaban de regular otros aspectos fundamentales que no se referían al "proceso comicial", relativos a la Asamblea, como por ejemplo, su estructura y carácter (unicameral, bicameral, corporativa), el número de miembros que debían integrarla, su duración y las bases para su funcionamiento, que debía estar basado en mecanismos de consulta a toda la población para que las propuestas a la Asamblea llegasen, no sólo por el trabajo de sus integrantes, sino por iniciativa de todos los grupos de la sociedad interesados en su actividad reformadora.

La Resolución del Consejo Nacional Electoral, por tanto, no sólo era insuficiente e ineficaz, pues pretendía que el pueblo convocase una Asamblea que no existía y que no se podía saber nunca en qué consistía porque no había pregunta alguna que le sirviera de fundamento, que permitiera que el pueblo se pronunciase, sino que era violatoria del derecho constitucional a la participación, que es su fundamento, al sustraerse al pueblo la posibilidad de diseñarla mediante el *Referéndum Consultivo*, única forma en que se la podía crear; y pretender ceder la soberanía popular al sólo Presidente de la República para que fuera éste el que fijase las bases del proceso comicial, dejando sin posibilidad de regular los elementos fundamentales de la Asamblea que no eran parte del "proceso comicial" propiamente dicho.

8. *La Resolución Nº 990217-32 del Consejo Nacional Electoral se configuraba como un instrumento para un fraude a la constitución*

Debe señalarse que el Poder Constituyente como poder soberano, total e inicial que constituye un Estado y organiza políticamente a una sociedad determinada, corresponde y lo ejerce únicamente el pueblo, particularmente cuando históricamente fueron creados *ex novo* los Estados. En ese caso puede decirse que, en principio, no estuvo ligado o constreñido por norma jurídica constitucional alguna previa, pues él la creó. Por ello, históricamente actuó como *res facti, non juris*.

El Poder Constituyente, así calificado de Originario, es un poder político *de hecho*, no encuadrable en un marco jurídico constitucional previo. Como Poder inicial, tuvo su origen en el constitucionalismo moderno en la Revolución Norteamericana de 1776, en la Revolución Francesa de 1789 y en la Revolución Hispanoamericana de 1811. En esos procesos políticos, el pueblo soberano asumió el poder total haciéndose representar por Asambleas y constituyó, sea nuevos Estados como sucedió en América, o transformó radicalmente un viejo Estado Monárquico como sucedió en Francia, dotándose siempre de una Constitución.

Por ello, Juan Luis Requejo Pagés señala que:

"El poder absolutamente originario será el que ha constituido la primera Constitución de un Estado"[29].

---

[29] Véase Juan Luis Requejo Pagés, *Las normas preconstitucionales y el mito del poder constituyente*, Madrid 1998, pág. 101.

En esos procesos, el Poder Constituyente Originario del pueblo no tuvo límites constitucionales para su actuación, salvo los provenientes del derecho natural o de las luchas históricas de la humanidad que contribuyeron a la juridificación nacional y universal de los derechos humanos. Pero una vez constituidos los Estados Constitucionales modernos, habiéndose dotado a sí mismos, por voluntad popular, de una Constitución, puede decirse que el Poder Constituyente Originario desapareció al constitucionalizarse y se lo sustituyó por un Poder Constituyente Instituido, derivado o de reforma que está regulado usualmente en las propias Constituciones.

En ese contexto histórico, puede decirse que salvo que exista una ruptura constitucional, el Poder Constituyente Originario no se manifiesta de nuevo en los Estados Constitucionales, salvo, excepcionalmente, como lo ha establecido la Sala Político Administrativa en sus sentencias del 19-1-99, para mediante un *Referéndum Consultivo* dar paso a un mecanismo de reforma constitucional distinto al establecido en el texto de la Constitución.

Puede decirse, entonces, que en general, en los Estados Constitucionales, el Poder Constituyente Originario se constitucionalizó al adoptarse la Constitución, y el principio de la representación democrática condicionó su ejercicio. Como lo ha destacado Pedro de Vega,

"Forma parte de la lógica del Estado Constitucional, y así se pretendió tanto en el proceso revolucionario americano como en el francés, que una vez aprobada la Constitución el poder constituyente desaparece, cediendo su lugar a la propia norma por él creada"[30].

La constitucionalización del Poder Constituyente, por otra parte, está esencialmente ligada a la democracia representativa, por lo que el mismo autor, Pedro de Vega, al referirse a las ideas de Sieyès, dice:

"Al ser la Nación un ente abstracto, que sólo puede expresar su voluntad a través de representantes, la potestad constituyente sólo podrá actuarse a través del mecanismo de la representación. El poder constituyente deja de ser entonces el poder en el que el pueblo directamente participa, como titular indiscutible de la soberanía, para convertirse en el poder de las Asambleas en las que la Nación delega sus competencias"[31].

Ahora bien, como principio, en el Estado Constitucional, una vez aprobada la Constitución, el Poder Constituyente Originario desaparece, se subsume en la Constitución, se constitucionaliza, y ese texto adquiere supremacía, regulándose usualmente el Poder Constituyente Instituido, como mecanismo para reformar o modificar la Constitución, que incluso puede atribuirse a una Asamblea Constituyente.

Como lo ha señalado Antonio Negri al comentar el proceso constitucional norteamericano:

---

[30] Véase Pedro de Vega, *La Reforma Constitucional y la Problemática del Poder Constituyente,* Madrid 1988, pág. 34.
[31] *Op. cit.*, pág. 32

"Sin Constitución, fuera de la Constitución, fuera de la máquina constitucional y del organismo de gobierno no existe poder constituyente"[32].

En esta forma, sin embargo, lejos está la posibilidad de que una Asamblea Constituyente, convocada en democracia y bajo la vigencia de la Constitución de 1961, producto de la voluntad popular manifestada mediante *Referéndum Consultivo*, pueda tener poderes ilimitados y atentar contra los mismos principios del constitucionalismo y de la democracia.

Existen, en consecuencia, límites al Poder Constituyente de revisión o de reforma constitucional ejercido por una Asamblea, que nunca, en sí misma, es soberana, derivado entre otros aspectos de las *cláusulas pétreas* del constitucionalismo y que nuestra Constitución de 1961, entre otros, consagra en sus artículos 1°, 3°, 8° y 50.

En efecto, una norma que consagra un principio pétreo, es el artículo 50 de la Constitución que reconoce la existencia de *derechos inherentes a la persona humana* que, por ello, son previos y superiores a la propia Constitución. De allí que sea imposible que una Asamblea Constituyente desconozca los derechos inherentes a la persona humana o los desmejore. En particular, esto es más reforzado en aquellos casos en los cuales la propia Constitución considera como *inviolables* ciertos derechos, como el derecho a la vida (art. 58), el derecho a la libertad o seguridad personales (art. 60), el hogar doméstico (art. 62), la correspondencia (art. 63).

Por otra parte, de acuerdo con el artículo 1° de la Constitución,

"La República de Venezuela *es para siempre e irrevocablemente* libre e independiente de toda dominación o protección extranjera".

Esta norma consagra el principio de la independencia de la República, como cláusula pétrea, que impide a cualquier Asamblea Constituyente poder desconocerla. Sería imposible, constitucionalmente hablando, que una Asamblea decida, como lo hizo el Congreso de Angostura en 1819, extinguir al Estado venezolano, renunciar a la independencia y anexar el territorio nacional a otro Estado.

Lo mismo puede decirse del principio republicano representativo de gobierno que consagra el citado artículo 3° de la Constitución al prescribir que

"El Gobierno de la República de Venezuela *es y será siempre* democrático, representativo, responsable y alternativo".

Esta norma pétrea impide que una Asamblea Constituyente pretenda, por ejemplo, establecer una Monarquía en sustitución de la República, pretenda extinguir la democracia representativa, pretenda consagrar la irresponsabilidad de los representantes o gobernantes o pretenda eliminar la alternabilidad republicana, consagrando, por ejemplo, cargos vitalicios en el Poder Ejecutivo.

El mismo carácter pétreo se encuentra respecto del principio de la integridad territorial que regula el artículo 8 de la Constitución al prescribir que:

---

[32] Véase Antonio Negri, *El Poder Constituyente. Ensayo sobre las alternativas de la modernidad*, Madrid, 1994, pág. 205

"El territorio nacional *no podrá ser jamás* cedido, traspasado, arrendado ni en forma alguna enajenado, ni aún temporal o parcialmente, a potencia extranjera".

La integridad del territorio, por tanto, es inviolable, por lo que es impensable que una Asamblea Constituyente pueda resolver ceder parte del territorio nacional a una potencia extranjera.

Derivado de la intangibilidad del principio republicano y de los derechos inherentes a la persona humana, también puede identificarse como un principio que escapa al poder de una Asamblea Constituyente, el de la separación de poderes y de la supremacía constitucional que, precisamente, existen en el constitucionalismo moderno como garantía de los derechos y libertades públicas.

El Presidente de la República, Hugo Chávez Frías, en este sentido, en su Propuesta Electoral para Transformar a Venezuela, denominada *Una Revolución Democrática*, señaló:

"Las limitaciones de la Asamblea Nacional Constituyente son las derivadas de los principios generales del derechos, los valores democráticos y garantías ciudadanas, los principios que identifican nuestro devenir histórico, la dignidad como derecho inalienable de la persona humana, los derechos humanos y demás principios que sustentan el concierto de naciones"[33].

Hubiera constituido, entonces, un fraude constitucional que una Asamblea Constituyente convocada en democracia, bajo la vigencia de una Constitución como la de 1961, que no pierde su vigencia hasta que sea sustituida por otra que dicte la Asamblea y apruebe el pueblo, pudiera llegar a destruir los principios pétreos del constitucionalismo. Así lo definió hace más de 60 años G. Liet-Veaux al estudiar las revoluciones de Italia, Alemania y Francia cuando se establecieron los regímenes fascista y nacional-socialista y precisar el fraude constitucional que derivó de la utilización del procedimiento de reforma para, sin romper con el sistema de legalidad establecido, proceder a la creación de un nuevo régimen político y un ordenamiento constitucional diferente[34].

Definitivamente, no puede el ordenamiento constitucional servir de cauce para su propia destrucción; es decir, no es admisible el auto atentado contra la forma democrática de gobierno, bajo la cobertura de la creación de un nuevo Estado constitucional; y ello se hubiese llevado a cabo, si llegaba a convocarse, como lo pretendía la Resolución del Consejo Nacional Electoral al reproducir el Decreto del Presidente de la República, una Asamblea Constituyente con poderes imprecisos e ilimitados para transformar el Estado.

9. *Las modificaciones y la anulación de la Resolución N° 990217-32 del 17-02-99 del Consejo Nacional Electoral*

Ahora bien, en virtud de todas las impugnaciones y las observaciones anteriores, el Presidente de la República, Hugo Chávez Frías, el día 10 de marzo de 1999 tuvo que emitir un acto administrativo[35] que sin la menor duda, es un Decreto, (aún

---

[33] Cit. pág. 8
[34] G. Liet-Veaux, "La fraude à la Constitution", en *Revue du Droit Public,* París, 1943, págs. 116 a 150.
[35] Véase en *Gaceta Oficial* N° 36.658 de 10-03-99

cuando sin número) en los términos de los artículos 14 y 15 de la Ley Orgánica de Procedimientos Administrativos, mediante el cual ordenó publicar en *Gaceta Oficial* la propuesta del Ejecutivo Nacional que fijaba las bases de la convocatoria de la Asamblea Nacional Constituyente

"la cual *será sometida para la aprobación del pueblo en el referéndum* convocado por el Consejo Nacional Electoral a celebrarse el 25 de abril de 1999"

Con este Decreto, sin duda, el Presidente modificó el Decreto N° 3 de 02 de febrero de 1999, lo que obligaba, por tanto, al Consejo Nacional Electoral a modificar la Resolución N° 990217-32 del 17-02-99, a los efectos de *incorporar a las preguntas del Referéndum* los elementos contenidos en las bases mencionadas que conformaban el régimen o estatuto de la Constituyente, y permitir así, al pueblo, ejercer su derecho a la participación.

El Presidente de la República, en esta forma, acogió las objeciones fundamentales que habíamos formulado respecto del Decreto N° 3 y de la Resolución del Consejo Nacional Electoral en cuanto a la no inclusión en las preguntas contenidas en dichos actos administrativos de las bases del régimen de la Constituyente. Correspondía después al Consejo Nacional Electoral, modificar la Resolución N° 990217-32 del 17-02-99 para que, con la autorización de la Sala Político Administrativa de la Corte Suprema de Justicia conforme al artículo 239 de la Ley Orgánica del Sufragio y Participación Política, se incorporase a las preguntas del *Referéndum* el régimen de la Constituyente, en la forma de consulta popular.

Sin embargo, antes de que el Consejo Nacional Electoral tomara alguna decisión al respecto, la Sala Político Administrativa de la Corte Suprema de Justicia, en sentencia del 18-3-99, (Ponente Magistrado Hermes Harting), con motivo de la acción de nulidad ejercida por el abogado Gerardo Blyde, ejercida originalmente contra el Decreto N° 3 del 2-2-99 y luego, reformado el libelo, contra la Resolución N° 990217-32 del Consejo Supremo Electoral de 17-2-99, concluyó declarando *con lugar* dicho recurso contra la mencionada Resolución del Consejo Nacional Electoral, y en consecuencia, *anulando* la *Segunda Pregunta* destinada al *Referéndum* convocado, contenida en dicha Resolución.

Los argumentos que sirvieron de fundamento al mencionado recurso, tenían por objeto cuestionar la *segunda pregunta* del *Referéndum* convocado por el Consejo Nacional Electoral, que establecía lo siguiente:

"¿Autoriza usted al Presidente de la República para que mediante un Acto de Gobierno fije, oída la opinión de los sectores políticos, sociales y económicos, las bases del proceso comicial en el cual se elegirán los integrantes de la Asamblea Nacional Constituyente?"

Conforme a todo lo anteriormente dicho y argumentado, la Sala Político Administrativa consideró que si se formulaba una

"pregunta sobre la conveniencia de instalar una Asamblea Nacional Constituyente",

de acuerdo al derecho a la participación política que conforme a sus anteriores sentencias del 19-1-99, habían permitido que mediante un *Referéndum Consultivo* se originase el mecanismo de la Asamblea Constituyente para reformar la Constitución; debía necesariamente procederse "a consultarse sobre aquellas reglas fundamentales que detallen su organización y régimen general " (pág. 21)

En consecuencia, al haber ignorado la *Pregunta Segunda* tales postulados,

"al pretender delegar, en el ciudadano Presidente de la República, la fijación de las bases del proceso comicial por el que se elegirán los integrantes de la Asamblea Nacional Constituyente",

la Sala concluyó considerando que dicha *Pregunta Segunda* era inconstitucional,

"por vulneración del derecho a la participación política implícito en el artículo 50 de la Constitución de la República, como derecho inherente a la persona humana, y así expresamente se declara"

II. LOS LÍMITES DE LA ASAMBLEA NACIONAL CONSTITUYENTE Y EL CARÁCTER CONSULTIVO DEL REFERÉNDUM DEL 25 DE ABRIL DE 1999

La Sala Política Administrativa de la Corte Suprema de Justicia, dictó sentencia de 18-03-99 (Ponente: Hermes Harting), con motivo de la impugnación de la antes comentada Resolución N° 990217-32 del Consejo Nacional Electoral de 17-02-99 dictada en conformidad con el mismo Decreto N° 3 del Presidente de la República, y *que había reproducido íntegramente su texto* fijando la realización del *Referéndum* para el día 25-04-99, además de decidir que en el referéndum consultivo sobre la convocatoria de la Asamblea Nacional Constituyente *debía consultarse al pueblo sobre el estatuto y límites de la Asamblea excluyendo la posibilidad de que esto pudiera ser establecido con posterioridad por el Presidente de la República*; se resolvieron diversos aspectos en relación con el *Referéndum* convocado por el Presidente de la República por Decreto N° 3 del 2-2-99 y por el Consejo Nacional Electoral mediante la mencionada Resolución del 17-2-99, que deben destacarse y que se refieren, en *primer lugar,* al carácter *consultivo* del *Referéndum* regulado en el artículo 181 de la Ley Orgánica del Sufragio y Participación Política; y en *segundo lugar*, a los *límites* de la Asamblea Nacional Constituyente que podía convocarse mediante tal *Referéndum Consultivo.*

1. *La precisión del carácter eminentemente consultivo del Referéndum regulado en los artículos 181 y siguientes de la Ley Orgánica del Sufragio y Participación Política*

La Corte Suprema de Justicia, en su sentencia del 18-3-99, ante todo argumentó y decidió que el *Referéndum* regulado en el artículo 181 de la Ley Orgánica del Sufragio y Participación Política, es un *Referéndum eminentemente consultivo,* es decir, que tiene por objeto conocer la opinión o el parecer del pueblo sobre determinada cuestión o texto, y que por tanto, con fundamento en dicha norma no se puede convocar un *Referéndum* autorizatorio y, por supuesto, tampoco un *Referéndum* decisorio.

Por ello, incluso, la Corte, al resolver y declarar la nulidad de la *Pregunta Segunda* del *Referéndum,* se refirió a la *Pregunta Primera* contenida en la Resolución que había sido impugnada que era del tenor siguiente:

¿Convoca Usted una Asamblea Nacional Constituyente con el propósito de transformar el Estado y crear un nuevo ordenamiento jurídico que permita el funcionamiento efectivo de una Democracia Social y Participativa?

Dicha pregunta no había sido objeto de impugnación por el recurrente, en el caso decidido, sin embargo, la Corte consideró que era

"menester referirse a la primera de las preguntas formuladas que deberán responder los votantes, a fin de fijar el marco referencial e interpretativo bajo el cual ha de estudiarse la segunda pregunta" (pág. 16);

y, en consecuencia, la interpretó acorde con la Constitución, derivando que en la misma -a pesar de su redacción- no se estaba convocando a un *Referéndum Decisorio,* sino eminentemente consultivo.

Es decir, la Corte estableció clara y expresamente, a pesar de la forma de redacción de la misma, su carácter propio de un *Referéndum Consultivo*. Señaló así la Corte, en relación con la *Primera Pregunta,* que:

"esa primera cuestión está dirigida a *indagar sobre* la convocatoria a una Asamblea Nacional Constituyente... Con tal iniciativa se pretende, entonces, *conocer la opinión* de los electores en cuanto a una materia, ciertamente, de especial trascendencia nacional: *la conveniencia de convocar* una Asamblea Nacional Constituyente."(pág. 16)

Es decir, a pesar de que la pregunta, como estaba formulada: "¿Convoca Ud. una Asamblea Nacional Constituyente...? implicaba un *Referéndum* decisorio; la Corte Suprema lo interpretó en el sentido de que el mismo era sólo de carácter *consultivo,* destinado a indagar o conocer la opinión de los votantes sobre la conveniencia o no de convocar la Asamblea Constituyente.

Por ello, la Corte insistió en que conforme a la anterior sentencia del 19-2-99, lo que se podía hacer conforme a la Ley Orgánica del Sufragio era un referendo para ser "consultado el parecer del cuerpo electoral sobre cualquier decisión de especial trascendencia nacional", por lo que concluyó señalando que

"es perfectamente compatible con la anterior concepción *el interrogar al Soberano si está de acuerdo* con la convocatoria a una Asamblea Nacional Constituyente..." (pág. 17).

Más adelante, al analizar sus anteriores sentencias del 19-1-99, la Corte señaló que ese:

"ejercicio de soberanía no delegado encuentra su cauce precisamente en los mecanismos de participación política directa, el *referéndum consultivo,* entre otros, como manifestación concreta que permite conocer de primera mano, *cuál es la opinión del* cuerpo consultado respecto a determinadas materias de evidente trascendencia nacional" (pág. 20).

Por ello, en otra parte de la decisión, al hacer referencia a la anterior sentencia del 19-1-99, la Corte señaló que:

"se circunscribió a determinar si de conformidad con el artículo 181 de la Ley Orgánica del Sufragio y Participación Política puede convocarse a un *referéndum consultivo,* a los fines de determinar si corresponde a la voluntad popular que se convoque a Asamblea Constituyente" (pág. 22).

En tal sentido, insistió la Corte en su sentencia:

"que un *mecanismo de consulta* directo, llamado a resolver sobre materias que no han sido previamente delegadas en representantes, debe preservar, mantener y defender como principal valor, el ser fiel expresión de la verdadera voluntad popular" (pág. 20).

De ello concluyó la Corte en que:

"Entonces, es indispensable, que *formulada la pregunta sobre la conveniencia de instalar una Asamblea Nacional Constituyente, proceda a consultarse* sobre aquellas reglas fundamentales que detallen su organización y régimen general". (pág. 21).

Es decir, en definitiva, la Corte resolvió que la *Primera Pregunta* era una *consulta* sobre la conveniencia de instalar una Asamblea Nacional Constituyente; y que por ello, resultaba indispensable que en la *Segunda Pregunta* se procediera a consultar al pueblo sobre las reglas fundamentales que detallasen su organización y régimen general; por lo que al no haberlo hecho así el Consejo, se consideró que la *Segunda Pregunta* violaba el derecho a la participación.

Pero además, sobre el carácter consultivo del *Referéndum* regulado en el artículo 181 de la Ley Orgánica del Sufragio, la Sala Político Administrativa en su sentencia del 18-3-99, insistió en lo siguiente:

"El pronunciamiento de la Sala en fecha 19 de enero de 1999, se circunscribió a determinar si de conformidad con el artículo 181 de la Ley Orgánica del Sufragio y Participación Política puede convocarse a un *referéndum consultivo,* a los fines de determinar si corresponde a la voluntad popular *que se convoque a Asamblea Constituyente.* En aquella oportunidad la Sala se pronunció, dentro del análisis interpretativo solicitado, *diferenciando la figura de referéndum* contenida en el precepto de la Ley electoral, del mecanismo de consulta plebiscitaria, estableciendo que el primero se refiere a la *consulta* sobre un texto o proyecto, en tanto que el segundo, esto es, el plebiscito, tiende a ratificar la confianza en un hombre o gobernante; y concluyó:

"Se desprende así del texto aludido (artículo 181), *la consagración jurídica de la figura del referéndum consultivo* como mecanismo llamado a canalizar la participación popular en los asuntos públicos nacionales. De allí que la regla se dirija fundamentalmente a establecer las distintas modalidades para la iniciativa en la convocatoria de la consulta popular"

Retomando, entonces, esta apreciación inicial en cuando a la naturaleza de la figura consagrada en la norma antes aludida, *reitera la Sala, que dicho mecanismo reviste un carácter eminentemente consultivo,* a diferencia de otras modalidades bajo las cuales se presentan consultas de tipo autorizatorio dirigidas a delegar en determinado funcionario o persona la realización de específicas tareas y gestiones". (pág. 22 y 23)

Precisamente, por ello, por estar:

"*claro entonces el carácter consultivo del referendo* previsto en el artículo 181 de la Ley Orgánica del Sufragio y Participación Política" la Corte Suprema al

"dilucidar si la estructura de la segunda pregunta del Referendo fijado por el Consejo Nacional Electoral, por iniciativa del Presidente de la República, se ajusta o no a la figura consagrada legalmente",

concluyó señalando con toda previsión que:

"Para la Sala, no cabe duda, que el planteamiento contenido en la cuestión segunda *no responde al referendo consultivo* que utiliza de fundamento" (pág. 24).

En relación a dicho asunto, la Corte concluyó respecto de la mencionada *Segunda Pregunta* que:

"Es evidente que, en modo alguno, se está sometiendo al criterio de los electores el examen sobre una materia determinada y específica, por el contrario lo que se persigue es que se delegue en una sola persona, la decisión sobre ese asunto, lo cual escapa al mecanismo consagrado en el artículo 181 de la Ley Orgánica del Sufragio y Participación Política, y así se declara". (pág. 24).

De lo anterior deriva, por tanto, el carácter eminentemente consultivo del *Referéndum* regulado en los artículos 181 y siguientes de la Ley Orgánica del Sufragio y Participación Política, por lo cual no es posible conforme a dicha norma, convocar un *Referéndum* ni decisorio ni autorizatorio, sino solo consultivo.

Por ello, precisamente, la Corte anuló la *segunda pregunta* formulada para el referéndum, que regulaba una consulta autorizatoria; y por ello, también, interpretó la *Primera Pregunta* redactada en la forma de un *Referéndum* decisorio, señalando que sólo podía tratarse de una consulta destinada a "indagar" (pág. 16) el parecer o la opinión del pueblo sobre la convocatoria a una Asamblea Constituyente, en el sentido de "interrogar al Soberano si está de acuerdo con la convocatoria" (pág. 17) de la misma, lo que, significa que conforme al criterio de la Corte, a pesar de la redacción de la *primera pregunta*, nunca podría derivarse de una respuesta afirmativa de la misma, que se estaría convocando dicha Asamblea.

Precisamente por ello, y a pesar de que en la Resolución N° 990323-71 de 23 de marzo de 1999 del Consejo Supremo Electoral sobre el *Referéndum* para la convocatoria a la Asamblea Nacional Constituyente que se efectuó el 25 de abril de 1999 la *Primera Pregunta* de la *consulta* quedó redactada en igual forma a la señalada, con la interpretación de la Corte quedaba claramente establecido que a pesar de su redacción, se trataba de un *Referéndum Consultivo,* al punto de que después de efectuado el *Referéndum,* el Consejo Nacional Electoral procedió a convocar formalmente las elecciones de la Asamblea que se efectuaron el 25 de julio de 1999.

2. *La precisión de los límites de la asamblea nacional constituyente convocada con fundamento en un referéndum consultivo conforme a los artículos 181 y siguientes de la Ley Orgánica del Sufragio y Participación Política*

La Sala Político Administrativa de la Corte Suprema, además de haber dejado claramente establecido el carácter eminentemente consultivo del *Referéndum* regulado en los artículos 181 y siguientes de la Ley Orgánica del Sufragio y Participación Política, en su sentencia del 18-3-99 precisó con toda claridad los límites de la Asamblea Constituyente que se podía convocar con fundamento en dicha norma y de acuerdo al derecho a la participación política que deriva del artículo 50 de la Constitución; y ello lo hizo al interpretar la *pregunta primera* del *Referéndum* convocado.

En efecto, la Sala dijo que:

"la circunstancia de la posibilidad, por vía de ese mecanismo (referéndum consultivo) convocado conforme a la Ley Orgánica del Sufragio de celebración de una Asamblea Constituyente, *no significa, en modo alguno, por estar precisamente vinculada su estructuración al propio espíritu de la Constitución vigente, bajo cuyos términos se producirá su celebración, la alteración de los principios fundamentales del Estado Democrático de Derecho"* (pág. 17).

De ello se derivan los siguientes postulados en relación con la Asamblea Constituyente cuya celebración se convocó como resultado de un *Referéndum Consultivo* del 25 de abril de 1999, y cuyos miembros se eligieron el 25 de julio de 1999:

En *primer lugar,* que la estructuración de la misma esta vinculada al propio espíritu de la Constitución de 1961. Es decir, que la misma es resultado de la interpretación de la Constitución de 1961 y su estructuración tiene que responder al propio espíritu de dicho texto.

En *segundo lugar,* que durante el funcionamiento y la celebración de la Asamblea Constituyente sigue en vigor la Constitución de 1961, texto que limita la actuación de la Asamblea Nacional Constituyente en el sentido de que no puede ser desconocido por la Asamblea.

En *tercer lugar*, que la celebración de la Asamblea Constituyente no significa, en modo alguno, la alteración de los principios fundamentales del Estado Democrático de Derecho, es decir, de la organización del Poder Público tal como está regulado en la Constitución, tanto en su división vertical (Poder Nacional, Estadal y Municipal), como en la separación orgánica de poderes que existe en esos tres niveles, entre los órganos del Poder Legislativo, del Poder Ejecutivo y del Poder Judicial.

Lo anterior significa entonces, que de acuerdo al criterio de la Corte Suprema, la Asamblea Constituyente cuyos miembros se han electo como consecuencia del *Referéndum Consultivo* del 25 de abril de 1999, no puede en forma alguna, durante su celebración y funcionamiento, desconocer, apartarse, suspender o derogar norma alguna de la Constitución de 1961.

Conforme a este postulado, la Sala Político Administrativa interpretó la forma genérica y ambigua del texto de la *Primera Pregunta* del *Referéndum,* precisando la "finalidad" (pág. 18) o misión de la Asamblea en la siguiente forma:

En cuanto al cometido de "la transformación del Estado" a que se refiere la *Primera Pregunta,* la Sala señaló que ello era:

"en base a la primacía del ciudadano, lo cual equivale a la consagración de los derechos humanos como norte fundamental del *nuevo Texto Constitucional"* (pág. 18);

y en cuanto a la creación de "un nuevo ordenamiento jurídico", como cometido de la Asamblea, ello es con el objeto de:

"que consolide el Estado de Derecho a través de un mecanismo que permita la práctica de una Democracia Social y Participativa, debiendo la *nueva Constitu-*

ción satisfacer las expectativas del pueblo, y al mismo tiempo cumplir los requerimientos del Derecho Constitucional Democrático, lo cual implica, esencialmente, el mantenimiento de los principios fundamentales del Estado Democrático de Derecho, con sus diferentes estructuras de poder y sus cometidos específicos" (pág. 18 y 19).

De lo anterior se deriva, por tanto, que la misión y finalidad esencial de la Asamblea Nacional Constituyente cuyos miembros fueron electos el 25 de julio de 1999, *es producir un nuevo texto constitucional donde se refleje la transformación del Estado y se cree un nuevo ordenamiento jurídico;* es decir, que esa misión es para reflejarla en una nueva Constitución; y que en el cumplimiento de esa tarea de proyectar un nuevo texto constitucional, la Asamblea Constituyente debe darle primacía al ciudadano; consagrar los derechos humanos como norte del nuevo texto constitucional; consolidar el Estado de Derecho a través de un mecanismo que permita la práctica de una democracia social y participativa; satisfacer los requerimientos del Derecho Constitucional Democrático; y mantener los principios fundamentales del Estado Democrático de Derecho, con sus diferentes estructuras de poder y sus cometidos específicos, lo que no es otra cosa que la distribución vertical del Poder Público (descentralización política y federalismo) y la separación orgánica de poderes.

En este sentido, la sentencia de la Sala reiteró que la futura Constitución, es decir,

"el establecimiento de este naciente orden jurídico-político deberá responder -conforme al sentido que se infiere de la redacción de la pregunta- a que el texto constitucional respete, y aún estimule, el desarrollo de aquellos valores que insufla una "Democracia Social y Participativa", en virtud del principio de progresividad a que está sometida la materia" (pág. 19).

En consecuencia, la misión y los cometidos indicados en la *Primera Pregunta* del *Referéndum Consultivo*, solo están destinados a guiar la actuación de la Asamblea Nacional Constituyente en la elaboración del nuevo texto constitucional, como límites a la misma, y en ningún caso pueden dar origen a poderes de la Asamblea, durante su funcionamiento, que puedan afectar o alterar las regulaciones de la Constitución de 1961. Por ello la Corte fue enfática al señalar que:

"es la Constitución vigente la que permite la preservación del Estado de Derecho y la actuación de la Asamblea Nacional Constituyente, en caso de que la voluntad popular sea expresada en tal sentido en la respectiva consulta" (pág. 19).

Es decir, lo que permite la actuación de la Asamblea Nacional Constituyente convocada como consecuencia de un *Referéndum Consultivo* efectuado el 25 de abril de 1999 es la Constitución vigente de 1961, la cual además, permite la preservación del Estado de Derecho. Dicha Constitución de 1961, por tanto, no pierde vigencia alguna durante la actuación de la Asamblea Nacional Constituyente, la cual encuentra en dicho texto el límite de su actuación, lo que significa que los Poderes Constituidos, durante el funcionamiento de la Asamblea, deben continuar actuando conforme a la Constitución vigente, no pudiendo la Asamblea ni disolverlos ni asumir directamente sus competencias constitucionales. En consecuencia, la Asamblea Constituyente convocada en esta forma no puede legislar, ni gobernar ni juzgar, funciones que sólo corresponden a las Cámaras Legislativas, al Presidente de la República y sus Ministros y a la Corte Suprema de Justicia y demás Tribunales de la República, respectivamente.

III. LAS CONSECUENCIAS DE LA ANULACIÓN DE LA PREGUNTA SEGUNDA QUE SE HABÍA ORIGINALMENTE FORMULADO PARA EL REFERÉNDUM DEL 25-04-99

1. *La necesaria reformulación de las preguntas del Referéndum convocado para el 25-04-99, por el Consejo Nacional Electoral*

Ahora bien, conforme a la sentencia de la Corte Suprema de Justicia del 18-03-99, anulada como fue la *Segunda Pregunta* del *Referéndum* convocado conforme a la Resolución del Consejo Nacional Electoral del 17-02-99, la Corte ordenó al Consejo Nacional Electoral:

"*reformular* el contenido de la pregunta N° 2 del artículo segundo de la Resolución N° 990217-32 del 17 de febrero de 1999, *examinando* las bases publicadas como "Propuesta del Ejecutivo Nacional que fija la convocatoria de la Asamblea Nacional Constituyente", publicada en la *Gaceta Oficial* N° 36.658 de fecha 10 de marzo de 1999, y *decidir* sobre su incorporación al referendo consultivo" (págs. 24).

Sin embargo, conforme a la interpretación que la Corte hizo en su sentencia acerca del contenido de la *primera pregunta*, la misma también consideramos que debió ser reformulada en su redacción por el Consejo Nacional Electoral, de manera que en la misma se interrogase al Soberano

"si está de acuerdo con la convocatoria a una Asamblea Nacional Constituyente" (pág. 17);

en lugar de pretenderse, como resultaba del texto de la *Pregunta Primera*, si la respuesta era afirmativa, que el pueblo "convoque" directamente la Asamblea.

En todo caso, en cuanto a la reformulación de la *Pregunta Segunda* que fue la anulada por la Corte Suprema, el Consejo Nacional Electoral debía examinar las bases propuestas por el Presidente de la República y decidir sobre su incorporación al referendo consultivo a los efectos de que se garantizase el derecho a la participación política para establecer el régimen o estatuto de la Constituyente o, como lo sentó la Corte, debía proceder:

"a consultarse sobre aquellas reglas fundamentales que detallen su organización y régimen general" (art. 21).

Ahora bien, el Presidente de la República mediante el mencionado acto administrativo de fecha 10 de marzo de 1999, modificatorio de su Decreto N° 3 del 02-02-99, ante la presión de la opinión y la inminencia de la sentencia de la Corte, ya había ordenado:

"la publicación de la propuesta del Ejecutivo Nacional que fija las bases de la convocatoria de la Asamblea Nacional Constituyente analizada en Consejo de Ministros el 9 de marzo de 1999, *la cual será sometida para la aprobación del pueblo* en el referéndum convocado por el Consejo Nacional Electoral a celebrarse el 25 abril de 1999".

Dicho acto administrativo, sin duda, era un Decreto conforme lo precisan los artículos 14 y 15 de la Ley Orgánica de Procedimientos Administrativos, al tratarse de una decisión de mayor jerarquía dictada por el Presidente de la República. Como consecuencia de ello, la decisión del 10-03-99 tenía el mismo rango y jerarquía que el Decreto N° 3 del 02-02-99, el cual sin duda quedó derogado tácitamente en lo que se refiere a la *Pregunta Segunda* prevista en su artículo 3°, pues en ella se establecía que se autorizaba al Presidente para fijar esas bases *después del Referéndum* y, en cambio, en la decisión del 10-03-99, se precisaban de antemano esas bases con la indicación de que debían someterse a "la aprobación del pueblo en el *Referéndum*".

En consecuencia, en nuestro criterio, la *Pregunta Segunda* del artículo 3° del Decreto N° 3 del 02-02-99 podía considerarse que había quedado derogada con el acto administrativo (Decreto sin número) dictado por el Presidente de la República, en Consejo de Ministros el 10-03-99.

Sin embargo, la *Pregunta Segunda* del artículo 3 del Decreto N° 3, al reproducirse en la Resolución del Consejo Nacional Electoral que fue el acto impugnado en el juicio de nulidad que concluyó con la sentencia de la Corte Suprema del 18-03-99, fue la que fue anulada por la Corte, como en efecto ocurrió, con la orden al Consejo de reformular dicha pregunta, examinando las mencionadas bases y decidiendo sobre su incorporación a las preguntas del *Referéndum Consultivo*[36].

En tal sentido, y en cumplimiento al mandato judicial recibido, el Consejo Nacional Electoral, en nuestro criterio debía examinar las referidas bases, en la siguiente forma, tal y como se lo propusimos en correspondencia que le enviamos en fecha 22 de marzo de 1999:

En cuanto a la *base primera,* la misma se refiere a la previsión de una mayoría para que pueda considerarse "*aprobada la convocatoria* de la Asamblea Nacional Constituyente". Se trata de una base que busca complementar la *pregunta primera* de la Resolución del Consejo Nacional Electoral.

Sin embargo, si como lo ha interpretado la Corte Suprema de Justicia, la *pregunta primera* no puede entenderse como una decisión de convocar la Asamblea (referéndum decisorio) sino como una consulta sobre si el electorado "está de acuerdo con la convocatoria" de la misma (referéndum consultivo), no resulta necesario prever dicha base ni en las preguntas del referéndum ni en la Resolución del Consejo Nacional Electoral. La mayoría que en ella se regula es para considerar "aprobada la convocatoria" de la Asamblea, pero en realidad, el referéndum consultivo se va a realizar para conocer la opinión o parecer del pueblo sobre si la Asamblea se convoca, para lo cual no es necesario prever mayoría alguna, pues en una consulta popular es evidente que resultará afirmativa la voluntad popular si los votos afirmativos son superiores a los negativos y viceversa.

En cuanto a la *base segunda,* relativa al número de integrantes de la Asamblea Constituyente, la misma debería incluirse en las preguntas que se formulen en el referéndum consultivo.

---

[36] Véase el texto de *Las Bases Comiciales* publicadas por el Presidente de la República e incorporadas por el Consejo Nacional Electoral a la *Pregunta Segunda* del *Referéndum* del 25-04-99 en págs. 192 y siguientes de este libro, citadas en la sentencia de la Corte Suprema de Justicia del 13-04-99.

En cuanto a la *base tercera,* sobre la forma de elección personalizada en circuitos nacionales y regionales, mediante escrutinio nominal, la misma debería incluirse en las preguntas que se formulen en el referéndum consultivo. En su formulación, sin embargo, el Consejo Nacional Electoral debería prever un mecanismo para garantizar la representación proporcional de las minorías como lo exige el artículo 113 de la Constitución.

En cuanto a la *base cuarta,* sobre la forma de postulación de los candidatos a constituyentes, la misma debería incluirse en las preguntas que se formulen en el referéndum consultivo.

En cuanto a la *base quinta,* relativa a la duración de la Asamblea, la misma también debería incluirse en las preguntas del referéndum consultivo.

En cuanto a la *base sexta,* sobre las condiciones de elegibilidad de los constituyentes, la misma también debería incluirse en las preguntas del referéndum consultivo. El Consejo Nacional Electoral, sin embargo, debería eliminar la exigencia de venezolano "por nacimiento" como condición de postulación, para adecuar la pregunta a lo dispuesto en los artículos 111 y 112 de la Constitución que sólo exige para ser elegible y aptos para el desempeño de funciones públicas, el ser venezolano, lo cual incluye a los venezolanos por naturalización.

En cuanto a la *base séptima,* sobre condiciones de inelegibilidad de los constituyentes, la misma también debería ser incorporada a las preguntas del referéndum consultivo.

En cuanto a la *base octava,* relativa al período de postulación, a la duración de la campaña electoral y a la proclamación de los candidatos electos, la misma se refiere a materias cuya regulación compete al Consejo Nacional Electoral, y que deben establecerse en el texto de la Resolución, no siendo materia que deba formar parte de las preguntas del referéndum.

En cuanto a la *base novena,* sobre la fecha de instalación de la Asamblea, esta materia debe regularse en la Resolución del Consejo Nacional Electoral, por ser de su competencia, no siendo necesario su inclusión en las preguntas del referéndum consultivo.

En cuanto a la *base décima,* relativa a los límites de la Asamblea Constituyente, la misma debería ser reformulada de acuerdo con la interpretación que la Corte dio en su sentencia del 18-03-99 a la *pregunta primera* del Decreto N° 3 de 02-02-99, e incorporada a las preguntas del referéndum consultivo.

Por último, en cuanto a la base undécima, relativa a la aprobación de la nueva Constitución, la misma también debería incorporarse a las preguntas del referéndum consultivo.

2. *El desacato del Consejo Nacional Electoral en cumplir la orden judicial derivada de la anulación de la Resolución N° 990217-32 en relación al carácter "originario" de la Asamblea*

Ahora bien, el Consejo Nacional Electoral, como consecuencia de la anulación parcial de su Resolución N° 990217-32, dictó una nueva Resolución, N° 990323-70 de 23 de marzo de 1999, en la cual, materialmente, reprodujo las bases fijadas por el Presidente de la República para la realización del *Referéndum*.

Como se ha señalado, el abogado Gerardo Blyde acudió de nuevo a la Sala Político Administrativa solicitando la ejecución de la sentencia anulatoria del 18-3-99, con fundamento, entre otros aspectos, en que la Base Comicial Décima propuesta por el Ejecutivo, y reproducida por el Consejo Nacional Electoral desacataba el fallo de la Corte del 18 de marzo de 1999, cuando le atribuía "carácter originario" a la futura Asamblea Nacional Constituyente.

La Sala Político Administrativa, en respuesta a este requerimiento, dictó la sentencia de 13 de abril de 1999, que se ha transcrito anteriormente, en la cual observó que ciertamente el Consejo Nacional Electoral había omitido pronunciamiento expreso acerca del examen que debió haber efectuado, de acuerdo a la orden contenida en la citada sentencia, y que originó la Resolución N° 990323-70 del 23 de marzo de 1999, tanto de la mencionada base, como de la establecida en el literal undécimo, de la referida Propuesta del Ejecutivo Nacional.

Agregó la Sala:

"Sin embargo, la circunstancia de haber dictado dicho ente, el mismo 23 de marzo de 1999, la Resolución N° 990323-71, a través de la cual estableció las bases comiciales para el referendo consultivo a celebrarse el 25 de abril de 1999, incluyendo literalmente el contenido de las referidas bases, modificando únicamente su numeración, a saber: literales octavo y noveno, revela, a juicio de esta Sala, la conformidad del órgano electoral, vale decir, la aceptación implícita de aquellas proposiciones, tal y como fueron presentadas por el Ejecutivo Nacional.

Ahora bien, la base comicial designada bajo el literal octavo reza textualmente:

"Una vez instalada la Asamblea Nacional Constituyente, *como poder originario que recoge la soberanía popular,* deberá dictar sus propios estatutos de funcionamiento, teniendo como límites los valores y principios de nuestra historia republicana, así como el cumplimiento de los tratados internacionales, acuerdos y compromisos válidamente suscritos por la República, el carácter progresivo de los derechos fundamentales del hombre y las garantías democráticas dentro del más absoluto respeto de los compromisos asumidos".

Sobre este particular, en la sentencia dictada por esta Sala el 18 de marzo de 1999 se expresó con *meridiana claridad* que la Asamblea Constituyente a ser convocada, "... no significa, en modo alguno, por estar precisamente vinculada su estructuración al propio espíritu de la Constitución vigente, bajo cuyos términos se producirá su celebración, la alteración de los principios fundamentales del Estado Democrático de Derecho...", y que "...En consecuencia, es la Constitución vigente la que permite la preservación del Estado de Derecho y la actuación de la Asamblea Nacional Constituyente, en caso de que la voluntad popular sea expresada en tal sentido en la respectiva consulta...".

A su vez, en el fallo aclaratorio del 23 de marzo de 1999, emanado de esta Sala, se ratificó claramente la naturaleza vinculante de tal criterio interpretativo, referido a la primera pregunta del Referendo Consultivo Nacional 1999, y cuyo contenido debía fijar el marco referencial y alcance de la segunda pregunta del mismo.

Por todo lo anterior, la Corte Suprema consideró que resultaba incontestable que el contenido de la base comicial identificada bajo el numeral octavo -

reproducida en la Resolución Nº 990323-71 del 23 de marzo de 1999, e incorporada posteriormente a la segunda pregunta del Referendo Consultivo, por remisión ordenada en la Resolución Nº 990324-72 del 24 de marzo de 1999, ambas dictadas por el Consejo Nacional Electoral-, y específicamente en lo referente a calificar la Asamblea Nacional Constituyente *"como poder originario que recoge la soberanía popular"*, estaba en franca "contradicción con los principios y criterios" vertidos en la sentencia pronunciada por esta Sala el 18 de marzo de 1999, y su aclaratoria del 23 de marzo de 1999,

"induciendo a error al electorado y a los propios integrantes de la Asamblea Nacional Constituyente, si el Soberano se manifestase afirmativamente acerca de su celebración, en lo atinente a su alcance y límites".

En consecuencia de lo anterior, la Sala Político-Administrativa concluyó su sentencia del 13 de abril de 1999, resolviendo, en ejecución de su precedente sentencia fechada 18 de marzo de 1999, la eliminación frase *"como poder originario que recoge la soberanía popular"*, en la forma siguiente:

"Se reformula la base comicial *octava* para el referendo consultivo sobre la convocatoria de la Asamblea Nacional Constituyente a realizarse el 25 de abril de 1999, en los términos siguientes:

Octavo: Una vez instalada la Asamblea Nacional Constituyente, ésta deberá dictar sus propios estatutos de funcionamiento, teniendo como límites los valores y principios de nuestra historia republicana, así como el cumplimiento de los tratados internacionales, acuerdos y compromisos válidamente suscritos por la República, el carácter progresivo de los derechos fundamentales del hombre y las garantías democráticas dentro del más absoluto respeto de los compromisos asumidos.

Quedó en esta forma abierto el proceso constituyente en el país, mediante la celebración del *Referéndum Consultivo* que se efectuó el 25 de abril de 1999 en el cual se *consultó* al pueblo sobre la convocatoria de una Asamblea Nacional Constituyente, con una *misión* y unos *límites* específicos fijados por el mismo pueblo al responder afirmativamente a las preguntas y las *Bases Comiciales* que conforman su estatuto.

En esta forma, la Asamblea Nacional Constituyente, electa el 25 de julio de 1999 está sometida a las normas supraconstitucionales que derivan del *Poder Constituyente Originario* expresado en el *Referéndum Consultivo* del 25 de abril de 1999; y durante su funcionamiento debe respetar la vigencia de la Constitución de 1961, la cual sólo perderá dicha vigencia cuando el pueblo soberano, es decir, el *Poder Constituyente Originario* se pronuncie aprobando, mediante *Referéndum Aprobatorio*, la nueva Constitución que elabore la Asamblea, tal como se precisó en la *Base Comicial Novena* del *Referéndum* de 25 de abril de 1999.

SECCIÓN SEXTA:

EL MARCO SUPRACONSTITUCIONAL DE LA ASAMBLEA NACIONAL CONSTITUYENTE IMPUESTO POR EL PODER CONSTITUYENTE ORIGINARIO EXPRESADO MEDIANTE REFERÉNDUM CONSULTIVO DE 25-04-1999

Una vez que electa la Asamblea Nacional Constituyente, en este estudio insistimos en el análisis de los límites a la misma, conforme al marco supra constitucional que resultó de la manifestación popular en el referendo consultivo del 25 de abril de 1999. Al análisis de dichos límites estuvo destinado el estudio que aquí se publica.

La Asamblea Nacional Constituyente, electa el 25 de julio de 1999 estaba sometida a las normas supra constitucionales que derivaron del *Poder Constituyente Originario* expresado en el *Referéndum Consultivo* del 25 de abril de 1999; y durante su funcionamiento debía respetar la vigencia de la Constitución. Ello sin embargo, no fue así en la práctica.

I. EL PROCESO CONSTITUYENTE VENEZOLANO COMO PROCESO DE IURE

Como resulta de las decisiones de la Corte Suprema de Justicia antes comentadas, el proceso constituyente venezolano actual, al contrario de lo que sucedió con todas las experiencias constituyentes del pasado en la historia política de país, no es producto de una ruptura constitucional con ocasión de una guerra, un golpe de Estado o una Revolución, sino de la interpretación dada por el máximo Tribunal de la República a la Constitución vigente de 1961 y de la voluntad popular expresada, como *Poder Constituyente Originario,* en el *Referéndum Consultivo* del 25 de abril de 1999.

De allí lo expresado por la Corte Suprema de Justicia en la sentencia del 21 de julio de 1999 con ocasión de resolver un recurso de interpretación intentado por los Candidatos Nacionales a la Asamblea Nacional Constituyente, Alberto Franceschi, Jorge Olavarría y Gerardo Blyde, acerca del régimen jurídico que regía el proceso electoral; en el sentido de que:

> "Lo novedoso -y por ello extraordinario- del proceso constituyente venezolano actual, es que el mismo no surgió como consecuencia de un suceso fáctico (guerra civil, golpe de estado, revolución, etc.), sino que, por el contrario, fue concebido como un "Proceso Constituyente de Iure" esto es, que se trata de un proceso enmarcado dentro del actual sistema jurídico venezolano".

La consecuencia de lo anterior está en que la Asamblea Nacional Constituyente no sólo "deriva de un proceso que se ha desarrollado dentro del actual marco del ordenamiento constitucional y legal", sino que en su actuación está sometida al orden jurídico establecido por la voluntad popular en el *Referéndum* del 25 de abril de 1999, expresada en el conjunto de normas que derivan de las preguntas del Referéndum y de las *Bases Comiciales* aprobadas en el mismo, y que la misma Corte Suprema de Justicia en la sentencia antes mencionada "por su peculiaridad e importancia", ha catalogado "como *normas de un rango especial";* y en anterior sentencia del 3 de junio de 1999 (caso *Celia María Colón de González)* ha considerado como una "expresión popular" que "se tradujo en una *decisión de obligatorio cumplimiento, pues posee, validez suprema"*, es decir, de rango supraconstitucional Dicha sentencia se cita, además, en la de 17 de junio de 1999 en la cual se declaró *sin lugar* el recurso contencioso administrativo de anulación que había sido ejercido por el abogado Juan Carlos Apitz, en representación de un conjunto de ciudadanos contra un artículo de la Resolución N° 990519-154 del 19-05-99 del Consejo Nacional Electoral, que negó la posibilidad de incluir símbolos, signos, siglas o colores que identificasen a los candidatos a la Asamblea Nacional Constituyente postulados por organizaciones políticas.

La Asamblea Nacional Constituyente que se eligió el 25 de julio de 1999, en consecuencia, está sometida a las normas aprobadas en el *Referéndum Consultivo* del 25 de abril de 1999, que son de obligatorio cumplimiento y de rango y validez suprema, como manifestación del Poder Constituyente Originario, conforme a las cuales no sólo se precisa la misión de la Asamblea, sino sus límites. Sobre ello se pronunció además, la Sala Político Administrativa de la Corte Suprema de Justicia, en las señaladas dos decisiones de 17 de junio de 1999 y de 21 de julio de 1999. Particularmente en esta última sentencia dictada bajo Ponencia de Hildegard Rondón de Sansó, la Corte resolvió recordando las decisiones anteriores que había adoptado en la materia así:

> "En esa misma fecha, 19 de enero de 1999, esta Sala Político Administrativa resolvió otro recurso de interpretación del artículo 181 de la Ley Orgánica del Sufragio y Participación Política (caso: Miguel Mónaco, Yulena Sánchez y otros, con ponencia del Magistrado Héctor Paradisi León), que permitió la celebración del referéndum consultivo celebrado el pasado 25 de abril, señalando que "esta forma de consulta popular, sería jurídicamente viable, siempre que se ciña a los supuestos del artículo 181 de la Ley Orgánica del Sufragio y Participación Política".
>
> A su vez en fallo del 18 de marzo de 1999 (caso: Gerardo Blyde Pérez, con ponencia del Magistrado Hermes Harting), este Alto Tribunal expresó: "En consecuencia, es la Constitución vigente la que permite la preservación del Estado de Derecho y la actuación de la Asamblea Nacional Constituyente, en caso de que la voluntad popular sea expresada en tal sentido en la respectiva consulta".
>
> El proceso constituyente naciente se fue así nutriendo de sus propias normas, surgiendo un nuevo conjunto de ellas (contenidas en las Bases Comiciales para el Referendo Consultivo sobre la convocatoria de la Asamblea Nacional Constituyente), las cuales fueron aprobadas por el Consejo Nacional Electoral y publicadas mediante la Resolución N° 990323-70 del 23 de marzo de 1999 (Gaceta Oficial N° 36.669 del 25-03-1999). Finalmente, las mismas fueron aprobadas por el cuerpo electoral legalmente convocado. Estas Bases Comiciales, por su peculiaridad e importancia fueron catalogadas por este Alto Tribunal como normas de un rango especial. Así, se indicó: "En el caso concreto, la voluntad electoral se manifestó a favor de convocar a una Asamblea Nacional Constituyente y aprobar las Bases Comiciales que la regulan. De allí que, la expresión popular se tradujo en una decisión de obligatorio cumplimiento, pues posee, validez suprema" (Sentencia del 3 de junio de 1999, caso: Celia María Colón de González).

De manera que, esta nueva normativa se incorporó al restante ordenamiento jurídico venezolano, específicamente al sistema jurídico electoral, formando todo ello el conjunto de normas por las cuales se rige el proceso electoral para elegir a los miembros de la Asamblea Nacional Constituyente. De hecho, las Bases Comiciales recogen la facultad del Consejo Nacional Electoral para reglamentar las normas de contenido electoral, tal como es el caso de la Tercera de dichas normas, facultativa para dictar las disposiciones relativas al proceso de elección de los constituyentistas indígenas, manifestación de la facultad concedida legalmente a dicho organismo para reglamentar los procesos electorales en general. Ha sido con fundamento en esa facultad aprobada por el cuerpo electoral, que el órgano comicial procedió a dictar la Resolución N° 990519-154, del 19 de mayo de 1999, a la que de forma reiterada se refieren los solicitantes de este recurso de interpretación.

Esta Sala Político Administrativa, fundada en los criterios sentados en las sentencias aludidas precedentemente, en base al ordinal 24° del artículo 42 de la Ley Orgánica de la Corte Suprema de Justicia, a los efectos de la interpretación planteada en torno al régimen jurídico aplicable al proceso de elección de los candidatos a la Asamblea Nacional Constituyente, administrando justicia en nombre de la República y por autoridad de la Ley, declara que:

"**Por cuanto la Asamblea Nacional Constituyente, deriva de un proceso que se ha desarrollado** *dentro del actual marco del ordenamiento constitucional y legal*, **el mecanismo para su conformación se rige por todo el ordenamiento jurídico vigente, y específicamente, por las** *normas que a tal efecto se enunciaron en la Resolución N° 990519-154, del 19 de mayo de 1999, dictada por el Consejo Nacional Electoral, esto es, las Bases Comiciales aprobadas mediante Referendo del 25 de abril de 1999, la Constitución de la República, la Ley Orgánica del Sufragio y Participación Política, y las demás normas electorales dictadas al efecto por el Consejo Nacional Electoral*".

II. LA ASAMBLEA NACIONAL CONSTITUYENTE COMO PRODUCTO DE LA SOBERANÍA POPULAR EXPRESADA EN EL REFERÉNDUM DEL 25-04-99 Y SUS LÍMITES SUPRA CONSTITUCIONALES

De todo lo anteriormente expuesto y en particular, de las decisiones antes referidas de la Corte Suprema de Justicia, resulta con claridad que la convocatoria y posterior elección de la Asamblea Nacional Constituyente el 25 de julio de 1999, ha sido posible en el ordenamiento constitucional venezolano, porque dicho instrumento ha sido creado y es *producto de la soberanía popular manifestada en el Referéndum Consultivo* del 25 de abril de 1999.

Es decir, la Asamblea Nacional Constituyente fue creada por la voluntad popular, *por el Poder Constituyente Originario* que es el pueblo, como resultado del ejercicio ciudadano del derecho a la participación que la Corte Suprema de Justicia en su sentencia del 19 de enero de 1999 dedujo de la interpretación que le dio tanto al artículo 4 de la Constitución como al artículo 181 de la Ley Orgánica del Sufragio y Participación Política.

En consecuencia, la Asamblea Nacional Constituyente, producto de la soberanía popular manifestada en el referido *Referéndum Consultivo*, está exclusivamente sometida a lo expresado en el mismo, en el cual se le fijó el marco jurídico-político dentro del cual debe actuar. Es decir, en dicho Referéndum, *el pueblo le precisó a la Asamblea Nacional Constituyente su misión y le indicó los límites de su actuación,* los cuales, en consecuencia, no provienen ni pueden provenir de los Poderes Constituidos del Estado, sino de la propia voluntad del pueblo, como Poder Constituyente Originario que es.

De lo anterior resulta que la Asamblea Nacional Constituyente, originada en la voluntad popular, tiene como marco jurídico de actuación la consulta popular efectuada y las bases comiciales adoptadas en el Referéndum del 25 de abril de 1999, las cuales, en consecuencia, adquirieron *rango supra constitucional* de manera que el trabajo de la Asamblea Nacional Constituyente, al elaborar la nueva Constitución, tiene que desarrollarse con sujeción a las referidas bases.

De ello resulta que la Asamblea Nacional Constituyente electa el 25 de julio de 1999, *tiene definido su régimen fundamental en las preguntas y bases comiciales* consultadas en el Referéndum del 25 de abril de 1999 que, como se dijo, son de naturaleza supraconstitucional, pues son la manifestación más directa de la soberanía del pueblo, a la cual la Asamblea Nacional Constituyente está sujeta y debe respetar y seguir.

Es decir, si bien la Asamblea Nacional Constituyente no está sujeta a los Poderes constituidos, nunca puede estar por encima de la voluntad popular y de la soberanía del pueblo, a quien corresponde, se insiste, el Poder Constituyente Originario, al cual aquella no puede sustituir.

La soberanía siempre es del pueblo, es decir, este es el soberano; es, en definitiva, el poder constituyente; por ello, nunca una Asamblea Nacional Constituyente puede pretender sustituir al pueblo y considerarse soberana o titular de la soberanía.

La Asamblea Nacional Constituyente, por tanto, teniendo como límites los que le impuso el pueblo soberano en las preguntas y bases comiciales que fueron sometidas a consulta popular en el *Referéndum Consultivo* del 25 de abril de 1999, no puede asumir carácter "originario" alguno, pues ello significaría, al contrario de lo dispuesto por la voluntad popular, *suspender la vigencia de la Constitución de 1961* y pretender actuar fuera de los límites supraconstitucionales que deben guiar su actuación.

Por ello, no es posible que la Asamblea Nacional Constituyente pueda disponer, durante su funcionamiento que está limitado a un lapso de 6 meses, la disolución del Congreso o de la Corte Suprema de Justicia, o de cualesquiera de los Poderes Constituidos que si bien no pueden limitar la actuación de la Asamblea, continúan rigiéndose por lo dispuesto en la Constitución de 1961 hasta tanto esta sea sustituida por la nueva Constitución.

La Asamblea Nacional Constituyente, como se ha dicho, está sometida a los límites que le impuso el Poder Constituyente Originario, es decir, la soberanía popular manifestada en el *Referéndum* del 25-04-99, y que se refieren, en *primer lugar,* a la precisión de su misión; en *segundo lugar,* a la vigencia de la Constitución de 1961 hasta tanto no sea sustituida por la nueva Constitución que elabore la Asamblea Nacional Constituyente luego de que sea aprobada en *Referéndum Aprobatorio* ; y en *tercer lugar,* al conjunto de valores y principios que constituyen los límites del trabajo que realice la Asamblea Nacional Constituyente al elaborar la nueva Constitución.

1. *La misión de la Asamblea Nacional Constituyente: elaborar una nueva Constitución*

En la *Pregunta Primera* del *Referéndum Consultivo* del 25 de abril de 1999 se fijó con precisión la *misión constitucional de la Asamblea Nacional Constituyente* electa el 25 de julio de 1999, indicando la voluntad popular, manifestada a través del Referéndum, que la misma tiene como propósito transformar el Estado y crear un nuevo ordenamiento jurídico que permita el funcionamiento efectivo de una Democracia Social y Participativa.

El mandato o misión de la Asamblea, por tanto, está claramente indicado: se la elige y se constituye con el propósito de transformar el Estado y crear un nuevo ordenamiento jurídico que permita el funcionamiento efectivo de una Democracia Social y Participativa y ello sólo puede hacerse, por supuesto, modificando la Constitución vigente de 1961.

En efecto, el Estado venezolano está actualmente regulado en la Constitución de 1961, cuyo propósito, como el de toda Constitución, es el establecimiento y regulación de un régimen político, en este caso, de democracia representativa; la organización, distribución y separación del Poder Público; y el estatuto de los ciudadanos (derechos y garantías).

Por tanto, transformar el Estado implica modificar la organización del Poder Público que regula la Constitución de 1961, al igual que también es indispensable la modificación de dicha Constitución, para la creación de un nuevo ordenamiento jurídico que permita el funcionamiento efectivo de una democracia social y participativa.

Es decir, la misión de la Asamblea Nacional Constituyente, precisada en la *Pregunta Primera* que se sometió a consulta popular en el Referéndum del 25 de abril de 1999, necesariamente conduce a una reforma de la Constitución de 1961, la cual de acuerdo con la *Base Comicial Novena* que también fue manifestación de la voluntad popular en el mencionado Referéndum del 25 de abril de 1999, sólo puede ser sustituida por una nueva que entrará en vigencia cuando se apruebe mediante posterior *Referéndum Aprobatorio*.

En consecuencia, mientras la Asamblea Nacional Constituyente cumple su tarea de elaborar un nuevo texto constitucional que refleje su misión de transformar el Estado y crear un nuevo ordenamiento jurídico que asegure la efectiva realización de la democracia social y participativa durante los seis meses de su funcionamiento, necesariamente, continúa en vigencia la Constitución de 1961, la cual no puede ser violada ni siquiera por la propia Asamblea. Incluso, de acuerdo con la *Base Comicial Novena* sólo el pueblo es quien puede sustituirla por la otra que elabore la Asamblea cuando la apruebe por *Referéndum Aprobatorio*. Mientras esto no ocurra, la Constitución de 1961 necesariamente conserva todo su vigor.

De lo anterior resulta, por tanto, que no puede deducirse de la *Pregunta Primera* del *Referéndum Consultivo* de 25 de abril de 1999, que la Asamblea Nacional Constituyente podría tener supuestos poderes ilimitados o absolutos para poder modificar o suspender la vigencia de la Constitución de 1961 durante su funcionamiento, y antes de que la nueva Constitución no sea aprobada por el pueblo. El hecho de tener como misión el transformar el Estado y crear un nuevo ordenamiento jurídico, lo que implica son sus poderes para preparar una nueva Constitución que responda a esa misión, la cual sólo entrará en vigencia cuando el pueblo soberano la apruebe mediante *Referéndum Aprobatorio*.

En consecuencia, si la Asamblea Nacional Constituyente, por voluntad popular, no tiene potestad para poder poner en vigencia la nueva Constitución que elabore, tampoco puede tener poder, durante el breve lapso de su funcionamiento, para derogar, modificar o suspender la vigencia de la Constitución de 1961.

2. *La vigencia de la Constitución de 1961 durante el funcionamiento de la Asamblea Nacional Constituyente*

En efecto, como se ha dicho, el pueblo soberano, en el *Referéndum Consultivo* del 25 de abril de 1999, no sólo indicó con precisión la misión de la Asamblea Nacional Constituyente al contestar positivamente la *Pregunta Primera*, sino que al contestar también positivamente la *Pregunta Segunda*, que estableció las *Bases Comiciales* de la Asamblea Nacional Constituyente, le fijó otros límites de su actuación.

El primero de estos límites al cual ya nos hemos referido, es el establecido en la *Base Comicial Novena* que fue objeto del Referéndum, conforme a la cual, la nueva Constitución que recoja las propuestas de la Asamblea Nacional Constituyente para transformar el Estado y que contenga el nuevo ordenamiento jurídico para hacer efectiva la democracia social y participativa, es decir, la nueva Constitución que sancione la Asamblea Nacional Constituyente, sólo entrará en vigencia al ser aprobada por el pueblo, mediante *Referéndum Aprobatorio* posterior.

En consecuencia, la Asamblea Nacional Constituyente no sólo no tiene carácter soberano, sino que tampoco tiene poderes constitucionales de actuación salvo los que se refieren a la elaboración de una nueva Constitución, que, como se dijo, ni siquiera puede poner en vigencia la Asamblea Nacional Constituyente directamente, pues dicho poder sólo corresponde al pueblo soberano mediante *Referéndum Aprobatorio*.

La consecuencia de lo anterior es que mientras esa aprobación refrendaria de la nueva Constitución no ocurra, la misma no puede entrar en vigencia y continúa en vigencia la Constitución de 1961. Ello implica que durante su funcionamiento, la Asamblea Nacional Constituyente debe respetar y observar la Constitución de 1961, pero no en el sentido de que la misma pueda regir su funcionamiento -lo que no es así, pues la Asamblea Nacional Constituyente como instrumento político no está prevista en la Constitución-, sino en el sentido de que nada la autoriza para derogarla, modificarla o suspender su vigencia.

El marco jurídico de actuación de la Asamblea Nacional Constituyente durante su funcionamiento de seis meses, como se dijo, está establecido en las *normas supraconstitucionales* derivadas de la manifestación de la voluntad popular expresada en el Referéndum de 25 de abril de 1999, y de las mismas nada puede deducirse en el sentido de poder interpretar que la Asamblea Nacional Constituyente podría arrogarse un Poder Constituyente Originario que le pudiera permitir disolver al Congreso, a la Corte Suprema de Justicia o a otros órganos constitucionales del Estado.

Cualquier actuación en tal sentido significaría una derogación o modificación de la Constitución de 1961, así sea temporal, o una suspensión de su vigencia antes de haber sido sustituida por otra mediante *Referéndum Aprobatorio*, lo cual significaría una violación de la *Base Comicial Novena* que como voluntad del pueblo originario, es parte del marco supraconstitucional que rige el funcionamiento de la Asamblea.

La disolución del Congreso y de la Corte Suprema de Justicia, en el sentido de terminación anticipada del mandato de dichos órganos constitucionales, sólo podría ocurrir después de que la nueva Constitución sea aprobada, mediante Referéndum, sí así se dispone, por ejemplo, en sus Disposiciones Transitorias y resulte necesaria del diseño de transformación del Estado que proyecte la Asamblea.

3. *Los limites supraconstitucionales impuestos por la voluntad popular a la Asamblea Nacional Constituyente para el cumplimiento de su misión*

Pero incluso, en el cumplimiento de la propia misión que el pueblo le asignó a la Asamblea Nacional Constituyente en la *Pregunta Primera* del *Referéndum Consultivo* del 25 de abril de 1999, esta no tiene poderes ilimitados, sino que su tarea de transformar el Estado y crear un nuevo ordenamiento jurídico para hacer efectiva una democracia social y participativa, también la debe realizar dentro de los precisos límites que el pueblo soberano dispuso al manifestar su voluntad consultiva en relación a la *Base Comicial Octava* sometida a su consideración en el *Referéndum Consultivo* de 25 de abril de 1999.

De ello resulta que en el cumplimiento de su misión la Asamblea Nacional Constituyente no tiene poderes ilimitados ni absolutos, pues al contrario, como ya se ha dicho, está sometida a los límites que le fueron impuestos no por Poder Constituido alguno, sino por el Poder Constituyente Originario, el pueblo, a través de la voluntad popular manifestada en el *Referéndum Consultivo* del 25 de abril de 1999 que le dio origen, y que se configura como el marco supraconstitucional de la Asamblea.

Y es precisamente en la *Base Comicial Octava* del Estatuto de la Asamblea Nacional Constituyente votado en el *Referéndum Consultivo* del 25 de abril de 1999, donde se establece dicho *marco supraconstitucional* dentro del cual podrá actuar la Asamblea, el cual está configurado dentro de los siguientes "límites": En *primer lugar*, "los valores y principios de nuestra historia republicana"; en *segundo lugar*, "el cumplimiento de los tratados internacionales, acuerdos y compromisos válidamente suscritos por la República"; en *tercer lugar*, "el carácter progresivo de los derechos fundamentales del hombre", y en *cuarto lugar*, "las garantías democráticas dentro del más absoluto respeto de los compromisos asumidos".

A. *Los valores y principios de nuestra historia republicana*

El primer límite que tiene la Asamblea Nacional Constituyente en su misión de transformar el Estado y crear un nuevo ordenamiento jurídico que permita el desarrollo efectivo de una democracia social y participativa, está constituida por "los valores y principios de nuestra historia republicana".

Ahora bien, la historia republicana de Venezuela ha transcurrido, toda, dentro de los valores y principios del constitucionalismo moderno que tienen sus raíces tanto en la Revolución norteamericana de 1776 como en la Revolución Francesa de 1789, y que se plasmaron, en primer lugar, en la Constitución de los Estados Unidos de Norteamérica de 1787, en segundo lugar, en la Constitución francesa de 1791 y en tercer lugar, en la Constitución de Venezuela de 1811, la tercera Constitución del mundo moderno.

Esos valores y principios de nuestra historia republicana, que constituyen los límites dentro de los cuales deben llevarse a cabo los trabajos de la Asamblea Nacional Constituyente y que, por tanto, deben ser conservados, son los siguientes:

En *primer lugar*, el principio del *republicanismo* mismo, que parte del postulado de que la soberanía sólo reside en el pueblo, lo que impide que se pueda considerar a cualquier órgano del Estado como soberano. Sólo el pueblo es soberano, por lo que no hay persona u órgano estatal alguno que pueda arrogarse la soberanía.

Ello implica el rechazo a cualquier idea monárquica o a cualquier intento de situar la soberanía en un órgano del Estado, incluso, en la propia Asamblea Constituyente, la cual no puede ser nunca soberana ni pretender asumir la soberanía, que sólo pertenece al pueblo. El pueblo es el soberano, nunca es la Asamblea. Así fue que se plasmó dicho principio, desde la propia Constitución de 1811, en la norma que constituyó el antecedente del actual artículo 4 de la Constitución de 1961.

En *segundo lugar,* como segundo valor y principio de nuestra historia republicana, está el de la *democracia representativa*, que implica que el pueblo sólo puede ejercer su soberanía mediante el sufragio, a través de representantes. Es decir, uno de los principios constantes de nuestra historia republicana es el de la democracia representativa, el cual la Asamblea Constituyente debe respetar, debiendo sin embargo, modificar radicalmente el sistema electoral, de manera que los representantes que se elijan en el futuro, lo sean efectivamente del pueblo y no de los partidos políticos.

Por ello, todas las propuestas que deben formularse para hacer efectiva la democracia participativa, deben respetar el principio republicano de la democracia representativa, que en ningún caso puede desaparecer o ser sustituida.

La democracia participativa, por tanto, no es un régimen político que pueda diseñarse en sustitución de la democracia representativa, sino que es su complemento y perfeccionamiento, de manera de asegurar una participación más efectiva del pueblo en la toma de decisiones políticas, por ejemplo, mediante referendos y consultas públicas.

El *tercer* principio fundamental de nuestra historia republicana, que ha sido el fundamento del constitucionalismo moderno, es el principio de la *supremacía constitucional* que implica que dado el carácter de Ley Suprema que tiene la Constitución, toda violación a la misma acarrea la nulidad del acto estatal que se encuentre en colisión con la Constitución. Este principio, por tanto, es otro de los límites impuestos por la soberanía popular a la Asamblea Nacional Constituyente, que esta debe respetar.

Dicho principio exige, en consecuencia, que el ordenamiento garantice la supremacía constitucional declarando nulo todo acto violatorio de la Constitución, y estableciendo, como ha sido tradición constitucional de Venezuela desde el Siglo pasado, mecanismos efectivos de protección y defensa de la Constitución, como el control judicial tanto difuso como concentrado de la constitucionalidad de las leyes y demás actos normativos.

El *cuarto* de los valores de nuestra historia republicana es el principio de la *distribución territorial del Poder Público* como garantía de libertad y como mecanismo para la prevención del abuso de poder.

En toda nuestra historia republicana, en efecto, el Poder Público ha estado distribuido territorialmente habiéndose originado progresivamente tres niveles de gobierno que respectivamente ejercen, conforme a la forma federal del Estado, el Poder Nacional, el Poder de los Estados y el Poder Municipal. Por ello, el *Federalismo* y el *Municipalismo* son dos valores de nuestra historia republicana que deben ser respetados por la Asamblea Constituyente.

El *quinto* de los principios de nuestra historia republicana, es el principio de la *separación de los Poderes Públicos* en los tres niveles territoriales, entre el Poder Ejecutivo, el Poder Legislativo y el Poder Judicial, lo que origina un rechazo a toda fórmula de unicidad del Poder Público, y exige su separación en tres órganos estatales, cada uno con sus competencias y, además, un sistema de frenos, controles y contrapesos entre ellos, a los efectos de garantizar la libertad.

Por ello, sería contrario al principio de la separación de poderes toda decisión que pretendiera la unicidad del Poder, es decir, que un solo órgano del Estado asumiera el ejercicio de varios poderes estatales.

El respeto al principio de la separación de poderes, incluso, impide a la Asamblea Constituyente poder asumir, además de su tarea constituyente, el Poder Legislativo o el Poder Judicial disolviendo al Congreso o a la Corte Suprema.

Ello, además de ser contrario a la voluntad popular que le dio origen, contrariaría el principio de la separación de poderes que es esencial en nuestra historia republicana, establecido desde la Constitución de 1811, y que constituye uno de los límites específicos impuestos a la Asamblea Constituyente por el pueblo soberano en el Referéndum del 25 de abril de 1999.

El *sexto* de los principios de nuestra historia republicana que la Asamblea Constituyente debe respetar al organizar el Poder Público, es el del *sistema presidencial* de gobierno, lo que implica, no sólo la separación entre el órgano legislativo y el órgano ejecutivo, sino la atribución de la Jefatura del Estado y del Gobierno a un Presidente de la República electo mediante votación directa.

El presidencialismo, así, ha sido de la esencia no sólo de nuestra historia republicana sino de toda América Latina, donde nunca ha existido un sistema de gobierno parlamentario. Pueden establecerse correctivos parlamentarios (controles y contrapesos) en relación al presidencialismo como algunos de los que existen en la Constitución de 1961 (existencia del Consejo de Ministros responsable; voto de censura de las Cámaras Legislativas respecto de los Ministros; deber de comparecencia de éstos a las Cámaras; derecho de los Ministros a tener iniciativa legislativa y participar en la discusión de las leyes), pero ello no cambia la naturaleza presidencial del sistema de gobierno que, como principio del republicanismo, debe conservarse.

En relación con el sistema de gobierno, otros de los principios esenciales de nuestra historia republicana, que deben respetarse, son los principios del gobierno alternativo y responsable, que además de los principios del gobierno democrático, representativo, deben complementarse con otros como el del carácter participativo.

La alternabilidad gubernamental, por tanto, es de la esencia de nuestra historia republicana, lo que ha dado origen a la tradición de la limitación a la reelección presidencial; al igual que lo es la responsabilidad de los gobernantes.

El *séptimo* de los principios de nuestra historia republicana que debe respetar la Asamblea Nacional Constituyente, es el *sistema constitucional de controles* en relación con el ejercicio del Poder Público. Una formulación original de este principio fue la propuesta del Libertador Simón Bolívar en el Congreso de Angostura de 1819 sobre el Poder Moral, y que el constitucionalismo contemporáneo ha regulado mediante el establecimiento de órganos constitucionales especializados, con autonomía funcional, como la Contraloría General de la República, o la Fiscalía General de la República. Nuevos órganos de control, sin duda, deben establecerse como el Defensor del Pueblo o de los Derechos Humanos, pero sin que se piense en eliminar el órgano de control fiscal o de control del cumplimiento de la Constitución.

El *octavo* de los valores de nuestra historia republicana, es la consagración constitucional de los *derechos y garantías constitucionales* en el texto fundamental, lo cual tiene su antecedente remoto en la Declaración de los Derechos del Pueblo adoptada el 1º de julio de 1811 por la Sección Legislativa de la Provincia de Caracas del Congreso General de 1811, incluso 4 días antes de la Declaración de Independencia.

La Asamblea Nacional Constituyente, por tanto, debe respetar el principio republicano de la enumeración de los derechos y garantías constitucionales, ampliándola sin duda, mediante la atribución de rango constitucional a los tratados internacionales que los han venido consagrando.

Por último, también puede decirse que se configuran como valores y principios de nuestra historia republicana, los denominados *principios pétreos* de nuestro constitucionalismo, y que son tanto el principio de la *independencia nacional* como el principio de la *integridad del territorio,* a los que la Asamblea Nacional Constituyente está sujeta. La Asamblea, por tanto, en forma alguna podría afectar la Independencia de Venezuela o la integridad de su territorio que tiene su origen en el que correspondió a la Capitanía General de Venezuela antes de la transformación política independentista iniciada el 19 de abril de 1810.

B. *El cumplimiento de los tratados internacionales, acuerdos y compromisos válidamente suscritos por la República*

El segundo gran límite impuesto por la soberanía popular manifestada en el Referéndum del 25 de abril de 1999, a la Asamblea Nacional Constituyente, es el cumplimiento de los tratados internacionales, acuerdos y compromisos válidamente suscritos por la República.

Este límite, en realidad, le establece a la Asamblea Nacional Constituyente un marco para transformar el Estado y crear un nuevo ordenamiento jurídico que haga efectiva la democracia social y participativa, conformado por todos los tratados, acuerdos y compromisos suscritos válidamente por la República, tanto de carácter bilateral como multilateral y en los cuales, entre otros, se regula el principio democrático, el régimen de protección de los derechos humanos y las garantías ciudadanas a la libertad.

Por otra parte, este límite impuesto a la Asamblea, responde al mismo principio del artículo 7 de la Constitución de 1961 que precisa el territorio nacional en relación con el que era de la Capitanía General de Venezuela a inicios del Siglo XIX, pero con las modificaciones resultantes de los Tratados válidamente celebrados, lo que excluye toda posibilidad de que la Asamblea pretenda desconocer los Tratados de límites territoriales que han sido celebrados por la República.

C. *El carácter progresivo de los derechos fundamentales del hombre*

El tercero de los límites establecidos por la voluntad popular expresada en el Referéndum del 25 de abril de 1999 a la Asamblea Nacional Constituyente, en su misión de transformar el Estado y crear un nuevo ordenamiento jurídico que asegure efectivamente una democracia social y participativa, es el carácter progresivo de los derechos fundamentales del hombre.

Esto significa que la garantía de los derechos humanos no se agota con su enumeración constitucional y la previsión de los medios judiciales de protección, como la acción de amparo, sino mediante su aplicación e interpretación progresiva, en favor de la persona humana y de la libertad. Ello implica que en todo caso de duda, la Ley debe ser interpretada de manera favorable a los derechos fundamentales, a su preservación y protección buscando que siempre prevalezca la libertad.

En tal sentido las limitaciones a los derechos fundamentales establecidas legalmente, siempre deben interpretarse restrictivamente, a favor de la libertad.

D. *Las garantías democráticas dentro del más absoluto respeto de los compromisos asumidos*

Por último, la *Base Comicial Octava* a que se refirió la consulta popular del 25 de abril de 1999, estableció como límite a la Asamblea Nacional Constituyente, el respeto de las garantías democráticas dentro del más absoluto respeto de los compromisos asumidos.

Estas garantías democráticas apuntan a los principios fundamentales del régimen democrático, representativo, alternativo y responsable que deben preservarse en la nueva Constitución, además de la previsión de instrumentos para hacer de la democracia un régimen más representativo, participativo y social.

Además, el respeto de las garantías democráticas implica el respeto de los valores esenciales de la democracia como régimen político, entre ellos, el de la igualdad, la libertad, la dignidad de la persona humana, el sometimiento al derecho, la tolerancia, el pluralismo, el respeto de las minorías y el control y limitación del poder como garantía de libertad.

SECCIÓN SÉPTIMA:

TEMAS QUE DEBIERON FORMAR PARTE DE LA AGENDA DE LA CONSTITUYENTE: LA DEMOCRACIA, LA DESCENTRALIZACIÓN Y LA PARTICIPACIÓN, EN EL CENTRO DEL DEBATE EN LA ASAMBLEA NACIONAL CONSTITUYENTE (1999)

En esta Sección se incluyen los diversos temas que consideré eran los que debían ser objeto del gran debate democrático en el país, como lo expresé

en diversos artículos de prensa, y que debieron haber formado parte de la agenda de la Asamblea Constituyente. Sin embargo, en la práctica ello no fue así. En general, al contrario, en la Asamblea no hubo debate sustantivo alguno sobre estos diversos tópicos, y sólo hubo la imposición de una voluntad con la fuerza de la mayoría circunstancial, que fue la de establecer un modelo autoritario en la Constitución.

I. LA OPCIÓN ENTRE DEMOCRACIA Y AUTOCRACIA[37]

El más importante y esencial de los debates políticos que condicionarán los trabajos de la Asamblea Nacional Constituyente y en el cual tenemos que participar todos los venezolanos, es el de si queremos *más o menos democracia*; es decir, si debemos perfeccionar y profundizar la democracia para asegurar su futura gobernabilidad, haciéndola más representativa y más participativa, o si debemos sustituirla por un régimen político autoritario, militarista e impositivo, fundamentado en la centralización y la concentración del Poder.

Lamentablemente, la mayoría de los electores no captó ni la importancia ni el rol que corresponde a la Asamblea Nacional Constituyente, al punto de que no sólo fue electa con una abstención del 53%; sino que en una encuesta realizada antes de la elección de los miembros de la Asamblea, sólo una proporción muy baja coincidía en indicar que la Asamblea Constituyente tenía por misión final elaborar una nueva Constitución, lo cual es esencialmente su misión, y en cambio muchos pensaban que la Constituyente tendría por objeto debatir, por ejemplo, sobre el desempleo o sobre la inseguridad personal.

Por ello, el gran esfuerzo que hay que hacer por informar adecuadamente sobre el papel de la Asamblea Constituyente, y lo que allí realmente debemos debatir.

En este sentido, es necesario recalcarlo, el principal debate que se va a realizar va a ser la opción entre democracia y autoritarismo. La Asamblea Constituyente es un instrumento político para resolver o intentar resolver democráticamente la crisis política; no es una institución de gobierno, por lo que su misión es esencialmente política: sentar las bases de un nuevo acuerdo político, para diseñar un sistema político democrático, que asegure la gobernabilidad de la democracia para las próximas décadas, haciéndola más participativa y más representativa, y que al final producirá una nueva Constitución como Tratado de Paz.

Para captar la inevitabilidad de ese debate, tenemos que estar conscientes de que estamos en medio de la más grave y aguda crisis del sistema político del *Estado Democrático Centralizado de Partidos* que con sus raíces en la Revolución de Octubre de 1945, se estableció a partir del *Pacto de Punto Fijo* de 1958, y cuyo liderazgo tuvo como Proyecto Político Nacional implantar la democracia en el que, entonces, era el país con menos tradición democrática en América Latina.

Para ello, los partidos políticos, organizados conforme al principio del centralismo democrático, asumieron y ejercieron el monopolio de la participación y de la representatividad políticas, cerrando el espacio político para la emergencia de distintos y nuevos liderazgos fuera de los propios partidos. En esa forma, sólo se podía participar a través de los partidos y éstos, sólos, eran los que podían obtener repre-

---

[37] Publicado en *El Mundo,* Caracas, 16-6-99, pág. 6-política.

sentación en los cuerpos representativos, donde se elegía a ciegas a los candidatos de los partidos. A la democracia de partidos o partidocracia se agregó el centralismo de Estado, que concentró todo el poder en el nivel nacional, vaciando políticamente a la provincia. Los partidos centralizados controlaron así, al Estado centralizado, y a todo el país.

El sistema, sin duda, funcionó durante los primeros lustros del sistema democrático, pues el proyecto político que lo motivó se logró y el país se democratizó progresivamente; pero después, la incomprensión del liderazgo partidista respecto de la propia realización del proyecto democratizador, que comenzaba a exigir la apertura de la misma democracia para permitir nuevas formas de participación y de representatividad políticas, condujo al deterioro del sistema y a su crisis terminal, la cual hemos presenciado todos los venezolanos durante los últimos lustros, con el desprestigio de los partidos, que todo lo controlaban y monopolizaban, y el consecuente vacío de liderazgo que provocó.

Lo importante es no confundir a la democracia como régimen político, con el sistema de *Estado Centralizado de Partidos*. Es este el que está en crisis, no la democracia; es el sistema político el que tenemos que cambiar, para precisamente perfeccionar y profundizar la democracia, no para acabar con ella. Y en democracia, ello sólo puede lograrse estableciendo un sistema político sustitutivo de *Estado Descentralizado y Participativo*.

Precisamente por ello, el debate que tenemos por delante es o perfeccionar la democracia como régimen político, haciéndola más representativa y más participativa, o sustituirla por un régimen político autocrático, militarista e impositivo. No hay otra alternativa.

Es decir, en este campo no hay otra opción: o democracia o autoritarismo. La primera exige distribuir territorialmente el poder para que haya más participación; la segunda necesariamente conduce a la concentración y centralización del poder, lo que es incompatible con la democracia. Y lamentablemente a esto último ha apuntado el discurso que hemos empezado a comprender y armar, con el rompecabezas de propuestas aisladas que han venido lanzándose desde el gobierno y de algunos voceros de los partidos políticos que lo apoyan.

II. LA CRISIS POLÍTICA TERMINAL Y EL CAMBIO DEMOCRÁTICO[38]

Como antes hemos apuntado, los venezolanos hemos presenciado, durante los últimos lustros, cómo el sistema político de *Estado Centralizado de Partidos* establecido a partir de 1958, para democratizar al país que entonces era el de menor tradición democrática en toda América Latina, ha entrado en un proceso de crisis terminal. Esa crisis se originó fundamentalmente debido a la incomprensión del liderazgo partidista de introducirle a tiempo las reformas necesarias para permitir su evolución sin una ruptura o quiebra del régimen constitucional. Reformas que, por supuesto, tenían que comenzar por identificar el precio que había que pagar por asegurar la continuidad del régimen democrático, y que no era y es otro que la pérdida de áreas de poder que los Partidos estaban habituados a controlar férreamente.

---

[38]. Publicado en *El Mundo*, Caracas, 23-06-99, pág. 6-política.

La crisis terminal del sistema, sin duda, nos presagiaba durante los últimos años, una posible ruptura del orden constitucional.

Sin embargo, por primera vez en nuestra historia política, la crisis terminal de un sistema político hasta ahora no ha conducido a dicha ruptura constitucional que en general había sido producto de una guerra, de una revolución o de un golpe de Estado, tal como ocurrió a mitades del Siglo pasado con las guerras federales (1858-1863); a finales del mismo Siglo pasado, con la Revolución Liberal Restauradora (1899), y a mitades del presente Siglo, con la Revolución de Octubre de 1945.

El camino de transición, ahora, afortunadamente ha sido abierto por una elección democrática, que permite que, precisamente en democracia, se puedan diseñar e introducir los cambios radicales y necesarios al sistema de Estado Centralizado de Partidos para sustituirlo por un sistema de *Estado Descentralizado y Participativo* que permita el funcionamiento efectivo de la democracia. Por esto es por lo que tenemos que luchar todos los venezolanos.

La democracia, como régimen político, insistimos, no es la que está en crisis, sino que la crisis es del sistema político que le dio el monopolio de la participación y de la representatividad a los partidos políticos, el cual debe ser sustituido por otro sistema político que, sin eliminarlos, ya que son condición esencial del pluralismo, permita otros mecanismos de participación política y que la representatividad no sea exclusiva de aquellos.

En este contexto, la Asamblea Nacional Constituyente elegida el 25 de julio de 1999, precisamente en democracia, en sentido disidente con las Asambleas Constituyentes producto de las grandes rupturas constitucionales derivadas de las respectivas crisis terminales de sucesivos sistemas políticos, como la de 1863, luego de las guerras federales; la de 1901, luego de la Revolución Liberal Restauradora, y la de 1946, luego de la Revolución de Octubre; no puede tener otra misión que no sea la de perfeccionar y profundizar la democracia, diseñando un sistema político que tiene que estar montado sobre la *descentralización del poder del Estado,* para acercarlo al ciudadano, con nuevas formas de representatividad y de participación políticas.

No se trata de pretender seguir con un sistema de Estado de Partidos, cambiando unos partidos por otros. No se trata de sustituir a los llamados partidos políticos tradicionales por nuevos partidos que pretenden seguir las mismas tácticas exclusivistas y exclusionistas. Eso atentaría contra la democracia que requiere, para sobrevivir, precisamente, deslastrarse del férreo control partidista, tanto de los viejos como de los nuevos partidos.

Más democracia implica, en nuestro país, abandonar la autocracia partidista, pero no sustituir a unos partidos por otros y menos cuando los nuevos partidos se muestran tan débiles que ni siquiera tienen ideología y conducción propias, sino que aparecen sujetos a un solo jefe y obedecen ciegamente lo que diga o imponga un jefe.

En tal sentido, no puede sino calificarse de triste el espectáculo dado por los partidos políticos que apoyaban al gobierno, los cuales no fueron capaces ni siquiera de escoger libremente sus candidatos a la Asamblea Constituyente, pues quien escogió y excluyó, en definitiva, fue un Jefe circunstancial que ciegamente siguen. El impuso sus candidatos, tanto en la Circunscripción Nacional como en las circunscripciones estadales, incluso por encima de los liderazgos regionales.

Sí hemos criticado la actuación de las cúpulas de los partidos políticos tradicionales durante las últimas décadas, no podemos menos que rechazar estas nuevas formas de autocracia política que poco sirven a la democracia.

III. DESCENTRALIZACIÓN, DEMOCRACIA Y FEDERALISMO[39]

Ninguna sociedad democrática occidental consolidada después de la II Guerra Mundial, ha sobrevivido como democracia sin haber descentralizado el Poder. La descentralización política es un fenómeno de las democracias, consecuencia de la democratización de una sociedad y condición para su sobrevivencia. Por ello no existen ni han existido nunca autocracias descentralizadas, pues estas sólo se pueden estructurar sobre la base de la concentración del Poder y de su centralización.

Es cierto que hace diez años, en 1989, cuando afloró abiertamente la crisis del sistema de *Estado Centralizado de Partidos* las exigencias de descentralización derivadas de la democratización tuvieron que comenzar a ser atendidas por el liderazgo político partidista, pero sin mayor conciencia. La sobrevivencia del régimen democrático obligó, a la carrera e improvisadamente, y a pesar de las advertencias que durante muchos años se habían formulado, a introducir las reformas que condujeron a la elección directa de los Gobernadores y Alcaldes y a iniciar un proceso de transferencia de competencias nacionales hacia los niveles territoriales estadales y municipales.

Ello, sin duda, le dio un respiro a la democracia, pero no cambió el sistema político que no dejó de ser centralista ni dejó de estar controlado por los partidos políticos, los cuales se resistieron a perder áreas de poder. Por ello, la descentralización política en la última década, no logró convertirse en una política nacional, siguiendo un camino errático por falta de apoyo y por abandono del Poder Central.

El debate por más democracia en la Venezuela contemporánea, en consecuencia, tiene que centrarse en el rescate del proceso de descentralización política. Perfeccionar la democracia exige hacerla más participativa y más representativa, para lo cual la única vía posible es acercar el Poder al ciudadano, y ello sólo puede lograrse descentralizando territorialmente el Poder del Estado y llevarlo hasta la más pequeña de las comunidades; es decir, distribuyendo el Poder en el territorio nacional.

Para esta indispensable tarea democrática, que puede permitir sustituir el sistema político de *Estado Centralizado de Partidos* por un sistema de *Estado Descentralizado y Participativo*, nuestra tradición constitucional nos suministra la forma de Estado Federal que, sin haberse implementado realmente en democracia, nos ha acompañado durante toda nuestra historia política. A estas alturas de nuestro proceso político, por tanto, pensar en otras formas de descentralización política como las del Estado Regional o de autonomías territoriales desarrolladas durante las últimas décadas en Europa, sería ir contra nuestra historia y tradición.

Por ello, *el debate sobre la democracia y la descentralización en Venezuela tiene que ser un debate sobre el Federalismo*. Se trata de desencadenar una nueva "guerra federal" pero no con milicias, sino con las armas de la democracia, para extenderla, efectivamente, a las regiones, a los Estados de nuestra Federación, a los Municipios y a toda la organización política de la sociedad.

---

[39]. Publicado en *El Mundo*, Caracas, 30-06-99, pág. 6-política.

De todo ello lo que deriva es que la Federación y la descentralización políticas son proyectos y propuestas contrapuestos radicalmente al centralismo de Estado y a la concentración del Poder, que son esencialmente antidemocráticos. Por ello, la "guerra federal" que proponemos, es contra el centralismo y contra toda forma de concentración del Poder en los niveles nacionales, particularmente en el Ejecutivo Nacional.

Esta es nuestra propuesta y nuestra plataforma política para su discusión en el país y en la Asamblea Nacional Constituyente cuya misión no puede ser otra que la de establecer las bases del nuevo sistema político que la democracia exige, y que sólo puede tener por objeto hacerla más participativa, con gran presencia de la sociedad civil, y más representativa de las comunidades, de manera que no sean los partidos políticos los únicos que logren la representación política, como hasta ahora ha ocurrido.

En esta tarea, por tanto, no se trata de sustituir unos partidos políticos por otros en el monopolio del Poder. Se trata de desparramar el poder en todo el territorio, hasta las últimas de las comunidades, para que el ciudadano y sus sociedades intermedias puedan realmente participar.

IV. LA AGENDA CONSTITUYENTE[40]

De lo anterior resulta que el debate constituyente se perfila con claridad: habrá quienes buscarán mantener el sistema político de *Estado Centralizado de Partidos* y habrá quienes pretenderán que continúe el centralismo de Estado y la concentración del poder, sustituyendo a unos partidos por otros.

A ambos hay que hacerles frente: el sistema de *Estado Centralizado de Partidos* debe ser definitivamente sustituido pero no por otro centralismo de Estado que pretende eliminar la poca distribución del Poder que se ha logrado, y ahogar la propia democracia; sino por un sistema de *Estado Descentralizado y Participativo*.

La propuesta fundamental es perfeccionar la democracia, hacerla más participativa y representativa, mediante la descentralización del Poder, rediseñando el *Federalismo* y haciendo del *Municipio,* efectivamente, la unidad política primaria y autónoma dentro de la organización nacional.

El centro del debate constituyente, por tanto, está en la lucha por más democracia y, por tanto, por la descentralización del Poder, enfrentándonos a las propuestas de Centralismo de Estado; lo que configura la Agenda de la Asamblea Constituyente, la cual puede reconducirse a los siguientes ocho temas centrales: al régimen político, la forma del Estado, el sistema de gobierno, el sistema de control, el Poder Judicial, el sistema económico, el Estatuto del ciudadano y la integración económica regional.

1. *El régimen político: más democracia*

El sistema político ideado en la Constitución de 1961 para operar la democracia, fue el de un *Estado Centralizado de Partidos*. Ahora, cuatro décadas después, para reforzar la democracia, no sólo el *Centralismo* tiene que desmontarse mediante la descentralización política, sino que el *Estado de Partidos* establecido mediante el

---

[40]. Publicado en *El Mundo*, 07-07-99, pág. 6-política y 14-07-99, pág. 12-política.

Pacto de Punto Fijo de 1958, tiene que convertirse en un *Estado Participativo,* donde no sean los partidos políticos los únicos vehículos de participación popular ni sean las únicas sociedades que pueden tener representación política.

La reforma del régimen político, por tanto, tiene que abrir paso a nuevas formas de participación política; a la reforma de los partidos políticos, su distribución territorial y la superación del centralismo democrático que los ha regido, y a la reforma del sistema electoral de manera que los partidos políticos cesen de tener el monopolio de la representatividad, y que la elección pueda conducir a un sistema de gobierno que permita la constitución de mayorías. De allí, por ejemplo, la propuesta de la segunda vuelta tanto para la elección presidencial como para la elección uninominal de los congresantes.

2. *La forma de estado: nuevo federalismo y nuevo municipalismo*

La profundización y perfeccionamiento de la democracia tiene que conllevar a una efectiva distribución vertical o territorial del Poder Público, es decir, a un proceso de descentralización política del Estado. El proceso de reforma política, iniciado a partir de 1989 con la revisión constitucional derivada de la aplicación de los artículos 21 y 137 de la Constitución, sobre elección de los Gobernadores y transferencia a los Estados de competencias atribuidas constitucionalmente al Poder Nacional; tiene que ser completado y reforzado. Ello exige una completa reforma de la forma federal del Estado, para plantear un *Nuevo Federalismo* adaptado a la democracia contemporánea, con el desarrollo no solo del Poder Estadal sino del Poder municipal, dando paso a un *Nuevo Municipalismo* que entierre el uniformismo municipal actual.

3. *El sistema de gobierno: la opción entre más o menos presidencialismo*

La Constitución de 1961, como reacción al autoritarismo que caracterizó la vida política de las décadas precedentes, reguló un sistema de *gobierno presidencial con sujeción parlamentaria,* que debilitó al Ejecutivo en su relación con el Congreso. En el esquema de gobierno que tenemos, muy lejos en realidad quedó el Presidencialismo tan característico de América, habiendo devenido nuestro sistema de gobierno en un semi presidencialismo que no es ni parlamentario ni presidencial, sino un híbrido impreciso y obstruccionista. Un sistema como el vigente sólo podía funcionar cuando el gobierno tuviera una clara mayoría parlamentaria; al no tenerla, no hay ninguna base institucional para la gobernabilidad, como ha quedado claro en los dos últimos lustros.

La reforma constitucional tiene, por tanto, que caer en la disyuntiva de siempre: establecer un sistema de gobierno más parlamentario o más presidencial. Ello, por supuesto, implica establecer nuevos mecanismos de relación entre los órganos del Poder Público; apuntalar los sistemas de control; definir el sistema electoral de los órganos representativos e, inclusive, el tema de la reelección presidencial; precisar la función legislativa y contralora del Parlamento y regular un nuevo régimen financiero (presupuestario, de crédito público) que permita gerenciar las finanzas públicas.

4. *El sistema de control*

La reforma del sistema de gobierno incide, también, en la redefinición de los órganos constitucionales de control con autonomía funcional, como la Contraloría

General, el Ministerio Público y la creación de un Defensor de los derechos del pueblo.

5. *El poder judicial:*

Además de la reforma del sistema de gobierno en cuanto a la relación entre el Poder Ejecutivo y el Poder Legislativo, la revisión constitucional tiene que incidir en el Poder Judicial, su organización y funcionamiento. El calificado como "más débil" de los Poderes del Estado ha llegado a niveles de desprestigio e ineficacia que exigen una reforma radical que incida en asegurar el efectivo acceso de todos a la justicia; en la apropiada elección y remoción de los jueces; en el sistema de Administración de Justicia fundado en la efectiva autonomía e independencia; en el papel de la Corte Suprema de Justicia en la conducción del Poder Judicial y la eliminación o la redefinición del rol del Consejo de la Judicatura; y en el perfeccionamiento de los sistemas de control de la constitucionalidad y de la legalidad.

6. *La constitución económica:*

Toda Constitución, además de una Constitución Política, contiene una Constitución Económica que establece las bases del sistema económico en el cual el Estado y los particulares participan. La Constitución de 1961, en tal sentido, concibió las reglas de la Constitución Económica con bastante flexibilidad, lo que le permitió al Estado petrolero no sólo establecer barreras para promover la sustitución de importaciones sino para intervenir e invertir en toda suerte de actividades. Cuarenta años después, a fin del Siglo XX y en medio de la globalización, el régimen constitucional tiene que propender a la reducción del Estado empresario, mediante la privatización de industrias, servicios y actividades; a la promoción del comercio internacional y a aumentar la competitividad y la capacidad de inversión de los particulares.

El sistema tributario también tiene que redefinirse, para que deje de ser petrolero orientado, buscando crear la conciencia de contribuyente de la cual carece el venezolano, por la distribución por el Estado de su propia riqueza petrolera.

Hay que revalorizar el principio de la solidaridad social para la colaboración de los particulares en la prestación de servicios que en principio son obligación del Estado, con el objeto de superar el paternalismo de Estado que tanto nos pesa.

7. *El estatuto del ciudadano: el sistema de derechos, libertades y garantías:*

Además de la organización del Poder Público y de su distribución vertical y horizontal y del sistema económico-social, una Constitución se caracteriza por el sistema de derechos, libertades y garantías. Ese sistema, en la Constitución de 1961, conforme al artículo 50, ha permitido la internacionalización progresista de los derechos y garantías constitucionales, al haber adquirido rango constitucional los consagrados en las Convenciones y Acuerdos Internacionales sobre la materia. Una reforma constitucional en este aspecto sólo podría tener por objeto ampliar el radio de los derechos, libertades y garantías, en la progresividad que caracteriza el régimen mundial en este campo, con la incorporación, por ejemplo, al texto expreso de la Constitución de los llamados derechos de la tercera generación. Por supuesto, esa revisión nunca podría significar una regresión en este campo, como por ejemplo, el establecimiento de la pena de muerte o la limitación indebida de la libertad de información.

8. La integración económica regional

El proceso de integración económica de la Comunidad Andina y, en general, de América Latina, en el cual Venezuela tiene que participar y que hay que reforzar en estos tiempos más que nunca, por la globalización y transnacionalización de las políticas públicas, exige la revisión de la Constitución para prever la posibilidad de transferencia de poderes y competencias de los órganos constitucionales del Estado a entidades supranacionales o comunitarias. En la Comunidad Andina sólo Colombia ha resuelto la cuestión constitucional de la integración regional. En cambio, en Europa, todos los países de la Comunidad y Unión Europeas reformaron sus Constituciones para permitir la integración de los Estados en un proceso de integración económica regional. Si Venezuela decide con seriedad continuar el proceso de integración en la Comunidad Andina, ineludiblemente tiene que reformar la Constitución para regular la aplicabilidad directa e inmediata del derecho comunitario en el orden interno, incluso con prevalencia y poder derogatorio en relación a las leyes dictadas por las Cámaras Legislativas.

V. LA DEMOCRACIA REPRESENTATIVA Y LA PARTICIPACIÓN POLÍTICA[41]

Ahora bien, el primer y más importante tema de la Agenda Constituyente, por tanto, es el del régimen político democrático, que exige su perfeccionamiento para hacerlo más representativo y más participativo.

La democracia comenzó efectivamente en la historia del constitucionalismo moderno, con motivo de las Revoluciones Norteamericana (1776) y Francesa (1789), cuando la soberanía, como supremo poder de decisión en una sociedad determinada, pasó de ser el poder de un Monarca absoluto, sin límites, de la cual era titular por la gracia de Dios, y comenzó a ser el poder del pueblo, ejercido mediante representantes. Por ello, durante más de 200 años, el constitucionalismo moderno ha estado signado por el principio de la democracia representativa, es decir, que residiendo la soberanía en el pueblo, éste la ejerce mediante representantes electos.

En efecto, si el pueblo es el titular de la soberanía, en democracia éste sólo puede ejercerla directamente o a través de representantes; de allí la distinción que usualmente se hace entre democracia directa y democracia representativa.

La primera, la democracia directa, en la cual el pueblo supuestamente ejercería directamente su poder en Asambleas, sin intermediación de representantes, es imposible en sociedades complejas. También, incluso, en los propios ejemplos históricos que nos han llegado respecto de su existencia, en las ciudades griegas, por ejemplo, confirman su imposibilidad, pues incluso en dichas Ciudades-Estado, el gobierno se ejercía mediante representantes, que eran Magistrados quienes aún cuando no eran electos, si eran designados *por sorteo* en las Asambleas. Por tanto, la democracia directa ni ha existido ni puede existir en el mundo contemporáneo, y es un engaño pretender formularla como solución alternativa frente a la democracia representativa, la cual, lejos de desaparecer lo que debemos hacer es corregirla.

En efecto, la democracia representativa, en la cual el pueblo ejerce el gobierno indirectamente a través de representantes que elige con toda libertad e igualdad, es

---

[41]. Publicado en *El Mundo,* Caracas, 21-07-99, pág. 6-Política.

la única forma posible de operatividad de la democracia, como gobierno del pueblo. Sus defectos, vicios, problemas o deformaciones, lo que tienen que provocar es lograr su perfeccionamiento y transformación para hacerla más representativa del pueblo y para permitir que este pueda participar más y efectivamente en los asuntos públicos. Pretender sustituirla por una supuesta democracia directa, simplemente es un engaño, una ilusión; lo que tenemos es que hacerla más representativa, y no sólo representativa de los partidos políticos como la hemos conocido en las últimas décadas.

No olvidemos que la democracia representativa que se ha desarrollado en nuestro país en los últimos años, por el sistema político de *Estado Centralizado de Partidos* que se estableció a partir de 1958, ha sido una democracia de exclusiva representación de partidos, es decir, una partidocracia o democracia de partidos y no del pueblo, en la cual sólo los partidos políticos participaban. Conforme a ese sistema, los partidos políticos asumieron el total monopolio de la representatividad y de la participación, confiscando la representación y participación populares.

Es ese sistema el que está en crisis, no la democracia en sí misma, la cual tenemos que perfeccionar, haciéndola precisamente más representativa y más participativa.

Una democracia más representativa implica organizar el poder de manera que estando más cerca de los ciudadanos, éstos directamente o a través de sociedades intermedias, y no sólo de los partidos políticos, puedan encontrar representación en los cuerpos representativos. Para ello tiene que diseñarse un nuevo sistema electoral, más uninominal y personalizado, pues el sistema de representación proporcional de las minorías que durante tantas décadas hemos aplicado en el país, sólo conduce a la exclusiva representatividad de los partidos políticos.

Por otra parte, igualmente, más participación en democracia, sólo es posible acercando el poder al ciudadano, es decir, distribuyendo el Poder Público en el territorio, de manera que en cada comunidad y localidad territorial exista una forma de gobierno, en la cual se pueda participar políticamente.

En definitiva, no se trata de sustituir la democracia representativa por una supuesta e ilusoria democracia directa, que es de imposible existencia, sino de sustituir el sistema político de *Estado Centralizado de Partidos* por un sistema de *Estado Descentralizado y Participativo*. En el primero, por el centralismo del poder, sólo los partidos políticos han obtenido representación y sólo a través de ellos es que se ha podido participar; al contrario, en un sistema político de *Estado Descentralizado y Participativo*, los partidos políticos centralizados pierden el monopolio de la representación, abriéndose nuevos canales de participación.

Incluso, la descentralización del Poder debe conducir a la descentralización de los propios partidos políticos y la erosión del principio organizativo del centralismo democrático, tan nocivo para la propia democracia.

Por supuesto, una democracia más participativa y más representativa como la que se puede lograr con un *Estado Descentralizado y Participativo,* tiene el rechazo de los partidos políticos, tanto tradicionales como de los nuevos que siguen la misma forma organizativa interna, y que se resisten a perder poder o a renunciar a monopolizarlo.

VI. EL REPUBLICANISMO HISTÓRICO Y LA DEMOCRACIA REPRESENTATIVA[42]

En la *Base Comicial Octava* del Estatuto de la Asamblea Constituyente votado mayoritariamente en el *Referéndum Consultivo* desarrollado el 25 de abril de 1999, se le impuso como límite a la Asamblea Nacional Constituyente el respeto a los valores y principios de nuestra historia republicana.

La médula de dicho principio, desde el propio nacimiento de la República en 1811, es que la soberanía reside en el pueblo quien la ejerce mediante el sufragio por órgano de representantes electos. Es decir, *republicanismo, democracia representativa* y *elecciones libres* son los principios esenciales de nuestra historia republicana que debe respetar la Asamblea Nacional Constituyente en la conformación del nuevo pacto político que debe formularse, como Tratado de paz, en una Constituyente electa en democracia para, precisamente, perfeccionar la democracia. Sería un fraude constitucional que hayamos elegido una Asamblea Constituyente en democracia, que buscara o propugnara acabar con la democracia y con los principios del republicanismo representativo, y establecer cualquier sistema de gobierno autoritario o autocrático.

Por tanto, el principio fundamental que limita las labores de la Asamblea Nacional Constituyente, es el de la democracia representativa, es decir, que la soberanía popular tiene que ejercerse, mediante elecciones, por representantes del pueblo.

Ello implica que nadie, pero nadie, puede atribuirse la representación del pueblo y que, además, el mismo pueblo no puede ejercer directamente la soberanía, sino a través de representantes. Como lo dispuso la Constitución de Angostura de 1819: "El pueblo de Venezuela no puede ejercer por sí otras atribuciones de la soberanía que la de las elecciones, ni puede depositarla toda en unas solas manos".

Por ello, precisamente, todas las Constituciones posteriores hasta la vigente han establecido el principio de que "la soberanía reside en el pueblo, quien la ejerce, mediante el sufragio, por los órganos del Poder Público". Nadie, por tanto, por más respaldo popular que pueda atribuirse de acuerdo a encuestas de opinión, puede asumir la representación popular, ni puede apropiársela. Nadie puede pretender encarnar la voluntad popular; ésta se manifiesta mediante el sufragio, y sólo mediante elecciones o consultas populares, las cuales no pueden ser confiscadas.

El principio del gobierno republicano de democracia representativa, en consecuencia, tiene que ser respetado y resguardado por la Asamblea Nacional Constituyente, por ser un imperativo derivado de la voluntad popular manifestada en el *Referéndum Consultivo* del 25 de abril de 1999. Se consultó al pueblo sobre las bases para la elección de la Asamblea Nacional Constituyente y el pueblo, en ejercicio de su derecho de participación, decidió como Poder Constituyente Originario que la Asamblea tiene como límite los principios y valores de nuestra historia republicana, es decir, entre otros, el de que la soberanía popular se ejerce mediante la elección de representantes del pueblo.

Pretender sustituir el principio republicano de democracia representativa por una supuesta democracia directa, no es más que un engaño por centralizar y concentrar el poder, autocráticamente, lo cual es esencialmente antidemocrático.

---

[42] Publicado en *El Mundo*, Caracas, 28-07-99, pág. 6-Política.

La democracia, ciertamente, tiene que ser más participativa y más representativa, lo cual exige distribuir territorialmente, pero efectivamente, el Poder, de manera que esté cerca de los ciudadanos. Pero en todo caso, ese poder en el cual debe participarse, sólo puede ejercerse mediante representación, por funcionarios electos.

Pensar sustituir la democracia representativa, que necesariamente hay que perfeccionar, por esquemas ilusos y autoritarios de asambleas de barrios con votación pública, a mano alzada, controladas por supuestos defensores de una causa política determinada, a la cual se denominaría democracia directa, no es más que un salto al vacío que conduce inexorablemente al ahogamiento de la propia democracia y del pluralismo y a la prohibición del disenso. Una supuesta democracia lineal, uniforme, prescrita por algunos iluminados, es un fraude contra la cual debemos reaccionar todos, pues nos impediría disentir y cuestionar; es decir, nos impediría ejercer las más elementales virtudes de la democracia.

VII. LA REVALORIZACIÓN DE LA DEMOCRACIA[43]

Una de las manifestaciones más perversas de la crisis del sistema político de *Centralismo de Estado y Partidocracia* que hemos tenido durante las últimas décadas en el país, ha sido la emergencia de un discurso antidemocrático, que critica a la democracia misma, identificándola sólo con los mecanismos procesales de voto para la conformación del Poder. En esta forma, se pretende reducir la democracia a una democracia formal, como si la elección por partidos realizada cada cinco años la hubiera agotado. Ello ha conducido a que en lugar de cuestionarse el sistema político (*Centralismo y Partidocracia*), se cuestione el régimen político democrático en si mismo.

Ante ello, es necesario revalorizar a la democracia, como gobierno del pueblo, por el pueblo y para el pueblo, destacándose los valores que conforman este régimen político y que son mucho más que la elección quinquenal de representantes. Cuando estos valores se identifican, queda entonces clara la necesaria condena al discurso antidemocrático.

El *primero de los valores* de la democracia es la *igualdad,* lo que políticamente se concreta en la igualdad de voto en los procesos electorales. Todos los votos valen lo mismo y nadie tiene voto preferencial en relación a los otros ciudadanos. Políticamente, por tanto, no hay distinción alguna en el valor de la manifestación de voluntad de cada ciudadano, y nadie puede arrogarse la representación de todo el pueblo.

El *segundo de los valores* que sólo la democracia representa, es la *libertad,* lo que implica políticamente no sólo el derecho de hacer todo lo que la ley no prohíbe, sino el derecho a escoger pluralmente las alternativas de gobierno; en definitiva, la libertad de autodeterminación, sin uniformismos ni imposiciones. Por ello, el pluralismo político es de la esencia de la democracia, lo que conlleva el rechazo a todo esquema único con el cual se pretenda organizar el Poder e imponerles a los ciudadanos una particular concepción de la organización social. La libertad, por otra parte, tiene como garantía la igualdad y, consecuencialmente, la *legalidad.* Leyes y reglas iguales para todos de manera que efectivamente se pueda hacer todo lo que la ley no prohíba en forma general.

---

[43] Publicado en *El Mundo,* Caracas. 04-08-99, pág. 6-Política.

Por otra parte, la libertad implica *tolerancia*. Si todos los hombres son libres, el límite a la libertad es el derecho de los demás y el orden público y social, lo que implica el respeto de las opiniones y posiciones de todos. En la democracia, por tanto, deben regir el diálogo, la concertación, los acuerdos, todo basado en tolerar la disidencia, rechazando toda sociedad en la que sólo algunos pretenden tener la verdad oficial.

El *tercer valor* de la democracia es la *dignidad de la persona humana,* que no puede ser desconocida ni despreciada ni siquiera por las mayorías. Todo ser humano es igual y tiene derecho a que se respete su dignidad y personalidad, sin más limitaciones que las que deriven del derecho de los demás. En libertad, la persona humana es ciudadano, no es súbdito ni vasallo ni está sujeto a obediencia ciega, salvo la que derive de la Constitución y la ley.

Por ello, el *cuarto valor* de la democracia es el *sometimiento al derecho,* es decir, la democracia es un régimen de gobierno de la ley, no de los hombres. Estos sólo pueden gobernar conforme a la ley, siendo la legalidad el límite de los gobiernos y la garantía de la igualdad. Sólo la ley y su acatamiento por todos, gobernantes y gobernados, asegura que el hombre digno y ciudadano sea igual, y goce de igualdad ante la ley. La revalorización de la legalidad hace realidad la noción de Estado de Derecho, es decir, del Poder sometido al derecho, sea quien sea quien lo ejerza.

El *quinto valor* de la democracia es el de la necesaria *limitación del Poder* en democracia. Ningún Poder puede ser ilimitado; lo tiene que limitar la ley y la organización misma del Poder mediante su distribución y separación. Ello implica que en democracia no puede haber concentración del poder político ni en unas solas manos ni en un grupo de personas. El poder, en la democracia, esencialmente tiene que estar distribuido y separado de manera que el Poder sea quien frene al Poder. La concentración del Poder y el centralismo, en consecuencia, son esencialmente contrarios a la democracia.

Por todo ello, la democracia tiene que conducir a un esquema de Estado (organización del Poder) que garantice la libertad, la dignidad, la igualdad, la legalidad, lo que implica el rechazo al centralismo y concentración del Poder y a la penetración del Estado en los campos de la sociedad civil. El intervencionismo de Estado, por tanto, al ser concentrador del poder económico en pocas manos, en definitiva, es esencialmente antidemocrático.

Teniendo en cuenta estos valores de la democracia, por supuesto, ella, como régimen político, es mucho más que una formalidad de elecciones quinquenales.

Por ello hay que preservarla y revalorizarla, repudiando el discurso autoritario que pretende sustituirla por un régimen político donde no existan los valores mencionados. La crítica, que compartimos, a la exclusiva representatividad de partidos que hemos tenido y al procedimiento formal de elección quinquenal, no puede transformarse en un rechazo a la democracia en sí misma y a sus valores, sino en un esfuerzo por profundizarla.

Por ello, para enfrentar el discurso antidemocrático, hay que machacar una y otra vez los valores de la democracia que sólo en democracia se pueden realizar. Una Asamblea Constituyente elegida en democracia por ello, no puede tener otra misión que no sea la revalorización y profundización de la democracia.

VIII. UNA DEMOCRACIA MÁS REPRESENTATIVA

El efecto fundamental del sistema político de Estado de partidos que se estableció a partir de 1958, fue la asunción monopólica de la representatividad política por parte de los partidos políticos que han participado en los procesos electorales durante los últimos cuarenta años.

Los partidos políticos asumieron efectivamente el monopolio de la representatividad, por lo que esta, que es esencial a la democracia, se convirtió en representación de partidos. Para ello, a partir de los años cuarenta y luego, del año 1958, se adoptó un sistema electoral que tiene por objeto asegurar la representación exclusiva de los partidos políticos, que es el sistema de representación proporcional de las minorías mediante listas cerradas y bloqueadas. Así, durante décadas, la elección de concejales, de diputados a las Asambleas Legislativas y a la Cámara de Diputados y de Senadores, fue siempre un voto ciego, a favor de partidos, sin que el elector jamás hubiera sabido por quien votaba, con nombre y apellido. Se votó siempre por partidos, con tarjetas de colores, y solo ellos obtenían representación. Los electos eran fichas de partidos y obedecían ciegamente las líneas que las cúpulas de los mismos le indicaban.

Todos los esfuerzos por cambiar el sistema electoral y hacerlo más representativo de las comunidades y de la ciudadanía, y no sólo de los partidos, que se iniciaron a partir de la Enmienda Constitucional Nº 2 de 1983, nunca lograron su objetivo. Las elecciones y la forma del voto, por más intentos parciales de uninominalidad que pudo haber, siempre fueron diseñadas para que en definitiva prevaleciera el voto por partidos y no por individuos.

El gran reto de la democracia en el futuro, por tanto, particularmente por el deterioro de los partidos políticos tradicionales y el vacío de poder que dejaron, es el de hacer la democracia más representativa.

Por supuesto que no se trata de cambiar la representatividad de unos partidos (los tradicionales) por otros (los emergentes); ni de sustituir unas cúpulas por otras o por la voluntad de un solo líder, como se observó en el proceso de conformación de las candidaturas oficialistas para la Asamblea Nacional Constituyente y en los intentos de establecer el voto de los constituyentes por partidos y sus símbolos.

Al contrario, se trata de sustituir el voto por partidos por un voto uninominal, por personas, elegidas por nombre y apellido, y que representen a las comunidades y a los ciudadanos, lo que no excluye que sean postulados o apoyados por partidos políticos que, en definitiva, son de la esencia de toda democracia.

Para hacer la democracia más representativa, por tanto, hay que diseñar un sistema político que la acerque al ciudadano, de manera que este llegue a comprometerse vitalmente con ella, y ello implica una reorganización total del Poder y del sistema electoral. Por ejemplo, si partimos de la actual organización del Poder, una democracia más representativa exigiría que los miembros de las Juntas Parroquiales se elijan uninominalmente, dividiendo el territorio de cada Parroquia en un número de circuitos equivalente al número de miembros de la Junta. Uno en cada territorio, representando a los vecinos del mismo.

Asimismo, para la elección de Concejales debería dividirse el territorio del Municipio en tantos circuitos como Concejales vayan a integrar el Concejo Municipal, de manera que en cada circuito se elija uninominalmente un concejal que represente las comunidades y vecindades del circuito territorial, a quienes debe rendir cuenta de su gestión.

En la misma forma, los diputados a las Asambleas Legislativas deberían ser electos uninominalmente, dividiéndose el territorio de cada Estado en tantos circuitos electorales como Diputados deben elegirse, haciéndose coincidir preferiblemente cada circuito con los Municipios que integren el Estado. Así, la población de cada Municipio elegiría un Diputado a la Asamblea Legislativa quien representaría los intereses de sus comunidades.

Por último, también en la Cámara de Diputados, estos deberían ser electos en un número de acuerdo con una base de población, pero también en forma uninominal, para lo cual debería dividirse el territorio nacional, dentro de cada Estado, en un número de circuitos electorales igual al número de Diputados a elegir. Así, cada Diputado sería electo uninominalmente, representando a un territorio integrado por Municipios.

En cuanto a los senadores, por esencia, en un Estado Federal representarían a cada Estado de la Federación en su conjunto.

IX. LOS MECANISMOS DE DEMOCRACIA DIRECTA

Cuando se habla de democracia participativa o de democracia directa, por supuesto que no se está planteando ni puede plantearse la sustitución o reemplazo total del régimen representativo por un sistema de gobierno donde todas las decisiones sean tomadas directamente por los ciudadanos, sin que exista ningún tipo de representantes electos, lo cual simplemente es imposible.

Un Estado no puede funcionar con base en decisiones adoptadas en Asambleas públicas y populares, o mediante referendos. Todos los instrumentos propios de la democracia participativa, por tanto, constituyen, en realidad, un complemento de los gobiernos representativos o indirectos que caracterizan las democracias modernas.

En consecuencia, todas las propuestas relativas a la democracia participativa o directa, son mecanismos de perfeccionamiento de la democracia representativa, que no se sustituye, mediante la introducción de instrumentos de mayor control del pueblo sobre las decisiones políticas.

Entre los instrumentos de democracia participativa se destacan, en *primer lugar,* las iniciativas populares, planteadas directamente con el respaldo de un número determinado de electores, o mediante un *Referéndum Consultivo* y que en todo caso originan iniciativas políticas adoptadas desde fuera de la clase política.

En *segundo lugar,* se destacan los *referendos autorizatorios o aprobatorios,* que sujetan a la voluntad popular la adopción por el gobierno o el Congreso de una decisión política de importancia, incluyendo la promulgación de leyes. También se destacan los *referendos revocatorios,* que permiten al pueblo tomar una decisión contraria a la adoptada por uno de los órganos del Estado o de terminación del mandato de los titulares de dichos órganos.

Con todos es instrumentos de participación política o de democracia directa, se perfecciona el régimen democrático pues se permite al pueblo reaccionar directamente contra o en relación a las decisiones políticas que adopten los representantes, incluso con resultados contrarios a las mismas, dado que estos con frecuencia tienen intereses, incluso partidistas, distintos a los de los ciudadanos. Los referendos son así mecanismos de control directo de los ciudadanos en relación a sus representantes políticos.

La previsión de los referendos, por ello, perfecciona la democracia pues la hacen más viva y participativa, dada la discusión que en general se desarrolla sobre los temas sometidos a consulta. El ciudadano, con ellos, comienza a sentir que participa y que su voto cuenta.

Pero para que los referendos puedan efectivamente servir de instrumentos para perfeccionar la democracia, el Poder Público tiene que estar efectivamente descentralizado. No es por azar que en los países donde estos mecanismos de democracia directa se han desarrollado mayormente, están organizados políticamente como Estados Federales. Es el caso de Suiza, donde los referendos tienen la mayor tradición en el mundo moderno, desarrollándose tanto a nivel cantonal como a nivel nacional, en relación a decisiones de la exclusiva competencia de ambos niveles territoriales de gobierno. En los Estados Unidos de Norteamérica los referendos son bastante comunes en aproximadamente la mitad de los Estados de la Federación, sobre asuntos de la competencia de los mismos, no existiendo, sin embargo, la figura a nivel nacional.

En todo caso, la iniciativa popular y los referendos, para que sean efectivos mecanismos para hacer de la democracia un régimen más participativo, exigen un sistema de distribución territorial o vertical del Poder Público, con autonomías político-territoriales y competencias propias sobre las cuales se pueda consultar a la ciudadanía.

Pero la sola previsión de referendos para la toma de decisiones nacionales no hace de la democracia la forma de vida que queremos, que permita la participación directa y efectiva del ciudadano en la toma de decisiones políticas. Ello, en verdad, sólo puede dar frutos a nivel local (Municipal) o a nivel de los Estados en una Federación como la nuestra. Incluso a nivel local, si se distribuye efectivamente el Poder Público y se lo acerca al ciudadano con un *Nuevo Municipalismo,* los propios Cabildos Abiertos serían instrumentos efectivos para la participación ciudadana en la toma de ciertas decisiones locales.

En todo caso, en la nueva Constitución debe consagrarse el derecho ciudadano a la participación en los asuntos públicos, tanto directamente como por medio de representantes electos, regulándose expresamente así, a la democracia, como participativa y representativa.

De los anteriores comentarios queda claro, en nuestro, concepto, que el proceso político venezolano actual, si queremos conservar y perfeccionar la democracia, necesita del trabajo de la Asamblea Nacional Constituyente realizado dentro del marco que le fijo el pueblo, como Poder Constituyente Originario, en el *Referéndum Consultivo* del 25-04-99.

La democracia, para poder preservarse, debe desarrollarse como forma de vida ciudadana, lo que implica diálogo, confrontación, tolerancia y acuerdos; si la Asamblea Nacional Constituyente desconoce estos valores y asume una posición autoritaria, con base en mayorías circunstanciales, su fracaso está decretado y con él, el de la democracia, lo que perjudicará a todos.

TERCERA PARTE
VISIÓN DE CONJUNTO SOBRE LA CONFIGURACIÓN JUDICIAL DEL PROCESO CONSTITUYENTE, O DE CÓMO EL GUARDIÁN DE LA CONSTITUCIÓN ABRIÓ EL CAMINO PARA SU VIOLACIÓN Y PARA SU PROPIA EXTINCIÓN EN 1999

Como se ha estudiado, el proceso constituyente de 1999 con la convocatoria de la Asamblea Constituyente, no se produjo mediante la reforma puntual de la Constitución para preverla y regularla, y luego elegirla, sino mediante un proceso de interpretación judicial de la Constitución de 1961, expresado en sentencias ambiguas, que abrieron el cauce del mismo en realidad al margen de la propia Constitución. Esta Tercera Parte es el texto del trabajo dedicado al estudio de todas las sentencias que contribuyeron a definir el proceso, que con el título "La configuración judicial del proceso constituyente o de cómo el guardián de la Constitución abrió el camino para su violación y para su propia extinción," fue publicado en la *Revista de Derecho Público*, N° 7-80, Editorial Jurídica Venezolana, Caracas 1999, pp. 453-514; y en la *Revista Jurídica del Perú*, Año LVI, N° 68, Lima 2006, pp. 55-130.

La Constitución de 30 de diciembre de 1999 fue elaborada por la Asamblea Nacional Constituyente convocada por el Presidente de la República, Hugo Chávez Frías, luego de que la Corte Suprema de Justicia, mediante sendas sentencias de 19 de enero de 1999 (Caso *Referendo Consultivo I* y Caso *Referendo Consultivo II)*, dictadas en Sala Político Administrativa[1], admitieran la posibilidad de que mediante *referéndum consultivo,* el pueblo pudiera "crear" dicha instancia política no prevista ni regulada en la Constitución de 1961, para revisar la Constitución. Con esta sentencia, por demás ambigua, se inició entonces formalmente el proceso constituyente en Venezuela de 1999, el cual, a pesar de los esfuerzos que haría posteriormente la

---

[1]. Véase el texto de la sentencia y los comentarios a la misma en Allan R. Brewer-Carías, *Poder Constituyente Originario y Asamblea Nacional Constituyente,* Caracas, 1999, pp. 15 a 114. Véase también en *Bases Constitucionales de la Supranacionalidad*, Tribunal Supremo de Justicia, Colección de Estudios Jurídicos, Caracas, 2002, pp. 19-36; y en esta *Revista,* pp. 56 a 73.

propia Corte Suprema, desbordó los límites que intentó ponerle, asumió un carácter originario que el pueblo no le había dado, dio un golpe de Estado interviniendo los poderes constituidos del Estado, y terminó con la propia Corte Suprema que le había dado nacimiento. La sentencia de 19 de enero de 1999, por tanto, fue la primera página de la sentencia de muerte del propio Poder Judicial de la República.

La Sala Político Administrativa que fue la que dictó dichas sentencias, en esos casos, al resolver los recursos de interpretación de la norma de la Ley Orgánica del Sufragio y Participación Política sobre el referéndum consultivo, sin duda, actuó como juez constitucional, dado que a la vez interpretó el artículo 4 de la Constitución que regula soberanía popular. El juez constitucional, ante todo, es un guardián de la Constitución y su supremacía; y como tal, sus decisiones son jurídicas y políticas, pero siempre ajustadas al texto constitucional.

No debe olvidarse que la propia justicia constitucional nació en la historia del constitucionalismo moderno como un instrumento sustitutivo de la revolución y del derecho de rebelión o resistencia del pueblo frente a los poderes constituidos[2]. Es decir, en el constitucionalismo moderno, la única forma de resolver los conflictos político-constitucionales entre el pueblo y los gobernantes, entre la soberanía popular y la supremacía constitucional e, incluso, entre los poderes constituidos, es precisamente mediante la decisión de tribunales constitucionales que eviten la revolución o la rebelión.

Por ello, las decisiones de los jueces constitucionales siempre son, además de jurídicas, políticas; y así tiene que ser cuando el orden constitucional no da mucho margen por sí sólo, sin necesidad de interpretación judicial, para resolver los conflictos políticos.

Después de las elecciones de 1998, sin duda, en Venezuela nos encontrábamos en medio de un conflicto político-constitucional que debía resolverse por la fuerza o por el juez constitucional; conflicto derivado, precisamente, del dilema entre, por una parte, la necesidad de que la soberanía popular se manifestase para propiciar los inevitables y necesarios cambios político-constitucionales exigidos por el fin del sistema de Estado centralizado de partidos y, por la otra, la supremacía constitucional que exigía someterse a los procedimientos de reforma y enmienda prescritos en la Constitución.

La ocasión para resolver el conflicto la tuvo la Corte Suprema de Justicia con motivo de sendos recursos de interpretación que se presentaron ante su Sala Político-Administrativa, a los efectos de decidir si era constitucionalmente posible pasar a la convocatoria y elección de una Asamblea Nacional Constituyente, como consecuencia de un referendo consultivo a tal fin efectuado conforme al artículo 181 de la Ley Orgánica del Sufragio y Participación Política, sin la previa reforma de la Constitución que regulara dicha Asamblea, como poder constituyente instituido.

La Corte Suprema de Justicia en las sentencias dictadas el 19-1-99[3], si bien desde el punto de vista jurídico no resolvió abierta y claramente el conflicto[4], desde

---

[2]. Véase en este sentido, Sylva Snowiss, *Judicial Review and the Law of the Constitution,* Yale University, 1990, p. 113.

[3]. Véanse los textos en Allan R. Brewer-Carías, *Poder Constituyente Originario y Asamblea Nacional Constituyente, cit.,* pp. 25 a 53 y en esta *Revista,* pp. 56 a 73.

el punto de vista político dejó establecidos diversos argumentos que desatarían fuerzas constituyentes que por más esfuerzos posteriores que la Corte haría por controlarlas, no sólo no lo lograría sino que pagaría con su propia existencia la ambigüedad inicial. Las presentes notas tienen por objeto, precisamente, analizar las sentencias dictadas por de la Corte Suprema que configuraron el proceso constituyente desde las del 19 de enero de 1999 hasta la del 16 de octubre de 1999.

I. LA BANDERA ELECTORAL (1998) DE LA ASAMBLEA CONSTITUYENTE Y LOS OBSTÁCULOS CONSTITUCIONALES PARA CONVOCARLA

La posición voluntarista del Presidente de la República electo en diciembre de 1998, de convocar la Asamblea Nacional Constituyente como había sido su bandera electoral, en efecto, presentaba un escollo constitucional que lucía como insalvable: la institución de una Asamblea Nacional Constituyente como mecanismo de revisión constitucional, no estaba prevista ni regulada en el texto de la Constitución de 1961, la cual establecía expresamente sólo dos mecanismos para su revisión, que eran la enmienda y la reforma general. Una Asamblea Constituyente cuando no es producto de una guerra ni en general de una ruptura fáctica del orden constitucional, para poder ser convocada tiene que estar regulada constitucionalmente, como lo está ahora en la Constitución de 1999.

Por tanto, a comienzos de 1999, aún bajo la vigencia de la Constitución de 1961, la única forma de poder convocar una Asamblea Constituyente, era mediante una interpretación constitucional de la Corte Suprema de Justicia como juez constitucional para, precisamente, evitar una confrontación entre la soberanía popular y la supremacía constitucional. Y ello ocurrió mediante las antes mencionadas ambiguas sentencias de 19 de enero de ese año, con las cuales finalmente se permitió la elección y constitución de una Asamblea Nacional[5] en democracia y sin ruptura constitucional. El golpe de Estado, en realidad, lo daría la propia Asamblea Nacional Constituyente electa el 25 de julio de 1999, al irrumpir contra la Constitución vigente en ese momento, que era la de 1961[6], y al intervenir los poderes constituidos sin autoridad alguna para ello, incluyendo la propia Corte Suprema que le había dado nacimiento, la cual terminó siendo eliminada.

A comienzos de 1999, en todo caso, y después del triunfo electoral del Presidente Chávez, por la falta de disposición del liderazgo político mayoritario del Congreso que también había sido electo en noviembre de 1998 en asumir el proceso de cambio constitucional[7], la convocatoria de la Asamblea Nacional Constituyente quedó en manos y bajo el exclusivo liderazgo del Presidente electo. Y fue entonces

---

4. Véase en sentido coincidente, Lolymar Hernández Camargo, *La Teoría del Poder Constituyente. Un caso de estudio: el proceso constituyente venezolano de 1999,* UCAT, San Cristóbal, 2000, pp. 54, 56, 59.
5. Véase sobre la Asamblea Nacional Constituyente convocada bajo la vigencia de una Constitución y, por tanto, sin rompimiento del hilo constitucional en Alfonso Rivas Quintero, *Derecho Constitucional,* Paredes Editores, Valencia-Venezuela, 2002, pp. 90 y ss.
6. Véase en general, Allan R. Brewer-Carías, *Golpe de Estado y Proceso Constituyente en Venezuela,* UNAM, México 2002.
7. Véase lo expuesto en Allan R. Brewer-Carías, *Asamblea Constituyente y Ordenamiento... cit.,* pp. 78 y ss.

con motivo de su toma de posesión de la Presidencia de la Presidencia de la República el 2 de enero de 1999, cuando entonces se inició la batalla legal por encauzar el proceso constituyente dentro del marco de la constitucionalidad, de manera que la necesaria convocatoria de la Asamblea se hiciese sin la ruptura constitucional que había caracterizado las Asambleas Constituyentes en toda nuestra historia.

La Constitución venezolana de 1961, como se dijo, no preveía la posibilidad de convocar una Asamblea Constituyente para reformar la Constitución y recomponer el sistema político democrático. Por ello, en diciembre de 1998 y en enero de 1999, después de la elección del Presidente Chávez, el debate político no fue realmente sobre si se convocaba o no la Asamblea Constituyente, sino sobre la forma de hacerlo: o se reformaba previamente la Constitución, para regularla y luego elegirla, o se convocaba sin regularla previamente en la Constitución, apelando a la soberanía popular[8]. Se trataba, en definitiva de un conflicto constitucional entre supremacía constitucional y soberanía popular que había que resolver[9], y sólo el juez constitucional podía hacerlo.

Pero lo cierto es que aún antes de que se pudiera asumir que la Corte había resuelto el conflicto, el Presidente electo fue quien optó por la segunda vía, manifestando públicamente su decisión de convocar la Asamblea Constituyente apenas asumiera la Presidencia de la República, el 2 de febrero de 1999, sin necesidad de reformar previamente la Constitución de 1961 para regularla. En el ínterin, además, y apoyado por la popularidad que en ese momento tenía, formulaba amenazas y ejercía públicamente presiones indebidas ante la Corte Suprema de Justicia en apoyo de su propuesta.

Para diciembre de 1998, en efecto, la Corte Suprema conocía precisamente de sendos recursos de interpretación que habían sido intentados para que resolviera, justamente, sobre si era necesario o no reformar la Constitución para regular la Asamblea Constituyente para poder ser convocada. El resultado de la presión política que se originó, fue precisamente la emisión de las dos sentencias indicadas por la Corte Suprema, el 19 de enero de 1999[10], dos semanas antes de la toma de posesión de su cargo por el Presidente de la República, en las cuales si bien la Corte no resolvió expresamente lo que se le había solicitado interpretar, glosó ampliamente en forma teórica la doctrina constitucional sobre el poder constituyente, desencadenando así el proceso que luego no pudo ni contener ni limitar, costándole como se dijo, su propia existencia.

---

[8]. Sobre los problemas jurídicos que precedieron a la conformación de la Asamblea Nacional Constituyente, véase Hildegard Rondón de Sansó, *Análisis de la Constitución venezolana de 1999*, Editorial Ex Libris, Caracas, 2001, pp. 3-23.

[9]. Véase en Allan R. Brewer-Carías, *Asamblea Constituyente y Ordenamiento... cit.*, pp. 153 a 227; Allan R. Brewer-Carías, "El desequilibrio entre soberanía popular y supremacía constitucional y la salida constituyente en Venezuela en 1999, en la *Revista Anuario Iberoamericano de Justicia Constitucional*, Nº 3, 1999, Centro de Estudios Políticos y Constitucionales, Madrid 2000, pp. 31-56. Sobre el Poder constituyente y la soberanía popular, véase Ricardo Combellas, *Derecho Constitucional: una introducción al estudio de la Constitución de la República Bolivariana de Venezuela*, Mc Graw Hill, Caracas, 2001, pp. 6 y ss.

[10]. Véase el texto de esas sentencias, en Allan R. Brewer-Carías, *Asamblea Constituyente y Ordenamiento... cit.*, pp. 25 y ss.

II. EL DILEMA ENTRE SOBERANÍA POPULAR Y SUPREMACÍA CONSTITUCIONAL Y LA OMISIÓN DEL JUEZ CONSTITUCIONAL EN RESOLVERLO

En todo caso, en el dilema que existía en ese momento político entre supremacía constitucional y soberanía popular, la solución del mismo en medio de la crisis política existente, como hemos dicho, sólo podría resultar de una interpretación constitucional que diera la Corte Suprema; y ello fue, precisamente, lo que se concretó en las sentencias mencionadas del 19 de enero de 1999. De ellas, se dedujo que se podía convocar un *referéndum consultivo* sobre la Constituyente, la cual en definitiva se podía crear mediante la sola voluntad popular al margen de la Constitución de 1961[11].

El dilema que enfrentó la Corte Suprema consistió entonces en dilucidar cuál principio de los dos que constituyen los dos pilares fundamentales que rigen al Estado Constitucional, debía prevalecer: o el principio democrático representativo o el principio de la supremacía constitucional, lo que en todo caso exigía que se mantuviera el equilibrio entre ambos[12]. En ese dilema, si la Corte se atenía al sólo principio democrático de democracia representativa que está a la base del Estado constitucional, el pueblo soberano sólo podía manifestarse como poder constituyente instituido mediante los mecanismos de modificación constitucional previstos en la Constitución (art. 246). Sin embargo, de acuerdo con el criterio expresado por la Corte Suprema de Justicia en su mencionada sentencia Caso *Referendo Consultivo I*:

> Si la Constitución, como norma suprema y fundamental puede prever y organizar sus propios procesos de transformación y cambio..., *el principio democrático quedaría convertido en una mera declaración retórica...*

Es decir, para que el principio democrático no fuera una mera declaración retórica, los procesos de cambio o transformación constitucional no debían quedar reducidos a los que se previeran en la Constitución como norma suprema y fundamental.

Pero si la Corte se atenía al otro principio del constitucionalismo moderno, el de la supremacía constitucional, es decir, el necesario respeto de la Constitución adoptada por el pueblo soberano que obliga y se impone por igual, como lo dijo la Corte, tanto a los gobernantes (poderes constituidos) como a los gobernados (poder constituyente), toda modificación de la voluntad popular plasmada en la Constitución sólo podía realizarse a través de los mecanismos de reforma o enmienda que establecía la misma Constitución que era, precisamente, obra de la soberanía popular.

---

[11]. Véase el texto de las sentencias en Allan R. Brewer-Carías, *Poder Constituyente Originario y Asamblea Nacional Constituyente*, op. cit., pp. 25 a 53; y en esta *Revista*, pp. 56 a 73; véanse los comentarios a dichas sentencias en ese mismo libro, pp. 55 a 114 y en Allan R. Brewer-Carías, *Asamblea Constituyente y Ordenamiento Constitucional*, op. cit., pp. 153 a 228.

[12]. Véase los comentarios sobre el dilema en Lolymar Hernández Camargo, *La Teoría del Poder Constituyente. Un caso de estudio: el proceso constituyente venezolano de 1999*, UCAT, San Cristóbal, 2000, pp. 53 y ss; Claudia Nikken, *La Cour Suprême de Justice et la Constitution vénézuélienne du 23 Janvier 1961*. Thèse Docteur de l'Université Panthéon Assas, (Paris II), Paris 2001, pp. 366 y ss.

Sin embargo, también de acuerdo al criterio expresado por la Corte Suprema de Justicia, en la referida sentencia Caso *Referendo Consultivo I,*

> Si se estima que para preservar la soberanía popular, es al pueblo a quien corresponderá siempre, como titular del poder constituyente, realizar y aprobar cualquier modificación de la Constitución,... *la que se verá corrosivamente afectada será la idea de supremacía.*

Es decir, para que el principio de la supremacía constitucional no se viera corrosivamente afectado, las modificaciones a la Constitución sólo la podía realizar el pueblo a través de los mecanismos previstos en la propia Constitución.

Era claro, por tanto, cual era el dilema abierto desde el punto de vista constitucional en ese momento histórico de Venezuela: o la soberanía popular era pura retórica si no podía manifestarse directamente fuera del marco de la Constitución; o la supremacía constitucional se veía corrosivamente afectada si se permitía que el pueblo soberano, como titular del poder constituyente, pudiera modificar la Constitución fuera de sus normas.

La solución del dilema podía ser relativamente fácil en una situación de hecho o de ruptura constitucional: el pueblo, como poder constituyente puede manifestarse siempre, particularmente porque no existe el principio de la supremacía constitucional al haber sido roto el hilo constitucional.

Ello sin embargo, no ocurría así en un proceso constituyente de derecho sometido a una Constitución. En efecto, no estando el país, a comienzos de 1999, en una situación de hecho sino de vigencia del orden constitucional del texto de 1961, el dilema planteado entre soberanía popular y supremacía constitucional, frente a un proceso de cambio político incontenible como el que se estaba produciendo, no podía tener una solución que derivase de la sola discusión jurídica, sino que necesaria y básicamente tenía que tener una solución de carácter político, pero guiada por el órgano del Estado constitucional, al que correspondía la Jurisdicción constitucional, es decir, a la Corte Suprema de Justicia.

En todo caso, en la discusión jurídica que se había abierto en el país, para enfrentar el mismo dilema, habían quedado claras dos posiciones: *por una parte*, la de quienes sostenían y sostuvimos que derivado del principio de la supremacía constitucional, en el Estado constitucional democrático de derecho representativo la Constitución establece los mecanismos para su revisión (reforma y enmienda); y al no regular a la Asamblea Constituyente como medio para la reforma, para que ésta pudiera convocarse debía previamente crearse y establecerse su régimen en el texto constitucional, mediante una reforma constitucional que le diese *status* constitucional; y *por otra parte,* la de quienes sostenían, encabezados por el Presidente de la República, que derivado del principio de que la soberanía reside en el pueblo, la consulta popular sobre la convocatoria y régimen de la Asamblea Constituyente, como manifestación de dicha soberanía popular declarada por el pueblo como poder constituyente originario mediante referendo, era suficiente para que la misma se convocara y eligiera, y acometiera la reforma constitucional sin necesidad de que previamente se efectuase una reforma constitucional para regularla. Se trata, en definitiva, del debate sobre el poder constituyente en el Estado constitucional democrático representativo que intermitentemente ha dominado la discusión constitucional en todos los Estados modernos, y que siempre ha estado en la precisa frontera que existe entre los hechos y el derecho.

La Sala Político Administrativa de la Corte Suprema de Justicia, como se ha dicho, en la misma fecha 19 de abril de 1999 resolvió en sendas sentencias dos recursos de interpretación (*Referéndum Consultivo I*, Ponente: Humberto J. La Roche y *Referéndum Consultivo II*, Ponente: Héctor Paradisi) sobre el artículo 181 de la Ley Orgánica del Sufragio y Participación Política en concordancia con el artículo 4º de la Constitución, en relación con la posibilidad de una consulta popular (referendo consultivo) sobre la convocatoria de la Asamblea Nacional Constituyente en los cuales se solicitó a la Corte, como petitorio final:

> Determine qué sentido debe atribuirse a las referidas normas, en cuanto a la posibilidad real o no de llevar a cabo dicha convocatoria a una Asamblea Constituyente.

Con relación al fondo del asunto objeto del recurso de interpretación, conforme lo resumió la sentencia *Referéndum Consultivo I*, los directivos de la Fundación recurrente plantearon lo siguiente:

> Existen dos posiciones en cuanto a la forma como deba convocarse la Asamblea Constituyente: Una Primera, propuesta por el Presidente Electo (la cual ha sido señalada ya anteriormente), quien considera que basta la convocatoria del referendo previsto en el artículo 181 de la LOSPP, para convocar la Asamblea Constituyente, en base al principio de soberanía contenido en el artículo 4 de la Constitución de la República que reconoce al pueblo como constituyente primario, y; una segunda que considera que el soberano también tiene a su vez una normativa prevista en la Constitución Nacional, que debe respetar para producir un referendo, en razón de que el artículo 4 de la Constitución de la República refiere su soberanía a los poderes constituidos, y que por lo tanto hace falta una reforma puntual de la Constitución de la República que cree la figura de la Asamblea Constituyente para llevar a cabo dicha convocatoria".

Concluyeron los solicitantes señalando que:

> Sin pronunciarnos por ninguna de las dos posiciones antes enunciadas, consideramos que la propuesta del Presidente Electo se basa tanto en el artículo 181 de la LOSPP, como en el artículo 4 de la Constitución (...) por lo que no sería lógico pronunciarse en relación a la viabilidad constitucional de esta propuesta interpretando sólo el primero de estos artículos (...) sino que debe incluirse forzosamente la interpretación también del artículo 4 de la Constitución de la República tal y como lo estamos solicitando.

La Sala Político Administrativa, al decidir sobre su competencia para conocer del recurso de interpretación que le fue interpuesto, en la sentencia Caso *Referendo Consultivo I* precisó el alcance del recurso, conforme a su propio criterio, en los términos siguientes:

> Se ha interpuesto recurso de interpretación en relación con los artículos 181 de la Ley Orgánica del Sufragio y de Partición Política y 4 de la Constitución de la República, a los fines de que la Sala emita pronunciamiento acerca del alcance de la primera de las normas invocadas, en el sentido de precisar si, a través de un referendo consultivo, se puede determinar *la existencia de volun-*

tad popular para una futura reforma constitucional y, en caso afirmativo, si ese mecanismo legal de participación puede servir de fundamento a los efectos de convocar a una Asamblea Constituyente, de manera tal que se respete el ordenamiento constitucional vigente.

Luego, en la misma sentencia, la Corte precisó la doble cuestión que ya hemos señalado y que estaba planteada en el recurso de interpretación:

> Si la Constitución, como norma suprema y fundamental puede prever y organizar sus propios procesos de transformación y cambio, en cuyo caso, el principio democrático quedaría convertido en una mera declaración retórica, o si se estima que, para preservar la soberanía popular, es al pueblo a quien corresponderá siempre, como titular del Poder Constituyente, realizar y aprobar cualquier modificación de la Constitución, en cuyo supuesto la que se verá corrosivamente afectada será la idea de supremacía.

Precisamente por ello, a pesar de que el recurso de interpretación se interpuso conforme al artículo 234 de la Ley Orgánica del Sufragio y Participación Política respecto del artículo 181 de la misma Ley Orgánica, en virtud de que los recurrentes exigieron que la interpretación solicitada debía implicar su adecuación al artículo 4 de la Constitución, la Corte precisó que en todo caso de interpretación de una ley, como acto de "ejecución directa de la Constitución", debía atenderse "en un todo a los principios fundamentales del orden jurídico vigente", debiendo tenerse en cuenta y conciliando la decisión "con el orden constitucional".

Es decir, la Corte consideró que "en nuestro Estado constitucional de derecho, fundado en la supremacía del estatuto constitucional" la interpretación de la ley y de la Constitución:

> Conducen a una interpretación constitucional -que no interpretación de la Constitución- en virtud de la cual se determina el alcance de la norma jurídica a partir de los principios y valores constitucionales, incluso más allá del texto positivo de ésta.

La Corte Suprema, en consecuencia, en este caso fijó la técnica interpretativa que utilizaría para resolver la cuestión planteada: interpretar el ordenamiento jurídico, más que interpretar la Ley Orgánica aisladamente, "combinando principios, valores y métodos en orden a integrar los textos en el proceso de aplicación del derecho".

En todo caso, en la sentencia *Referéndum Consultivo I*, después de realizar algunas citas doctrinales genéricas, la Corte precisó el dilema que tenía que resolver, así:

> El asunto planteado es el dilema de si la propia Constitución, le es dado regular sus propios procesos de modificación y de reforma o si se considera que la soberanía corresponde directamente al pueblo, como titular del poder constituyente, reordenando al Estado. En el primer caso estaríamos en presencia del poder constituido. En el segundo, el poder constituyente tendría carácter absoluto e ilimitado.

De este dilema concluyó la Corte señalando que:

> Pareciera ocioso indicar que la idea de supremacía deja de tener sentido cuando se considera que poder constituyente y poder constituido se identifican y que el poder constituyente es creado por la Constitución, en lugar de considerarse a la Constitución como obra del poder constituyente.

La verdad es que de estos párrafos no se entiende constitucionalmente la conclusión del dilema entre soberanía popular y supremacía constitucional que planteó la Corte, pues la Constitución siempre es la obra del poder constituyente que la ha sancionado; y fue ese poder constituyente el que organizó políticamente a la sociedad prescribiendo un régimen democrático representativo, en el cual el pueblo sólo podría actuar mediante sus representantes conforme a la Constitución que es obra del poder constituyente.

Este, el poder constituyente, al dictar la Constitución, era el que ha resuelto subsumirse en el marco de una Constitución otorgándole supremacía y prescribiendo la forma de su modificación, la cual no se verifica en forma alguna, por los poderes constituidos, sino por el poder constituyente instituido en la propia Constitución de 1961, que se manifiesta finalmente mediante un referendo aprobatorio de la reforma constitucional (art. 246 de la Constitución), que implicaba la manifestación directa y final del pueblo soberano. No era acertado, por tanto, como lo hizo la Corte en la sentencia, confundir el poder constituyente instituido de reforma de la Constitución con los poderes constituidos, los cuales no podían reformarla en ningún caso.

Pero al final, en la decisión Caso *Referendo Consultivo I*, que la Corte Suprema adoptó "de conformidad con el orden constitucional vigente (Preámbulo, artículo 4 y artículo 50), artículos 234 de la Ley Orgánica del Sufragio y Participación Política y 42 ordinal 24 de la Ley Orgánica de la Corte Suprema de Justicia", lo que la Corte hizo fue formular esta declaración:

> La interpretación que debe atribuirse al artículo 181 de la Ley Orgánica del Sufragio y Participación Política, respecto del alcance del referendo consultivo que consagra, en cuanto se refiere al caso concreto objeto del recurso que encabeza las presentes actuaciones, es que: a través del mismo puede ser consultado el parecer del cuerpo electoral sobre cualquier decisión de especial trascendencia nacional distinto a los expresamente excluidos por la propia Ley Orgánica del Sufragio y Participación Política en su artículo 185, incluyendo la relativa a la convocatoria de una Asamblea Constituyente.

Es decir, la Corte Suprema de Justicia en esta sentencia, muy lamentablemente, no sólo no resolvió de manera expresa el dilema constitucional que se le había planteado y que ella misma había identificado, sino que se limitó sólo a decidir que conforme al artículo 181 de la Ley Orgánica del Sufragio y Participación Política, en efecto, sí se podía realizar un referendo consultivo, para consultar el parecer del cuerpo electoral sobre la convocatoria de una Asamblea Constituyente.

La verdad es que para decidir eso no era necesario producir tan extensa decisión, ni argumentar demasiado jurídicamente, integrando el ordenamiento jurídico, incluso la Constitución, pues era evidente que la convocatoria de una Asamblea Constituyente era y es una materia de especial trascendencia nacional conforme a lo indicado en el artículo 181 de la Ley Orgánica del Sufragio y Participación Política. En consecuencia, nada nuevo dijo la Corte y menos aún resolvió y decidió en forma precisa y clara sobre el asunto que le había sido planteado, es decir, en definitiva, si para convocar la Asamblea Constituyente bastaba el referendo consultivo o era necesario, además, reformar previamente la Constitución.

En realidad, sobre este asunto, tanto en la sentencia Caso *Referendo Consultivo I* como en la Caso *Referendo Consultivo II*, la Sala llegó a la conclusión de que una vez efectuado un referendo consultivo conforme al artículo 181 de la Ley Orgánica del Sufragio y Participación Política,

> Aún cuando el resultado de la decisión popular adquiera vigencia inmediata, *su eficacia sólo procedería* cuando, mediante los *mecanismos legales establecidos se de cumplimiento a la modificación jurídica aprobada*. Todo ello siguiendo procedimientos ordinarios previstos en el orden jurídico vigente, a través de los órganos del Poder Público *competentes* en cada caso. Dichos órganos estarán en la *obligación de proceder* en ese sentido.

De este párrafo, sin duda, surgía una perplejidad en el sentido de que lo que derivaba de la afirmación de la Corte Suprema, era que una consulta popular sobre la convocatoria a una Asamblea Constituyente no bastaba para efectivamente convocarla y reunirla. La consulta popular sólo sería un mandato político obligatorio, conforme al criterio de la Corte, para que los órganos del Poder Público *competentes* pudieran proceder a efectuar las modificaciones jurídicas derivadas de la consulta popular, siguiendo los procedimientos ordinarios previstos en el orden jurídico vigente, tanto constitucional como legal. Sólo después de que estas modificaciones se efectuasen, conforme al criterio de la Corte, que no podían ser otras que no fueran las de una revisión constitucional (reforma o enmienda), era que la consulta popular sería efectiva.

El tema de los órganos del Poder Público *competentes* para implementar los resultados de la consulta popular, por supuesto, entonces se convertía en crucial, pues de acuerdo con la Constitución, que es parte del "orden jurídico vigente", el único órgano del Poder Público competente para efectuar las modificaciones necesarias al ordenamiento jurídico para establecer el régimen jurídico de la Asamblea Constituyente, era el poder constituyente instituido (Reforma constitucional), que combinaba la participación de los diputados y senadores y de las Cámaras Legislativas, con la participación del pueblo vía referendo aprobatorio conforme a los artículos 245 y 246 de la Constitución de 1961.

Es decir, lejos de decidir con precisión la cuestión constitucional planteada respecto de la posibilidad constitucional de la convocatoria de una Asamblea Constituyente y de la necesidad o no de reformar previamente la Constitución, tanto la sentencia Caso *Referendo Consultivo I* como la Caso *Referendo Consultivo II,* dejaron abierta la discusión constitucional.

Como ya lo hemos analizado detenidamente con anterioridad y, además, en otro lugar[13], la Corte Suprema de Justicia, al dictar su nada precisa y más bien ambigua decisión del 19 de enero de 1999[14], abrió la vía jurídico-judicial para la convocatoria de un referendo consultivo para que el pueblo se pronunciara sobre la convocatoria

---

[13]. Véase Allan Brewer-Carías, *Poder Constituyente Originario y Asamblea Nacional Constituyente,* Caracas 1999.

[14]. Véase el texto íntegro de la sentencia en *idem,* pp. 25 a 53 y en esta *Revista*, pp. 56 a 73.

de una Asamblea Nacional Constituyente, sin que esta institución estuviese prevista en la Constitución de 1961, vigente en ese momento, como un mecanismo de revisión constitucional[15].

Con esta decisión, la Corte Suprema no sólo sentó las bases para el inicio del proceso constituyente venezolano de 1999, sino que dio comienzo al proceso que condujo al golpe de Estado perpetrado por la Asamblea Constituyente y, casi un año después, a que los nuevos titulares del Poder Público decretaran su propia extinción.

Esa sentencia, en medio de su ambigüedad, a pesar de estar plagada de citas de todo tipo, de libros viejos y nuevos, sin mucho concierto, de consideraciones generales sobre el significado del poder constituyente originario y derivado, totalmente innecesarias, salvo para originar confusión e interpretaciones variadas; y de precisiones sobre el derecho ciudadano a la participación política como inherente a la persona humana; no llegó a resolver lo esencial de la interpretación que le había sido requerida.

A la Corte se le había consultado mediante un recurso de interpretación en relación con las normas sobre referendos de la Ley Orgánica del Sufragio y de Participación Política, sobre si para convocar una Asamblea Constituyente era o no necesario reformar previamente la Constitución de 1961, para regularla en su texto. La Corte Suprema, sin embargo, sólo dijo que se podía consultar al pueblo, mediante referendo, sobre la convocatoria de una Asamblea Constituyente, pero nada dijo sobre si para convocarla debía o no previamente reformarse la Constitución de 1961 para regular dicha institución en la misma.

La ausencia de decisión de la Corte, sin embargo, como hemos dicho, en la práctica fue suplida por los titulares de primera página de los diarios nacionales de los días 20 de enero de 1999 y siguientes, los cuales fueron los que abrieron efectiva e insólitamente dicha vía hacia el proceso constituyente, al "informar" en grandes letras que supuestamente, la Corte Suprema de Justicia había decidido que se podía proceder a convocar una Asamblea Nacional Constituyente para revisar la Constitución, sin necesidad de reformar previamente la Constitución de 1961, que la regulara[16].

En ese momento, la euforia de los que de ello derivaron un "triunfo" jurídico[17], y la incredulidad y duda de otros, que no encontraban la "decisión" que anunciaba la

---

[15]. Véase Jesús María Casal, "La apertura de la Constitución al proceso político", en *Constitución y Constitucionalismo Hoy*, Fundación Manuel García-Pelayo, Caracas 2000, pp. 127 y ss.

[16]. *El Nacional*, Caracas 21-01-99, p. A-4 y D-1; *El Universal*, Caracas 21-01-99, p. 1-2 y 1-3; *El Universal*, Caracas 20-01-99, p. 1-15. El titular de primera página del diario *El Nacional* del 20-01-99 rezó así: "CSJ, considera procedente realizar un referéndum para convocar la Constituyente"; el titular del cuerpo de *Política* del mismo diario, del 21-01-99, rezó así: "No es necesario reformar la Constitución para convocar el referéndum" y el del día 22-01-99 rezó así: "La Corte Suprema no alberga dudas sobre la viabilidad de la Constituyente". Véase los comentarios coincidentes de Lolymar Hernández Camargo, *La Teoría del Poder Constituyente, cit.*, p. 63.

[17]. Ello se deducía de la propia Exposición de Motivos del Decreto Nº 3 del 02-02-99 del Presidente de la República convocando al referendo consultivo sobre la Asamblea Nacional Constituyente en la se dijo que:

prensa en el texto de la sentencia, impidieron precisar con exactitud el contenido de la misma. La verdad es que, como lo advertimos en su momento[18], eso no había sido lo que había decidido la Corte Suprema de Justicia en las sentencias de su Sala Político Administrativa del 19 de enero de 1999. La Corte, en efecto, como hemos dicho anteriormente, debía decidir un recurso de interpretación de las normas de la Ley Orgánica del Sufragio y Participación Política sobre referendos, en el cual se le habían formulado *dos preguntas* muy precisas: *primera,* si se podía convocar un referendo relativo a una consulta popular sobre la convocatoria de una Asamblea Nacional Constituyente; y *segunda,* si se podía convocar dicha Asamblea para dictar una nueva Constitución, sin que se reformarse previamente la Constitución de 1961, la cual no preveía la existencia de dicha Asamblea.

La Corte, como ya lo hemos analizado anteriormente, resolvió claramente sólo la primera pregunta, pero simplemente, *no se pronunció sobre la segunda.*

Esto lo confirmó *ex post facto* con claridad, la magistrado Hildegard Rondón de Sansó en su voto salvado a la sentencia de la Corte Plena de 14-10-99 (Caso *Impugnación del Decreto de la Asamblea Nacional Constituyente de Regulación de las Funciones del Poder Legislativo*) al afirmar que en aquella sentencia de 19-01-99, la Sala:

> Únicamente se limitó a establecer la posibilidad de consulta al cuerpo electoral sobre la convocatoria a una Asamblea Nacional Constituyente sin reformar la Constitución.

Es decir, la sentencia se limitó a señalar que para realizar un referendo sobre el tema no era necesario reformar previamente la Constitución; pero la Sala no se pronunció sobre si luego de realizada la consulta refrendaria, para poder convocar efectivamente la Asamblea Nacional Constituyente, que no estaba regulada en norma alguna, como mecanismo para la revisión constitucional, debía o no reformarse la Constitución de 1961 precisamente para regularla en ella como uno de dichos mecanismos.

Esta carencia, como se dijo, la suplió la "opinión pública" manifestada en los mencionados titulares de prensa antes mencionados, que seguramente se redactaron con él animo de querer expresar lo que en criterio de los periodistas debió haber sido

---

"b) La Corte Suprema de Justicia, en sus decisiones del 19 de enero de 1999, ha establecido que para realizar el cambio que el país exige, es el Poder Constituyente, como poder soberano previo y total, el que puede, en todo momento, modificar y transformar el ordenamiento constitucional, de acuerdo con el principio de la soberanía popular consagrado en el artículo 4 de la Carta Fundamental;

c) El referendo previsto en la Ley Orgánica del Sufragio y Participación Política, es un mecanismo democrático a través del cual se manifiesta el poder originario del pueblo para convocar una Asamblea Nacional Constituyente y un derecho inherente a la persona humana no enumerado, cuyo ejercicio se fundamenta en el artículo 50 del Texto Fundamental y que, ese derecho de participación, se aplica no sólo durante elecciones periódicas y de manera permanente a través del funcionamiento de las instituciones representativas, sino también en momentos de transformación institucional que marcan la vida de la Nación y la historia de la sociedad". (*Gaceta Oficial* Nº 36.634 de 02-02-99).

[18]. Véase Allan R. Brewer-Carías, *Poder Constituyente Originario y Asamblea Nacional Constituyente, cit.,* pp. 66 y ss. Véase además, lo expuesto en Allan R. Brewer-Carías, *Golpe de Estado y proceso constituyente en Venezuela,* UNAM, México 2002, pp. 85 y ss.

lo que debía haber decidido la sentencia, que no lo fue. En todo caso, la prensa interpretó así lo que podía considerarse que opinaba y esperaba la mayoría opinante del país, pues de lo contrario, quizás en ese momento el país se encaminaba a un conflicto abierto de orden constitucional: la convocatoria de una Asamblea Nacional Constituyente, como lo quería y había prometido el recién electo Presidente de la República y como lo había formulado en su voluntarista Decreto N° 3 de 2 de febrero de 1999, sin que la Constitución vigente para el momento (la de 1961) previera tal Asamblea y permitiera tal convocatoria. Ello hubiera constituido, en sí mismo, el golpe de Estado.

Por tanto, a pesar de que la sentencia no resolvió el problema jurídico que se le planteó, al suplir la opinión pública esa falsa, ninguna duda política quedó en la práctica, dejando entonces de tener mayor sentido todo planteamiento sobre la posibilidad constitucional o no, no sólo de la convocatoria al referendo consultivo sobre la Asamblea Nacional Constituyente, sino de su elección posterior para dictar una nueva Constitución en sustitución de la de 1961. La decisión de la Corte Suprema, sin decirlo, contribuyó a resolver fácticamente la controversia y así cesó del debate constitucional en tal sentido, pasando la controversia constitucional a otros terrenos.

III. LA APERTURA DE LA "CAJA DE PANDORA"[19] CONSTITUYENTE POR LA CORTE SUPREMA DE JUSTICIA

Como se ha dicho, si bien en las decisiones de las sentencias Caso *Referendo Consultivo I* y Caso *Referendo Consultivo II*, la Corte Suprema no resolvió definitivamente la discusión constitucional, sino que la dejó abierta, si debe señalarse que en la parte motiva de la sentencia Caso *Referendo Consultivo I*, la Corte hizo una serie de consideraciones sobre el poder constituyente y las revisiones constitucionales que tocaron aspectos esenciales del constitucionalismo y que permitían vaticinar una posición jurídica futura en caso de nuevos conflictos, por lo cual estimamos necesario estudiarlas.

En *primer lugar*, la Corte Suprema trató el tema de la democracia directa. En efecto, al referirse al artículo 4º de la Constitución lo interpretó conforme a lo que consagraba, que no era otra cosa que el principio de la democracia representativa conforme al cual el pueblo soberano solo puede actuar mediante sus representantes electos. Pero frente a este principio constitucional, la Corte, en su sentencia, se refirió sin embargo al principio de la democracia directa, señalando que:

> Un sistema participativo, por el contrario, consideraría que el pueblo retiene siempre la soberanía ya que, si bien puede ejercerla a través de sus representantes, también puede por sí mismo hacer valer su voluntad frente al Estado. Indudablemente quien posee un poder y puede ejercerlo delegándolo, con ello no agota su potestad, sobre todo cuando la misma es originaria, al punto que la propia Constitución lo reconoce.

---

[19]. De Pandora se dice que fue "la primera mujer, según el mito griego, que abrió una caja que contenía todos los males y estos se derramaron sobre la tierra", *Diccionario de la Lengua Española,* Real Academia Española, Vigésima segunda edición, Tomo 2, Madrid 2001, p. 1664. Y la "Caja de Pandora" se define como la "acción o decisión de la que, de manera imprevista, derivan consecuencias desastrosas", *idem*, Tomo 1, p. 391.

De esta apreciación sobre la democracia directa, que la sentencia confundió con democracia participativa, que contrasta con el principio de la democracia representativa que adoptaba la Constitución, la Corte continuó su argumentación sobre la posibilidad que tenía el pueblo de manifestarse directamente y no a través de representantes, en la forma siguiente:

> De allí que el titular del poder (soberanía) tiene implícitamente la facultad de hacerla valer *sobre aspectos para los cuales no haya efectuado su delegación*. La Constitución ha previsto a través de sufragio la designación popular de los órganos de representación; pero no ha enumerado los casos en los cuales esta potestad puede directamente manifestarse.
>
> Ahora bien, no puede negarse la posibilidad de tal manifestación si se estima que ella, por reconocimiento constitucional, radica en el ciudadano y sólo cuando la misma se destina a la realización de funciones del Estado específicamente consagrados en el texto fundamental (funciones públicas), se ejerce a través de los delegatarios. De allí que, la posibilidad de delegar la soberanía mediante el sufragio en los representantes populares, no constituye un impedimento para *su ejercicio directo en las materias en las cuales no existe previsión expresa de la norma sobre el ejercicio de la soberanía a través de representantes*. Conserva así el pueblo su potestad originaria para casos como el de ser consultado en torno a materias objeto de un referendo.

Conforme a este razonamiento de la Corte, resultaba entonces, sin duda, la posibilidad de efectuar un referendo consultivo sobre la convocatoria de una Asamblea Constituyente; pero no resulta posibilidad alguna de que mediante una consulta se pudiera "crear" y regular con rango constitucional y convocar una Asamblea Constituyente no prevista ni regulada en la propia Constitución, que acometiera la reforma constitucional, pues, precisamente, era la Constitución *la que regulaba expresamente* que la reforma constitucional debía realizarse por el poder constituyente instituido[20] mediante la participación de representantes electos integrantes de las Cámaras Legislativas y la aprobación de la misma por el pueblo mediante un referendo aprobatorio (art. 146 de la Constitución). Precisamente, en este supuesto de reforma de la Constitución estábamos en presencia de un caso en el cual, conforme lo indicó la sentencia, el pueblo soberano, al sancionar la Constitución mediante sus representantes, reguló *expressis verbis* la forma para la realización de la reforma constitucional a través de sus delegados y de un referendo aprobatorio.

De manera que en este caso, conforme a lo que señaló la Corte, si bien la consulta popular sobre la convocatoria de una Asamblea Constituyente podía hacerse; sin embargo, la misma, si se convocaba, no tenía autoridad constitucional para reformar la Constitución, pues en forma expresa ésta regulaba cómo podía reformarse por el poder constituyente instituido.

Se insiste, conforme al criterio de la Corte, la soberanía popular podría manifestarse directamente "cuando *no existe previsión expresa* de la norma sobre el ejerci-

---

[20]. De lo contrario ocurriría un fraude constitucional que, como lo definió G. Liet Veaux, ocurre cuando se produce la revisión de las cláusulas de revisión de la Constitución, con el fin de crear un nuevo órgano de revisión encargado de dictar una nueva Constitución; en "La fraude à la Constitution", *Revue du Droit Public*, París 1943, p. 143. *Cfr.* Claudia Nikken, *La Cour Suprême de Justice et la Constitution... cit.*, p. 385.

cio de la soberanía a través de representantes"; por lo que, en sentido contrario, cuando existía previsión expresa de la norma constitucional sobre el ejercicio de la soberanía a través de representantes, no podría manifestarse directamente dicha soberanía popular.

Precisamente en relación con la reforma constitucional, el artículo 246 establecía en *forma expresa* cómo había de manifestarse la soberanía popular a tales efectos, previendo la participación de los representantes electos (Senadores y Diputados) que integraban las Cámaras Legislativas y la participación directa del pueblo soberano mediante un referendo aprobatorio de la reforma constitucional.

Por tanto, en esta parte de la motivación de la sentencia Caso *Referendo Consultivo I*, lejos de deducirse que se podría modificar la Constitución vía una Asamblea Constituyente no prevista en la misma como consecuencia de una consulta popular, en realidad resulta todo lo contrario.

Conforme a la Constitución, el pueblo, mediante sus representantes constituyentes, en 1961 había determinado que la reforma general de dicho texto sólo se podía hacer en un proceso constituyente instituido, donde el pueblo tenía que manifestarse en dos formas: primero, mediante sus representantes, en el Congreso; y segundo, mediante un referendo aprobatorio de la nueva Constitución.

La consecuencia de ello era que todo intento de efectuar una reforma constitucional apartándose del procedimiento constituyente antes indicado, constituía una violación de la voluntad popular expresada en la Constitución. Esta no admitía que se pudiera reformar trastocándose la voluntad popular.

Un referendo aprobatorio, como el que regulaba en la Constitución, después que el Congreso -que estaba constituido por representantes electos popularmente- adoptase la reforma constitucional, no podía ser sustituido en forma alguna por un referendo consultivo, que no era más que eso, una consulta regulada en la Ley Orgánica del Sufragio (art. 181). Nadie, ni siquiera poder constituido alguno, tenía el poder conforme a la Constitución, para transformar un referendo consultivo establecido en una Ley, en un procedimiento de reforma constitucional.

En tal sentido es que se había planteado que mediante un referendo consultivo convocado conforme a la Ley Orgánica del Sufragio, se podría consultar al pueblo sobre si quería o no una Asamblea Constituyente para reformular el sistema político y sancionar una nueva Constitución, pero quedaba pendiente el tema de que si la consulta arrojaba una votación favorable, ello podía o no bastar para convocarla y atribuirle el poder constituyente. Siempre consideramos que ello no era posible constitucionalmente, pues para que la soberanía popular manifestada en un referendo consultivo se materializase en la convocatoria de una Asamblea Constituyente, el régimen de la Constituyente tenía necesariamente que estar consagrado con rango constitucional. Es decir, sólo la Constitución o una norma de rango constitucional podría establecer, por ejemplo, el carácter de dicha Asamblea (unicameral o bicameral); la forma de elección (uninominal, plurinominal, por cooptación, por representación corporativa); las condiciones de elegibilidad de los constituyentistas; las condiciones de postulación de los mismos (por firmas abiertas, por partidos políticos, por grupos de electores); la duración de su mandato; y sus funciones y poderes, particularmente en relación con los poderes constituidos (Congreso, Corte Suprema de Justicia, Poder Ejecutivo, Poderes estadales, Poderes municipales).

En nuestro criterio, por tanto, siempre consideramos que no bastaba un referendo consultivo para que pudiera convocarse una Asamblea Constituyente, pues el régimen de la misma no podía ser establecido por los poderes constituidos, ni por Ley del Congreso, ni por Decreto Ejecutivo.

El referendo consultivo lo que significaba era, sólo, la manifestación de voluntad del pueblo dirigida al poder constituyente instituido para que pudiera proceder a regular la Constituyente en la Constitución, y poder convocarla. Por consiguiente, el poder constituyente instituido -como consecuencia de dicho mandato- debía ser el encargado de reformar la Constitución para regular la Constituyente, conforme al procedimiento previsto en el artículo 246; reforma que debía someterse a referendo aprobatorio.

En consecuencia, consideramos que todo intento de convocar una Asamblea Constituyente, basado en una consulta popular (referendo consultivo), sin que interviniera la representación popular recién electa constituida en el Congreso, y sin que interviniera el pueblo mediante un referendo aprobatorio como poder constituyente instituido, de acuerdo con la Constitución, era una violación de la misma y, en consecuencia, del derecho ciudadano a su supremacía constitucional.

Esto, incluso, derivaba de los propios razonamientos de las sentencias Caso *Referendo Consultivo I y II*. En efecto, como se ha dicho, la sentencia Caso *Referendo Consultivo I* precisó con claridad, sobre el referendo consultivo regulado en el artículo 181 de la Ley Orgánica del Sufragio y Participación Política, que:

> Aún cuando el resultado de la decisión popular adquiere *vigencia inmediata,* (se refiere a la voluntad popular manifestada a través de la consulta), *su eficacia sólo procedería cuando, mediante los mecanismos legales establecidos,* se dé cumplimiento a la modificación jurídica aprobada.

Es decir, la consulta popular debía considerarse en forma inmediata como la manifestación del pueblo (vigencia), pero conforme al criterio de la Corte, ello no bastaba para considerar que tenía eficacia si la consulta conducía a una reforma del ordenamiento jurídico, en cuyo caso, la eficacia de la manifestación de la voluntad popular sólo se producía cuando mediante los mecanismos legales o constitucionales se diere cumplimiento a la modificación jurídica aprobada en el referendo consultivo. Un ejemplo aclara el planteamiento formulado por la Corte: imaginémonos que hubiera podido convocarse a un referendo consultivo sobre el establecimiento de la pena de muerte en el país; ello tendría vigencia inmediata, como consulta popular, pero no tendría efectividad sino hasta tanto el poder constituyente instituido reformase el artículo 58 de la Constitución que no sólo regulaba el derecho a la vida como inviolable, sino que prohibía el establecimiento de la pena de muerte. En este sentido, la eficacia del referendo consultivo solo procedía cuando se hiciese la reforma constitucional; como lo dijo la Corte:

> Siguiendo los procedimientos ordinarios previstos en el orden jurídico vigente, a través de los órganos del Poder Público *competentes* en cada caso. Dichos órganos estarán en la obligación de proceder en ese sentido.

Por supuesto, las modificaciones al orden jurídico para hacer eficaz la voluntad popular manifestada en el referendo, sólo podían adoptarse por los órganos del Poder Público que tuvieran constitucional y legalmente *competencia* para hacer las reformas. Dicha competencia, en ningún caso podía derivar del propio referendo consultivo, a menos que se persiguiera delegar el poder constituyente originario en un órgano de los poderes constituidos, lo que hubiera sido atentatorio con el principio democrático de la soberanía popular.

En la sentencia Caso *Referendo Consultivo II,* como ya se ha dicho, se insistió en este mismo argumento, pero específicamente referido al referendo consultivo sobre la convocatoria a una Asamblea Constituyente, al destacarse que ello tenía especial trascendencia nacional:

> En la medida en que los resultados de una consulta popular como la que se pretende, sería factor decisivo para que los órganos *competentes* del Poder Público Nacional diseñen los mecanismos de convocatoria y operatividad de una Asamblea a los fines propuestos; o para que, previamente, tomen la iniciativa de enmienda o de reforma que incluya la figura de una Asamblea de esta naturaleza.

En esta decisión, sin embargo, se abrieron dos posibilidades concretas para que el referendo sobre la Asamblea Constituyente adquiriera eficacia. En primer lugar, que los órganos competentes del Poder Público Nacional diseñasen los mecanismos de convocatoria y operatividad de una Asamblea a los fines propuestos. En este caso, por supuesto, lo importante era determinar si algún órgano del Poder Público Nacional (Ejecutivo o Legislativo) tenía *competencia* para "diseñar los mecanismos de convocatoria y operatividad de una Asamblea Constituyente" a los fines de reformar la Constitución. La respuesta evidentemente que era negativa, pues conforme al ordenamiento jurídico vigente, ningún órgano del Poder Público tenía competencia para ello y menos aún cuando los mecanismos de convocatoria de una Asamblea Constituyente sin duda comportaban modificaciones a la Constitución. Este era el caso, por ejemplo, del establecimiento de un sistema puramente uninominal para la elección de los constituyentistas, lo que implicaba la reforma del artículo 113 de la Constitución de 1961, que consagraba el derecho político a la representación proporcional de las minorías.

Pero en segundo lugar, la sentencia Caso *Referendo Consultivo II* planteó la alternativa, como consecuencia de la consulta popular sobre la convocatoria de la Asamblea Constituyente, de que previamente los órganos del Poder Público Nacional (se refería al Congreso) tomasen la iniciativa de enmienda o de reforma de la Constitución que incluyera la figura de la Asamblea Constituyente.

No se olvide que conforme al mencionado artículo 246 de la Constitución de 1961, la reforma constitucional una vez sancionada por las Cámaras como cuerpos colegisladores, se debía aprobar mediante referendo aprobatorio. Ninguna norma autorizaba en la Constitución, a cambiar dicho régimen por un referendo consultivo, cuyo texto -el de la consulta- se formulase sin una sanción previa por los representantes del pueblo en el Congreso, y que fuera producto de la sola voluntad del Ejecutivo Nacional.

Nada, por tanto, impedía que se convocara a un referendo consultivo para consultar al pueblo sobre el tema de la convocatoria a una Constituyente; en cambio, la Constitución nada regulaba para que una reforma constitucional sólo se derivase de una consulta popular, sin que su texto hubiera sido discutido y sancionado por las Cámaras que integraban el Congreso y luego sancionado mediante referendo aprobatorio.

La Corte Suprema de Justicia, sin embargo, señaló que las normas constitucionales relativas a la reforma constitucional no ataban al poder constituyente manifestado mediante un referendo consultivo, de lo que derivaba la posibilidad de que mediante este se pudiera estructurar otra vía para la reforma de la Constitución, mediante una Asamblea Constituyente, no prevista expresamente en ella.

Para llegar a esta conclusión, la Corte Suprema de Justicia, en la sentencia Caso *Referendo Consultivo I,* dedicó un Capítulo (V) a la "técnica interpretativa de la Ley Orgánica del Sufragio y Participación Política", cuyo artículo 181 había sido objeto del recurso de interpretación intentado. Conforme al criterio de la Corte:

> Ello se circunscribe a determinar si de conformidad con dicha norma, puede convocarse a un referendo consultivo, a los fines de determinar si corresponde a la voluntad popular que se convoque a Asamblea Constituyente.

Al precisar sus consideraciones sobre este tema, la Corte puntualizó que el "análisis interpretativo" que hacía, "versa sobre la convocatoria a referendo" y nada más; precisando que la interpretación que realizó no versaba ni se refería "a consulta plebiscitaria", sobre lo cual agregó:

> En realidad, si bien ambas figuras tienden a confundirse teóricamente, mientras el referendo se refiere a un texto o proyecto, el plebiscito tiende a ratificar la confianza en un hombre o gobernante (*Cfr*. Leclerq, Claude, *Institutions Politiques et Droit Constitutionnels*, París 3 ème Edition, pág. 137).

La Corte, en esta forma, deslindó los conceptos y precisó el mecanismo de participación política que regulaba el artículo 181 de la Ley Orgánica del Sufragio y Participación Política, que quedaba reducido a un referendo consultivo que, como se ha dicho antes, tenía por objeto consultar la opinión del pueblo sobre una decisión que, por supuesto, normalmente estaba plasmada en un proyecto por escrito. Por eso, la Corte señaló que el referendo consultivo se refería a un texto o proyecto, que era el que debía someterse a consulta.

En cuanto al plebiscito, no sólo se traducía en un voto de confianza "a un hombre o gobernante" como lo dijo la Corte, sino que su carácter nunca era consultivo sino decisorio; con el plebiscito se le pedía al pueblo que decidiera; con el referendo consultivo se le pedía al pueblo su opinión sobre una decisión que debía adoptar el órgano del Poder Público que formulaba la consulta. Hechas estas precisiones y analizado el artículo 181 de la Ley Orgánica del Sufragio y Participación Política, la Corte concluyó señalando que de dicha norma se desprendía:

> La consagración jurídica de la figura del referendo consultivo como mecanismo llamado a canalizar la participación popular en los asuntos públicos nacionales.

Al constatar que la duda planteada por los solicitantes del recurso de interpretación "viene fundamentalmente referida al aspecto sustancial del referendo consultivo"; con el objeto de determinar:

> Si la materia objeto del mismo podría estar referida a la voluntad popular de reformar la Constitución mediante la convocatoria de una Asamblea Constituyente.

Y luego de analizar las materias que conforme al artículo 181 de la Ley Orgánica del Sufragio y Participación Política no pueden someterse a referendo, la Corte concluyó señalando que:

> El principio general en materia de participación democrática radica en que la globalidad de los asuntos de especial trascendencia nacional puede ser consultado a través de este mecanismo.

Sin embargo, a renglón seguido, la Corte hizo el razonamiento ya referido anteriormente en varias oportunidades, de que el resultado del referendo consultivo *no tenía efectos de inmediato*, sino:

> Sólo procedería cuando, mediante los mecanismos legales establecidos, se dé cumplimiento a la modificación jurídica aprobada.

Es decir, el referendo consultivo sobre la convocatoria de una Asamblea Constituyente podía hacerse y adquiriría vigencia, pero no era eficaz para reformar la Constitución sino una vez regulada dicha Asamblea en la propia Constitución o en otro instrumento acorde con la consulta popular como mecanismo político del poder constituyente instituido para hacer la reforma general.

Si bien el razonamiento lógico de la sentencia conducía a la primera conclusión, la misma podía interpretarse también en el segundo sentido, dada la consideración que hizo sobre la distinción entre poder constituyente y poderes constituidos.

Pero en *segundo lugar,* la Corte Suprema en su decisión también hizo una serie de precisiones sobre el poder constituyente y los poderes constituidos, lo que daría origen a nuevas discusiones jurídicas posteriores.

En efecto, en su sentencia Caso *Referendo Consultivo I* señaló lo siguiente:

> El poder constituyente originario se entiende como potestad primigenia de la comunidad política para darse una organización jurídica y constitucional. En este orden de motivos, la idea del poder constituyente presupone la vida nacional como unidad de existencia y de decisión. Cuando se trata del gobierno ordinario, en cualquiera de las tres ramas en que se distribuye su funcionamiento, estamos en presencia del poder constituido. En cambio, lo que organiza, limita y regula normativamente la acción de los poderes constituidos es función del poder constituyente. Este no debe confundirse con la competencia establecida por la Constitución para la reforma de alguna de sus cláusulas. La competencia de cambiar preceptos no esenciales de la Constitución, conforme a lo previsto en su mismo texto, es poder constituyente instituido o constituido, y aun cuando tenga carácter extraoficial, está limitado y regulado, a diferencia del poder constituyente originario, que es previo y superior al régimen jurídico establecido.

Se refirió así la Corte, en su sentencia, uno de los conceptos esenciales del constitucionalismo moderno, el del poder constituyente originario el cual, a decir verdad, en los Estados constitucionales estables solo se manifiesta una vez, al constituirse el Estado como "potestad primigenia de la comunidad política para darse una organización jurídica y constitucional". Así concebido, el poder constituyente originario es *supra leges* y queda *legibus solutus*, fuera de toda limitación. Es un hecho que preexiste al derecho que dicho poder crea y ordena en una Constitución.

Sin embargo, este poder constituyente originario, en el mundo contemporáneo es una mera representación histórica. Ese fue por ejemplo, el que asumieron las Asambleas coloniales norteamericanas para crear, *ex novo,* Estados soberanos y ese fue el que asumió la Asamblea Nacional francesa con la Revolución, para transformar radicalmente el Estado francés. Así también actuó el Congreso General de las Provincias de Venezuela, cuando organizó la Confederación de Estados de Venezuela en 1811 y antes, así fueron las manifestaciones de los Cabildos Capitales de las Provincias de la Capitanía General de Venezuela que adoptaron las Constituciones Provinciales.

Pero una vez constituidos los Estados modernos, el poder constituyente originario, así concebido, difícilmente aparece de nuevo, salvo que sea como manifestación *fáctica,* producto de una revolución y, por tanto, de situaciones de hecho y de rupturas constitucionales. Las Constituciones, en cambio, lo que reglan es el poder constituyente instituido o derivado, expresando la voluntad popular hacia futuro sobre cómo es que se puede reformar la propia Constitución, por ejemplo, a través de los procedimientos de reforma y de enmiendas.

Distintos al poder constituyente originario y al poder constituyente instituido, son los poderes constituidos; estos son el producto de la voluntad del poder constituyente manifestada a través de la Asamblea, están sometidos esencialmente a la Constitución y no pueden modificarla.

Ahora bien, en cuanto al poder constituyente instituido, es decir, el poder de modificar la Constitución, este es el resultado constitucional de la tensión que deriva de los dos principios señalados que son pilares del Estado Constitucional, ya comentados: el principio de la democracia representativa y el principio de la supremacía constitucional, y que se encuentran insertos en el constitucionalismo desde la primera Constitución de la República francesa de 1791, que estableció:

> La Asamblea nacional constituyente declara que la Nación tiene el derecho imprescriptibles de cambiar su Constitución; sin embargo, considerando que es más conforme con el interés nacional usar solamente, por los medios expresados en la propia Constitución, del derecho de reformar los artículos que, según la experiencia, se estime deben ser cambiados, decreta que se procederá a ello por medio de una Asamblea de revisión en la forma siguiente...[21].

En consecuencia, es de la esencia del constitucionalismo moderno tanto el concepto de poder constituyente originario como el de poder constituyente instituido para reformar la Constitución, distintos al de los poderes constituidos, los cuales no pueden reformar la Constitución y se encuentran sometidos a ésta. Por ello, tenía razón la Corte Suprema cuando en la sentencia Caso *Referendo Consultivo I* expresó que:

> En este sentido, se observa que el hecho de estar enmarcado históricamente el Poder Constituyente en la normativa constitucional, no basta para entenderlo subrogado permanentemente al Poder Constituido.

> Pretender lo contrario, o sea, que las facultades absolutas e ilimitadas que en un sistema democrático corresponden por definición a la soberanía popular

---

[21]. Art. Primero, Título VII, Véase en Jacques Godechot (ed), *Les Constitutions de la France, depuis* 1789, París 1979, pp. 65-66.

puedan ser definitivamente abdicados en los órganos representativos constituidos, equivaldría, en palabras de Berlia: "que los elegidos dejan de ser los representantes de la nación soberana para convertirse en los representantes soberanos de la nación". (*Cfr.* Berlia, G. "De la compétence Constituante" en *Revue de droit public,* 1945, p. 353, citado por Pedro De Vega en *La reforma constitucional y la problemática del poder constituyente,* Editorial Tecnos, Madrid, 1985, p. 231).

De ello resulta, por tanto, que el poder constituyente tanto originario como instituido no pueden quedar subrogados a los poderes constituidos; y que si bien el poder constituyente originario corresponde al pueblo, éste es el que, como tal, tiene facultades absolutas e ilimitadas; no así sus representantes electos en una Asamblea Constituyente, los cuales no pueden confundirse con el propio pueblo soberano, ni la Asamblea Constituyente puede ser confundida en forma alguna con el poder constituyente originario, ni nunca podría ser "soberana".

Por último, en *tercer lugar,* en el Capítulo de la sentencia Caso *Referendo Consultivo I* relativo a la "técnica interpretativa de la Ley Orgánica del Sufragio y Participación Política", la Corte Suprema entró a hacer algunas consideraciones sobre la reforma constitucional confundiendo, lamentablemente, el poder constituyente instituido con los poderes constituidos. En efecto, la Corte señaló:

> Nuestra Carta Magna, no sólo predica la naturaleza popular de la soberanía sino que además se dirige a limitar los mecanismos de reforma constitucional que se atribuyen a los Poderes Constituidos, en función de constituyente derivado.
>
> Así, cuando los artículos 245 al 249 de la Constitución consagran los mecanismos de enmienda y reforma general, está regulando los procedimientos conforme a los cuales el Congreso de la República puede modificar la Constitución. Y es por tanto, a ese Poder Constituido y no al Poder Constituyente, que se dirige la previsión de inviolabilidad contemplada en el artículo 250 *ejusdem.*
>
> De allí, que cuando los poderes constituidos propendan a derogar la Carta Magna a través de "cualquier otro medio distinto del que ella dispone" y, en consecuencia, infrinjan el límite que constitucionalmente se ha establecido para modificar la Constitución, aparecería como aplicable la consecuencia jurídica prevista en la disposición transcrita en relación con la responsabilidad de los mismos, y en modo alguno perdería vigencia el Texto Fundamental.

Ante estas afirmaciones debe dejarse muy claramente establecido que conforme a la Constitución de 1961, era incorrecto decir que la reforma constitucional se atribuía a "los poderes constituidos, en función de poder constituyente derivado".

Al contrario, en la Constitución de 1961 se distinguía con toda precisión, entre los poderes constituidos (de los cuales formaban parte, en particular, a nivel nacional, el Congreso o a nivel estadal, las Asambleas Legislativas), y el poder constituyente instituido para la reforma constitucional que no se podía confundir con aquellos. Una cosa era constatar que algunos poderes constituidos, en alguna forma, participaran en el poder constituyente instituido de reforma constitucional; y otra es decir que el poder constituyente instituido de reforma constitucional se atribuía a los poderes constituidos, lo cual no era correcto.

En efecto, el poder constituyente instituido para la reforma constitucional, conforme al artículo 246 de la Constitución de 1961, funcionaba como un proceso complejo, con la participación de las siguientes instituciones: los representantes populares electos; las Cámaras Legislativas Nacionales; y el pueblo directamente mediante referendo aprobatorio.

Así, en la reforma constitucional, por ejemplo, *primero,* debían participar los miembros del Congreso, es decir, los Senadores y Diputados electos. Eran estos, a título de representantes populares individualmente considerados, los que podían tener la iniciativa para la reforma constitucional, siempre que sumasen al menos una tercera parte de los miembros del Congreso. En sentido similar la iniciativa de la reforma también podía partir de los diputados de las Asambleas Legislativas, considerados individualmente como representantes populares, siempre que adoptasen acuerdos en cada Asamblea, con no menos de dos discusiones, por la mayoría absoluta de los miembros de cada Asamblea, y siempre que se manifiestas en la mayoría absoluta de las Asambleas Legislativas.

Segundo, en el poder constituyente instituido también debían participar las Cámaras Legislativas, es decir, el Senado y la Cámara de Diputados, las cuales, en sesión conjunta convocada con tres días de anticipación por lo menos, debían pronunciarse sobre la procedencia de la iniciativa, la cual sólo era admitida por el voto favorable de las dos terceras partes de los presentes;

Tercero, una vez admitida la iniciativa, el proyecto respectivo se debía comenzar a discutir en la Cámara señalada por el Congreso, y se debía tramitar con la participación, en el proceso constituyente instituido, de las dos Cámaras, según el procedimiento establecido en la Constitución para la formación de las leyes, quedando excluidos los procedimientos de urgencia; y

Cuarto, por último, en el poder constituyente instituido para la reforma constitucional, también debía participar el pueblo soberano, al cual debía someterse el proyecto de reforma constitucional sancionado para que mediante referendo aprobatorio, se pronunciase en favor o en contra de la reforma, de manera que la nueva Constitución se declaraba sancionada si era aprobada por la mayoría de los sufragantes de la República.

Como se puede apreciar, por tanto, no es cierto que la Constitución de 1961 atribuyera al Congreso de la República (poder constituido) la potestad de poder modificar la Constitución; y tampoco es cierto que la reforma constitucional se atribuía a los poderes constituidos, en función de constituyente derivado; al contrario, se atribuía al poder constituyente instituido en cuya formación participaban, en un acto complejo, tanto los representantes electos popularmente considerados individualmente, como las Cámaras Legislativas Nacionales y el pueblo soberano mediante referendo aprobatorio.

Siendo errada la premisa de la cual había partido la Corte al confundir el poder constituyente instituido para la reforma constitucional con los poderes constituidos, en nuestro criterio, era igualmente errada la apreciación que formuló en el sentido de que el artículo 250 de la Constitución de 1961 sobre la inviolabilidad de la Constitución, solo estaba dirigido a los poderes constituidos y no al poder constituyente. Al contrario, mientras la Constitución estuviese vigente, el artículo 250 se aplicaba al poder constituyente instituido para la reforma constitucional y era, conforme a los principios de la democracia representativa y de la supremacía constitucional, un freno a la aparición del poder constituyente originario, que solo podría manifestarse *de facto*.

Sin embargo, la Corte Suprema, en su sentencia Caso *Referendo Consultivo II*, continuó en su línea de razonamiento sobre el poder constituyente originario, no limitado y absoluto, señalando lo siguiente:

> Sin embargo, en ningún caso podría considerarse al poder constituyente originario incluido en esa disposición (art. 250), que lo haría nugatorio, por no estar expresamente previsto como medio de cambio constitucional. Es inmanente a su naturaleza de poder soberano, ilimitado y principalmente originario, el no estar regulado por las normas jurídicas que hayan podido derivar de los poderes constituidos, aún cuando éstos ejerzan de manera extraordinaria la función constituyente.
>
> Esta, indudablemente, es la tesis recogida por el propio constituyente de 1961, el cual, consagró normas reguladoras de la reforma o enmienda de la Constitución dirigidas al Poder Constituido y a un tiempo, incluso desde el Preámbulo, la consagración de la democracia como sistema político de la nación, sin soslayar, coherentemente, el reconocimiento de la soberanía radicada directamente en el pueblo.
>
> Ello conduce a una conclusión: la soberanía popular se convierte en supremacía de la Constitución cuando aquélla, dentro de los mecanismos jurídicos de participación, decida ejercerla.

Tres aspectos deben destacarse de estos párrafos de la sentencia.

En *primer lugar,* la afirmación de que el poder constituyente no estaba regulado por las normas jurídicas que hubieran podido emanar de los poderes constituidos. Ello es evidente y entendemos que nadie lo niega, pues sería contrario al principio de la soberanía popular. Sin embargo, una cosa es que el poder constituyente originario no este sometido a las normas jurídicas que puedan emanar de los poderes constituidos y otra es que el poder constituyente no esté sometido a su propia obra, que es la Constitución. Lo primero nadie lo refuta, pero lo segundo es totalmente refutable pues sería contrario al principio de la supremacía constitucional. Una vez que en un país, el poder constituyente sanciona una Constitución, la constitucionalización del Estado y del orden jurídico implica que el texto es supremo y que, como lo afirmó la Corte en la misma sentencia "obliga tanto a los gobernantes como a los gobernados a someterse a ella" y los gobernados son, precisamente, el pueblo soberano que al sancionar la Constitución se autolimita y se somete a su propia norma. Como también lo dijo la Corte en el párrafo antes transcrito, es la soberanía popular la que se convierte en supremacía constitucional cuando aquélla lo decida a través de los mecanismos de participación previstos en el ordenamiento jurídico.

En consecuencia, no es cierto que en la Constitución de 1961, las normas reguladoras de la reforma constitucional estuviesen sólo "dirigidas al poder constituido". Constituían, sin duda, manifestaciones de la rigidez constitucional que proscribía que la Constitución pudiera ser modificada mediante la legislación ordinaria adoptada por las Cámaras Legislativas como poder constituido, pero no podía decirse que sólo estaban dirigidas a los poderes constituidos. Al contrario, esencialmente regulaban al poder constituyente instituido y constituían una autolimitación que el poder constituyente originario se había impuesto.

Por ello, insistimos, la conclusión que se formuló en el último de los párrafos transcritos de la sentencia es precisamente la manifestación de la autolimitación mencionada del poder constituyente originario: la soberanía popular (poder constituyente originario) se convierte en supremacía de la Constitución cuando aquélla (soberanía popular, poder constituyente originario) dentro de los mecanismos jurídicos de participación, decida ejercerla (la soberanía popular).

Y así, efectivamente, cuando se sancionó la Constitución de 1961 el Congreso constituyente en representación de la soberanía popular, decidió ejercerla, y convertir el proceso de reforma constitucional, en supremacía constitucional.

En *segundo lugar,* debe mencionarse, de nuevo, la afirmación de la Corte de que los poderes constituidos pueden ejercer "de manera extraordinaria la función constituyente". Ello, se insiste, es incorrecto. De acuerdo con la Constitución de 1961, las Cámaras Legislativas como poderes constituidos, jamás ejercían ni ordinaria ni extraordinariamente la función constituyente. Participaban en el poder constituyente instituido, como también participaba el pueblo soberano al aprobar mediante referendo aprobatorio la reforma constitucional. Pero de allí a atribuirle a los poderes constituidos la función constituyente, había una gran distancia.

En *tercer lugar,* debe destacarse la referencia que hizo la Corte al Preámbulo de la Constitución, como consagratorio de la democracia como sistema político de la Nación, con el reconocimiento de que la soberanía radicaba directamente en el pueblo. Ello llevó a la sentencia a dedicarle un Capítulo (VI) al "Preámbulo de la Constitución", particularmente por lo que se refiere a la declaración relativa al orden democrático "como único e irrenunciable medio de asegurar los derechos y la dignidad de los ciudadanos". El Preámbulo, sin duda, constituía expresión de un "proyecto político nacional", que era el de la democracia representativa que estaba plasmado en el artículo 4 del Texto constitucional de 1961, la cual siempre debía conciliarse con el principio de la supremacía constitucional que informaba todo el articulado de la Constitución.

Finalmente, de nuevo, debe hacerse particular referencia al último párrafo de la cita anterior de la sentencia, Caso *Referendo Consultivo I,* donde se afirmó, con razón, que "la soberanía popular se convierte en supremacía de la Constitución cuando aquélla, dentro de los mecanismos jurídicos de participación, decida ejercerla".

De ello deriva, en *primer lugar*, el principio de autolimitación del poder constituyente originario cuando adopta la Constitución, y convierte la soberanía popular en supremacía constitucional, lo que implica que el pueblo soberano debe también regirse por la Constitución que él mismo ha adoptado. En consecuencia, la Constitución de 1961 regía incluso para el pueblo, que era quien se había impuesto la autolimitación de que la misma fuera reformada, con su directa participación (referendo aprobatorio), en el poder constituyente instituido.

Pero en *segundo lugar,* el mencionado párrafo de la sentencia permitía que en caso de que la soberanía popular se manifestase mediante los mecanismos jurídicos de participación, como un referendo consultivo, a través del mismo pudiera instituirse otra forma de reforma constitucional, cediendo allí el principio de la supremacía constitucional frente a la soberanía popular.

Este, en definitiva, fue el punto medular de la solución política que el máximo órgano jurisdiccional busco darle al conflicto que estaba planteado entre soberanía popular y supremacía constitucional: aún cuando la Constitución no regulaba expresamente la Asamblea Constituyente como poder constituyente instituido para la reforma constitucional, la misma podía ser convocada como resultado de una consulta popular realizada mediante referendo consultivo regulado en la Ley Orgánica del Sufragio y Participación Política; convirtiéndose entonces la soberanía popular, de nuevo, en supremacía constitucional.

Por último, en *cuarto lugar*, en el Capítulo VII de la sentencia Caso *Referendo Consultivo I*, la Corte se refirió al "derecho a la participación" a los efectos de considerar que conforme al artículo 50 de la Constitución de 1961, el derecho a la consulta popular sobre la convocatoria al pueblo para una Asamblea Constituyente, era un derecho no enumerado o implícito, inherente a la persona humana[22].

Esta conclusión de la Corte derivó de la integración de la laguna constitucional originada en la no enumeración expresa de tal derecho, considerando en general, que:

> El referendo previsto en la Ley Orgánica del Sufragio y Participación Política, es un derecho inherente a la persona humana no enumerado, cuyo ejercicio se fundamenta en el artículo 50 de la Constitución.

Por ello, sin duda, para que quedase reconocido el derecho a la participación y para realizar un referendo consultivo conforme al artículo 181 de la Ley Orgánica del Sufragio, no era necesario realizar reforma constitucional alguna.

Ahora bien, la Corte, en su sentencia, al considerar el referendo como un derecho inherente a la persona humana, señaló que:

> Ello es aplicable, no sólo desde el punto de vista metodológico sino también ontológicamente, ya que si se considerara que el derecho al referendo constitucional depende de la reforma de la Constitución vigente, el mismo estaría supeditado a la voluntad del poder constituido, lo que pondría a éste por encima del poder soberano. La falta de tal derecho en la Carta Fundamental tiene que interpretarse como laguna de la Constitución, pues no podría admitirse que el poder soberano haya renunciado *ab initio* al ejercicio de un poder que es obra de su propia decisión política.

De este párrafo, sin embargo, de nuevo surge la observación que ya hemos efectuado: la reforma constitucional prevista en la Constitución no se atribuía al poder constituido como impropiamente se afirmó en la sentencia, sino al poder constituyente instituido en cuya conformación participaban los representantes y las Cámaras Legislativas, pero también participaba el pueblo directamente mediante referendo aprobatorio.

---

[22]. Claudia Nikken argumentó, con razón, que considerar que el referendo consultivo es un derecho inherente a la persona humana se tradujo por un artificio que sirvió para justificar que la Corte Suprema de Justicia admitiese que se trataba de una vía de ejercicio del poder constituyente, en *La Cour Suprême de Justice et la Constitution...cit.*, p. 376. *Cfr.* M.E. Lares, *Contribution à l'étude du processus constituant vénézuélien de 1999*, OEA de droit public interne, Université Panthéon Sorbonne (Paris I), Paris 1999, p. 47.

Por lo demás, y salvo esta precisión, la conclusión del párrafo es evidente: conforme al criterio de la Corte no era necesaria reforma constitucional alguna para que se pudiera reconocer como derecho constitucional al referendo o la consulta popular sobre la convocatoria al pueblo para una Asamblea Constituyente. En realidad, ese no era el problema; este resultaba de la secuela de la consulta popular.

Ahora bien, si la mayoría (que había que determinar si era sobre los electores inscritos en el Registro Electoral o los votantes efectivos) la obtenía él "sí" para la convocatoria a la Asamblea Constituyente, como lo dijo la Corte en las dos sentencias analizadas, ello tenía "vigencia inmediata" en cuanto a mandato popular obligatorio para los órganos del Estado. Ese mandato popular, sin embargo, en sí mismo no tenía eficacia, como lo afirmó la Corte en la sentencia Caso *Referendo Consultivo I*, sino:

> Cuando, mediante los mecanismos legales establecidos, se dé cumplimiento a la modificación jurídica aprobada. Todo ello siguiendo *procedimientos ordinarios previstos en el orden jurídico vigente,* a través de los órganos del Poder Público *competentes* en cada caso.

He aquí el problema jurídico que quedaba por resolver y que dependía de la forma cómo se hiciera la consulta popular o de la manera cómo se manifestara la voluntad popular. Una vez que el pueblo, mediante el referendo consultivo, se manifestare a favor de la convocatoria de una Asamblea Constituyente, venía ineludiblemente la tarea de establecer formalmente el régimen de la misma por los órganos del Poder Público Nacional *con competencia* para ello, los cuales debían, obligatoriamente, mediante los mecanismos legales *establecidos,* dar cumplimiento a la modificación jurídica aprobada en el referendo.

Sin embargo, en el ordenamiento constitucional y legal que estaba vigente no había atribución de competencia alguna, a órgano alguno del Poder Público Nacional, para establecer el régimen de una Asamblea Constituyente con poder para reformar la Constitución de 1961 por una vía distinta a la de los artículos 245 y 246 de la misma.

Ese régimen no podía establecerse ni por una Ley del Congreso ni por un Decreto del Presidente de la República, salvo que en la consulta popular se preguntase expresamente sobre los diversos elementos que configuraban dicho régimen (carácter, número de miembros, forma de elección, condiciones de elegibilidad, duración, mandato acorde con la Constitución vigente) y sobre el órgano del Poder Público que debía regular la Constituyente. Sin embargo, en dicho régimen no se podían establecer condiciones de elegibilidad de los constituyentistas distintos a los previstos en el artículo 112 de la Constitución; ni un sistema electoral totalmente uninominal, por ejemplo, que no garantizase el derecho a la representación proporcional de las minorías, como lo preveía el artículo 113 de la Constitución.

Para establecer un régimen de esa naturaleza, indudablemente que en la Constitución de 1961, la competencia la tenía el poder constituyente instituido para la reforma constitucional conforme al artículo 246 de la Constitución.

Precisamente, por este escollo jurídico, quizás, la sentencia Caso *Referendo Consultivo II,* expresamente se refirió a las dos vías que se abrían para hacer efectivo el referendo consultivo sobre la convocatoria a una Asamblea Constituyente:

La *primera*, era que "los órganos *competentes* del Poder Público Nacional diseñen los mecanismos de convocatoria y operatividad de una Asamblea Constituyente", por supuesto, conforme a los términos de la consulta. Para que esta primera vía fuera factible, tenía que existir en el ordenamiento jurídico la atribución de *competencia* a algún órgano del Poder Público Nacional para establecer el régimen de una Constituyente para modificar la Constitución en una forma distinta a la prevista en los artículos 245 y 246 de la Constitución, y esa atribución no existía. La única posibilidad que quedaba, sin embargo, desde el punto de vista jurídico-constitucional, era que en la propia consulta popular no sólo se formularan las preguntas sobre el régimen de la Constituyente, sino se inquiriera al pueblo sobre el órgano del Poder Público que debía formalizar ese régimen, y siempre que el mismo no implicara modificaciones a la Constitución que estaba vigente.

La *segunda*, como alternativa, era que previamente a la convocatoria efectiva de la Asamblea Constituyente, los órganos del Poder Público Nacional "tomen la iniciativa de enmienda o de reforma que incluya la figura de una Asamblea Constituyente"; lo cual resultaba necesario si el régimen de la Constituyente implicaba reformas a la misma Constitución (por ejemplo, conforme a lo señalado, a los artículos 112 y 113).

La Corte, en definitiva, lo que resolvió fue la constitucionalidad del referendo consultivo sobre la convocatoria de una Asamblea Constituyente, pero no resolvió expresamente la constitucionalidad de su convocatoria sin que se estableciera previamente su régimen mediante una reforma constitucional. Textualmente expresó una de dichas sentencias, al interpretar el artículo 181 de la Ley Orgánica del Sufragio y Participación Política que fue la norma que constituyó el fundamento del Decreto, lo siguiente:

Se desprende así del texto aludido (Art. 181 LOSPP), la consagración jurídica de la figura del *referendo consultivo* como mecanismo llamado a canalizar la participación popular en los asuntos públicos nacionales. De allí que la regla se dirija fundamentalmente a establecer las distintas modalidades para la iniciativa en la convocatoria de la *consulta* popular. (Sentencia Caso *Referendo Consultivo I* del 19-1-99, Ponencia del Magistrado Humberto J. La Roche)

En dicha sentencia se expresó, además, lo siguiente, a propósito del referendo consultivo:

A través del mismo puede ser *consultado el parecer* del cuerpo electoral sobre cualquier decisión de especial trascendencia nacional distinto a los expresamente excluidos por la Ley Orgánica del Sufragio y Participación Política, en su artículo 185, incluyendo la relativa a la convocatoria a una Asamblea Constituyente.

La otra sentencia de la Sala, de la misma fecha, señaló lo siguiente:

Sí es procedente convocar a un referendo, en la forma prevista en el artículo 181 de la Ley Orgánica del Sufragio y de Participación Política *para consultar* la opinión mayoritaria respecto de la posible convocatoria a una Asamblea Constituyente, en los términos expuestos en este fallo". (Caso *Referendo Consultivo II* del 19-1-99, Ponencia del Magistrado Héctor Paradisi)

Sin embargo, todos los argumentos de la motivación de las sentencias apuntaban a que, dependiendo de cómo se hiciera la consulta popular, se legitimase posteriormente el instrumento político de la Asamblea Constituyente convocada para reformar la Constitución, incluso sin que se produjese una reforma constitucional previa[23].

El paso inicial para dilucidar la situación, con el cual se abrió el proceso constituyente, como se dijo, lo dio el Presidente de la República, Hugo Chávez Frías, el día 2 de febrero de 1999, día de la toma de posesión de su cargo, lo que ocurrió sólo semanas después de la publicación de las sentencias comentadas de la Corte Suprema de Justicia. Con dicha sentencia, en definitiva se abrió el camino para la estructuración de una tercera vía para reformar la Constitución de 1961, distinta a la Reforma General y la Enmienda previstas en sus artículos 245 y 246, como consecuencia de una consulta popular para convocar una Asamblea Constituyente[24].

IV. LA CONVOCATORIA AL REFERÉNDUM SOBRE LA ASAMBLEA CONSTITUYENTE Y LOS INTENTOS DE SECUESTRO DEL DERECHO A LA PARTICIPACIÓN POPULAR

Las sentencias de 19 de enero de 1999, en todo caso, fueron las que dieron pie para que el Presidente de la República, sin autorización constitucional alguna, en lo que fue su primer acto de gobierno dictado al tomar posesión de su cargo, el 2 de febrero de 1999, emitiera un Decreto convocando un "referendo consultivo" en el cual pretendía que el pueblo no sólo lo autorizara a convocar la Asamblea Constituyente sino que lo autorizara a él mismo y sólo él para definir la composición, el régimen, la duración y la misión de la Asamblea[25]. Se pretendía, así, que se produjera un referendo ciego sobre una Asamblea Constituyente que nadie sabía cómo se iba a elegir, quién la conformaría, cuáles eran sus poderes, cuál era su misión o su duración. Así se pretendió confiscar el derecho a la participación política, cuyo reconocimiento judicial había sido precisamente, lo que había abierto la vía hacia el referendo consultivo sobre la Constituyente.

Por ello, la discusión sobre si era necesaria o no una reforma constitucional previa para convocar la Asamblea Constituyente, sin duda, después de las sentencias de enero de 1999, había cesado, habiéndose trasladado a otros dos aspectos: primero, sobre quién debía tomar la iniciativa de convocar al *referéndum consultivo* sobre la convocatoria de la Asamblea Constituyente: el Congreso o el Presidente de la República; y cuál debía ser el texto de la consulta popular para que el régimen de la Constituyente fuera el producto del Poder Constituyente Originario, es decir, de la manifestación de voluntad del pueblo mediante el ejercicio del derecho a la participación política a través de la consulta popular.

---

[23]. La Corte Suprema de Justicia, en definitiva, como lo dijo Claudia Nikken, validó, de entrada, la decisión de iniciativa presidencial del Presidente electo, en *La Cour Suprême de Justice et la Constitution...*, *cit.,* p. 363.

[24]. Sobre el referendum consultivo previsto en la Ley Orgánica del Sufragio y Participación Política como una ventana abierta para la convocatoria de una Asamblea Constituyente, véase Alfonso Rivas Quintero, *Derecho Constitucional,* Paredes Editores, Valencia-Venezuela, 2002, pp. 95 y ss.

[25]. Véase el texto del Decreto en *Gaceta Oficial* N° 36.634 de 02-02-99.

Pronto estos aspectos de la discusión serían enfrentados: el Presidente de la República, el día 02 de febrero de 1999, como se dijo, dictó el Decreto Nº 3 mediante el cual tomó la iniciativa de decretar "la realización de un referendo para que el pueblo se pronuncie sobre la convocatoria de una Asamblea Nacional Constituyente" (art. 1). En esta forma, el primer aspecto de la discusión había sido resuelto, y el Congreso ni siquiera tuvo tiempo de comenzar a discutir el tema. Es decir, el Presidente de la República asumió la iniciativa de convocar al referendo.

Pero el segundo punto de la discusión no fue resuelto, pues conforme al criterio de las sentencias de la Corte Suprema de Justicia, el Poder Constituyente Originario (el pueblo) para crear una Asamblea Constituyente con el objeto de reformar la Constitución, mediante un *referéndum consultivo,* debía pronunciarse sobre los diversos aspectos que debían configurar el régimen de la Asamblea Constituyente. Sin embargo, el Decreto Nº 3 del 02-09-99 no satisfizo estas exigencias y, al contrario, omitió toda referencia al régimen de la Constituyente, sustituyendo este aspecto por una solicitud al pueblo de delegación al propio Presidente de la República para regular, él sólo, "las bases del proceso comicial" en el que se debían elegir los integrantes de la Asamblea Nacional Constituyente[26].

En efecto, la primera pregunta que se proponía en el artículo 3º del Decreto, decía:

PRIMERA: *¿Convoca usted* una Asamblea Nacional Constituyente con el propósito de transformar el Estado y crear un nuevo ordenamiento jurídico que permita el funcionamiento efectivo de una democracia social y participativa?.

Por supuesto, en cuanto a la forma cómo se formuló la pregunta, lejos de ser una consulta al pueblo sobre una decisión que luego debía adoptar un órgano del Poder Público, conllevaba a que se pretendiera que fuera el mismo pueblo el que adoptase la decisión directamente; es decir, el que decidiera. La pregunta era *¿Convoca usted* una Asamblea Nacional Constituyente.....?; lo que significaba que responder con un "sí", era decidir convocar la Asamblea. No se trataba de dar un voto favorable para que se la convocara conforme a un texto o proyecto que estableciera su régimen y que también debía ser objeto de la consulta, como lo dijo la Corte Suprema en las sentencias de 19-1-99, sino convocarla directamente.

Por tanto, con la pregunta lo que se perseguía era que fuera el pueblo, directamente mediante referendo decisorio o plebiscitario, el que convocara la Asamblea Nacional Constituyente, pero sin que dicho órgano existiera, pues no estaba previsto en parte alguna y ni siquiera su creación se derivaba de la propia pregunta al pueblo; y sin que siquiera se estableciera la mayoría requerida para que la supuesta decisión de convocarla fuera considerada adoptada. Pero lo más grave de todo era que al momento de votar no sólo no existía la institución que se pretendía convocar, sino que no se sabía cuál podía ser su régimen o configuración.

Es decir, se le pretendía pedir al pueblo *que convocara* una institución que no existía pues no había sido creada y ni siquiera esbozada en un proyecto, lo que viciaba el acto en su objeto, por ser de imposible ejecución como lo establece el Artículo 19, ordinal 3º la Ley Orgánica de Procedimientos Administrativos. Simplemen-

---

[26]. Véase los comentarios críticos a este Decreto en Allan R. Brewer-Carías, *Asamblea Constituyente y Ordenamiento Constitucional, op. cit.,* pp. 229 a 254.

te nadie puede convocar una institución que no existe y eso es lo que se pretendía con la primera pregunta del Artículo 3º del Decreto. Por ello, en este caso, se desfiguraba así la noción de referendo consultivo, en abierta violación de la Ley Orgánica del Sufragio y Participación Política.

En cuanto a la forma como también se formuló la segunda pregunta para el referendo, en el artículo 3º, decía:

> SEGUNDA: *¿Autoriza usted* al Presidente de la República para que mediante un acto de gobierno fije, oída la opinión de los sectores políticos, sociales y económicos, las bases del proceso comicial en el cual se elegirán los integrantes de la Asamblea Nacional Constituyente?

En este caso, se preguntaba *¿Autoriza usted* al Presidente de la República...?, por lo que tampoco se estaba en presencia de un referendo consultivo, sino de un referendo también decisorio, por "autorizatorio", que tampoco preveía ni regulaba el ordenamiento jurídico.

En ese caso, responder con un "sí" significaba autorizar al Presidente de la República para que hiciera algo para lo cual no tenía competencia constitucional, sin que el pueblo siquiera le fijase algunos parámetros de actuación; lo que equivalía a hacerlo supuestamente depositario del poder constituyente originario, cuya expresión a través de una Asamblea Constituyente quedaba a su completa discreción "oída la opinión de los sectores políticos, sociales y económicos" innominados y escogidos también a su arbitrio.

En relación con esta segunda pregunta del Artículo 3º del Decreto, debe señalarse que debiendo tratarse de un referendo consultivo, conforme a la interpretación que le dio la Sala Político Administrativa de la Corte Suprema de Justicia al Artículo 182 de la Ley Orgánica del Sufragio y Participación Política, el texto de la pregunta debió contener los elementos necesarios y fundamentales para poder configurar, como producto de la soberanía popular, el régimen de la Asamblea Constituyente para poder convocarla.

Al contrario, se pretendía que el pueblo *autorizase* al Presidente de la República para que mediante un "acto de gobierno" (término erróneamente utilizado, según la doctrina sentada por la Corte Suprema) fuera el que fijase "las bases del proceso comicial en el cual se elegirán los integrantes de la Asamblea Nacional Constituyente", lo cual, además, desde el punto de vista lógico conforme a la pregunta, debía hacer *después de ser autorizado* por el referendo. Se pretendía así, que mediante un referendo decisorio no previsto en la Ley, el pueblo soberano renunciase a su derecho a participar y delegase o transfiriera al Presidente de la República, sólo, sin siquiera la participación del Consejo de Ministros, para que éste fuera el que fijase posteriormente al referendo, "las bases del proceso comicial" para elegir a los integrantes de la Asamblea Constituyente que constituía parte del régimen de la misma, es decir, las condiciones de elegibilidad, la forma de postulación y las condiciones para la elección. Con ello se pretendía trasladar el poder constituyente al Presidente de la República lo cual era inconstitucional, por no tener competencia para ello.

Pero volviendo a la primera pregunta prevista en el artículo 3 del Decreto Nº 3, al someterse a decisión del pueblo el convocar la Asamblea Nacional Constituyente, se precisaba que el objeto o propósito que tendría la que se convocara, si resultaba un "sí" mayoritario (sin saberse en qué proporción), sería la de "*transformar el Es-*

tado y crear un nuevo ordenamiento jurídico que permitiera el funcionamiento de una democracia social y participativa".

De acuerdo con esta pregunta, por tanto, la Asamblea Constituyente que se pretendía convocar popularmente, tenía una misión distinta a la Asamblea Constituyente que conforme a la sentencia de la Corte Suprema del 19-01-99 podía resultar de un referendo consultivo, como un mecanismo para reformar la Constitución distinto a los regulados en los artículos 245 y 246 de la Constitución de 1961. La misión de la Asamblea Constituyente producto del derecho a la participación, conforme a esas sentencias, era reformar la Constitución, por lo que mientras eso no ocurriera, continuaba vigente la Constitución de 1961 y con ella, el régimen de funcionamiento del Estado que ella establecía, es decir, del Poder Público conforme a la forma del Estado federal y a la separación orgánica de poderes. Ambas sentencias lo habían expresado sin que pudiera quedar duda alguna sobre su sentido, ni pretenderse que eran párrafos inexistente en ellas. Así, en la decisión de la Corte Suprema del 19-01-1999 (Caso *Referendo Consultivo I*) en la que fue ponente el Magistrado Humberto J. La Roche, se estatuyó:

> Aún cuando el resultado de la decisión popular adquiera vigencia inmediata, *su eficacia sólo procedería cuando, mediante los mecanismos legales establecidos, se dé cumplimiento a la modificación jurídica aprobada. Todo ello siguiendo procedimientos ordinarios previstos en el orden jurídico vigente, a través de los órganos del Poder público competentes en cada caso.* Dichos órganos estarán en la obligación de proceder en ese sentido.

Por su parte, la sentencia Caso *Referendo Consultivo II* de la misma fecha cuyo ponente fue el Magistrado Héctor Paradisi, concluyó:

> Ciertamente que el asunto que se debate en el presente caso, tiene una especial trascendencia nacional, en la medida en que los resultados de una consulta popular como la que se pretende, *sería factor decisivo para que los Órganos competentes del Poder Público Nacional diseñen los mecanismos de convocatoria y operatividad de una Asamblea a los fines propuestos; o para que previamente, tomen la iniciativa de enmienda o de reforma que incluya la figura de una Asamblea de esta naturaleza.*

En consecuencia, era totalmente incompatible con una Asamblea Constituyente cuyo mandato era reformar la Constitución, la Primera Pregunta del artículo 3º del Decreto Nº 3 que pretendía que el pueblo, mediante referendo decisorio, convocara una Asamblea Nacional Constituyente pura y simplemente "con el propósito de transformar el Estado y crear un nuevo ordenamiento jurídico".

Ahora bien, el Decreto Nº 3, como acto administrativo que era, fue objeto de impugnación mediante diversas acciones contencioso-administrativas de nulidad por inconstitucionalidad e ilegalidad que se ejercieron por ante la Corte Suprema de Justicia en Sala Político Administrativa. Dichas acciones, sin embargo, fueron declaradas inadmisibles por el Juzgado de Sustanciación de la Sala considerando que el Decreto del Presidente de la República convocando la realización del referendo, *no era un acto administrativo recurrible* por ante la jurisdicción contencioso-administrativa, en virtud de que no producía "efectos externos". La Sala consideró que se trataba de una simple "solicitud" formulada por el Presidente ante el Consejo Nacional Electoral, órgano que conforme al artículo 184 de la misma Ley Orgánica del Sufragio y Participación Política, era al que correspondía poner fin al procedimiento administrativo correspondiente relativo a la convocatoria de los referendos. Es decir, era el que con su decisión de fijar la fecha de realización del mismo, una vez verificada que la "solicitud" cumplía con los requisitos legales, ponía fin a la vía administrativa y, en consecuencia, era el que podía ser revisado jurisdiccionalmente mediante un recurso contencioso electoral[27].

Independientemente de las críticas u observaciones que se podían formular a las decisiones del Juzgado de Sustanciación, al considerar que un Decreto presidencial de convocatoria de un referendo ordenando además las preguntas que debían formularse, no tenía efectos jurídicos "externos"; la consecuencia de la decisión fue entonces, y conforme con la doctrina sentada por el Juzgado de Sustanciación, la introducción por los interesados de sendas acciones de nulidad (con los mismos argumentos de derecho) pero esta vez contra la Resolución N° 990217-32 del Consejo Nacional Electoral de 17-02-99 dictada en conformidad con el mismo Decreto N° 3 del Presidente de la República, que a su vez había reproducido íntegramente su texto y había fijado la realización del referendo para el día 25-04-99. Una de dichas acciones de nulidad, fue la decidida por la Sala Político Administrativa de la Corte Suprema de Justicia en sentencia de 18-03-99, mediante la cual el Supremo Tribunal, conforme a lo antes dicho, anuló la Segunda Pregunta de la convocatoria al referendo[28].

En efecto, el acto administrativo dictado por el Consejo Nacional Electoral el 17 de febrero de 1999, contenido en la Resolución N° 990217-32[29], conforme a lo decidido por el Presidente de la República en el Decreto N° 3 antes mencionado, había resuelto:

Primero: Convocar para el día 25 de abril del año en curso, el referendo para que el pueblo se pronuncie sobre la convocatoria de una Asamblea Nacional Constituyente, *de conformidad con el Decreto Nº 3 de fecha 2 de febrero de 1999 de fecha 02-02-99,* dictado por el Presidente de la República, en Consejo de Ministros.

Este acto administrativo,[30] ante todo, estaba viciado en su causa al fundamentarse en el mencionado Decreto N° 3 de 02-02-99, el cual, al igual que la Resolución, era ilegal e inconstitucional pues violaba los artículos 3, 4, 50, 117 y 139 de la Constitución y los artículos 181 y 184 de la Ley Orgánica del Sufragio y Participación Política; estaba viciado de desviación de poder; era ineficaz y de imposible eje-

---

[27]. El primero de los autos del Juzgado de Sustanciación, en el sentido indicado, fue dictado el 02-03-99.

[28]. Véase el texto de la sentencia en Allan R. Brewer-Carías, *Poder Constituyente Originario y Asamblea Nacional Constituyente,* Caracas 1999, pp. 169 a 185 y en esta *Revista,* pp. 73 a 83.

[29]. Véase Allan R. Brewer-Carías, "Comentarios sobre la inconstitucional convocatoria a referendo sobre una Asamblea Nacional Constituyente efectuada por el Consejo Nacional Electoral en febrero de 1999", *Revista Política y Gobierno,* FUNEDA Vol. I, N° 1, Caracas, Enero-Junio 1999, pp. 29 a 92.

[30]. Curiosamente dicha Resolución no fue publicada en la *Gaceta Oficial.* La referencia a la misma sólo aparece en las Resoluciones del Consejo Nacional Electoral de marzo de 1999 publicadas en *Gaceta Oficial* N° 36.669 de 25-03-99.

cución, lo que lo hacía nulo conforme al artículo 19, ordinal 3° de la Ley Orgánica de Procedimientos Administrativos; y, en definitiva, por configurarse, en sí mismo, como un instrumento que podía conducir a un fraude a la Constitución.

En efecto, la Resolución del Consejo Nacional Electoral, al ordenar que se realizase el referendo "de conformidad con el Decreto N° 3 de fecha 02-02-99", es decir, tomando en consideración las bases establecidas en el mismo, no convocaba en realidad un referendo consultivo, que era el único que autorizaban los artículos 181 y siguientes de la Ley Orgánica del Sufragio y Participación Política, sino que desviando los poderes que derivaban de lo dispuesto en dichas normas, y contrariándolas, tanto el Presidente de la República en Consejo de Ministros como el Consejo Nacional Electoral, en definitiva, se habían valido de las normas que regulaban la figura del referendo consultivo en dicha Ley, pero para convocar un referendo decisorio, autorizatorio o plebiscitario, cuando ello no estaba autorizado en la Ley Orgánica del Sufragio y Participación Política[31].

Con motivo de la impugnación en vía contencioso administrativa de dicha Resolución del Consejo Supremo Electoral, en sentencia de la misma Sala Político Administrativa de la Corte Suprema de fecha 18 de marzo de 1999 (Caso *Gerardo Blyde*), anuló la segunda pregunta que pretendía delegar en el Presidente dictar el Estatuto de la Constituyente contenida en el Decreto N° 3 y en la consecuencial Resolución del Consejo Nacional Electoral N° 990217-32 del 17 de febrero de 1999[32], considerando que ello violaba el derecho a la participación política de los ciudadanos al excluirlas del mecanismo del *referéndum consultivo*[33]. La Corte Suprema en dicha sentencia (Ponente Magistrado Hermes Harting), exigió, así, que también se sometiera a consulta popular el propio "estatuto" de la Asamblea Constituyente (sistema de elección, número de miembros, misión, régimen y duración), para que el pueblo, se pronunciara sobre ello.

En efecto, en la sentencia, la Sala declaró *con lugar* el recurso que se había interpuesto contra la mencionada Resolución del Consejo Nacional Electoral y, en consecuencia, *anuló* la segunda pregunta destinada al *referendo* convocado, contenida en dicha Resolución[34]. Los argumentos en los cuales que se basó la Sala Político Administrativa fueron que dado que la pregunta del referéndum era "sobre la conveniencia de instalar una Asamblea Nacional Constituyente", de acuerdo al derecho a la participación política que conforme a sus anteriores sentencias del 19-1-99, habían permitido que mediante un referendo consultivo se originase el mecanismo de la Asamblea Constituyente para reformar la Constitución; debía necesariamente

---

[31]. Véase el texto del recurso de inconstitucionalidad que interpusimos ante la Corte Suprema en Allan R. Brewer-Carías, *Asamblea Constituyente y Ordenamiento Constitucional, op. cit.*, pp. 255 a 321.

[32]. Véase los comentarios en Allan R. Brewer-Carías, "Comentarios sobre la inconstitucional convocatoria a Referéndum sobre una Asamblea Nacional Constituyente efectuada por el Consejo Nacional Electoral en febrero de 1999", en *Revista Política y Gobierno*, FUNEDA, Vol. I, N° 1, Caracas, Enero-Junio 1999, pp. 29 a 92.

[33]. Véase los comentarios a la sentencia y el texto de la misma, así como de su aclaratoria, en Allan R. Brewer-Carías, *Poder Constituyente Originario y Asamblea.... op. cit.*, pp. 117 a 217 y en esta Revista, pp. 73 a 85.

[34]. Véase el texto de la sentencia en Allan R. Brewer-Carías, *Poder Constituyente Originario y Asamblea Nacional Constituyente*, Caracas 1999, pp. 169 a 185.

procederse "a consultarse sobre aquellas reglas fundamentales que detallen su organización y régimen general". En consecuencia, al haber ignorado la pregunta segunda tales postulados, y

> al pretender delegar, en el ciudadano Presidente de la República, la fijación de las bases del proceso comicial por el que se elegirán los integrantes de la Asamblea Nacional Constituyente,

la Corte Suprema concluyó considerando que dicha pregunta segunda era inconstitucional,

> por vulneración del derecho a la participación política implícito en el artículo 50 de la Constitución de la República, como derecho inherente a la persona humana, y así expresamente se declara.

En definitiva, sobre si debía o no garantizarse el derecho a la participación política en la formulación del "estatuto" de la Asamblea Nacional Constituyente (las llamadas bases comiciales), que el Presidente de la República había querido confiscar, al pretender que el pueblo le "delegara la potestad de formular, él solo, exclusivamente, dichas "bases", la Corte Suprema de Justicia en la sentencia del 18 de marzo de 1999, rechazó tal pretensión presidencial, anulando la Resolución N° 990217-32 de 17 de febrero de 1999 del Consejo Supremo Electoral que reproducía las preguntas que el Presidente había formulado; o sea, consideró indirectamente que el Decreto del Presidente había sido inconstitucional como lo habíamos alegado y, en definitiva, ordenó que las mismas bases comiciales debían someterse a la consulta popular, y debían ser aprobadas por el pueblo.

En todo caso, la decisión de la Sala Político Administrativa obligó tanto al Presidente de la República como al Consejo Nacional Electoral a reelaborar la segunda pregunta del *referéndum,* en la cual se enumeraron las *bases comiciales* que regulaban el estatuto de la Asamblea, que debían someterse a la consulta popular[35]. En cuanto al Presidente, éste, anticipándose quizás a lo que quizás ya sabía que venía en dicha decisión judicial, una semana antes tuvo el cuidado de emitir un nuevo acto administrativo[36] el cual, sin la menor duda, también era un Decreto (aún cuando sin ese nombre y sin número)[37] mediante el cual ordenó publicar en *Gaceta Oficial* una propuesta del Ejecutivo Nacional fijando las bases de la convocatoria de la Asamblea Nacional Constituyente, para ser *sometida para la aprobación del pueblo en el referendo* convocado.

Con este Decreto, sin duda, el Presidente sin decirlo expresamente, había modificado el Decreto N° 3 de 02 de febrero de 1999, eliminando entonces la segunda

---

[35]. Véase el texto de las bases propuestas por el Presidente en la "Orden" de 10-3-99 publicada en la *Gaceta Oficial* N° 36.660 de 12-03-99 y las Resoluciones del Consejo Nacional Electoral N° 990323-70 y 990323-71 de 23-03-99 (*Gaceta Oficial* N° 36.669 de 25-03-99) y N° 990324-72 de 24-03-99 (*Gaceta Oficial* N° 36.672 de 30-03-99).

[36]. Véase el "Aviso Oficial" publicado en *G.O.* N° 36.658 de 10-03-99, que contiene la "orden" de: *Publicación de la propuesta del Ejecutivo Nacional que fija las bases de la convocatoria de la Asamblea Nacional Constituyente, analizada en el Consejo de Ministros del 9 de marzo de 1999, la cual será sometida para la aprobación del pueblo en el referéndum convocado por el Consejo Nacional Electoral a celebrarse el 25 de abril de 1999.*

[37]. En los términos de los artículos 14 y 15 de la Ley Orgánica de Procedimientos Administrativos.

pregunta que buscaba que se le delegara la fijación de las bases comiciales. Reconoció, así, el Presidente de la República el error constitucional que había cometido, como se había denunciado; y ello obligaba, por tanto, al Consejo Nacional Electoral a modificar la Resolución N° 990217-32 del 17-02-99, a los efectos de *incorporar a las preguntas del referendo* los elementos contenidos en las bases mencionadas que conformaban el régimen o estatuto de la Constituyente, y permitir así, al pueblo, ejercer su derecho a la participación.

El Presidente de la República, en esta forma, acogió las objeciones fundamentales que se le habían y que habíamos formulado respecto del Decreto N° 3 y de la Resolución del Consejo Nacional Electoral en cuanto a la no inclusión en las preguntas contenidas en dichos actos administrativos, de las bases del régimen de la Constituyente. Correspondía después al Consejo Nacional Electoral, modificar la Resolución N° 990217-32 del 17-02-99 para que, con la autorización de la Sala Político Administrativa de la Corte Suprema de Justicia conforme al artículo 239 de la Ley Orgánica del Sufragio y Participación Política, se incorporase a las preguntas del referendo el régimen de la Constituyente, en la forma de consulta popular.

Por otra parte, debe destacarse que en la sentencia de 18-3-99, además, la Sala Político Administrativa argumentó y decidió que el referendo regulado en el artículo 181 de la Ley Orgánica del Sufragio y Participación Política, era un referendo eminentemente consultivo, es decir, que tenía por objeto conocer la opinión o el parecer del pueblo sobre determinada cuestión o texto, y que, por tanto, con fundamento en dicha norma no se podía convocar un referendo autorizatorio y, por supuesto, tampoco un referendo decisorio.

Por ello, incluso, la Corte, al resolver y declarar la nulidad de la pregunta segunda del referendo, se refirió a la pregunta primera contenida en la Resolución que había sido impugnada, aún cuando la misma no había sido objeto de impugnación por el recurrente. Sin embargo, la Corte consideró que era:

Menester referirse a la primera de las preguntas formuladas que deberán responder los votantes, a fin de fijar el marco referencial e interpretativo bajo el cual ha de estudiarse la segunda pregunta;

y, en consecuencia, la interpretó acorde con la Constitución, derivando que en la misma -a pesar de su redacción- no se estaba convocando a un referendo decisorio, sino eminentemente consultivo.

Es decir, la Corte estableció clara y expresamente, a pesar de la forma de redacción de la misma, su carácter propio de un referendo consultivo. Señaló así la Corte, en relación con la primera pregunta, que:

Esa primera cuestión está dirigida a indagar sobre la convocatoria a una Asamblea Nacional Constituyente... Con tal iniciativa se pretende, entonces, *conocer la opinión* de los electores en cuanto a una materia, ciertamente, de especial trascendencia nacional: la conveniencia de convocar una Asamblea Nacional Constituyente;

Es decir, a pesar de que la pregunta, como estaba formulada: *¿Convoca Ud.* una Asamblea Nacional Constituyente...? implicaba un referendo decisorio; la Corte Suprema lo interpretó en el sentido de que el mismo era sólo de carácter consultivo, destinado a indagar o conocer la opinión de los votantes sobre la conveniencia o no de convocar la Asamblea Constituyente.

Por ello, la Corte insistió en que conforme a sus anteriores sentencias del 19-1-99, (Caso *Referendo Consultivo I y II*), lo que se podía realizar conforme a la Ley Orgánica del Sufragio, era un referendo para ser "consultado el parecer del cuerpo electoral sobre cualquier decisión de especial trascendencia nacional", por lo que concluyó señalando que:

> Es perfectamente compatible con la anterior concepción *el interrogar al soberano si está de acuerdo* con la convocatoria a una Asamblea Nacional Constituyente...

Más adelante, al analizar sus anteriores sentencias del 19-1-99, la Corte señaló que ese:

> Ejercicio de soberanía no delegado encuentra su cauce precisamente en los mecanismos de participación política directa, el *referendo consultivo,* entre otros, como manifestación concreta que permite conocer de primera mano, *cuál es la opinión del* cuerpo consultado respecto a determinadas materias de evidente trascendencia nacional.

Por ello, en otra parte de la decisión, al hacer referencia a la anterior sentencia del 19-1-99 (Casos *Referendo Consultivos I y II*), la Corte señaló que:

> Se circunscribió a determinar si de conformidad con el artículo 181 de la Ley Orgánica del Sufragio y Participación Política puede convocarse a un referendo consultivo, a los fines de determinar si corresponde a la voluntad popular que se convoque a Asamblea Constituyente.

En tal sentido, insistió la Corte en su sentencia:

> Que un mecanismo de consulta directo, llamado a resolver sobre materias que no han sido previamente delegadas en representantes, debe preservar, mantener y defender como principal valor, el ser fiel expresión de la verdadera voluntad popular.

De ello concluyó la Corte en que:

> Entonces, es indispensable, que formulada la pregunta sobre la conveniencia de instalar una Asamblea Nacional Constituyente, proceda a consultarse sobre aquellas reglas fundamentales que detallen su organización y régimen general.

Pero además, sobre el carácter consultivo del referendo regulado en el artículo 181 de la Ley Orgánica del Sufragio, la Sala Político Administrativa en su sentencia del 18-3-99, insistió en lo siguiente:

> El pronunciamiento de la Sala en fecha 19 de enero de 1999, se circunscribió a determinar si de conformidad con el artículo 181 de la Ley Orgánica del Sufragio y Participación Política puede convocarse a un referendo consultivo, a los fines de determinar si corresponde a la voluntad popular que se convoque a Asamblea Constituyente. En aquella oportunidad la Sala se pronunció, dentro del análisis interpretativo solicitado, diferenciando la figura de referendo contenida en el precepto de la Ley electoral, del mecanismo de consulta plebiscitaria, estableciendo que el primero se refiere a la consulta sobre un texto o proyecto, en tanto que el segundo, esto es, el plebiscito, tiende a ratificar la confianza en un hombre o gobernante; y concluyó:

Se desprende así del texto aludido (artículo 181), la consagración jurídica de la figura del referendo consultivo como mecanismo llamado a canalizar la participación popular en los asuntos públicos nacionales. De allí que la regla se dirija fundamentalmente a establecer las distintas modalidades para la iniciativa en la convocatoria de la consulta popular.

Retomando, entonces, esta apreciación inicial en cuando a la naturaleza de la figura consagrada en la norma antes aludida, reitera la Sala, que dicho mecanismo reviste un *carácter eminentemente consultivo*, a diferencia de otras modalidades bajo las cuales se presentan consultas de tipo autorizatorio dirigidas a delegar en determinado funcionario o persona la realización de específicas tareas y gestiones.

Precisamente, por ello, por estar, "claro entonces el carácter consultivo del referendo previsto en el artículo 181 de la Ley Orgánica del Sufragio y Participación Política", la Corte Suprema al:

Dilucidar si la estructura de la segunda pregunta del Referendo fijado por el Consejo Nacional Electoral, por iniciativa del Presidente de la República, se ajusta o no a la figura consagrada legalmente,

concluyó señalando con toda precisión que:

Para la Sala, no cabe duda, que el planteamiento contenido en la cuestión segunda *no responde al referendo consultivo* que utiliza de fundamento.

En relación con dicho asunto, la Corte concluyó respecto de la mencionada segunda pregunta que:

Es evidente que, en modo alguno, se está sometiendo al criterio de los electores el examen sobre una materia determinada y específica, por el contrario lo que se persigue es que se delegue en una sola persona, la decisión sobre ese asunto, lo cual escapa al mecanismo consagrado en el artículo 181 de la Ley Orgánica del Sufragio y Participación Política, y así se declara.

De lo anterior deriva, por tanto, el carácter eminentemente consultivo del referendo regulado en los artículos 181 y siguientes de la Ley Orgánica del Sufragio y Participación Política, por lo cual no era posible conforme a dicha norma, convocar un referendo ni decisorio ni autorizatorio, sino solo consultivo.

Por ello, precisamente, la Corte anuló la segunda pregunta formulada para el referendo, que regulaba una consulta autorizatoria; y por ello, también, interpretó la primera pregunta redactada en la forma de un referendo decisorio, señalando que sólo podía tratarse de una consulta destinada a "indagar" el parecer o la opinión del pueblo sobre la convocatoria a una Asamblea Constituyente, en el sentido de "interrogar al Soberano si está de acuerdo con la convocatoria" de la misma, lo que, significaba que, conforme al criterio de la Corte, a pesar de la redacción de la primera pregunta, nunca podía derivarse de una respuesta afirmativa de la misma, que se estaba convocando dicha Asamblea.

V. LOS INTENTOS POR RECOGER LOS "DEMONIOS CONSTITUYENTES" DESATADOS Y LA INEFECTIVIDAD EN DEFINIRLE LÍMITES DE LA ASAMBLEA NACIONAL CONSTITUYENTE CONVOCADA CON FUNDAMENTO EN EL REFERENDO CONSULTIVO

La Sala Político Administrativa de la Corte Suprema, además de haber dejado claramente establecido el carácter eminentemente consultivo del referendo regulado en los artículos 181 y siguientes de la Ley Orgánica del Sufragio y Participación Política, en su sentencia del 18-3-99 intentó precisar con toda claridad los límites de la Asamblea Constituyente que se podía convocar con fundamento en dicha norma y de acuerdo al derecho a la participación política que deriva del artículo 50 de la Constitución; y ello lo hizo al interpretar la pregunta primera del referendo convocado.

En efecto, la Sala en la misma sentencia que comentamos, dijo que:

La circunstancia de la posibilidad, por vía de ese mecanismo (referendo consultivo) convocado conforme a la Ley Orgánica del Sufragio de celebración de una Asamblea Constituyente, *no significa, en modo alguno, por estar precisamente vinculada su estructuración al propio espíritu de la Constitución vigente, bajo cuyos términos se producirá su celebración, la alteración de los principios fundamentales del Estado Democrático de Derecho.*

De ello se derivan los siguientes postulados en relación con la Asamblea Constituyente cuya celebración se convocó como resultado de un referendo consultivo del 25 de abril de 1999, y cuyos miembros se eligieron el 25 de julio de 1999:

En *primer lugar,* que la estructuración de la misma estaba vinculada al propio espíritu de la Constitución de 1961. Es decir, que la misma era resultado de la interpretación de la Constitución de 1961 y su estructuración tenía que responder al propio espíritu de dicho texto. La Asamblea, por tanto, no estaba autorizada para apartarse del texto de la Constitución de 1961 y mucho menos para violarlo.

En *segundo lugar,* que durante el funcionamiento y la celebración de la Asamblea Constituyente, seguía en vigor la Constitución de 1961, texto que limitaba la actuación de la Asamblea Nacional Constituyente en el sentido de que no podía ser desconocido por la Asamblea.

En *tercer lugar*, que la celebración de la Asamblea Constituyente no significaba, en modo alguno, la alteración de los principios fundamentales del Estado democrático de derecho, es decir, de la organización del Poder Público tal como estaba regulado en la Constitución, tanto en su división vertical (Poder Nacional, Estadal y Municipal), como en la separación orgánica de poderes que existía en esos tres niveles, entre los órganos del Poder Legislativo, del Poder Ejecutivo y del Poder Judicial.

Lo anterior significaba entonces, que de acuerdo al criterio de la Corte Suprema, la Asamblea Constituyente cuyos miembros fueron electos como consecuencia del referendo consultivo del 25 de abril de 1999, no podía en forma alguna, durante su celebración y funcionamiento, desconocer, apartarse, suspender o derogar norma alguna de la Constitución de 1961.

Conforme a este postulado, la Sala Político Administrativa interpretó la forma genérica y ambigua del texto de la primera pregunta del referendo, precisando la "finalidad" o misión de la Asamblea en la siguiente forma:

En cuanto al cometido de "la transformación del Estado" a que se refería la primera pregunta, la Sala señaló que ello era:

> En base a la primacía del ciudadano, lo cual equivale a la consagración de los derechos humanos como norte fundamental del nuevo Texto Constitucional;

y en cuanto a la creación de "un nuevo ordenamiento jurídico", como cometido de la Asamblea, ello era con el objeto de:

> Que consolide el Estado de derecho a través de un mecanismo que permita la práctica de una democracia social y participativa, debiendo la *nueva Constitución* satisfacer las expectativas del pueblo, y al mismo tiempo cumplir los requerimientos del derecho constitucional democrático, lo cual implica, esencialmente, el mantenimiento de los principios fundamentales del Estado democrático de derecho, con sus diferentes estructuras de poder y sus cometidos específicos.

De lo anterior se derivaba, por tanto, que la misión y finalidad esencial de la Asamblea Nacional Constituyente cuyos miembros fueron electos el 25 de julio de 1999, era producir un nuevo texto constitucional donde se reflejase la transformación del Estado y se creare un nuevo ordenamiento jurídico; es decir, que esa misión era para reflejarla en una nueva Constitución; y que en el cumplimiento de esa tarea de proyectar un nuevo texto constitucional, la Asamblea Constituyente debía darle primacía al ciudadano; consagrar los derechos humanos como norte del nuevo texto constitucional; consolidar el Estado de derecho a través de un mecanismo que permitiera la práctica de una democracia social y participativa; satisfacer los requerimientos del derecho constitucional democrático; y mantener los principios fundamentales del Estado democrático de derecho, con sus diferentes estructuras de poder y sus cometidos específicos, lo que no era otra cosa que la distribución vertical del Poder Público (descentralización política y federalismo) y la separación orgánica de poderes.

En este sentido, la sentencia de la Sala reiteró que la futura Constitución, es decir,

> El establecimiento de este naciente orden jurídico-político deberá responder -conforme al sentido que se infiere de la redacción de la pregunta- a que el texto constitucional respete, y aún estimule, el desarrollo de aquellos valores que insufla una "democracia social y participativa", en virtud del principio de progresividad a que está sometida la materia.

En consecuencia, la misión y los cometidos indicados en la primera pregunta del referendo consultivo, sólo estaban destinados a guiar la actuación de la Asamblea Nacional Constituyente en la elaboración del nuevo texto constitucional, como límites a la misma y, en ningún caso, podían dar origen a poderes de la Asamblea, durante su funcionamiento, que pudieran afectar o alterar las regulaciones de la Constitución de 1961. Por ello la Corte fue enfática al señalar que:

Es la Constitución vigente (1961) la que permite la preservación del Estado de derecho y la actuación de la Asamblea Nacional Constituyente, en caso de que la voluntad popular sea expresada en tal sentido en la respectiva consulta.

Es decir, lo que había permitido la creación y actuación de la Asamblea Nacional Constituyente convocada como consecuencia de un referendo consultivo efectuado el 25 de abril de 1999, era la Constitución que en ese momento estaba vigente, de 1961, la cual, además, permitía la preservación del Estado de derecho. Dicha Constitución de 1961, por tanto, no perdía vigencia alguna durante la actuación de la Asamblea Nacional Constituyente, la cual debía encontrar en dicho texto el límite de su actuación, lo que significaba que los poderes constituidos, durante el funcionamiento de la Asamblea, debían continuar actuando conforme a la Constitución que estaba vigente, no pudiendo la Asamblea ni disolverlos ni asumir directamente sus competencias constitucionales. En consecuencia, la Asamblea Constituyente convocada en esta forma no podía legislar, ni gobernar, ni juzgar, funciones que sólo correspondían a las Cámaras Legislativas, al Presidente de la República y sus Ministros y a la Corte Suprema de Justicia y demás Tribunales de la República, respectivamente. Al final, sin embargo hizo todo eso, sin constitucional autoridad alguna.

Como lo precisó la misma Corte Suprema de Justicia en Sala Político Administrativa en la "aclaratoria" a la referida sentencia del 18-3-99, dictada el 23-3-99[38], calificando la afirmación como una "interpretación vinculante":

La Asamblea Nacional Constituyente, *por estar vinculada al propio espíritu de la Constitución vigente* (1961), está limitada por los principios fundamentales del Estado democrático de derecho.

La Asamblea Nacional Constituyente cuya convocatoria se había permitido realizar por las interpretaciones de la Corte Suprema de Justicia, conforme a las sucesivas decisiones de esta, por tanto, comenzaba a ser definida como una institución limitada, sometida a la Constitución de 1961 cuya interpretación le había dado origen, y sin posibilidad de tener el carácter de poder constituyente originario, el cual en democracia sólo el pueblo lo puede ejercer.

Ahora bien, una vez dictada la sentencia de 18-03-1999, anulándola segunda pregunta del artículo 3º del Decreto presidencial Nº 3 del 02-02-99 que ya había sido derogada por el acto administrativo (Decreto sin número) dictado por el propio Presidente de la República, en Consejo de Ministros el 10-03-99; sin embargo, la misma pregunta antes había sido reproducida en la Resolución del Consejo Nacional Electoral que fue el acto impugnado en el juicio de nulidad que concluyó con la sentencia de la Corte Suprema del 18-03-99, y fue la que fue anulada por la Corte, con la orden al Consejo de reformular dicha pregunta, examinando las mencionadas bases y decidiendo sobre su incorporación a las preguntas del referendo consultivo.

En tal sentido, y en cumplimiento al mandato judicial recibido, el Consejo Nacional Electoral, en nuestro criterio, debió haber examinado cada una de las referidas bases. Pero no lo hizo, y reprodujo literalmente la nueva propuesta del Presidente de la República, incurriendo en nuevas inconstitucionalidades.

---

[38]. Véase el texto en Allan R. Brewer-Carías, *Poder Constituyente Originario y Asamblea Nacional Constituyente,* Caracas 1999, pp. 186 a 188 y en esta *Revista,* pp. 83 a 85.

En efecto, en las mencionadas *bases comiciales,* el Consejo Nacional Electoral había incorporado la base octava tal como venía (Décima) de la propuesta presidencial[39], en la cual se había incluido una frase que calificaba a la Asamblea "como poder originario que recoge la soberanía popular".

Debe destacarse que ello, a su vez, había sido objeto de impugnación ante la Sala, siendo *anulada dicha frase* por la propia Corte mediante una nueva sentencia del 13 de abril de 1999[40], dictada en ejecución de la anterior, en la cual la Corte precisó que una Asamblea Constituyente electa en el marco del Estado de derecho regulado en la Constitución de 1961, no podía tener los poderes de una Asamblea Constituyente originaria, como los que pretendía el Presidente en su proyecto[41].

Pero ello, por supuesto, no fue pacíficamente aceptado. La Asamblea que debía convocarse e integrarse conforme a los criterios de la Corte Suprema era para reformar la Constitución de 1961, la cual quedaría derogada cuando se aprobara por referéndum el nuevo texto constitucional. Pero mientras ello ocurriera, el tema de discusión era si la Asamblea podía adoptar "actos constitucionales", o actos constituyentes al margen de la Constitución de 1961 que era la que estaba en vigencia y la que, conforme a la doctrina de la Corte Suprema, le había podido dar nacimiento. En otras palabras, como hemos dicho, se trataba de determinar si la Asamblea tendría carácter de poder constituyente "originario" o si sería un órgano que sólo tendría la misión de elaborar una nueva Constitución como resultaba de las bases comiciales sometidas a aprobación popular el 25-04-99.

Debe señalarse que a pesar de lo poco precisa que fue la Sala Político Administrativa en su decisión de 19-01-99, algunos de los Magistrados que la habían adoptado intentaron precisar, *ex post facto,* en pleno funcionamiento de la Asamblea Nacional Constituyente que ya había sido electa en julio de 1999, en sendos Votos Salvados que presentaron a la sentencia de la Corte Suprema en Sala Plena de 14-10-99 (Caso *Impugnación del Decreto de la Asamblea Constituyente de Regulación de las funciones del Poder Legislativo*), que en la mencionada sentencia de enero de 1999 y en otras posteriores, nada se había dicho sobre un pretendido carácter de poder constituyente originario de la Asamblea Constituyente cuya consulta refrendaria se había autorizado judicialmente.

En su voto salvado a la sentencia, el magistrado Hermes Harting señaló, en efecto, que las sentencias de 18-03-99, 23-03-99 y 13-04-99, las cuales en su criterio

---

[39]. *Décimo:* Una vez instalada la Asamblea Nacional Constituyente, *como poder originario que recoge la soberanía popular,* deberá dictar sus propios estatutos de funcionamiento, teniendo como límites los valores y principios de nuestra historia republicana, así como el cumplimiento de los tratados internacionales acuerdos y compromisos válidamente suscritos por la República, el carácter progresivo de los derechos fundamentales del hombre y las garantías democráticas dentro del más absoluto respeto de los compromisos asumidos.

[40]. Véase el texto de la sentencia en Allan R. Brewer-Carías, *Poder Constituyente Originario y Asamblea... op. cit.,* pp. 190 a 198, y en esta *Revista,* pp. 85 a 90.

[41]. Véase sobre las Bases comiciales propuestas por el Presidente de la República y la decisión de la Corte Suprema ordenando se reformulase la Base Comicial Octava, que comtemplaba el carácter originario de la Asamblea Nacional Constituyente, véase Alfonso Rivas Quintero, *Derecho Constitucional,* Paredes Editores, Valencia-Venezuela, 2002, pp. 98 y ss., 104 y ss.

no contradecían la sentencia de 19-01-99, en relación con los poderes de la Asamblea, que:

> Patentizan la naturaleza de la Asamblea Nacional Constituyente como procedimiento o mecanismo extra-constitucional, *limitado exclusivamente* a la redacción de una nueva Constitución, y cuya *derivación de la Constitución de 1961* lo vincula infragablemente al cumplimiento de los requerimientos del derecho constitucional democrático.

La magistrado Hildegard Rondón de Sansó, por su parte, también en voto salvado, al calificar a la sentencia del 19-01-99 como "el punto de partida de todo el proceso constituyente" -y así había sido-, consideró que la sentencia había reconocido que:

> El deseo de lo que se denominara "el soberano" de transformaciones básicas del sistema, podría canalizarse en una modalidad diferente a la prevista en la Constitución vigente, como lo es la manifestación mayoritaria de su voluntad de cambio, a través de un referendo.

Pero las más importantes precisiones sobre el significado de lo que lo que había sido realmente decidido en esta materia en la sentencia del 19-01-99, (Caso *Referendo Consultivo I*), provinieron del Magistrado ponente de la misma, Humberto J. La Roche, quien consideró que las citas y referencias que a la sentencia de la cual había sido Ponente, que se hacían en la sentencia de la Sala Plena del 14-10-99, habían tergiversado el contenido de aquélla, pretendiendo utilizársela indebidamente como fundamento de este fallo. Señaló el magistrado La Roche que:

> La confusión reside esencialmente no sólo en considerarla en su verdadero contexto sino en atribuir a la Asamblea Nacional Constituyente el *poder soberano que reside en el pueblo y sólo en este*, el cual, aunque puede ejercerlo a través de representantes ordinarios como el Congreso de la República, o extraordinarios como la Asamblea Nacional Constituyente, *jamás se desprende de él* o en otros términos, identificando las nociones de poder constituyente y Asamblea Constituyente....

El magistrado La Roche, en esta misma línea, insistió en lo siguiente:

> Conviene observar que precisamente, *siendo el pueblo el titular de la soberanía* en el marco del Estado democrático de derecho, *su poder -el constituyente- es el único verdaderamente originario*. En consecuencia, tanto *los poderes constituidos* ordinarios como incluso la propia Asamblea Constituyente *-poder constituido extraordinario-* está conformada por quienes también determine el soberano, *reflejo del Poder Público derivado o delegado*.

Estas precisiones que hizo el magistrado La Roche en octubre de 1999, en realidad, eran las que hubiera necesitado el texto mismo de la primigenia sentencia de 19 de enero de 1999, y que debían haber estado incorporadas en su texto, en aquél momento antes de que se abriera la "Caja de Pandora" constituyente. Si allí se hubiese expresado esta posición con claridad por el propio magistrado La Roche, quien había sido su ponente el 19-01-99, el país se hubiera ahorrado múltiples controversias interpretativas y desviaciones sobre el proceso constituyente. Pero diez meses después ya era demasiado tarde, pues ya la Asamblea Nacional Constituyente había dado el golpe de Estado al intervenir todos los poderes constituidos violando la Constitución de 1961. En todo caso, era tan tarde que el magistrado La Roche tuvo que conformarse con salvar su voto a la sentencia citada de la Corte en Pleno de 14-10-99, lamentablemente en relación con uso, con interpretaciones diferentes, que se habían hecho de la sentencia de la cual había sido ponente el 19-01-99, cuya imprecisión había sido la causa de la misma. En su Voto Salvado, en efecto, el magistrado La Roche señaló lo siguiente en torno al criterio expuesto en la sentencia de 14-10-99, que no compartía, sobre el pretendido carácter de poder constituyente originario de la Asamblea Nacional Constituyente:

> A los fines de concluir que la Asamblea Nacional Constituyente es un órgano superior al régimen constitucional vigente, dado su pretendido carácter originario, el fallo del que se disiente cita de manera reiterada la referida sentencia de la Sala Político Administrativa de fecha 19 de enero de 1999. No obstante las facultades y la naturaleza jurídica que en la nombrada decisión de la Sala se consideran inmanentes al poder constituyente, esto es, *al pueblo* como máximo soberano, la sentencia de la Corte en Pleno *las atribuye al órgano elegido* por ese soberano como su representante para ejercer el máximo poder de organización político-jurídica, lo cual es, a todas luces diferente.

Por supuesto que se trataba de asuntos diferentes, pero ello no había quedando claro del texto de la sentencia de 19-01-99; si ese poder constituyente originario correspondía únicamente al pueblo, y nunca a una Asamblea Constituyente integrada por representantes electos del pueblo, como lo expresó el magistrado La Roche en el 14 de octubre de 1999, hubiera quedado expreso en su Ponencia del 19-01-99, la discusión sobre el carácter de poder constituyente originario de la Asamblea Nacional Constituyente, jamás se hubiera planteado en los términos que dominaron la discusión en el país.

Pero no fue así; al contrario, desde el momento en el cual que se dictó la sentencia del 19-01-99 de la Sala Político Administrativa, la discusión sobre ese supuesto carácter de poder constituyente originario y soberano de la propia Asamblea Nacional Constituyente, que defendía con ardor desafiante el Presidente de la República, se había abierto. La creación de la Asamblea como consecuencia de la sentencia, en todo caso, abría el camino del proceso constituyente sin necesidad de reformar la Constitución. El propio Presidente de la República, por ello, realizó intentos por otorgarle a la Asamblea Nacional Constituyente algún poder constituyente de carácter originario.

Como se ha dicho, el Consejo Supremo Electoral, mediante Resolución N° 990323-71 de 23 de marzo de 1999[42], en cumplimiento de la sentencia de la Corte Suprema de Justicia de 18 de marzo de 1999 antes indicada, resolvió establecer las "bases comiciales para el referendo consultivo sobre la convocatoria de la Asamblea Nacional Constituyente a Celebrarse el 25 de abril de 1999", las cuales, en definitiva eran el "estatuto" de la Asamblea que debía someterse a la votación en el referendo. Por ello, el Consejo, sumiso como siempre a la voluntad presidencial, como se dijo,

---

[42]. *Gaceta Oficial* N° 36.669 de 25-03-99. Véase los comentarios en Allan R. Brewer-Carías, *Golpe de Estado y Proceso Constituyente en Venezuela*, UNAM, México 2002, pp. 155 y ss.

copió las "bases" que el Presidente había publicado días antes[43], anticipándose a la sentencia de la Corte, entre las cuales se establecía el carácter de la Asamblea Nacional Constituyente, *como poder originario que recoge la soberanía popular"*.

Con esta propuesta de "base comicial" que, como se dijo, recogía en su totalidad lo que el Presidente de la República había propuesto y publicado, por supuesto se volvía a plantear la discusión sobre el "tema pendiente" del carácter de poder constituyente originario o derivado de la Asamblea Nacional Constituyente que se iba a elegir.

La referida "base comicial" que pretendía atribuir a la Asamblea Nacional Constituyente carácter de "poder constituyente originario", como se dijo, fue cuestionada ante la Corte Suprema de Justicia, Sala Político-Administrativa, y este alto Tribunal, mediante sentencia de fecha 13 de abril de 1999[44] declaró inconstitucional la frase "como poder originario que recoge la soberanía popular" ordenando su eliminación de las "bases" con fundamento en los siguientes argumentos:

> Resulta incontestable que el contenido de la base comicial identificada bajo el literal octavo -reproducida en la Resolución N° 990323-71 del 23 de marzo de 1999, e incorporada posteriormente a la segunda pregunta del Referendo Consultivo, por remisión ordenada en la Resolución N° 990324-72 del 24 de marzo de 1999, ambas dictadas por el Consejo Nacional Electoral-, y específicamente en lo referente a calificar la Asamblea Nacional Constituyente *como poder originario que recoge la soberanía popular, está en franca contradicción con los principios y criterios vertidos en la sentencia pronunciada por esta Sala el 18 de marzo de 1999, y su aclaratoria del 23 de marzo de 1999*, citados anteriormente, induciendo a error al electorado y a los propios integrantes de la Asamblea Nacional Constituyente, si el soberano se manifestase afirmativamente acerca de su celebración, en lo atinente en su alcance y límites.

La Corte Suprema de Justicia advertía, así, que una frase de ese tipo no sólo podía inducir a error a los electores, quienes podían pensar que votando afirmativamente en el referendo podían estar atribuyéndole a la Asamblea Nacional Constituyente el poder soberano que sólo puede tener el propio pueblo, no siendo la soberanía delegable; sino que también podía inducir a error a los propios miembros de la Asamblea Nacional Constituyente que resultasen electos si el referendo aprobaba las bases comiciales, quienes podían llegar a pensar que la Asamblea podía ser detentadora de un poder constituyente originario, sin sujeción a norma alguna, lo cual no era correcto constitucionalmente hablando.

Precisamente para evitar que se produjera tal error, la Corte Suprema había ordenado que se quitara de la "base comicial octava" impugnada la expresión cuestionada de que supuestamente la Asamblea podía considerarse "como poder originario que recoge la soberanía popular".

---

[43]. "Propuestas del Ejecutivo Nacional", *Gaceta Oficial* N° 36.660 de 12-03-99. Véase los comentarios en Allan R. Brewer-Carías, *Golpe de Estado y Proceso Constituyente en Venezuela*, UNAM, México 2002 en nota 117, pp. 147 y ss.

[44]. Véase los comentarios en Allan R. Brewer-Carías, *Golpe de Estado y Proceso Constituyente en Venezuela*, UNAM, México 2002, pp. 162 y ss. y en esta *Revista*, pp. 85 a 90.

No podía entonces haber duda alguna sobre el tema, el cual había sido resuelto expresamente por la Corte Suprema en dicha sentencia, la cual, además había sido dictada en ejecución de la sentencia de fecha 18 de marzo de 1999. La Sala Político-Administrativa determinó con precisión el carácter *no originario* de la Asamblea eliminando la referida frase, teniendo como base para ello los postulados señalados en esta última decisión, en la cual precisó, además, la misión y finalidad de la Asamblea Nacional Constituyente, y determinó la necesaria vigencia de la Constitución de 1961 durante la actuación de la misma. Sobre esto, tampoco podía haber duda alguna, quedando expresado por la Corte, en la citada decisión del 18-03-99, como ya hemos indicado, lo siguiente:

> La circunstancia de la posibilidad, por vía de ese mecanismo, de celebración de una Asamblea Nacional Constituyente, no significa, en modo alguno, por estar precisamente vinculada su estructuración al propio espíritu de la *Constitución vigente,* bajo cuyos términos se producirá su celebración, la alteración de los principios fundamentales del Estado democrático de derecho.

Así mismo, la Sala señaló que:

> Es la *Constitución vigente la que permite* la preservación del Estado de derecho y *la actuación de la Asamblea Nacional Constituyente*, en caso de que la voluntad popular sea expresada en tal sentido en la respectiva consulta.

Por tanto, la Asamblea Nacional Constituyente se debía configurar como un instrumento de revisión constitucional y nada más, cuyo producto (la nueva Constitución), incluso, sólo podía entrar en vigencia cuando posteriormente fuera aprobada por el pueblo en referendo. La Asamblea, por tanto, ni siquiera tenía potestad para poner en vigencia la nueva Constitución, precisamente porque no tenía carácter de poder constituyente originario, quedando sujeta a la Constitución de 1961, por lo cual no podía afectar el funcionamiento de los órganos constitucionales constituidos del Poder Público.

Como consecuencia de la decisión de fecha 13 de abril de 1999, la Corte Suprema de Justicia ordenó al Consejo Supremo Electoral, la publicación del nuevo contenido de la "base comicial octava", el cual, con la corrección impuesta por la Corte se publicó mediante Aviso Oficial; sólo cuatro días antes de la fecha del referendo[45].

En el referendo del 25 de abril de 1999, por tanto, resultó aprobado el texto de la "base comicial octava", *con la corrección anotada*, en la siguiente forma:

> *Octava:* Una vez instalada la Asamblea Nacional Constituyente, ésta deberá dictar sus propios estatutos de funcionamiento, teniendo como límites los valores y principios de nuestra historia republicana, así como el cumplimiento de los tratados internacionales, acuerdos y compromisos válidamente suscritos por la República, el carácter progresivo de los derechos fundamentales del hombre y las garantías democráticas dentro del más absoluto respeto de los compromisos asumidos".

Pero conforme a lo decidido por la Corte Suprema de Justicia, en Sala Político Administrativa, en otra sentencia posterior, la N° 639 de 3 de junio de 1999 dictada

---

[45]. *Gaceta Oficial* N° 36.684 de 21-04-99.

con motivo de la impugnación de la "base comicial tercera" indicada en la Resolución Nº 990323-70 de 23 de marzo de 1999 del Consejo Supremo Electoral; una vez aprobadas en referendo, las bases comiciales pasaron a ser "una decisión del cuerpo electoral que aprobó convocar a una Asamblea Nacional Constituyente".

Conforme a este criterio, las bases comiciales debían considerarse como una manifestación del pueblo, al aprobarlas en el referendo, en ejercicio de su soberanía. Se trataba de una materia que había sido objeto de una consulta popular y que había sido aprobada por el pueblo. Como tal decisión del pueblo, la Corte, en esta sentencia, consideró inadmisible la acción de nulidad que había sido intentada contra la mencionada "base comicial", por considerar que "la misma ha sido asumida como una decisión propia del cuerpo electoral, en ejercicio del poder constituyente". Esa "expresión popular" a juicio de la Corte, se había traducido "en una decisión de obligatorio e inmediato cumplimiento", pues poseía "validez suprema", situándose el ejercicio del poder constituyente originario sólo en el pueblo, al aprobar en el referendo las referidas bases comiciales.

En efecto, la Corte estimó que el pueblo, como "cuerpo electoral", al expresarse en el referendo, había actuado como "poder constituyente", por supuesto de carácter originario, capaz de adoptar decisiones con "validez suprema".

Estas bases comiciales, por tanto, se podían considerar como de rango constitucional, al haber emanado directamente de la voluntad del pueblo expresada mediante referendo. Por ello, la Corte Suprema de Justicia en Sala Plena, en sentencia del 14 de octubre de 1999, dictada con motivo de la impugnación del Decreto de la Asamblea Nacional Constituyente de Regulación de las Funciones del Poder Legislativo, al analizar los mecanismos de reforma constitucional previstos en la Constitución de 1961 (arts. 245 y 246) e invocar lo que la propia Corte ya había resuelto en Sala Político Administrativa, en la sentencia de 19 de enero de 1999, con motivo de la interpretación del artículo 181 de la Ley Orgánica del Sufragio y Participación Política, sobre el referendo consultivo sobre la Asamblea Constituyente, dijo que la Corte Suprema:

> Arribó a la conclusión de que en ejercicio del derecho de participación a través de referendo, *se podía consultar al pueblo sobre la convocatoria a la Asamblea Nacional Constituyente*. Según se desprende de las citadas sentencias existe un *tercer mecanismo constitucional para modificar la Constitución*. Tal mecanismo no es otro que el de la convocatoria, por parte del pueblo -quien detenta la soberanía y no la pierde por el hecho de delegarla- a una Asamblea Nacional Constituyente. La Asamblea Nacional Constituyente electa el 25 de junio de 1999, tiene definido su régimen fundamental en las preguntas y bases comiciales consultadas en el referendo del 25 de abril de 1999. Esas bases por haber sido aprobadas en ejercicio de la soberanía popular son de *similar rango y naturaleza que la Constitución*.

En esta forma, la Corte Suprema reconoció rango constitucional similar al de la Constitución de 1961, al contenido de las bases comiciales que se aprobaron por referendo el 25 de abril de 1999, donde se regulaba una Asamblea Nacional Constituyente expresamente *sin carácter de poder constituyente originario*, la cual ni siquiera podía poner en vigencia la nueva Constitución que sancionara, sino que ésta debía ser aprobada por el propio pueblo mediante referendo, quien se había reservado ese poder originario.

Ahora bien, conforme a dichas bases comiciales con validez suprema, el Consejo Supremo Electoral, sin embargo, dictó las "Normas para la Elección de Representantes a la Asamblea Nacional Constituyente"[46] mediante Resolución N° 990519-154 de 19 de mayo de 1999, en la cual partió del *falso supuesto* de:

Que las bases comiciales contenidas en la Resolución N° 990323-71 de fecha 23 de marzo de 1999 y publicada en *Gaceta Oficial de la República de Venezuela* N° 36.669 de fecha 25 de marzo de 1999, contenidas en la segunda pregunta del Referendo Consultivo Nacional, celebrado el 25 de abril de 1999, *quedaron aprobadas por el soberano*.

Esta afirmación, en realidad, era completamente falsa, por lo que el Consejo Supremo Electoral, con esta Resolución, le mintió al país, pues en el referendo consultivo no se aprobaron las bases comiciales tal como aparecieron publicadas en la *Gaceta Oficial* de 25 de marzo de 1999, ya que la Corte Suprema de Justicia en Sala Político Administrativa, en su sentencia de fecha 13 de abril de 1999, antes comentada, había introducido la corrección de anular y eliminar una frase de la base comicial octava, precisamente la que rezaba "como poder originario que recoge la soberanía popular".

Como consecuencia de ello, las bases comiciales que se habían aprobado en el referendo del 25-04-99 habían sido las "corregidas", publicadas en la *Gaceta Oficial* N° 36.684 del 21-04-99, cuatro días antes de su realización, y no las publicadas en la *Gaceta Oficial* N° 36.669 del 25-03-99, como con toda falsedad, rayana en la mala fe, lo afirmó el Consejo Nacional Electoral en su Resolución comentada del 19-5-99.

En todo caso, tan no se concebía a la Asamblea Nacional Constituyente como un poder constituyente originario que sólo puede corresponder al pueblo, que en la base comicial novena, como se dijo, se indicó expresamente que la Constitución que elaborara la Asamblea Nacional Constituyente, para entrar en vigencia también debía ser aprobada por el pueblo mediante referendo aprobatorio. Es decir, fue voluntad del pueblo, manifestada expresamente en el referendo de 25 de abril de 1999 como poder constituyente originario, la que prescribió que tal poder constituyente originario continuara en el pueblo, disponiendo que sólo el pueblo podía poner en vigencia la nueva Constitución, no otorgándole tal potestad a la Asamblea, la cual, en consecuencia, sólo quedó como poder constituyente derivado aún cuando de carácter extraordinario, con la sola misión de elaborar un texto constitucional en el cual se plasmara la transformación del Estado y se creara un nuevo ordenamiento jurídico que permitiera el funcionamiento efectivo de una democracia social y participativa, como lo señalaba la pregunta primera del referendo del 25 de abril de 1999, que luego de sancionado por la Asamblea, para que entrara en vigencia, debía ser aprobado por el pueblo mediante referendo.

Pero la discusión del tema del poder constituyente originario como atributo de la Asamblea Nacional Constituyente puede decirse que no llegó a cesar, a pesar de las decisiones de la Corte Suprema. En efecto, incluso debe destacarse la nueva inconstitucionalidad derivada del desacato del Consejo Nacional Electoral en cumplir

---

[46]. *Gaceta Oficial* N° 36.707 de 24-05-99.

la orden judicial que derivaba de la anulación de la Resolución N° 990217-32 en relación al carácter "originario" de la Asamblea

En efecto, el Consejo Nacional Electoral, como consecuencia de la anulación parcial de su Resolución N° 990217-32 por la Corte Suprema de Justicia, dictó una nueva Resolución, N° 990323-70 de 23 de marzo de 1999, en la cual, materialmente, reprodujo las bases fijadas por el Presidente de la República para la realización del referendo, tal como se habían publicado[47].

Como se señaló, el abogado Gerardo Blyde había acudido de nuevo a la Sala Político Administrativa solicitando la ejecución de la sentencia anulatoria del 18-3-99, con fundamento, entre otros aspectos, en que la base comicial décima propuesta por el Ejecutivo, y reproducida por el Consejo Nacional Electoral, desacataba el fallo de la Corte del 18 de marzo de 1999, cuando le atribuía "carácter originario" a la futura Asamblea Nacional Constituyente.

La Sala Político Administrativa, en respuesta a este requerimiento, dictó la sentencia de 13 de abril de 1999 (Ponencia del Magistrado Hermes Harting)[48], en la cual observó que ciertamente, el Consejo Nacional Electoral había omitido pronunciamiento expreso acerca del examen que debió haber efectuado, de acuerdo a la orden contenida en la citada sentencia, y que originó la Resolución N° 990323-70 del 23 de marzo de 1999, tanto de la mencionada base, como de la establecida en el literal undécimo, de la referida "propuesta" del Ejecutivo Nacional.

Agregó la Sala:

Sin embargo, la circunstancia de haber dictado dicho ente, el mismo 23 de marzo de 1999, la Resolución N° 990323-71, a través de la cual estableció las bases comiciales para el referendo consultivo a celebrarse el 25 de abril de 1999, incluyendo literalmente el contenido de las referidas bases, modificando únicamente su numeración, a saber: literales octavo y noveno, revela, a juicio de esta Sala, la conformidad del órgano electoral, vale decir, la aceptación implícita de aquellas proposiciones, tal y como fueron presentadas por el Ejecutivo Nacional.

Ahora bien, la base comicial designada bajo el literal octavo reza textualmente:

Una vez instalada la Asamblea Nacional Constituyente, *como poder originario que recoge la soberanía popular,* deberá dictar sus propios estatutos de funcionamiento, teniendo como límites los valores y principios de nuestra historia republicana, así como el cumplimiento de los tratados internacionales, acuerdos y compromisos válidamente suscritos por la República, el carácter progresivo de los derechos fundamentales del hombre y las garantías democráticas dentro del más absoluto respeto de los compromisos asumidos.

Sobre este particular, en la sentencia dictada por esta Sala el 18 de marzo de 1999 se expresó con *meridiana claridad* que la Asamblea Constituyente a ser convocada, "... no significa, en modo alguno, por estar precisamente vinculada

---

[47]. Véase los comentarios en Allan R. Brewer-Carías, *Golpe de Estado y Proceso Constituyente en Venezuela,* UNAM, México 2002, en nota N° 118, pp. 150 y ss. y en esta *Revista,* pp. 85 a 90.

[48]. Véase el texto en Allan R. Brewer-Carías, *Poder Constituyente Originario y Asamblea Nacional Constituyente,* Caracas 1999, pp. 190 a 198.

su estructuración al propio espíritu de la Constitución vigente, bajo cuyos términos se producirá su celebración, la alteración de los principios fundamentales del Estado democrático de derecho...", y que "...En consecuencia, es la Constitución vigente la que permite la preservación del Estado de derecho y la actuación de la Asamblea Nacional Constituyente, en caso de que la voluntad popular sea expresada en tal sentido en la respectiva consulta....

A su vez, en el fallo aclaratorio del 23 de marzo de 1999, emanado de esta Sala, se ratificó claramente la naturaleza vinculante de tal criterio interpretativo, referido a la primera pregunta del referendo consultivo nacional 1999, y cuyo contenido debía fijar el marco referencial y alcance de la segunda pregunta del mismo.

Por todo lo anterior, la Corte Suprema consideró que resultaba incontestable que el contenido de la base comicial identificada bajo el numeral octavo -reproducida en la Resolución Nº 990323-71 del 23 de marzo de 1999, e incorporada posteriormente a la segunda pregunta del referendo consultivo, por remisión ordenada en la Resolución Nº 990324-72 del 24 de marzo de 1999, ambas dictadas por el Consejo Nacional Electoral-, y específicamente, en lo referente a calificar la Asamblea Nacional Constituyente *"como poder originario que recoge la soberanía popular"*, estaba en franca "contradicción con los principios y criterios" vertidos en la sentencia pronunciada por esta Sala el 18 de marzo de 1999, y su aclaratoria del 23 de marzo de 1999,

Induciendo a error al electorado y a los propios integrantes de la Asamblea Nacional Constituyente, si el soberano se manifestase afirmativamente acerca de su celebración, en lo atinente a su alcance y límites.

En consecuencia de lo anterior, la Sala Político-Administrativa concluyó su sentencia del 13 de abril de 1999, resolviendo, en ejecución de su precedente sentencia fechada 18 de marzo de 1999, la eliminación de la frase *"como poder originario que recoge la soberanía popular"*, y, por tanto, corrigiendo el texto de la base comicial octava, en la forma siguiente:

Se reformula la base comicial *octava* para el referendo consultivo sobre la convocatoria de la Asamblea Nacional Constituyente a realizarse el 25 de abril de 1999, en los términos siguientes:

Octavo: Una vez instalada la Asamblea Nacional Constituyente, ésta deberá dictar sus propios estatutos de funcionamiento, teniendo como límites los valores y principios de nuestra historia republicana, así como el cumplimiento de los tratados internacionales, acuerdos y compromisos válidamente suscritos por la República, el carácter progresivo de los derechos fundamentales del hombre y las garantías democráticas dentro del más absoluto respeto de los compromisos asumidos.

Quedó en esta forma abierto el proceso constituyente en el país, mediante la celebración del referendo consultivo que se efectuó el 25 de abril de 1999, en el cual se consultó al pueblo sobre la convocatoria de una Asamblea Nacional Constituyente, con una misión y unos límites específicos fijados por el mismo pueblo al responder afirmativamente a las preguntas y las bases comiciales que conforman su estatuto. En dicho referendo, votaron 4.137.509 de los 11.022.936 electores registrados con una abstención electoral del 62.2%. La votación "*sí*" representó un 92,4% y la votación "no" un 7,6%[49].

Conforme a las bases comiciales, la Asamblea Nacional Constituyente fue electa el 25 de julio de 1999 y quedaba sometida a las normas supraconstitucionales que derivaban del *poder constituyente originario* (el pueblo) que se había expresado en el referendo consultivo del 25 de abril de 1999. Durante su funcionamiento debió respetar la vigencia de la Constitución de 1961, la cual sólo debió perder dicha vigencia cuando el pueblo soberano, es decir, el poder constituyente originario se pronunciara aprobando, mediante posterior referendo aprobatorio, la nueva Constitución que elaborase la Asamblea, tal como se precisó en la base comicial novena del referendo de 25 de abril de 1999.

VI. LOS INTENTOS TARDÍOS DE LA CORTE SUPREMA EN PRETENDER SOMETER EL PROCESO CONSTITUYENTE A LA CONSTITUCIÓN DE 1961

Lo anterior significaba entonces, que de acuerdo al criterio de la Corte Suprema, la Asamblea Constituyente cuyos miembros se eligieron como consecuencia del *Referéndum Consultivo* del 25 de abril de 1999, no podía en forma alguna durante su celebración y funcionamiento, desconocer, apartarse, suspender o derogar norma alguna de la Constitución de 1961.

Conforme a este postulado, la Sala Político Administrativa interpretó la forma genérica y ambigua del texto de la *Primera Pregunta del Referéndum,* precisando la "finalidad" o misión de la Asamblea en la siguiente forma:

En cuanto al cometido de "la transformación del Estado" a que se refiere la *Primera Pregunta,* la Sala señaló que ello era:

en base a (*sic*) la primacía del ciudadano, lo cual equivale a la consagración de los derechos humanos como norte fundamental del *nuevo Texto Constitucional*;

y en cuanto a la creación de "un nuevo ordenamiento jurídico", como cometido de la Asamblea, ello era con el objeto de:

que consolide el Estado de Derecho a través de un mecanismo que permita la práctica de una Democracia Social y Participativa, debiendo la *nueva Constitución* satisfacer las expectativas del pueblo, y al mismo tiempo cumplir los requerimientos del Derecho Constitucional Democrático, lo cual implica, esencialmente, el mantenimiento de los principios fundamentales del Estado Democrático de Derecho, con sus diferentes estructuras de poder y sus cometidos específicos.

De lo anterior se derivaba, por tanto, que la misión y finalidad esencial de la Asamblea Nacional Constituyente cuyos miembros fueron electos el 25 de julio de 1999, *era producir un nuevo texto constitucional donde se reflejase la transformación del Estado y se crease un nuevo ordenamiento jurídico;* es decir, que esa misión era para reflejarla en una nueva Constitución; y que en el cumplimiento de esa

---

[49]. Véase José E. Molina V. y Carmen Pérez Baralt, "Procesos Electorales. Venezuela, abril, julio y diciembre de 1999" en *Boletín Electoral Latinoamericano,* CAPEL-IIDH, Nº XXII, julio-dic. 1999, San José, 2000, pp. 61 y ss.

tarea de proyectar un nuevo texto constitucional, la Asamblea Constituyente debía darle primacía al ciudadano; consagrar los derechos humanos como norte del nuevo texto constitucional; consolidar el Estado de Derecho a través de un mecanismo que permitiera la práctica de una democracia social y participativa; satisfacer los requerimientos del Derecho Constitucional Democrático; y mantener los principios fundamentales del Estado Democrático de Derecho, con sus diferentes estructuras de poder y sus cometidos específicos, lo que no es otra cosa que la distribución vertical del Poder Público (descentralización política y federalismo) y la separación orgánica de poderes.

En este sentido, la sentencia de la Sala reiteró que la futura Constitución, es decir,

> el establecimiento de este naciente orden jurídico-político deberá responder -conforme al sentido que se infiere de la redacción de la pregunta- a que el texto constitucional respete, y aún estimule, el desarrollo de aquellos valores que insufla una "Democracia Social y Participativa", en virtud del principio de progresividad a que está sometida la materia.

En consecuencia, la misión y los cometidos indicados en la *Primera Pregunta* del *Referéndum Consultivo*, sólo estaban destinados a guiar la actuación de la Asamblea Nacional Constituyente en la elaboración del nuevo texto constitucional, como límites a la misma, y en ningún caso podían dar origen a poderes de la Asamblea, durante su funcionamiento, que pudieran afectar o alterar las regulaciones de la Constitución de 1961. Por ello la Corte fue enfática al señalar que:

> es la Constitución vigente la que permite la preservación del Estado de Derecho y la actuación de la Asamblea Nacional Constituyente, en caso de que la voluntad popular sea expresada en tal sentido en la respectiva consulta.

Es decir, lo que permitió la actuación de la Asamblea Nacional Constituyente convocada como consecuencia del *Referéndum Consultivo* efectuado el 25 de abril de 1999, fue la Constitución de 1961, la cual además, permitía la preservación del Estado de Derecho. Dicha Constitución de 1961, por tanto, no perdía vigencia alguna durante la actuación de la Asamblea Nacional Constituyente, la cual encontraba en dicho texto el límite de su actuación, lo que significaba que los Poderes Constituidos, durante el funcionamiento de la Asamblea, debían continuar actuando conforme a la Constitución de 1961, no pudiendo la Asamblea ni disolverlos ni asumir directamente sus competencias constitucionales. En consecuencia, la Asamblea Constituyente convocada en esta forma no podía legislar, ni gobernar, ni juzgar, funciones que sólo correspondían a las Cámaras Legislativas, al Presidente de la República y sus Ministros y a la Corte Suprema de Justicia y demás Tribunales de la República, respectivamente.

Como resultó de las decisiones de la Corte Suprema de Justicia antes indicadas, el proceso constituyente venezolano, al contrario de lo que sucedió con todas las experiencias constituyentes del pasado en la historia política de país, no fue producto de una ruptura constitucional con ocasión de una guerra, un golpe de Estado o una Revolución, sino de la interpretación dada por el máximo Tribunal de la República a la Constitución de 1961 y de la voluntad popular expresada, como *Poder Constituyente Originario,* en el *Referéndum Consultivo* del 25 de abril de 1999. La ruptura constitucional la provocó la propia Asamblea nacional Constituyente al violar la

Constitución de 1961, al asumir poderes constituyentes originarios, violando las bases comiciales que, como lo había resuelto la Corte Suprema, tenían rango supraconstitucional.

La Corte Suprema de Justicia en otra sentencia del 21 de julio de 1999 con ocasión de resolver un recurso de interpretación intentado por los Candidatos Nacionales a la Asamblea Nacional Constituyente (Caso: *Alberto Franceschi, Jorge Olavarría y Gerardo Blyde*), acerca del régimen jurídico que regía el proceso electoral, había destacado el carácter *de jure* del proceso constituyente, señalado que:

> Lo novedoso -y por ello extraordinario- del proceso constituyente venezolano actual, es que el mismo no surgió como consecuencia de un suceso fáctico (guerra civil, golpe de estado, revolución, etc.), sino que, por el contrario, fue concebido como un "Proceso Constituyente de Iure" esto es, que se trata de un proceso enmarcado dentro del actual sistema jurídico venezolano[50].

La consecuencia de lo anterior estaba en que la Asamblea Nacional Constituyente no sólo derivó "de un proceso que se ha desarrollado dentro del actual marco del ordenamiento constitucional y legal", sino que en su actuación estaba sometida al orden jurídico establecido por la voluntad popular en el *Referéndum* del 25 de abril de 1999, expresada en el conjunto de normas que derivaron de las preguntas del *Referéndum* y de las *Bases Comiciales* aprobadas en el mismo, y que la misma Corte Suprema de Justicia en la sentencia antes mencionada "por su peculiaridad e importancia", catalogó "como *normas de un rango especial*"; y en anterior sentencia del 3 de junio de 1999 (Caso *Celia María Colón de González*)[51] consideró como una "expresión popular" que "se tradujo en una *decisión de obligatorio cumplimiento, pues posee, validez suprema*", es decir, de rango supraconstitucional. Dicha sentencia se cita, además, en la de 17 de junio de 1999 en la cual se declaró *sin lugar* el recurso contencioso administrativo de anulación que había sido ejercido por un conjunto de ciudadanos contra un artículo de la Resolución N° 990519-154 del 19-05-99 del Consejo Nacional Electoral, que había negado la posibilidad de incluir símbolos, signos, siglas o colores que identificasen a los candidatos a la Asamblea Nacional Constituyente postulados por organizaciones políticas[52].

La Asamblea Nacional Constituyente que se eligió el 25 de julio de 1999, en consecuencia, estaba sometida a las normas (Bases Comiciales) aprobadas en el *Referéndum Consultivo* del 25 de abril de 1999, que eran de obligatorio cumplimiento y de rango y validez suprema (supraconstitucional), como manifestación del poder constituyente originario que sólo corresponde al pueblo, conforme a las cuales no sólo se precisó la misión de la Asamblea, sino sus límites.

Sobre ello se pronunció además, la Corte Suprema de Justicia, como se ha señalado, en sus decisiones de 17 de junio de 1999[53]; y luego, la Sala Constitucional del Tribunal Supremo de Justicia, en sentencia N° 6 de 27 de enero de 2000, la cual señaló que las bases comiciales referidas "que fijaron los límites de actuación de la

---

[50]. Véase el texto en esta *Revista,* pp. 104 a 110.
[51]. Véase el texto en esta *Revista,* pp. 90 a 93.
[52]. Véase el texto en esta *Revista,* pp. 104 a 110.
[53]. Véase el texto de esas sentencias en Allan R. Brewer-Carías, *Poder Constituyente Originario y Asamblea... op. cit.,* pp. 221 y ss., y en esta *Revista,* pp. 93 a 104.

Asamblea Nacional Constituyente, son de similar rango y naturaleza que la Constitución, como la cúspide de las normas del proceso constituyente", y además, que eran "supraconstitucionales respecto de la Constitución de 1961, lo cual no quiere decir que la Constitución estaba sujeta a estos, sino que se trataba de un ordenamiento no vinculado con las normas que rigen el Poder Constituyente"[54].

VII. DE CÓMO LA ASAMBLEA NACIONAL CONSTITUYENTE ASUMIÓ EL CONTROL TOTAL DEL PODER, HACIENDO CASO OMISO A LAS DOCTRINAS DE LA CORTE SUPREMA QUE HABÍAN FUNDAMENTADO SU PROPIA CREACIÓN

Entre las bases comiciales establecidas y aprobadas en el referéndum consultivo del 25 de abril de 1999, en la *Base Comicial Tercera* se reguló el sistema para la elección de 131 constituyentes así: 104 constituyentes distribuidos en las 24 circunscripciones regionales correspondientes a las entidades políticas del territorio (Estados y Distrito Federal), 24 constituyentes en la circunscripción nacional, y 3 constituyentes en representación de los pueblos indígenas, que en Venezuela son muy exiguos desde el punto de vista de la población y presencia en la dinámica social. Conforme a tal sistema, el día 25 de julio de 1999 se eligieron los miembros de la Asamblea Nacional Constituyente, resultando la Asamblea dominada por los 125 constituyentes electos con el directo y abierto del apoyo del Presidente Chávez, quedando configurada la "oposición" con sólo 6 constituyentes. Una Asamblea Constituyente conformada por una mayoría de esa naturaleza, por supuesto, impidió toda posibilidad de que se convirtiera en un instrumento válido de diálogo, conciliación política y negociación. Fue, en realidad, un instrumento político de imposición por un grupo que la dominaba, al resto de la sociedad, de sus propias ideas, con exclusión total respecto de los otros grupos. Fue, además, un instrumento para lograr el control total del poder por los que conformaban la mayoría y que habían sido electos constituyentes gracias al apoyo y a la campaña del propio Presidente de la República. En la Asamblea, dichos constituyentes estuvieron a su servicio y al diseño de cuantos mecanismos sirvieron para el control del poder por parte de los nuevos actores políticos que habían aparecido en escena de la mano del Presidente Chávez, en medio del más terrible deterioro de los partidos políticos tradicionales, que materialmente desaparecieron de la escena política durante el proceso constituyente.

La Asamblea se instaló el 3 de agosto de 1999, teniendo su primera sesión plenaria formal el día 8 de agosto de 1999, en la cual se discutió su *Estatuto de Funcionamiento*, tal como lo exigía la *Base Comicial Octava* del *referéndum del 25 de abril de 1999*.

En dicha primera sesión plenaria, por supuesto, se planteó de nuevo la discusión sobre el pretendido carácter de poder originario de la Asamblea, en cual había sido descartado por la doctrina de la Corte Suprema de Justicia que le había dado nacimiento[55]. El único poder constituyente originario en el proceso constituyente era

---

[54]. Caso: *Milagros Gómes y otros*. Véase en *Revista de Derecho Público*, N° 81, Caracas, 2000, p. 82.

[55]. Véase los textos en Allan R. Brewer-Carías, *Debate Constituyente, (Aportes a la Asamblea Nacional Constituyente)*, Tomo I, (8 agosto-8 septiembre 1999), Caracas, 1999, pp. 15 a 39. Así mismo, en *Gaceta Constituyente (Diario de Debates)*, Asamblea Nacional Constituyente, (agosto-septiembre 1999), Caracas, 1999, pp. 6 a 13 de la sesión del 07-08-99.

la manifestación popular del *referéndum del 25 de abril de 1999,* la cual adquirió rango supra constitucional[56], por lo que la Asamblea tenía los límites contenidos en las *bases comiciales* del mismo, a los cuales estaba sometida.

Sin embargo, prevaleció el criterio de la mayoría que quedó plasmada, contra toda la doctrina jurisprudencial de la Corte Suprema, en el artículo 1º de los Estatutos con el siguiente texto:

Artículo 1. Naturaleza y misión. La asamblea nacional constituyente es la depositaria de la voluntad popular y expresión de su Soberanía con las atribuciones del Poder Originario para reorganizar el Estado Venezolano y crear un nuevo ordenamiento jurídico democrático. La Asamblea, en uso de las atribuciones que le son inherentes, podrá limitar o decidir la cesación de las actividades de las autoridades que conforman el Poder Público.

Su objetivo será transformar el Estado y crear un nuevo ordenamiento jurídico que garantice la existencia efectiva de la democracia social y participativa.

Parágrafo Primero: Todos los organismos del Poder Público quedan subordinados a la Asamblea Nacional Constituyente, y están en la obligación de cumplir y hacer cumplir los actos jurídicos estatales que emita dicha Asamblea Nacional.

Parágrafo Segundo: La Constitución de 1961 y el resto del ordenamiento jurídico imperante, mantendrán su vigencia en todo aquello que no colida o sea contradictorio con los actos jurídicos y demás decisiones de la Asamblea Nacional Constituyente[57].

En esta forma, la Asamblea se auto atribuyó carácter de "Poder Originario", asignándose a sí misma la atribución de poder "limitar o decidir la cesación de las actividades de las autoridades que conforman el Poder Público", desvinculando dichas decisiones de la elaboración del Proyecto de Constitución. Como consecuencia de ello resolvió que "todos los organismos del Poder Público quedaban subordinados a la Asamblea" y en consecuencia, que estaban en la obligación de cumplir y hacer cumplir los "actos jurídicos estatales" que emitiera[58].

La Asamblea, además, se auto atribuyó potestades públicas por encima de la Constitución de 1961, la cual formalmente continuó vigente durante su funcionamiento, pero sólo en todo aquello que no colidiera o fuera contrario con los actos jurídicos y demás decisiones de la Asamblea Nacional Constituyente. Se produjo, así, un golpe de Estado contra la Constitución de 1961, la cual fue desconocida por la Asamblea[59].

---

[56]. Véase la sentencia de la Sala Constitucional Nº 6 de 25-01-2000, *Revista de Derecho Público*, Nº 81, Caracas, 2000, pp. 81-82.

[57]. Véase en *Gaceta Constituyente (Diario de Debates),* agosto-sep. 1999, pp. 144 de la sesión del 07-08-99. Véase el texto, además, en *Gaceta Oficial* Nº 36.786 de 14-09-99.

[58]. Véase Julio C. Fernández Toro, "Comentarios sobre los poderes de control político de la Asamblea Nacional previstos en la Constitución de 1999 sobre la actuación de los órganos de los otros poderes nacionales", en *Revista de Derecho Constitucional,* Nº 6 (enero-diciembre). Editorial Sherwood, Caracas, 2002, pp. 89-103.

[59]. Véase Allan R. Brewer-Carías, *Golpe de Estado y Proceso Constituyente en Venezuela,* UNAM, México, 2002.

Posteriormente, la Sala Constitucional del Tribunal Supremo de Justicia, producto ella misma de los actos constituyentes de la Asamblea Constituyente, elaboraría la teoría necesaria para justificar la inconstitucionalidad, basándose en la doctrina del régimen de transitoriedad constitucional en una etapa previa a la entrada en vigencia de la Constitución de 1999, la cual al decir de la Sala, habría comenzado "el 25 de abril de 1999, con la finalidad no sólo de discutir y aprobar una nueva Constitución, por medio de la Asamblea Nacional Constituyente, sino que según la Pregunta Primera del Referéndum Consultivo, la Asamblea se convirtió en un órgano para transformar el Estado y crear un nuevo ordenamiento jurídico que permitiera el funcionamiento efectivo de una democracia social y participativa". La Sala Constitucional, de esta manera, *ex post facto*, justificó la reorganización de todos los Poderes Públicos que asumió la Asamblea el 12 de agosto de 1999 en violación de lo establecido en la Constitución de 1999, la cual, sin embargo, continuaba vigente[60]. La Sala Constitucional fue más precisa en cuanto a esta coexistencia de la Constitución de 1999 con actos de la Asamblea Nacional Constituyente que la violaban, al señalar en sentencia de 12 de diciembre de 2000, lo siguiente:

> A partir de la aprobación de las bases comiciales y la instalación de la Asamblea Nacional Constituyente surge una situación inédita en el constitucionalismo nacional. En una primera fase, hasta la promulgación de la actual Constitución, sin ruptura constitucional de ninguna especie, siguió vigente la Constitución de la República de Venezuela de 1961, coexistiendo con los actos que dictó la Asamblea Nacional Constituyente, en lo que contrariaren a dicha Constitución, adquirieron la categoría de actos constitucionales, ya que es el pueblo soberano, por medio de sus representantes, quien deroga puntualmente disposiciones constitucionales, creando así un régimen doble, donde como ya lo ha señalado esta Sala, coexistía la Constitución de 1961 con los actos constituyentes[61].

La consecuencia de esta doctrina fue la consideración de que los actos de la Asamblea Nacional Constituyente no estaban sujetos a la Constitución de 1961[62], y de que tenían "carácter supra-constitucional"[63], por lo que la coexistencia de la Constitución de 1999 con actos constituyentes afectó el funcionamiento del Estado, y los derechos de los titulares de los órganos constituidos. En efecto, no debe olvidarse que en diciembre de 1998, conforme a lo establecido en la Constitución de 1961, el Presidente de la República, H. Chávez, había sido electo, así como los senadores y diputados al Congreso Nacional. También habían sido electos los gobernadores de los 23 Estados y los diputados de las Asambleas Legislativas estadales, así como los Alcaldes Municipales y los miembros de los Concejos Municipales de los 338 Municipios del país. Es decir, todos los titulares de los poderes públicos re-

---

[60]. Véase las sentencias de 28 de marzo de 2000 y N° 1560 de 19 de julio de 2001, en *Revista de Derecho Público,* N° 85-88, 2001.

[61]. Sentencia N° 1562 de la Sala Constitucional de 12-12-2000, *Revista de Derecho Público*, N° 84, Caracas, 2000.

[62]. Véase sentencia N° 6 de la Sala Constitucional de 27-01-2000, *Revista de Derecho Público*, N° 81, Caracas, 2000, p. 95-96.

[63]. Véase sentencia de la Sala Penal del Tribunal Supremo de 30-05-2000, *Revista de Derecho Público*, N° 82, Caracas, 2000, p. 151.

gulados en la Constitución, habían sido electos popularmente. Los otros titulares de los poderes públicos no electos, como los Magistrados de la Corte Suprema de Justicia, el Fiscal General de la República, el Contralor General de la República y los miembros del Consejo Supremo Electoral, habían sido designados por el Congreso Nacional, como lo establecía la Constitución.

Por tanto, cuando se eligió e integró en julio de 1999 a la Asamblea Nacional Constituyente, en paralelo estaban funcionando los poderes públicos constituidos, los cuales tenían misiones distintas. La Asamblea había sido electa, conforme al referendo de abril de 1999, para diseñar la reforma del Estado y un nuevo ordenamiento para hacer efectiva la democracia social y participativa, lo cual debía elaborar y someter a la aprobación popular por un referendo final.

La Asamblea Constituyente no había sido electa para gobernar ni para sustituir ni intervenir los poderes constituidos, ni para violar la Constitución. No tenía carácter de poder constituyente originario, como expresamente lo había resuelto la Corte Suprema de Justicia.

Sin embargo, como se dijo, en su primera decisión, que fue la aprobación de su Estatuto de Funcionamiento, la Asamblea Constituyente, dominada por la mayoría que respaldaba al Presidente y que había sido electa para su respaldo, se auto-proclamó como "poder constituyente originario", auto-atribuyéndose la facultad de "limitar o decidir la cesación de las actividades de las autoridades que conforman el Poder Público" y estableciendo que "todos los organismos del Poder Público quedan subordinados a la Asamblea Nacional Constituyente y están en la obligación de cumplir y hacer cumplir los actos jurídicos estatales que emita la Asamblea"[64]. Ese carácter de poder constituyente originario le sería reconocido posteriormente, validando las decisiones, por la Sala Constitucional designada por la propia Asamblea Constituyente[65].

En esta forma, la Asamblea Nacional Constituyente se auto proclamó como un superpoder estatal, contrariando lo dispuesto en el estatuto de su elección contenido en las bases aprobadas en el referendo de abril de 1999 y violando la Constitución de 1961, al amparo de la cual y de su interpretación, había sido electa. La Asamblea Nacional Constituyente que funcionó entre julio de 1999 y enero de 2000, por tanto, usurpó el poder público y violó la Constitución de 1961. En definitiva, dio un golpe de Estado, el cual como se dijo, fue justificado posteriormente por la Sala Constitucional del Tribunal Supremo, al señalar expresamente que la Asamblea Nacional Constituyente había ejercido un poder constituyente originario[66], el cual, al contrario le había sido negado por la Corte Suprema de Justicia en 1999.

---

[64]. Véase Allan R. Brewer-Carías, *Golpe de Estado y Proceso Constituyente en Venezuela, cit.*, pp. 207 y ss.

[65]. Véase sentencia Nº 179 de la Sala Constitucional de 28-03-2000, *Revista de Derecho Público*, Nº 81, Caracas, 2000, pp. 82-86.

[66]. La Sala Constitucional como se dijo, reconoció el "poder originario" de la Asamblea Nacional Constituyente y la "naturaleza constitucional" de los actos de la misma "por ser creación originaria de derecho". Véase por ejemplo, sentencia Nº 4 de 26-01-2000, *Revista de Derecho Público,* Nº 81, Caracas, 2000, p. 93-95 y sentencia Nº 1563 de 13-12-2000 en *Revista de Derecho Público*, Nº 84, Caracas, 2000.

VIII. LA ASAMBLEA NACIONAL CONSTITUYENTE COMO INSTRUMENTO POLÍTICO PARA EL DE ASALTO AL PODER

En efecto, durante el primer período de su funcionamiento, entre agosto y septiembre de 1999, la Asamblea, lejos de conciliar y buscar conformar un nuevo pacto político de la sociedad, se dedicó a intervenir los poderes constituidos que habían sido electos en diciembre de 1998 y que estaban en funcionamiento conforme a la Constitución en ese entonces vigente de 1961. Así, en agosto de 1999, la Asamblea decretó la reorganización de todos los poderes públicos; decretó la intervención del Poder Judicial creando una Comisión de Emergencia Judicial que lesionó la autonomía e independencia de los jueces; decretó la regulación de las funciones del Poder Legislativo, eliminando tanto al Senado como a la Cámara de Diputados y a las Asambleas Legislativas. Además, intervino a los Concejos Municipales, suspendiendo, incluso, las elecciones municipales[67].

El primer período de funcionamiento de la Asamblea, por tanto, fue un período de confrontación y conflictividad política entre los poderes públicos y los diversos sectores políticos del país. El proceso constituyente, en esta etapa inicial, no fue un vehículo para el diálogo y la consolidación de la paz ni un instrumento para evitar el conflicto. Al contrario, fue un mecanismo de confrontación, conflicto y aplastamiento de toda oposición o disidencia y de apoderamiento de todas las instancias del poder. El proceso constituyente, por tanto, antes de ser un instrumento para la reducción del conflicto, acentuó la confrontación y contribuyó al dominio exclusivo del poder por parte de un solo partido político, el de gobierno, que respondía a las instrucciones del Presidente de la República. En definitiva, el proceso constituyente se utilizó para acabar con la clase política que había dominado la escena en las décadas anteriores.

En la primera etapa de su funcionamiento, como se dijo, la Asamblea pretendió asumir el rol de poder constituyente originario, reorganizando e interviniendo los Poderes Públicos, violando con ello las previsiones de la Constitución de 1961. El asalto al poder se evidenció en los siguientes actos y actuaciones:

En *primer lugar*, el 09-09-99, la Asamblea resolvió ratificar al Presidente de la República en su cargo "para el cual fue electo democráticamente el pasado 6 de diciembre de 1998", decretando recibir la juramentación del Presidente[68]. Nos abstuvimos de votar dicha propuesta, pues consideramos que la legitimidad del Presidente estaba fuera de discusión, no teniendo la Asamblea nada que decidir respecto del gesto del Presidente de poner su cargo a la orden de la Asamblea[69].

En *segundo lugar*, el 12-08-99, la Asamblea decretó la reorganización de todos los órganos del Poder Público, decisión respecto de la cual argumentamos oralmente sobre su improcedencia y salvamos nuestro voto, razonándolo negativamente[70].

---

[67]. Véase Allan R. Brewer-Carías, *Golpe de Estado y Proceso Constituyente en Venezuela, cit.*, pp. 213 y ss.

[68]. Véase en *Gaceta Constituyente, cit.*, p. 3 de la sesión del 09-08-99.

[69]. Véase nuestra posición en Allan R. Brewer-Carías, *Debate Constituyente,* Tomo I, *op cit.*, pp. 41 y 42; y en *Gaceta Constituyente, cit.* pp. 3 y 4 de la sesión del 09-08-99.

[70]. Véase en Allan R. Brewer-Carías, *Debate Constituyente,* Tomo I, *op. cit.*, pp. 43 a 56; y en *Gaceta Constituyente, op. cit.*, pp. 2 a 4 de la sesión del 12-08-99. Véase el texto del Decreto en *Gaceta Oficial* N° 36.764 de 13-08-99.

En *tercer lugar*, el 19-08-99, la Asamblea decretó la reorganización del Poder Judicial, sobre lo cual manifestamos nuestro acuerdo con que la Asamblea debía *motorizar* las reformas inmediatas e indispensables en el Poder Judicial, pero argumentamos oralmente y en voto negativo razonado, en contra de la forma de la intervención, que lesionaba la autonomía e independencia del Poder Judicial, con la creación de una Comisión de Emergencia Judicial que suplantara los órganos regulares de la Justicia[71].

En general, sin embargo, a pesar del texto del Decreto de la Asamblea, las medidas respectivas conforme a las reformas legislativas en la materia que habían sido aprobadas en 1998, se adoptaron por los órganos del Consejo de la Judicatura con el impulso político de la Comisión[72].

En *cuarto lugar*, el 25-08-99, la Asamblea dictó el Decreto de regulación de las funciones del Poder Legislativo, decisión mediante la cual materialmente se declaraba la cesación de las Cámaras Legislativas (Senado y Cámara de Diputados), cuyos miembros habían sido electos en noviembre de 1998, y se atribuía la potestad legislativa a la Comisión Delegada y a la propia Asamblea. Nos opusimos a este Decreto por considerarlo inconstitucional, por violar las *bases comiciales del referéndum del 25 de abril de 1999*, tanto oralmente como en el voto salvado negativo que razonamos por escrito[73]. Con posterioridad, sin embargo, y con la intermediación de la Iglesia Católica, el 9-9-99 la directiva de la Asamblea llegó a un acuerdo con la directiva del Congreso, con el cual, de hecho, se dejó sin efecto el contenido del Decreto, siguiendo el Congreso funcionando formal, aún cuando precariamente, conforme al régimen de la Constitución de 1961[74].

En *quinto lugar*, el 26-08-99, la Asamblea decretó la suspensión de las elecciones municipales, que debían convocarse en el segundo semestre de 1999, a lo cual nos opusimos, no porque políticamente no debían suspenderse, con lo cual estábamos de acuerdo, sino porque para ello era necesario reformar la Ley Orgánica del Sufragio, lo que sólo correspondía a las Cámaras Legislativas. Argumentamos nuestra posición oralmente y salvamos por escrito nuestro voto negativo, razonándolo[75].

---

[71]. Véase en Allan R. Brewer-Carías, *Debate Constituyente,* Tomo I, *op. cit.,* pp. 57 a 73; y en *Gaceta Constituyente, op. cit.,* pp. 17 a 22 de la sesión del 18-08-99. Véase el texto del Decreto en *Gaceta Oficial* N° 36.782 de 08-09-99.

[72]. Lo insólito de la intervención del Poder Judicial, violando su autonomía y haciendo a casi todos los jueces unos dependientes del Poder, es que a finales de 2003 la referida Comisión continuaba funcionando en paralelo al Tribunal Supremo, órgano que no asumió su rol constitucional en cuanto al gobierno de la Administración de la Justicia. Dicha Comisión, y no el Tribunal Supremo, en efecto, fue la que en octubre de 2003 destituyó a los Magistrados de la Corte Primera de lo Contencioso Administrativo.

[73]. Véase en Allan R. Brewer-Carías, *Debate Constituyente,* Tomo I, *op. cit.,* pp. 75 a 113; y en *Gaceta Constituyente, op. cit.,* pp. 12 a 13 y 27 a 30 de la sesión del 25-08-99 y pp. 16 a 19 de la sesión del 30-08-99. Véase el texto del Decreto en *Gaceta Oficial* N° 36.772 de 26-08-99.

[74]. Véase el texto del Acuerdo en *El Nacional,* Caracas, 10-9-99, p. D-4.

[75]. Véase en Allan R. Brewer-Carías, *Debate Constituyente,* Tomo I, *op. cit.,* pp. 115 a 122; y en *Gaceta Constituyente, op. cit.,* pp. 7 a 8, 11, 13 y 14. Véase el texto en *Gaceta Oficial* N° 36.776 de 31-08-99.

En consecuencia, durante el primer mes de funcionamiento de la Asamblea puede decirse que la primera etapa de la misma se dedicó a la intervención de los Poderes Constituidos, irrumpiendo contra la Constitución de 1961 que no había sido derogada ni sustituida, sin que en las Plenarias de la Asamblea se hubiese prestado fundamental atención a la elaboración del Proyecto de Constitución. Por tanto, la Asamblea Nacional Constituyente de 1999, en las relaciones de poder, lejos de constituir un instrumento de conciliación e inclusión, fue un instrumento de exclusión y control hegemónico del poder. En efecto, el asalto y control hegemónico del poder por el grupo político que controlaba la Asamblea Nacional Constituyente y que respondía a la voluntad del Presidente de la República, no sólo se comenzó a realizar durante los primeros meses de funcionamiento de la Asamblea, violándose la Constitución vigente de 1961, sino también al final, luego de aprobado popularmente el nuevo texto constitucional el 15 de diciembre de 1999, violándose esta vez, el nuevo texto aprobado.

Incluso, durante los 5 meses de funcionamiento que tuvo la Asamblea en la segunda mitad de 1999, puede decirse que todo el debate político del país, giró en torno a la misma. La Asamblea se había constituido en el centro del poder, el Presidente la calificaba de "soberanísima" y la Corte Suprema de Justicia, al decidir sendos recursos de inconstitucionalidad contra actos de la Asamblea Constituyente de intervención de los poderes públicos constituidos, incluso del propio Poder Judicial, en una sentencia del 14 de octubre de 1999, que fue su propia sentencia de muerte, la Corte Suprema llegó a reconoció casi supuestos poderes "supraconstitucionales" a la Asamblea[76].

Como se ha dicho, violando abiertamente tanto la Constitución de 1961, que la Corte Suprema había considerado que continuaba vigente y que debía ser respetada por la Asamblea Nacional Constituyente (sentencia del 18 de marzo de 1999); como el contenido de la sentencia de la propia Corte Suprema que consideró que la Asamblea no podía tener carácter "originario" (sentencia del 13 de abril de 1999); así como la voluntad popular expresada como efectivo y único poder constituyente originario en el referendo consultivo del 25 de abril de 1999, según el criterio de la misma Corte Suprema; la Asamblea Nacional Constituyente se declaró a sí misma como poder constituyente originario y con potestad para apartarse de la Constitución de 1961 vigente en ese momento (derogarla, suspenderla, violarla) y para intervenir todos los Poderes constituidos pudiendo cesar el mandato popular de los mismos.

A partir de ese momento comenzó en el país un sistemático proceso de ruptura del orden constitucional, mediante la emisión de actos constituyentes, que lamentablemente luego fueron reconocidos como de rango constitucional, primero, por la propia antigua Corte Suprema de Justicia hasta que fue cesada, víctima de su debilidad y, luego, por el Tribunal Supremo de Justicia creado y dominado por el nuevo poder.

Todos los actos constituyentes o constitucionales dictados por la Asamblea Nacional Constituyente, por supuesto, tuvieron como fundamento su propio Estatuto, dictado por ella misma, en el cual la Asamblea, ilegítimamente, se había autoatribuido el carácter de poder constituyente originario; y nunca las bases comiciales

---

[76]. Véase las referencias en Allan R. Brewer-Carías. *Golpe de Estado y Proceso Constituyente en Venezuela, op. cit.,* p. 233 y ss.

aprobadas popularmente, que eran las únicas que podían tener rango constitucional e, incluso, supraconstitucional.

En primer lugar, fue la antigua Corte Suprema de Justicia, en una confusa sentencia del 14-10-99 (Caso *Impugnación del Decreto de la Asamblea Nacional Constituyente de Regulación de las Funciones del Poder Legislativo*)[77] la cual cambiando el criterio sustentado en la sentencia de la Sala Político Administrativa de 18-03-99, desligó a la Asamblea de las previsiones de la Constitución de 1961, permitiendo que aquélla pudiera desconocerla, con lo que ilegítimamente "legitimó" el golpe de Estado que la Asamblea había dado al desconocer la Constitución de 1961.

IX. LA SUMISIÓN DE LA CORTE SUPREMA AL PODER CONSTITUYENTE DE LA ASAMBLEA Y SU MUERTE FINAL A MANOS DE LA ASAMBLEA QUE HABÍA CREADO

Con fundamento, entonces, en este pretendido carácter de poder constituyente originario que la Asamblea Nacional Constituyente había asumido en su propio Estatuto, sin fundamento en las bases comiciales del referendo del 25-4-99 que le había dado origen; y que luego, el Tribunal Supremo de Justicia en su Sala Constitucional se había encargado de otorgarle, olvidándose de sus funciones de juez constitucional; la Asamblea irrumpió contra el orden constitucional mediante diversos actos constituyentes que consolidaron el golpe de Estado contra la Constitución de 1961, que estaba vigente; y todo con la anuencia del nuevo Tribunal Supremo de Justicia.

Entre los actos constituyentes que dictó estuvo el "Decreto de Regulación de las Funciones del Poder Legislativo", evidentemente contrario a lo que regulaba la Constitución de 1961, mediante el cual se eliminaba al Congreso y a las Asambleas Legislativas de los Estados; se cambiaba la estructura del Parlamento de bicameral a unicameral, y se intervenía la autonomía e independencia de los órganos del Poder Público que regulaba la Constitución).

Dicho Decreto fue impugnado ante la Corte Suprema de Justicia por el Presidente de la Cámara de Diputados, y esta en Sala Plena, y con ponencia del Magistrado Iván Rincón Urdaneta, en sentencia de fecha 14 de octubre de 1999 (Caso *H. Capriles Radonski, Decreto de Reorganización del Poder Legislativo*) resolvió el recurso declarando "improcedente la acción de nulidad intentada".

La Corte, con esta sentencia, se plegó al nuevo poder, avaló los desaguisados constitucionales que había cometido la Asamblea y, con ello, firmó su sentencia de muerte y la remoción de sus integrantes con excepción, por supuesto, del magistrado Urdaneta, Presidente ponente, quien luego siguió de presidente del nuevo Tribunal Supremo de Justicia.

En la sentencia, luego de unas confusas argumentaciones basadas en citas bibliográficas que, por supuesto incluyeron al Abate Sièyes, sobre el poder constituyente en la teoría y práctica políticas de la historia universal; y sobre la distinción entre el poder constituyente y los poderes constituidos, la Corte Suprema, en esta sentencia, concluyó observando que:

---

[77] Véase el texto en *Revista de Derecho Público*, No. 77-80, Editorial Jurídica Venezolana, Caracas 1999, pp. 111 a 132.

El poder constituyente no puede ejercerlo por sí mismo el pueblo, por lo que la elaboración de la Constitución recae en un cuerpo integrado por sus representantes, que se denomina Asamblea Constituyente, cuyos títulos de legitimidad derivan de la relación directa que exista entre ella y el pueblo.

Con este "descubrimiento" la Corte lo que hizo fue observar que la Asamblea Nacional Constituyente electa el 25 de julio de 1999 tenía como límites las bases comiciales aprobadas por el poder constituyente originario (el pueblo) mediante referendo, bases a las cuales la Corte, en la misma sentencia, le había reconocido "similar rango y naturaleza que la Constitución", y en las cuales se encomendó a la Asamblea "la elaboración de la Constitución", mas no su adopción o puesta en vigencia, que se reservó el pueblo como poder constituyente originario mediante referendo aprobatorio en la base comicial novena.

Sin embargo, en la misma sentencia, la Corte Suprema pasó de reconocerle a las bases comiciales "similar rango y naturaleza que la Constitución" (de 1961), a otorgarle rango "supraconstitucional". La Corte, en efecto, en la sentencia, luego de constatar las denuncias de inconstitucionalidad del Decreto impugnado, señaló:

> Como puede observarse, la pregunta Nº 1 del referendo consultivo nacional aprobado el 25 de abril de 1999 y la base comicial octava del mismo referendo, *consagra la supraconstitucionalidad de sus prescripciones*, ya que en ningún momento remite a la Constitución de 1961 sino a la tradición de la cultura...

Por supuesto, en esta línea de razonamiento, la Corte Suprema se encontraba con el escollo de la sentencia del 13 de abril de 1999, de la Sala Político Administrativa de la propia Corte Suprema, que había ordenado eliminar de la base comicial octava, para evitar toda confusión, toda referencia al pretendido carácter originario del poder constituyente que ejercía la Asamblea, pero dijo lo siguiente:

> Si bien la sentencia de la Corte Suprema de Justicia en Sala Político Administrativa de fecha 13 de abril de 1999, excluyó de la base comicial octava "como poder constituyente originario que recoge la soberanía popular", es claro que la Asamblea Nacional Constituyente, no es un poder derivado, pues su función de sancionar una nueva Constitución implica el ejercicio del poder constituyente, el cual no puede estar sujeto a los límites del orden jurídico establecido, incluyendo la Constitución vigente.

De lo anterior resulta una contradicción abierta de criterios. La Corte reconocía que la sentencia de 13 de abril había dejado claro que la Asamblea Nacional Constituyente *no era un poder constituyente originario* (que sólo el pueblo lo es), lo que conducía entonces a considerarla como un poder constituyente "derivado", regulado por el pueblo en las bases comiciales a las cuales le reconoció rango "supraconstitucional". La Corte dijo, en definitiva, que la Asamblea no era ni poder constituyente originario ni poder constituyente derivado. Entonces, ¿de qué se trataba? Si toda la bibliografía citada en la sentencia establecía esta dicotomía, debía ser una cosa o la otra, pero lo que no podía era no ser alguna de las dos.

La inconsistencia de la sentencia, en todo caso, condujo a la Corte Suprema, luego de citar párrafos sueltos de la antigua sentencia del 19 de enero de 1999, a cambiar su propio criterio establecido en la sentencia del 13 de abril de 1999 sobre la ausencia del carácter originario del poder constituyente otorgado a la Asamblea.

Debe señalarse que es cierto que la Asamblea no tenía más límites que los establecidos en las bases comiciales para sancionar una nueva Constitución; pero sólo para eso es que ello implicaba el ejercicio del poder constituyente: para elaborar el texto de una nueva Constitución la cual no se podía poner en vigencia con la sola voluntad de la Asamblea, porque ésta no tenía poder constituyente para ello. Por eso, las comparaciones que hizo la Corte en su sentencia, con el proceso de la Asamblea Constituyente de Colombia de 1991, eran totalmente impertinentes, pues en ese país, al contrario de lo que sucedió en Venezuela, la Constitución sí fue puesta en vigencia por la Asamblea Constituyente, sin aprobación popular. En Venezuela, al contrario, el pueblo como poder constituyente originario, en las bases comiciales mencionadas se reservó la potestad de aprobar la Constitución mediante referendo aprobatorio posterior.

Sin embargo, incluso contrariando sus propias palabras (que la función de la Asamblea era "sancionar una nueva Constitución") la Corte Suprema en la sentencia, le atribuyó otras tareas (indefinidas) a la Asamblea así:

> El cambio constitucional dirigido a la supresión de la Constitución *vigente*, es un proceso que, como tal, no se limita a la sanción de la nueva Constitución, sino al interregno durante el cual, la Asamblea Nacional Constituyente actúa dentro del contexto jurídico donde rige, transitoriamente, la Constitución anterior...

Es decir, la Corte contradictoriamente reconoció en la sentencia la "vigencia" de la Constitución de 1961, así fuera "transitoriamente" hasta que se aprobara la nueva Constitución mediante referendo, y agregó luego, sin embargo, que:

> El hecho de que la supresión de la Constitución actual se produce sólo cuando es refrendada y sancionada por el pueblo la Constitución nueva, el tiempo de vigencia de la primera no puede impedir ni obstaculizar el cumplimiento de la función de la Asamblea Nacional Constituyente que es la creación de un nuevo ordenamiento jurídico a que se refiere la pregunta Nº 1 del referendo consultivo nacional del 25 de abril de 1999. Si el cambio constitucional es un proceso, que se inicia con dicho referendo y si este proceso implica forzosamente la coexistencia de poderes (del poder constituido y la Asamblea Nacional Constituyente), los Estatutos de Funcionamiento de ésta, basados, como se ha dicho, en normas presupuestas o supraconstitucionales, deben definir el modo de esta coexistencia, siendo la Constitución de 1961, el límite del poder constituido, pero no el criterio de solución de las controversias que puedan ocurrir entre ambos poderes.

Es decir, la Corte Suprema cambió el criterio que había sentado en la sentencia del 18 de marzo de 1999, según el cual la Constitución de 1961 era un marco límite de la Asamblea cuya elección debía aprobarse por el referendo del 25 de abril de 1999; y pasó a señalar, ya en medio del proceso constituyente, que esa misma Constitución de 1961 sólo era un límite a la actuación "de los poderes constituidos", pero no de la propia Asamblea Nacional Constituyente, cuya actuación pasaba a estar regulada por su Estatuto de Funcionamiento, que ella misma se había dictado, auto-atribuyéndose "poder constituyente originario".

Como conclusión de estas contradicciones, sin más, la Corte Suprema, en su sentencia del 14 de octubre de 1999, afirmó que la pretensión de nulidad del "Decreto de Regulación de las Funciones del Poder Legislativo", al violar la Constitución de 1961, era "improcedente":

> Pues el fundamento del acto impugnado no puede ser la Constitución vigente, desde que la soberanía popular se convierte, a través de la Asamblea Nacional Constituyente, en supremacía de la Constitución, por razón del carácter representativo del poder constituyente, es decir, como mecanismo jurídico de producción originaria del nuevo régimen constitucional de la República, así se declara.

Con esta confusa declaración, de la que podía deducirse cualquier cosa por quien quiera que la lea, la Corte Suprema cambió los criterios que dieron origen al mismo proceso constituyente sentados por la misma Corte y, en definitiva, decretó su futura extinción. Sólo pasaron algo más de dos meses para que fuera cerrada y extinguida por la propia Asamblea Nacional Constituyente, precisamente en ejercicio de los "poderes" que la misma Corte le atribuyó a partir de esta sentencia.

Esta sentencia de la Corte en Pleno, en todo caso, fue objeto de severas críticas por parte de los siguientes Magistrados que salvaron su voto: Hermes Harting, quien había sido ponente de las sentencias de 18-03-99, 23-03-99 y 13-04-99 de la Sala Político Administrativa; Hildegard Rondón de Sansó; Belén Ramírez Landaeta; Héctor Grisanti Luciani, y Humberto J. La Roche, quien había sido el ponente de la sentencia inicial del proceso constituyente de 19-01-99.

El magistrado Harting insistió en la tesis de que la Asamblea Nacional Constituyente se había originado "en función de la Constitución de 1961, fuente de su nacimiento", por lo que estaba sujeta a la Constitución, lo que implicaba:

> El no poder ejercer la Asamblea Nacional Constituyente potestades correspondientes a los Poderes del Estado, ni realizar actuaciones atribuidas específicamente a estos por la Constitución y las Leyes, ni siquiera invocando circunstancias excepcionales.

Sobre este mismo tema, la magistrado Hildegard Rondón de Sansó también fue precisa al afirmar que la Asamblea Nacional Constituyente

> Está -ante todo- sujeta al sistema de la Constitución de 1961, al orden vigente y a las bases comiciales en el ejercicio y límites de su competencia.

Por ello, la magistrado Sansó consideró que la sentencia de 14-10-99 había tergiversado la base comicial octava al considerar que la Asamblea estaba exonerada del bloque normativo de la Constitución de 1961; afirmando que:

> La posición supraconstitucional de la Asamblea Nacional Constituyente radica en la facultad de erigir instituciones futuras, diferentes del texto constitucional vigente: no en la facultad de violar las normas que rigen el sistema dentro del cual opera.

La magistrado Sansó también denunció el "flagrante desconocimiento" que evidenció la sentencia de un Acuerdo que había adoptado la Corte en Pleno, días antes, el 23-08-99, en el cual la Corte declaró que:

> Se mantiene firme en su convicción de que dicha Asamblea no nació de un gobierno de facto, sino que surgió en un sistema de *iure* mediante un procedimiento al cual ella misma ha dado su respaldo.

Ahora bien, la acción de nulidad del Decreto que reguló la reorganización del Poder Legislativo se había fundamentado, entre otros aspectos, en la violación de la base comicial octava que la sentencia consideró como de rango y naturaleza constitucional e, incluso, supraconstitucional. Al declarar improcedente la acción sólo indicando que el Decreto no estaba sometido a la Constitución de 1961, pero sin confrontar su texto con la base comicial octava, la Corte en Pleno incurrió en denegación de justicia o quizás en absolución de la instancia, lo que fue destacado por los magistrados Humberto J. La Roche e Hildegard Rondón de Sansó en sus votos salvados.

La sentencia, en todo caso, fue dictada con un apresuramiento inconcebible; como lo destacó en su voto salvado la magistrada Belén Ramírez Landaeta:

La sentencia fue reformada y a menos de media hora de su distribución -violando el Reglamento de Reuniones de la Corte Suprema de Justicia en Pleno dictado por la Corte Suprema de Justicia en fecha 26 de noviembre de 1996- fue votada sin derecho a examinar, con la cordura requerida, el contenido de la misma.

Ello condujo, conforme al criterio de la magistrado Ramírez, a un "fallo lleno de errores, tanto formales como conceptuales" en cuya emisión, la Corte no ejerció "la virtud de la prudencia" ni tomó en cuenta la trascendencia que la decisión tenía "para el país y para la historia".

El apresuramiento por complacer al nuevo poder hizo a la Corte incurrir en los desafortunados desaguisados que sus propios Magistrados denunciaron en los votos salvados.

Por último, los magistrados Héctor Grisanti Luciani, Humberto J. La Roche y Belén Ramírez Landaeta, quienes también salvaron su voto, destacaron la omisión del fallo en considerar el contenido del Acuerdo que había sido firmado entre representantes del Congreso y de la Asamblea Nacional Constituyente el 09-09-99, mediante el cual materialmente se había dejado sin efecto la médula del Decreto impugnado, estableciéndose un sistema de cohabitación o coexistencia pacífica de las dos instituciones.

En todo caso, con el "Decreto de Regulación de las funciones del Poder Legislativo" se materializó jurídicamente el golpe de Estado dado por la Asamblea Nacional Constituyente, al violar la Constitución de 1961, extinguir un órgano constitucional constituido y electo como era el Congreso, intervenir sus funciones legislativas, limitar la autonomía de los Estados y Municipios y lesionar la autonomía de las Contralorías. La Asamblea Nacional Constituyente, como lo destacó la magistrado Rondón de Sansó en su voto salvado a la sentencia de la Corte en Pleno del 14-10-99, ciertamente había nacido a raíz de la sentencia de 19-01-99 como una Asamblea sometida a un "régimen de *iure*". Por ello, al usurpar la autoridad del Congreso y violar la Constitución, la Asamblea Nacional Constituyente se constituyó a sí misma en un órgano bajo *régimen de facto,* actuando como una *Asamblea de facto,* al margen de la Constitución.

En esta forma, a partir de ese momento en adelante, se sucedieron diversos actos constituyentes que significaron la violación sistemática de la Constitución de 1961 y luego, de la propia Constitución de 1999.

Entre esos actos, también debe destacarse el adoptado el fecha 19 de agosto de 1999, cuando le tocó su turno al Poder Judicial, incluida la propia Corte Suprema de Justicia, mediante el cual la Asamblea Nacional Constituyente resolvió declarar "al Poder Judicial en emergencia" (art. 1°), creando una Comisión de Emergencia Judicial, que asumió el proceso de intervención[78].

Este Decreto tuvo la misma fundamentación que los anteriores: el ejercicio del poder constituyente originario supuestamente otorgado por éste a la Asamblea mediante referendo; el artículo 1° del Estatuto de Funcionamiento de la propia Asamblea y el artículo único del Decreto de la Asamblea que declaró la reorganización de todos los Poderes Públicos constituidos. Es decir, el fundamento del Decreto fue el que la propia Asamblea Constituyente se había construido a la medida, sin vínculo alguno con las normas supraconstitucionales como eran las bases comiciales aprobadas en el referendo consultivo del 25 de abril de 1999[79].

En todo caso, el Decreto de Reorganización del Poder Judicial fue aprobado, atribuyendo a la Comisión de Emergencia Judicial amplias facultades de intervención del Poder Judicial, las cuales pueden resumirse así:

1. La proposición a la Asamblea de las medidas necesarias para la reorganización del Poder Judicial y "la ejecución de las aprobadas por la Asamblea de conformidad con su Estatuto de Funcionamiento" (art. 3,1).

2. La evaluación del desempeño de la Corte Suprema de Justicia (arts. 3,3 y 4).

3. La instrucción al Consejo de la Judicatura para la ejecución de sus decisiones (art. 3,4). Tanto el Consejo de la Judicatura como el Inspector General de Tribunales estaban obligados a acatar las instrucciones de la Comisión (art. 5), y la Comisión tenía la facultad de proponer a la Asamblea la sustitución de los Consejeros y del Inspector General de Tribunales (art. 5).

4. La destitución de cualquier funcionario judicial que obstaculizare su actividad o incumpliera sus instrucciones (art. 5).

5. La suspensión en forma inmediata a los funcionarios judiciales que tuvieran procedimientos iniciados por causas de corrupción (art. 6) y la destitución, también en forma inmediata, de jueces y funcionarios judiciales en caso de retardo judicial, de revocación de sus sentencias, de incumplimiento grave de sus obligaciones o que poseyeran signos de riqueza de procedencia no demostrada (art. 7).

6. La designación, a criterio de la Comisión, de suplentes o conjueces para sustituir a los jueces destituidos o suspendidos (art. 8).

---

[78]. *Gaceta Oficial* N° 36.772 de 25-08-99 reimpreso en *Gaceta Oficial* N° 36.782 de 08-09-99

[79]. En el debate ante la Asamblea, expusimos nuestra opinión y las objeciones a la forma como se procedía a la intervención de la justicia, señalando que: "Si bien la Asamblea Nacional Constituyente debe ser la instancia política para motorizar las reformas inmediatas al Poder Judicial, y para propender a la renovación de la Judicatura, ello no lo puede hacer directamente sustituyendo los órganos con competencia legal para ello, sino instruyendo, vigilando y haciendo el seguimiento de sus propuestas. De lo contrario, corremos el grave riesgo de desencadenar iniciativas indeseadas por violación de los Tratados Internacionales que obligan al Estado Venezolano a proteger la independencia judicial, la cual lejos de salvaguardarse, se lesiona abiertamente con el Proyecto de Decreto". Véase Allan R. Brewer-Carías, *Debate Constituyente*, Tomo I, op. cit. p. 73.

El Decreto estableció que los jueces destituidos o suspendidos por la Comisión podían "apelar" de la decisión ante la Asamblea Nacional Constituyente (art. 9), con lo cual se pretendía convertir a la Asamblea en un órgano de alzada en el procedimiento administrativo.

Además, el Decreto destinó un conjunto de normas para regular la selección de jueces mediante evaluaciones y concursos públicos que, por supuesto, no se realizaron (art. 10 a 24).

En todo caso, la declaratoria de Emergencia Judicial tendría vigencia hasta que se sancionara la nueva Constitución (art. 32), sin embargo, fue prorrogada de hecho por más de un año, por la falta del Tribunal Supremo de Justicia en asumir el gobierno judicial conforme a la competencia que le asignó la nueva Constitución de 1999 (art. 267). El Tribunal Supremo de Justicia, a partir de enero de 2000, fue así complaciente con la forma irregular de intervención del Poder Judicial, y se abstuvo deliberadamente de asumir sus propias funciones.

Con posterioridad a la aprobación del Decreto de Reorganización del Poder Judicial, se emitió por la Junta Directiva de la Asamblea otro Decreto complementario de la intervención del Poder Judicial denominado "Decreto de Medidas Cautelares Urgentes de Protección al Sistema Judicial". El mismo ni siquiera fue aprobado por la Asamblea, ni publicado en *Gaceta Oficial*, sino que fue dictado por la "Junta Directiva de la Asamblea Nacional Constituyente y la Comisión de Emergencia Judicial autorizadas por la Asamblea en una sesión extraordinaria del 7 de octubre de 1999". O sea, la Asamblea se permitió, incluso, "delegar" en su Junta Directiva el supuesto poder constituyente originario que había asumido, hecho clandestino del cual no tuvieron conocimiento ni siquiera los mismos constituyentes. En todo caso, lo insólito de esta "delegación" fue que la fecha de emisión del Decreto fue el mismo día 7 de octubre de 1999, y ese mismo día fue reformado[80], razón por la cual no se entiende el porqué de tal delegación ni el porqué no fue sometido a la consideración de la plenaria de la Asamblea para su adopción por ella.

En este Decreto, en todo caso, se ordenó la inmediata suspensión de jueces contra quienes pesaran siete denuncias o más, o que tuvieran averiguaciones penales abiertas (art. 1), siendo el objeto inmediato de la suspensión, como medida cautelar, la separación del cargo de los jueces y su sometimiento a procedimientos disciplinarios (art. 3). El Decreto ordenaba, además, la incorporación de los suplentes de los jueces suspendidos (art. 2). Por otra parte, el Decreto ordenó la suspensión de los Inspectores de Tribunales por conductas omisivas (art. 4) y facultó a la Inspectoría General de Tribunales para la designación de inspectores interinos (art. 5). Por último, el Decreto facultó a la Comisión de Emergencia Judicial -el mismo órgano que participó en su adopción- para extender las medidas dictadas a otras situaciones graves (art. 9). Este Decreto de medidas cautelares, sin embargo, reguló un recurso contra las medidas ante la Sala Plena de la Corte Suprema de Justicia (art. 10), buscando garantizar de alguna manera el derecho a la defensa que había sido olvidado en el Decreto anterior.

Contra las medidas que al efecto dictaron los órganos comisionados para ello, se recurrió ante la Sala Político Administrativa del Tribunal Supremo de Justicia, que había sido creado por la propia Asamblea Nacional Constituyente luego de ex-

---

[80]. *Gaceta Oficial* Nº 36.825 de 09-11-99.

tinguir la antigua Corte Suprema de Justicia. Esta Sala en fecha 24 de marzo de 2000, dictó la sentencia N° 659, (Caso *Rosario Nouel*), en la cual declaró que:

> La Comisión de Emergencia Judicial, la Sala Administrativa del extinto Consejo de la Judicatura, así como la Inspectoría General de Tribunales ejercieron una competencia que les fue atribuida por la Asamblea Nacional Constituyente, y en consecuencia su competencia emanó de una *voluntad soberana*.

Esta vez fue la Sala Político Administrativa del nuevo y renovado Tribunal Supremo, que había sido creado el 22-12-99 por la propia Asamblea Nacional Constituyente en el Decreto sobre el "Régimen de Transición de los Poderes Públicos", la que en esta sentencia le atribuyó a las decisiones de la Asamblea, carácter de "voluntad soberana", es decir, directamente reconoció a la Asamblea la supuesta titularidad de la soberanía, lo que no tenía sentido, pues la única "voluntad soberana" que podía haber en el régimen constitucional era la que emanaba del pueblo, único titular de la soberanía, mediante el sufragio (elecciones) o votaciones (referenda).

En todo caso, con fundamento en estos Decretos se produjo la intervención del Poder Judicial, se destituyeron y suspendieron jueces, con precaria garantía al derecho a la defensa, se designaron suplentes e interinos sin sistema alguno de selección que no fuera la voluntad del designante, con lo cual, el Poder Judicial quedó signado por la provisionalidad, con su secuela de dependencia respecto del nuevo Poder, sin que se hubiera realizado concurso alguno para la selección de jueces[81].

El Decreto de Medidas Cautelares de Protección al Sistema Judicial fue impugnado por inconstitucionalidad ante la Corte Suprema de Justicia el 19 de noviembre de 1999, habiéndose decidido la causa por el nuevo Tribunal Supremo de Justicia, pero en Sala Constitucional, mediante sentencia del 2 de noviembre de 2000 N° 1320, (Caso *Gisela Aranda Hermida*), en la cual al declarar la inadmisibilidad de la acción, consideró que el Decreto era:

> Un producto del proceso constituyente recientemente vivido en Venezuela y que se encuentra dentro de los denominados actos constituyentes, respecto de los cuales esta misma Sala ha dejado sentado en anteriores oportunidades con fundamento en algunas sentencias pronunciadas por al entonces Corte Suprema de Justicia en Pleno- que, al tener "(...) su régimen fundamental en las preguntas y Bases Comiciales consultadas en el Referendo del 25 de abril de 1999", tales actos "(...) son para el ordenamiento que rige el proceso constituyente, 'de similar rango y naturaleza que la Constitución' como la cúspide de las normas del Proceso Constituyente", concluyendo así que, "(...) habiendo sido asimilado el rango de las Bases Comiciales con el más alto escalafón de la jerarquía normativa en el proceso constituyente, es esta Sala Constitucional el Tribunal competente para decidir las acciones intentadas contra los actos de ejecución de dichas Bases...

Se destaca de esta sentencia la insólita decisión de atribuir carácter de "acto constituyente" de igual rango y naturaleza que la Constitución, no ya a una decisión

---

[81]. Casi dos años después, en agosto de 2001, Magistrados del Tribunal Supremo de Justicia admitían que más del 90% de los jueces de la República eran provisionales. Véase *El Universal*, Caracas 15-08-01, p. 1-4. En mayo de 2001 otros Magistrados del Tribunal Supremo reconocían el fracaso de la llamada "emergencia judicial". Véase *El Universal*, Caracas 30-05-01, p. 1-4.

de la Asamblea Nacional Constituyente, sino de su Junta Directiva y de una Comisión creada por la Asamblea. La complacencia al nuevo poder no encontró límites.

Por último, también como parte de la intervención del Poder Judicial, la Asamblea Nacional Constituyente, esta vez "en uso a la atribución a que se contrae el artículo 1º del Estatuto de Funcionamiento de la Asamblea y en conformidad con el artículo 1º del Decreto de Reorganización del Poder Judicial del 25 de agosto de 1999", dictó otro Decreto que confirió facultades a la Comisión de Emergencia Judicial "hasta el 16 de diciembre del presente año" (1999) para reglamentar el plan de evaluación de los jueces, determinar la permanencia o sustitución de los mismos y el régimen de selección y concursos (art. único)[82].

El resultado de toda esta intervención del Poder Judicial fue la designación indiscriminada de "nuevos" jueces sin concursos, muchos de los cuales quedaron dependientes del nuevo Poder que los había designado.

Pero lo más lamentable de todo este asalto al Poder Judicial, llevado a cabo por la Asamblea nacional Constituyente, con el cómplice silencio del la Corte Suprema, fue el Acuerdo adoptado por la propia Corte Suprema de Justicia de 23-08-99 y lo que produjo materialmente su "autodisolución".

En efecto, la Corte Suprema de Justicia, en fecha 23 de agosto de 1999, y con motivo de la decisión de la Asamblea de intervenir el Poder Judicial, adoptó un desafortunado Acuerdo[83], elaborado con ponencia de la magistrado Hildegard Rondón de Sansó, en el cual "fijó posición" ante el Decreto de Reorganización del Poder Judicial dictado por la Asamblea Nacional Constituyente; y sobre la designación de uno de sus propios magistrados (Alirio Abreu Burelli) como integrante de la ilegítima Comisión de Emergencia Judicial; con lo cual, como lo expresó la magistrado Cecilia Sosa Gómez, quien hasta ese momento presidía la Corte Suprema, al salvar su voto: "Estimo que al acatar el Decreto de la Asamblea Nacional Constituyente, la Corte Suprema de Justicia se autodisuelve".

Y así ocurrió, de hecho, tres meses después.

En efecto, en el Acuerdo, la Corte, sin duda ingenuamente y en un último intento de detener la avalancha inconstitucional que había provocado con sus imprecisiones, ratificó su "convicción" sobre el hecho de que la Asamblea Nacional Constituyente no había nacido "de un gobierno de *facto*, sino que surgió en un sistema de *iure* mediante un procedimiento al cual ella ha dado su respaldo"; y procedió a evaluar el Decreto "independientemente de los vicios que puedan afectarlo", lo cual resultaba a todas luces extraño, por sólo decir lo menos. No es concebible que un Tribunal Supremo que es juez constitucional pueda "evaluar" un acto estatal que sospecha viciado, independientemente de sus vicios, no pudiendo un Tribunal Supremo desdoblarse así, acomodaticiamente.

En todo caso, de esa "acéptica" evaluación, la Corte Suprema captó el compromiso de la Asamblea Nacional Constituyente de proceder de inmediato, a través de la citada Comisión, a la revisión de los expedientes de los jueces y a su evalua-

---

[82]. *Gaceta Oficial* Nº 36.832 de 18-11-99.
[83]. Véanse nuestros comentarios sobre el Acuerdo en Allan R. Brewer-Carías, *Debate Constituyente,* Tomo I, *op. cit.,* pp. 141 y ss. Véanse además, los comentarios de Lolymar Hernández Camargo, *La Teoría del Poder Constituyente, cit,* pp. 75 y ss.

ción. Consideró, además, la Corte, que la ejecución del proceso de reorganización judicial debía respetar los principios fundamentales del derecho a la defensa, de la racionalidad y proporcionalidad de las decisiones y de la independencia y autonomía del Poder Judicial, lo cual precisamente no se había hecho ni se garantizaba en el Decreto que evaluaba, ofreciendo sin embargo, "su contribución para el objetivo fundamental perseguido por el Decreto", para lo cual, aunque parezca mentira, autorizó al magistrado Abreu Burelli para integrar la Comisión, lo cual también, en forma increíble, fue aceptado por éste.

De nuevo, el lenguaje impreciso y ambiguo utilizado en el Acuerdo condujo a que varios Magistrados salvaran su voto. El magistrado Héctor Paradisi León estimó que el pronunciamiento de la Corte no respondía al ejercicio de sus atribuciones, dada las "motivaciones altamente políticas" del Decreto. El magistrado Hermes Harting consideró contradictorio el Acuerdo, pues el Decreto de la Asamblea "transgrede derechos como el ser juzgado por sus jueces naturales y la garantía del debido proceso" al atribuir a la Comisión de Reorganización Judicial, en desmedro de las atribuidas a la Corte Suprema de Justicia y al Consejo de la Judicatura. Similares contradicciones identificó el magistrado Héctor Grisanti Luciani. Finalmente, la magistrado Cecilia Sosa Gómez denunció la incoherencia del Acuerdo, al estimar que "Pretende convalidar el Decreto de la Asamblea dirigido directamente a desconocer el Estado de Derecho en el cual ha nacido".

Denunció, además, la Magistrada Sosa la contradicción del Acuerdo, pues al:

> Respaldar el contenido del Decreto de Emergencia Judicial dictado por la Asamblea, (la Corte) desconoce rotundamente no sólo el contenido de sus sentencias sino los límites demarcados en las bases comiciales que gobiernan el funcionamiento de la Asamblea y el ordenamiento constitucional y legal, enteramente vigente y cuya garantía ha sido confiada a este Alto Tribunal.

Consideró, además, que la Corte, con el Acuerdo:

> Reniega su propia jurisprudencia, que fijó la competencia de la Asamblea Nacional Constituyente, y, consecuentemente, ha mostrado su fragilidad y debilidad ante el Poder Político y, deberá su precaria permanencia al Presidente de la República, que magnánimamente no ha ordenado su disolución.

La magistrado Sosa, sin duda, tenía claro el panorama futuro de la Corte, cuyos magistrados fueron removidos tres meses después por la propia Asamblea Nacional Constituyente. Por ello, denunció, además, que con el Acuerdo, la Corte había permitido que la Asamblea enervara las facultades que el pueblo soberano:

> Donde reside el único y verdadero poder originario", confirió a la Asamblea, pues a la Asamblea no se la había autorizado "para intervenir o sustituir los poderes constituidos, erigiéndose en una suerte de "superpoder" donde se concentran todas las potestades públicas.

Consideró que ello lo había logrado la Asamblea "con el respaldo del Acuerdo" cuyo contenido deploró.

Advirtió la magistrado Sosa que la Corte, "mediante un artilugio jurídico", se había sometido "a los designios de la Asamblea, aceptando que ella pueda sustituirse a la Corte Suprema de Justicia y al Poder Judicial, a través de una falsa colaboración". La Asamblea "no está por encima de la Constitución que le permitió existir" -dijo-, por lo que la Magistrado disidente denunció que con el Decreto, la Asamblea:

Se arrogó atribuciones del poder constituido, y olvidó que debe responder sólo a lo que el pueblo soberano le autorizó...; ... ha violentado con esta actuación -validada por la Corte- esa Constitución, desconociendo abierta y flagrantemente sus postulados. Y, sin una Constitución simplemente no hay Democracia... con ese Decreto la Asamblea Nacional Constituyente rompió el equilibrio de esa Democracia.

La verdad es que ya lo había roto con anterioridad al haber perpetrado el golpe de Estado del cual el Decreto era una manifestación más, pero no la única. Finalmente, la magistrado Sosa denunció que más que "sumisión al Estado de Derecho", la Corte con el Acuerdo, había declarado su "sumisión a la Asamblea Nacional Constituyente"; y con ello, en definitiva su disolución, como en efecto ocurrió tres meses después. Por último, la magistrado Sosa hizo esta definitiva afirmación, que patentizó la actuación de la Corte:

El miedo a desaparecer como Magistrados y el ansia de colaborar con una mayoría que se ha arrogado todos los poderes fue más grande que la dignidad y la defensa de los valores fundamentales que el Derecho y la Democracia imponen a la Corte Suprema de Justicia.

Basta glosar este voto salvado, tremendamente crítico, para entender la naturaleza del acto de sumisión de la Corte Suprema de Justicia a la Asamblea Nacional Constituyente. La magistrado Sosa, el mismo día del Acuerdo, renunció a su condición de Magistrado; y poco tiempo después, como se dijo, la mayoría de los otros Magistrados fueron sacados inmisericordemente de sus cargos, por el nuevo poder que ellos contribuyeron a entronizar, y del cual fueron sus primeras víctimas.

Como resulta de todo lo anteriormente expuesto, el proceso constituyente venezolano de 1999, institucionalmente comenzó a raíz de la sentencia de la Sala Político Administrativa de la Corte Suprema de Justicia de 19-1-99, en la cual fundamentándose en la consideración del derecho a la participación política como un derecho inherente a la persona humana, el Supremo Tribunal abrió la vía para que mediante referendo, la soberanía popular se manifestara para establecer un tercer mecanismo de revisión constitucional, distinto a la reforma y a la enmienda que regulaba la Constitución de 1961, consistente en la elección de una Asamblea Nacional Constituyente que cumpliera tal tarea.

Las sentencias de la Sala Político Administrativa que siguieron a las de 19-1-99, de marzo y abril de 1999[84], dejaron claramente sentado el criterio de que la Asamblea Nacional Constituyente, que se originaría del referendo del 25-4-99, surgía al calor de la interpretación de la Constitución de 1961, quedando sometida a la misma y a las bases comiciales (estatuto de la Constituyente) que se aprobaran en el referendo. Estas bases comiciales, como manifestación de la voluntad popular, es decir, del pueblo como soberano poder constituyente originario, adquirieron entonces rango constitucional (naturaleza igual y similar a la Constitución).

---

[84]. Véase en Allan R. Brewer-Carías, *Poder Constituyente Originario y Asamblea Nacional Constituyente, cit.,* pp. 25 a 55; 169-198; 223 a 250.

La Asamblea Nacional Constituyente, así, se configuraba como un instrumento para la revisión constitucional y nada más. Se trataba de un poder constituido que, aunque extraordinario, no podía usurpar la autoridad de los poderes constituidos ordinarios (los regulados en la Constitución de 1961) y, por supuesto, no podría tener carácter alguno de "poder constituyente originario" que sólo tiene el pueblo.

El intento del Presidente de la República y del Consejo Supremo Electoral de pretender incorporar a las bases comiciales una expresión que buscaba atribuir a la Asamblea algún poder constituyente originario en la base comicial octava, fue debidamente frustrado por la Sala Político Administrativa de la Corte Suprema de Justicia en la sentencia de 18-3-99, en la cual ordenó eliminar de la base comicial octava la frase que calificaba a la Asamblea "como poder originario que recoge la soberanía popular".

En todo caso, las imprecisiones y ambigüedades de las sentencias de la Sala, comenzando por las de 19-1-99, habrían de costarle caro, porque apenas se instaló la Asamblea Nacional Constituyente electa el 25-7-99, al aprobar su Estatuto de Funcionamiento, como se ha dicho, se autoatribuyó el carácter de "depositaria de la voluntad popular y expresión de su soberanía, con las atribuciones del poder originario".

Atrás quedaron los esfuerzos imprecisos de la Sala Político Administrativa. Con esta decisión se produjo un golpe de Estado, es decir, la asunción por un órgano constitucional de la potestad de desconocer la Constitución que en ese momento estaba vigente; auto atribuyéndose la facultad, supuestamente:

> En uso de las atribuciones que se le son inherentes, para limitar o decidir la cesación de las actividades de las autoridades que conformen el Poder Público.

De poder constituido extraordinario, la Asamblea decidió convertirse a sí misma en poder constituyente originario, usurpándoselo al pueblo, violentando su voluntad expresada en la Constitución que estaba vigente de 1961. En esta forma, se autoatribuyó el poder de desconocerla y violarla a su antojo y medida, al someter a todos los órganos del poder constituido ordinario a su voluntad. Precisamente fue por ello que en el Estatuto de Funcionamiento, la Asamblea dispuso que:

> Todos los organismos del Poder Público quedan sometidos a la Asamblea Nacional Constituyente, y están en la obligación de cumplir y hacer cumplir los actos jurídicos estatales que emita dicha Asamblea.

En cuanto a la Constitución de 1961, que era el texto vigente, como se ha dicho, la Asamblea resolvió que la misma, así como el resto del ordenamiento jurídico imperante:

> Mantendrán su vigencia en todo aquello que no colida o sea contradictorio con los actos jurídicos y demás decisiones de la Asamblea Nacional Constituyente.

La Asamblea así, se autoatribuyó potestad constituyente para modificar la Constitución de 1961, no mediante la elaboración de un nuevo proyecto de Constitución que luego debía ser aprobado por el pueblo mediante referendo, sino directa e inmediatamente durante su funcionamiento mediante los llamados actos constituyentes, todo lo cual violaba las bases comiciales que habían sido aprobadas por el referendo, que habían dado origen a la propia Asamblea, a las que luego la Corte Suprema le atribuiría carácter supraconstitucional.

Con la aprobación del Estatuto de Funcionamiento, como hemos dicho, sin duda, la Asamblea dio un golpe de Estado contra la Constitución, desconociéndola, lo cual la Corte Suprema de Justicia no fue capaz de corregir. La Corte, quizás, creyó que podía salvarse de la guillotina constituyente, y como siempre sucede en estos procesos, fue la primera cabeza que rodó.

La Corte Suprema de Justicia, en efecto, fue llamada a pronunciarse sobra la violación, por el Decreto de regulación de las funciones del Poder Legislativo dictado por la Asamblea Nacional Constituyente, de las bases comiciales que se habían aprobado en el referendo del 25-4-99; pero la Corte en un acto de denegación de justicia, se abstuvo de considerar tal violación. Esta técnica de avestruz se produjo con la sentencia de la Corte Plena del 14-10-99, que lejos de corregir la usurpación de autoridad realizada por la Asamblea, "legitimó" la inconstitucionalidad.

Por ello, en los actos constituyentes posteriores, la Asamblea Nacional Constituyente siempre invocaría, precisamente, esta sentencia para ejercer sus pretendidos poderes de desconocer la Constitución. En todo caso, el primero de estos actos fue, también precisamente, el acto constituyente del 22-12-99, que destituyó a los propios Magistrados de la Corte Suprema de Justicia, que eliminó a la propia Corte y que creó, en su lugar, un Tribunal Supremo de Justicia, con nuevas Salas, designando a su gusto a los nuevos Magistrados. Muy pocos de la antiguos Magistrados de la Corte Suprema de Justicia aparecieron en el nuevo Tribunal Supremo de Justicia, pero uno que sí apareció seguro fue el Magistrado Presidente, Iván Rincón, ponente de la desafortunada sentencia de la Corte Plena del 14-10-99.

En todo caso, posteriormente, sería el Tribunal Supremo de Justicia creado el 22-12-99 por la propia Asamblea Nacional Constituyente e integrado por Magistrados afectos al nuevo poder, el que convalidaría todas las actuaciones de la Asamblea Nacional Constituyente adoptadas al margen y desconociendo la Constitución de 1961, admitiendo una supuesta "supremacía de la Asamblea Nacional Constituyente como poder constituyente".

En efecto, la sentencia N° 4 de 26-01-00 (Caso *Impugnación del Decreto de Régimen de Transición del Poder Público*), en esta forma, la Sala Constitucional del nuevo Tribunal Supremo de Justicia declaró improcedente el recurso, señalando expresamente que:

Dado el *carácter originario del poder* conferido por el pueblo de Venezuela a la Asamblea Nacional Constituyente, mediante la pregunta N° 1 y la base comicial octava del referido referendo consultivo nacional, aprobado el 25 de abril de 1999, y por tanto, *la no sujeción de este poder al texto constitucional* vigente para la época...

Posteriormente, el mismo Tribunal Supremo de Justicia en la misma Sala Constitucional consideró los actos de la Asamblea Nacional Constituyente como de naturaleza "supraconstitucional". Así lo señaló en la sentencia de 21-01-00 con motivo de otra impugnación del Decreto sobre "Régimen de Transición del Poder Público"; y de nuevo en otra sentencia con el mismo objeto de 20-06-00 (Caso *Mario Pesci Feltri*), en la cual la Sala Constitucional señaló que:

Las normas sancionadas por la Asamblea Nacional Constituyente tienen un fundamento supraconstitucional respecto de la Constitución de 1961 y constitucional respecto de la de 1999.

Hasta ese momento, lo que se había considerado como de carácter supraconstitucional era únicamente la voluntad popular expresada en el referendo del 25-4-99; ahora, el Tribunal Supremo "equiparaba" los actos de la Asamblea, que era un órgano representativo del pueblo, a los del propio pueblo y reconociéndole tal igual carácter, se derivaba, entonces, que la Asamblea podía modificar la propia voluntad popular, lo cual era una aberración constitucional.

La misma Sala Constitucional, posteriormente, agregó lo siguiente al considerar la denuncia de violación por el "Decreto de Régimen de Transición del Poder Público", de la Asamblea, del artículo 262 de la Constitución de 1999:

> Esta Sala una vez más sostiene que la Asamblea Nacional Constituyente, como órgano del poder originario y en ejercicio de la competencia que es inherente a la organicidad de ese poder originario, podía dentro de la segunda etapa de transitoriedad antes referida -además de dictar, abrogar, derogar o modificar normas-, disponer la integración provisional de las nuevas estructuras políticas creadas por el nuevo Texto Fundamental, en aquello no definido de manera expresa por dicho cuerpo de normas.

Posteriormente, la misma Sala Constitucional del Tribunal Supremo consolidó el carácter de "poder constituyente originario" de la Asamblea Nacional al dictar la sentencia N° 180 de 23 de marzo de 2000 (Caso *Allan R. Brewer-Carías y otros, impugnación del Estatuto Electoral del Poder Público*), en el cual señaló entre otros aspectos, bajo la ponencia del magistrado Jesús Eduardo Cabrera, lo siguiente:

> Desde el 25 de abril de 1999, comenzó un régimen transitorio cuya finalidad no sólo era discutir y aprobar una nueva Constitución, por medio de la Asamblea Nacional Constituyente sino que según la pregunta 1° del Referendo Consultivo, la Asamblea se convirtió en un órgano con potestad para transformar el Estado y crear un nuevo ordenamiento jurídico que permitiera el funcionamiento efectivo de una democracia social y participativa. Ese régimen transitorio finalizó con la aprobación de la Constitución de la República Bolivariana de Venezuela, pero dentro de este devenir, la Asamblea Nacional Constituyente decretó, el 12 de agosto de 1999 (publicado en la *Gaceta Oficial* de la República de Venezuela N° 36.764, del 13 de agosto de 1999) la reorganización de todos los Poderes Públicos y reformó las funciones del Poder Legislativo.
>
> Durante este régimen transitorio, estuvo vigente la Constitución de la República de Venezuela de 1961, en lo que no colidiese con el régimen jurídico que creaba la Asamblea, ya que ésta ejercía en forma originaria el poder constituyente, por ser emanación del pueblo soberano, y por tanto, no existía norma superior preestablecido por encima de sus determinaciones, lo cual fue reconocido por sentencia de fecha 14 de octubre de 1999, emanada de la Sala Plena de la extinta Corte Suprema de Justicia. Así, las normas sancionadas por la Asamblea Nacional Constituyente tuvieron un fundamento supraconstitucional con respecto a la Constitución de la República de Venezuela de 1961, y conforman un sistema de rango equivalente a la Constitución, pero de vigencia determinada, con respecto a la Constitución que elaboraba. Tal sistema, nacido de un po-

der constituyente e indivisible, situado por encima de las ramas del Poder Público, está destinado a regir toda la transitoriedad, hasta el momento en que los Poderes Públicos sean electos e inicien el ejercicio de sus competencias; es decir, que su teleología, consiste en "*la implantación efectiva de la organización y funcionamiento de las instituciones previstas en la Constitución aprobada*" (artículo 3 del decreto que creó el Régimen de Transición del Poder Público, publicado con anterioridad a la entrada en vigencia de la Constitución de 1999).

Así, progresivamente, el juez constitucional, de "guardián de la Constitución", que debía ser, primero representado en la Corte Suprema de Justicia por su ingenuidad al abrir la "Caja de Pandora" constituyente y llegar a someterse a la propia Asamblea Nacional Constituyente; y luego, representado en el nuevo Tribunal Supremo de Justicia, creado por dicha Asamblea cuando extinguió a la Corte Suprema, y que ha sido el instrumento para la consolidación del autoritarismo; pasó a ser el amanuense de la Constitución del guardián, y durará en sus funciones hasta que le sirva y no le estorbe.

CUARTA PARTE
LA ILEGÍTIMA ASUNCIÓN DEL PODER CONSTITUYENTE ORIGINARIO POR LA ASAMBLEA NACIONAL CONSTITUYENTE: EL DEBATE Y LA AGENDA DE LA CONSTITUYENTE EN AGOSTO 1999

La Asamblea Nacional Constituyente, al instalarse a comienzos de agosto de 1999, asumió para si el poder constituyente originario, que sólo el pueblo puede ejercer, usurpando la voluntad popular, y dado un golpe de Estado continuado contra todos los Poderes Públicos constituidos. Esta Cuarta Parte explica de cómo se fraguó el mismo, cuyo texto he elaborado partiendo del texto de los debates sobre el tema publicados en el *Diario de Debates* de la Asamblea Nacional Constituyente de 1999.

La Asamblea Nacional Constituyente, cuya elección había sido la principal bandera política y electoral de Hugo Chávez Frías, electo Presidente de la República en diciembre de 1998, después de intensos debates y cuestionamientos judiciales fue finalmente electa el 25 de julio de 1999, habiéndose instalado el 3 de agosto de 1999.

Resultó integrada por 131 miembros electos, de los cuales 24 fueron electos en la circunscripción nacional; 104 en las Circunscripciones estadales y 3 en representación de las comunidades indígenas. La totalidad de los miembros electos en los Estados, excepto uno, fueron electos de las listas apoyadas por el Presidente Chávez; la totalidad de los miembros electos en las comunidades indígenas lo apoyaron abiertamente, y de los 24 electos en la elección a nivel nacionales, los 20 candidatos propuestos por Chávez fueron electos, de lo que resultó que sólo cuatro constituyentes nacionales fueron los electos en forma independiente. Esos cuatro constituyentes, Claudio Fermín, Jorge Olavarría, Alberto Franceschi y quien esto escribe, Allan R. Brewer-Carías, formaron el grupo de constituyentes que se conformaron la "oposición" al Presidente Chávez. De ello resultó, que durante todo el tiempo de funcionamiento de la Asamblea Constituyente el balance en la misma fue de cuatro (4) contra 127, habiéndose en definitiva impuesto la mayoría en todos los casos realmente debatidos.

Esa fue la relación que existió desde el inicio, por lo que quienes formamos la "oposición," desde el inicio sabíamos qué era lo que podíamos y no podíamos lograr en el trabajo constituyente.

Conforme a esa realidad, la Asamblea Nacional Constituyente tuvo su **Sesión de instalación, el 3 de Agosto De 1999**, en el Aula Magna de la Universidad Central de Venezuela, luego de una sesión preliminar que se había realizado ese mismo día y cuya dirección asumió Pedro Ortega Díaz, no sólo como el Asambleísta de mayor edad, sino en su calidad de veterano y viejo dirigente del Partido Comunista de Venezuela. Ese hecho, de entrada, no carecía de significación, y ya era, al contrario, el anuncio de lo que en algún momento fututo ocurriría en el país. Diez años después, en 2010, Chávez mismo se declararía marxista, y el Partido Socialista Unido de Venezuela, incluiría en su Declaración de Principios el marxismo leninismo, y la Asamblea Nacional sancionaría las leyes del Poder Popular de corte claramente comunista.

En esa misma sesión preliminar de la Asamblea, se eligió la directiva de la misma con Luis Miquilena como Presidente; Isaías Rodríguez y Aristóbulo Isturiz, como Primero y Segundo Vicepresidentes, y Elvis Amoroso y Alejandro Andrade, como Secretario y Subsecretario. Y la primera intervención, que como se dijo le correspondió al viejo dirigente del partido comunista Ortega Díaz, este informó a la Asamblea lo que se había decidido en la reunión preliminar, procediendo a entregar la conducción de la misma a Luis Miquelena, a los efectos de desarrollar, dijo:

> "esta gigantesca empresa en la cual nos proponemos nada más ni nada menos que enfrentar la miseria del pueblo venezolano azotado hoy por ella, la corrupción y castigar a los corruptos *(gritos y aplausos);* la inseguridad personal; el caos moral; los grilletes, a veces invisibles, que nos sujetan a los poderes extranjeros para reivindicar, como lo ha comenzado a hacer este gobierno, la soberanía. Unámonos para poder romper las cadenas de hoy, para poder romper la cadena de la deuda externa"."

Catorce años después de aquél primer discurso que se oyó en la Asamblea, ante el legado político dejado por Chávez cuando se anunció su fallecimiento en marzo de 2013 como resultado de la "gigantesca empresa" que efectivamente liderizó pero de destrucción masiva del país, cualquiera que hubiese conocido a Ortega Díaz no podría menos que imaginarse cómo se podría haber sentido en un país que en 2014, internacional y comparativamente, se sitúa entre los más corruptos y de mayor inseguridad personal del mundo; donde campea la impunidad, y donde la persecución política se realiza mediante el encarcelamiento a mansalva utilizando para ello al ministerio público y al sistema judicial; y que está descaradamente sometido al control de poderes extranjeros, en particular de Cuba; donde se le ha vendido la soberanía al mejor postor, al regalase no sólo los recursos materiales del país, sino la propia ciudadanía venezolana, que se le ha otorgado indiscriminadamente a cuando extranjero se cree es útil para los proyectos políticos entreguistas; y además, condenado a varias generaciones futuras por la mayor deuda externa e interna de toda la historia del país. Sin duda, el viejo líder comunista, si sus palabras fueron sinceras, algo hubiera estado ahora pensando sobre porqué la "gigantesca empresa" no resultó como la soñaba, sino en el agravamiento de todos los males que denunció: agravamiento de la miseria del pueblo venezolano, agravamiento de la corrupción y ausencia de castigo a los corruptos; mayor inseguridad personal; caos moral por la degradación de todos los valores de la sociedad; sujeción y entrega del país poderes extranjeros visibles, como los que ejercen Cuba y China, reforzándose las cadenas de la mayor deuda externa de la historia.

SECCIÓN PRIMERA:
SOBRE EL SUPUESTO CARÁCTER DE LA ASAMBLEA CONSTITUYENTE COMO SOBERANA Y ORIGINARIA

I. LA USURPACIÓN DE LA SOBERANÍA DEL PUEBLO Y EL INICIO DE LA DESTRUCCIÓN DEL ESTADO DE DERECHO

En su discurso de introducción en la sesión de 3 de agosto de 1999, el mismo Constituyente Ortega Díaz concluyó formulando una recomendación inmediata, y que fue que se adoptara:

> "la declaratoria de soberanía incuestionable de la Asamblea Nacional Constituyente *(aplausos prolongados),* no podemos permitir ningún acto que interrumpa, altere o mucho menos contradiga las decisiones de esta plena soberanía de la Asamblea Nacional Constituyente. *(Aplausos).*"

Y eso fue lo que efectivamente ocurrió: La Asamblea al instalarse asumió la soberanía, que sólo la tiene el pueblo, usurpando el poder constituyente originario del pueblo. Una Asamblea nunca puede ser soberana, pues soberano sólo es el pueblo. Pero Ortega Díaz lo único que hacía en su discurso era cumplir la parte del libreto que le había tocado, y que desde el inicio Chávez había anunciado con su decreto de convocatoria al referendo sobre la Asamblea Nacional Constituyente, en el cual ya se anunciaba cuál iba a ser el rol destructivo y usurpador el la Asamblea. Por ello, las impugnaciones que se habían hecho del decreto presidencial, de manera que razón tuvo Chávez al expresar en su discurso ante la Asamblea Constituyente el mismo día 3 de agosto de 1999, que su Decreto del 2 de febrero de 1999 convocando el referendo consultivo sobre la Constituyente, había sido impugnado muchas veces, -dijo-:

> "no sé cuántas impugnaciones, el decreto más impugnado, batieron récord los impugnadores, no sé si un decreto ha sido impugnado tantas veces en alguna parte, en alguna época, pero bien bueno que eso quede allí, porque es parte del conflicto histórico desatado, irrenunciable, inevitable. Es un conflicto terminal, es el fin de una época y el comienzo de otra."

Y efectivamente así fue, pero lo cierto fue que con motivo de los diversos juicios que se iniciaron con la impugnación del decreto convocando el referendo sobre la Asamblea, en una de las sentencias dictadas por la Sala Político Administrativa del Tribunal Supremo de Justicia, de fecha 18 de marzo de 1999, se había resuelto la cuestión de que el poder constituyente originario no podía ser asumido por la Asamblea, por lo cual se había ordenado expresamente eliminar de las bases comiciales del referendo consultivo sobre la Asamblea, el supuesto carácter de poder constituyente originario que Chávez había propuesto se le otorgara a la Asamblea. Pero la verdad es que la decisión de una Corte Suprema de un sistema que quienes controlaban el poder lo consideraba moribundo, poco le importó a quienes asumieron la dirección de la Asamblea, habiendo sido la pauta que recomendó Ortega Díaz, contraria a la citada sentencia, la que se impuso, todo lo cual, desde el inicio, motorizó el Presidente Miquelena.

Durante el curso de la campaña electoral de Chávez en 1998, frente a su propuesta de la convocatoria y elección de la Asamblea Constituyente sin que se reformara previamente la Constitución de 1961, y la asignación a la misma de un pretendido carácter originario, ante la ausencia que tenía de interlocutores políticos para hablar del tema, ya que todos los partidos ignoraron el asunto o se oponían a la idea, Miquelena tomo la iniciativa de reunirse conmigo para discutir las propuestas, particularmente por la posición que yo había tenido a favor de la necesidad de una Asamblea Constituyente para resolver la crisis política, que sostuve desde marzo de 1992, como respuesta al intento de golpe de Estado que había motorizado Chávez. Mi diferencia con la propuesta de Chávez, sin embargo, era la de plantear que como la Asamblea como no estaba regulada en la Constitución ésta debía regularse en ella mediante una reforma constitucional previa, y además, que la Asamblea en ningún caso podía tener carácter originario alguno, pues sólo el pueblo es soberano, y como tal sólo es el titular del poder constituyente originario.

A pesar de la diferencia de aproximación sobre la configuración de la Asamblea, e igualmente, a pesar de mi oposición constante y sistemática a los planteamientos político electorales de Chávez, que yo consideraba propios de un proyecto político autoritario, antidemocrático y exclusionista, en virtud del punto de encuentro que había sobre la necesidad de que la configuración y elección de la Asamblea, para poder recomponer el sistema político, sin embargo, Miquelena, como jefe civil de la campaña de Chávez, buscó hablar conmigo para lo cual efectivamente nos reunimos varias veces en los meses de agosto a septiembre de 1999, primero en la casa de Carlos Diez, y luego, en la casa de Reinaldo Cervini, dos amigos de siempre. Así, hubo reuniones e intercambio de documentos y proyectos, que Miquelena llevó a Chávez, regresando con las correcciones que éste hizo a mano, pero sin que llegáramos por supuesto a punto de acuerdo alguno.

A comienzos de noviembre, en todo caso, una vez electo los senadores y diputados del Congreso, con una configuración político que reflejaba la nueva situación del país, con el los partidos que respaldaban al candidato Chávez con más de un tercio de representantes electos, formule públicamente mi opinión de que con esa nueva configuración, el Congreso estaba obligado a asumir el proceso constituyente, no siendo necesaria la elección aparte de otra Asamblea.[1] El planteamiento, que por supuesto no fue atendido en forma alguna por los otros partidos políticos, los cuales simplemente lo ignoraron; sin embargo, se vio por los seguidores de Chávez como una declaración de guerra de mi parte a la idea de la Constituyente, quedando rotas definitivamente cualquier otra conversación.

De allí los pasos que adoptaron después de la elección de Chávez, y durante las siguientes semanas, avasallándose al recién electo Congreso antes de que los senadores y diputados electos llegasen a tomar posesión de sus cargos, que fueron: la indebida, abierta y pública presión ejercida con amenazas por el Presidente electo contra la antigua Corte Suprema de Justicia en diciembre de 1998 para que decidiera que sí se podía convocar una Asamblea Constituyente sin necesidad de reformar la Constitución; las sentencias dictadas bajo amenaza por dicha Corte Suprema de Justicia el 19 de enero de 1999, en las cuales, en forma totalmente ambigua, argumentó

---

[1] Véase las siguientes declaraciones de prensa que dí al respecto: "Ya no hace falta convocar una Constituyente" 'declaraciones a Rodolfo Baptista' *El Universal*, Caracas, 13/11/98, p. 1-20; "Referéndum no es necesario" 'declaraciones a Ingrid Rojas' *El Mundo*, Caracas, 11/12/98; "Con el nuevo Congreso electo ya no es necesaria la Constituyente" 'declaraciones con Pedro Nikken a Máximo Peña' *El Nacional*, Caracas, 13/11/98, p. D-4

sobre el significado del poder constituyente pero sin decidir nada sobre si era necesario o no reformar la Constitución para convocar la Constituyente; el decreto del Presidente Chávez el mismo día de la toma de posición de su cargo el 3 de febrero de 1999, convocando a un referendo consultivo sobre la Asamblea Constituyente; las impugnaciones varias contra dicho decreto ante la Corte Suprema; las sentencias varias dictadas por la misma Corte Suprema corrigiendo la iniciativa presidencial y declarando formalmente que la Constituyente no podía tener carácter de poder constituyente originario; la realización del referendo consultivo en abril de 1999 apoyando la constitución y elección de la Asamblea Constituyente; y la elección de la Asamblea Constituyente en julio de 1999, conforme a una bases comiciales en las cuales se había eliminado la referencia al carácter originario de la Asamblea, y que en definitiva, fue la voluntad popular sobre la misma y su carácter.

Este último, entre muchos otros, fue el tema que me había enfrentado a la propuesta de Chávez, y ello fue precisamente lo que en la Asamblea Constituyente, una vez constituida y con la mayoría abrumadora que apoyaba al Presidente, fue impuesto, haciéndose caso omiso a lo resuelto por la Corte Suprema.

Ello es lo que explica, precisamente, la recomendación de Ortega Díaz al instalarse la Asamblea el 3 de agosto de 1999, y lo que retomó Luis Miquelena, luego de la juramentación de los miembros de la Asamblea, en su discurso inicial y primigenio, al referirse al momento histórico que vivía el país, considerando que estábamos presenciando, no el cambio de un equipo de gobierno por otro equipo de gobierno, sino de un cambio de un sistema por otro sistema, siendo "la Asamblea Nacional Constituyente la palanca impulsora" de dicho cambio. Por ello, al inicio de su discurso hizo referencia a la idea misma de la Asamblea Constituyente, mencionando la iniciativa que hacía "más de una década" habían tenido algunos, indicando que con ello habían puesto "en el país a flamear la bandera de la Asamblea Nacional Constituyente," la cual confesaba, sin embargo, había sido "estigmatizada, atacada precisamente porque se consideraba que tenía un carácter subversivo ante el estado de cosas que estaba padeciendo nuestro país." Y ciertamente, salvo opiniones aisladas como la mía, la de Oswaldo Álvarez Paz, entonces Gobernador del Estado Zulia y la del Fiscal General de la República, Ramón Escovar Salóm, entre otros, la idea fue rechazada por los partidos políticos.

Pero antes de desembocar en el tema del carácter de la Asamblea Constituyente, que fue lo central de su discurso, Miquelena hizo referencias a lo que consideró habían sido los antecedentes políticos de la misma, haciendo referencia al hecho de que por ignorar el clamor del pueblo por un cambio "se produjo espontáneamente un acontecimiento que hizo estremecer el edificio del viejo sistema," como fue el "Caracazo" (febrero 1989), lo que fue seguido del intento de golpe militar de Hugo Chávez del 4 de febrero de 1992, como resultado del cual consideró, en mi criterio erradamente que al país le había nacido "una nueva esperanza," estimando que el grupo de oficiales jóvenes que intentaron el golpe:

> "habían dado un paso adelante con el propósito de romper el equilibrio de una estructura que estaba asfixiando al país y que necesitaba salidas y que si no se les daba salida por la vía pacífica tendría que recurrirse a la vía de la violencia para romper una estructura que era necesario acabar' *(Aplausos prolongados).*

Después de esos hechos, narró Miquelena en su discurso, que ante la ceguera de las clases dominantes en poder vislumbrar el conflicto social, en la búsqueda de "salidas pacíficas, precisamente para evitar la vía de la violencia," consideró que había sido un acierto del proyecto liderado por Hugo Chávez, el decidir tomar "la vía electoral para participar en los procesos que el sistema había establecido, es decir, jugar con sus propias cartas," de la cual, después de enfrentar –dijo– un proceso electoral lleno de acciones violentas, obstáculos y arbitrariedades, terminara victoriosamente la elección del 6 de diciembre."

Como parte esencial de todo ese proceso, Miquelena se refirió entonces a lo que consideró "la consigna más importante, la consigna emblemática de este proyecto" que fue la Asamblea Nacional Constituyente, haciendo entonces la precisión de que sus enemigos pretendieron entonces:

"refugiarse en una rebuscada hermenéutica jurídica para quitarle poder a la Asamblea Nacional Constituyente, pretenden que la Asamblea Nacional Constituyente sea un simple instrumento cualquiera para elaborar una Constitución; es decir, pretenden presentarle al país una Asamblea Constituyente chucuta, que no sea capaz de tener la soberanía suficiente *(aplausos)*, pretendiendo las vacas sagradas del derecho, inventar que es una Asamblea Constituyente secundaria y no originaria."

He aquí la esencia del planteamiento que desde el inicio guió la imposición, liderizada por Miquelena, de una Asamblea Constituyente "originaria," carácter que la Asamblea misma se auto arrogó a los pocos días. Y por supuesto, nada me impidió que yo mismo me diera por aludido cuando Miquelena se refirió a "las vacas sagradas del derecho" –honor que me hizo– pues sin duda, como en algún momento él me lo confirmó, su referencia, entre otros, estaba dirigida contra mi persona, junto con todos los juristas que se oponían a tal idea, comenzando por los magistrados de la Corte Suprema. Consideré y el tiempo lo confirmó que ese carácter originario que usurpó la Asamblea, fue lo que dio inicio al proceso de demolición del Estado de derecho en Venezuela

Las objeciones que habíamos formulada en contra de dicha idea, es lo que justificó lo que afirmó Miquelena tajantemente al iniciar su discurso:

"Nosotros declaramos, en mi carácter de Presidente de la Asamblea Nacional Constituyente en este acto, declaro solemnemente el carácter originario... *(aplausos y gritos prolongados)* y nadie podrá disminuir el carácter soberano de esta Asamblea y así será consagrada ante la historia de nuestra patria."

Y así fue. La Asamblea Constituyente, para Chávez y sus seguidores, no sólo fue "originaria" sino "soberana," usurpando la propia soberanía del pueblo. Por ello Miquelena repitió: "Sí es soberana, sí es original," agregando sin embargo que tratarían "de que la vía del diálogo, la vía del entendimiento produzcan los cambios sin el traumatismo que podría ocurrir si la gente que está refugiada dentro de esos poderes para seguir conservando sus privilegios." Se refería, sin duda a los poderes públicos, constituidos, advirtiéndoles que si entendían que el país había cambiado, entonces el tratamiento que "recibirán de la soberana Asamblea Constituyente no será de abuso de su poder, será de un diálogo que permita la transición, sin que esa transición produzca traumas que pueden ser irremediables para nuestra patria."

Con todo esto, Miquelena terminó su discurso al dejar instalada la Asamblea,

"con esas dos solemnes promesas: primero, la Asamblea Nacional Constituyente es originaria y soberana. *(Nutridos aplausos)*. Segundo, el proceso de cambio no tiene retroceso y va hacia adelante impulsado por nuestro pueblo"

No pasaron dos años y medio, en todo caso, para que Miquelena, luego de haber presidido la Asamblea Constituyente y haber servido en el gobierno del Presidente Chávez, haya pasado a la oposición acusando al gobierno incluso de asesinato por la masacre del 11 de abril de 2002.

Atrás habían quedado sus últimas palabras en el acto de instalación de la Asamblea cuando recordó lo que había dicho en su despedida del Ministerio de Relaciones Interiores para ocupar una posición de combate por la construcción de la Asamblea Nacional Constituyente, refiriéndose al "panorama del país alegre," que – dijo - había hecho el milagro de que en el invierno de su vida él pudiera "soñar con la primavera." Esta, sin duda, para él, debió convertirse en una tormenta, con lluvia torrencial, rayos y centellas, que no han cesado.

En cuanto a la Asamblea que había calificado de soberana, su primera sesión, que fue la ***Sesión del 5 de agosto de 1999,*** además de para designar la Comisión de redacción del Estatuto de la Asamblea, fue para "Recibir la propuesta del ciudadano Hugo Rafael Chávez Frías, Presidente de la República." Antes, sin embargo, Jorge Olavarría con motivo del texto del acta de la sesión anterior, destacó que en la misma Miquelena había declarado el "carácter originario" de la Asamblea, por lo que rechazó dicho aserto argumentando que ese carácter no había sido sometido a debate ni a consideración por parte de la Asamblea, siendo aquella una expresión de Miquelena que consideró fue formulada "a título personal y no en nombre de la Asamblea." Consideró Olavarría, con razón, increpando a Miquelena, que "el carácter originario de la Asamblea tiene que ser sometido a la Asamblea y si ésta así lo decide, usted, en su nombre, podrá hacerlo, de lo contrario usted procederá de una forma usurpadora de las funciones que le corresponden como Presidente." El tema, sin embargo, quedó inserto en acta, dejándose su discusión para la sesión siguiente, concentrándose la Asamblea en el punto de "recibir la propuesta del ciudadano Hugo Rafael Chávez Frías, Presidente Constitucional de la República."

Jorge Olavarría, sin embargo, objetó con razón dicho punto, considerando que la Asamblea no había aprobado invitación alguna al Presidente; a lo que Miquelena respondió que la solicitud había sido formulada por el Presidente, habiendo la Junta Directiva decidido aceptarla. Se dio así inicio el punto de la Agenda, sometiéndoselo de inmediato a la aprobación de la propia Asamblea "para satisfacer la inquietud del constituyente Jorge Olavarría," punto que fue obviamente aprobado con "evidente mayoría (*Aplausos*)," todo, sin duda, conforme a un libreto que se veía estaba ya conformado.

Se nombró entonces una Comisión de Constituyentes para acompañar al Presidente Chávez a la Asamblea, de la cual formé parte, siendo dicha oportunidad la última en la cual crucé palabra con él. Antes había tenido una interlocución con él en la Academia de Ciencias Políticas y Sociales, en agosto de 1998, con ocasión de la invitación que como Presidente de la Academia formulé a todos los candidatos presidenciales para que explicaran ante la misma sus propuestas sobre la reforma al

Estado. Allí presenté a Chávez como quien había hecho su "aparición en la vida política recientemente, en medio de una gran crisis, y por una vía no democrática.

II. LA "SOBERANÍSIMA" ASAMBLEA CONSTITUYENTE

El Presidente Chávez comenzó su discurso en dicha sesión del 5 de agosto de la Asamblea, refiriéndose a la misma no sólo como originaria o soberana, sino como "la soberanísima Asamblea Nacional Constituyente," dirigiéndose a los miembros de la misma como "constituyentes soberanos," dando así de antemano por zanjado el tema del carecer "soberano" de la Asamblea, que la misma aún no había considerado. Con ello quedaba claro que imponía su voluntad, a pesar de que aclaraba que en ese momento en el país "no es un hombre providencial que ha llegado; [...] no hay hombres providenciales [...]. No hay individualidades todopoderosas [...] No hay caudillos beneméritos y plenipotenciarios que puedan señalar y conducir y hacer el camino de los pueblos, mentira." Y luego repitió: "No pensemos jamás que un hombre providencial, repito, no pensemos jamás que 131 hombres o mujeres providenciales van a hacer el camino."

Chávez consideró que la instalación de la Asamblea Constituyente era "un acto revolucionario," considerando que la revolución había llegado al Palacio Federal Legislativo, pidiéndole a la Asamblea que recuperara dicha casa para la revolución. Dijo así: "desde hoy tienen que comenzar a demostrar que ustedes, representantes verdaderos del pueblo, son los dueños de esta casa y que esta casa es la casa del pueblo y no la casa de las cúpulas ni la casa de los cogollos que durante años traicionaron esa esperanza de un pueblo." Con ello comenzó a definirle a sus seguidores la agenda de la Constituyente, - y a los recién electos senadores y diputados lo que les esperaba -, advirtiéndoles a los Constituyentes:

"No vayan, compatriotas, ustedes a cometer el error que cometieron los que habitaron esta casa durante 40 años y ya no les pertenece, eso hay que recordarlo. Esta casa desde hoy es la sede de la Asamblea Nacional Constituyente. *(Aplausos)*. La magnanimidad de ustedes es grande, han permitido que convivan por allí. Ustedes son los dueños de esta casa, porque esta es la casa del pueblo y recuperen ustedes esta casa para el pueblo, para la revolución."

III. LA REVOLUCIÓN BOLIVARIANA

Chávez en su discurso insistió sobre el tema de la revolución, advirtiendo que aún había venezolanos que "todavía a estas alturas no se den cuenta o no quieran darse cuenta que estamos en el mero epicentro de un profundo, de un verdadero, de un indetenible proceso revolucionario que no tiene marcha atrás [...] Es una revolución lo que está ocurriendo y nada ni nadie podrá evitarla."

Hizo referencia entonces al Caracazo, "cuando los habitantes de Guarenas se fueron a la calle a protestar con una huelga, haciendo uso del derecho a la resistencia," indicando sin embargo que si bien "no estaban planificando una revolución," al igual que no lo hicieron los golpistas el 3 y 4 de febrero de 1992, " quienes "no sabían plenamente lo que se iba a desatar con aquel gesto", sin embargo habían provocado la situación del momento que era la de "una revolución que se hizo presente e impone su propio ritmo", que está " en marcha y es el pueblo el que guiará ese potro libre de la revolución."

Se preguntó entonces repetidamente sobre el origen de esa revolución, concluyendo que venía del "contexto bolivariano cuando nació o cuando nacieron las primeras repúblicas que se levantaron en esa tierra venezolana." En definitiva, afirmaba, que era de Bolívar de donde venía la revolución, de "Bolívar que vuelve con su clara visión, con su espada desenvainada, con su verbo y con su doctrina." Se trataba, conforme a la visión de Chávez, de la "revolución bolivariana," para lo cual hizo referencia a una absolutamente errada apreciación de la división de los períodos históricos venezolanos en cuatro diversas Repúblicas, de las cuales las tres primeras habrían ocurrido en un breve período de ocho años, entre 1811 y 1819.

Chávez se refirió, en efecto, a lo que se ha llamado la Primera República, la formada en 1811, que fue, según dijo, la que Bolívar vio caer, y que calificó en su Manifiesto de Cartagena al indicar las causas de dicha caída, como "una república aérea," lo que sirvió a Chávez para advertirle a los Constituyentes de 1999, que tuvieran "cuidado con las repúblicas aéreas; no aguantan el primer golpe de viento." Para ello recordó Chávez la conocida expresión de Bolívar sobre el sistema de 1811 cuando dijo "Tuvimos filántropos por jefes y sofistas por soldados," y que no fue otra cosa que la más clara expresión del resentimiento del Libertador frente a una República en cuya construcción constitucional no había efectivamente participado, y que más bien había contribuido a que cayera con su propio fracaso militar en Puerto Cabello unos meses antes, y con la entrega que personalmente hiciera de Francisco de Miranda a los españoles, en premio de lo cual pudo recibir un salvoconducto de Monteverde para terminar en Cartagena, redactando su conocido Manifiesto.

Se refirió luego Chávez a lo que llamó la Segunda República, supuestamente formada por el propio Bolívar con "El arma, la espada y la pluma" en 1813 al llegar a Caracas luego de la Campaña Admirable, cuando asumió "el mando supremo de la República", convocando una "Asamblea de Notables" en Caracas para respaldarlo. En esa reconquista del territorio de Venezuela, por supuesto que no hubo "Segunda República" alguna, pues lo que existió, incluso en paralelo, fue por una parte, la "ley de la conquista" impuesta por Monteverde, y por la otra la "ley marcial" decretada por Bolívar, con guerra a muerte de por medio. Allí no hubo República alguna, sino un militar que asumió el mando supremo de las provincias en el calor de la guerra, imponiéndolo sobre los gobiernos civiles que conducían las provincias unidas. Por ello la referencia que el mismo Chávez hizo de la reacción que tuvo Bolívar en 1811, con sus ideas centralistas, contra el Gobernador de Barinas en 1813 quien defendía el sistema federal, al afirmar que había sido la federación otra de las causas de la derrota y la caída de la Primera República, y decir –según narró Chávez– que:

"cómo vamos a hablar de Federación cuando hay una amenaza y hay un ejército invasor en el territorio. Yo soy el Presidente de esta República", y le cedo a usted la autonomía administrativa y judicial. Pero usted tiene que entender que forma parte de una nación, de una república unitaria."

Al afirmar esto, Chávez no hacía otra cosa que advertirle a los Constituyentes con las mismas ideas centralistas de Bolívar, es decir de la "doctrina bolivariana," que:

"no podemos confundir federación con anarquía. Cuidado con la anarquía. Cuando llegamos al caos y a la anarquía se pone en peligro la existencia no sólo de la República, no sólo del Estado, sino de la Nación misma como un todo."

Pero lo cierto fue que a pesar del esfuerzo de Bolívar por recuperar el territorio, dicha irreal "Segunda República" supuestamente establecida en 1813, duró sólo un año, habiendo desaparecido según la errada teoría histórica de Chávez en 1814, cuando los españoles reconquistaron el territorio de Venezuela. Luego de cinco años de guerra, y siguiendo su misma errada teoría, Chávez en su discurso expresó que en 1819 "vuelve a nacer una Tercera República, la grande" con la Constitución de Angostura propuesta por Bolívar, "bajo el escudo de las armas de su mando, pero con el desarrollo pleno de la voluntad popular en el Congreso Constituyente," para establecer, citando de nuevo a Bolívar, que:

"El sistema de gobierno más perfecto es el que le proporciona a su pueblo, la mayor suma de seguridad social, la mayor suma de estabilidad política y la mayor suma de felicidad posible".

Esa supuesta llamada "Tercera República" de Venezuela, en todo caso, habría durado menos de dos escasos años pues con la Constitución de 1819 desapareció con la desaparición misma del Estado de Venezuela y la constitución de la República de Colombia, en la cual los territorios de la antigua Venezuela pasaron a ser un departamento m/as.

Todo el recuento histórico de los acontecimientos de comienzos del siglo XIX que hizo Chávez, y que lo distorsionan, está basado en una errada división de los períodos históricos republicanos en estas supuestas tres repúblicas iniciales que Venezuela habría tenido en 1811, 1813 y 1819, que en realidad no existieron. La única República efectiva que existió en Venezuela en esos tiempos fue la de 1811 establecida en la Constitución federal de las Provincias Unidas de Venezuela, que formalmente funcionó, con todas sus vicisitudes, hasta 1830, cuando se reconstituyó la República después de la separación de Venezuela de Colombia. En 1813, como se dijo no hubo ninguna "nueva República," y en 1819 sólo hubo un proyecto de Estado centralista que no llegó a cristalizar en Venezuela, pues al mes de aprobarse la Constitución de Angostura, el propio Bolívar sometió al mismo Congreso la Ley de la Unión de los pueblos de Colombia proponiendo la desaparición de Venezuela como Estado (y como República), con su fusión a Colombia, como en efecto ocurrió y logró constitucionalmente algo más de un año después con la sanción de la Constitución de Cúcuta de 1821. La verdad, además, es que esa Constitución de 1821, inspirada en la de 1819, fue con la que se puede decir que realmente se estableció la verdadera "República Bolivariana," una donde Venezuela no existía como Estado, y que desapareció como nación conformando, su territorio, un departamento más de la República de Colombia.

Esa fue la idea de la República Bolivariana que quería Chávez; una donde Venezuela desapareciera. Así, quizás por no haber logrado, tras apoyar abiertamente la guerrilla colombiana, apoderarse subversivamente del gobierno de Bogotá y fundir de nuevo a Venezuela junto a Colombia en una nueva "República Bolivariana," Chávez terminó sus días en 2012, soñado también con la eliminación de Venezuela y lograr su unión con Cuba, en otra nueva "República," como en su propuesta de reforma constitucional de 2007 lo llegó a esbozar..

IV. LOS ERRORES HISTÓRICOS DEL DISCURSO DE CHÁVEZ Y EL VERDADERO SENTIDO DE LO QUE FUE LA "REPÚBLICA BOLIVARIANA" COMO PROYECTO MILITARISTA

Pero lo expresado por Chávez en su discurso ante la Asamblea Nacional Constituyente el 5 de agosto de 1999, en lo que fue el anuncio de su gestión de gobierno que culminó con el anuncio de su muerte en marzo de 2013, nos obliga a hacer algunas precisiones fundamentadas sobre los hechos que ocurrieron en Venezuela a partir de 1812, cuando Bolívar comenzó a tener un papel protagónico y, con ello, el país comenzó a olvidar a sus verdaderos próceres.

La República de Venezuela, surgió en la historia con la rebelión independentista del 19 de abril de 1810, cuando el conjunto de nuestros próceres fundadores, inspirados en el conjunto de principios que surgieron de las revoluciones norteamericana y francesa del siglo XVIII procedieron a conformar un nuevo gobierno en Caracas, en sustitución de lo que había sido el gobierno de la Capitanía General de Venezuela y de la Provincia de Caracas; procediendo subsecuentemente a organizar la elección de los diputados al Congreso General de las provincias de dicha Capitanía a partir de junio de 1810; a declarar solemnemente la Independencia el 5 de julio de 1811; a redactar tanto la Constitución Federal de los Estados de Venezuela de 21 de diciembre de 1811, como la Constitución de la Provincia de Caracas de 31 de enero de 1812; estos últimos textos, modelos acabados de lo que podían ser textos constitucionales de un nuevo Estado republicano de comienzos del siglo XIX, influidos por todos los principios del constitucionalismo moderno.

Esas Constituciones fueron sancionadas por el Congreso General de la Confederación de Venezuela, destacándose la Constitución federal de 21 de diciembre de 1811, con la cual se integró el nuevo Estado nacional con siete Estados provinciales (Caracas, Barcelona, Cumaná, Margarita, Barinas, Trujillo, Mérida) que habían resultado de la transformación de las antiguas Provincias que habían formado la antigua Capitanía General de Venezuela. A dicha Constitución federal le siguió la sanción de la Constitución provincial de Caracas de enero de 1812, sancionada por la "Sección Legislativa de la Provincia de Caracas del mismo Congreso General de Venezuela," es decir, por los diputados electos en la Provincia que integraban dicho Congreso General, en enero de 1812.

La elaboración de ambos textos constitucionales, Federal y Provincial de Caracas, se realizó en paralelo, en las sesiones del Congreso General, con la participación activa de Francisco Javier Uztáriz, Juan Germán Roscio y Gabriel de Ponte, los dos últimos diputados por diversos partidos de la provincia de Caracas, por una parte, para la conformación de un Estado federal en todo el ámbito territorial de lo que había sido la antigua Capitanía General de Venezuela; y por la otra, para la conformación del marco constitucional de gobierno para una de las provincias de dicha Federación, la de Caracas, incluso, para que el texto sirviera de modelo para la elaboración de las otras Constituciones provinciales. Otro grupo de diputados que también debe mencionarse dentro de los próceres de la independencia, son aquellos que si bien no participaron en los hechos de la Revolución de 19 de abril de 1810, fundamentalmente porque no eran vecinos de Caracas, o como fue el caso de Francisco de Miranda, no estaban en ese entonces en Caracas, sin embargo sí estuvieron presentes en todos los hechos y actos políticos posteriores antes mencionados, como fueron además, los siguientes diputados, todos por otros partidos de la Provincia de

Caracas: Felipe Fermín Paúl, Fernando de Peñalver, Luis José de Cazorla, Juan Rodríguez del Toro, Juan José de Maya, Gabriel Pérez de Págola, José Ángel Álamo, y José Vicente de Unda. Otros distinguidos civiles y abogados, además, tuvieron participación activa en el gobierno, particularmente en el Poder Ejecutivo plural, como Juan de Escalona, Cristóbal Mendoza y Baltazar Padrón, y Miguel José Sanz.

A todos les correspondió desarrollar un intenso trabajo para el diseño y construcción constitucional del nuevo Estado, de nuestra república primigenia, inspirado en las mejores ideas constitucionales de la época; proceso que terminó con la elaboración de la primera Constitución republicana del mundo moderno después de la Constitución de los Estados Unidos de América de 1787, y a la Constitución de la Monarquía Francesa de 1791, como fue la Constitución Federal para las Provincias de Venezuela de 21 de diciembre de 1811, a la cual Chávez ignoró totalmente en su discurso, nada menos cuando pretendía sentar las bases para la conformación de una "nueva" república y de una nueva Constitución.

Esas bases constitucionales que originaron a Venezuela en 1811, sin embargo, hay que recordarlo, fueron destruidas en pocos meses, – sin que ello pueda ser excusa para ignorarlas – por la fuerza de la guerra y sobre todo, por fuerza de la incomprensión de los nuevos líderes militares producto de la misma, como fue el mismo Bolívar, que produjo que Venezuela, muy pronto, entrara en un proceso histórico signado por la fuerza bruta del militarismo que a partir de 1812 se apoderó del país y de su historia, arraigándose en el suelo de la República. El primer síntoma de ello fue la sustitución del régimen constitucional de 1811, sucesivamente, primero por la "ley de la conquista" impuesta por el invasor español Domingo Monteverde, y segundo, por la "ley marcial" impuesta por Simón Bolívar; proceso que comenzó a manifestarse, precisamente, a partir del momento en el cual el país que encontraba preparándose para celebrar el primer aniversario formal de la independencia, a comienzos de julio de 1812, cuando ocurrió la caída del Fuerte de Puerto Cabello que comandaba el mismo Bolívar.

A partir de entonces, el país entró en una guerra que se prolongó por casi una década, en medio de la cual no sólo desapareció el constitucionalismo, recibiendo el país la mayor expedición militar jamás enviada antes por España a América (Morillo, 1814), sino que al final de la misma, en 1821, incluso el país mismo llegó a desaparecer como Estado a propuesta de Bolívar, quedando el territorio de lo que había sido la Federación de Venezuela como un "departamento" más de otro nuevo Estado creado contra toda lógica histórica por Simón Bolívar, como fue la República de Colombia, establecida con la Constitución de Cúcuta de ese año, luego de que el mismo Simón Bolívar hubiera propuesto al Congreso de Angostura la sanción de la Ley de Unión de los Pueblos de Colombia en 1819.

Ese entierro de la obra de los próceres de la independencia que construyeron la República mediante sus ejecutorias civiles entre el 19 de abril de 1810 con la constitución de la Junta Suprema de Caracas y marzo de 1812 con la instalación del Congreso en la ciudad federal de Valencia, en todo caso, como siempre acaece en la historia, se produjo por la conjunción de varios hechos, en este caso, sin embargo, todos ellos de carácter estrictamente militar.

Esos hechos fueron: *primero*, la invasión del territorio nacional en febrero de 1812 por una fuerza militar extranjera comandada por Domingo Monteverde, dirigida desde Puerto Rico, donde la Regencia de España y luego, las propias Cortes de

Cádiz, había situado el cuartel general español para la pacificación de las provincias de Venezuela; *segundo*, el fracaso militar ocurrido en el novel ejército venezolano, específicamente, como consecuencia de la pérdida del arsenal de la República, al caer el Castillo de Puerto Cabello en manos realistas, en los primeros días del mes de julio de 1812, el cual estaba al mando del coronel Simón Bolívar, quien hubo de abandonar la plaza con los pocos oficiales que le quedaron leales; *tercero*, la consecuente Capitulación del ejército republicano que estaba comandado por Francisco de Miranda, a quien el Congreso le había otorgado plenos poderes para enfrentar la invasión militar de la provincia, y que se materializó el 25 de julio de 1812 en la firma de un Armisticio entre los enviados de Miranda y Monteverde, mediante el cual se le aseguró la ocupación militar española de las provincias; *cuatro*, la decisión militar, injustificada, inicua y desleal, adoptada en la noche del 30 de julio de 1812 por un grupo de oficiales del ejército republicano al mando del mismo Simón Bolívar, e inducidos por oficiales traidores que ya habían negociado con Monteverde, de apresar a su superior, el general Francisco de Miranda, acusándolo de traidor, y quien luego de salvarse de ser fusilado in situ como lo pretendía Bolívar, fuera entregado inmisericordemente a Monteverde, para no recobrar más nunca su libertad; *quinto*, la violación sistemática del tratado militar que se había suscrito, por parte de Monteverde, quien persiguió a todos los que habían participado en la creación de la República, estableciendo en la provincia una dictadura militar y sometiendo al país, no a la Constitución de Cádiz recién sancionada, sino a la "ley de la conquista," lo que se prolongó hasta 1814 en medio de la más espantosas represión militar, de todo de lo cual escapó Bolívar por haber obtenido un salvoconducto de Monteverde que le permitió salir del país, como recompensa a sus servicios con la entrega de Miranda quien para ese momento y desde hacía más de tres décadas, era el español más buscado en todo el mundo por la Corona española; *sexto*, por la nueva invasión del territorio venezolano en 1814 por la que sería históricamente la mayor fuerza militar que hubiese enviado jamás la Corona española a América al mando del mariscal Morillo, con quien Bolívar llegaría a firmar un Armisticio para regularizar la guerra; *séptimo*, la también invasión militar del territorio de Venezuela desde la Nueva Granada en 1813, esta vez un ejército autorizado por el Congreso de Nueva Granada, al mando de Simón Bolívar, y los contundentes triunfos del ejército republicano de liberación que llevaron a proclamar a Bolívar como El Libertador, quien por la fuerza militar ocupó intermitentemente los territorios de las provincias de Venezuela hasta 1819; y *octavo*, la ausencia de régimen constitucional alguno en los territorios de Venezuela desde 1813 hasta 1819, por el sometimiento efectivo de los mismos por los ejércitos republicanos, no a la Constitución de 1811, la cual lamentablemente nunca más se puso en vigencia como tal, sino que más bien fue estigmatizada, imponiéndose en su lugar la "ley marcial," lo que se extendió hasta 1819 cuando Bolívar buscó, aún cuando efímeramente, reconstituir el Estado venezolano con una nueva Constitución (Angostura).

En particular, de todos esos hechos, deben destacarse los de orden "constitucional" que se produjeron, de entrada, como consecuencia de la ocupación militar de las Provincias por el ejército español, luego de la Capitulación de julio de 1812. Monteverde y sus nuevas autoridades, una vez que desconocieron la Constitución federal republicana de diciembre de 1811, de hecho obviaron poner en vigencia régimen constitucional alguno.

La pretendida publicación de la recién sancionada Constitución de Cádiz de 1812, que era a lo que debían proceder, en efecto, llevó al nuevo Capitán General de Venezuela, Fernando Mijares, quien recién había sido nombrado para un cargo que nunca llegó a ejercer efectivamente pues el mismo fue asumido y usurpado por Monteverde; a enviarle a éste, el 13 de agosto de 1812, unos días después de la detención de Miranda, unos ejemplares del texto constitucional monárquico con las correspondientes órdenes y disposiciones que habían dado las Cortes para su publicación y observancia. Sin embargo, Monteverde retrazó de hecho la jura de la Constitución, aclarándole incluso posteriormente a la Audiencia que si se había diferido su publicación no había sido por descuido, ni omisión ni capricho, sino por "circunstancias muy graves," que impedían su aplicación en Provincias como las de Venezuela, "humeando todavía el fuego de la rebelión más atroz y escandalosa," considerando a quienes la habitaban como "una sociedad de bandoleros, alevosos y traidores," indicando que si publicaba la Constitución no respondería "por la seguridad y tranquilidad del país."

Es decir, como Monteverde no estimaba a "la provincia de Venezuela merecedora todavía de que participase de los efectos de tan benigno código" solo llegó a publicar y jurar la Constitución de Cádiz "a la manera militar," el 21 de noviembre de 1812, y luego, en Caracas, el 3 de diciembre de 1812, asumiendo sin embargo un poder omnímodo contrario al texto constitucional gaditano mismo. Monteverde además, desconoció la exhortación que habían hecho las propias Cortes de Cádiz, en octubre de 1810, sobre la necesidad de que en las provincias de Ultramar donde se hubiesen manifestado conmociones (sólo era el caso de Caracas), si se producía el "reconocimiento a la legítima autoridad soberana" establecida en España, debía haber "un general olvido de cuanto hubiese ocurrido indebidamente." Nada de ello ocurrió en las Provincias de Venezuela, donde la situación con posterioridad a la firma de la Capitulación de julio de 1812 fue de orden fáctico, pues el derrumbamiento del gobierno constitucional fue seguido en paralelo, por el desmembramiento de las antiguas instituciones coloniales, bajo la autoridad militar.

A esa inundación militar inicial de la República, invadida por los ejércitos españoles, siguió la también invasión militar republicana de los territorios de las Provincias, desde la Nueva Granada, la cual tampoco restableció el orden constitucional republicano.

En efecto, desde cuando Simón Bolívar llegó a Cartagena de Indias a finales de diciembre de 1812, gracias al salvoconducto que le había suministrado Monteverde, en retribución "a los servicios prestados" a la Corona; en su primera alocución pública que fue el llamado "Manifiesto de Cartagena," efectivamente calificó la construcción institucional de la República reflejada en la Constitución federal de diciembre de 1811 -que fue lo único que por lo visto interesó a Chávez en su discurso el 5 de agosto de 1999-, como propia de una "república aérea" atribuyéndole a dicha concepción y a sus autores la caída misma de la República, lo que, posteriormente originaría en la Nueva Granada el despectivo calificativo de la "patria boba" para referirse a ese período de nuestra historia.

Simón Bolívar, en efecto, diría a los seis meses de haber detenido y entregado a Miranda al invasor Monteverde, quizás cuando buscaba explicar su conducta, que:

"los códigos que consultaban nuestros magistrados no eran los que podían enseñarles la ciencia práctica del Gobierno, sino los que han formado ciertos buenos visionarios que, imaginándose *repúblicas aéreas*, han procurado alcanzar la perfección política, presuponiendo la perfectibilidad del linaje humano. Por manera que tuvimos filósofos por Jefes, filantropía por legislación, dialéctica por táctica, y sofistas por soldados."

No es de extrañar con semejante apreciación, que Bolívar pensase que como las circunstancias de los tiempos y los hombres que rodeaban al gobierno en ese momento eran "calamitosos y turbulentos, [el gobierno] debe mostrarse terrible, y armarse de una firmeza igual a los peligros, *sin atender a leyes, y constituciones*, ínterin no se restablece la felicidad y la paz." Por ello concluía afirmando tajantemente que

> "entre las causas que han producido la caída de Venezuela, debe colocarse en primer lugar la naturaleza de su constitución que, repito, era tan contraria a sus intereses, como favorable a los de sus contrarios."

Debe mencionarse, sin embargo, que apenas iniciada su "Campaña Admirable" desde Nueva Granada para la recuperación del territorio de la República, una vez liberada la provincia de Mérida en mayo de 1813, Bolívar proclamó, desde allí, "el establecimiento de la Constitución venezolana, que regía los Estados antes de la irrupción de los bandidos que hemos expulsado," que no era otra que la de 1811; y que al mes siguiente, desde Trujillo, al tomar conciencia del sesgo social de la guerra que se estaba ya librando, el 15 de junio de 1813, en su proclama de guerra a muerte, Bolívar también anunció que su misión era "restablecer los Gobiernos que formaban la Confederación de Venezuela" indicando que los Estados ya liberados (Mérida y Trujillo) se encontraban ya "regidos nuevamente por sus antiguas Constituciones y Magistrados."

Sin embargo, esa intención inicial duró poco, no sólo por el contenido mismo del decreto de Guerra a Muerte donde se ordenó pasar por las armas ("contad con la muerte") a todo aquél, español o americano que "aún siendo indiferente" no obrara "activamente en obsequio de la libertad de Venezuela," sino por su declaración y proclamación desde Caracas, al año siguiente, el 17 de junio de 1814, de la *ley marcial*, entendiendo por tal "la cesación de toda otra autoridad que no sea la militar," con orden de alistamiento general, anunciando para quienes contravinieran la orden que "serán juzgados y sentenciados como traidores a la patria, tres horas después de comprobarse el delito."

A partir de entonces, la ley militar rigió completamente en el bando republicano en los territorios de Venezuela, sumándose así a la "ley de la conquista" que ya había impuesto Monteverde desde que había ocupado el territorio de la República, violado la Capitulación que había suscrito con Miranda, y había recibido a éste, preso, entregado por sus propios subalternos. Ello le permitió a Monteverde, en representación que dirigió a la Audiencia de Caracas el 30 de diciembre de 1812, a afirmar que si bien Coro, Maracaibo y Guayana, que habían sido las provincias de la Capitanía que no habían participado en la conformación del Estado federal de 1811, "merecen estar bajo la protección de la Constitución de la Monarquía," es decir, de la de Cádiz que había pretendido jurar en Caracas bajo rito militar; y en cambio afirmaba que "Caracas y demás que componían su Capitanía General, no deben por ahora participar de su beneficio hasta dar pruebas de haber detestado su maldad, y bajo este concepto deben ser tratadas por la *ley de la conquista*; es decir, por la dureza y obras según las circunstancias; pues de otro modo, todo lo adquirido se perderá."

Así quedaron los territorios del Estado de Venezuela sumidos bajo la ley militar, la ley marcial o la ley de la conquista, barriéndose con ellas todo lo que fuera civilidad, contribuyendo desde entonces, con el militarismo resultante, con el desplazamiento, secuestro y sustitución de los próceres de la independencia, quienes fueron apresados y entregados a los españoles, como Francisco de Miranda, o fueron perseguidos y detenidos por éstos (Roscio, Iznardi, Ustáriz) a raíz de los acontecimientos de la noche del 30 de julio de 1812.

Con el abandono del constitucionalismo inicial de la República, primero por el invasor español, y luego por los militares republicanos que salieron en su defensa, pero que lamentablemente lo despreciaron por provenir de "filósofos" y "sofistas," se inició el proceso que condujo a que los verdaderos próceres de la independencia fueran olvidados, pero no por ingratitud de los venezolanos, sino porque históricamente, en definitiva, fueron secuestrados por el militarismo que, en desdeño el civilismo republicano, culparon a los próceres civiles de la independencia por el fracaso de la propia República de 1811-1812. De ello resultó que, además, fueran posteriormente suplantados por los nuevos héroes militares, a quienes incluso la historia comenzó a atribuir la propia independencia de Venezuela, cuando lo que los militares hicieron, con Bolívar a la cabeza fue, mediante una extraordinaria campaña militar, liberar a un país que ya era independiente y que estaba ocupado militarmente por fuerzas enemigas.

Ese proceso de secuestro y suplantación de los próceres y de los hacedores de la institucionalidad republicana, y el olvido subsiguiente en el cual cayeron, en todo caso, fue inducido, no tanto por los militares que liberaron el territorio, sino por quienes escribieron la historia, que fueron los que hicieron pensar que los próceres habían sido los héroes militares libertadores, atribuyéndoles el rol de "próceres de la independencia" que no tuvieron. Y a los secuestrados por la historia les ocurrió lo que por ejemplo le pasa, a medida que transcurre el tiempo, inexorablemente, a toda persona privada de su libertad por secuestro o prisión, o que ha sido extrañada de su país, y es que en el mediano plazo y a la larga, inevitablemente cae en el olvido.

Solo ese efecto del tiempo, combinado con la suplantación histórica, explica, por ejemplo, que una vez que Francisco de Miranda fuera apresado por sus subalternos, y fuera entregado al invasor español, al desaparecer en vida de la escena por su prisión en La Guaira, Puerto Cabello, Puerto Rico y Cádiz hasta 1816 cuando murió, hubiera caído rápidamente en el olvido al ser enterrado en vida por el pensamiento, la escritura y la acción de los héroes militares, incluyendo entre ellos a Bolívar quien pasó 16 años sin siquiera nombrarlo. En ello, sin duda, jugaron papel preponderante los apologistas de los nuevos líderes que salieron de las cenizas de las guerras posteriores.

Sin embargo, de todo ello, lo que debe quedar en claro históricamente es que en Venezuela, contrariamente a lo que se piensa y se celebra, la independencia fue un proceso político y civil, obra del antes mencionado grupo de destacadísimos pensadores e intelectuales que la concibieron, diseñaron y ejecutaron durante un período de menos de dos años que se desarrolló entre abril de 1810 y enero de 1812, logrando la configuración de un nuevo Estado Constitucional en lo que antes habían sido antiguas colonias españolas, inspirado en los principios fundamentales del constitucionalismo moderno que recién se habían derivado de las Revoluciones americana y francesa de finales del Siglo XVIII, y que entonces estaban en proceso de consolidación. La independencia, por tanto, no fue obra de militares, quienes a partir de 1813 libraron importantes batallas para buscar la liberación del territorio de la nueva y recién nacida República, después de que había sido invadido por el ejército español en febrero de 1812.

Por ello las importantes batallas militares desarrolladas a partir de 1813 al mando de Simón Bolívar, no fueron realmente batallas por la independencia del país que ya antes se había consolidado, sino por la liberación de su territorio invadido. La República nació a partir del 19 de abril de 1810, y se consolidó constitucionalmente con la declaración de Independencia del 5 de julio de 1811 y la sanción de la Constitución Federal para los Estados de Venezuela de 21 de diciembre de 1811. La República, en consecuencia no nació ni con las campañas militares de Bolívar de 1813, ni con la Constitución de Angostura de 1819, ni mucho menos con la Constitución de Cúcuta de 1821 con la cual, más bien, desapareció como Estado al integrarse su territorio a la naciente República de Colombia. Tampoco nació la República con la Constitución de 1830, con la cual en realidad, lo que ocurrió fue la primera gran reconfiguración del Estado de Venezuela.

Entre todas esas Constituciones, sin duda, la Constitución Federal de los Estados de Venezuela de 21 de diciembre de 1811, en el marco de la cual se dictó la Constitución provincial de Caracas, obra ambos de aquellos destacados juristas próceres de la independencia, tuvo la importancia histórica de que fue la tercera Constitución de ámbito nacional que se sancionó en el mundo moderno. La concepción y conducción del proceso constituyente venezolano, que en ese momento era por tanto, a la vez, el inicio del proceso constituyente de toda la América hispana fue, insistimos, obra, no de militares, sino de esos destacados e ilustrados diputados y funcionarios, juristas y políticos que lo integraban, casi todos formados a finales del siglo XVIII en la Universidad de Caracas, y muchos de ellos con experiencia en funciones de gobierno antes de la Revolución de abril de 1810, en las instancias de administración y gobierno coloniales de la Capitanía General de Venezuela.

Es lamentable, por ello, que todos esos próceres de nuestra independencia hayan caído en el olvido, lo que se debió, sin embargo, lamentablemente a la necesidad de buscar un culpable en los acontecimientos políticos, tan arraigado en la idiosincrasia venezolana. Para ello, aquellos próceres, fueron estigmatizados de todos los males por ser los culpable o responsables de la caída de la Primera República, por haber diseñado una "república aérea," cuando dicha caída sólo se debió a una conjunción de factores devastadores, entre otros, la invasión del territorio por Monteverde en febrero de 1812; los efectos del terremoto del 23 de marzo de 1812 que destruyó físicamente la Provincia de Caracas hasta los Andes; las deserciones políticas y militares que afectaron las filas republicanas tempranamente, y la pérdida del Castillo de Puerto Cabello, donde estaba el arsenal de la nueva República, a manos de Simón Bolívar.

Además, al ser dichos próceres, los "responsables" de todos los males de la naciente República, ello fue así tanto para los mismos republicanos según lo comenzó a difundir Simón Bolívar a fines del mismo año 1812, como para los españoles, para quienes además fueron "los monstruos, origen y raíz primitiva de todos los males de América." De todo ello, era obvio que terminarían rápidamente secuestrados por quienes desde las trincheras militares hicieron la guerra para la recuperación del territorio de la República, y por quienes desde ese ángulo contaron la historia.

Por eso, incluso, la celebración del día de la independencia en Venezuela aún en nuestros días no es un acto que sea puramente civil, como en cambio lo fue la sanción misma y firma del Acta en el seno del Congreso General el 5 de julio de 1811; sino que es un acto esencialmente militar; y la independencia en si misma, lejos de identificarse con los actos civiles desarrollados en los orígenes de la república entre 1810 y 1812, se la confunde con las guerras de liberación del territorio, ya independiente, de la ocupación española que culminaron con la batalla de Carabobo en 1821, que se engloban bajo la denominación de las guerras de independencia.

Ciertamente, en esos años se libraron verdaderas "guerras de independencia" incluso por el mismo Ejército y bajo el mismo liderazgo de Bolívar, pero ello fue en la Nueva Granada, en Ecuador, en el Perú y en Bolivia. No en Venezuela, que era territorio independiente desde 1810-1811, donde las guerras que a partir de 1813 lideró Bolívar fueron guerras de liberación de un Estado ya independiente, invadido por los españoles. Estado independiente en el cual, precisamente se inició el constitucionalismo moderno o liberal de la América Hispana en 1810-1811.

Todo ello, sin embargo, fue olvidado por Chávez en su discurso ante la Asamblea Nacional Constituyente el día 5 de agosto de 1999, distorsionando la historia, queriendo hacer ver que la República nació con Bolívar, al derrumbarse la obra de los próceres de 1811, en buena parte como consecuencia del fracaso militar del propio Bolívar en Puerto Cabello, cuando supuestamente estableció una "Segunda República" en 1813, lo cual es falso, y luego supuestamente también reestableció otra "Tercera República" en 1819, lo cual también es falso. .

En todo caso, toda la errada referencia a las supuestas "tres" primeras Repúblicas (1811, 1813, 1819) que hizo Chávez en su discurso para tratar de justificar su propuesta de que aquella revolución de la independencia, que por lo demás fue sangrienta, era "la revolución que vuelve y esa es la palabra que orienta" recordando por ejemplo, que fue en 1819, cuando Bolívar en su Discurso de Angostura "llamó a inventar una cuarta potestad," invocando antiguas instituciones de la Roma y Grecia para la construcción de la moral republicana, proponiendo la creación del famoso "Poder Moral," pero como agregados a las instituciones fundamentales de 1811 que se conservaron en Angostura.

En el discurso de Chávez, por tanto, las referencias históricas a Bolívar y a sus propuestas en la Constitución de 1819, en el proyecto de Constitución para Bolivia de 1826, en su discurso en la Constitución de Ocaña de 1828 cuando Bolívar "sentía como crujían las estructuras de la Tercera República," y incluso en sus palabras finales a favor de la unión de Colombia en 1830; no tuvieron otro propósito que no fuera el tratar de buscarle una fuente de inspiración a la revolución de la cual hablaba Chávez en 1999, diciendo que: "esta revolución viene de allá," –dijo Chávez– de Bolívar, quien propuso instituciones para asegurarle al pueblo la igualdad y la libertad, como la creación también de una "cuarta potestad," "el poder electoral, para que fuese el soberano el que condujese, el que pensase, el que pidiese y el que vigilase los procesos electorales permanentes."

De todo ello, dijo Chávez en 1999, "ese clamor llega hoy desde la cima de los Andes bolivianos," junto con otro "clamor" que recordó que Bolívar expresó a la Convención de Ocaña y que era el dirigido a los Legisladores diciéndoles: "¡Legisladores, os clamo leyes inexorables!, porque la corrupción de los pueblos es el origen de la indulgencia de los tribunales y de la corrupción de la República. Leyes inexorables." De allí llegó Chávez a expresar en 1999 que:

> "Hoy, ante la tempestad de corrupción, ante la podredumbre que nos rodea, yo, 180 años después, me atrevo a pedir también a ustedes, constituyentes, leyes inexorables, leyes que constituyan un verdadero imperio del derecho *(aplausos)* y más allá del derecho, que sean el camino hacia una situación donde impere la justicia, que, como dice la Biblia, es el único camino a la paz. No hay otro. Mientras no haya justicia, verdadera justicia, estaremos amenazados por la violencia o estaremos no amenazados; estaremos inmersos en una terrible situación de violencia."

Catorce años después de aquel pedido de Chávez ante la Asamblea Constituyente, por supuesto, siempre quedará en la incógnita poder saber qué habrá pensado en su lecho de hospital antes de su muerte anunciada en marzo de 2013, del sistema político que legó a los venezolanos a fuerza de destrucción institucional, en el cual, la "podredumbre de la corrupción" ha alcanzado niveles nunca vistos en la historia de país alguno, dada la riqueza petrolera dilapidada sin control; donde las leyes dejaron de ser garantes del "imperio del derecho," habiéndose demolido el Estado de derecho; y donde impera la injusticia y la impunidad, estando el país en esa terrible situación de violencia que mencionaba, precisamente por ausencia de justicia y de órganos públicos de control.

Pero no terminó allí la referencia histórica de Chávez, sino que la misma concluyó con la también errada indicación de que en 1830 se produjo el nacimiento de una supuesta "Cuarta República" que fue "la República antibolivariana de 1830" a la caída de la "Gran República" de Colombia, cuando surgió – dijo Chávez – :

> "la República de la oligarquía conservadora que echó atrás los postulados de la revolución y que produjo, entonces, un siglo XIX lleno de violencia, de estertores intestinos que, de verdad, disolvieron la nación, disolvieron la unidad del pueblo y disolvieron la República."

Por supuesto, llamar "Cuarta República" al Estado de Venezuela que se reconstituyó como Estado independiente a partir de 1830 por la disolución de la Gran Colombia que fue la única real "República bolivariana," y extender ese período de la "Cuarta República" durante todo el siglo XIX y el siglo XX hasta 1999, no sólo es un disparate histórico, sino que es una manipulación inaceptable de la historia del país, todo con el propósito de tratar de justificar, en 1999, una nueva "revolución bolivariana" y el supuesto nacimiento de una nueva República, la "Quinta República." Por ello Chávez dijo en su discurso el 5 de agosto de 1999:

> "Hoy, así como aquella Cuarta República nació sobre la traición a Bolívar y a la revolución de Independencia, así como esa Cuarta República nació al amparo del balazo de Berruecos y a la traición, así como esa Cuarta República nació con los aplausos de la oligarquía conservadora, así como esa Cuarta República nació con el último aliento de Santa Marta, hoy le corresponde ahora morir a la Cuarta República con el aleteo del cóndor que volvió volando de las pasadas edades.
>
> Hoy, con la llegada del pueblo, con ese retorno de Bolívar volando por estas edades de hoy, ahora le toca morir a la que nació traicionando al cóndor y enterrándolo en Santa Marta. Hoy muere la Cuarta República y se levanta la Re-

pública Bolivariana. De allá viene esta revolución *(aplausos),* de los siglos que se quedaron atrás desde 1810, desde 1811, desde 1813, desde 1818, 19, desde 1826, desde 1830 *(prolongados aplausos)."*

Quedaba claro entonces a cuál revolución es que Chávez se refería en 1999. "Esa es la revolución a la que me refiero" –dijo–, a lo que llamó la "Revolución Bolivariana," que no fue otra cosa que una revolución militarista y centralista que fue la que se puede atribuir a Bolívar, con la cual incluso acabó con la Venezuela independiente al integrarla a Colombia; pero que siete años después, en 2007, se convirtió en una "revolución socialista" plasmada en la propuesta de reforma constitucional que fue rechazada por el pueblo, y que en 2010 se convirtió en una "revolución comunista," con la adopción oficial del marxismo leninismo como doctrina de Estado, y la sanción de las leyes del Poder Popular y del Estado Comunal. Y todo ello, siempre siendo llamada por Chávez y sus seguidores como "Revolución Bolivariana".

Siguió Chávez en su discurso "haciendo historia" para también tratar de identificar el origen de esa "revolución bolivariana," pero ahora refiriéndose a fechas más recientes, en particular a los acontecimientos ocurridos en el país en la década precedente, desde el Caracazo del 27 de febrero de 1989, a la cual llamó "la década constituyente, la década revolucionaria, la década bolivariana;" procediendo a indicar las fechas que consideró fueron las referencias del camino que había venido construyendo políticamente, y que fueron: el 27 de febrero 1989, que fue el día del llamado "Caracazo;" el 4 de febrero 1992, que fue el día del intento de golpe de Estado militar contra el gobierno de Carlos Andrés Pérez que liderizó; el 27 de noviembre 1992, que fue cuando ocurrió otro intento de golpe de Estado militar contra el gobierno democrático; el 6 de diciembre 1998, que fue cuando fue electo como Presidente de la República; el 2 de febrero 1999, que fue cuando tomó posesión de su cargo y convocó la Asamblea Nacional Constituyente; el 25 de abril 1999, que fue cuando se realizó el referendo consultivo sobre la Constituyente; el 25 de julio 19999, que fue cuando se eligieron los miembros de la Asamblea; y el 3 de agosto 1999, que fue cuando se instaló la Asamblea Constituyente. Esos hechos, desarrollados en lo que llamó una "década bolivariana," en su opinión, se configuraron como una "tormenta revolucionaria" que era lo que explicaba el proceso constituyente que se había iniciado con la instalación de la Asamblea, producto de una "revolución constituyente" que sin embargo, dijo, nadie había planificado, pues consideraba que "las revoluciones no se planifican." Concluyó esta parte de su discurso expresando su gran satisfacción por la instalación de la Asamblea, después de tanto esfuerzo, pero aclarando que "no me siento imprescindible, no me siento indispensable y soy feliz por ello. *(Aplausos).* Me han hecho ustedes feliz, porque terrible sería que una revolución dependa de un hombre: no sería revolución."

V. LA AGENDA DE LA CONSTITUYENTE

Después de todas las consideraciones anteriores, pasó luego Chávez en su discurso ante la Asamblea Nacional Constituyente el día 5 de julio de 1999, a hablar de lo que específicamente era el motivo de su requerimiento a ser oído ese primer día de funcionamiento de la Asamblea, antes incluso de que incluso la Asamblea hubiera aprobado su propio Estatuto de funcionamiento, que no era otra cosa que fijarle la agenda a sus seguidores en la Constituyente, que eran la abrumadora mayoría, expresándoles lo que denominó "unas ideas fundamentales sobre lo que pudiera ser un anteproyecto de Constitución Bolivariana para la V República," como ideas que recoja –dijo– "no sólo la letra, no sólo el espíritu de las leyes, no sólo la norma, el derecho, sino donde además se recoja, más allá del derecho, más allá de la norma, se recoja allí una nueva idea nacional," con las que ya quedaba claro cuál debía ser en su propuesta, el título mismo de la Constitución que proponía, como "Bolivariana," y cuál el de la nueva República que quería fundar: la "Quinta República." Para ello decía:

> "no se trata sólo de una tarea de juristas, ¡cuidado con las repúblicas aéreas de nuevo!, se trata de recoger la expresión del momento nacional y tener la capacidad de reflejar en esa nueva Carta Magna un nuevo proyecto de país, un nuevo proyecto nacional, una nueva idea de refundar a Venezuela."

Mostraba así Chávez, de nuevo, su aversión por los hombres de leyes y por las leyes mismas, a quienes y a las cuales siempre despreció, habituado como estaba a dar ordenes y a hacer lo que decidiera hacer, así las leyes se lo impidieran. Los 'juristas" que le gustaban fueron sólo los que obedecían sus ordenes y torcían las leyes para ejecutarlas.

1. *El componente ideológico: el "bolivarianismo"*

Entre los componentes fundamentales que toda Constitución debe tener, –dijo Chávez en su discurso–, está el "componente ideológico," es decir, "las ideas que conforman el marco filosófico-ideológico que anima al texto," y que en su criterio, no podía ser otra:

> "que la idea del momento, que la idea que ha resucitado: el bolivarianismo, he allí una de mis propuestas, y por eso el título "Constitución Bolivariana de Venezuela," para que ese concepto, para que esa idea quede sembrada de píes a cabeza, del alfa a omega, del comienzo al fin de ese texto o Carta Política o Carta Magna o Carta Fundamental para los próximos siglos venezolanos."

Se refirió entonces Chávez a "la idea del bolivarianismo, la idea robinsoniana," a "la idea bolivariana, la ideología bolivariana," en fin, a lo que llamó, el "árbol de las tres raíces: la idea bolivariana, la idea robinsoniana y la idea zamorana;" como contrapuesta al "dogma liberal," al "dogma neoliberal," al "dogma del mercado," que en su criterio pretende "sembrar de fundamentalismos y de pensamiento único lo que debe estar sembrado por ideas diversas y por inteligencias que van e inteligencias que vienen;" de manera que – dijo – "contra el dogma liberal invoco lo que podríamos llamar el "invencionismo robinsoniano" conforme al derecho de "una nación, de un país o de una república a darse su propio modelo económico en función de sus potencialidades, en función de sus oportunidades, en función de su idiosincrasia." Y agregaba Chávez en su discurso, al referirse al mercado, que:

> "Como aquí en Venezuela se hizo popular una expresión, yo la voy a recoger: "La mano peluda, invisible del mercado". No arregla sociedades el mercado. No hace repúblicas el mercado. No impulsa desarrollo colectivo el mercado, porque el mercado se basa en ese dogma del individualismo que ha llevado al mundo a que seamos unos salvajes, luchando unos contra otros... *(aplausos)."*

Sin embargo, aclaró en su discurso, que "contra ese dogma del mercado no podemos responder nosotros con otro dogma, tampoco el extremo del Estado" invocando la necesidad de "modelos propios," como "la mano invisible del mercado con la mano visible del Estado y una combinación, un punto de equilibrio que permita más allá del mercado y más allá del Estado."

Concluía su referencia al componente de la ideología bolivariana o del "bolivarianismo" que el mismo tenía:

"que hacerse concreta y ser llevada a texto, porque no haríamos nada con estar declarándonos bolivarianos y robinsonianos y zamoranos durante siglos, si no somos capaces ahora, cuando la historia y el momento lo reclama, de sembrar en una nueva Carta Fundamental, en la nueva Carta Magna de Venezuela, en el texto político que va a regir los próximos siglos, la idea bolivariana, esa que viene desde los siglos perdidos."

Y proponía entonces, delinear en la nueva Constitución, un "modelo económico" basado en el "no al dogma neoliberal ni al dogma del Estado," para crear "en función de una ideología autóctona, un nuevo sistema político, un nuevo sistema económico, un nuevo sistema social," conforme a lo cual precisamente lo social y "un nuevo concepto de solidaridad social," debía colocarse "antes, en prioridad a lo político, al aparato del Estado."

En definitiva, Chávez propuso en su discurso, la necesidad de precisar en la Constitución "un concepto económico nacional, un modelo económico nacional, un modelo económico" que "debe ser un modelo endógeno que se potencie con nuestras propias fuerzas internas, que se abra hacía el mundo pero con fuerza propia, con carácter endógeno." Basado en la especial situación geopolítica de Venezuela, y en sus recursos naturales, en particular: "la fachada caribeña, la atlántica y la andina, recursos infinitos de agua, de tierra fértil, de hidrocarburos líquidos y gaseosos, de minerales preciosos, de todo, y un pueblo joven."

Lo que resultó de la destrucción sistemática del modelo de economía mixta que existía en Venezuela durante catorce años de "bolivarianismo" resultó en un dogmatismo más salvaje que el que criticaba Chávez, que no es otro que el dogma comunista, al haber incluso establecido una doctrina oficial de Estado que es el marxismo leninismo, encubierto con el velo de un Estado socialista que se ha construido, no en la Constitución, sino en las leyes del Poder Popular dictadas en 2010 al margen de la misma.

2. *La República Bolivariana y el Estado*

Chávez, en su discurso, después de referirse a los conceptos de "pueblo" y "Nación", de afirmar que "el pueblo es la misma Nación, la Nación es el mismo pueblo," y de considerar que "para que un pueblo se considere una nación," además de un "pasado común," requiere de "un proyecto hacía el futuro;" apreció que sólo cuando un pueblo consigue un rumbo, o dirección histórica, es que entonces, "podemos hablar de Nación." De allí entonces Chávez, partiendo de una premisa falsa, exhortó a los constituyentes a definir para Venezuela un "proyecto nacional en su visión macro," considerando que "desde hacía mucho tiempo la Nación venezolana andaba sin rumbo, no sabía o no sabíamos hacía donde íbamos." Premisa falsa, pues el país sí tenía un proyecto político nacional democrático, que sin duda había que recomponer, pero negar su existencia era partir de una premisa falsa para caer en el vacío.

Chávez sin embargo, estaba convencido que con él se terminaría el proyecto democrático definido desde los años cuarenta del siglo pasado y que fue perfeccionándose a partir de 1958, y que con él comenzaría un nuevo proyecto político por definir en 1999. Por eso afirmó: que en ese momento era "el último Presidente de la IV República, y [...] seré y espero que así sea, el primer Presidente de la V República, el primer Presidente de la República Bolivariana *(aplausos)* que vuelve."

Catorce años después, exacerbados todos los vicios que tenía la República que criticaba, entre ellos, el partidismo y el exclusivismo como forma de gobierno, lo único que queda claro es que efectivamente fue el último Presidente del período democrático iniciado en 1958, pero para destruirlo y demolerlo, pero sin que hubiese surgido proyecto político nacional alguno nuevo, salvo el de la destrucción nacional basado en lugares comunes, en la vuelta a establecer un fracasado Estado socialista y en una doctrina bolivariana inexistente, salvo en su conversión histórica en 2007 y en 2010, en una doctrina socialista y marxista inconcebible en tiempos de Bolívar, y alejada de su pensamiento.

Por ello en 1999, Chávez insistió sólo en que la República "nueva", debía ser "institucionalizada, democrática y libre, soberana ante el mundo que no acepta injerencia de ningún poder extranjero, económico o político porque somos libres y soberanos para decidir nuestro propio rumbo, nuestros propios modelos *(aplausos)*." Sin embargo, en 2014, la realidad nos mostraba una República postrada y entregada al dominio extranjero de gobiernos como el de Cuba, o del poderío económico de un verdadero Imperio como China.

Sobre la República que proponía en 1999, en todo caso, insistió como su "idea fundamental" que era que se la debía declarar como "bolivariana", es decir, "que la Constitución Bolivariana declare que la República de Venezuela será una República Bolivariana." Y ello para Chávez significaba, como si fuera una novedad en 1999 y como si nunca antes había ocurrido en la historia del país, que entonces sería "portadora de un mensaje de paz para todos los pueblos del mundo," y sería " portadora de un mensaje de integración en el área latinoamericana y caribeña;" además, abriría "los brazos de paz, de hermandad, pero de firmeza y respeto a todos los pueblos, naciones y gobiernos del universo," y sería "verdaderamente democrática, sin engaños, sin farsas, sin discursos retóricos, huecos y vacíos, democracia porque tiene pueblo."

Y sobre el Estado de esa República Bolivariana, afirmó que en su propuesta, estaba:

> "saliéndole al paso a Hobbes, no queremos a Hobbes con su "Leviatán", con su Estado como maquinaria demoledora, hegemónica de la fuerza, el Estado como hegemón de la fuerza y del recurso armado para imponer, para esclavizar a los habitantes de un pueblo que merece libertad. No, no queremos al "Leviatán" de Hobbes, preferimos a Platón y "La República", preferimos a Bolívar y un Estado orientado a la justicia, que es el fin último al que puede orientarse la acción de un Estado democrático."

Qué lejos de todo ello fue sin embargo el Estado que legó a su fallecimiento anunciado en 2013, un Estado hegemónico, dueño de todo, manejado militarmente por los más incapaces y corruptos, en el cual los ciudadanos dejaron de tener derechos y pasaron a ser dependientes o siervos, y la justicia simplemente desapareció.

En su concepción del Estado, en 1999, Chávez agregó que el Estado era "una necesidad" por lo que se alejaba "de Hobbes pero también de Marx cuando decía que no hacía falta el Estado. Sí, hace falta el Estado," y agregaba que también se alejaba de "los neoliberales que pretenden minimizar el Estado," afirmando que era "otro concepto fundamental de la ideología bolivariana en contra del dogma neoliberal," que el Estado debía ser:

> "suficientemente fuerte, suficientemente capaz, suficientemente moral, suficientemente virtuoso para impulsar la república, para impulsar al pueblo y para impulsar a la nación, asegurando la igualdad, la justicia y el desarrollo del pueblo. Ese Estado bolivariano se recoge aquí en estas ideas fundamentales para lo que pudiera ser la Constitución Bolivariana de la V República."

Hoy en 2014, no podemos más que constatar cuán lejos de esos pensamientos resultó el Estado que Chávez le legó a los venezolanos después de catorce años de ejercicio del poder, como el último Presidente del período democrático que tanto criticó y que no fue capaz de recomponer. Un Estado que resultó ser una maquinaria demoledora de toda iniciativa, amoral, corrupto, ineficiente que ha atentado contra la igualdad, ha acabado con la justicia y ha hecho retroceder el desarrollo del pueblo

Por ello, en 2014, contrario a lo que Chávez afirmaba en 1999 sobre su concepción del Estado, lo que resultó después de catorce años, fue un Estado que se quedó como un "un fin en sí mismo," y que se convirtió en "una maquinaria burocrática, demoledora, negadora de los derechos humanos fundamentales," lo que tenemos es un Estado que ha aniquilado la iniciativa de los individuos, y contrario a lo que Chávez proponía en 1999, lo ha triturado todo en el "engranaje de su maquinaria" afectando la igualdad, el trabajo, la vivienda, la educación, la salud, la libertad, las ciencias y las artes.

3. *El Estado de Justicia y los Poderes Públicos, y los nuevos Poder Moral y el Poder Electoral*

Luego pasó Chávez en su discurso ante la Asamblea en agosto de 1999 a referirse a su concepción del Estado y a la organización de los poderes públicos, afirmando que "esos poderes deben ser instrumento para el bien común," de manera que "más que un estado de derecho, requerimos, en mi criterio, un estado de justicia, porque la justicia va mucho más allá del derecho, porque el derecho es un tránsito hacia la justicia."

Y agregó las siguientes consideraciones: que:

> "por un supuesto derecho hoy está la tormenta social desatada en Venezuela; por unas supuestas leyes hay miles de venezolanos muriendo en vida en las cárceles de Venezuela, por ejemplo, porque para ellos hay derecho, para ellos hay leyes pero no hay justicia para ellos, allí, ese es un ejemplo muy claro de que el Estado no puede ser de derecho, tiene que ir más allá del derecho. Un Estado de justicia necesitamos urgentemente en Venezuela. Un estado en el cual también está sembrada la idea fundamental bolivariana."

De nuevo, un discurso plagado de lugares comunes, que sin embargo, catorce años después, lo que claman es contra lo que el propio Chávez legó a los venezolanos, que ha sido un Estado en el cual la justicia desapareció, donde la impunidad es la regla, donde el sistema carcelario está entre los peores del mundo, y mucho peor del que pensaba en 1999, y donde el Poder Judicial, que en definitiva es el garante de la justicia, el propio Chávez lo convirtió en un instrumento del poder ejecutivo, incluso para la persecución de la disidencia.

Luego pasó Chávez a exponer la necesidad de romper "el esquema clásico de la democracia liberal de los tres poderes. Eso no tiene por qué ser así para siempre; necesitamos un nuevo concepto de Estado, una nueva arquitectura del poder," pasando a formular su propuesta de una división de cinco poderes, agregando a los clásicos Legislativo, Ejecutivo y Judicial, al Poder Moral y al Poder Electoral, conforme a sus ideas fundamentales bolivarianas para la nueva Constitución, afirmando que "los nuevos poderes bolivarianos, el moral y el electoral, conformarían en este criterio o con estos criterios bolivarianos, la nueva arquitectura del Estado."

En cuanto al *Poder Moral*, propuso rescatar de la idea bolivariana de ese "cuarto poder," expresando que debía ser concebido como:

> "un nuevo ente estatal, no burocrático ni como un fin en sí mismo; un poder moral que sea de verdad autónomo, que no esté subordinado a los otros o a los tres poderes clásicos del Estado; un poder moral, propongo, modestamente, que pudiera ser la fusión o pudiera alimentarse de tres fuentes que hoy existen dispersas, maniatadas, sin vida propia: una Fiscalía, un Ministerio Público autónomo de las cúpula políticas que esté libre de manipulaciones y de presiones de sectores nacionales. Un Ministerio Público, una Fiscalía de la República con un nuevo concepto para garantizar no sólo el estado de derecho sino el estado de justicia. Una Contraloría, un poder contralor también incorporado al concepto del poder moral y además de eso, esta figura de la que se ha venido hablando un poco en Venezuela, pero que nunca se ha podido sembrar que es la Defensoría del Pueblo.

Ese poder moral, de acuerdo con las propuestas de Bolívar en 1819, entre sus funciones afirmaba Chávez en 1999 que debía encargarse "de la lucha a muerte contra la corrupción", pues consideraba que "la corrupción sabemos fue el último de los males que terminó de hundir a la IV República y estamos rodeados de ella." Y agregaba al hablar de la "moral republicana" como "resultante de los valores y las virtudes de un pueblo":

> ¡Cómo no va a ser importante hablar de moral hoy cuando la corrupción ha azotado y ha roto todos los recortes y resortes de la era y de la vida republicana! [...] El poder moral pudiera ser un hermoso resorte o un hermoso escalón para subir de este abismo, de este tremedal al que hemos caído en lo moral, en lo ético y en lo político.

Qué contraste, en todo caso, de lo que criticaba respecto de la moral republicana en 1999, con el legado de corrupción que el propio Chávez dejó a su muerte catorce años después, cuando el Estado y sus recursos se convirtieron en un verdadero botín, que ha sido impunemente saqueado y dilapidado por una nueva burocracia que asumió su conducción bajo su propia dirección, como aquellos "concejales pobres" de los que hablaban las viejas crónicas castellanas, que ejercían el cargo solo para fondearse y enriquecerse. Y qué contraste la situación de sumisión de los órganos del llamado Poder Ciudadano en 2014, con las ideas que expresó en 1999, con unos órganos que integran el Consejo Moral Republicano, que durante los últimos catorce años de gobierno nunca han sido autónomos, todos sujetos al control político del Ejecutivo que Chávez presidió, convertidos en instrumentos para la persecución política, para el amparo a la corrupción y para proteger al Estado en las violaciones a los derechos humanos.

Pero las propuestas de Chávez sobre la reorganización de los Poderes Públicos no se quedaron con la creación del Poder Moral, sino que además propuso en su discurso ante la Asamblea nacional Constituyente el 3 de agosto de 1999, al fijarle la agenda a la Constituyente, la creación del *Poder Electoral*, siguiendo la misma idea bolivariana expresada en el proyecto de Constitución de Bolivia de 1826, como "un poder autónomo de los demás, que sea permanente y que no esté sujeto a las cúpulas o a la manipulación política de ciertos sectores o a las presiones." Es más, en particular, propuso en 1999 crear ese Poder Electoral, para convertirlo:

"en el gestor, en el impulsor, en el contralor, el evaluador de los procesos electorales y sus resultados y que esté pendiente de los magistrados, que esté pendiente de que los representantes cumplan de verdad con su compromiso y que obliguen a todo candidato que opte por un cargo público de representación popular a decirle al pueblo cuál es su proyecto. y si es elegido, que cumpla ese proyecto, y si no que se vaya a través de mecanismos democráticos, de referéndum revocatorio, por ejemplo, para asegurar el principio de la representatividad *(aplausos)* para asegurar el principio de la legitimidad, un poder electoral. Aquí se recoge de nuevo la idea de Bolivia."

El Poder Electoral, efectivamente se creó en la Constitución de 1999, pero la estrategia del gobierno que presidió el Presidente Chávez desde 2000 y durante los catorce años que gobernó e país, fue todo lo contrario a lo que propugnaba en 1999, sometiendo sistemáticamente el Poder Electoral al control político del Ejecutivo, integrándolo por miembros del partido de gobierno.

En cuanto a la regulación del *Poder Ejecutivo*, Chávez en su discurso del 3 de agosto de 1999 ante los Constituyentes, propuso que la figura presidencial, estuviese "acompañada de un Vicepresidente," para atenuar "la concentración de poderes que hoy recaen sobre el Presidente de la República. Un Presidente acompañado con un Vicepresidente y un Consejo de Estado." Ambas figuras de establecieron el en texto constitucional de 1999, pero sin haber contribuido a la desconcentración del Poder Presidencial, o sin haber funcionado en catorce años, como ha ocurrido con el Consejo de Estado.

En cuanto al Poder Legislativo, Chávez propuso eliminar el Congreso bicameral que existió en Venezuela desde 1811, e incluso en todas las Constituciones bolivarianas (1819, 1821, 1826), sustituyéndolo por una Asamblea Nacional unicameral en el sentido de que "de verdad sea una Asamblea, que la Asamblea no desaparezca, que la Asamblea Constituyente pase a ser una Asamblea constituida para darle continuidad a las ideas y a la creación hermosa de la Asamblea Nacional Constituyente."

En cuanto al *Poder Judicial*, Chávez propuso en su discurso, crear "un tribunal supremo de justicia" en sustitución de la Corte Suprema de Justicia, "y la figura de la elección de los jueces en las parroquias y en los municipios para llenar de democracia al Poder Judicial, para quitárselos a las tribus que se adueñaron y que se lo expropiaron al pueblo. *(Aplausos)*. Y el Poder Judicial, si estamos hablando de un estado de justicia, el Poder Judicial sería la columna vertebral de los poderes del Estado para que sea un estado de justicia."

Agregó a su propuesta la necesidad de "establecer con rango constitucional la carrera judicial y un mecanismo mucho más amplio, cristalino, para la elección de miembros de la Corte Suprema de Justicia o de ese Tribunal Supremo de Justicia donde estamos proponiendo la creación de una Sala Constitucional para que se encargue de los asuntos constitucionales, un nuevo concepto mucho más moderno, dinámico, mucho más del siglo XXI que está amaneciendo."

Buena parte de estas propuestas se recogieron en la Constitución de 1999, pero de nada sirvieron pues además de haberse acabado con la independencia y autonomía del Poder Judicial durante los catorce años de gobierno de Chávez, en cuanto a la carrera judicial, las normas constitucionales han sido letra muerta al haber quedado el Poder Judicial en manos de jueces temporales y provisorios del libre nombramiento y remoción de una Comisión Judicial ad hoc; y al haber sido distorsionadas las normas para la elección de los miembros del Tribunal Supremo de Justicia, los cuales pasaron todos a ser controlados por el Poder Ejecutivo, convirtiéndose a la Sala Constitucional en el instrumento más eficaz del autoritarismo para la demolición del Estado de derecho. Lejos de erigirse al Poder Judicial en la "columna vertebral de los poderes del Estado para que sea un estado de justicia," como lo propuso Chávez, al Poder Judicial lo convirtió durante su gobierno en la columna vertebral del Poder hegemónico del Estado y la negación de los derechos ciudadanos.

4. *La democracia representativa, participativa y protagónica*

En cuanto a la democracia, Chávez planteó en su discurso, la necesidad de que los Constituyentes diseñaran "una auténtica democracia representativa, participativa y protagónica," insistiendo que no bastaba "hablar de democracia participativa como si ese fuese el fin" sino que "la participación debe ser un instrumento para lograr un fin," porque se preguntaba, "¿de qué nos vale que todos participen hablando, levantando la mano o discurseando o escribiendo?" Frente a ello, Chávez planteó el concepto de "democracia participativa y protagónica" como "protagonismo popular" que –dijo– era "un concepto bolivariano, democrático y eminentemente revolucionario," que se acerque a "los mecanismos de una democracia directa" dándole "al pueblo diversos mecanismos como los plebiscitos, los referenda, las asambleas populares, las consultas populares, las iniciativas de leyes." Todos estos mecanismos, propuso Chávez a los Constituyentes debían quedar "insertados en la nueva Carta Fundamental para que sea vinculante la participación y para que no sea, sencillamente, un participar por participar, sino un instrumento de construcción, de protagonismo y de democracia verdadera, de participación efectiva, vital para construir un país, un rumbo, un proyecto."

En contraste, la participación que reguló la Constitución en 1999 fue completamente ignorada durante catorce años, como fue el caso de las consultas populares para la aprobación de leyes, y la participación de los diversos representantes de la sociedad en la elección de los magistrados del tribunal supremo, todo lo cual nunca funcionó; habiéndose establecido sólo unos supuestos mecanismos de "participación" controlada y sometida, no democrática, en los órganos del Poder Popular, restringiéndose además en la práctica la posibilidad de convocar referendos, de manera que desde 2006 no se ha realizado ninguno en el país.

5. *La Federación minimizada*

En cuanto a la organización territorial del Estado, Chávez propuso en su discurso ante la Asamblea Constituyente de 1999,

> "un nuevo concepto de Federación que se aleje de los extremos de la anarquía y del centralismo y que recupere y ponga en orden los valores de la llamada descentralización que degeneró muchas veces en anarquía, anarquización de la República, para que no haya ningún gobernador, no puede haberlo; ningún alcalde, no puede haberlo, que piense o llegue a pensar alguna otra vez en esta tierra que él es un cacique o un presidente de una republiquita que se llama un municipio o que se llama un estado."

Por supuesto, al Chávez expresar esto, no sólo no entendió en 1999 cual era el significado y sentido de lo que era el proceso que calificó como la "llamada descentralización," que no era otra cosa que un proceso democrático para hacer posible la participación política, sin que reflejó toda la estirpe centralista y militarista que provenía de Bolívar, al recordar la carta que en 1813 éste le había escrito al Gobernador de Barinas, que calificó de "memorable hecha al fragor de la batallas," concluyendo de ello que "ese federalismo de la Primera República que fue nefasto, no podemos repetirlo; un federalismo con un nuevo concepto de unidad nacional." Chávez, como militar, la verdad es que nunca entendió qué era y qué significaba la descentralización política, considerando el federalismo como un atentado a la soberanía nacional. Llegó a decir incluso: "Venezuela es una sola República, no es una sumatoria de pequeñas repúblicas que ponen en peligro la existencia de la nación y la existencia de un proyecto futuro *(Aplausos)*." Por ello el marcado acento centralista de sus propuestas que, por lo demás, siguieron el marcado acento de centralismo de las ideas de Bolívar a partir de 1819. En eso, sus propuestas definitivamente si fueron bolivarianas, en cuanto al centralismo y la crítica a la descentralización. Por eso hablaba es su discurso ante la Asamblea Constituyente, de un "concepto que se recoge en las ideas fundamentales de una nueva federación."

6. *La emergencia nacional, la vuelta a la idea de la Constituyente originaria y la intervención de los Poderes constituidos*

Por último, Chávez en su discurso del 3 de agosto de 1999, instó a la Asamblea Nacional Constituyente, a desarrollar sus actividades "de manera acelerada y en emergencia" exigiendo que "declare la emergencia nacional," y en particular, "la emergencia de todos los poderes constituidos." Con ello, además de las ideas para ser incorporadas en la futura Constitución, le fijó la agenda inmediata a la Constituyente, que no era otra que la intervención de todos los poderes constituidos. Para ello, exigió:

> "Emergencia ejecutiva *(aplausos)*, emergencia legislativa, emergencia judicial. Estamos en una verdadera emergencia nacional y creo que la Asamblea Constituyente se quedaría corta, en mi criterio, si no reconoce ese clamor de emergencia que anda por toda la Nación. Y que someta a su rigurosa evaluación

todos y cada uno de los poderes constituidos, porque esta Asamblea, como bien lo declaró su Presidente en la instalación, es una Asamblea originaria, y originarios deben ser sus métodos de evaluación y de conducción de este proceso de transición en esta hora venezolana. ¡Clamo por la emergencia nacional! *(Aplausos)*.

Para ello, Chávez ofreció asumir la emergencia hasta donde se lo exigiera la Asamblea, pidiéndole "a los demás poderes constituidos su cooperación con la Asamblea Nacional Constituyente", felicitándola por la "magnanimidad" que había tenido "con el vencido" hasta ese momento, al no haber borrado de inmediato a los poderes constituidos, pero amenazándolos que no fueran a equivocarse, y que "por ejemplo, el Congreso moribundo," no fuera a "tratar de poner trabas u obstáculos a la ordinaria y soberana Asamblea Nacional Constituyente," agregando: "Mejor es que se queden tranquilitos, como si los estuvieran operando."

Apoyó, para concluir, la propuesta de Miquelena, el recién nombrado Presidente de la Asamblea, de una "transición sin traumas," pero amenazando con "la espada del guerrero [que] está desenvainada," de manera que "si hubiere que usarla, no dudaremos, no temblará el pulso ni se aguara el ojo para usarla *(aplausos)* en favor de la originaria Asamblea Nacional Constituyente." Y diciendo a la Asamblea, al final, cuál debía ser su tarea inmediata, que no era otra que comenzar, con "la declaratoria de una emergencia nacional y en la revisión y evaluación de los poderes constituidos. Comiencen por mí, aquí estoy a la orden de ustedes." Les pidió además, a los Constituyentes "como Presidente que soy de esta República moribunda,"que fueran "por las gobernaciones, vayan por las alcaldías, vayan por las asambleas legislativas, vayan por los tribunales de la República." En fin, que intervinieran todos los poderes constituidos. Esa era la orden.

Después de las amenazas, pidió a todos esos órganos sujetos a intervención, cooperación con la "soberanísima Asamblea Nacional Constituyente, llegando incluso a expresarles a los Constituyentes que:

"si ustedes consideran que mi presencia como Jefe del Estado, pudiera perturbar las labores soberanas de la Asamblea, hagan conmigo lo que ustedes quieran, son ustedes los dueños de este momento nacional. *(Aplausos)*. Me subordinaré al mandato de la Asamblea Nacional Constituyente y como ciudadano o como soldado, empuñaré la palabra o empuñaré la espada para defender los mandatos de la máxima Asamblea Nacional Constituyente."

Instó además, a la propia Asamblea Nacional Constituyente a declararse en emergencia, "y declarar en emergencia a toda la Nación, y a los poderes constituidos, y trabajar de manera acelerada," de manera que en seis meses, para diciembre de 1999, "pudiéramos tener ya naciendo, la V República," para lo cual hizo remembranza de su formación militar, la única que pudo tener Chávez, exigiendo apurar el paso, sin detenerse "en objetivos subalternos, como la fuerza del blindado, ustedes saben que me formé con el espíritu del blindado," de manera que:

"Cuando un batallón de tanques avanza rompiendo la barrera enemiga, no se detiene ante un fusilero que apunta al tanque. No se detiene ante una pequeña trinchera, una mina antipersonal. No, los blindados avanzan hacia el corazón estratégico, adversario. La Asamblea Nacional Constituyente, permítanme sugerirle, debería imbuirse en el espíritu de los blindados en la ofensiva. Vayan directo al corazón del adversario. Vayan directo al corazón de la Patria nueva y hagan lo que tienen que hacer, pero pronto, porque la situación del país así lo requiere."

Concluyó Chávez su discurso contentivo de lo que llamó "reflexiones de un soldado, de un ciudadano angustiado por la suerte de la República," recomendando a los Constituyentes que fueran "sabios en buscar el punto de equilibrio. Rapidez en la ofensiva, pero con la participación de todos. Construcción acelerada de las bases de la V República, del Estado nuevo, del Estado democrático, de la Nación nueva, de la Nación venezolana del siglo XXI;" y finalmente poniendo su cargo "a orden de la soberana Asamblea Nacional Constituyente, para que ustedes vean y decidan qué hacer con ello *(Aplausos).*"

Después que concluyó el discurso de Chávez, el Presidente de la Asamblea, Luis Miquelena, le agradeció a Chávez el material entregado, ordenando que se imprimiera para ser tratado por los Constituyente, indicándole que "en cuanto a la disposición que ha tenido de poner su cargo a la orden de esta Asamblea, será esto motivo de consideración especial en la oportunidad correspondiente y le participaremos sobre el particular cuál será nuestra decisión."

No era difícil imaginar, en todo caso, cuál sería la conducta de la mayoría de la Asamblea, que no fuera la de seguir ciegamente las ideas presentadas por Chávez, y por supuesto, ratificarlo en su cargo. Ello ocurriría seguidamente. Ello estaba en el libreto.

SECCIÓN SEGUNDA:

EL ESTATUTO DE LA CONSTITUYENTE COMO "PODER CONSTITUYENTE ORIGINARIO"

En la misma sesión del 3 de agosto de 1999, la Asamblea procedió a designar la Comisión que debía encargarse de elaborar el proyecto de *Reglamento de la Asamblea Nacional Constituyente*, de la cual fui designado miembro, de manera que para considerar el texto del "Informe que presenta la Comisión encargada de elaborar el proyecto de Reglamento de la Asamblea Nacional Constituyente," se convocó la sesión del día 6 de agosto de 1999. En esa sesión, sin embargo, no lo pudo considerar por no haber podido ser consignado, habiéndose fijado para ello la sesión del 7 de agosto de 1999.

En particular, yo fui entonces parte de la Comisión que redactó el reglamento o Estatuto de la Asamblea nacional Constituyente, respecto de cuyo contenido salvé mi voto en particular, en lo que incluyeron la mayoría de los miembros de la Comisión, respecto del carácter "originario" de la Asamblea Constituyente. El Presidente de la Comisión, Manuel Quijada, al presentar el proyecto ante la Asamblea, sin embargo, no explicó ante la misma los grandes rasgos del carácter de la Asamblea que se establecía en el Estatuto que se pretendía se discutiera, ni hizo mención a mi voto salvado ante la propia Comisión en un documento que yo había solicitado se repartiera a los Constituyentes junto con el proyecto de Reglamento, lo cual no ocurrió sino al día siguiente. Sólo se refirió que entre los documentos considerados por la Comisión había un documento supuestamente presentado por el "grupo del doctor Allan Brewer Carías."

Ante la propuesta de Jorge Olavarría en la sesión del 7 de agosto de 1999 de que se diera una discusión inicial global de conjunto sobre la normativa que se proponía, se concluyó en lo contrario, es decir, en una discusión artículo por artículo. En todo caso, al considerar el primer artículo, de hecho se daba dicha discusión por ser esa norma la que establecía el carácter de la Asambleas. Se abrió así el debate sobre el artículo 1 del Estatuto, ante lo cual propuse que se diera lectura al texto del artículo, lo cual fue acogido, habiéndose leído el mismo, con el siguiente texto:

"Artículo 1º. La Asamblea Nacional Constituyente es la depositaria de la voluntad popular y expresión de su soberanía con las atribuciones del Poder Originario para reorganizar el Estado venezolano y crear un nuevo ordenamiento jurídico democrático. La Asamblea, en uso de las atribuciones que le son inherentes, podrá limitar o definir la cesación de las actividades de las autoridades que conforman el Poder Publico.

Su objetivo será transformar el Estado y crear un nuevo ordenamiento jurídico que garantice la existencia efectiva de la democracia social y participativa.

Parágrafo único: Todos los organismos del Poder Público, quedan subordinados a la Asamblea Nacional Constituyente y están en la obligación de cumplir y hacer cumplir los actos jurídicos estatales que emita dicha Asamblea Nacional."

La norma, por supuesto, tenía una trascendencia fundamental, pues definía la naturaleza y sentido de la Asamblea Nacional Constituyente, particularmente en relación con el funcionamiento de los órganos del Poder Público que habían sido electos como expresión de la voluntad popular unos meses antes, en las elecciones de noviembre de 1998. Por ello, ante esta norma, solicité la palabra, siendo esta la primera intervención sustantiva, sobre cuestiones de fondo, que hubo en la Asamblea Constituyente. Mi exposición inicial en dicha **sesión del 7 de agosto de 1999** fue la siguiente:

"CONSTITUYENTE BREWER CARÍAS (ALLAN). Señor Presidente, estimados colegas constituyentes. Esta Asamblea Nacional Constituyente, de la cual formamos parte, constituye una disidencia histórica en nuestra historia política.

Por primera vez se elige una Asamblea Nacional Constituyente sin que haya habido una previa ruptura constitucional.

Esta es la diferencia entre ésta y todas las asambleas constituyentes anteriores, y particularmente con las grandes asambleas constituyentes, las que funcionaron en medio de grandes cambios políticos, como la de 1863, después de la Guerra Federal; la de 1901, después de la Revolución Liberal Restauradora, y de la 1946, después de la Revolución de Octubre del año 45.

De manera que por primera vez estamos en un proceso constituyente, con una Asamblea Constituyente electa democráticamente, en paz, sin que haya habido una ruptura constitucional previa y, además, con una característica única y excepcional, y es que ha sido producto de la voluntad popular, porque esta Asamblea Nacional Constituyente es producto del referéndum consultivo del 25 de abril de este año 1999, convocado por el presidente Hugo Chávez Frías y que después de las revisiones jurídicas que se hicieron de su decreto, condujo a que se sometieran a la voluntad popular las llamada bases comiciales que formaron la pregunta Nº 2.

De esto resulta que de acuerdo con este Referéndum Consultivo, la Asamblea Nacional Constituyente, de la cual formamos parte, no está sometida a los poderes constituidos electos. Esto es evidente desde el punto de vista jurídico, y también, por supuesto, desde el punto de vista político; pero sí está sometida a la voluntad popular. La Asamblea Nacional Constituyente está sometida al poder constituyente originario que es el del pueblo. Sólo el pueblo es soberano y sólo el pueblo es el titular del Poder Constituyente Originario; y ese Poder Constituyente Originario se manifestó en el referéndum del 25 de abril con motivo del ejercicio del derecho de participación, que permitió la creación misma de esta Asamblea.

La Asamblea Nacional Constituyente, por tanto, nunca puede estar por encima de la voluntad popular. Por eso es importante revalorizar, releer las preguntas y bases comiciales del referéndum del 25 de abril, porque fue por lo que votaron los venezolanos para originar esta Asamblea Nacional Constituyente. En definitiva ese texto, el referéndum del 25 de abril, es la fuente normativa, primaria, de esta Asamblea.

Esas normas derivadas del referéndum, incluso, tienen carácter supraconstitucional, porque rigen el funcionamiento de la Asamblea que va a elaborar un texto constitucional.

En esas normas supraconstitucionales se establece, por tanto, el marco de esta Asamblea, por lo que pienso y así lo propuse ayer en la Comisión redactora del proyecto de Estatuto, que en el artículo 1 del mismo tenemos que referirnos al referéndum del 25 de abril, porque ese es el origen de esta Asamblea. Allí se establece la misión de la Asamblea, y vale la pena volver a recordarlo. La pregunta Nº 1 define esa misión "con el propósito de transformar al Estado y crear un nuevo ordenamiento jurídico que permita el funcionamiento efectivo de una democracia social y participativa".

Esa transformación del Estado, ese nuevo ordenamiento jurídico, como misión de la Asamblea, tiene que reflejarse en una nueva Constitución que, conforme a la base novena, debe redactarse por la Asamblea y debe someterse a un referéndum aprobatorio treinta días después de que esta Asamblea sancione la nueva Constitución.

De ello resulta que de acuerdo con el referéndum del 25 de abril, en el cual todos votamos, la Asamblea no tiene potestad para poner en vigencia la nueva Constitución y esto la distingue de las asambleas constituyentes históricas e, incluso, de la colombiana, en las cuales la Asamblea puso en vigencia la nueva Constitución. La voluntad popular conforme al referéndum del 25 de abril fue que nosotros como Asamblea, no podemos poner en vigencia la nueva Constitución. Tenemos que someterla a referéndum aprobatorio, es decir, el pueblo se reservó, como Poder Constituyente Originario, la aprobación de la nueva Constitución.

Si eso es así, que la nueva Constitución que refleje esa transformación del Estado y ese nuevo ordenamiento jurídico que asegure efectivamente la democracia social y participativa a que se refiere la pregunta Nº 1, debe ser someti-

da a referéndum aprobatorio por el pueblo, eso significa que mientras no se apruebe la nueva Constitución, por voluntad popular, no por invento nuestro, es decir, por voluntad popular expresada en el referéndum, la Constitución del año 1961 continúa vigente. No es que la Constitución del 1961 rija esta Asamblea, porque la Asamblea no está prevista en la Constitución, pero la Constitución de 1961 sigue vigente y en el referéndum del 25 de abril, lamentable o afortunadamente, depende de como se lo vea, no se le atribuyó a la Asamblea Nacional Constituyente potestad alguna para suspender, restringir o modificar, así sea temporalmente, la Constitución de 1961; sólo será cuando se apruebe la Constitución nueva por el referéndum aprobatorio, que la Constitución de 1961 quedará, por tanto, modificada.

La tarea, que debe reflejarse en la nueva Constitución, además, incluso, está sometida a límites, como bien sabemos, establecidas en la base octava de la pregunta Nº 2 del referéndum del 25 de abril,, que exige, y discrepo aquí de lo que expresaba, incluso, la Presidenta de la Corte Suprema, que, según su criterio, el carácter originario era porque la Asamblea para redactar la nueva Constitución tenía poder absoluto e ilimitado, ni siquiera eso. La base octava, que está aprobada por el referéndum, dice que esa tarea está sometida a límites: respetar los valores y principios de nuestra historia republicana, es decir, nada menos que todos los principios del constitucionalismo moderno; el cumplimiento de tratados internacionales, acuerdos y compromisos válidamente suscritos; el carácter progresivo de los derechos fundamentales del hombre y las garantías democráticas, dentro del más absoluto respeto de los compromisos asumidos; que resumen, insisto, todos los principios del constitucionalismo moderno.

Por eso, mí propuesta a la Comisión redactora del Estatuto durante el día de ayer, para que este artículo se redactase en una forma distinta y que se vinculase al acto supraconstitucional del referéndum del 25 de abril, que le establece el marco jurídico a la Asamblea Nacional Constituyente.

Ustedes todos deben tener copia del documento que presenté ayer a la misma Comisión y que pedí, incluso, que se repartiera junto con el Reglamento. Sin embargo, se repartió hoy, no ayer. De todos modos, se repartió y solicito formalmente que se incorpore este documento al Diario de Debates con motivo de la discusión de este artículo 1º del Reglamento.

Allí propongo, por responsabilidad personal conmigo mismo como jurista dedicado a estos temas constitucionales, que ese artículo tenga otra redacción.

La redacción propuesta por la Comisión no se adapta al referéndum del 25 de abril. Sobre todo cuando se señala que la Asamblea "En uso de las atribuciones que le son inherentes..." Desde el punto de vista jurídico hay que definirlas: ¿cuáles son las inherentes? Hay que señalarlas. Hay que definir el marco constitucional. ¿Son las definidas por el referéndum del 25 de abril o son las que se le vayan ocurriendo a la Asamblea a medida que vaya funcionando en seis meses? La responsabilidad histórica que tenemos exige que pongamos orden en el proceso.

Las grandes asambleas constituyentes en nuestra historia, incluso, han comenzado por definir, con motivo de rupturas constitucionales, cuál es el ordenamiento constitucional que va a regir la República. Me remito sólo a un ejemplo: La Asamblea Constituyente del año 46. ¿Cuál fue su primer acto? Fue un acuerdo sobre la vigencia del ordenamiento jurídico, cuyo artículo 1º dispuso: "Se mantiene en vigencia el ordenamiento jurídico imperante mientras no sea modificado por esta Asamblea". Es decir, la Asamblea definió el marco constitucional de la República..."

EL PRESIDENTE.- (Interrumpiendo). Le informo, ciudadano Constituyente que le queda un minuto.

EL ORADOR.- Término, Presidente

"Repito, la Asamblea Constituyente en 1946 estableció el marco constitucional de la República, el vigente, salvo lo que la Asamblea fuera modificando. Así, la Asamblea, como había ocurrido una ruptura constitucional, definió el marco constitucional y luego, incluso, en estos acuerdos, la Asamblea estableció el marco de funcionamiento de los órganos del Poder Público; entre ellos dispuso que "El Poder Judicial continuará funcionando provisionalmente de acuerdo a las leyes y decretos" y que el Poder Ejecutivo era la Junta de Gobierno en ese momento.

En otra declaración subsiguiente definió su misión, que no la encontramos en nuestro Reglamento con gran claridad. La propia Asamblea de 1946 definió: "Artículo 1º.-Declarar que el objeto fundamental de esta Asamblea es el dictar la Carta Fundamental de la República" y en ese caso, además un estatuto electoral que fue el que rigió las elecciones a partir de 1947.

De manera que el propio artículo, primero en consideración, tal como está redactado, en mi criterio, adolece de fallas de redacción. Primero, no se establece cuáles son esas atribuciones que le son inherentes. En segundo lugar, dice: "La Asamblea en uso de las atribuciones inherentes podrá."

EL PRESIDENTE.- (Interrumpiendo). Ciudadano Constituyente, ya consumió su primer tiempo. ¿Consume el segundo tiempo?

EL ORADOR. -Sí, Presidente, por favor, ya termino porque aquí quiero dejar expresada mi opinión y posición sobre este punto tan importante.

"La misma dice: "La Asamblea en uso de las atribuciones que le son inherentes podrá limitar o definir la cesación de las actividades de las autoridades que conforman el Poder Público". Esto, inclusive, está mal redactado: ¿Podrá "limitar la cesación"? ¿Podrá "definir la cesación"? ¿Cómo se "limita la cesación"? O sea, hay una falla de redacción que hay que corregir.

El propio texto adolece del defecto de no definir cuál es el marco constitucional que le rige la República y creo que eso es la responsabilidad fundamental de esta Asamblea, para beneficio de la seguridad jurídica. Si lo que se quiere es que se produzca la ruptura constitucional que hasta ahora no se ha producido por la disidencia histórica derivada de la elección del Presidente Chávez en democracia, que nos permitió pasar a este proceso de cambio, en democracia, tenemos que definir cuál es el marco constitucional de la República hacia el futuro. Dejarlo así en el aire, "La Asamblea de acuerdo a las atribuciones que le son inherentes..." que nadie sabe cuáles son, ni cómo se van a ejercer, creo que le estaríamos haciendo un flaco servicio a la seguridad jurídica que exige el país y que esta Asamblea, en virtud de la significación histórica que tiene, tiene la obligación de preservar.

Por ello debemos meditar bien el artículo. Estoy consciente del tema y fíjense bien que no he usado hasta ahora la palabra "derivado", deliberadamente; ni he usado la palabra "originaria", porque el tema creo que es mucho más allá de eso. Se trata de la necesaria definición del marco constitucional que debe regir la República, en virtud de que no ha existido, hasta ahora, una ruptura constitucional.

Nosotros no podemos dejar esto en el aire; tenemos que asumir el tema, porque eso, este artículo es, por supuesto, de la más grande importancia. Celebro la decisión final a que se llegó, de que pudiéramos debatir sobre el artículo 1º y establecer en definitiva la redacción que sea más conveniente.

En mi criterio, en todo caso, en este artículo debe hacerse referencia al referéndum del 25 de abril que es la fuente normativa de la Asamblea, y que contiene las normas supraconstitucionales que rigen esta Asamblea y a la cual no podemos dejar de lado, no podemos olvidar el referéndum del 25 de abril, que es la fuente que le dio origen y que rige a la Asamblea."

Frente a mis planteamientos, el Constituyente Freddy Gutiérrez respondió en esencia que los miembros de la Asamblea Constituyente a lo que estaban dispuestos era "a romper con el hilo constitucional del modo como lo estamos haciendo y a crear unas nuevas formas de relación en la República, ser depositarios de la soberanía popular," rechazando toda idea de una "soberanía limitada y unas expresiones limitadas", insistiendo que lo que se quería era ir:

"*como dijo el señor presidente Hugo Chávez, a un estado real de justicia. Basta de que invoquemos un estado de derecho que no es tal, basta que invoquemos y se dicten reglas para no cumplirlas. Basta. (Aplausos).*

Creo de verdad, mis amigos queridos, que todos hemos padecido de un modo u otro. Ustedes mismos, la expectativa de que en un tribunal no se esté seguro de que la justicia se va a administrar.

Elio Gómez Grillo ha padecido, y ha dicho por la prensa, hasta la saciedad, se le vinieron las canas encima denunciando el régimen penitenciario, denunciando qué sucede en Venezuela en nuestras cárceles..."

Conocía a Gutiérrez y a Gómez Grillo de los tiempos de la Facultad de Derecho de la Universidad Central de Venezuela, así como de sus posiciones de entonces. Ahora, catorce años después de aquella exposición, estoy seguro que otra cosa pensarían del Estado de "injusticia" que legó Chávez a su muerte, y de la catastrófica situación carcelaria que se agravó durante su largo mandato. Hoy hay que decir, con mayor convicción, como lo afirmaba Gutiérrez en 1999: "Ha dicho que las cárceles son antros de la muerte, y es verdad. En alguna ocasión he dicho, en mis clases en la Universidad, que prefiero un hijo mío muerto antes que preso, porque estar preso en una cárcel venezolana es morirse todos los días."

Seguidamente intervino el Constituyente David de Lima, solicitando se pusiera término al debate, argumentando que "el tema de que si la Asamblea es originaria o no, fue el centro del debate político y el centro del debate electoral en los últimos meses en este país," y que la Asamblea Constituyente había sido electa para "hacer una Constitución y no discutir el Reglamento de funcionamiento de esta Asamblea," agregando:

"Quiero decir al estimado maestro Brewer, que en Venezuela hay una ruptura constitucional, afirmo que la hay, ciertamente la hay. Hay una ruptura constitucional pacífica y el hecho de que sea una ruptura constitucional pacífica, no mediatiza ni puede mediatizar los poderes de la Asamblea, toda vez que si lo hace, entonces la ruptura constitucional será violenta.

Hay una ruptura constitucional pacífica, y si nosotros no comprendemos que esa condición de ruptura pacífica no limita ni mediatiza esta Asamblea, vamos a llevar este país al camino de la violencia.

Me detengo en esto. Por eso hemos dicho que la Asamblea no es asunto solamente de especialistas en derecho constitucional ni es un asunto académico. Esta Asamblea es esencialmente un foro político y hay una situación prejurídica que agota la llamada pirámide de Kelsen, como el maestro Brewer enseñó muy bien en la Facultad, en la cúspide la pirámide está la Constitución, pero ¿quién hace la Constitución? Antes en la pirámide hay un talón de Aquiles, que define una situación esencialmente prejurídica que es la que hay cuando se produce una ruptura constitucional. Una ruptura constitucional que por primera vez en el mundo es pacífica, todavía, por ahora."

Concluyó De Lima exhortando que aprovecháramos "este período pacífico de la ruptura para no tergiversar el origen, para no tergiversar la naturaleza y el deseo de la fuente que nos trajo aquí," pues consideraba que había "una deslegitimación total de las instituciones constitucionales de 1961," que había "una pérdida de vigencia, de pertinencia histórica de la Constitución de 1961," señalando finalmente que "eso no puede ser sustituido sino de dos maneras, mediante la guerra civil o mediante esta Asamblea pacífica, consensual, democrática, con una gran madurez constitucional." Para ello, exigió finalmente que no nos detuviéramos:

"en exquisiteces de orden academicistas y vayamos a consagrar el carácter originario de la Asamblea, entendamos que ese es un mandato político del pueblo que nos eligió allí y no perdamos la oportunidad para entrar a discutir el fondo de la filosofía constitucional y no convirtamos esto en el centro del debate."

No se trataba, por supuesto de argumentaciones académicas. Se trataba de determinar con precisión que la Asamblea Constituyente había sido producto, no de la ruptura del hilo constitucional, sino de la manifestación de la voluntad popular expresada en el referendo del 25 de abril de 1999 en el cual se aprobaron unas bases comiciales que con carácter supra constitucional le fijaron su marco de actuación y límites, como Asamblea sometida a la Constitución de 1961 hasta que se aprobara la nueva Constitución; bases comiciales en las cuales por lo demás, por decisión judicial de la misma Corte Suprema de Justicia que con sus ambiguas decisiones de enero de 1999 había permitido la realización del referendo consultivo, se había eliminado toda referencia a que tuviera carácter de poder constituyente "originario." Hasta ese momento en Venezuela no había habido ruptura del hilo constitucional, de manera los planteamientos de Gutiérrez y de De Lima, fueron las primeras expresiones expresas y formales –parte sin duda del libreto– de lo que luego ocurriría a partir de la aprobación del artículo 1 del Estatuto de la Asamblea, que fue que la ruptura efectiva del hilo constitucional que efectuó la propia Asamblea, que fue la que dio el golpe de Estado, por lo demás, continuado.

En la misma línea de lo expresado por Gutiérrez y De Lima fue lo expuesto por la Constituyente Blancanieves Portocarrero, quien insistió que estábamos "en algo que va más allá de la teoría constitucional, de la ruptura constitucional. Estamos en algo que va mucho más allá de la teoría [...] estamos en presencia de una ruptura epistemológica," insistiendo, ante mi propuesta, que:

"Y ahí está mi respetado maestro, Brewer Carías, estamos más allá, Maestro" [...], ya hemos trascendido una teoría constitucional desnutrida, desfasada, deslegitimada y estamos mucho más allá, en algo que se llama la metateoría jurídica [...]."

Luego, después de clamar "que el cartesianismo se está enterrando por su propio peso, que la linealidad del derecho está muriendo, que Kelsen no puede seguir gobernando al mundo con esta teoría jurídica pura," terminó sin embargo observando "ante la expresión del artículo 1 del Reglamento de que "la Asamblea Nacional Constituyente es la depositaria del poder originario," que en realidad:

"el poder originario no es de nosotros, el poder originario es del pueblo, entonces, [la Asamblea] es la depositaria del poder originario que nace... ¿de dónde nace el poder? De la voluntad soberana del pueblo venezolano, con la atribución ¿de qué?, ¿para qué nos dio eso? Para, precisamente, transformar, que no es lo mismo que organizar, ni reformar; es transformar y reorganizar el Estado venezolano y crear un nuevo ordenamiento jurídico que garantice la existencia efectiva de la democracia social participativa y autogestionaria."

Y efectivamente el tema en debate era que la Asamblea no era soberana, ni soberanísima, sino que el único soberano era el pueblo, y que como órgano representativo, la Asamblea estaba sujeta al mandato del pueblo, que le había fijado su marco y límites con el voto en el referendo del 25 de abril de 1999, que los miembros de la Asamblea querían sin embargo desconocer.

Por ello el debate que estaba planteado con el cual se abrieron las sesiones de la Asamblea Nacional Constituyente, como lo reconoció el Constituyente Ricardo Combellas, era "Importante, importantísimo, trascendental," quien sin embargo, comenzó su intervención afirmando que:

"El doctor Brewer una vez más nos vuelve a sorprender, no quiere que se hable de Constituyente derivada, ni de Constituyente originaria, cuando hizo un esfuerzo respetable pero, afortunadamente, fallido para convencernos a los venezolanos de que la Asamblea Nacional Constituyente tenía que ser una asamblea limitada, estrictamente, a elaborar una nueva Constitución.

El tema supera lo jurídico, sin duda, es utilizando la terminología kelseniana metajurídico, porque va a los verdaderos fundamentos, a las razones de fondo, del poder y del orden político dentro de una determinada comunidad, pero tiene también base jurídica, jurídicamente son perfectamente rebatibles todos aquellos argumentos que quieren limitar los poderes originarios de esta Asamblea."

Y luego pasó Combellas a referirse a la decisión de la Corte Suprema de Justicia de 19 de enero de 1999, en la cual según su errada apreciación, dicho órgano judicial, como "guardián, por excelencia, de la Constitución y de sus normas," había supuestamente señalado:

"que junto a los procedimientos establecidos expresamente por ella para su modificación, dejó de lado la enmienda y la reforma general para sorprendernos al señalar que había un tercer procedimiento, un procedimiento que no puede ser limitado por ninguna Constitución, cuya base jurídico-política se remonta a la Revolución Francesa, sin duda, contenido en la teoría del poder constituyente originario."

Por supuesto, basta leer las decisiones de la Corte para constatar que el planteamiento de Combellas era falso, pues eso no fue lo que "decidió" la Corte Suprema, de manera que contrariamente a lo expresado por Combellas, si bien la Corte Suprema de Justicia, en esas sentencias del 19 de enero abrió las puertas al proceso constituyente, lo hizo en forma ambigua, sin claridad jurídica alguna, que fue lo que precisamente originó el debate sobre "cuáles serían los alcances y los límites de esta Asamblea." Y ese fue el debate que llevó a la Comisión Constitucional que nombró Chávez para elaborar las "bases comiciales" a ser sometidas al referendo, de la cual formó parte Combellas, a haber establecido los límites que el propio Combellas recordó y leyó en el debate, en texto que decía que una vez instalada la Asamblea, ésta deberá dictar sus propios estatutos de funcionamiento, "teniendo como límites los valores y principios de nuestras historia republicana así como el cumplimiento de los tratados y acuerdos internacionales, el carácter progresivo de los derechos humanos y las garantías democráticas," agregando que "esos principios no van a ser violentados sino, muy por el contrario, van a ser confirmados por esta Asamblea.

Precisó luego Combellas, al referirse a la Corte Suprema de Justicia y su famosa y ambigua decisión que:

"La Corte Suprema, luego, trató de enmendar el capote y nunca lo pudo hacer. Sería porque no estaba convencida de lo que estaba haciendo o no tuvo la valentía para plasmar cuando se discutieron las bases y su juridicidad plantear el carácter derivado de la Asamblea. Si la Corte en su sentencia posterior hubiera dicho, hubiera planteado, hubiera propuesto, y jurídicamente era muy difícil rebatirlo, que la Constituyente tiene por único objeto elaborar una nueva Constitución, en un buen aprieto nos hubiera puesto a los partidarios de la Constituyente originaria y hubiera sido muy difícil encontrar fórmulas jurídicas que encausaran este proceso indetenible. Pero no fue así, la Corte no resolvió el diferendo y dejó, en definitiva, al pueblo, al soberano, la decisión fundamental sobre qué tipo de asamblea hiciera; y eso es lo que estamos resolviendo hoy."

Ignoró Combellas, sin embargo, que precisamente la Corte Suprema en su sentencia del 18 de marzo de 1999 había resuelto que la expresión de que la Asamblea actuaría como "poder constituyente originario" que Chávez, con su asesoría, había propuesto incluir en las bases comiciales, debía ser eliminado, por lo que si bien el pueblo apoyó abrumadoramente las dichas bases en el referendo del 25 de abril, lo hizo aprobando una Constituyente que no tenía carácter originario. Con ello, sin duda, como lo dijo Combellas, el pueblo colocó en "un buen aprieto" a los partidarios de la Constituyente originaria, que los llevó, simplemente a ignorar la voluntad popular y autoproclamar la Asamblea como originaria (o "soberana"), al aprobar el Estatuto de la Asamblea, subordinando, como dijo Combellas, "todos y cada uno de los poderes establecidos a los mandatos de la Asamblea," recalcando, de entrada, "de una manera clara y tajante" que:

"la Corte Suprema de Justicia hoy es un poder subordinado a esta Asamblea y cualquier decisión que colida con estas decisiones la pone fuera de la ley. La pone fuera de la legitimidad abrumadora que apoyó la realización de esta Asamblea."

Para Combellas, entonces, en forma contraria a lo que había escrito en los tiempos preconstituyentes, la Asamblea Constituyente pasaba entonces a tener poderes originarios, con potestad para reformar la Constitución de 1961 que estaba vigente, y posición de superioridad sobre el "guardián de la Constitución" al cual consideró que había quedado sometido a la Asamblea. Por ello, anunció que propondría agregar al artículo 1º del Reglamento, para evitar cualquier "vacío jurídico," que se aclarase que "La Constitución de 1961, y el resto del orden jurídico imperante mantienen su vigencia en todo aquello que no colida o sea contradictorio con los actos jurídicos y demás decisiones que emita la Asamblea Nacional Constituyente." Así, dijo Combellas, la Asamblea cumplirá "soberanamente *(aplausos),*" "un mandato de transformación que no va esperar, doctor Brewer, la aprobación de la nueva Constitución," mediante la adopción de "actos constituyentes de ejecución inmediata sobre determinados aspectos de la vida nacional," que supuestamente "sea cual fuere su naturaleza, cesación de poderes, limitación de poderes, revocación de mandatos, transformaciones de la más variada índole," luego los harían "refrendar por el pueblo," lo que por supuesto nunca ocurrió.

En el debate, que había llevado a los Constituyentes a hablar como si fueran el pueblo entero, con habilitación para tomar decisiones soberanas, el constituyente Antonio Di Giampaolo con razón, les llamó la atención recordándoles que:

"no es verdad que nosotros somos el país, no cometamos el error de creernos lo que otras personas que ocuparon estos puestos se creyeron. Si analizamos el resultado electoral, la mitad de los ciudadanos con derecho a votar no votó por ninguno de nosotros y cerca de un 30% apenas terminó votando por los que estamos representando aquí."

Entendía Giampaolo que en todo caso habría que asegurar

"respeto a los poderes" constituidos, y que no se debía dejar la puerta abierta para que esta Asamblea sirva para la retaliación política, para una cacería de brujas, para la sustitución y destitución de algunos funcionarios en alguna comunidad, por ejemplo, en algún lado, sin ningún procedimiento de ninguna naturaleza, vamos a quitar a tal o cual alcalde, porque hay una mayoría expresada aquí. Eso me preocupa. O algún gobernador. Me preocupa. ¿Bajo qué parámetros se va a hacer? ¿Cuáles gobernadores se van a sustituir?, los que no son representados, los que no tienen una expresión, digamos electoral similar a la mayoría de esta Asamblea. Me pregunto. ¿Es así como se va a actuar? Si es así como se va a actuar yo no estoy dispuesto a respaldar el contenido de esa primera cláusula. Ahora, si no es así. Si efectivamente aquí se va a hacer un esfuerzo para que la justicia y el derecho, como dice el Presidente, vayan por el mismo lado y que por sobre todas las cosas prevalezca la justicia. Yo levanto las dos manos."

Y razón tenía Di Giampaolo en sus temores: la Asamblea Constituyente efectivamente actuó como él lo temió, e hizo caso omiso a su propuesta de que se decretara "la inhabilitación política de los que estamos integrando esta Asamblea Nacional

Constituyente, para que no hagamos una Constitución" y después se fueran a presentar como candidatos a gobernadores y alcaldes, como efectivamente también ocurrió.

Luego, en el debate del 7 de agosto de 1999, intervino el Constituyente Jorge Olavarría, quien luego de una lección de historia política, al referirse al artículo 1 del Estatuto de la Constituyente que se debatía, expresó con razón y claridad que se trataba de una norma de "un reglamento un poco curioso, sui géneris:"

> "para un cuerpo legislador, constitucional, que se declara a sí mismo subversivo del orden constitucional existente, del cual esta Asamblea emanó, como consecuencia de la interpretación que de la Constitución vigente hizo la Corte Suprema de Justicia el 19 de enero de 1999. Como consecuencia del referéndum, que fue hecho posible por esa interpretación de la Corte Suprema de Justicia. Un referéndum que planteó ante el pueblo de Venezuela unas preguntas referidas a unas bases comiciales y el pueblo dijo sí, aprobó las preguntas y las bases comiciales. Esos son los limites de esta Asamblea. Y eso es lo que este Reglamento está violando. No una Constitución, no un sistema político que todos sabemos está caduco, este Reglamento está violando específica y explícitamente lo que el pueblo aprobó en el referéndum del 25 de abril."

Razón tenía Olavarría, quien hizo entonces el recuento de los documentos fundamentales del proceso constituyente, y consignó para que "por lo menos consten en el *Diario de Debates*" "copia de la sentencia del 19 de enero de 1999, copia de las preguntas formuladas en el referéndum, copia de las interpretaciones que acerca de las preguntas formuladas en el referéndum hizo en diversas ocasiones la Corte Suprema de Justicia," considerando que esas eran "las bases de esta Asamblea Constituyente, esos son los límites de esta Asamblea Constituyente y no nosotros, no las podemos vulnerar porque en caso de que lo hagamos, esta Asamblea se convertirá en un poder de facto," como efectivamente así ocurrió.

Olavarría, por ello, advirtió a los Constituyentes de la inmensa tarea que teníamos por delante de "redactar la estructura de convivencia política de una república, la de mejorar la Constitución, la que va a ser aprobada por esta Constituyente, que debe reemplazar," y que requería toda la atención, cuidado y dedicación de la cual todos fuéramos capaces, agregando que:

> "Si a esa tarea se le añade la responsabilidad de convertirse en un poder de facto, interviniendo los poderes constituidos, modificando leyes, haciendo leyes, interviniendo en una cantidad de funciones que sólo una nueva Constitución le permitiría y que al no existir esa Constitución, porque no ha sido aprobada y porque no ha sido ratificada, tenemos que hacerlo por la vía del hecho, por la vía del asalto, por la vía de la sorpresa, por la vía de la inseguridad, por la vía de la incertidumbre, por la vía, doctor Combellas, del vacío jurídico que se crearía en caso de que esta Constituyente asuma esas funciones."

Comparó entonces Olavarría la Constituyente en la cual nos encontrábamos en ese momento, con la de 1946, que había sido producto de un golpe de estado, y que por ello tuvo que asumir funciones de Gobierno, además de adoptar una nueva Constitución, habiendo sido lo que malogró dicha Constituyente, "el uso abusivo de la mayoría, fue el sectarismo y, sobre todo, fue el ponerse hacer cosas que la distraían de su tarea de hacer una nueva Constitución." En cambio, decía Olavarría, en torno a las tareas de gobernar: "nosotros estamos eximidos de esa tarea. Seis meses apenas, es lo que se le pide al sentido común y a la sensatez. Seis meses para dedicarse a hacer una nueva Constitución y nada más que hacer una nueva Constitución, para lo cual ciertamente esta Asamblea es omnipotente, con las limitaciones establecidas naturalmente en el mandato recibido del soberano." Por ello concluyó afirmando que:

"el establecer como una potencialidad la facultad de disolver el Congreso, destituir a los magistrados de la Corte, a los gobernadores, a los alcaldes, hacer leyes, modificar leyes, derogar leyes; establecerlo como una potencialidad y dejarlo como una facultad de uso discrecional, magnánimo. Eso es inaceptable, eso es ni más ni menos que la aplicación de la filosofía del atracador."

El atracador, dijo:

"Manos arriba todo el mundo, los que se queden tranquilitos y no hagan nada, no les va a pasar nada, quédense tranquilos, pórtense como unos buenos muchachos, no nos molesten, no nos perturben, no digan que podemos hacer esto o no podemos hacer aquello, no se metan cuando hagamos leyes para las cuales no tenemos facultades, no digan nada cuando destituyamos algún alcalde o algún gobernador o hagamos una ley, y a ustedes no les va a pasar nada".

Eso es inaceptable. Quiero que quede perfectamente claro en la conciencia de todos y cada uno de ustedes, que en el momento y hora que el artículo en discusión sea aprobado en la forma como ha sido propuesto, esta Asamblea estará dando un golpe de estado.

No hay necesidad de hacerlo, porque eso se puede hacer cuando se apruebe la Constitución, cuando esa Constitución sea ratificada por el pueblo, entonces se podrá modificar todo, pero si se hace ahora, violando el mandato que hemos recibido del pueblo, yendo en contra de lo que el referéndum consultó y el referéndum expresó; estaremos dando un golpe de estado innecesario, innecesario.

Noto algunas risitas por allí, de bueno, sí, cómo no, de eso se trata. Es que de eso ya se trató, ustedes van a matar un muerto. Este sistema ya colapsó, aquí ya no hay más nada que hacer, pero no se puede arrojar a todo un país a la incertidumbre de colocarse al arbitrio de la mayoría de esta Asamblea, porque eso todavía es peor como remedio que la enfermedad de la cual este sistema murió. Eso es reproducir todos los vicios de este sistema sin ninguno de sus méritos y de sus cualidades. Eso es todo."

Y efectivamente de eso se trató: la Asamblea Nacional Constituyente de 1999, a partir de la aprobación de su Estatuto, auto arrogándose poderes de Constituyente originaria, dio un golpe de Estado que luego fue continuado, trascendiendo sus meses de funcionamiento a través de un interminable régimen transitorio que le legó a los venezolanos.

Pero luego de todos estos planteamientos, vino la intervención del Constituyente Hermann Escarrá, en la cual comenzó advirtiendo que se había "venido arrastrando una confusión bastante grave entre lo que es una asamblea constitucional y lo que es una asamblea constituyente" siendo la primera "la que organizada por el poder constituido aun cuando elegida por el pueblo, tiene como único objeto la redacción de una Constitución," distinta de la segunda que como asamblea constituyente es "anterior y superior al Estado y al propio orden jurídico que pretende sustituir y modificar, tiene que ejercer la operación constituyente muchísimo más allá de la redacción de una constitución." De ello concluyó que "no es dable aceptar en esta hora y en este momento, al menos conceptualmente que nosotros somos una asamblea constitucional;" al contrario, dijo: "Nosotros somos una Asamblea Constituyente." Y en cuanto al argumento de las bases comiciales, dijo, "probablemente tenemos lecturas distintas" ya que las mismas "hablan de transformar al Estado, de crear un nuevo orden jurídico," lo que consideró que autorizaba a que la Asamblea debía asumir "el carácter originario de toda Asamblea Constituyente y no el carácter derivado de toda Asamblea Constitucional." Y en cuanto a la Constitución de 1961, puso en duda su vigencia, justificando la propia existencia de la Asamblea por la "grave deslegitimación de los poderes constituidos," precisando además, que "el golpe de estado lo dieron las cúpulas de la partidocracia." Luego puso en duda que hubiera "elementos supraconstitucionales" que limitaran la Asamblea, asombrándose de haber oído decir que "somos subversivos" cuando en realidad –afirmaba– "si es que nosotros estamos aquí por subversivos," pues: "se trata de subvertir un orden injusto, se trata de subvertir la corrupción, se trata de subvertir la vagabundearía, se trata de subvertir el tráfico de influencias." Concluyó Escarrá su intervención, declarando que "este poder constituyente es originario y tiene que declararse subversivo, es más, propongo que entonces se agregue la tesis de la subversión o de la transformación o del cambio del orden jurídico político y del Estado en el alcance y contenido de las bases comiciales en el artículo 1 del Estatuto de Garantías y Funcionamiento de la Asamblea. *(Aplausos)*."

Lugo de varias otras intervenciones sobre temas diversos, y algunas en respaldo de lo expresado por Combellas y Escarrá y otras contrariando lo afirmado por Olavarría y por mi persona, intervino el Constituyente Manuel Quijada quien había sido uno de los que más había planteado el tema de la Constituyente durante la campaña presidencial de Chávez. Por ello recordó, sobre el tema conceptual del artículo 1º del Estatuto, que el debate más largo y más pugnaz se había realizado después de las elecciones presidenciales de 1998, "sobre si se podía convocar a referéndum sin modificar la Constitución, y los que sostenían lo contrario, que sería un golpe de estado si se convocaba sin esa modificación," como precisamente yo lo había sostenido. Quijada estimó que "a esto le puso término una sentencia de la Corte, un constitucionalista de la Corte, quien decidió que sí se podía convocar a referéndum sin necesidad de modificar la Constitución." Ello, en realidad, lo que ponía en evidencia era que Quijada ni siquiera se había leído la sentencia, o si la leyó no la entendió, pues efectivamente, la mencionada sentencia del 19 de enero de 1999 lo que resolvió fue sólo que se podía convocar un referendo consultivo para consultar sobre una Asamblea Constituyente, pero nada resolvió sobre si se podía convocar la Asamblea Constituyente sin reformar la Constitución, que fue en definitiva lo que ocurrió. Eso, en realidad, había sido la lectura que algún periodista le dio al hecho, y nada más.

Nadie duda, como lo indicó Quijada "que el poder constituyente primario, que es el pueblo, tiene todos los poderes y que ninguna ley preexistente priva sobre él, ni la Constitución ni ninguna ley." Pero eso sólo se aplica al pueblo, no a una Asamblea representativa del mismo, que no puede tener esos poderes que son sólo del pueblo. Por ello, contrariamente a lo que indicó Quijada, no se puede afirmar "que la Asamblea Nacional Constituyente tiene esos poderes," y si el pueblo le delega "ese poder constituyente" es para ejercerlo dentro de los límites que le fija el pueblo. No era correcta la afirmación de Quijada en el sentido de que en general "una asamblea nacional constituyente tiene todos los atributos omnímodos que le da la doctrina, porque es la delegataria del poder constituyente primario, que es la fuente de todo derecho," y menos correcta fue la afirmación de que como "por encima de la Asamblea Nacional Constituyente no existe sino lo que le imponga el pueblo, en el caso de la Constituyente de 1999, "en las bases comiciales no existe ninguna norma que limite a la Asamblea Nacional Constituyente, excepto la que ella misma establece, que no tienen nada que ver con los poderes de la Asamblea Constituyente sobre los poderes constituidos."

En el *Diario de Debates* de la Asamblea Nacional Constituyente, en el Acta de la sesión del día 7 de agosto de 1999, a continuación de mi exposición oral inicial sobre el tema del artículo 1 del Reglamento, la Secretaría copió el texto íntegro del documento que había redactado para que se anexara como mi Voto Salvado junto con el proyecto de Reglamento, con el texto que se incluye en la Sección siguiente.

SECCIÓN TERCERA:

VOTO SALVADO SOBRE EL ESTATUTO DE LA ASAMBLEA EN CUANTO A LA ASUNCIÓN DEL "PODER CONSTITUYENTE ORIGINARIO" (AGOSTO 1999)

Este es el texto de la comunicación dirigida a los miembros de la Comisión redactora del Proyecto del Estatuto de la Asamblea Nacional Constituyente que fue aprobado en la sesión del el 08-08-1999, con mi voto contrario a la propuesta de asunción por la propia Asamblea de un "poder constituyente originario" que sólo el pueblo puede ejercer mediante el voto.

Con el objeto de que se acompañe al Proyecto de Estatuto de Funcionamiento de la Asamblea Nacional Constituyente, mediante la presente fundamento mi objeción a la redacción proyectada del artículo 1º, el cual en mi criterio no refleja lo dispuesto por el pueblo en el *Referéndum consultivo* del 25 de abril de 1999.

El proceso constituyente venezolano actual, al contrario de lo que sucedió con todas las experiencias constituyentes del pasado en la historia política de país, no es producto de una ruptura constitucional con ocasión de una guerra, un golpe de Estado o una Revolución, sino de la interpretación dada por el máximo Tribunal de la República a la Constitución vigente de 1961 y de la voluntad popular expresada, como Poder Constituyente Originario, en el *Referéndum Consultivo* del 25 de abril de 1999.

De allí lo expresado por la Corte Suprema de Justicia en la sentencia del 21 de julio de 1999 con ocasión de resolver un recurso de interpretación intentado por varios Candidatos Nacionales a la Asamblea Nacional Constituyente, acerca del régimen jurídico que regía el proceso electoral; en el sentido de que:

> "Lo novedoso -y por ello extraordinario- del proceso constituyente venezolano actual, es que el mismo no surgió como consecuencia de un suceso fáctico (guerra civil, golpe de estado, revolución, etc.), sino que, por el contrario, fue concebido como un "Proceso Constituyente de Iure" esto es, que se trata de un proceso enmarcado dentro del actual sistema jurídico venezolano".

La consecuencia de lo anterior está en que la Asamblea Nacional Constituyente no sólo "deriva de un proceso que se ha desarrollado dentro del actual marco del ordenamiento constitucional y legal", sino que en su actuación está sometida al orden jurídico establecido por la voluntad popular en el *Referéndum* del 25 de abril de 1999, expresada en el conjunto de normas que derivan de las preguntas del *Referéndum* y de las *Bases Comiciales* aprobadas en el mismo, y que la misma Corte Suprema de Justicia en la sentencia antes mencionada "por su peculiaridad e importancia", ha catalogado "como normas de un rango especial"; y en anterior sentencia del 3 de junio de 1999 (caso *Celia María Colón de González*) ha considerado como una "expresión popular" que "se tradujo en una *decisión de obligatorio cumplimiento, pues posee, validez suprema*", es decir, de rango supraconstitucional.

La Asamblea Nacional Constituyente que se eligió el 25 de julio de 1999, en consecuencia, está sometida a las normas aprobadas en el *Referéndum Consultivo* del 25 de abril de 1999, que son de obligatorio cumplimiento y de rango y validez suprema, como manifestación del Poder Constituyente Originario, conforme a las cuales no sólo se precisa la misión de la Asamblea, sino sus límites.

I. LA ASAMBLEA NACIONAL CONSTITUYENTE COMO PRODUCTO DE LA SOBERANÍA POPULAR EXPRESADA EN EL REFERÉNDUM DEL 25-04-99 Y SUS LÍMITES SUPRA CONSTITUCIONALES

Ante todo debe insistirse en que la convocatoria y posterior elección de la Asamblea Nacional Constituyente el 25 de julio de 1999, ha sido posible en el ordenamiento constitucional venezolano, porque dicho instrumento ha sido creado y es *producto de la soberanía popular manifestada en el Referéndum Consultivo* del 25 de abril de 1999.

Es decir, la Asamblea Nacional Constituyente fue creada por la voluntad popular, *por el poder constituyente originario* que es el pueblo, como resultado del ejercicio ciudadano del derecho a la participación que la Corte Suprema de Justicia en su sentencia del 19 de enero de 1999 dedujo de la interpretación que le dio tanto al artículo 4 de la Constitución como al artículo 181 de la Ley Orgánica del Sufragio y Participación Política.

En consecuencia, la Asamblea Nacional Constituyente, producto de la soberanía popular manifestada en el referido *Referéndum Consultivo*, está exclusivamente sometida a lo expresado en el mismo, en el cual se le fijó el marco jurídico-político dentro el cual debe actuar. Es decir, en dicho *Referéndum, el pueblo le precisó a la Asamblea Nacional Constituyente su misión y le indicó los límites de su actuación,* los cuales, en consecuencia, no provienen ni pueden provenir de los Poderes Constituidos del Estado, sino de la propia voluntad del pueblo, como Poder Constituyente originario que es.

De lo anterior resulta que la Asamblea Nacional Constituyente, originada en la voluntad popular, tiene como marco jurídico de actuación la consulta popular efectuada y las bases comiciales adoptadas en el *Referéndum* del 25 de abril de 1999, las cuales, en consecuencia, adquirieron *rango supra constitucional* de manera que el trabajo de la Asamblea Nacional Constituyente, al elaborar la nueva Constitución, tiene que desarrollarse con sujeción a las referidas bases.

De ello resulta que la Asamblea Nacional Constituyente electa el 25 de julio de 1999, *tiene definido su régimen fundamental en las preguntas y bases comiciales* consultadas en el *Referéndum* del 25 de abril de 1999 que, como se dijo, son de naturaleza supraconstitucional, pues son la manifestación más directa de la soberanía del pueblo, a la cual la Asamblea Nacional Constituyente está sujeta y debe respetar y seguir.

Es decir, si bien la Asamblea Nacional Constituyente no está sujeta a los Poderes constituidos, nunca puede estar por encima de la voluntad popular y de la soberanía del pueblo, a quien corresponde, se insiste, el Poder Constituyente Originario, al cual aquella no puede sustituir.

La soberanía siempre es del pueblo, es decir, este es el soberano; es, en definitiva, el poder constituyente; por ello, nunca una Asamblea Nacional Constituyente puede pretender sustituir al pueblo y considerarse soberana o titular de la soberanía.

La Asamblea Nacional Constituyente, por tanto, teniendo como límites los que le impuso el pueblo soberano en las preguntas y bases comiciales que fueron sometidas a consulta popular en el *Referéndum Consultivo* del 25 de abril de 1999, no puede asumir carácter "originario" alguno, pues ello significaría, al contrario de lo dispuesto por la voluntad popular, *suspender la vigencia de la Constitución de 1961* y pretender actuar fuera de los límites supraconstitucionales que deben guiar su actuación.

Por ello, no es posible que la Asamblea Nacional Constituyente pueda disponer, durante su funcionamiento que está limitado a un lapso de 6 meses, la disolución del Congreso o de la Corte Suprema de Justicia, o de cualesquiera de los Poderes Constituidos que si bien no pueden limitar la actuación de la Asamblea, continúan rigiéndose por lo dispuesto en la Constitución de 1961 hasta tanto esta sea sustituida por la nueva Constitución.

La Asamblea Nacional Constituyente, como se ha dicho, está sometida a los límites que le impuso el Poder Constituyente Originario, es decir, la soberanía popular manifestada en el *Referéndum* del 25-04-99, y que se refieren, en *primer lugar,* a la precisión de su misión; en *segundo lugar,* a la vigencia de la Constitución de 1961 hasta tanto no sea sustituida por la nueva Constitución que elabore la Asamblea Nacional Constituyente luego de que sea aprobada en *Referéndum aprobatorio;* y en *tercer lugar,* al conjunto de valores y principios que constituyen los límites del trabajo que realice la Asamblea Nacional Constituyente al elaborar la nueva Constitución.

II. LA MISIÓN DE LA ASAMBLEA NACIONAL CONSTITUYENTE: ELABORAR UNA NUEVA CONSTITUCIÓN

En la *Pregunta N° 1* del *Referéndum Consultivo* del 25 de abril de 1999 se fijó con precisión la *misión constitucional de la Asamblea Nacional Constituyente* electa el 25 de julio de 1999, indicando la voluntad popular, manifestada a través del *Referéndum,* que la misma tiene como propósito transformar el Estado y crear un nuevo ordenamiento jurídico que permita el funcionamiento efectivo de una Democracia Social y Participativa.

El mandato o misión de la Asamblea, por tanto, está claramente indicado: se la elige y se constituye con el propósito de transformar el Estado y crear un nuevo ordenamiento jurídico que permita el funcionamiento efectivo de una Democracia Social y Participativa y ello sólo puede hacerse, por supuesto, modificando la Constitución vigente de 1961.

En efecto, el Estado venezolano está actualmente regulado en la Constitución de 1961, cuyo propósito, como el de toda Constitución, es el establecimiento y regulación de un régimen político, en este caso, de democracia representativa; la organización, distribución y separación del Poder Público; y el estatuto de los ciudadanos (derechos y garantías).

Por tanto, transformar el Estado implica modificar la organización del Poder Público que regula la Constitución de 1961, al igual que también es indispensable la modificación de dicha Constitución, para la creación de un nuevo ordenamiento jurídico que permita el funcionamiento efectivo de una democracia social y participativa.

Es decir, la misión de la Asamblea Nacional Constituyente, precisada en la *Pregunta Nº 1* que se sometió a consulta popular en el *Referéndum* del 25 de abril de 1999, necesariamente conduce a una reforma de la Constitución de 1961, la cual de acuerdo con la *Base Comicial Décima* que también fue manifestación de la voluntad popular en el mencionado *Referéndum* del 25 de abril de 1999, sólo puede ser sustituida por una nueva que entrará en vigencia cuando se apruebe mediante posterior *Referéndum aprobatorio*.

En consecuencia, mientras la Asamblea Nacional Constituyente cumple su tarea de elaborar un nuevo texto constitucional que refleje su misión de transformar el Estado y crear un nuevo ordenamiento jurídico que asegure la efectiva realización de la democracia social y participativa durante los seis meses de su funcionamiento, necesariamente, continúa en vigencia la Constitución de 1961, la cual no puede ser violada ni siquiera por la propia Asamblea. Incluso, de acuerdo con la *Base Comicial Décima* sólo el pueblo es quien puede sustituirla por la otra que elabore la Asamblea cuando la apruebe por *Referéndum aprobatorio*. Mientras esto no ocurra, la Constitución de 1961 necesariamente conserva todo su vigor.

De lo anterior resulta, por tanto, que no puede deducirse de la *Pregunta Nº 1* del *Referéndum Consultivo* de 25 de abril de 1999, que la Asamblea Nacional Constituyente podría tener supuestos poderes ilimitados o absolutos para poder modificar o suspender la vigencia de la Constitución de 1961 durante su funcionamiento, y antes de que la nueva Constitución no sea aprobada por el pueblo. El hecho de tener como misión el transformar el Estado y crear un nuevo ordenamiento jurídico, lo que implica son sus poderes para preparar una nueva Constitución que responda a esa misión, la cual sólo entrará en vigencia cuando el pueblo soberano la apruebe mediante *Referéndum aprobatorio*.

En consecuencia, si la Asamblea Nacional Constituyente, por voluntad popular, no tiene potestad para poder poner en vigencia la nueva Constitución que elabore, tampoco puede tener poder, durante el breve lapso de su funcionamiento, para derogar, modificar o suspender la vigencia de la Constitución de 1961.

III. LA VIGENCIA DE LA CONSTITUCIÓN DE 1961 DURANTE EL FUNCIONAMIENTO DE LA ASAMBLEA NACIONAL CONSTITUYENTE

En efecto, como se ha dicho, el pueblo soberano, en el *Referéndum Consultivo* del 25 de abril de 1999, no sólo indicó con precisión la misión de la Asamblea Nacional Constituyente al contestar positivamente la *Pregunta Nº 1,* sino que al contestar también positivamente la *Pregunta Nº 2,* que estableció las *Bases Comiciales* de la Asamblea Nacional Constituyente, le fijó otros límites de su actuación.

El primero de estos límites al cual ya nos hemos referido, es el establecido en la *Base Comicial Décima* que fue objeto del *Referéndum,* conforme a la cual, la nueva Constitución que recoja las propuestas de la Asamblea Nacional Constituyente para transformar el Estado y que contenga el nuevo ordenamiento jurídico para hacer efectiva la democracia social y participativa, es decir, la nueva Constitución que sancione la Asamblea Nacional Constituyente, sólo entrará en vigencia al ser aprobada por el pueblo, mediante *Referéndum aprobatorio* posterior.

En consecuencia, la Asamblea Nacional Constituyente no sólo no tiene carácter soberano, sino que tampoco tiene poderes constitucionales de actuación salvo los que se refieren a la elaboración de una nueva Constitución, que, como se dijo, ni siquiera puede poner en vigencia la Asamblea Nacional Constituyente directamente, pues dicho poder sólo corresponde al pueblo soberano mediante *Referéndum aprobatorio.*

La consecuencia de lo anterior es que mientras esa aprobación refrendaria de la nueva Constitución no ocurra, la misma no puede entrar en vigencia y continúa en vigencia la Constitución de 1961. Ello implica que durante su funcionamiento, la Asamblea Nacional Constituyente debe respetar y observar la Constitución de 1961, pero no en el sentido de que la misma pueda regir su funcionamiento -lo que no es así, pues la Asamblea Nacional Constituyente como instrumento político no está prevista en la Constitución-, sino en el sentido de que nada la autoriza para derogarla, modificarla o suspender su vigencia.

El marco jurídico de actuación de la Asamblea Nacional Constituyente durante su funcionamiento de seis meses, como se dijo, está establecido en las *normas supraconstitucionales* derivadas de la manifestación de la voluntad popular expresada en el *Referéndum* de 25 de abril de 1999, y de las mismas nada puede deducirse en el sentido de poder interpretar que la Asamblea Nacional Constituyente podría arrogarse un poder constituyente originario que le pudiera permitir disolver al Congreso, a la Corte Suprema de Justicia o a otros órganos constitucionales del Estado.

Cualquier actuación en tal sentido significaría una derogación o modificación de la Constitución de 1961, así sea temporal, o una suspensión de su vigencia antes de haber sido sustituida por otra mediante *Referéndum aprobatorio,* lo cual significaría una violación de la *Base Comicial Décima* que como voluntad del pueblo originario, es parte del marco supraconstitucional que rige el funcionamiento de la Asamblea.

La disolución del Congreso y de la Corte Suprema de Justicia, en el sentido de terminación anticipada del mandato de dichos órganos constitucionales, sólo podría ocurrir después de que la nueva Constitución sea aprobada, mediante *Referéndum,* si así se dispone, por ejemplo, en sus Disposiciones Transitorias y resulte necesaria del diseño de transformación del Estado que proyecte la Asamblea.

IV. LOS LÍMITES SUPRACONSTITUCIONALES IMPUESTOS POR LA VOLUNTAD POPULAR A LA ASAMBLEA NACIONAL CONSTITUYENTE PARA EL CUMPLIMIENTO DE SU MISIÓN

Pero incluso, en el cumplimiento de la propia misión que el pueblo le asignó a la Asamblea Nacional Constituyente en la *Pregunta Nº 1* del *Referéndum Consultivo* del 25 de abril de 1999, esta no tiene poderes ilimitados, sino que su tarea de transformar el Estado y crear un nuevo ordenamiento jurídico para hacer efectiva una democracia social y participativa, también la debe realizar dentro de los precisos límites que el pueblo soberano dispuso al manifestar su voluntad consultiva en relación a la *Base Comicial Octava* sometida a su consideración en el *Referéndum Consultivo* de 25 de abril de 1999.

De ello resulta que en el cumplimiento de su misión la Asamblea Nacional Constituyente no tiene poderes ilimitados ni absolutos, pues al contrario, como ya se ha dicho, está sometida a los límites que le fueron impuestos no por Poder Constituido alguno, sino por el Poder Constituyente Originario, el pueblo, a través de la voluntad popular manifestada en el *Referéndum Consultivo* del 25 de abril de 1999 que le dio origen, y que se configura como el marco supraconstitucional de la Asamblea.

Y es precisamente en la *Base Comicial Octava* del Estatuto de la Asamblea Nacional Constituyente votado en el *Referéndum Consultivo* del 25 de abril de 1999, donde se establece dicho *marco supraconstitucional* dentro del cual podrá actuar la Asamblea, el cual está configurado dentro de los siguientes "límites": En *primer lugar*, "los valores y principios de nuestra historia republicana"; en *segundo lugar*, "el cumplimiento de los tratados internacionales, acuerdos y compromisos válidamente suscritos por la República"; en *tercer lugar*, "el carácter progresivo de los derechos fundamentales del hombre", y en *cuarto lugar*, "las garantías democráticas dentro del más absoluto respeto de los compromisos asumidos".

1. Los valores y principios de nuestra historia Republicana

El *primer* límite que tiene la Asamblea Nacional Constituyente en su misión de transformar el Estado y crear un nuevo ordenamiento jurídico que permita el desarrollo efectivo de una democracia social y participativa, esta constituida por "los valores y principios de nuestra historia republicana".

Ahora bien, la historia republicana de Venezuela ha transcurrido, toda, dentro de los valores y principios del constitucionalismo moderno que tienen sus raíces tanto en la Revolución norteamericana de 1776 como en la Revolución Francesa de 1789, y que se plasmaron, en primer lugar, en la Constitución de los Estados Unidos de Norteamérica de 1787, en *segundo* lugar, en la Constitución francesa de 1791 y en tercer lugar, en la Constitución de Venezuela de 1811, la tercera Constitución del mundo moderno.

Esos valores y principios de nuestra historia republicana, que constituyen los límites dentro de los cuales deben llevarse a cabo los trabajos de la Asamblea Nacional Constituyente y que, por tanto, deben ser conservados, son los siguientes:

En *primer lugar*, el principio del *republicanismo* mismo, que parte del postulado de que la soberanía sólo reside en el pueblo, lo que impide que se pueda considerar a cualquier órgano del Estado como soberano. Sólo el pueblo es soberano, por lo que no hay persona u órgano estatal alguno que pueda arrogarse la soberanía.

Ello implica el rechazo a cualquier idea monárquica o a cualquier intento de situar la soberanía en un órgano del Estado, incluso, en la propia Asamblea Constituyente, la cual no puede ser nunca soberana ni pretender asumir la soberanía, que sólo pertenece al pueblo. El pueblo es el soberano, nunca es la Asamblea. Así fue que se plasmó dicho principio, desde la propia Constitución de 1811, en la norma que constituyó el antecedente del actual artículo 4 de la Constitución de 1961.

En *segundo lugar*, como segundo valor y principio de nuestra historia republicana, esta el de la *democracia representativa*, que implica que el pueblo sólo puede ejercer su soberanía mediante el sufragio, a través de representantes. Es decir, uno de los principios constantes de nuestra historia republicana es el de la democracia representativa, el cual la Asamblea Constituyente debe respetar, debiendo sin embargo, modificar radicalmente el sistema electoral, de manera que los representantes que se elijan en el futuro, lo sean efectivamente del pueblo y no de los partidos políticos.

Por ello, todas las propuestas que deben formularse para hacer efectiva la democracia participativa, deben respetar el principio republicano de la democracia representativa, que en ningún caso puede desaparecer o ser sustituida.

La democracia participativa, por tanto, no es un régimen político que pueda diseñarse en sustitución de la democracia representativa, sino que es su complemento y perfeccionamiento, de manera de asegurar una participación más efectiva del pueblo en la toma de decisiones políticas, por ejemplo, mediante referendos y consultas públicas.

El *tercer* principio fundamental de nuestra historia republicana, que ha sido el fundamento del constitucionalismo moderno, es el principio de la *supremacía constitucional* que implica que dado el carácter de Ley Suprema que tiene la Constitución, toda violación a la misma acarrea la nulidad del acto estatal que se encuentre en colisión con la Constitución. Este principio, por tanto, es otro de los límites impuestos por la soberanía popular a la Asamblea Nacional Constituyente, que esta debe respetar.

Dicho principio exige, en consecuencia, que el ordenamiento garantice la supremacía constitucional declarando nulo todo acto violatorio de la Constitución, y estableciendo, como ha sido tradición constitucional de Venezuela desde el Siglo pasado, mecanismos efectivos de protección y defensa de la Constitución, como el control judicial tanto difuso como concentrado de la constitucionalidad de las leyes y demás actos normativos.

El *cuarto* de los valores de nuestra historia republicana es el principio de la *distribución territorial del Poder Público* como garantía de libertad y como mecanismo para la prevención del abuso de poder.

En toda nuestra historia republicana, en efecto, el Poder Público ha estado distribuido territorialmente habiéndose originado progresivamente tres niveles de gobierno que respectivamente ejercen, conforme a la forma federal del Estado, el Poder Nacional, el Poder de los Estados y el Poder Municipal. Por ello, el *Federalismo* y el *Municipalismo* son dos valores de nuestra historia republicana que deben ser respetados por la Asamblea Constituyente.

El *quinto* de los principios de nuestra historia republicana, es el principio de la *separación de los Poderes Públicos* en los tres niveles territoriales, entre el Poder Ejecutivo, el Poder Legislativo y el Poder Judicial, lo que origina un rechazo a toda fórmula de unicidad del Poder Público, y exige su separación en tres órganos estatales, cada uno con sus competencias y, además, un sistema de frenos, controles y contrapesos entre ellos, a los efectos de garantizar la libertad.

Por ello, sería contrario al principio de la separación de poderes toda decisión que pretendiera la unicidad del Poder, es decir, que un solo órgano del Estado asumiera el ejercicio de varios poderes estatales.

El respeto al principio de la separación de poderes, incluso, impide a la Asamblea Constituyente poder asumir, además de su tarea constituyente, el Poder Legislativo o el Poder Judicial disolviendo al Congreso o a la Corte Suprema.

Ello, además de ser contrario a la voluntad popular que le dio origen, contrariaría el principio de la separación de poderes que es esencial en nuestra historia republicana, establecido desde la Constitución de 1811, y que constituye uno de los límites específicos impuestos a la Asamblea Constituyente por el pueblo soberano en el *Referéndum* del 25 de abril de 1999.

El *sexto* de los principios de nuestra historia republicana que la Asamblea Constituyente debe respetar al organizar el Poder Público, es el del *sistema presidencial* de gobierno, lo que implica, no sólo la separación entre el órgano legislativo y el órgano ejecutivo, sino la atribución de la Jefatura del Estado y del Gobierno a un Presidente de la República electo mediante votación directa.

El presidencialismo, así, ha sido de la esencia no sólo de nuestra historia republicana sino de toda América Latina, donde nunca ha existido un sistema de gobierno parlamentario. Pueden establecerse correctivos parlamentarios (controles y contrapesos) en relación al presidencialismo como algunos de los que existen en la Constitución de 1961 (existencia del Consejo de Ministros responsable; voto de censura de las Cámaras Legislativas respecto de los Ministros; deber de comparecencia de éstos a las Cámaras; derecho de los Ministros a tener iniciativa legislativa y participar en la discusión de las leyes), pero ello no cambia la naturaleza presidencial del sistema de gobierno que, como principio del republicanismo, debe conservarse.

En relación con el sistema de gobierno, otros de los principios esenciales de nuestra historia republicana, que deben respetarse, son los principios del gobierno alternativo y responsable, que además de los principios del gobierno democrático, representativo, deben complementarse con otros como el del carácter participativo. La alternabilidad gubernamental, por tanto, es de la esencia de nuestra historia republicana, lo que ha dado origen a la tradición de la limitación a la reelección presidencial; al igual que lo es la responsabilidad de los gobernantes.

El *séptimo* de los principios de nuestra historia republicana que debe respetar la Asamblea Nacional Constituyente, es el *sistema constitucional de controles* en relación con el ejercicio del Poder Público. Una formulación original de este principio fue la propuesta del Libertador Simón Bolívar en el Congreso de Angostura de 1819 sobre el Poder Moral, y que el constitucionalismo contemporáneo ha regulado mediante el establecimiento de órganos constitucionales especializados, con autonomía funcional, como la Contraloría General de la República, o la Fiscalía General de la República. Nuevos órganos de control, sin duda, deben establecerse como el Defensor del Pueblo o de los Derechos Humanos, pero sin que se piense en eliminar el órgano de control fiscal o de control del cumplimiento de la Constitución.

El *octavo* de los valores de nuestra historia republicana, es la consagración constitucional de los *derechos y garantías constitucionales* en el texto fundamental, lo cual tiene su antecedente remoto en la Declaración de los Derechos del Pueblo adoptada el 1º de julio de 1811 por la Sección Legislativa de la Provincia de Caracas del Congreso General de 1811, incluso 4 días antes de la Declaración de Independencia.

La Asamblea Nacional Constituyente, por tanto, debe respetar el principio republicano de la enumeración de los derechos y garantías constitucionales, ampliándola sin duda, mediante la atribución de rango constitucional a los tratados internacionales que los han venido consagrando.

Por último, también puede decirse que se configuran como valores y principios de nuestra historia republicana, los denominados *principios pétreos* de nuestro constitucionalismo, y que son tanto el principio de la *independencia nacional* como el principio de la *integridad del territorio,* a los que la Asamblea Nacional Constituyente está sujeta. La Asamblea, por tanto, en forma alguna podría afectar la Independencia de Venezuela o la integridad de su territorio que tiene su origen en el que correspondió a la Capitanía General de Venezuela antes de la transformación política independentista iniciada el 19 de abril de 1810.

2. *El cumplimiento de los Tratados Internacionales, Acuerdos y Compromisos válidamente suscritos por la República*

El segundo gran límite impuesto por la soberanía popular manifestada en el *Referéndum* del 25 de abril de 1999, a la Asamblea Nacional Constituyente, es el cumplimiento de los Tratados Internacionales, Acuerdos y Compromisos válidamente suscritos por la República.

Este límite, en realidad, le establece a la Asamblea Nacional Constituyente un marco para transformar el Estado y crear un nuevo ordenamiento jurídico que haga efectiva la democracia social y participativa, conformado por todos los tratados, acuerdos y compromisos suscritos válidamente por la República, tanto de carácter bilateral como multilateral y en los cuales, entre otros, se regula el principio democrático, el régimen de protección de los derechos humanos y las garantías ciudadanas a la libertad.

Por otra parte, este límite impuesto a la Asamblea, responde al mismo principio del artículo 7 de la Constitución de 1961 que precisa el territorio nacional en relación con el que era de la Capitanía General de Venezuela a inicios del Siglo XIX, pero con las modificaciones resultantes de los Tratados válidamente celebrados, lo que excluye toda posibilidad de que la Asamblea pretenda desconocer los Tratados de límites territoriales que han sido celebrados por la República.

3. *El carácter progresivo de los derechos fundamentales del hombre*

El tercero de los límites establecidos por la voluntad popular expresada en el *Referéndum* del 25 de abril de 1999 a la Asamblea Nacional Constituyente, en su misión de transformar el Estado y crear un nuevo ordenamiento jurídico que asegure efectivamente una democracia social y participativa, es el carácter progresivo de los derechos fundamentales del hombre.

Esto significa que la garantía de los derechos humanos no se agota con su enumeración constitucional y la previsión de los medios judiciales de protección, como la acción de amparo, sino mediante su aplicación e interpretación progresiva, en favor de la persona humana y de la libertad. Ello implica que en todo caso de duda, la Ley debe ser interpretada de manera favorable a los derechos fundamentales, a su preservación y protección buscando que siempre prevalezca la libertad.

En tal sentido las limitaciones a los derechos fundamentales establecidas legalmente, siempre deben interpretarse restrictivamente, a favor de la libertad.

4. *Las garantías democráticas dentro del más absoluto respeto de los compromisos asumidos*

Por último, la *Base Comicial Octava* a que se refirió la consulta popular del 25 de abril de 1999, estableció como límite a la Asamblea Nacional Constituyente, el respeto de las garantías democráticas dentro del más absoluto respeto de los compromisos asumidos.

Estas garantías democráticas apuntan a los principios fundamentales del régimen democrático, representativo, alternativo y responsable que deben preservarse en la nueva Constitución, además de la previsión de instrumentos para hacer de la democracia un régimen más representativo, participativo y social.

Además, el respeto de las garantías democráticas implica el respeto de los valores esenciales de la democracia como régimen político, entre ellos, el de la igualdad, la libertad, la dignidad de la persona humana, el sometimiento al derecho, la tolerancia, el pluralismo, el respeto de las minorías y el control y limitación del poder como garantía de libertad.

V. PROPUESTA DE REDACCIÓN DEL ARTÍCULO 1° DEL PROYECTO DE ESTATUTO DE FUNCIONAMIENTO DE LA ASAMBLEA NACIONAL CONSTITUYENTE

Con fundamento en todo lo anteriormente expuesto, mi proposición de redacción del artículo 1° del Estatuto de Funcionamiento, es la siguiente:

"*Artículo 1°*: La Asamblea Nacional Constituyente es producto de la voluntad y soberanía populares expresadas en las preguntas y bases comiciales del *Referéndum consultivo* celebrado el 25 de abril de 1999.

Su propósito es transformar el Estado y crear un nuevo ordenamiento jurídico que permita el funcionamiento efectivo de una democracia social y participativa, el cual debe materializar en una Constitución que someterá a *Referéndum aprobatorio* dentro de los treinta días siguientes continuos a su sanción."

Con base en todo lo anterior, se terminó el debate y se sometieron a aprobación las diversas propuestas formuladas en relación con el artículo 1° del Reglamento, habiéndose aprobado solamente la inclusión de un agregado propuesto por el Constituyente Combellas, precisando que "La Constitución de 1961 y el resto del ordenamiento jurídico imperante mantendrá su vigencia en todo aquello que no colide o sea contradictorio con los actos jurídicos y demás decisiones de la Asamblea Nacional

Constituyente". El resultado fue entonces que el artículo 1º del Reglamento se aprobó con la siguiente redacción:

> "*Artículo 1.* La Asamblea Nacional Constituyente es la depositaria de la voluntad popular y expresión de su soberanía con las atribuciones del poder originario para reorganizar el Estado venezolano y crear un nuevo ordenamiento jurídico democrático.
>
> La Asamblea en uso de sus atribuciones que le son inherentes, podrá limitar o decidir cesación de las actividades de las autoridades que conforman el poder público.
>
> Su objetivo será transformar el Estado y crear un nuevo ordenamiento jurídico que garantice la existencia efectiva de la democracia social y participativa.
>
> *Parágrafo primero.* Todos los organismos del Poder Público quedan subordinados a la Asamblea Nacional Constituyente y están en la obligación de cumplir y hacer cumplir los actos jurídicos estatales que emita dicha Asamblea Nacional.
>
> *Parágrafo segundo.* La Constitución de 1961 y el resto del ordenamiento jurídico imperante mantendrá su vigencia en todo aquello que no lo colida o sea contradictorio en los actos jurídicos y demás decisiones de la Asamblea Nacional Constituyente".

Debe mencionarse, sin embargo, que la propuesta de agregado del Parágrafo Segundo, motivó que la Constituyente Iris Valera hubiera salvado su voto, por considerar que ello "representará a corto plazo una frustración para el pueblo venezolano que nos ha dado señales contundentes de su aspiración inmediata en que se liquide el actual sistema político sin dilaciones y la conformación política de esta soberana Asamblea es una prueba de ello."

***

En todo caso, con la decisión de aprobar el artículo 1 del Reglamento o Estatuto como luego se llamó, quedaron claros los poderes que se auto atribuyó la Asamblea, y que no le habían sido atribuidos por el pueblo en el referendo del 25 de abril de 1999, conforme los cuales, la Asamblea asumía "las atribuciones del poder originario para reorganizar el Estado venezolano y crear un nuevo ordenamiento jurídico democrático," pudiendo "limitar o decidir cesación de las actividades de las autoridades que conforman el poder público," decretando que "todos los organismos del Poder Público" le quedaban "subordinados" con la "obligación de cumplir y hacer cumplir los actos jurídicos estatales que emita dicha Asamblea Nacional." La Asamblea además quedaba autorizada para reformar y modificar mediante "los actos jurídicos y demás decisiones" que adoptare "la Constitución de 1961 y el resto del ordenamiento jurídico imperante" que mantenía su vigencia en todo aquello que no lo colida o sea contradictorio" con lo que resolviera.

Se formalizó, así el golpe de Estado constituyente, conforme al cual la Asamblea pasó a intervenir todos los poderes constituidos, al margen de la Constitución de 1961, aún vigente y en contra de la voluntad popular expresada en las elecciones de 1998.

QUINTA PARTE
LA ASAMBLEA NACIONAL CONSTITUYENTE CONTRA LA CONSTITUCIÓN DE 1961: LA INTERVENCIÓN DE TODOS LOS PODERES CONSTITUIDOS Y EL GOLPE DE ESTADO CONTINUADO
(8 AGOSTO 1999 - 8 SEPTIEMBRE 1999)

Esta Parte está constituida por algunos de los textos que conformaron el Tomo I de mi libro *Debate Constituyente (Aportes a la Asamblea Nacional Constituyente),* Fundación de Derecho Público, Editorial Jurídica Venezolana, Carcas 1999, que contiene mis aportes presentados por escrito ante la Asamblea Constituyente durante el primer mes de su funcionamiento, entre el 8 de agosto y el 9 de septiembre de 1999.

Dicho Tomo I, en todo caso, estuvo precedido de la siguiente presentación:

Este libro recoge los aportes que he efectuado al debate desarrollado en la Asamblea Nacional Constituyente durante el primer mes de su funcionamiento, entre el 8 de agosto y el 8 de septiembre de 1999, y que se traducen, no sólo en exposiciones verbales y votos razonados negativos en las diversas *Controversias constituyentes* desarrolladas, sino en informes escritos con *Comentarios constituyentes* sobre diversos tópicos constitucionales y *Propuestas constituyentes* relativas a determinadas reformas o proyectos constitucionales.

Un mes es un tiempo muy corto para un proceso de cambio constitucional como el que vive el país; sin embargo, analizado a través del trabajo de los Constituyentes, se nos puede aparecer como un tiempo más bien largo y fecundo, como el que le he dedicado al proceso.

Estos aportes a la Asamblea Nacional Constituyente, transcurrido el primer mes de su funcionamiento, estaban allí, en mis archivos y carpetas. Cuando pude tener un tiempo para ordenarlos, comencé a constatar que no sólo había producido varios documentos que considero de interés para el debate constituyente, sino que habían quedado sentados diversos criterios sobre el proceso constituyente, que bien valía la pena salieran del sólo ámbito las Comisiones de la Asamblea, y pudieran ser del conocimiento, no sólo de los demás Constituyentes, sino del público y de los interesados en estos temas. De allí este libro, que he dividido en tres partes:

La *Primera Parte*, relativa a las *Controversias Constitucionales*, recoge mi posición sobre el tema del Poder Constituyente Originario que, en mi criterio, corresponde únicamente al pueblo, y que en este momento constituyente se manifestó en el Referéndum del 25-4-99; y mi discrepancia con el criterio de la mayoría de la Asamblea que ha llevado a que la misma, en diversas oportunidades, se hubiese declarado a sí misma como "originaria", es decir, como poder constituyente originario usurpando, en mi criterio, la soberanía popular.

Esta controversia constitucional se materializó en los diferentes debates que se suscitaron con motivo de la aprobación del artículo 1º del *Estatuto* de funcionamiento de la Asamblea, mediante el cual esta se auto-atribuyó el ejercicio del poder constituyente originario y, posteriormente, con motivo de la aprobación de los diversos decretos de intervención de los denominados Poderes Constituidos, sesiones en las cuales no sólo expuse verbalmente mi criterio, sino que formulé por escrito observaciones críticas y votos razonados negativos. Así sucedió en el debate sobre el denominado *Decreto de Emergencia Nacional,* que resultó en un *Decreto de Declaratoria de Reorganización de todos los órganos de los Poderes Públicos*; en el debate sobre el *Decreto de Reorganización del Poder Judicial;* en los debates sobre el *Decreto de Regulación de las funciones del Poder Legislativo* y en el debate sobre el *Decreto de Suspensión de las Elecciones Municipales.*

La actividad central de la Asamblea, en el primer mes de funcionamiento, se orientó hacia esos debates y en todos ellos dejé claramente expuesta mi opinión, no sólo de la violación que con esos Decretos se hacía de las *Bases* de la Asamblea aprobadas en el Referéndum del 25-4-99 que le dió origen; sino de la absoluta inconveniencia para el proceso constituyente, de las intervenciones por la Asamblea, de los órganos del Poder Legislativo y del Poder Judicial

El corto tiempo del mes transcurrido puede decirse nos dió la razón a quienes así pensamos, lo que ha quedado en evidencia en los acuerdos de convivencia o autoregulación a que ha tenido que llegar la Directiva de la Asamblea con el Congreso y el Consejo de la Judicatura; acuerdos, que en su contenido, derogan o modifican los Decretos correspondientes de la Asamblea.

Pero al margen de mi participación en los debates sobre las *Controversias constitucionales* relativas a la intervención de los Poderes Legislativos y Judicial, durante este mes de trabajo, que también lo ha sido de las Comisiones de la Asamblea, he elaborado una serie de documentos y propuestas dirigidos a las mismas, que se publican en las dos siguientes partes del libro.

En efecto, la *Segunda parte,* relativa a *Comentarios Constituyentes* se publican mis reflexiones relativas al *Preámbulo de la Constitución* de 1961, como un aporte a la Comisión Constitucional; y algunos comentarios al *Acuerdo de la Corte Suprema de Justicia,* de 23-8-99 que motivó la renuncia de la Presidente de la Corte y que fue interpretado como una supuesta aceptación por parte del Máximo Tribunal del Decreto de la Asamblea.

En la *Tercera Parte* se publican diversas *Propuestas Constitucionales* que formulé y envíe durante el mes a diversas Comisiones de la Asamblea, en concreto, sobre la *Forma Federal del* Estado en la Nueva Constitución: Nuevo

Federalismo y Nuevo Municipalismo; sobre la Regulación de la *Integración Económica Regional,* en particular la relativa a la Comunidad Andina; sobre la Regulación del *Principio Democrático Representativo y Participativo;* sobre la Regulación del *Derecho de Propiedad y la Expropiación*; sobre la *Redacción del Preámbulo;* y sobre la *Cláusula de Inmunidad Relativa de Jurisdicción* y sobre *la Cláusula Calvo en los Contratos de Interés Público.*

Con este libro, no sólo dejo testimonio del trabajo realizado, sino de los debates en los que he participado en representación de todo el pueblo, actuando conforme a mi conciencia y sin estar sujeto a directrices externas, que es como estimo debemos actuar todos los Constituyentes. *Caracas, 13 de Septiembre de 1999.*

SECCIÓN PRIMERA:

LA CHARADA SOBRE LA SUJECIÓN DEL PRESIDENTE DE LA REPÚBLICA A LA VOLUNTAD DE LA ASAMBLEA NACIONAL CONSTITUYENTE, Y SU RATIFICACIÓN EN EL CARGO

En la sesión de la Asamblea Nacional Constituyente del día 9 de agosto de 1999, se consideraron dos puntos en la Agenda, sin duda, previamente establecidos como producto de la especie de libreto preconcebido, que fueron el "Considerar el planteamiento del Presidente de la República, ciudadano Hugo Rafael Chávez Frías, de poner su cargo a la orden ante la Asamblea Nacional Constituyente, realizado en su discurso del día 5 de agosto de 1999," y "la consideración de un "proyecto de Acuerdo ratificando al ciudadano Hugo Rafael Chávez Frías como Presidente de la República."

El Presidente, en efecto, como efecto demostrativo, en su discurso ante la Asamblea cuatro días antes, había puesto su cargo a la orden de la misma, dando la pauta de lo que en su criterio quizás también debían hacer el resto de los poderes constituidos. En su caso, por supuesto, dominando la casi total mayoría de la Asamblea, sabía que sería "ratificado" en su cargo, como ocurrió. Igual suerte quizás y sin embargo, no hubieran corrido los otros titulares de los Poderes Públicos.

La puesta de su cargo a la orden de la Asamblea, por el Presidente, por tanto, era una parodia que nadie se creía, de manera que una vez leída la propuesta formulada por el Constituyente José León Tapia Contreras, de "ratificar al ciudadano Hugo Chávez Frías en el cargo de Presidente Constitucional de la República de Venezuela, para el cual fue electo democráticamente el pasado 6 de diciembre de 1998," y de que "se lo juramentara de nuevo el 11 de agosto de 1999," solicité la palabra abriendo el debate, indicando lo siguiente:

> *"Constituyente BREWER CARÍAS (Allan): Como miembro de esta Asamblea y a título personal, por supuesto, aprecio el gesto del señor Presidente de la República de ponernos su cargo a la orden.*
>
> *Esto hubiera tenido un sentido lógico si el título del Presidente de la República fuese ilegítimo o hubiese alguna duda sobre su legitimidad; pero no, el Presidente de la República fue electo democráticamente el 6 de diciembre pasado con una muy apreciable mayoría que no deja lugar a duda alguna sobre la legitimidad de su título como Jefe de Estado y Jefe de Gobierno.*

El Presidente no necesita, para gobernar, en mi criterio, que esta Asamblea lo ratifique, pero si a pesar de ello así lo quiere, honor que nos hace.

Sin embargo, hay que recordar que gestos como éste, lamentablemente, los reseña la historia sólo cuando algún líder ha querido legitimarse, por la carencia de títulos adecuados ante una asamblea propia. No quisiera que así se recordara el gesto del Presidente de la República.

Así lo hizo, por ejemplo, hace 480 años, Hernán Cortés, al desembarcar en las costas de México sin licencia para descubrir y poblar, pues la que tenía del gobernador de la isla de Cuba, Diego de Velásquez, éste se la había revocado. Para legitimarse en la conquista, fundó la ciudad denominada "Villa Rica de la Vera Cruz" y aun cuando no tenía licencia para ello, nombró sus regidores y alcaldes, como era costumbre fundacional, y al día siguiente renunció ante ellos al mando y les dijo lo siguiente, con la venia del Presidente (asentimiento), leo:

'Bien sabéis que yo gobierno el ejército sin otro título que un nombramiento de Diego de Velásquez, que fue con poca intromisión escrito y revocado. Dejo aparte la sinrazón de su desconfianza, por ser de otro propósito, pero no puedo negar que la jurisdicción militar de que tanto necesitamos, se conserva hoy en mí, contra la voluntad de su dueño, y se funda en un título violento que trae consigo mal disimulada la flaqueza de su origen.

A vosotros, señores, toca el remedio de este inconveniente y el Ayuntamiento en quien reside hoy la representación de nuestro Rey, puede en su real nombre proveer el gobierno de sus armas, eligiendo personas en quien no concurran estas nulidades.

Muchos sujetos hay en el ejército capaces de esta ocupación y en cualquiera que tenga otro género de autoridad, o que lo reciba de vuestra mano, estará mejor empleado.

Yo desisto, desde luego, del derecho que pudo comunicarme la posesión y renuncio en vuestras manos el título que me puso en ellas, Para que discurráis contad con todo el arbitrio en vuestra elección y puedo asegurarles que toda mi ambición se reduce al acierto de nuestra empresa y que sabré, sin violentarme, acomodar la pica en la mano que deja el bastón, y si en la guerra se aprende el mandar obedeciendo, también hay casos en que el haber mandado enseña a obedecer'.

Esto dijo Hernán Cortés ante sus alcaldes y regidores. Y, dicho esto, arrojó sobre la mesa el título de Diego de Velásquez y entregó el bastón de mando a los alcaldes retirándose.

Los alcaldes aceptaron la renuncia de Cortés y de seguidas, como sin duda estaba previsto, lo nombraron Capitán General y Justicia Mayor, es decir, Gobernador del Ejército de Nueva España.

Este no es el caso del señor Presidente de la República, Hugo Chávez Frías: él tiene toda la legitimidad necesaria como Presidente de la República por elección popular, para ejercer su función de gobierno que tanto necesitamos en el país.

Por ello estimo que esta Asamblea no tiene pronunciamiento alguno que hacer en este caso, salvo el de agradecer al Presidente su gesto para con nosotros. Gracias."

A continuación, más directamente, el Constituyente Alberto Franceschi identificó con claridad de qué se trataba la parodia, afirmando que Hugo Chávez era el Presidente de Venezuela, electo por el pueblo, razón por la cual dijo que no participaría en esa votación,

"porque considero que esto es parte de una propuesta de liquidación del viejo liderazgo político del país, que bien lo tiene merecido, más que se ha escogido este camino un poco original, digamos, para andar más o menos rápido en la liquidación del viejo estamento político anterior.

Que quede claro entonces, que cuando se propone esta -no voy a calificarlo con adjetivo- ratificación del Presidente de la República por esta Constituyente, lo que se quiere es indicarle a los gobernadores, a la alta Corte, a todos los funcionarios electos o de elecciones más o menos recientes, que también deberían estar en la obligación de poner sus cargos a la orden de lo que supone sería una razzia electoral del Polo Patriótico para sustituirles en esos cargos.

El Presidente no corre el menor riesgo de ser sustituido por esta Asamblea Constituyente. Él dice que él lo había propuesto antes de saber los resultados; bueno, mérito le cabe para ser tan previsivo, de que creyendo tanto como ha creído en esta Constituyente, antes de saber si había ganado o perdido ya ponía su cargo a la orden.

Pero es un hecho, amigos, no vine aquí a ratificar al Presidente, para mí el Presidente es absolutamente legítimo desde el 2 de febrero pasado y lo será hasta que la nueva Constitución decida si, incluso, decide alargarle o acortarle su período. Para eso, me imagino, sí tendrá soberanía desde esta constituyente con el acuerdo, por supuesto, de los poderes públicos."

En definitiva consideró Franceschi que Chávez había sido juramentado conforme a la Constitución de 1961, que era el texto que le había permitido tener todos los privilegios de mando y los resortes de poder, considerando que hasta que fuera proclamada por un referéndum positivo la nueva Constitución la de 1961 debía estar efectivamente, en vigencia.

El debate siguió con la intervención del Constituyente Hermán Escarrá, quien consideró que como "la Asamblea Nacional Constituyente es originaria y que su objeto, entre otros, es refundar la República, entonces no es menos cierto que los poderes constituidos se subordinan al poder constituyente originario delegado temporalmente en esta Asamblea," por lo que el acto propuesto con el Presidente tenía "por objeto no solamente confirmar el carácter soberano, originario y refundacional de esta Asamblea, sino exhortar a los poderes constituidos también a homologar lo que ya está en el Reglamento, y es que el poder constituido está subordinado al poder constituyente originario." En sentido similar, el Constituyente Ángel Rodríguez consideró que como "la Presidencia de la República, como institución, es parte del poder constituido," la Asamblea "como poder soberano" debía "designar al Presidente de la República para que asuma las funciones inherentes a su cargo y las que emanen de esta Asamblea Nacional Constituyente." Luego intervino el Constituyente Mario Isea, criticando mi posición, considerando que con ella lo que se quería era "devaluar hoy un gesto que tiene un alto significado" que no era otro que "el significado de ratificar el carácter originario de la Asamblea, el significado de que el Poder Ejecutivo expresa de manera clara y precisa que esta Asamblea Nacional Constituyente no está subordinada a ninguno de los poderes constituidos." Le siguió una intervención del Constituyente Earle Herrera sobre la comparación histórica que hice del acto propuesto con el gesto igualmente falso de Hernán Cortés, que por lo visto no le gustó.

Luego intervino el Constituyente Claudio Fermín, quien también negó su apoyo a la propuesta, considerando que no tenía "ninguna razón para dudar ni para menoscabar el valor de esa elección de diciembre de 1998," ni consideraba que existiera causal alguna "como para descalificar al Presidente," argumentando que su voto lo basaba en "los principios que van a guiar otros votos que tendré en esta Asamblea," en el sentido de que:

> "Luego de que algún representante electo para el servicio público, sea presidente, gobernador o alcalde, cuando alguien electo para un cargo ejecutivo, pudiere incurrir en el futuro en alguna razón que necesitase ratificación o revocatoria, desde mi óptica, y esa es mi convicción y por eso la expreso, solamente quien da el mandato pueda revocar o puede ratificar

Concluía Fermín considerando que su condición de miembro de la Asamblea, en ningún caso le daba la condición de elector del Presidente.

La propuesta, en todo caso, fue en definitiva aprobada "por abrumadora mayoría" pero con los votos negativos de Franceschi, Fermín y el mío. En la sesión de 11 de agosto de 1999, la Asamblea nacional Constituyente procedió, en consecuencia, a "Ratificar al ciudadano Hugo Chávez Frías, como Presidente de la República de Venezuela," y el Presidente de la Asamblea Miquelena a tomarle el juramento, no sin antes referirse a la idea de la Asamblea Constituyente que "tenía que tener el carácter soberano, la fuerza suficiente, el poder de una asamblea constituyente primaria que fuera capaz de servir de palanca impulsora para los cambios que estaban planteados en nuestros país." Recordó además Miquelena, al tomarle el juramento al Presidente, el hecho de que hubiera puesto sus poderes a la orden de la Asamblea, y que ésta "soberanamente" le haya otorgado en la sesión del 9 de los corrientes "la potestad, la legitimidad del ejercicio de sus funciones como Presidente de la República."

Se cumplió así el libreto que se tenía trazado, del cual además, los próximos pasos ya los anunciaba el propio Presidente al decir que él y su gabinete se ponían a disposición de la Asamblea "para lo que ustedes manden y ordenen […] dentro de la declaración de emergencia, que entiendo está a punto de concretarse en el seno de las deliberaciones." Ya el Presidente lo sabía, y el tema ni siquiera se había planteado aún formalmente en la Asamblea, todo enmarcado en el carácter de la Asamblea Constituyente, como "originaria considerando "que todos los poderes constituidos tendremos que subordinarnos no sólo de palabra sino de hecho concreto, ante los soberanos mandatos que de aquí emanen, de esto centro de luces."

Lo que siguió fue, en todo caso, lo que estaba anunciado: la intervención sucesiva de todos los poderes públicos constituidos, en lo que se configuró como un golpe de Estado continuado, habiendo yo salvado mi voto en todos y cada uno de los actos constituyentes adoptados por la Asamblea.

SECCIÓN SEGUNDA:
LA DECLARATORIA GENERAL DE REORGANIZACIÓN DE TODOS LOS ÓRGANOS DEL PODER PÚBLICO

Lo primero que hizo la Asamblea, conforme al libreto que sus directivos ya tenían preestablecido, fue decretar la reorganización de todos los órganos de los poderes públicos, respecto de lo cual me opuse no sólo en forma oral en la sesión del 12 de agosto de 1999, sino luego mediante Voto Salvado que consigné por escrito. Para justificar este acto constituyente de intervención e interferencia respecto de todos los poderes públicos constituidos, la Asamblea comenzó a construir la falsa afirmación de que el pueblo, en el referendo consultivo del 25 de abril, le había conferido el "poder constituyente originario," lo cual no era cierto, ya que dicho poder lo había usurpado la Asamblea y se lo había auto atribuido al aprobar su Estatuto de Funcionamiento. En todo caso, la afirmación falsa se repitió en todos los actos constituyentes posteriores. A continuación, mis observaciones críticas sobre el Decreto.

I. EXPOSICIÓN EN LA SESIÓN DE LA ASAMBLEA NACIONAL CONSTITUYENTE DEL DÍA 12-08-99 CON LA OCASIÓN DEL DEBATE SOBRE EL DECRETO DE DECLARATORIA DE EMERGENCIA NACIONAL

CONSTITUYENTE BREWER-CARIAS (ALLAN).- (Desde la Tribuna de Oradores). Ciudadano Presidente, colegas constituyentes. Me refiero al proyecto de Decreto de Declaratoria de Emergencia Nacional que fue distribuido el día de ayer, y como primer punto quisiera solicitarle, ciudadano Presidente, que a partir de ahora tratemos de cumplir los lapsos y plazos establecidos en el Estatuto. Allí se ha indicado que, al menos con 24 horas de anticipación, deben repartirse documentos de este tipo, y es importante que lo tengamos en cuenta hacia el futuro. Sé que el trabajo ha sido a marcha forzada, pero tratemos de regularizarnos para tener estos documentos con la debida antelación como nos interesa a los miembros de esta Asamblea.

Ahora, en cuanto al proyecto en sí, tal como está redactado o concebido, pienso que causa más daño a la Asamblea Nacional Constituyente y a la imagen del país, lo que fue motivo de la queja del Presidente de la República ayer en esta Asamblea; que los beneficios que parece buscar y que, en mi criterio, leído globalmente, lo que conduce es a la intención de declarar en emergencia las instituciones públicas del país, muy lejos de declarar el Estado de Emergencia Nacional.

Simplemente, no es un problema semántico, de terminología, sino conceptual, y creo que tenemos que buscar que las decisiones de la ANC respondan realmente a lo que se quiere. En ese sentido, quiero hacer una serie de observaciones a este texto.

En primer lugar, al fundamento del decreto. Allí se dice: "La Asamblea, en representación del pueblo, en ejercicio del Poder Constituyente originario, otorgado al pueblo mediante Referéndum aprobado democráticamente el 25 de abril..." La verdad es que el Referéndum del 25 de abril no otorgó poder constituyente originario alguno, es una interpretación, ya se discutió el domingo pasado, no voy a reabrir esa discusión, fue la Asamblea Nacional Constituyente la que en el artículo 1º del Estatuto asumió ese poder constituyente originario, y así lo consideró y produjo lo que he calificado como una ruptura constitucional en democracia, al haber establecido el marco del Régimen Constitucional venezolano, basado en la Constitución de 1961 con las modificaciones que sean establecidas por la Asamblea Nacional Constituyente.

Por otra parte, celebro la remisión al Referéndum del 25 de abril, pero lamentablemente esto debimos haberlo hecho en el artículo 1º del Estatuto, como lo propuse formalmente y fue negado; ahora, nos vemos en la obligación, en cada acto de esta Asamblea, de hacer referencia al Referéndum del 25 de abril, cuando debimos haberlo puesto en el artículo 1º, como lo propuse. Posiblemente no fue adecuadamente interpretada mi proposición, que era vincular esta Asamblea, directamente, al Referéndum del 25 de abril, que fue el que le dio origen.

Ahora, en cuanto al texto de los considerandos del decreto, insisto en que la intención que uno aprecia no responde al texto del artículo. Si examinamos los considerandos nos damos cuenta que estamos en presencia, en este texto, de una manifestación o de una constatación de una crisis del sistema político, que nadie puede negar en este país. Sin embargo, sólo se nombra en el primer considerando, la crisis social y económica; y en el segundo considerando la crisis cultural, pero en ninguno se hace mención a la crisis de las instituciones políticas, que es el meollo del problema en el país y la intención de este Decreto, que es referirse a las instituciones públicas del país. Por eso creo que no basta decir que hay un colapso y pérdida de legitimidad de las instituciones del Estado, sino que lo que aquí está en crisis es un sistema político, de Estado centralizado de partidos, que se derrumbó, que concluyó y que hay que sustituir por otro modelo de Estado, que sea descentralizado y participativo, y que esto se realice en democracia.

Cuando uno constata la necesidad de implementar medidas que deben decidirse y ejecutarse para enfrentar la crisis, como dice el cuarto considerando, tenemos que hacer referencia a esta crisis institucional. Estos considerandos conducen a la declaración en emergencia de las instituciones venezolanas. Declaración en emergencia del sistema político, que implica declarar en emergencia lo que ya está en emergencia, que son las instituciones que están en crisis. Sin embargo, muy distinto es el texto del título del decreto al decir que aquí lo que se está es declarando la emergencia nacional. Se declara la emergencia nacional, dice el artículo 1º: Declaratoria de Emergencia Nacional.

Sin embargo, lamentablemente este no es el sentido de los artículos, porque en los artículos 1º y 2º se está declarando en emergencia a los poderes públicos y prever que la Asamblea puede tomar medidas respecto a esos poderes públicos. De manera que el objetivo es declarar en emergencia a las instituciones públicas del país que lo están, porque están en crisis, pero muy distinto a eso es pretender declarar la emergencia nacional que aparece en el texto del decreto.

Se ha recurrido, por tanto, a una terminología absolutamente inadecuada e inconveniente, que puede causar más confusión, hasta innecesaria. Sólo basta con leer el titular del diario El Nacional de hoy, cuando sale publicado: "Estado de Emergencia Nacional declara la Asamblea Nacional Constituyente". Me imagino este titular en la prensa extranjera y entonces veremos cuáles son las malas interpretaciones a las que se refería el Presidente de la República. Declarar la Emergencia Nacional, declara el estado de emergencia a nivel del derecho internacional, del derecho de los derechos humanos, del derecho constitucional, equivale a declarar el estado de sitio, de excepción, de circunstancias excepcionales, es decir, ir a otra cosa que no tiene nada que ver con lo que, en mi criterio, parece ser la intención de los redactores del proyecto.

Declarar la Emergencia Nacional es, materialmente, hacer referencia al artículo 240 de la Constitución actual, que habla del estado de emergencia. Es imposible que vayamos a declarar la emergencia nacional conforme al artículo 240, mas eso es potestad del Presidente de la República en caso de conflictos interior y exterior, o cuando existan fundados indicios de que eso pueda ocurrir, y que conduce -imposible de desligarlo- a la suspensión y restricción de las garantías constitucionales.

De manera que en el ámbito mundial, internacional, decir "Se declaró el estado de emergencia", implica que se estableció la posibilidad de la restricción y suspensión de garantías constitucionales, y esa, realmente, no es la intención que está en este decreto y, por lo tanto, insisto, tiene que cambiarse radicalmente su forma y su concepción.

Ese estado de emergencia, como concepto del derecho internacional y del derecho de los derechos humanos, repito, es una situación que se origina cuando hay una crisis que afecta el conjunto de una población y que representa una amenaza a la propia organización del Estado y de la comunidad...

EL PRESIDENTE. -(Interrumpiendo). Disculpe, ciudadano Constituyente. Acordamos darles entrada a los periodistas al hemiciclo, pero que no perturbaran la sesión con entrevistas. De tal manera que se les ruega cumplir con esa obligación.

Continúe, ciudadano Constituyente.

CONSTITUYENTE BREWER CARIAS (ALLAN).- En América Latina el estado de emergencia y el estado de excepción lamentablemente no han conducido a medidas para proteger la seguridad del Estado y el interés de la población; al contrario la experiencia es demasiado conocida, de mecanismos más bien represores de los Derechos Humanos.

La Comisión Interamericana de Derechos Humanos de la OEA que ha tocado reiteradamente este tema, en una resolución de 1968, señaló que: "La institución del estado de emergencia o de sitio es compatible con el régimen de gobierno democrático, si la misma es adoptada en las siguientes condiciones". Y dice con precisión: "que no suponga, entre otras cosas, la restricción de la vigencia del Estado de Derecho ni de las normas constitucionales, ni la alteración de las competencias de los poderes del Estado y el funcionamiento de los medios de control. Cuando se afectan estos mecanismos de estas instituciones, es incompatible el estado de emergencia con el régimen de los derechos fundamentales."

Por otra parte, declarar el estado de emergencia nos lleva directamente a que entre en vigencia el control internacional sobre Venezuela, que no es el objetivo que perseguimos. El tema del estado de emergencia ha dejado de ser, hace mucho tiempo, de la exclusividad de las jurisdicciones domésticas en los estados; pertenece a la internacionalización de los Derechos Humanos y a las jurisdicciones internacionales. De manera que al declarar el estado de emergencia entraría en aplicación el artículo 27 de la Convención Americana de los Derechos Humanos, y el artículo 4°

del Pacto Internacional de Derechos Civiles y Políticos que implican el sometimiento al control de organismos internacionales, y eso no es lo que en mi criterio está en la intención de este decreto o proyecto que se ha repartido.

De manera que para no confundir innecesariamente ni alimentar malos entendidos que puedan originar -con razón, por la mala utilización de términos- campañas internacionales, sugiero se cambie este texto, y que se declare en emergencia a las instituciones del Estado, a los órganos del Poder Público, como en efecto están, y eso con una redacción que tienen que variar. No se puede declarar una emergencia hasta que "cese la situación que la motiva", tiene que haber un término. Entre otras cosas esta es una Asamblea temporal, por lo que no puede declararse aquí la emergencia para siempre; al menos tiene que tener 6 meses o hasta que la Asamblea lo determine. De manera que esto en el artículo 1° debe ser eliminado.

Ahora, en cuanto a la propia redacción, también tiene que ser modificada radicalmente. Piensen en el artículo 1°: "Se declara la Emergencia Nacional sobre todo el territorio de la República." ¿Cómo es que se declara la emergencia "sobre todo el territorio de la República"? Debería ser "en todo el territorio de la República", ya que es imposible pensar que se pueda declarar la emergencia nacional en parte del territorio, de manera que esto es totalmente innecesario. Por otra parte, se dice, "se declara en emergencia a los poderes públicos de Estado". Eso no es posible, el Poder Público orgánicamente no existe; no es ningún órgano; es una potestad constitucional. Lo que se puede declarar en emergencia son las instituciones que ejercen el Poder Público, son los órganos de Estado, pero no el Poder Público y mucho menos declarar en emergencia a los poderes públicos del Estado. Eso es absolutamente redundante. No hay otro Poder Público que no sea del Estado, de manera que esto lo que nos pone en evidencia es que tenemos que cambiar radicalmente el texto de esta norma.

En el mismo sentido, el artículo 2° tiene que ser adaptado incluso al artículo 1° de los Estatutos de esta Asamblea. Allí se establece que la Asamblea puede decretar medidas sobre competencias, funcionamiento y organización de los órganos del Poder Público, para utilizar la terminología adecuada. Bueno, hay que ver qué significa esto, que la Asamblea puede modificar las competencias y la organización de los órganos del Poder Público directamente; creo que aquí también tenemos que tener conciencia que declarar en emergencia a los órganos del Estado, implica que los órganos del Poder Público, como lo dice el artículo 1° de los Estatutos, tienen que estar subordinado a la Asamblea, y ésta lo que tiene es que dar las instrucciones a los órganos del Poder Público para que adopten las medidas en su propio campo.

Si se va a declarar la emergencia del Poder Ejecutivo, esto implica dar instrucciones al Poder Ejecutivo para que tome determinadas medidas. Por ejemplo, la suspensión de alguna garantía constitucional, que es competencia del Ejecutivo; reorganización de la Administración Pública, para lo cual hay una Ley Habilitante. Pensar que la Asamblea va a comenzar a gobernar directamente, sería perdernos en un mar de gobierno y perder totalmente la orientación fundamental y que, en definitiva, es preparar un nuevo pacto político que se refleje en una nueva Constitución que tenemos que aprobar.

De manera que estas observaciones a los artículos 1° y 2°, que son el meollo de este decreto, me lleva, señor Presidente, señores constituyentes, a solicitarles que *reflexionemos sobre el texto propuesto, que más bien causa perjuicio. Su forma de redacción perjudica más que los beneficios que se buscan. Corrijamos lo que haya que corregir, a los efectos de que se logre el objetivo que, en mi criterio, insisto, es declarar en emergencia a las instituciones políticas del Estado, que ya lo están, porque la crisis ha sido terminal. Cuidemos hacía el futuro de que textos de esta naturaleza, que pueden ser bien importantes, no vayan a provocar reacciones innecesarias e inconvenientes, que más bien puedan lesionar la labor de la Asamblea y la propia imagen de lo que la Asamblea Nacional Constituyente tiene como rol fundamental hacia el futuro en el país.*

Muchas gracias, ciudadano Presidente, colegas constituyentes.

II. VOTO RAZONADO NEGATIVO CON MOTIVO DE LA APROBACIÓN DEL DECRETO DE REORGANIZACIÓN DE LOS PODERES PÚBLICOS EN LA SESIÓN DEL 12-08-1999

1. *Los fundamentos del Decreto*

El texto del Decreto aprobado por la Asamblea Nacional Constituyente menciona que se dicta por la Asamblea

"en ejercicio del Poder Constituyente otorgado por el pueblo mediante *Referéndum* realizado democráticamente el 25 de abril de 1999, para transformar el Estado y crear un nuevo ordenamiento jurídico que permita el funcionamiento efectivo de una democracia social y participativa, y de conformidad con lo dispuesto en el artículo 1° del Estatuto de la Asamblea".

Es decir, el Decreto precisa, con claridad cuáles son los fundamentos normativos de rango constitucional que le dan soporte. Esos son, en *primer lugar,* las preguntas y *Bases Comiciales* a las que se refirió el *Referéndum Consultivo* del 25-04-99; y en *segundo lugar,* el artículo 1° del Estatuto de la Asamblea.

Con tal fundamento, en *primer lugar,* el Decreto declara la reorganización de todos los órganos del Poder Público; en *segundo lugar,* auto habilita a la Asamblea para *decretar* las medidas necesarias para enfrentar situaciones específicas de la reorganización; y en *tercer lugar,* auto faculta a la Asamblea para disponer la *intervención, modificación o suspensión* de los órganos del Poder Público que así considere. Todo ello, con una finalidad precisa que limita la discrecionalidad y exige una motivación clara,

"de recuperar el Estado de Derecho, la estabilidad y el orden necesarios para reconstruir la República en el marco de los valores democráticos".

2. *Los límites a la asamblea derivados del referéndum del 25-04-1999*

Ahora bien, en mi criterio el Decreto aprobado, en realidad, no se ajusta ni a lo dispuesto por la voluntad popular al votar en el *Referéndum* del 25-04-99; ni en lo establecido en el artículo 1° del Estatuto de la Asamblea.

En efecto, conforme al *Referéndum* del 25-04-99, se creó la Asamblea Nacional Constituyente "con el propósito de transformar el Estado y crear un nuevo ordenamiento jurídico que permita el funcionamiento efectivo de una democracia social y participativa".

Pero ese propósito, sin duda, no puede cumplirse ni alcanzarse sin una modificación sustancial del ordenamiento constitucional vigente, pues el Estado está regulado en la Constitución y así mismo es la Constitución la que regula el ordenamiento jurídico con los principios de funcionamiento del régimen democrático; por lo que la transformación del Estado y la creación de un nuevo ordenamiento jurídico implican la reforma o modificación de la Constitución de 1961.

Pero en el *Referéndum Consultivo* del 25-04-99, el pueblo no le otorgó a la Asamblea la potestad de poner en vigencia la nueva Constitución que transforme al Estado y cree un nuevo ordenamiento jurídico, sino que se reservó su puesta en vigencia mediante un *Referéndum aprobatorio*. Por ello la *Base Novena de la Pregunta Segunda del Referéndum* dispuso que la Constitución que sancione la Asamblea -cuya elaboración es su misión esencial- sólo quedará definitivamente aprobada si el número de votos afirmativos en el *Referéndum aprobatorio,* es superior al número de votos negativos.

Y si la Asamblea Nacional Constituyente no tiene poder alguno derivado de la voluntad popular para poner en vigencia la nueva Constitución en la cual refleje la transformación del Estado que diseñe y el nuevo ordenamiento jurídico que elabore; menos aún tiene competencia alguna derivada del *Referéndum consultivo* del 25-04-99, para durante su funcionamiento, en estos seis meses, suspender, revocar, derogar o modificar, así sea temporalmente, la actual Constitución de 1961, cuyo texto estará vigente hasta que se apruebe, mediante *Referéndum,* la nueva Constitución.

En consecuencia, no es posible derivar del *Referéndum consultivo* de 25-04-99 fundamento alguno para que la Asamblea pueda, durante su funcionamiento, arrogarse el poder de *intervenir, modificar o suspender* los órganos del Poder Público antes de que la nueva Constitución entre en vigencia al ser aprobada por *Referéndum*, pues ello implicaría una modificación o suspensión de la Constitución vigente.

3. *El régimen de la distribución y separación del poder público*

En efecto, la distribución y separación del Poder Público, como potestad constitucional, origina la estructura fundamental de la organización del Estado. En Venezuela, su distribución vertical origina la forma del Estado Federal, al disponer tres niveles territoriales del Poder Público: el Poder Público Nacional; el Poder Público Estadal y el Poder Público Municipal, lo cual origina tres rangos de órganos que ejercen el Poder Público: los órganos nacionales; los órganos estadales y los órganos Municipales.

Estos, por otra parte, se disponen conforme a la separación orgánica de los poderes, así: en el nivel nacional, el Poder Legislativo Nacional, el Poder Ejecutivo Nacional y el Poder Judicial; en el nivel estadal, el Poder Legislativo Estadal y el Poder Ejecutivo Estadal; y en el nivel municipal, el Poder Legislativo Municipal y el Poder Ejecutivo Municipal.

Esta separación de poderes origina los diversos órganos que lo ejercen así: en el nivel nacional, el Congreso con sus dos Cámaras Legislativas (Senado y Cámara de Diputados); la Presidencia de la República, los Ministerios, las Oficinas de la Presidencia y demás órganos constitucionales de la Administración Pública; y la Corte Suprema de Justicia y los demás Tribunales de la República. Además, en el nivel nacional existen otros órganos constitucionales con autonomía funcional, que no están en la trilogía clásica de la separación de poderes pero que ejercen el Poder Público y son el Ministerio Público (Fiscalía General de la República), la Contraloría General de la República, el Consejo de la Judicatura e, indirectamente, el Consejo Nacional Electoral.

En el ámbito estadal, la separación de Poderes mencionada origina a las Asambleas Legislativas y a las Gobernaciones, a los que debe también agregarse las Contralorías Estadales y en algunos Estados, los Defensores del Pueblo, como órganos con autonomía funcional.

En el nivel municipal, por su parte, la separación de poderes origina a los Concejos Municipales y a las Alcaldías, agregándose también a las Contralorías Municipales como órganos con autonomía funcional.

El anterior, en líneas generales, es el universo de los *órganos del Poder Público* o más propiamente, que ejercen el Poder Público y que básicamente se regulan en la Constitución vigente, tanto en cuanto a su organización y funcionamiento, como a la designación de sus titulares. Excepto por lo que se refiere a los órganos con autonomía funcional, todos los titulares de los otros órganos de los Poderes Públicos Nacionales, estadales o municipales, son electos por votación popular y su mandato no es revocable.

En consecuencia, cualquier decisión de la Asamblea que intervenga, modifique o suspenda los órganos del Poder Público, implica una suspensión de vigencia, una modificación o una revocación de normas de la Constitución de 1961 para lo cual la Asamblea no tiene autoridad ni poder que pueda derivarse del *Referéndum consultivo* del 25 de abril de 1999, que impuso que la nueva Constitución que sustituya la de 1961 sólo quedará definitivamente aprobada y, por tanto, tendrá vigencia, al ser votada por el pueblo mediante *Referéndum aprobatorio.*

4. *La carencia de fuente normativa para la intervención de los órganos del poder público*

Pero además de que el Decreto aprobado no está acorde con el *Referéndum consultivo* del 25-04-99; el texto del Decreto tampoco está acorde con el artículo 1º del Estatuto de la Asamblea.

En efecto, en dicho artículo 1º se precisó que la Asamblea podrá "limitar o decidir la cesación de las actividades de las autoridades que conforman el Poder Público"; es decir, que conforme a dicho artículo 1º del Estatuto -texto con el cual no estuve de acuerdo por considerar que no se ajusta a lo dispuesto por el Poder Constituyente Originario, que es el pueblo en el *Referéndum consultivo* del 25-04-99, razón por la cual manifesté mi voto negativo-, lo que se atribuyó a sí misma la Asamblea, fue la potestad de *limitar las actividades* de las autoridades que conforman el Poder Público o de *decidir la cesación de dichas actividades.* De esta atribución que se auto fijó la Asamblea no se deriva poder alguno para intervenir, modificar o suspender los órganos del Poder Público; sino, a lo sumo, una potestad para *limitar las actividades* de los titulares (autoridades) de dichos órganos o para *decidir la cesación* de dichas actividades. Una cosa es limitar o decidir la cesación *de una actividad,* lo cual deja incólume al órgano del Poder Público e incluso a su titular; y otra es intervenir, modificar o suspender el órgano mismo del Poder Público, lo que implica poder afectar su propia existencia, incluyendo sus titulares.

En consecuencia, cualquier decisión de la Asamblea que implique intervenir, modificar o suspender un órgano del Poder Público, significaría una extralimitación del marco que la propia Asamblea se auto definió en cuanto a sólo poder "limitar o decidir la cesación de las actividades de las autoridades que conforman el Poder Público", es decir, las actividades de los órganos del Poder Público, lo que no permite intervenir, modificar o suspender los órganos del Poder Público en si mismos.

5. *La contradicción intrínseca del decreto*

Por último, debo mencionar que la posibilidad misma que prevé el Decreto de que la Asamblea pueda disponer la intervención, modificación o suspensión de los órganos del Poder Público, es de imposible ejecución en los términos de la finalidad que expresamente se indica en el Decreto.

En efecto, los poderes que se auto otorga la Asamblea en este Decreto sólo se prevén,

"con el fin de recuperar el Estado de Derecho, la estabilidad y el orden necesarios para reconstruir la República en el marco de los valores democráticos".

Pues bien, por ejemplo, intervenir un órgano del Poder Público, es decir, tomar posesión del mismo por alguien quien no es su titular electo democráticamente, y comenzar a ejercer sus funciones sin dicho título legítimo, no implica precisamente, recuperación alguna del Estado de Derecho, al contrario, configura su vulneración; no es manifestación de estabilidad institucional en forma alguna, sino más bien de inestabilidad institucional; ni implica recuperar los valores democráticos, sino más bien su quiebra cuando el titular del órgano intervenido, por ejemplo, es electo. Lo mismo puede decirse de las decisiones que impliquen por ejemplo, la cesación del órgano, es decir, su desaparición.

6. *La improcedencia de la intervención del poder judicial*

La situación institucional y constitucional se agravaría, por supuesto, si el órgano a intervenir, modificar o suspender es un órgano judicial. El mayor atentado al Estado de Derecho y a los valores democráticos sería el que la Asamblea decidiera intervenir un Tribunal, cualquiera que sea, y nombrar los funcionarios interventores que tendrían a su cargo las funciones de impartir justicia. La garantía constitucional de todo ser humano de ser juzgado sólo por sus jueces naturales y no por tribunales ad hoc, no sólo se refiere a la protección contra la creación de nuevos tribunales especiales para juzgar determinadas conductas fuera de la organización judicial ordinaria; o contra la decisión de someter a las personas a jurisdicciones distintas a las que le corresponden (juzgar civiles ante tribunales militares, por ejemplo); sino también, a la protección contra la designación de jueces ad hoc en los tribunales naturales, lo cual podría derivar de esta pretendida "intervención" de órganos del Poder Público, noción que comprende los tribunales, por parte de la Asamblea.

Por todas las anteriores razones voté en forma negativa en relación a la aprobación del Decreto, el cual dejo aquí razonado.

Por último, la sola posibilidad de que en ejercicio de esta potestad, la Asamblea Nacional Constituyente pudiera disponer la intervención, la modificación o la suspensión de la Corte Suprema de Justicia, que es un órgano del Poder Público, hace el Decreto totalmente inaceptable en el marco de un Estado democrático de Derecho. Por más poderes que pueda arrogase la Asamblea Nacional Constituyente, el que no puede asumir es el Poder Judicial, y ello lo haría si pretendiera intervenir la Corte Suprema de Justicia y sustituir sus Magistrados, o pretendiera modificar o suspender a la Corte. Ello, no sólo sería un atentado contra el Estado de Derecho y los valores democráticos, sino una grave violación del derecho al debido proceso y a las garantías judiciales expresamente consagrado en el artículo 8 de la Convención Americana sobre Derechos Humanos y en el artículo 14 del Pacto Internacional de Derecho Civiles y Políticos, ambos con aplicación en Venezuela, incluso reconocidos con rango constitucional, al exigir "jueces competentes, independientes e imparciales, establecidos con anterioridad por la Ley".

SECCIÓN TERCERA:

LA INTERVENCIÓN DEL PODER JUDICIAL: EL DECRETO DE REORGANIZACIÓN DEL PODER JUDICIAL

Luego de decretarse en violación de la Constitución entonces vigente la reorganización de todos los poderes constituidos, la Asamblea Constituyente procedió a intervenirlos en concreto, comenzando con el Poder Judicial. Para ello, la Asamblea eliminó al Consejo de la Judicatura que venía funcionando como órgano de gobierno y administración del Poder Judicial, suspendió la aplicación de la Ley de Carrera Judicial y de las otras leyes que garantizaban la autonomía e independencia de los jueces, y nombró una Comisión de Emergencia Judicial con poderes ilimitados para destituir jueces sin garantía alguna de debido proceso y a nombrar jueces sin concurso, pasando el Poder Judicial a estar integrado por jueces de libre nombramiento y remoción. Con ello se aniquiló su independencia y autonomía del Poder Judicial, lo que se agravó con el transcurso del tiempo, prolongándose dicha intervención en los lustros sucesivos, mediante una transición constitucional y legislativa interminable. Respecto del acto constituyente inicial de intervención judicial, en la sesión del 18 de agosto de 1999 expresé mis observaciones críticas y oposición, la cual ratifiqué luego en el Voto Salvado que consigné por escrito.

I. EXPOSICIÓN EN LA SESIÓN DE LA ASAMBLEA NACIONAL CONSTITUYENTE DEL DÍA 18-08-99 AL INICIARSE EL DEBATE SOBRE EL DECRETO DE REORGANIZACIÓN DEL PODER JUDICIAL

CONSTITUYENTE BREWER CARIAS (ALLAN).- (Desde la Tribuna de Oradores). Ciudadano Presidente, colegas Constituyentes: Voy a coincidir con el constituyente Luis Vallenilla, en que sí tenemos que ocuparnos del Poder Judicial y de su reorganización, además de redactar la Constitución; pero tenemos que hacerlo en el sentido que está expresado por el Presidente de esta ANC, constituyente Luis Miquilena, en la publicación "Constituyente al Día" que se distribuyó hoy, y creo que vale la pena que releamos.

Dice nuestro Presidente de la ANC lo siguiente: "Lo que creo es que debemos ir con seriedad en todos los problemas que se refieren al Poder Judicial, y tomar las

decisiones que sean las más razonables." Agrega el Presidente Luis Miquilena, "Estos son problemas importantes en los cuales no se puede improvisar y tomar criterios a la ligera". Continúa diciendo: "Es necesario que todas estas cosas las meditemos, porque la ANC ha asumido un rol de mucha importancia para el país y su responsabilidad es muy grande, y por eso debe meditar los pasos que dé." Quiero, justamente con fundamento en esas palabras, referirme al proyecto de Decreto sobre la reorganización del Poder Judicial.

Pienso que los considerandos son impecables; el primero, busca garantizar el acceso a la justicia, que es para mí la primera necesidad del país: acceso a una justicia transparente, imparcial, autónoma, simple, rápida. El segundo considerando se refiere a la búsqueda de idoneidad ética y técnica de los jueces; sin duda, misión que tenemos que influir para que sea así, para asegurar la independencia de los mismos. El tercero de los considerandos se refiere a la necesidad de medidas impostergables para transformar el marco jurídico institucional que tenemos que motorizar, y todo ello con el objetivo de garantizar la seguridad jurídica, fortalecer el Estado de Derecho, y el ejercicio efectivo de los Derechos Humanos. Esos son los tres elementos que deben guiar la elaboración de este Decreto sobre los cuales solicito que reflexionemos de acuerdo a las propias expresiones del Presidente Luis Miquilena.

Estos objetivos los ha buscado la sociedad venezolana desde hace años, y eso lo sabemos todos, pero ha faltado voluntad política. Ha habido proyectos de reforma no ejecutados a los cuales no se les ha prestado la atención, ni desde el Poder Legislativo ni desde el Poder Ejecutivo. Llegó el momento de darle el apoyo con la voluntad política que puede suministrar esta Asamblea. Y no puedo dejar de mencionar al Libertador, quien en una carta al General Salom en 1825, decía: "La justicia, sola, es la que conserva la República". Y yo hace 11 años, en un libro que se llama "Problemas del Estado de Partidos" donde hay un capítulo sobre "El problema del Poder Judicial", publicado en 1988, parafraseando esa frase del Libertador, decía que 'La justicia deteriorada, sola, es la que está acabando con la República", y eso sigue acaeciendo en el país. Por eso la importancia de que esta ANC le dé apoyo político a este proceso de transformación y reforma de la Administración de justicia, pero tenemos que hacerlo como lo dice el tercer considerando del Decreto, para garantizar la seguridad jurídica, fortalecer el estado de derecho y el ejercicio efectivo de los derechos humanos.

Ahora, ¿cuál es la esencia del proyecto que se nos ha presentado? En primer lugar, declarar en emergencia y reorganización el Poder judicial. El artículo 1º en mi criterio como declaración general, es impecable; y la creación de una Comisión de Emergencia Judicial que vendría a ser una Comisión Especial de esta ANC, es perfectamente posible. Pero los instrumentos a través de los cuales se busca ejecutar este proyecto, son los que en mi criterio deben ser objeto de observaciones que quiero hacer para mejorarlo, y que tienen una consideración que es que la ANC no debe sustituir a los Órganos de la Administración Judicial. Creo que sería un error de la ANC pretender convertirnos en el Órgano de Administración Judicial, así sea temporalmente.

La Asamblea Nacional Constituyente tiene que -como decía el constituyente Carlos Tablante- instruir, vigilar, controlar, hacer que se realicen las cosas, pero no sustituir a los órganos de la administración de la Administración de Justicia.

Tiene que ser el motor de las reformas, que las ordene, que competa a los órganos regulares a hacerlo, que obligue, que vigile, pero no aparece así en el Decreto, hay demasiadas competencias que tienden quizás a convertir a la ANC o a la Comisión, en un órgano de administración o de gobierno del Poder Judicial.

Por ejemplo, elaborar un presupuesto para la emergencia; ¿cómo va a hacer la ANC la elaboración del presupuesto? Elaborar el plan de evaluación y selección de los jueces; debemos ordenar su elaboración, revisarla, vigilar, pero ¿cómo nos vamos a poner a elaborar el plan? Se nos van a ir los meses en esto. Organizar el proceso de selección de los jueces mediante concursos; ¿cómo va a ser la ANC el órgano que va a realizar los concursos para los mil quinientos y tantos cargos de jueces? Ordene que se haga, vigile, instruya, vea cómo se va a ejecutar. Otra competencia: Reorganizar jurisdicciones y circuitos judiciales; lo que convertiría a la Asamblea en órgano de administración y gobierno judicial. Implementar una campaña informativa y educativa; cuando esta es la tarea de los órganos del Gobierno. Es decir, competencias de este tipo implican sustituir a la administración de la Administración de Justicia, asumir el gobierno del Poder Judicial y creo que esto ni siquiera temporalmente conviene ni es necesario que la Asamblea lo haga, para lograr los objetivos que se persiguen en el Decreto.

La Asamblea debe asumir el reto de decidir, de promover, de ordenar, de vigilar la ejecución de la reforma en forma inmediata, para eso debe hacerlo con la supervisión de la Comisión de la Emergencia Judicial, pero esto tiene que hacerse con la colaboración decidida, por orden de la Asamblea, de los órganos de la Administración de justicia, y apoyados en el ordenamiento legal. Parecería que con este Decreto nos hemos olvidado de un ordenamiento legal que existe, que está a la disposición de la ANC y que ni siquiera se menciona en el texto del Decreto.

Resulta que con todo el proceso político que hemos tenido durante estos últimos 8 o 9 meses, se nos ha olvidado, incluso a los abogados, que las tres leyes fundamentales que rigen al Poder Judicial: La Ley Orgánica del Poder Judicial, la Ley Orgánica de la Carrera Judicial y la Ley Orgánica del Consejo de la Judicatura, fueron reformadas en septiembre del año 1998, en la víspera de las elecciones, leyes a las cuales no se ha puesto la atención. Unas de ellas comenzaron a tener vigencia el 23 de enero y la del Poder judicial comenzó a tener vigencia el 1° de julio, es decir hace un mes, y no nos hemos dado cuenta que en estas leyes están los instrumentos necesarios para que esta reforma del Poder Judicial se acelere por decisión de la ANC. Son leyes -insisto- poco conocidas en su contenido, al punto de que veo que en el proyecto ni siquiera se citan.

Recordemos qué tienen para que veamos que ahí tenemos las bases fundamentales para ejecutar lo que queremos. La Ley de Carrera judicial, reformada en septiembre de 1998, vigente a partir del 23 de enero de este año. Ahí se habla de la estabilidad, pero el artículo 2° de la Ley establece un principio importantísimo para esta tarea: La garantía de estabilidad que asegura a los jueces esta Ley no podrá sobrepasar nunca el interés general en la recta administración de justicia, con lo cual el balance entre estabilidad y recta administración de justicia lo da la Ley. Además, esa Ley, como tiene que saberse, estableció por primera vez la necesidad de los concursos de oposición. Esos que se citan en el decreto, pero que no son invento del decreto, están en la Ley de Carrera judicial: la obligatoriedad de los con-

cursos de oposición públicos, con una prueba oral, una escrita y una de credenciales. Esos concursos no se han hecho jamás en el país, se ordenan en esta Ley.

¿Qué tenemos que hacer? ¡Ordenar que se hagan los concursos! Incluso en la Ley de Carrera Judicial se establece que para ingresar en la carrera judicial se requiere aprobar concursos de oposición; es decir, de acuerdo con esta ley que acaba de entrar en vigencia, nadie ha ingresado en la carrera judicial con derecho a estabilidad porque nadie ha presentado concursos de oposición, por lo cual es la propia Ley de Carrera judicial la que realmente ha suspendido toda idea de estabilidad e inamovilidad de los jueces. No tenemos ni siquiera que decirlo, porque es la propia ley la que lo hace, al exigir que se sigan concursos en todos los cargos de jueces.

Decidamos eso. Obliguemos al Consejo de la Judicatura en el breve plazo a hacer estos concursos. No pretendamos hacerlo nosotros directamente porque se nos iría todo el tiempo en hacer concursos a todos los cargos de jueces; que hagan los concursos con la vigilancia y la supervisión de la Comisión. Concursos de oposición, tal como muchos lo presentamos a nivel universitario, con prueba escrita, con prueba oral y con prueba de credenciales. Ponerse a organizar concursos. Quienes hemos presentado concursos en la Universidad sabemos cuán complejo es para que la Asamblea esté dedicada a eso. ¡Ordenemos hacerlo!

Otra ley que debemos destacar es la Ley Orgánica del Poder Judicial, también reformada en septiembre de 1998, y que ha entrado en vigencia el 1° de julio, hace un mes. ¿Qué dice esa ley? Entre otras cosas que a los efectos de garantizar la correcta aplicación del nuevo sistema procesal penal que nos preocupa a todos, voy a citar el artículo 118, dice: "Los jueces penales serán objeto de evaluación..." y establece que la evaluación debe versar sobre objetivos, capacidad profesional, integración; hay un jurado evaluador, lo que significa que tampoco hay garantía de estabilidad en la ley respecto a los jueces penales. La propia ley los somete a evaluación y, por tanto, tenemos ya un instrumento adicional al de la carrera judicial, que es la Ley Orgánica del Poder Judicial que establece esta evaluación. Con lo cual no es necesario -como se decía en la primera versión del decreto, que se declaraba en suspenso la garantía de la estabilidad- o como se señala en el proyecto, que queda sin efecto la inamovilidad o la estabilidad, porque ya la ley lo dice. Entonces, qué cuesta, en este artículo, simplemente colocar tal como lo establece la Ley de la Carrera Judicial y la Ley Orgánica del Poder Judicial, no hay la garantía y la estabilidad y, por tanto, se convoca a concurso a todos los jueces para que participen en lo mismo. Con lo cual se cumple el mismo objetivo y no tenemos por qué estar declarando lo que no compete a la Asamblea; como es suspender la garantía constitucional de la estabilidad judicial, como muchas veces la jurisprudencia lo ha establecido, o declarar que no tiene efecto cuando ya legalmente no lo tiene por virtud de estas dos normas legales.

De manera que es importante en el decreto que vaya a aprobarse hacer referencia a estas leyes recientes que establecen la evaluación de los jueces penales y el desarrollo de los concursos, con lo que se puede ir al objetivo central del decreto, que es garantizar que los jueces tengan el mayor nivel de idoneidad, ética y técnica, justamente a través del concurso de oposición.

Otra observación que quiero hacerles es la que se refiere al artículo 9° del decreto, que le atribuye a la Asamblea Nacional Constituyente el carácter de juez de apelación o de juez superior en los casos de suspensión o destitución de jueces; es decir, se establece que las medidas de destitución que adopte el Consejo de la Judicatura, pueden ser apeladas ante esta Asamblea. ¿Ustedes se imaginan lo que es convertir a la Asamblea en un tribunal de apelación de decisiones adoptadas por el Consejo de la Judicatura? Ello implicaría que la Asamblea tendría que abrir procedimientos y garantizar el debido proceso. Creo que la Asamblea no puede convertirse en un juez de apelación ni de ningún tipo. Sería entrar en actividades jurisdiccionales que corresponden a los jueces. Entonces, ordenemos que se hagan los procedimientos y que se conozcan por los órganos regulares, pero no sustituyamos al juez natural ni pretendamos convertirnos en juez de apelación. Este artículo también debe modificarse.

Estimo, en fin, que la Asamblea Nacional Constituyente debe motorizar las reformas inmediatas, la renovación inmediata de la Judicatura en paralelo al proceso de elaboración de la Constitución; pero debe vigilar, obligar a los órganos regulares de la administración de justicia a que se hagan estas decisiones; hacer el seguimiento, pero cuidarnos de no sustituir a los órganos legales de la Administración de Justicia, y más bien, instruir y vigilar que éstos hagan la tarea que tienen que hacer, justamente para garantizar los tres elementos a los cuales se refiere el tercer considerando: Garantizar la Seguridad Jurídica, fortalecer el estado de derecho y el ejercicio efectivo de los derechos humanos.

Comparto la intención del proyecto, pero no su contenido; por ello hagámoslo justamente respetando estos elementos y que el remedio que pretendamos también establecer, no sea peor que la enfermedad que queremos corregir.

Muchas gracias.

II. COMUNICACIÓN CON VOTO RAZONADO NEGATIVO ENVIADA AL PRESIDENTE DE LA ASAMBLEA EL 19-08-1999 SOBRE LA INTERVENCIÓN DEL PODER JUDICIAL

1. *La garantía de la independencia de los jueces en los tratados internacionales*

La Asamblea Nacional Constituyente, como órgano político conductor del proceso constituyente, sin duda que puede incitar la reforma y reorganización de los órganos del Poder Público. Sin embargo, en nuestro criterio, ello no implica que pueda intervenir dichos órganos y mucho menos, los órganos del Poder Judicial.

Venezuela es parte del Pacto Internacional de Derecho Políticos y Sociales de Naciones Unidades y de la Convención Americana sobre Derechos Humanos de la OEA, los cuales fueron aprobados por sendas leyes publicadas en las *Gacetas Oficiales* N° 2146 Extraordinaria del 28-01-78 y N° 31.256 del 14-06-77, respectivamente.

Conforme a estos instrumentos internacionales, el Estado Venezolano está comprometido ante la comunidad Internacional a respetar los derechos, libertades y garantías reconocidos en dichos Tratados, y entre ellos, el derecho de toda persona a ser juzgado por "juez o tribunal competente, *independiente* e imparcial, establecido con anterioridad por la ley" (Convención Americana, art. 8; y art. 14 del Pacto Internacional).

La competencia de los Tribunales, en consecuencia, tiene que estar establecida por ley, por lo que la Asamblea Nacional Constituyente no podría modificar en forma alguna la competencia de los Tribunales de la República.

En cuanto a la independencia judicial, esta consiste en la posibilidad de dictar sentencia en forma libre e imparcial por jueces designados en la forma legalmente prescrita, que gozan de la garantía de la estabilidad. En consecuencia, la Asamblea Nacional Constituyente no puede intervenir o interferir en el funcionamiento de Tribunal alguno, ni puede destituir, suspender o nombrar a los jueces de la República.

Toda decisión de la Asamblea Nacional Constituyente en relación con los órganos del Poder Judicial que implique violación de la garantía de la independencia, en consecuencia, podría dar origen a que los mecanismos de control internacional de los mencionados Tratados se pusiesen en funcionamiento, a través de la Comisión Internacional de Derechos Humanos de la ONU o de la Comisión Interamericana de Derechos Humanos de la OEA.

2. *Los límites de la Asamblea Nacional Constituyente*

El Proyecto de Decreto sobre reorganización del Poder Judicial sometido a consideración de la Asamblea, si bien constituye una respuesta política a la urgencia de acometer la reforma del Poder Judicial, contiene una serie de normas que violan la independencia de los órganos del Poder Judicial y en nuestro criterio exceden las atribuciones de la Asamblea.

En efecto, en cuanto a la fundamentación del Decreto, se hace mención al "poder constituyente originario" otorgado a la Asamblea mediante el *Referéndum* del 25 de abril de 1999 para transformar el Estado y crear un nuevo ordenamiento jurídico que permita el funcionamiento efectivo de una democracia social y participativa. Como lo hemos señalado en debates anteriores, el *Referéndum* del 25-04-99 tiene que interpretarse en su contenido total, del cual resulta que la transformación del Estado y el nuevo ordenamiento jurídico que elabore la Asamblea sólo podrá entran en vigencia cuando se apruebe la nueva Constitución mediante *Referéndum aprobatorio*, como lo estableció la *Base novena de la Segunda pregunta del Referéndum* del 25 de abril de 1999. Mientras esta aprobación popular no se produzca, la Asamblea Nacional Constituyente, durante su funcionamiento, no puede transformar el Estado ni crear nuevo ordenamiento jurídico alguno.

Por otra parte, debe señalarse que en cuanto al artículo 1° del Estatuto de la Asamblea, que también se cita en los fundamentos del Proyecto de Decreto, en el mismo la Asamblea sólo se atribuyó la facultad para "limitar o decidir la cesación de las actividades de las autoridades que conforman el Poder Público" lo que no puede implicar "intervenir, modificar o suspender los órganos del Poder Público", como se estableció en el Decreto que declaró la Reorganización de todos los órganos del Poder Público, que también se cita en el encabezamiento del Proyecto.

3. *Los considerandos del decreto*

En cuanto a los *Considerandos* del Proyecto de Decreto, su texto sería aceptable si el mismo se limitara a lo dispuesto en el artículo 1°, en el cual se dispone que:

"se declara al Poder Judicial en emergencia y reorganización, para garantizar la idoneidad de los jueces, prestar defensa pública social y asegurar la celeridad, transferencia e imparcialidad de los procesos judiciales, a los fines de adecentar el sistema judicial".

Aún cuando faltó la referencia a la independencia judicial, el artículo 1° es una declaratoria de principio, que en mi criterio tendría que conducir a que los órganos de la administración de la Administración de Justicia acometan las reformas necesarias.

En ese contexto, los *Considerandos* del Decreto constituirían una motivación impecable. El *primero,* destaca la obligación del Estado de garantizar el fácil acceso de la población a un sistema de justicia que actúe con la mayor transparencia, imparcialidad, autonomía, celeridad y simplicidad, para lo cual se destaca que es necesaria la existencia de controles sociales sobre la administración de justicia con la participación social democrática. Sin duda, la garantía del acceso a la justicia tiene que ser una de las prioridades de la reforma.

El *segundo considerando* hace referencia a que la credibilidad y legitimidad del sistema de justicia implica la necesidad de garantizar la idoneidad ética y moral de los jueces por medio de mecanismos objetivos e imparciales de selección de los mejores, así como por medio de controles sociales e institucionales sobre su comportamiento; idoneidad que se hace indispensable para lograr su capacidad profesional e independencia.

El *tercer considerando*, por su parte, señala que para enfrentar la crisis política, económica, social, moral e institucional se requiere tomar medidas impostergables, muchas de las cuales requieren de grandes transformaciones del marco jurídico institucional, entre las que se encuentra garantizar la seguridad jurídica, fortalecer la noción del Estado de Derecho y el ejercicio efectivo de los derechos humanos.

En particular, estos tres últimos aspectos citados en este *tercer considerando*, constituyen, precisamente, los límites de la actuación de la Asamblea Nacional Constituyente en la materia, es decir, garantizar la seguridad jurídica, fortalecer la noción de Estado de Derecho y asegurar el ejercicio efectivo de los derechos humanos.

Lamentablemente, muchas normas del *Proyecto* conducen a lo contrario, es decir, a lesionar la seguridad jurídica, el Estado de Derecho y el ejercicio de los derechos humanos, razón por la cual de mantenerse su texto votaré negativamente en relación a su aprobación.

Debo señalar que los objetivos generales que motivan el artículo 1° y los contenidos en los mencionados *Considerandos del Proyecto*, reflejan aspiraciones y objetivos que la sociedad venezolana ha estado planteando y buscando respecto del funcionamiento del Poder Judicial. Sin embargo, hasta la fecha ha faltado voluntad política para ejecutar las reformas, habiendo sido el Poder Judicial, una rama desatendida dentro de los órganos del Poder Público, en particular, tanto por parte de los órganos del Poder Ejecutivo como del Poder Legislativo.

Ese apoyo político para las reformas, sin duda, lo puede dar la Asamblea Nacional Constituyente; por lo que la iniciativa que origina el Proyecto debe saludarse, a los efectos de que se inicien los cambios radicales que son necesarios.

Esos cambios deben motorizarlos la Asamblea, promoverlos, velar porque se realicen, pero respetando la seguridad jurídica, el Estado de Derecho y el ejercicio de los derechos humanos, lo que implica que la Asamblea no puede pretender convertirse en juez ni asumir la administración del Poder Judicial, pues no es un instrumento de gobierno. Las decisiones de la Asamblea no pueden conducir a que los pretendidos remedios para solucionar una crisis, se conviertan en mayores e innecesarios males.

4. *La Asamblea asume el gobierno del poder judicial*

El Proyecto de Decreto, en efecto, extralimita las funciones de la Asamblea, convirtiéndola en un ente de gobierno del Poder Judicial, sustituyendo los órganos de la administración de la Administración de Justicia. Para constatar esto basta destacar, entre las funciones que se pretenden atribuir a la Comisión de Emergencia Judicial, la que consiste en "elaborar el presupuesto para la Emergencia judicial con fuentes de financiamiento" de diversos órganos ministeriales y de la administración el Poder Judicial y presentarlo a la Asamblea "para su consideración", (art. 3, ord. 2). Ello, además de no corresponder a la Asamblea, implicaría rectificaciones de partidas presupuestarias que sólo podrían hacerse conforme a la Ley Orgánica de Régimen Presupuestario.

Se atribuye, además, a la Comisión de Emergencia Judicial, "elaborar el Plan Nacional de Evaluación y Selección de Jueces, organizar el proceso de selección de los jueces mediante Concursos Públicos de Oposición para todos los tribunales y circuitos judiciales y seleccionar los jurados correspondientes" (art. 3. 5. a).

Esta competencia, por supuesto, no puede ser asumida por la Asamblea Nacional Constituyente, pues significaría asumir funciones de gobierno del Poder Judicial; sin mencionar el gran trabajo que ello significaría, lo cual no podría hacerse durante el lapso de funcionamiento de la Asamblea.

Otra competencia que se pretende atribuir a la Comisión de Emergencia Judicial, es la de "reorganizar jurisdicciones, circunscripciones, circuitos judiciales y tribunales del país" (art. 3, ord. 5, letra b), lo que constituye, de nuevo, una pretensión de asumir el gobierno del Poder Judicial, sustituyendo a los órganos con competencia constitucional y legal establecidos para ello.

De dictarse este Decreto y atribuirse estas competencias a una Comisión Especial de la Asamblea, se estaría suspendiendo la vigencia del artículo 217 de la Constitución que se refiere al Consejo de la Judicatura, y se estaría modificando la Ley Orgánica el Consejo de la Judicatura recién reformada en septiembre de 1998, y que entró en vigencia el 23-01-99.

La Asamblea Nacional Constituyente, no puede pretender poner en vigencia un nuevo ordenamiento jurídico que modifica, incluso la Constitución, sin que el pueblo, mediante *Referéndum,* haya aprobado la nueva Constitución conforme a las *Bases* votadas en el *Referéndum* del 25-04-99.

5. *La evaluación de la Corte Suprema de Justicia*

El artículo 4° del Proyecto de Decreto, originalmente redactado con el objetivo de sustituir a los Magistrados de la Corte Suprema de Justicia y luego cambiando en el sentido de ratificarlos en sus cargos, terminó con el texto cuya discusión se inició en la sesión del 18 de agosto de 1999, en el cual se atribuye a la Comisión de Emergencia Judicial, la competencia para "evaluar" el desempeño institucional de la Corte Suprema de Justicia, del Consejo de la Judicatura y de las instituciones del sistema de justicia.

La Corte Suprema de Justicia es el máximo Tribunal de la República, y no puede estar sometido a evaluación por órgano alguno del Estado. Una competencia como la que contiene el artículo 4° del Proyecto, por tanto, significaría un atentado contra la independencia de la Corte, totalmente contraria a los principios del Estado de Derecho.

6. *La ignorancia por el decreto de las leyes reguladoras del Poder Judicial*

Debo señalar, por otra parte, que el Proyecto de Decreto ignora por completo las reformas recién sancionadas (septiembre de 1998) de las tres leyes básicas que regulan la Administración de Justicia en el país, y que son la Ley de Carrera Judicial, que entró en vigencia el 23-01-99; la Ley Orgánica del Poder Judicial, que entró en vigencia el 01-07-99; y la Ley Orgánica del Consejo de la Judicatura que entró en vigencia el 23-01-99.

En estas reformas, puede decirse que está el soporte legal de las reformas que pretende implementar el Proyecto de Decreto, pero las mismas son totalmente ignoradas.

En efecto, en la Ley de Carrera Judicial dictada con la finalidad de "asegurar, la idoneidad, estabilidad, e *independencia* de los jueces" (art. 1°), dispone que estos gozan "de estabilidad en el desempeño de sus cargos" por lo que, "sólo podrán ser removidos o suspendidos en el ejercicio de sus funciones en los casos y mediante el procedimiento que determina la Ley" (art. 3).

Estas normas impiden, legalmente, por tanto, que la Comisión de Emergencia Judicial pueda pretender decidir "la suspensión inmediata, sin goce de sueldo" de determinados jueces que tengan procedimientos judiciales iniciados por causa de corrupción, como se prevé en el art. 6 del Proyecto. En sentido similar, no puede la Comisión de Emergencia Judicial ordenar "al Consejo de la Judicatura la destitución inmediata de jueces" en otros casos previstos en el art. 7 del Proyecto. Estas normas violan lo dispuesto en la antes mencionada Ley de Carrera Judicial, las cuales atribuyen las competencias disciplinarias al Consejo de la Judicatura. La Asamblea Nacional Constituyente lo que de hacer es exhortar al Consejo de la Judicatura para tomar con la celeridad del caso, las decisiones disciplinarias que sean procedentes en esos casos.

El Proyecto de Decreto, además, ignora totalmente la reforma de la Ley Orgánica del Consejo de la Judicatura, que entró en vigencia el 23-01-99, en cuyo artículo 56 se regula un régimen procedimental, transitorio, para la clasificación de los expedientes existentes en denuncias y la forma como deben procesarse.

Por último, debe señalarse que las previsiones que se pretenden regular en los artículos 6 y 7 del Proyecto de Decreto, tal como están, redactadas, serían inconstitucionales por violar el derecho a la defensa y al debido proceso, pues se pretende decidir la suspensión temporal inmediata y se ordena la destitución inmediata de jueces, sin previa audiencia al interesado. Ello contraría el efectivo ejercicio de los derechos humanos a que se refiere el *tercer considerando* del Proyecto.

7. Los concursos judiciales y la estabilidad de los jueces

Una de los objetivos básicos del Proyecto de Decreto es el de someter a todos los cargos de jueces a Concursos de Oposición (art. 10), para lo cual se regula detalladamente el régimen de los mismos (art. 13 y siguientes). Para someter a todos los jueces y cargos a Concurso, el Proyecto de Decreto, en su artículo 12, señala que

> "a los fines de la realización de los Concursos Públicos de Oposición para cubrir la totalidad de los cargos de jueces, *queda sin efecto la estabilidad, establecida por Ley* a los actuales jueces en función, quienes podrán competir en los Concursos Públicos de Oposición que se abrirán para cubrir sus cargos".

Ante esta norma debe observarse que el Proyecto ignora las posibilidades que, precisamente, prevé y regula la Ley de Carrera Judicial, la cual comienza por señalar en su artículo 2 que "la garantía de estabilidad que asegura a los jueces esta Ley, *no podrá sobrepasar nunca el interés general en la recta administración de justicia".*

Por otra parte, al establecer en el artículo 10 que "para ingresar a la carrera judicial se requiere aprobar un Concurso de Oposición", es la propia Ley la que ha suspendido la garantía de estabilidad frente a los Concursos, porque estos pueden convocarse para todos los cargos de jueces, por lo que es totalmente innecesario que la Asamblea sea la que pretenda dejar sin efecto la estabilidad de los jueces.

Además, el Proyecto ignora que es la propia Ley de Carrera Judicial la que regula los tipos de pruebas de estos Concursos (credenciales y méritos; escrita con carácter práctico; y oral con carácter teórico, art. 24); y la que atribuye al Consejo de la Judicatura la organización y *reglamentación* de dichos Concursos. En consecuencia, al pretender el Decreto establecer esa reglamentación esta violando el art. 21 de la Ley de Carrera Judicial.

Debe señalarse, además, que la Ley Orgánica del Poder Judicial en cierta forma estableció una suspensión de la estabilidad de los jueces penales al someterlos a una evaluación sobre factores objetivos, capacidad profesional, integridad y experiencia (art. 118), regulación que el Proyecto de Decreto ignora totalmente, y que podría allanar el camino para la sustitución de jueces.

8. La Asamblea como juez de apelación

Adicionalmente, debe mencionarse que el Proyecto de Decreto pretende atribuir a la Asamblea Nacional Constituyente el carácter de juez de apelación de las decisiones de suspensión o destitución de los jueces adoptadas por parte de la Comisión de Emergencia Judicial (art. 9).

Esto es totalmente improcedente, viola la garantía de ser juzgado por los jueces naturales y atribuye a la Asamblea funciones jurisdiccionales que no le corresponden. Todo ello sin mencionar el abrumador trabajo que le correspondería asumir a la Asamblea en cuanto a oír y decidir estas apelaciones, lo cual exigiría hasta regular un procedimiento para asegurar el debido proceso.

9. El nombramiento de jueces por la asamblea

Por último, debe señalarse que el artículo 28 del Proyecto de Decreto pretende atribuir a la Comisión de Emergencia Judicial la potestad de designar jueces, así sea accidentales, para decidir causas penales y civiles pendientes de sentencias, lo cual viola abiertamente la Ley de Carrera Judicial que atribuye al Consejo de la Judicatura tal facultad. La Comisión de Emergencia Judicial, como se ha dicho, no puede ser un órgano sustitutivo de los que tienen constitucional y legalmente las funciones de administración de la Administración de Justicia.

10. *La sustitución de los órganos de la administración de justicia*

De todo lo anteriormente expuesto, podemos concluir que si bien la Asamblea Nacional Constituyente debe ser la instancia política para motorizar las reformas inmediatas al Poder Judicial, y para propender a la renovación de la Judicatura, ello no lo puede hacer directamente, sustituyendo los órganos con competencia legal para ello, sino instruyendo, vigilando y haciendo el seguimiento de sus propuestas. De lo contrario, corremos el grave riesgo de desencadenar iniciativas indeseadas por violación de los Tratados Internacionales que obligan al Estado venezolano a proteger la independencia judicial, la cual lejos de salvaguardarse, se lesionan abiertamente con el Proyecto de Decreto.

Por todas las consideraciones anteriores y en los términos expuestos voy a dejar constancia de mi *voto negativo* aquí *razonado,* en caso de ser positiva la decisión de aprobación del Proyecto de Decreto.

III. LA SUMISIÓN DE LA CORTE SUPREMA DE JUSTICIA A LA ASAMBLEA CONSTITUYENTE MEDIANTE ACUERDO ADOPTADO POR SUS MAGISTRADOS EL 23 DE AGOSTO DE 1999

Lo grave de la inconstitucional intervención del Poder Judicial por parte de la Asamblea Constituyente, fue que la propia Corte Suprema de Justicia adoptó un Acuerdo el 23 de agosto de 1999, sometiéndose a la propia Asamblea. Formulé mis observaciones críticas a dicho Acuerdo mediante Comunicación que envié al Presidente de la Comisión de Emergencia Judicial el 6 de septiembre de 1999, cuyo texto se publica a continuación. Con dicho acto, comenzó la sumisión del tribunal supremo al poder político, lo que se regularizó y agravó en los lustros sucesivos.

Tengo el agrado de dirigirme a Ud. con el objeto de hacerle llegar mis apreciaciones sobre el contenido del Acuerdo de la Corte Suprema de Justicia de fecha 23 de agosto de 1999, mediante el cual el Supremo Tribunal autorizó a uno de sus Magistrados para integrar esa Comisión, concediéndole el permiso que había solicitado.

Respecto de dicho Acuerdo, el Segundo Vicepresidente de la Asamblea, Sr. Aristóbulo Iztúriz ha señalado que con el mismo la Corte habría "*admitido y aceptado*" el Decreto de Reorganización del Poder Judicial dictado por la Asamblea el 24-08-99, (Véase en *El Universal*, Caracas 3-9-99, pág. 1-4).

Por su parte, el constituyente David de Lima, en relación al Acuerdo de la Corte, ha señalado lo siguiente:

"Nosotros asumimos que la Asamblea es originaria y cuando la Corte aceptó el decreto de reorganización del Poder Judicial, *aceptó que la Constituyente es un poder originario*, entonces, sería una contradicción que apruebe o sentencie en contra de ese carácter y a su vez haya *aceptado un decreto* que expresa ese poder originario". (*El Nacional*, Caracas 5-9-99, pág. D-1).

Sobre el mismo Acuerdo de la Corte, el Constituyente Jorge Olavarría también ha señalado lo siguiente:

"El que una mayoría exigua -de ocho a seis magistrados- de la Corte, abdicaran vergonzosamente de sus funciones y atribuciones, no convalida la usurpación de autoridad que hace nulos e írritos todos los decretos de la Asamblea Nacional Constituyente. El que ocho magistrados votaran un "Acuerdo" que tuvo el desparpajo *de aceptar todo lo que implica el Decreto de Reorganización del Poder Judicial*, alegando que lo hacían "independientemente de los vicios que puedan afectarlo", no los exime de su enorme responsabilidad histórica de haberle dado a esos vicios una apariencia de legalidad". (*El Nacional*, Caracas 5-9-99, pág. H-5).

La opinión generalizada de los constituyentes, en consecuencia, puede decirse que atribuye al Acuerdo de la Corte efectos de aceptación del Decreto de Reorganización del Poder Judicial, destacando que cualquier decisión futura de la Corte, que pudiera encontrar vicios que afectan el Decreto -cuya salvedad, efectivamente puntualizó el Acuerdo-, estaría en contradicción con el texto de dicho Acuerdo.

Ahora bien, en realidad la contradicción de la Corte estaría en haber dictado el Acuerdo, permitiendo que uno de sus Miembros formara parte de la Comisión de Emergencia Judicial, después de haber dictado un conjunto de sentencias desde el 19-1-99 hasta el 21-7-99, cuyos principios se ratifican en el mismo Acuerdo.

Ello, en todo caso, lo que pone en evidencia es una contradicción inaceptable e incomprensible de la Corte que, sin embargo, en mi criterio, no puede conducir a considerar que haya habido aceptación, por la Corte, del contenido del Decreto de la Asamblea. Hay, en el Acuerdo, dos posturas contradictorias, y contradictorias se quedan, siendo la Corte, en el futuro el único órgano llamado a superarla.

En efecto, insistimos, a pesar de que hay que reconocer que el Acuerdo de la Corte Suprema es totalmente contradictorio, de su texto no se puede deducir que la Corte haya "admitido y aceptado" el Decreto de la Asamblea; antes por el contrario, en el Acuerdo se dejan a salvo los vicios que pueda contener el Decreto y se reafirman tanto los límites que el pueblo fijó a la Asamblea como la naturaleza de la misma.

A los efectos de comprender adecuadamente la posición de la Corte Suprema, estimo indispensable referirme, en detalle, al contenido del Acuerdo así como a los votos salvados; Acuerdo cuyo texto fue redactado como Ponente, por la Magistrado Hildegard Rondón de Sansó y que contó para su aprobación con los votos de los Magistrados Iván Rincón Urdaneta, Alirio Abreu Burelli, Humberto La Roche, José Luis Bonnemaison, José Erasmo Pérez-España, Ángel Edecio Cárdenas, Antonio Ramírez Jiménez. Salvaron su voto los Magistrados Cecilia Sosa Gómez, Aníbal Rueda, Héctor Grisanti Luciani, Nelson Rodríguez García, Hermes Harting y Héctor Paradisi León.

1. *El Acuerdo de la Corte Suprema de Justicia en relación con el Decreto de Reorganización del Poder Judicial*

Ante todo debe señalarse que el mencionado Acuerdo de la Corte Suprema de Justicia del 23 de agosto de 1999, en relación con la Comisión de Emergencia Judicial dictado por la Asamblea Nacional Constituyente, a pesar de la interpretación de la que ha sido objeto y de que tiene elementos contradictorios, puede también considerarse como una ratificación, por la Corte Suprema de Justicia, de los principios esenciales del Estado de Derecho y de los límites que tiene impuestos la Asamblea Nacional Constituyente por la voluntad popular expresada en el *Referéndum* del 25-04-99.

A. El Acuerdo comenzó reconociendo que la Asamblea Nacional Constituyente se formó mediante un proceso, producto de la dinámica de las transformaciones histórico-políticas, con unos *objetivos* concretos que fueron establecidos, en definitiva, en el *Referéndum* del 25 de abril al aprobarse las *Bases* que el Presidente de la República presentó al Consejo Nacional Electoral. Es decir, la Corte precisó que la Asamblea Nacional Constituyente tiene unos objetivos concretos establecidos en el mencionado *Referéndum*.

B. Por otra parte, la Corte Plena hizo suyos los pronunciamientos de la Sala Político Administrativa de la Corte, manteniéndose firme en su convicción de que dicha Asamblea no nació de un gobierno de *facto,* sino que surgió en un sistema de *jure* mediante un procedimiento al cual la Corte misma dio su respaldo. Es decir, la Corte Plena, al constatar que la Sala Político Administrativa había hecho varios y reiterados pronunciamientos sobre la naturaleza de la Asamblea Nacional Constituyente y sobre las facultades que la misma posee, precisó que la misma había surgido de una interpretación de la Constitución de 1961 hecha por la Corte, que determinó que mediante el ejercicio del derecho a la participación se podía consultar al pueblo sobre la convocatoria a una Asamblea Nacional Constituyente.

C. La Corte Plena, en el Acuerdo, reconoció que la situación del Poder Judicial y los vicios que lo afectan habían sido una constante del debate político nacional, en el cual la Corte ha estado presente, habiendo además "establecido la Corte, los lineamientos básicos de las vías a través de la cuales debe producirse el saneamiento de esta rama del Poder Público", tal como lo revelaba el cuerpo de normas que habría aprobado la Corte en diciembre de 1996.

D. Seguidamente la Corte, al referirse al Decreto de Reorganización del Poder Judicial, constató que "independientemente de los vicios que puedan afectarlo" (es decir, dejando a salvo esos vicios posibles respecto de los cuales la Corte, no se pronunció), el texto del mismo es "un compromiso de la Asamblea Nacional Constituyente de proceder de inmediato a través de una Comisión de Emergencia Judicial a la revisión de los expedientes de los jueces y a su evaluación".

E. Sin embargo, la Corte Suprema estimó que la ejecución del proceso de reorganización judicial, en todo caso debe respetar principios fundamentales que Venezuela ha sostenido, no sólo en sus textos normativos, sino también a través de Acuerdos Internacionales que son parte del ordenamiento jurídico; principios que, entre otros, son los de "la tutela del derecho a la defensa, el de la racionalidad y proporcionalidad de las decisiones que se dicten, y el de la independencia y autonomía".

Es decir, la Corte precisó su criterio de que el proceso de reorganización judicial tiene que respetar principios fundamentales de nuestro ordenamiento jurídico, y entre ellos, la tutela del derecho a la defensa y la independencia y autonomía judicial. Ello, sin duda, no puede ser interpretado en otra forma que no sea un rechazo a la potestad que la Asamblea se auto atribuyó de destituir o suspender "de inmediato" a los jueces; y a la intervención de la Asamblea, a través de la Comisión de Emergencia Judicial, en las funciones del Consejo de la Judicatura que es el órgano constitucional garante de la independencia y autonomía.

F. El Acuerdo de la Corte, por otra parte, constituye una reafirmación del carácter supremo que la Corte tiene en el ámbito de la organización del Poder Judicial, lo que implica que la misma no está ni puede estar sometida a autoridad o poder alguno, ni siquiera el de la Asamblea. La Corte, sin embargo, señaló que no temía a las evaluaciones que se realizasen sobre sus actuaciones y sobre la conducta de sus integrantes, a cuyo efecto puso a disposición, se entiende, de la Comisión de Emergencia Judicial, "la documentación demostrativa de sus planes en curso para la modernización, eficacia y pulcritud del Poder Judicial".

G. La Corte Plena, por otra parte, reafirmó "como testimonio ante la historia", su sumisión al Estado de Derecho, lo que implica, por supuesto, el reconocimiento de la supremacía y vigencia de la Constitución de 1961, hasta que sea modificada por la nueva Constitución que se apruebe mediante *Referéndum aprobatorio,* pues la Asamblea surgió en un sistema de *iure*, mediante el *Referéndum consultivo* del 25 de abril de 1999, que la Corte respaldó.

La Corte Plena, además, reafirmó el principio de la colaboración entre los poderes públicos, razón por la cual ofreció "su colaboración *para el objetivo fundamental* perseguido por el Decreto de Emergencia Judicial"; que no es otro que la realización de la reforma del Poder Judicial. De ello no puede deducirse, en forma alguna, que la Asamblea hubiese avalado, apoyado, respaldado o admitido la tarea de la Comisión de Emergencia Judicial, sino sólo "el objetivo fundamental" perseguido por dicho Decreto.

H. Sin embargo, no puede dejar de destacarse que todo lo anterior aparece como contradicho en el último párrafo del Acuerdo, en el cual, como un ejemplo de la disposición de la Corte en el sentido de ofrecer su contribución para el objetivo fundamental perseguido por el Decreto de Emergencia Judicial, la Corte autorizó al Magistrado Alirio Abreu Burelli para que integrara la Comisión de Emergencia Judicial de la Asamblea, liberándolo temporalmente del ejercicio de sus funciones, concediéndose el permiso correspondiente que había solicitado.

2. *Los votos salvados al Acuerdo*

A. *El Voto salvado del Magistrado Héctor Paradisi León*

El Magistrado Paradisi salvó su voto al considerar que la Corte Suprema de Justicia no tenía atribución constitucional o legal alguna para formular el pronunciamiento contenido en el Acuerdo. Consideró que la Corte debió circunscribir su actuación a considerar el permiso solicitado por el Magistrado Burelli, con lo cual manifestó su conformidad; y que las motivaciones altamente políticas del Decreto de reorganización Judicial escapaban al análisis, de la Corte, "salvo su natural competencia para resolver eventuales impugnaciones que por razones de inconstitucionalidad se le planteen".

B. *Voto salvado del Magistrado Nelsón Rodríguez García*

El Magistrado Rodríguez García, aún cuando manifestó no diferir del contenido del Acuerdo, expresó su disconformidad con la oportunidad de adoptarlo porque para el momento en el cual la Corte se estaba pronunciando, el Decreto de Reorganización del Poder Judicial no había sido publicado en la Gaceta Oficial.

C. *Voto salvado del Magistrado Hermes Harting*

El Magistrado Harting comenzó su voto salvado, señalando que compartía la necesidad de reorganizar el Poder Judicial aún cuando no basado en una solución disciplinaria, para luego reiterar su convicción, estrictamente jurídica, como ponente de las sentencias de la Sala Político Administrativa del 18-03-99, 23-03-99 y 13-04-99, "de la vinculación de la Asamblea Constituyente al espíritu de la Constitución vigente", lo cual permite y ha permitido la celebración del proceso constituyente,

> "sin ruptura constitucional, con la finalidad de transformar el Estado "en base a la primacía del ciudadano..." "la creación de un nuevo ordenamiento jurídico que consolide el Estado de Derecho a través de un mecanismo que permita la práctica de una democracia social y participativa ...", y cuyo norte primario y fundamental es la elaboración de un nuevo Texto Constitucional".

Con fundamento en la anterior afirmación, el Magistrado Harting disintió del Acuerdo por considerarlo contradictorio, pues luego de referirse a los pronunciamientos reiterados de la Corte sobre la naturaleza y las facultades de la Asamblea Nacional Constituyente a los cuales se adhirió, y postular que en la ejecución del proceso de reorganización judicial se deben respetar los principios fundamentales de nuestro ordenamiento jurídico y los derivados de Acuerdos Internacionales; concluyó apreciando que el referido Decreto de Reorganización del Poder Judicial, al asignar competencias y atribuciones a la Comisión de Reorganización Judicial en desmedro de las competencias establecidas a la Corte Suprema de Justicia y al Consejo de la Judicatura,

> "transgrede derechos como el de ser juzgado por sus jueces naturales y la garantía del debido proceso, consagrados en normas constitucionales, legales y Tratados Internaciones aprobados por nuestro país".

El Magistrado Harting, en su voto salvado, señaló además que coincidía plenamente en el objetivo fundamental perseguido por el Decreto de Reorganización Judicial, pues la Comisión de Reorganización Judicial podía ejercer funciones de planificación, organización y supervisión, pero no de ejecución. Adicionalmente, señaló estar absolutamente de acuerdo en la necesidad de evaluación de las actuaciones de los Magistrados de la Corte Suprema, lo que no consideraba contradictorio con la naturaleza de su autoridad, concluyendo con una exhortación a la Asamblea Nacional Constituyente como expresión de la voluntad popular, de velar por el mantenimiento de los cauces de un proceso de especial trascendencia nacional y siempre bajo la égida de los principios fundamentales del Estado Democrático de Derecho.

D. *Voto salvado del Magistrado Héctor Grisanti Luciani*

El Magistrado Grisanti salvó su voto, por considerar que el Acuerdo era contradictorio, entre lo establecido en los artículos 1º y 4º del mismo, señalando que si la Corte había ratificado en relación con las funciones y facultades de la Asamblea Nacional Constituyente, que esta no había nacido de un *gobierno de facto* sino que había surgido en un sistema *de iure* mediante un procedimiento respaldado por la Corte, mal podía el Supremo Tribunal consentir que pudiera sometérselo a evaluación por parte de la Comisión de Emergencia Judicial, siendo como es la Corte, la autoridad suprema en materia judicial.

E. *Voto salvado del Magistrado Aníbal Rueda*

El Magistrado Aníbal Rueda salvó su voto, por considerar que la Corte Suprema carecía de facultad para pronunciarse sobre el Decreto de Reorganización del Poder Judicial de la Asamblea, considerando que la Corte sólo podía pronunciarse en los supuestos en los cuales las actuaciones de la Asamblea Nacional Constituyente "fuesen atacados de inconstitucionalidad e ilegalidad". Consideró, en todo caso, que la Corte debía ofrecer su contribución para el objetivo fundamental del Decreto así como la autorización al Magistrado Abreu Burelli para integrar la Comisión de Emergencia Judicial

F. *Voto salvado de la Magistrado Cecilia Sosa Gómez*

La Magistrado Sosa Gómez, Presidencia de la Corte Suprema de Justicia, salvó su voto, también, al considerar que existía una "enorme contradicción" en el texto del Acuerdo, que comenzaba por reconocer los pronunciamientos de la Sala Político Administrativa sobre el carácter de la Asamblea Nacional Constituyente que surgió en un sistema *de iure* y sobre el "alcance de las facultades otorgadas por el pueblo, a través del referendo", a la Asamblea, lo cual consideró

"incoherente con el propio propósito del Acuerdo, cuyo efecto fundamental pretende convalidar el Decreto de la Asamblea dirigido directamente a desconocer el Estado de Derecho en el cual ha nacido";

Acuerdo que pero terminó respaldando el contenido del Decreto de Emergencia Judicial, desconociendo rotundamente el contenido de las sentencias de la Sala Político Administrativa y

"los límites demarcados en las Bases que gobiernan el funcionamiento de la Asamblea y el Ordenamiento constitucional y legal, enteramente vigente y cuya garantía ha sido confiada a este Alto Tribunal".

La Magistrado Sosa consideró que la Corte había renegado de su propia jurisprudencia y desconocido su propia doctrina,

"permitiendo que un acto de la Asamblea Nacional Constituyente, carente de todo sustento en el marco jurídico en el que hasta ahora nos habíamos desenvuelto -incluso para abrirle sin ningún temor las puertas a esa Asamblea- enerve las facultades que el pueblo soberano, donde reside el único y verdadero poder originario, conferido a la referida Asamblea".

Consideró, además, la Magistrado Sosa, que a la Asamblea se la había autorizado para redactar un nuevo Texto Constitucional para un Estado Democrático, pero

"no para intervenir o sustituir los poderes constituidos, erigiéndose en una suerte de "superpoder" donde se concentran todas las potestades públicas, como así lo ha pretendido y desde luego, logrado, con el respaldo del Acuerdo suscrito por la mayoría del seno de esta Corte, cuyo contenido deploro".

La Magistrado Sosa, además, señaló que la Corte, en el Acuerdo, había depuesto su condición de Máximo Tribunal, aplaudiendo la llegada de la Comisión que, por disposición del acto irrito de la Asamblea, tiene la obligación de evaluar a los jueces, realizar concursos de oposición, destituir jueces y oír las apelaciones que se presenten ante la Asamblea. En esa forma, consideró que la Asamblea se había arrogado atribuciones de poder constituido "y olvidó que debe responder sólo a lo que le pueblo soberano le autorizó" relegando la Constitución que aún nos rige, la cual consideró que había sido violentada y desconocidos abierta y flagrantemente, sus postulados. La Magistrado Sosa, de ello, concluyó que con el Decreto, la Asamblea había roto el equilibrio de la democracia, considerando que "sin una Constitución, simplemente no hay democracia".

La Magistrado Sosa consideró, también, que el Decreto de la Asamblea violaba los principios fundamentales a los cuales hizo referencia el Acuerdo de la Corte, particularmente la independencia y autonomía judicial, al permitirse que la Asamblea vulnerase y amenazase vulnerarlas, al arrogarse la facultad jurisdiccional para decidir apelaciones.

La Magistrado Sosa para formular las anteriores apreciaciones, partió del supuesto de que en el *Referéndum consultivo* del 25-4-99, el pueblo soberano sólo autorizó a la Asamblea para redactar una nueva Constitución, la cual continuará en vigencia hasta cuando sea sustituida "por la que en ejercicio de su labor debe diseñar", habiendo retenido el pueblo soberano "el derecho de aprobar esa nueva Constitución". De ello dedujo que la Asamblea, al dictar el Decreto, se extralimitó en el mandato otorgado por el pueblo venezolano, que fijó unas *bases,* le estableció límites y controles que la Asamblea desconoce.

La Presidente de la Corte, en su voto salvado, manifestó su alarma de que la Corte no hubiese mostrado preocupación por el contenido del Decreto que porta la violación de los principios a que hace referencia el Acuerdo. Dicha contradicción la evidenció al formularse estas preguntas:

-¿A qué independencia y autonomía judicial se refiere el Acuerdo de la Corte, si ha permitido con él, que la Asamblea Nacional Constituyente, vulnere y amenace vulnerarlas, al arrogarse la facultad jurisdiccional de decidir "las apelaciones" que los jueces interpongan ante ella cuando la Comisión decida su remoción?

-¿En qué país organizado sobre las *bases* de un sistema democrático, de un sistema de libertades que propugna el equilibrio de los Poderes Públicos como su máxima expresión, se permite que un poder que no es el Poder Judicial, decida *apelaciones,* lo que significa instaurar juicios y ejercer por tanto típicas funciones jurisdiccionales?.

Finalmente, la Magistrado Sosa concluyó su voto salvado con esta apreciación general:

"No es posible que la Corte Suprema de Justicia, declare su sumisión al Estado de Derecho, y en realidad se trata de su sumisión a la Asamblea Nacional Constituyente, a la cual -insisto- el pueblo soberano *no autorizó para realizar actos distintos a los de construir un nuevo Estado y diseñarlo en esa Constitución que todos los venezolanos esperamos".* Diseño que aún espera por el visto bueno con el *referendo* que tiene que realizarse, para que el pueblo, quien en definitiva detenta el poder soberano, apruebe esa labor. Esto permite reflexionar acerca del hecho, de si el pueblo venezolano que votó mayoritariamente se reservó aprobar o improbar ese proyecto constitucional que la Asamblea Nacional Constituyente deberá presentar al concluir los 180 días que le dio como plazo, ¿con qué autoridad esa Asamblea decreta y ejecuta actos que ese pueblo jamás podrá "aprobar o improbar"?.

3. *Apreciación general sobre la contradicción del Acuerdo*

El voto salvado de la Magistrado Sosa, puso en evidencia la enorme contradicción que existe entre los argumentos del Acuerdo relativos al Decreto de Reorganización del Poder Judicial, y la decisión tanto de autorizar a uno de sus Magistrados para formar parte de la Comisión de Emergencia Judicial, como de aceptar la evaluación de la Corte por parte de dicha Comisión. Dicha contradicción es evidente y proviniendo del máximo Tribunal de la República, considero que es totalmente inaceptable.

Sin embargo, ello no autoriza a considerar que la Corte, pura y simplemente haya "aceptado" el Decreto ni el carácter originario de la Asamblea y que haya, por tanto, abandonado la doctrina jurisprudencial que sentó la Sala Político Administrativa de la Corte entre el 19-1-99 y el 21-3-99. (Sobre ello véase Allan R. Brewer-Carías, *Poder Constituyente Originario y Asamblea Nacional Constituyente (Comentarios sobre la interpretación jurisprudencial relativa a la naturaleza, la misión y los límites de la Asamblea Nacional Constituyente),* Caracas, 1999).

La Corte, sin duda, incurrió en una contradicción al otorgar permiso al Magistrado Alirio Abreu Burelli para integrar la Comisión de Emergencia Judicial, lo que podría conducir a considerar que ha admitido la existencia del Decreto; sin embargo, de los considerandos contenidos en el Decreto más bien se deduce que la Corte no habría aceptado las decisiones que contiene en el sentido de que no las habría avalado. De ser ello así, los Magistrados que votaron a favor del Acuerdo debieron haberse inhibido de conocer de la acción de nulidad que se ha intentado contra el mismo, por violación de las *bases del Referéndum* del 25-4-99.

Sin embargo, como antes señalamos, la contradicción de la Corte sólo puede ser resuelta por la propia Corte y ello, sin duda, tendrá que hacerlo en la sentencia que debe dictar para resolver la referida acción de nulidad.

SECCIÓN CUARTA:

LA INTERVENCIÓN DEL PODER LEGISLATIVO: EL DECRETO DE REGULACIÓN DE LAS FUNCIONES DEL PODER LEGISLATIVO

Luego de decretarse la intervención del Poder Judicial y de que la propia Corte Suprema se sometió a los designios ellos de la Asamblea, le tocó el turno al Congreso de la República, cuyos senadores y diputados había sido electos sólo unos meses antes. La Asamblea Constituyente, a tal efecto, decretó la cesación de los mismos en sus cargos, y usurpó la función de legislar, y si bien en cuanto a lo primero no llegó a materializarse formalmente, por algún acuerdo propiciado por la Iglesia, de hecho así ocurrió. La Asamblea, en todo caso, funcionó físicamente en el Palacio Federal Legislativo, sede del Congreso, del cual sus senadores y diputados fueron materialmente desalojados. A continuación se publican mis observaciones críti-

cas al decreto de intervención del Poder Legislativo, formuladas tanto por escrito como verbalmente.

I. OBSERVACIONES CRÍTICAS AL PRIMER PROYECTO DE DECRETO DE REGULACIÓN DE LAS FUNCIONES DEL PODER LEGISLATIVO NACIONAL DIVULGADO POR LA PRENSA

Con ocasión de tomar conocimiento por la prensa, pues los textos de actos constituyentes que la directiva de la Asamblea tenía preparados para someter a discusión no se entregaban con antelación a los Constituyentes, sino sólo en la sesión en la cual se iban a discutir, formulé las siguientes observaciones críticas, en Comunicación enviada al Presidente de la Asamblea Nacional Constituyente el 24-08-1999, precedidas de la siguiente nota: *"En virtud de haber sido divulgado por la prensa nacional el Proyecto de Decreto de la Asamblea Nacional Constituyente de "Regulación de las Funciones del Poder Legislativo Nacional", y consciente como estoy de que el mismo ha sido sometido a revisión por la Junta Directiva de la Asamblea, al punto de que no ha sido distribuido para el conocimiento formal por parte de los constituyentes, habiéndose incluso suspendido la sesión de la Asamblea originalmente prevista para el día de ayer para iniciar su discusión; he estimado conveniente, como Miembro de la Asamblea, remitirle adjunto mis observaciones críticas a dicho Proyecto, el cual, en mi criterio, de ser aprobado, conllevaría una grave violación no sólo de las Bases Comiciales de la Asamblea adoptadas en el Referéndum del 25 de abril de 1999 y de los límites que el pueblo le impuso, sino del Estado de Derecho, de las garantías democráticas y de las garantías constitucionales de derechos esenciales del hombre."*

1. *los límites a la Asamblea Nacional Constituyente impuestos por el pueblo*

Al analizar el Proyecto de Decreto de Regulación de las Funciones del Poder Legislativo Nacional divulgado por la prensa nacional el martes 24-08-99, de nuevo es necesario reflexionar sobre los límites que el soberano, es decir, el pueblo, le impuso a la Asamblea Nacional Constituyente en el *Referéndum* del 25-04-99.

Fue el pueblo, en dicho *Referéndum,* al ejercer el derecho de participación política, el que dió origen a la Asamblea Nacional Constituyente; y fue el pueblo el que le impuso como límites, no sólo que la transformación del Estado que diseñe la Asamblea y que el nuevo ordenamiento jurídico que elabore no pueden entrar en vigencia sino luego de que el propio pueblo los apruebe mediante *Referéndum (Base Novena de la Pregunta Segunda);* sino que incluso, en el trabajo de la Asamblea, esta tiene como límites:

"los *valores y principios* de nuestra historia *republicana,* así como el *cumplimiento de los tratados* internacionales, acuerdos y compromisos válidamente suscritos por la República, el *carácter progresivo de los derechos fundamentales* del hombre y las *garantías democráticas* dentro del más absoluto respeto de los compromisos asumidos" (*Base Octava de la Pregunta Segunda*).

La Asamblea Nacional Constituyente, en consecuencia, conforme a la voluntad del pueblo soberano, no tiene facultad alguna para poner en vigencia la nueva Constitución, pues el pueblo se reservó su aprobación por *Referéndum* y, consecuencialmente, durante su funcionamiento, tampoco tiene competencia para suspender, modificar o restringir la Constitución de 1961 que continúa vigente hasta que sea sustituida por la voluntad popular cuando el pueblo apruebe, por *Referéndum,* la nueva Constitución.

La Asamblea Nacional Constituyente, sin embargo, en mi criterio, ha actuado al margen de los límites que le impuso la voluntad popular al aprobar su Estatuto, particularmente el contenido de su artículo 1°; al aprobar el Decreto de Reorganización de los Poderes Públicos y al aprobar el Decreto de Reorganización del Poder Judicial, decisiones en las cuales invariablemente he dejado constancia de mi *voto negativo razonado*.

Ahora circula el "Proyecto de Regulación de las Funciones del Poder Legislativo Nacional", cuyo texto también viola la voluntad popular y soberana expresada en el *Referéndum* del 25-04-99, en el sentido de que *primero*, viola las garantías democráticas que la Asamblea Nacional Constituyente debe respetar; *segundo,* viola los principios del republicanismo entre ellos, el de la separación de poderes, al modificar la Constitución de 1961 en cuanto a la organización y funciones del Poder Legislativo Nacional y concentrar los Poderes del Estado en la Asamblea; *tercero,* viola compromisos internacionales de la República relativos al régimen democrático y a los derechos fundamentales; *cuarto* viola el carácter progresivo de los derechos fundamentales del hombre, y *quinto,* viola el régimen autonómico de los Estados de la República.

2. *La violación de las garantías democráticas*

En efecto, en *primer lugar,* el Proyecto de Decreto viola las *garantías democráticas* que la Asamblea Nacional Constituyente debe respetar, como lo dice la *Base Octava de la Pregunta Segunda del Referéndum* del 25-04-99 "dentro del más absoluto respeto de los compromisos asumidos".

La garantía democrática, ante todo, se refiere al respeto de los resultados de una elección democrática. Los diputados y senadores que conforman las Cámaras Legislativas fueron electos el 8 de noviembre de 1998, en unas elecciones cuyos resultados no fueron cuestionados; es decir, fueron electos democráticamente. La Asamblea Nacional Constituyente debe respetar dicho mandato popular, y si bien puede diseñar la cesación del Congreso en la nueva Constitución, sólo la voluntad popular expresada en el *Referéndum aprobatorio* de la misma podría conllevar a la terminación anticipada del mandato de los Diputados y Senadores.

Durante su funcionamiento, por tanto, la Asamblea Nacional Constituyente no puede revocar el mandato de los Diputados y Senadores electos democráticamente en noviembre de 1998, y eso y no otra cosa es lo que se propone en el Proyecto de Decreto, el cual proyecta la cesación del Congreso.

En efecto, cuando en el artículo 5° se suspenden las actividades de las Cámaras Legislativas, es decir, del Senado y de la Cámara de Diputados así como de las Comisiones del Congreso (exceptuadas la Comisión Delegada y las Comisiones Bicamerales de Finanzas y Contraloría), lo que se está decidiendo, en definitiva, es la cesación de las Cámaras Legislativas (Senado y Cámara de Diputados) y del Congreso.

Precisamente por ello, el artículo 5° del Proyecto de Decreto dispone que "el Congreso de la República ejercerá sus funciones previstas en este Decreto (no en Constitución alguna!) *por órgano* de su *Comisión Delegada* así como por las Comisiones Bicamerales de Finanzas y Contraloría".

Es decir, la Asamblea Nacional Constituyente, con esta norma, estaría "reduciendo" el Congreso a la Comisión Delegada y a dos Comisiones Bicamerales, razón por la cual sólo los Diputados y Senadores que integran esas Comisiones serían los que gozarían de inmunidad (art. 7), lo que significa, sin más, que los otros Senadores y Diputados que no integran esas Comisiones simplemente cesarían en sus funciones, es decir, se les revocaría el mandato por disposición de la Asamblea.

Ello viola las garantías democráticas que la Asamblea está obligada a respetar por imposición de la voluntad popular expresada en el *Referéndum* del 25 de abril de 1999.

3. *La violación de Tratados Internacionales*

La democracia, además de una forma de gobierno, es un derecho humano a la participación política, consagrado en los tratados internacionales sobre la materia, celebrados válidamente por la República y vigentes. Como límite expreso impuesto a la Asamblea Nacional Constituyente conforme al mandato dado por el pueblo venezolano en el *Referéndum* del 20 de abril, se encuentran precisamente los tratados internacionales en materia de derechos humanos.

La democracia representativa se ha convertido en un principio rector en los tratados internacionales vigentes en Venezuela. En este sentido, el primer tratado que conviene citar es la propia Carta de la Organización de Estados Americanos (OEA), la cual consagra "*el ejercicio efectivo de la democracia representativa*" como uno de los Principios que reafirman los Estados Miembros de dicha Organización. Así mismo, la democracia representativa fue incorporada, en 1985, en la Carta de la OEA mediante el Protocolo de Cartagena, en los siguientes términos:

"Ciertos de que la democracia representativa es condición indispensable para la estabilidad, la paz y el desarrollo de la región".

Además, en el artículo 2 literal (b) de dicha Carta, se estableció como uno de los propósitos esenciales de la OEA, "*promover y consolidar la democracia representativa dentro del respeto al principio de no intervención*".

Es por ello que la OEA ha ratificado en el ámbito interamericano, la unidad indisoluble entre la democracia representativa y el pleno respeto a los derechos humanos, enfatizando la importancia del ejercicio de los derechos de participación política representativa (*Ver, Resoluciones de la Asamblea General Nos. 510, 543, 618, y 742*).

Por otra parte, la *Convención Americana sobre Derechos Humanos* consagra entre los derechos fundamentales, el derecho a la participación política en los siguientes términos (art. 23):

Artículo 23. Derechos Políticos

1. Todos los ciudadanos deben gozar de los siguientes derechos y oportunidades:

a) De participar en la dirección de los asuntos públicos, directamente o por medio de representantes libremente elegidos.

b) De votar y ser elegidos en elecciones periódicas auténticas, realizadas por sufragio universal e igual y por voto secreto que garantice la libre expresión de la voluntad de los electores, y

c) De tener acceso, en condiciones generales de igualdad, a las funciones públicas de su país.

2. La Ley puede reglamentar el ejercicio de los derechos y oportunidades a que se refiere el inciso anterior, exclusivamente por razones de edad, nacionalidad, residencia, idioma, instrucción, capacidad civil o mental, o condena, por juez competente, en proceso penal.

La Comisión Interamericana de Derechos Humanos (CIDH) como órgano principal de la OEA, tiene asignada la función de promover la observancia y defensa de los derechos humanos, entendidos por éstos, los consagrados en la referida Convención Americana y en la Declaración Americana de los Derechos y Deberes del Hombre de 1948, la cual también consagró el derecho a la participación política representativa en los siguientes términos:

Artículo XX: Toda persona, legalmente capacitada, tiene el derecho de tomar parte en el gobierno de su país, directamente o por medio de sus representantes, y de participar en las elecciones populares, que serán de voto secreto, genuinas, periódicas y libres

Sobre el particular, la CIDH ha tenido oportunidad de pronunciarse en diversas oportunidades en relación a las violaciones a la democracia representativa y, en particular, a los derechos políticos en ella involucrados. Así, por ejemplo, la Comisión ha afirmado su facultad de verificar el respeto al derecho de participación política electoral *(Ver casos Nos. 9768, 9780 y 9828).* Así mismo, en sus Informes sobre la situación de los derechos humanos en los diversos países del hemisferio, la Comisión se ha pronunciado sobre la importancia del respeto pleno a los derechos de participación política en el marco de la democracia representativa, como garantía para la vigencia de los derechos humanos *(Ver, entre otros los Informes sobre Perú 1993, Chile 1974, Argentina 1976).*

Por su lado, la propia Corte Interamericana de Derechos Humanos se ha pronunciado sobre la materia, en relación al impacto de los derechos políticos consagrados en la Convención Americana y su importancia para la consolidación de la democracia representativa, al expresar:

"La democracia representativa es determinante en todo el sistema del que la Convención forma parte *(Ver, Opinión Consultiva OC-13, párrafo 34).*

En el ámbito universal, el derecho a la participación política en el marco de la democracia representativa también está consagrado en el *Pacto Internacional de Derechos Civiles y Políticos de las Naciones Unidas,* el cual establece en su artículo 25:

Artículo 25: Todos los ciudadanos gozarán, sin ninguna de las distinciones mencionadas en el artículo 2, y sin restricciones indebidas, de los siguientes derechos y oportunidades:

a) Participar en la dirección de los asuntos públicos, directamente o por medio de representantes libremente elegidos.
b) Votar y ser elegidos en elecciones periódicas, auténticas, realizadas por sufragio universal e igual y por voto secreto que garantice la libre expresión de la voluntad de los electores.
c) Tener acceso, en condiciones generales de igualdad, a las funciones públicas de su país.

Ello ha dado lugar, igualmente, a importantes pronunciamientos del Comité de Derechos Humanos de las Naciones Unidas, a través de casos y de sus Comentarios Generales (Ver, *Documentos Oficiales de la Asamblea General, Trigésimo sexto período de sesiones, Suplemento Nº 40).*

Así mismo, el derecho a la participación política, consagrado en el artículo 21 de la *Declaración Universal de los Derechos Humanos,* ha dado lugar a importantes pronunciamientos de la Unión Interparlamentaria Mundial, en relación al respeto a la voluntad popular expresada en elecciones libres para la formación de Congresos y Parlamentos, así como la importancia del respeto al funcionamiento libre de los Congresos y Parlamentos electos democráticamente (Ver, *Universal Declaration on Democracy, Interparlamentary Union, Positions Regarding Human Rights Issues, I-PU, Geneva, 1998*).

En consecuencia, al pretender el Proyecto de Decreto desconocer el mandato representativo de los Senadores y Diputados del Congreso de la República, producto de una elección democrática, la Asamblea Nacional Constituyente de aprobarlo, violaría los mencionados Tratados Internaciones y los límites que le impuso al pueblo, en el *Referéndum,* del 25 de abril de 1999.

Todo ello, además, conforme a la Carta de la OEA, expondría innecesariamente al Estado venezolano a la eventual suspensión del ejercicio de su derecho de participación ante la OEA y a otras sanciones diplomáticas conforme a lo establecido en el Tratado de la Carta de la OEA, para el supuesto de que "un miembro de la organización cuyo gobierno democráticamente constituido, sea derrocado por la fuerza" (art. 9).

4. *La violación de los valores y principios republicanos*

Conforme al *Referéndum* del 25-04-99, la Asamblea Nacional Constituyente tiene, dentro de los límites impuestos por la voluntad popular, los *valores y principios de nuestra historia republicana,* y dentro de ellos se encuentra la supremacía constitucional y la separación de poderes como garantía de la libertad. Estos principios, consagrados desde el momento mismo del nacimiento del Estado venezolano en 1811, y respetados por todas las Constituciones posteriores, solamente han sido violados con motivo de rupturas constitucionales provocadas por las diversas guerras, golpes de Estado y revoluciones que hemos tenido durante nuestra historia política.

El Proyecto de Decreto en consideración viola dicho límite al vulnerar la Constitución de 1961, la cual se pretende modificar por la Asamblea sin respaldo popular mediante *Referéndum aprobatorio,* y al pretender asumir, la Asamblea, funciones legislativas, concentrando el Poder Público (Judicial y Legislativo) y vulnerando el principio de la separación de poderes.

A. *El Proyecto de Decreto modifica los órganos que ejercen el Poder Legislativo Nacional*

Conforme a la Constitución de 1961, "el Poder Legislativo se ejerce por el Congreso, integrado por dos Cámaras: el Senado y la Cámara de Diputados" (art. 138).

Pues bien, el Proyecto de Decreto elimina al Senado y a la Cámara de Diputados y pretende reducir el Congreso a la Comisión Delegada y a las Comisiones Bicamerales de Finanzas y de Contraloría, suprimiendo, además, las actividades de las Cámaras y de las otras Comisiones del Congreso (art. 5).

Es decir, el Proyecto de Decreto modifica orgánicamente al Congreso y elimina el bicameralismo, que es otro de los principios de nuestra historia republicana.

Adicionalmente, el Proyecto de Decreto reduce las actividades de la Comisión Delegada y de las Comisiones Bicamerales de Finanzas y Contraloría a las "previstas en este Decreto", lo que implica que ni siquiera podrían ejercer las establecidas expresamente en la Constitución (por ejemplo, Arts. 178 y siguientes relativas a la Comisión Delegada del Congreso).

En esta forma, el Proyecto de Decreto viola y modifica la Constitución de 1961, sin que, conforme al *Referéndum* del 25 de abril, la Asamblea Nacional Constituyente tenga poder para ello ni el pueblo haya aprobado tales reformas mediante *Referéndum*.

B. *El Proyecto de Decreto atribuye a la Asamblea Nacional Constituyente funciones Legislativas de control y debate político*

Pero además, el Proyecto de Decreto también viola la Constitución de 1961 y el principio de la Separación de Poderes, al pretender atribuir a la Asamblea Nacional Constituyente funciones legislativas que corresponden a las Cámaras Legislativas (Senado y Cámara de Diputados).

En efecto, conforme al artículo 1° del Proyecto de Decreto, se pretende que la Asamblea Nacional Constituyente asuma "funciones del Poder Legislativo ejercidas por el Congreso de la República como poder constituido", y particularmente las siguientes:

1. "La representación de la Nación para el debate político sobre temas de interés público".

Ante todo, nadie puede asumir el monopolio de la representación de la Nación para el debate político sobre temas de interés nacional. Ese derecho lo tienen todos los representantes electos por el pueblo, por lo que se asunción monopolísticamente por la Asamblea Nacional Constituyente, viola el principio de la democracia representativa.

3. "El control político sobre el Ejecutivo Nacional"

De acuerdo con el artículo 139 de la Constitución, corresponde al Congreso ejercer "el control de la Administración Pública Nacional" que ejerce el Poder Ejecutivo Nacional, por lo que esta asunción de dicho control por la Asamblea Nacional Constituyente viola dicha norma.

4. "La autorización del enjuiciamiento del Presidente de la República".

Corresponde al Senado, conforme al artículo 150, ordinal 8°, autorizar por el voto de la mayoría de sus miembros, el enjuiciamiento del Presidente de la República previa declaratoria de la Corte Suprema de Justicia de que hay mérito para ello. Este ordinal 4° del artículo 1° del Proyecto de Decreto viola dicha norma y, además, elimina la mayoría establecida respecto de los miembros del Senado.

5. "El voto de Censura a los Ministros"

Conforme al artículo 153, ordinal 2° de la Constitución, es atribución de la Cámara de Diputados "dar voto de censura a los Ministros". Por tanto, este ordinal 5° del artículo 1° del Proyecto de Decreto viola dicha norma constitucional. Además, es de observar que no se prevé la mayoría calificada de "las 2/3 partes de los Diputados presentes", para que la decisión equivalente que pudiera adoptar la Asamblea, tuviera el efecto de la remoción del Ministro.

7. "El control sobre la declaratoria del Estado de Emergencia, así como sobre la restricción y suspensión de las garantías constitucionales".

De acuerdo con el artículo 242 de la Constitución, el Decreto que declare el Estado de Emergencia u ordene la restricción o suspensión de garantías constitucionales debe ser sometido a la consideración de las Cámaras en sesión conjunta o de la Comisión Delegada, dentro de los 10 días siguientes a su publicación.

En esta forma, el artículo 1° ordinal 7 del Proyecto de Decreto, al pretender atribuir a la Asamblea Nacional Constituyente este poder de control, viola la norma antes referida de la Constitución.

8. "La designación de los Magistrados de la Corte Suprema de Justicia, Fiscal General de la República, Contralor General de la República, Consejeros del Consejo de la Judicatura y Miembros del Consejo Nacional Electoral".

La Constitución atribuye a las Cámaras Legislativas (Senado y Cámara de Diputados) en sesión conjunta, la elección de los Magistrados de la Corte Suprema de Justicia (art. 214), del Contralor General de la República (art. 238), del Fiscal General de la República (art. 219), y lo mismo hacen las leyes del Consejo de la Judicatura y del Sufragio y Participación Política.

En consecuencia, al pretender el ordinal 8 del artículo 1° del Decreto atribuir dicha atribución a la Asamblea Nacional Constituyente, viola dichas normas constitucionales y legales.

10. "El allanamiento de la inmunidad de los Senadores y Diputados que integran la Comisión Delegada, la Comisión Bicameral de Finanzas y la Comisión Bicameral de Contraloría del Congreso de la República".

La atribución de allanar la inmunidad parlamentaria de Senadores y Diputados está asignada, conforme a la Constitución, al Senado o a la Cámara de Diputados, respectivamente, o a la Comisión Delegada del Congreso (art. 144).

En consecuencia, el artículo 1°, ordinal 10 del Proyecto de Decreto viola dicho artículo constitucional, al pretender atribuir dicha potestad a la Asamblea Nacional Constituyente, cuerpo al cual, por lo demás, no pertenecen los Diputados y Senadores.

Se observa, además, que nada se prevé respecto al allanamiento de la inmunidad de los Senadores y Diputados que no integran las referidas Comisión Delegada o las Comisiones Bicamerales de Finanzas y Contraloría, lo que confirma que conforme al Proyecto de Decreto, se pretende revocarles el mandato.

11. "La autorización del empleo de misiones militares venezolanas en el exterior o extranjeras en el país, a solicitud del Ejecutivo".

La Constitución asigna esta facultad al Senado (art. 150, ord. 4°), por lo que el artículo 1°, ordinal 11 del Proyecto de Decreto viola dicha norma constitucional, al pretender atribuir esa competencia a la Asamblea Nacional Constituyente.

12. "Las demás funciones del Poder Legislativo constituido no asignadas expresamente por el presente Decreto al Congreso de la República".

Con este ordinal, de carácter residual, se reduce la existencia del Congreso, no sólo a las Comisiones Delegada y Bicamerales de Finanzas y Contraloría, sino que estas sólo podrían ejercer las competencias que se le atribuyen expresamente en el Proyecto de Decreto. Con ello, la Asamblea Nacional Constituyente pretendería asumir el resto de las funciones del Poder Legislativo que la Constitución y las leyes atribuyen expresamente a las Cámaras Legislativas, violando la propia Constitución.

5. *La violación de la garantía constitucional de la reserva legal*

La garantía constitucional más importante de los derechos y libertades del hombre, es la garantía de la reserva legal, que implica que aquellos sólo pueden ser limitados por Ley Formal, que conforme al artículo 162 de la Constitución, se define como el acto que sancionen las Cámaras Legislativas, es decir, el Senado y la Cámara de Diputados, como cuerpos colegisladores.

Además, conforme al artículo 139 de la Constitución corresponde exclusivamente al Congreso (Senado y Cámara de Diputados) la potestad de "legislar sobre las materias de la competencia nacional y sobre el funcionamiento de las distintas ramas del Poder Nacional".

En consecuencia, no puede la Asamblea Nacional Constituyente asumir la potestad de dictar leyes o atribuírsela a otro órgano distinto a las Cámaras Legislativas, sin violar los mencionados artículos de la Constitución.

Además, al hacerlo, viola la garantía constitucional de la reserva legal, vulnerándose, además, las *Bases Comiciales* derivadas del *Referéndum* del 25 de abril de 1999 y los límites allí impuestos a la Asamblea Nacional Constituyente (respeto al carácter progresivo de los derechos fundamentales democráticos), al atribuirse la función de dictas "leyes" a la propia Asamblea Nacional Constituyente o a la Comisión Delegada del Congreso.

A. *El Proyecto de Decreto pretende atribuir a la Asamblea Nacional Constituyente la facultad de dictar leyes*

Conforme al artículo 1°, ordinal 2° del Proyecto de Decreto, se pretende atribuir a la Asamblea Nacional Constituyente, "la legislación sobre las materias de la competencia nacional, con excepción de las asignadas a la Comisión Delegada".

Ahora bien, conforme al artículo 136, ordinal 24 de la Constitución, es competencia del Poder Nacional, entre otras, "la legislación reglamentaria de las garantías que otorga esta Constitución" y todas las limitaciones y restricciones a los derechos y libertades constitucionales. Atribuir esta función a la Asamblea Nacional Constituyente, además de violar los artículos 139 y 162 citados de la Constitución, viola la garantía constitucional de la reserva legal, pues podrían limitarse o restringirse los derechos humanos por actos de la Asamblea que no son "leyes" conforme a la Constitución.

Lo mismo puede señalarse respecto de la atribución del ordinal 9 del artículo 1° del Proyecto de Decreto que asigna a la Asamblea Nacional Constituyente "la aprobación de amnistías por Ley especial", que viola el artículo 139 de la Constitución que establece que "Es privilegio del Congreso decretar amnistías, lo que hará por Ley Especial".

El Proyecto de Decreto, por otra parte, al atribuir a la Asamblea Nacional Constituyente la potestad de legislar, deroga y modifica el procedimiento de formación de las leyes previsto en los artículos 162 y siguientes de la Constitución, atribuyendo a la Comisión Legislativa de la Asamblea estudiar y elaborar los "proyectos de Ley" (art. 3, ordinal 1°), pero sin regular procedimiento alguno para la sanción de tales "leyes" por la Asamblea; con lo cual viola la Constitución.

B. *El Proyecto de Decreto pretende atribuir a la Comisión Delegada la facultad de dictar leyes*

La violación de los artículos 162 y 139 de la Constitución también se produciría con el artículo 4 del Proyecto de Decreto, al pretender atribuir, esta vez, "al Congreso", que sólo podría actuar por órgano de la *Comisión Delegada,* la legislación referida al *régimen presupuestario,* al *régimen tributario,* la aprobatoria del *presupuesto,* la autorización por Ley Especial al Ejecutivo Nacional para dictar *medidas extraordinarias* en materia económica y financiera y la legislación aprobatoria de los *Tratados y Convenios Internacionales* (ordinales 1 a 5 del artículo 4).

La Comisión Delegada del Congreso no puede dictar "leyes" que solo son los actos que emanan de las Cámaras Legislativas (Senado y Cámaras de Diputados) como cuerpos colegisladores, por lo que atribuirle tal facultad de legislar implicaría violar los artículos 162 y 139 de la Constitución.

Debe advertirse, además, que la atribución a la Comisión Delegada de la "legislación tributaria" violaría, adicionalmente, la garantía de la legalidad tributaria que establece el artículo 224 de la Constitución, que indica que "no podrá cobrarse ningún impuesto u otra contribución que no esté establecida *por ley*" en los términos del artículo 162 de la Constitución; y violaría, además, el artículo 153, ordinal 1° de la Constitución que exige que la discusión de todo proyecto de ley concerniente al régimen tributario, debe iniciarse en la Cámara de Diputados.

Además, debe destacarse que la sanción, por la Comisión Delegada, de la Ley de Presupuesto también violaría el artículo 153, ordinal 1° de la Constitución que exige que la discusión de la Ley de Presupuesto se inicie en la Cámara de Diputados.

Igualmente, la sanción por la Comisión Delegada de supuestas "leyes" aprobatorias de Tratados y Acuerdos internacionales violaría lo establecido en el artículo 128 de la Constitución que exige que los mismos sean aprobados mediante *Ley Especial,* en los términos del artículo 162 de la Constitución. Además, violaría el artículo 150, ordinal 1° que exige que la discusión de los proyectos de ley relativos a Tratados y Convenios Internacionales, se inicie en el Senado.

Por último, debe señalarse que el artículo 6° del Proyecto de Decreto, al establecer que "los proyectos de Ley presentados a la Comisión Delegada del Congreso de la República recibirán 2 discusiones en días diferentes", también violaría el procedimiento de formación de las leyes establecido en los artículos 162 y siguientes de la Constitución.

6. *La violación del régimen autonómico de los estados*

Conforme a la distribución vertical del Poder Público que configura al Estado Federal en los términos consagrados en la Constitución (art. 2), los Estados son autónomos (art. 16), por lo cual en Venezuela, no se admite injerencia política alguna de parte de los órganos del Poder Nacional en los órganos del Poder Estadal.

En consecuencia, al pretender atribuirse la Asamblea Nacional Constituyente, en el Proyecto de Decreto, "el control político sobre los Gobernadores de Estado" (art. 1, ordinal 3°) y el "acuerdo de la destitución de los gobernadores de Estado" (art. 1°, ord. 6), dicho Proyecto de Decreto viola el artículo 16 de la Constitución y los principios del Estado Federal.

La Constitución de 1961 no atribuye estas funciones a las Cámaras Legislativas y sólo admite la destitución de los Gobernadores cuando se produce la improbación de la gestión por la Asamblea Legislativa del Estado respectivo (art. 209, ordinal 2° y art. 24).

Si lo que se pretende es modificar disposiciones de la Ley de Elección y Remoción de Gobernadores de Estado (art. 14) y de la Ley Orgánica de Descentralización, Delimitación y Transferencias de Competencias del Poder Público (art. 31) que son de dudosa constitucionalidad, ello tampoco podría hacerse por Decreto de la Asamblea.

II. EXPOSICIÓN EN LA SESIÓN DE LA ASAMBLEA NACIONAL CONSTITUYENTE DEL 25-08-1999 EN EL DEBATE SOBRE EL DECRETO DE REGULACIÓN DE LAS FUNCIONES DEL PODER LEGISLATIVO.

CONSTITUYENTE BREWER CARIAS (ALLAN).- (Desde la Tribuna de Oradores). Ciudadano Presidente, colegas constituyentes. Esta mañana el constituyente David de Lima nos recordaba que estábamos en un momento constituyente, excepcional. Y ese momento ciertamente existe, y es lo que debería provocar, que nos dedicáramos a los asuntos constituyentes.

Lamento realmente que sea el señor Pedro Tabata Guzmán el que le haya fijado la agenda a esta Asamblea Nacional Constituyente, hoy, para que a la carrera nos pongamos a discutir este proyecto que se nos ha leído, pero que hubiera sido preferible que hubiéramos tenido la oportunidad de leer detenidamente. Sin embargo, a pesar de eso, quiero referirme, en concreto, a este proyecto de Decreto que se ha sometido a consideración de la Asamblea.

El proyecto de Decreto presentado por la Comisión General, definitivamente reforma la Constitución de la República de 1961; eso debemos tenerlo claro y estar conscientes de ello. Es decir, establece un conjunto de normas constitucionales sin que estas se hayan sometido a Referéndum aprobatorio como lo exigió el Referéndum del 25 de abril. No olvidemos -a pesar de que aquí queremos a veces olvidarlo- que esta Asamblea se originó por el Referéndum del 25 de abril, y en él se fijó lo que he llamado un marco supraconstitucional de la Asamblea, que le estableció una misión y unos límites, que tampoco a veces queremos volver a leer. Esos límites están en la Base Octava, límites que se refieren al respeto a las garantías democráticas, el carácter progresivo de los derechos humanos y de las garantías constitucionales de los derechos, y el cumplimiento de los Tratados Internacionales. Eso está en la Base octava del Referéndum del 25 de abril. Este proyecto realmente viola estas Bases, y de eso debemos estar conscientes a los efectos de la votación que aquí se va a realizar.

En primer lugar, viola las garantías democráticas. La elección de representantes depende de la voluntad popular en una sociedad democrática. Aquí hubo elecciones, en noviembre, para representantes al Congreso de la República y a las Asambleas Legislativas. El mandato, dado por elección popular, no puede revocarse, en una sociedad democrática, sino por el propio pueblo. Por eso, una de las reformas que vamos seguramente a introducir, en la futura Constitución, es el referendo revocatorio del mandato; pero éste actualmente no existe.

Sin embargo, el proyecto de Decreto sometido a nuestra consideración revoca el mandato de los diputados a las Asambleas Legislativas que no integran las comisiones delegadas de cada Asamblea; al decir "Cesan en sus funciones estos diputados", simplemente les está revocando el mandato producto de una elección popular, y eso, aun cuando nos parezca que podría ser conveniente (eliminar o no a estos diputados), eso viola la garantía democrática que es uno de los límites que deben respetarse de acuerdo a la Base octava del Referéndum del 25 de abril. Eso viola, además -gústenos o no-, Tratados Internacionales que le imponen al Estado venezolano el compromiso de respetar la representatividad democrática y los principios de la democracia representativa. Revocar un mandato de este tipo puede significar una violación de estos Tratados Internacionales.

En segundo lugar, el proyecto de Decreto viola la más importante de las garantías constitucionales de los derechos fundamentales en cualquier país democrático que es la garantía de la reserva legal. La existencia de derechos y libertades, es posible porque tienen garantías y dentro de las garantías está la Garantía de la Reserva Legal, es decir que mi derecho, nuestro derecho, nuestra libertad sólo puede ser limitado por ley, y el ordenamiento dice que es ley; cualquier estudiante de derecho sabe de memoria el artículo 162 de la Constitución de la República que dice que "Ley es el acto que emana de las Cámaras, actuando como cuerpo colegislador". Ninguna otra cosa es ley, salvo que la definamos en una nueva Constitución con otra noción, pero mientras eso no ocurra, ley es eso.

Sin embargo, aquí tenemos un proyecto de Decreto que elimina al Senado y a la Cámara de Diputados, porque no otra cosa es la consecuencia de reducir el Congreso a la Comisión Delegada y a unas comisiones de Finanzas, de Contraloría y de Investigaciones, es decir, desaparece la Cámara del Senado y la Cámara de Diputados, aun cuando a sus miembros no se les revoque el mandato; pero sin embargo desaparece y se reduce el Congreso de la República a un órgano que es la Comisión Delegada.

Eso constituye una reforma de la Constitución de la República, quiérase o no. Y no sólo eso, sino que el proyecto le atribuye a la Comisión Delegada la función de legislar, es decir de dictar leyes; leyes que sin embargo sólo son actos que emanan de las Cámaras Legislativas adoptadas como cuerpos colegisladores. Además se le atribuyen funciones a esa Comisión, como por ejemplo, dictar leyes de carácter tributario, lo que viola la garantía de la legalidad tributaria prevista en el artículo 224 de la Constitución. El decreto modifica la Constitución, donde incluso se dice que la iniciativa para la discusión de las leyes de carácter tributario, debe estar en la Cámara de Diputados. El decreto le atribuye a la Comisión Delegada, además, otras facultades como adoptar leyes aprobatorias de tratados, lo que significa que ahora los Tratados Internacionales no van a ser aprobados por ley, sino por esta cosa, que no sabemos cómo se llama, que son los actos de una Comisión Delegada.

¿Qué país de la comunidad internacional se va a contentar con que en este país que conforme una Constitución deben aprobarse los Tratados por ley, los vayan a aprobar una Comisión Delegada? Realmente me parece una torpeza legislativa frente al mundo, trastocar el mecanismo de aprobación de los Tratados.

El decreto, por otra parte, modifica, por supuesto, el procedimiento de formación de las leyes precisamente establecido en la Constitución, al decir, simplemente, que la Comisión Delegada va a aprobar "leyes", que no son leyes, sólo mediante dos discusiones en dos días distintos, pero elimina todo el mecanismo de formación de la ley.

Pero hay otro agregado en el proyecto de decreto, y son los elementos que tienen que ver con la estructura del poder. Todavía tenemos una Constitución que establece una forma federal, donde hay una autonomía de los estados; sin embargo la Asamblea interfiere desde el ámbito nacional en los poderes estadales, en las asambleas legislativas, en la evaluación de las contralorías estadales que, supuestamente, de acuerdo al poder moral y contralor tienen que tener autonomía; de paso, estamos lesionando dicha autonomía.

Por tanto, estamos en presencia de un proyecto, que en mi criterio viola la Garantía Constitucional a la Reserva Legal, que es uno de los límites impuestos por el Referéndum del 25 de abril, al atribuir la función de legislar a un órgano que no puede tener la función de legislar como es la Comisión Delegada del Congreso. Simplemente podría llegarse a la situación de que no se legisle de aquí en adelante, hasta que se apruebe la nueva Constitución, pero creo que sería una torpeza atribuir a un órgano que no tiene potestad legislativa la función de legislar, trastocando totalmente el régimen constitucional sin su sustitución, porque todavía no tenemos la nueva Constitución que establezca el nuevo orden jurídico que debe regir la actuación de la República. Tal como está ese decreto considero que se le hace más daño a la institucionalidad democrática que los beneficios que podrían obtenerse por acallar el Congreso.

Por eso, tal como está este proyecto, mi voto será negativo en la votación que aquí se realice.

Es todo, ciudadano Presidente.

III VOTO RAZONADO NEGATIVO CON MOTIVO DE LA APROBACIÓN AL DECRETO SOBRE REGULACIÓN DE LAS FUNCIONES DEL PODER LEGISLATIVO NACIONAL EN LA SESIÓN DEL 25-08-99

1. Los límites a la Asamblea Nacional Constituyente impuestos por el pueblo

Al analizar el contenido del Decreto de Regulación de las Funciones del Poder Legislativo aprobado por la Asamblea en su sesión del día 25-08-99, considero que es necesario, de nuevo, reflexionar sobre los límites que el soberano, es decir, el pueblo, le impuso a la Asamblea Nacional Constituyente en el *Referéndum* del 25-04-99, a los efectos de razonar el presente *voto negativo razonado*.

En efecto, fue el pueblo, en dicho *Referéndum*, al ejercer el derecho de participación política, el que dio origen a la Asamblea Nacional Constituyente; y fue el pueblo el que le impuso como límites, supraconstitucionales, no sólo que la transformación del Estado que diseñe la Asamblea y que el nuevo ordenamiento jurídico que elabore no pueden entrar en vigencia sino luego de que el propio pueblo los apruebe mediante *Referéndum (Base Novena de la Pregunta Segunda);* sino que incluso, en todo el trabajo de la Asamblea, esta tiene como límites:

"los *valores y principios* de nuestra historia *republicana,* así como el *cumplimiento de los tratados* internacionales, acuerdos y compromisos válidamente suscritos por la República, el *carácter progresivo de los derechos fundamentales* del hombre y las *garantías democráticas* dentro del más absoluto respeto de los compromisos asumidos" *(Base Octava de la Pregunta Segunda).*

La Asamblea Nacional Constituyente, en consecuencia, conforme a la voluntad del pueblo soberano, no tiene facultad alguna para poner en vigencia la nueva Constitución, pues el pueblo se reservó su aprobación por *Referéndum* y, consecuencialmente, durante su funcionamiento, tampoco tiene competencia para suspender, modificar o restringir la Constitución de 1961 que continúa vigente hasta que sea sustituida por la voluntad popular cuando el pueblo apruebe, por *Referéndum,* la nueva Constitución.

La Asamblea Nacional Constituyente, sin embargo, al aprobar este Decreto, en mi criterio, ha actuado al margen de los límites que le impuso la voluntad popular, lo que ya hizo, también, al aprobar su Estatuto, particularmente el contenido de su artículo 1°; al aprobar el Decreto de Reorganización de los Poderes Públicos y al aprobar el Decreto de Reorganización del Poder Judicial, decisiones en las cuales invariablemente también he dejado constancia de mi *voto negativo razonado*.

En relación al Decreto de Regulación de las Funciones del Poder Legislativo Nacional, considero que su texto también viola la voluntad popular y soberana expresada en el *Referéndum* del 25-04-99, en el sentido de que *primero,* viola las garantías democráticas que la Asamblea Nacional Constituyente debe respetar; *segundo,* viola los principios del republicanismo, entre ellos, el de la separación de poderes, al modificar la Constitución de 1961 en cuanto a la organización y funciones del Poder Legislativo Nacional y concentrar los Poderes del Estado en la Asamblea; *tercero,* viola compromisos internacionales de la República relativos al régimen democrático y a los derechos fundamentales; *cuarto* viola el carácter progresivo de los derechos fundamentales del hombre, y *quinto,* viola el régimen autonómico de los Estados de la República.

2. La violación de las garantías democráticas

En efecto, en *primer lugar,* el Decreto viola las *garantías democráticas* que la Asamblea Nacional Constituyente debe respetar, como lo dice la *Base Octava de la Pregunta Segunda del Referéndum* del 25-04-99 "dentro del más absoluto respeto de los compromisos asumidos".

La garantía democrática, ante todo, se refiere al respeto de los resultados de una elección democrática. Los diputados y senadores que conforman las Cámaras Legislativas fueron electos el 8 de noviembre de 1998, en unas elecciones cuyos resultados no fueron cuestionados; es decir, fueron electos democráticamente. La Asamblea Nacional Constituyente debe respetar dicho mandato popular, y si bien puede diseñar la cesación del Congreso en la nueva Constitución, sólo la voluntad popular expresada en el *Referéndum aprobatorio* de la misma podría conllevar a la terminación anticipada del mandato de los Diputados y Senadores.

Durante su funcionamiento, por tanto, la Asamblea Nacional Constituyente no puede revocar el mandato de los Diputados y Senadores electos democráticamente en noviembre de 1998, y eso y no otra cosa es lo que de hecho produce el Decreto, al resolver, implícitamente, la cesación del Senado y de la Cámara de Diputados, y de la mayoría de las Comisiones Legislativas.

Pero lo que es implícito respecto de Senadores y Diputados, es expreso en relación con los Diputados de las Asambleas Legislativas de los Estados, que no formen parte de las Comisiones Delegadas respectivas de ellos. En efecto, el Decreto suspende las actividades de las Asambleas Legislativas, de los Estados, las cuales se reducen a sus Comisiones Delegadas disponiéndose la cesación en sus funciones de los Diputados que no formen parte de las mismas.

Ello viola las garantías democráticas que la Asamblea está obligada a respetar por imposición de la voluntad popular expresada en el *Referéndum* del 25 de abril de 1999.

3. La violación de tratados internacionales

La democracia, además de una forma de gobierno, es un derecho humano a la participación política, consagrado en los tratados internacionales sobre la materia, celebrados válidamente por la República y vigentes. Como límite expreso impuesto a la Asamblea Nacional Constituyente conforme al mandato dado por el pueblo venezolano en el *Referéndum* del 20 de abril, se encuentran precisamente los tratados internacionales en materia de derechos humanos.

La democracia representativa se ha convertido en un principio rector en los tratados internacionales vigentes en Venezuela. En este sentido, el primer tratado que conviene citar es la propia Carta de la Organización de Estados Americanos (OEA), la cual consagra "*el ejercicio efectivo de la democracia representativa*" como uno de los Principios que reafirman los Estados Miembros de dicha Organización. Así mismo, la democracia representativa fue incorporada, en 1985, en la Carta de la OEA mediante el Protocolo de Cartagena, en los siguientes términos:

> "Ciertos de que la democracia representativa es condición indispensable para la estabilidad, la paz y el desarrollo de la región".

Además, en el artículo 2 literal (b) de dicha Carta, se estableció como uno de los propósitos esenciales de la OEA, *"promover y consolidar la democracia representativa dentro del respeto al principio de no intervención"*.

Es por ello que la OEA ha ratificado en el ámbito interamericano, la unidad indisoluble entre la democracia representativa y el pleno respeto a los derechos humanos, enfatizando la importancia del ejercicio de los derechos de participación política representativa (*Ver, Resoluciones de la Asamblea General Nos. 510, 543, 618, y 742*).

Por otra parte, la *Convención Americana sobre Derechos Humanos* consagra entre los derechos fundamentales, el derecho a la participación política en los siguientes términos (art. 23):

Artículo 23. Derechos Políticos

1. Todos los ciudadanos deben gozar de los siguientes derechos y oportunidades:
    a) De participar en la dirección de los asuntos públicos, directamente o por medio de representantes libremente elegidos.
    b) De votar y ser elegidos en elecciones periódicas auténticas, realizadas por sufragio universal e igual y por voto secreto que garantice la libre expresión de la voluntad de los electores, y
    c) De tener acceso, en condiciones generales de igualdad, a las funciones públicas de su país.
2. La Ley puede reglamentar el ejercicio de los derechos y oportunidades a que se refiere el inciso anterior, exclusivamente por razones de edad, nacionalidad, residencia, idioma, instrucción, capacidad civil o mental, o condena, por juez competente, en proceso penal.

La Comisión Interamericana de Derechos Humanos (CIDH) como órgano principal de la OEA, tiene asignada la función de promover la observancia y defensa de los derechos humanos, entendidos por éstos, los consagrados en la referida Convención Americana y en la Declaración Americana de los Derechos y Deberes del Hombre de 1948, la cual también consagró el derecho a la participación política representativa en los siguientes términos:

Artículo XX: Toda persona, legalmente capacitada, tiene el derecho de tomar parte en el gobierno de su país, directamente o por medio de sus representantes, y de participar en las elecciones populares, que serán de voto secreto, genuinas, periódicas y libres.

Sobre el particular, la CIDH ha tenido oportunidad de pronunciarse en diversas oportunidades en relación a las violaciones a la democracia representativa y, en particular, a los derechos políticos en ella involucrados. Así, por ejemplo, la Comisión ha afirmado su facultad de verificar el respeto al derecho de participación política electoral (Ver *casos Nos. 9768, 9780 y 9828*). Así mismo, en sus Informes sobre la situación de los derechos humanos en los diversos países del hemisferio, la Comisión se ha pronunciado sobre la importancia del respeto pleno a los derechos de participación política en el marco de la democracia representativa, como garantía para la vigencia de los derechos humanos *(Ver, entre otros los Informes sobre Perú 1993, Chile 1974, Argentina 1976)*.

Por su lado, la propia Corte Interamericana de Derechos Humanos se ha pronunciado sobre la materia, en relación al impacto de los derechos políticos consagrados en la Convención Americana y su importancia para la consolidación de la democracia representativa, al expresar:

> La democracia representativa es determinante en todo el sistema del que la Convención forma parte *(*Ver, *Opinión Consultiva OC-13, párrafo 34).*

En el ámbito universal, el derecho a la participación política en el marco de la democracia representativa también está consagrado en el *Pacto Internacional de Derechos Civiles y Políticos de las Naciones Unidas,* el cual establece en su artículo 25:

> *Artículo 25:* Todos los ciudadanos gozarán, sin ninguna de las distinciones mencionadas en el artículo 2, y sin restricciones indebidas, de los siguientes derechos y oportunidades:
>
> a) Participar en la dirección de los asuntos públicos, directamente o por medio de representantes libremente elegidos.
>
> b) Votar y ser elegidos en elecciones periódicas, auténticas, realizadas por sufragio universal e igual y por voto secreto que garantice la libre expresión de la voluntad de los electores.
>
> c) Tener acceso, en condiciones generales de igualdad, a las funciones públicas de su país.

Ello ha dado lugar, igualmente, a importantes pronunciamientos del Comité de Derechos Humanos de las Naciones Unidas, a través de casos y de sus Comentarios Generales *(*Ver, *Documentos Oficiales de la Asamblea General, Trigésimo sexto período de sesiones, Suplemento N° 40).*

Así mismo, el derecho a la participación política, consagrado en el artículo 21 de la *Declaración Universal de los Derechos Humanos,* ha dado lugar a importantes pronunciamientos de la Unión Interparlamentaria Mundial, en relación al respeto a la voluntad popular expresada en elecciones libres para la formación de Congresos y Parlamentos, así como la importancia del respeto al funcionamiento libre de los Congresos y Parlamentos electos democráticamente (*Ver, Universal Declaration on Democracy, Interparlamentary Union, Positions Regarding Human Rights Issues, I-PU, Geneva, 1998*).

En consecuencia, desconocer, el Decreto en forma expresa el mandato representativo de los Diputados a las Asambleas Legislativas de los Estados de la República, producto de una elección democrática, la Asamblea Nacional Constituyente ha violado los mencionados Tratados Internaciones y los límites que le impuso al pueblo, en el *Referéndum,* del 25 de abril de 1999.

Todo ello, además, conforme a la Carta de la OEA, expondría innecesariamente al Estado venezolano a la eventual suspensión del ejercicio de su derecho de participación ante la OEA y a otras sanciones diplomáticas conforme a lo establecido en el Tratado de la Carta de la OEA, para el supuesto de que "un miembro de la organización cuyo gobierno democráticamente constituido, sea derrocado por la fuerza" (art. 9).

4. *La violación de los valores y principios republicanos*

Conforme al *Referéndum* del 25-04-99, la Asamblea Nacional Constituyente tiene, dentro de los límites impuestos por la voluntad popular, los *valores y principios de nuestra historia republicana,* y dentro de ellos se encuentra la supremacía constitucional y la separación de poderes como garantía de la libertad. Estos principios, consagrados desde el momento mismo del nacimiento del Estado venezolano en 1811, y respetados por todas las Constituciones posteriores, solamente han sido violados con motivo de rupturas constitucionales provocadas por las diversas guerras, golpes de Estado y revoluciones que hemos tenido durante nuestra historia política.

El Decreto aprobado viola dicho límite al vulnerar la Constitución de 1961, la cual se pretende modificar por la Asamblea sin respaldo popular mediante *Referéndum aprobatorio,* y al asumir, la Asamblea, funciones legislativas, concentrando el Poder Público (Judicial y Legislativo) y vulnerando el principio de la separación de poderes.

En particular, debe destacarse que el Decreto modifica los órganos que ejercen el Poder Legislativo Nacional.

En efecto, conforme a la Constitución de 1961, "el Poder Legislativo se ejerce por el Congreso, integrado por dos Cámaras: el Senado y la Cámara de Diputados" (art. 138).

Ahora, bien, el Decreto elimina al Senado y a la Cámara de Diputados y reduce el Congreso a la Comisión Delegada, a las Comisiones de Finanzas y de Contraloría y otras Comisiones especiales, suprimiendo, además, las actividades de las Cámaras y de las otras Comisiones regulares del Congreso.

Es decir, el Decreto modifica orgánicamente al Congreso y elimina el bicameralismo, que es otro de los principios de nuestra historia republicana.

Adicionalmente, el Decreto reduce las actividades de la Comisión Delegada de las Comisiones de Finanzas y Contraloría y de las otras que sobreviven, a las "previstas en este Decreto", lo que implica que ni siquiera podrían ejercer las establecidas expresamente en la Constitución (por ejemplo, Arts. 178 y siguientes relativas a la Comisión Delegada del Congreso). Además, el Decreto, al atribuir funciones legislativas a la Comisión Delegada, le enumera las materias precisas sobre las cuales puede dictar leyes, lo que de nuevo es una regulación limitativa del Poder del Congreso de legislar.

En esta forma, el Decreto modifica la Constitución de 1961, sin que, conforme al *Referéndum* del 25 de abril, la Asamblea Nacional Constituyente tenga poder para ello ni el pueblo haya aprobado tales reformas mediante *Referéndum.*

5. *La violación de la garantía constitucional de la reserva legal*

La garantía constitucional más importante de los derechos y libertades del hombre, es la garantía de la reserva legal, que implica que aquellos sólo pueden ser limitados por Ley Formal, que conforme al artículo 162 de la Constitución, se define como el acto que sancionen las Cámaras Legislativas, es decir, el Senado y la Cámara de Diputados, como cuerpos colegisladores.

Además, conforme al artículo 139 de la Constitución corresponde exclusivamente al Congreso (Senado y Cámara de Diputados) la potestad de "legislar sobre las materias de la competencia nacional y sobre el funcionamiento de las distintas ramas del Poder Nacional".

En consecuencia, no podría la Asamblea Nacional Constituyente asumir la potestad de dictar leyes ni puede o atribuírsela a otro órgano distinto a las Cámaras Legislativas, sin violar los mencionados artículos de la Constitución.

Al atribuir el Decreto, la facultad de dictar "leyes" a la Comisión Delegada, el mismo viola la garantía constitucional de la reserva legal, vulnerándose, además, las *Bases Comiciales* derivadas del *Referéndum* del 25 de abril de 1999 y los límites allí impuestos a la Asamblea Nacional Constituyente (respeto al carácter progresivo de los derechos fundamentales democráticos).

Además, debe señalarse que el Decreto aprobado, en mi criterio, viola los artículos 162 y 139 de la Constitución atribuir, "al Congreso", que sólo puede actuar por órgano de la *Comisión Delegada,* la legislación referida al *régimen tributario,* la autorización por Ley Especial al Ejecutivo Nacional para dictar *medidas extraordinarias* en materia económica y financiera y la legislación aprobatoria de los *Tratados y Convenios Internacionales.*

La Comisión Delegada del Congreso no puede dictar "leyes" que solo son los actos que emanan de las Cámaras Legislativas (Senado y Cámaras de Diputados) actuando como cuerpos colegisladores, por lo que atribuirle tal facultad de legislar implica violar los artículos 162 y 139 de la Constitución.

Debe advertirse, además, que la atribución a la Comisión Delegada de la "legislación tributaria" viola, adicionalmente, la garantía de la legalidad tributaria que establece el artículo 224 de la Constitución, que indica que "no podrá cobrarse ningún impuesto u otra contribución que no esté establecida *por ley*" en los términos del artículo 162 de la Constitución; y viola, además, el artículo 153, ordinal 1° de la Constitución que exige que la discusión de todo proyecto de ley concerniente al régimen tributario, debe iniciarse en la Cámara de Diputados.

Igualmente, la sanción por la Comisión Delegada de supuestas "leyes" aprobatorias de Tratados y Acuerdos internacionales viola lo establecido en el artículo 128 de la Constitución que exige que los mismos sean aprobados mediante *Ley Especial,* en los términos del artículo 162 de la Constitución. Además, viola el artículo 150, ordinal 1° que exige que la discusión de los proyectos de ley relativos a Tratados y Convenios Internacionales, se inicie en el Senado.

Por último, debe señalarse que el Decreto, al establecer que "los proyectos de Ley presentados a la Comisión Delegada del Congreso de la República recibirán 2 discusiones en días diferentes", viola el procedimiento de formación de las leyes establecido en los artículos 162 y siguientes de la Constitución.

6. *La violación del régimen autonómico de los estados*

Conforme a la distribución vertical del Poder Público que configura al Estado Federal en los términos consagrados en la Constitución (art. 2), los Estados son autónomos (art. 16), igual que los Municipios (art. 29) por lo cual en Venezuela, no se admite injerencia alguna de parte de los órganos del Poder Nacional en los órganos del Poder Estadal y Municipal.

En consecuencia, al resolver en el Decreto aprobado, la Asamblea Nacional Constituyente, la cesación de los Diputados a las Asambleas Legislativas de los Estados y la reducción de las Asambleas Legislativas a lo que son sus Comisiones Delegadas viola el artículo 16 de la Constitución y los principios del Estado Federal.

Lo mismo, en cuanto a violación de la autonomía municipal, respecto a la prohibición general que contiene el Decreto respecto de la enajenación de ejidos, que modifica lo previsto en el artículo 32 de la Constitución y en la Ley Orgánica de Régimen Municipal.

Por todas las razones expuestas y en los términos indicados dejo constancia expresa de mi *voto negativo razonado*.

IV. OBSERVACIONES CRÍTICAS AL PROYECTO DE REFORMA DEL DECRETO DE REGULACIÓN DE LAS FUNCIONES DEL PODER LEGISLATIVO

Texto de la Comunicación enviada al Presidente de la Asamblea Nacional Constituyente el 29-08-1999

En virtud de que no podré estar presente en la sesión de la Asamblea Nacional Constituyente convocada para mañana lunes 30 de agosto de 1999 a los efectos de considerar el Proyecto de Reforma del Decreto de Regulación de las Funciones del Poder Legislativo adoptado por la Asamblea el día 25 de agosto de 1999, la presente tiene por objeto formular por escrito mis observaciones críticas a dicho Proyecto, con la esperanza de que dichas observaciones puedan ser tomadas en cuenta al momento de la votación correspondiente.

1. *La asunción por la Asamblea de la potestad de legislar*

El Proyecto de Reforma del Decreto de Regulación de las Funciones del Poder Legislativo tiene por objeto fundamental el prever que la Asamblea Nacional Constituyente podrá asumir las funciones atribuidas a la Comisión Delegada en dicho Decreto, cuando ésta no asuma el ejercicio de las competencias que le fueron asignadas en el mismo, no ejecute sus funciones, retarde o demore el cumplimiento de las mismas o de alguna manera se presuma el incumplimiento de dichas funciones.

En esta forma, no sólo la Asamblea Nacional Constituyente atribuyó a la Comisión Delegada del Congreso competencias para legislar y para adoptar decisiones que conforme a la Constitución de 1961 vigente, corresponden al Senado; sino que con la modificación propuesta se pretende que la Asamblea asuma directamente dichas funciones, es decir, sustituya a las Cámaras Legislativas, y legisle sobre materias que constitucionalmente les corresponde y asuma competencias privativas del Senado.

Con un texto como el que se proyecta, en mi criterio, se está produciendo una nueva concreción de la ruptura constitucional respecto del Texto Constitucional de 1961, que la Asamblea Nacional Constituyente ha venido realizando caso a caso, y cuyo recuento juzgo indispensable efectuar para comprender el grado de violación del mandato popular contenido en el *Referéndum* del 25 de abril de 1999, que la Asamblea está cometiendo.

2. Los límites de la Asamblea Nacional Constituyente

En efecto, conforme a las bases del *Referéndum Consultivo* del 25 de abril de 1999, elaboradas por el Presidente de la República, adoptadas por el Consejo Nacional Electoral y votadas por el pueblo en la consulta refrendaria, la Asamblea Nacional Constituyente no tiene poder alguno para poner en vigencia las normas constitucionales que reflejen la transformación del Estado que diseñe la Asamblea, ni el nuevo ordenamiento jurídico que elabore para hacer efectiva la democracia social y participativa, habiéndose reservado el pueblo soberano la potestad originaria de aprobar o no, mediante *Referéndum aprobatorio*, el nuevo Texto constitucional.

En consecuencia, la Asamblea Nacional Constituyente no tiene poder alguno para poner en vigencia nuevas normas constitucionales relativas al funcionamiento del Estado, ni puede, por tanto, durante su funcionamiento, reformar, modificar o derogar, así sea parcial o temporalmente, la Constitución de 1961. Esta constituye el marco constitucional de la Nación, cuya interpretación jurisprudencial le dio origen a la Asamblea, y sólo será sustituida cuando la nueva Constitución que elabore la Asamblea sea puesta en vigencia por el pueblo mediante *Referéndum aprobatorio*.

Sin embargo, a pesar de la voluntad popular manifestada en el *Referéndum* del 25 de abril, que dio origen a la Asamblea Nacional Constituyente, ésta ha venido adoptando, caso a caso, decisiones que han derogado la Constitución de 1961, configurando un marco de ruptura constitucional inaceptable en un Estado de Derecho.

3. El marco general de la ruptura constitucional

El establecimiento del marco general de la ruptura constitucional del Texto de 1961, por parte de la Asamblea Nacional Constituyente, se produjo, en *primer lugar,* el 8 de agosto de 1999, al dictarse el Estatuto de la Asamblea, en cuyo artículo 1, la Asamblea se auto facultó para "limitar o decidir la cesación de las actividades de las autoridades que conforman el Poder Público", lo que podría implicar una modificación al Texto de la Constitución, cuyo aspecto medular es, precisamente, establecer la organización de los órganos del Poder Público mediante su distribución vertical o político-territorial (Poder Nacional, Poder Estadal, Poder Municipal) o su separación horizontal Poder Legislativo, Poder Ejecutivo y Poder Judicial) en los diversas niveles territoriales.

Precisamente por ello, y sin habilitación popular alguna derivada del *Referéndum consultivo* del 25 de abril, al artículo 1 del Estatuto de la Asamblea se agregó un Parágrafo totalmente contrario a las bases de dicho *Referéndum* mediante el cual la Asamblea se auto atribuyó la potestad de reformar, modificar o derogar la Constitución de 1961 durante su funcionamiento y sin aprobación popular alguna, al punto de señalar que si bien la Constitución de 1961 seguía en vigencia, ello sería así en todo lo que la Asamblea no fuera modificando o derogando, caso por caso, durante su funcionamiento.

En esta forma se produjo el marco general de la ruptura constitucional que los venezolanos nos habíamos ahorrado, precisamente, con la elección democrática del Presidente Chávez.

En *segundo lugar,* el marco general de la ruptura constitucional respecto del Texto de 1961 se completó al aprobarse el 12 de agosto de 1999, el Decreto de Declaratoria de Reorganización de todos los Poderes Públicas, mediante el cual la

Asamblea se auto atribuyó la facultad de disponer la intervención, modificación o suspensión de los órganos del Poder Público. En esta forma, respecto de la organización de los órganos del Poder Público, la Asamblea Nacional Constituyente se auto facultó, de nuevo, para modificar la Constitución sin estar habilitada por el pueblo para ello, pues es la Constitución la que establece dicha organización, y hacer dichas reformas como consecuencia de las decisiones que adopte interviniendo, modificando o suprimiendo dichos órganos.

4. *Las concreciones de la ruptura constitucional con las decisiones adoptadas por la Asamblea*

Conforme al marco general de la ruptura constitucional del Texto de 1961 definido en el artículo 1 del Estatuto de la Asamblea adoptado el 8 de agosto de 1999 y en el Decreto de Declaratoria de Reorganización de todos los órganos de los Poderes Públicos del 12 de agosto de 1999, en decisiones posteriores, la Asamblea Nacional Constituyente ha concretado la ruptura constitucional, modificando caso a caso, el Texto de 1961.

En efecto, en *primer lugar,* la concreción de la ruptura constitucional respecto del Texto de 1961, se produjo al adoptarse, el 18 de agosto de 1999, el Decreto de Reorganización del Poder Judicial, con el cual se modificaron los artículos 139 (que atribuye al Congreso la potestad de legislar sobre el funcionamiento de las distintas ramas del Poder Público Nacional), 205 (que garantiza la autonomía e independencia de los jueces), 206 (que establece la carrera judicial y el principio de la estabilidad e independencia de los jueces), 208 (que garantiza, de nuevo la estabilidad de los jueces y la garantía del debido proceso), 210 (relativo a las funciones de inspección del funcionamiento de los tribunales, que deben ser las determinadas en la ley, reiterando las garantías de independencia y autonomía de los jueces), 211 (sobre la jerarquía de la Corte Suprema de Justicia como el mas alto tribunal de la República), y 217 (sobre el Consejo de la Judicatura y sus funciones determinadas por la ley orgánica) de la Constitución.

Las modificaciones a dichos artículos constitucionales derivan del contenido del Decreto de la Asamblea Nacional Constituyente que creó, además, la Comisión de Emergencia Judicial, convirtiendo a la Asamblea en un órgano de gobierno del Poder Judicial, disponiendo entre otros aspectos, la suspensión y destitución de jueces y el nombramiento de los mismos, y asumiendo, la Asamblea, funciones jurisdiccionales como instancia de apelación, con lesión de la garantía del debido proceso y dejando sin efecto la estabilidad de los jueces establecida en la ley.

En *segundo lugar,* la segunda concreción de la ruptura constitucional se produjo al aprobar, la Asamblea, el 25 de agosto de 1999, el Decreto de Regulación de las Funciones del Poder Legislativo, mediante el cual se modificaron los artículos 138 (que establece que el Poder Legislativo se ejerce por el Congreso, integrado por dos Cámaras: el Senado y la Cámara de Diputados), 139 (que atribuye al Congreso la competencia para legislar sobre las materias de la competencia del Poder Nacional y sobre el funcionamiento de los Poderes Públicos nacionales), 143 (que regula la inmunidad de los Senadores y Diputados), 150 (sobre las atribuciones privativas del Senado), 153 (sobre las atribuciones privativas de la Cámara de Diputados), 155 (sobre las sesiones extraordinarias de las Cámaras del Congreso), 158 (sobre atribuciones privativas de ambas Cámaras), 160 (sobre las potestades investigativas de las

Cámaras y de sus Comisiones), 162 (sobre la noción de ley como acto que sancionen las Cámaras como cuerpos colegisladores), 163 y siguientes (sobre el procedimiento de formación de las leyes) y 178 y siguientes (sobre la Comisión delegada del Congreso) de la Constitución.

Las modificaciones a dichos artículos constitucionales deriva del contenido del Decreto de la Asamblea Nacional Constituyente que creó, además, la Comisión Legislativa de la Asamblea Nacional Constituyente y la Comisión de Investigación sobre las gestiones administrativas del Congreso, eliminó al Senado y a la Cámara de Diputados, borrando el bicameralismo, cambio el concepto de ley, eliminó el procedimiento para la formación de las leyes, atribuyó las funciones de legislar, a la Comisión Delegada sólo sobre determinadas materias, y asigno a dicha Comisión Delegada funciones que corresponden al Senado.

En *tercer lugar,* la ruptura constitucional respecto del Texto de 1961, también se produjo al dictarse el mismo Decreto de Regulación de las Funciones del Poder Legislativo, mediante el cual también se modificaron los artículos 16 (que consagra la autonomía de los Estados), 17 (que atribuye a los Estados la organización de sus Poderes Públicos), 18 (que regula las Asambleas Legislativas, su composición con Diputados electos y su inmunidad) y 19 (que regula las atribuciones de las Asambleas Legislativas) de la Constitución.

Las modificaciones a dichos artículos constitucionales derivan del contenido del Decreto de la Asamblea Nacional Constituyente de Regulación de las Funciones del Poder Legislativo, al reducir las Asambleas a sus respectivas Comisiones Delegadas, al revocar el mandato a los Diputados electos popularmente, integrantes de las Asambleas, y al someter a evaluación a las Controlarías Estadales.

En *cuarto lugar,* la ruptura constitucional del Texto de 1961, también se produjo mediante el mencionado Decreto de Regulación de las Funciones del Poder Legislativo, mediante el cual se modificaron los artículos 29 (que garantiza la autonomía municipal), 30 (que regula el urbanismo como materia propia de la vida local) y 32 (que regula los supuestos de enajenación de ejidos) de la Constitución.

Las modificaciones a dichos artículos constitucionales derivan del contenido del mencionado Decreto, al prohibir a los Municipios en términos absolutos la enajenación de ejidos y la aprobación de Planes de Desarrollo urbano Local.

Por último, y en *quinto lugar*, la ruptura constitucional respecto del Texto de 1961, también se produjo al haber aprobado la Asamblea, el día 26 de agosto de 1999, el Decreto de suspensión de la elección de Alcaldes, Concejales y miembros de las Juntas Parroquiales, mediante el cual se modificaron los artículos 139 (que atribuye al Congreso la potestad de legislar sobre las materias de competencia nacional, entre las cuales esta la legislación sobre elecciones, art. 136, ord. 24), 162 (sobre el concepto de ley) y 163 y siguientes (sobre el procedimiento para la formación de las leyes) de la Constitución.

Las modificaciones a dichos artículos constitucionales derivan del contenido del mencionado Decreto, mediante el cual se reformó el artículo 278 de la Ley Orgánica del Sufragio y Participación Política que preveía la realización de dichas elecciones para el segundo semestre de 1999, no teniendo la Asamblea Nacional Constituyente competencia alguna para sancionar leyes ni modificar las existentes.

5. La ruptura constitucional al asumir la asamblea el poder de dictar leyes

Precisamente, en la misma línea de concreción de la ruptura constitucional del Texto de 1961, se inserta ahora el Proyecto de Reforma del Decreto de Regulación de Funciones del Poder Legislativo, mediante el cual la Asamblea Nacional Constituyente se pretende auto facultar para asumir las funciones que en el mencionado Decreto atribuyó inconstitucionalmente, a la Comisión Delegada del Congreso, en caso de que ésta no las ejerza.

En esta forma, la Asamblea Nacional Constituyente se estaría auto facultando para dictar leyes de carácter financiero y presupuestario, para dictar leyes de carácter tributario, para dictar leyes de habilitación para que el Ejecutivo Nacional pueda dictar medidas extraordinarias en materia económica y financiero, para dictar leyes aprobatorias de Tratados Internacionales, para dictar leyes sobre telecomunicaciones y para dictar leyes sobre el problema informático del año 2000. Es decir, la Asamblea Nacional Constituyente se esta auto atribuyendo la potestad de legislar, con lo cual modificaría los artículos 139 (que atribuye al Congreso la potestad de legislar sobre las materias de la competencia del Poder Nacional), 150 (que exige que la discusión de los proyectos de ley relativos a Tratados Internacionales se inicie en el Senado), 153 (que exige que la discusión del presupuesto y de las leyes tributarias se inicien en la Cámara de Diputados), 162 (sobre la definición de ley como el acto que sancionen las Cámaras Legislativas actuando como cuerpos colegisladores), 163 y siguientes (sobre el procedimiento para la formación de las leyes) y 224 (que establece la garantía de la reserva legal y de la legalidad tributaria en materia de establecimiento de impuestos) de la Constitución.

Por otra parte, con el texto del Proyecto de reforma del Decreto de Regulación de las Funciones del Poder Legislativo, la Asamblea Nacional Constituyente se estaría auto facultando para ejercer atribuciones privativas del Senado como son el autorizar al Presidente de la República para salir del territorio nacional, la autorización para el nombramiento del Procurador General de la República y los jefes de misiones diplomáticas permanentes, la autorización a los funcionarios públicos para aceptar cargos, honores o recompensas de gobiernos extranjeros y el acuerdo a los venezolanos ilustres de los honores del Panteón Nacional. Con ello se estarían modificando los ordinales 3, 6, 7 y 9 del artículo 150 de Constitución.

Además, con el Proyecto de Reforma del Decreto, la Asamblea Nacional Constituyente se estaría atribuyendo la facultad de ejercer el control de la Administración Pública Nacional, acordar el allanamiento de la inmunidad de Senadores y Diputados, autorizar créditos adicionales y modificaciones presupuestarias y operaciones de crédito público, y realizar funciones de investigación parlamentaria, con lo que estaría modificando los artículos 139 (sobre la potestad del Congreso para controlar la Administración Pública Nacional), 145 (sobre potestad de las Cámaras Legislativas o de la Comisión Delegada para acordar el allanamiento de la inmunidad parlamentaria de Senadores y Diputados), 161 (sobre la potestad de las Cámaras Legislativas o de sus Comisiones para realizar investigaciones), 227 (sobre las autorizaciones parlamentarias para las modificaciones presupuestarias), y 231 (sobre autorizaciones parlamentarias para operaciones de crédito público) de la Constitución.

Es decir, con el Proyecto de Reforma del Decreto de Regulación de las Funciones del Poder Legislativo, la Asamblea Nacional Constituyente estaría concretando una nueva ruptura constitucional respecto del Texto de 1961, lo cual sería totalmente contrario a lo decidido por el pueblo soberano en el *Referéndum* del 25 de abril de 1999, en el cual no se atribuyó a la Asamblea poder alguno para poner en vigencia normas constitucionales las cuales sólo podrán entrar en vigor cuando el pueblo las apruebe mediante *Referéndum aprobatorio*.

Por todo lo anteriormente expuesto, cumplo con hacerle llegar las anteriores observaciones, como constancia de que mi voto sería negativo en la aprobación de la reforma propuesta, de haber podido estar presente en la sesión de la Asamblea convocada para el día de mañana en la tarde.

SECCIÓN QUINTA:

INTERVENCIÓN DE LOS PODERES LOCALES: DECRETO DE SUSPENSIÓN DE LAS ELECCIONES MUNICIPALES

Luego de intervenidos los Poderes Públicos nacionales, en particular, el Poder Judicial y el Poder Legislativo, y decretada la cesación o sujeción de sus titulares, la Asamblea procedió a intervenir los Poderes Públicos territoriales, es decir, el Poder Estatal y el Poder Municipal, decretando la cesación de las Asambleas Legislativas de los Estados y de los Consejos Municipales. A continuación se publican mis observaciones críticas a dichos actos constituyentes formuladas en el debate ante la Asamblea y por escrito como Voto Salvado.

I. EXPOSICIÓN EN LA SESIÓN DE LA ASAMBLEA NACIONAL CONSTITUYENTE DEL 26-08-99 EN EL DEBATE SOBRE EL DECRETO DE SUSPENSIÓN DE LAS ELECCIONES MUNICIPALES.

CONSTITUYENTE BREWER CARIAS (ALLAN).- Ciudadano Presidente, señores constituyentes. No tengo la menor duda de que las elecciones municipales no deben ni pueden realizarse en este segundo semestre del año en curso, he manifestado incluso públicamente esa opinión desde hace bastante tiempo. Debemos esperar que se apruebe la nueva Constitución y se realicen las elecciones municipales, conforme al nuevo Régimen de la Organización Territorial del Estado que allí se establezca.

Pero este Decreto, o este proyecto de Decreto o de Acuerdo -no sé cómo se le llama exactamente- afecta un derecho político, el derecho activo al sufragio, que por lo demás también corresponde al ámbito de competencia de la Comisión de Nacionalidad, Ciudadanía y Derechos Políticos y, por tanto, no sólo afecta a la Comisión de Régimen Político. Esto es bueno tenerlo en cuenta para que espontáneamente las Comisiones veamos que existen coincidencias de temas entre sí, podamos intercambiar alguna opinión.

Quiero hacer una reflexión sobre la forma en que estamos haciendo esta decisión de posponer estas elecciones. Insisto, esto afecta un derecho porque no se trata de prorrogarle el mandato a unos concejales o a unos alcaldes; se trata de afectar un derecho político de los venezolanos, que es el derecho al voto, que regula el artículo 110 de la Constitución, que corresponde a todos los venezolanos y que, además, como bien sabemos en materia municipal, precisamente, también corresponde a los extranjeros, con las condiciones de residencia que establezca la Ley, y la Ley Orgánica del Sufragio, precisamente, le atribuye también el derecho a elegir a nivel municipal a los extranjeros con residencia legal en el país por más de 10 años. Es un derecho político, por tanto, en el ámbito interno, y es un derecho político en el ámbito de los acuerdos internacionales, particularmente aquellos aprobados por Ley de la República, como es el Pacto Internacional de Derechos Civiles y Políticos, y la Convención Americana de los Derechos Humanos, que establece el derecho de todos los ciudadanos, no sólo a la participación en los asuntos públicos en forma indirecta, sino el derecho a votar en elecciones periódicas, auténticas, realizadas por sufragio universal e igual, y por el voto secreto que garantice la libre expresión.

Ahora, como derecho político y como todo derecho constitucional, este derecho está garantizado por la Constitución, y de nuevo me refiero a la garantía, que para mí es la más importante de todos los Derechos Humanos, que es la Garantía de la Reserva Legal, a la cual me refería en el debate del día de ayer, es decir, que sólo por Ley puede limitarse el derecho de los ciudadanos, sean derechos individuales, económicos, sociales, culturales, e incluso los políticos. Al punto que es la propia Constitución la que remite a la Ley para que establezca las condiciones y limitaciones al voto.

De manera que aquí tenemos la misma problemática de ayer. "Sólo por ley puede regularse, limitarse, restringirse los derechos constitucionales, e incluso los derechos políticos, y la Constitución, aún vigente, establece una Reserva Legal Nacional, en el sentido que no puede una ley local, ni estadal, ni municipal regular los derechos fundamentales. Se atribuye al poder nacional expresamente en el artículo 136, ordinal 24, la legislación en materia de garantías constitucionales y, además, la legislación de elecciones, que es una materia que corresponde al poder nacional, y bien sabemos que el artículo 139 le atribuye al Congreso, nos guste o no nos guste, la legislación sobre las materias de la competencia nacional. Y de acuerdo a la Constitución: "Ley es el acto que emana de las Cámaras, actuando como Cuerpo colegisladores". Pero, desde ayer no tenemos cámaras, porque no hay Senado, ni hay Cámara de Diputados, no hay Congreso. Y se le atribuye a la Comisión Delegada sólo algunas materias específicas, como la aprobación de Tratados, el tema tributario, Ley Habilitante, y no se le atribuye a la Comisión Delegada ningún tipo de otra competencia en materia legislativa. De manera que tenemos ahí un vacío, que hay que llenar en alguna forma.

En todo caso, los venezolanos y extranjeros tienen un derecho político a la elección de los representantes locales, y ese derecho sólo puede ser limitado por Ley, y ya lo ha sido. ¿Qué estamos haciendo con este Proyecto? Estamos modificando la Ley Orgánica del Sufragio. La reforma de diciembre de 1997 del artículo 278 de la Ley Orgánica del Sufragio estableció que la elección para elegir a los Miembros de las Juntas Parroquiales, que estaba prevista para ser desarrollada en diciembre del año pasado, se pospuso para el segundo semestre de este año; y una nueva reforma de la Ley Orgánica del Sufragio, en mayo del año pasado, fue la que pospuso la elección de todo el ámbito local, alcaldes, concejales y juntas parroquiales para este segundo semestre de 1999, quedando prorrogado entonces el mandato de los concejales. Legalmente hemos pospuesto dos veces las elecciones locales, mediante una reforma de la Ley Orgánica del Sufragio y Participación Política, que como Ley puede limitar y restringir el derecho activo de los ciudadanos venezolanos y extranjeros a elegir sus autoridades locales.

Insisto en lo que señalé al inicio, no tengo la menor duda de la necesidad de restringir nuevamente ese derecho político al sufragio a nivel local, en el sentido de que no se realicen esas elecciones en este segundo semestre, y que esperemos la nueva Constitución para que esas elecciones se realicen. Tenemos que establecer, por tanto, una nueva limitación a un derecho constitucional, como es el Derecho Activo al Sufragio. Eso debe hacerse por Ley. Ahora, dictamos ayer un Decreto en el cual eliminamos el procedimiento de formación de las leyes. No hay leyes en el sentido tradicional, le atribuimos a una Comisión Delegada la función de legislar, pero no le atribuimos funciones legislativas en general, sino sobre cuatro aspectos, con lo cual, aparentemente, aun cuando el Proyecto original del Decreto se modificó, la Asamblea Nacional Constituyente sería la que está asumiendo entonces la potestad de legislar y dictar una Ley de Reforma de la Ley Orgánica del Sufragio, para que podamos suspender los efectos del artículo 278 de la Constitución.

De manera que, en definitiva, lo que estamos haciendo -y eso es lo que quiero llamar la atención- es legislando, dictando una Ley sin procedimiento alguno de reforma de la Ley Orgánica del Sufragio, mediante este Decreto. Y si eso es así, lo menos que podemos señalar en nuestro Acuerdo es que queda en esta forma reformado el artículo 278 de la Ley Orgánica del Sufragio y Participación Política, porque la primera tarea que tiene esta Asamblea Nacional Constituyente es mantener la seguridad jurídica, y que lo que estemos haciendo tenga algún sentido jurídico.

Esta es la reflexión que quería presentarles, como consecuencia del vacío que se originó en la sesión de ayer al no regularse mecanismos de legislación, sino sólo lo que se atribuyeron en forma expresa a la Comisión Delegada del Congreso.

Es todo.

II. VOTO RAZONADO CON MOTIVO DE LA APROBACIÓN DEL DECRETO DE SUSPENSIÓN DE LAS ELECCIONES MUNICIPALES APROBADO EN LA SESIÓN DE 26-08-99

1. *El derecho al sufragio como derecho político*

El derecho activo al sufragio es un derecho político fundamental de los ciudadanos de cualquier Estado democrático.

En Venezuela, el artículo 110 de la Constitución regula el voto como "un derecho y una función pública", correspondiendo tal derecho político, en principio, sólo a los venezolanos mayores de 18 años no sujetos a interdicción civil ni a inhabilitación política.

El artículo 111 de la Constitución, sin embargo, atribuye el derecho activo al sufragio, como derecho político en las Elecciones Municipales, a los extranjeros en las condiciones de residencia que establece la ley, respecto de lo cual la Ley Orgánica del Sufragio y Participación Política (art. 86), exige más de 10 años de residencia legal en el país.

Por otra parte, el derecho al sufragio se ha consagrado como derecho político fundamental, tanto en el Pacto Internacional de Derechos Civiles y Políticos como en la Convención Americana sobre Derechos Humanos. Esta última, con igual texto que la primera, dispone en su artículo 23 como derecho de todos los ciudadanos, el de participar en la dirección de los asuntos públicos, directamente o por medio de representantes libremente elegidos en elecciones periódicas auténticas, realizadas por sufragio universal e igual por voto secreto que garantice la libre expresión de la voluntad de los electores.

2. *La garantía constitucional de la reserva legal*

Ahora bien, como derecho fundamental, el derecho al sufragio, como derecho político, tiene todas las garantías constitucionales previstas en el ordenamiento jurídico y, particularmente, la más importante de ellas, la garantía de la reserva legal, lo que implica, que sólo la ley puede restringir o limitar los derechos fundamentales. Incluso, el artículo 110 de la Constitución al regular el voto como obligatorio, señala que ello es así "dentro de los límites y condiciones que establezca la ley".

La consecuencia de la garantía de la reserva legal, es que los derechos constitucionales sólo se pueden regular, limitar o restringir mediante ley, es decir, mediante el acto que emana de las Cámaras Legislativas actuando como cuerpos colegisladores, conforme la definición del artículo 162 de la Constitución. Incluso, la Constitución, al establecer la reserva legal en esta materia, la consagra en relación al nivel nacional del Poder Público.

En efecto, el artículo 136, ordinal 24 de la Constitución atribuye al Poder Nacional tanto "la legislación reglamentaria de las garantías que otorga esta Constitución", como "la legislación de elecciones"; prescribiendo el artículo 139 de la Constitución, que corresponde al Congreso "legislar sobre las materias de la competencia nacional", lo que debe hacerse mediante el acto estatal denominado "ley" definido en el artículo 162 de la Constitución.

Pero la "ley" a la que se refiere el artículo 162 de la Constitución, a partir de la decisión adoptada por la Asamblea el día de ayer al aprobar el Decreto de Regulación de las Funciones del Poder Legislativo, puede decirse que ya no existe, pues habiéndose eliminado al Senado y a la Cámara de Diputados, no es posible que las Cámaras Legislativas actúen como cuerpos colegisladores. Sin embargo, en el ordenamiento constitucional vigente sólo puede considerarse como "ley" el acto así definido en el artículo 162 de la Constitución.

3. *La limitación al derecho al sufragio*

Los venezolanos y extranjeros, en todo caso, tienen el derecho constitucional al sufragio, como derecho político, particularmente a elegir los representantes de los poderes locales municipales, que son los Alcaldes, los Concejales y los Miembros de las Juntas Parroquiales.

Ese derecho constitucional de los ciudadanos, ha sido limitado por ley, impidiéndose por razones de carácter político su ejercicio en la oportunidad prevista.

Así sucedió, con la reforma de la Ley Orgánica del Sufragio y Participación Política de diciembre de 1997, cuyo artículo 278 estableció que:

> "Las elecciones para elegir a los miembros de las Juntas Parroquiales previstas para realizarse conjuntamente con las elecciones nacionales, regionales y municipales a realizarse en diciembre de 1998, deberán celebrarse durante el segundo semestre de 1999, quedando prorrogado su mandato".

Posteriormente, en la reforma de la Ley Orgánica del Sufragio y Participación Política, se modificó nuevamente la norma indicada, la cual quedó con esta redacción:

> "Las elecciones para elegir a los Alcaldes, los Concejales y a los Miembros de las Juntas Parroquiales, deberán celebrarse durante el segundo semestre de 1999, quedando en consecuencia prorrogado su mandato".

En consecuencia, puede considerarse que legalmente, se ha restringido el derecho político a participar en la gestión del gobierno local, mediante representantes, posponiéndose las elecciones municipales.

4. *La reforma de la Ley Orgánica del Sufragio por la Asamblea*

No tengo la menor duda de que, desde el punto de vista político, las elecciones municipales previstas para este segundo semestre de 1999 no deben realizarse, concomitantemente con el trabajo de la Asamblea Nacional Constituyente y antes de que se ponga en vigencia la nueva Constitución. Dichas elecciones, en mi criterio, y así lo he expuesto públicamente desde hace tiempo, deben realizarse después que se diseñe la nueva organización del Poder Municipal que se refleje en la Constitución que sea aprobada mediante *Referéndum aprobatorio* conforme al *Referéndum del 25-04-99*.

Para ello, sin embargo, debe sancionarse una nueva limitación al ejercicio del derecho al sufragio a nivel municipal, que sólo podría hacerse mediante una Ley Orgánica, que reforme el artículo 278 de la Ley.

Sin embargo, como se ha dicho, en virtud de la aprobación del Decreto sobre la Regulación de las Funciones del Poder Legislativo, ahora no es posible sancionar leyes en los términos del artículo 162 de la Constitución. Ni siquiera la Comisión Delegada del Congreso, a la cual la Asamblea Nacional Constituyente le ha atribuido la función de dictar otras "leyes", puede legislar sobre la materia, pues la Asamblea le ha fijado con precisión cuales son las que pueden ser objeto de legislación por la Comisión Delegada: materias tributarias, leyes habilitantes, leyes aprobatorias de Tratados Internacionales.

Consecuentemente, la Asamblea Nacional Constituyente, en este Acuerdo que se está considerando, no le queda otro remedio que "legislar" directamente en la materia, produciendo una norma que reforma el artículo 278 de la Ley Orgánica del Sufragio y que fije otra oportunidad para las elecciones municipales. Esta decisión, ni más ni menos, pretende tener el rango de Ley, sin seguirse el procedimiento de formación de las leyes previsto en la Constitución, ni procedimiento alguno, ya que no está previsto en parte alguna que la Asamblea dicte leyes.

Ello, sin duda, viola la garantía constitucional de la reserva legal que las *Bases comiciales del Referéndum* del 25 de abril exigen respetar.

En todo caso, si la Asamblea está consciente de que con la aprobación de este Acuerdo está modificando la Ley Orgánica del Sufragio y Participación Política, lo menor que podría hacerse en beneficio de la seguridad jurídica es indicarlo expresamente, en el texto que se apruebe.

En todo caso, tal como está el Proyecto, si así es aprobado por la Asamblea, votaré negativamente y este es el razonamiento de dicho voto.

SEXTA PARTE
OBSERVACIONES, PROPUESTAS, DEBATES Y VOTOS SALVADOS SOBRE EL PREÁMBULO Y LAS DISPOSICIONES FUNDAMENTALES DE LA CONSTITUCIÓN
(ARTÍCULOS 1 A 19)

Luego de que la Asamblea Constituyente dedicara su primer mes de funcionamiento a intervenir e interferir en la existencia y funcionamiento de los Poderes Públicos constituidos, sus miembros procedieron a la fase de elaboración del texto de la nueva Constitución, la cual pasó por tres etapas: Una fue la elaboración de textos de artículos que sirvieron de base para la elaboración de sendos proyectos por parte de las veinte Comisiones que se designaron al efecto, según los diversos tópicos constitucionales, las cuales trabajaron aisladamente unas de otras; otra fue la integración de los informes de las veinte Comisiones en un solo texto de articulado por parte de la Comisión Constitucional, que fue el proyecto de Constitución sometido a discusión de la Asamblea; y la última, fue el proceso de discusión y sanción del texto constitucional mediante dos discusiones efectuadas en la plenaria de la Asamblea Nacional Constituyente en brevísimos días, donde por tanto, no se pudo efectuar verdadero debate de fondo alguno.

En esta y las siguientes partes de esta obra se publican, siguiendo el orden del articulado de la Constitución aprobada el 15 de diciembre de 1999, y que fue publicada en la *Gaceta Oficial* N° 36.860 de 30 de diciembre de 1999, todas las propuestas que formulé mediante comunicaciones e informes escritos que dirigí a las diversas Comisiones o a la propia Asamblea, y que se publicaron en los tres tomos de la obra *Debate Constituyente (aportes a la Asamblea Nacional Constituyente)*, Caracas 1999; así como en las diversas intervenciones que tuve en la plenaria de la Asamblea durante las dos discusiones del proyecto, cuyo texto también se publica y los cuales he tomado del *Diario de Debates* de la Asamblea Nacional Constituyente; y en los Votos Salvados que consigné luego de cada una de las sesiones, con mis observaciones críticas respecto de los artículos con los cuales discrepé. Las propuesta escritas que formulé para el proyecto de Constitución y los diversos Votos Salvados que presenté ante la Asamblea luego de las discusiones del articulado, también fueron publicados en los diversos Tomos de la obra antes mencionada: *Debate Constituyente (Aportes a la Asamblea Nacional Constituyente)*, Caracas 1999.

En efecto, en el Tomo II de dicha obra *Debate Constituyente (Aportes a la Asamblea Nacional Constituyente)*, Fundación de Derecho Público, Editorial Jurídica Venezolana, Caracas 1999, contiene mis aportes presentados por escrito ante la Asamblea Constituyente durante el segundo mes de su funcionamiento, entre el 9 de septiembre y el 17 de octubre de 1999; y estuvo precedido de la siguiente presentación:

"En este segundo Tomo de mis aportes al debate en la Asamblea Nacional Constituyente, se publican las diversas comunicaciones que envié a las Comisiones de la Asamblea, entre el 9 de septiembre y el 17 de octubre de 1999, contentivas de propuestas y proyectos concretos sobre temas constitucionales.

Desde el 2 de septiembre hasta el 18 de octubre de 1999, la Asamblea no realizó sesiones plenarias ordinarias, hasta que se volvieron a reanudar para considerar el Anteproyecto de Constitución. Durante ese período, por tanto, el trabajo de los constituyentes básicamente se trasladó a las Comisiones de la Asamblea, a los efectos de la redacción del articulado que serviría de base para la elaboración del Anteproyecto de Constitución por parte de la Comisión Constitucional.

Durante ese período no sólo concluimos el Informe de la Comisión de Ciudadanía y Nacionalidad (integrada, además, por los constituyentes Levy Alter, Juan Marín, Juan Bautista Pérez, Antonio Di Giampaolo y Jesús Molina Villegas) que me tocó presidir, sino que, además, envié comunicaciones con propuestas a las diversas Comisiones sobre temas como los relativos a los principios fundamentales de la República; al territorio y la división política; a las disposiciones generales sobre derechos y garantías constitucionales; a la situación internacional sobre los derechos humanos; a la constitucionalización de los tratados sobre derechos humanos; a los principios generales relativos a los derechos políticos; al derecho a la participación política; al derecho de asilo, la extradición y al derecho de los refugiados; al régimen general del Poder Público; a la competencia del Poder Nacional; al tema del federalismo; a la descentralización del impuesto al cigarrillo; a la Administración de Justicia; a la jurisdicción contencioso-administrativa y a la justicia constitucional; y a la necesidad de regular constitucionalmente algunos principios del sistema tributario y la explicación del proceso de integración normativa de las normas tributarias que me correspondió realizar, como consecuencia del encargo de realizar la integración normativa del Anteproyecto de Constitución que en forma unánime me asignó la Comisión Constitucional.

Muchas personas colaboraron conmigo en la preparación de las propuestas formuladas, pero debo agradecer especialmente los aportes en la materia relativa a los derechos humanos que hicieron los Profesores Pedro Nikken, Carlos Ayala Corao y Jacqueline Lejarza. La Profesora Tatiana B. de Maekelt hizo un aporte fundamental en la redacción del Informe de la Comisión de Ciudadanía y Nacionalidad, de la cual fue asesora. Además, colaboraron conmigo en otros temas, las abogados Marianela Zubillaga de Mejías, María Alejandra Estevez, Yusby Méndez, Irene Paul y Elizabeth Padilla. María Fernanda Valdes, como asistente legal, y mis secretarias

Arelis Torres, Francis Gil y Mirna Pinto, me ayudaron como siempre, en la elaboración mecanográfica y corrección de los textos. A todos mi agradecimiento.

Durante los trabajos de la Comisión Constitucional, particularmente en la segunda semana de octubre, se presentó un desagradable incidente con asesores de algún constituyente, que originaron acusaciones infundadas y malsanas con ocasión de la tarea de integración normativa que me había asignado la Comisión Constitucional, y la preparación, en consecuencia, de un conjunto de normas generales de carácter tributario, para llenar los vacíos constitucionales que podían producirse en el Anteproyecto. Como protesta por la desconsiderada actitud de los asesores, me retire de los trabajos de la Comisión Constitucional, a la que luego renuncié públicamente.

Lamentablemente, la advertencia que me habían hecho algunos amigos de que mi colaboración en la preparación del Anteproyecto iba a originar reacciones contra mi persona, se cumplió. Lo que menos me imaginé fue que vendrían de quienes vinieron. Tengo otro concepto de la lealtad y amistad personal y lo que es cierto es que estos hechos y sus protagonistas no se me olvidarán, y ponen en evidencia que quienes se autocalifican como "nuevos" políticos no son más que el residuo de desecho de la vieja política. Así lo demuestran sus actuaciones.

En todo caso, debo señalar que responsablemente asumí y de la mejor buena fé el mandato popular que me otorgó más de un millón doscientos mil electores que me eligieron a la Asamblea. Respondí a dicha voluntad popular, y los ataques referidos sólo los puedo percibir como una deliberada disposición o conspiración de pretender neutralizar el trabajo que he venido desarrollando, en solitario en la Asamblea, sujeto única y exclusivamente a mi conciencia y convicciones, y formando parte de una oposición aplastada por una abrumadora mayoría de constituyentes electos con el apoyo del Presidente de la República.

A todos los integrantes de la Comisión Constitucional se nos asignó la tarea de revisar y presentar a la consideración de la misma las propuestas de las Comisiones permanentes. Por ello, en el pleno de la Comisión Constitucional hubo que hacer un gran esfuerzo de ordenación constitucional respecto de casi todas las normas originalmente propuestas. Ese trabajo pretendió desconocerse globalmente y, además, se pretendió acusarme injustamente, tratando de achacarme culpa en casi materialmente todos las fallas que derivaron de la premura que se impuso al trabajo. No acepte ni acepto que se pretenda desviar y desconocer ni el trabajo de la Comisión Constitucional, donde casi todos sus miembros, con contadas mediocres excepciones, hicieron una excelente labor; ni mi actuación de buena fé y conforme a mi conciencia, que allí realicé.

Fue la Comisión Constitucional la que al finalizar el trabajo me asignó formalmente y por unanimidad, la función de presidir una Sub-Comisión de Integración Normativa de todo el Anteproyecto de Constitución, a cuyo fin propuse reformular el orden y la estructura de Títulos, Secciones y Capítulos. En virtud de la ausencia de normas sobre hacienda pública relativas a principios tributarios, y como consecuencia de la aprobación de normas sobre la materia en diversas Comisiones que había seguido de cerca, efectivamente propuse la inclusión y reordenación de artículos en estos temas, los que se pueden apreciar en el último Capítulo de este Tomo. Ellos debían ser posteriormente considerados por la Comisión Constitucional y los constituyentes participantes, pero debido al incidente ocurrido, todo este proceso fracasó. En todo caso, el solo texto de la propuesta evidencia que en ningún caso respondían ni responden a intereses económicos que podrían beneficiarse de las normas, como inicuamente se dijo por algún constituyente.

Sin embargo, la Comisión de Coordinación de la Asamblea, sin la presencia de su Presidente ni del Presidente de la Comisión Constitucional, como consecuencia de la maldad y mala fé de algunos constituyentes y sin conocimiento real de lo ocurrido, adoptó una decisión de supuestamente suspenderme de los trabajos que tenía en la Comisión Constitucional, de los cuales ya me había previamente retirado. Decisión que tomó, además, sin garantizar mi derecho a la defensa, a ser oído previamente para explicar la situación, a que pudiera presentar pruebas, a ser considerado el asunto de manera imparcial y, en fin, a la presunción de inocencia que me ampara; y que la propia Asamblea ha declarado como derechos del debido proceso al regularlos en el Anteproyecto. La Comisión decidió no sólo sin tener competencia alguna para ello, sino en una forma tan inicua, que apareció en la opinión pública como una "condena" basada sólo en malsanas declaraciones de algunos constituyentes que, sin fundamento alguno, pretendieron descalificar el trabajo que se me pidió realizara en la Comisión Constitucional; todo ello para pretender destruir y descalificarme.

Debo señalar que realmente fue lamentable que el trabajo de la Asamblea se viera afectado por actitudes individuales e irresponsables de constituyentes, algunos bien ignorantes y más preocupados por su propio protagonismo político o por campañas proselitistas personales, que por redactar una Constitución para todos los venezolanos, acorde con los cambios políticos por los cuales tanto hemos luchado en los últimos años.

Por mi parte, tengo la conciencia tranquila no sólo conmigo mismo, sino con mis electores y con el país. Considero que he cumplido el mandato popular que recibí. En estos Tomos está la evidencia y así rindo cuenta pública de mi labor. Ojalá todos los constituyentes pudieran hacer lo mismo."

Caracas, 24 de Octubre de 1999

En cuanto al Tomo III, de la misma obra *Debate Constituyente (Aportes a la Asamblea Nacional Constituyente),* Fundación de Derecho Público, Editorial Jurídica Venezolana, Carcas 1999, el mismo contiene mis aportes presentados por escrito ante la Asamblea Constituyente durante el segundo mes de su funcionamiento, entre el 9 de septiembre y el 17 de octubre de 1999, así como los Votos salvados redactados durante los debates de la Asamblea. Dicho Tomo III, estuvo precedido de la siguiente presentación:

"La Asamblea Nacional Constituyente electa el 25 de julio de 1999, e instalada el 3 de agosto de 1999, conforme a la primera pregunta del referéndum consultivo del 25 de abril de 1999 tenía por misión esencial y fundamental elaborar una Constitución que regulara la *transformación del Estado* y contuviera un *nuevo ordenamiento jurídico que hiciera efectiva la democracia social y participativa*. Para ello fue que se convocó la Asamblea en medio del momento constituyente que vive el país, provocado por la crisis terminal del sistema político de *Estado Centralizado de Partidos* que se estableció desde 1945 y que en particular, ha funcionado desde 1958.

La transformación del Estado que se requería y se sigue requiriendo, tenía que conducir necesariamente al desmantelamiento del Estado Centralizado y su sustitución por un *Estado Descentralizado*, o como lo dice el artículo 4 del Proyecto de Constitución elaborado por la Asamblea, por un Estado Federal Descentralizado, así, efectivamente estructurado.

El nuevo ordenamiento jurídico para hacer efectiva la democracia social y participativa, tenía que conducir al desmantelamiento de la Partidocracia o del Estado de partidos y su sustitución por una democracia que además de representativa de las comunidades, fuera una *democracia de participación*, como lo dice el artículo 5 del proyecto de Constitución elaborado por la Asamblea.

Como Miembro de la Asamblea Nacional Constituyente dediqué todos mis esfuerzos y trabajo para lograr esos objetivos constituyentes durante todas las tres fases del trabajo de la Asamblea, desarrolladas entre agosto y noviembre de 1999.

Esa línea de pensamiento y acción puede encontrarse expresado en el *Tomo I* de esta obra, *Debate Constituyente*, (Caracas, Sept. 1999, 241 págs.), en el cual recogí todo mi aporte a los trabajos de la Asamblea durante el primer mes de su funcionamiento, entre los días 8-8-99 al 8-9-99; particularmente en relación con el tema del supuesto carácter originario de la Asamblea y su sujeción o no a las bases comiciales del 25 de abril de 1999, en todo lo que se refirió a la "intervención" o *reorganización de los Poderes Públicos* constituidos, tarea a la que se dedicaron las diversas sesiones plenarias efectuadas en ese período.

El *Tomo II* de esta obra (Caracas Nov. 1999, 294 pág), que abarcó el período 9-9-99 a 17-10-99, recoge mis aportes a la elaboración inicial del Anteproyecto de Constitución por parte de las diversas Comisiones de la Asamblea, lo que se reflejó en los informes y propuestas que dirigí y presenté sucesivamente a las mismas. Durante ese período puede decirse que no hubo sesiones plenarias de la Asamblea, quedando reducido el trabajo de la misma al de las Comisiones, incluyendo la Comisión Constitucional, de la cual fui miembro.

Elaborado el Anteproyecto por dicha Comisión con base en los diversos informes y proyectos de articulados que se redactaron en las 20 Comisiones de la Asamblea, el día 19-10-99 se reanudaron las sesiones plenarias de la Asamblea para la discusión del Anteproyecto de Constitución. Durante casi un mes se efectuaron 19 sesiones plenarias entre los días 19-10-99 y 09-11-99 durante las cuales se efectuó la primera discusión del Proyecto de Constitución, y 3 sesiones plenarias entre los días 12-11-99 y 14-11-99, durante las cuales se efectúo la segunda discusión del Proyecto.

Al igual que había sucedido con la fase del trabajo realizado en la Comisión Constitucional, en la primera y segunda discusión del Proyecto de Constitución, privó la prisa y, por tanto, la improvisación, lo que atentó contra la calidad del texto aprobado. La presión que el gobierno y la directiva de la Asamblea ejercieron sobre la misma para que se tuviera aprobado el proyecto en el brevísimo período de un mes, no solo fue desconsiderada, sino a la larga innecesaria, pero tuvo como consecuencia lo que solo podía esperarse: un texto desarticulado, respecto de cuyas normas el debate fue casi inexistente, salvo respecto de uno que otro artículo.

Por mi parte, interviene en todas las sesiones de la Asamblea y en materialmente casi todos los Títulos y Capítulos del Proyecto de Constitución, de manera que mis argumentos verbales respecto de cada artículo se recogerán en el Diario de Debate de la Asamblea.

Pero durante ese período de discusión del Proyecto, presenté a la Asamblea tres informes escritos, -además de todos los presentados ante las Comisiones y que se publicaron en el *Tomo II* de esta obra- sobre tres temas específicos y de gran importancia: la regulación constitucional del sistema económico, el régimen constitucional del sistema tributario y la constitucionalización del método difuso de control de la constitucionalidad de la leyes; textos que se publican en la *Primera Parte* de este *Tomo III*. La propuesta que formulé en el último de los informes señalados fue totalmente acogida; la formulada en el primero muy parcialmente acogida, y la formulada respecto del sistema tributario totalmente rechazada, más por necias reacciones personales que por el contenido jurídico de las mismas.

El país, afortunadamente, fue testigo de las intervenciones en las plenarias de la Asamblea; de cómo los debates fueron regular y sistemáticamente cortados y de cómo, en muchos casos, se impuso una línea política de la mayoría contra toda racionalidad y razonabilidad.

Por mi parte, como dio cuenta la prensa por el recuento diario que los periodistas hicieron del trabajo de las sesiones, fui de los constituyentes que más intervino, si no el que más; y no podía ser de otra forma. Parecía, por supuesto sin quererlo ni estar previsto, que durante las últimas tres décadas me hubiera estado preparando para este debate constituyente. Demasiados análisis y críticas había formulado sobre el sistema político venezolano y demasiadas propuestas de reforma también había planteado para superar el Centralismo y la Partidocracia. Incluso, en 1975, publique, el que en su época fue el primer libro contemporáneo sobre el tema, titulado *Cambio Político y Reforma del Estado en Venezuela* (Editorial Tecnos, Madrid, 695 pág.) que sirvió como texto inicial para las entonces recién fundadas cátedras de estudios políticos y administrativos de las Universidades Nacionales.

Todo ello me exigió, más que a cualquiera, una participación activa en la discusión constituyente, como la que realicé.

Por ello, en los debates del Proyecto, no sólo salve mi voto respecto de 137 artículos del mismo, sino que me tomé el arduo trabajo de razonar dichos votos salvados, por escrito, consignándolos en la Secretaria de la Asamblea. La redacción de dichos votos salvados, dado que las plenarias fueron diarias, con sesiones prolongadas y a veces interminables, sólo podía efectuarla en la noche de cada día de plenaria o en la madrugada siguiente, de manera de poder consignarlos mecanografiados.

Ello exigió muchas e interminables horas de trabajo, no sólo mías, sino de mis secretarias Francis Gil, Arelis Torres y Mirna Pinto, y de mi asistente legal, abogado María Fernanda Valdés. Como sigo escribiendo a mano, ellas se encargaron de convertir mis manuscritos en la versión mecanográfica debidamente corregida. Mi agradecimiento, de nuevo, muy especial a ellas, por toda la colaboración recibida.

En este *Tomo III*, en consecuencia, en la *Segunda y Tercera Partes*, se publica el texto de todos los votos salvados que formulé al articulado del Proyecto de Constitución durante la primera y la segunda discusión del mismo.

En cuanto a la *Cuarta Parte*, en ella es pública mi posición general sobre el Proyecto elaborado por la Asamblea, la que justifica, por una parte, mi decisión de no firmar el Proyecto, y por la otra, mi decisión de votar "NO" en el referéndum aprobatorio del Proyecto de Constitución convocado para el día 15 de diciembre de 1999.

No podía votar afirmativamente por un Proyecto de Constitución que no sólo no sienta las bases para el cambio político en el país, descentralizando el Estado y despartidizando el sistema político, sino que abre constitucionalmente las vías a un presidencialismo y un militarismo nunca vistos.

La Asamblea, de acuerdo con el referéndum del 25-04-99, no se convocó para elaborar un texto constitucional que abriera las puertas al autoritarismo; esa no es la transformación del Estado que tanto hemos buscado para terminar de desarrollar política y democráticamente al país y superar el centralismo y el partidismo. Con un esquema autoritario, incluso, todo lo bueno que pudiera tener el Proyecto en materia de derechos humanos, de control público y del Estado de Justicia, por ejemplo, queda minimizado y opacado.

Por ello mi rechazo al Proyecto.

Caracas 10 de diciembre de 1999

A continuación, en esta y las sucesivas Partes, se publican entonces todas mis propuestas, observaciones, debates y votos salvados sobre el articulado del proyecto de Constitución, que he sistematizado siguiendo el orden del articulado de la misma, cuyo texto se incluye para mejor comprensión de los temas.

SECCIÓN PRIMERA: PREÁMBULO

El pueblo de Venezuela, en ejercicio de sus poderes creadores e invocando la protección de Dios, el ejemplo histórico de nuestro Libertador Simón Bolívar y el heroísmo y sacrificio de nuestros antepasados aborígenes y de los precursores y forjadores de una patria libre y soberana; con el fin supremo de refundar la República para establecer una sociedad democrática, participativa y protagónica, multiétnica y pluricultural en un Estado de justicia, federal y descentralizado, que consolide los valores de la libertad, la independencia, la paz, la solidaridad, el bien común, la integridad territorial, la convivencia y el imperio de la ley para esta y las futuras generaciones; asegure el derecho a la vida, al trabajo, a la cultura, a la educación, a la justicia social y a la igualdad sin discriminación ni subordinación alguna; promueva la cooperación pacífica entre las naciones e impulse y consolide la integración latinoamericana de acuerdo con el principio de no intervención y autodeterminación de los pueblos, la garantía universal e indivisible de los derechos humanos, la democratización de la sociedad internacional, el desarme nuclear, el equilibrio ecológico y los bienes jurídicos ambientales como patrimonio común e irrenunciable de la humanidad; en ejercicio de su poder originario representado por la Asamblea Nacional Constituyente mediante el voto libre y en referendo democrático,

Sobre el Preámbulo durante la elaboración del proyecto de Constitución elaboré los siguientes dos documentos.

I. REFLEXIONES SOBRE EL PREÁMBULO DE LA CONSTITUCIÓN DE 1961

Comunicación enviada al Presidente de la Comisión Constitucional el 24-08-99

Tengo el agrado de dirigirme a Ud. con objeto de hacerle llegar, por escrito, mis consideraciones en torno al *Preámbulo* de la Constitución de 1961, que en mi criterio debe ser revalorizado.

Dicho texto fue elaborado con gran cuidado por la Comisión redactora del Proyecto de Constitución, conteniendo todo lo que era necesario para la época, en un texto donde cada palabra y cada frase tiene un significado y valor concretos, que estimo debemos analizar, a los efectos de la elaboración de la nueva Constitución y de su *Preámbulo*.

1. *Antecedentes*

Ante todo debe señalarse que la idea misma de un *Preámbulo constitucional* tiene su antecedente remoto en nuestro constitucionalismo, en la *Constitución Federal para los Estados de Venezuela* de 1811, cuyo texto comienza con esta declaración y Capítulo Preliminar:

Constitución Federal para los Estados de Venezuela de 1811

EN EL NOMBRE DE DIOS TODOPODEROSO

Nos, el pueblo de los Estados de Venezuela, usando de nuestra soberanía y deseando establecer entre nosotros la mejor administración de justicia, procurar el bien general, asegurar la tranquilidad interior, proveer en común a la defensa exterior, sostener nuestra libertad e independencia política, conservar para e ilesa la sagrada religión de nuestros mayores, asegurar perpetuamente a nuestra posteridad el goce de estos bienes y estrecharlos mutuamente con la más inalterable unión y sincera amistad, hemos resuelto confederarnos solemnemente para formar y establecer la siguiente Constitución, por la cual se han de gobernar y administrar estos Estados.

PRELIMINAR

BASES DEL PACTO FEDERATIVO QUE HA DE CONSTITUIR LA AUTORIDAD GENERAL DE LA CONFEDERACIÓN

En todo lo que por el Pacto Federa (no estuviere expresamente delegado a la Autoridad general de la Confederación, conservará cada una de las Provincias que la componen su Soberanía, Libertad e Independencia; en uso de ellas tendrán el derecho exclusivo de arreglar su Gobierno y Administración territorial bajo las leyes que crean convenientes, con tal que no sean de las comprendidas en esta Constitución ni se opongan o perjudiquen a los Pactos Federativos que por ella se establecen. Del mismo derecho gozarán todos aquellos territorios que por división del actual o por agregación a él vengan a ser parte de esta Confederación cuando el Congreso General reunido les declare la representación de tales o la obtengan por aquella vía y forma que él establezca para las ocurrencias de esta clase cuando no se halle reunido.

Hacer efectiva la mutua garantía y seguridad que se prestan entre sí los Estados para conservar su libertad civil, su independencia política y su culto religioso es la primera y la más sagrada de las facultades de la Confederación, en quien reside exclusivamente la Representación Nacional. Por ella está encargada de las relaciones extranjeras, de la defensa común y general de los Estados Confederados, de conservar la paz la paz pública contra las conmociones internas o los ataques exteriores, de arreglar el comercio exterior y el de los Estados entre sí, de levantar y mantener ejércitos, cuando sean necesarios para mantener la libertad, integridad e independencia de la Nación, de construir y equipar bajeles de guerra, de celebrar y concluir tratados y alianzas con las demás naciones, de declararles la guerra y hacer la paz, de imponer las contribuciones indispensables para estos fines u otros convenientes a la seguridad, tranquilidad y felicidad común, con plena y absoluta autoridad para establecer las leyes generales de la Unión y juzgar y hacer ejecutar cuanto por ellas quede resuelto y determinado.

El ejercicio de esta autoridad confiada a la Confederación no podrá jamás ha liarse reunido en sus diversas funciones. El Poder Supremo debe estar dividido en, Ejecutivo y Judicial, y con fiado a distintos Cuerpos independientes entre sí y en sus respectivas facultades. Los individuos que fueren nombrados para ejercerlas se sujetarán inviolablemente al modo y reglas que en esta Constitución se les prescriben para el cumplimiento y desempeño de sus destinos.

Con posterioridad, el Capítulo Preliminar se eliminó, y encontrándose declaraciones iniciales en las Constituciones de 1819, 1821, 1830 y 1858, así:

Constitución Política de Venezuela de 1819

EN NOMBRE DEL TODOPODEROSO
AUTOR Y LEGISLADOR DEL UNIVERSO

Nos, el pueblo de Venezuela, por la gracia de Dios y por las leyes de la Naturaleza, independiente, libre y soberano, queriendo conservar estos dones inestimables, felizmente recobrados por nuestro valor y constancia en resistir a la tiranía y deseando promover nuestra felicidad particular y contribuir activamente a la del género humano, decretamos y establecemos la siguiente Constitución política formada por nuestros representantes, diputados al efecto por las provincias de nuestro territorio que se han libertado ya del despotismo español.

Constitución del Estado de Venezuela de 1830

EN EL NOMBRE DE DIOS TODOPODEROSO,
AUTOR Y SUPREMO LEGISLADOR DEL UNIVERSO

Nosotros, los Representantes del pueblo de Venezuela, reunidos en Congreso, a fin de formar la más perfecta unión, establecer la justicia, asegurar la tranquilidad doméstica, proveer a la defensa común, promover la felicidad general y asegurar el don precioso de la libertad para nosotros y nuestros descendientes, ordenamos y establecemos la presente.

Constitución de 1858

BAJO LOS AUSPICIOS DEL SUPREMO LEGISLADOR
DEL UNIVERSO

Nosotros los diputados de las provincias de Venezuela, reunidos en Convención Nacional, a fin de formar la más perfecta unión, establecer la justicia, asegurar la tranquilidad doméstica, proveer a la defensa común, promover la felicidad general y asegurar el don precioso de la libertad, para nosotros y nuestros descendientes, ordenamos y establecemos la presente Constitución.

Con posterioridad y durante 90 años desaparecieron de los textos constitucionales las declaraciones preliminares, hasta la **Constitución de 1947**, en la cual fue encabezada con un *Preámbulo* así:

Constitución de 1947

LA ASAMBLEA NACIONAL CONSTITUYENTE,

en representación del pueblo soberano de Venezuela, para quien invoca la protección de

DIOS TODOPODEROSO,

decreta la siguiente

CONSTITUCIÓN

DECLARACIÓN PRELIMINAR

La Nación Venezolana es la asociación de todos los venezolanos en un pacto de organización política con el nombre de «Estados Unidos de Venezuela». Ella es para siempre irrevocablemente libre e independiente de toda dominación o protección de potencia extranjera.

La Nación Venezolana proclama como razón primordial de su existencia la libertad espiritual, política y económica del hombre, asentada en la dignidad humana, la justicia social y la equitativa participación de todo el pueblo en el disfrute de la riqueza nacional.

De esa razón fundamental deriva la Nación sus funciones de defensa, de derecho y de cultura, para el logro de sus fines esenciales contenidos principalmente en la armonía, el bienestar y la seguridad social e individual de los venezolanos y de cuantos convivan en su territorio y dentro de su ley;

La afirmación de la propia nacionalidad, en sostenida concordancia con la fraterna cooperación en el concierto de las naciones en propósitos de paz y de progreso y con el mutuo respeto de la soberanía; la sustentación de la Democracia, como único e irrenunciable sistema de gobernar su conducta interior, y la colaboración pacífica en el designio de auspiciar ese mismo sistema en el gobierno y relaciones de todos los pueblos de la tierra.

La Nación Venezolana repudia la guerra, la conquista y el abuso de poderío económico como instrumentos de política internacional reafirma su voluntad de resolver todos sus conflictos y controversias con otros Estados por lo medios pacíficos establecidos en los pactos y tratados de que es parte; respalda el principio de autodeterminación de los pueblos, y reconoce el Derecho Internacional como regla adecuada para garantizar los derechos del hombre y de las naciones en los términos y propósitos de la presente Declaración.

La Nación Venezolana arraiga el cumplimiento de su destino y realización de sus finalidades en la integridad de su territorio, en el potencial de su economía, en su respeto a la libertad, en la consagración del trabajo como virtud suprema y como supremo título de mejoramiento humano, y en el patrimonio de autoridad moral e histórica que ganaron los venezolanos, conducidos por Simón Bolívar, en la empresa emancipadora del Continente Americano.

Luego, en la *Constitución de 1953* se dedicó el artículo 1° a la Declaración Preliminar, con el siguiente texto:

Constitución de 1953
LA ASAMBLEA CONSTITUYENTE DE LOS ESTADOS UNIDOS
DE VENEZUELA,

EN EL NOMBRE DE DIOS TODOPODEROSO,

decreta la siguiente
CONSTITUCIÓN
DECLARACIÓN PRELIMINAR

Art. 1° La Nación venezolana es la asociación de los venezolanos en un pacto de organización política con el nombre de República de Venezuela, que se rige por los principios de Gobierno Federal, Democrático, Electivo, Representativo, Responsable y Alternativo y que es independiente y libre de toda dominación o protección extranjeras.

> La Nación venezolana proclama como razón primordial de su existencia el mantenimiento de su patrimonio moral e histórico, el resguardo de su dignidad, la conservación y defensa de su territorio y el aprovechamiento de sus riquezas para el bienestar de sus habitantes.
>
> La Nación venezolana aspira a lograr un sitio cada vez más prestigioso en el conjunto universal, mediante el mejoramiento de su medio físico y de las condiciones de sus habitantes, en un ambiente de armonía entre cuantos convivan en su territorio y dentro de sanos propósitos de cooperación internacional.

2. *El carácter del Preámbulo*

En cuanto a la Constitución de 1961, siguiendo la orientación de la Constitución de 1947, contiene un *Preámbulo* en el cual se detallan una serie de propósitos, y que según la Exposición de Motivos del Proyecto de Constitución "constituye la base fundamental, el presupuesto que sirve de fundamento a la norma constitucional; señala los valores sociales y económicos, políticos y jurídicos que inspiran la acción del Estado".

En palabras de la Corte Suprema de Justicia, "el Preámbulo de la Constitución contiene los "considerandos" o "motivos que guiaron al constituyente para decretar una Constitución en los términos como lo hizo, vale decir, configura el propósito que se tuvo en cuenta para tales términos". (Véase sentencia de la Sala Político Administrativa de 8-8-89 en *Revista de Derecho Público,* N° 39, 1989, p. 102).

En el *Preámbulo,* por tanto, se establecen los objetivos del pacto de organización política que es el Texto constitucional, objetivos que por supuesto, son guía de obligatoria conducta para los órganos del Estado. Por tanto, las declaraciones del *Preámbulo* forman el conjunto de principios y políticas que los órganos del Estado deben necesariamente seguir, a pesar de que los gobiernos tengan diversos signos ideológicos, y que pueden identificarse como objetivos *políticos, sociales y económicos, igualitarios, internacionales, democráticos, y morales e históricos.* (Véase Allan R. Brewer-Carías, "El Preámbulo de la Constitución", *Revista de Derecho Público* N° 45, Caracas, 1991, págs. 31 a 36).

Estos objetivos o propósitos, que analizaremos en detalle a continuación, constituyen, sin duda, los principios constitucionales fundamentales que inspiran el Texto constitucional y que, como tales gozan de la misma imperatividad, obligatoriedad y rigidez constitucional que las normas contenidas en el articulado de la constitución. Su violación por un acto estatal, por ello, puede dar lugar a una acción de inconstitucionalidad.

3. *Los objetivos políticos*

El *primer* párrafo del *Preámbulo,* establece que la Constitución se dictó:

> "Con el propósito de mantener la independencia y la integridad territorial de la Nación, fortalecer su unidad, asegurar la libertad, la paz y la estabilidad de sus instituciones".

Varios aspectos fundamentales surgen de esta declaración, la cual tiene connotaciones internas y externas. Por una parte, se reafirma el propósito independentista de la Nación, en el sentido de que el Estado, como su organización política, no debe estar sometido a otros Estados ni ser dependiente de ellos.

Por otra parte, se formula el principio de que se busca que la Nación mantenga su territorio íntegro, de manera que no sea despojada de él por otros Estados. La integridad territorial también evidencia el propósito de su mantenimiento, frente a cualquier intento segregacionista interno, por lo que el *Preámbulo* también formula, entre los objetivos del Estado, el fortalecer la unidad de la Nación, en el sentido de que si bien tiene una división político-territorial, sus componentes forman una sola unidad política, regido por un conjunto de instituciones. En relación a éstas, el *Preámbulo* formula como objetivo de la organización política el asegurar la estabilidad de las mismas.

Por último, entre los objetivos definidos en el texto del *Preámbulo,* está el de asegurar la libertad y la paz, como *desiderátum* de todos los componentes de la sociedad y de su organización política. Libertad, en el sentido de goce, dentro de los límites constitucionales, de los atributos de la personalidad en sociedad; y paz, en el sentido de relaciones sociales basadas en el respeto mutuo con proscripción de la agresión.

4. *Los objetivos sociales y económicos*

El *segundo* párrafo del *Preámbulo* indica que la Constitución se dictó con el propósito de:

"Proteger y enaltecer el trabajo, amparar la dignidad humana, promover el bienestar general y la seguridad social; lograr la participación equitativa de todos en el disfrute de la riqueza, según los principios de la justicia social, y fomentar el desarrollo de la economía al servicio del hombre".

Esta declaración, sin duda, es fundamental, pues resume la filosofía política del Estado y de la sociedad venezolana, básicamente de carácter social, teniendo al hombre como su centro.

En *primer lugar,* se reconoce al trabajo como la base de la sociedad y del desarrollo personal, el cual debe protegerse y enaltecerse, para lo cual debe revalorizarse permanentemente.

En *segundo lugar,* se formula como objetivo político-social, el amparar la dignidad humana, lo que implica ubicar al hombre como centro de todo el proceso político, económico y social. De allí la extensa regulación de los derechos y garantías constitucionales que se enumeran en el Texto (Arts. 43 a 116), con la expresa indicación de que dicha enunciación no debe entenderse como negación de otros que, siendo inherentes a la persona humana, no figuren expresamente en la Constitución (Art. 50), todos los cuales pueden ser amparados (Art. 49).

En *tercer lugar,* se establece, sin ningún género de dudas, que el Estado debe, como uno de sus objetivos básicos, el promover el bienestar general de la población y la seguridad social, de manera de proteger a la población contra infortunios y riesgos que pueden ser objeto de previsión social.

En *cuarto lugar,* se precisa, dentro de los objetivos que provocaron el pacto político constitucional, el de lograr la participación equitativa de todos en el disfrute de la riqueza, según los principios de la justicia social. De acuerdo a ello, el sistema político debe procurar que el disfrute de la riqueza no se concentre en pocas manos, provocando injustas diferencias de ingreso, y que aquélla puede ser repartida a cada quien según le corresponda, por supuesto, de acuerdo al esfuerzo, trabajo realizado, de manera que se asegure a todos una existencia digna y provechosa para la colectividad (Art. 95).

Por último, dentro de los objetivos fundamentales de la organización política está el que ésta tiene por objetivo esencial, el fomentar el desarrollo de la economía al servicio del hombre. Este, por tanto, ha de ser el centro de la política de desarrollo económico, con lo cual deben superarse los puros enfoques economicistas, donde el hombre no tiene cabida como fin, sino eventualmente como medio

5. *Los objetivos igualitarios*

En efecto, dentro de los objetivos perseguidos al dictarse la Constitución y que se configuran como políticas esenciales del Estado y de la Sociedad, está el de:

"Mantener la igualdad social y jurídica, sin discriminaciones derivadas de raza, sexo, credo o condición social".

Esta declaración, ante todo, reconoce la tradición igualitarista del pueblo y de la sociedad venezolana, que nos es tan característica en el contexto latinoamericano, producto no sólo de crueles guerras sociales, como la del inicio de la Independencia (1814) y las denominadas guerras federales (1858-1863), sino del proceso de mestizaje desarrollado en un país como Venezuela, donde no hubo grandes civilizaciones precolombinas, ni por tanto, organizaciones indígenas avanzadas, que pudieran ser sometidas por el conquistador español, razón por la cual importó mano de obra africana.

El mestizaje, históricamente, ha sido la base de la igualdad social más o menos estable que hemos tenido, y que ha de mantenerse, así como de la igualdad jurídica de manera que la Ley no contenga discriminaciones derivadas de raza, sexo, credo o condición social.

Este objetivo constitucional de la organización política, además, se establece como uno de los derechos individuales de la persona (Art. 61).

En este sentido, está la proscripción de carácter absoluta, de discriminaciones basadas en la raza, que llevó hace algunos años a la eliminación de nuestra legislación de ciertas discriminaciones en cuanto a la inmigración contra las personas de raza amarilla.

Por otra parte, del *Preámbulo* también deriva una política esencial del Estado y del orden social, que debe ser la igualdad de credos a pesar de la importancia de la religión católica, de manera que no se pueda discriminar a los ciudadanos, ni por las instituciones públicas ni por las privadas, por razón del credo que se profese. De allí la libertad de conciencia y credo religioso que la Constitución prevé (Art. 65).

En cuanto a la proscripción de discriminaciones derivadas del sexo, el principio es absoluto, y las solas excepciones derivan de la protección a la mujer (p.e. Arts. 74, 93).

Por último, y dentro de los principios de justicia social y de la economía al servicio del hombre, se proscribe cualquier discriminación derivada de la condición social, salvo que implique medidas de protección, por ejemplo, a los menores (p.e. Arts. 75, 93), a las comunidades indígenas y a la población campesina (Art. 77).

6. Los objetivos internacionales

El *Preámbulo* de la Constitución también establece objetivos básicos de la organización política, que el Texto consolida en el ámbito de la comunidad internacional, al establecer que se dictó con el propósito de:

> "Cooperar con las demás naciones, y, de modo especial, con las Repúblicas hermanas del Continente, en los fines de la comunidad internacional, sobre la base del recíproco respeto de las soberanías, la autodeterminación de los pueblos, la garantía universal de los derechos individuales y sociales de la persona humana, y el repudio de la guerra, de la conquista y del predominio económico como instrumento de política internacional".

El primer objetivo de la sociedad venezolana organizada políticamente en el ámbito de la comunidad internacional, es el de la cooperación con las demás naciones en el logro de los fines de la misma, haciéndose especial mención en la cooperación latinoamericana.

Esta cooperación con las demás naciones se ha de propugnar sobre la base de los siguientes principios:

En *primer lugar,* el recíproco respeto de la soberanía, es decir, de la potestad de los países de establecer las relaciones de poder que estimen conducente a sus fines económicos y sociales. Esta soberanía de los países ha de ser respetado por los demás, de donde surge el principio de la no intervención, de tan tradicional respeto por nuestro país.

El *segundo* principio que debe guiar las relaciones internacionales de la República, es el de la autodeterminación de los pueblos, es decir, el respeto al derecho de que éstos puedan adoptar las decisiones que más y mejor estimen convenientes a su organización política, económica y social, sin interferencias ni sometimientos, ni condicionamiento de otros pueblos.

El *tercer* principio busca el que se garanticen a escala universal, al menos, los derechos individuales y sociales de la persona humana, lo que hasta cierto punto implica un reconocimiento al valor de la Declaración Universal de los Derechos del Hombre, y la reafirmación de una tradición en el constitucionalismo venezolano que se inicia con nuestra "Declaración de Derechos del Pueblo" del 1° de julio de 1811, la primera de algún país latinoamericano.

En *cuarto* lugar, y como complemento al propósito de mantener la paz interna, el *Preámbulo* también define como propósito de nuestro sistema político y social y como principio que debe guiar la actuación internacional de la República, el repudio de la guerra, de la conquista y de predominio económico como instrumento de política internacional, que enmarca dentro de nuestra tradición pacifista, de ser el único país del Continente que no ha estado en guerra con ningún otro desde la Independencia.

7. Los objetivos democráticos

El penúltimo párrafo del *Preámbulo* de la Constitución expresa que dicho Texto fundamental se dictó, entre otros, con el propósito de:

"Sustentar el orden democrático como único e irrenunciable medio de asegurar los derechos y la dignidad de los ciudadanos, y favorecer pacíficamente su extensión a todos los pueblos de la Tierra".

Se define así, expresamente, no sólo la vocación democrática de la política interior y exterior del país, y por tanto, la democracia como fin, sino también el compromiso de la representación popular de sustentar el orden democrático como medio de asegurar los derechos y la dignidad del hombre. De nuevo aquí encontramos la referencia al hombre como centro de la organización política y el aseguramiento de sus derechos y dignidad, como meta de la misma.

La búsqueda de la democracia como fin, se formula como una pieza de la política internacional de la República, que debe favorecer la extensión de la democracia a todos los pueblos de la Tierra, pero en forma pacífica, reafirmando la vocación pacifista del *Preámbulo*.

Pero además, y particularmente en el orden interno, se formula un concepto de la democracia que, como desiderátum, debe ser el objetivo a lograr, vinculada al hombre, y como medio único e irrenunciable, en primer lugar, para asegurar los derechos fundamentales, de lo que resulta la concepción de que éstos derechos, realmente, para que puedan estar asegurados, es necesario un orden democrático. Democracia, por tanto, es libertad; y donde no hay democracia, no puede haber libertad, entendiendo por democracia, simplemente, el gobierno del pueblo, por el pueblo y para el pueblo, por supuesto a través de sus representantes, tal y como fue concebida a partir de la Revolución Norteamericana y la Revolución Francesa a finales, del Siglo XVIII y por nuestra Revolución Latinoamericana a principios del Siglo XIX. Por ello democracia es la antítesis de la autocracia.

Pero además, la democracia, como sistema político de libertad y representatividad, y forma de vida de participación, conforme al *Preámbulo,* en segundo lugar se estima que debe ser sustentada como único e irrenunciable medio de asegurar la dignidad de los ciudadanos. Así se declara, expresamente que ninguna forma de autocracia puede estar realmente al servicio del hombre, y de nuevo se formula la visión esencialmente humana del sistema político que la Constitución concibe, conforme a lo cual no sólo la economía debe estar al servicio del hombre, sino también, la política mediante la democracia, como medio.

8. *Los objetivos morales e históricos*

Por último, dentro del *Preámbulo y* como objetivo tomado en cuenta para la sanción de la Constitución, se establece que ella se dictó, también, con el propósito de:

"Conservar y acrecer el patrimonio moral e histórico de la Nación; formado por el pueblo en sus luchas por la libertad y la justicia y por el pensamiento y la acción de los grandes servidores de la patria, cuya expresión más alta es Simón Bolívar, el Libertador".

La Constitución es el resultado de un largo proceso histórico y de evolución político-social, que no se puede desconocer. Las bases fundamentales del constitucionalismo contemporáneo (la noción de Constitución escrita, como texto normativo directamente aplicable a los ciudadanos; la soberanía del pueblo, y no ubicada en un órgano del Estado, es decir, el republicanismo democrático; la distribución vertical del Poder Público, dando origen al sistema federal; el principio de la separación orgánica de los Poderes Públicos; la declaración constitucional de los derechos y garantías fundamentales; y el rol del Poder Judicial, como contralor de la constitucionalidad y legalidad de la actuación de los otros Poderes) sobre los cuales se monta el Texto Fundamental, derivan de un forjamiento que se inicia con la Revolución de Independencia a partir de 1810 y encuentra su expresión filosófica y política en el pensamiento y acción de nuestros grandes hombres y próceres, de carne y hueso, que liderizaron los cambios que se han producido en nuestra historia y que, sin duda, encuentran a la cabeza al Libertador, Simón Bolívar, genio político de la paz y de la guerra.

Todo ese proceso político-social que nos separa de aquellos años de la Independencia y que transcurre en los últimos 188 años, ha generado un patrimonio moral e histórico de la Nación, donde luchas y guerras por la libertad y la justicia se han sucedido por autocracias, en las cuales la justicia y la libertad han sido cuestionadas. Todo ese proceso histórico, con lo bueno y lo malo, ha formado nuestras instituciones las cuales, definitivamente, no nacieron en 1961; al contrario, son de larga data, con múltiples soluciones de continuidad, pero guiadas por una filosofía democrática y de libertad que siempre ha estado latente.

No olvidar las enseñanzas de la historia, es el mensaje del último párrafo del *Preámbulo,* y tomar conciencia que como país, no hemos sido inventados hace cuarenta años, ni muchísimo menos; ni estamos siendo inventados ahora, en este momento constituyente que vive el país y que conducirá a la elaboración de una nueva Constitución, que es la misión fundamental que tiene la Asamblea Nacional Constituyente.

9. *Reflexión Final*

Para la elaboración de esa nueva Constitución, sin duda, debe tomarse en cuenta el *Preámbulo* de la de 1961 y la riqueza del lenguaje allí utilizado, reafirmándose, por supuesto, algunos valores que después de casi 40 años de evolución del Constitucionalismo, requieren de nuevos tratamientos. Tal es el caso, por ejemplo, de la doctrina de los derechos humanos, de las finalidades del Estado, de la participación política como complemento de la democracia representativa que no puede ser sustituida, y de la configuración conceptual del Estado democrático y social de Derecho o de Justicia.

En nuestro criterio, el nuevo *Preámbulo* debe, por tanto, tomar en cuenta el de la Constitución de 1961, reformulando y profundizando principios y valores en aspectos como los señalados, que deben guiar la reforma política que ha de plasmarse en la nueva Constitución.

Espero que las reflexiones anteriores sobre el *Preámbulo* de la Constitución de 1961 sean de utilidad para los trabajos de esa Comisión.

II. PROPUESTA RELATIVA A LA REDACCIÓN DEL PREÁMBULO

Texto de la Comunicación enviada al Presidente de la Comisión Constitucional el 07-09-1999.

Tengo el agrado de dirigirme a Ud. en relación con el *Proyecto de Preámbulo* que, como Ponencia, ha presentado a la consideración de esta Comisión, el constituyente Isaías Rodríguez, miembro de la misma; con el objeto de hacerle llegar mis observaciones al mismo.

1. En cuanto al primer párrafo o "encabezamiento" del texto, sugiero eliminar la frase "representado por la Asamblea Nacional Constituyente", pues la nueva Constitución no se va a dictar o decretar por la Asamblea en representación del pueblo de Venezuela, sino por el propio pueblo cuando la apruebe mediante *referéndum aprobatorio* conforme a la *Base Novena* de la Segunda Pregunta del *Referéndum* del 25 de abril de 1999. Será, por tanto, el pueblo "en ejercicio del poder constituyente originario" como lo dice la última frase del Proyecto, el que apruebe la Constitución.

2. En relación con el segundo párrafo, teniendo en cuanta las características del Preámbulo, incluso de carácter normativo e imperativo, estimo que a pesar de su hermoso contenido, no debería estar en el texto. Con ese tipo de declaraciones, por mucho que se quiera abarcar, se corre el riesgo de no expresar todo lo que en la misma línea de pensamiento resultaría necesario.

3. En relación con el tercer párrafo relativo a la sociedad democrática, cuyo mantenimiento y promoción el pueblo se fija como fin supremo, estimo que debería complementarse con una declaración más contundente sobre el orden democrático y su vinculación indisoluble con los derechos y la dignidad de los ciudadanos, recogiendo lo expresado en el Preámbulo de la Constitución de 1961, de manera que la primera frase del Proyecto podría ser sustituida por ésta

> "con el fin de sustentar el orden democrático como único medio de asegurar los derechos y la dignidad de los ciudadanos y favorecer pacíficamente su extensión a todos los pueblos de la tierra; y de mantener y promover una sociedad democrática...."

4. En cuanto al cuarto párrafo, estimo que también debe mencionarse como fin de la Constitución, el fortalecer la unidad nacional, velar por la libertad y la estabilidad de las instituciones, frases y palabras que no aparecen, en forma alguna, en el Proyecto presentado. En consecuencia, estimo que las dos primeras frases del Párrafo podrían quedar redactadas así:

> "Sostener inalterable la independencia e indisoluble integridad de la nación y de su espacio territorial; fortalecer su unidad, velar por la libertad y la estabilidad de las instituciones; asegurar el derecho a la vida, la justicia social, la igualdad sin ..."

5. En relación con el cuarto párrafo todos los fines esenciales que se formulan respecto a la sociedad y del Estado, por problemas de redacción parecería que quedan vinculados solo al impulso de la integración de la comunidad de naciones latinoamericanas y del Caribe, cuando ello no debe ser así. Por tanto, estimo que las dos primeras frases del párrafo podrían quedar redactadas así:

"Impulsar la integración de la comunidad de naciones latinoamericanas y del Caribe y cooperar con las demás naciones en los fines de la comunidad internacional, sobre la base de la no intervención, el respeto a la soberanía, la...."

6. En relación con el sexto párrafo estimo que la definición de los fines sociales, al dictarse la Constitución, deben completarse, a cuyo efecto la primera frase del texto del párrafo podía quedar redactada así:

"enaltecer el trabajo, amparar la dignidad humana, promover el bienestar general y la seguridad social, fortalecer la familia como base primaria de la ...."

En la espera de que las anteriores observaciones sean de utilidad para los trabajos de esa Comisión, me suscribo de Ud.,

SECCIÓN SEGUNDA: TÍTULO I. PRINCIPIOS FUNDAMENTALES (ARTÍCULOS DEL 1 AL 9)

El conjunto del articulado del Título I sobre los Principios Fundamentales fue objeto de la siguiente propuesta que formulé mediante comunicación dirigida al Presidente y demás miembros de la Comisión Constitucional de fecha 29 de septiembre de 1999:

I. LOS PRINCIPIOS FUNDAMENTALES SOBRE LA REPUBLICA

Texto de la Comunicación dirigida al Presidente y demás miembros de la Comisión Constitucional en la sesión del 29-09-1999

Tengo el agrado de dirigirme a Uds., con el objeto de hacerles llegar mis observaciones y propuestas en torno a la redacción del Capítulo I *Disposiciones Fundamentales* del Título I sobre *La República, su Territorio y su División Política.*

En tal sentido he partido del documento sobre dicho Capítulo repartido con membrete de la Comisión Constitucional (en lo adelante el *Proyecto de la Comisión*), así como de la propuesta formulada por el Presidente de la República en el documento *Ideas Fundamentales para la Constitución Bolivariana de la V República*, y de las previsiones de la Constitución de 1961.

1. *El contenido del Proyecto de la Comisión Constitucional*

En el Proyecto de la Comisión, en el Capítulo I de las Disposiciones Fundamentales, se propone incorporar los siguientes catorce artículos:

"*Artículo 1.* La defensa de la persona y el respeto a su dignidad constituyen el fin supremo del Estado venezolano.

Artículo 2. La República de Venezuela es para siempre irrevocablemente libre, soberana e independiente de toda dominación, protección o intromisión extranjera. La independencia, la libertad, la soberanía y la autodeterminación nacional son derechos irrenunciables del pueblo.

Artículo 3. La República de Venezuela es un Estado de justicia y social de derecho, organizado en forma federal y descentralizada y fundada en los principios y valores de una democracia política, económica, social, participativa, alternativa, representativa, responsable, pluralista, cuyo fundamento es la dignidad humana y la preeminencia del bien común e interés general.

Artículo 4. La soberanía reside en el pueblo, quien la ejerce en forma de democracia directa o por medio de sus representantes en los términos que esta Constitución establece.

Artículo 5. Los órganos del Poder Público emanan de la soberanía popular y están directamente sometidos a ella con fundamento en el principio de legalidad.

Artículo 6. El Estado reconoce la preeminencia de los Derechos Humanos y ampara a la familia como institución fundamental de la sociedad.

Artículo 7. Venezuela es una sociedad democrática y asume como fines esenciales los de promover la prosperidad y bienestar del pueblo y garantizar el cumplimiento de los principios, derechos y deberes consagrados en esta Constitución.

Artículo 8. La República de Venezuela, por razones históricas y principistas, se declara bolivariana y proclama la ética y la moral como valores transversales de obligatorio cumplimiento en el hacer cotidiano de los venezolanos y venezolanas.

Artículo 9. El Estado venezolano protege la diversidad étnica y cultural de la nación venezolana.

Artículo 10. La Constitución de la República de Venezuela es la norma que fundamenta todo el sistema jurídico. La incompatibilidad entre la Constitución y la Ley u otra norma o acto jurídico, harán de aplicación preferente las disposiciones constitucionales.

Artículo 11. La Bandera de Venezuela con los colores amarillo, azul y rojo y 10 estrellas Maracaibo, Coro y Guayana, el Himno Nacional "Gloria al bravo pueblo" y el Escudo de Armas de la República son los símbolos inalienables de nuestra nacionalidad. La Ley regulará las características, significados y uso.

Artículo 12. El territorio de la República de Venezuela es y será inmodificable, de conformidad con lo previsto en esta Constitución.

Artículo 13. Los venezolanos y venezolanas tienen el derecho y el deber de actuar en defensa de la patria para preservar su soberanía.

El pueblo tiene derecho a la desobediencia civil para restablecer el orden constitucional en caso de ser alterado por la transgresión de esta Constitución, cuando dicha acción sea ajena a los procedimientos de reforma constitucional, Asamblea Constitucional o Asamblea Constituyente, contrariando a la soberanía popular.

Artículo 14. El idioma oficial de la República de Venezuela es el español. Se respetan las lenguas y dialectos de los pueblos indígenas y sus formas de cultura autóctona, estableciendo que su enseñanza se imparta bajo estos principios, conservando las tradiciones lingüísticas que les son propias".

En muchos aspectos, en estos artículos se incorporan principios que están en los artículos 5 a 14 del Proyecto presentado a la consideración de la Asamblea por el Presidente de la República.

Artículos del Proyecto de la Comisión	Artículos del Proyecto presentado por el Presidente
1	9
2	10
3	5, 7
4	8
5	-
6	-
7	-
8	-
9	-
10	-
11	11
12	13
13	-
14	12

Ahora bien, a los efectos del presente análisis, estimamos que el artículo 5 es redundante respecto de lo establecido en el artículo 4; y que los artículos 6 y 9 constituyen declaraciones generales que más bien podrían ir en el texto del Preámbulo.

Por otra parte, en cuanto al artículo 12, que contiene una norma sobre la intangibilidad del territorio, consideramos que debería regularse en el Capítulo II, relativo al *Territorio y la División Política*; y en cuanto al artículo 13, que regula el deber de defender a la patria, debería ir en el Capítulo correspondiente en el Título de los *Derechos, Deberes y Garantías Constitucionales*. En cuanto a la segunda parte del mencionado artículo 13, que regula el "derecho a la desobediencia civil", estimamos que, con otra redacción, debería ir en el Título relativo a la *Revisión de la Constitución*.

En cuanto al resto del articulado propuesto, y haciendo una labor de síntesis, los mismos se refieren a las siguientes disposiciones y principios fundamentales, que son los que deberían estar en el Capítulo I de las *Disposiciones Fundamentales*:

- *El concepto de Estado Democrático y Social de Derecho y de Justicia.*
- *El principio de la independencia.*
- *La forma federal del Estado.*
- *La forma republicana del gobierno y la soberanía popular.*
- *La forma democrática de gobierno*
- *La supremacía constitucional y los principios del ordenamiento jurídico.*
- *Los símbolos de la patria.*
- *El castellano como idioma oficial.*

Nos referiremos a estos principios separadamente.

2. La configuración de la República como un Estado de derecho y de justicia

Como primera norma de la Constitución, estimamos que debe incorporarse la que configure a la República como un Estado de derecho y de Justicia, o más ampliamente, como un *Estado Democrático y Social de Derecho y de Justicia,* con el significado contemporáneo de los términos. Ello exige, en la norma, identificar los valores superiores del ordenamiento jurídico y los fines esenciales del Estado, de manera que orienten todo el articulado de la Constitución y se eviten repeticiones en otras normas.

En consecuencia, refundiendo las ideas y principios expresados en los artículos 1, 2, 7 y 8 del *Proyecto de la Comisión,* y tomando ideas expuestas en el artículo 15 del *Proyecto* presentado por el Presidente Chávez, que prevé lo siguiente:

"Artículo El Estado venezolano asume como fin último el logro de la justicia, y la obtención del mayor grado posible de bienestar social;

"estimamos que el artículo 1° del Capítulo podría tener la siguiente redacción:

"Artículo 1 La República de Venezuela se constituye como un Estado Democrático y Social de Derecho y de Justicia, que propugna como valores superiores de su ordenamiento jurídico y de su actuación, la libertad, la justicia, la igualdad, la preeminencia de los derechos humanos y el pluralismo político; y que tiene como sus fines esenciales la defensa de la persona y del respeto a su dignidad, la promoción de la prosperidad y bienestar del pueblo y la garantía del cumplimiento de los principios, derechos y deberes consagrados en esta Constitución".

3. El principio de la Independencia

Partiendo del contenido del artículo 3° del *Proyecto de la Comisión,* del artículo 5° del *Proyecto* presentado por el Presidente y del artículo 1° de la Constitución de 1961, proponemos que el artículo relativo a la Independencia de la República se redacte así:

"Artículo 2 La República de Venezuela es para siempre e irrevocablemente libre, soberana e independiente de toda dominación, protección o intromisión extranjera.

Son derechos irrenunciables del pueblo la independencia, la libertad, la soberanía y la autodeterminación nacional".

4. La forma Federal del Estado

Dada la organización de la República como Estado Federal, con entidades políticas que resultan de la distribución territorial del Poder Público en tres niveles: Poder Público Nacional, Poder Público Estadal y Poder Público Municipal, estimamos como indispensable que se establezca expresamente, en una norma del Capítulo I, la forma federal del Estado, conforme a la orientación del artículo primero del Capítulo I *Disposiciones Fundamentales* del Título III *De la Federación, Competencias Nacionales y Competencias de los Estados,* que tiene la siguiente redacción:

"Artículo Venezuela es un Estado Federal que se rige por los principios de integración, coordinación, solidaridad y subsidiariedad";

y que además recoja y actualice el artículo 2 de la Constitución de 1961; norma que podría tener la siguiente redacción:

> *"Artículo 3* La República de Venezuela es un Estado Federal compuesto por las entidades políticas que derivan de la distribución del Poder Público en los términos consagrados por esta Constitución, y que se rige por los principios de integración, cooperación y solidaridad".

5. *La forma republicana del gobierno y la soberanía popular*

La forma republicana de gobierno montada sobre el principio de la soberanía popular, y que regula el artículo 4 de la Constitución de 1961, también debe ser regulado expresamente en la Nueva Constitución, agregándose al ejercicio de la soberanía mediante representantes, el carácter participativo derivado del ejercicio directo de la misma en la forma que prescribe la Constitución.

En consecuencia, y conforme lo hemos propuesto en otro documento "Propuesta sobre la regulación del principio democrático representativo y participativo" en Allan R. Brewer Carías, *Debate Constituyente, (Aportes a la Asamblea Nacional Constituyente) Tomo I, 8 Agosto - 8 Septiembre de 1999*, Caracas 1999, pág. 183 a 199, proponemos la siguiente redacción del artículo 4, para lo cual hemos partido del texto del artículo 4 del *Proyecto de la Comisión*, del artículo 8 del *Proyecto* presentado por el Presidente Chávez a la Asamblea y del artículo 4 del Proyecto denominado *Bases para la Constitución Ciudadana. Un nuevo proyecto de país para el III Milenio,* presentado por los Constituyentes Carlos Tablante y Ricardo Combellas:

> *"Artículo 4* La soberanía reside en el pueblo, quien la ejerce directamente en la forma prevista en la Constitución y en las leyes, e indirectamente mediante el sufragio por los órganos del Poder Público".

6. *La forma democrática de gobierno*

Los principios del gobierno democrático de la República y de las entidades políticas que componen al Estado de acuerdo con la forma Federal también debe ser regulada expresamente, en el sentido que establece el artículo 3° de la Constitución de 1961, y que regulan el artículo # del *Proyecto de la Comisión* y el artículo 7 del documento del Presidente Chávez. En tal sentido, la norma podría tener la siguiente redacción:

> *"Artículo 5* El gobierno de la República de Venezuela y de las entidades políticas que la componen, es y será siempre democrático, representativo, descentralizado, participativo, alternativo, responsable y pluralista".

7. *La supremacía constitucional y los principios del ordenamiento jurídico*

Estimamos indispensable que en la Nueva Constitución se regule expresamente otro de los principios fundamentales del constitucionalismo moderno, como es el principio de la supremacía constitucional. En consecuencia, teniendo en cuenta la redacción del artículo 10 del *Proyecto de la Comisión*, del artículo 9 de la Constitución Española y del artículo 4 de la Constitución de Colombia, proponemos que la norma tenga la siguiente redacción:

"Artículo 6 La Constitución es la norma suprema y el fundamento del ordenamiento jurídico. Todas las personas y los órganos de los Poderes Públicos están sujetos a la Constitución y al resto del ordenamiento jurídico.

La Constitución garantiza el principio de legalidad, la jerarquía normativa, la publicidad de las normas, la seguridad jurídica, la responsabilidad y la interdicción de la arbitrariedad de los órganos que ejercen el Poder Público.

La incompatibilidad entre la Constitución y una ley u otra norma o acto jurídico, harán aplicable preferentemente las disposiciones constitucionales, correspondiendo a los tribunales, en cualquier causa, aún de oficio, decidir lo conducente".

En una norma como esta, entonces, quedarían claramente precisados principios tan fundamentales como la supremacía constitucional, los que sustentan el orden constitucional, la sujeción de todos al ordenamiento jurídico y el control difuso de la constitucionalidad de las leyes que desde 1897 está expresamente regulado en el país, pero a nivel legislativo (art. 20 del Código de Procedimiento Civil).

8. *Los símbolos de la patria*

Conforme a la redacción del artículo 5° de la Constitución de 1961, del artículo 12 del *Proyecto de la Comisión* y del artículo 11 del documento presentado por el Presidente de la República, el artículo relativo a los símbolos de la patria podría tener la siguiente redacción:

"Artículo 7 La bandera nacional con los colores amarillo, azul y rojo; el himno nacional "gloria al bravo pueblo" y el escudo de armas de la República son los símbolos de la patria.

La ley regulará sus características, significados y uso."

No estimamos conveniente, que a nivel constitucional se regule el número de estrellas que tiene la Bandera Nacional, y que representaron a las siete Provincias que se sumaron a la Declaración de Independencia. Ese es un hecho histórico inmodificable, por más que posteriormente se hubieren sumado otras Provincias a tal hecho durante las guerras de independencia.

9. *El castellano como idioma oficial*

Estimamos que el artículo relativo al idioma oficial debe quedar como está en el artículo 6 de la Constitución de 1961; así:

"Artículo 8 El idioma oficial es el castellano".

Debe observarse, ante todo, que la lengua que se desarrolló en América después de la conquista fue el castellano, que luego incluso se convirtió en "idioma oficial" de España como lo dice el artículo 3 de la Constitución de ese país: "El castellano es la lengua española oficial del Estado" pues allí se reconoce la existencia de otras "lenguas españolas" que también se consideran oficiales en las Comunidades Autónomas.

En consecuencia, no consideramos acertado hablar del "español" como lengua oficial, como se expresa en el artículo 14 del *Proyecto de la Comisión* y en el artículo 12 del *Proyecto* presentado por el Presidente Chávez.

Por otra parte, tratándose de una norma que define el idioma oficial, estimamos que no resulta necesario aclarar que se respetan otras lenguas y culturas de los pueblos indígenas. Ello nada tiene que ver con el *idioma oficial* de la República. El hecho de que exista un idioma oficial no impide que se puedan hablar libremente otras lenguas indígenas; lo único que implica es que no pueden utilizarse en documentos oficiales y de la vida civil registral.

10. *Proyecto de articulado del Capítulo I, Disposiciones Fundamentales del Título I de la República, su Territorio y División Política*

Conforme a lo antes expuesto, estimamos que el referido Capítulo I del Título I podría tener la siguiente redacción:

Título I
De la República, su Territorio y División Política
Capítulo Primero
Disposiciones Fundamentales

Artículo 1. La República de Venezuela se constituye como un Estado Democrático y Social de Derecho y de Justicia, que propugna como valores superiores de su ordenamiento jurídico y de su actuación, la libertad, la justicia, la igualdad, la preeminencia de los derechos humanos y el pluralismo político; y que tiene como sus fines esenciales la defensa de la persona y del respeto a su dignidad, la promoción de la prosperidad y bienestar del pueblo y la garantía del cumplimiento de los principios, derechos y deberes consagrados en esta Constitución.

Artículo 2. La República de Venezuela es para siempre e irrevocablemente libre, soberana e independiente de toda dominación, protección o intromisión extranjera.

Son derechos irrenunciables del pueblo la independencia, la libertad, la soberanía y la autodeterminación nacional.

Artículo 3. La República de Venezuela es un Estado Federal compuesto por las entidades políticas que derivan de la distribución del Poder Público en los términos consagrados por esta Constitución, y que se rige por los principios de integración, cooperación y solidaridad.

Artículo 4. La soberanía reside en el pueblo, quien la ejerce directamente en la forma prevista en la Constitución y en las leyes, e indirectamente mediante el sufragio por los órganos del Poder Público.

Artículo 5. El gobierno de la República de Venezuela y de las entidades políticas que la componen, es y será siempre democrático, representativo, descentralizado, participativo, alternativo, responsable y pluralista.

Artículo 6. La Constitución es la norma suprema y el fundamento del ordenamiento jurídico. Todas las personas y los órganos de los Poderes Públicos están sujetos a la Constitución y al resto del ordenamiento jurídico.

La Constitución garantiza el principio de legalidad, la jerarquía normativa, la publicidad de las normas, la seguridad jurídica, la responsabilidad y la interdicción de la arbitrariedad de los órganos que ejercen el Poder Público.

La incompatibilidad entre la Constitución y una ley u otra norma o acto jurídico, harán aplicable preferentemente las disposiciones constitucionales, correspondiendo a los tribunales, en cualquier causa, aún de oficio, decidir lo conducente.

Artículo 7. La bandera nacional con los colores amarillo, azul y rojo; el himno nacional "gloria al bravo pueblo" y el escudo de armas de la República son los símbolos de la patria.

La ley regulará sus características, significados y uso.

Artículo 8. El idioma oficial es el castellano.

Artículo 1. Denominación de la República como Bolivariana. Independencia

Artículo 1. La República Bolivariana de Venezuela es irrevocablemente libre e independiente y fundamenta su patrimonio moral y sus valores de libertad, igualdad, justicia y paz internacional en la doctrina de Simón Bolívar, el Libertador.

Son derechos irrenunciables de la Nación la independencia, la libertad, la soberanía, la inmunidad, la integridad territorial y la autodeterminación nacional.

Desde el inicio en los debates de la Asamblea, se fue sugiriendo la propuesta del cambio de nombre de la república por el de "República Bolivariana de Venezuela." Negada la propuesta en primera discusión, la misma fue sin embargo aprobada en segunda discusión. Pensé siempre que ello no tenía justificación, ni siquiera se correspondía con la realidad histórica del país. Estimé que bastaba en la materia, con la invocación al pensamiento y acción del Libertador que se hacía en el texto aprobado en primera discusión.

En la sesión día 12 de Noviembre de 1999, al aprobarse la propuesta formulé el siguiente *Voto salvado***:**

Salvo mi voto por estar en total desacuerdo con la denominación que se le pretende dar a la República como República Bolivariana de Venezuela. Estimamos que con la invocación que se hacía en el texto aprobado en primera discusión respecto del pensamiento y la acción del Libertador, bastaba para identificar el país cultural e históricamente con el nombre de Bolívar. Pero cambiarle el nombre a la República en la forma aprobada no tiene justificación alguna, pues no se corresponde ni siquiera con la realidad histórica. La única República Bolivariana fue la República de Colombia, producto de la ley de la Unión de los Pueblos de Colombia sancionada por el Congreso de Angostura en 1819, consolidada en la Constitución de Cúcuta de 1821, y que se extinguió con la muerte del Libertador.

Artículo 2. Estado democrático y social de Derecho y de Justicia. Valores

Artículo 2. Venezuela se constituye en un Estado democrático y social de Derecho y de Justicia, que propugna como valores superiores de su ordenamiento jurídico y de su actuación, la vida, la libertad, la justicia, la igualdad, la solidaridad, la democracia, la responsabilidad social y, en general, la preeminencia de los derechos humanos, la ética y el pluralismo político.

Sobre esta norma véase lo que se indica en las páginas 504 y 532 de este Tomo.

Artículo 3. Fines del Estado

Artículo 3. El Estado tiene como fines esenciales la defensa y el desarrollo de la persona y el respeto a su dignidad, el ejercicio democrático de la voluntad popular, la construcción de una sociedad justa y amante de la paz, la promoción de la prosperidad y bienestar del pueblo y la garantía del cumplimiento de los principios, derechos y deberes reconocidos y consagrados en esta Constitución.

La educación y el trabajo son los procesos fundamentales para alcanzar dichos fines.

Sobre esta norma véase lo que se indica en la página 532 de este Tomo.

Artículo 4. Estado Federal Descentralizado

Artículo 4. La República Bolivariana de Venezuela es un Estado federal descentralizado en los términos consagrados en esta Constitución, y se rige por los principios de integridad territorial, cooperación, solidaridad, concurrencia y corresponsabilidad.

Sobre esta norma véase lo que se indica en las páginas 508 y 536 de este Tomo. Además, sobre el régimen de la Forma del Estado y el Federalismo, presenté el siguiente documento ante Comisión Constitucional y de la Comisión con fecha 06 de septiembre de 1999:

PROPUESTA SOBRE LA FORMA FEDERAL DEL ESTADO EN LA NUEVA CONSTITUCIÓN: NUEVO FEDERALISMO Y NUEVO MUNICIPALISMO

Texto de la Comunicación enviada a los Presidentes de la Comisión Constitucional y de la Comisión Sobre Forma del Estado y Federalismo el 06-09-1999.

Tengo el agrado de dirigirme a Uds. con el objeto de hacerles llegar algunas ideas y criterios que juzgo fundamentales en relación con *la forma federal del Estado en la Nueva Constitución: el Nuevo Federalismo y el Nuevo Municipalismo*, temas que estimo fundamentales en la nueva organización del Estado venezolano, que considero tiene que estar montada sobre la distribución territorial o descentralización política del Poder Público.

1. *La democracia y la descentralización del Poder*

La elección y funcionamiento de una Asamblea Constituyente en democracia y en paz, y sin que se haya producido una ruptura fáctica del orden constitucional y político, como siempre había ocurrido en el pasado, le plantea a la Asamblea su principal y gran objetivo en materia de reforma política, que no puede ser otro que el perfeccionamiento de la democracia.

La democracia, como régimen político, se pudo implantar en Venezuela a partir de 1958, después del primer intento en los años cuarenta, gracias al sistema político del *Estado Centralizado de Partidos* que se diseñó, y que atribuyó a los partidos políticos el monopolio de la representatividad y de la participación política. En las primeras décadas del período, es decir, en los años sesenta y setenta, el sistema sin duda, permitió la democratización del país que, para esos años, era el de menor tradición democrática en América Latina. Ese sólo hecho comenzó a plantear nuevas exigencias de democratización, es decir, exigencias de más representatividad (no sólo de los partidos) y de más participación (no sólo a través de los partidos) que el sistema no fue capaz de satisfacer, entre otros aspectos, por la incomprensión del liderazgo partidista durante las dos últimas décadas, de introducir las reformas necesarias para permitir la evolución del sistema.

Ello condujo a la crisis terminal del sistema político de *Estado Centralizado de Partidos* y de sus principales actores, los partidos políticos, que todos hemos presenciado en los últimos años.

Perfeccionar la democracia, hacerla más representativa y más participativa, exige por tanto, transformar radicalmente el sistema de *Estado Centralizado de Partidos* y trastocarlo por un *Estado Descentralizado y Participativo*.

Ello, por supuesto, incide en la médula de cualquier Constitución, que es la organización territorial del Poder.

Para hacer la democracia más participativa, no basta incorporar al sistema político mecanismos de democracia directa (referendos, iniciativas populares, audiencias públicas), sino que, por sobre todo, es necesario acercar el poder al ciudadano, de manera que este pueda efectivamente participar. Ello implica y exige, ante todo, distribuir el Poder Público en el territorio, es decir, descentralizarlo y ponerlo tan cerca del ciudadano como sea posible, para que pueda participar en la conducción de los asuntos públicos.

2. *El desarrollo del Municipalismo*

La participación es y ha sido posible en las sociedades democráticas por la cercanía del poder al ciudadano, y ello sólo se logra a nivel local.

Como dato debe retenerse, por ejemplo, que en Francia existen 36.400 comunas (Municipios), con un promedio de 1.593 habitantes por Municipio. En Suiza, país 10 veces más pequeño que Francia, existen 3.019 Municipios, con un promedio de 2.319 habitantes por Municipio. En España existen 8.097 Municipios, con un promedio de 4.817 habitantes por Municipio. En Alemania, con una población el doble que la de España y un territorio algo menor, existen 16.098 Municipios, con un promedio de 5.094 habitantes por Municipio. En Canadá, existen 5.000 Municipios con un promedio de 6.000 habitantes por Municipio y en los EE.UU., con una población 9 veces mayor que Canadá y un territorio relativamente igual, existen 39.000 Municipios con un promedio de 6.744 habitantes por Municipio. Esto es lo que nos muestran las sociedades democráticas contemporáneas.

En contraste, en nuestros países latinoamericanos, en Colombia sólo existen 1.033 Municipios con un promedio de 35.818 habitantes por Municipio; en Brasil, con una población 5 veces mayor que en Colombia, hay 5.000 Municipios con un promedio de 31.800 habitantes por Municipio. En Argentina, existen 600 Municipios, con un promedio de 58.333 habitantes por Municipio; pero en Venezuela sólo existen 332 Municipios con un promedio de 66.667 habitantes por Municipio entre los mayores del mundo.

En contraste con las sociedades democráticas del primer mundo, en nuestros países, el Municipio está tan alejado del ciudadano que no hace posible ni real la participación política, que es lo normal en aquellas.

Por tanto, la reforma política en nuestro país, para hacer de la democracia una forma de vida cotidiana, efectivamente participativa, tiene que apuntar hacia la municipalización del país, haciendo del Municipio, como teóricamente lo dice la Constitución de 1961, "la unidad política primaria y autónoma dentro de la organización nacional" (art. 25).

Para ello, debe diseñarse un Nuevo Municipalismo, que supere el uniformismo legislativo actual, que hace inaplicable el esquema organizativo municipal, excesivamente burocratizado y diseñado para grandes aglomeraciones urbanas; a las pequeñas comunidades y centros poblados que están ávidas de participación y que no la encuentran.

Para ello deben, obligatoriamente, diseñarse diferentes regímenes municipales para la organización, gobierno y administración de los Municipios, atendiendo a las condiciones de población, desarrollo económico, situación geográfica y otros factores de importancia, que refleje la organización democrática diferenciada y responda a la naturaleza propia de la vida local. Ello ha estado previsto en la Constitución de 1961, como potestativo del legislador (art. 27) pero nunca se ha actualizado, por lo que en la nueva Constitución debe regularse como una obligación impuesta constitucionalmente al legislador.

3. *La democracia y los niveles intermedios de descentralización*

Distribuir el Poder Público a nivel local y diseñar un Nuevo Municipalismo como instrumento político para la participación democrática, exige, por supuesto, organizar los niveles intermedios del Poder Público en el territorio, pues de lo contrario, la reforma conduciría a más centralización del Poder por la imposibilidad de descentralizar ciertas competencias hacia el pequeño ámbito municipal. Por ello, en todas las sociedades democráticas contemporáneas, paralelamente al desarrollo del municipalismo y del gobierno local, se han organizado niveles de Poder Público descentralizado, de carácter intermedio en el territorio, ubicados entre el Poder Central (Nacional) y el Poder Local (Municipal).

A ello, precisamente, responde la *forma federal* del Estado y también precisamente, por ello, por ejemplo, Alemania, Suiza, Canadá y los EE.UU. son Estados Federales; y asimismo, precisamente por ello, los otros Estados democráticos, antiguamente Estados Unitarios, se han organizado territorialmente como Estados Regionales, creándose regiones políticas con autoridades electas (Consejos Regionales) como en Italia y Francia o Comunidades Autónomas como en España. A ello también responde la última de las grandes reformas políticas democráticas europeas, como la que está ocurriendo en el Reino Unido, tradicionalmente montado sobre un gobierno local fuerte y extendido, con la devolución a los antiguos reinos de autonomías territoriales, lo que se ha reflejado en la elección de los Parlamentos en Escocia y Gales.

La descentralización política en dos niveles, por tanto, es la única forma de organizar el Poder Público en sociedades democráticas, con un nivel intermedio autónomo y con autoridades locales extendidas en todo el territorio. Por ello no existen democracias en el mundo occidental que no tengan un esquema territorial de descentralización del Poder Público. En contraste, no existen ni han existido jamás autocracias descentralizadas, por lo que la descentralización es un fenómeno propio de la democratización y una condición de sobrevivencia y perfeccionamiento de las democracias.

Venezuela no escapa a este fenómeno. Después de 40 años de democracia, para que ésta sobreviva como régimen político, exige la organización descentralizada del Estado, y para ello no necesitamos inventar o trasplantar instituciones constitucionales de otros países. Nuestra historia ha estado condicionada tanto por el federalismo como por el municipalismo, aún cuando nunca realizados en democracia efectiva.

En todo caso, a pesar de la crisis terminal del sistema político de *Estado Centralizado de Partidos*, aún tenemos democracia gracias a las reformas políticas descentralizadoras que a la carrera e incoherentemente se comenzaron a desarrollar desde 1989.

En todo caso, las instituciones Federales y Municipales nos pertenecen por historia y por derecho propio, por lo que lo que tenemos que hacer en este momento constituyente de redefinición del Estado para la democracia, es perfeccionar dichos esquemas de distribución vertical del Poder Público y de organización del Estado.

Ello tiene que constituir el punto medular de la nueva Constitución pues, en definitiva, una Constitución es un pacto para la organización del Poder y del Estado.

4. *El nuevo Federalismo*

Como se dijo, la forma federal del Estado venezolano nos ha acompañado durante toda nuestra historia constitucional, desde 1811 hasta nuestros días, aún cuando no se haya actualizado como instrumento para la participación democrática.

Sin embargo, es ahora cuando llegó el momento de hacer de la Federación el instrumento para la Revolución Democrática que necesita el país, para lo cual el Poder Público tiene que ser descentralizado territorialmente, de manera que se organice en los tres niveles territoriales: Nacional, Estadal y Municipal, en forma compartida. Ello plantea las siguientes exigencias que en nuestro criterio, tienen que condicionar la redacción del nuevo texto constitucional.

A. *La distribución territorial de las competencias públicas*

En primer lugar, se plantea una efectiva y clara distribución de competencias estatales entre la República (Poder Nacional), los Estados (Poder Estadal) y los Municipios (Poder Municipal), de manera de revertir la tendencia histórica de los últimos 150 años, de reducción y vaciamiento de las competencias de los Estados y, por tanto, asignar competencias exclusivas tanto a la República, a los Estados y a los Municipios, acordes con las realidades contemporáneas.

La forma de fortalecer al Poder Nacional es deslastrando a la República de competencias que bien se pueden, y más eficientemente, cumplir a nivel estadal, al cual también deben ir competencias que históricamente se han atribuido a los Municipios, las cuales, si estos van a multiplicarse con regímenes diferenciados, más cerca del ciudadano y de las comunidades, deben ubicarse en el nivel intermedio de la descentralización del poder.

B. *La descentralización progresiva de competencias*

Además de las competencias exclusivas de cada nivel territorial, deben precisarse las competencias concurrentes entre los diversos niveles territoriales, y dado que las mismas, en las últimas décadas, han sido progresivamente nacionalizadas (asumidas por el Poder Nacional), debe definirse la política de descentralización territorial de las mismas, en forma progresiva, afirmándose dicha política como una política nacional. En este aspecto, debe tenerse en cuenta que es el Poder Nacional el que se descentraliza, por lo que la misma debe ser una política nacional.

C. *La distribución territorial del poder tributario y el régimen de financiamiento de las Entidades Territoriales*

Entre las materias altamente centralizadas durante los últimos 100 años, está la materia tributaria, la cual fue progresivamente asumida por el Poder Nacional y una gran parte marginal, pero deformada en los últimos años, atribuida a la competencia municipal.

Una pieza esencial en la organización territorial del Poder Público y del Estado, tiene que ser la racional y eficiente distribución del poder tributario, de manera que se ubiquen en la República los tributos realmente nacionales (Impuesto sobre la Renta, IVA, impuestos a los hidrocarburos y a la minería), y se distribuya territorialmente otros tributos, por ejemplo, los específicos al consumo y sobretasas a los tributos nacionales, en los Estados; perfeccionando la asignación de tributos a los Municipios, de nuevo, conforme al régimen diferenciado de la organización municipal.

Pero la distribución territorial del Poder Tributario nunca puede tener como norte formar autarquías territoriales. No existe, en el mundo, organización territorial del Poder Público que no tenga mecanismos alternos de financiación a las entidades territoriales con fondos nacionales. Por ello, la figura del Situado Constitucional, que adquirió originalidad constitucional en Venezuela en forma definitiva a partir de la Constitución de 1925, y que ha inspirado reformas constitucionales recientes en otros países (Colombia, por ejemplo), tiene que mantenerse como un porcentaje de los ingresos tributarios nacionales para ser distribuido entre los Estados y a través de éstos, entre los Municipios.

La sobrevivencia del Situado Constitucional, por supuesto, no puede significar el repudio a otras fuentes de financiamiento complementarias y compensatorias, que se han venido desarrollando, pero vinculadas a la política de descentralización de competencias públicas, como el FIDES en su concepción original (1993) y las Asignaciones Económicas Especiales, reformuladas.

D. *La organización separada del Poder Público estadal*

Vigorizar el nivel intermedio de Poder en el territorio, con nuevas competencias y poder tributario, exige organizar el Poder Público Estadal conforme al principio de la separación de poderes. Por ello, el Poder Ejecutivo (Gobernadores) tiene que estar separado del Poder Legislativo (Asambleas Legislativas o ente de legislación estadal con el nombre que sea más apropiado) e incluso, del Poder Judicial, cuya descentralización también debe ser parte de la reforma política.

En particular, el órgano legislativo estadal debe y tiene que existir, siendo esencial la previsión de su composición democrática. En las últimas décadas, las Asambleas Legislativas fueron el reducto del activismo partidista local, porque el sistema electoral para la elección de los Diputados fue diseñado para que los partidos fuesen los que tuviesen representación.

Esto debe cambiarse de raíz, y para hacer la democracia regional más representativa, los diputados a las Asambleas deben ser electos uninominalmente, en circunscripciones uninominales que deben preverse en el territorio de cada Estado, tantas como diputados vayan a elegirse. Así se lograría que las Asambleas sean entidades representativas de todos los confines territoriales de cada Estado, y que cada Diputado responda a los electores de la circunscripción donde se los eligió, que debe abarcar varios Municipios.

E. *Las nuevas relaciones intergubernamentales y la solución de conflictos entre los Poderes*

Una efectiva distribución del Poder Público entre el nivel nacional y el nivel estadal, impone nuevas formas de relaciones políticas, de carácter intergubernamental, fundamentadas en la autonomía política de las entidades territoriales cuyas autoridades, por supuesto, tienen que seguir siendo electas democráticamente.

Hay que actualizar, por tanto, el principio constitucional de que "los Estados son autónomos e iguales como entidades políticas" como lo dice el artículo 16 de la Constitución de 1961, lo que excluye cualquier tipo de tutela y control político del Poder Nacional sobre los Estados. Ello impide, por ejemplo, que puede facultarse a los órganos del Poder Público Nacional para "destituir" o suspender a los gobernantes estadales, sin perjuicio de que pueda regularse la "intervención federal" en las entidades federales en casos extremos que atenten contra la unidad nacional.

Las nuevas relaciones intergubernamentales, en todo caso, requieren de nuevos órganos del Poder, entre ellos, el Consejo Territorial o Federal de Gobierno que paralelamente al Consejo de Ministros, permita la coparticipación Poder Nacional-Poder Estadal en la conducción y diseño de las políticas públicas.

Además, el fortalecimiento de los poderes territoriales, sin duda, originará conflictos entre poderes, lo cual es natural y normal en una Federación o en cualquier esquema de descentralización política del Poder Público, que deben encontrar canales expeditos de solución. En los EE.UU., por ejemplo, ha sido la Corte Suprema, como juez constitucional, la institución que ha ido moldeando el Federalismo, y lo mismo ha correspondido, en la República Federal Alemana, al Tribunal Constitucional Federal, y al Tribunal Constitucional, en el Estado español de Autonomías.

En consecuencia, la institucionalización de una Sala Constitucional en la Corte Suprema de Justicia, es una pieza esencial del Nuevo Federalismo venezolano, para la solución expedita de los conflictos.

5. El nuevo Municipalismo

A. El Municipio como unidad política primaria

Como antes se señaló, la pieza esencial para hacer de la democracia un régimen más representativo y más participativo, es decir, una forma de vida cotidiana del ciudadano, es acercando el poder a las comunidades. Sólo se puede participar efectivamente en los asuntos públicos en una democracia, a nivel local, y ello se logra ubicado el gobierno local cerca del ciudadano. Para ello hay que reafirmar el concepto socio-político del Municipio como la unidad primaria y autónoma para el ejercicio de la democracia y la participación política.

B. La necesaria superación del uniformismo municipal

Para ello, como se dijo, resulta esencial la diferenciación organizativa del régimen municipal, de manera que las grandes concentraciones urbanas tengan un régimen adecuado con la vida urbana, pero que también se pueda organizar el régimen y gobierno local en los pequeños centros poblados y en las áreas rurales.

A veces se pasa por alto que nuestro país, territorialmente hablando, y a pesar de que el grueso de la población esté concentrada en centros urbanos, tiene una vocación rural, que ha sido totalmente olvidada por los legisladores desde Caracas.

Sólo diferenciando los regímenes de organización municipal, superando el nocivo y burocratizado uniformismo organizativo actual (diseñado para los grandes Municipios urbanos) es que se puede pensar en multiplicar el número de entidades locales municipales. De esta manera no tiene razón de ser la constitucionalización de las divisiones territoriales que puedan tener los Municipios, como las Parroquias.

C. La organización política del Municipio

Establecida la diferenciación de los diferentes regímenes para la organización, gobierno y administración de los Municipios, atendiendo a las condiciones de población, desarrollo económico, situación geográfica y otros factores de importancia, la separación orgánica de Poderes a nivel municipal no tiene que ser necesariamente generalizada.

En los grandes y medianos municipios, debe establecerse la separación orgánica entre el Poder Ejecutivo Municipal, atribuido al Alcalde, y el Poder Legislativo Municipal, atribuido al Concejo Municipal; pero dicha separación resulta totalmente inapropiada en pequeños Municipios que bien pueden ser gobernados por una Junta de 3 o 5 Miembros.

Por otra parte, sea que se trate de la elección de los Miembros de Concejos Municipales o de las referidas Juntas Municipales, es indispensable cambiar de raíz la forma de elección, para hacerlas más representativa de las comunidades que conformen el territorio municipal. Por ello, la elección, en este nivel local, también tiene que ser uninominal, en circunscripciones electorales uninominales, dividiéndose el territorio municipal en tantas circunscripciones como candidatos a elegir.

D. *La inserción del Municipio en el marco del proceso de descentralización política*

El Municipio, como entidad política primaria y autónoma dentro de la organización nacional, tiene que ser tratado como una pieza territorial más en el proceso de descentralización, a cuyo cargo esté la atención de los asuntos de la vida local.

Para ello, no sólo hay que reformular las competencias municipales, sino encuadrar el ejercicio de la potestad tributaria municipal dentro del esquema tributario de la Nación, para evitar el carácter confiscatorio que en algunos casos han resultado algunos impuestos municipales.

E. *Los instrumentos de participación política local*

La posibilidad efectiva de participación política no es sólo posible con la municipalización del país, multiplicando las autoridades locales con regímenes diferenciados, sino estableciendo mecanismos de participación cotidianas, como las consultas o audiencias públicas, las iniciativas populares y los referendos locales, los cuales deben ser una pieza esencial del Nuevo Municipalismo.

6. *La organización municipal de Caracas*

La capital de la República nunca ha sido objeto de un tratamiento organizativo cónsono con la capitalidad, excepto, quizás, cuando se organizó inicialmente, en 1863, el Distrito Federal.

Sin embargo, esa concepción ha quedado superada en el esquema del constitucionalismo contemporáneo, y en el caso concreto de Caracas, ha sido rebasada por la realidad urbana de la capital. Caracas, por tanto, como ciudad metropolitana no tiene un régimen municipal cónsono con las exigencias de una gran urbe, y ello, definitivamente, debe resolverse en la nueva Constitución.

Debe en consecuencia, crearse una nueva entidad político-territorial, el Distrito Capital, por ejemplo, con el territorio del Distrito Federal que debe entonces desaparecer, y el de los Municipios Sucre, Baruta, El Hatillo y Chacao del Estado Miranda, que deben ser desagregados del mismo. En dicho Distrito Capital debe entonces organizarse un gobierno municipal a dos niveles: un nivel Metropolitano con un Gobernador, y un Concejo Metropolitano; y un nivel municipal con los actuales y otros Municipios que deben resultar de la división del actual Municipio Libertador. El nivel metropolitano, por supuesto, debe mezclar competencias que corresponden a los Estados y que, además, puedan corresponder a los Municipios en otras áreas del país.

En todo caso, la clave en la organización de estos dos niveles de gobierno municipal en la Capital, por supuesto, está en la distribución de competencias en los dos niveles: los asuntos metropolitanos deben corresponder al nivel superior (como por ejemplo, el transporte urbano, el ordenamiento urbanístico, la policía municipal, la distribución de agua potable, la recolección de residuos sólidos, el suministro de electricidad) y los asuntos estrictamente locales al nivel inferior municipal (por ejemplo, circulación, el control urbanístico, la seguridad vecinal, el mantenimiento local).

7. La necesidad de conservar el Senado y el Régimen Bicameral del Congreso

El establecimiento de la forma de Estado Federal, con efectiva descentralización política, como sucede en todos los países desarrollados y descentralizados del mundo, exige la estructuración del órgano legislativo nacional con dos Cámaras, una de las cuales (normalmente, el Senado) sea el instrumento de participación política de las entidades territoriales en la definición de las políticas nacionales.

Por ello, estimamos que resulta necesario e indispensable, en la nueva Constitución y como consecuencia de la reafirmación de la forma federal del Estado, la conservación del Senado y del bicameralismo. Para ello, la forma de elección tanto de Diputados como de Senadores debe reflejar la representación territorial necesaria.

8 Conclusión

Los anteriores, en mi criterio, son los elementos fundamentales que deben guiar la definición de la forma federal del Estado venezolano en la nueva Constitución, basada en los principios de un Nuevo Federalismo y un Nuevo Municipalismo.

A tal efecto, en términos generales y sin perjuicio de la necesidad ineludible de introducirle agregados y correcciones para eliminar aspectos nocivos de orden centralizador que contiene, el conjunto de normas que se han incorporado en el documento presentado por el Presidente Hugo Chávez Frías a la Asamblea, denominado *Ideas Fundamentales para la Constitución Bolivariana de la V República*, podrían servir de base para la elaboración del nuevo Texto constitucional en la materia.

En tal sentido, por ejemplo, es esencial eliminar de dicho Proyecto de Constitución la atribución que se asigna al Presidente de la República para destituir a los Gobernadores de Estado; debe atribuirse a los Estados competencia en materia de ordenación del territorio y a los Municipios competencia en materia de Policía Municipal.

Por otra parte, debe reincorporarse al Proyecto una norma específica, equivalente al artículo 2 de la Constitución de 1961, que defina con claridad, en el Título Preliminar, la forma del Estado; y otra norma en el Título relativo al Poder Público que precise la distribución vertical del mismo, en Nacional, Estadal y Municipal, como lo hicieron todas las Constituciones anteriores, con excepción de la de 1961. También debe reincorporarse al Proyecto la figura del Situado Constitucional y la noción de autonomía de los Estados.

En cuanto al Consejo Federal de Gobierno debe concebirse como un instrumento de relaciones intergubernamentales y no como un mecanismo de imposición de decisiones nacionales en relación con los Estados, que puedan significar un limitación a su autonomía.

También debe incorporarse al Proyecto una norma similar a la del artículo 137 de la Constitución de 1961 relativa a la descentralización política, para que se asegure la continuación progresiva del proceso, sobre todo en materia de competencia concurrentes.

En cuanto al sistema de distribución de competencias entre los tres niveles territoriales de gobierno, debe enumerarse la materia de la potestad tributaria nacional (que seguramente, por involuntaria omisión, no aparece en el Proyecto), y debe reatribuirse a los Estados la competencia ya descentralizada relativa a la administración, explotación y mantenimiento de las autopistas.

Respecto de la elección de Gobernadores debe preverse la doble vuelta; y sobre la elección de los miembros del Consejo Estadal Legislativo, debe regularse la elección en circunscripciones uninominales.

En el ámbito Municipal debe retomarse la limitación prevista en el artículo 33 de la Constitución de 1961 para controlar racionalmente la posibilidad del endeudamiento municipal.

Por lo que se refiere a la condición ciudadana para ser electo a los cargos de los Poderes Públicos estadales y municipales, debe sólo exigirse la nacionalidad venezolana, sin distingo entre venezolanos por nacimiento y venezolanos por naturalización; y en cuanto a la revocación del mandato de dichos funcionarios mediante *Referéndum,* debe establecerse su posibilidad sólo después que haya transcurrido más de la mitad del período de Gobierno.

En todo caso, es de destacar, que dicho documento presentado por el Presidente Chávez a la Asamblea, recoge en buena parte, el contenido del documento denominado *Bases para la Constitución Ciudadana. Un nuevo proyecto de país para el II Milenio,* elaborado por los constituyentes Carlos Tablante y Ricardo Combellas para el Debate Constituyente. Asimismo, el documento mencionado recoge, en muchos aspectos y salvo los mencionados artículos que pueden considerarse como de tendencia centralista, las propuestas de reforma en materia de descentralización que se habían venido formulando desde hace varios lustros, tanto desde la Comisión Presidencial para la Reforma del Estado, como desde ámbitos académicos y profesionales.

Por ello, estimo que es un documento que podría servir de base para la redacción del Texto definitivo en esta materia.

***

En la sesión del 19 de octubre de 1999, en relación con el tema del federalismo tuve la siguiente intervención:

CONSTITUYENTE BREWER CARÍAS (ALLAN).- Ciudadano Presidente: En primer lugar, no existe un esquema único ideal de Federación, eso dejó de existir ya hace casi 200 años. Cada Federación es una peculiaridad y por tanto no tenemos que estar pensando en modelos cuando declaramos al Estado venezolano como un Estado Federal, forma que así sea en el papel nos ha acompañado durante toda nuestra historia.

Es conocida mi posición sobre el tema Federal y la descentralización, no voy a teorizar, lo que quiero es proponer complementar este artículo estando de acuerdo con los planteamientos formulados por los constituyentes Pablo Medina, Guillermo García Ponce y algunos otros que plantearon el tema de hacer referencia a no sólo la descentralización sino a los términos en que se establecen en la Constitución.

Mi propuesta formal es regresar a la redacción original de la Comisión de las Disposiciones Fundamentales, que fue considerada en la Comisión Constitucional, agregando después de la palabra "Federal" la siguiente frase: "La República de Venezuela es un Estado Federal, descentralizado, formado por las entidades políti-

cas que derivan de la distribución del Poder Público en los términos consagrados por esta Constitución y que se rige....".

De manera que ahí se hace referencia a la descentralización, se hace referencia a los términos de la Constitución y también al concepto de distribución del Poder Público, y esto se concilia con otros aspectos que están en el texto constitucional como ustedes pueden ver el artículo 145 que se refiere al Poder Público, y que comienza diciendo: "El Poder Público se distribuye entre el Poder Municipal, el de los Estados y Nacional...", es decir, el sistema Federal es un sistema de distribución del Poder Público en niveles territoriales, descentralizados y con una descentralización política no sólo administrativa.

Mi proposición concreta y formal es, por tanto, volver a la redacción original agregando la frase "...descentralizado, formado por las entidades políticas que derivan de la distribución del Poder Público en los términos consagrados por esta Constitución y que se rige...." después de la palabra "Federal".

Artículo 5. Soberanía del pueblo. Ejercicio

Artículo 5. La soberanía reside intransferiblemente en el pueblo, quien la ejerce directamente en la forma prevista en esta Constitución y en la ley, e indirectamente, mediante el sufragio, por los órganos que ejercen el Poder Público.

Los órganos del Estado emanan de la soberanía popular y a ella están sometidos.

Sobre esta norma véase lo que se indica en las páginas 534 y 645 de este libro.

En la sesión del día 19 de octubre de 1999, sobre este artículo tuve la siguiente intervención:

CONSTITUYENTE BREWER CARÍAS (ALAN).- Ciudadano Presidente: Las intervenciones de los constituyentes Rodolfo Sanz, William Lara y Pedro Ortega Díaz, ponen en evidencia que el texto está mal redactado. Ese texto no es el que aprobó la Comisión de Disposiciones Fundamentales de la Soberanía y de los Espacios Territoriales, ni el que se aprobó en la Comisión Constitucional. Eso se modificó en estos últimos días y por supuesto es totalmente incoherente.

Les propongo que se vuelva a la redacción del proyecto que salió de la Comisión de Disposiciones Fundamentales de la Soberanía y de los Espacios Territoriales y de la Comisión Constitucional, que discutió todos esos textos que se han hecho referencia y que terminó por acoger la redacción que está en el documento que presentaron los constituyente Ricardo Combellas y Carlos Tablante en este sentido: "La soberanía reside en el pueblo, quien la ejerce directamente en la forma prevista en la Constitución y las leyes e indirectamente mediante el sufragio por los órganos que ejercen el Poder Público", que tiene, por tanto, toda la coherencia que se ha planteado de estas discusiones.

El error es que viene una redacción que lamentablemente nadie sabe de dónde salió.

En el debate se formularon proposiciones, entre ellas las de los constituyentes Carlos Tablante y Alan Brewer Carías:

"La soberanía reside en el pueblo quien la ejerce directamente en la forma prevista en la Constitución y en las leyes e indirectamente mediante el sufragio por los órganos que ejercen el Poder Público".

En el debate expresé además lo siguiente:

CONSTITUYENTE BREWER CARÍAS (ALAN).- Ciudadano Presidente, colegas Constituyentes: Que a la proposición, se le agregue la palabra "intransferiblemente" y la última parte que dice: "Los órganos del Estado emanan de la soberanía popular y a ella están sometidos", queda, porque esa no se ha tocado y sólo estábamos modificando la primera parte.

Artículo 6. Gobierno democrático

Artículo 6. El gobierno de la República Bolivariana de Venezuela y de las entidades políticas que la componen es y será siempre democrático, participativo, electivo, descentralizado, alternativo, responsable, pluralista y de mandatos revocables.

Sobre esta norma véase lo que se indica en las páginas 506 y 646 de este libro.

Sobre el principio representativo formulé la siguiente propuesta de regulación del mismo:

PROPUESTA SOBRE LA REGULACIÓN DEL PRINCIPIO DEMOCRÁTICO REPRESENTATIVO Y PARTICIPATIVO

Texto de la Comunicación enviada a los presidentes de la Comisión Constitucional y de la Comisión de Régimen Político el 07-09-1999.

Tengo el agrado de dirigirme a Uds., con el objeto de hacerles llegar mis observaciones en torno a la redacción que debería tener la norma del nuevo Texto Constitucional que regule la *soberanía popular y su ejercicio,* en sustitución del artículo 4º de la Constitución de 1961.

En efecto, el artículo 4º de la Constitución de 1961 establece lo siguiente:

"*Art. 4º* La soberanía reside en el pueblo, quien la ejerce, mediante el sufragio, por los órganos del Poder Público".

En el documento *Ideas fundamentales para la Constitución Bolivariana de la V República* presentado por el Presidente de la República a la consideración de la Asamblea Nacional Constituyente, el artículo equivalente a dicha norma está redactado así:

"*Art._* La Soberanía reside intransferiblemente en el pueblo, quien la ejerce directamente de la manera cómo lo establece esta Constitución e indirectamente mediante los órganos del Poder Público".

Es de destacar que en esta propuesta no se hace referencia al sufragio, como principio de la democracia representativa, para la conformación de los órganos del

Poder Público mediante los cuales, indirectamente, el pueblo puede ejercer la soberanía.

Por otra parte, en el documento de trabajo para el Proyecto de articulado formulado para el Título I de la Constitución por esa *Comisión Constitucional,* el equivalente del artículo 4 de la Constitución de 1961 se redactó así:

> *Art. 4:* La soberanía reside en el pueblo, quien la ejerce en forma de democracia directa o por medio de representantes en los términos que esta Constitución establece
>
> *Art. 5:* Los órganos del Poder Público emanan de la soberanía popular y están directamente sometidos a ella con fundamento en el principio de legalidad".

En esta redacción, sin embargo, tampoco se hace mención al sufragio, como forma de designación de los representantes, lo que constituye la esencia de la democracia representativa, y en cambio, la democracia se reduce conceptualmente a la democracia directa.

Ahora bien, el principio básico y fundamental del republicanismo, sin duda, es el que se encuentra en el artículo 4° de la Constitución de 1961, que consagra el principio democrático basado en la representación.

Sin duda, el mismo debe ser reformulado en la Nueva Constitución, pero no para eliminar o sustituir la democracia representativa por la democracia directa, lo cual es imposible en las sociedades democráticas modernas, sino para incorporar a la democracia representativa, precisamente, elementos de democracia participativa.

1. *El principio de la democracia representativa en nuestra historia republicana*

La democracia representativa, sin duda, es uno de "los valores y principios de nuestra historia republicana" que la Asamblea Nacional Constituyente debe respetar, como límite que le fue impuesto en la *Base octava de la Segunda pregunta del Referéndum* del 25 de abril de 1999.

El artículo 4° de la Constitución de 1961, que la consagra, tiene su antecedente inicial en los artículos 1° a 4° del Título I "Soberanía del Pueblo" de la *Declaración de los Derechos del Pueblo* adoptada por el Supremo Congreso de Venezuela, el 1° de julio de 1811, es decir, 4 días antes de la declaración de Independencia, con el siguiente texto:

> "*Art. 1°* La soberanía reside en el pueblo; y, el ejercicio de ella en los ciudadanos con derecho a sufragio, por medio de sus apoderados legalmente constituidos".
>
> "*Art. 2°* La soberanía es, por su naturaleza y esencia, imprescriptible, inenajenable e indivisible".
>
> "*Art. 3°* Una parte de los ciudadanos con derecho a sufragio, no podrá ejercer la soberanía. Todos deben concurrir con su voto a la formación del Cuerpo que la ha de representar, porque todos tienen derecho a expresar su voluntad con entera libertad, único principio que hace legítima y legal la Constitución de su gobierno".
>
> "*Art. 4°* Todo individuo, corporación o ciudad que usurpe la soberanía, incurrirá en el delito de lesa Nación".

Posteriormente, a partir de la Constitución de 1811 el principio de la soberanía y la democracia representativa, se consagra en todas las Constituciones del país. En efecto, en la *Constitución de 1811,* en sus artículos 143 a 145 en la Sección "Soberanía del Pueblo" del Capítulo, relativo a los "Derechos del Hombre" se recogieron los mismos principios así:

"*Art. 143.* Una sociedad de hombres reunidos bajo unas mismas leyes, costumbres y Gobierno forma una soberanía.

Art. 144. La soberanía de un país, o supremo poder de reglar o dirigir equitativamente los intereses de la comunidad, reside, pues, esencial y originalmente en la masa general de sus habitantes y se ejercita por medio de apoderados o representantes de éstos, nombrados y establecidos conforme a la Constitución.

Con esta norma se inicia el Estado venezolano y la organización republicana de la sociedad, y de ella deriva la esencia de la democracia representativa: la soberanía reside en la masa general de los habitantes, en el pueblo, pero esa masa general o pueblo sólo puede actuar a través de sus representantes, que sólo pueden ser nombrados y establecidos conforme a la Constitución. Es decir, la organización republicana por la que optaron los fundadores del Estado Venezolano, fue la de una democracia representativa, de manera que el pueblo o la masa general de los habitantes de este territorio solo puede manifestar su soberanía a través de los representantes previstos y regulados en la Constitución. Precisamente por ello, el artículo 145 de la *Constitución de 1811* completaba el régimen del ejercicio de la soberanía del pueblo, precisando lo siguiente:

"*Art. 145.* Ningún individuo, ninguna familia, ninguna porción o reunión de ciudadanos, ninguna corporación particular, ningún pueblo, ciudad o partido puede atribuirse la soberanía de la sociedad, que es imprescindible, inenajenable e indivisible en su esencia y origen, ni persona alguna podrá ejercer cualquier función pública del gobierno si no la ha obtenido por la Constitución".

La *Constitución de Angostura de 1819* recogió los mismos principios y en el Título 5° sobre "Del Soberano y del Ejercicio de la Soberanía", así

"*Art. 1°* La soberanía de la nación reside en la universidad de los ciudadanos. Es imprescriptible e inseparable del pueblo

Art. 2° El pueblo de Venezuela no puede ejercer por sí otras atribuciones de la soberanía que la de las elecciones ni puede depositarla toda en unas solas manos. El poder soberano estará dividido para su ejercicio en legislativo, ejecutivo y judicial".

En este texto de 1819, en consecuencia, encontramos la misma precisión de la democracia representativa como sistema político, en el sentido de que el pueblo sólo puede ejercer su soberanía mediante representantes electos; agregándose otro principio esencial de nuestro constitucionalismo, que es el de la separación de poderes, en el sentido de que no se puede depositar la soberanía en unas solas manos, estando necesariamente dividido el poder soberano en tres órganos del Poder Público. Esto implica un rechazo constitucional a toda figura de una Asamblea que asuma la totalidad del Poder soberano y que no respete el principio de la separación orgánica del mismo, como garantía de la libertad.

Luego del interregno de la República de Colombia, al reconstituirse el Estado venezolano como Estado independiente y autónomo en la *Constitución de 1830,* se recogió el mismo principio antes señalado, así:

"Art. 3. La soberanía reside esencialmente en la nación y no puede ejercerse sino por los poderes políticos que establece esta Constitución.

Art. 7. El pueblo no ejercerá por si mismo otras atribuciones de la soberanía que la de las elecciones primarias ni depositará el ejercicio de ella en una sola persona.

Art. 8. El Poder Supremo se dividirá para su administración en Legislativo, Ejecutivo y Judicial. Cada Poder ejercerá las atribuciones que le señala esta Constitución, sin excederse de sus límites respectivos".

En esta forma, de nuevo, quedó precisado con absoluta claridad el principio democrático de la representatividad, en el sentido de que si bien la soberanía reside esencialmente en el pueblo, éste no puede ejercerla sino por los poderes políticos que establece la propia Constitución mediante elecciones

El texto de la Constitución de 1830, siguió el espíritu de la Constitución de la República de Colombia de 1821 y el de los textos de 1811 y 1819. En efecto, la *Constitución de la República de Colombia de 1821* dispuso, lo siguiente:

"Art. 2. La soberanía reside esencialmente en la Nación. Los magistrados y oficiales del gobierno, investidos de cualquier especie de autoridad, son sus agentes o comisarios y responsables a ella de su conducta pública".

Art. 10. El pueblo no ejercerá por sí mismo otras atribuciones de la soberanía que la de las elecciones primarias; ni depositará el ejercicio de ella en unas solas manos. El Poder Supremo estará dividido para su administración en legislativo, ejecutivo y judicial".

Es decir, en todos estos textos constitucionales de 1811, 1819, 1821 y 1830, el principio de que la soberanía reside en el pueblo estaba consagrado conforme al principio de la democracia representativa, en el sentido de que el pueblo no puede ejercer la soberanía sino mediante elecciones y a través de los poderes públicos establecidos en la propia Constitución.

En consecuencia, el pueblo sólo puede actuar conforme a la Constitución, para elegir sus representantes, como titulares de órganos del poder supremo separados en Legislativo, Ejecutivo y Judicial con lo cual, además del principio constitucional de la representatividad, siempre se consagró el de la separación orgánica de poderes, y la proscripción de que el pueblo pueda llegar a depositar el ejercicio de la soberanía en una sola persona o institución.

En la *Constitución de 1857* se siguió la misma tradición constitucional, al establecerse que:

"Art. 2. La soberanía reside en la Nación y los Poderes que establece esta Constitución son delegaciones de aquella para asegurar el orden, la libertad y todos los derechos."

A tal efecto, el artículo 6 precisó que:

"*Art. 6.* El Poder Público se divide para su administración en Legislativo, Ejecutivo, Judicial y Municipal. Cada uno de estos poderes ejercerá las atribuciones que le señalan la Constitución y las leyes, sin excederse de sus límites".

En la *Constitución de 1858,* los anteriores principios se recogieron en diversas normas así:

"*Art. 2.* La soberanía reside esencialmente en la Nación.

Art .7. El gobierno de Venezuela es y será siempre republicano, popular, representativo, responsable y alternativo.

Art. 8. El pueblo ejerce la soberanía directamente en las elecciones e indirectamente por los poderes públicos que establece esta Constitución.

Art. 9. El poder público se divide en Nacional y Municipal".

Estas disposiciones desaparecieron del texto constitucional a partir de la Constitución de 1864 y durante todo el período histórico correspondiente al Estado Federal (1864-1901), organizado como Estados Unidos de Venezuela, precisándose, sin embargo, el principio de que el gobierno de los Estados de la Federación debía organizarse conforme a los principios de gobierno popular, electivo, federal, representativo, alternativo y responsable. Así sucedió con los textos constitucionales de 1874, 1881, 1891 y 1893.

Los principios relativos a la soberanía del pueblo y su ejercicio, sin embargo, se retomaron en la historia constitucional a partir de la Constitución de 1901, que reformó sustancialmente el sistema político y la forma federal del Estado, con la cual se dio inicio al período histórico del Estado centralizado autocrático (1901-1945).

En efecto, en la *Constitución de 1901* se establecieron las siguientes normas:

"*Art. 21.* La soberanía reside esencialmente en el pueblo, quien la ejerce por medio de los Poderes Públicos para garantía de la libertad y del orden.

Art. 22. El pueblo no gobierna sino por medio de sus mandatarios o autoridades establecidas por la Constitución y las leyes.

Art. 26. El gobierno de la Unión es y será siempre republicano, democrático, electivo, federal, representativo, alternativo y responsable.

Art. 27. El ejercicio de la soberanía se confiere por el voto de los ciudadanos o de las corporaciones que tienen la facultad de elegir los Poderes Públicos, al tenor de esta Constitución, sin que sea potestativo a ninguno de estos Poderes arrogarse la plenitud de la soberanía.

Art. 29. El Poder Público se distribuye entre el Poder Federal y el Poder de los Estados, en los límites establecidos en esta Constitución".

De estas normas resulta el restablecimiento expreso de los principios centrales del constitucionalismo del primero de los períodos histórico políticos de la República, que derivan del sistema democrático representativo y del ejercicio de la soberanía por el pueblo exclusivamente mediante la elección de representantes que integran los órganos del Poder Público, que debe estar separado para garantizar la libertad y el orden, y con la proscripción a cualquiera de los Poderes de arrogarse la plenitud de la soberanía.

En términos generales, estos principios que se restablecieron en el texto constitucional de 1901, se repitieron con sólo variaciones de forma, en las *Constituciones de 1904, 1909, 1914, 1922, 1925, 1928, 1929 y 1931.* En la *Constitución de 1936* se varió la redacción de la norma central antes indicada, señalándose lo siguiente:

"*Art. 40.* La soberanía reside en el pueblo, quien la ejerce por medio de los Poderes Públicos. Toda fuerza o reunión armada de personas que se atribuya los derechos del pueblo y peticione así, comete delito de sedición o rebeldía contra los Poderes Públicos y serán castigados conforme a las leyes".

Este artículo se repitió en la *Constitución de 1945,* con la cual concluyó el período histórico constitucional del Estado autocrático centralizado.

Un nuevo cambio político se produjo a partir de la Revolución de Octubre de 1945 y de la *Constitución de 1947,* la cual, sobre la materia, sentó los principios que hoy nos rigen en el mismo sentido que los precedentes. Así, en el texto de 1947 se dispuso lo siguiente:

"*Art. 79.* La soberanía reside en el pueblo, quien la ejerce mediante el sufragio y por órgano de los Poderes Públicos."

Esta norma tuvo idéntica redacción en la *Constitución de 1953* (art. 38) con la variante de que en lugar de decir en la frase final "por órgano de los Poderes Públicos" dice "por órgano del Poder Público", el cual, el artículo 40 de dicho texto, "distribuyó entre el Poder Municipal, el de los Estados y el Nacional". En todo caso, es la misma norma que está en el artículo 4° de la Constitución vigente, con la variante de que la última frase reza "por los órganos del Poder Público".

En consecuencia, el artículo 4° de la *Constitución de 1961,* como lo dice la Exposición de Motivos, es el principio básico del sistema democrático adoptado en toda nuestra historia republicana, que es la democracia representativa, la cual exige que la soberanía, que sin duda reside en el pueblo, sólo puede ejercerse mediante el sufragio, es decir, el derecho a votar y a ser electo que regulan los artículos 110 a 112, y por los órganos del Poder Público que de acuerdo a la Constitución son los órganos del Poder Nacional (que se regulan en los artículos 138 y siguientes); del Poder de los Estados (Poder Estadal) que se regulan en los artículos 19 y siguientes; y del Poder Municipal, que se regula en el artículo 26 del Texto Fundamental y en la Ley Orgánica de Régimen Municipal. (Sobre lo anterior, Véase Allan R. Brewer-Carías, *Asamblea Constituyente y Ordenamiento Constitucional,* Caracas 1999, págs. 184-190).

De la trayectoria histórica de la regulación de la democracia representativa en Venezuela, resulta por tanto que la médula de dicho principio, desde el propio nacimiento de la República en 1811, es que la soberanía reside en el pueblo quien la ejerce mediante el sufragio por órgano de representantes electos. Es decir, *republicanismo, democracia representativa* y *elecciones libres* son los principios esenciales de nuestra historia republicana que debe respetar la Asamblea Nacional Constituyente en la conformación del nuevo pacto político que debe formularse, en una Constituyente electa en democracia para, precisamente, perfeccionar la democracia. Sería un fraude constitucional que hayamos elegido una Asamblea Constituyente en democracia, que buscara o propugnara acabar con la democracia y con los principios del republicanismo representativo, y establecer cualquier sistema de gobierno autoritario o autocrático.

Por tanto, el principio fundamental que limita las labores de la Asamblea Nacional Constituyente es el de la democracia representativa, es decir, que la soberanía popular tiene que ejercerse, mediante elecciones, por representantes del pueblo.

Ello implica que nadie, pero nadie, puede atribuirse la representación del pueblo y que, además, el mismo pueblo no puede ejercer directamente la soberanía, sino a través de representantes, o mediante los mecanismos de democracia directa que se regulen.

El principio del gobierno republicano de democracia representativa, en consecuencia, tiene que ser respetado y resguardado por la Asamblea Nacional Constituyente, por ser un imperativo derivado de la voluntad popular manifestada en el *Referéndum Consultivo* del 25 de abril de 1999. Se consultó al pueblo sobre las bases para la elección de la Asamblea Nacional Constituyente y el pueblo, en ejercicio de su derecho de participación, decidió como Poder Constituyente Originario que la Asamblea tiene como límite los principios y valores de nuestra historia republicana, es decir, entre otros, el de que la soberanía popular se ejerce mediante la elección de representantes del pueblo.

Pretender sustituir el principio republicano de democracia representativa por una supuesta democracia directa, podría significar, en definitiva, centralizar y concentrar el poder, autocráticamente, lo cual sería esencialmente antidemocrático.

La democracia, ciertamente, tiene que ser más participativa y más representativa, lo cual exige entre otros factores distribuir territorialmente, pero efectivamente, el Poder, de manera que esté cerca de los ciudadanos. Pero en todo caso, ese poder en el cual debe participarse, sólo puede ejercerse mediante representación, por funcionarios electos. (Sobre lo anterior véase Allan R. Brewer-Carías, *Poder Constituyente Originario y Asamblea Nacional Constituyente,* Caracas 1991, págs. 287-288).

2. *La necesidad de perfeccionar la democracia y hacerla más participativa*

En todo caso, del análisis de nuestra historia republicana resulta que el primer y más importante tema de la Agenda Constituyente, es el del régimen político democrático, que exige su perfeccionamiento para hacerlo más representativo y más participativo.

La democracia comenzó efectivamente en la historia del constitucionalismo moderno, con motivo de las Revoluciones Norteamericana (1776) y Francesa (1789), cuando la soberanía, como supremo poder de decisión en una sociedad determinada, pasó de ser el poder de un Monarca absoluto, sin límites, de la cual era titular por la gracia de Dios, y comenzó a ser el poder del pueblo, ejercido mediante representantes. Por ello, durante más de 200 años, el constitucionalismo moderno ha estado signado por el principio de la democracia representativa, es decir, que residiendo la soberanía en el pueblo, éste la ejerce mediante representantes electos.

En efecto, si el pueblo es el titular de la soberanía, en democracia éste sólo puede ejercerla directamente o a través de representantes; de allí la distinción que usualmente se hace entre democracia directa y democracia representativa.

La primera, la democracia directa, en la cual el pueblo supuestamente ejercería directamente su poder en Asambleas, sin intermediación de representantes, es imposible en sociedades complejas. También, incluso, en los propios ejemplos históricos que nos han llegado respecto de su existencia, en las ciudades griegas, por ejemplo, confirman su imposibilidad, pues incluso en dichas Ciudades-Estado, el gobierno se ejercía mediante representantes, que eran Magistrados quienes aún cuando no eran electos, si eran designados *por sorteo* en las Asambleas. Por tanto, la democracia directa ni ha existido ni puede existir en el mundo contemporáneo, y es un engaño pretender formularla como solución alternativa frente a la democracia representativa, la cual, lejos de desaparecer lo que debemos hacer es corregirla.

En efecto, la democracia representativa, en la cual el pueblo ejerce el gobierno indirectamente a través de representantes que elige con toda libertad e igualdad, es la única forma posible de operatividad de la democracia, como gobierno del pueblo. Sus defectos, vicios, problemas o deformaciones, lo que tienen que provocar es lograr su perfeccionamiento y transformación para hacerla más representativa del pueblo y para permitir que este pueda participar más y efectivamente en los asuntos públicos. Pretender sustituirla por una supuesta democracia directa, simplemente es un engaño, una ilusión; lo que tenemos es que hacerla más representativa, y no sólo representativa de los partidos políticos como la hemos conocido en las últimas décadas.

No olvidemos que la democracia representativa que se ha desarrollado en nuestro país en los últimos años, por el sistema político de *Estado Centralizado de Partidos* que se estableció a partir de 1958, ha sido una democracia de exclusiva representación de partidos, es decir, una Partidocracia o democracia de partidos y no del pueblo, en la cual sólo los partidos políticos participaban. Conforme a ese sistema, los partidos políticos asumieron el total monopolio de la representatividad y de la participación, confiscando la representación y participación populares.

Es ese sistema el que está en crisis, no la democracia en sí misma, la cual tenemos que perfeccionar, haciéndola precisamente más representativa y más participativa.

Una democracia más representativa implica organizar el poder de manera que estando más cerca de los ciudadanos, éstos directamente o a través de sociedades intermedias, y no sólo de los partidos políticos, puedan encontrar representación en los cuerpos representativos. Para ello tiene que diseñarse un nuevo sistema electoral, más uninominal y personalizado, pues el sistema de representación proporcional de las minorías que durante tantas décadas hemos aplicado en el país, sólo conduce a la exclusiva representatividad de los partidos políticos.

Por otra parte, igualmente, más participación en democracia, sólo es posible acercando el poder al ciudadano, es decir, distribuyendo el Poder Público en el territorio, de manera que en cada comunidad y localidad territorial exista una forma de gobierno, en la cual se pueda participar políticamente.

En definitiva, no se trata de sustituir la democracia representativa por una supuesta e ilusoria democracia directa, que es de imposible existencia, sino de sustituir el sistema político de *Estado Centralizado de Partidos* por un sistema de *Estado Descentralizado y Participativo*. En el primero, por el centralismo del poder, sólo los partidos políticos han obtenido representación y sólo a través de ellos es que se ha podido participar; al contrario, en un sistema político de *Estado Descentralizado y Participativo,* los partidos políticos centralizados pierden el monopolio de la representación, abriéndose nuevos canales de participación.

Incluso, la descentralización del Poder debe conducir a la descentralización de los propios partidos políticos y la erosión del principio organizativo del centralismo democrático, tan nocivo para la propia democracia.

Por supuesto, una democracia más participativa y más representativa como la que se puede lograr con un *Estado Descentralizado y Participativo,* podría tener el rechazo de los partidos políticos, tanto tradicionales como de los nuevos que siguen la misma forma organizativa interna, y que se resisten a perder poder o a renunciar a monopolizarlo.

En todo caso, cuando se habla de democracia participativa o de democracia directa, por supuesto que no se está planteando ni puede plantearse la sustitución o reemplazo total del régimen representativo por un sistema de gobierno donde todas las decisiones sean tomadas directamente por los ciudadanos, sin que exista ningún tipo de representantes electos, lo cual simplemente es imposible.

Un Estado no puede funcionar con base en decisiones adoptadas en Asambleas públicas y populares, o mediante *referendos.* Todos los instrumentos propios de la democracia participativa, por tanto, constituyen, en realidad, un complemento de los gobiernos representativos o indirectos que caracterizan las democracias modernas.

En consecuencia, todas las propuestas relativas a la democracia participativa o directa, son mecanismos de perfeccionamiento de la democracia representativa, que no se sustituye, mediante la introducción de instrumentos de mayor control del pueblo sobre las decisiones políticas.

Entre los instrumentos de democracia participativa se destacan, en *primer lugar,* las iniciativas populares, planteadas directamente con el respaldo de un número determinado de electores, o mediante un *Referéndum Consultivo* y que en todo caso originan iniciativas políticas adoptadas desde fuera de la clase política.

En *segundo lugar,* se destacan los *referendos autorizatorios o aprobatorios,* que sujetan a la voluntad popular la adopción por el gobierno o el Congreso de una decisión política de importancia, incluyendo la promulgación de leyes. También se destacan los *referendos revocatorios,* que permiten al pueblo tomar una decisión contraria a la adoptada por uno de los órganos del Estado o de terminación del mandato de los titulares de dichos órganos.

Con todos estos instrumentos de participación política o de democracia directa, se perfecciona el régimen democrático pues se permite al pueblo reaccionar directamente contra o en relación a las decisiones políticas que adopten los representantes, incluso con resultados contrarios a las mismas, dado que estos con frecuencia tienen intereses, incluso partidistas, distintos a los de los ciudadanos. Los *referendos* son así mecanismos de control directo de los ciudadanos en relación a sus representantes políticos.

La previsión de los *referendos,* por ello, perfecciona la democracia pues la hacen más viva y participativa, dada la discusión que en general se desarrolla sobre los temas sometidos a consulta. El ciudadano, con ellos, comienza a sentir que participa y que su voto cuenta.

Pero para que los *referendos* puedan efectivamente servir de instrumentos para perfeccionar la democracia, el Poder Público tiene que estar efectivamente descentralizado. No es por azar que en los países donde estos mecanismos de democracia directa se han desarrollado mayormente, están organizados políticamente como Estados Federales. Es el caso de Suiza, donde los *referendos* tienen la mayor tradición en el mundo moderno, desarrollándose tanto a nivel cantonal como a nivel nacional, en relación a decisiones de la exclusiva competencia de ambos niveles territoriales de gobierno. En los Estados Unidos de Norteamérica, los *referendos* son bastante comunes en aproximadamente la mitad de los Estados de la Unión, sobre asuntos de la competencia de los mismos, no existiendo, sin embargo, la figura a nivel nacional.

En todo caso, la iniciativa popular y los referendos, para que sean efectivos mecanismos para hacer de la democracia un régimen más Participativo, exigen un sistema de distribución territorial o vertical del Poder Público, con autonomías político-territoriales y competencias propias sobre las cuales se pueda consultar a la ciudadanía.

Pero la sola previsión de *referendos* para la toma de decisiones nacionales no hace de la democracia la forma de vida que queremos, que permita la participación directa y efectiva del ciudadano en la toma de decisiones políticas. Ello, en verdad, sólo puede dar frutos a nivel local (Municipal) o a nivel de los Estados en una Federación como la nuestra. Incluso a nivel local, si se distribuye efectivamente el Poder Público y se lo acerca al ciudadano con un *Nuevo Municipalismo,* los propios Cabildos Abiertos serían instrumentos efectivos para la participación ciudadana en la toma de ciertas decisiones locales.

En todo caso, en la nueva Constitución debe consagrarse el derecho ciudadano a la participación en los asuntos públicos, tanto directamente como por medio de representantes electos, regulándose expresamente así, a la democracia, como participativa y representativa. (Sobre lo anterior, véase Allan R. Brewer-Carías, *Poder Constituyente Originario y Asamblea Nacional Constituyente,* Caracas 1999, págs. 284 a 286 y 294 a 296).

3. *Propuesta para la regulación del principio democrático, representativo y participativo para el ejercicio de la soberanía popular*

De todo lo anteriormente expuesto, resulta indispensable regular en la Nueva Constitución, equilibradamente, la democracia representativa con la democracia participativa, sustituyendo el actual artículo 4º de la Constitución por una norma que podría tener el siguiente texto:

"*Art.__* La soberanía reside en el pueblo, quien la ejerce directamente en la forma prevista en la Constitución y en las leyes, e indirectamente mediante el sufragio por los órganos del Poder Público".

Esta redacción es la propuesta en el documento *Bases para la Constitución Ciudadana. Un nuevo proyecto de país el III milenio* elaborado por los Constituyentes Carlos Tablante y Ricardo Combellas (pág. 3).

En su redacción, se aproxima este texto el contenido en el artículo 4º del *Proyecto de Constitución* presentado a la Asamblea por el *Polo Patriótico,* aún cuando este es mucho más restrictivo al reducir los mecanismos de democracia directa al *Referéndum,* que es sólo una de sus modalidades, y que tiene la siguiente redacción

"*Art. 4º* La soberanía radica exclusivamente en el pueblo, quien la ejerce mediante el sufragio y por *Referéndum* en sus distintas modalidades".

Con la esperanza de que las anteriores consideraciones sean de utilidad para el trabajo de las Comisiones que Uds. presiden, me suscribo de Uds., con el ruego de que hagan llegar a los miembros de sus Comisiones copia del presente documento.

***

Aparte, sobre la norma del artículo 6, en la sesión del 12 de noviembre de 1999, en la segunda discusión, insistí en la necesidad de que se mantuviera el calificativo de "representativo" al definir al gobierno de la República como democrático, ya que la representación es de la esencia de la democracia. Sobre el tema expuse lo siguiente:

CONSTITUYENTE BREWER CARIAS (ALLAN).-Presidente, es para ser congruente con el principio que se establece en al artículo 5º de la forma en que se ejerce la soberanía directamente dice: "y además indirectamente mediante el sufragio, esto es gobierno representativo". De manera que creo que no debemos eliminar esta palabra de la enumeración que trae el artículo 6º. Realmente se usa la palabra "electivo" pero el término correcto es "representativo", en lugar de "electivo", y es la propuesta que estoy formulando.

En todo caso, sobre dicha norma consigné, con fecha 12 de Noviembre de 1999, el siguiente *Voto Salvado.*

Salvo mi voto por no haberse empleado el calificativo de "representativo" respecto al gobierno democrático de la República. De la esencia de la democracia es la representación, como se declara en el artículo 5º. Por ello, no tiene sentido el haberse omitido la mención respecto del carácter representativo que debe tener el gobierno de la República.

Artículo 7. Supremacía constitucional

Artículo 7. La Constitución es la norma suprema y el fundamento del ordenamiento jurídico. Todas las personas y los órganos que ejercen el Poder Público están sujetos a esta Constitución.

Sobre esta norma véase lo que se indica en las páginas 506 y 1024 de este libro.

Artículo 8. Símbolos patrios

Artículo 8. La bandera nacional con los colores amarillo, azul y rojo; el himno nacional *Gloria al bravo pueblo* y el escudo de armas de la República son los símbolos de la patria.

La ley regulará sus características, significados y usos.

Sobre esta norma véase lo que se indica en las páginas 507 y 532 de este libro.

Artículo 9. Idioma oficial. Idiomas indígenas

Artículo 9. El idioma oficial es el castellano. Los idiomas indígenas también son de uso oficial para los pueblos indígenas y deben ser respetados en todo el territorio de la República, por constituir patrimonio cultural de la Nación y de la humanidad.

Sobre esta norma véase lo que se indica en las páginas 507 y 532 de este libro.

Sobre el tema de los idiomas indígenas, en la sesión del 12 de noviembre de 1999, segunda discusión, he hice la siguiente exposición:

CONSTITUYENTE BREWER CARIAS (ALLAN).-Presidente, es en relación a la segunda parte del artículo. Por mi parte no soy especialista en idiomas, pero pienso que el idioma oficial es el castellano y no el español, sobre todo cuando la Constitución española habla de lenguas españolas aquellas de las comunidades autónomas, por tanto, el gallego y el vasco son lenguas españolas y creo que no tenemos porque meternos en ese problema al prever nuestra Constitución.

Me refiero al segundo aparte, en el sentido que los idiomas indígenas dicen "Son de uso oficial para los pueblos". Pienso que ahí debe decir "también son de uso oficial" porque el idioma oficial es el castellano. La propuesta que he formulado es reformular el segundo párrafo al establecer: "Los idiomas indígenas también son de uso oficial para los pueblos indígenas y deben ser respetados en todo el territorio de la República", no en el "ámbito de la República", "el territorio de la República por constituir patrimonio cultural", hay que calificar, "de la Nación y de la humanidad".

En el debate, además, hice la siguiente propuesta

CONSTITUYENTE ALLAN BREWER:

Los idiomas indígenas también son de uso oficial para los pueblos indígenas y deben ser respetados en todo el territorio de la República por constituir patrimonio cultural de la Nación y de la humanidad.

SECCIÓN TERCERA: TÍTULO II. DEL ESPACIO GEOGRÁFICO Y DE LA DIVISIÓN POLÍTICA (ARTÍCULOS 10 A 19)

Sobre este Título II relativo al territorio y demás espacios geográficos, durante la elaboración del proyecto de Constitución, presenté el siguiente documento dirigido a la Comisión Constitucional sobre "El territorio de la República y la soberanía" de fecha 3 de octubre de 1999.

EL TERRITORIO DE LA REPÚBLICA Y LA SOBERANÍA

Texto de la Comunicación dirigida al Presidente y demás miembros de la Comisión Constitucional en la sesión del 03-10-1999

Tengo el agrado de dirigirme a Uds., con el objeto de referirme al Proyecto del articulado del Título I sobre *la República, su Espacio Geográfico y su División Política* presentado por la *Comisión de las Disposiciones Fundamentales, de la Soberanía y de los Espacios Territoriales* a la Comisión Constitucional; y que someto a Uds. como complemento de mi comunicación del 29-9-99 referida al Proyecto elaborado en la propia Comisión Constitucional sobre las mismas Disposiciones Fundamentales.

El Proyecto de la *Comisión de las Disposiciones Fundamentales* ha integrado el Proyecto del Capítulo I con seis normas que, en resumen, tratan de lo siguiente:

1. La independencia y valores y fines del Estado
2. El Estado social de Derecho y la democracia
3. La soberanía
4. La Educación y Trabajo
5. Los símbolos de la patria
6. El idioma oficial.

1. *La independencia y los valores y fines del Estado*

El primer artículo del Proyecto de la Comisión establece lo siguiente:

"Artículo 1 Venezuela, inspirada en el pensamiento y la acción del Libertador Simón Bolívar, es para siempre una República libre, soberana e independiente de toda dominación, protección o intromisión extranjera, basada en la dignidad de la persona humana, los valores nacionales, la probidad administrativa, el ejercicio democrático de la voluntad popular y la construcción de una sociedad justa y amante de la paz.

Este texto, como se puede apreciar de su lectura, hace referencia a tres conceptos fundamentales que estimo, deberían regularse separadamente: en primer lugar, está la reafirmación de la independencia; en segundo lugar, la enunciación de ciertos valores fundamentales de la Nación, y en tercer lugar, la enunciación de los fines del Estado.

En cuanto a la referencia a valores, como la inspiración en el pensamiento y la acción del Libertador Simón Bolívar, y los valores nacionales, estimamos que más bien debe hacerse referencia a los mismos en el Preámbulo.

La reafirmación de la independencia debe configurarse como un artículo autónomo, tal como lo hemos propuesto en el artículo 2 del Proyecto que hemos presentado, con el siguiente texto:

"Artículo 3 La República de Venezuela es para siempre e irrevocablemente libre, soberana e independiente de toda dominación, protección o intromisión extranjera.

Son derechos irrenunciables del pueblo la independencia, la libertad, la soberanía y la autodeterminación nacional".

En cuanto a los fines de la Nación venezolana y del Estado que se mencionan en el artículo, estimamos que deben integrarse en una norma autónoma con la segunda parte del artículo 1º que hemos propuesto a la Comisión que podría tener el siguiente texto:

"Artículo 2 El Estado tiene como sus fines esenciales la defensa de la persona y el respeto de su dignidad, el ejercicio democrático de la voluntad popular, la construcción de una sociedad justa y amante de la paz, la promoción de la prosperidad y bienestar del pueblo y la garantía del cumplimiento de los principios, derechos y deberes consagrados en esta Constitución.

La educación y el trabajo son los recursos fundamentales para garantizar dichos fines".

Esta última frase deriva de la propuesta de la Comisión de incluir un artículo 4 con el siguiente texto:

> *"Artículo 4* La educación y el trabajo son los recursos fundamentales para garantizar los fines esenciales de la nación venezolana".

2. *El Estado social y democrático de Derecho*

El artículo 2 del Proyecto de la Comisión establece lo siguiente:

> *"Artículo 2* La República de Venezuela es y será un *Estado Social de Derecho*, de administración descentralizada, fundada en los valores efectivos de una democracia política, económica, social, participativa, representativa, *electiva*, alternativa, responsable y de mandatos revocables y consultivos, que asegura la autonomía de los municipios en los términos de esta Constitución".

En esta norma también hay varios conceptos diferentes que se mezclan y que deben ser objeto de normas distintas: en primer lugar, la noción de Estado Social de Derecho; en segundo lugar, la referencia a las características del gobierno democrático; y en tercer lugar, indicaciones sobre la organización del Estado como el concepto de administración descentralizada y autonomía municipal.

Sobre lo último, estimamos que deben regularse en el Capítulo correspondiente sobre el Poder Público y la Forma de Estado, sin perjuicio de que en la norma sobre el gobierno democrático se agregue la palabra descentralizado.

En cuanto al Estado Social de Derecho estimamos que la noción puede recogerse ampliada, en la forma como hemos propuesto para la redacción de la primera parte del artículo 1º del Proyecto así:

> *"Artículo 1* La República de Venezuela se constituye como un Estado Democrático y Social de Derecho y de Justicia, que propugna como valores superiores de su ordenamiento jurídico y de su actuación, la libertad, la justicia, la igualdad, la preeminencia de los derechos humanos, la probidad administrativa y el pluralismo político".

En cuanto a las características de la democracia, como régimen político, deberían regularse en la norma sobre el gobierno democrático que hemos propuesto como artículo 5 del Proyecto presentado a la Comisión, así:

> *"Artículo 6* El gobierno de la República de Venezuela y de las entidades políticas que la componen, es y será siempre democrático, representativo, electivo, participativo, descentralizado, alternativo, responsable y pluralista".

3. *La soberanía*

En cuanto al artículo 3º del Proyecto de la Comisión, tiene la siguiente redacción:

> *"Artículo 3* La soberanía reside exclusivamente en el pueblo, quien la ejerce mediante el sufragio y por referéndum en sus distintas modalidades. Los órganos del Estado emanan de la soberanía popular y a ella están sujetos".

Se consagra expresamente, así, el ejercicio de la soberanía por representación, mediante el sufragio y en forma directa, pero reducida al referéndum, lo que no resulta adecuado. La última frase puede resultar redundante, pero puede retenerse. Conforme a ello hemos propuesto la siguiente redacción:

> *"Artículo 5* La soberanía reside en el pueblo, quien la ejerce directamente en la forma prevista en la Constitución y las leyes, e indirectamente mediante el sufragio por los órganos que ejercen el Poder Público.
>
> Los órganos del Estado emanan de la soberanía popular y a ella están sometidos".

4. *Los símbolos de la patria*

En cuanto a la norma sobre los símbolos de la patria, el Proyecto presentado por la Comisión tiene el siguiente texto:

> *"Artículo 5* Los Símbolos de la Patria son: la bandera nacional, con los colores amarillo oro, azul marino y rojo carmín y ocho estrellas; el Himno Nacional, "gloria al bravo pueblo", y el Estado de Armas de la República. La Ley regulará sus características y usos.

Como lo hemos argumentado en nuestra comunicación del 29-9-99, estimamos que el detalle de los símbolos debe ser materia de regulación legal, que debe estar apegada a los hechos históricos.

Por ello, como redacción de esta norma hemos propuesto conservar el texto del artículo 5 de la Constitución de 1961, así:

> *"Artículo 8* La bandera nacional con los colores amarillo, azul y rojo; el himno nacional "gloria al bravo pueblo" y el escudo de armas de la República son los símbolos de la patria.
>
> La ley regulará sus características, significados y usos".

5. *El idioma oficial*

En cuanto a la norma relativa al idioma oficial, la Comisión ha propuesto la siguiente:

> *"Artículo 6* El idioma oficial de Venezuela es el castellano. En las regiones habitadas por los pueblos indígenas, se usará indistintamente el castellano y sus lenguas ancestrales, en los términos que fije la ley".

El uso de una lengua distinta al castellano no la convierte en lengua oficial, que es la obligatoria en todos los actos públicos y registrales de carácter privado. Por ello estimamos que esta norma debe limitarse a regular el idioma oficial, en la siguiente forma:

> *"Artículo 9* El idioma oficial es el castellano".

6. *El Estado Federal*

Adicionalmente a los artículos antes indicados que deben conformar el Capítulo de las Disposiciones Fundamentales del Título I, hemos sugerido en nuestra comunicación del 29-9-99, que se incorporen las siguientes dos normas, la primera de las cuales hemos complementado con los aportes de la Comisión sobre Forma del Estado, así:

"Artículo 4 La República de Venezuela es un Estado Federal compuesto por las entidades políticas que derivan de la distribución del Poder Público en los términos consagrados por esta Constitución, y que se rige por los principios de integridad territorial, cooperación, solidaridad, concurrencia, subsidiariedad y corresponsabilidad.

Artículo 7 La Constitución es la norma suprema y el fundamento del ordenamiento jurídico. Todas las personas y los órganos de los Poderes Públicos están sujetos a la Constitución y al resto del ordenamiento jurídico.

La Constitución garantiza el principio de legalidad, la jerarquía normativa, la publicidad de las normas, la seguridad jurídica, la responsabilidad y la interdicción de la arbitrariedad de los órganos que ejercen el Poder Público.

La incompatibilidad entre la Constitución y una ley u otra norma o acto jurídico, harán aplicable preferentemente las disposiciones constitucionales, correspondiendo a los tribunales, en cualquier causa, aún de oficio, decidir lo conducente".

7. *El dominio público del subsuelo*

En relación con el articulado propuesto relativo al territorio, bajo la denominación "Espacio geográfico", en general, no tenemos mayores observaciones que formular, salvo la necesidad de incorporar una norma que declare como del *dominio público* las minas, hidrocarburos y, en general, los yacimientos del subsuelo del territorio.

Además, la segunda frase del tercer apartado del artículo 8 del Proyecto de la Comisión debería ser ubicada al final de la norma, pues se refiere a todos los espacios geográficos.

8. *La división política*

En cuanto a la División Política Territorial de la República, la Comisión sólo ha propuesto una norma sobre la capital de la República, y otra, remitiendo la regulación normativa a la ley con referencia sólo a la autonomía municipal y a la descentralización "administrativa" y sin hacer referencia a la división política, así:

"*Artículo* La capital de la República es la ciudad de Caracas, asiento de los órganos del Poder Nacional. Lo dispuesto en este artículo no impide el ejercicio del gobierno en otros lugares de la República.

Artículo La División Político Territorial de la República será regulada por Ley Orgánica. Esta garantizará la autonomía municipal y la descentralización administrativa. En todo caso, la planificación compete a los Poderes Públicos Nacionales, asegurando así un armonioso desarrollo nacional y regional.

Estimamos, al contrario, que el régimen de la División Política del Territorio tiene que ser de rango constitucional, máxime si la Constitución establece un Estado con organización política descentralizada, propia del Estado Federal.

En consecuencia, la división política de la República tiene que establecerse en la Constitución conforme a la orientación de los artículos 9 a 14 de la Constitución de 1961 y de acuerdo a las propuestas de la *Comisión sobre Forma de Estado.*

Una precisión previa, debe sin embargo realizarse: en la Constitución de 1961 (art. 9), la división política se determina enumerando los territorios de los Estados, del Distrito Federal, de los Territorios Federales y de las Dependencias Federales. En la práctica los Territorios Federales que existían desaparecieron al crearse los Estados Amazonas y Delta Amacuro, por lo que no habría territorio alguno para poderlos crear en el futuro. Por otra parte, la propuesta de crear el Distrito Capital implicaría la eliminación del Distrito Federal por lo que la división del territorio queda reducida a los Estados y a las Dependencias Federales.

Por otra parte, estimamos indispensable que se enumere e identifique a los Estados en la Constitución, siguiendo una tradición que se mantuvo en todos los textos constitucionales del siglo pasado y de este siglo, hasta que desapareció.

9. *Propuesta de articulado del Título I*

Conforme a todo lo anteriormente expuesto, conjugando los argumentos que hemos formulado en nuestra comunicación del 29-9-99 con el Proyecto del articulado presentado por la *Comisión de Disposiciones Fundamentales, de la Soberanía y de los Espacios Territoriales*, el cual no hemos variado en cuanto a lo relativo al "Espacio Geográfico", la redacción para el Título I de la Nueva Constitución, podría ser la siguiente:

Título I
De la República, su Territorio y División Política

Capítulo Primero
Disposiciones Fundamentales

Artículo 1 La República de Venezuela se constituye como un Estado Democrático y Social de Derecho y de Justicia, que propugna como valores superiores de su ordenamiento jurídico y de su actuación, la libertad, la justicia, la igualdad, la preeminencia de los derechos humanos, la probidad administrativa y el pluralismo político.

Artículo 2 El Estado tiene como sus fines esenciales la defensa de la persona y el respeto de su dignidad, el ejercicio democrático de la voluntad popular, la construcción de una sociedad justa y amante de la paz, la promoción de la prosperidad y bienestar del pueblo y la garantía del cumplimiento de los principios, derechos y deberes consagrados en esta Constitución.

La educación y el trabajo son los recursos fundamentales para garantizar dichos fines.

Artículo 3 La República de Venezuela es para siempre e irrevocablemente libre, soberana e independiente de toda dominación, protección o intromisión extranjera.

Son derechos irrenunciables del pueblo la independencia, la libertad, la soberanía y la autodeterminación nacional.

Artículo 4 La República de Venezuela es un Estado Federal compuesto por las entidades políticas que derivan de la distribución del Poder Público en los términos consagrados por esta Constitución, y que se rige por los principios de integridad territorial, cooperación, solidaridad, concurrencia, subsidiariedad y corresponsabilidad.

Artículo 5 La soberanía reside en el pueblo, quien la ejerce directamente en la forma prevista en la Constitución y las leyes, e indirectamente mediante el sufragio por los órganos que ejercen el Poder Público.

Los órganos del Estado emanan de la soberanía popular y a ella están sometidos.

Artículo 6 El gobierno de la República de Venezuela y de las entidades políticas que la componen, es y será siempre democrático, representativo, electivo, participativo, descentralizado, alternativo, responsable y pluralista

Artículo 7 La Constitución es la norma suprema y el fundamento del ordenamiento jurídico. Todas las personas y los órganos de los Poderes Públicos están sujetos a la Constitución y al resto del ordenamiento jurídico.

La Constitución garantiza el principio de legalidad, la jerarquía normativa, la publicidad de las normas, la seguridad jurídica, la responsabilidad y la interdicción de la arbitrariedad de los órganos que ejercen el Poder Público.

La incompatibilidad entre la Constitución y una ley u otra norma o acto jurídico, harán aplicable preferentemente las disposiciones constitucionales, correspondiendo a los tribunales, en cualquier causa, aún de oficio, decidir lo conducente.

Artículo 8 La bandera nacional con los colores amarillo, azul y rojo; el himno nacional "gloria al bravo pueblo" y el escudo de armas de la República son los símbolos de la patria.

La ley regulará sus características, significados y usos.

Artículo 9 El idioma oficial es el castellano.

Capítulo II
Del Espacio Geográfico

Artículo 10 El espacio geográfico de la República, es el que correspondía a la Capitanía General de Venezuela para el 19 de abril de 1810, con las determinaciones y modificaciones resultantes de los tratados y laudos arbitrales no viciados de nulidad.

Artículo 11 La soberanía de Venezuela abarca el territorio continental e insular, los espacios acuático y aéreo, así como el suelo y subsuelo, las áreas marinas interiores históricas y vitales, los bienes contenidos en ellos, incluidos los recursos genéticos de las especies migratorias, sus productos derivados y los componentes intangibles que por causas naturales se encuentren en el espacio venezolano.

El espacio insular de la República comprende el Archipiélago de Los Monjes, Archipiélago de Las Aves, Archipiélago de Los Roques, Archipiélago de La Orchila, Isla La Tortuga, Isla La Blanquilla, Archipiélago Los Hermanos, Islas de Margarita, Cubagua y Coche, Archipiélago de Los Frailes, Isla La Sola, Archipiélago de Los Testigos, Isla de Patos e Isla de Aves, además las islas, islotes, cayos y bancos situados o que emerjan dentro del Mar Territorial, en el que cubre la Plataforma Continental o dentro de los límites de la Zona Económica Exclusiva.

El espacio acuático comprende los espacios marinos y submarinos, es decir, superficie, columna de aguas, lecho y subsuelo, todo lo cual conforma la Plataforma Continental, Mar Territorial, Zona Contigua, Zona Económica Exclusiva y Aguas Interiores. El espacio acuático incluye también los espacios lacustres y fluviales del país.

Igualmente son parte del espacio geográfico de Venezuela, las aguas interiores, las comprendidas dentro de las líneas de base recta que ha adoptado o adopte la República, y el Mar Territorial adyacente a sus costas o a las líneas de base recta.

También forma parte del espacio geográfico de Venezuela, el espacio aéreo que cubre su Espacio Continental, Insular y Marítimo. Corresponden a la República derechos sobre el Espacio Ultraterrestre, Suprayacente, tales como aquellos que originan el uso de la Órbita Geoestacionaria y del Espectro Electromagnético, en los términos, extensión y condiciones que determine la Ley.

Sobre todos estos espacios, Venezuela ejerce derechos exclusivos de Soberanía, Autoridad y Vigilancia, al igual que sobre las costas, en los términos, extensión y condiciones que determine la Ley Orgánica respectiva.

Artículo 12 El subsuelo y, en particular, las minas e hidrocarburos y los yacimientos se consideran como bienes del dominio público, al igual que las costas marítimas.

Artículo 13 El espacio geográfico no podrá ser jamás cedido, traspasado, arrendado, ni en forma alguna enajenado, ni aún temporal o parcialmente, a estados extranjeros u otros sujetos de Derecho Internacional.

Los Estados extranjeros u otros sujetos de Derecho Internacional, sólo podrán adquirir inmuebles para sedes de sus representaciones diplomáticas o consulares dentro del área que se determine y mediante garantías de reciprocidad, con las limitaciones que establezca la Ley. En dicho caso quedará siempre a salvo la Soberanía Nacional.

Artículo 14 La Ley podrá establecer un régimen jurídico especial para aquellos espacios geográficos que por libre determinación de sus habitantes y con aceptación de la Asamblea Nacional, se incorporen al de la República.

Artículo 15 El Estado Venezolano tiene la responsabilidad de preservar y/o desarrollar en todos los órdenes, los espacios fronterizos, insulares y marítimos. Las leyes orgánicas respectivas determinarán sus objetivos, obligaciones y competencia.

Capítulo III
De la División Política

Artículo 16 A los fines de la organización política de la República, el territorio nacional se divide en el de los Estados, el Distrito Capital y las Dependencias Federales. El territorio se organiza en Municipios, conforme a la legislación que se dicte para desarrollar los principios constitucionales.

Artículo 17 Los Estados de la República son los siguientes: Amazonas, Anzoátegui, Apure, Aragua, Barinas, Bolívar, Carabobo, Delta Amacuro, Falcón, Guárico, Lara, Mérida, Miranda, Monagas, Nueva Esparta, Portuguesa, Sucre, Táchira, Trujillo, Yaracuy y Zulia.

Los límites de los territorios de los Estados son los establecidos en la Ley de División Territorial de 1856, con las modificaciones dispuestas legalmente con posterioridad.

Artículo 18 Con el objetivo de promover el desarrollo económico y social homogéneo en un mismo complejo geoeconómico y social, dos o más Estados podrán constituir Regiones administrativas con personería jurídica, autónoma y patrimonio propio.

Artículo 19 Dos o más Estados podrán fusionarse voluntariamente o una Región Administrativa podrá convertirse en Estado, siempre que así lo acuerden los Gobernadores y los Consejos Estadales Legislativos respectivos y la población de cada Estado lo apruebe mediante referéndum convocado al efecto. Para que el referéndum sea válido deben participar en él más de la mitad de los electores y manifestar su aprobación más de la mitad de los votantes.

Artículo 20 Las Dependencias Federales son las islas del Mar Caribe no integradas en el territorio de un Estado, así como las islas que se formen o aparezcan en el mar territorial o en el que cubra la plataforma continental. Su régimen y administración serán establecidos por la Ley.

Artículo 21. La ciudad de Caracas es la capital de la República y el asiento permanente de los órganos superiores del Poder Nacional.

Lo dispuesto en este artículo no impide el ejercicio transitorio del Poder Nacional en otros lugares de la República.

Artículo 22 El Distrito Capital, como unidad político administrativa, integra en dos niveles de gobierno a los municipios que forman la ciudad de Caracas. Su organización y funcionamiento, conforme a las disposiciones de esta Constitución, se establecerán en ley orgánica.

Disposiciones Transitorias

Formarán parte del Distrito Capital los territorios de los actuales Municipio Libertador del Distrito Federal, que desaparece, y los Municipios Baruta, Chacao, El Hatillo y Sucre del Estado Miranda. El inicio del funcionamiento del Distrito Capital está sujeto a la sanción de la Ley Orgánica que lo organice.

Artículo 23 En las zonas fronterizas podrá establecerse un régimen especial de ordenación del territorio, así como planes específicos de desarrollo en los que se garanticen los derechos de las poblaciones en ellas asentadas, especialmente las indígenas

Capítulo I: Del territorio y demás espacios geográficos

Artículo 10. Territorio. Uti possideti juris

Artículo 10. El territorio y demás espacios geográficos de la República son los que correspondían a la Capitanía General de Venezuela antes de la transformación política iniciada el 19 de abril de 1810, con las modificaciones resultantes de los tratados y laudos arbitrales no viciados de nulidad.

En relación con esta norma en el curso de los debates formulé observaciones basadas en dos razones: a) Es inconveniente la supresión de la frase "válidamente celebrados por la República" al referirse a los tratados sobre las modificaciones territoriales. Sustituirla por la frase "no viciados de nulidad" implicaría que el cuestionamiento de algún tratado o laudo arbitral tendría que basarse en una declaratoria de nulidad, que tendría que ser sometida a la decisión de un tercero; y b) Los laudos arbitrales no se *celebran*, son los tratados los que deben prever que un determinado asunto se someta a laudo arbitral.

Sobre ello, en la sesión del 20 de octubre de 1999, primera discusión, hice la siguiente exposición:

CONSTITUYENTE BREWER CARÍAS (ALLAN).-Señor Presidente: En primer lugar, quiero estar de acuerdo con los planteamientos formulados por los constituyentes Isea y Rojas en el sentido de hacer referencia al "territorio nacional". Esa expresión no puede eliminarse, "territorio nacional", aun cuando se precisen luego los demás espacios geográficos y se detallen a los efectos de perfeccionar el ámbito de la soberanía nacional.

En segundo lugar, quiero coincidir también con lo propuesto por el constituyente Isea, de sustituir la última frase de ese artículo, la expresión "tratados y laudos no viciados de nulidad", por la expresión que está en el texto actual de la Constitución del 61, que es válidamente celebrado.

Hay que meditar bien este cambio de expresión que se propone, porque posiblemente con la expresión "no viciados de nulidad" obligue a la República a tener que probar nulidad y eso implica ir a la Corte de La Haya, que hasta ahora la República no lo ha querido hacer y ha acudido a las otras vías de la solución de controversias. De manera que coincido también en ese tema de colocar "tratados y laudos válidamente celebrados".

Por otra parte, creo que por supuesto, tiene que hacerse referencia a lo que se omitió en el artículo "el 19 de abril de 1810" y plantearse en los términos que señalaba el constituyente Rojas. Yo diría, incluso, utilizando la expresión tradicional que viene desde 1830 "el territorio es el que correspondía a la Capitanía General de Venezuela, antes de la transformación política iniciada el 19 de Abril de 1810" y se acoge así el tema. Por supuesto, sólo debe hacerse mención a la Capitanía General de Venezuela.

No estoy de acuerdo, en lo absoluto, con lo planteado por el constituyente Vinicio Romero, porque realmente es con la Real Cédula del 8 de septiembre de 1777 que se define el territorio de lo que luego fue nuestra República, la Capitanía General de Venezuela, y se lo define en lo gubernativo y militar. Pero, lo más importante es que en esa Real Cédula de 1777, se separó de la jurisdicción de la Audiencia de Santa Fe a las provincias de Maracaibo y Guayana y se las incorporaron a la Audiencia de Santo Domingo.

De manera que Venezuela, Cumaná, Guayana, Maracaibo, Margarita y Trinidad quedaron bajo esa ubicidad jurídica, pero en la Audiencia de Santo Domingo que es la que siempre rigió parte de nuestro territorio.

De manera que esa es la fecha central en lo gubernativo, en lo militar y en la unicidad jurídica de este territorio a estar sometido a una sola Audiencia, la de Santo Domingo, que, en definitiva, era el tribunal y la máxima autoridad en estas tierras.

De forma que tenemos varias fechas de esa integración territorial, la primera fue en 1776, cuando se crea la Intendencia del Ejército y Real Hacienda de la provincia, pero es sólo en 1777 que comienza a establecerse la unicidad. Luego viene la Real Audiencia de Caracas, que es simplemente trasladar el conocimiento de los asuntos gubernativos y judiciales de Santo domingo a Caracas, pero es en una fecha posterior; la unicidad jurídica es la Capitanía General de Venezuela en 1773. Eso concluye con el Real Consulado de Caracas en 1793 que culmina la integración.

Por eso, entonces propongo que el artículo, en definitiva quede: "El territorio nacional es el que correspondía a la Capitanía General de Venezuela, antes de la transformación política iniciada el 19 de abril de 1810, con las determinaciones y modificaciones resultantes de los tratados válidamente celebrados por la República".

Plantearé esa propuesta que coincide con lo planteado por los constituyentes Isea y Rojas. Gracias.

En el debate formulé la siguiente proposición:

Proposición del Constituyente Allan Brewer Carías:

"El territorio nacional y demás espacios geográficos son los que correspondían a la Capitanía General de Venezuela antes de la transformación política iniciada el 19 de abril de 1810 con las determinaciones y modificaciones resultantes de los tratados y laudos arbitrales celebrados o realizados válidamente por la República".

Es todo, ciudadano Presidente.

En el debate hice además, la siguiente exposición:

CONSTITUYENTE BREWER CARÍAS (ALLAN).-Ciudadano Presidente: La verdad es que la diferencia entre todas las proposiciones al hacer referencia al territorio, el espacio geográfico, la Capitanía General de Venezuela, las transformaciones políticas iniciadas antes del 19 de abril, son todas coincidentes.

Lo que realmente debería votarse es si la expresión final es "Tratados válidamente celebrados" o "Tratados y Laudos Arbitrales no viciados de nulidad". Creo que es aquí donde está la diferencia en las proposiciones. Es todo.

En relación con lo debatido y la norma, luego de la sesión del 20 de octubre, primera discusión, consigné el siguiente *Voto salvado* **ante la Secretaría de la Asamblea:**

Salvo mi voto por dos razones. En *primer lugar*, porque sustituir la frase del artículo 7 de la Constitución de 1961 respecto de "las modificaciones resultantes de los Tratados celebrados válidamente por la República" lo considero inconveniente desde el punto de vista del derecho internacional. El adverbio "válidamente" se agregó al texto del artículo en la

Constitución de 1961 "para demostrar, en forma inequívoca: la voluntad de la República de aceptar sólo aquellas modificaciones en su status territorial que hayan sido el resultado de libre y válida determinación". Conforme a esta norma es la República, unilateralmente, la que aprecia sobre la validez y, actúa internacionalmente en consecuencia.

Sustituir esa frase por la aprobada en la Asamblea de "las modificaciones resultantes de los tratados y laudos arbitrales no viciados de nulidad celebrados por la República", implica que si se pretende desconocer alguno de dichos instrumentos, habría que plantear la declaratoria de nulidad, lo cual no puede hacerse unilateralmente, sino sólo de común acuerdo o por la Corte Internacional de Justicia. Ello implicaría someter el asunto a la decisión de un tercero, lo cual tendría que evaluarse desde el punto de vista internacional.

En *segundo lugar*, no parece adecuado hablar de "laudos arbitrales... celebrados por la República"; los que se celebran son los Tratados y éstos pueden prever que se someta un asunto a un laudo arbitral, pero éste no lo "celebra" la República.

Posteriormente, luego de la sesión del 12 de Noviembre de 1999, segunda discusión volví a consignar mi *Voto Salvado* con el siguiente texto:

Ratifico mi voto salvado respecto de estas normas por dos razones. En *primer lugar*, porque sustituir la frase del artículo 7 de la Constitución de 1961 respecto de "las modificaciones resultantes de los Tratados celebrados válidamente por la República" lo considero inconveniente desde el punto de vista del derecho internacional. El adverbio "válidamente" se agregó al texto del artículo en la Constitución de 1961 "para demostrar, en forma inequívoca: la voluntad de la República de aceptar sólo aquellas modificaciones en su status territorial que hayan sido el resultado de libre y válida determinación". Conforme a esta norma es la República, unilateralmente, la que aprecia sobre la validez y, actúa internacionalmente en consecuencia.

Sustituir esa frase por la aprobada en la Asamblea de "las modificaciones resultantes de los tratados y laudos arbitrales no viciados de nulidad celebrados por la República", implica que si se pretende desconocer alguno de dichos instrumentos, habría que plantear la declaratoria de nulidad, lo cual no puede hacerse unilateralmente, sino sólo de común acuerdo o por la Corte Internacional de Justicia. Ello implicaría someter el asunto a la decisión de un tercero, lo cual tendría que evaluarse desde el punto de vista internacional.

En *segundo lugar*, no parece adecuado hablar de "laudos arbitrales... celebrados por la República"; lo que se celebran son los Tratados y éstos pueden prever que se someta un asunto a un laudo arbitral, pero este no lo "celebra" la República.

Artículo 11. Soberanía y espacios geográficos

Artículo 11. La soberanía plena de la República se ejerce en los espacios continental e insular, lacustre y fluvial, mar territorial, áreas marinas interiores, históricas y vitales y las comprendidas dentro de las líneas de base rectas que ha adoptado o adopte la República; el suelo y subsuelo de éstos; el espacio aéreo continental, insular y marítimo y los recursos que en ellos se encuentran, incluidos los genéticos, los de las especies migratorias, sus productos derivados y los componentes intangibles que por causas naturales allí se hallen.

El espacio insular de la República comprende el archipiélago de Los Monjes, archipiélago de Las Aves, archipiélago de Los Roques, archipiélago de La Orchila, isla La Tortuga, isla La Blanquilla, archipiélago Los Hermanos, islas de Margarita, Cubagua y Coche, archipiélago de Los Frailes, isla La Sola, archipiélago de Los Testigos, isla de Patos e isla de Aves; y, además, las islas, islotes, cayos y bancos situados o que emerjan dentro del mar territorial, en el que cubre la plataforma continental o dentro de los límites de la zona económica exclusiva.

Sobre los espacios acuáticos constituidos por la zona marítima contigua, la plataforma continental y la zona económica exclusiva, la República ejerce derechos exclusivos de soberanía y jurisdicción en los términos, extensión y condiciones que determinen el derecho internacional público y la ley.

Corresponden a la República derechos en el espacio ultraterrestre suprayacente y en las áreas que son o puedan ser patrimonio común de la humanidad, en los términos, extensión y condiciones que determinen los acuerdos internacionales y la legislación nacional.

Sobre esta norma, en la discusión sobre su texto, consideré que era improcedente reclamar derechos de la República "sobre la órbita geoestacionaria en el espacio ultraterrestre suprayacente" (situada sobre el Ecuador), la cual no pasa por sobre el territorio venezolano. Además es considerada patrimonio de la humanidad, por tanto, nadie puede reclamar derechos exclusivos sobre ella.

Como resultado de la discusión en la sesión del día 20 de octubre de 1999, primera discusión, consigné el siguiente *Voto Salvado*:

Salvo mi voto por considerar improcedente la referencia a los derechos de la República sobre los espacios que originan el uso de la órbita geoestacionaria en el espacio ultraterrestre suprayacente. Tengo entendido que dicha órbita es una línea imaginaria situada sobre el *ecuador,* como paralelo de mayor radio de la tierra, a 36.000 Km. de distancia (el radio de la tierra es aproximadamente 6.000 Km.); y el *ecuador* no pasa por territorio venezolano, sino más al sur. El hecho de que en la Constitución colombiana se haga mención a dicha órbita, quizás es porque por el extremo sur del territorio de dicho país pasa el *ecuador*. Sin embargo, se ha considerado que dicha órbita es patrimonio de la humanidad y nadie puede reclamar usos exclusivos de ella.

Posteriormente, durante la segunda discusión del proyecto, en la sesión del día 12 de noviembre de 1999, expuse lo siguiente:

CONSTITUYENTE BREWER CARÍAS (ALLAN).-Presidente, partiendo del supuesto que tenemos el proyecto aprobado y es el que estamos discutiendo en segunda discusión, mi propuesta es eliminar una frase que aparece aquí que dice: "también forma parte del espacio geográfico de Venezuela el espacio Atlántico, amazónico y andino", es decir, yo no sé que irán a decir los chilenos, y los bolivianos cuando digamos que el espacio geográfico de Venezuela es el espacio andino y el amazónico y el Atlántico, vinculados al concepto nacional y sus objetivos, esta es una frase que aparece en el proyecto y que planteo que debe eliminarse. Por otra parte también planteo que la eliminación de después de decir que Venezuela posee derechos sobre el espacio ultraterrestre suprayacente eliminar la frase "tales como aquellos que origina el uso de la órbita geoestacionaria" que no pasa sino por el Ecuador y que no tiene relación con Venezuela.

Artículo 12. Dominio público del subsuelo y de las costas marítimas

Artículo 12. Los yacimientos mineros y de hidrocarburos, cualquiera que sea su naturaleza, existentes en el territorio nacional, bajo el lecho del mar territorial, en la zona económica exclusiva y en la plataforma continental, pertenecen a la República, son bienes del dominio público y, por tanto, inalienables e imprescriptibles. Las costas marinas son bienes del dominio público.

Sobre esta norma véase lo que se indica en la página 535 de este libro.

Sobre esta norma, en el debate en la primera discusión, en la sesión del 20 de octubre de 1999, consigné el siguiente *Voto salvado*, porque se había eliminado la mención a "las costas marítimas" como bien del dominio público.

Salvo mi voto por dos razones: En *primer lugar*, porque en la enumeración de los bienes declarados como del dominio público que estaba en la redacción original, se indicaba a "las costas marítimas", es decir, la porción de la ribera del mar que baña el agua entre la alta y la baja marea; lo cual se eliminó en la redacción propuesta y aprobada.

En *segundo lugar*, por lo redundante de la redacción, pues se indica que los bienes que se mencionan "pertenecen a la República, son bienes del dominio público", cuando bastaba decir, que "son del dominio público de la República". Además, declarar determinados bienes como del dominio público, *per se* los convierte en inalienables e imprescriptibles.

Artículo 13. Territorio. Inalienabilidad

Artículo 13. El territorio nacional no podrá ser jamás cedido, traspasado, arrendado, ni en forma alguna enajenado, ni aun temporal o parcialmente, a Estados extranjeros u otros sujetos de derecho internacional.

El espacio geográfico venezolano es una zona de paz. No se podrán establecer en él bases militares extranjeras o instalaciones que tengan de alguna manera propósitos militares, por parte de ninguna potencia o coalición de potencias.

Los Estados extranjeros u otros sujetos de derecho internacional sólo podrán adquirir inmuebles para sedes de sus representaciones diplomáticas o consulares dentro del área que se determine y mediante garantías de reciprocidad, con las limitaciones que establezca la ley. En dicho caso quedará siempre a salvo la soberanía nacional.

Las tierras baldías existentes en las dependencias federales y en las islas fluviales o lacustres no podrán enajenarse, y su aprovechamiento sólo podrá concederse en forma que no implique, directa ni indirectamente, la transferencia de la propiedad de la tierra.

En la sesión del 20 de octubre de 1999, durante la primera discusión expuse lo siguiente sobre esta norma:

CONSTITUYENTE BREWER CARÍAS (ALLAN).-Señor Vicepresidente: Es para insistir que ese párrafo relativo a las tierras baldías debe quedar. Eso tiene una larga tradición en el constitucionalismo venezolano, está actualmente en el artículo 136, ordinal 10, de la Constitución, siempre se ha establecido el principio de la inalienabilidad de las islas que forman las dependencias federales, incluyendo las islas fluviales y lacustres. Sin embargo, de esa redacción está pendiente el tema del Estado Nueva Esparta y las islas que lo conforman.

Por eso en acuerdo acá con el constituyente Diego Salazar, la propuesta que se formula es que quede redactada así: "Las tierras baldías existentes en las dependencias federales y en las islas fluviales o lacustres, no podrán enajenarse", con lo cual queda fuera el Estado Nueva Esparta, que no estaría dentro de este régimen de inalienabilidad de tierras baldías, que siempre ha sido un problema para el Estado Nueva Esparta.

En el curso del debate se formuló la siguiente proposición:

Proposición de los constituyentes Allan Brewer Carías y Diego Salazar:

El último párrafo debe quedar redactado así: "Las tierras baldías existentes en las dependencias federales y en las islas fluviales o lacustres, no podrán enajenarse...". Lo demás queda igual.

Artículo 14. Nuevos territorios

Artículo 14. La ley establecerá un régimen jurídico especial para aquellos territorios que por libre determinación de sus habitantes y con aceptación de la Asamblea Nacional, se incorporen al de la República.

Artículo 15. Espacios fronterizos

Artículo 15. El Estado tiene la obligación de establecer una política integral en los espacios fronterizos terrestres, insulares y marítimos, preservando la integridad territorial, la soberanía, la seguridad, la defensa, la identidad nacional, la diversidad y el ambiente, de acuerdo con el desarrollo cultural, económico, social y la integración. Atendiendo a la naturaleza propia de cada región fronteriza a través de asignaciones económicas especiales, una ley orgánica de fronteras determinará las obligaciones y objetivos de esta responsabilidad.

Capítulo II: De la división política
Artículo 16. División del Territorio

Artículo 16. Con el fin de organizar políticamente la República, el territorio nacional se divide en el de los Estados, el del Distrito Capital, el de las dependencias federales y el de los territorios federales. El territorio se organiza en Municipios.

La división político territorial será regulada por ley orgánica que garantice la autonomía municipal y la descentralización político administrativa. Dicha ley podrá disponer la creación de territorios federales en determinadas áreas de los Estados, cuya vigencia queda supeditada a la realización de un referendo aprobatorio en la entidad respectiva. Por ley especial podrá darse a un territorio federal la categoría de Estado, asignándosele la totalidad o una parte de la superficie del territorio respectivo.

Sobre esta norma véase lo que se indica en la página 532 de este Tomo.

En la sesión del 20 de octubre de 1999, primera discusión, expuse lo siguiente sobre esta norma:

CONSTITUYENTE BREWER CARÍAS (ALLAN).-Ciudadano Presidente: Este artículo 15 que establece la división de la República, sustituye al actual artículo 9º de la Constitución del 61, que divide el territorio para los fines de la organización política en el de los estados, el Distrito Federal, los territorios federales y las dependencias federales.

De manera que ahora la división política, de acuerdo con este texto, queda sólo en el de estados y dependencias federales. Quedan eliminados los territorios federales, porque en efecto después de las leyes especiales que elevaron a la categoría de estado al Territorio Federal Amazonas y al Territorio Federal Delta Amacuro, ya no hay territorios federales en el país, salvo esa creación rápida de un Territorio Federal Vargas para luego crear un estado, pero ya no hay espacio para crear territorios federales que son de los estados. De manera que evidentemente no puede haber la expresión "Territorio Federal".

Dependencias federales se definen como están en el artículo siguiente, son las islas marítimas y queda, por tanto, el territorio continental dividido en estados y municipios. Si esto queda así, nos va a quedar un municipio, que es el Municipio Libertador, fuera del ámbito territorial, porque si la división de la República es en estados y dependencias federales, no puede quedar un municipio que no esté dentro de una entidad política territorial. Esto se debe a que no aparece Distrito Federal, y no aparece éste porque aparecía Distrito Capital, pero se quitó el Distrito Capital, no se restableció el Distrito Federal y nos queda, por tanto, un área del territorio nacional, el Municipio Libertador, fuera de la división territorial.

Por tanto, es el momento de plantearnos el tema del Distrito Capital, mi querido constituyente Aristóbulo. Hay que plantearlo porque ¿o vamos a crear de nuevo el Distrito Federal, cuyo asiento es el Municipio Libertador, o vamos a plantear el tema del Distrito Capital?

Independientemente de los problemas políticos que aparentemente originaron esta versión la eliminación total del régimen de un Distrito Capital, pienso que es absolutamente imposible que salga una Constitución de esta Asamblea Nacional Constituyente sin establecer una norma que organice el gobierno municipal en el área metropolitana de Caracas en un régimen de dos niveles.

No puede ser un régimen que simplemente remita a la Ley. Tenemos en la Constitución del 61 el artículo 11: "La Ley Especial podrá coordinar las distintas jurisdicciones existentes dentro del área metropolitana de Caracas, sin menoscabo de la autonomía municipal". Ley que jamás se dictó también por razones políticas y por la inconveniencia de integrar en un solo régimen de gobierno, municipios que eran de un Distrito Federal, de municipios que eran de un estado. Todo eso impidió materialmente que esa ley se dictara.

De manera que no podría quedar ninguna norma en el mismo sentido. No podemos dejar que la ley lo haga, porque no lo va a hacer. Tenemos que establecer un régimen del área metropolitana de Caracas, que como en toda gran capital del mundo establezca un sistema de gobierno a dos niveles: un gobierno metropolitano y un gobierno municipal.

La solución se puede lograr por varias vías. La menos conflictiva políticamente es la solución de volver al esquema del Distrito Federal, incluso sin necesidad de que tenga gobernador, pero sí tiene que haber un espacio territorial que regule dentro de la división política al Municipio Libertador, por supuesto, éste podría anexársele a Miranda, pero sacando esto puede perfectamente quedar el Distrito Federal con el Municipio Libertador, el estado Miranda con sus municipios, y luego formalmente establecer que los municipios que forman el área metropolitana de Caracas, o que integren el área metropolitana de Caracas, serán organizados mediante ley orgánica en un sistema de gobierno municipal a dos niveles, en el cual se garantizará la autonomía municipal, con lo cual se establece un nivel metropolitano municipal y un nivel local municipal, y así se soluciona el problema del área metropolitana de Caracas.

La otra alternativa es ir directamente a crear el Distrito Capital como un distrito parte de la división territorial. Estados, Distrito Capital y dependencias federales, con su organización destinada al gobierno municipal del área metropolitana de Caracas igualmente en dos niveles.

En mi criterio, no hay ningún cambio en la organización del gobierno de la ciudad. Siempre será a dos niveles, pero en un caso es uniendo estos municipios parcialmente con la figura del Distrito Metropolitano de una vez mediante una ley; la otra es convirtiendo a todos estos municipios en una entidad político-territorial en la división territorial del país; pero el tema, por tanto, hay que discutirlo.

Por ahora, no tengo una propuesta por escrito, próximamente la consignaré por Secretaría, pero este es un tema que hay que abrirlo al debate.

Es todo, ciudadano Presidente.

[...]

CONSTITUYENTE BREWER CARÍAS (ALLAN).-Una vez que se aprobó el artículo 17 al cual se le incorporó la consideración sobre el distrito capital y sobre la integración a dos niveles de gobierno de carácter municipal del Área Metropolitana de Caracas, resulta indispensable volver al artículo 15 y al planeamiento inicial. La división del territorio, constituyente Finol, en general en estados, el distrito capital y las dependencias federales. De manera que lo que hay es que agregar distrito capital a esa enumeración en primer lugar.

Esa es una propuesta general que formulo: adicionalmente propongo como cuestión de redacción en la última frase, no referirse a que debe haber sólo descentralización administrativa, sino descentralización político-administrativa que es la división política del territorio. Es una cuestión de lógica con lo que venimos planteando y, retomo lo que estaba discutido en la Comisión Constitucional y que uno de los constituyente planteó, y es que en este artículo enumeremos a los estados, y no sólo decir el territorio se divide en estados sino los estados son los siguientes, es decir, los 24 estados que tenemos.

En el debate formulé la siguiente proposición:

Proposición del constituyente Allan Brewer Carías:

"A los fines de la organización política de la República, el territorio nacional se divide en los estados, el Distrito Capital y las dependencias federales, el territorio se organiza en municipios. La división político territorial será regulada por la Ley Orgánica, ésta garantizará la autonomía municipal y la descentralización político-administrativa y solicita que se enumeren los estados".

En definitiva, durante el debate consideré que no tenía sentido considerar como una "división" del territorio nacional, además de a los Estados y el Distrito Capital, a "otras formas de administración comunitaria...", ya que no existía en el territorio de la República un espacio territorial disponible para "otras formas". Para ello habría que tomar territorio de los Estados.

Por ello, luego de la aprobación de la norma en la sesión de 20 de octubre consigné el siguiente *Voto Salvado*:

Salvo mi voto por no estar de acuerdo con el agregado que se hizo a la norma propuesta, de considerar como una "división" del territorio nacional, además de los Estados, el Distrito Capital y las Dependencias Federales que tienen su propia individualidad, a "otras formas de administración comunitaria que permita la coexistencia pacífica y su desarrollo".

Este agregado no tiene sentido alguno. El territorio, como una globalidad, se divide en entidades territoriales, y esas son las que existen: los Estados, que estimamos y propusimos que debían enumerarse (y cuyo rechazo también motiva este voto salvado razonado), el Distrito Capital y las Dependencias Federales. No hay, por tanto, cabida a ninguna otra "forma de administración comunitaria" que permita organizar una porción del territorio nacional como división del mismo, pues no existe espacio territorial para poder organizarla, por lo que para ello, habría que "quitársela" a algún Estado, lo cual no es posible constitucionalmente.

En consecuencia el agregado mencionado no tiene sentido alguno.

En tema volvió a plantearse en la segunda discusión, en la sesión del 12 de noviembre en la cual formulé la siguiente proposición:

Proposición del constituyente Allan Brewer Carías:

Eliminar la frase: "Votar, forma de administración comunitaria, que permita la coexistencia pacífica y su desarrollo", y sustituir por la frase: "Y los Territorios Federales".

También hace otra propuesta, en el artículo 15, al agregar al final: "Dicha Ley podrá disponer la creación de Territorios Federales en áreas territoriales, para cuya implementación deberá efectuarse un referéndum aprobatorio, en el territorio respectivo, por Ley Especial, podrá darse a un territorio federal, la categoría de Estado, asignándole la totalidad, una parte de la superficie del territorio respectivo."

Sobre ello, además, formulé la siguiente exposición:

CONSTITUYENTE BREWER CARÍAS (ALLAN).-Presidente. El artículo 15 se refiere a la división político-territorial. Es muy importante que veamos esto bien, porque ahí se establece que la división del territorio es en estados, distrito capital, y dependencias federales. Así estaba en el proyecto desde el inicio. No se hace mención aquí, ni se hacía mención a los territorios federales, porque bien sabemos que éstos desaparecieron, con la erección como estados de Amazonas y Delta Amacuro.

Se agregó, en la discusión en la primera discusión, esta frase de que "El territorio se divide en estados, Distrito Capital, dependencias federales, y se agregó. "...u otras formas de administración comunitarias, que permitan la coexistencia pacífica, y subdesarrollo". Realmente, tal como está redactada no guarda relación con una división político-territorial del territorio venezolano.

Mi propuesta es que restablezcamos la figura de los territorios federales; es decir, señalar que el territorio nacional se divide en: estados, Distrito Capital, dependencias federales y territorios federales. Agregando, entonces, al final una remisión a la ley para disponer la posibilidad de creación de territorios federales, que sólo pueden ser, por supuesto, en áreas territoriales, de los actuales estados, como una posibilidad futura, pero, en todo caso para cuya implementación se requiere un referéndum aprobatorio, de la población del territorio respectivo.

En ese caso, podemos solucionar problemas territoriales hacia el futuro, que pueden seguir evolucionando, el caso concreto del estado Apure, o de cualquier otro, que requiera un tratamiento especial, y se pueda crear por tanto, un territorio en determinada área, un estado aprobado por referendo, por supuesto. Y, además, recoger el principio que está en la Constitución actual, de que, por Ley Especial, en una eventualidad, en el futuro, dentro de equis décadas, a ese territorio se le pueda dar la categoría de estado en parte o todo ese territorio.

De manera, que en esta forma solucionamos el vacío que queda con la eliminación de los territorios, y la posibilidad de solución futura, para determinados territorios de la República.

Al final, aprobada la norma, consigné el siguiente *Voto Salvado* **en fecha 12 de noviembre de 1999:**

Salvo mi voto por no estar de acuerdo con el agregado que se hizo a la norma propuesta, de considerar como una "división" del territorio nacional, además de los Estados, el Distrito Capital y las Dependencias Federales que tienen su propia individualidad, a "otras formas de administración comunitaria que permita la coexistencia pacífica y su desarrollo".

Este agregado no tiene sentido alguno. El territorio, como una globalidad, se divide en entidades territoriales, y esas son las que existen: los Estados, que estimamos y propusimos que debían enumerarse el Distrito Capital y las Dependencias Federales. No hay, por tanto, cabida a ninguna otra "forma de administración comunitaria" que permita organizar una porción del territorio nacional como división del mismo, pues no existe espacio territorial para poder organizarla, por lo que para ello, habría que "quitársela" a algún Estado, lo cual no es posible constitucionalmente.

Por ello propusimos en la *segunda discusión* restablecer en la descripción de la división territorial la figura de los "Territorios Federales", que podrían crearse por ley y ser aprobados por referendo, con parte del territorio de un Estado. Por ello, propusimos agregar al final del artículo aprobado lo siguiente:

"Dicha ley podrá disponer la creación de Territorios Federales en áreas territoriales de los Estados, para cuya implementación deberá efectuarse un referéndum aprobatorio en el territorio respectivo. Por ley especial podrá darse a un Territorio Federal la categoría de Estado, asignándole la totalidad o una parte de la superficie del territorio respectivo".

Artículo 17. Dependencias Federales

Artículo 17. Las dependencias federales son las islas marítimas no integradas en el territorio de un Estado, así como las islas que se formen o aparezcan en el mar territorial o en el que cubra la plataforma continental. Su régimen y administración estarán señalados en la ley.

Sobre esta norma, en la sesión de 20 de octubre de 1999, primera discusión, formulé la siguiente precisión:

CONSTITUYENTE BREWER CARÍAS (ALLAN).-*Para apoyar esa propuesta, y que exactamente se diga: "Las dependencias federales son las islas marítimas, no integradas en el territorio de un estado".*

Artículo 18. Capitalidad. Caracas

Artículo 18. La ciudad de Caracas es la capital de la República y el asiento de los órganos del Poder Nacional.

Lo dispuesto en este artículo no impide el ejercicio del Poder Nacional en otros lugares de la República.

Una ley especial establecerá la unidad político territorial de la ciudad de Caracas que integre en un sistema de gobierno municipal a dos niveles, los Municipios del Distrito Capital y los correspondientes del Estado Miranda. Dicha ley establecerá su organización, gobierno, administración, competencia y recursos, para alcanzar el desarrollo armónico e integral de la ciudad. En todo caso, la ley garantizará el carácter democrático y participativo de su gobierno.

En la sesión del 20 de octubre de 1999, primera discusión, en relación con esta norma expuse lo siguiente:

CONSTITUYENTE BREWER CARÍAS (ALLAN).-Señor Presidente: Este sí es un tema constitucional. La capital de la República es un tema constitucional y su organización lo exige. Además no existe estado en cuya capital no se haya organizado expresamente desde el punto de vista político.

Particularmente tengo 30 años trabajando sobre el tema de la integración del Área Metropolitana. Aquí se hablo de la Ombus. Yo redacté los estatutos de la Ombus, que después destrozaron los alcaldes del Área Metropolitana. El consejo de gobierno del Área Metropolitana fue una propuesta que formulé cuando Aristóbulo Istúriz era alcalde y yo estaba de Ministro de la Descentralización. No voy aquí a explayarme sobre la necesidad, la urgencia de que en la Constitución se regule y que no volvamos a caer en el mismo error del constituyente del 61, de establecer "la ley podrá" y nunca pudo y nunca se hizo.

Aquí hay que establecer un sistema de gobierno que, sin embargo, no origine, en mi criterio, innecesarios problemas de carácter político-territorial.

Una decisión tiene que ser tomada. Hay hoy un Distrito Federal y hay un Estado Miranda. No creo que es necesario entrar a desmembrar entidades político-territoriales porque no nos va a conducir a nada. Lo que sí tenemos es que integrar el Área Metropolitana en un sistema de gobierno que no implique desintegrar las entidades políticas que existen.

Pienso que hay que reconstruir, por supuesto, el artículo 15, poniendo "el territorio se divide en estados, distrito capital en vez de Distrito Federal, Distrito Capital y dependencias federales" y luego en este artículo que estamos señalando, mi propuesta es complementando la que formulaba Aristóbulo Istúriz, y en este tema de la ciudad capital hemos estado hace años luchando, yo algo más, porque son 30 años; yo propondría en esa propuesta que formuló Aristóbulo, comenzar la primera frase en la forma siguiente, y la leo con calma para que la sigamos:

"Una ley especial establecerá -no es podrá establecer- la unidad político-territorial de la ciudad de Caracas, que integre en un sistema de gobierno municipal, a dos niveles, a los municipios del distrito capital -hoy es sólo Libertador- y el Estado Miranda".

Dicha Ley, sigue entonces la parte del artículo que tiene Aristóbulo y que no tengo aquí conmigo, que fue la que él leyó.

En esta forma se deja la división territorial del país en estados, distrito capital -que equivale al actual Distrito Federal- y dependencias federales, y se establece de una vez en la Constitución, que en el Área Metropolitana de Caracas, los municipios que la integran, que están en el distrito Federal o distrito capital y en el Estado Miranda, tendrán que ser organizados obligatoriamente -no es podrá- en un sistema de gobierno municipal a dos niveles, es la característica de todas las áreas metropolitanas grandes en el mundo, un nivel metropolitano y niveles municipales locales que tendrán que establecerse, por tanto el sistema de gobierno municipal a dos niveles, con esos municipios que existan (porque al futuro, en mi criterio, el Munici-

pio Libertador debe dividirse en varios) en el distrito capital y en el Estado Miranda integrados en ese sistema de gobierno municipal a dos niveles, entonces donde habrá el alcalde metropolitano o mayor o como quiera llamársele, el consejo metropolitano y luego los cuerpos locales con la división de competencia. De manera que vayan al nivel metropolitano todo lo que tiene que ser metropolitano, como transporte, distribución de agua, electricidad, planeamiento urbano, recolección de basura, etcétera, todo lo metropolitano y el nivel local para las cosas estrictamente locales. Y se remite, por supuesto, a una ley, seguirá siendo una ley, porque no podemos regularlo aquí todo, pero se establece ya la solución del tema a nivel constitucional.

De manera que esa es la propuesta formal que les propongo con lo cual no se afecta el tema político.

De la discusión resultó una propuesta formulada por los constituyentes Allan Brewer Carías, Segundo Meléndez, Aristóbulo Istúriz, William Lara, Vladimir Villegas y Rodolfo Sanz, con el siguiente texto:

"Agregar el siguiente párrafo:

Una ley especial establecerá la unidad político-territorial de la ciudad de Caracas que integre en un sistema de gobierno municipal a dos niveles los municipios del distrito capital y del Estado Miranda. Dicha Ley establecerá su organización, gobierno y administración así como la determinación de su competencia y recursos a los fines del desarrollo armónico e integrado de la ciudad.

En todo caso la Ley garantizará el carácter democrático y participativo de su gobierno.

Disposición Transitoria

La Ley será aprobada por la Asamblea Nacional durante los seis primeros meses de entrada en vigencia de esta Constitución y preservará la integridad territorial del Estado Miranda". Es todo.

En la segunda discusión, en la sesión del 12 de noviembre de 1999, formulé la siguiente propuesta:

Proposición del constituyente Allan Brewer Carías:

"La ciudad de Caracas es la capital de la República, y el asiento de los órganos del Poder Nacional, lo cual no impide su ejercicio en otros lugares de la República. Una Ley Orgánica establecerá el régimen de Gobierno, y Administración del Distrito Capital, así como su organización y funcionamiento, y además, organizará un sistema de gobierno municipal, a dos niveles, metropolitano y local, que abarque los municipios del Distrito Capital, y del estado Miranda en los cuales está ubicada la ciudad de Caracas, con la determinación de las respectivas competencias y recursos, a los fines del desarrollo armónico e integrado de la ciudad. En todo caso, la Ley Orgánica, garantizará el origen democrático, y el carácter participativo, tanto del Gobierno del Distrito Capital como el de los dos niveles de gobierno."

En relación al tema, además, en la sesión de la Asamblea formulé la siguiente exposición:

CONSTITUYENTE BREWER CARÍAS (ALLAN).-Presidente. Entre las dos proposiciones, la que yo he presentado, y la que presentó el constituyente Aristóbulo Istúriz, no hay grandes diferencias, pero hay que hacer algunas precisiones. La idea ha sido mejorar la redacción del artículo 17, tal como quedó en el proyecto que estamos considerando, con algunas reflexiones que ha hecho la Fundación del Plan Estratégico de Caracas, que creo que han sido muy importantes.

Sin embargo, lo que hay tener claro, cuando uno se enfrenta al tema, es que una cosa es la ciudad de Caracas como entidad urbana, y otra cosa son los regímenes políticos que aquí vamos a establecer, tal como está en el proyecto original, y se perfecciona en mi propuesta. La ciudad de Caracas sigue siendo una realidad urbana, donde hay autoridades municipales en los municipios del distrito del estado Miranda, y en el municipio del distrito Capital; y luego, con estos municipios se va a integrar un gobierno municipal a dos niveles que integra los municipios de un lado, y de otro. Pero, de aquí a decir que la ciudad de Caracas es una unidad política territorial que abarca el Distrito Capital y los municipios del estado Miranda es ponernos de nuevo en el conflicto, de si están o no estos municipios del estado Miranda, integrados a otra cosa.

Por eso es que tenemos que insistir tal como estaba en la propuesta original y que se perfecciona en mi propuesta, que hay unos municipios en el estado Miranda, uno o unos municipios en el Distrito Capital que se integran por una ley en un gobierno municipal a dos niveles donde habrá un nivel metropolitano para las competencias metropolitanas y un nivel municipal para las competencias municipales.

La segunda frase del proyecto que presenta el constituyente Aristóbulo Istúriz, en mi criterio presenta una confusión al decir que "El Distrito Capital es la unidad político-territorial de toda Caracas", porque eso implica que abarca a los municipios del estado Miranda como unidad política y creo que es una confusión. La fórmula que he planteado aclara mejor la situación, tal como fue originalmente aprobada, es decir, no afectar la integridad territorial de las entidades existentes y crear un gobierno municipal a dos niveles en toda la ciudad Caracas.

SÉPTIMA PARTE
OBSERVACIONES, PROPUESTAS, DEBATES Y VOTOS SALVADOS SOBRE LOS ARTÍCULOS RELATIVOS A LOS DERECHOS, GARANTÍAS Y DEBERES CONSTITUCIONALES
(ARTÍCULOS 19 A 135)

En esta Parte, al igual que en la anterior, se publican, siguiendo el orden del articulado de la Constitución, todas las propuestas que formulé mediante comunicaciones e informes que dirigí a las diversas Comisiones o a la propia Asamblea sobre el tema de los derechos y garantías constitucionales, y que se publicaron en los tres tomos de la obra *Debate Constituyente (aportes a la Asamblea Nacional Constituyente)*, Caracas 1999; las diversas intervenciones en la plenaria de la Asamblea durante las dos discusiones del proyecto, que han sido tomadas del Diario de debates de la Asamblea; y los Votos Salvados que consigné luego de cada una de las sesiones, y que se publicaron íntegramente en el Tomo III de la obra *Debate Constituyente (Aportes a la Asamblea Nacional Constituyente)*, Caracas 1999.

SECCIÓN PRIMERA: **TÍTULO III. DE LOS DERECHOS HUMANOS Y GARANTÍAS, Y DE LOS DEBERES (ARTÍCULOS 19 A 135)**

Capítulo I: Disposiciones generales

Sobre este Título I relativo a las *Disposiciones generales*, en materia de derechos humanos, presenté el siguiente Informe con el articulado del mismo, dirigido al Presidente de la Comisión de Derechos Humanos y Garantías Constitucionales y al Presidente y demás miembros de la Comisión Constitucional de fecha 30 de septiembre de 1999.

DISPOSICIONES GENERALES SOBRE LOS DERECHOS, DEBERES Y GARANTÍAS CONSTITUCIONALES

Texto de la Comunicación dirigida al Presidente de la Comisión de Derechos Humanos y Garantías Constitucionales y presidente y demás miembros de la Comisión Constitucional en la sesión del 30-09-1999.

Tengo el agrado de dirigirme a Uds. con el objeto de hacerles llegar algunos comentarios y observaciones en torno al *Proyecto* de articulado contenido en el capítulo sobre *"Disposiciones Fundamentales"* del Título *"De los Derechos Humanos, Deberes y Garantías",* presentado por la *Comisión de Derechos Humanos y Garantías Constitucionales* a la Comisión Constitucional.

1. *El orden constitucional orientado hacia la protección de los Derechos Humanos*

El artículo primero de las Disposiciones Generales comienza por establecer lo siguiente:

> *"Artículo* El orden constitucional de la República de Venezuela está basado en la búsqueda de la paz social dentro del más absoluto respeto a la dignidad humana, a los derechos inherentes a la persona y al libre desarrollo de la personalidad como base fundamental del Estado de Justicia como medio eficaz para alcanzar la solidaridad".

En relación con este artículo, a pesar de las buenas y amplias intenciones que se podrían apreciar de su redacción, contiene numerosos conceptos jurídicos indeterminados, algunos de ellos más bien inéditos, cuya interpretación de conjunto, en casos concretos, podría prestarse inconvenientemente a graves arbitrariedades y hasta para la imposición de un régimen antidemocrático, invocando, sin embargo, para ello, "el más absoluto respeto a la dignidad humana".

En efecto, la afirmación según la cual *"el orden constitucional de la República de Venezuela está basado en la búsqueda de la paz social",* podría conducir, inconvenientemente, a la conclusión de que el valor fundamental del "orden constitucional" sería "la ley y el orden". Por otra parte, a pesar de la difusión que últimamente ha tenido la expresión "Estado de Justicia" no está claro su significado, ni si se trata de una concepción sustitutiva de la conocida noción de "Estado de Derecho" pero con posibilidad de ser dotado del concepto particular que de la "justicia" tenga cada gobernante o funcionario llamado a resguardar la "paz social" como base fundamental del "orden constitucional".

Cabría además preguntarse sobre qué quiere expresarse en la norma, cuando se señala que el "respeto a la dignidad humana, a los derechos inherentes a la persona y al libre desarrollo de la personalidad" son "base fundamental del Estado de Justicia *como medio eficaz para alcanzar la solidaridad.*

Estimamos que los derechos inherentes a la persona, el respeto a la dignidad humana y el libre desarrollo de la personalidad son *valores absolutos,* por lo que su *mediatización* para considerarlos como mera "base fundamental" del llamado "Estado de Justicia" o como "medio eficaz para alcanzar la solidaridad" podría conducir a la negación misma del carácter absoluto de los atributos inherentes a la dignidad humana y su condicionamiento a nociones que se podrían prestar a cualquier interpretación, como "Estado de justicia" o "solidaridad".

En todo caso, una redacción como la propuesta en este artículo del Proyecto aprobado en la Comisión, podría llegar a ser la base para que, en la práctica, en nombre de la "paz social", de la "solidaridad" o del "Estado de justicia" se pueda despojar de todo contenido a los derechos fundamentales y a las libertades públicas; y con un enfoque particular de la terminología utilizada, sin quererlo, se podría hasta edificar un régimen fascista que proclamase los derechos humanos pero condicionando a su antojo la efectividad de los mismos.

Por ello, y sin renunciar a ciertos conceptos contenidos en la propuesta, pero dotándolos de su verdadera jerarquía y rigor jurídico, el artículo inicial sobre derechos humanos podría quedar redactado así:

> *"Artículo* El orden constitucional de la República de Venezuela está basado en el más absoluto respeto de la dignidad humana, de los derechos inherentes a la persona y del libre desarrollo de la personalidad, dentro de un régimen de plena vigencia del Estado de Derecho, cuya finalidad es garantizar el bien común, la justicia y la paz y solidaridad sociales".

2. *La garantía general de los derechos y el principio de la progresividad*

En las "Disposiciones Generales" del *Proyecto* de la Comisión se incorporó otra norma con el siguiente texto:

> *"Artículo* El Estado garantiza a toda persona sin discriminación alguna el ejercicio y goce irrenunciable, indivisible e interdependiente de los derechos humanos: civiles, políticos, económicos, sociales, culturales y ambientales y su aplicación es de obligatorio cumplimiento por los órganos del Poder Público de conformidad con la Constitución, los Tratados sobre Derechos Humanos suscritos por la República de Venezuela y las leyes que rijan la materia".

Debe destacarse que se trata de una norma garantista de los derechos en general, lo que implica no sólo la asunción de una obligación de garantía por parte del Estado, sino que los respectivos derechos deben ser consagrados de tal manera que puedan ser efectivamente exigibles.

Por otra parte, debe señalarse que si bien conceptualmente, la indivisibilidad e interdependencia de los derechos humanos no es discutible, ello es así siempre que tales nociones no sean el pretexto para que por la circunstancia de que ciertos derechos estén lesionados, el Estado pueda sentirse autorizado, en nombre de la "interdependencia", a lesionar otros.

Por otra parte, se estima conveniente agregar a la enumeración los derechos denominados de la tercera generación, sustituir la expresión "derechos civiles" por derechos individuales, e incluir el reconocimiento expreso del principio de la progresividad de los derechos.

En consecuencia, la norma podría quedar redactada así:

> *"Artículo* El Estado garantiza a toda persona conforme al principio de progresividad y sin discriminación alguna, el ejercicio y goce irrenunciable de los derechos individuales, políticos, económicos, sociales, culturales, ambientales y los denominados de tercera generación; y su aplicación es de obligatorio cumplimiento por los órganos del Poder Público de conformidad con la Constitución, los Tratados sobre Derechos Humanos suscritos por la República y las leyes que rijan la materia".

3. Las obligaciones del Estado respecto de la paz, el derecho al desarrollo y la participación

En el Capítulo de las Disposiciones Generales del *Proyecto* de la Comisión se incorporan además, tres artículos (3, 4, y 5) que en los documentos precedentes de la Comisión configuraban un solo artículo (el número 3) con un acápite con el Título *Derecho a la Paz*, y que ahora tienen la siguiente redacción:

> "*Artículo 3* El Estado promoverá la educación para la paz y proyectarán políticas para el establecimiento, mantenimiento y fortalecimiento de la paz en el territorio nacional y en la comunidad internacional.
>
> *Artículo 4* El Estado adoptará, todas las medidas necesarias para la realización del derecho al desarrollo y garantizar la justa distribución del ingreso nacional, la igualdad de oportunidades así como el acceso a una mejor calidad de vida, la educación, salud, alimentación, vivienda, empleo, recreo y deporte.
>
> *Artículo 5* El Estado alentará la participación popular como factor importante para el desarrollo y para la plena realización de todos los derechos humanos".

De la lectura de estos artículos, sin embargo, resulta que el contenido de los mismos no se corresponde con el Título general relativo a los Derechos. Realmente, se trata de artículos que regulan obligaciones para el Estado respecto de la promoción de la paz y de la participación popular, por una parte, y por la otra, de adoptar medidas para realizar el derecho al desarrollo.

Por lo demás, es difícil dar contenido normativo *stricto sensu*, a las disposiciones de dichos textos. No se olvide que la justiciabilidad de los derechos es uno de los temas de vanguardia en el Derecho de los derechos humanos. Por ejemplo, en relación con el llamado "derecho al desarrollo" no se ve cómo podría deducirse una pretensión jurídica de tal "derecho", cuya realización depende esencialmente de un esfuerzo colectivo y no sólo del Estado. Ello, no obstante, no puede afirmarse que esa mención sea nociva, salvo en cuanto levanta expectativas que el Estado no está en capacidad de satisfacer.

En todo caso, por el contenido de las norma, antes que su inclusión en este Capítulo, los artículos podrían estar ubicados en el Capítulo sobre el Sistema Socio-Económico Constitucional.

4. La garantía de la irretroactividad

El *sexto* de los artículos de las Disposiciones Generales del *Proyecto* de la Comisión, que equivale al segundo del Capítulo de "Derechos Civiles" del documento presentado por el Presidente Chávez a la Asamblea, tiene el siguiente texto:

> "*Artículo* Ninguna disposición legislativa tendrá efecto retroactivo, excepto cuando imponga menor pena. Las leyes de procedimiento se aplicarán desde el momento mismo de entrar en vigencia aún en los procesos que se hallaren en curso; pero en los procesos penales las pruebas ya evacuadas se estimarán, en cuanto beneficien al reo, conforme a la ley vigente para la fecha en que se promovieron".

Esta redacción es casi exactamente igual a la del artículo 44 de la Constitución de 1961, salvo con algunos errores de transcripción que hemos corregido. La palabra "imponga" en vez de "impongan"; agregar la palabra "aún" antes de "en los procesos que se hallen en curso"; y la palabra "cuanto" en vez de "cuánto" antes de la frase "beneficien al reo".

5. *La nulidad de los actos violadores de los derechos y garantías*

El *séptimo* de los artículos de las Disposiciones Generales del *Proyecto* de la Comisión, reproduce el tercer artículo del *Proyecto* presentado por el Presidente Chávez (Capítulo los Derechos Civiles) y el texto del artículo 46 de la Constitución de 1961, así:

> "*Artículo* Todo acto del Poder Público que viole o menoscabe los derechos garantizados por esta Constitución es nulo, y los funcionarios y empleados públicos que lo ordenen o ejecuten incurren en responsabilidad civil, penal o administrativa según los casos, sin que sirvan de excusa órdenes superiores manifiestamente contrarias a la Constitución y las leyes".

Nuestra sugerencia, en relación con este artículo es que habría que corregir la primera frase para que diga "Todo acto dictado en ejercicio del Poder Público..." pues tal como está redactado sugiere que el Poder Público pudiera dictar actos, lo cual no es correcto ni posible, pues como se ha dicho, el Poder Público no es un órgano del Estado, sino una potestad constitucional que ejercen dichos órganos.

La norma, en consecuencia, debería quedar redactada así:

> "*Artículo* Todo acto dictado en ejercicio del Poder Público que viole o menoscabe los derechos garantizados por esta Constitución es nulo, y los funcionarios y empleados públicos que lo ordenen o ejecuten incurren en responsabilidad penal, civil y administrativa según los casos, sin que les sirvan de excusa órdenes superiores y manifiestamente contrarias a la Constitución y a las leyes".

6. *La cláusula abierta de los derechos y la constitucionalización de la internacionalización de los mismos*

El *octavo* de los artículos incorporados a las Disposiciones Generales del Proyecto presentado por la Comisión tiene la siguiente redacción:

> "*Artículo* La enunciación de los derechos y garantías contenidos en esta Constitución y en los tratados internacionales sobre derechos humanos no debe entenderse como negación de otros que, siendo inherentes a la persona humana, no figuren expresamente en ellos. La falta de ley reglamentaria de estos derechos no menoscaba el ejercicio de los mismos. En materia de derechos y garantías constitucionales se aplicará la interpretación que más favorezca su vigencia efectiva".

Esta norma, en general, constituye un buen artículo que, en cierta forma, amplía el artículo 50 de la Constitución de 1961.

Consideramos, en todo caso, que debe hacerse referencia a los "instrumentos internacionales" y no sólo a los Tratados. La jurisprudencia venezolana, desde el caso "Rondalera", ha invocado con frecuencia entre sus fundamentos ciertas "declaraciones" sobre derechos humanos, que no son estrictamente tratados, pero que gozan de gran respeto, como lo son la Declaración Universal de Derechos Humanos y la Declaración Americana de los Derechos y Deberes del Hombre.

Por otra parte, a los instrumentos internacionales sobre derechos humanos deberían agregarse los relativos al Derecho Internacional Humanitario, que es una disciplina autónoma. Las cuatro Convenciones de Ginebra de 1949, cuyo medio siglo se está celebrando, tienen la más universal aceptación (188 ratificaciones). En un tiempo en que la humanidad se encamina hacia la búsqueda de medios eficaces para proteger a las víctimas de los crímenes de guerra y de otros delitos de lesa humanidad, sería de extraordinaria significación que Venezuela otorgara rango constitucional a esas Convenciones.

Debe señalarse, además, que la última frase no debería limitarse estrictamente a la interpretación de los derechos en sí, sino también a la norma. Es una regla universalmente reconocida que ninguna disposición en materia de derechos humanos puede menoscabar la protección más amplia que ofrezca otra norma, sea de Derecho interno, sea de Derecho internacional; en consecuencia, entre las distintas disposiciones aplicables a un mismo caso debe preferirse aquella que brinde el mayor nivel de protección. Esta materia, por lo demás, no se conecta directamente con el resto del artículo, por lo que debería ser materia de norma aparte.

Como mera ilustración sobre la propuesta de incluir en el Proyecto lo que se ha llamado *"la cláusula del individuo más favorecido",* a continuación enunciamos la siguiente lista de ejemplos de convenciones internacionales sobre derechos humanos que la refieren:

1°   El artículo 5.2 (común) de los Pactos Internacionales de Derechos Económicos, Sociales y Culturales y de Derechos Civiles y Políticos señala:

> "No podrá admitirse restricción o menoscabo de ninguno de los derechos humanos fundamentales reconocidos o vigentes en un país en virtud de leyes, convenciones, reglamentos o costumbres, a pretexto de que el presente Pacto no los reconoce o los reconoce en menor grado".

2°   Los tres últimos párrafos del artículo 29 del Pacto de San José rezan:

> *"Artículo 29* Ninguna disposición de la presente Convención podrá ser interpretada en el sentido de:
>
> b)   Limitar el goce y ejercicio de cualquier derecho o libertad que pueda estar reconocido de acuerdo con las leyes de cualquiera de los Estados partes o de acuerdo con otra Convención en que sea parte uno de dichos Estados.
>
> c)   Excluir otros derechos y garantías que son inherentes al ser humano o que se deriven de la forma democrática y representativa de gobierno; y
>
> d)   Excluir o limitar el efecto que pueden producir la Declaración Americana de Derechos y Deberes del Hombre y otros actos internacionales de la misma naturaleza".

3°   El Preámbulo de la Convención Europea de Derechos Humanos enuncia con claridad la noción comentada de compromiso mínimo cuando expresa la determinación de los gobiernos signatarios de «tomar las primeras medidas adecuadas para la protección de algunos derechos enunciados en la Declaración Universal». Una consecuencia práctica de esta consideración inicial que preside el sistema europeo, ha sido la adopción, dentro del Consejo de Europa, de ocho Protocolos Adicionales a la Convención, en algunos de los cuales se declara expresamente la resolución de las partes de "tomar las medidas adecuadas para asegurar la garantía colectiva de derechos y libertades distintos" de los ya protegidos anteriormente.

Por otra parte, en un sentido análogo al ya expresado en los Tratados citados, el artículo 60 de la Convención Europea establece:

"Ninguna de las disposiciones del presente Convenio será interpretada en el sentido de limitar o perjudicar aquellos derechos humanos y libertades fundamentales que podrían ser reconocidos conforme a las leyes de cualquier Alta Parte Contratante, o en cualquier otro convenio en que ésta sea parte".

4º   El artículo 32 de la Carta Social Europea señala:

"Las disposiciones de la presente Carta no afectan las disposiciones de Derecho interno y de los tratados, convenciones o acuerdos bilaterales o multilaterales que están en vigor o que entren en vigor y que sean favorables a las personas protegidas".

5º   El artículo 5 de la Convención sobre el Estatuto de los Refugiados dice:

"Ninguna disposición de esta Convención podrá interpretarse en menoscabo de cualesquiera otros derechos y beneficios independientemente de esta Convención otorgados por los Estados contratantes a los refugiados".

6º   El artículo 5 de la Convención sobre el Estatuto de los Apátridas dispone:

"Ninguna disposición de esta Convención podrá interpretarse en menoscabo de cualesquiera derechos y beneficios otorgados por los Estados contratantes a los apátridas independientemente de esta Convención".

7º   El artículo 13 de la Convención para reducir los casos de apatridia señala:

"Nada de lo establecido en la presente Convención se opondrá a la aplicación de las disposiciones más favorables para la reducción de los casos de apatridia que figuren en la legislación nacional en vigor o que se ponga en vigor en los Estados contratantes, o en cualquier otro tratado, convención o acuerdo que esté en vigor o que entre en vigor entre dos o más Estados contratantes".

8º   El artículo 10 de la Convención relativa a la Lucha contra las Discriminaciones en la Esfera de la Enseñanza dice:

"La presente Convención no tendrá por efecto menoscabar los derechos de que disfrutan los individuos o los grupos en virtud de acuerdos concertados por dos o más Estados, siempre que esos derechos no sean contrarios a la letra o al espíritu de la presente Convención".

9º   Las siguientes disposiciones de la Convención de las Naciones Unidas contra la tortura recogen la misma idea:

"Artículo 1.2. El presente artículo se entenderá sin perjuicio de cualquier otro instrumento internacional o legislación nacional que contenga o pueda contener disposiciones de mayor alcance.

Artículo 14.2. Nada de lo dispuesto en el presente artículo afectará cualquier derecho de la víctima o de otra persona a indemnización que pueda existir con arreglo a las leyes nacionales.

Artículo 16.2. La presente Convención se entenderá sin perjuicio de lo dispuesto en otros instrumentos internacionales o leyes nacionales que prohíban los tratos y las penas crueles, inhumanas y degradantes, o que se refieran a la extradición o expulsión".

10° El artículo 14 de la Convención Interamericana para Prevenir, Sancionar y Erradicar la Violencia contra la Mujer establece:

"Nada de lo dispuesto en la Presente Convención podrá ser interpretado como restricción o limitación a la Convención Americana sobre Derechos Humanos u otras Convenciones Internacionales sobre la materia que prevean iguales o mayores protecciones relacionadas con el tema".

En consecuencia, estimamos que el artículo antes indicado podría quedar redactado en dos normas distintas, así:

"Artículo. La enunciación de los derechos y garantías contenidos en esta Constitución y en los instrumentos internacionales sobre derechos humanos no debe entenderse como negación de otros que, siendo inherentes a la persona humana, no figuren expresamente en ellos. La falta de ley reglamentaria de estos derechos no menoscaba el ejercicio de los mismos.

Artículo. Los Tratados, Pactos y Convenios internacionales sobre derechos humanos ratificados por Venezuela prevalecen en el orden interno, en la medida en que contengan normas que garanticen su goce y ejercicio más favorable a la establecida por esta Constitución y las leyes de la República.

7. *La jerarquía constitucional de los Tratados sobre Derechos Humanos*

Por otra parte, en este mismo contexto de la progresividad de los derechos humanos, estimamos que en la Nueva Constitución, debería dársele rango constitucional a los *Tratados sobre Derechos Humanos,* para así responder a uno de los principios fundamentales que deben guiar los trabajos de la Asamblea.

En efecto, la jerarquía de los diversos instrumentos internacionales en general y, en particular, sobre derechos humanos dentro del ordenamiento jurídico estatal, es una materia que debe ser determinada fundamentalmente por la propia Constitución. Es, por tanto, la Constitución la llamada a establecer el rango normativo de un tratado, pacto o convenio internacional sobre derechos humanos, dentro del ordenamiento jurídico interno o las fuentes del Derecho estatal. Como lo expresó Jiménez de Arechaga, la cuestión de cuál norma prevalece en caso de conflicto entre las reglas de Derecho Internacional y las de Derecho Interno, es regida por el Derecho Constitucional de cada país (Eduardo Jiménez de Arechaga, "La Convención Interamericana de Derechos Humanos como Derecho Interno", en *Revista IIDH*, Instituto Interamericano de Derechos Humanos, Enero/Junio 1988, San José, páginas 27 y 28). Lo mismo ocurre con la decisión que adopte cada Estado, en relación con su posición monista o dualista sobre el Derecho Internacional: la determina su propia Constitución.

En términos generales las Constituciones le otorgan a estos instrumentos internacionales, cuatro tipos de rango o valor: supraconstitucional, constitucional, supralegal y legal.

Conforme al sistema de *rango constitucional,* los Tratados se equiparan con la misma jerarquía normativa de la Constitución. En otras palabras, los Tratados Internacionales tienen rango constitucional, adquiriendo la supremacía y, en consecuencia, la rigidez, propias de la Constitución.

Un modelo de este sistema lo configura la Constitución de Perú de 1979, derogada por la de 1993, que entró en vigencia en 1994. El artículo 105 de la referida Constitución de 1979, establecía:

"Los preceptos contenidos en los Tratados relativos a derechos humanos, tienen jerarquía constitucional. No pueden ser modificados sino por el procedimiento que rige para la reforma de la Constitución".

La nueva Constitución de Argentina de 1994, si bien le da a los Tratados en general una jerarquía "superior a las leyes"; a los Tratados y Declaraciones vigentes sobre derechos humanos, que enumera expresa y taxativamente en el artículo 75 inciso 22, les otorga la "jerarquía constitucional"; y los demás Tratados sobre derechos humanos, dispuso que podrán gozar de la "jerarquía constitucional", en caso de que luego de ser aprobados por el Congreso así se disponga con el voto de las dos terceras partes de la totalidad de los miembros de cada Cámara. Dicha norma tiene el siguiente contenido:

"*Artículo 75*   Corresponden al Congreso:

... 22. Aprobar o desechar Tratados concluidos con las demás naciones y con las organizaciones internacionales y los concordatos con la Santa Sede. Los Tratados y concordatos tienen jerarquía superior a las leyes. La Declaración Americana de los Derechos y Deberes del Hombre; la Declaración Universal de Derechos Humanos; la Convención Americana sobre Derechos Humanos; el Pacto Internacional de Derechos Económicos, Sociales y Culturales; el Pacto Internacional de Derechos Civiles y Políticos y su Protocolo Facultativo; la Convención sobre la Prevención y la Sanción del Delito de Genocidio, la Convención Internacional sobre la Eliminación de todas las Formas de Discriminación Racial; la Convención sobre la Eliminación de todas las Formas de Discriminación contra la Mujer; la Convención contra la Tortura y otros Tratos o Penas Crueles, Inhumanos o Degradantes; la Convención sobre los Derechos del Niño; en la condiciones de su vigencia tienen *jerarquía constitucional*, no derogan artículo alguno de la primera parte de esta Constitución y deben entenderse complementarios de los derechos y garantías por ella reconocidos. Solo podrán ser denunciados en su caso, por el Poder Ejecutivo Nacional, previa aprobación de las dos terceras partes de la totalidad de los miembros de cada Cámara.

Los demás Tratados y convenciones sobre derechos humanos, luego de ser aprobados por el Congreso, requerirán del voto de las dos terceras partes de la totalidad de los miembros de cada Cámara para gozar de la *jerarquía constitucional*" (Subrayados nuestros).

Conforme a esta norma, por tanto, en Argentina, los Tratados sobre Derechos Humanos gozan de la misma jerarquía que la Constitución. Por ello, esos Tratados solo pueden ser denunciados previo cumplimiento de un procedimiento agravado, previsto en la Constitución, que exige la previa aprobación de las dos terceras partes de la totalidad de los miembros de cada Cámara.

En el caso venezolano, ya nuestra Corte Suprema de Justicia ha reconocido, en reciente jurisprudencia, la jerarquía constitucional de los Tratados sobre derechos humanos. En efecto, de manera tajante, la Corte afirmó que los derechos humanos están constitucionalizados en Venezuela, por lo que los instrumentos internacionales que los consagran tienen jerarquía constitucional; convirtiéndose, como en el caso concreto de la Convención Americana, en parámetro para el control de la constitucionalidad.

En tal sentido, la Corte Suprema de Justicia en Corte Plena, en sentencia de 14-10-97, (mediante la cual se declaró la inconstitucionalidad de la Ley sobre Vagos y Maleantes), estableció lo siguiente:

"Al quedar constitucionalizados los derechos humanos, conforme a la disposición contenida en el artículo 50 de la Constitución de la República, la Ley sobre Vagos y Maleantes vulnera "Ipso jure" *convenciones Internacionales y Tratados, sobre los derechos del hombre, en la medida en que dichos instrumentos adquieren jerarquía constitucional.*

La Convención Americana de Derechos Humanos (Pacto de San José) se ha incorporado a nuestro derecho interno como norma ejecutiva y ejecutable reforzada por la jurisprudencia, la cual le ha dado el carácter de parámetro de constitucionalidad.

Ello entraña la incorporación a nuestro ordenamiento jurídico interno del régimen previsto en convenciones internacionales".

Estimamos, por tanto, que conforme a esta doctrina y para ser consecuentes con el carácter progresivo de los derechos humanos que debe inspirar el trabajo de la Asamblea Nacional Constituyente, de conformidad con lo establecido en la *Base Comicial Número Octava* del *Referéndum* celebrado el 25 de abril de 1999 debe incorporarse en la nueva Constitución, una norma que consagre la jerarquía constitucional de los Tratados sobre derechos humanos; y que, como consecuencia de ello, en dicha norma se disponga la rigidez de su denuncia, a fin de que no puedan ser denunciados por los mecanismos ordinarios, sino mediante la previa aprobación de las dos terceras partes de los miembros de cada Cámara del Poder Legislativo Nacional. Con todo y ello, debe destacarse, como por ejemplo, conforme al criterio sostenido por el Comité de Derechos Humanos de Naciones Unidas, el Pacto Internacional de Derechos Civiles y Políticos no es denunciable.

Conforme a lo anteriormente expuesto, la norma que proponemos podría tener la siguiente redacción:

> *"Artículo   Los Tratados y convenciones relativos a derechos humanos en las condiciones de su vigencia, tienen jerarquía constitucional. Estos Tratados solo podrán ser denunciados en su caso por el Ejecutivo Nacional cuando resulte procedente, previa aprobación de las dos terceras partes de la totalidad de los miembros de cada una de las Cámaras del Poder Legislativo Nacional".*

8. *El derecho al libre desenvolvimiento de la personalidad*

En cuanto a las Disposiciones Generales, estimamos que en ellas debe incluirse, como aparece en la Constitución de 1961 (artículo 43), el artículo 13 ubicado en el Capítulo III sobre *Derechos Individuales* del Proyecto presentado por la Comisión, con el acápite *"Derecho al desarrollo de la Personalidad"*, y que tiene el siguiente texto:

> *"Artículo   Todas las personas tienen derecho al libre desenvolvimiento de su personalidad, sin más limitaciones que las que derivan del derecho de los demás y del orden público y social".*

Este artículo, está al comienzo del Capítulo I de las Disposiciones Generales del Título III, de los "Deberes, Derechos y Garantías" de la Constitución de 1961, y como se indica en la Exposición de Motivos de dicha Constitución,

> "sustituye el enunciado tradicional de que todos pueden hacer lo que no perjudique a otro y nadie está obligado a hacer lo que la Ley no ordene ni impedido de ejecutar lo que ella no prohíba".

Por ello, al ser la consagración más clásica de la libertad, estimamos que esta norma debe también encabezar las Disposiciones Generales relativas a los derechos humanos en la Nueva Constitución, con la siguiente redacción:

> *"Artículo   Todos tienen derecho al libre desenvolvimiento de su personalidad, sin más limitaciones que las que derivan del derecho de los demás y del orden público y social".*

9. *El derecho de amparo*

También consideramos que debe incorporarse en el Capítulo de las Disposiciones Generales, la norma equivalente al artículo 49 de la Constitución de 1961 que consagra el derecho de amparo en la siguiente forma:

> *"Artículo 49   Los Tribunales ampararán a todo habitante de la República en el goce y ejercicio de los derechos y garantías que la Constitución establece, en conformidad con la ley.*
>
> *El procedimiento será breve y sumario, y el juez competente tendrá potestad para restablecer inmediatamente la situación jurídica infringida".*

En el *Proyecto* presentado por la Comisión, la norma relativa al "derecho de amparo", inconvenientemente convertido en "acción de amparo", se encuentra incorporada en el artículo 12 del Capítulo III referido a los Derechos Individuales que tiene el acápite *"Derecho a un recurso efectivo"* con el siguiente texto:

"Derecho a un recurso efectivo

*Artículo   T*odas las personas tienen derecho a un recurso efectivo y a una adecuada administración de la justicia y en virtud de ello:

1. Todas las personas tienen derecho a acceder a los órganos de administración de justicia para hacer valer sus intereses y derechos y a que éstos decidan con prontitud los asuntos que le sean sometidos.

2. Toda persona que se considere privada arbitrariamente de su libertad podrá acogerse al hábeas corpus, el cual podrá ejercer por sí o por interpuesta persona. Este derecho se garantizará aún en estado de emergencia, excepción o restricción de garantías individuales. Todo tiempo será hábil y el tribunal dará preferencia a este trámite sobre cualquier otro asunto.

3. Todas las personas podrán solicitar ante los tribunales competentes que sean amparadas en el goce y ejercicio de los derechos y garantías constitucionales, aún de aquellos derechos de la persona humana que no figuren expresamente en la Constitución, con el propósito de que se restablezca inmediatamente la situación jurídica infringida o la situación que más se asemeje a ella.

4. Toda persona tiene derecho a conocer lo que de ella conste en los servicios informáticos, en cualquier otra forma de archivo o registro público o privado de carácter público, y a que se elimine o se actualice, la información allí registrada si fuere procedente. De la misma manera podrá acceder a documentos de cualquier naturaleza que tenga la información y conocimiento de interés para comunidades o grupos de personas. No podrá afectarse el secreto profesional de las fuentes de información periodística.

5. El Estado velará por garantizar una justicia accesible, idónea, transparente, autónoma, responsable y equitativa, que se desarrolle de manera proba, sin dilaciones indebidas, formalismos o reposiciones inútiles.

Ahora bien, esta norma, en realidad, no se limita sólo a regular el "derecho a un recurso efectivo", ya que regula el amparo, el *habeas corpus* y el *habeas data*; sino que, además, regula otros derechos como el derecho de acceso a la justicia. La redacción del artículo, en todo caso, tiene su origen en el *Proyecto* presentado por el Presidente de la República a la Asamblea Nacional Constituyente con el nombre *Ideas Fundamentales para la Constitución Bolivariana de la V República.*

Estimamos que las diversas regulaciones que se incorporan a la norma, para que tengan la efectividad necesaria como derechos y garantías constitucionales, deberían ser objeto de artículos separados, pues entre otros aspectos, la integración en una norma única, de varias instituciones, produce en algunos casos, incluso sin quererse, una distorsión como sucede por ejemplo, respecto de la concepción del *derecho de amparo* regulado en el artículo 49 de la Constitución, y que podría quedar reducido a una sola *acción de amparo.*

En efecto, la institución venezolana del amparo es única en las regulaciones latinoamericanas, pues se la concibe como un *derecho constitucional* más que una sola acción o medio procesal específico de protección (acción autónoma de amparo), como se la concibe en general, en América Latina, y en algunos países europeos (Véase Allan R. Brewer-Carías, *El amparo a los derechos y garantías constitucionales. Una aproximación comparativa,* Caracas 1993).

En virtud de que el amparo en Venezuela está concebido como un derecho y no reducido a ser sólo un recurso o acción (Véase Allan R. Brewer-Carías "El derecho de amparo y la acción de amparo", *Revista de Derecho Público,* N° 22, Caracas, 1985, pág. 51 y sigts.) en términos algo parecidos, conceptualmente al menos, con el amparo mexicano (Véase Héctor Fix Zamudio "Algunos aspectos del derecho de amparo en México y Venezuela", *Libro Homenaje a la Memoria de Lorenzo Herrera Mendoza,* UCV, Caracas 1970, Tomo II, pág. 333 a 339), si algo hay que hacer en la Nueva Constitución es no abandonar ese carácter universal del amparo que permite que la protección constitucional inmediata y efectiva, además de obtenerse a través de la acción autónoma de amparo (recurso efectivo), se pueda lograr mediante múltiples otros medios procesales o adjetivos.

Por ello, en Venezuela, al contrario de la tradición de la mayoría de países de América Latina, la acción de *habeas corpus* no se diferencia de la acción de amparo, pues como lo dispone la Disposición Transitoria Quinta de la Constitución de 1961, se trata del "amparo a la libertad personal".

Por ello, estimamos que del artículo propuesto, en realidad, deberían salir tres normas separadas.

En *primer lugar,* la que regula, en general, el derecho de acceso a la justicia y a obtener efectiva tutela judicial, la cual puede redactarse con los principios establecidos en el ordinal 1° y el ordinal 5° del referido artículo décimo segundo propuesto por la Comisión, así:

> *"Artículo* Todos tienen derecho de acceso a los órganos de una adecuada administración de justicia para hacer valer sus derechos e intereses, pretender la tutela efectiva de los mismos y obtener con prontitud la decisión de los asuntos que le sean sometidos.
>
> Todos tienen, además, el derecho de acudir ante un tribunal competente para solicitar la tutela de derechos o intereses colectivos o difusos.
>
> El Estado velará para garantizar una justicia accesible, idónea, transparente, autónoma, responsable y equitativa, que se desarrolle de una manera proba sin dilaciones indebidas, formalismos o reposiciones inútiles".

En *segundo lugar*, se debe regular el derecho de amparo, como tal derecho constitucional, con una redacción que podría ser la siguiente:

> *"Artículo* Todos tienen derecho a que los Tribunales los amparen en el goce y ejercicio de los derechos y garantías constitucionales, aún de aquellos inherentes a la persona humana que no figuren expresamente en la Constitución.
>
> El procedimiento, incluyendo el de la acción autónoma de amparo, será sencillo, breve y sumario y el juez competente tendrá potestad para restablecer inmediatamente la situación jurídica infringida o la situación que mas se asemeje a ella. Todo tiempo será hábil y el tribunal dará preferencia al trámite sobre cualquier otro asunto.
>
> En el caso de la acción de amparo a la libertad o seguridad personales (*habeas corpus*), la misma podrá ser intentada por sí o por interpuesta persona; sin que pueda afectarse su ejercicio por la declaratoria del estado de

emergencia o de excepción o de la restricción de garantías constitucionales".

En *tercer lugar*, en cuanto a la acción del *habeas data*, la misma podría estar regulada en un artículo aparte, con la redacción modificada del ordinal 4º del artículo propuesto por la Comisión, siguiendo el sentido de la redacción del artículo 135 de la Constitución de Paraguay, así:

> *"Artículo* Toda persona tiene derecho de acceder a la información y a los datos que sobre si misma o sobre sus bienes, consten en registros oficiales o privados de carácter público, así como de conocer el uso que se haga de los mismos y de su finalidad; y a solicitar ante el Tribunal competente la actualización, la rectificación o la destrucción de aquéllos, si fuesen erróneos o afectaran, ilegítimamente, sus derechos".

10. *El derecho a la igualdad y a la no discriminación*

Por último, también consideramos que deben incorporarse al articulado de las *Disposiciones Generales* del Título sobre Derechos, Deberes y Garantías Constitucionales, las normas relativas al denominado *Derecho a la igualdad y no discriminación* y que en el Proyecto presentado por la Comisión se encuentran (con los números 14, 15 y 16) en el Capítulo sobre Derechos Individuales, para las cuales proponemos el siguiente texto refundido y corregido:

> *Derecho a la igualdad y no-discriminación*
>
> *"Artículo* Todas las personas son iguales ante la Ley. No se permitirán discriminaciones fundadas en la raza, la edad, el color, el sexo, el idioma, la religión, la opinión política o de otra índole, el origen nacional, étnico o social, la filiación, la adopción, la discapacidad y condición de salud o cualquier condición de sus progenitores, responsables y familiares que tengan por objeto o por resultado anular o menoscabar el reconocimiento, goce o ejercicio en condiciones de igualdad, de los derechos y libertades de toda persona.
>
> El Estado garantiza las condiciones jurídicas y administrativas para que la igualdad ante la ley sea real y efectiva; adoptará medidas a favor de grupos discriminados y marginados; protegerá especialmente a aquellas personas que por alguna de las condiciones antes especificadas, se encuentren en circunstancia de debilidad manifiesta y sancionará los abusos o maltratos que contra ella se cometan.
>
> No se dará otro trato oficial sino el de Ciudadano y Usted, salvo las fórmulas diplomáticas.
>
> No se reconocerán títulos nobiliarios ni distinciones hereditarias".

En la forma anterior, el texto de los mencionados artículos quedaría refundido en uno sólo, con el mismo texto propuesto, excepto en cuanto a la eliminación de la expresión "orientación sexual" que, además de imprecisa, el supuesto que pretendería abarcar quedaría incluido en el principio de la proscripción de la discriminación fundada en el "sexo".

11. *Proyecto de articulado sobre las Disposiciones Fundamentales del Título relativo a Derechos, Deberes y Garantías Constitucionales*

Como consecuencia de todo lo anteriormente expuesto, en sustitución del articulado presentado por la Comisión de Derechos Humanos y Garantías Constitucionales, proponemos que en el Capítulo de las *"Disposiciones Generales"* del Título sobre Derechos Humanos, Deberes y Garantías, quede redactado así:

Título
De los Derechos, Deberes y Garantías Constitucionales
Capítulo I
Disposiciones Fundamentales

"*Artículo* El orden constitucional de la República de Venezuela está basado en el más absoluto respeto de la dignidad humana, de los derechos inherentes a la persona y del libre desarrollo de la personalidad, dentro de un régimen de plena vigencia del Estado de Derecho, cuya finalidad es garantizar el bien común, la justicia y la paz y solidaridad sociales.

Artículo El Estado garantiza a toda persona conforme al principio de progresividad y sin discriminación alguna, el ejercicio y goce irrenunciable de los derechos individuales, políticos, económicos, sociales, culturales, ambientales y los denominados de tercera generación; y su aplicación es de obligatorio cumplimiento por los órganos del Poder Público de conformidad con la Constitución, los Tratados sobre Derechos Humanos suscritos por la República y las leyes que rijan la materia.

Artículo Ninguna disposición legislativa tendrá efecto retroactivo, excepto cuando imponga menor pena. Las leyes de procedimiento se aplicarán desde el momento mismo de entrar en vigencia aún en los procesos que se hallaren en curso; pero en los procesos penales las pruebas ya evacuadas se estimarán, en cuanto beneficien al reo, conforme a la ley vigente para la fecha en que se promovieron.

Artículo Todo acto dictado en ejercicio del Poder Público que viole o menoscabe los derechos garantizados por esta Constitución es nulo, y los funcionarios y empleados públicos que lo ordenen o ejecuten incurren en responsabilidad penal, civil y administrativa según los casos, sin que les sirvan de excusa órdenes superiores y manifiestamente contrarias a la Constitución y a las leyes.

Artículo La enunciación de los derechos y garantías contenidos en esta Constitución y en los instrumentos internacionales sobre derechos humanos no debe entenderse como negación de otros que, siendo inherentes a la persona humana, no figuren expresamente en ellos. La falta de ley reglamentaria de estos derechos no menoscaba el ejercicio de los mismos.

Artículo Los Tratados, Pactos y Convenios internacionales sobre derechos humanos ratificados por Venezuela prevalecen en el orden interno, en la medida en que contengan normas que garanticen su goce y ejercicio más favorable a la establecida por esta Constitución y las leyes de la República".

Artículo Los Tratados y convenciones relativos a derechos humanos en las condiciones de su vigencia, tienen jerarquía constitucional. Estos Tratados solo podrán ser denunciados en su caso por el Ejecutivo Nacional cuando resulte procedente, previa aprobación de las dos terceras partes de la totalidad de los miembros de cada una de las Cámaras del Poder Legislativo Nacional.

Artículo Todos tienen derecho al libre desenvolvimiento de su personalidad, sin más limitaciones que las que derivan del derecho de los demás y del orden público y social.

Artículo Todos tienen derecho de acceso a los órganos de una adecuada administración de justicia para hacer valer sus derechos e intereses, pretender la tutela efectiva de los mismos y obtener con prontitud la decisión de los asuntos que le sean sometidos.

Todos tienen, además, el derecho de acudir ante un tribunal competente para solicitar la tutela de derechos o intereses colectivos o difusos.

El Estado velará para garantizar una justicia accesible, idónea, transparente, autónoma, responsable y equitativa, que se desarrolle de una manera proba sin dilaciones indebidas, formalismos o reposiciones inútiles".

Artículo Todos tienen derecho a que los Tribunales los amparen en el goce y ejercicio de los derechos y garantías constitucionales, aún de aquellos inherentes a la persona humana que no figuren expresamente en la Constitución.

El procedimiento, incluyendo el de la acción autónoma de amparo, será sencillo, breve y sumario y el juez competente tendrá potestad para restablecer inmediatamente la situación jurídica infringida o la situación que mas se asemeje a ella. Todo tiempo será hábil y el tribunal dará preferencia al trámite sobre cualquier otro asunto.

En el caso de la acción de amparo a la libertad o seguridad personales (*habeas corpus*), la misma podrá ser intentada por sí o por interpuesta persona; sin que pueda afectarse su ejercicio por la declaratoria del estado de emergencia o de excepción o de la restricción de garantías constitucionales".

Artículo Toda persona tiene derecho de acceder a la información y a los datos que sobre si misma o sobre sus bienes, consten en registros oficiales o privados de carácter público, así como de conocer el uso que se haga de los mismos y de su finalidad; y a solicitar ante el Tribunal competente la actualización, la rectificación o la destrucción de aquéllos, si fuesen erróneos o afectaran, ilegítimamente, sus derechos.

Artículo Todas las personas son iguales ante la Ley. No se permitirán discriminaciones fundadas en la raza, la edad, el color, el sexo, el idioma, la religión, la opinión política o de otra índole, el origen nacional, étnico o social, la filiación, la adopción, la discapacidad y condición de salud o cualquier condición de sus progenitores, responsables y familiares que tengan por objeto o por resultado anular o menoscabar el reconocimiento, goce o ejercicio en condiciones de igualdad, de los derechos y libertades de toda persona.

El Estado garantiza las condiciones jurídicas y administrativas para que la igualdad ante la ley sea real y efectiva; adoptará medidas a favor de grupos discriminados y marginados; protegerá especialmente a aquellas personas que por alguna de las condiciones antes especificadas, se encuentren en circunstancia de debilidad manifiesta y sancionará los abusos o maltratos que contra ella se cometan.

No se dará otro trato oficial sino el de Ciudadano y Usted, salvo las fórmulas diplomáticas.

No se reconocerán títulos nobiliarios ni distinciones hereditarias.

En la espera de que las anteriores consideraciones y observaciones, para cuya redacción, en algunos aspectos, he contado con la colaboración de los Profesores Pedro Nikken, *Presidente del Instituto Interamericano de Derechos Humanos* y Carlos Ayala Corao, *Miembro de la Comisión Interamericana de Derechos Humanos;* sean de utilidad para los trabajos de esa Comisión, me suscribo de Udes.,

Artículo 19. Garantía de los derechos humanos

Artículo 19. El Estado garantizará a toda persona, conforme al principio de progresividad y sin discriminación alguna, el goce y ejercicio irrenunciable, indivisible e interdependiente de los derechos humanos. Su respeto y garantía son obligatorios para los órganos del Poder Público, de conformidad con esta Constitución, con los tratados sobre derechos humanos suscritos y ratificados por la República y con las leyes que los desarrollen.

Sobre esta norma véase lo que se indica en la página 556 este libro.

Sobre esta norma, en la sesión del 21 de octubre de 1999, primera discusión formulé la siguiente exposición:

CONSTITUYENTE BREWER CARÍAS (ALLAN).-*Señor Presidente. Sobre esta norma quisiera, en el mismo sentido de la propuesta que me ha precedido, rescatar algunos términos que están en el proyecto original de la Comisión que presidió el constituyente Saab y sobre los cuales en las discusiones de la Comisión Constitucional hizo mucho hincapié, estoy de acuerdo, y que fueron omitidas en esta versión. Les propongo que las dos primeras líneas queden redactas así: "El Estado garantiza a toda persona, conforme al principio de progresividad y sin discriminación alguna, el goce y ejercicio irrenunciable, indivisible e interdependiente de los derechos humanos" que estos términos fueron eliminados del proyecto.*

Propongo que estas dos primeras líneas estén redactas en esta forma, resume lo que se ha planteado y luego, agregar el tema de "tratados suscritos y ratificados por la República". No sé si estén de acuerdo los otros constituyentes y hacemos la propuesta, ya la voy a formular.

[...]

CONSTITUYENTE BREWER CARÍAS (ALLAN).-*Esto es un poco Presidente, para resumir las propuestas. Pienso que sí es necesario en una norma inicial sobre derechos y garantías insistir en que son obligatorios estos derechos, su respeto por parte del Estado y los órganos del Poder Público. El surgimiento de los derechos humanos es frente al Estado y eso es algo que tenemos que insistir. Esto no daña.*

De manera que hay una propuesta que recoge las sugerencias de los constituyentes Saab, Romero y Combellas y que sería así: "El Estado garantiza a toda persona conforme al principio de la progresividad y sin discriminación alguna, el goce y ejercicio irrenunciable, indivisible e interdependiente de los derechos humanos y su respeto y garantía es obligatorio para los órganos del Poder Público, de conformidad con la Constitución, los tratados sobre derechos humanos suscritos y ratificados por la República y las leyes que lo desarrollan", que recoge lo que se ha planteado.

Artículo 20. Derecho al libre desenvolvimiento de la personalidad

Artículo 20. Toda persona tiene derecho al libre desenvolvimiento de su personalidad, sin más limitaciones que las que derivan del derecho de las demás y del orden público y social.

Sobre esta norma véase lo que se indica en la página 564 de este Tomo.

Sobre esta norma, en la sesión del 19 de octubre de 1999, formulé la siguiente exposición, luego de que un constituyente (Edmundo Chirinos) propusiera fundir varios textos, eliminando este:

CONSTITUYENTE BREWER CARÍAS (ALLAN).-No, Presidente, estos dos artículos apuntan a cuestiones totalmente distintas con la excusa de nuestro amigo el médico; esto es un concepto, primero, el del libre desenvolvimiento de la personalidad es el concepto más amplio de libertad por una parte, y por la otra, es el principio de igualdad. Claro bajo ese ángulo se puede hacer un chorizo sin articulado. No, pero eso no es una Constitución, de manera que esto tiene que ser dos cosas distintas y dos artículos distintos.

Artículo 21. Igualdad ante la ley

Artículo 21. Todas las personas son iguales ante la ley; en consecuencia:

1. No se permitirán discriminaciones fundadas en la raza, el sexo, el credo, la condición social o aquellas que, en general, tengan por objeto o por resultado anular o menoscabar el reconocimiento, goce o ejercicio en condiciones de igualdad, de los derechos y libertades de toda persona.

2. La ley garantizará las condiciones jurídicas y administrativas para que la igualdad ante la ley sea real y efectiva; adoptará medidas positivas a favor de personas o grupos que puedan ser discriminados, marginados o vulnerables; protegerá especialmente a aquellas personas que por alguna de las condiciones antes especificadas, se encuentren en circunstancia de debilidad manifiesta y sancionará los abusos o maltratos que contra ellas se cometan.

3. Sólo se dará el trato oficial de ciudadano o ciudadana, salvo las fórmulas diplomáticas.

4. No se reconocen títulos nobiliarios ni distinciones hereditarias.

Sobre esta norma véase lo que se indica en la página 567 de este Tomo.

Sobre esta norma, en la sesión del 21 de octubre de 1999, expuse lo siguiente:

CONSTITUYENTE BREWER CARÍAS (ALLAN). Señor Presidente, esta norma recoge, como ya se ha dicho, el artículo 61 de la Constitución actual y recoge el espíritu del Preámbulo. Justamente en este tema fue donde el Preámbulo de la Constitución del 61 tuvo valor e imperatividad constitucional. Ahí se dice expresamente, uno de los temas del Preámbulo, "mantener la igualdad social y jurídica, sin discriminaciones derivadas de razas, sexo, credo y condición social". Lo que pasa es que luego en el texto de la Constitución no aparece la palabra igualdad.

De manera que hay un progreso acá, como se ha destacado, en establecer el principio de la igualdad ante la ley.

El texto aquí varía también en relación a lo que se discutió ampliamente y se aprobó en la Comisión Constitucional y en la Comisión que presidía el constituyente Saab. Habla, "no sólo todas las personas son iguales ante la ley", después dice, "no se permitirán discriminaciones", y ni siquiera aquí se repite el texto de la Constitución actual que creo que es importante, que destacaba Claudio Fermín y en cierto sentido Pablo Medina: habría que agregar al menos lo que dice la Constitución actual. "No se permitirán discriminaciones fundadas en la raza, el sexo, el credo o la condición social".

Hay que establecer esa enumeración. Por supuesto, lo que planteaba la Comisión que preside el constituyente Saab era mucho más enumerativa: "No se permitirán discriminaciones fundadas en la raza, la edad, color, sexo, idioma, la religión, el estado civil, la opinión política o de otra índole, el origen nacional, étnico o social, la afiliación, la adopción, la discapacidad y la condición de salud o la condición de sus progenitores, responsables, etcétera; era muchísimo más amplia, pero insisto, al menos, deberíamos establecer la enumeración mínima de que no se admiten discriminaciones fundadas en la raza, el credo, el sexo o la condición social. Esa es una de las propuestas que voy a formular.

En cuanto al segundo párrafo, pienso que es la ley la que garantizará, no es el Estado, porque toda la Constitución es el Estado mismo. Aquí hay que decir que la ley garantizará las condiciones jurídicas y administrativas para que la igualdad sea real y efectiva, que apunta hacia lo que planteaba Pablo Medina y establecerá medidas positivas etcétera.

Artículo 22. Cláusula abierta de los derechos y garantías

Artículo 22. La enunciación de los derechos y garantías contenidos en esta Constitución y en los instrumentos internacionales sobre derechos humanos no debe entenderse como negación de otros que, siendo inherentes a la persona, no figuren expresamente en ellos. La falta de ley reglamentaria de estos derechos no menoscaba el ejercicio de los mismos.

Sobre esta norma véase lo que se indica en la página 558 de este Tomo.

En la sesión del día 21 de octubre de 1999, primera discusión, de nuevo con ocasión de una proposición formulada por un Constituyente (Edmundo Chiri-

nos), de reducir su extensión expresando sólo que: "No deben ser considerados como negados los derechos inherentes a la persona humana que no figuren expresamente en esta Constitución y en los instrumentos internacionales", considerando lo dicho en "22 palabras contra 53 y mucho más claro" expresé lo siguiente:

CONSTITUYENTE BREWER CARÍAS (ALLAN).-Ciudadano Presidente: De acuerdo a lo que señalaron los constituyentes Hermann Escarrá y Ricardo Combellas, pienso que este texto debe quedar tal como está. Esto tiene una importancia fundamental en el campo de los derechos humanos e incorporados en la Constitución del 61, pero que viene desde el origen de nuestro Constitucionalismo, y en esta forma, creo que ponernos a corregir y modificar con la idea de simplificar y reducir de cincuenta palabras a 21, vamos a destrozar un concepto que para el Constitucionalismo es realmente bien importante.

De manera que quisiera plantear más bien un agregado al artículo, más que reducir palabras aumentar, y el agregado es el siguiente: "En todo caso, las leyes que desarrollen el ejercicio de los derechos, deberán respetar el contenido esencial de los mismos." Es decir, rescatar la noción del contenido esencial de los derechos que lamentablemente no ha sido siempre respetado, y con ocasión de leyes que los desarrollan transforman el derecho porque cambian su contenido esencial.

Es una noción que tiene ya cartas de naturaleza en el Constitucionalismo moderno, sobre todo en el Constitucionalismo español que se ha desarrollado muchísimo y que ha permitido la apertura de un enorme control de constitucionalidad sobre los actos del Estado y, particularmente, en materia de Amparo Constitucional. Por eso mi propuesta es más bien agregar esta frase que haga referencia al contenido esencial de los derechos que no puede ser modificado con motivo de la regulación legal.

El final en el debate propuse además lo siguiente:

Proposición del constituyente Allan Brewer Carías

Agregar esta frase: "En todo caso, las leyes que desarrollen el ejercicio de los derechos deberán respetar el contenido esencial de los mismos".

Artículo 23. Jerarquía constitucional de los tratados sobre derechos humanos

Artículo 23. Los tratados, pactos y convenciones relativos a derechos humanos, suscritos y ratificados por Venezuela, tienen jerarquía constitucional y prevalecen en el orden interno, en la medida en que contengan normas sobre su goce y ejercicio más favorables a las establecidas en esta Constitución y en las leyes de la República, y son de aplicación inmediata y directa por los tribunales y demás órganos del Poder Público.

Sobre esta norma véase lo que se indica en la página 561 de este Tomo.

El texto de esta norma resultó de la propuesta que formulamos en el siguiente documento que durante la elaboración del proyecto de Constitución, presenté a la Comisión de Derechos Humanos y Garantías Constitucionales y a la Comisión Constitucional en fecha 3 de octubre de 1999:

LA CONSTITUCIONALIZACIÓN DE LOS TRATADOS SOBRE DERECHOS HUMANOS

Texto de la Comunicación dirigida a los Presidentes de la Comisión de Derechos Humanos y de la Comisión Constitucional de la Asamblea Nacional Constituyente en la sesión del 17-09-1999.

Tengo el agrado de dirigirme a Uds. con el objeto de hacerles llegar mis apreciaciones sobre la necesidad de que en la Nueva Constitución, se le de rango constitucional a los *Tratados sobre Derechos Humanos*.

1. *La jerarquía de los Tratados*

En efecto, la jerarquía de los diversos instrumentos internacionales en general y, en particular, sobre derechos humanos dentro del ordenamiento jurídico estatal, es una materia que debe ser determinada fundamentalmente por la propia Constitución. Es, por tanto, la Constitución la llamada a establecer el rango normativo de un tratado, pacto o convenio internacional sobre derechos humanos, dentro del ordenamiento jurídico interno o las fuentes del Derecho estatal. Como lo expresó Jiménez de Aréchaga, la cuestión de cuál norma prevalece en caso de conflicto entre las reglas de Derecho Internacional y las de Derecho Interno, es regida por el Derecho Constitucional de cada país (JIMENEZ DE ARECHAGA, Eduardo. "La Convención Interamericana de Derechos Humanos como Derecho Interno", en *Revista IIDH*, Instituto Interamericano de Derechos Humanos, Enero/Junio 1988, San José, páginas 27 y 28). Lo mismo ocurre con la decisión que adopte cada Estado, en relación a su posición monista o dualista sobre el Derecho Internacional: la determina su propia Constitución.

En términos generales las Constituciones le otorgan a estos instrumentos internacionales, cuatro tipos de rango o valor: 1) supraconstitucional; 2) constitucional; 3) supralegal; y 4) legal.

Conforme al sistema de rango constitucional, los Tratados se equiparan con la misma jerarquía normativa de la Constitución. En otras palabras, los Tratados Internacionales tienen rango constitucional, adquiriendo la supremacía y en consecuencia la rigidez, propias de la Constitución.

Un modelo de este sistema lo configura la Constitución de Perú de 1979, derogada por la de 1993, que entró en vigencia en 1994. El artículo 105 de la referida Constitución de 1979, establecía:

> "Los preceptos contenidos en los Tratados relativos a derechos humanos, tienen jerarquía constitucional. No pueden ser modificados sino por el procedimiento que rige para la reforma de la Constitución".

La nueva Constitución de Argentina de 1994, si bien le da a los Tratados en general una jerarquía "superior a las leyes"; a los Tratados y Declaraciones vigentes sobre derechos humanos, que enumera expresa y taxativamente en el artículo 75 inciso 22, les otorga la "jerarquía constitucional"; y los demás Tratados sobre derechos humanos, dispuso que podrán gozar de la "jerarquía constitucional", en caso de que luego de ser aprobados por el Congreso se les imponga el voto de las dos terceras partes de la totalidad de los miembros de cada Cámara. Dicha norma expone el siguiente contenido:

"*Artículo 75*   Corresponden al Congreso:

... 22.   Aprobar o desechar Tratados concluidos con las demás naciones y con las organizaciones internacionales y los concordatos con la Santa Sede. Los Tratados y concordatos tienen jerarquía superior a las leyes.

La Declaración Americana de los Derechos y Deberes del Hombre; la Declaración Universal de Derechos Humanos; la Convención Americana sobre Derechos Humanos; el Pacto Internacional de Derechos Económicos, Sociales y Culturales; el Pacto Internacional de Derechos Civiles y Políticos y su Protocolo Facultativo; la Convención sobre la Prevención y la Sanción del Delito de Genocidio, la Convención Internacional sobre la Eliminación de todas las Formas de Discriminación Racial; la Convención sobre la Eliminación de todas las Formas de Discriminación contra la Mujer; la Convención contra la Tortura y otros Tratos o Penas Crueles, Inhumanos o Degradantes; la Convención sobre los Derechos del Niño; en las condiciones de su vigencia tienen *jerarquía constitucional*, no derogan artículo alguno de la primera parte de esta Constitución y deben entenderse complementarios de los derechos y garantías por ella reconocidos. Solo podrán ser denunciados en su caso, por el Poder Ejecutivo nacional, previa aprobación de las dos terceras partes de la totalidad de los miembros de cada Cámara.

Los demás Tratados y convenciones sobre derechos humanos, luego de ser aprobados por el Congreso, requerirán del voto de las dos terceras partes de la totalidad de los miembros de cada Cámara para gozar de la *jerarquía constitucional*" (Subrayados nuestros).

Conforme a esta norma, por tanto, en Argentina, los Tratados sobre Derechos Humanos gozan de la misma jerarquía que la Constitución. Por ello, esos Tratados solo pueden ser denunciados previo cumplimiento de un procedimiento agravado, previsto en la Constitución: la previa aprobación de las dos terceras partes de la totalidad de los miembros de cada Cámara.

2. *La jurisprudencia venezolana y la propuesta sobre la jerarquía constitucional de los Tratados sobre derechos humanos*

En el caso venezolano, ya nuestra Corte Suprema de Justicia ha reconocido en reciente jurisprudencia, la jerarquía constitucional de los Tratados sobre derechos humanos. En efecto, de manera tajante, la Corte afirmó que los derechos humanos están constitucionalizados en Venezuela, por lo que los instrumentos internacionales que los consagran tienen jerarquía constitucional; convirtiéndose, como en el caso concreto de la Convención Americana, en parámetro para el control de la constitucionalidad.

En tal sentido, la Corte Suprema de Justicia en Corte Plena, en sentencia de 14-10-97, mediante la cual se declaró la inconstitucionalidad de la Ley sobre Vagos y Maleantes, estableció lo siguiente:

"Al quedar constitucionalizados los derechos humanos, conforme a la disposición contenida en el artículo 50 de la Constitución de la República, la Ley sobre Vagos y Maleantes vulnera "Ipso jure" *convenciones Internacionales y Tratados, sobre los derechos del hombre, en la medida en que dichos instrumentos adquieren jerarquía constitucional.*

La Convención Americana de Derechos Humanos (Pacto de San José) se ha incorporado a nuestro derecho interno como norma ejecutiva y ejecutable reforzada por la jurisprudencia, la cual le ha dado el carácter de parámetro de constitucionalidad.

Ello entraña la incorporación a nuestro ordenamiento jurídico interno del régimen previsto en convenciones internacionales".

Estimamos, por tanto, que conforme a esta doctrina y para ser consecuentes con el carácter progresivo de los derechos humanos que debe inspirar el trabajo de la Asamblea Nacional Constituyente, de conformidad con lo establecido en la *Base Comicial número octava* del *Referéndum* celebrado el 25 de abril de 1999 de incorporar en la nueva Constitución, una norma que consagre la jerarquía constitucional de los Tratados sobre derechos humanos; y que, como consecuencia de ello, en dicha norma se disponga la rigidez de su denuncia, a fin de que no puedan ser denunciados por los mecanismos ordinarios, sino mediante la previa aprobación de las dos terceras partes de los miembros de cada Cámara del Poder Legislativo Nacional. Con todo y ello, debe destacarse, por ejemplo, que conforme al criterio sostenido por el Comité de Derechos Humanos de Naciones Unidas, el Pacto Internacional de Derechos Civiles y Políticos no es denunciable.

Conforme a lo anteriormente expuesto, la norma que proponemos podría tener la siguiente redacción:

Artículo Los Tratados y convenciones relativos a derechos humanos en las condiciones de su vigencia, tienen jerarquía constitucional. Estos Tratados solo podrán ser denunciados en su caso por el Ejecutivo Nacional cuando resulte procedente, previa aprobación de las dos terceras partes de la totalidad de los miembros de cada una de las Cámaras del Poder Legislativo Nacional

En espera de que las anteriores consideraciones y propuestas, que he elaborado con la colaboración del Profesor Carlos Ayala Corao, sean de utilidad para esa Comisiones, y con el ruego de que las hagan llegar a los miembros de esas Comisiones, me suscribo de Uds,

***

En relación con la norma, además, en la sesión del día 21 de octubre de 1999, expuse lo siguiente:

CONSTITUYENTE BREWER CARÍAS (ALLAN).- Ciudadano Presidente: No voy a extenderme, es sólo para ratificar lo que ha planteado el constituyente Tarek Williams Saab. Si hay una norma importante en el tema de los derechos fundamentales es ésta. Es más, casi podríamos dejar esta sola norma y quitar el resto de la Constitución. La considero una norma fundamental. Es la más grande innovación en nuestro ordenamiento, y en América Latina -después de Argentina-, seríamos el segundo país el que estaría estableciéndolo expresamente.

No pienso que podamos establecer una jerarquía supraconstitucional a los tratados, como decía el constituyente Manuel Quijada, porque en realidad los tratados pueden tener jerarquía superior a las leyes, pero no a la propia Constitución. Darle jerarquía constitucional a los tratados es lo que, en este caso, hay que hacer.

Luego, la segunda parte, es darle protección justamente a esos tratados en materia de Derechos Humanos. Desde el momento en que tienen jerarquía constitucional hay que tratar de darle la misma rigidez constitucional, y la forma es establecer esta mayoría de dos terceras partes, al menos para que puedan ser denunciados

De manera que insisto en esta norma y creo que le va a dar una gran progresividad a la protección de los derechos en el ordenamiento venezolano.

Es todo.

[…]

CONSTITUYENTE BREWER CARÍAS (ALLAN).-*Ciudadano Presidente: Creo que el debate está suficientemente dado. Está demostrado que es una norma novedosa, fundamental, el punto es darle jerarquía constitucional a los tratados, establecer el principio conforme al cual, si tienen normas más favorables al individuo, sean de aplicación preferente.*

El segundo párrafo está destinado a limitar la posibilidad de denunciar tratados de Derechos Humanos. Este es un tema propio al derecho a los tratados. En el derecho a los tratados un gobierno puede denunciar un tratado, de manera que no hay posibilidad de no denunciabilidad, salvo que el propio tratado lo establezca como es la Comisión Americana de Derechos Humanos que dice: No puede ser denunciado. Pero, de resto, cualquier tratado es denunciable por el Ejecutivo. Lo que aquí estamos estableciendo es que no puede ser denunciado por el Ejecutivo, sino que si se trata de un tratado de Derechos Humanos tiene que venir a la Asamblea Nacional con una mayoría de este tipo.

De manera que esto es una consecuencia esencial de la protección a los derechos justamente.

Es todo, ciudadano Presidente.

Artículo 24. Irretroactividad de la ley

Artículo 24. Ninguna disposición legislativa tendrá efecto retroactivo, excepto cuando imponga menor pena. Las leyes de procedimiento se aplicarán desde el momento mismo de entrar en vigencia, aun en los procesos que se hallaren en curso; pero en los procesos penales, las pruebas ya evacuadas se estimarán en cuanto beneficien al reo o a la rea, conforme a la ley vigente para la fecha en que se promovieron.

Cuando haya dudas se aplicará la norma que beneficie al reo o a la rea.

Sobre esta norma véase lo que se indica en la página 557 de este Tomo.

Artículo 25. Nulidad de actos estatales violatorios de derechos

Artículo 25. Todo acto dictado en ejercicio del Poder Público que viole o menoscabe los derechos garantizados por esta Constitución y la ley es nulo; y los funcionarios públicos y funcionarias públicas que lo ordenen o ejecuten incurren en responsabilidad penal, civil y administrativa, según los casos, sin que les sirvan de excusa órdenes superiores.

Sobre esta norma véase lo que se indica en la página 558 de este Tomo.

Artículo 26. Derecho de acceso a la justicia

Artículo 26. Toda persona tiene derecho de acceso a los órganos de administración de justicia para hacer valer sus derechos e intereses, incluso los colectivos o difusos; a la tutela efectiva de los mismos y a obtener con prontitud la decisión correspondiente.

El Estado garantizará una justicia gratuita, accesible, imparcial, idónea, transparente, autónoma, independiente, responsable, equitativa y expedita, sin dilaciones indebidas, sin formalismos o reposiciones inútiles.

Artículo 27. Derecho de amparo

Artículo 27. Toda persona tiene derecho a ser amparada por los tribunales en el goce y ejercicio de los derechos y garantías constitucionales, aun de aquellos inherentes a la persona que no figuren expresamente en esta Constitución o en los instrumentos internacionales sobre derechos humanos.

El procedimiento de la acción de amparo constitucional será oral, público, breve, gratuito y no sujeto a formalidad; y la autoridad judicial competente tendrá potestad para restablecer inmediatamente la situación jurídica infringida o la situación que más se asemeje a ella. Todo tiempo será hábil y el tribunal lo tramitará con preferencia a cualquier otro asunto.

La acción de amparo a la libertad o seguridad podrá ser interpuesta por cualquier persona; y el detenido o detenida será puesto o puesta bajo la custodia del tribunal de manera inmediata, sin dilación alguna.

El ejercicio de este derecho no puede ser afectado, en modo alguno, por la declaración del estado de excepción o de la restricción de garantías constitucionales.

Sobre esta norma véase lo que se indica en la página 564 de este Tomo.

Artículo 28. Derecho y acción de habeas data

Artículo 28. Toda persona tiene el derecho de acceder a la información y a los datos que sobre sí misma o sobre sus bienes consten en registros oficiales o privados, con las excepciones que establezca la ley, así como de conocer el uso que se haga de los mismos y su finalidad, y de solicitar ante el tribunal competente la actualización, la rectificación o la destrucción de aquellos, si fuesen erróneos o afectasen ilegítimamente sus derechos. Igualmente, podrá acceder a documentos de cualquier naturaleza que contengan información cuyo conocimiento sea de interés para comunidades o grupos de personas.

Queda a salvo el secreto de las fuentes de información periodística y de otras profesiones que determine la ley.

En la sesión del día 12 de noviembre desde 1999, durante la segunda discusión del proyecto, formulé la siguiente propuesta:

CONSTITUYENTE BREWER CARÍAS (ALLAN).-Ciudadano Presidente. Para proponer en ese artículo que en el segundo párrafo, que dice: "...de la misma manera podrán acceder a documentos de cualquier naturaleza que contengan información cuyo conocimiento sea de interés a comunidades y grupos de personas...", que en principio sería toda persona. Creo que hay que establecer con precisión que son los interesados quienes pueden acceder a este tipo de información.

De manera que propongo agregar: "De la misma manera los interesados podrán acceder a documentos de cualquier naturaleza que contengan información cuyo conocimiento sea de interés para comunidades o grupos de personas". Es todo.

Artículo 29. Delitos contra los derechos humanos. Obligaciones del Estado

Artículo 29. El Estado estará obligado a investigar y sancionar legalmente los delitos contra los derechos humanos cometidos por sus autoridades.

Las acciones para sancionar los delitos de lesa humanidad, violaciones graves de los derechos humanos y los crímenes de guerra son imprescriptibles. Las violaciones de los derechos humanos y los delitos de lesa humanidad serán investigados y juzgados por los tribunales ordinarios. Dichos delitos quedan excluidos de los beneficios que puedan conllevar su impunidad, incluidos el indulto y la amnistía.

Artículo 30. Indemnización a las víctimas de violaciones a los derechos humanos

Artículo 30. El Estado tendrá la obligación de indemnizar integralmente a las víctimas de violaciones de los derechos humanos que le sean imputables, o a su derechohabientes, incluido el pago de daños y perjuicios.

El Estado adoptará las medidas legislativas y de otra naturaleza para hacer efectivas las indemnizaciones establecidas en este artículo.

El Estado protegerá a las víctimas de delitos comunes y procurará que los culpables reparen los daños causados.

Artículo 31. Derecho de petición ante organismos internacionales

Artículo 31. Toda persona tiene derecho, en los términos establecidos por los tratados, pactos y convenciones sobre derechos humanos ratificados por la República, a dirigir peticiones o quejas ante los órganos internacionales creados para tales fines, con el objeto de solicitar el amparo a sus derechos humanos.

El Estado adoptará, conforme a procedimientos establecidos en esta Constitución y en la ley, las medidas que sean necesarias para dar cumplimiento a las decisiones emanadas de los órganos internacionales previstos en este artículo.

El texto de estas tres normas formó parte de la propuesta que formulé en el siguiente documento que presenté, durante la elaboración del proyecto de Constitución, ante la Comisión de Derechos Humanos y Garantías Constitucionales y la Comisión Constitucional en fecha 3 de octubre de 1999, sobre "la situación internacional de los derechos, deberes y garantías constitucionales.

SITUACIÓN INTERNACIONAL SOBRE LOS DERECHOS, DEBERES Y GARANTÍAS CONSTITUCIONALES

Texto de la Comunicación dirigida al Presidente de la Comisión de Derechos Humanos y presidente y demás miembros de la Comisión Constitucional en la sesión del 03-10-1999.

Tengo el agrado de dirigirme a Uds. nuevamente en relación con las *Disposiciones Generales* del Título relativo a los *Derechos, Deberes y Garantías Constitucionales* de la Nueva Constitución, con el objeto de hacerles algunas sugerencias para incluir nuevas normas que adapten la Constitución a la situación internacional de los *Derechos Humanos*.

En efecto, los Tratados Internacionales constituyen una fuente principal de obligaciones que los Estados se comprometen a cumplir, cuando los ratifican mediante un acto voluntario y soberano. Entre los Tratados sobre Derechos Humanos ratificados por Venezuela se encuentran el Pacto Internacional de Derecho Civiles y Políticos, el Pacto Internacional de Derechos Sociales, Económicos y Culturales, y la Convención Americana sobre Derechos Humanos.

La Convención Americana, que es uno de los más completos Tratados generales de derechos humanos, fue ratificada por Venezuela en 1977; por tanto, las obligaciones que contempla dicha Convención son de obligatorio cumplimiento para el Estado venezolano. El artículo 2 de dicha Convención contempla que

> "si en el ejercicio de los derechos y libertades mencionados en el artículo 1 no estuviere ya garantizado por disposiciones legislativas o de otro carácter, los Estados partes se comprometen a adoptar, con arreglo a sus procedimientos constitucionales y a las disposiciones de esta Convención, las medidas legislativas o de otro carácter que fueren necesarias para hacer efectivos tales derechos y libertades".

De acuerdo a la Convención Americana, los órganos internacionales competentes para interpretar el contenido y alcance de las disposiciones de tal Convención son la Comisión Interamericana de Derechos Humanos y la Corte Interamericana de Derechos Humanos.

Con fundamento en ello, a continuación nos permitimos sugerir la incorporación a las *Disposiciones generales* del Título relativo a los *Derechos, Deberes y Garantías Constitucionales,* de una serie de normas acordes con las disposiciones de la

Convención Americana y la interpretación que del contenido y alcance de éstas han efectuado tanto la Comisión Interamericana como la Corte Interamericana.

Para la elaboración de esta comunicación debo señalarles que he contado con la asesoría del Profesor Carlos Ayala Corao, miembro de la Comisión Interamericana de los Derechos Humanos.

1. *Las obligaciones del Estado de investigar violaciones a los derechos humanos*

De acuerdo a lo establecido en el artículo 1 (1) de la Convención Americana, Venezuela se comprometió a respetar los derechos reconocidos por la Convención y a garantizar su libre y pleno ejercicio. La Corte Interamericana ha explicado que

"dicho artículo pone a cargo de los Estados Partes los deberes fundamentales de respeto y de garantía, de tal modo que todo menoscabo a los derechos humanos reconocidos en la Convención que pueda ser atribuido, según las reglas del Derecho Internacional, a la acción u omisión de cualquier autoridad pública, constituye un hecho imputable al Estado que compromete su responsabilidad en los términos previstos por la misma Convención". (*Caso Velásquez Rodríguez*, sentencia de 29 de julio de 1988, párr. 164).

La Corte aclaró también que el Estado puede incurrir en responsabilidad aun en casos en que las autoridades o funcionarios públicos no hayan cometido directamente la violación de un derecho humano, pero hayan tolerado o consentido su violación por un particular.

La Corte ha señalado, igualmente, que la obligación asumida por los Estados de garantizar el libre y pleno ejercicio de los derechos reconocidos en la Convención a toda persona sujeta a su jurisdicción implica el deber de los Estados de organizar todo el aparato gubernamental y, en general, todas las estructuras a través de las cuales se manifiesta el ejercicio del Poder Público, de manera tal que sean capaces de asegurar jurídicamente el libre y pleno ejercicio de los derechos humanos.

Ha dicho así la Corte:

"Como consecuencia de esta obligación los Estados deben prevenir, investigar y sancionar toda violación de los derechos reconocidos por la Convención y procurar, además, el restablecimiento, si es posible, del derecho conculcado y, en su caso, la reparación de los daños producidos por la violación de los derechos humanos". (*Idem* párrs. 166-168).

Con fundamento en lo anteriormente expuesto, proponemos que se refleje en la Nueva Constitución esta obligación de que el Estado venezolano debe investigar y sancionar legalmente los delitos contra los derechos humanos cometidos por sus autoridades y funcionarios, o por particulares, con la tolerancia o consentimiento de autoridades.

En el mismo orden de ideas, la experiencia señala que en algunos Estados del hemisferio en que se han producido violaciones masivas y sistemáticas de derechos humanos, ha habido una tendencia a la impunidad. Esta impunidad ha sido incluso, de hecho, cuando las investigaciones por delitos contra los derechos humanos se han alargado, hasta el momento en que los éstos prescriben conforme a la ley interna (no obstante que a nivel internacional muchas de ellas se entiendan imprescriptibles, ya sea por disposiciones convencionales expresas o por la costumbre internacional). La impunidad también ha sido de derecho, cuando diversos países han dictado leyes de amnistía u otorgado beneficios como el indulto, la amnistía particular, u otros, a las personas responsables, investigadas o sancionadas por crímenes en contra de los derechos humanos.

En función de las consideraciones anteriormente expuestas, proponemos que se incluya al final de las *Disposiciones generales,* un artículo que establezca que los delitos contra los derechos humanos se declaran imprescriptibles, y que los responsables, o presuntos responsables, queden excluidos de los beneficios que puedan conllevar su impunidad, incluidos el indulto y la amnistía; con la siguiente redacción:

> "*Artículo* El Estado venezolano está obligado a investigar y sancionar legalmente los delitos contra los derechos humanos cometidos por sus autoridades y funcionarios o por particulares con su tolerancia o consentimiento. En consecuencia, se declaran imprescriptibles los delitos contra los derechos humanos.
>
> En todo caso, los delitos contra los derechos humanos quedan excluidos de los beneficios que puedan conllevar su impunidad, incluidos el indulto y la amnistía".

2. *Las obligaciones del Estado de reparar las violaciones a los derechos humanos*

De acuerdo a lo señalado anteriormente, el Estado se encuentra obligado, conforme a lo establecido en el artículo 1 (1) de la Convención Americana, no sólo a prevenir las violaciones a los derechos humanos y a investigar y sancionar a los responsables por tales violaciones, sino también a reparar integralmente la violación de derechos humanos, incluyendo la indemnización a las víctimas o a sus familiares, de ser el caso, por los daños que la violación de los derechos humanos les haya ocasionado.

Aun cuando la falta de las medidas específicas, legislativas o de otra naturaleza, para hacer efectivas las medidas reparatorias e indemnizatorias antes mencionadas no implica menoscabo de las obligaciones del Estado al respecto, proponemos incluir un artículo en la Nueva Constitución, del siguiente tenor:

> "*Artículo* El Estado tiene la obligación de reparar integralmente, incluido el pago de daños y perjuicios causados, por la violación de derechos humanos.
>
> El Estado deberá adoptar las medidas legislativas y de otra naturaleza, para hacer efectivas las medidas reparatorias e indemnizatorias establecidas en este artículo".

3. *El derecho a acceder a la justicia internacional*

Por otra parte, debe señalarse que si bien la competencia para conocer sobre aspectos relativos al cumplimiento de la obligación que tiene el Estado de prevenir, investigar, sancionar y reparar las violaciones a los derechos humanos que puedan sufrir las personas naturales sujetas a su jurisdicción, corresponde de manera originaria a los órganos de la jurisdicción interna; al ratificar diversos instrumentos internacionales de derechos humanos, el Estado venezolano ha aceptado voluntariamente que si a nivel nacional no se obtiene justicia, o si los Tratados Internacionales ratificados por Venezuela permiten que en ciertas circunstancias muy excepcionales se pueda acudir a la vía internacional sin agotar previamente los recursos de la jurisdicción interna, las personas afectadas tienen el derecho de acudir a tratar de obtener justicia ante los órganos internacionales de protección de los derechos humanos, como la Comisión Interamericana de Derechos Humanos o el Comité del Pacto Internacional de Derechos Civiles y Políticos, por ejemplo.

Al ratificar dichos Tratados, Venezuela se comprometió a dar cumplimiento de buena fe a las recomendaciones que le formulen los órganos internacionales, e, inclusive a que, por ejemplo, la parte de las sentencias de la Corte Interamericana de Derechos Humanos que dispongan indemnización compensatoria se puedan ejecutar en Venezuela por el procedimiento interno vigente para la ejecución de sentencias contra el Estado.

En este orden de ideas, y sin perjuicio de que la falta de procedimientos específicos no excusa de la obligación internacional que tiene el Estado venezolano de cumplir con las decisiones de los mencionados órganos internacionales, se propone incluir un artículo en la Nueva Constitución que comprenda los dos aspectos antes mencionados, que pudría quedar redactado en los siguientes términos:

> "*Artículo* Agotadas las instancias jurisdiccionales nacionales conforme a las reglas del Derecho Internacional, todos tienen el derecho a dirigir peticiones o quejas ante los órganos creados por los Tratados Internacionales para tales fines, con el objeto de solicitar el amparo a sus derechos humanos.
>
> El Estado venezolano se compromete a adoptar conforme a procedimientos establecidos en esta Constitución y las leyes, las medidas que sean necesarias para dar cumplimiento a las decisiones emanadas de los órganos internacionales previstos en el encabezamiento de este artículo".

4. *El ámbito de la justicia militar*

El artículo 8 de la Convención Americana sobre Derechos y Humanos contempla, como una de las garantías del debido proceso, la de ser juzgado por un tribunal independiente e imparcial. Sin embargo, algunas veces ha sucedido y así lo ha constatado tanto la Comisión Interamericana de Derechos Humanos como la Corte Interamericana de Derechos Humanos, que en varios países, la justicia militar ha sido utilizada indebidamente para juzgar a civiles. Respecto de ello, debe señalarse que la justicia militar no tiene la independencia e imparcialidad necesaria para hacerlo, atendiendo a que la estructura militar, en general, demanda estricta e incuestionable obediencia, deber y lealtad por parte de sus miembros.

Debido a tales circunstancias, puede decirse que existe cierto consenso a nivel internacional sobre la necesidad de no permitir que los tribunales militares juzguen a civiles. Así, por ejemplo, el Relator Especial de la ONU Encargado de la Cuestión de la Independencia de los Jueces y Abogados, ha señalado que:

> "Los principios 3 y 5 de los Principios Básicos (de la ONU) relativos a la Independencia de la Judicatura prevén el derecho de toda persona a ser juzgada por los tribunales de justicia ordinarios o por tribunales legalmente establecidos. En forma más categórica, el principio 5 f) de los principios de Singhvi dispone que la competencia de los tribunales militares estará limitada a los delitos militares y que existirá siempre un derecho de apelación contra las decisiones de esos tribunales ante una corte o tribunal de apelaciones legalmente califica-

dos o de interponer un recurso para solicitar una anulación. Además, el principio 22 b) de los Principios de Johannesburgo prevé que un civil no podrá en ningún caso ser juzgado por un tribunal o corte militar por un delito contra la seguridad. El párrafo 4 del artículo 16 de las Normas de París también prevé que las cortes civiles tendrán y mantendrán su competencia para todos los juicios de civiles acusados de delitos contra la seguridad u otros delitos conexos; se prohibirá la iniciación de tales actuaciones ante un tribunal o corte militar o su remisión a esas instancias". (ONU, Comisión de Derechos Humanos, *Informe del Relator Especial encargado de la cuestión de la independencia de los jueces y abogados,* Sr. Param Cumaraswamy, Doc. E/CN 4/1998/39/Add.1 (1998), párr. 70).

En el mismo sentido, la Corte Interamericana de Derechos Humanos señaló recientemente que:

"La jurisdicción militar ha sido establecida por diversas legislaciones con el fin de mantener el orden y la disciplina dentro de las fuerzas armadas. Inclusive, esta jurisdicción funcional reserva su aplicación a los militares que hayan incurrido en delito o falta dentro del ejercicio de sus funciones y bajo ciertas circunstancias" (Corte Interamericana de Derechos Humanos, *Caso Castillo Petruzzi y otros,* sentencia de 30 de mayo de 1999, párr. 128.)

La experiencia de los mencionados organismos internacionales enseña también que la justicia militar ha sido utilizada en algunos países como un mecanismo para procurar la impunidad de militares que han cometido violaciones de derechos humanos.

En atención a lo anterior se sugiere incluir un artículo en la Nueva Constitución que exprese lo siguiente:

"Artículo   La justicia militar tendrá por objeto salvaguardar la disciplina militar en el ámbito de las fuerzas armadas nacionales. En consecuencia, la justicia militar únicamente tendrá competencia para juzgar a militares en situación de actividad por delitos cometidos en el ejercicio estrictamente de sus funciones. Quedan por tanto excluidos de la justicia militar los delitos de lesa humanidad, incluidos los crímenes contra los derechos humanos.

En todo caso, la justicia militar deberá garantizar las normas del debido proceso contenidas en esta Constitución y en los instrumentos internacionales sobre derechos humanos".

Todas las normas anteriores, que se sugiere incluir en la Nueva Constitución, podrían ubicarse al final de las *Disposiciones Generales* del Título relativo a los *Derechos, Deberes y Garantías,* cuya reformulación propuse en mi anterior comunicación del día 30-9-99.

Capítulo II. De la nacionalidad y de la ciudadanía

INFORME DE LA COMISIÓN DE NACIONALIDAD Y CIUDADANÍA. EXPOSICIÓN DE MOTIVOS Y PROYECTO DE ARTICULADO DEL TÍTULO RELATIVO A LA NACIONALIDAD Y CIUDADANÍA

Texto de la Comunicación enviada a la Comisión Constitucional en la sesión del 28-09-1999

La revisión de la historia legislativa de las disposiciones constitucionales vigentes en materia de nacionalidad, confirma lo que ya se ha expresado en distintas oportunidades: la normativa sobre la nacionalidad, incluida en la Constitución de 1961, fue analizada con esmero, discutida y aprobada tomando en cuenta los factores imprescindibles para lograr una idónea legislación: la tradición histórica y los antecedentes legislativos, las realidades sociales del país, el desarrollo de sus instituciones, así como las tendencias más recientes sobre la materia en el Derecho Comparado vigente en la época. Sin embargo, el tiempo transcurrido y con ello, los cambios que vive el país y el mundo, obligan a revisar las disposiciones respectivas.

En criterio de la Comisión, la reforma de las disposiciones en materia de nacionalidad debe responder a dos criterios fundamentales: por una parte encontrar respuestas a las interrogantes que plantea la nueva realidad social venezolana y, por la otra, resolver los problemas inherentes a la evolución de esta materia en Venezuela y en el mundo. Además, la Comisión estima que la nacionalidad no puede ser una relación formal entre el individuo y el Estado, sin un *vínculo efectivo* que crea derechos y obligaciones para ambas partes. Igualmente, estima que se debe respetar uno de los principios fundamentales que rigen en esta materia, que es la voluntad de la persona, ya que a nadie se le debe imponer una nacionalidad.

El Título sobre Nacionalidad y Ciudadanía trata, por supuesto, sobre el régimen constitucional de las personas, que en el país tienen dos status según su vínculo jurídico y político con el Estado y la Nación venezolanos: las personas o son nacionales, es decir, venezolanos, o son extranjeros[*].

En cuanto a las disposiciones sobre la ciudadanía, que constituyen una novedad en el texto constitucional en relación con la Constitución de 1961, la Comisión ha estimado necesario regularla, como la condición de los nacionales para el ejercicio de los derechos políticos.

---

[*] Estimamos que esta terminología es la que ha de tener rango constitucional, antes que la distinción entre "nacionales y no nacionales" que está en el *Proyecto* presentado por el Presidente Chávez, en el cual, por lo demás, se hace referencia, también, a la distinción entre nacionales (venezolanos) y extranjeros. Por otra parte, el *Proyecto* presentado por el Presidente a la Asamblea, al hacer la distinción entre "nacionales o no nacionales" lo hace refiriéndose a los "habitantes", por lo que habría que suponer que también habría personas que se considerarían "no habitantes", es decir, que viven fuera del país, y que pueden ser tanto nacionales como extranjeros. La Comisión considera que esta distinción entre habitantes y no habitantes no es adecuada, sobre todo si se reservan los derechos políticos a los "habitantes nacionales" como lo hace el *Proyecto* presentado por el Presidente a la Asamblea. Recuérdese que un venezolano residenciado en el exterior (que sería un "nacional no habitante") también tiene derechos políticos, pues puede ejercer su derecho al voto en las Embajadas. En consecuencia, por la confusión que podría generar, estimamos que debe eliminarse el calificativo de *habitante* para distinguir a los nacionales y a los extranjeros.

En consecuencia, el Título se divide en dos partes: una referida a la Nacionalidad y otra a la Ciudadanía, relativas a los vínculos de una persona con el Estado. La nacionalidad es el vínculo jurídico político que otorga a un individuo el carácter de miembro del Estado venezolano; siendo la ciudadanía la condición jurídica en virtud de la cual un individuo interviene en el ejercicio de la potestad política del Estado venezolano.

Normalmente los ciudadanos son los nacionales o venezolanos, pero puede haber nacionales que por minoridad o por estar sujetos a interdicción o inhabilitación política no puedan ejercer sus derechos políticos, es decir, no pueden ser ciudadanos. Por otra parte, los extranjeros, aun cuando no sean ciudadanos, pueden ejercer determinados derechos políticos, como por ejemplo, el derecho al voto en las elecciones municipales.

En consecuencia, las normas de los Capítulos sobre Nacionalidad y Ciudadanía contienen las regulaciones de las personas, que conducen, en *primer lugar*, a la distinción entre nacionales y extranjeros; y en *segundo lugar,* entre los ciudadanos y no ciudadanos derivada del ejercicio de los derechos políticos.

A continuación presentamos la Exposición de Motivos y el Proyecto de articulado del Título sobre Nacionalidad y Ciudadanía, para cuya elaboración, la Comisión ha partido de las propuestas presentadas por el Presidente de la República a la Asamblea Nacional Constituyente en el documento *Ideas Fundamentales para la Constitución Bolivariana de la V República*, confrontadas con la normativa de la Constitución vigente y las reformas que se estudiaron en la Comisión Bicameral de Reforma Constitucional en 1992; contando con la colaboración muy especial, de la Profesora de Derecho Internacional Privado, Tatiana B. de Maekelt, de la Universidad Central de Venezuela y de la Universidad Católica Andrés Bello, y de las abogados Jaqueline Lejarza, Irene Paul, Yusby Méndez y Elizabeth Padilla del grupo de investigadores de la Academia de Ciencias Políticas y Sociales.

La Comisión debe también dejar constancia de lo importante y útiles que fueron las exposiciones sobre el tema de la Nacionalidad, de los ex-Ministros Pompeyo Márquez y Asdrúbal Aguiar, así como los planteamientos formulados sobre ese tópico, por representantes del Ministerio de Relaciones Exteriores, de la Conferencia Episcopal del Cuerpo Diplomático y Consular acreditado en Venezuela, y de las diversas asociaciones y agrupaciones de venezolanos naturalizados y de extranjeros residenciados en el país.

1. *La reforma del régimen de la nacionalidad*

    A. *Principios rectores de la reforma propuesta*

    La nacionalidad venezolana se obtiene desde o con ocasión del nacimiento de una persona (nacionalidad originaria) o con posterioridad y desvinculada al hecho del nacimiento de la misma (nacionalidad derivada). En consecuencia, el Capítulo sobre nacionalidad regula, por una parte, a los venezolanos por nacimiento (nacionalidad originaria) y por la otra, a los venezolanos por naturalización (nacionalidad derivada).

    En cuanto a la *nacionalidad venezolana originaria,* el régimen constitucional de la misma, tradicionalmente ha estado regido por dos principios absolutos: el *jus soli*, que da derecho a la nacionalidad venezolana originaria por el lugar donde se nace, es decir, al territorio de la República; y el *jus sanguinis*, que da derecho a la nacionalidad venezolana originaria, por la nacionalidad venezolana de los padres.

En el *Proyecto* presentado por el Presidente Chávez a la Asamblea, siguiendo tendencias contemporáneas en el mundo, se plantea la modificación del carácter absoluto de estos dos principios, orientación con la cual la Comisión está de acuerdo, en el sentido de que hay que restringirlos para que el vínculo entre el venezolano y el Estado y la Nación venezolanas, sea más estrecho y efectivo.

En consecuencia, la orientación del *Proyecto* propuesto por la Comisión en el Capítulo, se refiere: en *primer lugar,* a la restricción del carácter absoluto del *jus soli;* y en *segundo lugar,* a la restricción del carácter absoluto del *jus sanguinis.*

En *tercer lugar,* en cuanto a la nacionalidad venezolana derivada, se plantea en el *Proyecto* la necesidad de establecer mayores exigencias para el otorgamiento de la Carta de Naturaleza, de nuevo, para que responda a un vínculo efectivo entre el naturalizado y el Estado, y la Sociedad venezolana.

En *cuarto lugar,* y como consecuencia de lo anterior, el *Proyecto* plantea una casi total equiparación entre los venezolanos por nacimiento y los venezolanos por naturalización, a los efectos del ejercicio de los derechos políticos.

El *quinto* aspecto del *Proyecto* se refiere a la regulación de la doble nacionalidad, por la consagración del principio de que la nacionalidad venezolana no se pierde por el hecho de la adquisición de otra nacionalidad, con lo que siguiendo la orientación del constitucionalismo contemporáneo, se cambia radicalmente el sistema vigente que prescribe que la nacionalidad venezolana se pierde por opción o adquisición de otra nacionalidad.

Por último, y en *sexto lugar,* se regula el régimen de la pérdida y recuperación de la nacionalidad.

B. *La reforma del régimen de la nacionalidad venezolana originaria*

Como se dijo, en el *Proyecto,* la adquisición de la nacionalidad venezolana originaria, se fundamenta en una concepción restringida del *jus soli* y del *jus sanguinis,* en el sentido de que no basta, para que automáticamente se adquiera la nacionalidad venezolana, haber nacido en el territorio de Venezuela, o haber nacido en el extranjero y ser hijo de padres venezolanos por nacimiento.

Con estas normas se busca la modificación radical del artículo 35 de la Constitución vigente.

a. *La atenuación del carácter absoluto del* jus soli

En el *Proyecto* presentado por el Presidente Chávez a la Asamblea se propone la regulación en forma atenuada o restringida del *jus soli* en la siguiente forma:

"*Artículo*   Son venezolanos por nacimiento:

1. Los nacidos en el territorio de la República, hijos de padre y madre venezolanos.

2. Los nacidos en el territorio de la República, hijos de padre o madre venezolano.

3. Los nacidos en el territorio de la República hijos de padre y madre extranjeros que prueben domicilio y residencia en la República".

Ahora bien, en contraste con esta proposición la Constitución de 1961, establece la fórmula del *jus soli* absoluto o ilimitado, como criterio atributivo de la nacionalidad venezolana por nacimiento, lo que ha sido una constante en la historia constitucional venezolana, en el sentido de que por el solo hecho de haber nacido en el territorio de la República, una persona adquiere la nacionalidad venezolana originaria, con prescindencia de cualquier otra circunstancia. Esta fórmula no sólo se adaptaba a las características de un país como Venezuela, sino que facilitaba su aplicación práctica, por la claridad y la precisión de sus conceptos.

La única excepción reciente a la regla del *jus soli* absoluto puede encontrarse en la Constitución de 1947, cuyo artículo 11, ordinal 1º establecía:

"Son venezolanos por nacimiento: 1º) Los nacidos en Venezuela, con excepción de los hijos de extranjeros no domiciliados ni residenciados en la República o que estuvieren en el país al servicio oficial de otro Estado...". Lo serán... "si establecen su domicilio en Venezuela y manifiestan su voluntad de acogerse a la nacionalidad venezolana".

En contraste con esta excepción de la Constitución de 1947, el principio del *jus soli* absoluto, consagrado en la Constitución vigente, no admite excepción alguna.

Ahora bien, las circunstancias que caracterizan la situación actual del país que son distintas a las de 1961 y algunos problemas prácticos que entonces no existían, obligan a pensar con sumo cuidado las regulaciones que deberán incluirse en la Nueva Constitución. Estas regulaciones, sin duda, se deben ubicar en un marco teórico-pragmático que es controversial.

Por una parte, está la situación socio-económica de Venezuela que ha cambiado notoriamente. En efecto, cuando se promulgó la Constitución vigente, los casos de personas "ilegales" en el país tenían carácter excepcional, tanto por su número como por su importancia, situación que a partir de los años setenta ha cambiado radicalmente.

El crecimiento de grupos de indocumentados asentados en el territorio nacional, y cuya presencia no obedece ni a la política inmigratoria del país ni a los programas específicos que pudieren requerir su presencia, pone en evidencia que en su mayoría, tiene origen en sus propios problemas socio-económicos, lo que no deja de preocupar a los organismos estatales competentes. Además, este "nuevo" tipo de extranjero en general, no demuestra relación alguna indisoluble con Venezuela ni su identificación con el país y, provoca situaciones que a veces se pretenden resolver con instrumentos jurídicos no siempre adecuados, particularmente por el nacimiento, en el territorio nacional, de los hijos de dichas personas.

Por ello, estas situaciones, que son ahora parte de la realidad venezolana, han provocado el surgimiento de criterios contrarios a cualquier reforma en la materia, pretendiendo ser fundamentados en los derechos del niño, que es, sin duda, protagonista incuestionable del Siglo XX.

Basta revisar las resoluciones adoptadas por los organismos internacionales, tales como las Naciones Unidas, OEA, UNESCO y otros para darse cuenta del rol protagónico del menor en nuestros tiempos. Así, tópicos como la adopción, la restitución, la pensión alimentaria, o el tráfico ilegal se reflejan en los Tratados Internacionales aprobados en el marco de estos y otros organismos que demuestran, fehacientemente, la preocupación internacional por el menor. Esta misma preocupación la comparten los legisladores y jueces nacionales, la doctrina y la jurisprudencia comparadas son testigo de ello.

Ahora bien, el corolario de todos los instrumentos legales que se refieren al menor, a su protección, a la preocupación por su bienestar y a su cabal desarrollo integral en óptimas condiciones, es la *Convención sobre los Derechos del Niño*, aprobada en el marco de las Naciones Unidas en el año 1990 y ratificada por Venezuela. Este Tratado lo invocan los que equivocadamente consideran que la limitación del *jus soli* violaría el derecho del niño a tener, al nacer, una nacionalidad. Efectivamente, el artículo 7 de la Convención dice:

"1. El niño será inscrito en el mismo momento de su nacimiento y tendrá derecho desde que nace a un nombre, *adquirir una nacionalidad* (resaltado nuestro) y, en la medida de lo posible a conocer a sus padres y a ser cuidado por ellos. Los Estados partes velarán por la aplicación de estos derechos de conformidad con su legislación, nacionalidad y las obligaciones que hayan contraído en virtud de los instrumentos internacionales pertinentes en esta esfera, sobre todo cuando el niño resultara de otro modo apátrida".

Debe destacarse que la Corte Suprema de Justicia en Sala Político-Administrativa dictó una importante sentencia el 20-08-1998, en la cual resolvió un recurso de nulidad contra una decisión del Ministerio Público que había instruido al Ministerio Público de Menores de un Estado abstenerse de diligenciar los certificados de nacimiento de menores cuando la madre extranjera fuera indocumentada, lo que conducía a la imposibilidad de la inscripción en el Registro Civil. La Corte, para decidir, se fundamentó en la *Convención sobre Derechos del Niño* aprobada por Ley del 20-07-90, que consagra como derecho del niño, entre otros el derecho a la identificación y a la nacionalidad, y el derecho a ser debidamente inscrito en el Registro Civil inmediatamente después del nacimiento, el cual corresponde ejercer a los padres siendo el Ministerio Público el órgano encargado de velar y tutelar el ejercicio de tales derechos. Por ello, estimó la Corte que ante la conducta ilegal de un centro hospitalario de otorgar el certificado de nacimiento del menor, correspondía al Ministerio Público realizar las gestiones pertinentes, por lo que la orden dada por el Ministerio Público de abstenerse de realizar tales diligencias se consideró ilegal e inconstitucional, siendo anuladas por la Corte, ordenándole a tal dependencia tramitar la inscripción del menor, comenzando por la solicitud al centro hospitalario de la Boleta de Nacimiento.

Por otra parte, con posterioridad a esta sentencia, se sancionó la *Ley Orgánica para la Protección del Niño y el Adolescente* (G.O. N° 5266 de 02-10-98), en su artículo 16, se establece que:

"Todos los niños y adolescentes tienen derecho a un nombre *y a una nacionalidad*".

La disposición transitoria de esta Ley Orgánica, que entrará en vigencia el 1° de abril del año 2.000, por otra parte, busca resolver el grave problema actual de los hijos de padres extranjeros no domiciliados ni residenciados en Venezuela, nacidos en nuestro país, estableciendo lo siguiente:

"*Artículo 681. Procedimiento especial de inscripción en el Registro Civil.* El Ejecutivo Nacional debe disponer lo conducente para que, dentro de los seis meses siguientes a la entrada en vigencia de esta Ley, se inscriba en el Registro del Estado Civil, los nacimientos de todos los niños o adolescentes nacidos en el territorio nacional, que no hubiesen sido presentados oportunamente. Las instituciones públicas de salud donde haya ocurrido el nacimiento, facilitarán a los interesados las pruebas requeridas para tal fin. En el caso de nacimientos extrahospitalarios, la inscripción se hará tomando en cuenta la declaración jurada del respectivo médico o partera o, en su defecto, la del párroco, la del representante legal de la asociación de vecinos o de alguna organización comunitaria de la localidad, donde se produjo el nacimiento. De resultar imposible obtener la declaración de al menos una de las personas antes mencionadas, se admitirá la declaración jurada de tres testigos, mayores de edad, y que den razón fundadas de sus dichos. En todo caso, los testigos serán previamente informados por la autoridad civil competente, de las penas en que incurrirán si declaran falsamente, de acuerdo a lo previsto en el Código Penal, de lo cual se dejará constancia en el acta de la respectiva declaración".

En ejecución provisional del espíritu de esta Disposición Transitoria se emitió el Decreto N° 2819 del 30-09-98 contentivo del Reglamento que regula la inscripción en el Registro del Estado Civil de Nacimientos.

Ahora bien, en el futuro, con la limitación del *jus soli* debe destacarse que no se merma el derecho que tiene el niño a tener una nacionalidad, pues adquirirá la nacionalidad de sus padres con la inscripción en la Embajada o Consulado correspondiente.

Pero en todo caso, no limitar el *jus soli* como criterio atributivo de la nacionalidad originaria, a lo que lleva es a desvirtuar el vínculo político-jurídico que es la nacionalidad, pues el hecho casual del nacimiento en un país, sin otros elementos de apoyo, no puede constituir el vínculo territorial suficiente para atribuir la nacionalidad. Así lo enseña, por lo demás, el Derecho Comparado.

Por ejemplo, es de destacar la recientemente aprobada Constitución Política de Colombia, promulgada en 1991, que recoge el espíritu de la Constitución venezolana de 1947 y establece en su artículo 96:

"Son nacionales colombianos: 1. Por nacimiento.
a) Los naturales de Colombia, con una de dos condiciones: que el padre o la madre hayan sido naturales o nacionales colombianos o que, *siendo hijos de extranjeros, alguno de sus padres estuviere domiciliado en la República en el momento del nacimiento*" (resaltado nuestro).

Conforme a esta disposición se requiere, al menos, la condición de domiciliado de uno de los padres para que el niño -nacido en Colombia de padres extranjeros- adquiera la nacionalidad de ese país, lo que prudentemente limita el *jus soli* como criterio atributivo de la nacionalidad originaria.

Un criterio similar se encuentra en la reforma del Código Civil de España, cuyo artículo 17 establece:

"1. Son españoles de origen:
a) Los nacidos de padres y madres españoles.

b) *Los nacidos en España de padres extranjeros si, al menos uno de ellos hubiera nacido también en España. Se exceptúan los hijos de funcionario diplomático o consular acreditado en España* (resaltado nuestro).

c) Los nacidos en España de padres extranjeros, si ambos carecieren de nacionalidad o si la legislación de ninguno de ellos atribuye al hijo una nacionalidad".

La regulación española en esta forma, también limita sustancialmente el *jus soli*, en el sentido de requerir que uno de los padres, por lo menos, haya nacido en España.

En todo caso, puede decirse que las razones que han llevado a los legisladores colombiano y español a establecer estas limitaciones son similares a las que motivan la necesidad, en Venezuela, de una reforma en la materia, como se ha expuesto anteriormente.

Conforme a estos criterios, la Comisión propone una regulación que constituye una solución de equilibrio entre el *jus soli* y el *jus sanguinis*, al exigirse, además del *jus soli*, la condición nacional de los padres o la residencia y domicilio legal de los mismos, si son extranjeros, en Venezuela.

Se observa, sin embargo, que los dos primeros ordinales propuestos en el artículo mencionado del *Proyecto* presentado por el Presidente Chávez, en realidad constituyen uno solo, pues el segundo sustituye al primero; y en cuanto al tercero, el mismo implica el desconocimiento, puro y simple, de la posibilidad de nacionalidad originaria si no hay prueba del domicilio o la residencia de ambos padres en el país, pero sin especificar cuándo y a quién debe probarlo.

La Comisión estima que la reforma debe apuntar a estrechar el vínculo entre el venezolano por nacimiento y el Estado, por lo cual en el último supuesto debe exigirse la manifestación de voluntad para que el vínculo se establezca.

En consecuencia, la Comisión propone que el régimen del *jus soli* para adquirir la nacionalidad venezolana originaria debe quedar redactado así:

"*Artículo 1*. Son venezolanos por nacimiento:
   a) Los nacidos en territorio de la República, hijos de padre o madre venezolanos.
   b) Los nacidos en territorio de la República, hijos de padre y madre extranjeros, domiciliados uno de ellos en Venezuela, siempre que declaren su voluntad de ser venezolanos antes de cumplir veintiún años de edad."

Debe observarse, en todo caso, que la atenuación del carácter absoluto del criterio *jus soli* para otorgar la nacionalidad, venezolana por nacimiento, no debería conducir a la situación de apátrida del nacido en territorio venezolano hijos de padres extranjeros indocumentados sin domicilio legal en el país, que no tenga otra nacionalidad.

Estas situaciones, encuentran su solución en el artículo 20 de la *Convención Americana sobre Derechos Humanos*, que es ley de la República, al establecer:

"*Artículo 20. Derecho a la Nacionalidad*
1. Toda persona tiene derecho a una nacionalidad
2. Toda persona tiene derecho a la nacionalidad del Estado en cuyo territorio nació *si no tiene derecho a otra.*
3. A nadie se privará arbitrariamente de su nacionalidad ni del derecho a cambiarla".

Es decir, conforme a esta norma, en el caso de que la atenuación del régimen absoluto del *jus soli* pueda dar origen a la condición de apátrida, ello encuentra solución en la *Convención Americana* al garantizar el derecho a la nacionalidad venezolana de los nacidos en el territorio si no tienen derecho a otra nacionalidad.

b. *La atenuación del carácter absoluto de jus sanguinis*

En el *Proyecto* presentado por el Presidente Chávez a la Asamblea se propone la regulación del *jus sanguinis* en la siguiente forma:

"*Artículo:* Son venezolanos por nacimiento:
4. Los nacidos en territorio extranjero de padre y madre venezolanos por nacimiento.
5. Los nacidos en territorio extranjero de padre o madre venezolanos, siempre que establezcan su domicilio en la República, tengan dominio del castellano y declaren su voluntad de ser venezolanos antes de cumplir veintiún años".

Esta propuesta, en líneas generales, coincide con el régimen de la Constitución de 1961, en su artículo 35, que establece tres supuestos de venezolanos por nacimiento en virtud del *jus sanguinis:*

"2° Los nacidos en territorio extranjero de padre o madre venezolanos por nacimiento;

3° Los nacidos en territorio extranjero de padre venezolano por nacimiento o madre venezolana por nacimiento, siempre que establezcan su residencia en el territorio de la República o declaren su voluntad de acogerse a la nacionalidad venezolana, y

4° Los nacidos en territorio extranjero de padre venezolano por naturalización o madre venezolana por naturalización, siempre que antes de cumplir diez y ocho años de edad establezcan su residencia en el territorio de la República y antes de cumplir veinticinco años de edad declaren su voluntad de acogerse a la nacionalidad venezolana".

En el primero de dichos supuestos se consagra el *jus sanguinis* absoluto, como criterio atributivo de la nacionalidad venezolana por nacimiento, lo que también ha sido una constante en nuestra historia constitucional, por el solo hecho de ser hijo de padre y madre venezolanos por nacimiento y haber nacido en el exterior.

La Comisión ha considerado que es necesario restringir el carácter absoluto del *jus sanguinis*, a los efectos de asegurar que el vínculo entre el venezolano y el Estado sea efectivo, exigiendo la declaración de voluntad. Por ello para estrechar ese vínculo se ha planteado la restricción del carácter absoluto del *jus sanguinis,* exigiéndose, en todo caso, que el interesado haga una declaración de voluntad de ser venezolano antes de cumplir los 21 años de edad y establezca su residencia en Venezuela.

En cuanto a los dos últimos supuestos del artículo 35 de la Constitución de 1961, conforme al *Proyecto* presentado por el Presidente Chávez, se propone refundirlos, sin distingo de si el padre o la madre son venezolanos por nacimiento o venezolanos por naturalización, exigiéndose igualmente al interesado la declaración de voluntad antes de que cumpla 21 años de edad y establezca su residencia en Venezuela durante los cinco años anteriores a la declaración.

Se asegura, así, que la nacionalidad originaria se otorgue a quien efectivamente establece el vínculo efectivo con el país.

Por ello, la Comisión propone la redacción de estos supuestos, así:

"*Artículo:* Son venezolanos por nacimiento: [...]
c. Los nacidos en territorio extranjero, hijos de padre y madre venezolanos por nacimiento, siempre que declaren su voluntad de ser venezolanos antes de cumplir veintiún años de edad y establezcan su residencia en Venezuela.
d. Los nacidos en territorio extranjero, hijos de padre o madre venezolanos, siempre que declaren su voluntad de ser venezolanos antes de cumplir veintiún años de edad y establezcan su residencia en Venezuela durante los cinco años anteriores a dicha declaración".

Los numerales "c" y "d" del mismo artículo regulan la nacionalidad venezolana originaria *jus sanguinis*. Estas regulaciones tratan de evitar la imposición de la nacionalidad al incluir la declaración de voluntad de ser venezolanos de los nacidos en el territorio extranjero hijos de padres venezolanos, haciendo la lógica diferencia entre los hijos de ambos padres venezolanos por nacimiento o sólo uno de los padres, sin hacer distinción entre padre o madre venezolanos por nacimiento o por naturalización. La diferencia entre un supuesto y otro sólo se refleja en el requisito temporal de la residencia.

C. *La reforma del régimen de la nacionalidad derivada*

a. La Carta de Naturaleza

En cuanto a la nacionalidad derivada, la reforma propuesta tiene como objetivo establecer exigencias más estrictas para el otorgamiento de la Carta de Naturaleza, respecto de lo cual la Constitución de 1961 (art. 36) no establece ningún requisito, remitiendo la regulación del régimen a la ley (art. 42) que nunca se dictó.

En tal sentido, el *Proyecto* presentado por el Presidente Chávez establece:

"*Artículo:* Son venezolanos por naturalización:
1. Los extranjeros que obtengan Carta de Naturaleza. A tal fin, la ley respectiva se ajustará a los siguientes principios rectores:
    a. Sólo se podrá otorgar la nacionalidad venezolana a los extranjeros que tengan domicilio en Venezuela, y residencia en los cinco años anteriores a la fecha de la solicitud respectiva.

b. Los extranjeros que tuvieren por nacimiento la nacionalidad de España, Portugal e Italia, de Repúblicas latinoamericanas o Estados del Caribe, gozarán de facilidades para la obtención de la Carta de Naturaleza".

Se estima, sin embargo, que en la Constitución deben regularse las referidas "facilidades especiales" las cuales están referidas a los años de residencia.

Por ello, en el artículo 2 del *Proyecto* se propone que para la obtención de la Carta de Naturaleza, los extranjeros deberán:

"tener domicilio en Venezuela con residencia ininterrumpida de, por lo menos, diez años, inmediatamente anteriores a la fecha de la respectiva solicitud".

Además, en el *Proyecto* se establece cuál es el régimen de "facilidades especiales" para la obtención de la Carta de Naturaleza, así:

"b. El tiempo de residencia se reducirá a cinco años en caso de los extranjeros que tuvieren la nacionalidad originaria de España, Portugal, Italia, países latinoamericanos y del Caribe".

En relación con esta norma, sin embargo la Comisión debe dejar expresada sus dudas en torno a la inclusión en este régimen de facilidades especiales respecto de los nacionales de países del Caribe, en particular con aquellos que tienen pocas relaciones con Venezuela, salvo las de orden económico o político como son los anglo y franco parlantes. En realidad, la relación estrecha de Venezuela con los países del Caribe se refiere a los latinoamericanos y a las islas holandesas.

b. *La naturalización por matrimonio*

En la Constitución de 1961 se regula como supuesto de otorgamiento de la nacionalidad venezolana originaria, desde que declaren su voluntad de serlo "la extranjera casada con venezolano" (art. 37, ord. 1).

No sólo se estima que debe extenderse este beneficio también, a los extranjeros varones, como se propone en el *Proyecto* presentado por el Presidente Chávez, sino que para evitar situaciones fraudulentas, se debe establecer alguna condición de temporalidad del vínculo matrimonial.

Por ello, se propone redactar el artículo respectivo así:

"c. Los extranjeros o extranjeras que contraigan matrimonio con venezolano o venezolana, desde que declaren su voluntad de serlo, transcurridos, por lo menos, tres años desde la fecha del matrimonio".

c. *La extensión de la naturalización de los padres a los hijos menores*

La Comisión ha estimado conveniente retener la regulación del artículo 37, ordinal 2° de la Constitución de 1961, que regula la extensión de la naturalización de los padres a los hijos menores, estableciendo, sin embargo, requisitos adicionales en relación con el término de la residencia. Se propone, por tanto, la redacción del supuesto en el cual también se consideran venezolanos por naturalización a:

"d. Los extranjeros menores edad en la fecha de naturalización de uno de los padres que ejerza sobre ellos la patria potestad, siempre que declaren su voluntad de ser venezolanos antes de cumplir veintiún años de edad y residan en Venezuela, ininterrumpidamente, durante los cinco años anteriores a dicha declaración".

D. *El régimen de la doble nacionalidad*

Ha sido tradicional en nuestro ordenamiento constitucional, la previsión del principio de la nacionalidad venezolana exclusiva, en el sentido de preverse en el artículo 39 que la nacionalidad venezolana se pierde "por opción o adquisición voluntaria de otra nacionalidad". Ello ha impedido, de derecho, en el país, el régimen de la doble nacionalidad.

La realidad, sin embargo, aconseja prever la posibilidad de la doble nacionalidad, tal como se regula en muchos países en la actualidad. Por ello, siguiendo lo previsto en el *Proyecto* presentado por el Presidente Chávez a consideración de la Asamblea, la Comisión propone regular que:

"*Artículo 3* La nacionalidad venezolana no se pierde al optar o adquirir otra nacionalidad".

En todo caso, los regímenes particulares y las situaciones específicas, como las fronterizas, podrán ser objeto de Tratados. Por ello se propone la inclusión de una norma que establezca lo siguiente:

"*Artículo 6* El Estado venezolano promoverá la celebración de Tratados Internacionales en materia de nacionalidad, especialmente con los Estados fronterizos y los países señalados en la letra b) del art. ___ de esta Constitución".

La remisión se refiere a los países latinoamericanos, del Caribe, España y Portugal. En cuanto a los Estados fronterizos, la referencia tiene relación, sobre todo con el régimen de la doble nacionalidad en las zonas fronterizas, particularmente en las áreas donde existen pueblos indígenas.

En todo caso, como consecuencia de la consagración de la doble nacionalidad se impone el concepto de la nacionalidad venezolana exclusiva como condición para el desempeño de ciertos cargos, lo cual será tratado en el Capítulo relativo a la Ciudadanía.

E. *El régimen de la pérdida y renuncia de la nacionalidad*

De manera coherente con la previsión de la doble nacionalidad, y de acuerdo con lo propuesto en el *Proyecto* presentado por el Presidente Chávez a consideración de la Asamblea, se establece el principio de que "los venezolanos por nacimiento no podrán ser privados de su nacionalidad" (art. 4).

En cuanto a los venezolanos por naturalización, y de acuerdo con nuestra tradición constitucional se establece que:

"La nacionalidad venezolana por naturalización sólo podrá ser revocada mediante sentencia judicial de acuerdo con la ley". (art. 4).

Pero si bien a los venezolanos por nacimiento no se les puede privar de su nacionalidad, y los venezolanos por naturalización sólo la pueden perder mediante sentencia judicial; se prevé, sin embargo, la posibilidad de la renuncia a la nacionalidad venezolana.

En tal sentido, en el *Proyecto* se establece la posibilidad de la recuperación de la nacionalidad. En cuanto a los venezolanos por nacimiento se prevé una norma que establece que:

> "Quien renuncie a la nacionalidad venezolana por nacimiento puede recuperarla, si se domicilia en el territorio de la República por un lapso no menor de dos años y manifiesta su voluntad de hacerlo (art. 5)".

En cuanto a los venezolanos por naturalización, el régimen de la recuperación de la nacionalidad remite a la obtención, de nuevo, de la Carta de Naturaleza.

F. *La remisión a la ley y la disposición transitoria*

Por último, en el *Proyecto* se prevé una norma similar a la del artículo 42 de la Constitución de 1961, en el sentido de que:

> "*Artículo 7* La ley dictará, de conformidad con el espíritu de las disposiciones anteriores, las normas sustantivas y procesales relacionadas con la adquisición, opción, renuncia y recuperación de la nacionalidad venezolana, así como la revocación y nulidad de la naturalización".

En dicha ley deberá regularse, por ejemplo, la forma adjetiva de probar la residencia o el domicilio.

En todo caso, y hasta tanto se sancione la ley mencionada, se propone una Disposición Transitoria que regule ciertos aspectos destinados a hacer efectiva la aplicación de las normas constitucionales, así:

> "*Artículo 14* Mientras se dicte la Ley prevista en el art. ___ de esta Constitución, se consideran domiciliados en Venezuela quienes habiendo ingresado y permanecido legalmente en el territorio nacional, hayan declarado su intención de fijar domicilio en el país, tengan medios lícitos de vida y hayan residido en Venezuela ininterrumpidamente durante dos años.
>
> Por residencia se entenderá la estadía en el país con ánimo de permanecer en él. Las declaraciones de voluntad previstas en los artículos... se harán en forma auténtica por el interesado cuando sea mayor de edad, o por su representante legal, si no ha cumplido veintiún años".

La Comisión ha considerado, además, que en otra Disposición Transitoria deben regularse los efectos del cambio del *jus soli* absoluto al restringido que se proyecta, de manera de asegurar el cumplimiento del artículo 35, ordinal 1º de la Constitución, relativo a los nacidos en territorio venezolano, de manera que a los nacidos en Venezuela antes de la entrada en vigencia de la nueva Constitución, se les resguarde el derecho a la nacionalidad venezolana originaria.

2. La regulación del régimen de la ciudadanía

El Capítulo II del Título relativo a la *Nacionalidad y Ciudadanía*, se refiere al régimen de esta última. En efecto, como se dijo, la ciudadanía se refiere a la condición jurídica o vínculo de una persona con el Estado, que le permite el ejercicio de los derechos políticos.

Dicha condición, por principio, pertenece a los nacionales, no sujetos a interdicción civil ni a inhabilitación política, en las condiciones de edad que establece la Constitución para el ejercicio de los derechos políticos (por ejemplo, 18 años para el ejercicio del derecho al voto; 21 años para el ejercicio del derecho a ejercer cargos públicos; 30 años para ejercer el cargo de Presidente de la República, etc.).

Estos principios se recogen en el *Proyecto* presentado por el Presidente Chávez a consideración de la Asamblea, en la siguiente forma:

> *"Artículo* La calidad de ciudadano en ejercicio es condición indispensable para el sufragio; y para desempeñar cargos públicos o ser elegido en las condiciones que determine la ley".

Se estima, sin embargo, que debe hacerse referencia a todos los derechos políticos como inherentes a la ciudadanía. De allí la redacción del artículo 8 que se propone, en la forma siguiente:

> *"Artículo 8* Los venezolanos que no estén sujetos a la interdicción civil ni a inhabilitación política, ejercerán la ciudadanía y, en consecuencia, son titulares de derechos y deberes políticos, de acuerdo a las condiciones de edad que establece esta Constitución".

En consecuencia, siendo la ciudadanía una condición jurídica sólo atribuible a los nacionales, los derechos políticos quedan reservados a los venezolanos.

Esto se convierte, incluso, en un deber en el *Proyecto* presentado por el Presidente a consideración de la Asamblea, en los siguientes términos:

> *"Artículo* Los ciudadanos tienen el deber ético de participar activamente en el gobierno y todos los asuntos públicos, directamente o por medio de representantes. Asimismo podrán elegir y ser elegidos para ejercer cargos de elección popular con las limitaciones que establezca esta Constitución y la ley respectiva".

Sin embargo, se estima que esta norma no debe incluirse en el Capítulo de la Ciudadanía, ya que la primera parte debe ir en el Capítulo de los Deberes Constitucionales, y la segunda parte, en el relativo a los Derechos Políticos.

En todo caso, salvo por lo que respecta a los derechos políticos que corresponde a los ciudadanos, de resto, los extranjeros tienen los mismos derechos y deberes que los venezolanos.

Por ello, la propuesta de redacción del artículo 9 del *Proyecto*, en el cual se conserva la previsión de la Constitución vigente, de extender el derecho de voto a los extranjeros en las elecciones locales. Dicho artículo tiene la siguiente redacción:

> *"Artículo 9* Los extranjeros gozarán de los mismos derechos y tendrán los mismos deberes que los venezolanos, con las limitaciones o excepciones establecidas en esta Constitución y la ley.

Los derechos políticos se reservan a los venezolanos, pero los extranjeros, con domicilio en Venezuela, tendrán el derecho al voto en las elecciones y referenda de carácter estadal, municipal y parroquial, en los términos establecidos en esta Constitución".

La consecuencia de la distinción entre extranjeros y nacionales, es que, en principio, los derechos políticos corresponden a los venezolanos, sea por nacimiento o por naturalización, en condiciones de igualdad. Una vieja aspiración de data de los venezolanos por naturalización ha sido, precisamente, la equiparación con los venezolanos por nacimiento en cuanto al ejercicio de los derechos políticos. En tal sentido, el *Proyecto* presentado establece tal equiparación, casi absoluta, al reservar a los venezolanos por nacimiento sólo el ejercicio del cargo de Presidente de la República y de los llamados a sucederlo en determinados casos.

En estos casos, sin embargo, se ha conservado la equiparación total en el supuesto de los venezolanos por naturalización que hayan ingresado al país antes de cumplir los siete años de edad y residido permanentemente en él hasta alcanzar la mayoridad, tal como lo regula el artículo 45 de la Constitución de 1961. Por ello, al artículo 9 del Proyecto se le ha agregado el siguiente aparte:

"Gozarán de los mismos derechos que los venezolanos por nacimiento los venezolanos por naturalización que hubieren ingresado al país antes de cumplir los siete años de edad y residido en él permanentemente hasta alcanzar la mayoridad."

En todo caso, el artículo 10 que establece la restricción a la equiparación entre venezolanos por nacimiento y venezolanos por naturalización, tiene el siguiente texto:

"Artículo 10 Sólo los venezolanos por nacimiento podrán ejercer los cargos de Presidente y Vicepresidente de la República, y Presidente y Vicepresidente de la Asamblea Nacional (Congreso).

La ley podrá establecer la exigencia de la nacionalidad venezolana por nacimiento para el desempeño de cargos de Ministro de algunos Despachos del Ejecutivo Nacional".

De lo anterior resulta, por tanto, que la ley no puede establecer otras distinciones en cuanto al ejercicio de cargos públicos entre venezolanos por nacimiento y venezolanos por naturalización, con la sola excepción del desempeño de algunos cargos de Ministro, como podría ser el Ministro de Relaciones Exteriores o el Ministro de la Defensa.

Por otra parte, si bien el principio general de la normativa anterior es que salvo los cargos señalados, todos los otros pueden ser ejercidos por venezolanos por naturalización, se ha considerado conveniente establecer algunas exigencias de residencia en Venezuela para el desempeño de los mismos, remitiéndose a la ley para regular algunos requisitos de aptitud, como podría ser el haber obtenido título profesional en Venezuela o haber revalidado.

De allí el artículo 11 que se propone, con el siguiente texto:

"Artículo 11 Los venezolanos por naturalización, para poder ejercer los cargos de Senador y Diputado en la Asamblea Nacional, Magistrado de

la Corte Suprema de Justicia, Ministro, Gobernadores de Estado, Fiscal General de la República, Contralor General de la República, Procurador General de la República y Defensor del Pueblo, deberán tener domicilio con residencia ininterrumpida en Venezuela, no menos de quince años después de obtenida la carta de naturaleza, y cumplir los requisitos de aptitud previstos en la ley".

A lo largo del articulado del *Proyecto* presentado por el Presidente Chávez a consideración de la Asamblea, por otra parte, se establece la exigencia de que para ciertos cargos públicos se exige la *nacionalidad venezolana* exclusiva. Es decir, que el venezolano no tenga otra nacionalidad.

Esta exigencia, en realidad, incide en el status de la doble nacionalidad, pues los que lo tuvieran no podrían ser electos para esos cargos, debiendo, a tal efecto, renunciar a la nacionalidad que se tenga de otro Estado.

En tal sentido en el *Proyecto* presentado por el Presidente Chávez, se exige la *nacionalidad venezolana exclusiva* como condición para ser electo Gobernador de Estado, Concejal, Legisladores de los Consejos Estadales Legislativos (Asambleas Legislativas), Alcaldes, Concejales, Contralor Municipal, Contralor del Estado, Defensor Estadal de los Derechos Humanos y Fiscal del Ministerio Público de los Estados.

Nada se dice, en dicho *Proyecto*, sin embargo, respecto de esta exigencia en relación con la elección de Diputados al Congreso Nacional.

En cambio, se establece la exigencia de la nacionalidad venezolana "por nacimiento o por naturalización" para ser Ministro; y en otra norma, se exige la nacionalidad venezolana por nacimiento, para ser miembro de los Consejos Estadales Legislativos (Asambleas Legislativas) en contradicción con la otra norma antes indicada que lo que requiere es la nacionalidad venezolana exclusiva.

Se establece, además, la exigencia de la nacionalidad venezolana por nacimiento para ser Contralor General de la República y ser electo Senador o Presidente de la República.

La Comisión ha estimado que en el Capítulo II sobre la Ciudadanía, en relación con tales regulaciones, sólo se debe prever lo siguiente:

>"*Artículo 12* Los cargos que sólo podrán ser desempañados por quienes tengan la nacionalidad venezolana exclusiva son los determinados por esta Constitución".

Su consecuencia, la precisión de los cargos que requieran la nacionalidad venezolana exclusiva se debe hacer en las normas respectivas que los regulen en el texto Constitucional.

Por último, en el *Proyecto* presentado por el Presidente Chávez a consideración de la Asamblea, se regulan los supuestos de pérdida o renuncia de la ciudadanía, en tres normas, de la siguiente manera:

>"*Artículo* Quien renuncie a la nacionalidad pierde la ciudadanía. El ejercicio de la ciudadanía se suspende en virtud de decisión judicial en los casos que determine la ley.

Quienes hayan sido suspendidos en el ejercicio la ciudadanía, podrán solicitar su rehabilitación.

Artículo El ejercicio de la ciudadanía se suspende por:
1. Sentencia judicial firme que declare la interdicción
2. Sentencia judicial firme que declare la privación de la libertad
3. Sentencia judicial firme que declare la inhabilitación de los derechos políticos.

Artículo El ejercicio de la ciudadanía se perderá por renuncia expresa que realice el habitante de la República".

Estudiados los supuestos regulados en estas tres normas y para eliminar las repeticiones, se propone la redacción del artículo 13 en la siguiente forma:

"*Artículo 13* Quien pierda o renuncie a la nacionalidad, pierde la ciudadanía. El ejercicio de la ciudadanía o de alguno de los derechos políticos, solo puede ser suspendido por sentencia judicial firme en los casos que determine la ley".

En cuanto a la última norma del capítulo de Nacionalidad y Ciudadanía del *Proyecto* presentado por el Presidente Chávez a consideración de la Asamblea, tiene la siguiente redacción.

Artículo Todo ciudadano venezolano está obligado a defender esta Constitución, conforme a lo que determine la Ley.

La Comisión estima que este artículo debe incorporarse al Capítulo sobre los Deberes Constitucionales.

3. *Articulado del Título sobre la nacionalidad y ciudadanía*

Título
De la nacionalidad y ciudadanía
Capítulo I
De la Nacionalidad

Artículo 1. Son venezolanos por nacimiento:
a. Los nacidos en territorio de la República, hijos de padre o madre venezolanos.
b. Los nacidos en territorio de la República, hijos de padre y madre extranjeros, domiciliados uno de ellos en Venezuela, siempre que declaren su voluntad de ser venezolanos antes de cumplir veintiún años de edad.
c. Los nacidos en territorio extranjero, hijos de padre y madre venezolanos por nacimiento, siempre que declaren su voluntad de ser venezolanos antes de cumplir veintiún años de edad y establezcan su residencia en Venezuela.
d. Los nacidos en territorio extranjero, hijos de padre o madre venezolanos, siempre que declaren su voluntad de ser venezolanos antes de

cumplir veintiún años de edad y establezcan su residencia en Venezuela durante los cinco años anteriores a dicha declaración.

Artículo 2 Son venezolanos por naturalización:

a. Los extranjeros que obtengan carta de naturaleza. A tal fin deberán tener domicilio en Venezuela con residencia ininterrumpida de, por los menos, diez años, inmediatamente anteriores a la fecha de la respectiva solicitud.

b. El tiempo de residencia se reducirá a cinco años en caso de los extranjeros que tuvieren la nacionalidad originaria de España, Portugal, Italia, países latinoamericanos y del Caribe.

c. Los extranjeros o extranjeras que contraigan matrimonio con venezolano o venezolana, desde que declaren su voluntad de serlo, transcurridos, por lo menos, tres años desde la fecha del matrimonio.

d. Los extranjeros menores de edad en la fecha de naturalización de uno de los padres que ejerza sobre ellos la patria potestad, siempre que declaren su voluntad de ser venezolanos antes de cumplir veintiún años de edad y residan en Venezuela, ininterrumpidamente, durante los cinco años anteriores a dicha declaración.

Artículo 3 La nacionalidad venezolana no se pierde al optar o adquirir otra nacionalidad.

Artículo 4 Los venezolanos por nacimiento no podrán ser privados de su nacionalidad. La nacionalidad venezolana por naturalización sólo podrá ser revocada mediante sentencia judicial de acuerdo con la ley.

Artículo 5 Se puede renunciar a la nacionalidad venezolana. Quien renuncie a la nacionalidad venezolana por nacimiento puede recuperarla, si se domicilia en el territorio de la República por un lapso no menor de dos años y manifiesta su voluntad de hacerlo. Los venezolanos por naturalización que renuncie a la nacionalidad venezolana podrán recuperarla cumpliendo nuevamente los requisitos exigidos en el artículo (Art. 2 del Capítulo de Nacionalidad) de esta Constitución.

Artículo 6 El Estado venezolano promoverá la celebración de tratados internacionales en materia de nacionalidad, especialmente con los Estados fronterizos y los países señalados en la letra b) del artículo (Art. 2 del Capítulo de Nacionalidad) de esta Constitución.

Artículo 7 La ley dictará, de conformidad con el espíritu de las disposiciones anteriores, las normas sustantivas y procesales relacionadas con la adquisición, opción, renuncia y recuperación de la nacionalidad venezolana, así como la revocación y nulidad de la naturalización.

Capítulo II
De la Ciudadanía

Artículo 8 Los venezolanos que no estén sujetos a la interdicción civil ni a inhabilitación política, ejercerán la ciudadanía y, en consecuencia, son titulares de derechos y de deberes políticos, de acuerdo a las condiciones de edad que establece esta Constitución.

Artículo 9 Los extranjeros gozarán de los mismos derechos y tendrán los mismos deberes que los venezolanos, con las limitaciones o excepciones establecidas en esta Constitución y la ley.

Los derechos políticos se reservan a los venezolanos, pero los extranjeros, con domicilio en Venezuela, tendrán derecho al voto en las elecciones y referenda de carácter estadal, municipal y parroquial en los términos establecidos en esta Constitución.

Gozarán de los mismos derechos que los venezolanos por nacimiento los venezolanos por naturalización que hubieren ingresado al país antes de cumplir los siete años de edad y residido en él permanentemente hasta alcanzar la mayoridad.

Artículo 10 Sólo los venezolanos por nacimiento podrán ejercer los cargos de Presidente y Vicepresidente de la República, y Presidente y Vicepresidente de la Asamblea Nacional (Congreso).

La ley podrá establecer la exigencia de la nacionalidad venezolana por nacimiento para el desempeño de cargos de Ministro de algunos Despachos del Ejecutivo Nacional.

Artículo 11 Los venezolanos por naturalización, para poder ejercer los cargos de Senador y Diputado en la Asamblea Nacional, Magistrado de la Corte Suprema de Justicia, Ministro, Gobernadores de Estado, Fiscal General de la República, Contralor General de la República, Procurador General de la República y Defensor del Pueblo, deberán tener domicilio con residencia ininterrumpida en Venezuela, no menos de quince años después de obtenida la carta de naturaleza, y cumplir los requisitos de aptitud previstos en la ley.

Artículo 12 Los cargos que sólo podrán ser desempeñados por quienes tengan la nacionalidad venezolana exclusiva son los determinados por esta Constitución.

Artículo 13 Quien pierda o renuncie a la nacionalidad pierde la ciudadanía. El ejercicio de la ciudadanía o de alguno de los derechos políticos, sólo puede ser suspendido por sentencia judicial firme en los casos que determine la ley.

Disposición Transitoria

Artículo 14 Mientras se dicte la Ley prevista en el artículo (Art. 7 del Capítulo de Nacionalidad) de esta Constitución, se consideran domiciliados en Venezuela quienes habiendo ingresado y permanecido legalmente en el territorio nacional, hayan declarado su intención de fijar domicilio en el país, tengan medios lícitos de vida y hayan residido en Venezuela ininterrumpidamente durante dos años.

Por residencia se entenderá la estadía en el país con ánimo de permanecer en él. Las declaraciones de voluntad previstas en los artículos (Art. 1, 2 y 5 del Capítulo sobre Nacionalidad) de esta Constitución se harán en forma auténtica por el interesado cuando sea mayor de edad, o por su representante legal, si no ha cumplido veintiún años.

Caracas, 28 de Septiembre de 1999

Por la Comisión de Ciudadanía y Nacionalidad

Allan R. Brewer-Carías
Presidente

Levy Alter
Vicepresidente

Juan Bautista Pérez
Juan Marín

Antonio Di' Giampaolo
Jesús Molina Villegas

Jaqueline Lejarza, Secretaria

Sección primera: De la nacionalidad

En la sesión de la Asamblea Nacional Constituyente cuando se comenzó la primera discusión del Proyecto de Constitución del 18 de octubre de 1999, me correspondió formular la siguiente exposición sobre el proyecto de articulado sobre nacionalidad y ciudadanía:

CONSTITUYENTE BREWER CARÍAS (ALLAN): El tema fue abordado por la Comisión partiendo de los principios que hoy existen en la Constitución de 1961. Allí se regula la nacionalidad venezolana originaria, montada sobre dos principios clásicos: el ius solis, es decir el derecho a la nacionalidad venezolana por el lugar donde se nace, es decir el territorio de la República; y por otra parte, el ius sanguini, es decir el derecho a la nacionalidad originaria por la nacionalidad venezolana de los padres. Se tomó en cuenta fundamentalmente en nuestras disposiciones, el proyecto presentado por el presidente Hugo Chávez Frías a la Asamblea, el cual siguiendo tendencias contemporáneas en el mundo, plantea la modificación del carácter absoluto de estos dos principios; orientación que la Comisión unánimemente siguió en el sentido de restringirlos para que el vínculo entre el venezolano y el Estado y la Nación sea realmente un vínculo estrecho.

Estimamos que la nacionalidad no puede ser una relación formal entre el individuo y el Estado, sino un vínculo efectivo que crea derechos y obligaciones, y por tanto también tiene que partir del supuesto de la voluntad de la persona, porque en definitiva a nadie se le puede imponer una determinada nacionalidad.

Con fundamento en estos criterios, formulamos cinco líneas de reforma del régimen de la nacionalidad, que son las siguientes: En primer lugar, la restricción del carácter absoluto del ius solis, al exigir elementos adicionales al solo hecho de nacer en el territorio. En segundo lugar, la restricción también del carácter absoluto del ius sanguini, al exigir elementos adicionales para el vínculo con el país por la vinculación a través de la residencia y la declaración de voluntad. En tercer lugar, el principio de que teníamos que establecer mayores exigencias para el otorgamiento de la carta de naturaleza, también para que responda el vínculo efectivo entre el naturalizado y el Estado y la sociedad. La conclusión de establecer requisitos más estrictos para el otorgamiento de la naturalización fue también la casi total equiparación entre venezolanos por nacimiento y por naturalización, que se planteó como cuarta línea de reforma propuesta. Y por último, en quinto lugar, en materia de nacionalidad, la admisión en Venezuela del principio de la doble nacionalidad, en el sentido de que contrariamente al principio que ha regido hasta ahora, el hecho de adquirir un venezolano otra nacionalidad, no implica la pérdida de la nacionalidad venezolana, sino que se establece la posibilidad de la doble nacionalidad.

De acuerdo con estas cinco líneas propuestas, por tanto, se elaboró un articulado en el cual se reguló, en primer lugar, la nacionalidad originaria para los nacidos en el territorio de la República, pero hijo de padre o madre venezolanos. Para los nacidos en territorio de la República, hijo de padre y madre extranjeros residentes, se le exige además la declaración de voluntad como elemento para establecer ese vínculo. De manera que no basta nacer por accidente en el territorio nacional para que pueda reclamarse la nacionalidad originaria.

En cuando al ius sanguini, los nacidos en el extranjero, hijo de padre y madre venezolanos por nacimiento, agregando que también se establezca el vínculo siempre que declaren la voluntad a través de los padres, o directamente antes de cumplir 21 años de edad. Y en cuanto a los nacidos en el territorio extranjero, hijo de venezolanos, o el padre o la madre, sea por nacimiento o naturalización, también se les exige la necesidad de una declaración de voluntad, y la residencia por determinado tiempo en el territorio.

En cuanto a la nacionalidad venezolana por naturalización, en el principio de la carta de naturaleza se estableció un requisito de 10 años de residencia, como una exigencia adicional, con las facilidades especiales ya directamente establecidas en la Constitución, cosa que la actual no establece, para los naturales de España, Portugal, Italia y países latinoamericanos y del Caribe, al reducirse la residencia a cinco años, en vez de los diez años.

Se reguló, ampliándose, la posibilidad de que no sólo las extranjeras casadas con venezolanos pudiesen adquirir la nacionalidad, sino también los extranjeros casados con venezolanas pudiesen adquirir la nacionalidad, pero también siempre vinculándolo a la declaración de voluntad y una exigencia de un lapso de matrimonio de al menos cinco años, de manera de evitar lo que en algunas oportunidades ha ocasionado fraude a la Ley por matrimonios de conveniencia por razones de nacionalidad. Y se reguló en materia de nacionalidad derivada, la posibilidad de los extranjeros menores de edad a la fecha de naturalización de los padres, que también puedan adquirir la nacionalidad.

Esas son las líneas de reforma en los dos sistemas del ius sanguini y ius solis. Se reguló expresamente como señalé, el principio de que la nacionalidad venezolana por nacimiento o naturalización no se pierde por optar o adquirir otra nacionalidad, con lo que quedó abierta la doble nacionalidad.

Por otra parte, se estableció el principio general de que el venezolano por nacimiento no puede ser privado nunca de su nacionalidad. Sin embargo, en cuanto a los venezolanos por naturalización, puede existir la revocatoria pero sólo mediante sentencia judicial, aun cuando también se prevé la posibilidad de la renuncia voluntaria de la nacionalidad y, consecuencialmente, la posibilidad de la recuperación de la nacionalidad.

Se previó también, expresamente, la conveniencia y el principio de la celebración de tratados con determinados países, sobre todo los del área latinoamericana, para la regulación del régimen de la doble nacionalidad y, en particular, con los Estados fronterizos, y esto se refiere también a los pueblos indígenas de las zonas fronterizas para regular los aspectos relativos a la doble nacionalidad.

La segunda parte del proyecto tiene que ver con la ciudadanía. Se regula expresamente regula en el proyecto, siguiendo inclusive una orientación que existía desde el siglo pasado y que se había abandonado, la ciudadanía, como la que corresponde a los venezolanos no sujetos a interdicción civil ni a inhabilitación política. Por tanto, la nacionalidad es condición esencial para la ciudadanía, y estos son los titulares de los derechos políticos. Los extranjeros, por tanto, no gozan de derechos políticos, en principio; aun cuando se recoge el mismo principio tradicional del constitucionalismo reciente, de que los extranjeros pueden votar excepcionalmente en las elecciones locales, estadales, municipales y parroquiales, dentro de determinado tiempo de residencia.

Se estableció la igualdad, por tanto, casi absoluta, entre nacionales por nacimiento y nacionales por naturalización en cuanto al ejercicio de la ciudadanía con algunas pocas excepciones: El cargo de Presidente y Vicepresidente de la República, Presidente y Vicepresidente de la Asamblea Nacional, los titulares de los despachos de Relaciones Interiores y Exteriores, y en las discusiones de la Comisión Constitucional se agregó el de gobernadores y alcaldes en los Estados fronterizos, para los cuales se requiere la nacionalidad venezolana por nacimiento.

Luego de las discusiones en diversas comisiones, en la Comisión Constitucional se previó también algún requisito para algunos cargos en el sentido de exigir que el titular debe tener sólo la nacionalidad venezolana por nacimiento, sin admitir la doble nacionalidad, para determinados cargos como lo que resultó propuesto en la Comisión de Administración de Justicia para los Magistrados de la Corte Suprema de Justicia.

En cuanto a los venezolanos por naturalización, por tanto, salvo esos expresos supuestos en los que se reserva al nacional por nacimiento, se establece que pueden ejercer cargos de diversa naturaleza, entre ellos: Senador, Diputado, Magistrado de la Corte, Ministro, Gobernador, Fiscal General, Defensor del pueblo, pero exigiéndosele domicilio en el país con residencia ininterrumpida por no menos de quince años antes de haber obtenido la carta de naturaleza. De manera que se da la equiparación, pero se establece la exigencia del efectivo vínculo con la Nación venezolana.

Esos son, en términos generales, estimados constituyentes, los principios que rigieron la elaboración del proyecto por la Comisión de Nacionalidad y Ciudadanía; principios que fueron discutidos y adoptados por unanimidad. Asimismo, esta discusión del tema se efectuó en la Comisión Constitucional y no se estableció ninguna modificación.

Agradezco de nuevo a los constituyentes Levy Alter, Juan Bautista Pérez, Antonio Di Giampaolo, Juan Marín y Jesús Molina Villegas, toda la colaboración prestada, porque el trabajo que se efectuó en común en todas las reuniones de la Comisión pudo terminar en las propuestas generales que acabo de esbozarles.

Es todo. (Aplausos).

Artículo 32. Nacionalidad venezolana originaria

Artículo 32. Son venezolanos y venezolanas por nacimiento:
1. Toda persona nacida en el territorio de la República.
2. Toda persona nacida en territorio extranjero, hijo o hija de padre venezolano por nacimiento y madre venezolana por nacimiento.

3. Toda persona nacida en territorio extranjero, hijo o hija de padre venezolano por nacimiento o madre venezolana por nacimiento, siempre que establezca su residencia en el territorio de la República o declare su voluntad de acogerse a la nacionalidad venezolana.

4. Toda persona nacida en territorio extranjero, de padre venezolano por naturalización o madre venezolana por naturalización, siempre que antes de cumplir dieciocho años de edad establezca su residencia en el territorio de la República y antes de cumplir veinticinco años de edad declare su voluntad de acogerse a la nacionalidad venezolana.

Sobre esta norma véase lo que se indica en la página 587 de este Tomo.

Tal como se propuso el texto de esta norma en el proyecto que se sometió a primera discusión, consideré que se había restringido el carácter absoluto del *jus soli* **ni del** *jus sanguinis***, como criterios atributivos de nacionalidad originaria, al consagrarlos sin limitación alguna, a excepción del numeral 4 del texto propuesto; y en cuanto al numeral 5, consideré que se había establecido una previsión indeterminada, totalmente inconveniente y contraria al interés nacional y que no se refiere a elementos objetivos atributivos de nacionalidad, en favor de: "los miembros de las comunidades indígenas...".**

En esa línea de pensamiento, en la sesión del 21 de octubre de 1999, expuse lo siguiente*:*

CONSTITUYENTE BREWER CARÍAS (ALLAN).-Ciudadano Presidente, colegas Diputados: En nombre de la Comisión de Ciudadanía y Nacionalidad, de los constituyentes Juan Marín, Antonio Di Giampaolo, Juan Bautista Pérez, Levy Alter, debo señalar que este texto del artículo 32 no es el que se aprobó en la Comisión de Ciudadanía y Nacionalidad ni el que se consideró en la Comisión Constitucional. Este texto tiene una redacción totalmente distinta y plantea principios totalmente distintos. De manera que materialmente estamos empezando a hablar desde cero del tema de la nacionalidad y ciudadanía.

El principio tradicional en Venezuela en materia de nacionalidad por nacimiento a que se refiere este artículo, ha sido el de ius soli absoluto es decir, los nacidos en el territorio nacional son venezolanos por nacimiento, sin más requisito, sin ningún vínculo con el Estado. Puede ser un nacimiento accidental, como decía el constituyente Guillermo García Ponce, puede ser de paso, y la nacionalidad la tenía esa persona por nacer en el territorio venezolano.

Ese principio del ius soli absoluto ha sido cambiado en 40 años materialmente en casi todas las legislaciones. Se busca establecer, además del hecho físico de nacer en un territorio, se un vínculo con el país, con la nación efectiva y se parte también del principio de que en materia de nacionalidad no se puede obligar a nadie a tener una nacionalidad y tiene que haber, por tanto, no sólo un vínculo, sino una manifestación de voluntad o un elemento adicional.

Con fundamento en eso, el proyecto presentado por el Presidente Chávez a la Asamblea, trae una modificación del ius soli . Se dice: "Son venezolanos por nacimiento: Los nacidos en el territorio de la República, hijos de padre y madre venezo-

lanos por nacimiento; y los nacidos en el territorio de la República, hijos de padres extranjeros que prueben domicilio y residencia en la República."

De manera que es falso que el proyecto del Presidente Chávez establece el principio del ius soli y precisamente, frente a esta norma el proyecto presentado por el Polo Patriótico establecía la necesidad de que el domicilio o la residencia se probaran y proponía el mecanismo de la acción mero declarativa. Esta tendencia que está en el proyecto del Presidente Chávez es la tendencia universal en materia de ius soli y, por tanto, de nacionalidad venezolana.

La Comisión de Ciudadanía y Nacionalidad trabajó mes y pico. Nos reunimos todas las veces necesarias, se hizo un largo trabajo y se llegaron a estas conclusiones que están en el proyecto original y no en éste. Porque éste es contradictorio. Ese ordinal 2º que está en ese artículo es contradictorio con el primero, y no tiene sentido. Si el ordinal 1º dice: Son venezolanos por nacimiento los nacidos en el territorio, pues, ya está. ¿Qué sentido tiene después regular que los nacidos en el territorio, pero hay que probar la residencia? No tiene sentido. Justamente eso deriva porque el primer ordinal no estaba en el proyecto de la comisión, lo agregaron y, por tanto, ese artículo es totalmente incoherente. Insisto, no tiene sentido y se aparta radicalmente del principio de la restricción del ius soli para exigir un vínculo. Primero: Hijos que nazcan acá, hijos de padres venezolanos por nacimiento o naturalización o que se nazca acá, hijos de padres extranjeros siempre que se establezca residencia y haya un vínculo.

Esa es la norma que existe en Colombia para hablar del fronterizo. Venezuela tiene que resguardar los derechos del niño. El niño tiene derecho a la identidad, el niño tiene derecho a ser registrado, pero todos los niños del mundo no tienen el derecho a ser venezolanos. El niño tiene derecho a la nacionalidad y esa nacionalidad se la da el régimen de los países respectivos.

Venezuela es parte de la Convención Americana de los Derechos Humanos y el problema de los apátridas que es el que sí preocupa es que pueda nacer aquí un niño que nazca en el territorio venezolano y que por la nacionalidad de los padres no puedan tener la nacionalidad de ellos, y está resuelta en la Convención Americana donde dice -y ese es texto en Venezuela- que no puede ser objeto de denuncia que en caso de que se nazca en un territorio y no se tenga posibilidad de otra nacionalidad por la nacionalidad de los padres, entonces, tendrá la nacionalidad del territorio donde se nace, está resuelto el problema de los apátridas.

Ahora, lo importante es que esto no viola ninguna convención de derechos del niño, porque esta convención es el derecho al registro que ilegítimamente en Venezuela se le ha negado a niños nacidos acá, pero ese es un problema distinto al que estamos tratando de resolver hacia el futuro, que es el vínculo de la nacionalidad que es el elemento más fundamental para el ejercicio de los derechos políticos y para la ciudadanía con el Estado venezolano y la Nación venezolana.

No debemos confundir las cosas. El derecho del niño es a tener su identidad, a ser registrado en los elementos de registro civil y a tener su nacionalidad, de acuerdo al régimen que le sea aplicable; sea a la nacionalidad de los padres, sea el territorio si no puede obtener otra nacionalidad o no se dan estos supuestos. Esto es importante, porque sobre esto se ha buscado demasiada confusión. Se está tratando de resolver...

EL PRESIDENTE. (Primer Vicepresidente).-(Interrumpiendo). Le queda un minuto, ciudadano constituyente Allan Brewer Carías.

CONSTITUYENTE BREWER CARÍAS (ALLAN).-Ciudadano Presidente: Esto hay que resolverlo globalmente. Son cinco ordinales que regulan todo un tema. Se dedicó mes y medio a tratar el tema y en una noche no se puede cambiar el sistema totalmente, salvo que se cambie.

Concluyo señalando, que esto tiene una coherencia estudiada en el sentido de restringir el principio del ius soli. La nacionalidad venezolana, para exigir, además de nacer en el territorio de Venezuela, un elemento adicional como ser hijo de venezolanos o si se es hijo de extranjeros, tener domicilio y residencia, la prueba en los elementos que se establezcan la acción mero declarativa o cualquier otra, pero que haya un vínculo. Igual que en Colombia se establece: Los hijos de extranjeros nacidos en Colombia no son colombianos, requieren residencia y requieren domicilio. Materialmente, esa es la situación en todo el mundo. El ius soli absoluto ya está abandonado.

No confundamos el derecho del niño, el derecho a la identidad, el derecho al registro en el Registro Civil con el derecho a que todo niño tenga derecho a la nacionalidad venezolana. Eso no es correcto. Tiene derecho a la nacionalidad venezolana si es nacido aquí, hijo de extranjeros y es apátrida. En ese caso si lo tiene y eso está resuelto. Propongo que volvamos a la redacción original del texto.

En el debate formulé la siguiente propuesta:

Propuesta:

Constituyente Brewer Carías y Antonio Di Giampaolo.

"Son venezolanos por nacimiento los nacidos en territorio de la República, hijos de padre o madre venezolanos.

Los nacidos en territorio de la República hijos de padre y madre extranjeros residenciados uno de ellos en Venezuela, siempre que declare su voluntad de ser venezolano antes de cumplir 21 años de edad. Los nacidos en territorio extranjero hijos de padre y madre venezolanos por nacimiento, siempre que declaren su voluntad de ser venezolanos antes de cumplir 21 años de edad y establezcan su residencia en Venezuela. Los nacidos en territorio extranjero hijos de padre o madre venezolanos siempre que declaren su voluntad de ser venezolanos antes de cumplir 21 años de edad y establezcan su residencia en Venezuela durante los 5 años anteriores a dicha declaración."

Como resultado del debate, en fecha 21 de octubre consigné el siguiente *Voto Salvado*:

Salvo mi voto por las siguientes razones:

La revisión de la historia legislativa de las disposiciones constitucionales vigentes en materia de nacionalidad originaria, confirma lo que ya se ha expresado en distintas oportunidades: la normativa sobre la nacionalidad originaria, incluida en la Constitución de 1961, fue analizada con esmero, discutida y aprobada tomando en cuenta los factores imprescindibles para lograr una idónea legislación: la tradición histórica y los antecedentes legislativos, las realidades sociales del país, el desarrollo de sus instituciones, así como las tendencias más recientes sobre la materia en el Derecho Comparado vigente en la época. Sin embargo, el tiempo transcurrido, y con ello, los cambios que vive el país y el mundo, estimo que obligaban a revisar las disposiciones respectivas.

En criterio de la Comisión de Nacionalidad y Ciudadanía, la reforma de las disposiciones en materia de nacionalidad originaria debían responder a dos criterios fundamentales: por una parte encontrar respuestas a las interrogantes que plantea la nueva realidad social venezolana y, por la otra, resolver los problemas inherentes a la evolución de esta materia en Venezuela y en el mundo. Además, la Comisión estimó que la nacionalidad no podía ni puede ser una relación *formal* entre el individuo y el Estado, sin un *vínculo efectivo* que crea derechos y obligaciones para ambas partes. Igualmente, estimó que se debía respetar uno de los principios fundamentales que rigen en esta materia, que es la voluntad de la persona, ya que a nadie se le debe imponer una nacionalidad.

Ahora bien, en cuanto a la *nacionalidad venezolana originaria,* el régimen constitucional de la misma tradicionalmente ha estado regido por dos principios absolutos: el *jus soli,* que da derecho a la nacionalidad venezolana originaria por el lugar donde se nace, es decir, el territorio de la República; y el *jus sanguinis,* que da derecho a la nacionalidad venezolana originaria por la nacionalidad venezolana de los padres.

En el *Proyecto* presentado por el Presidente Chávez a la Asamblea, siguiendo tendencias contemporáneas en el mundo, se planteó la modificación del carácter absoluto de estos dos principios, orientación con la cual la Comisión de Nacionalidad y Ciudadanía estuvo de acuerdo, en el sentido de que había que restringirlos para que el vínculo entre el venezolano y el Estado y la Nación venezolanas, fuera más estrecho y efectivo.

En consecuencia, la orientación del *Proyecto* propuesto por la Comisión se refería: a la restricción del carácter absoluto del *jus soli* y del *jus sanguinis.*

En efecto, en el *Proyecto* presentado, la adquisición de la nacionalidad venezolana originaria, se fundamentaba en una concepción restringida del *jus soli* y del *jus sanguinis,* en el sentido de considerar que no basta, para que automáticamente se adquiera la nacionalidad venezolana, haber nacido en el territorio de Venezuela, o haber nacido en el extranjero y ser hijo de padres venezolanos por nacimiento.

Con estas normas se buscaba la modificación radical del artículo 35, de la Constitución vigente, el cual sin embargo ha sido reproducido textualmente por la Asamblea en el artículo 32 aprobado, respecto de lo cual razonamos nuestro voto salvado.

En efecto, como se dijo, en el *Proyecto* presentado por el Presidente Chávez a la Asamblea se propuso la regulación en forma atenuada o restringida del *jus soli* en la siguiente forma:

"*Artículo* ___ : Son venezolanos por nacimiento:
1. Los nacidos en el territorio de la República, hijos de padre y madre venezolanos.

2. Los nacidos en el territorio de la República, hijos de padre o madre venezolano.
3. Los nacidos en el territorio de la República hijos de padre y madre extranjeros que prueben domicilio y residencia en la República".

Ahora bien, en contraste con esta proposición la Constitución de 1961 y el artículo aprobado por la Asamblea establece la fórmula del *jus soli* absoluto o ilimitado, como criterio atributivo de la nacionalidad venezolana por nacimiento, lo que ha sido una constante en la historia constitucional venezolana, en el sentido de que por el solo hecho de haber nacido en el territorio de la República, una persona adquiere la nacionalidad venezolana originaria, con prescindencia de cualquier otra circunstancia. Esta fórmula no sólo se adaptaba a las características de un país como Venezuela, sino que facilitaba su aplicación práctica, por la claridad y la precisión de sus conceptos.

La única excepción reciente a la regla del *jus soli* absoluto puede encontrarse en la Constitución de 1947, cuyo artículo 11, ordinal 1º establecía:

"Son venezolanos por nacimiento: 1º) Los nacidos en Venezuela, con excepción de los hijos de extranjeros no domiciliados ni residenciados en la República o que estuvieren en el país al servicio oficial de otro Estado...". Lo serán... "si establecen su domicilio en Venezuela y manifiestan su voluntad de acogerse a la nacionalidad venezolana".

En contraste con esta excepción de la Constitución de 1947, el principio del *jus soli* absoluto, consagrado en la Constitución vigente, y repetida en el artículo aprobado por la Asamblea no admite excepción alguna.

Ahora bien, las circunstancias que caracterizan la situación actual del país que son distintas a las de 1961 y algunos problemas prácticos que entonces no existían, estimamos que obligan a pensar con sumo cuidado las regulaciones que deben incluirse en la Nueva Constitución. Estas regulaciones, sin duda, se deben ubicar en un marco teórico-pragmático que es controversial.

Por una parte, está la situación socio-económica de Venezuela que ha cambiado notoriamente. En efecto, cuando se promulgó la Constitución vigente, los casos de personas "ilegales" en el país tenían carácter excepcional, tanto por su número como por su importancia, situación que a partir de los años setenta ha cambiado radicalmente.

El crecimiento de grupos de indocumentados asentados en el territorio nacional, y cuya presencia no obedece ni a la política inmigratoria del país ni a los programas específicos que pudieren requerir su presencia, pone en evidencia que en su mayoría, tiene origen en sus propios problemas socio-económicos, lo que no deja de preocupar a los organismos estatales competentes. Además, este nuevo tipo de extranjero en general, no demuestra relación alguna indisoluble con Venezuela ni su identificación con el país y, provoca situaciones que a veces se pretenden resolver con instrumentos jurídicos no siempre adecuados, particularmente por el nacimiento, en el territorio nacional, de los hijos de dichas personas.

Por ello, estas situaciones, que son ahora parte de la realidad venezolana, han provocado el surgimiento de criterios contrarios a cualquier reforma en la materia, pretendiendo ser fundamentados en los derechos del niño, que es, sin duda, protagonista incuestionable del Siglo XX.

Basta revisar las resoluciones adoptadas por los organismos internacionales, tales como las Naciones Unidas, OEA, UNESCO y otros para darse cuenta del rol protagónico del menor en nuestros tiempos. Así, tópicos como la adopción, la restitución, la pensión alimentaria, o el tráfico ilegal se reflejan en los Tratados Internacionales aprobados en el marco de estos y otros organismos que demuestran, fehacientemente, la preocupación internacional por el menor. Esta misma preocupación la comparten los legisladores y jueces nacionales, la doctrina y la jurisprudencia comparadas son testigo de ello.

Ahora bien, el corolario de todos los instrumentos legales que se refieren al menor, a su protección, a la preocupación por su bienestar y a su cabal desarrollo integral en óptimas condiciones, es la *Convención sobre los Derechos del Niño*, aprobada en el marco de las Naciones Unidas en el año 1990 y ratificada por Venezuela. Este Tratado lo invocan los que equivocadamente consideran que la limitación del *jus soli* violaría el derecho del niño a tener, al nacer, una nacionalidad. Efectivamente, el artículo 7 de la Convención dice:

> "1. El niño será inscrito en el mismo momento de su nacimiento y tendrá derecho desde que nace a un nombre, *adquirir una nacionalidad* (resaltado nuestro) y, en la medida de lo posible a conocer a sus padres y a ser cuidado por ellos. Los Estados partes velarán por la aplicación de estos derechos de conformidad con su legislación, nacionalidad y las obligaciones que hayan contraído en virtud de los instrumentos internacionales pertinentes en esta esfera, sobre todo cuando el niño resultara de otro modo apátrida".

Debe destacarse que la Corte Suprema de Justicia en Sala Político-Administrativa dictó una importante sentencia el 20-08-1998, en la cual resolvió un recurso de nulidad contra una decisión del Ministerio Público que había instruido al Ministerio Público de Menores de un Estado abstenerse de diligenciar los certificados de nacimiento de menores cuando la madre extranjera fuera indocumentada, lo que conducía a la imposibilidad de la inscripción en el Registro Civil. La Corte, para decidir, se fundamentó en la *Convención sobre Derechos del Niño* aprobada por Ley del 20-07-90, que consagra como derecho del niño, entre otros el derecho a la identificación y a la nacionalidad, y el derecho a ser debidamente inscrito en el Registro Civil inmediatamente después del nacimiento, el cual corresponde ejercer a los padres siendo el Ministerio Público el órgano encargado de velar y tutelar el ejercicio de tales derechos. Por ello, estimó la Corte que ante la conducta ilegal de un centro hospitalario de otorgar el certificado de nacimiento del menor, correspondía al Ministerio Público realizar las gestiones pertinentes, por lo que la orden dada por el Ministerio Público de abstenerse de realizar tales diligencias se consideró ilegal e inconstitucional, siendo anuladas por la Corte, ordenándole a tal dependencia tramitar la inscripción del menor, comenzando por la solicitud al centro hospitalario de la Boleta de Nacimiento.

Por otra parte, con posterioridad a esta sentencia, se sancionó la *Ley Orgánica para la Protección del Niño y el Adolescente* (*G.O.* N° 5266 de 02-10-98), en su artículo 16, se establece que:

> "Todos los niños y adolescentes tienen derecho a un nombre *y a una nacionalidad*".

La disposición transitoria de esta Ley Orgánica, que entrará en vigencia el 1° de abril del año 2.000, por otra parte, busca resolver el grave problema actual de los hijos de padres extranjeros no domiciliados ni residenciados en Venezuela, nacidos en nuestro país, estableciendo lo siguiente:

> "*Artículo 681*: *Procedimiento especial de inscripción en el Registro Civil*. El Ejecutivo Nacional debe disponer lo conducente para que, dentro de los seis meses siguientes a la entrada en vigencia de esta Ley, se inscriba en el Registro del Estado Civil, los nacimientos de todos los niños o adolescentes nacidos en el territorio nacional, que no hubiesen sido presentados oportunamente. Las instituciones públicas de salud donde haya ocurrido el nacimiento, facilitarán a los interesados las pruebas requeridas para tal fin. En el caso de nacimientos extrahospitalarios, la inscripción se hará tomando en cuenta la declaración jurada del respectivo médico o partera o, en su defecto, la del párroco, la del representante legal de la asociación de vecinos o de alguna organización comunitaria de la localidad, donde se produjo el nacimiento. De resultar imposible obtener la declaración de al menos una de las personas antes mencionadas, se admitirá la declaración jurada de tres testigos, mayores de edad, y que den razón fundadas de sus dichos. En todo caso, los testigos serán previamente informados por la autoridad civil competente, de las penas en que incurrirán si declaran falsamente, de acuerdo a lo previsto en el Código Penal, de lo cual se dejará constancia en el acta de la respectiva declaración".

En ejecución provisional del espíritu de esta Disposición Transitoria se emitió el Decreto N° 2819 del 30-09-98 contentivo del Reglamento que regula la inscripción en el Registro del Estado Civil de Nacimientos.

Ahora bien, en el futuro, con la limitación del *jus soli* debe destacarse que no se merma el derecho que tiene el niño a tener una nacionalidad, pues adquirirá la nacionalidad de sus padres con la inscripción en la Embajada o Consulado correspondiente.

Pero en todo caso, no limitar el *jus soli* como criterio atributivo de la nacionalidad originaria, a lo que lleva es a desvirtuar el vínculo político-jurídico que es la nacionalidad, pues el hecho casual del nacimiento en un país, sin otros elementos de apoyo, no puede constituir el vínculo territorial suficiente para atribuir la nacionalidad. Así lo enseña, por lo demás, el Derecho Comparado.

Por ejemplo, es de destacar la recientemente aprobada Constitución Política de Colombia, promulgada en 1991, que recoge el espíritu de la Constitución venezolana de 1947 y establece en su artículo 96:

"Son nacionales colombianos: 1. Por nacimiento.

a) Los naturales de Colombia, con una de dos condiciones: que el padre o la madre hayan sido naturales o nacionales colombianos o que, *siendo hijos de extranjeros, alguno de sus padres estuviere domiciliado en la República en el momento del nacimiento*" (resaltado nuestro).

Conforme a esta disposición se requiere, al menos, la condición de domiciliado de uno de los padres para que el niño -nacido en Colombia de padres extranjeros- adquiera la nacionalidad de ese país, lo que prudentemente limita el *jus soli* como criterio atributivo de la nacionalidad originaria.

Un criterio similar se encuentra en la reforma del Código Civil de España, cuyo artículo 17 establece:

"1. Son españoles de origen:

a) Los nacidos de padres y madres españoles.

b) *Los nacidos en España de padres extranjeros si, al menos uno de ellos hubiera nacido también en España. Se exceptúan los hijos de funcionario diplomático o consular acreditado en España* (resaltado nuestro).

c) Los nacidos en España de padres extranjeros, si ambos carecieren de nacionalidad o si la legislación de ninguno de ellos atribuye al hijo una nacionalidad".

La regulación española en esta forma, también limita sustancialmente el *jus soli*, en el sentido de requerir que uno de los padres, por lo menos, haya nacido en España.

En todo caso, puede decirse que las razones que han llevado a los legisladores colombiano y español a establecer estas limitaciones son similares a las que motivan la necesidad, en Venezuela, de una reforma en la materia, como se ha expuesto anteriormente.

Conforme a estos criterios, la Comisión de Nacionalidad y Ciudadanía propuso una regulación que constituía una solución de equilibrio entre el *jus soli* y el *jus sanguinis*, al exigirse, además del *jus soli*, la condición nacional de los padres o la residencia y domicilio legal de los mismos, si son extranjeros, en Venezuela.

Se observa, sin embargo, que los dos primeros ordinales propuestos en el artículo mencionado del *Proyecto* presentado por el Presidente Chávez, en realidad constituyen uno solo, pues el segundo sustituye al primero; y en cuanto al tercero, el mismo implica el desconocimiento, puro y simple, de la posibilidad de nacionalidad originaria si no hay prueba del domicilio o la residencia de ambos padres en el país, pero sin especificar cuándo y a quién debe probarlo.

La Comisión de Nacionalidad y Ciudadanía estimó que la reforma debía apuntar a estrechar el vínculo entre el venezolano por nacimiento y el Estado, por lo cual en el último supuesto debía exigirse la manifestación de voluntad para que el vínculo fuera establecido.

En consecuencia, la Comisión propuso que el régimen del *jus soli* para adquirir la nacionalidad venezolana originaria debía quedar redactado así:

"*Artículo 1*: Son venezolanos por nacimiento:
- a) Los nacidos en territorio de la República, hijos de padre o madre venezolanos.
- b) Los nacidos en territorio de la República, hijos de padre y madre extranjeros, domiciliados uno de ellos en Venezuela, siempre que declaren su voluntad de ser venezolanos antes de cumplir veintiún años de edad".

Debe observarse, en todo caso, que la atenuación del carácter absoluto del criterio *jus soli* para otorgar la nacionalidad venezolana por nacimiento, no debería conducir a la situación de apátrida del nacido en territorio venezolano hijo de padres extranjeros indocumentados sin domicilio legal en el país, que no tuviera otra nacionalidad.

Estas situaciones, encuentran su solución en el artículo 20 de la *Convención Americana sobre Derechos Humanos*, que es ley de la República, al establecer:

"*Artículo 20* Derecho a la Nacionalidad
1. Toda persona tiene derecho a una nacionalidad
2. Toda persona tiene derecho a la nacionalidad del Estado en cuyo territorio nació si no tiene derecho a otra.
3. A nadie se privará arbitrariamente de su nacionalidad ni del derecho a cambiarla".

Es decir, conforme a esta norma, en el caso de que la atenuación del régimen absoluto del *jus soli* pudiera dar origen a la condición de apátrida, ello encuentra solución en la *Convención Americana* al garantizar el derecho a la nacionalidad venezolana de los nacidos en el territorio si no tienen derecho a otra nacionalidad.

En cuanto a la atenuación del carácter absoluto de *jus sanguinis*, en el *Proyecto* presentado por el Presidente Chávez a la Asamblea se propuso la regulación del *jus sanguinis* en la siguiente forma:

"*Artículo:* __ Son venezolanos por nacimiento:
4. Los nacidos en territorio extranjero de padre y madre venezolanos por nacimiento.
5. Los nacidos en territorio extranjero de padre o madre venezolanos, siempre que establezcan su domicilio en la República, tengan dominio del castellano y declaren su voluntad de ser venezolanos antes de cumplir veintiún años".

Esta propuesta, en líneas generales, coincidía con el régimen de la Constitución de 1961, en su artículo 35, que establece tres supuestos de venezolanos por nacimiento en virtud del *jus sanguinis:*

"2º Los nacidos en territorio extranjero de padre o madre venezolanos por nacimiento;

3º Los nacidos en territorio extranjero de padre venezolano por nacimiento o madre venezolana por nacimiento, siempre que establezcan su residencia en el territorio de la República o declaren su voluntad de acogerse a la nacionalidad venezolana, y

4º Los nacidos en territorio extranjero de padre venezolano por naturalización o madre venezolana por naturalización, siempre que antes de cumplir diez y ocho años de edad establezcan su residencia en el territorio de la República y antes de cumplir veinticinco años de edad declaren su voluntad de acogerse a la nacionalidad venezolana".

En el primero de dichos supuestos se consagra el *jus sanguinis* absoluto, como criterio atributivo de la nacionalidad venezolana por nacimiento, lo que también ha sido una constante en nuestra historia constitucional, por el solo hecho de ser hijo de padre y madre venezolanos por nacimiento y haber nacido en el exterior.

La Comisión de Nacionalidad y Ciudadanía consideró que era necesario restringir el carácter absoluto del *jus sanguinis,* a los efectos de asegurar que el vínculo entre el venezolano y el Estado fuera efectivo, exigiendo la declaración de voluntad. Por ello, para estrechar ese vínculo, se planteó la restricción del carácter absoluto del *jus sanguinis,* exigiéndose, en todo caso, que el interesado hiciera una declaración de voluntad de ser venezolano antes de cumplir los 21 años de edad y estableciera su residencia en Venezuela.

En cuanto a los dos últimos supuestos del artículo 35 de la Constitución de 1961, conforme al *Proyecto* presentado por el Presidente Chávez, se propuso refundirlos, sin distingo de si el padre o la madre son venezolanos por nacimiento o venezolanos por naturalización, exigiéndose igualmente al interesado la declaración de voluntad antes de que cumpla 21 años de edad y establezca su residencia en Venezuela durante los cinco años anteriores a la declaración.

Se buscaba asegurar, así, que la nacionalidad originaria se otorgase a quien efectivamente estableciera el vínculo efectivo con el país.

Por ello, la Comisión de Nacionalidad y Ciudadanía propuso la redacción de estos supuestos, así:

"Artículo __: Son venezolanos por nacimiento:

...

c. Los nacidos en territorio extranjero, hijos de padre y madre venezolanos por nacimiento, siempre que declaren su voluntad de ser venezolanos antes de cumplir veintiún años de edad y establezcan su residencia en Venezuela.

d. Los nacidos en territorio extranjero, hijos de padre o madre venezolanos, siempre que declaren su voluntad de ser venezolanos antes de cumplir veintiún años de edad y establezcan su residencia en Venezuela durante los cinco años anteriores a dicha declaración".

Los numerales "c" y "d" del mismo artículo regulaban la nacionalidad venezolana originaria *jus sanguinis*. Estas regulaciones trataban de evitar la imposición de la nacionalidad, al incluir la declaración de voluntad de ser venezolanos de los nacidos en el territorio extranjero hijos de padres venezolanos, haciendo la lógica diferencia entre los hijos de ambos padres venezolanos por nacimiento o sólo uno de los padres, sin hacer distinción entre padre o madre venezolanos por nacimiento o por naturalización. La diferencia entre un supuesto y otro sólo se refleja en el requisito temporal de la residencia.

Como consecuencia de todo lo anterior, estimamos que el artículo 32 debía tener la siguiente redacción, tal como lo propuso la Comisión de Nacionalidad y Ciudadanía de la Asamblea que presidí:

"*Artículo 1* Son venezolanos por nacimiento:

a. Los nacidos en territorio de la República, hijos de padre o madre venezolanos.

b. Los nacidos en territorio de la República, hijos de padre y madre extranjeros, domiciliados uno de ellos en Venezuela, siempre que declaren su voluntad de ser venezolanos antes de cumplir veintiún años de edad.

c. Los nacidos en territorio extranjero, hijos de padre y madre venezolanos por nacimiento, siempre que declaren su voluntad de ser venezolanos antes de cumplir veintiún años de edad y establezcan su residencia en Venezuela.

d. Los nacidos en territorio extranjero, hijos de padre o madre venezolanos, siempre que declaren su voluntad de ser venezolanos antes de cumplir veintiún años de edad y establezcan su residencia en Venezuela durante los cinco años anteriores a dicha declaración".

Por último, debo dejar constancia, como parte de mi voto salvado, de mi desacuerdo con la nueva modalidad de atribución de la nacionalidad venezolana originaria o por *nacimiento*, con independencia total de los criterios del *jus soli* o del *jus sanguinis*, que ha aprobado la Asamblea en el artículo 32, agregando un ordinal que atribuye dicha nacionalidad venezolana por nacimiento a:

"Los miembros de las comunidades indígenas que han poblado secularmente el territorio nacional".

Una previsión constitucional atribuyendo la nacionalidad originaria no puede ser formulada en una forma *tan indeterminada* como la indicada, en la cual no se precisa qué se entiende por *miembro,* por *comunidades indígenas,* o por *han poblado secularmente el territorio nacional.*

En esa fórmula no hay referencia alguna a elementos objetivos concretos como el *jus soli* (haber nacido en el territorio nacional) o *jus sanguinis* (ser hijo de padres venezolanos) como atributivos de la nacionalidad por nacimiento, lo que podría dar lugar a aplicaciones inconvenientes al interés nacional.

Artículo 33. Nacionalidad venezolana derivada

Artículo 33. Son venezolanos y venezolanas por naturalización:

1. Los extranjeros o extranjeras que obtengan carta de naturaleza. A tal fin, deberán tener domicilio en Venezuela con residencia ininterrumpida de, por lo menos, diez años, inmediatamente anteriores a la fecha de la respectiva solicitud.

   El tiempo de residencia se reducirá a cinco años en el caso de aquellos y aquellas que tuvieren la nacionalidad originaria de España, Portugal, Italia, países latinoamericanos y del Caribe.

2. Los extranjeros o extranjeras que contraigan matrimonio con venezolanas o venezolanos desde que declaren su voluntad de serlo, transcurridos por lo menos cinco años a partir de la fecha del matrimonio.

3. Los extranjeros o extranjeras menores de edad para la fecha de la naturalización del padre o de la madre que ejerza sobre ellos la patria potestad, siempre que declaren su voluntad de ser venezolanos o venezolanas antes de cumplir los veintiún años de edad y hayan residido en Venezuela, ininterrumpidamente, durante los cinco años anteriores a dicha declaración.

Sobre esta norma véase lo que se indica en la página 593 de este Tomo.

Artículo 34. Principio de la doble nacionalidad

Artículo 34. La nacionalidad venezolana no se pierde al optar o adquirir otra nacionalidad.

Sobre esta norma véase lo que se indica en la página 595 de este Tomo.

Sobre esta norma, en la sesión de la Asamblea, segunda discusión del proyecto de fecha 12 de Noviembre de 1999, consigné el siguiente *Voto Salvado***:**

Salvo mi voto porque al agregarse al artículo la mención "por nacimiento" se elimina la posibilidad de doble nacionalidad respecto de los venezolanos por naturalización. Es decir, sólo los venezolanos por nacimiento, de acuerdo con la norma aprobada, no pierden la nacionalidad si optan o adquieren otra nacionalidad; por lo que si se trata de un venezolano por naturalización, este perdería la carta de naturaleza si adquiere u opta por otra nacionalidad. Ello constituye una discriminación injustificada.

Artículo 35. Pérdida de la nacionalidad

Artículo 35. Los venezolanos y venezolanas por nacimiento no podrán ser privados o privadas de su nacionalidad. La nacionalidad venezolana por naturalización sólo podrá ser revocada mediante sentencia judicial, de acuerdo con la ley.

Sobre esta norma véase lo que se indica en la página 595 de este Tomo.

Artículo 36. Renuncia y recuperación de la nacionalidad

Artículo 36. Se puede renunciar a la nacionalidad venezolana. Quien renuncie a la nacionalidad venezolana por nacimiento puede recuperarla si se domicilia en el territorio de la República por un lapso no menor de dos años y manifiesta su voluntad de hacerlo. Los venezolanos y venezolanas por naturalización que renuncien a la nacionalidad venezolana podrán recuperarla cumpliendo nuevamente con los requisitos exigidos en el artículo 33 de esta Constitución.

Artículo 37. Tratados sobre nacionalidad

Artículo 37. El Estado promoverá la celebración de tratados internacionales en materia de nacionalidad, especialmente con los Estados fronterizos y los señalados en el numeral 1 del artículo 33 de esta Constitución.

Artículo 38. Legislación sobre nacionalidad

Artículo 38. La ley dictará, de conformidad con las disposiciones anteriores, las normas sustantivas y procesales relacionadas con la adquisición, opción, renuncia y recuperación de la nacionalidad venezolana, así como con la revocación y nulidad de la naturalización.

Sección segunda: De la ciudadanía

Además de lo que se explicó en la Informe de la Comisión de Nacionalidad y Ciudadanía que presenté a la Asamblea en fecha 28 de septiembre de 1999, en la sesión del 22 de octubre de 1999, al comenzar la primera discusión de estas normas, expuse lo siguiente ante la Asamblea:

CONSTITUYENTE BREWER CARÍAS (ALLAN).- Ciudadano Presidente: Estas normas de la sección de la ciudadanía son novedosas en relación a la Constitución del 61, pero no en relación al constitucionalismo histórico venezolano, porque durante todo el siglo pasado la encontramos en las Constituciones.

Tienen por objeto precisar lo que acaba de señalar quien me precedió en el uso de la palabra, que la ciudadanía es la posibilidad o vínculo que se establece, de carácter político, entre una persona del Estado, y eso sólo corresponde a los nacionales, por eso el artículo 39, los venezolanos o venezolanas no sujetos a interdicción civil ni a inhabilitación política ejercen la ciudadanía.

Es decir, que la ciudadanía sólo corresponde a los nacionales y éstos son los que pueden ejercer los derechos políticos. Por eso la referencia a derechos políticos. La referencia a los condicionantes de la edad se refiere a que no todos los nacionales son ciudadanos, porque para ser ciudadano tiene que tenerse la edad requerida para votar o para ejercer un cargo público, que varía: Para votar, 18 años, para ejercer un cargo público 21 años, para ser senador o ministro se exige actualmente 30 años, etcétera. De manera que las condiciones de edad hay que ponerlas, porque si no se entendería que cualquier nacional podría ejercer los derechos políticos y no es así.

Los derechos políticos sólo los ejercen los nacionales, pero no todos los nacionales pueden ejercer derechos políticos, porque depende del condicionamiento de la edad. Por eso, la referencia a las condiciones de la edad.

Como la constituyente Iris Varela ha hecho referencia a otros artículos, ciudadano Presidente, quiero hacer mención a los que siguen para poder entender la estructura del articulado.

El primer artículo se refiere a otorgar la calidad de ciudadano a los nacionales con las condicionantes de edad y que estén en ejercicio, que no estén inhabilitados o sometidos a interdicción.

En segundo lugar, viene el principio de la igualdad entre extranjeros y venezolanos, salvo las excepciones que establezca la Ley, que es un principio que deriva del principio general de la igualdad ante la Ley, del cual se habló ayer, y que es importante colocar. No se puede eliminar la referencia al principio de igualdad entre extranjeros y venezolanos, salvo las excepciones establecidas en la Constitución y las leyes, y luego la excepción de que a los extranjeros, o cuando no son ciudadanos y no ejercen derechos políticos excepcionalmente, se les da el ejercicio del derecho al sufragio en las condiciones que establezca la Ley para las elecciones de carácter local, es decir, de carácter estadal, municipal y parroquial.

De manera que esa es la razón de esos tres artículos que establecen una coherencia frente a la regulación de la ciudadanía. Luego viene el tema de la igualdad entre nacionales por nacimiento y por naturalización en el artículo 42 y siguientes.

Esa es la razón por la cual tiene esta coherencia. Deriva de principios de todo el constitucionalismo. Siempre se ha establecido, nunca se ha eliminado el principio de la igualdad entre nacionales y extranjeros, salvo las excepciones legales y constitucionales, y la igualdad entre nacionales por nacimiento y por naturalización, salvo las excepciones constitucionales.

Por eso sugiero que se mantenga, salvo correcciones de redacción formal, la estructura del articulado tal como se propuso en la Comisión de Ciudadanía y Nacionalidad. Es todo.

Artículo 39. Ciudadanía y derechos políticos

Artículo 39. Los venezolanos y venezolanas que no estén sujetos o sujetas a inhabilitación política ni a interdicción civil, y en las condiciones de edad previstas en esta Constitución, ejercen la ciudadanía; en consecuencia, son titulares de derechos y deberes políticos de acuerdo con esta Constitución.

Sobre esta norma véase lo que se indica en la página 596 de este Tomo.

Sobre esta norma expresé mi criterio de que en la misma se distorsiona el concepto de ciudadanía al no establecer claramente que ciudadanos son los venezolanos que pueden ejercer derechos políticos; por tanto, no todo venezolano es ciudadano, por lo que en la sesión de 22 de octubre de 1999 dejé constancia de mi *Voto Salvado* en la siguiente forma:

> Salvo mi voto en relación con la redacción aprobada del artículo 39 por considerar que en la forma como quedó redactado distorsiona totalmente el concepto de ciudadanía. En efecto, la ciudadanía es el vínculo político que se establece entre una persona y un Estado, y que se manifiesta mediante el ejercicio de los derechos políticos. Estos corresponden a los nacionales (venezolanos) no sujetos a interdicción civil ni a inhabilitación política, y dentro de las condiciones de edad establecidas en la Constitución (por ejemplo, 18 años para votar; 21 años para ejercer cargos públicos; o 30 años para ejercer el cargo de Presidente de la República). Por tanto, el ciudadano tiene que ser venezolano; pero no todos los venezolanos son ciudadanos, como sucede, por ejemplo, con el menor de 18 años.
>
> En consecuencia, decir que la ciudadanía se concreta en el ejercicio de los derechos y deberes previstos en la Constitución, sin indicar que se trata de *derechos políticos,* es desconocer la noción misma de ciudadanía.

Artículo 40. Derechos políticos de los venezolanos

> **Artículo 40.** Los derechos políticos son privativos de los venezolanos y venezolanas, salvo las excepciones establecidas en esta Constitución.
>
> Gozan de los mismos derechos de los venezolanos y venezolanas por nacimiento los venezolanos y venezolanas por naturalización que hubieren ingresado al país antes de cumplir los siete años de edad y residido en él permanentemente hasta alcanzar la mayoridad.

En la sesión del 22 de octubre de 1999, sobre esta norma, expresé lo siguiente:

CONSTITUYENTE BREWER CARÍAS (ALLAN).-Ciudadano Presidente, colegas Constituyentes: Permítame una aclaración, ciudadano Presidente. Y es que tenemos que tener claro desde el punto de vista del Derecho Constitucional qué es ciudadano y qué es extranjero. La distinción aquí es, entre nacionales y extranjeros. Los nacionales son los que ejercen derechos políticos; el nacional que ejerce derecho político es ciudadano.

De manera que no es que se trata de ampliar el concepto de ciudadanía, no. La ciudadanía desde el punto de vista del Derecho Constitucional es aquel vínculo político entre una persona y el Estado. Eso sólo lo tienen los nacionales.

De manera que para ejercer derechos políticos se requiere ser venezolano. Y esa es la distinción entre venezolano y extranjero; pero no todo venezolano ejerce derechos políticos, porque un menor de edad no puede votar ni ejercer un cargo público. De manera que no creo que aquí estamos planteándonos en estos momen-

tos el tema del ejercicio amplio de derecho. Por eso esto está dentro del título general de los Derechos, pero esto se refiere a la condición del nacional que puede ejercer derechos políticos. Es todo.

Artículo 41. Cargos públicos reservados a los venezolanos por nacimiento sin otra nacionalidad

Artículo 41. Sólo los venezolanos y venezolanas por nacimiento y sin otra nacionalidad, podrán ejercer los cargos de Presidente o Presidenta de la República, Vicepresidente Ejecutivo o Vicepresidenta Ejecutiva, Presidente o Presidenta y Vicepresidentes o Vicepresidentas de la Asamblea Nacional, magistrados o magistradas del Tribunal Supremo de Justicia, Presidente o Presidenta del Consejo Nacional Electoral, Procurador o Procuradora General de la República, Contralor o Contralora General de la República, Fiscal General de la República, Defensor o Defensora del Pueblo, Ministros o Ministras de los despachos relacionados con la seguridad de la Nación, finanzas, energía y minas, educación; Gobernadores o Gobernadoras y Alcaldes o Alcaldesas de los Estados y Municipios fronterizos y de aquellos contemplados en la ley orgánica de la Fuerza Armada Nacional.

Para ejercer los cargos de diputados o diputadas a la Asamblea Nacional, Ministros o Ministras; Gobernadores o Gobernadoras y Alcaldes o Alcaldesas de Estados y Municipios no fronterizos, los venezolanos y venezolanas por naturalización deben tener domicilio con residencia ininterrumpida en Venezuela no menor de quince años y cumplir los requisitos de aptitud previstos en la ley.

Sobre esta norma véase lo que se indica en la página 598 de este Tomo.

Sobre esta norma, expresé que en la misma no se había equiparado, en cuanto al ejercicio de *algunos altos cargos públicos***, a los venezolanos por nacimiento con los venezolanos por naturalización; lo cual pensé que no tenía justificación tomando en cuenta las condiciones de prolongados años de residencia en el país que se exigían; de manera que sobre el tema, en la sesión del día 22 de octubre de 1999, expresé lo siguiente:**

CONSTITUYENTE BREWER CARÍAS (ALLAN).-Presidente, en relación con este artículo 41 que estamos discutiendo voy a apoyar la propuesta del constituyente Lara de eliminar la primera parte que se refiera al derecho de voto a los extranjeros en las elecciones municipales, regionales y estadales porque eso va a estar regulado en el artículo 62 del proyecto. De manera que aquí es redundar.

En cuanto a la segunda parte no voy a redundar mucho, respaldo la posición vehemente de Vinicio Romero. Esta es una norma que tiene relación con la siguiente. O sea, estamos discutiendo algo sin tener el cuadro general del sistema.

De acuerdo a la Constitución del 61 había una enorme diferencia entre el venezolano por nacimiento y neutralización, porque casi todos los cargos importantes electivos se reservan a los venezolanos por nacimiento.

En el artículo que viene vamos a ver que en la reducción de los cargos que se reservan a los venezolanos por nacimiento es efectiva y sólo es a unos cuantos cargos. La excepción a esa discriminación es justamente este artículo que establece que los venezolanos por naturalización que hubieren ingresado al país antes de cumplir los siete años, residenciados en él permanentemente, tienen los mismo derechos que los venezolanos por nacimiento. De manera que esto viene de la Constitución anterior y considero que es un principio lógico frente a determinadas diferencias entre nacionales por nacimiento y nacionales por naturalización. Si en el artículo que viene, el 42, decidimos que no hay ninguna diferencia entre venezolano por nacimiento y venezolano por naturalización y que cualquier venezolano por naturalización tienen todos los mismos derechos, por supuesto, este párrafo no tendría sentido.

Pero este párrafo tiene sentido si se establece al menos una diferencia como la que viene para el cargo de Presidente de la República o Presidente o Vicepresidente de la Asamblea. De manera que esta es una norma más bien de igualación y no de excepción frente a las posibles diferencias entre venezolanos por nacimiento y naturalización que están en el artículo siguiente.

[...]

CONSTITUYENTE BREWER CARÍAS (ALLAN).-Ciudadano Presidente, colegas Constituyentes: Como el constituyente Freddy Gutiérrez lo ha señalado en varias oportunidades, todo este articulado es parte de un cuerpo coherente.

Lamentablemente, hemos estado considerando artículo por artículo aisladamente y en algunos aspectos, estamos deformando ese cuerpo.

El tema de la Ciudadanía y Nacionalidad lo tratamos globalmente en la Comisión y como hemos explicado aquí varias veces, tenía varias líneas de reformas, entre ellas: El tema que discutimos ayer, el ius sanguinis y el ius soli y, en cuanto a la nacionalidad por naturalización, la línea de reforma era hacer más estricta la obtención de la Carta de Naturaleza y si eso se hacía más estricto, se podía entonces, equiparar en mayor grado al venezolano por nacimiento y venezolano por naturalización, y superar la situación de discriminación entre uno y otro que trae la Constitución vigente.

Recordemos que de acuerdo con la Constitución del año 1961, los cargos de Presidente de la República, ministro, senador, diputado, fiscal general, procurador general, contralor general, magistrado de la Corte Suprema de Justicia, gobernador y diputado a la Asamblea Legislativa y la Ley de Régimen Municipal, agrega alcaldes, son venezolanos por nacimiento exclusivamente.

Justamente, frente a esa situación, mayor exigencia para la obtención de la Carta de Naturaleza, mayor equiparación y por eso estas dos normas tienen que verse coherentemente. La del artículo 42 que estamos considerando, que establece la distinción entre venezolanos por nacimiento y venezolanos por naturalización, exclusivamente respecto a determinados cargos muy elevados, como Presidente y Vicepresidente del Ejecutivo, Presidente y Vicepresidente de la Asamblea Nacional y luego, en la Comisión Constitucional, se agregó sólo el de los gobernadores y alcaldes fronterizos.

Del resto, los venezolanos por naturalización pueden ocupar todos los demás cargos públicos que, de acuerdo con la Constitución del año 1961, se reservan a los venezolanos por nacimiento; pero con una precisión en el artículo siguiente: Para ser miembro de la Asamblea Nacional, magistrado del Tribunal Supremo, ministro, fiscal, contralor general, procurador, defensor del pueblo, gobernadores de estados y alcaldes, lo que se exige es que el venezolano por naturalización tenga una residencia ininterrumpida de 15 años, luego de obtenida la Carta de Naturaleza. Con lo cual 15 años más 10 años para obtener la Carta de Naturaleza es una persona que tiene 25 años en el país y puede perfectamente ocupar estos cargos.

Ese es el sentido de las dos normas que –insisto– debemos ver, aun cuando estemos votando una, veámosla coherentemente, porque con esto se supera esa situación de distinción que en muchos casos no se justifica.

De manera que, partiendo de esto, apoyo la propuesta del constituyente Levy Alter, Vicepresidente de la Comisión de Ciudadanía y Nacionalidad, quien redactó estas normas, y propongo que se vote la proposición tal como está. Es todo.

En la misma sesión del día 22 de octubre de 1999, consigné el siguiente *Voto Salvado* respecto de esta norma:

En relación con la redacción aprobada del artículo 42 y consecuencialmente del artículo 43 salvo mi voto por las siguientes razones:

La ciudadanía es la condición jurídica o vínculo de una persona con el Estado, que le permite el ejercicio de los derechos políticos. Dicha condición, por principio, pertenece a los nacionales no sujetos a interdicción civil ni a inhabilitación política, en las condiciones de edad que establece la Constitución para el ejercicio de los derechos políticos (por ejemplo, 18 años para el ejercicio del derecho al voto; 21 años para el ejercicio del derecho a ejercer cargos públicos; 30 años para ejercer el cargo de Presidente de la República, etc.).

Estos principios se recogieron en el *Proyecto* presentado por el Presidente Chávez a consideración de la Asamblea, en la siguiente forma:

"Artículo: La calidad de ciudadano en ejercicio es condición indispensable para el sufragio; y para desempeñar cargos públicos o ser elegido en las condiciones que determine la ley".

Ante esta redacción estimamos, que debía hacerse referencia a todos los derechos políticos como inherentes a la ciudadanía, por lo que la redacción que propusimos para artículo 39 fue la siguiente:

"Artículo 39: Los venezolanos que no estén sujetos a la interdicción civil ni a inhabilitación política, ejercerán la ciudadanía y, en consecuencia, son titulares de derechos y deberes políticos, de acuerdo a las condiciones de edad que establece esta Constitución".

En consecuencia, siendo la ciudadanía una condición jurídica sólo atribuible a los nacionales, los derechos políticos quedan reservados a los venezolanos. Por tanto, salvo por lo que respecta a los derechos políticos que corresponde a los ciudadanos, de resto, los extranjeros tienen los mismos derechos y deberes que los venezolanos.

De allí, la propuesta de redacción del artículo 40 del *Proyecto* elaborado por la *Comisión de Nacionalidad y Ciudadanía*, en el cual se conservó la previsión de la Constitución vigente, de extender el derecho de voto a los

extranjeros en las elecciones locales. Dicho artículo queda en el Anteproyecto con la siguiente redacción:

> *"Artículo 40* Los extranjeros gozarán de los mismos derechos y tendrán los mismos deberes que los venezolanos, con las limitaciones o excepciones establecidas en esta Constitución y la ley.
>
> *Artículo 41* Los derechos políticos se reservan a los venezolanos, pero los extranjeros, con domicilio en Venezuela, tendrán el derecho al voto en las elecciones y referenda de carácter estadal, municipal y parroquial, en los términos establecidos en esta Constitución".

La consecuencia de la distinción entre extranjeros y nacionales, es que, en principio, los derechos políticos corresponden a los venezolanos, sea por nacimiento o por naturalización, en condiciones de igualdad.

Ahora bien, una vieja aspiración de los venezolanos por naturalización ha sido, precisamente, la equiparación con los venezolanos por nacimiento en cuanto al ejercicio de los derechos políticos. En tal sentido, el *Proyecto* presentado por la Comisión establecía tal equiparación, casi absoluta, al reservar a los venezolanos por nacimiento sólo el ejercicio del cargo de Presidente de la República y de los llamados a sucederlo en determinados casos.

De allí el artículo 42 que se propuso, con el siguiente texto:

> *"Artículo 10* Sólo los venezolanos por nacimiento podrán ejercer los cargos de Presidente y Vicepresidente de la República, y Presidente y Vicepresidente de la Asamblea Nacional (Congreso).
>
> La ley podrá establecer la exigencia de la nacionalidad venezolana por nacimiento para el desempeño de cargos de Ministro de algunos Despachos del Ejecutivo Nacional".

Con lo anterior, se quería indicar buscaba establecer que la ley no podía establecer otras distinciones en cuanto al ejercicio de cargos públicos entre venezolanos por nacimiento y venezolanos por naturalización, con la sola excepción del desempeño de *algunos* cargos de Ministro, como podría ser el Ministro de Relaciones Exteriores o el Ministro de la Defensa.

Por otra parte, si bien el principio general de esta normativa era que, salvo los cargos señalados, todos los otros podían ser ejercidos por venezolanos por naturalización, se consideró conveniente establecer algunas exigencias de residencia en Venezuela para el desempeño de los mismos, remitiéndose a la ley para regular algunos requisitos de aptitud, como podría ser el haber obtenido título profesional en Venezuela o haber revalidado.

De allí el artículo 43 que se propuso, con el siguiente texto:

> *"Artículo 43* Los venezolanos por naturalización, para poder ejercer los cargos de Senador y Diputado en la Asamblea Nacional, Magistrado de la Corte Suprema de Justicia, Ministro, Gobernadores de Estado, Fiscal General de la República, Contralor General de la República, Procurador General de la República y Defensor del Pueblo, deberán tener domicilio con residencia ininterrumpida en Venezuela,

no menos de quince años después de obtenida la carta de naturaleza, y cumplir los requisitos de aptitud previstos en la ley".

En el texto aprobado por la Asamblea, sin embargo, no se siguió la propuesta de la Comisión de equiparar, casi en forma absoluta a los venezolanos por nacimiento con los venezolanos por naturalización; estableciéndose la exigencia de la nacionalidad venezolana originaria, exclusiva (sin otra nacionalidad), para ejercer los cargos de Presidente y Vicepresidente de la Asamblea Nacional, Magistrados del Tribunal Supremo de Justicia, Procurador General de la República, Contralor General de la República, Ministros de asuntos referidos a la seguridad de la Nación, finanzas, energía y minas, y Gobernadores y Alcaldes de los Estados fronterizos.

En esta forma, si bien se atenúa el elenco discriminatorio previsto en la Constitución de 1961, no se llega a la equiparación que había sido propuesta por la Comisión de Nacionalidad y Ciudadanía.

Sobre el mismo tema, en la sesión de 12 de Noviembre de 1999, segunda discusión del proyecto, igualmente consigné mi *Voto Salvado* respecto de la normas, así:

Salvo mi voto por considerar que se discrimina injustificadamente a los venezolanos por naturalización respecto del derecho a ejercer funciones públicas. Con las reformas introducidas en *segunda discusión* se continúa considerando a los venezolanos por naturalización distintos, políticamente, a los venezolanos por nacimiento, y ello con rango constitucional.

Artículo 42. Pérdida de la ciudadanía

Artículo 42. Quien pierda o renuncie a la nacionalidad pierde la ciudadanía. El ejercicio de la ciudadanía o de alguno de los derechos políticos sólo puede ser suspendido por sentencia judicial firme en los casos que determine la ley.

Sobre esta norma véase lo que se indica en la página 599 de este Tomo.

En la sesión del día 22 de octubre de 1999, primera discusión, sobre esta norma expresé:

CONSTITUYENTE BREWER CARÍAS (ALLAN).-Ciudadano Presidente: Es en relación a que la expresión que está es correcta: "perderla", en los casos en que está regulado anteriormente y es lo que acaba de señalar. Anteriormente está previsto que la nacionalidad venezolana, por naturalización, puede ser revocada por sentencia judicial, aun cuando la nacionalidad, por nacimiento, no se puede revocar; pero se aplica, por tanto, a los casos en que procede la pérdida, que es en ese caso. De manera que está bien. Es todo.

Capítulo III: De los derechos civiles

Artículo 43. Derecho a la vida. Inviolabilidad

Artículo 43. El derecho a la vida es inviolable. Ninguna ley podrá establecer la pena de muerte, ni autoridad alguna aplicarla. El Estado protegerá la vida de las personas que se encuentren privadas de su libertad, prestando el servicio militar o civil, o sometidas a su autoridad en cualquier otra forma.

Sobre esta norma consideré que en la misma había sido suprimida la mención sobre la protección del derecho a la vida desde la concepción, lo cual en mi criterio era inadmisible si no se establecía constitucionalmente el derecho de protección integral de los niños desde la concepción.

Al finalizar la discusión en la sesión del día 22 de octubre de 1999, primera discusión, consigné el siguiente *Voto Salvado*:

> Salvo mi voto por lo siguiente: Es cierto que en la Constitución de 1961, el artículo 58 se limita a prescribir que "el derecho a la vida es inviolable" sin hacer referencia alguna si ese derecho existe desde el momento de la concepción; pero a ello hay que concatenar lo dispuesto en el artículo 74 de la misma Constitución de 1961, conforme al cual se deben dictar
>
> > "las medidas necesarias para asegurar a todo niño, sin discriminación alguna, protección integral, desde su concepción hasta su completo desarrollo, para que este se realice en condiciones materiales y morales favorables".
>
> Examinado el Anteproyecto de Constitución, en discusión, en la norma equivalente (art. 82) a este artículo 74 de la Constitución de 1961, no se precisa la protección del niño desde el momento de la concepción. En mi criterio, sin embargo, la eliminación, en el artículo 45 de la referencia a la concepción debió estar concatenada con la previsión de la protección del niño desde la concepción, en el artículo 82 del nuevo texto, lo cual no fue planteado por los proponentes.
>
> No puede, por tanto, eliminarse la frase del artículo 45 aprobado, si no se asegura su previsión para la protección del niño en el artículo 82 del Anteproyecto.

Artículo 44. Libertad personal. Inviolabilidad

> *Artículo 44.* La libertad personal es inviolable; en consecuencia:
>
> 1. Ninguna persona puede ser arrestada o detenida sino en virtud de una orden judicial, a menos que sea sorprendida in fraganti. En este caso, será llevada ante una autoridad judicial en un tiempo no mayor de cuarenta y ocho horas a partir del momento de la detención. Será juzgada en libertad, excepto por las razones determinadas por la ley y apreciadas por el juez o jueza en cada caso.
>
>   La constitución de caución exigida por la ley para conceder la libertad de la persona detenida no causará impuesto alguno.
>
> 2. Toda persona detenida tiene derecho a comunicarse de inmediato con sus familiares, abogado o abogada, o persona de su confianza; y éstos o éstas, a su vez, tienen el derecho a ser informados o informadas sobre el lugar donde se encuentra la persona detenida; a ser notificados o notificadas inmediatamente de los motivos de la detención y a que dejen constancia

escrita en el expediente sobre el estado físico y psíquico de la persona detenida, ya sea por sí mismos o por sí mismas, o con el auxilio de especialistas. La autoridad competente llevará un registro público de toda detención realizada, que comprenda la identidad de la persona detenida, lugar, hora, condiciones y funcionarios o funcionarias que la practicaron.

Respecto a la detención de extranjeros o extranjeras se observará, además, la notificación consular prevista en los tratados internacionales sobre la materia.

3. La pena no puede trascender de la persona condenada. No habrá condenas a penas perpetuas o infamantes. Las penas privativas de la libertad no excederán de treinta años.

4. Toda autoridad que ejecute medidas privativas de la libertad estará obligada a identificarse.

5. Ninguna persona continuará en detención después de dictada orden de excarcelación por la autoridad competente o una vez cumplida la pena impuesta.

En la sesión del 22 de octubre de 1999, en la discusión sobre esta norma expuse lo siguientes:

CONSTITUYENTE BREWER CARÍAS (ALLAN).-Presidente, creo que incluso, deberíamos ordenar la discusión para hacerlo por numerales para ir saliendo de numeral en numeral, porque hay varias observaciones en varios numerales. En cuanto al numeral 1, que estamos considerando, mi primera propuesta coincide con la que acaba de formularse, de agregar después de las 8 horas, "a partir de la detención"

De manera que "sea llevado ante un juez durante en un tiempo no mayor de 8 horas a partir de la detención"

Por otra parte, en relación a este numeral, de que "tendrá derecho a ser juzgado en libertad excepto por las razones determinadas por la ley". Un poco al contrario de la observación que acaba de hacerse, sugiero agregar "Y apreciadas por el juez en cada caso" Porque en la jurisprudencia de la Corte Interamericana de Derechos Humanos y de la Comisión Interamericana de Derechos Humanos, se ha venido insistiendo en que no sólo debe estar establecidos por la ley las excepciones, sino que el juez debe apreciarla en cada caso. Porque hay supuestos de crímenes horribles, en los cuales el juez debe apreciar y puede no conceder la libertad. Entonces, dejar, aparte de que debe estar expresamente establecido por la ley, que el juez debe apreciar en cada caso. Sin embargo, le pediría la opinión al profesor Gómez Grillo, sobre este tema pero es lo que ha sido la jurisprudencia de la Corte Interamericana de Derechos Humanos.

Esas son las dos propuestas en relación a este ordinal, que coinciden con lo que se ha planteado anteriormente.

Quisiera también llamarles la atención, que hay una frase, en el artículo 51, que todos lo tenemos a la vista y que podemos verlo, en el ordinal 8º del artículo 51 (He hecho la tarea que nos encomendaba nuestro apreciado rector) dice: "Ningu-

na persona continuará en detención después de dictada orden de excarcelación" y luego, se agrega "la constitución de la fianza o caución exigida por la ley para conceder la libertad del detenido no causará impuesto alguno.

Aquello no tiene sentido allá. Hay que traer aquella frase, justamente a esta norma y la propuesta es por tanto, agregar luego al final de este ordinal 1º esa frase que está en el artículo 51 que diría "La constitución de caución exigida por ley para conceder la libertad del detenido no causará impuesto alguno". Es un traslado de una norma de un lado a otro. Esas son las tres propuestas que tengo para el ordinal 1º.

[...]

CONSTITUYENTE BREWER CARÍAS (ALLAN).-*Presidente: Un sugerencia para los próximos artículos nada más, esto es antes de mi intervención, en artículos que tienen 4 ó 5 ordinales, que tratan 4 ó 5 cosas distintas deberíamos irlas haciendo por ordinal, mi primera intervención fue sobre el primer ordinal, ahora tengo una intervención sobre el segundo ordinal, que quería hacer una propuesta.*

El numeral 2 dice: "Toda persona detenida tiene derecho a comunicarse con sus familiares, abogados, o persona de su confianza...". Quisiera agregar la expresión "de inmediato", después de la palabra "comunicarse", quedando la redacción así: "Toda persona detenida tiene derecho a comunicarse de inmediato..." La inmediatez es el elemento protectivo acá.

Además quería hacer una propuesta para agregar al final de ese ordinal, que es parte fundamental del debido proceso, un elemento fundamental que ha sido reclamado por Venezuela, con respecto a la detención de sus nacionales en el exterior, y que hemos reclamado que las autoridades notifiquen consularmente la detención, al cónsul, cumpliendo la Convención de Viena sobre Relaciones Consulares, y que eso lo pongamos nosotros acá, a los efectos de que el Estado, en el caso de detención de extranjeros, deba notificarse por vía consular; en ese sentido propongo agregar: "Respecto a la detención de extranjeros, deberá observarse, además, la notificación consular prevista en los Tratados Internaciones sobre la materia". Esa es mi propuesta.

A lo largo del debate, se formularon las siguientes propuestas:

Proposición del numeral 1 del artículo 46 de los constituyentes: William Ojeda, Allan Brewer Carías y Elio Gómez Grillo:

"Ninguna persona podrá ser arrestada o detenida sino en virtud de una orden judicial, a menos que sea sorprendida *in fraganti* y en este caso deberá ser llevado ante un juez en un tiempo no mayor de cuarenta y ocho horas a partir del momento de la detención. Será juzgado en libertad, excepto por las razones determinadas por la ley y apreciadas por el juez, en cada caso. La constitución de caución exigida por la ley para conceder la libertad del detenido no causará impuesto alguno".

Proposición del numeral 2 del artículo 46 del constituyente Allan Brewer Carías:

"Agregar después de la palabra "comunicarse", la frase "de inmediato". Colocar esta frase al final: "Respecto a la detención de extranjeros deberá observarse además la notificación consular prevista en los tratados internacionales sobre la materia".

EL SECRETARIO.-Ciudadano Presidente, el constituyente Allan Brewer Carías solicita que se someta a votación el agregado que propuso en el numeral 2 del artículo 46, que dice lo siguiente:

Agregar después de "...comunicarse de inmediato..." la siguiente frase: "...respecto a la detención de extranjeros deberá observarse, además, la notificación consular prevista en los tratados internacionales sobre la materia".

Artículo 45. Prohibición de la desaparición forzada de personas

Artículo 45. Se prohíbe a la autoridad pública, sea civil o militar, aun en estado de emergencia, excepción o restricción de garantías, practicar, permitir o tolerar la desaparición forzada de personas. El funcionario o funcionaria que reciba orden o instrucción para practicarla, tiene la obligación de no obedecerla y denunciarla a las autoridades competentes. Los autores o autoras intelectuales y materiales; cómplices y encubridores o encubridoras del delito de desaparición forzada de personas, así como la tentativa de comisión del mismo, serán sancionados o sancionadas de conformidad con la ley.

Artículo 46. Derecho a la integridad personal

Artículo 46. Toda persona tiene derecho a que se respete su integridad física, psíquica y moral; en consecuencia:

1. Ninguna persona puede ser sometida a penas, torturas o tratos crueles, inhumanos o degradantes. Toda víctima de tortura o trato cruel, inhumano o degradante practicado o tolerado por parte de agentes del Estado, tiene derecho a la rehabilitación.

2. Toda persona privada de libertad será tratada con el respeto debido a la dignidad inherente al ser humano.

3. Ninguna persona será sometida sin su libre consentimiento a experimentos científicos, o a exámenes médicos o de laboratorio, excepto cuando se encontrare en peligro su vida o por otras circunstancias que determine la ley.

4. Todo funcionario público o funcionaria pública que, en razón de su cargo, infiera maltratos o sufrimientos físicos o mentales a cualquier persona, o que instigue o tolere este tipo de tratos, será sancionado o sancionada de acuerdo con la ley.

Artículo 47. Inviolabilidad del hogar doméstico

Artículo 47. El hogar doméstico y todo recinto privado de persona son inviolables. No podrán ser allanados sino mediante orden judicial, para impedir la perpetración de un delito o para cumplir, de acuerdo con la ley, las decisiones que dicten los tribunales, respetando siempre la dignidad del ser humano.

Las visitas sanitarias que se practiquen, de conformidad con la ley, sólo podrán hacerse previo aviso de los funcionarios o funcionarias que las ordenen o hayan de practicarlas.

Sobre esta norma, en la sesión 22 de octubre de 1999, primera discusión, insistí en que se agregara al ámbito espacial no allanable, además del domicilio, el "recinto privado."

Artículo 48. Inviolabilidad de las comunicaciones

Artículo 48. Se garantiza el secreto e inviolabilidad de las comunicaciones privadas en todas sus formas. No podrán ser interferidas sino por orden de un tribunal competente, con el cumplimiento de las disposiciones legales y preservándose el secreto de lo privado que no guarde relación con el correspondiente proceso.

Artículo 49. Derecho al debido proceso

Artículo 49. El debido proceso se aplicará a todas las actuaciones judiciales y administrativas; en consecuencia:

1. La defensa y la asistencia jurídica son derechos inviolables en todo estado y grado de la investigación y del proceso. Toda persona tiene derecho a ser notificada de los cargos por los cuales se le investiga; de acceder a las pruebas y de disponer del tiempo y de los medios adecuados para ejercer su defensa. Serán nulas las pruebas obtenidas mediante violación del debido proceso. Toda persona declarada culpable tiene derecho a recurrir del fallo, con las excepciones establecidas en esta Constitución y en la ley.

2. Toda persona se presume inocente mientras no se pruebe lo contrario.

3. Toda persona tiene derecho a ser oída en cualquier clase de proceso, con las debidas garantías y dentro del plazo razonable determinado legalmente por un tribunal competente, independiente e imparcial establecido con anterioridad. Quien no hable castellano o no pueda comunicarse de manera verbal, tiene derecho a un intérprete.

4. Toda persona tiene derecho a ser juzgada por sus jueces naturales en las jurisdicciones ordinarias o especiales, con las garantías establecidas en esta Constitución y en la ley. Ninguna persona podrá ser sometida a juicio sin conocer la identidad de

quien la juzga, ni podrá ser procesada por tribunales de excepción o por comisiones creadas para tal efecto.

5. Ninguna persona podrá ser obligada a confesarse culpable o declarar contra sí misma, su cónyuge, concubino o concubina, o pariente dentro del cuarto grado de consanguinidad y segundo de afinidad.

La confesión solamente será válida si fuere hecha sin coacción de ninguna naturaleza.

6. Ninguna persona podrá ser sancionada por actos u omisiones que no fueren previstos como delitos, faltas o infracciones en leyes preexistentes.

7. Ninguna persona podrá ser sometida a juicio por los mismos hechos en virtud de los cuales hubiese sido juzgada anteriormente.

8. Toda persona podrá solicitar del Estado el restablecimiento o reparación de la situación jurídica lesionada por error judicial, retardo u omisión injustificados. Queda a salvo el derecho del o de la particular de exigir la responsabilidad personal del magistrado o de la magistrada, del juez o de la jueza; y el derecho del Estado de actuar contra éstos o éstas.

Sobre esta norma relativa al debido proceso, en la sesión del 23 de octubre de 1999, primera discusión del proyecto de Constitución, expuse lo siguiente:

CONSTITUYENTE BREWER CARÍAS (ALLAN).-Las propuestas de Leonel Jiménez me parecen adecuadas, pero sí creo que vale la pena aclarar, él propuso una redacción para el numeral segundo, que aquí está como la garantía de la presunción de inocencia. Presumo que eso no se está eliminando, de manera que quede claro que no es sustitución de la presunción de inocencia.

Quería formular una consideración sobre el ordinal tercero en el tema de los indígenas, como señalaba Leonel Jiménez. Creo que hay que poner el derecho al intérprete gratuito, que viene además como principio de la Convención Americana de Derechos Humanos y no sólo que los indígenas tengan derecho gratuito a intérprete si no hablan español sino también agregar la propuesta a los extranjeros que no hablen castellano.

Es decir, es un derecho de los extranjeros que no hablen castellano y de los indígenas que no hablen castellano, a tener intérprete además de carácter gratuito.

En relación con el ordinal quinto, sugiero cambiar la redacción "ninguna persona podrá ser sancionada" no "condenada. Porque esto todavía tiene una carga penal y creo que la garantía del debido proceso es, como lo dice el encabezamiento del artículo 51, no sólo actuaciones judiciales sino actuaciones administrativas y por tanto pienso que más amplio sería, ninguna persona podrá ser sancionada por actos u omisiones que no fuesen previstos como delitos, faltas o infracciones. De manera que agregar aquí todo lo que sea denominado en algún momento el derecho penal administrativo, las infracciones administrativas, que son parte también del debido proceso.

En cuanto al ordinal octavo, es para señalar que la frase segunda, que se refiere a la constitución de fianza fue traslada ya al artículo 46, ordinal primero. Y en cuanto al ordinal noveno, agregar la frase que estaba en el artículo 48, ordinal dos que ya se acordó trasladarlo a este ordinal. Que agrega en materia de confesión, que la confesión del inculpado solamente es válida si es hecha sin coacción de ninguna naturaleza.

Estos son elementos que ya se discutieron ayer y que los voy a precisar para que vayan sin error en cuanto a este artículo.

Gracias, señor Presidente.

En la sesión del 24 de octubre de 1999, se consideró la propuesta elaborada por una Comisión sobre la norma relativa al debido proceso, en la siguiente forma:

Proposición de la Comisión Especial, integrada por los constituyentes Elio Gómez Grillo, Leonel Jiménez Carupe, Iris Varela Rangel y Alan Brewer Carías:

"*Artículo 51.–* El debido proceso se aplicará a todas las actuaciones judiciales y administrativas y, en consecuencia, la defensa y la asistencia jurídica es un derecho inviolable en todo Estado, y grado de la investigación y del proceso.

1. Toda persona tiene derecho a ser notificada de los cargos por los cuales se le investiga, de acceder a las pruebas y de disponer del tiempo y los medios adecuados para ejercer su defensa. Serán nulas las pruebas obtenidas con **violación** del debido proceso.

2. Toda persona declarada culpable, tiene derecho a recurrir del fallo, salvo las excepciones establecidas en esta Constitución y la ley.

3. Toda persona se presume inocente mientras no se pruebe lo contrario.

4. Toda persona tiene derecho a ser oída en toda clase de proceso con las debidas garantías y dentro del plazo razonable, determinado legalmente por un Juez o Tribunal competente, independiente e imparcial establecido con anterioridad. Quien no hable castellano tiene derecho a un intérprete.

5. Toda persona tiene derecho a ser juzgada por sus jueces naturales en las jurisdicciones ordinarias o especiales con las garantías establecidas en esta Constitución y en la ley.

6. Ninguna persona podrá ser sometida a juicios sin conocer la identidad de quien la juzga ni podrá ser procesada por Tribunales de Excepción o por comisiones creadas para tal efecto.

7. Ninguna persona podrá ser obligada a confesarse culpable o declarar contra sí misma, su cónyuge, concubina o concubino, o pariente dentro del cuarto grado de consanguinidad y segundo de afinidad. La confesión solamente será válida si fuere hecha sin coacción de ninguna naturaleza.

8. Ninguna persona podrá ser sancionada por actos u omisiones que no fueren previstos como delitos, faltas o infracciones en leyes preexistentes.

9. Ninguna persona podrá ser sometida a juicio por los mismos hechos en virtud de los cuales hubiese sido juzgado anteriormente.
10. Todos podrán solicitar del Estado el restablecimiento de la situación jurídica lesionada por error judicial, retardo u omisión injustificados. Queda a salvo el derecho del particular para exigir la responsabilidad personal del magistrado o juez, y del Estado, y de actuar contra estos."

"Nota: El ordinal octavo del Anteproyecto, se recomienda trasladarlo íntegramente al artículo 46 que consagra la libertad personal."

Es todo, ciudadano Presidente.

Artículo 50. Derecho al libre tránsito

Artículo 50. Toda persona puede transitar libremente y por cualquier medio por el territorio nacional, cambiar de domicilio y residencia, ausentarse de la República y volver, trasladar sus bienes y pertenencias en el país, traer sus bienes al país o sacarlos, sin más limitaciones que las establecidas por la ley. En caso de concesión de vías, la ley establecerá los supuestos en los que debe garantizarse el uso de una vía alterna. Los venezolanos y venezolanas pueden ingresar al país sin necesidad de autorización alguna.

Ningún acto del Poder Público podrá establecer la pena de extrañamiento del territorio nacional contra venezolanos o venezolanas.

Consideré, en relación con esta norma, que en la misma quedaba abierta la posibilidad de que por Ley se pudiera restringir o limitar este derecho. Además, al regular las concesiones de vialidad, se confunde el *libre tránsito* con el *libre tránsito gratuito*, que no puede tener rango constitucional, sino legal. Consideré totalmente innecesario regular en la Constitución las concesiones viales sólo si se garantiza el "uso de una vía alterna", lo cual además, es totalmente indeterminado.

Luego de la discusión en la sesión del 23 de octubre de 1999, consigné el siguiente *Voto Salvado*:

En relación con la redacción aprobada del artículo 52 (ahora 51) considero que la misma es insuficiente y excesivamente limitativa si se tiene en cuenta la realidad vial nacional. Además, entre los elementos que faltan garantizar respecto de la libertad de tránsito está "mover sus bienes y pertenencias en el país" a lo que se puede agregar "sacarlos de éste y traerlos".

La remisión a la Constitución y la ley para restringir o limitar el derecho, por otra parte, no debe ser abierta, por lo que debería señalarse que se garantiza la libertad "sin más limitaciones que las establecidas en esta Constitución y las que fije la ley por razones de seguridad, salud pública o protección al medio ambiente".

En cuanto al principio destinado a regular las concesiones de obras viales, en el sentido de que se "debe garantizar el uso de una vía alterna", estimamos que se está confundiendo el libre tránsito con el libre tránsito

"gratuito" lo cual no puede tener rango constitucional. El sistema de cobro de peajes en la vialidad nacional, cuya administración se atribuyó a los Estados con motivo del proceso de descentralización, ha hecho que el mantenimiento y mejora de la red vial sea una realidad, generalmente como consecuencia de concesiones otorgadas por los Estados. Una norma de este tipo, en la Constitución, podría revertir este proceso de mejoramiento vial y, además, originar un pasivo a cargo de los Estados por la terminación anticipada de concesiones viales en las cuales no se pueda garantizar el uso de una vía alterna, lo cual podría originar responsabilidad incluso como consecuencia del "hecho del Príncipe", como sería una nueva norma constitucional limitativa.

Estimamos que el régimen propuesto debe dejarse a la ley y no tener rango constitucional para poder resolver situaciones concretas del sistema vial, que no necesariamente exigirían garantizar el uso de una vía alterna. En esta materia, son los usuarios quienes deben dar la pauta, en directa relación con la eficiencia en la prestación de los servicios viales.

Artículo 51. Derecho de petición y respuesta

Artículo 51. Toda persona tiene el derecho de representar o dirigir peticiones ante cualquier autoridad, funcionario público o funcionaria pública sobre los asuntos que sean de la competencia de éstos o éstas, y de obtener oportuna y adecuada respuesta. Quienes violen este derecho serán sancionados o sancionadas conforme a la ley, pudiendo ser destituidos o destituidas del cargo respectivo.

Artículo 52. Derecho de asociación

Artículo 52. Toda persona tiene el derecho de asociarse con fines lícitos, de conformidad con la ley. El Estado estará obligado a facilitar el ejercicio de este derecho.

Artículo 53. Derecho de reunión

Artículo 53. Toda persona tiene el derecho de reunirse, pública o privadamente, sin permiso previo, con fines lícitos y sin armas. Las reuniones en lugares públicos se regirán por la ley.

Artículo 54. Prohibición de la esclavitud, servidumbre y trata de personas

Artículo 54. Ninguna persona podrá ser sometida a esclavitud o servidumbre. La trata de personas y, en particular, la de mujeres, niños, niñas y adolescentes en todas sus formas, estará sujeta a las penas previstas en la ley.

Artículo 55. Derecho a la protección de la seguridad personal

Artículo 55. Toda persona tiene derecho a la protección por parte del Estado, a través de los órganos de seguridad ciudadana regulados por ley, frente a situaciones que constituyan amenaza, vulnerabilidad o riesgo para la integridad física de las personas, sus propiedades, el disfrute de sus derechos y el cumplimiento de sus deberes.

La participación de los ciudadanos y ciudadanas en los programas destinados a la prevención, seguridad ciudadana y administración de emergencias será regulada por una ley especial.

Los cuerpos de seguridad del Estado respetarán la dignidad y los derechos humanos de todas las personas. El uso de armas o sustancias tóxicas por parte del funcionariado policial y de seguridad estará limitado por principios de necesidad, conveniencia, oportunidad y proporcionalidad, conforme a la ley.

En la sesión del 23 de octubre de 1999, primera discusión, en relación con esta norma expuse lo siguiente:

CONSTITUYENTES BREWER CARÍAS (ALLAN).- Presidente: La norma tal como está señalada en el texto y como viene de la Comisión, recoge lo que acaba de señalarse. No creo que sea necesario agregar que el derecho a la protección por parte del Estado frente a situaciones que representen amenazas tiene que ser a través de determinados órganos, eso es lo que la ley va a establecer con posterioridad. De manera que sugeriría la primera parte del artículo, dejarla tal como está.

Tengo observación y una propuesta para la segunda parte del artículo, que se refiere a los cuerpos de seguridad del Estado, y dice "Los cuerpos de seguridad del Estado tienen el deber de respetar la dignidad humana, y defender los derechos humanos de todas las personas. El uso de armas de fuego o sustancias tóxicas por parte de funcionarios policiales de seguridad estará regulado por la ley, y no podrán usarse para el control de manifestaciones públicas.

Primera propuesta sería eliminar la última frase: "No podrán usarse para el control de manifestaciones públicas", porque está ya establecido y regulado expresamente en el artículo 72, en el capítulo que refiere al derecho de manifestar, como derecho político. Allí dice: "La Ley prohibirá el uso de armas de fuego, y sustancias tóxicas en el control de manifestaciones pacíficas y reglamentará las actuaciones de los cuerpos policiales, y seguridad en el control del orden público." Por tanto, aquí sobra la última parte: "no podrán usarse para el control de manifestaciones", porque hay que regularlo en el derecho de manifestaciones en el artículo 72, como está.

Quiero proponer, en cuanto al uso de armas de fuego y sustancias tóxicas, cambiar la frase, eliminando la expresión: "de fuego". Creo que el régimen de materia de protección debe ser el uso de armas de fuego o de cualquier tipo. Quedaría así: "...el uso de armas o de sustancias tóxicas por parte de funcionarios policiales y de seguridad", y no dejarlo a la regulación legal, sino establecer los principios básicos.

Propongo que la redacción quede así: "El uso de armas o sustancias tóxicas, por parte de los funcionarios policiales y de seguridad estará limitado por los principios de necesidad, razonabilidad, y proporcionalidad", y remitir a la ley, pero establecer los principios limitativos del uso de armas, por parte de los funcionarios policiales, en esa forma.

A continuación la consigno por escrito, ciudadano Presidente.

CONSTITUYENTE BREWER CARÍAS (ALLAN).-Ciudadano Presidente, colegas Constituyentes: Algo muy importante. No se interpretó adecuadamente la propuesta formulada por mí y se la acabo de explicar al constituyente William Ojeda. El tema de las manifestaciones no se regula en este artículo, la Comisión de Régimen Político está de acuerdo; eso pasa a la regulación en los derechos políticos y aquí lo que estamos estableciendo es el uso de armas, en general; ya se tratará en cualquier otro momento. Y luego, justamente, ponerle límites, que tiene que ser limitado por los principios de necesidad, racionalidad y proporcionalidad, de manera que ya exista el límite para el uso del arma. Es todo.

Además, en la discusión en la Asamblea se presentaron las siguientes propuestas:

Proposición de la Comisión de lo Político y del constituyente Allan Brewer Carías:

> La última frase quedaría así: "El uso de armas o sustancias tóxicas por parte de los funcionarios policiales y de seguridad estará limitado por los principios de necesidad, responsabilidad, razonabilidad y proporcionalidad".

Proposición de los constituyentes Freddy Bernal, Mario Isea, Allan Brewer Carías, Vladimir Villegas, José Luis Meza y la Comisión:

> "Toda persona tiene derecho a la protección por parte del Estado a través de los órganos de seguridad ciudadana establecidos en la Ley, frente a situaciones que afecten o comprenden una amenaza, vulnerabilidad o riesgo para la integridad física de los individuos, sus propiedades, el disfrute de sus derechos y el cumplimiento de sus deberes. La participación de los ciudadanos en los programas destinados a la prevención, seguridad ciudadana y administración de emergencia serán regulados por una Ley especial. Los cuerpos de seguridad del Estado tienen el deber de respetar la dignidad humana y defender los derechos humanos. El uso de armas o sustancias tóxicas por parte de los funcionarios policiales y de seguridad estará limitado por los principios de necesidad, razonabilidad, proporcionalidad, conforme a la Ley".

Es todo, ciudadano Presidente.

Artículo 56. Derecho al nombre

> *Artículo 56.* Toda persona tiene derecho a un nombre propio, al apellido del padre y al de la madre, y a conocer la identidad de los mismos. El Estado garantizará el derecho a investigar la maternidad y la paternidad.
>
> Toda persona tiene derecho a ser inscrita gratuitamente en el registro civil después de su nacimiento y a obtener documentos públicos que comprueben su identidad biológica, de conformidad con la ley. Éstos no contendrán mención alguna que califique la filiación.

En la sesión del 23 de octubre de 1999, primera discusión expuse lo siguiente sobre esta norma:

CONSTITUYENTE BREWER CARÍAS (Allan).-Ciudadano Presidente: En realidad mi observación era la expresión "padres biológicos", el derecho al nombre propio y al apellido de los padres biológicos excluye a los padres adoptivos, toda la institución de la adopción. Me da la impresión de que debe ser el nombre propio y el apellido de los padres, y luego la propuesta de la constituyente Iris Varela habría que verla con más detenimiento, porque por ejemplo, el concepto de "toda persona tiene derecho a conocer la identidad de sus progenitores" no está en esa redacción y es un derecho... Leído así tan rápido no se capta realmente la idea.

Artículo 57. Derecho a la libre expresión del pensamiento

Artículo 57. Toda persona tiene derecho a expresar libremente sus pensamientos, sus ideas u opiniones de viva voz, por escrito o mediante cualquier otra forma de expresión y de hacer uso para ello de cualquier medio de comunicación y difusión, sin que pueda establecerse censura. Quien haga uso de este derecho asume plena responsabilidad por todo lo expresado. No se permite el anonimato, ni la propaganda de guerra, ni los mensajes discriminatorios, ni los que promuevan la intolerancia religiosa.

Se prohíbe la censura a los funcionarios públicos o funcionarias públicas para dar cuenta de los asuntos bajo sus responsabilidades.

En la sesión del 23 de octubre de 1999, en relación con esta norma, expresé mi criterio de que en la misma no se regulaba adecuadamente la libertad de información, como la libertad de buscar, recibir y difundir *ideas e información de toda índole* mediante *cualquier medio apropiado para hacerlo,* de que era un derecho humano que debió garantizarse, en la siguiente forma:

CONSTITUYENTE BREWER CARÍAS (Allan).-Ciudadano Presidente: No sé si se inicia el debate sobre el tema de la libertad de información antes del receso o hacemos el receso. Quisiera destacar lo siguiente: En primer lugar, estimo que en este artículo 59 debe en efecto regularse la libertad de expresión, de opinión y de información como principio, pero estimo que de acuerdo con lo que es compromiso de Venezuela y es Ley en nuestro país, la Convención Americana de Derechos Humanos, aquí debería también consagrarse la libertad de buscar, de recibir y de difundir informaciones e ideas de toda índole, tal como es el principio en esa Convención Americana, y esto sea sin consideración de fronteras, de viva voz, por escrito, mediante cualquier otra forma impresa o artística o de cualquier medio.

En segundo lugar, el principio de la censura previa debe ser sustituido por lo que ya se ha planteado en la misma Comisión, que el derecho no puede estar sujeto a censura de cualquier tipo, pero agregar, que si bien esto es el principio general, tenemos que reforzar que el ejercicio de este derecho sí está sujeto a responsabilidades ulteriores fijadas por la Ley y que sean necesarias para resguardar el derecho de los demás, el derecho a la reputación o la protección, incluso, del orden público, la moral pública o la salubridad.

De manera que con fundamento en esto, voy a proponer una redacción que amplíe el contenido del artículo 59 tal como está, en estos términos: "Todos tienen derecho a la libertad de expresión, de opinión y de información. Este derecho comprende la libertad de buscar, recibir y difundir informaciones e ideas de toda índole, sin consideración de fronteras, de viva voz, por escrito o mediante cualquier otra forma impresa o artística, o por cualquier medio de comunicación y difusión. El ejercicio de este derecho no puede estar sujeto a censura sino a responsabilidades ulteriores fijadas expresamente por la ley y necesarias para asegurar el respeto a los derechos, a la reputación de los demás, a la protección de la seguridad, el orden público, la salubridad o la moral pública. No se permite el anonimato ni tampoco la propaganda de guerra, ni racista ni la que promueva la intolerancia religiosa."

En el curso del debate formulé la siguiente propuesta para el artículo:
Proposición del Constituyente Allan Brewer:

"La comunicación es libre y plural y comporta los deberes y responsabilidades que indique la ley. Todos tienen derecho a la réplica y a la rectificación cuando se vean afectados por informaciones inexactas o agraviantes. Los niños, niñas y adolescentes tienen derecho a recibir información adecuada para su desarrollo integral. En ningún caso la rectificación o la respuesta eximirán de otras responsabilidades legales en que se hubiere incurrido".

Al final del debate, formulé el siguiente *Voto Salvado* respecto de la norma:

Salvo mi voto por considerar que en el artículo aprobado no se regula adecuadamente la libertad de información como se entiende en el ordenamiento internacional sobre derechos humanos con aplicación obligatoria en Venezuela. Tanto del Pacto Internacional de Derechos Civiles y Políticos como de la Convención Americana sobre Derechos Humanos resulta que la libertad de expresión comprende el derecho de *toda persona* de buscar, recibir y difundir informaciones e ideas de toda índole, sin consideración de fronteras; y además, el derecho de *toda persona* de seleccionar el procedimiento a través del cual buscará, recibirá o difundirá el resultado de las ideas o informaciones de las que esté en posesión, ya sea oralmente, por escrito o en forma impresa o artística, o por cualquier otro procedimiento de su elección.

Este es un concepto central en materia de libertad de expresión y derecho a la información. La Corte Interamericana de Derechos Humanos ha interpretado el significado de estas expresiones en su Opinión Consultiva Nº 5 así:

"30. El artículo 13 señala que la libertad de pensamiento y expresión "comprende la libertad de buscar, recibir y difundir informaciones e ideas de toda índole..." Estos términos establecen literalmente que *quienes están bajo la protección de la Convención tienen no sólo el derecho y la libertad de expresar su propio pensamiento, sino también el derecho y la libertad de buscar, recibir y difundir informaciones e ideas de toda índole.* Por tanto, cuando se restringe ilegalmente la libertad de expresión de un individuo, no sólo es el derecho de ese individuo el que está siendo violado, sino también el derecho de todos a "recibir" informaciones e ideas, de donde resulta que el derecho protegido por el artículo 13 tiene un alcance y un carácter especiales. *Se ponen así de manifiesto las dos dimensiones de la libertad de expresión. En efecto, ésta requiere, por un lado, que nadie sea arbitrariamente menoscabado o impedido de manifestar su propio pensamiento y representa, por tanto, un derecho de cada individuo; pero implica también, por otro lado, un derecho colectivo a recibir cualquier información y a conocer la expresión del pensamiento ajeno."* (Énfasis añadidos).

"31. En su dimensión individual, la libertad de expresión no se agota en el reconocimiento teórico del derecho a hablar o escribir, sino *que comprende además, inseparablemente, el derecho a utilizar cualquier medio apropiado para difundir el pensamiento y hacerlo llegar al mayor número de destinatarios.* Cuando la Convención proclama que la libertad de pensamiento y expresión comprende el derecho de difundir informaciones e ideas "por cualquier... procedimiento", está subrayando que *la expresión y la difusión del pensamiento y de la información son indivisibles,* de modo que una restricción de las posibilidades de divulgación representa directamente, y en la misma medida, un límite al derecho de expresarse libremente. De allí la importancia del régimen legal aplicable a la prensa y al status de quienes se dediquen profesionalmente a ella." (Énfasis añadido).

"32. En su dimensión social la libertad de expresión es un medio para el intercambio de ideas e informaciones y para la comunicación masiva entre los seres humanos. Así como comprende el derecho de cada uno a tratar de comunicar a los otros sus propios puntos de vista implica también el derecho de todos a conocer opiniones y noticias. *Para el ciudadano común tiene tanta importancia el conocimiento de la opinión ajena o de la información de que disponen otros como el derecho a difundir la propia."* (Opinión Consultiva Oc-5/85 el 13 de Noviembre de 1985, Parágrafos 30-32).

En nuestro criterio, en el texto aprobado no se regula, adecuadamente, la libertad de expresión y de información.

Artículo 58. Derecho a la información oportuna

Artículo 58. La comunicación es libre y plural y comporta los deberes y responsabilidades que indique la ley. Toda persona tiene derecho a la información oportuna, veraz e imparcial, sin censura, de acuerdo con los principios de esta Constitución, así como a la réplica y rectificación cuando se vea afectada directamente por informaciones inexactas o agraviantes. Los niños, niñas y adolescentes tienen derecho a recibir información adecuada para su desarrollo integral.

Sobre esta norma, consideré atentatorio contra el derecho a la información el *calificar* la información como "oportuna, veraz e imparcial", argumentando que ello podía abrir la puerta al "control" de la veracidad por algún órgano público o político. Por ello, al concluir la sesión del 23 de octubre de 1999, consigné mi *Voto Salvado* con el siguiente texto:

Salvo mi voto por no estar de acuerdo con la inclusión, en el artículo aprobado, relativo al derecho a la información, de las expresiones "información oportuna, veraz e imparcial", aún con el agregado "sin censura" el cual debió ser, también "sin control".

El problema que en mi criterio plantea la frase "información *oportuna, veraz e imparcial*", deriva de los peligros de su puesta en práctica. ¿Quién, cuándo y cómo se determina si la información que se ha recibido es *veraz, oportuna e imparcial*? Si alguien encontrara criterios infalibles para ese fin, la información sería siempre la misma y sería recibida en el mismo momento "oportuno" por su destinatario. Ello podría conducir a la tentación de una "verbal oficial". Se trata de una lesión radical del derecho que tiene cada uno de estar bien informado; de obtener esa información de distintas fuentes; de hacer operar su intelecto para discernir lo que le parece veraz; de determinar, de la información que encuentre parcializada, si quiere tomar partido en favor o en contra de ella; y de hacer todo ello en la oportunidad que a él, es decir, el informado, y no al informante, mejor le plazca.

En esta materia, lo importante no es que alguien o algo pueda pretender erigirse en juez o censor de que una información sea "veraz, imparcial y oportuna", sino la pluralidad de fuentes de información que permita a toda persona formarse su propia conclusión sobre el valor de la información que recibe. Es esa la otra "dimensión" de la libertad de expresión que la Corte Interamericana de Derechos Humanos se encargó de destacar, en su Opinión Consultiva N° 5.

> "33. *Las dos dimensiones mencionadas (supra 30) de la libertad de expresión deben ser garantizadas simultáneamente. No sería lícito invocar el derecho de la sociedad a estar informada verazmente para fundamentar un régimen de censura previa supuestamente destinado a eliminar las informaciones que serían falsas a criterio del censor. Como tampoco sería admisible que, sobre la base del derecho a difundir informaciones e ideas, se constituyeran monopolios públicos o privados sobre los medios de comunicación para intentar moldear la opinión pública según un solo punto de vista.*
>
> 34. *Así, si en principio la libertad de expresión requiere que los medios de comunicación social estén virtualmente abiertos a todos sin discriminación, o, más exactamente, que no haya individuos o grupos que, a priori, estén excluidos del acceso a tales medios, exige igualmente ciertas condiciones respecto de éstos, de manera que, en la práctica, sean verdaderos instrumentos de esa libertad y no vehículos para restringirla. Son los medios de comunicación social los que sirven para materializar el ejercicio de la libertad de expresión, de tal modo que sus condiciones de funcionamiento deben adecuarse a los requerimientos de esa libertad. Para ello es indispensable, inter alia, la pluralidad de medios, la prohibición de todo monopolio respecto de ellos, cualquiera sea la forma que pretende adoptar, y la garantía de protección a la libertad e independencia de los periodistas.* (Ibíd. Parágrafo 33 y 34, énfasis añadidos)".

De lo que se trata entonces es de garantizar la pluralidad y la competencia entre los medios, lo que, en el fondo, *es el único mecanismo apropiado para que la sociedad sea informada, en ejercicio de una libertad de expresión sin restricciones, de una manera veraz, imparcial y oportuna.*

Posteriormente, en la sesión del 12 de noviembre de 1999, segunda discusión, sobre la misma materia expuse lo siguiente:

CONSTITUYENTE BREWER CARÍAS (ALLAN).-Presidente, de nuevo, el mecanismo no sirve. Tenía una propuesta que está allá en la supuesta Comisión en torno al artículo 60. Sé que ese es un artículo que no debe nombrarse por lo visto, que es el tema de la información veraz, oportuna e imparcial. Sé que no se va a cambiar pero pediría agregar, y es la propuesta, que cuando se habla de información oportuna, veraz e imparcial sin censura, agregar "ni control" Porque esa palabra "sin censura" fue propuesta en el debate anterior por Aristóbulo Istúriz para despejar toda posibilidad de que pudiera originar censura, pero realmente el tema del temor que puede quedar como rendija frente a estos adjetivos, es que pueda haber control sobre la veracidad o control sobre la oportunidad. De manera que ese es un punto que quedó pendiente, y propongo que se agregue "sin censura ni control" En el artículo 60 antes de pasar al artículo de los derechos políticos.

Al final de la sesión del 12 de noviembre, en todo caso, consigné mi *Voto salvado* con el siguiente texto:

Ratifico mi voto salvado respecto de esta norma por no estar de acuerdo con la inclusión, en el artículo aprobado relativo al derecho a la información, de las expresiones "información oportuna, veraz e imparcial", aún con el agregado "sin censura" el cual debió ser, también "sin control", como lo propuse y fue negado.

El problema que en mi criterio plantea la frase "información *oportuna, veraz e imparcial*", deriva de los peligros de su puesta en práctica. ¿Quién, cuándo y cómo se determina si la información que se ha recibido es *veraz, oportuna e imparcial?* Si alguien encontrara criterios infalibles para ese fin, la información sería siempre la misma y sería recibida en el mismo momento "oportuno" por su destinatario. Ello podría conducir a la tentación de una "verbal oficial". Se trata de una lesión radical del derecho que tiene cada uno de estar bien informado; de obtener esa información de distintas fuentes; de hacer operar su intelecto para discernir lo que le parece veraz; de determinar, de la información que encuentre parcializada, si quiere tomar partido en favor o en contra de ella; y de hacer todo ello en la oportunidad que al informado, y no al informante, mejor le plazca.

En esta materia, lo importante no es que alguien o algo pueda pretender erigirse en juez o censor de que una información sea "veraz, imparcial y oportuna", sino la pluralidad de fuentes de información que permita a toda persona formarse su propia conclusión sobre el valor de la información que recibe.

De lo que se trata entonces es de garantizar la pluralidad y la competencia entre los medios, lo que, en el fondo, es el único mecanismo apropiado para que la sociedad sea informada, en ejercicio de una libertad de expresión sin restricciones, de una manera veraz, imparcial y oportuna.

Artículo 59. Libertad de religión y culto

Artículo 59. El Estado garantizará la libertad de religión y de culto. Toda persona tiene derecho a profesar su fe religiosa y cultos y a manifestar sus creencias en privado o en público, mediante la enseñanza u otras prácticas, siempre que no se opongan a la moral, a las buenas costumbres y al orden público. Se garantiza, así mismo, la independencia y la autonomía de las iglesias y confesiones religiosas, sin más limitaciones que las derivadas de esta Constitución y de la ley. El padre y la madre tienen derecho a que sus hijos o hijas reciban la educación religiosa que esté de acuerdo con sus convicciones.

Nadie podrá invocar creencias o disciplinas religiosas para eludir el cumplimiento de la ley ni para impedir a otro u otra el ejercicio de sus derechos.

En relación con esta norma, en la sesión del 23 de octubre de 1999, primera discusión, expresé lo siguiente:

CONSTITUYENTE BREWER CARÍAS (ALLAN).-Presidente. Es para hacer una propuesta de un agregado a este artículo. Se explica por sí sólo, no voy a hacer un discurso de ello:

"Nadie podrá invocar creencias o disciplinas religiosas para eludir el cumplimiento de las leyes ni para impedir a otros el ejercicio de sus derechos"

Es decir, es un principio que, incluso, está recogido en toda la historia de nuestro constitucionalismo, se ha omitido en esta norma, creo que debe mantenerse que la creencia religiosa no puede ser invocada para eludir el cumplimiento de deberes constitucionales o legales ni para impedir que otras personas ejerzan sus derechos.

En el debate formulé la siguiente proposición:

Proposición Allan Brewer Carías.

Es la misma de la Comisión más un agregado que dice: "Nadie podrá invocar creencias o disciplinas religiosas para eludir el cumplimiento de las leyes ni para impedir a otro el ejercicio de sus derechos".

Artículo 60. Derecho al honor y privacidad

Artículo 60. Toda persona tiene derecho a la protección de su honor, vida privada, intimidad, propia imagen, confidencialidad y reputación.

La ley limitará el uso de la informática para garantizar el honor y la intimidad personal y familiar de los ciudadanos y ciudadanas y el pleno ejercicio de sus derechos.

Sobre esta norma, en la sesión del 23 de octubre de 1999, primera discusión, expresé lo siguiente:

CONSTITUYENTE BREWER CARÍAS (ALLAN).-Presidente, uno de los avances más importantes en el campo del derecho derivado de la personalidad es este el derecho a la vida privada y a la intimidad que implica también el derecho a la propia imagen. Estoy de acuerdo en que el artículo está mal redactado, pero no creo que debemos quitar de la redacción el concepto de intimidad, propia imagen, vida privada y honor.

Pero en la que acabo de leer no estaba intimidad y propia imagen.

Entonces fusionando las propuestas para mejor redacción pero conservar estas expresiones, sobre todo, vida privada e intimidad.

En el debate se formuló la siguiente propuesta:

Proposición de los constituyentes Allan Brewer Carías y García Ponce:

"Toda persona tiene derecho a la protección de su honor, vida privada, intimidad, propia imagen, confidencialidad y reputación"

Artículo 61. Libertad de conciencia y objeción de conciencia

Artículo 61. Toda persona tiene derecho a la libertad de conciencia y a manifestarla, salvo que su práctica afecte su personalidad o constituya delito. La objeción de conciencia no puede invocarse para eludir el cumplimiento de la ley o impedir a otros su cumplimiento o el ejercicio de sus derechos.

En la sesión del 23 de octubre de 1999, primera discusión del proyecto, sobre esta norma consideré que se había eliminado la prohibición constitucional de que "ninguna persona podrá ser objeto de reclutamiento forzoso," por lo que al final del debate consigné mi *Voto Salvado* en la siguiente forma:

Salvo mi voto porque al eliminarse el artículo relativo a la libertad y objeción de conciencia, se eliminó la prohibición constitucional que se incluía en la última parte de la norma propuesta en el sentido de que "ninguna persona podrá ser objeto de reclutamiento forzoso". La prohibición, por lo demás, es tradicional en nuestro constitucionalismo prevista en el artículo 60, ordinal 9 de la Constitución de 1961, sobre libertad personal, y estimamos que debía conservarse en la Nueva Constitución.

Capítulo IV: De los derechos políticos y del referendo popular

Sección primera: de los derechos políticos

Sobre esta Sección Primera relativa a los derechos políticos, durante la elaboración del proyecto de Constitución, presenté el siguiente documento a la Comisión Constitucional y a la Comisión de Régimen Político, que sirvió de base para la elaboración de las normas del mismo:

PRINCIPIOS GENERALES SOBRE DERECHOS POLÍTICOS

Comunicación dirigida al presidente y demás miembros de la Comisión Constitucional en la sesión del 06-10-1999

Tengo el agrado de dirigirme a Uds. con el objeto de hacerles llegar algunos comentarios y observaciones al Capítulo relativo a los *Derechos Políticos* del Informe Final presentado por la *Comisión de Régimen Político,* para cuya elaboración he contado con la colaboración de la Profesora Jacqueline Lejarza, Secretaria de la Comisión de Nacionalidad y Ciudadanía y de la abogado Yusby Méndez, Asesora de dicha Comisión, en cuyo seno los habíamos analizado y discutido, ya que la redacción del articulado correspondiente a los Derechos Políticos, originalmente formaba parte del Programa de los trabajos de la Comisión de Nacionalidad y Ciudadanía.

1. *Los principios del régimen político*

En efecto, ante todo debemos señalar que en la redacción del Capítulo relativo a los *Derechos Políticos,* se deberían recoger y reflejar una serie de principios que desarrollan el contenido del *Estado Social y Democrático de Derecho,* también llamado *Estado de Justicia o Estado Constitucional,* que han sido regulados en casi todas las Constituciones recientes de Latinoamérica.

Algunos de estos principios que rigen la materia de los derechos políticos han sido considerados tanto en el documento presentado por el Presidente Chávez a la consideración de la Asamblea, como en el *Proyecto* presentado por la Comisión de Régimen Político. Sin embargo, en virtud de que algunos de ellos se han formulado de manera incompleta y, por consiguiente, no tienen el alcance que en nuestro criterio la Nueva Constitución requiere, estimamos conveniente, en forma previa, hacer referencia a los mismos.

Estos principios son los siguientes:

En *primer lugar,* el principio de la *soberanía popular* como la esencia de todo el sistema político democrático, que se manifiesta y se ejerce directa e indirectamente mediante diversos mecanismos que sólo la Constitución establece y la ley desarrolla, para el perfeccionamiento y la eficacia del sistema democrático.

En *segundo lugar,* el postulado de que el *sistema político democrático* se revitaliza bajo una concepción dual y no excluyente de un sistema *participativo y representativo,* que permite tanto el ejercicio directo como indirecto de la soberanía.

El ejercicio directo de la soberanía se traduce en el perfeccionamiento de la democracia haciéndola cada vez más *participativa* y se ejerce efectivamente mediante los mecanismos de referenda, la posibilidad de acceder directamente a los cargos y funciones públicas, y de conformar partidos y agrupaciones políticas que garanticen los *principios de igualdad y libertad democrática.*

En cuanto al ejercicio indirecto de la soberanía, se manifiesta como la democracia *representativa* y se ejerce mediante sufragio, permitiendo, mediante elecciones universales, secretas y periódicas, la elección de los representantes que ejercen el Poder Público, como el mejor mecanismo de efectividad y funcionalidad democrática.

En *tercer lugar,* la previsión de la incorporación al texto constitucional del *sistema electoral uninominal y personalizado,* en la elección de ciertos cargos públicos, para el *perfeccionamiento de la democracia representativa,* y el principio de representación de las minorías, como garantía de representación de los partidos políticos.

En *cuarto lugar,* el principio del *pluralismo político* de los órganos electorales, para garantizar la celebración de elecciones libres e iguales.

En *quinto lugar*, el postulado de que la *efectividad de la democracia* tanto *participativa* como *representativa*, debe implicar una *nueva organización del Poder* sobre la base esencial de un sistema de distribución territorial del mismo, en niveles autónomos y con competencias propias, que facilite la participación directa del ciudadano en la dirección y control de los asuntos públicos, con la finalidad de diseñar y lograr un modelo de *Estado Descentralizado y Participativo*.

En *sexto lugar*, el principio de la *participación responsable de los representantes* electos.

En *séptimo lugar*, el principio de la *separación e independencia de los poderes públicos*, como garantía del insustituible principio democrático de la libertad.

En *octavo lugar*, el principio de igualdad entre los venezolanos, lo que implica la *ampliación de los derechos políticos de los naturalizados*, en lo que se refiere al derecho a ser elegido (derecho pasivo al sufragio), sujeto sólo a las excepciones establecidas expresamente en el texto constitucional para optar a los más altos cargos públicos.

Y *por último,* en noveno lugar, el principio de *cooperación entre los Estados* orientado hacia el fortalecimiento de la protección de los derechos de las personas que ponen en peligro su vida e integridad por razones o motivos políticos, sujeto sólo a las limitaciones que se derivan de combatir la impunidad en los casos de delitos que alteren el orden jurídico internacional, el narcotráfico, la corrupción, y el terrorismo.

2. *La representatividad y la participación políticas*

Conforme a estos principios, como ya lo expusimos en la *Propuesta sobre la Regulación del Principio Democrático Representativo y Participativo,* contenida en la comunicación de fecha 7 de octubre de 1999, que dirigimos a los Presidentes de la Comisión Constitucional y de la Comisión de Régimen Político, lo primero que hay que precisar es la redacción del artículo correspondiente a la *soberanía*, principio inspirador del sistema democrático y, por consiguiente, de la consagración de los derechos políticos. En este sentido, destacamos que en el documento *Ideas Fundamentales para la Constitución Bolivariana de la V República* presentado por el Presidente de la República a la consideración de la Asamblea, en el artículo correspondiente a la soberanía, no se hace referencia al sufragio como principio de la democracia representativa, para la conformación de los órganos del Poder Público, mediante los cuales, indirectamente, el pueblo puede ejercer la soberanía. También se omite este principio fundamental de la democracia representativa, que es uno de los valores y principios de nuestra historia republicana, en el documento de trabajo para el *Proyecto de articulado formulado para el Título I de la Constitución por esa Comisión Constitucional,* reduciéndolo conceptualmente a la democracia directa.

Ahora bien, atendiendo a los principios fundamentales señalados que deben reflejarse no sólo en el artículo correspondiente a la *soberanía*, sino también en el relativo al *sistema político* y al de *participación ciudadana,* es que insistimos sobre la concepción dual y no excluyente del *sistema político representativo y participativo*, que permite además del ejercicio directo de la soberanía, el ejercicio directo de la misma.

Por estas razones, la Comisión Constitucional el 5-10-99 ha aprobado la inclusión, en el Capítulo I del Título I, de una norma relativa al ejercicio de la soberanía con la siguiente redacción:

"Artículo La soberanía reside en el pueblo, quien la ejerce directamente en la forma prevista en la Constitución y en las leyes, e indirectamente mediante el sufragio por los órganos del Poder Público".

En el mismo sentido, se consideró la inclusión en el mismo Capítulo I del Título I de un artículo que consagre las características del *sistema político*, en concordancia con el anterior, lo cual ha sido aprobada por la Comisión Constitucional el 5-10-99, con la siguiente redacción:

"Artículo El gobierno de la República de Venezuela y de las entidades políticas que la componen, es y será siempre democrático, participativo, electivo, representativo, descentralizado, alternativo, responsable, pluralista y de mandatos revocables".

Esta redacción parcialmente se corresponde a la presentada en el *Proyecto de Reforma General* elaborado por la *Comisión Bicameral* en 1992, la cual consideró de suma importancia, en el marco de la Reforma Constitucional, introducir el principio de la democracia participativa, del que carecía la *Constitución vigente de 1961* en su artículo 3. Tal como se expresó en la *Exposición de Motivos del Proyecto* de la Reforma:

"Dentro de las materias planteadas, quizás una de las de mayor importancia es la relativa a la participación. Se introduce el principio de que la democracia venezolana es participativa y se realiza especialmente la participación a través de la figura del *referéndum*. Al referéndum se le presta en el Proyecto una atención central y se le consagra dentro de la mayor amplitud".

Ahora bien, debe destacarse que la misma deficiencia que presenta el documento presentado por el Presidente Chávez respecto a la ausencia de previsión expresa del ejercicio indirecto de la soberanía y de la democracia representativa, también se evidencia en el Informe Final de la *Comisión de Régimen Político*, en el cual se sugiere incluir, en el Capítulo I Disposiciones Fundamentales del Título I, el siguiente artículo:

"Artículo La República de Venezuela es democrática porque su esencia misma radica en la *participación activa* del pueblo en la formación y ejecución de las decisiones públicas, siendo dicha participación el medio necesario para lograr el protagonismo que garantice el completo desarrollo individual colectivo".

En torno a esta propuesta debe insistirse que la democracia requiere tanto de la participación directa, en tanto que "participación activa", como de la participación indirecta, mediante el ejercicio indirecto del Poder, esencia de la *democracia representativa*.

En todo caso, consideramos de suma importancia consagrar expresamente el derecho a la participación política, y no sólo como una referencia indirecta en los mecanismos específicos para su ejercicio, como se propone en el documento presentado por el Presidente Chávez a la Asamblea.

Por ello, en la propuesta que presentamos ante esa *Comisión Constitucional*, mediante comunicación dirigida a los Presidentes de esa *Comisión y a la de Régimen Político* de fecha 15 de septiembre de 1999, propusimos la consagración expresa del *derecho a la participación política*, como el primero de los Derechos Políticos, de la siguiente manera:

> "*Artículo*   Todos los ciudadanos tienen el derecho a participar en los asuntos públicos, directamente o por medio de representantes libremente elegidos".

Esta norma podría completarse con el siguiente párrafo que recoja la idea reflejada en el antes mencionado artículo que propone la Comisión:

> "La participación política del pueblo en la formación y ejecución de las decisiones públicas es el medio necesario para lograr el protagonismo que garantice el completo desarrollo político tanto individual como colectivo".

3. *El derecho al sufragio*

Ahora bien, una vez analizados y estudiados comparativamente los diversos proyectos relativos al tema de los derechos políticos, nos permitimos hacer las siguientes observaciones al proyecto de articulado presentado por la *Comisión de Régimen Político*:

En *primer lugar*, se destaca que a la democracia participativa (directa) se le ha dedicado el Título IV "*De la democracia social, participativa y protagónica*", en el mismo sentido que aparece en el documento presentado por el Presidente Chávez pero en el Capítulo IV que desarrolla los derechos políticos, se disponen los artículos correspondientes al Sufragio, es decir, es el capítulo que desarrolla la democracia indirecta o representativa. Por ello, consideramos que el enunciado debe quedar expreso en este artículo, de la manera siguiente:

> "*Artículo*   El derecho al sufragio es el fundamento del sistema democrático representativo...."

En *segundo lugar*, también debe destacarse que en el documento presentado por el Presidente Chávez, a la consideración de la Asamblea, siguiendo las más recientes tendencias en esta materia, se consagra tanto el sistema de elección plurinominal con representación proporcional de las minorías, como el sistema de elección uninominal, al establecerse lo siguiente:

> "*Artículo*   El voto es un derecho y una función pública dentro de los límites y condiciones que establezca la ley.
>
> La ley asegurará la libertad y el carácter universal y secreto del voto, así como la representación proporcional de las minorías. *La elección uninominal podrá aplicarse para elecciones municipales y parroquiales.*
>
> Los partidos políticos, grupo de electores y cualquier grupo social organizado tendrán derecho a vigilancia sobre el proceso electoral".

Se omite de esta norma, sin embargo, el carácter *directo* del voto, que es una de las más grandes conquistas democráticas.

Por otra parte, en el Proyecto presentado por la *Comisión de Régimen Político*, si bien se consagra el sistema de representación proporcional de las minorías, se omite la referencia al sistema uninominal de la misma manera que lo hacía la Constitución vigente de 1961.

En nuestro criterio, la democracia representativa se perfecciona a través del sistema electoral uninominal y personalizado, por lo que consideramos de gran importancia incorporarlo al nuevo Texto Constitucional, por lo que proponemos que la norma se redacte de la siguiente manera:

> *"Artículo* El derecho al sufragio es el fundamento del sistema democrático representativo. Se garantiza su libertad mediante elecciones universales, directas y secretas celebradas periódicamente conforme al procedimiento establecido en la ley electoral, y asegurando la representación proporcional de las minorías. *En las elecciones estadales, municipales y parroquiales se podrá aplicar el sistema electoral uninominal personalizado".*

En *tercer lugar*, debe observarse que ni en el documento presentado por el Presidente Chávez a la Asamblea, ni en el proyecto presentado por la *Comisión de Régimen Político*, se consagra el principio del *pluralismo político* como garantía de la independencia de los órganos electorales, respecto de lo cual, la Constitución vigente de 1961, en su artículo 113, dispone lo siguiente:

> *"Artículo 113. Los organismos electorales estarán integrados de manera que no predomine en ellos ningún partido o agrupación política, y sus componentes gozarán de los privilegios que la ley establezca para asegurar su independencia en el ejercicio de sus funciones...."*

En *cuarto lugar,* debe destacarse que en el documento presentado por el Presidente Chávez a la consideración de la Asamblea, se amplía adecuadamente el derecho de vigilancia sobre los procesos electorales, disponiendo que no sólo corresponde a los partidos políticos, sino también a cualquier grupo social organizado, a diferencia de la *Constitución vigente* que sólo consagra, en el citado artículo 113, el derecho de vigilancia sobre el proceso electoral para los partidos políticos concurrentes.

En el proyecto presentado por la *Comisión de Régimen Político*, se extiende este derecho de vigilancia, al disponerse que tanto los partidos políticos, los grupos de electores, y los grupos sociales organizados tienen derecho además a postularse y postular candidatos, a supervisar, vigilar y controlar el proceso eleccionario.

Consideramos que esta es una tendencia que debe incorporarse al nuevo Texto Constitucional, por lo que, conforme a todo lo expuesto anteriormente, proponemos recoger en un solo artículo todos los principios señalados, que podría quedar redactado así:

> *"Artículo* El derecho al sufragio es el fundamento del sistema democrático representativo. Se garantiza su libertad mediante elecciones universales, directas y secretas celebradas periódicamente conforme al procedimiento establecido por la ley electoral, y asegurando la representación proporcional de las minorías. En las elecciones estadales, municipales y parroquiales se podrá aplicar el sistema electoral uninominal y personalizado.
>
> Los órganos electorales estarán integrados de manera que no predomine en ellos ningún partido o agrupación política, y sus miembros gozarán de los privile-

gios que la ley establezca para asegurar su independencia en el ejercicio de sus funciones.

Los partidos políticos o cualquier grupo de electores organizado tendrán derecho de vigilancia sobre el proceso electoral".

4. *El régimen de los partidos políticos*

El *quinto lugar*, la *Comisión de Régimen Político* al prever el artículo destinado a regular el derecho a asociarse en partidos políticos, estimamos que no ha insistido suficientemente en lo que respecta a la democracia interna de los partidos, que en el pasado ha sido uno de los problemas más graves del sistema de partidos.

En efecto, en el Proyecto presentado por la Comisión se proponen estas normas para regular a los partidos:

"Artículo Los Partidos Políticos constituyen una forma de asociación política y por la función que ejercen son instituciones de interés público, organizadas para intermediar entre la sociedad y los órganos del Poder Público, proceso en el cual contribuyen en la formación del liderazgo necesario para orientar la sociedad y conducir el Estado con base en una visión compartida de país y en representación de la voluntad popular.

Artículo En razón de la función pública que cumplen, los partidos políticos deberán actuar conforme a los principios democráticos en su constitución, organización y funcionamiento, garantizando a todos los asociados el ejercicio pleno de los derechos y garantías ciudadanas consagrados por esta Constitución.

Artículo La Ley regulará, con criterios de eficiencia y austeridad, todo lo concerniente al financiamiento de los partidos políticos y otras organizaciones o agrupaciones que se establezcan con estos fines, así como las campañas electorales, estableciendo los mecanismos de control sobre la procedencia y destino de los aportes y recursos utilizados en la realización de sus actividades y garantizando que los mismos sean de conocimiento público".

Ahora bien, en el Proyecto de Reforma General de la Constitución, presentado en 1992, lo relativo a este punto fue acuciosamente tratado, por lo que consideramos conveniente su inclusión exacta en el texto de la Nueva Constitución. Tal como lo han señalado Ángel D. Álvarez y Julio C. Fernández T. (véase Ángel E. Álvarez D., *El control público de las finanzas de los partidos políticos en Constitución y Reforma. Un Proyecto de Estado Social y Democrático de Derecho*, COPRE, Caracas, 1991, pp. 425 y ss.; y Julio C. Fernández T., *Las reformas políticas a la Constitución de 1961*, COPRE, Caracas, pp. 378-379), la motivación de aquél proyecto de reforma fueron las siguientes:

En *primer lugar*, se establece imperativamente que la ley determinará los *deberes y derechos de los militantes*, a quienes se garantizará el derecho a elegir y ser elegidos como miembros de las direcciones de los partidos. Aquí, al igual que con la búsqueda del control social de la gestión del Estado, lo que se busca es el control de la base partidaria sobre los niveles de poder del partido. En efecto, el combate contra los posibles rasgos autoritarios en el funcionamiento interno del partido, se logra con esta regulación de los derechos de los militares ante el partido, estableciendo reglas claras, conocidas por todos y que deben ser acatadas ahora por mandato constitucional.

En *segundo lugar,* lo anteriormente señalado también se consigue cuando se garantiza el *respeto por los principios democráticos,* ordenando que estos sean exigidos y protegidos por la ley tanto en la constitución de los partidos políticos, como en su organización y funcionamiento. Nuevamente se busca democratizar la vida interna de los partidos, ya no con la mera protección de los derechos de los militantes de base, sino además, garantizando mecanismos democráticos que permitan el real control de la base sobre la gestión del partido.

En *tercer lugar,* se prevé la regulación legal de los *recursos económicos de los partidos* por medio del control de su financiamiento, limitando sus gastos en campañas electorales, fijando las contribuciones lícitas que pueden recibir y estableciendo controles internos y externos al manejo de sus finanzas. Dada la importancia pública de los partidos, se busca preservarlos como instrumentos indispensables de la democracia, evitando pervertir la finalidad que deben cumplir y se contaminen con intereses foráneos que puedan ocultarse detrás de cuantiosos recursos económicos. Inclusive, el Proyecto de Reforma de 1992, estableció que del financiamiento público que reciban los partidos, se debían destinar recursos para la formación política de sus militantes y para la educación cívica de los ciudadanos con el objeto de crear una sana cultura democrática.

En *cuarto lugar,* debe mencionarse el establecimiento de un *régimen de incompatibilidades* entre la actividad política y otras actividades que pueden contener intereses contrapuestos, como por ejemplo, la precisión expresa de que la ley señalará las causas de incompatibilidades entre el ejercicio de los cargos de dirección de los partidos y la contratación con entidades del sector público. Se busca que el acceso de los dirigentes partidistas al poder del Estado no sea a la sombra de conseguir prebendas económicas personales, ni que con ello quienes estén en el Estado, puedan comprar conciencias de la oposición. Aquí resalta el interés de que los partidos sean, a su vez, controles de la gestión del Estado, razón por la cual no deben existir compromisos económicos entre sus dirigentes y el Estado.

Finalmente, es preciso señalar que el Proyecto de Reforma de 1992, no sólo planteaba reformas para que los partidos políticos cumplieran mejor con su papel democrático, sino que además se sugería alternativas para el ejercicio de esta función cuando posibilita la *apertura en las formas de organización política* para la participación de los ciudadanos, consagrando que la ley dictará las normas para el funcionamiento de grupos electorales y otras formas de asociación política diferentes a la de los partidos políticos.

En efecto, los partidos políticos pueden considerarse que ya no son los únicos y privilegiados actores del sistema democrático. De manera que a la diversificación de los esquemas democráticos y a la diversificación de los mecanismos de participación democrática, se agrega la diversificación de los instrumentos de organización de los ciudadanos. Así se puede racionalizar mejor la actividad política, ya sea bajo un esquema de democracia representativa o uno de democracia participativa, y existirán distintas formas organizativas entre las cuales se podrá adoptar la que mejor se adecue a los fines deseados.

En consecuencia, conforme a lo antes expuesto proponemos que el artículo relativo a los partidos políticos tenga el siguiente texto:

*"Artículo   Todos los venezolanos aptos para el voto tienen el derecho de asociarse en partidos para participar, por métodos democráticos, en la orientación de la política nacional. La ley establecerá los deberes y derechos de los militantes, a quienes se garantizará el derecho a elegir y ser elegidos en la selección de sus autoridades.

En razón del interés público de la función que cumplen los partidos, se garantizaran los principios democráticos en su constitución, organización, funcionamiento e igualdad ante la ley. Así mismo, se regulará con criterios de eficiencia y austeridad, lo concerniente al financiamiento de los partidos, los límites de gastos en campañas electorales, la licitud de las contribuciones económicas que pueden recibir y los mecanismos de control que aseguren la pulcritud en el manejo de las mismas.

El financiamiento público para la actividad ordinaria de los partidos políticos les impone la obligación de ejecutar programas de capacitación política de los militantes y educación cívica del pueblo para el mejor desempeño de la democracia.

La ley señalará incompatibilidades entre el ejercicio de cargos de dirección partidista y la contratación con entidades del sector público.

La ley dictará normas relativas al funcionamiento de grupos electorales y otras formas de asociación política diferentes de los partidos".*

5. *El derecho de reunión y el derecho de manifestación*

En *sexto lugar*, en el proyecto presentado por la *Comisión de Régimen Político*, se consagra el *"derecho de reunión y manifestación"* de la siguiente manera:

*"Artículo   Todos los ciudadanos tienen el derecho de reunirse y manifestar pacífica y públicamente, sin autorización previa de la autoridad, ajustándose para ello a las disposiciones legales.

La ley prohibirá el uso de armas de fuego y sustancias tóxicas en el control de manifestaciones pacíficas, y reglamentará la actuación de los cuerpos policiales y de seguridad en el control del orden público".*

En relación con esta norma, debe observarse que en su texto se mezclan dos derechos: el de reunión y el de manifestación, cuando se trata de dos derechos diferentes, con distinta naturaleza por lo que, deberían estar sujetos a limitaciones y restricciones diferentes.

En efecto, en cuanto al *derecho de reunión,* se trata de un *derecho individual* que corresponde a cualquier persona. Su ejercicio no está sujeto a condición jurídica alguna, como por ejemplo la ciudadanía, por lo que tampoco está sujeto a mayores restricciones ni limitaciones; como sería la de pedir permiso previo. Este derecho se puede ejercer pública o privadamente, y sólo en el caso de reuniones en lugares públicos es que estaría limitado por razones de orden público en general, como son las de seguridad, tranquilidad y salubridad públicas. Precisamente, este es el contenido y naturaleza que tiene este derecho en la Constitución vigente de 1961, que lo consagra como el último de los *Derechos Individuales* en el Capítulo III, así:

"*Artículo 71* Todos tienen el derecho de reunirse pública o privadamente, sin permiso previo, con fines lícitos y sin armas. Las reuniones en lugares públicos se regirán por la ley".

En este mismo sentido, también se regula en el Capítulo correspondiente a los derechos civiles del documento presentado por el Presidente Chávez a la Asamblea, de la siguiente manera:

"*Artículo* Todos tienen derecho de reunirse, pública o privadamente, sin permiso previo, con fines lícitos y sin armas. Las reuniones en lugares públicos se regirán por la ley".

Por otra parte, el *derecho de manifestación* es un derecho esencialmente político y, por esta misma razón, se corresponde con la condición jurídica de ciudadano, estando sujeto a ciertas restricciones y limitaciones dispuestas en la ley. En concreto, en Venezuela, durante la vigencia de la Constitución de 1961, el ejercicio de este derecho se ha sujetado a las limitaciones y restricciones establecidas en la Ley de Partidos Políticos, Reuniones Públicas y Manifestaciones, estando consagrado en el Capítulo VI de los Derechos Políticos, en el artículo 115, así:

"*Artículo* Los ciudadanos tienen el derecho de manifestar pacíficamente y sin armas, sin otros requisitos que los que establezca la Ley".

Asimismo, en el documento presentado por el Presidente Chávez a la consideración de la Asamblea, en el Capítulo IV de los Derechos Políticos, se dispone:

"*Artículo* Todos tienen el derecho a manifestar pacíficamente y sin armas, sin otros requisitos que los que establezca la ley. La ley prohibirá el uso de armas de fuego y sustancias tóxicas en el control de manifestaciones pacíficas, y reglamentará la actuación de los cuerpos policiales y de seguridad en el control del orden público".

Conforme a lo antes expuesto, por tanto, consideramos, que el derecho de reunión y el derecho de manifestación, deben estar regulados en sus Capítulos correspondientes y su ejercicio sujeto a las limitaciones y restricciones derivadas de su propia naturaleza.

Por ejemplo, la *Convención Americana sobre Derechos Humanos*, consagra el *derecho de reunión* en el artículo 15, como un *Derecho Civil*, de la siguiente manera:

"*Artículo 12* Se reconoce el derecho de reunión pacífica y sin armas. El ejercicio de tal derecho sólo puede estar sujeto a las restricciones previstas por la ley, que sean necesarias en una sociedad democrática, en interés de la seguridad nacional, de la seguridad o del orden público, o para proteger la salud o la moral pública o los derechos o libertades de los demás".

En el mismo sentido se consagra en el *Pacto Internacional de Derechos Civiles y Políticos,* el *derecho de reunión* en el artículo 21:

"*Artículo 21* Se reconoce el derecho de reunión pacífica. El ejercicio de tal derecho sólo podrá estar sujeto a las restricciones previstas por la ley que sean necesarias en una sociedad democrática, en interés de la seguridad nacional, de la seguridad pública o del orden público, o para proteger la salud o la moral públicas o los derechos y libertades de los demás".

En nuestro criterio, por tanto, el *derecho a manifestar* debe conservarse como derecho esencialmente político, cuyo ejercicio está sujeto a mayores restricciones que el derecho genérico de reunión que, sin embargo, está sujeto a limitaciones semejantes cuando se ejerce en lugares públicos por evidentes razones de orden público. Proponemos por tanto, que se conserve la redacción que tienen estos dos derechos en la Constitución vigente de 1961, como antes se han transcrito.

Artículo 62. Derecho a la participación política

> *Artículo 62.* Todos los ciudadanos y ciudadanas tienen el derecho de participar libremente en los asuntos públicos, directamente o por medio de sus representantes elegidos o elegidas.
>
> La participación del pueblo en la formación, ejecución y control de la gestión pública es el medio necesario para lograr el protagonismo que garantice su completo desarrollo, tanto individual como colectivo. Es obligación del Estado y deber de la sociedad facilitar la generación de las condiciones más favorables para su práctica.

Sobre esta norma véase lo que se indica en las páginas 645 y 671 de este Tomo.

Sobre la norma, además, en la sesión del 24 de octubre de 1999, primera discusión, expuse lo siguiente:

CONSTITUYENTE BREWER CARÍAS (ALAN).-Ciudadano Presidente, colegas Constituyentes: Yo no voy a responder a mi amigo Jorge Olavarría ni voy a responder al resto de los que han intervenido. Quiero hacer una reflexión general, como las que se han hecho, porque es este el momento de hacerla frente a un capítulo como este de los derechos políticos y del referendo popular.

Nosotros estamos en esta Asamblea por la crisis terminal de un sistema político que, desde hace más de 25 años, he venido analizando críticamente, y que puede, perfectamente, calificarse como un sistema político de estado centralizado de partidos. Es eso lo que entró en crisis terminal y es eso lo que originó, por tanto, como mecanismo y único –incluso lo hemos venido planteando desde el año 1992– mecanismo para lograr los cambios necesarios, esta Asamblea Nacional Constituyente.

Ese sistema estuvo montado sobre dos pilares: el estado centralizado por una parte, esa federación centralizada que teníamos en la Constitución, ese es uno de los puntos fundamentales de la reforma propuesta en el anteproyecto y ya lo hemos venido debatiendo desde el primer título y lo debatiremos en los que vienen, cuando veamos la estructura descentralizada del estado montada sobre una distribución del poder a nivel nacional, estadal y municipal.

Pero, además de un estado centralizado, esto estuvo montado sobre un estado de partidos, un estado donde el sistema político fue apropiado por los partidos políticos, que se apoderaron del sistema político y se apoderaron de la participación y de la representatividad, de ambos elementos. Los partidos asumieron el monopolio de la participación política al punto de que en este país sólo se podía participar si se era miembro de un partido político. Esto alienó a gran parte del liderazgo nacional en poder participar en política, porque sólo se podía hacer a través de partidos.

Pero, además, el otro elemento del apoderamiento fue la representatividad, ésta llegó a convertirse sólo en representación de partidos. Estos eran los únicos que obtenían representación. Antonia Muñoz decía: participación es poner y quitar; pero aquí nunca el pueblo puso, aquí los partidos políticos fueron los que pusieron, y no había forma de quitar. De manera que eso hay que cambiarlo de raíz; estamos de acuerdo. Se trata, justamente, de este capítulo, de establecer las bases de transformación de un sistema de estado centralizado de partidos por un sistema de estado descentralizado y participativo. Así lo hemos venido planteando, escribiendo y desarrollando hace años. Más democracia, lo que implica más participación; lo que implica más representatividad. Más participación acercando el poder al ciudadano; por eso la descentralización, y creando mecanismos de sistemas de votación que permitan esa participación, que permitan que el pueblo ponga a sus representantes y no sólo los partidos, y que puedan quitarse; pero no sólo puede reducirse la participación a los mecanismos de referendo de todo tipo, eso es importante; pero la participación tiene que asegurarse acercando el poder al ciudadano y logrando, por tanto, que no sean sólo los partidos políticos los que obtengan representatividad.

Por eso es muy importante el debate. Del artículo me parece que podría eliminarse el segundo párrafo, podría considerarse redundante; pero me inclino porque quede tal como está redactado. Es un desarrollo del tema de la participación, y desarrollo importante que debe quedar, porque debe orientar la configuración de los artículos que siguen, y por eso lo importante aquí es que nos recordemos todos, en este debate, de este tema para cuando veamos los otros artículos; porque, señores, si en los otros artículos, si en todo el resto de este capítulo se consagra el sistema de representación proporcional, lo que ustedes están haciendo es siguiendo con el mismo sistema de representación de partidos. Desde los años 30, en toda la Ciencia Política se sabe que el sistema ideal para que la representatividad sólo corresponda a los partidos políticos y que no pueda el pueblo poner representantes, ese sistema está diseñado sobre el sistema de representación proporcional. Si eso se establece, aquí lo que vamos a implantar es el mismo sistema que va a permitir apoderamiento por los partidos políticos.

De manera que el debate es muy importante en este artículo, creo que debe quedar como tal; pero recordemos el debate cuando veamos el resto del capítulo, y no repitamos los mismos errores que condujeron a este apoderamiento por parte de los partidos políticos de la representatividad y de la participación.

Muchas gracias, ciudadano Presidente.

Artículo 63. Derecho al sufragio

Artículo 63. El sufragio es un derecho. Se ejercerá mediante votaciones libres, universales, directas y secretas. La ley garantizará el principio de la personalización del sufragio y la representación proporcional.

Sobre esta norma véase lo que se indica en la página 647 de este Tomo.

En la sesión del 24 de octubre de 1999, primera discusión, sobre esta norma consideré que en la misma se había previsto el principio de representación proporcional como único sistema electoral, lo que conducía, de nuevo, a la par-

tidocracia, y además, estimé que la inclusión del principio del "voto personalizado" no garantizaba la uninominalidad en las elecciones locales, que debió consagrarse expresamente; por lo que en el debate expresé lo siguiente:

CONSTITUYENTE BREWER CARÍAS (ALLAN).-Bueno Presidente, aquí se debaten argumentos sin que uno los exponga; es una nueva modalidad de deliberación que estamos inventando en la Asamblea. Tengo dos tipos de observaciones sobre el artículo: Primero, no creo que sea impecable su redacción, creo que hay algunos elementos de confusión que deben mejorarse; se habla indistintamente de sufragio y de elecciones, se atribuyen algunas características uno y otro y creo que hay que modificar esto. Una cosa es el sufragio, que es un derecho ciudadano que puede ser activo o pasivo, el sufragio.

El sufragio es el que debe ser personal, igual y secreto. El sufragio, ese derecho. Otra cosa son las elecciones que preferiría que aquí habláramos de votaciones porque aquí estamos hablando no sólo de elegir a alguien sino votar en referéndum y ahí no estaríamos eligiendo a nadie, de manera que aquí deberíamos hablar de votaciones y no de elecciones. Y las votaciones son las que por su parte deben ser universales directas y libres; por lo tanto, allí hay una modificación que voy a proponer que la primera parte del artículo diga: "el sufragio es un derecho ciudadano de carácter personal, igual y secreto. Se garantiza su ejercicio mediante votaciones libres universales y directas." Creo que así se mejora el articulado y se aclara su contenido. En relación a la segunda parte, el tema de la forma de escrutinio y de postulación se habla del principio de la personalización del sufragio. Siempre es personal, de manera que esto es redundante. El sufragio es personal, lo que pasa es que se ha distorsionado por el sistema de representación proporcional por lista que obligaban a la gente a votar por una lista sin saber quiénes eran las personas.

De manera que insistir en la personalización sólo del sufragio no nos resuelve absolutamente nada. Y luego poner como único principio que debe garantizarse en el sistema electoral el de la representación proporcional, insisto que tenemos que meditar bien esto, porque cuando me refería a los años 30 constituyente, (dirigiéndose al constituyente David De Lima) me refería a que el escrutinio de representación proporcional no es del siglo pasado ni hace cinco siglos; se inició a principios de este siglo en los países europeos diciendo que el sistema de representación proporcional es el sistema ideal para lograr la representación de partidos, y es que eso tiene su lógica, es el mecanismo de representatividad de partidos. Eso está demostrado en toda la práctica política de este siglo.

Lo que sí tenemos es que tomar esa decisión; queremos un sistema de escrutinio que sólo conduzca a la representación de partidos políticos, esa es una opción política válida; en Italia existe y la han querido cambiar y no han podido, pero no existe el sistema perverso uninominal que es el que existe en Inglaterra y Francia; y no es nada perverso, y posiblemente allá quieren cambiarlo igual. Es decir, los sistemas electorales varían; no se puede decir que uno es bueno per se, y otro es malo, per se. Varían.

Creo que es un error pensar en que uno es perverso y otro no es perverso, porque se aplican en todos los países. Lo que sí es cierto es que aquí en la práctica política de estos últimos 40, 50 años el sistema de representación proporcional tal como se ha establecido, ha conducido al sistema de representatividad, sólo y exclu-

sivamente de partidos políticos porque la representación proporcional está acompañada por el sistema de listas y el sistema de listas en definitiva, conduce a la inclusión de nombres que nadie sabe quiénes son y por los cuales se ha votado y esa ha sido la práctica política. A ustedes no tengo que recordarles en absoluto cuál ha sido esa práctica.

He venido analizando este tema hace muchos años. El profesor Escarrá me recordaba el otro día de un libro mío publicado en el año 75, denominado "Cambio Político y Reforma del Estado en Venezuela", año 75, donde analizaba las consecuencias del sistema de representación proporcional y desde esa época he venido planteando la necesidad de introducir elementos de escrutinio uninominal a nivel local. Si queremos democracia participativa y queremos que haya participación efectiva y representatividad tenemos que ir a una representatividad territorial, vamos a una parroquia y si son 7 los miembros de la Junta Parroquial, que cada uno de esos miembros se elija individualmente, uninominalmente en una comunidad de esa parroquia, de manera que se elija a una persona y se vincule a esa persona con el territorio. Si vamos a elegir un Concejo Municipal y son 7 concejales, que el territorio del municipio se divida en siete circunscripciones, en cada una de ellas se elija a un concejal, que se enfrente con otro, que sea personalizada y uninominal y haya por tanto representación territorial, porque de eso se trata, de acercar el poder al ciudadano. Y lo mismo es en los concejos legislativos del gobierno que estamos creando. Si vamos a elegir 10 miembros de esos concejos legislativos, que el territorio del estado se divida en 10 circunscripciones, en cada una de ellas se elija uno, y ahí se elijan personalizados, se voten y esa persona represente al territorio, represente a las comunidades del territorio y se logre por tanto, esa mayor representatividad y participación.

De manera que perfectamente se pueden establecer los dos principios. En los cuerpos representativos nacionales puede establecerse el sistema de representación proporcional, pienso que lo que habría es que reducir las circunscripciones de manera de no elegir 25 por ejemplo, como antes en el Distrito Federal, sino que se elijan 5, 6, 7, en listas, circunscripciones y se atenúe el carácter perverso de la representación proporcional en listas cerradas, bloqueadas y amplísimas que condujo a este sistema de distorsión total de la representatividad dejando sólo en manos de los partidos políticos. Por eso para el segundo párrafo, mi propuesta es la siguiente: "El sistema electoral que establezca la ley garantizará el principio de la personalización del sufragio y la representación proporcional. Sin embargo, para las elecciones de los cuerpos representativos estadales, municipales y parroquiales, la ley establecerá el sistema de escrutinio uninominal." Ese es el planteamiento formal que establezco. El tema de la uninominalidad hay que rescatarlo, establecerlo como mecanismo para vincular al poder al ciudadano para vincular a los electos a las comunidades y eso es a nivel local. No para los cuerpos representativos nacionales. Esa es en concreto mi propuesta y la voy a presentar por escrito.

En el curso del debate formulé la siguiente propuesta:

Proposición del constituyente Allan Brewer Carías:

El sufragio es un derecho ciudadano de carácter personal, igual y secreto. Se garantiza su ejercicio mediante votación libre, universal y directa. El sistema electoral que establezca la ley, garantizará el principio de la personalización del sufragio y la representación proporcional. Para las elecciones de los cuerpos representativos estadales, municipales y parroquiales, la ley establecerá el sistema de escrutinio uninominal".

El concluir el debate en la sesión del 24 de octubre de 1999, en todo caso, consigné mi *Voto Salvado* con el siguiente texto:

Salvo mi voto por las siguientes razones:

El sistema político de Estado Centralizado de Partidos, que cayó en la crisis terminal que originó esta Asamblea Nacional Constituyente, ha estado fundamentado en dos pilares: Centralismo de Estado (Federación Centralizada) por una parte; y democracia de partidos (partidocracia), por la otra.

Esto ha llevado a que hayamos calificado el sistema político como de Estado de Partidos (véase Allan R. Brewer-Carías, *Problemas del Estado de Partidos*, Caracas, 1988), el cual se basó en un mecanismo electoral que sólo le ha dado representatividad a los partidos políticos.

No son nuevos los estudios relativos a la influencia de los sistemas electorales en relación a los sistemas políticos (véase M. Duverger (ed), *L'influence des Systèmes Electoraux sur la vie politique*, París 1950; E. Lakeman y J.D. Lambert, *Voting in Democracies: a study of Majority and Proportional Electoral Systems*, Londres, 1959; Douglas W. Rae, *The political consequence of Electoral Laws*, Yale 1968); y lo cierto es que la democracia de partidos, donde sólo estos son los que obtienen representación en los órganos legislativos estatales (Congreso, Asambleas Legislativas, Concejos Municipales), sólo se logra con el sistema electoral de representación proporcional con el método d'Hondt que ha sido el que tradicionalmente hemos aplicado en Venezuela.

Hacer la democracia más participativa y más representativa exige cambiar la forma de representatividad. La crisis del sistema político que se instauró a partir de 1945 y se reinstauró en 1958, se debió a que los partidos asumieron el monopolio de la representatividad, mediante el referido sistema electoral, conforme al cual sólo los partidos eran los representados, sin que hubiera relación alguna entre el elector y los elegidos, por la mediatización absoluta de los partidos.

Por tanto, repetir en el artículo 64 de la Nueva Constitución, pura y simplemente, el principio de la representación proporcional, como *único sistema electoral* que, por lo demás, inexorablemente conduce a los *escrutinios plurinominales*, es dejar el sistema político sin cambio sustancial alguno y, en definitiva, cambiar unos partidos políticos por otros, pero sin erradicar los vicios de la partidocracia.

Más representatividad, sobre todo a nivel local, exige cambiar el sistema de escrutinio plurinominal por un sistema de escrutinio uninominal, de manera que Concejales, miembros de las Juntas Parroquiales y diputados a los Consejos Legislativos Estadales sean electos en circunscripciones uninominales de manera que tengan representación territorial de las comunidades y pueblos de las mismas. Así se asegura la efectiva representación de los electores y no sólo representatividad de partidos políticos.

La sola inclusión en la norma del principio del "voto personalizado" no garantiza la uninominalidad en las elecciones locales, pues el voto personalizado equivale a voto nominal (por nombres y apellidos) el cual puede efectuarse en circunscripciones plurinominales con listas abiertas y representación proporcional.

Sobre el tema, en la sesión del 12 de noviembre de 1999, expuse lo siguiente:

CONSTITUYENTE BREWER CARÍAS (ALLAN).-Presidente: la proposición consiste en agregar al artículo 65, ahora 64, que es el que regula el derecho al sufragio, un párrafo que diga lo siguiente: "La Ley podrá establecer el sistema de elecciones uninominales para los cuerpos representativos, estadales, municipales y parroquiales".

Al finalizar dicha sesión del 12 de noviembre de 1999, igualmente consigné mi *Voto salvado* en relación con dicha norma, con el siguiente texto:

Salvo mi voto porque la crisis terminal del sistema político de Estado Centralizado de Partidos que está fundamentado en dos pilares: Centralismo de Estado (Federación Centralizada) y democracia de partidos (partidocracia), exige cambiar la forma de representatividad. Esta crisis se debió a que los partidos asumieron el monopolio de la representatividad, mediante el sistema electoral de representación proporcional conforme al cual sólo los partidos eran los representados, sin que hubiera relación alguna entre el elector y los elegidos, por la mediatización absoluta de los partidos.

Por tanto, repetir en el artículo 65 (ahora 64) de la Constitución, pura y simplemente, el principio de la representación proporcional, como *único sistema electoral* que, por lo demás, inexorablemente conduce a los *escrutinios plurinominales*, es dejar el sistema político sin cambio sustancial alguno y, en definitiva, cambiar unos partidos políticos por otros, pero sin erradicar los vicios de la partidocracia.

Más representatividad, sobre todo a nivel local, exige cambiar el sistema de escrutinio plurinominal por un sistema de escrutinio uninominal, de manera que Concejales, miembros de las Juntas Parroquiales y diputados a los Consejos Legislativos Estadales sean electos en circunscripciones uninominales de manera que tengan representación territorial de las comunidades y pueblos de las mismas. Así se podría asegurar la efectiva representación de los electores y no sólo representatividad de partidos políticos.

La sola inclusión en la norma del principio del "voto personalizado", en mi criterio, no garantiza la uninominalidad en las elecciones locales, pues el voto personalizado equivale a voto nominal (por nombres y apellidos) el cual puede efectuarse en circunscripciones plurinominales con listas abiertas y representación proporcional.

Por ello propusimos que en la norma se incluyera un párrafo aparte con el siguiente texto:

"La ley podrá establecer el sistema de elecciones uninominales para los cuerpos representativos estadales, municipales y parroquiales".

Artículo 64. Derecho a elegir

Artículo 64. Son electores o electoras todos los venezolanos y venezolanas que hayan cumplido dieciocho años de edad y que no estén sujetos a interdicción civil o inhabilitación política.

El voto para las elecciones parroquiales, municipales y estadales se hará extensivo a los extranjeros o extranjeras que hayan cumplido dieciocho años de edad, con más de diez años de residencia en el país, con las limitaciones establecidas en esta Constitución y en la ley, y que no estén sujetos a interdicción civil o inhabilitación política.

Artículo 65. Derecho al desempeño de los cargos públicos. Limitaciones

Artículo 65. No podrán optar a cargo alguno de elección popular quienes hayan sido condenados o condenadas por delitos cometidos durante el ejercicio de sus funciones y otros que afecten el patrimonio público, dentro del tiempo que fije la ley, a partir del cumplimiento de la condena y de acuerdo con la gravedad del delito.

Artículo 66. Derecho ciudadano a la rendición de cuentas de los representantes

Artículo 66. Los electores y electoras tienen derecho a que sus representantes rindan cuentas públicas, transparentes y periódicas sobre su gestión, de acuerdo con el programa presentado.

Artículo 67. Derecho de asociación con fines políticos

Artículo 67. Todos los ciudadanos y ciudadanas tienen el derecho de asociarse con fines políticos, mediante métodos democráticos de organización, funcionamiento y dirección. Sus organismos de dirección y sus candidatos o candidatas a cargos de elección popular serán seleccionados o seleccionadas en elecciones internas con la participación de sus integrantes. No se permitirá el financiamiento de las asociaciones con fines políticos con fondos provenientes del Estado.

La ley regulará lo concerniente al financiamiento y a las contribuciones privadas de las organizaciones con fines políticos, y los mecanismos de control que aseguren la pulcritud en el origen y manejo de las mismas. Así mismo regulará las campañas políticas y electorales, su duración y límites de gastos propendiendo a su democratización.

> Los ciudadanos y ciudadanas, por iniciativa propia, y las asociaciones con fines políticos, tienen derecho a concurrir a los procesos electorales postulando candidatos o candidatas. El financiamiento de la propaganda política y de las campañas electorales será regulado por la ley. Las direcciones de las asociaciones con fines políticos no podrán contratar con entidades del sector público.

Sobre esta norma véase lo que se indica en la página 648 de este Tomo.

Sobre esta norma, al final del debate en la sesión del 12 de noviembre de 1999, consigné mi *Voto salvado* con el siguiente texto:

> Salvo mi voto por considerar que el derecho de asociación con fines políticos quedó reducido a los solos partidos políticos, desechándose otras formas de organización. Debió retenerse la fórmula de regulación propuesta originalmente por la Comisión, y en todo caso, en nuestro criterio, una norma que regulara sus aspectos básicos, incluyendo el control de su financiamiento.

Artículo 68. Derecho de manifestar

> **Artículo 68.** Los ciudadanos y ciudadanas tienen derecho a manifestar, pacíficamente y sin armas, sin otros requisitos que los que establezca la ley.
>
> Se prohíbe el uso de armas de fuego y sustancias tóxicas en el control de manifestaciones pacíficas. La ley regulará la actuación de los cuerpos policiales y de seguridad en el control del orden público.

Sobre esta norma véase lo que se indica en la página 651 de este Tomo.

Artículo 69. Derecho de asilo y refugio

> **Artículo 69.** La República Bolivariana de Venezuela reconoce y garantiza el derecho de asilo y refugio.
>
> Se prohíbe la extradición de venezolanos y venezolanas.

Sobre esta norma presenté a la Comisión de Régimen Político y a la Comisión Constitucional la siguiente comunicación sobre el asilo, la extradición y el derecho de los refugiados, de fecha 6 de octubre de 1999:

EL DERECHO DE ASILO, LA EXTRADICIÓN Y EL DERECHO DE LOS REFUGIADOS

Comunicación enviada al presidente de la Comisión de Régimen Político y presidente y demás miembros de la Comisión Constitucional en la sesión del 06-10-1999.

Tengo el agrado de dirigirme a Uds. con el objeto de referirme a las regulaciones propuestas para la Nueva Constitución en torno al *asilo, la extradición y el derecho de los refugiados,* y que tienen relación con la cooperación internacional.

En efecto, el proceso de globalización ha fortalecido las relaciones de cooperación internacional, fundamentalmente, en dos sentidos que ejercen influencia directa sobre la *Carta de Derechos Constitucionales* en cada uno de los Estados. Por una parte, la cooperación se orienta hacia la protección y el fortalecimiento de los derechos de las personas y, por la otra, se dirige a combatir la impunidad, en concreto, a luchar contra ciertos delitos como la corrupción, el narcotráfico y los delitos infamantes o que afecten el orden jurídico internacional.

En tal contexto, el derecho de *asilo*, el derecho de los *refugiados* y el tema de la *extradición* juegan un papel decisivo para el tratamiento de estos temas por lo que consideramos útil, en el marco de la discusión constituyente, reflexionar sobre las notas distintivas entre estos conceptos, para cuya elaboración hemos contado con la asesoría de la Profesora Jacqueline Lejarza, Secretaria de la Comisión de Nacionalidad y Ciudadanía de la Asamblea.

1. *El derecho de asilo*

Generalmente se entiende por asilo la concesión que hace un Estado a favor de cualquier persona, sin establecer diferencias por razones de nacionalidad, cuando su vida o su libertad estén expuestas a peligros, por ser perseguido político o haber cometido un delito común conexo con delitos políticos. También se hace referencia al asilo diplomático o territorial, dependiendo si la persona que es objeto de persecución lo solicita en el territorio de un Estado extranjero o solicita protección en una sede diplomática (Embajada, Consulado).

La Constitución vigente lo define en su artículo 116, de la siguiente manera:

"*Artículo 116* La República reconoce el asilo a favor de cualquier persona que sea objeto de persecución o se halle en peligro, por motivos políticos, en las condiciones y con los requisitos establecidos por las leyes y las normas del derecho internacional".

De la misma manera, lo definen los *Instrumentos Jurídicos Internacionales,* al referirse al asilo como un derecho, en todo caso, relacionado o vinculado a aquellas personas que han cometido *delitos de naturaleza política.*

En efecto, la *Convención Americana sobre Derechos Humanos,* establece en el ordinal 7º del artículo 22 que:

"Toda persona tiene derecho de buscar y recibir asilo en territorio extranjero en caso de persecución por *delitos políticos* o comunes o conexos con los *políticos* y de acuerdo con la legislación de cada Estado o los convenios internacionales". (subrayados nuestros).

De la misma manera la *Declaración Americana de los Derechos y Deberes del Hombre,* en su artículo XXVII consagra que:

"Toda persona tiene el derecho de buscar y recibir asilo en territorio extranjero, en caso de persecución *que no sea motivada por delitos de derecho común* y de acuerdo con la legislación de cada país y con los convenios internacionales". (subrayado nuestro).

Asimismo, la *Declaración Universal de Derechos Humanos* hace referencia expresa a la naturaleza de los delitos cometidos por la persona objeto de asilo, en su artículo 14, así:

"1. En caso de persecución, toda persona tiene derecho a buscar asilo, y a disfrutar de él, en cualquier país".

2. *Este derecho no podrá ser invocado* contra una acción judicial realmente originada *por delitos comunes* o por actos opuestos a los propósitos y principios de las Nacionales Unidas" (subrayado nuestro).

Además de estos Instrumentos, Venezuela ha suscrito Tratados Internacionales referentes al derecho de asilo entre los que podemos mencionar:

-*La Convención de Río de Janeiro* (Brasil-20 de mayo de 1927).

-*Convención de la Habana* (Aprobada en la Habana-Cuba, durante la Sexta Conferencia Internacional americana en fecha 20 de febrero de 1928).

-*La Convención sobre Asilo Diplomático y Convención sobre Asilo Territorial* (Aprobado por el Consejo Interamericano de Juriconsultos en su Cuarta Reunión efectuada en Santiago de Chile, en 1959, con el propósito de ampliar y mejorar las Convenciones de la Habana, Montevideo y Caracas, para ser presentada en la Convención de la Organización de Estados Americanos).

Por otra parte, con respecto a las *Constituciones Latinoamericanas,* cabe destacar, que casi todas consagran el derecho de asilo, con las características que venimos destacando, es decir:

En *primer lugar,* que se trata de un *derecho esencialmente político* y, por ello, se vincula a las personas perseguidas por haber cometido un delito político o un delito común siempre que sea conexo con uno político. Se sostiene que otorgarlo a la persona perseguida por cualquier delito común fomentaría la impunidad y, es por ello que expresamente lo proscriben la *Declaración Universal de Derechos Humanos* y la *Declaración Americana de los Derechos y Deberes del Hombre.*

En *segundo lugar,* es un derecho regulado por el ordenamiento interno de cada Estado, generalmente bajo las bases de la reciprocidad, pero sujeto a los principios rectores del ordenamiento internacional. En el caso de Venezuela, fundamentalmente, está sujeto a las disposiciones de la *Convención Americana o Pacto de San José* y a la *Declaración Americana de los Derechos y Deberes del Hombre.*

En este sentido, podemos citar, como ejemplo, la *Constitución de Costa Rica* que establece:

"*Artículo 3º* El territorio de Costa Rica será asilo para todo perseguido por razones políticas. Si por imperativo legal se decretare su expulsión, nunca podrá enviársele al país donde fuere perseguido.

La extradición será regulada por la ley o por los Tratados Internacionales y nunca procederá en casos de delitos políticos o conexos con ellos, según la calificación costarricense".

En la *Constitución de Guatemala* se establece:

"*Artículo 27º* Guatemala reconoce el derecho de asilo y lo otorga de acuerdo con las prácticas internacionales.

La extradición se rige por lo dispuesto en Tratados Internacionales".

Por su parte, la *Constitución de Perú* dispone en el Capítulo sobre los derechos políticos, lo siguiente:

> "*Artículo 36* El Estado reconoce el asilo político. Acepta la calificación del asilado que otorga el gobierno asilante. En caso de expulsión, no se entrega al asilado al país cuyo gobierno lo persigue".

Por último, la *Constitución de Ecuador* establece también en el Capítulo *De los derechos políticos,* lo siguiente:

> "*Artículo 29* Los ecuatorianos perseguidos por delitos políticos tendrán derecho a solicitar asilo y lo ejercerán de conformidad con la ley y los convenios internacionales. El Ecuador reconoce a los extranjeros el derecho de asilo".

2. *La extradición*

En cuanto a *la extradición,* comúnmente se entiende por ella, la acción conforme a la cual un Estado hace entrega de un individuo procesado o condenado al Estado requirente, con el propósito de evitar la impunidad.

La Constitución vigente no regula expresamente la extradición, y tan sólo hace referencia al tema, en el artículo relativo a las competencias del Poder Nacional, en el ordinal 4° del artículo 136 que establece como de la competencia del Poder Nacional "la naturalización, admisión, *extradición* y expulsión de extranjeros".

Hay que destacar que la *Ley de Derecho Internacional Privado,* de fecha 6 de agosto de 1998, tampoco prevé nada al respecto; sin embargo, el nuevo *Código Orgánico Procesal Penal,* en el Título VII, si la regula estableciendo el procedimiento a seguir en esta materia.

La tendencia en las *Constituciones latinoamericanas* y *europeas* tradicionalmente se orientaba a proscribir la extradición de sus nacionales, fundamentalmente por razones de soberanía y protección a la nacionalidad. Sin embargo, las más *modernas tendencias* en esta materia están orientadas a permitir y facilitar la extradición de los nacionales siguiendo los principios de la solidaridad internacional y la globalización, considerándose que *las solicitudes de extradición* no representan realmente conflictos de soberanía, sino simplemente *son manifestaciones concretas de cooperación internacional.*

En relación a los Convenios y Tratados firmados en esta materia a nivel interamericano, sólo Venezuela y Panamá han ratificado la denominada *Convención Interamericana sobre Extradición,* que consagra en su artículo 7°, lo siguiente:

> "la nacionalidad del reclamado no podrá ser invocada como causa para denegar la extradición, salvo que la legislación del Estado establezca lo contrario".

Así mismo, la *Convención Interamericana sobre Extradición* se refiere en su artículo 21 a la *extradición simplificada,* disponiendo que:

> "*Extradición simplificada:* Un Estado requerido podrá conceder la extradición sin proceder con las diligencias formales de extradición siempre que:
> a. Sus leyes no lo prohíban expresamente;
> b. La persona reclamada acceda por escrito y de manera irrevocable su extradición después de haber sido informada por un juez u otra autoridad competente acerca de sus derechos a un procedimiento formal y de protección que éste le brinda".

En definitiva, la *tendencia* contemporánea se dirige a *restringir la proscripción absoluta de la extradición*, dado que, en muchos casos, se ha comprobado que favorece la impunidad. En este sentido, la *Cancillería venezolana* se ha pronunciado, advirtiendo que no obstante la prohibición tajante consagrada en el Código Penal en su artículo 6, que establece que no podrá concederse la extradición de un venezolano por ningún motivo, según su criterio, resulta más conveniente seguir el enunciado del Proyecto de Reforma del Código Penal de 1974, redactado por los profesores Jorge Sosa Chacín y José Miguel Tamayo, en el que se establece que:

"*Artículo 8* La extradición de un venezolano sólo podrá concederse de conformidad con los Tratados o convenios internacionales que se hayan celebrado con base de estricta reciprocidad y siempre que la Corte Suprema de Justicia lo considere procedente. En caso de ser negada, deberá ser enjuiciado en Venezuela mediante querella de la parte agraviada o del Ministerio Público si el delito mereciere pena por la ley venezolana".

Es por ello que la Cancillería, en sus dictámenes, sugiere plasmar como principio general en la Nueva Constitución la no extradición de los venezolanos, pero haciendo la salvedad en el propio texto constitucional, que la ley o los Tratados Internacionales que la República ratifique, podrán establecer excepciones a ese principio por delitos que afecten el orden jurídico internacional, tales como narcotráfico, terrorismo, tráfico ilegal de personas, etc. Los principios y procedimientos para la extradición se dejarían siempre a regular por la ley penal ordinaria, sustantiva o procesal.

3. *El régimen de los refugiados*

Por otra parte, en cuanto al *derecho de los refugiados* este se encuentra desarrollado en la *Convención de 1951* y el *Protocolo de 1967* relativos al *Estatuto de los Refugiados*, el *Estatuto del ACNUR*, y la *Declaración de las Naciones Unidas sobre el Asilo Territorial*, de 1967. Además de estos Instrumentos Generales, a nivel Regional se han suscrito muchos otros, entre los que se pueden mencionar: la *Declaración de Cartagena sobre los Refugiados*, de 1984, *los Principios y Criterios para la Protección y Asistencia a los Refugiados Centroamericanos* (CIREFCA) de 1989, y la Declaración y Plan de Acción Concertado a favor de los Refugiados, Repatriados y Desplazados Centroamericanos de CIREFCA, entre otros.

Otro aspecto fundamental que hay que tener en cuenta, al tratar el tema del derecho de los refugiados, es el papel directo desempeñado por las Naciones Unidas, que desde sus inicios a través de la *Resolución 428* (V) de 14 de diciembre de 1950, estableció un organismo apolítico que desempeña una labor puramente humanitaria, denominado; la *Oficina del Alto Comisionado de las Naciones Unidas para los Refugiados* (ACNUR), para que se ocupara exclusivamente de esta materia. Su labor se diferencia fundamentalmente de la que desempeñan otros órganos, por la facultad que tiene de proporcionar protección internacional y buscar soluciones definitivas al problema de los refugiados, actuando bajo la autoridad de la Asamblea General de la ONU.

Los Estados partes de la *Convención de 1951* y del *Protocolo de 1967,* antes citados, se comprometen y sujetan al cumplimiento de sus disposiciones, bajo el principio internacional de la buena fe, entre las cuales destacan:

-(Art. 2) Obligaciones de los refugiados: respetar las leyes y las regulaciones, así como las medidas que se toman para el mantenimiento del orden público.

-(Art. 3) La obligación para los Estados partes de aplicar las disposiciones de la Convención sin discriminación por motivos de raza, religión o país de origen.

-Normas de trato mínimo que los Estados deben proporcionar a los refugiados, las cuales básicamente se refieren a un trato igual al que se proporciona a los extranjeros, o bien igual al que se brinda a los nacionales.

-Definición del término *refugiado,* con base en la cual los Estados determinan la condición de las personas que buscan asilo; disposiciones relativas al cese de la condición de refugiado, y a la exclusión de ciertas personas de los beneficios de la Convención.

Hay que destacar que bajo el sistema de las Naciones Unidas, en el cual participa Venezuela, la protección de los refugiados constituye una unidad, dividida tan sólo a los efectos de las responsabilidades correspondientes: por una parte, la responsabilidad relativa a los Estados dirigida a la *cooperación que deben brindar las autoridades nacionales al cumplimiento de la misión del Alto Comisionado,* y por la otra, atinente a la acción de las Naciones Unidas, dirigida a velar por la aplicación de las Convenciones Internacionales que aseguran la protección a los refugiados.

De lo anterior resulta que el derecho de los refugiados, es una materia de regulación internacional, cuyas disposiciones se constitucionalizan directamente por la vía del *artículo 50* de la Constitución vigente, pero que además, quedaría expresamente incorporado al Texto de la Nueva Constitución, si también se toma en consideración la Propuesta que hemos formulado en relación a la constitucionalización de los Tratados y Convenios Internacionales.

4. *La regulación del asilo y de los refugiados*

De lo anteriormente señalado, y precisadas las notas distintivas del asilo y el derecho de los refugiados, no consideramos conveniente regular en una sola norma ambas instituciones como se propone en el documento presentado por el Presidente Chávez a la Asamblea, en el Capítulo sobre Derechos Civiles, bajo el acápite *Derecho de asilo y refugio,* así:

"*Artículo* La República reconoce el asilo y el refugio a favor de cualquier persona que sea objeto de persecución o se halle en peligro su vida, su integridad personal o su libertad por motivos políticos, de raza, religión, nacionalidad, pertenencia a determinado grupo social, violencia generalizada, conflictos armados internos o violación masiva de los derechos humanos en las condiciones y los requisitos establecidos por la ley".

En relación con esta propuesta, debe observarse, en *primer lugar,* que el derecho de asilo lo regula cada Estado en su ordenamiento constitucional y, puede ser desarrollado por la ley, siguiendo los principios establecidos en el ordenamiento internacional. En este sentido, hemos dejado expuesto tal y como lo refiere el Pacto de San José, que es un *derecho esencialmente político* y, por ello, se vincula a las personas perseguidas por haber cometido delitos políticos o comunes conexos con los políticos. Por ello, proponemos que no se incluya en el Capítulo relativo a los derechos civiles.

En *segundo lugar,* el derecho de asilo es un derecho diametralmente diferente al derecho de los refugiados, que es de regulación internacional y, por ende, cualquier referencia a este derecho en el Texto de la Nueva Constitución debería remitir a los mecanismos de protección internacional dispuestos por la Organización de Naciones Unidas, de la cual es parte Venezuela, a través de la cooperación que debe brindarle al Alto Comisionado de las Naciones Unidas para los Refugiados (ACNUR) como órgano especializado.

En *tercer lugar,* no puede ni debe dejarse a la "ley" el establecimiento de las condiciones para considerar a una persona como refugiado, ni tampoco el establecimiento de los requisitos para su procedencia. Insistimos sobre lo señalado anteriormente en el sentido de que *la protección internacional comporta la determinación de la condición de refugiado por parte de ACNUR,* y el Estado involucrado facilita esta protección colaborando y respetando las disposiciones de este organismo.

Por otra parte, en relación al tema de la extradición, como señalamos anteriormente, no se encuentra expresamente consagrado en la Constitución vigente. Sin embargo, la tendencia en las Constituciones latinoamericanas y europeas consiste en regular en un mismo artículo el derecho de asilo y la extradición, tal vez porque se entiende que la extradición viene a ser una limitante al derecho de asilo, por incuestionables motivos políticos.

Por su parte, los Instrumentos Internacionales relativos a la extradición establecen expresamente, que aquella no procede en casos en que la persona sea requerida por razones o delitos políticos o por delitos civiles o conexos con los políticos.

En este sentido, en el documento presentado por el Presidente Chávez a consideración de la Asamblea se establece la siguiente disposición:

"*Artículo*   Ninguna persona podrá ser puesta en el territorio de un país donde su vida, su integridad, seguridad o su libertad peligren por causa de su raza, sexo, nacionalidad, pertenencia a determinado grupo social o de sus opiniones políticas".

Este artículo se prevé en el citado documento seguidamente al relativo al asilo y al refugio en el Capítulo sobre los derechos civiles, y evidentemente se refiere a la expulsión de los extranjeros y no a la extradición que tampoco aparece regulada. La redacción es semejante a la del ordinal 8º del artículo 22 de la *Convención Americana sobre Derechos Humanos,* referente al Derecho de Circulación y Residencia, en concreto a la expulsión de los extranjeros, que tiene el siguiente texto:

"En ningún caso el extranjero puede ser expulsado o devuelto a otro país, sea o no de origen, donde su derecho a la vida o a la libertad personal está en riesgo de violación a causa de raza, nacionalidad, religión, condición social o de sus opiniones políticas".

Conforme a todo lo anteriormente expuesto, siguiendo las tendencias contemporáneas y los principios de orden internacional que deben orientar estas disposiciones tan importantes en el marco de la cooperación internacional, proponemos que se continúe consagrando el derecho de asilo en el *Capítulo de los Derechos Políticos,* debido a su naturaleza, y se incorpore expresamente la extradición, de la siguiente manera:

Artículo La República de Venezuela reconoce y garantiza el derecho de *asilo* a toda persona que sea perseguida o se encuentre en peligro, por razones políticas. Si por imperativo legal se decreta su expulsión, nunca podrá enviársele al país donde fue perseguido.

Se prohíbe la *extradición* de venezolanos. Sin embargo la República de Venezuela podrá celebrar Tratados estableciendo excepciones a este principio, en los casos de delitos infamantes o que afecten el orden jurídico internacional".

***

En todo caso, en relación con la norma propuesta y sometida a discusión, consideré que en la misma se trataba como conceptos semejantes al derecho de asilo y el derecho de los refugiados (el cual no es materia constitucional), y además, que no ha debido consagrarse de manera absoluta la prohibición de la extradición de venezolanos, especialmente previendo el caso de delitos que afecten el ordenamiento jurídico internacional, conforme a tratados.

Por lo anterior, a; final de la sesión del 25 de octubre de 1999, consigné mi *Voto salvado* con el siguiente texto:

Salvo mi voto respecto de la norma como ha sido aprobada, en virtud de considerar indispensable definir y distinguir, con precisión, el derecho de asilo, el derecho de los refugiados y el tema de la extradición, lo que no se hace en el texto.

En efecto, se entiende por asilo la concesión que hace un Estado a favor de cualquier persona, sin establecer diferencias por razones de nacionalidad, cuando su vida o su libertad estén expuestas a peligros, *por ser perseguido político o haber cometido un delito común conexo con delitos políticos*. Este criterio lo sigue la Constitución de 1961 al definirlo en su artículo 116, de la siguiente manera:

"*Artículo 116.* La República reconoce el asilo a favor de cualquier persona que sea objeto de persecución o se halle en peligro, por motivos políticos, en las condiciones y con los requisitos establecidos por las leyes y las normas del derecho internacional".

De la misma manera lo definen los *Instrumentos Jurídicos Internacionales*, al referirse al asilo como un derecho, en todo caso, relacionado o vinculado a aquellas personas que han cometido *delitos de naturaleza política*. Así sucede en el artículo 22, ordinal 7 de la *Convención Americana sobre Derechos Humanos;* en el artículo XXVII de la *Declaración Americana de los Derechos y Deberes del Hombre;* en el artículo 14 de la *Declaración Universal de Derechos Humanos*; y en otras Convenciones especializadas como la *Convención sobre Asilo Diplomático y Convención sobre Asilo Territorial* (ambas firmadas en Caracas en 1954, con ocasión de la celebración de la Décima Conferencia Internacional Americana).

De todos estos instrumentos resultan dos elementos como constantes en el tratamiento del derecho de asilo: Es un derecho esencialmente político y es un derecho regulado por el ordenamiento interno de cada Estado, generalmente bajo las bases de reciprocidad, pero sujeto a los principios rectores del ordenamiento internacional.

Por otra parte, se evidencia como tendencia del constitucionalismo latinoamericano la consagración paralela de la extradición, bajo el entendido de que ésta resulta una limitante al derecho de asilo.

Sin embargo, no sucede lo mismo con el tema de los refugiados al punto de que puede decirse que *no existen Instrumentos Internacionales, ni Cartas de Derechos que regulen paralelamente el derecho de asilo y el derecho de los refugiados,* pues evidentemente, se trata de materias diferentes, con distinta naturaleza; una de ellas, el asilo, de regulación interna; y la otra, el derecho de los refugiados; de regulación internacional.

El texto aprobado, sin embargo, confunde la naturaleza de ambos conceptos, y los trata como conceptos semejantes.

En efecto, el derecho de los refugiados se encuentra desarrollado en la *Convención de 1951* y el *Protocolo de 1967* relativos al *Estatuto de los Refugiados*, el *Estatuto del ACNUR*, y la *Declaración de las Naciones Unidas sobre el Asilo Territorial*, de 1967. Además de estos Instrumentos Generales, a nivel Regional se han suscrito muchos otros entre los que se pueden mencionar: la *Declaración de Cartagena sobre los Refugiados*, de 1984, *los Principios y Criterios para la Protección y Asistencia a los Refugiados Centroamericanos* (CIREFCA) de 1989, la Declaración y Plan de Acción Concertado a favor de los Refugiados, Repatriados y Desplazados Centroamericanos de CIREFCA, entre otros.

Otro aspecto fundamental que hay que tener en cuenta, al tratar el tema del derecho de los refugiados, es el papel directo desempeñado por las Naciones Unidas, que desde sus inicios estableció un organismo apolítico que desempeña una labor puramente humanitaria, denominado: la *Oficina del Alto Comisionado de las Naciones Unidas para los Refugiados* (ACNUR), para que se ocupe exclusivamente de esta materia, a través *de la Resolución 428* (V) de 14 de diciembre de 1950. Su labor se diferencia fundamentalmente de la que desempeñan otros órganos, por la facultad que tiene de proporcionar protección internacional y buscar soluciones definitivas al problema de los refugiados, actuando bajo la autoridad de la Asamblea General de la ONU.

Los Estados partes de la *Convención de 1951* y del *Protocolo de 1967,* citados *supra,* se comprometen y sujetan al cumplimiento de sus disposiciones, bajo el principio internacional de la buena fe.

Esto a lo que conduce es a tener claro que *la materia relativa al derecho de los refugiados no es de orden constitucional; en consecuencia, no debe estar prevista en su texto y mucho menos regularse conjuntamente con el derecho de asilo, como materias semejantes.*

En cuanto a la extradición, también debo dejar constancia de mi *voto salvado* respecto del segundo párrafo del artículo aprobado en la sesión plenaria, pues se aparta de las recientes tendencias en esta materia que vienen exceptuando algunos casos relativos a delitos de orden internacional, orientadas por los principios de integración, condicionando su previsión en los tratados internacionales que se celebren en este sentido.

Comúnmente se entiende por extradición, la acción conforme a la cual un Estado hace entrega de un individuo procesado o condenado al Estado requirente, con el propósito de evitar la impunidad.

La Constitución vigente no regula expresamente la extradición, y sólo hace referencia al tema en el artículo relativo a las competencias del Poder Nacional, en el ordinal 4º del artículo 136.

Sin embargo, el nuevo *Código Orgánico Procesal Penal* en el título VII, si la regula estableciendo el procedimiento a seguir en esta materia.

Por otra parte, en relación a los Convenios y Tratados firmados en esta materia a nivel interamericano, sólo Venezuela y Panamá han ratificado la denominada *Convención Interamericana sobre Extradición*, que consagra, en su artículo 7º, el principio siguiente:

> "la nacionalidad del reclamado no podrá ser invocada como causa para denegar la extradición, salvo que la legislación del Estado establezca lo contrario".

En definitiva, *la tendencia se dirige a restringir la proscripción absoluta de la extradición,* dado que, en muchos casos, se ha comprobado que favorece la impunidad. En este sentido, la *Cancillería venezolana* se ha pronunciado, advirtiendo que, no obstante la prohibición tajante consagrada en el Código Penal en su artículo 6, que establece que no podrá concederse la extradición de un venezolano por ningún motivo, según su criterio, resulta más conveniente seguir el enunciado del Proyecto de Reforma del Código Penal de 1974, redactado por los profesores Jorge Sosa Chacín y José Miguel Tamayo, en el que se establece que:

> "*Artículo 8:* La extradición de un venezolano sólo podrá concederse de conformidad con los Tratados o convenios internacionales que se hayan celebrado con base de estricta reciprocidad y siempre que la Corte Suprema de Justicia lo considere procedente. En caso de ser negada, deberá ser enjuiciado en Venezuela mediante querella de la parte agraviada o del Ministerio Público si el delito mereciere pena por la ley venezolana".

Es por ello que la Cancillería en sus dictámenes sugiere plasmar como principio general en la nueva Constitución la no extradición de los venezolanos, pero haciendo la salvedad en el propio texto constitucional, que la ley o los tratados internacionales que la República ratifique, podrán establecer excepciones a ese principio por delitos que afecten el orden jurídico internacional, tales como narcotráfico, terrorismo, tráfico ilegal de personas, etc. Los principios y procedimientos para la extradición se dejarían siempre a regular por la ley penal ordinaria, sustantiva o procesal.

En el mismo sentido, luego del debate de segunda discusión realizado en la sesión del día 12 de noviembre de 1999, consigné mi *Voto salvado* sobre esta norma con el siguiente texto:

> Salvo mi voto respecto de la norma como ha sido aprobada, en virtud de considerar indispensable definir y distinguir, con precisión, el derecho

de asilo, el derecho de los refugiados y el tema de la extradición, lo que no se hace en el texto.

En particular, en cuanto a la extradición, debo dejar constancia de mi *voto salvado* respecto del segundo párrafo del artículo aprobado en la sesión plenaria, pues se aparta de las recientes tendencias en esta materia que vienen exceptuando algunos casos relativos a delitos de orden internacional, orientadas por los principios de integración, condicionando su previsión en los tratados internacionales que se celebren en este sentido.

Comúnmente se entiende por extradición, la acción conforme a la cual un Estado hace entrega de un individuo procesado o condenado al Estado requirente, con el propósito de evitar la impunidad.

La Constitución vigente no regula expresamente la extradición, y sólo hace referencia al tema en el artículo relativo a las competencias del Poder Nacional, en el ordinal 4º del artículo 136.

Sin embargo, el nuevo *Código Orgánico Procesal Penal* en el título VII, si la regula estableciendo el procedimiento a seguir en esta materia.

Por otra parte, en relación a los Convenios y Tratados firmados en esta materia a nivel interamericano, sólo Venezuela y Panamá han ratificado la denominada *Convención Interamericana sobre Extradición*, que consagra, en su artículo 7º, el principio siguiente:

"la nacionalidad del reclamado no podrá ser invocada como causa para denegar la extradición, salvo que la legislación del Estado establezca lo contrario".

En definitiva, *la tendencia se dirige a restringir la proscripción absoluta de la extradición,* dado que, en muchos casos, se ha comprobado que favorece la impunidad. En este sentido, la *Cancillería venezolana* se ha pronunciado, advirtiendo que, no obstante la prohibición tajante consagrada en el Código Penal en su artículo 6, que establece que no podrá concederse la extradición de un venezolano por ningún motivo, según su criterio, resulta más conveniente seguir el enunciado del Proyecto de Reforma del Código Penal de 1974, redactado por los profesores Jorge Sosa Chacín y José Miguel Tamayo, en el que se establece que:

"*Artículo 8:* La extradición de un venezolano sólo podrá concederse de conformidad con los Tratados o convenios internacionales que se hayan celebrado con base de estricta reciprocidad y siempre que la Corte Suprema de Justicia lo considere procedente. En caso de ser negada, deberá ser enjuiciado en Venezuela mediante querella de la parte agraviada o del Ministerio Público si el delito mereciere pena por la ley venezolana".

Es por ello que la Cancillería en sus dictámenes sugiere plasmar como principio general en la nueva Constitución la no extradición de los venezolanos, pero haciendo la salvedad en el propio texto constitucional, que la ley o los tratados internacionales que la República ratifique, podrán establecer excepciones a ese principio por delitos que afecten el orden jurídico internacional, tales como narcotráfico, terrorismo, tráfico ilegal de personas, etc. Los principios y procedimientos para la extradición se dejarían siempre a regular por la ley penal ordinaria, sustantiva o procesal.

Artículo 70. Medios generales de participación política y social

Artículo 70. Son medios de participación y protagonismo del pueblo en ejercicio de su soberanía, en lo político: la elección de cargos públicos, el referendo, la consulta popular, la revocación del mandato, las iniciativas legislativa, constitucional y constituyente, el cabildo abierto y la asamblea de ciudadanos y ciudadanas cuyas decisiones serán de carácter vinculante, entre otros; y en lo social y económico: las instancias de atención ciudadana, la autogestión, la cogestión, las cooperativas en todas sus formas incluyendo las de carácter financiero, las cajas de ahorro, la empresa comunitaria y demás formas asociativas guiadas por los valores de la mutua cooperación y la solidaridad.

La ley establecerá las condiciones para el efectivo funcionamiento de los medios de participación previstos en este artículo.

Sección segunda: del referendo popular

Sobre el derecho a la participación política específicamente por vías de democracia directa, presenté la siguiente propuesta a la Comisión de Régimen Político y a la Comisión Constitucional en la sesión del 15 de septiembre de 1999:

DERECHO A LA PARTICIPACIÓN POLÍTICA

Comunicación dirigida al presidente y a los miembros de la Comisión de Régimen Político y de la Comisión Constitucional en la sesión del 15-09-1999

Tengo el agrado de dirigirme a Uds. con el objeto de hacerles llegar algunas ideas en torno a la necesidad de regular expresamente en la Nueva Constitución, el *derecho a la participación política*; y sobre el articulado que creo debe incorporarse al texto constitucional en relación a los instrumentos específicos para asegurar dicha participación.

1. *El derecho a la participación*

En efecto, a pesar de que la democracia participativa no está expresamente regulada en la Constitución de 1961, dado el carácter sustancialmente democrático de nuestro sistema político constitucional (artículo 3), se puede afirmar, que el derecho de los ciudadanos a participar en la actividad del Estado es un "derecho inherente a la persona humana", que deriva por tanto del artículo 50 de la Constitución.

Conforme a esta norma, la Constitución de 1961 no limita los derechos constitucionales a aquellos señalados expresamente en ella, sino que admite, como tales, a todos aquellos derechos inherentes a la persona humana, aunque no figuren como señalados expresamente en su texto. Entre estos derechos se encuentran aquellos consagrados en los diferentes tratados, acuerdos y convenios internacionales, celebrados y ratificados por el país.

En este sentido, el llamado "derecho de participación", se encuentra expresamente consagrado en la Declaración Universal de Derechos Humanos (artículo 21), en el Pacto Internacional de Derechos Civiles y Políticos (artículo 25), en la Declaración Americana de los Derechos y Deberes del Hombre (artículo 20), y en la Convención Americana de Derechos Humanos (artículo 23); y conforme a dichos instrumentos, toda persona tiene el derecho a participar en el gobierno y en la dirección de los asuntos públicos de su país, bien sea directamente o por medio de representantes escogidos libremente.

En cuanto a la participación representativa, puede decirse que está suficientemente reglamentada en los instrumentos legislativos nacionales, que consagran y desarrollan el derecho al sufragio (*vgr.* Ley Orgánica del Sufragio). Sin embargo, la participación directa de los ciudadanos en la toma de las decisiones políticas a nivel nacional, no tiene consagración ni por tanto, desarrollo en la Constitución de 1961, salvo en materia de aprobación de la reforma general (art. 246). Sin embargo, dicha participación, sí se encuentra regulada a nivel municipal en la Ley Orgánica de Régimen Municipal y más recientemente, en la Ley Orgánica del Sufragio y Participación Política a nivel nacional con la regulación de los referendos consultivos.

Estimamos, por tanto, que la Nueva Constitución debe regular la participación del ciudadano como miembro de una comunidad "uti socius", "uti cives", como simplemente afectado por el interés general, excluyendo de este concepto la intervención del ciudadano en la administración como parte de un procedimiento por ser titular de derechos o intereses propios, "uti singulus", regulado en la Ley Orgánica de Procedimientos Administrativos.

En tal sentido, estimamos que dentro del Capítulo de los Derechos Políticos, se debe incluir una norma que consagre expresamente el derecho a la participación política en todas sus dimensiones. Se trata de un derecho de todos los ciudadanos en el Estado Democrático, de participar en los asuntos públicos, directamente o por medio de representantes libremente elegidos en elecciones periódicas por sufragio universal, directo, igual y secreto. Por lo tanto, siguiendo el carácter progresivo del derecho a la participación política, tal y como ha sido consagrado en los instrumentos internacionales sobre derechos humanos y en el constitucionalismo comparado, éste debe ser consagrado expresamente en la nueva Constitución. Así por ejemplo, ya la Corte Suprema de Justicia, en sentencia de fecha 5-12-96 ("Pueblos Indígenas del Amazonas vs. Ley de División Político Territorial del Estado Amazonas") reconoció *el derecho a la participación política como derecho humano de rango constitucional.*

En este sentido estimamos que debe superarse la propuesta formulada en el documento presentado por el Presidente de la República en sus *Ideas Fundamentales para la Constitución Bolivariana de la V República,* a fin de no reducir la consagración de la participación política, como un derecho constitucional, a la sola enumeración de los mecanismos específicos para su ejercicio, máxime cuando el derecho sustantivo que sea consagrado puede ser fuente de inspiración para el desarrollo de la participación ciudadana en otros ámbitos y mediante instrumentos distintos a los consagrados en el texto constitucional.

En este sentido, proponemos que en el Capítulo de los Derechos Políticos, se incluya como una de las primeras normas, la consagración expresa del derecho a la participación política, en los siguientes términos:

Artículo Todos los ciudadanos tienen el derecho a participar en los asuntos públicos, directamente o por medio de representantes libremente elegidos.

2. *La rendición de cuentas a los electores*

En relación a los mecanismos concretos de participación política, es evidente que en ellos están comprendidos, además del voto como mecanismo indirecto o de representación, todos los demás mecanismos de participación directa. Por ello consideramos como un error conceptual, reducir la participación política a los mecanismos directos (ej. referendos).

En todo caso, con ocasión del principio de la democracia participativa, convendría agregar a las normas sobre el sufragio o el voto, algunos principios orientadores de la participación responsable de los representantes electos. Así, por ejemplo, podría establecerse el deber de los representantes electos de rendir cuenta periódicamente a sus representados, con una norma que podría tener el siguiente texto:

Artículo Los representantes electos tendrán la obligación de rendir cuentas e informes periódicos sobre su gestión pública, mediante mecanismos adecuados, tales como las asambleas populares, los medios de comunicación social, los medios electrónicos, las cartas y otros afines. El Estado contribuirá al financiamiento de estos mecanismos de información representativa, mediante los espacios públicos disponibles y la realización de los aportes necesarios que establezca la ley. Los representantes que reciban aportes por este concepto estarán obligados a rendir cuentas de su gasto al órgano contralor, en la forma y oportunidad que determine el ordenamiento jurídico correspondiente.

3. *Los referendos a nivel estadal y municipal*

En relación con los mecanismos de participación directa propuestos en el documento presentado por el Presidente de la República, los cuales a su vez entendemos que tienen su origen en el *Proyecto de Reforma Constitucional* preparado por la Comisión Bicameral del Congreso de la República de 1992, pueden hacerse las observaciones:

A pesar de que la enumeración que se hace de los mecanismos de participación ciudadana es bastante amplia e innecesariamente taxativa, (el voto, el plebiscito, el referéndum, la consulta popular, el cabildo abierto, la iniciativa constitucional, la iniciativa constituyente, la iniciativa legislativa, la asamblea de ciudadanos, y la revocatoria de mandato), la regulación que se propone de los mismos no solo se limita a la figura del *referéndum*, sino que incluso respecto de los *referéndum* consultivo, aprobatorio y revocatorio, sólo se regulan en relación al ámbito nacional. Ello constituye una visión limitada de la participación ciudadana que quedaría reducida al ámbito nacional, desconociendo que la eficacia de la democracia participativa se manifiesta, realmente, a nivel local, por lo que es necesario incluir una norma general que deje a salvo su reglamentación en el ámbito estadal y municipal. En tal sentido, proponemos la inclusión de una norma en ese sentido:

*Artículo   *La celebración de los referéndum en las materias propias de los Estados y Municipios, se regirá con base en los principios consagrados en la presente Constitución, por lo establecido en las Constituciones Estadales, la Ley Orgánica nacional sobre el Régimen Municipal y las respectivas Ordenanzas Municipales.

4. *Las materias excluidas del referendo*

En segundo lugar, entre las materias excluidas de la materia refrendaria deberían agregarse aquellas no sujetas al veredicto popular o de las mayorías, por constituir principios inherentes al Estado Democrático mismo y a sus compromisos internacionales. En este sentido consideramos que debería añadirse a las materias no sometibles a referéndum, además de las ya propuestas en el Proyecto en cuestión, las siguientes: *suspensión o restricción de garantías constitucionales; supresión o disminución de derechos humanos; conflictos entre Poderes Públicos no sometibles a decisión de los órganos jurisdiccionales; y concesión de indultos.*

5. *El referendo aprobatorio*

En cuanto al *Referéndum aprobatorio de leyes* que se propone, debe observarse que en el texto proyectado no se indica la mayoría requerida en las Cámaras Legislativas reunidas en sesión conjunta, para que se considere aprobada su convocatoria. En este sentido proponemos que el quórum requerido para su convocatoria sea *la mayoría de los miembros de cada Cámara*, por lo que, la norma propuesta podría quedar redactada así:

*Artículo   *Podrán ser sometidos a referéndum, antes de su sanción, aquellos proyectos de ley aprobados por la Asamblea Nacional de la República, cuando así lo decidan la mayoría de los miembros de las Cámaras reunidas en sesión conjunta. Si el referéndum concluye en un sí aprobatorio, las Cámaras declararán sancionada la Ley.

6. *Los referendos y la restricción de garantías*

En virtud de la necesaria normalidad democrática para la convocatoria a referendos, así como para su libre debate público, la libre expresión de ideas, la libertad de manifestación y otras libertades públicas fundamentales necesarias, en el Derecho Constitucional Comparado se ha establecido como norma la prohibición de celebrar referendos durante la suspensión o restricción de garantías constitucionales.

El hecho de que puedan ser convocados, particularmente por la autoridad ejecutiva, en condiciones en las cuales no sea posible el libre juego democrático, por estar suspendidas o restringidas las garantías constitucionales, se ha considerado que afecta el carácter democrático de estos mecanismos y por ende su peligro de ser desvirtuados.

En este sentido, proponemos una norma en los siguientes términos:

*Artículo   *No podrán celebrarse referéndum durante la vigencia de la suspensión o restricción de garantías constitucionales vigentes en todo o en parte del territorio nacional.

7. El referendo revocatorio

En cuanto al *Referéndum Revocatorio del mandato popular,* además de ser una forma de participación ciudadana, es un mecanismo de legitimación o en su caso, de relegitimización de la representación popular. De hecho -cosa que no proponemos para Venezuela- en Austria, el Presidente que sale vencedor en un referendo revocatorio, se considera constitucionalmente reelecto por un período adicional.

Ahora bien, vista la experiencia venezolana de los últimos 10 años de vigencia del referendo revocatorio de los Alcaldes, debe cuidarse que este mecanismo esencial de participación no se convierta en un instrumento de chantaje político en manos de minorías partidistas, ni en la pérdida de la legítima gobernabilidad democrática. En este sentido deben recordarse las escenas de las revocatorias de Alcaldes electos por amplias mayorías, cuyos mandatos fueron revocados por la votación mínima de pequeños grupos de electores (alrededor de 200 en el caso de la Alcaldía del Municipio Vargas).

Es con base en esas reflexiones que proponemos que en las consultas populares para la revocatoria del mandato, se exija con quórum para su convocatoria del 20 por ciento de los electores; y para que la decisión sea válida, que concurran al acto de votación al menos el 40 por ciento de los electores inscritos en el registro electoral correspondiente (nacional, estadal o municipal). En esta forma se reservaría este referendo para cumplir su objetivo de revocar el mandato de los representantes o gobernantes electos, que hayan sufrido una pérdida tan grave de su popularidad que devienen en ilegítimos poniendo en juego a la democracia misma.

Por otro lado, tal y como hemos visto en la experiencia venezolana de revocatoria de mandatos de Alcaldes en los últimos 10 años, la falta absoluta de los Alcaldes revocados en muchos casos era cubierta por la Cámara Municipal con un concejal, como premio a la estrategia de eliminación exitosa del Alcalde. Lo mismo ocurría con la sustitución de los Gobernadores de Estado destituidos por las Asambleas Legislativas.

Es por ello que no debe permitirse que la falta absoluta generada por la revocatoria de mandato sea suplida por un representante no electo popularmente, a menos que -por razones de economía electoral- se esté en el último año del período correspondiente. Con base en estas reflexiones, proponemos que la norma quede redactada de la manera siguiente (el añadido va en cursivas):

Artículo Transcurrido la mitad del período para el cual fue elegido *un representante,* un número no menor del *veinte* por ciento de los electores inscritos en la correspondiente circunscripción electoral, podrá solicitar la convocatoria de un referéndum para evaluar su gestión. *Cuando más del cuarenta por ciento de los sufragantes* hubiera votado negativamente, se considerará revocado su mandato, y se procederá de inmediato a cubrir la falta absoluta *mediante una nueva elección por el resto del período, a menos de que aquella ocurra en el último año del período correspondiente, en cuyo caso* se procederá a cubrir la falta absoluta, conforme a lo dispuesto en esta Constitución y en las leyes. *La falta absoluta también será suplida temporalmente conforme a los dispuesto en esta Constitución y las leyes, desde el momento en que se considere revocado el mandato y hasta que se celebre la nueva elección en los casos en que proceda.*

8. *El quórum decisorio*

A fin de hacer compatibles las reformas propuestas, se hace necesario adecuar la norma correspondiente al quórum de decisión de los referéndum, de la manera siguiente:

> *Artículo* La votación en los referenda consistirá en sí o no. La decisión será vinculante *y se tomará por la mayoría de los votos válidos, excepto en los casos en que esta Constitución disponga lo contrario, y en aquellos casos en que con base en estas disposiciones las constituciones estadales o las leyes municipales así lo regulen.*

Quiero significarles que en la elaboración de este documento he contado con la colaboración del profesor de Derecho Constitucional Dr. Carlos M. Ayala Corao, especialista en estos temas y proyectista de la reforma a la Ley Orgánica del Sufragio y Participación Política, en la cual se reguló la figura del *Referéndum consultivo* en el país.

Artículo 71. Referendos consultivos nacionales

> **Artículo 71.** Las materias de especial trascendencia nacional podrán ser sometidas a referendo consultivo por iniciativa del Presidente o Presidenta de la República en Consejo de Ministros; por acuerdo de la Asamblea Nacional, aprobado por el voto de la mayoría de sus integrantes; o a solicitud de un número no menor del diez por ciento de los electores y electoras inscritos en el registro civil y electoral.
>
> También podrán ser sometidas a referendo consultivo las materias de especial trascendencia parroquial, municipal y estadal. La iniciativa le corresponde a la Junta Parroquial, al Concejo Municipal, o al Consejo Legislativo, por acuerdo de las dos terceras partes de sus integrantes; al Alcalde o Alcaldesa, o al Gobernador o Gobernadora de Estado, o a un número no menor del diez por ciento del total de inscritos e inscritas en la circunscripción correspondiente, que lo soliciten.

Sobre esta norma véase lo que se indica en la página 673 de este Tomo.

Artículo 72. Referendos revocatorios

> **Artículo 72.** Todos los cargos y magistraturas de elección popular son revocables.
>
> Transcurrida la mitad del período para el cual fue elegido el funcionario o funcionaria, un número no menor del veinte por ciento de los electores o electoras inscritos en la correspondiente circunscripción podrá solicitar la convocatoria de un referendo para revocar su mandato.
>
> Cuando igual o mayor número de electores o electoras que eligieron al funcionario o funcionaria hubieren votado a favor de la revocación, siempre que haya concurrido al referendo un número de electores o electoras igual o superior al veinticinco por ciento de

los electores o electoras inscritos, se considerará revocado su mandato y se procederá de inmediato a cubrir la falta absoluta conforme a lo dispuesto en esta Constitución y en la ley.

La revocación del mandato para los cuerpos colegiados se realizará de acuerdo con lo que establezca la ley.

Durante el período para el cual fue elegido el funcionario o funcionaria no podrá hacerse más de una solicitud de revocación de su mandato.

Sobre esta norma véase lo que se indica en la página 674 de este Tomo.

Artículo 73. Referendos aprobatorios de leyes

Artículo 73. Serán sometidos a referendo aquellos proyectos de ley en discusión por la Asamblea Nacional, cuando así lo decidan por lo menos las dos terceras partes de los o las integrantes de la Asamblea. Si el referendo concluye en un sí aprobatorio, siempre que haya concurrido el veinticinco por ciento de los electores y electoras inscritos e inscritas en el Registro Civil y Electoral, el proyecto correspondiente será sancionado como ley.

Los tratados, convenios o acuerdos internacionales que pudieren comprometer la soberanía nacional o transferir competencias a órganos supranacionales, podrán ser sometidos a referendo por iniciativa del Presidente o Presidenta de la República en Consejo de Ministros; por el voto de las dos terceras partes de los o las integrantes de la Asamblea; o por el quince por ciento de los electores o electoras inscritos e inscritas en el Registro Civil y Electoral.

Artículo 74. Referendos abrogatorios de leyes

Artículo 74. Serán sometidas a referendo, para ser abrogadas total o parcialmente, las leyes cuya abrogación fuere solicitada por iniciativa de un número no menor del diez por ciento de los electores y electoras inscritos e inscritas en el Registro Civil y Electoral o por el Presidente o Presidenta de la República en Consejo de Ministros.

También podrán ser sometidos a referendo abrogatorio los decretos con fuerza de ley que dicte el Presidente o Presidenta de la República en uso de la atribución prescrita en el numeral 8 del artículo 236 de esta Constitución, cuando fuere solicitado por un número no menor del cinco por ciento de los electores y electoras inscritos e inscritas en el Registro Civil y Electoral.

Para la validez del referendo abrogatorio será indispensable la concurrencia de, por lo menos, el cuarenta por ciento de los electores y electoras inscritos e inscritas en el Registro Civil y Electoral.

No podrán ser sometidas a referendo abrogatorio las leyes de presupuesto, las que establezcan o modifiquen impuestos, las de crédito público ni las de amnistía, ni aquellas que protejan, garanticen o desarrollen los derechos humanos y las que aprueben tratados internacionales.

No podrá hacerse más de un referendo abrogatorio en un período constitucional para la misma materia.

Capítulo V. De los derechos sociales y de las familias

Artículo 75. Protección de la familia y obligación del Estado

Artículo 75. El Estado protegerá a las familias como asociación natural de la sociedad y como el espacio fundamental para el desarrollo integral de las personas. Las relaciones familiares se basan en la igualdad de derechos y deberes, la solidaridad, el esfuerzo común, la comprensión mutua y el respeto recíproco entre sus integrantes. El Estado garantizará protección a la madre, al padre o a quienes ejerzan la jefatura de la familia.

Los niños, niñas y adolescentes tienen derecho a vivir, ser criados o criadas y a desarrollarse en el seno de su familia de origen. Cuando ello sea imposible o contrario a su interés superior, tendrán derecho a una familia sustituta, de conformidad con la ley. La adopción tiene efectos similares a la filiación y se establece siempre en beneficio del adoptado o la adoptada, de conformidad con la ley. La adopción internacional es subsidiaria de la nacional.

En la sesión del 26 de octubre de 1999, con ocasión de la primera discusión del proyecto de Constitución, consideré que la misma distorsionaba el concepto de familia, la cual no es una "asociación" sino la célula fundamental de la sociedad, considerando además, que las relaciones familiares no pueden ser reguladas constitucionalmente pues pertenecen al ámbito de la vida privada; razón por la cual hice la siguiente exposición:

CONSTITUYENTE BREWER CARÍAS (ALLAN).-Señor Presidente. Suscribo la apreciación general de la importancia del tema de los derechos sociales en la Constitución.

Toda Constitución tiene tres pilares: una constitución política; una constitución de la persona, del ciudadano y una constitución económico-social. De manera que esta es una parte esencial de ese tercer pilar. Y respeto mucho el esfuerzo que hizo la Comisión respectiva por la redacción de este conjunto de normas. Sin embargo, con este artículo 79 creo que debemos meditar sobre la forma de redacción y el contenido de estas normas.

Aquí encontramos muchas nociones imprecisas en esta y en otras normas sucesivas; no se tiene en cuenta el principio de la alteridad, que es esencial en todos los derechos; cuando se consagra un derecho hay un obligado, hay que establecer claramente quién es el obligado y cómo es el obligado y luego hay también muchas normas de carácter legal que bien podrían estar en normas legales.

En relación a este artículo en concreto, no soy sociólogo, pero como decía hace poco en su propuesta Leonel Jiménez, hablaba de la familia como núcleo fun-

damental de la sociedad, me cuesta mucho ver a la familia como asociación; ya hemos consagrado, regulado y aprobado hace dos días el derecho de asociación, de manera que definir a la familia como asociación natural me cuesta mucho y pienso más que debe calificarse en la forma tradicional como núcleo fundamental de la sociedad, célula fundamental de la sociedad como está en la propuesta de Leonel Jiménez.

Por otra parte, el tema de las relaciones familiares, se le ha agregado el tema familiar en las relaciones, pertenecen a la vida privada, no veo cómo en la Constitución se va a definir cómo son esas relaciones familiares; aparte de la igualdad, se le quitó el absoluto, y entonces no veo cómo entre padres e hijos va a haber absoluta igualdad.

Por otra parte, en esas relaciones se habla de la comprensión mutua, me pregunto: ¿podría haber una acción de amparo de marido contra mujer porque no la entiende, no hay comprensión?, es decir, estos son elementos de comentarios importantes pero no para una norma constitucional.

De manera que llamo la atención a los efectos de que hagamos un esfuerzo por poner a nivel constitucional las normas con la brevedad, concisión e imperatividad necesarias para que tengan ese carácter constitucional dentro del principio de la alteridad.

La propuesta de Leonel Jiménez apunta un poco a esos aspectos y, particularmente, en ese caso materialmente es la fusión del artículo 79, 80 y 81 que él ha propuesto y llamo la atención simplemente a los efectos de que meditemos bien en la redacción de esta y de las sucesivas normas. Gracias.

En el curso del debate, en dicha sesión hice la siguiente propuesta:

Proposición del Constituyente Allan Brewer Carías:

"El Estado protegerá la familia como célula fundamental de la sociedad y espacio fundamental de desarrollo integral de las personas. El Estado velará por el mejoramiento de su situación moral y económica y garantiza protección a la madre, al padre o a quien ejerza la jefatura de la familia."

Como consecuencia del debate, consigné mi *Voto Salvado* al final de la sesión del día 26 de octubre de 1999, con el siguiente texto:

Salvo mi voto en relación con este artículo por considerar que sociológicamente distorsiona el concepto de familia, que no es una asociación (pues no es producto de contrato alguno) sino el núcleo o célula fundamental de la sociedad. Por otra parte, las relaciones familiares no pueden ser objeto de regulación constitucional, pues pertenecen al ámbito de la intimidad o vida privada. No se entiende el régimen de dichas relaciones a nivel constitucional, sobre todo si se consagran dentro de los derechos sociales, lo que exigiría el desarrollo del principio de la alteridad, imposible en esos casos. Me cuesta considerar por ejemplo, como una conducta "inconstitucional" la incomprensión entre marido y mujer!.

Artículo 76. Protección a la maternidad y obligaciones del Estado

Artículo 76. La maternidad y la paternidad son protegidas integralmente, sea cual fuere el estado civil de la madre o del padre.

Las parejas tienen derecho a decidir libre y responsablemente el número de hijos o hijas que deseen concebir y a disponer de la información y de los medios que les aseguren el ejercicio de este derecho. El Estado garantizará asistencia y protección integral a la maternidad, en general a partir del momento de la concepción, durante el embarazo, el parto y el puerperio, y asegurará servicios de planificación familiar integral basados en valores éticos y científicos.

El padre y la madre tienen el deber compartido e irrenunciable de criar, formar, educar, mantener y asistir a sus hijos o hijas, y éstos o éstas tienen el deber de asistirlos o asistirlas cuando aquél o aquella no puedan hacerlo por sí mismos o por sí mismas. La ley establecerá las medidas necesarias y adecuadas para garantizar la efectividad de la obligación alimentaria.

Sobre esta norma consideré que la determinación de los valores éticos respecto de los servicios de planificación familiar debía dejarse únicamente a la propia persona, es decir, pertenece al ámbito de la vida privada, considerando además que no se concibe que algún funcionario o ente público pueda imponer una "ética oficial". Por ello, al final de la sesión del día 26 de octubre de 1999, consigné mi *Voto Salvado* con el siguiente texto:

Salvo mi voto en relación con este artículo por considerar que no puede dejarse a la interpretación o imposición de nadie, que no sea la propia persona, la determinación de valores éticos respecto de los servicios de planificación familiar. Así como en relación con la información veraz, no se puede admitir el adjetivo pues podría conducir, así sea remotamente, a la imposición de una "verdad oficial"; igualmente, resultaría inadmisible una "ética" oficial impuesta por quien sabe qué funcionario u organización sobre decisiones que pertenecen al ámbito de la intimidad o vida privada.

En la sesión de la segunda discusión del proyecto desarrollada el 12 de noviembre de 1999, formulé en relación con esta norma la siguiente proposición:

Proposición del constituyente Allan Brewer Carías:

Agregar en el último párrafo:

"El padre y la madre tienen la obligación compartida e irrenunciable de criar, formar, educar, mantener y asistir a sus hijos e hijas, lo cual supone el derecho de escoger libremente el tipo de educación que quieren para sus hijos e hijas; éstos tienen la obligación de asistir a sus padres cuando no puedan hacerlo por sí mismos. La Ley establecerá las medidas necesarias adecuadas para garantizar la efectividad de estas obligaciones y derechos.

Al final de la sesión del 12 de Noviembre de 1999, consigné mi *Voto salvado* sobre esta norma con el siguiente texto:

Ratifico mi voto salvado respecto de esta norma por considerar que la norma, tal como fue aprobada, ignoró los derechos del niño, desde la concepción, constituyendo esto una posición regresiva en relación con lo que prevé el artículo 74 de la Constitución de 1961, que establece, luego de declarar que la maternidad debe ser protegida, lo siguiente:

"Se dictarán las medidas necesarias para asegurar a todo niño, sin discriminación alguna, protección integral, desde su concepción hasta su completo desarrollo, para que este se realice en condiciones materiales y morales favorables".

Una cosa es el derecho a la vida desde la concepción, que debió haber sido previsto en el artículo 45 (ahora 44) del proyecto aprobado por la Asamblea, y otra cosa es el derecho a la protección que tiene el niño, o el no nacido pero concebido, desde el momento de la concepción; derecho que es diferente al derecho a la protección a la maternidad, que es un derecho de la madre como persona. Ello es distinto al derecho a la protección que tiene el niño desde que es concebido.

En la norma que se aprobó, en mi criterio, debió preverse el derecho de los niños a protección desde su concepción, conforme a la tradición constitucional venezolana. No haberlo hecho, deja al descubierto los derechos del niño en el orden interno, lo cual es intolerable.

Por otra parte, en cuanto a la redacción de artículo 82 del Proyecto, nos merece los siguientes comentarios:

En *primer lugar*, se indica que los niños son "sujetos plenos de derecho", lo cual no es compatible con los condicionantes de la edad, pues, por ejemplo, no pueden ejercer la ciudadanía (no pueden votar sino cuando son mayores de 18 años) ni son mayores de edad en el terrero del ordenamiento civil; en *segundo lugar*, se asigna al Estado la obligación de promover la incorporación de los niños en forma progresiva "a la ciudadanía activa", con lo cual se confunde de nuevo el concepto de ciudadanía que es el vínculo *político* que une a una persona con el Estado. Quizás se quiso señalar que se promoverá incorporar progresivamente al niño al ejercicio pleno de sus derechos.

En todo caso, estimo que la segunda frase del artículo se debió haber redactado así:

"El Estado, las familias y la sociedad deben asegurarles, con prioridad absoluta, protección integral, desde su concepción hasta su completo desarrollo, garantizando su realización como individuos en condiciones materiales y espirituales favorables".

Artículo 77. Protección del matrimonio

Artículo 77. Se protege el matrimonio entre un hombre y una mujer, fundado en el libre consentimiento y en la igualdad absoluta de los derechos y deberes de los cónyuges. Las uniones estables de hecho entre un hombre y una mujer que cumplan los requisitos establecidos en la ley producirán los mismos efectos que el matrimonio.

En relación con esta norma, en la versión que se sometió a discusión en la primera discusión, observé que se había eliminado la referencia al "hombre y la mujer" al protegerse el matrimonio, lo cual no consideré correcto, pues el "matrimonio" consideré y considero que es una institución que sólo puede ocurrir entre un hombre y una mujer. Otras relaciones entre personas de un mismo sexo podrían ser reconocidas y protegidas, pero no por ello, la relación debe llamarse "matrimonio."

Por ello, al finalizar la sesión del día 26 de octubre de 1999, consigné mi *Voto Salvado* con el siguiente texto:

> Salvo mi voto por considerar que no debió eliminarse, al protegerse el matrimonio, la referencia al "hombre y la mujer" que traía la redacción original pues ya no parece ser obvio, en el mundo moderno, que los matrimonios sólo deban existir entre hombre y mujer.

Artículo 78. Derechos de los niños y adolescentes

> *Artículo 78.* Los niños, niñas y adolescentes son sujetos plenos de derecho y estarán protegidos por la legislación, órganos y tribunales especializados, los cuales respetarán, garantizarán y desarrollarán los contenidos de esta Constitución, la Convención sobre los Derechos del Niño y demás tratados internacionales que en esta materia haya suscrito y ratificado la República. El Estado, las familias y la sociedad asegurarán, con prioridad absoluta, protección integral, para lo cual se tomará en cuenta su interés superior en las decisiones y acciones que les conciernan. El Estado promoverá su incorporación progresiva a la ciudadanía activa, y creará un sistema rector nacional para la protección integral de los niños, niñas y adolescentes.

En la sesión del 26 de octubre de 1999, con ocasión de la primera discusión del proyecto, sobre esta norma consideré que en la misma se habían ignorado los derechos del niño desde la concepción, lo cual consideré absolutamente inadmisible. Establecer que los niños son "sujetos plenos de derecho", es incompatible con los condicionantes de la edad para el ejercicio de la ciudadanía. La obligación que pone a cargo del Estado de promover la incorporación en forma progresiva a la ciudadanía activa, confunde de nuevo el concepto de ciudadanía, que está vinculado al ejercicio de derechos políticos. Por ello, en la sesión de la Asamblea expuse lo siguiente:

CONSTITUYENTE BREWER CARÍAS (ALLAN).-Presidente: En la misma orientación de una intervención anterior, del constituyente Manuel Vadell, y lo que acaba de plantear el constituyente Leonel Jiménez, quiero proponer, que se incorpore esta norma que viene a ser el sustituto del artículo 74 actual de la Constitución: "La protección integral del niño, desde su concepción hasta su completo desarrollo".

El artículo 74 de la Constitución vigente así lo establece, cuando dice: "Se dictarán las medidas necesarias para asegurar a todo niño sin discriminación alguna, protección integral desde su concepción hasta su completo desarrollo."

El principio de la progresividad que tanto hemos defendido, exige que en esta norma donde se establece la protección al niño, se incorpore esta misma frase que está en la Constitución del 61.

Por tanto, mi propuesta es que, se agregue justamente, después de la expresión: "protección integral"; en la segunda frase del artículo la frase: "Desde su concepción hasta su completo desarrollo". Es una propuesta de agregado formal que quiero formular a los compañeros constituyentes.

No, voy hacer observaciones de hechos sobre la norma, ya hay una propuesta de redacción de Leonel Jiménez Carupe que podría acogerse, y sólo quiero hacer esta propuesta de agregado.

[...]

CONSTITUYENTE BREWER CARÍAS (ALLAN).-Ciudadano Presidente, colegas Constituyentes: Es para insistir en mi propuesta que coincide con la de los constituyentes Leonel Jiménez Carupe y Eliézer Otaiza.

En la Constitución del año 1961, la norma relativa al derecho a la vida establecía: "El derecho a la vida es inviolable". Tal como se aprobó en esta Asamblea hace poco. Y luego, la del 71, al referirse a las medidas de protección integral al niño, en el artículo 74, decía: "Protección Integral desde su concepción hasta su completo desarrollo". El hecho de que no se haya aprobado la frase "desde su concepción" cuando se declaró inviolable el derecho a la vida, no impide en absoluto que sí tengamos la obligación de establecer la protección del niño o del nacituro, o como quieran llamarlo, desde el momento de la concepción.

Incluso, desde el punto de vista civil, el niño tiene derechos desde el momento de la concepción. Lo que se está planteando aquí es derecho a protección y ese derecho hay que consagrarlo. Sería insólito que tuviésemos una actitud regresiva en esta materia de derechos humanos porque también el nacituro tiene derecho. De manera que insisto en la propuesta de que se incorpore esa frase al artículo.

Es todo.

Posteriormente, en la sesión del 30 de octubre de 1999, también en relación con la misma norma expuse lo siguiente:

CONSTITUYENTE BREWER CARÍAS (ALLAN).-Señor Presidente, en este artículo había quedado la discusión en la última sesión de la Asamblea. Las modificaciones que propone la comisión que coordinó la constituyente Blancanieve Portocarrero creo que simplifican en buena parte el articulado, pero queda pendiente la proposición formal que formulé en la última oportunidad, y es completar la protección al niño y de una vez señalo, no estamos hablando del derecho a la vida, estamos hablando de la protección del niño y de la protección del concebido como está en la Constitución actual en su artículo 74.

La propuesta que formulé y que reitero ahora formalmente a la Asamblea, es que no podemos eliminar la protección al niño desde su concepción hasta su completo desarrollo, tal como está en la Constitución vigente sería, entre otras cosas, contrario a las bases comiciales, contrario a lo aprobado en el referéndum, que exigió que esta Asamblea se guiara por el principio de la progresividad en la protección de los derechos y no un carácter regresivo. Por tanto, propongo que a continuación de la frase "el Estado, la familia, la sociedad deben asegurarles –se entiende a los niños, niñas y adolescentes– con prioridad, absoluta protección integral", agregar la frase: "desde su concepción hasta su completo desarrollo" y sigue, "para lo cual se tomarán en cuenta su interés superior en las decisiones y acciones que les concierne", es decir, el principio es por tanto la protección al niño tal como está consagrado en la Constitución actual, tal como está establecido en la Convención Americana de Derechos Humanos que requiere, cuando hay protección al niño y hay protección de otros derechos, de acuerdo a lo que aquí se señala, de acuerdo a su interés superior se tomen las decisiones y acciones, habrá el balance de cuándo, como en todo conflicto de derecho, uno debe privar más que otro en el momento de acuerdo a las circunstancias, pero no creo que nosotros tenemos derecho como Asamblea Nacional Constituyente, a no incluir la protección al niño desde su concepción, tal como ha sido la tradición en la Constitución venezolana.

No sé si la Secretaría ya tiene la propuesta y la conserva, la misma que se presentó, de manera que ya no tengo que presentar la mía

En el curso del debate, formulé la siguiente propuesta:

Propuesta del constituyente Allan Brewer Carías:

En el segundo párrafo, agregar la frase "...desde su concepción hasta su completo desarrollo", después de la frase "...protección integral". Quedaría así el párrafo: "El Estado, la familia y la sociedad deben asegurarles con prioridad absoluta protección integral desde su concepción hasta su pleno desarrollo para lo cual..."

Al final de la sesión del día 30 de octubre de 1999, en todo caso, consigné mi *Voto salvado* **sobre esta norma con el siguiente texto:**

Salvo mi voto por considerar que la norma, tal como fue aprobada, ignoró los derechos del niño, desde la concepción, constituyendo esto una posición regresiva en relación con lo que prevé el artículo 74 de la Constitución de 1961, que establece, luego de declarar que la maternidad debe ser protegida, lo siguiente:

"Se dictarán las medidas necesarias para asegurar a todo niño, sin discriminación alguna, protección integral, desde su concepción hasta su completo desarrollo, para que este se realice en condiciones materiales y morales favorables".

Una cosa es el derecho a la vida desde la concepción, que debió haber sido previsto en el artículo 44 del Anteproyecto aprobado por la Asamblea, y otra cosa es el derecho a la protección que tiene el niño, o el no nacido pero concebido, desde el momento de la concepción; derecho que es diferente al derecho a la protección a la maternidad, que es un derecho de la madre como persona. Ello es distinto al derecho a la protección que tiene el niño desde que es concebido.

En la norma que se aprobó, en mi criterio, debió preverse el derecho de los niños a protección desde su concepción, conforme a la tradición constitucional venezolana. No haberlo hecho, deja al descubierto los derechos del niño en el orden interno, lo cual es intolerable.

Por otra parte, en cuanto a la redacción de artículo del Proyecto, nos merece los siguientes comentarios:

En *primer lugar*, se indica que los niños son "sujetos plenos de derecho", lo cual no es compatible con los condicionantes de la edad, pues, por ejemplo, no pueden ejercer la ciudadanía (no pueden votar sino cuando son mayores de 18 años) ni son mayores de edad en el terreno del ordenamiento civil; en *segundo lugar*, se asigna al Estado la obligación de promover la incorporación de los niños en forma progresiva "a la ciudadanía activa", con lo cual se confunde de nuevo el concepto de ciudadanía que es el vínculo *político* que une a una persona con el Estado. Quizás se quiso señalar que se promoverá incorporar progresivamente al niño al ejercicio pleno de sus derechos.

En la sesión del día 12 de noviembre de 1999, con ocasión de la segunda discusión del proyecto de Constitución, sobre la misma norma expuse lo siguiente:

CONSTITUYENTE BREWER CARÍAS (ALLAN).-Ciudadano Presidente. Nosotros hemos aprobado en el primer Capítulo de este Título un artículo que dice: que todos tienen el derecho al libre desenvolvimiento de su personalidad, sin más limitaciones que el derecho de los demás y el orden público y social.

De manera que en toda la consagración de los derechos humanos hay siempre derechos de los demás y, por tanto, siempre se plantea la necesidad de decidir en materia de derechos cuándo un derecho tiene prevalencia sobre otro. Hemos discutido ya en varias oportunidades el tema de la protección del niño desde su concepción, que es el tema que se acaba de discutir en el artículo anterior, es el que se discutió cuando se habló del derecho a la vida, y pienso que se ha tratado el tema de la protección del niño desde la concepción en lugares que en mi criterio han estado equivocados, cuando se discutió el tema del derecho a la vida, y ahora cuando se discutió el tema de la protección a la maternidad.

Creo que la maternidad tiene derecho a ser protegida y la madre también, pero los niños también tienen derecho a ser protegidos. Olvidémonos en este momento del tema general del derecho a la vida, el niño desde su concepción tiene derecho a ser protegido y esa protección tenemos que consagrarla, de manera que mi propuesta es precisamente en este artículo que se refiere a los niños y niñas etcétera, y luego dice: el Estado y la familia y la sociedad deben asegurarle con prioridad absoluta protección integral.

Mi propuesta es agregar allí "protección integral desde la concepción hasta su completo desarrollo". (Aplausos). En los momentos de conflictos entre derechos entre la madre y el niño se tendrá que tomar la opción en su momento por alguno, así como hay el derecho a la vida, hay el derecho a la defensa...

EL PRESIDENTE.-(Interrumpiendo)

CONSTITUYENTE BREWER CARÍAS (ALLAN).-Bueno, mi propuesta concreta es agregar allí, en la protección integral, que dice: los niños tienen derechos y el Estado, la familia y la sociedad deben asegurarle con prioridad absoluta, protección integral desde la concepción hasta su completo desarrollo. Allí es que debe estar la frase que propuso el doctor Escarrá y que rescato para proponerla que se incorpore aquí: protección al niño.

Al final de la sesión, consigné mi *Voto salvado* con el siguiente texto:

Ratifico mi voto salvado respecto de esta norma por considerar que la norma, tal como fue aprobada, ignoró los derechos del niño, desde la concepción, constituyendo esto una posición regresiva en relación con lo que prevé el artículo 74 de la Constitución de 1961, que establece, luego de declarar que la maternidad debe ser protegida, lo siguiente:

> "Se dictarán las medidas necesarias para asegurar a todo niño, sin discriminación alguna, protección integral, desde su concepción hasta su completo desarrollo, para que este se realice en condiciones materiales y morales favorables".

Una cosa es el derecho a la vida desde la concepción, que debió haber sido previsto en el artículo 45 (ahora 44) del proyecto aprobado por la Asamblea, y otra cosa es el derecho a la protección que tiene el niño, o el no nacido pero concebido, desde el momento de la concepción; derecho que es diferente al derecho a la protección a la maternidad, que es un derecho de la madre como persona. Ello es distinto al derecho a la protección que tiene el niño desde que es concebido.

En la norma que se aprobó, en mi criterio, debió preverse el derecho de los niños a protección desde su concepción, conforme a la tradición constitucional venezolana. No haberlo hecho, deja al descubierto los derechos del niño en el orden interno, lo cual es intolerable.

Por otra parte, en cuanto a la redacción de artículo 82 del Proyecto, nos merece los siguientes comentarios:

En *primer lugar*, se indica que los niños son "sujetos plenos de derecho", lo cual no es compatible con los condicionantes de la edad, pues, por ejemplo, no pueden ejercer la ciudadanía (no pueden votar sino cuando son mayores de 18 años) ni son mayores de edad en el terreno del ordenamiento civil; en *segundo lugar*, se asigna al Estado la obligación de promover la incorporación de los niños en forma progresiva "a la ciudadanía activa", con lo cual se confunde de nuevo el concepto de ciudadanía que es el vínculo *político* que une a una persona con el Estado. Quizás se quiso señalar que se promoverá incorporar progresivamente al niño al ejercicio pleno de sus derechos.

En todo caso, estimo que la segunda frase del artículo se debió haber redactado así:

> "El Estado, las familias y la sociedad deben asegurarles, con prioridad absoluta, protección integral, desde su concepción hasta su completo desarrollo, garantizando su realización como individuos en condiciones materiales y espirituales favorables".

Artículo 79. Derechos de participación de los jóvenes

> **Artículo 79.** Los jóvenes y las jóvenes tienen el derecho y el deber de ser sujetos activos del proceso de desarrollo. El Estado, con la participación solidaria de las familias y la sociedad, creará oportunidades para estimular su tránsito productivo hacia la vida adulta y, en particular, para la capacitación y el acceso al primer empleo, de conformidad con la ley.

Artículo 80. Derechos de los ancianos y obligaciones del Estado

> **Artículo 80.** El Estado garantizará a los ancianos y ancianas el pleno ejercicio de sus derechos y garantías. El Estado, con la participación solidaria de las familias y la sociedad, está obligado a

respetar su dignidad humana, su autonomía y les garantizará atención integral y los beneficios de la seguridad social que eleven y aseguren su calidad de vida. Las pensiones y jubilaciones otorgadas mediante el sistema de seguridad social no podrán ser inferiores al salario mínimo urbano. A los ancianos y ancianas se les garantizará el derecho a un trabajo acorde con aquellos y aquellas que manifiesten su deseo y estén en capacidad para ello.

En relación con esta norma, en la sesión del 30 octubre de 1999, primera discusión, expuse lo siguiente:

CONSTITUYENTE BREWER CARÍAS (ALLAN).-Ciudadano Presidente: Estoy de acuerdo en general con el contenido de este artículo, pero llamo la atención sobre las frases para que la Comisión lo reciba. Me cuesta mucho pensar que los ancianos casi dejan de ser personas y son el testimonio de la memoria histórica. Parece que de una vez los estuviéramos poniendo como fósiles y como tarde o temprano vamos todos hacia la ancianidad, si tenemos vida, me resisto a ser testimonio y memoria histórica, es decir, que "...puedan representar que la memoria histórica", pero la forma creo que debe mejorarse. Es todo.

Artículo 81. Derechos de los discapacitados

Artículo 81. Toda persona con discapacidad o necesidades especiales tiene derecho al ejercicio pleno y autónomo de sus capacidades y a su integración familiar y comunitaria. El Estado, con la participación solidaria de las familias y la sociedad, le garantizará el respeto a su dignidad humana, la equiparación de oportunidades, condiciones laborales satisfactorias, y promoverá su formación, capacitación y acceso al empleo acorde con sus condiciones, de conformidad con la ley. Se les reconoce a las personas sordas o mudas el derecho a expresarse y comunicarse a través de la lengua de señas venezolanas.

Artículo 82. Derecho a la vivienda

Artículo 82. Toda persona tiene derecho a una vivienda adecuada, segura, cómoda, higiénica, con servicios básicos esenciales que incluyan un hábitat que humanice las relaciones familiares, vecinales y comunitarias. La satisfacción progresiva de este derecho es obligación compartida entre los ciudadanos y ciudadanas y el Estado en todos sus ámbitos.

El Estado dará prioridad a las familias y garantizará los medios para que éstas, y especialmente las de escasos recursos, puedan acceder a las políticas sociales y al crédito para la construcción, adquisición o ampliación de viviendas.

Sobre esta norma, consideré que la misma no respondía al principio de la alteridad. El derecho consagrado implica una obligación del Estado a proveer vivienda, y lo que debió preverse es el derecho de las personas de acceder a la vivienda y el deber del Estado a proveer los medios para garantizar ese acceso.

Por ello en la sesión del 30 de octubre de 1999, primera discusión del proyecto, expuse lo siguiente:

CONSTITUYENTE BREWER CARÍAS (ALLAN).-Ciudadano Presidente: La forma de redacción del artículo debe ser objeto de meditación por la Asamblea. Cada vez que se regula un derecho constitucional, tiene que tenerse en cuenta el llamado "principio de la alteridad", un derecho constitucional implica una obligación de alguien. Cuando consagramos pura y simplemente: "Toda persona tiene derecho a una vivienda digna, segura, cómoda de dimensiones apropiadas higiénicas, con acceso al disfrute de servicios básicos esenciales", que es una fórmula ideal, estamos estableciendo que el Estado está obligado a suministrar vivienda en estas condiciones a todos, a toda persona, inclusive al transeúnte que aparezca por este país.

De manera que es una forma de redacción y de alteridad. La observación que hacía el constituyente Pablo Medina no es de forma, es de fondo; aquí lo que se tiene que garantizar es el derecho al acceso a los medios para poder obtener vivienda, y la obligación del Estado a garantizar la disposición de esos medios, a los efectos de vivienda, pero tal como está redactado el artículo es una norma que establece una obligación pura y simplemente imposible de cumplir en cualquier parte del mundo.

De manera que llamo la atención sobre la forma de redacción de la norma.

Al final de la sesión del día 30 de octubre de 1999, consigné mi *Voto Salvado* **sobre la redacción de esta norma, con el siguiente texto:**

Salvo mi voto, porque a pesar de la buena intención y del ideal que expresa, la forma como quedó redactada esta norma la hace completamente incumplible. En la consagración de cualquier derecho, y más los de orden constitucional, debe tenerse en cuenta el principio de alteridad, en el sentido de que si se prevé un titular de derechos (un sujeto de derecho o todos) necesariamente tiene que haber un obligado (uno a todos); no puede haber derecho sin obligación.

En consecuencia prever, pura y simplemente, que toda persona "tiene derecho (constitucional) a una vivienda adecuada, segura, cómoda, de dimensiones apropiadas e higiénicas, con acceso al disfrute de los servicios básicos esenciales", significa que el Estado está obligado a proveerla. Incluso podría ejercerse una acción de amparo contra el Estado para que provea ese tipo de vivienda.

En realidad, la norma debió prever el derecho a acceder a la vivienda, lo que obliga al Estado a proveer los medios (urbanísticos, rurales, materiales, financieros) para garantizar tal acceso en condiciones de igualdad o dando prioridad a determinadas familias.

Artículo 83. Derecho a la salud

Artículo 83. La salud es un derecho social fundamental, obligación del Estado, que lo garantizará como parte del derecho a la vida. El Estado promoverá y desarrollará políticas orientadas a elevar la calidad de vida, el bienestar colectivo y el acceso a los servicios. Todas las personas tienen derecho a la protección de la salud, así como el deber de participar activamente en su promoción y defensa, y el de cumplir con las medidas sanitarias y de saneamiento que establezca la ley, de conformidad con los tratados y convenios internacionales suscritos y ratificados por la República.

Sobre este artículo consideré que el mismo tampoco respondía al principio de alteridad, pues no se puede obligar al Estado a "garantizar la salud" como obligación intransferible. Lo que el Estado puede garantizar es "la protección" a la salud, proveyendo los medios adecuados. Por lo demás, *somos todos* **los que debemos contribuir a la protección de la salud, de lo cual no se puede excluir a los privados. Por ello, en la sesión del día 30 de octubre de 1999, expresé lo siguiente:**

CONSTITUYENTE BREWER CARÍAS (ALLAN).-Ciudadano Presidente, colegas Constituyentes: Tengo varias observaciones para el resto del articulado y lo haré a medida que se discuta cada artículo, particularmente en el tema del Sistema Nacional Público de Salud y el Sistema de Seguridad Social, también único.

Pero en cuanto a esta norma en particular, llamo la atención de la Asamblea sobre la expresión de que la salud es un derecho de responsabilidad intransferible del Estado. Creo que esta expresión "intransferible" debería eliminarse porque es contraria al principio de la solidaridad social que le impone obligaciones y responsabilidades a todos los ciudadanos en el tema de la salud y, además, podría hasta considerarse contradictorio con la segunda parte del artículo donde dice: "...Todas las personas tienen derecho a la protección de la salud y el deber de participar activamente en promoverla, defenderla y cumplir medidas...". Es decir, creo que la expresión "intransferible" es contradictoria con el propio artículo y excluye las obligaciones que por razón de solidaridad social incumben a todas las personas en materia de salud.

Es todo, ciudadano Presidente.

Al final de la sesión del 30 de octubre de 1999, consigné mi *Voto Salvado* **en relación con la norma, con el siguiente texto:**

Salvo mi voto por no estar de acuerdo con la expresión de que es una responsabilidad "intransferible" del Estado "garantizar la salud", lo que, además, hace la primera parte de la norma, de aplicación imposible, pues no guarda relación con el principio de la alteridad.

El derecho social que se quiere y debe regular, es el derecho a la protección de la salud que se menciona en la segunda parte del artículo, lo que origina la obligación del Estado a establecer las políticas y medios necesarios para tal protección y para buscar la recuperación de la salud perdida. Pero nadie puede quedar obligado ni puede garantizar que las personas tengan salud como nadie puede quedar obligado a asegurar o garantizar que las personas no se enfermen. Es decir, el "derecho" a no enfermarse es un "derecho" de realización imposible, como lo es el "derecho" a la salud. La norma, en definitiva, carece de alteridad.

Por otra parte, si se tratase del derecho a la protección de la salud no tiene sentido responsabilizar al Estado en forma "intransferible" de ello, pues por el principio de la solidaridad social, todos deben contribuir a la protección de la salud.

El tema se volvió a discutir en la sesión del 12 de Noviembre de 1999, por lo que al final de la misma consigné mi *Voto salvado* en relación con la norma, con el siguiente texto:

Salvo mi voto por no estar de acuerdo con la expresión de que es una responsabilidad "intransferible" del Estado "garantizar la salud", lo que, además, hace la primera parte de la norma, de aplicación imposible, pues no guarda relación con el principio de la alteridad.

El derecho social que se quiere y debe regular, es el derecho a la protección de la salud que se menciona en la segunda parte del artículo, lo que origina la obligación del Estado a establecer las políticas y medios necesarios para tal protección y para buscar la recuperación de la salud perdida. Pero nadie puede quedar obligado ni puede garantizar que las personas tengan salud como nadie puede quedar obligado a asegurar o garantizar que las personas no se enfermen. Es decir, el "derecho" a no enfermarse es un "derecho" de realización imposible, como lo es el "derecho" a la salud. La norma, en definitiva, carece de alteridad.

Por otra parte, si se tratase del derecho a la protección de la salud no tiene sentido responsabilizar al Estado en forma "intransferible" de ello, pues por el principio de la solidaridad social, todos deben contribuir a la protección de la salud, incluso.

Artículo 84. Servicio público nacional de salud

Artículo 84. Para garantizar el derecho a la salud, el Estado creará, ejercerá la rectoría y gestionará un sistema público nacional de salud, de carácter intersectorial, descentralizado y participativo, integrado al sistema de seguridad social, regido por los principios de gratuidad, universalidad, integralidad, equidad, integración social y solidaridad. El sistema público nacional de salud dará prioridad a la promoción de la salud y a la prevención de las enfermedades, garantizando tratamiento oportuno y rehabilitación de calidad. Los bienes y servicios públicos de salud son propiedad del Estado y no podrán ser privatizados. La comunidad organizada tiene el derecho y el deber de participar en la toma de decisiones sobre la planificación, ejecución y control de la política específica en las instituciones públicas de salud.

Sobre esta norma, consideré que en la misma se mezclaba indebidamente el sistema público nacional de salud, que corresponde al Estado como obligación de asistencia social, con el sistema de seguridad social, que debería ser contributivo y no de reparto. La norma constitucionalizaba el ineficiente sistema del Seguro Social que existía. La norma, además, consideré que podía llevar a la "centralización" del sistema, contrario a la *descentralización* que consagraba la norma. Además, la prohibición de "privatización" de estos servicios en materia de atención médica lo consideré contrario a las tendencias actuales en el mundo moderno. Poe ello, en la sesión de la Asamblea del 30 de octubre de 1999, primera discusión del proyecto, expresé lo siguiente:

CONSTITUYENTE BREWER CARÍAS (ALLAN).-Ciudadano Presidente, colegas Constituyentes: En relación a esta norma quiero coincidir con las observaciones que acaba de hacer el constituyente Carlos Tablante en relación a esta primera frase de que el Estado es el que asume la rectoría y gestión del sistema de salud. Creo que hay que ir hacia la integración de la participación y de la gestión comunitarias, en el sistema de salud. De manera que no sea sólo el Estado el que tiene a su cargo la gestión.

Mi observación básica acá se refiere a: En primer lugar, la indicación de que hay un sistema público nacional de salud, que luego se dice que es descentralizado. Creo que aquí hay una contradicción que también debemos retener. Si es un sistema nacional de salud no hay descentralización del servicio de salud y, por tanto, lo que está en los temas del Poder Público, Estados y Municipios, no habrá posibilidad de descentralizar los servicios de salud. No confundamos entonces descentralización con desconcentración. Al decir que es un sistema nacional de salud puede esto implicar una contradicción con la descentralización.

En segundo lugar, estoy de acuerdo –y allí también quiero manifestar mi concordancia con lo que decía el constituyente Claudio Fermín– en que el sistema nacional de salud se lo ponga como un elemento del sistema de seguridad social. Creo que se están mezclando indebidamente dos cuestiones sustanciales del Estado. Por una parte, el sistema de seguridad social, un sistema que si es de seguridad social tiene que ser de carácter contributivo con un sistema de salud que tiene que responder a la obligación del Estado de prestar asistencia social y atención de la salud. Esta es la obligación general del Estado: el sistema de asistencia social y de salud, pero esto no tiene por qué mezclarse –creo que es un error, como también insistiré al ver el artículo 91– con el sistema de seguridad social y pretender integrarlo al sistema de seguridad social, que en el proyecto original aparecía como sistema único de seguridad social, contradictorio incluso con otras normas del propio proyecto, el artículo 368, por ejemplo, que establece que las Fuerzas Armadas deben tener un sistema de seguridad social aparte. Esto tendrá que ser resuelto en su momento si eso forma parte o no en general del sistema de salud.

De manera que propongo en concreto que se regule el sistema de salud con estas precisiones que formuló el constituyente Carlos Tablante, y que se elimine la frase "integrado al sistema de seguridad social", de manera de que se deslinde claramente lo que es el sistema de salud, la obligación del Estado de prestar atención médica y asistencia social, distinto al sistema de seguridad social que tiene que ser contributivo, y que en ese sentido debe responder a los criterios modernos de seguridad social.

Es todo, ciudadano Presidente

Al finalizar la sesión del 30 de octubre de 1999, en todo caso, consigné mi *Voto Salvado* en relación con dicha norma, con el siguiente texto:

Salvo mi voto por considerar que en la norma se está confundiendo y mezclando indebidamente "el sistema público nacional de salud" con el "sistema de seguridad social" al cual se integra. Es decir, en este artículo se establece que la matriz de la acción del Estado en este campo de los derechos sociales, es el sistema de seguridad social, del cual formaría parte el sistema público nacional de salud, en una relación de género a especie.

Esta concepción responde al más desacertado concepto de la seguridad social, desarrollado en el país en las últimas décadas, que desnaturalizó el sistema de seguridad social, es decir, de protección contra contingencias sociales de la vida (enfermedad, invalidez, maternidad, etc.) lo que lo debía configurar como un sistema de seguro (social); y lo confundió con la prestación directa de servicios de atención médica, de manera que estos quedaron atados al aparato burocrático del Seguro Social. Con ello se desnaturalizó el concepto mismo de seguridad social y el de asistencia social como política del Estado, los cuales no deben mezclarse. Su mezcla, precisamente, fue lo que condujo a que el país, en la actualidad, no tenga bien estructurado ni uno ni otro sistema.

Por otra parte, en la expresión "sistema público nacional de salud" podría estar incorporada la noción de "centralización" del sistema de salud, como se pretendió hacer hace unos años con la ley del sistema nacional de salud, lo cual sería contradictorio con el calificativo de "descentralizado" del sistema, lo que implica que los Estados y Municipios también están obligados a prestar los servicios de salud. Ello, en todo caso, es contradictorio con el carácter "nacional" del sistema.

Por último, la rigidez que se establece de prohibir la "privatización" de los servicios de salud pública no es cónsona con una Constitución para las próximas décadas.

En todo caso, el sistema de seguridad social, que debe ser contributivo, y no de reparto, tiene que deslindarse del sistema de salud que corresponde al Estado, como obligación de asistencia social.

Por último, se destaca que en el artículo 368 del Anteproyecto se hace mención a un sistema de seguridad social separado para las Fuerzas Armadas, lo cual podría ser contradictorio con la idea del sistema de seguridad social.

Sobre el mismo tema, al finalizar el debate de la norma en segunda discusión en la sesión del 12 de Noviembre de 1999, consigné igualmente mi *Voto Salvado* con el siguiente texto:

Ratifico mi voto salvado respecto de esta norma por considerar que confunde y mezcla indebidamente "el sistema público nacional de salud" con el "sistema de seguridad social" al cual se integra. Es decir, en este artículo se establece que la matriz de la acción del Estado en este campo de los derechos sociales, es el sistema de seguridad social, del cual formaría parte el sistema público nacional de salud, en una relación de género a especie.

Esta concepción responde al más desacertado concepto de la seguridad social, desarrollado en el país en las últimas décadas, que desnaturalizó el sistema de seguridad social, es decir, de protección contra contingencias sociales de la vida (enfermedad, invalidez, maternidad, etc.) lo que lo debía configurar como un sistema de seguro (social); y lo confundió con la prestación directa de servicios de atención médica, de manera que estos quedaron atados al aparato burocrático del Seguro Social. Con ello se desnaturalizó el concepto mismo de seguridad social y el de asistencia social como política del Estado, los cuales no deben mezclarse. Su mezcla, precisamente, fue lo que condujo a que el país, en la actualidad, no tenga bien estructurado ni uno ni otro sistema.

Por otra parte, en la expresión "sistema público nacional de salud" podría estar incorporada la noción de "centralización" del sistema de salud, como se pretendió hacer hace unos años con la ley del sistema nacional de salud, lo cual sería contradictorio con el calificativo de "descentralizado" del sistema, lo que implica que los Estados y Municipios también están obligados a prestar los servicios de salud. Ello, en todo caso, es contradictorio con el carácter "nacional" del sistema.

Por último, la rigidez que se establece de prohibir la "privatización" de los servicios de salud pública no es cónsona con una Constitución para las próximas décadas.

En todo caso, el sistema de seguridad social, que debe ser contributivo, y no de reparto, tiene que deslindarse del sistema de salud que corresponde al Estado, como obligación de asistencia social.

Por último, se destaca que en el artículo 368 del Anteproyecto se hace mención a un sistema de seguridad social separado para las Fuerzas Armadas, lo cual podría ser contradictorio con la idea del sistema de seguridad social.

Una redacción razonable de esta norma debía establecer, pura y simplemente, que para garantizar el derecho a la salud, el Estado debía ejercer la rectoría del sector salud, regulando las instituciones públicas y privadas de salud; en tal sentido, el sistema público de salud, tendría carácter intersectorial, descentralizado y participativo, regido por los principios de gratuidad, universalidad, integralidad, equidad y solidaridad. En todo caso, el principio de que el sistema público de salud debe dar prioridad a la promoción de la salud y prevención de las enfermedades, garantizando el tratamiento oportuno y la rehabilitación, con alta calidad, podía indicarse expresamente.

Artículo 85. Financiamiento del sistema de salud y seguridad social

Artículo 85. El financiamiento del sistema público nacional de salud es obligación del Estado, que integrará los recursos fiscales, las cotizaciones obligatorias de la seguridad social y cualquier otra fuente de financiamiento que determine la ley. El Estado garantizará un presupuesto para la salud que permita cumplir con los objetivos de la política sanitaria. En coordinación con las universidades y los centros de investigación, se promoverá y desarrollará una política nacional de formación de profesionales, técnicos y técnicas y una industria nacional de producción de insumos para la salud. El Estado regulará las instituciones públicas y privadas de salud.

Sobre esta norma estimé que también era una mezcla del sistema de seguridad social con el sistema público de salud al declararse el financiamiento de este último como sola responsabilidad del Estado, con cotizaciones obligatorias

de la seguridad social, por lo que al considerarse igualmente en la sesión del 30 de octubre de 1999, en primera discusión, expuse lo siguiente:

CONSTITUYENTE BREWER CARÍAS (ALLAN).-Presidente, es para llamar la atención sobre el mismo tema que ya he mencionado en intervenciones anteriores y que tiene que ver con todos estos artículos.

Primero, la responsabilidad del Estado en el financiamiento en el servicio de salud pero incorporando "cotizaciones obligatorias del sistema de seguridad social", es decir, el sistema que va a un pote común, las cotizaciones del Seguro Social destinadas luego a un Servicio de Salud que no sólo está destinado a asegurados y, por tanto, no hay posibilidad de que el asegurado tenga sus cotizaciones como capitalización individual sino que va todo a este pote común que ha sido la característica del servicio de Seguridad Social en Venezuela, que no ha desarrollado o permitido desarrollar un Sistema de Seguridad Social ni un Sistema de Salud.

En esto, como en los anteriores, lo que estamos es consolidando constitucionalmente lo que ha sido el fracaso tanto en el Servicio de Salud como en el Servicio de Seguridad Social.

Pienso que no debería mezclarse de nuevo aquí el financiamiento del Sistema de Salud, de asistencia social, de prestación de los Servicios de Salud con las cotizaciones obligatorias del Seguro Social.

Al final de la sesión del día 30 de octubre de 1999, consigné mi *Voto salvado* sobre el texto aprobado, con el siguiente texto:

> Salvo mi voto por considerar que en esta norma, de nuevo se mezcla el sistema de seguridad social con el sistema público de salud, al punto de que el financiamiento de este último, no sólo se declara como de responsabilidad del Estado, sino que se financia con las cotizaciones obligatorias de la seguridad social.
>
> Esta se concibe por tanto, como un sistema de reparto, donde las cotizaciones de patronos y trabajadores van a un pote común, como ha sucedido hasta ahora, para financiar servicios de salud, los cuales no funcionan adecuadamente, desatendiéndose el sistema de seguridad social, es decir, de protección contra infortunios.
>
> El servicio de salud, para la prevención y atención médica, como asistencia social es una obligación del Estado al cual corresponde su financiamiento; y no corresponde a los que contribuyan con el seguro social financiar aquellos servicios que, además, deben asegurar atención médica a todos, y no sólo a los afiliados al seguro o a los contribuyentes del mismo (asegurados).

En la sesión del día 12 de Noviembre de 1999, con ocasión de la segunda discusión del proyecto, luego del debate sobre la norma, consigné mi *Voto salvado* sobre la misma, con el siguiente texto:

> Ratifico mi voto salvado respecto de esta norma por considerar que de nuevo se mezcla el sistema de seguridad social con el sistema público de salud, al punto de que el financiamiento de este último, no sólo se declara como de responsabilidad del Estado, sino que se financia con las cotizaciones obligatorias de la seguridad social.

Esta se concibe por tanto, como un sistema de reparto, donde las cotizaciones de patronos y trabajadores van a un pote común, como ha sucedido hasta ahora, para financiar servicios de salud, los cuales no funcionan adecuadamente, desatendiéndose el sistema de seguridad social, es decir, de protección contra infortunios.

El servicio de salud, para la prevención y atención médica, como asistencia social es una obligación del Estado al cual corresponde su financiamiento; y no corresponde a los que contribuyan con el seguro social financiar aquellos servicios que, además, deben asegurar atención médica a todos, y no sólo a los afiliados al seguro o a los contribuyentes del mismo (asegurados).

Artículo 86. Derecho a la seguridad social

Artículo 86. Toda persona tiene derecho a la seguridad social como servicio público de carácter no lucrativo, que garantice la salud y asegure protección en contingencias de maternidad, paternidad, enfermedad, invalidez, enfermedades catastróficas, discapacidad, necesidades especiales, riesgos laborales, pérdida de empleo, desempleo, vejez, viudedad, orfandad, vivienda, cargas derivadas de la vida familiar y cualquier otra circunstancia de previsión social. El Estado tiene la obligación de asegurar la efectividad de este derecho, creando un sistema de seguridad social universal, integral, de financiamiento solidario, unitario, eficiente y participativo, de contribuciones directas o indirectas. La ausencia de capacidad contributiva no será motivo para excluir a las personas de su protección. Los recursos financieros de la seguridad social no podrán ser destinados a otros fines. Las cotizaciones obligatorias que realicen los trabajadores y las trabajadoras para cubrir los servicios médicos y asistenciales y demás beneficios de la seguridad social podrán ser administrados sólo con fines sociales bajo la rectoría del Estado. Los remanentes netos del capital destinado a la salud, la educación y la seguridad social se acumularán a los fines de su distribución y contribución en esos servicios. El sistema de seguridad social será regulado por una ley orgánica especial.

Sobre esta norma, consideré que declaraba el derecho de *todas las personas* a la seguridad social, lo que significaba que, podía ser cualquier persona (no sólo venezolanos) sin necesidad de estar afiliados o ser contribuyentes de ella; haciendo más notoria la mezcla de conceptos al consagrarla como *servicio público* para todos, de carácter *no lucrativo* y como *obligación intransferible*. Ello excluía la participación de privados en la administración de fondos de pensiones y de la seguridad social. Por ello, en la sesión del 30 de octubre de 1999 de la Asamblea, con ocasión de la primera discusión del proyecto, expresé lo siguiente:

CONSTITUYENTE BREWER CARÍAS (ALLAN).-Señor Presidente. Mis observaciones sobre este artículo tienen la misma línea de los comentarios a los artículos anteriores.

En primer lugar, en cuanto a la redacción y lo que se deriva de la misma, todas las personas tienen derecho a la seguridad social. Tengamos conciencia de qué significa "todas las personas" inclusive indocumentados, habitantes ilegales. Se le estaba dando derecho constitucional a la seguridad social, primera observación que creo que hay que meditar.

Segundo, se declara a la seguridad social como un servicio público. La noción de servicio público es una obligación impuesta al Estado, que implica obligación prestacional; y creo que aquí, al indicarse la seguridad social como un servicio público, se está mezclando de nuevo la atención médica, la asistencia social con un sistema de seguridad social que tiende a la protección integral, en todas las circunstancias que se indican en el artículo de maternidad, paternidad, enfermedad, etcétera. Se mezclan de nuevo acá, lamentablemente, dos conceptos, por una parte, los servicios de salud, la asistencia social -que es obligación del Estado establecerlo- y por otra parte, el sistema de seguridad social. Ambos son importantes, ambos tenemos que regularlos, pero creo que, en una forma inconveniente, se está mezclando una cosa que es un servicio público con obligaciones prestacionales para el Estado, como es la asistencia social y la atención médica; y por otra parte, un sistema de seguridad social, que es seguridad social, seguro, que, entre otras cosas, como sistema de seguridad social, es esencialmente lucrativo pero no lucrativo para los particulares, sino para el propio sistema de seguridad social.

Declarar que un sistema de seguro no es lucrativo es condenar al fracaso al propio mecanismo de seguro. La seguridad social es un mecanismo de seguro y, por tanto, tiene que ser lucrativo para proteger. No, por supuesto, para particulares, pero para el propio Estado es esencialmente lucrativo como todo sistema de seguro. La seguridad social hay que verlo como eso, como un sistema de seguro y de seguro social.

De manera que, conforme a este artículo, se elimina la noción de asistencia social, se elimina la noción de la obligación del Estado para la asistencia social y todo es seguridad social.

De manera que, conforme al sistema actual, los pocos que cotizan están destinados a financiar a los que no cotizan, por el hecho de incorporarse la frase en el artículo "que la ausencia de capacidad contributiva no es motivo para excluir a las personas de su protección". Esto es correcto en un sistema de asistencia social de atención médica, pero no en un sistema de seguridad social; y bajo este esquema de todas las personas, simplemente tenemos que pensar desde el punto de vista económico cómo se pueden afrontar las obligaciones que derivan de esto, que están desligadas de la cotización y de la contribución.

En mi criterio, tenemos que deslindar las obligaciones del Estado en el servicio de atención médica que son asistencia social -inclusive de carácter de protección a la salud- y por otra parte, el sistema de seguridad social, que en mi criterio tiene que ser contributivo y buscar una administración eficiente y lucrativa de esos fondos por parte del propio Estado, para que sirvan para atender la seguridad social de todos.

Lo que no creo -en mi criterio- es que debemos constitucionalizar lo que ha sucedido en nuestro país con el sistema de seguridad social, que está a la vista de todos y ha sido desarrollado básicamente por personas que se han dedicado al tema.

Aquí tenemos que tener conciencia de lo que es la tendencia universal en la reforma de los sistemas de seguridad social.

Primero, la separación de los sistemas de seguridad social de los sistemas de asistencia social.

Segundo, que los sistemas de seguridad social y el sistema nuestro sea contributivo, es decir, que haya aportes de patronos, de trabajadores, del Estado y que eso permita, incluso, la capitalización individual del trabajador, según su elección, para contribuir a ese sistema contributivo.

Por otra parte, precisar bien claramente el sistema de asistencia social y la obligación del Estado de amparar a toda la población que no pueda estar cubierta por el sistema de seguridad social, y, en todo caso, la participación de todos, porque hay el principio de la solidaridad en estos servicios de atención médica.

Creo que hay que pensar bien en este artículo, que no puede ni debe llevarnos a constitucionalizar lo que, en definitiva, no ha funcionado en el país. Gracias.

Al finalizar la sesión del 30 de octubre de 1999, consigné mi *Voto salvado* **respecto de esta norma en la forma siguiente:**

> Salvo mi voto, pues con esta norma se consolida la mezcla indebida entre la seguridad social y la asistencia social, cuando son dos políticas y programas públicos que deben separarse.
>
> En efecto, la norma comienza por declarar el derecho de "todas las personas" a la seguridad social. De ello resulta que todas las personas incluye a los transeúntes, ilegales, extranjeros no residentes en el país. Además, de la norma resulta que se podría tener "derecho" a la seguridad social sin estar afiliado al Seguro Social ni ser contribuyente al mismo. Todo esto estimo que es un contrasentido.
>
> Por otra parte la norma declara a la seguridad social como un "servicio público" y bien sabido es que la noción de servicio público implica obligaciones prestacionales a cargo del Estado. Ello implica que el Seguro Social se consolida como un servicio público de prestación de servicios de salud (con lo que se lo confunde con los servicios estatales de asistencia social), para todos, incluso, como lo dice la norma aprobada para los que no contribuyan al Seguro Social. Por ello, el artículo aprobado concibe a la seguridad social como un servicio público *primero,* que garantice la salud (en realidad, de lo que se trata es de garantizar la protección de la salud, ya que la salud en sí misma nadie la puede garantizar); y *segundo* que asegure protección en contingencias sociales.
>
> La mezcla de las dos políticas y sistemas, en un solo servicio público, se completa declarándolo como "de carácter no lucrativo" y como "obligación intransferible" del Estado. Lo *primero,* sin duda, es una contradicción pues el sistema de seguridad social, como actividad de seguro, tiene que ser esencialmente lucrativo y reproductivo (aún cuando no lucre a los privados) para que pueda sostenerse a sí mismo. Lo *segundo* es contrario a la política económica no estatista que se está propugnando, que en un sistema de economía mixta, garantice y estimule la iniciativa privada y la libertad económica dentro de una política de justicia social. En tal sentido, el establecer que el Estado es el que tiene que asegurar en forma intransferible el

derecho a la seguridad social, que garantice la salud y la protección contra infortunios y contingencias le cierra las puertas a la participación de la iniciativa privada, por ejemplo, en la administración de los fondos de pensiones para hacerlos más productivos en beneficio de los que cotizan, permitiéndole la capitalización individual de las cotizaciones.

En definitiva, salvo mi voto respecto de esta norma por la mezcla que hace del servicio de protección a la salud, que como asistencia social, es una obligación del Estado para asegurar atención médica a todos, particularmente a quienes carezcan de recursos; con el sistema de seguridad social, que como tal, no es un servicio público porque no plantea *per se* obligaciones prestacionales del Estado, sino obligación de proteger contra infortunios y contingencias.

Con la mezcla indebida de ambos sistemas (salud y seguridad social) materialmente se elimina la noción de asistencia social y toda la acción del Estado se concentra en seguridad social donde incluso unos pocos contribuyen o cotizan, es decir, financian servicios para los que no cotizan. Por ello en la norma se establece que "la ausencia de capacidad contributiva no será motivo para excluir a las personas de su protección".

En realidad no hay sistema en el mundo capaz de financiar el servicio como se regula en la norma. En ella debió deslindarse adecuadamente la obligación del Estado de prestar servicios de atención médica como política de asistencia social, del sistema de seguridad social, que debe ser de carácter contributivo, con una administración eficiente de los fondos. El esquema, en mi criterio, debió responder a lo que es la tendencia universal en la reforma de los sistemas de seguridad social: en *primer lugar,* la separación del sistema de seguridad social de los servicios de asistencia social; en *segundo lugar,* el establecimiento del sistema de seguridad social de carácter contributivo, que se forme con los aportes de los patronos y trabajadores a quienes debe permitirse elegir el sistema de capitalización individual; en *tercer lugar*, el desarrollo de los servicios de asistencia social, como obligación del Estado de amparar a la población no cubierta por el Seguro Social; y en *cuarto lugar,* la posibilidad de la participación de la iniciativa privada en la gestión de los sistemas y servicios.

En igual sentido, al concluir la sesión del 12 de Noviembre de 1999 donde se consideró en segunda discusión el artículo, consigné mi *Voto salvado*, con el siguiente texto:

Ratifico mi voto salvado respecto de esta norma pues con ella se consolida la mezcla indebida entre la seguridad social y la asistencia social, cuando son dos políticas y programas públicos que deben separarse.

En efecto, la norma comienza por declarar el derecho de "todas las personas" a la seguridad social. De ello resulta que todas las personas incluye a los transeúntes, ilegales, extranjeros no residentes en el país. Además, de la norma resulta que se podría tener "derecho" a la seguridad social sin estar afiliado al Seguro Social ni ser contribuyente al mismo. Todo esto estimo que es un contrasentido.

Por otra parte la norma declara a la seguridad social como un "servicio público" y bien sabido es que la noción de servicio público implica obligaciones prestacionales a cargo del Estado. Ello implica que el Seguro Social se consolida como un servicio público de prestación de servicios de salud (con lo que se lo confunde con los servicios estatales de asistencia social), para todos, incluso, como lo dice la norma aprobada para los que no contribuyan al Seguro Social. Por ello, el artículo aprobado concibe a la seguridad social como un servicio público *primero,* que garantice la salud (en realidad, de lo que se trata es de garantizar la protección de la salud, ya que la salud en sí misma nadie la puede garantizar); y *segundo* que asegure protección en contingencias sociales.

La mezcla de las dos políticas y sistemas, en un solo servicio público, se completa declarándolo como "de carácter no lucrativo" y como "obligación intransferible" del Estado. Lo *primero,* sin duda, es una contradicción pues el sistema de seguridad social, como actividad de seguro, tiene que ser esencialmente lucrativo y reproductivo (aún cuando no lucre a los privados) para que pueda sostenerse a sí mismo. Lo *segundo* es contrario a la política económica no estatista que se está propugnando, que en un sistema de economía mixta, garantice y estimule la iniciativa privada y la libertad económica dentro de una política de justicia social. En tal sentido, el establecer que el Estado es el que tiene que asegurar en forma intransferible el derecho a la seguridad social, que garantice la salud y la protección contra infortunios y contingencias le cierra las puertas a la participación de la iniciativa privada, por ejemplo, en la administración de los fondos de pensiones para hacerlos más productivos en beneficio de los que cotizan, permitiéndole la capitalización individual de las cotizaciones.

En definitiva, salvo mi voto respecto de esta norma por la mezcla que hace del servicio de protección a la salud, que como asistencia social, es una obligación del Estado para asegurar atención médica a todos, particularmente a quienes carezcan de recursos; con el sistema de seguridad social, que como tal, no es un servicio público porque no plantea *per se* obligaciones prestacionales del Estado, sino obligación de proteger contra infortunios y contingencias.

Con la mezcla indebida de ambos sistemas (salud y seguridad social) materialmente se elimina la noción de asistencia social y toda la acción del Estado se concentra en seguridad social donde incluso unos pocos contribuyen o cotizan, es decir, financian servicios para los que no cotizan. Por ello en la norma se establece que "la ausencia de capacidad contributiva no será motivo para excluir a las personas de su protección".

En realidad no hay sistema en el mundo capaz de financiar el servicio como se regula en la norma. En ella debió deslindarse adecuadamente la obligación del Estado de prestar servicios de atención médica como política de asistencia social, del sistema de seguridad social, que debe ser de carácter contributivo, con una administración eficiente de los fondos. El esquema, en mi criterio, debió responder a lo que es la tendencia universal en la reforma de los sistemas de seguridad social: en *primer lugar,* la separación del sistema de seguridad social de los servicios de asistencia social; en *se-*

gundo lugar, el establecimiento del sistema de seguridad social de carácter contributivo, que se forme con los aportes de los patronos y trabajadores a quienes debe permitirse elegir el sistema de capitalización individual; en *tercer lugar,* el desarrollo de los servicios de asistencia social, como obligación del Estado de amparar a la población no cubierta por el Seguro Social; y en *cuarto lugar,* la posibilidad de la participación de la iniciativa privada en la gestión de los sistemas y servicios.

En lugar del texto aprobado debió incluirse una norma con un texto como el que sigue:

"Todos los habitantes tienen derecho a la Seguridad Social que garantice la salud, asegure protección en contingencias de maternidad, paternidad, enfermedad, invalidez, enfermedades catastróficas, discapacidad, necesidades especiales, riesgos laborales, pérdidas de empleo, desempleo, vejez, viudedad, orfandad, vivienda, cargas derivadas de la vida familiar y cualesquiera otras circunstancias de Previsión Social. El Estado tiene la obligación de asegurar la efectividad de este derecho, creando un Sistema de Seguridad Social universal, integral, de financiamiento solidario, unitario, eficiente y participativo, de contribuciones directas e indirectas.

Quienes carezcan de capacidad económica y no estén en condiciones de procurárselos, tendrán derecho a la Asistencia Social, mientras sean incorporados al Sistema de Seguridad Social.

Los recursos financieros de la Seguridad Social no podrán ser destinados a otros fines".

Artículo 87. Derecho y deber de trabajar

Artículo 87. Toda persona tiene derecho al trabajo y el deber de trabajar. El Estado garantizará la adopción de las medidas necesarias a los fines de que toda persona pueda obtener ocupación productiva, que le proporcione una existencia digna y decorosa y le garantice el pleno ejercicio de este derecho. Es fin del Estado fomentar el empleo. La ley adoptará medidas tendentes a garantizar el ejercicio de los derechos laborales de los trabajadores y trabajadoras no dependientes. La libertad de trabajo no será sometida a otras restricciones que las que la ley establezca.

Todo patrono o patrona garantizará a sus trabajadores o trabajadoras condiciones de seguridad, higiene y ambiente de trabajo adecuados. El Estado adoptará medidas y creará instituciones que permitan el control y la promoción de estas condiciones.

Artículo 88. Derecho del trabajo e igualdad

Artículo 88. El Estado garantizará la igualdad y equidad de hombres y mujeres en el ejercicio del derecho al trabajo. El Estado reconocerá el trabajo del hogar como actividad económica que crea valor agregado y produce riqueza y bienestar social. Las amas de casa tienen derecho a la seguridad social de conformidad con la ley.

Artículo 89. Protección al trabajo

Artículo 89. El trabajo es un hecho social y gozará de la protección del Estado. La ley dispondrá lo necesario para mejorar las condiciones materiales, morales e intelectuales de los trabajadores y trabajadoras. Para el cumplimiento de esta obligación del Estado se establecen los siguientes principios:

1. Ninguna ley podrá establecer disposiciones que alteren la intangibilidad y progresividad de los derechos y beneficios laborales. En las relaciones laborales prevalece la realidad sobre las formas o apariencias.

2. Los derechos laborales son irrenunciables. Es nula toda acción, acuerdo o convenio que implique renuncia o menoscabo de estos derechos. Sólo es posible la transacción y convenimiento al término de la relación laboral, de conformidad con los requisitos que establezca la ley.

3. Cuando hubiere dudas acerca de la aplicación o concurrencia de varias normas, o en la interpretación de una determinada norma, se aplicará la más favorable al trabajador o trabajadora. La norma adoptada se aplicará en su integridad.

4. Toda medida o acto del patrono o patrona contrario a esta Constitución es nulo y no genera efecto alguno.

5. Se prohíbe todo tipo de discriminación por razones de política, edad, raza, sexo o credo o por cualquier otra condición.

6. Se prohíbe el trabajo de adolescentes en labores que puedan afectar su desarrollo integral. El Estado los o las protegerá contra cualquier explotación económica y social.

Artículo 90. Jornada de trabajo

Artículo 90. La jornada de trabajo diurna no excederá de ocho horas diarias ni de cuarenta y cuatro horas semanales. En los casos en que la ley lo permita, la jornada de trabajo nocturna no excederá de siete horas diarias ni de treinta y cinco semanales. Ningún patrono o patrona podrá obligar a los trabajadores o trabajadoras a laborar horas extraordinarias. Se propenderá a la progresiva disminución de la jornada de trabajo dentro del interés social y del ámbito que se determine y se dispondrá lo conveniente para la mejor utilización del tiempo libre en beneficio del desarrollo físico, espiritual y cultural de los trabajadores y trabajadoras.

Los trabajadores y trabajadoras tienen derecho al descanso semanal y vacaciones remunerados en las mismas condiciones que las jornadas efectivamente laboradas.

Artículo 91. Derecho al salario

Artículo 91. Todo trabajador o trabajadora tiene derecho a un salario suficiente que le permita vivir con dignidad y cubrir para sí y su familia las necesidades básicas materiales, sociales e intelectuales. Se garantizará el pago de igual salario por igual trabajo y se fijará la participación que debe corresponder a los trabajadores y trabajadoras en el beneficio de la empresa. El salario es inembargable y se pagará periódica y oportunamente en moneda de curso legal, salvo la excepción de la obligación alimentaria, de conformidad con la ley.

El Estado garantizará a los trabajadores y trabajadoras del sector público y del sector privado un salario mínimo vital que será ajustado cada año, tomando como una de las referencias el costo de la canasta básica. La ley establecerá la forma y el procedimiento.

Artículo 92. Derecho a prestaciones sociales

Artículo 92. Todos los trabajadores y trabajadoras tienen derecho a prestaciones sociales que les recompensen la antigüedad en el servicio y los amparen en caso de cesantía. El salario y las prestaciones sociales son créditos laborales de exigibilidad inmediata. Toda mora en su pago genera intereses, los cuales constituyen deudas de valor y gozarán de los mismos privilegios y garantías de la deuda principal.

Artículo 93. Estabilidad laboral

Artículo 93. La ley garantizará la estabilidad en el trabajo y dispondrá lo conducente para limitar toda forma de despido no justificado. Los despidos contrarios a esta Constitución son nulos.

Artículo 94. Responsabilidad de los patronos y contratistas

Artículo 94. La ley determinará la responsabilidad que corresponda a la persona natural o jurídica en cuyo provecho se presta el servicio mediante intermediario o contratista, sin perjuicio de la responsabilidad solidaria de éstos. El Estado establecerá, a través del órgano competente, la responsabilidad que corresponda a los patronos o patronas en general, en caso de simulación o fraude, con el propósito de desvirtuar, desconocer u obstaculizar la aplicación de la legislación laboral.

Artículo 95. Derecho a la sindicalización

Artículo 95. Los trabajadores y las trabajadoras, sin distinción alguna y sin necesidad de autorización previa, tienen derecho a constituir libremente las organizaciones sindicales que estimen convenientes para la mejor defensa de sus derechos e intereses, así como a afiliarse o no a ellas, de conformidad con la ley. Estas organizaciones no están sujetas a intervención, suspensión o disolución administrativa. Los trabajadores y trabajadoras están protegidos y protegidas contra todo acto de discriminación o de injerencia contrario al ejercicio de este derecho. Los promotores o promotoras y los o las integrantes de las directivas de las organizaciones sindicales gozarán de inamovilidad laboral durante el tiempo y en las condiciones que se requieran para el ejercicio de sus funciones.

Para el ejercicio de la democracia sindical, los estatutos y reglamentos de las organizaciones sindicales establecerán la alternabilidad de los y las integrantes de las directivas y representantes mediante el sufragio universal, directo y secreto. Los y las integrantes de las directivas y representantes sindicales que abusen de los beneficios derivados de la libertad sindical para su lucro o interés personal, serán sancionados o sancionadas de conformidad con la ley. Los y las integrantes de las directivas de las organizaciones sindicales estarán obligados u obligadas a hacer declaración jurada de bienes.

Sobre esta norma consideré que debió regularse, en especial, la sindicalización en el sector público, que no puede tener el mismo tratamiento que en el sector privado, por lo que al finalizar la sesión del 30 de octubre de 1999, primera discusión del proyecto, consigné mi *Voto salvado* **con el siguiente texto:**

Salvo mi voto respecto de este artículo en virtud de considerar que en su texto debió regularse, en especial, la sindicalización en el sector público pues en ciertas áreas de seguridad y defensa, los sindicatos de funcionarios no deben ser de libre constitución ni iguales a los del sector privado o de otros servicios públicos.

Artículo 96. Derecho a la negociación colectiva

Artículo 96. Todos los trabajadores y las trabajadoras del sector público y del privado tienen derecho a la negociación colectiva voluntaria y a celebrar convenciones colectivas de trabajo, sin más requisitos que los que establezca la ley. El Estado garantizará su desarrollo y establecerá lo conducente para favorecer las relaciones colectivas y la solución de los conflictos laborales. Las convenciones colectivas ampararán a todos los trabajadores y trabajadoras activos y activas al momento de su suscripción y a quienes ingresen con posterioridad.

En relación con esta norma sobre la contratación colectiva, igualmente consideré que el régimen de negociación colectiva en el sector público no debía ser igual al del sector privado, por lo que al finalizar la sesión del día 30 de octubre de 1999, primera discusión del proyecto, consigné mi *Voto Salvado* **con el siguiente texto:**

Salvo mi voto por considerar que el régimen de la negociación colectiva no puede ser igual en el sector público que en el sector privado. El régimen estatutario de la función pública excluye ciertos aspectos de la relación funcionarial de la negociación colectiva, pues deben ser establecidos unilateralmente por el Estado.

En el mismo sentido, al finalizar la sesión del 12 de Noviembre de 1999, segunda discusión del proyecto, consigné igualmente mi *Voto Salvado* **respecto de esta norma, con el siguiente texto:**

Ratifico mi voto salvado respecto de esta norma por considerar que el régimen de la negociación colectiva no puede ser igual en el sector público que en el sector privado. El régimen estatutario de la función pública excluye ciertos aspectos de la relación funcionarial de la negociación colectiva, pues deben ser establecidos unilateralmente por el Estado.

Por ello debió agregarse a la norma un párrafo con este texto:

"En la función pública, la negociación colectiva tendrá las limitaciones inherentes al régimen estatutario de los funcionarios públicos de acuerdo con esta Constitución".

Artículo 97. Derecho a la huelga

Artículo 97. Todos los trabajadores y trabajadoras del sector público y del sector privado tienen derecho a la huelga, dentro de las condiciones que establezca la ley.

En la misma línea de lo ates comentado, en relación con el Derecho de huelga, consideré que no debía darse el mismo tratamiento al ejercicio del derecho de huelga en el sector público que en el sector privado, por lo que al finalizar la discusión en la sesión del día 30 de octubre de 1999, consigné mi *Voto salvado* en relación con esta norma, con el texto siguiente:

Salvo mi voto, en relación con este artículo, por considerar que no puede darse el mismo tratamiento al ejercicio del derecho de huelga en el sector público y en el sector privado. El sentido del artículo 92 de la Constitución de 1961 debió retenerse en relación a la huelga en los servicios públicos la cual sólo puede ejercerse "en los casos que determine la ley".

Voto Salvado - Sesión del 12 de Noviembre de 1999

Ratifico mi voto salvado, en relación con este artículo, por considerar que no puede darse el mismo tratamiento al ejercicio del derecho de huelga en el sector público y en el sector privado. El sentido del artículo 92 de la Constitución de 1961 debió retenerse en relación a la huelga en los servicios públicos la cual sólo puede ejercerse "en los casos que determine la ley".

Por ello, debió agregarse a la norma un párrafo con el siguiente texto:

"En los servicios públicos el derecho de huelga se ejercerá dentro de las condiciones que establezca la ley".

Capítulo VI. De los derechos culturales y educativos

Artículo 98. Derecho a la cultura y propiedad intelectual e industrial

Artículo 98. La creación cultural es libre. Esta libertad comprende el derecho a la inversión, producción y divulgación de la obra creativa, científica, tecnológica y humanística, incluyendo la protección legal de los derechos del autor o de la autora sobre sus obras. El Estado reconocerá y protegerá la propiedad intelectual sobre las obras científicas, literarias y artísticas, invenciones, innovaciones, denominaciones, patentes, marcas y lemas de acuerdo con las condiciones y excepciones que establezcan la ley y los tratados internacionales suscritos y ratificados por la República en esta materia.

En esta norma se mezcló indebidamente un derecho cultural con un derecho económico como la propiedad industrial, llamando "propiedad intelectual" a las patentes de invenciones, marcas y lemas. Por ello, en la sesión del día 30 de octubre de 1999, expresé lo siguiente:

CONSTITUYENTE BREWER CARÍAS (ALLAN).-Ciudadano Presidente, colegas Constituyentes: En este artículo 103 se incorporó lo que estaba también en el artículo 120 del proyecto —en la parte de los Derechos Económicos— una norma constitucionalmente tradicional, después de la propiedad, que establece la propiedad sobre las creaciones del intelecto y de la actividad inventiva. Eso se eliminó de allá, se trajo para acá y queda un poco confusa. Creo que habría que reubicarla de nuevo o aclararla, porque por ejemplo: Se habla de propiedad intelectual sobre denominaciones, patentes y marcas, y eso ya hace mucho tiempo dejó de ser propiedad intelectual y es propiedad industrial y así está en general en todas las denominaciones de los tratados.

Creo que si vamos a hablar de la propiedad sobre obras del intelecto, obras y materiales como denominaciones, patentes y marcas, debemos utilizar la denominación que existe que es propiedad industrial. Tenemos una Ley de Propiedad Industrial distinta a la Ley de Derecho de Autor, entonces pienso que esto no es sólo una actividad cultural sino también tiene que ver con derechos económicos. O se reubica de nuevo en los Derechos Económicos en lo que es la propiedad industrial con propuestas como la que se formulaba de protección a la industria nacional en determinadas actividades de invención o de producción de determinados bienes; pero considero que esto hay que precisarlo un poco más.

Al finalizar la sesión del día 30 de octubre de 1999, primera discusión del proyecto, consigné mi *Voto Salvado* **respecto de esta norma, con el siguiente texto:**

Salvo mi voto en relación con este artículo, en virtud de que considero que se mezcla indebidamente un derecho cultural con el derecho económico consistente en la propiedad industrial, la cual se califica de propiedad intelectual, y que se manifiesta en patentes de invención, marcas y lemas.

Artículo 99. Fomento a la cultura y el patrimonio cultural

Artículo 99. Los valores de la cultura constituyen un bien irrenunciable del pueblo venezolano y un derecho fundamental que el Estado fomentará y garantizará, procurando las condiciones, instrumentos legales, medios y presupuestos necesarios. Se reconoce la autonomía de la administración cultural pública en los términos que establezca la ley. El Estado garantizará la protección y preservación, enriquecimiento, conservación y restauración del patrimonio cultural, tangible e intangible, y la memoria histórica de la Nación. Los bienes que constituyen el patrimonio cultural de la Nación son inalienables, imprescriptibles e inembargables. La ley establecerá las penas y sanciones para los daños causados a estos bienes.

Respecto de esta norma consideré que la Constitución no debía garantizar la autonomía administrativa a ningún sector de actividad pública, como el sector cultural, por lo que en el debate de la sesión del 30 de octubre de 1999, primera discusión, expresé lo siguiente.

CONSTITUYENTE BREWER CARÍAS (ALLAN).-Ciudadano Presidente, colegas Constituyentes: Una observación sobre esta redacción, creo que es la única norma en la cual se reconoce autonomía a la administración de determinado sector y si esto va a ser así tiene un gran significado. Pienso que no debería comprometerse en una Constitución a largo plazo el concepto de autonomía de la administración de determinado sector, esta es una materia legal ¿Si eso va a ser un instituto autónomo, si va a cesar? Ya hemos visto la reforma reciente de la Administración Central con el actual Gobierno que es eliminar los institutos autónomos en materia de cultura, fusionarlos en un solo ministerio, es decir, esta es materia de política administrativa y no creo que en una norma constitucional debería establecerse el concepto de autonomía de una determinada administración pública. Es todo.

Por ello, al concluir la sesión del día 30 de octubre de 1999, consigné mi *Voto salvado* respecto de esta norma, con el siguiente texto:

Salvo mi voto en relación con esta norma, por considerar que no debe la Constitución garantizar autonomía administrativa a ningún sector de actividad pública, como el sector cultural. Esto significa rigidizar, constitucionalmente, a la Administración Pública.

El mismo tema se discutió en la sesión de la Asamblea del día 13 de noviembre de 1999, en la cual volví a intervenir y expresar lo siguiente:

CONSTITUYENTE BREWER CARÍAS (ALLAN).-Ciudadano Presidente. Esto ya se planteó en la oportunidad anterior, lo que quiero señalar no es que esté en contra de que el sector cultural o cualquier sector de la actividad de la administración pueda tener autonomía, porque para eso se crean Institutos Autónomos, y está previsto. Lo que no me parece es que a nivel constitucional, el único sector al cual se le garantice autonomía sea al sector cultural. De hecho hay muchos otros sectores de actividad pública que pueden requerir autonomía, creo que no es coherente el texto, con expresar un principio de autonomía administrativa para un sector, cuando no sabemos en el futuro cómo se va a organizar la Administración Pública, puesto que es un problema de Ley Orgánica de la Administración.

Artículo 100. Protección de las culturas populares

Artículo 100. Las culturas populares constitutivas de la venezolanidad gozan de atención especial, reconociéndose y respetándose la interculturalidad bajo el principio de igualdad de las culturas. La ley establecerá incentivos y estímulos para las personas, instituciones y comunidades que promuevan, apoyen, desarrollen o financien planes, programas y actividades culturales en el país, así como la cultura venezolana en el exterior. El Estado garantizará a los trabajadores y trabajadoras culturales su incorporación al sistema de seguridad social que les permita una vida digna, reconociendo las particularidades del quehacer cultural, de conformidad con la ley.

Artículo 101. Obligaciones del Estado sobre la información cultural

Artículo 101. El Estado garantizará la emisión, recepción y circulación de la información cultural. Los medios de comunicación tienen el deber de coadyuvar a la difusión de los valores de la tradición popular y la obra de los o las artistas, escritores, escritoras, compositores, compositoras, cineastas, científicos, científicas y demás creadores y creadoras culturales del país. Los medios televisivos deberán incorporar subtítulos y traducción a la lengua de señas, para las personas con problemas auditivos. La ley establecerá los términos y modalidades de estas obligaciones.

Artículo 102. Derecho a la educación y obligaciones del Estado

Artículo 102. La educación es un derecho humano y un deber social fundamental, es democrática, gratuita y obligatoria. El Estado la asumirá como función indeclinable y de máximo interés en todos sus niveles y modalidades, y como instrumento del conocimiento científico, humanístico y tecnológico al servicio de la sociedad. La educación es un servicio público y está fundamentada en el respeto a todas las corrientes del pensamiento, con la finalidad de desarrollar el potencial creativo de cada ser humano y el pleno ejercicio de su personalidad en una sociedad democrática basada en la valoración ética del trabajo y en la participación activa, consciente y solidaria en los procesos de transformación social, consustanciados con los valores de la identidad nacional y con una visión latinoamericana y universal. El Estado, con la participación de las familias y la sociedad, promoverá el proceso de educación ciudadana, de acuerdo con los principios contenidos en esta Constitución y en la ley.

Sobre esta norma, consideré que no se podía declarar, en general, a la educación como derecho humano *de carácter gratuito***, ni como** *servicio público***, sin especificar si esto excluía a la educación privada. Consideré además, que no podía excluirse de la Constitución la protección e incentivación por parte del Estado, de la educación privada. Por ello en la sesión del 30 de octubre de 1999, primera discusión del proyecto, expresé lo siguiente:**

CONSTITUYENTE BREWER CARÍAS (ALLAN).-Señor Presidente. Voy a coincidir con lo planteado por Aristóbulo Istúriz y Alberto Franceschi, que, en definitiva, plantearon lo mismo, aun cuando parezca mentira. (Risas). El término "gratuito y obligatorio" en este artículo, como lo apreció Aristóbulo Istúriz, no debe estar acá, está en el 108, ahí se dice: La educación es obligatoria en todos los niveles desde el maternal hasta el nivel medio diversificado, de manera que aquí es redundante hablar de gratuidad porque lo que hace es confundir como decía Aristóbulo y, luego, en el 108 se agrega: "La impartida en las instituciones del Estado es gratuita ..." etcétera. O sea que incorporarlas en este artículo, tal como señalaba Aristóbulo Istúriz, confunde, porque podría pensarse que se refiere también a la educación privada.

Por otra parte -y ese fue el argumento de Aristóbulo-, precisamente por eso, cuando habla de educación privada coincide con el planteamiento de Alberto Franceschi.

No es cierto que la sola mención que existe en el artículo 110 sea directamente referida a la educación privada. En el artículo 110 del proyecto emana del 79 de la Constitución actual que me permito leer. Dice: "Toda persona natural o jurídica podrá dedicarse libremente a las ciencias, las artes y previa demostración de su capacidad fundar cátedras y establecimientos educativos bajo la suprema inspección y vigilancia del Estado". Pero el artículo 79 de la Constitución actual agrega: "El Estado estimulará y protegerá la educación privada que se imparta de acuerdo con los principios contenidos en esta Constitución y las leyes". Esa frase, ese párrafo de la Constitución del 61, del artículo 79, precisamente, se ha omitido y puede generar una duda innecesaria porque no creo que sea el espíritu de esta Asamblea eliminar la educación privada ni mucho menos. Por eso propongo formalmente que se incorpore a ese artículo ese párrafo que diga: "El Estado estimulará y protegerá la educación privada que se imparta de acuerdo a los principios contenidos en esta Constitución y las leyes". Estoy proponiendo formalmente que se incorpore porque el hecho de que el artículo diga que la educación es un servicio público sin incorporar este párrafo, podría pensarse que es un servicio público exclusivo y excluyente cuando evidentemente es un servicio público de los denominados concurrentes en toda la doctrina del derecho administrativo.

Después de la discusión, al final de la sesión del día 30 de octubre de 1999 presenté mi *Voto salvado* **sobre esta norma, con el siguiente texto:**

> **Salvo mi voto por considerar que no se puede declarar en general a la educación como derecho humano, de carácter gratuito, pues no habría entonces posibilidad de educación privada.**
>
> **La gratuidad de la educación es respecto de los servicios públicos educativos, pero no respecto de la educación privada. Por ello tampoco debe calificarse en general a la educación como un servicio público, sin especificar que no es exclusivo ni excluyente, sino concurrente con el sector privado. Estimamos, por ello, que esta norma debió prever lo mismo que el artículo 79 de la Constitución actual, en el sentido de que el Estado debe estimular y proteger la educación privada. Con ello no surgirían dudas acerca de la participación pública y privada, libre, en el proceso educativo.**

El tema se volvió a plantear en la sesión de la Asamblea Constituyente en la sesión del 13 de noviembre de 1999, con ocasión de la segunda decisión, en la cual incluso formulé varias proposiciones:

Propuesta del constituyente Allan Brewer Carías:

> Redactar el último párrafo, así: "El Estado reconocerá y estimulará la participación de la familia y la sociedad en el proceso educativo de acuerdo con los principios contenidos en esta Constitución y en las leyes."

[…]

Proposición del constituyente Allan Brewer Carías:

Que en la primera frase diga así: "La educación es un derecho humano, y un deber social fundamental, siendo los padres los primeros responsables del cumplimiento de ese deber y los garantes de que ese derecho se respete en forma democrática y obligatoria. Redactar el párrafo que inicia: "en un servicio público, y está fundamentada en los principios de prioridades, establecidas en esta Constitución: en el respeto". El resto queda igual.

Es todo, ciudadano Presidente.

En la sesión del 13 de noviembre de 1999, además hice la siguiente exposición:

CONSTITUYENTE BREWER CARÍAS (ALLAN).-Presidente: Es para fundamentar muy rápidamente las propuestas. En el primer párrafo la idea es establecer expresamente la responsabilidad primaria de los padres en el deber y en el derecho a la educación. De manera que por eso propondría agregar una frase, que sería: "La educación es un derecho humano, y un deber social fundamental, siendo los padres, los primeros responsables del cumplimiento de ese deber, y los garantes de que ese derecho se respete." La idea es que haya esta responsabilidad de los padres, en relación a la educación como derechos humanos, por supuesto. El Rector Magnífico me decía que no se podía responsabilizar a los padres de la educación en postgrado, pero le atribuyo eso a la deformación académica universitaria de educación superior, que tiene tanto él, como yo, no sólo, por nuestra actividad. Pero, pensando en la educación como derecho humano, tenemos que ir a la educación, justamente, preescolar y básica, en la primaria.

En cuanto, al segundo párrafo, cuando habla del servicio público, creo, que allí hay que poner: "...un servicio público...". Estoy de acuerdo con el carácter concurrente, y agregar: "...está fundamentado en los principios de prioridades, establecidos en esta Constitución", que no se remite.

Y el último párrafo, en el mismo sentido de la sociedad y la familia, redactar esa parte, diciendo: "El Estado reconocerá y estimulará la participación de la familia y de la sociedad en el proceso educativo de acuerdo con los principios establecidos en esta Constitución.".

En la discusión, además hice la siguiente otra proposición:

Proposición del constituyente Allan Brewer Carías:

Redactar la primera frase así: "La educación es un derecho humano y un deber social fundamental, siendo los padres los primeros responsables del cumplimiento de ese deber y los garantes de que ese derecho se respete. Es democrática y obligatoria."

Redactar el párrafo que inicia: "Es un servicio público y está fundamentado en los principios y prioridades establecidos en esta Constitución y en el respeto...", el resto queda igual."

El último párrafo redactarlo así: "El Estado reconocerá y estimulará la participación de la familia y de la sociedad en el proceso educativo de acuerdo con los principios contenidos en esta Constitución y en las leyes."

En todo caso, al final de la sesión del 13 de noviembre de 1999, consigné mi *Voto Salvado* en relación con la redacción de la norma, con el siguiente texto:

Ratifico mi voto salvado, respecto de esta norma por considerar que no se puede declarar en general a la educación como derecho humano, de carácter gratuito, pues no habría entonces posibilidad de educación privada.

La gratuidad de la educación es respecto de los servicios públicos educativos, pero no respecto de la educación privada. Por ello tampoco debe calificarse en general a la educación como un servicio público, sin especificar que no es exclusivo ni excluyente, sino concurrente con el sector privado. Estimamos, por ello, que esta norma debió prever lo mismo que el artículo 79 de la Constitución actual, en el sentido de que el Estado debe estimular y proteger la educación privada. Con ello no surgirían dudas acerca de la participación pública y privada, libre, en el proceso educativo.

Por otra parte, estimo que debió aclararse en la norma la responsabilidad de los padres en el proceso educativo, en la siguiente forma:

"La educación es un derecho humano y un deber social fundamental, siendo los padres los primeros responsables del cumplimiento de ese deber y los garantes de que ese derecho se respete. Es democrática y obligatoria".

La última parte del artículo, en mi criterio, debió quedar redactada así:

"El Estado reconocerá y estimulará la participación de la familia y de la sociedad en el proceso educativo de acuerdo con los principios contenidos en esta Constitución y en las leyes".

Artículo 103. Derecho a la educación integral y obligaciones del Estado

Artículo 103. Toda persona tiene derecho a una educación integral de calidad, permanente, en igualdad de condiciones y oportunidades, sin más limitaciones que las derivadas de sus aptitudes, vocación y aspiraciones. La educación es obligatoria en todos sus niveles, desde el maternal hasta el nivel medio diversificado. La impartida en las instituciones del Estado es gratuita hasta el pregrado universitario. A tal fin, el Estado realizará una inversión prioritaria, de conformidad con las recomendaciones de la Organización de las Naciones Unidas. El Estado creará y sostendrá instituciones y servicios suficientemente dotados para asegurar el acceso, permanencia y culminación en el sistema educativo. La ley garantizará igual atención a las personas con necesidades especiales o con discapacidad y a quienes se encuentren privados o privadas de su libertad o carezcan de condiciones básicas para su incorporación y permanencia en el sistema educativo.

Las contribuciones de los particulares a proyectos y programas educativos públicos a nivel medio y universitario serán reconocidas como desgravámenes al impuesto sobre la renta según la ley respectiva.

Sobre esta norma, consideré que la Constitución no se debía establecer la garantía de la educación universitaria en las universidades públicas de forma general, sin exceptuar de ello, en el caso de la educación superior y especial, a las personas que poseen medios de fortuna, planteando que además, debía corregirse el desbalance en la asignación de recursos entre la educación superior y preescolar. Por ello, en la sesión del 30 de octubre de 1999, durante la primera discusión del proyecto, expresé lo siguiente:

CONSTITUYENTE BREWER CARÍAS (ALLAN).-Señor Presidente. Es para referirme al artículo cuando señala que la educación que imparta el Estado es gratuita hasta el pregrado universitario.

Quiero llamar la atención en lo que respecta a que la importancia que todos le hemos dado a la educación es una exageración establecer este principio, porque bien sabemos que Venezuela es el país que dedica uno de los más bajos porcentajes a la educación preescolar, básica y media, que es precisamente la destinada a los que menos tienen, a los más pobres y es de los países, según los estudios de Naciones Unidas, que dedica el mayor porcentaje a la educación superior, que muchas veces está destinada a los que más tienen.

Creo que hay un desbalance y debemos meditar como concepto de política pública, si se debe establecer esta gratuidad hasta este nivel en la Constitución o no.

Al final de la sesión del día 30 de octubre de 1999, consigné mi *Voto Salvado* con el siguiente texto:

Salvo mi voto por considerar que no se debe garantizar la gratuidad de la educación universitaria en las universidades públicas, en forma pura y simple. Debió, en tal sentido, repetirse la norma del artículo 78 de la Constitución de 1961 que establece la posibilidad de que la ley pueda establecer excepciones respecto de la enseñanza superior y especial, cuando se trate de personas provistas de medios de fortuna. No es justo que quienes tienen recursos no paguen en las universidades públicas y le quiten posibilidades de estudio a quienes carezcan de medios.

Por otra parte, no es justo que se consagre tal gratuidad porque ello implica asignar más recursos a la educación superior pública en perjuicio de la educación preescolar, media y básica que es la que requiere de mayores recursos. No se olvide que Venezuela tiene el raro record según estudios de Naciones Unidas (PNUD) de ser uno de los Estados que destina el más bajo porcentaje a la educación preescolar, básica y media y a la vez está entre los 5 países del mundo que destina un mayor porcentaje de recursos a la educación superior.

Este desbalance tiene que corregirse y la norma aprobada no lo hace sino que lo acentúa.

Como el tema debatido se volvió a plantear en la sesión del 13 de noviembre de 1999, en la discusión en la Asamblea formulé en relación con la norma debatida la siguiente propuesta:

Proposición del constituyente Allan Brewer Carías:

Agregar en un párrafo sobre fines de la educación: "La educación tendrá como finalidad dotar a las personas con los saberes de una cultura general, el urbanístico, científico y tecnológico, estimular el deseo y la capacidad de crear con afán de excelencia, fortalecer la sensibilidad, estética y ecológica, preparar para el cambio construido para el trabajo para producir y emprender participación en la vida social y política en marcos democráticos. Enfatizar la dimensión moral, estimulando el desarrollo de una libre y recta conciencia. Promover el respeto, la solidaridad, y el sano equilibrio entre la necesaria apertura de las distintas culturas y arraigo dinámico en los valores de la propia cultura local, étnica y nacional".

También solicita un agregado al párrafo sobre el tema de la gratuidad de la educación universitaria así: "La Ley podrá establecer excepciones respecto a la enseñanza superior y especial cuando se trate de personas provistas de medios de fortuna".

Al final de la sesión del 13 de Noviembre de 1999, en todo caso consigné mi *Voto Salvado* con el siguiente texto:

Ratifico mi voto salvado por considerar que no se debe garantizar la gratuidad de la educación universitaria en las universidades públicas, en forma pura y simple. Debió, en tal sentido, repetirse la norma del artículo 78 de la Constitución de 1961 que establece la posibilidad de que la ley pueda establecer excepciones respecto de la enseñanza superior y especial, cuando se trate de personas provistas de medios de fortuna. No es justo que quienes tienen recursos no paguen en las universidades públicas y le quiten posibilidades de estudio a quienes carezcan de medios.

Por otra parte, no es justo que se consagre tal gratuidad porque ello implica asignar más recursos a la educación superior pública en perjuicio de la educación preescolar, media y básica que es la que requiere de mayores recursos. No se olvide que Venezuela tiene el raro record según estudios de Naciones Unidas (PNUD) de ser uno de los Estados que destina el más bajo porcentaje a la educación preescolar, básica y media y a la vez está entre los 5 países del mundo que destina un mayor porcentaje de recursos a la educación superior.

Este desbalance tiene que corregirse y la norma aprobada no lo hace sino que lo acentúa.

Por otra parte, estimo que en esta norma debió preverse un párrafo general sobre los fines de la educación, a cuyo efecto propuse el siguiente, que no fue acogido:

"La educación tendrá como finalidad dotar a las personas con los saberes de una cultura general en lo humanístico, científico y tecnológico; estimular el deseo y la capacidad de crear con afán de excelencia; fortalecer la sensibilidad estética y ecológica; preparar para el cambio continuo, para el trabajo, para producir y emprender, para la participación en la vida social y política en marcos democráticos; enfatizar la dimensión moral, estimulando el desarrollo de una libre y recta conciencia; promover el respeto, la solidaridad y el sano equilibrio entre la necesaria apertura a las distintas culturas y arraigo dinámico en los valores de la propia cultura local, étnica y nacional".

Artículo 104. Régimen de los docentes

Artículo 104. La educación estará a cargo de personas de reconocida moralidad y de comprobada idoneidad académica. El Estado estimulará su actualización permanente y les garantizará la estabilidad en el ejercicio de la carrera docente, bien sea pública o privada, atendiendo a esta Constitución y a la ley, en un régimen de trabajo y nivel de vida acorde con su elevada misión. El ingreso, promoción y permanencia en el sistema educativo, serán establecidos por ley y responderá a criterios de evaluación de méritos, sin injerencia partidista o de otra naturaleza no académica.

Al final de la sesión del día 13 de noviembre de 1999, con ocasión de la segunda discusión sobre esta norma, consigné mi *Voto Salvado* sobre la misma, con el siguiente texto:

Salvo mi voto por considerar que en esta norma debieron, expresamente, regularse las obligaciones del Estado en materia educativa, con un párrafo que debió agregarse, en el siguiente sentido:

"El Estado, para el cumplimiento de sus obligaciones, debe establecer una inversión prioritaria en educación y debe crear y sostener, en todo el territorio nacional, instituciones y servicios educativos, dotados adecuadamente, que aseguren el pleno acceso a la educación de todos, especialmente los más desfavorecidos".

Artículo 105. Régimen de las profesiones liberales y de la colegiación obligatoria

Artículo 105. La ley determinará las profesiones que requieren título y las condiciones que deben cumplirse para ejercerlas, incluyendo la colegiación.

Sobre esta norma, en la sesión de la Asamblea del 13 de noviembre de 1999, con ocasión de la segunda discusión del proyecto, hice la siguiente exposición:

CONSTITUYENTE BREWER CARÍAS (ALLAN).-Ciudadano Presidente. Recojo éste como el regalo que me iba a dar. La aclaración es la siguiente: El párrafo no debe estar agregado a la norma, y así es que debemos votarlo; o sea, debería votarse la norma tal como está originalmente; pero el agregado de "la colegiación" ponerlo como un artículo aparte, y votarlo. Eso es lo que debemos hacer.

El tema de la colegiación es una realidad; ahora, en el texto propuesto estoy de acuerdo quitándole, simplemente, la palabra "obligatorio". Ese es un problema de ley. Simplemente, debería decir: "La ley determinará...". Es decir, un artículo totalmente aparte. Así, incluso, esté en la Constitución del año 61: "La ley determinará las profesiones que requieran títulos, las condiciones que deben cumplirse para su ejercicio y el régimen de colegiación de las mismas", sin calificar si es obligatorio o no, como un artículo aparte y votarlo, porque ahí podría estar aparte.

Es todo, ciudadano Presidente

Artículo 106. Derecho a educar en instituciones educativas privadas

Artículo 106. Toda persona natural o jurídica, previa demostración de su capacidad, cuando cumpla de manera permanente con los requisitos éticos, académicos, científicos, económicos, de infraestructura y los demás que la ley establezca, puede fundar y mantener instituciones educativas privadas bajo la estricta inspección y vigilancia del Estado, previa aceptación de éste.

Sobre esta norma, en la sesión de la Asamblea del 13 de noviembre de 1999, con ocasión de la segunda discusión del proyecto, hice la siguiente exposición:

CONSTITUYENTE BREWER CARÍAS (ALLAN).-Presidente: Para apoyar que se mantenga la propuesta de que el Estado estimulará y protegerá los servicios educativos prestados por instituciones no oficiales o educación privada, pero que se mantenga esa expresión que, por otra parte, proviene de la Constitución actual y ya se había discutido en la anterior oportunidad y se había quedado que la Comisión lo iba a poner y después no se puso en el proyecto. Dice en la Constitución actual: "El Estado estimulará y protegerá la educación privada que se imparta de acuerdo con los principios contenidos en esta Constitución y las leyes".

Al final de la sesión del día 13 de noviembre de 1999, con ocasión de la segunda discusión sobre esta norma, consigné mi *Voto Salvado* sobre la misma, con el siguiente texto:

Salvo mi voto por considerar que en esta norma, expresamente debió incluirse la posición del Estado respecto de la educación privada, para lo cual propuse el siguiente párrafo, el cual no fue aceptado:

"El Estado estimulará y protegerá los servicios educativos prestados por instituciones no oficiales, siempre que actúen acordes con los principios establecidos en esta Constitución y las leyes".

Artículo 107. Obligatoriedad de la educación ambiental

Artículo 107. La educación ambiental es obligatoria en los niveles y modalidades del sistema educativo, así como también en la educación ciudadana no formal. Es de obligatorio cumplimiento en las instituciones públicas y privadas, hasta el ciclo diversificado, la enseñanza de la lengua castellana, la historia y la geografía de Venezuela, así como los principios del ideario bolivariano.

Artículo 108. Medios de comunicación y formación ciudadana

Artículo 108. Los medios de comunicación social, públicos y privados, deben contribuir a la formación ciudadana. El Estado garantizará servicios públicos de radio, televisión y redes de bibliotecas y de informática, con el fin de permitir el acceso universal a la información. Los centros educativos deben incorporar el conocimiento y aplicación de las nuevas tecnologías, de sus innovaciones, según los requisitos que establezca la ley.

Artículo 109. Autonomía universitaria

Artículo 109. El Estado reconocerá la autonomía universitaria como principio y jerarquía que permite a los profesores, profesoras, estudiantes, egresados y egresadas de su comunidad dedicarse a la búsqueda del conocimiento a través de la investigación científica, humanística y tecnológica, para beneficio espiritual y material de la Nación. Las universidades autónomas se darán sus normas de gobierno, funcionamiento y la administración eficiente de su patrimonio bajo el control y vigilancia que a tales efectos establezca la ley. Se consagra la autonomía universitaria para planificar, organizar, elaborar y actualizar los programas de investigación, docencia y extensión. Se establece la inviolabilidad del recinto universitario. Las universidades nacionales experimentales alcanzarán su autonomía de conformidad con la ley.

Sobre esta norma consideré que era exagerado regular, a nivel constitucional, la inviolabilidad del recinto universitario, considerando que ello más bien correspondía a la ley. Por ello, al final de la sesión del día 31 de octubre, con ocasión de la primera discusión sobre esta norma, consigné mi *Voto Salvado* sobre la misma, con el siguiente texto:

Salvo mi voto por considerar que la regulación a nivel constitucional de la inviolabilidad del recinto universitario es una exageración y un anacronismo. La Ley debe regular este tema y establecer las precisiones necesarias en torno a qué debe entenderse por recinto y que significa su inviolabilidad. El orden público como límite al ejercicio de los derechos también se aplica a las comunidades; y así como el hogar doméstico se declara inviolable permitiéndose el allanamiento en casos precisos, como impedir la perpetración de un delito, también esto debe regularse respecto del recinto universitario.

En sentido similar, al final de la sesión del día 13 de noviembre de 1999, con ocasión de la segunda discusión sobre esta norma, consigné mi *Voto Salvado* sobre la misma, con el siguiente texto:

Ratifico mi voto salvado respecto de esta norma por considerar que la regulación a nivel constitucional de la inviolabilidad del recinto universitario es una exageración y un anacronismo. La Ley debe regular este tema y establecer las precisiones necesarias en torno a qué debe entenderse por recinto y que significa su inviolabilidad. El orden público como límite al ejercicio de los derechos también se aplica a las comunidades; y así como el hogar doméstico se declara inviolable permitiéndose el allanamiento en casos precisos, como impedir la perpetración de un delito, también esto debe regularse respecto del recinto universitario.

Artículo 110. Ciencia y tecnología

Artículo 110. El Estado reconocerá el interés público de la ciencia, la tecnología, el conocimiento, la innovación y sus aplicaciones y los servicios de información necesarios por ser instrumentos fundamentales para el desarrollo económico, social y político del país, así como para la seguridad y soberanía nacional. Para el fomento y desarrollo de esas actividades, el Estado destinará recursos suficientes y creará el sistema nacional de ciencia y tecnología de acuerdo con la ley. El sector privado deberá aportar recursos para las mismas. El Estado garantizará el cumplimiento de los principios éticos y legales que deben regir las actividades de investigación científica, humanística y tecnológica. La ley determinará los modos y medios para dar cumplimiento a esta garantía.

Sobre esta norma consideré no se podía imponer al sector privado una contribución parafiscal de este tipo, que distorsiona el sistema tributario y deja libre a la ley para establecer el monto. Por ello, al final de la sesión del día 13 de noviembre de 1999, con ocasión de la segunda discusión sobre esta norma, consigné mi *Voto Salvado* sobre la misma, con el siguiente texto:

Salvo mi voto porque en esta norma, en definitiva, se está previendo una contribución parafiscal, al disponerse, pura y simplemente, que "el sector privado deberá aportar recursos" para las actividades de investigación en ciencia y tecnología. El sector privado invierte, sin duda, en ciencia y tecnología; pero no se le puede imponer esta obligación específica de contribución que no sólo distorsiona el sistema tributario, sino que deja en manos de la Ley, se presume, establecer el monto de la misma independiente del pago de impuestos.

Artículo 111. Derecho al deporte

Artículo 111. Todas las personas tienen derecho al deporte y a la recreación como actividades que benefician la calidad de vida individual y colectiva. El Estado asumirá el deporte y la recreación como política de educación y salud pública y garantizará los recursos para su promoción. La educación física y el deporte cumplen un papel fundamental en la formación integral de la niñez y adolescencia. Su enseñanza es obligatoria en todos los niveles de la educación pública y privada hasta el ciclo diversificado, con las excepciones que establezca la ley. El Estado garantizará la atención integral de los y las deportistas sin discriminación alguna, así como el apoyo al deporte de alta competencia y la evaluación y regulación de las entidades deportivas del sector público y del privado, de conformidad con la ley.

La ley establecerá incentivos y estímulos a las personas, instituciones y comunidades que promuevan a los y las atletas y desarrollen o financien planes, programas y actividades deportivas en el país.

Sobre esta norma consideré que se le daba un carácter altamente estatista a la regulación del deporte, equiparando las actividades deportivas del sector privado a las del sector público. Por ello, al final de la sesión del día 31 de octubre de 1999, con ocasión de la primera discusión sobre esta norma, consigné mi *Voto Salvado* sobre la misma, con el siguiente texto:

Salvo mi voto por el carácter altamente estatista de este artículo, al disponer que el Estado "asume" el deporte y la recreación como política pública y además, se prescribe que el Estado debe "garantizar" los recursos para la promoción del deporte. En todo caso, las actividades deportivas del sector privado, se equiparan a las del sector público en cuanto a su regulación. Esto es estatizar el deporte.

Capítulo VII. De los derechos económicos

Sobre el tema general de la Constitución Económica presenté ante la Asamblea Nacional en fecha 29 de octubre de 1999, un Informe que se transcribe en el artículo 299.

Artículo 112. Libertad económica y papel del Estado

Artículo 112. Todas las personas pueden dedicarse libremente a la actividad económica de su preferencia, sin más limitaciones que las previstas en esta Constitución y las que establezcan las leyes, por razones de desarrollo humano, seguridad, sanidad, protección del ambiente u otras de interés social. El Estado promoverá la iniciativa privada, garantizando la creación y justa distribución de la riqueza, así como la producción de bienes y servicios que satisfagan las necesidades de la población, la libertad de trabajo, empresa, comercio, industria, sin perjuicio de su facultad para dictar medidas para planificar, racionalizar y regular la economía e impulsar el desarrollo integral del país.

Sobre esta norma véase lo que se indica en la página 897 de este Tomo.

Sobre esta norma, en la sesión de la Asamblea del 31 de octubre de 1999, con ocasión de la primera discusión del proyecto, hice la siguiente exposición:

CONSTITUYENTE BREWER CARÍAS (ALLAN).-Señor Presidente, la remisión a la Ley que es lógica al establecerse cualquier derecho, porque eso es la garantía de la reserva legal, en este caso y en muchos que ya hemos considerado debe estar motivada. La Constitución actual dice, más o menos similar la frase: "Todos pueden dedicarse libremente a la actividad lucrativa de su preferencia sin más limitaciones que las previstas en esta Constitución y las que establezcan las leyes por razones de seguridad, sanidad u otras de interés social".

De manera que hay una motivación para el establecimiento de limitaciones a la libertad económica.

Pienso que deberíamos recoger, si no todas las frases de la Constitución actual que pueden considerarse arcaicas al hablar de seguridad, sanidad o interés social, sí una frase que sustituya la última palabra de la primera frase "Ley" por "las que establezcan las leyes por razones de interés general". De manera que la frase primera del artículo propongo que quede así: "Todas las personas pueden dedicarse libremente a la actividad económica de su preferencia, sin más limitaciones que las previstas en esta Constitución y las que establezcan las leyes por razones de interés general", que además está vinculado a los artículos que siguen sobre propiedad, siempre hablan de interés general.

De manera que propongo agregar *"que las leyes establezcan por razones de interés general"* como elemento para la limitación a la libertad económica

Artículo 113. Limitación a los monopolios y al abuso de la posición de dominio

Artículo 113. No se permitirán monopolios. Se declaran contrarios a los principios fundamentales de esta Constitución cualesquier acto, actividad, conducta o acuerdo de los y las particulares que tengan por objeto el establecimiento de un monopolio o que conduzcan, por sus efectos reales e independientemente de la voluntad de aquellos o aquellas, a su existencia, cualquiera que fuere la forma que adoptare en la realidad. También es contrario a dichos principios el abuso de la posición de dominio que un o una particular, un conjunto de ellos o de ellas, o una empresa o conjunto de empresas, adquiera o haya adquirido en un determinado mercado de bienes o de servicios, con independencia de la causa determinante de tal posición de dominio, así como cuando se trate de una demanda concentrada. En todos los casos antes indicados, el Estado adoptará las medidas que fueren necesarias para evitar los efectos nocivos y restrictivos del monopolio, del abuso de la posición de dominio y de las demandas concentradas, teniendo como finalidad la protección del público consumidor, de los productores y productoras, y el aseguramiento de condiciones efectivas de competencia en la economía.

Cuando se trate de explotación de recursos naturales propiedad de la Nación o de la prestación de servicios de naturaleza pública con exclusividad o sin ella, el Estado podrá otorgar concesiones por tiempo determinado, asegurando siempre la existencia de contraprestaciones o contrapartidas adecuadas al interés público.

Consideré que esta norma desconocía la realidad, en virtud de que un monopolio puede surgir en cualquier momento en un mercado y lo que el Estado debe es evitar que haya abuso de su posición de dominio. Por ello, al final de la sesión del día 8 de noviembre de 1999, con ocasión de la segunda discusión sobre esta norma, consigné mi *Voto Salvado* sobre la misma, con el siguiente texto:

Salvo mi voto por considerar que con el texto aprobado se distorsiona lo ya aprobado en la plenaria de la Asamblea, en las sesiones del 30 y 31 de octubre, sobre la prohibición de los monopolios y la tarea del Estado de fomentar la libre competencia, enfrentando las prácticas monopólicas y el abuso de la posición de dominio en el mercado. La norma aprobada, tal como está redactada, desconoce la realidad. Un monopolio puede surgir en un determinado mercado, sin que responda a la voluntad de nadie, en cuyo caso el Estado lo que debe es evitar que abuse de su posición de dominio.

Artículo 114. Ilícitos económicos

Artículo 114. El ilícito económico, la especulación, el acaparamiento, la usura, la cartelización y otros delitos conexos, serán penados severamente de acuerdo con la ley.

Artículo 115. Derecho de propiedad y expropiación

Artículo 115. Se garantiza el derecho de propiedad. Toda persona tiene derecho al uso, goce, disfrute y disposición de sus bienes. La propiedad estará sometida a las contribuciones, restricciones y obligaciones que establezca la ley con fines de utilidad pública o de interés general. Sólo por causa de utilidad pública o interés social, mediante sentencia firme y pago oportuno de justa indemnización, podrá ser declarada la expropiación de cualquier clase de bienes.

Sobre el tema general de la regulación del derecho de propiedad y la expropiación presenté el siguiente Informe a la Comisión de Derechos Humanos y garantías Constitucionales, a la Comisión de lo Económico y Social y a la Comisión Constitucional con fecha 7 de septiembre de 1999, cuyo texto fue acogido por las mismas.

PROPUESTA SOBRE LA REGULACIÓN DEL DERECHO DE PROPIEDAD Y LA EXPROPIACIÓN

Comunicación enviada a los presidentes de la Comisión de Derechos Humanos y Garantías Constitucionales, de la Comisión de lo Económico y social y de la Comisión Constitucional el 07-09-1999.

Tengo el agrado de dirigirme a Uds., con el objeto de formularle mis observaciones en torno a la forma de regulación del *derecho de propiedad y la expropiación*, en el Documento presentado por los Presidente de la República a la Asamblea Nacional Constituyente, sobre *Ideas fundamentales para la Constitución Bolivariana de la V República*.

En efecto, en dicho Proyecto se regula la propiedad y la expropiación en cuatro artículos distintos, ubicados, dos en el Capítulo de los "Derechos Económicos" y dos en el Título relativo al "Sistema socioeconómico", los cuales se contradicen en su contenido.

El *primer* artículo, en efecto, establece lo siguiente:

Derecho de Propiedad

"Art.__Toda persona tiene derecho al uso y goce de sus bienes. La Ley puede subordinar tal uso y goce al interés general.

Ninguna persona puede ser privada de sus bienes, excepto mediante el pago de una justa y oportuna indemnización, por razones de utilidad pública o de interés social y en los casos y en las formas establecidas por la Ley".

El *segundo* artículo, establece lo siguiente:

Expropiación por utilidad pública

> *"Art.__* Solo por causa de utilidad pública o interés social, mediante sentencia firme y pago de justa indemnización, podrá ser declarada la expropiación de cualquier clase de bienes".

En cuanto al *tercer* artículo, dispone:

> *"Art.__* Se garantiza el derecho de propiedad. En virtud de su función social, la propiedad estará sometida a las contribuciones y obligaciones que establezca la Ley con fines de utilidad pública o de interés general".

El *cuarto* artículo tiene el siguiente texto

> *"Art.__* Sólo por causa de utilidad pública podrían hacerse expropiaciones, siempre acompañadas de una justa indemnización".

Estos artículos, como se ha dicho, establecen regulaciones contradictorias, que deben resolverse, tanto en materia de propiedad como en materia de expropiación.

1. *El Régimen de la Propiedad*

El *primer* artículo citado, con el subtítulo "Derecho de Propiedad", en realidad no la regula, sino que la desnaturaliza al definirla según algunos de sus atributos, pero omitiendo el *derecho de disposición* que es de la esencia de la titularidad de la misma.

Recordemos la noción clásica del artículo 545 del Código Civil, según el cual:

> "La propiedad es el derecho de usar, gozar y disponer de una cosa de manera exclusiva, con las restricciones y obligaciones establecidas por la ley".

En consecuencia, regular el derecho de propiedad, en la Constitución, sólo como el derecho de uso y goce de bienes, los cuales además, se podrían "subordinar" al interés general, sin hacer referencia al derecho de disponer de los bienes de los cuales se es propietario, significa desnaturalizar el derecho, lo cual sería inadmisible

En realidad, la fórmula utilizada en la redacción esta norma, es una copia textual de los dos primeros párrafos del artículo 21 de la *Convención Americana sobre Derechos Humanos,* que en esta materia es un marco general que se aplica a todos los países signatarios, pero que en la legislación interna tiene que adaptarse al contexto legal de cada país.

Lo contrario, sería violar el principio de la progresividad en materia de derechos humanos, principio que obliga a la Asamblea, como límite a su actividad conforme a la *Base octava de la Pregunta segunda del Referéndum* del 25-4-99, de manera que en la regulación de los derechos fundamentales estos no pueden resultar desmejorados.

Por ello, estimamos que la primera parte del primero de los artículos citados debe ser eliminada, y en su lugar ubicar el tercero de los artículos citados que utiliza, para regular la propiedad, la misma fórmula de la Constitución de 1961, pero al cual habría que agregar la posibilidad de que la Ley pueda también establecer "restricciones " a la propiedad y no sólo "contribuciones y obligaciones".

En esta forma, el artículo sobre propiedad, trasladándolo del Título sobre el "sistema socio-económico" al capítulo de los "Derechos Económicos", debería quedar redactado así:

> *"Art.* __ Se garantiza el derecho de propiedad. En virtud de su función social la propiedad estará sometida a las contribuciones, restricciones y obligaciones que establezca la Ley con fines de utilidad pública o de interés general".

2. *El Régimen de la Expropiación*

En cuanto al régimen de la expropiación, también se evidencia una contradicción entre el párrafo del primer artículo y la segunda y cuarta norma citadas.

En efecto, en el primer caso se regula la expropiación sólo mediante pago de una "justa y oportuna" indemnización, sin exigirse, en primer lugar, el carácter previo del pago de la misma, lo que es contrario a la garantía patrimonial que acompaña a la institución de la expropiación; y en segundo lugar, sin exigirse sentencia firme, es decir, la garantía judicial, lo cual permitiría expropiaciones administrativas, las cuales jamás se hacen admitido en Venezuela. Prever regulaciones de este tipo, además, también significaría violar el límite que le impone a la Asamblea la *Base octava de la Pregunta segunda del Referéndum* del 25-4-99, en el sentido de respetar la progresividad de los derechos fundamentales.

Por ello, en nuestro criterio, debe optarse por la redacción que tiene el segundo de los artículo citados, que sigue la orientación del artículo 101 de la Constitución de 1961, eliminándose el referido párrafo del primero y el cuarto de los textos citados, por lo que la norma debería quedar redactada así:

> *"Art.*__ Sólo por causa de utilidad pública o de interés social, mediante sentencia firme y pago de justa indemnización, podrá ser declarada la expropiación de cualquier clase de bienes.

3. *La proscripción de la confiscación*

Ha sido una tradición de nuestra historia republicana, el de la proscripción de la confiscación, lo cual se remonta al Texto constitucional de 1830 (art. 206).

Estimamos que la nueva Constitución debe continuar esta tradición republicana como lo exige la *Base octava de la Pregunta segunda del Referéndum* del 25-4-99. En tal sentido debe recordarse lo establecido en la Constitución de 1961, cuyo artículo 102, establece:

> *"Art. 102.* No se decretarán ni ejecutarán confiscaciones sino en los casos permitidos por el artículo 250. Quedan a salvo, respecto del los extranjeros, las medidas aceptadas por el derecho internacional".

Es decir, conforme a esta norma se declara la proscripción de la confiscación con sólo dos limitaciones, en el sentido de casos en los que procedería: respecto de los extranjeros, conforme a lo establecido en el derecho internacional; y respecto de todas aquellas personas que se enriquezcan ilícitamente el amparo de la usurpación.

Con la esperanza de que las anteriores observaciones sean de utilidad para los trabajos de esas Comisiones, y con el ruego de que se le entregue copia a los miembros de las mismas, me suscribo de Uds.

***
Sobre esta norma, en la sesión de la Asamblea del 31 de octubre de 1999, con ocasión de la primera discusión del proyecto, hice la siguiente exposición:

CONSTITUYENTE BREWER CARÍAS (ALLAN).-Ciudadano Presidente: Para apoyar el artículo 118 tal como está, porque recoge todo el sistema de propiedad, cómo debe ser regulado, y también en cuanto a la garantía frente a la expropiación.

Quería intervenir simplemente para señalar que es esencial que la expropiación requiera sentencia firme. Esa es la garantía judicial frente a la extinción de la propiedad, es la tradición en nuestro país. En la propia Constitución actual dice: "Sólo por causa de utilidad pública o interés social, mediante sentencia firme y pago de justa indemnización".

De manera que era en relación a lo planteado por el constituyente Freddy Gutiérrez, para insistir en la necesidad de que sí permanezca en el texto la referencia a sentencia firme. Es todo, ciudadano Presidente.

Artículo 116. Prohibición de confiscaciones

Artículo 116. No se decretarán ni ejecutarán confiscaciones de bienes sino en los casos permitidos por esta Constitución. Por vía de excepción podrán ser objeto de confiscación, mediante sentencia firme, los bienes de personas naturales o jurídicas, nacionales o extranjeras, responsables de delitos cometidos contra el patrimonio público, los bienes de quienes se hayan enriquecido ilícitamente al amparo del Poder Público y los bienes provenientes de las actividades comerciales, financieras o cualesquiera otras vinculadas al tráfico ilícito de sustancias psicotrópicas y estupefacientes.

Sobre esta norma, además, en la sesión de la Asamblea del 31 de octubre de 1999, con ocasión de la primera discusión del proyecto, hice la siguiente exposición:

CONSTITUYENTE BREWER CARÍAS (ALLAN).-Ciudadano Presidente: Para sugerir algunos cambios de palabras y de redacción que son conceptuales. La expresión "patrimonio nacional" debe ser cambiada por "patrimonio público", y no es simplemente un cambio de palabra, porque patrimonio público es el concepto clásico en el ordenamiento venezolano.

Por otra parte, al final, referir sólo a actividades comerciales o financieras vinculados al tráfico, creo que es limitativo, porque pueden ser actividades industriales o de otra índole. Debemos eliminar "comerciales o financieros".

Además, donde dice: "tráfico ilegal", pienso que más bien debe ser "tráfico ilícito", que es más amplio que la sola ilegalidad, contrariedad a la ley. Y en la segunda línea no debería hablarse: "por vía de excepción podrán ser objeto de confiscación", sino: "por vía de excepción podrán ser objeto de incautación", que es realmente de lo que se trata. De manera que son palabras, pero es conceptual.

En el curso del debate, además, formulé la siguiente propuesta:

Proposición del constituyente Alan Brewer Carías:

Proponemos que se sustituya la expresión "patrimonio nacional" por "patrimonio público" y se eliminen las palabras "comerciales o financieras" en la última frase y se sustituya la palabra "ilegal" por "ilícito".

Artículo 117. Derecho a bienes y servicios de calidad

Artículo 117. Todas las personas tendrán derecho a disponer de bienes y servicios de calidad, así como a una información adecuada y no engañosa sobre el contenido y características de los productos y servicios que consumen; a la libertad de elección y a un trato equitativo y digno. La ley establecerá los mecanismos necesarios para garantizar esos derechos, las normas de control de calidad y cantidad de bienes y servicios, los procedimientos de defensa del público consumidor, el resarcimiento de los daños ocasionados y las sanciones correspondientes por la violación de estos derechos.

Artículo 118. Promoción de asociaciones y cooperativas

Artículo 118. Se reconoce el derecho de los trabajadores y trabajadoras, así como de la comunidad para desarrollar asociaciones de carácter social y participativo, como las cooperativas, cajas de ahorro, mutuales y otras formas asociativas. Estas asociaciones podrán desarrollar cualquier tipo de actividad económica, de conformidad con la ley. La ley reconocerá las especificidades de estas organizaciones, en especial, las relativas al acto cooperativo, al trabajo asociado y su carácter generador de beneficios colectivos.

El Estado promoverá y protegerá estas asociaciones destinadas a mejorar la economía popular y alternativa.

Capítulo VIII. De los derechos de los pueblos indígenas

Artículo 119. Reconocimiento de los pueblos indígenas

Artículo 119. El Estado reconocerá la existencia de los pueblos y comunidades indígenas, su organización social, política y económica, sus culturas, usos y costumbres, idiomas y religiones, así como su hábitat y derechos originarios sobre las tierras que ancestral y tradicionalmente ocupan y que son necesarias para desarrollar y garantizar sus formas de vida. Corresponderá al Ejecutivo Nacional, con la participación de los pueblos indígenas, demarcar y garantizar el derecho a la propiedad colectiva de sus tierras, las cuales serán inalienables, imprescriptibles, inembargables e intransferibles de acuerdo con lo establecido en esta Constitución y la ley.

Sobre esta norma, consideré fundamentalmente que no tenía sentido que se reconociera que las comunidades indígenas tenían una "organización política propia" y "tierras propias," pues ello equivalía a consagrar un Estado (pobla-

ción, territorio y gobierno) dentro del propio Estado. Por ello, en la sesión de la Asamblea del 3 de noviembre de 1999, con ocasión de la primera discusión del proyecto, expresé lo siguiente:

CONSTITUYENTE BREWER CARÍAS (ALLAN).-Presidente: como se está planteando la votación en bloque del capítulo, quiero hacer una referencia al bloque. En el articulado original, la expresión el Estado reconoce, se reconoce y garantiza, se protege y garantiza, se reconoce y protege era una constante. Eso se cambió en este proyecto que leyó Aristóbulo Istúriz y en los artículos 126, 125, 124 se comienza como pienso debe ser en el texto constitucional, los pueblos indígenas tienen derecho, los pueblos indígenas tienen derecho, los pueblos indígenas tienen derecho, y creo que es la misma orientación la que debería seguirse en el artículo primero. Presidente.

Porque desde el momento en que se incluye un capítulo, "De los derechos de los pueblos indígenas" en la Constitución, eso es el reconocimiento del Estado al regularse allí, pero pienso que el primer artículo debería comenzar igual. "Los pueblos y comunidades indígenas tienen derecho a su propia organización social, etcétera, en el mismo sentido que ya se cambió en los artículos subsiguientes. Ese es el primer punto que quería plantear. De manera que se comience el artículo 122, los pueblos y comunidades indígenas tienen su propia organización, y en ese sentido quería también llamar la atención que debería decir, su propia organización, social y económica. No creo que es de buena técnica constitucional reconocer o establecer derechos de organizaciones políticas propias, distintas a la propia organización política que establece la Constitución. La única organización política que se establece es la de esta Constitución, es la del Estado venezolano.

Pienso que lo que debe decir ahí, en las dos primeras frases, "los pueblos y comunidades indígenas tiene su propia organización social y económica. Su cultura, usos de costumbre, idioma, religión, así como su hábitat y siguiendo la redacción que leyó el constituyente Aristóbulo Istúriz. En relación a la segunda frase de ese artículo 122, también pienso que debemos ser precisos, "corresponde al Ejecutivo nacional con la participación de los pueblos indígenas identificar sus tierras", creo que es muy impreciso decir "corresponde al estado", recordemos que el Estado es el conjunto de la organización política de la nación y, por tanto, municipios son estados, los estados federados son estados, y la República es Estado.

De manera que creo que ahí debería decir "corresponde al Ejecutivo nacional, con la participación de los pueblos indígenas", en lugar usar el término "demarcar", deberíamos decir "identificar" sus tierras y garantizar el derecho de propiedad colectiva de las mismas. De manera que la propuesta que formulo para una nueva redacción en el mismo sentido ese artículo 122 sería la siguiente: "Los pueblos y comunidades indígenas tienen su propia organización social y económica. sus culturas, usos y costumbres, idioma y religiones, así como su hábitat y derechos originarios sobre las tierras que ancestral y tradicionalmente ocupan y que son necesarias para desarrollar y garantizar su formas de vida. Corresponde al Ejecutivo nacional, con la participación de los pueblos indígenas identificar sus tierras y garantizar el derecho a la propiedad colectiva de las mismas, las cuales serán inalienables, imprescriptibles, inembargables, intransferibles de acuerdo a lo establecido en esta Constitución y las leyes".

Esa es la propuesta que formulo para una rerredacción, cónsono con el resto del artículo 1° cónsono con el resto del articulado.

Posteriormente, en la sesión de la Asamblea del 13 de octubre de 1999, con ocasión de la segunda discusión del proyecto, hice la siguiente propuesta:

Proposición del constituyente Allan Brewer Carías.

"Los pueblos y comunidades indígenas tienen su propia organización social, económica, su cultura, sus usos y costumbres, idioma y religiones. Corresponde al Ejecutivo Nacional, con la participación de las comunidades y pueblos indígenas, identificar las tierras sobre las cuales podrán ejercer derechos de propiedad colectiva inalienable, imprescriptible, inembargable e intransferible de conformidad con la ley; quedando, en todo caso, incólume la integridad territorial y la soberanía de la Nación venezolana."

Es todo, ciudadano Presidente.

La discusión sobre esta norma se volvió a plantear en la sesión de día 13 de noviembre de 1999, con ocasión de la segunda discusión sobre esta norma, en la cual consigné mi *Voto Salvado* sobre la misma, con el siguiente texto:

Salvo mi voto en relación con la aprobación del artículo 120 (ahora 119) relativo al reconocimiento de la existencia de los pueblos indígenas, pues desde que la Asamblea incorpora al texto constitucional un capítulo relativo a los derechos de los pueblos y comunidades indígenas, les está dando un reconocimiento constitucional, por lo que resulta totalmente inadecuado comenzar el artículo 120 con la expresión "El Estado reconoce la existencia de los pueblos y comunidades indígenas".

Por otra parte, la única organización política que puede una Constitución reconocer, es la que se establece en el propio texto constitucional al organizar el Poder Público. No tiene sentido, por tanto, y más bien tiene efectos dislocadores, el que el Estado "reconozca" que determinados pueblos o comunidades tienen su propia "organización política", si a ello se agrega el reconocer que tienen tierras propias y colectivas ancestrales, no es difícil que cualquiera pretenda deducir el reconocimiento, en la Constitución, de un Estado dentro del propio Estado. Basta recordar que la definición más elemental del concepto Estado, se hace conjugando la existencia de un pueblo, en un territorio con organización política (gobierno) propio.

En mi criterio, el artículo 120 (ahora 119) debió redactarse, en términos generales, como sigue:

"Artículo 120: **Los pueblos y comunidades indígenas tienen su propia organización social y económica, sus culturas, sus usos y costumbres, idiomas y religiones. Corresponde al Ejecutivo Nacional, con la participación de las comunidades indígenas, identificar las tierras sobre las cuales podrán ejercer derechos de propiedad colectiva inalienable, imprescriptible, inembargable e intransferible de conformidad con la ley, quedando en todo caso incólume la integridad territorial y la soberanía de la nación venezolana".**

Artículo 120. Aprovechamiento de recursos naturales en los territorios indígenas

>*Artículo 120.*El aprovechamiento de los recursos naturales en los hábitats indígenas por parte del Estado se hará sin lesionar la integridad cultural, social y económica de los mismos e, igualmente, está sujeto a previa información y consulta a las comunidades indígenas respectivas. Los beneficios de este aprovechamiento por parte de los pueblos indígenas están sujetos a esta Constitución y a la ley.

Artículo 121. Protección de la identidad y cultura indígena

>*Artículo 121.*Los pueblos indígenas tienen derecho a mantener y desarrollar su identidad étnica y cultural, cosmovisión, valores, espiritualidad y sus lugares sagrados y de culto. El Estado fomentará la valoración y difusión de las manifestaciones culturales de los pueblos indígenas, los cuales tienen derecho a una educación propia y a un régimen educativo de carácter intercultural y bilingüe, atendiendo a sus particularidades socioculturales, valores y tradiciones.

Artículo 122. Derecho a la salud de los pueblos indígenas

>*Artículo 122.*Los pueblos indígenas tienen derecho a una salud integral que considere sus prácticas y culturas. El Estado reconocerá su medicina tradicional y las terapias complementarias, con sujeción a principios bioéticos.

Artículo 123. Prácticas económicas en los pueblos indígenas

>*Artículo 123.*Los pueblos indígenas tienen derecho a mantener y promover sus propias prácticas económicas basadas en la reciprocidad, la solidaridad y el intercambio; sus actividades productivas tradicionales, su participación en la economía nacional y a definir sus prioridades. Los pueblos indígenas tienen derecho a servicios de formación profesional y a participar en la elaboración, ejecución y gestión de programas específicos de capacitación, servicios de asistencia técnica y financiera que fortalezcan sus actividades económicas en el marco del desarrollo local sustentable. El Estado garantizará a los trabajadores y trabajadoras pertenecientes a los pueblos indígenas el goce de los derechos que confiere la legislación laboral.

Artículo 124. Propiedad intelectual colectiva en los pueblos indígenas

>*Artículo 124.*Se garantiza y protege la propiedad intelectual colectiva de los conocimientos, tecnologías e innovaciones de los pueblos indígenas. Toda actividad relacionada con los recursos genéticos y los conocimientos asociados a los mismos perseguirán

beneficios colectivos. Se prohíbe el registro de patentes sobre estos recursos y conocimientos ancestrales.

Artículo 125. Derecho a la participación política de los pueblos indígenas

Artículo 125. Los pueblos indígenas tienen derecho a la participación política. El Estado garantizará la representación indígena en la Asamblea Nacional y en los cuerpos deliberantes de las entidades federales y locales con población indígena, conforme a la ley.

Artículo 126. Pueblos indígenas e integridad nacional

Artículo 126. Los pueblos indígenas, como culturas de raíces ancestrales, forman parte de la Nación, del Estado y del pueblo venezolano como único, soberano e indivisible. De conformidad con esta Constitución tienen el deber de salvaguardar la integridad y la soberanía nacional.

El término pueblo no podrá interpretarse en esta Constitución en el sentido que se le da en el derecho internacional.

En todo caso, al final de la sesión del día 13 de noviembre de 1999, con ocasión de la segunda discusión sobre todas las normas del Capítulo sobre los derechos de los pueblos indígenas, que fueron votados en bloque, consigné mi *Voto Salvado* sobre la misma, con el siguiente texto:

En virtud de que la aprobación de los artículos 120 a 127 relativos a los "Derechos de los Pueblos Indígenas" se votó en bloque, salvo mi voto en relación con todo el bloque de artículos, en virtud de que considero que la redacción de algunos de los artículos aprobados no guarda relación con la de otros ni responde a una adecuada técnica constitucional.

En efecto, desde que la Asamblea incorpora al texto constitucional un capítulo relativo a los derechos de los pueblos y comunidades indígenas, les está dando un reconocimiento constitucional, por lo que resulta totalmente inadecuado comenzar el artículo 122 con la expresión "El Estado reconoce la existencia de los pueblos y comunidades indígenas".

Por otra parte, la única organización política que puede una Constitución reconocer, es la que se establece en el propio texto constitucional al organizar el Poder Público. No tiene sentido, por tanto, y más bien tiene efectos dislocadores, el que el Estado "reconozca" que determinados pueblos o comunidades tienen su propia "organización política", si a ello se agrega el reconocer que tienen tierras propias y colectivas ancestrales, no es difícil que cualquiera pretenda deducir el reconocimiento, en la Constitución, de un Estado dentro del propio Estado. Basta recordar que la definición más elemental del concepto Estado, se hace conjugando la existencia de un pueblo, en un territorio con organización política (gobierno) propio.

En mi criterio, los artículos 122, 123, 124, 125, 127 y 128 contentivos de normas relativas a los derechos de los pueblos indígenas, debieron redactarse, en términos generales, como sigue:

Artículo 122: Las comunidades indígenas tienen su propia organización social y económica, sus culturas, sus usos y costumbres, idiomas y religiones. Corresponde al Ejecutivo Nacional, con la participación de las comunidades indígenas, identificar las tierras sobre las cuales podrán ejercer derechos de propiedad colectiva inalienable, imprescriptible, inembargable e intransferible de conformidad con la ley, quedando en todo caso incólume la integridad territorial y la soberanía de la nación venezolana.

Artículo 123: La ley establecerá las condiciones y requisitos para garantizar la participación de las comunidades indígenas en la toma de decisiones respecto del aprovechamiento de los recursos naturales ubicados en las tierras que se demarquen conforme al artículo anterior; la cual deberá salvaguardar la integridad cultural, social y económica de las mismas.

Artículo 124: Las comunidades indígenas tienen derecho a mantener y desarrollar su identidad étnica y cultural, cosmovisión, valores, espiritualidad y sus lugares sagrados y de culto. El régimen educativo en las comunidades indígenas tendrá carácter intercultural y bilingüe, atendiendo a sus peculiaridades socio-culturales, valores y tradiciones. El Estado incentivará la valoración y difusión de las manifestaciones culturales de las comunidades indígenas.

Artículo 125: Las comunidades indígenas tienen el derecho a una salud integral que considere sus prácticas y culturas, su medicina tradicional y las terapias complementarias con sujeción a principios bioéticos.

Artículo 127: La ley regulará los derechos de las comunidades indígenas de propiedad intelectual colectiva de los conocimientos, tecnología e innovaciones de las mismas.

Artículo 128: Se garantiza el derecho de las comunidades indígenas a la participación política. La ley regulará la representación de las comunidades indígenas en la Asamblea Nacional y en los cuerpos deliberantes de las entidades federales y locales en las cuales estén asentadas dichas comunidades.

Capítulo IX. De los derechos ambientales

Artículo 127. Derechos y deberes ambientales

Artículo 127. Es un derecho y un deber de cada generación proteger y mantener el ambiente en beneficio de sí misma y del mundo futuro. Toda persona tiene derecho individual y colectivamente a disfrutar de una vida y de un ambiente seguro, sano y ecológicamente equilibrado. El Estado protegerá el ambiente, la diversidad biológica, los recursos genéticos, los procesos ecológicos, los parques nacionales y monumentos naturales y demás áreas de especial importancia ecológica. El genoma de los seres vivos no podrá ser patentado, y la ley que se refiera a los principios bioéticos regulará la materia.

Es una obligación fundamental del Estado, con la activa participación de la sociedad, garantizar que la población se desenvuelva en un ambiente libre de contaminación, en donde el aire, el agua, los suelos, las costas, el clima, la capa de ozono, las especies vivas, sean especialmente protegidos, de conformidad con la ley.

Artículo 128. Política de ordenación del territorio

Artículo 128. El Estado desarrollará una política de ordenación del territorio atendiendo a las realidades ecológicas, geográficas, poblacionales, sociales, culturales, económicas, políticas, de acuerdo con las premisas del desarrollo sustentable, que incluya la información, consulta y participación ciudadana. Una ley orgánica desarrollará los principios y criterios para este ordenamiento.

Artículo 129. Actividades susceptibles de degradar el ambiente y estudios de impacto ambiental

Artículo 129. Todas las actividades susceptibles de generar daños a los ecosistemas deben ser previamente acompañadas de estudios de impacto ambiental y sociocultural. El Estado impedirá la entrada al país de desechos tóxicos y peligrosos, así como la fabricación y uso de armas nucleares, químicas y biológicas. Una ley especial regulará el uso, manejo, transporte y almacenamiento de las sustancias tóxicas y peligrosas.

En los contratos que la República celebre con personas naturales o jurídicas, nacionales o extranjeras, o en los permisos que se otorguen, que afecten los recursos naturales, se considerará incluida aun cuando no estuviere expresa, la obligación de conservar el equilibrio ecológico, de permitir el acceso a la tecnología y la transferencia de la misma en condiciones mutuamente convenidas y de restablecer el ambiente a su estado natural si éste resultare alterado, en los términos que fije la ley.

Capítulo X. De los deberes

Artículo 130. Deber de honrar y defender a la patria

Artículo 130. Los venezolanos y venezolanas tienen el deber de honrar y defender a la patria, sus símbolos y valores culturales; resguardar y proteger la soberanía, la nacionalidad, la integridad territorial, la autodeterminación y los intereses de la Nación.

Artículo 131. Deber de cumplir la Constitución y las leyes

Artículo 131. Toda persona tiene el deber de cumplir y acatar esta Constitución, las leyes y los demás actos que en ejercicio de sus funciones dicten los órganos del Poder Público.

Artículo 132. Deberes de solidaridad social

Artículo 132. Toda persona tiene el deber de cumplir sus responsabilidades sociales y participar solidariamente en la vida política, civil y comunitaria del país, promoviendo y defendiendo los derechos humanos como fundamento de la convivencia democrática y de la paz social.

Artículo 133. Deber de contribuir con los gastos públicos

Artículo 133. Toda persona tiene el deber de coadyuvar a los gastos públicos mediante el pago de impuestos, tasas y contribuciones que establezca la ley.

Artículo 134. Deber de prestar servicios civil y militar

Artículo 134. Toda persona, de conformidad con la ley, tiene el deber de prestar los servicios civil o militar necesarios para la defensa, preservación y desarrollo del país, o para hacer frente a situaciones de calamidad pública. Nadie puede ser sometido a reclutamiento forzoso.

Toda persona tiene el deber de prestar servicios en las funciones electorales que se les asignen de conformidad con la ley.

En la sesión de la Asamblea del 31 de octubre de 1999, con ocasión de la primera discusión del proyecto, expresé lo siguiente:

CONSTITUYENTE BREWER CARÍAS (ALLAN).-Ciudadano Presidente, colegas constituyentes. En la Constitución vigente, en el artículo dedicado a la libertad y seguridad personales, hay un ordinal que señala: "Nadie puede ser objeto de reclutamiento forzoso ni sometido a servicio militar sino en los términos establecidos en la ley". El principio de la prohibición al reclutamiento forzoso se había recogido por la Comisión de Derechos Humanos y estaba en el proyecto, en el artículo relativo a la objeción de conciencia; pero en la discusión de la Asamblea se eliminó ese artículo en aquel momento y también quedó eliminado el principio de que no se podrá ser objeto de reclutamiento forzoso.

Por eso, propongo agregar a este artículo la frase "Nadie podrá ser objeto de reclutamiento forzoso".

En el curso del debate, en todo caso, se formuló la siguiente propuesta:

Proposición de los constituyentes Allan Brewer Carías y Elio Gómez Grillo: Agregar: "Nadie puede ser sometido a reclutamiento forzoso".

Artículo 135. Obligaciones ciudadanas de solidaridad social

Artículo 135. Las obligaciones que correspondan al Estado, conforme a esta Constitución y a la ley, en cumplimiento de los fines del bienestar social general, no excluyen las que, en virtud de la solidaridad y responsabilidad social y asistencia humanitaria, correspondan a los o a las particulares según su capacidad. La ley proveerá lo conducente para imponer el cumplimiento de estas obligaciones en los casos en que fuere necesario. Quienes aspiren al ejercicio de cualquier profesión, tienen el deber de prestar servicio a la comunidad durante el tiempo, lugar y condiciones que determine la ley.

OCTAVA PARTE
OBSERVACIONES, PROPUESTAS, DEBATES Y VOTOS SALVADOS SOBRE LOS ARTÍCULOS RELATIVOS AL RÉGIMEN DEL PODER PÚBLICO
(ARTÍCULOS 136 A 298)

En esta parte, al igual que en la anterior, se publican, siguiendo el orden del articulado de la Constitución, todas las propuestas que formulé mediante comunicaciones e informes que dirigí a las diversas Comisiones o a la propia Asamblea sobre los diversos temas del régimen del Poder Público, y que se publicaron en los tres tomos de la obra *Debate Constituyente (aportes a la Asamblea Nacional Constituyente)*, Caracas 1999; las diversas intervenciones en la plenaria de la Asamblea durante las dos discusiones del proyecto, que han sido tomadas del *Diario de Debates* de la Asamblea; y los Votos Salvados que consigné luego de cada una de las sesiones, y que se publicaron íntegramente en el Tomo III de la obra *Debate Constituyente (Aportes a la Asamblea Nacional Constituyente*), Caracas 1999.

SECCIÓN PRIMERA: **TÍTULO IV. DEL PODER PÚBLICO (ARTÍCULOS 136 A 185)**

Capítulo I. De las disposiciones fundamentales

Sobre el texto del articulado de este Título IV, presenté el siguiente documento a la Comisión del Poder Público Nacional y a la Comisión Constitucional en la sesión de fecha 30 de septiembre de 1999. La Comisión del poder Público lo acogió y el texto presentado en el Informe fue básicamente el que sirvió de base para la discusión del proyecto

RÉGIMEN GENERAL DEL PODER PÚBLICO Y LAS COMPETENCIAS DEL PODER PÚBLICO NACIONAL

Comunicación enviada al presidente de la Comisión del Poder Público Nacional y al presidente y demás miembros de la Comisión Constitucional en la sesión del 30-09-1999.

Tengo el agrado de dirigirme a Uds. con el objeto de hacerles llegar algunos comentarios y sugerencias, en torno al *Informe final* del Proyecto del Texto Constitucional relativo al Título VI sobre *El Poder Público Nacional* propuesto por la Comisión del Poder Público Nacional de la Asamblea Nacional Constituyente, (y que complementan las observaciones que he efectuado mediante comunicación del 27 de septiembre de 1999), y a la necesidad de incorporar a la Nueva Constitución, conforme a la estructura y a la tradición constitucional de nuestro país, de un Título relativo al *Poder Público*, diferenciado tanto de las regulaciones relativas a las competencias y organización del *Poder Público Nacional* como los Poderes Públicos Estadales y Municipales y que no se ha previsto ni en el mencionado *Proyecto* ni en el documento *Ideas Fundamentales para la Constitución Bolivariana de la V República,* presentado por el Presidente Chávez a la consideración de la Asamblea.

1. *La noción de Poder Público y su distribución*

    A. *El Poder Público como potestad constitucional*

    En efecto, el Poder Público está concebido como la potestad constitucional de las personas jurídicas que conforman el Estado venezolano, cuyo ejercicio, por ellas, distinguen la actividad estatal de las actividades privadas.

    Dicha potestad, conforme al principio de la distribución vertical (territorial) del Poder, se divide en las *ramas* siguientes: Poder Nacional, Poder Estadal y Poder Municipal.

    Adicionalmente, conforme al principio de la separación orgánica de Poderes, en cada una de esas *ramas* del Poder Público, éstas se han dividido tradicionalmente en forma horizontal, así: el *Poder Público Nacional,* en Poder Legislativo Nacional, Poder Ejecutivo Nacional y Poder Judicial; el *Poder Público Estadal,* en Poder Legislativo Estadal y Poder Ejecutivo Estadal; y el *Poder Municipal,* en Poder Legislativo Municipal y Poder Ejecutivo Municipal.

    En el ámbito de la potestad constitucional del Estado, por tanto, el *Poder Público,* es el género, y el *Poder Público Nacional,* es una de sus especies, por lo que es totalmente inconveniente regular principios que se aplican a todo el Poder Público (Nacional, Estadal o Municipal) en el Capítulo destinado al Poder Público Nacional, como se plantea en los documentos antes mencionados presentados a consideración de la Asamblea.

    En consecuencia, la primera sugerencia que quiero formularles es la necesaria separación de las regulaciones, en la Constitución, de las relativas al *Poder Público* en su conjunto, por una parte, y por la otra, las destinadas exclusivamente al *Poder Público Nacional.*

    B. *La distribución vertical del Poder Público en la historia constitucional*

    En cuanto al régimen del Poder Público en un sistema de distribución territorial del Poder, debe señalarse que la regulación constitucional del mismo comenzó a establecerse expresamente en la Constitución de 1858, en la cual se previeron estas dos normas:

    "*Artículo 9*   El Poder Público se divide en Nacional y Municipal".

"Artículo 10   El Poder Nacional se divide en Legislativo, Ejecutivo y Judicial".

Luego de la distribución constitucional efectiva del Poder Público a nivel territorial con las Constituciones del período del Estado Federal (1864-1893), la norma destinada a precisar expresamente la distribución territorial del Poder Público en la Constitución, se reformó a partir de la Constitución de 1901, así:

"Artículo 29   El Poder Público se distribuye entre el Poder Federal y el Poder de los Estados, en los límites establecidos en esta Constitución".

"Artículo 30   El Poder Federal se divide en Legislativo, Ejecutivo y Jurídico".

Estas normas se mantuvieron invariables en las Constituciones de 1904, 1909, 1914 y 1922.

A partir de la Constitución de 1925, la distribución territorial del Poder Público se consolidó en el Texto Constitucional, en *tres niveles,* al agregarse el Poder Municipal, así:

"Artículo 51   El Poder Público se distribuye entre el Poder Federal, el de los Estados y el Municipio, en los límites establecidos por esta Constitución. El Poder Federal se divide en Legislativo, Ejecutivo y Judicial".

Esta norma se repitió en todas las Constituciones posteriores (1928, 1929, 1931, 1936, 1945), invirtiéndose el orden de enumeración de los Poderes en la Constitución de 1947, así:

"Artículo 86   El Poder Público se distribuye entre el Poder Municipal, el de los Estados y el Nacional, y su organización y funcionamiento se rigen, en todo caso, por los principios de gobierno republicano federal, popular, representativo, alternativo y responsable".

Por último, en la Constitución de 1953, se conservó la misma enumeración de la distribución de las ramas del Poder Público, pero en forma más simplificada, así:

"Artículo 40   El Poder Público se distribuye entre el Poder Municipal, el de los Estados y el Nacional".

2. *Las regulaciones generales relativas al Poder Público*

    A. *Las ramas del Poder Público y su enunciación constitucional*

La distribución territorial del Poder Público entre el Poder Nacional, el Poder Estadal y el Poder Municipal, se conservó en la estructura de la Constitución de 1961, pero sin la enumeración tradicional, sustituyéndosela en el artículo 118, por la referencia a las "ramas del Poder Público" las cuales a pesar de la imprecisión, son la del Poder Público Nacional, la del Poder Público Estadal y la del Poder Municipal, así:

"Artículo 118   Cada una de las ramas del Poder Público tiene sus funciones propias, pero los órganos a los que incumbe su ejercicio colaboración entre si en la realización de los fines del Estado".

Estas "ramas del Poder Público", se insiste, son las que derivan de la distribución vertical del Poder Público que conforman la Constitución, montada sobre la forma Federal del Estado y el Municipalismo. El mencionado artículo 118 de la Constitución, por tanto, no se refiere a las solas *ramas* del Poder Público Nacional (que tradicionalmente han sido el Poder Legislativo Nacional, el Poder Ejecutivo Nacional y el Poder Judicial) sino a las ramas del Poder Público, que son la Nacional, la Estadal y la Municipal, teniendo cada una de ellas sus propias funciones.

Ahora bien, tanto en el *Proyecto* presentado a la consideración de la Asamblea por el Presidente Chávez, como en el elaborado por la Comisión del Poder Público Nacional de la Asamblea se incorpora una norma que, en nuestro criterio, mezcla indebidamente conceptos y confunde el Poder Público con el Poder Público Nacional, distorsionando la distribución territorial del Poder y la estructura Federal del Estado que se propone en el mismo *Proyecto*.

Dicha norma, que es la Segunda en el Título VI que regula el Poder Público Nacional, tiene la siguiente redacción:

"*Artículo* Conforman el Poder Público Nacional los poderes Legislativo, Ejecutivo, Judicial, Moral y Electoral. Los órganos y poderes del Estado, así como las ramas del Poder Público tienen sus funciones propias y separadas, pero colaboran entre sí para la realización de los fines del Estado".

Consideramos que esta norma debe ser reformulada, para deslindar los dos ámbitos de su regulación: por una parte, el Poder Público y por la otra, el Poder Público Nacional.

En cuanto a la *primera,* que retomaría la segunda de las frases del artículo del *Proyecto* presentado, debería concebirse con el mismo carácter enumerativo histórico señalado, en una norma que podría quedar redactada así:

"*Artículo* El Poder Público se distribuye entre el Poder Municipal, el de los Estados y el Nacional. Cada una de dichas ramas tiene sus funciones propias, pero los órganos a los que incumbe su ejercicio colaborarán entre sí en la realización de los fines del Estado".

En cuanto a la *segunda,* que se refiere al Poder Público Nacional, la misma, también de acuerdo con la tradición enumerativa y el necesario agregado a la trilogía clásica de la separación de poderes, de los órganos constitucionales con autonomía funcional, podría quedar redactado así:

"*Artículo* El Poder Público Nacional se divide en Legislativo, Ejecutivo, Judicial, Moral y Electoral".

En todo caso, la *primera* norma debería ir en un Capítulo destinado a regular en general al Poder Público; y la *segunda,* a renglón seguido o en el Capítulo destinado a regular el Poder Público Nacional.

B. *El ejercicio del Poder Público y los fines del Estado*

Ahora bien, partiendo de lo anterior, las normas contenidas en el Capítulo I, Título VI del *Proyecto* presentado por el Presidente Chávez a la Asamblea y en el presentado por la Comisión del Poder Público Nacional de la Asamblea, deben revisarse para distinguir cuales son las destinadas al Poder Público en general, y cuales al Poder Público Nacional.

En cuanto a la *primera,* en el *Proyecto* presentado por el Presidente Chávez, se establece una disposición que aún cuando deberían estar destinadas a regular al Poder Público en su conjunto, se la reduce al Poder Público Nacional, en la forma siguiente:

> *"Artículo* El Poder Público Nacional existe como instrumento para lograr el fin último del Estado, definido por la justicia, el bienestar y la felicidad social".

Esta norma se modifica en el *Proyecto* de la Comisión del Poder Público de la Asamblea, la cual propone la siguiente redacción:

> *"Artículo* El Poder Público Nacional es un instrumento para lograr el fin último del Estado, definido por la justicia, el bien común y la seguridad social".

Esta redacción es confusa, pues por una parte, se califica al Poder Público Nacional como un "instrumento"; por la otra, se precisa que dicho "instrumento" tiene por objeto lograr el fin último del Estado, identificándose Poder Público con Poder Público Nacional y excluyendo como parte del Estado los niveles estadales y municipales; y por último, dicho fin se identifica con la justicia, el bienestar y la felicidad social o con la justicia, el bien común y la seguridad social.

Partiendo del supuesto de que ni el Poder Público ni el Poder Público Nacional son "instrumentos" u órganos, sino una potestad constitucional que habilita a los órganos de las personas jurídicas que conforman el Estado para actuar, y si se interpreta lo que se quiso expresar con las propuestas, consideramos que esta podría quedar redactada así:

> *"Artículo* Los órganos del Estado ejercen el Poder Público con el fin de lograr la justicia, el bien común y la seguridad jurídica y social".

El interés de esta norma, en realidad, estaría en la precisión constitucional de los fines del Estado, lo cual debería establecerse en el Título I de la Constitución sobre las Disposiciones Generales. Si allí se incluye una norma de esa naturaleza, ésta sería redundante, pues es obvio que los órganos del Estado, para la consecución de sus fines, ejercen el Poder Público.

C. *La autoridad usurpada y la nulidad de sus actos*

Ahora bien, del contenido del resto de las disposiciones del Capítulo I del Título VI de los Proyectos presentados también resulta que constituyen normas fundamentales relativas al Poder Público, y no sólo al Poder Público Nacional, por lo que también deben destinarse a regular los órganos o funcionarios que ejercen el Poder Público Estadal y Municipal; muchas de las cuales se encuentran expresadas con mejor técnica en la Constitución de 1961, en el Capítulo I (Disposiciones Generales) del Título IV (Del Poder Público), artículos 117 a 135.

Así sucede, ante todo, con el artículo *tercero* del Capítulo I del Título VI del *Proyecto* presentado a la Asamblea por el Presidente Chávez, que equivale al artículo 119 de la Constitución de 1961, con el cambio de la palabra *ineficaz* por *inexistente.*

No es necesario entrar en la polémica de la supuesta "inexistencia" de los actos nulos, pues si se asumió una función, así sea usurpada, y se dictó un acto, este "existe", pudiendo ser nulo, por lo que estimamos que debe conservarse la redacción del artículo 119 de la Constitución actual, como lo propone la Comisión del Poder Público Nacional de la Asamblea, en la siguiente forma:

"*Artículo* Toda autoridad usurpada es ineficaz, y sus actos son nulos".

D. La responsabilidad de los funcionarios o empleados públicos y el principio de la imparcialidad

El *cuarto* de los artículos del *Proyecto* del Presidente Chávez y *quinto* del *Proyecto* de la Comisión del Poder Público Nacional de la Asamblea está dedicado a regular dos cosas distintas, por una parte, la responsabilidad de los funcionarios y por la otra, la imparcialidad de estos, así:

"*Artículo* El ejercicio del Poder Público acarrea responsabilidad individual por abuso de poder o por violación del derecho (por abuso o desviación de poder o por violación de la ley o del derecho)".

"Los servidores públicos están sólo al servicio del Estado y de la comunidad y en ningún caso la filiación política determinaría el nombramiento para un empleo de carrera, su ascenso o remoción".

Estimamos que los dos aspectos señalados deben normarse separadamente.

En cuanto al primer aspecto, se retiene la primera frase del artículo que equivale al artículo 121 de la Constitución vigente, pero en el Proyecto de la Comisión cambiando la expresión "violación de ley" por "violación de la ley o del derecho", y en el *Proyecto* del Presidente Chávez, por la frase "abuso o desviación de poder o por violación de la ley o del derecho".

En estas redacciones consideramos que la remisión al "derecho" es absolutamente inconveniente e imprecisa al tratarse de responsabilidad, pues "el derecho" no sólo está conformado por la Ley, como fuente (cuya violación es precisa), sino incluso por la analogía, la costumbre o los principios generales del derecho. La violación de estas últimas fuentes no debería ser tipificable como originadora de responsabilidad, por la imprecisión del contenido de dichas fuentes. En nuestro criterio, por tanto, debería conservarse, ampliado, el texto del artículo 121 de la Constitución actual, así:

"*Artículo* El ejercicio del Poder Público acarrea responsabilidad individual por abuso o desviación de poder o por violación de ley".

En cuanto a la *segunda parte* del artículo propuesto, que se refiere a la imparcialidad de los funcionarios, consideramos, ante todo que no debe utilizarse la vaga expresión de "servidores públicos" en sustitución de la tradicional expresión, con sentido jurídico propio en el derecho administrativo, de "funcionarios o empleados públicos", la cual debería conservarse en ésta y las otras normas constitucionales. Por otra parte, consideramos inconveniente, que la norma no prohíba, como sí lo hace el artículo 122 de la Constitución de 1961, el que los funcionarios públicos, puedan estar al servicio de "parcialidades políticas".

Por otra parte, la proscripción que se propone de la militancia política como determinante para nombramiento de funcionarios, sólo se limita a los empleos "de carrera", pero no se prohíbe respecto del resto de funcionarios públicos, particularmente de libre nombramiento y remoción que, incluso, por las regulaciones de la Ley de Carrera Administrativa, son la gran mayoría.

Estimamos, por ello, que esta norma debería quedar redactada así:

"Artículo Los funcionarios o empleados públicos están al servicio del Estado y no de parcialidad política alguna. Su nombramiento y remoción no podrá estar determinada por la filiación política".

E. *La incompatibilidad de los funcionarios o empleados públicos para contratar con el Estado*

El artículo *quinto* del mencionado Capítulo, del *Proyecto* del Presidente Chávez, que equivale al artículo undécimo del *Proyecto* presentado por la Comisión del Poder Público Nacional, establece la incompatibilidad para la celebración de contratos entre los funcionarios públicos y los entes estatales, así:

"Artículo Los servidores públicos no podrán celebrar por sí o por interpuesta persona o en representación de otro, contratos con entidades públicas o con personas privadas que manejen o administren recursos públicos".

Esta norma, que relativamente equivale al artículo 124 de la Constitución vigente, tiene una serie de imprecisiones terminológicas que deben corregirse. En *primer lugar,* de nuevo debe advertirse sobre la utilización del término "servidores públicos", que debe sustituirse por la expresión técnica de "funcionarios o empleados públicos"; en *segundo lugar,* la referencia a "entidades públicas", lo que por su imprecisión dificultaría la aplicación de la norma (¿se trata de las personas jurídicas de derecho público? ¿incluye a las personas jurídicas de derecho privado estatales? ¿incluye a las personas jurídicas de derecho público no estatales?); y en *tercer lugar,* la referencia a la acción de "manejar o administrar recursos públicos" por personas privadas.

En este último aspecto, "el manejo o administración de recursos públicos" como concepto relativo a "personas privadas" es totalmente impreciso. Además de que la referencia a "personas privadas" puede considerarse impropia, pues la distinción correcta de las personas jurídicas en el mundo contemporáneo del derecho administrativo no es entre "personas públicas" y "personas privadas" sino, por una parte, entre "personas de derecho público y personas de derecho privado" y por la otra, entre "personas jurídicas estatales y no estatales".

La norma, por tanto, y de acuerdo con la tradición constitucional y la intención que puede deducirse de los *Proyectos,* podría redactarse siguiendo los lineamientos del artículo 124 de la Constitución vigente, así:

"Artículo Nadie que esté al servicio de la República, de los Estados, de los Municipios y demás personas jurídicas de derecho público o de derecho privado estatales, podrá celebrar contrato alguno con ellas, ni por si ni por interpuesta persona ni en representación de otro, salvo las excepciones que establezca la ley".

F. *La prohibición de la utilización del empleo público como instrumento de presión política y proselitista*

La *séptima* norma del Capítulo I del Título VI del *Proyecto* presentado por Presidente Chávez a la consideración de la Asamblea, regula el supuesto de la utilización del empleo público para presionar a los ciudadanos a respaldar campañas políticas, lo que se castiga con sanción de inhabilitación política. En sentido similar se presenta dicha norma en el artículo octavo del *Proyecto* presentado por la Comisión del Poder Público Nacional de la Asamblea.

Esta norma, en realidad, es un supuesto derivado del antes mencionado principio de la imparcialidad, pero con la previsión de una sanción de tal naturaleza que tendría que ser aplicada por una autoridad judicial. Recuérdese que esta pena, en el Código Penal, es una pena accesoria, por lo que su previsión como pena principal, sólo podría regularse en el Código Penal y establecerse por la autoridad judicial. La norma, en realidad, consideramos que es de rango legislativo debiendo conservarse en la Constitución el principio general mencionado de la imparcialidad del funcionario. Sin embargo, en caso de insistirse en prever el supuesto, estimamos que el artículo podría redactarse así:

"*Artículo* La utilización del empleo público para presionar o estimular a los ciudadanos para respaldar u oponerse a campañas políticas o a un candidato a ser electo en votación popular, compromete la responsabilidad penal y disciplinaria del funcionario o empleado público que lo haga. La ley establecerá las sanciones del caso, incluso la inhabilitación para el desempeño de funciones públicas por un lapso de tiempo determinado".

G. *La inhabilitación política por los delitos contra el patrimonio público*

El *séptimo* artículo del Capítulo I del Título VI del *Proyecto* presentado por el Presidente Chávez, establece una pena similar por delitos contra la cosa pública así:

"*Artículo* El servidor público que fuere condenado por delitos contra el patrimonio del Estado queda inhabilitado para el desempeño de cualquier función pública".

Además de la observación ya hecha relativa al empleo de término "servidor público", debe señalarse que para utilizar la expresión "patrimonio del Estado" en lugar de "patrimonio público" tendría que darse una definición de qué se entiende por "Estado" lo cual limitaría el ámbito de aplicación de la norma, pues el Estado es el conjunto de personas jurídicas de derecho público que ejercen el Poder Público, lo que reduciría el ámbito de aplicación de la norma a la República, a los Estados y a los Municipios. En cambio, la expresión "patrimonio público" es más amplia, y abarca el patrimonio del conjunto de personas que forman el sector público, incluyendo las personas de derecho privado estatales.

En cuanto a la pena prevista por estos delitos, al establecérsela por tiempo indeterminado, podría configurarse como una pena perpetua que tradicionalmente ha sido proscrita constitucionalmente en nuestro país, como también la prohíbe el *Proyecto* presentado por el Presidente Chávez en el régimen de la integridad personal.

Esto, sin embargo, se ha corregido en el artículo noveno del *Proyecto* presentado por la Comisión del Poder Público Nacional al agregarse a la norma la frase "La ley determinará el tiempo de la inhabilitación".

En consecuencia, la redacción de la norma podría quedar así:

"*Artículo* Los funcionarios o empleados públicos que fueren condenados por delitos contra el patrimonio público quedarán inhabilitados para el desempeño de cualquier función pública, por el tiempo que determine la ley".

H. *El principio de legalidad*

La última de las normas relativas al Poder Público, incorporada en el Capítulo I (Principios fundamentales) del Título VI (Del Poder Público Nacional) del *Proyecto* presentado por el Presidente Chávez a la Asamblea y que se recoge en el artículo cuarto del *Proyecto* presentado por la Comisión del Poder Público Nacional de la Asamblea, se refiere al principio de legalidad, que se define en el art. 117 de la Constitución de 1961, así:

"*Artículo 117*. La Constitución y las leyes definen las atribuciones del Poder Público y a ellas debe sujetarse su ejercicio".

Los Proyectos proponen sustituir este enunciado por un artículo con esta redacción:

"*Artículo* El Poder Público debe sujetar su actividad a la Constitución y a la ley".

Este enunciado adolece de varias fallas que deben destacarse. En *primer lugar*, se insiste en que el Poder Público no es un órgano o un conjunto de órganos que deban sujetarse a algo y que puedan realizar una actividad. El Poder Público es una potestad constitucional que ejercen los órganos del Estado, por lo que en realidad la norma debería decir:

"Los órganos del Estado en ejercicio del Poder Público deben sujetar su actividad a la Constitución y a la Ley".

Por ello, en realidad, el artículo 117 de la Constitución de 1961 debería ser modificado en ese mismo sentido, y la norma podría quedar redactada así:

"*Artículo* La Constitución y las leyes definen las atribuciones de los órganos que ejercen el Poder Público, a las cuales deben sujetarse las actividades que realicen".

I. *El régimen de los contratos de interés público (nacional, estadal o municipal) y la cláusula de inmunidad jurisdiccional*

Las observaciones anteriores ponen en evidencia, en nuestro criterio, la necesidad de distinguir las normas que se refieren al *Poder Público* en general, es decir, que regulan a los órganos estatales de los tres niveles de división del mismo: Nacional, Estadal y Municipal; de las normas que sólo se refieren al primer nivel, al Poder Público Nacional.

En consecuencia, debe establecerse un Capítulo que regule el Poder Público en general, en el cual deben estar las normas respectivas antes indicadas y otras que están en la actual Constitución de 1961 en las disposiciones generales del Poder Público, pero que sólo están parcialmente incorporadas al *Proyecto* presentado por el Presidente Chávez a la consideración de la Asamblea, y a las cuales no se menciona sino muy parcialmente en el Proyecto presentado por la Comisión del Poder Público Nacional a la Asamblea. Entre esas normas están las relativas a los denominados *contratos de interés público*, denominación que responde al mismo principio de distribución vertical del Poder Público que hemos analizado.

En efecto, en los artículos 126 y 127 de la Constitución de 1961 se utiliza la expresión genérica "contratos de interés público" para abarcar tres especies de contratos: "contratos de interés público nacional, contratos de interés público estadal y contratos de interés público municipal"; y, en consecuencia, someterlos a un régimen general mediante la previsión, en su texto, de determinadas cláusulas obligatorias, sobre la exigencia de aprobación o autorización legislativa y la prohibición de cesión de los mismos, y cuya inclusión, en el Capítulo general sobre el Poder Público tiene, precisamente por objeto, imponer su aplicación no sólo a los contratos que celebren los órganos del Poder Público Nacional sino a los que celebren los órganos de los Poderes Públicos estadales y municipales.

Por ello es necesario incorporar al Capítulo general relativo al Poder Público, el artículo del *Proyecto* presentado por el Presidente Chávez contenido en el Título V relativo al Sistema Económico y que se refiere a la Cláusula de Inmunidad Jurisdiccional aún cuando reducida sólo a "los contratos en los que participe la República y sean de interés público". La Cláusula, que está en el artículo 127 de la Constitución de 1961 y que en nuestro criterio, como lo hemos indicado en otro documento (véase Allan R. Brewer-Carías, *Debate Constituyente. Aportes a la Asamblea Nacional Constituyente*, Tomo I (8 agosto-8 septiembre 1999), Caracas 1999, págs. 209-233, debe conservarse como de *inmunidad relativa de jurisdicción* y no de inmunidad absoluta como se propone; tiene que establecerse como obligatoria para los contratos que celebren todos los órganos del Poder Público y no sólo la República; es decir, también los que celebren los Estados y los Municipios. Por lo demás, reducir la obligatoriedad de la cláusula sólo a los contratos que celebre la República "y sean de interés público" sugiere la idea de que podría haber contratos celebrados por la República que no fueran "de interés público", lo cual no es posible.

En realidad, allí se está utilizando la expresión "interés público" en una forma distinta a la tradición constitucional que implica que todo contrato celebrado por un ente estatal es de interés público, y la única distinción que se establece es que puede ser de interés público *nacional, estadal* o *municipal,* según el nivel de distribución del Poder Público en el cual se celebren.

Pero además de la Cláusula de Inmunidad de Jurisdicción, también debe conservarse en la Nueva Constitución la denominada Cláusula Calvo, que regula la última parte del artículo 127 de la Constitución de 1961 y que no se ha recogido en el *Proyecto* presentado por el Presidente Chávez a la consideración de la Asamblea ni en el *Proyecto* presentado por la Comisión del Poder Público Nacional de la Asamblea.

En consecuencia, conforme a lo que hemos argumentado en otro documento (véase "Propuesta sobre la cláusula de inmunidad relativa de jurisdicción y sobre la Cláusula Calvo en los contratos de interés público" en Allan R. Brewer-Carías, *Debate Constituyente (Aportes a la Asamblea Nacional Constituyente)*, Tomo I (8 agosto - 8 septiembre 1999), Caracas 1999, págs. 209 a 233), proponemos que se incluya en el Capítulo relativo al Poder Público la norma equivalente del artículo 127 de la Constitución, así:

> "*Artículo* En los contratos de interés público, si no fuere improcedente de acuerdo con la naturaleza de los mismos, se considerará incorporada, aun cuando no estuviere expresa, una cláusula según la cual las dudas y controversias que puedan suscitarse sobre dichos contratos y que no llegaren a ser resueltas amigablemente por las partes contratantes serán decididas por los Tribunales competentes de la República, en conformidad con sus leyes, sin que por ningún motivo ni causa puedan dar origen a reclamaciones extranjeras".

J *La aprobación legislativa en los contratos de interés nacional*

También estimamos que deben conservarse, en la Constitución, las normas relativas a la prohibición de cesión de contratos de interés público y la relativa a las autorizaciones y aprobaciones parlamentarias, que se establecen en el artículo 126 de la Constitución.

En tal sentido, en el *Proyecto* presentado por la Comisión del Poder Público Nacional de la Asamblea, sólo se retiene una norma con el siguiente texto:

> "*Artículo* Sin la aprobación de la Asamblea Nacional, no podrá celebrarse ningún contrato de interés nacional, salvo los que fueren necesarios para el normal desarrollo de la Administración Pública o lo que permita la ley".

Esta redacción equivale a la primera frase del artículo 126 de la Constitución de 1961, cuya interpretación a dado origen a más de 30 años de polémica entre los especialistas en derecho administrativo, sobre lo que ha de entenderse por "contrato de interés nacional" y las excepciones a la aprobación legislativa, particularmente en cuanto a la expresión "los que permita la ley". (Véase "Los contratos de interés nacional y su aprobación legislativa" en Allan R. Brewer-Carías, *Estudios de Derecho Público, Tomo I, (Labor en el Senado 1982),* Caracas 1983, págs. 183 y sigts.)

La práctica constitucional, en relación con esta norma, ha conducido a que los contratos de interés nacional (que, como se dijo anteriormente, son los de interés público nacional quedando excluidos de la aprobación parlamentaria nacional, los contratos de interés público estadal y municipal) que se han sometido a la aprobación parlamentaria, han sido sólo aquellos respecto de los cuales la ley expresamente ha establecido este requisito. Es decir, la aprobación legislativa sólo se ha producido cuando la ley respectiva ha sometido los contratos de interés nacional a tal requisito, convirtiéndose la excepción en la regla.

En consecuencia, estimamos que la norma debería redactarse en forma cónsona con la realidad del país y la práctica constitucional, así:

> "*Artículo* La celebración de los contratos de interés público nacional requerirá aprobación del Congreso en los casos en los cuales lo determine la ley".

Pero además, estimamos que deben conservarse los dos últimos párrafos del artículo 126 de la Constitución de 1961, con el siguiente texto:

"Artículo No podrá celebrarse ningún contrato de interés público nacional, estadal o municipal con Estados o entidades oficiales extranjeras, ni con sociedades no domiciliadas en Venezuela, ni traspasarse a ellos sin la aprobación del Congreso.

La ley puede exigir en los contratos de interés público determinadas condiciones de nacionalidad, domicilio o de otro orden, o requerir especiales garantías".

K. *La duración de los períodos constitucionales de los órganos de los poderes públicos*

Por otra parte, y en relación con el régimen de los Poderes Públicos Nacional, Estadal y Municipal, estimamos que debe retenerse en el texto constitucional la norma que regula la duración de los períodos de los mismos y que está en el artículo 135 de la Constitución de 1961. En el Proyecto presentado a la Comisión Constitucional, este aspecto se pretende regular casuísticamente, en las normas relativas al Poder Ejecutivo y al Poder Legislativo Nacional y las relativas a los Poderes Públicos Estadales y Municipales. Estimamos que, en contrario, debe establecerse una regulación general, así:

"Artículo Los períodos constitucionales de los órganos del Poder Nacional durarán ___ años, salvo disposición especial de esta Constitución.

Los períodos de los órganos de los poderes públicos estadales y municipales serán fijados por la ley nacional y no serán menores de   años ni mayores de   ".

En relación con esta norma, en la Nueva Constitución habrá que establecer los nuevos lapsos de duración de los períodos de los poderes públicos según las reformas que se adopten.

L. *El régimen de las Fuerzas Armadas y su regulación en otro Capítulo*

La Constitución de 1961, en el Capítulo de Disposiciones Generales relativas al Título IV sobre el Poder Público, contiene una serie de materias que en la Nueva Constitución, con seguridad, pasarán a ser objeto de regulación en otros títulos.

En *primer lugar,* están las normas destinadas a regular las Fuerzas Armadas Nacionales y el régimen militar y de policía, que son las siguientes:

"Artículo 131 La autoridad militar y la civil no podrán ejercerse simultáneamente por un mismo funcionario, excepto por el Presidente de la República, quien será, por razón de su cargo, Comandante en Jefe de las Fuerzas Armadas Nacionales.

Artículo 132 Las Fuerzas Armadas Nacionales forman una institución apolítica, obediente y no beligerante, organizada por el Estado para asegurar la defensa nacional, la estabilidad de las instituciones democráticas y el respeto a la Constitución y a las leyes, cuyo acatamiento estará siempre por encima de cualquier otra obligación. Las Fuerzas Armadas Nacionales estarán al servicio de la República, y en ningún caso al de una persona o parcialidad política.

Artículo 133 Sólo el Estado puede poseer y usar armas de guerra. Todas las que existan, se fabriquen o se introduzcan en el país pasarán a ser propiedad de la República, sin indemnización ni proceso. La fabricación, comercio, posesión y uso de otras armas serán reglamentados por la ley.

Artículo 134 Los Estados y Municipios sólo podrán organizar sus fuerzas de policía de acuerdo con la ley".

Estas normas las estudiaremos al considerar el Informe y Proyecto de la Comisión de Defensa de la Asamblea.

M. *El régimen de los Tratados y su regulación en otros Capítulos*

En *segundo lugar*, están las normas destinadas a regular el régimen de los Tratados Internacionales, así:

"Artículo 128 Los tratados o convenios internacionales que celebre el Ejecutivo Nacional deberán ser aprobados mediante ley especial para que tengan validez, salvo que mediante ello se trate de ejecutar o perfeccionar obligaciones preexistentes de la República, de aplicar principios expresamente reconocidos por ella, de ejecutar actos ordinarios en las relaciones internacionales o de ejercer facultades que la le atribuya expresamente al Ejecutivo Nacional. Sin embargo, la Comisión Delegada del Congreso podrá autorizar la ejecución provisional de tratados o convenios internacionales cuya urgencia así lo requiera, los cuales serán sometidos, en todo caso, a la posterior aprobación o improbación del Congreso.

En todo caso, el Ejecutivo Nacional dará cuenta al Congreso, en sus próximas sesiones, de todos los acuerdos jurídicos internacionales que celebre, con indicación precisa de su carácter y contenido, estén o no sujetos a su aprobación.

Artículo 129 En los tratados, convenios y acuerdos internacionales que la República celebre, se insertará una cláusula por la cual las partes se obliguen a decidir por las vías pacíficas reconocidas en el derecho internacional, o previamente convenidas por ellas, si tal fuere el caso, las controversias que pudieren suscitarse entre las mismas con motivo de su interpretación o ejecución si no fuere improcedente y así lo permita el procedimiento que deba seguirse para su celebración".

Estimamos que estas normas deben retenerse en el nuevo texto constitucional. En contraste, encontramos que en el *Proyecto* presentado por el Presidente Chávez a la consideración de la Asamblea, se propone incluir en la Constitución un artículo que establece la obligatoriedad, en todo caso, de la aprobación de todos los Tratados por la Asamblea Nacional, eliminándose la categoría de Tratados o Acuerdos de ejecución de otros, que no requieren dicha aprobación conforme al citado artículo 128 de la Constitución actual. La norma del *Proyecto* del Presidente Chávez, ubicada en el Título VIII sobre las Relaciones Internacionales, tiene el siguiente texto:

"Artículo Los Tratados Internacionales suscritos por la República deben ser aprobados por la Asamblea Nacional antes de su ratificación por el Presidente de la República. Cuando la materia de que se trate esté referida a la Defensa Nacional, a la soberanía, el dominio, la integridad territorial, su entrada en vigencia queda supeditada a su aprobación en referéndum nacional".

Los comentarios en relación con esta norma lo haremos al recibir el *Proyecto* respectivo de articulado constitucional de la Comisión de Relaciones Internacionales de la Asamblea, pero en caso de insistirse en su inclusión en este capítulo, debería limitarse a la exigencia de la aprobación refrendaria, eliminándose, sin embargo, el tema de los Tratados referidos a la defensa nacional, lo que estimamos limitaría excesivamente la acción del Estado en la materia. La norma con el siguiente texto podría entonces constituir un aparte del equivalente al actual artículo 128 de la Constitución.

"Los Tratados Internacionales relativos a la soberanía, el dominio y la integridad territorial deberán ser aprobados en referéndum nacional como condición para que entren en vigencia".

N. *El régimen de las relaciones entre el Estado y la Iglesia*

Otra norma que tradicionalmente se ha incorporado en las Constituciones venezolanas ha sido la que establece las bases de relaciones entre el Estado y la Iglesia, y que conforme al principio del Patronato Eclesiástico, tiene el siguiente texto en la vigente Constitución:

"*Artículo 130* En posesión como está la República del Derecho de Patronato Eclesiástico, lo ejercerá conforme lo determine la ley. Sin embargo, podrán celebrarse convenios o tratados para regular las relaciones entre la Iglesia y el Estado".

El régimen entre el Estado y la Iglesia se ha regulado en el *modus vivendi* de 1964, en el cual se ha establecido un acuerdo que podría decirse que lo aleja del régimen de Patronato. Por ello, la eliminación o inclusión de una norma en sentido similar al artículo 130 de la Constitución, debe ser objeto de una motivación adecuada.

Ñ. *El régimen de la función pública*

En el Capítulo de las normas relativas al Poder Público Nacional, en el Proyecto presentado por la Comisión del Poder Público Nacional de la Asamblea, se proponen una serie de regulaciones destinadas a los funcionarios o empleados públicos, sea nacionales, estadales o municipales, lo que confirma la necesidad de que esta normativa se incluya en un Título destinado al Poder Público y no sólo al Poder Público Nacional.

En efecto, el *sexto* artículo del *Proyecto* presentado por la Comisión del Poder Público Nacional de la Asamblea, establece lo siguiente:

"*Artículo No habrá empleo público que no tenga funciones detalladas en la ley o reglamento y para proveer los de carácter remunerado se requiere que sus respectivos emolumentos estén previstos en el presupuesto correspondiente.*

Nadie podrá desempeñar más de un destino público remunerado simultáneamente, salvo las excepciones que determine la ley".

Esta norma busca regular dos aspectos diferentes del régimen de la función pública que conciernen, *primero,* al régimen general y, *segundo,* al de las incompatibilidades.

En cuanto a la norma sobre el régimen general, estimamos conveniente la orientación de establecer disposiciones que regulen el régimen de la función pública en relación con los tres niveles de gobierno (nacional, estadal y municipal) y no sólo con el nivel nacional, como lo hace el artículo 122 de la Constitución vigente, para lo cual debe también tenerse en cuenta lo regulado en el artículo 2º de la Enmienda Constitucional Nº 2 de 1983 y en el artículo 229 de la Constitución de 1961.

Dicha norma, por tanto, podría quedar redactada así:

"Artículo Las leyes establecerán el estatuto de la función pública mediante normas sobre el ingreso, ascenso, traslado, suspensión y retiro de los empleados de las Administraciones Públicas, y proveerán su incorporación al sistema de seguridad social.

Todo empleo público debe tener detalladas en la ley o reglamento las funciones correspondientes a su desempeño; y los funcionarios o empleados públicos están obligados a cumplir los requisitos establecidos por la ley para el ejercicio de su cargo".

En la propuesta de la Comisión del Poder Público Nacional, además, se propone la incorporación a nivel constitucional de una norma que estimamos procedente sobre la función pública, que constituye el artículo *siete* del *Proyecto*, y que podría tener la siguiente redacción, cónsona con la terminología que proponemos de "funcionarios o empleados públicos" en lugar de "servidores públicos":

"Artículo Los cargos de los órganos de la Administración Pública son de carrera. Se exceptúan los de elección popular, los de libre nombramiento y remoción, los contratados, los obreros al servicio de la Administración Pública y los demás que determine la Ley.

El ingreso de los funcionarios o empleados públicos a los cargos de carrera será por concurso público, fundamentado en principios de idoneidad y eficiencia. El ascenso estará sometido a métodos científicos basados en el sistema de méritos y el traslado, suspensión y retiro será de acuerdo a su desempeño".

En cuanto a las remuneraciones, es necesario establecer algunos principios como los propuestos por la Comisión del Poder Público Nacional, integrado con la última frase del primer párrafo del artículo 229 de la Constitución de 1961, en un artículo que podría tener la siguiente redacción:

"Artículo Para la ocupación de cargos de carácter remunerado es necesario que sus respectivos emolumentos estén previstos en el presupuesto correspondiente.

Las escalas de salarios en la Administración Pública se establecerán reglamentariamente conforme a la ley.

Una ley nacional podrá establecer límites a los emolumentos que devenguen los funcionarios y empleados públicos de los Estados y de los Municipios".

También estimamos que debe recogerse la norma del artículo 2º de la Enmienda Constitucional Nº 2 de 1983 que establece la competencia de la ley nacional para establecer el régimen de las jubilaciones y pensiones de funcionarios o empleados públicos. Dicha norma podría tener la siguiente redacción:

"Artículo La ley nacional establecerá el régimen de las jubilaciones y pensiones de los funcionarios o empleados públicos nacionales, estadales y municipales".

Otra norma que debe desarrollarse, que deriva del segundo párrafo del artículo *sexto* del *Proyecto* de la Comisión, se refiere a las incompatibilidades para el desempeño de funciones públicas. Estimamos que en tal sentido debe mantenerse la precisión del artículo 123 de la Constitución de 1961, con el siguiente texto al que se ha agregado la compatibilidad en relación con las jubilaciones y pensiones conforme a la ley, de acuerdo con el artículo 2° de la Enmienda Constitucional N° 2 de 1983:

"*Artículo* Nadie podrá desempeñar a la vez más de un destino público remunerado, a menos que se trate de cargos académicos, accidentales, asistenciales, docentes, edilicios o electorales que determine la ley. La aceptación de un segundo destino que no sea de los exceptuados en este artículo implica la renuncia del primero salvo cuando se trate de suplentes mientras no reemplacen definitivamente al principal.

Sólo podrá disfrutarse más de una jubilación o pensión en los casos que expresamente se determine en la ley".

Otras incompatibilidades deben recogerse en la Constitución. Una de ellas es la prevista en el artículo *décimo* del *Proyecto* presentado por la Comisión del Poder Público Nacional, respecto de cargos u honores extranjeros que tiene el siguiente texto:

"*Artículo* Los servidores públicos no podrán aceptar cargos, honores o recompensas de gobiernos extranjeros u organismos internacionales ni celebrar contratos con ellos sin previa autorización de la Asamblea Nacional".

Esta norma, que tiene su origen en el artículo 125 de la Constitución de 1961, agrega a la lista de exigencia de aprobación legislativa, sin justificación alguna, la aceptación de un cargo en un organismo internacional, lo que realmente no tiene sentido e implicaría una limitación intolerable a los derechos de las personas. Por ello, proponemos regresar a la redacción del artículo 125 de la Constitución así:

"*Artículo* Los funcionarios o empleados públicos no podrán aceptar cargos, honores o recompensas de gobiernos extranjeros sin la autorización del Senado".

O. *La regulación de la responsabilidad del Estado*

Por último, estimamos necesario que en la Nueva Constitución se establezca una norma que regule en forma precisa la responsabilidad patrimonial del Estado. Como hemos señalado, en el Capítulo del Poder Público sólo se regula la responsabilidad de los funcionarios (art. 119 de la Constitución vigente), estando destinado el artículo 47 de la actual Constitución, en cierta forma incompleta, a regular la responsabilidad del Estado.

Estimamos que, precisamente en el Capítulo relativo al Poder Público, es donde debe incorporarse una norma que regule la responsabilidad patrimonial del Estado.

En efecto, uno de los principios fundamentales e inherentes a todo Estado de Derecho es, sin duda, el principio de responsabilidad patrimonial del Estado, por los daños o perjuicios que sean causados a los particulares por los actos u omisiones de las autoridades públicas y de cualesquiera personas que legítimamente actúen en función administrativa o de servicio público.

Puede decirse que la responsabilidad patrimonial del Estado está consagrada en Venezuela en la Constitución de 1961, en los siguientes términos:

> "*Artículo 47* En ningún caso podrán pretender los venezolanos ni los extranjeros que la República, los Estados o los Municipios les indemnicen por daños perjuicios o expropiaciones que no hayan sido causados por autoridades legítimas en el ejercicio de su función pública".

El antecedente claro y directo de esta norma está en la Constitución de 1901, cuyo artículo 14 fue reproducido sistemáticamente por los textos constitucionales posteriores. En esta forma puede decirse que la Constitución vigente, recoge el principio de la responsabilidad patrimonial del Estado, lo que está respaldado por el contenido de otras normas como los artículos 68 (derecho a la defensa y a la tutela judicial efectiva) y 206 (relativo a la jurisdicción contencioso administrativo), e igualmente de los artículos 3 (carácter democrático y responsable del gobierno); 46 y 121 (sobre la responsabilidad de los funcionarios); 49, 117, 205, 209 (referente a la protección jurisdiccional); 99 y 101 (relativos a la garantía de la propiedad y a la integridad patrimonial); 45, 56, 57, 61 y 223 (relativos al principio de igualdad ante las cargas públicas).

Tales normas, han permitido a la jurisprudencia el desarrollo general y la articulación técnica de todo un sistema de responsabilidad administrativa completo, eficaz e inspirado de principios de Derecho público, tal como es la tendencia actualmente en la mayoría de los países democráticos y basados en la idea del Estado de Derecho. Sin embargo, la elaboración de una Nueva Constitución es la oportunidad propicia para mejorar aún más tales normas y adaptarlas a las más recientes tendencias mundiales, tal como se observa ha sucedido con las Constituciones de muchos países europeos y latinoamericanos.

En contraste, se observa que el *Proyecto* presentado por el Presidente Chávez relativo a las *Ideas Fundamentales para la Constitución Bolivariana de la V República*, no ha tomado en consideración la modernización de las normas relativas a la responsabilidad patrimonial del Estado, pues el mismo, en su Título II, Capítulo III (Derechos Civiles) se limita a señalar, de forma similar a lo previsto en la Constitución de 1961, que

> "En ningún caso podrán pretender los venezolanos ni los extranjeros que la República, los Estados o los Municipios les indemnicen por daños, perjuicios o expropiaciones que no hayan sido causados por autoridades legítimas en el ejercicio".

Por ello, estimamos que en la Nueva Constitución debe procederse a mejorar las normas relativas al principio de responsabilidad patrimonial del Estado, en especial, del actual artículo 47 de la Constitución de 1961, a los fines de sustituirlo por un precepto mucho más moderno.

En este sentido, a título comparativo, es ilustrativo destacar el contenido del artículo 106.2 de la Constitución española de 1978, según el cual:

> "Los particulares, en los términos establecidos por la ley, tendrán derecho a ser indemnizados por toda lesión que sufran en cualquiera de sus bienes y derechos, salvo en los casos de fuerza mayor, siempre que la lesión sea consecuencia del funcionamiento de los servicios públicos".

Por otra parte, igualmente paradigmático es el caso de la Constitución de Colombia de 1991, la cual, adaptándose a las tendencias modernas en la materia, incluyó un artículo 90 del siguiente tenor:

"El Estado responderá patrimonialmente por los daños antijurídicos que le sean imputables causados por la acción o la omisión de las autoridades públicas".

Las anteriores normas constitucionales son el reflejo de las tendencias modernas, por lo que dentro de este contexto, estimamos que debe darse una nueva redacción del artículo regulador de la responsabilidad patrimonial del Estado, a ser incluido dentro del Título de Poder Público en la nueva Constitución de Venezuela, que podría ser la siguiente:

"*Artículo* El Estado responderá patrimonialmente por todos los daños antijurídicos que sufran los particulares en cualquiera de sus bienes y derechos, siempre que la lesión sea imputable al funcionamiento normal o anormal de los servicios públicos o de la actividad administrativa".

En relación con esta propuesta, que hemos preparado con la colaboración del Profesor Luis Ortiz Álvarez, uno de nuestros más destacados especialistas en el tema de la responsabilidad del Estado, el mismo ha indicado que:

"El anterior artículo, en armonía con las tendencias modernas y con las mejores normas constitucionales del Derecho Comparado, contiene las bases de un *sistema indemnizatorio completo y efectivo* de responsabilidad patrimonial del Estado a ser desarrollado bajo principios de Derecho público y a ser controlado por los jueces de la jurisdicción contencioso administrativa. Dicho sistema de responsabilidad cubre *todos los tipos de daños* causados por las *autoridades en el ejercicio de su función pública*, en sentido amplio, lo que alcanza las funciones *legislativas, jurisdiccional y administrativa*. Se trata de una responsabilidad *directa* del Estado y no subsidiaria, quedando siempre a salvo la posibilidad de que el Estado, en caso de *falta personal* de los funcionarios, repita contra éstos.

La responsabilidad patrimonial del Estado alcanza a todas las vertientes de la función administrativa, es decir, *todas las actividades* (hechos, abstenciones, inactividad y actos), trátese de actividades ilegales o ilícitas (anormales) como a las actividades legales o lícitas (normales) cuando éstas generan daños. Igualmente, el sistema de responsabilidad es aplicable a todas las Administraciones o entes públicos e, incluso, a los particulares cuando actúen en función administrativa o en misión de servicio público.

El fundamento general o unitario de todo el sistema o de los dos regímenes de responsabilidad administrativa es la *integridad patrimonial*. El criterio técnico general de la responsabilidad lo constituye la noción de *lesión o daño antijurídico,* en el sentido de que el particular no tiene la obligación de soportar el daño sin indemnización. Dentro de este contexto, por lo demás ya aceptado, al igual que en el derecho comparado, por la jurisprudencia venezolana, el sistema de responsabilidad administrativa es un *sistema mixto,* en el sentido de que, según los casos, el Estado puede responder patrimonialmente a través dos regímenes indemnizatorios, a saber: un régimen de responsabilidad sin falta o por sacrificio particular y un régimen de responsabilidad por falta o funcionamiento anormal.

En concreto, tenemos entonces, por una parte, que en el régimen de responsabilidad por sacrificio particular, la antijuricidad o insoportabilidad de un daño viene dada por presencia e imputación de daños anormales (graves o intensos) y especiales (individualizados) los cuales producirían un sacrificio particular y, por tanto, una ruptura lícita de la igualdad ante las cargas públicas haciéndose necesaria una indemnización compensatoria, independientemente de si el daño es producto del funcionamiento lícito o normal de los servicios públicos o de la actividad administrativa. Se trata, por lo demás, de un régimen indemnizatorio objetivo ya desarrollado por la jurisprudencia e incluso previsto en algunas leyes vigentes, tales como la Ley Orgánica de Ordenación Urbanística (artículo 53) y en la Ley Orgánica de Ordenación del Territorio (artículo 63). Por otra parte, en el régimen de responsabilidad por falta o funcionamiento anormal, la antijuricidad o insoportabilidad del daño viene dada por la presencia de daños de cualquier naturaleza causados por actividades administrativas o servicios públicos en funcionamiento "anormal" o ilícito, esto es, en situaciones de irrespeto o violación a las obligaciones a cargo del Estado. Ambos regímenes de responsabilidad son coexistentes y complementarios y la aplicabilidad de cada uno dependerá de la naturaleza y antecedentes de cada caso concreto". (Comunicación de 22-9-99).

En consecuencia, la inclusión en la nueva Constitución de un artículo sobre la responsabilidad patrimonial del Estado como el que se propone, puede considerarse que constituye un avance constitucional relevante, que daría respuesta precisa y moderna, a la necesidad de la renovación de uno de los temas más fundamentales de todo Estado de Derecho y de Justicia, consolidando en los particulares unos de los derechos y principios más necesarios de toda sociedad moderna

Implicaría, además, alinear a Venezuela con las mejores tendencias constitucionales del Derecho comparado, tanto en Europa como en Latinoamérica, donde muchos países han desarrollado constitucional y jurisprudencialmente un moderno y efectivo sistema de responsabilidad patrimonial del Estado, todo ello con el efecto inmediato de un mejor funcionamiento de los servicios públicos y de una mayor seguridad jurídica para los ciudadanos e inversionistas.

P. *Las regulaciones relativas a la Administración Pública*

En las Disposiciones Fundamentales relativas al Poder Público, estimamos que también deben incorporarse normas destinadas a regular la Administración Pública en general, que han de regir tanto para la Administración Pública Estadal como para la Administración Pública Municipal.

En el *Proyecto* de la Comisión del Poder Ejecutivo se han incorporado estas normas que transcribimos a continuación, y sin perjuicio de que se revisen cuando se considere dicho *Informe,* podrían incluirse en el Título sobre El Poder Público, tienen el siguiente texto:

> *Artículo* La Administración Pública está al servicio de los ciudadanos y se fundamenta en los principios de honestidad, participación, eficacia, eficiencia, transparencia y responsabilidad en el ejercicio de la función pública, con sometimiento pleno a la ley y el derecho.

Artículo La Administración Pública como instrumento para lograr el bien común como fin supremo del Estado, definido por la justicia, la igualdad y el bienestar de los ciudadanos, adecuará su organización y funcionamiento al cumplimiento del Plan Nacional de Desarrollo.

Artículo La Administración Pública será organizada de tal modo que se promoverá en su seno la autonomía gerencial necesaria para establecer los mecanismos institucionales que garanticen el logro de las metas establecidas en el programa de gobierno, gracias a la participación activa de la ciudadanía en su gestión.

Artículo Los ciudadanos tienen derecho a ser informados oportunamente por la Administración Pública, siempre que lo soliciten, sobre el estado de las actuaciones en que estén directamente interesados, así como a conocer las resoluciones definitivas que se adopten sobre el particular. Asimismo, tienen acceso a los archivos y registros administrativos, sin perjuicio de lo dispuesto mediante ley en materias relativas a seguridad interior y exterior, a investigación criminal y a intimidad de la vida privada.

3. *Las competencias del Poder Público Nacional*

En el *Informe* final presentado por la Comisión del Poder Público Nacional de la Asamblea se incluye una norma relativa a la *Competencia del Poder Público Nacional*, correspondiendo al Capítulo I, del Título III "De la Competencia del Poder Público Nacional, de los Estados y de los Municipios".

El artículo en cuestión, que equivalente al artículo 136 de la Constitución de 1961; detalla y enumera las competencias de los órganos que ejercen el Poder Público Nacional, siguiendo en parte la redacción del artículo correspondiente del proyecto presentado por el Presidente Chávez a la Asamblea con el título *Ideas Fundamentales para la Constitución Bolivariana de la V República,* lo que, aún sin querer, hace mas restrictivas las competencias de los órganos del Poder Público Nacional por una inadecuada redacción que en lugar de conducir a un "significado cierto que no ofrezca ambigüedad" o a "hacer más comprensible y manejable su contenido", conduce a lo contrario.

La norma, con el enunciado de "Son competencias del Poder Público Nacional", para su redacción final tiene que compaginarse con los artículos de la Nueva Constitución que definan la competencia del Poder Público Estadal y del Poder Público Municipal.

A. *Las políticas macroeconómicas*

La primera competencia que se asigna en el Proyecto de la Comisión al Poder Nacional es:

"1. Definir las políticas macroeconómicas, financieras, administrativas y fiscales".

Es evidente que en el caso del Estado Venezolano, aún bajo el esquema de la distribución territorial del Poder Público derivado de la forma Federal del mismo, en el nivel nacional debe quedar el establecimiento de las políticas macroeconómicas. Ello implica, por ejemplo, que la política de endeudamiento público debe ser una competencia nacional, lo que implicaría que los Estados y Municipios solo podrían contraer deuda pública conforme a la política que se defina y establezca por los órganos nacionales. De allí la tradición constitucional venezolana de que, como lo dice el artículo 231 de la Constitución vigente, las operaciones de crédito público, así sea las realizadas por los Estados y Municipios (art. 17, ordinal 4°), deben ser autorizadas por Ley nacional. Por ello, al ámbito nacional también debe corresponder el establecimiento y definición de las políticas financieras.

En cuanto a la política fiscal, está vinculada al régimen del sistema tributario que por más que las competencias impositivas estén distribuidas en los tres niveles del Poder Público, sin embargo, puede lograrse la finalidad del sistema tributario en su conjunto, conforme al principio que, por ejemplo, establece el artículo 223 de la Constitución vigente.

Por tanto, ninguna duda existe en cuanto a la atribución al Poder Nacional de la competencia para definir y establecer las políticas macroeconómicas, financieras y fiscales de la República.

Sin embargo, en lo que concierne a las "políticas administrativas", por la generalidad e indeterminación del término, no se sabe exactamente hacia donde apunta la competencia nacional, la cual, en todo caso, podría significar una lesión a la autonomía administrativa de los Estados y Municipios, esencia del régimen federal, y una vía abierta al centralismo.

En consecuencia, proponemos que el ordinal 1° de las competencias de los órganos que ejercen el Poder Público Nacional, se redacte así:

"1. Las políticas macroeconómicas, financieras y fiscales de la República".

B. *El régimen de los hidrocarburos y el subsuelo*

El ordinal 2° del artículo del Proyecto de la Comisión sobre las competencias del Poder Nacional, dispone lo siguiente:

"2. Establecer políticas sobre la propiedad, régimen y administración de los hidrocarburos, minas y yacimientos".

Esta norma, en cierta forma, sigue la orientación del ordinal 10 del artículo 136 de la Constitución de 1961 que atribuye al Poder Nacional

"El régimen y administración de las minas e hidrocarburos..."

Esta norma tiene su origen constitucional en la reforma de la Constitución efectuada en 1881, cuando en las Bases de la Unión, los Estados se obligaron:

"A ceder al Gobierno de la Federación la Administración de las minas, terrenos baldíos y salinas..."

La razón de esta norma, que sin duda fue un signo del inicio del proceso de centralización de competencias, estaba en que tanto la "propiedad" del subsuelo, dado el régimen federal, como de las tierras baldías, correspondía a los Estados de la Federación, los cuales sin embargo, cedieron al Poder Central la competencia de "administración" de las mismas.

Esta competencia permaneció invariable en todas las Constituciones posteriores, hasta la de 1961, la cual también centralizó (nacionalizó), el establecimiento del régimen de las minas e hidrocarburos, pero sin que variara en forma alguna el principio de la titularidad del subsuelo por parte de los Estados, lo cual continuaría vigente, a menos que en la Nueva Constitución se defina la titularidad del mismo por la República.

Por ello, llama la atención la redacción propuesta por la Comisión de nacionalizar, además del régimen y administración de las minas e hidrocarburos, el "establecer políticas sobre propiedad" de las mismas.

La verdad es que no aparece claro cuál es el sentido de esta propuesta, ni si se trata de declarar la titularidad de las minas e hidrocarburos, como dominio público (subsuelo) de la República.

Si ello es así, aun cuando no resulta claro del texto propuesto, estaríamos en presencia de una reforma fundamental al régimen de la titularidad de las mismas que desde 1864 está en manos de los Estados.

Sin embargo, si esa fuese la intención, ello no debería "deducirse" de una norma que atribuye competencias al Poder Nacional para "establecer políticas sobre la propiedad" del subsuelo, sino que habría que regular el supuesto en forma clara y precisa, en el capítulo del régimen de la economía en la Constitución.

Debe señalarse, además, que precisamente, ha sido por la nacionalización del régimen y administración de las minas e hidrocarburos, pero no de la titularidad demanial de las mismas, que la Constitución de 1961 previó el régimen de asignaciones económicas especiales a los Estados en cuyos territorios se encuentren ubicadas las minas e hidrocarburos y que la Comisión propone que permanezca en el numeral 23 del artículo que se comenta de las competencias del Poder Nacional.

En definitiva, las palabras no se pueden poner en un texto constitucional, sin tener conciencia de lo que significan. Si la propiedad de las minas e hidrocarburos es de los Estados, como sucede con las tierras baldías, el Poder Nacional no puede establecer políticas sobre la propiedad de las mismas sino solo sobre el régimen y administración de ellas.

Por ello, proponemos que el ordinal conserve la redacción de la Constitución vigente así:

"2. El régimen y administración de los hidrocarburos y de las minas".

Se propone eliminar la palabra "yacimiento" porque es aplicable tanto a las minas como a los hidrocarburos.

En todo caso, como se analiza más adelante, el ordinal propuesto debería fundirse con el que la Comisión propone con el N° 23 y que equivaldría en conjunto al ordinal 10 del artículo 136 de la Constitución de 1961.

C. *Las políticas públicas nacionales y las competencias nacionales en los servicios públicos*

En el ordinal 3° del artículo propuesto se atribuye competencia al Poder Nacional, para:

"3. Planificar y coordinar el sistema de seguridad social integral y dictar las políticas nacionales en materia de educación, salud, sanidad, ambiente, vivienda y seguridad alimentaria".

En realidad, este ordinal recoge varios tipos de competencias diferentes, cuyo enunciado proviene del Proyecto presentado por el Presidente Chávez a la Asamblea y que en nuestro criterio deberían dar lugar a varios ordinales. En primer lugar, el referido a las materias de competencia exclusiva nacional como el régimen y organización de la seguridad social integral. El ordinal podría redactarse así:

"3. El régimen y organización del sistema de seguridad social integral".

En segundo lugar, el referido a las políticas públicas nacionales, el cual debe ser ampliado con otras, como lo relativo a la ordenación del territorio, así:

"3 bis. Las políticas nacionales en materia de vivienda, seguridad alimentaria, ambiente y ordenación del territorio".

Esta norma implica que las materias a las que se refieren las políticas nacionales, son competencias concurrentes entre la República, los Estados y los Municipios, por lo que tratándose de servicios públicos, es necesario definir el ámbito de la competencia del Poder Nacional, como en materia de salud se dispone en los ordinales 16 y 17 de la Constitución vigente.

Por ello, en tercer lugar, en materia de educación y salud un ordinal debería establecer lo siguiente:

"3 ter. Los servicios nacionales de educación y salud y las políticas nacionales en la materia".

D. *Las obras públicas de interés nacional*

Siguiendo el texto del ordinal 15 del artículo 136 de la Constitución de 1961, en el ordinal 4 del artículo sobre la competencia del Poder Nacional, propuesto por la Comisión se le asigna la siguiente:

"4. Planificar y ejecutar las obras públicas de interés nacional".

Esta fórmula, exige, por supuesto, diferenciar las obras públicas de interés nacional de las que sean de interés estadal y de interés municipal. La única forma para lograrlo es definiendo en el articulado de la Constitución las competencias sustantivas nacionales, para que las obras públicas que se refieren a ellas, se puedan considerar como de interés nacional. Así se precisa en la Constitución de 1961, respecto de las vías de comunicación nacionales (ordinal 21, art. 136). Además, la competencia nacional no debería quedar reducida a "planificar y ejecutar", por lo que la norma debería quedar redactada así:

"4. Las obras públicas de interés nacional".

E. *La política agropecuaria*

El ordinal 5 del artículo propuesto, también atribuye al Poder Nacional.

"Fomentar y dictar políticas para la conservación de la producción agrícola, ganadera, pesquera y forestal".

Debe señalarse, ante todo, que las competencias que se enumeran en el artículo propuesto, como en el 136 de la Constitución de 1961, son competencias exclusivas y por tanto excluyentes en relación a los Estados y Municipios. Por tanto, atribuir al Poder Nacional la competencia para "fomentar" las actividades agropecuarias no tiene sentido, pues esta debe ser una competencia concurrente que debe corresponder en sus respectivos niveles territoriales, a los Estados y a los Municipios.

Por otra parte, reducir la competencia del Poder Nacional a dictar políticas "para la conservación" de la producción agropecuaria, parece excesivamente restrictivo. En consecuencia la norma, atributiva al Poder Nacional de la competencia para definir la política nacional agropecuaria y que recoge el espíritu del ordinal 18 del artículo 136 de la Constitución debería integrarse al ordinal 2° ya comentado o redactarse así:

"5. Definir y establecer las políticas nacionales para la producción agrícola, ganadera, pesquera y forestal".

F. *La política en materia de seguridad y defensa nacional*

En el ordinal 6 se atribuye al Poder Nacional

"6. Establecer las políticas en materia de seguridad y defensa y de organización de las Fuerzas Armadas Nacionales".

En realidad, la materia, globalmente (no solo para definir políticas) es de la competencia del Poder Nacional, por lo que el ordinal debería quedar así:

"6. La seguridad y defensa nacional y la organización y régimen de las Fuerzas Armadas Nacionales".

Este ordinal viene a retomar lo que establece el ordinal 11 del artículo 136 de la Constitución de 1961.

G. *La política internacional y el régimen de la nacionalidad y ciudadanía e identificación*

En el ordinal 7 del artículo propuesto se atribuye al Poder Nacional competencia para

"7. Dictar los lineamientos de la política internacional, de naturalización, admisión y expulsión de extranjeros, así como del servicio de identificación".

En esta propuesta, sin duda, se mezclan competencias arbitrariamente, sin que tengan mucho que ver unas con otras.

Por otra parte, se podría deducir que la competencia del Poder Nacional quedaría reducida en esas materias a "dictar los lineamientos de la política" y nada más, lo que no es posible pues esas materias, en su globalidad, solo pueden ser competencia exclusiva del Poder Nacional.

Por ello, el ordinal, en realidad debería dividirse en tres, así:

"7. La política internacional y actuación internacional de la República".

Este ordinal recoge el principio que se encuentra en el ordinal 1 del artículo 136 de la Constitución de 1961.

Otro aspecto de la competencia nacional es la siguiente:

"7 bis. La naturalización, la admisión y expulsión de extranjeros"

Esta norma sigue la redacción del ordinal 4 del artículo 136 de la Constitución de 1961.

En *tercer lugar,* debe establecerse como competencia exclusiva nacional.

"7 ter. Los servicios de identificación"

Así se sigue lo previsto en el ordinal 5 del artículo 136 de la Constitución.

H. *La policía nacional*

En el ordinal 8 del artículo propuesto se define como competencia del Poder Nacional

"8. Organizar los cuerpos policiales nacionales".

Esta redacción es excesivamente restrictiva, pues reduce la competencia nacional a "organizar", y solo a organizar "los cuerpos policiales nacionales".

La policía es mucho más que un conjunto de órganos (cuerpos); es una de las actividades fundamental del Estado dentro de los cometidos esenciales que se le asignan (policía, servicios públicos, fomento, gestión económica).

En consecuencia, la competencia nacional en la materia debe ser general y completa, así:

"8. La policía nacional".

Se sigue, así, ampliado, lo previsto en el ordinal 5 del artículo 136 de la Constitución de 1961.

I. *Censos y estadísticas nacionales*

El ordinal 9 atribuye al Poder Nacional competencia para

"9. Realizar los censos y estadísticas nacionales".

Es evidente que los órganos del Poder Nacional, en esta materia, no solo deben tener competencia para "realizar" los censos, sino para establecer su régimen y regular todos los aspectos de esta función. Por ello el ordinal debe redactarse, conforme se indica en el ordinal 13 del artículo 136 de la Constitución de 1961, así:

"9. Los censos y estadísticas nacionales".

J. *Transporte y comunicaciones*

En el ordinal 10 del artículo propuesto se asigna al Poder Nacional competencia para:

"10. Planificar y coordinar los sistemas de vialidad nacional, de comunicación, de correo, de telecomunicaciones y del transporte marítimo, aéreo, terrestre y fluvial de carácter nacional".

En este ordinal, además del carácter restrictivo de la competencia que la reduce a "planificar y coordinar" las materias, lo cual es absolutamente insuficiente, se mezclan sin razón dos competencias: comunicaciones y transporte, que deben diferenciarse pues la primera es una competencia exclusiva y la segunda es concurrente con los otros poderes.

Por tanto, el ordinal se debería dividir así:

"10. El sistema de vialidad y de ferrocarriles nacionales".

Esta norma sustituiría el actual 21 del artículo 136 de la Constitución de 1961. Otra norma sería

"10 bis. El correo y las telecomunicaciones".

Esta norma sigue la redacción del ordinal 22 del artículo 136 de la Constitución de 1961.

La tercera norma sería la siguiente, que sustituye el ordinal 20 del artículo 136 de la Constitución de 1961:

"10 ter. El transporte terrestre nacional y la navegación y transporte aéreo, marítimo, fluvial y lacustre de carácter nacional".

En el artículo 136, ordinal 20 se incluía a los puertos y muelles, competencia que se ha descentralizado hacia los Estados mediante la Ley Orgánica de Descentralización (art. 11, ord. 2).

K. *El régimen de la administración de justicia*

En el ordinal 11 se atribuye al Poder Nacional competencia para

"11. Establecer las políticas de organización para la Administración de Justicia y el Ministerio Público".

De nuevo la redacción propuesta es sumamente restrictiva al reducir la competencia en esas materias para "establecer las políticas de organización" y nada más.

La redacción del ordinal estimamos que debe seguir el texto del ordinal 23 del artículo 136 de la Constitución de 1961, así:

"11. La organización y administración nacional de la justicia y el Ministerio Público".

Al ordinal se le ha agregado el calificativo "nacional" porque en los proyectos de otras Comisiones que se han analizado se plantea la descentralización de la administración de justicia.

L. *El impulso a la participación ciudadana*

En el Proyecto presentado por la Comisión se propone la inclusión de los siguientes cuatro ordinales relativa a la participación ciudadana que se han redactado conforme al Proyecto presentado a la Asamblea por el Presidente Chávez, en el artículo relativo a la competencia del Poder Nacional:

"12. Impulsar en las comunidades la participación en la planificación, ejecución, fiscalización y evaluación de los planes y obras del Estado.

13. Propiciar el desarrollo de la participación ciudadana en los procesos económicos, estimulando todas las expresiones de la economía social, particularmente las cooperativas, las cajas de ahorro, las mutuales, empresas comunales de servicio y otras formas asociativas.

14. Impulsar la participación de los trabajadores y comunidades en la gestión de las instituciones públicas y privadas, mediante fórmulas autogestionarias y cogestionarias.

15. Estimular la participación ciudadana y la formulación de propuestas mediante la creación de unidades, de atención al ciudadano que funcionen en los órganos y entes de la administración pública nacional".

En relación con estas previsiones, además de que se configuran como excesivamente reglamentarias para un texto constitucional, contienen previsiones que son más bien definidoras de regulaciones del ámbito económico social, que normas de atribución específicas de competencia al Poder Nacional.

El tema de la participación ciudadana en los procesos económicos y en la gestión de las instituciones debería ser objeto de regulación en el capítulo relativo al régimen económico y social de la República. En tal sentido las cuatro normas podrían conducir a una norma que defina el ámbito nacional de la política de participación ciudadana la cual, por supuesto, nunca podría ser una competencia exclusiva del Poder Nacional, pues corresponde a todos los niveles de gobierno. Dicha norma, podría quedar redactada así:

"*Artículo* El Estado propiciará el desarrollo de la participación ciudadana en los procesos políticos, económicos y sociales".

M. *Las competencias normativas generales*

En el artículo 136 de la Constitución de 1961, al enumerarse las competencias del Poder Nacional, se incluye un ordinal 24 con el siguiente texto:

"24. La *legislación* reglamentaria de las garantías que otorga esta Constitución; la legislación civil, mercantil, penal, penitenciaria y de procedimientos; la de e*lecciones;* la de expropiación por causa de utilidad pública o social; la de crédito público; la de propiedad intelectual, artística e industrial; la legislación agraria; la de inmigración y colonización; la de turismo; la *del trabajo, previsión y seguridad sociales;* la de sanidad animal y vegetal; la de notarías y registro público; la de *bancos y demás instituciones de crédito;* la de loterías, hipódromos y apuestas en general y la relativa a *todas las materias de la competencia* nacional";

La Comisión propone, mezclando esta norma con el contenido del ordinal 3° del artículo respectivo de la competencia del Poder Nacional del Proyecto presentado por el Presidente Chávez, que el ordinal respectivo diga lo siguiente como competencia del Poder Nacional

"16. Legislar en materia de garantías derechos y deberes constitucionales, así como la legislación ordinaria en materia civil, mercantil, penal penitenciaria y de procedimientos; la de elecciones; la de expropiación por causa de utilidad pública o social; la de crédito público; la de propiedad intelectual artística e industrial; la legislación agraria; la de inmigración y colonización; la de turismo; la de trabajo, previsión y seguridad sociales; la de sanidad animal y vegetal; la de notarías y registro público; la de bancos y demás instituciones financieras; la de loterías, hipódromos y apuestas en general y la dirigida a organizar los Poderes Públicos y demás instituciones y servicios del Estado".

Ahora bien, aparte de que no se innova mucho en las materias en las cuales se requiere de una legislación nacional, y que se han desarrollado mundialmente después de que entró en vigencia la Constitución de 1961, tales como ambiente, aguas, ordenación del territorio, ordenación urbanística, desarrollo tecnológico, mercado de capitales, seguros, industria, servicios públicos, presupuesto, pueblos indígenas o derecho internacional privado; se incluyen en el ordinal competencias que contrarían la estructura federal del Estado, como la legislación

"dirigida a organizar los Poderes Públicos y demás instituciones del Estado".

Esta competencia debe reducirse a la que regula el artículo 139 de la Constitución vigente, que es la legislación sobre la organización y funcionamiento de las distintas ramas del Poder Público Nacional, pero no tiene sentido que la organización de los otros Poderes Públicos, Estadales y Municipales y demás instituciones del Estado (nacionales, estadales y municipales) sea de la competencia nacional.

Ello solo debe ser así, cuando en las normas respectivas de la Constitución se remita a una Ley nacional para regular competencias y servicios de los Estados y Municipios, como por ejemplo sucede en la Constitución de 1961 con la organización municipal (art. 26), la elección de Gobernadores (art. 22), la duración de los períodos de los poderes públicos estadales y municipales (art. 135) y la organización de las fuerzas de policía por Estados y Municipios, en cuyos casos la determinación del régimen se remite a una ley nacional.

En consecuencia, se propone que el ordinal 16 del Proyecto se redacte así:

"16. La legislación en materia de derechos, deberes y garantías constitucionales; la legislación civil, mercantil, penal, penitenciaria, de procedimientos y de derecho internacional privado; la de elecciones; la de expropiación por causa de utilidad pública o social; la de crédito público; la de propiedad intelectual, artística e industrial; la legislación agraria; la de inmigración y colonización; la de pueblos indígenas; la de ambiente, aguas, ordenación del territorio y ordenación urbanística; la de turismo; la del trabajo, previsión y seguridad sociales; la de sanidad animal y vegetal; la de notarías y registro público; la de bancos y demás instituciones financieras; la de seguros y la de mercado de capitales; la de loterías, hipódromos y apuestas en general; la de organización y funcionamiento de los órganos del Poder Público Nacional y demás órganos e instituciones nacionales del Estado; y la relativa a todas las materias de la competencia nacional".

N. *La defensa nacional*

La Comisión ha propuesto incorporar al proyecto, como competencia nacional la prevista en el ordinal 2° del artículo 136 de la Constitución de 1961 que no se incluía en el Proyecto presentado por el Presidente Chávez a la Asamblea, así:

"17. Defender y vigilar los intereses generales de la República la conservación de la paz pública y la recta aplicación de las leyes en todo el territorio nacional".

En tal sentido, es preferible conservar la redacción del ordinal 2° del mencionado artículo 136 de la Constitución así:

"17. La defensa y suprema vigilancia de los intereses generales de la República, la conservación de la paz pública y la recta aplicación de las leyes en todo el territorio nacional".

Ñ. *El régimen de los símbolos patrios*

La Comisión propone, también, incorporar al artículo sobre competencia del Poder Nacional, el texto del ordinal 3° del artículo 136 de la Constitución de 1961, pero haciéndola más restrictiva, así:

"18. Proteger la bandera, escudo de armas, himno, fiestas, condecoraciones honores de carácter nacional".

No tiene sentido reducir la competencia nacional en estas materias a sólo "proteger" pues en realidad abarca todos los aspectos de su régimen. Por ello es preferible retener la redacción del ordinal 3° del artículo 136 de la Constitución vigente, así:

"18. La bandera, escudo de armas, himno, fiestas, condecoraciones y honores de carácter nacional".

O. *El régimen del territorio*

El ordinal 19 que propone la Comisión, atribuye al Poder Nacional competencia para:

"19. Organizar y establecer el régimen del territorio de la República".

La verdad es que no se entiende esta norma, pues la organización y el régimen del territorio es una materia constitucional, que el propio texto fundamental regula, por lo que este ordinal debe ser eliminado.

En la forma como está, por lo demás, implicaría atribuir al Poder Nacional competencias sobre la división político territorial, lo que podría interpretarse, incluso, como la posibilidad para el Poder Nacional de eliminar Estados o Municipios o fusionarlos, lo cual sería totalmente antifederalista y centralizador.

Es muy posible que el origen de esta propuesta esté en una mala redacción del ordinal 6° del artículo 136 de la Constitución que atribuye al Poder Nacional competencia para

"6. La organización y régimen del Distrito Federal y de los Territorios y Dependencias Federales".

La competencia nacional en estas materias territoriales es absolutamente lógica y congruente, pues esas organizaciones territoriales se las prevé con carácter federal.

Sin embargo, al desaparecer en la Nueva Constitución tanto los Territorios Federales como el Distrito Federal, el régimen y organización del Distrito Capital quizás sea una de las materias a retener como competencia del Poder Nacional. En cuanto a las Dependencias Federales, es decir, las islas del mar Caribe, su régimen debe seguir siendo de la competencia nacional. Por ello en lugar del ordinal propuesto, el mismo podría quedar redactado así:

"19. La organización y régimen del Distrito Capital y de las Dependencias Federales".

P. *El régimen de la moneda*

La Comisión ha propuesto incorporar a la norma de la competencia nacional, el ordinal 7° del artículo 136 de la Constitución, con el siguiente texto:

"20. Establecer el sistema monetario y la circulación de la moneda extranjera"

En realidad no se entiende como se puede "establecer" la circulación de la moneda extranjera, por lo que el ordinal debería redactarse como está en la Constitución de 1961, agregándole la banca central, así:

"20. La banca central, el sistema monetario y la regulación de la moneda extranjera".

Q. *Los impuestos nacionales*

En el Proyecto presentado por el Presidente Chávez a la Asamblea, al definirse las competencias del Poder Público Nacional se omitió toda referencia a las competencias tributarias nacionales, previéndose sin embargo, las competencias estadales y municipales en la materia. Esto lo ha subsanado la comisión del Poder Público Nacional, al proponer la inclusión de un ordinal en el artículo relativo a las competencias nacionales, que tiene la misma redacción del ordinal 8° del artículo 136 de la Constitución de 1961, así:

"21. Organizar, recaudar y controlar los impuestos a la renta, al capital y a las sucesiones y donaciones de las contribuciones que gravan la importación; las de registro y timbre fiscal y las que recaigan sobre la producción y consumo de bienes que total o parcialmente la ley reserva al Poder Nacional, tales como las de alcoholes, licores, cigarrillos, fósforos y salinas; las de minas e hidrocarburos y los demás impuestos, tasas y rentas no atribuidos a los Estados y a los Municipios, que con carácter de contribuciones nacionales crease la ley".

Este ordinal estimamos que debe reformularse, de acuerdo a la distribución de la potestad tributaria entre el nivel nacional, los Estados y los Municipios. En tal sentido estimamos que debe redactarse así:

"21. La organización, recaudación, administración y control de los impuestos sobre la renta, al capital, a las importaciones, a la producción, al valor agregado, a los hidrocarburos y minas y los demás impuestos, tasas y rentas no atribuidas a los Estados y Municipios por esta Constitución y las leyes, que con carácter de contribuciones nacionales creare la ley".

En esta forma, queda claro que los impuestos a la producción son nacionales (por ejemplo, a la producción de cigarrillos, licores, fósforos). En cuanto a los impuestos sobre la producción de sal, dicha materia fue transferida a los Estados en la Ley Orgánica de Descentralización, al igual que el impuesto de papel sellado (art. 11, ordinales 1 y 2). El impuesto al consumo que se reserva a nivel nacional sólo es el que grava el valor agregado (IVA).

Se propone incorporar a este ordinal, en todo caso, un parágrafo único que regule la sobretasa estadal respecto de impuestos nacionales, como el que grava la renta, y la potestad del Poder Nacional de poder regular límites a las tasas impositivas de los Estados y Municipios, así:

"Único: Los Estados podrán crear una sobretasa sobre el porcentaje del impuesto sobre la renta. La ley nacional garantizará la coordinación y armonización del sistema tributario y podrá imponer límites superiores a las tasas de algunos impuestos sin menoscabo de la autonomía fiscal de los Estados y Municipios".

R. *El régimen de las aduanas*

De conformidad con lo previsto en el ordinal 9 del artículo 136 de la Constitución, la Comisión ha propuesto agregar a las competencias nacionales un ordinal con esta redacción:

"22. Regular la organización y régimen de las aduanas".

Estimamos, aquí también, que es preferible y más amplio conservar el texto de la Constitución de 1961, eliminando la palabra "regular" que es más restrictiva, como competencia nacional, así:

"22. La organización y régimen de las aduanas".

S. *El régimen de las tierras baldías, las salinas y los ostrales, de los recursos naturales no renovables y las asignaciones económicas especiales a los estados*

La Comisión, reteniendo parte de lo previsto en el ordinal 10 del artículo 136 de la Constitución de 1961, ha propuesto un ordinal 23 en el artículo relativo a las competencias nacionales, con esta redacción:

"23. Establecer el régimen y administración de las salinas, tierras baldías y ostrales de perlas y la conservación, fomento y aprovechamiento de los montes, aguas y otras riquezas naturales del país.

El Ejecutivo Nacional podrá, en conformidad con la ley, disponer del uso, arrendar o dar en adjudicación gratuita los terrenos baldíos; pero no podrá enajenar las salinas, ni otorgar concesiones mineras por tiempo indefinido.

La Ley establecerá un sistema de asignaciones económicas especiales en beneficio de los Estados en cuyo territorio se encuentren situados los bienes que se mencionan en este numeral, sin perjuicio de que también puedan establecerse asignaciones especiales en beneficio de otros Estados.

Los baldíos existentes en las islas marítimas, fluviales o lacustres no podrán enajenarse, y su aprovechamiento sólo podrá concederse en forma que no envuelva, directa ni indirectamente, la transferencia de la propiedad de la tierra".

Este ordinal, por supuesto que está totalmente incompleto, lo que hace que su redacción pierda sentido, pues se le quitó lo relativo al régimen y administración de las minas e hidrocarburos, con lo que la Comisión configuró el ordinal 2° del artículo.

Por ello, no tiene relación con el texto propuesto en cuanto a la competencia en materia de "las salinas, tierras baldías y ostrales de perla" y de recursos naturales renovables, la referencia a las "concesiones mineras" que trae el segundo párrafo y la referencia a las asignaciones económicas especiales a los Estados, institución que deriva del hecho de la existencia, en ellos, de minas e hidrocarburos.

Proponemos, en consecuencia, que se vuelva a la redacción del ordinal 10 del artículo 136 de la Constitución de 1961, fundiendo lo que la Comisión propone en el ordinal 2 y 23 del artículo sobre competencia del Poder Nacional, eliminando, sin embargo, el régimen y administración de las salinas y ostrales de perla, que fue descentralizado a los Estados por la Ley Orgánica de Descentralización (art. 11, ord. 2).

Por otra parte, estimamos que en la Nueva Constitución debe resolverse el tema de la titularidad del subsuelo y de la administración de las tierras baldías.

En efecto, las tierras baldías, conforme al artículo 542 del Código Civil, son bienes del dominio privado de los Estados de la República, habiéndose, sin embargo, centralizado el establecimiento de su régimen y la administración, atribuyéndoselos al Poder Nacional.

Pensamos que esta es una materia que debe descentralizarse, y devolverle a los Estados la administración de las tierras baldías aún cuando el régimen de las mismas continúe siendo nacionalmente establecido.

En cuanto a la titularidad del subsuelo, es decir de las minas y hidrocarburos en general, de acuerdo con las Ordenanzas de Minería de Nueva España de la época colonial, aplicadas en nuestras Provincias de Venezuela, la Corona siempre tuvo la propiedad de los yacimientos. Este régimen se siguió en la República por Decreto del Libertador, y nunca en Venezuela al Estado ha dejado de ser titular del subsuelo. El cambio único institucional que se produjo en esta materia que al atribuir dicha titularidad a los Estados de la Federación a partir de 1864, lo que formalmente ha continuado así, quedando a nivel nacional, sólo, la administración y el régimen de las minas e hidrocarburos. De allí la redacción del ordinal 10 de la Constitución de 1961.

En esta materia, sin embargo, estimamos que debe establecerse en el capítulo relativo al territorio, una norma que establezca expresamente la titularidad del subsuelo por la nación venezolana representada la República, que podría tener la siguiente redacción:

"*Artículo*   El subsuelo en general y las minas, hidrocarburos y yacimientos, son bienes del dominio público. Su régimen, explotación y administración se establecerá por la Ley".

Por ello, proponemos la siguiente redacción para el ordinal 23 del artículo sobre la competencia nacional:

"10.   El régimen y administración de las minas e hidrocarburos; el régimen de las tierras baldías; y la conservación, fomento y aprovechamiento de los bosques, suelos, aguas y otras riquezas naturales del país.

Los Estados, podrán, en conformidad con la ley, vender, arrendar o dar en adjudicación gratuita los terrenos baldíos, pero no podrán enajenar las salinas.

Los baldíos existentes en las islas marítimas, fluviales o lacustres no podrán enajenarse, y su aprovechamiento sólo podrá concederse en forma que no envuelva, directa ni indirectamente, la transferencia de la propiedad de la tierra.

El Ejecutivo Nacional no podrá otorgar concesiones mineras por tiempo indefinido.

La Ley establecerá un sistema de asignaciones económicas especiales en beneficio de los Estados en cuyo territorio se encuentren situados los bienes que se mencionan en este ordinal, sin perjuicio de que también puedan establecerse asignaciones especiales en beneficio de otros Estados".

T. *El régimen de las pesas y medidas*

En el *Proyecto* de la Comisión, se propone incorporar al artículo sobre las competencias nacionales, el principio del ordinal 12 del artículo 136 de la Constitución, así:

"24. Definir el régimen de pesas y medidas".

Proponemos, aquí también, eliminar la palabra definir, y atribuir al Poder Nacional conforme a la redacción del mencionado ordinal 12 del artículo 136 de la Constitución vigente, pura y simplemente:

"24. El régimen de pesas y medidas".

U. *El régimen de normas de ingeniería y urbanismo*

El ordinal 14 del artículo 136 de la Constitución atribuye al Poder Nacional competencia en la siguiente materia:

"25. El establecimiento, coordinación y unificación de normas y procedimientos técnicos para obras de ingeniería, de arquitectura y de urbanismo".

La Comisión propone conservar esta norma como ordinal 25 del artículo respectivo, con lo que estamos de acuerdo, siempre que se agregue dentro de las competencias nacionales las políticas nacionales en materia de ordenación del territorio y la legislación en materia de ordenación urbanística como lo hemos propuesto anteriormente.

V. *La cláusula de las competencias implícitas*

La Comisión, por último, propone incorporar como ordinal 26 del artículo sobre las competencias nacionales, el texto del ordinal 25 del artículo 136 de la Constitución de 1961, con la misma redacción así:

"26. Toda otra materia que la presente Constitución atribuya al Poder Público Nacional o que le corresponda por su índole o naturaleza".

Ha sido precisamente esta competencia atribuida al Poder Nacional, la que ha hecho posible, durante las últimas décadas, del proceso de centralización de competencias por el nivel Nacional en perjuicio de las competencias de los Estados a pesar de la cláusula residual de competencia de estos. En efecto, en el sentido del régimen propio de los Estados Federales, el artículo 17, ordinal 7 de la Constitución vigente, establecer que les corresponde:

"Todo lo que no corresponda, de conformidad con esta Constitución, a la competencia nacional o municipal".

Esta competencia, por tanto, contribuyó a la centralización de las competencias concurrentes, que mediante la Ley Orgánica de Descentralización se ha comenzado a transferir a los Estados y que la Nueva Constitución debe consolidar.

4. La necesidad de regular el régimen de la descentralización política

En efecto, la Constitución de 1961, después del artículo 136, destinado a enumerar las competencias del Poder Nacional, se incluyó el artículo 137 que estableció el principio de la descentralización de las competencias asumidas por el Poder Nacional hacia los Estados y Municipios. Precisamente, con fundamento en dicha norma, se inició el proceso de descentralización con la Ley Orgánica de Descentralización, Delimitación y Transferencia de competencias del Poder Público de 1989.

Estimamos que en la Nueva Constitución, dada su necesaria vocación descentralizadora, debe incluirse una norma similar, incorporándose además, la que se formula en las Disposiciones Fundamentales del Título III del *Proyecto* presentado por el Presidente Chávez a la Asamblea.

Por ello, proponemos que a renglón seguido del artículo que enumera las competencias del Poder Nacional, se incluyan las siguientes normas:

"Artículo La Asamblea Nacional, por el voto de las dos terceras partes de los miembros de cada Cámara, podrá atribuir a los Estados o a los Municipios determinadas materias de la competencia nacional, a fin de promover la descentralización política".

"Artículo La descentralización como política nacional, debe perseguir la profundización de la democracia, acercando el Poder al pueblo y creando las mejores condiciones tanto para el ejercicio de la democracia como para la prestación eficaz y eficiente de los servicios públicos".

5. Otras normas que deben retenerse

Una vez que se estudien los Proyectos de articulados de las otras Comisiones, particularmente de la *Comisión de Relaciones Internacionales* de la Asamblea, deberá decidirse sobre la inclusión o el destino de las siguientes normas de la Constitución de 1961, en otros capítulos de la Nueva Constitución:

"Artículo 128 Los tratados o convenios internacionales que celebre el Ejecutivo Nacional deberán ser aprobados mediante ley especial para que tengan validez, salvo que mediante ello se trate de ejecutar o perfeccionar obligaciones preexistentes de la República, de aplicar principios expresamente reconocidos por ella, de ejecutar actos ordinarios en las relaciones internacionales o de ejercer facultades que la le atribuya expresamente al Ejecutivo Nacional. Sin embargo, la Comisión Delegada del Congreso podrá autorizar la ejecución provisional de tratados o convenios internacionales cuya urgencia así lo requiera, los cuales serán sometidos, en todo caso, a la posterior aprobación o improbación del Congreso.

En todo caso, el Ejecutivo Nacional dará cuenta al Congreso, en sus próximas sesiones, de todos los acuerdos jurídicos internacionales que celebre, con indicación precisa de su carácter y contenido, estén o no sujetos a su aprobación.

Los Tratados Internacionales relativos a la soberanía, el dominio, la integridad territorial, deberán ser aprobados en referéndum nacional como condición para que entren en vigencia.

Artículo 129 En los tratados, convenios y acuerdos internacionales que la República celebre, se insertará una cláusula por la cual las partes se obliguen a decidir por las vías pacíficas reconocidas en el derecho internacional, o previamente convenidas por ellas, si tal fuere el caso, las controversias que pudieren suscitarse entre las mismas con motivo de su interpretación o ejecución si no fuere improcedente y así lo permita el procedimiento que deba seguirse para su celebración".

"*Artículo 130* En posesión como está la República del Derecho de Patronato Eclesiástico, lo ejercerá conforme lo determine la ley. Sin embargo, podrán celebrarse convenios o tratados para regular las relaciones entre la Iglesia y el Estado".

En sentido similar, el destino, eliminación, reformulación y ubicación de las siguientes normas de la Constitución de 1961 en la Nueva Constitución, dependerá el Proyecto de articulado que proponga la *Comisión de Seguridad y Defensa* de la Asamblea:

"*Artículo 131* La autoridad militar y la civil no podrán ejercerse simultáneamente por un mismo funcionario, excepto por el Presidente de la República, quien será, por razón de su cargo, Comandante en Jefe de las Fuerzas Armadas Nacionales.

Artículo 132 Las Fuerzas Armadas Nacionales forman una institución apolítica, obediente y no beligerante, organizada por el Estado para asegurar la defensa nacional, la estabilidad de las instituciones democráticas y el respeto a la Constitución y a las leyes, cuyo acatamiento estará siempre por encima de cualquier otra obligación. Las Fuerzas Armadas Nacionales estarán al servicio de la República, y en ningún caso al de una persona o parcialidad política.

Artículo 133 Sólo el Estado puede poseer y usar armas de guerra. Todas las que existan, se fabriquen o se introduzcan en el país pasarán a ser propiedad de la República, sin indemnización ni proceso. La fabricación, comercio, posesión y uso de otras armas serán reglamentados por la ley.

Artículo 134 Los Estados y Municipios sólo podrán organizar sus fuerzas de policía de acuerdo con la ley".

Por otra parte, las siguientes normas deberían incorporarse a otros Capítulos del texto:

En *primer lugar,* la norma relativa a la participación ciudadana en los procesos económicos, sociales y políticos, que debe ir en el Capítulo sobre el Sistema Económico y Social, con este texto:

"*Artículo* El Estado propiciará el desarrollo de la participación ciudadana en los procesos políticos, económicos y sociales".

En *segundo lugar,* la norma sobre la declaración formal del subsuelo como del dominio público, en el Capítulo relativo al Territorio, con el siguiente texto:

"*Artículo* El subsuelo en general y las minas, hidrocarburos y yacimientos, son bienes del dominio público. Su régimen, explotación y administración se establecerá por la Ley".

6. *Propuesta de articulado sobre el Poder Público y las competencias del Poder Público Nacional*

Como consecuencia de todo lo anteriormente expuesto, en sustitución del articulado presentado por la Comisión del Poder Público Nacional, proponemos que el Título respectivo se denomine *Del Poder Público* y que el Capítulo I contenga las *Disposiciones Fundamentales* antes mencionadas, definiéndose, luego, en el Capítulo II las Competencias del Poder Público Nacional, así:

Título
Del Poder Público
Capítulo I
Disposiciones Fundamentales
Sección Primera: Disposiciones Generales

Artículo 1 El Poder Público se distribuye entre el Poder Municipal, el de los Estados y el Nacional. Cada una de dichas ramas tiene sus funciones propias, pero los órganos a los que incumbe su ejercicio colaborarán entre sí en la realización de los fines del Estado.

El Poder Público Nacional se divide en Legislativo, Ejecutivo, Judicial, Moral y Electoral.

Artículo 2 Los órganos del Estado ejercen el Poder Público con el fin de lograr la justicia, el bien común y la seguridad jurídica y social.

Artículo 3 La Constitución y las leyes definen las atribuciones de los órganos que ejercen el Poder Público, a las cuales deben sujetarse las actividades que realicen.

Artículo 4 Los períodos constitucionales de los órganos del Poder Público Nacional durarán   años, salvo disposición especial de esta Constitución.

Los períodos de los órganos de los poderes públicos estadales y municipales serán fijados por la ley nacional y no serán menores de _____ años ni mayores de ____.

Artículo 5 Toda autoridad usurpada es ineficaz, y sus actos son nulos.

Artículo 6 El ejercicio del Poder Público acarrea responsabilidad individual por abuso o desviación de poder o por violación de ley.

Artículo 7 El Estado responderá patrimonialmente por todos los daños antijurídicos que sufran los particulares en cualquiera de sus bienes y derechos, siempre que la lesión sea imputable al funcionamiento normal o anormal de los servicios públicos o de la actividad administrativa".

Sección Segunda: De la Administración Pública

Artículo 8 La Administración Pública está al servicio de los ciudadanos y se fundamenta en los principios de honestidad, participación, eficacia, eficiencia, transparencia y responsabilidad en el ejercicio de la función pública, con sometimiento pleno a la ley y el derecho.

Artículo 9 La Administración Pública como instrumento para lograr el bien común como fin supremo del Estado, definido por la justicia, la igualdad y el bienestar de los ciudadanos, adecuará su organización y funcionamiento al cumplimiento del Plan Nacional de Desarrollo.

Artículo 10 La Administración Pública será organizada de tal modo que se promoverá en su seno la autonomía gerencial necesaria para establecer los mecanismos institucionales que garanticen el logro de las metas establecidas en el programa de gobierno, gracias a la participación activa de la ciudadanía en su gestión.

Artículo 11 Los ciudadanos tienen derecho a ser informados oportunamente por la Administración Pública, siempre que lo soliciten, sobre el estado de las actuaciones en que estén directamente interesados, así como a conocer las resoluciones definitivas que se adopten sobre el particular. Asimismo, tienen acceso a los archivos y registros administrativos, sin perjuicio de lo dispuesto mediante ley en materias relativas a seguridad interior y exterior, a investigación criminal y a intimidad de la vida privada".

Sección Tercera: De la Función Pública

Artículo 12 Las leyes establecerán el estatuto de la función pública mediante normas sobre el ingreso, ascenso, traslado, suspensión y retiro de los empleados de las Administraciones Públicas, y proveerán su incorporación al sistema de seguridad social.

Todo empleo público debe tener detalladas en la ley o reglamento las funciones correspondientes a su desempeño; y los funcionarios o empleados públicos están obligados a cumplir los requisitos establecidos por la ley para el ejercicio de su cargo.

Artículo 13 Los funcionarios o empleados públicos están al servicio del Estado y no de parcialidad política alguna. Su nombramiento y remoción no podrá estar determinada por la filiación política.

Artículo 14 Los cargos de los órganos de la Administración Pública son de carrera. Se exceptúan los de elección popular, los de libre nombramiento y remoción, los contratados, los obreros al servicio de la Administración Pública y los demás que determine la Ley.

El ingreso de los funcionarios o empleados públicos a los cargos de carrera será por concurso público, fundamentado en principios de idoneidad y eficiencia. El ascenso estará sometido a métodos científicos basados en el sistema de méritos y el traslado, suspensión y retiro será de acuerdo a su desempeño.

Artículo 15 Para la ocupación de cargos de carácter remunerado es necesario que sus respectivos emolumentos estén previstos en el presupuesto correspondiente.

Las escalas de salarios en la Administración Pública se establecerán reglamentariamente conforme a la ley.

Una ley nacional podrá establecer límites a los emolumentos que devenguen los funcionarios y empleados públicos de los Estados y de los Municipios.

Artículo 16 La ley nacional establecerá el régimen de las jubilaciones y pensiones de los funcionarios o empleados públicos nacionales, estadales y municipales.

Artículo 17 Nadie podrá desempeñar a la vez más de un destino público remunerado, a menos que se trate de cargos académicos, accidentales, asistenciales, docentes, edilicios o electorales que determine la ley. La aceptación de un segundo destino que no sea de los exceptuados en este artículo implica la renuncia del primero salvo cuando se trate de suplentes mientras no reemplacen definitivamente al principal.

Sólo podrá disfrutarse más de una jubilación o pensión en los casos que expresamente se determine en la ley.

Artículo 18 Los funcionarios o empleados públicos no podrán aceptar cargos, honores o recompensas de gobiernos extranjeros sin la autorización del Senado.

Artículo 19 La utilización del empleo público para presionar o estimular a los ciudadanos para respaldar u oponerse a campañas políticas o a un candidato a ser electo en votación popular, compromete la responsabilidad penal y disciplinaria del funcionario o empleado público que lo haga. La ley establecerá las sanciones del caso, incluso la inhabilitación para el desempeño de funciones públicas por un lapso de tiempo determinado.

Artículo 20 Los funcionarios o empleados públicos que fueren condenados por delitos contra el patrimonio público quedarán inhabilitados para el desempeño de cualquier función pública por el tiempo que determine la ley".

Sección Cuarta: De los Contratos de interés público

Artículo 21 Nadie que esté al servicio de la República, de los Estados, de los Municipios y demás personas jurídicas de derecho público o de derecho privado estatales, podrá celebrar contrato alguno con ellas, ni por si ni por interpuesta persona ni en representación de otro, salvo las excepciones que establezca la ley.

Artículo 22 La celebración de los contratos de interés público nacional requerirá aprobación del Congreso en los casos en los cuales lo determine la ley.

Artículo 23 No podrá celebrarse ningún contrato de interés público nacional, estadal o municipal con Estados o entidades oficiales extranjeras, ni con sociedades no domiciliadas en Venezuela, ni traspasarse a ellos sin la aprobación del Congreso.

La ley puede exigir en los contratos de interés público determinadas condiciones de nacionalidad, domicilio o de otro orden, o requerir especiales garantías.

Artículo 24 En los contratos de interés público, si no fuere improcedente de acuerdo con la naturaleza de los mismos, se considerará incorporada, aun cuando no estuviere expresa, una cláusula según la cual las dudas y controversias que puedan suscitarse sobre dichos contratos y que no llegaren a ser resueltas amigablemente por las partes contratantes serán decididas por los Tribunales competentes de la República, en conformidad con sus leyes, sin que por ningún motivo ni causa puedan dar origen a reclamaciones extranjeras.

Capítulo II
Del Poder Público Nacional

Artículo 25 Es de la competencia de los órganos del Poder Público Nacional:

1. La política internacional y actuación internacional de la República.
2. La defensa y suprema vigilancia de los intereses generales de la República, la conservación de la paz pública y la recta aplicación de las leyes en todo el territorio nacional.
3. La bandera, escudo de armas, himno, fiestas, condecoraciones y honores de carácter nacional.
4. La naturalización, la admisión y expulsión de extranjeros.
5. Los servicios de identificación.
6. La policía nacional.
7. La seguridad y defensa nacional y la organización y régimen de las Fuerzas Armadas Nacionales.
8. La organización y régimen del Distrito Capital y las Dependencias Federales.
9. La banca central, el sistema monetario y la regulación de la moneda extranjera.
10. La organización, recaudación, administración y control de los impuestos sobre la renta, al capital, a las importaciones, a la producción, al valor agregado, a los hidrocarburos y minas y los demás impuestos, tasas y rentas no atribuidas a los Estados y Municipios por esta Constitución y las leyes, que con carácter de contribuciones nacionales creare la ley.

    Único: Los Estados podrán crear una sobretasa sobre el porcentaje del impuesto sobre la renta. La ley nacional garantizará la coordinación y armonización del sistema tributario y podrá imponer límites superiores a las tasas de algunos impuestos sin menoscabo de la autonomía fiscal de los Estados y Municipios.

11. La organización y régimen de las aduanas.
12. El régimen y administración de las minas e hidrocarburos; el régimen de las tierras baldías; y la conservación, fomento y aprovechamiento de los bosques, suelos, aguas y otras riquezas naturales del país.

    Los Estados, podrán, en conformidad con la ley, vender, arrendar o dar en adjudicación gratuita los terrenos baldíos, pero no podrán enajenar las salinas.

    Los baldíos existentes en las islas marítimas, fluviales o lacustres no podrán enajenarse, y su aprovechamiento sólo podrá concederse en forma que no envuelva, directa ni indirectamente, la transferencia de la propiedad de la tierra.

    El Ejecutivo Nacional no podrá otorgar concesiones mineras por tiempo indefinido.

La Ley establecerá un sistema de asignaciones económicas especiales *en beneficio de los Estados en cuyo territorio se encuentren situados los bienes* que se mencionan en este ordinal, sin perjuicio de que también puedan establecerse asignaciones especiales en beneficio *de otros Estados*.

13. El régimen de pesas y medidas.
14. Los censos y estadísticas nacionales.
15. El establecimiento, coordinación y unificación de normas y procedimientos técnicos para obras de ingeniería, de arquitectura y de urbanismo".
16. Las obras públicas de interés nacional.
17. Las políticas macroeconómicas, financieras y fiscales de la República.
18. El régimen y organización del sistema de seguridad social integral.
19. Las políticas nacionales en materia de vivienda, seguridad alimentaria, ambiente y ordenación del territorio.
20. Los servicios nacionales de educación y salud y las políticas nacionales en la materia.
21. Definir y establecer las políticas nacionales para la producción agrícola, ganadera, pesquera y forestal.
22. El transporte terrestre nacional y la navegación y transporte aéreo, marítimo, fluvial y lacustre de carácter nacional.
23. El sistema de vialidad y de ferrocarriles nacionales.
24. El correo y las telecomunicaciones.
25. La organización y administración nacional de la justicia y el Ministerio Público.
26. La legislación en materia de derechos, deberes y garantías constitucionales; la legislación civil, mercantil, penal, penitenciaria, de procedimientos y de derecho internacional privado; la de elecciones; la de expropiación por causa de utilidad pública o social; la de crédito público; la de propiedad intelectual, artística e industrial; la legislación agraria; la de inmigración y colonización; la de pueblos indígenas; la de ambiente, aguas, ordenación del territorio y ordenación urbanística; la de turismo; la del trabajo, previsión y seguridad sociales; la de sanidad animal y vegetal; la de notarías y registro público; la de bancos y demás instituciones financieras; la de seguros y la de mercado de capitales; la de loterías, hipódromos y apuestas en general; la de organización y funcionamiento de los órganos del Poder Público Nacional y demás órganos e instituciones nacionales del Estado; y la relativa a todas las materias de la competencia nacional.
27. Toda otra materia que la presente Constitución atribuya al Poder Público Nacional o que le corresponda por su índole o naturaleza.

Artículo 26. La Asamblea Nacional, por el voto de las dos terceras partes de los miembros de cada Cámara, podrá atribuir a los Estados o a los Municipios determinadas materias de la competencia nacional, a fin de promover la descentralización política.

Artículo 27 La descentralización como política nacional, debe perseguir la profundización de la democracia, acercando el Poder al pueblo y creando las mejores condiciones tanto para el ejercicio de la democracia como para la prestación eficaz y eficiente de los servicios públicos".

Sección primera: de las disposiciones generales
Artículo 136. Distribución del Poder Público y división del Poder Público Nacional

Artículo 136. El Poder Público se distribuye entre el Poder Municipal, el Poder Estadal y el Poder Nacional. El Poder Público Nacional se divide en Legislativo, Ejecutivo, Judicial, Ciudadano y Electoral.

Cada una de las ramas del Poder Público tiene sus funciones propias, pero los órganos a los que incumbe su ejercicio colaborarán entre sí en la realización de los fines del Estado.

Sobre esta norma véase lo que se indica en la página 732 de este Tomo.

Sobre esta norma, en la sesión de la Asamblea del 1 de noviembre de 1999, con ocasión de la primera discusión del proyecto, expresé lo siguiente:

CONSTITUYENTE BREWER CARÍAS (ALLAN).-Señor Presidente. En esta materia no estamos inventando absolutamente nada. El poder electoral existe en Venezuela desde hace décadas, cuando se organizó el Consejo Supremo Electoral como órgano con autonomía funcional, lo que significa que no dependía ni depende ni del Poder Legislativo ni del Poder Ejecutivo ni del Poder Judicial.

Igual que la Contraloría, son órganos con autonomía funcional, que ejercen el poder público pero no el Legislativo, Ejecutivo y Judicial. Y por tanto siempre han sido órganos que ejercen el poder, pero no integrados en los tres clásicos poderes, con lo cual lo único que estamos haciendo aquí, con buena técnica constitucional, es regularizando lo que existe en el país. No estamos importando de ninguna parte, estamos regularizando.

En otros países ese poder electoral se ejerce por el Poder Judicial y en vez de un Consejo Supremo Electoral o Nacional Electoral lo que hay es un tribunal electoral. Porque el Poder Judicial asume el poder electoral. En otros países depende del legislador. En otros países depende del Ejecutivo. Quien organiza las elecciones en Francia son los alcaldes y los prefectos del Ejecutivo. Nosotros tenemos una tradición en que esa función electoral está aparte de los tres clásicos poderes.

Aquí lo que estamos es regularizando constitucionalmente lo que siempre ha existido, dividiendo el poder nacional, y por eso es importante la aclaratoria que se hizo, en Ejecutivo, Legislativo y Judicial y luego los otros dos que existen, porque por ese es el concepto de órgano con autonomía funcional que siempre hemos tenido.

De manera que estoy absolutamente de acuerdo en esta división del poder nacional en estos cinco poderes, que lo que hacen es regularizar, constitucionalizar, formalizar lo que existe en nuestro país, en cuanto a la Contraloría desde hace 60 años y del tema electoral desde hace 40 años. No tengo la menor objeción que ese poder se ejerza por un órgano con tres personas, eso es un problema de política después, pero no significa que el hecho de que se le califique de poder como lo es, va a significar un aparato burocrático determinado.

En cuanto a la primera parte del artículo, se ha cambiado, o se ha propuesto, por la Comisión Especial la expresión "el poder público se distribuye en poder municipal, de los estados y nacional" por una expresión "el poder público está integrado". Quiero llamar la atención que la expresión "el poder público se distribuye en municipal, de los estados y nacional" y luego "el nacional se divide en Legislativo, Ejecutivo, Judicial, ciudadano y electoral", es una terminología que proviene de una tradición constitucional venezolana. Sólo cito algunos ejemplos.

Constitución de 1901: "El Poder Público se distribuye entre el poder federal y el poder de los estados y luego el poder federal se divide en Legislativo, Ejecutivo y Judicial".

Constitución de 1904: "El poder público se distribuye entre el poder federal y el poder de los estados, en los límites de la Constitución y luego el poder federal se divide en Legislativo, Ejecutivo y Judicial".

Más recientemente, la Constitución del año 45. "El poder público se distribuye entre el poder federal, el de los estados y el municipal y luego el federal se divide en Legislativo, Ejecutivo y Judicial".

La del 47, que inspira todo el sistema constitucional de los últimos 50 años dice: "El poder público se distribuye entre el poder municipal, de los estados y nacional...", etcétera.

De manera que por tradición constitucional, les pediría que se conserve la expresión como está en el proyecto original, el poder público se distribuye en poder municipal, de los estados y nacional y luego el poder nacional se divide en Legislativo, Ejecutivo y Judicial, ciudadano y electoral.

En el debate, formulé, además, la siguiente propuesta:

Proposición del constituyente Allan Brewer Carías:

"Propongo conservar la terminología constitucional en el sentido de que el Poder Público se distribuye entre el Poder Municipal, el de los Estados y el Nacional"; en lugar de: "El Poder Público está integrado por el Poder Municipal, el de los Estados y el Nacional".

Es todo, ciudadano Presidente.

Artículo 137. Principio de la legalidad

Artículo 137. Esta Constitución y la ley definen las atribuciones de los órganos que ejercen el Poder Público, a las cuales deben sujetarse las actividades que realicen.

Sobre esta norma véase lo que se indica en la página 739 de este Tomo.

Artículo 138. Usurpación de autoridad y nulidad de actos estatales

Artículo 138. Toda autoridad usurpada es ineficaz y sus actos son nulos.

Sobre esta norma véase lo que se indica en la página 736 de este Tomo.

Artículo 139. Responsabilidad derivada del ejercicio del Poder Público

Artículo 139. El ejercicio del Poder Público acarrea responsabilidad individual por abuso o desviación de poder o por violación de esta Constitución o de la ley.

Sobre esta norma véase lo que se indica en la página 737 de este Tomo.

Sobre esta norma, en la sesión de la Asamblea del 1 de noviembre de 1999, con ocasión de la primera discusión del proyecto, expresé lo siguiente:

CONSTITUYENTE BREWER CARÍAS (ALLAN).-Ciudadano Presidente: No tengo la palabra esa que inventa el constituyente Jorge Olavarría, pero quiero decirles que esta norma repite el artículo 121 de la Constitución: "El ejercicio del Poder Público acarrea responsabilidad individual por abuso de poder o por violación de ley". La Comisión ha propuesto agregar acá también: "responsabilidad por desviación de poder", lo que considero positivo.

De manera que esta norma es de toda la tradición del constitucionalismo venezolano desde el siglo pasado. No le falta nada a la norma, en mi criterio.

Es todo, ciudadano Presidente.

Artículo 140. Responsabilidad patrimonial del Estado

Artículo 140. El Estado responderá patrimonialmente por los daños que sufran los o las particulares en cualquiera de sus bienes y derechos, siempre que la lesión sea imputable al funcionamiento de la Administración Pública.

Sobre esta norma véase lo que se indica en la página 747 de este Tomo.

Sobre esta norma, en la sesión de la Asamblea del 1 de noviembre de 1999, con ocasión de la primera discusión del proyecto, expresé lo siguiente:

CONSTITUYENTE BREWER CARÍAS (ALLAN).-Ciudadano Presidente: Parece que el constituyente Jorge Olavarría hizo alguna referencia mientras yo iba a hablar con la Presidencia. Ahora está inventando un artículo sin darse cuenta que eso está en la Constitución vigente, el artículo 120, y se le olvidó, el cual dice: "Es nula toda decisión acordada por requisición directa o indirecta de la fuerza o por reunión de individuos en actitud subversiva". Es decir, una norma arcaica que nos viene del siglo pasado, de la época de las revueltas, y que creo que ya no debe aparecer, de manera que eso no tiene ningún sentido.

Aparte de eso, mi intervención es para apoyar el artículo que viene de la Comisión. Creo que este es un problema estrictamente jurídico, de responsabilidad del Estado, hemos hablado acá de la responsabilidad de los medios de comunicación, de la responsabilidad en todos los frentes, y este es un tema central, el tema de la responsabilidad del Estado frente a los daños que cause. Tenemos una tradición de irresponsabilidad del Estado, y pienso que una norma de este tipo, realmente consolida el Estado de Derecho en Venezuela.

De manera que quiero, sobre el tema en general, apoyar la redacción de la norma, incluso como se establecía en el proyecto original: "...lesiones imputables al funcionamiento de los servicios públicos o de la actividad administrativa" y la Comisión propone eliminar "la actividad administrativa", debería quedar "imputable al funcionamiento de la administración pública", con carácter general, porque de resto está demasiado vinculado a la noción de servicio público, y esto puede originar discusión. De manera que posiblemente la redacción deba ser esa "...que sea imputable a la administración", como está de hecho en el artículo 206 actual de la Constitución al regular el contencioso administrativo. Es todo.

Sección segunda: De la Administración Pública

Artículo 141. Principios de la Administración Pública

Artículo 141. La Administración Pública está al servicio de los ciudadanos y ciudadanas y se fundamenta en los principios de honestidad, participación, celeridad, eficacia, eficiencia, transparencia, rendición de cuentas y responsabilidad en el ejercicio de la función pública, con sometimiento pleno a la ley y al derecho.

Sobre esta norma véase lo que se indica en la página 750 de este Tomo.

Artículo 142. Institutos autónomos y control estatal

Artículo 142. Los institutos autónomos sólo podrán crearse por ley. Tales instituciones, así como los intereses públicos en corporaciones o entidades de cualquier naturaleza, estarán sujetos al control del Estado, en la forma que la ley establezca.

Artículo 143. Derecho a la información administrativa y acceso a los documentos oficiales

Artículo 143. Los ciudadanos y ciudadanas tienen derecho a ser informados e informadas oportuna y verazmente por la Administración Pública, sobre el estado de las actuaciones en que estén directamente interesados e interesadas, y a conocer las resoluciones definitivas que se adopten sobre el particular. Asimismo, tienen acceso a los archivos y registros administrativos, sin perjuicio de los límites aceptables dentro de una sociedad democrática en materias relativas a seguridad interior y exterior, a investigación criminal y a la intimidad de la vida privada, de conformidad con la ley que regule la materia de clasificación de documentos de contenido confidencial o secreto. No se permitirá censura alguna a los funcionarios públicos o funcionarias públicas que informen sobre asuntos bajo su responsabilidad.

Sección tercera: de la función pública.
Artículo 144. Estatuto de la función pública

Artículo 144. La ley establecerá el Estatuto de la función pública mediante normas sobre el ingreso, ascenso, traslado, suspensión y retiro de los funcionarios o funcionarias de la Administración Pública, y proveerá su incorporación a la seguridad social.

La ley determinará las funciones y requisitos que deben cumplir los funcionarios públicos y funcionarias públicas para ejercer sus cargos.

Sobre esta norma véase lo que se indica en la página 745 de este Tomo.

Artículo 145. Deber de imparcialidad de los funcionarios públicos

Artículo 145. Los funcionarios públicos y funcionarias públicas están al servicio del Estado y no de parcialidad alguna. Su nombramiento o remoción no podrán estar determinados por la afiliación u orientación política. Quien esté al servicio de los Municipios, de los Estados, de la República y demás personas jurídicas de derecho público o de derecho privado estatales, no podrá celebrar contrato alguno con ellas, ni por sí ni por interpósita persona, ni en representación de otro u otra, salvo las excepciones que establezca la ley.

Artículo 146. Régimen de cargos de carrera

Artículo 146. Los cargos de los órganos de la Administración Pública son de carrera. Se exceptúan los de elección popular, los de libre nombramiento y remoción, los contratados y contratadas, los obreros y obreras al servicio de la Administración Pública y los demás que determine la ley.

El ingreso de los funcionarios públicos y las funcionarias públicas a los cargos de carrera será por concurso público, fundamentado en principios de honestidad, idoneidad y eficiencia. El ascenso estará sometido a métodos científicos basados en el sistema de méritos, y el traslado, suspensión o retiro será de acuerdo con su desempeño.

Artículo 147. Régimen de las remuneraciones en el sector público

Artículo 147. Para la ocupación de cargos públicos de carácter remunerado es necesario que sus respectivos emolumentos estén previstos en el presupuesto correspondiente.

Las escalas de salarios en la Administración Pública se establecerán reglamentariamente conforme a la ley.

La ley orgánica podrá establecer límites razonables a los emolumentos que devenguen los funcionarios públicos y funcionarias públicas municipales, estadales y nacionales.

La ley nacional establecerá el régimen de las jubilaciones y pensiones de los funcionarios públicos y funcionarias públicas nacionales, estadales y municipales.

Artículo 148. Incompatibilidades en el ejercicio de cargos públicos

Artículo 148. Nadie podrá desempeñar a la vez más de un destino público remunerado, a menos que se trate de cargos académicos, accidentales, asistenciales o docentes que determine la ley. La aceptación de un segundo destino que no sea de los exceptuados en este artículo, implica la renuncia del primero, salvo cuando se trate de suplentes, mientras no reemplacen definitivamente al principal.

Nadie podrá disfrutar más de una jubilación o pensión, salvo los casos expresamente determinados en la ley.

Artículo 149. Limitaciones a cargos honoríficos extranjeros

Artículo 149. Los funcionarios públicos y funcionarias públicas no podrán aceptar cargos, honores o recompensas de gobiernos extranjeros sin la autorización de la Asamblea Nacional.

Sección cuarta: De los contratos de interés público

Artículo 150. Aprobación parlamentaria de contratos de interés público nacional

Artículo 150. La celebración de los contratos de interés público nacional requerirá la aprobación de la Asamblea Nacional en los casos que determine la ley.

No podrá celebrarse contrato alguno de interés público municipal, estadal o nacional con Estados o entidades oficiales extranjeras o con sociedades no domiciliadas en Venezuela, ni traspasarse a ellos sin la aprobación de la Asamblea Nacional.

La ley podrá exigir en los contratos de interés público determinadas condiciones de nacionalidad, domicilio o de otro orden, o requerir especiales garantías.

Sobre esta norma véase lo que se indica en la página 742 de este Tomo.

Sobre esta norma, en la sesión de la Asamblea del 1 de noviembre de 1999, con ocasión de la primera discusión del proyecto, expresé lo siguiente:

CONSTITUYENTE BREWER CARÍAS (ALLAN).-Señor Presidente. El artículo fusionado tal como viene de la Comisión, en mi criterio está bien preciso. Primero, el concepto de contrato de interés público. Ya lo hemos discutido en otras instancias. Contrato de interés público nacional es todo contrato que se celebre por un ente público nacional. Por eso, justamente la redacción que propone la Comisión es que son aprobados por la Asamblea sólo los que determine la ley. No todos los contratos de interés público.

De manera que la celebración de contratos requerirá la aprobación de la Asamblea en los casos que determine la ley. Por tanto, la Ley de Telecomunicaciones establece que los contratos de concesión en materia de telecomunicaciones van a la asamblea, etcétera. Con lo cual es en los casos que determine la ley que un contrato de interés público nacional requiere la aprobación de la Asamblea.

Eso resuelve el planteamiento que formulaba Aristóbulo Istúriz de que todos los contratos antes en la constitución anterior, en la del 61 materialmente debían ir al Congreso.

Esta es la interpretación adecuada y es la que ha acogido la Comisión.

Por otra parte, contratos de interés público nacional es el que concierne a los entes públicos nacional. En el segundo párrafo se aclara que hay contratos de interés público nacional, estadal y municipal que concierne a los tres niveles. En esos casos, cuando un ente público nacional estadal y municipal celebre un contrato con otro estado o con entidades oficiales extranjeras, o con sociedades no domiciliadas en el país, requieren de la aprobación de la Asamblea.

Ese es el requisito, incluso podría ser una sociedad no domiciliada pero requeriría de la aprobación expresa de la Asamblea Nacional. Depende, si es la equis sociedad proveedora de determinados vagones de un Metro, posiblemente se va a celebrar pero se requiere de la aprobación de la Asamblea.

Y el último requisito también es lógico, la ley puede establecer para determinados contratos de interés público, determinadas condiciones de nacionalidad. Entonces puede decir para un contrato de concesión de telecomunicaciones, que los directivos de esa empresa sean venezolanos, lo que sea. Esa es justamente cuestión de la ley o de domicilio. Creo que tal como está el artículo responde a la realidad, a la praxis en la celebración de contratos por parte de la República, de acuerdo a la constitución y no se aparta en mucho de lo que se ha establecido en la Constitución actual sino que más bien aclara y precisa, sobre todo en ese tema de la aprobación de la Asamblea Nacional.

Esto es un artículo sobre todo para el requisito de la aprobación por la Asamblea.

Artículo 151. Cláusula de inmunidad relativa de jurisdicción y cláusula Calvo

> *Artículo 151.* En los contratos de interés público, si no fuere improcedente de acuerdo con la naturaleza de los mismos, se considerará incorporada, aun cuando no estuviere expresa, una cláusula según la cual las dudas y controversias que puedan suscitarse sobre dichos contratos y que no llegaren a ser resueltas amigablemente por las partes contratantes, serán decididas por los tribunales competentes de la República, de conformidad con sus leyes, sin que por ningún motivo ni causa puedan dar origen a reclamaciones extranjeras.

Sobre esta norma véase lo que se indica en la página 740 de este Tomo.

Esta norma, que proviene del constitucionalismo histórico y estaba en la Constitución de 1961, había sido sustituida en el proyecto inicial por otra mucho más restrictiva en relación con los poderes del Estado. A propuesta mía fue incorporada de nuevo en el texto constitucional aprobado, basándose la Asamblea en el siguiente Informe que envié a la Comisión de Integración y Relaciones con la Comunidad Internacional, a la Comisión del Poder Público nacional y, a la Comisión de lo Económico y Social y a la Comisión Constitucional de 8 de septiembre de 1999.

PROPUESTA SOBRE LA CLÁUSULA DE INMUNIDAD RELATIVA DE JURISDICCIÓN Y SOBRE LA CLÁUSULA CALVO EN LOS CONTRATOS DE INTERÉS PÚBLICO

Comunicación enviada a los presidentes de las Comisiones de Integración y Relaciones con la Comunidad Internacional, de la Comisión de Poder Público Nacional, de la Comisión de lo Económico y Social y de la Comisión Constitucional el 08-09-1999

Tengo el agrado de dirigirme a Uds., con el objeto de hacerle llegar mis comentarios en torno a la *Cláusula de Inmunidad jurisdiccional* contenida en el documento presentado por el Presidente Chávez a la Asamblea, denominado *Ideas Fundamentales para la Constitución Bolivariana de la V República*, en sustitución del artículo 127 de la Constitución de 1961; y a la ausencia de regulación en dicho documento de la llamada *Cláusula Calvo* que está contenida en la última parte de la referida norma constitucional.

En efecto, la Constitución de 1961 establece en su artículo 127, lo siguiente:

"*Art. 12.* En los contratos de *interés público*, si no fuere improcedente *de acuerdo con la naturaleza de los mismos,* se considerará incorporada, aun cuando no estuviere expresa, una cláusula según la cual las dudas y controversias que puedan suscitarse sobre dichos contratos y que no llegaren a ser resueltas amigablemente por las partes contratantes serán decididas por los *Tribunales competentes de la República,* en conformidad con *sus leyes,* sin que por ningún motivo ni causa puedan dar origen a *reclamaciones extranjeras*".

Por su parte, en el Proyecto presentado por el Presidente Chávez, la norma equivalente, ubicada en el Título V sobre el "Sistema socio económico", establece lo siguiente:

"*Art.__* En los contratos en los que participe la República y sean de interés público se considerará incorporada, aún cuando no estuviere expresa, una cláusula según la cual las dudas y controversias que puedan suscitarse sobre dichos contratos, serán decididas por los tribunales competentes de la República en conformidad con las leyes".

Para entender adecuadamente estas normas, y los cambios propuestos, las analizaremos separadamente.

1. *La cláusula de inmunidad relativa de jurisdicción en relación con los contratos de interés público en la Constitución de 1961*

La Constitución de 1961, en el mencionado artículo 127, establece la denominada *Cláusula de Inmunidad* relativa de jurisdicción en relación con los contratos de interés público, sea cual sea el ente estatal que los suscriba, conforme a la cual y cuando por su naturaleza no sea "procedente, las dudas y controversias que se susciten pueden ser decididos por Tribunales extranjeros, o conforme a otra legislación distinta a la venezolana.

A. *La noción de contratos de interés público*

En relación con el artículo 127 de la Constitución, ante todo, resulta necesario precisar qué ha de entenderse por contrato de interés público (Véase Allan R. Brewer-Carías, "Los contratos de interés nacional y su aprobación legislativa", *Revista de Derecho Público,* N° 11, 1982, Caracas, págs. 49 y sigts.), a los efectos de determinar a cuales se aplica esta cláusula.

La Constitución, en efecto, se refiere a la noción de contratos de interés público, en genérico, como sucede en el artículo 127; y aparte especifica las especies de contratos de interés público, al indicar que pueden ser de interés público nacional, de interés público estadal o de interés público municipal (art. 126).

La noción de interés público, por tanto, es de carácter genérico, en contraste con las especies (nacional, estadal o municipal), lo que resulta de la forma Federal del Estado conforme a la distribución vertical del Poder (nacional, estadal y municipal).

Por ello, el texto constitucional habla de interés público nacional, de interés público estadal y de interés público municipal, para hacer referencia a un solo interés público que concierne a los tres niveles territoriales.

Por tanto, contratos de interés público son los contratos suscritos por la República, cualquiera que sea su contenido, y también todos los contratos suscritos por los Estados y por los Municipios, y por sus entes descentralizados de derecho público. Por lo demás, esta noción de interés público, que engloba los tres niveles territoriales, tiene relación con otros aspectos fundamentales del Derecho Público Venezolano, como el concepto de Estado o el de Poder Público.

De lo anterior resulta que contrato de interés público, en la Constitución de 1961, es todo contrato suscrito por los entes públicos territoriales, cualquiera que sea su naturaleza y contenido, es decir, por la República, los Estados y los Municipios, y aún más, también, por los entes descentralizados de derecho público de esos tres niveles. Por tanto, un contrato suscrito por un instituto autónomo nacional, estadal o municipal, también puede considerarse como contrato de interés público.

Esto sin duda, es el primer tema que sugiere el artículo 127 de la Constitución, y que conduce a interpretar que se trata, realmente, de una cláusula contractual obligatoria, en el sentido de que todo contrato que suscriban todos los entes del Estado Venezolano, en los tres niveles territoriales e, incluso, en los niveles de descentralización funcional, deben contener esta cláusula cuyo objeto es, salvo que la naturaleza de los mismos excluya, *primero,* estipular que la interpretación, aplicación y ejecución de esos contratos debe someterse a la Ley Venezolana, y *segundo,* que las controversias y dudas que de ellos surjan deben también someterse al conocimiento de los Tribunales venezolanos. Este principio, que se deriva de esta cláusula, encuentra también su fundamento en el principio universal del derecho internacional, de la inmunidad de jurisdicción de los Estados extranjeros. (Véase, Tatiana Bogdanowsky de Maekelt, "Inmunidad de Jurisdicción de los Estados" en *Libro Homenaje a José Melich Orsini,* Vol. I, Caracas, 1982, págs. 213 y sigts.).

B. *El origen de la inmunidad relativa de jurisdicción*

La Cláusula del artículo 127 de la Constitución, sin embargo, desde el ángulo de la inmunidad jurisdiccional, se aparta del carácter absoluto tradicional, y encaja dentro de la llamada "inmunidad relativa de jurisdicción". En efecto, esa norma prescribe que esa cláusula debe estar presente en todos los contratos de la Administración "*si no fuere improcedente de acuerdo con la naturaleza de los mismos*". Esto conecta la disciplina en materia de contratos, con un tema clásico de derecho internacional, que muestra la evolución que ha tenido en el derecho contemporáneo el tema, desde una inmunidad absoluta a la inmunidad relativa de jurisdicción (véase, en general, Ian Sinclair, "The Law of Sovereign Inmunity, Recent Development", Académie International de Droit Comparé, *Recueil des Cours, 1980,* Vol. II, La Haya, 1981, págs. 201 y sigts.).

El origen de esta cláusula, en el sistema constitucional venezolano, se remonta a la Constitución de 1893, en la cual se estableció lo que puede calificarse como el principio de la inmunidad absoluta. El artículo 149 de ese texto dispuso que:

"*...En todo contrato de interés público, se establecerá la cláusula, de que «las dudas y controversias que puedan suscitarse sobre su inteligencia y ejecución, serán decididas por los tribunales venezolanos y conforme a las leyes de la República...»*"

De acuerdo a esta norma del Texto Fundamental de 1893 la fórmula era distinta al texto vigente: *primero,* preveía la inmunidad absoluta, y *segundo,* prescribía la obligación de que en todo contrato de interés público se estableciera la cláusula, lo que difiere del sistema de la Constitución de 1961, conforme la cual se entiende incorporada la cláusula a los contratos. En aquel texto sólo se decía que en esos contratos debía incorporarse la cláusula, por la que la misma tenía mero carácter contractual.

En la Constitución de 1947 estos dos elementos se cambiaron: se abandonó el sistema de inmunidad absoluta, sustituyéndose por uno de inmunidad relativa, porque la cláusula se consideraba incorporada en los contratos "si fuera procedente de acuerdo a la naturaleza de los mismos"; y, además, se adoptó el esquema actual de considerar incorporada la cláusula aún cuando no estuviera expresa, con lo cual no es necesario que se indique en el texto del contrato que esa cláusula forma parte del mismo, sino que en virtud de la Constitución ella está incorporada (art. 108).

C. *La situación en el derecho internacional y la distinción entre actos de autoridad y actos de gestión*

Esta cláusula, como se señaló, tiene una evidente vinculación con el Derecho Internacional, y hoy puede decirse que refleja una situación universalmente aceptada y adoptada en todo el mundo: la del principio de la relatividad de la inmunidad de soberanía o de inmunidad jurisdiccional de los Estados.

Por supuesto, ello no implica que haya unanimidad absoluta en la doctrina en relación a determinar cuándo la *naturaleza* de un contrato implica la renuncia a la inmunidad de jurisdicción. Sobre el particular puede decirse que no hay criterios universalmente aceptados, aun cuando todavía se recurra a la distinción tradicional abandonada en el campo del derecho administrativo, entre los actos de autoridad (*jure imperii*) y los actos de gestión (*jure gestionis*) para la interpretación de los casos en los cuales debe haber inmunidad de jurisdicción. La misma doctrina del Fisco, elaborada también durante el siglo pasado, incluso, tuvo sus repercusiones en el Derecho Internacional en este tema de la inmunidad jurisdiccional.

En todo caso, puede decirse que esas distinciones tradicionales, en el momento actual, no tienen valor como tal, porque todo acto del Estado siempre tiene una finalidad pública y no puede decirse que haya actos que el Estado cumple como un particular pura y simplemente.

Sin embargo, la distinción entre actos de autoridad y actos de gestión con todas sus consecuencias, condicionó la elaboración de un documento que, en el ámbito del Derecho Internacional Privado y su incidencia en los contratos estatales, fue muy importante en América Latina. Se trata del *Código Bustamante,* es decir, la *Convención sobre Derecho Internacional Privado* de 1928, que suscribieron casi todos los países de América Latina y del cual es parte Venezuela. En esa Convención puede decirse que se comenzó, en el ámbito internacional de América Latina, a erosionar el principio de la inmunidad jurisdiccional absoluta de los Estados.

En efecto, en ese texto se admitió, como principio, que había inmunidad absoluta, pero salvo el caso de que un Estado hubiera admitido una sumisión expresa a la ley extranjera, en cuyo caso habría un consentimiento expreso a someterse a la jurisdicción de tribunales extranjeros.

En tal sentido, el artículo 333 del Código establece lo siguiente:

"*Artículo 333:* Los jueces y tribunales de cada Estado contratante serán incompetentes para conocer de los asuntos civiles o mercantiles en que sean parte demandada los demás Estados contratantes o sus Jefes, si se ejercita una acción personal, *salvo el caso de sumisión expresa* o de demandas reconvencionales".

Pero además, en el Código Bustamante, y de allí la importancia de este documento en el derecho internacional, también se estableció el principio de que, a pesar de la inmunidad establecida, ciertas acciones podían dar origen a la renuncia a la inmunidad de jurisdicción, particularmente las acciones reales vinculadas a la propiedad inmueble y los juicios universales (art. 316). Sin embargo, para regular esta materia, en 1928, el Código seguía el parámetro de la distinción entre actos de autoridad y actos de gestión.

Así, los artículos 334 y 335 del Código establecieron lo siguiente:

"*Artículo 334*   En el mismo caso y *con la propia excepción, serán incompetentes* cuando se ejerciten *acciones reales,* si el Estado contratante o su Jefe *han actuado en el asunto como tales y en su carácter público.*

Artículo 335   Si el Estado contratante o su Jefe *han actuado como particulares o personas privadas, serán competentes* los jueces o tribunales para conocer de los asuntos en que se ejerciten *acciones reales* o mixtas, si esta competencia les corresponde conforme a este Código".

Conforme a estas normas, por tanto, si se trata de acciones reales, en asuntos en los cuales el Estado actúa como Poder Público, dictando actos de autoridad, se mantiene el principio de la inmunidad absoluta; en cambio, si lo que está envuelto en el asunto es un acto de gestión en el cual el Estado actúa como particular o persona privada, entonces puede estar sometido a la jurisdicción de otro Estado.

Es claro, sin embargo, que actualmente esta distinción no puede seguir sosteniéndose, como no se sostiene ya en el Derecho Internacional, sobre todo en virtud de la expansión económica de los Estados, pues ha sido justamente en las últimas décadas cuando los Estados han venido desarrollando un intenso proceso de intervención en la economía. En este campo de la actuación económica del Estado, ello no puede implicar que en las mismas, los Estados dejen de ser tales Estados soberanos, a pesar de que cumplan actividades comerciales o industriales en cualquier nivel.

El tema se ha discutido en el campo del derecho internacional, llegándose incluso a afirmaciones mucho más definidas que las que a veces encontramos en el derecho interno. Por ejemplo, Ian Sinclair afirma que "es una sobre-simplificación pretender que todas las actividades del Estado en el campo económico -como el manejo estatal de una industria, las compras o ventas del Estado- son necesariamente de naturaleza de "derecho privado" y que cumpliéndolas el Estado actúa como persona privada" (*loc. cit.* pág. 209), y Chetien ha sostenido que "el Estado no adopta acto alguno, ni interviene en cualquier relación jurídica, sin que ello esté motivado, directa o indirectamente, por la necesidad de mantener su alta misión gubernamental... si uno va al fondo de las cosas, el Estado no se puede presentar jamás como una persona privada" (*idem* p. 209).

Por tanto, por el hecho de que el Estado realice actividades comerciales o industriales, no implica que deja de estar sometido al derecho público y que actúe enteramente regido por el derecho privado.

D. *Las excepciones a la Inmunidad jurisdiccional basadas en la naturaleza de los contratos y su carácter comercial*

En consecuencia, abandonada la distinción entre actos de autoridad y acto gestión, o entre "Estado persona" y "Estado Poder Público", en el Derecho Internacional, para evaluar las cláusulas de inmunidad de jurisdicción, la discusión se centra en la *naturaleza de la actividad* del Estado más que en su finalidad, que siempre es pública; y la tendencia es a admitir la excepción al principio de la inmunidad basada en el *carácter comercial* de las actividades que realice un Estado, sobre todo el ámbito internacional, lo que ha provocado la admisión del principio de la inmunidad relativa de jurisdicción.

En esta orientación, hay varios instrumentos jurídicos internacionales adoptados en los últimos años que deben destacarse. El primero de ellos es la *Convención Europea sobre Inmunidad de los Estados* de 1972, en la cual se señalaron los casos en los cuales los Estados no podían invocar la inmunidad de jurisdicción, los cuales son: cuando se trate de contratos de trabajo o laborales que deben ser ejecutados en el Estado del foro; cuando un Estado participe como accionista junto con otros particulares en empresas comerciales en el Estado del foro; cuando un Estado tenga oficinas o agencias que realicen actividades industriales, comerciales o financieras, de la misma manera que personas privadas; los procedimientos relativos a patentes, marcas de fábricas y todo lo vinculado al derecho industrial; y las acciones relativas a propiedad inmueble y sobre sucesiones y donaciones (Art. 5 a 10).

Esta Convención Europea fue seguida en cuanto al abandono progresivo de la inmunidad absoluta, por una ley muy importante, que fue la *Ley de Inmunidad de Soberanía de los Estados Unidos de América* de 1976, particularmente por tratarse de un Estado en el cual ha habido, históricamente, muchos conflictos y búsqueda de excepciones al sometimiento de los Estados extranjeros a las leyes norteamericanas. En esa ley se estableció, como principio, que bajo el ámbito del derecho internacional, los Estados no son inmunes en materia de jurisdicción en relación a sus actividades comerciales (Art. 1602), las cuales se definen en el mismo estatuto, como las actividades regulares de conducta comercial, o las transacciones particulares de tal carácter comercial. En este texto, además, se precisa que "el carácter comercial de una actividad debe determinarse en relación a la naturaleza de la conducta, la transacción particular o el acto, antes que en referencia a su objetivo o finalidad" (Art. 1603, d).

El mismo principio se adoptó en la *Ley de Inmunidad del Estado del Reino Unido,* de 1978, lo cual fue también muy importante, porque Inglaterra había sostenido siempre el principio de la inmunidad absoluta. Fue a partir de 1978 cuando se abandonó el principio e, incluso, se definieron los casos a los cuales no se podía alegar la inmunidad jurisdiccional, basado en el principio de la naturaleza comercial de la transacción, tales como: suministros de bienes o servicios; préstamos y transacciones que tienen relación con el financiamiento a los países o garantías o indemnizaciones relativas a estos préstamos y financiamientos, así como cualquier otra transacción o actividad, sea comercial, industrial, financiera, profesional o de carácter similar, en las cuales un Estado entra en relación con otro, sin que quede comprometido realmente el ejercicio de su autoridad soberana (Secc. 3ª).

Esta misma orientación la sigue el *Proyecto de Convención Interamericana de inmunidad de Jurisdicción de los Estados,* aprobado en 1.983 por el Comité Jurídico Interamericano, en el cual se plantea también la excepción a la inmunidad jurisdiccional en el caso de actividades mercantiles y comerciales, en los casos de "la realización de una determinada transacción o acto comercial o mercantil como parte del desarrollo ordinario de su comercio", agregándose también, los asuntos laborales y contratos de trabajo.

E. *La discusión en Venezuela y el caso de los contratos de empréstito público.*

El tema tiene gran importancia en Venezuela, porque toca el principio constitucional contenido en esta cláusula obligatoria del artículo 127; obligatoriedad que está, sin embargo, sujeta a la excepción basada en la naturaleza del contrato, en cuyo caso no se aplica el principio de la inmunidad.

Por supuesto, la discusión en Venezuela se ha planteado en torno al tema de la naturaleza de los contratos (Véase Isabel Boscán de Ruesta, "La inmunidad de jurisdicción de los contratos de interés público", en *Revista de Derecho Público,* N° 14, Caracas, 1983, pp. 24 y ss.; Alfredo Morles. "La inmunidad de Jurisdicción y las operaciones de Crédito Público", en *Estudios sobre la Constitución, Libro Homenaje a Rafael Caldera,* tomo III. Caracas, 1979, pp. 1701 y ss.; y la doctrina de la Procuraduría General de la República, en *20 años de Doctrina de la Procuraduría General de la República 1962-1981,* Caracas, 1984, tomo IV, Vol. 2, pp. 169 y ss.) y en la materia no se puede dar fórmulas universales. A la conclusión que se ha llegado después de interpretaciones contradictorias, es que el criterio debe incidir en la naturaleza práctica del negocio que está en juego, lo cual tuvo particular aplicación, a principios de la década de los ochenta, con motivo de los contratos de empréstitos públicos y obligaciones financieras que asumía el Estado en territorio de Estados extranjeros (Véase A. Morles, *loc. cit.,* pp. 1.701 y ss).

Por supuesto, en materia de empréstitos públicos, el tema de la inmunidad jurisdiccional se ha planteado desde siempre, y ha habido toda una discusión, tanto en el Derecho Financiero como en el Derecho Internacional, sobre *la naturaleza de los contratos de empréstitos.* En todo caso, si se utiliza la distinción de actos de autoridad y actos de gestión (*jure imperii-jure gestione*) nadie podía afirmar que un contrato de empréstito público no sea un acto de autoridad, y no sea un contrato administrativo: más público, en cualquier sentido, que un contrato de empréstitos, no habría.

Por ello, la solución al problema no se basa en considerar si el Estado suscribe el contrato haciendo uso de su soberanía o de sus poderes públicos, o si son o no contratos administrativos, sino en la naturaleza de las operaciones. En el caso de empréstitos, sin duda, el juez que pueda estar llamado a conocer de un problema judicial en relación a ellos, lo que debe conocer en realidad son cuestiones mercantiles y comerciales. Por eso, y con base en la excepción prevista en la Constitución, los contratos de empréstitos no contienen las cláusulas de inmunidad de jurisdicción y, por tanto, pueden estar sometidos, en su ejecución, que se produce además fuera del país, a las leyes y tribunales donde se realiza la operación. Este, además, es el principio aceptado en todos los países en el momento actual.

Ahora bien, esta posición de principio, en cuanto a la excepción respecto de la cláusula de inmunidad de jurisdicción y que existe respecto de contratos de interés público de naturaleza comercial o industrial, puede verse modificada, como ha sucedido con la Ley sobre Construcción, Explotación y Mantenimiento de Obras Viales y de Transporte en Régimen de Concesión de 1983 (*G.O.* N° 3.247 Extraordinaria de 26-8-83) que estableció que:

"La concesionaria estará sometida al ordenamiento jurídico venezolano y a la jurisdicción de los Tribunales de la República, cualesquiera sea el origen de sus capitales y el de sus accionistas" (art. 10).

En el mismo sentido, en el sector hidrocarburos, y en cuanto a los contratos para la constitución de empresas mixtas, el artículo 3° (Parágrafo Segundo, literal d), numeral 9) de la Ley de Hidrocarburos, estableció que en dichos contratos se debía insertar la cláusula de inmunidad de jurisdicción, con el siguiente contenido:

"Las dudas y controversias de cualquier naturaleza que puedan suscitarse con motivo de este convenio y que no puedan ser resueltas amigablemente, serán decididas por los Tribunales de Venezuela de conformidad con sus leyes, sin que por ningún motivo ni causa puedan ser motivo de reclamaciones extranjeras".

2. El caso de la inclusión de la excepción a la inmunidad de jurisdicción en los contratos relativos a la Apertura Petrolera

A. La cláusula de excepción y el arbitramiento

Ahora bien, de acuerdo con el principio del artículo 127 de la Constitución de 1961, en el Acuerdo del Congreso del 04-07-95 que autorizó los "Convenios de asociación para la explotación a riesgo de nuevas áreas y la producción de hidrocarburos bajo el esquema de ganancias compartidas", se incluyó la Cláusula Decimaséptima con el texto siguiente:

> *"DECIMASÉPTIMA:* El Convenio se regirá e interpretará de conformidad con las leyes de la República de Venezuela.
>
> Las materias competencia del Comité de Control no estarán sujetas a arbitraje.
>
> El modo de resolver controversias en materias que no sean de la competencia del Comité de Control y que no puedan dirimirse por acuerdo entre las partes, será el arbitraje, el cual se realizará según las reglas de procedimiento de la Cámara Internacional de Comercio, vigentes al momento de la firma del Convenio".

Esta cláusula, junto con otras, fue impugnada en 1995 y 1996 ante la Corte Suprema de Justicia por diversos ciudadanos, entre ellos el actual constituyente Dr. Luis Vallenilla, y el actual Ministro de Energía y Minas, Dr. Alí Rodríguez Araque, argumentando que la misma era contraria al artículo 127 de la Constitución, pues los Convenios de Asociación cuyas condiciones de celebración autorizaba el Acuerdo del Congreso, eran contratos de evidente interés público cuyas controversias, a juicio de los recurrentes, no podían "dirimirse con arreglo a normas de procedimiento distintas a las que establece la Ley Venezolana".

En cuanto a esta denuncia formulada por los recurrentes debe señalarse que, evidentemente, los Convenios de Asociación autorizados en el Acuerdo del Congreso de 04-07-95, son contratos de interés público nacional conforme al artículo 127 de la Constitución, a los cuales, sin embargo, por su *naturaleza industrial y comercial,* se les aplica la excepción contenida en la misma norma respecto al principio de la inmunidad jurisdiccional; razón por la cual no puede considerarse que violaban dicha norma.

En efecto, en la referida Cláusula Decimaséptima si bien se deja claramente sentado el mandato de que el Convenio *"se regirá e interpretará de conformidad con las leyes de la República de Venezuela",* en cuanto a la resolución de *algunas* controversias que deriven del mismo (con exclusión de las materias que sean competencia del Comité de Control), precisamente de acuerdo a lo establecido en el Código de Procedimiento Civil, que es una Ley de la República de Venezuela, se la somete a arbitraje que se realizará según las reglas de procedimiento de la Cámara Internacional de Comercio, vigentes al momento de la firma del Convenio. Esta previsión de la Cláusula Decimaséptima del artículo 2° del Acuerdo está, en un todo, conforme con lo establecido en el artículo 127 de la Constitución, por lo que no lo contradice en forma alguna; y además, responde ahora al contenido del artículo 4° de la Ley de Arbitraje Comercial de 1998, que autoriza el arbitramento en contratos de interés público

En efecto, los Convenios de Asociación autorizados en el Acuerdo de 04-07-95, a celebrarse entre una de las empresas de la industria petrolera nacionalizada y una empresa privada, indudablemente que en los mismos, dada la naturaleza industrial y comercial de las actividades envueltas en ellos -que no cambian por el hecho de originarse en la explotación de hidrocarburos, lo que ha sido reservado al Estado por ley-, la inclusión de la mencionada cláusula de inmunidad de jurisdicción no es obligatoria, razón por la cual incluso podría haberse incluido una cláusula que estableciera la excepción tanto en cuanto a que la interpretación, aplicación y ejecución del contrato debía someterse a la Ley Venezolana (quedando exceptuadas siempre la aplicación obligatoria de las normas de orden público), como en cuanto a que las controversias y dudas que de ellos surjan, debían también someterse a conocimiento de los Tribunales de la República.

Ahora bien, establecida la posibilidad constitucional de la excepción al principio de inmunidad de jurisdicción en relación a los Convenios de Asociación cuyas condiciones se han fijado en el Acuerdo dictado conforme al artículo 126 de la Constitución y al artículo 5° de la Ley Orgánica que Reserva al Estado la Industria y el Comercio de los Hidrocarburos, es indudable que el Acuerdo podía constitucionalmente, como lo hizo, prever que para la solución de determinadas controversias las partes debían recurrir a la figura del arbitramento para su resolución, conforme a lo establecido en el artículo 2° y 608 del Código de Procedimiento Civil.

En todo caso, y en relación a los Convenios de Asociación de la apertura petrolera pueden establecerse las siguientes conclusiones:

A. El principio de la inmunidad jurisdiccional del Estado que establece el artículo 127 de la Constitución, de carácter relativo, permite cuando la naturaleza del contrato de interés público lo aconseje, excluir respecto del mismo la aplicación de las leyes venezolanas (con excepción de las normas de orden público) y la jurisdicción de los Tribunales venezolanos.

B. Los contratos de interés público, contenidos en los Convenios de Asociación en ejecución del artículo 5° de la Ley Orgánica que Reserva al Estado la Industria y el Comercio de los Hidrocarburos, por su naturaleza industrial y comercial, son de aquéllos que están dentro de las excepciones respecto del principio del inmunidad jurisdiccional del Estado. Por ello, en la Cláusula Décima Séptima del artículo 2° del Acuerdo de 04-07-95, y conforme al artículo 127 de la Constitución, si bien se ha previsto expresamente que se regirán e interpretarán de conformidad con las Leyes de la República de Venezuela, se ha dispuesto la excepción respecto de la cláusula de inmunidad jurisdiccional del Estado, prescribiéndose que las partes contratantes, respecto de controversias que no sean de las materias competencia del Comité de Control, deben recurrir al arbitramento para su solución conforme al Código de Procedimiento Civil (arts. 2 y 608 CPC), lo cual es admisible en los contratos de interés público que no tengan que contener obligatoriamente dicha cláusula.

C. Las limitaciones fundamentales en relación al recurso de arbitramento en los contratos de interés público, como los Convenios de Asociación, son las establecidas en el artículo 608 del Código de Procedimiento Civil, en el sentido de que no pueden comprometerse "cuestiones sobre estado, sobre divorcio o separación de los cónyuges, *ni sobre los demás asuntos en los que no cabe transacción"*. En cuanto a la transacción, si bien es admisible en materia de contratos de interés público, no puede conllevar a que las partes transijan sin tener capacidad para disponer de las cosas comprendidas en la transacción. Esto implica, en materia de derecho público, que solo los órganos *competentes* para ello pueden transigir, y que además, la transacción no puede recaer sobre *derechos inalienables* respecto de los cuales *no se puede disponer*. Por tanto, *la transacción no puede implicar renuncia ni relajamiento de normas de orden público o las buenas costumbres* (art. 6 CC), y particularmente de aquéllas que establecen una *competencia de ejercicio obligatorio* (reglada para el Estado). En consecuencia, *ninguna de estas cuestiones pueden ser objeto de compromiso arbitral*. En materia tributaria en todo caso, la transacción judicial sólo es admisible en cuanto a la determinación de los hechos y no en cuanto al significado de la norma aplicable, por lo que un arbitramento no podría incidir sobre esto último.

D. El recurso al arbitramento en los contratos de interés público donde no sea obligatoria la inclusión de la cláusula de inmunidad jurisdiccional, puede conducir, inclusive, a que los árbitros designados resuelvan en el exterior, conforme al artículo 2 del Código de Procedimiento Civil, sometido, el compromiso arbitral, siempre, a las limitaciones antes mencionadas y adicionalmente a las previstas en dicho artículo en el sentido de que los arbitrajes que se resuelvan en el extranjero "no pueden referirse a controversias sobre *bienes inmuebles situados en el territorio de la República o sobre otras materias que interesen al orden público o a las buenas costumbres*".

E. El recurso al arbitramento, en todo caso, cuando ello es posible en los contratos de interés público, permite a las partes indicar a los árbitros las reglas de procedimiento que deban seguir, conforme al artículo 618 del Código de Procedimiento Civil, las cuales bien podrían ser las de la Cámara Internacional de Comercio, como ha sucedido con la condición fijada por el Acuerdo del Congreso de 04-07-95 en su Cláusula Décima Séptima del artículo 2°.

En consecuencia, la mencionada Cláusula Décima Séptima del artículo 2° del Acuerdo de 04-07-95 consideramos que no contradecía, en forma alguna, el artículo 127 de la Constitución, y al contrario, se adoptó por las Cámaras Legislativas conforme al mismo, razón por la cual la Corte Suprema de Justicia desestimó los alegatos de supuesta violación de dicha norma formulados en la acción de nulidad intentada en 1995 y 1996.

B. *La sentencia de la Corte Suprema de Justicia de 17-08-1999*

En efecto, la Corte Suprema de Justicia, en Corte Plena, el 17-08-99 dictó sentencia decidiendo los recursos de inconstitucionalidad e ilegalidad que se habían intentado contra el Acuerdo del Congreso autorizatorio de los contratos relativos a la apertura petrolera; y en cuanto a la Cláusula Decimoséptima, sostuvo lo siguiente:

"6. *Cláusula Decimoséptima:*

Se ha alegado como motivo de impugnación de esta cláusula la violación del artículo 127 de la Constitución, que dispone la obligatoriedad de incorporar en todo contrato de interés público una cláusula según la cual las dudas y controversias que se susciten con relación a dichos contratos y que no llegaren a resolverse de forma amigable por las partes, serán decididas por los Tribunales de la República. Insistiendo, además, en la naturaleza de contratos de interés público que tienen los Convenios de Asociación, lo cual compromete aspectos esenciales de la Nación venezolana.

En contra del anterior alegato, quienes defienden la constitucionalidad y legalidad de la cláusula Decimoséptima del Acuerdo recurrido, que permite la incorporación del arbitraje en los convenios de asociación estratégica, han sostenido que la disposición constitucional del artículo 127 revela que efectivamente la cláusula que establece la inmunidad de la jurisdicción nacional es de obligatoria incorporación en toda contratación de interés público, pero que siendo ésta la regla, la excepción se produce, cuando "no fuere improcedente de acuerdo con la naturaleza de los mismos".

Para decidir, se observa:

Son tres los aspectos a dilucidar en la presente controversia:

En *primer lugar,* el referido a si los convenios de asociación debe reputárseles como contratos de interés público.

En *segundo término,* lo relacionado con la concepción adoptada por la Constitución de la República en su artículo 127, esto es, si acogió el sistema de inmunidad absoluta de jurisdicción o, por el contrario, el de inmunidad relativa, a través del cual se permitiría, dependiendo de la naturaleza del contrato, incorporar la cláusula arbitral.

Y, *por último,* debe dilucidarse a qué se ha referido el Constituyente de 1961 cuando estableció "si no fuera improcedente, de acuerdo con la naturaleza de los mismos".

Primero: Con relación al interés público del cual están revestidos los Convenios de Asociación a que se refiere el Acuerdo del Congreso impugnado, estima esta Corte que en el punto 4 de la motiva del presente fallo, referido a la Cláusula Sexta, se dejó claramente establecido que su naturaleza jurídica, es la de un contrato administrativo, o de interés público dadas las características allí extensamente analizadas.

Debe además, dejarse sentado en esta oportunidad, visto lo alegado por los recurrentes, que la contratación administrativa aludida se encuentra vinculada al interés público colectivo, pues, como se ha dicho -y aquí se reitera- es precisamente este elemento el que mueve a la Administración a realizar este tipo de contratación. Así se declara.

Segundo: Por lo que se refiere a la concepción que adoptó el artículo 127 de la Constitución de la República, resulta a todas luces evidente para esta Corte, que la redacción de la citada norma no deja la menor duda de que el Constituyente al incorporar en los contratos de interés público la excepción "*si no fuera improcedente de acuerdo con la naturaleza de los mismos*" se acogió al sistema de inmunidad relativa que ya había establecido la Constitución de 1947. Sistema que, por lo demás, impera en los países desarrollados, que permanentemente someten sus controversias internacionales a los árbitros que elijan uno y otro Estado, buscando con ello evitar que la jurisdicción interna de alguno de ellos tienda -como pareciera inevitable- a favorecer a su país en la disputa de que se trate.

Ahora bien, resulta para este Alto Tribunal innecesario recalcar el fundamento de las precisiones doctrinarias que innumerables y muy reconocidos juristas nacionales y extranjeros han hecho en relación con la justificación para que los Estados acojan el sistema de inmunidad relativa, pues entiende la Corte, que el eje central de esta controversia no se circunscribe especialmente a este hecho, sino al alegado por los recurrentes en cuanto a que esta excepción que concibe -y así lo aceptan- el artículo 127, se encuentra sólo referida a los contratos celebrados "entre dos Estados soberano o entre un Estado soberano y los organismos de Derechos Internacional Público", lo que les permite argüir, que el dispositivo constitucional no autoriza el sometimiento a normas distintas de las venezolanas fuera de estos casos.

No comparte la Corte lo expuesto por los impugnantes, toda vez que la redacción de la mencionada norma no permite, ni semántica ni conceptualmente, hacer tal distinción. En efecto, dispone el artículo 127 citado que: *"En los contratos de interés público, **si no fuere improcedente de acuerdo con la naturaleza de los mismos,** se considerará incorporada, aun cuando no estuviere expresa, una cláusula según la cual las dudas y controversias que puedan suscitarse sobre dichos contratos y que no llegaren a ser resueltas amigablemente por las partes contratantes, serán decididas por los Tribunales competentes de la República, en conformidad con sus leyes, sin que por ningún motivo ni causa puedan dar origen a reclamaciones extranjeras".* (Resaltado de la Corte). De tal redacción resulta ostensible que el Constituyente no precisó que la excepción allí contenida estuviese referida a los contratos celebrados entre dos Estados soberanos o entre un Estado soberano y los organismos de Derecho Internacional Público, como lo pretenden los recurrentes.

Rebasa el alegato de los demandantes la intención del Constituyente quien no hizo distinción alguna. De lo expuesto, cabe concluir que no se encuentran excluidos por la excepción contenida en el artículo 127 de la Constitución, los contratos de interés público distintos a los señalados por los recurrentes, pues entran en ella todos aquéllos cuya naturaleza haga procedente la incorporación de la cláusula arbitral. Así se declara.

Tercero: Ha quedado establecido tanto el carácter de interés público de los Convenios de Asociación autorizados por el Acuerdo del Congreso como la circunstancia de que la excepción contenida en el artículo 127 constitucional no se limita sólo a aquellos contratos que celebren dos Estados soberanos o un Estado soberano y los organismos de Derecho Internacional Público, y sólo reta por deducir si estos Convenios de Asociación -como lo afirman los opositores al presente recurso de nulidad- tienen la "naturaleza" a la que se refiere el texto constitucional.

En este sentido, son contestes los opositores al recurso en cuanto a que el término "naturaleza" al que alude el texto constitucional no puede estar referido a la esencia jurídica de los contratos, por cuanto queda claramente definida al señalar que se trata de contratos de "interés público", aceptados por la jurisprudencia como contratos administrativos. Por lo que, ha sostenido un sector de la doctrina que se trata del contenido práctico, lo que obligaría a la Administración a incluir la cláusula arbitral, pues sin ella podría no realizarse la operación contractual.

En un sentido más restringido, otros estudiosos del tema (Informe suscrito por el doctor José Melich Orsini, presentado al Consultor Jurídico de PDVSA donde recoge la opinión de reconocidos especialistas en la materia, el cual fue acompañado como documental por la Fiscal del Ministerio Público ante esta Corte) y los opositores al recurso sostienen que, esa naturaleza no es más que la comercial o mercantil que identifica las contrataciones, que por razones de interés público, debe realizar la Administración.

Observa la Corte al respecto que, ciertamente la naturaleza determinada constitucionalmente no es la naturaleza jurídica del contrato, no es la que se refiere a los rasgos característicos de la contratación, esto es, no está vinculada a las notas que permitan incluirlo en una determinada clasificación el tipo de contratos, pues ella queda claramente evidenciada del señalamiento "de interés público" que hace la norma, y efectivamente, se trata de la gestión administrativa involucrada en la negociación, la que determinará la posibilidad de la excepción a la inmunidad jurisdiccional.

Considera esta Corte, además, que esa "naturaleza" a la que se refiere el artículo *in comento* no puede reducírsele única y exclusivamente a la índole comercial, pues se incurriría en el error de excluir otro tipo de contrataciones que, no siendo de naturaleza mercantil, las circunstancias de la negociación también exijan o recomienden la inclusión de la cláusula arbitral. Esto conlleva a concluir, que la Administración puede y debe estimar la circunstancia específica del caso, y siempre que en ella esté involucrado el interés general, el interés público, en definitiva, la conveniencia del colectivo, la idoneidad del arbitraje como mecanismo que coadyuve al mejor cumplimiento de los fines perseguidos con la contratación, lo que de ninguna manera postula una discrecionalidad en sentido *lato,* pues, se preserva de ello el artículo 126 de la Constitución, cuando exige la aprobación del Congreso Nacional al tratarse de contratos de interés nacional.

Ahora bien, en cuanto a la cláusula de arbitraje autorizada por el Acuerdo aquí impugnado a fin de ser incorporada en los Convenios de Asociación cabe destacar que conforme a la misma Cláusula Decimoséptima, en el artículo 2, se expresa "El Convenio se regirá e interpretará de conformidad con las leyes de la República de Venezuela"; también establece que las materias sometidas a la competencia del Comité de control no estarán sujetas a arbitraje. Y es sólo este Comité de Control (cuya mayor representación corresponde a representantes de la empresa filial) el que conocerá de las decisiones fundamentales de interés nacional relacionadas con la ejecución del Convenio, lo que permite deducir que las materias que conocería eventualmente la Comisión Arbitral no serían fundamentales para el interés nacional.

En razón de lo expuesto, estima esta Corte que, en el caso concreto de los Convenios de Asociación autorizados por el Acuerdo del Congreso de fecha 4 de julio de 1995, su naturaleza no solamente comercial sino de trascendencia para la consecución de las medidas económicas adoptadas por la Administración y validadas por el Congreso Nacional, se subsume en el supuesto previsto en la norma constitucional, por lo que al no infringirla debe declararse improcedente el alegato de inconstitucionalidad por esta causa y así se declara."

3. *La reforma propuesta en el Proyecto presentado por el Presidente Chávez en materia de inmunidad de jurisdicción y su inconveniencia*

Como se ha señalado, en el proyecto presentado por el Presidente Chávez a la consideración de la Asamblea Nacional Constituyente, se propone sustituir la cláusula del artículo 127 de la Constitución de 1961, por una norma que establece el principio de la inmunidad absoluta de jurisdicción, pero *sólo para la República,* en relación con los contratos en los que sea parte y sean de interés público.

A. *La inmunidad de jurisdicción sólo para la República*

Debe destacarse, en primer lugar, que esta norma es menos restrictiva que la prevista en la Constitución de 1961, pues sólo regula el principio de la inmunidad jurisdiccional respecto *de la República* en relación a los contratos en los que sea parte y que sean de *interés público.*

La consecuencia de ello sería que en los contratos celebrados por lo Estados, los Municipios, los Institutos Autónomos y demás personas jurídicas de derecho público y por las empresas del Estado, como principio, no existiría régimen alguno que prevea la inmunidad de jurisdicción.

Ello implicaría que la cláusula no se consideraría jamás incorporada a los contratos de interés público celebrados por cualquier otro ente estatal distinto a la República, razón por la cual se estaría autorizando, sin límites, a estos entes a celebrar contratos de interés público, cualquiera que sea su naturaleza, en los cuales no sólo se prevea que las controversias pueden ser resueltas por Tribunales extranjeros o mediante arbitramento, sino incluso conforme a leyes extranjeras.

Esta liberalidad extrema, en realidad, consideramos que no se justifica, pues salvo algunos contratos de empréstito público, la generalidad de los contratos de interés público que el Estado Venezolano celebra, son suscritos por entes descentralizados, los cuales escaparían al régimen de la norma propuesta.

Con una norma constitucional como la propuesta en el Proyecto del Presidente Chávez, en todo caso quedan disipadas hacia el futuro, todas las dudas y objeciones que se hicieron respecto a los Convenios de Asociación de la apertura petrolera, suscritos por las empresas filiales de PDVSA, pues conforme a dicha propuesta, en el futuro, no sólo todas las controversias derivadas de Contratos celebrados por empresas nacionalizadas de la industria petrolera podrían someterse a arbitraje sino que incluso podrían someterse a regulaciones de derecho extranjero.

B. *La vuelta a la inmunidad absoluta de jurisdicción sólo para la República*

Por otra parte, en *segundo* lugar, debe destacarse que aún cuando la *Cláusula* sólo se refiera a la República, respecto de ella y de los contratos que sean de interés público, el régimen de inmunidad que se proyecta establecer, sería de carácter absoluto.

Ello podría significar un retroceso en cuanto a la contratación internacional en materia de contratos de orden comercial o financiero, como los de crédito público, que podrían afectar la posibilidad misma de contratación de la República.

Por otra parte, quedaría pendiente la interpretación respecto de qué debe entenderse por contratos que "sean de interés público". En el Proyecto de Constitución presentado a la Asamblea por el Presidente Chávez, no hay, ni siquiera indirectamente, una interpretación que permita definir otra noción, que si encuentra significado, en cambio, en la Constitución de 1961

4. *La ausencia de regulación de la denominada Cláusula Calvo en el Proyecto presentado por el Presidente Chávez*

La denominada *Cláusula Calvo,* que ha tenido tradicionalmente rango constitucional en Venezuela a partir de 1893, es la exigencia conforme a la cual, en los contratos de interés público también se debe considerar incorporada una *Cláusula* que establezca que por ningún motivo ni causa la ejecución de esos contratos puede dar origen a reclamaciones extranjeras. Así se establece en efecto, expresamente, en el mismo artículo 127 de la antes citada Constitución de 1961.

El antecedente remoto de esta *Cláusula* está también en la Constitución de 1893 (art. 149) en la cual, al regularse los contratos de interés público, se señaló que los mismos en ningún caso podían ser motivo de reclamaciones internacionales. Esta *Cláusula* establecía, por tanto, la improcedencia de las reclamaciones diplomáticas de Estados extranjeros contra el Estado Venezolano, actuando aquellos Estados por cuenta de súbditos extranjeros, y partía del supuesto de que los extranjeros en el territorio del Estado Venezolano se hallaban en las mismas condiciones que los nacionales, por lo que si tenían alguna reclamación debían acudir únicamente a los órganos locales cuando se pudieran considerar lesionados. El objeto de la *Cláusula,* en definitiva, era impedir que las divergencias que pudieran surgir entre partes contratantes en la cual una parte fuera un ciudadano extranjero, pudieran ser consideradas como de naturaleza internacional.

El origen de esta *Cláusula* y por eso su denominación de *Cláusula Calvo,* está en la exposición contenida en el libro de Carlos Calvo, *Tratado de Derecho Internacional,* editado inicialmente en 1868, en el cual, después de estudiar la intervención franco-inglesa en el Río de La Plata y la intervención francesa en México, expresó lo siguiente:

> "Además de móviles políticos, las intervenciones han tenido siempre por pretexto aparente lesiones a intereses privados, reclamaciones y pedidos de indeminizaciones pecuniarias a favor de extranjeros cuya protección no era justificada la mayoría de las veces... Según el derecho internacional estricto, el cobro de créditos y la gestión de reclamaciones privadas no justifican de plano la intervención armada de los gobiernos, y como los Estados Europeos siguen invariablemente esta regla en sus relaciones recíprocas, no han razón para que no se la impongan también en sus relaciones con los otros Estados del Nuevo Mundo" (Véase *Op. cit.,* Tomo I, Parágrafo 205, *cit.* por L.A. Podestá Corta, *Derecho Internacional Público,* Tomo I, Buenos Aires, 1955, pp. 445 y 446).

La propia *Cláusula Calvo* incluso, influyó en la concepción de la llamada *Doctrina Drago,* formulada en 1902 por el Ministro de Relaciones Exteriores de Argentina, Luis María Drago, quien ante las medidas de fuerza adoptadas por Alemania, Gran Bretaña e Italia contra Venezuela, formuló su tesis denegatoria del cobro compulsivo de las deudas públicas por los Estados. (Véase Victorino Jiménez y Núñez, *La Doctrina Drago y la Política Internacional,* Madrid, 1927).

Por supuesto, sobre la propia *Cláusula Calvo* se ha discutido en torno a su validez: unos han estimado que es nula porque las personas privadas no pueden contraer obligaciones que importen dejar sin efecto el derecho de su Estado de origen de protegerlas en el exterior; otros, en cambio, estiman que es válida porque constituye una estipulación formal explícita entre dos partes contratantes: una parte que la ha propuesto como condición para celebrar el contrato y una persona privada que la acepta. Por eso hay una obligatoriedad absoluta de esta *Cláusula* en todo tipo de contrato de interés público y, en particular, por supuesto, en materia de contratos de empréstitos en los cuales incluso, como se ha dicho, puede haber la excepción de la *Cláusula* de inmunidad jurisdiccional. (Véase *Doctrina Procuraduría General de la República 1973,* Caracas, 1974, pp. 276-288).

Estimamos, por tanto, que la *Cláusula Calvo* debe ser obligatoria en los contratos que celebre la República y los demás entes de derecho público, conforme a nuestra tradición constitucional, y debe mantenerse en la nueva Constitución.

De todo lo anterior resulta que, en nuestro criterio, debe mantenerse en la Nueva Constitución la regulación del artículo 127 de la Constitución de 1961, tal como está regulado, tanto en cuanto a la *Cláusula de Inmunidad* relativa de jurisdicción, como también, en cuanto a la *Cláusula Calvo.*

En la espera de que las anteriores observaciones sean de utilidad para los trabajos de esas Comisiones, y con el ruego de que se les entregue copia a los miembros de las mismas, me suscribo de Uds.

Sección quinta: De las relaciones internacionales

Artículo 152. Principios rectores de las relaciones internacionales

> *Artículo 152.* Las relaciones internacionales de la República responden a los fines del Estado en función del ejercicio de la soberanía y de los intereses del pueblo; ellas se rigen por los principios de independencia, igualdad entre los Estados, libre determinación y no intervención en sus asuntos internos, solución pacífica de los conflictos internacionales, cooperación, respeto a los derechos humanos y solidaridad entre los pueblos en la lucha por su emancipación y el bienestar de la humanidad. La República mantendrá la más firme y decidida defensa de estos principios y de la práctica democrática en todos los organismos e instituciones internacionales.

Artículo 153. Régimen constitucional de los procesos de integración

> *Artículo 153.* La República promoverá y favorecerá la integración latinoamericana y caribeña, en aras de avanzar hacia la creación de una comunidad de naciones, defendiendo los intereses económicos, sociales, culturales, políticos y ambientales de la región. La República podrá suscribir tratados internacionales que conjuguen y coordinen esfuerzos para promover el desarrollo común de nuestras naciones, y que garanticen el bienestar de los

pueblos y la seguridad colectiva de sus habitantes. Para estos fines, la República podrá atribuir a organizaciones supranacionales, mediante tratados, el ejercicio de las competencias necesarias para llevar a cabo estos procesos de integración. Dentro de las políticas de integración y unión con Latinoamérica y el Caribe, la República privilegiará relaciones con Iberoamérica, procurando sea una política común de toda nuestra América Latina. Las normas que se adopten en el marco de los acuerdos de integración serán consideradas parte integrante del ordenamiento legal vigente y de aplicación directa y preferente a la legislación interna.

Esta norma se incorporó en el proyecto de Constitución y fue aprobado por la Asamblea, siguiendo la propuesta mía que presenté en la siguiente comunicación sobre la regulación de la integración regional que dirigí Comisión de Integración y Relaciones con la Comunidad Internacional, y a la Comisión Constitucional de 6 de septiembre de 1999.

PROPUESTA SOBRE LA REGULACIÓN DE LA INTEGRACIÓN REGIONAL

Comunicación enviada a los presidentes de la Comisión de Integración y Relaciones con la Comunidad Internacional y de la Comisión Constitucional enviada el 06-09-1999.

Tengo el agrado de dirigirme a Uds. y, por su intermedio, a los Constituyentes Miembros de las Comisiones que Uds. presiden, con el objeto de hacerles llegar las consideraciones que a continuación formulo, en relación con la necesidad de resolver, en el nuevo texto constitucional que debe elaborar la Asamblea Nacional Constituyente, *las exigencias jurídico-constitucionales de la integración regional,* en particular, de las que plantea la Comunidad Andina, las cuales no han podido ser resueltas con la exigua norma contenida en el artículo 108 de la Constitución de 1961.

1. *La integración económica y las exigencias constitucionales*

En efecto, uno de los procesos de mayor importancia para el futuro de América Latina, sin duda, es el proceso de integración económica. Los Estados europeos lo diseñaron como la única vía para recomponer sus economías y, en consecuencia, mejorar la calidad de vida de sus habitantes. Para ello, después de la II Guerra Mundial procedieron a la constitución de un bloque económico, a través del cual implementaron mecanismos de cooperación, facilitando el intercambio de bienes y servicios entre los Estados. Inicialmente el proceso de integración fue por sectores, razón por la cual en 1951, nació la Comunidad Europea del Carbón y el Acero (CECA) mediante la firma del Tratado de París y, posteriormente, abarcó otros aspectos a cuyo efecto suscribieron, en 1957, los Tratados de Roma que crearon a la Comunidad Económica Europea (CEE) y a la Comunidad Europea de la Energía Atómica (Euratom).

En todo caso, y a pesar de tratarse de un proceso novedoso en el campo internacional, debe decirse que desde el punto de vista constitucional, el proceso de integración europeo, desde sus inicios y en todas sus fases, siempre fue precedido de un *reacomodo de las Constituciones de los Estados miembros,* para permitirlo y posibilitarlo, de manera de evitar, en lo posible, todo conflicto entre lo que ha significado, jurídicamente, la integración económica, la Comunidad y la Unión; con lo previsto en las Constituciones de los Estados miembros; siendo las reformas constitucionales una exigencia y a la vez, consecuencia lógica y necesaria para el avance de la integración. (Véase en general Allan R. Brewer-Carías, *Las implicaciones constitucionales de la integración económica regional*, Caracas 1998).

En América Latina, el proceso de integración en proceso de implementación de más vieja data fue el iniciado en 1969, por Bolivia, Colombia, Chile, Ecuador y Perú, con la suscripción del Acuerdo de Cartagena, al cual Venezuela se adhirió, con posterioridad, en 1973. Mediante dicho Acuerdo los países miembros convinieron, entre otros objetivos, en la armonización de las políticas económicas y sociales, la aproximación de sus legislaciones en las materias pertinentes, la adopción de un arancel externo común y el desarrollo de un programa para la liberalización del intercambio comercial.

Sin embargo, en contraste con lo que sucedió en Europa, las Constituciones de los países de América andinos, salvo el caso de Colombia, no han solucionado los problemas jurídicos que plantea el ingreso a procesos de integración económica de carácter comunitario. Por ello, en América Latina, el problema constitucional de la integración es el problema jurídico más importante que debe ser resuelto, pues sin su solución, no podrán existir las bases jurídicas sólidas que requiere el proceso de integración regional.

2. *La consecuencia de la integración: el derecho comunitario*

Ante todo debe señalarse que el desarrollo de las Comunidades Europeas y del Pacto Andino (hoy Comunidad Andina), ha implicado el surgimiento de una serie de instituciones que deben velar por el cumplimiento de los fines de la integración o "comunitarios", los cuales, en más de una oportunidad pueden ser distintos e, incluso, opuestos a los de los Estados miembros. En esta forma, en el ámbito europeo nacieron la Comisión, el Consejo, el Parlamento Europeo y el Tribunal de Justicia Europeo. En nuestro contexto, el Acuerdo de Cartagena creó a la Junta (hoy Secretaría General), la Comisión y el Tribunal de Justicia Andino.

Por otra parte, para garantizar la ejecución de los fines de la integración, progresivamente resultó indispensable que los Países miembros transfirieran a los órganos comunitarios, competencias originalmente reservadas por las Constituciones nacionales a los órganos de los poderes nacionales. Así sucede por ejemplo, con el establecimiento de un arancel externo común, que tiene que pasar a ser una competencia "comunitaria" no siendo posible, una vez establecido, que los países miembros puedan llegar a fijar aranceles distintos a los que establezca el órgano comunitario competente. Para ello es indispensable que en casos como el señalado, los órganos del Poder Público Nacional cedan sus competencias en esas determinadas materias a los órganos supranacionales.

Desde el punto de vista jurídico, la consecuencia fundamental del surgimiento de dichas instituciones supranacionales, es el nacimiento de un nuevo derecho: el Derecho Comunitario, conformado por el conjunto de tratados que originan la comunidad y por las normas dictadas por los órganos comunitarios para garantizar el cumplimiento de los objetivos comunes fijados. La doctrina y jurisprudencia europea tradicionalmente señalan que el referido Derecho Comunitario comprende a su vez, el Derecho Comunitario originario, constituido por los tratados suscritos por los Estados miembros como actores del Derecho Internacional Público y sus modificaciones; y el Derecho Comunitario derivado, integrado por el conjunto de normas de diverso rango, emanadas de los órganos comunitarios o supranacionales creados.

El Derecho Comunitario, por lo tanto, es un derecho distinto, novedoso, que cabalga entre el Derecho Internacional y el Derecho interno de cada país miembro.

3. *Los principios rectores del derecho comunitario y su solución constitucional*

La vasta doctrina y jurisprudencia europea así como la andina, han dejado claramente definido el criterio de que para garantizar la aplicación uniforme del Derecho Comunitario en los Países miembros es indispensable el cumplimiento de al menos tres requisitos: en *primer lugar*, la atribución de competencias propias de los órganos constitucionales de los Estados a los órganos comunitarios; en *segundo lugar*, la primacía del derecho comunitario y su exclusión del ámbito de los controles constitucionales internos de cada país; y, en *tercer lugar*, la aplicación directa de la normativa dictada por dichos órganos. Para ello, como lo enseña el ejemplo europeo, la única manera para garantizar el cumplimiento de los principios antes señalados en cada uno de los Países miembros, es que sus respectivas Constituciones consagren expresamente, por una parte, la posibilidad de transferir competencias a órganos comunitarios y, por la otra, el efecto directo de dicha normativa en el ámbito interno.

De ello resulta que no se puede llegar a desarrollar un régimen de integración económica efectivo, desconociendo o coartando en el orden interno el contenido y aplicación de los principios que rigen el Derecho Comunitario, a cuyo efecto las Constituciones de los países miembros deben regular el tema. Por ello, si se analiza la experiencia europea se puede apreciar que todos y cada uno de los Estados de la actual Unión Europea consagraron en sus Constituciones, previamente al ingreso a las Comunidades o a la Unión, la posibilidad de atribuir competencias que corresponden a los órganos legislativos, ejecutivos y judiciales nacionales a órganos comunitarios, con la previsión expresa de aceptar limitaciones a su soberanía.

Además, a medida que se ha ido profundizando el proceso de integración europea, como ha sucedido con el reciente paso de la Comunidad Europea a la Unión Europea, y su consolidación a través de los Tratados de Maastricht y de Amsterdam, la aprobación de estos instrumentos conllevó a que se realizaran reformas constitucionales (como por ejemplo, los casos de Alemania, Francia y España, países que tuvieron que proceder a realizar dichas modificaciones, después de emitidas las decisiones de sus respectivos Tribunales Constitucionales, que así lo impusieron) e incluso *Referéndum,* (como fue el *Referéndum consultivo* de Francia, o el de Dinamarca) en los Estados de la Unión.

De lo anterior resulta, por tanto, que en Europa, el problema jurídico de la integración *siempre ha encontrado solución en las normas constitucionales de los Estados Miembros,* de manera que el derecho comunitario se fundamenta, en último término, en la Constitución de cada uno de ellos.

En Latinoamérica con excepción de las Constituciones de Argentina, Colombia y Paraguay, ninguna otra resuelve en forma clara y expresa la problemática de la transferencia de competencias a órganos comunitarios, sin lo cual resulta imposible concebir un régimen de integración.

En el área andina, en todo caso, se destaca la Constitución de Colombia que establece en su artículo 227 (norma inicialmente incorporada en la reforma de 1968, previa a la suscripción del Acuerdo de Cartagena), lo siguiente:

"El Estado promoverá la integración económica, social y política con las demás naciones y especialmente, con los países de América Latina y del Caribe, mediante la celebración de tratados que, sobre las bases de equidad, igualdad y reciprocidad, *creen organismos supranacionales*, inclusive para conformar una comunidad latinoamericana de naciones. La Ley podrá establecer elecciones directas para la constitución del Parlamento Andino y del Parlamento Latinoamericano".

Adicionalmente, en el artículo 150, numeral 16, del Capítulo 3, de la misma Constitución relativo a la formación de las leyes, establece que el Congreso, entre otras, tiene la siguiente función:

"Aprobar o improbar los tratados que el Gobierno celebre con otros Estados o con entidades de derecho internacional. Por medio de dichos tratados podrá el Estado, sobre bases de equidad, reciprocidad y conveniencia nacional, *transferir parcialmente determinadas atribuciones a organismos internacionales, que tengan por objeto promover o consolidar la integración económica con otros Estados*".

Ninguna otra Constitución de los países que conforman la Comunidad Andina resuelve, en esta forma, el problema jurídico de la integración económica, lo que hace el desarrollo del proceso absolutamente precario.

4. *La Constitución de 1961: su insuficiencia, y la propuesta de Reforma Constitucional de 1992*

En el caso de Venezuela, la Constitución de 1961 sólo contiene un artículo que hace una referencia muy general al proceso de integración, como sólo podía suceder en 1961, cuando aún el proceso de supranacionalidad no había encontrado carta de naturaleza en Europa. En efecto, el artículo 108, ubicado en el Capítulo V que versa sobre los Derechos Económicos, pauta que:

"La República *favorecerá la integración económica latinoamericana*. A este fin se *procurará* coordinar recursos y esfuerzos para fomentar el desarrollo económico y aumentar el bienestar y seguridad comunes".

Parte de la doctrina nacional ha pretendido fundamentar en este artículo el proceso de integración andina; al contrario, consideramos que dicho texto no es suficiente para que pueda proceder la delegación de las competencias constitucionales atribuidas a los órganos nacionales, hacia los órganos supranacionales.

Precisamente, en virtud de las discusiones que han surgido por la insuficiencia del contenido del artículo 108 antes citado, como fundamento del proceso integracionista, y en vista de la necesidad de darle una base incuestionable a éste, surgió, en 1992, la propuesta de incorporar a la reforma de la Constitución que se discutía en aquel entonces, en la norma que se refiere a la integración, un párrafo con el siguiente texto:

"En los Tratados que tengan por objeto promover o consolidar este proceso *podrá convenirse en atribuir a los organismos e instituciones de integración, el ejercicio de determinadas competencias que esta Constitución haya conferido a los poderes del Estado. Las decisiones de éstos organismos o instituciones tendrán efectos directos para la población en la medida en que lo establezca el Tratado".*

Con una norma de esta naturaleza, el problema jurídico de la integración económica regional quedaría, sin duda, resuelto para Venezuela.

5. *El contenido en materia de integración del Proyecto de Constitución Bolivariana propuesto por el Presidente Chávez: sus insuficiencias y contradicciones*

Ahora bien, en contraste con aquella propuesta, en el Proyecto de Constitución presentado por el Presidente Hugo Chávez Frías a la Asamblea Nacional Constituyente, sólo se incorpora un artículo tendiente supuestamente a fomentar el proceso de integración económica, que como una voluntad integracionista, sigue el sentido del artículo 108 de la Constitución de 1961, cuyo texto es del tenor siguiente:

"Artículo.- *La República favorecerá la integración económica latinoamericana y caribeña, defendiendo los intereses económicos, sociales y políticos del país, para insertarse en óptimas condiciones en el proceso de cambios mundiales ya en marcha.* Para estos fines procurará fortalecer la cooperación económica, técnica y la coordinación de recursos y esfuerzos entre los Estados, para incrementar el desarrollo humano sustentable".

Es evidente, que con dicho artículo, a estas alturas del proceso de integración del área andina, no se resuelve la cuestión constitucional de la integración, puesto que prácticamente repite o tiene el mismo alcance del artículo 108 de la Constitución de 1961. Si Venezuela quiere avanzar efectivamente en un proceso de integración como parte de la Comunidad Andina, se requiere, repetimos, una norma constitucional que permita, en forma clara y diáfana, la transferencia de competencias constitucionales atribuidas a los órganos de los poderes nacionales, a órganos supranacionales y sostener, por ende, la primacía del derecho comunitario.

La norma que se propone en el Proyecto presentado por el Presidente Chávez, no atiende a la verdadera consagración de un régimen de integración que exige, insistimos, la recepción automática de las normas de los organismos comunitarios en el ordenamiento jurídico interno, verdadera base y garantía de un sistema comunitario.

En consecuencia, se puede afirmar que en el Proyecto presentado por el Presidente Chávez persiste la falta de fundamento constitucional para la integración, puesto que la norma señalada, ubicada en el Título V "Del Sistema Socieconómico", además de ser insuficiente, es de carácter programático, en la cual se califica la integración como económica y como latinoamericana y caribeña, lo cual significa una limitación a su ámbito, porque la verdadera no sólo opera en el campo económico, sino que abarca otros ámbitos, como por ejemplo, el social.

Al contrario, en la nueva Constitución se requiere una norma constitucional que autorice expresamente la transferencia de competencias nacionales a los órganos supranacionales y la consecuencial limitación a los poderes constitucionales de los órganos constitucionales nacionales, entre ellos, del Congreso.

Pero además de la insuficiencia del Proyecto presentado por el Presidente Chávez en la solución de las exigencias constitucionales de la integración, debe destacarse el contenido de otra norma del mismo Proyecto que se encuentra ubicada en el Título V "Del Sistema Socieconómico", que resulta totalmente contraria a la posibilidad de resolver la cuestión constitucional de la integración; según el cual:

"Artículo.- *Se considera nula y no escrita cualquier cláusula que, como consecuencia de compromisos* crediticios, tecnológicos, comerciales, educativos o de cualquiera otra índole, *condicione o limite la potestad soberana de la República para legislar y adoptar medidas en materia económica"*. (Cursivas agregadas)

Conforme a este artículo, entonces, cualquier cláusula contenida en un compromiso internacional de orden comercial (léase, ámbito económico), que limite o condicione la potestad soberana de la República para "legislar y adoptar medidas en materia económica" será nula.

Por tanto, aún cuando se considerase que el primer artículo antes comentado consagrase una verdadera posibilidad de integración económica, con todas las consecuencias que ello acarrea (entiéndase, la obligatoriedad de las decisiones adoptadas por los órganos comunitarios supranacionales, que éstas sean directa e inmediatamente aplicables, teniendo primacía el derecho comunitario sobre el derecho interno), resultaría imposible sostener ambos artículos a los fines de que se desarrolle un verdadero régimen de integración, puesto que éstos, en su contenido, son contradictorios y, por ende, excluyentes.

En efecto, cualesquiera decisiones que adoptasen los órganos comunitarios supranacionales relativas a materias económicas que, precisamente, con motivo de la integración económica constituyen una limitación a la competencia legislativa y ejecutiva nacional, y pasan a tener prevalencia sobre las que al respecto haya dictado el poder legislativo nacional, con ocasión de la transferencia de competencias a dichos órganos supranacionales, serían, según el artículo del proyecto constitucional propuesto, nulas. Con ello, existiría una evidente contradicción con la norma integracionista, rompiéndose así uno de los principios o pilares fundamentales del derecho comunitario, como lo es, la sumisión del derecho interno a lo que en materias ya reguladas en la legislación nacional dicten los órganos comunitarios supranacionales, en virtud de las competencias transferidas a éstos.

Por tanto, dicho artículo anula cualquier voluntad integracionista y más aún, la posibilidad real y efectiva de instaurar un régimen de integración, en virtud de que imposibilita la transferencia de competencias legislativas en materia económica a los órganos supranacionales.

6. *Propuesta de norma constitucional para el nuevo texto*

Con fundamento en todo lo anteriormente expuesto y en virtud de las numerosas discusiones que ha planteado la redacción tan vaga del artículo 108 de la Constitución de 1961, así como las observaciones críticas que hemos formulado a las normas contenidas en el Proyecto de Constitución Bolivariana, presentado a la Asamblea por el Presidente Chávez, proponemos a la Comisión la inclusión en el Proyecto de Constitución, en sustitución de las normas mencionadas, del siguiente artículo:

"*Artículo__ De la integración:*

La República favorecerá y promoverá la integración económica, social y política, particularmente con los países latinoamericanos y del Caribe. Con tal objetivo, el Estado podrá celebrar tratados, acuerdos o pactos que sobre la base de la equidad, igualdad y reciprocidad, establezcan organismos supranacionales, a los cuales se les podrá transferir determinadas competencias atribuidas a los poderes públicos nacionales, estadales o municipales. Las normas dictadas por dichos organismos supranacionales serán de aplicación directa en la República, a menos que requieran ser desarrolladas por normas de rango inferior.

La ratificación por parte del Ejecutivo Nacional de aquellos tratados, pactos o protocolos que modifiquen y amplíen las competencias atribuidas a los referidos organismos, requerirán la previa aprobación de la mayoría de absoluta de los miembros de las Cámaras Legislativas en sesión conjunta".

Con una norma como esta se resolverían todos los problemas constitucionales de la integración económica aún no resueltos en el país; exigiéndose que la ratificación que vaya a realizar el Ejecutivo Nacional, actuando en representación del Estado venezolano como sujeto de Derecho Internacional, de tratados que conlleven a transferir a los órganos comunitarios nuevas competencias a las ya atribuidas, se requerirá la aprobación de la mayoría absoluta de los miembros de las Cámaras Legislativas en sesión conjunta. Esto se requeriría, por ejemplo, si en el futuro, la Comunidad Andina decide transferir a los órganos comunitarios, como acaba de ocurrir con el Tratado de Maastricht en Europa, competencias en materia monetaria. Dicho Tratado, en esos casos, requeriría ser previamente aprobado por dicha mayoría parlamentaria, para que el Presidente lo ratifique.

Por último, debe llamarse la atención sobre el capítulo en el cual debe incluirse el artículo sobre la integración. Como se señaló anteriormente, la Constitución de 1961, en materia de integración, sólo contiene un artículo de integración ubicado en el capítulo relativo a los "Derechos Económicos".

Sin embargo, si como se pretende, la integración y, concretamente, la Comunidad Andina, debe dirigirse hacia un proceso más amplio que supere el aspecto económico, es a todas luces inconveniente colocar el artículo de la integración en el campo de los "Derechos Económicos". Basta recordar que en la última modificación del Acuerdo de Cartagena mediante el "Protocolo de Trujillo" (*Gaceta Oficial* N° 36.116 de fecha 30/12/96) se creó el "Consejo Andino de Ministros de Relaciones Exteriores" el cual está conformado por los Ministros de Relaciones Exteriores de los Países miembros, a quien se le otorgan, entre otras facultades la de:

a) Formular la política exterior de los Países Miembros en los asuntos que sean de interés subregional, así como orientar y coordinar la acción externa de los diversos órganos e instituciones del Sistema Andino de Integración;
d) Suscribir Convenios y Acuerdos con terceros países o grupos de países o con organismos internacionales sobre temas globales de política exterior y de cooperación".

Por este motivo, estimo que el artículo relativo a la integración que proponemos, se debe colocar en el capítulo que verse sobre las relaciones internacionales de la República.

Debo dejar constancia que en la elaboración de este documento, que es básicamente un resumen o condensado de mi libro las *Implicaciones Constitucionales de la Integración Económica Regional,* Caracas 1998, colaboraron las abogadas Marianela Zubillaga de Mejías y María Alejandra Estévez, a quienes quiero agradecer su desinteresada ayuda.

En la espera de que las anteriores consideraciones y propuestas sean de utilidad para esa Comisiones, y con el ruego de que las hagan llegar a los miembros de esas Comisiones, me suscribo de Uds.

Artículo 154. Aprobación parlamentaria de los Tratados internacionales

Artículo 154. Los tratados celebrados por la República deben ser aprobados por la Asamblea Nacional antes de su ratificación por el Presidente o Presidenta de la República, a excepción de aquellos mediante los cuales se trate de ejecutar o perfeccionar obligaciones preexistentes de la República, aplicar principios expresamente reconocidos por ella, ejecutar actos ordinarios en las relaciones internacionales o ejercer facultades que la ley atribuya expresamente al Ejecutivo Nacional.

Sobre esta norma véase lo que se indica en la página 744 de este Tomo.

Artículo 155. Tratados internacionales y solución pacífica de controversias

Artículo 155. En los tratados, convenios y acuerdos internacionales que la República celebre, se insertará una cláusula por la cual las partes se obliguen a resolver por las vías pacíficas reconocidas en el derecho internacional o previamente convenidas por ellas, si tal fuere el caso, las controversias que pudieren suscitarse entre las mismas con motivo de su interpretación o ejecución si no fuere improcedente y así lo permita el procedimiento que deba seguirse para su celebración.

Capítulo II. De la competencia del Poder Público Nacional

Sobre el artículo 156 relativo a la competencia del Poder Público Nacional, presenté el Informe antes mencionado en el artículo 136 sobre el Régimen General del Poder Público y las competencias del Poder Público Nacional, contenido en la comunicación enviada a la Comisión del Poder Público Nacional y a la Comisión Constitucional en la sesión del 30-09-1999, que se puede ver en las páginas 743 de este Tomo. A continuación sólo se recogen otras propuestas u observaciones puntuales respecto de algunos ordinales del artículo 156.

Artículo 156. Competencia del Poder Público Nacional

Artículo 156. Es de la competencia del Poder Público Nacional:
1. La política y la actuación internacional de la República.

2. La defensa y suprema vigilancia de los intereses generales de la República, la conservación de la paz pública y la recta aplicación de la ley en todo el territorio nacional.
3. La bandera, escudo de armas, himno, fiestas, condecoraciones y honores de carácter nacional.
4. La naturalización, la admisión, la extradición y expulsión de extranjeros o extranjeras.
5. Los servicios de identificación.
6. La policía nacional.
7. La seguridad, la defensa y el desarrollo nacional.
8. La organización y régimen de la Fuerza Armada Nacional.
9. El régimen de la administración de riesgos y emergencias.

Sobre este ordinal 9 del artículo 156, formulé la siguiente exposición en la sesión de la Asamblea del 2 de noviembre de 1999, con ocasión de la primera discusión del proyecto de Constitución:

CONSTITUYENTE BREWER CARÍAS (ALLAN).-Señor Presidente. Tengo una observación, una reflexión sobre el último elemento de esos ordinales sobre el régimen de administración de riesgo y de emergencia. En el documento que teníamos aparecía administración de riesgo de emergencia. La comisión, con buen sentido, ha propuesto poner lo que se nacionaliza lo que corresponde al poder nacional es el régimen de la administración de riesgo y emergencia. Esto sin duda tiene que ver con tema de los servicios de prevención y control de incendios, de bomberos.

Creo que esto es importante tenerlo en cuenta, porque este es un servicio que no puede nacionalizarse. Es imposible pensar que este servicio se va a prestar a nivel de órganos nacionales, que sería contrario a la descentralización y a lógica en el funcionamiento del Estado.

De manera que esta propuesta me parece correcta, el régimen de la administración de riesgos y emergencias, y por tanto, llegar a que haya una ley nacional que regule el tema, pero el servicio tiene que ser prestado a nivel local, porque si no, no tiene sentido. No creo que existe país alguno del universo que nacionalice los servicios de prevención y control de incendios, siempre son locales.

Llamo la atención sobre esto porque cuando uno ve el artículo 193 relativo a las competencias municipales, en un ordinal estaba previsto servicio de prevención y control de incendios y en la propuesta que trae la Comisión, lo vamos a ver en su momento, no aparece servicio de control de incendios.

Aprobar esto en esta forma, el régimen, exige tener en cuenta que cuando veamos el tema municipal tenemos que volver a ponerlo como competencia municipal. Sabemos de la tragedia de los servicios de incendios en el país y sobre todo en el área metropolitana de Caracas, pero no podemos, por este problema que ha tenido la inexistencia de un Distrito Capital y de que establezca un Servicio Metropolitano de Incendios, ir a nacionalizar un servicio que desquiciaría este servicio local. De manera que llamo la atención en este ordinal a los efectos de que cuando veamos el tema de la competencia municipal se vuelva a establecer como competencia local la prevención y control de incendios.

[...]

CONSTITUYENTE BREWER CARÍAS (ALLAN).-De lo que se ha discutido pienso que la redacción adecuada sería: "el régimen de la administración de riesgos y emergencias" más que "régimen de riesgo y emergencia", a los efectos de la Comisión.

10. La organización y régimen del Distrito Capital y de las dependencias federales.
11. La regulación de la banca central, del sistema monetario, del régimen cambiario, del sistema financiero y del mercado de capitales; la emisión y acuñación de moneda.
12. La creación, organización, recaudación, administración y control de los impuestos sobre la renta, sobre sucesiones, donaciones y demás ramos conexos, el capital, la producción, el valor agregado, los hidrocarburos y minas; de los gravámenes a la importación y exportación de bienes y servicios; de los impuestos que recaigan sobre el consumo de licores, alcoholes y demás especies alcohólicas, cigarrillos y demás manufacturas del tabaco; y de los demás impuestos, tasas y rentas no atribuidas a los Estados y Municipios por esta Constitución o por la ley.

Sobre este ordinal 12 del artículo 156, formulé la siguiente exposición en la sesión de la Asamblea del 2 de noviembre de 1999, con ocasión de la primera discusión del proyecto de Constitución:

CONSTITUYENTE BREWER CARÍAS (ALLAN).-Presidente: llamo la atención sobre el tema de los impuestos sobre transacciones inmobiliarias, que en el proyecto inicial o el anteproyecto era una competencia de los estados, luego aquí se atribuye a los municipios la recaudación y control, aun cuando la creación y organización es de carácter nacional. Me parece bien la distribución de las competencias. Lo que sí quisiera es que tuviésemos bien preciso de qué se tratan estos impuestos sobre transacciones inmobiliarias, y llamo la atención que en el artículo 190, no se menciona. En algún ordinal del 190, como competencia de los municipios, habría que hacer mención a transacción inmobiliaria como uno de los impuestos.

Ahora entiendo que se refiere a los impuestos que están regulados en la Ley de Registro Público, como impuestos que se pagan al momento de realizar transacciones sobre inmuebles en el Registro Subalterno, es mi pregunta, que tengamos claro...

(Segundo Meléndez le dicen que son impuestos a las notarías).

No, esos no son impuestos a transacciones inmobiliarias; las notarías, esas son tasas. Impuestos hay sólo en la Ley de Registro Público. Lo importante aquí es saber con exactitud, a qué se está refiriendo la Comisión cuando regula estos impuestos a las transacciones inmobiliarias, si es un impuesto nuevo que se va a regular o se trata de los impuestos que están regulados en la Ley de Registro Público y que se pagan a nivel de los registros subalternos para las transacciones sobre inmuebles.

13. La legislación para garantizar la coordinación y armonización de las distintas potestades tributarias; para definir principios, parámetros y limitaciones, especialmente para la determinación de los tipos impositivos o alícuotas de los tributos estadales y municipales; así como para crear fondos específicos que aseguren la solidaridad interterritorial.
14. La creación y organización de impuestos territoriales o sobre predios rurales y sobre transacciones inmobiliarias, cuya recaudación y control corresponda a los Municipios, de conformidad con esta Constitución.
15. El régimen del comercio exterior y la organización y régimen de las aduanas.
16. El régimen y administración de las minas e hidrocarburos; el régimen de las tierras baldías; y la conservación, fomento y aprovechamiento de los bosques, suelos, aguas y otras riquezas naturales del país.

    El Ejecutivo Nacional no podrá otorgar concesiones mineras por tiempo indefinido.

    La Ley establecerá un sistema de asignaciones económicas especiales en beneficio de los Estados en cuyo territorio se encuentren situados los bienes que se mencionan en este numeral, sin perjuicio de que también puedan establecerse asignaciones especiales en beneficio de otros Estados.
17. El régimen de metrología legal y control de calidad.
18. Los censos y estadísticas nacionales.
19. El establecimiento, coordinación y unificación de normas y procedimientos técnicos para obras de ingeniería, de arquitectura y de urbanismo, y la legislación sobre ordenación urbanística.
20. Las obras públicas de interés nacional.
21. Las políticas macroeconómicas, financieras y fiscales de la República.
22. El régimen y organización del sistema de seguridad social.
23. Las políticas nacionales y la legislación en materia naviera, de sanidad, vivienda, seguridad alimentaria, ambiente, aguas, turismo y ordenación del territorio.
24. Las políticas y los servicios nacionales de educación y salud.
25. Las políticas nacionales para la producción agrícola, ganadera, pesquera y forestal.
26. El régimen de la navegación y del transporte aéreo, terrestre, marítimo, fluvial y lacustre, de carácter nacional; de los puertos, aeropuertos y su infraestructura.

Sobre este ordinal 26 del artículo 156, formulé la siguiente exposición en la sesión de la Asamblea del 2 de noviembre de 1999, con ocasión de la primera discusión del proyecto de Constitución:

CONSTITUYENTE BREWER CARÍAS (ALLAN).- Presidente: Es una cuestión de forma pero que puede afectar el fondo. Poner pura y simplemente "los puertos y aeropuertos, como competencia nacional", puede colidir con lo que está en el mismo proyecto en el artículo 182, que atribuye a los estados la administración de los puertos y aeropuertos como parte del proceso de descentralización.

Por eso, creo que aquí debería corregirse la forma y establecer que lo que es nacional es el régimen de los puertos y de los aeropuertos y no los puertos como tal.

27. El sistema de vialidad y de ferrocarriles nacionales.
28. El régimen del servicio de correo y de las telecomunicaciones, así como el régimen y la administración del espectro electromagnético.
29. El régimen general de los servicios públicos domiciliarios y, en especial, electricidad, agua potable y gas.
30. El manejo de la política de fronteras con una visión integral del país, que permita la presencia de la venezolanidad y el mantenimiento territorial y la soberanía en esos espacios.
31. La organización y administración nacional de la justicia, del Ministerio Público y de la Defensoría del Pueblo.
32. La legislación en materia de derechos, deberes y garantías constitucionales; la civil, mercantil, penal, penitenciaria, de procedimientos y de derecho internacional privado; la de elecciones; la de expropiación por causa de utilidad pública o social; la de crédito público; la de propiedad intelectual, artística e industrial; la del patrimonio cultural y arqueológico; la agraria; la de inmigración y poblamiento; la de pueblos indígenas y territorios ocupados por ellos; la del trabajo, previsión y seguridad sociales; la de sanidad animal y vegetal; la de notarías y registro público; la de bancos y la de seguros; la de loterías, hipódromos y apuestas en general; la de organización y funcionamiento de los órganos del Poder Público Nacional y demás órganos e instituciones nacionales del Estado; y la relativa a todas las materias de la competencia nacional.
33. Toda otra materia que la presente Constitución atribuya al Poder Público Nacional, o que le corresponda por su índole o naturaleza.

Artículo 157. Descentralización política de competencias nacionales

Artículo 157. La Asamblea Nacional, por mayoría de sus integrantes, podrá atribuir a los Municipios o a los Estados determinadas materias de la competencia nacional, a fin de promover la descentralización.

Sobre esta norma consideré que era inapropiado eliminar la mayoría calificada de las 2/3 partes de los miembros de la Asamblea Nacional para atribuir a Estados y Municipios determinadas materias de la competencia nacional, como mecanismo de descentralización política. Por ello formulé la siguiente exposición en la sesión de la Asamblea del 2 de noviembre de 1999, con ocasión de la primera discusión del proyecto de Constitución:

CONSTITUYENTE BREWER CARÍAS (ALLAN).-Ciudadano Presidente, colegas Constituyentes y, en especial, miembros de la Comisión: Llamo la atención a los miembros de la Asamblea Nacional Constituyente que han tenido tanto que ver con el tema de la descentralización.

Esta norma recoge el artículo 137 de la Constitución actual, es la que regula la descentralización de competencias nacionales hacia los estados; con fundamento en esta norma se dictó la Ley Orgánica de Descentralización, Delimitación y Transferencia de Competencias de los Poderes Públicos del año 1989. Es, por tanto, una norma de enorme importancia, es un mecanismo que prevé la Constitución para su revisión sin necesidad de reformas porque cuando se dictó la Ley de Descentralización y se transfirieron competencias a los estados, se reformó la Constitución.

Al quitársele al Poder Nacional competencias y transferirse a los estados, con lo cual hubo una reforma de la Constitución sin un mecanismo de reforma, sino a través de una ley. Esta competencia, por tanto, es de gran importancia porque origina leyes de rango constitucional al punto de que la Ley de Descentralización una vez dictada no puede el Congreso derogarla, porque lo que permite la norma es transferir, pero no quitar, por tanto adquieren rango constitucional.

La importancia de la norma exige que esta sea una competencia de la Asamblea Nacional no del Senado, para el caso de que sea bicameral. Que sea la Asamblea Nacional. Y por otra parte, incluso, establecer expresamente en este artículo que no estaba en el artículo 137 de la Constitución actual, que la competencia debe ser ejercida mediante ley; es decir, una Ley de Descentralización, tal como se hizo anteriormente.

De manera que sugiero, en primer lugar, que la competencia sea de la Asamblea Nacional por la importancia de las leyes de descentralización, que son leyes constitucionales y, además, que se indique expresamente que por ley aprobada por el voto de las dos terceras partes de las Cámaras de las dos o de una. Y en todo caso, además, también sugerir que se conserve la palabra "política" al final. Esto es una descentralización política, porque se trata de transferir competencias de un nivel político territorial a otro nivel político territorial que es a los estados y municipios.

El hecho de colocar: "a fin de promover la descentralización política" es consecuente con todo el tema de la descentralización que está dentro de todo el proceso de reforma de esta Constitución. Estas serían mis tres propuestas para la discusión por los miembros de la Asamblea. Es todo.

En el curso del debate, formulé, además, la siguiente propuesta:

Proposición del constituyente Allan Brewer Carías:

"La Asamblea Nacional, por el voto de las dos terceras partes de sus miembros, podrá atribuir a los estados o municipios determinadas materias de la competencia nacional a fin de promover la descentralización política".

Es todo.

[…]

CONSTITUYENTE BREWER CARÍAS (ALLAN).-Ciudadano Presidente: Entiendo que se ha admitido, por lo que acabo de oír, que es la Asamblea y no el Senado –porque esto requiere de una ley– y se está votando, pero coincido con el constituyente Pedro Ortega Díaz que esta es una materia que implica modificar la Constitución y por eso es la mayoría que se establece de una vez, no es ni reforma, repito es una mayoría que debe ser calificada, pero ustedes deciden.

[…]

CONSTITUYENTE BREWER CARÍAS (ALLAN).-Salvo mi voto por considerar completamente inapropiado el haber eliminado la mayoría de las dos terceras partes para atribuir a los estados y municipios determinadas materias de la competencia nacional, a fin de promover la descentralización política.

Se trata, en efecto, dentro del proceso de descentralización de la Federación, de atribuir a los estados y municipios determinadas competencias, que se han asignado en la Constitución al Poder Nacional. En consecuencia, como ha ocurrido con la aplicación del artículo 137 de la Constitución de 1961 al dictarse la Ley Orgánica de Descentralización, Delimitación y Transferencia de Competencias del Poder Público, al atribuirle el artículo 11 a los estados "la competencia exclusiva" en determinadas materias que le asignaba al Poder Nacional el artículo 136 de la Constitución; con la decisión de descentralización prevista en la norma se está realizando una revisión de la Constitución, que conduce a su modificación conforme a la propia previsión constitucional.

Estas leyes de descentralización, por ello, adquieren rango constitucional, en el sentido de que no pueden ser modificadas por ley ordinaria, ya que la norma lo que autoriza es para descentralizar, lo cual una vez efectuado, no podría ser revertido sino mediante una "enmienda constitucional".

Precisamente por ello, la Constitución de 1961, como estaba previsto en el proyecto que originó el artículo aprobado, establecía una mayoría calificada de las 2/3 partes de los miembros de cada Cámara para la sanción de la ley, de manera casi idéntica a la exigida en los artículos 245, ordinal 5°, y 246, ordinal 2°, respecto de las Enmiendas y la Reforma General.

Una modificación de tal naturaleza del propio texto de la Constitución, no es conveniente dejarlo a una simple mayoría como quedó en el artículo aprobado, pues ello desconoce el carácter de ley constitucional del acto que se derive de la aplicación de la norma y la coloca como una ley ordinaria

Al final de la sesión del día 2 de noviembre de 1999, con ocasión de la primera discusión sobre esta norma, consigné mi *Voto Salvado* **sobre la misma, con el siguiente texto:**

> **Salvo mi voto por considerar completamente inapropiado el haber eliminado la mayoría de las dos terceras partes para atribuir a los Estados y Municipios determinadas materias de la competencia nacional, a fin de promover la descentralización política.**

Se trata, en efecto, dentro del proceso de descentralización de la Federación, de atribuir a los Estados y Municipios determinadas competencias, que se han asignado en la Constitución al Poder Nacional. En consecuencia, como ha ocurrido con la aplicación del artículo 137 de la Constitución de 1961 al dictarse la Ley Orgánica de Descentralización, Delimitación y Transferencia de Competencias del Poder Público, al atribuirle el artículo 11 a los Estados "la competencia exclusiva" en determinadas materias que le asignaba al Poder Nacional el artículo 136 de la Constitución; con la decisión de descentralización prevista en la norma se está realizando una revisión de la Constitución, que conduce a su modificación conforme a la propia previsión constitucional.

Estas leyes de descentralización, por ello, adquieren rango constitucional, en el sentido de que no pueden ser modificadas por ley ordinaria, ya que la norma lo que autoriza es para descentralizar, lo cual una vez efectuado, no podría ser revertido sino mediante una "enmienda constitucional".

Precisamente por ello, la Constitución de 1961, como estaba previsto en el proyecto que originó el artículo aprobado, establecía una mayoría calificada de las 2/3 partes de los miembros de cada Cámara para la sanción de la Ley, de manera casi idéntica a la exigida en los artículos 245, ordinal 5º y 246, ordinal 2º respecto de las Enmiendas y la Reforma General.

Una modificación de tal naturaleza del propio texto de la Constitución, no es conveniente dejarlo a una simple mayoría como quedó en el artículo aprobado, pues ello desconoce el carácter de ley constitucional del acto que se derive de la aplicación de la norma y la coloca como una ley ordinaria.

El tema se volvió a debatir en segunda discusión y al final de la sesión del día 13 de noviembre de 1999, consigné mi *Voto Salvado* sobre la misma, con el siguiente texto:

Voto Salvado - Sesión del 13 del Noviembre de 1999

Ratifico mi voto salvado respecto de esta norma por considerar completamente inapropiado el haber eliminado la mayoría de las dos terceras partes para atribuir a los Estados y Municipios determinadas materias de la competencia nacional, a fin de promover la descentralización política.

Se trata, en efecto, dentro del proceso de descentralización de la Federación, de atribuir a los Estados y Municipios determinadas competencias, que se han asignado en la Constitución al Poder Nacional. En consecuencia, como ha ocurrido con la aplicación del artículo 137 de la Constitución de 1961 al dictarse la Ley Orgánica de Descentralización, Delimitación y Transferencia de Competencias del Poder Público, al atribuirle el artículo 11 a los Estados "la competencia exclusiva" en determinadas materias que le asignaba al Poder Nacional el artículo 136 de la Constitución; con la decisión de descentralización prevista en la norma se está realizando una revisión de la Constitución, que conduce a su modificación conforme a la propia previsión constitucional.

Estas leyes de descentralización, por ello, adquieren rango constitucional, en el sentido de que no pueden ser modificadas por ley ordinaria, ya que la norma lo que autoriza es para descentralizar, lo cual una vez efectuado, no podría ser revertido sino mediante una "enmienda constitucional".

Precisamente por ello, como estaba previsto en el proyecto que originó el artículo aprobado al igual que la Constitución de 1961, se establecía una mayoría calificada de las 2/3 partes de los miembros de cada Cámara para la sanción de la Ley, de manera casi idéntica a la exigida en los artículos 245, ordinal 5º y 246, ordinal 2º de la Constitución de 1961 respecto de las Enmiendas y la Reforma General.

Una modificación de tal naturaleza del propio texto de la Constitución, no es conveniente dejarlo a una simple mayoría como quedó en el artículo aprobado, pues ello desconoce el carácter de ley constitucional del acto que se derive de la aplicación de la norma y la coloca como una ley ordinaria

Artículo 158. Política Nacional de descentralización

Artículo 158. La descentralización, como política nacional, debe profundizar la democracia, acercando el poder a la población y creando las mejores condiciones, tanto para el ejercicio de la democracia como para la prestación eficaz y eficiente de los cometidos estatales.

Sobre esta norma véase lo que se indica en la página 764 de este Tomo.

Sobre esta norma formulé la siguiente exposición en la sesión de la Asamblea del 2 de noviembre de 1999, con ocasión de la primera discusión del proyecto de Constitución:

CONSTITUYENTE BREWER CARÍAS (ALLAN).-Ciudadano Presidente: Esta es una norma que se estableció por todas las comisiones precedentemente y quedó ubicada en este artículo, y creo que deberíamos conservarlo. Justamente en el mismo está la respuesta a la inquietud de Pablo Medina, acerca de qué perseguía la descentralización. Sugiero que debería quedar como una manifestación de principio, así sea sin artículo, como un aparte del anterior, pero el principio de que la descentralización como una política nacional, que es justamente de lo que ha carecido este proceso en 10 años, que no ha sido política nacional, que se indique: "La descentralización, como política nacional, debe profundizar la democracia, acercando el poder a la población y creando las mejores condiciones tanto para el ejercicio de la democracia como para la prestación eficaz y eficiente de los cometidos estatales".

Realmente el enunciado es impecable, refuerza el proceso de descentralización en el cual estamos comprometiendo toda esta Constitución, vinculado tanto al ejercicio de la democracia como a la prestación eficiente de cometidos estatales, que es el fin; y repito, creo que es un enunciado bien importante de política y que debe conservarse. Es todo.

Capítulo III. Del Poder Público Estadal

Sobre el tema del federalismo, además del documento mencionado en el artículo 6 (páginas 499 y 529 de este Tomo), presenté ante la Comisión Constitucional el día 03-10-1999, el siguiente documento:

EL TEMA DEL FEDERALISMO

Comunicación dirigida al presidente y demás miembros de la Comisión Constitucional en la sesión del 03-10-1999

Tengo el agrado de dirigirme a Uds., con el objeto de hacerle llegar mis observaciones y sugerencias en torno a la redacción del articulado propuesto por la *Comisión sobre Forma de Estado, Municipios y Federalismo,* agrupado en un Título en la denominación *De la Forma de Estado y la División Política.*

1. *Sobre la reubicación del Título*

Ante todo debe formularse una apreciación general y es la necesaria reubicación del contenido del articulado, en el Título relativo al Poder Público.

En efecto, el Título propuesto se divide en los siguientes capítulos:
- Disposiciones Generales
- De los Espacios Territoriales y la organización política de la República
- De la competencia del Poder Nacional
- Del Consejo Federal de Gobierno
- De los Estados
- De los Municipios y demás entidades locales
- De la participación
- Del Distrito Capital (?)

En cuanto a los dos primeros Capítulos, el contenido de los mismos exige su ubicación en el Título I sobre la *República, el Territorio y la División Política,* como ya se ha propuesto.

En consecuencia, el resto del articulado propuesto se refiere a la distribución del Poder Público entre el Poder Nacional, Poder Estadal y Poder Municipal, razón por la cual deben ubicarse en el Título precisamente destinado al *Poder Público.* En todo caso, el Capítulo sobre Poder Público Nacional se refiere a la *competencia* de los órganos que lo ejercen, materia que ha sido trabajada por la *Comisión del Poder Público Nacional.*

2. *Sobre el Situado Constitucional*

En cuanto al Capítulo relativo al *Consejo Federal de Gobierno,* estimamos que debe precisarse con toda claridad la llamada *Coparticipación Federal,* concepto que sustituye al clásico concepto de *Situado Constitucional,* pues en los artículos subsiguientes del Capítulo relativo a los Estados, solo se habla de *Participación Federal.*

En cuanto al articulado del Capítulo debe llamarse la atención respecto del "derecho de veto" que en el último ordinal del artículo destinado a las funciones del Consejo, se atribuye al Presidente de la República en relación a las decisiones del Consejo Federal de Gobierno.

Esta atribución puede considerarse como lesiva a la autonomía de los Estados, y de establecerse, debe regularse solo para casos excepcionales.

3. *El régimen de los Estados*

En relación al Capítulo destinado a los Estados, deben hacerse las siguientes observaciones:

En *primer lugar,* en cuanto a la nacionalidad del Gobernador, debe determinarse si se requiere la nacionalidad venezolana exclusiva, o puede admitirse que lo sea quien tenga una doble nacionalidad.

En *segundo lugar,* debe llamarse la atención sobre el hecho de que el proyecto presentado obliga a los Gobernadores a rendir cuenta anual y pública solo ante el Contralor del Estado y presentar una Memoria ante el Consejo Estadal de Planificación y Coordinación de Políticas Públicas, pero no ante el órgano Legislativo estadal, Consejo Legislativo, previéndose que la improbación de la gestión del Gobernador por el Contralor del Estado origina un procedimiento sancionatorio cuyo establecimiento se remite a la Ley.

Sin embargo, para ser congruentes con el principio de la separación de poderes, estimamos que la presentación de la cuenta y del informe del Gobernador debe efectuarse ante el Consejo Estadal Legislativo, además de ante el Contralor, pudiendo establecerse que solo en caso de un dictamen desfavorable del Contralor, es que dicho Consejo Legislativo podría improbar la Memoria y Cuenta.

No me parece adecuado marginar al órgano legislativo del control político sobre los órganos ejecutivo y convertir al Contralor en el órgano de control político. El Consejo Estadal Legislativo no sólo debe ser para deliberar y legislar, sino para controlar al Ejecutivo y a la Administración Pública. El hecho de que dicha función se haya distorsionado como todas las que le han correspondido a las Asambleas Legislativas, por su composición y representatividad de partidos y no por su naturaleza.

En *tercer lugar,* en cuanto a la elección de los miembros del Consejo Estadal Legislativo, se prevé una elección "en forma personalizada, garantizando la representación proporcional". Se trata, por tanto, de un sistema impreciso, que puede llegar a ser un sistema de elección plurinominal por listas abiertas de escogencia nominal (personalizada), con representación proporcional, lo cual no cambiaría mucho en relación al sistema de elección de Diputados a las Asambleas Legislativas que se ha aplicado.

Estimamos que aquí habría que establecer una representación territorial para la elección de los miembros del Consejo Estadal Legislativo, dividiendo el territorio del Estado respectivo, en tantos circuitos uninominales como miembros tenga, eligiendo en cada circuito a una persona (elección personalizada), lo que podría complementarse con la asignación de cargos adicionales derivada de la aplicación de algún criterio de proporcionalidad tomando en cuenta la votación total obtenida en el Estado por los diversos partidos que concurrieron, pero que no hubiesen obtenido representación uninominal.

En *cuarto lugar,* debe señalarse que la incongruencia de quitarle al Consejo Estadal Legislativo la facultad de control sobre el Poder Ejecutivo, resalta cuando se le atribuye potestad de control sobre el Contralor, a quien se le obliga a presentar ante el Consejo un informe y cuenta de su gestión, pudiendo ser destituido si las 2/3 partes de los miembros del Consejo Estadal Legislativo improban motivadamente tal gestión.

Ello no solo atentaría contra la función de control fiscal externa, que debe ante todo tener autonomía, sino que dejaría a merced del Consejo Legislativo dicha función del Contralor, al cual solo se le garantiza "independencia" pero no autonomía.

En *quinto lugar* y en relación con las competencias de los Estados, debe destacarse que conforme a la Ley Orgánica de Descentralización, la conservación, administración y aprovechamiento de las carreteras, puentes, autopistas, puertos y aeropuertos nacionales ha sido descentralizada hacia los Estados y estos la han asumido en forma exclusiva. Por ello, debe determinarse si las competencias deben estar entre las competencias exclusivas de los Estados, o entre las competencias concurrentes como se propone en el Proyecto de la Comisión.

4. *El régimen de los Municipios*

Respecto del Capítulo relativo a los Municipios, pueden hacerse las siguientes observaciones:

En *primer lugar,* la referencia a la "iniciativa reservada al Presidente de la República en Consejo de Ministros" para sugerir (?), imponer (?), exigir (?), a los Concejos Legislativos Estadales la creación de un Municipio por razones de interés nacional. Esto no se entiende, y podría configurarse como una limitación a la autonomía municipal.

En *segundo lugar,* se puede hacer la misma observación antes indicada sobre la forma de elección "personalizada", que se propone para elegir a los Concejales. Estimamos que aquí, también, la elección debe ser de carácter territorial, dividiendo el ámbito geográfico del Municipio en tantas circunscripciones uninominales como concejales haya que elegir. Solo así, el concejal estará integrado a su respectiva comunidad.

En *tercer lugar,* se observa la misma incongruencia señalada respecto de los Estados, al quitarle al Concejo Municipal el control político sobre el Alcalde, en los casos en los cuales en el Municipio respectivo exista un Contralor Municipal estableciéndose la rendición de cuentas de la gestión del Alcalde ante el Contralor, el cual de órgano control fiscal externo se lo convierte en órgano de control político.

En *cuarto lugar,* en cuanto a las competencias municipales, debe hacerse referencia a la policía municipal, en forma expresa, y no diluida en la expresión "servicios de seguridad, vigilancia y control de los bienes y actividades" municipales. Recuérdese que la policía es mucho más que un "servicio" o cuerpo y es una actividad esencial de la Administración.

Debe también llamarse la atención, en cuanto a las competencias municipales, la falta de referencia en el artículo correspondiente sobre competencias en materia de circulación, ordenación del territorio municipal y ordenación urbanística, educación básica y para el trabajo; patrimonio histórico y cultural, y deporte.

En *quinto lugar* consideramos necesario, en este Capítulo, aclarar también la diferenciación, si es que la hay, entre los conceptos de "Participación Federal" y "Coparticipación Federal", y los porcentajes que corresponden a los Municipios.

En *sexto lugar,* debe llamarse la atención sobre la competencia que se asigna a los Municipios, en la norma relativa a los ingresos municipales respecto del funcionamiento, organización y servicios correspondientes a los Registros Subalternos que operen en el Municipio. Estimamos que esta competencia tiene que ser nacional.

Los Alcaldes, en cambio, deben asumir las funciones de Registro Civil que hoy todavía tienen los Prefectos en los Estados.

En *séptimo lugar*, la potestad tributaria municipal debe poder ser limitada globalmente, inserta como esta en el sistema tributario nacional, para evitar los rasgos confiscatorios que en ciertos casos ha adquirido. De allí la atención que debe prestarse a la norma que establece la posibilidad de múltiple tributación sobre actividades económicas, siempre que los hechos generadores de los impuestos sean diferentes.

En *octavo lugar*, debe llamarse la atención sobre la inmunidad tributaria de los entes territoriales; por ejemplo, la que se establece en relación con actividades reservadas o nacionalizadas, como la industria de los hidrocarburos, la cual no esta sometida a tributos municipales. El hecho de que la industria de los hidrocarburos se realice a través de concesionarios o contratistas no significa que deje de ser una actividad nacionalizada sobre la cual el poder tributario corresponde a la República, siendo inmune a otro poder tributario. En el Proyecto, esto se elimina expresamente, con lo que se abre la posibilidad de que las empresas contratistas de la industria petrolera sean pechadas con impuestos municipales.

Por último, en cuanto al Capítulo sobre la Participación, se habla de "transferir" servicios y competencias pero no se señala el destinatario de la transferencia.

5. *Sobre el Distrito Capital*

La Comisión no presentó proyecto de articulado sobre la Región Capital, por no haberse llegado a un acuerdo sobre dicho tema.

Estimamos indispensable que la Comisión se pronuncie sobre esta materia, pues en la Nueva Constitución, ella debe estar regulada.

Artículo 159. Autonomía estadal

> *Artículo 159.* Los Estados son entidades autónomas e iguales en lo político, con personalidad jurídica plena, y quedan obligados a mantener la independencia, soberanía e integridad nacional, y a cumplir y hacer cumplir esta Constitución y las leyes de la República.

Sobre esta norma véase lo que se indica en las páginas 515 y 809 de este Tomo.

Artículo 160. Gobierno Estadal

> *Artículo 160.* El gobierno y administración de cada Estado corresponde a un Gobernador o Gobernadora. Para ser Gobernador o Gobernadora se requiere ser venezolano o venezolana, mayor de veinticinco años y de estado seglar.
>
> El Gobernador o Gobernadora será elegido o elegida por un período de cuatro años por mayoría de las personas que voten. El Gobernador o Gobernadora podrá ser reelegido o reelegida, de inmediato y por una sola vez, para un nuevo período.

Sobre esta norma consideré que no debió eliminarse la elección por mayoría absoluta con doble vuelta de las autoridades ejecutivas, entre ellas, los Gobernadores de Estado. Por ello formulé la siguiente exposición en la sesión de la Asamblea del 2 de noviembre de 1999, con ocasión de la primera discusión del proyecto de Constitución:

CONSTITUYENTE BREWER CARÍAS (ALLAN).-Ciudadano Presidente: Tampoco sé exactamente quién propuso esta fórmula en el Anteproyecto, pero sí recuerdo que ha sido uno de los planteamientos fundamentales de todo el proceso de cambio institucional que se ha venido formulando en el país en los últimos años.

Justamente, la búsqueda de una democracia más representativa y no sólo de minorías sino de mayorías, ha conducido a esta propuesta tanto a nivel local como a nivel del Presidente de la República porque así está planteado en el proyecto que estamos analizando; pero aun cuando no sé quién redactó exactamente, quiero darle mi apoyo al proyecto de la Comisión.

Si aquí estamos hablando de cambios, como tantos estamos hablando y pensamos que deben ocurrir, este es justamente uno de esos cambios importantes, buscar la conformación de gobiernos de mayoría que obtengan ese respaldo. No necesariamente esto afecta a derechas o a izquierdas, sino que va a permitir que quien gobierne tenga la mayoría del respaldo popular. Es un avance importante frente a un sistema como el que hemos tenido, que al contrario ha estado montado sobre un gobierno de minoría porque no se ha obtenido el respaldo popular suficiente para realmente legitimar esos cargos. Uno de los graves problemas ha sido, justamente, la ausencia de legitimación derivada del poco respaldo popular con que hemos elegido a los miembros del Poder Ejecutivo.

No nos olvidemos que en el último período constitucional el propio Presidente de la República sólo obtuvo el veintitanto por ciento de los votos, y tuvimos un Presidente que sólo obtuvo un respaldo del 20% de los votos. Este es uno de los temas que siempre se ha querido corregir y saludo, por tanto, el texto tal como está en el proyecto presentado por la Comisión de buscar la doble vuelta electoral a nivel de elección para gobernador.

Es todo, ciudadano Presidente.

[...]

CONSTITUYENTE BREWER CARÍAS (ALLAN).-Salvo mi voto por considerar que una de las reformas fundamentales del sistema político que se había venido planteando y que era admitida, era la elección por mayoría absoluta de las autoridades ejecutivas, entre ellas los gobernadores de Estado.

La mayoría absoluta de la elección de gobernadores, para asegurar su representatividad mayoritaria y consecuente legitimidad democrática, particularmente por los altos niveles de abstención que se han observado en las últimas elecciones, incluso estaba propuesto a la Asamblea en el documento presentado por el Presidente de la República, con el título Ideas Fundamentales para la Constitución Bolivariana de la V República. El sistema de elección mayoritario, como estaba en el proyecto de artículo exigía que los gobernadores fueran elegidos por mayoría absoluta, de manera que si ningún candidato obtenía la mayoría se debía celebrar una nueva votación, en un breve tiempo en la cual sólo debían participar los dos que hubieran obtenido la más alta votación, debiendo entonces proclamarse como electo a quien obtuviera la mayoría en la segunda vuelta.

Todo esto se eliminó de la norma, dejándose el sistema tal como ha estado estructurado durante el lapso de vigencia de la Constitución de 1961: elección por mayoría simple, lo que ha permitido una elección de gobernadores con un respaldo del 30% de los votantes, de lo que resulta, si se produjo una abstención del 50%, una elección con los votos de sólo un 15% del electorado.

Es lamentable que con esta norma se haya dejado todo igual en un tema álgido, como es el de la representatividad, y no se haya producido cambio alguno en la forma de elección. Por ello salvo mi voto.

En todo caso, al final de la sesión del día 2 de noviembre de 1999, consigné mi *Voto Salvado* sobre la misma, con el siguiente texto:

Salvo mi voto por considerar que una de las reformas fundamentales del sistema político que se había venido planteando y que era admitida, era la elección por mayoría absoluta de las autoridades ejecutivas, entre ellas los gobernadores de Estado.

La mayoría absoluta de la elección de gobernadores, para asegurar su representatividad mayoritaria y consecuente legitimidad democrática, particularmente por los altos niveles de abstención que se han observado en las últimas elecciones, incluso estaba propuesto a la Asamblea en el documento presentado por el Presidente de la República, con el título *Ideas Fundamentales para la Constitución Bolivariana de la V República*. El sistema de elección mayoritario, como estaba en el Proyecto de artículo exigía que los gobernadores fueran elegidos por mayoría absoluta, de manera que si ningún candidato obtenía la mayoría se debía celebrar una nueva votación, en un breve tiempo en la cual sólo debían participar los dos que hubieran obtenido la más alta votación, debiendo entonces proclamarse como electo a quien obtuviera la mayoría en la segunda vuelta.

Todo esto se eliminó de la norma, dejándose el sistema tal como ha estado estructurado durante el lapso de vigencia de la Constitución de 1961: elección por mayoría simple, lo que ha permitido una elección de gobernadores con un respaldo del 30% de los votantes, de lo que resulta si se produjo una abstención del 50% una elección con los votos de solo un 15% del electorado.

Es lamentable que con esta norma se haya dejado todo igual en un tema álgido, como es el de la representatividad, y no se haya producido cambio alguno en la forma de elección. Por ello salvo mi voto.

Artículo 161. Rendición de cuenta de los gobernadores

Artículo 161. Los Gobernadores o Gobernadoras rendirán, anual y públicamente, cuenta de su gestión ante el Contralor o Contralora del Estado y presentarán un informe de la misma ante el Consejo Legislativo y el Consejo de Planificación y Coordinación de Políticas Públicas.

Sobre esta norma, al final de la sesión del día 13 de noviembre de 1999, con ocasión de la segunda discusión sobre esta norma, consigné mi *Voto Salvado* sobre la misma, con el siguiente texto:

Ratifico mi voto salvado respecto de esta norma por considerar que una de las reformas fundamentales del sistema político que se había venido planteando y que era admitida, era la elección por mayoría absoluta de las autoridades ejecutivas, entre ellas los gobernadores de Estado.

La mayoría absoluta de la elección de gobernadores, para asegurar su representatividad mayoritaria y consecuente legitimidad democrática, particularmente por los altos niveles de abstención que se han observado en las últimas elecciones, incluso estaba propuesto a la Asamblea en el documento presentado por el Presidente de la República, con el título *Ideas Fundamentales para la Constitución Bolivariana de la V República*. El sistema de elección mayoritario, como estaba en el Proyecto de artículo exigía que los gobernadores fueran elegidos por mayoría absoluta, de manera que si ningún candidato obtenía la mayoría se debía celebrar una nueva votación, en un breve tiempo en la cual sólo debían participar los dos que hubieran obtenido la más alta votación, debiendo entonces proclamarse como electo a quien obtuviera la mayoría en la segunda vuelta.

Todo esto se eliminó de la norma, dejándose el sistema tal como ha estado estructurado durante el lapso de vigencia de la Constitución de 1961: elección por mayoría simple, lo que ha permitido una elección de gobernadores con un respaldo del 30% de los votantes, de lo que resulta si se produjo una abstención del 50% una elección con los votos de solo un 15% del electorado.

Es lamentable que con esta norma se haya dejado todo igual en un tema álgido, como es el de la representatividad, y no se haya producido cambio alguno en la forma de elección. Por ello salvo mi voto.

Artículo 162. Consejo Legislativo estadal

Artículo 162. El Poder Legislativo se ejercerá en cada Estado por un Consejo Legislativo conformado por un número no mayor de quince ni menor de siete integrantes, quienes proporcionalmente representarán a la población del Estado y de los Municipios. El Consejo Legislativo tendrá las atribuciones siguientes:

1. Legislar sobre las materias de la competencia estadal.
2. Sancionar la Ley de Presupuesto del Estado.
3. Las demás que establezcan esta Constitución y la ley.

Los requisitos para ser integrante del Consejo Legislativo, la obligación de rendición anual de cuentas y la inmunidad en su jurisdicción territorial, se regirán por las normas que esta Constitución establece para los diputados y diputadas a la Asamblea Nacional, en cuanto les sean aplicable. Los legisladores o legisladoras estadales serán elegidos o elegidas por un período de cuatro años pudiendo ser reelegidos o reelegidas por dos períodos consecutivos como máximo. La ley nacional regulará el régimen de la organización y el funcionamiento del Consejo Legislativo.

Sobre esta norma consideré que también debió preverse que las Comisiones Legislativas debían actuar como entes de control político del gobierno estadal; y además, que debió preverse la elección uninominal de sus miembros para garantizarse una mayor representatividad. Por ello formulé la siguiente exposición en la sesión de la Asamblea del 2 de noviembre de 1999, con ocasión de la primera discusión del proyecto de Constitución

CONSTITUYENTE BREWER CARÍAS (ALLAN).-Ciudadano Presidente: No podemos abordar este tema de las asambleas legislativas emotivamente, es evidente que han sido el reducto del activismo político-partidista durante todos estos años, no han cumplido tarea efectiva alguna y han sido fuente y foco de corrupción. Sin embargo, de aquí debe salir un proceso de cambio político y no podemos, por tanto, hacia futuro, juzgar las asambleas como han sido en el pasado.

De acuerdo con este proyecto, en el próximo artículo que vamos a analizar hay un conjunto de competencias exclusivas, amplísimas, de los estados, que van a requerir una extensa función legislativa por parte de estos entes, de algún ente que se cree, pero hay que tener un ente de carácter legislativo.

Por otra parte, se trata de un cuerpo que debe tener funciones de control político, se integre como se quiera, tiene que tener por tanto funciones legislativas y función de control político, al punto de que ya hemos aprobado el artículo anterior que establece que el gobernador debe rendir el informe anual ante ese Consejo Legislativo, llámese así o asamblea o como sea.

Tenemos una realidad, que es un órgano que tiene que ejercer funciones legislativas y que debe realizar un control político e integrarlo por los representantes del estado ante la Asamblea Nacional y un conjunto de concejales no es operativo, debemos cambiar la forma de integrar ese órgano. No puede ser dentro del mismo esquema de representación proporcional, que es representación de partidos, por eso el planteamiento que se ha formulado por mesa, cuyo punto central comparto, de que tiene que haber una representación territorial, uninominal. Reduzcamos el número de estos componentes, pueden ser siete u once en todos los estados, de manera que haya un límite en la integración de estos representantes.

Sin la menor duda, este es un órgano que debe tener una función, reduzcámosle los meses o los días de funcionamiento, todo eso se puede poner, pero lo que no podemos pensar es con el criterio del viejo cuento de vender el sofá porque no ha funcionado, entonces acabamos con esto. ¡No! Pongámoslo a funcionar hacia el futuro. Ese el reto que tenemos por delante como Asamblea que va a establecer los mecanismos de cambio del sistema político.

Pienso que la comisión que se va a designar tiene que plantearse el tema de que es un órgano indispensable, con el nombre que sea, que tiene ahora y va a tener una amplísima función legislativa que hasta ahora no la ha tenido, porque los estados no han tenido potestad de regular materialmente nada, de manera que estos señores se aburrían de la inacción en materia legislativa y por eso tenían su activismo político permanente. Entonces, por esas razones, este órgano tiene que funcionar, tiene que tener una función también de control político, no se le puede dejar solo a la Contraloría del estado, que tiene una función que es control fiscal, pero tiene que haber un control político desde el momento en que hay un principio de separación de poderes, un órgano legislativo y un órgano ejecutivo.

Me inclino porque se mantenga esta figura, como se le quiera llamar: órgano legislativo, consejo legislativo, asamblea, tiene que existir con funciones legislativas y control político y una forma de elección, que es el cambio fundamental que establezca esa representación territorial uninominal, que a eso apunta el hecho de decir que la forman integrantes de los concejos municipales de cada uno de los municipios. Apunta a esa representación territorial que es lo que, en definitiva, puede cambiar la orientación hacia un futuro de estos órganos.

Al final de la sesión del día 3 de noviembre de 1999, con ocasión de la s primera discusión sobre esta norma, consigné mi *Voto Salvado* sobre la misma, con el siguiente texto:

Salvo mi voto por considerar que las Comisiones Legislativas de los Estados, que sustituyen a las Asambleas Legislativas, no sólo deben tener función legislativa, sino también deben actuar, como órganos electos, como entes de control político en relación con el gobierno estadal. Por ello, la previsión de la inmunidad parlamentaria de sus miembros.

Además, en relación con la composición de las Comisiones Legislativas, debió preverse la elección uninominal de sus miembros, de manera que pudieran representar efectivamente al territorio y comunidades en él asentadas, de las diversas partes o áreas de cada Estado.

Al final de la sesión del día 13 de noviembre de 1999, con ocasión de la segunda discusión sobre esta norma, también consigné mi *Voto Salvado* sobre la misma, con el siguiente texto:

Ratifico mi voto salvado respecto de esta norma por considerar que las Comisiones Legislativas de los Estados, que sustituyen a las Asambleas Legislativas, no sólo deben tener función legislativa, sino también deben actuar, como órganos electos, como entes de control político en relación con el gobierno estadal. Por ello, la previsión de la inmunidad parlamentaria de sus miembros.

Además, en relación con la composición de las Comisiones Legislativas, debió preverse la elección uninominal de sus miembros, de manera que pudieran representar efectivamente al territorio y comunidades en él asentadas, de las diversas partes o áreas de cada Estado.

Artículo 163. Contraloría Estadal

Artículo 163. Cada Estado tendrá una Contraloría que gozará de autonomía orgánica y funcional. La Contraloría del Estado ejercerá, conforme a esta Constitución y a la ley, el control, la vigilancia y la fiscalización de los ingresos, gastos y bienes estadales, sin menoscabo del alcance de las funciones de la Contraloría General de la República. Dicho órgano actuará bajo la dirección y responsabilidad de un Contralor o Contralora, cuyas condiciones para el ejercicio del cargo serán determinadas por la ley, la cual garantizará su idoneidad e independencia, así como la neutralidad en su designación, que será mediante concurso público.

Sobre esta norma consideré que también debió preverse que el Contralor del Estado debía ser designado por el Contralor General de la República, para evitar las conocidas componendas políticas en su elección. Por ello formulé la siguiente exposición en la sesión de la Asamblea del 2 de noviembre de 1999, con ocasión de la primera discusión del proyecto de Constitución

CONSTITUYENTE BREWER CARÍAS (ALLAN).-Ciudadano Presidente: Para apoyar esta idea de la designación del Contralor del Estado. El artículo 181 propuesto por la Comisión, con muy buen criterio señala que la Contraloría tiene autonomía orgánica y funcional, pero está integrada al Sistema Nacional de Control; y esta idea del Sistema Nacional de Control está vinculada al Poder Contralor, al poder del ciudadano que vamos a considerar más adelante. La idea que debe seguir a esto es justamente que el Contralor del estado, integrado al Sistema Nacional de Control que dirige la Contraloría General de la República, sea designado por el Contralor General de la República, de acuerdo con principios, ya se establecerán requisitos, pero que se saque del nivel estadal la designación de este órgano que tiene, de acuerdo con este proyecto, una competencia muy importante.

De manera que la propuesta es que se complete que la integración al Sistema Nacional de Control de la Controlaría Estadal implica que la designación del Contralor debe hacerse por el Poder Contralor a nivel nacional.

[...]

CONSTITUYENTE BREWER CARÍAS (ALLAN).-Salvo mi voto por considerar que debió regularse expresamente que el Contralor del Estado, ya que la Contraloría estadal con autonomía orgánica y funcional, forma parte del Sistema Nacional de Control, debe ser designado por el Contralor General de la República. Sólo así se evita la componenda política en la elección de los contralores de los Estados, pues conforme a la Constitución, la "ley" que regule su nombramiento no es otra que la que dicte cada Comisión Legislativa de los Estados, sea su Constitución o la ley estadal.

Al final de la sesión del día 2 de noviembre de 1999, con ocasión de la primera discusión sobre esta norma, consigné mi ***Voto Salvado*** sobre la misma, con el siguiente texto:

> Salvo mi voto por considerar que debió regularse expresamente que el Contralor del Estado, ya que la Contraloría estadal con autonomía orgánica y funcional, forma parte del Sistema Nacional de Control, debe ser designado por el Contralor General de la República. Sólo así se evita la componenda política en la elección de los contralores de los Estados, pues conforme a la Constitución, la "ley" que regule su nombramiento no es otra que la que dicte cada Comisión Legislativa de los Estados, sea su Constitución o la ley estadal.

Artículo 164. Competencia exclusiva de los Estados

Artículo 164. Es de la competencia exclusiva de los Estados:
1. Dictar su Constitución para organizar los poderes públicos, de conformidad con lo dispuesto en esta Constitución.

2. La organización de sus Municipios y demás entidades locales y su división político territorial, conforme a esta Constitución y a la ley.

3. La administración de sus bienes y la inversión y administración de sus recursos, incluso de los provenientes de transferencias, subvenciones o asignaciones especiales del Poder Nacional, así como de aquellos que se les asignen como participación en los tributos nacionales.

4. La organización, recaudación, control y administración de los ramos tributarios propios, según las disposiciones de las leyes nacionales y estadales.

5. El régimen y aprovechamiento de minerales no metálicos, no reservados al Poder Nacional, las salinas y ostrales y la administración de las tierras baldías en su jurisdicción, de conformidad con la ley.

6. La organización de la policía y la determinación de las ramas de este servicio atribuidas a la competencia municipal, conforme a la legislación nacional aplicable.

7. La creación, organización, recaudación, control y administración de los ramos de papel sellado, timbres y estampillas.

8. La creación, régimen y organización de los servicios públicos estadales.

9. La ejecución, conservación, administración y aprovechamiento de las vías terrestres estadales.

10. La conservación, administración y aprovechamiento de carreteras y autopistas nacionales, así como de puertos y aeropuertos de uso comercial, en coordinación con el Ejecutivo Nacional.

11. Todo lo que no corresponda, de conformidad con esta Constitución, a la competencia nacional o municipal.

Sobre formulé la siguiente exposición en la sesión de la Asamblea del 2 de noviembre de 1999, con ocasión de la primera discusión del proyecto de Constitución

CONSTITUYENTE BREWER CARÍAS (ALLAN).- Ciudadano Presidente: En ese caso planteo mis observaciones: Ordinal segundo, a los efectos de la comisión, creo que es insuficiente la atribución de los estados de sólo la división político–territorial. Creo que tenemos que ser más explícitos y establecer, primero, como competencia la organización de sus municipios, acuérdense que los estados tienen potestad legislativa sobre sus municipios, esto no es un tema sólo de una Ley Nacional Orgánica de Régimen Municipal, sino que las asambleas o el concejo regional o quien sea, debe regir y legislar específicamente sobre los municipios de cada estado, de acuerdo con sus peculiaridades..

Por tanto pienso que el ordinal dos debería decir: "...la organización de sus municipios y demás entidades locales" el tema parroquial, otras entidades locales "y su división político-territorial de conformidad con esta Constitución y las leyes". De manera que es ampliar la regulación del ordinal dos.

Tengo otra observación sobre el ordinal séptimo del artículo; se refiere al tema de la policía. Dice: "El régimen y la organización de la policía conforme a la legislación nacional aplicable". Pienso que aquí también debemos establecer que los estados deben regular la policía urbana y rural, y debemos conservar la terminología. La policía urbana y rural no es simplemente un servicio uniformado de policía, sino una competencia, acuérdense que materialmente toda la legislación fundamental de este país tiene su origen en las viejas leyes orgánicas de policía de los estados, que eran cuerpos normativos universales, donde se regulaba todo. Considero que debemos rescatar esa terminología y establecer allí, incluso similar a como estaba en el proyecto original "la organización de la policía y rural y la determinación de las ramas de este servicio que corresponden a la policía municipal conforme a la legislación nacional aplicable", estoy de acuerdo con remitir a la ley, pero hablar de la policía urbana y rural y de lo que corresponde a los municipios.

Estas son mis observaciones fundamentales en relación a estos ordinales.

En la segunda discusión sobre la norma, efectuada en la sesión del día 13 de noviembre de 1999, se eliminaron las competencias tributarias que se habían previsto para los Estados en materia de impuestos al consumo, lo cual consideré como un retroceso y era contradictorio con el esquema de Estado Federal Descentralizado, ya que su control quedó en manos del Ejecutivo Nacional. Por ello al final de dicha sesión del día 13 de noviembre de 1999, consigné mi *Voto Salvado* **sobre la misma, con el siguiente texto:**

Salvo mi voto por considerar que la eliminación de las competencias tributarias que se habían previsto para los Estados en materia de impuestos al consumo, constituye un retroceso y contradicción con la configuración del Estado Federal Descentralizado que se proclama en el artículo 4 del texto aprobado.

La auténtica descentralización política tiene que estar montada sobre la distribución de potestades tributarias a los Estados, para superar el esquema de financiamiento a los mismos exclusivamente a través de fondos o asignaciones nacionales, entre los cuales destaca el Situado Constitucional. La experiencia de su control por el Ejecutivo Nacional pone en evidencia que puede ser un instrumento de centralismo.

Artículo 165. Competencias concurrentes

Artículo 165. Las materias objeto de competencias concurrentes serán reguladas mediante leyes de bases dictadas por el Poder Nacional, y leyes de desarrollo aprobadas por los Estados. Esta legislación estará orientada por los principios de la interdependencia, coordinación, cooperación, corresponsabilidad y subsidiariedad.

Los Estados descentralizarán y transferirán a los Municipios los servicios y competencias que gestionen y que éstos estén en capacidad de prestar, así como la administración de los respectivos recursos, dentro de las áreas de competencias concurrentes entre ambos niveles del Poder Público. Los mecanismos de transferencia estarán regulados por el ordenamiento jurídico estadal.

Sobre esta norma consideré que las competencias concurrentes de los Estados con el Poder Nacional y el Poder Municipal debieron haberse enumerarse de manera más explícita, haciéndose referencia expresa a determinadas competencias (en materia de salud, educación, servicios sociales, ordenación del territorio, medio ambiente, promoción de la agricultura, ganadería, la industria y el comercio, la defensa civil, promoción de la ciencia, la tecnología, el deporte y los servicios públicos). Por ello, en la sesión del 2 de noviembre de 1999, con ocasión de la primera discusión del proyecto, expuse lo siguiente:

CONSTITUYENTE BREWER CARÍAS (ALLAN).-Salvo mi voto por considerar que las competencias concurrentes de los Estados con el Poder Nacional y el Poder Municipal, debieron enumerarse y hacer referencia expresa a competencias en materia de salud, educación, servicios sociales, ordenación del territorio, medio ambiente, promoción de la agricultura, ganadería, así como de la industria y el comercio; la defensa civil, y la promoción de la ciencia y tecnología, del deporte; y de los servicios públicos. El artículo 182 al atribuir competencias de carácter exclusivo a los estados, tiene una enumeración muy exigua, por lo que la especificación de las competencias concurrentes debió ser más explícita. Tal como quedó el artículo, no introduce mayores cambios al régimen constitucional y legal precedente.

Al final de la sesión del día 2 de noviembre de 1999, en todo caso, consigné mi *Voto Salvado* sobre la misma, con el siguiente texto:

> Salvo mi voto por considerar que las competencias concurrentes de los Estados con el Poder Nacional y el Poder Municipal, debieron enumerarse y hacer referencia expresa a competencias en materia de salud, educación, servicios sociales, ordenación del territorio, medio ambiente, promoción de la agricultura, ganadería, así como de la industria y el comercio; la defensa civil, y la promoción de la ciencia y tecnología, del deporte; y de los servicios públicos. El artículo 183 al atribuir competencias de carácter exclusivo a los Estados, tiene una enumeración muy exigua, por lo que la especificación de las competencias concurrentes debió ser más explícita. Tal como quedó el artículo, no introduce mayores cambios al régimen constitucional y legal precedente.

El tema se volvió a discutir en segunda discusión, por lo que en la sesión del día 13 de noviembre de 1999, también consigné mi *Voto Salvado* sobre la misma, con el siguiente texto:

> Ratifico mi voto salvado por considerar que las competencias concurrentes de los Estados con el Poder Nacional y el Poder Municipal, debieron enumerarse y hacer referencia expresa a competencias en materia de salud, educación, servicios sociales, ordenación del territorio, medio ambiente, promoción de la agricultura, ganadería, así como de la industria y el comercio; la defensa civil, y la promoción de la ciencia y tecnología, del deporte; y de los servicios públicos. El artículo 183 al atribuir competencias de carácter exclusivo a los Estados, tiene una enumeración muy exigua, por lo que la especificación de las competencias concurrentes debió ser más explícita. Tal como quedó el artículo, no introduce mayores cambios al régimen constitucional y legal precedente.

Artículo 166. Consejo Estadal de Planificación y Coordinación

Artículo 166. En cada Estado se creará un Consejo de Planificación y Coordinación de Políticas Públicas, presidido por el Gobernador o Gobernadora e integrado por los Alcaldes o Alcaldesas, los directores o directoras estadales de los ministerios; y una representación de los legisladores elegidos o legisladoras elegidas por el Estado a la Asamblea Nacional, del Consejo Legislativo, de los concejales o concejalas y de las comunidades organizadas, incluyendo las indígenas donde las hubiere. El mismo funcionará y se organizará de acuerdo con lo que determine la ley.

Artículo 167. Ingresos Estadales

Artículo 167. Son ingresos de los Estados:

1. Los procedentes de su patrimonio y de la administración de sus bienes.
2. Las tasas por el uso de sus bienes y servicios, multas y sanciones, y las que les sean atribuidas.
3. El producto de lo recaudado por concepto de venta de especies fiscales.
4. Los recursos que les correspondan por concepto de situado constitucional. El situado es una partida equivalente a un máximo del veinte por ciento del total de los ingresos ordinarios estimados anualmente por el Fisco Nacional, la cual se distribuirá entre los Estados y el Distrito Capital en la forma siguiente: un treinta por ciento de dicho porcentaje por partes iguales, y el setenta por ciento restante en proporción a la población de cada una de dichas entidades.

    En cada ejercicio fiscal, los Estados destinarán a la inversión un mínimo del cincuenta por ciento del monto que les corresponda por concepto de situado. A los Municipios de cada Estado les corresponderá, en cada ejercicio fiscal, una participación no menor del veinte por ciento del situado y de los demás ingresos ordinarios del respectivo Estado.

    En caso de variaciones de los ingresos del Fisco Nacional que impongan una modificación del Presupuesto Nacional, se efectuará un reajuste proporcional del situado.

    La ley establecerá los principios, normas y procedimientos que propendan a garantizar el uso correcto y eficiente de los recursos provenientes del situado constitucional y de la participación municipal en el mismo.

5. Los demás impuestos, tasas y contribuciones especiales que se les asignen por ley nacional, con el fin de promover el desarrollo de las haciendas públicas estadales.

    Las leyes que creen o transfieran ramos tributarios a favor de los Estados podrán compensar dichas asignaciones con modificaciones de los ramos de ingresos señalados en este artículo, a fin de preservar la equidad interterritorial. El porcentaje del ingreso nacional ordinario estimado que se destine al situado constitucional, no será menor al quince por ciento del ingreso ordinario estimado, para lo cual se tendrá en cuenta la situación y sostenibilidad financiera de la Hacienda Pública Nacional, sin menoscabo de la capacidad de las administraciones estadales para atender adecuadamente los servicios de su competencia.

6. Los recursos provenientes del Fondo de Compensación Interterritorial y de cualquier otra transferencia, subvención o asignación especial, así como de aquellos que se les asigne como participación en los tributos nacionales, de conformidad con la respectiva ley.

Sobre esta norma consideré que no debió eliminarse la asignación de competencias estadales en materia de impuestos al consumo. Además se consagró un nuevo ordinal que establecía que por ley podían asignarse impuestos nacionales a los Estados, lo cual debió conciliarse con el artículo 174 (ahora 159) que era la norma general de descentralización, que ya había sido aprobado. Por ello, al final de la sesión del día 13 de noviembre de 1999, con ocasión de la segunda discusión sobre esta norma, consigné mi *Voto Salvado* sobre la misma, con el siguiente texto:

Salvo mi voto por las mismas razones indicadas en el voto salvado al artículo anterior. No debió eliminarse la asignación de competencias estadales en materia de impuestos al consumo. Además, en la norma se previó expresamente en un nuevo ordinal que por ley pueden asignarse impuestos nacionales a los Estados, lo cual debió conciliarse con la norma general de descentralización que contiene el artículo 174 (ahora 159) aprobado.

Capítulo IV. Del Poder Público Municipal

Artículo 168. Autonomía municipal

Artículo 168. Los Municipios constituyen la unidad política primaria de la organización nacional, gozan de personalidad jurídica y autonomía dentro de los límites de esta Constitución y de la ley. La autonomía municipal comprende:

1. La elección de sus autoridades.
2. La gestión de las materias de su competencia.
3. La creación, recaudación e inversión de sus ingresos.

Las actuaciones del Municipio en el ámbito de sus competencias se cumplirán incorporando la participación ciudadana al proceso de definición y ejecución de la gestión pública y al control y evaluación de sus resultados, en forma efectiva, suficiente y oportuna, conforme a la ley.

Los actos de los Municipios no podrán ser impugnados sino ante los tribunales competentes, de conformidad con esta Constitución y con la ley.

Sobre esta norma véase lo que se indica en las páginas 511, 515 y 811 de este Tomo.

Artículo 169. Organización municipal

Artículo 169. La organización de los Municipios y demás entidades locales se regirá por esta Constitución, por las normas que para desarrollar los principios constitucionales establezcan las leyes orgánicas nacionales, y por las disposiciones legales que de conformidad con aquellas dicten los Estados.

La legislación que se dicte para desarrollar los principios constitucionales relativos a los Municipios y demás entidades locales, establecerá diferentes regímenes para su organización, gobierno y administración, incluso en lo que respecta a la determinación de sus competencias y recursos, atendiendo a las condiciones de población, desarrollo económico, capacidad para generar ingresos fiscales propios, situación geográfica, elementos históricos y culturales y otros factores relevantes. En particular, dicha legislación establecerá las opciones para la organización del régimen de gobierno y administración local que corresponderá a los Municipios con población indígena. En todo caso, la organización municipal será democrática y responderá a la naturaleza propia del gobierno local.

Artículo 170. Mancomunidades y asociaciones municipales

Artículo 170. Los Municipios podrán asociarse en mancomunidades o acordar entre sí o con los demás entes públicos territoriales, la creación de modalidades asociativas intergubernamentales para fines de interés público relativos a materias de su competencia. Por ley se determinarán las normas concernientes a la agrupación de dos o más Municipios en distritos metropolitanos.

Artículo 171. Distritos Metropolitanos

Artículo 171. Cuando dos o más Municipios pertenecientes a una misma entidad federal tengan relaciones económicas, sociales y físicas que den al conjunto características de un área metropolitana, podrán organizarse como distritos metropolitanos. La ley orgánica que al efecto se dicte garantizará el carácter democrático y participativo del gobierno metropolitano y establecerá sus competencias funcionales, así como el régimen fiscal, financiero y de control. También asegurará que en los órganos de gobierno metropolitano tengan adecuada participación los respectivos Municipios, y señalará la forma de convocar y realizar las consultas populares que decidan la vinculación de estos últimos al distrito metropolitano.

La ley podrá establecer diferentes regímenes para la organización, gobierno y administración de los distritos metropolitanos atendiendo a las condiciones de población, desarrollo económico y social, situación geográfica y otros factores de importancia. En todo caso, la atribución de competencias para cada distrito metropolitano tendrá en cuenta esas condiciones.

Artículo 172. Régimen de los Distritos Metropolitanos

Artículo 172. El Consejo Legislativo previo pronunciamiento favorable mediante consulta popular de la población afectada, definirá los límites del distrito metropolitano y lo organizará según lo establecido en la ley orgánica nacional, determinando cuáles de las competencias metropolitanas serán asumidas por los órganos de gobierno del respectivo distrito metropolitano.

Cuando los Municipios que deseen constituirse en un distrito metropolitano pertenezcan a entidades federales distintas, corresponderá a la Asamblea Nacional su creación y organización.

Artículo 173. Régimen de las Parroquias

Artículo 173. El Municipio podrá crear parroquias conforme las condiciones que determine la ley. La legislación que se dicte para desarrollar los principios constitucionales sobre régimen municipal establecerá los supuestos y condiciones para la creación de otras entidades locales dentro del territorio municipal, así como los recursos de que dispondrán, concatenados a las funciones que se les asignen, incluso su participación en los ingresos propios del Municipio. Su creación atenderá a la iniciativa vecinal o comunitaria, con el objeto de promover la desconcentración de la administración del Municipio, la participación ciudadana y la mejor prestación de los servicios públicos. En ningún caso las parroquias serán asumidas como divisiones exhaustivas o imperativas del territorio del Municipio.

Artículo 174. Gobierno municipal

Artículo 174. El gobierno y la administración del Municipio corresponderán al Alcalde o Alcaldesa, quien será también la primera autoridad civil. Para ser Alcalde o Alcaldesa se requiere ser venezolano o venezolana, mayor de veinticinco años y de estado seglar. El Alcalde o Alcaldesa será elegido o elegida por un período de cuatro años por mayoría de las personas que votan, y podrá ser reelegido o reelegida, de inmediato y por una sola vez, para un nuevo período.

Sobre esta norma consideré que no se debió eliminar el principio de la elección por mayoría absoluta de los Alcaldes, con segunda vuelta. Por ello, en la sesión del 2 de noviembre de 1999, con ocasión de la primera discusión del proyecto, expuse lo siguiente:

CONSTITUYENTE BREWER CARÍAS (ALLAN).-Salvo mi voto por las mismas razones que expuse en mi voto salvado respecto del artículo 174 del Proyecto. No debió eliminar la Asamblea, el principio de la elección por mayoría absoluta de los Alcaldes, con segunda vuelta, lo cual es garantía de representatividad y legitimidad democrática. Con el texto aprobado no se reforma nada en un aspecto de tanta importancia en el sistema político, como es la elección de las autoridades ejecutivas locales, lo cual había sido prometido como uno de los puntos esenciales del cambio político. La Asamblea, en este aspecto, ni siquiera siguió la recomendación que el propio Presidente de la República había hecho en el documento Ideas fundamentales para la Constitución de la V República, donde planteó la elección con mayoría absoluta en doble vuelta, de los Alcaldes.

Al final de la sesión del día 2 de noviembre de 1999, consigné mi *Voto Salvado* sobre la misma, con el siguiente texto:

> Salvo mi voto por las mismas razones que expuse en mi voto salvado respecto del artículo 174 del Proyecto. No debió eliminar la Asamblea, el principio de la elección por mayoría absoluta de los Alcaldes, con segunda vuelta, lo cual es garantía de representatividad y legitimidad democrática. Con el texto aprobado no se reforma nada en un aspecto de tanta importancia en el sistema político, como es la elección de las autoridades ejecutivas locales, lo cual había sido prometido como uno de los puntos esenciales del cambio político. La Asamblea, en este aspecto, ni siquiera siguió la recomendación que el propio Presidente de la República había hecho en el documento *Ideas fundamentales para la Constitución de la V República*, donde planteó la elección con mayoría absoluta en doble vuelta, de los Alcaldes.

El tema se volvió a discutir en segunda discusión, por lo cual al final de la sesión del día 13 de noviembre de 1999, consigné mi *Voto Salvado* sobre la misma, con el siguiente texto:

> Ratifico mi voto salvado respecto de esta norma por considerar que no debió eliminar la Asamblea, el principio de la elección por mayoría absoluta de los Alcaldes, con segunda vuelta, lo cual es garantía de representatividad y legitimidad democrática. Con el texto aprobado no se reforma nada en un aspecto de tanta importancia en el sistema político, como es la elección de las autoridades ejecutivas locales, lo cual había sido prometido como uno de los puntos esenciales del cambio político. La Asamblea, en este aspecto, ni siquiera siguió la recomendación que el propio Presidente de la República había hecho en el documento *Ideas fundamentales para la Constitución de la V República*, donde planteó la elección con mayoría absoluta en doble vuelta, de los Alcaldes.

Artículo 175. Concejos Municipales

> **Artículo 175.** La función legislativa del Municipio corresponde al Concejo, integrado por concejales elegidos o concejalas elegidas en la forma establecida en esta Constitución, en el número y condiciones de elegibilidad que determine la ley.

Sobre esta norma consideré que debió atribuir a los Concejos Municipales, además, la función de control político del gobierno local (Alcaldes). Además, también debió preverse la elección uninominal de los Concejales no se debió eliminar el principio de la elección por mayoría absoluta de los Alcaldes, con segunda vuelta. Por ello, en la sesión del 2 de noviembre de 1999, con ocasión de la primera discusión del proyecto, expuse lo siguiente:

CONSTITUYENTE BREWER CARÍAS (ALLAN).-Salvo mi voto porque la norma debió atribuir a los concejos municipales, además de la función de legislación local, la de control político respecto del Gobierno local. Los concejos municipales son el órgano representativo local, electos por votación popular, por lo que a los representantes del pueblo les corresponde ejercer el control político de la gestión del alcalde.

Por otra parte, para hacer efectivamente representativos a los miembros de los concejos municipales, debió establecerse expresamente en la Constitución, la elección uninominal de los concejales, de manera que estén vinculados directamente a las comunidades que formen los diversos territorios de los estados.

Al final de la sesión del día 2 de noviembre de 1999, consigné mi *Voto Salvado* sobre la misma, con el siguiente texto:

>Salvo mi voto porque la norma debió atribuir a los Concejos Municipales, además de la función de legislación local, la de control político respecto del gobierno local. Los Concejos Municipales son el órgano representativo local, electos por votación popular, por lo que a los representantes del pueblo les corresponde ejercer el control político de la gestión del alcalde.
>
>Por otra parte, para hacer efectivamente representativos a los miembros de los Concejos Municipales, debió establecerse expresamente en la Constitución, la elección uninominal de los Concejales, de manera que estén vinculados directamente a las comunidades que formen los diversos territorios de los Estados.

Luego de la segunda discusión de la norma, realizada en la sesión del día 13 de noviembre de 1999, consigné mi *Voto Salvado* sobre la misma, con el siguiente texto:

>Ratifico mi voto salvado porque la norma debió atribuir a los Concejos Municipales, además de la función de legislación local, la de control político respecto del gobierno local. Los Concejos Municipales son el órgano representativo local, electos por votación popular, por lo que a los representantes del pueblo les corresponde ejercer el control político de la gestión del alcalde.
>
>Por otra parte, para hacer efectivamente representativos a los miembros de los Concejos Municipales, debió establecerse expresamente en la Constitución, la elección uninominal de los Concejales, de manera que estén vinculados directamente a las comunidades que formen los diversos territorios de los Estados.

Artículo 176. Contralorías Municipales

>**Artículo 176.** Corresponde a la Contraloría Municipal el control, vigilancia y fiscalización de los ingresos, gastos y bienes municipales, así como las operaciones relativas a los mismos, sin me-

noscabo del alcance de las atribuciones de la Contraloría General de la República, y será dirigida por el Contralor o Contralora Municipal, designado o designada por el Concejo mediante concurso público que garantice la idoneidad y capacidad de quien sea designado o designada para el cargo, de acuerdo con las condiciones establecidas por la ley.

Artículo 177. Condiciones para el ejercicio de cargos municipales

Artículo 177. La ley nacional podrá establecer principios, condiciones y requisitos de residencia, prohibiciones, causales de inhibición e incompatibilidades para la postulación y ejercicio de las funciones de Alcaldes o Alcaldesas y concejales o concejalas.

Artículo 178. Competencias Municipales

Artículo 178. Son de la competencia del Municipio el gobierno y administración de sus intereses y la gestión de las materias que le asignen esta Constitución y las leyes nacionales, en cuanto concierne a la vida local, en especial la ordenación y promoción del desarrollo económico y social, la dotación y prestación de los servicios públicos domiciliarios, la aplicación de la política referente a la materia inquilinaria con criterios de equidad, justicia y contenido de interés social, de conformidad con la delegación prevista en la ley que rige la materia, la promoción de la participación, y el mejoramiento, en general, de las condiciones de vida de la comunidad, en las siguientes áreas:

1. Ordenación territorial y urbanística; patrimonio histórico; vivienda de interés social; turismo local; parques y jardines, plazas, balnearios y otros sitios de recreación; arquitectura civil, nomenclatura y ornato público.

2. Vialidad urbana; circulación y ordenación del tránsito de vehículos y personas en las vías municipales; servicios de transporte público urbano de pasajeros y pasajeras.

3. Espectáculos públicos y publicidad comercial, en cuanto concierne a los intereses y fines específicos municipales.

4. Protección del ambiente y cooperación con el saneamiento ambiental; aseo urbano y domiciliario, comprendidos los servicios de limpieza, de recolección y tratamiento de residuos y protección civil.

5. Salubridad y atención primaria en salud, servicios de protección a la primera y segunda infancia, a la adolescencia y a la tercera edad; educación preescolar, servicios de integración familiar de la persona con discapacidad al desarrollo comunitario, actividades e instalaciones culturales y deportivas; servicios de prevención y protección, vigilancia y control de los bienes y las actividades relativas a las materias de la competencia municipal.

6. Servicio de agua potable, electricidad y gas doméstico, alcantarillado, canalización y disposición de aguas servidas; cementerios y servicios funerarios.
7. Justicia de paz, prevención y protección vecinal y servicios de policía municipal, conforme a la legislación nacional aplicable.
8. Las demás que le atribuyan esta Constitución y la ley.

Las actuaciones que corresponden al Municipio en la materia de su competencia no menoscaban las competencias nacionales o estadales que se definan en la ley conforme a esta Constitución.

Artículo 179. Ingresos municipales

Artículo 179. Los Municipios tendrán los siguientes ingresos:

1. Los procedentes de su patrimonio, incluso el producto de sus ejidos y bienes.
2. Las tasas por el uso de sus bienes o servicios; las tasas administrativas por licencias o autorizaciones; los impuestos sobre actividades económicas de industria, comercio, servicios, o de índole similar, con las limitaciones establecidas en esta Constitución; los impuestos sobre inmuebles urbanos, vehículos, espectáculos públicos, juegos y apuestas lícitas, propaganda y publicidad comercial; y la contribución especial sobre plusvalías de las propiedades generadas por cambios de uso o de intensidad de aprovechamiento con que se vean favorecidas por los planes de ordenación urbanística.
3. El impuesto territorial rural o sobre predios rurales, la participación en la contribución por mejoras y otros ramos tributarios nacionales o estadales, conforme a las leyes de creación de dichos tributos.
4. Los derivados del situado constitucional y otras transferencias o subvenciones nacionales o estadales.
5. El producto de las multas y sanciones en el ámbito de sus competencias y las demás que les sean atribuidas.
6. Los demás que determine la ley.

Artículo 180. Potestad tributaria municipal e inmunidad tributaria de la República y de los Estados

Artículo 180. La potestad tributaria que corresponde a los Municipios es distinta y autónoma de las potestades reguladoras que esta Constitución o las leyes atribuyan al Poder Nacional o Estadal sobre determinadas materias o actividades.

Las inmunidades frente a la potestad impositiva de los Municipios, a favor de los demás entes político-territoriales, se extiende sólo a las personas jurídicas estatales creadas por ellos, pero no a concesionarios ni a otros contratistas de la Administración Nacional o de los Estados.

Sobre esta norma, en la sesión del 2 de noviembre de 1999, con ocasión de la primera discusión del proyecto, expuse lo siguiente:

CONSTITUYENTE BREWER CARÍAS (ALLAN).-Ciudadano Presidente: Esta es una norma importante que debe complementarse con un planteamiento más general. Esto debería comenzar señalando y debiera por tanto ir a ubicarse a la parte del Sistema Tributario y debería decir: "Las entidades político-territoriales gozan de inmunidad tributaria entre ellas". La idea es que un estado no puede gravar un municipio ni un municipio a la República. Luego precisar la inmunidad tributaria a favor de los entes políticos territoriales, frente a la potestad impositiva municipal, como se refiere en el anteproyecto, se extiende sólo a las personas jurídicas estatales creadas por ella, pero no a los concesionarios o a los contratistas de la Administración Nacional o de los estados.

Esto varía en cuanto a lo propuesto por la Comisión, en el sentido de que ahí sólo se refiere a las personas jurídico-públicas, esa es una expresión que no comprende lo que quieren comprender. La expresión correcta es "persona jurídica estatal", porque por ejemplo PDVSA no es una persona jurídico-pública, es una persona de derecho privado y podría estar fuera. Considero que el término es "persona jurídico-estatal", del Estado. De manera que planteo corregir esa expresión por persona jurídico-estatal y retener que el tema de la inmunidad tributaria tendrá que ser arreglado y recogido en la parte que se discuta sobre el Sistema Tributario para establecer las diversas competencias y limitaciones entre los tres niveles de tributación.

Artículo 181. Régimen de los ejidos

Artículo 181. Los ejidos son inalienables e imprescriptibles. Sólo podrán enajenarse previo cumplimiento de las formalidades previstas en las ordenanzas municipales y en los supuestos que las mismas señalen, conforme a esta Constitución y a la legislación que se dicte para desarrollar sus principios.

Los terrenos situados dentro del área urbana de las poblaciones del Municipio, carentes de dueño o dueña, son ejidos, sin menoscabo de legítimos derechos de terceros, válidamente constituidos. Igualmente, se constituyen en ejidos las tierras baldías ubicadas en el área urbana. Quedarán exceptuadas las tierras correspondientes a las comunidades y pueblos indígenas. La ley establecerá la conversión en ejidos de otras tierras públicas.

Artículo 182. Consejos Locales de Planificación Pública

Artículo 182. Se crea el Consejo Local de Planificación Pública, presidido por el Alcalde o Alcaldesa e integrado por los concejales y concejalas, los Presidentes o Presidentas de la juntas parroquiales y representantes de organizaciones vecinales y otras de la sociedad organizada, de conformidad con las disposiciones que establezca la ley.

Artículo 183. Prohibiciones tributarias a Estados y Municipios

Artículo 183. Los Estados y los Municipios no podrán:

1. Crear aduanas ni impuestos de importación, de exportación o de tránsito sobre bienes nacionales o extranjeros, o sobre las demás materias rentísticas de la competencia nacional.
2. Gravar bienes de consumo antes de que entren en circulación dentro de su territorio.
3. Prohibir el consumo de bienes producidos fuera de su territorio, ni gravarlos en forma diferente a los producidos en él.

Los Estados y Municipios sólo podrán gravar la agricultura, la cría, la pesca y la actividad forestal en la oportunidad, forma y medida que lo permita la ley nacional.

Sobre esta norma véase lo que se indica en la página 947 de este Tomo.

Artículo 184. Descentralización de competencias estadales y municipales y participación ciudadana

Artículo 184. La ley creará mecanismos abiertos y flexibles para que los Estados y los Municipios descentralicen y transfieran a las comunidades y grupos vecinales organizados los servicios que éstos gestionen previa demostración de su capacidad para prestarlos, promoviendo:

1. La transferencia de servicios en materia de salud, educación, vivienda, deporte, cultura, programas sociales, ambiente, mantenimiento de áreas industriales, mantenimiento y conservación de áreas urbanas, prevención y protección vecinal, construcción de obras y prestación de servicios públicos. A tal efecto, podrán establecer convenios cuyos contenidos estarán orientados por los principios de interdependencia, coordinación, cooperación y corresponsabilidad.
2. La participación de las comunidades y de ciudadanos o ciudadanas, a través de las asociaciones vecinales y organizaciones no gubernamentales, en la formulación de propuestas de inversión ante las autoridades estadales y municipales encargadas de la elaboración de los respectivos planes de inversión, así como en la ejecución, evaluación y control de obras, programas sociales y servicios públicos en su jurisdicción.
3. La participación en los procesos económicos estimulando las expresiones de la economía social, tales como coope-

rativas, cajas de ahorro, mutuales y otras formas asociativas.

4. La participación de los trabajadores o trabajadoras y comunidades en la gestión de las empresas públicas mediante mecanismos autogestionarios y cogestionarios.

5. La creación de organizaciones, cooperativas y empresas comunales de servicios, como fuentes generadoras de empleo y de bienestar social, propendiendo a su permanencia mediante el diseño de políticas en las cuales aquellas tengan participación.

6. La creación de nuevos sujetos de descentralización a nivel de las parroquias, las comunidades, los barrios y las vecindades a los fines de garantizar el principio de la corresponsabilidad en la gestión pública de los gobiernos locales y estadales y desarrollar procesos autogestionarios y cogestionarios en la administración y control de los servicios públicos estadales y municipales.

7. La participación de las comunidades en actividades de acercamiento a los establecimientos penales y de vinculación de éstos con la población.

Capítulo V. Del Consejo Federal de Gobierno

Artículo 185. Competencias del Consejo Federal de Gobierno

Artículo 185. El Consejo Federal de Gobierno es el órgano encargado de la planificación y coordinación de políticas y acciones para el desarrollo del proceso de descentralización y transferencia de competencias del Poder Nacional a los Estados y Municipios. Estará presidido por el Vicepresidente Ejecutivo o Vicepresidenta Ejecutiva e integrado por los Ministros o Ministras, los Gobernadores o Gobernadoras, un Alcalde o Alcaldesa por cada Estado y representantes de la sociedad organizada, de acuerdo con la ley.

El Consejo Federal de Gobierno contará con una Secretaría, integrada por el Vicepresidente Ejecutivo o Vicepresidenta Ejecutiva, dos Ministros o Ministras, tres Gobernadores o Gobernadoras y tres Alcaldes o Alcaldesas. Del Consejo Federal de Gobierno dependerá el Fondo de Compensación Interterritorial, destinado al financiamiento de inversiones públicas para promover el desarrollo equilibrado de las regiones, la cooperación y complementación de las políticas e iniciativas de desarrollo de las distintas entidades públicas territoriales, y a apoyar especialmente la dotación de obras y servicios esenciales en las regiones y comunidades de menor desarrollo relativo. El Consejo Federal de Gobierno, con base en los desequilibrios regionales, discutirá y aprobará anualmente los recursos que se destinarán al Fondo de Compensación Inter territorial y las áreas de inversión prioritaria a las cuales se aplicarán dichos recursos.

SECCIÓN SEGUNDA: TÍTULO V. DE LA ORGANIZACIÓN DEL PODER PÚBLICO NACIONAL (ARTÍCULOS 186-298)

Capítulo I. Del Poder Legislativo Nacional

Sección primera: Disposiciones generales

Artículo 186. Integración de la Asamblea Nacional

> **Artículo 186.** La Asamblea Nacional estará integrada por diputados y diputadas elegidos o elegidas en cada entidad federal por votación universal, directa, personalizada y secreta con representación proporcional, según una base poblacional del uno coma uno por ciento de la población total del país.
>
> Cada entidad federal elegirá, además, tres diputados o diputadas.
>
> Los pueblos indígenas de la República Bolivariana de Venezuela elegirán tres diputados o diputadas de acuerdo con lo establecido en la ley electoral, respetando sus tradiciones y costumbres.
>
> Cada diputado o diputada tendrá un suplente o una suplente, escogido o escogida en el mismo proceso.

Esta norma que eliminó el bicameralismo en el país, sustituyendo el antiguo Congreso por una Asamblea legislativa unicameral fue objeto de importantes debates. Consideré que la consagración de un órgano legislativo nacional de carácter unicameral era contrario a la esencia de un Estado Federal Descentralizado; eliminaba la posibilidad de participación paritaria de los Estados en las decisiones políticas nacionales. Ello significaba, también la eliminación del procedimiento de formación de las leyes entre cuerpos legislativos actuando como colegisladores. Además, acababa con la distribución de las funciones del control político (sistema de contrapesos) y de control de otras materias (financieras, presupuestarias y administrativas). La unicameralidad consideré que atentaba contra los Estados menos poblados, quedando dominadas las decisiones políticas de la Asamblea por los representantes de los Estados más densamente poblados. Por ello, en la sesión del 3 de noviembre de 1999, con ocasión de la primera discusión del proyecto, expuse lo siguiente:

CONSTITUYENTE BREWER CARÍAS (ALLAN).-Ciudadano Presidente: Muy breve, pero no podía dejar de participar en el debate. ¿Por qué va a ser ilusión establecer realmente un cambio en el país? ¿Qué sensación de derrotismo he podido captar en algunos constituyentes frente a lo que aquí se ha venido aprobando, y es establecer realmente un Estado federal? Se nos ha olvidado que este país tiene más de 100 años de Federación centralizada, es decir, más de 100 años de centralismo y durante esos 100 años de centralismo ciertamente no hubiéramos necesitado el Senado, no era necesario, pero es justamente ahora cuando es necesario, que estamos construyendo por primera vez en más de 100 años un Estado federal.

¿Ustedes no se han dado cuenta de lo que han hecho hasta ahora en esta Asamblea Nacional Constituyente? Establecer las bases de un Estado federal descentralizado, lo declaramos desde el primero o cuarto artículo, y hemos venido construyendo progresivamente las bases de un sistema federal, es decir, de distribución territorial del poder y de ahí la terminología utilizada desde el principio, de distribución del poder. Construyendo por tanto un Estado federal ahora es cuando tenemos que construir una Cámara Federal de verdad, porque hasta ahora realmente no ha funcionado, pero porque no haya funcionado no podemos pensar que va a seguir siendo igual, sino olvídense del cambio o simplemente no creo que tengan idea real de cambio.

Es esencial para un sistema federal una representación de las entidades federales, una forma de participación de las entidades territoriales en el Gobierno Nacional, en las políticas nacionales, porque ahora nuevas relaciones se establecen en una Federación, son relaciones intergubernamentales, y por eso la participación de las entidades federales es fundamental en el proceso político nacional, aparte de darle equilibrio a esas entidades.

Este no es un país urbano. ¿Que está ubicada la población en centros urbanos? Es correcto, pero esto es país rural, ¡por Dios! vayan al interior del país, conozcan al país, ese país es el que requiere representación igual. Todos los estados, así sean pequeños, rurales y deprimidos. De manera que no tengo la menor duda de que, coherente con un esquema federal, es necesario estructurar la Cámara Federal que le dé representación a los estados y que le permita participar a todos por igual en los procesos políticos nacionales. Eso es lo que tenemos que construir y no pensar que vamos a seguir funcionando igual que hasta ahora.

Por otra parte, dos Cámaras cambian el mecanismo de legislación. Una confrontación con órganos colegisladores, discusiones en órganos distintos de la Ley, es un procedimiento realmente importante en la formación de las leyes.

Ciudadano Presidente, por tanto, quiero manifestar mi apoyo al mecanismo de bicameralidad para la organización de la Asamblea Nacional.

Al final de la sesión del día 3 de noviembre de 1999, en todo caso consigné mi *Voto Salvado* sobre la misma, con el siguiente texto:

Salvo mi voto por considerar totalmente inapropiado y contradictorio con el resto del texto constitucional aprobado hasta ahora, el que se consagre un órgano legislativo nacional de carácter unicameral.

Ello no sólo contradice la tradición bicameral de nuestro constitucionalismo, sino la propia reforma política que esta Asamblea pretende llevar a cabo. La más importante de todas, tal como ha quedado plasmada desde el artículo 4º del Proyecto que declara al Estado como un *Estado Federal Descentralizado* y en los artículos relativos a la distribución territorial del Poder Público (art. 145) en Poder Nacional, de los Estados y Municipal (Título IV), es la forma *federal* efectiva del Estado montada sobre el proceso de descentralización política.

Y el bicameralismo es de la esencia de la forma federal de los Estados, a pesar de que en muchos viejos Estados Unitarios se adoptó el sistema bicameral. Como se sentó en el libro *Parlamentos Bicamerales* publicado por el Instituto de Estudios Políticos de la UCV y el Congreso de la República, en 1971.

"Mientras que los Estados unitarios pueden optar entre unicameralismo y bicameralismo, en cambio la ordenación bicameral *parece pertenecer a la esencia* de los Estados federales en los cuales, junto a una Cámara que representa a la totalidad nacional e indivisible ha de haber otra que represente a los Estados miembros" (pág. 18).

Por ello, el Proyecto de artículo 202 que fue rechazado señalaba que:

"El Poder Legislativo se ejerce por la Asamblea Nacional que estará integrada por dos Cámaras: la Cámara de Diputados y la Cámara Federal, la Cámara de Diputados representa al pueblo y la Cámara Federal a los Estados.

La composición bicameral de la Asamblea Nacional la consideramos esencial para la Federación que estamos por construir. El hecho de que en el pasado el Senado no haya cumplido la función de representar a los Estados, no es otra cosa que el resultado, *primero*, de que hemos tenido una Federación Centralizada (es decir, no hemos tenido un verdadero Estado Federal); y *segundo*, de la mediatización que los partidos políticos han hecho del sistema bicameral, derivado del régimen de Estado de Partidos que hemos tenido. Por ello, si de lo se trata es de hacer una verdadera descentralización política de la Federación y eliminar la partidocracia, ahora es cuando tenemos que establecer una verdadera organización bicameral de la Asamblea Nacional.

Sólo así se podrá hacer participar directamente a los Estados, en forma igual, con un número de representantes en el Senado o Cámara Federal igual por cada Estado independientemente de su población, en las decisiones políticas nacionales. No se olvide que la Federación Descentralizada debe montarse sobre relaciones intergubernamentales, y una de las formas de participación de los gobiernos estadales en las decisiones políticas nacionales, es la representación en la Cámara Federal. Eliminar la Cámara Federal o el Senado, implica eliminarle a los Estados su representación igual en la Asamblea, quedando la representación en un sola Cámara absolutamente desigual, pues en ella tendrán más representación los grandes Estados poblados como Zulia, Carabobo, Miranda, Aragua, cuyos diputados predominarán ante los Estados con escasa población, como Cojedes, Yaracuy, Delta Amacuro, Amazonas, Apure, Barinas, Guárico, Mérida, Monagas, Nueva Esparta, Trujillo.

Por otra parte, eliminar el bicameralismo, significa eliminar el procedimiento de formación de las leyes como resultado de cuerpos legislativos actuando como colegisladores, lo cual asegura mayor control en la elaboración de las leyes y una instancia para la solución de conflictos entre ellos.

Además, el bicameralismo permite distribuir las funciones de control político a las Cámaras, como por ejemplo, en la Constitución de 1961 se atribuye al Senado autorizar el enjuiciamiento del Presidente de la República y a la Cámara de Diputados dar voto de censura a los Ministros, lo que permite mayor balance y contrapeso en los poderes. Permite asimismo, distribuir las competencias en materia de control de materias financieras, presupuestarias y administrativas y así, de nuevo, asegurar un mayor balance y contrapeso en el ejercicio del poder.

En definitiva, lo aprobado no sólo es un contrasentido con la estructura federal del Estado que se quiere acentuar, sino con toda la historia del constitucionalismo federal del mundo. Se puede innovar, ciertamente, pero no se debe para ello, cometer disparates ni entrar en contradicciones, como sucede en este caso. Por ello, salvo mi voto respecto de la decisión de estructurar a la Asamblea Nacional con una sola Cámara.

Sobre el mismo tema, al final de la sesión del día 13 de Noviembre de 1999, luego de la segunda discusión de la norma, consigné mi *Voto salvado* con el siguiente texto:

Ratifico mi voto salvado respecto de esta norma por considerar totalmente inapropiado y contradictorio con el resto del texto constitucional aprobado, el que se consagre un órgano legislativo nacional de carácter unicameral.

Ello no sólo contradice la tradición bicameral de nuestro constitucionalismo, sino la propia reforma política que esta Asamblea pretende llevar a cabo. La más importante de todas, tal como ha quedado plasmada desde el artículo 4º del Proyecto que declara al Estado como un *Estado Federal Descentralizado* y en los artículos relativos a la distribución territorial del Poder Público (art. 145) en Poder Nacional, de los Estados y Municipal (Título IV), es la forma *federal* efectiva del Estado montada sobre el proceso de descentralización política.

El hecho de que en el pasado el Senado no haya cumplido la función de representar a los Estados, no es otra cosa que el resultado, *primero*, de que hemos tenido una Federación Centralizada (es decir, no hemos tenido un verdadero Estado Federal); y *segundo*, de la mediatización que los partidos políticos han hecho del sistema bicameral, derivado del régimen de Estado de Partidos que hemos tenido. Por ello, si de lo se trata es de hacer una verdadera descentralización política de la Federación y eliminar la partidocracia, ahora es cuando tenemos que establecer una verdadera organización bicameral de la Asamblea Nacional.

Sólo así se podrá hacer participar directamente a los Estados, en forma igual, con un número de representantes en el Senado o Cámara Federal igual por cada Estado independientemente de su población, en las decisiones políticas nacionales. No se olvide que la Federación Descentralizada debe montarse sobre relaciones intergubernamentales, y una de las formas de participación de los gobiernos estadales en las decisiones políticas nacionales, es la representación en la Cámara Federal. Eliminar la Cámara Federal o el Senado, implica eliminarle a los Estados su representación igual en la Asamblea, quedando la representación en un sola Cámara absolutamente desigual, pues en ella tendrán más representación los grandes Estados poblados cuyos diputados predominarán ante los Estados con escasa población.

Por otra parte, eliminar el bicameralismo, significa eliminar el procedimiento de formación de las leyes como resultado de cuerpos legislativos actuando como colegisladores, lo cual asegura mayor control en la elaboración de las leyes y una instancia para la solución de conflictos entre ellos.

Además, el bicameralismo permite distribuir las funciones de control político a las Cámaras, como por ejemplo, en la Constitución de 1961 se atribuye al Senado autorizar el enjuiciamiento del Presidente de la República y a la Cámara de Diputados dar voto de censura a los Ministros, lo que permite mayor balance y contrapeso en los poderes. Permite asimismo, distribuir las competencias en materia de control de materias financieras, presupuestarias y administrativas y así, de nuevo, asegurar un mayor balance y contrapeso en el ejercicio del poder.

En definitiva, lo aprobado no sólo es un contrasentido con la estructura federal del Estado que se quiere acentuar, sino con toda la historia del constitucionalismo federal del mundo. Se puede innovar, ciertamente, pero no se debe para ello, cometer disparates ni entrar en contradicciones, como sucede en este caso. Por ello, salvo mi voto respecto de la decisión de estructurar a la Asamblea Nacional con una sola Cámara.

Artículo 187. Competencia de la Asamblea Nacional

Artículo 187. Corresponde a la Asamblea Nacional:

1. Legislar en las materias de la competencia nacional y sobre el funcionamiento de las distintas ramas del Poder Nacional.
2. Proponer enmiendas y reformas a esta Constitución, en los términos establecidos en esta.
3. Ejercer funciones de control sobre el Gobierno y la Administración Pública Nacional, en los términos consagrados en esta Constitución y en la ley. Los elementos comprobatorios obtenidos en el ejercicio de esta función, tendrán valor probatorio, en las condiciones que la ley establezca.
4. Organizar y promover la participación ciudadana en los asuntos de su competencia.
5. Decretar amnistías.
6. Discutir y aprobar el presupuesto nacional y todo proyecto de ley concerniente al régimen tributario y al crédito público.
7. Autorizar los créditos adicionales al presupuesto.
8. Aprobar las líneas generales del plan de desarrollo económico y social de la Nación, que serán presentadas por el Ejecutivo Nacional en el transcurso del tercer trimestre del primer año de cada período constitucional.
9. Autorizar al Ejecutivo Nacional para celebrar contratos de interés nacional, en los casos establecidos en la ley.

Autorizar los contratos de interés público municipal, estadal o nacional con Estados o entidades oficiales extranjeros o con sociedades no domiciliadas en Venezuela.

10. Dar voto de censura al Vicepresidente Ejecutivo o Vicepresidenta Ejecutiva y a los Ministros o Ministras. La moción de censura sólo podrá ser discutida dos días después de presentada a la Asamblea, la cual podrá decidir, por las tres quintas partes de los diputados o diputadas, que el voto de censura implica la destitución del Vicepresidente Ejecutivo o Vicepresidenta Ejecutiva o del Ministro o Ministra.

11. Autorizar el empleo de misiones militares venezolanas en el exterior o extranjeras en el país.

12. Autorizar al Ejecutivo Nacional para enajenar bienes inmuebles del dominio privado de la Nación, con las excepciones que establezca la ley.

13. Autorizar a los funcionarios públicos o funcionarias públicas para aceptar cargos, honores o recompensas de gobiernos extranjeros.

14. Autorizar el nombramiento del Procurador o Procuradora General de la República y de los Jefes o Jefas de Misiones Diplomáticas Permanentes.

15. Acordar los honores del Panteón Nacional a venezolanos y venezolanas ilustres que hayan prestado servicios eminentes a la República, después de transcurridos veinticinco años de su fallecimiento. Esta decisión podrá tomarse por recomendación del Presidente o Presidenta de la República, de las dos terceras partes de los Gobernadores o Gobernadoras de Estado o de los rectores o rectoras de las Universidades Nacionales en pleno.

16. Velar por los intereses y autonomía de los Estados.

17. Autorizar la salida del Presidente o Presidenta de la República del territorio nacional cuando su ausencia se prolongue por un lapso superior a cinco días consecutivos.

18. Aprobar por ley los tratados o convenios internacionales que celebre el Ejecutivo Nacional, salvo las excepciones consagradas en esta Constitución.

19. Dictar su reglamento y aplicar las sanciones que en él se establezcan.

20. Calificar a sus integrantes y conocer de su renuncia. La separación temporal de un diputado o diputada sólo podrá acordarse por el voto de las dos terceras partes de los diputados y las diputadas presentes.

21. Organizar su servicio de seguridad interna.

22. Acordar y ejecutar su presupuesto de gastos, tomando en cuenta las limitaciones financieras del país.
23. Ejecutar las resoluciones concernientes a su funcionamiento y organización administrativa.
24. Todo lo demás que le señalen esta Constitución y las leyes.

Artículo 188. Condiciones de elegibilidad de los diputados

Artículo 188. Las condiciones para ser elegido o elegida diputado o diputada a la Asamblea Nacional son:
1. Ser venezolano o venezolana por nacimiento, o por naturalización con, por lo menos, quince años de residencia en territorio venezolano.
2. Ser mayor de veintiún años de edad.
3. Haber residido cuatro años consecutivos en la entidad correspondiente antes de la fecha de la elección.

Artículo 189. Condiciones de inelegibilidad de los diputados

Artículo 189. No podrán ser elegidos o elegidas diputados o diputadas:
1. El Presidente o Presidenta de la República, el Vicepresidente Ejecutivo o Vicepresidenta Ejecutiva, los Ministros o Ministras, el Secretario o Secretaria de la Presidencia de la República y los Presidentes o Presidentas y Directores o Directoras de los institutos autónomos y empresas del Estado, hasta tres meses después de la separación absoluta de sus cargos.
2. Los Gobernadores o Gobernadoras y Secretarios o Secretarias de gobierno, de los Estados y autoridades de similar jerarquía del Distrito Capital, hasta tres meses después de la separación absoluta de sus cargos.
3. Los funcionarios o funcionarias municipales, estadales o nacionales, de institutos autónomos o empresas del Estado, cuando la elección tenga lugar en la jurisdicción en la cual actúa, salvo si se trata de un cargo accidental, asistencial, docente o académico.

La ley orgánica podrá establecer la inelegibilidad de otros funcionarios o funcionarias.

Sobre esta norma, en la sesión del 3 de noviembre de 1999, con ocasión de la primera discusión del proyecto, expuse lo siguiente

CONSTITUYENTE BREWER CARÍAS (ALLAN):_ Ciudadano Presidente: Creo que este artículo hay que trabajarlo un poco más ya que el texto proviene del artículo 140 de la Constitución actual, que distinguía esos tres supuestos que se indican en los numerales 2, 3 y 4.

En el caso del numeral 3 del proyecto, relativo a gobernadores y secretarios de gobierno, se refería a éstos en cuanto a la separación absoluta si ejercen la representación en la jurisdicción, pero si aspiran a un cargo de elección en otro estado no necesitaban separarse absolutamente, sino sólo pedir un permiso. Sin embargo, esto se elimina en el proyecto, y realmente el supuesto de los numerales 2 y 3 del proyecto quedan exactamente igual, no tiene sentido distinguir los dos numerales pues son el mismo, se exige separarse del cargo sin hacer referencia que el gobernador pueda optar a un cargo en otra jurisdicción, en cuyo caso el régimen es distinto. Entonces no tiene sentido tener los dos supuestos de los numerales 2 y 3, tal como están.

En cuanto al numeral 4 se refiere a aquellas elecciones que tienen que ver en el lugar donde ejerzan su actividad, y muchas veces sabemos que un portero de una alcaldía tiene bastante más poder que cualquier otro alto funcionario, o sea, que ese no es el tema de que es alto o bajo cargo, creo que no tiene forma de ser distinguido.

En todo caso, creo que el artículo hay que rehacerlo, porque los numerales 2 y 3 son el mismo supuesto, es decir, habría que ponerlos igual.

Artículo 190. Incompatibilidades de los diputados

Artículo 190. Los diputados o diputadas a la Asamblea Nacional no podrán ser propietarios o propietarias, administradores o administradoras o directores o directoras de empresas que contraten con personas jurídicas estatales, ni podrán gestionar causas particulares de interés lucrativo con las mismas. Durante la votación sobre causas en las cuales surjan conflictos de intereses económicos, los o las integrantes de la Asamblea Nacional, que estén involucrados o involucradas en dichos conflictos, deberán abstenerse.

Artículo 191. Incompatibilidad para el ejercicio de otros cargos

Artículo 191. Los diputados o diputadas a la Asamblea Nacional no podrán aceptar o ejercer cargos públicos sin perder su investidura, salvo en actividades docentes, académicas, accidentales o asistenciales, siempre que no supongan dedicación exclusiva.

Artículo 192. Período de la Asamblea Nacional

Artículo 192. Los diputados o diputadas a la Asamblea Nacional durarán cinco años en el ejercicio de sus funciones, pudiendo ser reelegidos o reelegidas por dos periodos consecutivos como máximo.

Sección segunda: De la organización de la Asamblea Nacional

Artículo 193. Comisiones de la Asamblea Nacional

Artículo 193. La Asamblea Nacional nombrará Comisiones Permanentes, ordinarias y especiales. Las Comisiones Permanentes, en un número no mayor de quince, estarán referidas a los sectores de actividad nacional. Igualmente, podrá crear Comisiones con carácter temporal para investigación y estudio, todo ello de conformidad con su Reglamento. La Asamblea Nacional podrá crear o suprimir Comisiones Permanentes con el voto favorable de las dos terceras partes de sus integrantes.

Artículo 194. Autoridades de la Asamblea Nacional

Artículo 194. La Asamblea Nacional elegirá de su seno un Presidente o Presidenta y dos Vicepresidentes o Vicepresidentas, un Secretario o Secretaria y un Subsecretario o Subsecretaria fuera de su seno, por un período de un año. El reglamento establecerá las formas de suplir las faltas temporales y absolutas.

Artículo 195. Comisión Delegada

Artículo 195. Durante el receso de la Asamblea funcionará la Comisión Delegada integrada por el Presidente o Presidenta, los Vicepresidentes o Vicepresidentas y los Presidentes o Presidentas de las Comisiones Permanentes.

Artículo 196. Atribuciones de la Comisión Delegada

Artículo 196. Son atribuciones de la Comisión Delegada:
1. Convocar la Asamblea Nacional a sesiones extraordinarias, cuando así lo exija la importancia de algún asunto.
2. Autorizar al Presidente o Presidenta de la República para salir del territorio nacional.
3. Autorizar al Ejecutivo Nacional para decretar créditos adicionales.
4. Designar Comisiones temporales integradas por miembros de la Asamblea.
5. Ejercer las funciones de investigación atribuidas a la Asamblea.
6. Autorizar al Ejecutivo Nacional por el voto favorable de las dos terceras partes de sus integrantes para crear, modificar o suspender servicios públicos en caso de urgencia comprobada.
7. Las demás que establezcan esta Constitución y la ley.

Sección tercera: De los diputados y diputadas de la Asamblea Nacional

Artículo 197. Obligación de dedicación de los diputados

Artículo 197. Los diputados o diputadas a la Asamblea Nacional están obligados u obligadas a cumplir sus labores a dedicación exclusiva, en beneficio de los intereses del pueblo y a mantener una vinculación permanente con sus electores y electoras, atendiendo sus opiniones y sugerencias y manteniéndolos informados e informadas acerca de su gestión y la de la Asamblea. Deben dar cuenta anualmente de su gestión a los electores y electoras de la circunscripción por la cual fueron elegidos o elegidas y estarán sometidos o sometidas al referendo revocatorio del mandato en los términos previstos en esta Constitución y en la ley sobre la materia.

Artículo 198. Revocación del mandato. Efectos

Artículo 198. El diputado o diputada a la Asamblea Nacional cuyo mandato fuere revocado, no podrá optar a cargos de elección popular en el siguiente período.

Artículo 199. Irresponsabilidad parlamentaria

Artículo 199. Los diputados o diputadas a la Asamblea Nacional no son responsables por votos y opiniones emitidos en el ejercicio de sus funciones. Sólo responderán ante los electores o electoras y el cuerpo legislativo de acuerdo con esta Constitución y con los reglamentos.

Artículo 200. Inmunidad parlamentaria

Artículo 200. Los diputados o diputadas a la Asamblea Nacional gozarán de inmunidad en el ejercicio de sus funciones desde su proclamación hasta la conclusión de su mandato o la renuncia del mismo. De los presuntos delitos que cometan los o las integrantes de la Asamblea Nacional conocerá en forma privativa el Tribunal Supremo de Justicia, única autoridad que podrá ordenar, previa autorización de la Asamblea Nacional, su detención y continuar su enjuiciamiento. En caso de delito flagrante cometido por un parlamentario o parlamentaria, la autoridad competente lo o la pondrá bajo custodia en su residencia y comunicará inmediatamente el hecho al Tribunal Supremo de Justicia.

Los funcionarios públicos o funcionarias públicas que violen la inmunidad de los o las integrantes de la Asamblea Nacional, incurrirán en responsabilidad penal y serán castigados o castigadas de conformidad con la ley.

Artículo 201. Representación popular y voto a conciencia

Artículo 201. Los diputados o diputadas son representantes del pueblo y de los Estados en su conjunto, no sujetos o sujetas a mandatos ni instrucciones, sino sólo a su conciencia. Su voto en la Asamblea Nacional es personal.

Sección cuarta: De la formación de las leyes

Artículo 202. Definición de ley

Artículo 202. La ley es el acto sancionado por la Asamblea Nacional como cuerpo legislador. Las leyes que reúnan sistemáticamente las normas relativas a determinada materia se podrán denominar códigos.

Artículo 203. Leyes Orgánicas

Artículo 203. Son leyes orgánicas las que así denomina esta Constitución; las que se dicten para organizar los poderes públicos o para desarrollar los derechos constitucionales y las que sirvan de marco normativo a otras leyes.

Todo proyecto de ley orgánica, salvo aquel que esta Constitución califique como tal, será previamente admitido por la Asamblea Nacional, por el voto de las dos terceras partes de los o las integrantes presentes antes de iniciarse la discusión del respectivo proyecto de ley. Esta votación calificada se aplicará también para la modificación de las leyes orgánicas.

Las leyes que la Asamblea Nacional haya calificado de orgánicas serán remitidas antes de su promulgación a la Sala Constitucional del Tribunal Supremo de Justicia, para que se pronuncie acerca de la constitucionalidad de su carácter orgánico. La Sala Constitucional decidirá en el término de diez días contados a partir de la fecha de recibo de la comunicación. Si la Sala Constitucional declara que no es orgánica, la ley perderá este carácter.

Son leyes habilitantes las sancionadas por la Asamblea Nacional por las tres quintas partes de sus integrantes, a fin de establecer las directrices, propósitos y marco de las materias que se delegan al Presidente o Presidenta de la República, con rango y valor de ley. Las leyes habilitantes deben fijar el plazo de su ejercicio.

Artículo 204. Iniciativa legislativa

Artículo 204. La iniciativa de las leyes corresponde:

1. Al Poder Ejecutivo Nacional.
2. A la Comisión Delegada y a las Comisiones Permanentes.
3. A los y las integrantes de la Asamblea Nacional, en número no menor de tres.
4. Al Tribunal Supremo de Justicia, cuando se trate de leyes relativas a la organización y procedimientos judiciales.
5. Al Poder Ciudadano, cuando se trate de leyes relativas a los órganos que lo integran.
6. Al Poder Electoral, cuando se trate de leyes relativas a la materia electoral.

7. A los electores y electoras en un número no menor del cero coma uno por ciento de los inscritos e inscritas en el Registro Civil y Electoral.
8. Al Consejo Legislativo, cuando se trate de leyes relativas a los Estados.

Artículo 205. Iniciativa popular de las leyes y referendo aprobatorio

Artículo 205. La discusión de los proyectos de ley presentados por los electores y electoras conforme a lo dispuesto en el artículo anterior, se iniciará a más tardar en el período de sesiones ordinarias siguiente al que se haya presentado. Si el debate no se inicia dentro de dicho lapso, el proyecto se someterá a referendo aprobatorio de conformidad con la ley.

Artículo 206. Consulta a los Estados

Artículo 206. Los Estados serán consultados por la Asamblea Nacional, a través del Consejo Legislativo, cuando se legisle en materias relativas a los mismos. La ley establecerá los mecanismos de consulta a la sociedad civil y demás instituciones de los Estados, por parte del Consejo, en dichas materias.

Artículo 207. Dos discusiones de las leyes

Artículo 207. Para convertirse en ley todo proyecto recibirá dos discusiones, en días diferentes, siguiendo las reglas establecidas en esta Constitución y en los reglamentos respectivos. Aprobado el proyecto, el Presidente o Presidenta de la Asamblea Nacional declarará sancionada la ley.

Artículo 208. Primera discusión

Artículo 208. En la primera discusión se considerará la exposición de motivos y se evaluarán sus objetivos, alcance y viabilidad, a fin de determinar la pertinencia de la ley, y se discutirá el articulado. Aprobado en primera discusión el proyecto será remitido a la Comisión directamente relacionada con la materia objeto de la ley. En caso de que el proyecto de ley esté relacionado con varias Comisiones Permanentes, se designará una comisión mixta para realizar el estudio y presentar el informe.

Las Comisiones que estudien proyectos de ley presentarán el informe correspondiente en un plazo no mayor de treinta días consecutivos.

Artículo 209. Segunda discusión

Artículo 209. Recibido el informe de la Comisión correspondiente, se dará inicio a la segunda discusión del proyecto de ley, la cual se realizará artículo por artículo. Si se aprobare sin modificaciones, quedará sancionada la ley. En caso contrario, si sufre modificaciones, se devolverá a la Comisión respectiva para que ésta las incluya en un plazo no mayor de quince días continuos; leída la nueva versión del proyecto de ley en la plenaria de la Asamblea Nacional, ésta decidirá por mayoría de votos lo que fuere procedente respecto a los artículos en que hubiere discrepancia y a los que tuvieren conexión con éstos. Resuelta la discrepancia, la Presidencia declarará sancionada la ley.

Artículo 210. Discusión de proyectos pendientes

Artículo 210. La discusión de los proyectos que quedaren pendientes al término de las sesiones, podrá continuarse en las sesiones siguientes o en sesiones extraordinarias.

Artículo 211. Consulta legislativa

Artículo 211. La Asamblea Nacional o las Comisiones Permanentes, durante el procedimiento de discusión y aprobación de los proyectos de leyes, consultarán a los otros órganos del Estado, a los ciudadanos y ciudadanas y a la sociedad organizada para oír su opinión sobre los mismos. Tendrán derecho de palabra en la discusión de las leyes los Ministros o Ministras en representación del Poder Ejecutivo; el magistrado o magistrada del Tribunal Supremo de Justicia a quien éste designe, en representación del Poder Judicial; el o la representante del Poder Ciudadano designado o designada por el Consejo Moral Republicano; los o las integrantes del Poder Electoral; los Estados a través de un o una representante designado o designada por el Consejo Legislativo y los o las representantes de la sociedad organizada, en los términos que establezca el reglamento de la Asamblea Nacional.

Artículo 212. Formalidades de las leyes

Artículo 212. Al texto de las leyes precederá la siguiente fórmula: "La Asamblea Nacional de la República Bolivariana de Venezuela decreta":

Artículo 213. Sanción y promulgación de las leyes

Artículo 213. Una vez sancionada la ley, se extenderá por duplicado con la redacción final que haya resultado de las discusiones. Ambos ejemplares serán firmados por el Presidente o Presidenta, los dos Vicepresidentes o Vicepresidentas y el Secretario o Secretaria de la Asamblea Nacional, con la fecha de su aprobación definitiva. Uno de los ejemplares de la ley será enviado por el Presidente o Presidenta de la Asamblea Nacional al Presidente o Presidenta de la República a los fines de su promulgación.

Artículo 214. Promulgación ejecutiva de las leyes y veto presidencial y control de la constitucionalidad de los proyectos de ley

Artículo 214. El Presidente o Presidenta de la República promulgará la ley dentro de los diez días siguientes a aquél en que la haya recibido. Dentro de ese lapso podrá, en acuerdo con el Consejo de Ministros, solicitar a la Asamblea Nacional, mediante exposición razonada, que modifique alguna de las disposiciones de la ley o levante la sanción a toda la ley o a parte de ella.

La Asamblea Nacional decidirá acerca de los aspectos planteados por el Presidente o Presidenta de la República, por mayoría absoluta de los diputados o diputadas presentes y le remitirá la ley para la promulgación.

El Presidente o Presidenta de la República debe proceder a promulgar la ley dentro de los cinco días siguientes a su recibo, sin poder formular nuevas observaciones.

Cuando el Presidente o Presidenta de la República considere que la ley o alguno de sus artículos es inconstitucional solicitarán el pronunciamiento de la Sala Constitucional del Tribunal Supremo de Justicia, en el lapso de diez días que tiene para promulgar la misma. El Tribunal Supremo de Justicia decidirá en el término de quince días contados desde el recibo de la comunicación del Presidente o Presidenta de la República. Si el Tribunal negare la inconstitucionalidad invocada o no decidiere en el lapso anterior, el Presidente o Presidenta de la República promulgará la ley dentro de los cinco días siguientes a la decisión del Tribunal o al vencimiento de dicho lapso.

Artículo 215. Promulgación y publicación de las leyes

Artículo 215. La Ley quedará promulgada al publicarse con el correspondiente "Cúmplase" en la Gaceta Oficial de la República Bolivariana de Venezuela.

Artículo 216. Promulgación legislativa de las leyes

Artículo 216. Cuando el Presidente o Presidenta de la República no promulgare la ley en los lapsos señalados, el Presidente o Presidenta y los dos Vicepresidentes o Vicepresidentas de la Asamblea Nacional procederán a su promulgación sin perjuicio de la responsabilidad en que aquel o aquella incurriere por su omisión.

Artículo 217. Promulgación de leyes aprobatorias de tratados internacionales

Artículo 217. La oportunidad en que deba ser promulgada la ley aprobatoria de un tratado, de un acuerdo o de un convenio internacional, quedará a la discreción del Ejecutivo Nacional, de acuerdo con los usos internacionales y la conveniencia de la República.

Artículo 218. Derogación de las leyes

Artículo 218. Las leyes se derogan por otras leyes y se abrogan por referendo, salvo las excepciones establecidas en esta Constitución. Podrán ser reformadas total o parcialmente. La ley que sea objeto de reforma parcial se publicará en un solo texto que incorpore las modificaciones aprobadas.

Sección quinta: De los procedimientos

Artículo 219. Inicio del primer período de sesiones

Artículo 219. El primer período de las sesiones ordinarias de la Asamblea Nacional comenzará, sin convocatoria previa, el cinco de enero de cada año o el día posterior más inmediato posible y durará hasta el quince de agosto.

El segundo período comenzará el quince de septiembre o el día posterior más inmediato posible y terminará el quince de diciembre.

Artículo 220. Sesiones extraordinarias

Artículo 220. La Asamblea Nacional se reunirá en sesiones extraordinarias para tratar las materias expresadas en la convocatoria y las que les fueren conexas. También podrá considerar las que fueren declaradas de urgencia por la mayoría de sus integrantes.

Artículo 221. Régimen de funcionamiento de la Asamblea

Artículo 221. Los requisitos y procedimientos para la instalación y demás sesiones de la Asamblea Nacional, y para el funcionamiento de sus Comisiones, serán determinados por el reglamento.

El quórum no podrá ser en ningún caso inferior a la mayoría absoluta de los o las integrantes de la Asamblea Nacional.

Artículo 222. Función de control parlamentario

Artículo 222. La Asamblea Nacional podrá ejercer su función de control mediante los siguientes mecanismos: las interpelaciones, las investigaciones, las preguntas, las autorizaciones y las aprobaciones parlamentarias previstas en esta Constitución y en la ley, y mediante cualquier otro mecanismo que establezcan las leyes y su reglamento. En ejercicio del control parlamentario, podrán declarar la responsabilidad política de los funcionarios públicos o funcionarias públicas y solicitar al Poder Ciudadano que intente las acciones a que haya lugar para hacer efectiva tal responsabilidad.

Artículo 223. Investigaciones parlamentarias

Artículo 223. La Asamblea o sus Comisiones podrán realizar las investigaciones que juzguen convenientes en las materias de su competencia, de conformidad con el reglamento.

Todos los funcionarios públicos o funcionarias públicas están obligados u obligadas, bajo las sanciones que establezcan las leyes, a comparecer ante dichas Comisiones y a suministrarles las informaciones y documentos que requieran para el cumplimiento de sus funciones.

Esta obligación comprende también a los y las particulares; a quienes se les respetarán los derechos y garantías que esta Constitución reconoce.

Artículo 224. Potestad investigativa y funcionamiento de los órganos públicos

Artículo 224. El ejercicio de la facultad de investigación no afecta las atribuciones de los demás poderes públicos. Los jueces o juezas estarán obligados u obligadas a evacuar las pruebas para las cuales reciban comisión de la Asamblea Nacional o de sus Comisiones.

Capítulo II. Del Poder Ejecutivo Nacional

Sección primera: Del Presidente o Presidenta de la República

Artículo 225. Órganos del Poder Ejecutivo

Artículo 225. El Poder Ejecutivo se ejerce por el Presidente o Presidenta de la República, el Vicepresidente Ejecutivo o Vicepresidenta Ejecutiva, los Ministros o Ministras y demás funcionarios o funcionarias que determinen esta Constitución y la ley.

Artículo 226. Jefe de Estado y del Ejecutivo Nacional

Artículo 226. El Presidente o Presidenta de la República es el Jefe o Jefa del Estado y del Ejecutivo Nacional, en cuya condición dirige la acción del Gobierno.

Artículo 227. Condiciones de elegibilidad del Presidente de la República

Artículo 227. Para ser elegido Presidente de la República o elegida Presidenta de la República se requiere ser venezolano o venezolana por nacimiento, no poseer otra nacionalidad, ser mayor de treinta años, de estado seglar y no estar sometido o sometida a condena mediante sentencia definitivamente firme y cumplir con los demás requisitos establecidos en esta Constitución.

Artículo 228. Elección del Presidente de la República

> **Artículo 228.** La elección del Presidente o Presidenta de la República se hará por votación universal, directa y secreta, en conformidad con la ley. Se proclamará electo o electa el candidato o la candidata que hubiere obtenido la mayoría de votos válidos.

Sobre esta norma consideré que no debió eliminarse la previsión de la mayoría absoluta para la elección presidencial con previsión de la segunda vuelta, lo cual lesiona la representatividad y legitimidad democrática. Por ello, con ocasión de la segunda discusión de esta norma, al final de la sesión del 13 de Noviembre de 1999, consigné mi Voto salvado, con el siguiente texto:

> Salvo mi voto respecto de este artículo por considerar que no debió eliminarse del Proyecto, la exigencia de mayoría absoluta para la elección presidencial con previsión de la segunda vuelta. Una de las críticas tradicionales al sistema de elección presidencial fundando en la mayoría relativa, es el hecho de haber electo presidentes en las últimas décadas con el respaldo de no más del 30% de los votantes, lo cual si se toma en cuenta la abstención, conduce a que han ejercido la presidencia candidatos electos con el 20% apenas de los votos de los electores venezolanos.
>
> La representatividad y legitimidad democrática ha estado lesionada en esos casos; por eso la reforma propuesta que, incluso, había planteado el propio Presidente de la República en el documento que envió a la Asamblea con el título *Ideas Fundamentales para la Constitución Bolivariana de la V República*.
>
> Es lamentable que la Asamblea no haya adoptado esta reforma tan importante para el perfeccionamiento de la representatividad democrática.

Artículo 229. Inelegibilidad para Presidente de la República

> **Artículo 229.** No podrá ser elegido Presidente o elegida Presidenta de la República quien esté en ejercicio del cargo de Vicepresidente Ejecutivo o Vicepresidenta Ejecutiva, Ministro o Ministra, Gobernador o Gobernadora o Alcalde o Alcaldesa, en el día de su postulación o en cualquier momento entre esta fecha y la de la elección.

Artículo 230. Período presidencial y reelección presidencial

> **Artículo 230.** El período presidencial es de seis años. El Presidente o Presidenta de la República puede ser reelegido o reelegida, de inmediato y por una sola vez, para un nuevo período.

Sobre esta norma consideré, primero, que no debió eliminarse la previsión de la mayoría absoluta para la elección presidencial con previsión de la segunda vuelta, lo cual lesiona la representatividad y legitimidad democrática. Por ello, en la sesión del 4 de noviembre de 1999, al someterse la norma a primera discusión, expuse lo siguiente:

> CONSTITUYENTE BREWER CARIAS (ALLAN).-Presidente. Esta es una norma novedosa en nuestro constitucionalismo de este siglo, y toca dos puntos álgidos

en el constitucionalismo histórico. Por una parte, la extensión del período constitucional del Presidente de la República y por la otra la reelección presidencial.

La verdad que la primera vez que este tema se trató y originó una reforma constitucional fue en 1857 y provocó, a los pocos meses, un golpe de estado. Y ha sido una constante en todas las rupturas constitucionales de Venezuela este tema de la reelección y de la extensión de períodos constitucionales. Ese es un tema de la primera importancia.

En nuestro país estamos ya en un momento de madurez política, como para plantear el tema de la reelección, me parece que es un avance en nuestro constitucionalismo.

Sin embargo, no estoy de acuerdo con la extensión del período constitucional del Presidente de la República. Como estoy seguro que va a ser un tema debatido y discutido, mi propuesta concreta es apoyar la reelección, pero más bien reducir el período presidencial a cuatro años, como incluso se discutió en su momento en la Comisión Constitucional. De manera que mi propuesta es que se ponga un período de cuatro años, con reelección.

[...]

Proposición del constituyente Allan Brewer Carías:

"Propongo que el período presidencial sea de cuatro años en lugar de seis".

Es todo, ciudadano Presidente.

Al concluir la sesión del 4 de Noviembre de 1999, consigné mi *Voto salvado* **respecto de esta norma con la siguiente redacción:**

> Salvo mi voto por considerar excesivo el período presidencial de seis años con previsión de reelección presidencial. Estimo que ya es tiempo de admitir, en el ordenamiento constitucional venezolano, la reelección inmediata del Presidente de la República; pero ello debió hacerse, estableciendo un período presidencial de cuatro años. Al aumentar a seis el período presidencial, una reelección podría atentar contra el principio de la alternabilidad republicana. Por lo demás, también tendría que estar claro el tema del referendo revocatorio de mandato, aplicable al Presidente de la República, pero que aún no ha sido discutido por la Asamblea.

El tema se planteó de nuevo en la segunda discusión de la norma, por lo que al final de la sesión del día 13 de Noviembre de 1999, consigné mi *Voto Salvado* **con el siguiente texto:**

> Ratifico mi voto salvado respecto de esta norma por considerar excesivo el período presidencial de seis años con previsión de reelección presidencial. Estimo que ya es tiempo de admitir, en el ordenamiento constitucional venezolano, la reelección inmediata del Presidente de la República; pero ello debió hacerse, estableciendo un período presidencial de cuatro años. Al aumentar a seis el período presidencial, una reelección podría atentar contra el principio de la alternabilidad republicana.

Artículo 231. Toma de posesión del cargo

Artículo 231. El candidato elegido o candidata elegida tomará posesión del cargo de Presidente o Presidenta de la República el diez de enero del primer año de su período constitucional, mediante juramento ante la Asamblea Nacional. Si por cualquier motivo sobrevenido el Presidente o Presidenta de la República no pudiese tomar posesión ante la Asamblea Nacional, lo hará ante el Tribunal Supremo de Justicia.

Artículo 232. Responsabilidad del Presidente

Artículo 232. El Presidente o Presidenta de la República es responsable de sus actos y del cumplimiento de las obligaciones inherentes a su cargo.

Está obligado u obligada a procurar la garantía de los derechos y libertades de los venezolanos y venezolanas, así como la independencia, integridad, soberanía del territorio y defensa de la República. La declaración de los estados de excepción no modifica el principio de su responsabilidad, ni la del Vicepresidente Ejecutivo o Vicepresidenta Ejecutiva, ni la de los Ministros o Ministras, de conformidad con esta Constitución y con la ley.

Artículo 233. Faltas absolutas del Presidente de la República

Artículo 233. Serán faltas absolutas del Presidente o Presidenta de la República: su muerte, su renuncia, o su destitución decretada por sentencia del Tribunal Supremo de Justicia; su incapacidad física o mental permanente certificada por una junta médica designada por el Tribunal Supremo de Justicia y con aprobación de la Asamblea Nacional; el abandono del cargo, declarado como tal por la Asamblea Nacional, así como la revocación popular de su mandato.

Cuando se produzca la falta absoluta del Presidente electo o Presidenta electa antes de tomar posesión, se procederá a una nueva elección universal, directa y secreta dentro de los treinta días consecutivos siguientes. Mientras se elige y toma posesión el nuevo Presidente o la nueva Presidenta, se encargará de la Presidencia de la República el Presidente o Presidenta de la Asamblea Nacional.

Si la falta absoluta del Presidente o la Presidenta de la República se produce durante los primeros cuatro años del período constitucional, se procederá a una nueva elección universal, directa y secreta dentro de los treinta días consecutivos siguientes. Mientras se elige y toma posesión el nuevo Presidente o la nueva Presidenta, se encargará de la Presidencia de la República el Vicepresidente Ejecutivo o la Vicepresidenta Ejecutiva.

En los casos anteriores, el nuevo Presidente o Presidenta completará el período constitucional correspondiente.

> Si la falta absoluta se produce durante los últimos dos años del período constitucional, el Vicepresidente Ejecutivo o la Vicepresidenta Ejecutiva asumirá la Presidencia de la República hasta completar dicho período.

Sobre esta norma, en la sesión del 4 de noviembre de 1999, al sometérsela a primera discusión, expuse lo siguiente:

CONSTITUYENTE BREWER CARÍAS (ALLAN).-Presidente: veo aquí una incongruencia entre el artículo 267, en consideración, y el 263. En el 263 que fue aprobado, se dice que "...si la falta absoluta se produce durante los primeros 4 años, se procede a una nueva elección..."; y aquí dice: "...si la falta absoluta se produce en el último año, es el Vicepresidente Ejecutivo quien asume la Presidencia."

De manera, que hay un año vacío, porque si los primeros 4 años hay elección, y el último hay suplencia, el quinto quedó en el aire. Esto se ve que estaba redactado para un período de 5 años, y no de 6.

Artículo 234. Faltas temporales del Presidente de la República

> **Artículo 234.** Las faltas temporales del Presidente o Presidenta de la República serán suplidas por el Vicepresidente Ejecutivo o Vicepresidenta Ejecutiva hasta por noventa días, prorrogables por decisión de la Asamblea Nacional hasta por noventa días más.
>
> Si una falta temporal se prolonga por más de noventa días consecutivos, la Asamblea Nacional decidirá por mayoría de sus integrantes si debe considerarse que hay falta absoluta.

Artículo 235. Autorización parlamentaria para la ausencia del territorio nacional

> **Artículo 235.** La ausencia del territorio nacional por parte del Presidente o Presidenta de la República requiere autorización de la Asamblea Nacional o de la Comisión Delegada, cuando se prolongue por un lapso superior a cinco días consecutivos.

Sección segunda: De las atribuciones del Presidente o Presidenta de la República

Artículo 236. Atribuciones y obligaciones del Presidente de la República

> **Artículo 236.** Son atribuciones y obligaciones del Presidente o Presidenta de la República:
>
> 1. Cumplir y hacer cumplir esta Constitución y la ley.
> 2. Dirigir la acción del Gobierno.
> 3. Nombrar y remover al Vicepresidente Ejecutivo o Vicepresidenta Ejecutiva, nombrar y remover los Ministros o Ministras.

4. Dirigir las relaciones exteriores de la República y celebrar y ratificar los tratados, convenios o acuerdos internacionales.
5. Dirigir la Fuerza Armada Nacional en su carácter de Comandante en Jefe, ejercer la suprema autoridad jerárquica de ella y fijar su contingente.
6. Ejercer el mando supremo de la Fuerza Armada Nacional, promover sus oficiales a partir del grado de coronel o coronela o capitán o capitana de navío, y nombrarlos o nombrarlas para los cargos que les son privativos.
7. Declarar los estados de excepción y decretar la restricción de garantías en los casos previstos en esta Constitución.
8. Dictar, previa autorización por una ley habilitante, decretos con fuerza de ley.
9. Convocar la Asamblea Nacional a sesiones extraordinarias.
10. Reglamentar total o parcialmente las leyes, sin alterar su espíritu, propósito y razón.
11. Administrar la Hacienda Pública Nacional.
12. Negociar los empréstitos nacionales.
13. Decretar créditos adicionales al Presupuesto, previa autorización de la Asamblea Nacional o de la Comisión Delegada.
14. Celebrar los contratos de interés nacional conforme a esta Constitución y a la ley.
15. Designar, previa autorización de la Asamblea Nacional o de la Comisión Delegada, al Procurador o Procuradora General de la República y a los jefes o jefas de las misiones diplomáticas permanentes.
16. Nombrar y remover a aquellos funcionarios o aquellas funcionarias cuya designación le atribuyen esta Constitución y la ley.
17. Dirigir a la Asamblea Nacional, personalmente o por intermedio del Vicepresidente Ejecutivo o Vicepresidenta Ejecutiva, informes o mensajes especiales.
18. Formular el Plan Nacional de Desarrollo y dirigir su ejecución previa aprobación de la Asamblea Nacional.
19. Conceder indultos.
20. Fijar el número, organización y competencia de los ministerios y otros organismos de la Administración Pública Nacional, así como también la organización y funcionamiento del Consejo de Ministros, dentro de los principios

y lineamientos señalados por la correspondiente ley orgánica.
21. Disolver la Asamblea Nacional en el supuesto establecido en esta Constitución.
22. Convocar referendos en los casos previstos en esta Constitución.
23. Convocar y presidir el Consejo de Defensa de la Nación.
24. Las demás que le señalen esta Constitución y la ley.

El Presidente o Presidenta de la República ejercerá en Consejo de Ministros las atribuciones señaladas en los numerales 7, 8, 9, 10, 12, 13, 14, 18, 20, 21, 22 y las que le atribuya la ley para ser ejercidas en igual forma.

Los actos del Presidente o Presidenta de la República, con excepción de los señalados en los ordinales 3 y 5, serán refrendados para su validez por el Vicepresidente Ejecutivo o Vicepresidenta Ejecutiva y el Ministro o Ministra o Ministros o Ministras respectivos.

Sobre esta norma, en la sesión del 4 de noviembre de 1999, al someterse la misma a primera discusión, expuse lo siguiente:

CONSTITUYENTE BREWER CARÍAS (ALLAN).-Ciudadano Presidente, colegas constituyentes. En cuanto a la propuesta de la Comisión de solo dejar en el numeral 4 "Nombrar y remover los ministros" quiero observar que en un artículo siguiente que se refiere al Vicepresidente, se le atribuye a éste la potestad de proponer al Presidente el nombramiento y la remoción de los ministros.

De manera que si eso va a quedar así, hay que ser congruentes y establecer "Nombrar y remover los ministros, a proposición del Vicepresidente", si esa es la regulación que está para el Vicepresidente. Hay que tener ahí esa congruencia. Si realmente la potestad de nombrar y remover a los ministros es a solicitud del Vicepresidente, que es uno de los elementos que me imagino que justifica la figura del Vicepresidente.

Por otra parte, para manifestar mi conformidad con el comentario del constituyente Vladimir Villegas sobre el término "restricción de garantías" y eliminar el supuesto de "suspensión" que ha conducido, las veces que se ha utilizado en el país, a abusos que tenemos que evitar en relación a los derechos humanos, y también para manifestar mi apoyo en la eliminación de la atribución que se le da al Presidente de disolver la Asamblea Nacional en los casos previstos en la Constitución, que en definitiva es el previsto en el artículo 273 que establece la posibilidad del Presidente de disolver la Asamblea cuando ésta le dé dos votos de censura al Vicepresidente.

Con una norma de este tipo, realmente dudo que a alguna Asamblea se le vaya a ocurrir aprobar los dos votos de censura; le dará uno y el otro no se lo dará porque significará cortarse la cabeza. De manera que me parece inútil tanto el mecanismo de la disolución previsto en el artículo 273, como esta atribución. Me pronuncio porque se elimine la atribución que se le da al Presidente de disolver la Asamblea. Es todo.

[...]
Proposición de los constituyente Allan Brewer Carías y Froilán Barrios: Se propone eliminar el numeral 22 relativo a la competencia presidencial para disolver la Asamblea Nacional.

Artículo 237. Mensaje anual del Presidente ante la Asamblea Nacional

Artículo 237. Dentro de los diez primeros días siguientes a la instalación de la Asamblea Nacional, en sesiones ordinarias, el Presidente o Presidenta de la República presentará, cada año, personalmente a la Asamblea un mensaje en que dará cuenta de los aspectos políticos, económicos, sociales y administrativos de su gestión durante el año inmediatamente anterior.

Sección tercera: Del Vicepresidente Ejecutivo o Vicepresidenta Ejecutiva

Artículo 238. Carácter y condiciones del Vicepresidente Ejecutivo

Artículo 238. El Vicepresidente Ejecutivo o Vicepresidenta Ejecutiva es órgano directo y colaborador inmediato del Presidente o Presidenta de la República en su condición de Jefe o jefa del Ejecutivo Nacional.

El Vicepresidente Ejecutivo o Vicepresidenta Ejecutiva reunirá las mismas condiciones exigidas para ser Presidente o Presidenta de la República, y no podrá tener ningún parentesco de consanguinidad ni de afinidad con éste.

Artículo 239. Atribuciones del Vicepresidente

Artículo 239. Son atribuciones del Vicepresidente Ejecutivo o Vicepresidenta Ejecutiva:

1. Colaborar con el Presidente o Presidenta de la República en la dirección de la acción del Gobierno.
2. Coordinar la Administración Pública Nacional de conformidad con las instrucciones del Presidente o Presidenta de la República.
3. Proponer al Presidente o Presidenta de la República el nombramiento y la remoción de los Ministros o Ministras.
4. Presidir, previa autorización del Presidente o Presidenta de la República, el Consejo de Ministros.
5. Coordinar las relaciones del Ejecutivo Nacional con la Asamblea Nacional.
6. Presidir el Consejo Federal de Gobierno.

7. Nombrar y remover, de conformidad con la ley, los funcionarios o funcionarias nacionales cuya designación no esté atribuida a otra autoridad.
8. Suplir las faltas temporales del Presidente o Presidenta de la República.
9. Ejercer las atribuciones que le delegue el Presidente o Presidenta de la República.
10. Las demás que le señalen esta Constitución y la ley.

Artículo 240. Moción de censura al Vicepresidente

Artículo 240. La aprobación de una moción de censura al Vicepresidente Ejecutivo o Vicepresidenta Ejecutiva, por una votación no menor de las tres quintas partes de los integrantes de la Asamblea Nacional, implica su remoción. El funcionario removido o funcionaria removida no podrá optar al cargo de Vicepresidente Ejecutivo o Vicepresidenta Ejecutiva, o de Ministro o Ministra por el resto del período presidencial.

La remoción del Vicepresidente Ejecutivo o Vicepresidenta Ejecutiva en tres oportunidades dentro de un mismo período constitucional, como consecuencia de la aprobación de mociones de censura, faculta al Presidente o Presidenta de la República para disolver la Asamblea Nacional. El decreto de disolución conlleva la convocatoria de elecciones para una nueva legislatura dentro de los sesenta días siguientes a su disolución.

La Asamblea no podrá ser disuelta en el último año de su período constitucional.

Artículo 241. Responsabilidad del Vicepresidente

Artículo 241. El Vicepresidente Ejecutivo o Vicepresidenta Ejecutiva es responsable de sus actos, de conformidad con esta Constitución y con la ley.

Sección cuarta: De los Ministros o Ministras y del Consejo de Ministros

Artículo 242. Carácter de los Ministros e integración del Consejo de ministros

Artículo 242. Los Ministros o Ministras son órganos directos del Presidente o Presidenta de la República, y reunidos o reunidas conjuntamente con este o ésta y con el Vicepresidente Ejecutivo o Vicepresidenta Ejecutiva, integran el Consejo de Ministros.

El Presidente o Presidenta de la República presidirá las reuniones del Consejo de Ministros, pero podrá autorizar al Vicepresidente Ejecutivo o Vicepresidenta Ejecutiva para que las presida cuando no pueda asistir a ellas. Las decisiones adoptadas deberán ser ratificadas por el Presidente o Presidenta de la República para su validez.

De las decisiones del Consejo de Ministros son solidariamente responsables el Vicepresidente Ejecutivo o Vicepresidenta Ejecutiva y los Ministros o Ministras que hubieren concurrido, salvo aquellos o aquellas que hayan hecho constar su voto adverso o negativo.

Artículo 243. Ministros de Estado

Artículo 243. El Presidente o Presidenta de la República podrá nombrar Ministros o Ministras de Estado, los y las cuales, además de participar en el Consejo de Ministros, asesorarán al Presidente o Presidenta de la República y al Vicepresidente Ejecutivo o Vicepresidenta Ejecutiva en los asuntos que le fueren asignados.

Artículo 244. Condiciones para ser Ministro. Responsabilidad ministerial

Artículo 244. Para ser Ministro o Ministra se requiere poseer la nacionalidad venezolana y ser mayor de veinticinco años, con las excepciones establecidas en esta Constitución.

Los Ministros o Ministras son responsables de sus actos de conformidad con esta Constitución y con la ley, y presentarán ante la Asamblea Nacional, dentro de los primeros sesenta días de cada año, una memoria razonada y suficiente sobre la gestión del despacho en el año inmediatamente anterior, de conformidad con la ley.

Artículo 245. Derechos de palabra de los ministros en la Asamblea Nacional

Artículo 245. Los Ministros o Ministras tienen derecho de palabra en la Asamblea Nacional y en sus Comisiones. Podrán tomar parte en los debates de la Asamblea Nacional, sin derecho al voto.

Artículo 246. Moción de censura a los Ministros y su remoción

Artículo 246. La aprobación de una moción de censura a un Ministro o Ministra por una votación no menor de las tres quintas partes de los o las integrantes presentes de la Asamblea Nacional, implica su remoción. El funcionario removido o funcionaria removida no podrá optar al cargo de Ministro o Ministra, ni de Vicepresidente Ejecutivo o Vicepresidenta Ejecutiva por el resto del período presidencial.

Sección quinta: De la Procuraduría General de la República

Artículo 247. Procuraduría General de la República. Misión

Artículo 247. La Procuraduría General de la República asesora, defiende y representa judicial y extrajudicialmente los intereses patrimoniales de la República, y será consultada para la aprobación de los contratos de interés público nacional.

La ley orgánica determinará su organización, competencia y funcionamiento.

Artículo 248. Órganos de la Procuraduría General de la República

Artículo 248. La Procuraduría General de la República estará a cargo y bajo la dirección del Procurador o Procuradora General de la República, con la colaboración de los demás funcionarios o funcionarias que determine su ley orgánica.

Artículo 249. Condiciones para ser Procurador General de la República

Artículo 249. El Procurador o Procuradora General de la República reunirá las mismas condiciones exigidas para ser magistrado o magistrada del Tribunal Supremo de Justicia. Será nombrado o nombrada por el Presidente o Presidenta de la República con la autorización de la Asamblea Nacional.

Artículo 250. Asistencia del Procurador al Consejo de Ministros

Artículo 250. El Procurador o Procuradora General de la República asistirá, con derecho a voz, a las reuniones del Consejo de Ministros.

Sección sexta: del Consejo de Estado

Artículo 251. Carácter del Consejo de Estado

Artículo 251. El Consejo de Estado es el órgano superior de consulta del Gobierno y de la Administración Pública Nacional. Será de su competencia recomendar políticas de interés nacional en aquellos asuntos a los que el Presidente o Presidenta de la República reconozca de especial trascendencia y requieran de su opinión.

La ley respectiva determinará sus funciones y atribuciones.

Sobre esta norma, consideré que el Consejo de Estado no debía ser concebido como un órgano para recomendar políticas de interés nacional, sino que debía tener potestades consultivas en materia de desarrollo de la Constitución y de legislación, que debe ejercer con autonomía funcional, y gozar de iniciativa legislativa. Por ello en la sesión del día 5 de noviembre de 1999, al considerare en primera discusión, expuse lo siguiente:

CONSTITUYENTE BREWER CARÍAS (ALLAN).-Señor Presidente. Es para apoyar la creación del Consejo de Estado en los términos como están en la propuesta original los artículos 284, 285 y 286. Es para este nuevo período político un órgano esencial. Además, tiene que tener en cuenta que ya aprobaron las normas sobre la Procuraduría, y le quitaron el carácter de asesoría jurídica que tenía tradicionalmente la propia Procuraduría.

De manera que si en algún momento es necesario la asistencia jurídica para la implementación de la Constitución y el desarrollo normativo del nuevo país que queremos es ahora. Y un consejo de Estado es realmente una novedad. Nunca ha existido un consejo de estado en la historia de Venezuela, salvo el que creó el Libertador en 1817, de fugaz vigencia en Venezuela, que se recogió en Colombia y que existe en Colombia desde el siglo pasado. En Venezuela nunca ha habido Consejo de Estado. Lo que ha habido es consejos de gobierno, a los efectos de incorporar a los caudillos regionales a la política nacional, pero ese es un problema totalmente distinto. De manera que creo que realmente es una institución importante para el nuevo país que queremos y respaldo totalmente la disposición de aprobar el proyecto original que emanó de la Comisión Constitucional y que tanto trabajó en él el doctor Escarrá.

Al final de la sesión del día 5 de Noviembre de 1999, sobre esta norma, consigné mi *Voto Salvado* con el siguiente texto:

Salvo mi voto por considerar que con el texto aprobado se distorsiona el carácter y competencia del Consejo de Estado. Este no es un órgano para "recomendar políticas de interés nacional" en los asuntos que el Presidente de la República le requiera, sino que tiene que ser concebido como un órgano con autonomía funcional "para garantizar el desarrollo normativo de la Constitución y el resto del ordenamiento jurídico". Por ello, incluso, debió conservarse la potestad del Consejo de tener iniciativa de la Ley y atribuírsele potestades consultivas que se eliminaron, al eliminarse el artículo pertinente que traía el Anteproyecto.

Artículo 252. Composición del Consejo de Estado

Artículo 252. El Consejo de Estado lo preside el Vicepresidente Ejecutivo o Vicepresidenta Ejecutiva y estará conformado, además, por cinco personas designadas por el Presidente o Presidenta de la República; un o una representante designado o designada por la Asamblea Nacional; un o una representante designado o designada por el Tribunal Supremo de Justicia y un Gobernador designado o Gobernadora designada por el conjunto de mandatarios o mandatarias estadales.

Capítulo III. Del Poder Judicial y del Sistema de Justicia

Sección primera: Disposiciones generales

Artículo 253. Potestad de administrar justicia

Artículo 253. La potestad de administrar justicia emana de los ciudadanos y ciudadanas y se imparte en nombre de la República por autoridad de la ley.

Corresponde a los órganos del Poder Judicial conocer de las causas y asuntos de su competencia mediante los procedimientos que determinen las leyes, y ejecutar o hacer ejecutar sus sentencias.

El sistema de justicia está constituido por el Tribunal Supremo de Justicia, los demás tribunales que determine la ley, el Ministerio Público, la Defensoría Pública, los órganos de investigación penal, los o las auxiliares y funcionarios o funcionarias de justicia, el sistema penitenciario, los medios alternativos de justicia, los ciudadanos o ciudadanas que participan en la administración de justicia conforme a la ley y los abogados autorizados o abogadas autorizadas para el ejercicio.

Sobre el poder judicial y la administración de justicia presenté el siguiente Informe ante Comisión Constitucional en la sesión del 6 de octubre de 1999:

EL PODER JUDICIAL Y LA ADMINISTRACIÓN DE JUSTICIA

Comunicación dirigida al presidente y demás miembros de la Comisión Constitucional en la sesión del 06-10-99).

Tengo el agrado de dirigirme a Uds. con el objeto de hacerles llegar mis observaciones y sugerencias en torno a la redacción del *artículo primero* del Capítulo sobre *Disposiciones Generales* del Título relativo al *Poder Judicial y del Sistema de Justicia,* presentado por la Comisión de la Administración de Justicia de la Asamblea.

Dicha norma, en efecto, establece lo siguiente:

"Artículo La potestad de administrar justicia emana de los ciudadanos y se imparte en nombre de la República y por autoridad de la ley. La ejerce el Poder Judicial mediante sus órganos conforme a la Constitución y a las leyes. El Poder Judicial está constituido por el Tribunal Supremo de Justicia y los tribunales ordinarios y especiales previstos en la ley. La ley regulará la participación de los ciudadanos en la administración de justicia".

La norma, tal como está redactada, confunde el Poder Judicial, como potestad constitucional para la administración de justicia, con un conjunto de órganos, lo que debe ser diferenciado. Por ello, estimamos que ese artículo debe quedar redactado así:

"Artículo La potestad de administrar justicia emana de los ciudadanos y se imparte en nombre de la República y por autoridad de la ley, conforme a esta Constitución y a las leyes.

Los órganos que ejercen el Poder Judicial son el Tribunal Supremo de Justicia y los demás Tribunales ordinarios y especiales previstos en las leyes.

La Ley regulará la participación de los ciudadanos en la administración de justicia".

En todo caso, sobre esta norma, en la sesión del día 5 de noviembre de 1999, con ocasión de la primera discusión de la misma, expuse lo siguiente:

CONSTITUYENTE BREWER CARÍAS (ALLAN).-Señor Presidente. Esta norma inicial del Título relativo al Poder Judicial, establece la potestad de administrar justicia y los órganos que integran el sistema de justicia.

Luego siguen otra serie de normas donde se establece la autonomía del Poder Judicial y luego normas destinadas al ingreso, a la carrera, etcétera.

Quiero proponer complementar la norma con una de carácter sustantivo, en relación a lo que corresponde a los órganos judiciales. La propuesta que se explica por sí sola, consistiría en agregar un párrafo que diga lo siguiente, después del primer párrafo del artículo, ese primer párrafo del artículo dice: "La potestad de administrar justicia emana de los ciudadanos y se imparte en nombre de la República y por autoridad de la ley..."

Yo propondría: "Corresponde a los órganos del Poder Judicial conocer de las causas y asuntos de su competencia, mediante los procedimientos que determinan las leyes y ejecutar o hacer ejecutar su sentencia".

Es decir, es una norma de carácter sustantivo sobre la misión del Poder Judicial que no aparece en ninguna parte de la Constitución, donde se establece que conocer y decidir las causas y, además, ejecutar y hacer ejecutar sus decisiones.

De manera que propongo incluir este párrafo para perfeccionar el artículo entre el primero y el segundo párrafos del artículo tal como está en el proyecto.

EL PRESIDENTE.-En consideración el artículo leído. (Pausa). ¿La Comisión acoge la observación? (Pausa). Si no hay más observaciones se va a cerrar el debate. (Pausa). Cerrado. (Pausa). Los ciudadanos constituyentes que estén de acuerdo con el artículo leído con la adición propuesta por el doctor Brewer Carías se servirán manifestarlo con la señal de costumbre. (Pausa). Aprobado.

Artículo 254. Autonomía del Poder Judicial y gratuidad de la justicia

Artículo 254. El Poder Judicial es independiente y el Tribunal Supremo de Justicia gozará de autonomía funcional, financiera y administrativa. A tal efecto, dentro del presupuesto general del Estado se le asignará al sistema de justicia una partida anual variable, no menor del dos por ciento del presupuesto ordinario nacional, para su efectivo funcionamiento, el cual no podrá ser reducido o modificado sin autorización previa de la Asamblea Nacional. El Poder Judicial no está facultado para establecer tasas, aranceles, ni exigir pago alguno por sus servicios.

Sobre esta norma, en la sesión del 4 de noviembre de 1999, primera discusión, expuse lo siguiente: noviembre

CONSTITUYENTE BREWER CARÍAS (ALLAN).-Muy breve, señor Presidente. Para apoyar la redacción original de la propuesta. El Poder Judicial es uno de los poderes del Estado, hasta ahora ha sido uno de los tres, ahora será uno de los cinco y es el más importante de los poderes del Estado y, sin embargo, ha sido el Poder del Estado y el conjunto de órganos que peor ha sido tratado en la asignación de recursos.

De manea que si bien en principio poner porcentajes destinados a determinadas funciones o servicios produce una rigidez presupuestaria que en general se considere inconveniente, creo que en este caso sí se justifica establecer este mínimo del 2% asignado al Poder Judicial. Es la única forma a través de la cual podemos realmente llegar a tener un Poder Judicial acorde con las necesidades del país. No nos olvidemos que Costa Rica, por ejemplo, tiene en la Constitución el 6% del presupuesto destinado al Poder Judicial y el que haya conocido el Poder Judicial en

Costa Rica puede ver el ejemplo que es en relación a muchos otros países de América Latina.

De manera que propongo que sea la redacción original, porque la modificación que propone la Comisión es absolutamente contradictoria, lo que se quiere es poner una rigidez constitucional a que sea no menos del 2%, pero si se le va a dar a la Asamblea la posibilidad de reducirla, entonces, simplemente, no pongamos nada.

Así que considero que debe ser la redacción original la que debemos aprobar.

Artículo 255. Carrera judicial

Artículo 255. El ingreso a la carrera judicial y el ascenso de los jueces o juezas se hará por concursos de oposición públicos que aseguren la idoneidad y excelencia de los o las participantes y serán seleccionados o seleccionadas por los jurados de los circuitos judiciales, en la forma y condiciones que establezca la ley. El nombramiento y juramento de los jueces o juezas corresponde al Tribunal Supremo de Justicia. La ley garantizará la participación ciudadana en el procedimiento de selección y designación de los jueces o juezas. Los jueces o juezas sólo podrán ser removidos o removidas o suspendidos o suspendidas de sus cargos mediante los procedimientos expresamente previstos en la ley.

La ley propenderá a la profesionalización de los jueces o juezas y las universidades colaborarán en este propósito, organizando en los estudios universitarios de Derecho la especialización judicial correspondiente.

Los jueces o juezas son personalmente responsables, en los términos que determine la ley, por error, retardo u omisiones injustificados, por la inobservancia sustancial de las normas procesales, por denegación, parcialidad y por los delitos de cohecho y prevaricación en que incurran en el desempeño de sus funciones.

Artículo 256. Imparcialidad e independencia de los jueces. Garantías

Artículo 256. Con la finalidad de garantizar la imparcialidad y la independencia en el ejercicio de sus funciones, los magistrados o las magistradas, los jueces o las juezas; los fiscales o las fiscales del Ministerio Público; y los defensores públicos o las defensoras públicas, desde la fecha de su nombramiento y hasta su egreso del cargo respectivo, no podrán, salvo el ejercicio del voto, llevar a cabo activismo político partidista, gremial, sindical o de índole semejante, ni realizar actividades privadas lucrativas incompatibles con su función, ni por sí ni por interpósita persona, ni ejercer ninguna otra función pública a excepción de actividades educativas.

Los jueces o las juezas no podrán asociarse entre sí.

Artículo 257. Justicia y proceso

Artículo 257. El proceso constituye un instrumento fundamental para la realización de la justicia. Las leyes procesales establecerán la simplificación, uniformidad y eficacia de los trámites y adoptarán un procedimiento breve, oral y público. No se sacrificará la justicia por la omisión de formalidades no esenciales.

Artículo 258. Justicia de paz

Artículo 258. La ley organizará la justicia de paz en las comunidades. Los jueces o juezas de paz serán elegidos o elegidas por votación universal, directa y secreta, conforme a la ley.

La ley promoverá el arbitraje, la conciliación, la mediación y cualesquiera otros medios alternativos para la solución de conflictos.

Artículo 259. Jurisdicción contencioso-administrativa

Artículo 259. La jurisdicción contencioso-administrativa corresponde al Tribunal Supremo de Justicia y a los demás tribunales que determine la ley. Los órganos de la jurisdicción contencioso-administrativa son competentes para anular los actos administrativos generales o individuales contrarios a derecho, incluso por desviación de poder; condenar al pago de sumas de dinero y a la reparación de daños y perjuicios originados en responsabilidad de la Administración; conocer de reclamos por la prestación de servicios públicos y disponer lo necesario para el restablecimiento de las situaciones jurídicas subjetivas lesionadas por la actividad administrativa.

Sobre esta norma, en particular en relación con el deslinde entre la Jurisdicción contencioso Administrativa y la Jurisdicción Constitucional, presenté el siguiente Informe ante la Comisión Constitucional en la sesión de 6 de octubre de 1999:

LA JURISDICCIÓN CONSTITUCIONAL Y LA JURISDICCIÓN CONTENCIOSO ADMINISTRATIVA

Texto de la Comunicación dirigida al presidente y demás miembros de la Comisión Constitucional en la sesión del 06-10-1999

Tengo el agrado de dirigirme a Uds., con el objeto de hacerles llegar mis observaciones y consideraciones en torno al Título relativo al *Poder Judicial*, presentado por la *Comisión de la Administración de Justicia* de la Asamblea, en particular en relación con las competencias de la jurisdicción constitucional y de la jurisdicción contencioso-administrativa, y las atribuciones asignadas al Tribunal Supremo.

Nuestras observaciones se refieren a tres aspectos: en primer lugar, a la necesidad de distinguir la justicia constitucional de la jurisdicción constitucional; en segundo lugar, a la necesidad de diferenciar la jurisdicción constitucional de la jurisdicción contencioso-administrativa; y en tercer lugar, a la necesidad de diferenciar la revisión de las sentencias de amparo contra sentencias por el Tribunal Supremo, de una acción directa de inconstitucionalidad contra sentencias.

1. *La necesaria distinción entre la jurisdicción constitucional y la justicia constitucional*

En el proyecto se incorpora una norma que tiene el siguiente texto:

"*Artículo* Corresponde al Tribunal Supremo de Justicia y a los demás tribunales que establezca la Ley, el ejercicio de la jurisdicción constitucional. La jurisdicción constitucional ejerce el control de la constitucionalidad de las leyes y de otros actos de ejecución directa de la Constitución, y vela por la tutela integral de los derechos y garantías fundamentales y de los derechos colectivos e intereses difusos. El objeto es asegurar la supremacía y efectividad de las normas y principios constitucionales".

Esta norma, de contenido destacable pues apunta a garantizar la tutela de la Constitución, debe, sin embargo, reformularse, pues confunde, básicamente, la jurisdicción constitucional con la justicia constitucional.

En efecto, la jurisdicción constitucional es una noción orgánica que apunta a identificar un órgano que ejerce en exclusiva la potestad de anular leyes y demás actos de ejecución directa de la Constitución. En los países europeos, dicha jurisdicción corresponde a los Tribunales Constitucionales, al igual que en algunos países de América Latina; en cambio, en Venezuela, siempre ha correspondido a la Corte Suprema de Justicia en Corte Plena.

La justicia constitucional, en cambio, apunta a un concepto material, es decir, al control de la constitucionalidad de las leyes y demás actos estatales que en un país como Venezuela, corresponde materialmente a todas las jurisdicciones, es decir, a los órganos que ejercen el Poder Judicial.

En efecto, desde hace más de cien años, en nuestro país se ha establecido expresamente el control difuso de la constitucionalidad de las leyes, que corresponde a cualquier Juez, y que consiste en la potestad de declarar una Ley o acto normativo, inaplicable al caso concreto que conoce, cuando estime que colide con la Constitución, aplicando el Texto constitucional con carácter preferente. Así se prevé, en general, en el Código de Procedimiento Civil (art. 20) y en el Código Orgánico Procesal Penal.

Por otra parte, en materia de tutela de los derechos constitucionales, ello tampoco corresponde a una jurisdicción en particular, sino a todos los Tribunales, incluso inferiores a los de primera instancia, es decir, a tribunales de todas las jurisdicciones, tanto mediante el ejercicio de las acciones y recursos ordinarios como de la acción de amparo.

Adicionalmente, los órganos de la jurisdicción contencioso-administrativa, al tener potestad para declarar la nulidad de los actos administrativos por contrariedad al derecho, no solo por ilegalidad sino por inconstitucionalidad, ejercen la justicia constitucional pero no forman parte de la jurisdicción constitucional.

En consecuencia, la norma ha confundido jurisdicción constitucional con justicia constitucional, lo cual no es ni necesario ni conveniente; la jurisdicción constitucional, con potestad para anular las leyes y demás actos de ejecución directa de la

Constitución, corresponde a la Corte Suprema de Justicia, en Sala Constitucional si se crea y, actualmente, en Sala Plena. La justicia constitucional en el sistema venezolano corresponde a todos los Tribunales y todas las jurisdicciones, incluso a la jurisdicción constitucional.

En las Disposiciones Fundamentales del Título I ya hemos sugerido que se incorpore una norma que consagre la supremacía constitucional y el control difuso de la constitucionalidad, en la siguiente forma:

"Artículo 6 La Constitución es la norma suprema y el fundamento del ordenamiento jurídico. Todas las personas y los órganos de los Poderes Públicos están sujetos a la Constitución y al resto del ordenamiento jurídico.

La Constitución garantiza el principio de legalidad, la jerarquía normativa, la publicidad de las normas, la seguridad jurídica, la responsabilidad y la interdicción de la arbitrariedad de los órganos que ejercen el Poder Público.

La incompatibilidad entre la Constitución y una ley u otra norma o acto jurídico, harán aplicable preferentemente las disposiciones constitucionales, correspondiendo a los tribunales, en cualquier causa, aún de oficio, decidir lo conducente".

Por ello, la norma que debe preverse en este Título, debería quedar redactada así:

"Artículo La jurisdicción constitucional corresponde al Tribunal Supremo de Justicia, al ejercer, con poderes anulatorios, el control de la constitucionalidad de las Leyes y demás actos de ejecución directa de la Constitución. Su objeto es asegurar la supremacía y efectividad de las normas y principios constitucionales".

En cuanto a la jurisdicción contencioso-administrativa, en el articulado propuesto se incorpora una norma con similar redacción a la del artículo 206 de la Constitución vigente, así:

"Artículo La jurisdicción contencioso-administrativa corresponde al Tribunal Supremo o de Justicia y a los demás tribunales que determine la ley.

Los órganos de la jurisdicción contencioso-administrativa son competentes para anular los actos administrativos generales o individuales contrarios a derecho, incluso por desviación de poder; condenar al pago de sumas de dinero y a la reparación de daños y perjuicios originados en responsabilidad de la administración; conocer de reclamos por la prestación de servicios públicos; y disponer lo necesario para el restablecimiento de las situaciones jurídicas subjetivas lesionadas por la actividad administrativa".

Al establecerse la posibilidad de anulación "por contrariedad al derecho", sin duda, ello incluye motivos de inconstitucionalidad.

Adicionalmente, en los artículos relativos a los Derechos, Deberes y Garantías, hemos propuesto la diferenciación de las normas que regulen la acción de amparo, el habeas corpus y el habeas data, como instrumentos para la tutela efectiva de los derechos constitucionales.

En consecuencia, una cosa es la justicia constitucional, que se atribuye a todos los jueces de todas las jurisdicciones (constitucional, contenciosa-administrativa y ordinaria) al ejercer el control anulatorio de las Leyes y demás actos de rango legal, el control difuso de la constitucionalidad, conocer de acciones de amparo y de lo contencioso administrativo; y otra cosa es la jurisdicción constitucional, que se atribuye, *en exclusiva,* a la Corte Suprema de Justicia para anular las leyes y demás actos estatales dictados en ejecución directa de la Constitución.

Esta jurisdicción constitucional, que tradicionalmente se ha ejercido por la Corte Suprema de Justicia en Corte Plena, se proyecta que debe atribuirse a una *Sala Constitucional* de la Corte. No consideramos conveniente, en este momento, pensar en una Corte o Tribunal Constitucional separado de la Corte Suprema para constituir la jurisdicción constitucional.

2. *La necesaria diferenciación entre la jurisdicción constitucional y la jurisdicción contencioso-administrativa*

Así como debe diferenciarse la "jurisdicción constitucional", que se proyecta constituir por el Tribunal Supremo de Justicia en Sala Constitucional de la función de justicia constitucional que corresponde a todos los jueces; también, debe establecerse claramente la diferenciación entre la jurisdicción constitucional y la jurisdicción contencioso-administrativa.

La diferencia entre ambas jurisdicciones, está en la competencia que se atribuye a los Tribunales que las componen: la jurisdicción constitucional, que corresponde a la Corte Suprema de Justicia (actualmente en Corte Plena) en Sala Constitucional (como se propone), tiene por objeto conocer de las acciones de nulidad por inconstitucionalidad de las Leyes y demás actos de ejecución directa de la Constitución; en cambio, la jurisdicción contencioso-administrativo que corresponde al mismo Tribunal Supremo, pero en Sala Político Administrativa, y a los demás tribunales que señale la Ley, tiene por objeto básicamente conocer de las acciones de nulidad por contrariedad al derecho (inconstitucionalidad e ilegalidad) de los actos administrativos.

Esto implica, que ambas jurisdicciones se diferencian por el objeto de las acciones y no por el motivo de las mismas: la jurisdicción constitucional conoce de la nulidad de las Leyes y demás actos de ejecución directa de la Constitución; en cambio, la jurisdicción contencioso-administrativa, conoce de la nulidad de los actos administrativos.

En consecuencia, conforme al Proyecto, la jurisdicción constitucional corresponde al Tribunal Supremo de Justicia en Sala Constitucional; y la jurisdicción contencioso administrativa, corresponde al Tribunal Supremo de Justicia, en Sala Político-Administrativa a los otros Tribunales que determine la Ley; y así debe establecerse.

Sin embargo, en el Proyecto elaborado por la Comisión esto no se especifica con claridad. En efecto, en el artículo que atribuye funciones al Tribunal Supremo, además de calificárselas impropiamente como "jurisdiccionales", se le asignan las siguientes:

> "3. Declarar la nulidad total o parcial de las leyes nacionales y demás actos con rango de Ley que colidan con la Constitución".

Esta es la atribución, por excelencia, de la Sala Constitucional.

Más adelante se consagra otra, competencia, en parte redundante, que es:

"5. Declarar la inconstitucionalidad de las leyes nacionales, de las constitucionales y leyes estadales o de las ordenanzas municipales, que colidan con la Constitución".

Por supuesto, de este texto debe eliminarse la expresión "leyes constitucionales", que no existen y sustituirse el "declarar la inconstitucionalidad" por el declarar la nulidad por inconstitucionalidad, que es la esencia de la jurisdicción constitucional que corresponde a la Sala Constitucional.

Pero el problema está en el ordinal 4° del artículo, el cual además de ser parcialmente redundante, confunde la jurisdicción constitucional con la jurisdicción contencioso administrativa, al establecer como competencia de la Sala Constitucional,

"4. Declarar la nulidad total o parcial de los actos con rango legal, reglamentos y demás actos generales del Poder Ejecutivo Nacional que colidan con la Constitución".

En cuanto al primer objeto de esta competencia, ya está indicado en el ordinal (3°) precedente; y en cuanto a "los reglamentos y demás actos generales del Poder Ejecutivo Nacional", tratándose de actos administrativos, su anulación corresponde a la jurisdicción contencioso-administrativa que ejerce la Sala Político-Administrativa conforme al ordinal 11 del proyecto de artículo, y no a la Sala Constitucional, como también está en el Proyecto, razón por la cual dicho ordinal debe ser eliminado.

3. *La necesaria diferenciación entre la revisión de las sentencias de amparo contra sentencias y la atribución a la sala constitucional de competencia para conocer de una acción directa de inconstitucionalidad contra sentencias.*

Por último, en cuanto al numeral 9 del artículo que atribuye competencias a la Corte Suprema, debe eliminarse, en nuestro criterio, la que se asigna a la Sala Constitucional de

"9. Declarar la nulidad de las sentencias firmes dictadas fuera de la competencia constitucional de los tribunales y que violen derechos y garantías fundamentales".

Estimamos que esta atribución distorsionaría todo el sistema judicial existente. Las sentencias violatorias de derechos fundamentales, conforme al ordenamiento jurídico del país, pueden ser objeto de los recursos ordinarios y extraordinarios de revisión y además, de acciones de amparo; y las sentencias que se dicten en este último caso, conforme al Proyecto, pueden ser revisadas por la Sala Constitucional del Tribunal Supremo.

En consecuencia, el Tribunal Supremo, a través de su Sala Constitucional, podría conocer de las sentencias violatorias de derechos constitucionales mediante la revisión de las sentencias de amparo contra sentencias; pero abrir un recurso directo de inconstitucionalidad contra todas las sentencias de cualquier tribunal ante la Sala Constitucional, implicaría distorsionar totalmente el sistema procesal.

En consecuencia, proponemos que el ordinal 9° del artículo de las competencias del Tribunal Supremo se elimine, conservándose el ordinal 8°, en materia de revisión de las decisiones dictadas por los Tribunales sobre amparo constitucional, incluso contra sentencias violatorias de derechos constitucionales.

***

Sobre la norma reguladora de la jurisdicción contencioso administrativa, en la sesión del día 5 de noviembre de 1999, con motivo de la primera discusión del proyecto, expuse lo siguiente:

CONSTITUYENTE BREWER CARÍAS (ALLAN).-*Ciudadano Presidente, colegas constituyentes. Pienso que más bien deberíamos conservar la terminología que está en el proyecto y que es la misma de la Constitución del año 1961, como actos administrativos generales o individuales.*

Cuando La Ley Orgánica de la Corte Suprema de Justicia se promulgó en el año 1976 y se reguló allí el sistema contencioso administrativo con carácter temporal, fue allí en la ley que se incorporó esta distinción entre actos de efectos generales y actos de efectos particulares que se puso paralela a ésta y es la que ha originado la confusión.

Ahora, dejar actos administrativos generales o individuales creo que es lo más conveniente. Tal como está en la Constitución actual en un artículo que fue muy bien trabajado desde el año 1961, en él inclusive colaboró el profesor Sayaguez Lazo cuando estuvo por Caracas, y construir la distinción de los actos administrativos sobre esto: actos generales y actos individuales. Partiendo del supuesto que los actos administrativos generales pueden ser de efectos generales o de efectos particulares porque, por ejemplo, una convocatoria a concurso es un acto general, pero de efecto particular.

Pero introducir aquí la otra distinción: Efectos generales y efectos particulares, más bien puede ser confuso a los efectos del desarrollo del contencioso. De manera que propongo que se conserve la redacción del proyecto.

Es todo.

Artículo 260. Justicia en los ámbitos indígenas

Artículo 260. Las autoridades legítimas de los pueblos indígenas podrán aplicar en su hábitat instancias de justicia con base en sus tradiciones ancestrales y que sólo afecten a sus integrantes, según sus propias normas y procedimientos, siempre que no sean contrarios a esta Constitución, a la ley y al orden público. La ley determinará la forma de coordinación de esta jurisdicción especial con el sistema judicial nacional.

Artículo 261. Jurisdicción penal militar

Artículo 261. La jurisdicción penal militar es parte integrante del Poder Judicial, y sus jueces o juezas serán seleccionados o seleccionadas por concurso. Su ámbito de competencia, organización y modalidades de funcionamiento se regirán por el sistema acusatorio y de acuerdo con lo previsto en el Código Orgánico de Justicia Militar. La comisión de delitos comunes, violaciones de derechos humanos y crímenes de lesa humanidad, serán juzgados por los tribunales ordinarios. La competencia de los tribunales militares se limita a delitos de naturaleza militar.

La ley regulará lo relativo a las jurisdicciones especiales y a la competencia, organización y funcionamiento de los tribunales en cuanto no esté previsto en esta Constitución.

Sección segunda: Del Tribunal Supremo de Justicia

Artículo 262. Salas del Tribunal Supremo de Justicia

Artículo 262. El Tribunal Supremo de Justicia funcionará en Sala Plena y en las Salas Constitucional, Político-administrativa, Electoral, de Casación Civil, de Casación Penal y de Casación Social, cuyas integraciones y competencias serán determinadas por su ley orgánica.

La Sala Social comprenderá lo referente a la casación agraria, laboral y de menores.

Sobre esta norma, consideré exagerado el número de Salas previstas para integrar el Tribunal Supremo. Consideré además, innecesaria la creación de una Sala Electoral. Por otra parte, estimé que no se había estudiado adecuadamente la reducción que se propuso del número de Magistrados de 5 a 3. En el caso de la Sala Constitucional, ésta, al menos, consideré que debería tener 5 Magistrados (la reforma implicaba que las decisiones en materia de constitucionalidad en lugar de por el voto de 15 magistrados pasarían a ser decididas por 3 Magistrados). Por ello, en la sesión del 5 de noviembre de 1999, con ocasión de la primera discusión del proyecto, expuse lo siguiente:

CONSTITUYENTE BREWER CARÍAS (ALAN).-Presidente. De acuerdo a esta división del Tribunal Supremo en Salas, tenemos Salas Constitucional, Político-Administrativa, Sala Electoral, Casación Civil, Penal y Sala de Casación Social. Esto significa seis salas, Mi pregunta es: ¿Estamos claros que son cinco magistrados por Sala? De manera que tenemos una Corte Suprema de treinta magistrados. Es correcto.

Al final de la sesión consigné mi *Voto salvado*, con el texto siguiente:

Salvo mi voto por considerar exagerado el número de Salas constitucionalmente previstas en la Constitución. La Sala Electoral estimo que es innecesaria y debió dejarse las competencias en materia contencioso-electoral que conoce el Tribunal Supremo, en la Sala Político Administrativa. Además, la reducción que se aprobó de Magistrados de cada Sala de 5 a 3 no fue objeto de estudio ni análisis alguno. Dejar a sólo 3 Magistrados la tarea de juzgar la constitucionalidad de las leyes y de conocer en revisión de los recursos extraordinarios en materia de amparo y control de constitucionalidad es una tarea casi imposible.

Artículo 263. Condiciones para ser magistrado del Tribunal Supremo de Justicia

Artículo 263. Para ser magistrado o magistrada del Tribunal Supremo de Justicia se requiere:

1. Tener la nacionalidad venezolana por nacimiento, y no poseer otra nacionalidad.
2. Ser ciudadano o ciudadana de reconocida honorabilidad.
3. Ser jurista de reconocida competencia, gozar de buena reputación, haber ejercido la abogacía durante un mínimo de quince años y tener título universitario de posgrado en materia jurídica; o haber sido profesor universitario o profesora universitaria en ciencia jurídica durante un mínimo de quince años y tener la categoría de profesor o profesora titular; o ser o haber sido juez o jueza superior en la especialidad correspondiente a la Sala para la cual se postula, con un mínimo de quince años en el ejercicio de la carrera judicial, y reconocido prestigio en el desempeño de sus funciones.
4. Cualesquiera otros requisitos establecidos por la ley.

Artículo 264. Período de los Magistrados del Tribunal Supremo de Justicia

Artículo 264. Los magistrados o magistradas del Tribunal Supremo de Justicia serán elegidos o elegidas por un único período de doce años. La ley determinará el procedimiento de elección. En todo caso, podrán postularse candidatos o candidatas ante el Comité de Postulaciones Judiciales, por iniciativa propia o por organizaciones vinculadas con la actividad jurídica. El Comité, oída la opinión de la comunidad, efectuará una preselección para su presentación al Poder Ciudadano, el cual efectuará una segunda preselección que será presentada a la Asamblea Nacional, la cual hará la selección definitiva.

Los ciudadanos y ciudadanas podrán ejercer fundadamente objeciones a cualquiera de los postulados o postuladas ante el Comité de Postulaciones Judiciales o ante la Asamblea Nacional.

En relación con esta norma consideré que el procedimiento para la selección de los Magistrados del Tribunal Supremo que se proponía no era idóneo para garantizar profesionales especializados, competentes y con ética, y que el procedimiento previsto de depuración de candidaturas era muy complicado, y terminaba por diluyendo la responsabilidad en la escogencia de los mismos. Por ello en la sesión del 5 de noviembre de 1999, con ocasión de la primera discusión expuse lo siguiente:

CONSTITUYENTE BREWER CARÍAS (ALLAN).-Presidente, sólo para hacer un comentario general sobre la norma. Cuando se analiza detalladamente, encuentra uno un sistema que, por supuesto, ha sido elaborado con la mejor intención de buscar seleccionar a las personas más idóneas, pero creo que el procedimiento no nos va a conducir a eso.

Primero, es postulación individual o por iniciativa propia ante un comité, luego se hace una preselección por ese comité, luego se presenta al Poder Ciudadano, luego se hace una segunda preselección que es presentada a la Asamblea Nacional, para efectuar una tercera preselección para la decisión por la misma Asamblea. Esto habría que ajustarlo de acuerdo a la situación actual.

Yo, francamente, creo que esto no va a conducir al resultado deseado, porque en un mecanismo de este tipo y sobre todo si uno lee la disposición transitoria, de nuevo se diluye, este tipo de concurso, porque es más o menos un concurso por iniciativa propia de cada quien, no garantiza la selección de las personas más adecuadas. Además, no responsabiliza a nadie sobre la designación.

Creo que este es un tipo de cargo donde alguien tiene que asumir la responsabilidad de nombrar.

Veamos el caso de los Estados Unidos: la designación es por el Presidente de los Estados Unidos; escoge los magistrados y los somete al Congreso para el escrutinio de la persona, para la investigación, las audiencias, a los efectos de que se busque la selección adecuada mediante esas audiencias públicas, pero hay alguien que asume la responsabilidad. Con un mecanismo de este tipo, esa responsabilidad se diluye, nadie en definitiva resulta responsable por haber escogido a la persona.

De manera que creo que este procedimiento no va a conducir a los resultados queridos. Preferiría ver un procedimiento mucho más simple y que el nombramiento se haga con la participación de los dos poderes del Estado. Fundamental del Presidente de la República y de la Asamblea, que se sometan a la Asamblea los nombres, se haga toda la inquisición pública en audiencias, en la Asamblea, donde los ciudadanos puedan acudir, presentar sus comentarios, pero que haya una responsabilidad que se asuma en escoger a tales y tales personas para unas posiciones de esta naturaleza que, realmente si, incluso, hemos reducido -porque eso fue decidido anteriormente- el número de magistradas de la Sala, imagínense tremenda responsabilidad de que sólo tres personas sean las que vayan a tener todo el control de la constitucionalidad de las leyes. Hay que escogerlos en una forma, realmente, que no puede ser como un tipo de concurso de belleza, que es un poco lo que tenemos aquí con todo estos mecanismos de postulación.

Es una reflexión general. No tengo una propuesta alternativa, pero creo que debemos meditar que posiblemente este mecanismo que busca, con toda la mejor intención, hacer un procedimiento absolutamente cristalino y transparente, el resultado, a lo mejor, es que no vamos a tener las personas adecuadas para ese tipo de cargos.

Al término de la sesión del 5 de Noviembre de 1999, consigné mi *Voto Salvado* **sobre la norma, con el siguiente texto:**

Salvo mi voto por considerar que el procedimiento de selección de los Magistrados del Tribunal Supremo que se ha aprobado no es idóneo para el fin perseguido, que es integrar dicho Tribunal con los profesionales especializados más competentes y con garantía ética. La selección de los Magistrados no se puede hacerse mediante procedimientos engorrosos, concursos, que pueden ser útiles para otros fines, pero no para lograr que el Supremo Tribunal tenga un conjunto de Magistrados que aseguren seguridad jurídica y moral. El procedimiento establecido se basa en postulaciones personales o de organizaciones, no en la escogencia de personas por parte de órganos del Estado, lo que sin duda eliminará de la posibilidad de que sean seleccionados a muchos destacados profesionales que podrían

formar parte de la Corte y que podrían no estar dispuesto a participar en un "concurso" de tal naturaleza y complicación.

Por otra parte, el procedimiento de "depuración" de candidatos es tan complicado, que al final diluye la responsabilidad en la escogencia de los Magistrados. Más claro y transparente es el procedimiento de designación de los jueces de la Corte Suprema en los Estados Unidos, por ejemplo, que corresponde al Presidente de la República, con la autorización del Senado, a cuyo efecto en el Congreso se hacen todas las audiencias públicas necesarias para que la escogencia responda al fin perseguido que es lograr integrar la Corte con los mejores profesionales.

A pesar de toda la buena intención del procedimiento diseñado, para superar la práctica tradicional de escogencia de los Magistrados de la Corte por el Congreso con fuerte participación partidista, estimo que no es el más idóneo y no dará los resultados esperados.

El tema se volvió a discutir en la sesión del 13 de noviembre de 1999 con ocasión de la segunda discusión del proyecto, al final de la cual también consigné mi *Voto Salvado* en relación con dicha norma, con el siguiente texto:

Ratifico mi voto salvado respecto de esta norma por considerar que el procedimiento de selección de los Magistrados del Tribunal Supremo que se ha aprobado no es idóneo para el fin perseguido, que es integrar dicho Tribunal con los profesionales especializados más competentes y con garantía ética. La selección de los Magistrados no se puede hacerse mediante procedimientos engorrosos, de concursos, que pueden ser útiles para otros fines, pero no para lograr que el Supremo Tribunal tenga un conjunto de Magistrados que aseguren seguridad jurídica y moral. El procedimiento establecido se basa en postulaciones personales o de organizaciones; no en la escogencia de personas por parte de órganos del Estado, lo que sin duda eliminará de la posibilidad de que sean seleccionados a muchos destacados profesionales que podrían formar parte de la Corte y que podrían no estar dispuesto a participar en un "concurso" de tal naturaleza y complicación.

Artículo 265. Remoción de los Magistrados del Tribunal Supremo de Justicia

Artículo 265. Los magistrados o magistradas del Tribunal Supremo de Justicia podrán ser removidos o removidas por la Asamblea Nacional mediante una mayoría calificada de las dos terceras partes de sus integrantes, previa audiencia concedida al interesado o interesada, en caso de faltas graves ya calificadas por el Poder Ciudadano, en los términos que la ley establezca.

Artículo 266. Competencias del Tribunal Supremo de Justicia

Artículo 266. Son atribuciones del Tribunal Supremo de Justicia:

1. Ejercer la jurisdicción constitucional conforme al Título VIII de esta Constitución.

2. Declarar si hay o no mérito para el enjuiciamiento del Presidente o Presidenta de la República o quien haga sus veces y, en caso afirmativo, continuar conociendo de la causa previa autorización de la Asamblea Nacional, hasta sentencia definitiva.

3. Declarar si hay o no mérito para el enjuiciamiento del Vicepresidente Ejecutivo o Vicepresidenta Ejecutiva, de los o las integrantes de la Asamblea Nacional o del propio Tribunal Supremo de Justicia, de los Ministros o Ministras, del Procurador o Procuradora General, del Fiscal o la Fiscal General, del Contralor o Contralora General de la República, del Defensor o Defensora del Pueblo, los Gobernadores o Gobernadoras, oficiales, generales y almirantes de la Fuerza Armada Nacional y de los jefes o jefas de misiones diplomáticas de la República y, en caso afirmativo, remitir los autos al Fiscal o la Fiscal General de la República o a quien haga sus veces, si fuere el caso; y si el delito fuere común, continuará conociendo de la causa hasta la sentencia definitiva.

4. Dirimir las controversias administrativas que se susciten entre la República, algún Estado, Municipio u otro ente público, cuando la otra parte sea alguna de esas mismas entidades, a menos que se trate de controversias entre Municipios de un mismo Estado, caso en el cual la ley podrá atribuir su conocimiento a otro tribunal.

5. Declarar la nulidad total o parcial de los reglamentos y demás actos administrativos generales o individuales del Ejecutivo Nacional, cuando sea procedente.

6. Conocer de los recursos de interpretación sobre el contenido y alcance de los textos legales, en los términos contemplados en la ley.

7. Decidir los conflictos de competencia entre tribunales, sean ordinarios o especiales, cuando no exista otro tribunal superior o común a ellos en el orden jerárquico.

8. Conocer del recurso de casación.

9. Las demás que establezca la ley.

La atribución señalada en el numeral 1 será ejercida por la Sala Constitucional; las señaladas en los numerales 2 y 3, en Sala Plena; y las contenidas en los numerales 4 y 5, en Sala Político administrativa. Las demás atribuciones serán ejercidas por las diversas Salas conforme a lo previsto en esta Constitución y en la ley.

Sección tercera: Del gobierno y de la administración del Poder Judicial

Artículo 267. Administración del Poder Judicial. Jurisdicción Disciplinaria Judicial. Dirección Ejecutiva de la Magistratura

Artículo 267. Corresponde al Tribunal Supremo de Justicia la dirección, el gobierno y la administración del Poder Judicial, la inspección y vigilancia de los tribunales de la República y de las Defensorías Públicas. Igualmente, le corresponde la elaboración y ejecución de su propio presupuesto y del presupuesto del Poder Judicial.

La jurisdicción disciplinaria judicial estará a cargo de los tribunales disciplinarios que determine la ley.

El régimen disciplinario de los magistrados o magistradas y jueces o juezas estará fundamentado en el Código de Ética del Juez Venezolano o Jueza Venezolana, que dictará la Asamblea Nacional. El procedimiento disciplinario será público, oral y breve, conforme al debido proceso, en los términos y condiciones que establezca la ley.

Para el ejercicio de estas atribuciones, el Tribunal Supremo en pleno creará una Dirección Ejecutiva de la Magistratura, con sus oficinas regionales.

Artículo 268. Artículo 268. Servicio de defensa pública

Artículo 268. La ley establecerá la autonomía y organización, funcionamiento, disciplina e idoneidad del servicio de defensa pública, con el objeto de asegurar la eficacia del servicio y de garantizar los beneficios de la carrera del defensor o defensora.

Artículo 269. Organización judicial

Artículo 269. La ley regulará la organización de circuitos judiciales, así como la creación y competencias de tribunales y cortes regionales a fin de promover la descentralización administrativa y jurisdiccional del Poder Judicial.

Artículo 270. Comité de Postulaciones Judiciales

Artículo 270. El Comité de Postulaciones Judiciales es un órgano asesor del Poder Judicial para la selección de los candidatos o candidatas a magistrados o magistradas del Tribunal Supremo de Justicia. Igualmente, asesorará a los colegios electorales judiciales para la elección de los jueces o juezas de la jurisdicción disciplinaria. El Comité de Postulaciones Judiciales estará integrado por representantes de los diferentes sectores de la sociedad, de conformidad con lo que establezca la ley.

Artículo 271. Extradición de extranjeros. Acciones judiciales por delitos contra derechos humanos o narcotráfico

Artículo 271. En ningún caso podrá ser negada la extradición de los extranjeros o extranjeras responsables de los delitos de deslegitimación de capitales, drogas, delincuencia organizada internacional, hechos contra el patrimonio público de otros Estados y contra los derechos humanos.

No prescribirán las acciones judiciales dirigidas a sancionar los delitos contra los derechos humanos, o contra el patrimonio público o el tráfico de estupefacientes. Asimismo, previa decisión judicial, serán confiscados los bienes provenientes de las actividades relacionadas con los delitos contra el patrimonio público o con el tráfico de estupefacientes.

El procedimiento referente a los delitos mencionados será público, oral y breve, respetándose el debido proceso, estando facultada la autoridad judicial competente para dictar las medidas cautelares preventivas necesarias contra bienes propiedad del imputado o de sus interpósitas personas, a los fines de garantizar su eventual responsabilidad civil.

Artículo 272. Principios del sistema penitenciario

Artículo 272. El Estado garantizará un sistema penitenciario que asegure la rehabilitación del interno o interna y el respeto a sus derechos humanos. Para ello, los establecimientos penitenciarios contarán con espacios para el trabajo, el estudio, el deporte y la recreación; funcionarán bajo la dirección de penitenciaristas profesionales con credenciales académicas universitarias y se regirán por una administración descentralizada, a cargo de los gobiernos estadales o municipales, pudiendo ser sometidos a modalidades de privatización. En general, se preferirá en ellos el régimen abierto y el carácter de colonias agrícolas penitenciarias. En todo caso, las fórmulas de cumplimiento de penas no privativas de la libertad se aplicarán con preferencia a las medidas de naturaleza reclusoria. El Estado creará las instituciones indispensables para la asistencia pospenitenciaria que posibilite la reinserción social del exinterno o exinterna y propiciará la creación de un ente penitenciario con carácter autónomo y con personal exclusivamente técnico.

Capítulo IV. Del Poder Ciudadano

Sección primera: disposiciones generales

Artículo 273. Consejo Moral Republicano

Artículo 273. El Poder Ciudadano se ejerce por el Consejo Moral Republicano integrado por el Defensor o Defensora del Pueblo, el Fiscal o la Fiscal General y el Contralor o Contralora General de la República.

Los órganos del Poder Ciudadano son la Defensoría del Pueblo, el Ministerio Público y la Contraloría General de la República, uno o una de cuyos o cuyas titulares será designado o designada por el Consejo Moral Republicano como su Presidente o Presidenta por períodos de un año, pudiendo ser reelegido o reelegida.

El Poder Ciudadano es independiente y sus órganos gozan de autonomía funcional, financiera y administrativa. A tal efecto, dentro del presupuesto general del Estado se le asignará una partida anual variable.

Su organización y funcionamiento se establecerá en ley orgánica.

Sobre esta norma, en la sesión del día 6 de noviembre de 1999, con ocasión de la primera discusión del proyecto, expuse lo siguiente:

CONSTITUYENTE BREWER CARÍAS (ALLAN).-Ciudadano Presidente. Creo que hay que pedir la revisión. El artículo dice: "El Poder Ciudadano está integrado por la Defensoría del Pueblo, el Ministerio Público y la Contraloría General de la República, que actuando en forma coordinada constituirán el Consejo Moral Republicano...".

Realmente, la idea es que este órgano que ejerce este Poder Ciudadano esté integrado por el Defensor del Pueblo, el Fiscal General de la República y el Contralor General de la República, no los organismos en general. Por otra parte dice: "Tendrá un Presidente que puede ser reelecto". Aquí hay que señalar en forma rotativa, es uno de los tres. Creo que requiere un ajuste este artículo, ciudadano Presidente.

EL PRESIDENTE.-Creo que lo procedente en este caso es que la Comisión recoja las ideas expresadas y que para la segunda discusión nos traiga mejor elaborado el artículo. Se somete a votación el artículo con la modalidad expresada por la Presidencia. Los ciudadanos constituyentes que estén por aprobar el artículo leído se servirán manifestarlo con la señal de costumbre. (Pausa). Aprobado.

Artículo 274. Misión del Poder Ciudadano

Artículo 274. Los órganos que ejercen el Poder Ciudadano tienen a su cargo, de conformidad con esta Constitución y con la ley, prevenir, investigar y sancionar los hechos que atenten contra la ética pública y la moral administrativa; velar por la buena gestión y la legalidad en el uso del patrimonio público, el cumplimiento y la aplicación del principio de la legalidad en toda la actividad administrativa del Estado; e, igualmente, promover la educación como proceso creador de la ciudadanía, así como la solidaridad, la libertad, la democracia, la responsabilidad social y el trabajo.

Artículo 275. Advertencias formuladas por el Consejo Moral Republicano

Artículo 275. Los o las representantes del Consejo Moral Republicano formularán a las autoridades, funcionarios o funcionarias de la Administración Pública, las advertencias sobre las faltas en el cumplimiento de sus obligaciones legales. De no acatarse estas advertencias, el Consejo Moral Republicano podrá imponer las sanciones establecidas en la ley. En caso de contumacia, el Presidente o Presidenta del Consejo Moral Republicano presentará un informe al órgano o dependencia al cual esté adscrito o adscrita el funcionario público o funcionaria pública, para que esa instancia tome los correctivos de acuerdo con el caso, sin perjuicio de las sanciones a que hubiere lugar de conformidad con la ley.

Sobre esta norma, en la sesión del día 6 de noviembre de 1999, con ocasión de la primera discusión del proyecto, expuse lo siguiente:

CONSTITUYENTE BREWER CARÍAS (ALLAN).-Ciudadano Presidente. Retomando su observación sobre el tema de las sanciones morales, al igual que los constituyentes Di Giampaolo y García Ponce, propongo formalmente que se sustituya la última frase del primer párrafo, esa que dice: "podrá imponer sanciones morales de acuerdo a la ley cuando lo juzgue conveniente", por una frase que diga: "podrá imponer las sanciones establecidas en la ley", y que sea la ley la que regule las sanciones, porque en definitiva las responsabilidades de los funcionarios son civiles, administrativas, penales y disciplinarias, y la ley debe establecer este tipo de sanciones, como lo decía el constituyente García Ponce. Es todo.

Artículo 276. Informe ante la Asamblea Nacional

Artículo 276. El Presidente o Presidenta del Consejo Moral Republicano y los o las titulares de los órganos del Poder Ciudadano presentarán un informe anual ante la Asamblea Nacional en sesión plenaria. Así mismo, presentarán los informes para que en cualquier momento les sean solicitados por la Asamblea Nacional.

Tanto los informes ordinarios como los extraordinarios se publicarán.

Artículo 277. Obligación de colaboración de los funcionarios públicos

Artículo 277. Todos los funcionarios o funcionarias de la Administración Pública están obligados u obligadas, bajo las sanciones que establezcan la ley, a colaborar con carácter preferente y urgente con los o las representantes del Consejo Moral Republicano en sus investigaciones. Éste podrá solicitarles las declaraciones y documentos que consideren necesarios para el desarrollo de sus funciones, incluidos aquellos que hayan sido clasificados o catalogados con carácter confidencial o secreto de acuerdo con la ley. En todo caso, el Poder Ciudadano sólo podrá suministrar la información contenida en documentos confidenciales o secretos mediante los procedimientos que establezca la ley.

Artículo 278. Promoción de las virtudes cívicas y democráticas

Artículo 278. El Consejo Moral Republicano promoverá todas aquellas actividades pedagógicas dirigidas al conocimiento y estudio de esta Constitución, al amor a la patria, a las virtudes cívicas y democráticas, a los valores trascendentales de la República y a la observancia y respeto de los derechos humanos.

Artículo 279. Remoción de los titulares del Poder Ciudadano

Artículo 279. El Consejo Moral Republicano convocará un Comité de Evaluación de Postulaciones del Poder Ciudadano, el cual estará integrado por representantes de diversos sectores de la sociedad; adelantará un proceso público de cuyo resultado se obtendrá una terna por cada órgano del Poder Ciudadano, la cual será sometida a la consideración de la Asamblea Nacional. Esta, mediante el voto favorable de las dos terceras partes de sus integrantes, escogerá en un lapso no mayor de treinta días continuos, al o a la titular del órgano del Poder Ciudadano que esté en consideración. Si concluido este lapso no hay acuerdo en la Asamblea Nacional, el Poder Electoral someterá la terna a consulta popular.

En caso de no haber sido convocado el Comité de Evaluación de Postulaciones del Poder Ciudadano, la Asamblea Nacional procederá, dentro del plazo que determine la ley, a la designación del titular o la titular del órgano del Poder Ciudadano correspondiente.

Los o las integrantes del Poder Ciudadano serán removidos o removidas por la Asamblea Nacional, previo pronunciamiento del Tribunal Supremo de Justicia, de acuerdo con lo establecido en la ley.

Sección segunda: De la Defensoría del Pueblo

Artículo 280. Defensoría del Pueblo. Misión

Artículo 280. La Defensoría del Pueblo tiene a su cargo la promoción, defensa y vigilancia de los derechos y garantías establecidos en esta Constitución y en los tratados internacionales sobre derechos humanos, además de los intereses legítimos, colectivos o difusos de los ciudadanos y ciudadanas.

La Defensoría del Pueblo actuará bajo la dirección y responsabilidad del Defensor o Defensora del Pueblo, quien será designado o designada por un único período de siete años.

Para ser Defensor o Defensora del Pueblo se requiere ser venezolano o venezolana por nacimiento y sin otra nacionalidad, mayor de treinta años, con manifiesta y demostrada competencia en materia de derechos humanos y cumplir con las exigencias de honorabilidad, ética y moral que establezca la ley. Las faltas absolutas o temporales del Defensor o Defensora del Pueblo serán cubiertas de acuerdo con lo dispuesto en la ley.

Sobre esta norma, en la sesión del día 6 de noviembre de 1999, con ocasión de la primera discusión del proyecto, expuse lo siguiente:

CONSTITUYENTE BREWER CARÍAS (ALLAN).-Presidente. A pesar de las dudas de mi querido amigo Manuel Quijada, sí creo que esta es una de las innovaciones más importantes de este proyecto de Constitución.

Este no es el ombudsman, el ombudsman, es como él señalaba, una institución de origen nórdica. Ya el Defensor del Pueblo, el defensor de los derechos, puede decirse que es una institución latinoamericana, porque en casi todos los países de América Latina ha sido establecido en los últimos ocho años.

Insisto, es una de las innovaciones más importantes y creo que debe conservarse como parte del Poder Ciudadano tal como está establecido en el proyecto, no creo que debemos anticiparnos ni ser futurólogos para ver cómo es que va a actuar esto en el futuro, y si va a funcionar o no. Creo que si tenemos un compromiso con los derechos humanos y su progresividad, esta institución debe quedar. Tan importante fue la discusión en la Comisión Constitucional que, incluso, como ustedes acaban de ver, de los miembros del Poder Ciudadano, era el único que se establecía para ser designado por elección popular. Ahora se está cambiando para ser designado conforme al procedimiento que quedó en suspenso en el artículo anterior, que es el Comité de Postulaciones, que tiene que determinarse cómo se va a establecer.

Aparte de eso, es uno de los temas propios de Pablo Medina, porque tendrá que preverse una disposición transitoria para la designación de los primeros miembros del Poder Ciudadano, para que luego pueda haber el Comité de Postulaciones. Lo que planteo como duda es el tiempo de siete años, no sé si estamos siendo coherentes, si expresamente que se establece un lapso de siete años, superior al lapso de los seis años del Presidente, y superior al lapso de los cinco años de la Asamblea. Creo que esto es algo que tendría que explicarse, ¿cuál es la razón para que esta designación no coincida con el período constitucional? Puede ser importante, pero vale la pena, retener esto.

Artículo 281. Atribuciones del Defensor del Pueblo

Artículo 281. Son atribuciones del Defensor o Defensora del Pueblo:

1. Velar por el efectivo respeto y garantía de los derechos humanos reconocidos en esta Constitución y en los tratados, convenios y acuerdos internacionales sobre derechos humanos ratificados por la República, investigando de oficio o a instancia de parte las denuncias que lleguen a su conocimiento.

2. Velar por el correcto funcionamiento de los servicios públicos, amparar y proteger los derechos e intereses legítimos, colectivos o difusos de las personas, contra las arbitrariedades, desviaciones de poder y errores cometidos en la prestación de los mismos, interponiendo cuando fuere procedente las acciones necesarias para exigir al Estado el resarcimiento a las personas de los daños y perjuicios que les sean ocasionados con motivo del funcionamiento de los servicios públicos.

3. Interponer las acciones de inconstitucionalidad, amparo, hábeas corpus, hábeas data y las demás acciones o recursos necesarios para ejercer las atribuciones señaladas en los numerales anteriores, cuando fuere procedente de conformidad con la ley.

Sobre este ordinal, y ante la objeción de algún Constituyente del empleo del término "difuso" en la expresión "intereses difusos" y en latín, del término "hábeas corpus", en la sesión del día 6 de noviembre de 1999, con ocasión de la primera discusión del proyecto, expuse lo siguiente:

CONSTITUYENTE BREWER CARÍAS (ALLAN).-Presidente: en realidad pedí la palabra sobre el tema de los latinazos.

Lamentablemente, desde 1250 no hay otra forma de expresar la acción de habeas corpus como acción de habeas corpus. Es el amparo a la libertad personal, pero se denomina así. Tenemos 700 años en todas las constituciones y las leyes denominándola como tal: acción de habeas corpus. Es la acción que exige la presentación del cuerpo de la persona o del juez. Es la protección a la libertad personal inmediata. Que se presente la persona por quien lo tenga detenido.

La acción de habeas data es nueva en el constitucionalismo, pero implica que se presente ante el juez los datos sobre una persona que esté en un registro público, a los efectos de que la persona pueda constatar qué se dice de él y además pedir que se borren elementos que puedan perjudicar a su persona.

De manera que no hay, lamentablemente, otra forma salvo escribir un largo artículo para explicar de qué se trata. Ambas acciones están ya reguladas y fueron aprobadas en el aparte de derechos humanos.

De manera que aquí no se trata de un latinazo por latinazo, sino que así se llaman las cosas en derecho constitucional.

En cuanto a la expresión de intereses colectivos y difusos, es un avance en la protección de los derechos de la persona que no corresponden a una persona en particular, sino en cuanto a los intereses colectivos que corresponden a una colectividad de personas, puede ser una asociación de vecinos, los vecinos de una urbanización, o un sindicato o un gremio tienen un interés colectivo, todos forman parte de la colectividad y, por tanto, tienen interés en ese elemento colectivo.

En cuanto a los intereses difusos son aquellos intereses, como lo dice la palabra, más difusos, porque no es una colectividad en particular pero, por ejemplo, es el derecho del consumidor, el derecho del usuario del transporte público colectivo; no hay ninguna asociación de usuarios del Metro, que estén inscritos y que lo usan exclusivamente, pero hay una colectividad que usa eso, y ese interés, por ejemplo, del usuario del transporte colectivo o del consumidor de determinados bienes o los intereses frente a la protección del ambiente, esos son los que se califican "intereses difusos". Está aceptado en el ordenamiento jurídico desde hace cincuenta años, en la obra de Mauro Capeletti, quien ha desarrollado mucho este tema, y es la forma de expresarlo. Ya tiene carta de naturaleza, incluso, en la jurisprudencia de la Corte, donde se ha hablado de intereses difusos y colectivos.

De manera que aquí no hay ninguna duda y mucho menos lingüística, que no se les ocurra a nuestros revisores de la Constitución cambiar este tipo de terminología, porque se desnaturalizaría totalmente.

Pienso que está perfectamente usada tanto "intereses colectivos y difusos" como "hábeas corpus" y "'hábeas data".

4. Instar al Fiscal o a la Fiscal General de la República para que intente las acciones o recursos a que hubiere lugar contra los funcionarios públicos o funcionarias públicas, responsables de la violación o menoscabo de los derechos humanos.

5. Solicitar al Consejo Moral Republicano que adopte las medidas a que hubiere lugar respecto a los funcionarios públicos o funcionarias públicas responsables de la violación o menoscabo de los derechos humanos.

6. Solicitar ante el órgano competente la aplicación de los correctivos y las sanciones a que hubiere lugar por la violación de los derechos del público consumidor y usuario, de conformidad con la ley.

7. Presentar ante los órganos legislativos municipales, estadales o nacionales, proyectos de ley u otras iniciativas para la protección progresiva de los derechos humanos.

8. Velar por los derechos de los pueblos indígenas y ejercer las acciones necesarias para su garantía y efectiva protección.

9. Visitar e inspeccionar las dependencias y establecimientos de los órganos del Estado, a fin de garantizar la protección de los derechos humanos.

10. Formular ante los órganos correspondientes las recomendaciones y observaciones necesarias para la eficaz protección de los derechos humanos, en virtud de lo cual desarrollará mecanismos de comunicación permanente con órganos públicos o privados, nacionales e internacionales, de protección y defensa de los derechos humanos.

11. Promover y ejecutar políticas para la difusión y efectiva protección de los derechos humanos.

12. Las demás que establezcan esta Constitución y la ley.

Artículo 282. Inmunidad

Artículo 282. El Defensor o Defensora del Pueblo gozará de inmunidad en el ejercicio de sus funciones y, por lo tanto, no podrá ser perseguido o perseguida, detenido o detenida, ni enjuiciado o enjuiciada por actos relacionados con el ejercicio de sus funciones. En cualquier caso conocerá de manera privativa el Tribunal Supremo de Justicia.

Artículo 283. Defensoría del Pueblo en el ámbito municipal, estadal y nacional

Artículo 283. La ley determinará lo relativo a la organización y funcionamiento de la Defensoría del Pueblo en los ámbitos municipal, estadal, nacional y especial. Su actividad se regirá por los principios de gratuidad, accesibilidad, celeridad, informalidad e impulso de oficio.

Sección tercera: Del Ministerio Público

Artículo 284. Condiciones para ser Fiscal General de la República

Artículo 284. El Ministerio Público estará bajo la dirección y responsabilidad del Fiscal o la Fiscal General de la República, quien ejercerá sus atribuciones directamente con el auxilio de los funcionarios o funcionarias que determine la ley.

Para ser Fiscal General de la República se requieren las mismas condiciones de elegibilidad de los magistrados o magistradas del Tribunal Supremo de Justicia. El Fiscal o la Fiscal General de la República será designado o designada para un período de siete años.

Artículo 285. Atribuciones del Ministerio Público

Artículo 285. Son atribuciones del Ministerio Público:

1. Garantizar en los procesos judiciales el respeto a los derechos y garantías constitucionales, así como a los tratados, convenios y acuerdos internacionales suscritos por la República.
2. Garantizar la celeridad y buena marcha de la administración de justicia, el juicio previo y el debido proceso.
3. Ordenar y dirigir la investigación penal de la perpetración de los hechos punibles para hacer constar su comisión con todas las circunstancias que puedan influir en la calificación y responsabilidad de los autores o las autoras y demás participantes, así como el aseguramiento de los objetos activos y pasivos relacionados con la perpetración.
4. Ejercer en nombre del Estado la acción penal en los casos en que para intentarla o proseguirla no fuere necesaria instancia de parte, salvo las excepciones establecidas en la ley.
5. Intentar las acciones a que hubiere lugar para hacer efectiva la responsabilidad civil, laboral, militar, penal, administrativa o disciplinaria en que hubieren incurrido los funcionarios o funcionarias del sector público, con motivo del ejercicio de sus funciones.

6. Las demás que establezcan esta Constitución y la ley.

Estas atribuciones no menoscaban el ejercicio de los derechos y acciones que corresponden a los o las particulares o a otros funcionarios o funcionarias de acuerdo con esta Constitución y la ley.

Artículo 286. Organización del Ministerio Público

Artículo 286. La ley determinará lo relativo a la organización y funcionamiento del Ministerio Público en los ámbitos municipal, estadal y nacional y proveerá lo conducente para asegurar la idoneidad, probidad y estabilidad de los fiscales o las fiscales del Ministerio Público. Asimismo, establecerá las normas para garantizar un sistema de carrera para el ejercicio de su función.

Sección cuarta: de la Contraloría General de la República

Artículo 287. Contraloría General de la República. Misión

Artículo 287. La Contraloría General de la República es el órgano de control, vigilancia y fiscalización de los ingresos, gastos, bienes públicos y bienes nacionales, así como de las operaciones relativas a los mismos. Goza de autonomía funcional, administrativa y organizativa, y orienta su actuación a las funciones de inspección de los organismos y entidades sujetas a su control.

Artículo 288. Condiciones para ser Contralor General

Artículo 288. La Contraloría General de la República estará bajo la dirección y responsabilidad del Contralor o Contralora General de la República, quien debe ser venezolano o venezolana por nacimiento y sin otra nacionalidad, mayor de treinta años y con probada aptitud y experiencia para el ejercicio del cargo.

El Contralor o Contralora General de la República será designado o designada para un período de siete años.

Artículo 289. Atribuciones de la Contraloría

Artículo 289. Son atribuciones de la Contraloría General de la República:

1. Ejercer el control, la vigilancia y fiscalización de los ingresos, gastos y bienes públicos, así como las operaciones relativas a los mismos, sin perjuicio de las facultades que se atribuyan a otros órganos, en el caso de los Estados y Municipios, de conformidad con la ley.
2. Controlar la deuda pública, sin perjuicio de las facultades que se atribuyan a otros órganos en el caso de los Estados y Municipios, de conformidad con la ley.
3. Inspeccionar y fiscalizar los órganos, entidades y personas jurídicas del sector público sometidos a su control;

practicar fiscalizaciones, disponer el inicio de investigaciones sobre irregularidades contra el patrimonio público, así como dictar las medidas, imponer los reparos y aplicar las sanciones administrativas a que haya lugar de conformidad con la ley.

4. Instar al Fiscal o a la Fiscal de la República a que ejerzan las acciones judiciales a que hubiere lugar con motivo de las infracciones y delitos cometidos contra el patrimonio público y de los cuales tenga conocimiento en el ejercicio de sus atribuciones.

5. Ejercer el control de gestión y evaluar el cumplimiento y resultado de las decisiones y políticas públicas de los órganos, entidades y personas jurídicas del sector público sujetos a su control, relacionadas con sus ingresos, gastos y bienes.

6. Las demás que establezcan esta Constitución y la ley.

Artículo 290. Organización y funcionamiento de la Contraloría

Artículo 290. La ley determinará lo relativo a la organización y funcionamiento de la Contraloría General de la República y del sistema nacional de control fiscal.

Artículo 291. Contraloría General de la Fuerza Armada Nacional

Artículo 291. La Contraloría General de la Fuerza Armada Nacional es parte integrante del sistema nacional de control. Tendrá a su cargo la vigilancia, control y fiscalización de los ingresos, gastos y bienes públicos afectos a la Fuerza Armada Nacional y sus órganos adscritos, sin menoscabo del alcance y competencia de la Contraloría General de la República. Su organización y funcionamiento lo determinará la ley respectiva y estará bajo la dirección y responsabilidad del Contralor o Contralora General de la Fuerza Armada Nacional, quien será designado o designada mediante concurso de oposición.

Sobre esta norma, consideré que su contenido era contradictorio con lo que se había previsto al regular el Poder Ciudadano y otorgarle el poder de control, vigilancia y fiscalización de los ingresos, gastos y bienes públicos a la Contraloría General de la República, considerando que la Contraloría General de las Fuerzas Armadas no podía estar fuera del Sistema Nacional de Control que dirija la Contraloría General de la República. Por ello, en la sesión del 9 de noviembre de 1999, con ocasión de la primera discusión sobre esta norma, expuse lo siguiente:

CONSTITUYENTE BREWER CARÍAS (ALLAN).-Señor Presidente, creo que este norma tiene que compatibilizase con el Capítulo del Poder Ciudadano y, en particular, con la Contraloría General de la República. Propongo que al final de la norma, cuando dice: "Contraloría General de la Fuerza Armada", se agregue con claridad "como parte integrante del sistema nacional del control fiscal que ya hemos establecido y sin menoscabo del alcance y competencias de la Contraloría General de la República".

Considero que así como planteaba anteriormente que en materia se seguridad social había que compatibilizar la seguridad social de la Fuerza Armada con el sistema nacional, aquí también creo que es esencial hablar del Sistema Nacional de Control y señalar que estas funciones de la Contraloría General de la Fuerza Armada son, sin menoscabo del alcance y competencia, de la Contraloría General de la República.

En todo caso, al final de la sesión del día 9 de noviembre de 1999, consigné mi *Voto salvado* con el siguiente texto:

Salvo mi voto por considerar que es completamente contradictorio con las previsiones aprobadas respecto del Poder Ciudadano, la indicación de esta norma de que el control, vigilancia y fiscalización de los ingresos, gastos y bienes públicos afectos a la Fuerza Armada Nacional y sus órganos adscritos, son ejercidos por la Contraloría General de la Fuerza Armada. De nuevo se sientan las bases para la configuración de un Estado dentro del Estado. El Sistema Nacional de Control, es uno y único, y la Contraloría de las Fuerzas Armadas, forma parte del mismo, sin menoscabo del alcance y competencia de la Contraloría General de la República. Esto debió dejarse claramente indicado en la norma aprobada.

Capítulo V. Del Poder Electoral

Artículo 292. Órganos del Poder Electoral

Artículo 292. El Poder Electoral se ejerce por el Consejo Nacional Electoral como ente rector; y son organismos subordinados a éste, la Junta Electoral Nacional, la Comisión de Registro Civil y Electoral y la Comisión de Participación Política y Financiamiento, con la organización y el funcionamiento que establezca la ley orgánica respectiva.

Artículo 293. Atribuciones del Poder Electoral

Artículo 293. El Poder Electoral tiene por funciones:

1. Reglamentar las leyes electorales y resolver las dudas y vacíos que éstas susciten o contengan.
2. Formular su presupuesto, el cual tramitará directamente ante la Asamblea Nacional y administrará autónomamente.
3. Dictar directivas vinculantes en materia de financiamiento y publicidad político electorales y aplicar sanciones cuando no sean acatadas.
4. Declarar la nulidad total o parcial de las elecciones.
5. La organización, administración, dirección y vigilancia de todos los actos relativos a la elección de los cargos de representación popular de los poderes públicos, así como de los referendos.

6. Organizar las elecciones de sindicatos, gremios profesionales y organizaciones con fines políticos en los términos que señale la ley. Así mismo, podrán organizar procesos electorales de otras organizaciones de la sociedad civil a solicitud de éstas, o por orden de la Sala Electoral del Tribunal Supremo de Justicia. Las corporaciones, entidades y organizaciones aquí referidas cubrirán los costos de sus procesos eleccionarios.
7. Mantener, organizar, dirigir y supervisar el Registro Civil y Electoral.
8. Organizar la inscripción y registro de las organizaciones con fines políticos y velar porque éstas cumplan las disposiciones sobre su régimen establecidas en la Constitución y en la ley. En especial, decidirá sobre las solicitudes de constitución, renovación y cancelación de organizaciones con fines políticos, la determinación de sus autoridades legítimas y sus denominaciones provisionales, colores y símbolos.
9. Controlar, regular e investigar los fondos de financiamiento de las organizaciones con fines políticos.
10. Las demás que determine la ley.

Los órganos del Poder Electoral garantizarán la igualdad, confiabilidad, imparcialidad, transparencia y eficiencia de los procesos electorales, así como la aplicación de la personalización del sufragio y la representación proporcional.

Artículo 294. Independencia y autonomía

Artículo 294. Los órganos del Poder Electoral se rigen por los principios de independencia orgánica, autonomía funcional y presupuestaria, despartidización de los organismos electorales, imparcialidad y participación ciudadana; descentralización de la administración electoral, transparencia y celeridad del acto de votación y escrutinios.

Artículo 295. Comité de Postulaciones Electorales

Artículo 295. El Comité de Postulaciones Electorales de candidatos o candidatas a integrantes del Consejo Nacional Electoral estará integrado por representantes de los diferentes sectores de la sociedad, de conformidad con lo que establezca la ley.

Artículo 296. Integración del Consejo Nacional Electoral. Designación y remoción de sus miembros

Artículo 296. El Consejo Nacional Electoral estará integrado por cinco personas no vinculadas a organizaciones con fines políticos; tres de ellos o ellas serán postulados o postuladas por la sociedad civil, uno o una por las facultades de ciencias jurídicas y políticas de las universidades nacionales y uno o una por el Poder Ciudadano.

Los o las integrantes postulados o postuladas por la sociedad civil tendrán seis suplentes en secuencia ordinal, y cada designado o designada por las universidades y el Poder Ciudadano tendrá dos suplentes, respectivamente. La Junta Nacional Electoral, la Comisión de Registro Civil y Electoral y la Comisión de Participación Política y Financiamiento, serán presididas cada una por un o una integrante postulado o postulada por la sociedad civil. Los o las integrantes del Consejo Nacional Electoral durarán siete años en sus funciones y serán elegidos o elegidas por separado: los tres postulados o postuladas por la sociedad civil al inicio de cada período de la Asamblea Nacional, y los otros dos a la mitad del mismo.

Los o las integrantes del Consejo Nacional Electoral serán designados o designadas por la Asamblea Nacional con el voto de las dos terceras partes de sus integrantes. Los o las integrantes del Consejo Nacional Electoral escogerán de su seno a su Presidente o Presidenta, de conformidad con la ley.

Los o las integrantes del Consejo Nacional Electoral serán removidos o removidas por la Asamblea Nacional, previo pronunciamiento del Tribunal Supremo de Justicia.

Artículo 297. Jurisdicción contencioso-electoral

Artículo 297. La jurisdicción contencioso electoral será ejercida por la Sala Electoral del Tribunal Supremo de Justicia y los demás tribunales que determine la ley.

Artículo 298. Modificación de leyes electorales

Artículo 298. La ley que regule los procesos electorales no podrá modificarse en forma alguna en el lapso comprendido entre el día de la elección y los seis meses inmediatamente anteriores a la misma.

NOVENA PARTE
OBSERVACIONES, PROPUESTAS, DEBATES Y VOTOS SALVADOS SOBRE LOS ARTÍCULOS RELATIVOS AL RÉGIMEN DE LA ECONOMÍA
(ARTÍCULOS 299 A 321)

En esta parte, al igual que en las anteriores, se publican, siguiendo el orden del articulado de la Constitución, todas las propuestas que formulé mediante comunicaciones e informes que dirigí a las diversas Comisiones o a la propia Asamblea sobre los diversos temas relativos a sistema económico, la seguridad de la Nación, la protección de la constitución y la reforma constitucional, y que se publicaron en los tres tomos de la obra *Debate Constituyente (aportes a la Asamblea Nacional Constituyente)*, Caracas 1999; las diversas intervenciones en la plenaria de la Asamblea durante las dos discusiones del proyecto, que han sido tomadas del *Diario de Debates* de la Asamblea; y los Votos Salvados que consigné luego de cada una de las sesiones, y que se publicaron íntegramente en el Tomo III de la obra *Debate Constituyente (Aportes a la Asamblea Nacional Constituyente)*, Caracas 1999.

SECCIÓN PRIMERA: **TÍTULO VI. DEL SISTEMA SOCIO ECONÓMICO (ARTÍCULOS 299 A 321)**

Sobre el tema general de la Constitución Económica presenté ante la Asamblea nacional en fecha 29 de octubre de 1999, el siguiente Informe:

SOBRE EL RÉGIMEN CONSTITUCIONAL DEL SISTEMA ECONÓMICO

Texto de la Comunicación dirigida al Presidente y demás miembros de la Asamblea Nacional Constituyente de fecha 29-10-99

La presente tiene por objeto someter a la consideración de todos y cada uno de los constituyentes, la propuesta de integración de un conjunto de normas que regulen el régimen de la *Constitución Económica,* acorde con el principio del *Estado Democrático y Social de Derecho y de Justicia* que se ha consagrado en el artículo 2 del Anteproyecto aprobado, y que formulo en sustitución de los artículos 335 y siguientes del Anteproyecto presentado a la consideración de la Asamblea, para ser incorporadas al articulado del Capítulo I del Título VI sobre el Régimen Socio-Económico.

En efecto, desde hace más de cuarenta años Venezuela ha intentado desarrollar un régimen constitucional y político propio de un *Estado democrático y social de Derecho,* con la formulación, en la Constitución de 1961, de las bases de una Constitución económica que opta por un modelo económico de libertad como opuesto al de economía dirigida, similar al que, en ese momento, existía en todos los países occidentales y al cual, progresivamente, se han dirigido muchos de los países que se conocían como socialistas.

Desde el punto de vista económico, y a pesar de los múltiples problemas de desarrollo económico-social que continúan existiendo, el modelo ha enmarcado el desenvolvimiento de una economía basada en la libertad económica y la iniciativa privada, pero con una intervención importante y necesaria del Estado para asegurar los principios de justicia social que constitucionalmente deben orientar el régimen económico. Además, el Estado, al ser titular desde siempre del dominio público respecto del subsuelo conforme a la pauta que marcaron las Ordenanzas de Nueva España, en vigencia desde la segunda mitad del siglo XVII en los territorios de las antiguas Provincias Coloniales de España en el Mar Caribe; en el caso de Venezuela ha convertido al Estado en la entidad económica más poderosa del país, por ser dueño del petróleo, lo que le ha llevado a intervenir en forma importante en la actividad económica.

Nuestra intención en estas reflexiones (en las cuales seguimos lo que hemos expuesto en el trabajo Allan R. Brewer-Carías, "Reflexiones sobre la Constitución Económica" en *Estudios sobre la Constitución Española. Homenaje al Profesor Eduardo García de Enterría,* Madrid, 1991, págs. 3839 a 3853), es referirnos a la Constitución económica tal como se estableció en el Texto constitucional venezolano de 1961, a los efectos de determinar el esquema más adecuado en la materia para la Nueva Constitución que la Asamblea Nacional Constituyente está elaborando.

Antes, sin embargo, nos referiremos a la propuesta del Anteproyecto.

1. *La propuesta del Anteproyecto*

El texto de las normas relativas al "Régimen Económico y el papel del Estado en la Economía" (Capítulo I del Título VI), están contenidas en los artículos 335 a 346 del Anteproyecto en consideración por la Asamblea, con el siguiente texto:

"Artículo 335: El régimen socioeconómico de la República de Venezuela estará siempre al servicio del interés social; sus elementos básicos se constituirán en función de humano integral.

El régimen económico de la República se fundamentará en principios de justicia social, eficiencia, libre competencia e iniciativa, defensa del ambiente, productividad y solidaridad, a los fines de asegurar, a todas las personas, una existencia digna y provechosa para la colectividad. El Estado promoverá el desarrollo armónico de la economía nacional con el fin de generar un alto valor agregado nacional, mejorar el nivel de vida de la población y fortalecer la soberanía económica del país. El Estado garantizará la seguridad jurídica y fomentara la iniciativa privada.

El Estado deberá planificar, desarrollar y ejecutar una estrategia mediante un proyecto nacional que imprima solidez, dinamismo, permanencia y equidad al crecimiento de la economía, La planificación debe ser fruto de la participación, la consulta y realmente democrática y abierta.

Artículo 336: En aquellas áreas que no le estén reservadas, las entidades públicas territoriales, sólo por autorización expresa de una ley podrán crear entidades descentralizadas para realizar actividad empresarial, la cual debe estar motivada por razones de interés público, sin menoscabo de la razonable productividad económica y social de los recursos que el Estado invirtiere en dicha actividad La Ley Nacional establecerá condiciones para la creación funcionamiento y control de entidades descentralizadas.

Artículo 337: La República se reserva el derecho de defender las actividades económicas de su empresa nacional. No se podrá otorgar a empresas, organismos o personas extranjeras regímenes más beneficiosos que los establecidos para los nacionales, bien sea por leyes, resoluciones ejecutivas, acuerdos de la Asamblea Nacional o por tratados internacionales. La inversión extranjera estará sujeta a las mismas condiciones que la inversión nacional.

Artículo 338: Quedan reservados al Estado por conveniencia nacional los recursos naturales no renovables y, en general, los productos del subsuelo y todos los minerales; los servicios de agua potable, energía eléctrica y la administración del espectro de las telecomunicaciones; y las empresas estratégicas definidas por la ley.

El Estado podrá otorgar en concesión cualquiera de las actividades antes mencionadas, en los casos que la ley establezca.

Artículo 339: Quedan reservadas al Estado las actividades de la exploración, explotación, transporte, manufacturas y mercadeo interno de los hidrocarburos, exceptuándose los gaseosos. Sólo en casos especiales, cuando así convenga al interés nacional previa autorización de la Asamblea Nacional y siempre que se mantenga el control por parte del Estado, podrán suscribirse convenios con el sector privado para el ejercicio de las mencionadas actividades.

Artículo 340: El Estado conservará la totalidad de las acciones de Petróleos de Venezuela S.A., o del ente creado para el manejo de la industria petrolera por razones de soberanía económica, política y de estrategia nacional.

Artículo 341: Todas las aguas son bienes de dominio público de la República, insustituibles para la vida y el desarrollo. La ley establecerá las disposiciones necesarias a fin de garantizar su protección y aprovechamiento, respetando las fases del ciclo hidrológico y los criterios de ordenación del territorio.

Artículo 342: El Estado garantizará la seguridad alimentaria de la población; entendida como la disponibilidad suficiente y estable de alimento a nivel nacional y el acceso oportuno y permanente a estos por parte de los venezolanos. La seguridad alimentaria deberá alcanzarse privilegiando la producción agrícola interna. La producción de alimentos es de interés nacional y fundamental al desarrollo económico y social de la nación. A tales fines, el Estado dictará las medidas de orden financiera, comercial, transferencia tecnológica, tenencia de la tierra, infraestructura, capacitación de mano de obra y otras que fueran necesarias para alcanzar niveles estratégicos de autoabastecimiento. Además, promoverá las acciones en el marco de la economía nacional e internacional para compensar las desventajas propias de la actividad rural.

Artículo 343: El régimen latifundista es contrario al interés social. El Estado protegerá y promoverá las formas asociativas de propiedad de la tierra para estimular la productividad y la competitividad del productor agrícola nacional. La ley desestimulará la permanencia de tierras ociosas y dispondrá lo conducente a su transformación en unidades económicas productivas, rescatando igualmente las tierras de vocación agrícola.

Por su importancia alimentaria nacional, el Estado protegerá los asentamientos y comunidades de pescadores artesanales, así como sus caladeros de pesca próximos a la línea de costa.

Artículo 344: El Estado protegerá y promoverá la pequeña y mediana industria, así como también la empresa familiar, la microempresa y cualquier otra forma de asociación para el trabajo, con el fin de elevar el sector informal de la economía a la calidad o condición de empresa final; promoviendo la generación de empleos productivos.

Artículo 345: La artesanía e industrias populares típicas de la nación, gozarán de protección especial del Estado, con el fin de preservar su autenticidad y gozarán de las facilidades crediticias necesarias para promover su producción y comercialización. El arte y folklore nacionales, gozarán de la misma protección y se cultivarán en centros de educación.

Artículo 346: El turismo es una actividad económica de interés nacional, prioritaria para el país en su estrategia de diversificación y desarrollo sustentable".

Estas normas, lejos de configurar un sistema de economía mixta propio de una economía social de mercado en la cual cohabitan la iniciativa privada y la libertad económica con la intervención estatal para asegurar los principios de justicia social, se establece un régimen contradictorio que no se sabe a qué esquema responde, salvo al de rigidizar excesiva e innecesariamente la economía.

En efecto, de estos artículos se evidencian los siguientes aspectos:

1. La definición del sistema económico de manera confusa e imprecisa (art. 335).
2. La inconveniente prohibición de actividades empresariales del Estado, salvo en las materias "reservadas" o con intervención parlamentaria (art. 336).
3. La equiparación absoluta entre las empresas extranjeras y la empresa nacional a los efectos de los incentivos (art. 337).
4. La reserva al Estado de los recursos del subsuelo, de los servicios de agua potable y energía eléctrica y de la administración del espectro de las comunicaciones (art. 338).
5. La constitucionalización de la nacionalización de la industria petrolera (art. 339).
6. La propiedad pública permanente de las acciones de PDVSA (art. 340).

7. La declaratoria de las aguas como del dominio público (art. 341).
8. La garantía de la seguridad alimentaria (art. 342).
9. El régimen del latifundio (art. 343).
10. La protección a la pequeña y mediana industria (art. 344).
11. El régimen de la artesanía (art. 345).
12. El régimen del turismo (art. 346).

En nuestro criterio, estas normas son absolutamente insuficientes para regular el sistema económico en la nueva Constitución, acorde con los principios del Estado Democrático y Social de Derecho.

Para entender esa insuficiencia, en todo caso, es necesario precisar las bases del sistema económico que requiere la Venezuela contemporánea y que debe regularse en el texto constitucional.

2. *El Estado democrático y social de derecho y su modelo económico*

En efecto, uno de los signos más característicos del constitucionalismo contemporáneo es, sin duda, el de la constitucionalización de los principios reguladores de la economía. El sistema económico, junto con el territorio, la población y el gobierno, está indisolublemente ligado a la idea misma del Estado contemporáneo, por lo que éste es inconcebible o al menos impreciso, constitucionalmente hablando, si no se tiene en cuenta el elemento económico. De allí la inevitable realidad del constitucionalismo contemporáneo, que muestra el hecho de que en las Constituciones, consideradas como normas supremas del ordenamiento jurídico directamente aplicables a los sujetos de derecho, además de los clásicos contenidos orgánico (derivado del régimen de distribución del Poder Público), y dogmático (caracterizado por la enumeración y garantía de los derechos individuales, económicos, sociales y políticos), regulan adicionalmente, como lo ha advertido el Tribunal Constitucional español, "el marco jurídico fundamental para la estructura y funcionamiento de la actividad económica" (STC 1/1982, de 28 de enero).

Es decir, las Constituciones contemporáneas además de su contenido político, formulan, jurídicamente, una *Constitución económica* para ordenar la totalidad de la actividad económica, sea que ésta corresponda ser desarrollada por el sector público, sea por los particulares.

No se trata, sólo, de que las Constituciones regulen, conforme a la tradición iniciada por la Constitución de Weimar, los derechos económicos y sociales de los ciudadanos con sus implicaciones tanto de limitación a la actividad estatal como de obligaciones de prestación a cargo de la Administración del Estado, sino que cada vez con más frecuencia contienen normas que regulan la economía nacional globalmente considerada, es decir, el marco jurídico conforme al cual se debe desarrollar.

A esta tendencia generalizada no escapó la Constitución venezolana, la cual contiene regulada extensivamente una Constitución económica, es decir, una regulación jurídica constitucional de la economía, cuyos antecedentes se sitúan en el texto de la Constitución de 1947. Este texto, además de que proclamaba en su Preámbulo como razón de la existencia de la Nación Venezolana, "la libertad espiritual, política y económica del hombre, asentada en la dignidad humana, la justicia social y la equitativa participación de todo el pueblo en el disfrute de la riqueza Nacional", contenía un Capítulo con el título "De la economía nacional" (arts. 65 a 75) en el cual, además de regular la propiedad y la libertad de industria y comercio, se establecía el marco fundamental del proceso económico.

Esa Constitución, la cual tuvo escasos meses de vigencia, inspiró directamente el texto constitucional vigente de 23 de enero de 1961, el cual, como lo afirmaron los Proyectistas en la Exposición de Motivos, "no es una simple Ley Orgánica de régimen político, sino la formulación de un esquema conforme al cual debe desenvolverse la vida de un pueblo". Por ello, siguiendo la mejor tradición constitucional, la Constitución de 1961 también está precedida de un Preámbulo o declaración preliminar formulada como la base o presupuesto que sirve de fundamento al texto constitucional y señala, además, los valores sociales, económicos, políticos y jurídicos que inspiran la acción del Estado.

En ese Preámbulo se establecen los principios fundamentales que conforman un modelo específico de Estado, que luego se regula detalladamente en el texto del articulado, el que se conoce con la denominación de *Estado democrático y social de Derecho,* que responde a un modelo económico concreto, en el cual si bien se reconoce y garantiza la iniciativa privada y la libertad económica, como base de un sistema que es opuesto, por tanto, al modelo de economía dirigida; el Estado tiene un papel ordenador y conformador de la realidad económica que debe cumplir con vista a realizar la justicia social, en cuyos principios debe fundamentarse el régimen económico. Este modelo económico, equivale, sin duda, al denominado de "economía social de mercado" en los países europeos.

Ahora bien, consecuencialmente, en el Preámbulo de la Constitución se establece el principio y término de las actividades económicas, es decir, la base fundamental de la Constitución económica al prescribirse como objetivos de ésta, el

"proteger y enaltecer el trabajo, amparar la dignidad humana, promover el bienestar general y la seguridad social; lograr la participación equitativa de todos en el disfrute de la riqueza, según los principios de la justicia social, y fomentar el desarrollo de la economía al servicio del hombre".

En la misma línea de formulación principista, por ejemplo, el Preámbulo de la Constitución española de 1978, proclama la voluntad de la Nación española, de garantizar "un orden económico y social justo" y también, de "promover el progreso de la economía, para asegurar a todos una digna calidad de vida".

Con esa formulación del Preámbulo, sin duda, en materia de principios, estamos en presencia de un *Estado Social* cuya tarea es procurar o lograr una sociedad más justa (la justicia social), asumiendo obligaciones prestacionales frente a los ciudadanos y ordenando y regulando la realidad económica y social para el logro de tales objetivos.

Por supuesto, la Constitución de 1961, además, desde el punto de vista político, organiza un *Estado Democrático* cuyo objetivo fundamental, como lo señala el mismo Preámbulo, es el "sustentar el orden democrático como único e irrenunciable medio de asegurar los derechos y la dignidad de los ciudadanos". Este *Estado Democrático,* basado en el objetivo de "asegurar la libertad, la paz y la estabilidad de sus instituciones", siempre de acuerdo al Preámbulo, busca "mantener la igualdad social y jurídica, sin discriminaciones derivadas de raza, sexo, credo o condición social" y respetar "la garantía universal de los derechos individuales y sociales de la persona humana".

Conforme a todos esos postulados que, con palabras más palabras menos, se recogen en el Proyecto de Preámbulo que se ha elaborado para la Nueva Constitución; por tanto, el Estado que organiza la Constitución, como se dijo, es un Estado democrático y social de Derecho, el cual además de su contenido social, fundamenta su existencia en el establecimiento y garantía de los derechos fundamentales, en el pluralismo y participación democráticas y la representatividad por vía del sufragio, en el sometimiento al derecho (principio de legalidad) y en la sumisión al control judicial. En todo caso, debe advertirse que la Constitución de 1961, aun cuando organiza y regula un modelo de *Estado democrático y social de Derecho,* no utiliza, para calificarlo, esta expresión en ninguna parte de su texto, al contrario de lo establecido en la Constitución Española de 1978, en cuyo artículo 1 se declara al Estado como un "Estado social de Derecho" (art. 1.1), conforme a la línea constitucional iniciada por la Constitución de la República Federal de Alemania. Por ello, en el Anteproyecto de Constitución que se discute en la Asamblea Nacional Constituyente, ya se ha aprobado el artículo 2 en el cual sí se precisa que:

> "Venezuela se constituye en un Estado Democrático y Social de Derecho y de Justicia, que propugna como valores superiores de su ordenamiento jurídico y de su actuación, la vida, la libertad, la justicia, la igualdad, la solidaridad, la democracia y, en general, la preeminencia de los derechos humanos, la ética pública y el pluralismo político".

3. *La flexibilidad de la Constitución económica*

Conforme a la orientación del Preámbulo de la Constitución de 1961, el marco de la Constitución económica está regulado en el Capítulo relativo a los "Derechos económicos" (art. 95 a 109) en el cual, como lo expresó la Exposición de Motivos, se reunieron "los postulados más importantes que deben regir la acción del Estado y la de los particulares en el campo económico" o, en otros términos, "las orientaciones más importantes de algo tan fundamental como es la vida económica".

Ello se hizo, por supuesto, de manera flexible, o si se quiere, como lo expresaron los proyectistas, sin someterlo a "moldes excesivamente rígidos", de manera de "no coartar la acción legislativa", por supuesto, de los sucesivos gobiernos democráticos.

Por tanto, si bien la opción respecto del modelo económico en la Constitución de 1961, fue por un modelo de libertad económica fundamentado en principios de justicia social, ello se hizo en forma tal que, como lo expresó la Exposición de Motivos,

> "deja cierta flexibilidad al legislador ordinario para resolver cuestiones e injertar modificaciones que correspondan a las necesidades y a la experiencia de la República, sin tener que apelar a una reforma constitucional".

En materia económica, por supuesto, esa flexibilidad en la formulación de los postulados, es la que puede permitir la actuación sucesiva de gobiernos democráticos, cada uno con sus propias concepciones económicas e ideológicas, sin que para implantarlas se hagan necesarias reformas constitucionales, como sucedió por ejemplo, con la experiencia del gobierno socialista en Chile a comienzos de la década de los setenta, que exigía una reforma constitucional a los efectos de establecer las distintas formas de propiedad (pública, mixta, privada), que formulaba la ideología socialista del gobierno.

La Constitución venezolana de 1961, al contrario, aunque como se dijo no formuló una Constitución económica neutra, lo hizo de manera de permitir el libre juego democrático de las ideologías y el establecimiento de gobiernos de orientación más socialistas (socialismo democrático) o más liberales; o en otros términos, una mayor o menor intervención del Estado, según las exigencias del logro de la justicia social. Como lo resumieron los proyectistas de la Constitución:

> "Por supuesto, la libertad económica que la Constitución garantiza no es la que puede impedir al Estado reservarse determinadas industrias, la explotación o servicios de interés público por razones de conveniencia nacional y dictar medidas para planificar, racionalizar y fomentar la producción, así como regular la circulación, la distribución y el consumo de las riquezas con el objeto de impulsar el desarrollo económico del país. La protección a la iniciativa privada que la Constitución consagra se ve dentro de este orden de cosas como una consecuencia lógica de la acción del Estado y el reconocimiento de la necesidad de que aquélla contribuya eficazmente al desarrollo nacional".

La Constitución económica en el Texto Fundamental venezolano, por tanto, no sólo no está formulada rígidamente sino que además no conduce, en modo alguno, a que el modelo económico formulado se tenga que concretar políticamente en una vía exclusiva o excluyente; al contrario, permite muchas y diferentes posibilidades, pero siempre dentro de los fundamentos de la propia Constitución económica, que por lo demás, en forma expresa precisa el artículo 95 de la Constitución al postular que

> "El régimen económico de la República se fundamentará en principios de justicia social que aseguren a todos una existencia digna y provechosa para la comunidad".

Por tanto, al haber diferentes aproximaciones políticas al logro de la justicia social, no sólo la Constitución no rigidiza ninguna opción, sino que, al contrario, permite, por ejemplo, dentro del modelo de libertad económica fundamentado en principios de justicia social, mayor o menor intervención del Estado, según la orientación ideológica del programa del gobierno correspondiente, como lo reconoció expresamente la Corte Suprema de Justicia, al comentar el contenido de los artículos 95 a 98 de la Constitución:

> "Las actividades del sector público pueden aumentar en la misma medida en que disminuyen las del sector privado o viceversa, de acuerdo con el uso que hagan las autoridades competentes de los poderes que les confine el Constituyente en las citadas disposiciones, y en razón de ello, es posible que un servicio pase del sector público al sector privado, para que sea explotado como actividad comercial o industrial con fines de lucro, o que el Estado reasuma la responsabilidad de prestar el servicio directamente o por medio de un órgano contratado por él, entre otros motivos por "razones de conveniencia nacional", según dice el Constituyente en las disposiciones antes citadas (Sala Político-Administrativa, sentencia de 5 de octubre de 1970)".

De ello resulta, por ejemplo, que tanto la nacionalización como la privatización, como políticas económicas, han encontrado cabida en el Texto constitucional, siempre, por supuesto, dentro del modelo económico formulado por la Constitución: el de la *libertad económica fundamentada en principios de justicia social.*

Este modelo, indudablemente de economía mixta, en todo caso, a pesar de su formulación flexible, no puede conducir, pues sería contrario a la Constitución, ni a una privatización total de la economía, eliminando toda intervención del Estado, ni a una estatización total de la economía, ahogando la iniciativa y propiedad privadas; al contrario, conforme a la Constitución económica, tanto el Estado como los particulares participan en el proceso económico, atribuyéndose incluso al Estado unos objetivos concretos que no puede renunciar a cumplir.

4. *Los objetivos del Estado en la Constitución económica*

En efecto, de acuerdo al texto constitucional, en el marco del modelo económico adoptado, además de los objetivos generales formulados en el Preámbulo como marco de toda la actividad económica, el Estado tiene un papel fundamental que cumplir para lograr la "participación equitativa de todos en el disfrute de la riqueza, según los principios de la justicia social" (Preámbulo), "asegurar a todos una existencia digna y provechosa" (art. 95) y "fomentar el desarrollo de la economía al servicio del hombre" (Preámbulo), el cual debe estar encauzado conforme a los siguientes objetivos:

En *primer lugar,* la Constitución atribuye al "Estado", es decir, a la globalidad de la organización política de la sociedad, lo que comprende los entes que conforman el sector público y que ejercen el Poder Público frente a las actividades privadas, el objetivo fundamental de promover

"el desarrollo económico y la diversificación de la producción, con el fin de crear nuevas fuentes de riqueza, aumentar el nivel de ingresos de la población y fortalecer la soberanía económica del país" (art. 95).

En un Estado con forma federal, como el venezolano, estos objetivos, por supuesto, corresponden tanto a la República en el nivel nacional, como a los Estados miembros de la Federación y a los Municipios, en forma concurrente, en cada nivel territorial.

Por tanto, no sólo la promoción del desarrollo económico y la diversificación de la producción es responsabilidad de la República como Estado Nacional, sino también la responsabilidad de cada Estado miembro de la Federación en su territorio, de los Municipios en el ámbito local e, incluso, de las otras entidades políticas que han conformado la República: el Distrito Federal y los Territorios Federales. Se debe destacar, incluso, cómo la Ley Orgánica de Descentralización, Delimitación y Transferencia de Competencias del Poder Público de diciembre de 1989, sancionada para revitalizar el Federalismo, incluye, dentro de las materias a ser transferidas del Poder Central a los Estados, "la planificación, coordinación y promoción de su propio desarrollo integral" (art. 4.1).

En todo caso, el objetivo de promover e impulsar el desarrollo económico del país, como fin fundamental del Estado en el campo económico, se repite nuevamente en el artículo 98 del Texto Fundamental al regular los poderes estatales en relación a la iniciativa privada.

En *segundo lugar,* al establecer las bases del sistema tributario, es decir, de la tributación que puede imponerse no sólo por la República (art. 136.8), sino por los

Estados (art. 18) y los Municipios (art. 31), la Constitución formula otro objetivo fundamental del Estado en materia económica, el cual es procurar la justa distribución de las cargas según la capacidad económica del contribuyente, atendiendo al principio de la progresividad, así como "la protección de la economía nacional y la elevación del nivel de vida del pueblo" (art. 223).

En la Constitución económica, por tanto, en cuanto se refiere al sector público, la participación e intervención del Estado en la economía, además de tener que perseguir los objetivos establecidos en el Preámbulo (proteger y enaltecer el trabajo, amparar la dignidad humana, promover el bienestar general y la seguridad social; lograr la participación equitativa de todos en el disfrute de la riqueza, según los principios de la justicia social, y fomentar el desarrollo de la economía al servicio del hombre), y buscar que el régimen económico se fundamente efectivamente "en principios de justicia social que aseguren a todos una existencia digna y provechosa para la colectividad" (art. 95); en particular, al promover el desarrollo económico y la diversificación de la producción, debe perseguir "crear nuevas fuentes de riqueza, aumentar el nivel de ingresos de la población y fortalecer la soberanía económica del país" (artículo 95). Adicionalmente, al establecer el sistema tributario, éste debe perseguir "la protección de la economía nacional y la elevación del nivel de vida del pueblo" (art. 223).

Por último, también debe mencionarse el objetivo que la Constitución asigna al Estado en materia económica, en el contexto latinoamericano y en el marco de la "integración económica latinoamericana" que la República *debe favorecer*. A este fin, prescribe la Constitución que

> "se procurará coordinar recursos y esfuerzos para fomentar el desarrollo económico y aumentar el bienestar y seguridad comunes" (art. 108).

5. *La iniciativa privada, la libertad económica y sus limitaciones*

La Constitución formula la Constitución económica, como se dijo, conforme al modelo de libertad económica y libre iniciativa privada fundamentadas en principios de justicia social.

El principio fundamental de la libertad, base de todo el régimen constitucional, lo formula el artículo 43 de la Constitución al prescribir que

> "Todos tienen el derecho al libre desenvolvimiento de su personalidad, sin más limitaciones que las que derivan del *derecho de los demás y del orden público y social"*.

Con esta fórmula, según lo expresa la Exposición de Motivos de la Constitución, se sustituyó

> "el enunciado tradicional de que todos pueden hacer lo que no perjudique a otro y nadie está obligado a hacer lo que la Ley no ordene ni impedido de ejecutar lo que aquélla no prohíba";

siendo por tanto aplicable su contenido al ámbito de la libertad económica, sometida, a las limitaciones que deriven "del derecho de los demás y del orden público y social", con lo que no sólo se garantiza la concurrencia (respecto al derecho de los demás al ejercicio de la libertad económica) prohibiéndose, incluso, expresamente los monopolios (art. 97), sino que se somete la libertad a la consecución de los objetivos generales de la Constitución económica consignados en el Preámbulo y en el artículo 95, conforme al cual la actividad económica, incluso la privada, se debe fundamentar "en principios de justicia social que aseguren a todos una existencia digna y provechosa para la colectividad" (art. 95). Por ello, también, las limitaciones que circundan la libertad económica, se pueden fundamentar en el "orden público y social" (artículo 43).

Pero en particular, adicionalmente, la Constitución formula el principio de la *libertad económica* como el derecho de todos a "dedicarse libremente a la actividad lucrativa de su preferencia" (art. 96), fórmula que sustituye la tradicional "libertad de industria y comercios.

Esta libertad, por supuesto, corresponde conforme a la Constitución a "todos", es decir, a todos los sujetos de derecho, y por tanto, no sólo a los venezolanos sino también a los extranjeros. Sin embargo, si bien la Constitución garantiza la igualdad de derechos y deberes entre venezolanos y extranjeros, ello lo establece "con las limitaciones o excepciones establecidas por esta Constitución y las leyes" (art. 45), destacándose, dentro de las normas de la Constitución económica, el régimen de las inversiones extranjeras al disponer que "la ley establecerá las normas relativas a la participación de los capitales extranjeros en el desarrollo económico nacional" (art. 107).

La libertad económica, sin embargo, no se establece en la Constitución como absoluta, sino que se la somete a las limitaciones

"previstas en esta Constitución y las que establezcan las leyes por *razones de seguridad, de sanidad u otras de interés social"* (art. 96).

Se establece, por tanto, la garantía constitucional fundamental de esta libertad consistente en la reserva legal (ley formal) respecto de las limitaciones a la misma, aparte de las limitaciones a la libertad económica que la propia Constitución establece, por ejemplo, al reservar al Estado directamente la posesión y el uso de las armas de guerra, y someter a limitaciones legales la fabricación, comercio, posesión y uso de otras armas (art. 133); al prescribir la posibilidad que tiene el Estado, mediante ley, de "reservarse determinadas industrias, explotaciones o servicios de interés público por razones de conveniencia nacional" (art. 97); al regular que por ley se pueden establecer obras y servicios de interés público (obras públicas y servicios públicos) a cargo del Estado, que sin embargo pueden otorgarse mediante concesión a los particulares (art. 97); al prescribir que, en todo caso, el Estado tendrá el control de la industria pesada (art. 97) aun cuando ésta sea desarrollada por los particulares; al indicar que en los casos de empresas explotadoras de recursos naturales, los ferrocarriles, carreteras, oleoductos y obras de comunicación o de transportes que construyan *"estarán al servicio del público,* en las condiciones y con las limitaciones que establezca la Ley" (art. 104); y al establecer la figura de la reversión en materia de concesiones mineras, en los siguientes términos:

"Las tierras adquiridas con destino a la exploración o explotación de concesiones mineras, comprendidas las de hidrocarburos y demás minerales combustibles, pasarán en plena propiedad a la Nación, sin indemnización alguna, al extinguirse por cualquier causa la concesión respectiva (art. 103)".

El ejercicio de la libertad económica, en todo caso, base del modelo económico de la Constitución, no sólo debe fundarse en los principios de justicia social (art.

95), sino que no puede significar lesión a la misma libertad ejercida por otros. De allí que la Constitución imponga al legislador que por ley se dicten

"normas para impedir la usura, la indebida elevación de los precios y, en general, las maniobras abusivas encaminadas a obstruir o restringir la libertad económica" (art. 96).

Ahora bien, y dentro de la garantía de la reserva legal, la Constitución autoriza el establecimiento de limitaciones a la libertad económica con una amplitud considerable, al señalar que por ley se le pueden establecer limitaciones "por razones de seguridad, de sanidad u otras de interés social" (art. 96). Ciertamente que aquí estamos en presencia de conceptos jurídicos indeterminados, cuya concreción corresponde a las Cámaras Legislativas mediante Ley, y excepcionalmente, mediante Decreto-Ley, al Presidente de la República en los casos autorizados por la Constitución (art. 190, ordinales 10 y 11).

Se advierte, sin embargo, que al calificar estas expresiones como conceptos jurídicos indeterminados, ello no impide que conforme a la formulación flexible del modelo económico contenida en la Constitución, los mismos pueden ser concretados en diversas formas y conforme a las diversas orientaciones políticas de los gobiernos, sin que lleguen a ser desnaturalizados. Sin embargo, precisamente por tratarse de conceptos jurídicos indeterminados, la determinación por el legislador de lo que son razones de seguridad, razones de sanidad o razones de interés social, no implica ejercicio alguno de poderes discrecionales por parte del Legislador, el cual, a pesar de su soberanía, no podría incurrir en arbitrariedad y pretender calificar, por ejemplo, como "razones de interés social" limitaciones a la libertad económica que resulten contrarias a los principios de la Constitución económica, es decir, que conduzcan a negarla; que resulten contrarias a los principios de justicia social; que impliquen disminución del nivel de ingresos de la población o un debilitamiento de la economía del país, o que sean de carácter discriminatorias. En tales casos, en nuestro criterio, la Corte Suprema de Justicia, como juez constitucional, podría juzgar y declarar la nulidad de la Ley respectiva por violar la Constitución (art. 215), pues la inconstitucionalidad no sólo se origina por violación de artículos expresos sino de los principios constitucionales.

Pero además de consagrar expresamente la libertad económica, la Constitución también *garantiza la iniciativa privada* en materia económica al prescribir que

"El Estado protegerá la iniciativa privada, sin perjuicio de la facultad de dictar medidas para planificar, racionalizar y fomentar la producción, y regular la circulación, distribución y consumo de la riqueza, a fin de impulsar el desarrollo económico del país" (artículo 98).

La garantía de la iniciativa privada, por tanto, no escapa al objetivo general de contribuir al desarrollo económico del país, hacia lo cual el Estado debe orientarla con los poderes planificadores, reguladores y de fomento que la Constitución le atribuye expresamente. Los sectores económicos privados, en todo caso, deben ser oídos "en los asuntos que interesan a la vida económica". El principio se establece en el artículo 109 de la Constitución al prescribir que la Ley debe

"regular la integración, organización y atribuciones de los cuerpos consultivos que se juzguen necesarios para oír la opinión de los sectores económicos privados, la población consumidora, las organizaciones sindicales de trabajadores, los colegios de profesionales y las universidades, en los asuntos que interesen a la vida económica".

Por otra parte, dentro de los derechos económicos de los particulares que se garantizan en la Constitución, está el *derecho de propiedad,* el cual, en virtud de la "función social" que debe siempre cumplir, está sometido "a las contribuciones, restricciones y obligaciones que establezca la Ley con fines de utilidad pública o de interés general" (art. 99). De nuevo, aquí está la garantía de la reserva legal para el establecimiento de las limitaciones a la propiedad, que sólo puede formular el Legislador mediante Ley formal, o en los casos autorizados en la Constitución, el Presidente de la República mediante Decretos-Leyes, con fines de utilidad pública o de interés social que, en definitiva, delinean el concepto de función social. De nuevo también aquí estamos en presencia de conceptos jurídicos indeterminados, que no pueden concretarse arbitrariamente, sino con los criterios de racionalidad, logicidad y congruencia a los efectos de que las medidas dictadas no violen los principios constitucionales de la Constitución económica, pudiendo ejercerse, en nuestro criterio, en caso contrario, el control judicial de la constitucionalidad de las leyes, que en el caso de Venezuela es tanto de carácter difuso como concentrado, en este último caso, por vía de acción popular.

En cuanto a la propiedad privada de *inmuebles rurales,* la Constitución formula el principio de que "el régimen latifundista es contrario al interés social", por lo que autoriza al Legislador a que mediante ley formal disponga "lo conducente a su eliminación", y al establecimiento de "normas encaminadas a *dotar de tierra* a los campesinos y trabajadores rurales que carezcan de ella, así como a proveerlos de los medios necesarios para hacerla producir (art. 105), lo que se ha regulado, incluso antes de haberse promulgado la Constitución, en la Ley de Reforma Agraria de 1960.

Además, y también en relación a la propiedad privada, en cuanto ésta implique *aprovechamiento de recursos naturales,* la Constitución establece el principio de que el Estado debe atender "a la defensa y conservación de los recursos naturales de su territorio", sean renovables o no renovables; y el de que en todo caso "la explotación de los mismos estará dirigida primordialmente al beneficio colectivo de los venezolanos" (art. 106), lo que implica, una limitación adicional derivada de la función social que la propiedad privada debe cumplir.

Por último, la Constitución también garantiza "los derechos sobre *obras científicas,* literarias y artísticas, invenciones, denominaciones, marcas y lemas", los cuales, sin embargo, sólo gozan de protección por el tiempo y en las condiciones que señale la Ley" (art. 100), previéndose de nuevo, en todo caso, la garantía fundamental de la reserva legal.

Debe señalarse, además, en relación a la propiedad e, incluso, en relación a los derechos sobre bienes inmateriales, que la Constitución adicionalmente establece dos garantías frente a su eventual extinción por parte del Estado.

En *primer lugar,* regula la institución de la *expropiación,* la cual puede ser declarada respecto de cualquier clase de bienes sólo por causa de utilidad pública o de interés social, mediante sentencia firme y pago de justa indemnización" (art. 101). En cuanto al previo pago de la indemnización, sin embargo, la propia Constitución establece la posibilidad que mediante Ley "en la expropiación de inmuebles, con fines de reforma agraria o de ensanche y mejoramiento de poblaciones, y en los casos que por graves razones de interés nacional determine la Ley, podrá establecerse el diferimiento del pago por tiempo determinado o su cancelación parcial mediante la emisión de bonos de aceptación obligatoria, con garantía suficiente" (art. 101). La concreción de los conceptos jurídicos indeterminados que prevé la norma constitucional, como por ejemplo, la determinación de graves razones de interés nacional", también está sujeta a los límites antes mencionados, pues toda arbitrariedad, incluso la que provenga del legislador, significa una violación de la Constitución.

En *segundo lugar,* la Constitución formula la garantía general respecto de que *"no se decretarán ni ejecutarán confiscaciones"* (art. 102), abriendo, sin embargo, dos excepciones: las medidas que sean aceptadas por el Derecho internacional y los casos en los cuales el Congreso decrete "por acuerdo aprobado por la mayoría absoluta de sus miembros, la incautación de todos o parte de los bienes" de las personas responsables de actos de fuerza contra la vigencia de la Constitución y de los funcionarios de los gobiernos que se puedan organizar subsecuentemente, salvo que hayan contribuido a restablecer el imperio de la misma. La incautación de bienes, en esos casos, también puede ser decretada respecto de "quienes se hayan enriquecido ilícitamente al amparo de la usurpación". Dicha incautación, en todo caso, se regula "para resarcir a la República de los perjuicios que se le hayan causado" (art. 250).

Por último, además de la regulación de la libertad económica y del derecho de propiedad, en la Constitución se establecen indirectamente otros derechos económicos como inherentes al sistema, y que pueden englobarse en un conjunto de derechos constitucionales *a la protección de la libertad económica y de la iniciativa privada.* Por ejemplo, al establecerse imperativamente que "no se permitirán monopolios" (art. 97), de ello se deducen derechos de protección económica contra las conductas monopólicas que puedan afectar la libertad económica; y al establecerse la obligación para el legislador de dictar normas "para impedir la usura, la indebida elevación de los precios y, en general, las maniobras abusivas encaminadas a obstruir o restringir la libertad económica" (art. 96), se deducen derechos económicos, por ejemplo, a la protección de la competencia o concurrencia.

6. *Los principios de la intervención del Estado en la economía*

El modelo económico que establece la Constitución, si bien se fundamenta en la libertad económica y la iniciativa privada, prescribe expresamente que ésta debe basarse en "principios de justicia social que aseguren a todos una existencia digna y provechosa para la colectividad" (art. 95). En consecuencia, el sistema no se concibe sin que el Estado tenga una intervención decisiva con el objeto de garantizar, conforme lo formula el Preámbulo de la Constitución, que se protegerá y enaltecerá el trabajo; se amparará la dignidad humana; se promoverá el bienestar general y la seguridad social; se buscará lograr la participación equitativa de todos en el disfrute de la riqueza, según los principios de la justicia social; se fomentará el desarrollo de la economía al servicio del hombre y se mantendrá la igualdad social y jurídica, sin discriminaciones derivadas de raza, sexo, credo o condición social. En consecuencia, como pieza esencial de la Constitución económica, además de los objetivos señalados que se asignan al Estado, se le atribuyen expresamente una serie de poderes de intervención en la vida económica.

En *primer lugar,* están los poderes de regulación de la actividad económica *(Estado regulador)* que, como se ha dicho, en todo caso, requieren como garantía, la regulación mediante Ley, siempre que se trate de la imposición de limitaciones a la libertad económica y a la iniciativa privada. Así, las limitaciones a la libertad económica "por razones de seguridad, de sanidad u otras de interés social" (art. 96) sólo pueden establecerse por Ley. Asimismo, sólo la ley puede establecer "normas para impedir la usura, la indebida elevación de los precios y, en general, las maniobras abusivas encaminadas a obstruir o restringir la libertad económica" (art. 96); y sólo la ley puede establecer las regulaciones que permitan al Estado "dictar medidas para planificar, racionalizar y fomentar la producción, y regular la circulación, distribución y consumo de las riquezas (art. 98). En el mismo sentido, en cuanto a la propiedad privada, sólo por Ley se pueden establecer las contribuciones, restricciones y obligaciones a que deba someterse en virtud de su función social, con fines de utilidad pública o de interés general (art. 99); y sólo por ley ha de disponerse lo conducente a la eliminación del latifundio (art. 105).

En *segundo lugar,* están los poderes de planificación y ordenación de la actividad económica *(Estado planificador)* como tarea de ordenación de la misma, mencionados en el artículo 98 del texto fundamental (planificar la producción a fin de impulsar el desarrollo económico del país) e, indirectamente, previstos en el artículo 191 que exige al Presidente de la República, en su Mensaje Anual al Congreso, la exposición de los "lineamientos del *plan de desarrollo económico y social de la Nación",* y en el artículo 229 que autoriza la sanción de una ley con normas para "coordinar la inversión del situado constitucional (es decir, la partida del presupuesto nacional destinada a distribuirse entre los Estados miembros de la Federación) con planes administrativos desarrollados por el Poder Nacional". Con la Enmienda Constitucional núm. 2 de 1983, la función planificadora del Estado se especificó adicionalmente en la Constitución económica, al prescribirse que

"El Ejecutivo Nacional en el transcurso del primer año de cada período constitucional presentará para su aprobación, a las Cámaras Legislativas en sesión conjunta, las *líneas generales del plan de desarrollo económico y social de la Nación"* (art. 7).

Con ello no sólo el propio Ejecutivo Nacional y la Administración Pública deben estar vinculados al plan aprobado, sino que las propias Cámaras Legislativas deben sujetarse al mismo, por ejemplo, al sancionar las leyes de Presupuesto y los créditos adicionales al mismo en el período de ejecución del plan.

En *tercer lugar,* están los poderes de control *(Estado de control),* por ejemplo, para proteger la propia libertad económica en su ejercicio recíproco por los sujetos de derecho y asegurar que se ajuste a los principios de justicia social. Siendo los límites de la libertad "el derecho de los demás y el orden público y social" (art. 43), el Estado tiene los poderes de control para evitar que ellos se traspasen. Por ello, la prohibición constitucional respecto a los monopolios, que "no se permitirán" (art. 97), y la potestad expresa para que la Ley dicte "normas para impedir la usura, la indebida elevación de los precios y, en general, las maniobras abusivas encaminadas a obstruir o restringir la libertad económica" (artículo 96). Dentro de los poderes de control, se destacan, además, aquellos que ejerce el Estado sobre determinadas actividades económicas de producción, como la "industria básica pesada", que aun cuando sea desarrollada por los particulares, conforme a la Constitución, debe estar siempre bajo control del Estado (art. 97).

En *cuarto lugar* están los poderes del Estado para reservarse determinados servicios de interés público *(Estado de servicios públicos)* (artículo 97), lo que implica, siempre, una restricción a la libertad económica, pues el que se declare una actividad determinada como servicio público no significa otra cosa que sustraerla de las actividades que pueden realizar, libremente, los particulares. Esta reserva, por otra parte, comporta siempre una obligación de prestación o prestacional que asume el Estado, sea de manera exclusiva, con exclusión de toda actividad privada, sea con participación de la iniciativa privada, en algunos casos, mediante el régimen de concesiones. En este caso, la Constitución establece que

"sólo podrán otorgarse, en conformidad con la ley, concesiones con carácter de exclusividad, y por tiempo limitado, para el establecimiento y la explotación de obras y servicios de interés público" (art. 97).

En *quinto lugar* están los poderes del Estado de participar directamente en la actividad económica, como empresario en cualquier tipo de actividades industriales, comerciales y de servicio *(Estado empresario),* establecido de forma tal, sin limitación de ningún tipo, de manera que no hay visos algunos de subsidiariedad. Por tanto, el Estado no tiene límites constitucionales expresos para participar en la actividad económica y ser propietario de medios de producción, salvo, por supuesto, los que derivan de la misma formulación del modelo económico que impedirían una estatización total de la economía y la eliminación de la iniciativa privada.

Por tanto, en un régimen de economía mixta y dentro de los mismos marcos de la Constitución económica, es decir, fundamentada en principios de justicia social que aseguren a todos una existencia digna y provechosa para la colectividad, el Estado puede desarrollar una actividad empresarial en concurrencia con las actividades económicas privadas, con poderes, incluso, para reservarse determinadas industrias y explotaciones.

En esta materia, la Constitución, en *primer lugar,* establece la reserva para el Estado de poseer y usar armas de guerra, de manera que todas las que existan o se introduzcan en el país *"pasarán a ser propiedad de la República, sin indemnización ni proceso"* (art. 133).

Además, en segundo lugar el artículo 97 de la Constitución establece que "El Estado podrá reservarse determinadas industrias, explotaciones o servicios de interés público por razones de conveniencia nacional", de lo que resulta, primero una cláusula habilitatoria para que el Estado pueda reservarse actividades económicas, en cuyo caso quedarían excluidas del ámbito de la libre iniciativa privada; y segundo, una cláusula limitativa, en cuanto que sólo puede incidir en "determinadas" industrias, explotaciones o servicios, es decir, la posibilidad constitucional de reserva de actividades económicas al Estado no puede conducir a una estatización general de la economía.

La reserva al Estado de actividades económicas, hemos dicho, implica que un sector de actividad económica (de industrias, explotaciones o servicios de interés público) queda excluida de la libre iniciativa privada, correspondiendo al Estado su realización, e implicando, una vez dictada la reserva por Ley, que los particulares que realizaban actividades económicas en las áreas reservadas, deben cesar en ello. Este poder de reserva ha sido usado expresamente en cuatro ocasiones en Venezuela durante la vigencia de la Constitución: la reserva del mercado interno de los hidrocarburos (1973), la reserva de la industria del gas natural (1972) y la reserva de la industria del mineral de hierro de la industria y el comercio de los hidrocarburos (1975), y en esos casos, la reserva ha sido total, excluyéndose la posibilidad de realización de dichas actividades por los particulares. Es de advertir, además, que la reserva, en sí misma, no implica pago de indemnización alguna a los particulares que realizaban la actividad concreta y deben cesar, salvo cuando el Estado, además de formular la reserva, decide asumir y apropiarse de los bienes que los particulares tenían afectados a la actividad, en cuyo caso debe expropiarlos conforme a lo establecido en el artículo 101 del Texto Fundamental, es decir, mediante sentencia firme y pago de justa indemnización. En consecuencia, la reserva de actividades económicas por ley y la expropiación de los bienes de particulares que estaban afectos a la actividad, como medidas conjuntas, conforman en Venezuela la figura de la nacionalización, que se aplicó, entre otras, en materia petrolera, por supuesto, sólo respecto de la industria petrolera, pues el subsuelo (el petróleo) siempre ha sido del dominio público del Estado.

Pero la participación del Estado en actividades empresariales, por supuesto, puede realizarse también en concurrencia con los particulares, estableciéndose en la Constitución que una Ley debe determinar "lo concerniente a las *industrias promovidas y dirigidas por el Estado"* (art. 97), y que "los intereses del Estado en corporaciones o entidades de cualquier naturaleza" y, por supuesto, de carácter económico estarán sujetos al control del Congreso, en la forma que la Ley establezca" (art. 230).

Por último, en el marco de los poderes de intervención del Estado en la economía, se deben mencionar los clásicos poderes de fomento *(Estado de fomento)* que derivan expresamente de la obligación impuesta al Estado de "proteger la iniciativa privada" con la atribución en el artículo 98 de, entre otras potestades, dictar medidas para "fomentar la "producción... a fin de impulsar el desarrollo económico del país". Por supuesto, también derivan los poderes de fomento del objetivo general que se le define al Estado en la Constitución económica de

"promover el desarrollo económico y la diversificación de la producción, con el fin de crear nuevas fuentes de riqueza, aumentar el nivel de ingresos de la población y fortalecer la soberanía económica del país" (art. 95).

7. *Los principios de la Constitución económica en el Proyecto de Constitución*

Como consecuencia de las reflexiones anteriores, estimamos que en la Nueva Constitución lo que debe es consolidarse el sistema económico del *Estado Social y Democrático de Derecho y de Justicia* que está definido en el artículo 2 del Anteproyecto aprobado en la sesión del 19 de octubre de 1999, y que responda, por supuesto, en el texto constitucional, a la idea indicada en el documento presentado por el Presidente de la República, con el título: *Ideas fundamentales para la Constitución Bolivariana de la V República,* sometido a la consideración de la Asamblea, y que queda expresada en este párrafo:

"El sistema económico venezolano *rechaza los extremismos* dogmáticos y su desarrollo autogestionario se ubicará en un punto de *equilibrio entre el Estado y el mercado,* entre lo *público y lo privado,* entre lo *nacional y lo internacional"*.

De ello resulta, entonces, que siguiendo la orientación flexible y no dogmática del régimen constitucional de la economía, las normas del Capítulo I (Del Régimen

Socio-Económico y el papel del Estado en la Economía) del Título VI (Del Sistema Socio-Económico) en nuestro criterio, no sólo deberían simplificarse y sincerarse sino adaptarse al esquema flexible, no extremista y excluyente señalado.

Con fundamento en lo anteriormente expuesto, por tanto, a continuación proponemos las siguientes modificaciones a los artículos del Anteproyecto.

A. *Principios del Régimen Económico*

Como se ha dicho, el artículo 335 del Anteproyecto, en relación con los principios del régimen económico, establece lo siguiente

"Artículo 335: El régimen socioeconómico de la República de Venezuela estará siempre al servicio del interés social; sus elementos básicos se constituirán en función de humano integral.

El régimen económico de la República se fundamentará en principios de justicia social, eficiencia, libre competencia e iniciativa, defensa del ambiente, productividad y solidaridad, a los fines de asegurar, a todas las personas, una existencia digna y provechosa para la colectividad. El Estado promoverá el desarrollo armónico de la economía nacional con el fin de generar un alto valor agregado nacional, mejorar el nivel de vida de la población y fortalecer la soberanía económica del país. El Estado garantizará la seguridad jurídica y fomentara la iniciativa privada.

El Estado deberá planificar, desarrollar y ejecutar una estrategia mediante un proyecto nacional que imprima solidez, dinamismo, permanencia y equidad al crecimiento de la economía, La planificación debe ser fruto de la participación, la consulta y realmente democrática y abierta".

Este artículo, que equivale al artículo 95 de la Constitución de 1961, debería precisar que el régimen económico, no dirigista, de la República, equivale a un régimen fundamentado en la libertad económica en una economía social de mercado. Su redacción podría entonces ser la siguiente, partiendo del supuesto de que el mismo, como toda acción de la República, siempre está al servicio del interés social y general:

"Artículo 335: El régimen económico de la República será el de la economía social de mercado y se fundamenta en principios de justicia social, de libre empresa, de eficiencia, de productividad y de libre competencia e iniciativa, que tiendan a asegurar a todos una existencia digna y provechosa para la colectividad.

El Estado promoverá el desarrollo económico y social y creará las condiciones necesarias para la diversificación de la producción con el fin de crear nuevas fuentes de riqueza, mejorar el nivel de vida de la población y fortalecer la soberanía económica del país".

En cuanto a la última parte del artículo 335 en relación con la iniciativa privada y la planificación, estimamos que debe redactarse un párrafo del artículo 335 que retenga, en lo sustancial, el texto del artículo 98 de la Constitución de 1961, así:

"El Estado protegerá la iniciativa privada, sin perjuicio de la facultad de dictar medidas para planificar, racionalizar y fomentar la producción, y regular la circulación, distribución y consumo de la riqueza, a fin de impulsar el desarrollo económico del país".

B. *La intervención empresarial del Estado en la economía*

La intervención del Estado en la economía, en un sistema de economía social de mercado, es una materia de política económica que no puede tampoco rigidizarse en la Constitución.

Sin embargo, en el artículo 336 del Anteproyecto, en una forma excesivamente rígida, se limita la actividad del *Estado empresario* a las áreas reservadas, salvo casos distintos sometidos a una excesiva intervención legislativa en las actividades ejecutivas. Dicho artículo tiene la siguiente redacción:

"Artículo 336: En aquellas áreas que no le estén reservadas, las entidades públicas territoriales, sólo por autorización expresa de una ley podrán crear entidades descentralizadas para realizar actividad empresarial, la cual debe estar motivada por razones de interés público, sin menoscabo de la razonable productividad económica y social de los recursos que el Estado invirtiere en dicha actividad. La Ley Nacional establecerá condiciones para la creación funcionamiento y control de entidades descentralizadas".

Al contrario, estimamos que el artículo 336, si bien tiene la intención de frenar la actividad empresarial del Estado que ha sido en muchos casos inconveniente, no debe limitarla sólo a las áreas reservadas y en cuanto a las otras, no debe establecer un régimen de intervención parlamentaria, a todas luces inconveniente, en el nuevo esquema que debe establecerse de relaciones entre el Poder Ejecutivo y el Poder Legislativo.

Esta norma, estimamos que debería redactarse así:

"Artículo 336: La Ley nacional establecerá las condiciones para la creación de entidades descentralizadas funcionalmente para la realización de actividades sociales o empresariales, de manera de asegurar la razonable productividad económica y social de los recursos públicos que en ellas se inviertan".

C. *Las actividades reservadas al Estado*

En cuanto a las normas del Anteproyecto relativas a la reserva del Estado sobre determinados bienes y servicios, estas están en los artículos 338 y 339 del mismo, que tienen el siguiente texto

"Artículo 338: Quedan reservados al Estado por conveniencia nacional los recursos naturales no renovables y, en general, los productos del subsuelo y todos los minerales; los servicios de agua potable, energía eléctrica y la administración del espectro de las telecomunicaciones; y las empresas estratégicas definidas por la ley.

El Estado podrá otorgar en concesión cualquiera de las actividades antes mencionadas, en los casos que la ley establezca.

Artículo 339: Quedan reservadas al Estado las actividades de la exploración, explotación, transporte, manufacturas y mercadeo interno de los hidrocarburos, exceptuándose los gaseosos. Sólo en casos especiales, cuando así convenga al interés nacional previa autorización de la Asamblea Nacional y siempre que se mantenga el control por parte del Estado, podrán suscribirse convenios con el sector privado para el ejercicio de las mencionadas actividades".

Estimamos que estas reservas de rango constitucional no resultan nada conveniente para el régimen constitucional flexible que requiere la economía, y más bien debe dejarse el principio de que dichas reservas, como potestad del Estado, se harán mediante Ley como ha ocurrido hasta la fecha. En consecuencia, estimamos que debe retenerse la segunda parte del artículo 97 de la Constitución de 1961, en un artículo, así:

"*Artículo 338:* El Estado podrá reservarse determinadas industrias, explotaciones o servicios de interés público por razones de conveniencia nacional. La ley que establezca la reserva regulará las condiciones y modalidades de realización de las actividades reservadas".

Con una norma de este tipo, el Estado se reservó la industria y la comercialización de los hidrocarburos, incluyendo el gas; pero luego ha iniciado la apertura del mercado interno de los hidrocarburos y de los hidrocarburos gaseosos sin necesidad de reformar la Constitución, también por razones de conveniencia nacional que es, por supuesto, cambiante y dinámica. Por ello estimamos que no tiene sentido, en el largo plazo, constitucionalizar el texto del artículo 5° de la Ley de Nacionalización Petrolera.

En tal contexto, tampoco tiene sentido alguno constitucionalizar una reserva estatal sobre los servicios de agua y de energía eléctrica que son servicios públicos económicos, cada vez más a cargo de la iniciativa privada en todo el mundo, sin perjuicio de las potestades reguladoras del Estado.

Más que actividades reservadas, en estos servicios públicos económicos estamos en presencia de actividades o sectores reglamentados en muy diversos grados, que deben estar sometidos a un ordenamiento sectorial que ordene el sistema en su conjunto o globalmente, pero no por ello extraídas del ámbito de la libertad y de la iniciativa privada, que podría asumirlos mediante títulos de autorizaciones y concesiones, como acontece, por ejemplo, con la recién dictada Ley de Servicio Eléctrico.

Los artículos 338 y 339, en consecuencia, podrían ser eliminados, pues en cuanto al subsuelo y sus riquezas de minerales en el Anteproyecto ya aparecen declaradas como del dominio público en el Título II, artículo 11 y en cuanto al espectro electromagnético está sometido a la soberanía del Estado en el artículo 10, por lo que le corresponde su administración. La eliminación de los artículos señalados, sin embargo, exige atribuir al Poder Nacional competencia expresa en cuanto al régimen de la energía eléctrica y los servicios de agua potable, en el artículo que sea equivalente al art. 136 de la Constitución vigente.

En todo caso, el artículo propuesto debería complementarse con un párrafo que establezca el régimen general relativo a los servicios públicos, así:

"La Ley que regule los servicios públicos establecerá los principios relativos a la justa remuneración de los operadores y las obligaciones o cargas del servicio universal que junto a la libre competencia, garanticen la seguridad, la calidad, la cobertura universal y la eficiencia económica del servicio".

D. *El régimen de la reserva de la industria petrolera*

El Anteproyecto, en el artículo 340, complementa la constitucionalización del régimen de la reserva de la industria petrolera que se propone en el artículo 339 del Anteproyecto, al buscar establecer en la Constitución la propiedad invariable de las acciones de PDVSA, en la forma siguiente:

> *"Artículo 340:* El Estado conservará la totalidad de la acciones de Petróleos de Venezuela, S.A., o del ente creado para el manejo de la industria petrolera por razones de soberanía económica, política y de estrategia nacional".

En cuanto a este artículo relativo a la propiedad de las acciones de PDVSA, estimamos adecuada la posición expresada por el Presidente de dicha empresa, Ing. Ciavaldini, en el sentido de que esa materia no debía constitucionalizarse. Además, la noción de "Estado" no es la que aquí debería utilizarse, sino la de "República"; y en ningún caso, una decisión de esa naturaleza, en una Constitución, requiere de una "motivación" como la indicada en la norma propuesta.

E. *La declaratoria de las aguas como del dominio público*

El artículo 341 del Anteproyecto declara a las aguas como del dominio público, en la siguiente forma:

> ***Artículo 341:*** Todas las aguas son bienes de dominio público de la República, insustituibles para la vida y el desarrollo. La ley establecerá las disposiciones necesarias a fin de garantizar su protección y aprovechamiento, respetando las fases del ciclo hidrológico y los criterios de ordenación del territorio".

Respecto de esta declaratoria de todas las aguas como del dominio público, el tema, por supuesto no es nada nuevo y lo hemos estudiado desde hace muchos años (véase "Comentarios sobre la declaratoria general de las aguas como bienes del dominio público en el Proyecto de Ley de Aguas", en Allan R. Brewer Carías, *Derecho y Administración de las Aguas y otros Recursos Naturales Renovables,* Caracas 1976, págs. 147 y sigts.).

Conforme a ello, y siguiendo los estudios realizados en la década de los setenta por la Comisión del Plan Nacional de Aprovechamiento de los Recursos Hidráulicos, estimamos que más que las aguas en genérico, lo que interesa declarar como del dominio público son los recursos hidráulicos.

Por ello, el artículo 341 podría quedar redactado así:

> *"Artículo 341:* Todos los recursos hidráulicos, como elementos esenciales para la vida y el desarrollo económico y social de la Nación, son bienes del dominio público y, por tanto, son patrimonio exclusivo, inalienable e imprescriptible de la misma y no son susceptibles de apropiación individual.
>
> Todas las aguas son fases de un mismo ciclo y consecuentemente quedan sometidas al mismo régimen jurídico que establezca la Ley, sin perjuicio de las distintas peculiaridades que en cada caso pueda requerir su aprovechamiento".

La norma, por otra parte, podría ubicarse a continuación del artículo 11 del Título II, Capítulo I sobre los Espacios Geográficos.

F. *El régimen de la seguridad alimentaria*

En cuanto al artículo 342 sobre la seguridad alimentaria, estimamos que debe ser una política económica esencial del Estado, pero para ello parece desproporcionado que éste *garantice* la seguridad alimentaria de la población. El artículo, en efecto está redactado así:

> "**Artículo 342:** El Estado garantizará la seguridad alimentaria de la población; entendida como la disponibilidad suficiente y estable de alimento a nivel nacional y el acceso oportuno y permanente a estos por parte de los venezolanos. La seguridad alimentaria deberá alcanzarse privilegiando la producción agrícola interna. La producción de alimentos es de interés nacional y fundamental al desarrollo económico y social de la nación. A tales fines, el Estado dictará las medidas de orden financiera, comercial, transferencia tecnológica, tenencia de la tierra, infraestructura, capacitación de mano de obra y otras que fueran necesarias para alcanzar niveles estratégicos de autoabastecimiento. Además, promoverá las acciones en el marco de la economía nacional e internacional para compensar las desventajas propias de la actividad rural".

Estimamos que el artículo podría redactarse de manera de estimular y propender a la seguridad alimentaria, con un texto que podría ser el siguiente

> "*Artículo 342:* Con el objeto de lograr la seguridad alimentaria de la población, se declara la actividad agrícola de interés fundamental y prioritario para el desarrollo económico y social de la Nación. Con tal fin, el Estado apoyará y estimulará la modernización, el desarrollo integral y el incremento de la competitividad de las actividades agrícolas, pecuarias, pesqueras, forestales y agroindustriales, así como la construcción de obras de infraestructura física y adecuación de tierras. De igual manera, el Estado promoverá la investigación y la transferencia de tecnología para la producción de alimentos y materias primas de origen agropecuario, con el propósito de incrementar su productividad".

G. *El régimen del latifundio*

En cuanto al artículo 343 relativo al régimen latifundista y al desarrollo rural, está redactado así en el Anteproyecto:

> "**Artículo 343:** El régimen latifundista es contrario al interés social. El Estado protegerá y promoverá las formas asociativas de propiedad de la tierra para estimular la productividad y la competitividad del productor agrícola nacional. La ley desestimulará la permanencia de tierras ociosas y dispondrá lo conducente a su transformación en unidades económicas productivas, rescatando igualmente las tierras de vocación agrícola.
>
> Por su importancia alimentaria nacional, el Estado protegerá los asentamientos y comunidades de pescadores artesanales, así como sus caladeros de pesca próximos a la línea de costa".

Ahora bien, estimamos que la norma podría ser redactada más ampliamente, de manera de regular en la misma no sólo al latifundio privado sino al latifundio público (tierras baldías afectadas a la reforma agraria) y a la promoción del desarrollo rural integrado. En consecuencia, la norma podría quedar redactada así:

"Artículo 343: El régimen latifundista es contrario al interés social. El Estado protegerá y promoverá las formas asociativas de propiedad de la tierra para estimular la productividad y competitividad del productor agrícola nacional. La ley desestimulará la permanencia de tierras ociosas y dispondrá lo conducente a su transformación en unidades económicas productivas. Las tierras con potencial agrícola que son propiedad del Estado deberán cumplir una función económica productiva, a cuyo efecto la ley establecerá normas encaminadas a adjudicar la tierra en propiedad plena a los campesinos y productores del medio rural en dimensiones adecuadas para que sea económicamente viable su explotación.

El Estado promoverá las condiciones para el desarrollo rural integral, con el propósito de generar empleo y garantizar a la población campesina un nivel adecuado de bienestar, así como su incorporación al desarrollo nacional. Es deber del Estado promover el acceso de la población rural a los servicios de educación, salud, vivienda, seguridad social y asistencia técnica con el fin de mejorar el ingreso y calidad de vida a los campesinos y pequeños productores del campo".

8. *Propuesta de articulado*

Conforme a todo lo anteriormente expuesto, proponemos que en el Título VI sobre el Sistema Socio-Económico, el Capítulo I Del Régimen Socio-Económico y el papel del Estado en la Economía, las normas que hemos comentado deberían quedar así:

"Artículo 335: El régimen económico de la República será el de la economía social de mercado y se fundamenta en principios de justicia social, de libre empresa, de eficiencia, de productividad y de libre competencia e iniciativa, que tiendan a asegurar a todos una existencia digna y provechosa para la colectividad.

El Estado promoverá el desarrollo económico y social y creará las condiciones necesarias para la diversificación de la producción con el fin de crear nuevas fuentes de riqueza, mejorar el nivel de vida de la población y fortalecer la soberanía económica del país.

Artículo 336: La Ley nacional establecerá las condiciones para la creación de entidades descentralizadas funcionalmente para la realización de actividades sociales o empresariales, de manera de asegurar la razonable productividad económica y social de los recursos públicos que en ellas se inviertan.

Artículo 338: El Estado podrá reservarse determinadas industrias, explotaciones o servicios de interés público por razones de conveniencia nacional. La ley que establezca la reserva regulará las condiciones y modalidades de realización de las actividades reservadas.

La Ley que regule los servicios públicos establecerá los principios relativos a la justa remuneración de los operadores y las obligaciones o cargas del servicio universal que junto a la libre competencia, garanticen la seguridad, la calidad, la cobertura universal y la eficiencia económica del servicio.

Artículo 341: Todos los recursos hidráulicos, como elementos esenciales para la vida y el desarrollo económico y social de la Nación, son bienes del dominio público y, por tanto, son patrimonio exclusivo, inalienable e imprescriptible de la misma y no son susceptibles de apropiación individual.

Todas las aguas son fases de un mismo ciclo y consecuentemente quedan sometidas al mismo régimen jurídico que establezca la Ley, sin perjuicio de las distintas peculiaridades que en cada caso pueda requerir su aprovechamiento.

Artículo 342: Con el objeto de lograr la seguridad alimentaria de la población, se declara la actividad agrícola de interés fundamental y prioritario para el desarrollo económico y social de la Nación. Con tal fin, el Estado apoyará y estimulará la modernización, el desarrollo integral y el incremento de la competitividad de las actividades agrícolas, pecuarias, pesqueras, forestales y agroindustriales, así como la construcción de obras de infraestructura física y adecuación de tierras. De igual manera, el Estado promoverá la investigación y la transferencia de tecnología para la producción de alimentos y materias primas de origen agropecuario, con el propósito de incrementar su productividad.

Artículo 343: El régimen latifundista es contrario al interés social. El Estado protegerá y promoverá las formas asociativas de propiedad de la tierra para estimular la productividad y competitividad del productor agrícola nacional. La ley desestimulará la permanencia de tierras ociosas y dispondrá lo conducente a su transformación en unidades económicas productivas. Las tierras con potencial agrícola que son propiedad del Estado deberán cumplir una función económica productiva, a cuyo efecto la ley establecerá normas encaminadas a adjudicar la tierra en propiedad plena a los campesinos y productores del medio rural en dimensiones adecuadas para que sea económicamente viable su explotación.

El Estado promoverá las condiciones para el desarrollo rural integral, con el propósito de generar empleo y garantizar a la población campesina un nivel adecuado de bienestar, así como su incorporación al desarrollo nacional. Es deber del Estado promover el acceso de la población rural a los servicios de educación, salud, vivienda, seguridad social y asistencia técnica con el fin de mejorar el ingreso y calidad de vida a los campesinos y pequeños productores del campo".

Capítulo I. Del régimen socioeconómico y de la función del Estado en la economía

Artículo 299. Principios del Sistema Económico y desarrollo agrícola

Artículo 299. El régimen socioeconómico de la República Bolivariana de Venezuela se fundamenta en los principios de justicia social, democracia, eficiencia, libre competencia, protección del ambiente, productividad y solidaridad, a los fines de asegurar el desarrollo humano integral y una existencia digna y provechosa para la colectividad. El Estado, conjuntamente con la iniciativa privada, promoverá el desarrollo armónico de la economía nacional con el fin de generar fuentes de trabajo, alto valor agregado nacional, elevar el nivel de vida de la población y fortalecer la soberanía económica del país, garantizando la seguridad jurídica, solidez, dinamismo, sustentabilidad, permanencia y equidad del crecimiento de la economía, para lograr una justa distribución de la riqueza mediante una planificación estratégica democrática, participativa y de consulta abierta.

Sobre esta norma véase lo que se indica en la página 894 de este Tomo.

Sobre esta norma, consideré que se debió precisar que el régimen económico, no dirigista, de la República, es el de la economía social de mercado, que equivale a un régimen basado en la libertad económica con responsabilidades estatales para asegurar la justicia social; estimando que debió retenerse, en lo sustancial, el texto del artículo 98 de la Constitución de 1961. Por ello, en la sesión del 9 de noviembre de 1999, con ocasión de la primera discusión sobre esta norma, expuse lo siguiente:

CONSTITUYENTE BREWER CARIAS (ALLAN).-Señor Presidente, colegas constituyentes. Toda Constitución tiene tres pilares fundamentales, tres estructuras, tres fundamentos. Por una parte, una Constitución política, una Constitución del hombre, del ciudadano y en tercer lugar una Constitución económica.

Hemos venido en estas sesiones construyendo el edificio de estos tres elementos que conforman la Constitución, cualquier Constitución. Hemos ido definiendo y construyendo la Constitución política desde los Derechos Políticos de los Ciudadanos hasta la organización del Poder, organización vertical del poder, una federación, organización horizontal del poder, la separación de poderes, todo esto lo hemos venido ya construyendo.

El segundo aspecto también ha sido ya casi concluido de esa estructura: el Derecho del Ciudadano, el Derecho del Hombre. Todo el conjunto de derechos individuales, fundamentalmente, y luego los otros derechos que hemos venido analizando.

Hoy vamos a empezar el tercer elemento esencial de la Constitución que es, justamente, la Constitución económica que se inicia con este artículo, pero ya hemos dicho al inicio que el Estado venezolano es un Estado democrático, social de derecho y de justicia, que por tanto se fundamenta en la libertad, en los derechos individuales y en la procura o en la búsqueda de la justicia social.

Esos aspectos, ya declarados en el Título Preliminar, tiene una incidencia fundamental en relación a la construcción de este tercer elemento de la Constitución económica que, sin duda, tiene que estar montado sobre principios de libertad, por una parte, y por la otra, sobre principios de actuación del Estado para procurar asegurar la justicia social.

Este es un modelo económico que, por otra parte, es el que se ha venido desarrollando por todo el mundo contemporáneo en los últimos cincuenta años, y en cierta forma, la Constitución del 61 respondía al mismo. Es decir, un modelo económico basado en la libertad económica, en la iniciativa privada, como contrario al sistema dirigista o estatista, pero que no excluía la intervención del Estado por razones de justicia social.

La Constitución del 61, incluso, en su exposición de motivos señalaba que la idea era establecer en la Constitución los postulados más importantes que deben regir la acción del Estado y los particulares en el campo económico. Por eso se calificó a esa Constitución como una Constitución flexible. De manera que no esta-

bleciera excesivas rigideces en la estructuración de los principios económicos y permitiera el desarrollo por vía legislativa de los mismos.

La opción fue por un modelo de libertad económica pero fundamentada en el principio de justicia social. Inclusive, la exposición de motivos agrega -de la Constitución del 61- deja cierta flexibilidad al legislador ordinario para resolver cuestiones e injertar modificaciones al texto que correspondan a las necesidades y a las experiencias de la República sin tener que apelar a la reforma constitucional. El objetivo, por tanto, en esta materia, es establecer un conjunto de principios que no impliquen la necesidad de ir a reformar la Constitución cada vez que algún aspecto específico de la política económica vaya a ser modificado como consecuencia de la acción de los gobiernos, porque estamos estableciendo una Constitución para décadas y no vamos a saber exactamente dentro de tres o cuatro décadas cuál es la orientación política del gobierno, el marco tiene que ser lo suficientemente flexible, con principios fundamentales, como para permitirle larga duración a la Constitución.

En ese sentido aquí hay dos aspectos centrales que hay que regular: por una parte, la iniciativa privada, la libertad económica, sus limitaciones, como ya lo hemos señalado, de manera que el principio de la libertad de empresa, el principio de la libertad económica, la garantía de la iniciativa privada sea uno de los pilares de la construcción de la Constitución económica.

Por la otra, los principios relativos a la intervención del Estado. Libertad económica e iniciativa privada no se conciben en el mundo contemporáneo sin que pueda haber una intervención y deba haber una intervención del Estado con el objeto de garantizar objetivos del sistema que están vinculados a la justicia social.

De manera que hay que regular poderes de regulación... Si me da...

EL PRESIDENTE (Interrumpiendo).- Le queda un minuto.

EL ORADOR.-Bueno. Poderes de regulación del Estado, de la economía, como hay que ponerlo por poderes de ordenación de la economía, poderes de control, poderes de prestación de servicios públicos, poderes de participación activa en la actividad económica, por vía empresarial del Estado, además de poderes de fomento.

Esto es lo que se denomina en el mundo contemporáneo un sistema de economía mixta o si se quiere con la terminología adecuada, un sistema de economía social de mercado, montado sobre el principio de la libertad económica y la intervención del Estado para la procura de la justicia social.

Eso estaba, incluso, en los principios del documento presentado por el presidente Chávez. Él decía en ese documento -por supuesto, esto no es para una norma constitucional, pero es un principio bien importante dentro de esta misma orientación- el sistema económico venezolano rechaza extremismos dogmáticos y su desarrollo autogestionario se ubicará en un punto de equilibrio entre el Estado y el mercado, entre lo público y lo privado, entre lo nacional y lo internacional, y esa es la orientación que debe llevar.

Esto no es extraño en las constituciones este tipo de declaración. Por ejemplo, en la Constitución española se dice expresamente: "Se reconoce la libertad de empresas en el marco de la economía de mercado. Los poderes públicos garantizan y *protegen su ejercicio y la defensa de la productividad de acuerdo a la exigencia de la economía nacional y, en su caso de la planificación."*

De manera que el tema es un tema universal en el constitucionalismo este de la definición del sistema económico. Pienso que a las cosas hay que llamarlas por su nombre y por eso, en relación a este primer artículo, dentro de esta orientación quisiera proponer una redacción alternativa, donde se hable de libre empresa, donde se hable de la economía social de mercado que, justamente, conjuga la libertad económica y la intervención del Estado para la procura de la justicia social, y que la planificación no se establezca como una obligación sino, como hasta ahora ha sido, en el sentido de que el Estado puede planificar pero no necesariamente debe planificar, porque a pesar de que en la Enmienda Constitucional del año 83 se estableció hasta que el Ejecutivo anualmente debía presentar, o quinquenalmente, un plan al Congreso nacional nunca lo hizo.

De manera que propongo este artículo que recoge lo sustancial del anterior, pero con precisiones que creo que tenemos que aceptar para ser coherentes con toda la estructura.

"El régimen económico de la República será el de la economía social de mercado y se fundamenta en principios de justicia social, de libre empresa, de eficiencia, de productividad y de libre competencia e iniciativa y tiendan a asegurar a todos una existencia digna y provechosa para la colectividad.

El Estado promoverá el desarrollo económico y social y creará las condiciones necesarias para la diversificación de la producción con el fin de crear nuevas fuentes de riqueza, mejorar el nivel de vida de la población y fortalecer la soberanía económica del país.

El Estado protegerá la iniciativa privada sin perjuicio de la facultad para dictar medidas de planificar, racionalizar, fomentar la producción y regular la circulación, distribución y consumo de la riqueza a fin de impulsar el desarrollo económico del país".

La planificación debe ser fruto de la participación y consulta democrática abierta, como dice la frase que está en la última propuesta de la Comisión.

[....]

Proposición del constituyente Allan Brewer Carías:

"El régimen económico de la República será el de la economía social de mercado, y se fundamenta en principios de justicia social, de libre empresa, de eficiencia, de productividad, y de libre competencia e iniciativa, que tiendan a asegurar a toda una existencia digna y provechosa para la colectividad."

"El Estado promoverá el desarrollo económico y social, y creará las condiciones necesarias para la diversificación de la producción, con el fin de crear nuevas fuentes de riqueza, mejorar el nivel de vida de la población, y fortalecer la soberanía económica del país."

"El Estado protegerá la iniciativa privada, sin perjuicio de las facultades de dictar medidas para planificar, racionalizar, y fomentar la producción, y regular la circulación, distribución y consumo de la riqueza, a fin de impulsar el desarrollo económico del país."

EL PRESIDENTE.-Ustedes saben que a mí no me gusta prolongar los debates, pero me interesaría -para ilustrar a la Asamblea- que el constituyente Allan Brewer Carías, nos explicará en qué consiste la diferencia, porque yo la noto bien representada en lo que ha hecho la Comisión, con los agregados que se han discutido.

Tiene la palabra el constituyente Allan Brewer Carías.

CONSTITUYENTE BREWER CARÍAS (ALLAN).-Ciudadano Presidente. Básicamente la diferencia está, primero, en llamar las cosas por su nombre. No debemos tener ningún temor, y calificar al régimen económico como de economía social de mercado, que justamente combina la intervención del Estado, en procura de la justicia social, con la economía de mercado.

De manera, que esa es la primera diferencia; y la segunda diferencia en...

EL PRESIDENTE.- Orden en la Asamblea, por favor.

Continúe, ciudadano Constituyente.

CONSTITUYENTE BREWER CARÍAS (ALLAN).-...el párrafo final es no establecer una forma que pueda derivar en una planificación obligatoria y compulsiva. Por eso, la fórmula que se establece del "Estado protegerá la iniciativa privada, sin perjuicio de la facultad, para planificar, regular la distribución, y consumo", es una fórmula que permite desarrollar un mecanismo de planificación, con consulta popular, sin que del texto constitucional derive una planificación compulsiva, que creo, que no interesa que se establezca en esos términos en la Constitución.

Es todo, ciudadano Presidente.

Al final de la sesión del día 7 de Noviembre de 1999, en todo caso, consigné mi *Voto Salvado* **sobre esta norma, con el siguiente texto:**

Salvo mi voto por considerar que el artículo 335 aprobado por la Asamblea, no refleja con precisión el modelo de sistema económico que requiere la Venezuela contemporánea cónsono con el principio del *Estado Democrático y Social de Derecho y de Justicia* que se ha consagrado en el artículo 2 del Anteproyecto aprobado.

En efecto, desde hace más de cuarenta años Venezuela ha intentado desarrollar un régimen constitucional y político propio de un *Estado democrático y social de Derecho,* con la formulación, en la Constitución de 1961, de las bases de una Constitución económica que opta por un modelo económico de libertad como opuesto al de economía dirigida, similar al que, en ese momento, existía en todos los países occidentales y al cual, progresivamente, se han dirigido muchos de los países que se conocían como socialistas.

Desde el punto de vista económico, y a pesar de los múltiples problemas de desarrollo económico-social que continúan existiendo, el modelo ha enmarcado el desenvolvimiento de una economía basada en la libertad económica y la iniciativa privada, pero con una intervención importante y necesaria del Estado para asegurar los principios de justicia social que constitucionalmente deben orientar el régimen económico. Además, el Estado, al ser titular desde siempre del dominio público respecto del subsuelo conforme a la pauta que marcaron las Ordenanzas de Nueva España, en vigencia desde la segunda mitad del siglo XVII en los territorios de las antiguas Provincias Coloniales de España en el Mar Caribe; en el caso de Venezuela ha convertido al Estado en la entidad económica más poderosa del país, por ser dueño del petróleo, lo que le ha llevado a intervenir en forma importante en la actividad económica.

Ahora bien, la norma del artículo 335 de la Constitución y las que le siguen, lejos de configurar un sistema de economía mixta propio de una economía social de mercado en la cual cohabitan la iniciativa privada y la libertad económica con la intervención estatal para asegurar los principios de justicia social, establecen un régimen contradictorio que no se sabe a qué esquema responde, salvo al de rigidizar excesiva e innecesariamente la economía.

En efecto, de estos artículos se evidencian los siguientes aspectos:

1. La definición del sistema económico de manera confusa e imprecisa (art. 335).
2. La inconveniente prohibición de actividades empresariales del Estado, salvo en las materias "reservadas" o con intervención parlamentaria (art. 336).
3. La equiparación absoluta entre las empresas extranjeras y la empresa nacional a los efectos de los incentivos (art. 337).
4. La reserva al Estado de los recursos del subsuelo, de los servicios de agua potable y energía eléctrica y de la administración del espectro de las comunicaciones (art. 338).
5. La constitucionalización de la nacionalización de la industria petrolera (art. 339).
6. La propiedad pública permanente de las acciones de PDVSA (art. 340).
7. La declaratoria de las aguas como del dominio público (art. 341).
8. La garantía de la seguridad alimentaria (art. 342).
9. El régimen del latifundio (art. 343).
10. La protección a la pequeña y mediana industria (art. 344).
11. El régimen de la artesanía (art. 345).
12. El régimen del turismo (art. 346).

En mi criterio, estas normas son absolutamente insuficientes para regular el sistema económico en la nueva Constitución, acorde con los principios del Estado Democrático y Social de Derecho.

Para entender esa insuficiencia, en todo caso, es necesario precisar las bases del sistema económico que requiere la Venezuela contemporánea y que debe regularse en el texto constitucional.

(OMISSIS)

(El texto omitido fue la transcripción de la comunicación sobre el régimen constitucional del sistema económico que dirigí al Presidente y

demás miembros de la Asamblea el 29 de octubre que se incluyó en el artículo 299).

Como consecuencia de las reflexiones anteriores, estimo que en la Nueva Constitución lo que debe es consolidarse el sistema económico del *Estado Social y Democrático de Derecho y de Justicia* que está definido en el artículo 2 del Anteproyecto aprobado en la sesión del 19 de octubre de 1999, y que responda, por supuesto, en el texto constitucional, a la idea indicada en el documento presentado por el Presidente de la República, con el título: *Ideas fundamentales para la Constitución Bolivariana de la V República,* sometido a la consideración de la Asamblea, y que queda expresada en este párrafo:

"El sistema económico venezolano *rechaza los extremismos* dogmáticos y su desarrollo autogestionario se ubicará en un punto de *equilibrio entre el Estado y el mercado,* entre lo *público y lo privado,* entre lo *nacional y lo internacional*".

De ello resulta, entonces, que siguiendo la orientación flexible y no dogmática del régimen constitucional de la economía, las normas del Capítulo I (Del Régimen Socio-Económico y el papel del Estado en la Economía) del Título VI (Del Sistema socio-económico) en mi criterio, no sólo deberían simplificarse y sincerarse sino adaptarse al esquema flexible, no extremista y excluyente señalado.

Con fundamento en lo anteriormente expuesto, es que salvo el voto en relación con el artículo 335 del Anteproyecto, respecto del cual debo destacar que equivale al artículo 95 de la Constitución de 1961, por lo que en él se debió precisar que el régimen económico, no dirigista, de la República, equivale a un régimen fundamentado en la libertad económica en una economía social de mercado. Por ello propuse que su redacción fuera la siguiente, partiendo del supuesto de que el mismo, como toda acción de la República, siempre está al servicio del interés social y general:

"Artículo 335: El régimen económico de la República será el de la economía social de mercado y se fundamenta en principios de justicia social, de libre empresa, de eficiencia, de productividad y de libre competencia e iniciativa, que tiendan a asegurar a todos una existencia digna y provechosa para la colectividad.

El Estado promoverá el desarrollo económico y social y creará las condiciones necesarias para la diversificación de la producción con el fin de crear nuevas fuentes de riqueza, mejorar el nivel de vida de la población y fortalecer la soberanía económica del país".

En cuanto a la última parte del artículo 335 en relación con la iniciativa privada y la planificación, estimo que debió redactarse un párrafo del artículo 335 que retuviera, en lo sustancial, el texto del artículo 98 de la Constitución de 1961, para disipar toda duda sobre un pretendido modelo de economía dirigida (planificada) que puede derivarse del artículo aprobado y que estaría desfasada en el tiempo:

El Estado protegerá la iniciativa privada, sin perjuicio de la facultad de dictar medidas para planificar, racionalizar y fomentar la producción, y regular la circulación, distribución y consumo de la riqueza, a fin de impulsar el desarrollo económico del país.

Artículo 300. Empresas del Estado

Artículo 300. La ley nacional establecerá las condiciones para la creación de entidades funcionalmente descentralizadas para la realización de actividades sociales o empresariales, con el objeto de asegurar la razonable productividad económica y social de los recursos públicos que en ellas se inviertan.

Sobre esta norma véase lo que se indica en la página 903 de este Tomo.

Sobre la redacción inicial que tenía esta norma consideré que estaba concebida en forma muy rígida, limitando la actividad del Estado empresario a las áreas reservadas; y, para los casos distintos, estableciendo una excesiva intervención legislativa; estimando que no era nada conveniente rigidizar la intervención económica del Estado, como consecuencia de la mala política que ha sido desarrollada en la materia. Por ello, en la sesión del la Asamblea del 7 de noviembre de 1999, expuse lo siguiente:

CONSTITUYENTE BREWER CARÍAS (ALLAN).-Ciudadano Presidente, colegas constituyentes. De acuerdo con lo que discutimos en relación al primer artículo, y a pesar de no denominarse las cosas por su nombre, estamos en presencia de un sistema de economía mixta, que permite montarla sobre la libertad económica, sobre la libertad de empresa, y que permite, además, la intervención del Estado en la economía con el objeto de asegurar la justicia social.

Esa intervención del Estado, bien sabemos que se manifiesta en varias formas: como Estado regulador, cuando se establecen limitaciones por razones de seguridad, sanidad, otras de interés social, cuando se limita la propiedad también por razones de interés general. El Estado planificador, la segunda forma en que se manifiesta a través de posibilidades de planificación y no sólo económica sino también en materia de ordenación del territorio, que está diseminado en todo el texto; el Estado de control, para proteger la libre empresa y el libre comercio a través de mecanismos de control, como por ejemplo: la prohibición y regulación de los monopolios y de las actividades monopólicas. El Estado de servicio público, que lo hemos visto en diversos artículos al examinar el Poder Nacional; el Estado prestador de servicio público; y por último, el Estado empresario o el Estado que participa en la actividad económica con la posibilidad de apropiarse de medios de producción y desarrollar una actividad empresarial. Eso es parte, además, de la actividad de fomento del Estado en la economía.

El constituyente Rodolfo Sanz decía: "...Tanto mercado como sea posible, tanto Estado como sea necesario". Pero esta segunda parte se les olvidó a los redactores del artículo. Aquí caemos en una situación insólita de limitación de la posibilidad del Estado para intervenir en la actividad económica, que para mí es absolutamente injustificada. Está bien que haya habido abuso en la política empresarial pública y que se hayan creado empresas de todo tipo durante algunos períodos de nuestra vida económica en los últimos años, pero caer en esta situación en que materialmente se pasa al otro extremo, absolutamente contradictorio con lo que antes se dijo, e impedir que el Estado pueda desarrollar actividades empresariales creo que es totalmente desacertado.

Aquí sólo se limita a que el Estado pueda realizar acciones empresariales en las actividades reservadas, con lo cual se está cumpliendo a futuro, que el Estado intervenga en una actividad empresarial, como, por ejemplo, crear una empresa para la producción de pulpa de papel con los pinos de Uverito. Es necesario que el Estado se reserve esa actividad o que una ley especial de la Asamblea lo autorice. Es decir, creo que es absolutamente limitativa de la posibilidad de la intervención del Estado en la economía como parte de ese sistema de economía mixta.

No creo que puede pasarse a este extremo, lo considero totalmente inconveniente. Creo sí, en cambio, que la norma lo que debería es regular y destinar una instrucción al legislador para que establezca las condiciones, para que puedan crearse entes descentralizados funcionalmente para la realización de actividades sociales y empresariales, de manera de asegurar que haya una razonable productividad económica y social de los recursos públicos, que se inviertan en esas actividades empresariales, pero no limitar en esta forma la posibilidad de la intervención del Estado en la economía, menos aún en un Estado como el que tenemos, donde la economía petrolera hace de este Estado el primer inversor, el primer productor, el primer actor en la actividad económica.

En consecuencia, propongo la eliminación del artículo en el sentido limitativo de la intervención del Estado, y en su lugar crear un artículo que señale lo siguiente, y leo mi proposición: "La ley nacional establecerá las condiciones para la creación de entidades centralizadas funcionalmente para la realización de actividades sociales o empresariales de manera de asegurar la razonable productividad económica y social de los recursos públicos que en ella se inviertan". Es decir, una norma que no elimina la actividad empresarial del Estado, pero que busca que una ley establezca determinadas condiciones para que esta inversión pública en actividades empresariales tenga esta productividad económica razonable y en materia de inversión de los recursos. Es todo.

Al finalizar la sesión del 7 de Noviembre de 1999, con ocasión de la primera discusión sobre la norma, consigné mi *Voto Salvado* con el siguiente texto:

>   **Salvo mi voto en relación con este artículo pues considero que la intervención del Estado en la economía, en un sistema de economía social de mercado, es una materia de política económica que no puede rigidizarse en la Constitución.**

>   **Sin embargo, en el artículo 336 aprobado, en una forma excesivamente rígida, se limita la actividad del *Estado empresario* a las áreas reservadas, salvo casos distintos sometidos a una excesiva intervención legislativa en las actividades ejecutivas.**

>   **Al contrario estimo que el artículo 336, si bien tiene la intención de frenar la actividad empresarial del Estado que ha sido en muchos casos inconveniente, no debe limitarla sólo a las áreas reservadas y en cuanto a las otras, no debe establecer un régimen de intervención parlamentaria, a todas luces inconveniente, en el nuevo esquema que debe establecerse de relaciones entre el Poder Ejecutivo y el Poder Legislativo.**

Esta norma, estimo que debió haberse redactado así:

>   ***Artículo 336:* La Ley nacional establecerá las condiciones para la creación de entidades descentralizadas funcionalmente para la realiza-**

ción de actividades sociales o empresariales, de manera de asegurar la razonable productividad económica y social de los recursos públicos que en ellas se inviertan.

La norma fue sometida a segunda discusión en la sesión del 14 de noviembre de 1999, en la cual expuse lo siguiente:

CONSTITUYENTE BREWER CARÍAS (ALLAN).-Señor Presidente. Este artículo 336, en mi criterio, limita inadecuadamente la posibilidad del Estado de realizar actividades empresariales.

Estoy de acuerdo con la tendencia a reducir la actividad empresarial del Estado y estoy consciente de las críticas que se pueden formular a todo el conjunto de empresas que el Estado vino estableciendo durante los últimos treinta, cuarenta años. Sin embargo, esta situación no puede, en mi criterio, conducir a rigidizar en la Constitución la posibilidad del Estado de intervenir en actividades económicas.

Pienso que esto, en un Estado de las características del nuestro, debe dejarse abierto, es decir, tal como lo dice el proyecto, materialmente, se restringe la actividad empresarial del Estado sólo a unas áreas reservadas por una parte y por la otra, sólo en los casos en que una ley especial expresamente autorice a realizar una actividad. Para ponerle un solo ejemplo, el Banco Popular que el Presidente de la República ha promovido últimamente, no podría establecerse por sola decisión del Ejecutivo sino que habría que tener una ley especial para cada una de estas actividades.

De manera que creo que esto debe cambiarse y establecerse en la norma simplemente un principio conforme al cual la ley podrá establecer el régimen de las industrias y actividades que realice el Estado en el sector empresarial y exigir que determinadas normas de productividad económica y utilización de los recursos públicos se rijan por determinados principios. Eso es lo que debe hacer la Ley, pero no creo conveniente rigidizar y limitar en una norma constitucional las potestades interventoras del Estado en el campo empresarial.

Eso es lo que motiva la propuesta de reforma que he formulado.

EL PRESIDENTE.-Por favor, sírvase dar lectura a la forma en que quedaría el artículo con el agregado que acaba de expresar el constituyente Brewer Carías.

EL SECRETARIO.-(Lee): "En aquellas áreas que no estén reservadas a las entidades públicas territoriales, sólo por autorización expresa de una ley podrán crearse entidades descentralizadas para realizar actividades empresariales, las cuales deben estar motivadas por razones de interés público, sin menoscabo de la razonable productividad económica y social de los recursos que el Estado invirtiere en dicha actividad.

La Ley nacional establecerá condiciones para la creación, funcionamiento y control de entidades descentralizadas.

EL PRESIDENTE.-Esa no es la propuesta de Brewer.

CONSTITUYENTE BREWER CARÍAS (ALLAN).-Lo que se acaba de leer es lo que está en el proyecto. Mi propuesta es sustituir esa por una norma menos rígida que simplemente remita a la Ley la regulación de las actividades empresariales del Estado pero que no las restrinja y limite a nivel constitucional como está en el proyecto que sólo lo admiten en materias reservadas por la Constitución como lo va-

mos a ver en un artículo más adelante, si es que no tiene modificación y sólo por Ley especial. Creo que es una intervención excesivamente limitativa de la Asamblea el exigir que una Ley especial autorice actividades empresariales del Estado.

De manera que mi propuesta es sustitutiva del artículo, Presidente

EL PRESIDENTE.-La Comisión va a dar lectura, creo que se acoge a ella.

EL SECRETARIO.-Creo que hay un error en la transcripción del artículo allí, porque ese fue modificado y transferido al 338, por sugerencia del constituyente Pablo Medina y cuando la Comisión de Economía terminó su propuesta, este artículo se votó de esta manera como lo voy a leer ahora y fue aprobado.

El artículo queda de esta forma: "La República, los estados y los municipios sólo podrán crear entes descentralizados para realizar actividad empresarial en áreas no reservadas al Estado mediante la autorización expresa de una ley nacional, una ley estatal o de una ordenanza municipal, según sea el caso.

La creación de estos entes descentralizados deberá ser aprobada por lo menos por las dos terceras partes del órgano legislador correspondiente. El Estado promoverá la participación de la empresa privada y asociativa en aquellas áreas a ser susceptibles de ser transferidas a los entes descentralizados.

Las leyes u ordenanzas mencionadas establecerán las condiciones para el funcionamiento y control de esos entes".

EL PRESIDENTE.-¿Eso satisface la inquietud del Constituyente?

CONSTITUYENTE BREWER CARÍAS (ALLAN).-No, no, Presidente. Fíjense, debo, con toda franqueza, señalar que mi primer libro, de los tantos que he escrito, se refirió a las empresas públicas en el derecho comparado. De manera que es un tema que estoy estudiando desde el año 66 y esta norma, tal como está, es excesivamente limitativa. La actividad empresarial del Estado no puede someterse a la necesidad de una aprobación en cada caso por parte de la Asamblea, como es lo que está poniéndose allí. Vuelvo a citar el ejemplo: el Banco Popular, que el Presidente ha establecido, no hubiese podido crearse sino con una ley con una mayoría de ese tipo por parte de la Asamblea y además llevándolo a nivel estadal y municipal. Es decir, lo que hay es que dictar una ley que establezca el marco conforme a la cual se puede desarrollar la actividad empresarial del Estado estableciendo parámetros de productividad, mecanismos de inversión, lo que se quiera. Pero poner en la Constitución que el Estado no puede crear una empresa creo que es una limitación excesiva, o que sólo la puede crear con una Ley especial.

De manera que es cambiar totalmente la concepción.

EL PRESIDENTE.- Por favor, sírvase leer la proposición del constituyente Brewer Carías.

EL SECRETARIO.- (Lee): "La Ley nacional establecerá las condiciones para la creación de entidades descentralizadas funcionalmente para la realización de actividades sociales o empresariales, de manera de asegurar la razonable productividad económica y social de los recursos públicos que en ella se inviertan."

Es todo.

EL PRESIDENTE.- Los que estén de acuerdo con la moción que acaba de proponer el constituyente Brewer Carías que lo manifiesten con la señal de costumbre. (Pausa). Aprobada. Continúe, ciudadano Secretario.

Artículo 301. Política comercial e inversión extranjera

Artículo 301. El Estado se reserva el uso de la política comercial para defender las actividades económicas de las empresas nacionales públicas y privadas. No se podrá otorgar a personas, empresas u organismos extranjeros regímenes más beneficiosos que los establecidos para los nacionales. La inversión extranjera está sujeta a las mismas condiciones que la inversión nacional.

Sobre esta norma consideré, estimé que además de tener una mala redacción, su contenido era redundante. Además, no definía qué es una "empresa nacional", para ser privilegiada. Estimé que debería limitarse a establecer los principios del régimen de la inversión extranjera y la igualdad de trato entre la inversión extranjera y la nacional. Por ello, en la sesión del la Asamblea del 7 de noviembre de 1999, expuse lo siguiente:

CONSTITUYENTE BREWER CARÍAS (ALLAN).-Ciudadano Presidente, colegas constituyentes. En primer lugar, para coincidir con el constituyente Claudio Fermín en que este artículo está mal redactado: "La República se reserva el derecho -¿La República tiene derechos o tiene poderes o potestades?- para defender actividades económicas de su empresa nacional". ¿Cuál empresa nacional? ¿La empresa estatal, la empresa de los nacionales, la empresa privada nacional? Eso está simplemente mal redactado, esto expresado en esta forma, no es para una norma de rango constitucional.

Esto recoge un poco lo que es el actual artículo 107 de la Constitución, que se limitaba a señalar: "La ley establecerá las normas relativas a la participación del capital extranjero en el desarrollo económico nacional. Pienso que debemos ir hacia una simplificación de esta norma, gran parte de ella es repetitiva e inútil. Creo que la norma podría quedar pura y simplemente con la última frase: "La inversión extranjera estará sujeta a las mismas condiciones que la inversión nacional y la ley regulará la participación del capital extranjero en el desarrollo económico nacional".

Es todo, ciudadano Presidente.

[…]

En el debate formulé la siguiente propuesta:
Proposición del constituyente Allan Brewer Carías.

"La inversión internacional estará sujeta a las mismas condiciones que la inversión nacional. La ley establecerá la normas relativas a la participación de los capitales extranjeros en el desarrollo económico nacional".

En todo caso, al final de la sesión del 7 de Noviembre de 1999, consigné mi *Voto Salvado* **con el siguiente texto:**

Salvo mi voto respecto de este artículo, por considerar que no sólo está mal redactado, sino que es redundante en si mismo. En efecto, ante todo, no tiene sentido alguno, en una Constitución, decir "La República se reserva el derecho..." de ejecutar una política económica. Si se quiere constitucionalizar dicha política bastaría decir, "La República defenderá o protegerá las actividades económicas...".

Por otra parte, en el artículo no se precisa qué es "empresa nacional", para ser privilegiada.

En realidad, el artículo debió ser simplificado en su texto para recoger el principio relativo al régimen de la inversión extranjera y a la igualdad de trato entre la inversión extranjera y la inversión nacional.

En la sesión del 14 de noviembre de 1999, con ocasión de la segunda discusión del proyecto, consigné mi *Voto Salvado* sobre la norma, con el siguiente texto:

> Salvo mi voto respecto de este artículo, por considerar que no sólo está mal redactado, sino que es redundante en sí mismo. En efecto, ante todo, no tiene sentido alguno, en una Constitución, decir "La República se reserva el uso de la política económica". Si se quiere constitucionalizar dicha política bastaba decir, "La República defenderá o protegerá las actividades económicas...".
>
> En realidad, el artículo debió ser simplificado en su texto para recoger el principio relativo al régimen de la inversión extranjera y a la igualdad de trato entre la inversión extranjera y la inversión nacional.
>
> En la norma, por otra parte, no se dejan a salvo los compromisos establecidos en tratados internacionales en materia comercial, lo cual coloca a la norma en contradicción con los mismos. Debió preverse la aplicación preferente de dichos tratados en la medida en que establecieran normas más favorables a las empresas nacionales.

Artículo 302. Reserva de la industria petrolera y otras actividades

> **Artículo 302.** El Estado se reserva, mediante la ley orgánica respectiva, y por razones de conveniencia nacional, la actividad petrolera y otras industrias, explotaciones, servicios y bienes de interés público y de carácter estratégico. El Estado promoverá la manufactura nacional de materias primas provenientes de la explotación de los recursos naturales no renovables, con el fin de asimilar, crear e innovar tecnologías, generar empleo y crecimiento económico, y crear riqueza y bienestar para el pueblo.

Sobre esta norma véase lo que se indica en la página 905 de este Tomo.

El texto inicial que tenía este artículo cuando se sometió a primera discusión en la sesión del 7 de noviembre de 1999, fue el siguiente:

1. Las actividades de la exploración, explotación, oleoductos, gasoductos, transporte marítimo, puertos, manufacturas y mercadeo interno y externo de los hidrocarburos, exceptuándose los gaseosos. Sólo en casos especiales, cuando así convenga al interés nacional previa aprobación de la Asamblea Nacional y siempre que se mantenga el control por parte del Estado, podrán suscribirse convenios con el sector privado para el ejercicio de las mencionadas actividades en este numeral.

2. Los recursos naturales no renovables y, en general, los productos del subsuelo y todos los minerales. Los servicios de agua potable, energía eléctrica y la administración del espectro electromagnético y de las tele-

comunicaciones y las empresas estratégicas definidas por la ley. El Estado podrá otorgar en concesión cualquiera de las actividades mencionadas, en los casos que la ley establezca, preservando siempre la calidad del medio ambiente.

(En Comisión) El Estado promoverá la manufactura nacional de los recursos no renovables para crear fuentes de trabajo, elevar el valor agregado y estimular el desarrollo económico del país.

Sobre esta propuesta consideré que las reservas de rango constitucional de determinados bienes y servicios no eran convenientes para el régimen constitucional flexible que requiere la economía, considerando que ello debía dejarse a la regulación mediante ley. Adicionalmente estimé que no tenía sentido reservar constitucionalmente la industria petrolera, cuando en ese mismo tiempo se estaba en proceso de desestatizar la industria relativa al gas, que fue regulada esos mismos días mediante decreto Ley de los hidrocarburos gaseosos (1999). Además, la reserva en cuanto a la manufactura de hidrocarburos, la consideré contradictoria con la última parte que buscaba promover la industria manufacturera. Adicionalmente, la nacionalización de los servicios de agua potable y energía eléctrica que se proponía, no sólo contradecía la atribución a los Municipios de esta competencia en el Proyecto, sino la Ley de Energía Eléctrica que también se había recién aprobado, y la tendencia universal de privatizar estos servicios, sometidos a un ente regulador del Estado. Por todo ello, en la sesión del 7 de noviembre, al considerarse en primera discusión el proyecto, expuse lo siguiente:

CONSTITUYENTE BREWER CARÍAS (ALLAN).-Señor Presidente, el artículo que fue leído por la Comisión, como hemos podido captar y se señala, fusiona los artículos 338 y 339 del proyecto original sobre el tema, por eso los dos ordinales, es decir, es un artículo en el cual se reserva directamente actividades al Estado en el campo de los hidrocarburos y de algunos servicios públicos.

En mi criterio, quiero llamar la atención, este es un artículo que de nuevo es un retroceso en torno a las posibilidades de intervención del Estado y de reserva de actividades.

El artículo significa el abandono de una sabia disposición de la Constitución de 1961, que establece lo siguiente: "El Estado podrá reservarse determinadas industrias, explotaciones o servicios de interés público por razones de conveniencia nacional y propenderá a la creación y desarrollo de una industria básica, pesada, bajo su control"

Con esta cláusula de la Constitución el Estado venezolano, mediante ley, fue reservándose determinadas actividades, en momentos determinados de nuestro proceso político-económico. Así se reservó el comercio interno de los hidrocarburos a finales de la época de los sesenta, luego se reservó por una Ley del año 72 la industria del gas natural, luego vino la reserva de la industria del mineral de hierro mediante un decreto-ley dictado en virtud de una Ley Habilitante en el año 75 y luego vino la reserva de la industria de los hidrocarburos también en el año 75. Es decir, una norma como la Constitución del 61 permite al Estado poder reservarse determinadas actividades, servicios o explotaciones por razones de conveniencia nacional conforme vaya evolucionando esa conveniencia nacional.

Ahora, con esta norma se elimina esta posibilidad. El Estado venezolano ya no podrá en el futuro reservarse ninguna otra actividad, salvo las que aquí se declaran, por razones de conveniencia nacional como actividades reservadas.

De manera que estamos rigidizando la acción del Estado en estos campos y estamos eliminando la posibilidad de que en el futuro, en las décadas futuras, pueda haber decisiones de reservas de determinadas actividades. Quién sabe si dentro de veinte años a lo mejor vamos a tener que declarar la reserva de la pesquería porque es algo importante y estratégico, no lo sabemos, pero con una norma de este tipo lo excluimos materialmente.

Por otra parte, en cuanto al ordinal 2º, "se reservan los recursos naturales no renovables y en general los productos del subsuelo y minerales". Bueno, esto ya lo hicimos, se nos olvidó. En el Título I, en las primeras normas del Título I en cuanto al espacio geográfico, ya se estableció el carácter del dominio público sobre el subsuelo, sobre los minerales y sobre todos los productos de las riquezas del subsuelo. De manera que esa parte es repetitiva. Por otra parte, allí se agrega...

EL PRESIDENTE *(Interrumpiendo).-Le queda un minuto, Constituyente.*

EL ORADOR.-*Se agrega como área de reserva la actividad de reserva, el agua potable, los servicios de agua potable y se agrega además la energía eléctrica. Nos hemos olvidado además que ya esta materia fue regulada. Primero, se la declaró como servicio público, ya ahí está la reserva al decirse "la competencia del poder nacional" que estos son servicios públicos domiciliarios que deben ser regulados por ley nacional que es el elemento más importante de esto, y por el otro lado, se declararon servicios municipales la distribución de agua y la distribución de energía eléctrica. Ya está en la norma sobre municipios declarado como servicio público. De manera que esta reserva al Estado nacional del agua potable y energía eléctrica realmente no tiene ninguna congruencia con lo que ya se ha aprobado.*

Pienso que tenemos que atenernos en esta materia a lo que está establecido ya en la competencia del poder nacional y en la competencia del poder municipal y dejar la cláusula de reserva abierta, de manera que pueda reservarse en el futuro el Estado venezolano las actividades que, por razones de conveniencia nacional, considere conveniente hacia adelante.

Por otra parte, aquí (perdón, Presidente, me da medio minuto para terminar la idea, porque son dos artículos en uno).(Asentimiento). En cuanto a la reserva de la industria y el comercio de los hidrocarburos se está reservando la exploración, explotación, transporte, manufactura y mercado interno de los hidrocarburos, exceptuándose a los gaseosos. ¿Por qué exceptuamos a los gaseosos? Ah, ¿porque es el momento de la apertura de la industria del gas hacia los particulares? Bueno, ese momento puede llegar dentro de unos años para otros aspectos de la industria petrolera; eso no tiene, en mi criterio, sentido alguno, rigidizarlo a nivel constitucional. Dejemos la reserva de la Ley de Nacionalización Petrolera que difícilmente se va a cambiar, salvo cuando por razones de conveniencia nacional, como está ocurriendo con los hidrocarburos gaseosos, hay que abrir el proceso y desreservar la actividad del Estado.

De manera que estos son justamente las materias que tienen que quedar sin rigideces de orden constitucional.

En consecuencia, sugiero que en lugar de este artículo volvamos al punto y hago la propuesta concreta del artículo 97 de la Constitución con un agregado que es importante y es que se regulen los servicios públicos y los principios sobre los servicios públicos que son una de esas áreas reservadas.

Propongo que este artículo 338 se sustituya por uno que diga: "El Estado podrá reservarse determinadas industrias de explotaciones y servicios de interés público por razones de conveniencia nacional. La Ley que establezca la reserva regulará las condiciones y modalidades de realización de esa actividad reservada". Con lo cual lo dejamos a la Ley y, agrega: "La Ley que regule los servicios públicos establecerá los principios relativos a la remuneración de los operadores y a las obligaciones y cargas del servicio universal que junto a la libre competencia garanticen seguridad, calidad, cobertura universal y eficiencia económica del servicio". De manera que se establezca la posibilidad futura de reserva y se regule de una vez la modalidad de explotación de los servicios públicos.

[...]

Proposición del constituyente Allan Brewer Carías:

"El Estado podrá reservarse determinadas industrias, explotaciones o servicios de interés público por razón de conveniencia nacional. La ley que establezca la reserva regulará las condiciones y modalidades de realización de las actividades reservadas. La ley que regule los servicios públicos, establecerá los principios relativos a la justa remuneración de los operadores y las obligaciones o cargas de servicio universal que junto a la libre competencia garanticen la seguridad, la calidad, la cobertura universal y la eficiencia económica del servicio".

En todo caso, al finalizar la sesión del día 7 de Noviembre de 1999, consigue mi *Voto salvado* **sobre la norma aprobada, en los siguientes términos:**

Salvo mi voto respecto del artículo aprobado relativo a la fusión de las normas del Anteproyecto sobre la reserva del Estado sobre determinados bienes y servicios, que estaban en los artículos 338 y 339 del mismo.

Estimo que estas reservas de rango constitucional no resultan nada convenientes para el régimen constitucional flexible que requiere la economía, y más bien debe dejarse el principio de que dichas reservas, como potestad del Estado, se harán mediante Ley como ha ocurrido hasta la fecha. En consecuencia, estimo que debe retenerse la segunda parte del artículo 97 de la Constitución de 1961, en un artículo, así:

Artículo 338: **El Estado podrá reservarse determinadas industrias, explotaciones o servicios de interés público por razones de conveniencia nacional. La ley que establezca la reserva regulará las condiciones y modalidades de realización de las actividades reservadas.**

Con una norma de este tipo, el Estado se reservó la industria y la comercialización de los hidrocarburos, incluyendo el gas; pero luego ha iniciado la apertura del mercado interno de los hidrocarburos y de los hidrocarburos gaseosos sin necesidad de reformar la Constitución, también por razones de conveniencia nacional que es, por supuesto, cambiante y dinámica. Por ello estimo que no tiene sentido, en el largo plazo, constitucionalizar el texto del artículo 5º de la Ley de Nacionalización Petrolera.

En tal contexto, tampoco tiene sentido alguno constitucionalizar una reserva estatal sobre los servicios de agua y de energía eléctrica que son servicios públicos económicos, cada vez más a cargo de la iniciativa privada en todo el mundo, sin perjuicio de las potestades reguladoras del Estado.

Más que actividades reservadas, en estos servicios públicos económicos estamos en presencia de actividades o sectores reglamentados en muy diversos grados, que deben estar sometidos a un ordenamiento sectorial que ordene el sistema en su conjunto o globalmente, pero no por ello extraídas del ámbito de la libertad y de la iniciativa privada, que podría asumirlos mediante títulos de autorizaciones y concesiones, como acontece, por ejemplo, con la recién dictada Ley de Servicio Eléctrico.

El artículo aprobado que fusionó los artículos 338 y 339, en consecuencia, debe ser eliminado, pues en cuanto al subsuelo y sus riquezas de minerales en el Anteproyecto ya aparecen declaradas como del dominio público en el Título II, artículo 11 y en cuanto al espectro electromagnético está sometido a la soberanía del Estado en el artículo 10, por lo que le corresponde su administración. En cuanto a los servicios de agua y electricidad, el proyecto ya aprobado se los declara como servicios públicos domiciliarios cuyo régimen se atribuye al Poder Nacional, y se asignan a los Municipios como competencia en la prestación de los mismos.

Finalmente, tal como fue aprobado el artículo, hay una contradicción de bulto, pues en el ordinal 1º se reservan al Estado las actividades de "manufacturas" de hidrocarburos y al final del mismo se indica que "el Estado promoverá la manufactura nacional de los recursos no renovables". Si la actividad está constitucionalmente nacionalizada, no se entiende como a la vez puede promoverse la manufactura de los hidrocarburos por empresas privadas.

En todo caso, el artículo propuesto debería complementarse con un párrafo que establezca el régimen general relativo a los servicios públicos, así:

La Ley que regule los servicios públicos establecerá los principios relativos a la justa remuneración de los operadores y las obligaciones o cargas del servicio universal que junto a la libre competencia, garanticen la seguridad, la calidad, la cobertura universal y la eficiencia económica del servicio.

En la sesión de la Asamblea del 14 de noviembre de 1999, con ocasión de la segunda discusión del proyecto, se volvió a discutir el tema, y en la misma formulé la siguiente propuesta para la redacción del texto:

Proposición Constituyente Allan Brewer Carías:

"El Estado podrá reservarse determinadas industrias, explotaciones o servicios de interés público por razones de conveniencia nacional. La Ley que establezca la reserva regulará las condiciones y modalidades de realización de las actividades reservadas. La Ley que regula los servicios públicos establecerá los principios relativos al ejercicio financiero y a las obligaciones o carga de servicios universal que junto a la libre competencia garantice la seguridad, la calidad, la cobertura y la eficiencia económica".

En dicha sesión, sobre ello, además, hice la siguiente exposición:

CONSTITUYENTE BREWER CARÍAS (ALLAN).-Presidente, en relación con esta norma y dentro de la misma línea de argumentación que planteé anteriormente, considero que no es conveniente por razones también de intervención del Estado en la economía rigidizar los casos en los cuales el Estado puede reservarse determinadas industrias. Debo señalar que el artículo 97 de la Constitución actual, que viene de normas de la Constitución del 47, establece una muy inteligente disposición que dice lo siguiente: El Estado podrá reservarse determinadas industrias, explotaciones o servicios de interés público por razones de conveniencia nacional y propenderá a la creación y desarrollo de la industria pesada bajo su control.

Conforme a esta norma, el Estado se ha reservado a lo largo de toda la actuación de las últimas décadas, determinadas industrias y servicios. Fue con base a esta norma que las leyes, por ejemplo, de Telecomunicaciones, la Ley de Correos, establecieron que son un servicio público exclusivo del Estado. Ha sido con base en esta norma que se reservó la industria del gas natural. Fue con base en esta norma que se reservó el Estado, el comercio interno de los hidrocarburos. Fue con fundamento en esta disposición que el Estado se reservó la industria del petróleo y fue con fundamento en esta norma que el Estado se reservo la industria del mineral de hierro.

Es decir, es una norma abierta que permite al Estado, sucesivamente, poder reservarse actividades y servicios por razones de conveniencia nacional. Razones de conveniencia nacional que, por supuesto, son mutables, y no podemos rigidizar, en mi criterio, en una norma constitucional, hoy, decir cuáles son las áreas reservadas sin prever la posibilidad de reservas hacia futuro.

Propongo sustituir este artículo 338 por una norma que, primero, vuelva el espíritu de la Constitución y de la tradición constitucional. Podrán reservarse actividades de servicio e industria por parte del Estado por razones de conveniencia nacional y eso se hará por Ley y que, además, se agregue, cosa que no está en la Constitución actual y ha sido una de las grandes carencias de la Constitución actual, una norma que regule el tema de los servicios públicos, que no existe en la Constitución ninguna norma que la regule. De allí la propuesta que he formulado. No creo conveniente rigidizar áreas reservadas al punto de que, señor Presidente, estamos excluyendo en la norma que está propuesta, por ejemplo, el gas, y el gas hace veinte años fue la primera de las leyes de reserva, el gas natural, cambió, y, por tanto, ahora viene la apertura del gas, y lo mismo con el mercado interno de los hidrocarburos. Acaba de dictarse normas sobre esto. No creo conveniente que sea en la Constitución donde se establezca la reserva de la industria del petróleo. Eso está ya establecido. La Constitución lo que debe tener es la previsión de que eso puede hacerse en el futuro y, aparte de eso (perdóneme pero tiene dos ordinales el artículo), en el segundo ordinal se prevé la reserva al Estado de los servicios de agua potable y energía eléctrica y ya hemos aprobado, ayer: primero, la competencia nacional es competencia del poder nacional, así lo dice el artículo, el régimen nacional de los servicios públicos domiciliarios, entre ellos el gas y el agua. Eso es lo que está reservado: el régimen nacional. Y, además, hemos aprobado, ayer, en la

Comisión de Estados y Municipios, en el tema de los estados y municipios, que es competencia municipal el servicio de agua y electricidad. Entonces ¿qué sentido tiene ahora una norma que lo reserva al poder nacional? Es totalmente contradictorio con lo que ha sido aprobado hasta ayer.

Por eso mi propuesta es sustituir esta norma y establecer en ella el texto que he propuesto, es decir, que el Estado podrá reservarse determinadas industrias por razones de conveniencia nacional, etcétera, y que una ley regulará el régimen de los servicios públicos y los principios fundamentales de su prestación y que esto siga siendo materia legal.

[...].

CONSTITUYENTE BREWER CARÍAS (ALLAN).-Presidente. Como usted bien ha dicho, hay dos proposiciones. Una que plantea eliminar el artículo totalmente, otra que plantea dejarlo como está. He formulado una proposición que es "mantener el principio de la Constitución vigente".

Es decir, prever que el Estado, por razones de conveniencia nacional, podrá reservarse determinadas industrias y servicios de acuerdo a la ley.

O sea, no establecer la reserva, en la Constitución, de ninguna actividad, pero tampoco eliminar totalmente el artículo.

EL PRESIDENTE.-Orden en la Asamblea, que está hablando un constituyente, por favor.

EL ORADOR.-...sino prever pura y simplemente: "El Estado podrá reservarse determinadas industrias, explotaciones y servicios de interés públicos por razones de conveniencia nacional", como principio constitucional.

EL PRESIDENTE.-Orden, no se oye. Nadie oyó lo que usted estaba expresando, ciudadano Constituyente. Se le agradece a los constituyentes no hablar en este momento.

EL ORADOR.-Presidente, lo que aclaraba es lo siguiente:

Hasta ahora ha habido dos proposiciones. Una, en el proyecto, que es establecer en la Constitución directamente una serie de reservas a favor del Estado en materia de industria petrolera, en materia de gas, materia de agua, etcétera. Otra propuesta que se ha formulado es eliminar totalmente el artículo y, por tanto, no constitucionalizar ninguna reserva a favor del Estado. Sino que, como se ha dicho, remitirlo a la ley.

La propuesta que he formulado es prever en la Constitución, pura y simplemente, el principio que está ya en la Constitución del 61, y que viene de la Constitución del 47, que diga: "El Estado podrá reservarse determinadas industrias, explotaciones o servicios de interés público por razones de conveniencia nacional". Como principio constitucional, más nada. Eso es lo que implica dejar esto a la ley, como ha sido hasta ahora. Prever el principio constitucional.

Artículo 303. Propiedad pública de PDVSA

Artículo 303. Por razones de soberanía económica, política y de estrategia nacional, el Estado conservará la totalidad de las acciones de Petróleos de Venezuela, S.A., o del ente creado para el manejo de la industria petrolera, exceptuando la de las filiales, asociaciones estratégicas, empresas y cualquier otra que se haya constituido o se constituya como consecuencia del desarrollo de negocios de Petróleos de Venezuela, S.A.

Sobre esta norma consideré que contiene una declaración de política económica innecesaria y con un mensaje rígido que es inconveniente, y que en todo caso corresponde a la Ley. En la misma, además, no debería utilizarse la noción de "Estado" sino de "República". Por ello, en la sesión del 7 de noviembre de 1999, expuse lo siguiente:

CONSTITUYENTE BREWER CARÍAS (ALLAN).-Ciudadano Presidente. Coincidiendo con el planteamiento que acaba de hacer el constituyente Claudio Fermín, soy de los que piensan que la industria petrolera nacionalizada debe continuar en manos del Estado, y que el proceso de nacionalización de la industria debe seguir en nuestro país. Sin embargo, no estoy de acuerdo con que ese principio se rigidice en la Constitución.

Esta no es materia constitucional, no lo ha sido, y desde la nacionalización petrolera, en 1975, la industria petrolera y su casa matriz han estado en manos del Estado –el Estado considerado en términos generales–. En mi criterio este artículo no debería estar en la Constitución, coincido aquí con el planteamiento que formalmente hizo ante la Comisión Constitucional el ingeniero Héctor Ciavaldini, Presidente de PDVSA, quien manifestó expresa y públicamente ese criterio de que no debía estar incorporada en la Constitución una norma de esta naturaleza.

Ahora, si ustedes van a apoyar esta norma, les sugiero cambiar aquí, dentro de la misma idea que el constituyente Hermann Escarrá planteaba esta mañana, esta vez al revés, el término "Estado" por "República". Realmente, aquí ocurrió una nacionalización de la industria petrolera, y se atribuyó al Poder Nacional. Y el Poder Nacional es representado por la República, como persona jurídica. De manera que la titular de las acciones de PDVSA es la República y no el Estado.

Es todo, ciudadano Presidente.

En todo caso, al final de la sesión de la Asamblea del 07 de Noviembre de 1999, consigné mi *Voto Salvado* sobre esta norma con el siguiente texto:

Salvo mi voto por considerar que el artículo aprobado contiene una declaración de política económica que corresponde a la Ley. En este sentido, estimo adecuada la posición expresada por el Presidente de PDVSA, Ing. Ciavaldini, ante la Comisión Constitucional, en el sentido de que esa materia no debía constitucionalizarse. Además, la noción de "Estado" no es la que aquí debería utilizarse, sino la de "República"; y en ningún caso, una decisión de esa naturaleza, en una Constitución, requiere de una "motivación" como la indicada en la norma propuesta.

Como la norma se volvió a considerar en segunda discusión en la sesión del 14 de noviembre de 1999, al final de la misma consigné mi *Voto salvado* sobre la misma, con el siguiente texto:

Ratifico mi voto salvado por considerar que el artículo aprobado contiene una declaración de política económica que corresponde a la Ley. En este sentido, estimo adecuada la posición expresada por el Presidente de PDVSA, ante la Comisión Constitucional, en el sentido de que esa materia no debía constitucionalizarse. Además, la noción de "Estado" no es la que aquí debería utilizarse, sino la de "República"; y en ningún caso, una decisión de esa naturaleza, en una Constitución, requiere de una "motivación" como la indicada en la norma propuesta.

Por otra parte, no estimo conveniente la reforma introducida en *segunda discusión* respecto de la posible venta de acciones de empresas filiales. Esto no es materia de rango constitucional, sino de política pública, que es cambiante.

Artículo 304. Dominio público de las aguas

Artículo 304. Todas las aguas son bienes de dominio público de la Nación, insustituibles para la vida y el desarrollo. La ley establecerá las disposiciones necesarias a fin de garantizar su protección, aprovechamiento y recuperación, respetando las fases del ciclo hidrológico y los criterios de ordenación del territorio.

Sobre esta norma véase lo que se indica en la página 910 de este Tomo.

Sobre esta norma consideré que más que las aguas en genérico, lo que interesaba era declarar como del dominio público a los recursos hidráulicos, estimando además que esta norma podía ubicarse a continuación del art. 11 (Título II, Capítulo I sobre los Espacios Geográficos). Por ello, en la sesión del 7 de noviembre de 1999, expuse lo siguiente:

CONSTITUYENTE BREWER CARÍAS (ALLAN).-Señor Presidente: este artículo recoge el espíritu de una vieja aspiración de todos los que nos hemos ocupado del tema de las aguas en Venezuela.

Me correspondió hace 30 años dirigir el proyecto de Estudio del Régimen Jurídico de las Aguas en Venezuela para la Comisión del Plan Nacional del Aprovechamiento de los Recursos Hidráulicos, y en ese sentido, fui corredactor de la primera versión de la Ley de Aguas que nunca se aprobó y en la cual se establecía este principio del dominio público.

Sin embargo, creo que requiere ajustes la norma. Declarar a todas las aguas del dominio público es declarar a la lluvia, a las nubes, a la nieve dominio público y, realmente, esa no es la intención. Lo que es importante declarar de dominio público es los recursos hidráulicos y regular el aprovechamiento de los recursos hidráulicos.

De manera que quiero proponer una alternativa de redacción que sería la siguiente: "Todos los recursos hidráulicos como elementos esenciales para la vida y el desarrollo económico y social de la nación, son bienes del dominio público de la República. Y, por tanto, son patrimonio exclusivo inalienable, imprescriptible de la misma y no son susceptibles a protección individual."

Y, luego, un párrafo siguiente que diría "Todas las aguas son fases de un mismo ciclo y consecuentemente, quedan sometidas al mismo régimen jurídico que establezca la ley, sin perjuicio de las distintas peculiaridades que en cada caso pueda requerir su aprovechamiento".

La idea del ciclo hidrológico es para uniformizar el régimen jurídico de las aguas y la idea del dominio público es para los recursos hidráulicos, más que el agua en sí.

EL PRESIDENTE.-Sírvase informar las propuestas que hay en mesa, señor Secretario.

EL SECRETARIO.-Constituyente Allan Brewer Carías.

"Todos los recursos hidráulicos como elementos esenciales para la vida y el desarrollo económico y social de la nación, son bienes del dominio público de la República, y, por tanto, son patrimonio exclusivo inalienable e imprescriptible de la misma y no son susceptibles a protección individual."

Todas las aguas son fases de un mismo ciclo y consecuentemente quedan sometidas al mismo régimen jurídico que establezca la ley, sin perjuicio de las distintas peculiaridades que en cada caso pueda requerir su aprovechamiento".

Al final de la sesión del 7 de noviembre de 1999, en todo caso, consigné mi *Voto Salvado* **con el siguiente texto:**

Salvo mi voto en relación con este artículo pues está mal concebido. En efecto, respecto de la declaratoria de "todas las aguas" como del dominio público, que contiene, el tema, por supuesto no es nada nuevo y lo hemos estudiado desde hace muchos años (véase "Comentarios sobre la declaratoria general de las aguas como bienes del dominio público en el Proyecto de Ley de Aguas", en Allan R. Brewer Carías, *Derecho y Administración de las Aguas y otros Recursos Naturales Renovables,* Caracas 1976, págs. 147 y sigts.).

Conforme a ello, y siguiendo los estudios realizados en la década de los setenta por la Comisión del Plan Nacional de Aprovechamiento de los Recursos Hidráulicos, estimo que más que las aguas en genérico, lo que interesa declarar como del dominio público son los recursos hidráulicos.

Por ello, propusimos que el artículo quedara redactado así:

Artículo 340: **Todos los recursos hidráulicos, como elementos esenciales para la vida y el desarrollo económico y social de la Nación, son bienes del dominio público y, por tanto, son patrimonio exclusivo, inalienable e imprescriptible de la misma y no son susceptibles de apropiación individual.**

Todas las aguas son fases de un mismo ciclo y consecuentemente quedan sometidas al mismo régimen jurídico que establezca la Ley, sin perjuicio de las distintas peculiaridades que en cada caso pueda requerir su aprovechamiento.

La norma, por otra parte, podría ubicarse a continuación del artículo 11 del Título II, Capítulo I sobre los Espacios Geográficos.

Artículo 305. Principios de seguridad alimentaria y desarrollo agrícola

Artículo 305. El Estado promoverá la agricultura sustentable como base estratégica del desarrollo rural integral a fin de garantizar la seguridad alimentaria de la población; entendida como la disponibilidad suficiente y estable de alimentos en el ámbito nacional y el acceso oportuno y permanente a éstos por parte del público consumidor. La seguridad alimentaria se alcanzará desarrollando y privilegiando la producción agropecuaria interna, entendiéndose como tal la proveniente de las actividades agrícola, pecuaria, pesquera y acuícola. La producción de alimentos es de interés nacional y fundamental para el desarrollo económico y social de la Nación. A tales fines, el Estado dictará las medidas de orden financiero, comercial, transferencia tecnológica, tenencia de la tierra, infraestructura, capacitación de mano de obra y otras que fueren necesarias para alcanzar niveles estratégicos de autoabastecimiento. Además, promoverá las acciones en el marco de la economía nacional e internacional para compensar las desventajas propias de la actividad agrícola.

El Estado protegerá los asentamientos y comunidades de pescadores o pescadoras artesanales, así como sus caladeros de pesca en aguas continentales y los próximos a la línea de costa definidos en la ley.

Sobre esta norma véase lo que se indica en la página 911 de este Tomo.

Sobre esta norma consideré que era desproporcionado establecer que el Estado *"garantice"* la seguridad alimentaria de la población, lo cual es imposible. En relación con ello en la sesión del 7 de noviembre de 1999, expuse lo siguiente

CONSTITUYENTE BREWER CARÍAS (ALLAN).- Presidente, muy brevemente, pienso que es una norma, por una parte, que diga que "El Estado garantiza la seguridad alimentaria" creo que es excesivo. Esta norma tiene que concebirse como una política para lograr la seguridad alimentaria, pero decir "se garantiza la seguridad alimentaria" estamos en el mismo tema que hemos hablado en otros artículos de la alteridad de la posibilidad de garantizar esto. Hay que mejorar esa redacción.

Por otra parte, la norma propuesta contiene a mi criterio, excesivas definiciones que no son convenientes en normas legales y mucho menos en la Constitución, como definir que es la seguridad alimentaria, entendida como disponibilidad suficiente etcétera, creo que es exagerado. La norma puede deslastrarse de muchos de sus contenidos que son de carácter legislativo y quería proponer una redacción más simple que podría ser la siguiente.

"Con el objeto de lograr la seguridad alimentaria de la población, se declara la actividad agrícola de criterio fundamental y prioritario para el desarrollo económico y social de la nación. Con tal fin, el Estado apoyará y estimulará la modernización, el desarrollo integral y el incremento de la competitividad de las actividades agrícola, pecuaria, pesquera, forestales y agroindustriales; así como la construcción de obras de infraestructura física y adecuación de tierras.

De igual manera, el Estado promoverá la investigación y la transferencia de tecnología para producción de alimentos y materias primas de origen agropecuario con el propósito de incrementar su productividad.

En el curso del debate formulé la siguiente propuesta:

Proposición del constituyente Alan Brewer Carías:

"Con el objeto de lograr la seguridad alimentaria de la población, se declara la actividad agrícola de interés fundamental y prioritario para el desarrollo económico y social de la nación. Con tal fin el Estado apoyará y estimulará la modernización, el desarrollo integral y el incremento de la competitividad de las actividades agrícolas, pecuarias, pesqueras, forestales y agroindustriales. Así como la construcción de obras de infraestructura física y adecuación de tierras. De igual manera, el Estado promoverá la investigación y la transferencia de tecnología para la producción de alimentos y materias primas de origen agropecuario, con el propósito de incrementar su productividad".

En todo caso, al final de la sesión del 7 de Noviembre de 1999, formulé mi Voto salvado respecto de esta norma, porque si bien estimaba que la seguridad alimentaria debía ser una política económica esencial del Estado, consideré que era desproporcionado que éste garantizase en la Constitución la seguridad alimentaria de la población, ratificando mi propuesta de que la norma debió redactarse de manera de estimular y propender a la seguridad alimentaria. El tema se volvió a plantear en la segunda discusión del proyecto que se llevó a cabo en la sesión del 14 de Noviembre de 1999, al final de la cual también formulé mi *Voto salvado*, que consigné con el siguiente texto*:*

Ratifico mi voto salvado en cuanto a este artículo sobre la seguridad alimentaria, porque si bien estimo que debe ser una política económica esencial del Estado, para ello parece desproporcionado que éste *garantice* la seguridad alimentaria de la población, lo cual es conceptualmente imposible.

Artículo 306. Promoción del desarrollo rural integrado

Artículo 306. El Estado promoverá las condiciones para el desarrollo rural integral, con el propósito de generar empleo y garantizar a la población campesina un nivel adecuado de bienestar, así como su incorporación al desarrollo nacional. Igualmente fomentará la actividad agrícola y el uso óptimo de la tierra mediante la dotación de las obras de infraestructura, insumos, créditos, servicios de capacitación y asistencia técnica.

Artículo 307. Régimen del latifundio

Artículo 307. El régimen latifundista es contrario al interés social. La ley dispondrá lo conducente en materia tributaria para gravar las tierras ociosas y establecerá las medidas necesarias para su transformación en unidades económicas productivas, rescatando igualmente las tierras de vocación agrícola. Los campesinos o campesinas y demás productores agropecuarios y productoras agropecuarias tienen derecho a la propiedad de la tierra, en los casos y formas especificados por la ley respectiva. El Estado protegerá y promoverá las formas asociativas y particulares de propiedad para garantizar la producción agrícola. El Estado velará por la ordenación sustentable de las tierras de vocación agrícola para asegurar su potencial agroalimentario.

Excepcionalmente se crearán contribuciones parafiscales con el fin de facilitar fondos para financiamiento, investigación, asistencia técnica, transferencia tecnológica y otras actividades que promuevan la productividad y la competitividad del sector agrícola. La ley regulará lo conducente a esta materia.

Sobre esta norma véase lo que se indica en la página 911 de este Tomo.

Sobre esta norma consideré que en la misma no se reguló adecuadamente ni el latifundio público (tierras baldías afectadas a la reforma agraria) ni la promoción del desarrollo rural integrado. Por ello, en la sesión del 7 de noviembre de 1999, expuse lo siguiente:

CONSTITUYENTE BREWER CARÍAS (ALLAN).- Señor Presidente: me refiero a la redacción original que se nos entregó, porque el agregado de la modificación básicamente se refiere al establecimiento de un tributo para desestimular el latifundio; ya ese tributo está establecido, recordémoslo. Es el impuesto predial que ya está establecido a favor de los municipios, en el capítulo relativo a los municipios con una regulación nacional pero recaudado por los municipios. Ese es el objetivo del impuesto predial, que ya está creado en la Constitución aprobada.

En relación a lo que acaba de plantear el constituyente Braulio Álvarez, creo que eso le falta al artículo. Debo señalar que estoy de acuerdo con el artículo tal como está, pero creo que le falta justamente la referencia al gran latifundista y se nos olvidó. El gran latifundista es el Estado venezolano y a ese latifundio tenemos que dedicarle parte de la norma.

De manera que mi propuesta es agregarle a la norma tal como estaba de la comisión, un párrafo que diga lo siguiente: "Las tierras con potencial agrícola que son propiedad del Estado deberán cumplir una función económica productiva, a cuyo efecto la ley establecerá normas encaminadas a adjudicar la tierra en propiedad plena a los campesinos y productores del medio rural, en dimensiones adecuadas para que sea económicamente viable su explotación."

Es decir que nos refiramos al Estado latifundista y además en relación al planteamiento de la constituyente Antonia Muñoz, en cuanto al artículo anterior, me encuentro que no hay en la normativa, ninguna norma destinada "al desarrollo rural integral." Hemos hablado de seguridad alimentaria, estamos hablando del latifundio, pero no hay ningún principio relativo al desarrollo rural, y propondría además agregar este párrafo en este artículo: "El Estado promoverá las condiciones para el desarrollo rural integral, con el propósito de generar empleo y garantizar a la población campesina un nivel adecuado de bienestar, así como su incorporación al desarrollo nacional. Es deber del Estado promover el acceso de la población rural a los servicios de educación, salud, vivienda, seguridad social, asistencia técnica con el fin de mejorar el ingreso y calidad de vida de los campesinos y pequeños productores del campo." Esta norma no está en las propuestas, por lo que ésta es mi propuesta de complementar el artículo con estos dos agregados. Es todo.

En el curso del debate formulé la siguiente propuesta:

Proposición del constituyente Allan Brewer Carías:

"El régimen latifundista es contrario al interés social. El Estado protegerá y promoverá las formas asociativas de propiedad de la tierra para estimular la productividad y competitividad del productor agrícola nacional. La ley desestimulará la permanencia de tierras ociosas y dispondrá lo conducente a su transformación en unidades económicas productivas. Las tierras con potencial agrícola que son propiedad del Estado deberán cumplir una función económica productiva, a cuyo efecto la ley establecerá normas encaminadas a adjudicar la tierra en propiedad plena a los campesinos y productores del medio rural en dimensiones adecuadas para que sea económicamente viable su explotación.

El Estado promoverá las condiciones para el desarrollo rural integral con el propósito de generar empleo y garantizar a la población campesina un nivel adecuado de bienestar así como su incorporación al desarrollo nacional. Es deber del Estado promover el acceso de la población rural a los servicios de educación, salud, vivienda, seguridad social y asistencia técnica con el fin de mejorar el ingreso y calidad de vida a los campesinos y pequeños productores del campo."

Al final de la sesión del 7 de noviembre de 1999, consigné mi *Voto Salvado*, **basado en que en la norma no se reguló adecuadamente ni el latifundio público (tierras baldías afectadas a la reforma agraria) ni la promoción del desarrollo rural integrado, ratificando la propuesta de redacción que había formulado. Posteriormente, con ocasión de la segunda discusión del proyecto, al final de la sesión del 14 de Noviembre de 1999, consigné igualmente mi** *Voto salvado* **con el siguiente texto:**

Ratifico mi voto salvado respecto del artículo 311 (ahora 312) relativo al régimen latifundista, pues en el mismo no se reguló adecuadamente ni el latifundio público (tierras baldías afectadas a la reforma agraria). En mi criterio debió establecerse respecto de las tierras con potencial agrícola que son propiedad del Estado que debían cumplir una función económica productiva, a cuyo efecto la ley debía establecer normas encaminadas a adjudicar la tierra en propiedad plena a los campesinos y productores del medio rural en dimensiones adecuadas para que sea económicamente viable su explotación.

Artículo 308. Promoción de la pequeña y mediana industria

Artículo 308. El Estado protegerá y promoverá la pequeña y mediana industria, las cooperativas, las cajas de ahorro, así como también la empresa familiar, la microempresa y cualquier otra forma de asociación comunitaria para el trabajo, el ahorro y el consumo, bajo régimen de propiedad colectiva, con el fin de fortalecer el desarrollo económico del país, sustentándolo en la iniciativa popular. Se asegurará la capacitación, la asistencia técnica y el financiamiento oportuno.

Sobre esta norma, en la sesión del 7 de noviembre de 1999, primera discusión, expuse lo siguiente:

CONSTITUYENTE BREWER CARÍAS (ALLAN).-Ciudadano Presidente. Sólo una reflexión sobre este artículo y los otros dos. Es muy importante que se privilegie a la pequeña y mediana industria, a la artesanía y al turismo, pero creo que además debería privilegiarse a la industria manufacturera, que se mencionó anteriormente, no casualmente en un artículo de reserva sino como una parte fundamental.

Creo que le faltó a la Comisión privilegiar otras actividades industriales importantes. Es todo.

Artículo 309. Protección de las artesanías e industrias populares

Artículo 309. La artesanía e industrias populares típicas de la Nación, gozarán de protección especial del Estado, con el fin de preservar su autenticidad, y obtendrán facilidades crediticias para promover su producción y comercialización.

Artículo 310. Promoción del turismo

Artículo 310. El turismo es una actividad económica de interés nacional, prioritaria para el país en su estrategia de diversificación y desarrollo sustentable. Dentro de las fundamentaciones del régimen socioeconómico previsto en esta Constitución, el Estado dictará las medidas que garanticen su desarrollo. El Estado velará por la creación y fortalecimiento del sector turístico nacional.

Capítulo II. Del régimen fiscal y monetario

Sección primera: Del régimen presupuestario

Artículo 311. Principios de la gestión fiscal y del régimen presupuestario

Artículo 311. La gestión fiscal estará regida y será ejecutada con base en principios de eficiencia, solvencia, transparencia, responsabilidad y equilibrio fiscal. Esta se equilibrará en el marco plurianual del presupuesto, de manera que los ingresos ordinarios deben ser suficientes para cubrir los gastos ordinarios.

El Ejecutivo Nacional presentará a la Asamblea Nacional para su sanción legal un marco plurianual para la formulación presupuestaria que establezca los límites máximos de gasto y endeudamiento que hayan de contemplarse en los presupuestos nacionales. La ley establecerá las características de este marco, los requisitos para su modificación y los términos de su cumplimiento.

El ingreso que se genere por la explotación de la riqueza del subsuelo y los minerales, en general, propenderá a financiar la inversión real productiva, la educación y la salud.

Los principios y disposiciones establecidos para la administración económica y financiera nacional, regularán la de los Estados y Municipios en cuanto sean aplicables.

Sobre esta norma, consideré que no había quedado clara la idea de que la gestión fiscal debía realizarse mediante un presupuesto aprobado anualmente en un marco plurianual de previsiones fiscales, presentado junto con el Proyecto de Ley de Presupuesto. La última parte del artículo, por otra parte, consideré que debía ser una norma separada, inspirada en el artículo 223 de la

Constitución de 1961 para aplicar a los Estados y Municipios el régimen de la Hacienda Nacional, en lo aplicable. Por todo ello, en la sesión del 8 de noviembre de 1999, primera discusión, expresé lo siguiente:

CONSTITUYENTE BREWER CARÍAS (ALLAN).- Señor Presidente, creo que la modificación que la Comisión ha formulado al integrar estos dos artículos y cambiar la expresión "presupuesto plurianual" por "la formulación del presupuesto anual dentro de un marco plurianual" es adecuado. Esa era mi observación fundamental que tenía respecto a la versión original, de manera que por esa parte estoy de acuerdo. Sin embargo creo que debe modificarse al objeto de ser más preciso. Tal como está la primera parte del artículo dice: "Artículo 347. La gestión fiscal estará regida y será ejecutada con base en principios de eficiencia, solvencia, responsabilidad y equilibrio fiscal.

Esta (la gestión fiscal, se supone) debe equilibrarse en el marco plurianual del presupuesto..." Sugiero que esta frase se inicie así: Esta (la gestión fiscal) debe realizarse equilibradamente mediante un presupuesto aprobado anualmente por Ley en un marco plurianual, de manera que los ingresos ordinarios, etcétera, etcétera siga la frase.

De manera que dejar muy claramente que la gestión fiscal debe realizarse en forma equilibrada por un presupuesto anual que se formula en un marco plurianual. Eso por lo que respecta al primer párrafo.

En cuanto al segundo párrafo, sugiero también, para se coherente con esta misma idea, que se modifique el comienzo en esta forma, en vez de decir "El Ejecutivo deberá presentar a la Asamblea para su sanción legal un marco plurianual" propongo que se inicie así: "Con el proyecto del presupuesto anual el Ejecutivo Nacional deberá presentar a la Asamblea el marco plurianual con los ajustes correspondientes para la formulación presupuestaria". La idea es que sea un marco plurianual, se presente el presupuesto anual dentro de ese marco y, por supuesto, cada año el marco plurianual tiene ajustes, porque no es el mismo inicial, sino que cada año ya tiene ajustes.

De manera que propongo esas dos modificaciones al texto presentado. En cuanto a la última frase que derivó de la fusión de los artículos que propone la Comisión y que dice "Los principios y disposiciones establecidas para la administración económica y financiera nacional regirán para los estados y municipios..." Pienso que, al contrario de esta última propuesta, eso debe formar parte de un artículo autónomo, fuera de este artículo, más general. Eso viene a recoger el espíritu del actual artículo 233 de la Constitución actual que dice: "Las disposiciones que rigen la Hacienda Pública Nacional regirán la administración de la Hacienda Pública de los estados y municipios en cuanto sean aplicables". Una norma bien importante que a todo lo largo de la aplicación de la Constitución ha permitido aplicar a los municipios los principios generales que rigen la Hacienda Pública nacional.

Considero, por tanto, que esta norma, la última frase, debe volver a ser un artículo aparte que sea más general, incluso, no sólo referirse a la gestión, a la administración económica y financiera sino todo el conjunto de normas incluyendo tributarias que rigen la Hacienda nacional, deben, en cuanto sean aplicables, referirse a los estados y municipios.

De manera que esas son las tres propuestas que tengo para este artículo, señor Presidente

[...]

CONSTITUYENTE BREWER CARÍAS (ALLAN).- Sí, Presidente. Es para señalar que con esta explicación que dan los miembros de la Comisión se confirma la propuesta que he señalado para que quede más claramente establecido el concepto. Por eso digo "La gestión fiscal debe realizarse mediante un presupuesto aprobado anualmente (con lo que se está de acuerdo) por Ley, en un marco plurianual, de manera que los ingresos, etcétera.

De manera que con eso se está confirmando que hay un presupuesto anual que se formula en un marco plurianual. Pero el segundo elemento es que ese marco plurianual no es fijo. No es que se fija en el año 1999 y queda fijo hasta el 94: cada año el marco plurianual tiene ajustes y por eso la propuesta es que en el segundo párrafo se diga "Con el proyecto anual del presupuesto el Ejecutivo nacional deberá presentar a la Asamblea el marco plurianual con los ajustes correspondientes a cada año". Simplemente, estoy mejorando o tratando de mejorar lo que ustedes han expresado en la reforma al artículo presentado.

EL PRESIDENTE.-Creo que la proposición que ha hecho el constituyente Brewer Carías es realmente bastante esclarecedora y no se contradice. Es una cuestión de forma pero que explica bien el concepto que se quiere expresar en la Comisión. Me parece que la Comisión lo podía adquirir; si no lo voy a someter a votación por separado, si la Comisión no lo asume. Creo que asumirlo es bastante procedente porque no se contradice sino que ayuda al esclarecimiento del punto.

Voy a votar la proposición de la Comisión con el agregado de Brewer Carías. No lo asume. Léalo.

EL SECRETARIO.- (Lee):

Constituyente Allan Brewer Carías.

La última frase del primer párrafo así: "Esta debe realizarse equilibradamente mediante un presupuesto aprobado anualmente por ley en un marco plurianual de manera ..." El resto queda igual.

Y la primera frase del segundo párrafo así: "Con el proyecto de presupuesto anual el Ejecutivo Nacional deberá presentar a la Asamblea Nacional el marco plurianual con los ajustes correspondientes para ..." El resto igual.

Y el último párrafo debe formar un artículo aparte. Es todo, ciudadano Presidente.

En todo caso, al final de la sesión del 9 de noviembre de 1999, consigné mi *Voto Salvado* en relación con la norma, con el texto siguiente:

Salvo mi voto por considerar que no quedó claro en la norma, la idea de que la gestión fiscal debe realizarse mediante un presupuesto aprobado anualmente en un marco plurianual de previsiones fiscales, el cual debe presentarse anualmente, junto con el Proyecto de Ley de Presupuesto, con los ajustes correspondientes, cada año. El marco plurianual, por tanto, no es rígido ni inamovible, y debe ser ajustado cada año.

En cuanto a la última parte del artículo no debería estar allí, sino constituir una norma separada que recoja el espíritu del artículo 223 de la Constitución de 1961, en el sentido de que los principios que rigen la Hacienda Pública Nacional, regirán la administración de las Haciendas Públicas de los Estados y de los Municipios, en cuanto sean aplicables. Así se aplicaría este principio de integración normativa para todos los aspectos hacendísticos y no sólo para la administración económica y financiera.

Artículo 312. Régimen del crédito público

Artículo 312. La ley fijará límites al endeudamiento público de acuerdo con un nivel prudente en relación con el tamaño de la economía, la inversión reproductiva y la capacidad de generar ingresos para cubrir el servicio de la deuda pública. Las operaciones de crédito público requerirán, para su validez, una ley especial que las autorice, salvo las excepciones que establezca la ley orgánica. La ley especial indicará las modalidades de las operaciones y autorizará los créditos presupuestarios correspondientes en la respectiva ley de presupuesto.

La ley especial de endeudamiento anual será presentada a la Asamblea Nacional conjuntamente con la Ley de Presupuesto.

El Estado no reconocerá otras obligaciones que las contraídas por órganos legítimos del Poder Nacional, de acuerdo con la ley.

Sobre esta norma, estimé que en la misma se debió agregarse el principio del artículo 231 de la Constitución de 1961 que consagra que los empréstitos sólo pueden establecerse para obras reproductivas, salvo casos de evidente necesidad. Por ello, en la sesión del 8 de noviembre de 1999, con ocasión de la primera discusión, expresé lo siguiente:

CONSTITUYENTE BREWER CARÍAS (ALLAN).–Señor Presidente. Así como destacaba antes que la norma del artículo 233 de la Constitución actual debía rescatarse en una normativa aparte, que haga aplicable a estados y municipios todo cuanto rige a la administración y a las finanzas nacionales, en cuanto sea aplicable, porque viene a ser una norma residual de gran importancia, y que no se acogió y quedó allí, chucuta, en una norma que sólo regula el tema presupuestario, quiero proponer también a la Asamblea, que en este artículo que se refiere al endeudamiento, se rescaten dos normas de la Constitución del 61, que también son de gran importancia. Por una parte, la que establece el principio general de que "el Estado no reconocerá otras obligaciones que las contraídas por orden legítimo del Poder Público, de acuerdo con la ley". Es decir, una norma bien importante, de carácter general y que tiene la importancia en materia de endeudamiento en el sentido de que el Estado no puede ni debe reconocer otras obligaciones que no sean las contraídas por los órganos legítimos del Poder Público, de acuerdo con la ley. Una norma de tradición constitucional desde la época de los endeudamientos de fines del siglo pasado. Y asimismo, que también se rescate y se ponga como párrafo de este artículo si se quiere el artículo 231, que establece, también tradicionalmente, los objetivos de los empréstitos, del endeudamiento. El artículo 231 dice: "No se contratarán empréstitos sino para obras reproductivas, excepto en caso de evidente necesidad o conveniencia nacional". Y luego el principio que ya sí está recogido en la norma de que las operaciones de crédito público requieren de ley especial que la autorice. Propongo que se incorporen estos principios en la norma. Sólo para obras reproductivas, excepto en caso de evidente necesidad nacional, como catástrofes, que ha sucedido con frecuencia, y quizás habría que poner el tema de catástrofes para que pueda haber contratación de endeudamiento, y el principio de que sólo obligaciones legítimamente contraídas por el Poder Público son las que deben ser reconocidas.

En el curso del debate formulé, además, la siguiente propuesta:

Proposición del constituyente Allan Brewer Carías:

Agregar los principios de los artículos 231 y 232 de la Constitución de 1961, "No se contratarán empréstitos sino para obras reproductivas excepto en caso de evidente necesidad como catástrofes naturales o de conveniencia nacional. El Estado no reconocerá otras obligaciones que las contraídas por órganos legítimos del Poder Público de acuerdo con las leyes".

El tema se volvió a plantear en la segunda discusión del proyecto, por lo que al final de la sesión del 14 de Noviembre de 1999, consigné mi *Voto Salvado* sobre la norma, con el siguiente texto:

Ratifico mi voto salvado respecto de esta norma, por considerar que también debió agregarse el principio establecido en el artículo 231 de la Constitución de 1961 en relación a establecer que los empréstitos sólo pueden establecerse para obras reproductivas, salvo casos de evidente necesidad, como catástrofes nacionales.

Artículo 313. Presupuesto anual

Artículo 313. La administración económica y financiera del Estado se regirá por un presupuesto aprobado anualmente por ley. El Ejecutivo Nacional presentará a la Asamblea Nacional, en la oportunidad que señale la ley orgánica, el proyecto de Ley de Presupuesto. Si el Poder Ejecutivo, por cualquier causa, no hubiese presentado a la Asamblea Nacional el proyecto de Ley de Presupuesto dentro del plazo establecido legalmente, o el mismo fuere rechazado por ésta, seguirá vigente el presupuesto del ejercicio fiscal en curso.

La Asamblea Nacional podrá alterar las partidas presupuestarias, pero no autorizará medidas que conduzcan a la disminución de los ingresos públicos ni gastos que excedan el monto de las estimaciones de ingresos del proyecto de Ley de Presupuesto.

Con la presentación del marco plurianual del presupuesto, la ley especial de endeudamiento y el presupuesto anual, el Ejecutivo Nacional hará explícitos los objetivos de largo plazo para la política fiscal, y explicará cómo dichos objetivos serán logrados, de acuerdo con los principios de responsabilidad y equilibrio fiscal.

Sobre esta norma, en la sesión del 8 de noviembre de 1999, primera discusión, expresé lo siguiente:

CONSTITUYENTE BREWER CARÍAS (ALLAN).-Presidente: la verdad es que este artículo que propone la Comisión es el artículo 227 de la Constitución del 61, no hay nada nuevo en el mismo, salvo un agregado interesante de la exigencia de que el Tesoro cuente con recursos para atender la erogación, en el caso de créditos adicionales, que parece absolutamente lógico.

De manera que la norma es perfectamente aceptable y debe estar en el texto constitucional.

Sin embargo, el problema de los gastos no previstos en la Ley de Presupuesto, no sólo derivan de créditos adicionales y actuaciones del Ejecutivo, sino que también, lo hemos visto, que derivan de leyes aprobadas por el Parlamento durante la vigencia del presupuesto, leyes que prevén determinados gastos y nadie sabe de dónde van a salir los gastos ni cómo se van a financiar.

Por eso propondría que a este artículo, tal como está, se le agregue un párrafo que diga: "Las leyes, cuya ejecución impliquen gastos del Estado, deben indicar la fuente de su financiamiento y la forma de su aplicación.

El Presidente de la República, dentro del lapso previsto para la promulgación de la ley y mediante exposición razonada, podrá vetar los aspectos de aquéllas que comprometan las solvencia financiera del Estado".

De manera que esto se nos presenta en los casos en que durante un ejercicio fiscal, se aprueben leyes que no indican la forma del financiamiento, cuando de esas leyes y de su ejecución deriven gastos para el Estado. Creo que es un principio importante de ordenamiento fiscal para la propia Asamblea en la producción de leyes.

Artículo 314. Régimen presupuestario de los gastos

Artículo 314. No se hará ningún tipo de gasto que no haya sido previsto en la Ley de Presupuesto. Sólo podrán decretarse créditos adicionales al presupuesto para gastos necesarios no previstos o cuyas partidas resulten insuficientes, siempre que el Tesoro Nacional cuente con recursos para atender la respectiva erogación; a este efecto, se requerirá previamente el voto favorable del Consejo de Ministros y la autorización de la Asamblea Nacional o, en su defecto, de la Comisión Delegada.

Sobre esta norma consideré que debió agregarse el principio de que toda Ley aprobada que genere gastos, debe prever los mecanismos para su financiamiento, y la potestad del Presidente de la República podrá vetarlas cuando su aplicación pueda producir un desequilibrio fiscal. Por ello, en la sesión del día 8 de noviembre de 1999, formulé la siguiente propuesta:

Proposición constituyente Brewer Carías:

"Las leyes cuya ejecución impliquen gastos del Estado deben indicar las fuentes de su financiamiento y la forma de su aplicación. El Presidente de la República, dentro del lapso previsto para la promulgación de la ley y mediante exposición razonada, podrá vetar los aspectos de aquellas que comprometan la solvencia financiera del Estado".

En todo caso, al final de la sesión del día 8 de noviembre de 1999, consigné mi *Voto salvado*, con el siguiente texto:

> Salvo mi voto por considerar que debió agregarse a esta norma el principio de que toda Ley aprobada por la Asamblea Nacional, cuya aplicación genere gastos, debe prever los mecanismos para su financiamiento, facultándose al Presidente de la República para vetar la Ley cuando su aplicación pueda producir un desequilibrio fiscal. Una de las más graves distorsiones a la gestión fiscal del Estado y al equilibrio presupuestario está, precisamente, en los nuevos gastos que derivan de nuevas Leyes cuya aplicación no se evalúa en materia de gastos, al ser sancionadas.

El tema también se planteó en segunda discusión por lo cual al final de la sesión del 14 de Noviembre de 1999, consigné mi *Voto salvado* con el siguiente texto:

> Ratifico mi voto salvado respecto de esta norma por considerar que debió agregársele el principio de que toda Ley aprobada por la Asamblea Nacional, cuya aplicación genere gastos, debe prever los mecanismos para su financiamiento, facultándose al Presidente de la República para vetar la Ley cuando su aplicación pueda producir un desequilibrio fiscal. Una de las más graves distorsiones a la gestión fiscal del Estado y al equilibrio presupuestario está, precisamente, en los nuevos gastos que derivan de nuevas Leyes cuya aplicación no se evalúa en materia de gastos, al ser sancionadas.

Artículo 315. Contenido del presupuesto anual

> **Artículo 315.** En los presupuestos públicos anuales de gastos, en todos los niveles de gobierno, se establecerá de manera clara, para cada crédito presupuestario, el objetivo específico a que esté dirigido, los resultados concretos que se espera obtener y los funcionarios públicos o funcionarias públicas responsables para el logro de tales resultados. Éstos se establecerán en términos cuantitativos, mediante indicadores de desempeño, siempre que ello sea técnicamente posible. El Poder Ejecutivo, dentro de los seis meses posteriores al vencimiento del ejercicio anual, presentará a la Asamblea Nacional la rendición de cuentas y el balance de la ejecución presupuestaria correspondiente a dicho ejercicio.

Sección segunda: Del sistema tributario

Sobre la regulación del sistema tributario en la Constitución formulé por escrito los siguientes tres informes generales: uno, sobre la necesidad de regular constitucionalmente algunos principios del sistema tributario dirigido a la Comisión Constitucional de fecha 13 de octubre de 1999; otro sobre explicación del proceso de integración normativa de las disposiciones tributarias efectuado en la Comisión Constitucional, dirigido al presidente y demás miembros de la Asamblea Nacional Constituyente el 17 de octubre de 1999; y el último, sobre el régimen constitucional del sistema tributario en comunicación dirigida al presidente y demás miembros de la Asamblea Nacional Constituyente en fecha 29 de octubre de 1999.

I. LA NECESIDAD DE REGULAR CONSTITUCIONALMENTE ALGUNOS PRINCIPIOS DEL SISTEMA TRIBUTARIO

Texto de la Comunicación dirigida al Presidente de la Comisión Constitucional el 13-10-1999

1. *El régimen tributario en la Constitución de 1961*

La Constitución de 1961 establece las siguientes escuetas normas relativas al sistema tributario:

"Artículo 223 El sistema tributario procurará la justa distribución de las cargas según la capacidad económica del contribuyente, atendiendo al principio de la progresividad, así como la protección de la economía nacional y la elevación del nivel de vida del pueblo.

Artículo 224 No podrá cobrarse ningún impuesto u otra contribución que no esté establecido por ley, ni concederse exenciones ni exoneraciones de los mismos sino en los casos por ella previstos.

Artículo 225 No podrá establecerse ningún impuesto pagadero en servicio personal.

Artículo 226 La ley que establezca o modifique un impuesto u otra contribución deberá fijar un término previo a su aplicación. Si no lo hiciere, no podrá aplicarse sino sesenta días después de haber quedado promulgada.

Esta disposición no limita las facultades extraordinarias que se acuerden al Ejecutivo Nacional en los casos previstos en esta Constitución".

Además de estas normas generales, la Constitución establece competencias tributarias expresas en las competencias del Poder Nacional y del Municipio, sin indicar materias tributarias para los Estados, pudiendo deducirse las mismas, residualmente, como las referidas al impuesto al consumo, no desarrolladas, sin embargo, por los Estados, pudiendo deducirse las mismas, al impuesto al consumo, no desarrolladas, sin embargo, por los Estados.

En el *Proyecto* de Nueva Constitución, dada el reforzamiento de la forma federal del Estado montada sobre una política de descentralización política bien definida, con competencias tributarias definidas en los tres niveles de gobierno, Nacional, Estadal y Municipal, estimamos que resulta indispensable regular normas básicas del sistema financiero acorde con le nuevo esquema descentralizador.

Por ello, con ocasión de la elaboración del Anteproyecto de Constitución, producto del trabajo de las *Comisiones de la Asamblea Nacional Constituyente,* y ante la insuficiencia aparente de normas sobre la materia, sugerimos incluir en el Anteproyecto un conjunto de normas relativas al sistema financiero pendientes de su integración con las que produjera la Comisión respectiva. Se produjo un lamentable incidente, del cual se dedujo sin razón, que tratábamos de incluir normas en el Anteproyecto no aprobadas por la Comisión, lo cual no fue cierto. Ello motivó que dirigiésemos la siguiente comunicación al Presidente y demás miembros de la Comisión Constitucional, de fecha 13-10-99:

En relación con la incomprensión injustificada que se ha producido en torno a los trabajos de integración del Anteproyecto de Constitución y la previsión de unas normas que debían agrupar el articulado relativo a los principios generales al Sistema Tributario, debo señalarle que con ello lo que se trató de hacer fue, precisamente, integrar coherentemente principios que habían quedado dispersos y pendientes de regulación en las discusiones realizadas en las sesiones de la Comisión durante la semana pasada, en todas y cada una de las ponencias de las 20 Comisiones; y que para el día lunes 11-10-99 a mediodía no se habían presentado por la Comisión respectiva. Sobre la carencia de esa normativa recuerdo haberle comentado en algún momento de las interminables horas de trabajo de la semana pasada.

A continuación le explico el "origen" de las normas tributarias mencionadas, partiendo del supuesto de que uno de los temas de mayor importancia en el Anteproyecto de Constitución es el tema tributario, porque por primera vez en el constitucionalismo venezolano de este siglo se atribuyen expresamente a los Estados, potestades tributarias en diversas materias, particularmente en relación con los impuestos al consumo.

Al considerarse estas materias en la Comisión Constitucional, al estudiarse el Informe relativo a Estados y Municipios y a la forma federal del Estado, quedaron pendientes de integrar normativamente esas disposiciones con normas generales de orden tributario.

Ello motivó, básicamente, la labor de integración normativa referida, que explicamos a continuación:

2. *Las limitaciones a los Estados y Municipios en materia de impuestos al consumo y circulación de bienes*

En *primer lugar*, resultaba elemental la necesidad de retener en la Nueva Constitución, y que no aparecía en ninguno de los papeles elaborados, la limitación a los Estados y Municipios en materia de impuestos al consumo que tradicionalmente se ha incluido en las Constituciones anteriores y que regulan los artículos 18 y 34 de la Constitución de 1961, así:

> *Artículo 18*   Los Estados no podrán:
> 1°   Crear aduanas ni impuestos de importación, de exportación o de tránsito sobre bienes extranjeros o nacionales o sobre las demás materias rentísticas de la competencia nacional o municipal.
> 2°   Gravar bienes de consumo antes de que entren en circulación dentro de su territorio.
> 3°   Prohibir el consumo de bienes producidos fuera de su territorio, ni gravarlos en forma diferente a los producidos en él.
> 4°   Crear impuestos sobre el ganado en pie o sobre sus productos o subproductos.
>
> *Artículo 34.*   Los Municipios estarán sujetos a las limitaciones establecidas en el artículo 18 de esta Constitución y no podrán gravar los productos de la agricultura, la cría y la pesquería de animales comestibles, con otros impuestos que los ordinarios sobre detales de comercio.

Esto motivó la redacción de un artículo para la parte del Anteproyecto relativo a la materia tributaria, que siguiendo los criterios técnicos de especialistas de la Asociación Venezolana de Derecho Tributario, quedó redactado así:

Artículo Los Estados y Municipios no podrán:

1 Crear aduanas ni impuestos de importación, de exportación o de tránsito sobre bienes o actividades procedentes del exterior o de Venezuela.
2. Gravar bienes muebles ubicados fuera de su territorio o actividades realizadas fuera del mismo.
3. Gravar el consumo de bienes producidos fuera de su territorio en forma o medida diferentes a los producidos en él.
4. Crear tributos en las actividades cuya gravabilidad haya sido reservada a otras entidades político-territoriales o utilizar hechos o bases imponibles sustancialmente iguales a las de los tributos atribuidos exclusivamente por esta Constitución o las leyes nacionales a los otros niveles, salvo lo dispuesto en el artículo siguiente.

Artículo De conformidad con esta Constitución y las leyes nacionales, los Estados y Municipios podrán compartir con la República la regulación, la recaudación, la administración y los rendimientos de los tributos.

Los Estados y Municipios sólo podrán gravar la agricultura, la cría, la pesca y la actividad forestal en la oportunidad, forma y medida que lo permita la ley nacional.

3. *La inmunidad tributaria de los entes territoriales*

En *segundo lugar*, con motivo de la distribución de la potestad tributaria entre los tres niveles del Poder Público: Nacional, Estadal y Municipal, se planteó en la Comisión Constitucional, al discutirse la ponencia sobre Estados y Municipios, la propuesta del Ponente Profesor Aristóbulo Istúriz de incorporar una norma sobre inmunidad tributaria de los entes territoriales y particularmente, en relación con los impuestos municipales y su extensión a las empresas del Estado, en particular respecto de las empresas, de la Industria Petrolera Nacionalizada.

Ello motivó la necesidad de elaborar unas normas técnicas sobre esa distribución territorial de las competencias tributarias previéndose la propuesta del Profesor Istúriz que había sido aprobada, por lo que las siguientes normas fueron llevadas a la parte que debía regular el tema tributario, con el siguiente texto:

Artículo Las entidades político-territoriales gozarán de inmunidad impositiva. La inmunidad tributaria frente a la potestad impositiva municipal se extiende a las personas jurídicas estatales. Las relaciones entre los poderes tributarios de la República, de los Estados y de los Municipios estarán regidas por los principios de territorialidad, autonomía, suficiencia, económica, equilibrio fiscal, coordinación y solidaridad interterritorial.

Artículo El sistema tributario propiciará la corresponsabilidad fiscal de las entidades político-territoriales, a fin de lograr que estas últimas obtengan sus recursos con la participación del esfuerzo de sus propios habitantes.

4. *El régimen de los derechos individuales aplicables a los tributos*

En *tercer lugar*, la regulación del conjunto de derechos individuales, sociales y económicos, producto del trabajo de las Comisiones respectivas, originó la inclusión de un elenco de derechos en el Título sobre Derechos y Garantías, que motivó la referencia en las normas tributarias a los principios de la no discriminación y a la igualdad (art. 26 del anteproyecto), la prohibición de la confiscación (art. 120 del anteproyecto), el principio de la irretroactividad de las leyes (art. 30 del anteproyecto), el acceso a la justicia (art. 32 del anteproyecto), la libertad personal (art. 51 del anteproyecto), la inviolabilidad del domicilio (art. 54 del anteproyecto) y la protección a la vida privada (arts. 55 y 67 del anteproyecto).

Con fundamento en estas normas aprobadas por la Comisión Constitucional, se resumieron los principios en ellas contenidas, para reafirmarlos en materia tributaria, pero sin agregar nada nuevo, precisamente para integrar normativamente el Proyecto, con el siguiente texto:

Artículo Se prohíbe:
1. Tratar en modo desigual o discriminatorio a los contribuyentes que se encuentren en situación equivalente.
2. Dar efectos confiscatorios a los tributos, a los accesorios de los tributos y a las sanciones.
3. Exigir el pago de tributos sobre hechos imponibles ocurridos antes del inicio de la vigencia de la ley que los hubiera creado o modificado o en el mismo periodo fiscal en que haya sido promulgada dicha ley.
4. Establecer algún tributo pagadero en servicio personal.
5. Impedir u obstaculizar el acceso a la administración de justicia, con el objeto de asegurar el cobro de los tributos.
6. Autorizar la conversión de las sanciones pecuniarias en penas privativas de la libertad, así como también condonar o dispensar individualmente de estas últimas previo pago de las deudas tributarias.
7. Allanar el domicilio o residencia del sujeto pasivo de la obligación tributaria, salvo que se trate de cumplir una orden judicial o de impedir la perpetración de un delito.
8. Interferir la privacidad de las comunicaciones efectuadas directamente o a través de medios impresos, telefónicos, electrónicos y cualquier otro medio de comunicación, salvo que se trate de ejecutar una orden judicial en los casos previstos por la ley.

El ordinal 4° de esta norma es el texto del artículo 225 de la Constitución de 1961 que debería retenerse en la nueva Constitución.

5. *Los principios de la Administración Tributaria*

En *cuarto lugar,* al regularse en el Título relativo al Poder Público los principios básicos relativos a la Administración Pública en la propuesta formulada tanto por la Comisión del Poder Público como del Poder Ejecutivo se estimó, por razones de integración normativa, que debían trasladarse esos principios al tema de la Administración Tributaria, por lo que se incluyó un proyecto de norma que recogiera los progresos institucionales derivados de la experiencia del Seniat, así:

Artículo De conformidad con la ley, la Administración Tributaria estará dotada de autonomía funcional y tendrá las funciones de dictar normas e instrucciones, informar, recaudar, ejercer control administrativo, fiscalizar e investigar en la aplicación de las leyes tributarias y sus reglamentos.

La ley nacional regula a las funciones de la Administración Tributaria y los medios de impugnación de sus actos, sin que ello impida u obstaculice el acceso a la administración de justicia. El ejercicio de recursos administrativos y judiciales suspenderá, los efectos del acto recurrido.

Las autoridades de todo orden pertenecientes a la República, a los Estados y a los Municipios y los particulares están obligados a prestar su concurso a los órganos y funcionarios de la Administración Tributaria para el cumplimiento a las funciones que le asigna esta Constitución.

6. *Los principios generales del sistema tributario*

En *quinto lugar,* se incorporaron al Anteproyecto las tres escuetas normas que están en la Constitución de 1961, que son las únicas que recoge el Proyecto presentado por la Comisión de lo Económico y Social, con el siguiente texto:

Artículo El sistema tributario procurará la justa distribución de las cargas públicas según la capacidad económica del contribuyente, atendiendo al principio de progresividad así como a la protección de la economía nacional y a la elevación del nivel de vida del ciudadano.

Artículo La carga fiscal que deberán soportar los contribuyentes por causa del pago de los tributos atenderá al disfrute general de servicios públicos, a la preservación del ingreso mínimo vital, a la preservación de la fuente de riqueza, así como también a la multiplicidad de tributos y al carácter global del sistema tributario, con el objeto de no exceder la capacidad contributiva.

Artículo La creación, modificación o supresión de tributos así como el establecimiento de sus elementos esenciales, sólo se hará por ley tributaria de carácter especial y según las potestades atribuidas por esta Constitución y las leyes nacionales a la República, a los Estados y a los Municipios. Igual disposición regirá para la concesión de exenciones, exoneraciones y demás beneficios fiscales.

Las normas tributarias tienen vigencia en el ámbito espacial sometido a la potestad del órgano competente para crearlas.

No se podrá delegar la creación de tributos, ni la definición y fijación de sus elementos esenciales.

Sólo la ley nacional tipificara las infracciones tributarias y dispondrá las sanciones aplicables y en ningún caso podrán delegarse dichas atribuciones.

Los reglamentos sólo podrán desarrollar las leyes tributarias y asegurar su aplicación, pero no podrán tener efectos jurídicos que modifiquen o establezcan elementos esenciales de los tributos o regular materias reservadas a la competencia legislativa. Tampoco podrán establecer procedimientos tributarios ni exigir el cumplimiento de deberes formales y requisitos que no estén previstos en la Ley.

Artículo La ley que establezca o modifique un tributo deberá fijar un término previo a su aplicación. Si no lo hiciere, no podrá aplicarse sino sesenta días continuos después de haber quedado promulgada.

La ley tributaría no tendrá efecto retroactivo, pero las disposiciones legales que supriman o reduzcan sanciones se aplicarán a los hechos pasados y a los efectos presentes que de los mismos subsistan.

Por razones de técnica constitucional tributaria y en virtud de ampliarse las potestades tributarias de los Estados y Municipios se estimó indispensable como parte de la integración normativa complementarla con el principio de la relación entre la carga tributaria de los tres niveles del Estado y la retribución en servicios al contribuyente.

Para la redacción de las normas que se pensaba proponer se tomó en cuenta el texto de la propuesta formulada a la Asamblea Nacional Constituyente por la Asociación Venezolana de Derecho Tributario.

II. LA EXPLICACIÓN DEL PROCESO DE INTEGRACIÓN NORMATIVA DE LAS DISPOSICIONES TRIBUTARIAS

Texto de la Comunicación dirigida al Presidente y demás miembros de la Asamblea Nacional Constituyente el 17-10-1999

Me refiero al incidente ocurrido en los trabajos de la Comisión Constitucional, particularmente el día lunes 11 de octubre, cuando decidí retirarme de los mismos por el desconsiderado e irrespetuoso trato que recibí de parte de asesores de algún constituyente; incidente que, posteriormente, ha originado ataques injustos, desconsiderados y malsanos contra mi persona, por unos cuantos constituyentes, afortunadamente pocos, que lamentablemente han afectado esta Asamblea que, en su mayoría, está compuesta por personas calificadas y destacadas en sus áreas respectivas de actividad.

Esos pocos constituyentes han hecho mucho daño a la Asamblea y a la labor constituyente que el pueblo nos encomendó a todos, al punto de empujar a la Comisión de Coordinación a adoptar la absurda, arbitraria e insólita "medida precautelativa" de suspenderme en mis actividades en la Comisión Constitucional, de las cuales voluntaria y formalmente ya me había retirado el mismo día lunes 11 de octubre.

1. *La maniobra conspirativa*

Debo denunciar toda esta maniobra, como urdida por un grupo de constituyentes mezquinos, egoístas y cobardes que buscan entorpecer el trabajo de la Constitución y limitar mi actividad y posición en la Asamblea.

En todo este desagradable incidente, debo recalcar que no he cometido error alguno, ni he reconocido haber cometido algún error.

He dicho que asumí y realicé el trabajo de integración normativa que se me encargó por unanimidad, con todo el ánimo de colaborar para poder sacar un buen Anteproyecto, con la mejor buena fe. La conclusión que resulta de todo esto, y ya me lo habían advertido, es que quizás no valía la pena el esfuerzo, pues en todo caso, la jauría saldría contra mi, hiciese lo que hiciese.

Las normas tributarias que iba a proponer incluir en el texto, producto de la labor de integración normativa derivaron de los trabajos de las diversas Comisiones y de la absoluta insuficiencia de las que la Comisión de lo Económico y Social había propuesto en sus papeles iniciales, confirmada esta insuficiencia con las tres normas sobre la materia que están en el Anteproyecto presentado el 12-10- 99 a la Asamblea.

Las normas que había pensado proponer, por tanto, no son ningún "contrabando" ni responden a "oscuros intereses económicos". Los que responden a intereses bastardos son los que han sugerido o dicho eso, principalmente por ignorancia o afán de protagonismo político por estar en campaña electoral.

Las normas tributarias propuestas, insisto, responden al trabajo que se hizo en las diversas Comisiones de la Asamblea sobre Estados y Municipios, del Poder Público, del Poder Ejecutivo y de Derechos, Deberes y Garantías, que resultaba necesario e indispensable integrar para responder a lo decidido entre ellas, que los señores asesores de la Comisión de lo Económico y Social simplemente desconocían.

Las referidas normas pretendían integrar el sistema tributario como un todo dada la distribución del poder tributario en los tres niveles territoriales del Poder Público: Nacional, Estadal Municipal, teniendo en cuenta que por primera vez en nuestro constitucionalismo se le asigna expresamente potestad tributaria a los Estados, particularmente en materia de impuesto al consumo.

Los artículos propuestos por la Comisión de lo Económico y Social en la materia, en realidad, sólo son una copia incompleta de las escuetas normas de la Constitución de 1961, lo que con mayor razón obligaba a realizar el proceso de integración normativa que como cualquier alumno de primer año de derecho lo sabe, es un proceso que busca deducir de la normativa expresa de un ordenamiento, sin cambiarlo, normas que llenen las lagunas de la ley, pues si bien éstas pueden existir, en cambio, no hay ni puede haber lagunas del derecho, que es un todo, y que, precisamente, hay que integrarlo.

Eso fue lo que se trató de hacer de la mejor buena fe y voluntad. Pero la respuesta, como era de esperarse, fue la jauría desatada que desconociendo los derechos a la presunción de inocencia, a la defensa y a la reputación y el honor, que irónicamente los constituyentes buscan reforzar en la Nueva Constitución, no aguantó su mezquindad y se lanzó a acusar sin ningún fundamento, con el sólo afán de destruir.

2. *El trabajo de integración normativa y su incomprensión*

Como Uds. saben, efectivamente participé, como tantos otros miembros de la Comisión Constitucional, en todas y cada una de las sesiones de la misma, desarrolladas desde el día martes 5 de octubre hasta el día 11 de octubre, desde las primeras horas de la mañana de cada día hasta horas de la madrugada del día siguiente, en las cuales se consideraron las 20 ponencias de los Informes de las Comisiones de la Asamblea. Ello me permitió tener un conocimiento preciso de todo lo que allí se discutió y, además, tener la visión general de lo que se trató a todo lo largo de esa semana, lo que me permitió poder formular planteamientos y propuestas así como sugerencias para el concatenamiento de normas, en materialmente casi todas las ponencias presentadas.

Por ello, cuando el Presidente de la Comisión Constitucional, Dr. Hermann Escarrá propuso mi nombre para que presidiera la *Subcomisión de Integración Normativa* del Anteproyecto de Constitución, para lo cual fui designado por unanimidad, acepté gustosamente el encargo, pues tenía todos los elementos necesarios para colaborar en esa tarea.

La labor de integración normativa del Anteproyecto, por supuesto, no consistía en engrapar, una tras de otra, las ponencias presentadas, sino primero, hacer un esfuerzo de sistematización para que el Anteproyecto respondiera a categorías en Títulos, Capítulos y Secciones coherentes; segundo, ubicar en las partes correspondientes las normas respectivas; tercero, tratar de eliminar repeticiones, y por último, interpretar lo decidido en las discusiones de las ponencias, para poder integrar normas, respetando lo decidido.

Como antes he dicho y lo sabe un estudiante del primer año de derecho, la integración del derecho es el proceso interpretativo que permite establecer una norma, llenando un vacío legal, en virtud de que no puede haber vacío del derecho. Este, en cada ordenamiento es un todo íntegro, por lo que los vacíos legales no significan que no existan normas; lo que hay es que integrarlas para llenarlos de manera que la plenitud del orden jurídico quede asegurada.

El mismo proceso había que hacerlo en la integración normativa del Anteproyecto de Constitución, y eso fue lo que estime que debía hacerse en lo que se refiere a las normas generales de carácter tributario en el Anteproyecto.

3. *Las normas tributarias producto de la labor de integración normativa*

Debe señalarse, por otra parte, que el tema tributario no aparece como competencia expresa de ninguna de las 20 Comisiones de la Asamblea, y sólo en la Comisión de lo Económico y Social aparece la mención a la "Hacienda Pública", tema que dándole la amplitud necesaria podría incluir la temática tributaria. Ello, sin embargo, desde hace lustros ya no es así, desde el momento en el cual el Código Orgánico Tributario regula el tema tributario separado de la Ley Orgánica de la Hacienda Pública Nacional.

Ahora bien, de las discusiones de las diversas Comisiones habían venido quedando cabos sueltos en materia tributaria que debían ser integrados en un conjunto normativo, y que no aparecían regulados en los primeros papeles que había presentado la Comisión de lo Económico y Social, en los cuales sólo se incluían tres normas generales sobre el tema tributario, las mismas tres que aparecen en el Anteproyecto repartido el 12 de octubre de 1999, y que son repetición casi exacta de tres de las seis normas sobre aspectos generales tributarios que tiene de la Constitución de 1961.

Precisamente por ello, antes de la entrega final de la ponencia de la Comisión de lo Económico y Social, en la tarde del lunes 11 de octubre, había advertido sobre el vacío constitucional que podía producirse en la materia, lo que incluso, como comentario general, en algún momento referí al Presidente de la Comisión, y preparé un conjunto de normas que podían contribuir a llenar dicho vacío y que se destinaban a la discusión con los responsables del tema; normas todas de carácter absolutamente técnico que, incluso, fueron redactadas siguiendo el texto que sobre la materia fuera publicado por la Asociación Venezolana de Derecho Tributario; institución de reputación nacional e internacional incuestionable.

La manera abrupta y ciega como reaccionó el constituyente que presidía la Comisión de lo Económico y Social, y sus asesores, impidió toda posibilidad de diálogo y el trabajo de integración normativa quedó truncado.

Las referidas normas se habían agrupado en una Sección más de las Disposiciones Generales relativas al Poder Público y tenían el siguiente texto:

Título IV: Del Poder Público
Capítulo I: Disposiciones Generales
Sección V: Del Sistema Tributario

Artículo El sistema tributario procurará la justa distribución de las cargas públicas según la capacidad económica del contribuyente, atendiendo al principio de progresividad así como a la protección de la economía nacional y a la elevación del nivel de vida del ciudadano.

Artículo La carga fiscal que deberán soportar los contribuyentes por causa del pago de los tributos atenderá al disfrute general de servicios públicos, a la preservación del ingreso mínimo vital, a la preservación de la fuente de riqueza, así como también a la multiplicidad de tributos y al carácter global del sistema tributario, con el objeto de no exceder la capacidad contributiva.

Artículo La creación, modificación o supresión de tributos así como el establecimiento de sus elementos esenciales, sólo se hará por ley tributaria de carácter especial y según las potestades atribuidas por esta Constitución y las leyes nacionales a la República, a los Estados y a los Municipios. Igual disposición regirá para la concesión de exenciones, exoneraciones y demás beneficios fiscales.

Las normas tributarias tienen vigencia en el ámbito espacial sometido a la potestad del órgano competente para crearlas.

No se podrá delegar la creación de tributos, ni la definición y fijación de sus elementos esenciales.

Sólo la ley nacional tipificara las infracciones tributarias y dispondrá las sanciones aplicables y en ningún caso podrán delegarse dichas atribuciones.

Los reglamentos sólo podrán desarrollar las leyes tributarias y asegurar su aplicación, pero no podrán tener efectos jurídicos que modifiquen o establezcan elementos esenciales de los tributos o regular materias reservadas a la competencia legislativa. Tampoco podrán establecer procedimientos tributarios ni exigir el cumplimiento de deberes formales y requisitos que no estén previstos en la Ley.

Artículo La ley que establezca o modifique un tributo deberá fijar un término previo a su aplicación. Si no lo hiciere, no podrá aplicarse sino sesenta días continuos después de haber quedado promulgada.

La ley tributaria no tendrá efecto retroactivo, pero las disposiciones legales que supriman o reduzcan sanciones se aplicarán a los hechos pasados y a los efectos presentes que de los mismos subsistan.

Artículo. Se prohíbe:

1. Tratar en modo desigual o discriminatorio a los contribuyentes que se encuentren en situación equivalente.

2. Dar efectos confiscatorios a los tributos, a los accesorios de los tributos y a las sanciones.
3. Exigir el pago de tributos sobre hechos imponibles ocurridos antes del inicio de la vigencia de la ley que los hubiera creado o modificado o en el mismo período fiscal en que haya sido promulgada dicha ley.
4. Establecer algún tributo pagadero en servicio personal.
5. Impedir u obstaculizar el acceso a la administración de justicia, con el objeto de asegurar el cobro de los tributos.
6. Autorizar la conversión de las sanciones pecuniarias en penas privativas de la libertad, así como también condonar o dispensar individualmente de estas últimas previo pago de las deudas tributarias.
7. Allanar el domicilio o residencia del sujeto pasivo de la obligación tributaria, salvo que se trate de cumplir una orden judicial o de impedir la perpetración de un delito.
8. Interferir la privacidad de las comunicaciones efectuadas directamente o a través de medios impresos, telefónicos, electrónicos y cualquier otro medio de comunicación, salvo que se trate de ejecutar una orden judicial en los casos previstos por la ley.

Artículo Las entidades político-territoriales gozarán de inmunidad impositiva. La inmunidad tributaria frente a la potestad impositiva municipal se extiende a las personas jurídicas estatales. Las relaciones entre los poderes tributarios de la República, de los Estados y de los Municipios estarán regidas por los principios de territorialidad, autonomía, suficiencia, económica, equilibrio fiscal, coordinación y solidaridad interterritorial.

Artículo El sistema tributario propiciará la corresponsabilidad fiscal de las entidades político-territoriales, a fin de lograr que estas últimas obtengan sus recursos con la participación del esfuerzo de sus propios habitantes.

Artículo Los Estados y Municipios no podrán:

1 Crear aduanas ni impuestos de importación, de exportación o de tránsito sobre bienes o actividades procedentes del exterior o de Venezuela.
2. Gravar bienes muebles ubicados fuera de su territorio o actividades realizadas fuera del mismo.
3. Gravar el consumo de bienes producidos fuera de su territorio en forma o medida diferentes a los producidos en él.
4. Crear tributos en las actividades cuya gravabilidad haya sido reservada a otras entidades político-territoriales o utilizar hechos o bases imponibles sustancialmente iguales a las de los tributos atribuidos exclusivamente por esta Constitución o las leyes nacionales a los otros niveles, salvo lo dispuesto en el artículo siguiente.

Artículo De conformidad con esta Constitución y las leyes nacionales, los Estados y Municipios podrán compartir con la República la regulación, la recaudación, la administración y los rendimientos de los tributos.

Los Estados y Municipios sólo podrán gravar la agricultura, la cría, la pesca y la actividad forestal en la oportunidad, forma y medida que lo permita la ley nacional.

Artículo De conformidad con la ley, la Administración Tributaria estará dotada de autonomía funcional y tendrá las funciones de dictar normas e instrucciones, informar, recaudar, ejercer control administrativo, fiscalizar e investigar en la aplicación de las leyes tributarias y sus reglamentos.

La ley nacional regulará a las funciones de la Administración Tributaria y los medios de impugnación de sus actos, sin que ello impida u obstaculice el acceso a la administración de justicia. El ejercicio de recursos administrativos y judiciales suspenderá, los efectos del acto recurrido.

Las autoridades de todo orden pertenecientes a la República, a los Estados y a los Municipios y los particulares están obligados a prestar su concurso a los órganos y funcionarios de la Administración Tributaria para el cumplimiento de las funciones que le asigna esta Constitución.

En la elaboración del referido conjunto normativo no hubo ningún error de mi parte; lo que hice fue tratar de cumplir de la mejor buena fe y voluntad de trabajo, lo que se me había requerido, conforme a lo que significa un proceso de integración normativa. Quizás algunos de los Constituyentes que reaccionaron violentamente contra tal trabajo, no entendieron y quizás aún no entienden qué es eso de "integración normativa".

Insisto, no hubo, por tanto, error alguno de mi parte y mucho menos he admitido haber cometido algún error, como leí que algún constituyente había afirmado en la prensa. Yo ni cometí error ni reconocí en forma alguna haber cometido algún error.

Lo que he dicho es que realicé el trabajo que requería la integración normativa del Anteproyecto, al haber previsto normas sobre el régimen tributario en general, para llenar el vacío constitucional que preveía podía resultar, y que tenían su motivación tanto en las discusiones de las diversas Comisiones que algunos constituyentes no conocían ni aún conocen, como en la carencia de los papeles presentados por la Comisión de lo Económico y Social.

4. *Los objetivos del sistema tributario*

¿Cómo se integraron dichas normas sobre el sistema tributario?

Eso es lo que quiero explicarles, con todo detalle, a continuación, partiendo del supuesto de que una Nueva Constitución, (que regula una Federación Descentralizada), como la que tenemos que elaborar en sustitución de la Constitución de 1961, (que regula una Federación Centralizada), con importantísimas reformas e innovaciones en materia tributaria derivadas de la acentuación de la forma Federal del Estado y de la descentralización política, no puede, por ningún respecto, contentarse con repetir en forma incluso incompleta las normas de la Constitución de 1961, pues ello simplemente sería contradictorio con los cambios en la estructura del Estado que se buscan.

Con fundamento en ello, la necesidad de normas generales nuevas en materia tributaria, derivaba, en primer lugar, de la ponencia de la Comisión sobre Estados, Municipios y Forma del Estado que se discutió en la Comisión Constitucional, y que resultó en la atribución de importantes potestades tributarias a los Estados, lo que ocurre por primera vez en nuestro constitucionalismo en los últimos 150 años. También derivaba de la Ponencia de la Comisión del Poder Público, sobre competencias del Poder Nacional en materia tributaria y de la Ponencia de la Comisión de Derechos, Deberes y Garantías, sobre derechos individuales.

En consecuencia, habiéndose distribuido y redistribuido la potestad tributaria del Estado entre la República, los Estados y los Municipios, ello exigía la inclusión, en la Constitución, por integración normativa, de un conjunto de normas que se refirieran, precisamente, al sistema tributario en su conjunto, abarcando los tres niveles de competencia y las relaciones de ellos entre sí.

La norma del artículo 223 de la Constitución de 1961, sin duda, era insuficiente para responder a la nueva estructura propuesta para la Nueva Constitución. Dicha norma, en efecto, dispone lo siguiente:

Artículo 223 El sistema tributario procurará la justa distribución de las cargas según la capacidad económica del contribuyente, atendiendo al principio de la progresividad, así como la protección de la economía nacional y la elevación del nivel de vida del pueblo.

Esa norma se repite básicamente en el artículo 370 del Anteproyecto presentado el 12-10-99, así:

Artículo 370 Todos están obligados a contribuir al sostenimiento de las cargas públicas. El sistema tributario procurará la justa distribución de las cargas públicas según la capacidad económica del contribuyente, atendiendo al principio de progresividad, así como la protección de la economía nacional y la elevación del nivel de la población, atendiendo a un sistema eficiente para la recaudación de los tributos.

Esta norma, ante todo, debía y debe corregirse pues la primera frase que regula "el deber de contribuir con las cargas públicas", ya estaba incluido en el artículo 141 del Anteproyecto del 12-10-99, en el Capítulo relativo a los Deberes Constitucionales, por lo que debía ser eliminada. De eso se trata, precisamente, un aspecto de la labor de integración normativa.

Pero la necesaria integración de los tres niveles de tributación (nacional, estadal y municipal) en un sólo sistema, exigía la integración de una norma complementaria que la regulara, exigiendo además que se precisara lo que significa la primacía del ciudadano en relación a la tributación y que la Nueva Constitución tiene que reflejar por mandato del *Referéndum* del 25 de abril: que los impuestos que pague el ciudadano se le reviertan en servicios públicos efectivos. Por ello, propusimos la inclusión de las siguientes normas como consecuencia de la labor de integración normativa, las cuales no son sino un complemento y desarrollo del texto del artículo 223 de la Constitución de 1961 y del artículo 370 del Anteproyecto del 12-10-99:

Artículo El sistema tributario procurará la justa distribución de las cargas públicas según la capacidad económica del contribuyente, atendiendo al principio de progresividad así como a la protección de la economía nacional y a la elevación del nivel de vida del ciudadano.

Artículo La carga fiscal que deberán soportar los contribuyentes por causa del pago de los tributos atenderá al disfrute general de servicios públicos, a la preservación del ingreso mínimo vital, a la preservación de la fuente de riqueza, así como también a la multiplicidad de tributos y al carácter global del sistema tributario, con el objeto de no exceder la capacidad contributiva.

Por supuesto, nadie que sea racional podría encontrar en esta norma alguna oculta o maligna intención de beneficiar alguna persona o grupo económico en particular, pues lo que se persigue con ella es el beneficio de todos los ciudadanos frente al poder tributario del Estado, ahora en forma reforzada, distribuido entre la República, los Estados y Municipios.

5. *El principio de la legalidad tributaria*

En cuanto a las normas sobre legalidad de los tributos, las mismas han estado en la Constitución de 1961 con el siguiente texto:

Artículo 224 No podrá cobrarse ningún impuesto u otra contribución que no estén establecidos por ley, ni concederse exenciones ni exoneraciones de los mismos sino en los casos por ella previstos.

Artículo 226 La ley que establezca o modifique un impuesto u otra contribución deberá fijar un término previo a su aplicación. Si no lo hiciere, no podrá aplicarse sino sesenta días después de haber quedado promulgada.

En el Anteproyecto, dichas normas aparecen con el siguiente texto:

Artículo 371 No podrá cobrarse ningún impuesto, tasas, y otras contribuciones que no estén establecidos en la ley, ni concederse exenciones y rebajas, ni otras formas de incentivos fiscales, sino en los casos previstos por las leyes que crean los respectivos tributos. Ningún tributo puede tener efecto confiscatorio.

Artículo 372 Toda ley tributaria deberá fijar un lapso de entrada en vigencia. En ausencia del mismo se entenderá fijado en sesenta días continuos.

Precisamente, con motivo de los nuevos poderes tributarios atribuidos a los Estados, como consecuencia de la labor de integración normativa, estimamos que había que reforzar los elementos del principio de la legalidad tributaria, haciendo referencia a los tres niveles del Poder Público (Nacional, Estadal y Municipal), y precisando lo que no debía regularse por Reglamento.

Además, con motivo de la aprobación por la Comisión de Derechos Humanos del principio de la irretroactividad de la Ley, salvo cuando imponga menor pena, sanción o carga (artículo 30 del Anteproyecto del 11-10-99), por razón de integración normativa estimamos que el mismo principio debía reafirmarse en materia tributaria, con especial referencia, conforme al mismo principio, a la retroactividad de las normas beneficiosas para el contribuyente como la supresión o reducción de sanciones, aplicando los elementos claves de interpretación de la retroactividad conforme a la jurisprudencia de la Corte Suprema. Por ello, las referidas normas sobre legalidad tributaria, se integraron las siguientes normas:

Artículo La creación, modificación o supresión de tributos así como el establecimiento de sus elementos esenciales, sólo se hará por ley tributaria de carácter especial y según las potestades atribuidas por esta Constitución y las leyes nacionales a la República, a los Estados y a los Municipios. Igual disposición regirá para la concesión de exenciones, exoneraciones y demás beneficios fiscales.

Las normas tributarias tienen vigencia en el ámbito espacial sometido a la potestad del órgano competente para crearlas.

No se podrá delegar la creación de tributos, ni la definición y fijación de sus elementos esenciales.

Sólo la ley nacional tipificará las infracciones tributarias y dispondrá las sanciones aplicables y en ningún caso podrán delegarse dichas atribuciones.

Los reglamentos sólo podrán desarrollar las leyes tributarias y asegurar su aplicación, pero no podrán tener efectos jurídicos que modifiquen o establezcan elementos esenciales de los tributos o regular materias reservadas a la competencia legislativa. Tampoco podrán establecer procedimientos tributarios ni exigir el cumplimiento de deberes formales y requisitos que no estén previstos en la Ley.

Artículo La ley que establezca o modifique un tributo deberá fijar un término previo a su aplicación. Si no lo hiciere, no podrá aplicarse sino sesenta días continuos después de haber quedado promulgada.

La ley tributaria no tendrá efecto retroactivo, pero las disposiciones legales que supriman o reduzcan sanciones se aplicarán a los hechos pasados y a los efectos presentes que de los mismos subsistan.

En estas normas, por tanto, no hay nada nuevo respecto de lo regulado en la Constitución de 1961 (y desarrollado en el Código Orgánico Tributario) y del texto que aparece en el Anteproyecto, donde se regula el principio de la legalidad tributaria y la retroactividad de las leyes que impongan menores sanciones.

En ellas nadie que sea racional podría encontrar intención alguna de beneficiar a algún grupo económico o personas, pues además de que se repite lo existente en la Constitución de 1961, se reafirma el principio de la irretroactividad y su excepción en la materia tributaria en beneficio de todos los ciudadanos contribuyentes.

6. *La protección de los derechos individuales frente a la potestad tributaria*

Por otra parte, como consecuencia de la aprobación de la Ponencia de la Comisión de Derechos Humanos y la previsión, en el Anteproyecto, de todo el elenco de los Derechos Individuales y Económicos, también por razón de integración normativa estimamos que debían reafirmarse dichos derechos en materia tributaria, particularmente, el derecho a la *igualdad y no discriminación,* consagrado en el artículo 26 del Anteproyecto del 12-10-99; la *prohibición de la confiscación*, consagrado en el artículo 120 del Anteproyecto y reafirmado en el artículo 371 mencionado del Anteproyecto; de nuevo, la garantía de la *irretroactividad de la ley tributaria* prevista en el artículo 30 del Anteproyecto; la garantía del *acceso a la justicia,* prevista en el artículo 32 del Anteproyecto; la garantía de la *libertad personal* prevista en el artículo 51 del Anteproyecto, la garantía de la *inviolabilidad del domicilio* prevista en el artículo 54 del Anteproyecto y la *protección a la vida privada* y la *inviolabilidad de las comunicaciones* previstas en los artículos 55 y 67 del Anteproyecto.

Para reafirmar estos derechos individuales ante la potestad tributaria del Estado en sus tres niveles se integró la siguiente norma prohibitiva:

Artículo Se prohíbe:
1. Tratar en modo desigual o discriminatorio a los contribuyentes que se encuentren en situación equivalente.
2. Dar efectos confiscatorios a los tributos, a los accesorios de los tributos y a las sanciones.
3. Exigir el pago de tributos sobre hechos imponibles ocurridos antes del inicio de la vigencia de la ley que los hubiera creado o modificado o en el mismo período fiscal en que haya sido promulgada dicha ley.
4. Establecer algún tributo pagadero en servicio personal.
5. Impedir u obstaculizar el acceso a la administración de justicia, con el objeto de asegurar el cobro de los tributos.
6. Autorizar la conversión de las sanciones pecuniarias en penas privativas de la libertad, así como también condonar o dispensar individualmente de estas últimas previo pago de las deudas tributarias.
7. Allanar el domicilio o residencia del sujeto pasivo de la obligación tributaria, salvo que se trate de cumplir una orden judicial o de impedir la perpetración de un delito.
8. Interferir la privacidad de las comunicaciones efectuadas directamente o a través de medios impresos, telefónicos, electrónicos y cualquier otro medio de comunicación, salvo que se trate de ejecutar una orden judicial en los casos previstos por la ley.

Es de destacar, que el ordinal 4° de la norma equivale al artículo 225 de la Constitución actual, que dice:

"Artículo 225 . No podrá establecerse ningún impuesto pagadero en servicio personal".

En cuanto al ordinal 5° de la norma, al integrarse a los Estados y Municipios al sistema tributario, persigue eliminar del ordenamiento las odiosas normas locales de conversión de las multas administrativas en "arresto proporcional". Ello no impide que el legislador pueda establecer delitos tributarios con penas privativas de la libertad persona.

En todo caso, por razón de integración normativa con las disposiciones sobre Derechos Individuales, aplicándolos al tema tributario, se elaboró esta norma que nadie que sea racional podría interpretar como que beneficiaría a algún grupo o persona, sino a todos los ciudadanos contribuyentes.

7. *La inmunidad tributaria de los entes territoriales*

Del mismo trabajo de las Comisiones del Poder Público Nacional y de Estados y Municipios, al establecerse la distribución de la potestad tributaria en los tres niveles político-territoriales: Nacional, Estadal y Municipal, surgió la necesidad, por razón de integración normativa, de regular expresamente tanto el principio de la inmunidad tributaria entre los tres niveles político territoriales, como los principios generales aplicables a la tributación en esos niveles: territorialidad, autonomía, suficiencia económica, equilibrio fiscal, coordinación y solidaridad interinstitucional; y del principio de corresponsabilidad fiscal.

Por ello se propusieron las siguientes dos normas, destacándose que en la primera se incluyó lo aprobado en las discusiones de la Ponencia de la Comisión de Estados y Municipios en torno a extender la inmunidad fiscal de la República en cuanto a los tributos municipales, respecto de las personas jurídicas estatales nacionales (institutos autónomos o empresas públicas) que realicen actividades reservadas al Estado, de manera de proteger a PDVSA:

Artículo Las entidades político-territoriales gozarán de inmunidad impositiva. La inmunidad tributaria frente a la potestad impositiva municipal se extiende a las personas jurídicas estatales. Las relaciones entre los poderes tributarios de la República, de los Estados y de los Municipios estarán regidas por los principios de territorialidad, autonomía, suficiencia económica, equilibrio fiscal, coordinación y solidaridad interterritorial.

Artículo El sistema tributario propiciará la corresponsabilidad fiscal de las entidades político-territoriales, a fin de lograr que estas últimas obtengan sus recursos con la participación del esfuerzo de sus propios habitantes.

Nadie que sea racional podría deducir de estas normas que se pudiera pretender beneficiar a algún grupo o persona, pues lo que se busca es la protección de los entes político-territoriales en relación a los impuestos que establezcan los otros entes político territoriales, extendiendo la inmunidad tributaria de la República, frente a los impuestos municipales, a PDVSA y sus filiales y otros entes nacionales descentralizados.

8. *Las limitaciones tributarias a Estados y Municipios*

Por otra parte, la previsión expresa de la competencia de los Estados en materia de *impuestos al consumo,* exigía, por razones de integración normativa, la previsión en la Constitución de los mismos principios tradicionales de nuestro constitucionalismo establecidos en los actuales artículos 18 y 34 de la Constitución de 1961, que establecen lo siguiente:

Artículo 18 Los Estados no podrán:

1º Crear aduanas ni impuestos de importación, de exportación o de tránsito sobre bienes extranjeros o nacionales o sobre las demás materias rentísticas de la competencia nacional o municipal.

2º Gravar bienes de consumo antes de que entren en circulación dentro de su territorio.

3º Prohibir el consumo de bienes producidos fuera de su territorio, ni gravarlos en forma diferente a los producidos en él.

4º Crear impuestos sobre el ganado en pie o sobre sus productos o subproductos.

Artículo 34 Los Municipios estarán sujetos a las limitaciones establecidas en el artículo 18 de esta Constitución y no podrán gravar los productos de la agricultura, la cría y la pesquería de animales comestibles, con otros impuestos que los ordinarios sobre detales de comercio.

Estos principios tradicionales de nuestro constitucionalismo, no podían quedar fuera de las regulaciones constitucionales, particularmente por la reafirmación expresa en el Anteproyecto de la competencia estadal en materia de *impuestos al consumo*.

Además, el distribuirse la competencia en la materia en los tres niveles territoriales resultaba necesario prever, por una parte, que debía evitarse caer en la doble tributación; y por la otra, el principio de que tanto la República, los Estados y los Municipios podían compartir aspectos fundamentales de los tributos, como se reguló en la Comisión de Estados y Municipios, por ejemplo, en materia de impuestos a los cigarrillos y licores.

Por ello, igualmente por razones de integración normativa, se integraron las siguientes dos normas:

Artículo Los Estados y Municipios no podrán:
1 Crear aduanas ni impuestos de importación, de exportación o de tránsito sobre bienes o actividades procedentes del exterior o de Venezuela.
2. Gravar bienes muebles ubicados fuera de su territorio o actividades realizadas fuera del mismo.
3. Gravar el consumo de bienes producidos fuera de su territorio en forma o medida diferentes a los producidos en él.
4. Crear tributos en las actividades cuya gravabilidad haya sido reservada a otras entidades político-territoriales o utilizar hechos o bases imponibles sustancialmente iguales a las de los tributos atribuidos exclusivamente por esta Constitución o las leyes nacionales a los otros niveles, salvo lo dispuesto en el artículo siguiente.

Artículo De conformidad con esta Constitución y las leyes nacionales, los Estados y Municipios podrán compartir con la República la regulación, la recaudación, la administración y los rendimientos de los tributos.

Los Estados y Municipios sólo podrán gravar la agricultura, la cría, la pesca y la actividad forestal en la oportunidad, forma y medida que lo permita la ley nacional.

Nadie que sea racional podría deducir que estas normas podrían beneficiar a un grupo económico o a una persona, ya que son consecuencia lógica de la previsión de la competencia estadal en materia de impuesto al consumo que se regula en el Anteproyecto y que recogen, en lo sustancial, las normas contenidas en los artículos 18 y 34 de la Constitución de 1961.

9. *La administración tributaria*

Por último, debe señalarse que por primera vez en nuestro constitucionalismo, en el Anteproyecto de Constitución se previeron un conjunto de normas sobre la Administración Pública, como consecuencia de los aportes de las Comisiones del Poder Ejecutivo y del Poder Público Nacional (arts. 151 a 154 del Anteproyecto).

Como consecuencia de tales principios, por razones de integración normativa, estimamos que los mismos debían reflejarse con particular referencia a la Administración Tributaria, siguiendo las experiencias del SENIAT, en la siguiente forma:

Artículo. De conformidad con la ley, la Administración Tributaria estará dotada de autonomía funcional y tendrá las funciones de dictar normas e instrucciones, informar, recaudar, ejercer control administrativo, fiscalizar e investigar en la aplicación de las leyes tributarias y sus reglamentos.

La ley nacional regulará a las funciones de la Administración Tributaria y los medios de impugnación de sus actos, sin que ello impida u obstaculice el acceso a la administración de justicia. El ejercicio de recursos administrativos y judiciales suspenderá, los efectos del acto recurrido.

Las autoridades de todo orden pertenecientes a la República, a los Estados y a los Municipios y los particulares están obligados a prestar su concurso a los órganos y funcionarios de la Administración Tributaria para el cumplimiento de las funciones que le asigna esta Constitución.

Nadie que sea racional podría deducir, en forma alguna que esta norma podría estar destinada a beneficiar a una persona o a grupos económicos personas. Se trata de prever normas que aseguren una Administración Tributaria eficiente.

10. *Apreciación final*

De todo lo anteriormente expuesto queda claro, en mi criterio, que la integración de las normas tributarias analizadas tiene su motivación en la labor de integración normativa del Anteproyecto que se me asignó, y que exigía desarrollar el tema tributario general, con fundamento en lo que se derivaba de las diversas Comisiones de la Asamblea.

Los papeles que para el 11-10-99 había presentado la Comisión de lo Económico y Social eran absolutamente insuficientes en la materia, lo que quedó corroborado con el contenido de los tres artículos que el Anteproyecto destina a la materia (arts. 370 a 372).

En todo caso, en la integración de dichas normas, que como queda comprobado de la sola lectura de su texto, no se puede deducir en forma alguna que puedan dar beneficio a nadie en particular, sino a todos los contribuyentes por la seguridad jurídica que brindan.

Es una irresponsabilidad y una actitud de mala fe sugerir o decir que las normas mencionadas de orden tributario hubieran sido propuestas a la Comisión Constitucional "de contrabando" o subrepticiamente. Al contrario, fueron concebidas con completo conocimiento y como resultado de la labor de integración normativa que se me asignó, como consecuencia de las propuestas y discusiones realizadas en las diversas Comisiones.

Es una actitud de mala fe, o en su caso de ignorancia, señalar que las normas indicadas benefician a grupos económicos determinados. Lo que regulan son las consecuencias de la distribución del Poder Tributario entre los tres niveles del Poder Público Nacional, Estadal y Municipal, que todas deben responder a los fines del sistema tributario y asegurar los derechos de los contribuyentes, que son o deben ser todos los ciudadanos frente al Estado. Lo que pasa es que hay muchos ciudadanos que no pagan impuestos y por ello no se sienten contribuyentes y piensan que estos son otros.

Lamentablemente para el proceso constituyente, en este caso lo que ha habido es mala fe y deseo de dañar al lanzarse acusaciones en mi contra sin motivo alguno, llegándose a pisotear no sólo el mandato popular, sino derechos fundamentales como el de la presunción de inocencia, el de la defensa, y el de la protección al honor y a la reputación. Estos derechos, que tengo constitucionalmente, me fueron vulnerados por la apresurada decisión de la Comisión de Coordinación de pretender "suspenderme" en la realización de actividades que yo había ya dejado en días anteriores, abriendo paso a la jauría insana que no pierde ocasión para atacar y buscar destruir, como ha ocurrido en estos últimos días en mi contra.

Lo que resulta claro es que en buena técnica constitucional, las normas tributarias propuestas por la Comisión de lo Económico y Social y que se incluyeron en el Anteproyecto repartido el 12-10-99, son absolutamente insuficientes y no responden a los principios y reformas que introduce la Nueva Constitución en la materia, por lo que en el texto que en definitiva se apruebe tendrán que incluirse normas tributarias generales en el sentido de las que se habían integrado.

Por todo ello, estoy convencido de la bondad y pertinencia de las normas tributarias que integré en mi labor en la Comisión Constitucional y que ésta debía incorporar al Anteproyecto de la Nueva Constitución.

Puede cambiárseles la redacción y hacerlas menos técnicas, pero de que se requieren normas que regulen las relaciones tributarias entre los tres niveles de gobierno, no tengo la menor duda.

III. SOBRE EL RÉGIMEN CONSTITUCIONAL DEL SISTEMA TRIBUTARIO

Texto de la Comunicación dirigida al Presidente y demás miembros de la Asamblea Nacional Constituyente de fecha 29-10-99.

La presente tiene por objeto someter a la consideración de todos y cada uno de los constituyentes, la propuesta de integración de un conjunto de normas que regulen el sistema tributario que requiere la Nueva Constitución y que se derivan, fundamentalmente, de la necesidad de responder a las consecuencias tributarias de la descentralización política; a la protección de los ciudadanos contribuyentes en relación con el poder tributario del Estado; y a la interrelación entre las potestades tributarias del Poder Nacional con las nuevas potestades tributarias atribuidas a Estados y Municipios, dentro de un sistema tributario integrado que respete globalmente el principio de la capacidad contributiva.

Esta propuesta tiene por objeto sustituir los artículos 353 y 354 del Anteproyecto por otro conjunto de normas, que integran el contenido de las mismas y amplían el régimen constitucional de la tributación.

1. *La propuesta del Anteproyecto*

Uno de los principios de la reforma política de la Nueva Constitución es el reforzamiento de la descentralización política de la Federación, lo que ha originado la distribución de la *potestad tributaria* en los tres niveles del Poder Público Nacional. Esta reforma significativa del sistema tributario exige, por tanto, la previsión de un conjunto de normas constitucionales. Como se señaló y recomendó en las *VI Jornadas Latinoamericanas de Derecho Tributario*

"Que los principios fundamentales del derecho tributario se consagren en el orden jurídico con una jerarquía superior a la de la ley ordinaria, de acuerdo con el sistema constitucional de cada país, a fin de asegurar su debida permanencia".

El Anteproyecto presentado a la consideración de la Asamblea, sin embargo, no sigue esta orientación y se limita, en la materia, además de consagrar las competencias tributarias del Poder Nacional, de los Estados y Municipios, a establecer las siguientes dos normas que estimamos absolutamente insuficientes, dada la nueva estructura del Estado:

"***Artículo 353:*** Todos están obligados a contribuir al sostenimiento de las cargas públicas. El sistema tributario procurará la justa distribución de las cargas públicas según la capacidad económica del contribuyente, atendiendo al principio de progresividad, así como la protección de la economía nacional y la elevación del nivel de vida de la población, atendiendo a un sistema eficiente para la recaudación de los tributos.

Artículo 354: No podrá cobrarse ningún impuesto, tasas, y otras contribuciones que no estén establecidos en la ley, ni concederse exenciones y rebajas, ni otras formas de incentivos fiscales, sino en los casos previstos por las leyes que crean los respectivos tributos. Ningún tributo puede tener efecto confiscatorio. Toda ley tributaria deberá fijar un lapso de entrada en vigencia. En ausencia del mismo se entenderá fijado en sesenta días continuos".

En cuanto al artículo 353, el deber de contribuir al sostenimiento de las cargas públicas debe eliminarse del mismo porque ya está en el Capítulo relativo a los Deberes Constitucionales (art. 141 del Anteproyecto). Por lo demás, la norma repite el contenido del artículo 223 de la Constitución de 1961, con el único agregado de la frase final

"atendiendo a un sistema eficiente para la recaudación de los tributos"

En cuanto al artículo 354, el mismo reproduce el contenido de los artículos 224 y 225 de la Constitución de 1961, con el único agregado de que:

"Ningún tributo puede tener efecto confiscatorio"

Estas dos normas, en nuestro criterio, no satisfacen las exigencias constitucionales de regulación de un sistema tributario como el actual, bastante más complejo que el que existía hace 40 años. Por ello, la necesidad de que en la Nueva Constitución se regulen aspectos fundamentales del régimen tributario, como lo proponemos a continuación:

2. *El reforzamiento del principio del sistema tributario*

Como lo ha señalado la Asociación Venezolana de Derecho Tributario en el folleto *Exposición de motivos y articulado del Anteproyecto de Título Constitucional del Sistema Tributario propuesto por la Asociación Venezolana de Derecho Tributario a la Asamblea Nacional Constituyente,* (Caracas, 1999):

"La noción de Sistema Tributario ya invocada en el artículo 223 de la Constitución de 1961, es el cuerpo normativo y el mecanismo de unificación y de sincronización de la multiplicidad de tributos creados por los entes pertenecientes a los tres niveles de gobierno, que pesan sobre los mismos contribuyentes que habitan o que operan en Venezuela y que financian las funciones y servicios públicos destinados a satisfacer las necesidades colectivas de esos mismos individuos, con la finalidad de evitar duplicaciones, distorsiones, ineficiencias o injusticias en el reparto de las cargas fiscales. La existencia de esa noción vincula estrechamente el deber constitucional de todos los ciudadanos de contribuir con los gastos públicos, dentro de un marco de seguridad jurídica, como valor esencial del Estado de Derecho, con los fines, principios y limitaciones que postula el sistema, múltiple en sus componentes y global en su estructura".

Es decir, los tres niveles de tributación deben formar parte integral del sistema tributario, por lo que la capacidad contributiva de los contribuyentes debe considerarse en relación con todo el sistema.

Como lo ha señalado la Asociación Venezolana de Derecho Tributario:

"La nueva estructura constitucional del Estado Venezolano deberá sustentarse en el esquema de las haciendas multijurisdiccionales, en el que el proceso de descentralización actúe como herramienta efectiva de la profundización de la distribución de competencias entre los niveles del Poder Público, en razón de los servicios a ser prestados al ciudadano. El sistema tributario debe dar apoyo real y adecuado a los cometidos asignados a los entes políticos territoriales en esa nueva estructura del Estado determinada por la descentralización.

El anteproyecto incluye una serie de disposiciones que consagran principios y mecanismos dirigidos a la consecución del máximo de autonomía financiera de los entes político-territoriales, sin descuidar la idea de la solidaridad y coordinación, que debe mediar entre ellos, en el entendido que la autonomía financiera implica el manejo responsable de los ingresos atribuidos y el necesario control de los ciudadanos sobre dicha gestión.

La búsqueda del equilibrio, entendida como el logro de la suficiencia financiera de los distintos entes político territoriales que conforman el Estado, en cuanto a la cobertura que les demandan las misiones básicas que les han sido encomendadas, bajo unos estándares mínimos previamente establecidos, ha de inspirarse en una serie de principios rectores que conduzcan al fortalecimiento de la autonomía de los entes menores, para lo cual el diseño e instrumentación del sistema tributario resulta de especial trascendencia.

Se eleva a nivel constitucional el principio de armonización tributaria, tanto en el ámbito nacional como internacional, a fin de que las entidades político territoriales puedan coordinar en forma convencional el ejercicio de sus potestades tributarias y para adecuar las actividades del poder tributario soberano del Estado a la nueva realidad del comercio internacional.

El anteproyecto busca dar visión de sistema a la parte orgánica de la tributación, representada en la regulación de las relaciones de poder entre los entes político territoriales titulares de potestades tributarias, con la finalidad no sólo de asegurar la armonía y colaboración entre dichos entes, sino también de proteger al contribuyente como sujeto pasivo único de todas esas potestades".

Igualmente, como lo ha señalado el SENIAT en el documento *Propuesta sobre el Sistema Tributario presentado por el Servicio Nacional Integrado de Administración Tributaria a la Asamblea Nacional Constituyente* (Caracas, 1999):

"El principio de capacidad contributiva es una garantía de razonabilidad de innegable presencia en cualquier texto constitucional, que al igual que el anterior es legitimador del establecimiento de los tributos y por su complejidad debe ser analizado en conjunción con la política, economía, sociología, ética y recaudación, esto en razón de que el contenido del principio confiere equidad y proporcionalidad, lo que lo hace un principio autónomo que posee cuatro manifestaciones: igualdad, no confiscatoriedad, proporcionalidad y progresividad.

Este principio de rango constitucional tiene un doble propósito, por una parte es el presupuesto que legitima la distribución del gasto público y por la otra es el límite material al ejercicio de la potestad tributaria, es decir que constituye el mandato moral, jurídico y político-constitucional de los habitantes a contribuir con los gastos públicos, pero además es la garantía individual que permite alcanzar un equilibrio de la justicia social en la distribución de las cargas públicas.

La capacidad contributiva viene dada por la potencia económica o la riqueza de un sujeto que supera el mínimo vital necesario, pues no podría existir capacidad de concurrir a los gastos públicos cuando falte o se tenga sólo lo necesario para las exigencias individuales, lo contrario afianzaría un sistema impositivo deshumanizado.

En este sentido la capacidad contributiva debe entenderse no sólo como una manifestación de riqueza, sino como potencia económica que debe juzgarse idónea para concurrir a los gastos públicos, frente a las exigencias económicas y sociales de un país.

El principio de capacidad contributiva implica que sólo aquellos hechos de la vida social que son índices de capacidad económica pueden ser adoptados por las leyes como presupuesto generador de la obligación tributaria. Mas la estructura del tributo y la medida en que cada uno contribuirá a los gastos públicos no está determinada solamente por la capacidad económica del sujeto pasivo, sino también por razones de conveniencia, justicia social y de bien común, ajenas a la capacidad económica".

En consecuencia, tanto la necesidad de concebir el sistema tributario como comprensivo de los tres niveles de tributación (Nacional, Estadal y Municipal), como la necesidad de asegurar la capacidad contributiva de los obligados, plantea la necesidad de complementar la norma del artículo 223 de la Constitución de 1961, equivalente al artículo 353 del Anteproyecto, así:

"***Artículo:*** El sistema tributario procurará la justa distribución de las cargas públicas según la capacidad económica del contribuyente, atendiendo al principio de progresividad así como a la protección de la economía nacional y a la elevación del nivel de vida de la población, y a un sistema eficiente para la recaudación de los tributos.

La carga fiscal que deberán soportar los contribuyentes por causa del pago de los tributos atenderá al disfrute general de servicios públicos, a la preservación del ingreso mínimo vital, a la preservación de la fuente de riqueza, así como también a la multiplicidad de tributos y al carácter global del sistema tributario, con el objeto de no exceder la capacidad contributiva".

Esta norma contiene una directriz dirigida al legislador tributario que lo debe obligar a tomar en consideración los factores y criterios socio-económicos que miden la presión fiscal, con la finalidad de mantener la carga fiscal global de los contribuyentes, apreciada desde los distintos sectores y aspectos, dentro de los límites razonables de la capacidad económica. No se trata de vincular la exigibilidad individual de cada tributo a la previa determinación de cada uno de esos criterios o factores, puesto que ellos no podrían ser establecidos individualmente sino colectivamente. El clamor general de los ciudadanos contribuyentes es ver la retribución de los impuestos que se pagan en servicios públicos; de allí la referencia que se hace a ello en el segundo párrafo de la norma indicada que proponemos se incluya en el Texto Constitucional.

En este sentido, el disfrute general de servicios públicos como justificación ética de la imposición, no podría ser determinado caso por caso en la hipótesis de los llamados servicios públicos no divisibles, que se financian con impuestos cuyo rendimiento va al fondo común del Tesoro Público; a diferencia de las tasas y contribuciones especiales que serían retributivas de servicios divisibles. Por ello, en materia de impuestos, que son las figuras más importantes de la tributación, no se podría supeditar el cobro de los mismos al disfrute individual de los servicios, como parecen opinar algunos con buena dosis de ignorancia.

En todo caso, este principio de prever que el pago de impuestos, en general, debe atender al disfrute general de servicios públicos es elemental en todo sistema tributario. Para ello es que se establece el deber de contribuir con las cargas públicas, pues este deber se compensa con la recepción por los contribuyentes de servicios públicos. Por ello, de este principio no puede deducirse, sino por mentes enfermas, que supuestamente alguien podría demandar al Estado por servicios públicos "malos". Ello puede ocurrir si en la prestación ineficiente de los servicios se causan daños que comprometan la responsabilidad del Estado, pero no porque se establezca el principio elemental de exigir que el pago de impuestos retorne al contribuyente en servicios generales.

Por lo que respecta a los demás factores y criterios indicados en la norma propuesta, ellos tendrían que ser apreciados en el momento de la configuración de la ley tributaria, y sólo excepcionalmente, cuando pudieran ser escandalosamente desatendidos, podrían ser considerados en el momento de la recaudación.

Esta propuesta, por lo demás, sigue las recomendaciones de las *XIV Jornadas Latinoamericanas de Derecho Tributario*, celebradas en Buenos Aires, en 1989; en particular, porque la carga producida sobre los sujetos que la soportan, por el concurso de obligaciones fiscales o aisladamente por una sola de ellas, puede violar los derechos y garantías constitucionales, tales como la capacidad contributiva, el derecho de propiedad, el derecho a percibir el producto del trabajo, la libertad de industria y comercio, la interdicción de la arbitrariedad y la seguridad jurídica. A esto se agrega,

"que la situación de agobio fiscal suele verse acentuada en los Estados políticamente descentralizados, en los cuales los distintos ámbitos normativos tienen reconocidos poderes fiscales amplios, que suelen ejercerse discoordinadamente". Todo esto, sin olvidar las variables que existen en cada país y los componentes tributarios específicos que integran cada realidad nacional. Por lo anterior, los especialistas han recomendado "establecer con carácter general, criterios precisos sobre la carga fiscal máxima admisible, aunque ello dependa de las características políticas, económicas y sociales de cada país".

Hemos agregado al primer párrafo del artículo antes transcrito, la frase incorporada en el Anteproyecto en el sentido de que el Sistema Tributario también debe atender a un "sistema eficiente para la recaudación de los tributos", respecto de lo cual el SENIAT, en el documento antes citado, ha señalado lo siguiente:

"Los recursos tributarios tienen como finalidad promover el bienestar general, para la adecuada elaboración de una política tributaria que se oriente a esos fines, deben tomarse en consideración todos los principios superiores de la tributación.

Cuando se hace mención al principio de la eficiencia tributaria se incluyen diversos componentes, por una parte el principio de la economía de los tributos según el cual el Estado debe recaudar los impuestos con el menor costo administrativo posible, de manera que la cantidad de dinero sustraída a los contribuyentes sea prácticamente la misma que ingresa a la Tesorería Nacional. De otro lado se encuentra el principio de la comodidad, de acuerdo con el cual toda contribución debe ser recaudada en la época y forma que más convenga al contribuyente.

El principio de la eficiencia también implica que el Estado controle la evasión y elusión tributarias de la mejor manera posible, puesto que de poco sirve promulgar leyes tributarias si se permite que los contribuyentes desconozcan sus obligaciones fiscales.

Para lograr la eficiencia tributaria, se han de tener presentes otras máximas, como lo es la certeza, es decir, que el impuesto que cada persona está obligada a pagar debe ser cierto y no arbitrario. La fecha y la forma de pago, como también la cantidad, deben ser claras y precisas tanto para el contribuyente como para cualquier otra persona. La conveniencia se traduce en que los tributos deben ser recaudados en la forma y en la fecha que resulten más convenientes para el sujeto pasivo de la obligación tributaria y, finalmente, la economía propugna que los tributos deben ser recaudados en forma tal que siempre provoquen el mínimo costo de recaudación y no desalienten a los contribuyentes".

3. *El reforzamiento del principio de la legalidad tributaria*

Con motivo de los nuevos poderes tributarios atribuidos a los Estados como consecuencia de la descentralización política de la Federación, el principio de la legalidad tributaria en la Constitución debe ser particularmente reforzado, sobre todo para exigir que sea la ley formal la que sea fuente de obligaciones y beneficios, limitando particularmente la potestad reglamentaria.

Tal y como lo ha destacado el SENIAT en el documento presentado ante la Asamblea, en relación con el *Principio de Legalidad, (Nullum Tributum sine Lege):*

"De acuerdo con la doctrina mayoritaria este principio milenario es catalogado como el de mayor relevancia en un sistema tributario, descansa en la exigencia propia de la concepción democrática del Estado, en el sentido que corresponde a los representantes del soberano, la potestad de dictar normas legales de carácter tributario que afectan de manera directa el derecho de propiedad.

Este principio se orienta a la protección de los contribuyentes en su derecho de propiedad por cuanto los tributos importan restricciones a ese derecho, al sustraer a favor del Estado algo del patrimonio de los particulares que en un sistema democrático no es legítimo si no se obtiene por decisión de los órganos que representan la soberanía popular.

Así el principio de legalidad es una garantía constitucional del derecho de propiedad, de libertad y de los intereses sociales y comunitarios, al punto que sus beneficios se extienden a la seguridad jurídica y económica, e igualmente es una garantía de certeza para los contribuyentes o responsables porque descarta cualquier tipo de discrecionalidad por parte de la Administración Tributaria, pues ésta se encuentra absolutamente reglada, o lo que es igual, sometida rigurosamente al principio de la legalidad.

Luego, con base en este principio sólo corresponde a la ley formal determinar los elementos relativos a la existencia, estructura y cuantía de la obligación tributaria, vale decir, el hecho imponible, los sujetos que la componen, la base del cálculo, alícuota, exenciones, así como lo relativo a la responsabilidad tributaria, la tipificación de infracciones, imposición de sanciones y establecimiento de limitaciones de derechos y garantías individuales, lo que en suma se puede llamar constitucionalización de la construcción técnico-jurídica del tributo.

Bajo esta premisa de ideal ortodoxo, queda excluida toda posibilidad a los poderes distintos del legislativo, dictar normas legales de carácter tributario, y de existir alguna excepción a este principio, habría de limitarse al mínimo, consagrarse explícitamente en el texto constitucional, ser temporal, condicionada y detalladamente circunstanciada, exigiéndose en cualquier caso su ratificación por el Congreso.

Correspondería solamente a las normas de rango sublegal, el desarrollo del sistema adjetivo necesario para la efectiva recaudación de los tributos, independientemente de quien sea el acreedor, así como aplicar las sanciones. En este sentido el poder ejecutivo carece por completo de atribución para crear normas tributarias en sentido material mediante las que el contribuyente o responsable quede obligado al pago de tributos, accesorios, sanciones o el cumplimiento de cualquier deber formal, pues esta es una atribución exclusiva del poder legislativo.

Los decretos como actos administrativos de efectos generales no pueden ser fuente lícita de obligaciones tributarias y tampoco podrían serlo al reglamentar las leyes tributarias, puesto que la atribución de reglamentación prohíbe alterar el espíritu, propósito y razón de las leyes, con lo cual se fija un límite a la atribución reglamentaria".

Sin duda, la garantía más importante en materia tributaria es el principio de legalidad, por más rigidez que establezca en relación con las potestades del Ejecutivo. Lo que no puede es dejarse a decisiones ejecutivas regular elementos esenciales de los tributos. Ello es lo que persigue la norma propuesta, la cual no impediría, por ejemplo, que en la Ley anual de Presupuesto, que es una *ley,* se modifiquen alícuotas de determinados tributos.

En el campo doctrinal como lo ha señalado José Osvaldo Casás, (en "Seguridad Jurídica, Legalidad y Legitimidad en la imposición tributaria", *Revista Latinoamericana de Derecho Tributario,* N° 6, Diciembre 1998, pág. 29-30), en el marco del Simposio sobre *El Principio de legalidad en el Derecho Tributario,* realizado en Montevideo, al tratar el tema, y enfocándolo desde el punto de vista de garantía del derecho a la seguridad jurídica, se logró consenso entre los más destacados juristas de la especialidad, entre otros, en los siguientes puntos:

"1) El principio de legalidad, recogido en las Constituciones latinoamericanas como principio fundamental del Derecho Público, tiene especial gravitación en materia tributaria, en la cual asume tenor de estricta legalidad.

2) La función legislativa debe ejercerse dentro de los límites establecidos por las normas constitucionales y con sujeción a los principios recogidos en las mismas.

3) La ley debe establecer todos los aspectos relativos a la existencia, estructura y cuantía de la obligación tributaria (presupuesto de hecho, base de cálculo, exoneraciones, alícuotas), así como los relativos a la responsabilidad tributaria, a la tipificación de infracciones, imposición de sanciones y establecimiento de limitaciones a los derechos y garantías individuales.

4) Las excepciones a este principio deben limitarse al mínimo, *estar consagras explícitamente en los textos constitucionales* y en tales casos deben ser temporarias, condicionadas y detalladamente circunstanciadas, exigiéndose en todos los casos la ratificación parlamentaria.

5) La función administrativa en las materias referidas en el numeral 3 es una actividad reglada que excluye la posibilidad de aplicación analógica y de actuación discrecional".

Como consecuencia de todo este planteamiento, es que hemos propuesto que se amplíe el contenido de las normas de los artículos 224 y 226 de la Constitución de 1961, equivalentes al artículo 354 del Anteproyecto, con unas normas que tengan la siguiente redacción:

"Artículo: La creación, modificación o supresión de tributos así como el establecimiento de sus elementos esenciales, sólo se hará por ley tributaria de carácter especial y según las potestades atribuidas por esta Constitución y las leyes nacionales a la República, a los Estados y a los Municipios. Igual disposición regirá para la concesión de exenciones, exoneraciones y demás beneficios fiscales.

Las normas tributarias tienen vigencia en el ámbito espacial sometido a la potestad del órgano competente para crearlas.

No se podrá delegar la creación de tributos, ni la definición y fijación de sus elementos esenciales.

Sólo la ley nacional tipificara las infracciones tributarias y dispondrá las sanciones aplicables y en ningún caso podrán delegarse dichas atribuciones.

Los reglamentos sólo podrán desarrollar las leyes tributarias y asegurar su aplicación, pero no podrán tener efectos jurídicos que modifiquen o establezcan elementos esenciales de los tributos o regular materias reservadas a la competencia legislativa. Tampoco podrán establecer procedimientos tributarios ni exigir el cumplimiento de deberes formales y requisitos que no estén previstos en la Ley.

Artículo: La Ley que establezca o modifique un tributo deberá fijar un término previo a su aplicación. Si no lo hiciere, no podrá aplicarse sino sesenta días continuos después de haber quedado promulgada".

Debe señalarse que en la versión inicial de esta norma como la expusimos en nuestra anterior correspondencia del 17-10-99, habíamos integrado el principio de la irretroactividad, siguiendo la orientación que se había regulado en el artículo 24 del Anteproyecto que preveía la retroactividad de la ley "cuando imponga menor pena, sanción o carga".

Por ello, en la versión original de esa norma establecimos el principio de la retroactividad de las leyes respecto de "las disposiciones que supriman o reduzcan sanciones" en cuyo caso debían aplicarse "a los hechos pasados y a los efectos presentes que de los mismos subsistan". Sin embargo, en el debate de la plenaria de la Asamblea realizado en la sesión del día 08 de noviembre de 1999 se ha limitado el principio retroactivo a las "penas", por lo cual no cabría entonces regular la retroactividad en materia de sanciones pecuniarias. Por ello, en esta propuesta, para ser coherentes con lo decidido, hemos eliminado el párrafo del artículo propuesto.

En todo caso, con esa última parte del artículo se perseguía reforzar el principio de la irretroactividad de la ley tributaria, siguiendo incluso las recomendaciones de las *X Jornadas Luso-Hispano-Americanas de Estudios Tributarios* realizadas en Montevideo en 1984, así:

"Que las Constituciones consagren la irretroactividad de las normas jurídico-tributarias".

Sobre este principio, en el documento del SENIAT incluso se lee lo siguiente:

"El postulado casi universal de que las leyes no tienen efecto retroactivo, no puede ignorarse en la propuesta de Constitución que se pretenda elaborar, debe quedar claro que el principio constitucional es la irretroactividad de la ley. En el ámbito tributario, la ley tributaria tampoco tendrá efecto retroactivo, no obstante, este principio general cuenta con excepciones lícitas relativas a las leyes más benignas en determinadas materias, en este sentido, la irretroactividad debería consagrarse constitucionalmente de la manera más clara y precisa posible.

La retroactividad se entiende como la incidencia de la nueva ley que se promulgue en los efectos jurídicos ya generados por situaciones anteriores, en el caso del derecho tributario, la intención de abarcar por la ley tributaria situaciones pasadas a su sanción constituye una evidente manifestación de arbitrariedad por parte del legislador, que a la vez transgrede el principio de capacidad contributiva al tomar la ley situaciones pretéritas que se consideran jure et de jure subsistentes a efectos de establecer un tributo y que al ser consideradas retroactivamente repercuten en forma negativa en la exigencia de la equidad, presupuesto constitucional de la tributación.

Para aquellos casos en que el contribuyente ha incorporado a su patrimonio un derecho, la ley tributaria no puede aplicarse retroactivamente afectando una situación definitivamente constituida, por ello es de gran importancia la determinación del momento en que se configura el hecho imponible establecido por la ley que permite el nacimiento de la obligación tributaria, ya que existiría retroactividad si aquél, establecida la temporalidad, ha tenido íntegra realización antes de entrar en vigencia la nueva ley que lo convierte en imponible, y estaríamos en presencia de un agravio constitucional.

La retroactividad sería exigencia constitucional sólo si representa una tutela para el sujeto, o sea, si desde el punto de vista penal la norma es más benigna para el imputado, ya que la ley penal no puede regular hechos cometidos antes de su entrada en vigencia si de alguna manera perjudica la situación de los infractores fiscales".

En el mismo sentido, para el autor argentino José Osvaldo Casás, la retroactividad fiscal afecta:

"a) *El principio de reserva de ley.*

b) *El régimen republicano de gobierno,* ya que tal sistema se asienta en la representatividad de los gobernantes, el consentimiento de los gobernados, la seguridad jurídica, la exclusión de la arbitrariedad, la legalidad, el sometimiento de la administración a la ley y de ésta última a la Constitución, la previsibilidad de la acción estatal, la lealtad informativa del Fisco y la certeza como generadora de confianza para el desarrollo de la libre empresa.

c) *El principio de capacidad contributiva*

d) *El Estado de Derecho,* que se asienta sobre dos pilares fundamentales: la seguridad jurídica y, correlativamente, la interdicción de la arbitrariedad.

e) *La tutela del derecho de propiedad,* en virtud de que el contribuyente se encuentra dispensado una vez transcurrido el período de tiempo que podría ser aprehendido por ámbito temporal del hecho imponible, generándose, a falta de ley instituyendo el tributo a ese momento, una situación de libertad.

f) *La garantía innominada de razonabilidad,* ya que se torna irrazonable someter el obrar de los individuos a consecuencias jurídicas que se derivarán de leyes futuras, ya que lo único que puede conocerse al decidir el obrar, es el Derecho vigente.

g) *La afirmación de la irretroactividad de la ley tributaria como conjunción de un plexo de principios y garantías constitucionales consustanciales al "Estado de Derecho" y a la "forma republicana de gobierno".*

4. *El reforzamiento de la protección de los derechos individuales ante el poder tributario del Estado.*

Tal como se recomendó en las *Jornadas Latinoamericanas de Derecho Tributario* (Montevideo, 1956):

"La aplicación de las normas tributarias no puede afectar los derechos esenciales de la persona humana y las garantías de orden constitucional".

En sentido similar, en las *XIV Jornadas Latinoamericanas de Derecho Tributario,* Buenos Aires, 1989, al considerar que:

"Que la carga producida sobre los sujetos que la soportan, por el concurso de obligaciones fiscales, o aisladamente por una sola de ellas, pueden violar derechos y garantías consagrados por los ordenamientos fundamentales (Constituciones o leyes con supralegalidad)",

se recomendó lo siguiente:

"2. Propiciar para aquellos países en que las garantías de los derechos de los contribuyentes tengan tan sólo formulación implícita en sus Estatutos Fundamentales, se tienda a explicitarlas, consolidando las interpretaciones judiciales y doctrinales ya existentes, afirmando, de tal modo, la seguridad jurídica, y respondiendo a las modernas tendencias en la materia.

3. Reafirmar la conveniencia en orden a los países con forma de Estado políticamente descentralizada, que coordinen su acción fiscal mediante alguno de los métodos que propone la Ciencia Financiera y el derecho comparado, a fin de ejercitar armónica y racionalmente el poder tributario, sin desmedro de los derechos fundamentales de los contribuyentes".

Por ello es que hemos propuesto incorporar la siguiente norma al Proyecto de Constitución:

"Artículo: Se prohíbe:
1. Tratar en modo desigual o discriminatorio a los contribuyentes que se encuentren en situación equivalente.
2. Dar efectos confiscatorios a los tributos, a los accesorios de los tributos y a las sanciones.
3. Exigir el pago de tributos sobre hechos imponibles ocurridos antes del inicio de la vigencia de la ley que los hubiera creado o modificado o en el mismo período fiscal en que haya sido promulgada dicha ley.
4. Establecer algún tributo pagadero en servicio personal.
5. Impedir y obstaculizar el acceso a la administración de justicia, con el objeto de asegurar el cobro de los tributos.
6. Autorizar la conversión de las sanciones pecuniarias en penas privativas de la libertad, así como también condonar o dispensar individualmente de estas últimas previo pago de las deudas tributarias.
7. Allanar el domicilio o residencia del sujeto pasivo de la obligación tributaria, salvo que se trate de cumplir una orden judicial o de impedir la perpetración de un delito.
8. Interferir la privacidad de las comunicaciones efectuadas directamente o a través de medios impresos, telefónicos, electrónicos y cualquier otro medio de comunicación, salvo que se trate de ejecutar una orden judicial en los casos previstos por la ley".

El sentido de esta norma lo ha resumido la Asociación Venezolana de Derecho Tributario así:

"Con el objeto de asegurar el cumplimiento de los principios sustanciales de la tributación, se incorporan al texto una serie de prohibiciones al Poder Público destinadas a resguardar los derechos fundamentales del contribuyente, como son las prohibiciones de trato discriminatorio, de dar efectos confiscatorios a los tributos, a sus accesorios y a las sanciones, de dar efectos retroactivos a las normas tributarias, del "solve et repete", de conversión de sanciones y de condonación individual de tributos, sus accesorios y sanciones como medio de recaudación, para evitar la tentación de extorsión fiscal".

Por lo demás, esta norma recoge desarrollándolos especialmente para el ámbito tributario, los principios generales del derecho a la *igualdad y no discriminación,* consagrado en el artículo 26 del Anteproyecto del 12-10-99; la *prohibición de la confiscación,* consagrado en el artículo 120 del Anteproyecto y reafirmado en el artículo 371 del mencionado Anteproyecto; de nuevo, la garantía de la *irretroactividad de la ley tributaria* prevista en el artículo 30 del Anteproyecto; la garantía del *acceso a la justicia*, prevista en el artículo 32 del Anteproyecto; la garantía de la *libertad personal* prevista en el artículo 51 del Anteproyecto, la garantía de la *inviolabilidad del domicilio* prevista en el artículo 54 del Anteproyecto y la *protección a la vida privada* y la *inviolabilidad de las comunicaciones* previstas en los artículos 55 y 67 del Anteproyecto.

Dentro de los principios contenidos en la norma, se destaca el principio de la no confiscación (que el Anteproyecto incorpora en una frase en el artículo 354), sobre el cual el SENIAT, en el documento antes mencionado, ha señalado:

"El principio de la no confiscatoriedad protege al derecho de propiedad, garantía fundamental en un estado democrático, lo que se deriva de la libertad, que es uno de los pilares que sirve de base al sistema democrático. De aquí se desprende la necesidad de evitar que el indispensable poder tributario se convierta en un arma de destrucción de la economía y de la sociedad, excediendo los límites más allá de los cuales los integrantes de un país no están dispuestos a tolerar su carga.

La no confiscatoriedad no se traduce en una antinomia entre el derecho de propiedad y el tributo, ya que este constituye el precio que hay que pagar para vivir en sociedad, lo que exige soportar los gastos del Estado encargado de cumplir y hacer cumplir la Constitución; no obstante, debe existir un límite al poder de imposición sin el cual el derecho de propiedad no tendría razón de ser. Ese límite viene dado por el principio de no confiscatoriedad de los impuestos, que debe ser precisado clara y conceptualmente en el texto constitucional, más aun en un estado federal en el cual el poder tributario es ejercido por distintos entes políticos territoriales.

Existe confiscatoriedad tributaria cuando el Estado se apropia de los bienes de los contribuyentes, aplicando una norma tributaria en la que el monto llega a extremos insoportables por lo exagerado de su quantum, desbordando así la capacidad contributiva de la persona y vulnerando por esa vía indirecta la propiedad privada. De lo anterior se desprende que la no confiscatoriedad es un límite a la progresividad, y como quiera esa progresividad atiende, como antes se explicó al sistema tributario, igualmente la no confiscatoriedad debe armonizarse dentro de ese sistema tributario constitucional, independientemente que el principio se refiera a un tributo específico.

Vale la pena señalar, que la doctrina y la jurisprudencia más destacadas, desconocen la confiscatoriedad en algunos impuestos específicos, como es el caso de los impuestos al consumo, que por su carácter traslativo no afectan la porción del capital o la renta absorbida por el gravamen. Un tanto igual ocurre en el caso de las multas que se generan del incumplimiento de obligaciones tributarias, que por tener una naturaleza distinta al tributo, es decir por su carácter penal, están sometidas a otros principios que impiden invocar la no confiscatoriedad tributaria.

La no confiscatoriedad de los tributos es una garantía constitucional que no debe estar implícita para evitar flagrantes violaciones de derechos reconocidos en la constitución, sin este principio no existe posibilidad de ejercer derecho alguno de naturaleza patrimonial, luego debe estar expresamente consagrada en el texto constitucional que se redacte.

El exceso en el ejercicio del poder fiscal, puede ser considerado como una verdadera confiscación de bienes vedada por la constitución, ya que debe existir la razonabilidad como medida de la confiscatoriedad de los gravámenes puesto que el poder impositivo ha de ser ejercido de buena fe y para fines públicos, debe establecerse con arreglo a un sistema de imparcialidad y uniformidad, en condiciones razonables y de manera tal que no constituya una confiscación.

La razonabilidad es un presupuesto indispensable en todo orden jurídico, que se violenta cada vez que hay desproporción entre el fin perseguido por la norma y el medio elegido para concretarlo, un tributo sale de la razonabilidad cuando equivale a una parte substancial del valor del capital o de su renta o de su utilidad, o cuando ocasiona el aniquilamiento del derecho de propiedad en su sustancia o en cualquiera de sus atributos.

Un impuesto debe ser considerado confiscatorio cuando para pagarlo, el sujeto ha de liquidar y disponer de parte de su patrimonio sin compensación alguna; el Estado debe subsistir de la renta de sus ciudadanos y no de sus capitales, exigir capitales es disminuir los fondos originados en la renta, es empobrecer a los particulares cuya riqueza colectiva forma la riqueza del Estado. Jamás el capital debe ser absorbido por los impuestos, al menos que perdure el sistema social y económico que nos rige".

En todo caso, en cuanto a esta prohibición de la confiscación que se establece en el ordinal 2, en relación no sólo con los tributos, sino con "los accesorios de los tributos y a las sanciones", ello es consecuencia de la progresividad de la protección de los derechos humanos. Lo que se persigue es proteger al contribuyente de multas confiscatorias, y ello nada tiene que ver con la indexación de las deudas fiscales.

En cuanto al ordinal 3° del artículo propuesto, su contenido responde a la Recomendación de las *X Jornadas Luso-Hispano-Americanas de Estudios Tributarios* (Montevideo 1984), en el sentido de

"4. Que tratándose de tributos con hecho generador continuado o periódico, la ley no pueda afectar aquellos hechos cuya ejecución ya se haya iniciado, debiendo entonces la nueva ley aplicarse al período siguiente o, en su caso, a los hechos generadores que tengan comienzo de ejecución con posterioridad a la entrada en vigencia de la ley".

Es evidente que ello se refiere a los impuestos de causación continuada, que sólo se determinan al final del período fiscal, como el impuesto sobre la renta, por ejemplo. Nada tiene que ver la prohibición con impuestos como el establecido al débito bancario.

En cuanto al ordinal 4º de la norma, en el mismo se recoge el principio prohibitivo establecido en el artículo 225 de la Constitución de 1961, así:

"*Artículo 225:* No podrá establecerse ningún impuesto pagadero en servicio personal".

Por último, en cuanto al ordinal 5º de la norma, en protección de la libertad personal, se busca eliminar del ordenamiento jurídico las odiosas normas locales de conversión de multas administrativas "en arresto proporcional". Debe señalarse que el ordinal sólo se refiere a la prohibición de convertir sanciones administrativas (multas) en arresto proporcional de carácter administrativo, como mecanismo de protección de la libertad personal ante las actuaciones de la autoridad administrativa.

Nada tiene que ver la norma con la posibilidad de que la ley regule delitos tributarios con penas privativas de la libertad personal, pues la misma no se refiere a penas.

5. *La previsión expresa del principio de la inmunidad tributaria de los entes territoriales y de los principios de interrelación tributaria entre los mismos*

La distribución de la potestad tributaria en los tres niveles territoriales, exige entre otras regulaciones, por una parte, prever el alcance de la inmunidad tributaria entre la República, los Estados y Municipios y por la otra, armonizar los poderes tributarios entre los diversos niveles del Poder Público.

En cuanto al primer aspecto, es evidente que el principio de la inmunidad tributaria o no sujeción tiene que existir entre los niveles nacional, estadal y municipal de manera que así como la República no puede gravar con un impuesto nacional a un Municipio, este tampoco puede aplicar impuestos municipales a la República.

El principio se recoge, incluso en el artículo 195 del Anteproyecto ubicado (mal ubicado e incorrectamente formulado) en el Capítulo relativo a los Municipios con el siguiente texto:

"Artículo 195: La potestad tributaria que corresponde a los municipios es distinta e independiente de las potestades reguladoras que esta Constitución o las leyes atribuyan al Poder Nacional o Estadal sobre determinadas materias o actividades.

Las inmunidades frente a la potestad impositiva de los Municipios, a favor de los demás entes políticos territoriales, se extiende sólo a los órganos y personas jurídicas públicas creadas por ellos, pero no a concesionarios ni a otros contratistas de la Administración Nacional o de los estados".

En relación a esta norma debe destacarse que su inserción en el capítulo del Poder Público Municipal, luego de la enumeración de los ingresos municipales, parece estar referida a la vieja polémica sobre las reservas al Poder Nacional establecidas en la Constitución de 1961. En particular, parece destinada a frenar la tendencia existente en la jurisprudencia de la Corte Suprema de Justicia de extender el efecto de las llamadas "reservas normativas" a las llamadas "reservas de rentas" y así excluir algunas materias de la gravabilidad con el impuesto municipal de patente de industria y comercio. En verdad, la norma es muy confusa y la cuestión a que parece referirse podría ser expresada adecuadamente sin conducir a una distorsión tan perjudicial de las relaciones entre los poderes tributarios de los tres niveles de Gobierno como la que produce.

En efecto, la redacción de esa norma, por la palabra "independencia" que asigna a la potestad tributaria de los Municipios, puede considerarse como contraria a la función de coordinación que debería ejercer el Poder Nacional, por vía legislativa, de todos los poderes tributarios asignados por el Anteproyecto a las entidades político-territoriales y atenta severamente contra la idea misma de un Sistema Tributario integrador de la multiplicidad de los tributos.

Nada se obtendría con el diseño constitucional de un Sistema Tributario, que "per se" requiere de la función de coordinación del nivel central, si se acordase tal "independencia" al poder de los Municipios en la materia. De ser aprobada esa norma, el Sistema Tributario quedaría rápidamente desquiciado y las finanzas públicas perderían el equilibrio entre necesidad y disponibilidad de ingresos. Los Municipios urbanos más importantes podrían elevar desmesuradamente la presión fiscal y *menoscabar los ingresos tributarios del Poder Nacional,* en especial, aquellos obtenidos por la vía del impuesto sobre la renta, que admite la deducción de los impuestos estadales y municipales.

La norma objetada pareciera estar inspirada más en un propósito de revancha contra la jurisprudencia de la Corte Suprema de Justicia que en el de contribuir a la armonía entre los poderes tributarios, y revela una reprochable indiferencia frente a los efectos financieros devastadores que esa "independencia" podría provocar frente a la capacidad económica de los contribuyentes, y frente a la capacidad que debe mantener el Poder Nacional para cumplir con sus funciones indelegables de redistribución de ingresos y de estabilización económica. Estos efectos, además, se verían agravados por la incorporación de la tributación estadal a la pluralidad de poderes tributarios en la nueva Constitución.

En todo caso, hemos estimado que el principio de la inmunidad tributaria debe regularse en general, en la sección relativa al sistema tributario, agregándose, además, la regulación relativa a los principios que deben guiar las relaciones entre los poderes tributarios de la República, de los Estados y de los Municipios y que son la territorialidad, autonomía, suficiencia económica, equilibrio fiscal, coordinación y solidaridad interterritorial.

En tal sentido, es que hemos propuesto incluir en el Anteproyecto la siguiente norma:

> *"Artículo:* Las entidades político-territoriales gozarán de inmunidad impositiva. La inmunidad tributaria frente a la potestad impositiva municipal se extiende a las personas jurídicas estatales. Las relaciones entre los poderes tributarios de la República, de los Estados y de los Municipios estarán regidas por los principios de territorialidad, autonomía, suficiencia económica, equilibrio fiscal, coordinación y solidaridad interterritorial".

Sobre estos principios el SENIAT, en el documento antes citado, insistió en su incorporación al texto constitucional, señalando lo siguiente:

"Paralelamente a los principios esbozados anteriormente, los cuales podrían agruparse entre los requisitos de justicia material que ha de cumplir el sistema tributario, deben plantearse principios, basados en la organización política, con fundamento en la existencia de comunidades autónomas, como lo son: el de autonomía, coordinación, solidaridad interterritorial, equilibrio fiscal, suficiencia y corresponsabilidad fiscal, los cuales han sido acertadamente tratados en la propuesta elaborada por la Asociación Venezolana de Derecho Tributario, en los siguientes términos:

"El de la *Autonomía,* que coincide con la atribución a los entes menores de una cuota de poder político, de campos de actuación, de responsabilidades públicas, de poder legislativo y en consecuencia, de la posibilidad de diseñar sus propias políticas. Cuando a dicha autonomía se le califica de financiera, ella ha de traducirse en la posibilidad por parte del sujeto de derecho del que se trate, de tener plena disposición de medios financieros para ejercer las competencias que le son propias, dentro de los límites establecidos en la constitución y en las leyes nacionales que al efecto serán dictadas.

El de la *Coordinación,* que aparece como un instrumento necesario para estructurar el sistema de financiamiento de las distintas haciendas de diverso nivel que integran a un Estado compuesto. Tal Coordinación como resulta lógico pensar, corresponde ejercerla al Poder Nacional, mediante la instrumentación de medidas oportunas tendientes a conseguir la estabilidad interna y externa, la unidad de política económica, así como el desarrollo armónico entre las diversas partes del Estado, para lo cual queda facultado el Poder Nacional para establecer los umbrales y límites que midan efectivamente la capacidad de sacrificio y responsabilidad del ciudadano y por consiguiente su real capacidad contributiva y asegurar la operatividad de un sistema tributario armónico y eficaz.

El de la *Solidaridad Interterritorial,* que exige el comportamiento leal entre los diferentes poderes territoriales y el deber de auxilio recíproco entre la hacienda central y las haciendas locales y entre éstas entre sí. La solidaridad tiene un doble objetivo, por una parte asegurar un nivel mínimo en la prestación de servicios públicos fundamentales, por otra eliminar las diferencias de renta y riqueza entre los entes menores.

El de *Equilibrio Fiscal* impone a los entes político-territoriales guardar la estricta relación entre los gastos y los ingresos de cada uno de ellos dentro del esquema funcional antes expuesto.

El de la *Suficiencia,* el cual podría traducirse en la existencia de instrumentos que aseguren el suministro de recursos capaces de financiar los servicios públicos que correspondan o sean traspasados a los entes menores.

La *Corresponsabilidad Fiscal,* pretende desplazar sobre los entes menores la responsabilidad de obtener y administrar responsable y eficazmente sus propios ingresos, introduciendo así, una restricción a sus demandas de recursos que confiere estabilidad al sistema".

Principio de la Inmunidad Tributaria: se ha planteado el problema de si las competencias que se atribuyen por cada nivel político territorial, alcanzan a gravar a los demás gobiernos, sus órganos y funcionarios, o si por el contrario existe inmunidad recíproca. En este sentido en las III Jornadas del ILADT, se declaró que las inmunidades tributarias no dependen de la naturaleza de los entes, sino de los respectivos ordenamientos jurídicos constitucionales; en la XIII se ratificó tácitamente ese criterio.

El derecho comparado ofrece soluciones al debatido problema de la inmunidad tributaria del estado, como principio general, las primeras soluciones fueron dadas por los Estados Unidos con la legendaria sentencia del Juez Marshall, que evolucionó culminando en la doctrina de la inmunidad recíproca, limitada a los bienes y actividades de los órganos gubernamentales, y no de los entes públicos con funciones comerciales o industriales. La doctrina prosperó en países de características similares como Argentina. Pero la solución más acabada la da el derecho brasileño que ha consagrado la misma solución que la norteamericana pero a nivel constitucional. Es sin duda la mejor solución para este problema tan importante y de tan difícil solución, en ausencia de una norma obligatoria para los distintos niveles legislativos".

Debe señalarse, por lo demás, que la norma propuesta solo busca incorporar a la inmunidad tributaria de la República a sus entes instrumentales en las áreas reservadas a la misma, como la industria petrolera. Nada conduce a pensar que están incorporadas al mismo régimen de no sujeción, las empresas privadas contratistas de las empresas de la industria petrolera nacionalizada, las cuales han estado en régimen de inmunidad en relación a los impuestos municipales, sólo en virtud de lo dispuesto en el Acuerdo del Congreso relativo a la apertura petrolera.

En todo caso, la existencia de tres niveles de tributación exige que la Constitución establezca normas generales sobre corresponsabilidad fiscal, para evitar superposición de tributos y comprometer en la tributación, a cada nivel territorial del Poder Público.

El tema ha sido objeto de Recomendaciones por las instituciones especializadas de orden tributario, como por ejemplo, en las *Jornadas Latinoamericanas de Derecho Tributario* celebradas en Montevideo en 1956 sobre el tema de la autonomía de los gobiernos locales en materia tributaria, donde se indicó lo siguiente:

"2° Las facultades tributarias que se reconozcan u otorguen a los estados miembros y otros gobiernos locales, deben coordinarse entre sí y con el gobierno nacional a efectos de:

a) Evitar que se produzca la superposición de gravámenes y solucionarla en los casos concretos por órganos y medios jurídicos.

b) Realizar una política fiscal de equilibrio o para otros fines que contemplen los intereses económicos del país, tanto en lo que respecta al orden interno como al internacional.

c) Uniformar, en cuanto fuere posible, los conceptos jurídicos relativos a la obligación tributaria en todos sus aspectos.

3° Las facultades a que se refieren los puntos anteriores deberán ser distribuidas y coordinadas en los respectivos ordenamientos constitucionales".

Más recientemente, en las XIII *Jornadas Latinoamericanas de Derecho Tributario,* celebradas en Palma de Mallorca en 1987, se estableció lo siguiente:

"1. Que la distribución de competencias tributarias entre distintos niveles o ámbitos de poder territorial de un país, corresponde al plano normativo constitucional, pudiendo ser desarrolladas por la legislación ordinaria cuando esté constitucionalmente previsto.
2. Que esta distribución debe ajustarse a los fines o cometidos que se atribuyan a cada uno de esos niveles o ámbitos de poder territorial, a fin de asegurar un funcionamiento eficiente y equilibrado del Estado en su conjunto, tanto para lograr una adecuada satisfacción de las necesidades públicas, cuanto para fijar una justa contribución de los sujetos afectados.
3. Que la superposición de los mismos o aun de distintos niveles o ámbitos de poder territorial sobre los mismos hechos o actos, debe rechazarse en cuanto atente contra el principio de capacidad contributiva y el pleno desenvolvimiento de las actividades económicas.
4. Que los distintos niveles o ámbitos de poder territorial deben coordinar el ejercicio de sus respectivas competencias tributarias, tanto horizontal como verticalmente, a fin de racionalizar al máximo el ejercicio de dichas competencias, proteger las fuentes de tributación y no superar niveles razonables de presión fiscal conjunta.
5. Que la distribución de competencias tributarias no debe obstaculizar la realización de una política nacional en materia económica y social".

Con fundamento en lo anterior, hemos propuesto la inclusión de la siguiente norma en el Anteproyecto de Constitución:

"Artículo: El sistema tributario propiciará la corresponsabilidad fiscal de las entidades político-territoriales, a fin de lograr que estas últimas obtengan sus recursos con la participación del esfuerzo de sus propios habitantes".

En la misma orientación de regular las relaciones intergubernamentales en materia tributaria, derivadas de la distribución de competencias tributarias entre los tres niveles del Poder Público, se estima necesario prever el mecanismo de fuentes financieras compartidas entre esos niveles, según lo determine la Constitución y la Ley. Por ello hemos propuesto la inclusión en el Anteproyecto de la siguiente norma

"Artículo: De conformidad con esta Constitución y las leyes nacionales, los Estados y Municipios podrán compartir con la República la regulación, la recaudación, la administración y los rendimientos de los tributos.

Los Estados y Municipios sólo podrán gravar la agricultura, la cría, la pesca y la actividad forestal en la oportunidad, forma y medida que lo permita la ley nacional".

Sobre este tema de las fuentes financieras compartidas, la Asociación Venezolana de Derecho Tributario ha señalado lo siguiente:

"En lo que respecta a la *generación de recursos tributarios,* uno de los sistemas que puede ser adoptado en un Estado compuesto es el de la adjudicación exclusiva de instrumentos financieros a cada nivel de gobierno o hacienda, de forma que las haciendas, según su ámbito, puedan disponer de unos instrumentos, pero no de otros, para lo cual se requiere una clara identidad de los elementos cualitativos y cuantitativos de las bases imponibles de los distintos tributos a ser creados, para evitar la confusión y los "solapamientos" propios de los distingos y clasificaciones que no obedecen a una clara dogmática tributaria, con las consecuentes distorsiones que se presentan actualmente en los fenómenos de la tributación a la producción y al consumo.

También se debe señalar la alternativa de las fuentes financieras compartidas, es decir, utilizando los mismos instrumentos todas las haciendas, lo cual a su vez puede hacerse: a) mediante sistemas de tributos formalmente independientes y b) mediante un sistema de recargos regionales o locales sobre los tributos de la hacienda central.

Otra alternativa es la de los impuestos suplementarios, en la que el tributo es administrado por el Poder Nacional a una alícuota especial y los entes menores son estimulados a usarlos imponiendo una alícuota adicional sobre la misma base. Las ventajas resultan de una sola recolección del gravamen, con lo cual no sólo el costo de gestión se reduce, sino también se facilita su cumplimiento.

Similar al suplementario es el Impuesto cedido, que constituye una contribución cobrada por el Estado total y que otorga una parte usualmente sobre la base del ingreso obtenido en la entidad o de lo por ésta recaudado. El nivel inferior nada tiene que decidir sobre la alícuota, la base, el objeto, el sujeto, las exenciones y deducciones del gravamen traduciéndose prácticamente en una transferencia más".

Debe señalarse, en todo caso, que la última parte de la norma propuesta, responde al principio general contenido en el artículo 34 de la Constitución de 1961 vigente, que establece que:

"Artículo 34. Los Municipios... no podrán gravar los productos de la agricultura, la cría y la pesquería de animales comestibles con otros impuestos que los ordinarios sobre detales de comercio".

En cuanto a los Estados y los Municipios, también el artículo 18, prohíbe a estos

"Crear impuestos sobre el ganado en pie o sobre sus productos o subproductos".

La fórmula utilizada en la propuesta, sin embargo, remite la regulación de la materia a la Ley nacional.

6. *Las prohibiciones tributarias a Estados y Municipios*

Por otra parte, la previsión expresa de la competencia de los Estados en materia de *impuestos al consumo,* exige retener en la Nueva Constitución, los mismos principios tradicionales de nuestro constitucionalismo establecidos en los actuales artículos 18 y 34 de la Constitución de 1961, que establecen lo siguiente:

"Artículo 18. Los Estados no podrán:
1° Crear aduanas ni impuestos de importación, de exportación o de tránsito sobre bienes extranjeros o nacionales o sobre las demás materias rentísticas de la competencia nacional o municipal.

2° Gravar bienes de consumo antes de que entren en circulación dentro de su territorio.

3° Prohibir el consumo de bienes producidos fuera de su territorio, ni gravarlos en forma diferente a los producidos en él.

4° Crear impuestos sobre el ganado en pie o sobre sus productos o subproductos.

Artículo 34. Los Municipios estarán sujetos a las limitaciones establecidas en el artículo 18 de esta Constitución y no podrán gravar los productos de la agricultura, la cría y la pesquería de animales comestibles, con otros impuestos que los ordinarios sobre detales de comercio".

Estos principios tradicionales, en nuestro criterio, no pueden quedar fuera de las regulaciones constitucionales, particularmente por la reafirmación expresa en el Anteproyecto de la competencia estadal en materia de *impuestos al consumo.*

Además, al distribuirse la competencia tributaria en los tres niveles territoriales, resulta necesario prever, no sólo que debe evitarse caer en la doble tributación; sino, como ya lo hemos señalado, el principio de que la República, los Estados y los Municipios pueden compartir aspectos fundamentales de los tributos, como se ha regulado en la distribución de competencias respecto de los Estados y Municipios.

Por ello hemos propuesto la inclusión en el Anteproyecto de la siguiente norma:

"*Artículo* Los Estados y Municipios no podrán:
1 Crear aduanas ni impuestos de importación, de exportación o de tránsito sobre bienes o actividades procedentes del exterior o de Venezuela.
2. Gravar bienes muebles ubicados fuera de su territorio o actividades realizadas fuera del mismo.
3. Gravar el consumo de bienes producidos fuera de su territorio en forma o medida diferentes a los producidos en él.
4. Crear tributos en las actividades cuya gravabilidad haya sido reservada a otras entidades político-territoriales o utilizar hechos o bases imponibles sustancialmente iguales a las de los tributos atribuidos exclusivamente por esta Constitución o las leyes nacionales a los otros niveles, salvo lo dispuesto en el artículo siguiente".

Debe insistirse en que esta norma desarrolla principios técnicos ya contenidos en la Constitución de 1961, como son el carácter estrictamente *territorial* de los tributos estadales y municipales, la *unidad económica nacional* y la *delimitación de los dominios tributarios* de las entidades político-territoriales, los cuales se hacen aún más necesarios en un marco constitucional que instaura la distribución de los poderes tributarios según la estructura de un Estado Federal Descentralizado.

El carácter territorial de los tributos subnacionales se expresa en la regla fundamental de que las entidades estadales y locales sólo pueden gravar hechos económicos ocurridos dentro de los límites de su territorio, porque el fin primordial de esos tributos es el financiamiento de los servicios públicos de esas entidades, mientras que corresponde a los tributos nacionales gravar los hechos económicos de dimensión nacional ocurridos dentro o fuera del territorio de Venezuela, pero que guarden conexión con su ordenamiento jurídico. Este mayor alcance de la tributación nacional obedece a la mayor magnitud de las funciones financieras del Poder Nacional, ya que a este nivel de gobierno corresponde no sólo financiar servicios públicos esenciales que no están al alcance de los Estados y Municipios, sino compensar las enormes desigualdades económicas que se dan entre esas entidades y asegurar la estabilidad económica del país.

La unidad económica está referida al libre intercambio económico que debe existir entre las regiones y localidades del país, como condición indispensable de la economía nacional, lo cual requiere prohibir que los entes políticos territoriales menores puedan crear aduanas, gravar bienes o actividades en tránsito, o gravar en forma discriminatoria los bienes y actividades procedentes de otros Estados o Municipios. Si hoy en día se propende a la unidad económica a nivel internacional regional, con mayor razón se debe apoyar la economía de Venezuela en su unidad interna.

Por otra parte, la delimitación de los dominios tributarios ha sido materia de la jurisprudencia de la Corte Suprema de Justicia desde hace más de 50 años, porque el desorden en el ejercicio de los poderes tributarios por parte de los diversos niveles de gobierno es una de las causas más graves que perturban no sólo al sistema tributario, sino al funcionamiento de la economía. Si no se respetan los límites de cada poder tributario asignado por la Constitución, ello conducirá a la confrontación y recíproca perturbación del ejercicio de esos poderes, pudiendo llevar al caos de las finanzas públicas, sobre todo en su nivel nacional, habida consideración de la deducibilidad de los pagos de los tributos estadales y municipales del principal tributo nacional: el Impuesto Sobre la Renta. Por ello, es indispensable que la propia Constitución prohíba la llamada "invasión de los dominios tributarios", al no permitir que unos niveles de gobierno utilicen las figuras tributarias asignadas exclusivamente a otros niveles, en modo abierto o disfrazado, en este último caso a través de falaces fórmulas jurídicas.

Debe advertirse que esta propuesta adopta no sólo el esquema técnico de las potestades tributarias separadas y exclusivas, que requieren de las prohibiciones indicadas, sino también el esquema de la tributación compartida, el cual conlleva a una solución de mayor armonía entre las entidades político-territoriales, puesto que dentro de ella la República, ente principal del ordenamiento constitucional, podrá compartir con Estados y Municipios la regulación, recaudación, administración y rendimiento de los tributos.

En particular, en cuanto al ordinal 4° del artículo propuesto, es evidente que no se puede permitir la doble tributación en relación con los mismos hechos o bases imponibles de tributos atribuidos en forma exclusiva a uno de los niveles territoriales. La distribución de potestad tributaria entre los tres niveles del Poder Público, por tanto, tiene que ser extremadamente precisa y detallista para impedir la doble tributación, la cual en todo caso, tiene que quedar prohibida.

Con esta última prohibición, por supuesto, sólo se busca impedir la doble tributación en relación con los mismos hechos o bases imponibles que se han atribuido a los diversos niveles territoriales. Se trata de dar orden al sistema con pluralidad de poderes tributarios, no de favorecer interés alguno. Se trata de evitar la "rebatiña" por los ingresos tributarios y asegurar que cada nivel de gobierno disponga de los recursos necesarios para cumplir sus funciones administrativas. Se trata de impedir que una minoría de las entidades político-territoriales se apropien en modo inequitativo del mayor caudal de recursos tributarios, sin que ello guarde proporción con la magnitud de sus responsabilidades.

Esta propuesta sigue las recomendaciones de las *XIII Jornadas Latinoamericanas de Derecho Tributario,* celebradas en España, 1987; de las cuales se puede resaltar lo que se refiere a la necesidad de la distribución constitucional de competencias tributarias entre los distintos niveles de gobierno, en el sentido de que:

> "debe ajustarse a los fines y cometidos que se atribuyan a cada uno de esos niveles o ámbitos de poder territorial, a fin de asegurar un funcionamiento eficiente y equilibrado del Estado en su conjunto, tanto para lograr una adecuada satisfacción de las necesidades públicas, cuanto para fijar una justa contribución de los sujetos afectados"

y sobre todo,

> "que los distintos niveles o ámbitos de poder territorial deben coordinar el ejercicio de sus respectivas competencias tributarias, tanto horizontal como verticalmente, a fin de racionalizar al máximo el ejercicio de dichas competencias, proteger las fuentes de tributación y no superar niveles razonables de presión fiscal conjunta".

Por supuesto, para evitar estas situaciones, como se ha dicho, la Constitución debe asignar las competencias en materia tributaria quizás con excesivo detalle. Así lo recomienda, por ejemplo, el SENIAT en el documento citado, al señalar que:

> "Somos de la opinión que el reparto de las competencias debe obedecer a un extraordinario detallismo, lo que implica claridad en el método para la distribución de las competencias, previendo los distintos casos de distribución entre los tres niveles competenciales, con el objetivo de asegurar la autonomía de las entidades federadas y municipios. Esta precisión en el texto constitucional debe comprender la competencia normativa, competencia de gestión o administración y la competencia de disfrute o disponibilidad en cada uno de los niveles de poder, para evitar los problemas que se plantean en otros derechos sobre conflictos de poderes o de doble imposición".

7. *El reforzamiento de la administración tributaria y el control judicial de los actos tributarios*

Por último, hemos propuesto la inclusión, en el Proyecto de Constitución, de una norma que a la vez que refuerce el principio de la autonomía de la Administración Tributaria conforme a la experiencia del SENIAT, garantice el control judicial de los actos administrativos tributarios, llevando a rango constitucional el carácter suspensivo de los recursos, dada la doctrina de la Corte Suprema de declarar contrario a la Constitución el principio *solve et repete.* La norma propuesta tiene el siguiente texto:

> *"Artículo:* De conformidad con la ley, la Administración Tributaria estará dotada de autonomía funcional y tendrá las funciones de dictar normas e instrucciones, informar, recaudar, ejercer control administrativo, fiscalizar e investigar en la aplicación de las leyes tributarias y sus reglamentos.

La ley nacional regulará a las funciones de la Administración Tributaria y los medios de impugnación de sus actos, sin que ello impida u obstaculice el acceso a la administración de justicia. El ejercicio de recursos administrativos y judiciales suspenderá los efectos del acto recurrido.

Las autoridades de todo orden pertenecientes a la República, a los Estados y a los Municipios y los particulares están obligados a prestar su concurso a los órganos y funcionarios de la Administración Tributaria para el cumplimiento de las funciones que le asigna esta Constitución".

Sobre el tema de la tutela jurisdiccional en un sistema tributario, el SENIAT en el documento antes mencionado ha señalado lo siguiente:

"Principio que representa la garantía más sólida de un Estado democrático organizado; la tutela judicial efectiva es un principio general del Derecho de indiscutible rango constitucional, y además debe ser entendido como un derecho fundamental de aplicación directa cuya articulación técnica es absoluta e inmediata.

La tutela jurisdiccional garantiza el acceso al Poder judicial para obtener la revisión de los actos administrativos de carácter tributario que afectan a los contribuyentes o responsables, consagra la inviolabilidad de la defensa en juicio a fin de lograr poner coto a la exigencia tributaria injusta.

Este postulado ha sido recogido en las constituciones contemporáneas como norma obligatoria supranacional, incluso para la materia tributaria, en la que sin lugar a dudas, los sujetos deben disponer por igual de las mismas y máximas garantías de defensa de sus intereses, libre acceso a la justicia, ante un juez independiente, con ilimitadas posibilidades de exponer sus argumentos y probarlos.

El Estado de derecho organizado sobre la base de la división de funciones, trata de evitar concentraciones, especialmente en el Poder Ejecutivo, de particular importancia en el derecho tributario dada la condición del Fisco como acreedor de una suma de dinero. El principio de tutela jurisdiccional se identifica con el de igualdad, ya que el Fisco Nacional comparece en el proceso tributario como titular de un derecho de crédito, en defensa de un interés económico. En este sentido, los principios de justicia, capacidad contributiva y progresividad aseguran la igualdad ante el impuesto, constituyen verdaderas normas vinculantes para todos los poderes del Estado".

8. *Propuesta de articulado*

En definitiva, las anteriores son las propuestas formales que formulo a la Asamblea para las regulaciones constitucionales en materia tributaria, lo que significaría sustituir las dos normas sobre la materia que trae el Anteproyecto por las siguientes normas, conforme a toda la argumentación anterior, las cuales además deberían integrarse en una sección de las "Disposiciones Generales" del Título relativo al "Poder Público" (que regula al Poder Nacional, al Poder Estadal y al Poder Municipal):

Título IV: Del Poder Público
Capítulo I: Disposiciones Generales
Sección V: Del Sistema Tributario

"Artículo El sistema tributario procurará la justa distribución de las cargas públicas según la capacidad económica del contribuyente, atendiendo al principio de progresividad así como a la protección de la economía nacional y a la elevación del nivel de vida de la población, y a un sistema eficiente para la recaudación de los tributos.

La carga fiscal que deberán soportar los contribuyentes por causa del pago de los tributos atenderá al disfrute general de servicios públicos, a la preservación del ingreso mínimo vital, a la preservación de la fuente de riqueza, así como también a la multiplicidad de tributos y al carácter global del sistema tributario, con el objeto de no exceder la capacidad contributiva.

Artículo La creación, modificación o supresión de tributos así como el establecimiento de sus elementos esenciales, sólo se hará por ley tributaria de carácter especial y según las potestades atribuidas por esta Constitución y las leyes nacionales a la República, a los Estados y a los Municipios. Igual disposición regirá para la concesión de exenciones, exoneraciones y demás beneficios fiscales.

Las normas tributarias tienen vigencia en el ámbito espacial sometido a la potestad del órgano competente para crearlas.

No se podrá delegar la creación de tributos, ni la definición y fijación de sus elementos esenciales.

Sólo la ley nacional tipificara las infracciones tributarias y dispondrá las sanciones aplicables y en ningún caso podrán delegarse dichas atribuciones.

Los reglamentos sólo podrán desarrollar las leyes tributarias y asegurar su aplicación, pero no podrán tener efectos jurídicos que modifiquen o establezcan elementos esenciales de los tributos o regular materias reservadas a la competencia legislativa. Tampoco podrán establecer procedimientos tributarios ni exigir el cumplimiento de deberes formales y requisitos que no estén previstos en la Ley.

Artículo La ley que establezca o modifique un tributo deberá fijar un término previo a su aplicación. Si no lo hiciere, no podrá aplicarse sino sesenta días continuos después de haber quedado promulgada.

La ley tributaria no tendrá efecto retroactivo, pero las disposiciones legales que supriman o reduzcan sanciones se aplicarán a los hechos pasados y a los efectos presentes que de los mismos subsistan.

Artículo. Se prohíbe:

1. Tratar en modo desigual o discriminatorio a los contribuyentes que se encuentren en situación equivalente.
2. Dar efectos confiscatorios a los tributos, a los accesorios de los tributos y a las sanciones.

3. Exigir el pago de tributos sobre hechos imponibles ocurridos antes del inicio de la vigencia de la ley que los hubiera creado o modificado o en el mismo período fiscal en que haya sido promulgada dicha ley.
4. Establecer algún tributo pagadero en servicio personal.
5. Impedir u obstaculizar el acceso a la administración de justicia, con el objeto de asegurar el cobro de los tributos.
6. Autorizar la conversión de las sanciones pecuniarias en penas privativas de la libertad, así como también condonar o dispensar individualmente de estas últimas previo pago de las deudas tributarias.
7. Allanar el domicilio o residencia del sujeto pasivo de la obligación tributaria, salvo que se trate de cumplir una orden judicial o de impedir la perpetración de un delito.
8. Interferir la privacidad de las comunicaciones efectuadas directamente o a través de medios impresos, telefónicos, electrónicos y cualquier otro medio de comunicación, salvo que se trate de ejecutar una orden judicial en los casos previstos por la ley.

Artículo Las entidades político-territoriales gozarán de inmunidad impositiva. La inmunidad tributaria frente a la potestad impositiva municipal se extiende a las personas jurídicas estatales. Las relaciones entre los poderes tributarios de la República, de los Estados y de los Municipios estarán regidas por los principios de territorialidad, autonomía, suficiencia, económica, equilibrio fiscal, coordinación y solidaridad interterritorial.

Artículo El sistema tributario propiciará la corresponsabilidad fiscal de las entidades político-territoriales, a fin de lograr que estas últimas obtengan sus recursos con la participación del esfuerzo de sus propios habitantes.

Artículo Los Estados y Municipios no podrán:

1 Crear aduanas ni impuestos de importación, de exportación o de tránsito sobre bienes o actividades procedentes del exterior o de Venezuela.
2. Gravar bienes muebles ubicados fuera de su territorio o actividades realizadas fuera del mismo.
3. Gravar el consumo de bienes producidos fuera de su territorio en forma o medida diferentes a los producidos en él.
4. Crear tributos en las actividades cuya gravabilidad haya sido reservada a otras entidades político-territoriales o utilizar hechos o bases imponibles sustancialmente iguales a las de los tributos atribuidos exclusivamente por esta Constitución o las leyes nacionales a los otros niveles, salvo lo dispuesto en el artículo siguiente.

Artículo De conformidad con esta Constitución y las leyes nacionales, los Estados y Municipios podrán compartir con la República la regulación, la recaudación, la administración y los rendimientos de los tributos.

Los Estados y Municipios sólo podrán gravar la agricultura, la cría, la pesca y la actividad forestal en la oportunidad, forma y medida que lo permita la ley nacional.

Artículo De conformidad con la ley, la Administración Tributaria estará dotada de autonomía funcional y tendrá las funciones de dictar normas e instrucciones, informar, recaudar, ejercer control administrativo, fiscalizar e investigar en la aplicación de las leyes tributarias y sus reglamentos.

La ley nacional regulará a las funciones de la Administración Tributaria y los medios de impugnación de sus actos, sin que ello impida u obstaculice el acceso a la administración de justicia. El ejercicio de recursos administrativos y judiciales suspenderá, los efectos del acto recurrido.

Las autoridades de todo orden pertenecientes a la República, a los Estados y a los Municipios y los particulares están obligados a prestar su concurso a los órganos y funcionarios de la Administración Tributaria para el cumplimiento de las funciones que le asigna esta Constitución".

Artículo 316. Principios del Sistema Tributario

Artículo 316. El sistema tributario procurará la justa distribución de las cargas públicas según la capacidad económica del o la contribuyente, atendiendo al principio de progresividad, así como la protección de la economía nacional y la elevación del nivel de vida de la población; para ello se sustentará en un sistema eficiente para la recaudación de los tributos.

Sobre esta norma véase lo que se indica en los Informes publicados en las páginas 946, 951 y 964 de este Tomo.

Sobre esta norma en particular, consideré que la misma repetía el contenido del artículo 223 de la Constitución de 1961, que ya era insuficiente, ya que el sistema tributario debía comprender la regulación de los poderes tributarios entre los tres niveles de tributación (Nacional, Estadal y Municipal), lo cual requería prever el alcance de la inmunidad tributaria entre éstos y también debía procurar asegurarse la capacidad contributiva de los obligados. Además, no contenía una enumeración de los principios que deben guiar las relaciones entre los poderes tributarios, que son: la territorialidad, autonomía, suficiencia económica, equilibrio fiscal, coordinación y solidaridad interterritorial. Por otro lado, consideré que debía eliminarse de ese artículo el deber de contribuir al sostenimiento de las cargas públicas porque ya se había consagrado en el Capítulo de los Derechos Constitucionales. Por ello, en la sesión del 8 de noviembre de 1999, con ocasión de la primera discusión, expuse lo siguiente:

CONSTITUYENTE BREWER CARÍAS (ALLAN).-Presidente: Este artículo recoge el artículo 223 de la Constitución actual: Principio general de qué debe procurar el Sistema Tributario. La justa distribución de las cargas.

Ahora, quiero hacer las siguientes observaciones, en primer lugar, la primera frase repite un artículo que ya está regulado en los deberes. Ya existe esta norma y fue aprobada: El deber de contribuir a las cargas públicas, y está expresamente. De manera que esta primera frase debería ser eliminada de este artículo porque es repetitiva de lo que ya está regulado.

En segundo lugar,, en cuanto a la última frase que propone la Comisión, pienso que debería estar ubicada en el artículo siguiente, relativo al principio de la legalidad tributaria y es la previsión en la ley se sanciones por la evasión fiscal, in-

clusive, de carácter penal, con lo cual estoy de acuerdo, pero debería estar regulado en el artículo siguiente, que se refiere al principio de la legalidad tributaria, ya que ya que contiene ese honor la ley.

En cuanto a la observación que leyó el constituyente Vallenilla, no tiene nada que ver con esto. Esa observación se refiere al artículo siguiente. Es la observación que estaba allí, que se leyó y que más bien creó confusión.

Ahora, el artículo en sí, por tanto, es de primera importancia, y en un sistema constitucional como el que estamos diseñando (a pesar de las noticias que hoy aparecen en la prensa de que a lo mejor esto se va a cambiar), donde se ha atribuido competencia tributaria a los estados y a los municipios, además del Poder Nacional y, por tanto, determinados tributos, me parece fundamental que este artículo se complemente, a los efectos de que quede bien claro la incorporación, dentro de la idea del sistema tributario, de la multiplicidad de tributos, que hoy, al menos así está en el proyecto de Constitución, en los tres niveles y, por tanto, el carácter global del sistema tributario que implica esos tres niveles.

Es evidente que este es un país -como todos sabemos, por el paternalismo de Estado- que no ha creado conciencia contributiva. Normalmente se piensa que aquí pagan sólo los impuestos algunos pocos -como en efecto pasa- y la idea de que la obligación de contribuir a las cargas públicas de todos está disipada, la gente piensa que son otros los que pagan impuestos y no todo el mundo; pero en una cultura, en un Estado menos paternalista tenemos que fomentar porque el impuesto llegue a todo el mundo y que cada quien, de acuerdo a su capacidad contributiva, contribuya con las cargas públicas.

Entonces, la idea de incorporar en el mismo sistema los tres niveles tributarios nuevos, que se consideren globalmente al sistema tributario y, por otra parte, dada esta carga fiscal que va hacia el futuro, con impuestos nacionales, estadales y municipales, me parece muy importante que complementemos el artículo estableciendo la idea de en qué deben manifestarse en retribución al ciudadano, los tributos. Es decir, uno paga impuestos pero aspira a que se retribuyan esos impuestos en servicios adecuados del Estado.

De manera que la idea de que los tributos tienen que buscar atender a la satisfacción y al disfrute general de los servicios públicos, es importante, y, por otra parte, que habiendo tres niveles tributarios, se garantice también que esa aplicación de tributos en los tres niveles debe preservar un ingreso mínimo común, debe preservar las fuentes de riqueza y todo eso dentro de esa multiplicidad de tributos.

Con fundamento en esto, quiero proponer que se agregue al artículo un párrafo que podría estar redactado así: "La carga fiscal que deben soportar los contribuyentes por causa del pago de tributo, atenderá al disfrute general de los servicios públicos, a la preservación del ingreso mínimo vital, a la preservación de las fuentes de riqueza, así como también a la multiplicidad de tributos en el carácter global del sistema tributario, con el objeto de no exceder la capacidad contributiva, que es el elemento central".

Por una parte, que el sistema tributario debe procurar la justa distribución de las cargas y, por la otra, que esas cargas, globalmente consideradas, deben ser de acuerdo a la capacidad económica de los contribuyentes.

Creo que una norma de este tipo completa la idea del sistema tributario, amplía la norma actual de la Constitución del 61 -que es la que se repite aquí-, teniendo en cuenta que estamos configurando un sistema tributario en tres niveles.

De manera que mi propuesta es agregar un párrafo al artículo de este tipo y, las otras dos propuestas es que se elimine la primera frase que ya está en los deberes expresamente establecido, y que la última frase relativa a la evasión fiscal y a las sanciones penales, se pase al artículo siguiente, relativo al Régimen de la legalidad tributaria.

En el curso del debate en la Asamblea, formulé sobre esta norma la siguiente propuesta:

Proposición del constituyente Allan Brewer Carías:

Agregar un párrafo que diga: "La carga fiscal que deberán soportar los contribuyentes por causa del pago de tributos atenderá al disfrute general de servicios públicos, a la preservación del ingreso, mínimo vital, a la preservación de las fuentes de riqueza, así como también a la multiplicidad de tributos, y al carácter global del sistema tributario, con el objeto de no exceder la capacidad contributiva."

Al final de la sesión del día 8 de noviembre de 1999, consigné mi *Voto salvado* en la materia, con el siguiente texto:

Salvo mi voto por considerar que esta norma no responde a las consecuencias tributarias de la descentralización política; a la protección de los ciudadanos contribuyentes en relación con el poder tributario del Estado; y a la interrelación entre las potestades tributarias del Poder Nacional con las nuevas potestades tributarias atribuidas a Estados y Municipios, dentro de un sistema tributario integrado que respete globalmente el principio de la capacidad contributiva. Todo ello la hace insuficiente.

El tema se consideró también en la segunda discusión del proyecto, por lo que al finalizar la sesión de día 14 de Noviembre de 1999, consigné mi *Voto Salvado* con el siguiente texto:

Ratifico mi voto salvado por considerar que esta norma no responde a las consecuencias tributarias de la descentralización política; a la protección de los ciudadanos contribuyentes en relación con el poder tributario del Estado; y a la interrelación entre las potestades tributarias del Poder Nacional con las nuevas potestades tributarias atribuidas a Estados y Municipios, dentro de un sistema tributario integrado que respete globalmente el principio de la capacidad contributiva. Todo ello la hace insuficiente.

En efecto, uno de los principios de la reforma política de la Nueva Constitución es el reforzamiento de la descentralización política de la Federación, lo que ha originado la distribución de la *potestad tributaria* en los tres niveles del Poder Público Nacional. Esta reforma significativa del sistema tributario exige, por tanto, la previsión de un conjunto de normas constitucionales, para regular el principio de que los tres niveles de tributación deben formar parte integral del sistema tributario, por lo que la capacidad contributiva de los contribuyentes debe considerarse en relación con todo el sistema.

Por ello consideramos que debía agregarse al artículo 353 del Anteproyecto, un párrafo con este texto

"La carga fiscal que deberán soportar los contribuyentes por causa del pago de los tributos atenderá al disfrute general de servicios públicos, a la preservación del ingreso mínimo vital, a la preservación de la fuente de riqueza, así como también a la multiplicidad de tributos y al carácter global del sistema tributario, con el objeto de no exceder la capacidad contributiva".

Esta norma buscaba dirigir una directriz al legislador tributario para obligarlo a tomar en consideración los factores y criterios socio-económicos que miden la presión fiscal, con la finalidad de mantener la carga fiscal global de los contribuyentes, apreciada desde los distintos sectores y aspectos, dentro de los límites razonables de la capacidad económica. No se trata de vincular la exigibilidad individual de cada tributo a la previa determinación de cada uno de esos criterios o factores, puesto que ellos no podrían ser establecidos individualmente sino colectivamente. El clamor general de los ciudadanos contribuyentes es ver la retribución de los impuestos que se pagan en servicios públicos; de allí la referencia que se hace a ello en el párrafo de la norma indicada que propuse se incluyera en el Texto Constitucional.

En este sentido, el disfrute general de servicios públicos como justificación ética de la imposición, no podría ser determinado caso por caso en la hipótesis de los llamados servicios públicos no divisibles, que se financian con impuestos cuyo rendimiento va al fondo común del Tesoro Público; a diferencia de las tasas y contribuciones especiales que serían retributivas de servicios divisibles. Por ello, en materia de impuestos, que son las figuras más importantes de la tributación, no se podría supeditar el cobro de los mismos al disfrute individual de los servicios.

En todo caso, este principio de prever que el pago de impuestos, en general, debe atender al disfrute general de servicios públicos es elemental en todo sistema tributario. Para ello es que se establece el deber de contribuir con las cargas públicas, pues este deber se compensa con la recepción por los contribuyentes de servicios públicos. Por ello, de este principio no puede deducirse que supuestamente alguien podría demandar al Estado por servicios públicos deficientes. Ello puede ocurrir si en la prestación ineficiente de los servicios se causan daños que comprometan la responsabilidad del Estado, pero no porque se establezca el principio elemental de exigir que el pago de impuestos retorne al contribuyente en servicios generales.

Por lo que respecta a los demás factores y criterios indicados en el párrafo propuesto, ellos tendrían que ser apreciados en el momento de la configuración de la ley tributaria, y sólo excepcionalmente, cuando pudieran ser escandalosamente desatendidos, podrían ser considerados en el momento de la recaudación.

Por otra parte, el reforzamiento de la potestad tributaria de los diversos entes territoriales, exige establecer mecanismos de protección de los contribuyentes. Por ello también propuse, incorporar la siguiente norma al Proyecto de Constitución:

"Artículo: **Se prohíbe:**

1. Tratar en modo desigual o discriminatorio a los contribuyentes que se encuentren en situación equivalente.
2. Dar efectos confiscatorios a los tributos.
3. Exigir el pago de tributos sobre hechos imponibles ocurridos antes del inicio de la vigencia de la ley que los hubiera creado o modificado.
4. Establecer algún tributo pagadero en servicio personal.
5. Impedir y obstaculizar el acceso a la administración de justicia, con el objeto de asegurar el cobro de los tributos.
6. Autorizar la conversión de las sanciones pecuniarias en penas privativas de la libertad.
7. Allanar el domicilio o residencia del sujeto pasivo de la obligación tributaria, salvo que se trate de cumplir una orden judicial o de impedir la perpetración de un delito.
8. Interferir la privacidad de las comunicaciones efectuadas directamente o a través de medios impresos, telefónicos, electrónicos y cualquier otro medio de comunicación, salvo que se trate de ejecutar una orden judicial en los casos previstos por la ley".

Esta norma recoge, desarrollándolos especialmente para el ámbito tributario, los principios generales del derecho a la *igualdad y no discriminación,* consagrado en el artículo 26 del Anteproyecto del 12-10-99; la *prohibición de la confiscación,* consagrado en el artículo 120 del Anteproyecto y reafirmado en el artículo 371 del mencionado Anteproyecto; de nuevo, la garantía de la *irretroactividad de la ley tributaria* prevista en el artículo 30 del Anteproyecto; la garantía del *acceso a la justicia*, prevista en el artículo 32 del Anteproyecto; la garantía de la *libertad personal* prevista en el artículo 51 del Anteproyecto, la garantía de la *inviolabilidad del domicilio* prevista en el artículo 54 del Anteproyecto y la *protección a la vida privada* y la *inviolabilidad de las comunicaciones* previstas en los artículos 55 y 67 del Anteproyecto.

Por otra parte, la distribución de la potestad tributaria en los tres niveles territoriales, exige entre otras regulaciones, primero, prever el alcance de la inmunidad tributaria entre la República, los Estados y Municipios y segundo armonizar los poderes tributarios entre los diversos niveles del Poder Público.

En cuanto al primer aspecto, es evidente que el principio de la inmunidad tributaria o no sujeción tiene que existir entre los niveles nacional, estadal y municipal de manera que así como la República no puede gravar con un impuesto nacional a un Municipio, este tampoco puede aplicar impuestos municipales a la República.

El principio se recoge, incluso en el artículo 195 del Anteproyecto ubicado (mal ubicado e incorrectamente formulado) en el Capítulo relativo a los Municipios. Sin embargo, considero que el principio de la inmunidad tributaria debía regularse en general, en la sección relativa al sistema tributario, agregándose, además, la regulación relativa a los principios que deben guiar las relaciones entre los poderes tributarios de la República, de los Estados y de los Municipios y que son la territorialidad, autonomía, suficiencia económica, equilibrio fiscal, coordinación y solidaridad interinstitucional.

En tal sentido, es que propusimos incluir en el Anteproyecto la siguiente norma,

"*Artículo:* Las entidades político-territoriales gozarán de inmunidad impositiva. La inmunidad tributaria frente a la potestad impositiva municipal se extiende a las personas jurídicas estatales. Las relaciones entre los poderes tributarios de la República, de los Estados y de los Municipios estarán regidas por los principios de territorialidad, autonomía, suficiencia económica, equilibrio fiscal, coordinación y solidaridad interterritorial".

Esta norma propuesta solo buscaba incorporar a la inmunidad tributaria de la República a sus entes instrumentales en las áreas reservadas a la misma, como la industria petrolera. Nada conduce a pensar que están incorporadas al mismo régimen de no sujeción, las empresas privadas contratistas de las empresas de la industria petrolera nacionalizada, las cuales han estado en régimen de inmunidad en relación a los impuestos municipales, sólo en virtud de lo dispuesto en el Acuerdo del Congreso relativo a la apertura petrolera.

En todo caso, considero que la existencia de tres niveles de tributación exige que la Constitución establezca normas generales sobre corresponsabilidad fiscal, para evitar superposición de tributos y comprometer en la tributación, a cada nivel territorial del Poder Público.

Por ello propuse la inclusión de la siguiente norma en el Anteproyecto de Constitución:

"*Artículo:* El sistema tributario propiciará la corresponsabilidad fiscal de las entidades político-territoriales, a fin de lograr que estas últimas obtengan sus recursos con la participación del esfuerzo de sus propios habitantes".

En la misma orientación de regular las relaciones intergubernamentales en materia tributaria, derivadas de la distribución de competencias tributarias entre los tres niveles del Poder Público, estimé necesario prever el mecanismo de fuentes financieras compartidas entre esos niveles, según lo determine la Constitución y la Ley. Por ello propuse la inclusión de la siguiente norma:

"*Artículo:* De conformidad con esta Constitución y las leyes nacionales, los Estados y Municipios podrán compartir con la República la regulación, la recaudación, la administración y los rendimientos de los tributos.

Los Estados y Municipios sólo podrán gravar la agricultura, la cría, la pesca y la actividad forestal en la oportunidad, forma y medida que lo permita la ley nacional".

Las anteriores fueron las propuestas que formulé a la Asamblea para las regulaciones constitucionales en materia tributaria, lo que significaría sustituir las dos normas sobre la materia que traía el Anteproyecto. Ello tampoco fue aceptado, en *segunda discusión,* razón por la cual salvo mi voto.

Artículo 317. Principio de la legalidad tributaria. Principios de la administración tributaria

Artículo 317. No podrán cobrarse impuestos, tasas, ni contribuciones que no estén establecidos en la ley, ni concederse exenciones o rebajas, ni otras formas de incentivos fiscales, sino en los casos previstos por las leyes. Ningún tributo puede tener efecto confiscatorio.

No podrán establecerse obligaciones tributarias pagaderas en servicios personales.

La evasión fiscal, sin perjuicio de otras sanciones establecidas por la ley, podrá ser castigada penalmente.

En el caso de los funcionarios públicos o funcionarias públicas se establecerá el doble de la pena.

Toda ley tributaria fijará su lapso de entrada en vigencia. En ausencia del mismo se entenderá fijado en sesenta días continuos. Esta disposición no limita las facultades extraordinarias que acuerde el Ejecutivo Nacional en los casos previstos por esta Constitución.

La administración tributaria nacional gozará de autonomía técnica, funcional y financiera de acuerdo con lo aprobado por la Asamblea Nacional y su máxima autoridad será designada por el Presidente o Presidenta de la República, de conformidad con las normas previstas en la ley.

Sobre esta norma véase lo que se indica en los Informes publicados en las páginas 946, 951 y 964 de este Tomo.

Sobre esta norma consideré que la misma recogía el contenido de los artículos 224 y 226 de la Constitución de 1961, lo cual era insuficiente para el nuevo sistema tributario que debía instaurarse, en virtud de que el principio de la legalidad tributaria debió ser reforzado con el objeto de exigir que sea la ley formal la fuente de obligaciones y beneficios, limitándose la potestad reglamentaria. Por ello, en la sesión del 8 de noviembre de 1999, con ocasión de la primera discusión de la norma, expuse lo siguiente:

CONSTITUYENTE BREWER CARÍAS (ALLAN).-Ciudadano Presidente: Creo que debemos ordenar un poco el debate. Estoy de acuerdo con el artículo que presenta el constituyente Prieto, una norma aparte sobre la administración tributaria, pero creo que eso lo debemos votar separado de la que estamos considerando en este momento, que se refiere al principio de la legalidad tributaria, y a ese es al que en este momento quiero referirme.

El artículo propuesto por la Comisión, que acaba de ser leído, y con los agregados señalados, en realidad recoge los artículos 224 y 226 de la Constitución actual. Son las normas que se califican como aquellas que regulan el principio de la legalidad tributaria. Es decir, que sólo por ley pueden crearse impuestos y sólo por ley pueden otorgarse rebajas, incentivos y exenciones, y establecerse los elementos esenciales de los tributos, principios esenciales en materia tributaria, porque sólo el legislador puede establecerlos.

Ahora, pienso que los artículos 224 y 226 de la Constitución del 61, que son los que recoge la Comisión, son insuficientes para el nuevo esquema tributario que hemos venido diseñando en las discusiones precedentes. Particularmente por la necesidad de deslindar qué debe ser regulado por ley y qué puede ser regulado por vía ejecutiva, deslindar por tanto el ámbito de la ley y de los reglamentos y exigir fundamentalmente que sólo por ley puedan establecerse tributos y sus elementos esenciales y evitar el procedimiento de delegación hacia los reglamentos que hemos venido observando en los últimos tiempos.

Propongo, por tanto, para reforzar el principio de la legalidad tributaria, que esta norma recoja lo sustancial que está allí pero que se amplíe en una forma que podría ser la siguiente: "La creación, modificación o suspensión de tributos, así como el establecimiento de sus elementos esenciales, sólo se hará por ley tributaria de carácter especial y según las potestades atribuidas por la Constitución y las leyes, a la República, a los estados y los municipios." Incorporemos aquí estados y municipios dentro del mismo contexto de la legalidad tributaria. "Igual disposición regirá para la concesión de exenciones, exoneraciones y otros beneficios fiscales."

Por otra parte, agregar el principio de que las normas tributarias tienen vigencia en el ámbito espacial sometidas a la potestad del órgano competente para crearlo. De manera que si son leyes de los estados sólo en cada estado, si son leyes municipales sólo en el territorio de cada municipio. Luego el principio de que no se podrá delegar la creación de tributos ni la definición o fijación de sus elementos esenciales, salvo los casos –y aquí agrego un elemento que proviene del estudio del doctor Padrón que se repartió– en los cuales, por la naturaleza de los impuestos, la ley establezca tipos máximos y mínimos. Esto pasa por ejemplo en materia aduanera, donde la ley fija un máximo y un mínimo y el Ejecutivo Nacional puede hacerlo. Salvo estos casos debe exigirse la disposición legal y no debe admitirse –en mi criterio– la delegación para la fijación de tributos y sus elementos por reglamento.

Luego insistir en el principio de la legalidad en materia sancionatoria. Sólo la ley nacional tipificará las infracciones tributarias y dispondrá las sanciones aplicables y en ningún caso podrán delegarse estas atribuciones. Agregar aquí el párrafo sobre la evasión fiscal: "La evasión fiscal, sin perjuicio de otras sanciones establecidas por la ley, podrá ser castigada penalmente". Y luego precisar el ámbito del reglamento frente a la ley en estos términos: "Los reglamentos sólo podrán desarrollar las leyes tributarias y asegurar su aplicación, pero no podrán tener efectos jurídicos que modifiquen o establezcan los elementos esenciales de los tributos o regular materias reservadas a la competencia legislativa. Tampoco podrán establecer procedimientos tributarios ni exigir el cumplimiento de deberes formales y requisitos no previstos en la ley.

Esto tiene particular importancia, sobre todo si tenemos en cuenta que nosotros estamos en esta Constitución distribuyendo el poder tributario a nivel de estados y municipios, y es importante que haya la instrucción en la Constitución hacia los niveles locales, de que sólo por ordenanza o por ley estadal deben regularse estos aspectos, y no pueden los órganos ejecutivos de esos niveles asumir funciones que sólo deben corresponder a la ley, sea ley nacional, estadal u ordenanza municipal. De manera que mi propuesta es ampliar y perfeccionar el principio de la legalidad tributaria y limitar los aspectos que puedan ser ejercidos por los órganos ejecutivos de los tres niveles de tributación, alcaldes, gobernadores o el propio Ejecutivo Nacional. Es todo.

En el curso del debate formulé la siguiente propuesta:

Proposición del constituyente Allan Brewer Carías:

"La creación, modificación o supresión de tributos, así como el establecimiento de sus elementos esenciales sólo se hará por ley tributaria de carácter especial y según las potestades atribuidas por esta Constitución y las leyes nacionales a la República, a los Estados y a los Municipios. Igual disposición regirá para la concesión de exenciones, exoneraciones y demás beneficios fiscales.

Las normas tributarias tienen vigencia en el ámbito especial sometido a la potestad del órgano competente para crearla. No se podrá delegar la creación de tributos ni la definición y fijación de sus elementos esenciales, salvo los casos en los cuales por la naturaleza de los impuestos la ley establezca tipos máximos y mínimos.

Sólo la ley nacional tipificará las infracciones tributarias y dispondrá las sanciones aplicables, y en ningún caso podrán delegarse dichas atribuciones. La evasión fiscal, sin perjuicio de otras sanciones establecidas por ley, podrá ser castigada penalmente.

Los reglamentos sólo podrán desarrollar las leyes tributarias y asegurar su aplicación, pero no podrán tener efectos jurídicos que modifiquen o establezcan elementos esenciales de los tributos o regular materia reservada a la competencia legislativa. Tampoco podrán establecer procedimientos tributarios ni exigir el cumplimiento de deberes formales y requisitos que no estén previstos en la ley.

La ley que establezca o modifique un tributo deberá fijar un término previo a su aplicación. Si no lo hiciere no podrá aplicarse sino sesenta días continuos después de haber quedado promulgada".

Es todo, ciudadano Presidente.

[…]

CONSTITUYENTE BREWER CARÍAS (ALLAN).-Ciudadano Presidente, colegas constituyentes. Es importante el artículo que presentó el constituyente Humberto Prieto sobre la administración tributaria porque es distinto. Creo que la Comisión estará de acuerdo en que no debe mezclarse el principio de legalidad tributaria con un principio general de administración tributaria. Es un artículo distinto, y por tanto debería considerarse en forma aparte. Señalé que estaba de acuerdo con que debía incluirse una norma de este tipo.

Recordemos de nuevo que el tema de la administración tributaria se nos plantea en la Constitución, ahora, a tres niveles. No sólo hay una administración tributaria nacional sino también estadal y municipal que debe irse estableciendo. De manera que retomo la idea del constituyente Humberto Prieto y la propuesta que formulo es que debe incorporarse un artículo con principios legales sobre la administración tributaria, que se apliquen a los tres niveles y que aseguren esa autonomía.

Propondría una norma de este tipo: "De conformidad con la ley, la administración tributaria estará dotada de autonomía funcional, y tendrá las funciones de dictar normas, instrucciones, informar, recaudar, ejercer control administrativo, fiscalizar e investigar, en la aplicación de las leyes tributarias y sus reglamentos."

En el ámbito nacional se establecerán las funciones de la administración tributaria, los medios de impugnación de sus actos, sin que ello impida u obstaculice el acceso a la administración de justicia, que es uno de los elementos centrales que hay que tener en cuenta. La contrapartida al ejercicio del poder tributario es la garantía de los ciudadanos al acceso a la administración de justicia.

Esto tiene que ver con el llamado principio solvens repete, es decir, pague y después reclame, que ya fue declarado inconstitucional por la Corte, y que por tanto deberíamos también ponerlo expresamente en el sentido de que el ejercicio de recursos administrativos y judiciales suspende los efectos del acto recurrido, y así se supera el viejo sistema del solvens repete, que ha sido repudiado en todo el mundo e incluso por nuestra Corte Suprema.

Por otra parte, un principio de colaboración de las autoridades con la administración tributaria. Las autoridades de todo orden pertenecientes a la República, a los estados y municipios y los particulares están obligadas a prestar su concurso a los órganos y funcionarios de la administración tributaria para el cumplimiento de las funciones que asigne a esta Constitución.

De manera que propongo ampliar la propuesta que formuló el constituyente Humberto Prieto con una norma general sobre administración tributaria de este tipo.

[…]

CONSTITUYENTE BREWER CARÍAS (ALLAN).-*Entonces, las otras dos propuestas que tengo, además de la que se refiere a la administración tributaria, que fue de ampliar el contenido planteado por el constituyente Humberto Prieto, son las siguientes. De nuevo insisto que hemos venido estructurando una distribución territorial del poder que implica atribución de competencias tributarias al poder nacional, al poder municipal y al poder estadal. Uno de los problemas fundamentales que se plantean en un Estado federal y en una distribución territorial de las competencias tributarias es el de la inmunidad recíproca de tributación entre los niveles.*

Es decir, la República no puede gravar a un municipio o un municipio no puede gravar a la República y un estado no puede gravar a la República o a un municipio. Este es un principio que tenemos que recoger. Ya se recogió parcialmente cuando se discutió la competencia tributaria municipal y allí se estableció que la inmunidad tributaria de la República frente a los municipios también abarcaba las empresas estatales, nacionales, de manera que por ejemplo un municipio no pudiese gravar a PDVSA o a empresas de este tipo.

Creo que el principio general debe recogerse como ordenador de un nuevo esquema tributario que estamos diseñando y propongo un artículo que podría tener este término: "Las entidades políticas, territoriales gozarán de inmunidad impositiva entre ellas como principio general". Y luego, "Las relaciones entre los poderes tributarios de la República, de los estados y de los municipios estarán regidas por los principios de territorialidad, autonomía, suficiencia económica, equilibrio fiscal, coordinación y solidaridad interterritorial". Recordemos que estamos estableciendo tres niveles impositivos importantes y hay que establecer en mi criterio, estos principios ordenadores de las relaciones entre ellos.

Por otra parte, adicionar que el sistema tributario, dados estos tres niveles de tributación, debe propiciar la corresponsabilidad fiscal de las entidades político-territoriales, entre otras cosas, con el objeto de que estas últimas, la entidades político-territoriales obtengan sus recursos con la participación del esfuerzo de sus habitantes. Es decir, si estamos distribuyendo el poder tributario, debemos insistir en que cada nivel desarrolle su capacidades tributarias y que el ciudadano, los habitantes de las entidades participen. Hasta ahora ha sido muy fácil el Estado paternalista nacional que cobra impuestos, los transfiere por la vía del situado y no hay ningún compromiso de los habitantes y del ciudadano con los diversos niveles territoriales. De manera que haya una corresponsabilidad fiscal y no sea sólo la responsabilidad fiscal de la República, sino que cada entidad territorial asuma esa responsabilidad frente a sus habitantes en materia impositiva.

Esa es una de las normas que quiero plantear, derivada de esa integración dentro del sistema tributario de los tres niveles territoriales.

La otra norma, señor Presidente...

EL PRESIDENTE.-*Bueno, lo hacemos, porque son dos artículos. Ya tiene el tiempo copado. Termina el primero.*

EL ORADOR.-*Con este artículo termino. La otra norma es una norma que también tiene que ver con este reforzamiento de las potestades tributarias del Estado en los tres niveles, y que sólo hemos estado discutiendo, poniendo énfasis en el poder tributario del Estado y se nos ha olvidado el otro aspecto de la tributación que es el contribuyente, nosotros, los particulares, los ciudadanos, todos los que pagan o deben pagar impuestos, que no son sólo las grandes empresas sino que todos en cada uno de sus niveles deben contribuir, y tenemos que, frente al reforzamiento de la potestad tributaria del Estado, atender a los derechos del ciudadano. Hemos venido consagrando a todo lo largo de la Constitución determinados derechos de los particulares, en materia tributaria creo que deben reforzarse esos derechos. Normas similares tenemos en otras partes de la Constitución, por ejemplo, cuando se estableció la protección del trabajo en el artículo 94, allí se establecieron principios como que no puede haber discriminación en materia de trabajo en este artículo. Es decir, se han reforzado los derechos individuales en relación con cada aspecto. Considero que en materia tributaria, que es donde más toca el Estado al ciudadano común, deben reforzarse estos derechos y mi propuesta es agregar un artículo donde se establezca para los tres niveles territoriales: nacional, estadal y municipal, en materia impositiva, principios como estos:*

1. Se prohíbe tratar de modo desigual o discriminatorio a los contribuyentes que se encuentren en situación equivalente...

Es decir, el principio de la igualdad tributaria, y no que se den beneficios a algunos contribuyentes en perjuicios de otros.

2. Se prohíbe dar efectos confiscatorios a los tributos..."

Norma que ya fue incorporada en el artículo de la Comisión; esta nada más. Pero era la idea general de la prohibición.

3. Exigir el pago de tributos sobre hechos impunibles ocurridos antes del inicio de la entrada en vigencia de la Ley que los hubiera creado o modificado..." El principio de la irretroactividad de la Ley Tributaria y acojo la sugerencia que el doctor Padrón en su artículo señaló sobre la causación continua de determinados impuestos que no es necesario aclararla.

4. Se prohíbe establecer algún tributo pagadero en servicio personal... Norma que fue acogida por la Comisión y que viene de la Constitución actual.

5. Se prohíbe impedir u obstaculizar el acceso a la administración de justicia.

Considero que es un tema central el asegurar el acceso a la justicia frente al poder tributario del Estado.

6. Se prohíbe la conversión de sanciones pecuniarias y multas privativas de la libertad personal... Principio general que no se refiera al tema de la evasión fiscal y las sanciones penales. Ese es otro problema, esto tiende a eliminar las odiosas normas locales de la conversión de multas administrativas en arresto, que siempre es atentatorio contra la libertad personal. Y luego, otras dos normas prohibitivas de prohibir en particular en materia tributaria el allanamiento del domicilio de los sujetos, salvo para cumplir una orden judicial o impedir la perpetración de un delito, pero que se perciba la protección del hogar doméstico y por último también la protección de la privacidad de las comunicaciones de las personas tal como está en otras normas de la Constitución. Esto lo que estamos es recogiendo los principios de los derechos individuales, pero reforzándolo en materia tributaria, de manera que el particular pague impuestos pero se sienta seguro frente al Estado que cobra impuestos.

En todo caso, al final de la sesión del 8 de noviembre de 1999, formulé mi *Voto salvado* sobre la norma, que consigné con el siguiente texto:

Salvo mi voto por considerar que la norma aprobada, que recoge básicamente el contenido de los artículos 224 y 226 de la Constitución de 1961, es insuficiente para el nuevo *sistema tributario* que regula la Nueva Constitución. En efecto, con motivo de los nuevos poderes tributarios atribuidos a los Estados como consecuencia de la descentralización política de la Federación, consideramos que el principio de la legalidad tributaria en la Constitución debió ser particularmente reforzado, sobre todo para exigir que sea la ley formal la que sea fuente de obligaciones y beneficios, limitando particularmente la potestad reglamentaria.

Tal y como lo ha destacado el SENIAT en el documento presentado ante la Asamblea, en relación con el *Principio de Legalidad, (Nullum Tributum sine Lege):*

"De acuerdo con la doctrina mayoritaria este principio milenario es catalogado como el de mayor relevancia en un sistema tributario,

descansa en la exigencia propia de la concepción democrática del Estado, en el sentido que corresponde a los representantes del soberano, la potestad de dictar normas legales de carácter tributario que afectan de manera directa el derecho de propiedad.

Este principio se orienta a la protección de los contribuyentes en su derecho de propiedad por cuanto los tributos importan restricciones a ese derecho, al sustraer a favor del Estado algo del patrimonio de los particulares que en un sistema democrático no es legítimo si no se obtiene por decisión de los órganos que representan la soberanía popular.

Así el principio de legalidad es una garantía constitucional del derecho de propiedad, de libertad y de los intereses sociales y comunitarios, al punto que sus beneficios se extienden a la seguridad jurídica y económica, e igualmente es una garantía de certeza para los contribuyentes o responsables porque descarta cualquier tipo de discrecionalidad por parte de la Administración Tributaria, pues ésta se encuentra absolutamente reglada, o lo que es igual, sometida rigurosamente al principio de la legalidad.

Luego, con base en este principio sólo corresponde a la ley formal determinar los elementos relativos a la existencia, estructura y cuantía de la obligación tributaria, vale decir, el hecho imponible, los sujetos que la componen, la base del cálculo, alícuota, exenciones, así como lo relativo a la responsabilidad tributaria, la tipificación de infracciones, imposición de sanciones y establecimiento de limitaciones de derechos y garantías individuales, lo que en suma se puede llamar constitucionalización de la construcción técnico-jurídica del tributo.

Bajo esta premisa de ideal ortodoxo, queda excluida toda posibilidad a los poderes distintos del legislativo, dictar normas legales de carácter tributario, y de existir alguna excepción a este principio, habría de limitarse al mínimo, consagrarse explícitamente en el texto constitucional, ser temporal, condicionada y detalladamente circunstanciada, exigiéndose en cualquier caso su ratificación por el Congreso.

Correspondería solamente a las normas de rango sublegal, el desarrollo del sistema adjetivo necesario para la efectiva recaudación de los tributos, independientemente de quien sea el acreedor, así como aplicar las sanciones. En este sentido el poder ejecutivo carece por completo de atribución para crear normas tributarias en sentido material mediante las que el contribuyente o responsable quede obligado al pago de tributos, accesorios, sanciones o el cumplimiento de cualquier deber formal, pues esta es una atribución exclusiva del poder legislativo.

Los decretos como actos administrativos de efectos generales no pueden ser fuente lícita de obligaciones tributarias y tampoco podrían serlo al reglamentar las leyes tributarias, puesto que la atribución de reglamentación prohíbe alterar el espíritu, propósito y razón de las leyes, con lo cual se fija un límite a la atribución reglamentaria".

Sin duda, la garantía más importante en materia tributaria es el principio de legalidad, por más rigidez que establezca en relación con las potestades del Ejecutivo. Lo que no puede es dejarse a decisiones ejecutivas regular elementos esenciales de los tributos. Ello es lo que perseguía con el perfeccionamiento de esta norma, como lo propuse, la cual no impediría, por ejemplo, que en la Ley anual de Presupuesto, que es una *ley,* se modifiquen alícuotas de determinados tributos.

En el campo doctrinal como lo ha señalado José Osvaldo Casás, (en "Seguridad Jurídica, Legalidad y Legitimidad en la imposición tributaria", *Revista Latinoamericana de Derecho Tributario,* Nº 6, Diciembre 1998, pág. 29-30), en el marco del Simposio sobre *El Principio de legalidad en el Derecho Tributario*, realizado en Montevideo, al tratar el tema, y enfocándolo desde el punto de vista de garantía del derecho a la seguridad jurídica, se logró consenso entre los más destacados juristas de la especialidad, entre otros, en los siguientes puntos:

"1) El principio de legalidad, recogido en las Constituciones latinoamericanas como principio fundamental del Derecho Público, tiene especial gravitación en materia tributaria, en la cual asume tenor de estricta legalidad.

2) La función legislativa debe ejercerse dentro de los límites establecidos por las normas constitucionales y con sujeción a los principios recogidos en las mismas.

3) La ley debe establecer todos los aspectos relativos a la existencia, estructura y cuantía de la obligación tributaria (presupuesto de hecho, base de cálculo, exoneraciones, alícuotas), así como los relativos a la responsabilidad tributaria, a la tipificación de infracciones, imposición de sanciones y establecimiento de limitaciones a los derechos y garantías individuales.

4) Las excepciones a este principio deben limitarse al mínimo, *estar consagras explícitamente en los textos constitucionales* y en tales casos deben ser temporarias, condicionadas y detalladamente circunstanciadas, exigiéndose en todos los casos la ratificación parlamentaria.

5) La función administrativa en las materias referidas en el numeral 3 es una actividad reglada que excluye la posibilidad de aplicación analógica y de actuación discrecional".

Como consecuencia de todo este planteamiento, fue que propusimos que se ampliara el contenido de las normas de los artículos 224 y 226 de la Constitución de 1961, equivalentes al artículo 354 del Anteproyecto, con unas normas que tuvieran la siguiente redacción:

"Artículo: La creación, modificación o supresión de tributos así como el establecimiento de sus elementos esenciales, sólo se hará por ley tributaria de carácter especial y según las potestades atribuidas por esta Constitución y las leyes nacionales a la República, a los Estados y a los Municipios. Igual disposición regirá para la concesión de exenciones, exoneraciones y demás beneficios fiscales.

Las normas tributarias tienen vigencia en el ámbito espacial sometido a la potestad del órgano competente para crearlas.

No se podrá delegar la creación de tributos, ni la definición y fijación de sus elementos esenciales.

Sólo la ley nacional tipificara las infracciones tributarias y dispondrá las sanciones aplicables y en ningún caso podrán delegarse dichas atribuciones. La evasión fiscal, sin perjuicio de otras sanciones establecidas en la ley, podrá ser castigada penalmente.

Los reglamentos sólo podrán desarrollar las leyes tributarias y asegurar su aplicación, pero no podrán tener efectos jurídicos que modifiquen o establezcan elementos esenciales de los tributos o regular materias reservadas a la competencia legislativa. Tampoco podrán establecer procedimientos tributarios ni exigir el cumplimiento de deberes formales y requisitos que no estén previstos en la Ley.

Artículo: La Ley que establezca o modifique un tributo deberá fijar un término previo a su aplicación. Si no lo hiciere, no podrá aplicarse sino sesenta días continuos después de haber quedado promulgada".

Debe señalarse que en la versión inicial de mi propuesta, como lo expuse en correspondencia del 17-10-99, había integrado el principio de la irretroactividad, siguiendo la orientación que se había regulado en el artículo 24 del Anteproyecto que preveía la retroactividad de la ley "cuando imponga menor pena, sanción o carga".

Por ello, en la versión original presentada de esa norma establecí el principio de la retroactividad de las leyes respecto de "las disposiciones que supriman o reduzcan sanciones" en cuyo caso debían aplicarse "a los hechos pasados y a los efectos presentes que de los mismos subsistan". Sin embargo, en el debate de la plenaria de la Asamblea se limitó el principio retroactivo a las "penas", por lo cual no cabría entonces regular la retroactividad en materia de sanciones pecuniarias. Por ello, en la propuesta formulada en esta Sesión, para ser coherentes con lo decidido, eliminamos el párrafo del artículo propuesto.

En todo caso, con esa última parte del artículo se perseguía reforzar el principio de la irretroactividad de la ley tributaria, siguiendo incluso las recomendaciones de las *X Jornadas Luso-Hispano-Americanas de Estudios Tributarios* realizadas en Montevideo en 1984, así:

"Que las Constituciones consagren la irretroactividad de las normas jurídico-tributarias".

Sobre este principio, en el documento del SENIAT incluso se lee lo siguiente:

"El postulado casi universal de que las leyes no tienen efecto retroactivo, no puede ignorarse en la propuesta de Constitución que se pretenda elaborar, debe quedar claro que el principio constitucional es la irretroactividad de la ley. En el ámbito tributario, la ley tributaria tampoco tendrá efecto retroactivo, no obstante, este principio general cuenta con excepciones lícitas relativas a las leyes más benignas en determinadas materias, en este sentido, la irretroactividad debería consagrarse constitucionalmente de la manera más clara y precisa posible.

La retroactividad se entiende como la incidencia de la nueva ley que se promulgue en los efectos jurídicos ya generados por situaciones anteriores, en el caso del derecho tributario, la intención de abarcar por la ley tributaria situaciones pasadas a su sanción constituye una evidente manifestación de arbitrariedad por parte del legislador, que a la vez transgrede el principio de capacidad contributiva al tomar la ley situaciones pretéritas que se consideran jure et de jure subsistentes a efectos de establecer un tributo y que al ser consideradas retroactivamente repercuten en forma negativa en la exigencia de la equidad, presupuesto constitucional de la tributación.

Para aquellos casos en que el contribuyente ha incorporado a su patrimonio un derecho, la ley tributaria no puede aplicarse retroactivamente afectando una situación definitivamente constituida, por ello es de gran importancia la determinación del momento en que se configura el hecho imponible establecido por la ley que permite el nacimiento de la obligación tributaria, ya que existiría retroactividad si aquél, establecida la temporalidad, ha tenido íntegra realización antes de entrar en vigencia la nueva ley que lo convierte en imponible, y estaríamos en presencia de un agravio constitucional.

La retroactividad sería exigencia constitucional sólo si representa una tutela para el sujeto, o sea, si desde el punto de vista penal la norma es más benigna para el imputado, ya que la ley penal no puede regular hechos cometidos antes de su entrada en vigencia si de alguna manera perjudica la situación de los infractores fiscales.

En el mismo sentido, para el autor argentino José Osvaldo Casás, la retroactividad fiscal afecta:

"a) *El principio de reserva de ley.*

b) *El régimen republicano de gobierno,* ya que tal sistema se asienta en la representatividad de los gobernantes, el consentimiento de los gobernados, la seguridad jurídica, la exclusión de la arbitrariedad, la legalidad, el sometimiento de la administración a la ley y de ésta última a la Constitución, la previsibilidad de la acción estatal, la lealtad informativa del Fisco y la certeza como generadora de confianza para el desarrollo de la libre empresa.

c) *El principio de capacidad contributiva*

d) *El Estado de Derecho,* que se asienta sobre dos pilares fundamentales: la seguridad jurídica y, correlativamente, la interdicción de la arbitrariedad.

e) *La tutela del derecho de propiedad,* en virtud de que el contribuyente se encuentra dispensado una vez transcurrido el período de tiempo que podría ser aprehendido por ámbito temporal del hecho imponible, generándose, a falta de ley instituyendo el tributo a ese momento, una situación de libertad.

f) *La garantía innominada de razonabilidad,* ya que se torna irrazonable someter el obrar de los individuos a consecuencias jurídicas que se derivarán de leyes futuras, ya que lo único que puede conocerse al decidir el obrar, es el Derecho vigente.

g) *La afirmación de la irretroactividad de la ley tributaria como conjunción de un plexo de principios y garantías constitucionales consustanciales al "Estado de Derecho" y a la "forma republicana de gobierno".*

El tema se volvió a plantear en la segunda discusión, por lo que al final de la sesión del día 14 de Noviembre de 199, formulé mi *Voto Salvado* respecto, con el siguiente texto:

Ratifico mi voto salvado por considerar que la norma aprobada, que recoge básicamente el contenido de los artículos 224 y 226 de la Constitución de 1961, es insuficiente para el nuevo *sistema tributario* que regula la Nueva Constitución. En efecto, con motivo de los nuevos poderes tributarios atribuidos a los entes territoriales como consecuencia de la descentralización política de la Federación, consideramos que el principio de la legalidad tributaria en la Constitución debió ser particularmente reforzado, sobre todo para exigir que sea la ley formal la que sea fuente de obligaciones y beneficios, limitando particularmente la potestad reglamentaria.

La garantía más importante en materia tributaria es el principio de legalidad, por más rigidez que establezca en relación con las potestades del Ejecutivo, por lo que no puede es dejarse a decisiones ejecutivas regular elementos esenciales de los tributos. Ello es lo que perseguía con el perfeccionamiento de esta norma, como lo propuse, la cual no impediría, por ejemplo, que en la Ley anual de Presupuesto, que es una *ley,* se modifiquen alícuotas de determinados tributos.

Por ello propuse que se ampliara el contenido de las normas de los artículos 224 y 226 de la Constitución de 1961, equivalentes al artículo 354 del Anteproyecto, con unas normas que tuvieran la siguiente redacción:

"Artículo: La creación, modificación o supresión de tributos así como el establecimiento de sus elementos esenciales, sólo se hará por ley tributaria de carácter especial y según las potestades atribuidas por esta Constitución y las leyes nacionales a la República, a los Estados y a los Municipios. Igual disposición regirá para la concesión de exenciones, exoneraciones y demás beneficios fiscales.

Las normas tributarias tienen vigencia en el ámbito espacial sometido a la potestad del órgano competente para crearlas.

No se podrá delegar la creación de tributos, ni la definición y fijación de sus elementos esenciales.

Sólo la ley nacional tipificara las infracciones tributarias y dispondrá las sanciones aplicables y en ningún caso podrán delegarse dichas atribuciones.

Los reglamentos sólo podrán desarrollar las leyes tributarias y asegurar su aplicación, pero no podrán tener efectos jurídicos que modifiquen o establezcan elementos esenciales de los tributos o regular materias reservadas a la competencia legislativa. Tampoco podrán establecer procedimientos tributarios ni exigir el cumplimiento de deberes formales y requisitos que no estén previstos en la Ley.

Artículo: La Ley que establezca o modifique un tributo deberá fijar un término previo a su aplicación. Si no lo hiciere, no podrá aplicarse sino sesenta días continuos después de haber quedado promulgada.

Sección tercera: Del sistema monetario nacional

Artículo 318. Régimen de la política monetaria

Artículo 318. Las competencias monetarias del Poder Nacional serán ejercidas de manera exclusiva y obligatoria por el Banco Central de Venezuela. El objetivo fundamental del Banco Central de Venezuela es lograr la estabilidad de precios y preservar el valor interno y externo de la unidad monetaria. La unidad monetaria de la República Bolivariana de Venezuela es el bolívar. En caso de que se instituya una moneda común en el marco de la integración latinoamericana y caribeña, podrá adoptarse la moneda que sea objeto de un tratado que suscriba la República.

El Banco Central de Venezuela es persona jurídica de derecho público con autonomía para la formulación y el ejercicio de las políticas de su competencia. El Banco Central de Venezuela ejercerá sus funciones en coordinación con la política económica general, para alcanzar los objetivos superiores del Estado y la Nación.

Para el adecuado cumplimiento de su objetivo, el Banco Central de Venezuela tendrá entre sus funciones las de formular y ejecutar la política monetaria, participar en el diseño y ejecutar la política cambiaria, regular la moneda, el crédito y las tasas de interés, administrar las reservas internacionales, y todas aquellas que establezca la ley.

Artículo 319. Rendición de cuentas por el Banco Central de Venezuela. Control

Artículo 319. El Banco Central de Venezuela se regirá por el principio de responsabilidad pública, a cuyo efecto rendirá cuenta de las actuaciones, metas y resultados de sus políticas ante la Asamblea Nacional, de acuerdo con la ley. También rendirá informes periódicos sobre el comportamiento de las variables macroeconómicas del país y sobre los demás asuntos que se le soliciten e incluirá los análisis que permitan su evaluación. El incumplimiento sin causa justificada del objetivo y de las metas, dará lugar a la remoción del directorio y a sanciones administrativas, de acuerdo con la ley.

> El Banco Central de Venezuela estará sujeto al control posterior de la Contraloría General de la República y a la inspección y vigilancia del organismo público de supervisión bancaria, el cual remitirá a la Asamblea Nacional informes de las inspecciones que realice. El presupuesto de gastos operativos del Banco Central de Venezuela requerirá la discusión y aprobación de la Asamblea Nacional y sus cuentas y balances serán objeto de auditoría externa en los términos que fije la ley.

Sobre esta norma, consideré que lesionaba la autonomía que requiere el Banco Central de Venezuela. Además, estimo que ni el Banco Central de Venezuela ni cualquier otra persona jurídica de derecho público o privado del Estado deben ser sometida al control directo de la Asamblea Nacional. Por otra parte, responsabilizar a los directores del Banco Central por no lograr los objetivos de la política definida en materia monetaria, cambiaria y crediticia es desconocer la naturaleza de las mismas y su variabilidad. Por ello, en al final de la sesión del día 8 de Noviembre de 1999, primera discusión del proyecto, consigné mi *Voto Salvado* respecto de esta norma, con el siguiente texto:

> Salvo mi voto por considerar que ni el Banco Central de Venezuela ni cualquier otra persona jurídica de derecho público o privado del Estado, debe ser sometida al control directo de la Asamblea Nacional. Nada justifica la decisión de someter a la Asamblea Nacional la aprobación del presupuesto de gastos de funcionamiento de la Asamblea. Además, no se entiende como la Superintendencia de Bancos y otras Instituciones Financieras va a inspeccionar y vigilar al Banco Central de Venezuela. Con esta norma se puede comenzar el proceso de politización del Banco Central de Venezuela y constituye una grave lesión a su autonomía. Además, no tiene sentido responsabilizar personalmente al Directorio del Banco Central por el logró de los objetivos de la política monetaria, la cual como se sabe puede ser volátil y depende en gran medida de factores externos.

El tema se planteó de nuevo en segunda discusión, y al final de la misma consigné también mi *Voto salvado* con el siguiente texto:

> Ratifico mi voto salvado respecto de este artículo por considerar que ni el Banco Central de Venezuela ni cualquier otra persona jurídica de derecho público o privado del Estado, debe ser sometida al control directo de la Asamblea Nacional. Nada justifica la decisión de someter a la Asamblea Nacional la aprobación del presupuesto de gastos de funcionamiento de la Asamblea. Además, no se entiende como la Superintendencia de Bancos y otras Instituciones Financieras van a inspeccionar y vigilar al Banco Central de Venezuela. Con esta norma se puede comenzar el proceso de politización del Banco Central de Venezuela y constituye una grave lesión a su autonomía. Además, no tiene sentido responsabilizar personalmente al Directorio del Banco Central por el logró de los objetivos de la política monetaria, la cual como se sabe puede ser volátil y depende en gran medida de factores externos.

Sección cuarta: *De la coordinación macroeconómica*

Artículo 320. *Principios de política económica*

Artículo 320. El Estado debe promover y defender la estabilidad económica, evitar la vulnerabilidad de la economía y velar por la estabilidad monetaria y de precios, para asegurar el bienestar social.

El ministerio responsable de las finanzas y el Banco Central de Venezuela contribuirán a la armonización de la política fiscal con la política monetaria, facilitando el logro de los objetivos macroeconómicos. En el ejercicio de sus funciones, el Banco Central de Venezuela no estará subordinado a directivas del Poder Ejecutivo y no podrá convalidar o financiar políticas fiscales deficitarias.

La actuación coordinada del Poder Ejecutivo y del Banco Central de Venezuela se dará mediante un acuerdo anual de políticas, en el cual se establecerán los objetivos finales de crecimiento y sus repercusiones sociales, balance externo e inflación, concernientes a las políticas fiscal, cambiaria y monetaria; así como los niveles de las variables intermedias e instrumentales requeridos para alcanzar dichos objetivos finales. Dicho acuerdo será firmado por el Presidente o Presidenta del Banco Central de Venezuela y el o la titular del ministerio responsable de las finanzas, y se divulgará en el momento de la aprobación del presupuesto por la Asamblea Nacional. Es responsabilidad de las instituciones firmantes del acuerdo que las acciones de política sean consistentes con sus objetivos. En dicho acuerdo se especificarán los resultados esperados, las políticas y las acciones dirigidas a lograrlos. La ley establecerá las características del acuerdo anual de política económica y los mecanismos de rendición de cuentas.

Artículo 321. *Fondo de estabilización macroeconómica*

Artículo 321. Se establecerá por ley un fondo de estabilización macroeconómica destinado a garantizar la estabilidad de los gastos del Estado en los niveles municipal, regional y nacional, ante las fluctuaciones de los ingresos ordinarios. Las reglas de funcionamiento del fondo tendrán como principios básicos la eficiencia, la equidad y la no discriminación entre las entidades públicas que aporten recursos al mismo.

DÉCIMA PARTE
OBSERVACIONES PROPUESTAS, DEBATES Y VOTOS SALVADOS SOBRE LOS ARTÍCULOS RELATIVOS AL RÉGIMEN DE LA SEGURIDAD DEL ESTADO, DE LA PROTECCIÓN DE LA CONSTITUCIÓN Y DE LA REFORMA CONSTITUCIONAL
(ARTÍCULOS 322 A 350)

En esta parte, al igual que en la anterior, se publican, siguiendo el orden del articulado de la Constitución, todas las propuestas que formulé mediante comunicaciones e informes que dirigí a las diversas Comisiones o a la propia Asamblea sobre los diversos temas relativos a la seguridad del estado, la protección de la constitución y la reforma constitucional, y que se publicaron en los tres tomos de la obra *Debate Constituyente (aportes a la Asamblea Nacional Constituyente)*, Caracas 1999; las diversas intervenciones en la plenaria de la Asamblea durante las dos discusiones del proyecto, que han sido tomadas del Diario de debates de la Asamblea; y los Votos Salvados que consigné luego de cada una de las sesiones, y que se publicaron íntegramente en el Tomo III de la obra *Debate Constituyente (Aportes a la Asamblea Nacional Constituyente)*, Caracas 1999.

SECCIÓN PRIMERA: **TÍTULO VII. DE LA SEGURIDAD DE LA NACIÓN (ARTÍCULOS 322 A 332)**

Capítulo I. Disposiciones generales

Artículo 322. Seguridad de la Nación y desarrollo integral. Responsabilidad

Artículo 322. La seguridad de la Nación es competencia esencial y responsabilidad del Estado, fundamentada en el desarrollo integral de ésta y su defensa es responsabilidad de los venezolanos y venezolanas; también de las personas naturales y jurídicas, tanto de derecho público como de derecho privado, que se encuentren en el espacio geográfico nacional.

Artículo 323. Atribuciones del Consejo de Defensa de la Nación

Artículo 323. El Consejo de Defensa de la Nación es el máximo órgano de consulta para la planificación y asesoramiento del Poder Público en los asuntos relacionados con la defensa integral de la Nación, su soberanía y la integridad de su espacio geográfico. A tales efectos, le corresponde también establecer el concepto estratégico de la Nación. Presidido por el Presidente o Presidenta de la República, lo conforman, además, el Vicepresidente Ejecutivo o Vicepresidenta Ejecutiva, el Presidente o Presidenta de la Asamblea Nacional, el Presidente o Presidenta del Tribunal Supremo de Justicia, el Presidente o Presidenta del Consejo Moral Republicano y los Ministros o Ministras de los sectores de la defensa, la seguridad interior, las relaciones exteriores y la planificación, y otros cuya participación se considere pertinente. La ley orgánica respectiva fijará su organización y atribuciones.

Sobre esta norma consideré que establecer que corresponde al Consejo de Defensa de la Nación establecer el "concepto estratégico de Nación", noción excesivamente amplia, equivale a suplantar a todo el Estado por dicho órgano. Por ello en la sesión de la Asamblea del día 8 de noviembre de 1999, después de la primera discusión, consigné mi *Voto salvado* con el siguiente texto:

Salvo mi voto por considerar que no corresponde al Consejo de Defensa de la Nación "establecer el Concepto Estratégico de Nación". Esta es una noción excesivamente amplia, que debería ser producto de elaboración con la participación popular y de los órganos representativos del pueblo.

En la sesión del 14 noviembre de 1999, durante la segunda discusión del proyecto, expresé en relación con esta norma, lo siguiente:

CONSTITUYENTE BREWER CARÍAS (ALLAN).-Señor Presidente. En el 363, el tema del Consejo de Defensa de la Nación, "a quien le corresponde establecer el concepto estratégico de Nación". Esa expresión tan vaga, es lo que me motivó pedir una aclaratoria sobre cuál es la idea que está allí, porque ese es el mismo concepto que estaba en el artículo de la división del territorio, cuando justamente se eliminó un párrafo que era el espacio geográfico atlántico, amazónico, andino, vinculado al concepto estratégico nacional. Esa misma vinculación me provoca la inquietud de saber qué es lo se quiere decir en este artículo, con "concepto estratégico de Nación".

[...]

(CONSTITUYENTE BREWER CARÍAS).-De acuerdo con eso, pienso que lo que le corresponde al Consejo de Defensa es establecer la estrategia para la defensa de la Nación, que es el sentido que capto: estrategia para la defensa de la Nación, y propondría esa redacción, en vez de "Concepto estratégico de Nación". Sería: "La Estrategia para la Defensa de la Nación", que es lo que corresponde al Consejo de Defensa.

Artículo 324. Régimen de las armas y propiedad pública

Artículo 324. Sólo el Estado puede poseer y usar armas de guerra. Todas las que existan, se fabriquen o se introduzcan en el país pasarán a ser propiedad de la República sin indemnización ni proceso. La Fuerza Armada Nacional será la institución competente para reglamentar y controlar, de acuerdo con la ley respectiva, la fabricación, importación, exportación, almacenamiento, tránsito, registro, control, inspección, comercio, posesión y uso de otras armas, municiones y explosivos.

Sobre esta norma, consideré que la misma implicaba la militarización del control de armas de cualquier naturaleza, excluyendo de este control a la Administración Civil en lo que respecta a la población en general. Por ello, es la sesión del 8 de noviembre de 1999, primera discusión, expresé lo siguiente:

CONSTITUYENTE BREWER CARÍAS (ALLAN).-Ciudadano Presidente, colegas constituyentes. Como se señalaba antes, este artículo 365 tiene su origen en el constitucionalismo venezolano del año 1901, y luego se consolida en el año 1904. Esto no viene de la Constitución del 61; y es lo que se llamó en su momento la nacionalización de las armas, porque hasta ese momento las armas eran de las milicias estadales, y se produce la nacionalización de las armas en el año 1901, y por eso la redacción.

Primero, sugiero que la primera parte del artículo conserve la redacción del artículo actual, que dice: "Sólo el Estado puede poseer y usar armas de guerra." Se les olvidó en el texto "Todas las que existan...". Tienen que poner ". Todas las que existan..." porque si no está mal redactado. Es decir, hay que conservar la redacción del artículo 133 de la Constitución actual.

La definición de qué son armas de guerra es justamente una materia de ley. No se puede establecer toda esa definición que se señalaba anteriormente; y la parte importante de la norma es la que destacaba el constituyente Vielma Mora, es correcto. La parte importante de la norma es el agregado del segundo párrafo: "...La Fuerza Armada Nacional será la institución competente para todo lo que tenga que ver...", no con armas de guerra, con todas las armas, hasta las navajitas.

De manera que esta es la parte importante, se está militarizando el control, la regulación de todas las armas, lo que hasta ahora ha sido competencia de la autoridad civil, del Ministerio de Relaciones Interiores, haya funcionado bien, haya funcionado mal, lo que sea, pero ha sido competencia de la autoridad civil, y con esta norma se quiere regular esto como parte de la Fuerza Armada. Se está militarizando por tanto todo el régimen de las armas. Esta es la parte importante de la norma que debemos meditar para ver si esto es realmente lo que la Asamblea plantea.

Sugeriría que la norma se quede tal como está en la Constitución actual y se actualice la Ley de Armas y Explosivos, y esa Ley establezca los mecanismos de regulación y control, pero no rigidizar en la Constitución esta materia.

De manera que sugeriría que se conserve la redacción de la Constitución actual que, en lugar del segundo largo párrafo que trae esta norma que le atribuye a la Fuerza Armada Nacional todo lo concerniente a las armas, simplemente se ponga "la fabricación, comercio, posesión, uso, inspección, almacenamiento, tránsito, registro, etcétera, se reglamentará por la ley", es decir, se remita a la ley y que la ley resuelva este problema y no a este nivel de la Constituyente.

En el curso del debate, formulé, además, la siguiente propuesta:

Proposición del Constituyente Allan Brewer Carías:

"Sólo el Estado puede poseer y usar armas de guerra, todas las que existan, se fabriquen o se introduzcan en el país pasarán a ser propiedad de la República sin indemnización ni proceso.

La fabricación, importación, exportación, almacenamiento, tránsito, registro, control, inspección, comercio y uso de otras armas serán reglamentadas por la ley".

En todo caso, al finalizar la sesión del día 8 de noviembre de 1999, consigné mi *Voto salvado* con el siguiente texto:

La norma, tal como se ha aprobado, implica la militarización del control de armas de cualquier naturaleza, lo que corresponde a la Administración Civil. Las armas de guerra, que debe definir la Ley, pueden quedar bajo la jurisdicción de la autoridad militar, pero no se justifica que ésta sea la que asuma el control y vigilancia del uso o porte de armas por la población civil. Es un signo de militarización no aceptable.

En la sesión del 14 de noviembre de 1999, en la segunda discusión del proyecto, en relación con esta norma expuse lo siguiente:

CONSTITUYENTE BREWER CARÍAS (ALLAN).-Presidente. Es sobre un tema del que también se habló en la oportunidad anterior. Hay que llamar la atención respecto a que en el artículo 365 se está militarizando el régimen de las armas. Este es un régimen que tradicionalmente ha estado en manos de la administración civil y haya o no funcionado bien, el Ministerio de Relaciones Interiores, a través de la Ley de Armas y Explosivos, atribuye a la administración civil todo el régimen de control, posesión, y uso de las armas. Con esta norma, no sólo armas de guerra, sino todas las armas, se atribuyen al control, inspección, y régimen de posesión y uso, a cargo de las Fuerzas Armadas Nacionales.

Esta es una materia de estricto orden civil, que debería seguir siendo de la administración pública, a través del Ministerio del Interior, inclusive se ha propuesto, y está en las previsiones, la regulación de la policía nacional, posiblemente eso debe estar en la policía nacional, pero esto es una materia civil. Creo, que las Fuerzas Armadas debe tener el control de las armas de guerra, y eso debe definirse en Ley, pero todo el resto del régimen del uso de las armas por parte de la población civil debe quedar en manos de la administración civil del Estado

EL PRESIDENTE.-Hay un planteamiento del constituyente Allan Brewer Carías que señala, creo, que ya está bien explicado, que el régimen de las armas de guerra y todo lo que corresponde a su equipamiento, le corresponde a las Fuerzas Armadas, pero el resto es una función que ha sido tradicionalmente manejada por las autoridades civiles, y, en este caso concreto, el Ministerio de Relaciones Interiores.

[...]

CONSTITUYENTE BREWER CARÍAS (ALLAN).-Presidente. La propuesta sería la siguiente: El segundo párrafo del artículo que comienza: "La Fuerza Armada será la institución competente..." simplemente cambiarla en esta forma: "La fabricación, importación, exportación, almacenamiento, tránsito, control, inspección, comercio, posesión, y uso de otras armas y municiones, y explosivos, serán reglamentadas por la Ley." Y atribuir a la Ley el régimen.

En todo caso, al final de la sesión del día 14 de noviembre de 1999, en relación con esta norma consigné mi *Voto salvado* **con el siguiente texto:**

> Ratifico mi voto salvado respecto de esta norma por considerar que tal como se ha aprobado, implica la militarización del control de armas de cualquier naturaleza, lo que corresponde a la Administración Civil. Las armas de guerra, que debe definir la Ley, pueden quedar bajo la jurisdicción de la autoridad militar, pero no se justifica que ésta sea la que asuma el control y vigilancia del uso o porte de armas por la población civil. Es un signo de militarización no aceptable.

Artículo 325. Información de asuntos relativos a la seguridad de la Nación

> *Artículo 325.* El Ejecutivo Nacional se reserva la clasificación y divulgación de aquellos asuntos que guarden relación directa con la planificación y ejecución de operaciones concernientes a la seguridad de la Nación, en los términos que la ley establezca.

Capítulo II. De los principios de seguridad de la Nación

Artículo 326. Corresponsabilidad en materia de Seguridad de la Nación

> *Artículo 326.* La seguridad de la Nación se fundamenta en la corresponsabilidad entre el Estado y la sociedad civil, para dar cumplimiento a los principios de independencia, democracia, igualdad, paz, libertad, justicia, solidaridad, promoción y conservación ambiental y afirmación de los derechos humanos, así como en la satisfacción progresiva de las necesidades individuales y colectivas de los venezolanos y venezolanas, sobre las bases de un desarrollo sustentable y productivo de plena cobertura para la comunidad nacional. El principio de la corresponsabilidad se ejerce sobre los ámbitos económico, social, político, cultural, geográfico, ambiental y militar.

Sobre esta norma consideré que los principios que en ella se expresaban como objetivos de la seguridad de la Nación, ya se habían enumerado como fines del Estado en los primeros artículos de este Texto. Además, se consagraba la Seguridad Nacional con un criterio totalizador, es decir, con injerencia en todos los ámbitos de la actividad nacional. Por ello, al concluir la sesión del día 8 de noviembre de 1999, primera discusión del proyecto, consigné mi *Voto salvado* **con el siguiente texto:**

> Salvo mi voto por considerar que los principios que se expresan en la norma como objetivos de la seguridad de la Nación, ya se han enumerado como fines del Estado en los primeros artículos de la Constitución. No tiene

sentido convertirlos ahora en principios vinculados a la seguridad de la Nación. La utilización de estos términos recuerda la Doctrina de Seguridad Nacional, tan en boga durante los años sesenta y con tan devastadoras consecuencias en América Latina para la democracia; recuerdo que se hace patente en la última frase del artículo aprobado conforme al cual la Seguridad de la Nación, con criterio totalizador, comprende todo, es decir, "los ámbitos económico, social, político, cultural, geográfico, ambiental y militar". Además, se vincula la Seguridad de la Nación, así entendida al "desarrollo integral de la Nación". No debe olvidarse que en Chile, el gobierno de Pinochet, precisamente, fundamentó su acción de Gobierno en la Seguridad para impulsar el desarrollo integral de la Nación.

Posteriormente, en la segunda discusión del proyecto, en la sesión del 14 de noviembre de 1999, sobre esta norma expresé lo siguiente:

CONSTITUYENTE BREWER CARÍAS (ALLAN).-Presidente. En este artículo del Capítulo II. Principio de la Seguridad de la Nación, mi preocupación es, y quiero dejarla como inquietud, la utilización de conceptos en el artículo que nos recuerdan el tema de la doctrina de la seguridad nacional, comprensiva de todo lo que acaece en el Estado, que puede tener una base, aun cuando no creo que sea lo que se quiera, pero una base totalitaria, que signó la llamada doctrina de seguridad nacional en los países del Cono Sur, en la década de los 70.

Hablar en estos conceptos tan globales, y por tanto meter dentro del concepto de seguridad los ámbitos económicos, social, político, cultural, geográfico, ambiental y militar, y vincular todo esto al desarrollo integral de la Nación, es dar una idea excesivamente totalitaria, comprensiva, globalizadora del tema de la seguridad nacional, que recuerda ese lenguaje de hace 20 ó 30 años, sobre todo con los regímenes militaristas del Cono Sur. Lo que quiero dejar mi inquietud, sobre la forma como está redactado este artículo.

El tema se planteó de nievo en la segunda discusión del proyecto, en la sesión del 14 de Noviembre de 1999, al final de la cual consigné mi *Voto salvado* con el siguiente texto:

Ratifico mi voto salvado respecto de esta norma por considerar que los principios que en ella se expresan como objetivos de la seguridad de la Nación, ya se han enumerado como fines del Estado en los primeros artículos de la Constitución. No tiene sentido convertirlos ahora en principios vinculados a la seguridad de la Nación. La utilización de estos términos recuerda la Doctrina de Seguridad Nacional, tan en boga durante los años sesenta y con tan devastadoras consecuencias en América Latina para la democracia; recuerdo que se hace patente en la última frase del artículo aprobado conforme al cual la Seguridad de la Nación, con criterio totalizador, comprende todo, es decir, "los ámbitos económico, social, político, cultural, geográfico, ambiental y militar". Además, se vincula la Seguridad de la Nación, así entendida al "desarrollo integral de la Nación". No debe olvidarse que por ejemplo en Chile, en la década de los setenta el gobierno precisamente, fundamentó su acción en la Seguridad para impulsar el desarrollo integral de la Nación.

Artículo 327. Régimen fronterizo

Artículo 327. La atención de las fronteras es prioritaria en el cumplimiento y aplicación de los principios de seguridad de la Nación. A tal efecto, se establece una franja de seguridad de fronteras cuya amplitud, regímenes especiales en lo económico y social, poblamiento y utilización serán regulados por la ley, protegiendo de manera expresa los parques nacionales, el hábitat de los pueblos indígenas allí asentados y demás áreas bajo régimen de administración especial.

Capítulo III. De la Fuerza Armada Nacional

Artículo 328. Carácter de la Fuerza Armada Nacional

Artículo 328. La Fuerza Armada Nacional constituye una institución esencialmente profesional, sin militancia política, organizada por el Estado para garantizar la independencia y soberanía de la Nación y asegurar la integridad del espacio geográfico, mediante la defensa militar, la cooperación en el mantenimiento del orden interno y la participación activa en el desarrollo nacional, de acuerdo con esta Constitución y con la ley. En el cumplimiento de sus funciones, está al servicio exclusivo de la Nación y en ningún caso al de persona o parcialidad política alguna. Sus pilares fundamentales son la disciplina, la obediencia y la subordinación. La Fuerza Armada Nacional está integrada por el Ejército, la Armada, la Aviación y la Guardia Nacional, que funcionan de manera integral dentro del marco de su competencia para el cumplimiento de su misión, con un régimen de seguridad social integral propio, según lo establezca su respectiva ley orgánica.

Sobre esta norma, consideré que debió indicarse expresamente que la Fuerza Armada Nacional es *no deliberante* y *apolítica*. También faltó indicar que la misma tiene por misión el mantenimiento de las instituciones democráticas. Además, estimé que consagrarle un sistema de seguridad social propio, era contradictorio al sistema de seguridad social único e intransferible que ya se aprobó en el texto constitucional. Por ello, en la sesión del día 8 de noviembre de 1999, con ocasión de la primera discusión del proyecto, expuse lo siguiente:

CONSTITUYENTE BREWER CARÍAS (ALLAN).-Presidente: Voy a ser breve en mi primera parte, y señalar en que no tengo ningún inconveniente en afirmar que estoy de acuerdo con lo que planteó el constituyente Alfredo Peña. Repito, no tengo ningún problema.

De manera, que debe agregarse, dentro de las características de las Fuerzas Armadas, el carácter apolítico, y no deliberante, y además dentro de esos fines, asegurar la defensa nacional, la estabilidad de las instituciones democráticas, y el respeto a la Constitución y las Leyes, cuyo acatamiento estará por encima de cualquier otra obligación, como se ha venido estableciendo en la Constitución actual, artículo 132.

Además, quiero llamar la atención solamente a los que colaboraron en la redacción de los artículos, sobre el campo social, que al final del mismo se establece que las Fuerzas Armadas tiene un régimen de seguridad social integral propio, con lo cual se contradice el artículo que ya se aprobó de un sistema nacional integral único de seguridad social, en los artículos relativos a los derechos sociales, creo, que aquí hay una incongruencia que debe resolverse.

[...]

En el debate formulé, además, la siguiente propuesta:
Proposición del constituyente Allan Brewer Carías:

Agregar dentro de las características de las Fuerza Armada Nacional el ser apolítica no deliberante. Y dentro de sus fines, asegurar la defensa nacional, la estabilidad de las instituciones democráticas y el respeto a la Constitución y a las leyes, cuyo acatamiento estará siempre por encima de cualquier otra obligación.

Al final de la sesión del 8 de noviembre de 1999, en todo caso, consigné mi *Voto Salvado* con el siguiente texto:

Salvo mi voto por considerar que en este artículo se debió indicar expresamente que la Fuerza Armada Nacional es "no deliberante" por supuesto en el sentido de la confrontación política partidista o electoral, y "apolítica", en el sentido de que no puede tener una opción política, como institución. Además, debió indicarse expresamente que la Fuerza Armada Nacional tiene por misión, no sólo la defensa nacional, sino el mantenimiento de las instituciones democráticas. No concebimos a la Fuerza Armada Nacional como desvinculada del Poder Público organizado, que es el Estado, ni como un Estado dentro del Estado, con su propio proyecto distinto del democrático que deriva de la propia Constitución. Adicionalmente, salvo mi voto por considerar que consagrar expresamente que la Fuerza Armada tiene un régimen de "seguridad social integral propio" es contradictorio con lo ya aprobado por esta Asamblea, al discutirse los derechos sociales, sobre el sistema único de seguridad social intransferible, en un artículo en cuya aprobación también salve mi voto.

Posteriormente, en la sesión del 14 de noviembre de 1999, con ocasión de la segunda discusión del proyecto, sobre el mismo tema, expuse lo siguiente:

CONSTITUYENTE BREWER CARÍAS (ALLAN).-Ciudadano Presidente, colegas constituyentes. Mis observaciones son, en primer lugar, la necesidad de aclarar que la Fuerza Armada es apolítica. Creo que ese fue el planteamiento del constituyente William Lara.

(Algunos constituyentes se dirigen al orador diciéndole que el planteamiento fue de "sin militancia política").

Pienso que como institución debe colocarse "apolítica".

En segundo lugar, estoy de acuerdo con el término sobre instituciones democráticas vinculadas, que acaba de plantear el constituyente Antonio di Giampaolo.

Mi tercera observación se refiere al régimen de seguridad social integral propio de las Fuerzas Armadas.

Aquí se desarrolló un gran debate sobre el tema de la seguridad social, el cual fue aprobado en una forma con la que yo mismo planteé mi desacuerdo. Pero ahora encuentro un elemento discordante. Si hay un sistema único integral de la seguridad social, ¿cómo va a haber ahora un régimen de seguridad social integral propio en las Fuerzas Armadas, independiente del régimen general de la seguridad social? O sea, estamos con un sistema único de seguridad social o estamos con un sistema de seguridad social aparte como en este caso de las Fuerzas Armadas.

Creo que aquí es un Estado dentro del Estado en esta materia y pienso que debe eliminarse la mención sobre la seguridad social integral propio de una institución, porque si no podría ponerse un sistema propio también al sector cultura que quería autonomía, y a la universidad, etcétera. Creo que no deben establecerse estos regímenes especiales de seguridad social en la Constitución.

Es todo.

Igualmente, al final de la sesión del día 14 de noviembre de 1999, luego de la segunda discusión sobre la norma, consigné mi *Voto salvado* con el siguiente texto:

Ratifico mi voto salvado respecto de esta norma por considerar que en este artículo se debió indicar expresamente que la Fuerza Armada Nacional es "no deliberante" por supuesto en el sentido de la confrontación política partidista o electoral, y "apolítica", en el sentido de que no puede tener una opción política, como institución. Además, debió indicarse expresamente que la Fuerza Armada Nacional tiene por misión, no sólo la defensa nacional, sino el mantenimiento de las instituciones democráticas. No concebimos a la Fuerza Armada Nacional como desvinculada del Poder Público organizado, que es el Estado, ni como un Estado dentro del Estado, con su propio proyecto distinto del democrático que deriva de la propia Constitución. Adicionalmente, salvo mi voto por considerar que consagrar expresamente que la Fuerza Armada tiene un régimen de "seguridad social integral propio" es contradictorio con lo ya aprobado por esta Asamblea, al discutirse los derechos sociales, sobre el sistema único de seguridad social intransferible, en un artículo en cuya aprobación también salve mi voto.

Artículo 329. Fuerzas que integran la Fuerza Armada Nacional

Artículo 329. El Ejército, la Armada y la Aviación tienen como responsabilidad esencial la planificación, ejecución y control de las operaciones militares requeridas para asegurar la defensa de la Nación. La Guardia Nacional cooperará en el desarrollo de dichas operaciones y tendrá como responsabilidad básica la conducción de las operaciones exigidas para el mantenimiento del orden interno del país. La Fuerza Armada Nacional podrá ejercer las actividades de policía administrativa y de investigación penal que le atribuya la ley.

Sobre esta norma estimé que era inconveniente atribuir, en general, a la Fuerza Armada Nacional la posibilidad de ejercer actividades de policía administrativa y de policía judicial. Se confunde así la autoridad militar con la actividad policial (que es civil). Por ello, en la sesión del 9 de noviembre de 1999, con ocasión de la primera discusión de la norma expuse lo siguiente:

CONSTITUYENTE BREWER CARÍAS (ALLAN).-Señor Presidente, es para referirme a la última parte del artículo. Pienso que es totalmente improcedente la indicación que está en esta norma, de atribuir a las Fuerzas Armadas Nacionales la actividad de policía administrativa y de policía judicial. Esto no tiene, en mi criterio, ninguna fundamentación. Es evidente que la Ley ha atribuido a la Guardia Nacional funciones de policía administrativa e, incluso, la Ley de Policía Judicial ha atribuido el valor de las actuaciones de policía judicial a algunas actuaciones de la Guardia Nacional, pero creo que no tiene ningún sentido atribuir en general a la Fuerza Armada Nacional la posibilidad de ejercer funciones de policía administrativa y de investigación y en materia de policía judicial.

La policía administrativa es una tarea esencialmente de la administración pública, de la administración civil, y sólo por vía de las Fuerzas Armadas de Cooperación, es decir de la Guardia Nacional, es que la Fuerza Armada realiza funciones de policía administrativa.

De manera que si alguna referencia se puede hacer a esto es en relación, justamente, con la Guardia Nacional. Por eso, quiero sugerir la eliminación de este segundo párrafo y en su lugar establecer una norma relativa a la Guardia Nacional como Fuerzas Armadas de Cooperación que ejerce funciones de policía administrativa en los términos, incluso, reduciendo, quizás, el carácter muy reglamentario que tiene la norma leída por el doctor Olavarría.

En todo caso, al finalizar la sesión del día 8 de noviembre de 1999, consigné mi *Voto salvado* sobre esta norma, con el siguiente texto:

Salvo mi voto respecto de este artículo por considerar totalmente inconveniente y distorsionado, el atribuir en general, a la Fuerza Armada Nacional la posibilidad de ejercer actividades de policía administrativa y de policía judicial. No debe confundirse la autoridad militar con la actividad policial, que es esencialmente civil, y si la Guardia Nacional ha ejercido funciones de cooperación con la autoridad civil en materia de policía administrativa, ello ha sido por su propia naturaleza de Fuerzas Armadas de Cooperación, precisamente en ese campo. Pero atribuir, en general, en la Constitución, a la Fuerza Armada Nacional la posibilidad de ejercer actividades de policía administrativa es abrir la puerta a la militarización de la policía en el país y con ello, la desaparición de la autoridad civil armada.

En la sesión del día 14 de noviembre de 1999, con ocasión de la segunda discusión del proyecto, se volvió a discutir el tema, y expuse lo siguiente:

CONSTITUYENTE BREWER CARÍAS (ALLAN).-Ciudadano Presidente. No veo ninguna anormalidad en que los constituyentes puedan intervenir en el Plenario de la Asamblea ¿Cómo va a sustituir la Comisión a la Asamblea? Entonces, no hay anormalidad alguna.

El mismo comentario en el artículo 369, y quiero dejar constancia en el Plenario de la Asamblea de mi observación en torno al concepto de "policía administrativa" a cargo de las Fuerzas Armadas Nacionales.

De nuevo creo que es importante deslindar lo que es la actividad militar de las Fuerzas Armadas Nacionales, de lo que es la Policía Administrativa, que es un concepto esencialmente civil. Si hay algo que caracteriza a la Administración del Estado son sus cometidos, y dentro de sus cometidos está la Policía Administrativa, Servicio Público, Gestión Económica, Fomento, son los cuatro grandes cometidos.

De manera que la Policía Administrativa es esencialmente de la Administración Civil, y no pienso que sea conveniente establecer que las Fuerzas Armadas podrán ejercer actividades de Policía. Creo que esto no cabe en este artículo. La Guardia Nacional tiene por ley y por su regulación, posibilidades de ejercer actividades de policía administrativa en el área de la cooperación para el mantenimiento del orden público, y de lo que se llama Policía Administrativa Especial.

Posiblemente si se agrega el término "Especial" está resuelto el problema, pero Policía Administrativa general, no creo conveniente. El objetivo de la Guardia Nacional es actuar en materia de Policía Administrativa Especial, vale decir, Policía de Fronteras, Policía de Resguardo, etcétera.

Considero que hay que cambiar la redacción y colocar: "Policía Administrativa Especial" o eliminar la referencia a la Policía Administrativa como atribución de las Fuerzas Armadas.

Es todo.

[...]

CONSTITUYENTE BREWER CARÍAS (ALLAN).-Ciudadano Presidente, quiero dejar muy claro que no sé de todo, ni muchísimo menos y menos sé de cuestiones militares. Y por eso voy a hacer una pregunta con este artículo, sin antes no dejar de aclararle al constituyente amigo Vielma Mora que de Policía Administrativa estoy enseñando varios años antes de que usted naciera, porque tengo 36 años dando clases de Derecho Administrativo, y una de las materias es Policía Administrativa, no será cuestión militar.

Pero aparte de eso le pregunto a los oficiales: ¿Cómo se compagina el derecho de voto libre de la tropa con el deber de obediencia que aquí en otro debate se planteó? Es decir, ¿cómo la sujeción del inferior al superior en las Fuerzas Armadas se va a compaginar con el derecho de voto que se está otorgando en esta forma, sin establecer algún mecanismo que impida que el superior pueda influir en el inferior, por el deber de obediencia, en materia electoral? Fíjense bien que no sé de esta materia, y justamente le pregunto a alguien de la Comisión que me diga cómo se compagina eso. Es todo.

Artículo 330. Derecho al sufragio de los militares

***Artículo 330.**Los o las integrantes de la Fuerza Armada Nacional en situación de actividad tienen derecho al sufragio de conformidad con la ley, sin que les esté permitido optar a cargo de elección popular, ni participar en actos de propaganda, militancia o proselitismo político.*

Sobre esta norma estimé que era peligroso otorgar el derecho de voto a los militares en virtud de que la influencia del superior sobre los subalternos podría convertirse en un vehículo de presión política. Además, consideré que no era conveniente que en un artículo especial se privilegie a los militares en cuanto al voto; la norma debió quedar reducida sólo a las prohibiciones a los militares en materia de derechos políticos. Por ello, en la sesión del 9 de noviembre de 1999, con ocasión de la primera discusión de la norma expuse lo siguiente:

CONSTITUYENTE BREWER CARÍAS (ALLAN).-Presidente. Muy breve, coincido con los planteamientos que se han formulado de que no es necesario establecer expresamente el derecho al sufragio del militar activo. Todos los venezolanos lo tienen y así lo hemos consagrado en las normas sobre Derechos Políticos.

De manera que propondría que esta norma quede redactada en la siguiente forma: "Los integrantes de la Fuerza Armada Nacional en situación de actividad, no podrán optar a cago de elección popular".

Esta es la restricción a los derechos políticos que se establece, participar en actos de propaganda, militancia o proselitismo político partidista, es decir, una norma que establece restricción al ejercicio de derecho político, pero no tiene porque dar el ejercicio activo al sufragio que está establecido con carácter general en el resto de la Constitución.

[...]

Durante el debate formulé la siguiente propuesta de redacción de la norma:

"Los integrantes de la Fuerza Armada Nacional en situación de actividad no podrán optar a cargo de elección popular, participar en actos de propaganda, militancia o proselitismo político partidista".

En todo caso, al final de la sesión del día 9 de noviembre de 1999, consigné mi *Voto Salvado* sobre esta norma, con el siguiente texto:

Salvo mi voto por no estar de acuerdo con que se otorgue el derecho de voto a los militares. No basta que se les prohíba "participar en actos de propaganda o proselitismo político partidista", para evitar que la influencia del superior sobre los subalternos se convierta en un vehículo de influencia indebida y nociva en los cuarteles.

En todo caso, la consagración del derecho activo al sufragio está regulada en el Capítulo de los Derechos Políticos, y si se quiere otorgar el voto a los militares ello debe derivarse de aquellos artículos. No estimamos adecuado que en un artículo especial se privilegie a los militares en cuanto al voto. La norma, por tanto, debió quedar reducida sólo a las prohibiciones a los militares en materia de derechos políticos y no indicar nada en ella sobre derechos.

Igualmente, con ocasión de la segunda discusión del proyecto, al final de la sesión del día 14 de Noviembre de 1999, consigné mi *Voto Salvado* sobre esta norma con el siguiente texto:

Ratifico mi voto salvado por no estar de acuerdo con que se otorgue el derecho de voto a los militares. No basta que se les prohíba "participar en actos de propaganda o proselitismo político partidista", para evitar que la influencia del superior sobre los subalternos se convierta en un vehículo de influencia indebida y nociva en los cuarteles.

En todo caso, la consagración del derecho activo al sufragio está regulada en el Capítulo de los Derechos Políticos, y si se quiere otorgar el voto a los militares ello debe derivarse de aquellos artículos. No estimamos adecuado que en un artículo especial se privilegie a los militares en cuanto al voto. La norma, por tanto, debió quedar reducida sólo a las prohibiciones a los militares en materia de derechos políticos y no indicar nada en ella sobre derechos.

Artículo 331. Régimen de los ascensos militares

> *Artículo 331.* Los ascensos militares se obtienen por mérito, escalafón y plaza vacante. Son competencia exclusiva de la Fuerza Armada Nacional y estarán regulados por la ley respectiva.

Sobre esta norma, siempre consideré inconveniente excluir la participación del órgano legislativo de representación popular (Asamblea Nacional) en el proceso de ascensos militares de oficiales de alta graduación. Consideré que no bastaba con la intervención del Presidente de la República, es necesaria también la participación de la representación popular. Por ello, al final de la sesión del día 9 de noviembre de 1999, luego de la primera discusión, salvé mi voto en relación a esta norma, que consigné con el texto siguiente:

> Salvo mi voto por considerar que es a todas luces inconveniente excluir la participación de la Asamblea Nacional en el proceso de ascensos militares de oficiales de alta graduación. No basta que el Presidente de la República, como comandante en Jefe de la Fuerza Armada Nacional, tenga injerencia final en el ascenso de los oficiales de la Fuerza Armada Nacional; es necesario que en ello tenga participación la representación popular que en el futuro tendría que ser más representativa de toda la colectividad.

En la segunda discusión del proyecto, durante la sesión del 14 de noviembre de 1999, en relación con esta misma norma expresé lo siguiente:

CONSTITUYENTE BREWER CARÍAS (ALLAN).-Ciudadano Presidente. No voy a insistir mucho en los argumentos, quiero apoyar la propuesta de los constituyentes Antonio Di Giampaolo y de Leopoldo Puchi, que pueden conciliarse en la intervención de la Asamblea Nacional, y en respuesta al constituyente Francisco Visconti, decirle que como la Asamblea Nacional será nueva y será bolivariana, pues no hay que tener el temor que él piensa de que puede haber influencia de otro tipo.

De manera que pienso que la Asamblea debe intervenir en los ascensos de niveles superiores de la Fuerza Armada.

Es todo, ciudadano Presidente.

Posteriormente, en la sesión del 14 de noviembre de 1999 se volvió a discutir el tema, por lo que al final de la misma consigné mi Voto salvado con el siguiente texto:

> Ratifico mi voto salvado respecto de esta norma por considerar que es a todas luces inconveniente excluir la participación de la Asamblea Nacio-

nal en el proceso de ascensos militares de oficiales de alta graduación. No basta que el Presidente de la República, como comandante en Jefe de la Fuerza Armada Nacional, tenga injerencia final en el ascenso de los oficiales de la Fuerza Armada Nacional; es necesario que en ello tenga participación la representación popular que en el futuro tendría que ser más representativa de toda la colectividad.

Capítulo IV. De los órganos de seguridad ciudadana

Artículo 332. Cuerpos de seguridad ciudadana. Carácter civil

Artículo 332. El Ejecutivo Nacional, para mantener y restablecer el orden público, proteger a los ciudadanos y ciudadanas, hogares y familias, apoyar las decisiones de las autoridades competentes y asegurar el pacífico disfrute de las garantías y derechos constitucionales, de conformidad con la ley, organizará:

1. Un cuerpo uniformado de policía nacional.
2. Un cuerpo de investigaciones científicas, penales y criminalísticas.
3. Un cuerpo de bomberos y bomberas y administración de emergencias de carácter civil.
4. Una organización de protección civil y administración de desastres.

Los órganos de seguridad ciudadana son de carácter civil y respetarán la dignidad y los derechos humanos, sin discriminación alguna.

La función de los órganos de seguridad ciudadana constituye una competencia concurrente de los Estados y Municipios en los términos establecidos en esta Constitución y en la ley.

En la sesión del 9 de noviembre de 1999, con ocasión de la primera discusión del proyecto, expuse lo siguiente:

CONSTITUYENTE BREWER CARÍAS (ALLAN).-Ciudadano Presidente. Muy breve, porque no voy a reproducir o repetir cosas que ya se han dicho. Había propuesto a la Comisión que se agregara al final: "...la concurrencia con estados y municipios en los términos establecidos en esta Constitución y en las leyes". Hay que agregar eso porque es la Constitución la que declara competencia municipal, la policía municipal y, competencia de los estados, la policía urbana y rural".

En ese mismo sentido, en el mismo párrafo debería ponerse: "...La función de los órganos nacionales de seguridad ciudadana será concurrente con los estados y municipios". En el aspecto que estamos regulando policía es una materia concurrente. Policía Nacional siempre ha estado en la Constitución del 61. Esto no es nada nuevo, la existencia de una Policía Nacional, lo que pasa es que nunca se reguló legalmente, pero está en la Constitución del 61 la competencia nacional para una Policía Nacional.

Lo importante es conservar las competencias de policías a nivel estadal y municipal, y no sólo de policías sino de todos los otros servicios de seguridad ciudadana, porque, en mi criterio, es inconcebible un solo cuerpo de bomberos y administración de emergencia a nivel nacional; tiene que además haber concurrencia local; si no, vamos a caer en lo mismo que la Inspectoría Nacional del Tránsito, que es una competencia que se ejerce a nivel nacional y en forma absolutamente inconstitucional, y que no sirve absolutamente para nada. Esta es una función que tiene que ser concurrente a nivel local.

Afortunadamente la Comisión abandonó la redacción original, que sí era una barbaridad, porque materialmente nacionalizaba a toda la función de policía, y era, para mí, un atentado a la seguridad ciudadana.

Es todo, ciudadano Presidente.

SECCIÓN SEGUNDA: TÍTULO VIII. DE LA PROTECCIÓN DE ESTA CONSTITUCIÓN (ARTÍCULOS 333 A 339)

Capítulo I. De la garantía de la Constitución

Artículo 333. Vigencia de la Constitución

> *Artículo 333.* Esta Constitución no perderá su vigencia si dejare de observarse por acto de fuerza o porque fuere derogada por cualquier otro medio distinto al previsto en ella.
>
> En tal eventualidad, todo ciudadano investido o ciudadana investida o no de autoridad, tendrá el deber de colaborar en el restablecimiento de su efectiva vigencia.

Artículo 334. Obligatoriedad judicial de asegurar la integridad de la Constitución. Control difuso y control concentrado

> *Artículo 334.* Todos los jueces o juezas de la República, en el ámbito de sus competencias y conforme a lo previsto en esta Constitución y en la ley, están en la obligación de asegurar la integridad de esta Constitución.
>
> En caso de incompatibilidad entre esta Constitución y una ley u otra norma jurídica, se aplicarán las disposiciones constitucionales, correspondiendo a los tribunales en cualquier causa, aun de oficio, decidir lo conducente.
>
> Corresponde exclusivamente a la Sala Constitucional del Tribunal Supremo de Justicia como jurisdicción constitucional, declarar la nulidad de las leyes y demás actos de los órganos que ejercen el Poder Público dictados en ejecución directa e inmediata de esta Constitución o que tengan rango de ley, cuando colidan con aquella.

Sobre el control de constitucionalidad en Venezuela, y en especial sobre el control difuso y su consagración en el texto constitucional, dirigí la siguiente comunicación a la Asamblea Nacional Constituyente en fecha 31 de octubre de 1999:

SOBRE EL CONTROL DIFUSO DE LA CONSTITUCIONALIDAD DE LAS LEYES

Comunicación dirigida al presidente y demás miembros de la Asamblea Nacional Constituyente de fecha 31-10-99)

Tengo el agrado de dirigirme a Udes., con el objeto de proponer formalmente, que se agregue al artículo 376 que consagra el ámbito de la protección judicial a la Constitución, un párrafo que prevea expresamente el denominado *control difuso de la constitucionalidad de las leyes,* que está establecido en el país formalmente, desde 1897, en el Código de Procedimiento Civil, cuyo artículo 20 establece:

"*Artículo 20:* Cuando la ley vigente, cuya aplicación se pida, colidiere con alguna disposición constitucional, los jueces aplicarán ésta con preferencia".

Esta norma y el control difuso de la constitucionalidad, por tanto, forman parte de una tradición venezolana más que centenaria en materia de justicia constitucional, reconocida en el derecho comparado, razón por la cual debe constitucionalizarse formalmente, como ha ocurrido en otros países.

El sistema venezolano de justicia constitucional, en efecto, se ha calificado como un sistema mixto o integral, que combina el control concentrado de la constitucionalidad de las leyes atribuido a la Corte Suprema de Justicia, con poderes anulatorios, como jurisdicción constitucional; con el control difuso de la constitucionalidad de las leyes, atribuido a todos los jueces en los casos concretos sometidos a su decisión, con efectos entre las partes en cuanto a la inaplicabilidad de la ley en el caso concreto.

1. *El carácter mixto o integral del sistema venezolano*

En efecto, la Constitución de 1961 establece en forma explícita, en su artículo 215, la competencia de la Corte Suprema de Justicia para declarar la nulidad por inconstitucionalidad, de las leyes y demás actos de los cuerpos deliberantes de carácter nacional, estadal o municipal, así como de los reglamentos y actos de gobierno, dictados por el Ejecutivo Nacional. Es decir, la Constitución prevé un *control judicial concentrado de la constitucionalidad* de todos los actos estatales, con exclusión de los actos judiciales y de los actos administrativos respecto de los cuales prevé medios específicos de control de legalidad y constitucionalidad (recurso de casación, apelaciones y jurisdicción contencioso-administrativa). De acuerdo a la Constitución, por tanto, existe un control concentrado de la constitucionalidad reservado básicamente, en el nivel nacional, a los actos estatales de rango legal (leyes, actos parlamentarios sin forma de ley y actos de gobierno); en el nivel estadal, a las leyes emanadas de las Asambleas Legislativas; y en el nivel municipal, a las Ordenanzas Municipales. Este control de la constitucionalidad de los actos estatales permite a la Corte Suprema de Justicia en Corte Plena declarar su nulidad cuando sean violatorios de la Constitución. Se trata, por tanto, como hemos dicho, de un control concentrado de la constitucionalidad de las leyes y otros actos estatales de ejecución directa de la Constitución, atribuido a la Corte Suprema de Justicia.

Pero además, como se ha dicho, el artículo 20 del Código de Procedimiento Civil, permite a todos los Tribunales de la República, al decidir un caso concreto, poder declarar la inaplicabilidad de las leyes y demás actos estatales normativos a la resolución del mismo, cuando estimen que son inconstitucionales, dándole por tanto, preferencia a las normas constitucionales. Se trata, sin duda, de la base legal del control difuso de la constitucionalidad.

Por tanto, el sistema venezolano de control de la constitucionalidad de las leyes y otros actos estatales, puede decirse que es uno de los más amplios conocidos en el mundo actual si se lo compara con los que muestra el derecho comparado, pues mezcla el llamado control difuso de la constitucionalidad de las leyes con el control concentrado de la constitucionalidad de las mismas. Cuando se habla de control difuso de la constitucionalidad, se quiere significar, que la facultad de control no se concentra en un solo órgano judicial, sino que, por el contrario, corresponde, en general, a todos los órganos judiciales de un determinado país, que poseen el poder-deber de desaplicar las leyes inconstitucionales en los casos concretos sometidos a su conocimiento; en cambio, en el denominado método de control concentrado, el control de la constitucionalidad se centraliza en un solo órgano judicial, quien tiene el monopolio.

En todo caso, este sistema mixto de control de la constitucionalidad tiene su fundamento en el principio básico de nuestro constitucionalismo, del carácter de norma suprema de la Constitución, la cual no sólo tiene por objeto regular orgánicamente el funcionamiento de los órganos estatales sino establecer los derechos fundamentales de los ciudadanos. Este principio de la supremacía constitucional y de la Constitución como norma suprema de derecho positivo directamente aplicable a los individuos, tiene sus raíces en la primera Constitución de Venezuela de 1811, la cual puede considerarse no sólo la primera en la historia constitucional de América Latina, sino la cuarta de las Constituciones escritas en la historia constitucional del mundo moderno. Este principio de la supremacía constitucional es el que ha conducido, inevitablemente, al desarrollo de nuestro sistema mixto de justicia constitucional establecido hace más de cien años, y se ha concretado en el artículo 7 del Proyecto de Constitución que discute la Asamblea, ya aprobado, que tiene el siguiente texto:

> "*Artículo 7:* La Constitución es la norma suprema y el fundamento del ordenamiento jurídico. Todas las personas y los órganos que ejercen el Poder Público están sujetos a esta Constitución".

En todo caso, tal como lo ha explicado la Corte Suprema de Justicia en una decisión del 15 de marzo de 1962 cuando resolvió la acción popular intentada contra la Ley aprobatoria del Tratado de Extradición suscrito con los Estados Unidos de América, al sostener que la existencia del control jurisdiccional de la constitucionalidad de los actos del Poder Público por parte del más Alto Tribunal de la República, como indispensable en todo régimen que pretenda subsistir como Estado de Derecho:

> "Porque lo inconstitucional es siempre antijurídico y contrario al principio que ordena al Poder Público, en todas sus ramas, sujetarse a las normas constitucionales y legales que definen sus atribuciones. Lo inconstitucional es un atropello al derecho de los ciudadanos y al orden jurídico en general, que tiene su garantía suprema en la Ley Fundamental del Estado. En los países libremen-

te regidos, toda actividad individual o gubernativa ha de mantenerse necesariamente circunscrita a los límites que le señala la Carta Fundamental, cuyas prescripciones como expresión solemne de la voluntad popular en la esfera del Derecho Público, son normas de ineludible observancia para gobernantes y gobernados desde el más humilde de los ciudadanos hasta los más altos Poderes del Estado. De los principios consignados en la Constitución, de las normas por ella trazadas, así en su parte dogmática como en su parte orgánica, deben ser simple desarrollo las leyes y disposiciones que con posterioridad a la misma se dicten; y tan inconstitucionales, y por consiguiente, abusivas serian éstas si de tal misión excedieran, como inconstitucionales y también abusivos lo serian cualquiera otros actos de los Poderes Públicos que abiertamente contravienen lo estatuido en la Ley Fundamental" (Véase la sentencia de la CSJ-CP, de 15-3-62 en *G.O.* N° 760, Extra de 22-3-62, pp. 3-7).

Como consecuencia precisamente de este principio de la supremacía constitucional, es que el sistema venezolano de justicia constitucional se ha venido desarrollando como un sistema mixto de control judicial de la constitucionalidad, a la vez difuso y concentrado.

En torno al carácter mixto del sistema venezolano, la propia Corte Suprema de Justicia ha insistido sobre el ámbito del control de la constitucionalidad de las leyes al señalar que está encomendado:

"no tan sólo al Supremo Tribunal de la República, sino a los jueces en general, cualquiera sea su grado y por ínfima que fuere su categoría. Basta que el funcionario forme parte de la rama judicial para ser custodio de la Constitución y aplicar, en consecuencia, las normas de ésta prevalecientemente a las leyes ordinarias... Empero, la aplicación de la norma fundamental por parte de los jueces de grado, sólo surte efecto en el caso concreto debatido, y no alcanza, por lo mismo, sino a las partes interesadas en el conflicto; en tanto, que cuando se trata de la ilegitimidad constitucional de las leyes pronunciadas por el Supremo Tribunal en ejercicio de su función soberana, como intérprete de la Constitución y en respuesta a la acción pertinente, los efectos de la decisión se extienden *erga omnes* y cobran fuerza de ley. En el primer caso, el control es incidental y especial; y en el segundo, principal y general; y cuando éste ocurre, vale decir, cuando el recurso es autónomo, éste es formal o material, según que la nulidad verse sobre una irregularidad concerniente al proceso elaborativo de la ley, o bien que no obstante haberse legislado regularmente en el aspecto formalista, el contenido intrínseco de la norma adolezca de vicios sustanciales". (Véase sentencia CF de 19-6-53, en *GF.,* N° 1, 1953, pp. 77 y 78).

2. *El método difuso de control de constitucionalidad y la nulidad de las leyes inconstitucionales*

Ahora bien, el método de control difuso que permite a todos los tribunales conocer de la inconstitucionalidad de las leyes y decidir su *inaplicabilidad al caso concreto,* existe en el ámbito de América Latina y siguiendo el arquetipo norteamericano, por ejemplo, en Brasil, Guatemala, Uruguay, México, Argentina, Colombia y Venezuela, en cada caso, con modalidades específicas que hacen diferir los sistemas de un país a otro. Por ejemplo, en Argentina, donde el control difuso se ha mantenido muy apegado al sistema americano, a pesar de que todos los tribunales tienen la facultad de desaplicar una ley al caso concreto, siempre es posible llevar el conocimiento del asunto a la Corte Suprema de Justicia, en última instancia, mediante el ejercicio del recurso extraordinario de inconstitucionalidad. En cambio, en sistemas como el de Venezuela y Colombia, el control difuso de la constitucionalidad no es el único existente, sino que se combina con el control concentrado que ejerce la Corte Suprema de Justicia.

Sin embargo, en todos los casos de control difuso de la constitucionalidad de las leyes, la decisión del juez mediante la cual declara inaplicable una ley al caso concreto, tiene carácter incidental y efectos interpartes, considerándose a la ley como si nunca hubiera existido o producido efectos en el caso concreto.

Este método de control responde a ciertos criterios de racionalidad derivados del principio de la supremacía constitucional, que queremos destacar.

En efecto, el primer aspecto que muestra esa racionalidad es el principio de la nulidad de los actos estatales y, particularmente, de las leyes que colidan con la Constitución. Esto fue lo que Hans Kelsen llamó la "garantía objetiva de la Constitución", lo que significa que un acto estatal nulo por ser contrario a la Constitución no puede producir efectos, y no necesita de ningún otro acto estatal que así lo declare, pues si fuera necesario, entonces la garantía no sería la nulidad del acto, sino su anulabilidad.

En consecuencia, en estricta lógica, la supremacía de la Constitución significaría que todo acto estatal que viole la Constitución es nulo, y, por tanto, teóricamente, cualquier autoridad pública e, incluso, los particulares, estarían autorizados para examinar su irregularidad, declarar su inexistencia y considerar el acto inválido como no obligatorio.

Por supuesto, esto podría conducir a la anarquía jurídica, por lo cual normalmente, el derecho positivo establece límites respecto de este poder de examinar la regularidad de los actos estatales, y lo reserva a los órganos judiciales. En consecuencia, cuando un acto estatal viola la Constitución y es nulo, este sólo puede ser examinado por los jueces y sólo los jueces tienen el poder para considerarlo nulo.

En conclusión, en el método difuso de control de la constitucionalidad, el deber de todos los jueces es el de examinar la constitucionalidad de las leyes, y declarar, cuando ello sea necesario, que una ley particular no debe ser aplicada a un proceso específico que el juez esté conociendo, en razón de que es inconstitucional, y por tanto, debe considerarse nula y sin valor.

3. *El poder de control de constitucionalidad de todos los jueces*

Lo anterior nos conduce al segundo aspecto de la racionalidad del método difuso de control de la constitucionalidad, el cual es que el poder para declarar la inconstitucionalidad de la legislación es atribuida a todos los jueces de un país determinado.

En efecto, si la Constitución es la Ley suprema del país, y el principio de la supremacía es aceptado, entonces la Constitución se debe aplicar con preferencia sobre cualquier otra ley que sea inconsistente con la misma, sea que ello esté expresamente establecido en el texto expreso de la Constitución, o sea una consecuencia implícita de su supremacía. Consecuentemente, las leyes que violen la Constitución o en cualquier forma colidan con sus normas, principios y valores, son nulas y sin valor, y no pueden ser aplicadas por los Tribunales, los cuales tienen que aplicar preferentemente la Constitución.

Todos los Tribunales deben en consecuencia decidir los casos concretos que están considerando, como lo decía el Juez Marshall, en 1803, "conforme a la Constitución desaplicando la ley inconstitucional" siendo esto "la verdadera esencia del deber judicial". En consecuencia, en el método difuso de control de la constitucionalidad, este rol corresponde a todos los jueces y no sólo a una Corte o Tribunal en particular, y no debe ser sólo visto como un poder atribuido a los Tribunales, sino como un deber de los mismos, para decidir conforme a las reglas constitucionales, desaplicando las leyes contrarias a sus normas.

4. *El carácter incidental del método difuso*

Este deber de todos los tribunales de dar preferencia a la Constitución y, en consecuencia, a desaplicar las leyes que consideren inconstitucionales y por tanto nulas y sin valor, nos lleva al tercer aspecto de la racionalidad del método difuso de control de la constitucionalidad de las leyes, el cual es que este deber judicial sólo puede ser cumplido *incidenter tantum,* es decir en un proceso concreto del cual el juez esté conociendo, y donde la inconstitucionalidad de la ley o norma no es ni el objeto de dicho proceso ni el asunto principal del mismo.

En consecuencia, en este caso, siempre debe iniciarse un proceso ante un Tribunal en cualquier materia, por lo que el método difuso de control de la constitucionalidad siempre es un sistema incidental de control, en el sentido de que la cuestión de inconstitucionalidad de una ley y su inaplicabilidad, debe plantearse en un caso o proceso concreto, cualquiera sea su naturaleza, en el cual la aplicación o no de una norma concreta es considerada por el Juez como relevante para la decisión del caso. En consecuencia, en el método difuso de control de constitucionalidad, el objeto principal del proceso y de la decisión judicial no es la consideración abstracta de la constitucionalidad o inconstitucionalidad de la ley o su aplicabilidad o inaplicabilidad, sino más bien, la decisión de un caso concreto de carácter civil, penal, administrativo, mercantil o laboral, etc. La cuestión de constitucionalidad, en consecuencia, sólo es un aspecto incidental del proceso que sólo debe ser considerada por el juez para resolver la aplicabilidad o no de una ley en la decisión del caso concreto, cuando surgen cuestiones relativas a su inconstitucionalidad.

5. *La indicativa del poder de los jueces de control constitucional*

Ahora bien, si se trata de un deber de los jueces el aplicar la Constitución en un caso concreto y desaplicar la ley que consideren inconstitucional para su decisión, debe señalarse que el cuarto aspecto de la racionalidad del método difuso, consiste en permitir a los jueces el considerar de oficio las cuestiones de constitucionalidad, a pesar de que ninguna de las partes en el proceso las haya planteado. De hecho, esta es la consecuencia directa de la garantía de la Constitución cuando se establece como "garantía objetiva", lo que implica la nulidad de las leyes contrarias a la Constitución, y además, produce como consecuencia, la reserva dada a los jueces para considerar la nulidad y la inaplicabilidad de una norma en un caso concreto.

Dentro de este marco, estimamos que la inconstitucionalidad de la ley en relación a los procesos particulares, no debe quedar a la sola instancia de las partes en el proceso, por lo que aún cuando las partes no planteen ante el Juez la cuestión de inconstitucionalidad, éste tiene el deber de considerarla, y decidir, de oficio, sobre la inconstitucionalidad de la ley.

En todo caso, el signo común de este aspecto de la racionalidad del método difuso es que la cuestión de inconstitucionalidad sólo puede ser incidental en un proceso particular el cual, por supuesto, en todo caso debe ser iniciado a instancia de parte.

6. *El efecto inter partes y declarativo de la decisión judicial conforme al método difuso*

El quinto aspecto de la racionalidad del método difuso de control de constitucionalidad se refiere a los efectos de la decisión que adopten los Tribunales en relación a la constitucionalidad o aplicabilidad de la ley en un caso concreto; y este aspecto de los efectos de la decisión judicial se relaciona con dos preguntas, primero, ¿a quién afecta la decisión? y segundo, ¿cuándo comienza a surtir efectos?

En relación al primer interrogante, la racionalidad del método difuso es que la decisión adoptada por el Juez sólo tiene efectos en relación a las partes en el proceso concreto en la cual aquella se adopta. En otras palabras, en el método difuso de control de constitucionalidad, la decisión adoptada sobre la inconstitucionalidad e inaplicabilidad de la ley en un caso, sólo tiene efectos *in casu et inter partes,* es decir en relación al caso concreto y exclusivamente en relación a las partes que han participado en el proceso, por lo que no puede ser aplicada a otros particulares. Esta es la consecuencia directa del antes mencionado aspecto relativo al carácter incidental del método difuso de control de constitucionalidad.

En efecto, si la decisión judicial sobre la constitucionalidad y aplicabilidad de una ley sólo puede ser adoptada en un proceso particular desarrollado entre partes concretas, la lógica del sistema es que la decisión sólo se puede aplicar a este proceso en particular, y a las partes del mismo y, en consecuencia, no puede ni beneficiar ni perjudicar a ningún otro individuo ni a otros procesos.

En consecuencia, si una ley es considerada inconstitucional en una decisión judicial, esto no significa que dicha ley ha sido invalidada y que no es efectiva y aplicable en otros casos. Sólo significa que en cuanto concierne al proceso particular, y a las partes que en él intervinieron en el cual el Juez decidió la inaplicabilidad de la Ley, es que ésta debe considerarse inconstitucional, nula y sin valor, sin que ello tenga ningún efecto en relación a otros procesos, otros jueces y otros particulares.

Por otra parte, los efectos *inter partes* de la decisión judicial adoptada conforme al método de control difuso de constitucionalidad, están directamente relacionados con otras cuestiones concernientes también a los efectos de la decisión, pero en el tiempo, es decir, respecto de cuándo comienza a ser efectiva la declaración de inconstitucionalidad y, por supuesto, también en relación a la nulidad como garantía de la Constitución.

Hemos señalado que el principal aspecto de la racionalidad del método difuso de control de constitucionalidad es el de la supremacía de la Constitución sobre todos los demás actos estatales, lo que lleva a considerar que las leyes contrarias a la Constitución son nulas y sin valor, siendo ésta la garantía más importante de la Constitución. En consecuencia, cuando un Juez decide sobre la constitucionalidad de una ley, y la declara inconstitucional e inaplicable a un caso concreto, es porque la considera nula y sin valor, tal cual como si nunca hubiera existido. Por ello, la decisión tiene efectos declarativos; declara que una ley es inconstitucional y consecuentemente que ha sido inconstitucional desde que se dictó. Así, la ley cuya inaplicabilidad se decida por ser contraria a la Constitución, debe ser considerada por el Juez como si nunca hubiera tenido validez y como si siempre hubiese sido nula y sin valor. Por ello es que se dice que la decisión del Juez en virtud de ser de carácter declarativo, tiene efectos *ex tunc, pro pretaerito* o de carácter retroactivo, en el sentido de que dichos efectos se retrotraen al momento en que la norma considerada inconstitucional fue dictada, evitando que pueda tener efectos, por supuesto, solamente en lo que concierne al caso concreto decidido por el Juez y en relación a las partes que intervinieron en el proceso. El acto legislativo declarado inconstitucional por un Juez conforme al método difuso de control de constitucionalidad, por tanto, es considerado, *ab initio*, como nulo y sin valor, por lo que no es anulado por el Juez sino que éste sólo declara su nulidad preexistente.

7. *Apreciación general y propuesta*

En conclusión, podemos señalar en el campo de los principios, que la racionalidad del método difuso de control de constitucionalidad funciona de la siguiente manera:

La Constitución tiene un carácter supremo sobre todo el orden jurídico, por lo que los actos contrarios a la Constitución no pueden tener efectos y son considerados nulos y sin valor.

Todos los jueces tienen el poder y el deber de aplicar la Constitución, y en consecuencia, a dar preferencia a la Constitución sobre las leyes que la violen, y a declararlas inconstitucionales e inaplicables en los casos concretos de los cuales conocen.

El poder-deber de los jueces de considerar una ley inconstitucional aplicando preferentemente la Constitución, sólo puede ser ejercido en un proceso particular, iniciado a instancia de parte, donde la cuestión constitucional sólo es una cuestión incidental, y cuando su consideración es necesaria para resolver el caso.

La decisión judicial relativa a la inconstitucionalidad e inaplicabilidad en un proceso concreto puede ser adoptada de oficio por el Juez, pues es su deber el aplicar y respetar la supremacía de la Constitución.

La decisión adoptada por los jueces sobre inconstitucionalidad e inaplicabilidad de la Ley sólo tiene efectos *inter partes* en relación al caso concreto en el cual se adopta; y tiene efectos declarativos en el sentido que declara *ab initio* la nulidad de la Ley. Por ello, al declarar una ley inconstitucional e inaplicable, de hecho, la decisión tiene efectos *ex tunc* y *pro pretaerito* en el sentido que ellos son retroactivos al momento en que se promulgó la Ley, la cual es considerada como no habiendo producido efecto alguno en relación al caso concreto y a las partes que en él intervinieron.

Con fundamento en todo ello, y conforme a la tradición constitucional venezolana es que proponemos que se incluya en el artículo 376 del Anteproyecto de Constitución como tercer párrafo, el siguiente, que ya había sido incorporado en el artículo 7 del Proyecto inicial del Título I (Disposiciones Fundamentales), y que fue eliminado en la segunda versión del Anteproyecto:

"En caso de incompatibilidad entre la Constitución y una ley u otra norma jurídica, serán aplicables preferentemente las disposiciones constitucionales, correspondiendo a los tribunales, en cualquier causa, aún de oficio, decidir lo conducente".

En este sentido quedaría consolidado el control difuso de la constitucionalidad de las leyes que, como hemos dicho, esta previsto expresamente en el Código de Procedimiento Civil (artículo 20) desde 1897.

Como consecuencia de ello, consideramos que también debería atribuirse a la Sala Constitucional una competencia para conocer de un recurso extraordinario de revisión que pueda intentarse contra las sentencias de última instancia en las cuales se resuelvan cuestiones constitucionales relativas a las leyes, de conocimiento discrecional por la Sala. En esta forma, en materia de cuestiones de constitucionalidad, la Sala Constitucional de la Suprema Corte, a su juicio, podría tener la última palabra en estas materias y en los casos en los que estime necesario estatuir con fuerza de precedente y uniformizar la jurisprudencia.

***

En todo caso, sobre la norma del artículo 334, en la sesión de la Asamblea del 9 de noviembre de 1999 expuse lo siguiente:

CONSTITUYENTE BREWER CARÍAS (ALLAN).-Ciudadano Presidente. La comisión me ha solicitado que hable. La comisión tiene dos modificaciones a este artículo, inclusive al texto que está en la parte derecha del papel que se les entregó. Propone fundir los dos párrafos primeros, inclusive esta es una observación que recogemos del constituyente Sulbarán, fundir los dos primeros que en realidad insisten en la misma idea y así quedaría la redacción de los dos primeros párrafos: "Todos los jueces de la República, en el ámbito de sus competencias y conforme a lo previsto en esta Constitución y en las leyes, están en la obligación de asegurar la integridad de la Constitución", con lo cual se le da competencia a todos los jueces de asegurar la integridad de la Constitución en el ámbito de su competencia.

Luego agregar un párrafo a continuación que tiene este texto, como está en el documento repartido a los constituyentes: "En caso de incompatibilidad entre la Constitución y una ley u otra norma jurídica, serán aplicables preferentemente las disposiciones constitucionales correspondiendo a los tribunales en cualquier causa, aun de oficio, decidir lo conducente", es decir se está recogiendo aquí un principio que se había establecido originalmente en el artículo 7° aprobado y que en definitiva establece el llamado control difuso de la constitucionalidad de las leyes, que es un principio que existe en el ordenamiento venezolano desde 1897 y está plasmado en el artículo 20 del Código de Procedimiento Civil.

Se trata de constitucionalizar uno de los principios más tradicionales y más importantes del constitucionalismo venezolano. De manera que en esa forma, el artículo quedaría redactado así:

"Todos los jueces de la República, en el ámbito de su competencias y conforme a lo previsto en esta Constitución y las leyes, están en la obligación de asegurar la integridad de la Constitución. En caso de incompatibilidad entre la Constitución y una ley u otra norma jurídica, serán aplicables preferentemente

las disposiciones constitucionales correspondiendo a los tribunales en cualquier causa, aun de oficio, decidir lo conducente.

Corresponde exclusivamente a la Sala Constitucional del Tribunal Supremo de Justicia como jurisdicción constitucional declarar la nulidad de las leyes y demás actos de los órganos que ejerzan el Poder Público, dictados en ejecución directa e inmediata de la Constitución o que tengan rango de ley".

Esto sería la consagración, por tanto, de la justicia constitucional en su expresión más lata con la potestad de control difuso a todos los jueces y la potestad de control concentrado a la Sala Constitucional. Es todo.

Artículo 335. Interpretación de la Constitución y supremacía constitucional

Artículo 335. El Tribunal Supremo de Justicia garantizará la supremacía y efectividad de las normas y principios constitucionales; será el máximo y último intérprete de esta Constitución y velará por su uniforme interpretación y aplicación. Las interpretaciones que establezca la Sala Constitucional sobre el contenido o alcance de las normas y principios constitucionales son vinculantes para las otras Salas del Tribunal Supremo de Justicia y demás tribunales de la República.

Artículo 336. Atribuciones de la Sala Constitucional como Jurisdicción Constitucional

Artículo 336. Son atribuciones de la Sala Constitucional del Tribunal Supremo de Justicia:

1. Declarar la nulidad total o parcial de las leyes nacionales y demás actos con rango de ley de la Asamblea Nacional que colidan con esta Constitución.
2. Declarar la nulidad total o parcial de las Constituciones y leyes estadales, de las ordenanzas municipales y demás actos de los cuerpos deliberantes de los Estados y Municipios dictados en ejecución directa e inmediata de esta Constitución y que colidan con ella.
3. Declarar la nulidad total o parcial de los actos con rango de ley dictados por el Ejecutivo Nacional que colidan con esta Constitución.
4. Declarar la nulidad total o parcial de los actos en ejecución directa e inmediata de esta Constitución, dictados por cualquier otro órgano estatal en ejercicio del Poder Público, cuando colidan con ésta.
5. Verificar, a solicitud del Presidente o Presidenta de la República o de la Asamblea Nacional, la conformidad con esta Constitución de los tratados internacionales suscritos por la República antes de su ratificación.
6. Revisar en todo caso, aun de oficio, la constitucionalidad de

los decretos que declaren estados de excepción dictados por el Presidente o Presidenta de la República.

7. Declarar la inconstitucionalidad de las omisionesdel poder legislativo municipal, estadal o nacional, cuando haya dejado de dictar las normas o medidas indispensables para garantizar el cumplimiento de esta Constitución, o las haya dictado en forma incompleta; y establecer el plazo y, de ser necesario, los lineamientos de su corrección.
8. Resolver las colisiones que existan entre diversas disposiciones legales y declarar cuál debe prevalecer.
9. Dirimir las controversias constitucionales que se susciten entre cualesquiera de los órganos del Poder Público.
10. Revisar las sentencias definitivamente firmes de amparo constitucional y de control de constitucionalidad de leyes o normas jurídicas dictadas por los tribunales de la República, en los términos establecidos por la ley orgánica respectiva.
11. Las demás que establezcan esta Constitución y la ley.

Sobre esta norma, en la sesión del 9 de noviembre de 1999, con ocasión de la primera discusión del proyecto, expuse lo siguiente:

CONSTITUYENTE BREWER CARÍAS (ALLAN).-Ciudadano Presidente. La comisión tiene dos propuestas de modificación en dos numerales, los demás numerales, excepto el quinto y el noveno, quedarían iguales para la comisión. Las modificaciones son las siguientes: El numeral 5º establece una novedad en materia de control de constitucionalidad en Venezuela, al prever la verificación previa de los tratados internacionales suscritos antes de su ratificación.

De manera que los tratados antes de su ratificación deben ser enviados a la Sala Constitucional para verificar su conformidad con la Constitución. En ese sentido se siguen las tendencias más modernas en esta materia de los tribunales constitucionales.

Pero en el numeral 5, además, se establece, la función de la Sala Constitucional, de verificar la constitucionalidad de los decretos de excepción antes de su publicación. Aquí hay un error. La Comisión propone eliminar este error y sustituirlo por otro numeral, que sería el siguiente: "Revisar aun de oficio la constitucionalidad de los decretos que declaren los estados de excepción, dictados por el Presidente de la República." Ya como vamos a ver en el capítulo siguiente, de los estados de excepción, que va a presentar el constituyente Eliézer Otayza, se prevé que los decretos de excepción deben ser enviados a la Corte. Pero, por supuesto, no es verificar antes de su publicación, porque sería paralizar la posibilidad de un decreto de excepción, en caso de circunstancias excepcionales.

Por tanto, el numeral 5 quedaría dividido en dos partes. La primera, "verificar, a solicitud del Presidente o de la Asamblea Nacional, la conformidad con la Constitución de los Tratados Internacionales suscritos por la República antes de su ratificación, y un numeral adicional, que sería: "Revisar, aun de oficio, la constitucionalidad de los decretos que declaren los estados de excepción, dictados por el Presidente de la República." Esa es la primera modificación.

La segunda modificación, concierne al numeral 9. Tal como está el numeral 9, se prevé también allí una muy novedosa institución, y es la posibilidad de que la Sala Constitucional del Tribunal Supremo, revise la sentencia de amparo dictada por los tribunales. Proponemos en la Comisión que se amplíe esta revisión, y se precise, en los términos siguientes: Que no sólo se puedan acudir ante la Corte, por vía extraordinaria, contra la sentencia de última instancia, en materia de amparo, sino también cuando se controle la constitucionalidad de las leyes, por la vía del llamado control difuso de la constitucionalidad, que antes señalaba, de acuerdo con el artículo 20, del Código de Procedimiento Civil.

Esto tiene que ser un recurso extraordinario, y además, un recurso extraordinario que quede a juicio de la Sala decidirlo, porque si no se acumularía todo en la casa. De manera, que la redacción que proponemos es la siguiente: "Revisar, a juicio de la Sala, y mediante recurso extraordinario, que no tendrá efecto suspensivo –porque se trata de amparo y control de constitucionalidad– la Sentencia de Amparo Constitucional, y de control de la constitucionalidad de las leyes y normas jurídicas, dictadas por los tribunales de la República, en los términos que se establezca en la Ley Orgánica respectiva".

De manera, que así se consagra la posibilidad de que la Sala Constitucional, en última instancia, pueda resolver casos de inconstitucionalidad que sean decididos en los tribunales de instancia, pero dándole una facultad a la Corte de decidir qué asunto tiene rango determinado constitucional, para ella decidir. Es un poco similar a la institución conocida como la del cerciorari de la jurisdicción constitucional de Estados Unidos, y que ya se ha acogido en Colombia, en materia de amparo

[...]

CONSTITUYENTE BREWER CARÍAS (ALLAN).-El control de la constitucionalidad de las leyes aprobatorias de tratados no tiene límite, puede ejercerse en forma directa, porque entra dentro de los supuestos de los primeros numerales. Una ley aprobatoria de tratado, está ya sancionada y publicada. La novedad de este numeral 5 estriba en el establecimiento del control previo de la constitucionalidad, en el sentido de que puede verificarse antes de su ratificación, previamente, a solicitud, por supuesto, del Presidente o de la Asamblea. Esto ha tenido una enorme importancia en Europa, por ejemplo, en materia de tratados relativos a la Integración Económica Europea. Materialmente, todos los países europeos prevén el control previo de la constitucionalidad de los tratados.

De manera que, antes de su ratificación, en el caso francés, el Consejo Constitucional Francés se pronunció sobre la inconstitucionalidad del Tratado de Maastricht, entonces, eso implicaba o reformar o no aprobar el tratado. Eso mismo sucedió en Alemania y en España. De manera, que tiene un valor muy importante, que antes de que el tratado se ratifique, se someta al juicio constitucional del tribunal supremo, para que luego, la sanción esté libre de problemas de constitucionalidad.

[...]

CONSTITUYENTE BREWER CARÍAS (ALLAN).-Una aclaratoria, Presidente. La situación de hoy es la siguiente: Las acciones de amparo se resuelven en dos instancias y quedan en definitiva y no hay ninguna instancia común que pueda con-

trolar esa sentencia de amparo. Es decir, no se puede ir a la Corte Suprema, de manera que no hay posibilidad de uniformar la jurisprudencia.

En materia de aplicación del artículo 20 del Código de Procedimiento Civil, es decir, ese poder de todo juez de juzgar inaplicable una ley porque la considera inconstitucional si se realiza en dos instancias; incluso sin casación queda también firme, y no hay nadie que las revise. Ese problema de la ausencia de uniformidad de la jurisprudencia, en materia de control de constitucionalidad, se ha resuelto en otros países, con larga tradición a través de esto, que estamos llamando acá, el recurso extraordinario a juicio de la Sala.

Por ejemplo, en los Estados Unidos rige el principio del control difuso de la constitucionalidad. Es decir, todo juez tiene competencia para declarar inaplicable una norma que se considere contraria a la constitución, y sólo va a la Corte Suprema, por vía de recursos extraordinarios, y la Corte, discrecionalmente, escoge los casos que le pueden llegar de todo el país y decir cuál tiene rango constitucional e importancia determinada, y lo resuelve. Así es que la Corte Suprema de Justicia de los Estados Unidos ha conocido de los casos tan importantes de constitucionalidad que han significado la evolución del constitucionalismo en ese país.

De manera que por eso se prevé este recurso extraordinario en los casos de decisiones de los jueces que declaren inaplicable una ley en un caso concreto, y que pueda irse por vía extraordinaria pero que la Corte Suprema en Sala Constitucional, sea la que determine si entra o no a conocer del caso, porque si no sería llevar todo a un solo tribunal.

En el caso de las sentencias de amparo sucede lo mismo. Hoy por hoy terminan en dos instancias y no van a un órgano común, creándose ahora en esta Constitución, y es lo novedoso, una Sala Constitucional. Pensamos que también a la Sala Constitucional pueden ir, por vía de recursos extraordinarios, la Corte los revisa, esto es lo común hoy por hoy, por ejemplo, en Colombia, donde la Corte Constitucional conoce por vía de recursos extraordinarios de revisión las sentencias de amparo, pero no de todas las que se van por el recurso, sino de las que la Sala Constitucional estima que tienen la entidad suficiente como para entrar la Sala Constitucional a decidir. Por eso se le da el mismo tratamiento a ambos casos.

Es todo.

[...]

CONSTITUYENTE BREWER CARÍAS (ALLAN).-Ciudadano Presidente. Para una aclaratoria en relación a lo planteado por el constituyente Isaías Rodríguez, Primer Vicepresidente. Aquí no debería hablarse del Tribunal Supremo sino de la Sala Constitucional, porque en realidad esto es reafirmación de lo ya visto en las competencias de la Sala Constitucional, que es revisar aun de oficio los decretos de excepción; de manera que esto es lo mismo.

La idea es que haya un control de constitucionalidad que no es incompatible con el control de la Asamblea que en mi criterio –a los efectos de una observación que se formulaba–, es un control para que la Asamblea considere el decreto, pero el decreto justamente es la potestad ejecutiva de poder decretar el estado de excepción, y sólo la Asamblea podría revocarlo si cesan las causas, pero del resto es simplemente un control político.

Es todo, ciudadano Presidente.

Capítulo II. De los estados de excepción

Artículo 337. Decreto de los Estados de Excepción. Definición. Restricción de garantías

Artículo 337. El Presidente o Presidenta de la República, en Consejo de Ministros, podrá decretar los estados de excepción. Se califican expresamente como tales las circunstancias de orden social, económico, político, natural o ecológico, que afecten gravemente la seguridad de la Nación, de las instituciones y de los ciudadanos y ciudadanas, a cuyo respecto resultan insuficientes las facultades de las cuales se disponen para hacer frente a tales hechos. En tal caso, podrán ser restringidas temporalmente las garantías consagradas en esta Constitución, salvo las referidas a los derechos a la vida, prohibición de incomunicación o tortura, el derecho al debido proceso, el derecho a la información y los demás derechos humanos intangibles.

Artículo 338. Estado de alarma

Artículo 338. Podrá decretarse el estado de alarma cuando se produzcan catástrofes, calamidades públicas u otros acontecimientos similares que pongan seriamente en peligro la seguridad de la Nación, o de sus ciudadanos y ciudadanas. Dicho estado de excepción durará hasta treinta días, siendo prorrogable hasta por treinta días más.

Podrá decretarse el estado de emergencia económica cuando se susciten circunstancias económicas extraordinarias que afecten gravemente la vida económica de la Nación. Su duración será de hasta sesenta días prorrogables por un plazo igual.

Podrá decretarse el estado de conmoción interior o exterior en caso de conflicto interno o externo, que ponga seriamente en peligro la seguridad de la Nación, de sus ciudadanos y ciudadanas o de sus instituciones. Se prolongará hasta por noventa días, siendo prorrogable hasta por noventa días más.

La aprobación de la prórroga de los estados de excepción corresponde a la Asamblea Nacional. Una ley orgánica regulará los estados de excepción y determinará las medidas que pueden adoptarse con base en los mismos.

Artículo 339. Control de la Asamblea Nacional

Artículo 339. El decreto que declare el estado de excepción, en el cual se regulará el ejercicio del derecho cuya garantía se restringe, será presentado dentro de los ocho días siguientes de haberse dictado, a la Asamblea Nacional, o a la Comisión Delegada, para su consideración y aprobación, y a la Sala Constitucional del Tribunal Supremo de Justicia, para que se pronuncie sobre su constitucionalidad. El decreto cumplirá con las exigencias, principios y garantías establecidos en el Pacto Internacional de Derechos Civiles y Políticos y en la Convención Americana sobre Derechos Humanos. El Presidente o Presidenta de la República podrá solicitar su prórroga por un plazo igual, y será revocado por el Ejecutivo Nacional o por la Asamblea Nacional o por su Comisión Delegada, antes del término señalado, al cesar las causas que lo motivaron.

La declaración del estado de excepción no interrumpe el funcionamiento de los órganos del Poder Público.

SECCIÓN TERCERA: TÍTULO IX. DE LA REFORMA CONSTITUCIONAL (ARTÍCULOS 340 A 350)

Capítulo I. De las enmiendas

Artículo 340. Objeto de las Enmiendas Constitucionales

Artículo 340. La enmienda tiene por objeto la adición o modificación de uno o varios artículos de esta Constitución, sin alterar su estructura fundamental.

Artículo 341. Procedimiento para la Enmienda constitucional

Artículo 341. Las enmiendas a esta Constitución se tramitarán en la forma siguiente:

1. La iniciativa podrá partir del quince por ciento de los ciudadanos inscritos y ciudadanas inscritas en el Registro Civil y Electoral; o de un treinta por ciento de los o las integrantes de la Asamblea Nacional o del Presidente o Presidenta de la República en Consejo de Ministros.

2. Cuando la iniciativa parta de la Asamblea Nacional, la enmienda requerirá la aprobación de ésta por la mayoría de sus integrantes y se discutirá, según el procedimiento establecido en esta Constitución para la formación de leyes.

3. El Poder Electoral someterá a referendo las enmiendas a los treinta días siguientes a su recepción formal.

4. Se considerarán aprobadas las enmiendas de acuerdo con lo establecido en esta Constitución y en la ley relativa al referendo aprobatorio.

5. Las enmiendas serán numeradas consecutivamente y se publicarán a continuación de esta Constitución sin alterar el texto de ésta, pero anotando al pie del artículo o artículos enmendados la referencia de número y fecha de la enmienda que lo modificó.

Capítulo II. De la reforma constitucional

Artículo 342. Objeto de las reformas constitucionales

Artículo 342. La reforma constitucional tiene por objeto una revisión parcial de esta Constitución y la sustitución de una o varias de sus normas que no modifiquen la estructura y principios fundamentales del texto Constitucional.

La iniciativa de la Reforma de esta Constitución podrán tomarla la Asamblea Nacional mediante acuerdo aprobado por el voto de la mayoría de sus integrantes; el Presidente o Presidenta de la República en Consejo de Ministros; o un número no menor del quince por ciento de los electores inscritos y electoras inscritas en el Registro Civil y Electoral.

Artículo 343. Procedimiento de la reforma

Artículo 343. La iniciativa de reforma constitucional será tramitada por la Asamblea Nacional en la forma siguiente:

1. El proyecto de reforma constitucional tendrá una primera discusión en el período de sesiones correspondiente a la presentación del mismo.
2. Una segunda discusión por Título o Capítulo, según fuera el caso.
3. Una tercera y última discusión artículo por artículo.
4. La Asamblea Nacional aprobará el proyecto de reforma constitucional en un plazo no mayor de dos años, contados a partir de la fecha en la cual conoció y aprobó la solicitud de reforma.
5. El proyecto de reforma se considerará aprobado con el voto de las dos terceras partes de los o las integrantes de la Asamblea Nacional.

Artículo 344. Referendo aprobatorio

Artículo 344. El proyecto de reforma constitucional aprobado por la Asamblea Nacional se someterá a referendo dentro de los treinta días siguientes a su sanción. El referendo se pronunciará en conjunto sobre la reforma, pero podrá votarse separadamente hasta una tercera parte de ella, si así lo aprobara un número no menor de una tercera parte de la Asamblea Nacional o si en la iniciativa de reforma así lo hubiere solicitado el Presidente o Presidenta de la República o un número no menor del cinco por ciento de los electores inscritos y electoras inscritas en el Registro Civil y Electoral.

Artículo 345. Aprobación por mayoría

Artículo 345. Se declarará aprobada la reforma constitucional si el número de votos afirmativos es superior al número de votos negativos. La iniciativa de reforma constitucional que no sea aprobada no podrá presentarse de nuevo en un mismo período constitucional a la Asamblea Nacional.

Artículo 346. Promulgación de Enmiendas y Reformas

Artículo 346. El Presidente o Presidenta de la República estará obligado u obligada a promulgar las enmiendas o reformas dentro de los diez días siguientes a su aprobación. Si no lo hiciere, se aplicará lo previsto en esta Constitución.

Capítulo III. De la Asamblea Nacional Constituyente

Artículo 347. Poder Constituyente originario del pueblo y Asamblea Nacional Constituyente

Artículo 347. El pueblo de Venezuela es el depositario del poder constituyente originario. En ejercicio de dicho poder, puede convocar una Asamblea Nacional Constituyente con el objeto de transformar el Estado, crear un nuevo ordenamiento jurídico y redactar una nueva Constitución.

Artículo 348. Iniciativa para la convocatoria

Artículo 348. La iniciativa de convocatoria a la Asamblea Nacional Constituyente podrán tomarla el Presidente o Presidenta de la República en Consejo de Ministros; la Asamblea Nacional, mediante acuerdo de las dos terceras partes de sus integrantes; los Concejos Municipales en cabildo, mediante el voto de las dos terceras partes de los mismos; o el quince por ciento de los electores inscritos y electoras inscritas en el Registro Civil y Electoral.

Artículo 349. Funcionamiento de la Asamblea Constituyente

Artículo 349. El Presidente o Presidenta de la República no podrá objetar la nueva Constitución.

Los poderes constituidos no podrán en forma alguna impedir las decisiones de la Asamblea Nacional Constituyente.

Una vez promulgada la nueva Constitución, ésta se publicará en la Gaceta Oficial de la República Bolivariana de Venezuela o en la Gaceta de la Asamblea Nacional Constituyente.

Artículo 350. El derecho a la desobediencia civil

Artículo 350. El pueblo de Venezuela, fiel a su tradición republicana, a su lucha por la independencia, la paz y la libertad, desconocerá cualquier régimen, legislación o autoridad que contraríe los valores, principios y garantías democráticos o menoscabe los derechos humanos.

DÉCIMA PRIMERA PARTE
RECHAZO A LA CONSTITUCIÓN POR SU VOCACIÓN AUTORITARIA
(1999)

I. RAZONES PARA "NO" FIRMAR EL PROYECTO

Texto de la Comunicación dirigida al Presidente y demás miembros de la Asamblea Nacional Constituyente de fecha 18-11-99)

Tengo el agrado de adjuntarle a la presente, en 286 páginas, copias de los 128 votos salvados en relación con la aprobación de 132 artículos del Proyecto de Constitución, que formulé tanto en *Primera* como en *Segunda discusión,* y que presenté sucesivamente y por escrito, conforme al artículo 77 del Estatuto de Funcionamiento de la Asamblea, ante el Secretario de la misma.

Usted es testigo del tiempo que le dedique a los trabajos de la Asamblea, así como de las propuestas que formulé en diversas ocasiones para tratar de mejorar el texto constitucional. Hubiera querido que el mismo estuviese redactado en otra forma y, lo más importante, hubiera querido que en el texto se hubiesen sentado, efectivamente, las bases para la transformación del sistema político venezolano.

Sin embargo, el Proyecto de Constitución que ha aprobado la Asamblea, lamentablemente no asegura dicha transformación, de manera de garantizar el reemplazo del *Estado Centralizado de Partidos*, que está en crisis terminal, por uno *Descentralizado y Participativo*.

Siempre pensé que el gran debate del momento constituyente que vive el país era el relativo a la descentralización política y por la democracia participativa. Más democracia exigía y exige más descentralización, única forma de lograr que sea más representativa y más participativa. Para ello debíamos construir un nuevo modelo de Estado Descentralizado, con un nuevo sistema de democracia de participación, la cual no puede quedar reducida a referendos, que eliminara el monopolio de la representatividad y de la participación que detentan los partidos políticos.

Lamentablemente, nada de ello se logró. La nueva Constitución, a pesar de que denomina al Estado como Federal descentralizado, no pasa de consagrar el anhelo de siempre, no alcanzado. La verdad es que el texto aprobado no logra superar el esquema centralista de la Constitución de 1961, con Estados minimizados políticamente, sin recursos tributarios propios que se le quitaron en la *segunda discusión* y con entes legislativos regionales que no pasan de ser las Asambleas Legislativas tradicionales con otros nombres.

El centralismo del Estado, en todo caso, ahora aparece agravado con la eliminación del Senado, institución que podía permitir una representación igualitaria de los Estados para participar en la formulación de las políticas nacionales. Con una Asamblea Nacional Unicameral, los Estados poco poblados serán aplastados por la representación popular de los cinco o seis Estados densamente poblados del país que dominarán la Asamblea.

La descentralización política, como condición para el perfeccionamiento de la democracia, la verdad es que quedó pospuesta, defraudándose así al país en su conjunto. Por ello quiero manifestarle que en el referendo aprobatorio previsto para el 15 de diciembre, en conciencia, no puedo votar a favor de la nueva Constitución.

Pero no sólo no se superó el centralismo del Estado, sino que la Asamblea no cambió nada en relación con la partidocracia, es decir, el sistema en el cual los partidos políticos han ejercido el monopolio de la representación popular y de la participación política.

De acuerdo con el texto aprobado, la elección de las Juntas Parroquiales, Concejos Municipales y Comisiones Legislativas Estadales, seguirá realizándose mediante el sistema de representación proporcional, el cual conduce, inexorablemente, a la sola representación de partidos políticos, los cuales podrán así seguir mediatizando la voluntad popular. La Asamblea no quiso introducir la elección uninominal a nivel local y asegurar la efectiva representatividad popular territorial por la que tanto se ha clamado.

En esta forma, el gran cambio político por el cual hemos venido luchando tantos años, no ha encontrado cabida en la nueva Constitución, por lo que con ella difícilmente podrá superarse la crisis del Estado Centralizado de Partidos y llegar a perfeccionarse la democracia, lo que sólo puede lograrse con un sistema político descentralizado y participativo, que ha quedado ausente de la Constitución.

Por todo ello, no puedo votar en el referéndum del 15 de diciembre a favor de esta Constitución, llena de centralismo, partidocracia, autoritarismo, militarismo y estatismo.

Y es que al centralismo y a la partidocracia, en la nueva Constitución se agrega una concepción fuertemente estatista del sistema socio económico, contrario a toda idea de libertad y solidaridad social, en el cual el Estado sustituye a la propia Sociedad y a las iniciativas particulares. El signo de la Constitución aprobada es el paternalismo estatal que minimiza la educación privada, los servicios médicos particulares y la participación de los individuos, incluso los asegurados, en el manejo de la seguridad social. Yo no fui electo a formar parte de una Asamblea Constituyente para constitucionalizar los fracasos del Estado en el Seguro Social ni en los servicios públicos de salud, ni para reducir las iniciativas privadas en la educación. Por eso no puedo votar afirmativamente por la nueva Constitución.

Por último, la Asamblea Nacional Constituyente debía refundar la República y establecer un nuevo orden político. Ello tiene que conducir a la elección de todas las autoridades públicas de acuerdo a la nueva Constitución. En el país, en las actuales circunstancias constituyentes, no hay que relegitimar a nadie; lo que hay es que elegir legítimamente a los nuevos mandatarios, y representantes previstos en la Constitución; y si el actual Presidente de la República quiere postularse para ocupar de nuevo el cargo, tiene todo su derecho a hacerlo pero confrontándose electoralmente en una elección. No se puede pretender mezclar con el referéndum aprobatorio de la Constitución, un plebiscito para que lo ratifiquen sin elección.

Por supuesto no me arrepiento de haber formado parte de la Asamblea, donde hice mi mejor esfuerzo por cumplir a cabalidad el mandato popular que me confiaron más de un millón doscientos mil electores. Pero no puedo votar por una Constitución que, en definitiva, cambia un centralismo por otro; cambia una partidocracia de unos partidos por otros; acentúa el estatismo y mezcla el presidencialismo con el militarismo. Ese no es el cambio político por el cual luché y por el cual seguiré luchando.

Todas estas razones me impiden, en conciencia, asistir a la Sesión de la Asamblea fijada para el día de mañana (19-11-99) destinada a la firma, por los Constituyentes del Proyecto de Constitución; decisión que, mediante la presente, le estoy notificando formalmente con el ruego de que esta comunicación sea leída, por Secretaría, en dicha Sesión.

Personalmente quiero agradecerle todo el apoyo que recibí de Ud. en los trabajos constituyentes; y reconocerle la forma justa como llevó la dirección de los debates durante las sesiones de la Asamblea. Asimismo por su intermedio, quiero agradecer a todos los miembros de la Asamblea y al personal de los servicios de apoyo, la colaboración prestada en los trabajos constituyentes.

II. RAZONES DEL VOTO "NO" EN EL REFERÉNDUM SOBRE LA CONSTITUCIÓN

Texto elaborado con motivo de la campaña para el referendo aprobatorio de la Constitución de fecha 30-11-1999

1. *El proyecto de Constitución o la frustración del necesario cambio político*

La Asamblea Nacional Constituyente, creada por el referéndum del 25 de abril de 1999, tenía por misión elaborar una nueva Constitución para la República que transformara el Estado y creara un nuevo ordenamiento jurídico que permitiera el funcionamiento efectivo de una democracia social y participativa. Para ello se eligieron los miembros de la Asamblea el 25 de julio de 1999.

Esa creación de la Asamblea y la elección de sus miembros, sin duda, respondió a las exigencias del momento constituyente que vive el país, producto de la crisis terminal del sistema político de Estado Centralizado de Partidos que había que cambiar, para permitir el perfeccionamiento y sobrevivencia de la democracia.

Esa crisis del sistema de Estado Centralizado de Partidos, montado sobre el Centralismo Estatal y la Democracia de Partidos, en la cual estos han ejercido el monopolio de la participación y de la representatividad, exigía de la Asamblea su transformación en un sistema de Estado Descentralizado y Participativo, montado al contrario del que hemos tenido, sobre la descentralización política del Poder Público en el territorio y sobre la participación popular, para quitarle a los partidos el monopolio de la participación y representatividad democrática.

En esto consistía la misión de la Asamblea: por una parte, transformar el Estado para hacerlo más democrático, desmontando el centralismo y construyendo un Estado descentralizado; y por la otra, crear un nuevo ordenamiento jurídico que permitiera el funcionamiento efectivo de una democracia social y participativa, que incorporara a la sociedad civil al proceso político, económico y social y asegurara la participación de todos en la conducción del Estado.

Ahora bien, concluidas las sesiones de la Asamblea con la elaboración del Proyecto de Constitución y sometido éste a referéndum aprobatorio fijado para el 15 de diciembre de 1999, resulta necesario e indispensable determinar si dicho proyecto responde a las exigencias de transformación política determinadas en el referéndum del 25 de abril de 1999, y por sobre todo, si la *"transformación del Estado"* y el *"nuevo ordenamiento jurídico"* que se propone, contribuyen a superar la crisis del sistema de Estado Centralizado de Partidos y a estructurar, en su lugar, ese sistema de Estado Descentralizado y Participativo que permita el mantenimiento de la democracia.

La conclusión de dicha evaluación, evidentemente, es que el Proyecto de Constitución no asegura ni sienta las bases para asegurar dicha transformación del sistema político y, al contrario, consolida tanto el centralismo estatal imperante, dando marcha atrás, incluso, al proceso de descentralización que se había iniciado en 1989; como el partidismo, al reiterar el sistema electoral de representación proporcional como el único de rango constitucional, lo cual asegura el monopolio de la representatividad por los partidos políticos y sus agentes; y la tendencia a la ilegitimidad democrática al mantener la mayoría relativa para la elección de las autoridades ejecutivas.

En consecuencia, lo que era la tarea esencial de la Asamblea, consistente en perfeccionar la democracia mediante la transformación del Estado (de Estado Centralizado a Estado Descentralizado) y la creación de un nuevo ordenamiento jurídico que permitiera el funcionamiento efectivo de una democracia social y participativa (de Estado de Partidos a Estado de participación), no se logró en el Proyecto de Constitución, habiéndose, en consecuencia, perdido una oportunidad histórica única, pues convocar a una Asamblea Nacional Constituyente en democracia, no es un hecho político común, más bien excepcionalísimo como lo demuestra nuestra historia político-constitucional.

En todo caso, ante un Proyecto de Constitución que no resuelve el problema central y medular de la crisis política para perfeccionar la democracia, no podemos tener otra actitud que no sea votar NO, es decir, negativamente en el referéndum del 15 de diciembre de 1999. La verdad es que la crisis no se resuelve ni votando SI ni votando NO, porque la Constitución no se diseñó para sentar las bases del cambio político democrático, por lo que es preferible que continúe el proceso político como viene, con unos representantes de los Poderes Públicos electos hace un año, tanto el Presidente de la República como los Senadores y Diputados a nivel nacional y los Gobernadores y Diputados a las Asambleas Legislativas a nivel estadal, autoridades a quienes sólo quedan cuatro años de los cinco años de mandato, que deben concluir.

En ese período, por supuesto, debe procederse a la reforma de la Constitución, sea conforme al procedimiento previsto en la Constitución de 1961 la cual por supuesto, continúa vigente; sea mediante otra Constituyente, tarea para lo cual hay suficientes ideas, propuestas y aportes en el país derivados del proceso constituyente que ha transcurrido.

El triunfo del NO en el referéndum, por tanto, lo único que asegura es que el período constitucional del Presidente de la República es de cinco años, del cual ya ha transcurrido un año, sin que pueda haber reelección; e igual período constitucional tienen los Senadores y Diputados del Congreso Nacional. Con el triunfo del NO, la Asamblea Nacional Constituyente termina su mandato, y el Congreso asume plenamente sus funciones, no pudiendo la Asamblea ni el Presidente de la República, pretender usurparle sus atribuciones. En cuanto a los otros órganos del Poder Público también reasumirían plenamente sus funciones, como el Consejo de la Judicatura, continuando con toda intensidad las reformas iniciadas para lo cual la legislación vigente, aprobada hace un año, le da todo el poder necesario.

En cambio, el triunfo del SI en el referéndum conduciría a la aprobación de una Constitución que no sólo no contribuye a superar la crisis del centralismo del Estado y del Estado de Partidos, sino más bien la agrava, y con ello el peligro del derrumbe de la democracia; sino que sienta las bases constitucionales para el desarrollo de un autoritarismo político, montado sobre regulaciones que refuerzan el centralismo, el presidencialismo, el estatismo, el paternalismo de Estado, el partidismo y el militarismo.

Este es el cuadro político que hay que evitar y cuyo contenido analizamos a continuación, estudiando las principales regulaciones previstas en el Proyecto de Constitución que justifican nuestro voto negativo en el referéndum; lo que haremos analizando los tres elementos centrales que conforman cualquier Constitución: la Constitución política; la Constitución social o del ciudadano y la Constitución económica.

2. *El voto NO a una Constitución política concebida para el autoritarismo*

Toda Constitución política tiene por objeto la organización del Poder Público, como potestad constitucional del Estado y, en consecuencia, la organización misma del Estado.

En cualquier Constitución ésta organización está signada por diversas opciones: primero, en la distribución del Poder Público, lo que origina Estados Unitarios o Estados Descentralizados; y segundo, en la separación de poderes, lo cual origina la unicidad o la pluralidad de los Poderes, siendo lo último lo propio de los sistemas democráticos montados sobre la separación, balance y contrapeso de los Poderes del Estado.

Además, la Constitución política diseña el sistema político con opción entre la autocracia y la democracia, según que la soberanía resida en un autócrata o efectivamente en el pueblo.

Ahora bien, en relación con el Proyecto de Constitución, y desde el punto de vista de la Constitución política, a continuación destacamos las regulaciones que justifican nuestro voto negativo, que pesan más que las razones que podrían merecer nuestra aprobación, referidas a la consolidación del Estado de Derecho y de Justicia, con los mecanismos de control de constitucionalidad y de reforma judicial. Estos, lamentablemente, y a pesar de su excelencia, corren el riesgo de quedar inutilizados dado los elementos de autoritarismo que derivan de otros aspectos del texto proyectado, a los cuales nos referimos a continuación.

A. *El nuevo nombre de la "República Bolivariana de Venezuela" y su carácter partisano*

El Proyecto de Constitución pretende, ante todo, en su primer artículo, cambiarle el nombre a la "República de Venezuela", y sustituirlo por el de "República Bolivariana de Venezuela".

El nombre de República de Venezuela, en verdad, nos ha acompañado durante toda nuestra historia política constitucional desde 1811 cuando se constituyó la Confederación de Estados de Venezuela, con la sola excepción del período constitucional que transcurrió desde el Congreso de Angostura, en 1819 y la reconstitución de la República de Venezuela por la Convención de Valencia de 1830. En 1819, en efecto, el Libertador hizo sancionar por el Congreso, la Ley de la Unión de los Pueblos de Colombia con la cual se decretó la desaparición de la República de Venezuela, lo que se consolidó en 1821 cuando la Constitución de Cúcuta estableció la "República de Colombia" cuyo territorio comprendió tanto el de la Capitanía General de Venezuela como el del Virreinato de Nueva Granada. Con ello se hizo realidad parte de lo que había sido el sueño del Libertador en cuanto a la unión de los pueblos de América.

La idea de la República Bolivariana, por tanto, históricamente apunta a una organización política que implicó la desaparición de Venezuela, como Estado, por lo que bajo dicho ángulo el cambio de nombre es totalmente inadmisible y contrario a la idea de independencia de nuestro país.

En todo caso, sería demasiado torpe y necio pensar que la motivación del cambio de nombre propuesto, el cual no ha sido justificado, respondiera a esa idea de desaparición de la República de Venezuela.

Pero igualmente necio y torpe sería el que se pretendiera fundamentar el cambio de nombre en algún arranque romántico de evocar el pensamiento y la acción del Libertador, en la formación de nuestra República. Para ello hubiera bastado con hacer esa indicación tanto en el Preámbulo como en el artículo 1°, como se aprobó en primera discusión.

El cambio de nombre, por tanto, tiene que tener otra explicación y esa no puede ser otra que una motivación política, partidaria, partisana o partidista, que deriva de la denominación inicial del movimiento político que estableció el Presidente de la República, y que como partido político, pretendió funcionar con el nombre de Movimiento Quinta República (MVR 200). El partido del Presidente de la República es el "partido bolivariano" y es por ello que pretende imponerlo como nombre de la República. Ello debe ser rechazado no sólo por ser antibolivariano (no se olvide el último grito del Libertador, en la víspera de su muerte, fue por que cesaran los partidos) sino porque pretende consolidar, desde el primer artículo de la Constitución, la división del país, entre bolivarianos y los que no lo son; entre patriotas y realistas; entre buenos y malos; entre puros y corruptos; entre revolucionarios y antirrevolucionarios; y todo ello manipulando la historia y los sentimientos populares con el control del Poder.

B. *La burla al proceso de descentralización: el Estado Federal Descentralizado con un marco centralista y la eliminación del Senado*

Uno de los grandes cambios políticos que debió propugnar la nueva Constitución era transformar definitivamente la Federación Centralizada que hemos tenido durante los últimos cien años por una Federación Descentralizada, con una efectiva distribución territorial del poder hacia los Estados y Municipios. En tal sentido apuntaba la reforma constitucional, no sólo al concebirse la forma del Estado como un Estado Federal Descentralizado (art. 4), sino al preverse a la descentralización política de la Federación como una política nacional de carácter estratégico (art. 158).

Sin embargo, el resultado final del esquema constitucional proyectado de distribución territorial del poder, no ha significado ningún avance sustancial, respecto del proceso de descentralización que venía avanzando durante la última década en el país, al amparo de la Constitución de 1961; y más bien, en muchos aspectos ha significado un retroceso institucional. Por ello, la denominación de "Estado Federal Descentralizado", en definitiva, no pasa de ser el mismo "desideratum" inserto en la Constitución de 1961, hacia el cual se puede ir, pero que no se consolida en el Proyecto.

En este caso, incluso, el régimen se concibe en forma contradictoria, pues institucionalmente se limita en forma amplia la autonomía de los Estados y Municipios, al remitirse su regulación a la Ley, y se lesiona la igualdad de los Estados al eliminarse el Senado y con ello, la posibilidad de la participación política igualitaria de los Estados en la conducción de las políticas nacionales.

En efecto, en el Proyecto se ha establecido una organización unicameral de la proyectada Asamblea Nacional (art. 186) que no sólo rompe una tradición que se remonta a 1811, sino que es contradictoria con la forma federal del Estado, que exige una Cámara Legislativa con representación igualitaria de los Estados, cualquiera que sea su población, y que sirva de contrapeso a la cámara de representación popular según la población del país. La "eliminación" del Senado o Cámara Federal es, por tanto, un atentado contra la descentralización política efectiva, al extinguir el instrumento para la igualación de los Estados en el tratamiento de los asuntos nacionales en la Asamblea Nacional; y además, un retroceso tanto en el proceso de formación de las leyes nacionales, como en el ejercicio de los poderes de control parlamentario sobre el Ejecutivo.

Por otra parte, la autonomía de los entes territoriales, Estados y Municipios, exige su garantía constitucional, en el sentido de que no puede ser limitada por ley nacional posterior. De ello se trata al establecerse una distribución constitucional del Poder en el territorio.

En el Proyecto, sin embargo, la regulación del funcionamiento y la organización de los Consejos Legislativos Estadales se remite a la ley nacional (art. 162), lo cual además de contradictorio con la atribución de los Estados de dictar su Constitución para organizar sus poderes públicos (art. 164, ord. 1), es una intromisión inaceptable del Poder Nacional en el régimen de los Estados.

En cuanto a los Municipios, la autonomía municipal tradicionalmente garantizada en la propia Constitución, también se encuentra interferida en el Proyecto, al señalarse que los Municipios gozan de la misma, no sólo "dentro de los límites" establecidos en la Constitución, sino en la ley nacional (art. 168), con lo cual el principio descentralizador básico, que es la autonomía, queda minimizada.

Por otra parte, en cuanto a la distribución de competencias entre los entes territoriales, el proceso de descentralización exigía, ante todo, la asignación efectiva de competencias tributarias a los Estados, sobre todo en materia de impuestos al consumo, como sucede en casi todas las Federaciones. Los avances que el Proyecto tenía en esta materia en la primera discusión fueron abandonados, y en la segunda discusión se le quitaron a los Estados todas las competencias tributarias que se le habían asignado, con lo que se retrocedió al mismo estado que actualmente existe en la Constitución de 1961. En esta forma, los Estados siguen dependientes del Situado Constitucional, el cual puede incluso disminuirse, además de que se le fijó un tope máximo (20% de los ingresos nacionales) que en la Constitución de 1961 no tenía (sólo había un mínimo); y si bien se crea en la Constitución el Consejo Federal de Gobierno (art. 185) como órgano intergubernamental, su organización por ley nacional puede conducir a su control por los órganos nacionales.

Conforme a lo anterior, en líneas generales, el esquema de Federación Centralizada de la Constitución de 1961 no logró ser superado en el Proyecto, y si bien se habla de descentralización, sigue siendo un desideratum, no actualizado. La gran reforma del sistema político, necesaria e indispensable para perfeccionar la democracia, en todo caso, era desmontar el centralismo del Estado y distribuir el Poder Público en el territorio; única vía para hacer realidad la participación política. Ello sólo justificaba el proceso constituyente; ello, sin embargo, se pospuso y con ello, se perdió la gran oportunidad de comenzar a sustituir el Estado Centralizado por un Estado Descentralizado. La Asamblea Constituyente, para superar la crisis política, debió diseñar la transformación del Estado, descentralizando el poder y sentar las bases para acercarlo efectivamente al ciudadano. Al no hacerlo, ni transformó el Estado ni dispuso lo necesario para hacer efectiva la participación.

C. *La representación proporcional y la supervivencia de la partidocracia*

En el Proyecto de Constitución tampoco se atacó el otro aspecto del sistema político que requería de una reforma radical, que era la representatividad política y la participación, de manera de romper el monopolio que en esa materia han tenido los partidos políticos.

En efecto, al centralismo de Estado lo ha acompañado como parte del sistema político, el Estado de partidos, en el cual los partidos políticos han sido los únicos mecanismos de participación política y los únicos que han obtenido representantes en los órganos representativos. Ello ha estado asegurado a través del método de escrutinio plurinominal basado en la representación proporcional, el cual no sólo no se ha cambiado, sino que es el único consagrado en el Proyecto de Constitución (art. 63). A pesar de que se señale en el texto que debe garantizarse la personalización del voto, ello no cambia la representatividad si se sigue el método de representación proporcional, que conduce a la representación de partidos. Lamentablemente no se acogió la propuesta de establecer la elección uninominal a nivel de los representantes a las Juntas Parroquiales, Concejos Municipales y Consejos Legislativos Estadales para lograr una representatividad territorial de las comunidades respectivas.

En todo caso, el haber mantenido, en general, el sistema de representación proporcional, garantiza la continuación de la partidocracia, y nada habrá cambiado, salvo la representatividad de unos partidos por otros.

D. *El presidencialismo exacerbado*

En la organización del Poder Público, en su vertiente horizontal, en el Proyecto de Constitución se optó por continuar con el sistema presidencial de gobierno, aún cuando se le hayan incrustado algunos elementos del parlamentarismo como había sucedido con la Constitución de 1961.

Sin embargo, en el Proyecto de Constitución, el presidencialismo se ha exacerbado por la extensión del período constitucional del Presidente de la República, con reelección inmediata; y por la pérdida de balance o contrapeso de los poderes, por la eliminación del bicameralismo.

En efecto, el modelo presidencial escogido se combina con los siguientes cuatro factores: en primer lugar, la extensión del período presidencial a seis años; y en segundo lugar, la reelección inmediata del Presidente de la República (art. 230). Ello atenta contra el principio de la alternabilidad republicana al permitir un largo período de gobierno de 12 años. Pero los dos elementos anteriores se combinan con otros dos: tercero, lo complicado del referendo revocatorio del mandato (art. 72), lo que lo hace prácticamente inaplicable; y cuarto, la eliminación del principio de la elección del Presidente por mayoría absoluta y doble vuelta, que estaba en el Proyecto aprobado en primera discusión. Ello se eliminó en segunda discusión, conservándose la elección por mayoría relativa (art. 228), que prevé la Constitución de 1961, y, por tanto, de gobiernos electos con una minoría de votos, que hace al sistema ingobernable.

Con este modelo presidencialista, al que se agrega la posibilidad de disolución de la Asamblea por el Presidente de la República, aún cuando en casos excepcionales de tres votos de censura parlamentaria al Vicepresidente Ejecutivo (art. 240), se exacerba el presidencialismo que no encuentra contrapeso en el bicameralismo que se elimina, sino más bien refuerzo en otras reformas, como la regularización de las leyes habilitantes o de delegación legislativa a los efectos de emisión de Decretos-Leyes y no sólo en materia económica y financiera (art. 203).

E. *La base constitucional para el militarismo*

En el Proyecto de Constitución, al presidencialismo como forma de gobierno, se agrega un acentuado esquema militarista cuya combinación puede conducir fácilmente al autoritarismo.

En efecto, en el Proyecto quedó eliminada toda idea de sujeción o subordinación de la autoridad militar a la autoridad civil, consagrándose, al contrario, una gran autonomía de la autoridad militar y de la Fuerza Armada Nacional, unificadas las cuatro fuerzas, con la posibilidad de intervenir en funciones civiles.

Ello se evidencia de las siguientes regulaciones: primero, de la eliminación de la tradicional prohibición de que la autoridad militar y la civil no pueden ejercerse simultáneamente, que establece el artículo 131 de la Constitución de 1961; segundo, de la eliminación del control por parte de la Asamblea Nacional respecto de los ascensos de los militares de alta graduación, que en el constitucionalismo histórico siempre se había previsto, disponiéndose en el Proyecto, al contrario, que ello es competencia exclusiva de la Fuerza Armada (art. 331); tercero, de la eliminación del carácter no deliberante y apolítica de la institución militar, como lo establece el artículo 132 de la Constitución de 1961, lo que abre la vía para que la Fuerza Armada, como institución militar, comience a deliberar políticamente y a intervenir y dar su parecer sobre los asuntos de los que estén resolviendo los órganos del Estado; cuarto, de la eliminación de la obligación de la Fuerza Armada de velar por la estabilidad de las instituciones democráticas que prevé el artículo 132 de la Constitución de 1961; quinto, lo que es más grave aún, de la eliminación de la obligación de la Fuerza Armada de respetar la Constitución y las leyes "cuyo acatamiento estará siempre por encima de cualquier otra obligación, como lo dice el artículo 132 de la Constitución vigente; sexto, de la atribución a los militares, en forma expresa, del derecho al sufragio (art. 330), lo cual podría ser incompatible, políticamente, con el principio de obediencia; séptimo, del sometimiento a la autoridad de la Fuerza Armada de todo lo concerniente con el uso de armas y no sólo las de guerra, lo que se le quita a la Administración civil del Estado (art. 324); octavo, de la atribución, en general, a la Fuerza Armada de competencias en materia de policía administrativa (art. 329); y noveno, de la adopción en el texto del Proyecto del concepto ya histórico de la doctrina de la seguridad nacional, como globalizante, totalizante y omnicomprensiva, conforme a la cual todo lo que acaece en el Estado y la Nación, concierne a la seguridad del Estado, incluso el desarrollo económico y social (art. 326).

Todo lo anterior, da origen a un esquema militarista que constitucionalmente es una novedad, pero que puede conducir a un apoderamiento de la Administración civil del Estado por la Fuerza Armada, a la cual, incluso se le atribuye en el Proyecto de Constitución "la participación activa en el desarrollo nacional" (art. 328).

Todo lo anterior, muestra un cuadro de militarismo realmente único en nuestra historia constitucional que ni siquiera se encuentra en las Constituciones de los regímenes militares.

3. *El voto NO a una Constitución social o del individuo concebida para el paternalismo y el populismo*

La segunda parte de toda Constitución, como norma suprema, además de la Constitución política, es la Constitución social o del ciudadano, en la cual se deben establecer las relaciones entre el Estado y la sociedad y sus componentes individuales.

En definitiva, está compuesta por el conjunto de libertades y derechos de los ciudadanos y habitantes del país, con sus correlativos deberes de parte del Estado y sus autoridades de protección, abstención o de prestación social. Lo cierto es que no puede haber un derecho consagrado constitucionalmente que no tenga un deber u obligación correlativo a cargo del Estado.

En esta materia, a pesar de los avances que el Proyecto de Constitución tiene, por ejemplo, en la enumeración de los derechos individuales y en la constitucionalización, con rango constitucional, de los Tratados internacionales sobre derechos humanos a los cuales se les prescribió aplicación preferente cuando sean más favorables; los aspectos negativos del proyecto pesan más que las razones que podrían merecer nuestra aprobación. De allí también nuestro voto negativo al Proyecto de Constitución, que fundamentamos en las siguientes razones.

A. *La ausencia de consagración constitucional de derechos de protección al niño desde la concepción*

A pesar de todo el avance del Proyecto en materia de derechos individuales y de que se hubiese repetido la regulación de la Constitución de 1961 sobre el carácter inviolable del derecho a la vida (art. 43), en el Proyecto no se estableció con rango constitucional el derecho de los niños a protección integral desde la concepción, como sí está regulado en el artículo 74 de la Constitución de 1961.

La Asamblea, aquí, violó las bases comiciales que la originaron y que le impusieron, como límite, la progresión de la protección de los derechos humanos. Al contrario, en este campo tan sensible hubo una regresión en la regulación constitucional, lamentablemente motivada por la discusión entre abortistas y no abortistas y entre movimientos feministas y la propia Iglesia Católica.

La Asamblea Nacional Constituyente no supo deslindar el campo de regulación y pretendiendo satisfacer los requerimientos de la Jerarquía Eclesiástica de la consagración del derecho de protección del niño desde la concepción, lo que hizo fue engañarla, previendo la protección de la maternidad "desde la concepción" (art. 76) como que si pudiera haber otro momento a partir del cual se pudiera iniciar la maternidad!

Lo cierto de todo es que no existe el balance necesario que debe haber entre los derechos del niño y los derechos de la madre para que el equilibrio general de la protección y los derechos recíprocos se mantenga pues, en todo caso, el límite del ejercicio de todos los derechos humanos es "el derecho de los demás y el orden público y social".

En todo caso, una Constitución que en el campo de los derechos individuales no garantice expresamente el derecho de todo niño a protección integral desde la concepción, por regresiva en materia de protección de derechos individuales, no merece nuestra aprobación.

B. *La siembra constitucional del principio para el control de la libertad de información*

En el Proyecto de Constitución, ciertamente se consagra el derecho de toda persona a expresar libremente sus pensamientos, sus ideas y opiniones y de hacer uso para ello de cualquier medio de comunicación y difusión, sin que pueda establecerse censura, correspondiendo a quien haga uso de tal derecho plena responsabilidad por todo lo expresado (art. 57).

Sin embargo, al consagrarse el derecho de todos a la información, es decir, a ser informados, se adjetiviza dicha información al calificársela de "oportuna, veraz e imparcial" (art. 58), lo que sin dejar de ser un desideratum que debe derivarse del principio general que el ejercicio de los derechos tiene como límite el derecho de los demás y el orden público y social (art. 20), así expresado constituye la siembra, en la Constitución, de un principio que podría dar origen al desarrollo de un control público o político que podría conducir a la definición de "la verdad oficial" y por tanto, el rechazo de cualquier otra verdad en la información. En una Constitución signada por el principio de la progresión en la mayoría de los derechos individuales, esta regresión en materia de libertad de información es inadmisible, pues abre una grieta en la Constitución que puede servir al autoritarismo.

C. *La confusión entre buenas intenciones y los derechos constitucionales y el engaño que deriva de la imposibilidad de satisfacer algunos derechos sociales*

En la consagración de los derechos humanos, uno de los principios esenciales de orden constitucional es el denominado principio de alteridad, que implica que todo derecho comporta una obligación y que todo titular de un derecho tiene que tener relación con un sujeto obligado.

No hay, por tanto, derechos sin obligaciones ni obligados; por lo que la consagración de supuestos derechos que no pueden originar obligaciones u obligados, por imposibilidad conceptual, no es más que un engaño.

Así sucede, por ejemplo, con varios de los derechos y garantías sociales, tal y como se consagraron en el Proyecto de Constitución, cuya satisfacción es simplemente imposible. Constituyen, más bien, declaraciones de principio y de intención de indiscutible carácter teleológico, pero difícilmente pueden concebirse como "derechos" por no poder existir un sujeto con obligación de satisfacerlos.

Es el caso, por ejemplo, del "derecho a la salud", que se consagra como "un derecho social fundamental, obligación del Estado, que lo garantizará como parte del derecho a la vida" (art. 83). Lo cierto que es imposible que alguien garantice la salud de nadie y que constitucionalmente se pueda consagrar el derecho a la salud. Ello equivale a consagrar, en la Constitución, el derecho a no enfermarse, lo cual es imposible pues nadie puede garantizar a otra persona que no se va a enfermar.

En realidad, el derecho que se puede consagrar en materia de salud, como derecho constitucional, es el derecho a la protección de la salud, lo que comporta la obligación del Estado de velar por dicha protección, estableciendo servicios públicos de medicina preventiva y curativa. De resto, regular el derecho a la salud, por imposibilidad de la alteridad, es un engaño.

Lo mismo podría señalarse, por ejemplo, del derecho que se consagra en el Proyecto de Constitución a favor de "toda persona", "a una vivienda adecuada, segura, cómoda, higiénica, con servicios básicos esenciales que incluyan un hábitat que humanice las relaciones familiares, vecinales y comunitarias" (art. 82). Este derecho, así como está consagrado, es de imposible satisfacción; se trata, más bien, de una declaración de principio o de intención bellamente estructurada que no puede conducir a identificar a un obligado a satisfacerla, y menos al Estado.

También resulta un engaño establecer en la Constitución, pura y simplemente, que "toda persona tiene derecho a la seguridad social como servicio público no lucrativo que garantice la salud y asegure protección en contingencias... de previsión social"; siendo igualmente una imposibilidad prever que "El Estado tiene la obligación de asegurar la efectividad de este derecho, creando un sistema de seguridad social..." (art. 86).

De nuevo aquí, la intención es maravillosa, pero no para pretender regularla como un "derecho" constitucional con una obligación estatal correlativa, también de rango constitucional, cuya satisfacción es imposible. Se confundieron, en esta materia, las buenas intenciones y declaraciones sociales con derechos y obligaciones constitucionales, que originan otro tipo de relaciones jurídicas, incluso con derecho de ser amparados constitucionalmente.

D. *El excesivo paternalismo estatal y la minimización de las iniciativas privadas en materia de salud, educación y seguridad social*

En la regulación de los derechos sociales, en el Proyecto de Constitución no sólo se ponen en manos del Estado excesivas cargas, obligaciones y garantías, de imposible cumplimiento y ejecución en muchos casos, sino que se minimiza, al extremo de la exclusión, a las iniciativas privadas. En esta forma, servicios públicos esencial y tradicionalmente concurrentes entre el Estado y los particulares, como los de educación, salud y seguridad social, aparecen regulados con un marcado acento estatista y excluyente.

Por ejemplo, en materia de salud, se dispone que para garantizarla "el Estado creará, ejercerá la rectoría y gestionará un sistema público nacional de salud, ... integrado al sistema de seguridad social, regido por los principios de gratuidad, universalidad, integralidad, equidad, integración social y solidaridad" (art. 84). Se trata, por tanto, de un sistema público de salud, regulado como un servicio público gratuito que forma parte del sistema de seguridad social. Nada se dice en la norma sobre los servicios privados de salud, aún cuando en otro artículo se indica que el Estado "regulará las instituciones públicas y privadas de salud" (art. 85).

En materia de seguridad social, el rasgo estatista del sistema es aún mayor: se declara la seguridad social como un servicio público de carácter no lucrativo, estando obligado el Estado "de asegurar la efectividad de este derecho, creando un sistema de seguridad social universal, integral, de financiamiento solidario, unitario, eficiente y participativo, de contribuciones directas o indirectas", precisándose, además, que las cotizaciones obligatorias sólo "podrán ser administradas con fines sociales bajo la rectoría del Estado" (art. 86). Se excluye así, en principio, toda iniciativa privada en materia de seguridad social y se minimiza la participación privada en la administración reproductiva de los fondos de pensiones.

En materia de educación, la tendencia estatista es similar: se regula la educación, en general, como un derecho humano y un deber social fundamental; se la declara en general como "democrática, gratuita y obligatoria" y se la define como "un servicio público" que el Estado debe asumir "como función indeclinable" (art. 102). Nada se indica en la norma que se refiere a la educación privada, y solo es en otro artículo que se consagra el derecho de las personas "a fundar y mantener instituciones educativas privadas bajo la estricta inspección y vigilancia del Estado, previa aceptación de este" (art. 106). La estatización de la educación, por tanto, no tiene límites en el Proyecto Constitución, habiéndose eliminado del texto constitucional la disposición, que en la materia prevé la Constitución de 1961 de que "El Estado estimulará y protegerá la educación privada que se imparta de acuerdo con los principios contenidos en esta Constitución y en las leyes" (art. 79).

En esta materia, de nuevo, la Asamblea violó las bases comiciales al ignorar el carácter progresivo de la protección de los derechos humanos, y eliminar este derecho de protección que corresponde a la educación privada.

E. *La discriminación constitucional a favor de los pueblos indígenas y la siembra de principios desintegradores del Estado*

Una de las novedades del Proyecto de Constitución ha sido la inclusión de un capítulo sobre derechos de los pueblos indígenas, sobre todo si se compara su contenido con la escueta norma que trae la Constitución de 1961 que se limita a remitir a la ley para el establecimiento del "régimen de excepción que requiera la protección de las comunidades indígenas y su incorporación progresiva a la vida de la Nación" (art. 77).

La verdad es que de una idea de régimen de protección, en el Proyecto de Constitución se pasó a un régimen discriminatorio en exceso respecto del resto de la población de nuestro territorio, al establecerse en general, un régimen de Estado dentro del Estado, con grave riesgo futuro a la integridad del territorio y de la Nación.

Bien es sabido que al Estado se lo define en el derecho constitucional como un pueblo, asentado en un territorio con gobierno propio. Esos tres componentes pueblo, territorio y organización política definen al Estado; y, este solo puede ser uno. No puede haber varios Estados en un mismo territorio.

Sin embargo, en el Proyecto de Constitución, en el primero de los artículos relativos a los derechos de los pueblos indígenas, se señala que "El Estado reconocerá la existencia de los *pueblos* y comunidades indígenas, *su propia organización* social, *política* y económica, sin culturas, usos y costumbres, idiomas y religiones, así como su hábitat y derechos originarios *sobre las tierras* que ancestral y tradicionalmente ocupan y que son necesarias para desarrollar y garantizar sus formas de vida" (art. 119).

De nuevo, esta declaración de principios es un desideratum humano, pero su consagración en un texto constitucional es cosa distinta: genera derechos y deberes y en su forma, constituye el reconocimiento de un Estado dentro del Estado, con grave riesgo futuro a la generación de conflictos que afecten a la integridad territorial de la Nación.

4. *El voto NO a una Constitución económica concebida para el estatismo insolvente*

El paternalismo estatal en el campo social conduce inexorablemente a la concepción de una Constitución económica con una gran carga estatista. En efecto, la tercera parte del Proyecto de Constitución, como toda Constitución contemporánea, está destinada a regular la Constitución económica, en la cual se establecen las reglas de juego del sistema económico del país, el cual sigue concibiéndose en un principio, como un sistema de economía mixta, que se basa en reconocer la iniciativa privada y los derechos de propiedad y libertad económica, pero fundamentándolo en principios de justicia social, lo que permite la intervención del Estado en la economía, en algunos casos en forma desmesurada.

En esta materia, a pesar de que en las discusiones del Proyecto se lograron establecer algunos equilibrios importantes entre la libertad económica y la intervención del Estado, el marcado acento estatista, aunado a las consecuencias fiscales del paternalismo social y del populismo que contiene, que hacen inviable financieramente el rol del Estado, así como el terrorismo tributario que informa el Proyecto, son justificadas razones que pesan más para que le demos un voto negativo.

A. *La posibilidad casi ilimitada de intervención estatal en la economía*

En efecto, el Proyecto de Constitución no sólo es manifiestamente estatista en materia económica, al atribuir al Estado la responsabilidad fundamental en la gestión y prestación de los servicios públicos básicos en materia de salud, educación y seguridad social, y de los de carácter domiciliario como distribución de agua, electricidad y gas, sino que ello también deriva de la regulación, en el mismo, de un conjunto de potestades reguladoras, de control y de planificación.

Las normas relativas a la economía, por tanto, son básicamente las destinadas a prever la intervención del Estado, destinándose a lo privado, en realidad, las escuetas normas reguladoras de la libertad económica (art. 112) y de la propiedad privada (art. 115). No existe, sin embargo, el equilibrio necesario entre lo público y lo privado, privilegiándose en el sector privado sólo actividades no fundamentales en la generación de riqueza y empleo como la agrícola (art. 305), la artesanía (art. 309), la pequeña y mediana empresa (art. 308), y el turismo (art. 310).

A ello se agregan normas de control y persecución como las relativas a los monopolios y a los delitos económicos (arts. 113 y 114); la declaración como del dominio público del subsuelo, las costas marítimas y las aguas (arts. 112 y 304) lo que abre un campo ilimitado respecto del control estatal del uso y aprovechamiento de dichos bienes; la reserva al Estado de la industria petrolera, y la posibilidad de reserva de otras actividades, servicios o explotaciones de carácter estratégico (art. 302); y las normas que prevén las potestades planificadoras del Estado, tanto a nivel nacional (arts. 112 y 299) como a nivel local (art. 178).

El Estado, así, en el Proyecto de Constitución es responsable de casi todo, y puede regularlo todo. La iniciativa privada aparece marginal y marginada. No se asimiló la experiencia del fracaso del Estado regulador, de control, planificador y empresario de las últimas décadas, ni se entendió la necesidad de privilegiar las iniciativas privadas y estimular la generación de riqueza y empleo por la sociedad.

El resultado del texto del Proyecto constitucional en materia económica, visto globalmente y en su conjunto, es el de una Constitución hecha para la intervención del Estado en la economía y no para el desarrollo de la economía por los privados bajo el principio de la subsidiariedad de la intervención estatal

B. *La incapacidad financiera para la atención por el Estado de las tareas y responsabilidades que se le asignan*

El Estado que se concibe en el Proyecto constitucional, cuando se analiza en su conjunto el enorme cúmulo de responsabilidades que se le atribuyen en el campo social, de la salud, educación, seguridad social y cargas laborales, con exclusión sistemática de las iniciativas privadas; lo hacen totalmente incapaz, financieramente, para atenderlas. Para la previsión de las regulaciones del Estado paternalista previstas en el Proyecto de Constitución, no hubo cálculo alguno de costos, lo que coloca al Estado, si pretende asumirlas y cumplirlas, de entrada, en una situación de quiebra, por estar obligado a pagar más de lo que es capaz y puede recaudar en impuestos, máxime en un país en el cual no hay hábito ciudadano de contribuyente.

Si a ello se agrega la previsión con rango constitucional de que la gestión fiscal debe equilibrarse en un marco plurianual del presupuesto "de manera que los ingresos ordinarios deben ser suficientes para cubrir los gastos ordinarios" (art. 311); no se entiende cómo será posible la atención por el Estado de todas las obligaciones que se le imponen.

C. *La consagración del terrorismo fiscal como ilusión para resolver la insolvencia estatal y la desprotección de los contribuyentes*

La enorme responsabilidad social atribuida al Estado y los costos financieros que conlleva su atención, por supuesto que implicarán la exacerbación del ejercicio de la potestad tributaria del Estado en sus diversos niveles territoriales y, de inmediato, en el nivel nacional y en el nivel municipal. Ello exigía, por sobre todo, el establecimiento de un adecuado equilibrio entre la potestad pública y los derechos de los individuos, de manera que el ejercicio de la primera no afecte la capacidad económica de los contribuyentes ni sus garantías constitucionales, que requieren de protección especial.

El Proyecto de Constitución, en esta materia, no reguló nada específico sobre el necesario respeto de la capacidad contributiva de las personas ni sobre el principio de que la imposición debía revertir hacia los contribuyentes-ciudadanos, en servicios públicos adecuados. Nada se reguló en el Proyecto, además, sobre las garantías constitucionales del contribuyente frente al ejercicio de la potestad tributaria, ya que es precisamente con ocasión de su ejercicio que todo el poder del Estado se puede volcar sobre los individuos. Al contrario, las únicas normas nuevas previstas en el Proyecto en esta materia, tienden a castigar la evasión fiscal con penas privativas de la libertad personal (art. 317), estableciéndose en las Disposiciones Transitorias normas destinadas a regularizar el terrorismo fiscal (Disposición Transitoria Quinta), elaboradas pensando como si sólo las grandes empresas fueran contribuyentes, a quienes sólo hay que perseguir, e ignorando que en un sistema de Estado con incapacidad financiera estructural todas las personas son o deben ser potencialmente contribuyentes y, por tanto, sujetos de persecución fiscal.

En esta materia el Proyecto de Constitución se olvidó del ciudadano y de la protección y seguridad que había que brindarle.

D. *La lesión a la autonomía del Banco Central de Venezuela*

El Proyecto de Constitución atribuye al Banco Central de Venezuela el ejercicio exclusivo y obligatorio de las competencias monetarias del Poder Nacional, atribuyéndole la autonomía necesaria para ello, sin perjuicio de la necesaria coordinación con la política económica general (art. 318).

Sin embargo, esa autonomía se limita en el Proyecto, con remisión a la Ley, a tal punto que puede neutralizarse completamente, politizándose la gestión de la Institución. Ello deriva de las siguientes previsiones: en primer lugar, la posibilidad de regularse legalmente la remoción del Directorio del Banco por incumplimiento de metas y objetivos de la política monetaria; en segundo lugar, la obligatoriedad de rendición de cuenta de su actuación, metas y resultados respecto de sus políticas, ante la Asamblea Nacional; en tercer lugar, la previsión de inspección y vigilancia del Banco por parte de la Superintendencia de Bancos; en cuarto lugar, la aprobación por la Asamblea Nacional del Presupuesto de gastos de funcionamiento e inversiones del Banco (art. 319); y por último, conforme con la Disposición Transitoria Cuarta, la intervención de la Asamblea Nacional en la designación y ratificación de los miembros del Directorio del Banco (ord. 8).

Con este esquema constitucional, la consagrada autonomía del Banco Central de Venezuela, puede ser minimizada, abriéndose campo a la politización de la Institución.

5. *Apreciación general: el proyecto de Constitución debe ser rechazado por estar concebido para el autoritarismo, el paternalismo estatal, el populismo y el estatismo insolvente*

Las anteriores son las razones en las cuales nos fundamentamos para votar NO en el referéndum constitucional del 15 de diciembre, y que se refieren a los aspectos esenciales del Proyecto de Constitución, tanto en la Constitución política, la Constitución social y la Constitución económica que contiene.

En efecto, en cuanto a la *Constitución política* en el Proyecto de Constitución, cuando se analiza globalmente, particularmente en los elementos antes mencionados, pone en evidencia un esquema institucional para el autoritarismo, que deriva de la combinación del centralismo de Estado, del presidencialismo exacerbado, de la partidocracia y del militarismo que constituyen los elementos centrales diseñados para la organización del Poder del Estado.

Esa no es la Constitución política que la democracia requería para su perfeccionamiento, y que al contrario, debía haber estado montada sobre la descentralización del poder, un presidencialismo controlado, la participación política y la sujeción de la autoridad militar a la civil. Con ese esquema no podemos estar de acuerdo, y de allí nuestro voto negativo el 15 de diciembre de 1999.

Por su parte, en cuanto a la *Constitución social,* en el Proyecto, al enumerar el elenco de derechos humanos y de garantías y obligaciones estatales, analizada globalmente, lo que muestra es un marginamiento de la sociedad y de las iniciativas particulares, haciendo recaer sobre el Estado todas las obligaciones imaginables, imposible de cumplir. Es una Constitución concebida para el paternalismo, lo que se traduce en populismo.

Esa no es la Constitución social que se requería para fundar una democracia social y participativa, para lo cual debió haber revalorizado la participación de todas las iniciativas privadas en los procesos educativos, de salud y de seguridad social, como actividades en las cuales tiene que existir una corresponsabilidad entre el Estado y la Sociedad.

Por último, el Proyecto de Constitución, en su componente de Constitución económica, completa el cuadro paternalista de la Constitución social, inclinando el régimen constitucional hacia el Estado en lugar de hacia la iniciativa privada, originando un estatismo exagerado, con el riesgo de multiplicación de una voracidad fiscal incontrolable concebida para aplastar al contribuyente, al cual no se protege constitucionalmente.

Esa no es la Constitución económica que se requería para fundar la política de desarrollo económico que requiere el país, que tiene que apuntar hacia la creación de riqueza y empleo y que el Estado es incapaz de lograr sin la decisiva participación de las iniciativas privadas, que lejos de ser perseguidas, deben ser protegidas e incentivadas.

III. LA FIRMA DEL TEXTO UNA VEZ APROBADO POR EL PUEBLO "CON LAS SALVEDADES DE LOS VOTOS SALVADOS"

Si buen por las razones antes mencionadas no firmé el 15 de noviembre de 1999 proyecto de Constitución que se sometió a votación, y durante el referendo aprobatorio abogué por el voto NO respecto del texto constitucional, una vez que el mismo fue aprobado por el pueblo, consideré que debía estampar mi firma en el momento de su proclamación en la Asamblea el 20 de diciembre de 1999 *"con las salvedades derivadas de los votos salvados razonados consignados"* durante las discusiones del Proyecto. Exigí al Presidente de la Asamblea que dicha salvedad, que quedó escrita en el original de la Constitución, constara también en la publicación del texto. Sin embargo, lamentablemente como consecuencia de una arbitrariedad más, nuestro derecho no se respetó.

En todo caso, el día 20 de diciembre de 1999 dirigí en tal sentido una comunicación al Presidente de la Asamblea, con el siguiente texto:

"Adjunto le remito copia de las páginas correspondientes a las firmas de las Constituciones de 1811 y de 1947, en las cuales se dejo constancia de los votos salvados y demás reservas.

Como le dije telefónicamente atendiendo su llamada, firme hoy el original de la Constitución de 1999 pues mediante el voto popular, la misma fue aprobada en el referéndum del 15 de diciembre; antes no la había firmado, pues se trataba de un proyecto con el cual no estaba de acuerdo. Pero una vez aprobado en el referéndum, al decidir asistir a la sesión de hoy para su Promulgación, estimé que debía firmarla pero ejerciendo mi derecho a dejar constancia de las salvedades derivadas de los votos salvados razonados que consigné.

Esa, por lo demás, es la costumbre en las Constituyentes efectivas.

Exijo, por tanto, que se respete mi derecho".

DÉCIMA SEGUNDA PARTE
PRIMERAS APRECIACIONES CRÍTICAS SOBRE LA CONSTITUCIÓN DE 1999
(2000)

Esta Parte está conformada por dos textos que redacté con motivo de las primeras reflexiones críticas que hice sobre el proceso constituyente de 1999: el primero, fue el texto que sirvió para la conferencia sobre *La reforma constitucional en Venezuela y la Constitución de 1999*, en el Simposio sobre *Challenges to Fragile Democracies in the Americas: Legitimacy and accountability*, que se organizó en la Faculty of Law, University of Texas, Austin, el 25 de febrero de 2000; y el segundo, fue el texto de la conferencia que dí sobre *Apreciación General sobre la Constitución de 1999*, en el Ciclo de Conferencias sobre la Constitución de 1999, que organizó la Academia de Ciencias Políticas y Sociales, Caracas, el 11 de mayo de 2000.

SECCIÓN PRIMERA:
REFLEXIÓN SOBRE EL PROCESO CONSTITUYENTE VENEZOLANO Y LA NUEVA CONSTITUCIÓN DE 1999

Este texto es el de la conferencia que dicté sobre *La reforma constitucional en Venezuela y la Constitución de 1999*, en el Simposio sobre *Challenges to Fragile Democracies in the Americas: Legitimacy and accountability*, que se organizó en la Faculty of Law, University of Texas, Austin, el 25 de febrero de 2000. Un resumen de esa conferencia se recogió en: "Statement" (Constitution making process and the 1999 Constitution in Venezuela), en el Symposium on "Challenges to Fragile Democracies in the Americas: Legitimacy and accountability", *Texas International Law Journal*, University of Texas at Austin, Volume 36, Austin 2001, pp. 333-338. Las ideas allí expuestas las fui elaborando con ocasión de las conferencias que antes había dado sobre *Reflexiones Críticas sobre la Constitución de 1999*, en el Seminario Internacional: El Constitucionalismo Latinoamericano del Siglo XXI en el marco del LXXXIII Aniversario de la Promulgación de la Constitución Política de los Estados Unidos Mexicanos, Cámara de Diputados e Instituto de Investigaciones Jurídicas UNAM, México, 31 de enero de 2000; y sobre *Reflexiones Críticas y Visión General de la Constitución de 1999*, en la Sesión inaugural del Curso de Actualización en Derecho Constitucional, Aula Magna de la Universidad Católica Andrés Bello, Caracas, 9 de febrero de 2000. El texto sirvió igualmente para la conferencia que dicté sobre *La nueva Constitución de Venezuela del 2000*, Centro Internationale per lo Studio del Diritto Comparato, Facoltà di Giurisprudenza, Facoltà de Scienze Politiche, Universita'degli Studi di Urbino, Urbino, Italia, el 10 de marzo de 2000.

INTRODUCCIÓN

La Asamblea Nacional Constituyente electa en Venezuela en 1999 sancionó una nueva Constitución (30-12-99) que sustituyó la de 1961. De los 131 miembros que tuvo la Asamblea, sólo cuatro puede decirse que conformaron una "oposición", ante la abrumadora mayoría de los que fueron electos con el apoyo electoral del Presidente de la República, Hugo Chávez Frías.

En todo caso, esta Asamblea respondió a las exigencias del momento constitucional que existía en el país y que, en mi opinión, aún existe, provocado por la crisis -una crisis terminal- del sistema político del gobierno centralizado de partidos y de las prácticas democráticas representativas de partidos que se establecieron en Venezuela desde los años 40. Dicho sistema estaba basado en dos pilares fundamentales: primero, el Estado centralizado, y segundo, la democracia de partidos, en la cual estos asumieron el monopolio de la participación y de la representación.

Particularmente durante las dos últimas décadas (1980-2000), el sistema necesitaba cambiarse para permitir no sólo el perfeccionamiento de la democracia, sino también su supervivencia. Ello implicaba, por una parte, la transformación del Estado para hacerlo más democrático, lo que a su vez conllevaba el desmantelamiento del gobierno centralista y la construcción de un sistema descentralizado de gobierno. En otras palabras, significaba cambiar la federación centralizada por una federación descentralizada.

Por otra parte, implicaba la creación de un nuevo orden legal para permitir el efectivo funcionamiento de una democracia participativa y social que debía incorporar a los individuos e instituciones privadas en el proceso social, económico y político, y debía asegurar la participación política en el ejercicio del gobierno. Esto fue lo que se persiguió en el referendo consultivo del 25 de abril de 1999, del cual surgió la Asamblea Nacional Constituyente.

Ahora, la interrogante más importante que debemos plantearnos en relación con la nueva Constitución del 30 de diciembre de 1999 que sancionó dicha Asamblea, es si ella respondió a la demanda popular de reforma política manifestada en el referendo de abril de 1999. Debe también determinarse si la Constitución, realmente, contribuyó no sólo a superar la crisis del sistema de gobierno centralizado de partidos, sino también a construir en su lugar un sistema de Estado descentralizado y participativo que permitiera la preservación de la democracia.

En mi opinión, la nueva Constitución no garantiza ni establece las bases para la transformación segura del sistema político. Antes por el contrario, mantiene tanto el centralismo de Estado imperante como el partidismo, lo que asegura el continuo monopolio de la representatividad por los partidos políticos y sus agentes, aun cuando, en la actualidad, se trate de nuevos partidos políticos, pero que operan con el mismo esquema del sistema político centralista y partidocrático.

Considero que los venezolanos perdimos una oportunidad histórica única de introducir los cambios políticos qué necesitábamos en democracia. Hay que tener en cuenta que convocar a una Asamblea Nacional Constituyente en democracia no es un acontecimiento político común en nuestra historia; más bien es un hecho muy excepcional. En términos generales, todas las Asambleas Constituyentes anteriores en nuestra historia se habían establecido como consecuencia de una revolución, de una guerra o de un golpe de estado; nunca fueron electas pacíficamente, en democracia.

Por primera vez en 1999, por tanto, se eligió democráticamente una Asamblea Constituyente que estaba llamada a producir un cambio radical del sistema imperante de Estado centralizado y de democracia de partidos. El cambio debió ser diseñado por el país, en la Asamblea Constituyente electa, como nunca antes, sin ruptura constitucional. Es por ello que sólo la historia dirá si la nueva Constitución es, de hecho, la primera de un nuevo período de nuestra historia política, como lo ha sostenido ocasionalmente el Presidente de la República, Sr. Hugo Chávez Frías, o si, realmente, es una más del último período que comenzó en la década de los cuarenta del siglo XX.

En todo caso, cabe preguntarse: ¿Cuáles cambios políticos podemos esperar de esta nueva Constitución? La verdad es que la nueva Constitución no resuelve los problemas centrales de la crisis política, para perfeccionar la democracia, ni establece las bases de un cambio político democrático. De hecho, en mi opinión, agrava la crisis del sistema político, ya que establece las bases constitucionales para el desarrollo de un autoritarismo político basado en regulaciones que refuerzan el centralismo, el presidencialismo, el paternalismo del Estado, el partidismo y el militarismo, con el peligro del colapso de la democracia misma. Es decir, consagró y reforzó todo aquello que había que cambiar.

La Constitución, en efecto, fue concebida para el autoritarismo; y desde la óptica política, contiene algunos aspectos muy negativos, particularmente en relación con el perfeccionamiento de la democracia. Estos, por otra parte, lamentablemente cuentan más que las reformas positivas que ella contiene, como son, por ejemplo, la consolidación de los principios del Estado de Derecho y Justicia con excelentes mecanismos de control constitucional y de reforma judicial y una enumeración exhaustiva de derechos civiles y políticos. Desafortunadamente, estas disposiciones corren el riesgo de ser inefectivas, dado los elementos de autoritarismo y de concentración de poder que contiene la Constitución.

I. LA NUEVA DENOMINACIÓN DE LA REPÚBLICA

El primer aspecto que debe destacarse de las reformas contenidas en la Constitución de 1999 es el aparentemente inocente cambio de nombre de la República: le hemos cambiado el nombre de República de Venezuela por el de República Bolivariana de Venezuela. Soy de la opinión de que ello responde a una motivación clara y exclusivamente partidista.

El nombre anterior, República de Venezuela se adoptó originalmente en 1811, cuando luego de la independencia de España, se estableció la Confederación de los Estados de Venezuela, confederación criticada por Simón Bolívar el año siguiente. La única excepción en cuanto a este nombre de la República la constituye el período constitucional entre 1819 y 1830, cuando se constituyó la República de Colombia con el territorio conformado por la antigua República de Venezuela y el antiguo Virreinato de Nueva Granada, que comprendía lo que actualmente constituye el territorio de Colombia, Ecuador y Venezuela.

Con la Constitución de 1821, puede decirse que se hizo realidad parte del sueño de Simón Bolívar en relación con la unión de los pueblos de Colombia y de América, pero sólo durante nueve años, entre 1821 y 1830. La República de Colombia, en esa forma, fue una República Bolivariana; de lo que resulta que la idea misma de una "República Bolivariana" apuntaría históricamente a una organización política que implicaría la desaparición de Venezuela como Estado.

Por ello, el cambio de nombre de la República, en mi criterio, es totalmente inaceptable y contrario no sólo a la idea de independencia de nuestro país, sino también contrario a los ideales de Simón Bolívar, quien fue gran crítico de la forma federal del Estado. En consecuencia, el cambio de nombre sólo puede tener otra explicación, muy alejada de las ideas de Bolívar. La verdadera motivación, por ello, parecería derivar de la denominación inicial que tuvo el partido político creado por el Presidente de la República, Sr. Hugo Chávez, el cual se llamaba en sus inicios, cuando lideró el golpe de Estado de 1992, "Movimiento Bolivariano 200".

El partido del Presidente de la República es, por tanto, el partido bolivariano, por lo que con el cambio de nombre de la República, en realidad, el Presidente nos ha impuesto a los venezolanos el nombre de, su partido. Esto fue lo que sucedió, por ejemplo, en Nicaragua; con el Partido Sandinista y el calificativo de sandinista dado a muchas instituciones del Estado; también se puede mencionar el caso de la República Islámica de Irán.

II. EL CENTRALISMO DE LA "FEDERACIÓN DESCENTRALIZADA"

El segundo aspecto al que quiero hacer referencia es al proceso de descentralización, el cual se ha paralizado con la nueva Constitución: la Constitución regula formalmente un Estado federal descentralizado, pero dentro de un marco centralista y, adicionalmente, con la eliminación del Senado del esquema de Estado federal.

En mi criterio, uno de los grandes cambios políticos que debía provocar la Constitución y la Asamblea Nacional Constituyente en 1999 era la transformación definitiva del esquema de federación centralizada que hemos tenido durante los últimos cien años. En Venezuela no ha habido una federación descentralizada efectiva, con una real distribución de poder territorial hacia los Estados y los Municipios. Esto no ha cambiado, y el resultado final del esquema constitucional aprobado en 1999, de distribución territorial del Poder Público, no ha supuesto avance sustancial alguno en relación con el proceso de descentralización, particularmente del iniciado en 1989 con la Ley Orgánica de Descentralización, Delimitación y Transferencia de Competencias del Poder Público.

Más aún, en muchos aspectos, la nueva Constitución ha supuesto un retroceso institucional y, adicionalmente, el régimen constitucional en ella previsto presenta aspectos contradictorios.

La autonomía de los Estados y Municipios debe ser garantizada por la Constitución, pero en la nueva Constitución, la autonomía no sólo puede ser limitada por ella, sino por ley nacional. Esto es contrario a lo que debe ser la garantía constitucional de autonomía de las instituciones del Estado. También el régimen es contradictorio debido a que, con la eliminación del Senado, no se garantiza la igualdad de los Estados, creándose en la nueva Constitución una Asamblea Nacional unicameral. Tenemos, por tanto, una federación sin cámara federal o senado, lo que sólo existe en algunos países con forma federal, pero con un territorio muy reducido. Esta reforma también conspira contra el proceso de elaboración de las leyes y contra el control parlamentario sobre el Ejecutivo.

En cuanto a la distribución del poder entre las entidades territoriales, el proceso de descentralización requiere, por sobre todo, que se asignen, por ejemplo, facultades impositivas a los Estados, específicamente el impuesto a las ventas, como sucede en casi todas las federaciones. Resultaron deficientes las reformas de la Constitución en esta materia, al punto de eliminar todas las facultades impositivas asignadas a los Estados, lo cual es un paso atrás en relación con la Constitución anterior.

La gran reforma del sistema político, necesaria y esencial para el perfeccionamiento de la democracia, era desmontar el centralismo del Estado y distribuir el poder en el territorio. Ésta era la única forma de hacer realidad la participación política, y sólo esto justificaba el proceso constituyente. No obstante, esto se pospuso y con ello, se perdió la gran oportunidad de sustituir el esquema del Estado centralizado por un Estado descentralizado. La Asamblea Nacional Constituyente, para superar la crisis política, ha debido diseñar la transformación del Estado descentralizando el poder para acercarlo efectivamente a los ciudadanos. Dicha Asamblea, al contrario, no transformó el Estado ni dispuso lo necesario para hacer efectiva la participación política.

III EL SISTEMA ELECTORAL REPRESENTATIVO DE LOS PARTIDOS

El tercer aspecto al que quiero hacer referencia es el relativo a la relación entre el sistema electoral de representación proporcional y la supervivencia de la democracia de partidos. En mi opinión, la nueva Constitución no aborda el otro aspecto del sistema político que sí requiere de una transformación radical: la representación política y participación necesaria para evitar el monopolio que han tenido los partidos políticos. Como parte del sistema político que hemos tenido durante las últimas décadas, los partidos políticos han sido el único mecanismo de participación política y los únicos que han obtenido representación en el orden estatal, lo cual se mantiene en el sistema electoral establecido en la nueva Constitución. Desafortunadamente, no fueron aceptadas todas las propuestas para establecer un sistema nominal de elección para los representantes de gobiernos locales, con el fin de obtener representación territorial o local de las comunidades respectivas.

IV. EL PRESIDENCIALISMO EXAGERADO

Otro aspecto que se debe señalar en la nueva Constitución es el exagerado presidencialismo que contiene, el cual contrasta con el presidencialismo moderado consagrado en las Constituciones anteriores.

Este exagerado presidencialismo deriva de los siguientes cuatro factores: Primero, la extensión del período presidencial de cinco a seis años, y segundo, la reelección inmediata del Presidente de la República, lo cual no existía anteriormente. -Estos dos elementos atentan contra el principio de alternabilidad ya que permiten un período de gobierno excesivamente largo de doce años. Estos dos elementos se combinan con otros dos: tercero, el referendo establecido para revocar el mandato, se ha regulado en forma tal que lo hace casi inaplicable, y cuarto, la eliminación del principio de la elección presidencial por una mayoría absoluta y el sistema de doble vuelta; conservándose, en cambio, la elección por mayoría relativa, lo cual afecta la gobernabilidad democrática.

A este modelo presidencial, se ha añadido la posibilidad de que el Presidente de la República disuelva la Asamblea en el caso excepcional de que se produzcan tres votos de censura contra el Vicepresidente Ejecutivo. Este sistema presidencial exacerba el peso del Presidente y no tiene el contrapeso que existía en el sistema bicameral del órgano legislativo. Más aún, el modelo presidencial se refuerza con otras reformas, tales como la previsión de una delegación legislativa amplia por parte de la Asamblea Nacional al Presidente de la República para la emisión de leyes, que no se limitan a asuntos económicos y financieros, sino respecto de cualquier materia. Ello no tiene precedente en el constitucionalismo contemporáneo y con ello se pueden afectar, por ejemplo, las regulaciones relativas a los derechos humanos.

V. EL DESBALANCE DE LA SEPARACIÓN DE PODERES

El quinto aspecto al que quiero hacer referencia en la nueva Constitución es el desbalance que contiene en relación con la separación de poderes, debido a la previsión de una concentración de poderes en la Asamblea Nacional unicameral, nunca antes conocido.

Con la configuración del sistema presidencial de gobierno, la Constitución adoptó un esquema de separación de poderes no sólo entre el Legislativo y el Ejecutivo, sino también entre él Poder Judicial, cuya autonomía se consagra repetidamente y también entre los dos nuevos Poderes establecidos en la Constitución: el Poder Ciudadano, el cual abarca al Fiscal General de la República, al-Defensor del Pueblo y al Contralor General de la República; y el Poder Electoral, ejercido por el Consejo Nacional Electoral. Ahora tenemos cinco poderes en vez de tres.

Sin embargo, una efectiva separación de poderes se basa en el balance e independencia entre ellos, de manera que el origen de los titulares de los poderes del Estado por elección o por nombramiento no puede quedar a la merced de ninguno de los otros poderes del Estado. En esta nueva Constitución, por el contrario, se consagra un desbalance entre los poderes del Estado, pues la Asamblea Nacional está autorizada para remover al Fiscal General, el Defensor del Pueblo, el Contralor General, a los miembros del Consejo Nacional Electoral y, peor aún, a los magistrados del Tribunal Supremo de justicia. Ello constituye la antítesis de la independencia y el contrapeso entre los poderes del Estado y configura un modelo de concentración de poder en la Asamblea Nacional como órgano político, lo cual es totalmente incompatible con una sociedad política democrática.

VI. EL MILITARISMO

Para finalizar, dentro de las innovaciones de la nueva Constitución, debo referirme a la base constitucional para el militarismo. En la nueva Constitución, en efecto, se consagra un acentuado esquema militarista lo cual se agrega al presidencialismo como forma de gobierno y a la concentración de poderes en la Asamblea Nacional. Esta combinación puede llevar fácilmente al autoritarismo como forma de gobierno.

En la Constitución, en efecto, se eliminó toda idea de sujeción o subordinación de la autoridad militar a la autoridad civil; al contrario, se estableció una gran autonomía de la autoridad militar y de la Fuerza Armada, con la posibilidad de intervenir sin límites en funciones civiles.

Ello se evidencia, por ejemplo, de las siguientes regulaciones: Primero, se eliminó la tradicional prohibición del ejercicio simultáneo de la autoridad civil con la autoridad militar. Segundo, se eliminó el control civil parlamentario en relación con la promoción de militares de altos rangos, lo cual es ahora una atribución exclusiva de la Fuerza Armada. Tercero, se eliminó la norma que establecía el carácter apolítico de la institución militar y su carácter no-deliberante, lo cual abre el camino para que la Fuerza Armada delibere e intervenga en los asuntos que estén resolviendo los órganos del Estado. Cuarto, se eliminó de la Constitución la obligación de la Fuerza Armada de velar por la estabilidad de las instituciones democráticas que antes estaba prevista expresamente. Quinto, y más grave aún, se eliminó la obligación de la Fuerza Armada de obedecer la Constitución y leyes, cuya observancia debe estar siempre por encima de cualquier otra obligación, como lo establecía la Constitución anterior. Sexto, por vez primera, se le concedió a los militares el derecho al voto, lo cual puede ser políticamente incompatible con el principio de obediencia. Séptimo, la nueva Constitución establece el requisito de que el Tribunal Supremo de justicia debe decidir si hay méritos para juzgar a los militares de alto rango de la Fuerza Armada, lo cual siempre había sido un privilegio procesal reservado a altos funcionarios civiles, como el Presidente de la República. Octavo, el uso de cualquier tipo de armas en el país está sujeto a la autoridad de la Fuerza Armada, control éste que antes estaba atribuido a la administración civil. Noveno, se pueden atribuir a la Fuerza Armada funciones de policía administrativa. Finalmente, décimo, se adoptó el concepto de la doctrina de seguridad nacional, definida de forma total, global y omnicomprensiva. De acuerdo con esta doctrina, desarrollada en los regímenes militares de América latina en los setenta, casi todo lo que suceda en la Nación concierne a la seguridad del Estado, aun el desarrollo económico y social.

Todo esto da origen a un esquema militar que es una novedad constitucional y puede conducir a una situación en la cual la Fuerza Armada podría apoderarse de la administración civil del Estado. Adicionalmente, la nueva Constitución le atribuye a la Fuerza Armada una participación activa en el desarrollo nacional.

Todas estas disposiciones muestran un cuadro constitucional de militarismo verdaderamente único en nuestra historia política y constitucional, que no se encuentra ni siquiera en las Constituciones de nuestros anteriores regímenes militares.

CONCLUSIÓN

Por todo lo anterior, concluyo que la Constitución política de Venezuela, al analizarse de forma global, evidencia un esquema institucional concebido para el autoritarismo derivado de la combinación del centralismo del Estado, el presidencialismo exacerbado, la democracia de partidos, la concentración de poder en la Asamblea y el militarismo, que constituye el elemento central diseñado para la organización del poder del Estado. En mi opinión, esto no era lo que se requería para el perfeccionamiento de la democracia; al contrario, se debió basar en la descentralización del poder, en un presidencialismo controlado y moderado, en la participación política para balancear el poder del Estado y en la sumisión de la autoridad militar a la autoridad civil.

Es por ello que la Constitución de 1999, en mi criterio, no introduce los cambios que necesitaba nuestro país como consecuencia del movimiento constituyente, que se originó con la crisis del modelo político del Estado centralizado de partidos establecido desde 1945 y restablecido en 1958, que continúa todavía. El país necesitaba un cambio radical para perfeccionar la democracia, para hacerla más representativa y para estructurar un Estado democrático, descentralizado y participativo. No se logró nada de esto y el resultado fue un esquema de autoritarismo constitucional que, en el futuro, puede lesionar a la propia democracia

SECCIÓN SEGUNDA:

REFLEXIONES CRÍTICAS SOBRE LA CONSTITUCIÓN DE VENEZUELA DE 1999

Este texto es el de la Ponencia que elaboré sobre *Apreciación General sobre la Constitución de 1999*, **para el Ciclo de Conferencias sobre la Constitución de 1999, Academia de Ciencias Políticas y Sociales, Caracas, 11 de mayo de 2000; y que también sirvió de base para la conferencia que dicté sobre** *El proceso constituyente en Venezuela y la Constitución de 1999*, **en el Seminario-Debate sobre el proceso constituyente en Venezuela, Facultad de Jurisprudencia, Universidad Colegio Mayor Nuestra Señora del Rosario, Santafé de Bogotá, el 7 de septiembre de 2000. El texto fue publicado en el libro:** *La Constitución de 1999*, **Biblioteca de la Academia de Ciencias Políticas y Sociales, Serie Eventos 14, Caracas 2000, pp. 63-88; y en** *Revista Facultad de Derecho, Derechos y Valores*, **Volumen III Nº 5, Universidad Militar Nueva Granada, Santafé de Bogotá, D.C., Colombia, Julio 2000, pp. 9-26; en Diego Valadés, Miguel Carbonell (Coordinadores),** *Constitucionalismo Iberoamericano del Siglo XXI*, **Cámara de Diputados. LVII Legislatura, Universidad Nacional Autónoma de México, México 2000, pp. 171-193; y "Reflexiones críticas sobre la Constitución de Venezuela de 1999", en** *Revista de Derecho Público*, **Nº 81, Editorial Jurídica Venezolana, Caracas, enero-marzo 2000, pp. 7-21.**

I. LA CONSTITUCIÓN DE 1999 O LA FRUSTRACIÓN DEL NECESARIO CAMBIO POLÍTICO

La Asamblea Nacional Constituyente, creada por el referéndum del 25 de abril de 1999, tenía por misión elaborar una nueva Constitución para la República de Venezuela que, en democracia, transformara el Estado y creara un nuevo ordenamiento jurídico que permitiera el funcionamiento efectivo de una democracia social y participativa. Con ese fin se eligieron los miembros de la Asamblea el 25 de julio de 1999.

La creación de la Asamblea y la elección de sus miembros, sin duda, respondió a las exigencias del momento constituyente que vive el país, producto de la crisis terminal del sistema político de Estado Centralizado de Partidos establecido a partir de los años cuarenta y reestablecido en 1958, que había que cambiar, para permitir el perfeccionamiento y sobrevivencia de la propia democracia.

La crisis del sistema de Estado Centralizado de Partidos, montado sobre el Centralismo Estatal y la Democracia de Partidos, en la cual estos han ejercido el monopolio de la participación y de la representatividad, exigía de la Asamblea la transformación de dicho Estado Centralizado de Partidos en un sistema de Estado Descentralizado y Participativo, montado al contrario del que hemos tenido, sobre la descentralización política del Poder Público en el territorio y sobre la participación popular.

La misión de la Asamblea consistía: por una parte, en transformar Estado para hacerlo más democrático, mediante la desarticulación del centralismo y la construcción de un Estado descentralizado; y por la otra, en la creación de un nuevo ordenamiento jurídico que permitiera el funcionamiento efectivo de una democracia social y participativa, que incorporara a la sociedad civil al proceso político, económico y social y asegurara la participación de todos en la conducción del Estado.

Ahora bien, concluidas las sesiones de la Asamblea para la elaboración del Proyecto de Constitución, éste fue aprobado mediante referéndum el 15 de diciembre de 1999, con una votación afirmativa del 71% de los votos (29% de votos negativos), pero con una abstención del 55%, lo que significa que la Constitución fue aprobada por sólo el 30% de los venezolanos con derecho a voto.

En todo caso, al estar en vigencia (a partir del 30 de diciembre de 1999) la nueva Constitución, es necesario e indispensable determinar si dicho texto responde a las exigencias de transformación política determinadas en el referéndum del 25 de abril de 1999 y, por sobre todo, si la *"transformación del Estado"* y el *"nuevo ordenamiento jurídico"* que contiene contribuyen a superar la crisis del sistema de Estado Centralizado de Partidos y a estructurar, en su lugar, un sistema de Estado Descentralizado y Participativo que pudiera permitir el mantenimiento de la democracia.

En nuestro criterio y como conclusión de dicha evaluación, la nueva Constitución no asegura ni sienta las bases para dicha transformación del sistema político y, al contrario, consolida tanto el centralismo estatal imperante, lo que da marcha atrás, incluso, al proceso de descentralización que se había iniciado en 1989; como el partidismo, al reiterar el sistema electoral de representación proporcional como el único de rango constitucional, lo cual asegura el monopolio de la representatividad por los partidos políticos y sus agentes; y la tendencia a la ilegitimidad democrática al mantener la mayoría relativa para la elección de las autoridades ejecutivas.

En consecuencia, la tarea esencial de la Asamblea, que consistía en perfeccionar la democracia mediante la transformación del Estado (de Estado Centralizado a Estado Descentralizado) y en crear de un nuevo ordenamiento jurídico que permitiera el funcionamiento efectivo de una democracia social y participativa (de Estado de Partidos a Estado de participación), no se logró en la nueva Constitución, y se perdió, en consecuencia una oportunidad histórica única, pues convocar a una Asamblea Nacional Constituyente en democracia, no es un hecho político común, es más bien excepcionalísimo como lo demuestra nuestra historia político-constitucional.

En efecto, hemos tenido momentos constituyentes como este, en nuestra historia constitucional en situaciones similares de ruptura del proceso político, por su agotamiento y la necesidad de su cambio radical y en ellos las Asambleas Constituyentes, siempre han jugado un rol decisivo pero establecidas como consecuencia de una revolución o una guerra y nunca electas pacíficamente en democracia. En efecto, el primer período de nuestra historia constitucional se inició en 1811 con el Congreso Constituyente que declaró la Independencia de España y se reconstituyó en 1830, después de las guerras de Independencia y la desaparición de Venezuela como República por su unión a los pueblos de Colombia. Ese período de la formación del Estado concluyó abruptamente con las guerras federales y la Asamblea Constituyente de 1863 la cual estableció las bases constitucionales de un nuevo sistema estatal; el del Estado Federal. Este segundo período político, de nuevo concluyó abruptamente luego de su crisis terminal, con la Revolución Liberal Restauradora en 1899 y la Asamblea Constituyente de 1901 que diseñó un cambio radical en el sistema político-estatal, dando paso a un Estado Centralizado y Autocrático que se consolidó durante la primera mitad del Siglo XX. De nuevo este tercer período político de nuestra historia constitucional concluyó abruptamente con la Revolución de octubre de 1945 y la Asamblea Constituyente de 1946 que diseñó el sistema político democrático de Estado Centralizado el cual, después de un interregno militar (1948-1958), se consolidó durante los últimos cuarenta años de centralismo de Estado y democracia de partidos. Este es el sistema cuya crisis terminal exigía un cambio radical que debía diseñar la Asamblea Constituyente de 1999, pero en democracia y sin ruptura constitucional. Si la Constitución de 1999 es, en efecto, la primera de un quinto período de nuestra historia política o la última del cuarto período mencionado, eso sólo lo dirá la historia. Lo que sí podemos ahora evaluar es la magnitud del cambio político que se esperaba con la nueva Constitución.

Lo cierto, es que en efecto, la nueva Constitución no resuelve el problema central y medular de la crisis política para perfeccionar la democracia, pues no se diseñó para sentar las bases del cambio político democrático. Su aprobación no sólo no contribuye a superar la crisis del centralismo del Estado y del Estado de Partidos, -más bien la agrava-; sino que sienta las bases constitucionales para el desarrollo de un autoritarismo político, que se monta sobre regulaciones que refuerzan el centralismo, el presidencialismo, el estatismo, el paternalismo de Estado, el partidismo y el militarismo; con el peligro del derrumbe de la propia democracia.

Este es el cuadro político que nos deja la nueva Constitución, cuyo contenido analizamos a continuación, mediante el estudio de las principales regulaciones que contiene; lo que haremos analizando los tres elementos centrales que conforman cualquier Constitución: la Constitución política; la Constitución social y la Constitución económica.

II. EL PROBLEMA DE UNA CONSTITUCIÓN POLÍTICA CONCEBIDA PARA EL AUTORITARISMO

Toda Constitución política tiene por objeto la organización del Poder Público, como potestad constitucional del Estado y, en consecuencia, la organización misma del Estado.

En cualquier Constitución, esta organización está signada por diversas opciones: primero, la derivada de la distribución del Poder Público, lo que origina Estados Unitarios o Estados Descentralizados; y segundo, la que provoca la separación de poderes, lo cual origina la unicidad o la pluralidad de los Poderes; característica esta última de los sistemas democráticos, montados sobre la separación, balance y contrapeso de los Poderes del Estado.

Además, la Constitución política diseña el sistema político con opción entre la autocracia y la democracia, según que la soberanía resida en un autócrata o efectivamente en el pueblo.

Ahora bien, en relación con la Constitución de 1999 y desde el punto de vista de la Constitución política, a continuación queremos destacar las regulaciones que, en nuestro criterio, contienen aspectos negativos en relación con el perfeccionamiento de la democracia y que pesan más que las razones que podrían hacer que dicha Constitución merezca nuestra aprobación, referidas a la formal consolidación de principios del Estado de Derecho y de Justicia, con excelentes mecanismos de control de constitucionalidad y de reforma judicial. Estos, lamentablemente, corren el riesgo de quedar inutilizados dado los elementos de autoritarismo y concentración del poder que se derivan de otros aspectos del texto aprobado, a los cuales nos referimos a continuación.

1. *El nuevo nombre de la "República Bolivariana de Venezuela" y su carácter partisano*

La nueva Constitución pretende, ante todo, en su primer artículo, cambiarle el nombre a la "República de Venezuela" y sustituirlo por el de "República Bolivariana de Venezuela".

El nombre de República de Venezuela, en verdad, nos ha acompañado durante toda nuestra historia política constitucional desde 1811 cuando se constituyó la Confederación de Estados de Venezuela, con la sola excepción del período constitucional que transcurrió desde el Congreso de Angostura, en 1819 y la reconstitución de la República de Venezuela por la Convención de Valencia de 1830. En 1819, y luego en 1821, en efecto, el Libertador hizo sancionar por el Congreso, las Leyes de la Unión de los Pueblos de Colombia con las cuales se decretó la desaparición de la República de Venezuela, lo que se consolidó en 1821 cuando la Constitución de Cúcuta estableció la "República de Colombia" cuyo territorio comprendió tanto el de la antigua Capitanía General de Venezuela como el del antiguo Virreinato de Nueva Granada. Con ello se hizo realidad parte de lo que había sido el sueño del Libertador en cuanto a la unión de los pueblos de América.

Históricamente, la idea de la República Bolivariana, apunta a una organización política que implicó la desaparición de Venezuela como Estado, por lo que bajo dicho ángulo, el cambio de nombre es totalmente inadmisible y contrario a la idea de independencia de nuestro país. En todo caso, sería demasiado torpe y necio pensar que la motivación del cambio de nombre propuesto, el cual aun no ha sido justificado, respondió a esa idea de desaparición de la República de Venezuela.

Pero igualmente necio y torpe sería el que se pretendiera fundamentar el cambio de nombre en algún afán romántico de evocar el pensamiento y la acción del Libertador, en la formación de nuestra República. Para ello hubiera bastado con hacer esa indicación tanto en el Preámbulo como en el artículo 1°, como se aprobó en la primera discusión.

El cambio de nombre, por tanto, tiene que tener otra explicación y esa no es otra que una motivación política, partidaria, partisana o partidista, que se deriva de la denominación inicial del Movimiento político que estableció y preside el Presidente de la República, Hugo Chávez y que, como partido político, pretendió funcionar con el nombre de Movimiento Bolivariano 200. El partido del Presidente de la

República, en efecto, es el "partido bolivariano" y es por ello que se pretende imponerlo como nombre de la República. Ello, en nuestro criterio, debe ser rechazado, no sólo por ser antibolivariano (no se olvide que el último grito del Libertador, en la víspera de su muerte, fue por que cesaran los partidos) sino porque pretende consolidar, desde el primer artículo de la Constitución, la división del país, entre bolivarianos y los que no lo son; entre patriotas y realistas; entre buenos y malos; entre puros y corruptos; entre revolucionarios y antirrevolucionarios; y todo ello mediante la manipulación de la historia y los sentimientos populares con el control del Poder.

2. *La burla al proceso de descentralización: el Estado Federal Descentralizado con un marco centralista y la eliminación del Senado*

Uno de los grandes cambios políticos que ha debido propugnar la nueva Constitución era transformar definitivamente la Federación Centralizada que hemos tenido durante los últimos cien años por una Federación Descentralizada, con una efectiva distribución territorial del poder hacia los Estados y Municipios. En tal sentido debía apuntar la reforma constitucional, no sólo al concebirse la forma del Estado como un Estado Federal Descentralizado (art. 4), sino al preverse a la descentralización política de la Federación como una política nacional de carácter estratégico (art. 158).

Sin embargo, el resultado final del esquema constitucional aprobado de distribución territorial del poder no ha significado ningún avance sustancial respecto del proceso de descentralización que venía avanzando durante la última década en el país, al amparo de la Constitución de 1961 y en ejecución de la Ley Orgánica de Descentralización de 1989; y más bien, en muchos aspectos, ha significado un retroceso institucional. Por ello, la denominación de "Estado Federal Descentralizado", en definitiva, no pasa de ser nominal y continua el mismo "desiderátum" inserto en la Constitución de 1961, hacia el cual se puede apuntar.

En este caso, incluso, el régimen se concibe en forma contradictoria, pues institucionalmente se limita en forma amplia la autonomía de los Estados y Municipios, al remitirse su regulación a la Ley, (lo que es contrario a lo que debe ser la garantía constitucional de dicha autonomía), y se lesiona la igualdad de los Estados al eliminarse el Senado (y crearse una Asamblea Nacional Unicameral) y con ello, la posibilidad de la participación política igualitaria de los Estados en la conducción de las políticas nacionales.

En efecto, en la Constitución se ha establecido una organización unicameral de la proyectada Asamblea Nacional (art. 186) que no sólo rompe una tradición que se remonta a 1811, sino que es contradictoria con la forma federal del Estado, que exige una Cámara Legislativa con representación igualitaria de los Estados, cualquiera que sea su población, y que sirva de contrapeso político a la cámara de representación popular, según la población del país. La "eliminación" del Senado o Cámara Federal es, por tanto, un atentado contra la descentralización política efectiva, al extinguir el instrumento para la igualación de los Estados en el tratamiento de los asuntos nacionales en la Asamblea Nacional; y además, un retroceso tanto en el proceso de formación de las leyes nacionales, como en el ejercicio de los poderes de control parlamentario sobre el Ejecutivo.

Por otra parte, como indicamos, la autonomía de los entes territoriales, (Estados y Municipios), exige su garantía constitucional, en el sentido de que no puede ser limitada por ley nacional posterior. De ello se trata al establecerse una distribución constitucional del Poder en el territorio.

En la nueva Constitución, sin embargo, la regulación del funcionamiento y la organización de los Consejos Legislativos Estadales se remite a la ley nacional (art. 162), lo cual además de contradictorio con la atribución de los Estados de dictarse su Constitución para organizar sus poderes públicos (art. 164, ord. 1), es una intromisión inaceptable del Poder Nacional en el régimen de los Estados.

En cuanto a los Municipios, la autonomía municipal tradicionalmente garantizada en la propia Constitución también se encuentra interferida, al señalarse que los Municipios gozan de la misma, no sólo "dentro de los límites" establecidos en la Constitución, sino en la ley nacional (art. 168), con lo cual el principio descentralizador básico, que es la autonomía, queda minimizado.

Por otra parte, en cuanto a la distribución de competencias entre los entes territoriales, el proceso de descentralización exigía, ante todo, la asignación efectiva de competencias tributarias a los Estados, sobre todo en materia de impuestos al consumo, como sucede en casi todas las Federaciones. Se abandonaron los avances que el Proyecto de Constitución tenía en esta materia en la primera discusión y en la segunda discusión se le quitaron a los Estados todas las competencias tributarias que se le habían asignado, con lo que se retrocedió al mismo estado que actualmente existe en la Constitución de 1961. En esta forma, los Estados siguen dependientes del aporte financiero nacional (Situado Constitucional), el cual puede incluso disminuirse, además de que se le fijó un tope máximo (20% de los ingresos nacionales) que en la Constitución de 1961 no tenía (sólo había un mínimo); y si bien se crea en la Constitución el Consejo Federal de Gobierno (art. 185) como órgano intergubernamental, su organización por ley nacional, puede conducir a su control por los órganos nacionales.

Conforme a lo anterior, en líneas generales no se logró superar el esquema de Federación Centralizada de la Constitución de 1961 en la nueva Constitución, y si bien se habla de descentralización, sigue siendo un desideratum, no actualizado.

La gran reforma del sistema político, necesaria e indispensable para perfeccionar la democracia, en todo caso, era desmontar el centralismo del Estado y distribuir el Poder Público en el territorio; única vía para hacer realidad la participación política. Ello, sólo, justificaba el proceso constituyente; ello, sin embargo, se pospuso y con ello, se perdió la gran oportunidad de comenzar a sustituir el Estado Centralizado por un Estado Descentralizado.

La Asamblea Constituyente, para superar la crisis política, ha debido diseñar la transformación del Estado, mediante la descentralización del poder, y sentar las bases para acercarlo efectivamente al ciudadano. Al no hacerlo, la nueva Constitución ni transformó el Estado ni dispuso lo necesario para hacer efectiva la participación.

3. *La representación proporcional y la supervivencia de la partidocracia*

En la nueva Constitución tampoco se atacó el otro aspecto del sistema político que requería de una reforma radical, que era la representatividad política y la participación, de manera de romper el monopolio que en esa materia han tenido los partidos políticos.

En efecto, el centralismo de Estado ha estado acompañado, como parte del sistema político, por el Estado de partidos, en el cual los partidos políticos han sido los únicos mecanismos de participación política y los únicos que han obtenido representantes en los órganos representativos. Ello ha estado asegurado a través del método de escrutinio plurinominal basado en la representación proporcional, el cual no sólo no se ha cambiado, sino que es el único consagrado en la Constitución (art. 63). A pesar de que se señale en el texto constitucional que debe garantizarse la personalización del voto, ello no cambia la representatividad si se sigue el método de representación proporcional, que conduce a la representación de partidos. Lamentablemente, no se acogió la propuesta de establecer la elección uninominal a nivel de los representantes a las Juntas Parroquiales, Concejos Municipales y Consejos Legislativos Estadales para lograr una representatividad territorial de las comunidades respectivas.

En todo caso, en nuestro criterio, el haber mantenido, en general, el sistema de representación proporcional garantiza la continuación de la partidocracia, y nada habrá cambiado, salvo la representatividad de unos partidos por otros.

4. *El presidencialismo exacerbado*

En la organización del Poder Público, en su vertiente horizontal, en la Constitución, se optó por continuar con el sistema presidencial de gobierno, aún cuando se le hayan incrustado algunos elementos del parlamentarismo como había sucedido con la Constitución de 1961.

Sin embargo, en la nueva Constitución, el presidencialismo se ha exacerbado por la extensión del período constitucional del Presidente de la República, con reelección inmediata; y por la pérdida de balance o contrapeso de los poderes, por la eliminación del bicameralismo.

En efecto, en el modelo presidencial escogido, se combinan los siguientes cuatro factores: en primer lugar, la extensión del período presidencial a seis años; y en segundo lugar, la reelección inmediata del Presidente de la República (art. 230). Ello atenta contra el principio de la alternabilidad republicana al permitir un largo período de gobierno de hasta 12 años. Pero los dos elementos anteriores se combinan con otros dos: tercero, lo complicado del referendo revocatorio del mandato (art. 72), lo que lo hace prácticamente inaplicable; y cuarto, la eliminación del principio de la elección del Presidente por mayoría absoluta y doble vuelta, que estaba en el Proyecto aprobado en primera discusión. Ello se eliminó en segunda discusión y se conservó la elección por mayoría relativa (art. 228), como lo preveía la Constitución de 1961, y, por tanto, mantendremos, entonces, un sistema de gobiernos electos con una minoría de votos, que ha hecho al sistema ingobernable.

Con este modelo presidencialista, al que se agrega la posibilidad de disolución de la Asamblea por el Presidente de la República, aún cuando en casos excepcionales de tres votos de censura parlamentaria al Vicepresidente Ejecutivo (art. 240), se exacerba el presidencialismo que no encuentra contrapeso en el bicameralismo que se elimina, sino más bien refuerzo en otras reformas, como la regularización de las leyes habilitantes o de delegación legislativa a los efectos de emisión de Decretos-Leyes y no sólo en materia económica y financiera (art. 203).

5. *El desbalance en la separación de Poderes por la concentración del Poder en la Asamblea Nacional*

La Constitución adopta un esquema de separación de poderes no sólo entre el Legislativo y el Ejecutivo con la configuración del sistema presidencial de gobierno, sino entre el Poder Judicial, cuya autonomía se consagra repetidamente y otros dos nuevos Poderes de rango constitucional: el Poder Ciudadano, que abarca el Ministerio Público (Fiscal General de la República), el Defensor del Pueblo; la Contraloría General de la República; y el Poder Electoral, que ejerce el Consejo Nacional Electoral.

Una efectiva separación de poderes, por supuesto, está montada sobre la independencia entre ellos, de manera que el origen de sus titulares (elección o designación) no quede a merced de la voluntad de ninguno de los poderes del Estado. En ello consiste la garantía del contrapeso.

En la nueva Constitución, al contrario, se consagra un desbalance entre los Poderes estatales al permitirse que la Asamblea Nacional pueda remover de sus cargos al Fiscal General de la República, al Defensor del Pueblo, al Contralor General de la República, a los Miembros del Consejo Nacional Electoral (art. 296) y más grave aún, a los Magistrados del Tribunal Supremo de Justicia (art. 265). Ello constituye la antítesis de la independencia y contrapeso entre los Poderes del Estado, y configura un modelo de concentración de Poder en la Asamblea Nacional, totalmente incompatible con una sociedad política democrática.

6. *La base constitucional para el militarismo*

En la nueva Constitución, al presidencialismo como forma de gobierno, y a la concentración del Poder en la Asamblea Nacional, se agrega un acentuado esquema militarista, cuya combinación puede conducir fácilmente al autoritarismo.

En efecto, en el texto constitucional quedó eliminada toda idea de sujeción o subordinación de la autoridad militar a la autoridad civil, consagrándose, al contrario, una gran autonomía de la autoridad militar y de la Fuerza Armada Nacional, unificadas las cuatro fuerzas, con la posibilidad de intervenir en funciones civiles.

Ello se evidencia de las siguientes regulaciones: primero, de la eliminación de la tradicional prohibición de que la autoridad militar y la civil no pueden ejercerse simultáneamente, que establecía el artículo 131 de la Constitución de 1961; segundo, de la eliminación del control, por parte de la Asamblea Nacional, respecto de los ascensos de los militares de alta graduación, que en el constitucionalismo histórico siempre se había previsto, disponiéndose en el texto constitucional, al contrario, que ello es competencia exclusiva de la Fuerza Armada (art. 331); tercero, de la eliminación del carácter no deliberante y apolítica de la institución militar, como lo establecía el artículo 132 de la Constitución de 1961, lo que abre la vía para que la Fuerza Armada, como institución militar, comience a deliberar políticamente y a intervenir y dar su parecer sobre los asuntos de los que estén resolviendo los órganos del Estado; cuarto, de la eliminación de la obligación de la Fuerza Armada de velar por la estabilidad de las instituciones democráticas que preveía el artículo 132 de la Constitución de 1961; quinto, lo que es más grave aún, de la eliminación de la obligación de la Fuerza Armada de respetar la Constitución y las leyes "cuyo acatamiento estará siempre por encima de cualquier otra obligación", como lo decía el artículo

132 de la Constitución de 1961; sexto, de la atribución a los militares, en forma expresa, del derecho al sufragio (art. 330), lo cual podría ser incompatible, políticamente, con el principio de obediencia; séptimo, del establecimiento del privilegio procesal, tradicionalmente reservado a los altos funcionarios del Estado, a los altos oficiales de la Fuerza Armada de que para ser enjuiciados se requiera una decisión del Tribunal Supremo sobre si hay o no méritos para ello (art. 266,3);.octavo, del sometimiento a la autoridad de la Fuerza Armada de todo lo concerniente con el uso de armas y no sólo las de guerra, lo que se le quita a la Administración civil del Estado (art. 324); noveno, de la atribución, en general, a la Fuerza Armada de competencias en materia de policía administrativa (art. 329); y décimo, de la adopción en el texto constitucional del concepto ya histórico de la doctrina de la seguridad nacional, por ser esta de carácter globalizante, totalizante y omnicomprensiva, conforme a la cual todo lo que acaece en el Estado y la Nación, concierne a la seguridad del Estado, incluso el desarrollo económico y social (art. 326).

Esta situación da origen a un esquema militarista que constitucionalmente es una novedad, pero que puede conducir a un apoderamiento de la Administración civil del Estado por la Fuerza Armada, a la cual, incluso se le atribuye en la Constitución "la participación activa en el desarrollo nacional" (art. 328).

Todo lo anterior, muestra un cuadro de militarismo realmente único en nuestra historia constitucional que ni siquiera se encuentra en las Constituciones de los regímenes militares.

III. EL PROBLEMA DE UNA CONSTITUCIÓN SOCIAL CONCEBIDA PARA EL PATERNALISMO Y EL POPULISMO

La segunda parte de toda Constitución, como norma suprema, además de la Constitución política, es la Constitución social o del ciudadano, en la cual se deben establecer las relaciones entre el Estado y la sociedad y sus componentes individuales.

En definitiva, está compuesta por el conjunto de libertades y derechos de los ciudadanos y habitantes del país, con sus correlativos deberes de parte del Estado y sus autoridades de protección, abstención o de prestación social. Lo cierto es que no puede haber un derecho consagrado constitucionalmente que no tenga un deber u obligación correlativo a cargo del Estado.

En esta materia, a pesar de los avances que contiene la Constitución, por ejemplo, en la enumeración de los derechos individuales y en la constitucionalización de los Tratados internacionales sobre derechos humanos a los cuales se les prescribió aplicación preferente cuando sean más favorables; los aspectos negativos del texto pesan más que las razones que podrían hacer que la Constitución merezca nuestra aprobación.

1. *La grave lesión a la garantía constitucional de la reserva legal*

La verdadera efectividad de una enunciación de derechos constitucionales en una Constitución, está en la previsión de sus garantías. La nueva Constitución venezolana en esta materia puede decirse que contiene una extensa y excelente enunciación de derechos constitucionales, en la misma línea de previsión, que se había seguido en América Latina con las Constituciones de Brasil y Colombia. En la nueva

Constitución, además, con la previsión expresa y amplísima de otorgarle rango constitucional a los Tratados Internacionales sobre Derechos Humanos, y prever no sólo su aplicación inmediata por los jueces sino su aplicación preferente en todo lo que puedan beneficiar a las personas (art. 31).

Esta enunciación, sin embargo, puede quedar perfectamente inefectiva, por la previsión, en la propia Constitución, de normas que significan una antítesis de la garantía constitucional de los derechos. En efecto, entre tales garantías, la más importante es la de la reserva legal, es decir, que las limitaciones a los derechos constitucionales sólo pueden establecerse mediante ley, y como tal debe entenderse el acto que emana del órgano legislativo (Asamblea Nacional) compuesto por representantes electos democráticamente. Sin embargo, en la nueva Constitución venezolana se prevé un sistema de legislación delegada mediante leyes habilitantes, que no tiene parangón en ninguna Constitución Latinoamericana, con la cual se puede atribuir, al Presidente de la República, la potestad de legislar en cualquier materia, con lo cual la garantía constitucional de la reserva legal quedaría totalmente minimizada y con ello, se podría dar al traste a la excelente enunciación de los derechos constitucionales.

2. *La ausencia de consagración constitucional de derechos de protección al niño desde la concepción*

Por otra parte, a pesar de todo el avance en materia de derechos individuales del texto constitucional, y de que se hubiese repetido la regulación de la Constitución de 1961 sobre el carácter inviolable del derecho a la vida (art. 43), en la nueva Constitución no se estableció con rango constitucional el derecho de los niños a protección integral "desde la concepción", como sí estaba regulado en el artículo 74 de la Constitución de 1961.

La Asamblea Constituyente, en este aspecto, violó las bases comiciales que la originaron y que le impusieron, como límite, la progresión de la protección de los derechos humanos. Al contrario, en este campo tan sensible, puede considerarse que hubo una regresión en la regulación constitucional, lamentablemente motivada por la discusión entre abortistas y no abortistas y entre movimientos feministas y la propia Iglesia Católica.

La Asamblea Nacional Constituyente no supo deslindar el campo de regulación y pretendiendo satisfacer los requerimientos de la Jerarquía Eclesiástica de la consagración del derecho de protección del niño desde la concepción, lo que hizo fue engañarla, previendo la protección de la maternidad "desde la concepción" (art. 76) ¡como que si pudiera haber otro momento a partir del cual se pudiera iniciar la maternidad!

Lo cierto de todo es que en la nueva Constitución no existe el balance necesario que debe haber entre los derechos del niño y los derechos de la madre para que se mantenga el equilibrio general de la protección y los derechos recíprocos pues, como es bien sabido, el límite del ejercicio de todos los derechos humanos es "el derecho de los demás y el orden público y social".

En todo caso, una Constitución que en el campo de los derechos individuales no garantiza expresamente el derecho de todo niño a protección integral desde la concepción, por regresiva en materia de protección de derechos individuales, no merece nuestra aprobación.

3. *La siembra constitucional del principio para el control de la libertad de información*

En la Constitución, ciertamente se consagra el derecho de toda persona a expresar libremente sus pensamientos, sus ideas y opiniones y de hacer uso para ello de cualquier medio de comunicación y difusión, sin que pueda establecerse censura, correspondiendo a quien haga uso de tal derecho plena responsabilidad por todo lo expresado (art. 57).

Sin embargo, al consagrarse el derecho de todos a la información, es decir, a ser informados, se adjetiviza dicha información al calificársela de "oportuna, veraz e imparcial" (art. 58), lo que sin dejar de ser un desideratum que debe derivarse del principio general de que el ejercicio de los derechos tiene como límite el derecho de los demás y el orden público y social (art. 20), así expresado constituye la siembra, en la nueva Constitución, de un principio que podría dar origen al desarrollo de un control público o político que podría conducir a la definición de una "verdad oficial" y por tanto, el rechazo de cualquier otra verdad en la información. En una Constitución signada por el principio de la progresión en la mayoría de los derechos individuales, esta regresión en materia de libertad de información es inadmisible, pues abre una grieta que puede servir al autoritarismo.

4. *La confusión entre buenas intenciones y los derechos constitucionales y el engaño que deriva de la imposibilidad de satisfacer algunos derechos sociales*

En la consagración de los derechos humanos, uno de los principios esenciales de orden constitucional es el denominado principio de alteridad, que implica que todo derecho comporta una obligación y que todo titular de un derecho tiene que tener relación con un sujeto obligado.

No hay, por tanto, derechos sin obligaciones ni obligados; por lo que la consagración de supuestos derechos que no pueden originar obligaciones u obligados, por imposibilidad conceptual, no es más que un engaño.

Así sucede, por ejemplo, con varios de los derechos y garantías sociales, tal y como se consagraron en la Constitución, cuya satisfacción es simplemente imposible. Constituyen, más bien, declaraciones de principio y de intención de indiscutible carácter teleológico, pero difícilmente pueden concebirse como "derechos" por no poder existir un sujeto con obligación de satisfacerlos.

Es el caso, por ejemplo, del "derecho a la salud", que se consagra como "un derecho social fundamental, obligación del Estado, que lo garantizará como parte del derecho a la vida" (art. 83). Lo cierto es que es imposible que alguien garantice la salud de nadie y que constitucionalmente se pueda consagrar el derecho a la salud. Ello equivale a consagrar, en la Constitución, "el derecho a no enfermarse", lo cual es imposible pues nadie puede garantizar a otra persona que no se va a enfermar.

En realidad, el derecho que se puede consagrar en materia de salud, como derecho constitucional, es el derecho a la protección de la salud, lo que comporta la obligación del Estado de velar por dicha protección, estableciendo servicios públicos de medicina preventiva y curativa. De resto, regular el "derecho a la salud", por imposibilidad de la alteridad, es un engaño.

Lo mismo podría señalarse, por ejemplo, respecto del derecho que se consagra en la Constitución a favor de "toda persona", "a una vivienda adecuada, segura, cómoda, higiénica, con servicios básicos esenciales que incluyan un hábitat que humanice las relaciones familiares, vecinales y comunitarias" (art. 82). Este derecho, así como está consagrado, es de imposible satisfacción; se trata, más bien, de una declaración de principio o de intención bellamente estructurada que no puede conducir a identificar a un obligado a satisfacerla, y menos al Estado.

También resulta un engaño establecer en la Constitución, pura y simplemente, que "toda persona tiene derecho a la seguridad social como servicio público no lucrativo que garantice la salud y asegure protección en contingencias... de previsión social"; siendo igualmente una imposibilidad prever que "El Estado tiene la obligación de asegurar la efectividad de este derecho, creando un sistema de seguridad social..." (art. 86).

De nuevo aquí, la intención es maravillosa, pero no para pretender regularla como un "derecho" constitucional con una obligación estatal correlativa, también de rango constitucional, cuya satisfacción es imposible. Se confundieron, en esta materia, las buenas intenciones y declaraciones sociales con derechos y obligaciones constitucionales, que originan otro tipo de relaciones jurídicas, incluso con derecho de ser amparados constitucionalmente.

5. *El excesivo paternalismo estatal y la minimización de las iniciativas privadas en materia de salud, educación y seguridad social*

En la regulación de los derechos sociales, en la nueva Constitución no sólo se pone en manos del Estado excesivas cargas, obligaciones y garantías, de imposible cumplimiento y ejecución en muchos casos, sino que se minimiza, al extremo de la exclusión, a las iniciativas privadas. En esta forma, aparecen regulados con un marcado acento estatista y excluyente servicios públicos esencial y tradicionalmente concurrentes entre el Estado y los particulares, como los de educación, salud y seguridad social.

Por ejemplo, en materia de salud, se dispone que para garantizarla "el Estado creará, ejercerá la rectoría y gestionará un sistema público nacional de salud, ... integrado al sistema de seguridad social, regido por los principios de gratuidad, universalidad, integralidad, equidad, integración social y solidaridad" (art. 84). Se trata, por tanto, de un sistema público de salud, regulado como un servicio público gratuito que forma parte del sistema de seguridad social. Nada se dice en la norma sobre los servicios privados de salud, aún cuando en otro artículo se indica que el Estado "regulará las instituciones públicas y privadas de salud" (art. 85).

En materia de seguridad social, el rasgo estatista del sistema es aún mayor: se declara la seguridad social como un servicio público de carácter no lucrativo, estando obligado el Estado "de asegurar la efectividad de este derecho, creando un sistema de seguridad social universal, integral, de financiamiento solidario, unitario, eficiente y participativo, de contribuciones directas o indirectas", precisándose, además, que las cotizaciones obligatorias sólo "podrán ser administradas con fines sociales bajo la rectoría del Estado" (art. 86). Se excluye así, en principio, toda iniciativa privada en materia de seguridad social y se minimiza la participación privada en la administración reproductiva de los fondos de pensiones.

En materia de educación, la tendencia estatista es similar: se regula la educación, en general, como un derecho humano y un deber social fundamental; se la declara en general como "democrática, gratuita y obligatoria" y se la define como "un servicio público" que el Estado debe asumir "como función indeclinable" (art. 102). Nada se indica, en la norma, en relación con la educación privada, y solo es en otro artículo que se consagra el derecho de las personas "a fundar y mantener instituciones educativas privadas bajo la estricta inspección y vigilancia del Estado, previa aceptación de este" (art. 106). La posibilidad de estatización de la educación, por tanto, no tiene límites en la Constitución, habiéndose eliminado del texto constitucional la disposición, que en la materia preveía la Constitución de 1961 de que "El Estado estimulará y protegerá la educación privada que se imparta de acuerdo con los principios contenidos en esta Constitución y en las leyes" (art. 79).

En esta materia, de nuevo, la Asamblea violó las bases comiciales al ignorar el carácter progresivo de la protección de los derechos humanos, y eliminar este derecho de protección que corresponde a la educación privada.

6. *La discriminación constitucional a favor de los pueblos indígenas y la siembra de principios desintegradores del Estado*

Una de las novedades de la nueva Constitución ha sido la inclusión de un capítulo sobre derechos de los pueblos indígenas, sobre todo si se compara su contenido con la escueta norma que traía la Constitución de 1961 que se limitaba a remitir a la ley para el establecimiento del "régimen de excepción que requiera la protección de las comunidades indígenas y su incorporación progresiva a la vida de la Nación" (art. 77).

La verdad es que de una idea de régimen de protección, en la nueva Constitución se pasó a un régimen discriminatorio en exceso respecto del resto de la población de nuestro territorio, al establecerse en general, un régimen de germen de un Estado dentro del Estado, con grave riesgo futuro a la integridad del territorio y de la Nación.

Bien es sabido que al Estado se lo define en el derecho constitucional como un pueblo, asentado en un territorio con gobierno propio. Esos tres componentes pueblo, territorio y organización política definen al Estado; y, este solo puede ser uno. No puede haber varios Estados en un mismo territorio.

Sin embargo, en la Constitución, en el primero de los artículos relativos a los derechos de los pueblos indígenas, se señala que "El Estado reconocerá la existencia de los *pueblos* y comunidades indígenas, *su propia organización* social, *política* y económica, sus culturas, usos y costumbres, idiomas y religiones, así como su hábitat y derechos originarios *sobre las tierras* que ancestral y tradicionalmente ocupan y que son necesarias para desarrollar y garantizar sus formas de vida" (art. 119).

De nuevo, esta declaración de principios es un desideratum humano, pero su consagración en un texto constitucional es cosa distinta: genera derechos y deberes y, en su forma, constituye el reconocimiento de un Estado dentro del Estado, con grave riesgo futuro a la generación de conflictos que afecten a la integridad territorial de la Nación.

IV. EL PROBLEMA DE UNA CONSTITUCIÓN ECONÓMICA CONCEBIDA PARA EL ESTATISMO INSOLVENTE

El paternalismo estatal en el campo social conduce inexorablemente a la concepción de una Constitución económica con una gran carga estatista. En efecto, la tercera parte de la Constitución, como toda Constitución contemporánea, está destinada a regular la Constitución económica, en la cual se establecen las reglas de juego del sistema económico del país, el cual sigue concibiéndose en un principio, como un sistema de economía mixta, que se basa en reconocer la iniciativa privada y los derechos de propiedad y libertad económica, pero fundamentándolo en principios de justicia social, lo que permite la intervención del Estado en la economía, en algunos casos en forma desmesurada.

En esta materia, a pesar de que en las discusiones en la Asamblea se lograron establecer algunos equilibrios importantes entre la libertad económica y la intervención del Estado, quedó en la Constitución un marcado acento estatista, lo que aunado a las consecuencias fiscales del paternalismo social y del populismo que contiene, hacen inviable financieramente el rol del Estado, y originan un esquema de terrorismo tributario que informa el texto constitucional.

1. *La posibilidad casi ilimitada de intervención estatal en la economía*

En efecto, la Constitución no sólo es manifiestamente estatista en materia económica, al atribuir al Estado la responsabilidad fundamental en la gestión y prestación de los servicios públicos básicos en materia de salud, educación y seguridad social, y de los de carácter domiciliario como distribución de agua, electricidad y gas, sino que ello también deriva de la regulación, en la misma, de un conjunto de potestades reguladoras, de control y de planificación.

Las normas relativas a la economía, por tanto, son básicamente las destinadas a prever la intervención del Estado, destinándose a lo privado, en realidad, las escuetas normas reguladoras de la libertad económica (art. 112) y de la propiedad privada (art. 115). No existe, sin embargo, el equilibrio necesario entre lo público y lo privado, privilegiándose en el sector privado sólo actividades no fundamentales en la generación de riqueza y empleo como la agrícola (art. 305), la artesanía (art. 309), la pequeña y mediana empresa (art. 308), y el turismo (art. 310).

A ello se agregan normas de control y persecución como las relativas a los monopolios y a los delitos económicos (arts. 113 y 114); la declaración como del dominio público del subsuelo, las costas marítimas y las aguas (arts. 112 y 304) lo que abre un campo ilimitado respecto del control estatal del uso y aprovechamiento de dichos bienes; la reserva al Estado de la industria petrolera, y la posibilidad de reserva de otras actividades, servicios o explotaciones de carácter estratégico (art. 302); y las normas que prevén las potestades planificadoras del Estado, tanto a nivel nacional (arts. 112 y 299) como a nivel local (art. 178).

El Estado, así, en la Constitución es responsable de casi todo, y puede regularlo todo. La iniciativa privada aparece marginal y marginada. No se asimiló la experiencia del fracaso del Estado regulador, de control, planificador y empresario de las últimas décadas, ni se entendió la necesidad de privilegiar las iniciativas privadas y estimular la generación de riqueza y empleo por la sociedad.

El resultado del texto constitucional en materia económica, visto globalmente y en su conjunto, es el de una Constitución hecha para la intervención del Estado en la economía y no para el desarrollo de la economía por los privados bajo el principio de la subsidiariedad de la intervención estatal

2. *La incapacidad financiera para la atención por el Estado de las tareas y responsabilidades que se le asignan*

El Estado que se concibe en la nueva Constitución, cuando se analiza en su conjunto el enorme cúmulo de responsabilidades que se le atribuyen en el campo social, de la salud, educación, seguridad social y cargas laborales, con exclusión sistemática de las iniciativas privadas; es totalmente incapaz, financieramente, para atenderlas. Para la previsión de las regulaciones del Estado paternalista establecidas en la Constitución, no hubo cálculo alguno de costos, lo que coloca al Estado, si pretende asumirlas y cumplirlas, de entrada, en una situación de quiebra, por estar obligado a pagar más de lo que es capaz y puede recaudar en impuestos, máxime en un país en el cual no hay hábito ciudadano de contribuyente.

Si a ello se agrega la previsión con rango constitucional de que la gestión fiscal debe equilibrarse en un marco plurianual del presupuesto "de manera que los ingresos ordinarios deben ser suficientes para cubrir los gastos ordinarios" (art. 311); no se entiende cómo será posible la atención por el Estado de todas las obligaciones que se le imponen.

3. *La consagración del terrorismo fiscal como ilusión para resolver la insolvencia estatal y la desprotección de los contribuyentes*

La enorme responsabilidad social atribuida al Estado y los costos financieros que conlleva su atención, por supuesto que implicarán la exacerbación del ejercicio de la potestad tributaria del Estado en sus diversos niveles territoriales y, de inmediato, en el nivel nacional y en el nivel municipal. Ello exigía, por sobre todo, el establecimiento de un adecuado equilibrio entre la potestad pública y los derechos de los individuos, de manera que el ejercicio de la primera no afecte la capacidad económica de los contribuyentes ni sus garantías constitucionales, que requieren de protección especial.

La nueva Constitución, en esta materia, no reguló nada específico sobre el necesario respeto de la capacidad contributiva de las personas ni sobre el principio de que la imposición debía revertir servicios públicos adecuados hacia los contribuyentes-ciudadanos. Nada se reguló, además, sobre las garantías constitucionales del contribuyente frente al ejercicio de la potestad tributaria, ya que es precisamente con ocasión de su ejercicio que todo el poder del Estado se puede volcar sobre los individuos. Al contrario, las únicas normas nuevas previstas en el texto en esta materia tienden a castigar la evasión fiscal con penas privativas de la libertad personal (art. 317), estableciéndose en las Disposiciones Transitorias normas destinadas a regularizar el terrorismo fiscal (Disposición Transitoria Quinta), elaboradas pensando como si sólo las grandes empresas fueran contribuyentes, a quienes sólo hay que perseguir, e ignorando que en un sistema de Estado con incapacidad financiera estructural todas las personas son o deben ser potencialmente contribuyentes y, por tanto, sujetos de persecución fiscal.

En esta materia la Constitución se olvidó del ciudadano y de la protección y seguridad que había que brindarle.

4. *La lesión a la autonomía del Banco Central de Venezuela*

La nueva Constitución atribuye al Banco Central de Venezuela el ejercicio exclusivo y obligatorio de las competencias monetarias del Poder Nacional, atribuyéndole la autonomía necesaria para ello, sin perjuicio de la necesaria coordinación con la política económica general (art. 318).

Sin embargo, esa autonomía se limita en el texto, con remisión a la Ley, a tal punto que puede neutralizarse completamente, politizándose la gestión de la Institución. Ello deriva de las siguientes previsiones: en *primer lugar,* de la posibilidad de regularse legalmente la remoción del Directorio del Banco por incumplimiento de metas y objetivos de la política monetaria; en *segundo lugar,* de la obligatoriedad de rendición de cuenta de su actuación, metas y resultados respecto de sus políticas, ante la Asamblea Nacional; en *tercer lugar,* de la previsión de inspección y vigilancia del Banco por parte de la Superintendencia de Bancos; en *cuarto lugar,* de la aprobación por la Asamblea Nacional del Presupuesto de gastos de funcionamiento e inversiones del Banco (art. 319); y por último, conforme con la Disposición Transitoria Cuarta, de la intervención de la Asamblea Nacional en la designación y ratificación de los miembros del Directorio del Banco (ord. 8).

Con este esquema constitucional, la consagrada autonomía del Banco Central de Venezuela, puede ser minimizada, abriéndose campo a la politización de la Institución.

V. APRECIACIÓN GENERAL: UNA CONSTITUCIÓN CONCEBIDA PARA EL AUTORITARISMO, EL PATERNALISMO ESTATAL, EL POPULISMO Y EL ESTATISMO INSOLVENTE

De lo anterior resulta que, en cuanto a la *Constitución política* la nueva Constitución, cuando se analiza globalmente, particularmente en los elementos antes mencionados, pone en evidencia un esquema institucional concebido para el autoritarismo, que deriva de la combinación del centralismo de Estado, del presidencialismo exacerbado, de la partidocracia, de la concentración del Poder en la Asamblea y del militarismo que constituyen los elementos centrales diseñados para la organización del Poder del Estado.

En nuestro criterio esa no es la Constitución política que la democracia requería para su perfeccionamiento, y que al contrario, debía haber estado montada sobre la descentralización del poder, un presidencialismo controlado, la participación política al balance entre los Poderes del Estado y la sujeción de la autoridad militar a la civil.

Por su parte, en cuanto a la *Constitución social,* en la Constitución, al enumerar el elenco de derechos humanos y de garantías y obligaciones estatales, lamentablemente, abre la puerta para su limitación por el Ejecutivo mediante legislación delegada; y además, analizada globalmente, lo que muestra es un marginamiento de la sociedad y de las iniciativas particulares, haciendo recaer sobre el Estado todas las obligaciones imaginables, imposible de cumplir. Es una Constitución concebida para el paternalismo, lo que se traduce en populismo.

Esa no es la Constitución social que se requería para fundar una democracia social y participativa, para lo cual debió haber revalorizado la participación de todas las iniciativas privadas en los procesos educativos, de salud y de seguridad social, como actividades en las cuales tiene que existir una corresponsabilidad entre el Estado y la Sociedad.

Por último, la nueva Constitución, en su componente de *Constitución económica*, completa el cuadro paternalista de la Constitución social, inclinando el régimen constitucional hacia el Estado en lugar de hacia la iniciativa privada, originando un estatismo exagerado, con el riesgo de multiplicación de una voracidad fiscal incontrolable concebida para aplastar al contribuyente, al cual no se protege constitucionalmente.

Esa no es la Constitución económica que se requería para fundar la política de desarrollo económico que requiere el país, que tiene que apuntar hacia la creación de riqueza y empleo y que el Estado es incapaz de lograr, sin la decisiva participación de las iniciativas privadas, que lejos de ser perseguidas, deben ser protegidas e incentivadas.

Por todo lo anterior, es que hemos señalado que la Constitución de 1999 no ha introducido los cambios que requería el país, con motivo del momento constituyente que originó la crisis del modelo político de Estado Centralizado de Partidos establecido a partir de 1945 y reestablecido en 1958, y que exigía para perfeccionar la democracia y hacerla más representativa y participativa, estructurar un Estado democrático descentralizado y participativo. Nada de esto se logró, por lo que sólo la historia dirá si esta Constitución es la última del cuarto de los períodos histórico políticos de Venezuela o la primera del quinto.

DÉCIMA TERCERA PARTE
ASAMBLEA CONSTITUYENTE Y CONTROL JUDICIAL HONDURAS (2009), ECUADOR (2007) Y VENEZUELA (1999)

Esta Parte está conformada por los dos estudios en los que analicé comparativamente el desarrollo de los procesos constituyentes de Colombia (1991), Venezuela (1999) y Ecuador (2007), y el intento de proceso iniciación de un proceso constituyente en Honduras (2009), y las vicisitudes del control judicial sobre los mismos. Los mismos fueron publicados en el libro: *Reforma Constitucional, Asamblea Constituyente, y Control Judicial: Honduras (2009), Ecuador (2007) y Venezuela (1999)*, Serie Derecho Administrativo N° 7, Universidad Externado de Colombia, Bogotá 2009, 144 pp.

SECCIÓN PRIMERA:

REFORMA CONSTITUCIONAL, ASAMBLEA NACIONAL CONSTITUYENTE Y CONTROL JUDICIAL CONTENCIOSO ADMINISTRATIVO. EL CASO DE HONDURAS (2009) Y EL ANTECEDENTE VENEZOLANO (1999)

Este trabajo fue también publicado en *Revista Aragonesa de Administración Pública,* N° 34, (junio 2009), Gobierno de Aragón, Zaragoza 2009, pp. 481-529; la *Revista de la Facultad de Derecho,* N° 60-61, (2005-2009), Universidad Católica Andrés Bello, Caracas 2009, pp. 63-112; y *Revista Mexicana Statum Rei Romanae de Derecho Administrativo. Homenaje de Nuevo León a Jorge Fernández Ruiz,* Con. 3, Julio-Dic. 2009, Asociación Mexicana de Derecho Administrativo, Facultad de Derecho y Criminología de la Universidad Autónoma de Nuevo León, Monterrey, México 2009, pp. 11-77.

I. REFORMAS CONSTITUCIONALES Y CLÁUSULAS PÉTREAS

Los mecanismos para la reforma de la Constitución en una sociedad democrática constituyen una de las piezas esenciales del Estado Constitucional, del Estado de derecho y de la democracia constitucional,[1] pues al ser establecidos en la propia

---

[1] Véase lo expuesto en Allan R. Brewer-Carías, "La reforma constitucional en una sociedad democrática" (Conferencia dictada en el acto de presentación del libro *Visión y análisis comparativo de reformas constitucionales en Iberoamérica,* Senado de la República Dominicana,

Constitución, la soberanía popular puede decirse que queda perfectamente juridificada; es decir, sujeta a limitaciones en cuanto a su manifestación, no sólo impuestas a los órganos del Estado mismo, sino al funcionamiento de la propia democracia y a la manifestación de dicha soberanía popular.

Por ello, si bien en la generalidad de las Constituciones, como por ejemplo ocurre en la de Honduras, se proclama que "la soberanía corresponde al pueblo del cual emanan todos los poderes del Estado," sin embargo, le imponen al propio pueblo, en su ejercicio, la observancia de las propias disposiciones constitucionales. Como dice el artículo 2 de la Constitución de Honduras: si bien del pueblo "emanan todos los Poderes del Estado", los mismos sólo "se ejercen por representación."

En esta forma, a la soberanía popular en las Constituciones se la ha dotado de un carácter jurídico y no sólo fáctico, lo que por supuesto no implica que se haga de la Constitución una fuente de la soberanía misma. El pueblo es el soberano y, como tal, es el que ha juridificado, al adoptar la Constitución, el ejercicio de su propia soberanía, otorgando además, a la misma de carácter supremo. En el Estado constitucional, por tanto, es el pueblo el que se autolimita a través de la Constitución adoptada como norma suprema para ejercer la soberanía; de manera que la Constitución normativiza su ejercicio.

Pero sin duda, la soberanía, a pesar de ser dotada en las Constituciones de ese carácter jurídico, en definitiva resulta ser un concepto político o una cuestión de hecho, cuyo ejercicio en una sociedad democrática tiene que tender a fundamentarse en el consenso político, para lograr que sea, precisamente, la expresión del pueblo. En otras palabras, el ejercicio de la soberanía popular en un Estado constitucional de derecho, nunca puede consistir en la imposición de la voluntad de una fracción sobre la otra. Tiene que buscar responder al consenso político, que por supuesto es cambiante, como también es cambiante el juego de las relaciones sociales y políticas.

La clave del éxito de las Constituciones, como normas dotadas de supremacía, en cualquier sociedad democrática es, precisamente, llegar a ser el resultado del consenso o de un pacto de toda una sociedad -y no de voluntades circunstanciales- y, además, poder prever en sus normas, tanto la forma de materialización de los cambios constitucionales, como los mecanismos que permitan garantizar, en su momento, que la voluntad popular no vaya a ser suplantada.

Por eso, la normativización de la soberanía popular, más que una limitación impuesta por el propio pueblo a su manifestación, es una garantía para que al pueblo pueda asegurársele la libre determinación de decidir su futuro. Por eso es que decimos que la juridificación de la soberanía popular implica su autolimitación procedimental, mediante el establecimiento de normas que aseguren efectivamente la formación de la voluntad soberana; normas precisamente como la que están en el artículo 373 de la Constitución de Honduras donde se precisa que una reforma constitucional sólo puede aprobarse cuando dos Legislaturas diferentes y subsecuentes la aprueben mediante voto calificado.

En general, por tanto, los procedimientos para la reforma constitucional establecidos en las Constituciones, constituyen una limitación adjetiva, auto impuesta,

---

Santo Domingo 12 de julio 2006), en *Estudios sobre el Estado constitucional (2005-2006),* Editorial Jurídica Venezolana, Caracas, 2007, pp. 709-712. Véase también en www.allanbrewercarias.com, Sección I, 1, 943 (2006).

para asegurar la manifestación de la voluntad popular; lo que sin embargo no excluye la posibilidad de que como lo regulan muchas Constituciones, también se establezcan limitaciones de orden material, como cláusulas pétreas que buscan limitar el propio contenido de la voluntad popular, restringiendo su facultad de cambiar determinados principios e, incluso, sistemas políticos. Por ello el artículo 374 de la Constitución de Honduras dispone que no son reformables los artículos constitucionales que se refieren "a la forma de gobierno, al territorio nacional, al período presidencial, a la prohibición para ser nuevamente Presidente de la República, el ciudadano que lo haya desempeñado bajo cualquier título y referente a quienes no pueden ser Presidente de la República por el período subsiguiente."

En todo caso, los mecanismos de reforma constitucional deben ser regulados en las Constituciones en forma tal que asegurando la manifestación de la voluntad popular (que en el caso de Honduras sólo es a través de sus representantes), a la vez, permita que se realicen los cambios necesarios que exige cualquier sociedad democrática.

Se trata, siempre, de la búsqueda del equilibrio entre soberanía popular y supremacía constitucional, que son los principios que siempre están presentes en toda reforma constitucional: Por una parte, la supremacía constitucional, que implica que la Constitución es la ley de leyes, que obliga por igual a gobernantes y gobernados, prescribiendo los mecanismos para la reforma constitucional como límites a los poderes constituidos y al propio pueblo; y por la otra, la soberanía popular que faculta al pueblo, como titular de la soberanía, el ejercicio del poder constituyente para modificar el Estado constitucional, su organización y la propia Constitución, en la forma prescrita en ella misma.

El primero, el principio de la supremacía constitucional, es un concepto jurídico; y el segundo, el de la soberanía popular, es un concepto político (aunque jurídificado); y en torno a ambos es que gira el poder constituyente, es decir, el poder de reformar la Constitución que siempre debe resultar de un punto de equilibrio entre ambos principios. Ni la supremacía constitucional puede impedir el ejercicio de la soberanía por el pueblo, ni este pueda expresarse al margen de la Constitución. En esta forma, en el equilibrio entre ambos principios, que es el equilibrio entre el derecho y los hechos, o entre el derecho y la política, es cómo el poder constituyente debe manifestarse en un Estado constitucional y democrático de derecho. Es decir, la reforma constitucional debe resultar del equilibrio previsto en la Constitución entre soberanía popular y supremacía constitucional, como juridificación del poder constituyente, para hacerlo operativo desde el punto de vista democrático.

Por todo lo anterior, puede decirse que la reforma de la Constitución o el poder de reforma constitucional, es un poder jurídico que descansa en un acto de autolimitación del poder constituyente el cual fija en el texto constitucional los mecanismos de actuación de ese poder de revisión. Por ello el artículo 375 de la Constitución de Honduras declara enfáticamente que ella en caso alguno pierde su vigencia ni deja de cumplirse "cuando fuere modificada por cualquier otro medio y procedimiento distintos del que ella mismo dispone."

Lo importante a destacar, en todo caso, es que esta juridificación o fijación jurídica no implica que la soberanía nacional, como poder constituyente, desaparezca. En realidad puede decirse que por la propia autolimitación constitucionalmente establecida, una vez regulado el poder constituyente en la Constitución, el mismo entra en un estado latente pero teniendo siempre la posibilidad de manifestarse cuando sea requerido, conforme al procedimiento que el mismo pueblo ha instituido en el texto constitucional.

Por ello la importancia que tiene para el Estado constitucional democrático de derecho que esta juridificación del poder constituyente sea, en definitiva, un instrumento para el fortalecimiento de la democracia. Se trata de la previsión, en forma de normas, de los mecanismos pacíficos y racionales para que el pueblo adopte en un momento y circunstancias determinadas el orden político y jurídico apropiado para sus fines esenciales. De allí la posibilidad misma de plantear el mecanismo constitucional de la Asamblea Constituyente para la reforma de la Constitución, pero para ello, obviamente, el mismo tiene que ser previamente juridificada.

En todo caso, cualquiera que sea el procedimiento constitucionalmente establecido para la reforma constitucional, el mismo debe garantizar la manifestación democrática de la voluntad popular en el marco constitucional, y evitar que por la fuerza o por la expresión de mayorías circunstanciales se imponga la voluntad de una facción del pueblo sobre las otras. La historia, por lo demás, enseña que nada que se imponga a una sociedad por la fuerza perdura; ni nada que pretenda basarse en la imposición de la voluntad de una facción de la sociedad aplastando o excluyendo a las otras, perdura.

Una reforma constitucional, por tanto, para que perdure, por sobre todo tiene que ser un instrumento para la inclusión, el consenso y la conciliación. Es cierto que a veces ha sido el resultado de un armisticio después de alguna guerra fraticida, como tantos ejemplos nos muestra la historia; en otros casos, ha sido el resultado de un pacto para evitar la confrontación, como también nos lo muestra la historia reciente. Pero en todo caso, debe ser un instrumento de conciliación, que permita no sólo adaptar las Constituciones a las exigencias políticas de los tiempos contemporáneos, sino que las mismas sean efectivamente la manifestación de la voluntad popular. Ese es el reto que todo país tiene al plantearse el tema de la reforma constitucional, cuya asunción tiene que garantizar la perdurabilidad de la democracia, perfeccionándola para todos.

En el caso de Honduras, la Constitución es de los pocos textos constitucionales latinoamericanos que establece mecanismos relativamente sencillos para su reforma, excluyendo la intervención del pueblo en el procedimiento de reforma, lo que al contrario, en la mayoría de los países latinoamericanos se requiere expresamente mediante la aprobación de las reformas por referendo. En efecto, en Honduras, de acuerdo con el artículo 373 de la Constitución, la adopción de las reformas constitucionales corresponde al Congreso, como cuerpo de la representación del pueblo, al cual este le asignó el carácter de poder constituyente derivado, pudiendo en tal carácter decretar dichas reformas en sesiones ordinarias, aún cuando con el voto de los dos tercios de la totalidad de sus miembros. Ese es el primer elemento de rigidez constitucional que se establece en la Constitución, seguido de otro y es que las reformas adoptadas sólo pueden entrar en vigencia una vez que sean ratificadas por la subsiguiente legislatura ordinaria, por igual número de votos. En consecuencia, en Honduras no hay otro mecanismo para reformar la Constitución que no sea el Congreso mediante el procedimiento especial mencionado, lo que implica la necesidad de lograr consensos entre los representantes del pueblo, mediante voto calificado, ni siquiera una sola vez, sino dos veces: primero por el Congreso que sancionó inicialmente la reforma y segundo, por el nuevo Congreso electo subsecuentemente.

Esta forma relativamente sencilla del procedimiento de reforma constitucional, por otra parte, tiene como contrapartida la inclusión en la Constitución de una sustancial cláusula pétrea referida a diversos aspectos constitucionales sustantivos que no pueden reformarse en la forma prevista. Es el caso mencionado del artículo 374 de la Constitución de Honduras el cual dispone que no son reformables mediante el mencionado procedimiento de reforma constitucional "los artículos constitucionales que se refieren a la forma de gobierno, al territorio nacional, al período presidencial, a la prohibición para ser nuevamente Presidente de la República, el ciudadano que lo haya desempeñado bajo cualquier título y referente a quienes no pueden ser Presidente de la República por el período subsiguiente."

Una norma de este tipo, como se dijo, no es frecuente en América Latina,[2] y quizás es sólo comparable con las previsiones de la Constitución de Guatemala donde también se establece en el artículo 281 de la Constitución que "en ningún caso podrán reformarse los artículos 140 (independencia del Estado y al sistema de gobierno), 141 (soberanía popular), 165, inciso g) (desconocimiento del mandato del Presidente después de vencido su período constitucional), 186 (prohibiciones para optar a cargos de Presidente y Vicepresidente) y 187 (prohibición de reelección), ni en forma alguna toda cuestión que se refiera a la forma republicana de gobierno, al principio de no reelección para el ejercicio de la Presidencia de la República, ni restársele efectividad o vigencia a los artículos que estatuyen alternabilidad en el ejercicio de la Presidencia de la República, así como tampoco dejárseles en suspenso o de cualquier otra manera de variar o modificar su contenido".

En otros países las cláusulas pétreas son más limitadas, como sucede por ejemplo en El Salvador, donde el artículo 248 constitucional dispone que: "No podrán reformarse en ningún caso los artículos de esta Constitución que se refieren a la forma y sistema de gobierno, al territorio de la República y a la alternabilidad en el ejercicio de la Presidencia de la República". En sentido similar, aún cuando sin referencia al principio de la alternabilidad, el artículo 119 de la Constitución de República Dominicana declara que: "Ninguna reforma podrá versar sobre la forma de Gobierno, que deberá ser siempre civil, republicano, democrático y representativo". En otros casos, como en la Constitución del Brasil, lo que se establece es que no se puede abolir determinadas instituciones o principios, pero ello no impide la reforma de los artículos que las consagran. En tal sentido, el artículo 60 § 4, establece que: "No será objeto de deliberación la propuesta de enmienda tendiente a abolir: I. La forma federal del Estado; II. El voto directo, secreto, universal y periódico; III. La separación de los Poderes; IV. Los derechos y garantías individuales".

En el artículo 137 de la Constitución de Cuba también se ha establecido una cláusula pétrea respecto del "sistema político, económico y social, cuyo carácter irrevocable lo establece el artículo 3 del Capítulo I, y la prohibición de negociar acuerdos bajo agresión, amenaza o coerción de una potencia extranjera". Además,

---

[2] Véase Allan R. Brewer-Carías, "Modelos de revisión constitucional en América Latina", en *Boletín de la Academia de Ciencias Políticas y Sociales*, enero-diciembre 2003, Nº 141, Caracas 2004. pp. 115-156; y en Walter Carnota y Patricio Marianello (Directores), *Derechos Fundamentales, Derecho Constitucional y Procesal Constitucional,* Editorial San Marcos, Lima 2008, pp. 210-251.

en la reforma constitucional de junio de 2002, la Asamblea Nacional del Poder Popular añadió al texto constitucional otra cláusula pétrea con el siguiente texto:

"Disposición Especial. El pueblo de Cuba, casi en su totalidad, expresó entre los días 15 y 18 de junio del 2002, su más decidido apoyo al proyecto de reforma constitucional propuesto por las organizaciones de masas en asamblea extraordinaria de todas sus direcciones nacionales que había tenido lugar el día 10 del propio mes de junio, en el cual se ratifica en todas sus partes la Constitución de la República y se propone que el carácter socialista y el sistema político y social contenido en ella sean declarados irrevocables, como digna y categórica respuesta a las exigencias y amenazas del gobierno imperialista de los Estado Unidos el 20 de mayo de 2002".

Estas cláusulas pétreas, por otra parte, en algunas Constituciones se regulan, aún cuando no en la forma tan clara y precisa de los ejemplos mencionados, sino que se deducen la forma de redacción de las propias disposiciones constitucionales, como sucede por ejemplo, en el artículo 1 de la Constitución de Venezuela cuando declara que la República "*es irrevocablemente* libre e independiente..."; cuando el artículo 5 que declara que "la soberanía reside *intransferiblemente* en el pueblo", o cuando el artículo 6 prescribe que el gobierno de la República "y de las entidades políticas que la componen *es y será siempre* democrático, participativo, electivo, descentralizado, alternativo, responsable, pluralista y de mandatos revocables."[3]

Otra cláusula pétrea incluso puede identificase como consecuencia de la previsión del principio de la progresividad en materia de derechos humanos, como lo establece el artículo 19 de la Constitución de Venezuela, lo que implica que las normas que prevén la protección constitucional de los derechos inherentes a la persona humana, nunca podrían reformarse para reducir el ámbito de protección de los mismos.

La diferencia entre las previsiones para la reforma constitucional y las cláusulas pétreas establecidas en muchas de las Constituciones latinoamericanas con las establecidas en la Constitución de Honduras, es que en todo caso, en esta última está prevista la consecuencia de la violación de las normas constitucionales en la materia. Por ejemplo, en materia de limitación a la reelección presidencial que se prevé en la Constitución y a la mencionada cláusula pétrea que declara como no reformable la norma del artículo 239 que dispone que "el ciudadano que haya desempeñado la titularidad del Poder Ejecutivo no podrá ser Presidente o Designado", es ella misma la que dispone la consecuencia de su violación al prever que "*El que quebrante esta disposición o proponga su reforma*, así como aquellos que *lo apoyen directa o indirectamente*, cesarán de inmediato en el desempeño de sus respectivos cargos, y quedarán inhabilitados por diez años para el ejercicio de toda función pública."

Además, el artículo 4 de la misma Constitución después de declarar que "la forma de gobierno es republicana, democrática y representativa" agrega que "la alternabilidad en el ejercicio de la Presidencia de la República es obligatoria," disponiendo que "La infracción de esta norma constituye delito de traición a la Patria."

---

[3] Véase sobre el principio de la alternabilidad republicana en Venezuela, en Allan R. Brewer-Carías, "El Juez Constitucional vs. La alternabilidad Republicana.(La reelección continua e indefinida)", en *Revista de Derecho Público*, N° 117, Editorial Jurídica Venezolana, Caracas 2009, pp. 205 ss.

Llega tan lejos la Constitución de Honduras en esta materia que prevé en su artículo 42,5 como una de las causales de la pérdida de "la calidad de ciudadano", el hecho de "incitar, promover o apoyar el continuismo o la reelección del Presidente de la República."

Ese es el contexto jurídico constitucional en el cual el Presidente Manuel Zelaya comenzó a plantear la posibilidad de proceder a convocar una Asamblea Nacional Constituyente como mecanismo de reforma no previsto ni regulado en la Constitución (entre otros aspectos para incluir la reelección indefinida del Presidente de la República), sin duda, tratando de seguir los pasos diseñados en el precedente venezolano de 1999, donde forzando la realización de un "referendo consultivo" (no vinculante) sobre el mismo tema de la convocatoria de una Asamblea Constituyente, una vez realizada la consulta se puso en juego el conflicto entre soberanía popular y supremacía constitucional, tácticamente prevaleciendo la primera a través de interpretaciones constitucionales tortuosas, que dieron origen a una Asamblea Constituyente que en definitiva comenzó por dar un golpe de Estado contra la Constitución y los poderes constituidos, en nombre de la soberanía popular que asumió y usurpó.

II. EL ANTECEDENTE VENEZOLANO EN 1999 DE LA CONSULTA POPULAR SOBRE LA CONVOCATORIA DE UNA ASAMBLEA CONSTITUYENTE NO PREVISTA EN LA CONSTITUCIÓN Y LA AMBIGUA INTERPRETACIÓN JUDICIAL POR LA JURISDICCIÓN CONTENCIOSO ADMINISTRATIVA

En efecto, durante la campaña electoral presidencial de 1998, el entonces candidato Hugo Chávez Frías propuso al electorado como su fundamental propuesta política sobre el Estado, la convocatoria de una Asamblea Nacional Constituyente para "refundar el Estado", la cual, sin embargo, no estaba prevista en la Constitución de 1961 como un procedimiento válido para la reforma constitucional. La Constitución, en realidad sólo establecía expresamente dos mecanismos para su revisión, que eran la "enmienda" y la "reforma general."[4] Una Asamblea Constituyente cuando no es producto de un golpe de Estado o una ruptura fáctica del orden constitucional, para poder ser convocada tiene que estar regulada constitucionalmente como mecanismo para la reforma de la Constitución, como a partir de la Constitución de 1999 se estableció expresamente en Venezuela.[5] En 1998, por tanto, ante la propuesta del entonces Presidente electo Hugo Chávez Frías sobre la Asamblea Constituyente, el problema era cómo elegirla.

---

[4] Véase sobre estas previsiones Allan R. Brewer-Carías, "Los procedimientos de revisión constitucional en Venezuela" en *Boletín de la Academia de Ciencias Políticas y Sociales*, N° 134, Caracas 1997, pp. 169-222; y en Eduardo Rozo Acuña (Coord.), *I Procedimenti di revisione costituzionale nel Diritto Comparato*, Atti del Convegno Internazionale organizzato dalla Facoltà di Giurisprudenza di Urbino, 23-24 aprile 1997, a cargo del Prof., Università Degli Studi di Urbino, pubblicazioni della Facoltà di Giurisprudenza e della Facoltá di Scienze Politiche, Urbino, Italia, 1999, pp. 137-181.

[5] Véase los comentarios sobre los mecanismos de reforma de la Constitución en la Constitución de 1999 en Allan R. Brewer-Carías, *La Constitución de 1999. Derecho Constitucional Venezolano*, Editorial Jurídica venezolana, Tomo I, Caracas 2004, pp. 157 ss.

Sobre ello, a comienzos de 1999, decíamos lo siguiente:

El reto que tenemos los venezolanos hacia el futuro, incluyendo el presidente electo Hugo Chávez Frías y su futuro gobierno, por tanto, no es resolver si vamos o no a tener una Asamblea Constituyente en el futuro próximo, sino cómo la vamos a realizar. Las elecciones de noviembre y diciembre de 1998 iniciaron el proceso, pero el dilema es el mismo de siempre: ¿la vamos a convocar violando la Constitución o la vamos a convocar respetando la Constitución? En el pasado, por la fuerza, siempre hemos optado por la primera vía; en el momento presente, con la globalización democrática que caracteriza al mundo contemporáneo y con el desarrollo político de nuestro propio pueblo, no habría derecho a que el nuevo gobierno y los partidos tradicionales, por su incomprensión, también nos lleven a tomar la vía del desprecio a la Constitución, precisamente, la "fulana Constitución," como se la ha calificado recientemente.

Las fuerzas políticas tradicionales representadas en el Congreso tienen que aceptar que el sistema político iniciado en los años cuarenta, sencillamente terminó, y tienen que entender que el precio que tienen que pagar por mantener la democracia, consecuencia de su incomprensión pasada, es reformar de inmediato la Constitución para establecer el régimen de la Asamblea Constituyente, en la cual, sin duda, nuevamente perderán cuotas de poder.

Pero las nuevas fuerzas políticas también representadas en el Congreso, y el presidente electo Hugo Chávez Frías, también tienen que entender que la Constitución no está muerta, que es el único conjunto normativo que rige a todos los venezolanos y que su violación por la cúpula del poder lo único que lograría sería abrir el camino a la anarquía.

Los venezolanos de comienzos del siglo XXI no nos merecemos una ruptura constitucional y tenemos que exigir que la inevitable y necesaria Asamblea Constituyente se convoque y elija lo más pronto posible, pero mediante un régimen establecido constitucionalmente, pues no hay otra forma que no sea mediante una reforma de la Constitución para establecer la forma de la Asamblea (unicameral o no), el número de sus integrantes, las condiciones y forma de su elección y postulación (uninominal o no) su rol democrático y su relación con los principios republicanos y de la democracia representativa, incluyendo, la separación de los Poderes Públicos.

Ninguna otra autoridad o poder del Estado puede establecer ese régimen y menos aún puede ser el resultado de una consulta popular o referéndum consultivo. Este, para lo único que sirve es para obtener un mandato popular que habría que actualizar constitucionalmente, mediante una reforma del Texto Fundamental. De lo contrario sería como si se pretendiera establecer la pena de muerte, prohibida en el artículo 51 de la Constitución, mediante un simple "referéndum consultivo." Si éste se realizase, lo único que significaría sería la expresión de una voluntad popular que habría de plasmarse en la reforma constitucional del artículo 51 de la Constitución, pero no podría nunca considerarse, en sí mismo, como una reforma a la Constitución.

Lo mismo sucede con el tema de la Asamblea Constituyente: la elección de Hugo Chávez Frías puede considerarse como la expresión de una voluntad popular pro constituyente que debe plasmarse en la Constitución mediante su reforma específica. Por ello, si el 23 de enero próximo el Congreso inicia la reforma específica de la Constitución para establecer el régimen de la Constituyente, para cuando se realice el referéndum consultivo prometido por el Presidente electo (60 días después del 15 de febrero, es decir, el 15 de abril) podría en realidad realizarse el referéndum aprobatorio de la reforma constitucional que regule la Constituyente y procederse a su convocatoria.

Esta es una fórmula para resolver el tema de la constitucionalización de la Asamblea Constituyente, la cual es indispensable para poder convocarla democráticamente, es decir, en el marco de la Constitución, conforme a la cual fue electo presidente Hugo Chávez Frías y se juramentará próximamente en su cargo."[6]

Por tanto, a comienzos de 1999, aún bajo la vigencia de la Constitución de 1961, la única forma de poder convocar una Asamblea Constituyente en Venezuela, era reformando la Constitución para regularla, y si no se reformaba la Constitución, era si ello resultaba de alguna interpretación judicial que se hiciese de la Constitución por parte de la Corte Suprema de Justicia, como juez constitucional, para precisamente, evitar que ocurriera una confrontación fáctica entre el principio de la soberanía popular y el principio de la supremacía constitucional. Y ello fue lo que se pretendió obtener mediante el ejercicio, en 1998, de dos recursos de interpretación sobre los alcances del "referendo consultivo" que entonces sólo estaba previsto en la Ley Orgánica del Sufragio y Participación Política de 1998, que fueron interpuestos por ante la Sala Político Administrativa (Contencioso-administrativa) de la antigua Corte Suprema de Justicia en 1998, de los cuales sin embargo, y lamentablemente, no resultó decisión judicial expresa alguna.

La Sala, en efecto, dictó sendas sentencias el 19 de enero de 1999,[7] con contenido ambiguo, en el cual no se decidió con precisión lo que se le había consultado; lo que no impidió que las decisiones fueran "interpretadas" como la supuesta solución al conflicto constitucional existente, dando lugar, como consecuencia de un "referendo consultivo," a la subsecuente convocatoria, elección y constitución de una Asamblea Nacional, lo que en todo caso ocurrió en democracia y sin ruptura constitucional a la usanza tradicional.

Pero la verdad, es que no hubo tal interpretación constitucional, ya que el juez contencioso administrativo renunció a ejercer su función interpretativa, de lo cual resultó que, en definitiva, la ruptura constitucional o golpe de Estado en Venezuela la terminó dando la propia Asamblea Nacional Constituyente una vez que fue electa el 25 de julio de 1999, al irrumpir desde el mismo momento de su constitución el 8 de agosto de 1999, contra la Constitución de 1961[8], interviniendo los poderes consti-

---

[6] Véase Allan R. Brewer-Carías, (sobre la Asamblea Constituyente) "Necesaria e inevitable,", en *El Universal*, Caracas, 19-01-1999, p. 1-14.

[7] Véase el texto en *Revista de Derecho Público*, no 78-80, Editorial Jurídica Venezolana, Caracas 1999, pp. 55-73. Véase los comentarios a dichas sentencias en Allan R. Brewer-carías, "La configuración judicial del proceso constituyente o de cómo el guardián de la Constitución abrió el camino para su violación y para su propia extinción", en *Idem.* pp. 453 ss.; y en Allan R. Brewer-Carías, *Asamblea Constituyente y Ordenamiento Constitucional,* Academia de Ciencias Políticas y Sociales, Caracas 1999, pp. 151 ss.

[8]. Véase en general, Allan R. Brewer-Carías, *Golpe de Estado y Proceso Constituyente en Venezuela,* UNAM, México 2002.

tuidos sin autoridad alguna para ello, incluyendo la propia Corte Suprema que le había dado nacimiento, la cual también terminó siendo eliminada.

El tema que debió haber resuelto la Corte Suprema y que renunció a hacer, era el que resultaba del debate político que existía a comienzos de 1999 y que se le había planteado para que interpretara, sobre la forma de convocar la Asamblea Constituyente que tanto había prometido el Presidente electo, en el sentido de que: o se reformaba previamente la Constitución para regularla y luego elegía, como planteábamos;[9] o se convocaba sin regularla previamente en la Constitución, sólo apelando a la soberanía popular al margen de las previsiones constitucionales[10] como lo planteaba el Presidente electo. Se trataba, en definitiva de resolver el conflicto constitucional mencionado entre supremacía constitucional y soberanía popular, que la Corte Suprema tenía que enfrentar y asumir, pues sólo el juez contencioso administrativo actuando como juez constitucional podía hacerlo.

Sin embargo, aún antes de que se pudiera asumir que la Corte Suprema habría resuelto el conflicto, lo cierto es que el Presidente electo había optado pública y abiertamente por la segunda vía, anunciando públicamente su decisión de convocar la Asamblea Constituyente apenas asumiera la Presidencia de la República, el 2 de febrero de 1999, sin necesidad de reformar previamente la Constitución de 1961 para regularla. Durante esos días, en todo caso apoyado por la popularidad que en ese momento tenía, formuló amenazas y ejerció indebida y públicamente presiones contra la Corte Suprema de Justicia buscando apoyo de su propuesta.[11]

La propuesta presidencial, en todo caso, consistía en utilizar ilegítimamente la vía de un referendo consultivo previsto en una ley para convertirlo en un "referendo decisorio," en fraude a la Constitución. En 1999, por ello, indicábamos que

> "La convocatoria a dicha Asamblea Constituyente, sin estar prevista en la Constitución, siempre consideramos que no sería otra cosa que un desconocimiento de la Constitución de 1961. En efecto, el referéndum consultivo que prevé el artículo 181 de la Ley Orgánica del Sufragio es un medio de participación popular de carácter consultivo y no de orden decisorio. Es evidente que una consulta al pueblo nunca podría considerarse inconstitucional, pues es una manifestación de la democracia. Pero pretender que mediante una consulta popular pudiera crearse un órgano constitucional, como la Asamblea Constituyente, establecerse su régimen y que pudiera proceder a realizar la reforma constitucional eso si podía considerarse inconstitucional, pues ello implicaría reformar la Constitución, y para ello, habría que seguir ineludiblemente el procedi-

---

[9]. Véase en Allan R. Brewer-Carías, *Asamblea Constituyente y Ordenamiento... cit.*, pp. 153 a 227; Allan R. Brewer-Carías, "El desequilibrio entre soberanía popular y supremacía constitucional y la salida constituyente en Venezuela en 1999, en *Revista Anuario Iberoamericano de Justicia Constitucional,* Nº 3, 1999, Centro de Estudios Políticos y Constitucionales, Madrid 2000, pp. 31-56..

[10]. Sobre los problemas jurídicos que precedieron a la conformación de la Asamblea Nacional Constituyente, véase Hildegard Rondón de Sansó, *Análisis de la Constitución venezolana de 1999,* Editorial Ex Libris, Caracas, 2001, pp. 3-23.

[11] Véase las críticas que expresamos en su momento a las presiones presidenciales al Poder Judicial, en Allan R. Brewer-Carías, "Expresiones de Chávez atentan contra independencia del Poder Judicial," en *Cambio*. Mérida, 14 de febrero 1999, p. 3; y en *Frontera*. Mérida, 14 de febrero 1999, p. 3-A.

miento pautado en el artículo 246 que exige la actuación del Poder Constituyente Instituido que implica, incluso, que la reforma sancionada se someta a un referéndum aprobatorio. Sustituir todo ello por un referéndum consultivo podía considerarse como una violación de la Constitución.

El referéndum consultivo, en realidad, sólo es eso, una consulta que se traduce en la manifestación de un mandato político que debe ser seguido por los órganos constitucionales para reformar la Constitución y regular lo que la consulta popular propone. Pero pretender que con la sola consulta popular se pudiera crear un nuevo Poder Constituyente de reforma, podía significar el desconocimiento de la Constitución y la apertura del camino de la anarquía.

El problema constitucional que estaba planteado, sin embargo, sólo podía ser resuelto por la Corte Suprema de Justicia, y así ocurrió con las mencionadas sentencias del 19-01-99."[12]

En efecto, como se dijo, para diciembre de 1998, la Corte Suprema conocía de sendos recursos de interpretación que habían sido intentados para que resolviera, justamente, sobre si era necesario o no reformar la Constitución para regular la Asamblea Constituyente para poder ser convocada. El resultado de la presión política que se originó, fue precisamente la emisión de las dos mencionadas sentencias por la Corte Suprema, el 19 de enero de 1999, dos semanas antes de que el Presidente electo tomara posesión de su cargo, en las cuales la Corte Suprema, sin resolver expresamente lo que se le había solicitado interpretar, sin embargo se refirió ampliamente al derecho constitucional a la participación política y glosó también ampliamente, aún cuando en forma teórica, la doctrina constitucional sobre el poder constituyente, desencadenando así el proceso que luego no pudo ni contener ni limitar, costándole como se dijo, su propia existencia.

En relación con el mencionado dilema que existía en ese momento político entre supremacía constitucional y soberanía popular, de la interpretación que se dio a las mencionadas sentencias de la Corte Suprema sobre si se podía convocar un *referéndum consultivo* sobre la Asamblea Constituyente, en definitiva se dedujo que la misma se podía crear mediante la sola manifestación de esa voluntad popular consultiva, aunque fuera expresada al margen de la Constitución de 1961, sin que ésta se reformara previamente.

El tema que tenía que enfrentar la Corte Suprema era dilucidar cuál principio de los dos que constituyen los dos pilares fundamentales que rigen al Estado Constitucional, debía prevalecer en Venezuela en ese momento: o el principio democrático representativo o el principio de la supremacía constitucional, lo que en todo caso exigía que se mantuviera el equilibrio entre ambos[13]. En ese dilema, si la Corte se atenía al sólo principio democrático de democracia representativa que está a la base del Estado constitucional, el pueblo soberano sólo podía manifestarse como poder

---

[12] Véase en Véase en Allan R. Brewer-Carías, *Asamblea Constituyente y Ordenamiento... cit.*, pp. 181-182

[13]. Véase los comentarios sobre el dilema en Lolymar Hernández Camargo, *La Teoría del Poder Constituyente. Un caso de estudio: el proceso constituyente venezolano de 1999*, UCAT, San Cristóbal, 2000, pp. 53 y ss.; Claudia Nikken, *La Cour Suprême de Justice et la Constitution vénézuélienne du 23 Janvier 1961*. Thèse Docteur de l'Université Panthéon Assas, (Paris II), Paris 2001, pp. 366 y ss.

constituyente instituido mediante los mecanismos de modificación constitucional previstos en la Constitución de 1961 (art. 246). Sin embargo, de acuerdo con lo expresado por la Corte Suprema de Justicia en su mencionada sentencia, "Si la Constitución, como norma suprema y fundamental puede prever y organizar sus propios procesos de transformación y cambio..., *el principio democrático quedaría convertido en una mera declaración retórica...*" Es decir, conforme a esa frase se podía deducir que para que el principio democrático no fuera una mera "declaración retórica," los procesos de cambio o transformación constitucional no debían quedar reducidos a los que se preveían en la Constitución como norma suprema y fundamental. Pero si la Corte se atenía al otro principio del constitucionalismo moderno, el de la supremacía constitucional, es decir, el necesario respeto de la Constitución adoptada por el pueblo soberano que obliga y se impone por igual, como lo dijo la Corte, tanto a los gobernantes (poderes constituidos) como a los gobernados (poder constituyente), toda modificación de la voluntad popular plasmada en la Constitución sólo podía realizarse a través de los mecanismos de reforma o enmienda que establecía la misma Constitución que era, precisamente, obra de la soberanía popular. Sobre ello, sin embargo, la Corte Suprema dijo que "Si se estima que para preservar la soberanía popular, es al pueblo a quien corresponderá siempre, como titular del poder constituyente, realizar y aprobar cualquier modificación de la Constitución,... *la que se verá corrosivamente afectada será la idea de supremacía.*" Es decir, para que el principio de la supremacía constitucional no se viera corrosivamente afectado, las modificaciones a la Constitución sólo la podía realizar el pueblo a través de los mecanismos previstos en la propia Constitución.

Era claro, por tanto, cual era el dilema abierto desde el punto de vista constitucional en ese momento histórico de Venezuela: o la soberanía popular era pura retórica si no podía manifestarse directamente fuera del marco de la Constitución; o la supremacía constitucional se veía corrosivamente afectada si se permitía que el pueblo soberano, como titular del poder constituyente, pudiera modificar la Constitución fuera de sus normas.

La solución del dilema podía ser relativamente fácil en una situación de hecho o de ruptura constitucional: el pueblo, como poder constituyente puede manifestarse siempre, particularmente porque al romperse el hilo constitucional no existe el principio de la supremacía constitucional. Ello sin embargo, no podía ocurrir en un proceso constituyente de derecho sometido a una Constitución, de manera que no estando Venezuela, a comienzos de 1999, en una situación de hecho, sino de vigencia del orden constitucional del texto de 1961, el dilema planteado entre soberanía popular y supremacía constitucional, frente a un proceso de cambio político incontenible como el que se estaba produciendo, no podía tener una solución que derivase de la sola discusión jurídica, sino que necesaria y básicamente tenía que tener una solución de carácter político, pero guiada por el órgano judicial del Estado constitucional, que podía interpretar la Constitución, es decir, la Corte Suprema de Justicia. Lo que era claro en ese momento es que en la discusión jurídica que se había abierto en el país para enfrentar el mismo dilema, habían quedado precisadas las dos posiciones indicadas:

Por una parte, la de quienes sostenían y sostuvimos que derivado del principio de la supremacía constitucional, en el Estado constitucional democrático de derecho representativo la Constitución establece los mecanismos para su revisión (reforma y enmienda), y al no regular a la Asamblea Constituyente como medio para la reforma, para que ésta pudiera convocarse debía previamente crearse y establecerse su régimen en el texto constitucional, mediante una reforma constitucional, que le diese *status* constitucional.

Por otra parte, la de quienes sostenían, encabezados por el Presidente de la República, que derivado del principio de que la soberanía reside en el pueblo como lo decía el artículo 4 de la Constitución de 1961, la consulta popular sobre la convocatoria y régimen de la Asamblea Constituyente, como manifestación de dicha soberanía popular declarada por el pueblo como poder constituyente originario mediante referendo, era suficiente para que la misma se convocara y eligiera, y acometiera la reforma constitucional sin necesidad de que previamente se efectuase una reforma constitucional para regularla. Se trataba, en definitiva, del debate sobre el poder constituyente en el Estado constitucional democrático representativo que intermitentemente ha dominado la discusión constitucional en todos los Estados modernos, y que siempre ha estado en la precisa frontera que existe entre los hechos y el derecho.

A la Sala Político Administrativa de la Corte Suprema de Justicia, como se ha dicho, se le había solicitado que interpretara en relación con la posibilidad de una consulta popular (referendo consultivo) sobre la convocatoria de la Asamblea Nacional Constituyente, si a través de un "referendo consultivo" como el establecido en el artículo 181 de la Ley Orgánica del Sufragio y de Partición Política "se puede determinar *la existencia de voluntad popular para una futura reforma constitucional* y, en caso afirmativo, si ese mecanismo legal de participación puede servir de fundamento a los efectos de convocar a una Asamblea Constituyente, de manera tal que se respete el ordenamiento constitucional vigente."

En las sentencias, la Corte Suprema después de realizar algunas citas doctrinales genéricas, precisó el dilema que tenía que resolver, así: "El asunto planteado es el dilema de si la propia Constitución, le es dado regular sus propios procesos de modificación y de reforma o si se considera que la soberanía corresponde directamente al pueblo, como titular del poder constituyente, reordenando al Estado. En el primer caso estaríamos en presencia del poder constituido. En el segundo, el poder constituyente tendría carácter absoluto e ilimitado." Después de disquisiciones como estas, la Corte Suprema terminó decidiendo que "la interpretación que debe atribuirse al artículo 181 de la Ley Orgánica del Sufragio y Participación Política, respecto del alcance del referendo consultivo que consagra, en cuanto se refiere al caso concreto objeto del recurso que encabeza las presentes actuaciones, es que: a través del mismo *puede ser consultado el parecer del cuerpo electoral sobre cualquier decisión de especial trascendencia nacional* distinto a los expresamente excluidos por la propia Ley Orgánica del Sufragio y Participación Política en su artículo 185, incluyendo la relativa a la convocatoria de una Asamblea Constituyente."

Es decir, la Corte Suprema de Justicia en esta sentencia, muy lamentablemente, no sólo no resolvió de manera expresa el dilema constitucional que se le había planteado y que ella misma había identificado, sino que se limitó sólo a decidir que conforme al artículo 181 de la Ley Orgánica del Sufragio y Participación Política, sí se podía realizar un referendo consultivo, para consultar el parecer del pueblo sobre la convocatoria de una Asamblea Constituyente; lo que nadie negaba, pues se trataba de una consulta popular sobre una materia de trascendencia nacional. Pero aparte de decidir lo anterior, sobre el otro asunto que se le había planteado a la Corte Suprema, que era el esencial desde el punto de vista constitucional, sobre si en definitiva, para convocar la Asamblea Constituyente bastaba el referendo consultivo o era necesario, además, reformar previamente la Constitución, la Corte nada resolvió ni decidió, y menos en forma precisa y clara.

En realidad, sobre este asunto, en las sentencias, la Sala llegó a la conclusión de que una vez efectuado un referendo consultivo conforme al artículo 181 de la Ley Orgánica del Sufragio y Participación Política, "aún cuando el resultado de la decisión popular adquiera vigencia inmediata, *su eficacia sólo procedería* cuando, mediante los *mecanismos legales establecidos se de cumplimiento a la modificación jurídica aprobada*. Todo ello siguiendo procedimientos ordinarios previstos en el orden jurídico vigente, a través de los órganos del Poder Público *competentes* en cada caso. Dichos órganos estarán en la *obligación de proceder* en ese sentido."

De este párrafo lo que se deducía, en realidad, era que una consulta popular sobre la convocatoria a una Asamblea Constituyente no bastaba para efectivamente convocarla y reunirla, de manera que la consulta popular sólo podía interpretarse como un mandato político para que los órganos del Poder Público *competentes* pudieran proceder a efectuar las modificaciones jurídicas derivadas de la consulta popular, siguiendo los procedimientos ordinarios previstos en el orden jurídico vigente, tanto constitucional como legal. Sólo después de que estas modificaciones se efectuasen, conforme al criterio de la Corte, que no podían ser otras que no fueran las que resultasen de una revisión constitucional (reforma o enmienda), entonces era que la consulta popular podía ser efectiva. Ello implicaba que para efectuar la reforma e incorporar a la Constitución la figura de la Asamblea Constituyente, debía asegurarse la participación de los diputados y senadores y de las Cámaras Legislativas, con la participación del pueblo vía referendo aprobatorio conforme a los artículos 245 y 246 de la Constitución de 1961.

Es decir, lejos de decidir con precisión la cuestión constitucional planteada respecto de la posibilidad constitucional de la convocatoria de una Asamblea Constituyente sin una reforma previa de la Constitución, las sentencias de la Corte Suprema del 19 de enero de 1999, dentro de su imprecisión y ambigüedad, dejaron abierta la discusión constitucional, y con ello, la vía jurídico-judicial para la convocatoria de un referendo consultivo para que el pueblo se pronunciara sobre la convocatoria de una Asamblea Nacional Constituyente, sin que esta institución estuviese prevista en la Constitución de 1961, vigente en ese momento, como un mecanismo de revisión constitucional[14]. Con esta decisión, la Corte Suprema no sólo sentó las bases para el inicio del proceso constituyente venezolano de 1999, sino que dio comienzo al proceso que condujo al golpe de Estado perpetrado por la Asamblea Constituyente y, casi un año después, a que los nuevos titulares del Poder Público decretaran la extinción de la propia Corte Suprema que con su abstención había iniciado el proceso que les dio origen.

Como antes se dijo, la Corte Suprema no llegó a resolver lo esencial de la interpretación que le había sido requerida, y solo dijo que conforme a las normas sobre referendos de la Ley Orgánica del Sufragio y de Participación Política, se podía con-

---

[14]. Véase Jesús María Casal, "La apertura de la Constitución al proceso político", en *Constitución y Constitucionalismo Hoy*, Fundación Manuel García-Pelayo, Caracas 2000, pp. 127 y ss.

sultar al pueblo sobre la convocatoria de una Asamblea Constituyente, pero nada dijo sobre si para convocarla debía o no previamente reformarse la Constitución de 1961 para regularla en su texto. El resultado de esta ausencia de decisión de la Corte, sin embargo, en el momento político que vivía el país, en la práctica fue suplida por la "opinión pública" que se conformó por los titulares de primera página de los diarios nacionales de los días 20 de enero de 1999 y siguientes, los cuales fueron los que abrieron efectiva e insólitamente dicha vía hacia el proceso constituyente, al "informar" en grandes letras que, supuestamente, la Corte Suprema de Justicia había decidido que se podía proceder a convocar una Asamblea Nacional Constituyente para revisar la Constitución, sin necesidad de reformar previamente la Constitución de 1961, que la regulara[15]. En ese momento, la euforia de los que de ello derivaron un "triunfo" jurídico[16], y la incredulidad y duda de otros, que no encontraban la "decisión" que anunciaba la prensa en el texto de la sentencia, impidieron precisar con exactitud el contenido de la misma. La verdad es que, como lo advertimos en su momento[17], eso no había sido lo que había decidido la Corte Suprema de Justicia en las sentencias de su Sala Político Administrativa del 19 de enero de 1999. Se insiste, la Corte debía decidir un recurso de interpretación de las normas de la Ley Orgánica del Sufragio y Participación Política sobre referendos, en el cual se le habían formulado *dos preguntas* muy precisas: *primera,* si se podía convocar un referendo relativo a una consulta popular sobre la convocatoria de una Asamblea Nacional Constituyente; y *segunda,* si se podía convocar dicha Asamblea para dictar una nueva Constitución, sin que se reformarse previamente la Constitución de 1961, la cual no preveía la existencia de dicha Asamblea. La Corte, como ya lo hemos analizado anteriormente, resolvió claramente sólo la primera pregunta, y simplemente *no se pro-*

---

[15]. *El Nacional,* Caracas 21-01-99, p. A-4 y D-1; *El Universal,* Caracas 21-01-99, p. 1-2 y 1-3; *El Universal,* Caracas 20-01-99, p. 1-15. El titular de primera página del diario *El Nacional* del 20-01-99 rezó así: "CSJ, considera procedente realizar un referéndum para convocar la Constituyente"; el titular del cuerpo de *Política* del mismo diario, del 21-01-99, rezó así: "No es necesario reformar la Constitución para convocar el referéndum" y el del día 22-01-99 rezó así: "La Corte Suprema no alberga dudas sobre la viabilidad de la Constituyente". Véase los comentarios coincidentes de Lolymar Hernández Camargo, *La Teoría del Poder Constituyente, cit.,* p. 63.

[16]. Ello se deducía de la propia Exposición de Motivos del Decreto Nº 3 del 02-02-99 del Presidente de la República convocando al referendo consultivo sobre la Asamblea Nacional Constituyente en la se dijo que: "b) La Corte Suprema de Justicia, en sus decisiones del 19 de enero de 1999, ha establecido que para realizar el cambio que el país exige, es el Poder Constituyente, como poder soberano previo y total, el que puede, en todo momento, modificar y transformar el ordenamiento constitucional, de acuerdo con el principio de la soberanía popular consagrado en el artículo 4 de la Carta Fundamental; c) El referendo previsto en la Ley Orgánica del Sufragio y Participación Política, es un mecanismo democrático a través del cual se manifiesta el poder originario del pueblo para convocar una Asamblea Nacional Constituyente y un derecho inherente a la persona humana no enumerado, cuyo ejercicio se fundamenta en el artículo 50 del Texto Fundamental y que, ese derecho de participación, se aplica no sólo durante elecciones periódicas y de manera permanente a través del funcionamiento de las instituciones representativas, sino también en momentos de transformación institucional que marcan la vida de la Nación y la historia de la sociedad". (*Gaceta Oficial* Nº 36.634 de 02-02-99).

[17]. Véase Allan R. Brewer-Carías, *Poder Constituyente Originario y Asamblea Nacional Constituyente,* Fundación de Derecho Público, Caracas 1999, pp. 66 y ss. Véase además, lo expuesto en Allan R. Brewer-Carías, *Golpe de Estado y proceso constituyente en Venezuela,* UNAM, México 2002, pp. 85 y ss.

nunció sobre la segunda. La sentencia se limitó a señalar que para realizar un referendo sobre el tema de la Constituyente no era necesario reformar previamente la Constitución; pero la Sala no se pronunció sobre si luego de efectuada la consulta popular, debía o no reformarse la Constitución de 1961 para poder convocar efectivamente la Asamblea Nacional Constituyente que no estaba regulada en norma alguna, como mecanismo para la revisión constitucional, precisamente para regularla en la Constitución como uno de dichos mecanismos.

El resultado final de esta carencia, y la opinión pública construida de ella, buscándose evitar el conflicto constitucional, desviaron la discusión jurídica constitucional hacia otros aspectos, siendo el resultado final la convocatoria del referendo consultivo sobre la Asamblea Nacional Constituyente que se efectuó en abril de 1999, la elección de la misma en julio de 1999, y la subsiguiente asunción del "poder constituyente originario" por la Asamblea a partir de agosto de 1999, con lo cual intervino todos los poderes constituidos, entre ellos el Poder Judicial, disolviendo el Congreso y finalmente a la propia Corte Suprema, dando, en fin, un golpe de Estado.

III. LA PROPUESTA DEL PRESIDENTE DE LA REPÚBLICA DE HONDURAS EN 2009, PARA LA REALIZACIÓN DE UNA CONSULTA POPULAR SOBRE LA CONVOCATORIA DE UNA ASAMBLEA NACIONAL CONSTITUYENTE Y SU SUSPENSIÓN POR LA JURISDICCIÓN CONTENCIOSO ADMINISTRATIVA

El precedente venezolano de convocatoria de un referendo consultivo sobre la convocatoria de una Asamblea Nacional Constituyente no prevista en la Constitución, para reformarla, se siguió a la letra en 2007 por el presidente Rafael Correa en Ecuador, donde se recurrió a la misma fórmula, haciéndose prevalecer la expresión de la voluntad popular mediante una simple consulta, aún manifestada sin asidero constitucional, conduciendo a la Asamblea Constituyente a la asunción del Poder total del Estado, salvo el del Presidente de la República, no sólo para redactar una nueva Constitución sino para intervenir y controlar todos los otros poderes del Estado.[18] En Ecuador, sin embargo, no hubo intervención judicial para dilucidar la convocatoria a la Asamblea Constituyente no prevista en la Constitución, habiéndose quedado los conflictos constitucionales, básicamente, entre el Congreso y el Tribunal Electoral.

En todo caso, la modalidad de la convocatoria de una consulta popular para obtener la opinión del pueblo sobre la convocatoria de una Asamblea Nacional Constituyente no prevista en la Constitución como mecanismo de reforma constitucional, para con base en la expresión popular poder convocarla, forzando la prevalencia de la soberanía popular sobre la supremacía constitucional, fue también lo que quiso imponer en Honduras el Presidente José Manuel Zelaya en 2009, con la diferencia de que en este país, los tribunales de la jurisdicción contencioso administrativa efectivamente asumieron su función, y funcionaron y decidieron como contralores de la

---

[18] Véase lo expresado sobre este proceso en Allan R. Brewer-Carías, "El inicio del proceso constituyente en Ecuador en 2007 y las lecciones de la experiencia venezolana de 1999," texto de la Videoconferencia dada el 19 de abril de 2007 desde la Universidad de Columbia, Nueva York, al Programa de Postgrados de Jurisprudencia, Universidad San Francisco de Quito, 19 abril 2007. Véase en www.allanbrewercarias.com, Sección I, 1, 949 (2007).

constitucionalidad y legalidad de las actuaciones del Presidente de la República, llegando a suspender los efectos de los actos ejecutivos dictados en la materia.[19]

1. *El Decreto Ejecutivo N° PCM-05-2009, de marzo de 2009, convocando a una consulta popular sobre una Asamblea Nacional Constituyente y su impugnación en vía contencioso administrativa*

En efecto, el 24 de marzo del 2009, en cadena televisiva y de radio, el Presidente de Honduras anunció que en Consejo de Ministros del día anterior (23 de marzo de 2009), se había emitido un Decreto Ejecutivo N° PCM-05-2009, en el cual se había ordenado realizar una "amplia consulta popular" para que la ciudadanía hondureña pudiera expresar libremente su acuerdo o no con la convocatoria a una Asamblea Nacional Constituyente, a los efectos de dictar y aprobar una nueva constitución política, disponiendo que el ente que estaría a cargo de la ejecución del Decreto sería el Instituto Nacional de Estadística (INE), previendo la realización de la consulta para el último domingo del mes de junio del 2009.

El texto de la consulta popular que el Presidente de la República proponía, en lo que en definitiva era un "referendo consultivo," consistía en la siguiente pregunta:

"¿Está usted de acuerdo que en las elecciones generales del 2009, se instale una cuarta urna para decidir sobre la convocatoria a una Asamblea Nacional Constituyente que apruebe una nueva Constitución Política?"

Este Decreto N° PCM-005-2009, según se afirmó en el primer "Considerando" del Decreto N° PCM-019-2009 de fecha 26 de mayo de 2009, *nunca se llegó a publicar* por el Poder Ejecutivo en el Diario Oficial, "por razones de mérito y oportunidad." Por ello se lo consideró como un *acto administrativo tácito de carácter general emitido por el Poder Ejecutivo* que había sido ampliamente publicitado, aún cuando no formalmente publicado en el Diario Oficial, que es el requisito para que cualquier acto de efectos generales pueda producir efectos (artículo 255 de la Constitución y artículo 32 de la Ley de Procedimiento Administrativo).

En todo caso, en virtud de que la publicitada propuesta presidencial se apartaba de lo que la Constitución de Honduras establecía en materia de reforma constitucional, el 8 de mayo de 2009, dos fiscales del Ministerio Público, órgano constitucional al cual corresponde ser garante de la Constitución, presentaron ante el Juzgado de Letras de lo Contencioso Administrativo de Tegucigalpa (Municipio del Distrito Central), una demanda ordinaria contencioso administrativa "contra el Estado de Honduras," de declaratoria de ilegalidad y la nulidad del "*acto administrativo tácito de carácter general emitido por el Poder Ejecutivo*" y que estaba contenido en el mencionado Decreto Ejecutivo N° PCM-05-2009, por considerar que el mismo no estaba ajustado a derecho.

Los Fiscales solicitaron además, ante el mismo Juzgado contencioso administrativo, como medida cautelar, que suspendiera los efectos del acto impugnado.

---

[19] Para la narración de los hechos y actos estatales adoptados en este caso, así como las diversas decisiones y actuaciones judiciales realizadas por la Jurisdicción contencioso administrativa y la Corte Suprema de Honduras, hemos partido exclusivamente, del estudio del contenido de las copias de las actas procesales respectivas. Véase *Expediente Zelaya*, Documentos, *El Nacional*, Caracas.

En el proceso (Orden de ingreso N° 151-2009), el Estado de Honduras estuvo representado por la Procuradora General de la República, quien actuó en el proceso.

2. *La suspensión de efectos del Decreto Ejecutivo N° PCM-05-2009, de 23 de marzo de 2009 decretada por el juez contencioso administrativo*

El Artículo 121 de la Ley de la Jurisdicción de lo Contencioso Administrativo prescribe que procede la suspensión de efectos de los actos administrativos impugnados en vía contencioso administrativa, cuando "la ejecución hubiere de ocasionar daños o perjuicios de reparación imposible o difícil," por lo que con base en dicha norma, en el libelo de la demanda que originó el juicio, la parte demandante, es decir, el Ministerio Público, solicitó ante el Juez contencioso administrativo que dictase una medida cautelar incidental de suspensión de los efectos del acto administrativo impugnado, lo que efectivamente fue decidido por el Juzgado el 27 de mayo de 2009 mediante sentencia interlocutoria de suspensión del acto impugnado (es decir, del Decreto presidencial N° PCM-05-2009 de 23 de marzo de 2009).

Para dictar dicha sentencia interlocutoria, el Juez contencioso administrativo apreció la solicitud del Ministerio Público que se fundamentaba en la consideración de que el acto administrativo impugnado era "de gran impacto que ocasionaría daños y perjuicios de reparación imposible al sistema democrático del país *en franca violación a la Constitución de la República y demás leyes,* así como perjuicios económicos, por ejecutar acciones de la dimensión de una consulta a nivel nacional, y por perjuicios graves a la sociedad de difícil reparación a todas las instituciones del poder ejecutivo, y se prohíba a todas las empresas privadas que estén ejerciendo contratos para la ejecución del decreto."

Y además, en su sentencia el Juez agregó que la parte demandada, es decir, el Estado de Honduras representado por la Procuradora General de la República, al devolver la vista, había reconocido que el Juzgado tenía la potestad de suspender actos administrativos, y había indicado que el acto impugnado, de ser ciertas las imputaciones sobre el mismo, "constituye grave infracción al ordenamiento jurídico, que lesiona intereses del Estado de Honduras y de la generalidad del pueblo hondureño, ocasionando un daño al Estado de Honduras de reparación imposible, así como de las erogaciones económicas ya que el poder ejecutivo ha publicitado por medios de comunicación privados para el cometido del acto administrativo impugnado, y que generan gastos cuantiosos para la administración pública, los que tienden a incrementarse cada día." Es decir, ambas partes en el proceso contencioso administrativo, representantes de instituciones fundamentales del Estado, estuvieron contestes con los poderes del juez contencioso administrativo sobre la suspensión de los efectos del acto impugnado, y con que dicho Juez, de acuerdo con la Ley de la Jurisdicción, emitiera la sentencia que correspondiera.

Por su parte, el Juez Titular del Juzgado contencioso administrativo para decidir la incidencia de suspensión de efectos del Decreto presidencial impugnado, consideró que cuando se resuelven solicitudes de esta naturaleza, "se ha de tomar en consideración que la tutela judicial no será efectiva, si al pronunciarse la sentencia definitiva, resulta difícil o prácticamente imposible la satisfacción de la pretensión contenida en la demanda," considerando entonces que la correcta decisión de solicitud que se le había formulado, exigía conforme a la más clásica técnica judicial en materia de medidas cautelares:

"la ponderación y armonización de dos principios en pugna, por un lado, el de la efectiva tutela judicial, y, por otro, el de la eficacia de la acción administrativa, esto por la presunción de legitimidad del acto impugnado, principios que buscan evitar que con la ejecución del acto impugnado se causen perjuicios de difícil o imposible reparación, de no decretarse la suspensión del acto que se impugna, por lo que al decretar la suspensión de los efectos de un determinado acto impugnado lo que se busca es prever que al momento de emitirse un fallo definitivo sea meramente declarativo e ineficaz con respecto a las pretensiones del demandante."

Con base en lo anterior, el Juez en su sentencia interlocutoria de suspensión, teniendo en cuenta que ambas partes en el proceso habían estado contestes sobre sus facultades legales en materia contencioso administrativa para decidir sobre la revisión, suspensión y nulidad de actos administrativos; y considerando "que El Estado de Honduras es un Estado de Derecho, por lo que sus actuaciones están sometidas únicamente al imperio de la Constitución de la República y las leyes," decidió que era "procedente decretar la suspensión del acto administrativo tácito objeto de revisión en el presente juicio por considerar que su implementación redundaría en daños de carácter económico, político y sociales que serían de imposible reparación para el Estado de Honduras." Esa decisión la adoptó el Juez contencioso administrativo en aplicación de los artículos 5, 80, 82, 90, 245, 303, 304 y 305 de la Constitución de la República; artículos 1,11, 40 y 137 de la Ley de Organización y Atribuciones de los Tribunales; artículos 1,2; 3, 7, 13 letra b), 101, 120, 121, 122, 125, 129, 132 y 134 de la Ley de la Jurisdicción de lo Contencioso Administrativo; artículos 130, 131, 134, 138, 141 y 142 del Código de Procedimientos Civiles; y artículos 9, 15 y 16 de la Ley del Ministerio Público; y además, en aplicación del Oficio número SCSJ-3623-88 y Acuerdo número 03-98 de la Honorable Corte Suprema de Justicia.

La consecuencia de declarar con lugar la cuestión incidental de suspensión de los efectos del acto impugnado, que era el acto administrativo tácito de carácter general impugnado contenido en el Decreto Ejecutivo N° PCM-05-2009 del 23 de marzo del 2009, tal como lo habían solicitado los Fiscales del Ministerio Público demandantes, fue además, la orden judicial de suspensión de "cualquier tipo de publicidad sobre lo establecido en el mismo" y, en general, "del procedimiento de consulta a los ciudadanos por parte del Poder Ejecutivo a través del Presidente Constitucional de la República, o cualquiera de las instituciones que componen la estructura administrativa del Poder Ejecutivo."

Por tanto, el objetivo de la decisión cautelar de suspensión de efectos del acto administrativo impugnado fue el que el Presidente de la República y, en general, todos los órganos del Poder Ejecutivo se abstuvieran de realizar actividad alguna relativa a la propuesta presidencial de consulta popular a los ciudadanos sobre el tema de una Asamblea Nacional Constituyente no prevista en la Constitución. Para asegurar el cumplimiento de la sentencia, el Juez en su decisión, mandó notificarla "al Señor Presidente Constitucional de la República a través del Señor Secretario de Estado en el Despacho Presidencial, para su conocimiento y cumplimiento inmediato, haciéndole las prevenciones establecidas en el artículo 101 de la Ley de la Jurisdicción de lo Contencioso Administrativo de no cumplir la misma."

3. *La "reedición" del acto administrativo impugnado mediante Decreto Ejecutivo N° PCM-19-2009, de mayo de 2009, convocando a una "encuesta nacional de opinión" sobre una Asamblea Nacional Constituyente*

La anterior decisión del Juez contencioso administrativa, como se dijo, fue dictada el día 27 de mayo de 2009 suspendiendo los efectos del acto administrativo tácito contendido en el Decreto ejecutivo N° PCM-05-2009 de 24 de marzo de 2009 (nunca publicado), que ordenaba la realización de una consulta popular no autorizada en la Constitución.

Sin embargo, y quizás sabiendo el Presidente de la República que la decisión del Tribunal Contencioso Administrativo iba a ser dictada suspendiendo los efectos de su PCM-05-2009 de 23 de marzo de 2009, el cual como se dijo nunca fue publicado en Gaceta Oficial "por razones de mérito y oportunidad"(es decir, deliberadamente); el día anterior a la sentencia, es decir, el 26 de mayo de 2009, el Presidente de la República en Consejo de Ministros emitió un "nuevo" Decreto Ejecutivo N° PCM-19-2009, el cual tampoco fue publicado en el Diario Oficial *La Gaceta* sino un mes después, es decir, el día 25 de Junio de 2009 (N° 31.945), mediante el cual se decidió anular y dejar "sin ningún valor y efecto" el Decreto PCM-05-2009 que ordenaba una consulta popular, a partir de su emisión; y que como se dijo había sido el acto impugnado y cuya suspensión de efectos era inminente. Ello, por supuesto era contradictorio: si un acto no publicado en el Diario oficial como lo decía uno de los Considerandos del decreto no surtía efectos, no parecía lógico que en el mismo decreto se resolviese "dejar sin efectos" un acto que supuestamente no había surtido efectos.

En todo caso, en lugar del Decreto de 23 de marzo de 2009 que se revocaba y, en concreto en lugar de la "consulta popular" que entonces se había ordenado, mediante un nuevo Decreto N° PCM-20-2009 dictado el mismo día 26 de mayo de 2009 (publicado también un mes después en el Diario Oficial *La Gaceta* N° 31.945 del 25 de junio de 2009), el Presidente había dispuesto que se realizase, no una consulta popular, sino *"una encuesta nacional de opinión,"* que se debía llevar a cabo el 28 de junio de 1999, en la cual debía formularse una pregunta similar en su forma a la antes propuesta para la "consulta popular, pero sustancialmente distinta, de si:

"¿Está usted de acuerdo que en las elecciones generales del 2009, se instale una cuarta urna en la cual el pueblo decida la convocatoria a una Asamblea Nacional Constituyente? Si___ No____".

En el nuevo Decreto, que se calificó como "de ejecución inmediata" aún cuando debía publicarse en el Diario Oficial (artículo 5), además, se instruía "a todas las dependencias y órganos de la Administración pública, Secretarias de Estado, Instituciones Descentralizadas y Desconcentradas, para que se incorporasen y ejecutasen activamente, "todas las tareas que le sean asignadas para la realización del proyecto denominado "Encuesta de Opinión Pública convocatoria Asamblea Nacional Constituyente," considerando que según el referido Decreto, ello constituía, "una actividad oficial del Gobierno."

La diferencia era notoria: antes lo que se buscaba era que el pueblo, con una respuesta afirmativa a la pregunta de la "consulta popular," decidiera *"sobre la convocatoria a una Asamblea Nacional Constituyente que apruebe una nueva Constitución Política"*; ahora lo que se buscaba era que el pueblo con una respuesta afirmativa a la pregunta de una "encuesta nacional de opinión," decidiera *"la convocatoria a una Asamblea Nacional Constituyente."* El efecto de la manifestación popular era, por tanto, radicalmente distinto, y lo que aparentemente era una propuesta para una "consulta popular" y luego para una "encuesta de opinión," se había convertido en una propuesta para un referendo decisorio tendiente a lograr una "decisión" popular al margen de la Constitución. Tal como ocurrió en Venezuela en febrero de 1999, cuando el Presidente de la República, utilizando la vía de un "referendo consultivo" previsto en una ley, propuso la formulación de una pregunta que era más bien la de un referendo decisorio no previsto en ley alguna, con el cual se pretendía modificar la Constitución.[20]

El nuevo Decreto N° PCM-20-2009, por otra parte, contenía una extensa motivación entre otros, en los Artículos 2 y 5,1 de la Constitución, en los cuales se dispone que la soberanía corresponde al pueblo del cual emanan todos los Poderes del Estado, agregando que "el Gobierno debe sustentarse en el principio de la democracia participativa del cual se deriva la integración nacional, que implica participación de todos los sectores políticos en la administración pública, a fin de asegurar y fortalecer el progreso de Honduras basado en la estabilidad política y en la coalición nacional." En los considerandos del Decreto se afirmaba igualmente que "la sociedad hondureña ha experimentado cambios sustanciales y significativos en los últimos veintisiete años, cambios que demandan un nuevo marco constitucional para adecuarlo a la realidad nacional, como una legítima aspiración de la sociedad." Por último, en el decreto se afirmó que había sido en virtud de diversas solicitudes de ciudadanos en forma individual o por medio de sectores y grupos sociales organizados del país, que el Poder Ejecutivo, había "decidido convocar a la ciudadanía en general para que emita su opinión y formule propuestas de solución a problemas colectivos que les afecte; como ser la instalación de una cuarta urna que permita un eficaz ejercicio de su derecho."

Dos días después de este Decreto N° PCM-19-2009, en fecha 29 de mayo del 2009, el Presidente de la República, mediante cadena nacional informo al pueblo Hondureño a través del entonces Secretario de Estado en el Despacho de la Defensa Nacional, Dr. Edmundo Orellana Mercado, que el Presidente constitucional en Consejo de Ministros, había aprobado otro acuerdo ejecutivo N° 027-2009, en el cual se ordenaba se llevase a la practica una "encuesta nacional de opinión," bajo la responsabilidad del Instituto Nacional de Estadística (INE), y en este, se ordenaba a las Fuerzas Armadas de Honduras, que apoyasen con sus medios logísticos y demás recursos necesarios al Instituto Nacional de Estadística (INE), estableciendo que dicho acuerdo ejecutivo entraba en vigencia a partir de su fecha (29/05/09).

Estos Decretos, son de los que en el derecho administrativo se conocen como "reedición" de los actos administrativos dictados después de que han sido impugnados en vía contencioso administrativa y, en este caso, en la víspera de que se suspendieran judicialmente sus efectos, por otros actos administrativos que en definitiva perseguían objetivos similares, lo que está proscrito en materia contencioso administrativa, pues constituye una burla a los poderes de control de la jurisdicción.

---

[20]. Véase en Allan R. Brewer-Carías, *Asamblea Constituyente y Ordenamiento... cit.*, pp. 180 ss.

4. *La aclaratoria de la sentencia del Juez contencioso administrativo de suspensión de efectos del Decreto presidencial impugnado*

El mismo día del anuncio presidencial del decreto N° PCM-27-2009, el 29 de mayo de 2009, los abogados del Ministerio Público que actuaban como parte demandante en el proceso contencioso administrativo (parte incidentista) solicitaron aclaratoria de la sentencia interlocutoria de suspensión de efectos que se había dictado, y el Juez Titular, al constatar sus propios poderes como los de todos los jueces de la Jurisdicción contencioso administrativa para adoptar "cuantas medidas sean necesarias para satisfacer totalmente lo resuelto en los fallos que emitan, esto, a fin de asegurar el estricto cumplimiento de lo ordenado en los mismos, para la ejecución de la tutela judicial efectiva, y no se evadan a través de otros actos administrativos, las disposiciones contenidas en sus fallos", consideró "que de haberse emitido, o de emitirse acto administrativo que contravenga o venga a contravenir lo dispuesto en la sentencia interlocutoria de fecha 27 de Mayo del 2009, sería para evadir lo ordenado en la misma, así como el mandato judicial mismo, por lo que cualquier decisión administrativa dictada en este sentido es improcedente, por no poder evadirse el mandamiento judicial a través de actos administrativos." Como consecuencia, resolvió aclarar en sentencia de 29 de mayo de 2009, que

"La Sentencia Interlocutoria de fecha 27 de mayo del 2009 en el sentido que los efectos de la suspensión ordenada, del acto tácito de carácter general que contiene el Decreto Ejecutivo número PCM-05-2009 de fecha 23 de marzo del 2009, incluye a cualquier otro acto administrativo de carácter general o particular, que se haya emitido o se emita, ya sea expreso o tácito, por su publicación o falta de publicación en el Diario Oficial *La Gaceta*, que conlleve al mismo fin del acto administrativo tácito de carácter general que ha sido suspendido, así como cualquier cambio de denominación en el procedimiento de consulta o interrogatorio, que implique evadir el cumplimiento de la sentencia interlocutoria que se aclara."

Es decir, el juez contencioso administrativo censuró, conforme a lo previsto en los Artículos 82, 84, 132 y 134 de la Ley de la Jurisdicción de lo Contencioso Administrativo; y en el artículo 195 del Código de Procedimientos Civiles, cualquier tipo de "reedición" o novación administrativa que pudiera permitir burlar los efectos de la decisión judicial de suspensión de efectos de la "consulta popular" que había sido ordenada por el Presidente de la República, cualquiera que fuese la "forma" que se le pretendiera dar.

5. *La inadmisibilidad de la acción de amparo intentada por el Presidente de la República contra la decisión del Juez contencioso administrativo suspendiendo los efectos de sus decretos sobre la convocatoria de una Constituyente*

Contra las decisiones del Juzgado de Letras de lo Contenciosos Administrativo, es decir, contra la sentencia interlocutoria de 27 de mayo de 2009 y su aclaración de 29 de mayo de 2009, que declaró con lugar la cuestión incidental de suspensión de efectos del Decreto Ejecutivo impugnado, y prohibió cualquier tipo de publicidad sobre el procedimiento de consulta a los ciudadanos por parte del Poder Ejecutivo que comprometa la estructura administrativa del Poder Ejecutivo y cualquier otro que se emita aunque cambie de denominación, el Presidente Constitucional de la República en su condición de Titular del Poder Ejecutivo, representado por un abogado, intentó acción de amparo por ante la Corte de Apelaciones de lo Contencioso Administrativo en Tegucigalpa.

Esta Corte, en sentencia de 16 de junio de 2009, consideró que siendo el proceso contencioso administrativo desarrollado ante el Juzgado de Letras, un proceso en el cual las partes eran el Ministerio Público como demandante, y el Estado de Honduras como demandado, la acción de amparo que pudiera intentarse contra las decisiones dictadas en el proceso sólo podían ser interpuestas por las partes interesadas en el mismo; de lo que concluyó resolviendo que "siendo el demandado, el Estado de Honduras, resulta obvio que quien interpone el amparo carece de legitimación para ejercer la presente acción, puesto que constitucionalmente el representante legal del Estado es la Procuraduría General de la República, quien no ha interpuesto recurso alguno y por ende ha consentido la sentencia y la aclaración recurrida." De ello concluyó la Corte de Apelaciones que en el caso sometido a su consideración, la acción de amparo intentada resultaba inadmisible, lo que ocurre "cuando los actos hayan sido consentidos por el agraviado y se entenderán que han sido consentidos por el agraviado, cuando no se hubieren ejercitado, dentro de los términos legales, los recursos o acciones;" resolviendo entonces, en nombre del Estado de Honduras, rechazar de plano la demanda de amparo por considerarla inadmisible, en aplicación de los artículos 183, 228, 303, 304, 321, 322 y 323 de la Constitución de la República; 41, 44, 46 numeral 3 y párrafo ultimo de la Ley Sobre la Justicia Constitucional.

6. *La conminación judicial al Presidente de la República para que acatara las decisiones de la Jurisdicción contencioso administrativa*

A los efectos de dar cumplimiento a la sentencia interlocutoria antes referida, en fecha 3 de Junio de 2009, el Juzgado de Letras de la Jurisdicción de lo Contencioso Administrativo, libró una primera comunicación judicial dirigida al Presidente de la República, a través del Secretario de Estado en el Despacho de la Presidencia, para que adoptase las medidas que procedieran y practicase lo exigido en cumplimiento de la sentencia interlocutoria dictada.

Posteriormente, uno de los abogados del Ministerio Público, con fecha 18 de junio de 2009, solicitó al Juzgado de Letras Contencioso Administrativo, que nuevamente librara comunicaciones judiciales dirigidas al Presidente de la República y al secretario de Estado de la Presidencia, a efecto de que informasen ante el Juzgado sobre las medidas que hubiesen adoptado para dar estricto cumplimiento a la sentencia interlocutoria de 27 de mayo de 2009 y su aclaratoria de fecha 29 de mayo de 2009, y asimismo para que se abstuviesen de realizar actos de carácter general o particular distintos a lo ordenado en la antes mencionada sentencia interlocutoria y su respectiva aclaratoria.

Acorde con ello, el Juez titular del Juzgado de Letras de lo Contencioso Administrativo, en la misma fecha 18 de junio de 2009, libró sendas comunicaciones judiciales dirigidas Presidente de la República y al Secretario de Estado en el Despacho de la Presidencia, requiriéndoles que informasen sobre las medidas que hubiesen adoptado para dar estricto cumplimiento a la sentencia interlocutoria antes mencionada, y para que se abstuviesen de realizar actos generales y particulares contrarios a la misma, "haciéndole la advertencia que de verificarse el incumplimiento de la sentencia interlocutoria y su respectiva aclaratoria antes mencionadas, se le hace la advertencia de lo establecido en el artículo 349 del Código Penal, sin perjuicio de la responsabilidad civil en que incurriere por los daños y perjuicios que causare a los interesados; asimismo, de infringir lo dispuesto en la sentencia interlocutoria y su respectiva aclaratoria antes mencionadas, este Juzgado le aplicará multa que se hará efectiva mediante el procedimiento de apremio, la que no podrá ser menor de quinientos lempiras (Lps. 500.00), ni mayor de cinco mil lempiras (Lps. 5,000.00)." El informe que se solicitaba, conforme a las notificaciones judiciales, debía ser rendido "bajo su personal y directa responsabilidad ante este Juzgado en el plazo máximo e improrrogable de cinco (5) días hábiles siguientes a recibida la presente, comunicación, advirtiéndole que de no hacerlo así en el plazo señalado, este Juzgado le impondrá multa por cantidad no inferior a los doscientos lempiras (Lps. 200.00), ni superior a los dos mil lempiras (Lps. 2,000.00)."

Luego, el mismo día 18 de junio de 2009, el Juez libró una tercera comunicación judicial dirigida al Presidente de la República, a través de la Secretaría General del Despacho Presidencial, a fin que dentro del plazo de cinco (5) días, informara al órgano jurisdiccional que medidas había adoptado para dar cumplimiento a la sentencia interlocutoria y su respectiva aclaración.

Ninguna de las comunicaciones anteriores fuer respondida por el Presidente de la República ni por funcionario alguno del Poder Ejecutivo.

IV. EL DESACATO PRESIDENCIAL A LAS DECISIONES DE LA JURISDICCIÓN CONTENCIOSO ADMINISTRATIVA Y SUS CONSECUENCIAS

A pesar de las precisas órdenes judiciales emanadas del Juzgado de lo contencioso administrativo, que prohibían al Presidente de la República realizar actos generales y particulares contrarios a la decisión de suspensión de efectos del Decreto presidencial sobre la consulta popular sobre la Asamblea Constituyente, éste continuó con su proyecto de realizar la "encuesta de opinión" prohibida judicialmente.

1. *El desacato presidencial a cumplir las órdenes judiciales y el decomiso del material destinado a la realización de la encuesta de opinión*

El Juzgado de Letras Contencioso Administrativo, en atención al requerimiento formulado por el Fiscal General de la República en el cual denunció el desacato por parte del Poder Ejecutivo de las ordenes judiciales, con fecha 26 de junio de 2009 dictó una nueva decisión judicial ordenando a las Fuerzas Armadas de Honduras, por medio del Jefe del Estado Mayor Conjunto, "el *inmediato decomiso* de toda la documentación y material necesario y relacionado con la encuesta de opinión que el Poder Ejecutivo, en *abierta violación a la orden emanada de este Juzgado*, pretende realizar el día domingo 28 de junio de dos mil nueve."

Para adoptar esta decisión judicial, el Juez se había previamente dirigido al Jefe del Estado Mayor Conjunto de las Fuerzas Armadas de Honduras solicitándole información sobre el cumplimiento de lo ordenado por el Juzgado, a lo que las Fuerzas Armadas habían respondido el 24 de junio de 2009, informándole "que han acatado lo ordenado en la misma."

La decisión judicial de decomiso antes indicada se adoptó luego de que el Juez expresara, *primero,* que en virtud de la decisión judicial de fecha 27 de mayo de 2009, se había ordenado la suspensión de "toda actividad tendiente a realizar cualquier tipo de consulta o encuesta de opinión con el objetivo de instalar una cuarta urna en las elecciones generales de noviembre próximo para convocar a una Asamblea Nacional Constituyente; *lo que conlleva inexorablemente la derogatoria de la Constitución de la República;*" *segundo*, "con el objeto de dar cumplimiento a la suspensión decretada mediante el fallo supraindicado se libraron las correspondientes comunicaciones judiciales a efecto de dar conocimiento a distintas instituciones, entre ellas la Presidencia de la República, a que se *abstuviesen de continuar realizando actividades orientadas a la realización de cualquier consulta o encuesta de opinión;*" y *tercero*, "que a pesar de lo anterior, el Poder Ejecutivo, en pleno *desconocimiento del fallo judicial, ha continuado con el intento de realizar la encuesta de opinión* programada para el próximo domingo 28 de los corrientes."

El Juez contencioso administrativo para ordenar el decomiso de toda la documentación y material necesario y relacionado con la encuesta de opinión que el Poder Ejecutivo pretendía realizar "en abierta violación a la orden emanada de este Juzgado," partió de lo dispuesto en el artículo 304 de la Constitución, que atribuye a los "órganos jurisdiccionales aplicar las leyes a casos concretos; juzgar y ejecutar lo juzgado." Consideró, además, que conforme a la previsión del artículo 274 de la Constitución, las Fuerzas Armadas "están sujetas a las disposiciones de su Ley Constitutiva y a las demás leyes y reglamentos que regulen su funcionamiento," y conforme al artículo 1 de la Ley Constitutiva de las Fuerzas Armadas, estas se instituyen para, entre otras cosas, "defender el imperio de la Constitución." Con base en lo anterior; consideró que "siendo que la celebración de la Encuesta de Opinión tiene como propósito final mancillar la Constitución de la República; las Fuerzas Armadas de Honduras, en apego a las disposiciones anteriormente relacionadas, son la institución llamada a su defensa evitando la consumación de tal propósito," resolviendo de acuerdo con los artículos 272, 304 y 274 de la Constitución de la República; 1, 132 y de la Ley de la Jurisdicción Contencioso Administrativo; 1 de la Ley Constitutiva de las Fuerzas Armadas,

> PRIMERO: Ordenar a las Fuerzas Armadas de Honduras, por medio del Jefe del Estado Mayor Conjunto, el *inmediato decomiso* de toda la documentación y material necesario y relacionado con la *encuesta de opinión que el poder ejecutivo, en abierta violación a la orden emanada de este juzgado, pretende realizar el día domingo 28 de junio de dos mil nueve*. Asimismo se le ordena a las Fuerzas Armadas de Honduras, que dichos documentos y material relacionado, por constituir una amenaza flagrante a la Constitución de la República, sea incinerado de forma inmediata.

A los efectos de que se realizase la medida ordenada, el Juez habilitó todos los días y horas inhábiles, bajo la coordinación técnica y legal de la Fiscalía General de la República; exigiéndose a todos los funcionarios y empleados de las diferentes Secretarías de Estado, entes descentralizados y desconcentrados, brindar toda la colaboración necesaria a fin de que las Fuerzas Armadas de Honduras pudiesen realizar de forma oportuna y eficiente el decomiso del material destinado a ser usado en la Encuesta de Opinión mencionada. A tal efecto, además, el juez facultó a las Fuerzas Armadas de Honduras, con el propósito del efectivo cumplimiento de lo ordenado, a utilizar los bienes e instalaciones de las instituciones del Estado, que considerase necesarias, en especial, las telecomunicaciones."

2. *La destitución del Jefe del Estado Mayor Conjunto de las Fuerzas Armadas por el Presidente de la Republica, por cumplir lo ordenado por la Jurisdicción Contencioso Administrativa, y la suspensión de sus efectos del acto de destitución por la Sala Constitucional de la Corte Suprema*

El mismo día 24 de junio de 2009, al acatar el Jefe del Estado Mayor Conjunto de las Fuerzas Armadas y proceder a decomisar el material destinado a la realización de la encuesta de opinión prohibida por el Juez contencioso administrativa, que se consideraba violatoria de la Constitución, el Presidente de la República mediante resolución, procedió a separar al señor Romeo Orlando Vásquez Velásquez de su cargo de Jefe del Estado Mayor Conjunto de las Fuerzas Armadas De Honduras.

Tanto el General Vásquez Velásquez, mediante abogado, como el Fiscal Especial para la Defensa de la Constitución Rene Mauricio Aceituno Ulloa actuando a favor de *los intereses generales de la sociedad y del orden jurídico constitucional*, interpusieron sendos recursos de amparo contra la resolución presidencial mencionada, por ante la Sala Constitucional de la Corte Suprema de Justicia (Registro Nos. 881 y 883-09), la cual luego de acumular los recursos, en fecha 25 de junio de 2009 decidió con base en lo establecido en el artículo 40 de la Ley Constitutiva de las Fuerzas Armadas, contenida en el decreto 39-2001, de fecha 30 de abril del 2001, que es la Ley Especializada y aplicable en el caso; en los artículos 183, 245, 278, 280, 303, 313 atribución 5ta, 316, 321 y 323 de la Constitución de la República; en el artículo 8 de la Declaración Universal de los Derechos Humanos; en los artículos 8 y 25 de la Convención Americana sobre Derechos Humanos; en los artículos 1, 2, 4, 5, 7, 9 numeral 3 letra a), 41, 43, 44, 45, 48, 49, 59 numeral 1), 119, 124 y demás aplicables de la Ley Sobre Justicia Constitucional; a admitir los recursos de amparo de mérito, y "decretar bajo la responsabilidad de los recurrentes la suspensión provisional del acto reclamado," ordenando "a la autoridad recurrida la inmediata remisión de los antecedentes formados al efecto o en su defecto el correspondiente informe dentro del plazo de un (01) día." La Sala Constitucional, además, mandó que se diera "inmediato cumplimiento a lo ordenado" en la providencia que se ordenó comunicar al Presidente de la República.

3. *La vía de hecho presidencial y el nuevo desacato a las órdenes judiciales*

El día 25 de junio de 2009, el Presidente de la República, junto a varias personas, entre ellos funcionarios del Poder Ejecutivo, después de haber realizado un pronunciamiento público en las instalaciones de la Casa de Gobierno y que fue de conocimiento general a través de los diferentes medios de comunicación, anunciando qua él tenía que realizar una misión, le pidió a la gente que se encontraba reunida en el lugar que lo acompañara, y se traslado a las instalaciones de la base área "Hernán Acosta Mejía", lugar del cual el Presidente de la República, desacatando de nuevo las decisiones judiciales, retiró 814 cajas que contenían el material que sería utilizado para realizar la encuesta de opinión, que había ordenado realizar a nivel nacional el día domingo 28 de junio del 2009, y que había sido prohibida por el Poder Judicial.

4. *La acusación fiscal contra el Presidente de la República por diversos delitos*

Con motivo de todos los desacatos presidenciales ante las decisiones judiciales, y la actuación del Presidente de la república en contra de la Constitución, el día 25 de junio de 2009, el Fiscal General de la República, "en representación de los más altos intereses generales de la Sociedad Hondureña," compareció ante la Corte Suprema de Justicia, formulando requerimiento fiscal en contra del Presidente de la República José Manuel Zelaya Rosales, a quien lo acusó como responsable, a título de autor, de los delitos contra la forma de gobierno, traición a la patria, abuso de autoridad y usurpación de funciones, en perjuicio de la administración pública y el Estado de Honduras, solicitando se librase contra él orden de captura, y luego de que se le comunicasen los hechos que se le imputaban, se le recibiera su declaración de imputado, se le suspendiera en el ejercicio del cargo, y se autorizase allanamiento de morada.

Las diversas actuaciones descritas por el Fiscal General ante la Corte, y atribuidas al Presidente de la República, consideró que se subsumían en los siguientes tipos penales:

Primero, en el Delito contra la Forma de Gobierno tipificado en el artículo 328,3 del Código Penal a cuyo efecto el Fiscal General consideró que si bien es cierto, el Gobierno debe sustentarse en el principio de la democracia participativa, los únicos mecanismos de consulta a los ciudadanos en el ordenamiento de Honduras son el referéndum y el plebiscito, correspondiendo exclusivamente al Congreso Nacional conocer de los mismos y discutir las peticiones, las cuales deben ser aprobadas mediante decreto con el voto afirmativo de las dos terceras partes de la totalidad de sus miembros, en el cual se deben determinar los extremos de la consulta, correspondiendo al Tribunal Supremo Electoral la convocatoria correspondiente, siendo dicho órgano y no el Poder Ejecutivo, el único ente legitimado para convocar, organizar y dirigir las consultas a los ciudadanos (artículo 5 de la Constitución).

El Fiscal General consideró que siendo el tipo penal un delito de peligro abstracto y de mera actividad, basta la sola realización de actos encaminados fuera de las vías legales a cualesquiera de los fines estipulados en el artículo 328 del Código Penal, para que se configure el ilícito penal enunciado; siendo la publicidad difundida a través de los diferentes medios de comunicación, promoviendo la convocatoria para la consulta popular o encuesta de opinión popular, actuaciones que caen dentro del supuesto de la norma penal sustantiva, lesionando la Segundad Interior del Estado como bien jurídico, objeto de protección, al constituir un acto encaminado fuera de las vías legales tendiente a despojar en parte las facultades que la constitución le atribuye al Congreso Nacional y al Tribunal Supremo Electoral.

Segundo, en el delito de Traición a la Patria, que el Fiscal General consideró tipificado en la Constitución de la República, derivado de los intentos de realizar reformas constitucionales contrariando lo dispuesto en los artículos 2, 4, 5, párrafo séptimo, 373 y 374; y estimó como dirigido a "afectar las bases constitucionales de la unidad del Estado como un Ente político, acciones que se consuman a través de actos encaminados fuera de las vías legales a despojar en parte las facultades atribuidas a los Poderes legalmente constituidos, indicando que ese era el caso concreto el Presidente de la República José Manuel Zelaya, quien, estimó

> "suplantó la soberanía popular, la cual se ejerce en este País por representación de conformidad a lo que establece la norma constitucional, donde la soberanía corresponde al pueblo del cual emanan todos los Poderes del Estado, asimismo arrogándose facultades que nunca las tuvo en virtud que las mismas son de competencia del Congreso Nacional, en virtud de que a través de la emisión

de tres decretos ejecutivos, convoco a la ciudadanía Hondureña a participar en una encuesta de opinión popular para que "el pueblo decida la convocatoria a una Asamblea Nacional Constituyente."

En tal sentido, consideró el Fiscal General que el hecho de convocar a una Asamblea Nacional Constituyente, "es evidente que con la misma se pretende derogar la actual Constitución," y conforme a los artículos 373, 374 y 375 de la Constitución, "bajo ninguna circunstancia se podrá dictar y aprobar una nueva constitución porque esta traería consigo *la reforma de artículos pétreos,* mismos que no podrán reformarse en ningún caso," todo lo cual configura una "conducta contraria a derecho por parte del Ciudadano Presidente de la República, suplantando al Poder Legislativo a convocado a la Ciudadanía Hondureña a la encuesta de opinión."

Tercero, en el delito de Abuso de Autoridad regulado en el artículo 349,1 del Código Penal y que sanciona al funcionario o empleado público "que se niegue a dar el debido cumplimiento a órdenes, sentencias, providencias, acuerdos o decretos dictados por autoridades judiciales o administrativas dentro de los límites de sus respectivas competencias y con las formalidades legales..." En este caso, consideró el Fiscal General que se reúnen los elementos objetivos de este tipo penal, "en vista de que el Ciudadano Presidente de la República en flagrante omisión a los apercibimientos emanados a través de las comunicaciones libradas por el Juzgado de lo Contencioso Administrativo," incumplió con las disposiciones contenidas relativas a la ejecución de la sentencia, y a pesar de haber sido apercibido, hizo caso omiso, y "con pleno conocimiento y voluntad, procedió a realizar actos contrarios a la sentencia dictada."

Cuarto, en el tipo penal de Usurpación de Funciones conforme el artículo 354 del Código Penal, ya que conforme al artículo 15, numeral 5 y 8 de la Ley Electoral y de las Organizaciones Políticas, es atribución del Tribunal Supremo Electoral, organizar dirigir, administrar y vigilar los procesos electorales y consultas populares; así como convocar a elecciones, referéndums y plebiscitos; y además, conforme al artículo 5, quinto párrafo de la Constitución, "corresponde únicamente al Tribunal Supremo Electoral, convocar, organizar y dirigir las consultas a los ciudadanos señalados en los párrafos anteriores" En el caso, consideró el Fiscal General que el hecho del Presidente de la República de emitir tres decretos, "referentes a la realización de una consulta, llamada posteriormente encuesta de opinión," cuyo objetivo era "consultar si las personas estaban de acuerdo con la instalación de una cuarta urna en las elecciones generales para decidir si se convoca a una Asamblea Nacional Constituyente que emita una nueva Constitución de la República," lo que era atribución exclusiva del Tribunal Supremo Electoral.

El Fiscal General, además, destacó que en la gama de delitos imputados, el Presidente de la República además "vulneró el principio de legalidad el cual se encuentra descrito en el artículo 321 Constitución de la República, que establece: "Los servidores del Estado no tienen más facultades que las que expresamente les confiere la ley..." ejerciendo arbitrariamente la función publica con desviación y abuso de poder.

Con fundamento en lo que expuso ante la Corte Suprema de Justicia, el Fiscal General consideró que debido a la alta investidura que como alto Funcionario del Estado ostentaba el presidente "y existiendo un peligro de fuga por la gravedad de la pena que pueda imponérsele" como resultado del proceso, solicitó se ordenase el allanamiento de Morada para la aprehensión del acusado José Manuel Zelaya Rosales. El Fiscal General, además, para evitar la impunidad y en virtud de que conforme al artículo 33 de la Ley de la Administración Pública los Secretarios de Estado son colaboradores del Presidente de la República, y teniendo el titular de la Secretaria de Estado en los Despachos de Seguridad a través de la Policía Nacional, la facultad legal de hacer efectivas las órdenes de captura emanadas de autoridad competente, debido al conflicto de intereses y al temor fundado que tenía el Ministerio Público que no se le diera cumplimiento a la orden Judicial, solicitó de la Corte Suprema que se instruyera a las Fuerzas Armadas de Honduras a través del Jefe del Estado Mayor Conjunto, la facultad de hacer que se cumplan los mandatos de la constitución, las leyes y Reglamentos le imponen a las Fuerzas Armadas, y procedieran hacer efectiva la orden de captura del acusado Presidente.

Con fecha 26 de junio de 2009, conforme a lo alegado y solicitado por el Fiscal General, la Corte Suprema de Justicia resolvió y en consecuencia se dirigió al Jefe del Estado Mayor Conjunto de las Fuerzas Armadas, General de División, Romeo Vásquez Velásquez, ordenando la captura del Presidente de la República de Honduras, José Manuel Zelaya Rosales, "a quien se le supone responsable de los delitos de: *contra la forma de gobierno, traición a la patria, abuso de autoridad y usurpación de funciones* en perjuicio de la Administración Pública y del Estado de Honduras." La Corte Suprema también se dirigió en la misma fecha, al Estado Mayor Conjunto de las Fuerzas Armadas de Honduras, ordenando proceder en el momento pertinente al allanamiento de la vivienda del Presidente de la República de Honduras, José Manuel Zelaya Rosales,

> "entre las seis de la mañana y las seis de la tarde y ponerlo a la orden de la autoridad correspondiente por suponerlo responsable de la comisión de los hechos delictivos: CONTRA LA FORMA DE GOBIERNO, TRAICIÓN A LA PATRIA, ABUSO DE AUTORIDAD Y USURPACIÓN DE FUNCIONES en perjuicio de la Administración Pública y del Estado de Honduras, lo anterior a raíz del requerimiento fiscal presentado en esta Corte por parte del Ministerio Publico."

El día 28 de junio de 2009, sin embargo, la orden judicial no fue ejecutada tal como se ordenó judicialmente, y el Presidente Zelaya después de haber sido detenido en su residencia durante la noche, fue ilegalmente extrañado del país y un avión lo trasladó a Costa Rica, indudablemente en violación de lo previsto en los artículos 81 y 102 de la Constitución.

Al día siguiente, 29 de junio de 2009, la Corte Suprema de Justicia, consideró que como era "de público y notorio conocimiento que el ciudadano José Manuel Zelaya Rosales, ha dejado de ostentar la condición de Presidente Constitucional de la República," carácter por el cual había sido presentado el Requerimiento Fiscal ante el Supremo Tribunal de Justicia, para que se le siguiese el procedimiento establecido en la normativa procesal penal que regula el enjuiciamiento criminal para los más altos funcionarios del Estado; al haber dejado el Presidente Zelaya de ostentar la condición de alto funcionario del Estado, consideró la Corte que entonces no era procedente seguir su enjuiciamiento de conformidad a los artículos 414, 415, 416, 417 del Código Procesal Penal, debiéndose en consecuencia, conocerse por la vía del procedimiento penal ordinario, "a fin de garantizarle así las reglas propias del debido proceso al imputado." Como consecuencia, resolvió, además de tener por presentado el Requerimiento Fiscal junto con los documentos que se acompañaron, remitirlo al Juzgado de Letras Unificado de lo Penal de Tegucigalpa, Francisco Morazán, para que se continuase con el procedimiento ordinario establecido en el Código Procesal Penal.

En esta decisión, la Corte Suprema, sin embargo, no suministró fundamento jurídico alguno ni indicó con base en qué acto jurídico el Presidente Zelaya el día 28 de junio había "dejado de ostentar la condición de Presidente Constitucional de la República;" limitándose a decir que ello era de "de público y notorio conocimiento." Lo que había ocurrido, en realidad, era que había sido expatriado (eso era quizás lo público y notorio) en forma inconstitucional, pero no por ello habría dejado de ser Presidente Constitucional. En este aspecto, el tema que habría quedado pendiente de resolver es si, para el caso de que el Presidente expatriado llegase a regresar al país, si debería continuar ser procesado por la Corte Suprema de Justicia, en virtud de su condición de Presidente, y no por parte de un tribunal penal ordinario como ex funcionario.

V. EL JUEZ CONTENCIOSO ADMINISTRATIVO COMO JUEZ CONSTITUCIONAL Y LA DEFENSA DE LA DEMOCRACIA

En Honduras, sin la menor duda, el Juzgado de Letras Contencioso Administrativo con sede en Tegucigalpa, al ejercer el control de la constitucionalidad e ilegalidad sobre los actos administrativos dictados por el Presidente de Honduras relativos a la consulta popular sobre la convocatoria de una Asamblea Nacional Constituyente, actuó como juez constitucional, ejerciendo las competencias que le asigna la Ley 29/1998 reguladora de la Jurisdicción Contencioso Administrativa; competencia de control que, lamentablemente, aún por la vía del recurso contencioso administrativo de interpretación, la Sala Político Administrativa de la Corte Suprema de Venezuela actuando como juez contencioso administrativo diez años antes se abstuvo de ejercer, cuando le tocó resolver sobre la misma inconstitucional situación: la convocatoria de un referendo consultivo por el Presidente de la república sin estar previsto este mecanismo de reforma constitucional en el texto de la Constitución.

De las previsiones constitucionales tanto en Honduras como en Venezuela, en efecto, el ejercicio de la justicia constitucional corresponde conforme a la Constitución, no sólo a la Jurisdicción Constitucional que en ambos países ejercen las Salas Constitucionales del Supremo Tribunal, sino a la Jurisdicción Contencioso Administrativa, al ejercer su competencia de anulación de los actos administrativos de efectos generales o particulares contrarios a derecho, es decir, contrarios a la Constitución, a las leyes o a las demás fuentes del derecho administrativo[21]. Es decir, todos los jueces contencioso administrativos, conforme al artículo 259 de la Constitución de Venezuela y a la Ley reguladora de la Jurisdicción Contencioso Administrativa en Honduras, tienen potestad para declarar la nulidad de los actos administrativos, no sólo por ilegalidad sino por inconstitucionalidad, ejerciendo la justicia constitucional.

---

[21] Véase Allan R. Brewer–Carías, *La Justicia Constitucional*, Universidad Nacional Autónoma de México, México 2007, pp. 447 ss.; t *La Justicia Contencioso administrativa,* Tomo VII, *Instituciones Políticas y Constitucionales,* Editorial Jurídica Venezolana, Caracas–San Cristóbal 1996, pp. 26 ss.

De lo anterior resulta que así como debe diferenciarse la Jurisdicción Constitucional que se atribuye a las Salas Constitucionales, de la función de justicia constitucional que corresponde conforme a las Constituciones de Venezuela (artículo 334) y Honduras (artículo 320) a todos los jueces; también, debe establecerse claramente la diferenciación entre la Jurisdicción Constitucional y la Jurisdicción Contencioso Administrativa, la cual radica en la competencia *por el objeto* que se atribuye a los Tribunales que las componen: la Jurisdicción Constitucional que corresponde a los Tribunales Supremos en *Sala Constitucional,* tiene por objeto conocer de las acciones de nulidad por inconstitucionalidad *contra las leyes y demás actos de rango legal o ejecución directa e inmediata de la Constitución;* en cambio, la Jurisdicción Contencioso Administrativa que corresponde a los tribunales de la misma conforme a la Ley, tiene por objeto, entre otros, conocer de las acciones de nulidad por inconstitucionalidad o ilegalidad *contra los actos administrativos* generales o particulares, que siempre son de rango *sub legal;* o como lo precisa la Ley reguladora de la Jurisdicción Contencioso Administrativa de Honduras, los tribunales de la Jurisdicción "conocerán de las pretensiones que se deduzcan en relación con la actuación de las Administraciones públicas sujeta al Derecho Administrativo, con las disposiciones generales *de rango inferior a la Ley* y con los Decretos legislativos cuando excedan los límites de la delegación" (art. 1). Por ello, de acuerdo con el artículo 76,1 de la Ley Justicia Constitucional de Honduras (2004), la acción de inconstitucionalidad procede "contra las leyes y otras normas de carácter y aplicación general *no sometidos al control de la jurisdicción contencioso administrativa*, que infrinjan preceptos constitucionales."[22]

Esto implica que ambas Jurisdicciones se diferencian por el objeto de las acciones y no por el motivo de las mismas: la Jurisdicción Constitucional conoce de la nulidad de las leyes y demás actos de rango legal o de ejecución directa e inmediata de la Constitución; en cambio, la Jurisdicción Contencioso Administrativa, conoce de la nulidad de los actos administrativos, que son de rango sub-legal, sea cual fuere el motivo de impugnación. Así se expuso, por ejemplo, en la sentencia N° 6 de 27 de enero de 2000[23] de la Sala Constitucional del Tribunal Supremo de Venezuela, señalando que "La Constitución vigente distingue claramente la jurisdicción constitucional de la contencioso administrativa, delimitando el alcance de ambas competencias en *atención al objeto de impugnación*, es decir, *al rango de los actos objeto de control y no a los motivos por los cuales se impugnan"*.[24] En otros términos, la Sala Constitucional de Venezuela, en la sentencia N° 194 de 4 de abril de 2000), así:

---

[22] Véase en general sobre la ley de Justicia Constitucional de Honduras, nuestros comentarios, Allan R. Brewer-Carías, "El sistema de justicia constitucional en Honduras" en *El sistema de Justicia Constitucional en Honduras (Comentarios a la Ley sobre Justicia Constitucional)*, Instituto Interamericano de Derechos Humanos, Corte Suprema de Justicia. República de Honduras, San José, 2004, pp. 1-148; y "La reforma del sistema de justicia constitucional en Honduras", en *Revista Iberoamericana de Derecho Procesal Constitucional. Proceso y Constitución* (Directores Eduardo Ferrer Mac-Gregor y Aníbal Quiroga León), N° 4, 2005, Editorial Porrúa, México, pp. 57-77.

[23] Véase en *Revista de Derecho Público*, N° 81, (enero–marzo), Editorial Jurídica Venezolana, Caracas, 2000, p. 213.

[24] Criterio que se ratificó expresamente por la misma la Sala, en sentencia N° 194 de 04 de abril de 2000, en *Revista de Derecho Público*, N° 82, Editorial Jurídica Venezolana, Caracas 2000.

"El criterio acogido por el Constituyente para definir las competencias de la Sala Constitucional, atiende *al rango de las actuaciones objeto de control,* esto es, que dichas actuaciones tienen una relación directa con la Constitución que es el cuerpo normativo de más alta jerarquía dentro del ordenamiento jurídico en un Estado de derecho contemporáneo. Así las cosas, *la normativa constitucional aludida imposibilita una eventual interpretación que tienda a identificar las competencias de la Sala Constitucional con los vicios de inconstitucionalidad que se imputen a otros actos o con las actuaciones de determinados funcionarios u órganos del Poder Público".*[25]

De lo anterior, la Sala concluyó precisando su propia competencia así:

"la Sala Constitucional, en el ejercicio de la jurisdicción constitucional, conoce de los recursos de nulidad interpuestos contra los actos realizados en ejecución directa de la Constitución o que tengan forma de ley. De allí que, en el caso de autos, al tratarse el reglamento impugnado de un acto de rango sublegal, esta Sala Constitucional carece de competencia para controlar su conformidad a Derecho, ya que tal competencia corresponde a la Jurisdicción Contencioso Administrativa. Así se decide".[26]

Estos mismos criterios se aplican en Honduras donde la Sala Constitucional, conforme al artículo 319,12 le corresponde la competencia para "declarar la inconstitucionalidad de las leyes en la forma y casos previstos en esta Constitución", como competencia "originaria y exclusiva" (artículo 184), previéndose que "las sentencias que declaren la inconstitucionalidad de una norma será de ejecución inmediata y tendrá efectos generales, y por tanto derogarán la norma inconstitucional' (art. 316). Con esta previsión incorporada en la Constitución en la reforma de 2000 se pasó así de un método de control concentrado de constitucionalidad de las leyes con efectos *inter partes*, a un método de control concentrado con efectos generales, *erga omnes*, permaneciendo previsto el método difuso de control de la constitucionalidad de las leyes (art. 320), aún cuando sin operatividad, como potestad atribuida a todos los jueces para desaplicar las leyes que consideren inconstitucionales al decidir los casos concretos que deben resolver.

Con base en estos poderes del juez contencioso administrativo de actuar como juez constitucional, controlando la constitucionalidad y legalidad de las actuaciones del Poder Ejecutivo, fue que se desarrolló en Honduras el proceso judicial contencioso administrativo contra los decretos presidenciales de marzo-mayo de 2009 para la convocatoria de una consulta popular o encuesta de opinión que encubrían una propuesta de referendo "decisorio" sobre la convocatoria de una Asamblea Nacional Constituyente, y que condujeron finalmente a la orden de detención y a la orden de enjuiciamiento del Presidente de la República, José Manuel Zelaya, entre otros hechos y actos, por desacato a las decisiones del Poder Judicial.

El control judicial desarrollado por la Jurisdicción Contencioso Administrativa, en todo caso, puede decirse que fue un proceso de defensa de la democracia; sin embargo, llama la atención que al ejercerse el control de los actos del Presidente de

---

[25] Criterio que ratificó lo que había decidido en sentencia de 27 de enero de 2000 (Caso *Milagros Gómez y otros* .Véase en *Revista de Derecho Público*, N° 82, Editorial Jurídica Venezolana, Caracas 2000.

[26] Véase en *Revista de Derecho Público*, N° 82, Editorial Jurídica Venezolana, Caracas 2000.

la República dictados en violación de la Constitución y sobre las vías de hecho en que incurrió contrarias al Poder Judicial y al ordenamiento jurídico de Honduras, en ninguna de las actas procesales fundamentales del proceso se haya usado la palabra "democracia." Sin embargo, en un Estado Constitucional, la defensa de la Constitución es siempre defensa de la democracia entendida como el régimen político que busca asegurar que el ejercicio del poder público por el pueblo, como titular que es de la soberanía, se haga en la forma prescrita en la Constitución, tanto en forma indirecta a través de representantes electos (democracia representativa), como en forma directa manifestando su voluntad para la toma de decisiones mediante referendo (democracia directa).

Para asegurar que el ejercicio de ese poder no sea ni abusivo ni arbitrario, el propio pueblo lo somete a límites establecidos tanto en la Constitución del Estado que él mismo ha adoptado como norma suprema, como en la legislación que deben sancionar sus representantes en los órganos del Estado. La Constitución y las leyes contienen, así, los límites que el propio pueblo se impone a sí mismo y a sus representantes para ejercer el poder público, por lo que todo control respecto de la sumisión de los órganos del Estado a la Constitución, es un control de defensa a la propia democracia. Por ello, el Estado que se organiza en una Constitución adoptada en una sociedad democrática, es esencialmente un Estado sometido a controles.

Para garantizar ese Estado y la propia democracia es que se establece un sistema que permita la posibilidad de controlar el ejercicio del poder, de manera que los propios órganos que ejercen el poder en el Estado puedan, mediante su división y distribución, frenar el ejercicio mismo del poder, y así los diversos poderes del Estado puedan limitarse mutuamente. Por ello la existencia de sistemas de justicia constitucional y justicia contencioso administrativa desarrollado en todos los países democráticos.

La democracia como régimen político, por tanto, es mucho más que la sola elección de representantes mediante votación popular, o de la convocatoria a referendos, siendo la democracia representativa, por supuesto, de su esencia, sin la cual como régimen político, no podría existir. Tal como lo precisó la *Carta Democrática Interamericana* adoptada en la Asamblea General de la Organización de Estados Americanos, en Lima, el 11 de septiembre de 2001: además de la celebración de elecciones periódicas, libres, justas y basadas en el sufragio universal y secreto, como expresión de la soberanía del pueblo, la democracia representativa contiene acumulativamente una serie de otros *elementos esenciales*, sin los cuales no puede existir como régimen político, entre los cuales está, el respeto a los derechos humanos y las libertades fundamentales, el acceso al poder y su ejercicio con sujeción al Estado de derecho; el régimen plural de partidos y organizaciones políticas; y la necesaria existencia de la separación e independencia de los poderes públicos (artículo 3). Además, la misma Carta definió que el ejercicio de la democracia, acumulativamente contiene estos otros componentes fundamentales, que son: la transparencia de las actividades gubernamentales, la probidad, la responsabilidad de los gobiernos en la gestión pública, y el respeto por los derechos sociales y la libertad de expresión y de prensa; la subordinación constitucional de todas las instituciones del Estado a la autoridad civil legalmente constituida y el respeto al estado de derecho de todas las entidades y sectores de la sociedad (artículo 4). La democracia, por tanto, como se dijo, es mucho más que las solas elecciones y votaciones, y entre sus elementos quizás el más esencial es el que se refiere a la separación e independencia de los Poderes Públicos, ya que el mismo es el que asegura que los otros factores de la propia democracia puedan ser una realidad política[27]. En otros términos, sin control del poder no sólo no hay ni puede haber real democracia ni efectivo Estado de derecho, sino que no se puede lograr la efectiva vigencia de todos los mencionados factores esenciales de la democracia. Es decir, sólo controlando al Poder es que puede haber elecciones completamente libres y justas, y representatividad efectiva; sólo controlando al poder es que puede haber pluralismo político; sólo controlando al Poder es que puede haber efectiva participación democrática; sólo controlando al Poder es que puede asegurarse una efectiva transparencia en el ejercicio del gobierno, con exigencia de la rendición de cuentas por parte de los gobernantes; sólo controlando el Poder es que se puede asegurar un gobierno sometido a la Constitución y las leyes, es decir, un Estado de derecho; sólo controlando el Poder es que puede haber un efectivo acceso a la justicia y esta pueda funcionar con efectiva autonomía e independencia; y sólo controlando al Poder es que puede haber real y efectiva garantía de respeto a los derechos humanos.

Al contrario demasiada concentración y centralización del poder, como ocurre en cualquier gobierno autoritario, así tenga origen electoral, si no hay controles efectivos sobre los gobernantes, y peor aún, si estos tienen o creen tener apoyo popular, inevitablemente conduce a la corta o a la larga a la tiranía. Y esa fue la historia de la humanidad durante la primera mitad del Siglo pasado, que nos mostró precisamente a tiranos que usaron el voto de la mayoría para acceder al poder y desde allí aplicaron el autoritarismo para acabar con la propia democracia y con todos sus elementos, comenzando por el respeto a los derechos humanos; y es la historia reciente en América Latina que nos muestra la emergencia de regímenes autoritarios usando y manipulando fraudulentamente las previsiones constitucionales y los medios electorales, como ha sido el caso de Venezuela, para violar la Constitución y destruir la democracia.[28]

En Honduras, sin duda, funcionaron los controles, y las actividades del Presidente Zelaya violatorias de la Constitución, fueron controladas por los tribunales de la Jurisdicción Contencioso Administrativa, la cual demostró tener una autonomía e

---

[27] Véase sobre la Carta Democrática Interamericana y la crisis de la democracia en Venezuela, Allan R. Brewer-Carías, *La crisis de la democracia venezolana. La Carta Democrática Interamericana y los sucesos de abril de 2002*, Ediciones El Nacional, Caracas 2002. pp. 137 y ss.

[28] Véase Allan R. Brewer-Carías, "La demolición del Estado de Derecho en Venezuela Reforma Constitucional y fraude a la Constitución (1999-2009)," en *El Cronista del Estado Social y Democrático de Derecho*, N° 6, Editorial Iustel, Madrid 2009, pp. 52-61; "El autoritarismo establecido en fraude a la Constitución y a la democracia y su formalización en "Venezuela mediante la reforma constitucional. (De cómo en un país democrático se ha utilizado el sistema eleccionario para minar la democracia y establecer un régimen autoritario de supuesta "dictadura de la democracia" que se pretende regularizar mediante la reforma constitucional)" en el libro *Temas constitucionales. Planteamientos ante una Reforma,* Fundación de Estudios de Derecho Administrativo, FUNEDA, Caracas 2007, pp. 13-74; "Constitution Making in Defraudation of the Constitution and Authoritarian Government in Defraudation of Democracy. The Recent Venezuelan Experience", en *Lateinamerika Analysen*, 19, 1/2008, GIGA, Germa Institute of Global and Area Studies, Institute of Latin American Studies, Hamburg 2008, pp. 119-142.

independencia que muchas jurisdicciones de otros países podrían envidiar. En este caso, fue dicha Jurisdicción la que defendió la Constitución y la democracia; y el desacato a sus decisiones, ajustadas a derecho, fueron las que condujeron a la Corte Suprema de Justicia a ordenar el procesamiento del Presidente. Lamentablemente, al final, como se dijo, la orden judicial dada a las Fuerzas Armadas por la Corte Suprema, no fue ejecutada como ordenado, y el Presidente Zelaya fue ilegalmente extrañado del país en violación de lo previsto en los artículos 81 y 102 de la Constitución, con las consecuencias internacionales conocidas.

New York, Julio 2009.

SECCIÓN SEGUNDA
EL INICIO DEL PROCESO CONSTITUYENTE EN ECUADOR EN 2007 Y LAS LECCIONES DE LA EXPERIENCIA VENEZOLANA DE 1999

El siguiente es el texto de la Videoconferencia dictada desde la Universidad de Columbia, Nueva York, para el *Programa de Postgrados de Jurisprudencia,* **Universidad San Francisco de Quito, el 19 de abril de 2007. El texto fue publicado en el libro de José Ma. Serna de la Garza (Coordinador),** *Procesos Constituyentes contemporáneos en América latina. Tendencias y perspectivas,* **Universidad Nacional Autónoma de México, México 2009, pp. 451-505.**

INTRODUCCIÓN

Una reforma de la Constitución debe ser siempre el resultado, no de la imposición de la voluntad de una facción política sobre la otra, sino del consenso político[29].

Esa es la clave del éxito de las Constituciones, precisamente, llegar a ser el resultado del consenso o pacto de toda una sociedad y no de voluntades o mayorías circunstanciales; la cual debe ser diseñada mediante mecanismos de inclusión y no de exclusión. La historia enseña, por lo demás, que nada que se imponga a una sociedad por la fuerza, así sea de una mayoría circunstancial, puede perdurar ni perdura; ni nada que pretenda basarse en la imposición de la voluntad de una facción de la sociedad aplastando o excluyendo a las otras, perdura.

Una reforma constitucional, por tanto, para que trascienda, por sobre todo tiene que ser fruto de la inclusión y configurarse en un instrumento para el consenso y la conciliación. Y ello es válido cualquiera que sea la motivación de la reforma constitucional. Esta, ciertamente, a veces ha sido el resultado de un armisticio después de alguna guerra fraticida, como tantos ejemplos nos muestra la historia; en otros casos, ha sido el resultado de una ruptura del hilo constitucional, mediante una revolución o un golpe de Estado, como tantos ejemplos también conocemos en América Latina; en otros casos, incluso, ha sido el resultado de un pacto para evitar la confrontación, formulado en democracia, como también nos lo muestra la historia. Pero en todo

---

[29] Véase Allan R. Brewer-Carías, "Algo sobre la experiencia venezolana de 1999, la reforma de la Constitución y la Asamblea Constituyente", en *Que? Periódico Mensual con Respuestas*, Goberna & Derecho, Año 1, Nº 1, Guayaquil, 15 de enero de 2007.

caso, lo esencial para que trascienda, es que debe ser un instrumento inclusivo, para la conciliación, que permita no sólo adaptar las Constituciones a las exigencias políticas de los tiempos contemporáneos, sino que las mismas sean efectivamente la manifestación de la voluntad popular.

Al contrario, una reforma constitucional, incluso mediante la convocatoria de una Asamblea Constituyente, que tenga como propósito imponerle a un país un proyecto político que se aparte de las líneas de la democracia y que sea de corte autoritario, durará el tiempo que dure el régimen de gobierno de exclusión, el cual inevitablemente terminará más tarde o más temprano, en una nueva búsqueda de mecanismos de conciliación.

Ese es el reto que tiene todo país al plantearse el tema de la reforma constitucional, cuya asunción tiene que garantizar la perdurabilidad de la democracia, perfeccionándola para todos, primero, mediante la reformulación de las formas de su ejercicio para hacerla más representativa y además, incorporar mecanismos de la democracia directa; segundo, mediante la distribución efectiva del poder público en forma vertical, descentralizándolo hacia las comunidades territoriales para hacer posible la participación democrática, la cual sólo puede ocurrir con la reformulación del régimen regional y local, reforzando el de las provincias, cantones y parroquias, para acercar el poder al ciudadano; tercero, mediante la reafirmación del principio de la separación de poderes, previendo los efectivos mecanismos para asegurar la independencia y autonomía de los poderes, y por sobretodo, el control recíproco, que es donde radica la base de la propia democracia como antídoto frente el autoritarismo; y entre esos controles, el judicial, mediante la reformulación del sistema de justicia ,es uno de los más importantes para asegurar aún más su independencia y autonomía.

Venezuela vivió, a finales de los años noventa del siglo pasado, un proceso de crisis política de la democracia de partidos[30] muy similar a la que ahora vive Ecuador, que condujo a la necesidad de pensar en la reformulación del sistema político democrático, mediante la convocatoria en democracia de una Asamblea Nacional Constituyente. Su misión, cuando se formuló el proyecto, era fundamentalmente el diseño de un nuevo Estado basado en el perfeccionamiento de la democracia.

Aún cuando dicha institución de la Asamblea Constituyente no estaba prevista en la Constitución vigente para el momento de 1961, como tampoco está prevista en la ahora vigente Constitución de Ecuador de 1998, después de varias impugnaciones por razones de inconstitucionalidad contra la voluntarista convocatoria de la Asamblea que hizo en 1999 el presidente Hugo Chávez, y después de diversas decisiones del Tribunal Supremo que, en definitiva, abrieron la vía para su elección, ésta se efectuó con el condicionante de que la Asamblea debía funcionar dentro del marco de la propia Constitución vigente para el momento, tal como se había interpretado por el Supremo Tribunal.

---

[30] Véase Allan R. Brewer-Carías, *Problemas del Estado de Partidos*, Editorial Jurídica Venezolana, Caracas 1988; *La crisis de las instituciones: responsables y salidas,* Cátedra Pío Tamayo, Centro de Estudios de Historia Actual (mimeografiado) FACES, Universidad Central de Venezuela, Caracas 1985, publicado también en *Revista del Centro de Estudios Superiores de las Fuerzas Armadas de Cooperación*, N° 11, Caracas 1985, pp. 57-83; y en *Revista de la Facultad de Ciencias Jurídicas y Políticas*, N° 64, Universidad Central de Venezuela, Caracas 1985, pp. 129-155

Un referendo consultivo, similar a la consulta popular que se ha efectuado en Ecuador el 15 de abril de 2007, precedió la elección de los miembros de la Asamblea, la cual sin embargo, por el sistema electoral que se diseñó en forma unilateral (como también ha ocurrido en Ecuador), la misma resultó dominada en más de un 95% por los seguidores del presidente Chávez, constituyéndose en esa forma en un instrumento político de exclusión, que le aseguró el asalto y apoderamiento total del poder. La Asamblea Constituyente de Venezuela, de 1999, le impuso a los venezolanos sin que hubiera consenso ni conciliación alguna, un texto constitucional que, lamentablemente, ni perfeccionó la democracia, ni aseguró la descentralización política, ni solidificó la separación de poderes, ni aseguró la independencia y autonomía del poder judicial. Todo ello con la grave consecuencia de que a pesar de las avanzadísimas regulaciones establecidas en materia de derechos humanos, ellos en la práctica no pasan de la sola letra de la Constitución, sin posibilidad efectiva de ejercicio cuando se está en posición antagónica al gobierno, dado el sometimiento del poder judicial al poder político y el proceso de criminalización de la disidencia.

La Constitución de 1999, que resultó del trabajo de la Asamblea Nacional Constituyente, en consecuencia y lamentablemente, fue una Constitución que diseñó un sistema de concentración del poder en el Ejecutivo, con una clara exclusión respecto de los partidos políticos, que funciona en un sistema político de presidencialismo extremo y exacerbado, montado sobre un militarismo constitucional nunca antes conocido en el país, y en una forma de Estado signada por el centralismo, en el cual la Federación no es más que una simple palabra sin contenido alguno, y sin posibilidad efectiva alguna de provocar descentralización política. Ese Estado, además, por la concentración del poder, ha originado un poder judicial sometido y dependiente, que no garantiza la vigencia efectiva de los derechos humanos. Por otra parte, el esquema, además, está montado sobre un estatismo extremo que se ha alimentado por la riqueza petrolera estatal, lo que en definitiva imposibilita la participación política, la cual sólo puede darse cuando el poder está cerca del ciudadano y sus comunidades, actuando con autonomía.

Ese Estado todopoderoso, que todo lo controla y todo lo posee, además, con la excusa de la política antipartido, ha ahogado la democracia en lugar de haberla perfeccionado, eliminando totalmente el sistema democrático pluralista de partidos. Ello se corrobora con el proyecto en curso de formación de un sistema de partido único imbricado en el Estado y la Administración, para controlar y usar el "Estado rico" propio de un país pobre que tenemos, con políticas populistas que en definitiva están acabando con la propia democracia y el pluralismo.

La Asamblea Nacional Constituyente, por tanto, por sí misma no es la solución de nada. No es por supuesto una panacea, y si bien puede ser un instrumento para rediseñar el sistema político y perfeccionar la democracia, particularmente en un momento de crisis política, si no se configura como un instrumento inclusivo, de conciliación y consenso, se puede convertir en el instrumento para consolidar un gobierno autoritario, como fue la experiencia venezolana de 1999.

En todo caso, no hay que olvidar que América Latina ha sido un continente lleno de historias sobre Asambleas Constituyentes. Todos nuestros países han tenido muchas en su historia constitucional, habiendo sido en general fruto de rupturas del hilo constitucional convocadas entonces luego de una revolución, un golpe de Estado o una guerra interna; es decir, han sido en general el producto de un desconocimiento fáctico previo de la Constitución vigente.

Sin embargo, en las últimas décadas, en América Latina se ha venido configurando una nueva modalidad de proceso constituyente y de Asambleas Constituyentes que no han sido el producto de una ruptura constitucional previa, sino que aún cuando no estando previstas y reguladas en la Constitución (como ahora sucede, por ejemplo, en la Constitución de Paraguay), han sido electas en democracia con base en interpretaciones de la Constitución vigente. Es lo que ha sucedido en los últimos lustros, por ejemplo, en Colombia en 1991, en Venezuela en 1999, en Bolivia en 2006 y ahora está en proceso de ocurrir en Ecuador en 2007.

En ese contexto, el caso de Venezuela ha sido sintomático, pues allí, en 1999 se produjo la elección, en democracia y sin que hubiera habido una ruptura previa del hilo constitucional, de una Asamblea Nacional Constituyente que no estaba prevista ni regulada en la Constitución de 1961, con base en la interpretación de la misma hecha por la Corte Suprema de Justicia; pero con la peculiaridad de que en ese proceso constituyente, fue la propia Asamblea Constituyente, así electa, la que terminó dando un golpe de Estado, irrumpiendo contra la Constitución vigente e interviniendo todos los poderes constituidos, violando el principio democrático de la representatividad. Se trató, entonces, de un golpe de Estado constituyente, que sirvió de instrumento para el asalto al poder, para la violación del orden constitucional y el establecimiento de las bases de un régimen autoritario.

Por tanto, este neo-autoritarismo que los latinoamericanos estamos comenzando a percibir como conformándose en Venezuela, no fue el resultado de un golpe de Estado militarista previo al proceso constituyente de 1999, sino que es el producto del golpe de Estado dado en medio del proceso constituyente por una Asamblea Constituyente cuya misión era otra.

La experiencia venezolana, por tanto, es importante que se conozca en Ecuador, particularmente porque en sus inicios a comienzos de 2007, el proceso ecuatoriano tiene demasiadas similitudes con lo que ocurrió en Venezuela a comienzos de 1999.

Mi intención es referirme, precisamente a los inicios del proceso constituyente en Ecuador y las lecciones de la experiencia venezolana, para lo cual dividiré mi exposición en tres partes: primero voy a intentar hacer un recuento de las vicisitudes políticas y jurídicas del proceso ocurridas en Ecuador en los primeros tres meses de 2007; segundo, me voy a referir al proceso constituyente venezolano de 1999; y tercero, voy a puntualizar lo que en mi criterio son los resultados de aquél proceso, ocho años después.

I. LAS VICISITUDES POLÍTICAS Y JURÍDICAS EN LOS INICIOS DEL PROCESO CONSTITUYENTE EN ECUADOR EN 2007

1. *El Decreto presidencial Nº 2 de 15 de enero de 2007 de convocatoria a una consulta popular sobre la Asamblea Constituyente*

El presidente Rafael Correa, en lo que materialmente fue su primer decreto de gobierno, dictado en el mismo día de la toma de posesión de su cargo, el 15 de enero de 2007, dictó el Decreto N°. 2 convocando a una consulta popular para que se convoque e instale una Asamblea Constituyente, en términos muy similares al Decreto

N°. 3 del presidente Hugo Chávez de Venezuela, dictado en mismo día de la toma de posesión de su cargo el 22 de febrero de 1999 convocando a un referendo consultivo sobre el mismo tema. Los venezolanos en su inmensa mayoría, antes de votar no tuvieron posibilidad real de saber claramente qué era lo que se les estaba consultando, lo que originó múltiples problemas de interpretación constitucional. La verdad es que la Constituyente, en el discurso político del presidente Chávez, había sido total y deliberadamente confundida con el deseo de cambio político, que era real y efectivo, por lo que en definitiva el pueblo por lo que votó fue por ese cambio, sin saber que en realidad estaba votando por un instrumento jurídico constitucional excepcionalísimo, por el cual nunca en democracia se había votado antes en toda la historia constitucional del país.

Dada esa experiencia venezolana, los ecuatorianos también debieron haber sabido claramente por qué fue por lo que votaron el 15 de abril de 2007, pero tampoco fue así, al menos de lo que resulta de las encuestas publicadas antes de la elección que mostraron altísimos índices de desconocimiento de que era una Asamblea Constituyente y para qué servía. En todo caso, ya sabrán los ecuatorianos, como *ex post facto* lo supieron los venezolanos, de qué se trata un proceso constituyente resuelto por votación popular.

El Decreto presidencial N° 2, convocando una consulta popular, fue para que el pueblo se pronunciara sobre la siguiente pregunta:

> ¿Aprueba usted que se convoque e instale una Asamblea Constituyente con plenos poderes, de conformidad con el Estatuto Electoral que se adjunta, para que transforme el marco institucional del Estado, y elabore una nueva Constitución?

El Decreto dispuso que en la papeleta de votación, se debía incorporar el Estatuto de la Constituyente relativo a su elección, instalación y funcionamiento que el presidente propuso en forma unilateral, sin debate alguno en el país. En dicho Estatuto, sobre la "naturaleza y finalidad de la Asamblea Constituyente" se dispuso en su artículo 1°, lo siguiente:

> ***Artículo 1. Naturaleza y finalidad de la Asamblea Constituyente***. La Asamblea Constituyente es convocada por el pueblo ecuatoriano y está dotada de plenos poderes para transformar el marco institucional del Estado, y para elaborar una nueva Constitución. La Asamblea Constituyente respetará, profundizando en su contenido social y progresivo, los derechos fundamentales de los ciudadanos y ciudadanas. El texto de la Nueva Constitución será aprobado mediante Referéndum Aprobatorio.

El Decreto se dictó invocando en sus considerandos, lo dispuesto en la Constitución vigente de 1998, particularmente lo que dispone el artículo 1, que preceptúa que "la soberanía radica en el pueblo, cuya voluntad es la base de la autoridad, que ejerce a través de los órganos del poder público y de los medios democráticos previstos en esta Constitución", texto que en forma muy similar también estaba en la Constitución venezolana como en todas las latinoamericanas.

Uno de esos medios democráticos en Ecuador –que sin embargo no estaba en la Constitución de Venezuela aún cuando si en la ley del Sufragio– es la consulta popular que el Presidente de la República puede convocar conforme al artículo 171,6 de la Constitución. Sin embargo, conforme a la Constitución, esta disposición sólo podría invocarse cuando se trate de las materias especificadas en el artículo 104, es decir, o para reformar la Constitución conforme se dispone y regula en el artículo 283, o cuando se trate de cuestiones de trascendental importancia para el país, distintas a la reforma de la Constitución.

El Presidente de la República optó por invocar el segundo supuesto de la norma como motivo para convocar la consulta popular, es decir, una cuestión de trascendental importancia para el país *distinta a la reforma de la Constitución*, pero en verdad, con la pregunta formulada para la consulta lo que se logró materialmente fue la creación de un órgano constitucional que no está previsto en la Constitución, es decir, se aprobó una reforma constitucional. En otras palabras, se utilizó una norma constitucional que expresamente dispone que no puede utilizarse en caso de reforma constitucional para provocar una reforma constitucional. Por tanto, con la aprobación de la consulta el 15 de abril de 2007, en definitiva, se reformó la Constitución sin seguirse las previsiones de los artículos 280 a 284 de la Constitución, al establecerse otro mecanismo para reformar la Constitución distinto a los establecidos en esos artículos, y ello sin seguirse los pasos para la reforma de la Constitución allí regulados.

Estos son temas jurídicos constitucionales que han quedado pendientes de ser resueltos en Ecuador, por el único órgano con poder para ello que es el Tribunal Constitucional. Se trata del dilema entre supremacía constitucional y soberanía popular que tiene que ser resuelto, pero no por las vías de los hechos cumplidos, sino por decisión del máximo intérprete de la Constitución que ejerce la Jurisdicción Constitucional (artículo 276,1). El mismo dilema entre supremacía constitucional y soberanía popular se planteó en Colombia en 1991 y en Venezuela en 1999, y en esos países el tema fue resuelto por la Jurisdicción Constitucional antes de la realización de la consulta popular.[31]

Pero en el decreto presidencial del Ecuador, como también se expresó en el Estatuto que propuso el Presidente venezolano en 1999, se planteó la convocatoria de una Asamblea Constituyente "con plenos poderes para que transforme el marco institucional del Estado, y elabore una nueva Constitución". Con fraseología distinta, pero con exacto sentido y contenido se convocó la Asamblea Constituyente en Venezuela en 1999. Esto plantea otro tema pendiente de discutirse y resolverse, de orden operativo, relativo a si la Asamblea Constituyente durante su funcionamiento, estará sometida, como todos los órganos del Estado y los individuos, a la Constitución de 1998 que le dio origen, la cual conforme se deduce del propio Estatuto de la Asamblea, debería permanecer vigente hasta que el pueblo, mediante referendo, apruebe la nueva Constitución. Ello, por ejemplo, no quedó claro en Venezuela en 1999, y la Asamblea Nacional Constituyente de ese año, una vez electa, se apartó de la Constitución alegando que tenía poder constituyente originario, que en la terminología utilizada en Ecuador es con "plenos poderes". Es decir, esas dudas que no lle-

---

[31] Véase sobre el caso venezolano Allan R. Brewer-Carías, *Poder constituyente originario y Asamblea Nacional Constituyente (Comentarios sobre la interpretación jurisprudencial relativa a la naturaleza, la misión y los límites de la Asamblea Nacional Constituyente)*, Colección Estudios Jurídicos N° 72, Editorial Jurídica Venezolana, Caracas 1999, 296 pp.; "La configuración judicial del proceso constituyente o de cómo el guardián de la Constitución abrió el camino para su violación y para su propia extinción", en *Revista de Derecho Público*, N° 77-80, Editorial Jurídica Venezolana, Caracas 1999, pp. 453- ss.

garon a ser dilucidadas en Venezuela con anterioridad a la elección de la Asamblea, condujeron a una Asamblea Constituyente que asumió todos los poderes del Estado, y que intervino y disolvió los poderes constituidos, todo al margen de la Constitución entonces vigente.

A continuación intentaremos resumir los aspectos más resaltantes del debate jurídico que se desarrolló en el Ecuador luego de la emisión del decreto N°. 2, hasta la realización de la consulta popular, los cuales hemos elaborado partiendo de las informaciones aparecidas en los medios de comunicación.[32]

2. *La sumisión del Decreto Presidencial al Tribunal Supremo Electoral*

El Decreto N° 2 dispuso que el Tribunal Supremo Electoral (TSE) debía organizar, dirigir, vigilar y garantizar la consulta popular, por lo que el 16 de enero de 2007, el Presidente de la República le remitió oficialmente el Decreto. El 22 de enero, el Presidente del TSE precisaba el rol del Tribunal diciendo que no le correspondía calificar la constitucionalidad del Estatuto y la convocatoria a consulta popular, sino solo "la viabilidad para ejecutarla". Entretanto, la prensa ya anunciaba modificaciones al Decreto, particularmente en torno al estatuto de elección de los constituyentes y a su número, que en lugar de 87 podrían ser 130.

Por su parte, el Ministro de Gobierno consideraba que existía un avance en el debate, ya que no se estaba hablando de si había o no Asamblea Constituyente, sino que lo que se discutía era si esta debía ser aprobada por el Tribunal Supremo Electoral o por el Congreso, y reiteraba que el régimen considera que esta debía pasar por el organismo del sufragio, ya que la atribución del Presidente de convocar a una consulta popular, estaba establecida en el artículo 104 de la Constitución.

3. *La remisión del Decreto Presidencial al Congreso por parte del Tribunal Supremo Electoral*

El 23 enero de 2007, el vicepresidente del Tribunal Supremo Electoral, informaba que el organismo del sufragio había resuelto con cuatro votos contra tres, enviar la consulta popular al Congreso Nacional para que fuera esta función del Estado la que resolviera la convocatoria a una consulta popular en la que el pueblo decidiera la convocatoria a una Asamblea Nacional Constituyente. Expresó entonces, que le tocaba al Congreso Nacional resolver la decisión del organismo electoral, que se produjo y advirtió después, de que se había suspendido la sesión por falta de garantías, es decir, por falta de normalidad y seguridad después de incidentes provocados por manifestaciones en los alrededores de la entidad.

En todo caso, la prensa informaba que "el gobierno de Rafael Correa fracasó en su intento de convocar a una consulta popular de forma directa para instalar una Asamblea Constituyente."

El día siguiente, 24 de enero, el Presidente Correa, en una rueda de prensa en el Palacio Presidencial de Carondelet, rechazó que el Tribunal Supremo Electoral se reuniera clandestinamente para enviar el estatuto de la Asamblea Constituyente y la propuesta de consulta popular al Parlamento Nacional para su aprobación, acusando a los vocales del Tribunal Supremo Electoral, de haber decidido "escondidos en un

---

[32] Para ello hemos seguido las informaciones aparecidas en www.ecuadorinmediato.com

hotel", considerando que "rompiendo la Constitución", habían decidido "pasar la consulta popular, que le ordenamos realizar, al Congreso Nacional". La prensa reseñaba la opinión de que el ordenamiento jurídico dispone que el Parlamento debía dar su aprobación a consultas presidenciales que supongan reformas constitucionales, y hay distintas interpretaciones sobre este punto.

El Ministro de Gobierno calificó la remisión, como una "mera consulta", insistiendo que el organismo electoral tenía la obligación de organizar la consulta, según el artículo 104 de la Constitución, es decir, la convocatoria y el trámite de la misma consulta. El Presidente del Tribunal Supremo Electoral (TSE), Jorge Acosta, aseguraba que habían analizado todos los fundamentos de derecho para resolver el envío de la consulta y el estatuto de Asamblea Constituyente para que fueran analizadas por el Congreso, criticando la forma en que fueron presionados.

En todo caso, en los días siguientes, el gobierno envió formalmente al Congreso las reformas al Estatuto de Elección, Instalación y Funcionamiento de la Asamblea Constituyente, que estaba como anexo al Decreto N° 2, formuladas en Decreto N° 54, manifestando su disposición de observar todos preceptos legales, a fin de que no existiera ninguna excusa por parte del Congreso Nacional para no dar paso a la Consulta Popular, exhortando ahora al Congreso a cumplir con uno de los mandatos populares de dar paso a la Asamblea Nacional Constituyente.

El 29 de enero se anunciaba que el Congreso se disponía a decidir sobre el tema, y en el debate, por supuesto se formularon posiciones encontradas, de manera que por ejemplo, el presidente de la Comisión de Asuntos Constitucionales que estudiaba el asunto consideraba "como inconstitucional a la referida consulta popular y al estatuto para la Asamblea Constituyente", pues para "pretender reformas a la Carta Política, la única vía es el Congreso Nacional".

En la misma fecha el vicepresidente de la república afirmaba que se había agotado el diálogo con los congresistas y miembros del Tribunal Supremo Electoral sobre la convocatoria a una consulta para instituir una Asamblea Constituyente, y además anticipaba que el Ejecutivo "crearía un Tribunal Electoral ad hoc si hasta el jueves 1 de febrero el TSE no organiza la consulta popular". Ello fue calificado por el Presidente de la Comisión de Asuntos Constitucionales como una "violación flagrante a la Constitución y sería un hecho de facto que rebasaría lo poderes del Presidente de la República y nos encontraríamos en un poder dictatorial."

El 30 enero reseñaba la prensa sobre las miles de personas concentradas ante la sede del Congreso, en Quito, para exigir la convocatoria a una consulta popular sobre una Asamblea Constituyente de plenos poderes, que redacte una nueva Carta Magna.

El 3 de febrero el Presidente de la República, en relación con las discusiones en el Congreso, advertía que el gobierno no aceptaría cambios traumáticos al estatuto de la Constituyente, ni condiciones de la partidocracia, alertado que si el Congreso persistía en trabar la celebración de la consulta, "llamaría nuevamente a la ciudadanía a salir a las calles para que defendiera su derecho a cambiar el país como soberano. La población ya dio muestras de que de no está dispuesta a aguantar más abusos y aclaró que no se ha sembrado vientos para cosechar tempestades, sino ciudadanía para cosechar más democracia."

Uno de los temas centrales en el debate parlamentario fue el de los plenos poderes que se querían atribuir a la Asamblea Constituyente, a cuyo efecto en la Comisión de Asuntos Constitucionales se presentaron propuestas para la modificación de la pregunta de la consulta, para reducir los "plenos poderes" sólo para elaborar una nueva Constitución, y para elimina la propuesta inicial para que la Asamblea tuviera la posibilidad de modificar el marco institucional del Estado, circunscribiéndose su labor específica a emitir una nueva Carta Política. Se trataba de una propuesta para buscar la posibilidad de que el Congreso diese paso a la consulta incluyendo una modificación del estatuto que permitiera que el Congreso realizase reformas constitucionales que también fueran al mismo referendo ratificatorio al que debía someterse la Constitución de la Asamblea Nacional Constituyente.

El 8 de febrero otro diputado indicaba que se buscaba consenso en cuanto al tema de la consulta popular y posterior instalación de la Asamblea Constituyente, de manera que la misma respetara "los poderes constituidos y garantizara la participación de todos los ciudadanos". Agregaba el diputado que la constituyente debía "respetar las funciones de las instituciones legalmente constituidas", aclarando que "dar plenos poderes se corre el riesgo no únicamente de una disolución del Congreso, sino del Ejecutivo, Corte Suprema, tribunales Constitucional y Supremo Electoral, algo que podría desarticular el aparto institucional del Estado, lo cual nadie apoya." A ello respondió el 9 febrero el Ministro de Gobierno, indicando "que no se pretende, a través de la Asamblea, disolver los poderes del Estado." Otros diputados consideraban, al contrario que "la Asamblea Nacional Constituyente es de plenos poderes aunque otros digan lo contrario, ya que está establecido en diferentes doctrinas que una Asamblea tiene plenos poderes, a diferencia de una reforma constitucional que se podría hacer desde el Congreso."

De acuerdo con este debate, una de las propuestas en el Congreso, apuntaba a que la Asamblea Constituyente respetara "los períodos del Ejecutivo, Legislativo, prefectos, alcaldes, consejeros, concejales y delegados a Juntas Parroquiales", y no interfiriera en sus funciones; otros congresistas plantearon la necesidad de que se le dieran "atribuciones ilimitadas a la Asamblea". Una de las propuestas que se formularon para el pronunciamiento del Congreso se formuló sobre la base del artículo 283 de la Constitución, con el estatuto incluido, para que los ecuatorianos contestaran la siguiente pregunta:

> "Está usted de acuerdo en que se convoque a una Asamblea Nacional Constituyente con el único propósito de hacer una nueva Constitución Política de la República. Ésta asamblea no podrá modificar los períodos de presidente vicepresidente de la República, diputados, prefectos, alcaldes, concejales, consejeros y juntas parroquiales. Ni el Congreso ni el Gobierno nacional interferirán en la labor de la asamblea ni ésta última en aquellos".

El 12 febrero el Presidente de la República, ante la falta de decisión del Congreso, anunciaba que si no se decidía el asunto perentoriamente por el Congreso y el Tribunal Supremo, "se organizará un tribunal electoral Ad hoc que organice el referéndum", insistiendo en que no cedería sobre el tema de los "plenos poderes" que se quería eliminar "para no poner en peligro a la partidocracia". Anunciaba: "El plan B lo tenemos listo: hemos dicho que creemos que constitucionalmente se puede hacer un tribunal electoral Ad Hoc, de acuerdo al artículo 104, porque quien convoca a la consulta no es el TSE, es el Presidente, la consulta está convocada y el Tribunal tiene que ejecutarla y si el Tribunal no la ejecuta, el Presidente tiene todo el derecho de nombrar un Tribunal Ad hoc que organice la consulta que constitucionalmente está convocada."

4. *La decisión del Congreso*

El 13 de febrero de 2007, con 57 votos, el Congreso Nacional aprobó dar paso a la consulta popular como paso previo a la instalación de una Asamblea Constituyente, pero con una serie de modificaciones al proyecto original.

En particular, resolvió calificar "de urgente la convocatoria a consulta popular para que el pueblo se pronuncie sobre la instalación de una Asamblea Constituyente de plenos poderes para transformar el marco institucional del Estado y para elaborar una nueva constitución, respetando la voluntad popular expresada en las urnas, tanto el 15 de octubre como el 26 de noviembre del 2006."

Los legisladores además, incorporaron al artículo 1 del Estatuto de la Asamblea que se refiere a su naturaleza y finalidad, el siguiente inciso:

"La transformación del marco institucional del Estado y la nueva Constitución entrarán en vigencia con la aprobación, en referéndum, de la nueva Constitución".

Finalmente decidieron remitir la resolución al Presidente de la República para los fines pertinentes y dispusieron que el Tribunal Supremo Electoral en cumplimiento de sus obligaciones constitucionales y legales, organice supervise y dirija el proceso de consulta popular.

El Presidente de la República el 14 de febrero consideraba que con esa decisión, el Congreso "se había sometido a la voluntad popular al haber aprobado la consulta popular con 57 votos"; y en esa misma fecha, se anunciaba la decisión del Tribunal Supremo Electoral, de que la convocatoria oficial de la consulta popular se haría el 1 de marzo y la votación se realizaría el 15 de abril de 2007; aún cuando se encontraba a la espera de "una posible modificación al estatuto para la Asamblea Constituyente, por parte del Ejecutivo." Uno de sus miembros sugirió al Presidente de la República que tomara en cuenta las sugerencias de los legisladores, y emitiera un nuevo decreto ejecutivo con el que reforme al estatuto inicial.

En la misma fecha del 14 de febrero, el Presidente de la República, ya manifestaba su posición sobre el tema central del debate parlamentario, cuestionando la decisión del Congreso y anunciando que "una vez que se haya instalado la Asamblea Nacional Constituyente pondrá a disposición su cargo y pedirá la disolución del Congreso Nacional"; ello a pesar de que el Parlamento en día anterior había negado la posibilidad de que la Constituyente destituya a las dignidades elegidas el 15 de octubre y el 26 de noviembre.

De igual forma, el Presidente de la República consideró, que era "necesario reconocer que el poder constituyente trabaja en base a que la soberanía radica en el pueblo", y asimismo, el 18 de febrero además, precisaba que "para el Gobierno, la consulta está en el Tribunal Supremo Electoral (TSE) y no en el Congreso Nacional."

5. *El debate sobre la decisión a cargo del Tribunal Supremo Electoral*

Con la decisión del Congreso se abrió un nuevo debate en torno a los pasos a seguir, y en particular sobre lo que el Tribunal Supremo Electoral debía hacer.

El mismo 14 de febrero, uno de sus vocales explicaba que el Congreso había realizado "algunas propuestas sobre el estatuto", precisando que "ese es un tema que está contemplado en el decreto Ejecutivo enviado por el Presidente de la República, por lo cual el Primer Mandatario es quien decide si acoge o no las sugerencias realizadas por el Parlamento, puesto que lo que ha hecho el Congreso es remitir, tanto al Presidente como al TSE, que se viabilice la consulta popular." Agregaba que pensaba que el Presidente debía dictar un nuevo Decreto, y que él había tomado la iniciativa de la convocatoria a la consulta popular con el decreto N° 2, que luego reformó con el Decreto N°. 54, y que "ahora también deberá reformarlo si es que así es el caso, tomando en cuenta las sugerencias del Congreso Nacional." De ello concluía señalando que lo único que debía hacer el Tribunal Supremo Electoral "es codificar los tres decretos ejecutivos para efectos del estatuto, porque la pregunta está desde el decreto N° 2."

Para el 21 de febrero, el Tribunal Supremo Electoral se encontraba analizando el documento que condensa en uno solo los decretos ejecutivos N°s 002 y 54, concernientes al estatuto para la Asamblea Popular; informándose que habían discrepancias en torno a si ese documento también debía incluir las reformas realizadas por el Congreso Nacional al momento de calificar como urgente el llamado del Ejecutivo. Para algunos vocales del organismo, las modificaciones que el Congreso Nacional había hecho al estatuto de la consulta popular "serían válidos si el Presidente de la República las acoge, puesto que es él quien tiene la iniciativa legislativa porque es el que puede a través de un Decreto Ejecutivo convocar a la consulta popular y además hacerlo, como lo hizo, con la inclusión de un estatuto para que el pueblo ecuatoriano lo acoja o no el momento de la consulta." Agregaba el Vocal que "si el Presidente acoge esas observaciones realizadas desde el Legislativo pues ese también será un tercer decreto que esperamos llegue antes del 1 de marzo para nosotros poder anunciar la convocatoria en base a la pregunta y al estatuto que codificaría un tercer decreto".

En el Tribunal Supremo Electoral se esperaba, por tanto, la emisión de un nuevo decreto por el Presidente de la República que acogiera las propuestas del Congreso y refundiera los decretos N°s. 2 y 54; y para el 26 de febrero, uno de sus vocales consideraba que si se emitía un nuevo decreto, el "Congreso Nacional debería conocer y tramitar un nuevo estatuto si esa fuere la decisión del ejecutivo, caso contrario y por la premura del tiempo el TSE deberá aprobar el estatuto incluyendo las observaciones del Congreso Nacional cuando aprobó la calificación de la consulta popular."

6. *El nuevo decreto presidencial y la decisión del Tribunal Supremo Electoral de convocar la consulta popular*

El 27 de febrero, en todo caso, el Presidente de la República emitió un nuevo decreto N° 148, conservando el texto de la pregunta formulada en el Decreto inicial N° 2 del 15 de febrero, anexando el Estatuto Electoral en el cual se incorporaron modificaciones diversas, el cual fue entregado al Tribunal Supremo Electoral el 28 de febrero.

En particular, la pregunta aprobada fue la siguiente:

¿Aprueba usted que se convoque e instale una Asamblea Constituyente con plenos poderes, de conformidad con el Estatuto Electoral que se adjunta, para que transforme el marco institucional del Estado, y elabore una nueva Constitución?

Dicho texto fue idéntico al propuesto inicialmente por el Presidente, por lo que las propuestas del Congreso no fueron acogidas por el Presidente.

En cuanto al Estatuto, en particular respecto del artículo 1º del mismo, el texto aprobado para ser sometido a la consulta popular fue el siguiente:

Artículo 1. Naturaleza y finalidad de la Asamblea Constituyente. La Asamblea Constituyente es convocada por el pueblo ecuatoriano y está dotada de plenos poderes para transformar el marco institucional del Estado, y para elaborar una nueva Constitución. La Asamblea Constituyente respetará, profundizando en su contenido social y progresivo, los derechos fundamentales de los ciudadanos y ciudadanas. El texto de la Nueva Constitución será aprobado mediante Referéndum Aprobatorio.

La transformación del marco institucional del estado y la nueva Constitución, sólo entrarán en vigencia con la aprobación en referéndum, de la nueva Constitución.

En este caso, el texto del artículo 1º también fue idéntico al originalmente propuesto, al cual sin embargo, el Presidente le agregó el último párrafo, que había sido propuesto por el Congreso.

En esos términos fue convocada la consulta popular sobre la Asamblea Constituyente por el Tribunal Supremo Electoral, lo cual fue saludado por el Presidente de la Republica quien agradeció a dicho Tribunal, en especial a su Presidente, por haber dado paso a la convocatoria "desobedeciendo las instrucciones y amenazas del partido que lo auspició, cumplió su responsabilidad con el país y con la historia". En cambio en el Congreso una mayoría de diputados ya anunciaba sanciones contra dicho funcionario por no desconocer las decisiones del Congreso y no haber reenviado el texto de la convocatoria a la consulta popular a su consideración. Frente a ello, el Presidente de la República expresó su solidaridad al principal del TSE frente a las sanciones que anunciadas, considerando que la llamada mayoría parlamentaria estaba "aplastando no solo al Congreso, sino a la Patria entera"

7. *La reacción del Congreso contra el Tribunal Supremo Electoral: remoción del Presidente del Tribunal Supremo Electoral*

El mismo 2 de marzo, en el Congreso se pedía a su Presidente que convocara una sesión extraordinaria con el objetivo de, mediante resolución, destituir al presidente del Tribunal Supremo Electoral, por haber "traicionado la Constitución" al aprobar el estatuto reformado para integrar la Asamblea Constituyente, enviado por el Ejecutivo para viabilizar la consulta popular.

Ello provocó la inmediata reacción del Tribunal Supremo Electoral, donde entre otros factores se consideró la entrada en vigencia, el mismo día 1º de marzo de la nueva Ley de Elecciones que impediría la remoción sugerida dado el carácter de autoridades máximas de lo electoral que tenían. Además, el presidente del Tribunal

Supremo Electoral anunciaba que "nada ni nadie" podía interrumpir el período electoral, considerando los cargos de los miembros del Tribunal como intocables, una vez que entró en vigencia la Ley de Elecciones. Otros miembros del Tribunal advirtieron que quien se opusiera al proceso electoral sería sancionado con "la destitución del cargo y el levantamiento de sus derechos políticos."

En todo caso, el Congreso resolvió el 6 de marzo de 2007 con el voto de 52 de los 73 legisladores declarar la pérdida de calidad de representante de Presidente del Tribunal, como lo declararon varios legisladores, "por haber incumplido con los mandatos constitucionales y políticos asignados", considerándose que el Estatuto Electoral modificado debió ser remitido al Parlamento para su análisis, es decir, que debió haberse sometido nuevamente a consideración del Congreso, "para asegurar la legitimidad, legalidad y constitucionalidad del proceso electoral". Es decir, el Congreso decidió reemplazar al Presidente del Tribunal Supremo Electoral por haber dicho que el organismo ha convocado una consulta popular "sin que el Parlamento conozca el texto del estatuto de la Asamblea Constituyente enviado por el Ejecutivo a esa corte". Uno de los legisladores declaró que "al aceptar la calificación de urgente de la consulta sobre la base del artículo 283 de la Constitución, el régimen reconoció la potestad del Congreso para resolver el tema, por lo que al cambiar el estatuto tenía que poner nuevamente en consideración de los diputados."

El 7 de marzo, además, el Congreso aprobó iniciar un juicio político en contra de los cuatro vocales que aprobaron la convocatoria de la Consulta Popular, designando además el reemplazo del Presidente.

8. *La demanda e inconstitucionalidad de la convocatoria a consulta popular presentada por el Congreso ante el Tribunal Constitucional*

El Congreso, el 2 de marzo, había aprobado con el voto de 58 legisladores de 71 presentes, demandar ante el Tribunal Constitucional, la inconstitucionalidad de la convocatoria de Consulta Popular realizada ayer por el Tribunal Supremo Electoral. Se consideró que el procedimiento desarrollado por el Tribunal Supremo Electoral, "no siguió el procedimiento correcto" señalando que el Gobierno debió haber enviado el estatuto al Congreso para su calificación previa, ya que no se trata de una codificación, ya que el decreto tuvo varias modificaciones, lo que implicaba que se trataba de un nuevo documento.

La demanda de inconstitucionalidad se presentó ante el Tribunal Constitucional el 9 de marzo, con expresa solicitud de celeridad, expresando el Presidente de la Comisión de Asuntos Constitucionales que se trataba de un "primer paso para frenar una dictadura", con el argumento, entre otros, de que para convocar a la consulta se había invocado equivocadamente el artículo 104 de la Constitución y se había violado el artículo 283, para "consagrar un proyecto totalitarista"

Sobre la demanda de inconstitucionalidad que preparaba el Congreso, el Presidente de la República el 6 de marzo ya declaraba que la misma no cabía, y que la misma sería una obstrucción a un proceso electoral en marcha, y obstruirlo "sería una descarada intromisión de un poder del Estado en otro poder en principio independiente", advirtiendo que ello no se permitiría "decida lo que decida la mayoría anti patriota, anti histórica, anti ciudadana corrupta," y anunciado que el Gobierno garantizaba "el funcionamiento de este Tribunal Supremo Electoral y la ejecución de la consulta popular." El 9 de marzo, el Presidente del Tribunal Constitucional, rechazaba las declaraciones del Presidente de la República de que no acatará los fallos de esa institución y adujo ese criterio al carácter "jovial, impulsivo y extrovertido" del Primer Mandatario esperando "que se trate de una broma, caso contrario dijo que sería mejor cerrar las puertas de todo lo que no sea Presidencia de la República".

Por su parte, antes de que el Congreso adoptara su decisión de demandar, en el Tribunal Supremo Electoral se amenazaba con su destitución "si llegara a firmar el trámite de la demanda para impedir la consulta popular"; y el 6 de marzo, el presidente del Tribunal Supremo Electoral expresaba que un eventual pronunciamiento de inconstitucionalidad a la consulta popular, planteada por el Congreso Nacional al Tribunal Constitucional, "no puede obstaculizar un referéndum ya convocado, puesto que su decisión no tendría un carácter retroactivo." Agregaba además, amenazando al Tribunal Constitucional, que "en estos momentos del periodo electoral nada ni nadie puede detener el proceso", y otro miembro del organismo señalaba que "un fallo en contra de la consulta sería ilegítimo," agregando que "si los vocales del Tribunal Constitucional pretenden tramitar incluso esa demanda, y peor aún resolverla, también están atentando en contra del proceso electoral y serán juzgados."

Las amenazas contra el Tribunal Constitucional siguieron, y el 13 de marzo el Tribunal Supremo Electoral dio a conocer que los vocales de la Comisión de Admisibilidad del Tribunal Constitucional serían sancionados por haber dado acogida y acceder a tramitar la demanda presentada por el Congreso Nacional para evitar la realización de la consulta popular el 15 de abril. Además, uno de los integrantes del Tribunal Supremo Electoral consideró que los vocales del Tribunal Constitucional debían "inadmitir cualquier demanda en contra del Tribunal, el artículo 155 así lo establece porque se trataría de una interferencia más al proceso electoral que está en marcha."

9. *La reacción del Tribunal Supremo Electoral contra el Congreso: la remoción de 57 congresistas*

La reacción del Tribunal Supremo Electoral contra el Congreso no se hizo esperar, y para el 7 de marzo comenzaba a analizar los efectos jurídicos de la resolución adoptada por el Congreso Nacional en la que se da por destituido al Presidente del Tribunal, sin descartar abrir expedientes para todos los 52 congresistas que votaron a favor de la destitución del Presidente Acosta: "y quienes votaron por la demanda, y esta primera interferencia a la consulta". El 8 de marzo el Tribunal Supremo Electoral tomó una resolución solicitando a la Corte Suprema de Justicia que, en aplicación del artículo 143 de la Ley Orgánica de Elecciones, iniciase acciones legales en contra de los 52 de los 73 diputados presentes en la sesión que ayer desarrolló el Congreso Nacional. Se informó en la prensa que "las razones que argumenta el Tribunal Supremo Electoral para la destitución de los legisladores se deben básicamente a que presentaron una demanda de inconstitucionalidad en contra de la consulta popular y también por la destitución del presidente del Tribunal". Además, el Presidente del Tribunal manifestaba que: "La figura de sustitución no está prevista en la Constitución Política del Estado, en consecuencia este Tribunal Supremo Electoral ha procedido a destituir de sus cargos o dignidades de diputados y suspender los derechos políticos por un año a todos los diputados que votaron por la sustitución y en contra de la consulta, además de aquellos diputados que presentaron la demanda de inconstitucionalidad en contra de este Tribunal".

Causa sorpresa, en medio de la polémica y el conflicto, sin embargo, que se sancione a alguien por ejercer un derecho constitucional como es el derecho a la supremacía constitucional mediante la interposición de una acción de inconstitucionalidad ante el Tribunal Constitucional. Como el 9 de marzo lo indicaba el Presidente del Congreso, en el sentido de que enviar la demanda de inconstitucionalidad al Tribunal Constitucional, "estuvo de acuerdo a lo que manda la ley", agregando que "hemos procedido como manda la Constitución, hemos presentado la demanda de Inconstitucionalidad al Tribunal respectivo para que se pronuncie sobre el tema y mientras el Tribunal no lo haga, yo no voy a dar ninguna opinión al respecto."

En todo caso, la sanción se pronunció y ya el 9 de marzo, el Presidente del Congreso Nacional, recibía la notificación de parte del Tribunal Supremo Electoral, para que procediera a la destitución de los 57 diputados que votaron a favor de la sustitución del Presidente del Tribunal Supremo Electoral. El 8 de marzo, el Gobierno anunciaba que haría respetar y cumplir la resolución constitucional del Tribunal Supremo Electoral, de destituir a los 57 diputados que se oponen a la consulta popular.

Frente a esta decisión, adoptada conforme a la Ley de Elecciones, también llama la atención, desde el punto de vista constitucional, la figura que contiene en cuanto a la destitución aplicada a representantes populares electos, En efecto, el artículo 155,a de la Ley Electoral, parece más bien destinado a sancionar a las autoridades, funcionarios o empleados públicos, fundamentalmente de la rama ejecutiva, que interfieran en el funcionamiento de los organismos electorales, pero resulta extraña su aplicación a representantes electos, por actos adoptados en ejercicio de sus funciones. En una democracia representativa, los representantes electos por el pueblo en principio solo pueden perder su investidura cuando el mismo pueblo les revoca el mandato, tal y como expresamente está regulado en la Constitución de Ecuador.

En todo caso, el Presidente del Congreso solicitó al Tribunal Constitucional que dirimiera la constitucionalidad de las actuaciones del Tribunal Supremo Electoral, de destituir a 57 legisladores, lo cual no fue admitido por el Tribunal según decisión del 13 de marzo. La razón para ello habría sido que el pedido fue presentado por el Presidente del Congreso, sin ponerlo a consideración de los diputados, por lo que en el caso se carecía de resolución del Congreso Nacional en el que se hubiera autorizado al Presidente a presentar la demanda de "dirimencia de competencia."

La destitución de los congresistas, que conformaban en número una mayoría del parlamento, por supuesto paralizó al órgano legislativo,

10. *La reacción de los congresistas: las acciones de amparo intentadas contra la decisión del Tribunal Supremo Electoral*

La destitución de los congresistas, que conformaban en número una mayoría del parlamento, por supuesto paralizó al órgano legislativo. En varias ocasiones como se reseñó en la prensa el 13 de marzo, intentaron penetrar al edificio donde funcionaba el Congreso y ello les fue impedido por la policía.

El Presidente del Congreso, a pesar de la destitución resolvió tomar lista a los diputados destituidos, por no haber recibido correctamente la resolución del Tribunal Supremo Electoral, indicando que no podía posesionar a los diputados alternos porque no tenía la información oficial de dicha nómina que debía entregar el Tribunal Supremo Electoral.

El 15 de marzo, ante la imposibilidad de que el Congreso sesionara, el Presidente de la República advertía que no excluía la posibilidad, "por las funciones que la Constitución otorga al Presidente, de que sea el Presidente quien convoque a un congreso extraordinario para que se principalicen los suplentes y siga funcionando el Congreso". Ello fue rechazado por el Presidente del Congreso, indicando que en esa materia la Constitución era muy clara pues el Presidente solo podía convocar a un Congreso extraordinario cuando el Congreso Nacional se encuentre en receso.

Posteriormente, el 20 de marzo, se informó que el Presidente del Congreso, amparado por una resolución de la Corte Suprema de Justicia procedió a posesionar a 21 legisladores alternos de aquellos que habían sido destituidos, con lo que el congreso tuvo una sesión después de casi dos semanas de paralización.

El 15 de marzo, igualmente, congresistas destituidos intentaron diversos recursos de amparo contra la decisión del Tribunal Supremo Electoral. En esa misma fecha, dos jueces de poblaciones costeras admitieron las acciones y en las inmediaciones de la sede de uno de esos tribunales, se sucedieron manifestaciones públicas violentas.

El Presidente del Tribunal Supremo Electoral de nuevo reaccionó indicando que no eran "admisibles interferencias de ninguna especie", sin descartar la destitución de esos funcionarios judiciales. Por su parte, el presidente de la Corte Suprema de Justicia, explicó que los jueces eran competentes para conocer y resolver recursos de amparo en cualquier lugar del país, y que ante un pedido del Tribunal Supremo Electoral de que revisase la actuación de los magistrados, no interferiría en las decisiones de los jueces.

El 14 de marzo, el pleno del Tribunal Supremo Electoral dio a conocer que trataría el punto de la destitución de los jueces 14 y 22 de lo Civil de Manabí, quienes habían acogido los trámites de recurso de amparo en contra de la realización de la consulta popular y la destitución de 57 diputados, amenazando en el sentido de que "los jueces que acojan demandas contra sus resoluciones serán sancionados," agregando que "no se puede ir en contra de las decisiones del Tribunal Supremo Electoral, no se puede suspender los efectos de las convocatorias y de las sanciones impuestas por el Tribunal." En los casos concretos, la prensa informaba que "los abogados del Tribunal Supremo Electoral que acudieron a las diligencias en Manabí manifestaron que los jueces difícilmente acogerán los recursos porque ya se han abierto los expedientes en su contra y corren el riesgo de ser destituidos."

De nuevo llama la atención, desde el punto de vista constitucional, que se pueda considerar que el legítimo y constitucional ejercicio de la función judicial de protección de los derechos constitucionales, se pueda considerar como una conducta ilegítima sancionable con destitución por el Tribunal Supremo Electoral. El poder judicial es independiente y autónomo, y lesiona dicha autonomía la posibilidad de que los jueces que dicten sentencias en las materias de su competencia puedan ser destituidos por ello. De nuevo, el sentido lógico de las previsiones de la ley Electoral sobre interferencia de las elecciones no se puede aplicar a los jueces que ejercen sus competencias legales y constitucionales.

Pero el 16 de marzo, las amenazas del Presidente del Tribunal Supremo Electoral ya eran directas, declarando que "sancionará a aquellos jueces que acojan demandas contra el proceso electoral en marcha o contra cualquier decisión que adopte el organismo. No se puede ir en contra del Tribunal Supremo Electoral, no se pueden suspender los efectos... de las sanciones impuestas por el Tribunal".

Sin embargo, uno de los jueces que había admitido acciones de amparo, el juez de Guayas, lo declaró con lugar, ordenando la restitución en sus cargos a los 57 congresistas que habían sido destituidos por el Tribunal Superior Electoral, y el 17 de marzo, la Juez Cuarta penal de Guayas, negó la solicitud de ampliación y nulidad formulada contra dicha decisión por el Presidente del Tribunal Supremo Electoral. Para el 2 de abril, otros jueces de Pichincha y de Aznay habrían desechado recursos de amparos sobre el mismo caso de los diputados destituidos. Por otra parte, el 22 de marzo del 2007, un diputado jefe de uno de los bloque legislativo del Congreso, por otra parte, acudió al Tribunal Constitucional solicitando que se decidiera el archivo de las dos acciones de amparo que se han planteado en un juzgado de Pichincha y en otro de Manabí.

El 30 de marzo, sin embargo, el Presidente del Tribunal Supremo Electoral expresaba públicamente que el Tribunal desconocía la sentencia del fallo del juez 25 del juzgado del Guayas, indicando que el mismo no tenía vigencia; y el 5 de abril de 2007, el Consejo Nacional de la Judicatura hizo efectiva la resolución del Tribunal Supremo Electoral, quien destituyó al juez decimoquinto de lo penal del Guayas, por aceptar un recurso de amparo constitucional a favor de los diputados destituidos.

El 2 de abril de 2007, el Tribunal Supremo Electoral ratificó la resolución que había adoptado el 7 marzo mediante la cual destituyó de su cargo a 57 legisladores, anunciando además, que el fallo del juez suplente decimoquinto de lo penal del Guayas, a favor de los congresistas destituidos, era ilegal e inconstitucional, y que por eso no se debía permitir el ingreso de los diputados a la sede del Congreso, cuyas sesiones, en todo caso fueron suspendidas el 3 de abril, y el Presidente del Congreso clamaba en la prensa porque el Tribunal Constitucional decidiera la cuestión; "Ni los unos ni los otros, el Tribunal Constitucional es el que tiene la última palabra y voy a acatar lo que diga el Tribunal Constitucional".

11. *La ausencia de decisión del Tribunal Constitucional y las cuestiones de interpretación constitucional que quedaron pendientes después de aprobada la convocatoria sometida a consulta popular*

Conforme a la Ley de Control Constitucional del Ecuador, el Tribunal Constitucional es el "órgano supremo del control constitucional" (artículo 3), y ante un conflicto constitucional como el que se evidencia del recuento de las vicisitudes jurídicas planteadas en tres meses, desde el 15 de enero al 15 de abril de 2007, tenía que haber decidido.

Llama la atención, sin embargo, que en ese período, antes de la votación de la consulta popular, el Tribunal Constitucional no haya decidido ninguna de las acciones intentadas en su sede, y ni siquiera por vía indirecta, haya decidido con motivo de la consulta obligatoria que debe realizar de las sentencias de amparo conforme al artículo 52 de la Ley de Control Constitucional.

Lo cierto de esta situación, a diferencia de lo que ocurrió en Venezuela, es que la consulta popular sobre la convocatoria de la Asamblea Constituyente se realizó sin que en Ecuador se hubiera, dilucidado judicialmente los aspectos centrales del debate constitucional que provocó el Decreto N° 2 del Presidente de la República.

Ahora bien, el 15 de abril de 2007, como se había programado por el Tribunal Supremo Electoral en Ecuador se efectuó la consulta popular sobre la convocatoria e instalación de una Asamblea Constituyente, habiendo resultado una votación por el SI de un 81,72 % de los votos emitidos, un porcentaje inédito en la historia de las consultas electorales en Ecuador. En la consulta votaron por el NO sólo un 12,43 % de los votantes, habiendo habido una abstención del 28,40 de los electores. Los votos nulos fueron un 5,07% y los blancos un 0,78 %.

De lo anterior resulta claramente, por tanto, que conforme a la pregunta formulada a los ecuatorianos, tal como resulta de su redacción, así como del sentido propio de las palabras utilizadas, es claro que se votó masivamente por la elección e instalación de una Asamblea Constituyente no solo para "elaborar una nueva Constitución", sino para que, además, con "plenos poderes", durante el período de su funcionamiento, para que "transforme el marco institucional del Estado".

Ateniéndonos a la pregunta de la consulta popular, si sólo se tratara de una Asamblea para proponer la transformación institucional del Estado e incorporar la propuesta en la nueva Constitución que se elabore, la misma, tal como fue formulada y votada, resultaría redundante. Al contrario, la redacción utilizada en la pregunta apunta claramente a que la Asamblea Constituyente tendría dos misiones diferenciadas: primero, transformar el marco institucional del Estado; y segundo, elaborar una nueva Constitución; y lo primero no es otra cosa que una Asamblea Constituyente con plenos poderes (poder constituyente originario en la terminología venezolana) para, durante el período de su funcionamiento, transformar los Poderes constituidos (que son los que conforman el marco institucional del Estado). Los límites que en este sentido resultaban de la propuesta que formuló el Congreso, fueron ignorados por el Presidente de la República y por el Tribunal Supremo Electoral.

Ello podría significar que aprobada como fue la pregunta en la consulta popular, la Asamblea a ser electa podría pretender asumir plenos poderes para intervenir todos los Poderes Públicos constituidos, es decir, remover o limitar al Presidente de la República interviniendo en el gobierno (lo cual luce improbable en este caso); disolver el Congreso, incluso asumiendo la función legislativa; intervenir los poderes provinciales y cantorales; remover y sustituir los Magistrados de la Corte Suprema del Justicia, del Tribunal Supremo Electoral y del Tribunal Constitucional, y al Contralor General del Estado y, en general, intervenir el Poder Judicial y el Ministerio Público.

Sin embargo, debe advertirse que junto con la aprobación de la pregunta formulada en la consulta popular, el voto mayoritario también aprobó el Estatuto de la Asamblea Constituyente, y en el artículo 1°, del mismo, al repetirse básicamente el contenido de la pregunta, se agregó expresamente que no sólo el texto de la Constitución debe ser posteriormente aprobado mediante referendo aprobatorio, oportunidad en la cual entrará en vigencia, sino que la trasformación institucional del Estado que disponga la Asamblea, también "sólo entrará en vigencia con la aprobación mediante refrendo de la nueva Constitución".

Este agregado al artículo 1° del Estatuto de la Asamblea, propuesto por el Congreso y acogido en el Decreto N° 148 del Presidente de la República, sin duda plantea un tema de debate constitucional que queda pendiente de ser dilucidado, y que debería ser resuelto antes de que la Asamblea se elija, de nuevo, por supuesto, por el Tribunal Constitucional, y que resulta de la confrontación del párrafo final de dicho artículo 1 del Estatuto con el texto de la pregunta formulada en la consulta popular.

El agregado del artículo 1° puede considerarse que le quita poder a la Asamblea Constituyente para tomar decisión alguna que implique transformar el marco institucional del Estado con aplicación inmediata durante su funcionamiento, ya que las decisiones que pueda adoptar en este sentido sólo podrán entrar en vigencia una vez aprobada la nueva Constitución mediante referendo aprobatorio. En consecuencia, los poderes constituidos no podrían ser intervenidos por la Asamblea, ni desconocidos en forma alguna.

Pero además, en el texto del artículo 1° del Estatuto de la Asamblea Constituyente, se estableció otro límite esencial a la Asamblea, cuyo alcance también debe ser dilucidado constitucionalmente, y es que la Asamblea "respetará, profundizando en su contenido social y progresivo, los derechos fundamentales de los ciudadanos y ciudadanas". Esto significa, no sólo que la Asamblea está obligada a respetar los derechos fundamentales de los ciudadanos, sino que ello debe hacerlo profundizando en su contenido social y progresivo, y esto último no es otra cosa que el principio de la progresividad, que apunta a que lo que proponga la Asamblea en ningún caso pueda consistir en desmejorar el régimen actual de los derechos humanos.

Por otra parte, este límite a la Asamblea, implicaría que la misma, al tener que respetar los derechos fundamentales de los ecuatorianos, tendría que respetar por ejemplo, los derechos políticos de los ciudadanos, como el derecho pasivo al sufragio, de manera que tendría que respetar el derecho de aquellos representantes populares electos, que están en ejercicio de sus cargos, a ejercer sus funciones durante el período para los cuales fueron electos. Esto significaría que la transformación institucional del Estado, incluso entrando en vigencia al aprobarse la nueva Constitución, no podría afectar esos derechos.

Este, sin duda, es otro tema constitucional de primer orden que tendría que dilucidarse.

II. ASPECTOS MEDULARES DEL PROCESO CONSTITUYENTE DE VENEZUELA DE 1999

Situaciones similares se presentaron en Venezuela mediante la convocatoria y elección, en 1999, de una Asamblea Nacional Constituyente, que dio como resultado la sanción de una nueva Constitución, que fue la número 26 en la historia constitucional del país desde 1811.

1. *La crisis del sistema de partidos y la necesidad de recomponer el sistema político*

Por supuesto, no era la primera vez que en la historia de Venezuela se producía un proceso de esta naturaleza. Sin embargo, en contraste con todos las constituyentes históricas anteriores, el proceso de 1999 si tuvo una peculiaridad, la misma que tuvo el proceso constituyente colombiano de 1991 y la que hasta ahora tiene el proceso constituyente ecuatoriano de 2007, y es que no fue producto de la ruptura fáctica del hilo constitucional como consecuencia de una revolución, una guerra o un golpe de Estado, sino que fue un proceso que se desarrolló en democracia, aún cuando en medio de la más severa crisis política del funcionamiento del régimen democrático que se había instituido desde 1958. El golpe de Estado, en realidad, lo dio la propia Asamblea Nacional Constituyente electa en julio de 1999, al asumir plenos poderes, es decir, poder constituyente originario contra lo resuelto por la Corte Suprema de Justicia, al irrumpir contra la Constitución vigente en ese momento, que era la de 1961 cuya interpretación judicial le había dado origen.

Quien escribe tuvo el privilegio de haber sido electo miembro por la circunscripción nacional de la Asamblea Nacional Constituyente, formando parte del grupo de oposición al proyecto del Presidente Chávez, integrado por solo cuatro constituyentes de los 141 que conformaron la Asamblea. Conocí, por tanto, el proceso desde el inicio y desde dentro, y ello me llevó a escribir un libro titulado *Golpe de Estado y Proceso Constituyente en Venezuela*[33]. Ese libro trata, precisamente del proceso constituyente venezolano de 1999 del cual, sin duda, resulta una lección que es necesario conocer a los efectos de que en procesos similares no se repitan sus vicios, o si se repiten, se tenga conciencia de ellos; en particular, los que significaron la utilización fraudulenta de la Constitución y de la propia democracia, para establecer un sistema basado en la violación de la primera, y en la demolición de la segunda. Y todo ello, utilizando las expectativas y exigencias reales y legítimas de cambio que en un momento histórico determinado había, y que exigía un proceso de recomposición política del Estado como consecuencia de la crisis del sistema político de Estado de partidos y la descomposición que habían sufrido los mismos.

En efecto, en medio de la crisis terminal del sistema político de democracia centralizada de partidos que venía funcionando en Venezuela desde 1958, el proceso constituyente de 1999 no podría ni debía tener otra motivación distinta que no fuera la necesidad de recomponer el sistema democrático y asegurar su gobernabilidad. Ello requería de un pacto político de todos los componentes de la sociedad que asegurara la participación de todos los sectores, para diseñar el funcionamiento de la democracia y la reforma del Estado. Para ello era que debía elegirse la Asamblea Constituyente.

Por eso, precisamente, en la convocatoria del referéndum consultivo sobre la Asamblea Nacional Constituyente decretada por el Presiente de la República el 2 de febrero de 1999, se preguntaba al pueblo su opinión sobre la convocatoria de una Asamblea Nacional Constituyente: "con el propósito de transformar el Estado y crear un nuevo ordenamiento jurídico que permita el funcionamiento efectivo de una democracia social y participativa". Esa fue la razón de ser del proceso constituyente venezolano en 1999 y salvo por posiciones circunstanciales de carácter político, era difícil que alguien en el país no estuviera de acuerdo con esos propósitos: transformar el Estado, por una parte, y por la otra, poner en funcionamiento efectivo la democracia para hacerla social y participativa. Como en Ecuador, en 2007, es difícil que alguien no esté de acuerdo con la necesidad de transformar el marco institucional del Estado.

En todo caso, se trataba de un intento de utilizar un instrumento político de conciliación, necesario para recomponer el sistema democrático y asegurar su gobernabilidad, para lo cual era necesario asegurar la participación de todos los secto-

---

[33] Publicado en 2002 por el Instituto de Investigaciones Jurídicas de la Universidad Nacional Autónoma de México, y reimpreso en Guayaquil por la editorial Goberna & Derecho (2007).

res de la sociedad, lo que sin embargo, no se logró. Al contrario, por esa falta de participación, el resultado fue que la Constituyente de 1999 acentuó las diferencias fundamentales entre los sectores políticos, y profundizó la fraccionalización del país. Por tanto, lejos de haber constituido un mecanismo para promover el diálogo y consolidar la paz, permitiendo la competitividad y convivencia, sirvió para acentuar las diferencias y agravar la crisis política.

2. *Las exigencias democráticas del proceso constituyente y su fracaso*

Pero además, ocho años después de realizado aquél proceso constituyente, la conclusión es que tampoco se lograron los propósitos que lo motivaron, pues a pesar de todo el verbalismo y la dispendiosa disposición de los ingentes recursos suministrados por la súbita riqueza petrolera, no hubo efectiva reforma del Estado para asegurar la democracia social y participativa. El proceso constituyente, en ese sentido y desde el punto de vista democrático, fue un fracaso[34], y si bien se han realizado cambios políticos de gran importancia, los mismos lo que han provocado ha sido la acentuación de los elementos de crisis de la democracia, concentrando el poder y centralizando más el país, limitando además la representatividad, y todo ello con un cambio de los actores políticos, por el asalto del poder que se efectuó por nuevos líderes que han contribuido a acentuar las diferencias entre los venezolanos y extremar la polarización política, haciendo cada vez más difícil la conciliación.

El proceso constituyente de 1999, por otra parte, y en este aspecto no fue un fracaso, sirvió para permitir el apoderamiento de la totalidad del poder por un grupo que ha aplastado a todos los otros, abriendo heridas y rivalidades sociales y políticas que no se habían presenciado en décadas, acentuando los conflictos sociales y políticos del país, imponiendo un modelo de Estado y de sistema político socialista que no ha sido votado por el pueblo. Desde el punto de vista autoritario, por tanto, fue un proceso exitoso.

La crisis de la democracia representativa de partidos en realidad lo que planteaba en Venezuela era la necesidad de un cambio que transformara la democracia, sin dejar de ser representativa, en una democracia más participativa, en la cual el ciudadano encontrara instrumentos cotidianos para participar en los asuntos locales. Ese debió haber sido uno de los objetivos del proceso constituyente de 1999, para lo cual se debió efectuar la descentralización efectiva de la Federación, para sustituir la Federación centralizada tradicional por una Federación descentralizada.

La democracia, en definitiva, es una consecuencia y a la vez, un motivo de la descentralización política, como instrumento de articulación de poderes intermedios en el territorio, que permitan la actuación nacional más cerca de las comunidades y regiones. No ha habido ni existen autocracias descentralizadas, siendo la descentralización del poder sólo posible en democracias; por lo que la descentralización política es un asunto de las democracias. Es una consecuencia de la democratización y, a la vez, es una condición para su sobrevivencia y perfeccionamiento. La convocatoria a la Asamblea Nacional Constituyente en 1999 debía haber tenido por objeto hacer

---

[34] Véase, Allan R. Brewer-Carías, "El proceso constituyente y la fallida reforma del Estado en Venezuela" en *Estrategias y propuestas para la reforma del Estado,* Universidad Nacional Autónoma de México, México 2001, pp. 25-48. Publicado también en el libro del autor, *Reflexiones sobre el constitucionalismo en América,* Caracas 2001, pp. 243-253.

realidad la descentralización del poder para consolidar la democracia, lo cual al contrario se abandonó.

El equilibrio, balance y contrapeso entre todos esos poderes del Estado, por otra parte, había sido una de las exigencias de reforma en Venezuela desde finales de la década de los noventa. Lograrlo, sin duda, también debió haber sido un objetivo del proceso constituyente de 1999, en particular, en cuanto al sistema de gobierno, es decir, a las relaciones entre el Poder Ejecutivo y el Parlamento. La crisis del sistema en realidad y paradójicamente, no estaba en el propio presidencialismo, sino en el excesivo parlamentarismo partidista, particularmente por el control férreo del poder que existía por parte de los partidos políticos.

En particular, en cuanto a la designación por el Congreso de los titulares de los órganos de los poderes públicos no electos (Magistrados de la Corte Suprema de Justicia, y los titulares del Consejo de la Judicatura, el Contralor General de la República, el Fiscal General de la República y los miembros del Consejo Supremo Electoral), se habían formulado graves críticas por el excesivo partidismo evidenciado en dichas designaciones, sin participación alguna posible de otras organizaciones sociales intermedias. Las exigencias de reforma, en todo caso, apuntaban a asegurar un mayor balance, contrapeso e independencia entre los poderes, y a la despartidización de su conformación.

La convocatoria de una Asamblea Nacional Constituyente en 1999, en consecuencia, constituía una necesidad política en Venezuela para introducir las reformas necesarias para recomponer y abrir la democracia y, en consecuencia, permitir la efectiva participación en el proceso político de todos aquellos sectores que habían sido excluidos de la práctica democrática por el monopolio de la representatividad y participación política que habían asumido los partidos políticos tradicionales.

Se trataba, en definitiva, de una propuesta para incluir y conciliar a todos los sectores políticos más allá de los partidos políticos tradicionales, en el rediseño del sistema democrático, el cual tenía que reafirmar, más allá de las solas elecciones, sus elementos esenciales, como los precisó desde 2001 la Carta Democrática Interamericana.

3. *La propuesta constituyente en 1999 y sus escollos constitucionales*

Fue en medio de la crisis política venezolana producto del deterioro manifiesto del liderazgo partidista y del derrumbamiento de los otrora poderosos partidos, lo que condujo a un vacío de liderazgo político, en un país que había estado habituado a su conducción exclusivamente partidista, por lo que en 1998, el ex Teniente Coronel Hugo Chávez Frías, entonces como candidato presidencial, enarboló la bandera de la convocatoria de una Asamblea Nacional Constituyente.

Lamentablemente, esa iniciativa no sólo no le fue disputada por los partidos políticos tradicionales, sino que, inclusive, fue ignorada y rechazada por los mismos. Incluso, el planteamiento de que fuera el propio Congreso electo en diciembre de 1998 el que pudiera asumir la conducción del proceso constituyente, fue totalmente ignorado por los propios partidos. Sin duda, no tenían conciencia de la magnitud de la crisis. En consecuencia, la convocatoria de la Asamblea Nacional Constituyente se convirtió en un proyecto político exclusivo del entonces candidato presidencial Hugo Chávez Frías, y luego, como Presidente electo.

Su ejecución, sin embargo, como en el Ecuador, presentaba un escollo constitucional que lucía insalvable: la institución de una Asamblea Nacional Constituyente como mecanismo de revisión constitucional, no estaba prevista ni regulada en el propio texto de la Constitución de 1961, la cual establecía expresamente sólo dos mecanismos para su revisión: la enmienda y la reforma general. Por ello, después de la elección del Presidente Chávez, el debate político no fue realmente sobre si se convocaba o no la Asamblea Constituyente, sino sobre la forma de hacerlo: o se reformaba previamente la Constitución, para regularla y luego elegirla, o se convocaba sin regularla previamente en la Constitución, apelando a la soberanía popular. Se trataba, en definitiva de un conflicto entre supremacía constitucional y soberanía popular que había que resolver[35]. Sin embargo, antes de que se resolviera el conflicto por la Corte Suprema de Justicia[36], el Presidente electo optó por la segunda vía, como sucedió en enero de 2007 en Ecuador, manifestando públicamente su decisión de convocar la Asamblea Constituyente apenas asumiera la Presidencia de la República, el 2 de febrero de 1999, sin necesidad de reformar previamente la Constitución de 1961 para regularla.

El Presidente electo, además, apoyado por la popularidad que en ese momento tenía, ejerció públicamente presiones indebidas ante la Corte Suprema de Justicia, la cual conocía, precisamente, de sendos recursos de interpretación que habían sido intentados para que resolviera, justamente, sobre si era necesario o no reformar la Constitución para regular la Asamblea Constituyente para poder ser convocada. El resultado de la presión política que se originó, fue la emisión de una sentencia por la Corte Suprema, el 19 de enero de 1999, casi dos semanas antes de la toma de posesión de su cargo por el Presidente de la República, en la cual si bien no resolvió expresamente lo que se le había solicitado interpretar, glosó ampliamente en forma teórica la doctrina constitucional sobre el poder constituyente[37]. Ello dio pie para que el Presidente de la República, sin autorización constitucional alguna, en lo que fue su primer acto de gobierno dictado al tomar posesión de su cargo, el 2 de febrero de 1999, emitiera un Decreto convocando un "referendo consultivo" en el cual pretendía que el pueblo no sólo lo autorizara a convocar la Asamblea Constituyente sino que lo autorizara a él mismo y sólo él, para definir la composición, el régimen, la duración y la misión de la Asamblea. Se pretendía, así, que se produjera una especie de referendo ciego sobre una Asamblea Constituyente que nadie sabía cómo se iba a elegir, quién la conformaría, cuáles eran sus poderes, cuál era su misión o su duración. En Ecuador, desde el inicio, sin embargo, se siguió un camino distinto al formularse el texto del Estatuto en el mismo Decreto presidencial.

---

[35] Véase Allan R. Brewer-Carías, "El desequilibrio entre soberanía popular y supremacía constitucional y la salida constituyente en Venezuela en 1999", en *Anuario Iberoamericano de Justicia Constitucional,* Nº 3, 1999, Centro de Estudios Políticos y Constitucionales, Madrid 2000, pp. 31-56

[36] Véase Allan R. Brewer-Carías, "La configuración judicial del proceso constituyente o de cómo el guardián de la Constitución abrió el camino para su violación y para su propia extinción", en *Revista de Derecho Público,* Nº 77-80, Editorial Jurídica Venezolana, Caracas 1999, pp. 453 ss.

[37] Véase Allan R. Brewer-Carías, *Poder constituyente originario y Asamblea Nacional Constituyente (Comentarios sobre la interpretación jurisprudencial relativa a la naturaleza, la misión y los límites de la Asamblea Nacional Constituyente),* Colección Estudios Jurídicos Nº 72, Editorial Jurídica Venezolana, Caracas 1999, 296 pp.

El Decreto del Presidente Chávez obviamente, fue impugnado por razones de inconstitucionalidad ante la Corte Suprema de Justicia[38], la cual, después de varias y sucesivas decisiones, declaró la inconstitucionalidad de la forma como el Presidente pretendía la convocatoria al referéndum sobre la Asamblea Constituyente al anular la convocatoria hecha por el Consejo Supremo Electoral, y en particular en sentencia de 18 de marzo de 1999, exigió que *también se sometiera a consulta popular el propio estatuto de la Asamblea Constituyente* (sistema de elección, número de miembros, misión, régimen y duración), para que el pueblo, se pronunciara sobre ello, tal como ahora lo ha hecho en el Ecuador el Presidente Correa.

La Corte Suprema precisó, además, en otra sentencia de 13 de abril de 1999, que una Asamblea Constituyente electa en el marco del Estado de derecho regulado en la Constitución de 1961, *no podía tener los poderes de una Asamblea Constituyente originaria*, es decir, no podía tener "plenos poderes" en la terminología ecuatoriana, como los que pretendía el Presidente Chávez en su proyecto. Las bases que el Presidente propuso sobre el Estatuto de la Asamblea Constituyente, habían sido cuestionadas judicialmente, y como consecuencia de ello, la Corte Suprema eliminó la indicación de que la Asamblea Constituyente podía tener plenos poderes, es decir, poder constituyente de carácter originario. Pero incluso con esta corrección, el Estatuto de la Asamblea Nacional Constituyente no se diseñó como producto de un acuerdo o negociación política entre todos los sectores interesados. En realidad fue impuesto unilateralmente por el Presidente de la República, en su convocatoria al referéndum consultivo.

4. *El referendo consultivo de abril de 1999 y la elección de la Asamblea Constituyente*

El 25 de abril de 1999, en todo caso, se efectuó la votación del referéndum consultivo sobre la convocatoria a una Asamblea Nacional Constituyente, entre cuyas bases establecidas unilateralmente por el Presidente, se reguló el sistema para la elección de 104 constituyentes en 24 circunscripciones regionales correspondientes a las entidades políticas del territorio (Estados y Distrito Federal) (en Ecuador son 100), de 24 constituyentes en la circunscripción nacional (igual que en Ecuador), y de 3 constituyentes en representación de los pueblos indígenas, que en Venezuela (contrariamente a Ecuador) son muy exiguos desde el punto de vista de la población y presencia en la dinámica social. El sistema electoral que se estableció, por tanto, tampoco fue producto de algún acuerdo político entre los diversos sectores del país. Lo definió sólo el Presidente de la República, como un sistema de carácter nominal mediante postulación individual de cada candidato, y una elección personificada.

Este sistema electoral, aparentemente nominal y personalizado, se convirtió en el más diabólico mecanismo de control de la Asamblea Nacional Constituyente por parte del Presidente de la República y sus seguidores. El Presidente, personalmente,

---

[38] Véase el texto de la acción de inconstitucionalidad que intentamos contra el Decreto presidencial en Allan R. Brewer-Carías, *Asamblea Constituyente y ordenamiento constitucional*, Academia de Ciencias Políticas y Sociales, Caracas, 1998; y Allan R. Brewer-Carías, "Comentarios sobre la inconstitucional de la convocatoria a Referéndum sobre una Asamblea Nacional Constituyente, efectuada por el Consejo Nacional Electoral en febrero de 1999" en *Revista Política y Gobierno,* Vol. 1, Nº 1, enero-junio 1999, Caracas 1999, pp. 29-92. Igualmente en las páginas 346 de este Tomo.

hizo campaña electoral en todo el país, y propuso su propia lista en cada región, con los candidatos a elegir, en una multimillonaria campaña electoral financiada, incluso, por algún banco extranjero.[39] Efectuada la votación el 25 de julio de 1999, en la cual se produjo una abstención del 53%, el resultado fue que el Presidente de la República logró la elección de todos los candidatos regionales, menos dos, es decir, un total de 102 de los 104 que correspondían; y de sus 20 candidatos nacionales de los 24 electos, que conformaban sus listas. Por tanto, sólo llegaron a ser electos sin el respaldo del Presidente Chávez y más bien adversándolo, 4 constituyentes nacionales entre los cuales se me encontraba. Los tres representantes indígenas fueron electos de acuerdo con "las costumbres ancestrales" respectivas, y los mismos resultaron adeptos al partido de gobierno.

El sistema electoral establecido por el Presidente de la República en la convocatoria al referendo, por tanto, fue el menos indicado para conformar una Asamblea Constituyente pluralista que incluyera a todos los grupos y actores políticos. Lejos de contribuir al pluralismo y a la representación plural, el sistema electoral impuesto por el Presidente de la República en su convocatoria, condujo a la instalación de una Asamblea Constituyente exclusionista , en la cual quedaron excluidos de representación todos los partidos políticos tradicionales, quedando dominada por el partido de gobierno y por los seguidores del Presidente.

Una Asamblea Constituyente conformada por una mayoría de esa naturaleza, por supuesto, impidió toda posibilidad de convertirse en un instrumento válido de diálogo, conciliación política y negociación. Fue, en realidad, un instrumento político de imposición por un grupo que la dominaba, al resto de la sociedad, de sus propias ideas, con exclusión total respecto de los otros grupos. Por ello, la Asamblea Constituyente que se eligió en julio de 1999 y se instaló el 3 de agosto de 1999, fue un instrumento para lograr el control total del poder por los que conformaban la mayoría y que habían sido electos constituyentes gracias al apoyo y a la campaña del propio Presidente de la República. En la Asamblea, dichos constituyentes estuvieron a su servicio y al diseño de cuantos mecanismos sirvieran para el control del poder por parte de los nuevos actores políticos que habían aparecido en escena de la mano del Presidente Chávez, en medio del más terrible deterioro de los partidos políticos tradicionales, que materialmente desaparecieron de la escena política durante el proceso constituyente.

5. *El golpe de Estado constituyente*

Es de destacar que para el momento en el cual la Asamblea se eligió en julio de 1999, en paralelo estaban funcionando en el país los poderes públicos constituidos, los cuales habías sido electos en noviembre de 1998, con misiones distintas. La Asamblea Constituyente había sido electa, conforme al referendo de abril de 1999, para diseñar la reforma del Estado y establecer un nuevo ordenamiento para hacer efectiva la democracia social y participativa, todo lo cual debía elaborar y someter a la aprobación popular por un referendo final. La Asamblea Constituyente no había sido electa para gobernar ni para sustituir ni intervenir los poderes constituidos. No

---

[39] Por ello, según informaciones de prensa, algunos altos directivos de un banco de España fueron acusados criminalmente el 8 de febrero de 2006, ante el *Juzgado Central de Instrucción Nº 5, Audiencia Nacional*, Madrid (Procedimiento Nº 251/02-N).

tenía carácter de poder constituyente originario, como expresamente lo había resuelto la Corte Suprema de Justicia.

Sin embargo, en su primera decisión, que fue la aprobación de su Estatuto de Funcionamiento, la Asamblea Constituyente, se auto-proclamó como "poder constituyente originario", auto-atribuyéndose la facultad de "limitar o decidir la cesación de las actividades de las autoridades que conforman el Poder Público" y estableciendo que "todos los organismos del Poder Público quedan subordinados a la Asamblea Nacional Constituyente y están en la obligación de cumplir y hacer cumplir los actos jurídicos estatales que emita la Asamblea".

En esta forma, la Asamblea Nacional Constituyente se auto proclamó como un super-poder estatal, contrariando lo dispuesto en el estatuto de su elección contenido en las bases aprobadas en el referendo de abril de 1999 y violando la Constitución de 1961, al amparo de la cual y de su interpretación judicial había sido electa; y en esa forma usurpó el poder público y violó la Constitución de 1961. En definitiva dio un golpe de Estado.

Y así, durante el primer período de su funcionamiento, entre agosto y septiembre de 1999, la Asamblea, lejos de conciliar y buscar conformar un nuevo pacto político de la sociedad, a lo que se dedicó fue a intervenir los poderes constituidos que habían sido electos en diciembre de 1998 y que estaban en funcionamiento conforme a la Constitución en ese entonces vigente de 1961. En esta forma, en agosto de 1999, la Asamblea decretó la reorganización de todos los poderes públicos; decretó la intervención del Poder Judicial creando una Comisión de Emergencia Judicial que lesionó la autonomía e independencia de los jueces, y que aunque con otro nombre en 2007 todavía perdura, habiendo demolido al Poder Judicial que llegó a estar integrado por un 95% de jueces provisorios o temporales, es decir, dependientes[40]; decretó la regulación de las funciones del Poder Legislativo, eliminando tanto al Senado como a la Cámara de Diputados y a las Asambleas Legislativas. Además, intervino a los Concejos Municipales, suspendiendo, incluso, las elecciones municipales.[41]

Ese primer período de funcionamiento de la Asamblea, por tanto, fue un período de confrontación y conflictividad política entre los poderes públicos y los diversos sectores políticos del país. El proceso constituyente, en esta etapa inicial, no fue un vehículo para el diálogo y la consolidación de la paz ni un instrumento para evitar el conflicto, sino que al contrario, fue un mecanismo de confrontación, conflicto y aplastamiento de toda oposición o disidencia y de apoderamiento de todas las instancias del poder. El proceso constituyente, por tanto, antes de ser un instrumento para la reducción del conflicto, acentuó la confrontación y contribuyó al dominio exclusivo del poder por parte de un solo partido político, el de gobierno, que res-

---

[40] Véase Allan R. Brewer-Carías, "La progresiva y sistemática demolición institucional de la autonomía e independencia del Poder Judicial en Venezuela 1999-2004" en el libro *XXX Jornadas J.M. Domínguez Escovar, Estado de derecho, Administración de justicia y derechos humanos*, Instituto de Estudios Jurídicos del Estado Lara, Barquisimeto, 2005, pp. 33-174

[41] Véanse todos nuestros votos salvados a estas decisiones en Allan R. Brewer-Carías, *Debate Constituyente (Aportes a la Asamblea Nacional Constituyente), Tomo I (8 agosto-8 septiembre 1999)*, Fundación de Derecho Público-Editorial Jurídica Venezolana, Caracas 1999, 233 pp.

pondía a las instrucciones del Presidente de la República. En definitiva, el proceso constituyente se utilizó para acabar con la clase política que había dominado la escena en las décadas anteriores.

Una vez intervenidos los poderes públicos y en medio del conflicto político que ello ocasionó, la segunda etapa de funcionamiento de la Asamblea Nacional Constituyente (septiembre-octubre 1999) se destinó a la elaboración del texto de un proyecto para una nueva Constitución, proceso en el cual no siguió ningún proyecto que pudiera permitir la efectiva discusión pública y participación popular. La Asamblea Nacional Constituyente, incluso, comenzó a elaborar el proyecto de nueva Constitución, desde el principio, colectivamente, sin que hubiera habido un proyecto inicial. Por tanto, en la elaboración de la nueva Constitución no se siguió la vía ortodoxa en procesos similares de haberse elaborado previamente un proyecto de Constitución por una Comisión constitucional pluralista, para luego ser discutida por una Asamblea plenaria.

6. *La elaboración de la Constitución y la ausencia de participación ciudadana*

En esa forma, luego de dos meses de funcionamiento, la Asamblea Nacional Constituyente comenzó el proceso de elaboración de un proyecto de Constitución mediante el método menos adecuado, que consistió en nombrar 20 comisiones que trataron los 20 temas esenciales de cualquier Constitución, y a ellas se encargó la elaboración en forma aislada de sus propuestas en cada tema. Eso se hizo durante el mes de septiembre de 1999, es decir, un período excesivamente corto, durante el cual cada Comisión actuó aisladamente, realizando escasas consultas y propiciando esporádicamente la participación en la elaboración de proyectos, de los grupos que consideraron apropiados.[42] Para finales de septiembre de 1999, las 20 Comisiones sometieron a la Comisión Constitucional los 20 proyectos de articulado constitucional, los cuales en conjunto sumaban casi 800 artículos. La Comisión Constitucional de la Asamblea era la encargada de conformar el proyecto de Constitución; pero lamentablemente se le impuso un lapso de sólo 2 semanas para realizar la integración de todos aquellos textos redactados aisladamente, en un solo proyecto. La rapidez atropellada del proceso de elaboración de un anteproyecto de Constitución, dominado por un solo grupo que constituía mayoría abrumadora en todas las comisiones, por supuesto, impidió toda posibilidad de discusión pública del proyecto y de participación de la sociedad civil en la elaboración del texto que debía someterse a las discusiones de la Asamblea en plenaria. El texto que la Comisión Constitucional presentó el 18 de octubre ante la Asamblea, sobre todo por la premura impuesta, lamentablemente resultó ser muy deficiente, por constituir un agregado o catálogo de deseos, peticiones y buenas intenciones integrados en un texto excesivamente extenso.

De nuevo, la premura en tener listo el nuevo texto constitucional se impuso por presiones del gobierno, exigiéndose a la Asamblea Nacional Constituyente la tarea de discutir y aprobar el proyecto de Constitución en sólo un mes, lo que ocurrió entre el 19 de octubre y el 17 de noviembre de 2000. Es decir, en sólo 19 sesiones de

---

[42] Véanse buena parte de nuestras propuestas en Allan R. Brewer-Carías, *Debate Constituyente (Aportes a la Asamblea Nacional Constituyente), Tomo II (9 septiembre-17 octubre 1999)*, Fundación de Derecho Público-Editorial Jurídica Venezolana, Caracas 1999, 286 pp.

primera discusión (20 de octubre a 9 noviembre) y de 3 sesiones de segunda discusión (12 al 14 de noviembre) lo que equivale a sólo 22 días de discusión, en Venezuela se aprobó el texto de una nueva Constitución.[43]

La manera inusitadamente rápida con que se elaboró la Constitución, con una celeridad irracional exigida e impuesta por el Presidente de la República, condujo a que fuera completamente imposible que se asegurara la posibilidad de participación pública en el proceso constituyente. A pesar de algunas buenas intenciones y una corta propaganda política, la verdad es que por lo reducido del tiempo, fue imposible toda participación política y pública efectiva en la elaboración del proyecto. Antes de la elaboración del proyecto, no hubo discusión pública, ni participación para la definición de las cuestiones constitucionales básicas que debían resolverse en la Asamblea (presidencialismo, bicameralismo, separación de poderes, descentralización, federalismo, municipalismo), ni sobre la misión básica de la misma. Tampoco hubo un programa de educación pública, para permitir la incorporación de propuestas de grupos de la sociedad civil y de organizaciones no gubernamentales. Estos no se incorporaron efectivamente al proceso constitucional, y sólo las organizaciones indigenistas tuvieron posibilidad de participar, por el hecho de contar directamente con 3 constituyentes indígenas.

El escaso tiempo que se impuso a la Asamblea para su trabajo, en todo caso, disipó toda posibilidad real de participación. Quienes controlaron el proceso optaron más por un proceso rápido sin participación, que por un proceso participativo que era más lento. La participación popular en el proceso constituyente de 1999, en consecuencia, quedó realmente reducida a votaciones populares generales: en abril de 1999, en el referendo consultivo sobre las bases y misión de la Asamblea Constituyente; en julio de 1999, en la elección de los miembros de la Asamblea; y finalmente, en diciembre de 1999, en el referendo aprobatorio del proyecto de Constitución que se había divulgado durante sólo tres semanas previas. La Constitución fue aprobada el 15 de diciembre de 1999, en un referendo aprobatorio en el cual hubo una abstención del 55%.

El texto constitucional, en todo caso, no se configuró como un documento que como lo había precisado el referendo consultivo de abril de 1999, asegurara la transformación del Estado y del sistema democrático venezolano. Es decir, el texto aprobado no llegó a constituir la nueva visión de la sociedad democrática que se exigía, con la definición de los principios fundamentales que se requerían para la reorganización política del país en democracia y la redistribución y control del poder, de manera que se pudiera reemplazar el sistema de Estado centralizado de democracia de partidos por un Estado descentralizado de democracia participativa.[44]

---

[43] Véase el texto de nuestros votos salvados en las sesiones de discusión en Allan R. Brewer-Carías, *Debate Constituyente (Aportes a la Asamblea Nacional Constituyente), Tomo III (18 octubre-30 noviembre 1999),* Fundación de Derecho Público-Editorial Jurídica Venezolana, Caracas 1999, 340 pp.

[44] Véanse nuestros comentarios apenas la Constitución fue aprobada en Allan R. Brewer-Carías, "Reflexiones críticas sobre la Constitución de Venezuela de 1999" en el libro de Diego Valadés, Miguel Carbonell (Coordinadores), *Constitucionalismo Iberoamericano del Siglo XXI,* Cámara de Diputados. LVII Legislatura, Universidad Nacional Autónoma de México, México 2000, pp. 171-193; en *Revista de Derecho Público,* Nº 81, Editorial Jurídica Venezolana, Caracas, enero-marzo 2000, pp. 7-21; en *Revista Facultad de Derecho, Derechos y*

En realidad, ningún gran debate se dió en la Asamblea Nacional Constituyente y menos aquellos que imponían el momento de crisis que vivía el país, como los relativos a la descentralización política y a la democracia participativa. Más democracia exigía más descentralización política, que es la única forma de lograr que fuera más representativa y más participativa. Para ello se debía construir un nuevo modelo de Estado descentralizado, con un nuevo sistema de distribución del poder y de democracia participativa, que no podía quedar reducida a referendos, y que eliminara el monopolio de la representatividad y de la participación que tenían los partidos. Lamentablemente nada de esto se logró, y lo que resultó fue un esquema de gobierno autoritario, presidencialista, centralizado, de concentración del poder, militarista, montado sobre un partido único e intervencionista.

7. *El proceso constituyente de 1999 como instrumento de asalto al poder*

El proceso constituyente, por otra parte, lejos de conciliar políticamente al país, acentuó las diferencias fundamentales y condujo a un mayor fraccionamiento y polarización extrema, al servir de instrumento para que un grupo asumiera el control total del poder. Es decir, lejos de constituir un instrumento de conciliación e inclusión, fue un instrumento de exclusión y control hegemónico del poder. Para ello, el asalto y control hegemónico del poder por el grupo político que controlaba la Asamblea Nacional Constituyente y que respondía a la voluntad del Presidente de la República, no sólo se comenzó a realizar durante los primeros meses de funcionamiento de la Asamblea, violándose la Constitución vigente de 1961, sino al final, luego de aprobado popularmente el nuevo texto constitucional el 15 de diciembre de 1999, violándose esta vez, el nuevo texto aprobado.

Durante los 5 meses de funcionamiento que tuvo la Asamblea en la segunda mitad de 1999, puede decirse que todo el debate político del país, giró en torno a la misma. La Asamblea se había constituido en el centro del poder, el Presidente la calificaba de "soberanísima" y la Corte Suprema de Justicia, al decidir sendos recursos de inconstitucionalidad contra actos de la Asamblea Constituyente de intervención de los poderes públicos constituidos, incluso del propio Poder Judicial, en una sentencia del 14 de octubre de 1999, que fue su propia sentencia de muerte, la Corte Suprema le reconoció supuestos poderes "supraconstitucionales" a la Asamblea.

Se trataba, por tanto, del centro del poder más poderoso que había en el país, que escapaba a toda posibilidad efectiva de control judicial sobre sus actos y que actuaba como brazo político del Presidente de la República, para el asalto final al poder. Ello ocurrió una semana después de aprobada la Constitución por referendo popular, el 22 de diciembre de 1999, con la sanción, por la propia Asamblea Nacional Constituyente fuera de la Constitución, de un "Régimen Constitucional Transitorio" paralelo y que no fue sometido a referendo aprobatorio.[45]

Valores, Volumen III N° 5, Universidad Militar Nueva Granada, Santafé de Bogotá, D.C., Colombia, Julio 2000, pp. 9-26; y en el libro *La Constitución de 1999*, Biblioteca de la Academia de Ciencias Políticas y Sociales, Serie Eventos 14, Caracas 2000, pp. 63-88

[45] Véanse los cometarios sobre este régimen transitorio en Allan R. Brewer-Carías, *La Constitución de 1999. Derecho Constitucional Venezolano*, Editorial Jurídica venezolana, Caracas 3004, Tomo II.

Mediante ese Régimen Transitorio, que violaba la propia nueva Constitución, la Asamblea sólo ratificó al Presidente de la República, en cambio, removió a todos los otros órganos electos y no electos del Estado. Nombró directamente y sin someterse a los requisitos que la propia Constitución establecía, a los integrantes del nuevo Tribunal Supremo de Justicia, a los nuevos miembros del Consejo Nacional Electoral y a los titulares de la Fiscalía General de la República, de la Contraloría General de la República y del Defensor del Pueblo. Todo el poder, por tanto, quedó en manos de la mayoría que controlaba la Asamblea y que respondía a los dictados de Presidente. La Asamblea Nacional Constituyente, además, creó una Comisión Legislativa que ni siquiera estaba regulada en la Constitución, para que actuara como órgano legislativo en sustitución del Congreso que había sido electo un año antes y que había quedado definitivamente borrado, hasta que se eligiera la nueva Asamblea Nacional, para lo cual, la propia Asamblea Constituyente asumió funciones legislativas que no tenía, cambiando entre otras, la Ley Electoral.

Todas estas actuaciones inconstitucionales, por supuesto y lamentablemente, fueron avaladas y lavadas por el nuevo Tribunal Supremo de Justicia, cuyos Magistrados habían sido nombrados a la medida por la Asamblea Constituyente en el Régimen Transitorio para defender el poder. El Tribunal, así, nuevamente en sentencia de 26 de enero de 2000, en cierta forma actuando como juez en su propia causa, reconoció un supuesto carácter originario (plenos poderes) de la Asamblea[46], con poderes supraconstitucionales, justificando la transitoriedad constitucional que no cesó en los años subsiguientes y que ha permitido avalar muchas otras acciones contrarias a la Constitución por parte de los órganos del Estado, como ha ocurrido con la interminable intervención del Poder Judicial.

Como resultado de todo este proceso, se evidencia que si bien en Venezuela se produjeron cambios políticos de importancia con motivo del proceso constituyente de 1999, ellos han consistido fundamentalmente en el apoderamiento de todas las instancias de poder por un nuevo grupo político que gira en torno al Presidente Hugo Chávez, para imponerle a los venezolanos un proyecto político por el cual no han votado, provocando el desplazamiento del poder de los partidos tradicionales que controlaron el panorama político por cuatro décadas. Pero en cuanto a las reformas políticas y del Estado que motivaron la convocatoria de la Asamblea Constituyente, a pesar de la reforma constitucional efectuada, no se produjo ninguna. Nada de lo que había que cambiar en el sistema político fue cambiado; y más bien, el resultado constitucional del proceso constituyente, fue la acentuación de los aspectos más negativos del sistema. Por ello, por ejemplo, al promover el voto NO en el referéndum aprobatorio de la Constitución, en noviembre de 1999, ello lo fundamentábamos en el hecho de que en la Constitución se había formulado:

> Un esquema institucional concebido para el autoritarismo derivado de la combinación del centralismo del Estado, el presidencialismo exacerbado, la democracia de partidos, la concentración de poder en la Asamblea y el militarismo, que constituye el elemento central diseñado para la organización del poder del Estado. En mi opinión -agregaba-, esto no es lo que se requería para el perfeccionamiento de la democracia; la cual al contrario, se debió basar en la

---

[46] Véase específicamente los comentarios a esta sentencia en Allan R. Brewer-Carías, *Golpe de Estado y proceso constituyente en Venezuela,* Goberna & Derecho, Guayaquil 2007.

descentralización del poder, en un presidencialismo controlado y moderado, en la participación política para balancear el poder del Estado y en la sujeción de la autoridad militar a la autoridad civil.[47]

Y además, agregábamos:

La gran reforma del sistema político, necesaria e indispensable para perfeccionar la democracia era desmontar el centralismo de Estado y distribuir el Poder Público en el territorio; única vía para hacer realidad la participación política. La Asamblea Constituyente –agregábamos–, para superar la crisis política, debió diseñar la transformación del Estado, descentralizando el poder y sentar las bases para acercarlo efectivamente al ciudadano. Al no hacerlo, **ni transformó el Estado ni dispuso lo necesario para hacer efectiva la participación.**[48]

Es decir, se utilizó la Constitución de 1961 en forma fraudulenta para originar el proceso constituyente, y dar un golpe de Estado; y luego, desde el poder, se utilizó la democracia representativa vía elecciones, también en forma fraudulenta, para destruir la propia democracia.

8. *El perfeccionamiento de la democracia como tarea pendiente*

Pero a pesar de ello, sin duda, en 1999 se produjo un cambio político sin precedentes en la historia política del país desde los años cuarenta, en el sentido de que aparecieron nuevos partidos políticos, que asumieron el poder con todavía mayor carácter monopólico, habiendo sido materialmente barridos los partidos tradicionales. Un nuevo liderazgo político se entronizó en todos los niveles del Poder, habiendo quedado desplazado el liderazgo partidista y no partidista anterior. Además, se produjeron importantes cambios y reformas constitucionales como, por ejemplo, la separación pentapartita del Poder Público, la eliminación del Senado como parte del Poder Legislativo Nacional, la consagración de la reelección presidencial, la creación de la figura del Vicepresidente de la República, la creación del Defensor del Pueblo, y la constitucionalización de los tratados internacionales sobre derechos humanos con lo cual la regulación de los mismos fue perfeccionada y ampliada en muchos aspectos.

Sin embargo, ninguna de esas reformas produjo un cambio efectivo en el sistema político de Estado centralizado de partidos, al contrario, lo acentuaron y agravaron. A pesar del verbalismo constitucional, el Estado en un esquema de concentración del poder, está ahora totalmente imbricado a un partido único de gobierno; más centralizado que antes, a pesar de que se lo denomine "descentralizado"; habiéndose exacerbado el presidencialismo, agregándose a los poderes del Estado, el poder militar, sin sujeción a la autoridad civil como nunca antes había ocurrido en nuestro constitucionalismo. En definitiva, hay un nuevo y acentuado centralismo y partidismo, con un acentuado presidencialismo y un nuevo militarismo constitucionalizado,

---

[47] Documento de 30 de noviembre de 1999. Véase en Allan R. Brewer-Carías, *Debate Constituyente (Aportes a la Asamblea Nacional Constituyente)*, Tomo III, Fundación de Derecho Público, Editorial Jurídica Venezolana, Caracas 1999, p. 339.

[48] Documento de 30 de noviembre de 1999. Véase en Allan R. Brewer-Carías, *Debate Constituyente (Aportes a la Asamblea Nacional Constituyente)*, Tomo III, Fundación de Derecho Público, Editorial Jurídica Venezolana, Caracas 1999, p. 323.

todo lo cual ha conducido a un autoritarismo con ropaje constitucional y movilización popular.

Lamentablemente, las reformas constitucionales antes referidas relativas a aspectos de concentración del poder y debilitamiento de la autonomía e independencia entre los poderes públicos; al presidencialismo exacerbado, y al militarismo; han configurado un marco constitucional abierto al autoritarismo "democrático" o de presidencialismo plebiscitario, que puede llegar a impedir toda idea de democracia basada en la participación política, y pretender centrar las relaciones de poder en una supuesta relación directa entre un líder y el pueblo, confundiendo participación con movilización política, mediante la organización del Poder Popular en entidades no electas por sufragio universal directo y secreto (concejos comunales), sin siquiera la intermediación de partidos, y sólo con un partido único y militar que, con el apoyo de la fuerza, apuntale un sistema político populista. Todas esas reformas constitucionales, por supuesto, en nada han contribuido a la democratización del Estado y del país.

Del panorama anterior resulta, por tanto, que la reforma política para el perfeccionamiento de la democracia, todavía es una tarea pendiente en Venezuela. En 1999, luego de un proceso constituyente, se adoptó una nueva Constitución, sin duda, con un conjunto importante de reformas constitucionales; sin embargo, las mismas no llegan a configurarse como el proceso de reforma que exigía la democracia venezolana, para sustituir el Estado democrático centralizado de partidos por un Estado, igualmente democrático, pero descentralizado y participativo. El proceso constituyente de Venezuela, en 1999, por tanto, no condujo a una mayor democratización del país y, al contrario fue utilizado para constitucionalizar el autoritarismo, el cual, en definitiva, ha demostrado ser un instrumento profundamente antidemocrático.

Esa experiencia es importante que se conozca, sobre todo en países de América Latina donde, como ahora ocurre en Ecuador, se está comenzando a diseñar un proceso constituyente en cierta forma inspirado, en sus aspectos formales, por la experiencia venezolana, para que no se repitan los vicios que allí ocurrieron, o si se repiten para que se haga a conciencia.

III. LAS SECUELAS DEL PROCESO CONSTITUYENTE DE 1999 Y EL AUTORITARISMO DE 2007

1. *La concentración del poder y el ahogamiento de la democracia representativa*

El resultado de todo aquél proceso constituyente de 1999, es que el Estado democrático de derecho, por este fraude cometido contra la voluntad popular, en esta forma, mediante la utilización de mecanismos electorales, ha sido y está siendo progresivamente sustituido por un Estado del Poder Popular, donde todo el poder está concentrado en el Jefe del Estado, y que, por tanto, ni es democrático, ni es representativo, ni es participativo, y al contrario, está férreamente controlado y dirigido desde el centro y la cúspide del poder político que ejerce el Presidente de la República (como Jefe del Ejecutivo y del partido de gobierno que será Único), el cual probablemente pronto se autodenominará "Presidente del Poder Popular", respecto del cual progresivamente no podrá haber disidencia alguna, la cual es hoy criminalizada.

Se trata, como lo anunció el Vice-Presidente de la República en enero de 2007, en el acto de sanción de la Ley de delegación legislativa (Ley habilitante) a favor del Presidente de la República, que contiene una autorización hasta para dictar leyes al margen de la Constitución, que ni más ni menos lo que se tiene proyectado es la instauración de "la dictadura de la democracia"[49].

En democracia, ninguna dictadura es aceptable, ni siquiera una supuesta "dictadura de la democracia", como nunca fue aceptable la supuesta y fracasada "dictadura del proletariado" en la antigua Unión Soviética instalada desde 1918 establecida en torno a los "soviets de soldados, trabajadores y campesinos". Algo similar a lo que noventa años después, en Venezuela, está ocurriendo con la creación de consejos comunales dependientes del Presidente de la República para canalizar el Poder Popular, para con la supuesta participación del pueblo organizado, instaurar la "dictadura de la democracia".

Esas supuestas dictaduras populares desde el comienzo han sido y son el instrumento fraudulento de la cúpula que domina el poder, para en nombre del poder popular acabar con todo vestigio de democracia, e imponerle por la fuerza un régimen socialista a un país, por el cual no ha votado. Algo debía haberse aprendido de lo que dijo el Presidente de la Federación Rusa en 1998, con ocasión del sepelio de los restos de los Romanov, como expresión de una de las lecciones más amargas de la historia de la humanidad al poner fin al tiempo de la que se creía era la Revolución más definitiva de todas las que había conocido la historia moderna, simplemente: "Que los intentos de cambiar la vida mediante la violencia están condenados al fracaso"[50]. Y toda dictadura, cualquiera que sea, es ineludiblemente el resultado del ejercicio de la violencia.

2. *El autoritarismo popular y el fraude a la democracia*

Lo cierto es que a comienzos del Siglo XXI, con el caso de Venezuela, América Latina está comenzando a observar la aparición de un nuevo modelo de Estado autoritario supuestamente del Poder Popular, que no tiene su origen inmediato en un golpe de Estado militar como tantas veces ocurrió en el transcurso de las décadas del Siglo pasado, sino en elecciones populares, que le ha dado un traje o ropaje que también es militarista, pero esta vez de camuflaje con pintas "constitucionales" y "electivas", conformado para la destrucción de la propia democracia representativa.

Se trata de un autoritarismo militarista con supuesto apoyo popular, como también lo fueron todos los autoritarismos fascistas y comunistas del Siglo pasado, en algunos casos con algún origen electoral. Ni uno ni otro modelo autoritario, por más disfraz constitucional y electivo que puedan tener o haber tenido, son democráticos, ni pueden considerarse como conformadores de un Estado constitucional de derecho, pues carecen de los componentes esenciales de la democracia, que son bastante más que la sola elección popular o circunstancial de los gobernantes.

---

[49] El Vicepresidente de la República, Jorge Rodríguez, expresó en enero de 2007: "Claro que queremos instaurar una dictadura, la **dictadura de la democracia verdadera** y la democracia es la dictadura de todos, ustedes y nosotros juntos, construyendo un país diferente. Claro que queremos que esta **dictadura de la democracia** se instaure para siempre", en *El Nacional*, Caracas 01-02-2007, p. A-2.

[50] Véase en *The Daily Telegraph,* Londres, 08-08-98, p. 1.

En América Latina, después de la experiencia de tantos regímenes antidemocráticos y militaristas que hemos tenido, y de tantos autoritarismos con disfraces democráticos que hemos desarrollado, a comienzos de este Siglo se logró adoptar en el seno de la Organización de Estados Americanos –no sin la disidencia, precisamente, de quien en Venezuela estaba urdiendo el fraude a la democracia[51]- una doctrina continental sobre la democracia y lo que esta significa como régimen político, al aprobarse en Lima, el 11 de septiembre de 2001, la denominada *Carta Democrática Interamericana*.[52] Es cierto que no es un tratado internacional vinculante, pero es el documento más importante en la materia adoptado como línea de conducta política democrática que, lamentablemente, muchos de los gobernantes de Estados no quieren volver siquiera a leer.

Esa *Carta Democrática*, en efecto, entre los *elementos esenciales de la democracia representativa* que enumera en su artículo 3, que deberían ser el pilar fundamental de la organización y funcionamiento de los Estados, además del **respeto a los derechos humanos y las libertades fundamentales**; del **acceso al poder y su ejercicio con sujeción al Estado de derecho**; de la **celebración de elecciones periódicas, libres, justas y basadas en el sufragio universal y secreto, como expresión de la soberanía del pueblo**; y del **régimen plural de partidos y organizaciones políticas**; está la necesaria existencia –dice– de "la **separación e independencia de los poderes públicos**".

Y han sido precisamente todos esos elementos esenciales de la democracia los que, en los últimos años, lamentablemente han sido ignorados o resquebrajados en Venezuela, precisamente en nombre de una supuesta democracia participativa y de un supuesto Poder Popular donde el pueblo participe directamente.

En Venezuela, en estos últimos años, la realidad ha sido otra y muy distinta a lo que señalan los referidos elementos esenciales de la democracia, pues nunca antes había existido mayor violación a los derechos humanos, y basta para constatar esta tragedia, el sólo contabilizar el número de denuncias que se han formulado contra el Estado venezolano ante la Comisión Interamericana de Derechos Humanos, parámetro que ha sido en el pasado, y es en el presente, el mejor termómetro para determinar en el Continente el grado de violaciones, por un Estado, de los derechos humanos.

Además, el acceso al poder se ha hecho contrariando el Estado de derecho, al violarse la separación e independencia de los poderes judicial, ciudadano y electoral. Todos están controlados por el sindicato establecido entre el Ejecutivo nacional y la Asamblea nacional, por lo que no es posible controlar el acceso al poder conforme a los postulados del Estado de Derecho[53]. En particular, el Poder Electoral, desde

---

[51] El Presidente Chávez, desde la reunión de Jefes de Estado de la OEA en Québec, en abril de 2001, cuestionó la declaración sobre la "democracia representativa" tratando de sustituirla por "democracia participativa".

[52] Véase sobre la Carta Democrática Interamericana y la crisis de la democracia en Venezuela, Allan R. Brewer-Carías, *La crisis de la democracia venezolana. La Carta Democrática Interamericana y los sucesos de abril de 2002*, Ediciones El Nacional, Caracas 2002. pp. 137 y ss.

[53] Véase Allan R. Brewer-Carías, *La Sala Constitucional versus el Estado democrático de derecho. El secuestro del poder electoral y de la Sala Electoral del Tribunal Supremo y la confiscación del derecho a la participación política*, Los Libros de El Nacional, Colección Ares,

2003 fue secuestrado con la complicidad de la Sala Constitucional del Tribunal Supremo, por lo que las elecciones que se han efectuado han carecido de justicia, y las últimas reformas políticas efectuadas y propuestas, simplemente apuntan a la sustitución de la representatividad electoral por supuestas agrupaciones de ciudadanos en comunidades y consejos comunales cuyos integrantes no son electos, sino designados desde la cúpula del Poder Popular que controla el Presidente de la República. El régimen plural de partidos se ha destrozado y el ya oficialmente anunciado Partido Único Socialista, imbricado en el aparato del Estado y también dirigido por el Presidente de la República, se apoderará no sólo del supuesto Poder Popular, sino de la Administración Pública[54] y de toda la vida política, social y militar[55] del país, dado el capitalismo de Estado que se ha intensificado como consecuencia del Estado rico petrolero.

Como todo depende del Estado, sólo quien pertenezca al Partido Único podrá tener vida política, administrativa, económica y social. Y todo esta distorsión institucional, ocurre sin que exista separación ni independencia entre los poderes públicos, no sólo en su división horizontal (Legislativo, Ejecutivo, Judicial, Ciudadano y Electoral) por el control que sobre ellos ejerce el Poder Ejecutivo; sino en su distribución vertical, donde las propuestas en curso apuntan a la eliminación de la federa-

---

Caracas 2004; "El secuestro del Poder Electoral y la confiscación del derecho a la participación política mediante el referendo revocatorio presidencial: Venezuela 2000-2004", en *Revista Jurídica del Perú*, Año LIV N° 55, Lima, marzo-abril 2004, pp. 353-396; "El secuestro del Poder Electoral y de la Sala Electoral del Tribunal Supremo y la confiscación del derecho a la participación política mediante el referendo revocatorio presidencial: Venezuela: 2000-2004", en *Revista Costarricense de Derecho Constitucional*, Tomo V, Instituto Costarricense de Derecho Constitucional, Editorial Investigaciones Jurídicas S.A., San José 2004, pp. 167-312; "El secuestro de la Sala Electoral por la Sala Constitucional del Tribunal Supremo de Justicia, en *La Guerra de las Salas del TSJ frente al Referendum Revocatorio*, Editorial Aequitas, Caracas 2004, C.A., pp. 13-58"; "El secuestro del poder electoral y la conficación del derecho a la participación política mediante el referendo revocatorio presidencial: Venezuela 2000-2004, *Stvdi Vrbinati, Rivista tgrimestrale di Scienze Giuridiche, Politiche ed Economiche*, Año LXXI – 2003/04 Nuova Serie A – N. 55,3, Università degli studi di Urbino, Urbino, 2004, pp.379-436; "«El secuestro del Poder Electoral y la confiscación del derecho a la participación política mediante el referendo revocatorio presidencial: Venezuela 2000-2004».en *Boletín Mexicano de Derecho Comparado*, Instituto de Investigaciones Jurídicas, Universidad Nacional Autónoma de México, N° 112. México, enero-abril 2005 pp. 11-73.

[54] Por ello, el Gobernador del Estado Carabobo de Venezuela señalaba: "Comparto la posición del Presidente cuando dice que aquella persona que no quiera aliarse con el partido socialista único, pues que se vaya del Gobierno, y se lo dijo a los secretarios (del gobierno de Carabobo), que en el gobierno bolivariano estamos involucrados todos y hay un lineamiento de nuestro máximo líder que es inscribirse y crear un solo partido, y el secretario que no quiera cumplir con esa orden, que se vaya". Véase reportaje de Marianela Rodríguez, en *El Universal*, Caracas 21-04-2007.

[55] El 12 de abril de 2007 el Presidente Chávez en Fuerte Tiuna, declaró que si algún oficial se siente incómodo con la consigna acogida por su gobierno de "patria, socialismo o muerte", puede tramitar su baja de las fuerzas militares, agregando: "La llamada institucionalidad fue una manera de enmascararse y asumir una posición contraria al gobierno, a la revolución, al mandato legítimo del pueblo. Por eso, hoy todo comandante de unidad en todos los niveles está obligado a repetir desde el alma y levantar la bandera con esta consigna: patria, socialismo o muerte, sin ambigüedades de ningún tipo, sin complejos". Véase en *El Nacional*, Caracas 13-04-2007, Sección Política, p. 4.

ción, la sustitución de los Estados federados por supuestas "ciudades federales", y la eliminación del municipalismo y su sustitución por consejos comunales y asambleas de ciudadanos. Todo ello con el fin de eliminar todo vestigio de descentralización política, es decir, de entidades autónomas en el territorio, lo que imposibilita toda posibilidad de participación democrática. Esta es la trágica situación de la democracia venezolana, la cual en la realidad actual ya no pasa de ser una palabra vacía.

Pero además de los elementos esenciales de la democracia antes indicados, la misma *Carta Interamericana*, en su artículo 4º también definió los siguientes *componentes fundamentales del ejercicio de la democracia*: la transparencia de las actividades gubernamentales, la probidad, la responsabilidad de los gobiernos en la gestión pública, y el respeto por los derechos sociales y la libertad de expresión y de prensa. Además, se declaró como igualmente fundamentales para la democracia, la subordinación constitucional de todas las instituciones del Estado a la autoridad civil legalmente constituida y el respeto al Estado de derecho de todas las entidades y sectores de la sociedad. La democracia, por tanto, es mucho más que las solas elecciones y votaciones.

Lamentablemente todos estos elementos esenciales, también han sido ignorados o resquebrajados en Venezuela, también en nombre de un supuesto Poder Popular: la actividad gubernamental desplegada por el Estado rico, y en los últimos años súbitamente riquísimo, manejado sin control en un país pobre, dejó de ser transparente por la específica ausencia de control fiscal, dada la sumisión del Poder Ciudadano (Contraloría General, Fiscal General, Defensor del Pueblo) al poder del Ejecutivo; situación que ha hecho desaparecer el mismo concepto de probidad pues no es posible exigir responsabilidad alguna al gobierno por la gestión pública, entre otros aspectos por la sumisión del poder judicial; todo ello, campeando la corrupción en forma antes nunca vista.

Por otra parte, la procura de los derechos sociales –que ha sido el principal eslogan gubernamental, en particular hacia la comunidad internacional- ha sido montada en una política de distribución incontrolada de la riqueza petrolera, como si esta nunca fuera a disminuir, estatizándose todo en el país, desmantelándose el aparato productivo y sin generar inversión; y todo ello sin que los niveles de pobreza ni los niveles de desempleo hayan disminuido.

Por último, la libertad de expresión y de prensa, desde las censuras directas de la última dictadura militar de la década de los cincuenta, nunca ha estado tan amenazada, como se aprecia por la decisión de no renovar la licencia de empresas de televisión (RCTV) , y por la autocensura, sobre la base de persecución a periodistas y medios disidentes, como tan repetidamente lo ha constatado la Relatoría de Libertad de Expresión de la Comisión Interamericana de Derechos Humanos y que se deriva de las múltiples denuncias formuladas ante la Comisión y de las recomendaciones y medidas cautelares adoptadas por ésta.

Por otra parte, el militarismo se ha apoderado del Estado, de manera que aún cuando el régimen autoritario no haya sido fruto de un golpe militar, en definitiva, otro valor fundamental para la democracia como es la subordinación constitucional de todas las instituciones del Estado a la autoridad civil legalmente constituida, se ha visto resquebrajada por el apoderamiento militar del Estado y su propensión a imbricarse con el Partido Único, habiendo quedado el respeto al Estado de derecho como otro valor pospuesto por todas las entidades y sectores de la sociedad.

En definitiva, durante los últimos años, en Venezuela se ha utilizado uno sólo de los elementos de la democracia, como es la realización de elecciones, para destruir todos los otros valores y componentes esenciales de la democracia. De allí el fraude a la democracia que ha ocurrido.

3. *El desmantelamiento de la democracia representativa y el proceso autoritario*

En todo caso, para que exista un Estado democrático de derecho no bastan las declaraciones contenidas en los textos constitucionales que hablen de "democracia participativa y protagónica" o de descentralización del Estado; así como tampoco basta con establecer un sistema eleccionario que permita elegir mediante sufragio a los representantes populares. Aparte de que el mismo, por supuesto, debe asegurar efectivamente la representatividad, el pluralismo político y el acceso al poder conforme a los postulados del Estado de derecho.

Pero además, para que exista un verdadero Estado democrático de derecho es necesario e indispensable que el marco constitucional en el cual se pretenda que funcione el régimen democrático, permita efectivamente el control efectivo del poder por el poder mismo, incluso por el poder soberano del pueblo. Es la única forma de garantizar la vigencia del Estado de derecho, la democracia y el ejercicio real de los derechos humanos.

Y el control del Poder del Estado en un Estado democrático de derecho sólo se puede lograr dividiendo, separando y distribuyendo el Poder Público, sea horizontalmente mediante la garantía de la autonomía e independencia de los diversos poderes del Estado, para evitar la concentración del poder; sea verticalmente, mediante su distribución o desparramamiento en el territorio del Estado, creando entidades políticas autónomas con representantes electos mediante sufragio, para evitar su centralización. La concentración del poder al igual que su centralización, por tanto, son estructuras estatales esencialmente antidemocráticas.

Y allí radican, precisamente, los problemas del declarado Estado de derecho y de la supuesta democracia en Venezuela, la cual tiene su deformación en el propio texto constitucional de 1999, en el cual, lamentablemente, se estableció el esquema institucional que ha permitido la concentración del poder, alentando el autoritarismo y eliminando toda forma de control del poder; y que ha igualmente permitido la centralización del poder, iniciando el proceso de desmantelamiento del federalismo y del municipalismo, reforzando el mismo autoritarismo, distorsionando la posibilidad de participación política efectiva a pesar de los mecanismos de democracia directa que se recogieron.

Es un ejemplo constitucional de autoritarismo constitucional con origen electoral, el cual, sin embargo, constituye la negación de lo que debe ser un Estado democrático de derecho.

Montado sobre ese autoritarismo constitucional, en enero de 2007, como antes se ha dicho, y con ocasión del inicio de su segundo período constitucional, el Presidente de la República ha comenzado a exponer los pasos para el desmantelamiento definitivo de la democracia en Venezuela, mediante un sistema de organización de un Poder Único, denominado del Poder Popular o del Poder comunal (estado comunal o estado socialista), completamente concentrado y centralizado, y conducido políticamente por un Partido Único. Y ambos, el Poder Popular y el Partido Único, con el objeto de imponer "la dictadura de la democracia", dirigidos por una sola persona, que será el Presidente del Poder Popular y del Partido Único.

Para ello, por supuesto, se requeriría previamente una reforma general de la Constitución, la cual también ha sido anunciada en enero de 2007. Sin embargo, previamente, en fraude a la propia Constitución, en el mismo mes de enero de 2007 se ha dictado una Ley habilitante que autoriza al Presidente para, precisamente, dictar leyes contrarias a la Constitución, "con el objeto de actualizar y **transformar el ordenamiento legal que regula a las instituciones del Estado**" y establecer "los **mecanismos de participación popular**, a través del control social, la inspección técnica social y la práctica del voluntariado, de la comunidad organizada en la aplicación del ordenamiento jurídico y ámbito económico del Estado. Así como, que **adecuen la estructura organizativa de las instituciones del Estado, para permitir el ejercicio directo de la soberanía popular**". Estas leyes "constitucionales", sin embargo, tal como se ha anunciado, serían emitidas después de que se produzca la reforma de la Constitución.[56] Es decir, en otro depurado fraude constitucional, conforme a una Constitución que no autoriza la delegación legislativa para reformar la Constitución, se dicta una Ley habilitante con esa autorización que se utilizaría sólo si durante el lapso de vigencia de dicha Ley se reforma previamente la Constitución.

Las líneas generales de esas reformas para la estructuración de Poder Popular supuestamente montado sobre el ejercicio directo de la soberanía por el pueblo, están basadas en la eliminación de la democracia como régimen político representativo y plural, que pueda permitir la elección mediante sufragio universal, directo y secreto a los titulares de los poderes públicos distribuidos en el territorio (Alcaldes y Concejales en los Municipios, Gobernadores y Legisladores en los Estados, Diputados a la Asamblea Nacional y Presidente de la República).

El esquema, tal como se ha anunciado, apuntaría a la sustitución de la democracia representativa directa por una supuesta democracia participativa indirecta, en la cual no habría elección popular alguna. Su funcionamiento tendría a la base a las "asambleas de vecinos" y a los "concejos comunales" cuyos miembros no serían electos mediante sufragio universal, directo y directo, sino escogidos en la comunidad, por supuesto, con la conducción ideológica del Partido Único, que sería el único que tendría acceso a los órganos del poder del Estado en todos los niveles.

Los concejos comunales nombrarían sus representantes en los consejos comunales regionales o los de las ciudades federales ("confederación regional y local de consejos comunales"); y estos últimos serían los que designarían sus representantes

---

[56] Como se reseñó en la prensa el 31 de enero de 2007-02-04: "El lapso de 18 meses de vigencia de la Ley habilitante tiene la finalidad de permitirle al presidente de la República, Hugo Chávez, esperar que la reforma de la Constitución sea aprobada para redactar las normas que darán piso al modelo del Estado socialista que desea implantar. De acuerdo con parlamentarios consultados, en los primeros meses los decretos ley que redactará el Ejecutivo estarán adecuados a la Carta Magna de 1999 y en algunos llenarán las omisiones del Poder Legislativo… Luego de la consulta popular para la aprobación de las reformas de la Constitución, algunos diputados han manifestado que podría ser en septiembre, el mandatario contaría con tiempo suficiente para adecuar la legislación al modelo político que propone. Por ello, los diputados presumen que todo instrumento legal relacionado con el sistema de Estado será promulgado a finales de 2007 o principios de 2008". *El Nacional*, Caracas 31-01-2007, p. A2.

en la Asamblea Nacional del Poder Popular ("confederación nacional de consejos comunales"), que eventualmente sustituiría a la actual Asamblea Nacional. En esta forma, se eliminaría todo vestigio de elección directa, universal y secreta de los diputados a los órganos legislativos estadales y nacional, así como de los gobernadores. Y finalmente, la Asamblea Nacional del Poder Popular así integrada, entonces designaría un Consejo Nacional (de gobierno) del Poder Popular que por supuesto, ineludiblemente estaría presidido por una misma persona que además sería el Presidente del Partido Único.

Todas estas reformas que implican la eliminación de la democracia representativa en el país, han comenzado a ser implementadas en 2006, con la sanción de la Ley de los Consejos Comunales (Poder Popular), como estructura paralela que se ha establecido respecto de la organización municipal, en evidente fraude a la Constitución, para en definitiva sustituir a los Municipios como unidades primarias. La diferencia con estos, precisamente está en que en ellos, los Alcaldes y Concejales municipales son electos, y los Municipios son políticamente autónomos; y en cambio, los integrantes de los Consejos Comunales no son electos, sino designados a dedo por supuestas "asambleas de ciudadanos" controladas desde la cúpula del Poder Ejecutivo, del cual dependen, sin autonomía política alguna.

Una vez montada la estructura de base del Poder Popular (anunciada en la Ley de los Consejos Comunales), y dotada de ingentes recursos que no se dan a los Municipios, que maneja una Comisión Presidencial, el paso subsiguiente será la eliminación de los Municipios como también se ha anunciado y, en paralelo, la eliminación de los Estados y de todo vestigio de elección directa y de descentralización política y por ende de posibilidad de participación política.

Así, lo que se ha anunciado es, en definitiva, como se ha dicho, la eliminación de todos los cuerpos representativos y electos, municipales y estadales.[57] En el nivel estadal, por lo también anunciado, lo que habrían serían ciertas "ciudades federales" o confederaciones regionales de concejos comunales, cuyos conductores serían, de nuevo, personas designadas también a dedo, por los Consejos Comunales que se controlan por la Comisión Presidencial del Poder Popular.

Y en cualquier momento, como se dijo, podría venir la propuesta de eliminar la propia Asamblea Nacional como órgano representativo nacional, y establecer en su lugar una Asamblea Nacional del Poder Popular (confederación nacional de consejos comunales), que sería la cúspide del Poder Popular, integrada por representantes designados por las ciudades federales y agrupaciones de los Consejos Comunales; todos, por supuesto, debidamente controlados desde la cúspide, con el mecanismo del Partido Único. Todo está anunciado.

Por último, debe mencionarse que el Presidente de la República, en las reformas constitucionales que ha anunciado y prometido desde 2006, está la incorporación en la Constitución de la posibilidad de reelección presidencial indefinida. Esa reelección, que es difícil de vender, podría no estar montada sobre un sistema de elección directa, universal y secreta, sino que se podría tratar de una designación efectuada por la confederación nacional del Poder Popular que sería la Asamblea Nacional del Poder Popular. Es decir, en la cúspide del Poder Popular estaría como

---

[57] Véase la reseña sobre lo expuesto por el Presidente de la República: "Chávez: Empecemos a raspar alcaldes y gobernadores", *El Nacional*, 29-01-2007, p. A2.

Presidente del Poder Popular la misma persona que lo controle, pero no porque sea elegido reincidente e ilimitadamente en forma directa por el pueblo mediante votaciones universales, directas y secretas, sino porque siempre sería designado como tal, por las estructuras del Poder Popular, cuya voluntad confluiría finalmente en la Asamblea nacional del Poder Popular para presidir tanto el Consejo de gobierno del Poder Popular como el Partido Único.

Para comenzar la configuración de este esquema de organización estatal, en enero de 2007, el Presidente de la República ya ha comenzado a cambiarle el nombre y sentido a la propia estructura organizativa de la Administración Pública, denominando a todos los Ministerios y Ministros del Ejecutivo nacional como "del Poder Popular" (p.e. Ministerio del Poder Popular de Relaciones Exteriores, Ministerio del Poder Popular de Infraestructura, etc.).

Lo cierto es que en líneas generales, ese fue el sistema establecido para asegurar la dictadura del proletariado por los Soviets en la Unión Soviética a partir de 1918 y el esquema del poder popular establecido en Cuba, donde la Asamblea Popular es la que designa un Consejo de Estado o de gobierno el cual, a la vez, siempre elige a una misma persona para presidirlo.

En conclusión, se trata de un esquema de organización del Estado y del Poder que implica la eliminación completa de la democracia representativa, y su sustitución por una supuesta democracia directa, es decir de ejercicio directo de la soberanía por el pueblo, y de elección indirecta de representantes incluida la jefatura del Estado.

New York, Abril 2007

ÍNDICE GENERAL

CONTENIDO GENERAL DEL TOMO VI 9

PRESENTACIÓN

ALLAN BREWER-CARÍAS 11

PRIMERA PARTE
ORÍGENES DEL PROCESO CONSTITUYENTE: LA CRISIS DEL SISTEMA POLÍTICO, SUS SALIDAS DEMOCRÁTICAS Y LA CONVOCATORIA A UNA ASAMBLEA CONSTITUYENTE EN 1998 15

SECCIÓN PRIMERA:
CINCO SIGLOS DE HISTORIA Y UN PAÍS EN CRISIS (1998) 16

SECCIÓN SEGUNDA:
REFLEXIONES SOBRE LA CRISIS DEL SISTEMA POLÍTICO, SUS SALIDAS DEMOCRÁTICAS Y LA CONVOCATORIA A UNA CONSTITUYENTE (1998) 36

I. EL CICLO DE EXPOSICIONES DE LOS CANDIDATOS PRESIDENCIALES 37

II. LA CRISIS TERMINAL DEL SISTEMA POLÍTICO 37

III. LA CRISIS DEL SISTEMA POLÍTICO EN 1945 Y EL INICIO DEL ESTADO DEMOCRÁTICO CENTRALIZADO DE PARTIDOS 39

IV. LA RECONSTITUCIÓN DEL SISTEMA DEMOCRÁTICO CON EL PACTO DE PUNTO FIJO EN 1958, LA CRISIS DEL ESTADO DE PARTIDOS Y LA DESCENTRALIZACIÓN POLÍTICA COMO REMEDIO TEMPORAL A LA CRISIS 41

V. LA CRISIS POLÍTICA DE 1992 Y LA PROPUESTA DE LA CONSTITUYENTE 43

VI. LA NUEVA NECESIDAD DE RECONSTITUIR EL SISTEMA POLÍTICO Y LA IDEA DE LA CONSTITUYENTE 46

VII. LA NECESIDAD DE UN NUEVO ACUERDO, PACTO O CONSENSO PARA ASEGURAR LA GOBERNABILIDAD DEMOCRÁTICA 48

VIII. DESCENTRALIZACIÓN Y PARTICIPACIÓN POLÍTICA EN LAS EXPOSICIONES DE LOS CANDIDATOS PRESIDENCIALES ANTE LAS ACADEMIAS NACIONALES 52

IX. LAS ASAMBLEAS CONSTITUYENTES EN LA HISTORIA DE VENEZUELA 53

X. PRECISIONES SOBRE LA ASAMBLEA CONSTITUYENTE 56

XI. LA NUEVA PROPUESTA PARA UN REFERÉNDUM CONSULTIVO SOBRE LA REFORMA CONSTITUCIONAL PARA LA ASAMBLEA CONSTITUYENTE 57

XII. EL NECESARIO RÉGIMEN CONSTITUCIONAL DE LA CONSTITUYENTE 61

XIII. LA AGENDA PARA LA REVISIÓN CONSTITUCIONAL O PARA LA CONSTITUYENTE 66

    1. *La forma de Estado* 67

    2. *El sistema político* 67

    3. *El sistema de gobierno* 67

    4. *El Poder Judicial* 68

    5. *El sistema económico* 68

    6. *El sistema de derechos, libertades y garantías* 68

    7. *La integración económica regional* 69

XIV. APRECIACIÓN FINAL 69

SECCIÓN TERCERA:
PRESENTACIÓN DE LOS CANDIDATOS PRESIDENCIALES ANTE LA ACADEMIA DE CIENCIAS POLÍTICAS Y SOCIALES (AGOSTO 1998) ... 70

Presentación de Luis Alfaro Ucero (10 de agosto de 1998): 70

Presentación de Hugo Chávez Frías (11 de agosto de 1998): 73

Presentación de Claudio Fermín (12 de agosto de 1998): 83

Presentación de Irene Sáez Conde (13 de agosto de 1998): 84

Presentación de Henrique Salas Romer (14 de agosto de 1998): 87

Presentación de Radamés Muñoz León (17 de agosto de 1998): 90

Presentación de Miguel Rodríguez (18 de agosto de 1998): 92

SEGUNDA PARTE
LA FORMACIÓN DEL PROCESO CONSTITUYENTE EN VENEZUELA EN 1999 99

SECCIÓN PRIMERA:
EL PODER CONSTITUYENTE INSTITUIDO Y LOS PROCEDIMIENTOS DE REVISIÓN CONSTITUCIONAL EN LA CONSTITUCIÓN DE 1961 (ABRIL 1996) 105

INTRODUCCIÓN 105

I. LAS ENMIENDAS Y LAS REFORMAS COMO PROCEDIMIENTOS PARA LA REVISIÓN DE LA CONSTITUCIÓN ... 106

   1. *Fundamentación y justificación de la Reforma y las Enmiendas en el marco de la rigidez constitucional* 106

   2. *El régimen de las Enmiendas* 110

      A. *Procedimiento* 110

         a. *Iniciativa* 111
         b. *Inicio de la discusión* 111
         c. *Trámite de la discusión* 111
         d. *Aprobación y ratificación por las Asambleas Legislativas* ... 112
         e. *Sanción* 112
         f. *Numeración* 112

      B. *La Enmienda Nº 1 de 1973: Un caso de inhabilitación política* ... 113
      C. *La Enmienda Nº 2 de 1983* 113

         a. *El sistema electoral* 114
         b. *Un caso de centralización: el sistema nacional de jubilaciones de funcionarios administrativos* 114
         c. *El funcionamiento del Congreso* 116

            a'. *El inicio de las sesiones parlamentarias* 116
            b'. *La Comisión Legislativa y la agilización del trámite de formación de las leyes* 117
            c'. *La modificación del quórum para sesionar las Cámaras* 119

         d. *El sistema nacional de planificación* 119

   3. *El régimen de las Reformas* 120

      A. *Procedimiento* 120

         a. *Iniciativa* 120
         b. *Pronunciamiento del Congreso sobre la procedencia de la Reforma* 120
         c. *Inicio de la discusión* 121

		d.	Efecto del rechazo..	121
		e.	Referéndum aprobatorio...	121
		f.	Escrutinio y sanción	121

		B.	El Proyecto de Reforma General de la Constitución de los años 90..	122
	4.		La ausencia de veto presidencial en la promulgación de las Enmiendas y Reformas	122
II.	LAS MODIFICACIONES CONSTITUCIONALES CON MOTIVO DE LA DESCENTRALIZACIÓN POLÍTICA DE LA FEDERACIÓN			123
	1.		La federación centralizada y la previsión constitucional de su modificación	123
		A.	Características de la Federación..	123
		B.	La elección de Gobernadores	125
		C.	La distribución vertical del Poder Público	125
	2.		El rango constitucional de las modificaciones a la forma de Estado...	130
III.	LA FLEXIBILIDAD DE LA CONSTITUCIÓN ECONÓMICA................			132
IV.	LA ADAPTABILIDAD DE LA CONSTITUCIONALIZACIÓN DE DERECHOS Y GARANTÍAS..			135

SECCIÓN SEGUNDA:
EL EQUILIBRIO DEL ESTADO CONSTITUCIONAL: ENTRE SOBERANÍA POPULAR Y SUPREMACÍA CONSTITUCIONAL (1999) 138

I.	EL INEVITABLE CAMBIO POLÍTICO		138
II.	EL DILEMA DEL ESTADO CONSTITUCIONAL MODERNO ENTRE SOBERANÍA POPULAR Y SUPREMACÍA CONSTITUCIONAL		140
III.	LAS DECISIONES DE LA CORTE SUPREMA SOBRE EL REFERÉNDUM CONSULTIVO RELATIVO A LA CONVOCATORIA A UNA ASAMBLEA CONSTITUYENTE DE FECHA 19-1-99		143
	1.	La sentencia Referéndum Consultivo II (Ponencia del Magistrado Héctor Paradisi)	144
	2.	La sentencia Referéndum Consultivo I, (Ponencia del Magistrado Humberto J. La Roche)...	146
IV.	LA SOBERANÍA POPULAR Y EL ARTÍCULO 4° DE LA CONSTITUCIÓN COMO REGULACIÓN DEL PRINCIPIO DE LA DEMOCRACIA REPRESENTATIVA		150
	1.	El principio histórico de la soberanía del pueblo manifestada sólo conforme a la Constitución de acuerdo con el principio de la democracia representativa	150
		A. El cambio político, la Constitución y la Asamblea Constituyente...	150

　　　　B.　*El Poder Constituyente Instituido por la Constitución de 1961*....　151
　　　　C.　*La trayectoria histórica del artículo 4° de la Constitución* ....　153
　　2.　Las salidas establecidas por la Corte Suprema de Justicia para superar el conflicto constitucional ....　159
　　　　A.　*El principio democrático y la supremacía constitucional* ....　159
　　　　B.　*El artículo 4° de la Constitución y el principio de la democracia representativa* ....　161
　　　　C.　*La democracia directa* ....　161
V.　LOS MECANISMOS DE PARTICIPACIÓN POLÍTICA EN LA LEY ORGÁNICA DEL SUFRAGIO Y LA SUPREMACÍA CONSTITUCIONAL ....　163
　　1.　La supremacía constitucional y la regulación del Poder Constituyente Instituido ....　163
　　2.　*La interpretación de la Corte Suprema sobre el referéndum consultivo y la reforma constitucional*...　167
　　3.　*Las precisiones de la Corte sobre el Poder Constituyente y los Poderes Constituidos* ....　168
　　4.　*El Poder Constituyente Instituido y la reforma constitucional*..............　171
　　5.　*La consulta popular sobre la convocatoria a la Asamblea Constituyente como derecho inherente a la persona humana.* ....　175

SECCIÓN TERCERA:
EL FRAUDE A LA CONSTITUCIÓN: LA INICIATIVA PRESIDENCIAL PARA LA CONVOCATORIA A LA ASAMBLEA NACIONAL CONSTITUYENTE (DECRETO N° 3 DEL 02-02-99) Y SUS VICIOS (1999)..　178
I.　LA INICIATIVA PRESIDENCIAL PARA REALIZAR EL REFERÉNDUM SOBRE LA CONVOCATORIA DE UNA ASAMBLEA CONSTITUYENTE ....　178
II.　NATURALEZA Y FUNDAMENTOS DEL DECRETO N° 3 DE 02-02-99 ....　179
III.　LA CONVOCATORIA A UN REFERÉNDUM DECISORIO (PLEBISCITO) Y AUTORIZATORIO Y LA VIOLACIÓN DE LA LEY ORGÁNICA DEL SUFRAGIO Y PARTICIPACIÓN POLÍTICA ....　181
IV.　LA INEFICACIA DE UN REFERENDO DECISORIO O AUTORIZATORIO POR NO EXISTIR REGULACIÓN ALGUNA DE LA MAYORÍA REQUERIDA PARA QUE LA DECISIÓN POPULAR SE CONSIDERE ADOPTADA ....　183
V.　LA INCONSTITUCIONALIDAD DE LA ASAMBLEA NACIONAL CONSTITUYENTE QUE SE PRETENDE CONVOCAR CON UN REFERENDO DECISORIO CON PODERES IMPRECISOS E ILIMITADOS...　184
VI.　LA VIOLACIÓN DEL PRINCIPIO DE LA DEMOCRACIA REPRESENTATIVA ....　186

VII. LAS LIMITACIONES AL PODER CONSTITUYENTE Y EL
FRAUDE CONSTITUCIONAL 187
VIII. LA VIOLACIÓN AL DERECHO CONSTITUCIONAL A LA
PARTICIPACIÓN 189

SECCIÓN CUARTA:

*DETALLE DE LA INCONSTITUCIONALIDAD DEL DECRETO
PRESIDENCIAL DE CONVOCATORIA DE LA ASAMBLEA
CONSTITUYENTE DE FEBRERO DE 1999* 190

I. LEGITIMACIÓN ACTIVA 191
II. LA NATURALEZA DEL ACTO IMPUGNADO Y SU
FUNDAMENTO LEGAL 192
III. EL ACTO ADMINISTRATIVO IMPUGNADO AL CONVOCAR A
UN REFERÉNDUM DECISORIO (PLEBISCITO) Y
AUTORIZATORIO VIOLA EL ARTÍCULO 181 DE LA LEY
ORGÁNICA DEL SUFRAGIO Y PARTICIPACIÓN POLÍTICA, ESTA
VICIADO DE DESVIACIÓN DE PODER Y ES DE IMPOSIBLE
EJECUCIÓN 196
IV. EL ACTO IMPUGNADO ES INEFICAZ AL CONVOCAR
ILEGALMENTE UN REFERENDO DECISORIO O
AUTORIZATORIO SIN QUE EXISTA REGULACIÓN ALGUNA DE
LA MAYORÍA REQUERIDA PARA QUE LA DECISIÓN POPULAR
SE CONSIDERE ADOPTADA 201
V. EL ACTO IMPUGNADO ES INCONSTITUCIONAL AL
PRETENDER CONVOCAR UNA ASAMBLEA NACIONAL
CONSTITUYENTE CON PODERES IMPRECISOS E ILIMITADOS 203
VI. EL ACTO IMPUGNADO VIOLA EL PRINCIPIO DE LA
DEMOCRACIA REPRESENTATIVA 209
VII. EL ACTO IMPUGNADO VIOLA EL DERECHO CONSTITUCIONAL
A LA PARTICIPACIÓN 214
VIII. EL ACTO IMPUGNADO SE CONFIGURA COMO UN FRAUDE A
LA CONSTITUCIÓN 217
IX. SOLICITUD DE MEDIDA CAUTELAR INNOMINADA PARA LA
SUSPENSIÓN DE LOS EFECTOS DEL DECRETO IMPUGNADO Y
DE LA CONVOCATORIA AL REFERENDO EFECTUADA POR EL
CONSEJO NACIONAL ELECTORAL 220
X. PETITORIO FINAL 224

SECCIÓN QUINTA:

*LOS LIMITES DE LA ASAMBLEA NACIONAL CONSTITUYENTE EN EL
MARCO DE UN ESTADO DE DERECHO Y LA VIGENCIA DE LA
CONSTITUCIÓN DE 1961 (1999)* 225

I. LAS VICISITUDES CONSTITUCIONALES DE LA
CONVOCATORIA AL REFERÉNDUM SOBRE LA ASAMBLEA
NACIONAL CONSTITUYENTE Y LOS LÍMITES IMPUESTOS A LA
MISMA POR LA VOLUNTAD POPULAR 225

1. *Antecedentes* 225
2. *El fundamento de la Resolución nº 990217-32 del consejo nacional electoral convocando para el 25-04-99 un referéndum sobre la asamblea nacional constituyente* 227
3. *La Resolución Nº 990217-32 del Consejo Nacional Electoral al convocar a un referéndum decisorio (plebiscito) y autorizatorio, violaba el artículo 181 de la Ley Orgánica del Sufragio y Participación Política, estaba viciada de desviación de poder y era de imposible ejecución* 232
4. *La resolución Nº 990217-32 del Consejo Nacional Electoral era ineficaz al convocar ilegalmente un referendo decisorio o autorizatorio sin que existiera regulación alguna de la mayoría requerida para que la decisión popular se considerase adoptada* 237
5. *La Resolución nº 990217-32 del Consejo Nacional Electoral era inconstitucional al pretender convocar una Asamblea Nacional Constituyente con poderes imprecisos e ilimitados* 239
6. *La Resolución Nº 990217-32 del Consejo Nacional Electoral violaba el principio de la democracia representativa* 245
7. *La Resolución Nº 990217-32 del Consejo Nacional Electoral violaba el derecho constitucional a la participación* 247
8. *La Resolución Nº 990217-32 del Consejo Nacional Electoral se configuraba como un instrumento para un fraude a la constitución* 250
9. *Las modificaciones y la anulación de la Resolución Nº 990217-32 del 17-02-99 del Consejo Nacional Electoral* 253

II. LOS LÍMITES DE LA ASAMBLEA NACIONAL CONSTITUYENTE Y EL CARÁCTER CONSULTIVO DEL REFERÉNDUM DEL 25 DE ABRIL DE 1999... 255

1. *La precisión del carácter eminentemente consultivo del Referéndum regulado en los artículos 181 y siguientes de la Ley Orgánica del Sufragio y Participación Política* 255
2. *La precisión de los límites de la asamblea nacional constituyente convocada con fundamento en un referéndum consultivo conforme a los artículos 181 y siguientes de la Ley Orgánica del Sufragio y Participación Política* 258

III. LAS CONSECUENCIAS DE LA ANULACIÓN DE LA PREGUNTA SEGUNDA QUE SE HABÍA ORIGINALMENTE FORMULADO PARA EL REFERÉNDUM DEL 25-04-99 261

1. *La necesaria reformulación de las preguntas del Referéndum convocado para el 25-04-99, por el Consejo Nacional Electoral* 261
2. *El desacato del Consejo Nacional Electoral en cumplir la orden judicial derivada de la anulación de la Resolución Nº 990217-32 en relación al carácter "originario" de la Asamblea* 263

SECCIÓN SEXTA:

EL MARCO SUPRACONSTITUCIONAL DE LA ASAMBLEA NACIONAL CONSTITUYENTE IMPUESTO POR EL PODER CONSTITUYENTE ORIGINARIO EXPRESADO MEDIANTE REFERÉNDUM CONSULTIVO DE 25-04-1999 266

I. EL PROCESO CONSTITUYENTE VENEZOLANO COMO PROCESO DE IURE 266

II. LA ASAMBLEA NACIONAL CONSTITUYENTE COMO PRODUCTO DE LA SOBERANÍA POPULAR EXPRESADA EN EL REFERÉNDUM DEL 25-04-99 Y SUS LÍMITES SUPRA CONSTITUCIONALES 268

    1. *La misión de la Asamblea Nacional Constituyente: elaborar una nueva Constitución* 270

    2. *La vigencia de la Constitución de 1961 durante el funcionamiento de la Asamblea Nacional Constituyente* 271

    3. *Los límites supraconstitucionales impuestos por la voluntad popular a la Asamblea Nacional Constituyente para el cumplimiento de su misión* 272

        A. *Los valores y principios de nuestra historia republicana* 272

        B. *El cumplimiento de los tratados internacionales, acuerdos y compromisos válidamente suscritos por la República* 275

        C. *El carácter progresivo de los derechos fundamentales del hombre* 276

        D. *Las garantías democráticas dentro del más absoluto respeto de los compromisos asumidos* 276

SECCIÓN SÉPTIMA:

TEMAS QUE DEBIERON FORMAR PARTE DE LA AGENDA DE LA CONSTITUYENTE: LA DEMOCRACIA, LA DESCENTRALIZACIÓN Y LA PARTICIPACIÓN, EN EL CENTRO DEL DEBATE EN LA ASAMBLEA NACIONAL CONSTITUYENTE (1999) 276

I. LA OPCIÓN ENTRE DEMOCRACIA Y AUTOCRACIA 277

II. LA CRISIS POLÍTICA TERMINAL Y EL CAMBIO DEMOCRÁTICO.. 278

III. DESCENTRALIZACIÓN, DEMOCRACIA Y FEDERALISMO 280

IV. LA AGENDA CONSTITUYENTE 281

    1. *El régimen político: más democracia* 281

    2. *La forma de estado: nuevo federalismo y nuevo municipalismo* 282

    3. *El sistema de gobierno: la opción entre más o menos presidencialismo* 282

    4. *El sistema de control* 282

    5. *El poder judicial:* 283

    6. *La constitución económica:* 283

7.	*El estatuto del ciudadano: el sistema de derechos, libertades y garantías:*	283
8.	*La integración económica regional*	284

V. LA DEMOCRACIA REPRESENTATIVA Y LA PARTICIPACIÓN POLÍTICA 284
VI. EL REPUBLICANISMO HISTÓRICO Y LA DEMOCRACIA REPRESENTATIVA 286
VII. LA REVALORIZACIÓN DE LA DEMOCRACIA 287
VIII. UNA DEMOCRACIA MÁS REPRESENTATIVA............................ 289
IX. LOS MECANISMOS DE DEMOCRACIA DIRECTA 290

TERCERA PARTE
VISIÓN DE CONJUNTO SOBRE LA CONFIGURACIÓN JUDICIAL DEL PROCESO CONSTITUYENTE, O DE CÓMO EL GUARDIÁN DE LA CONSTITUCIÓN ABRIÓ EL CAMINO PARA SU VIOLACIÓN Y PARA SU PROPIA EXTINCIÓN EN 1999 293

I. LA BANDERA ELECTORAL (1998) DE LA ASAMBLEA CONSTITUYENTE Y LOS OBSTÁCULOS CONSTITUCIONALES PARA CONVOCARLA 295
II. EL DILEMA ENTRE SOBERANÍA POPULAR Y SUPREMACÍA CONSTITUCIONAL Y LA OMISIÓN DEL JUEZ CONSTITUCIONAL EN RESOLVERLO 297
III. LA APERTURA DE LA "CAJA DE PANDORA" CONSTITUYENTE POR LA CORTE SUPREMA DE JUSTICIA 305
IV. LA CONVOCATORIA AL REFERÉNDUM SOBRE LA ASAMBLEA CONSTITUYENTE Y LOS INTENTOS DE SECUESTRO DEL DERECHO A LA PARTICIPACIÓN POPULAR 320
V. LOS INTENTOS POR RECOGER LOS "DEMONIOS CONSTITUYENTES" DESATADOS Y LA INEFECTIVIDAD EN DEFINIRLE LÍMITES DE LA ASAMBLEA NACIONAL CONSTITUYENTE CONVOCADA CON FUNDAMENTO EN EL REFERENDO CONSULTIVO 330
VI. LOS INTENTOS TARDÍOS DE LA CORTE SUPREMA EN PRETENDER SOMETER EL PROCESO CONSTITUYENTE A LA CONSTITUCIÓN DE 1961 342
VII. DE CÓMO LA ASAMBLEA NACIONAL CONSTITUYENTE ASUMIÓ EL CONTROL TOTAL DEL PODER, HACIENDO CASO OMISO A LAS DOCTRINAS DE LA CORTE SUPREMA QUE HABÍAN FUNDAMENTADO SU PROPIA CREACIÓN 345
VIII. LA ASAMBLEA NACIONAL CONSTITUYENTE COMO INSTRUMENTO POLÍTICO PARA EL DE ASALTO AL PODER 349

IX. LA SUMISIÓN DE LA CORTE SUPREMA AL PODER CONSTITUYENTE DE LA ASAMBLEA Y SU MUERTE FINAL A MANOS DE LA ASAMBLEA QUE HABÍA CREADO 352

CUARTA PARTE
LA ILEGÍTIMA ASUNCIÓN DEL PODER CONSTITUYENTE ORIGINARIO POR LA ASAMBLEA NACIONAL CONSTITUYENTE: EL DEBATE Y LA AGENDA DE LA CONSTITUYENTE EN AGOSTO 1999 367

SECCIÓN PRIMERA:
SOBRE EL SUPUESTO CARÁCTER DE LA ASAMBLEA CONSTITUYENTE COMO SOBERANA Y ORIGINARIA 369

I. LA USURPACIÓN DE LA SOBERANÍA DEL PUEBLO Y EL INICIO DE LA DESTRUCCIÓN DEL ESTADO DE DERECHO 369
II. LA "SOBERANÍSIMA" ASAMBLEA CONSTITUYENTE 374
III. LA REVOLUCIÓN BOLIVARIANA 374
IV. LOS ERRORES HISTÓRICOS DEL DISCURSO DE CHÁVEZ Y EL VERDADERO SENTIDO DE LO QUE FUE LA "REPÚBLICA BOLIVARIANA" COMO PROYECTO MILITARISTA 377
V. LA AGENDA DE LA CONSTITUYENTE 386
   1. *El componente ideológico: el "bolivarianismo"* 387
   2. *La República Bolivariana y el Estado* 388
   3. *El Estado de Justicia y los Poderes Públicos, y los nuevos Poder Moral y el Poder Electoral* 390
   4. *La democracia representativa, participativa y protagónica* 393
   5. *La Federación minimizada* 394
   6. *La emergencia nacional, la vuelta a la idea de la Constituyente originaria y la intervención de los Poderes constituidos* 394

SECCIÓN SEGUNDA:
EL ESTATUTO DE LA CONSTITUYENTE COMO "PODER CONSTITUYENTE ORIGINARIO" 396

SECCIÓN TERCERA:
VOTO SALVADO SOBRE EL ESTATUTO DE LA ASAMBLEA EN CUANTO A LA ASUNCIÓN DEL "PODER CONSTITUYENTE ORIGINARIO" (AGOSTO 1999) 409

I. LA ASAMBLEA NACIONAL CONSTITUYENTE COMO PRODUCTO DE LA SOBERANÍA POPULAR EXPRESADA EN EL REFERÉNDUM DEL 25-04-99 Y SUS LÍMITES SUPRA CONSTITUCIONALES 410
II. LA MISIÓN DE LA ASAMBLEA NACIONAL CONSTITUYENTE: ELABORAR UNA NUEVA CONSTITUCIÓN 411

III. LA VIGENCIA DE LA CONSTITUCIÓN DE 1961 DURANTE EL FUNCIONAMIENTO DE LA ASAMBLEA NACIONAL CONSTITUYENTE 412
IV. LOS LÍMITES SUPRACONSTITUCIONALES IMPUESTOS POR LA VOLUNTAD POPULAR A LA ASAMBLEA NACIONAL CONSTITUYENTE PARA EL CUMPLIMIENTO DE SU MISIÓN 414
   1. *Los valores y principios de nuestra historia Republicana* 414
   2. *El cumplimiento de los Tratados Internacionales, Acuerdos y Compromisos válidamente suscritos por la República* 417
   3. *El carácter progresivo de los derechos fundamentales del hombre* 417
   4. *Las garantías democráticas dentro del más absoluto respeto de los compromisos asumidos* 418
V. PROPUESTA DE REDACCIÓN DEL ARTÍCULO 1º DEL PROYECTO DE ESTATUTO DE FUNCIONAMIENTO DE LA ASAMBLEA NACIONAL CONSTITUYENTE 418

QUINTA PARTE
LA ASAMBLEA NACIONAL CONSTITUYENTE CONTRA LA CONSTITUCIÓN DE 1961: LA INTERVENCIÓN DE TODOS LOS PODERES CONSTITUIDOS Y EL GOLPE DE ESTADO CONTINUADO
(8 AGOSTO 1999 - 8 SEPTIEMBRE 1999) 421

SECCIÓN PRIMERA:
LA CHARADA SOBRE LA SUJECIÓN DEL PRESIDENTE DE LA REPÚBLICA A LA VOLUNTAD DE LA ASAMBLEA NACIONAL CONSTITUYENTE, Y SU RATIFICACIÓN EN EL CARGO 423

SECCIÓN SEGUNDA:
LA DECLARATORIA GENERAL DE REORGANIZACIÓN DE TODOS LOS ÓRGANOS DEL PODER PÚBLICO 427

I. EXPOSICIÓN EN LA SESIÓN DE LA ASAMBLEA NACIONAL CONSTITUYENTE DEL DÍA 12-08-99 CON LA OCASIÓN DEL DEBATE SOBRE EL DECRETO DE DECLARATORIA DE EMERGENCIA NACIONAL 427
II. VOTO RAZONADO NEGATIVO CON MOTIVO DE LA APROBACIÓN DEL DECRETO DE REORGANIZACIÓN DE LOS PODERES PÚBLICOS EN LA SESIÓN DEL 12-08-1999 431
   1. *Los fundamentos del Decreto* 431
   2. *Los límites a la asamblea derivados del referéndum del 25-04-1999* .. 431
   3. *El régimen de la distribución y separación del poder público* 432
   4. *La carencia de fuente normativa para la intervención de los órganos del poder público* 433
   5. *La contradicción intrínseca del decreto* 434
   6. *La improcedencia de la intervención del poder judicial* 434

SECCIÓN TERCERA:

LA INTERVENCIÓN DEL PODER JUDICIAL: EL DECRETO DE REORGANIZACIÓN DEL PODER JUDICIAL 435

I. EXPOSICIÓN EN LA SESIÓN DE LA ASAMBLEA NACIONAL CONSTITUYENTE DEL DÍA 18-08-99 AL INICIARSE EL DEBATE SOBRE EL DECRETO DE REORGANIZACIÓN DEL PODER JUDICIAL 435

II. COMUNICACIÓN CON VOTO RAZONADO NEGATIVO ENVIADA AL PRESIDENTE DE LA ASAMBLEA EL 19-08-1999 SOBRE LA INTERVENCIÓN DEL PODER JUDICIAL 439

    1. *La garantía de la independencia de los jueces en los tratados internacionales* 439

    2. *Los límites de la Asamblea Nacional Constituyente* 440

    3. *Los considerandos del decreto* 440

    4. *La Asamblea asume el gobierno del poder judicial* 442

    5. *La evaluación de la Corte Suprema de Justicia* 442

    6. *La ignorancia por el decreto de las leyes reguladoras del Poder Judicial* 443

    7. *Los concursos judiciales y la estabilidad de los jueces* 444

    8. *La Asamblea como juez de apelación* 444

    9. *El nombramiento de jueces por la asamblea* 444

    10. *La sustitución de los órganos de la administración de justicia* 445

III. LA SUMISIÓN DE LA CORTE SUPREMA DE JUSTICIA A LA ASAMBLEA CONSTITUYENTE MEDIANTE ACUERDO ADOPTADO POR SUS MAGISTRADOS EL 23 DE AGOSTO DE 1999 445

    1. *El Acuerdo de la Corte Suprema de Justicia en relación con el Decreto de Reorganización del Poder Judicial* 446

    2. *Los votos salvados al Acuerdo* 448

        A. *El Voto salvado del Magistrado Héctor Paradisi León* 448

        B. *Voto salvado del Magistrado Nelsón Rodríguez García* 448

        C. *Voto salvado del Magistrado Hermes Harting* 449

        D. *Voto salvado del Magistrado Héctor Grisanti Luciani* 449

        E. *Voto salvado del Magistrado Aníbal Rueda* 450

        F. *Voto salvado de la Magistrado Cecilia Sosa Gómez* 450

    3. *Apreciación general sobre la contradicción del Acuerdo* 452

SECCIÓN CUARTA:

LA INTERVENCIÓN DEL PODER LEGISLATIVO: EL DECRETO DE REGULACIÓN DE LAS FUNCIONES DEL PODER LEGISLATIVO 452

I. OBSERVACIONES CRÍTICAS AL PRIMER PROYECTO DE DECRETO DE REGULACIÓN DE LAS FUNCIONES DEL PODER LEGISLATIVO NACIONAL DIVULGADO POR LA PRENSA 453
   1. *Los límites a la Asamblea Nacional Constituyente impuestos por el pueblo* 453
   2. *La violación de las garantías democráticas* 454
   3. *La violación de Tratados Internacionales* 455
   4. *La violación de los valores y principios republicanos* 457
      A. *El Proyecto de Decreto modifica los órganos que ejercen el Poder Legislativo Nacional*.. 458
      B. *El Proyecto de Decreto atribuye a la Asamblea Nacional Constituyente funciones Legislativas de control y debate político*.. 458
   5. *La violación de la garantía constitucional de la reserva legal* 460
      A. *El Proyecto de Decreto pretende atribuir a la Asamblea Nacional Constituyente la facultad de dictar leyes* 460
      B. *El Proyecto de Decreto pretende atribuir a la Comisión Delegada la facultad de dictar leyes* 461
   6. *La violación del régimen autonómico de los estados* 462
II. EXPOSICIÓN EN LA SESIÓN DE LA ASAMBLEA NACIONAL CONSTITUYENTE DEL 25-08-1999 EN EL DEBATE SOBRE EL DECRETO DE REGULACIÓN DE LAS FUNCIONES DEL PODER LEGISLATIVO.. 462
III VOTO RAZONADO NEGATIVO CON MOTIVO DE LA APROBACIÓN AL DECRETO SOBRE REGULACIÓN DE LAS FUNCIONES DEL PODER LEGISLATIVO NACIONAL EN LA SESIÓN DEL 25-08-99 465
   1. *Los límites a la Asamblea Nacional Constituyente impuestos por el pueblo* 465
   2. *La violación de las garantías democráticas* 466
   3. *La violación de tratados internacionales* 466
   4. *La violación de los valores y principios republicanos* 469
   5. *La violación de la garantía constitucional de la reserva legal* 469
   6. *La violación del régimen autonómico de los estados* 470
IV. OBSERVACIONES CRÍTICAS AL PROYECTO DE REFORMA DEL DECRETO DE REGULACIÓN DE LAS FUNCIONES DEL PODER LEGISLATIVO.. 471
   1. *La asunción por la Asamblea de la potestad de legislar* 471
   2. *Los límites de la Asamblea Nacional Constituyente* 472
   3. *El marco general de la ruptura constitucional* 472
   4. *Las concreciones de la ruptura constitucional con las decisiones adoptadas por la Asamblea* 473
   5. *La ruptura constitucional al asumir la asamblea el poder de dictar leyes* 475

SECCIÓN QUINTA:
INTERVENCIÓN DE LOS PODERES LOCALES: DECRETO DE SUSPENSIÓN DE LAS ELECCIONES MUNICIPALES 476

I. EXPOSICIÓN EN LA SESIÓN DE LA ASAMBLEA NACIONAL CONSTITUYENTE DEL 26-08-99 EN EL DEBATE SOBRE EL DECRETO DE SUSPENSIÓN DE LAS ELECCIONES MUNICIPALES. 476

II. VOTO RAZONADO CON MOTIVO DE LA APROBACIÓN DEL DECRETO DE SUSPENSIÓN DE LAS ELECCIONES MUNICIPALES APROBADO EN LA SESIÓN DE 26-08-99 478

   1. *El derecho al sufragio como derecho político* 478
   2. *La garantía constitucional de la reserva legal* 479
   3. *La limitación al derecho al sufragio* 479
   4. *La reforma de la Ley Orgánica del Sufragio por la Asamblea* 480

SEXTA PARTE
OBSERVACIONES, PROPUESTAS, DEBATES Y VOTOS SALVADOS SOBRE EL PREÁMBULO Y LAS DISPOSICIONES FUNDAMENTALES DE LA CONSTITUCIÓN (ARTÍCULOS 1 A 19) 481

SECCIÓN PRIMERA: PREÁMBULO 487

I. REFLEXIONES SOBRE EL PREÁMBULO DE LA CONSTITUCIÓN DE 1961 488

   1. *Antecedentes* 488
   2. *El carácter del Preámbulo* 492
   3. *Los objetivos políticos* 492
   4. *Los objetivos sociales y económicos* 493
   5. *Los objetivos igualitarios* 494
   6. *Los objetivos internacionales* 495
   7. *Los objetivos democráticos* 495
   8. *Los objetivos morales e históricos* 496
   9. *Reflexión Final* 497

II. PROPUESTA RELATIVA A LA REDACCIÓN DEL PREÁMBULO 498

SECCIÓN SEGUNDA: TÍTULO I. PRINCIPIOS FUNDAMENTALES (ARTÍCULOS DEL 1 AL 9) 499

I. LOS PRINCIPIOS FUNDAMENTALES SOBRE LA REPUBLICA 499

   1. *El contenido del Proyecto de la Comisión Constitucional* 499
   2. *La configuración de la República como un Estado de derecho y de justicia* 502
   3. *El principio de la Independencia* 502

4. *La forma Federal del Estado* 502
5. *La forma republicana del gobierno y la soberanía popular* 503
6. *La forma democrática de gobierno* 503
7. *La supremacía constitucional y los principios del ordenamiento jurídico*........... 503
8. *Los símbolos de la patria*.................... 504
9. *El castellano como idioma oficial* 504
10. *Proyecto de articulado del Capítulo I, Disposiciones Fundamentales del Título I de la República, su Territorio y División Política*............. 505

Artículo 1 Denominación de la República como Bolivariana. Independencia............ 506

Artículo 2. Estado democrático y social de Derecho y de Justicia. Valores 506

Artículo 3. Fines del Estado 507

Artículo 4. Estado Federal Descentralizado............. 507

PROPUESTA SOBRE LA FORMA FEDERAL DEL ESTADO EN LA NUEVA CONSTITUCIÓN: NUEVO FEDERALISMO Y NUEVO MUNICIPALISMO 507

1. *La democracia y la descentralización del Poder*............. 507
2. *El desarrollo del Municipalismo* 508
3. *La democracia y los niveles intermedios de descentralización* 509
4. *El nuevo Federalismo* 510
   A. *La distribución territorial de las competencias públicas* 510
   B. *La descentralización progresiva de competencias*............ 511
   C. *La distribución territorial del poder tributario y el régimen de financiamiento de las Entidades Territoriales* 511
   D. *La organización separada del Poder Público estadal* 511
   E. *Las nuevas relaciones intergubernamentales y la solución de conflictos entre los Poderes* 512
5. *El nuevo Municipalismo* 513
   A. *El Municipio como unidad política primaria*.............. 513
   B. *La necesaria superación del uniformismo municipal* 513
   C. *La organización política del Municipio* 513
   D. *La inserción del Municipio en el marco del proceso de descentralización política* 514
   E. *Los instrumentos de participación política local* 514
6. *La organización municipal de Caracas*................ 514
7. *La necesidad de conservar el Senado y el Régimen Bicameral del Congreso*............... 515
8 *Conclusión* 515

Artículo 5.   Soberanía del pueblo. Ejercicio 517
Artículo 6.   Gobierno democrático 518

PROPUESTA SOBRE LA REGULACIÓN DEL PRINCIPIO
DEMOCRÁTICO REPRESENTATIVO Y PARTICIPATIVO 518
1. *El principio de la democracia representativa en nuestra historia republicana* 519
2. *La necesidad de perfeccionar la democracia y hacerla más participativa* 524
3. *Propuesta para la regulación del principio democrático, representativo y participativo para el ejercicio de la soberanía popular* 527

Artículo 7.   Supremacía constitucional 528
Artículo 8.   Símbolos patrios 528
Artículo 9.   Idioma oficial. Idiomas indígenas 528

SECCIÓN TERCERA: TÍTULO II. DEL ESPACIO GEOGRÁFICO Y DE LA DIVISIÓN POLÍTICA (ARTÍCULOS 10 A 19) 529

EL TERRITORIO DE LA REPÚBLICA Y LA SOBERANÍA 529
1. *La independencia y los valores y fines del Estado* 530
2. *El Estado social y democrático de Derecho* 531
3. *La soberanía* 531
4. *Los símbolos de la patria* 532
5. *El idioma oficial* 532
6. *El Estado Federal* 532
7. *El dominio público del subsuelo* 533
8. *La división política* 533
9. *Propuesta de articulado del Título I* 534

CAPÍTULO I: DEL TERRITORIO Y DEMÁS ESPACIOS GEOGRÁFICOS 537
Artículo 10.   Territorio. Uti possideti juris 537
Artículo 11.   Soberanía y espacios geográficos 540
Artículo 12.   Dominio público del subsuelo y de las costas marítimas 542
Artículo 13.   Territorio. Inalienabilidad 542
Artículo 14.   Nuevos territorios 543
Artículo 15.   Espacios fronterizos 543

CAPÍTULO II: DE LA DIVISIÓN POLÍTICA 544
Artículo 16.   División del Territorio 544
Artículo 17.   Dependencias Federales 548
Artículo 18.   Capitalidad. Caracas 548
Disposición   Transitoria 550

SÉPTIMA PARTE
OBSERVACIONES, PROPUESTAS, DEBATES Y VOTOS SALVADOS SOBRE LOS ARTÍCULOS RELATIVOS A LOS DERECHOS, GARANTÍAS Y DEBERES CONSTITUCIONALES *(ARTÍCULOS 19 A 135)* 553

SECCIÓN PRIMERA: TÍTULO III. DE LOS DERECHOS HUMANOS Y GARANTÍAS, Y DE LOS DEBERES (ARTÍCULOS 19 A 135)............... 553

CAPÍTULO I: DISPOSICIONES GENERALES 553

DISPOSICIONES GENERALES SOBRE LOS DERECHOS, DEBERES Y GARANTÍAS CONSTITUCIONALES 553

1. *El orden constitucional orientado hacia la protección de los Derechos Humanos*... 554
2. *La garantía general de los derechos y el principio de la progresividad*... 555
3. *Las obligaciones del Estado respecto de la paz, el derecho al desarrollo y la participación* 556
4. *La garantía de la irretroactividad*... 556
5. *La nulidad de los actos violadores de los derechos y garantías* 557
6. *La cláusula abierta de los derechos y la constitucionalización de la internacionalización de los mismos*... 557
7. *La jerarquía constitucional de los Tratados sobre Derechos Humanos*.. 560
8. *El derecho al libre desenvolvimiento de la personalidad*................. 563
9. *El derecho de amparo*.. 563
10. *El derecho a la igualdad y a la no discriminación* 566
11. *Proyecto de articulado sobre las Disposiciones Fundamentales del Título relativo a Derechos, Deberes y Garantías Constitucionales* 567

Artículo 19. Garantía de los derechos humanos 569
Artículo 20. Derecho al libre desenvolvimiento de la personalidad 570
Artículo 21. Igualdad ante la ley.. 570
Artículo 22. Cláusula abierta de los derechos y garantías 571
Artículo 23. Jerarquía constitucional de los tratados sobre derechos humanos 572

LA CONSTITUCIONALIZACIÓN DE LOS TRATADOS SOBRE DERECHOS HUMANOS... 573

1. *La jerarquía de los Tratados* 573
2. *La jurisprudencia venezolana y la propuesta sobre la jerarquía constitucional de los Tratados sobre derechos humanos* 574

Artículo 24. Irretroactividad de la ley 576

Artículo 25.	Nulidad de actos estatales violatorios de derechos.................	576
Artículo 26.	Derecho de acceso a la justicia..	577
Artículo 27.	Derecho de amparo...	577
Artículo 28.	Derecho y acción de habeas data...	577
Artículo 29.	Delitos contra los derechos humanos. Obligaciones del Estado	578
Artículo 30.	Indemnización a las víctimas de violaciones a los derechos humanos	578
Artículo 31.	Derecho de petición ante organismos internacionales............	578

    1. *Las obligaciones del Estado de investigar violaciones a los derechos humanos* 580
    2. *Las obligaciones del Estado de reparar las violaciones a los derechos humanos* 581
    3. *El derecho a acceder a la justicia internacional* 581
    4. *El ámbito de la justicia militar* 582

CAPÍTULO II. DE LA NACIONALIDAD Y DE LA CIUDADANÍA 584

INFORME DE LA COMISIÓN DE NACIONALIDAD Y CIUDADANÍA. EXPOSICIÓN DE MOTIVOS Y PROYECTO DE ARTICULADO DEL TÍTULO RELATIVO A LA NACIONALIDAD Y CIUDADANÍA 584

    1. *La reforma del régimen de la nacionalidad* 585
        A. *Principios rectores de la reforma propuesta* 585
        B. *La reforma del régimen de la nacionalidad venezolana originaria* 586
            a. *La atenuación del carácter absoluto del jus soli* 586
            b. *La atenuación del carácter absoluto de jus sanguinis*........... 591
        C. *La reforma del régimen de la nacionalidad derivada*.................. 592
            a. *La Carta de Naturaleza* 592
            b. *La naturalización por matrimonio*....................................... 593
            c. *La extensión de la naturalización de los padres a los hijos menores*... 593
        D. *El régimen de la doble nacionalidad* 594
        E. *El régimen de la pérdida y renuncia de la nacionalidad* 594
        F. *La remisión a la ley y la disposición transitoria* 595
    2. *La regulación del régimen de la ciudadanía* 596
    3. *Articulado del Título sobre la nacionalidad y ciudadanía* 599

SECCIÓN PRIMERA: DE LA NACIONALIDAD 602

Artículo 32.	Nacionalidad venezolana originaria...	604
Artículo 33.	Nacionalidad venezolana derivada..	616
Artículo 34.	Principio de la doble nacionalidad..	616

Artículo 35.	Pérdida de la nacionalidad	617
Artículo 36.	Renuncia y recuperación de la nacionalidad	617
Artículo 37.	Tratados sobre nacionalidad	617
Artículo 38.	Legislación sobre nacionalidad	617

SECCIÓN SEGUNDA: DE LA CIUDADANÍA 617

Artículo 39.	Ciudadanía y derechos políticos	618
Artículo 40.	Derechos políticos de los venezolanos	619
Artículo 41.	Cargos públicos reservados a los venezolanos por nacimiento sin otra nacionalidad	620
Artículo 42.	Pérdida de la ciudadanía	624

CAPÍTULO III: DE LOS DERECHOS CIVILES 624

Artículo 43.	Derecho a la vida. Inviolabilidad	624
Artículo 44.	Libertad personal. Inviolabilidad	625
Artículo 45.	Prohibición de la desaparición forzada de personas	628
Artículo 46.	Derecho a la integridad personal	628
Artículo 47.	Inviolabilidad del hogar doméstico	629
Artículo 48.	Inviolabilidad de las comunicaciones	629
Artículo 49.	Derecho al debido proceso	629
Artículo 50.	Derecho al libre tránsito	632
Artículo 51.	Derecho de petición y respuesta	633
Artículo 52.	Derecho de asociación	633
Artículo 53.	Derecho de reunión	633
Artículo 54.	Prohibición de la esclavitud, servidumbre y trata de personas	633
Artículo 55.	Derecho a la protección de la seguridad personal	633
Artículo 56.	Derecho al nombre	635
Artículo 57.	Derecho a la libre expresión del pensamiento	636
Artículo 58.	Derecho a la información oportuna	638
Artículo 59.	Libertad de religión y culto	641
Artículo 60.	Derecho al honor y privacidad	641
Artículo 61.	Libertad de conciencia y objeción de conciencia	642

CAPÍTULO IV: DE LOS DERECHOS POLÍTICOS Y DEL REFERENDO POPULAR 642

SECCIÓN PRIMERA: DE LOS DERECHOS POLÍTICOS 642

PRINCIPIOS GENERALES SOBRE DERECHOS POLÍTICOS 642

1. *Los principios del régimen político* 643
2. *La representatividad y la participación políticas* 644

3. El derecho al sufragio 646
4. El régimen de los partidos políticos 648
5. El derecho de reunión y el derecho de manifestación 650

Artículo 62. Derecho a la participación política 652
Artículo 63. Derecho al sufragio 653
Artículo 64. Derecho a elegir 658
Artículo 65. Derecho al desempeño de los cargos públicos. Limitaciones 658
Artículo 66. Derecho ciudadano a la rendición de cuentas de los representantes 658
Artículo 67. Derecho de asociación con fines políticos 658
Artículo 68. Derecho de manifestar 659
Artículo 69. Derecho de asilo y refugio 659

EL DERECHO DE ASILO, LA EXTRADICIÓN Y EL DERECHO DE LOS REFUGIADOS 659
1. El derecho de asilo 660
2. La extradición 662
3. El régimen de los refugiados 663
4. La regulación del asilo y de los refugiados 664

Artículo 70. Medios generales de participación política y social 670

SECCIÓN SEGUNDA: DEL REFERENDO POPULAR 670

DERECHO A LA PARTICIPACIÓN POLÍTICA 670
1. El derecho a la participación 670
2. La rendición de cuentas a los electores 672
3. Los referendos a nivel estadal y municipal 672
4. Las materias excluidas del referendo 673
5. El referendo aprobatorio 673
6. Los referendos y la restricción de garantías 673
7. El referendo revocatorio 674
8. El quórum decisorio 675

Artículo 71. Referendos consultivos nacionales 675
Artículo 72. Referendos revocatorios 675
Artículo 73. Referendos aprobatorios de leyes 676
Artículo 74. Referendos abrogatorios de leyes 676

CAPÍTULO V. DE LOS DERECHOS SOCIALES Y DE LAS FAMILIAS ... 677

Artículo 75. Protección de la familia y obligación del Estado 677
Artículo 76. Protección a la maternidad y obligaciones del Estado .. 678
Artículo 77. Protección del matrimonio 680

Artículo 78.	Derechos de los niños y adolescentes	681
Artículo 79.	Derechos de participación de los jóvenes	685
Artículo 80.	Derechos de los ancianos y obligaciones del Estado	685
Artículo 81.	Derechos de los discapacitados	686
Artículo 82.	Derecho a la vivienda	686
Artículo 83.	Derecho a la salud	687
Artículo 84.	Servicio público nacional de salud	689
Artículo 85.	Financiamiento del sistema de salud y seguridad social	692
Artículo 86.	Derecho a la seguridad social	694
Artículo 87.	Derecho y deber de trabajar	699
Artículo 88.	Derecho del trabajo e igualdad	699
Artículo 89.	Protección al trabajo	700
Artículo 90.	Jornada de trabajo	700
Artículo 91.	Derecho al salario	700
Artículo 92.	Derecho a prestaciones sociales	701
Artículo 93.	Estabilidad laboral	701
Artículo 94.	Responsabilidad de los patronos y contratistas	701
Artículo 95.	Derecho a la sindicalización	701
Artículo 96.	Derecho a la negociación colectiva	702
Artículo 97.	Derecho a la huelga	703

CAPÍTULO VI. DE LOS DERECHOS CULTURALES Y EDUCATIVOS 703

Artículo 98.	Derecho a la cultura y propiedad intelectual e industrial	703
Artículo 99.	Fomento a la cultura y el patrimonio cultural	704
Artículo 100.	Protección de las culturas populares	705
Artículo 101.	Obligaciones del Estado sobre la información cultural	706
Artículo 102.	Derecho a la educación y obligaciones del Estado	706
Artículo 103.	Derecho a la educación integral y obligaciones del Estado	709
Artículo 104.	Régimen de los docentes	712
Artículo 105.	Régimen de las profesiones liberales y de la colegiación obligatoria	712
Artículo 106.	Derecho a educar en instituciones educativas privadas	713
Artículo 107.	Obligatoriedad de la educación ambiental	713
Artículo 108.	Medios de comunicación y formación ciudadana	713
Artículo 109.	Autonomía universitaria	714
Artículo 110.	Ciencia y tecnología	714
Artículo 111.	Derecho al deporte	715

CAPÍTULO VII. DE LOS DERECHOS ECONÓMICOS................................... 716
Artículo 112. **Libertad económica y papel del Estado** 716
Artículo 113. **Limitación a los monopolios y al abuso de la posición de dominio** 717
Artículo 114. **Ilícitos económicos** 718
Artículo 115. **Derecho de propiedad y expropiación**................................. 718

PROPUESTA SOBRE LA REGULACIÓN DEL DERECHO DE PROPIEDAD Y LA EXPROPIACIÓN 718
    1.   *El Régimen de la Propiedad* 719
    2.   *El Régimen de la Expropiación* 720
    3.   *La proscripción de la confiscación*... 720

Artículo 116. **Prohibición de confiscaciones** 721
Artículo 117. **Derecho a bienes y servicios de calidad**.............................. 722
Artículo 118. **Promoción de asociaciones y cooperativas**........................... 722

CAPÍTULO VIII. DE LOS DERECHOS DE LOS PUEBLOS INDÍGENAS........ 722
Artículo 119. **Reconocimiento de los pueblos indígenas** 722
Artículo 120. **Aprovechamiento de recursos naturales en los territorios indígenas** 725
Artículo 121. **Protección de la identidad y cultura indígena** 725
Artículo 122. **Derecho a la salud de los pueblos indígenas** 725
Artículo 123. **Prácticas económicas en los pueblos indígenas** 725
Artículo 124. **Propiedad intelectual colectiva en los pueblos indígenas** 725
Artículo 125. **Derecho a la participación política de los pueblos indígenas** 726
Artículo 126. **Pueblos indígenas e integridad nacional** 726

CAPÍTULO IX. DE LOS DERECHOS AMBIENTALES....................................... 727
Artículo 127. **Derechos y deberes ambientales** 727
Artículo 128. **Política de ordenación del territorio**..................................... 728
Artículo 129. **Actividades susceptibles de degradar el ambiente y estudios de impacto ambiental** 728

CAPÍTULO X. DE LOS DEBERES 728
Artículo 130. **Deber de honrar y defender a la patria**................................. 728
Artículo 131. **Deber de cumplir la Constitución y las leyes**........................ 729
Artículo 132. **Deberes de solidaridad social**... 729
Artículo 133. **Deber de contribuir con los gastos públicos** 729
Artículo 134. **Deber de prestar servicios civil y militar** 729
Artículo 135. **Obligaciones ciudadanas de solidaridad social**..................... 730

OCTAVA PARTE
OBSERVACIONES, PROPUESTAS, DEBATES Y VOTOS SALVADOS SOBRE LOS ARTÍCULOS RELATIVOS AL RÉGIMEN DEL PODER PÚBLICO (ARTÍCULOS 136 A 298) 731

SECCIÓN PRIMERA: TÍTULO IV. DEL PODER PÚBLICO (ARTÍCULOS 136 A 185) 731
CAPÍTULO I. DE LAS DISPOSICIONES FUNDAMENTALES 731
RÉGIMEN GENERAL DEL PODER PÚBLICO Y LAS COMPETENCIAS DEL PODER PÚBLICO NACIONAL 731
  1. *La noción de Poder Público y su distribución*............................... 732
     A. *El Poder Público como potestad constitucional* 732
     B. *La distribución vertical del Poder Público en la historia constitucional* 732
  2. *Las regulaciones generales relativas al Poder Público* 733
     A. *Las ramas del Poder Público y su enunciación constitucional*..... 733
     B. *El ejercicio del Poder Público y los fines del Estado* 734
     C. *La autoridad usurpada y la nulidad de sus actos*........................ 735
     D. *La responsabilidad de los funcionarios o empleados públicos y el principio de la imparcialidad*... 736
     E. *La incompatibilidad de los funcionarios o empleados públicos para contratar con el Estado* 737
     F. *La prohibición de la utilización del empleo público como instrumento de presión política y proselitista* 738
     G. *La inhabilitación política por los delitos contra el patrimonio público*.. 738
     H. *El principio de legalidad*.. 739
     I. *El régimen de los contratos de interés público (nacional, estadal o municipal) y la cláusula de inmunidad jurisdiccional* ... 739
     J *La aprobación legislativa en los contratos de interés nacional*.... 741
     K. *La duración de los períodos constitucionales de los órganos de los poderes públicos* 742
     L. *El régimen de las Fuerzas Armadas y su regulación en otro Capítulo*... 742
     M. *El régimen de los Tratados y su regulación en otros Capítulos* ... 743
     N. *El régimen de las relaciones entre el Estado y la Iglesia* 744
     Ñ. *El régimen de la función pública* 744
     O. *La regulación de la responsabilidad del Estado*......................... 746
     P. *Las regulaciones relativas a la Administración Pública* 749

3. Las competencias del Poder Público Nacional 750
   A. Las políticas macroeconómicas 750
   B. El régimen de los hidrocarburos y el subsuelo 751
   C. Las políticas públicas nacionales y las competencias nacionales en los servicios públicos 752
   D. Las obras públicas de interés nacional 753
   E. La política agropecuaria 753
   F. La política en materia de seguridad y defensa nacional 754
   G. La política internacional y el régimen de la nacionalidad y ciudadanía e identificación 754
   H. La policía nacional 755
   I. Censos y estadísticas nacionales 755
   J. Transporte y comunicaciones 755
   K. El régimen de la administración de justicia 756
   L. El impulso a la participación ciudadana 756
   M. Las competencias normativas generales 757
   N. La defensa nacional 758
   Ñ. El régimen de los símbolos patrios 759
   O. El régimen del territorio 759
   P. El régimen de la moneda 760
   Q. Los impuestos nacionales 760
   R. El régimen de las aduanas 761
   S. El régimen de las tierras baldías, las salinas y los ostrales, de los recursos naturales no renovables y las asignaciones económicas especiales a los estados 761
   T. El régimen de las pesas y medidas 763
   U. El régimen de normas de ingeniería y urbanismo 763
   V. La cláusula de las competencias implícitas 763
4. La necesidad de regular el régimen de la descentralización política .. 764
5. Otras normas que deben retenerse 764
6. Propuesta de articulado sobre el Poder Público y las competencias del Poder Público Nacional 766

SECCIÓN PRIMERA: DE LAS DISPOSICIONES GENERALES 771

Artículo 136. Distribución del Poder Público y división del Poder Público Nacional 771
Artículo 137. Principio de la legalidad 772
Artículo 138. Usurpación de autoridad y nulidad de actos estatales 773
Artículo 139. Responsabilidad derivada del ejercicio del Poder Público .. 773
Artículo 140. Responsabilidad patrimonial del Estado 773

SECCIÓN SEGUNDA: DE LA ADMINISTRACIÓN PÚBLICA 774
Artículo 141. Principios de la Administración Pública 774
Artículo 142. Institutos autónomos y control estatal 774
Artículo 143. Derecho a la información administrativa y acceso a los documentos oficiales 774

SECCIÓN TERCERA: DE LA FUNCIÓN PÚBLICA. 775
Artículo 144. Estatuto de la función pública 775
Artículo 145. Deber de imparcialidad de los funcionarios públicos 775
Artículo 146. Régimen de cargos de carrera 775
Artículo 147. Régimen de las remuneraciones en el sector público 775
Artículo 148. Incompatibilidades en el ejercicio de cargos públicos 776
Artículo 149. Limitaciones a cargos honoríficos extranjeros 776

SECCIÓN CUARTA: DE LOS CONTRATOS DE INTERÉS PÚBLICO 776
Artículo 150. Aprobación parlamentaria de contratos de interés público nacional 776
Artículo 151. Cláusula de inmunidad relativa de jurisdicción y cláusula Calvo 777

PROPUESTA SOBRE LA CLÁUSULA DE INMUNIDAD RELATIVA DE JURISDICCIÓN Y SOBRE LA CLÁUSULA CALVO EN LOS CONTRATOS DE INTERÉS PÚBLICO 778

1. *La cláusula de inmunidad relativa de jurisdicción en relación con los contratos de interés público en la Constitución de 1961* 778
   A. *La noción de contratos de interés público* 779
   B. *El origen de la inmunidad relativa de jurisdicción* 780
   C. *La situación en el derecho internacional y la distinción entre actos de autoridad y actos de gestión* 780
   D. *Las excepciones a la Inmunidad jurisdiccional basadas en la naturaleza de los contratos y su carácter comercial* 782
   E. *La discusión en Venezuela y el caso de los contratos de empréstito público.* 783
2. *El caso de la inclusión de la excepción a la inmunidad de jurisdicción en los contratos relativos a la Apertura Petrolera* 785
   A. *La cláusula de excepción y el arbitramiento* 785
   B. *La sentencia de la Corte Suprema de Justicia de 17-08-1999* 787
3. *La reforma propuesta en el Proyecto presentado por el Presidente Chávez en materia de inmunidad de jurisdicción y su inconveniencia* 791
   A. *La inmunidad de jurisdicción sólo para la República* 791
   B. *La vuelta a la inmunidad absoluta de jurisdicción sólo para la República.* 791

4. La ausencia de regulación de la denominada Cláusula Calvo en el Proyecto presentado por el Presidente Chávez 792

SECCIÓN QUINTA: DE LAS RELACIONES INTERNACIONALES........... 793

Artículo 152. Principios rectores de las relaciones internacionales........... 793

Artículo 153. Régimen constitucional de los procesos de integración 793

PROPUESTA SOBRE LA REGULACIÓN DE LA INTEGRACIÓN REGIONAL 794

1. *La integración económica y las exigencias constitucionales* 794
2. *La consecuencia de la integración: el derecho comunitario* 795
3. *Los principios rectores del derecho comunitario y su solución constitucional*.. 796
4. *La Constitución de 1961: su insuficiencia, y la propuesta de Reforma Constitucional de 1992* 797
5. *El contenido en materia de integración del Proyecto de Constitución Bolivariana propuesto por el Presidente Chávez: sus insuficiencias y contradicciones* 798
6. *Propuesta de norma constitucional para el nuevo texto*...................... 799

Artículo 154. Aprobación parlamentaria de los Tratados internacionales.. 801

Artículo 155. Tratados internacionales y solución pacífica de controversias 801

CAPÍTULO II. DE LA COMPETENCIA DEL PODER PÚBLICO NACIONAL 801

Artículo 156. Competencia del Poder Público Nacional............................ 801
Artículo 157. Descentralización política de competencias nacionales 805
Artículo 158. Política Nacional de descentralización 809

CAPÍTULO III. DEL PODER PÚBLICO ESTADAL 809

EL TEMA DEL FEDERALISMO... 810

1. *Sobre la reubicación del Título* 810
2. *Sobre el Situado Constitucional* 810
3. *El régimen de los Estados*.. 811
4. *El régimen de los Municipios* 812
5. *Sobre el Distrito Capital*.. 813

Artículo 159. Autonomía estadal 813
Artículo 160. Gobierno Estadal 813
Artículo 161. Rendición de cuenta de los gobernadores 815
Artículo 162. Consejo Legislativo estadal 816

Artículo 163.	Contraloría Estadal	818
Artículo 164.	Competencia exclusiva de los Estados	819
Artículo 165.	Competencias concurrentes	821
Artículo 166.	Consejo Estadal de Planificación y Coordinación	823
Artículo 167.	Ingresos Estadales	823

CAPÍTULO IV. DEL PODER PÚBLICO MUNICIPAL 824

Artículo 168.	Autonomía municipal	824
Artículo 169.	Organización municipal	825
Artículo 170.	Mancomunidades y asociaciones municipales	825
Artículo 171.	Distritos Metropolitanos	825
Artículo 172.	Régimen de los Distritos Metropolitanos	826
Artículo 173.	Régimen de las Parroquias	826
Artículo 174.	Gobierno municipal	826
Artículo 175.	Concejos Municipales	827
Artículo 176.	Contralorías Municipales	828
Artículo 177.	Condiciones para el ejercicio de cargos municipales	829
Artículo 178.	Competencias Municipales	829
Artículo 179.	Ingresos municipales	830
Artículo 180.	Potestad tributaria municipal e inmunidad tributaria de la República y de los Estados	830
Artículo 181.	Régimen de los ejidos	831
Artículo 182.	Consejos Locales de Planificación Pública	831
Artículo 183.	Prohibiciones tributarias a Estados y Municipios	832
Artículo 184.	Descentralización de competencias estadales y municipales y participación ciudadana	832

CAPÍTULO V. DEL CONSEJO FEDERAL DE GOBIERNO 833

Artículo 185.	Competencias del Consejo Federal de Gobierno	833

SECCIÓN SEGUNDA: TÍTULO V, DE LA ORGANIZACIÓN DEL PODER PÚBLICO NACIONAL (ARTÍCULOS 186-298) 834

CAPÍTULO I. DEL PODER LEGISLATIVO NACIONAL 834

SECCIÓN PRIMERA: DISPOSICIONES GENERALES 834

Artículo 186.	Integración de la Asamblea Nacional	834
Artículo 187.	Competencia de la Asamblea Nacional	838
Artículo 188.	Condiciones de elegibilidad de los diputados	840
Artículo 189.	Condiciones de inelegibilidad de los diputados	840
Artículo 190.	Incompatibilidades de los diputados	841

Artículo 191. Incompatibilidad para el ejercicio de otros cargos 841
Artículo 192. Período de la Asamblea Nacional 841

SECCIÓN SEGUNDA: DE LA ORGANIZACIÓN DE LA ASAMBLEA NACIONAL 841

Artículo 193. Comisiones de la Asamblea Nacional 841
Artículo 194. Autoridades de la Asamblea Nacional 842
Artículo 195. Comisión Delegada 842
Artículo 196. Atribuciones de la Comisión Delegada 842

SECCIÓN TERCERA: DE LOS DIPUTADOS Y DIPUTADAS DE LA ASAMBLEA NACIONAL 842

Artículo 197. Obligación de dedicación de los diputados 842
Artículo 198. Revocación del mandato. Efectos 843
Artículo 199. Irresponsabilidad parlamentaria 843
Artículo 200. Inmunidad parlamentaria 843
Artículo 201. Representación popular y voto a conciencia 843

SECCIÓN CUARTA: DE LA FORMACIÓN DE LAS LEYES 844

Artículo 202. Definición de ley 844
Artículo 203. Leyes Orgánicas 844
Artículo 204. Iniciativa legislativa 844
Artículo 205. Iniciativa popular de las leyes y referendo aprobatorio 845
Artículo 206. Consulta a los Estados 845
Artículo 207. Dos discusiones de las leyes 845
Artículo 208. Primera discusión 845
Artículo 209. Segunda discusión 845
Artículo 210. Discusión de proyectos pendientes 846
Artículo 211. Consulta legislativa 846
Artículo 212. Formalidades de las leyes 846
Artículo 213. Sanción y promulgación de las leyes 846
Artículo 214. Promulgación ejecutiva de las leyes y veto presidencial y control de la constitucionalidad de los proyectos de ley 847
Artículo 215. Promulgación y publicación de las leyes 847
Artículo 216. Promulgación legislativa de las leyes 847
Artículo 217. Promulgación de leyes aprobatorias de tratados internacionales 847
Artículo 218. Derogación de las leyes 848

SECCIÓN QUINTA: DE LOS PROCEDIMIENTOS 848
Artículo 219. Inicio del primer período de sesiones 848
Artículo 220. Sesiones extraordinarias 848
Artículo 221. Régimen de funcionamiento de la Asamblea 848
Artículo 222. Función de control parlamentario 848
Artículo 223. Investigaciones parlamentarias 849
Artículo 224. Potestad investigativa y funcionamiento de los órganos públicos 849

CAPÍTULO II. DEL PODER EJECUTIVO NACIONAL 849

SECCIÓN PRIMERA: DEL PRESIDENTE O PRESIDENTA DE LA REPÚBLICA 849
Artículo 225. Órganos del Poder Ejecutivo 849
Artículo 226. Jefe de Estado y del Ejecutivo Nacional 849
Artículo 227. Condiciones de elegibilidad del Presidente de la República 849
Artículo 228. Elección del Presidente de la República 850
Artículo 229. Inelegibilidad para Presidente de la República 850
Artículo 230. Período presidencial y reelección presidencial 850
Artículo 231. Toma de posesión del cargo 852
Artículo 232. Responsabilidad del Presidente 852
Artículo 233. Faltas absolutas del Presidente de la República 852
Artículo 234. Faltas temporales del Presidente de la República 853
Artículo 235. Autorización parlamentaria para la ausencia del territorio nacional 853

SECCIÓN SEGUNDA: DE LAS ATRIBUCIONES DEL PRESIDENTE O PRESIDENTA DE LA REPÚBLICA 853
Artículo 236. Atribuciones y obligaciones del Presidente de la República 853
Artículo 237. Mensaje anual del Presidente ante la Asamblea Nacional .. 856

SECCIÓN TERCERA: DEL VICEPRESIDENTE EJECUTIVO O VICEPRESIDENTA EJECUTIVA 856
Artículo 238. Carácter y condiciones del Vicepresidente Ejecutivo 856
Artículo 239. Atribuciones del Vicepresidente 856
Artículo 240. Moción de censura al Vicepresidente 857
Artículo 241. Responsabilidad del Vicepresidente 857

SECCIÓN CUARTA: DE LOS MINISTROS O MINISTRAS Y DEL CONSEJO DE MINISTROS 857

Artículo 242. Carácter de los Ministros e integración del Consejo de ministros 857

Artículo 243. Ministros de Estado 858

Artículo 244. Condiciones para ser Ministro. Responsabilidad ministerial 858

Artículo 245. Derechos de palabra de los ministros en la Asamblea Nacional 858

Artículo 246. Moción de censura a los Ministros y su remoción 858

SECCIÓN QUINTA: DE LA PROCURADURÍA GENERAL DE LA REPÚBLICA 858

Artículo 247. Procuraduría General de la República. Misión 858

Artículo 248. Órganos de la Procuraduría General de la República 859

Artículo 249. Condiciones para ser Procurador General de la República 859

Artículo 250. Asistencia del Procurador al Consejo de Ministros 859

SECCIÓN SEXTA: DEL CONSEJO DE ESTADO 859

Artículo 251. Carácter del Consejo de Estado 859

Artículo 252. Composición del Consejo de Estado 860

CAPÍTULO III. DEL PODER JUDICIAL Y DEL SISTEMA DE JUSTICIA 860

SECCIÓN PRIMERA: DISPOSICIONES GENERALES 860

Artículo 253. Potestad de administrar justicia 860

EL PODER JUDICIAL Y LA ADMINISTRACIÓN DE JUSTICIA 861

Artículo 254. Autonomía del Poder Judicial y gratuidad de la justicia 862

Artículo 255. Carrera judicial 863

Artículo 256. Imparcialidad e independencia de los jueces. Garantías 863

Artículo 257. Justicia y proceso 864

Artículo 258. Justicia de paz 864

Artículo 259. Jurisdicción contencioso-administrativa 864

LA JURISDICCIÓN CONSTITUCIONAL Y LA JURISDICCIÓN CONTENCIOSO ADMINISTRATIVA 864

1. *La necesaria distinción entre la jurisdicción constitucional y la justicia constitucional* 865
2. *La necesaria diferenciación entre la jurisdicción constitucional y la jurisdicción contencioso-administrativa* 867

3. La necesaria diferenciación entre la revisión de las sentencias de amparo contra sentencias y la atribución a la sala constitucional de competencia para conocer de una acción directa de inconstitucionalidad contra sentencias.. 868

Artículo 260. Justicia en los ámbitos indígenas 869
Artículo 261. Jurisdicción penal militar... 869

SECCIÓN SEGUNDA: DEL TRIBUNAL SUPREMO DE JUSTICIA 870

Artículo 262. Salas del Tribunal Supremo de Justicia................................ 870
Artículo 263. Condiciones para ser magistrado del Tribunal Supremo de Justicia 870
Artículo 264. Período de los Magistrados del Tribunal Supremo de Justicia 871
Artículo 265. Remoción de los Magistrados del Tribunal Supremo de Justicia 873
Artículo 266. Competencias del Tribunal Supremo de Justicia................. 873

SECCIÓN TERCERA: DEL GOBIERNO Y DE LA ADMINISTRACIÓN DEL PODER JUDICIAL... 875

Artículo 267. Administración del Poder Judicial. Jurisdicción Disciplinaria Judicial. Dirección Ejecutiva de la Magistratura 875
Artículo 268. Artículo 268. Servicio de defensa pública 875
Artículo 269. Organización judicial.. 875
Artículo 270. Comité de Postulaciones Judiciales 875
Artículo 271. Extradición de extranjeros. Acciones judiciales por delitos contra derechos humanos o narcotráfico 876
Artículo 272. Principios del sistema penitenciario 876

CAPÍTULO IV. DEL PODER CIUDADANO 876

SECCIÓN PRIMERA: DISPOSICIONES GENERALES 876

Artículo 273. Consejo Moral Republicano.. 876
Artículo 274. Misión del Poder Ciudadano... 877
Artículo 275. Advertencias formuladas por el Consejo Moral Republicano 877
Artículo 276. Informe ante la Asamblea Nacional 878
Artículo 277. Obligación de colaboración de los funcionarios públicos 878
Artículo 278. Promoción de las virtudes cívicas y democráticas 878
Artículo 279. Remoción de los titulares del Poder Ciudadano................... 879

SECCIÓN SEGUNDA: DE LA DEFENSORÍA DEL PUEBLO 879

Artículo 280. Defensoría del Pueblo. Misión... 879
Artículo 281. Atribuciones del Defensor del Pueblo 880

Artículo 282. Inmunidad 882
Artículo 283. Defensoría del Pueblo en el ámbito municipal, estadal y nacional 883

SECCIÓN TERCERA: DEL MINISTERIO PÚBLICO 883

Artículo 284. Condiciones para ser Fiscal General de la República 883
Artículo 285. Atribuciones del Ministerio Público 883
Artículo 286. Organización del Ministerio Público 884

SECCIÓN CUARTA: DE LA CONTRALORÍA GENERAL DE LA REPÚBLICA 884

Artículo 287. Contraloría General de la República. Misión 884
Artículo 288. Condiciones para ser Contralor General 884
Artículo 289. Atribuciones de la Contraloría 884
Artículo 290. Organización y funcionamiento de la Contraloría 885
Artículo 291. Contraloría General de la Fuerza Armada Nacional 885

CAPÍTULO V. DEL PODER ELECTORAL 886

Artículo 292. Órganos del Poder Electoral 886
Artículo 293. Atribuciones del Poder Electoral 886
Artículo 294. Independencia y autonomía 887
Artículo 295. Comité de Postulaciones Electorales 887
Artículo 296. Integración del Consejo Nacional Electoral. Designación y remoción de sus miembros 887
Artículo 297. Jurisdicción contencioso-electoral 888
Artículo 298. Modificación de leyes electorales 888

NOVENA PARTE
OBSERVACIONES, PROPUESTAS, DEBATES Y VOTOS SALVADOS SOBRE LOS ARTÍCULOS RELATIVOS AL RÉGIMEN DE LA ECONOMÍA (ARTÍCULOS 299 A 321) 889

SECCIÓN PRIMERA: TÍTULO VI. DEL SISTEMA SOCIO ECONÓMICO (ARTÍCULOS 299 A 321) 889

SOBRE EL RÉGIMEN CONSTITUCIONAL DEL SISTEMA ECONÓMICO 889

1. *La propuesta del Anteproyecto* 890
2. *El Estado democrático y social de derecho y su modelo económico* 893
3. *La flexibilidad de la Constitución económica* 895
4. *Los objetivos del Estado en la Constitución económica* 897
5. *La iniciativa privada, la libertad económica y sus limitaciones* 898

6. *Los principios de la intervención del Estado en la economía* 902
7. *Los principios de la Constitución económica en el Proyecto de Constitución* 905
    A. *Principios del Régimen Económico* 906
    B. *La intervención empresarial del Estado en la economía* 907
    C. *Las actividades reservadas al Estado* 907
    D. *El régimen de la reserva de la industria petrolera* 909
    E. *La declaratoria de las aguas como del dominio público* 909
    F. *El régimen de la seguridad alimentaria* 910
    G. *El régimen del latifundio* 910
8. *Propuesta de articulado* 911

CAPÍTULO I. DEL RÉGIMEN SOCIOECONÓMICO Y DE LA FUNCIÓN DEL ESTADO EN LA ECONOMÍA 912

Artículo 299.   **Principios del Sistema Económico y desarrollo agrícola** 912
Artículo 300.   **Empresas del Estado** 919
Artículo 301.   **Política comercial e inversión extranjera** 923
Artículo 302.   **Reserva de la industria petrolera y otras actividades** 924
Artículo 303.   **Propiedad pública de PDVSA** 930
Artículo 304.   **Dominio público de las aguas** 932
Artículo 305.   **Principios de seguridad alimentaria y desarrollo agrícola**.. 933
Artículo 306.   **Promoción del desarrollo rural integrado** 935
Artículo 307.   **Régimen del latifundio** 935
Artículo 308.   **Promoción de la pequeña y mediana industria** 937
Artículo 309.   **Protección de las artesanías e industrias populares** 938
Artículo 310.   **Promoción del turismo** 938

CAPÍTULO II. DEL RÉGIMEN FISCAL Y MONETARIO 938

SECCIÓN PRIMERA: DEL RÉGIMEN PRESUPUESTARIO 938

Artículo 311.   **Principios de la gestión fiscal y del régimen presupuestario** 938
Artículo 312.   **Régimen del crédito público** 941
Artículo 313.   **Presupuesto anual** 942
Artículo 314.   **Régimen presupuestario de los gastos** 943
Artículo 315.   **Contenido del presupuesto anual** 944

SECCIÓN SEGUNDA: DEL SISTEMA TRIBUTARIO 944

I.   LA NECESIDAD DE REGULAR CONSTITUCIONALMENTE ALGUNOS PRINCIPIOS DEL SISTEMA TRIBUTARIO 945
    1. *El régimen tributario en la Constitución de 1961* 945

2. Las limitaciones a los Estados y Municipios en materia de impuestos al consumo y circulación de bienes 946
3. La inmunidad tributaria de los entes territoriales............................ 947
4. El régimen de los derechos individuales aplicables a los tributos 947
5. Los principios de la Administración Tributaria 948
6. Los principios generales del sistema tributario................................ 949

II. LA EXPLICACIÓN DEL PROCESO DE INTEGRACIÓN NORMATIVA DE LAS DISPOSICIONES TRIBUTARIAS 950
1. La maniobra conspirativa.. 950
2. El trabajo de integración normativa y su incomprensión................... 951
3. Las normas tributarias producto de la labor de integración normativa.. 952
4. Los objetivos del sistema tributario 955
5. El principio de la legalidad tributaria... 957
6. La protección de los derechos individuales frente a la potestad tributaria.. 958
7. La inmunidad tributaria de los entes territoriales............................ 959
8. Las limitaciones tributarias a Estados y Municipios......................... 960
9. La administración tributaria 961
10. Apreciación final 962

III. SOBRE EL RÉGIMEN CONSTITUCIONAL DEL SISTEMA TRIBUTARIO... 963
1. La propuesta del Anteproyecto 963
2. El reforzamiento del principio del sistema tributario......................... 964
3. El reforzamiento del principio de la legalidad tributaria.................... 968
4. El reforzamiento de la protección de los derechos individuales ante el poder tributario del Estado... 972
5. La previsión expresa del principio de la inmunidad tributaria de los entes territoriales y de los principios de interrelación tributaria entre los mismos 976
6. Las prohibiciones tributarias a Estados y Municipios 981
7. El reforzamiento de la administración tributaria y el control judicial de los actos tributarios 984
8. Propuesta de articulado 985

Artículo 316. Principios del Sistema Tributario.. 988
Artículo 317. Principio de la legalidad tributaria. Principios de la administración tributaria 994

SECCIÓN TERCERA: DEL SISTEMA MONETARIO NACIONAL 1005

Artículo 318. Régimen de la política monetaria 1005

Artículo 319. Rendición de cuentas por el Banco Central de Venezuela. Control 1005

SECCIÓN CUARTA: DE LA COORDINACIÓN MACROECONÓMICA 1007

Artículo 320. Principios de política económica 1007

Artículo 321. Fondo de estabilización macroeconómica 1007

DÉCIMA PARTE
OBSERVACIONES PROPUESTAS, DEBATES Y VOTOS SALVADOS SOBRE LOS ARTÍCULOS RELATIVOS AL RÉGIMEN DE LA SEGURIDAD DEL ESTADO, DE LA PROTECCIÓN DE LA CONSTITUCIÓN Y DE LA REFORMA CONSTITUCIONAL (ARTÍCULOS 322 A 350) 1009

SECCIÓN PRIMERA: TÍTULO VII. DE LA SEGURIDAD DE LA NACIÓN (ARTÍCULOS 322 A 332) 1009

CAPÍTULO I. DISPOSICIONES GENERALES 1009

Artículo 322. Seguridad de la Nación y desarrollo integral. Responsabilidad 1009

Artículo 323. Atribuciones del Consejo de Defensa de la Nación 1010

Artículo 324. Régimen de las armas y propiedad pública 1011

Artículo 325. Información de asuntos relativos a la seguridad de la Nación 1013

CAPÍTULO II. DE LOS PRINCIPIOS DE SEGURIDAD DE LA NACIÓN 1013

Artículo 326. Corresponsabilidad en materia de Seguridad de la Nación 1013

Artículo 327. Régimen fronterizo 1015

CAPÍTULO III. DE LA FUERZA ARMADA NACIONAL 1015

Artículo 328. Carácter de la Fuerza Armada Nacional 1015

Artículo 329. Fuerzas que integran la Fuerza Armada Nacional 1017

Artículo 330. Derecho al sufragio de los militares..................................... 1019

Artículo 331. Régimen de los ascensos militares 1021

CAPÍTULO IV. DE LOS ÓRGANOS DE SEGURIDAD CIUDADANA 1022

Artículo 332. Cuerpos de seguridad ciudadana. Carácter civil 1022

SECCIÓN SEGUNDA: TÍTULO VIII. DE LA PROTECCIÓN DE ESTA CONSTITUCIÓN (ARTÍCULOS 333 A 339) 1023

Artículo 333. Vigencia de la Constitución 1023

Artículo 334. Obligatoriedad judicial de asegurar la integridad de la Constitución. Control difuso y control concentrado 1023

SOBRE EL CONTROL DIFUSO DE LA CONSTITUCIONALIDAD DE LAS LEYES 1024
1. *El carácter mixto o integral del sistema venezolano* 1024
2. *El método difuso de control de constitucionalidad y la nulidad de las leyes inconstitucionales* 1026
3. *El poder de control de constitucionalidad de todos los jueces* 1027
4. *El carácter incidental del método difuso* 1028
5. *La indicativa del poder de los jueces de control constitucional* 1028
6. *El efecto inter partes y declarativo de la decisión judicial conforme al método difuso* 1029
7. *Apreciación general y propuesta* 1030

Artículo 335. Interpretación de la Constitución y supremacía constitucional 1032

Artículo 336. Atribuciones de la Sala Constitucional como Jurisdicción Constitucional 1032

CAPÍTULO II. DE LOS ESTADOS DE EXCEPCIÓN 1036

Artículo 337. Decreto de los Estados de Excepción. Definición. Restricción de garantías 1036

Artículo 338. Estado de alarma 1036

Artículo 339. *Control de la Asamblea Nacional* 1036

SECCIÓN TERCERA: TÍTULO IX. DE LA REFORMA CONSTITUCIONAL (ARTÍCULOS 340 A 350) 1037

CAPÍTULO I. DE LAS ENMIENDAS 1037

Artículo 340. Objeto de las Enmiendas Constitucionales 1037

Artículo 341. Procedimiento para la Enmienda constitucional 1037

CAPÍTULO II. DE LA REFORMA CONSTITUCIONAL 1038

Artículo 342. Objeto de las reformas constitucionales 1038

Artículo 343. Procedimiento de la reforma 1038

Artículo 344. Referendo aprobatorio 1038

Artículo 345. Aprobación por mayoría 1038

Artículo 346. Promulgación de Enmiendas y Reformas 1039

CAPÍTULO III. DE LA ASAMBLEA NACIONAL CONSTITUYENTE 1039

Artículo 347. Poder Constituyente originario del pueblo y Asamblea Nacional Constituyente 1039

Artículo 348. Iniciativa para la convocatoria 1039

Artículo 349. Funcionamiento de la Asamblea Constituyente 1039
Artículo 350. El derecho a la desobediencia civil 1039

DÉCIMA PRIMERA PARTE
RECHAZO A LA CONSTITUCIÓN POR SU VOCACIÓN AUTORITARIA (1999) 1041

I. RAZONES PARA "NO" FIRMAR EL PROYECTO 1041
II. RAZONES DEL VOTO "NO" EN EL REFERÉNDUM SOBRE LA CONSTITUCIÓN 1043
   1. *El proyecto de Constitución o la frustración del necesario cambio político* 1043
   2. *El voto NO a una Constitución política concebida para el autoritarismo* 1045
      A. *El nuevo nombre de la "República Bolivariana de Venezuela" y su carácter partisano* 1046
      B. *La burla al proceso de descentralización: el Estado Federal Descentralizado con un marco centralista y la eliminación del Senado* 1047
      C. *La representación proporcional y la supervivencia de la partidocracia* 1048
      D. *El presidencialismo exacerbado* 1049
      E. *La base constitucional para el militarismo* 1049
   3. *El voto NO a una Constitución social o del individuo concebida para el paternalismo y el populismo* 1050
      A. *La ausencia de consagración constitucional de derechos de protección al niño desde la concepción* 1051
      B. *La siembra constitucional del principio para el control de la libertad de información* 1051
      C. *La confusión entre buenas intenciones y los derechos constitucionales y el engaño que deriva de la imposibilidad de satisfacer algunos derechos sociales* 1052
      D. *El excesivo paternalismo estatal y la minimización de las iniciativas privadas en materia de salud, educación y seguridad social* 1053
      E. *La discriminación constitucional a favor de los pueblos indígenas y la siembra de principios desintegradores del Estado* 1053
   4. *El voto NO a una Constitución económica concebida para el estatismo insolvente* 1054
      A. *La posibilidad casi ilimitada de intervención estatal en la economía* 1054

  B. *La incapacidad financiera para la atención por el Estado de las tareas y responsabilidades que se le asignan* 1055
  C. *La consagración del terrorismo fiscal como ilusión para resolver la insolvencia estatal y la desprotección de los contribuyentes* 1056
  D. *La lesión a la autonomía del Banco Central de Venezuela* 1056
 5. *Apreciación general: el proyecto de Constitución debe ser rechazado por estar concebido para el autoritarismo, el paternalismo estatal, el populismo y el estatismo insolvente* 1057
III. LA FIRMA DEL TEXTO UNA VEZ APROBADO POR EL PUEBLO "CON LAS SALVEDADES DE LOS VOTOS SALVADOS" 1058

DÉCIMA SEGUNDA PARTE
PRIMERAS APRECIACIONES CRÍTICAS SOBRE LA CONSTITUCIÓN DE 1999 (2000) 1059

SECCIÓN PRIMERA: REFLEXIÓN SOBRE EL PROCESO CONSTITUYENTE VENEZOLANO Y LA NUEVA CONSTITUCIÓN DE 1999 1059
INTRODUCCIÓN 1060
I. LA NUEVA DENOMINACIÓN DE LA REPÚBLICA 1061
II. EL CENTRALISMO DE LA "FEDERACIÓN DESCENTRALIZADA" .. 1062
III EL SISTEMA ELECTORAL REPRESENTATIVO DE LOS PARTIDOS 1063
IV. EL PRESIDENCIALISMO EXAGERADO 1063
V. EL DESBALANCE DE LA SEPARACIÓN DE PODERES 1064
VI. EL MILITARISMO 1064
CONCLUSIÓN 1065

SECCIÓN SEGUNDA: REFLEXIONES CRÍTICAS SOBRE LA CONSTITUCIÓN DE VENEZUELA DE 1999 1066
I. LA CONSTITUCIÓN DE 1999 O LA FRUSTRACIÓN DEL NECESARIO CAMBIO POLÍTICO 1066
II. EL PROBLEMA DE UNA CONSTITUCIÓN POLÍTICA CONCEBIDA PARA EL AUTORITARISMO 1068
 1. *El nuevo nombre de la "República Bolivariana de Venezuela" y su carácter partisano* 1069
 2. *La burla al proceso de descentralización: el Estado Federal Descentralizado con un marco centralista y la eliminación del Senado* 1070
 3. *La representación proporcional y la supervivencia de la partidocracia* 1071
 4. *El presidencialismo exacerbado* 1072

5. El desbalance en la separación de Poderes por la concentración del Poder en la Asamblea Nacional 1073
6. La base constitucional para el militarismo 1073

III. EL PROBLEMA DE UNA CONSTITUCIÓN SOCIAL CONCEBIDA PARA EL PATERNALISMO Y EL POPULISMO 1074
1. La grave lesión a la garantía constitucional de la reserva legal 1074
2. La ausencia de consagración constitucional de derechos de protección al niño desde la concepción 1075
3. La siembra constitucional del principio para el control de la libertad de información 1076
4. La confusión entre buenas intenciones y los derechos constitucionales y el engaño que deriva de la imposibilidad de satisfacer algunos derechos sociales 1076
5. El excesivo paternalismo estatal y la minimización de las iniciativas privadas en materia de salud, educación y seguridad social 1077
6. La discriminación constitucional a favor de los pueblos indígenas y la siembra de principios desintegradores del Estado 1078

IV. EL PROBLEMA DE UNA CONSTITUCIÓN ECONÓMICA CONCEBIDA PARA EL ESTATISMO INSOLVENTE 1079
1. La posibilidad casi ilimitada de intervención estatal en la economía .. 1079
2. La incapacidad financiera para la atención por el Estado de las tareas y responsabilidades que se le asignan 1080
3. La consagración del terrorismo fiscal como ilusión para resolver la insolvencia estatal y la desprotección de los contribuyentes 1080
4. La lesión a la autonomía del Banco Central de Venezuela 1081

V. APRECIACIÓN GENERAL: UNA CONSTITUCIÓN CONCEBIDA PARA EL AUTORITARISMO, EL PATERNALISMO ESTATAL, EL POPULISMO Y EL ESTATISMO INSOLVENTE 1081

DÉCIMA TERCERA PARTE
ASAMBLEA CONSTITUYENTE Y CONTROL JUDICIAL HONDURAS (2009), ECUADOR (2007) Y VENEZUELA (1999) 1083

SECCIÓN PRIMERA: REFORMA CONSTITUCIONAL, ASAMBLEA NACIONAL CONSTITUYENTE Y CONTROL JUDICIAL CONTENCIOSO ADMINISTRATIVO. EL CASO DE HONDURAS (2009) Y EL ANTECEDENTE VENEZOLANO (1999) 1083

I. REFORMAS CONSTITUCIONALES Y CLÁUSULAS PÉTREAS 1083
II. EL ANTECEDENTE VENEZOLANO EN 1999 DE LA CONSULTA POPULAR SOBRE LA CONVOCATORIA DE UNA ASAMBLEA CONSTITUYENTE NO PREVISTA EN LA CONSTITUCIÓN Y LA AMBIGUA INTERPRETACIÓN JUDICIAL POR LA JURISDICCIÓN CONTENCIOSO ADMINISTRATIVA 1089

III. LA PROPUESTA DEL PRESIDENTE DE LA REPÚBLICA DE HONDURAS EN 2009, PARA LA REALIZACIÓN DE UNA CONSULTA POPULAR SOBRE LA CONVOCATORIA DE UNA ASAMBLEA NACIONAL CONSTITUYENTE Y SU SUSPENSIÓN POR LA JURISDICCIÓN CONTENCIOSO ADMINISTRATIVA 1098
   1. El Decreto Ejecutivo N° PCM-05-2009, de marzo de 2009, convocando a una consulta popular sobre una Asamblea Nacional Constituyente y su impugnación en vía contencioso administrativa 1099
   2. La suspensión de efectos del Decreto Ejecutivo N° PCM-05-2009, de 23 de marzo de 2009 decretada por el juez contencioso administrativo 1100
   3. La "reedición" del acto administrativo impugnado mediante Decreto Ejecutivo N° PCM-19-2009, de mayo de 2009, convocando a una "encuesta nacional de opinión" sobre una Asamblea Nacional Constituyente 1102
   4. La aclaratoria de la sentencia del Juez contencioso administrativo de suspensión de efectos del Decreto presidencial impugnado 1104
   5. La inadmisibilidad de la acción de amparo intentada por el Presidente de la República contra la decisión del Juez contencioso administrativo suspendiendo los efectos de sus decretos sobre la convocatoria de una Constituyente 1104
   6. La conminación judicial al Presidente de la República para que acatara las decisiones de la Jurisdicción contencioso administrativa . 1105

IV. EL DESACATO PRESIDENCIAL A LAS DECISIONES DE LA JURISDICCIÓN CONTENCIOSO ADMINISTRATIVA Y SUS CONSECUENCIAS 1106
   1. El desacato presidencial a cumplir las órdenes judiciales y el decomiso del material destinado a la realización de la encuesta de opinión 1106
   2. La destitución del Jefe del Estado Mayor Conjunto de las Fuerzas Armadas por el Presidente de la Republica, por cumplir lo ordenado por la Jurisdicción Contencioso Administrativa, y la suspensión de sus efectos del acto de destitución por la Sala Constitucional de la Corte Suprema 1108
   3. La vía de hecho presidencial y el nuevo desacato a las órdenes judiciales 1108
   4. La acusación fiscal contra el Presidente de la República por diversos delitos 1108

V. EL JUEZ CONTENCIOSO ADMINISTRATIVO COMO JUEZ CONSTITUCIONAL Y LA DEFENSA DE LA DEMOCRACIA 1112

SECCIÓN SEGUNDA: EL INICIO DEL PROCESO CONSTITUYENTE EN ECUADOR EN 2007 Y LAS LECCIONES DE LA EXPERIENCIA VENEZOLANA DE 1999 1117

INTRODUCCIÓN 1117

I. LAS VICISITUDES POLÍTICAS Y JURÍDICAS EN LOS INICIOS DEL PROCESO CONSTITUYENTE EN ECUADOR EN 2007 1120

    1. *El Decreto presidencial N° 2 de 15 de enero de 2007 de convocatoria a una consulta popular sobre la Asamblea Constituyente* 1120

    2. *La sumisión del Decreto Presidencial al Tribunal Supremo Electoral* 1123

    3. *La remisión del Decreto Presidencial al Congreso por parte del Tribunal Supremo Electoral* 1123

    4. *La decisión del Congreso* 1126

    5. *El debate sobre la decisión a cargo del Tribunal Supremo Electoral* .. 1127

    6. *El nuevo decreto presidencial y la decisión del Tribunal Supremo Electoral de convocar la consulta popular* 1127

    7. *La reacción del Congreso contra el Tribunal Supremo Electoral: remoción del Presidente del Tribunal Supremo Electoral* 1128

    8. *La demanda e inconstitucionalidad de la convocatoria a consulta popular presentada por el Congreso ante el Tribunal Constitucional* . 1129

    9. *La reacción del Tribunal Supremo Electoral contra el Congreso: la remoción de 57 congresistas* 1130

    10. *La reacción de los congresistas: las acciones de amparo intentadas contra la decisión del Tribunal Supremo Electoral* 1131

    11. *La ausencia de decisión del Tribunal Constitucional y las cuestiones de interpretación constitucional que quedaron pendientes después de aprobada la convocatoria sometida a consulta popular* 1133

II. ASPECTOS MEDULARES DEL PROCESO CONSTITUYENTE DE VENEZUELA DE 1999 1135

    1. *La crisis del sistema de partidos y la necesidad de recomponer el sistema político* 1135

    2. *Las exigencias democráticas del proceso constituyente y su fracaso* ... 1137

    3. *La propuesta constituyente en 1999 y sus escollos constitucionales* 1138

    4. *El referendo consultivo de abril de 1999 y la elección de la Asamblea Constituyente* 1140

    5. *El golpe de Estado constituyente* 1141

    6. *La elaboración de la Constitución y la ausencia de participación ciudadana* 1143

7. *El proceso constituyente de 1999 como instrumento de asalto al poder* 1145
8. *El perfeccionamiento de la democracia como tarea pendiente* 1147

III. LAS SECUELAS DEL PROCESO CONSTITUYENTE DE 1999 Y EL AUTORITARISMO DE 2007 1148
1. *La concentración del poder y el ahogamiento de la democracia representativa* 1148
2. *El autoritarismo popular y el fraude a la democracia* 1149
3. *El desmantelamiento de la democracia representativa y el proceso autoritario* 1153

ÍNDICE GENERAL 1157